Wolfgang Däubler
Peter Wedde
Thilo Weichert
Imke Sommer

EU-DSGVO und BDSG

Kompaktkommentar

- EU-Datenschutz-Grundverordnung (EU-DSGVO)
- Neues Bundesdatenschutzgesetz (BDSG)
- Weitere datenschutzrechtliche Vorschriften

2., überarbeitete und aktualisierte Auflage

Sonderausgabe für ifb Institut zur Fortbildung von Betriebsräten KG

2., überarbeitete und aktualisierte Auflage 2020

Herstellung: Kerstin Wilke
Umschlaggestaltung: Ute Weber, Geretsried
Satz: Dörlemann Satz, Lemförde
Druck: CPI books GmbH, Leck
Printed in Germany 2020

www. bund-verlag.de
www.ifb.de

Vorwort

Liebe Leserinnen und Leser,

wir freuen uns, dass Sie sich für den Datenschutz in Ihrem Betrieb engagieren. Gerade wegen der fortschreitenden Digitalisierung sind das Recht auf Privatsphäre bzw. die informationelle Selbstbestimmung hohe Güter, die es zu bewahren gilt. Seit Mai 2018 gelten zwei neue Datenschutzgesetze, die bei Verstößen teils empfindliche Sanktionen androhen und auch Betriebsräte vor neue Herausforderungen stellen.
Wir vom ifb helfen Ihnen, hier den Überblick zu behalten: In unseren praxisnahen Seminaren vermitteln wir Ihnen das wichtigste Know-how rund um den Datenschutz. Doch auch nach dem Seminar lassen wir Sie nicht mit leeren Händen stehen. Mit diesem Kompaktkommentar zur EU-Datenschutzgrundverordnung und zum neuen Bundesdatenschutzgesetz bekommen Sie von uns den idealen Begleiter für Ihre Betriebsratstätigkeit. Von der Kommentierung aller relevanten Vorschriften bis hin zu Empfehlungen zum Beschäftigtendatenschutz: In diesem Buch finden Sie alles, was Sie im Datenschutz beachten müssen. Die zweite Auflage berücksichtigt nun auch die ersten Erfahrungen und Gerichtsentscheidungen zur neuen Rechtslage.
Ich wünsche Ihnen alles Gute und viel Erfolg für Ihre Betriebsratsarbeit.

Ihr
Stephan Sägmüller
Jurist – Fachbereich Datenschutz
www.ifb.de/datenschutz

Vorwort

An der Notwendigkeit eines wirksamen Datenschutzes scheiden sich immer noch die Geister. Die Meinungen reichen von der völligen Ablehnung (»freie Fahrt auf Datenautobahnen«) über eine überraschende Gleichgültigkeit bis hin zur umfassenden Regulierung durch »digitale Grenzen« für den Umgang mit personenbezogenen Daten. Versachlicht man die Diskussion, wird deutlich, dass der von Grundgesetz und Europäischer Grundrechtecharta gewollte Schutz der Persönlichkeit fühlbare rechtliche Grenzen verlangt; in Zeiten von Cloud Computing, Künstlicher Intelligenz und Big Data wird der Einzelne sonst zum Objekt der vielfältigsten Verfahren, die niemand mehr kontrollieren kann.

Vor diesem Hintergrund ist es begrüßenswert, dass die Datenschutz-Grundverordnung (DSGVO) strenge rechtliche Regeln für den Umgang mit personenbezogenen Daten enthält, die in allen EU-Staaten gleichermaßen gelten. Sie findet auch dann Anwendung, wenn Daten über Menschen in der EU in einem Drittstaat wie den USA verarbeitet werden. Nach 18 Monaten Geltung lässt sich sagen, dass die DSGVO begonnen hat, ihre Potenziale zu entfalten. Dieser Kommentar soll dabei helfen, diese in grundrechtsgewogener Weise zu nutzen.

Die geschaffene Einheitlichkeit in der EU wird im Bereich der abhängigen Arbeit durch Öffnungsklauseln ergänzt. Diese räumen den Mitgliedstaaten das Recht ein, zu bestimmten Themen eigenständige gesetzliche Regeln aufzustellen. Dabei muss allerdings immer der allgemeine Rahmen der DSGVO gewahrt bleiben. Der deutsche Gesetzgeber hat von dieser Möglichkeit insbesondere durch den Erlass eines neuen BDSG Gebrauch gemacht, das hier im Anschluss an die DSGVO kommentiert ist.

Das BDSG enthält in § 26 allerdings lediglich allgemeine Vorgaben und Regelungen zum Beschäftigtendatenschutz, nicht aber umfassende und konkrete Vorschriften zu den wesentlichsten Problemfeldern. Ungeregelt bleibt etwa die Zulässigkeit von Videokontrolle im Betrieb, der Einsatz von GPS als Kontrollinstrument sowie die Verwendung von Big Data oder KI-Algorithmen bei Personalentscheidungen. Auch für neue Strukturen wie »Software as a Service« oder »Cloud Computing« und für die Gestaltung der »Arbeit 4.0« fehlen damit weiterhin eindeutige und wirksame Regelungen. Folge dieses Regelungsdefizits ist große Unsicherheit bei Arbeitgebern wie bei Arbeitnehmern sowie bei Betriebs- und Personalräten zu vielen Fragen des Beschäftigtendatenschutzes.

Unser Kommentar geht offene Fragen des Beschäftigtendatenschutzes direkt an. Die Kommentierung der 99 Artikel der DSGVO sowie der einschlägigen Paragraphen des BDSG beschränkt sich nicht auf den Wortlaut und die Systematik der bestehenden Vorschriften, sondern behandelt auch die spezifischen Auswirkungen auf die abhängige Arbeit. Ergänzt wird die auf den Beschäftigtenschutz konzentrierte Kommentierung von

DSGVO und BDSG durch knappe Erläuterungen des Telemediengesetzes, des Sicherheitsüberprüfungsgesetzes und des Unterlassungsklagengesetzes.

Das Verständnis der oft komplexen Datenschutzvorschriften wird durch zahlreiche Beispiele erleichert. Für die Umsetzung in die Praxis sowie für die Bewältigung betrieblicher Konflikte gibt das vorliegende Buch zudem zahlreiche Handlungsempfehlungen.

Ein weiterer Schwerpunkt der Kommentierung liegt auf den datenschutzrechtlichen Interessen der Verbraucher. Sie sehen sich oft einer intransparenten und fremdbestimmten Datenverarbeitung ausgeliefert, die von Anbietern oder hinter ihnen stehenden Unternehmen betrieben wird.

Die Kommentierung richtet sich gleichermaßen an betriebliche Interessenvertretungen wie an engagierte Verbraucherschützer, aber auch an Rechtsanwältinnen und Rechtsanwälte sowie an Datenschutzbeauftragte. Darüber hinaus finden auch Personalabteilungen, die Konflikte mit Beschäftigten oder mit den staatlichen Aufsichtsbehörden vermeiden wollen, in unserem Kommentar zahlreiche Anregungen und Empfehlungen.

Rechtsprechung und Literatur sind bis August 2019 berücksichtigt. Wir freuen uns auf Hinweise und Kritik.

Bremen, Frankfurt, Kiel im November 2019

Wolfgang Däubler   Peter Wedde   Thilo Weichert   Imke Sommer

Inhaltsverzeichnis

Abschnitt 2
Zuständigkeit, Aufgaben und Befugnisse

Kapitel 7
Zusammenarbeit und Kohärenz

Abschnitt 1
Zusammenarbeit

Abschnitt 2
Kohärenz

Abschnitt 3
Europäischer Datenschutzausschuss

Kapitel 8
Rechtsbehelfe, Haftung und Sanktionen

Teil 2
Durchführungsbestimmungen für Verarbeitungen zu Zwecken gemäß Artikel 2 der Verordnung (EU) 2016/679

Kapitel 1
Rechtsgrundlagen der Verarbeitung personenbezogener Daten

Abschnitt 1
Verarbeitung besonderer Kategorien personenbezogener Daten und Verarbeitung zu anderen Zwecken

Abschnitt 2
Besondere Verarbeitungssituationen

Kapitel 2
Rechte der betroffenen Person

Kapitel 3
Pflichten der Verantwortlichen und Auftragsverarbeiter

Kapitel 4
Aufsichtsbehörde für die Datenverarbeitung durch nichtöffentliche Stellen

Kapitel 5
Sanktionen

Kapitel 6
Rechtsbehelfe

Teil 3
Bestimmungen für Verarbeitungen zu Zwecken gemäß Artikel 1 Absatz 1 der Richtlinie (EU) 2016/680

Kapitel 1
Anwendungsbereich, Begriffsbestimmungen und allgemeine Grundsätze für die Verarbeitung personenbezogener Daten

Kapitel 2
Rechtsgrundlagen der Verarbeitung personenbezogener Daten

Kapitel 3
Rechte der betroffenen Person

Kapitel 4
Pflichten der Verantwortlichen und Auftragsverarbeiter

Kapitel 5
Datenübermittlungen an Drittstaaten und an internationale Organisationen

Kapitel 6
Zusammenarbeit der Aufsichtsbehörden

Kapitel 7
Haftung und Sanktionen

Teil 4
Besondere Bestimmungen für Verarbeitungen im Rahmen von nicht in die Anwendungsbereiche der Verordnung (EU) 2016/679 und der Richtlinie (EU) 2016/680 fallenden Tätigkeiten

Telemediengesetz (TMG)

Abschnitt 1
Allgemeine Bestimmungen

Abschnitt 2
Zulassungsfreiheit und Informationspflichten

Abschnitt 3
Verantwortlichkeit

Abschnitt 4
Datenschutz

Abkürzungsverzeichnis

a. A.	anderer Ansicht
a. a. O.	am angegebenen Ort
ABl.	Amtsblatt
Abs.	Absatz
a. E.	am Ende
AEMR	Allgemeine Erklärung der Menschenrechte der Vereinten Nationen
AEUV	Vertrag über die Arbeitsweise der Organe der Europäischen Union
a. F.	alter Fassung
AfP	Archiv für Presserecht
AG	Amtsgericht
AGB	Allgemeine Geschäftsbedingungen
AiB	Arbeitsrecht im Betrieb (Jahr und Seite)
AKA	Akkreditierungsausschuss
AkkStelleG	Akkreditierungsstellengesetz
-alt	alte Fassung
AMG	Arzneimittelgesetz
Anm.	Anmerkung
AO	Abgabenordnung
AöR	Archiv des öffentlichen Rechts (Band (Jahr) und Seite)
AP	Arbeitsrechtliche Praxis (Entscheidungssammlung)
APP	»Applikation« = spezielle Software insbesondere auf Smartphones und Tabletts
ArbG	Arbeitsgericht
Art.	Artikel
AufenthG	Aufenthaltsgesetz
AuR	Arbeit und Recht (Jahr und Seite)
B2B	Business to Business
BAG	Bundesarbeitsgericht
BauNVO	Verordnung über die bauliche Nutzung der Grundstücke (Baunutzungsverordnung)
BayLDA	Bayerisches Landesamt für Datenschutzaufsicht
BayLfD	Der Bayerische Landesbeauftragte für den Datenschutz
BayVBl.	Bayerische Verwaltungsblätter
BB	Betriebsberater (Jahr, Seite)
BBG	Bundesbeamtengesetz

BCR	Binding Corporate Rules
BDSG	Bundesdatenschutzgesetz
Begr.	Begründer
BetrVG	Betriebsverfassungsgesetz
BfDI	Bundesbeauftragte für den Datenschutz und die Informationsfreiheit
BGB	Bürgerliches Gesetzbuch
BGBl.	Bundesgesetzblatt (Jahr, Teil und Seite)
BGH	Bundesgerichtshof
BKA/-G	Bundeskriminalamt/sgesetz
BArchivG	Bundesarchivgesetz
BMG	Bundesmeldegesetz
BMH	Bergmann/Möhrle/Herb (s. Literaturverzeichnis)
BMinG	Bundesministergesetz
BND/-G	Bundesnachrichtendienst/-Gesetz
BNotO	Bundesnotarordnung
BPersVG	Bundespersonalvertretungsgesetz
BRAO	Bundesrechtsanwaltsordnung
BR-Drs.	Bundesrats-Drucksache
BRRG	Beamtenrechtsrahmengesetz
BSI/-G	Bundesamt für die Sicherheit in der Informationstechnik/-Gesetz
BStatG	Bundesstatistikgesetz
BT-Drs.	Bundestags-Drucksache
BV	Betriebsvereinbarung
BVerfG/E	Bundesverfassungsgericht/Entscheidungssammlung
BVerfSchG	Bundesverfassungsschutzgesetz
BVerwG	Bundesverwaltungsgericht
BZR	Bundeszentralregister
BZRG	Bundeszentralregistergesetz
CF	Computer-Fachwissen (vormals Computer-Fachinformationen) (Jahr, Heft und Seite)
CR	Computer und Recht (Jahr und Seite)
CR/i	Computer und Recht/international (Jahr und Seite)
CuA	Computer und Arbeit (Heft, Jahr und Seite)
DAkkS	Deutsche Akkreditierungsstelle
DANA	DatenschutzNachrichten (Heft, Jahr und Seite)
DB	Der Betrieb (Jahr und Seite)
DDR	Deutsche Demokratische Republik
DepotG	Depotgesetz
ders.	derselbe
d. h.	das heißt
DK	Düsseldorfer Kreis
DLP	Data Leak Prevention, Data Leak Protection
DNS	Desoxyribonukleinsäure
DÖV	Die öffentliche Verwaltung (Jahr und Seite)

DRiZ	Deutsche Richterzeitung (Jahr und Seite)
DSAnpUG-EU	Datenschutz-Anpassungs- und -Umsetzungsgesetz EU
DSB	Datenschutzberater (Heft, Jahr und Seite)
DSB-K/DSK	Konferenz der unabhängigen Datenschutzaufsichtsbehörden des Bundes und der Länder
DSG	Datenschutzgesetz
DSG-EKD	Kirchengesetz über den Datenschutz der Evangelischen Kirche in Deutschland
DSGVO bzw. DS-GVO	Datenschutz-Grundverordnung (EU)
DSRl-JI	Richtlinie für den Datenschutz in den Bereichen Justiz und Polizei
DuD	Datenschutz und Datensicherung (Jahr und Seite)
DV	Dienstvereinbarung
DVBl	Deutsches Verwaltungsblatt (Jahr und Seite)
DVD	Deutsche Vereinigung für Datenschutz
-E	Entwurf
eCommerce-RL	Richtlinie über den elektronischen Geschäftsverkehr
EDPS	European Data Protection Supervisor, Europäischer Datenschutzbeauftragter
EDSA	Europäischer Datenschutzausschuss
EDV	Elektronische Datenverarbeitung
EFZG	Entgeltfortzahlungsgesetz
EG	Europäische Gemeinschaften
EG-DSRl	Europäische Datenschutz-Richtlinie
EGMR	Europäischer Gerichtshof für Menschenrechte
Einf.	Einführung
Einl.	Einleitung
EMRK	Europäische Menschenrechtskonvention
ePVO	ePrivacy-Verordnung
ErwGr	Erwägungsgrund
ESchG	Embryonenschutzgesetz
EU	Europäische Union
EuG	Europäisches Gericht (1. Instanz)
EuGH	Europäischer Gerichtshof
EuGRZ	Europäische Grundrechte-Zeitschrift (Jahr und Seite)
EUV	Vertrag über die Europäischen Union
EuZW	Europäische Zeitschrift für Wirtschaftsrecht
e. V.	eingetragener Verein
EWR	Europäischer Wirtschaftsraum / Abkommen über den Europäischen Wirtschaftsraum
EWS	Europäisches Wirtschafts- und Steuerrecht (Jahr und Seite)
f/f.	fort-/folgende
Fn.	Fußnote
FS	Festschrift
GBl	Gesetzblatt

GBO	Grundbuchordnung
GBV	Gesamtbetriebsvereinbarung
gem.	gemäß
GenDG	Gendiagnostikgesetz
GewO	Gewerbeordnung
GeschGehG	Geschäftsgeheimnisgesetz
GG	Grundgesetz
GKV	gesetzliche Krankenversicherung
GRCh	Grundrechtecharta (EU)
grds.	grundsätzlich
GVBl.	Gesetz- und Verordnungsblatt
HDSG	Hessisches Datenschutzgesetz
HGB	Handelsgesetzbuch
Hrsg.	Herausgeber
HS/Hlbs.	Halbsatz
IAF	International Accreditation Forum
i. d. R.	in der Regel
IFG	Informationsfreiheitsgesetz
IKT	Informations- und Kommunikationstechnik
InfSchG	Infektionsschutzgesetz
InsO	Insolvenzordnung
IP	Internet Protocol
IPbürgR	Internationaler Pakt über bürgerliche und politische Rechte
i. S. d./v.	im Sinne des/der/von
ISO/IEC	International Organization for Standardization/International Electrotechnical Commission
IT	Informationstechnik
i. V. m./v.	in Verbindung mit/von
JAV	Jugend- und Auszubildendenvertretung
JR	Juristische Rundschau (Jahr und Seite)
JZ	JuristenZeitung (Jahr und Seite)
KAGB	Kapitalanlagegesetzbuch
Kap.	Kapitel
KBV	Konzernbetriebsvereinbarung
KDO	Kirchliche Datenschutzordnung (katholische Kirche)
KG	Kammergericht
KJ	Kritische Justiz (Jahr und Seite)
KR	Kündigungsschutzrecht (s. Literaturverzeichnis unter *Bader*)
KSchG	Kündigungsschutzgesetz
KUG	Kunsturhebergesetz
KWG	Kreditwesengesetz
K&R	Kommunikation und Recht (Jahr und Seite)
LAG	Landesarbeitsgericht
LDI NRW	Landesbeauftragte für Datenschutz Nordrhein-Westfalen
LDSG	Landesdatenschutzgesetz

LfD	Landesbeauftragte/r für Datenschutz
LfDI	Landesbeauftragte/r für Datenschutz und Informationsfreiheit
LG	Landgericht
lit.	litera (= Buchstabe)
LNK	Laue/Nink/Kremer (s. Literaturverzeichnis)
LPersVG	Landespersonalvertretungsgesetz
LS	Leitsatz
LuftSIG	Luftsicherheitsgesetz
MAD/-G	Militärischer Abschirmdienst/-Gesetz
MBOÄ	Musterberufsordnung der Ärztekammern
MDR	Monatsschrift Deutschen Rechts (Jahr und Seite)
MDStV	Mediendienste-Staatsvertrag
MMR	Multimedia und Recht (Jahr und Seite)
MPG	Medizinproduktegesetz
MedR	Medizinrecht (Jahr und Seite)
m. w. N.	mit weiteren Nachweisen
Nds.	Niedersachsen
NetzDG	Netzwerkdurchsetzungsgesetz
-neu	Neue Fassung
n. F.	neue Fassung
NGO	Nichtregierungsorganisation, non-governmental organization
NIS-Rl	Richtlinie zum Sicherheitsniveau von Netz- und Informationssystemen
NJ	Neue Justiz (Jahr und Seite)
NJW/-RR	Neue Juristische Wochenschrift/Rechtsprechungsreport (Jahr und Seite)
Nr.	Nummer
NSA	National Security Agency (USA)
NStZ	Neue Zeitschrift für Strafrecht (Jahr und Seite)
NZA	Neue Zeitschrift für Arbeitsrecht (Jahr und Seite)
NZA-RR	Neue Zeitschrift für Arbeitsrecht – Rechtsprechungs-Report (Jahr und Seite)
NZKart	Neue Zeitschrift für Kartellrecht (Jahr und Seite)
OLG	Oberlandesgericht
OTT-	Over-the-Top-(Internetdienste)
OVG	Oberverwaltungsgericht
OWiG	Gesetz über Ordnungswidrigkeiten
PAuswG	Personalausweisgesetz
PE	Presseerklärung
PinG	Privacy in Germany (Jahr und Seite)
PostG	Postgesetz
RDG	Gesetz über Rechtsdienstleistungen
RDV	Recht der Datenverarbeitung (Jahr und Seite)
RFID	Radio Frequency Identification Device
RIW	Recht der Internationalen Wirschaft (Jahr und Seite)

Rspr	Rechtsprechung
RStV	Rundfunkstaatsvertrag
RL	Richtlinie
Rn.	Randnummer
RNA	Ribonukleinsäure
S.	Seite, Satz
SaaS	Software as a Service
SGB	Sozialgesetzbuch
SH	Schleswig-Holstein
SignG	Signaturgesetz
sog.	so genannte/r
Sp.	Spalte
StUG	Stasi-Unterlagengesetz
StGB	Strafgesetzbuch
StPO	Strafprozessordnung
StVG	Straßenverkehrsgesetz
SÜG	Sicherheitsüberprüfungsgesetz
TB	Tätigkeitsbericht
TDDSG	Teledienstedatenschutzgesetz
TDG	Teledienstegesetz
TK-DSRl	Datenschutzrichtlinie für die elektronische Kommunikation
TKG	Telekommunikationsgesetz
TMG	Telemediengesetz
u. a.	und andere
UAbs.	Unterabsatz
ULD	Unabhängiges Landeszentrum für Datenschutz Schleswig-Holstein
UKlaG	Unterlassungsklagengesetz
UrhG	Urhebergesetz
u. U.	unter Umständen
UWG	Gesetz gegen den unlauteren Wettbewerb
v.	vor, von
VerbrKredRL	Verbraucherkreditrichtlinie
VG	Verwaltungsgericht
VGH	Verwaltungsgerichtshof
vgl.	vergleiche
VO	Verordnung
Vorb	Vorbemerkung
VR	Verwaltungsrundschau (Jahr und Seite)
VuR	Verbraucher und Recht (Jahr und Seite)
VVG	Versicherungsvertragsgesetz
VwGO	Verwaltungsgerichtsordnung
VwVfG	Verwaltungsverfahrensgesetz
WBeauftG	Gesetz über den Wehrbeauftragten des Deutschen Bundestags
WLAN	Wireless Local Area Network
WP	Working Paper

WpHG	Wertpapierhandelsgesetz
WRP	Wettbewerb in Recht und Praxis (Jahr und Seite)
WRV	Weimarer Reichsverfassung
z. B.	zum Beispiel
ZD	Zeitschrift für Datenschutz (Jahr und Seite)
ZfPR	Zeitschrift für Personalvertretungsrecht (Jahr und Seite)
zit.	zitiert
ZPO	Zivilprozessordnung
ZRP	Zeitschrift für Rechtspolitik (Jahr und Seite)

Literaturverzeichnis

Albrecht, Astrid, Biometrische Verfahren im Spannungsfeld von Authentizität im elektronischen Rechtsverkehr und Persönlichkeitsschutz, 2003.

Albrecht, Jan Philipp / Jotzo, Florian, Das neue Datenschutzrecht der EU, 2016.

Arndt, Felix / Betz, Nicole / Farahat, Anuscheh / Goldmann, Matthias / Huber, Matthias / Keil, Rainer / Láncos, Petra Lea / Schaefer, Jan / Smrkolj, Maja /Sucker, Franziska, Valta, Stefanie (Hrsg.), Freiheit – Sicherheit – Öffentlichkeit, 2008.

Arnold, Christian / Günther, Jens (Hrsg.), Arbeitsrecht 4.0, 2018 (zit.: Arnold/Günther-*Bearbeiter*).

Ascheid, Reiner / Preis, Ulrich / Schmidt, Ingrid (Hrsg.), Großkommentar zum Kündigungsschutzrecht, 5. Aufl. 2017 (zit.: APS-*Bearbeiter*).

Auernhammer (Begr.) Hrsg. von Eßer, Martin / Kramer, Philipp / v. Lewinski, Kai, DSGVO, BDSG – Kommentar, 6. Aufl. 2018 (zit.: Auernhammer-*Bearbeiter*).

Auernhammer (Begr.) Hrsg. von Eßer, Martin / Kramer, Philipp / v. Lewinski, Kai,, Bundesdatenschutzgesetz und Nebengesetze, Kommentar, 4. Aufl. 2014 (zit.: Auernhammer-*Bearbeiter*, BDSG-alt).

Bader, Peter u. a., Gemeinschaftskommentar zum Kündigungsschutzgesetz und zu sonstigen kündigungsschutzrechtlichen Vorschriften, 12. Aufl. 2019 (zit.: Kr-*Bearbeiter*).

Bäumler, Helmut (Hrsg.), Der neue Datenschutz, 1998 (zit.: Bäumler-*Bearbeiter*).

Bäumler, Helmut / von Mutius, Albert (Hrsg.), Datenschutz als Wettbewerbsvorteil, 2002 (zit.: Bäumler/von Mutius-*Bearbeiter*).

Beilecke, Eckhard, Landesdatenschutzgesetz Schleswig-Holstein, 2. Aufl. 1999.

Benner, Christiane (Hrsg.), Crowdwork – Zurück in die Zukunft? 2015 (zit.: Benner-*Bearbeiter*).

Bergmann, Lutz (frh. Autor u. Hrsg.) / Möhrle, Roland / Herb, Armin, Datenschutzrecht – Kommentar, Loseblatt Stand Februar 2019 (zit.: BMH).

Bieri, Peter, Bearbeitung von Daten über Richterinnen und Richter, 2017.

Bizer, Johann, Forschungsfreiheit und Informationelle Selbstbestimmung, 1992.

Blanpain, Roger / Hendrickx, Frank (ed.), Labour Law between Change and Tradition. Liber Amicorum Antoine Jacobs, 2011.

Blobel, Bernd / Koeppe, David, Handbuch Datenschutz und Datensicherheit im Gesundheits- und Sozialwesen, 2016.

Bloehs, Joachim / Frank, Torben (Hrsg.), Akkreditierungsrecht, 2015.

Borges, Georg / Meents, Jan Geert (Hrsg.), Cloud Computing. Rechtshandbuch, 2016 (zit.: Borges/Meents-*Bearbeiter*).

Born, Tobias, Die Datenschutzaufsicht und ihre Verwaltungstätigkeit im nicht-öffentlichen Bereich, 2014.

Breiter, Andreas / Wind, Martin (Hrsg.), Informationstechnik und ihre Organisationslücken, 2011 (zit.: Breiter/Wind-*Bearbeiter*).

Brennscheid, Kirstin, Cloud Computing und Datenschutz, 2013.

Buchner, Benedikt, Informationelle Selbstbestimmung im Privatrecht, 2006.

Buchner, Benedikt (Hrsg.), Datenschutz im Gesundheitswesen, 2. Aufl. 2019.

Büllesbach, Achim, Transnationalität und Datenschutz. Die Verbindlichkeit von Unternehmensregelungen, 2008.

Bull, Hans Peter, Netzpolitik: Freiheit und Rechtsschutz im Internet, 2013.

v.d. Bussche, Axel / Voigt, Paul, Konzerndatenschutz, 2. Aufl. 2019. (zit.: v.d. Bussche/Voigt-*Bearbeiter*)

Byrd, Sharon / Hruschka, Joachim / Joerden, Jan C. (Hrsg.), Jahrbuch für Recht und Ethik – Annual Review of Law and Ethics, 2015 (zit.: Joerden-*Bearbeiter*).

Cebulla, Manuel, Sprachmittlung und Datenschutz, 2015.

Conrad, Isabell / Grützmacher, Malte (Hrsg.), Recht der Daten und Datenbanken im Unternehmen, 2014.

Cornils, Matthias, Das datenschutzrechtliche Medienprivileg unter Behördenaufsicht?, 2018.

Cremer, Wolfram, Praktische Konkordanz als grundrechtliche Kollisionsregel, in: Festschrift für Jarass, 2015.

Däubler, Wolfgang, Tarifvertragsrecht, 1993.

Däubler, Wolfgang, Handbuch Schulung und Fortbildung, 2004.

Däubler, Wolfgang, Das Arbeitrecht 1, 16. Aufl. 2006.

Däubler, Wolfgang, BGB kompakt, 3. Aufl. 2008.

Däubler, Wolfgang, Das Arbeitrecht 2, 2009.

Däubler, Wolfgang, Digitalisierung und Arbeitsrecht, 6. Aufl. 2018.

Däubler, Wolfgang, Gläserne Belegschaften, 8. Aufl. 2019.

Däubler, Wolfgang, Sicherheitsüberprüfungsgesetz: SÜG. Kommentar, 2019.

Däubler, Wolfgang / Bertzbach, Martin (Hrsg.), Allgemeines Gleichbehandlungsgesetz: AGG. Handkommentar, 4. Aufl. 2018 (zit.: Däubler/Bertzbach-*Bearbeiter*).

Däubler, Wolfgang / Deinert, Olaf / Zwanziger, Bertram (Hrsg.), Kündigungsschutzrecht. Kommentar, 10. Aufl. 2017 (zit.: DDZ-*Bearbeiter*).

Däubler, Wolfgang / Hjort, Jens Peter / Schubert, Michael / Wolmerath, Martin (Hrsg.), Arbeitsrecht. Individualarbeitsrecht mit kollektivrechtlichen Bezügen. Handkommentar, 4. Aufl. 2017 (zit.: HK-ArbR-*Bearbeiter*).

Däubler, Wolfgang / Kittner, Michael / Klebe, Thomas / Wedde, Peter (Hrsg.), Betriebsverfassungsgesetz. Kommentar, 16. Aufl. 2018 (zit.: DKKW-Bearbeiter).

Däubler, Wolfgang / Kittner, Michael / Lörcher, Klaus (Hrsg.), Internationale Arbeits- und Sozialordnung, 2. Aufl. 1994.

Däubler, Wolfgang / Klebe, Thomas / Wedde, Peter / Weichert, Thilo, Bundesdatenschutzgesetz – Kompaktkommentar, 5. Aufl. 2016 (zit.: DKWW-*Bearbeiter* oder DKW-*Bearbeiter*).

Däubler, Wolfgang / Voigt, Peter (Hrsg.), risor silvaticus, Festschrift für Rudolf Buschmann, Frankfurt 2014 (zit. Däubler/Voigt-*Bearbeiter*).

Däubler, Wolfgang, Für wen gilt das Arbeitsrecht? in: Henssler u. a., Moderne Arbeitswelt, Festschrift Wank, 2014, S. 81 ff.

Däubler, Wolfgang, Das partielle Arbeitsverhältnis, Festschrift Buchner, 2009, S. 163.

Däubler, Wolfgang, Angriffe auf den Arbeitnehmer im Internet: in: Müller/Pàrlí/Wildheber (Hrsg.), Festschrift Geiser 2017, S. 31 ff.

Dammann, Ulrich / Simitis, Spiros, EG-Datenschutzrichtlinie – Kommentar, 1997.

Deinert, Olaf, Internationales Arbeitsrecht, 2013.

Deinert, Olaf, Soloselbständige zwischen Arbeitsrecht und Wirtschaftsrecht, 2015.

Deinert, Olaf / Welti, Felix (Hrsg.), Behindertenrecht. Stichwortkommentar, 2. Aufl. 2018 (zit.: Deinert/Welti-*Bearbeiter*).,

Dörr, Erwin / Schmidt, Dietmar, Neues Bundesdatenschutzgesetz, 2. Aufl. 1992.

Dudenredaktion (Hrsg.), Duden Band 10, Bedeutungswörterbuch, 5. Aufl. 2018.

Ehmann, Eugen / Helfrich, Marcus, EG-Datenschutzrichtlinie, 1999.

Ehmann, Eugen / Selmayr, Martin (Hrsg.), Datenschutz-Grundverordnung, 2. Aufl. 2018 (zit.: Ehmann/Selmayr-*Bearbeiter*).

Erichsen, Hans-Uwe / Schäferbarthold, Dieter / Staschen, Heiner / Zöllner, Jürgen E. (Hrsg.), Lebensraum Hochschule – Festschrift für Albert von Mutius aus Anlass des 70. Geburtstags, 2012.

Fitting, Karl (Begr.), Betriebsverfassungsgesetz. Handkommentar, bearbeitet von Engels/Schmidt/Trebinger/Linsenmaier, 29. Aufl. 2018 (zit.: Fitting).

Fleischer, Holger, Informationsasymmetrie im Vertragsrecht: Eine rechtsvergleichende und interdisziplinäre Abhandlung zu Reichweite und Grenzen vertragsschlussbezogener Aufklärungspflichten, 2001.

Forgó, Nikolaus / Helfrich, Marcus / Schneider, Jochen (Hrsg.), Betrieblicher Datenschutz: Rechtshandbuch, 3. Aufl. 2019 (zit.: Forgó/Helfrich/Schneider-*Bearbeiter*).

FRA, European Union Agency for Fundamental Rights (Agentur der Europäischen Union für Grundrechte), Datenschutz in der Europäischen Union, die Rolle der nationalen Datenschutzbehörden, 2010.

Franke, Die Regelung des Datenschutzes im Parlament, 1996.

Franzen, Martin / Gallner, Inken / Oetker, Hartmut (Hrsg.), Kommentar zum europäischen Arbeitsrecht, 2. Aufl. 2018 (zit.: EuArbR-*Bearbeiter*).

Friedewald, Michael / Obersteller, Hannah / Nebel, Maxi / Bieker, Felix / Rost, Martin, White Paper DATENSCHUTZFOLGENABSCHÄTZUNG, ein Werkzeug für einen besseren Datenschutz.

Fündling, Caroline, Recht auf Wissen vs. Recht auf Nichtwissen in der Gendiagnostik, 2017.

Geiger, Hansjörg / Klinghardt, Heinz, Stasi-Unterlagen-Gesetz, fortgeführt von Budsinowski/Bruth/Pietrkiewicz/Rapp-Lücke, 2. Aufl. 2006.

Geiselberger, Heinrich / Moostedt, Tobias (Hrsg.), Big Data, 2013.

Gola, Peter, Datenschutz am Arbeitsplatz, 5. Aufl. 2014.

Gola, Peter (Hrsg.), DS-GVO Datenschutz-Grundverordnung VO (EU) 2016/679, 2. Aufl. 2018 (zit.: Gola-*Bearbeiter*).

Gola, Peter, Handbuch Beschäftigtendatenschutz, 8. Aufl. 2019.

Gola, Peter / Heckmann, Dirk (Hrsg.), Bundesdatenschutzgesetz: BDSG. Kommentar, 13. Aufl. 2019 (zit.: Gola/Heckmann-*Bearbeiter*).

Gola, Peter / Pötters, Stephan / Wronka, Georg, Handbuch Arbeitnehmerdatenschutz, 7. Aufl. 2016.

Gola, Peter / Schomerus, Rudolf (Hrsg. bis 9. Aufl.), BDSG – Bundesdatenschutzgesetz, Kommentar, bearbeitet von Gola/Klug/Körffer, 12. Aufl. 2015.

Gola, Peter / Wronka, Georg, Handbuch zum Arbeitnehmerdatenschutz – Rechtsfragen und Handlungshilfen für die betriebliche Praxis, 6. Aufl. 2013.

Gounalakis, Georgios / Rhode, Lars, Persönlichkeitsschutz im Internet, 2002.

Grabitz, Eberhard / Hilf, Meinhard (frh. Hrsg.) / Nettesheim, Martin (Hrsg.), Das Recht der Europäischen Union, Loseblatt (zit.: Grabitz/Hilf-*Bearbeiter*).

von der Groeben, Hans (frh. Hrsg.) / Schwarze, Jürgen / Hatje, Armin (Hrsg.), Europäisches Unionsrecht, 7. Aufl. Bd. 1, 2015.

Gropp, Walter / Lipp, Martin / Steiger, Heinhard (Hrsg.), Rechtswissenschaft im Wandel – Festschrift des Fachbereichs Rechtswissenschaft zum 400jährigen Gründungsjubiläum der Justus-Liebig-Universität Gießen, 2007.

Gstrein, Oskar Josef, Das Recht auf Vergessenwerden als Menschenrecht, 2016.

Härting, Niko, Datenschutz-Grundverordnung, 2016.

Hauser, Andrea / Haag, Ina, Datenschutz im Krankenhaus, 4. Aufl. 2012.

Hauser, Markus, Das IT-Grundrecht. Schnittfelder und Auswirkungen, 2015.

Heinemann, Marcus, Grundrechtlicher Schutz informationstechnischer Systeme, 2015.

Henssler, Martin / Willemsen, Heinz Josef / Kalb, Heinz-Jürgen (Hrsg.), Arbeitsrecht. Kommentar, 8. Aufl. 2018 (zit.: HWK-*Bearbeiter*).

Hess, Harald u. a., Kommentar zum Betriebsverfassungsgesetz, 10. Aufl. 2018.

Hilber, Marc (Hrsg.), Handbuch Cloud Computing, 2014.

Höller, Heinz-Peter / Wedde, Peter, Die Vermessung der Belegschaft – Mining the Enterprise Social Graph, 2018.

Hoeren, Thomas / Sieber, Ulrich / Holznagel, Bernd (Hrsg.), Handbuch Multimedia-Recht, 48. Aufl. 2019, Loseblatt (zit.: HSH-*Bearbeiter*).

Hoffmann, Christian / Luch, Anika D. / Schulz, Sönke E. / Borchers, Kim Corinna, Die digitale Dimension der Grundrechte, 2015.

Hofstetter, Yvonne, Sie wissen alles – Wie intelligente Maschinen in unser Leben eindringen und warum wir für unsere Freiheit kämpfen müssen, 2014.

Hornung, Gerrit, Die digitale Identität – Rechtsprobleme von Chipkartenausweisen, 2005.

Hornung, Gerrit / Engemann, Christoph, Der digitale Bürger und seine Identität, 2016.

Huber, Berthold (Hrsg.), Aufenthaltsgesetz: AufenthG. Kommentar, 2. Aufl. 2016 (zit.: Huber-*Bearbeiter*).

Immermann, Dimitri, Die Stiftung Datenschutz, 2017.

Isensee, Josef, Das Grundrecht auf Sicherheit, 1983.

Jandt, Silke / Steidle, Roland (Hrsg.), Datenschutz im Internet, 2018 (zit.: Jandt/Steidle-*Bearbeiter*).

Jarass, Hans D., Charta der Grundrechte der Europäischen Union: GRCh. Kommentar, 3. Aufl. 2016.

Jarass, Hans D. / Pieroth, Bodo, Grundgesetz für die Bundesrepublik Deutschland, Kommentar, 14. Aufl. 2016 (zit.: Jarass/Pieroth-*Bearbeiter*).

Johannes, Paul C. / Weinhold, Robert, Das neue Datenschutzrecht bei Polizei und Justiz, 2018.

Jotzo, Florian, Der Schutz personenbezogener Daten in der Cloud, Baden-Baden 2013.

Kilian, Wolfgang / Heussen, Benno (Hrsg.), Computerrechts-Handbuch, 38. Aufl. 2018, Loseblatt (zit.: Kilian/Heussen-*Bearbeiter*).

Kingreen, Thorsten / Kühling, Jürgen (Hrsg.), Gesundheitsdatenschutzrecht, 2015.

Klöpfer, Michael, Datenschutz als Grundrecht, 1980.

Klumpp, Dieter / Kubicek, Herbert / Roßnagel, Alexander / Schulz, Wolfgang (Hrsg.), Informationelles Vertrauen für die Informationsgesellschaft, 2012.

Köhler / Bornkamm / Feddersen, Gesetz gegen den unlauteren Wettbewerb, 38. Aufl. 2020 (zit.: Köhler/Bornkamm/Feddersen-*Bearbeiter*).

Köhler, Helmut / Bornkamm, Joachim / Feddersen, Jörn, Gesetz gegen den unlauteren Wettbewerb: UWG mit PAngV, UKlaG, DL-InfoV, 36. Aufl. 2018 (zit.: Köhler/Bornkamm/Feddersen-*Bearbeiter*).

König, Tassilo-Rouven, Sektorale Datenschutzkontrolle bei Rechtsanwälten, 2015.

Körner, Marita, Informierte Einwilligung als Schutzkonzept, in: Simon/Weiss (Hrsg.), Festschrift Simitis, 2000, S. 131 ff.

Körner, Marita, Wirksamer Beschäftigtendatenschutz im Lichte der Europäischen Datenschutz-Grundverordnung (DS-GVO), 2017.

Kompetenzzentrum Trusted Cloud, Eckpunkte eines Zertifizierungsverfahrens für Cloud-Dienste, 2015.

Kopp, Ferdinand / Schenke, Wolf-Rüdiger / Schenke, Ralf Peter, Verwaltungsgerichtsordnung, Kommentar, 17. Aufl. 2011.

Korczak, Dieter, Verantwortungsvolle Kreditvergabe, Gutachten im Auftrag des BMVEL, 2005.

Kroll, Joachim, Datenschutz im Arbeitsverhältnis, 1981.

Kühling, Jürgen / Buchner, Benedikt (Hrsg.), Datenschutz-Grundverordnung Bundesdatenschutzgesetz, Kommentar, 1. Aufl. 2017 (zit.: Kühling/Buchner-*Bearbeiter*, 1. Aufl. 2017).

Kühling, Jürgen / Buchner, Benedikt (Hrsg.), Datenschutz-Grundverordnung Bundesdatenschutzgesetz, Kommentar, 2. Aufl. 2018 (zit.: Kühling/Buchner-*Bearbeiter*).

Kühling, Jürgen / Martini, Mario / Heberlein, Johanna / Kühl, Benjamin / Nink, David / Weinzierl, Quirin / Wenzel, Michael, Die Datenschutz-Grundverordnung und das nationale Recht, 2016.

Kühling, Jürgen / Seidel, Christian / Sivridis, Anastasios, Datenschutzrecht, 2. Aufl. 2011.

Kühnl, Christina, Persönlichkeitsschutz 2.0, 2016.

Küpferle, Otto, Datenschutz für Arbeitnehmer, 1986.

Küpferle, Otto / Wohlgemuth, Hans-Hermann, Personaldatenverarbeitende Systeme, 1987.

Lakies, Thomas / Malottke, Annette, BBiG – Berufsbildungsgesetz, 6. Aufl. 2018 (zit.: Lakies/Malottke-*Bearbeiter*).

Langen, Eugen / Bunte, Hermann-Josef (Hrsg.), Kartellrecht, Bd. 1: Deutsches Kartellrecht, 13. Aufl. 2018 (zit.: Langen/Bunte-*Bearbeiter*).

Langkafel, Peter (Hrsg.), Big Data in der Medizin und Gesundheitswirtschaft, 2014.

Laue, Philip / Kremer, Sascha, Das neue Datenschutzrecht in der betrieblichen Praxis, 2. Aufl. 2019 (zit.: Laue/Kremer-*Bearbeiter*).

Laue, Philip / Nink, Judith / Kremer, Sascha, Das neue Datenschutzrecht in der betrieblichen Praxis, 2016 (zit.: LNK).

Leopoldina / acatech / Union der Akademien der Wissenschaften, Wissenschaftliche und gesellschaftliche Bedeutung von Längsschnittstudien, 2016.

Lewandowski, Dirk, Handbuch Internet-Suchmaschinen, 2009.

Louis, Hans Walter, Grundzüge des Datenschutzrechts, 1981.

Maas, Ingrid / Schmitz, Karl / Wedde, Peter, Datenschutz 2014. Probleme und Lösungsmöglichkeiten, 2014.

Marsch, Nikolaus, Das europäische Datenschutzgrundrecht, 2018.

Meier, André, Der rechtliche Schutz patientenbezogener Gesundheitsdaten, 2003.

Mester, Britta A., Arbeitnehmerdatenschutz – Notwendigkeit und Inhalt einer gesetzlichen Regelung, 2008.

Metschke, Rainer / Wellbrock, Rita, Datenschutz in Wissenschaft und Forschung, 2000.

Meyer, Jürgen (Hrsg.), Charta der Grundrechte der Europäischen Union. Kommentar, 4. Aufl. 2014 (zit.: Meyer-*Bearbeiter*).

Mühlbauer, Holger, Kontinuität und Brüche in der Entwicklung des deutschen Einwohnermeldewesens, 1995.

Müller, Stefan, Homeoffice in der arbeitsrechtlichen Praxis, 2019.

Müller-Glöge, Rudi / Preis, Ulrich / Schmidt, Ingrid (Hrsg.), Münchener Handbuch zum Arbeitsrecht, Band I und II, 4. Aufl. 2018 (zit.: MünchArbR-*Bearbeiter*).

Müller-Glöge, Rudi / Preis, Ulrich / Schmidt, Ingrid (Hrsg.), Erfurter Kommentar zum Arbeitsrecht, 19. Aufl. 2019 (zit.: ErfK-*Bearbeiter*).

Müller-Heidelberg, Till / Finckh, Ulrich / Grundmann, Verena / Steven, Elke (Hrsg.), Grundrechte-Report 2000, 2000.

Münch, Florian, Autonome Systeme im Krankenhaus, 2017.

Netzwerk Datenschutzexpertise, Zum Auswahlprozess von Datenschutzbeauftragten als Leitung der Aufsichtsbehörden, www.netzwerk-datenschutzexpertise.de, 31.1.2017.

Nordholtz, Christian E. / Mekat, Martin, Musterfeststellungsklage, 2019.

Paal, Boris P. / Pauly, Daniel A. (Hrsg.), Datenschutz-Grundverordnung, Kompakt-Kommentar, 2. Aufl. 2018 (zit.: Paal/Pauly-*Bearbeiter*).

Palandt, Otto (Begr.), Bürgerliches Gesetzbuch: BGB, 78. Aufl. 2019 (zit.: Palandt-*Bearbeiter*).

Paschke, Marian / Berlit, Wolfgang / Meyer, Claus, Gesamtes Medienrecht, 3. Aufl. 2016 (zit.: Paschke/Berlit/Meyer-*Bearbeiter*).

Partsch, Christoph J. (Hrsg.), Bundesarchivgesetz. Handkommentar, 2019.

Paulus, Sachar (Hrsg.), Praxis des Security Managements, zugleich Festschrift für Friedrich Holl, 2015.

Plath, Kai-Uwe (Hrsg.), BDSG Kommentar, 2013 (zit.: Plath-*Bearbeiter* (2013), BDSG-alt).

Plath, Kai-Uwe (Hrsg.), BDSG DSGVO Kommentar, 3. Aufl. 2018 (zit.: Plath-*Bearbeiter*).

Plöse, Michael / Fritsche, Thomas / Kuhn, Michael / Lüders, Sven (Hrsg.), »Worüber reden wir eigentlich?«: Festgabe für Rosemarie Will, 2016 (zit.: FS Will)

Pohle, Jörg / Knaut, Andrea (Hrsg.), Fundationes I: Geschichte und Theorie des Datenschutzes, 2014 (zit.: Pohle/Knaur-*Bearbeiter*).

Prütting, Dorothea, Medizinrecht, 5. Aufl. 2019 (zit.: Prütting-Bearbeiter).

Reichert, Ramón, Big Data, 2014.

Richardi, Reinhard (Hrsg.), Betriebsverfassungsgesetz: BetrVG, 16. Aufl. 2018 (zit.: Richardi-*Bearbeiter*).

Riegel, Reinhard, Datenschutz bei den Sicherheitsbehörden, 2. Aufl. 1992.

Röthemeyer, Peter, Musterfeststellungsklage, 2019.

Roggan, Fredrik / Busch, Dörte, Das Recht in guter Verfassung?, Festschrift für Martin Kutscha, 2013 (zit.: FS Kutscha).

Roßnagel, Alexander (Hrsg.), Handbuch Datenschutzrecht, 2003 (zit.: Roßnagel-*Bearbeiter*).

Roßnagel, Alexander, Zusätzlicher Arbeitsaufwand für die Aufsichtsbehörden der Länder durch die Datenschutz-Grundverordnung, 2017.

Roßnagel, Alexander (Hrsg.), Europäische Datenschutz-Grundverordnung, 2017.

Roßnagel, Alexander / Moser-Knierim, Antonie / Schweda, Sebastian, Interessenausgleich im Rahmen der Vorratsdatenspeicherung, 2013.

Roßnagel, Alexander / Pfitzmann, Andreas / Garstka, Hansjürgen, Modernisierung des Datenschutzrechts, 2001.

Schaar, Peter, Datenschutz im Internet, 2002.

Schaffland, Hans-Jürgen / Wiltfang, Noeme, Bundesdatenschutzgesetz, Loseblatt, Stand: Oktober 2015 (zit.: Schaffland/Wiltfang-*Bearbeiter*).

Schaffland, Hans-Jürgen / Wiltfang, Noeme, Datenschutzgrundverordnung – DS-GVO, Loseblatt, Stand: Januar 2018 (zit.: Schaffland/Wiltfang-*Bearbeiter*).

Schantz, Peter / Wolff, Heinrich Amadeus, Das neue Datenschutzrecht, Datenschutz-Grundverordnung und Bundesdatenschutzgesetz in der Praxis, 2017 (zit.: Schantz/Wolff-*Bearbeiter*).

Schaub (Begr.), Arbeitsrechts-Handbuch, bearbeitet von Ahrendt/Koch/Linck/Treber/Vogelsang, 17. Aufl. 2017 (zit.: Schaub-*Bearbeiter*).

Scheja, Gregor, Datenschutzrechtliche Zulässigkeit einer weltweiten Kundendatenbank, 2006.

Schenke, Wolf-Rüdiger / Graulich, Kurt / Ruthig, Josef (Hrsg.), Sicherheitsrecht des Bundes. Kommentar, 2. Aufl. 2019.

Schlink, Bernhard, Die Amtshilfe: Ein Beitrag zu einer Lehre von der Gewaltenteilung in der Verwaltung, 1982.

Schmidt, Jan-Hinrik / Weichert, Thilo (Hrsg.), Datenschutz – Grundlagen, Entwicklungen und Kontroversen, 2012 (zit.: Schmidt/Weichert-*Bearbeiter*).

Schneider, Florian, Meldepflichten im IT-Sicherheitsrecht, 2017.

Schneider, Uwe K., Sekundärnutzung klinischer Daten – Rechtliche Rahmenbedingungen, 2015.

Schönefeld, Jana / Thomé, Sarah, Auswirkungen der Datenschutz-Grundverordnung auf die Sanktionierungspraxis der Aufsichtsbehörden, in: Privacy in Germany, 03.17.

Schröder, Michael / Taeger, Jürgen (Hrsg.), Scoring im Focus: Ökonomische Bedeutung und rechtliche Rahmenbedingungen im internationalen Vergleich, 2014.

Schuldt, Lasse, Geheimnisverrat, 2011.

Schwartmann, Rolf / Jaspers, Andreas / Thüsing, Gregor / Kugelmann, Dieter (Hrsg.), Datenschutz-Grundverordnung Bundesdatenschutzgesetz, 2018 (zit.: SJTK-*Bearbeiter*).

Schwarze, Jürgen / Becker, Ulrich / Hatje, Johann / Schoo, Johann (Hrsg.), EU-Kommentar, 4. Aufl. 2019 (zit.: Schwarze-Bearbeiter).

Simitis, Spiros, Schutz von Arbeitnehmerdaten, 1980.

Simitis, Spiros (Hrsg.), Bundesdatenschutzgesetz, 8. Aufl. 2014 (zit.: Simitis-*Bearbeiter*).

Simitis, Spiros / Hornung, Gerrit / Spiecker genannt Döhmann, Indra (Hrsg.), Datenschutzrecht DSGVO mit BDSG, 2019 (zit. SHS-*Bearbeiter*).

Sokol, Bettina (Hrsg.), Neue Instrumente im Datenschutz, 1999 (zit.: Sokol-*Bearbeiter*).

Specht, Louisa / Mantz, Reto (Hrsg.), Handbuch Europäisches und deutsches Datenschutzrecht, 2019 (zit.: Specht/Mantz-*Bearbeiter*).

Spindler, Gerald / Schuster, Fabian (Hrsg.), Recht der elektronischen Medien, 3. Aufl. 2015.

Spindler, Gerald / Thorun, Christian, Eckpunkte einer digitalen Ordnungspolitik, 2015.

Stern, Klaus / Sachs, Michael (Hrsg.), Europäische Grundrechte-Charta: GRCh, 2016 (zit.: Stern/Sachs-*Bearbeiter*).

Stiftung Datenschutz (Hrsg.), Big Data und E-Health, 2017.

Stockter, Ulrich, Präventivmedizin und Informed Consent, 2008.

Sydow, Gernot (Hrsg.), Europäische Datenschutzgrundverordnung, 2. Aufl. 2018 (zit.: Sydow-*Bearbeiter*).

Taeger, Jürgen / Gabel, Detlev (Hrsg.), Kommentar zum BDSG, 2. Aufl. 2013 (zit.: Taeger/Gabel-*Bearbeiter*).

Tausch, Sebastian, Persönlichkeitsrechtsverletzungen durch die Veröffentlichung von Fotos im Internet, 2016.

Theißen, Sascha, Risiken informations- und kommunikationstechnischer (IKT-) Implantate im Hinblick auf Datenschutz und Datensicherheit, 2009.

Thüsing, Gregor (Hrsg.), Arbeitnehmerdatenschutz und Compliance, 1. Aufl. 2010.

Thüsing, Gregor (Hrsg.), Beschäftigtendatenschutz und Compliance, 2. Aufl. 2014 (zit.: Thüsing-*Bearbeiter*).

Thüsing, Gregor (Hrsg.), Arbeitnehmerdatenschutz und Compliance, 2. Aufl. 2014.

Tinnefeld, Marie-Theres / Buchner, Benedikt / Petri, Thomas, Einführung in das Datenschutzrecht, 5. Aufl. 2012.

Tinnefeld, Marie-Theres / Ehmann, Eugen / Gerling, Rainer W., Einführung in das Datenschutzrecht, 4. Aufl. 2005 (zit.: TEG).

Tinnefeld, Marie-Theres / Buchner, Benedikt / Petri, Thomas, Einführung in das Datenschutzrecht, 5. Aufl. 2012 (zit.: TBP).

Tinnefeld, Marie-Theres / Philipps, Lothar / Heil, Susanne (Hrsg.), Informationsgesellschaft und Rechtskultur in Europa, 1995.

Tschöpe, Ulrich (Hrsg.), Arbeitsrecht Handbuch, 11. Aufl. 2019 (zit.: Tschöpe-*Bearbeiter*)

Ulrici, Bernhard, Geschäftsgeheimnisschutzgesetz, 2019.

Unabhängiges Landeszentrum für Datenschutz Schleswig-Holstein (ULD), Datenschutz und Geoinformationen, bearbeitet von Karg/Weichert, 2007.

Unabhängiges Landeszentrum für Datenschutz Schleswig-Holstein (ULD), Datenschutzrechtliche Rahmenbedingungen für die Bereitstellung von Geodaten für die Wirtschaft, bearbeitet von Karg, 2008.

Unabhängiges Landeszentrum für Datenschutz Schleswig-Holstein (ULD)/GP-Forschungsgruppe, Scoring nach der Datenschutz-Novelle 2009 und neue Entwicklungen, 2014.

Wächter, Michael, Datenschutz im Unternehmen, 3. Aufl. 2003.

Weberling, Johannes, Stasi-Unterlagen-Gesetz, 1993.

Wedde, Peter, quid! Das Gütesiegel für Qualität im betrieblichen Datenschutz, 2001.

Wedde, Peter, EU-Datenschutz-Grundverordnung, 2016.

Wedde, Peter (Hrsg.), Handbuch Datenschutz und Mitbestimmung, 2. Auflage 2018 (zit.: Wedde-*Bearbeiter*).

Wegener, Bernhard, Der geheime Staat – Arkantradition und Informationsfreiheitsrecht, 2006.

Weichert, Thilo, Informationelle Selbstbestimmung und strafrechtliche Ermittlung, 1990.

Weichert, Thilo, AZRG – Kommentar zum Ausländerzentralregistergesetz, 1998.

Weniger, Robert, Grenzüberschreitende Datenübermittlungen international tätiger Unternehmen – nach Maßgabe der europäischen Datenschutzrichtlinie 95/46/EG, 2005.

Westin, Alan F., Privacy and Freedom, 1967.

Weth, Stephan / Herberger, Maximilian / Wächter, Michael / Sorge, Christoph (Hrsg.), Daten- und Persönlichkeitsschutz im Arbeitsverhältnis, 2. Aufl. 2019 (zit.: WHWS-*Bearbeiter*).

Wiese, Günther / Kreutz, Peter / Oetker, Hartmut u. a., Betriebsverfassungsgesetz. Gemeinschaftskommentar, 2 Bände, 11. Aufl. 2018 (zit.: GK-BetrVG-*Bearbeiter*).

Wilkat, Anja, Bewertungsportale im Internet, 2013.

Wohlgemuth, Hans-Hermann, Datenschutz für Arbeitnehmer, 2. Aufl. 1988.

Wohlgemuth, Hans-Hermann, Datenschutzrecht, 2. Aufl. 1993

Wohlgemuth, Hans-Hermann / Gerloff, Jürgen, Datenschutzrecht, 3. Aufl. 2005.

Wolff, Heinrich Amadeus / Brink, Stefan (Hrsg.), Datenschutzrecht in Bund und Ländern, Kommentar, 2013 (zit.: Wolff/Brink-*Bearbeiter*).

Wybitul, Tim (Hrsg.), Handbuch EU-Datenschutz-Grundverordnung, 2017 (zit.: Wybitul-*Bearbeiter*).

Wybitul, Tim / Schultze-Melling, Jyn (Hrsg.), Datenschutz im Unternehmen, 2. Aufl. 2014 (zit.: Wybitul/Schultze-*Bearbeiter*).

Zöller, Mark A. / Esser, Robert (Hrsg.), Justizielle Medienarbeit im Strafverfahren, 2019 (zit.: Zöller/Esser-*Bearbeiter*).

Zöller, Mark A. / Hilger, Hans / Küper, Wilfried / Roxin, Claus (Hrsg.), Gesamte Strafrechtswissenschaft in internationaler Dimension, Festschrift für Jürgen Wolter, 2013 (zit.: FS Wolter).

Zöllner, Wolfgang, Daten- und Informationsschutz im Arbeitsverhältnis, 1983.,

Europäische Datenschutz-Grundverordnung (EU-DSGVO)

VERORDNUNG (EU) 2016/679 DES EUROPÄISCHEN PARLAMENTS UND DES RATES vom 27. April 2016 zum Schutz natürlicher Personen bei der Verarbeitung personenbezogener Daten, zum freien Datenverkehr und zur Aufhebung der Richtlinie 95/46/EG (Datenschutz-Grundverordnung)

Einleitung

Inhaltsübersicht Rn.

I. Allgemeines

Der Begriff »Datenschutz« stammt aus den 1970er-Jahren und kann als Begriff insofern missverständlich sein, dass Objekt des rechtlichen, organisatorischen und technischen Schutzes nicht Daten, sondern Menschen sind, die »Betroffenen« bzw. »betroffenen Personen« (Diese beiden Begriffe werden in diesem Kommentar synonym verwendet), auf die sich Daten beziehen. Personenbezogene oder -beziehbare Daten sollen so verarbeitet werden, dass die Betroffenen keinen materiellen oder immateriellen Schaden erleiden. Das deutsche Bundesverfassungsgericht (BVerfG) hat für Datenschutz den weniger missverständlichen Begriff der »**informationellen Selbstbestimmung**« geprägt, der sich inhaltlich aber nicht von dem Begriff »Datenschutz« unterscheidet. Abgeleitet wurde das Recht auf informationelle Selbstbestimmung aus zwei etablierten Schutzgütern: dem allgemeinen Persönlichkeitsrecht und dem Recht auf Privatsphäre. Schutzobjekt sind nicht nur die Individuen, sondern auch generell die gesellschaftlichen Freiheitsrechte sowie die demokratische Ordnung.[1] 1

II. Historisches

Datenschutz hat frühe Wurzeln in Geheimhaltungsnormen, wie sie sich in der standesrechtlichen Verpflichtung zur ärztlichen Verschwiegenheit im Eid des Hippokrates (ca. 460 bis 370 v. Chr.), im Seelsorge- und Beichtgeheimnis (seit 1215 n. Chr.) oder im Brief- 2

1 BVerfG 15.12.1983 – 1 BvR 209/83 u.a., Volkszählung, NJW 1984, S. 422.

geheimnis (z. B. Preußische Postordnung 1712) finden. Mit dem **Aufkommen moderner Informations- und Kommunikationstechniken** (Fotografie, Massenprintmedien) entstand der Bedarf an einem von spezifischen Situationen oder Personen unabhängigen Schutz, der von den US-amerikanischen Verfassungsrechtlern Warren und Brandeis in einem Aufsatz »Recht auf Privatsphäre« als das »Recht des Einzelnen, allein gelassen zu werden« beschrieben wird.[2] Wegen der Entwicklung in der Telekommunikation und bei der Computerisierung wurde in den 1960er Jahren der Bedarf an neuen Schutzinstrumenten erkannt.[3] Die weltweit erste gesetzliche Normierung erfolgte 1970 mit dem Hessischen Datenschutzgesetz.[4] Dem folgten viele weitere Gesetze in Deutschland (insbes. das Bundesdatenschutzgesetz – BDSG – seit 1977), in Europa und weltweit.[5]

3 Eine erste **völkerrechtliche Anerkennung** fand der Datenschutz in der europäischen Datenschutzkonvention von 1980, mit der bei einem grenzüberschreitenden Datenverkehr der Datenschutz im Empfängerland sowie der freie Fluss der Daten gesichert werden sollten. Zwar ist der Begriff Datenschutz (englisch Data Protection, französisch Protection des Données) weltweit verbreitet, doch gibt es bis heute keine explizite globale Anerkennung oder ein einheitliches Verständnis. Eine normative Grundlage findet sich allenfalls im Recht auf Privatheit gemäß Art. 12 der Allgemeinen Erklärung der Menschenrechte (1948) sowie Art. 17 des Internationalen Paktes für zivile und politische Rechte aus dem Jahr 1966.[6]

4 In Art. 8 der **Europäischen Menschenrechtskonvention** (EMRK) vom 4.11.1950 wird ein Recht auf Achtung des Privat- und Familienlebens, der Wohnung, der Korrespondenz und damit implizit auch ein Recht auf Schutz personenbezogener Daten gewährleistet. Die Einhaltung der im Rahmen des Europarats erarbeiteten EMRK wird durch den Europäischen Gerichtshof für Menschenrechte (EGMR) überprüft, der zum Datenschutz eine Vielzahl von Entscheidungen getroffen hat. Das Ministerkomitee des Europarats hat zudem Entschließungen zum Schutz personenbezogener Daten erarbeitet. Auf den Europarat geht zudem das von allen EU-Staaten ratifizierte Übereinkommen Nr. 108 aus dem Jahr 1981 zum Datenschutz zurück.[7]

5 Der gesellschaftliche, politische und letztlich der verfassungsrechtliche Durchbruch des Datenschutzes gelang in Deutschland mit der Auseinandersetzung um die für 1983 geplante Volkszählung, anlässlich der das Bundesverfassungsgericht dem »**Recht auf informationelle Selbstbestimmung**« als Ableitung aus dem allgemeinen Persönlichkeitsrecht aus Art. 2 Abs. 1 i. V. m. 1 Abs. 1 GG Grundrechtsstatus zuerkannte.[8]

6 Dieses Grundrecht fand seitdem in Verfassungen deutscher Bundesländer sowie international in den Verfassungen vieler Staaten Eingang, nicht aber explizit im Grundgesetz. Seine erste verbindliche supranationale Normierung fand das Grundrecht in der mit dem

---

2 Warren/Brandeis, 1890/2012, S. 755.
3 Westin, Privacy and Freedom, 1967.
4 Hess. GVBl. 1970, 625.
5 Zur historischen Entwicklung DKWW-*Weichert*, Einl. Rn. 1ff.; v. Lewinski in Arndt u. a., Freiheit – Sicherheit – Öffentlichkeit, S. 196, 204f.; umfassend zur Frühzeit des Datenschutzes Westin, a. a. O., S. 7ff.; zur Geschichte seit den 1970ern umfassend SHS-*Simitis*, Einl. Rn. 1ff.
6 Weichert, DuD 2014, 402.
7 Gola-*Gola*, Einl Rn. 7f.; Ehmann/Selmayr-*Selmayr/Ehmann*, Einf. Rn. 10–12.
8 BVerfG NJW 1984, 419.

Vertrag von Lissabon Ende 2009 in Kraft getretenen **Europäischen Grundrechte-Charta** (GRCh). Deren Art. 8 wird wörtlich in Art. 16 AEUV wiederholt und regelt in Abs. 2 die Kompetenzen der EU sowie das Verfahren zum Erlass von Datenschutzvorschriften:[9]

Art. 8 – Schutz personenbezogener Daten 7

(1) Jede Person hat das Recht auf Schutz der sie betreffenden personenbezogenen Daten.
(2) Diese Daten dürfen nur nach Treu und Glauben für festgelegte Zwecke und mit Einwilligung der betroffenen Person oder auf einer sonstigen gesetzlich geregelten legitimen Grundlage verarbeitet werden. Jede Person hat das Recht, Auskunft über die sie betreffenden erhobenen Daten zu erhalten und die Berichtigung der Daten zu erwirken.
(3) Die Einhaltung dieser Vorschriften wird von einer unabhängigen Stelle überwacht.

Mit der **Europäischen Datenschutz-Grundverordnung** (DSGVO) besteht die weltweit 8
erste supranationale, vom 25.5.2018 an direkt anwendbare Regulierung des Datenschutzes. Die direkte Anwendbarkeit basiert auf Art. 288 Abs. 2 AEUV. Entgegen dem Sprachgebrauch im nationalen deutschen Recht handelt es sich bei Verordnungen der EU nicht um von der Verwaltung gesetztes Recht, sondern um einen Gesetzgebungsakt der Europäischen Union (EU) i. S. v. Art. 297 Abs. 1 AEUV. Die DSGVO ist in der EU am 25.5.2016 in Kraft getreten und hat seitdem eine rechtliche Vorwirkung sowohl für Behörden wie auch für nicht-öffentliche Stellen.[10] und löst die seit 1995 geltende Datenschutz-Richtlinie 95/46/EG ab.

Inzwischen ist allgemein anerkannt, dass Datenschutz ein Wettbewerbsfaktor[11] ist und 9
dass die Beachtung des Datenschutzrechts wettbewerbsrechtlich von Relevanz ist.[12] Dies findet seinen Ausdruck darin, dass Verstöße gegen das Datenschutzrecht als verbraucherrechtswidrig (dazu ausführlich UKlaG Einl) und als sittenwidrig i. S. v. § 1 UWG und als **unlauteres Wettbewerbsverhalten** angesehen werden können. Voraussetzung für die Sittenwidrigkeit ist, dass Vorschriften missachtet werden, denen eine dem Schutzzweck des UWG entsprechende sittlich-rechtliche Wertung zu Grund liegt, die unmittelbare Wettbewerbsbezogenheit aufweisen oder aber besonders wichtige Gemeinschaftsgüter schützen.[13] Die Regelungen der §§ 28ff. BDSG-alt und nun der DSGVO und des BDSG-neu können im Wettbewerbskontext Marktverhaltensregeln i. S. v. § 4 Nr. 11 UWG sein. Verstöße gegen das Wettbewerbsrecht können von Verbraucherverbänden wie von Konkurrenten gerichtlich geltend gemacht werden (siehe UKlaG Einleitung Rn. 3c-3e).[14]

Der Aspekt der **Wettbewerbsrelevanz** datenschutzwidriger Praktiken hat inzwischen 10
auch im Kartellrecht Eingang gefunden (siehe UKlaG Einleitung Rn. 3a, 3b). Die Datenschutzeignung von Soft- und Hardware kann als Sollbeschaffenheit im Rahmen von zivil-

9 Zur Dogmatik ausführlich Marsch, Das europäische Datenschutzgrundrecht, 2018.
10 Ehmann/Selmayr-*Selmayr/Ehmann*, Einf. Rn. 7.
11 Bäumler/von Mutius, Datenschutz als Wettbewerbsvorteil, 2002; Weichert, DuD 2012, 716.
12 Podszun/de Toma, NJW 2016, 2987.
13 OLG Frankfurt, RDV 2001, 131.
14 S. dazu auch die umfangreichen Nachweise in der Vorauflage unter Fn. 14.

rechtlicher (Vertrags-) Verhältnisse von Bedeutung sein.[15] Bei völkerrechtlichen Freihandelsabkommen kann Datenschutz als Regelungsinhalt bzw. -ausnahme bedeutend sein.[16]

III. Verfassungsrechtlicher Inhalt

11 Datenschutzrecht legt fest, unter welchen Voraussetzungen personenbezogene Daten erhoben, gespeichert und genutzt (verarbeitet) werden dürfen. Es geht also nicht (nur) um die Verfügungsmacht über Daten bzw. den Schutz privater Geheimnisse, sondern in einer sich immer stärker digitalisierenden Welt umfassender um die Erhebungs- und **Nutzungsbefugnisse personenbezogener Daten**. Unter den modernen Bedingungen der Datenverarbeitung soll die freie Entfaltung der Persönlichkeit des Einzelnen gegen unbegrenzte Erhebung, Speicherung, Verwendung und Weitergabe persönlicher Daten geschützt werden.[17]

12 Das deutsche Bundesverfassungsgericht war bei der Begründung und der weiteren Ausgestaltung des Grundrechts auf Datenschutz lange Zeit bestimmend. Ein spezifischer rechtlicher Schutz wurde schon früh im **Recht am eigenen Bild und am gesprochenen Wort** gesehen.[18] Das BVerfG stellte fest, dass **verdachtslose informationelle sowie heimliche Erfassungen** besonders schwere Eingriffe darstellen.[19] Zwar ist grds. jedes personenbezogene Datum schutzbedürftig; es gibt kein »belangloses Datum«. Der konkrete Schutzbedarf hängt von der Art der Verarbeitung und dem Kontext (Verantwortlicher, Verarbeitungszweck) ab. Sensitive bzw. sensible Daten, zu denen Angaben über rassische und ethnische Herkunft, politische Meinungen, religiöse oder weltanschauliche Überzeugungen, Gewerkschaftszugehörigkeit, Gesundheit, Sexualleben und sexuelle Orientierung gehören, bedürfen eines erhöhten Schutzes (vgl. Art. 9 Abs. 1 DSGVO). Dies ist darauf zurückzuführen, dass insofern besonders tief in die Persönlichkeitssphäre des Menschen eingedrungen wird und von der Verwendung dieser Daten ein hohes Diskriminierungsrisiko ausgeht.

12a Hinsichtlich der grundrechtsdogmatischen Einordnung des Datenschutzes gibt es eine Vielzahl von Einordnungen. Dabei wird oft ein **Spannungsverhältnis zwischen Privatheit und informationeller Selbstbestimmung** gesehen. Das Konzept von Privatheit stammt eher aus dem angloamerikanischen Raum (»privacy«). Kommunikative Selbstbestimmung ist eine Spezifizierung informationeller Selbstbestimmung. Für die Annahme eines Spannungsverhältnisses gibt es in der Praxis keinen Anlass. Vielmehr ergänzen sich die Ansätze und gehen in der Praxis ineinander über.[20]

13 Die zunehmende Digitalisierung praktisch aller Lebensbereiche brachte das BVerfG dazu, ergänzend zum Recht auf informationelle Selbstbestimmung ein »**Recht auf Gewährleistung der Vertraulichkeit und Integrität informationstechnischer Systeme**« abzuleiten,

---

15 Schuster/Hunzinger CR 2017, 141.

16 Weichert, DuD 2014, 850; Kilian, CR 2016, 51.

17 BVerfG 15.12.1983, NJW 1984, 422; grundlegend Eichenhofer, Der Staat, 55 (2016), 41–67.

18 Zum Recht am eigenen Bild in sozialen Netzwerken Lauber-Rönsberg, NJW 2016, 744; Tausch, Persönlichkeitsrechtsverletzungen durch die Veröffentlichung von Fotos im Internet, 2016.

19 DKWW-*Weichert*, Einl. Rn. 7.

20 Gusy, EuGRZ 2018, 244–255; Eichenhofer, Der Staat 55 (2016), 41–67; Reinhardt, AöR 142 (2017), 528; Timmermann DÖV 2019, 250.

womit neben dem räumlichen (Wohnung) und dem sozialen Bereich (Familie) ein digitaler persönlichkeitsrechtlicher Schutzbereich definiert wird, in den einzudringen es einer erhöhten Rechtfertigung bedarf.[21] Weitergehend beschrieb das BVerfG gar einen – präzise schwer fassbaren – auch durch digitale Erfassung unantastbaren Kernbereich privater Lebensgestaltung.[22] Ähnlichen Erwägungen folgt der EuGH, wenn er einen absoluten Schutz des Wesensgehalts der Grundrechte auf Privatleben und auf Datenschutz postuliert.[23]

Das BVerfG war es auch, das aus dem grundrechtlichen allgemeinen Geltungsanspruch 14
des Datenschutzgrundrechts, das sich zunächst gegen staatliche bzw. hoheitliche Eingriffe richtet, auch eine gesellschaftliche, **objektiv-rechtliche Funktion** ableitete, aus der sich staatliche Schutzpflichten ergeben. Staatliche Schutz- und Gewährleistungspflichten begründen die Notwendigkeit administrativer Schutzvorkehrungen, etwa durch unabhängige Behörden, aber auch Anspruch auf Rechtsschutz durch Eingriffe durch private Dritte. Dem Grundrecht auf Datenschutz kommt als Norm des objektiven Rechts eine **Drittwirkung im Bereich der Wirtschaft** zu.[24] Die staatliche Schutzpflicht gebietet, die Voraussetzungen eines wirkungsvollen informationellen Selbstschutzes bereitzustellen. Dies gilt insbesondere dann, wenn private Stellen ein solches ökonomisches, technisches oder organisatorisches Gewicht haben, dass sie die informationellen Vorgänge zu einer Person faktisch einseitig bestimmen können.[25]

Das Grundrecht auf Datenschutz beschränkt sich nicht auf den Schutz einer eng definier- 15
ten Privatsphäre, sondern gewährt einen umfassenden **informationellen Schutz individueller Grundrechte**. Dies gilt z. B. für die Religionsfreiheit (Art. 4 GG, 10 GRCh), den Schutz von Ehe und Familie (Art. 6 GG, 9 GRCh), die Forschungsfreiheit (Art. 5 Abs. 3 GG, 13 GRCh), das Telekommunikationsgeheimnis (Art. 10 GG, 7 GRCh), in besonderem Maße für die politischen Freiheitsrechte wie die Versammlungs- und Vereinigungsfreiheit (Art. 8, 9 GG, 12 GRCh) sowie die informationellen Freiheiten der Meinungsäußerung und der Information sowie der Presse (Art. 5 GG, 11 GRCh).[26] Der Schutz basiert auf der Erwägung, dass ein Mensch, der nicht mehr wissen kann, wer was wann und bei welcher Gelegenheit über ihn weiß und unsicher ist, ob und wie Informationen über abweichendes Verhalten erhoben, gespeichert und genutzt wird, versuchen wird, nicht durch solche Verhaltensweisen aufzufallen, und so seine Freiheitsrechte nicht in Anspruch nimmt.[27] Angesichts der Digitalisierung und der damit zunehmenden informationellen

21 BVerfG 27. 2. 2008 – 1 BvR 370/07 u. 1 BvR 595/07, Online-Durchsuchung, NJW 2008, 822; dazu Hauser, Das IT-Grundrecht. Schnittfelder und Auswirkungen, 2015; Heinemann, Grundrechtlicher Schutz informationstechnischer Systeme, 2015.

22 U.a. BVerfG 3. 3. 2004 – 1 BvR 2378/98 u. 1 BvR 1984/99, Großer Lauschangriff, NJW 2004, 999.

23 EuGH 6. 10. 2015 – C-362/14, Rn. 94, NJW 2015, 3157; dazu Bock/Engeler, DVBl 2016, 593.

24 Für das Europarecht ebenso Ehmann/Selmayr-*Selmayr/Ehmann*, Einf. Rn. 36; Däubler, Gläserne Belegschaften, Rn. 134a.

25 BVerfG 23. 10. 2006 – 1 BvR 2027/02, Schweigepflichtentbindung, NJW 2007, 576.

26 Weichert, KJ 2014, 123; Hoffmann/Luch/Schulz/Borchers, Die digitale Dimension der Grundrechte, 2015.

27 BVerfG 15. 12. 1983, NJW 1984, 422.

Relevanz der Grundrechte bestehen Bestrebungen, in der EU eine Charta der digitalen Grundrechte[28] zu verabschieden.

16 Neben dem subjektiven Schutz Betroffener kommt dem Datenschutz auch eine **gesamtgesellschaftliche und demokratische Funktion** zu. Die umfassende informationelle Erfassung der Menschen würde nicht nur die individuellen Entfaltungschancen der Menschen beeinträchtigen, sondern auch das Gemeinwohl, weil Selbstbestimmung eine elementare Funktionsbedingung eines auf Handlungs- und Mitwirkungsfähigkeit seiner Bürger begründeten freiheitlichen demokratischen Gemeinwesens ist.[29] Nicht in der persönlichen Freiheitswahrnehmung total erfasst und registriert zu werden, zählt das BVerfG »zur verfassungsrechtlichen Identität der Bundesrepublik Deutschland«. Ein Vorgehen, das »auf eine möglichst flächendeckende vorsorgliche Speicherung aller für die Strafverfolgung oder Gefahrenprävention nützlichen Daten zielte, wäre von vornherein mit der Verfassung nicht vereinbar«. Auch im Zusammenspiel mit anderen vorhandenen Dateien darf es nicht »zur Rekonstruierbarkeit praktisch aller Aktivitäten der Bürger führen«.[30] Der Staat und damit auch dessen Gesetzgeber ist beim Erarbeiten von Gesetzen, mit denen neue Überwachungsinstrumente zugelassen werden, verpflichtet, eine Überwachungs-Gesamtrechnung vorzunehmen und die verfügbaren Überwachungsmaßnahmen in eine Verhältnismäßigkeitsprüfung der Gesamtbelastungen digitaler Freiheiten einzubeziehen.[31]

17 Dem Datenschutz kommt zudem eine Funktion bei der Realisierung von Gleichbehandlung, sozialer Gerechtigkeit und bei der **Verhinderung von Diskriminierung** zu (Art. 3, 20 Abs. 1 GG, 20ff. GRCh). Er gewährleistet, dass Menschen wegen der Zugehörigkeit zu einer bestimmten Bevölkerungsgruppe und wegen bestimmter persönlicher Merkmale nicht benachteiligt werden und dass die Inanspruchnahme sozialer Hilfen möglich ist, ohne dass die Befürchtung besteht, dass jemand wegen einer ökonomischen, gesundheitlichen, seelischen oder familiären Notlage ungerechtfertigte Nachteile erleidet.[32]

18 Das Recht auf informationelle Selbstbestimmung ist nicht schrankenlos gewährleistet. Der Einzelne muss **Einschränkungen** seines Rechts im überwiegenden Allgemeininteresse hinnehmen. Diese Einschränkungen bedürfen einer gesetzlichen Grundlage, die den Wesensgehalt des Grundrechts wahrt und aus der sich die Voraussetzungen und der Umfang der Beschränkungen klar und für den Bürger erkennbar ergeben (rechtsstaatliches Gebot der Normenklarheit). Beim Erlass dieser Regelungen sowie bei deren Anwendung ist der Grundsatz der Verhältnismäßigkeit zu beachten. Angesichts der Risiken bei der Nutzung der automatischen Datenverarbeitung sind zusätzliche organisatorische und verfahrensrechtliche Vorkehrungen zu treffen, welche der Gefahr der Verletzung des Persönlichkeitsrechts entgegenwirken.[33]

---

28 S. *https://digitalcharta.eu/*; von Westphalen, BB 2018, 899.

29 BVerfG 15.12.1983, NJW 1984, 422; ausführlich dazu Klement, JZ 2017, 161–170.

30 BVerfG 2.3.2010 – 1 BvR 256/08, 1 BvR 263/08, 1 BvR 586/08, Vorratsdatenspeicherung, NJW 2010, 839, Rn. 218.

31 Roßnagel, NJW 2010, 1240; Roßnagel/Moser-Knierim/Schweda, Interessenausgleich im Rahmen der Vorratsdatenspeicherung, 2013, S. 177; Knierim, ZD 2013, 21; Braun/Albrecht, VR 2017, 151.

32 Ausführlich Hacker, Common Market Law Review 55 (2018), 1143–1186.

33 BVerfG 15.12.1983, NJW 1984, 419, 422; EuGH 8.4.2014 – C-293/12, C-594/12, NJW 2014, 2169, Rn. 38.

IV. Datenschutz-Grundverordnung

Am 8.4.2016 beschlossen der Rat der EU und am 14.4.2016 das Parlament der EU einen neuen **Rechtsrahmen zum Schutz personenbezogener Daten** in der Europäischen Union, auf den sich diese am 15.12.2015 mit der Kommission der EU im sog. Trilog geeinigt hatten. Dieser Rechtsrahmen hat zwei Bestandteile, eine Richtlinie für den Datenschutz in den Bereichen Justiz und Polizei (DSRl-JI)[34] sowie eine Europäische Datenschutz-Grundverordnung (DSGVO).[35] Das Kernstück des neuen Rechtsrahmens ist die DSGVO, mit der die Europäische Datenschutzrichtlinie (EG-DSRl) aus dem Jahr 1995[36] abgelöst wird. Da die DSGVO wegen der darin enthaltenen Öffnungsklauseln nicht abschließend ist, bedarf es der teilweisen Umsetzung durch nationales Recht der EU-Mitgliedstaaten. Zum 24.7.2019 hatten Griechenland, Portugal und Slowenien ihre nationalen Rechtsvorschriften noch nicht mit der DSGVO in Einklang gebracht.[37] 19

1. Vorgeschichte

Der Diskussion über die DSGVO basierte auf einem Vorschlag der EU-Kommission vom 25.1.2012.[38] Das EU-Parlament beschloss mit großer Mehrheit am 12.3.2014 eine Vielzahl von Änderungsvorschlägen.[39] Mit Datum vom 15.6.2015 verständigte sich der EU-Rat auf seine Haltung zur DSGVO.[40] Für die Erarbeitung und Aushandlung der DSGVO war das **informelle Trilog-Verfahren** gewählt worden, mit dem die Einberufung eines komplexen und möglicherweise zeitlich nicht überschaubaren Vermittlungsverfahrens vermieden wurde.[41] 20

Bevor die Kommission ihren Vorschlag vorgelegt hatte, waren in Bezug auf den geplanten Rechtsrahmen zwei Konsultationen durchgeführt worden und zwar die vom 9.7. bis 31.12.2009 »zum Rechtsrahmen für das Grundrecht auf Schutz personenbezogener Daten« sowie vom 4.11.2010 bis 15.1.2011 »zum Gesamtkonzept der Kommission für den Datenschutz in der Europäischen Union«. Ihr »Gesamtkonzept« hatte die Kommission am 4.11.2010 vorgestellt.[42] Der Rat der EU hatte am 24.2.2011 Schlussfolgerungen angenommen, in denen er das **Reformvorhaben der Kommission** unterstützte. Mit einer Entschließung vom 6.7.2011 hatte das EU-Parlament einen Bericht angenommen, der das Kommissionskonzept für die Reform der Datenschutzregelungen guthieß.[43] 21

---

34 Weichert, DANA 1/2016, 8; Weinhold/Johannes, DVBl 2016, 1501; Johannes/Weinhold, Das neue Datenschutzrecht bei Polizei und Justiz, 2018; dazu Weichert DANA 2018, 123.

35 ABl. L 119/1 v. 4.5.2016, *http://eur-lex.europa.eu/legal-content/DE/TXT/PDF/?uri=CELEX:32016R0679&from=DE.*

36 Richtlinie 95/46/EG.

37 Europäische Kommission, Pressemitteilung, Allgemeine Datenschutzverordnung bringt Ergebnisse, die Arbeiten müssen aber fortgesetzt werden, 24.7.2019.

38 KOM (2012) 11.

39 Dok. 7427/14.

40 Dok. 9565/15.

41 Albrecht, CR 2016, 88; Albrecht/Jotzo, S. 40ff.

42 KOM(2010)699 endg.

43 Zur Entstehungsgeschichte der DSGVO Ehmann/Selmayr-Selmayr/Ehmann, Einf Rn. 39–59, Albrecht/Jotzo, S. 40ff.; SHS-*Albrecht*, Einl. Rn. 184–206.

2. Rechtsgrundlage

22 Rechtlich geht die DSGVO auf Art. 16 Abs. 1 des Vertrags über die Arbeitsweise der Europäischen Union (AEUV) zurück, wo der Grundsatz des Art. 8 GRCh bestätigt wird, dass jede Person das Recht auf Schutz ihrer personenbezogenen Daten hat. Seit dem Vertrag von Lissabon verfügt die EU mit Art. 16 Abs. 2 AEUV über eine besondere Rechtsgrundlage für den Erlass von Datenschutzvorschriften.

23 ***Art. 16 AEUV***

(1) Jede Person hat das Recht auf Schutz der sie betreffenden personenbezogenen Daten.

(2) Das Europäische Parlament und der Rat erlassen gemäß dem ordentlichen Gesetzgebungsverfahren Vorschriften über den Schutz natürlicher Personen bei der Verarbeitung personenbezogener Daten durch die Organe, Einrichtungen und sonstigen Stellen der Union sowie durch die Mitgliedstaaten im Rahmen der Ausübung von Tätigkeiten, die in den Anwendungsbereich des Unionsrechts fallen, und über den freien Datenverkehr. Die Einhaltung dieser Vorschriften wird von unabhängigen Behörden überwacht.

Die auf der Grundlage dieses Artikels erlassenen Vorschriften lassen die spezifischen Bestimmungen des Artikels 39 des Vertrags über die Europäische Union unberührt.

3. Zielsetzungen

24 Die DSGVO ist Bestandteil einer umfassenderen Konzeption der EU zur Digitalisierung von Gesellschaft und Wirtschaft. Dabei geht es einerseits um die Wahrung der Freiheiten und Grundrechte der Menschen sowie die Wahrung der Demokratie und der Rechtsstaatlichkeit angesichts des digitalen Wandels. Die GRCh gilt nach Art. 51 Abs. 1 für die Mitgliedstaaten »bei der Durchführung des Rechts der Union«, wozu umfassend die DSGVO gehört.[44] Die DSGVO ist insofern eine wesentliche Erkenntnisquelle für die Auslegung der in der GRCh gewährleisteten Grundrechte, insbesondere des Art. 8.[45] Andererseits geht es um den »Aufbau einer **europäischen Datenschutzwirtschaft**«[46], zu deren integralen Bestandteilen ein **hoher Datenschutzstandard** und der **freie Fluss von (personenbezogenen) Daten im Binnenmarkt** gehören. Weitere zentrale Aspekte sind die Verbesserung der Datensicherheit, die Erleichterung des Datenzugangs und der Datenübertragung, insofern die Entwicklung von Lösungen für die zuverlässige Identifizierung und den Austausch von Daten und die Klärung von Haftungsfragen beim Einsatz digitaler Technik.

25 Zur Erreichung der Rechtsetzungsziele schälten sich im Laufe der Diskussionen über die DSGVO folgende **Zwischenziele** hieraus:

26 Es werden **einheitliche verbindliche Regelungen** angestrebt, die europaweit gelten und direkt anwendbar sind.

27 Für die Anwendbarkeit der DSGVO soll das **Marktortprinzip** gelten; d.h. die europäischen Verbraucher und Betroffenen sollen durch das für sie vor Ort geltende europäische

---

44 Zu den Konflikten hierzu zwischen EuGH und BVerfG Timmermann, DÖV 2019, 257f.

45 Jandt/Steidle-*Ambrock*, A II Rn. 2ff.

46 Europäische Kommission, Aufbau einer Europäischen Datenwirtschaft, 10.1.2017, COM(2017)9 final; generell kritisch zu Trilog-Verfahren von Achenbach, Der Staat, 55 (2016), 1ff.

Recht geschützt werden, unabhängig davon, wo die Datenverarbeitung erfolgt und wo der Sitz der verarbeitenden Stelle liegt.[47]

Über den sog. **One-Stop-Shop** soll für ein Unternehmen vorrangig die örtliche Datenschutzbehörde zuständig sein, so dass eine Kommunikation in einer konkreten Frage zum Datenschutz ausschließlich mit dieser erfolgt. Die Abstimmung der Position dieser Aufsichtsbehörde mit den anderen Aufsichtsbehörden, in deren Zuständigkeit ein Unternehmen auf dem Markt agiert, hat innerhalb des administrativen Bereichs zu erfolgen. 28

Die Transparenz für die **Betroffenen** soll verbessert und den modernen technischen Gegebenheiten angepasst werden. 29

Der **technische Datenschutz** soll durch neue Instrumente verbessert werden, bei denen die Prinzipien des Privacy by Design und Privacy by Default sowie der Datensparsamkeit schon bei der Technikgestaltung berücksichtigt werden. 30

Über eine **Risikofolgenabschätzung** soll zwischen risikoreichen Anwendungen und sonstigen Verfahren differenziert werden. Bei geringerem Risiko soll für die Unternehmen der bürokratische Aufwand reduziert werden, während bei komplexen Verfahren ein adäquater Schutz angestrebt wird.[48] 31

Nicht nur der Datenaustausch innerhalb der EU bzw. des Binnenmarktes soll gefördert werden, sondern auch mit Staaten, in denen ein angemessener Datenschutz besteht. Fehlt dieser, so sind verbindliche und rechtssichere **Instrumente für den Drittland-Datentransfer** vorgesehen. 32

Durch Verbesserung der Rechte der Betroffenen und deren Möglichkeit, durch **administrative und gerichtliche Verfahren** Rechtsschutz zu erlangen, sollen die bestehenden Vollzugsdefizite abgebaut werden. 33

Über präventiv wie auch repressiv wirkende angemessen hohe **Sanktionen** soll die Bereitschaft zur Umsetzung des Datenschutzes und zur Compliance bei den verantwortlichen Stellen gefördert werden.[49] 34

V. Europäische Auslegungsgrundsätze

Die DSGVO geht als europäisches Recht in jedem Fall dem nationalen Recht vor. Dieser **Vorrang des EU-Rechts** gilt generell, also auch für die EG-DSRl. Anders als diese ist aber die DSGVO direkt anwendbar. Dies bedeutet, dass es für eine Umsetzung der DSGVO grdundsätzlich keiner nationalen Regelungen bedarf. Etwas anderes gilt für Normen der DSGVO, in denen Grundsätze und Ziele benannt werden und dann auf das sonstige Recht der Union oder der Nationalstaaten verwiesen wird. Bei derartigen Öffnungsklauseln bedarf es einer normativen Konkretisierung, die nach den Grundsätzen der DSGVO auszulegen ist. Verstößt nationales Recht gegen die DSGVO, so darf es nicht angewendet werden.[50] 35

---

47 DSK, Marktortprinzip: Regelungen für außereuropäische Unternehmen, Kurzpapier Nr. 7, 17. 12. 2018.

48 Zum risikobasierten Ansatz der DSGVO Specht/Mantz-*Krätschmer*, Teil A Rn. 19.

49 Generell kritisch zu den Zielen der DSGVO d'Avis/Giesen, CR 2019, 24.

50 Ehmann/Selmayr-*Selmayr/Ehmann*, Einf. Rn. 3; Auernhammer-*v. Lewinski*, Einf. Rn. 22–24.

35a Aus dem Vorrang des Unionsrechts folgt nicht nur die Pflicht der Mitgliedstaaten, keine dem widersprechenden Normen zu erlassen. Es ist ihnen auch grds. untersagt, mit Verordnungsrecht übereinstimmende Vorschriften zu erlassen. Dieses europarechtliche **Normwiederholungsverbot** ergibt sich aus der direkten Anwendbarkeit der direkt geltenden europäischen Regeln gemäß Art. 288 Abs. 3 AEUV.[51] Erlaubt ist die Aufnahme von Regelungen der DSGVO, wenn dies im Zusammenhang mit einer Öffnungsklausel steht und für das Normverständnis erforderlich ist (ErwGr 8).

35b Der Anwendungsvorrang des Europarechts gilt nicht mehr, wenn mitgliedstaatliche Vorschriften durch **Öffnungsklauseln** zugelassen sind. Die DSGVO enthält viele solche Klauseln, die auch »Spezifizierungsklauseln« genannt werden. Diese überlassen dem nationalen Recht einen Regelungsspielraum. Die mitgliedstaatliche Spezifizierung unterliegt nach deutschem Verfassungsrecht dem Wesentlichkeitsgrundsatz, wonach das grundrechtlich Wesentliche durch ein Parlamentsgesetz geregelt werden muss. Öffnungsklauseln sind in der DSGVO enthalten, wenn sich der EU-Gesetzgeber nicht auf einheitliche Regeln einigen konnte oder wenn auf nationale Besonderheiten Rücksicht genommen werden sollte.[52] Sie sind im Zusammenhang mit dem Subsidiaritätsprinzip (Art. 5 EUV) zu sehen, wonach die EU nur das regeln soll, was unionsweite Relevanz hat.

35c Bei der Anwendung der DSGVO wird unterschieden zwischen fakultativen und **zwingenden Öffnungsklauseln**. Bei den letztgenannten besteht für die Mitgliedstaaten eine Regulierungspflicht. Verpflichtend reguliert werden müssen z. B. die Zuständigkeit der Datenschutzaufsichtsbehörden (Art. 51 Abs. 1; vgl. § 40 BDSG), die Vertretung des Mitgliedstaates im EDSA (Art. 68 Abs. 4; vgl. §§ 17–19 BDSG), gerichtliche Zuständigkeiten (Art. 77ff.; vgl. §§ 20, 21, 44 BDSG) oder der Ausgleich zwischen Datenschutz einerseits und Meinungs- und Informationsfreiheit andererseits (Art. 85).[53]

35d Bei den **fakulativen Öffnungsklauseln** kann, muss aber keine Spezifizierung erfolgen. Um solche handelt es sich bei der Zulassung von Datenschutzrecht zum öffentlichen Bereich (Art. 6 Abs. 2), der Kirchen (Art. 91), im Bereich von Beschäftigungsverhältnissen (Art. 88), bei der Festlegung des für Einwilligungen nötigen Kindesalters (Art. 8 Abs. 1 Satz 2).[54] Teilweise erlaubt die DSGVO den Datenschutz verstärkende Regelungen, z. B. bzgl. der Bestellungspflicht für Datenschutzbeauftragte (Art. 37 Abs. 4; vgl. § 38 BDSG); teilweise erlaubt sie Konkretisierungen bzw. Präzisierungen, z. B. zu Privacy by Default und Privacy by Design (Art. 25).[55]

36 Die verbindliche Auslegung des EU-Rechts generell wie der DSGVO speziell erfolgt durch den **EuGH**, der zunehmend zum Datenschutzrecht angerufen wird und Entscheidungen fällt.[56] Da diese Festlegungen fallbezogen und damit nicht umfassend erfolgen, sind die Anwender der EU-Regelungen oft zusätzlich auf eine eigene Auslegung der DSGVO angewiesen.

---

51 Ehmann/Selmayr-*Selmayr/Ehmann*, Einf. Rn. 80; Jandt/Steidle-*Ambrock*, A II Rn. 55.

52 Kühling/Buchner-*Kühling/Raab*, Einf. Rn. 98ff.; SHS-*Hornung/Spiecker*, Einl. Rn. 226–234; Ehmann/Selmayr-*Selmayr/Ehmann*, Einf. Rn. 89; Jandt/Steidle-*Ambrock*, A II Rn. 59.

53 Jandt/Steidle-*Ambrock*, A II Rn. 61–63.

54 Jandt/Steidle-*Ambrock*, A II Rn. 65–72.

55 Jandt/Steidle-*Ambrock*, A II Rn. 73f.

56 Überblicke bei Skouris, NVwZ 2016, 1359; Däubler, Gläserne Belegschaften Rn. 40–40i.

Vorrang hat die **teleologische Auslegung**, also die gemäß der Zielrichtung der jeweiligen Regelung. Primäre Zielsetzung der DSGVO ist der Grundrechtsschutz, insbesondere die Sicherung des Grundrechts auf Datenschutz nach Art. 8 GRCh. Um sich die Zielrichtung der jeweiligen Norm zu erschließen, ist es oft angebracht, nicht nur die nationale Formulierung heranzuziehen. Verbindlich sind bei EU-Regelungen sämtliche 24 Sprachfassungen. Bei europaweit relevanten Fragestellungen bedarf es einer einheitlichen Auslegung. Sind im Gegensatz zu den deutschen Formulierungen andere Sprachen eindeutig, so sind diese zur Auslegung heranzuziehen.[57] Zu beachten ist, dass das EU-Recht teilweise eine von der nationalen Rechtssprache abweichende Terminologie verwendet. Innerhalb des Rechts der EU kann identischen Begriffen rechtlich eine unterschiedliche Bedeutung zugewiesen sein, können für einen Sachverhalt unterschiedliche Begriffe verwendet werden. Insofern ist es nötig, den jeweiligen systematischen Kontext zu berücksichtigen. 37

Die Normen der DSGVO sind nach der objektiv festzustellenden Zielsetzung zu interpretieren. Die **historische Auslegung** ist oft unergiebig, da der Wille der gesetzgebenden Organe Kommission, Parlament und Rat oft voneinander abweichen.[58] Der EuGH berücksichtigt bei der Auslegung grds. keine Dokumente außerhalb des Rechtsakts selbst, insbesondere nicht Erklärungen, die einzelne Mitgliedstaaten, die Kommission oder der Rat abgeben.[59] 38

Eine wichtige Funktion bei der Auslegung des Unionsrechts kommt den **Erwägungsgründen** (ErwGr) zu,[60] weshalb diese auch in der vorliegenden Kommentierung oft herangezogen werden. Diese erlangen zwar keine Rechtsverbindlichkeit.[61] Weichen die Erwägungsgründe vom Normwortlaut ab, so haben sie insofern für die Auslegung keine Relevanz.[62] 39

VI. Datenschutzorganisationen

Im **verbandlichen Bereich** bestehen Institutionen, die sich mit unterschiedlicher Motivation die Förderung des Datenschutzes zur zentralen Aufgabe gemacht haben. Die Tätigkeit dieser Verbände richtet sich i. d. R. nach allgemeinem Vereinsrecht (§§ 21ff. BGB). 40

Die **Deutsche Vereinigung für Datenschutz** e. V. (DVD) besteht seit 1978 als Bürgerrechtsorganisation.[63] Ihr Ziel ist es, öffentliche Lobbyarbeit im Interesse der Betroffenen zu machen. Sie veröffentlicht die Zeitschrift »Datenschutz Nachrichten« (DANA). Erreichbarkeit: Reuterstraße 157, 53113 Bonn, Tel.: 0228 22 24 98, E-Mail: *dvd@datenschutzverein.de, http://www.datenschutzverein.de.* 41

Die **Gesellschaft für Datenschutz und Datensicherheit** e. V. (GDD) besteht seit 1976. Sie organisiert vorrangig die Datenschutzinteressen von Wirtschaftsunternehmen und bietet 42

57 EuGH 6. 10. 1982 – 283/81, Rn. 18; Däubler, Gläserne Belegschaften, Rn. 42c.
58 EuGH 9. 3. 2010 – C-518/07, Rn. 29.
59 EuGH 30. 1. 1985 – 143/83, Rn. 13; EuGH 15. 4. 1986 – 237/84, Rn. 17; EuGH 23. 2. 1988 – 216/84, Rn. 9.
60 Z.B. EuGH 13. 5. 2014 – C-131/12, Rn. 54; zu Widersprüchen von ErwGr mit DSGVO-Normen Gola, K&R 2017, 145.
61 EuGH 19. 11. 1998 – C-162/97, Rn. 54; EuGH 24. 11. 2005 – C-136/04, Rn. 32.
62 Zu den Auslegungsmethoden ausführlich Ehmann/Selmayr-*Selmayr/Ehmann*, Einf. Rn. 91–98.
63 Gola, DANA 3/1997, 6; Weichert, DANA 2/2007, 56.

ein Forum für den Erfahrungsaustausch behördlicher und betrieblicher Datenschutzbeauftragter in regionalen Erfa-Kreisen und in einer jährlich stattfindenden Datenschutzfachtagung (DAFTA). Sie zielt auf eine datenschutzrechtliche Selbstkontrolle ebenso wie auf eine Beeinflussung der aufsichtsbehördlichen Tätigkeit und der Datenschutzpolitik. Sie ist Herausgeber der Zeitschrift »Recht der Datenverarbeitung« (RDV). Erreichbarkeit: Pariser Str. 37, 53117 Bonn, Tel.: 0228 69 43 13, Fax: 0228 69 56 38, E-Mail: *info@gdd.de, http://www.gdd.de.*

43 Der **Berufsverband der betrieblichen und behördlichen Datenschutzbeauftragten** e. V. (BvD) versteht sich als Interessenvertretung von in Behörden und Betrieben tätigen Datenschutzbeauftragten. Das Mitgliedermagazin heißt BvD-News. Erreichbarkeit: Budapester Straße 31, 10787 Berlin, Tel.: 030 21 96 43 97, Fax: 030 21 96 43 92; E-Mail: *BvD-GS@bvdnet.de; http://www.bvdnet.de.*

44 Beim **Digital Courage** e. V. (ehem. Verein zur Förderung des öffentlichen bewegten und unbewegten Datenverkehrs – FoeBuD) handelt es sich um eine private Initiative, deren zentrales Ziel die Stärkung des Datenschutzes ist. Der Verein organisiert jährlich die Verleihung der »BigBrotherAwards«, Preise, mit denen die Öffentlichkeit über Datenschutzverstöße informiert und sensibilisiert werden soll. Erreichbarkeit: Marktstr. 18, 33602 Bielefeld, Tel.: 0521 16 39 16 39, E-Mail: mail@digitalcourage.de Fax: 0521 6 11 72; *http://digitalcourage.de.*

45 Der **Chaos Computer Club** e. V. (CCC) ist die größte europäische Hackervereinigung und seit über dreißig Jahren Vermittler im Spannungsfeld technischer und sozialer Entwicklungen. Der CCC gibt die »Datenschleuder« heraus. Erreichbarkeit: Chaos Computer Club e. V., Zeiseweg 9, 22765 Hamburg, E-Mail: mail@ccc.de.

46 Der **Digitale Gesellschaft** e. V. ist ein gemeinnütziger Verein, der sich seit seiner Gründung im Jahr 2010 für Grundrechte und Verbraucherschutz im digitalen Raum einsetzt. Erreichbarkeit: Digitale Gesellschaft e. V., Singerstraße 109, 10179 Berlin, Tel.: 030 9789 4230, E-Mail: info@digitalegesellschaft.de, *https://digitalegesellschaft.de.*

46a Die **Stiftung Datenschutz** wurde im Januar 2013 von der Bundesrepublik Deutschland als Stiftung privaten Rechts gegründet. Sie ist gemeinnützig und verfolgt keine gewerblichen Interessen. Sie wurde eingerichtet, um den Selbstdatenschutz der Bürger durch Aufklärungsmaßnahmen und Bildungsprogramme zu stärken. Aufgaben der unabhängigen Einrichtung sind die Förderung des Schutzes der Privatsphäre und die Sensibilisierung für den Wert von Privatheit und persönlichen Informationen. Ziel ist die Etablierung eines Dialogforums, das Vorschläge für eine praxisgerechte und wirksame Datenpolitik entwickelt. Erreichbarkeit: Karl-Rothe-Straße 10–14, 04105 Leipzig, Tel.: 0341/5861 555–0, E-Mail: *mail@stiftungdatenschutz.org; https://stiftungdatenschutz.org.*[64]

47 Eine **regionale nicht-kommerzielle Datenschutzorganisation** ist die Hamburger Gesellschaft zur Förderung des Datenschutzes e. V. (Hamburger Datenschutzgesellschaft – HDG), ein Zusammenschluss von Interessierten aus allen Bereichen. Erreichbarkeit: Hamburger Datenschutzgesellschaft e. V., verantwortlich: RA Dr. Philipp Kramer, Erik-Blumenfeld-Platz 27a, 22587 Hamburg, Tel.: 040/39 90 60 32, E-Mail: *info@hamdg.de; http://www.hamdg.de.* Eine weitere solche Organisation sind »die Datenschützer Rhein

64 Immermann, Die Stiftung Datenschutz, 2017.

Main« (Uli Breuer, Fontanestraße 80, 60431 Frankfurt, E-Mail: kontakt@ddrm.de; *https://ddrm.de*).

European Digital Rights (EDRi) ist eine internationale Vereinigung von Bürgerrechtsorganisationen, die sich dem Schutz der Privatsphäre und des Datenschutzes und der Freiheit der Bürger in der Informationsgesellschaft verschrieben hat. Sie wurde 2002 von zehn Gruppierungen aus sieben europäischen Ländern in Berlin gegründet und erfasst inzwischen 34 Vereinigungen aus 19 europäischen Ländern: European Digital Rights, 20 Rue Belliard, 1040 Bruxelles, Belgium, Tel.: +32 (B) 2 274 25 70, E-Mail: *brussels@edri.org, https://edri.org.* 48

Die Internationalisierung der Datenverarbeitung hat es mit sich gebracht, dass sich auch die Behörden und die Nichtregierungsorganisationen im Bereich des Datenschutzes verstärkt austauschen und kooperieren. Eine erklärtermaßen grenzüberschreitende Organisation ist **Privacy International**, die eine wichtige Rolle bei der Organisation der nationalen Verleihungen der BigBrotherAwards (siehe Rn. 44) spielt und ein globales Datenschutz-Ranking veröffentlicht:[65] Privacy International, 265 Strand, London, WC2R 1BH, United Kingdom, Tel.: +44 (GB). 208 123.7933, E-Mail: *privacyint@privacy.org; http://www.privacyinternational.org/.*[66] 49

Kapitel 1 Allgemeine Bestimmungen

Art. 1 Gegenstand und Ziele

(1) Diese Verordnung enthält Vorschriften zum Schutz natürlicher Personen bei der Verarbeitung personenbezogener Daten und zum freien Verkehr solcher Daten.

(2) Diese Verordnung schützt die Grundrechte und Grundfreiheiten natürlicher Personen und insbesondere deren Recht auf Schutz personenbezogener Daten.

(3) Der freie Verkehr personenbezogener Daten in der Union darf aus Gründen des Schutzes natürlicher Personen bei der Verarbeitung personenbezogener Daten weder eingeschränkt noch verboten werden.

Inhaltsübersicht Rn.

65 DANA 2007, 34.

66 Überblick über europäische Datenschutzorganisationen bei Schuler, DANA 1/2006, 10.

I. Allgemeines

1 Die Regelung des Art. 1[1] entspricht inhaltlich der des Art. 1 der EG-DSRl. Deren Anliegen ist die Gewährleistung des Schutzes »der **Grundrechte und Grundfreiheiten** und insbesondere den Schutz der Privatsphäre natürlicher Personen bei der Verarbeitung personenbezogener Daten« (Abs. 2)[2] sowie die Sicherung des »**freien Verkehr(s) personenbezogener Daten** zwischen den Mitgliedstaaten« (Abs. 3).

2 Die Formulierung der **Zielsetzung der Verordnung** blieb seit dem Kommissionsvorschlag inhaltlich unverändert. Der Text des Rates stellt lediglich zusätzlich klar, dass es um den freien Datenverkehr »in der Union« geht. Der weitergehende Vorschlag des Rats, in einem Abs. 2a zu regeln, dass Mitgliedstaaten »spezifischere Bestimmungen zur Anpassung der Anwendung der Vorschriften dieser Verordnung« einführen können, wurde nicht übernommen. Die mit diesem Vorschlag verfolgte Klarstellung, die insbesondere eine größere Flexibilität im öffentlichen Sektor zum Ziel hatte, gilt aber auch ohne diese Regelung bzgl. fast sämtlicher Verordnungsregelungen, soweit diese nicht bestimmt und erkennbar abschließend sind.[3]

II. Gegenstand und Ziele (Abs. 1)

3 Art. 1 bestimmt den **Zweck der DSGVO.** Es geht um den Datenschutz und die mit ihm geschützten Grundrechte und Grundfreiheiten des Einzelnen sowie um den freien Verkehr personenbezogener Daten in der Union. Abs. 1 fasst die beiden Folgeabsätze zusammen.

4 »Diese Entwicklungen erfordern einen **soliden, kohärenteren und klar durchsetzbaren Rechtsrahmen** im Bereich des Datenschutzes in der Union, da es von großer Wichtigkeit ist, eine Vertrauensbasis zu schaffen, die die digitale Wirtschaft dringend benötigt, um im Binnenmarkt weiter wachsen zu können. Natürliche Personen sollten die Kontrolle über ihre eigenen Daten besitzen. Natürliche Personen, Wirtschaft und Staat sollten in rechtlicher und praktischer Hinsicht über mehr Sicherheit verfügen« (ErwGr 7).

5 »Wenn in dieser Verordnung Präzisierungen oder Einschränkungen ihrer Vorschriften durch das Recht der Mitgliedstaaten vorgesehen sind, können die Mitgliedstaaten Teile dieser Verordnung in ihr nationales Recht aufnehmen, soweit dies erforderlich ist, um die Kohärenz zu wahren und die nationalen Rechtsvorschriften für die Personen, für die sie gelten, verständlicher zu machen« (ErwGr 8).

6 »Die Ziele und Grundsätze der **Richtlinie 95/46/EG** besitzen nach wie vor Gültigkeit, doch hat die Richtlinie nicht verhindern können, dass der Datenschutz in der Union unterschiedlich gehandhabt wird, Rechtsunsicherheit besteht oder in der Öffentlichkeit die Meinung weit verbreitet ist, dass erhebliche Risiken für den Schutz natürlicher Personen bestehen, insbesondere im Zusammenhang mit der Benutzung des Internets. Unterschiede beim Schutzniveau für die Rechte und Freiheiten von natürlichen Personen im Zusammenhang mit der Verarbeitung personenbezogener Daten in den Mitgliedstaaten,

1 Artikel ohne Angabe des Gesetzes sind solche der DSGVO.
2 DSK, Risiko für Rechte und Freiheiten natürlicher Personen, Kurzpapier Nr. 18, 26.4.2018.
3 Kühling/Buchner-*Buchner*, Art. 1 Rn. 3.

vor allem beim Recht auf Schutz dieser Daten, können den unionsweiten freien Verkehr solcher Daten behindern. Diese Unterschiede im Schutzniveau können daher ein Hemmnis für die unionsweite Ausübung von Wirtschaftstätigkeiten darstellen, den Wettbewerb verzerren und die Behörden an der Erfüllung der ihnen nach dem Unionsrecht obliegenden Pflichten hindern. Sie erklären sich aus den Unterschieden bei der Umsetzung und Anwendung der Richtlinie 95/46/EG« (ErwGr 9).

»Um ein **gleichmäßiges und hohes Datenschutzniveau** für natürliche Personen zu gewährleisten und die Hemmnisse für den Verkehr personenbezogener Daten in der Union zu beseitigen, sollte das Schutzniveau für die Rechte und Freiheiten von natürlichen Personen bei der Verarbeitung dieser Daten in allen Mitgliedstaaten gleichwertig sein. Die Vorschriften zum Schutz der Grundrechte und Grundfreiheiten von natürlichen Personen bei der Verarbeitung personenbezogener Daten sollten unionsweit gleichmäßig und einheitlich angewandt werden. Hinsichtlich der Verarbeitung personenbezogener Daten zur Erfüllung einer rechtlichen Verpflichtung oder zur Wahrnehmung einer Aufgabe, die im öffentlichen Interesse liegt oder in Ausübung öffentlicher Gewalt erfolgt, die dem Verantwortlichen übertragen wurde, sollten die Mitgliedstaaten die Möglichkeit haben, nationale Bestimmungen, mit denen die Anwendung der Vorschriften dieser Verordnung genauer festgelegt wird, beizubehalten oder einzuführen. In Verbindung mit den allgemeinen und horizontalen Rechtsvorschriften über den Datenschutz zur Umsetzung der Richtlinie 95/46/EG gibt es in den Mitgliedstaaten mehrere sektorspezifische Rechtsvorschriften in Bereichen, die spezifischere Bestimmungen erfordern. Diese Verordnung bietet den Mitgliedstaaten zudem einen Spielraum für die Spezifizierung ihrer Vorschriften, auch für die Verarbeitung besonderer Kategorien von personenbezogenen Daten (im Folgenden »sensible Daten«). Diesbezüglich schließt diese Verordnung nicht Rechtsvorschriften der Mitgliedstaaten aus, in denen die Umstände besonderer Verarbeitungssituationen festgelegt werden, einschließlich einer genaueren Bestimmung der Voraussetzungen, unter denen die Verarbeitung personenbezogener Daten rechtmäßig ist« (ErwGr 10). **7**

Der in Abs. 1 verwendete **Begriff »Verarbeitung«** wird in Art. 4 Nr. 2 definiert. Er beschreibt umfassend jede mögliche Verwendung personenbezogener Daten (siehe Art. 4 Rn. 36). **8**

Art. 1 benennt allgemeine Ziele, die zueinander oft, aber nicht zwangsläufig in einem **Spannungsverhältnis** stehen. Eine solche Spannung kann bei bestimmten Konstellationen auch zwischen dem Schutz verschiedener in der GRCh garantierter Grundrechte bestehen. Die weiteren Konkretisierungen in der DSGVO wie in weiteren Regelungen zielen auf ein Optimum bei der Zielerreichung ab. Aus der DSGVO wie auch begründet aus einem Rangverhältnis beim Grundrechtsschutz kann ein gewisser Vorrang des Schutzes des Grundrechts auf Datenschutz abgeleitet werden.[4] Da dieser aber nicht absolut gilt, muss in jedem Fall eine Abwägung hinsichtlich der Ziele und der Grundrechte erfolgen. **8a**

---

4 SHS-*Hornung/Spiecker*, Art. 1 Rn. 26–28.

III. Grundrechte und Grundfreiheiten (Abs. 2)

9 Der **Schutz personenbezogener Daten** ist gemäß Art. 8 GRCh ein Grundrecht jeder natürlichen Person. Damit wird das in Deutschland seit dem Volkszählungsurteil des BVerfG vom 15. 12. 1983 anerkannte und aus Art. 1 und Art. 2 Abs. 1 GG hergeleitete Grundrecht europaweit verbindlich und explizit etabliert. Der EuGH hatte sich bis zur Verabschiedung der GRCh auf Art. 8 der Konvention zum Schutz der Menschenrechte und Grundfreiheiten aus dem Jahr 1950 (EMRK) bezogen,[5] das den Datenschutz nicht ausdrücklich erwähnt, sondern das Recht auf Achtung des Privat- und Familienlebens.

10 2010 trat die **Charta der Grundrechte der Europäischen Union** in Kraft.[6] Das dort normierte Grundrecht auf Schutz personenbezogener Daten sichert eine Verarbeitung »nach Treu und Glauben für festgelegte Zwecke und mit Einwilligung der betroffenen Person oder auf einer sonstigen gesetzlich geregelten legitimen Grundlage« (Art. 8 Abs. 1 GRCh). Der datenschutzrechtliche Auskunftsanspruch wird in Art. 8 Abs. 2 Satz 2 GRCh begründet. Die Überwachung des Datenschutzes muss gemäß Art. 8 Abs. 3 GRCh durch eine unabhängige Stelle erfolgen.

11 Der EuGH begründet seine datenschutzrechtlichen Entscheidungen praktisch durchgängig auch mit **Art. 7 GRCh**, dem Recht auf Achtung des Privat- und Familienlebens, der Wohnung und der Kommunikation.[7] Dem gegenüber beruft sich ErwGr 1 nur auf Art. 8 GRCh sowie auf Art. 16 AEUV, der auch den Schutz personenbezogener Daten zusichert und als formelle Ermächtigungsgrundlage für die DSGVO herangezogen wird (ErwGr 12).

12 Art. 8 GRCh gestaltet Datenschutz als **Menschenrecht** aus, das natürliche Personen bei der Verarbeitung personenbezogener Daten ungeachtet ihrer Staatsangehörigkeit oder ihres Aufenthaltsortes schützt (ErwGr 2 Satz 1, 14 Satz 1). Adressat des Grundrechtsschutzes sind sowohl der Staat als auch private Datenverarbeiter.[8]

13 Die Art. 7, 8 GRCh schreiben in Bezug auf die Verarbeitung personenbezogener Datenverarbeitung das **Verbotsprinzip mit Erlaubnisvorbehalt** fest, und zwar sowohl hinsichtlich der Verarbeitung durch öffentliche wie durch private Stellen.[9] Eine Verarbeitung ist nur zulässig, soweit eine Einwilligung oder eine gesetzliche Grundlage hierfür vorliegt. Im privaten Bereich stehen sich – abstrakt gesehen – gleichberechtigte Individuen gegenüber. Daher wird immer wieder gefordert, hier müsse das Recht für die personenbezogene Datenverarbeitung eine generelle Erlaubnis mit Verbotsvorbehalt vorsehen. Regelmäßig geht es aber – auch bei zunehmender IT-Kompetenz der Betroffenen – um informationstechnisch und ökonomisch mächtige Unternehmen. Bei derartigen Machtungleichgewichten

5 Z.B. EuGH 30. 5. 2006 – C-317/04, 318/04 Rn. 4; EuGH 9. 11. 2010 – C-92/09, 93/09, Rn. 43, 44.
6 GRCh, ABl. C 83/389.
7 EuGH 17. 10. 2013 – C-291/12 Rn. 24; EuGH 13. 5. 2014 – C-131/12 Rn. 97 Google Spain; 6. 10. 2015 – C-362/14; s. bereits EuGH 9. 11. 2010 – C-92/09.
8 Vgl. EuGH 13. 5. 2014 – C-131/12 Google Spain.
9 BVerfG, NJW 1984, 419ff.; Ehmann/Selmayr-*Selmayr/Ehmann*, Einf. Rn. 31; Karg, DuD 2013, 75; a. A. im Hinblick auf die Gesundheitsdatenverarbeitung Kingreen/Kühling, JZ 2015, 217; im Hinblick auf den nicht-öffentlichen Bereich Rogall-Grothe, ZRP 2012, 195f.; Giesen, PinG 2013, 62; Bull, Netzpolitik: Freiheit und Rechtsschutz im Internet, 2013, S. 136; dagegen Weichert, DuD 2013, 246.

gilt eine Drittwirkung des Grundrechtsschutzes.[10] Daher sieht die DSGVO auch für diesen Bereich vor, dass die Datenverarbeitung durch Gesetz oder eine andere Rechtsvorschrift oder durch die Einwilligung des Betroffenen zugelassen werden muss (Art. 6 Abs. 1). Dadurch, dass Private nach Art. 6 Abs. 1 Buchst. f unter Berufung auf ein irgendwie geartetes »berechtigtes Interesse« Personendaten verarbeiten dürfen, kommt die Rechtslage aber einer Generalerlaubnis sehr nahe.[11]

Die DSGVO soll zur Vollendung eines **Raums der Freiheit, der Sicherheit und des Rechts** 14
und einer Wirtschaftsunion, zum wirtschaftlichen und sozialen Fortschritt, zur Stärkung und zum Zusammenwachsen der Volkswirtschaften innerhalb des Binnenmarkts sowie zum Wohlergehen der Menschen beitragen (ErwGr 2 Satz 2). Erst spät im Entstehungsprozess der DSGVO wurde ErwGr 4 eingefügt, der die Verarbeitung personenbezogener Daten »in den Dienst der Menschheit« stellt. Datenschutz ist danach aber »kein uneingeschränktes Recht; es muss im Hinblick auf seine gesellschaftliche Funktion gesehen und unter Wahrung des Verhältnismäßigkeitsprinzips gegen andere Grundrechte abgewogen werden«. Betont wird der »Einklang mit allen geltenden Grundrechten«. Dabei geht es insbesondere um »Achtung des Privat- und Familienlebens, der Wohnung und der Kommunikation, Schutz personenbezogener Daten, Gedanken-, Gewissens- und Religionsfreiheit, Freiheit der Meinungsäußerung und Informationsfreiheit, unternehmerische Freiheit, Recht auf einen wirksamen Rechtsbehelf und ein faires Verfahren und Vielfalt der Kulturen, Religionen und Sprachen«.

Auch schon gemäß ErwGr 2 der RL 95/46 standen Datenverarbeitungssysteme »im 15
Dienste des Menschen«; die Bezugnahme auf die »Menschheit« muss nicht als Abschwächung angesehen werden.[12] Es ist klar, dass der individuelle Anspruch des Einzelnen keine uneingeschränkte Geltung beanspruchen kann und im Hinblick auf seine **gesellschaftliche Funktion** gesehen werden muss.[13]

Die DSGVO geht von dem wirtschaftlichen und sozialen Fakt aus, dass im Rahmen der 16
europäischen Integration und des Binnenmarktes der **unionsweite Datenaustausch** zwischen öffentlichen und privaten Akteuren einschließlich Einzelpersonen, Vereinigungen und Unternehmen zugenommen hat (ErwGr 5 Satz 2).

»Rasche **technologische Entwicklungen und die Globalisierung** haben den Datenschutz 17
vor neue Herausforderungen gestellt. Das Ausmaß der Erhebung und des Austauschs personenbezogener Daten hat eindrucksvoll zugenommen. Die Technik macht es möglich, dass private Unternehmen und Behörden im Rahmen ihrer Tätigkeiten in einem noch nie dagewesenen Umfang auf personenbezogene Daten zurückgreifen. Zunehmend machen auch natürliche Personen Informationen öffentlich weltweit zugänglich. Die Technik hat das wirtschaftliche und gesellschaftliche Leben verändert und dürfte den Verkehr personenbezogener Daten innerhalb der Union sowie die Datenübermittlung an Drittländer und internationale Organisationen noch weiter erleichtern, wobei ein hohes Datenschutzniveau zu gewährleisten ist« (ErwGr 6).

---

10 BVerfG 23.10.2006 – 1 BvR 2027/02, Schweigepflichtentbindung, MMR 2007, 93.
11 Kritisch Roßnagel/Pfitzmann/Garstka, 2001, 15f.
12 So aber Paal/Pauly-*Ernst*, Art. 1 Rn. 9.
13 Vgl. EuGH 9.11.2010 – C-92/09, Rn. 49; EuGH 12.6.2003 – C-112/00, Rn. 80.

18 »Diese Entwicklungen erfordern einen soliden, kohärenteren und klar durchsetzbaren **Rechtsrahmen im Bereich des Datenschutzes** in der Union, da es von großer Wichtigkeit ist, eine Vertrauensbasis zu schaffen, die die digitale Wirtschaft dringend benötigt, um im Binnenmarkt weiter wachsen zu können. Natürliche Personen sollten die Kontrolle über ihre eigenen Daten besitzen. Natürliche Personen, Wirtschaft und Staat sollten in rechtlicher und praktischer Hinsicht über mehr Sicherheit verfügen« (ErwGr 7). Dabei geht es nicht nur um eine Vertrauensbasis zur Realisierung wirtschaftlicher Interessen,[14] sondern um Sicherheit und Rechtssicherheit aller Beteiligten.

19 Eine Vielzahl **weiterer Grundrechte** hat datenschutzrechtliche Bedeutung.[15] Zu nennen sind etwa die Gedanken-, Gewissens- und Religionsfreiheit (Art. 10 GRCh, Art. 4 GG), die Freiheit der Meinungsäußerung und Informationsfreiheit (Art. 11 GRCh, Art. 5 GG), die Freiheit der Kunst und der Wissenschaft (Art. 13 GRCh, Art. 5 III GG). Die politischen Freiheitsrechte wie die Versammlungs- und Vereinigungsfreiheit (Art. 12 GRCh, Art. 8 GG) schützen auch vor datenschutzrechtlich relevanten Maßnahmen, die der Einschüchterung dienen sollen. Das in Art. 10 GG gesondert genannte Briefgeheimnis sowie das Post- und Fernmeldegeheimnis sind in Art. 7 GRCh geschützt. Datenschutz ist, soweit die Betroffenen Verbraucher sind, auch Verbraucherschutz i. S. d. Art 38 GRCh (siehe Einl. Rn. 9, UKlaG Einl.).[16]

20 **Art. 85 DSGVO** verpflichtet die Mitgliedstaaten, durch Rechtsvorschriften das Recht auf den Schutz personenbezogener Daten gemäß dieser Verordnung mit dem Recht auf freie Meinungsäußerung und Informationsfreiheit, einschließlich der Verarbeitung zu journalistischen Zwecken und zu wissenschaftlichen, künstlerischen oder literarischen Zwecken, in Einklang zu bringen (siehe die Kommentierung zu Art. 85).

21 Datenschutz ist zudem **Diskriminierungsschutz** und trägt dazu bei, dass nicht berechtigte Benachteiligungen insbesondere wegen des Geschlechts, der Rasse, der Hautfarbe, der ethnischen oder sozialen Herkunft, der genetischen Merkmale, der Sprache, der Religion oder Weltanschauung, der politischen oder sonstigen Anschauung, der Zugehörigkeit zu einer Minderheit, des Vermögens, der Geburt, einer Behinderung, des Alters oder der sexuellen Ausrichtung unterbleiben (Art. 21 GRCh). Derartige Merkmale werden als sensitiv besonders geschützt (vgl. Art. 9 Abs. 1 DSGVO) und bedürfen einer spezifischen Legitimation, über die Diskriminierungen ausgeschlossen werden sollen.[17]

22 Die Grundrechte sind nicht schrankenlos gewährleistet. Der Einzelne muss Einschränkungen seiner Rechte **im überwiegenden Allgemeininteresse** hinnehmen. Diese Einschränkungen bedürfen einer rechtlichen und regelmäßig einer gesetzlichen Grundlage, aus der sich die Voraussetzungen und der Umfang der Beschränkungen klar und für den Bürger erkennbar ergeben und die damit dem rechtsstaatlichen Gebot der Normenklarheit entspricht. Beim Erlass dieser Regelungen sowie bei deren Anwendung ist der **Grundsatz der Verhältnismäßigkeit** zu beachten. Angesichts der Risiken bei der Nutzung der

---

14 Zweifelnd Paal/Pauly-*Ernst*, § 1 Rn. 10.

15 Kritisch zu dem umfassenden Ansatz SHS-*Hornung/Spiecker*, Art. 1 Rn. 7 f.

16 Kühling/Buchner-*Buchner*, Art. 1 Rn. 13; Hoffmann/Luch/Schulz/Borchers, a. a. O., S. 1 ff.; Weichert, KJ 2014, 123 ff.

17 Kühling/Buchner-*Buchner*, Art. 1 Rn. 14; Kühling/Buchner-*Weichert*, Art. 9 Rn. 1 ff., 15 ff.; ausführlich Hacker, Common Market Law Review 55 (2018), 1143–1186.

automatischen Datenverarbeitung sind außerdem zusätzliche **organisatorische und verfahrensrechtliche Vorkehrungen** zu treffen, welche der Gefahr der Verletzung des Persönlichkeitsrechts entgegenwirken.[18]

Gemäß der **Wesentlichkeitstheorie** muss der Gesetzgeber die wesentlichen Entscheidungen und Konkretisierungen des Grundrechts selbst vornehmen.[19] Es besteht ein Gesetzesvorbehalt (siehe Rn. 13). Umstritten ist, inwieweit auf Generalklauseln als gesetzliche Eingriffsgrundlagen zurückgegriffen werden kann. Wegen der Vielseitigkeit und Komplexität von Datenverarbeitung und den damit verfolgten Zwecken kann auf Generalklauseln nicht verzichtet werden.[20] Sind materiell-rechtliche Eingrenzungen nur beschränkt möglich, so bedarf es im Interesse eines effektiven Grundrechtsschutzes kompensierender und ergänzender prozeduraler Regelungen (z. B. zu Anordnungsbefugnis, Transparenz, Evaluation, Löschung). Je schwerwiegender ein Eingriff ist und je präziser dieser normativ definiert werden kann, desto konkreter muss dies auch erfolgen und desto höhere Anforderungen sind an die Bestimmtheit zu stellen bezüglich Verwendungszweck, Datenfelder, Datenverarbeitungsphasen, Form und Sicherheit der automatisierten Verarbeitung, berechtigte Personen bzw. bezüglich Stellen und verfahrensrechtliche Sicherungen.[21] 23

Grundrechtseinschränkungen müssen verhältnismäßig sein. Es bedarf der Abwägung und evtl. der Optimierung mit anderen verfassungsrechtlichen Garantien. Ein **Grundrecht auf Sicherheit** kann bei dieser Abwägung aber nicht geltend gemacht werden.[22] Dies gilt auch im Hinblick auf Art. 6 GRCh der ein »Recht auf Sicherheit« zusichert.[23] 24

In Abs. 2 ist von Grundrechten und »**Grundfreiheiten**« die Rede. Diese Begrifflichkeit findet sich an vielen Stellen der DSGVO wie auch in anderen europäischen Regelungen. Der doppelten Begrifflichkeit kommt keine wesentliche inhaltliche Bedeutung zu. 25

Geschützt sind nur natürliche Personen. Keine Grundrechtsträger in diesem Sinne sind **Verstorbene**, denn die DSGVO soll ausdrücklich nicht für die personenbezogenen Daten Verstorbener gelten (ErwGr 27 Satz 1). Die Mitgliedstaaten können aber Vorschriften für die Verarbeitung der personenbezogenen Daten Verstorbener vorsehen (ErwGr 27 Satz 2). 26

IV. Der freie Datenverkehr innerhalb der Union (Abs. 3)

Gemäß Abs. 3 darf der freie Verkehr personenbezogener Daten in der Union aus Gründen des Schutzes der Betroffenen weder eingeschränkt noch verboten werden. Ein direkter Anspruch auf Schutz oder Leistung ist aus Abs. 3 nicht abzuleiten.[24] Datenschutz soll den innereuropäischen Datenverkehr nicht behindern. Der **freie Verkehr von Daten** findet eine Parallele zum freien Warenverkehr im Binnenmarkt. Er geht über die Wahrnehmung von (personenbezogenen) Daten als Wirtschaftsgut hinaus und erfasst jede Form der Kommunikation mit Daten, egal ob diese kommerziell ist oder nicht. Erfasst wird also 27

18 BVerfGE 65, 44 = NJW 1984, 422; Kingreen/Kühling, JZ 2015, 215.
19 BVerfGE 49, 78; BVerfGE 49, 126.
20 Bäumler-*Bull*, S. 25.
21 Rosenbaum, Jura 1988, 183.
22 So aber Isensee, Das Grundrecht auf Sicherheit, 1983; dagegen Weichert, 1990, S. 34ff.; Leutheusser-Schnarrenberger, MMR 2013, 481.
23 Stern/Sachs-*Oorek*, Art. 6 Rn. 4; Meyer-*Bernsdorff*, Rn. 12; vgl. Jarass, GRCh, Art. 6 Rn. 6a.
24 SHS-*Hornung/Spiecker*, Art. 1 Rn. 44; tendenziell a. A. Sydow-*Sydow*, Art 1 Rn. 22.

auch die private, soziale, politische, kulturelle Kommunikation.[25] Auch für nicht-personenbezogene Daten gilt der Grundsatz des freien Datenverkehrs im Binnenmarkt.[26]

28 Der Austausch von personenbezogenen Daten soll europaweit **so frei wie innerhalb eines Mitgliedstaates** sein.[27] Im europäischen Binnenmarkt sollen gleiche Wettbewerbsbedingungen gelten. Bei der innerhalb der EU zwischen unterschiedlichen Mitgliedstaaten erfolgenden Verarbeitung soll es keine Rolle spielen, ob diese in eigener Verantwortung oder im Auftrag erfolgt. Der räumliche Anwendungsbereich der DSGVO wird in Art. 3 bestimmt. Für die über diese Grenzen hinausgehende Kommunikation gelten die Art. 44ff.

29 Die Schutzwirkung des Abs. 3 gilt nur dem Binnenmarkt, nicht der **Datenkommunikation mit Drittländern**. Damit korrespondiert der Anwendungsbereich der DSGVO, die einen territorialen oder wirtschaftlichen Bezug beim Grundrechtsschutz voraussetzt. Dieser ist dann auch Grundlage für die Schutzregelungen der Art. 44ff. DSGVO.

Art. 2 Sachlicher Anwendungsbereich

(1) Diese Verordnung gilt für die ganz oder teilweise automatisierte Verarbeitung personenbezogener Daten sowie für die nichtautomatisierte Verarbeitung personenbezogener Daten, die in einem Dateisystem gespeichert sind oder gespeichert werden sollen.

(2) Diese Verordnung findet keine Anwendung auf die Verarbeitung personenbezogener Daten

a) im Rahmen einer Tätigkeit, die nicht in den Anwendungsbereich des Unionsrechts fällt,

b) durch die Mitgliedstaaten im Rahmen von Tätigkeiten, die in den Anwendungsbereich von Titel V Kapitel 2 EUV fallen,

c) durch natürliche Personen zur Ausübung ausschließlich persönlicher oder familiärer Tätigkeiten,

d) durch die zuständigen Behörden zum Zwecke der Verhütung, Ermittlung, Aufdeckung oder Verfolgung von Straftaten oder der Strafvollstreckung, einschließlich des Schutzes vor und der Abwehr von Gefahren für die öffentliche Sicherheit.

(3) Für die Verarbeitung personenbezogener Daten durch die Organe, Einrichtungen, Ämter und Agenturen der Union gilt die Verordnung (EG) Nr. 45/2001. Die Verordnung (EG) Nr. 45/2001 und sonstige Rechtsakte der Union, die diese Verarbeitung personenbezogener Daten regeln, werden im Einklang mit Artikel 98 an die Grundsätze und Vorschriften der vorliegenden Verordnung angepasst.

(4) Die vorliegende Verordnung lässt die Anwendung der Richtlinie 2000/31/EG und speziell die Vorschriften der Artikel 12 bis 15 dieser Richtlinie zur Verantwortlichkeit der Vermittler unberührt.

---

25 Europäische Kommission, Aufbau einer Europäischen Datenwirtschaft, 10.1.2017, COM(2017) 9 final, S. 5ff.

26 Verordnung (EU) 2018/1807 v. 14.11.2018, ABl. L 303/59.

27 Ehmann/Selmayr-*Zerdick* Art. 1 Rn. 9–13; Gola-*Pötters*, Art. 1 Rn. 16f.; Kühling/Buchner-*Kühling/Raab*, Art. 1 Rn. 18f.

Inhaltsübersicht

I. Allgemeines

1 Art. 3 **EG-DSRl** bezog den Anwendungsbereich des Datenschutzrechts auf »die ganz oder teilweise automatisierte Verarbeitung personenbezogener Daten sowie für die nicht automatisierte Verarbeitung personenbezogener Daten, die in einer Datei gespeichert sind oder gespeichert werden sollen« (Abs. 1). Ausgenommen waren Tätigkeiten, »die nicht in den Anwendungsbereich des Gemeinschaftsrechts fallen«, z. B. gemäß den Titeln V und VI des damals geltenden EUV (gemeinsame Außen- und Sicherheitspolitik, Zusammenarbeit in den Bereichen Justiz und Inneres) und »auf keinen Fall Verarbeitungen betreffend die öffentliche Sicherheit, die Landesverteidigung, die Sicherheit des Staates (einschließlich seines wirtschaftlichen Wohls, wenn die Verarbeitung die Sicherheit des Staates berührt) und die Tätigkeiten des Staates im strafrechtlichen Bereich; die von einer natürlichen Person zur Ausübung ausschließlich persönlicher oder familiärer Tätigkeiten vorgenommen wird« (Abs. 2).

2 Der Regelungsvorschlag der **Kommission** ist inhaltlich voll in die Beschlussfassung der Verordnung eingeflossen. Die Kommission machte explizit, dass der »Bereich der nationalen Sicherheit« nicht in den Geltungsbereich des Unionsrechts fällt und dass die Ausnahme für persönliche oder familiäre Zwecke nur gilt, wenn die Verarbeitung ohne »Gewinnerzielungsabsicht« erfolgt.

3 Der Regelungsvorschlag des **Rates** konkretisierte, dass neben strafrechtlich relevanten Daten die Ausnahmealternative auch für Daten »zum Schutz vor und zur Abwehr von Bedrohungen der öffentlichen Sicherheit« gilt.

II. Sachlicher Anwendungsbereich

1. Adressaten

4 Artikel 2 bestimmt den sachlichen Anwendungsbereich der DSGVO. Die DSGVO gilt für die ganz oder teilweise automatisierte Verarbeitung personenbezogener Daten sowie für die nichtautomatisierte Verarbeitung personenbezogener Daten, die **in einem Dateisystem** gespeichert sind oder gespeichert werden sollen (Abs. 1). Weitere generelle Beschränkungen erfolgen nicht, woraus sich ergibt, dass die DSGVO sowohl für öffentliche wie

auch für nicht-öffentliche Stellen gilt. Dies ergibt sich im Umkehrschluss auch aus den Ausnahmen in Abs. 2–4.

2. Personenbezogene Daten

5 Der in Art. 2 Abs. 1 erwähnte Begriff »personenbezogene Daten« wird in Art. 4 Nr. 1 definiert als jede Information, die sich auf eine bestimmte oder **bestimmbare natürliche Person** bezieht (siehe Art. 4 Rn. 7).

6 Einen **Gruppen- oder Kollektivdatenschutz** sieht die DSGVO nicht vor.[1] Für die Anwendbarkeit der DSGVO bedarf es einer individuellen Betroffenheit. Besteht diese, so ist über das Datenschutzrecht auch die Zugehörigkeit zu einer bestimmten, evtl. diskriminierungsgefährdeten Gruppe relevant.[2]

6a Vom Schutzzweck der DSGVO nicht erfasst wird die Verarbeitung eigener personenbezogener Daten.[3] Etwas anderes gilt, wenn mit den **Daten über die eigene Person** eine Verarbeitung von Daten über Dritte verbunden ist. Eine solche Verarbeitung mit Drittbezug ist z. B. die Regel bei genetischen Daten, da diese zugleich Auskunft über biologische Verwandte geben,[4] oder die Verarbeitung von eigenen Kommunikationsdaten, die Auskunft über die Kommunikationspartner geben.[5]

3. Ganz oder teilweise automatisierte Verarbeitung

7 »**Verarbeitung**« wird in Art. 4 Nr. 2 definiert. Es handelt sich dabei um »jeden mit oder ohne Hilfe automatisierter Verfahren« ausgeführten Vorgang oder jede solche Vorgangsreihe im Zusammenhang mit personenbezogenen Daten wie das Erheben, das Erfassen, die Organisation, das Ordnen, die Speicherung, die Anpassung oder Veränderung, das Auslesen, das Abfragen, die Verwendung, die Offenlegung durch U·bermittlung, Verbreitung oder eine andere Form der Bereitstellung, den Abgleich oder die Verknüpfung, die Einschränkung, das Löschen oder die Vernichtung« (siehe Art. 4 Rn. 36).

8 Die Intention des Verordnungsgebers war es, im Interesse eines umfassenden und umgebungssicheren Schutzes natürlicher Personen **technologieneutrale Formulierungen** zu wählen, die nicht von den verwendeten Techniken abhängen (ErwGr 15). Der Begriff des automatisierten Verfahrens ist daher weit und umfasst letztlich jede Form der Verarbeitung. Auf Art, Funktionsweise, Leistungsfähigkeit und Größe des Verarbeitungsgeräts kommt es nicht an; es kann sich um einen winzigen Sensorchip handeln, ein mobiles Gerät, ein Personal Computer oder eine Großrechenanlage. Erfasst sind auch Systeme mit neuronaler Datenverarbeitung oder mit biotechnischer Datenspeicherung. Der Zweck des Geräts spielt keine Rolle; erfasst ist auch die Verarbeitung durch einen Scanner oder einen Drucker, in einem Kraftfahrzeug, in einem Haushaltsgerät. Die Verarbeitung kann lokal oder vernetzt erfolgen. Bei einer vernetzten Verarbeitung erfasst sind sowohl Funk- wie

1 Auernhammer-*v. Lewinski*, Art. 2 Rn. 11.
2 DKWW-*Weichert*, Einl Rn. 51.
3 SHS-*Roßnagel*, Art. 2 Rn. 18.
4 Weichert, DuD 2019, 150f.
5 Wagner, ZD 2018, 308f.

auch Kabelnetze, ein hausinternes Netz ebenso wie öffentliche Telekommunikationsnetze oder das Internet. Erfasst wird sowohl die Verarbeitung von Bild- wie die von Tondaten.[6] Videoüberwachung fällt, unabhängig davon, ob sie nur einmal anlassbezogen oder kontinuierlich erfolgt, ob sie sich auf Bildübertragung beschränkt oder zu einer Aufzeichnung führt, ebenso unter den Begriff wie die Veröffentlichung eines Videos auf einer Webseite.[7]

Teilweise **automatisierte Datenverarbeitung** findet statt, wenn nicht der gesamte Prozess technisch gesteuert wird, wenn also bei der Erhebung, weiteren Verarbeitung oder Nutzung Menschen einbezogen sind, etwa über eine händische Dateneingabe per Tastatur oder über eine Spracheingabe. Bei einer ganz automatisierten Datenverarbeitung läuft das Verarbeitungsverfahren rechnergesteuert selbsttätig ab. Hinsichtlich der Datenerhebung kann bei elektronischer Gesichtserfassung, bei digitaler Sensorik, beim Scannen von RFID-Chips, beim elektronischen Einlesen von Dokumenten oder beim kontinuierlichen Speichern von Kamerabildern von vollautomatisierten Verfahren gesprochen werden. 9

4. Nichtautomatisierte Verarbeitung

Die DSGVO ist auch anwendbar bei einer **nichtautomatisierten Verarbeitung** personenbezogener Daten, wenn diese in einem Dateisystem gespeichert sind oder gespeichert werden sollen. Der Schutz natürlicher Personen soll auch die manuelle Verarbeitung von personenbezogenen Daten umfassen (ErwGr 15). Dies gilt allerdings nur dann, wenn diese in einem Dateisystem gespeichert sind oder gespeichert werden sollen. Die nichtautomatisierte Verarbeitung von Daten erfolgt regelmäßig in analoger Form, etwa auf Papier in Schriftstücken, Akten oder Aktenkonvoluten. 10

Ein **Dateisystem** (filing system), in Vorentwürfen noch »Datei« genannt (vgl. Art. 2c EG-DSRl), wird in Art. 4 Nr. 6 definiert als »jede strukturierte Sammlung personenbezogener Daten, die nach bestimmten Kriterien zugänglich sind, unabhängig davon, ob diese Sammlung zentral, dezentral oder nach funktionalen oder geografischen Gesichtspunkten geordnet geführt wird«. Akten und Aktensammlungen sowie ihre Deckblätter sind erfasst, wenn sie nach bestimmten Kriterien geordnet sind (ErwGr 15). Fehlt es daran, etwa bei ungeordneten Briefen, ist die DSGVO nicht anwendbar. 11

Dateisysteme sind Sammlungen personenbezogener Daten, die gleichartig aufgebaut und **nach bestimmten Merkmalen zugänglich** sind und ausgewertet werden können (vgl. Art. 2c EG-DSRl). Die Sortierung nach Personen oder nach personenbeziehbaren Themen genügt.[8] Relevant ist, dass die Strukturierung der Daten so erfolgt, dass diese in der Praxis zur späteren Verwendung leicht wieder auffindbar sind.[9] Papier-Personalakten, 12

6 SHS-*Roßnagel*, Art. 2 Rn. 14.

7 EuGH 14.2.2019 – C-345/17, Rn. 35, 39, NVwZ 2019, 466 = CR 2019, 301 = K&R 2019, 252; EuGH 11.12.2014 – C-212/13, Rynes, DÖV 2015, 161 f. (LS), NJW 2015, 463 f. Rn. 22 ff.; Kühling/Buchner-*Kühling/Raab*, Art. 2 Rn. 15 f.

8 Auernhammer-*v. Lewinski*, Art. 2 Rn. 8; enger: zwei Sortierkriterien Kühling/Buchner-*Kühling/Raab*, Art. 2 Rn. 18, wohl auch Gola-*Gola*, Art. 2 Rn. 8.

9 EuGH 10.7.2019 – C-25/17, Rn. 62, NJW 2019, 289; Thüsing/Rombey, NZA 2019, 9.

Krankenblätter oder eine anderweitig strukturierte Karteikartensammlung mit personenbezogenen Daten fallen in den Anwendungsbereich der DSGVO.

13 Für die Anwendung der DSGVO genügt es, dass **eine Speicherung in einem Dateisystem geplant** ist. Dies gilt z. B. für Datenerhebungen zur späteren Speicherung in einem Dateisystem, etwa eine Personensuche im Internet im Rahmen eines Bewerbungsverfahrens oder Notizen über die Arbeitsleistung eines Beschäftigten zwecks Eingabe in eine Datenbank. Die Formulierung »gespeichert werden sollen« ist weit zu verstehen. Ein zielgerichtetes Verhalten ist nicht erforderlich; die Aussicht genügt, dass die Daten – etwa unter bestimmten Bedingungen – in ein Dateisystem aufgenommen werden können, etwa wenn hierüber noch ein Vorgesetzter zu entscheiden hat.

III. Ausnahmebestimmungen (Abs. 2)

1. Tätigkeit außerhalb der Union (Abs. 2 Buchst. a)

14 Die DSGVO gilt nicht für Fragen des Schutzes von Grundrechten und Grundfreiheiten und des freien Verkehrs personenbezogener Daten im Zusammenhang mit Tätigkeiten, die nicht in den Anwendungsbereich des Unionsrechts fallen. Dies ist der Fall, wenn eine staatliche Aufgabenerledigung noch ausschließlich den Mitgliedstaaten überlassen ist. Dies gilt für die Datenverarbeitung zum Schutz der **nationalen Sicherheit** (ErwGr 16 Satz 1). Von der Ausnahme erfasst werden nur spezifische Tätigkeiten des Staates oder staatlichen Stellen, nicht von Privatpersonen.[10] Die Regelung orientiert sich an den kompetenzrechtlichen Grenzen des Art. 16 AEUV und hat ausschließlich deklaratorischen Charakter.[11] Da die DSGVO nach Art. 16 Abs. 2 Satz 1 AEUV nur »den freien Datenverkehr« erfasst und damit auf den Binnenmarkt abzielt, erfasst die DSGVO keine rein innerstaatlichen Sachverhalte, bei denen sich auch kein Auslandsbezug ergeben kann.[12] Wird jedoch ein unionsrechtlich gewährtes Recht oder ein solcher Grundsatz betroffen, so ist die DSGVO anwendbar, z. B. wenn ein Regelungsziel der Union nicht losgelöst von den weiteren rechtlichen Grundlagen verfolgt werden kann.[13] So fällt z. B. die Organisation der nationalen Parlamente oder die Ausgestaltung der Abgeordnetenmandate nicht unter das Unionsrecht, soweit die parlamentarische Kerntätigkeit betroffen ist, wohl aber die sonstige informationelle Tätigkeit von Parlamenten, Fraktionen und Abgeordneten.[14]

2. Anwendungsbereich von Titel V Kapitel 2 EUV (Abs. 2 Buchst. b)

15 Titel V Kap. 2 EUV (Art. 23 ff. EUV) enthält allgemeine Bestimmungen über das auswärtige Handeln der Union und besondere Bestimmungen über die gemeinsame Außen- und Sicherheitspolitik, also das Militär und evtl. die Auslandsnachrichtendienste. Die von den Mitgliedstaaten im Rahmen der **Gemeinsamen Außen- und Sicherheitspolitik** der

---

10 EuGH 14. 2. 2019 – C-345/17, Rn. 42, NVwZ 2019, 467 = CR 2019, 301 = K&R 2019, 252.
11 Ehmann/Selmayr-*Zerdick*, Art. 2 Rn. 8.
12 SHS-*Roßnagel*, Art. 2 Rn. 21.
13 Grzeszick, NVwZ 2018, 1507.
14 DSK, Anwendung der DSGVO im Bereich von Parlamenten, Fraktionen, Abgeordneten und politischen Parteien, 5. 9. 2018; Grzeszick, NVwZ 2018, 1508 f.

Union durchgeführte Verarbeitung personenbezogener Daten fällt nicht in den Anwendungsbereich der DSGVO (ErwGr 16 Satz 2). In diesem Fällen sind Art. 7, 8 GRCh direkt und präzisierend das Recht der Mitgliedstaaten anzuwenden, soweit nicht einvernehmlich durch den Rat gefasste Regelungen (Art. 31 EUV) bestehen.[15]

3. Rein persönliche oder familiäre Tätigkeiten (Abs. 2 Buchst. c)

»Diese Verordnung gilt nicht für die Verarbeitung von personenbezogenen Daten, die von einer natürlichen Person zur Ausübung **ausschließlich persönlicher oder familiärer Tätigkeiten** und somit ohne Bezug zu einer beruflichen oder wirtschaftlichen Tätigkeit vorgenommen wird. Als persönliche oder familiäre Tätigkeiten könnte auch das Führen eines Schriftverkehrs oder von Anschriftenverzeichnissen oder die Nutzung sozialer Netze und Online-Tätigkeiten im Rahmen solcher Tätigkeiten gelten. Diese Verordnung gilt jedoch für die Verantwortlichen oder Auftragsverarbeiter, die die Instrumente für die Verarbeitung personenbezogener Daten für solche persönlichen oder familiären Tätigkeiten bereitstellen« (ErwGr 18). 16

Diese sog. **Haushaltsausnahme** (household exception) ist keine Bagatellklausel,[16] sondern findet ihre normativen Grundlagen im Schutz der Familie (Art. 9 GRCh, Art. 6 GG) sowie in der allgemeinen Handlungsfreiheit (Art. 6 GRCh, Art. 2 Abs. 1 GG). Innerhalb des Familienkreises besteht ein ehrschutzfreier Raum, der es ermöglichen soll, sich frei auszusprechen, ohne gerichtliche Behandlung befürchten zu müssen.[17] Bei der Auslegung des »Privaten« ist immer die soziale Relevanz des Handelns, also hier der Datenverarbeitung, mit zu berücksichtigen. Wo sich das engere soziale Leben abspielt, ist nicht relevant.[18] Im Interesse eines effektiven Datenschutzes ist eine enge Auslegung der Ausnahmevorschrift angesagt.[19] 17

Unerheblich ist es, ob die persönlichen oder familiären Zwecken dienende Datenverarbeitung mit oder ohne **Gewinnerzielungsabsicht** erfolgt. Eine zunächst von der Kommission geplante Rückausnahme bei Gewinnerzielungsabsicht wurde vom Parlament gestrichen mit der Begründung, dass bei Privat- und Haushaltszwecken eine solche Absicht bestehen könne, z. B. beim Verkauf privater Gegenstände an andere Privatpersonen, dies aber nicht in den Anwendungsbereich fallen solle, soweit es keinen Bezug zu einer beruflichen oder gewerblichen Tätigkeit gibt. Auch religiöse Tätigkeiten, die sich nicht auf den engen persönlichen Bereich beschränken, so etwa die religiöse Verkündungstätigkeit, fallen nicht unter die Haushaltsausnahme.[20] 18

Die Ausnahme gilt, wenn eine natürliche Person für sich persönlich Daten verarbeitet. Ausgenommen sind **auch Personenmehrheiten**, wenn die Kooperation rein privat und persönlich bleibt, etwa wenn mehrere Familienmitglieder gemeinsam ein Adress- oder 19

---

15 Ehmann/Selmayr-*Zerdick*, Art. 2 Rn. 9; SHS-*Roßnagel*, Art. 2 Rn. 22.

16 So aber Ehmann/Selmayr-*Zerdick*, Art. 2 Rn. 10; rechtspolitisch kritisch Schantz/Wolff-*Schantz*, Rn. 313; Gola/Lepperhoff, ZD 2016, 12; Härting/Schneider, CR 2014, 308; Roßnagel/Richter/Nebel, ZD 2013, 104.

17 OLG Frankfurt 17. 1. 2019 – 16 W 54/18, AfP 2019, 166.

18 Auernhammer-*v. Lewinski*, Art. 2 Rn. 21.

19 Kühling/Buchner-*Kühling/Raab*, Art. 2 Rn. 23; Simitis-*Dammann*, § 1 Rn. 148.

20 EuGH 10. 7. 2018 – C-25/17, Rn. 51, NJW 2019, 288; Thüsing/Rombey, NZA 2019, 8.

Personenverzeichnis führen und nutzen. Nutzt ein Beteiligter die jeweiligen Daten auch beruflich, so findet die Privilegierung keine Anwendung. Erfasst wird also nicht nur die Familie im engeren oder weiteren Sinne; erfasst werden auch Freunde, Urlaubsbekanntschaften oder Personen, mit denen private Hobbys geteilt werden.[21] Erfasst wird die familiäre Familienforschung, nicht aber, wenn diese umfassender oder gewerbsmäßig stattfindet.[22] Smart-Home-Anwendungen fallen im Hinblick auf die Bewohner und die Gäste nicht in den Anwendungsbereich, wohl aber die Verarbeitung durch externe Dienstleister.[23]

19a Bei der **Nutzung von sozialen Medien** kann sich ein Nutzer nicht auf die Haushaltsausnahme berufen, wenn er Daten einstellt, die einem unbestimmten Personenkreis zugänglich sind.[24] Der Nutzer ist insofern Verantwortlicher (siehe Art. 4 Rn. 91a). Erfolgt zugleich eine Verarbeitung auch bei Internet-Dienstleistern, so wie dies bei individueller Internet-Kommunikation oder bei Smart-Home-Anwendungen der Fall ist, dann liegt zumeist eine gemeinsame Verantwortlichkeit (Art. 26) vor, die die Anwendung der Haushaltsausnahme ausschließt.

20 **Juristische Personen** können sich auf die Ausnahme nicht berufen. Auch ein eingetragener Verein, eine Nichtregierungsorganisation oder eine relativ unförmliche BGB-Gesellschaft sind nicht ausgenommen.

21 Die Grenzziehung kann im Einzelfall schwierig sein. Gehören die Informations- und **Kommunikationspartner** dem persönlichen oder familiären Umfeld an, so ist die Einordnung unproblematisch. Doch verlangt die Regelung nicht, dass zu allen Beteiligten oder Betroffenen eine solche Beziehung besteht. Wer z. B. aus Liebhaberei Angaben zu Künstlern oder Sportlern sammelt, fällt unter die Ausnahme, wenn der Rahmen, die organisatorische Anlage und die inhaltliche Konzeption der Datenverarbeitung eine ausschließlich privat-persönliche Zweckverfolgung erkennen lassen. Wird darüber hinausgehend ein – auch nur geringer – gewerblicher oder sonstiger öffentlicher Zweck verfolgt, etwa im Rahmen eines Vereins oder einer politischen Partei, so greift die Ausnahme nicht. Der Austausch innerhalb einer oder für eine Organisation (Verein, Gemeinde, Interessengruppe) sowie die Tätigkeit hierfür (z. B. Sammeln von Spenden oder Unterschriften) ist nicht rein persönlich.

22 Wann etwas persönlich/familiär oder beruflich/geschäftlich/öffentlich einzustufen ist, ist an der **Verkehrsanschauung** sowie an der informationellen Risikolage auszurichten. Privat/persönlich sind die eigene Freizeitgestaltung, Hobbys, Urlaub, Unterhaltung, einschließlich Kommunikation, Adressen, Geburtstage, andere persönliche Termine und Kontaktdaten. Begriffsnotwendig nicht von persönlich-familiären Tätigkeiten erfasst sind anlasslose Erfassungen in öffentlich zugänglichen Räumen, so wie dies z. B. beim Einsatz von Videotechnik der Fall ist.[25]

23 **Familie** ist nicht im Sinne des Familienrechts, sondern weit zu verstehen und umfasst unabhängig von Ehe und Kindschaft weitere, von der Verkehrsanschauung als »familiär« be-

---

21 Kühling/Buchner-*Kühling/Raab*, Art. 2 Rn. 24.

22 Auernhammer-*v. Lewinski*, Art. 2 Rn. 25.

23 Auernhammer-*v. Lewinski*, Art. 2 Rn. 30.

24 EuGH 6. 11. 2003 – C-101/01, Lindquist, Rn. 47, JZ 2004, 242 = MMR 2004, 95 = K&R 2004, 26; EuGH 16. 12. 2008 – C-73/07, Satamedia, Rn. 44, MMR 2009, 177 = EuZW 2009, 108 = K&R 2009, 102; Wagner ZD 2018, 311.

25 BVerwG 27. 03. 2019 – 6 C 2.19 Rn. 20.

zeichnete Beziehungen. Diese können förmlich oder informell sein. Daten über die weiter entfernte Verwandtschaft oder die Adressen von privaten Bekanntschaften gehören eher in den persönlich/familiären Bereich.

Geschäftlich sind wirtschaftliche Tätigkeiten, wobei es nicht darauf ankommt, ob Waren, Dienstleistungen oder Geld ausgetauscht wird. Erfasst wird z. B. auch werbliches Handeln, Markt- und Meinungsforschung, geschäftliche Kontaktanbahnung oder das wirtschaftlich motivierte Sammeln oder Verarbeiten von Daten. Es spielt keine Rolle, ob eine Tätigkeit selbständig oder nicht selbständig ausgeübt wird. Bei gemischten Beziehungen, etwa einem Arbeitskollegen, dessen Daten sowohl für private als auch für geschäftliche Zwecke genutzt werden, ist die Ausnahme nicht anwendbar, auch wenn die private Ausrichtung dominiert. Mit der Nutzung einer persönlichen Datensammlung für andere Zwecke entfällt die Haushaltsausnahme. 24

Die **Verwaltung des eigenen privaten Vermögens** gehört grds. zum persönlichen Bereich, soweit sie nicht nach Form und Umfang einer geschäftlichen Tätigkeit gleicht.[26] Das Erfassen von Geburtsdaten zum Zweck privater Gratulation verlässt diesen Bereich, wenn es um das dienstliche Erfreuen eines Kollegen oder die Bindung von Geschäftspartnern geht. Dual Use ist nicht mehr »rein privat«. Wer private und dienstliche Telefonnummern im Smartphone vermengt, verlässt den Bereich der Ausnahme. 25

Überschreitet die Datenverarbeitung den persönlich/privaten Bereich hinsichtlich der Betroffenen, z. B. auch räumlich, so ist die Haushaltsausnahme nicht mehr gegeben. Dies gilt z. B. für **Videoaufzeichnung im öffentlichen Raum** vor dem eigenen Grundstück, durch Klingelkameras oder am eigenen Kfz (sog. DashCam). Auf den verfolgten Zweck kommt es dann nicht mehr an.[27] Wird eine Helmkamera oder einen Drohnenkamera ausschließlich für Freizeitzwecke verwendet, so gilt die Haushaltsausnahme, nicht aber, wenn die erfassten Bilder außerhalb des privat-persönlichen Bereichs, etwa im Internet oder in einer öffentlichen Veranstaltung präsentiert werden. 26

Die DSGVO gilt für die **Verantwortlichen oder Auftragsverarbeiter**, die Instrumente für die Verarbeitung personenbezogener Daten für persönliche oder familiäre Tätigkeiten bereitstellen (ErwGr 18, siehe auch Rn. 19a). Damit sind vor allem Onlineanbieter wie Soziale Netzwerke, aber auch andere Anbieter von Kontaktbörsen, Friendfinder, Ehemaligen-Websites oder auch Websites und andere Dienste gemeint, auf denen die Nutzer ihre Daten hinterlegen oder mit anderen Nutzern austauschen können. Dies gilt erst recht, wenn sich der für die Verarbeitung eingeschaltete Dienstleister über seine Vertragsbedingungen Rechte zur Nutzung dieser Daten einräumen lässt – unabhängig davon, ob dies rechtlich wirksam ist. 27

Buchst. c ist als Ausnahmeregel restriktiv auszulegen. Eine persönliche oder familiäre Tätigkeit ist öffentlichkeitsfeindlich.[28] Das **Veröffentlichen im Internet** von eigentlich privaten Familien-Daten, etwa von Stammbäumen, und von Informationen über andere Personen, seien sie auch verwandt oder befreundet, ist von der Ausnahme nicht erfasst. 28

---

26 Gola-*Gola*, Art. 2 Rn. 17.

27 EuGH 11.12.2014 – C-212/13, Rynes, NJW 2015, 464 Rn. 32–35; Kühling/Buchner-*Kühling/Raab*, Art. 2 Rn. 2.

28 Siehe bereits EuGH 6.11.2003 – C-101/01, Lindqvist, JZ 2004, 242 = EuGRZ 2003, 232, Rn. 47; dazu Schierbaum, CF 3/2004, 28.

Allgemein online zugängliche Daten sind nicht privilegiert. Öffentlich zugängliche Datensammlungen unterliegen vollständig den Regelungen der DSGVO.[29]

4. Strafverfolgung und Gefahrenabwehr (Abs. 2 Buchst. d)

29 ErwGr 19 Satz 1 erläutert die Anwendungsausnahme »zum Zweck der Verhütung, Untersuchung, Aufdeckung oder Verfolgung von Straftaten oder der Strafvollstreckung, was den Schutz vor und die Abwehr von Gefahren für die öffentliche Sicherheit einschließt«, also das, was nach deutschem Recht unter die Begriffe **Strafverfolgung und Gefahrenabwehr** gezählt wird. Insofern ist die Richtlinie (EU) 2016/680 anwendbar, die parallel zur Grundverordnung verhandelt und beschlossen wurde.[30] »Die Mitgliedstaaten können die zuständigen Behörden im Sinne der Richtlinie (EU) 2016/680 mit Aufgaben betrauen, die nicht zwangsläufig für die Zwecke der Verhütung, Ermittlung, Aufdeckung oder Verfolgung von Straftaten oder der Strafvollstreckung, einschließlich des Schutzes vor und der Abwehr von Gefahren für die öffentliche Sicherheit, ausgeführt werden, so dass die Verarbeitung von personenbezogenen Daten für diese anderen Zwecke insoweit in den Anwendungsbereich dieser Verordnung fällt, als sie in den Anwendungsbereich des Unionsrechts fällt. In Bezug auf die Verarbeitung personenbezogener Daten durch diese Behörden für Zwecke, die in den Anwendungsbereich dieser Verordnung fallen, sollten die Mitgliedstaaten spezifischere Bestimmungen beibehalten oder einführen können, um die Anwendung der Vorschriften dieser Verordnung anzupassen. In den betreffenden Bestimmungen können die Auflagen für die Verarbeitung personenbezogener Daten durch diese zuständigen Behörden für jene anderen Zwecke präziser festgelegt werden, wobei der verfassungsmäßigen, organisatorischen und administrativen Struktur des betreffenden Mitgliedstaats Rechnung zu tragen ist. Soweit diese Verordnung für die Verarbeitung personenbezogener Daten durch private Stellen gilt, sollte sie vorsehen, dass die Mitgliedstaaten einige Pflichten und Rechte unter bestimmten Voraussetzungen mittels Rechtsvorschriften beschränken können, wenn diese Beschränkung in einer demokratischen Gesellschaft eine notwendige und verhältnismäßige Maßnahme zum Schutz bestimmter wichtiger Interessen darstellt, wozu auch die öffentliche Sicherheit und die Verhütung, Ermittlung, Aufdeckung und Verfolgung von Straftaten oder die Strafvollstreckung zählen, einschließlich des Schutzes vor und der Abwehr von Gefahren für die öffentliche Sicherheit. Dies ist beispielsweise im Rahmen der Bekämpfung der Geldwäsche oder der Arbeit kriminaltechnischer Labors von Bedeutung.« (ErwGr 19 Sätze 3–7).

30 Die DSGVO gilt auch für **Gerichte und andere Justizbehörden**. Auch für diese können von Union oder vom Mitgliedstaat Präzisierungen vorgenommen werden. Soweit die Unabhängigkeit der Justiz bei Ausübung ihrer gerichtlichen Aufgaben angetastet würde, sind die Datenschutz-Aufsichtsbehörden nicht zuständig (Art. 55 Abs. 3). Mit der Aufsicht können insofern »besondere Stellen im Justizsystem des Mitgliedstaats betraut werden«. Diesen kommt dann die Aufgabe der Kontrolle, die Sensibilisierung in Datenschutzfragen und die Bearbeitung von Beschwerden zu (ErwGr 20).

---

29 Kühling/Buchner-*Kühling/Raab*, Art. 2 Rn. 25; Ehmann/Selmayr-*Zerdick*, Art. 2 Rn. 12f.

30 ABl. EU L 119/89 v. 4.5.2016; dazu Weichert, DANA 2016, 8ff.; zur Entwurfsfassung Hornung/Bäcker, ZD 2012, 147.

IV. Unionsorgane (Abs. 3)

Für die Datenverarbeitung durch Organe, Einrichtungen, Ämter und Agenturen der Union gilt die **Verordnung (EG) Nr. 45/2001**.[31] Diese Verordnung sowie sonstige Rechtsinstrumente der Union sollen gemäß ErwGr 17 Satz 2 »an die Grundsätze und Vorschriften der vorliegenden Verordnung angepasst und im Lichte der vorliegenden Verordnung angewandt werden«. Diese Anpassung soll zumindest in Bezug auf die Verordnung Nr. 45/2001 noch vor dem Gültigwerden der Grundverordnung am 25.5.2018 erfolgen, »damit sie gleichzeitig ... angewandt werden können«. Die Kommission hat einen diesbezüglichen Vorschlag im Januar 2017 vorgelegt.[32] 31

V. Vermittlerhaftung nach der E-Commerce-Richtlinie (Abs. 4)

Von der DSGVO unberührt bleibt die Richtlinie 2000/31/EG, die sog. E-Commerce-Richtlinie.[33] Dies gilt speziell für die Vorschriften der Art. 12–15 zur Verantwortlichkeit von Anbietern reiner Vermittlungsdienste. Diese Richtlinie »über bestimmte rechtliche Aspekte der **Dienste der Informationsgesellschaft**, insbesondere des elektronischen Geschäftsverkehrs, im Binnenmarkt« (»Richtlinie über den elektronischen Geschäftsverkehr«) soll dazu beitragen, dass der Binnenmarkt einwandfrei funktioniert, indem sie den freien Verkehr von Diensten der Informationsgesellschaft zwischen den Mitgliedstaaten sicherstellt (ErwGr 21 Satz 2).[34] Die Umsetzung dieser Richtlinie im deutschen Recht erfolgte in den §§ 7ff. TMG. 32

Der EuGH äußerte sich zur Frage, wie weitreichend die Pflichten von Access- und Hosting-Dienstleistern beschränkt werden können[35] sowie zum Auskunftsanspruch gegen Access Provider.[36] Für **elektronische Kommunikationsdienste** in öffentlichen Netzen gilt Art. 95, der auf das speziellere Telekommunikationsrecht verweist. 33

Art. 3 Räumlicher Anwendungsbereich

(1) Diese Verordnung findet Anwendung auf die Verarbeitung personenbezogener Daten, soweit diese im Rahmen der Tätigkeiten einer Niederlassung eines Verantwortlichen oder eines Auftragsverarbeiters in der Union erfolgt, unabhängig davon, ob die Verarbeitung in der Union stattfindet.

(2) Diese Verordnung findet Anwendung auf die Verarbeitung personenbezogener Daten von betroffenen Personen, die sich in der Union befinden, durch einen nicht in

---

31 ABl. Nr. L 8 v. 12.1.2001, S. 1.

32 COM(2017) 8 final; vgl. Ehmann/Selmayr-*Zerdick*, Art. 2 Rn. 14f.

33 Richtlinie 2000/31/EG des Europäischen Parlaments und des Rates vom 8.6.2000 über bestimmte rechtliche Aspekte der Dienste der Informationsgesellschaft, insbesondere des elektronischen Geschäftsverkehrs, im Binnenmarkt – Richtlinie über den elektronischen Geschäftsverkehr, ABl. L 178 vom 17.7.2000, S. 1.

34 Ehmann/Selmayr-*Zerdick*, Art. 2 Rn. 17.

35 EuGH 29.1.2008 – C-275/06, Promusicae/Telefonica, MMR 2008, 227.

36 EuGH 19.4.2012 – C-461/10, Bonnier Audio, EuGH 19.2.2009 – C 557/07, LSG/Tele2, MMR 2009, 242.

der Union niedergelassenen Verantwortlichen oder Auftragsverarbeiter, wenn die Datenverarbeitung im Zusammenhang damit steht

a) betroffenen Personen in der Union Waren oder Dienstleistungen anzubieten, unabhängig davon, ob von diesen betroffenen Personen eine Zahlung zu leisten ist;

b) das Verhalten betroffener Personen zu beobachten, soweit ihr Verhalten in der Union erfolgt.

(3) Diese Verordnung findet Anwendung auf die Verarbeitung personenbezogener Daten durch einen nicht in der Union niedergelassenen Verantwortlichen an einem Ort, der aufgrund Völkerrechts dem Recht eines Mitgliedstaats unterliegt.

Inhaltsübersicht Rn.

I. Allgemeines

1 Staatsgrenzen spielen bei der Verarbeitung personenbezogener Daten eine immer geringere Rolle. Wo Daten gespeichert oder verarbeitet werden, ist von relativ geringer Bedeutung und kann überdies im Rahmen des Cloud Computing jederzeit wechseln.[1] Notwendig ist daher, eine andere Anknüpfung zu finden. Artikel 3 stellt sich diesem Problem und orientiert sich am Schutzbedarf der Menschen, die sich in der Union aufhalten. Hat der Verantwortliche seinen Sitz in der Union oder unterhält er dort eine Niederlassung, so findet die DSGVO nach Abs. 1 Anwendung. Dasselbe gilt für einen Auftragsverarbeiter. Man spricht insoweit vom »**Niederlassungsprinzip**«, was **aussagekräftiger** ist **als** das »**Sitzprinzip**«,[2] weil dieses nicht notwendigerweise eine bloße Niederlassung mit einbezieht. Zu unspezifisch ist der (bisweilen ebenfalls benutzte) Ausdruck »Territorialitätsprinzip«, da er offenlässt, was sich auf dem Unionsterritorium befinden oder abspielen muss. Abs. 2 fügt das sog. **Marktortprinzip** hinzu: Die DSGVO ist auch dann anwendbar, wenn den in der Union befindlichen Personen Waren oder Dienstleistungen aus einem Drittstaat angeboten oder wenn ihr Verhalten von dort aus beobachtet wird, wofür das

1 Paal/Pauly-*Ernst*, Art. 3 Rn. 1: Ort der Verarbeitung und Speicherung oft »volatil«.
2 Dafür aber EuArbR-*Franzen*, Art. 3 VO 2016/679/EU Rn. 1.

webtracking als Beispiel stehen mag. Schließlich findet die DSGVO nach ihrem Art. 44 Satz 1 auch dann Anwendung, wenn Daten, die von der EU in einen Drittstaat übermittelt wurden, von dort in einen anderen Drittstaat weiter übermittelt werden. Man kann insoweit von einem »**Herkunftsprinzip**« sprechen (näher dazu Art. 44 Rn. 8f.). Die Staatsangehörigkeit des Verantwortlichen oder der betroffenen Person spielt demgegenüber keine Rolle; ein Unionsbürger, der in einem Drittstaat Daten verarbeitet, wird von der DSGVO nicht erfasst.[3]

Der Datenschutz wird selbständig angeknüpft, d.h. kollisionsrechtlich als eigenständige 2
Materie behandelt.[4]

Art. 3 enthält eine **einseitige Kollisionsnorm**: Er bestimmt ausschließlich, wann die DSGVO Anwendung findet, sagt aber nichts über die Anwendung anderer Datenschutz-Rechtsordnungen. Er wird zudem als Eingriffsnorm betrachtet, die auch dann zur Anwendung kommt, wenn ein Vertrag oder ein sonstiges Rechtsverhältnis an sich einer anderen Rechtsordnung (z.B. der eines US-Bundesstaats) unterliegt.[5] Dies wird nicht zuletzt an den hoheitlichen Durchsetzungsmöglichkeiten deutlich, die die DSGVO vorsieht. Eine **Rechtswahl** ist **nicht möglich:**[6] Verantwortlicher und betroffene Person können nicht wirksam vereinbaren, auf ihre Rechtsbeziehung solle z.B. indisches oder argentinisches Datenschutzrecht Anwendung finden. Andernfalls würde die Gefahr bestehen, dass sich insbesondere die stärkere Seite der DSGVO entzieht und der anderen eine ihre genehme Rechtsordnung aufoktroyiert. Niemand hindert jedoch einen Anbieter aus einem Drittstaat daran, im Verhältnis zu seinen ebenfalls außerhalb der EU befindlichen Abnehmern freiwillig EU-Datenschutzrecht anzuwenden.[7]

Die DSGVO enthält keine Vorgaben für die Frage, **welches nationale Recht anwendbar** 3
ist, das aufgrund der zahlreichen Öffnungsklauseln weiter gilt oder neu erlassen wird. Insoweit behalten die Mitgliedstaaten die Kompetenz zum Erlass kollisionsrechtlicher Normen. Davon hat der deutsche Gesetzgeber in Form des § 1 Abs. 4 BDSG Gebrauch gemacht. Auf die dortigen (§ 1 BDSG Rn. 16) sowie auf die unten (Rn. 26ff.) gemachten Ausführungen sei verwiesen.

II. Entstehungsgeschichte

Die **EG-DSRl** enthielt keine Regelung zu ihrem eigenen räumlichen Anwendungsbereich. 4
Ihr Art. 4 begnügte sich vielmehr mit Vorgaben für das nationale Kollisionsrecht des Datenschutzes. Dem trug § 1 Abs. 5 BDSG-alt Rechnung, der Gegenstand eingehender Erläuterungen war.[8] Er enthielt keine dem Art. 3 Abs. 2 DSGVO entsprechende Vorschrift.

Der **Kommissionsvorschlag** ist Grundlage der Endfassung geworden. Das Parlament 5
wollte die Worte »dazu dient« durch »darauf abzielt« ersetzen, um den intentionellen

3 Auernhammer-*v. Lewinski*, Art. 3 Rn. 5.
4 Zusammenfassende Darstellung auch bei Däubler, Gläserne Belegschaften, Rn. 493 – 497e.
5 Gola-*Piltz*, Art. 3 Rn. 44.
6 Gola-*Piltz*, Art. 3 Rn. 42ff.; Kühling/Buchner-*Klar*, Art. 3 Rn. 105; Däubler, RIW 2018, 405, 406; SHS-*Hornung* Art. 3 Rn. 70; ebenso Schantz/Wolff-*Schantz*, Rn. 342: nicht abwählbar; abweichend Laue/Kremer-*Laue* § 1 Rn. 110ff.
7 Schantz/Wolff-*Schantz*, Rn. 343.
8 Simitis-*Simitis*, § 1 Rn. 197 – 240 m.w.N.

Charakter der Datenverarbeitung besser herauszustreichen, doch setzte sich dies letztlich nicht durch. Auch der weitere Änderungsvorschlag des Parlaments, die Begriffe »Beobachtung ihres Verhaltens« durch »Überwachung dieser betroffenen Personen« zu ersetzen, um den Anwendungsbereich nicht auf »Verhaltensdaten« zu beschränken, wurde nicht übernommen. Erfolg hatte das Parlament jedoch mit der Überlegung, die Anwendung nicht davon abhängig zu machen, ob für die Waren oder Dienstleistungen ein Entgelt verlangt wird. Damit sind auch »**geldfreie Internet-Dienstleistungen**«[9] erfasst, die man nicht als »unentgeltlich« bezeichnen sollte, weil die Betroffenen häufig als stillschweigende Gegenleistung ihre Daten zur Verfügung stellen.

III. Sitz und Niederlassung (Abs. 1)

1. Verantwortliche mit Sitz in der EU

6 Ist der Verantwortliche ausschließlich **innerhalb der Union tätig**, so ist die DSGVO automatisch anwendbar. Ein in Hamburg ansässiges Unternehmen besitzt beispielsweise ausschließlich Niederlassungen in Frankreich und Portugal; Vertragsbeziehungen zu Unternehmen in Drittstaaten bestehen nicht. Fälle dieser Art werden immer seltener. Sobald »Außenbeziehungen« zu Unternehmen außerhalb der EU bestehen – und sei es durch Kontakte übers Internet – ist Art. 3 anwendbar und deshalb die Frage zu stellen, ob und in welchem Umfang die DSGVO auf die in diesem Rahmen stattfindende Datenverarbeitung anwendbar ist.

7 Liegt der **Sitz des Verantwortlichen in der Union**, so ist die DSGVO auf dessen Datenverarbeitung anwendbar. Zwar verwendet Art. 3 nur den Begriff der Niederlassung, doch ist der Sitz eines Unternehmens stets als eine (meist die wichtigste) Niederlassung zu betrachten. Dies lässt sich auch der Rechtsprechung des EuGH entnehmen,[10] die auf die effektive Ausübung einer Tätigkeit abstellt. Sitz ist bei Unternehmen gleich welcher Rechtsform der Ort, an dem die wesentliche Verwaltungstätigkeit stattfindet oder der in der Satzung als »Sitz« bezeichnet wird.[11] Beides kann, muss aber nicht zusammenfallen. Ein bloßer Satzungssitz kann aus einem Briefkasten bestehen, um den sich ein Anwaltsbüro kümmert. Dennoch können auch von dort aus datenverarbeitende Aktivitäten ausgehen, so dass die Anwendung des Art. 3 gerechtfertigt ist. Der Verwaltungssitz ist dann aber »Hauptniederlassung« gemäß Art. 4 Nr. 16.[12] Bei **Privatpersonen** ist der **Wohnsitz** gemeint.

8 Wie der Schlusshalbsatz von Abs. 1 deutlich macht, spielt es **keine Rolle, wo** die **Datenverarbeitung** technisch stattfindet.[13] Der Server kann sich in einem anderen Mitgliedstaat, aber auch in einem Drittstaat befinden. In beiden Fällen müssen die durch Art. 32 vorgeschriebenen Datensicherungsmaßnahmen vorgenommen werden, was in Drittstaa-

9 So die zutreffende Qualifizierung bei Ehmann/Selmayr-*Zerdick*, Art. 3 Rn. 18.

10 EuGH 1.10.2015 – C-230/14, NJW 2015, 3636 Tz. 28ff., Weltimmo; EuGH 13.5.2014 – C-131/12, NJW 2014, 2257, Google Spain und Google.

11 Für Einbeziehung auch eines solchen Sitzes, der der sog. Satzungstheorie entspricht, s. Paal/Pauly-*Ernst*, Art. 3 Rn. 4.

12 Paal/Pauly-*Ernst*, Art. 3 Rn. 4.

13 Auernhammer-*v. Lewinski*, Art. 3 Rn. 6.

ten auf praktische Schwierigkeiten stoßen kann. Weiter kommt es nicht darauf an, auf wen sich die verarbeiteten Daten beziehen; dies können Unionsbürger, aber auch Angehörige von Drittstaaten oder Staatenlose sein. Auch ihr Wohnsitz ist ohne Bedeutung.[14] Schließlich greift Art. 3 auch dann ein, wenn der Verantwortliche für die Datenverarbeitung einen Auftragnehmer in einem Drittstaat einschaltet.

2. Auftragsverarbeiter mit Sitz in der EU

Dem Verantwortlichen ist in Art. 3 Abs. 1 über das bisherige Recht hinaus der Auftrags- 9
verarbeiter gleichgestellt. Auch wer Daten im Auftrage eines in einem Drittstaat angesiedelten Verantwortlichen und nach dessen Weisungen verarbeitet, unterliegt der DSGVO. Der Sitz des Auftragsverarbeiters stellt einen ausreichenden Inlandsbezug her, wobei zum Sitzbegriff dieselben Grundsätze wie für den Verantwortlichen gelten. Auch hier ist der Standort des Servers ohne Bedeutung. Weiter kann im Rahmen des Art. 28 ein Unterauftragnehmer eingeschaltet werden.

3. Niederlassung in der EU

Die DSGVO findet weiter dann Anwendung, wenn der Verantwortliche oder der Auf- 10
tragsverarbeiter eine »Niederlassung« im Gebiet der Union haben und die Datenverarbeitung »im Rahmen der Tätigkeit dieser Niederlassung« erfolgt. Dabei muss die »Anbindung« an den in einem Drittstaat ansässigen Verantwortlichen zweifelsfrei bestehen.[15]

Der Begriff der Niederlassung wird anders als der Begriff der »Hauptniederlassung« 11
(Art. 4 Nr. 16) in der DSGVO **nicht definiert**. ErwGr 22 Satz 2 setzt jedoch eine »feste Einrichtung« sowie eine »effektive und tatsächliche Ausübung einer Tätigkeit« voraus. Dies entspricht der Rechtsprechung des EuGH,[16] die sich in Bezug auf die entsprechende Problematik in der DSRl bewusst zu einem »flexiblen« Niederlassungsbegriff bekannte.[17] **Keine Rolle** spielt die **Rechtsform der Niederlassung**; es kann sich um eine (rechtsfähige) Tochtergesellschaft. aber auch um eine (nichtrechtsfähige) Zweigstelle, Agentur oder Repräsentanz handeln (ErwGr 22 Satz 3).[18] Das Unternehmen als solches wird sich normalerweise in einem Drittstaat befinden, da andernfalls die DSGVO bereits mit Rücksicht auf den in der Union befindlichen Sitz anwendbar wäre.

Die »**feste Einrichtung**« kann in einem angemieteten Büro bestehen, von dem aus be- 12
stimmte Aktivitäten entfaltet werden. Ein bloßer Briefkasten oder ein Notebook, das von

14 Paal/Pauly-*Ernst*, Art. 3 Rn. 4.

15 In der Literatur ist oft von »untrennbarer Verbundenheit« die Rede (Gola-*Piltz*, Art. 3 Rn. 15), doch lassen sich derartige Beziehungen immer auflösen.

16 Zuletzt EuGH 28.7.2016 – C-191/15, NJW 2016, 2727 Tz. 75, Verein für Konsumenteninformation.

17 EuGH 1.10.2015 – C-230/14, NJW 2015, 3636 Tz. 29, Weltimmo.

18 Die rechtsfähige Tochtergesellschaft müsste eigentlich als eigenständige Verantwortliche angesehen werden, es sei denn, man wolle wegen vollständiger Steuerung durch die Muttergesellschaft eine Ausnahme machen. Der EuGH (13.5.2014 – C-131/12, NJW 2014, 2257 Tz. 49, Google Spain und Google) sieht allerdings eine rechtlich selbständige Tochtergesellschaft als »Niederlassung« an.

einem Repräsentanten benutzt wird, genügt nicht. Allerdings reicht schon eine geringfügige Tätigkeit[19] und der Einsatz einer einzigen Person, doch muss diese mit einem »ausreichenden Grad an Beständigkeit« tätig werden.[20] Der EuGH scheint zu einer typologischen Betrachtung zu neigen, da er es in der Weltimmo-Entscheidung genügen ließ, dass das Unternehmen mehrere Websites betrieb, die sich mit Immobilien in dem fraglichen Land befassten, und dass es über einen Vertreter verfügte, der sich um unbezahlte Rechnungen kümmerte. Außerdem existierten ein Bankkonto und ein Postfach – von einem Büro war dagegen nicht die Rede.[21]

13 Zweite Voraussetzung für das Vorliegen einer Niederlassung ist, dass eine »**tatsächliche und effektive Tätigkeit**« ausgeübt wird.[22] Eine Postadresse, ein Briefkasten oder ein Bankkonto genügen für sich allein nicht;[23] ebenso wenig die bloße Existenz einer Website[24] oder eines Servers.[25] Auch die Eintragung einer Zweigstelle im Handelsregister wäre nicht ausreichend, wenn von ihr keinerlei Aktivitäten ausgehen würden; dasselbe gilt für ein nicht benutztes Büro.

14 Art. 3 Abs. 1 verlangt weiter, dass die Datenverarbeitung »**im Rahmen der Tätigkeit der Niederlassung**« erfolgt. Dies bedeutet nicht, dass die Tätigkeit selbst in Datenverarbeitung besteht; notwendig ist nur, dass diese einen **Bezug zur** eigentlichen **Tätigkeit der Niederlassung** hat.[26] Dies ist auch dann gegeben, wenn die Niederlassung Werbeflächen auf einer Suchmaschine verkauft, um sie auf diesem Wege rentabel zu machen.[27] Sie muss auch nicht von der Niederlassung selbst vorgenommen werden; diese kann sich auch eines Auftragsverarbeiters bedienen, der ggf. seinen Sitz in einem Drittstaat hat. Wo die betroffene Person ihren Aufenthaltsort hat, ist ohne Bedeutung.[28] Existiert zwar eine Niederlassung, hat diese aber **mit der** Erhebung oder **Verarbeitung** der Daten **nichts zu tun**, weil insoweit die ausländische Zentrale selbst handelt, so findet Abs. 1 keine Anwendung.[29] In solchen Fällen stellt sich das Problem der Anwendung von Abs. 2 (dazu unten IV 3, Rn. 22ff.).

15 Denkbar ist, dass die Niederlassung **Auftragsverarbeitung** i. S. d. Art. 28 DSGVO für einen innereuropäischen Verantwortlichen betreibt. Die DSGVO ist dann schon aufgrund dieser Tatsache anwendbar. Dasselbe gilt, wenn eine entsprechende Tätigkeit für einen Verantwortlichen in einem Drittstaat erfolgt.[30] Auch als **Unterauftragnehmer** ist die Niederlassung ggf. »Auftragsverarbeiter« im Sinne der DSGVO.

15a Werden bestimmte Daten an eine andere Niederlassung (z. B. in einem Drittland) verschickt und dort weiterverarbeitet, so ändert sich das anwendbare Recht (sog. **Statuten-**

19 EuGH 1.10.2015 – C-230/14, NJW 2015, 3636 Tz. 31, Weltimmo.
20 EuGH 1.10.2015 – C-230/14, NJW 2015, 3636 Tz. 30, Weltimmo.
21 EuGH 1.10.2015 – C-230/14, NJW 2015, 3636 Tz. 33, Weltimmo.
22 Paal/Pauly-*Ernst*, Art. 3 Rn. 7.
23 Sydow-*Ennöckl*, Art. 3 Rn. 7.
24 EuArbR-*Franzen*, Art. 3 VO 2016/679/EU Rn. 3.
25 Wybitul-*Rauer/Ettig*, Art. 3 Rn. 5 m. w. N.
26 EuGH 13.5.2014 – C-131/12, NJW 2014, 2257 Tz. 52, Google Spain und Google; Gola-*Piltz*, Art. 3 Rn. 19; Sydow-*Ennöckl*, Art. 3 Rn. 8.
27 EuGH 13.5.2014 – C-131/12, NJW 2014, 2257 Tz. 56, Google Spain und Google.
28 Sydow-*Ennöckl*, Art. 3 Rn. 6.
29 Plath-*Plath*, Art. 3 Rn. 10.
30 Ebenso Schantz/Wolff-*Schantz*, Rn. 328.

wechsel).[31] Dies kann **im Bereich der Datenverarbeitung sehr viel häufiger** als in anderen Zusammenhängen geschehen. Betroffene Personen erfahren dadurch Schutz, dass eine Übermittlung in Drittstaaten nur nach Maßgabe der Art. 44ff. zulässig ist. Soweit z.B. durch eine Übermittlung nach Art. 49 Absicherungen verloren gehen, stellt sich das Problem des Vertrauensschutzes oder einer Kompensation, über das bisher in diesem Zusammenhang noch wenig nachgedacht wurde.

Keine fertigen Lösungen gibt es auch für das Problem des anwendbaren Rechts bei der **Blockchain-Technologie**. Zumindest die »Nodes«, die sich in der EU befinden, unterliegen als Niederlassung eines Verantwortlichen oder eines Auftragsverarbeiters der DSGVO.[32] Inwieweit sich dadurch Friktionen ergeben, dass andere Teile dieses dezentralen Netzwerks weltweit verstreut sind und deshalb nicht dem europäischen Datenschutzrecht unterliegen, ist bislang anscheinend noch nicht erörtert. Dies mag damit zusammenhängen, dass die Blockchain-Technologie **ohne Bezug auf datenschutzrechtliche Vorgaben entwickelt** wurde und derzeit weiterentwickelt wird. Die Tatsache, dass einzelne NODES unterschiedlichen Rechtsordnungen unterliegen, muss sich nicht störend auswirken 15b

IV. Marktort (Abs. 2)

Abs. 2 geht mit Hilfe des sog. **Marktortprinzips** weit über Abs. 1 hinaus. Danach findet die DSGVO in zwei weiteren Konstellationen Anwendung, die vorwiegend im Internet vorkommen: 16

- In Drittstaaten angesiedelte Unternehmen oder Niederlassungen bieten betroffenen Personen, die sich im Gebiet der Union befinden, Waren oder Dienstleistungen an, was auch über Handelsvertreter oder Messestände geschehen kann (Buchst. a) oder
- das Verhalten betroffener Personen in der Union wird (etwa durch webtracking) beobachtet.

In beiden Fällen geht es darum, die Privatsphäre der betroffenen Personen gegen Eingriffe von außen zu schützen; die Union kommt insoweit ihrer Schutzpflicht in Bezug auf das Grundrecht des Art. 8 GRCh nach.[33] Dies wird durch die ErwGr 23 und 24 bestätigt. Außerdem werden einheitliche Wettbewerbsbedingungen für alle in der EU tätigen Unternehmen geschaffen.[34] Mit Rücksicht auf die Betroffenheit von Personen im Gebiet der EU liegt auch keine völkerrechtlich bedenkliche Regelung von reinen Auslandssachverhalten vor.[35] Ähnlich wird zudem im Wettbewerbs- und Kartellrecht[36] sowie beim Schutz jugendlicher Internet-Nutzer im Recht der USA verfahren.[37] Auch werden die in Drittstaaten befindlichen Unternehmen nicht generell an die DSGVO gebunden, sondern nur in-

---

31 Dazu Forgó/Helfrich/Schneider-*Borges*, Teil I Kap. 3, Rn. 169ff.

32 Krupar/Strassemeyer, K&R 2018, 746, 748 mit Fn. 22.

33 Gola-*Piltz*, Art. 3 Rn. 25; Kühling/Buchner-*Klar*, Art. 3 Rn. 20; Ehmann/Selmayr-*Zerdick*, Art. 3 Rn. 2.

34 Vgl. Auernhammer-*v. Lewinski*, Art. 3 Rn. 2; Sydow-*Ennöckl*, Art. 3 Rn. 12; Trentmann, CR 2017, 26, 29f.; Wybitul-*Rauer/Ettig*, Art. 3 Rn. 9.

35 Ehmann/Selmayr-*Zerdick*, Art. 3 Rn. 14; vgl. weiter Trentmann, CR 2017, 26, 30.

36 Klar, DuD 2017, 533, 534.

37 Klar, DuD 2017, 533, 536.

soweit, als sie sich auf dem Markt in der EU bewegen.[38] Von »**Extraterritorialität**« der Regelung zu sprechen, ist daher zumindest missverständlich.[39] **Anders** verhält es sich mit dem US-amerikanischen **Cloud Act**, der Unternehmen mit (einem) Sitz in den USA verpflichtet, den Strafverfolgungsbehörden auch solche Informationen herauszugeben, die bei ausländischen Tochtergesellschaften z. B. in Europa gespeichert sind.[40]

1. Waren- und Dienstleistungsangebote (Buchst. a)

17 Ein »**Angebot**« liegt nicht nur dann vor, wenn durch ein Ja-Wort des Adressaten ein Vertrag zustande kommt. Erfasst ist vielmehr auch der sehr viel häufigere Fall, dass lediglich eine »Aufforderung« vorliegt, die im Internet angebotene Ware oder Dienstleistung zu kaufen (»**Invitatio ad offerendum**«).[41] Selbst dann, wenn die Initiative zu einem Vertragsschluss von einer Person ausgeht, die sich in der EU aufhält, bleibt die DSGVO anwendbar: Der Kontakt mit dem Rechtsraum der EU wird hier durch die Reaktion auf die Anfrage bewusst hergestellt.[42]

18 Ob sich das Angebot **an Personen in der EU** richtet, hängt von den jeweiligen Umständen ab. Wird auf einer **Website** explizit ein »weltweites« Angebot gemacht, so genügt dies für den nötigen EU-Bezug. Fehlt es auch an einem »europaweiten« Angebot, so ist nach Anhaltspunkten insbesondere in **der äußeren Aufmachung** zu suchen. Der Gebrauch einer Sprache, die wie z. B. Italienisch oder Polnisch nur in der Union gesprochen wird, ist ein wichtiges Indiz dafür, dass Personen in der EU Adressaten sind. Dies gilt erst recht, wenn auch eine Bestellung in diesen Sprachen angeboten oder wenn ein **Versandort in einem EU-Mitgliedstaat** genannt wird.[43] Dasselbe gilt für eine Telefonnummer mit der Vorwahl eines Mitgliedstaats. Wird der Preis in einer **Währung** genannt, die es nur in der Union gibt, ist die Ausrichtung des Angebots ebenfalls klar. Ein weiteres Indiz ist die Benennung von Kunden oder Nutzern, die sich in der Union befinden, im Rahmen der Werbung (»Testimonials«).[44] Handelt es sich um ein mehrsprachiges Angebot und werden im Sitzstaat des Anbieters nicht alle diese Sprachen gesprochen, so kann dies ein Indiz für einen EU-Bezug sein. Auf der anderen Seite ist der Gebrauch des Englischen, des Spanischen oder des Französischen kein ausreichendes Indiz, weil diese Sprachen auch außerhalb der EU gesprochen werden. Wichtig ist, dass die bloße Zugänglichkeit einer Website im Internet nicht genügt.[45] Art. 3 Abs. 2 ist nicht anwendbar, wenn der in der EU ansässige Verantwortliche die Dienste eines **Cloud-Anbieters aus einem Drittstaat** in Anspruch nimmt,[46] doch dürfte Art. 44 Satz 1 DSGVO entsprechend anzuwenden sein, der sogar

---

38 Missverständlich SHS-*Hornung*, Art. 3 Rn. 8.
39 Vgl. Uecker, ZD 2019, 67 ff.
40 Dazu Ruhland CuA 2/2019, 31 ff.; Spies, ZD 5/2018 S. V.
41 SHS-*Hornung* Art. 3 Rn. 50; Uecker, ZD 2019, 67, 68 f.
42 SHS-*Hornung*, Art. 3 Rn. 52.
43 Paal/Pauly-*Ernst*, Art. 3 Rn. 16.
44 Ehmann/Selmayr-*Zerdick*, Art. 3 Rn. 19 mit weiteren Beispielen.
45 EuGH 28.7.2016 – C-191/15, NJW 2016, 2727 Tz. 76, Verein für Konsumenteninformation; Auernhammer-*v. Lewinski*, Art. 3 Rn. 15; Paal/Pauly-*Ernst*, Art. 3 Rn. 16; Piltz, K&R 2016, 559; Sydow-*Ennöckl*, Art. 3 Rn. 14; vgl. auch ErwGr 23 Satz 3.
46 Wybitul-*Rauer/Ettig*, Art. 3 Rn. 12.

bei einer Weiterübermittlung von einem in einen anderen Drittstaat die Beachtung der DSGVO verlangt (dazu Art. 44 Rn. 8ff.). Ist Ausgangspunkt ein Verantwortlicher in der EU, kann nichts anderes gelten.

Nicht notwendig ist, dass es sich um eine **entgeltliche Leistung** in dem Sinne handelt, dass ein Preis in Geld bezahlt werden muss.[47] Man ist daher des Problems enthoben, ob Angebote, die mit der Preisgabe von Daten verbunden sind, entgeltlichen Charakter tragen. Die »unentgeltlichen« Dienste von Suchmaschinen wie Google fallen deshalb ebenfalls unter die Vorschrift,[48] ebenso viele Online-Dienste einschließlich von sozialen Netzwerken. Es kann keinen Unterschied machen, ob sich ein Unternehmen durch Entgelte oder durch Werbung finanziert, die durch Erhebung und Weitergabe von Daten zusätzlich erleichtert wird.[49] **18a**

Die **Adressaten** des Angebots müssen sich lediglich **in der Union aufhalten**; es ist nicht erforderlich, dass es sich um Unionsbürger handelt.[50] Auch ein vorübergehender Aufenthalt z. B. als Tourist genügt,[51] und zwar selbst dann, wenn dieser rechtswidrig ist.[52] Dies ist eine im Grunde selbstverständliche Folge der Tatsache, dass die Grundrechte auf Schutz der Privatsphäre nach Art. 7 GRCh und auf Datenschutz nach Art. 8 GRCh »jeder Person« und nicht nur Unionsbürgern zustehen.[53] Maßgebend ist der Zeitpunkt, in dem eine Verarbeitung beginnt.[54] **19**

Die Datenverarbeitung muss »**im Zusammenhang**« mit dem Angebot stehen. Das bedeutet, dass es nicht allein um die Daten der Personen gehen muss, denen ein Angebot gemacht wird.[55] Der »Zusammenhang« besteht auch dann, wenn das die Daten erfassende Unternehmen sie von einem anderen Unternehmen analysieren lässt; auch dieser Fall wird von Abs. 2 erfasst.[56] **19a**

2. Verhaltensbeobachtung (Buchst. b)

Die DSGVO ist auch anzuwenden, wenn die Verarbeitung dazu dient, das Verhalten von Betroffenen »zu beobachten, soweit ihr Verhalten in der Europäischen Union erfolgt«. Dabei ist aber anders als im Fall a keine »Ausrichtung« auf die EU erforderlich.[57] Entscheidend ist allein die objektive Tatsache, »ob ihre **Internetaktivitäten nachvollzogen** werden, einschließlich der möglichen nachfolgenden Verwendung von Datenverarbeitungs- **20**

---

47 EuArbR-*Franzen*, Art. 3 VO 2016/679/EU Rn. 4.
48 Paal/Pauly-*Ernst*, Art. 3 Rn. 17; Ehmann/Selmayr-*Zerdick*, Art. 3 Rn. 18
49 SHS-*Hornung*, Art. 3 Rn. 49; ebenso im Ergebnis Schantz/Wolff-*Schantz*, Rn. 333.
50 Paal/Pauly-*Ernst*, Art. 3 Rn. 16; Kühling/Buchner-*Klar*, Art. 3 Rn. 36; Plath-*Plath*, Art. 3 Rn. 15; Piltz, K&R 2016, 559.
51 Ehmann/Selmayr-*Zerdick*, Art. 3 Rn. 17; Auernhammer-*v. Lewinski*, Art. 3 Rn. 11; SJTK-*Pabst*, Art. 3 Rn. 22; Uecker, ZD 2019, 67, 68; im Ergebnis zustimmend EuArbR-*Franzen*, Art. 3 VO 2016/679/EU Rn. 7.
52 SHS-*Hornung*, Art. 3 Rn. 41.
53 Zur Schutzfunktion s. auch Klar, DuD 2017, 535.
54 SHS-*Hornung*, Art. 3 Rn. 42.
55 Uecker, ZD 2019, 67, 69.
56 Uecker, ZD 2019, 67, 70.
57 Schantz/Wolff-*Schantz*, Rn. 338.

techniken, durch die von einer Person ein Profil erstellt wird, das insbesondere die Grundlage für sie betreffende Entscheidungen bildet oder anhand dessen ihre persönlichen Vorlieben, Verhaltensweisen oder Gepflogenheiten analysiert oder vorausgesagt werden sollen« (ErwGr 24). Dies kann auch bei weltweiter Datenerfassung der Fall sein. Durch die »Beobachtung« des Verhaltens können ggf. Einstellungen, Gefühle oder sonstige **innere Vorgänge** bei den Betroffenen ermittelt werden. Damit werden Techniken des Tracking, Profiling, Personalizing und Targeting erfasst. Ob dies ohne (freiwillige) Einwilligung der betroffenen Personen **zulässig** ist, erscheint zumindest **höchst zweifelhaft.**[58] Auch die Aufzeichnung physiologischer Zustände durch ein vernetztes Datenarmband können erfasst sein.[59] Die Anbindung ans Internet ist aber nicht notwendige Voraussetzung für die Anwendung der Vorschrift.[60]

21 Die Daten werden häufig für **Zwecke** der Werbung und der Optimierung des Absatzes ermittelt. So kann ein Nutzerprofil künftige Werbeaktivitäten und Angebote erleichtern.[61] Sie können aber auch eine Bewertung im Rahmen von Vertragsbeziehungen (Rating, Scoring) oder die Erteilung einer Auskunft vorbereiten. Die Wahl der Zwecke ist frei; es kann sich auch um Verhaltensforschung oder politische Zwecke handeln.[62]

3. Verantwortlicher oder Auftragsverarbeiter außerhalb der Union

22 Seinem Wortlaut nach ist Abs. 2 nur anwendbar, wenn der Verantwortliche oder Auftragsverarbeiter nicht in der Union niedergelassen ist. Dabei kann es sich im Übrigen auch um **ausländische Behörden** handeln, die das Verhalten von Personen in der Union beobachten.[63] Nicht ausdrücklich erfasst ist der Fall, dass das ausländische Unternehmen eine **Niederlassung in der Union** besitzt, diese jedoch **nichts mit der Datenverarbeitung zu tun** hat, so dass Abs. 1 nicht eingreifen kann. Im Interesse des Menschenrechtsschutzes ist die dadurch entstehende Lücke in der Weise zu schließen, dass hier Abs. 2 entsprechende Anwendung findet: Der Verordnungsgeber hatte diesen Fall offensichtlich nicht bedacht.[64]

4. Transitprobleme

23 Wurden Datenträger nur zum Zwecke des Transits durch Deutschland eingesetzt, hatte dies nach § 1 Abs. 5 Satz 4 BDSG-alt nicht die Anwendung von deutschem Datenschutzrecht zur Folge. Eine entsprechende Vorschrift ist in der DSGVO nicht vorhanden, doch wird man zu keinem anderen Ergebnis kommen: Es fehlt an jeder Datenverarbeitung, wenn Daten lediglich über einen **innereuropäischen Router** durchgeleitet werden, ohne dass sie jemand zur Kenntnis nimmt.[65] Dasselbe gilt, wenn z. B. ein **Flugpassagier** einen

---

58 Breyer, ZD 2018, 302.
59 SHS-*Hornung*, Art. 3 Rn. 56.
60 Uecker, ZD 2019, 67, 70.
61 Gola-*Piltz*, Art. 3 Rn. 31 ff.
62 Paal/Pauly-*Ernst*, Art. 3 Rn. 19; Uecker, ZD 2019, 67, 69.
63 Gola-*Piltz*, Art. 3 Rn. 26.
64 Piltz, K&R 2016, 559; Kühling/Buchner-*Klar*, Art. 3 Rn. 60; SHS-*Hornung*, Art. 3 Rn. 45; Däubler, RIW 2018, 405, 408; so wohl auch SJTK-*Pabst*, Art. 3 Rn. 37.
65 Paal/Pauly-*Ernst*, Art. 3 Rn. 14; SHS-*Hornung*, Art. 3 Rn. 47.

Laptop oder eine **CD** mitführt, ohne während seines Aufenthalts in der EU darauf zuzugreifen. Ist dies im Einzelfall anders – der aus Djakarta kommende Passagier hat in Frankfurt sechs Stunden Aufenthalt, bevor er nach New York weiterfliegt, und benutzt diese Zeit zur Erledigung seiner Korrespondenz mit Hilfe seines Laptops – so sind gleichfalls die Voraussetzungen des Art. 3 nicht erfüllt: Weder begründet er eine Niederlassung in der Union noch macht er allein aufgrund seiner Tätigkeit als solcher Personen in der Union Angebote oder überwacht ihr Verhalten.

V. Mitgliedstaatliches Recht außerhalb der EU (Abs. 3) und im EWR

Abs. 3 betrifft den Fall, dass das Recht eines Mitgliedstaats aufgrund Völkerrechts an einem Ort Anwendung findet, der außerhalb der Union liegt. Gedacht ist dabei in erster Linie an **diplomatische und konsularische Vertretungen** in Drittstaaten; auch sie müssen die DSGVO beachten.[66] Dies gilt auch für mobile Datenverarbeitung der Mitarbeiter von diplomatischen Vertretungen im Gastland.[67] Die französischen Übersee-Départements gehören zur EU und sind deshalb schon durch Abs. 1 und 2 erfasst. Genauso werden einem Staat zugeordnete Schiffe und Flugzeuge behandelt.[68] 24

Am 6. Juli 2018 hat der **Gemeinsame EWR-Ausschuss** die **Übernahme** der DSGVO in das EWR-Abkommen mit Wirkung vom 20. Juli 2018 beschlossen. Mit der weiteren Übernahme in das nationale Recht, die nur im Rahmen der Öffnungsklauseln Sonderregelungen enthalten darf, wird die DSGVO auch für Norwegen, Island und Liechtenstein verbindlich. Die Schweiz ist derzeit wie ein Drittland zu behandeln, so dass die Art. 44 ff. Anwendung finden.[69] 24a

VI. Rechtsfolgen

Ist die DSGVO aufgrund der Absätze 1 und 2 anwendbar, so gilt dies grundsätzlich für alle ihre Vorschriften. Auch die Bestimmungen zu Datenübermittlungen in Drittländer oder an internationale Organisationen (Art. 44 ff.) sind anzuwenden. Außerdem hat der in einem Drittstaat ansässige Verantwortliche oder Auftragsverarbeiter **nach Art. 27 einen Vertreter** zu bestellen (siehe dort). Dieser wird dadurch aber nicht zu einer »Niederlassung« im Sinne des Abs. 1.[70] Sanktionen wegen Verletzungen der DSGVO können nur innerhalb der Union, d. h. ihm gegenüber verhängt werden. Inwieweit die DSGVO in den Fällen des Abs. 2 auch faktisch durchgesetzt werden kann, soll im Rahmen des Art. 27 behandelt werden.[71] 25

66 ErwGr. 25; Kühling/Buchner-*Klar*, Art. 3 Rn. 4; Ehmann/Selmayr-*Zerdick*, Art. 3 Rn. 21; EuArbR-*Franzen*, Art. 3 VO 2016/679/EU Rn. 1; Paal/Pauly-*Ernst*, Art. 3 Rn. 21.
67 SJTK-*Pabst*, Art. 3 Rn. 40.
68 Schantz/Wolff-*Schantz*, Rn.340.
69 SHS-Hornung, Art. 3 Rn. 69; Ehmann/Selmayr-*Zerdick*, Art. 3 Rn. 22 f.
70 Gola-*Piltz*, Art. 3 Rn. 14.
71 Zur Problematik s. Gola-*Piltz*, Art. 3 Rn. 27.

VII. Nationales Kollisionsrecht

1. Ein neues interlokales Kollisionsrecht?

26 Die zahlreichen Öffnungsklauseln der DSGVO führen dazu, dass in bestimmten Bereichen **unterschiedliches Recht in den einzelnen Mitgliedstaaten** besteht. Dies gilt nach Art. 88 auch für das Recht der abhängigen Beschäftigung. Art. 3 erfasst diese Fälle nicht, da er nur den räumlichen Anwendungsbereich der DSGVO als solcher regelt.[72] Auch an anderer Stelle macht die DSGVO insoweit keine Vorgaben.[73] In solchen Fällen gelten jedoch die **Rom I – und die Rom II-Verordnung**. Die spezifischen Regelungen des Beschäftigtendatenschutzes unterfallen der arbeitsrechtlichen Kollisionsnorm des Art. 8 Rom I-Verordnung. Dies muss auch für den allgemeinen Rahmen gelten, der bei der Anwendung der spezifischen Vorschriften nach Art. 88 zu beachten ist. In der Tat wäre es wenig einsichtig, könnten Arbeitnehmer, die nach deutschem Arbeitsrecht vorübergehend oder auf Dauer in einem Drittland tätig sind,[74] nicht auch das EU-Datenschutzrecht »mitnehmen«. Weshalb sollte z. B. das Recht auf Einsichtnahme in die Personalakte als Teil des Arbeitsvertragsrechts auch bei Auslandstätigkeit gelten, während das Auskunftsrecht des Art. 15 DSGVO und die Korrekturrechte nach Art. 16 und 17 DSGVO nicht herangezogen werden könnten? **Der spezifische nationale Datenschutz für Beschäftigte** (in Deutschland: § 26 BDSG) ist daher als **Teil des Arbeitsvertragsstatuts** zu begreifen.[75]

27 **§ 1 Abs. 4 BDSG** enthält eigenständige **kollisionsrechtliche Normen**, die allerdings nur den Anwendungsbereich des Gesetzes selbst bestimmen, also wie Art. 3 einseitige Kollisionsnormen darstellen. Mit Rücksicht darauf, dass der Gesetzgeber des BDSG von zahlreichen Öffnungsklauseln der DSGVO Gebrauch gemacht hat, wird der Sache nach auch geregelt, **welches nationale Recht innerhalb der EU** Anwendung findet. Man könnte insoweit von »interlokalen« Normen neuer Art sprechen. Außerdem ist § 1 Abs. 4 BDSG in all jenen Fällen maßgebend, die nicht unter den Geltungsbereich der DSGVO fallen.[76]

2. Voraussetzungen für die Anwendung des BDSG

28 Das BDSG ist nach seinem § 1 Abs. 4 Satz 2 Nr. 1 anwendbar, wenn der Verantwortliche oder der Auftragdatenverarbeiter **Daten »im Inland« verarbeiten**. Wo sich der Sitz befindet, ist gleichgültig; dieser kann auch in einem anderen EU-Mitgliedstaat oder in einem Drittstaat liegen. Werden Daten eines Beschäftigten im Inland erhoben, unterliegt dieser Vorgang dem BDSG. Als Beispiel wird etwa der Fall genannt, dass alle Aktivitäten auf dem Messestand eines französischen Unternehmens in Deutschland in einem Videofilm festgehalten werden.[77]

29 Nach § 1 Abs. 4 Satz 2 Nr. 2 BDSG ist das Gesetz auch anwendbar, wenn die Verarbeitung der Daten **»im Rahmen der Tätigkeit einer inländischen Niederlassung** des Verantwort-

---

72 Piltz, K&R 2016, 559.
73 Gola-*Piltz*, Art. 3 Rn. 38; Kühling/Buchner-*Klar*, Art. 3 Rn. 5.
74 Zu diesen Fällen s. Palandt-*Thorn*, Art. 8 Rom I-VO Rn. 10 und 13.
75 Däubler, AuR 1990, 10; anders Deinert, Internationales Arbeitsrecht, § 12 Rn. 58 m. w. N.
76 Dazu Däubler, Gläserne Belegschaften, § 2 II 6 (Rn. 45); Paal/Pauly-*Ernst*, Art. 2 Rn. 11.
77 Klar, DuD 2017, 533, 537.

lichen oder Auftragsverarbeiters erfolgt.« Dies muss nicht notwendigerweise im Inland stattfinden. So ist denkbar, dass alle Personaldaten der Mitarbeiter einer deutschen Niederlassung eines französischen Unternehmens von der in Frankreich ansässigen Muttergesellschaft erhoben und weiterverarbeitet werden. Jedenfalls die Erhebung würde dann deutschem Recht unterliegen. Bestehen mehrere Niederlassungen in der EU, so findet das BDSG nur auf die Datenverarbeitung durch die deutsche Niederlassung Anwendung.[78]

§ 1 Abs. 4 Satz 2 Nr. 3 BDSG bestimmt, dass auch solche Verantwortliche und Auftrags- 30
verarbeiter erfasst sind, die **ohne Niederlassung in der EU** unter den **Anwendungsbereich der DSGVO** fallen. Ohne die Vorschrift könnte bei Beschäftigtendaten die Situation eintreten, dass sie zwar der DSGVO, nicht aber dem BDSG unterliegen, was zu einem **gespaltenen Datenschutz** führen würde. Dies wäre etwa in Fällen denkbar, die (nur) vom Marktortprinzip (siehe oben IV) erfasst sind. Nr. 3 setzt im Übrigen wie andere Eingriffsnormen einen hinreichenden Inlandsbezug voraus.[79] Besteht keinerlei Bezug zur Bundesrepublik, greift auch das BDSG nicht ein.[80]

3. Verbleibende Zuständigkeiten

Greift keine dieser drei Vorschriften ein, so finden nach § 1 Abs. 4 Satz 3 BDSG nur die Be- 31
stimmungen über den Bundesbeauftragten für den Datenschutz und über die Aufsichtsbehörde Anwendung (§§ 8 bis 21, 39 bis 44). Ein Anknüpfungsmoment wird nicht genannt; die amtliche Begründung des Regierungsentwurfs enthält keinerlei Aussage zu der Bestimmung.[81] Der Wortlaut könnte eine Zuständigkeit für jedes denkbare Datenschutzunrecht in der Welt abdecken, doch ist dies wohl nicht gemeint: Der Sache nach dürfte es darum gehen, dass die **kraft öffentlichen Rechts bestehende Zuständigkeit** für alle sich im Territorium der Bundesrepublik abspielenden Vorgänge unberührt bleiben soll.

Art. 4 Begriffsbestimmungen

Im Sinne dieser Verordnung bezeichnet der Ausdruck:

1. **»personenbezogene Daten« alle Informationen, die sich auf eine identifizierte oder identifizierbare natürliche Person (im Folgenden »betroffene Person«) beziehen; als identifizierbar wird eine natürliche Person angesehen, die direkt oder indirekt, insbesondere mittels Zuordnung zu einer Kennung wie einem Namen, zu einer Kennnummer, zu Standortdaten, zu einer Online-Kennung oder zu einem oder mehreren besonderen Merkmalen, die Ausdruck der physischen, physiologischen, genetischen, psychischen, wirtschaftlichen, kulturellen oder sozialen Identität dieser natürlichen Person sind, identifiziert werden kann;**
2. **»Verarbeitung« jeden mit oder ohne Hilfe automatisierter Verfahren ausgeführten Vorgang oder jede solche Vorgangsreihe im Zusammenhang mit personenbezogenen Daten wie das Erheben, das Erfassen, die Organisation, das Ordnen, die Spei-**

78 Anders wohl SHS-*Hornung*, Art. 3 Rn. 14.
79 Deinert, a. a. O., § 10 Rn. 40, 172 m. w. N.; im Ergebnis wie hier SHS-*Hornung*, Art. 3 Rn. 15.
80 Schantz/Wolff-*Schantz*, Rn. 355.
81 BT-Drs. 18/11325, S. 80 (Erläuterungen zu § 1 Abs. 4).

cherung, die Anpassung oder Veränderung, das Auslesen, das Abfragen, die Verwendung, die Offenlegung durch Übermittlung, Verbreitung oder eine andere Form der Bereitstellung, den Abgleich oder die Verknüpfung, die Einschränkung, das Löschen oder die Vernichtung;

3. **»Einschränkung der Verarbeitung« die Markierung gespeicherter personenbezogener Daten mit dem Ziel, ihre künftige Verarbeitung einzuschränken;**
4. **»Profiling« jede Art der automatisierten Verarbeitung personenbezogener Daten, die darin besteht, dass diese personenbezogenen Daten verwendet werden, um bestimmte persönliche Aspekte, die sich auf eine natürliche Person beziehen, zu bewerten, insbesondere um Aspekte bezüglich Arbeitsleistung, wirtschaftliche Lage, Gesundheit, persönliche Vorlieben, Interessen, Zuverlässigkeit, Verhalten, Aufenthaltsort oder Ortswechsel dieser natürlichen Person zu analysieren oder vorherzusagen;**
5. **»Pseudonymisierung« die Verarbeitung personenbezogener Daten in einer Weise, dass die personenbezogenen Daten ohne Hinzuziehung zusätzlicher Informationen nicht mehr einer spezifischen betroffenen Person zugeordnet werden können, sofern diese zusätzlichen Informationen gesondert aufbewahrt werden und technischen und organisatorischen Maßnahmen unterliegen, die gewährleisten, dass die personenbezogenen Daten nicht einer identifizierten oder identifizierbaren natürlichen Person zugewiesen werden;**
6. **»Dateisystem« jede strukturierte Sammlung personenbezogener Daten, die nach bestimmten Kriterien zugänglich sind, unabhängig davon, ob diese Sammlung zentral, dezentral oder nach funktionalen oder geografischen Gesichtspunkten geordnet geführt wird;**
7. **»Verantwortlicher« die natürliche oder juristische Person, Behörde, Einrichtung oder andere Stelle, die allein oder gemeinsam mit anderen über die Zwecke und Mittel der Verarbeitung von personenbezogenen Daten entscheidet; sind die Zwecke und Mittel dieser Verarbeitung durch das Unionsrecht oder das Recht der Mitgliedstaaten vorgegeben, so kann der Verantwortliche beziehungsweise können die bestimmten Kriterien seiner Benennung nach dem Unionsrecht oder dem Recht der Mitgliedstaaten vorgesehen werden;**
8. **»Auftragsverarbeiter« eine natürliche oder juristische Person, Behörde, Einrichtung oder andere Stelle, die personenbezogene Daten im Auftrag des Verantwortlichen verarbeitet;**
9. **»Empfänger« eine natürliche oder juristische Person, Behörde, Einrichtung oder andere Stelle, der personenbezogene Daten offengelegt werden, unabhängig davon, ob es sich bei ihr um einen Dritten handelt oder nicht. Behörden, die im Rahmen eines bestimmten Untersuchungsauftrags nach dem Unionsrecht oder dem Recht der Mitgliedstaaten möglicherweise personenbezogene Daten erhalten, gelten jedoch nicht als Empfänger; die Verarbeitung dieser Daten durch die genannten Behörden erfolgt im Einklang mit den geltenden Datenschutzvorschriften gemäß den Zwecken der Verarbeitung;**
10. **»Dritter« eine natürliche oder juristische Person, Behörde, Einrichtung oder andere Stelle, außer der betroffenen Person, dem Verantwortlichen, dem Auftragsverarbeiter und den Personen, die unter der unmittelbaren Verantwortung des**

Verantwortlichen oder des Auftragsverarbeiters befugt sind, die personenbezogenen Daten zu verarbeiten;

11. **»Einwilligung« der betroffenen Person jede freiwillig für den bestimmten Fall, in informierter Weise und unmissverständlich abgegebene Willensbekundung in Form einer Erklärung oder einer sonstigen eindeutigen bestätigenden Handlung, mit der die betroffene Person zu verstehen gibt, dass sie mit der Verarbeitung der sie betreffenden personenbezogenen Daten einverstanden ist;**
12. **»Verletzung des Schutzes personenbezogener Daten« eine Verletzung der Sicherheit, die, ob unbeabsichtigt oder unrechtmäßig, zur Vernichtung, zum Verlust, zur Veränderung, oder zur unbefugten Offenlegung von beziehungsweise zum unbefugten Zugang zu personenbezogenen Daten führt, die übermittelt, gespeichert oder auf sonstige Weise verarbeitet wurden;**
13. **»genetische Daten« personenbezogene Daten zu den ererbten oder erworbenen genetischen Eigenschaften einer natürlichen Person, die eindeutige Informationen über die Physiologie oder die Gesundheit dieser natürlichen Person liefern und insbesondere aus der Analyse einer biologischen Probe der betreffenden natürlichen Person gewonnen wurden;**
14. **»biometrische Daten« mit speziellen technischen Verfahren gewonnene personenbezogene Daten zu den physischen, physiologischen oder verhaltenstypischen Merkmalen einer natürlichen Person, die die eindeutige Identifizierung dieser natürlichen Person ermöglichen oder bestätigen, wie Gesichtsbilder oder daktyloskopische Daten;**
15. **»Gesundheitsdaten« personenbezogene Daten, die sich auf die körperliche oder geistige Gesundheit einer natürlichen Person, einschließlich der Erbringung von Gesundheitsdienstleistungen, beziehen und aus denen Informationen über deren Gesundheitszustand hervorgehen;**
16. **»Hauptniederlassung«**
    a) **im Falle eines Verantwortlichen mit Niederlassungen in mehr als einem Mitgliedstaat den Ort seiner Hauptverwaltung in der Union, es sei denn, die Entscheidungen hinsichtlich der Zwecke und Mittel der Verarbeitung personenbezogener Daten werden in einer anderen Niederlassung des Verantwortlichen in der Union getroffen und diese Niederlassung ist befugt, diese Entscheidungen umsetzen zu lassen; in diesem Fall gilt die Niederlassung, die derartige Entscheidungen trifft, als Hauptniederlassung;**
    b) **im Falle eines Auftragsverarbeiters mit Niederlassungen in mehr als einem Mitgliedstaat den Ort seiner Hauptverwaltung in der Union oder, sofern der Auftragsverarbeiter keine Hauptverwaltung in der Union hat, die Niederlassung des Auftragsverarbeiters in der Union, in der die Verarbeitungstätigkeiten im Rahmen der Tätigkeiten einer Niederlassung eines Auftragsverarbeiters hauptsächlich stattfinden, soweit der Auftragsverarbeiter spezifischen Pflichten aus dieser Verordnung unterliegt;**
17. **»Vertreter« eine in der Union niedergelassene natürliche oder juristische Person, die von dem Verantwortlichen oder Auftragsverarbeiter schriftlich gemäß Artikel 27 bestellt wurde und den Verantwortlichen oder Auftragsverarbeiter in Bezug auf die ihnen jeweils nach dieser Verordnung obliegenden Pflichten vertritt;**

18. »Unternehmen« eine natürliche oder juristische Person, die eine wirtschaftliche Tätigkeit ausübt, unabhängig von ihrer Rechtsform, einschließlich Personengesellschaften oder Vereinigungen, die regelmäßig einer wirtschaftlichen Tätigkeit nachgehen;

19. »Unternehmensgruppe« eine Gruppe, die aus einem herrschenden Unternehmen und den von diesem abhängigen Unternehmen besteht;

20. »verbindliche interne Datenschutzvorschriften« Maßnahmen zum Schutz personenbezogener Daten, zu deren Einhaltung sich ein im Hoheitsgebiet eines Mitgliedstaats niedergelassener Verantwortlicher oder Auftragsverarbeiter verpflichtet im Hinblick auf Datenübermittlungen oder eine Kategorie von Datenübermittlungen personenbezogener Daten an einen Verantwortlichen oder Auftragsverarbeiter derselben Unternehmensgruppe oder derselben Gruppe von Unternehmen, die eine gemeinsame Wirtschaftstätigkeit ausüben, in einem oder mehreren Drittländern;

21. »Aufsichtsbehörde« eine von einem Mitgliedstaat gemäß Artikel 51 eingerichtete unabhängige staatliche Stelle;

22. »betroffene Aufsichtsbehörde« eine Aufsichtsbehörde, die von der Verarbeitung personenbezogener Daten betroffen ist, weil
a) der Verantwortliche oder der Auftragsverarbeiter im Hoheitsgebiet des Mitgliedstaats dieser Aufsichtsbehörde niedergelassen ist,
b) diese Verarbeitung erhebliche Auswirkungen auf betroffene Personen mit Wohnsitz im Mitgliedstaat dieser Aufsichtsbehörde hat oder haben kann oder
c) eine Beschwerde bei dieser Aufsichtsbehörde eingereicht wurde;

23. »grenzüberschreitende Verarbeitung« entweder
a) eine Verarbeitung personenbezogener Daten, die im Rahmen der Tätigkeiten von Niederlassungen eines Verantwortlichen oder eines Auftragsverarbeiters in der Union in mehr als einem Mitgliedstaat erfolgt, wenn der Verantwortliche oder Auftragsverarbeiter in mehr als einem Mitgliedstaat niedergelassen ist, oder
b) eine Verarbeitung personenbezogener Daten, die im Rahmen der Tätigkeiten einer einzelnen Niederlassung eines Verantwortlichen oder eines Auftragsverarbeiters in der Union erfolgt, die jedoch erhebliche Auswirkungen auf betroffene Personen in mehr als einem Mitgliedstaat hat oder haben kann;

24. »maßgeblicher und begründeter Einspruch« einen Einspruch gegen einen Beschlussentwurf im Hinblick darauf, ob ein Verstoß gegen diese Verordnung vorliegt oder ob beabsichtigte Maßnahmen gegen den Verantwortlichen oder den Auftragsverarbeiter im Einklang mit dieser Verordnung steht, wobei aus diesem Einspruch die Tragweite der Risiken klar hervorgeht, die von dem Beschlussentwurf in Bezug auf die Grundrechte und Grundfreiheiten der betroffenen Personen und gegebenenfalls den freien Verkehr personenbezogener Daten in der Union ausgehen;

25. »Dienst der Informationsgesellschaft« eine Dienstleistung im Sinne des Artikels 1 Nummer 1 Buchstabe b der Richtlinie (EU) 2015/1535 des Europäischen Parlaments und des Rates;

26. »internationale Organisation« eine völkerrechtliche Organisation und ihre nachgeordneten Stellen oder jede sonstige Einrichtung, die durch eine zwischen zwei

oder mehr Ländern geschlossene Übereinkunft oder auf der Grundlage einer solchen Übereinkunft geschaffen wurde.

Inhaltsübersicht Rn.

I. Allgemeines

In Art. 4 sind **Legaldefinitionen** zu einigen wichtigen, nicht zu allen im Datenschutzrecht verwendeten Begriffen zusammengestellt. Es ist zu beachten, dass diese Definitionen im Einzelfall durchaus von der Umgangs- und auch von der IT-Fachsprache abweichen. 1

II. Entstehungsgeschichte

Die **EG-DSRl** erfasste in Art. 2 nur einen Teil der nun in Art. 4 definierten Begriffe (personenbezogene Daten, Verarbeitung, Datei, für die Verarbeitung Verantwortlicher, Auftragsverarbeiter, Empfänger, Dritter, Einwilligung der betroffenen Person). Wesentliche inhaltliche Änderungen erfolgen nicht, wohl aber die Definition vieler weitere Begriffe. 2

3 Die Begriffe »Verletzung des Schutzes personenbezogener Daten« (Nr. 12), »genetische Daten« (Nr. 13), »biometrische Daten« (Nr. 14), »Gesundheitsdaten« (Nr. 15), »Hauptniederlassung« (Nr. 16), »Vertreter« (Nr. 17), »Unternehmen« und »Unternehmensgruppe« (Nrn. 18, 19), »verbindliche unternehmensinterne Datenschutzvorschriften« (Nr. 20) und »Aufsichtsbehörde« (Nr. 21) gehen auf den Vorschlag der **Kommission** zurück.

4 Die Begriffe »Profiling« (Nr. 4) und »Pseudonymisierung« bzw. »Pseudonym« (Nr. 5) wurden vom **Parlament** eingebracht. Dessen Vorschläge für eine Definition von »Übertragung« (im Entwurf Nr. 3a) und »Hersteller« (im Entwurf Nr. 6a) wurden nicht übernommen.

5 Der **Rat** initiierte die Definition des Begriffs »Einschränkung der Verarbeitung« (Nr. 3) sowie der in den Nrn. 22 bis 26 genannten Begriffe.

III. Begriffsbestimmungen im Einzelnen

1. Personenbezogene Daten (Nr. 1)

6 Die Anwendbarkeit der DSGVO setzt die Verarbeitung personenbezogener Daten voraus. Die umfassende Geltung geht auf das Volkszählungsurteil des deutschen BVerfG vom 15.12.1983 zurück.[1] Wegen der Verarbeitungs- und Verknüpfungsmöglichkeiten unter den Bedingungen automatisierter Verarbeitung besteht bei der Verarbeitung solcher Daten in jedem Fall ein grundrechtliches Risiko. Es gibt **kein »belangloses« Datum** mehr.[2]

7 Der Begriff entspricht Art. 2 Buchst. a EG-DSRl sowie § 3 Abs. 1 BDSG-alt und wird für die Umsetzung der DSRl-JI (Art. 3 Nr. 1) in § 46 Nr. 1 BDSG wiederholt. Er erfasst alle Informationen, die sich auf eine bestimmte oder **bestimmbare natürliche Person** beziehen. Als bestimmbar wird dabei eine Person angesehen, die direkt oder indirekt zu Merkmalen bestimmt werden kann. Dies geschieht insbesondere mittels Zuordnung zu einer Kennung wie einem Namen, zu einer Kennnummer, zu Standortdaten, zu einer Online-Kennung oder zu einem oder mehreren besonderen Merkmalen, die Ausdruck ihrer physischen, physiologischen, genetischen, psychischen, wirtschaftlichen, kulturellen oder sozialen Identität sind. Personenbezug ist binärer Natur; seine Feststellung kann nicht Gegenstand einer Abwägung sein.[3]

a) Betroffene Person

8 Geschützt werden als Grundrechtsträger natürliche Personen, über die Informationen verarbeitet werden. Erfasst sind Deutsche ebenso wie Ausländer und Nicht-EU-Bürger.[4] Erfasst werden nicht nur Angaben über private Tätigkeiten, sondern auch Daten über geschäftliche bzw. berufliche Tätigkeiten z. B. bzgl. des Einkommens aus Erwerbstätigkeit und Kapital sowie des Vermögens.[5] Von der Betroffeneneigenschaft ist eine Vielzahl von

1 BVerfGE 65, 1 ff. = NJW 1984, 419 ff., Volkszählung.
2 BVerfGE 65, 1 Rn. 176.
3 SHS-*Karg*, Art. 4 Nr. 1 Rn. 14–18.
4 Huber, NJW 2013, 2575; Huber-*Weichert*, Vorb §§ 86–91e AufenthG Rn. 1 ff.
5 EuGH, RDV 2009, 113.

Rechten abhängig. Die betroffene Person, im Weiteren auch **der Betroffene** genannt, kann durch Einwilligung oder per Vertrag über ihre Daten auch gegenüber Dritten verfügen. Der Betroffene hat Betroffenenrechte (Art. 13ff.), Ansprüche auf rechtskonforme Verarbeitung seiner Daten, ein Recht zur Anrufung der Datenschutzaufsichtsbehörden (Art. 57 Abs. 1 Buchst. f) sowie auf Rechtsschutz (Art. 77ff.).

Das Leben einer natürlichen Person beginnt mit der Geburt. Dessen ungeachtet liegen seit 9
der Befruchtung einer Eizelle beim Nasciturus, aus der später ein Neugeborenes entsteht, schon **vor der Geburt** von diesem personenbezogene Daten vor, vor allem per Genomanalyse zu gewinnende Daten über Erbanlagen. Wird hierüber vor der Geburt disponiert, wird die (Selbst-)Bestimmungsmöglichkeit des künftigen Kindes eingeschränkt. Insofern entfaltet das Recht auf informationelle Selbstbestimmung eine Vorwirkung.[6]

»Diese Verordnung gilt nicht für die personenbezogenen Daten Verstorbener. Die Mit- 10
gliedstaaten können Vorschriften für die Verarbeitung der personenbezogenen Daten Verstorbener vorsehen« (ErwGr 27). Betroffene müssen natürliche Personen sein; nicht hierzu gehören **Verstorbene**.[7] Deren Daten können jedoch als berufliches Geheimnis (§ 203 Abs. 4 StGB), als Sozialgeheimnis (§ 35 Abs. 5 SGB I), als Statistik- oder als Steuergeheimnis oder nach sonstigem speziellen Recht geschützt sein. So heißt es z.B. in § 7 Abs. 1 Satz 3 KrankenhausG Hmb: »Der Datenschutz endet nicht mit dem Tode des Patienten«. Das Grundrecht auf Datenschutz nach Art. 8 GRCh kann wie das allgemeine Persönlichkeitsrecht und das Recht auf informationelle Selbstbestimmung auch jenseits gesetzlicher Regelungen eine Reflexwirkung zugunsten eines postmortalen Persönlichkeitsschutzes entwickeln.[8] Informationen über Verstorbene können Personenbezug zu lebenden Personen haben, etwa zu Nachkommen, Hinterbliebenen oder Erben.[9]

Funktionsträger, also z.B. Organe der EU oder eines Staates sowie Beamte bei Ausübung 11
ihrer Tätigkeit, sind als solche nicht Träger von Grundrechten.[10] Da jedoch jede hoheitliche Tätigkeit einer handelnden natürlichen Person zugeordnet werden kann und diese auch während ihrer Tätigkeit und in ihrer Funktion einen Persönlichkeitsschutz genießt, ist auch bei Funktionsträgern die Anwendung des Datenschutzrechts nicht ausgeschlossen (vgl. § 5 Abs. 2 IFG-Bund).[11] Die Ansicht, dass es sich bei Informationen über öffentliche Bedienstete nicht um personenbezogene Daten handelt, weil sie einen derart engen Bezug zur amtlichen bzw. staatlichen Tätigkeit gegenüber dem Bürger haben, dass sie

6 BMH § 3 BDSG Rn. 10; Weichert, DuD 2002, 137; DKWW-*Weichert*, u.a. § 3 Rn. 3; Auernhammer-*Eßer*, Art. 4 Rn. 11.

7 A.A. zum BDSG BMH, § 3 Rn. 4ff.; Wolff/Brink-*Schild*, BDSG, § 3 Rn. 6.

8 BVerfGE 30, 173, 194; BVerfG, DVBl 2001, 985; BGH, JZ 2000, 1056; Leeb, K&R 2014, 693; Herzog, NJW 2013, 3745; Heinemann/Heinemann, DuD 2013, 242; Martini, JZ 2012, 1145; Brinkert/Stolze/Heidrich, ZD 2013, 153; Jung, AfP 2005, 317; Pabst, NJW 2002, 999; Bizer, DuD 2000, 233; Wyduckel, DVBl. 1989, 332; LG Düsseldorf, DuD 1992, 259; Spieker, DÖV 2015, 54.

9 LG Berlin 17.12.2015 – 20 O 172/15, K&R 2016, 135; teilweise anders KG 31.5.2017 – 21 U 9/16; K&R 2017, 505; s. jetzt BGH 12.7.2018 – III ZR 183/17, NJW 2018, 3187; dazu Preuß, NJW 2018, 3146; Martini/Kienle, JZ 2019, 235; ausführlich Weichert, Postmoraler Datenschutz, *http://www.netzwerk-datenschutzexpertise.de/sites/default/files/gut-2016-08-postmortds.pdf.*

10 Arndt, NJW 2004, 3157.

11 EuGH 14.2.2019 – C-345/17, Rn. 32, 44–47, NVwZ 2019, 466f. = CR 2019, 301 = K&R 2019, 252; BVerwG, NVwZ2015, 669, 675; BVerwG 20.10.2016 – 7 C 27/15, Rn. 14ff., NVwZ 2017, 626; dazu Guckelberger, NJW 2017, 1212.

nicht der Individualsphäre des Bediensteten, sondern der Sphäre des Staates zuzuordnen seien,[12] verkennt den Doppelcharakter solcher Angaben. Diese Ansicht geht fälschlich davon aus, dass staatlich Bedienstete bei ihrer Funktionsausübung ihre persönliche Individualität aufgeben würden. Dies ist aber weder im Innenverhältnis zum Dienstherrn, noch im Außenverhältnis zu anderen Menschen oder Einrichtungen der Fall.[13]

12 Wohl aber ist der **Schutzbedarf geringer** als etwa bei wirtschaftlich tätigen Privatpersonen, da die relevanten Informationen zugleich solche über die Ausübung von Hoheitsgewalt sind, die grds. dem Öffentlichkeitsgrundsatz und der demokratischen Kontrollierbarkeit unterliegen müssen.[14]

13 Bei **Personen der Zeitgeschichte** werden auch die schutzwürdigen Belange der Betroffenen zurückgedrängt, soweit deren zeitgeschichtliche Rolle in Frage steht. Dessen ungeachtet bleiben sie Betroffene (vgl. § 23 Abs. 1 Nr. 1 KUG).[15] Auch Verstöße gegen das Datenschutzrecht sind zeitgeschichtliche Vorgänge, die z. B. eine Mitteilung an die Öffentlichkeit rechtfertigen können.[16]

14 Datenschutzrechtlich relevant sind Unternehmensdaten, die sich auf eine natürliche Person beziehen lassen, allerdings nur, soweit die Firmendaten die Einzelperson, z. B. den Firmeninhaber, persönlich betreffen, d. h. auf die natürliche Person »durchschlagen«.[17] Hat sich ein Name eines Unternehmens von der Person des Namensgebers gelöst (z. B. Krupp AG), handelt es sich nicht mehr um ein personenbezogenes Datum. Bei einer **Einzelfirma** oder einer »Ein-Mann-GmbH« ist i. d. R. davon auszugehen, dass hinter der juristischen Person eine natürliche Person steht. Enthält eine Datei Angaben über juristische und natürliche Personen, empfiehlt es sich, diese so zu behandeln, als unterlägen sie insgesamt den datenschutzrechtlichen Bestimmungen.[18]

15 Juristische **Personen** sind – anders als früher in einigen EU-Mitgliedstaaten[19] – keine Betroffenen i. S. d. EU-Datenschutzrechts (ErwGr 14 Satz 2). Auch Personenmehrheiten oder Personengruppen (z. B. Vereine) sind nicht erfasst. Sie können aber evtl. einen Schutz vor informationellen Eingriffen für juristische Personen für sich in Anspruch nehmen, indem das Datenschutzrecht analog angewendet wird. Dabei ist aber zu beachten,

---

12 So Globig, DöD 1991, 217; 16. TB LfD Rh. Pf., S. 104; unklar Simitis-*Simitis*, 4. Aufl. Juli 1994, § 4 Rn. 24.

13 BayVGH, 26. 3. 2015 – 5 B 14.2164; vgl. VGH BW, DÖV 2013, 993 (LS); zur Bereitstellung von Telefonlisten VG Leipzig 10. 1. 2013 – 5 K 981/11; VG Aachen 17. 7. 2013, 8 K 532/11; OVG NRW 6. 5. 2015 – 8 A 1943/13; Debus, NJW 2015, 981; zu Arbeitnehmerdaten generell EuGH 30. 5. 2013 – C 342/12, ACT, Rn. 22; Bieri, Bearbeitung von Daten von Richterinnen und Richter, 2017.

14 EuGH 9. 2. 2017 – C-398/15, Rn. 64, Gesellschaftsregister, DVBl 2017, 566; dazu Frenz, DVBl 2017, 567; BVerwG, NJW 2004, OLG Köln 31. 5. 2016 – 15 U 197/15, Rn. 40 ff., 283 ff.; ZD 2017, 2462, kritisch Arndt, NJW 2004, 3157.

15 EGMR, NJW 2004, 2647; vgl. Einl. Rn. 81 m. w. N.; zu weitgehend OLG Frankfurt, RDV 1991, 84 f.

16 OLG Frankfurt, RDV 1990, 191.

17 EuGH 9. 10. 2010 – C-92 u. 93/09, Agrarbeihilfen, EuZW 2010, 939, Rn. 53; BGH, NJW 1986, 2505; kritisch v. Lewinski, DuD 2000, 39.

18 Zur Abgrenzung zwischen Privatsphäre und Funktion als Organ einer Gesellschaft Fleischer, NJW 2006, 3239.

19 Z.B. Österreich, Italien, Luxemburg, Simitis-*Dammann*, § 3 Rn. 18.

dass der Schutz u. U. nicht so weit geht wie bei natürlichen Personen.[20] Informationen über juristische Personen stehen u. U. unter anderweitigem Schutz, etwa als Betriebs- und Geschäftsgeheimnis, als Sozialgeheimnis (§ 35 Abs. 4 SGB X) oder als Steuergeheimnis (§ 30 AO). Daten zu juristischen Personen können zugleich personenbezogene Daten sein, wenn die natürliche Person eine Verantwortlichkeit für die juristische Person wahrnimmt.[21]

Das deutsche **Telekommunikationsgeheimnis** nach Art. 10 Abs. 1 GG schützt, anders als Art. 7 GRCh[22] auch juristische Personen (Art. 19 Abs. 3 GG). 16

b) Identifizierbarkeit

Personenbezogene Daten sind nach Art. 4 Nr. 1 Informationen einer **identifizierten oder** identifizierbaren **natürlichen Person** – des Betroffenen. Um festzustellen, ob eine natürliche Person identifizierbar ist, sollen alle Mittel berücksichtigt werden, die von dem Verantwortlichen oder einer anderen Person nach allgemeinem Ermessen wahrscheinlich genutzt werden, um die natürliche Person direkt oder indirekt zu identifizieren. Bei der Feststellung, ob Mittel nach allgemeinem Ermessen wahrscheinlich zur Identifizierung der natürlichen Person genutzt werden, sollen **alle objektiven Faktoren**, wie die Kosten der Identifizierung und der dafür erforderliche Zeitaufwand, herangezogen werden, wobei die zum Zeitpunkt der Verarbeitung verfügbare Technologie und technologische Entwicklungen zu berücksichtigen sind (ErwGr 26 Satz 3). 17

Die Begriffe »identifiziert« und »identifizierbar« gemäß der DSGVO entsprechen den Begriffen »bestimmt« und »**bestimmbar**« in § 3 Abs. 1 BDSG-alt (vgl. Art. 2 Buchst. a EG-DSRl). 18

Identifizierbarkeit ist weit auszulegen. Es muss kein Personenbezug bestehen; es genügt, wenn dieser, u. U. über mehrere Zwischenschritte, hergestellt werden kann. Das ist der Fall, wenn im Umfeld der verantwortlichen Stelle Zusatzwissen vorhanden ist, das abgefragt werden könnte. Bestimmbar sind z. B. »Abteilungsleiter der Abt. X der Firma Y« oder »einzige Kostenposition einer Planstelle im Haushaltsplan XY«. Nach einer erfolgreichen Anonymisierung oder Aggregierung (siehe Rn. 74–77) liegt keine Identifizierbarkeit mehr vor. Für die Identifizierbarkeit kommt es nicht ausschließlich auf die Kenntnisse, Mittel und Möglichkeiten der speichernden Stelle und die dieser normalerweise zur Verfügung stehenden Hilfsmittel an.[23] Identifizierbarkeit ist nicht relativ, sondern objektiv zu bestimmen.[24] Verfügt die speichernde Stelle nicht über die Zuordnungsmöglichkeit zu einem Pseudonym (siehe Rn. 65), wohl aber eine andere Stelle, sind die pseudonymisierten Daten personenbezogen, wenn es nicht völlig unrealistisch ist, dass die andere Stelle ihre Kennt- 19

---

20 Einl. Rn. 52; EuGH 9.11.2010 – C-92/09, C-93/09, DuD 2011, 141, Agrarbeihilfen; BVerfGE 67, 142f.; BVerfGE 77, 46f.; BayVGH, BayVBl. 1994, 115; BGH, NJW 1994, 1282 = CR 1994, 397; KG, RDV 2006, 124; dagegen Bär, BayVBl. 1994, 427; offenlassend BVerfG, NJW 2001, 505 und BVerfG, NJW 2001, 811.

21 EuGH 16.1.2019 – C-496/17 Rn. 43; a. A. Rabe, K&R 2019, 466f.

22 EuGH 9.10.2010 – C-92 u. 93/09, Agrarbeihilfen, EuZW 2010, 939, Rn. 53.

23 So aber Gola/Schomerus, § 3 Rn. 10; Wojtowicz, PinG 2013, 65.

24 Pahlen-Brandt, DuD 2008, 34; Karg, ZD 2012, 256; Taeger/Gabel-*Buchner*, § 3 Rn. 13; EuGH ZD 2012, 32 mit Anm. Meyerdierks; tendenziell auch Brink/Eckhardt, ZD 2015, 205.

nisse zur Verfügung stellt. »Bei der Feststellung, ob Mittel nach allgemeinem Ermessen wahrscheinlich zur Identifizierung der natürlichen Person genutzt werden, sollten alle objektiven Faktoren, wie die Kosten der Identifizierung und der dafür erforderliche Zeitaufwand, herangezogen werden, wobei die zum Zeitpunkt der Verarbeitung verfügbare Technologie und technologische Entwicklungen zu berücksichtigen sind« (ErwGr 26 Satz 4).

20 Die Möglichkeiten der Zuordnung bzw. der **Verkettung von Datenbeständen** zwecks Identifizierung nehmen mit der technischen Entwicklung immer weiter zu.[25] Ein Personenbezug besteht nur dann nicht, wenn Einzelangaben nicht mehr oder nur mit einem unverhältnismäßig großen Aufwand an Zeit, Kosten und Arbeit einer natürlichen Person zugeordnet werden können und damit als anonym behandelt werden können (ErwGr 26, vgl. § 3 Abs. 6 BDSG-alt). Da über das globale Internet jede Information weltweit zur Verfügung gestellt werden kann, besteht diese generelle Möglichkeit grds. auch für das für die Identifizierung nötige Wissen. Eine Ausnahme besteht allenfalls dann, wenn das Zusatzwissen auf wenige begrenzt bleibt und dessen Preisgabe nicht nur rechtlich, sondern auch technisch-organisatorisch ausgeschlossen wird.

21 Identifizierbar sind Daten, die mithilfe von **Referenzdaten einer Person zugeordnet** werden können. Solche Referenzdaten können Kennungen, Kennnummern, Ordnungsnummern, Online-Kennungen, Telefonnummern, sonstige Erreichbarkeitsdaten, eine nationale Kennziffer oder ein anderes Kennzeichen (vgl. Art. 87) sein. Bei solchen Referenzdaten spricht man von einem Pseudonym (vgl. Art. 4 Nr. 5). Für die Identifizierbarkeit bedarf es nicht in jedem Fall des Rückgriffs auf ein Pseudonym; sie besteht auch, wenn über mehrere besonderen Merkmale ein Rückschluss auf eine konkrete Person möglich ist.

22 Die Regelung verweist auf Standortdaten, die mit geringem Zusatzwissen eine Identifizierung ermöglichen.[26] Zuordnungen sind über Funkchips (Radio Frequency Identification – RFID) möglich.[27] Die statische IP-Adresse ist ein personenbezogenes Datum, wenn das darüber identifizierte Endgerät einer Person zugeordnet ist.[28] Bei **dynamischen IP-Adressen** in Kombination mit der Nutzungszeit besteht für den Access-Provider die Möglichkeit, einen Personenbezug herzustellen.[29] Cookies und zunehmend Device- (Canvas-) Fingerprinting werden als Identifikatoren zu natürlichen Personen im Internet genutzt.[30] Eine Telefonnummer ist auch dann personenbezogen, wenn die Nummer vom Betroffenen nicht veröffentlicht wurde und erst durch Anruf eine Identifizierung erfolgt.[31] Wer-

---

25 Hansen, Meissner u. a. – ULD, Verkettung digitaler Identitäten, 2007.

26 EuGH, MMR 2004, 96, Lindqvist.

27 Däubler, Gläserne Belegschaften, Rn. 324ff.; Holznagel/Bonnekoh, MMR 2006, 19; Taeger/Gabel-*Buchner*, § 3 Rn. 18; Breyer, ZD 2012, 20.

28 A.A. Meyerdierks, MMR 2013, 705.

29 EuGH 19.10.2016 – C-582/14, NJW 2016, 3580f., Breyer, Rn. 39–49; BGH 16.5.2017, VI ZR 135/13, Rn. 25, DB 2017, 1645 = NJW 2017, 2417 = VersR 2017, 957; Artikel 29-Datenschutzgruppe, WP 150 v. 15.5.2008; Wulf, DB 2017, 111; Eckhardt, CR 2016, 786; vgl. Keppeler, CR 2016, 360; a.A. Meyerdierks, MMR 2009, 9; Kirchberg-Lennartz/Weber, DuD 2010, 479; AG München, MMR 2008, 860 = RDV 2009, 76; zur Fälschbarkeit der IP-Adresse Alsbih, DuD 2011, 482.

30 Karg/Kühn, ZD 2014, 285; zu Cookies Rauer/Ettig, ZD 2015, 255; Bizer, DuD 2003, 644; LG Frankfurt/M. 18.2.2014 – 3–10 O 86/12 – Piwik; zum Canvas Fingerprinting Dietrich, ZD 2015, 199.

31 LG Frankfurt, RDV 2008, 28.

den Referenzdaten ohne einen Personenbezug verwendet, z. B. Geokoordinaten mit topografischen Daten, kann man noch nicht von personenbezogenen Daten sprechen, wohl aber, wenn zu diesen Daten ein individueller Bezug hergestellt wird, z. B. ein Hausgrundriss, eine Grundstückfläche, ein persönlicher Aufenthalt oder ein Bild von der Person, dem Grundstück oder der Wohnung.[32] Bei Blockchain-Verfahren hängt die Identifizierbarkeit davon ab, ob eine Reidentifizierung der kryptografischen Identitäten möglich ist.[33]

Die Identifizierbarkeit ist ausschließlich **objektiv zu beurteilen**. Sie ist unabhängig von der Identität und von den Intentionen der verantwortlichen Stelle. Auf die Zielsetzung bzw. den Zweck der Verarbeitung, also einen subjektiven Vorbehalt, kommt es nicht an. Anderenfalls hinge die Anwendbarkeit des Datenschutzrechts davon ab, welche innere Vorstellung eine Stelle von ihrer Verarbeitung hat.[34] Absehbare und zu erwartende Entwicklungen sind zu berücksichtigen.[35] 23

Es spielt grds. keine Rolle, wer über das für die Identifzierung nötige Zusatzwissen verfügt. Relevant ist, ob die Mittel zur Identifizierung »**vernünftigerweise**« **zur Verfügung stehen** und »eingesetzt werden könnten«.[36] Wegen der möglichen Leaks bei elektronischer Speicherung und Kommunikation lassen sich die in Wirtschaftsunternehmen oder Nachrichtendiensten vorhandenen Kenntnisse um Betriebs- oder Staatsgeheimnisse vernünftigerweise nicht mehr als irrelevant für die Feststellung des Personenbezugs ansehen.[37] 24

Es kommt grds. nicht darauf an, ob die Beschaffung des für die Identifizierung nötigen Zusatzwissens nur durch **Verstoß gegen Gesetze** erlangt werden kann.[38] Die DSGVO kennt kein »erlaubtes Risiko«. Der Umstand, dass aus der ex ante-Sicht eines Verantwortlichen ein Personenbezug nicht mit vertretbaren Mitteln herstellbar war, befreit nicht von der Anwendbarkeit der DSGVO, wenn dies z. B. einem IT-Unternehmen oder Hacker doch gelingt.[39] Eine andere Sicht würde dazu führen, dass allein durch ein rechtliches Verbot der Personenbezug ausgeschlossen werden könnte. Führt ein rechtliches Verbot in Kombination mit technisch-organisatorischen Sicherungen dazu, dass eine Zuordnung objektiv nicht mehr möglich ist, so fehlt es am Personenbezug. 25

Von einem personenbezogenen Datum kann erst dann die Rede sein, wenn die Einzelangaben auf einem Datenträger materialisiert und wahrnehmbar festgehalten sind. Welcher Aufwand für die verantwortliche Stelle zur Wahrnehmung erforderlich ist, ist unerheblich, soweit sie überhaupt möglich ist. Auf die Art des **Datenträgers** und auf die Frage, mit welchen Mitteln ein Datum verarbeitet wird, kommt es nicht an. Regelmäßig sind dies schriftliche Unterlagen, Akten, Karteien, Listen oder elektronische Datenträger wie Disketten, USB-Sticks, CDs, DVDs, Chipkarten, Ton- oder Datenbänder, Speicherfestplatten 26

---

32 Däubler, CF 7–8/2005, 42; zu Location Based Advertising Schürmann, RDV 2018, 183.

33 Böhme/Pesch, DuD 2017, 478

34 Weichert, DuD 2009, 351; Kühling/Buchner-*Kühling/Klar*, Art. 4 Nr. 1 Rn. 29; a. A. tendenziell EuGH 19. 10. 2016 – C-582/14, NJW 2016, 3581, Rn. 46, 49.

35 Piltz, K&R 2016, 561.

36 EuGH 19. 10. 2016 – C-582//14, NJW 3581, Rn. 43, 45.

37 Anders Kühling/Buchner-*Kühling/Klar*, Art. 4 Nr. 1 Rn. 30.

38 Gola/Schomerus, § 3 Rn. 10; abwägend SHS-*Karg*, Art. 4 Nr. 1 Rn. 64; a. A. EuGH 19. 10. 2016 – C-582/14, Rn. 49; Meyerdierks, MMR 2009, 9; Arning/Forgó/Krügel, DuD 2006, 704 f.

39 Paal/Pauly-*Ernst*, Art. 4 Rn. 13.

oder optische Speichermedien.[40] Als Datenträger (z.B. von genetischen Daten) kommt auch Körpergewebe in Betracht.[41] Datenschutzrechtlich unbeachtlich sind Informationen, soweit sie nur Eingang in mentale Vorgänge finden, also in die sinnliche Wahrnehmung und in Gedanken eines Menschen.[42] Deren Materialisierung in Schriftzeichen, in Bildern, in Symbolen, in Ton oder Ähnlichem führt zur Anwendbarkeit des Datenschutzrechts.

c) Informationen

27 Die Regelung spricht von Informationen, die sich auf eine natürliche Person beziehen (ebenso Art. 2 Buchst. a EG-DSRl). Dieser Begriff entspricht inhaltlich vollständig dem bisher in § 3 Abs. 1 BDSG-alt verwendeten Begriff der Daten über »**persönliche oder sachliche Verhältnisse**«.

27a Erfasst werden auch Daten, die für die **Identifizierung einer Person** genutzt werden, unabhängig davon, ob sie an einem Merkmal der Person anknüpfen wie z. B. biometrische Identifizierungsdaten (Art. 4 Nr. 14) oder als reine Ordnungsnummern vergeben sind, so wie dies z. B. zumeist bei nationalen Kennziffern (Art. 87) der Fall ist.

28 **Persönliche Verhältnisse** sind z.B. auch Tonaufzeichnungen von einer Person, Bilder (Foto, Röntgenbild),[43] biometrische Daten in Rohform wie als Template (Fingerabdruck, Gesichtsprofil, Stimmprofil, genetischer Fingerabdruck),[44] Standortdaten eines einer Person etwa per GSM, GPS[45] oder RFID[46] zuzuordnenden Geräts; Angaben über finanzielle, berufliche, wirtschaftliche oder gesundheitliche Verhältnisse, Steuerdaten,[47] Angaben aus dem Beschäftigtenverhältnis.[48] Die in Art. 9 genannten besonderen Kategorien personenbezogener Daten, u. a. genetische, biometrische und Gesundheitsdaten (vgl. Nrn. 13–15) gehören zu sensitiven persönlichen Verhältnissen.

29 **Sachliche Verhältnisse** müssen einen direkten Bezug zum Betroffenen haben, z. B. Angaben zu einem Kfz, dessen Halter, Eigentümer oder Fahrer der Betroffene ist (Eigenschaften, Wert, Orts- und Zeitangaben). Die Zuordnung zur Person kann u. a über das Kfz-Kennzeichen oder über die Fahrgestellnummer (Fahrzeug-Identifikationsnummer – FIN) erfolgen.[49] Entsprechendes gilt für einen vom Betroffenen geführten Betrieb, für eine Wohnung, ein Haus oder ein Grundstück, das der Betroffene bewohnt oder besitzt.

---

40 Von Sponeck, CR 1993, 334.
41 Weichert, DuD 2002, 134.
42 Wolff/Brink-*Wolff*, Syst. A Rn. 3.
43 Schertz, AfP 2005, 421.
44 EuGH 17. 10. 2013 – C-291/12, Reisepass, NVwZ 2014, 435 = DuD 2014, 199; Albrecht, Biometrische Verfahren im Spannungsfeld von Authentizität im elektronischen Rechtsverkehr und Persönlichkeitsschutz, 2003; Hornung, DuD 2004, 429; Weichert, DANA 2/2004, 9; Simitis-*Dammann*, § 3 Rn. 73; Däubler, Gläserne Belegschaften, Rn. 287 ff.; Schwerpunktheft DuD 6/2013 mit Beiträgen von Busch, Opel, Körffer, Novak u. v. m., sowie DuD 3/2011.
45 BGH, NJW 2013, 2530 = DuD 2013, 666 = RDV 2013, 297; Cornelius, NJW 2013, 3340.
46 Löw, ZD 2013, 309; vgl. § 32 Rn. 98.
47 EuGH 16. 1. 2019 – C-496/17 Rn. 55.
48 EuGH 30. 5. 2013 – C-342/12 Rn. 22.
49 AG Coburg, ZD 2013, 458; LG Kassel, ZD 2014, 363; a. A. AG Kassel, ZD 2014, 90; AG Pforzheim, ZD 2014, 577.

Die Informationen müssen weder zutreffend noch bewiesen sein. Sie können objektiv **wertfrei oder subjektiv** sein. Erfasst werden Fakten ebenso wie Werturteile.[50] Es spielt keine Rolle, ob ein beobachtetes Verhalten oder ein Werturteil von rechtlicher Relevanz ist.[51] Auch rein wirtschaftliches Handeln einer Person führt zum Entstehen personenbezogener Daten.[52] **30**

Wahrscheinlichkeitsaussagen zu einer Person sind personenbezogene Daten, z. B. die Aussage, mit einer bestimmten genetischen Disposition werde eine Person in fünf Jahren mit 50 % Wahrscheinlichkeit an einer Krankheit leiden.[53] Ähnliches gilt für Bewertungen der Kreditwürdigkeit aufgrund von statistischen Berechnungen durch Zuordnung eines Durchschnittswertes (Scores)[54] oder die Einstufung zu einem »Lifestyle-Typ« oder zu einer Käufergruppe oder Kaufkraftklasse. Wird ein Gruppenergebnis einem Gruppenmitglied zugeordnet, liegt nicht nur bzgl. der Gruppenmerkmale, sondern auch bzgl. dieses Gruppenergebnisses ein personenbezogenes Datum vor.[55] Entsprechendes gilt für Prognosen (z. B. Ausfallwahrscheinlichkeit eines Kredits, Entwicklungsmöglichkeiten eines Arbeitnehmers) und individuelle Planungsdaten (Zielvereinbarungen mit Arbeitgeber).[56] Auf die Größe der Wahrscheinlichkeitsangabe und auf deren Qualität kommt es bei der Einordnung als personenbezogene Daten nicht an. Derartige Prognosen werden i. d. R. mit einem Score bewertet (siehe Art. 22 Rn. 26). Hierbei handelt es sich um ein personenbezogenes Datum.[57] Dies gilt auch für Daten, die im Rahmen von Auto-Complete-Funktionen im Internet angegeben werden.[58] **31**

Um eine willkürlich weite und über den Schutzzweck des Datenschutzes hinausgehende Anwendbarkeit des Datenschutzrechts bei **Sachdaten** zu vermeiden, hat die Art. 29-Datenschutzgruppe der EU den Personenbezug darauf beschränkt, dass ein Sachdatum Auskunft über die Identität, die Merkmale oder das Verhalten einer natürlichen Person gibt. Es muss sich auf die Rechte oder zumindest auf die Interessen der Person auswirken und Persönlichkeitsrelevanz entwickeln. Eine der drei folgenden Verbindungen zwischen Sache und Person muss bestehen: 1. Ergebniskontext, 2. Zweckkontext, 3. Inhaltskontext. Daten mit Ergebniskontext wirken auf die Rechte und Interessen einer natürlichen Person ein. Daten mit Zweckkontext zielen auf das Beschreiben oder Beeinflussen des sozialen, kulturellen, wirtschaftlichen oder sonstigen gesellschaftlichen Interagierens einer Person. **32**

---

50 Greve/Schärdel, MMR 2008, 647; a. A. Härting, CR 2009, 26.

51 So aber BayVGH, DSB 12/1992, 21.

52 BVerfG, NJW 1988, 3009.

53 Weichert, DuD 2002, 134.

54 Taeger/Gabel-*Buchner*, § 3 Rn. 16; ULD, Scoringsysteme, S. 67.

55 BAG, RDV 1986, 138; BAG, RDV 1995, 29.

56 Taeger/Gabel-*Buchner*, § 3 Rn. 6; Gola/Schomerus, § 3 Rn. 9.

57 Simitis-*Dammann*, § 3 Rn. 50 ff., 71; Taeger/Gabel-*Buchner*, § 3 Rn. 16; Plath-*Plath/Schreiber*, § 3 Rn. 9; ULD, Scoringsysteme, S. 67; inzwischen nicht mehr strittig; a. A. noch Koch, MMR 1998, 458; Wuermeling, NJW 2002, 3508; zum Personenbezug bei Big Data Schefzig, K&R 2014, 772.

58 BGH, NJW 2013, 2348 = GRUR 2013, 751 = ZD 2013, 405 mit Anm. Hoeren = DuD 2013, 663 = RDV 2013, 197 = JZ 2013, 789 = MMR 2013, 535; einschränkend OLG Köln, DuD 2013, 413; hierzu generell Weichert, ZRP 2014, 168; ders. in FS Kutscha, S. 147.

Der Inhaltskontext besteht, wenn ein Datum eine inhaltliche Aussage über die Persönlichkeit der Person trifft.[59]

33 **Geodaten** können eine der folgenden Ortsfunktionen für eine Person haben: Angabe über 1. Aufenthalt, 2. Nutzungsbeziehung (z. B. als Bewohner oder wirtschaftlich Tätiger), 3. Eigentum. Bei Geodaten wird zwischen Punkt- und Flächendaten unterschieden. Punktdaten werden durch Geokoordinaten dargestellt, Flächendaten basieren i. d. R. auf Kartendarstellungen, in denen die Flächengrenzen durch Linien in einem Geokoordinatensystem dargestellt sind. Punktdaten sind, auch wenn sie sich auf Sachdaten beziehen, regelmäßig personenbezogen. Bei Flächendaten verschwimmt der Personenbezug umso mehr, je größer die Fläche wird und dadurch mehr Personen als nur eine erfasst werden.[60] Angaben zu einem Haus in einem Stadtführer sind z. B. wegen des möglichen Bezugs zu Eigentümern, Bewohnern oder dem Architekten regelmäßig personenbezogen; eine völlig andere Frage ist, ob deren Verarbeitung zulässig ist, z. B. weil sie vom Informationsfreiheitsrecht erfasst sind (vgl. Art. 85) oder bei öffentlicher Zugänglichkeit und dem Fehlen schutzwürdiger Betroffeneninteressen.[61] Von hoher Sensibilität sind engmaschige Standortdaten, die zu Bewegungsprofilen zusammengefügt und aus denen Sozial-, Interessen- und Berufsprofile abgeleitet werden können.[62]

34 **Bild- und Videoaufnahmen** sind personenbezogen, wenn durch Gesicht, Körperform, Bewegungsart, Kleidung, Kfz-Kennzeichen usw., evtl. in Kombination mit Orts- und Zeitangaben, der Personenbezug hergestellt werden kann.[63] Durch die globale Verfügbarkeit von – mithilfe elektronischer Mustererkennung erschlossenen – Gesichtsbildern im Internet, etwa über die Plattform Facebook, erhöht sich das Identifizierungsrisiko. Durch neue technische Methoden, etwa die dreidimensionale Mustererkennung, erhöht sich das Risiko weiter. Personenbezogen sind nicht nur die Bilder, sondern jede Form eindeutig zuordenbarer biometrischer Daten, auch die elektronischen Templates als Identifikatoren.[64]

35 Personenbezogen können auch sog. **Metadaten** sein, also einem Datum oder einem Datensatz beigefügte Daten, die Auskunft über deren Verarbeitungskontext (Herkunft, Ersteller, Entstehungsdatum, Lokalisierung, Kategorie, Zweckbindung, Verarbeitungsbeschränkung, Gerätekennzeichen, Lösch- und Prüffrist) geben. Bei komplexer Datenverarbeitung, etwa bei »Big Data«, kommt dieser Datenart eine zunehmende Relevanz zu. Diese Daten können einem eigenen Regime unterworfen sein.[65] Deren Löschung kann dazu führen, dass die weitere Verarbeitung der Merkmalsdaten unzulässig wird.

---

59 Art. 29-Datenschutzgruppe, Stellungnahme 4/2007 v. 20. 6. 2007, WP 136; Karg, ZD 2012, 260; Karg, DuD 2015, 522 f.; Kühling/Buchner-*Kühling/Klar*, Art. 4 Nr. 1 Rn. 14.

60 Neumann, DANA 2/2011, 44; Karg, DuD 2010, 824; Behm RDV 2010, 64; Weichert, DuD 2009, 350; Karg/Weichert – ULD, Datenschutz und Geoinformationen, 2007; Karg – ULD, Datenschutzrechtliche Rahmenbedingungen für die Bereitstellung von Geodaten für die Wirtschaft, 2008; vgl. auch Weichert, DuD 2007, 113; Fickert, DuD 2009, 495; zur Geolokalisierung Hansen, DANA 3/2010, 100.

61 BGH, NJW 2013, 1809.

62 Däubler, Gläserne Belegschaften, Rn. 318 ff.; zum europäischen Rechtsrahmen Klabunde, DANA 2014, 98.

63 EuGH 11. 12. 2014, C-212/13, private Videoüberwachung, Rn. 22, NJW 2015, 463.

64 S.o. Rn. 19; ULD, Biometrie und Datenschutz, *www.datenschutzzentrum.de/projekte/biometrie/*.

65 Vgl. § 15 TMG.

2. Verarbeitung (Nr. 2)

Die DSGVO definiert den Begriff Verarbeitung durch beispielhafte Aufzählung verschiedener Formen des Umgangs mit personenbezogenen Daten (siehe Art. 3 Nr. 2 DSRl-JI, § 46 Nr. 2 BDSG). Entsprechend Art. 2 Buchst. b EG-DSGl und anders als § 3 Abs. 4 BDSG-alt[66] verwendet die DSGVO in Art. 4 Nr. 2 einen **weiten Verarbeitungsbegriff**, der die Datenerhebung und Datennutzung mit einschließt (vgl. § 3 Abs. 3, 5 BDSG-alt). Er entspricht dem in § 1 Abs. 1 BDSG-alt alle Verarbeitungsphasen einschließenden Begriff des »Umgangs« mit personenbezogenen Daten.[67] Dies vereinfacht die Anwendung des Datenschutzrechtes und ist den Gefährdungslagen beim Umgang mit personenbezogenen Daten, die mit der Erhebung beginnen und bis zu einer spezifischen Nutzung gehen, adäquat. Die beispielhaft aufgeführten Formen der Verarbeitung überschneiden sich teilweise.[68] 36

Verarbeitung (processing) meint jeden mit oder ohne Hilfe automatisierter Verfahren ausgeführten Vorgang oder jede Reihe solcher Vorgänge im Zusammenhang mit personenbezogenen Daten wie das Erheben (collection), das Erfassen (recording), die Organisation (organisation), das Ordnen (structuring), die Speicherung (storage), die Anpassung (adaption) oder Veränderung (alteration), das Auslesen (retrieval), das Abfragen (consultation), die Verwendung (use), die Weitergabe durch Übermittlung (disclosure by transmission), Verbreitung (dissemination) oder eine andere Form der Bereitstellung (otherwise making available), den Abgleich (alignment) oder die Verknüpfung (combination), die Einschränkung (restriction), das Löschen (erasure) oder die Vernichtung (destruction). Es kommt nicht darauf an, ob nur eine der genannten Handlungen ausgeführt wird oder ob mehrere Verarbeitungsvorgänge hintereinander folgen, ob die Handlung als datenschutzrechtlich relevanter Vorgang intendiert oder die Verarbeitung nur Konsequenz der Handlung ist. 37

Erheben ist das Beschaffen von Daten über den Betroffenen (§ 3 Abs. 3 BDSG-alt). Auf die Art und Weise der Beschaffung kommt es nicht an. Möglich ist die Befragung einer Person, das Anfordern von Unterlagen, das elektronische Abrufen von Daten, auch in einer Internet-Suchmaschine, das Anhören oder Beobachten. Das Beschaffen der Daten muss gezielt erfolgen. Die beiläufige zufällige Wahrnehmung ist ebenso wenig Erhebung wie die aufgedrängte Unterrichtung durch einen Dritten (Zusendung einer E-Mail, Sprechen auf einen Telefonanrufbeantworter). Eine aufgedrängte oder beiläufig wahrgenommene Information wird dann erhoben, wenn sie nach Kenntnisnahme nicht gelöscht und ihr nachträglich eine Zweckbestimmung gegeben wird. Vor der Speicherung erfolgt daher i. d. R. eine Erhebung.[69] Eine Erhebung setzt jedoch nicht zwingend eine darauffolgende Speicherung voraus.[70] 38

Eine Erhebung bedingt eine **Aktivität der erhebenden Stelle**, durch welche diese Kenntnis oder zumindest Verfügungsmacht erhält. Erfolgt die Datenanlieferung, um einen Vertrag oder eine Absprache zu erfüllen, oder basiert sie auf einem Übermittlungsersuchen, 39

66 Kritisch hierzu DKWW-*Weichert*, § 3 Rn. 38.
67 Wolff/Brink-*Gusy*, § 1 Rn. 51 ff.
68 SHS-*Roßnagel*, Art. 4 Nr. 2 Rn. 14; a. A. Sydow-*Reimer*, Art. 4 Rn. 54.
69 Simitis-*Dammann*, § 3 Rn. 106 ff.
70 OVG Münster, RDV 2002, 127.

kann von einer Datenerhebung gesprochen werden. Die Mitteilung durch eine Person oder das Stellen eines Antrags führt noch nicht zur Erhebung; Voraussetzung ist vielmehr, dass die bereit gestellten Daten gezielt für einen Zweck entgegengenommen werden. Auch eine Datenübermittlung aufgrund einer gesetzlichen Übermittlungsbefugnis oder -verpflichtung bewirkt erst eine Erhebung, wenn den Daten ein Zweck zugewiesen wird. Allein das Einrichten eines technischen Geräts zum Empfang von Informationen genügt noch nicht. Die Einrichtung muss vielmehr in einer gezielten Weise erfolgen, so dass der erhebenden Stelle die ohne weiteres Zutun erlangten Daten zugeordnet werden können (z. B. Inbetriebnahme einer Videokamera, das Bereithalten eines E-Mail-Accounts).

40 **Erfassen und Speichern** ist das technische Aufnehmen und/oder Aufbewahren personenbezogener Daten auf einem Datenträger zum Zweck ihrer weiteren Verarbeitung (vgl. § 3 Abs. 4 Satz 2 Nr. 1 BDSG-alt).[71] Bei manueller Verarbeitung stellt schon das Eintragen in eine Karteikarte, ja sogar das Festhalten einer Personeninformation auf einem Notizblock eine Speicherung dar. Bei maschinellen Verfahren kommen alle denkbaren Medien als Datenträger in Betracht (siehe Rn. 26). Auch die Zwischensicherung bei der Dateneingabe ist eine Speicherung. Eine Speicherung ist auch bei der Aufbewahrung von Gewebeproben, Körperzellen oder einer extrahierten DNA gegeben. Weitere Voraussetzung ist die Zielrichtung auf eine weitere Verarbeitung. Will die verantwortliche Stelle eine nicht gezielt beschaffte und daher nicht erhobene Information nicht speichern, muss sie diese löschen. Spätestens im Zeitpunkt der Kenntnisnahme einer »aufgedrängten Speicherung« ist der Tatbestand des Speicherns erfüllt, wenn diese nicht zur unverzüglichen Löschung gebracht wird.

41 Die **Organisation und das Ordnen** von Daten waren im BDSG-alt nicht explizit erwähnt und stellten dort einen Unterfall der »Veränderung« dar. Die beiden Begriffe können sich überschneiden. Während das Ordnen die inhaltliche Zuordnung beschreibt, wird mit Organisation die Methode der Zuordnung beschrieben. Das Begriffspaar beschreibt das Einrichten einer bestimmten Struktur der Datenspeicherung und der weiteren Verarbeitung. Die Komplexität der Struktur ist nicht entscheidend, ebenso wenig die Qualität der Strukturierung oder die Frage, wie funktional diese ist.

42 Die **Anpassung oder Veränderung** beschreibt das inhaltliche Umgestalten gespeicherter personenbezogener Daten (vgl. § 3 Abs. 4 Satz 2 Nr. 2 BDSG-alt). Eine Berichtigung (Art. 16) ist eine Veränderung. Die Qualität der Veränderung liegt in einer inhaltlichen Aufarbeitung, mit der eine Kontextveränderung einhergehen kann. Die Veränderung kann darin liegen, dass Daten miteinander verknüpft werden, dass Daten berichtigt, pseudonymisiert oder anonymisiert werden. Die Berechnung eines Scores aus Daten, die zu einer Person vorhanden sind, ist eine Veränderung.[72] Entsprechendes gilt für die Ergebnisse des Einsatzes von Auswertungstools, Data-Mining-Werkzeugen oder Big-Data-Analysen. Eine Löschung ist nicht als Veränderung zu bewerten. Eine Veränderung (inhaltliches Umgestalten) dürfte auch darin zu sehen sein, dass Daten in einen anderen Verwendungszusammenhang gestellt oder mit einem Sperrvermerk versehen werden. Eine reine Veränderung der äußeren Form, z. B. eine Veränderung einer Feldbezeichnung oder die Nut-

---

71 SHS-*Roßnagel*, Art. 4 Nr. 2 Rn. 16.
72 Plath-*Plath*, § 3 Rn. 37 m. w. N.

zung einer neuen Software, ist keine Veränderung, sondern ist Organisation und Ordnen. Die Chiffrierung oder Codierung ist dagegen eine inhaltliche Veränderung.[73] Der Begriff der Veränderung ist relevant bei den speziellen Verarbeitungsformen der Berichtigung, Sperrung, (Löschung,) Pseudonymisierung und Anonymisierung.

Das **Auslesen und Abfragen** ist mit einem Medienwechsel verbunden oder mit einer Kenntnisnahme gespeicherter Daten durch einen Menschen. Während das Auslesen die Konsultation insbesondere eines eigenen direkt verfügbaren Datenbestandes beschreibt, wird mit Abfragen die Konsultation einer externen Datenbank beschrieben. **43**

Ebenso wie der Begriff des Nutzens in § 3 Abs. 5 BDSG-alt beschreibt **Verwendung** alle Formen des zweckgerichteten Gebrauchs von Daten, auch wenn sie von den übrigen Begriffen nicht umfasst sind. Eine Verwendung kann im Auswerten von Daten liegen, in einer stelleninternen Weitergabe, in einem internen Abruf oder in einer zielgerichteten Kenntnisnahme. Das Errechnen eines Scores aus vorliegenden personenbezogenen Daten ist keine Verwendung, sondern eine Veränderung (siehe Rn. 42). Dies gilt auch für die Pseudonymisierung eines Datensatzes.[74] Die Veröffentlichung von Daten ist auch keine Verwendung, sondern eine Offenlegung (siehe Rn. 45). **44**

Die **Offenlegung** durch Übermittlung, Verbreitung oder eine andere Form der Bereitstellung beschreibt das, was in § 3 Abs. 4 Nr. 3 BDSG-alt als Übermittlung definiert wird, wobei schon das Bereitstellen genügt, ohne dass eine Einsicht oder ein Abruf gefordert ist (so übrigens auch das BDSG 1977). Auf die Art der Bekanntgabe kommt es nicht an. Diese kann schriftlich, mündlich, fernmündlich, durch körperliche Weitergabe eines Datenträgers oder mithilfe elektronischer Medien erfolgen. Ein Telefonanruf oder ein direktes Gespräch genügen. Eine Offenlegung setzt nicht voraus, dass die Empfänger konkret bekannt sind; die Bekanntgabe gegenüber der Öffentlichkeit oder einer bestimmten Personengruppe genügt. Die Veröffentlichung ist eine eingriffsintensive Form der Offenlegung.[75] Das Einstellen von Daten ins Internet zum Abruf ist eine Offenlegung mit der bzgl. des Empfängerkreises und der Zweckungebundenheit höchsten vorstellbaren Eingriffsintensität.[76] Für eine Bekanntgabe genügt es, dass Informationen auf einen Datenträger (z. B. Pass, Ausweis, Chipkarte) aufgetragen werden, der vom Betroffenen in bestimmten Situationen Dritten zum Auslesen vorgelegt werden muss.[77] Keine Offenlegung ist die Datenweitergabe an den Betroffenen selbst (vgl. Art. 15: Auskunft). **45**

Die vollständige **Übergabe von Dateien**, Karteien oder Teilen davon ist eine Offenlegung, wie sie bei Geschäfts-, Praxis- oder Firmenübergaben praktiziert wird. Bei der Übergabe von Patientenkarteien bei einer Arztpraxisübergabe kann das sog. Zwei-Schrank-Modell zum Einsatz kommen.[78] Keine Offenlegung erfolgt bei einer Gesamtrechtsnachfolge, z. B. aufgrund einer Erbschaft oder einer Unternehmensübertragung. Mit einer Verfügungsbe- **46**

---

73 A.A. Gola/Schomerus, § 3 Rn. 30.

74 A.A. Wohlgemuth/Gerloff, S. 33 f.

75 OVG Lüneburg, NJW 1992, 192.

76 VG Wiesbaden, MMR 2009, 430; Taeger/Gabel-*Buchner*, § 3 Rn. 35 f. mit dem Hinweis auf die etwas andere Terminologie des EuGH, DuD 2004, 244, Linqvist, bei Übermittlung ins Drittausland.

77 OVG Schleswig, NordÖR 2000, 32 = InfAuslR 2000, 78; dazu Weichert NordÖR 2000, 182.

78 ULD, *https://www.datenschutzzentrum.de/medizin/arztprax/gemeinschafts-praxis.htm.*

fugnis aufgrund einer Gesamtrechtsfolge kann die Offenbarung eines Berufsgeheimnisses verbunden sein, für die es einer eigenständigen rechtlichen Legitimation bedarf.[79]

47 Eine Weitergabe **innerhalb einer speichernden Stelle** ist keine Offenlegung, sondern eine Verwendung. Empfänger muss ein Dritter sein (siehe Rn. 101). Dies schließt aber nicht aus, dass die Weitergabe von Daten innerhalb einer verantwortlichen Stelle von besonderen rechtlichen Erfordernissen abhängig gemacht wird (z. B. bei Zweckänderung oder bei Berufsgeheimnissen). Denkbar ist auch, dass in speziellen Gesetzen über einen besonderen Stellenbegriff Teile zu »Dritten« erklärt werden (z. B. funktionaler Stellenbegriff im SGB, siehe Rn. 88). Eine Personalvertretung ist Teil der verantwortlichen Stelle (siehe Rn. 89a). Gleiches gilt für Gleichstellungsbeauftragte, interne Betriebsärzte oder Datenschutzbeauftragte (siehe Rn. 89b f.).

48 Die Datenweitergabe zwischen Auftragnehmer und Auftraggeber im Rahmen einer **Datenverarbeitung im Auftrag** (Art. 28) ist keine Offenlegung bzw. Übermittlung. Davon zu unterscheiden ist die sog. Funktionsübertragung, bei der die in Auftrag gegebene Datenverarbeitung über eine reine Hilfstätigkeit nach Weisung hinausgeht; hier liegt in der Datenweitergabe eine Übermittlung. Wird eine Person für unterschiedliche Stellen bei der Datenverarbeitung tätig, kommt es darauf an, in welcher Funktion sie für welche Stelle handelt. Eine Offenlegung liegt dann vor, wenn z. B. Daten, die im Auftrag verarbeitet wurden, für eigene Zwecke gespeichert und genutzt werden.

49 Eine Offenlegung kann einhergehen mit einer **Datenerhebung bei einer dritten Stelle**: Begründet eine Daten anfordernde Stelle ein Übermittlungsersuchen mit personenbezogenen Daten eines Betroffenen, liegt hierin eine eigenständige, rechtlich begründungsbedürftige Offenlegung.

50 **Abgleich** ist der Vergleich mehrerer Datenbestände mit dem Ziel der Feststellung von Übereinstimmungen und Abweichungen. Ein Abgleich kann erfolgen, um die Konsistenz von Daten über einen Betroffenen in verschiedenen Datenbeständen festzustellen. Mit einem Abgleich wird auch überprüft, ob bestimmte Daten in zwei unterschiedlichen Dateien vorhanden sind, z. B. um festzustellen, ob eine Person an mehreren Sachverhalten beteiligt war.

51 **Verknüpfung** bedeutet die informationstechnische Verbindung von einzelnen Daten oder Datenbeständen. Es handelt sich um eine bestimmte Form der Organisation und des Ordnens (siehe Rn. 41). Das Zusammenführen von personenbezogenen Daten kann sich auf eine betroffene Person beziehen, einen Sachverhalt oder ein Merkmal, aber auch auf komplexe Datenbestände.

52 Das Löschen oder die Vernichtung ist jede Form des **Unkenntlichmachens** von Daten. Hierauf haben Betroffene nach Art. 17 unter bestimmten Voraussetzungen einen subjektiven Anspruch. Das Unkenntlichmachen kann in Form der Zerstörung des Datenträgers erfolgen oder durch ein Überschreiben bzw. Beseitigen auf dem Datenträger. Der zuvor gespeicherte Text oder sonstige Inhalt darf nicht mehr lesbar sein. Allein das Kenntlichmachen, dass die Daten nicht mehr gelten sollen, genügt nicht. Ein Unkenntlichmachen der identifizierenden Merkmale kann zur Umsetzung eines Löschanspruchs als milderes

79 Art. 90; BGH, NJW 1992, 737; Rechts- und Steuerberatungspraxis BGH, NJW 2001, 2462; OLG Naumburg, RDV 2003, 29.

Mittel gegenüber der vollständigen Entfernung eines Datensatzes oder Bildes genügen.[80] Wird nur die Erschließung eines Datums durch Löschen der Referenz erschwert, erfolgt keine Löschung, ebenso wenig, wenn ein Text auf Papier geschwärzt wird und dieser durch Gegen-das-Licht-halten noch lesbar ist. Löschen ist der tatsächliche Vorgang des Unkenntlichmachens; dessen Anordnung oder Freigabe genügt nicht.[81] Angesichts der technischen Möglichkeiten der Rekonstruktion nach Löschungsversuchen[82] ist die Auslegung des Begriffs vom aktuellen Stand der Technik abhängig. Dieser wird durch Standards festgelegt, etwa durch die seit 2012 gültige DIN 66399 »Büro- und Datentechnik, Vernichtung von Datenträgern«.[83] Der datenschutzrechtliche Begriff des Löschens kann sich von dem in anderen Rechtsbereichen unterscheiden (z. B. Grundbuchlöschung §§ 23 ff. GBO).[84]

Der weite und offene Verarbeitungsbegriff der DSGVO bringt es mit sich, dass bei faktisch 53
zusammenhängenden Sachverhalten nicht mehr zwischen verschiedenen Verarbeitungsphasen unterschieden werden muss. Bei einer solchen **Verarbeitungsreihe** kann nicht nur, sondern muss eine Gesamtbewertung vorgenommen werden. Dies ist z. B. bei der Anwendung des Art. 22 relevant, wo eine Gesamtbetrachtung der Profilingvorgänge und der darauf erfolgenden automatisierten Entscheidung nötig ist (siehe Art. 22 Rn. 4).[85]

Eine Verarbeitung »**ohne Hilfe automatisierter Verfahren**« erfolgt auf analogen Daten- 54
trägern und ist gegeben, wenn ein analoger oder digitaler Datenträger ausgelesen und die Daten verwendet werden sowie auch bei der physikalischen Vernichtung von Datenträgern.[86]

Art. 17 erwähnt neben der technischen Löschung ein »**Recht auf Vergessenwerden**«. Die- 55
ses beinhaltet einen Anspruch auf Unterlassung jeglicher weiterer Verbreitung. Die Entwicklung eines Menschen soll dadurch gefördert werden, dass ihm nach Zeitablauf bestimmte Informationen, etwa aus der Kindheit, nicht mehr vorgehalten werden. Dieser Anspruch steht im Konflikt zu dem Umstand der einfachen Replizierbarkeit und der Datenspeichermöglichkeiten, insbesondere bei digitalen Daten. Diese praktische Problematik hindert weder das Geltendmachen entsprechender Unterlassungs- und Beseitigungsansprüche noch deren technische Umsetzung. Durch technische Lösungen wie durch das rechtliche Erschweren der Auffindbarkeit im Internet kann dieses Recht realisiert werden.[87]

---

80 AG Frankfurt 20.7.2012 – 7 Ca 1649/12, DuD 2013, 185.

81 Gräff/Günsel, DuD 1990, 77; Jürgens, DuD 1998, 449; zu Entscheidungen des VG Wiesbaden zur Löschung bei SAP vgl. Schild, DANA 1/2013, 13.

82 Fox, DuD 2009, 110.

83 Technische Hochschule Mittelhessen (THM), Datenschutz-Tipp 4; dazu Köppen, DANA 1/2013, 12.

84 Dazu LAG Köln, RDV 1989, 131.

85 Grabitz/Hilf-*Brühann*, Art. 2 Rn. 12; Kühling/Buchner-*Herbst*, Art. 4 Nr. 2 Rn. 15.

86 Kühling/Buchner-*Herbst*, Art. 4 Nr. 2 Rn. 18.

87 EuGH 15.5.2014 – C-131/12; Jandt/Kieselmann/Wacker, DuD 2013, 235; Hammer, DANA 1/2013, 4; Hornung/Hofmann, JZ 2013, 163; Fraenkel/Hammer, DANA 1/2013, 8; Gstrein, ZD 2012, 424; Mayer-Schönberger, DANA 1/2012, 9; Spindler, Persönlichkeitsschutz im Internet, Gutachten F zum 69. Deutschen Juristentag, 2012, F35 f.; zum »digitalen Radiergummi« Fedderath/Fuchs/Herrmann/Maier/Scheuer/Wagner, DuD 2011, 403; zum Verhältnis der Löschung zur Meinungsfreiheit Koreng/Feldmann, ZD 2012, 311.

3. Einschränkung der Verarbeitung (Nr. 3)

56 Die **Einschränkung der Verarbeitung** ist eine Form der Verarbeitung (Nr. 2, siehe Art. 3 Nr. 3 DSRl-JI, § 46 Nr. 3 BDSG). Sie entspricht dem Begriff des Sperrens in § 3 Abs. 4 Nr. 4 BDSG-alt. Art. 18, der dem Betroffenen ein Recht auf Einschränkung der Verarbeitung zugesteht, nimmt auf die Definition Bezug. »Methoden zur Beschränkung der Verarbeitung personenbezogener Daten könnten unter anderem darin bestehen, dass ausgewählte personenbezogene Daten vorübergehend auf ein anderes Verarbeitungssystem übertragen werden, dass sie für Nutzer gesperrt werden oder dass veröffentliche Daten vorübergehend von einer Website entfernt werden. In automatisierten Dateisystemen sollte die Einschränkung der Verarbeitung grundsätzlich durch technische Mittel so erfolgen, dass die personenbezogenen Daten vorläufig in keiner Weise weiterverarbeitet werden und nicht verändert werden können. Auf die Tatsache, dass die Verarbeitung der personenbezogenen Daten beschränkt wurde, sollte in dem System unmissverständlich hingewiesen werden« (ErwGr 67). Unmissverständlich ist ein Hinweis, wenn alle Nutzer die Bedeutung der Markierung kennen.[88]

57 Die Einschränkung kann also **organisatorisch oder technisch** erfolgen, wobei die technische Lösung vorzuziehen ist. Sperrvermerke bzw. Nutzungsmarkierungen bei einem Datum, einem Datensatz oder einem Datenträger sind weniger datensparsam als das Ausblenden und das Verhindern des Zugriffs. Eine Einschränkung kann auch dadurch realisiert werden, dass Daten räumlich oder technisch gesondert aufbewahrt werden oder dass eine Kopie ohne die zu sperrenden Daten für die Weiterverarbeitung verwendet und die ursprüngliche Datei insgesamt gesperrt wird. Die bloße Archivierung von Datensätzen ist keine Einschränkung, wenn die Verfügungsbefugnis nicht geändert und nur eine Trennung vom operativen Geschäft vorgenommen wird.[89]

58 Die **Einschränkung der Datenverarbeitung** kann sich auf bestimmte Zwecke oder auf bestimmte Nutzer beziehen. Das Recht auf Einschränkung ist teilweise aufgehoben (z. B. auf Archiv-, Statistik- oder Forschungszwecke, vgl. Art. 89 Abs. 2, ErwGr 156 Satz 4, §§ 27 Abs. 2, 28 Abs. 4 BDSG). Der Widerspruch gegen eine Datennutzung für Zwecke der Werbung oder Markt- und Meinungsforschung verpflichtet zu einer Datensperrung bzw. Einschränkung der Datenverarbeitung (Art. 21 Abs. 2). Daten zur Datensicherung sind für andere Verarbeitungen zu sperren (vgl. § 31 BDSG-alt). Die Sperrverpflichtung bzw. die Verarbeitungs- und Nutzungseinschränkung ergibt sich aus dem materiellen Datenschutzrecht.

4. Profiling (Nr. 4)

59 Gemäß ErwGr 71 Satz 2 zählt das »Profiling« zum Verarbeiten, etwa in Form des Verknüpfens nach Nr. 2, das in der »**Bewertung der persönlichen Aspekte** in Bezug auf eine natürliche Person besteht, insbesondere zur Analyse oder Prognose von Aspekten bezüglich Arbeitsleistung, wirtschaftliche Lage, Gesundheit, persönliche Vorlieben oder Interessen, Zuverlässigkeit oder Verhalten, Aufenthaltsort oder Ortswechsel der betroffenen

88 SHS-*Dix*, Art. 4 Nr. 3 Rn. 2.
89 SHS-*Dix*, Art. 4 Nr. 3 Rn. 4.

Person, soweit dies rechtliche Wirkung für die betroffene Person entfaltet oder sie in ähnlicher Weise erheblich beeinträchtigt«. Die aufgeführten Merkmale sind beispielhaft und nicht abschließend. Es gibt rechtlich keine quantitative Vorgabe für die Anzahl der notwendigerweise einfließenden Aspekte; relevant ist der persönlichkeitsrechtliche Effekt.[90]

Der Begriff (siehe Art. 3 Nr. 4 DSRl-JI, § 46 Nr. 4 BDSG) hat im Hinblick auf **Art. 22** Bedeutung, der den Betroffenen das Recht zusteht, nicht einer ausschließlich auf einer automatisierten Verarbeitung – einschließlich Profiling – beruhenden Entscheidung unterworfen zu werden, die ihr gegenüber rechtliche Wirkung entfaltet oder sie in ähnlicher Weise erheblich beeinträchtigt. **60**

Der Begriff Profiling lässt sich im Deutschen beschreiben als Erstellung, Aktualisierung und Verwendung von Datenprofilen natürlicher Personen. **Zielsetzung** des Profiling kann es z. B. sein, Straftaten (durch sog. Profiler) oder Steuerhinterziehung zu ermitteln oder potenzielle Kunden für Werbezwecke gezielt anzusprechen (Direktwerbung, vgl. ErwGr 70 Satz 1), ein bestimmtes Verhalten zu prognostizieren (z. B. Kreditrückzahlung, vgl. ErwGr 71 Satz 1) oder die Eignung eines Kandidaten oder eines Stellenbewerbers zu bewerten. **61**

Die praktische Bedeutung des Profiling hat mit der Entwicklung der sog. **Big-Data-Technologien** massiv zugenommen. Durch die Auswertung großer Datenmengen (zu einer Person) sollen möglichst präzise und aussagekräftige Bewertungen und Prognosen erstellt werden, die zur Grundlage von (individuellen) Entscheidungen genommen werden können. Profiling erfolgt z. B., wenn ein Online-Dienstanbieter die Internetaktivitäten seiner Nutzer nachvollzieht und so ggf. »ein Profil des Betroffenen erstellt …, das insbesondere die Grundlage für sie betreffende Entscheidungen bildet oder anhand dessen ihre persönlichen Vorlieben, Verhaltensweisen oder Gepflogenheiten analysiert oder vorausgesagt werden sollen« (ErwGr 24 Satz 2). Das Profiling zu einem Menschen wird technisch erleichtert durch »Online-Kennungen wie IP-Adressen und Cookie-Kennungen, die sein Gerät oder Software-Anwendungen und -Tools oder Protokolle liefern, oder sonstige Kennungen wie Funkfrequenzkennzeichnungen, die Spuren hinterlassen, die insbesondere in Kombination mit eindeutigen Kennungen und anderen beim Server eingehenden Informationen dazu benutzt werden können, um Profile der natürlichen Personen zu erstellen und sie zu identifizieren« (ErwGr 30 Satz 2). Das Zusammenführen von einem Betroffenen zuzuordnenden Daten aus »smarten« Geräten und Anwendungen (Kfz, Wearables, Smart Watch, Haushaltsgeräte) ist eine Grundlage für das Profiling. Die Profilbildung über Kinder bedarf besonderer Vorkehrungen (ErwGr 38 Satz 2). Die vom Profiling Betroffenen haben wegen der hohen persönlichkeitsrechtlichen Relevanz besondere Transparenzansprüche (ErwGr 60 Satz 3). **62**

Das Profiling und die damit verbundene **Erstellung von Persönlichkeitsbildern** ist verfassungsrechtlich relevant und kann Konflikte mit der Menschenwürde sowie weiteren Grundrechten und Grundfreiheiten mit sich bringen. Dies wurde vom BVerfG schon früh thematisiert (siehe Art. 22 Rn. 8).[91] **63**

---

90 SHS-*Scholz*, Art. 4 Nr. 4 Rn. 5 f.

91 BVerfG, NJW 1969, 1707; vgl. Weichert, ZRP 2014, 168; Kühnl, Persönlichkeitsschutz 2.0, 2016, S. 84 ff.

5. Pseudonymisierung (Nr. 5) und Anonymisierung

64 Während in anderen Gesetzen teilweise weitergehende Regelungen zur Pseudonymisierung bestanden (z. B. § 11 Abs. 6 LDSG SH-alt), war bisher § 3a die einzige Regelung des BDSG-alt, die die Definition des § 3 Abs. 6 zur Pseudonymisierung aufgriff.[92] Anonymisierung und Pseudonymisierung als besondere Formen der »Verarbeitung«[93] sind angesagt, wenn in ein Verfahren zwar personenbezogene Daten einfließen, die **Zielsetzung** aber nicht in der Erlangung von Informationen besteht, die wieder auf die konkrete Person bezogen werden sollen. Dies gilt i. d. R. für Zwecke der Forschung, der Planung, der Organisationskontrolle, der Qualitätssicherung, der Wirtschaftlichkeitsprüfung oder der Supervision. Grundsätzlich ist die Anonymisierung mit dem vollständigen Beseitigen eines Personenbezugs vorzugswürdig. Um jedoch unterschiedliche Datensätze, die u. U. zu verschiedenen Zeiten generiert werden, einander zuordnen zu können, es also nicht auf den Personenbezug, wohl aber auf einen Fallbezug ankommt, muss die Pseudonymisierung gewählt werden. Die Pseudonymisierung hat bei sensiblen Datenbeständen besondere Bedeutung, um deren personenbezogenen Gebrauch durch eine separate Haltung der identifizierenden Daten zu verhindern (z. B. Krankheitsregister, Biobanken). Bei Protokolldaten ist eine Pseudonymisierung zur Gewährleistung der strengen Zweckbindung geboten.[94] Der Vorgang der Pseudo- oder Anonymisierung ist eine technisch-organisatorische Maßnahme nach Art. 32 Abs. 1 Buchst. a. Nach § 13 Abs. 6 TMG besteht für die Nutzung von Telemediendiensten die Pflicht, den Betroffenen die anonyme oder pseudonyme Inanspruchnahme von Leistungen zu ermöglichen.

a) Pseudonymisierung

65 Der **Begriff** des Pseudonymisierens war 2001 über § 3 Abs. 6a in das BDSG-alt eingeführt worden. Er findet sich auch in anderen Normen (z. B. § 15 Abs. 3 TMG; Art. 3 Nr. 5 DSRl-JI, § 46 Nr. 5 BDSG). Während der Begriff im BDSG-alt darauf abstellte, dass der Name oder andere Identifikationsmerkmale durch ein Kennzeichen ersetzt werden, ist der Begriff in der DSGVO erheblich weiter. Es wird nicht mehr unterschieden zwischen Identifikatoren, die ersetzt werden, und Attributen. Vielmehr genügt jede Veränderung eines Datensatzes, die die Zuordnung zu einer natürlichen Person erschwert, wenn über zusätzliche Informationen die Zuordnung wiederhergestellt werden kann. Damit kann eine Pseudonymisierung auch über Attribute erfolgen. Letztlich ist auch eine rückholbare Verschlüsselung eines Datensatzes ein Pseudonymisieren i. S. d. DSGVO.[95]

66 »Einer Pseudonymisierung unterzogene personenbezogene Daten, die durch Heranziehung zusätzlicher Informationen einer natürlichen Person zugeordnet werden könnten, sollten als Informationen über eine identifizierbare natürliche Person betrachtet werden« (ErwGr 26 Satz 2). Dies bedeutet, dass bzgl. der pseudonymisierten Daten sämtliche Betroffenenrechte gelten, wenn die Zuordnung tatsächlich möglich ist.[96] Pseudonymisie-

92 Zur Entstehungsgeschichte SHS-*Hansen*, Art. 4 Nr. 5 Rn. 4ff.
93 SHS-*Hansen*, Art. 4 Nr. 5 Rn. 21–24.
94 Bizer, DuD 2006, 271; Leopold, DuD 2006, 276.
95 Roßnagel, ZD 2018, 243ff.
96 A.A. Wohlgemuth/Gerloff, S. 30.

rung dient ebenso wie die Anonymisierung der Datenminimierung (Art. 5 Buchst. c, 89, ErwGr 156 Satz 3) und der **datenschutzfreundlichen und sicheren Technikgestaltung** (vgl. Art. 25 Abs. 1, 32 Abs. 1 Buchst. a). Dadurch werden Datenschutz durch Technik (data protection by design) und datenschutzfreundliche Voreinstellungen (data protection by default) unterstützt (ErwGr 78 Satz 2).

Über die **Zuordnungsfunktion** besteht weiterhin die Möglichkeit, im Nachhinein Datensätze zu einer Person zusammenzuführen[97], so dass pseudonymisierte weiterhin personenbezogene Daten sind und deren Verarbeitung dem Datenschutzrecht unterliegt.[98] Die Pseudonymisierung verfolgt das Ziel, die Kenntnis der Identität der Betroffenen während der Verarbeitung zu verhindern, wenn diese Kenntnis nicht erforderlich ist. 67

Die Vergabe des Pseudonyms kann durch die betroffene Person selbst erfolgen (selbst generiert), durch einen vertrauenswürdigen Dritten, der über die Zuordnungsregel verfügt (trusted third party, z. B. pseudonymisierter Signaturschlüssel nach § 7 SignaturG) oder durch die verantwortliche Stelle. In den letzten beiden Fällen wird unterschieden zwischen Referenz-Pseudonymen (Referenzliste) und Einweg-Pseudonymen, die mithilfe von (geheimen) mathematischen Algorithmen erstellt werden. Das **Erschweren der Identifizierung** sollte bei Fehlen der Zuordnungsfunktion zur Anonymisierung führen. Leicht identifizierbare Chiffre (z. B. Namensbestandteile verbunden mit Geburtsdatum) genügen für eine wirksame Pseudonymisierung i. d. R. nicht. 68

Während das Landesdatenschutzrecht vereinzelt die Verarbeitung mit pseudonymen Daten **privilegierte** (z. B. §§ 11 Abs. 6, 22 Abs. 3 LDSG SH-alt), kannte das BDSG-alt eine solche ausdrückliche Regelung ausdrücklich nicht. Dies ändert sich mit der DSGVO. Pseudonymisierung wird nicht nur zur Pflicht, sondern kann eine ansonsten möglicherweise unzulässige Datenverarbeitung zulässig machen. Entsprechendes kann in Verhaltensregeln (Art. 40 Abs. 2 Buchst. d), über Zertifizierungen nach Art. 42 oder auch in Kollektivvereinbarungen nach Art. 88 Abs. 1 normiert werden. Erfolgt eine abgeschottete pseudonymisierte Verarbeitung von Arbeitnehmerdaten, so dass keine individuelle Leistungs- und Verhaltenskontrolle möglich ist, so kann dies Auswirkungen auf die Mitbestimmungspflicht haben.[99] 69

Pseudonym bedeutet »unter einem **Decknamen** verfasst«.[100] In der DSGVO wird Pseudonymisierung definiert als die Verarbeitung personenbezogener Daten in einer Weise, dass die Daten ohne Hinzuziehung zusätzlicher Informationen nicht mehr einer spezifischen betroffenen Person zugeordnet werden können, sofern diese zusätzlichen Informationen gesondert aufbewahrt werden und technischen und organisatorischen Maßnahmen unterliegen, die die Nichtzuordnung zu einer bestimmten oder bestimmbaren Person gewährleisten. Der Zweck wird in ErwGr 28 dargestellt: »Die Anwendung der Pseudonymisierung auf personenbezogene Daten kann die Risiken für die betroffenen Personen senken und die Verantwortlichen und die Auftragsverarbeiter bei der Einhaltung ihrer Datenschutzpflichten unterstützen. Durch die ausdrückliche Einführung der »Pseudonymisierung« … ist nicht beabsichtigt, andere Datenschutzmaßnahmen auszuschließen«. 70

---

97 Roßnagel/Scholz, MMR 2000, 721; SHS-*Hansen*, Art. 4 Nr. 5 Rn. 6, 30.
98 Karg, DuD 2015, 524; Kühling/Buchner-*Kühling/Klar*, Art. 4 Nr. 5 Rn. 11.
99 VGH Mannheim, RDV 2001, 185; zu Recht kritisch Däubler, Gläserne Belegschaften, Rn. 752 ff.
100 Duden, 22. Aufl. 2000.

71 Die Definition setzt voraus, dass keine Zuordnung von Daten ohne Hinzuziehung zusätzlicher Informationen möglich ist (**Zuordnungsfunktion**). Lassen sich Daten ohne weiteres einer identifizierbaren Person zuordnen, so liegt keine Pseudonymisierung vor. Vergibt und verwaltet der Verantwortliche das Pseudonym selbst, so besteht weiterhin ein uneingeschränkter Personenbezug. Dies gilt auch für Dritte, wenn das Pseudonym dem Verantwortlichen grds. zugänglich gemacht werden kann. Dessen Privilegierung kann dadurch erreicht werden, dass dessen Zugriff auf die Zuordnungsfunktion reguliert eingeschränkt wird. Dies kann durch einen Treuhänder erfolgen. Eine besonders datensparsame Form der Pseudonymisierung besteht darin, dass die betroffene Person selbst das ihr zuzuordnende Pseudonym wählt und verwaltet und dadurch auch selbst über eine Re-Identifizierung entscheidet.

72 Durch **gesonderte Aufbewahrung** der zusätzlichen Informationen, also der Zuordnungsfunktion, soll die Identifizierung verhindert werden. Die Trennung bzw. Absonderung kann technisch-organisatorisch und räumlich erfolgen. Liegen die Daten ohne Zugriffsbeschränkungen auf dem gleichen Rechner oder im gleichen Raum, oder werden die pseudonymisierten Daten gemeinsam mit der Zuordnungsfunktion weitergegeben, so fehlt es an einer wirksamen Pseudonymisierung.

73 Die Nichtzuordnung ist über **technisch-organisatorische Maßnahmen** zu gewährleisten.[101] Dies setzt voraus, dass festgelegt wird, wer die Zuordnungsfunktion generiert, wer hierüber verfügt und unter welchen Voraussetzungen darüber verfügt werden darf. Mit technischen und organisatorischen Maßnahmen kann zudem die Re-Identifizierung verhindert werden. Dazu gehört, dass der Verantwortliche die befugten Personen im Einzelnen benennt (ErwGr 29 Satz 2). Die Nutzenden des pseudonymisierten Datensatzes dürfen keinen Zugang zu den Identifizierungsdaten haben. Pseudonymisierungen können mit Verschlüsselungsverfahren kombiniert werden. Möglich ist auch eine mehrfache oder mehrstufige Pseudonymisierung. Vorkehrungen sind die sichere Authentifizierung der berechtigten Personen für die jeweiligen Verarbeitungsschritte sowie weitere technische Sicherungsmaßnahmen gemäß Art. 25, 32.[102]

b) Anonymisierung

74 Die DSGVO definiert, anders als bisher das BDSG-alt in § 3 Abs. 6, nicht den Begriff **Anonymisierung.** Bei der Anonymisierung erfolgt eine über die Pseudonymisierung hinausgehende Datenminimierung, so dass ein Personenbezug überhaupt nicht mehr hergestellt werden kann, der Gehalt eines Datensatzes zu einer Person aber so weit wie möglich erhalten bleibt (vgl. § 16 Abs. 5 BStatG). Die Verarbeitung wirksam anonymisierter Daten ist datenschutzrechtlich nicht eingeschränkt: »Die Grundsätze des Datenschutzes sollten daher nicht für anonyme Informationen gelten, d. h. für Informationen, die sich nicht auf eine identifizierte oder identifizierbare natürliche Person beziehen, oder personenbezogene Daten, die in einer Weise anonymisiert worden sind, dass die betroffene Person nicht oder nicht mehr identifiziert werden kann. Diese Verordnung betrifft somit nicht die Verarbeitung solcher anonymer Daten, auch für statistische oder für Forschungszwecke«

101 SHS-*Hansen*, Art. 4 Nr. 5 Rn. 38–44.
102 ULD, Datentreuhänderschaft in der Biobank-Forschung – bdc/Audit, 2009, S. 52ff.

(ErwGr 26 Sätze 5, 6). Es sind jedoch strenge Anforderungen bei der Frage anzulegen, wann ein Personenbezug (praktisch) nicht mehr hergestellt werden kann. Die verantwortliche Stelle trägt die Beweislast für eine ausreichende Anonymisierung.

Dabei kommt es auf die Erkenntnisquellen an, die der speichernden Stelle als **Zusatzwissen** zur personenbezogenen Zuordnung direkt oder indirekt zur Verfügung stehen.[103] Ob dieses Zusatzwissen legal oder unzulässig beschafft wird bzw. werden kann, ist unbeachtlich (siehe Rn. 25). Ausschlaggebend ist, ob Erkenntnisquellen zur Identifizierung faktisch zur Verfügung stehen bzw. stehen könnten. In ErwGr 26 Sätze 3, 4 wird Folgendes dazu ausgeführt: »Um festzustellen, ob eine natürliche Person identifizierbar ist, sollten alle Mittel berücksichtigt werden, die von dem Verantwortlichen oder einer anderen Person nach allgemeinem Ermessen wahrscheinlich genutzt werden, um die natürliche Person direkt oder indirekt zu identifizieren, wie beispielsweise das Aussondern. Bei der Feststellung, ob Mittel nach allgemeinem Ermessen wahrscheinlich zur Identifizierung der natürlichen Person genutzt werden, sollten alle objektiven Faktoren, wie die Kosten der Identifizierung und der dafür erforderliche Zeitaufwand, herangezogen werden, wobei die zum Zeitpunkt der Verarbeitung verfügbare Technologie und technologische Entwicklungen zu berücksichtigen sind.« 75

Für die **Verfügbarkeit des Zusatzwissens** genügt eine theoretische Möglichkeit. Nicht beachtlich ist, dass diese Möglichkeit nicht in Anspruch genommen werden soll oder will. Es kommt auch nicht darauf an, ob der Zugriff auf Daten, die für die Zuordnung geeignet sind, zulässig ist.[104] Eine absolute Anonymisierung ist bei hochkomplexen und umfangreichen Datensätzen oft praktisch nicht möglich. Wenn das Zusatzwissen nur unter einem unverhältnismäßigen Aufwand an Zeit, Kosten und Arbeitskraft beschafft werden kann, genügt dies für die Anonymisierung. Hierbei ist ein objektiver Maßstab anzulegen; nicht beachtlich ist, wenn der Aufwand nur für die speichernde Stelle unverhältnismäßig ist; auch das Interesse der Stelle ist nicht erheblich.[105] Aufgrund von neuen Zuordnungstechniken können bisher als anonymisiert geltende Daten wieder zu personenbezogenen Daten werden. 76

Anonymisieren kann dadurch praktisch realisiert werden, dass die Identifikatoren eines Datensatzes gelöscht werden. Voraussetzung für eine wirksame Anonymisierung ist in diesen Fällen, dass die weiteren Merkmalsdaten einschließlich eines Identifikators nicht anderweitig verfügbar sind. Je mehr detaillierte Merkmale also in einem Datensatz verfügbar sind, umso größer ist das Re-Identifizierungsrisiko. Sicherer als die **Methode der Anonymisierung** eines individuellen Datensatzes ist die Methode der **Aggregierung**, d. h. des Zusammenführens mehrerer personenbeziehbarer Datensätze zu einem Gruppendatensatz, bei dem nicht mehr festgestellt werden kann, welcher Person in einem Kollektivdatensatz welche Merkmale zugeordnet sind. Bei der Merkmalsaggregierung werden spezifische Angaben zu einer Person (z. B. Alter 16 Jahre) durch Gruppenmerkmale (z. B. min- 77

---

103 Anders noch BFH, NJW 1994, 2247 = RDV 1995, 32, der meinte, dass Re-Identifizierung durch Branchenkenntnisse für eine Behandlung von Daten unschädlich ist.

104 SHS-*Hansen*, Art. 4 Nr. 5 Rn. 50–57; Weichert, DuD 2013, 130; ders., DuD 2014, 836; a. A. EuGH 19. 10. 2016 – C-582/14, Rn. 49, NVwZ 2017, 215.

105 Kühling/Buchner-*Kühling/Klar*, Art. 4 Nr. 1 Rn. 32; a. A. Gola/Schomerus, § 3 Rn. 44; Gola-*Gola*, Art. 2 Rn. 11.

derjährig) ersetzt; dadurch wird der Personenbezug aber nur gelockert, nicht aufgehoben. Entsprechendes gilt für das gezielte Einführen von Merkmalsfehlern (Hinzufügung von Dummy-Datensätzen) oder das Vertauschen von Daten.[106] Der Einsatz eines Trustcenters genügt regelmäßig nicht für eine Anonymisierung, wenn dem Trustcenter die Re-Identifizierung möglich ist.[107] Aufgrund der verwendeten Technik und der eingesetzten Verfahren darf keine Partei mehr in der Lage sein, eine Person aus dem Datenbestand herauszugreifen, eine Verbindung zwischen zwei Datensätzen eines Datenbestandes oder zwischen zwei unabhängigen Datenbeständen herzustellen oder durch Inferenz Informationen aus einem solchen Datenbestand abzuleiten.[108]

78 Bei **georeferenzierten Flächenangaben** (siehe Rn. 33) lässt sich eine Anonymisierung – z. B. von Grundstücksangaben (mit Aussagekraft z. B. über den Eigentümer, Bewohner oder den Nutzer) – durch ein Zusammenfassen von mindestens drei Grundstücken erreichen, wenn kein weiteres Zusatzwissen verfügbar ist, z. B. die Information, dass der Durchschnittswert von drei Grundstücken pro Quadratmeter zugleich deren Realwert darstellt. Je mehr unterschiedliche Flächenmerkmale miteinander kombiniert werden (»Verschneidung«), desto gröber muss eine Darstellung sein bzw. desto mehr Grundstücke müssen aggregiert werden, um eine hinreichende Anonymisierung zu erreichen.

79 Anonymisierte Daten unterliegen nicht (mehr) dem Reglement des Datenschutzrechts (ErwGr 26 Satz 5). Anonymisierte Daten sind **keine personenbezogenen Daten**. Die verantwortliche Stelle darf sie ungehindert verarbeiten. Anderes gilt, wenn mit verfügbarem Zusatzwissen eine Re-Identifizierung möglich ist.[109] Oft wird (juristisch unzutreffend) der Begriff »anonym« schon verwendet, wenn einfach die Identifizierungsdaten weggelassen werden. Dies kann im Interesse der Datensparsamkeit geboten sein (siehe Art. 5 Rn. 45), ohne dass aber dadurch eine ausreichende Anonymität bestünde. Erfolgt nur eine teilweise Anonymisierung, d. h. die Identifizierung wird erschwert, bleibt aber – z. B. für nähere Bekannte oder nur für Personen, die einer Verschwiegenheitspflicht unterliegen – möglich, erfolgt keine Anonymisierung; wohl kann hierin aber ein geringerer Eingriff in das Persönlichkeitsrecht liegen.[110]

80 Zumeist lässt sich keine absolute, sondern nur eine (faktische) Anonymisierung verwirklichen. Der Begriff des Anonymisierens schließt ein gewisses Restrisiko der Re-Identifizierung mit ein. Um eine Re-Identifizierung unter Zusammenführen bisher nicht bekannter Datenquellen nicht nur tatsächlich, sondern auch normativ auszuschließen, besteht ein (sanktionsbewehrtes) **Re-Identifizierungsverbot** (Art. 83 Abs. 5 Buchst. a, vgl. § 21 BStatG). Ist eine Re-Identifizierung nicht völlig ausgeschlossen, bewegt sich die Datenverarbeitung weiterhin im Rahmen des DSGVO.[111] Wird der unverhältnismäßige Aufwand der Re-Identifizierung erbracht bzw. ist durch den technischen Fortschritt der Aufwand

106 Zur sog. »k-Anonymität« 23. TB LDI NRW 2017, Kap.13.2 (S. 100).
107 Simitis-*Dammann*, § 3 Rn. 205ff.; Weichert, DuD 2013, 130; Kühling/Klar, NJW 2013, 3601 kritisieren die Unbestimmtheit des Begriffs.
108 Artikel-29-Datenschutzgruppe, Stellungnahme 5/2014 zu Anonymisierungstechniken.
109 Anders noch BFH, NJW 1994, 2246 = RDV 1995, 32.
110 BVerfG, NJW 2000, 1859; BVerfG, RDV 1996, 184 = DuD 1996, 566.
111 A.A. Gola/Schomerus, § 3 Rn. 44a: im Fall einer Übermittlung müsse eine Überprüfung der »relativ« anonymisierten Daten erfolgen.

nicht mehr unverhältnismäßig, werden die anonymen Daten wieder zu personenbezogenen Daten.

6. Dateisystem (Nr. 6)

Der Begriff »Dateisystem« wurde erst in der Schlussphase der Verhandlungen zur DSGVO anstelle des bisher verwendeten **Begriffs »Datei«** eingeführt und wird für die Umsetzung von Art. 3 Nr. 6 DSRl-JI in § 46 Nr. 4 BDSG wiederholt. Es ist nicht erkennbar, dass hiermit eine inhaltliche Änderung beabsichtigt war. Der Begriff bringt besser zum Ausdruck, dass nicht nur ein einzelner Datensatz erfasst wird, sondern möglicherweise ein komplexes System. Der Begriff entspricht dem Dateibegriff in Art. 2 Buchst. c EG-DSRl sowie in § 3 Abs. 2 BDSG-alt. Der Begriff wird in Art. 2 Abs. 1 DSGVO sowie in den §§ 2 Abs. 1 Satz 2, 26 Abs. 7, 34 Abs. 5, 58 Abs. 4, 69 Abs. 1 Satz 1 BDSG verwendet. 81

Für die Annahme eines Dateisystems bedarf es nicht mehrerer erschließender Merkmale; vielmehr genügt ein Merkmal.[112] Eine »**Sammlung**« ist jede planmäßige Zusammenstellung von Einzelangaben. Sind Akten so angelegt, dass der Zugriff oder die Suche nach einer natürlichen Person erleichtert ist, was z. B. bei der Personalaktenführung der Fall ist, ist der Begriff des Dateisystems erfüllt.[113] Nicht erforderlich ist, dass Daten von mehreren Personen gespeichert sind; es genügt, dass eine Person betroffen ist. 82

Die Art des genutzten **Speichermediums** als Datenträger ist unerheblich. Die DSGVO unterscheidet rechtlich nicht zwischen nichtautomatisierter und automatisierter Verarbeitung (vgl. Art. 2 Abs. 1): »Um ein ernsthaftes Risiko einer Umgehung der Vorschriften zu vermeiden, sollte der Schutz natürlicher Personen technologieneutral sein und nicht von den verwendeten Techniken abhängen. Der Schutz natürlicher Personen sollte für die automatisierte Verarbeitung personenbezogener Daten ebenso gelten wie für die manuelle Verarbeitung von personenbezogenen Daten, wenn die personenbezogenen Daten in einem Dateisystem gespeichert sind oder gespeichert werden sollen. Akten oder Aktensammlungen sowie ihre Deckblätter, die nicht nach bestimmten Kriterien geordnet sind, sollten nicht in den Anwendungsbereich dieser Verordnung fallen« (ErwGr 15 Satz 2). Nichtautomatisierte Datensammlungen können mit digitalen Verfahren automatisiert und so auch komplexeren Auswertungen zugeführt werden. Voraussetzung für ein Dateisystem ist nicht die Möglichkeit, Daten umzuordnen. Ton- und Bildträger unterliegen keiner Sonderbehandlung. Der Begriff wird durch Ton- oder Bilddatenbanken schon erfüllt, die durch ein Merkmal, z. B. Ortskoordinaten, erschlossen werden. Mit einem solchen System ist u. U. eine Identifizierung durch biometrische Verfahren, Stimmabgleich oder eine Kfz-Kennzeichenerkennung möglich. Gleiches gilt für inhaltlich erschlossene Aktensammlungen, wenn die Akten im Wesentlichen strukturell gleiche Inhalte haben (z. B. Gehaltslisten). Eine Privilegierung von nicht-automatisierten Dateien für rein interne Zwecke oder von automatisierten Dateisystemen, die ausschließlich aus verarbeitungstechnischen Gründen vorübergehend erstellt werden (so noch § 1 Abs. 3 Nr. 1, 2 BDSG 1990), kennt die DSGVO nicht. 83

112 A.A. Gola/Schomerus, § 3 Rn. 20: zwei Merkmale.
113 Klug, RDV 2001, 267.

84 Der Begriff Dateisystem setzt ausschließlich eine **Ordnung bzw. Struktur** voraus und ist weit gefasst und offen für Entwicklungen. Er umschließt Aktenerschließungssysteme ebenso wie z. B. digitale Ton- und Bildverarbeitungssysteme oder elektronische Geräte zum Zweck medizinischer oder genetischer Diagnostik oder auch digitale Kamera-Monitor-Videoüberwachungssysteme, Fotokopierer oder Smartphones mit Ton- und Bildaufnahmefunktion.

85 Der Begriff der **Akte** ist im modernen Datenschutzrecht kaum noch relevant und taugt nicht als Abgrenzungsbegriff zu Dateisystem. Die Akten regelmäßig auszeichnende eindimensionale Ordnungsstruktur erfüllt bei Vorliegen einer Ordnungsstruktur den Begriff des Dateisystems. Daten, die offensichtlich aus einem Dateisystem entnommen worden sind, werden anders als bisher in § 27 Abs. 2 BDSG-alt nicht besonders geregelt. Dies ist auch nicht erforderlich, da auch die Verwendung unter den Verarbeitungsbegriff fällt (vgl. Nr. 2), unabhängig davon, ob diese Verwendung durch den Verantwortlichen oder einen Empfänger erfolgt. Eine andere Sicht wäre weder mit dem Wortlaut noch mit dem Zweck der Regelung vereinbar. Ein Datum ist beim Übermittler grundsätzlich nicht strengeren Regeln unterworfen als beim Empfänger.

7. Verantwortlicher (Nr. 7)

86 In den Vorentwürfen zur DSGVO wurde der »Verantwortliche« noch als der »**für die Verarbeitung Verantwortliche**« genannt (ebenso Art. 2 Buchst. d EG-DSRl). Mit der knappen Formulierung ist eine sprachliche Vereinfachung intendiert und keine inhaltliche Änderung verbunden. Der Begriff (siehe Art. 3 Nr. 8 DSRl-JI, § 46 Nr. 7 BDSG) ist inhaltlich identisch mit dem in § 3 Abs. 7 BDSG-alt verwendeten Begriff der »verantwortlichen Stelle« sowie mit den im deutschen Recht teilweise noch verwendeten Begriffen der »speichernden Stelle« bzw. der »verarbeitenden Stelle«.

87 Im Datenschutzrecht wird unabhängig vom Wissen über die Daten bei der Feststellung der Verantwortlichkeit darauf abgestellt, wer objektiv über die Daten bestimmen kann, wer die Entscheidungsgewalt über den **Zweck und die Mittel der Datenverarbeitung** hat.[114] Dabei kommt es nicht darauf an, ob die Stelle die Daten tatsächlich im Besitz und die Herrschaft hierüber hat.[115] Teilweise wird die Ansicht vertreten, dass bei arbeitsteiliger Datenverarbeitung eine Verantwortung nur bei Vorliegen eines Vertragsverhältnisses besteht, und wenn die Stelle positive Kenntnis von den Tatsachen hat, welche die rechtswidrige Verarbeitung der beteiligten anderen Stelle begründen.[116] Mit der datenschutzrechtlichen Verantwortlichkeit wird auch die zivilrechtliche Passivlegitimation begründet, selbst wenn die Einflussmöglichkeit auf die Datenverarbeitung begrenzt ist.[117] Keine Verarbeitung »im Auftrag«, sondern in eigener Verantwortung ist es, wenn eine Stelle durch

114 Weichert, DuD 2009, 10; Jotzo, MMR 2009, 233.

115 Simitis-*Dammann*, § 3 Rn. 225; Weichert, ZD 2014, 605; ders., ZD 2014, 1; a. A. OVG Schleswig, ZD 2014, 643 = DuD 2014, 869 = K&R 2014, 831; VG Schleswig, ZD 2014, 51 mit Anm. Karg; offen haltend die Vorlage beim EuGH durch BVerwG 25. 2. 2016 – 1 C 28.14, K&R 2016, 437; dazu Marosi, K&R 2016, 389.

116 Petri, ZD 2015, 103.

117 A.A. LG Berlin, ZD 2015, 235.

Gesetz oder behördliche Anweisung verpflichtet wird, Daten für hoheitliche Zwecke zu speichern und vorzuhalten.[118] Kann eine datenschutzrechtliche Verantwortlichkeit bei einem informationstechnischen Mittler nicht begründet werden, so kommt bei Verletzung des allgemeinen Persönlichkeitsrechts eine Haftung als Störer in Betracht.[119]

Inzwischen dürfte unstreitig sein, dass generell nicht von einer funktionalen, sondern von einer **juristischen Betrachtungsweise** bei der Festlegung des Stellenbegriffs auszugehen ist.[120] Eine Sonderregelung enthält lediglich § 67 Abs. 4 Satz 2 SGB X für den Bereich des Sozialdatenschutzes: Handelt es sich bei einem Sozialleistungsträger um eine Gebietskörperschaft, sind verantwortliche Stelle die Organisationseinheiten, die eine Aufgabe nach einem der besonderen Teile des SGB **funktional** erfüllen. 88

Handelt ein Mitarbeiter im Auftrag und im Namen einer Stelle (des Arbeitgebers), so ist diese Stelle verantwortlich. Überschreitet ein Mitarbeiter seine stelleninternen Kompetenzen, so ist er selbst als Verantwortlicher anzusehen (siehe Art. 28 Abs. 10).[121] Der Zugehörigkeit zu einer Stelle tut es keinen Abbruch, dass einer ihrer **Mitarbeiter oder Organisationsteil** eine gesetzlich gesicherte Unabhängigkeit genießt oder eigene Verarbeitungsrechte hat bzw. Pflichten unterworfen ist, z. B. als Betriebsrat, Betriebsarzt oder Schwerbehindertenvertretung. Auf die Belegenheit der Datenverarbeitungsanlage kommt es auch nicht an; so werden z. B. dienstlich genutzte mobile Rechner (Laptop, Notebook) eines Arbeitnehmers dem Arbeitgeber als verantwortliche Stelle zugeordnet.[122] 89

Trotz ihrer arbeitsrechtlich unabhängigen Stellung sind die Vertretungen der Beschäftigten, also **Betriebsrat und Personalrat**, i. d. R. keine eigenständigen Verantwortlichen.[123] Es besteht also auch keine gemeinsame Verantwortlichkeit von Arbeitgeber und Betriebsrat (Art. 26).[124] Entsprechendes gilt für die Mitbestimmungsgremien und Beteiligungsgremien der Justiz.[125] Etwas anderes gilt, wenn der Gesetzgeber ausdrücklich die Verantwortlichkeit des Personalrats normiert hat, so wie dies in einigen Landesregelungen erfolgt ist (z. B. Baden-Württemberg, Nordrhein-Westfalen).[126] Soweit Betroffene Auskünfte über die dort gespeicherten Daten oder sonstige Betroffenenrechte einfordern, können diese direkt vom Mitbestimmungsgremium beantwortet werden, was an der Gesamtverantwortlichkeit der juristischen Person nichts ändert. Mitbestimmungsgremien sind regelmäßig 89a

118 Kritisch Simitis, RDV 2007, 148.

119 Mantz, ZD 2014, 62; KG, MMR 2013, 659; LG Hamburg, DuD 2013 – Mosley; LG Heidelberg, CR 2015, 326; a. A. Voigt, K&R 2014, 80; allgemein Peifer, AfP 2014, 18.

120 A.A. noch Kilian/Heussen-*Weichert*, 132 Rn. 39ff.

121 Jung/Hansch, ZD 2019, 146.

122 LAG Schleswig-Holstein, DuD 2001, 235 = RDV 2001, 107.

123 Däubler, Gläserne Belegschaften, Rn. 640g, 850a; Brandt, CuA 11/2018, 30; Zieske, DANA 2018, 89; Kühling/Buchner-*Hartung*, Art. 4 Nr. 7 Rn. 11; Cumanns, RDV 2018, 55; Specht/Mantz-*Ströbel/Wybitul*, Teil B § 10 Rn. 77–82; Lücke, NZA 2019, 660; tendenziell Jung/Hansch, ZD 2019, 146f.; zweifelnd Gola-*Gola*, Art. 4 Rn. 55f.; Kranig/Wybitul, ZD 2019, 1ff.; offenlassend Hamann/Wegmann, BB 2019, 1348f.; a. A. LfDI BW, 34. Tätigkeitsbericht 2018, 1.6.1 (S. 37f.); LAG Sachsen-Anhalt 18. 12. 2018 – 4 TaBV 19/17, DB 2019, 1156; Kleinebrink, DB 2018, 2567f.; Beilecke, Landesdatenschutzgesetz Schleswig-Holstein, 2. Aufl. 1996, § 3 Rn. 3; zur Eigenverantwortlichkeit des Betriebs- bzw. Personalrats BAG, NJW 1998, 2466 = RDV 1998, 64.

124 Lücke, NZA 2019, 661.

125 A.A. Engeler, NVwZ 2019, 612; Engeler, NJOZ 2019, 599.

126 Meinhold, NZA 2019, 670.

einer juristischen Person zugeordnet, die auch über die Mittel und die Zwecke der Verarbeitung bestimmt. Ist dies ausnahmsweise nicht der Fall, so kann eine eigenständige Verantwortlichkeit angenommen werden. Mit der DSGVO hat sich insofern nichts grundsätzlich geändert. Streitig ist, inwieweit die Beschäftigtenvertretung wegen des Vorrangs des Europarechts der Kontrolle durch den Datenschutzbeauftragten unterliegt.[127]

89b Ist ein **Betriebsarzt** (§§ 2–4, 8–10 ASiG) Mitarbeiter des Arbeitgebers (interner Betriebsarzt), so ist er rechtlich Teil des vom Arbeitgeber geführten Betriebs und somit nicht Verantwortlicher.[128] Verantwortlicher ist der Arbeitgeber. Dieser ist i. d. R. auch im sachenrechtlichen Sinn über die betriebsärztliche Dokumentation verfügungsbefugt. Dass dem Arbeitgeber wegen der ärztlichen Schweigepflicht (§ 8 Abs. 1 Satz 3 ASiG) keine Zugriffsrechte auf die Daten zustehen, spielt für die datenschutzrechtliche Bewertung keine Rolle. Der externe Betriebsarzt, egal ob er als Einzelperson handelt oder als betriebsärztlicher Dienst, ist als eigenständige, vom Arbeitgeber rechtlich getrennte Person nicht dem Arbeitgeber zuzuordnen. Der externe Betriebsarzt bzw. der betriebsärztliche Dienst ist also im Sinne des Datenschutzrechts selbst Verantwortlicher. Dies schließt nicht aus, dass er die Räumlichkeiten, Einrichtungen und Geräte des Arbeitgebers in Anspruch nimmt und der Arbeitgeber insofern deren Eigentümer ist. Es kommt darauf an, dass er als natürliche oder juristische Person vertraglich mit dem Arbeitgeber hierüber eine Vereinbarung trifft und insofern über Mittel und Zwecke der Verarbeitung bestimmt. Möglich ist auch, dass sich die Mittel der ärztlichen Dokumentation im Eigentum des externen Betriebsarztes befinden.

89c Verarbeitet ein **Datenschutzbeauftragter** (Art. 37–39, §§ 5–7, 38 BDSG) personenbezogene Daten, so ist er als Mitarbeiter und interner Beauftragter Teil des Verantwortlichen, als externer Beauftragter mit eigener Rechtspersönlichkeit selbst Verantwortlicher. Ist er als externer für mehrere Datenverarbeiter tätig, so ist er bei der Nutzung der im Rahmen seiner Aufgabenerfüllung erlangten personenbezogenen Daten nicht befugt, diese außerhalb des jeweiligen Auftragsverhältnisses zu verwenden (vgl. Art. 38 Abs. 5).

90 Auch bei **Telemedienanbietern** richtet sich die datenschutzrechtliche Verantwortlichkeit nach Art. 4 Nr. 7. Die §§ 7 ff. TMG mit Regelungen zur Verantwortlichkeit gelten nur für die strafrechtliche Verantwortlichkeit und die Schadensersatzhaftung.[129] Für zivilrechtlich geltend zu machende Ansprüche wegen Persönlichkeitsverletzungen ist als Kollisionsnorm Art. 40 EGBGB anzuwenden.[130] Inhaltsanbieter, die fremde Inhalte bereit halten, also z. B. Betreiber von Chat-Foren, Blogs oder Suchmaschinen, sind aus datenschutzrechtlicher Sicht nach Art. 4 Nr. 7 verantwortlich, ohne von den personenbezogenen Inhalten aktiv Kenntnis haben zu müssen.[131] Die Verantwortlichkeit beginnt spätestens mit

---

127 Kühling/Buchner-*Bergt*, Art. 38 Rn. 18; Zieske, DANA 2018, 90 f.; Kleinebrink, DB 2018, 2570 f.; Gola, BB 2017, 1470; Kort, ZD 2017, 6; Kurzböck/Weinbeck, DB 2018, 1652; Taeger/Rose, BB 2016, 828 f.

128 Weichert, RDV 2007, 191; Unabhängiges Landeszentrum für Datenschutz (ULD), Gesundheitsdaten im Arbeitsverhältnis, 31. 3. 2014, *http://www.datenschutzzentrum.de/artikel/193-Gesund heitsdaten-im-Arbeitsverhaeltnis.html*; Washausen in Kingreen/Kühling, S. 420.

129 BGH, VersR 2007, 1004 f.; BGH 23. 6. 2009 – VI ZR 196/08 = MMR 2009, 609.

130 Zur Prüfpflicht von Inhaltsanbietern Breyer, MMR 2009, 14 ff. gegen OLG Hamburg, MMR 2008, 823.

131 EuGH 13. 5. 2014 – C-131/15, Rn. 21 ff., 41, AfP 2014, 245, Google Suche; dazu Ziebarth, ZD 2014, 397; Schilde-Stenzel, RDV 2006, 108; Weichert in Lewandowski, Handbuch Internet-

Kenntniserlangung der Persönlichkeitsverletzung.[132] Die mangelnde Kenntnis von Daten und der Gedanke des § 10 TMG können allenfalls materiell-rechtlich bei Abwägungsvorgängen eine Rolle spielen. Bei Telemedienanbietern erfolgt regelmäßig eine Arbeitsteilung verschiedener Stellen. Lassen sich hierbei bestimmte Verarbeitungsschritte nicht eindeutig logisch voneinander trennen, tragen die Stellen gemeinsam die Verantwortung. Schon das Bereitstellen eines umfassenden Verarbeitungsangebots unter Nutzung der Verarbeitung eines Dienstleisters führt dazu, dass der Bereitsteller für die damit verbundene Datenverarbeitung verantwortlich ist, da er durch die Auswahl des Dienstleisters die Verarbeitung tatsächlich beherrscht.[133]

Rechtsanwälte agieren als unabhängige Stelle für andere Personen, z. B. vor Gericht, und sind dann als Verantwortliche anzusehen. Etwas anderes gilt, soweit sie in Vollmacht für einen Verantwortlichen handeln und nach Weisung handeln.[134] Ein Insolvenzverwalter hat eine eigene Bestimmungsbefugnis über die Insolvenzmasse und ist daher Verantwortlicher.[135] Softwareentwickler und reine IT-Produkteanbieter sind keine Verantwortlichen.[136] **90a**

Bei vernetzten, mobilen oder sonstigen **komplexen Verarbeitungsverfahren** liegt die Verantwortlichkeit zuweilen bei unterschiedlichen Stellen und teilweise auch beim Betroffenen selbst. Entscheidend ist, wer den Datenverarbeitungsprozess tatsächlich beherrscht.[137] Dabei kann es Schwierigkeiten der Zuordnung geben. Bei einer Chipkarte, die vom Betroffenen mit sich geführt wird, liegt die Verantwortlichkeit jeweils bei der Stelle bzw. bei den Stellen, die die Herrschaft über den Verarbeitungsvorgang ausüben. Befinden sich die Daten in Verbunddateien und sind mehrere Stellen selbstständig zur Veränderung der Datensätze berechtigt, liegt die Verantwortlichkeit kumulativ bei sämtlichen derart berechtigten Stellen. Ist z. B. ein Verbundteilnehmer zu einer Löschung oder Berichtigung verpflichtet, müssen die anderen Teilnehmer dies auch gegen sich gelten lassen. Erfolgt durch einen Verbundteilnehmer ein (automatisierter) Abruf eines Datums, für das nur eine andere Stelle verantwortlich ist, liegt hierin eine Offenlegung.[138] **91**

Soziale Netzwerke, die Nutzung von vernetzten Privatrechnern, Tablets und Smartphones sowie die Digitalisierung von Dingen des täglichen Lebens, vom Kfz bis zu Geräten im Smart Home, tragen dazu bei, dass **Betroffene** zugleich auch zu Verantwortlichen werden können. Sie sind bei der Verarbeitung der eigenen Daten Betroffene im Verhältnis zu den **91a**

Suchmaschinen, 2009, S. 293; ders. DuD 2009, 10; a. A. noch LG Mönchengladbach, DuD 2013, 812 = AfP 2013, 532; Ott, MMR 2009, 162.

132 BGH 14. 5. 2013 – VI ZR 269/12 – Autocomplete, DuD 2013, 663 = RDV 2013, 197; einschränkend OLG Köln, DuD 2014, 413.

133 Plath-*Plath/Schreiber*, § 3 Rn. 69; Weichert, DANA 1/2012, 18; Spindler, Persönlichkeitsschutz im Internet, Gutachten F zum 69. Deutschen Juristentag, 2012, F82; Breiter/Wind-*Weichert*, S. 301; zweifelnd Schleipfer, DuD 2014, 318; a. A. OVG Schleswig, DuD 2014, 869; VG Schleswig, DuD 2014, 120.

134 Berg, ZIP 2019, 252.

135 BayLDA 30. 7. 2015, *https://www.lda.bayern.de/media/pm2015-10.pdf*; skeptisch Berg, ZIP 2019, 253; differenzierend Thole, ZIP 2018, 1001, 1011.

136 Dümeland, K&R 2019, 25.

137 Art. 29-Datenschutzgruppe, Arbeitsdokument Datenschutz und RFID-Technologie v. 18. 1. 2005, WP 105; Kesten, RDV 2008, 100.

138 VGH Kassel, CR 1992, 693.

Diensteanbietern. Verarbeiten sie dabei jedoch Daten von Dritten, wie etwa bei Social-Media-Inhalten, so sind sie insofern Verantwortliche.[139] Entsprechendes gilt z. B., wenn sie eine eigene Speichelprobe zur DNA-Analyse bereitstellen und damit zwangsläufig Daten ihrer biologischen Verwandten (Dritten) offenbaren.[140] I.d.R. liegt in diesen Fällen eine gemeinsame Verantwortlichkeit vor.[141]

92 Die Regelung weist darauf hin, dass eine **gemeinsame Verantwortlichkeit** bestehen kann (Art. 26). Diese ist gegeben, wenn die Verarbeitung selbständige Entscheidungen verschiedener Stellen voraussetzen, d. h. wenn eine Verarbeitung ohne die aktive Beteiligung jeder Stelle nicht denkbar ist. Für die Feststellung der gemeinsamen Verantwortlichkeit kommt es auf die objektiven Umstände an, ein schriftlicher Vertrag ist nicht begriffsnotwendig;[142] eine Vereinbarung wird aber als Rechtmäßigkeitsvoraussetzung in Art. 26 Abs. 1 Satz 2 gefordert. Gemeinsame Verantwortlichkeit liegt bei Internet-Plattformen vor, bei denen sich die Nutzer die Verarbeitung der Plattformanbieter und umgekehrt zurechnen lassen müssen. Anwendungsfälle sind die gemeinsame Verantwortlichkeit von Facebook mit einem Fanpagebetreiber[143] oder einem Webseitenbetreiber, der auf seiner Seite einen Social-Plugin von Facebook platziert hat.[144] Auch im Werbebereich, etwa beim Einsatz von Lettershopverfahren, liegt oft eine gemeinsame Verantwortung vor.[145]

92a Nicht nötig ist, dass bei einer gemeinsamen Verantwortlichkeit mehrerer Betreiber jeder für dieselbe Verarbeitung Zugang zu den betreffenden Daten hat.[146] Relevant ist, dass eine Stelle aus Eigeninteresse Einfluss auf die Verarbeitung nimmt und damit an der Entscheidung über Zwecke und Mittel dieser Verarbeitung mitwirkt. Dies kann ausdrücklich, aber auch stillschweigend erfolgen.[147] Selbst ein Abhängigkeitsverhältnis kann die Grundlage für eine gemeinsame Verantwortung sein, wenn in dem organisatorischen Zusammenhang eine wesentliche Bestimmungsmöglichkeit über die Verarbeitung verbleibt.[148] Eine gemeinsame Verantwortlichkeit hat nicht zwangsläufig eine gleichwertige Verantwortlichkeit der Akteure zur Folge. Diese können in verschiedenen Phasen und in unterschiedlichem Ausmaß in einer Weise einbezogen sein, dass der Grund der Verantwortlichkeit eines jeden von ihnen unter Berücksichtigung aller maßgeblichen Umstände des Einzelfalls zu beurteilen ist.[149] Spätestens mit Kenntniserlangung können alle einem Verantwortlichen zuzurechnende Pflichten, auch die Umsetzung der Betroffenenrechte, abverlangt

139 Wagner, ZD 2018, 309f.
140 Weichert, DuD 2019, 150f.
141 Wagner, ZDD 2018, 310f.
142 EuGH 10.7.2018 – C-25/17 (Zeugen Jehovas), Rn. 67, NJW 2019, 285 = NZA 2018, 991 = NVwZ 2018, 1787 = EuZW 2018, 897.
143 EuGH 5.6.2018 – C-210/16 (Facebook-Fanpage), Rn. 39, JZ 2018, 1154 = NZA 2018, 919 = ZD 2018, 357 = NVwZ 2018, 1386 = EuZW 2018, 534 = MMR 2018, 591 = BB 2018, 1480 = DuD 2018, 518; dazu Weichert DANA 2019, 4; Jotzo, JZ 2018, 1159; v. d. Bussche, DB 2018, 1782; Golland, K&R 2018, 433; Härting/Gössling, NJW 2018, 2523; Kremer, CR 2019, 225.
144 EuGH 29.7.2019 – C-40/17, Fashion ID, Rn. 85, EU-Generalanwalt Bobek, EWS 2019, 55f.; dazu Piltz, DB 2019, 238; Nebel, RDV 2019, 13; Jung/Hansch, ZD 2019, 144ff.
145 Reif, RDV 2019, 30.
146 EuGH 5.6.2018 – C-210/16, Rn. 38.
147 EuGH 29.7.2019 – C-40/17, Rn. 68, 80.
148 EuGH 7.10.2018, Rn. 70, 75. Zeugen Johovas, NJW 2019, 290; Thüsing/Rombey, NZA 2019, 10.
149 EuGH 5.6.2018 – C-210/16, Rn. 43.

werden.[150] Von der Verantwortlichkeit nicht mehr mit umfasst werden vor- und nachgelagerte Vorgänge einer **Verarbeitungskette**, für die weder Zwecke noch Mittel festgelegt werden.[151] So besteht z. B. für das Erheben und Übermitteln von Daten über ein Webseiten-Social-Plugin wie den »Gefällt mir«-Button eine gemeinsame Verantwortlichkeit von Webseiten- und Plattformbetreiber, nicht mehr aber für die weitere Verarbeitung durch den Plattformbetreiber.[152] Keine gemeinsame Verantwortlichkeit besteht, wenn die Voraussetzungen des Art. 28 einer Auftragsverarbeitung vorliegen.

Besondere Schwierigkeiten bei der Feststellung der Verantwortlichkeit entstehen, wenn **92b** ein Beschäftigter mit Zustimmung seines Arbeitgebers auf seinem privaten Rechner (Smartphone, Tablet, PC) dienstlich bedingte Datenverarbeitung vornimmt. Bei einem solchen »**Bring Your Own Device**« (BYOD) besteht in der Regel zumindest teilweise eine gemeinsame Verantwortlichkeit. Um hier eine saubere Klärung der Verantwortung zu erreichen, ist hierüber eine vertragliche Regelung nach Art. 26 nötig, deren Rahmen durch eine Betriebsvereinbarung vorgegeben sein kann. Dabei sollte eine klare technische Trennung der privaten von der dienstlichen Verarbeitung gewährleistet sein.[153] Eine alleinige Verantwortlichkeit des Arbeitgebers kann dann angenommen werden, soweit die Verarbeitung ausschließlich auf Weisung des Arbeitgebers erfolgt.[154]

Bei **Blockchain**-Verfahren ist die Feststellung der Verantwortlichkeit bisher weitgehend **92c** ungeklärt. Unstreitig ist lediglich die Verantwortlichkeit der Stellen, die jeweils die letzten Änderungen vornehmen.[155] Für eine gemeinsame Verantwortlichkeit spricht, dass durch eine Teilnahme an einem konkreten Verfahren alle beteiligten Stellen über Zweck und Inhalt eine gemeinsame Vorstellung haben.[156] Dass die Identifizierbarkeit der anderen Verantwortlichen nicht möglich ist, hindert die Verantwortlichkeit nicht.[157] Keine Verantwortlichkeit besteht für nachfolgende Verarbeitungsschritte.[158] Nicht verantwortlich sind Entwickler, Schürfer (miners), Knoten (nodes) und reine Diensteanbieter, soweit sie reine Infrastrukturaufgaben erfüllen.[159] Es kann dann eine Auftragsverarbeitung vorliegen.[160] Voraussetzung für die Verantwortlichkeit ist, dass über Inhalte bestimmt wird.

---

150 Weichert, ZD 2014, 1; Breiter/Wind-*Weichert*, S. 301 ff.; Weichert, DANA 2012, 18 ff.; a. A. VG Schleswig 9. 10. 2013 – 8 A 14/12, ZD 2014, 51; OVG Schleswig-Holstein 4. 9. 2014 – 4 LB 20/13, DuD 2014, 839 = ZD 2014, 643 = CR 2014, 801; vgl. BVerwG 25. 2. 2016 – 1 C 28.14, CR 2016, 729 = K&R 2016, 437 = DuD 2016, 537; Martini/Fritsche, Mitverantwortung in sozialen Netzwerken, NVwZ-Extra 21/2015, 1; vgl. Monreal, ZD 2014, 612; Dammann, ZD 2016, 312; Artikel-29-Arbeitsgruppe 1/2010, WP 169.

151 EuGH 29. 7. 2019 – C-40/17, Rn. 74.

152 EuGH 29. 7. 2019 – C-40/17, Rn. 77.

153 Wedde-*Höller/Wedde*, Rn. 302–307; BITKOM, Bring Your Own Device, 2013, *https://www.bitkom.org/sites/default/files/file/import/130304-LF-BYOD.pdf.*

154 Kort, RdA 2018, 30; Müller, Homeoffice in der arbeitsrechtlichen Praxis, 2019, Rn. 175; Jung/Hansch, ZD 2019, 146; zur Haftung Arnold/Günther-*Günther/Böglmüller*, Kap. 4 Rn. 134–147.

155 Böhme/Pesch, DuD 2017, 478; Quiel, DuD 2019, 569 f.

156 A.A. Gola/Heckmann-*Paschke/Scheurer*, § 63 Rn. 14; Paal/Pauly-*Martini*, Art. 26 Rn. 19.

157 Skeptisch Böhme/Pesch, DuD 2017, 479.

158 EuGH 29. 7. 2019 – C-40/17, Rn. 74.

159 Blockchain Bundesverband, Blockchain, data protection, and the GDPR, 25. 5. 2018, *https://www.bundesblock.de/wp-content/uploads/2019/01/GDPR-Position-Paper-v1.0.pdf.*

160 Martini/Weinzierl, NVwZ 2017, 1254.

93 Die DSGVO kennt kein **Konzernprivileg.**[161] Wirtschaftliche Verflechtung oder faktischer Einfluss bleiben grds. unberücksichtigt. Tochtergesellschaften sind auch als hundertprozentige Beteiligungen datenschutzrechtlich kein Teil der Muttergesellschaft, unabhängig davon, wie konzernintern die Geschäfts- und Produktionsbereiche behandelt werden. Damit soll die nötige Transparenz für die Wahrnehmung der Betroffenenrechte und bei der Durchführung von Kontrollen sichergestellt werden. Die rechtliche Selbstständigkeit ist ausschlaggebend. Zum Verantwortlichen gehören die unselbstständigen Niederlassungen und Zweigstellen (siehe Nr. 19 und Rn. 145).

94 Innerhalb des Verantwortlichen erfolgt keine Offenlegung bzw. Übermittlung (Art. 4 Nr. 2). Die interne Datenweitergabe – evtl. für einen anderen Zweck – erfüllt vielmehr den Begriff des **Verwendens** (siehe Rn. 37, 44).

95 Erfolgt eine **Auftragsverarbeitung** (Art. 28), ist der Auftraggeber Verantwortlicher, nicht der Auftragsverarbeiter (siehe Rn. 96).[162] Kein Auftragsverhältnis im Sinne des Datenschutzrechts **besteht**, wenn Stellen im gesetzlichen Auftrag für eine andere Stelle tätig werden.

8. Auftragsverarbeiter (Nr. 8)

96 Für die Auftragsverarbeitung genügt es, dass eine Stelle personenbezogene Daten **im Auftrag** des Verantwortlichen verarbeitet (siehe Art. 3 Nr. 9 DSRl-JI, § 46 Nr. 8 BDSG). An die Art oder die Form des Auftrags werden keine Anforderungen gestellt. Die rechtliche Zulässigkeit ist in Art. 28 geregelt. Sind diese Voraussetzungen nicht gegeben, so kann es sich dennoch um eine (evtl. unzulässige) Auftragsverarbeitung handeln. Derartige Aufträge werden beim klassischen Outsourcing erteilt. Ein Auftrag eines Internetusers ist auch gegenüber den von ihm genutzten Diensten gegeben. Dabei spielt es auch keine Rolle, in welchem Umfang der Verantwortliche weiß, wie der Auftrag abgearbeitet wird.[163]

97 Die Auftragsverarbeitung definiert das Verhältnis einer datenschutzrechtlich verantwortlichen Stelle (Auftraggeber) zu einer Stelle, die diese als **Hilfsunternehmen bei der Verarbeitung** unterstützt. Beim Verantwortlichen müssen alle datenschutzrechtlichen Voraussetzungen (Einwilligung oder gesetzliche Gestattung) für eine Verarbeitung bestehen. Der Auftragsverarbeiter (Auftragnehmer) ist von dessen Auftrag abhängig, wobei dabei weder Weisungen erteilt werden müssen noch bewusst ein Vertrag geschlossen sein muss. Liegen die in Art. 28 genannten Voraussetzungen vor, so ist der Auftragsverarbeiter nicht Dritter i. S. v. Art. 4 Nr. 10 und die Verarbeitung durch ihn ist grds. zulässig. Fehlt es an den Voraussetzungen des Art. 28, so gilt der »Auftragsverarbeiter« als Verantwortlicher (Art. 28 Abs. 10); fehlt es für die Datenweitergabe an den »Auftragsverarbeiter« an einer sonstigen Rechtsgrundlage, so ist diese Übermittlung unzulässig.

---

161 Kühling/Buchner-*Buchner/Petri*, Art. 6 Rn. 168.

162 Weichert, Datenschutzrechtliche Verantwortlichkeit, *https://www.datenschutzzentrum.de/artikel/894-.html.*

163 Härting, Rn. 579; ausführlich Engeler, Die Auftragsdatenverarbeitung braucht ein Reboot – mit der DSGVO in der Hauptrolle, *www.telemedicus.info* 24. 11. 2016; ders., SchlHA 2017, 339 f.; a. A. Plath-*Schreiber* Art. 4 Rn. 28.

Erteilt ein Auftragsverarbeiter einer weiteren Stelle einen Auftrag zur Verarbeitung, so spricht man von einem **Unterauftragsverhältnis.**[164] 98

9. Empfänger (Nr. 9)

Empfänger ist jede Person oder Stelle, die Daten erhält (ebenso Art. 2 Buchst. g EG-DSRl, § 3 Abs. 8 BDSG-alt, Art. 3 Nr. 10 DSRl-JI, § 46 Nr. 9 BDSG). Empfänger ist der Dritte als Übermittlungsempfänger und der Auftragsdatenverarbeiter. Der Begriff setzt eine rechtliche Eigenständigkeit gegenüber der die Daten weitergebenden Stelle voraus.[165] Nicht dazu zu zählen sind Organisationseinheiten innerhalb einer verantwortlichen Stelle, z. B. der Betriebs- oder der Personalrat, da die Regelung eine weitergehende rechtliche Eigenständigkeit verlangt.[166] Auch der Betroffene selbst ist kein Empfänger. Relevant ist der Empfängerbegriff im Rahmen der Informationspflichten (Art 14), der Auskunftsrechte (Art. 15), der Mitteilungspflichten (Art. 19) und bei der Verzeichniserstellung (Art. 30). 99

Satz 2 betrifft als Ausnahmeregelung Behörden, die im Rahmen eines einzelnen **Untersuchungsauftrags im Interesse der Allgemeinheit** personenbezogene Daten erhalten. Diese gelten nicht als Empfänger, zu denen Informationspflichten bestehen. Gemeint sind damit Behörden, denen gegenüber der Verantwortliche offenlegungspflichtig ist, wie Steuer- und Zollbehörden, Finanzermittlungsstellen, unabhängige Verwaltungsbehörden oder Finanzmarktbehörden, die für die Regulierung und Aufsicht von Wertpapiermärkten zuständig sind: »Anträge auf Offenlegung, die von Behörden ausgehen, sollen immer schriftlich erfolgen, mit Gründen versehen sein und gelegentlichen Charakter haben, und sie sollten nicht vollständige Dateisysteme betreffen oder zur Verknüpfung von Dateisystemen führen. Die Verarbeitung personenbezogener Daten durch die genannten Behörden sollte für die Zwecke der Verarbeitung geltenden Datenschutzvorschriften entsprechen« (ErwGr 31 Satz 2, 3). Der Zweck der Ausnahme erschließt sich nicht klar, zumal die Verarbeitung der genannten Behörden nicht privilegiert wird und im Einklang mit den allgemeinen Regeln der DSGVO stehen muss.[167] Offenbar dient die Ausnahme nur dem Ausschließen von Informations- und Mitteilungspflichten. 100

10. Dritter (Nr. 10)

Die Regelung der Nr. 10 ist inhaltlich identisch mit Art. 2 Buchst. f EG-DSRl und § 3 Abs. 8 BDSG-alt. Die Definition ist nicht leicht verständlich formuliert. **Dritter** ist, wer nicht verantwortliche Stelle, Betroffener oder Auftragsverarbeiter ist. Eine Beauftragung, ohne dass die rechtlichen Voraussetzungen des Art. 28 vorliegen, stellt eine sog. Funktionsübertragung dar; im Fall von Datenweitergaben besteht entweder eine gemeinsame oder eine aufeinanderfolgende Verantwortlichkeit nach einer Übermittlung. Die Einordnung der Stellen, die »unter der unmittelbaren Verantwortung des für die Verarbeitung Verant- 101

164 Artikel-29-Datenschutzgruppe 1/2010, WP 169 S. 33ff.

165 Unsicher insofern Paal/Pauly-*Ernst*, Art. 4 Rn. 57.

166 A.A. Kühling/Buchner-*Hartung*, Art. 4 Nr. 9 Rn. 5; Gola/Schomerus, § 3 Rn. 51; Gola, RDV 2011, 66.

167 SHS-*Petri*, Art. 4 Nr. 9 Rn. 6–8; Plath-*Schreiber*, Art. 4 Rn. 30; Auernhammer-*Eßer*, Art. 4 Rn. 45.

wortlichen oder des Auftragsverarbeiters befugt sind, die Daten zu verarbeiten«, stellt auf deren Funktion ab. Ist jemand nicht für die Stelle, sondern für sich selbst tätig (z. B. als freier Mitarbeiter, Handelsvertreter), ist er Dritter.[168] Mitarbeiter des Verantwortlichen sind also keine Dritten, wenn sie in dieser Funktion Daten erhalten. Gehört der Beschäftigte der verarbeitenden Stelle an, so muss er unter deren unmittelbarer Verantwortung befugt sein, die in Rede stehenden Daten zu verarbeiten. Ist die Datenverarbeitung nicht von seiner arbeitsrechtlichen Kompetenz erfasst, ist ein Beschäftigter des Verantwortlichen oder des Auftragsverarbeiters »Dritter«. Unselbstständige Zweigstellen eines Unternehmens sind keine Dritte. Die Regel, dass Auftragnehmer außerhalb der EU als Dritte angesehen waren,[169] gilt mit der DSGVO nicht mehr. Ob jemand zur verantwortlichen Stelle gehört oder Dritter ist, hängt davon ab, ob er für die Stelle oder für sich tätig wird. Der externe Datenschutzbeauftragte ist Dritter;[170] die Verarbeitung der Daten der verarbeitenden Stelle ist aber im Rahmen der Aufgabenwahrnehmung nach Art. 37 befugt.

11. Einwilligung (Nr. 11)

102 Die Einwilligung ist, wie bisher im Datenschutzrecht (Art. 7 Buchst. a, 8 Abs. 2 Buchst. a EG-DSRl, § 4 Abs. 1 BDSG-alt), eine zentrale Legitimation für die Verarbeitung personenbezogener Daten (Art. 8 Abs. 2 Satz 1 GRCh). Entsprechend Art. 2 Buchst. h EG-DSRl erfolgt die Definition getrennt von den Befugnisregelungen in Art. 6 Abs. 1 Buchst. a generell und für sensitive Daten in Art. 9 Abs. 2 Buchst. a DSGVO (siehe § 46 Nr. 17 BDSG). Die Definition nennt einige wesentliche **Voraussetzungen für eine wirksame Einwilligung** (Freiwilligkeit, Informiertheit, Willensbetätigung). Erforderlich ist das Vorliegen aller Merkmale. Die Einzelheiten sind in Art. 7 geregelt, u. a. zur Beweislast (Art. 7 Abs. 1), zur Hervorhebung bei Klauselwerken (Art. 7 Abs. 2), zum Widerrufsrecht (Art. 7 Abs. 3) und zur Feststellung der Freiwilligkeit der Einwilligung (Art. 7 Abs. 4). Die Einwilligung von Kindern in Bezug auf Dienste der Informationsgesellschaft ist in Art. 8 geregelt. In Bezug auf besondere Kategorien personenbezogener Daten sind Beschränkungen durch nationale Gesetze möglich (Art. 9 Abs. 2 Buchst. a).

103 Die Einwilligung in die Verarbeitung personenbezogener Daten ist keine Form des Grundrechtsverzichts, sondern die **Verwirklichung des Grundrechts** auf informationelle Selbstbestimmung.[171] Liegt eine Einwilligung vor, so genügt dies grds. als Zulässigkeitsvoraussetzung, es sei denn, die Erteilung einer Einwilligung ist normativ ausgeschlossen (z. B. § 136a Abs. 3 StPO) oder eingeschränkt (z. B. § 8 GenDG). Ist eine Einwilligung formell oder materiell unwirksam und fehlt auch eine sonstige gesetzliche Legitimation für die Verarbeitung, so ist diese rechtswidrig. Voraussetzung bei einer Verarbeitung durch öffentliche Stellen ist auch bei Vorliegen einer Einwilligung, dass diese im Rahmen ihrer Aufgabenerfüllung tätig sind.

---

168 Paal/Pauly-*Ernst*, Art. 4 Rn. 60.

169 Dies ist nach Ansicht von Erd, DuD 2011, 275 europarechtswidrig.

170 A.A. Simitis-*Dammann*, § 3 Rn. 239; Gola/Schomerus, § 3 Rn. 54: wenn er »ausnahmsweise in den Betrieb eingegliedert ist«.

171 BVerfG 23.10.2006 – 1 BvR 2017/02, RDV 2007, 21; Simitis-*Simitis*, § 4a Rn. 2.

Einwilligung bedeutet **vorherige Zustimmung**; eine nachträgliche Genehmigung genügt nicht (vgl. § 183 BGB). Solange mit der Verarbeitung noch nicht begonnen wurde, ist die Einwilligung frei widerruflich. 104

Die Einwilligung ist eine **rechtsgeschäftliche Willenserklärung**. Dies hat zur Folge, dass die hierfür geltenden nationalen Regeln über die Geschäftsfähigkeit (§§ 112f. BGB), die Anfechtbarkeit (§§ 119, 123 BGB), die Nichtigkeit wegen Gesetzesverstoßes (§ 134 BGB) oder wegen Verstoßes gegen die guten Sitten (§ 138 BGB) anwendbar sind, soweit dem keine spezifischen europäischen Regelungen entgegenstehen (vgl. Art. 8).[172] Auch die Regelungen zur Vertretung und Bevollmächtigung (§§ 164ff. BGB) sind grds. anzuwenden.[173] 105

Die Erklärung muss grds. **höchstpersönlich** ergehen.[174] Im Fall einer Vertretung muss die Bevollmächtigung höchstpersönlich erfolgen. Für Minderjährige bzw. Kinder gilt Art. 8. 106

»Die Einwilligung sollte durch eine **eindeutige bestätigende Handlung** erfolgen, mit der freiwillig, für den konkreten Fall, in informierter Weise und unmissverständlich bekundet wird, dass die betroffene Person mit der Verarbeitung der sie betreffenden personenbezogenen Daten einverstanden ist, etwa in Form einer schriftlichen Erklärung, die auch elektronisch erfolgen kann, oder einer mündlichen Erklärung. Dies könnte etwa durch Anklicken eines Kästchens beim Besuch einer Internetseite, durch die Auswahl technischer Einstellungen für Dienste der Informationsgesellschaft oder durch eine andere Erklärung oder Verhaltensweise geschehen, mit der die betroffene Person in dem jeweiligen Kontext eindeutig ihr Einverständnis mit der beabsichtigten Verarbeitung ihrer personenbezogenen Daten signalisiert. Stillschweigen, bereits angekreuzte Kästchen oder Untätigkeit der betroffenen Person sollten daher keine Einwilligung darstellen. Die Einwilligung sollte sich auf alle zu demselben Zweck oder denselben Zwecken vorgenommenen Verarbeitungsvorgänge beziehen. Wenn die Verarbeitung mehreren Zwecken dient, sollte für alle diese Verarbeitungszwecke eine Einwilligung gegeben werden. Wird die betroffene Person auf elektronischem Weg zur Einwilligung aufgefordert, so muss die Aufforderung in klarer und knapper Form und ohne unnötige Unterbrechung des Dienstes, für den die Einwilligung gegeben wird, erfolgen« (ErwGr 32). 107

Eine wirksame Einwilligung setzt die freie Entscheidung des Betroffenen voraus. Für die **Freiwilligkeit** genügt nicht das Fehlen einer widerrechtlichen Drohung. Diese fehlt schon, wenn ein Betroffener auf eine Leistung existenziell angewiesen ist und diese nur erlangen kann, wenn er in eine Verarbeitung »einwilligt«. Dem Betroffenen muss eine echte Wahlmöglichkeit eröffnet sein, ob er wem für welchen Zweck die Verarbeitung welcher Daten gestattet. 108

Besteht zwischen dem Betroffenen und dem Verantwortlichen ein **Abhängigkeitsverhältnis**, so wie dies zwischen Arbeitgeber und Beschäftigten der Fall ist, so sind an die Freiwilligkeit erhöhte Anforderungen zu stellen (vgl. § 26 Abs. 2 Sätze 1, 2 BDSG). Freiwilligkeit 109

---

172 Simitis-*Simitis*, § 4a, Rn. 20 m. w. N.; a. A. wohl DKWW-*Däubler*, § 4a Rn. 5: Einverständnis in Eingriff.

173 Wolff/Brink-*Kühling*, § 4a BDSG Rn. 47; a. A. Simitis-*Simitis*, § 4a Rn. 31: Bevollmächtigter handelt als »Bote«.

174 Simitis-*Simitis*, § 4a Rn. 30.

ist anzunehmen, wenn die Datenverarbeitung für den Betroffenen positive Wirkungen hat. Auch im Arbeitsverhältnis muss der Betroffene ein effektives Wahlrecht haben; d.h. eine Einwilligungsverweigerung darf keine von der Einwilligung losgelösten Benachteiligungen zur Folge haben. Auch die Androhung oder Ankündigung von Nachteilen macht eine Erklärung unfreiwillig.[175]

110 **Abhängigkeitsbeziehungen** können auch zwischen Vermieter und Mieter, zwischen Arzt und Patienten oder zwischen Versicherungsunternehmen und Versichertem bestehen.

111 Keine Freiwilligkeit besteht, wenn der Betroffene in einer Situation handelt, in der er aus Zeitmangel oder anderen Gründen davon abgehalten wird, die zu erklärende Einwilligung ernsthaft zu bedenken oder evtl. mit einer Person seines Vertrauens zu besprechen. Derartige **Überrumpelungen** werden teilweise bewusst eingesetzt (z.B. Versprechen im Rahmen von Gewinnspielen). oder ausgenutzt (z.B., wenn der Betroffene »eigentlich nur noch nach Hause will«). Keine Freiwilligkeit besteht auch, wenn eine bereits versprochene Leistung vor ihrer Erbringung von einer Einwilligung abhängig gemacht wird.[176]

112 Findet eine **Koppelung** einer Leistung (z.B. die Nutzung eines Mediendienstes) mit einer Einwilligung in eine Datenverarbeitung statt, die für die Nutzung dieses Dienstes nicht zwingend erforderlich ist, dann ist Art. 7 Abs. 4 anwendbar. Ist die Einwilligung für die Erbringung der Leistung nicht erforderlich, so darf sie nicht zwingend hieran gebunden werden (siehe Art. 7 Rn. 36). Voreingestellte Einwilligungen verstoßen möglicherweise gegen das Prinzip des »Privacy by Default« (Art. 25 Abs. 2).

113 Fehlt es an der in Art. 7 Abs. 3 geforderten **Möglichkeit eines Widerrufs** und der Widerrufsbelehrung, so spricht dies gegen die Freiwilligkeit einer Einwilligung (siehe Art. 7 Rn. 14).

114 Die Einwilligung setzt **Informiertheit** des Einwilligenden voraus. Sie darf keinen pauschalen Charakter tragen. Der Betroffene muss erkennen können, welche personenbezogenen Daten von wem zu welchem Zweck verarbeitet werden (vgl. Art. 6 Abs. 1 Buchst. a). Je tiefer ein Eingriff in das Persönlichkeitsrecht eindringt, desto präziser sind Stellen, Art und Zweck der Verarbeitung zu beschreiben. Pauschal- oder Blanko-Einwilligungen ohne hinreichende Bestimmtheit sind rechtlich unwirksam. Unspezifische Beschreibungen wie »Benutzung im Rahmen einer Aktion«, »Weitergabe an andere Konzernunternehmen« oder »andere Firmen«, »unsere Mitgliedsunternehmen«, »Verbesserung unseres Angebots« genügen nicht.

115 Informiertheit setzt voraus, dass der Betroffene eine reale **Möglichkeit zur Kenntnisnahme** der für die Abgabe der Einwilligung nötigen Informationen hat. Versteckte Hinweise, technische Textformate, die nicht jedem Nutzer zugänglich sind, undeutliche oder kleine Schriftarten, überlange Texte, verteilte Darstellungen und nicht mehr nachvollziehbare Verweise können dazu führen, dass dem Betroffenen eine Kenntnisnahme des relevanten Sachverhalts nicht mehr zumutbar und damit nicht mehr effektiv möglich ist.

116 Die Kenntnismöglichkeit setzt die **Verständlichkeit** der Information voraus (Art. 7 Abs. 2, vgl. Art. 5 Satz 1 RL 93/13 zu den Inhalten in Verbraucherverträgen, § 307 BGB). Dies bezieht sich auf die Komplexität der Sprache, die Verwendung von unnötigen technischen oder fremdsprachigen Begriffen, deren Bedeutung potenziellen Adressaten voraussicht-

175 Däubler, Gläserne Belegschaften, Rn. 154ff.

176 Paal/Pauly-*Ernst*, Art. 4 Rn. 72.

lich nicht bekannt ist, oder überhaupt auf die Verwendung einer fremden Sprache. Trotz weiter Verbreitung der englischen Sprache genügt es bei einer Adressierung eines deutschsprachigen Publikums nicht, die Informationen in Englisch zu geben.[177] Der Betroffene muss vollumfänglich verstehen können, welche Verarbeitung der ihn betreffenden personenbezogenen Daten geplant ist. Die Regelungen zu allgemeinen Geschäftsbedingungen (AGB, §§ 305ff. BGB) sind vollständig anwendbar.

Die Einwilligungserklärung muss **unmissverständlich abgegeben** worden sein. Anders als § 4a BDSG-alt gibt die DSGVO nicht vorrangig die Schriftform vor. ErwGr 32 Satz 1, 2 erwähnt neben der schriftlichen die elektronische wie auch die mündliche Erklärung. Erfolgt die Einwilligung elektronisch, so wird grds. das »Anklicken eines Kästchens« gefordert, ein vorausgefülltes Kästchen genügt nicht. Die Aufforderung zur Einwilligung muss in klarer und knapper Form und ohne unnötige Unterbrechung des Dienstes erfolgen (ErwGr 32 Satz 6). Bei (auch fern-) mündlichen Einwilligungen ist darauf zu achten, dass die Erklärung nachweisbar dokumentiert wird (Art. 7 Abs. 1). Die Erklärung setzt eine eindeutige Handlung voraus. Möglich ist auch konkludentes, also schlüssiges Handeln. Die Verwendung technischer Einstellungen bei Diensten der Informationsgesellschaft setzt eine aktive Auswahl voraus. 117

Fehlt es aber selbst daran, wird in der Regel keine Einwilligung vorliegen. **Schweigen und Untätigkeit** sind keine Erklärung (ErwGr 32 Satz 3). Dulden ist keine Handlung. Eine mutmaßliche Einwilligung ist im Datenschutzrecht zu Recht nicht vorgesehen. Der Betroffene muss im jeweiligen Kontext eindeutig sein Einverständnis mit der beabsichtigten Verarbeitung seiner personenbezogenen Daten signalisieren (ErwGr 32 Satz 1, 2). Wer einen Fotografen anlächelt, stimmt deshalb nicht einer wie auch immer gearteten Nutzung seines Bildes zu. Gleiches gilt, wenn jemand ein erkennbar videoüberwachtes Gebiet betritt. 118

Bei Einwilligungen in die Verarbeitung **besonderer personenbezogener Daten** ist nach Art. 9 Abs. 2 Buchst. a nötig, dass die insofern betroffenen Daten und der Zweck oder die Zwecke ausdrücklich genannt werden.[178] 119

12. Verletzung des Schutzes personenbezogener Daten (Nr. 12)

Der Begriff »Verletzung des Schutzes personenbezogener Daten« wird in den Art. 33 und 34 verwendet (siehe Art. 3 Nr. 11, 30, 31 DSRl-JI, §§ 46 Nr. 10, 65, 66 BDSG). Hiernach muss der Verantwortliche unverzüglich und möglichst binnen 72 Stunden nach Bekanntwerden die zuständige Aufsichtsbehörde, soweit ein Risiko für die Rechte und Freiheiten natürlicher Personen gegeben ist (Art. 33), sowie bei einem hohen Risiko die Betroffenen (Art. 34) informieren (**Breach Notification**). 120

Es spielt erklärtermaßen keine Rolle, ob die Verletzung schuldhaft oder widerrechtlich erfolgte.[179] Das Erfordernis einer **datenschutzrechtlichen Unzulässigkeit** muss aber in 121

177 KG 8.4.2016 – 5-U-156/14, DANA 2016, 155.
178 Kühling/Buchner-*Weichert*, Art. 9 Rn. 47.
179 Marschall, DuD 2015, 184; Kühling/Buchner-*Jandt*, Art. 4 Nr. 12 Rn. 3.

den Begriff hineingelesen werden.[180] Eine zulässige Beeinträchtigung des Persönlichkeitsrechts kann vom Sinn und Zweck der DSGVO nicht als Verletzung behandelt werden.

122 Eine **Verletzung der Sicherheit** liegt vor, wenn die personenbezogenen Daten vernichtet, unbefugt verändert oder weitergegeben werden, wenn sie verloren gehen oder wenn Unbefugte hierzu Zugang erlangen. Es ist grds. nicht nötig, dass ein unbefugter Zugang tatsächlich stattgefunden hat, die Möglichkeit genügt, z. B. beim Verlust eines Datenträgers, wenn eine Kenntnisnahme durch Dritte nicht ausgeschlossen werden kann. Es kommt nicht darauf an, ob Absicht, Vorsatz oder Fahrlässigkeit, ein Tun, ein Unterlassen oder gar ein Zufall zu einem Datenleck geführt hat (siehe Art. 33 Rn. 17).

13. Genetische Daten (Nr. 13)

123 Die **Verarbeitung besonderer Kategorien personenbezogener Daten**, zu denen genetische, biometrische und Gesundheits-Daten gehören, wird in Art. 9 geregelt (vordem Art. 8 EG-DSRl). Diese drei Datenkategorien werden nun in Art. 4 Nrn. 13–15 erstmals begrifflich konkretisiert.

124 »Genetische Daten sollten als personenbezogene Daten über die ererbten oder erworbenen genetischen **Eigenschaften einer natürlichen Person** definiert werden, die aus der Analyse einer biologischen Probe der betreffenden natürlichen Person, insbesondere durch eine Chromosomen-, Desoxyribonukleinsäure (DNS)- oder Ribonukleinsäure (RNS)-Analyse oder der Analyse eines anderen Elements, durch die gleichwertige Informationen erlangt werden können, gewonnen werden« (ErwGr 34; siehe Art. 3 Nr. 12 DSRl-JI, § 46 Nr. 11 BDSG). Gemäß § 3 Nr. 11 GenDG sind »genetische Daten« »die durch eine genetische Untersuchung oder die im Rahmen einer genetischen Untersuchung durchgeführte Analyse gewonnenen Daten über genetische Eigenschaften.« Mit der expliziten Aufnahme in den Katalog der besonderen Kategorien wurde die Unsicherheit beseitigt, inwieweit genetische Daten als sensitive Gesundheitsdaten zu bewerten sind.[181]

125 Genetische Daten finden insbesondere bei Diagnose und Behandlung von Krankheiten und Gesundheitsrisiken Anwendung. Einsatzfelder sind daneben die medizinische, biotechnische und historischen Forschung, der Arbeitsbereich, Versicherungen, die Abstammungsfeststellung und strafrechtlicher Ermittlungen. Wegen der absehbaren technischen Entwicklung werden künftig weitere **Anwendungsbereiche** hinzukommen.

126 Die genetischen Daten einer Person sind von der Befruchtung der Eizelle bis lange nach dem Tod weitgehend unverändert. Eine wirksame Anonymisierung von genetisch analysierten Proben ist kaum möglich. Deshalb werden Genanalysen zur sicheren **Identifizierung** von Personen verwendet. Aus genetischen Daten sind sensitive Rückschlüsse auf äußere und innere **körperliche wie seelische Merkmale** einer Person möglich sowie auf Dispositionen wie z. B. die Wahrscheinlichkeit, an einer bestimmten Krankheit zu erkranken. Sie sind daher »schicksalhaft« für die Betroffenen. Wegen der (oft pseudowissenschaftlich vorgenommenen) festen Zuordnung zu negativ bewerteten Merkmalen (z. B. Agressivität, Depressionsneigung, ethnische Zugehörigkeit) sind Gene in hohem Maße diskriminie-

180 SHS-*Dix*, Art. 4 Nr. 13 Rn. 8.

181 Dafür DKWW-*Weichert*, § 3 Rn. 65; BMH, § 3 Rn. 172; dagegen Simitis-*Simitis*, § 3 Rn. 259.

rungstauglich. Regelmäßig sind Eigenschaften komplex angelegt, so dass nur vage Prognosen bzw. Wahrscheinlichkeiten abgeleitet werden können. Über Gendaten sind auch Aussagen zu näheren direkten biologischen Verwandten (u. a. Eltern, Geschwister, Kinder) möglich. Die Datenträger, die im Körper vorkommenden menschlichen Zellen wie Speichel, Hautschuppen oder Haare, werden oft unbewusst und unkontrollierbar zurückgelassen; sie sind »allgegenwärtig« und so leicht beschaffbar. Genetische Dispositionen lassen sich i. d. R. nicht direkt sinnlich erkennen, sondern bedürfen für ihre Feststellung aufwändiger technischer Verfahren.[182] Ob die genetische Eigenschaft ererbt oder erworben ist, ist für den Begriff nicht entscheidend.[183]

Mit Hilfe von genetischen Daten sind **Diskriminierungen** möglich, die gemäß Art. 21 GRCh untersagt sind. Entsprechende Diskriminierungsverbote enthalten Art. 11 des Übereinkommens über Menschenrechte und Biomedizin des Europarats sowie Art. 6 der Allgemeinen Erklärung über Bioethik und Menschenrechte der UNESCO. Das Diskriminierungsverbot ist direkt ableitbar aus der nach Art. 1 GRCh unantastbaren, zu achtenden und schützenden Menschenwürde (ebenso Art. 1 Abs. 1 GG).[184] 127

Bei genetischen Daten besteht eine hohe Schutzbedürftigkeit[185], was in Deutschland zum Erlass des **Gendiagnostikgesetzes**[186] geführt hat. 128

Wegen der Schicksalhaftigkeit genetischer Anlagen, etwa zu Dispositionen für nicht behandelbare Krankheiten, bedarf es bzgl. dieser Informationen in besonderem Maße eines **Rechts auf Nichtwissen**. Die Kenntnis über Dispositionen kann das persönliche Wohlbefinden massiv beeinträchtigen. Sie kann die Wahrung der informationellen Selbstbestimmung des Betroffenen wie auch von dessen biologischen Verwandten beeinträchtigen.[187] Wegen der Relevanz genetischer Daten in der Verwandtschaft kann es zu einem Konflikt zwischen dem Recht auf Wissen und auf Nichtwissen kommen. Genetische Daten sind oft nicht aus sich selbst heraus verständlich und interpretationsbedürftig, weshalb der genetischen Beratung eine wichtige Rolle zukommt.[188] Als Schutzvorkehrung kommt die Beschränkung der Verarbeitung genetischer Daten auf qualifiziertes Personal in Betracht (Art. 9 Abs. 3, 4). 129

14. Biometrische Daten (Nr. 14)

Biometrische Identifizierungsdaten (siehe Art. 3 Nr. 13 DSRl-JI, § 46 Nr. 12 BDSG) waren in Art. 8 Abs. 1 EG-DSRl nicht als sensitiv anerkannt. »**Biometrie**« kommt aus dem Griechischen (Bios = Leben, Metrein = Messen) und beschreibt die nummerische Vermessung biologischer Sachverhalte.[189] Biometrie eignet sich zur Identifikation von Menschen, 130

182 Art. 29-Arbeitsgruppe WP 91, S. 4f.; Weichert, DuD 2002, 134; Duttge, MedR 2016, 664; Fündling, Recht auf Wissen vs. Recht auf Nichtwissen in der Gendiagnostik, 2017.
183 SHS-*Petri*, Art. 4 Nr. 13 Rn. 11.
184 Weichert, DuD 2002, 136.
185 Artikel 29-Arbeitsgruppe, Arbeitspapier Nr. 91 vom 17. 3. 2004 und Nr. 34 (6/2000).
186 GenDG, i. d. F. v. 31. 7. 2009, BGBl. I S. 2529, 3672, zuletzt geändert durch G. v. 7. 8. 2013, BGBl. I S. 3154.
187 Weichert, DuD 2002, 141f.
188 Art. 29-Arbeitsgruppe, WP 91, S. 8f.
189 Roßnagel-*Gundermann/Probst*, Kap. 9.6 Rn. 2.

wenn die gemessenen Merkmale einzigartig oder zumindest weitgehend unveränder- und zuordenbar sind. Sie wird eingesetzt, um eine Person eindeutig zu erkennen oder deren Identität zu bestätigen, etwa zwecks Feststellung einer Berechtigung (Identifizierungs- und Authentifizierungsfunktion).[190] Durch Alterung, Krankheit oder auch durch andere innere oder äußere Vorkommnisse können sich individuelle biometrische Daten ändern und eine Identifizierung erschweren.

131 Erfasst werden biometrische Daten, die mit »**speziellen technischen Verfahren**« eine eindeutige Identifizierung ermöglichen. Dies sind v. a. optische oder körperliche Messverfahren äußerlich wahrnehmbarer Merkmale, z. B. Gesichtsbilder und daktyloskopische Daten (Fingerabdrücke). Die Regelung ist auch anwendbar auf Verfahren der Stimmerkennung sowie biotechnologische oder chemische Messverfahren mit Bezug auf physische oder physiologische Merkmale. Die Genetik ermöglicht (abgesehen von genetisch identischen Zwillingen) eine sichere personale Zuordnung. Eine eindeutige Identifikation kann auch anhand von Geruch, dem Mikrobiom eines Menschen oder gar von Ausscheidungen vorgenommen werden.[191] Regelmäßig lassen sich biometrische Merkmale automatisiert erheben, speichern und abgleichen.

132 **Klassische biometrische Identifizierungsmittel** sind der Fingerabdruck, die Handgeometrie, das Venenbild z. B. der Hand, das Bild von Retina und Iris. In neueren Zeiten hinzugekommen ist die Erkennung von Stimmen und Stimmprofilen, (Unter-) Schriften, typischem Tippverhalten auf einer Tastatur, von (evtl. dreidimensional erfassten) Gesichtern oder bestimmten Körperbewegungen wie z. B. des Gangs. Die Erfassung erfolgt zumeist über bildgebende Verfahren, evtl. in Echtzeit und unter Einsatz von Infrarot oder Röntgenstrahlen. Selbst das Fehlen bestimmter biometrischer Merkmale kann unter die Gesetzesdefinition fallen.

133 **Elektronische Identifizierungsverfahren** wie z. B. der Einsatz der sog. elektronischen Fußfessel oder von implantierten Chips sind keine biometrischen Verfahren und daher nicht von der Regelung erfasst.

134 Biometrische Daten können sowohl als Rohdaten, also als z. B. direkt mit einem Sensor erfasste Merkmale, wie auch als sog. **Templates**, aus den Rohdaten gewonnene und typisierte Merkmals-Vektoren, die auf der Grundlage eines mathematischen Modells standardisiert erfasst und regelmäßig zur Grundlage für digitale Zuordnungen genommen werden, erfasst, gespeichert und genutzt werden.

135 Man unterscheidet bei der Identifizierung zwischen dem 1:1-Vergleich und dem 1:n-Datenbankabgleich. Insbesondere beim Datenbankabgleich (Matching) mit Templates kann es zu **Zuordnungsfehlern** kommen in Form einer fälschlichen Nichtübereinstimmung (false Non-Match) oder einer fälschlichen Übereinstimmung (false Match). Solche Zuordnungsfehler schränken die Anwendbarkeit der Definition nicht ein. »Eindeutige Identifikation« ist nicht im objektiven Sinn, sondern als Zweckrichtung der Datennutzung zu verstehen. So stellte z. B. der EuGH trotz einer nie völlig vermeidbaren Fehlerrate fest, dass Fingerabdrücke »objektiv unverwechselbare Informationen über natürliche Personen

190 SHS-*Petri*, Art. 4 Nr. 14, Rn. 2.

191 Kühling/Buchner-*Weichert*, Art. 4 Nr. 14 Rn. 3; Mikroben identifizieren Personen und Umgebungen, DANA 2015, 188 f.

enthalten und deren genaue Identifizierung ermöglichen«.[192] Eine hundertprozentige Trefferquote ist in der Praxis kaum zu erreichen, weshalb regelmäßig mit Toleranzwerten gearbeitet werden muss (False Acceptance Rate – FAR, False Rejection Rate – FRR).[193]

Gesichtsbilder wie auch sonstige Abbildungen von biometrisch erfassbaren Merkmalen, fallen nur unter die Definition, »wenn sie mit speziellen technischen Mitteln verarbeitet werden, die die eindeutige Identifizierung oder Authentifizierung einer natürlichen Person ermöglichen« (ErwGr 51 Satz 3). Die Definition wird nur erfüllt, wenn die Daten für Identifizierungsmaßnahmen geeignet sind. Dies ist bei einfachen Fotos etwa des Gesichts regelmäßig noch nicht der Fall, wohl aber bei Gesichtserkennungsprogrammen.[194] **Eindeutige Identifizierung** bemisst sich nach der Verarbeitungsmethode und dem jeweiligen Stand der Technik und dem jeweiligen Einzelfall.[195] 136

Biometrische Rohdaten haben teilweise – ähnlich wie genetische Daten – eine Aussagekraft über gesundheitliche oder sonstige körperliche oder seelische Zustände, wodurch sich die Sensitivität der Daten erhöht. Im Interesse der Datenminimierung (Art. 5 Abs. 1 Buchst. c) sind solche zur Identifikation nicht nötigen **Zusatzinformationen** zu vermeiden.[196] 137

15. Gesundheitsdaten (Nr. 15)

Auch Gesundheitsdaten sind eine **besondere Kategorie personenbezogener Daten** gemäß Art. 9 Abs. 1 (ebenso schon Art. 8 Abs. 1 EG-DSRl; siehe Art. 3 Nr. 14, 10 DSRl-JI, §§ 46 Nr. 13, 48 BDSG). Dies sind alle Daten, »die sich auf den Gesundheitszustand einer betroffenen Person beziehen und aus denen Informationen über den früheren, gegenwärtigen und künftigen körperlichen oder geistigen Gesundheitszustand der betroffenen Person hervorgehen« (ErwGr 35 Satz 1). Es geht um Daten zur Gesundheit, nicht nur zur Krankheit oder zu medizinischen Vorgängen einer Person. Auch Angaben jenseits des Medizinbetriebs, etwa über Drogenkonsum und -missbrauch, werden erfasst. Gesundheitsdaten sind auch Angaben über den Ablauf und den Inhalt einer medizinischen Behandlung einschließlich der eingenommenen Medikamente wie auch die Feststellung, dass eine Person genesen oder überhaupt völlig gesund ist.[197] 138

Alle Formen der Organisation und der Erbringung von individuellen Gesundheitsleistungen fallen darunter, egal wie dies organisiert, erbracht oder finanziert wird. Dazu gehören alle Daten über die **Inanspruchnahme von Gesundheitsleistungen**, die »im Zuge der Anmeldung für sowie der Erbringung von Gesundheitsdienstleistungen im Sinne der Richtlinie 2011/24/EU«[198] erhoben werden (ErwGr 35 Satz 2). Eine helfende Stelle muss als sol- 139

192 EuGH 17.10.2013 – C-291/12, NJW 2014, 437, Rn. 27.
193 Kühling/Buchner-*Weichert*, Art. 4 Nr. 14 Rn. 7, 8.
194 Ehmann/Selmayr-*Schiff*, Art. 9 Rn. 22.
195 Ehmann/Selmayr-*Schiff*, Art. 9 Rn. 23.
196 Kühling/Buchner-*Weichert*, Art. 4 Nr. 14 Rn. 9.
197 Simitis-*Simitis*, § 3 Rn. 260; BMH § 3 Rn. 171.
198 ABl. L 88 vom 4.4.2011, 45; in Deutschland umgesetzt im Patientenmobilitätsrichtlinienumsetzungsgesetz – PatMobRLUG.

che nicht explizit benannt sein. Es genügt z. B., dass die allgemein bekannte Adresse einer Drogenberatungsstelle aufgeführt wird.[199]

140 Es spielt keine Rolle, ob die Daten mit Klardaten bzgl. Identität sowie Inhalten erfasst werden oder über Pseudonyme, Nummern, Symbole oder Kennzeichen erschlossen sind, so wie diese im stark standardisierten Medizinbereich weit verbreitet ist. Erfasst sind auch »Informationen, die von der Prüfung oder Untersuchung eines Körperteils oder einer körpereigenen Substanz, auch aus genetischen Daten und biologischen Proben, abgeleitet wurden, und Informationen etwa über Krankheiten, Behinderungen, Krankheitsrisiken, Vorerkrankungen, klinische Behandlungen oder den physiologischen oder biomedizinischen Zustand der betroffenen Person **unabhängig von der Herkunft** der Daten, ob sie nun von einem Arzt oder sonstigem Angehörigen eines Gesundheitsberufes, einem Krankenhaus, einem Medizinprodukt oder einem In-Vitro-Diagnostikum stammen« (ErwGr 35 Satz 2).

141 Der **Schutz von Gesundheitsdaten** geht auf den Eid des Hippokrates (um 460 bis 370 v. Chr.) zurück, wo es u. a. heißt: »Was ich bei der Behandlung sehe oder höre oder auch außerhalb der Behandlung im Leben der Menschen, werde ich, soweit man es nicht ausplaudern darf, verschweigen und solches als ein Geheimnis betrachten.« Dieser Eid findet seine moderne Ausgestaltung als ärztliche Schweigepflicht oder als Patientengeheimnis in Heilberufs-Berufsordnungen und in § 203 Strafgesetzbuch. Der Schutzgedanke besteht darin, einem Menschen zu ermöglichen in einer individuellen Notsituation den Zugang zur Hilfe zu ermöglichen, ohne dadurch Nachteile befürchten zu müssen, weil Daten an Dritte gelangen, die mit dieser Nothilfe nichts zu tun haben.[200] Diese Erwägung steht auch hinter dem Sozialgeheimnisses (§ 35 SGB I und Spezialregelungen z. B. in den SGB V, VII, IX und XI: gesetzliche Versicherung bei Krankheit, Unfall, Behinderung und Pflege).

142 Gesundheitsdaten sind auch Angaben, die mittelbar **Rückschlüsse auf den Gesundheitszustand** erlauben.[201] Dies ist bei der Inanspruchnahme von Gesundheitsdienstleistungen oder bei bestimmten Krankheitssymptomen der Fall. Die behördliche Anerkennung als Schwerbehinderter ist ein Gesundheitsdatum.[202] Die Krankschreibung eines Arztes, in der mitgeteilt wird, dass ein Betroffener arbeitsunfähig ist, ist ein Gesundheitsdatum.[203]

143 Herkunft und **Art des Zustandekommens** sind für die Zuordnung als Gesundheitsdatums nicht relevant. Diese können auch automatisiert, z. B. über Wearables oder Gesundheits-Apps, erlangt worden sein. Es spielt auch keine Rolle, ob sich diese auf die Vergangenheit, die Gegenwart oder die Zukunft (Prognosen) beziehen. Wahrscheinlichkeitsaussagen, subjektive Bewertungen und Vermutungen zur Gesundheit gehören ebenso zu dieser Kategorie wie objektive Fakten.

144 Bei abgeleiteten Gesundheitsangaben, die nur indirekt Informationen über die Gesundheit des Betroffenen vermitteln, kommt es auf den **Verwendungszusammenhang** im Ein-

---

199 Kingreen/Kühling-*Kühling/Seidel*, S. 37; Kühling/Buchner-*Weichert*, Art. 4 Nr. 15 Rn. 2.
200 Kühling/Buchner-*Weichert*, Art. 4 Nr. 15 Rn. 4.
201 Kingreen/Kühling-*Kühling/Seidel*, S. 35.
202 Gola/Schomerus, § 3 Rn. 56a.
203 EuGH 6. 11. 2003 – C-101/01, Rn. 49–51 = JZ 2004, 243 f., Lindqvist; a. A. Wolff/Brink-Schild, § 3 BDSG, Rn. 150.

zelfall an.[204] Das Passbild eines Brillenträgers ist deshalb kein Gesundheitsdatum.[205] Kein Gesundheitsdatum ist, ob ein Betroffener krankenversichert ist, auch welche Weise (privat oder gesetzlich) und bei welcher Stelle.[206]

16. Hauptniederlassung

Anders als die Hauptniederlassung definiert die DSGVO nicht den **Begriff der Niederlassung**. In ErwGr 22 Satz 2 heißt es in Übernahme der Rechtsprechung des EuGH: »Eine Niederlassung setzt die effektive und tatsächliche Ausübung einer Tätigkeit durch eine feste Einrichtung voraus. Die Rechtsform einer solchen Einrichtung, gleich, ob es sich um eine Zweigstelle oder eine Tochtergesellschaft mit eigener Rechtspersönlichkeit handelt, ist dabei nicht ausschlaggebend«.[207] In ErwGr 19 Satz 3 zur EG-DSRl finden sich weitere Ausführungen: Niederlassung kann eine Agentur oder Zweigestelle sein: »Wenn der Verantwortliche im Hoheitsgebiet mehrerer Mitgliedstaaten niedergelassen ist, insbesondere mit einer Filiale, muss er vor allem zur Vermeidung von Umgehungen sicherstellen, dass jede dieser Niederlassungen die Verpflichtungen einhält, die im jeweiligen einzelstaatlichen Recht vorgesehen sind, das auf ihre jeweiligen Tätigkeiten anwendbar ist.« 145

Für die Annahme einer Niederlassung im Hoheitsgebiet eines Mitgliedstaats genügt es, wenn deren **Tätigkeit geringfügig** ist.[208] Relevant ist der Grad an Beständigkeit der Einrichtung als auch die effektive Ausübung der wirtschaftlichen Tätigkeiten in diesem Mitgliedstaat unter Beachtung des besonderen Charakters dieser Tätigkeiten und der in Rede stehenden Dienstleistungen. Dies gilt insbesondere für Unternehmen, die Leistungen ausschließlich über das Internet anbieten.[209] So ist z. B. Facebook Germany mit Sitz in Hamburg eine Niederlassung der Facebook Ltd. in Irland.[210] Bei der Auslegung ist das Ziel, einen wirksamen Schutz für die Betroffenen zu gewährleisten, von Bedeutung. Dies verbietet eine rein formale Herangehensweise. Im Interesse eines effektiven Datenschutzes ist bereits beim Vorhandensein eines einzigen Vertreters unter bestimmten Umständen eine feste Einrichtung im Sinne einer Niederlassung anzunehmen. Ein kleines Büro kann hierfür genügen.[211] 146

Die Bestimmung der Hauptniederlassung hat Relevanz für die **Feststellung der federführenden Aufsichtsbehörde** gemäß Art. 56 Abs. 1 (vgl. Art. 60). Diese Feststellung ist erforderlich, wenn ein Unternehmen Niederlassungen in mehr als einem Mitgliedstaat hat. Besteht in der Union – egal wie viele Niederlassungen außerhalb der Union existieren – nur eine Niederlassung, so ist diese die anzusprechende (Haupt-) Niederlassung. 147

---

204 Simitis-*Simitis*, § 3 Rn. 263.
205 Gola/Schomerus, § 3 Rn. 56a.
206 Kingreen/Kühling-*Kühling/Seidel*, S. 36; BMH, § 3 Rn. 171.
207 EuGH 1.10.2015 – C-230/14, Weltimmo, NJW 2015, 3636, Rn. 28; EuGH 13.5.2014 – C-131/12, Google Spain, Rn. 48.
208 EuGH 1.10.2015 – C-230/14 Rn. 31, NJW 2015, 3638; zur Weltimmo-Entscheidung Karteuser/Schmitt, ZD 2016, 155.
209 EuGH 1.10.2015 – C-230/14 Rn. 29; NJW 2015, 3638.
210 VG Hamburg CR 2017, 438.
211 EuGH 1.10.2015 – C-230/14 Rn. 30, NJW 2015, 3638.

148 **Hauptniederlassung** ist grundsätzlich der Ort der Hauptverwaltung in der Union. Diese kann durch Unternehmenssatzung festgelegt sein (Art. 54 Abs. 1 AEUV).[212] Anderes gilt, wenn die Entscheidungen hinsichtlich der Zwecke und Mittel der Verarbeitung personenbezogener Daten in einer anderen (unionsinternen) Niederlassung getroffen werden und diese Niederlassung auch befugt ist, diese Entscheidungen umsetzen zu lassen. In diesem Fall gilt die Niederlassung, die derartige Entscheidungen trifft, als Hauptniederlassung (Buchst. a): »Zur Bestimmung der Hauptniederlassung eines Verantwortlichen in der Union sollten objektive Kriterien herangezogen werden; ein Kriterium sollte dabei die effektive und tatsächliche Ausübung von Managementtätigkeiten durch eine feste Einrichtung sein, in deren Rahmen die Grundsatzentscheidungen zur Festlegung der Zwecke und Mittel der Verarbeitung getroffen werden. Dabei sollte nicht ausschlaggebend sein, ob die Verarbeitung der personenbezogenen Daten tatsächlich an diesem Ort ausgeführt wird. Das Vorhandensein und die Verwendung technischer Mittel und Verfahren zur Verarbeitung personenbezogener Daten oder Verarbeitungstätigkeiten begründen an sich noch keine Hauptniederlassung und sind daher kein ausschlaggebender Faktor für das Bestehen einer Hauptniederlassung« (ErwGr 36 Sätze 2–4). Eine Briefkastenanschrift genügt danach wohl für eine Niederlassung, nicht aber für eine Hauptniederlassung.

149 »Die Hauptniederlassung des **Auftragsverarbeiters** sollte der Ort sein, an dem der Auftragsverarbeiter seine Hauptverwaltung in der Union hat, oder – wenn er keine Hauptverwaltung in der Union hat – der Ort, an dem die wesentlichen Verarbeitungstätigkeiten in der Union stattfinden. Sind sowohl der Verantwortliche als auch der Auftragsverarbeiter betroffen, so sollte die Aufsichtsbehörde des Mitgliedstaats, in dem der Verantwortliche seine Hauptniederlassung hat, die zuständige federführende Aufsichtsbehörde bleiben, doch sollte die Aufsichtsbehörde des Auftragsverarbeiters als betroffene Aufsichtsbehörde betrachtet werden und diese Aufsichtsbehörde sollte sich an dem in dieser Verordnung vorgesehenen Verfahren der Zusammenarbeit beteiligen. Auf jeden Fall sollten die Aufsichtsbehörden des Mitgliedstaats oder der Mitgliedstaaten, in dem bzw. denen der Auftragsverarbeiter eine oder mehrere Niederlassungen hat, nicht als betroffene Aufsichtsbehörden betrachtet werden, wenn sich der Beschlussentwurf nur auf den Verantwortlichen bezieht« (ErwGr 36 Sätze 5–7).

150 Bei einer Datenverarbeitung durch eine **Unternehmensgruppe** gilt Entsprechendes: Wird die Verarbeitung durch eine Unternehmensgruppe vorgenommen, so soll die Hauptniederlassung des herrschenden Unternehmens als Hauptniederlassung der Unternehmensgruppe gelten, es sei denn, die Zwecke und Mittel der Verarbeitung werden von einem anderen Unternehmen festgelegt (ErwGr 36 Satz 8). In letzterem Fall gilt dessen Hauptverwaltung (bzw. die nach oben beschriebenen Kriterien über die Datenverarbeitung entscheidende Stelle) als Hauptniederlassung.

17. Vertreter (Nr. 17)

151 Die Definition des Vertreters betrifft nur Verantwortliche oder Auftragsverarbeiter ohne Niederlassung in der Union. Gemäß Art. 27 ist von diesen bei der Verarbeitung in der

212 SHS-*Polenz*, Art. 4 Nr. 16 Rn. 5f.

Union ein Vertreter in der Union zu bestimmen. Erwähnung findet der Vertreter in Art. 30 (Pflicht zur Führung des Verarbeitungsverzeichnisses), in Art. 31 (Mitwirkungspflicht mit Aufsichtsbehörde) und Art. 58 Abs. 1 Buchst. a (Auskunftspflicht gegenüber Aufsichtsbehörde).

Nur derjenige ist als Vertreter anzusehen, der unter Beachtung der Voraussetzungen des Art. 27 beauftragt wurde, d. h. dass er als Anlaufstelle und Ansprechpartner zur Verfügung steht. Die Bestellung muss **ausdrücklich und schriftlich** erfolgen (ErwGr 80 Satz 3). Der Vertreter muss über die persönlichen Voraussetzungen (Qualifikation, Kenntnisse) verfügen, um die ihm nach der DSGVO zugewiesenen Aufgaben zu erfüllen.[213] 152

18. Unternehmen (Nr. 18)

Der Begriff Unternehmen wird in Art. 83 Abs. 3–6 relevant. **Geldbußen** werden in Abhängigkeit von dessen Jahresumsatz verhängt. Der Begriff des Unternehmens bzw. des Unternehmers ist im Recht der EU nicht einheitlich. Der Begriff »Unternehmer« findet sich z. B. in Art. 2 Nr. 2 der Verbraucherrechterichtlinie 2011/83/EU. Danach ist Unternehmer (trader) »jede natürliche oder juristische Person, unabhängig davon, ob letztere öffentlicher oder privater Natur ist, die bei von dieser Richtlinie erfassten Verträgen selbst oder durch eine andere Person, die in ihrem Namen oder Auftrag handelt, zu Zwecken tätig wird, die ihrer gewerblichen, geschäftlichen, handwerklichen oder beruflichen Tätigkeit zugerechnet werden können.« Der Unternehmensbegriff ist also sehr weit und setzt weder eine Gesellschaft noch eine bestimmte Rechtsform voraus.[214] 153

Der **datenschutzrechtliche Unternehmensbegriff** ist weiter. »Werden Geldbußen Unternehmen auferlegt, sollte zu diesem Zweck der Begriff ›Unternehmen‹ im Sinne der Artikel 101 und 102 AEUV verstanden werden« (ErwGr 150 Satz 3). Unternehmen bezieht sich, anders als Nr. 19 (Unternehmensgruppe) auf eine einzelne (juristische) Person.[215] Der Begriff umfasst alle Einzelpersonen und Personenmehrheiten, die einer wirtschaftlichen Tätigkeit nachgehen. Es kommt also entscheidend darauf an, dass mit der datenschutzrechtlich relevanten Handlung deren gewerbliche oder selbständige berufliche Tätigkeit ausgeübt wird. Auf die Branche oder auf die Größe kommt es nicht an; auch Kleinstunternehmen sind erfasst (vgl. ErwGr 13 Sätze 1, 3, 4). Verfolgt die Datenverarbeitung einer Person zugleich private und berufliche Zwecke, ist der Unternehmensbegriff erfüllt. 154

19. Unternehmensgruppe (Nr. 19)

Der Begriff der Unternehmensgruppe findet sich in den Art. 37, 47 und 88. Diese Gruppe kann einen gemeinsamen Datenschutzbeauftragten benennen (Art. 37 Abs. 2) und gemeinsam verbindliche unternehmensinterne Datenschutzvorschriften zu Datenübermittlungen an Drittländer aufstellen (Art. 47). Die Datenübermittlung von Beschäftigtendaten in der Gruppe kann unter bestimmten Bedingungen privilegiert sein (Art. 88 155

---

213 Paal/Pauly-*Martini*, Art. 27 Rn. 25; a. A. SJTK-*Kremer*, Art. 27 Rn. 14.
214 Plath-*Schreiber*, Art. 4 Rn. 69.
215 Kühling/Buchner-*Schröder*, Art. 4 Nr. 20 Rn. 2.

Abs. 2). »Verantwortliche, die Teil einer Unternehmensgruppe oder einer Gruppe von Einrichtungen sind, die einer zentralen Stelle zugeordnet sind, können ein berechtigtes Interesse haben, personenbezogene Daten innerhalb der Unternehmensgruppe für **interne Verwaltungszwecke**, einschließlich der Verarbeitung personenbezogener Daten von Kunden und Beschäftigten, zu übermitteln. Die Grundprinzipien für die Übermittlung personenbezogener Daten innerhalb von Unternehmensgruppen an ein Unternehmen in einem Drittland bleiben unberührt« (ErwGr 48; vgl. auch ErwGr 110).

156 »Eine Unternehmensgruppe sollte aus einem herrschenden Unternehmen und den von diesem **abhängigen Unternehmen** bestehen, wobei das herrschende Unternehmen dasjenige sein sollte, das zum Beispiel aufgrund der Eigentumsverhältnisse, der finanziellen Beteiligung oder der für das Unternehmen geltenden Vorschriften oder der Befugnis, Datenschutzvorschriften umsetzen zu lassen, einen beherrschenden Einfluss auf die übrigen Unternehmen ausüben kann. Ein Unternehmen, das die Verarbeitung personenbezogener Daten in ihm angeschlossenen Unternehmen kontrolliert, sollte zusammen mit diesen als eine ›Unternehmensgruppe‹ betrachtet werden« (ErwGr 37).

157 Begriffsvoraussetzung ist, dass ein Unternehmen die übrigen **beherrscht**. Es genügt die faktische Einflussnahme; das Vorliegen eines Konzerns ist nicht nötig.[216] In der Union gibt es unterschiedliche Regelungen zu Unternehmensverbindungen: In Art. 3 Abs. 3 des Anhangs der Empfehlung 2003/361 der Kommission vom 6. 5. 2003 betreffend die Definition der Kleinstunternehmen sowie der kleinen und mittleren Unternehmen werden verbundene Unternehmen nicht nur bei Stimmrechtsmehrheit angenommen, sondern auch bei der Berechtigung zur Kontrolle des Verwaltungs-, Leitungs- oder Aufsichtsgremiums, bei vertraglichen oder satzungsgemäßem beherrschenden Einfluss oder bei Bestehen einer Stimmrechtsabrede unter den Gesellschaftern (mit bestimmten Ausnahmen für private oder öffentliche Investoren). Selbst Unternehmen, die durch andere Unternehmen oder gar Einzelpersonen in bestimmten Beziehungen stehen, können hier erfasst werden.[217] Diese wettbewerbsrechtliche Definition des verbundenen Unternehmens ist wegen der Schutzrichtung nicht mit der datenschutzrechtlichen Definition identisch. Letztere zielt nicht auf die Verhinderung von Wettbewerbsverstößen ab, sondern auf eine Privilegierung bei der Datenverarbeitung. Zur Vermeidung des Missbrauchs dieser Sonderbehandlung ist der Begriff der Unternehmensgruppe eng zu fassen und auf einen echten Konzern zu beschränken, dessen Strukturen nicht erst aufwändig ermittelt werden müssen.[218]

158 Art. 47 (Verbindliche interne Datenschutzvorschriften) sowie Art. 88 (Datenverarbeitung im Beschäftigungskontext) unterscheiden die Unternehmensgruppe von einer **Gruppe von Unternehmen**, die eine gemeinsame Wirtschaftstätigkeit ausüben. Bei dieser sind die Unternehmen in Selbständigkeit tätig; sie erfüllt nicht die Voraussetzungen des Begriffs der Unternehmensgruppe.

---

216 SHS-*Drewes*, Art. 4 Nr. 19 Rn. 2; Kühling/Buchner-*Schröder*, Art. 4 Nr. 19 Rn. 1; a. A. Paal/Pauly-*Ernst*, Art. 4 Rn. 129.

217 Vgl. EuGH 27. 2. 2014, C-110/13.

218 Vgl. Plath-*Schreiber*, Art. 4 Rn. 78.

20. Verbindliche unternehmensinterne Datenschutzvorschriften (Nr. 20)

Die Definition der verbindlichen unternehmensinternen Datenschutzvorschriften (**Binding Corporate Rules** – kurz BCRs) ist für Art. 47 relevant, wonach die zuständige Aufsichtsbehörde verbindliche interne Datenschutzvorschriften unter den dort beschriebenen Voraussetzungen genehmigen kann, wenn diese auch nach außen a) rechtlich bindend sind, für alle betreffenden Mitglieder der Unternehmensgruppe oder einer Gruppe von Unternehmen, die eine gemeinsame Wirtschaftstätigkeit ausüben, gelten und von diesen Mitgliedern durchgesetzt werden, und dies auch für ihre Beschäftigten gilt, b) den betroffenen Personen ausdrücklich durchsetzbare Rechte in Bezug auf die Verarbeitung ihrer personenbezogenen Daten übertragen und c) die in Art. 47 Abs. 2 festgelegten inhaltlichen Anforderungen erfüllen (vgl. ErwGr 108–110). Die Anwendung kann sich auf Verantwortliche und Auftragsverarbeiter innerhalb und außerhalb der Union beziehen.[219] 159

21. Aufsichtsbehörde (Nr. 21)

Aufsichtsbehörden sind die für die **Durchsetzung der DSGVO** zentralen Organe auf nationaler Ebene (siehe Art. 3 Nr. 15 DSRl-JI, § 46 Nr. 15 BDSG). Ihre Aufgaben und Befugnisse finden sich in vielen Vorschriften der DSGVO, insbesondere in den Art. 51 ff. Deren Zusammenarbeit ist in den Art. 60 ff. geregelt. Bisher waren die Aufsichtsbehörden als »Kontrollstellen« unter Art. 28 EG-DSRl geregelt, deren Kooperation unter Art. 29 EG-DSRl. Gem. Art. 51 Abs. 1 kann ein Mitgliedstaat mehrere unabhängige Behörden installieren. Dies ist im föderalen Deutschland der Fall, wo es (zusätzlich zu sektoralen Besonderheiten, z. B. für Medien und Kirchen) eine zuständigkeitsbedingte Arbeitsteilung zwischen Landesdatenschutzbehörden und dem Bundesbeauftragten für den Datenschutz und die Informationsfreiheit (BfDI) gibt. Im BDSG ist die Aufsichtsbehörde für öffentliche Stellen des Bundes gem. § 9 die BfDI. Für die nicht-öffentlichen Stellen erfolgt gem. § 40 BDSG die Bestimmung durch das Landesrecht. Die Zuständigkeit für die Post und die Telekommunikationsdienste ist bisher in § 42 Abs. 3 PostG und § 115 Abs. 4 TKG geregelt.[220] Deren Unabhängigkeit ist für einen effektiven Grundrechtsschutz nach Art. 8 Abs. 3 GRCh zwingend vorgesehen.[221] Die Aufsichtsbehörden müssen umfassende Befugnisse zur Erfüllung ihrer Aufgaben haben.[222] 160

Der Begriff Aufsichtsbehörde bezieht sich nur auf die in der DSGVO geregelten **staatlichen Aufsichtsbehörden**, nicht auf solche der Kirchen und religiösen Vereinigungen (vgl. Art. 91 Abs. 2).[223] Die Aufsicht gegenüber öffentlich-rechtlichen Rundfunkanstalten ist bisher in § 59 RStV geregelt. Gem. Art. 85 Abs. 2 können insofern spezielle nationale Regelungen erlassen werden. Im BDSG wurde hinsichtlich der Aufsicht über Unternehmen 161

219 SHS-*Schantz*, Art. 4 Nr. 20 Rn. 4.

220 Ein Verzeichnis der deutschen Aufsichtsbehörden ist mit Erreichbarkeitsdaten abdruckt in Anhang 1.

221 Vgl. EuGH 16.10.2012 – C-614/10, Datenschutzkommission Österreich; EuGH 9.3.2010 – C-518/07, Datenschutzaufsicht Deutschland.

222 EuGH 1.10.2015 – C-230/14, Weltimmo, NJW 2015, 3636; EuGH 6.10.2015 – C-362/14, Rn. 99 ff., Safe Harbor, NJW 2015, 3151.

223 Kühling/Buchner-*Böhm*, Art. 4 Nr. 21 Rn. 2.

und Hilfsunternehmen der Presse und der Deutschen Welle (bisher § 41 BDSG-alt) auf eine Sonderregelung verzichtet.

162 Nr. 21 definiert den Begriff der »Aufsichtsbehörde« als Oberbegriff. Als Spezifikationen zu diesem Oberbegriff finden sich in der DSGO die »federführenden« Aufsichtsbehörden, die in Art 56 Abs. 1 legal definiert werden, die in Nr. 22 definierten »betroffenen« Aufsichtsbehörden, und alle anderen Aufsichtsbehörden, die weder betroffen noch federführend sind. Sofern sich Regelungen der DSGVO explizit auf »**jede Aufsichtsbehörde**« oder allgemein auf »Aufsichtsbehörden« beziehen, richten sie sich an alle Aufsichtsbehörden in Europa. Daher richten sich solche Regelungen in Deutschland an alle in Anhang 1 aufgeführten Aufsichtsbehörden.

22. Betroffene Aufsichtsbehörde (Nr. 22)

163 Betroffene Aufsichtsbehörden sind diejenigen Aufsichtsbehörden in der Union, die für eine konkrete Datenverarbeitung (auch) zuständig sind, und deshalb durch **kooperative Entscheidungen** innerhalb der Union gebunden werden können. Der Begriff wird in den Art. 60, 64 Abs. 8, 65, 66 Abs. 1 (nicht in Art. 61, der das Verfahren der »gegenseitigen Amtshilfe« regelt) verwendet, welche die Zusammenarbeit der federführenden mit den anderen Aufsichtsbehörden in der Union, die Streitbeilegung und das Dringlichkeitsverfahren regeln. Der federführenden und den betroffenen Aufsichtsbehörden wird bei der Zusammenarbeit nach Art. 60 und im Kohärenzverfahren jeweils eine bestimmte Rolle im Zusammenspiel der Aufsichtsbehörden zugewiesen. Die Aufsichtsbehörde wird dadurch »betroffen«, dass aktuell oder bevorstehend von ihr eine konkrete Datenverarbeitung durch Verantwortliche oder Auftragsverarbeiter zu bewerten ist. Auch die federführende ist eine betroffene Aufsichtsbehörde.

164 Betroffenheit entsteht durch das Vorhandensein einer **Niederlassung** des Verantwortlichen oder des Auftragsverarbeiters im Hoheitsgebiet des Mitgliedstaats oder Territoriums, für den diese Behörde zuständig ist (Buchst. a). Im föderalen System Deutschlands ist die Datenschutzbehörde betroffen, in dessen räumlicher Zuständigkeit (also i. d. R. in dem Bundesland) die deutsche Niederlassung liegt, soweit keine andere nationale Regelung getroffen wird (vgl. § 40 Abs. 1 BDSG).

165 Betroffenheit entsteht ferner dann, wenn eine Verarbeitung erhebliche Auswirkungen auf **betroffene Personen mit Wohnsitz** in diesem Mitgliedstaat hat oder haben kann (Buchst. b). Die Erheblichkeit kann sich durch die Eingriffstiefe (Qualität) sowie durch die Zahl der Betroffenen (Quantität) ergeben. Bei einem bundesweiten informationstechnischen Angebot sind regelmäßig alle Bundesländer als Aufsichtsbehörden betroffen. Im Interesse einer effektiven Arbeitsteilung spricht Einiges dafür, auch insofern, gemäß der bisherigen Rechtslage, auf den räumlichen Sitz der Niederlassung in Deutschland abzustellen.

166 Betroffenheit besteht außerdem durch die Einreichung einer **konkreten Beschwerde** bei dieser Aufsichtsbehörde (Buchst. c). Durch diese formelle Sicht können die Beschwerde erhebenden Personen eine Aufsichtsbehörde zu einer betroffenen machen. Es kommt nicht darauf an, ob für die Bearbeitung aus einem anderen Grund heraus eine Zuständigkeit besteht. Auch auf die Begründetheit oder Plausibilität der Beschwerde kommt es nicht an.

Ist eine der Varianten a bis c erfüllt, ist **jede der 18 deutschen Aufsichtsbehörden** »betroffene« Aufsichtsbehörde im Sinne von Nr. 22. Der Wortlaut von Nr. 22 adressiert nicht »die in einem Mitgliedstaat bestehenden Aufsichtsbehörden in ihrer Gesamtheit« als betroffene Aufsichtsbehörde.[224] Die DSGVO überlässt es in Art 51 Abs. 1 allein den Mitgliedstaaten, wie viele und welche unabhängigen Aufsichtsbehörden sie einrichten. Es ist kein Grund erkennbar, weshalb sich die Definitionen der betroffenen und der federführenden Behörde nicht für jede der Aufsichtsbehörde beziehen sollten, die von einem Mitgliedstaat eingerichtet werden. Auch Art. 55 Abs. 2 spricht im Zusammenhang mit der Zuständigkeit für die Aufsicht über öffentliche Stellen, die zwischen Bund und Ländern aufgeteilt ist, von der jeweils zuständigen Behörde im Singular und adressiert nicht die Behörden »in ihrer Gesamtheit«. § 40 Absatz 1 BDSG stellt klar, dass die Bestimmung der jeweiligen zuständigen Behörden im nicht-öffentlichen Bereich bei den Ländern liegt. Damit ist in jedem Aufsichtsfall eindeutig, welche Aufsichtsbehörde zuständig ist. Nr. 22 Buchst. c nimmt Bezug zur Aufsichtsbehörde, bei der eine Beschwerde eingereicht wurde. Dies kann in Deutschland bei jeder der Aufsichtsbehörden geschehen. Von der Qualifizierung einer Aufsichtsbehörde als betroffene Aufsichtsbehörde nach Nr. 22 zu unterscheiden ist die Frage, welche Befugnisse der betroffenen Aufsichtsbehörde innerstaatlich zustehen. 167

23. Grenzüberschreitende Verarbeitung personenbezogener Daten (Nr. 23)

Die Legaldefinition gilt für **öffentliche wie für nichtöffentliche Stellen.**[225] Der Begriff der grenzüberschreitenden Datenverarbeitung erfasst zwei Fälle. Entsprechend zur räumlichen Anwendbarkeit der DSGVO (dazu Art. 3) kann eine grenzüberschreitende Tätigkeit zum einen in mehr als einem Mitgliedstaat erfolgen (vgl. Art. 3 Abs. 1), zum zweiten aber auch Personen in mehreren Mitgliedstaaten betreffen (vgl. Art. 3 Abs. 2). 168

Grenzüberschreitende Datenverarbeitung ist zum einen eine Verarbeitung, die im Rahmen der **Tätigkeiten von Niederlassungen** eines Verantwortlichen bzw. Auftragsverarbeiters in mehr als einem Mitgliedstaat erfolgt, wenn der für die Verarbeitung Verantwortliche bzw. Auftragsverarbeiter in mehr als einem Mitgliedstaat niedergelassen ist (Buchst. a).[226] 169

Zum anderen liegt eine grenzüberschreitende Datenverarbeitung vor, wenn diese im Rahmen der Tätigkeiten einer einzelnen Niederlassung eines Verantwortlichen oder Auftragsverarbeiters erfolgt, gleichwohl aber erhebliche **Auswirkungen auf betroffene Personen** in mehr als einem Mitgliedstaat hat oder haben kann (Buchst. b).[227] 170

Beide Alternativen des Nr. 23 setzen Niederlassungen eines Verantwortlichen oder Auftragsverarbeiters **in der Union** voraus, so dass auch das Privileg des One-Stop-Shops für diese gilt. Fehlt es hieran, so muss sich der Verantwortliche mit vielen Aufsichtsbehörden auseinandersetzen, selbst wenn er einen Vertreter in einem Mitgliedstaat bestellt hat. Der EDSA kann hierzu weitere Leitlinien erlassen (Art. 70 Abs. 1 Satz 2 Buchst. e, u). 171

---

224 So Kühling-Gutachten, S. 212, S. 207ff.
225 Kühling/Buchner-*Dix*, Art. 4 Nr. 23 Rn. 6.
226 Kühling/Buchner-*Dix*, Art. 4 Nr. 23 Rn. 3.
227 Kühling/Buchner-*Dix*, Art. 4 Nr. 23 Rn. 4; SHS-*Polenz*, Art. 4 Nr. 23 Rn. 4.

24. Maßgeblicher und begründeter Einspruch (Nr. 24)

172 Diese Definition hat Bedeutung bei der **Streitbeilegung** anlässlich von Differenzen zwischen der federführenden und einer betroffenen Aufsichtsbehörde nach Art. 60ff. Sie gibt die formalen Voraussetzungen wieder, denen ein entsprechender Einspruch genügen muss. Aus dem Einspruch muss die Tragweite der Risiken, die von dem Beschlussentwurf in Bezug auf die Grundrechte und Grundfreiheiten der betroffenen Personen und gegebenenfalls den freien Verkehr personenbezogener Daten in der Union ausgehen, klar hervorgehen. Es kommt nicht darauf an, dass die vertretene Rechtsauffassung materiell zutreffend ist.

25. Dienst der Informationsgesellschaft (Nr. 25)

173 Der Begriff »Dienst der Informationsgesellschaft« (information society service) der DSGVO bezieht sich auf eine Dienstleistung im Sinne des Art. 1 Nr. 1 Buchst. b der Richtlinie (EU) 2015/1535 (**Dienste der Informationsgesellschaft**). Der Vorentwurf nahm noch Bezug auf die (fast identische) Definition der Richtlinie 98/34/EG (**Normen und technischen Vorschriften**). Bedeutung hat der Begriff insbesondere im Rahmen des Art. 8, der die Bedingungen für die Einwilligung eines Kindes in Bezug auf Dienste der Informationsgesellschaft statuiert, des Art. 17 Abs. 1 Buchst. f (Recht auf Vergessen) sowie bei Art. 21 Abs. 5 und Art. 97 Abs. 5. Die Richtlinie vom 9.9.2015 über ein Informationsverfahren auf dem Gebiet der technischen Vorschriften und der Vorschriften für die Dienste der Informationsgesellschaft[228] definiert den »Dienst der Informationsgesellschaft« als eine Dienstleistung der Informationsgesellschaft, d.h. jede in der Regel gegen Entgelt elektronisch im Fernabsatz und auf individuellen Abruf eines Empfängers erbrachte Dienstleistung. Im Sinne dieser Definition bezeichnet der Begriff eine im Fernabsatz erbrachte, eine elektronisch erbrachte sowie eine auf individuellen Abruf eines Empfängers erbrachte Dienstleistung. Eine Liste der nicht damit erfassten Dienste findet sich in Anhang I dieser Richtlinie.

174 Eine »im **Fernabsatz** erbrachte Dienstleistung« erfolgt ohne gleichzeitige physische Anwesenheit der Vertragsparteien. Nicht dazu gehören Dienste, bei deren Erbringung der Erbringer und der Empfänger gleichzeitig physisch anwesend sind, selbst wenn dabei elektronische Geräte benutzt werden, etwa bei der Untersuchung oder Behandlung in einer ärztlichen Praxis mithilfe elektronischer Geräte, aber in Anwesenheit des Patienten. Auch nicht erfasst wird die Konsultation eines elektronischen Katalogs in einem Geschäft in Anwesenheit des Kunden, die Buchung eines Flugtickets in einem Reisebüro über ein Computernetz in Anwesenheit des Kunden oder die Bereitstellung elektronischer Spiele in einer Spielhalle in Anwesenheit des Benutzers.[229]

175 Eine »**elektronisch erbrachte Dienstleistung**« erfolgt mittels Geräten für die elektronische Verarbeitung (einschließlich digitaler Kompression) und Speicherung von Daten, die vollständig über eine terrestrische Leitung, über Funk, auf optischem oder anderem elektromagnetischem Wege gesendet, weitergeleitet und empfangen wird. Nicht dazu gehören

228 ABl. L 241/1.

229 Paal/Pauly-*Ernst*, Art. 4 Rn. 144.

Dienste, die zwar mit elektronischen Geräten, aber in materieller Form erbracht werden: Geldausgabe- und Fahrkartenautomaten sowie der Zugang zu gebührenpflichtigen Straßennetzen, Parkplätzen usw., auch wenn elektronische Geräte bei der Ein- und/oder Ausfahrt den Zugang kontrollieren und/oder die korrekte Gebührenentrichtung gewährleisten. Auch nicht erfasst sind Offline-Dienste wie der Vertrieb von CD-ROMs oder Software auf Disketten sowie Dienste, die nicht über elektronische Verarbeitungs- und Speicherungssysteme erbracht werden, explizit Sprachtelefondienste, Telefax-/Telexdienste, über Sprachtelefon oder Telefax erbrachte Dienste sowie die anwaltliche oder medizinische Beratung per Telefon/Telefax und das Direktmarketing auf gleichem Wege.[230]

Eine »auf **individuellen Abruf eines Empfängers** erbrachte Dienstleistung« ist eine, die 176
durch die Übertragung von Daten auf individuelle Anforderung erbracht wird. Nicht auf individuellen Abruf eines Empfängers erbrachte Dienste sind Dienste, die im Wege einer Übertragung von Daten ohne individuellen Abruf gleichzeitig für eine unbegrenzte Zahl von einzelnen Empfängern erbracht werden (Punkt-zu-Mehrpunkt-Übertragung), also Fernsehdienste (incl. zeitversetztem Videoabruf), Hörfunkdienste und Teletext über Fernsehsignal.

26. Internationale Organisation (Nr. 26)

Die Definition der internationalen Organisation hat für die Anwendung der Art. 44ff. Be- 177
deutung, welche die Zulässigkeit der **Datenübermittlung** in Drittländer oder an die hier definierten internationalen Organisationen regeln (siehe Art. 3 Nr. 16, Kap. V DSRl-JI, § 46 Nr. 16 BDSG). Internationale Organisationen können im Rahmen des internationalen Handels und der internationalen Zusammenarbeit Empfänger personenbezogener Daten sein, bei denen das unionsweit gewährleistete Schutzniveau nicht untergraben werden darf. Dies gilt auch dann, wenn aus einem Drittland oder von einer internationalen Organisation personenbezogene Daten an Verantwortliche oder Auftragsverarbeiter in demselben oder einem anderen Drittland oder an dieselbe oder eine andere internationale Organisation weiterübermittelt werden (ErwGr 101).

»**Internationale Abkommen** zwischen der Union und Drittländern über die Übermitt- 178
lung von personenbezogenen Daten einschließlich geeigneter Garantien für die betroffenen Personen werden von dieser Verordnung nicht berührt. Die Mitgliedstaaten können völkerrechtliche Übereinkünfte schließen, die die Übermittlung personenbezogener Daten an Drittländer oder internationale Organisationen beinhalten, sofern sich diese Übereinkünfte weder auf diese Verordnung noch auf andere Bestimmungen des Unionsrechts auswirken und ein angemessenes Schutzniveau für die Grundrechte der betroffenen Personen umfassen« (ErwGr 102). Die Kommission kann in Bezug auf internationale Organisationen einen Angemessenheitsbeschluss gem. Art. 45 erlassen (ErwGr 103).

230 Paal/Pauly-*Ernst*, Art. 4 Rn. 145f.

Kapitel 2
Grundsätze

Art. 5 Grundsätze für die Verarbeitung personenbezogener Daten

(1) Personenbezogene Daten müssen

a) auf rechtmäßige Weise, nach Treu und Glauben und in einer für die betroffene Person nachvollziehbaren Weise verarbeitet werden (»Rechtmäßigkeit, Verarbeitung nach Treu und Glauben, Transparenz«);

b) für festgelegte, eindeutige und legitime Zwecke erhoben werden und dürfen nicht in einer mit diesen Zwecken nicht zu vereinbarenden Weise weiterverarbeitet werden; eine Weiterverarbeitung für im öffentlichen Interesse liegende Archivzwecke, für wissenschaftliche oder historische Forschungszwecke oder für statistische Zwecke gilt gemäß Artikel 89 Absatz 1 nicht als unvereinbar mit den ursprünglichen Zwecken (»Zweckbindung«);

c) dem Zweck angemessen und erheblich sowie auf das für die Zwecke der Verarbeitung notwendige Maß beschränkt sein (»Datenminimierung«);

d) sachlich richtig und erforderlichenfalls auf dem neuesten Stand sein; es sind alle angemessenen Maßnahmen zu treffen, damit personenbezogene Daten, die im Hinblick auf die Zwecke ihrer Verarbeitung unrichtig sind, unverzüglich gelöscht oder berichtigt werden (»Richtigkeit«);

e) in einer Form gespeichert werden, die die Identifizierung der betroffenen Personen nur so lange ermöglicht, wie es für die Zwecke, für die sie verarbeitet werden, erforderlich ist; personenbezogene Daten dürfen länger gespeichert werden, soweit die personenbezogenen Daten vorbehaltlich der Durchführung geeigneter technischer und organisatorischer Maßnahmen, die von dieser Verordnung zum Schutz der Rechte und Freiheiten der betroffenen Person gefordert werden, ausschließlich für im öffentlichen Interesse liegende Archivzwecke oder für wissenschaftliche und historische Forschungszwecke oder für statistische Zwecke gemäß Artikel 89 Absatz 1 verarbeitet werden (»Speicherbegrenzung«);

f) in einer Weise verarbeitet werden, die eine angemessene Sicherheit der personenbezogenen Daten gewährleistet, einschließlich Schutz vor unbefugter oder unrechtmäßiger Verarbeitung und vor unbeabsichtigtem Verlust, unbeabsichtigter Zerstörung oder unbeabsichtigter Schädigung durch geeignete technische und organisatorische Maßnahmen (»Integrität und Vertraulichkeit«);

(2) Der Verantwortliche ist für die Einhaltung des Absatzes 1 verantwortlich und muss dessen Einhaltung nachweisen können (»Rechenschaftspflicht«).

Inhaltsübersicht Rn.

I. Allgemeines

Anders als bisher im deutschen Datenschutzrecht üblich, stellt die DSGVO in Art. 5 Grundsätze an den Anfang, mit denen die **wesentlichen Ziele** der Datenschutzregelungen beschrieben werden, die bei der Auslegung der Einzelnormen hergezogen werden sollen. Sie sind seit den 1980er Jahren im Grunde unverändert geblieben.[1] Die Grundsätze haben sowohl programmatischen wie auch normativen Charakter. Teilweise wird in den Einzelnormen Bezug auf die Grundsätze genommen, etwa wenn in der Sanktionsregelung des Art. 83 Abs. 5 Buchst. a geregelt ist, dass ein Verstoß gegen die Grundsätze bußgeldbewehrt ist.[2] Während die Grundsätze hinsichtlich ihrer Grundsatzfunktion weit verstanden werden können, ist für den Fall, dass hieraus konkret rechtliche (Sanktions-)Folgen zu ziehen sind, eine enge Auslegung angezeigt. 1

Der ausschließliche Rückgriff auf Art. 5 ist problematisch, soweit wegen der **Unbestimmtheit der Grundsätze** keine eindeutigen Verhaltensvorgaben abgeleitet werden können. Regelmäßig hat aber eine normative Konkretisierung der Grundsätze zu erfolgen, so wie dies z. B. bei den verbindlichen internen Datenschutzvorschriften nach Art. 47 Abs. 2 Buchst. d vorgesehen ist. 2

Die Grundsätze des Art. 5 sind als **Konkretisierung** des Art. 16 Abs. 1 AEUV sowie der Grundrechte, insbesondere der Art. 7 und 8 der GRCh zu verstehen. Es ist von einer Parakonstitutionalisierung des Sekundärrechts die Rede, über die Anwendungs- und Auslegungsfragen der DSGVO unmittelbar zu Anwendungs- und Auslegungsfragen des höherrangigen Primärrechts werden.[3] 3

Die Grundsätze gelten gegenüber öffentlichen Stellen und privaten beliehenen Stellen wie auch gegenüber Privatpersonen. Letztere werden über die **Bindungswirkung** des Gesetzgebers zur Beachtung der Grundrechte verpflichtet.[4] Die Grundsätze gelten auch für nationale oder EU-Regelungen, mit denen Öffnungsklauseln umgesetzt werden, also auch in Bezug auf den Beschäftigtendatenschutz gemäß Art. 88. Konkretisierende Kollektivvereinbarungen müssen diese ebenso einhalten.[5] 4

Art. 5 wird kritisiert, weil die Regelung einerseits eher Programmsätze auf einem hohen Abstraktions- und Regelungsniveau aufstellt, andererseits diese aber für die Anwenden- 5

1 Kritisch hierzu Roßnagel, ZD 2018, 344; SHS-*Roßnagel*, Art. 5 Rn. 30.
2 Paal/Pauly-*Frenzel*, Art. 5 Rn. 1, 2; Kühling/Buchner-*Herbst*, Art. 5 Rn. 10.
3 Paal/Pauly-*Frenzel*, Art. 5 Rn. 3.
4 EuGH 13.5.2014 – C-131/12, Rn. 69, Google Spain; einschränkend Paal/Pauly-*Frenzel*, Art. 5 Rn. 4.
5 Körner, S. 55f.

den, insbesondere auch die Verantwortlichen für verbindlich erklärt.[6] Diese **Kritik** ignoriert, dass – an den Grundsätzen orientiert – die DSGVO, sonstiges europäisches Recht sowie die nationalen Datenschutzregelungen insgesamt einen verbindlichen rechtlichen Rahmen bieten, der berechenbar und praktikabel ist. Die Grundsätze sind eine Richtschnur, die für die Rechtsanwendenden erkennen lässt, welche Wertungen dem Datenschutzrecht zugrunde liegen und an welchen Prinzipien sie sich bei dessen Anwendung ausrichten müssen.[7]

6 Die Grundsätze gelten nicht absolut, sondern sind allgemein verständliche Zielvorgaben, die untereinander sowie mit anderen Rechtsgrundsätzen in einem Widerspruch stehen können. Bei deren Anwendung gilt ein **Optimierungsgebot**, d.h. diese Grundsätze sind so weit wie möglich und möglichst widerspruchsfrei durch normative Konkretisierungen wie auch in der konkreten Anwendung umzusetzen.[8] Die Optimierung findet teilweise in der DSGVO selbst statt, etwa wenn die Zweckbindung in Art. 6 Abs. 4 relativiert wird. Einschränkungen der bzw. Ausnahmen von den Grundsätzen sind jedoch restriktiv zu handhaben.

7 Art. 85 Abs. 2 sieht vor, dass von den Grundsätzen für die Verarbeitung für **journalistische, wissenschaftliche, künstlerische oder literarische Zwecke** nach nationalem Recht Abstriche zum Zweck der Sicherung der Freiheit der Meinungsäußerung und der Informationsfreiheit zugelassen werden können (siehe Art. 85 Rn. 21).

8 Die Grundsätze sind **nicht abschließend**. Vielmehr handelt es sich um die vom Gesetzgeber als vorrangig angesehenen Zielsetzungen zur Konkretisierung der digitalen Grundrechte. Beziehen sich Datenschutzregelungen inner- und außerhalb der DSGVO nicht direkt auf die Grundsätze, so schmälert dies nicht ihre Geltung. Vorrangig verbindlicher genereller Bezugspunkt sind die Grundrechte selbst.

9 Der Begriff »personenbezogene Daten« wird in Art. 4 Nr. 1 definiert. Nur wenn solche Daten verarbeitet werden, ist die gesamte DSGVO und deren Art. 5 anwendbar. Der Begriff »Verarbeitung« wird in Art. 4 Nr. 2 definiert. Beide **Begriffe** unterscheiden sich inhaltlich nicht von den Begriffsdefinitionen in § 3 Abs. 1 BDSG-alt bzw. § 3 Abs. 3–5 BDSG-alt, wobei der Verarbeitungsbegriff der DSGVO auch die Erhebung und Nutzung i. S. d. BDSG-alt einschließt.

II. Entstehungsgeschichte

10 Die **Art. 6 und 7 EG-DSRl** enthielten Grundsätze »in Bezug auf die Qualität der Daten« und »in Bezug auf die Zulässigkeit der Verarbeitung von Daten«. Art. 6 bekräftigte in Abs. 1 die Grundsätze der rechtmäßigen Verarbeitung »nach Treu und Glauben«, der Zweckbindung, der Richtigkeit, der Aktualität der Daten sowie der Erforderlichkeit, in Abs. 2 den Grundsatz der Verantwortlichkeit. Art. 7 enthielt die Rahmenregelungen für die Zulässigkeit, die inhaltlich in Art. 6 der Verordnung eingeflossen sind.

---

6 Paal/Pauly-*Frenzel*, Art. 5 Rn. 55.
7 Auernhammer-*Kramer*, Art. 5 Rn. 3–5; Härting, Rn. 86; a. A. LNK, § 1 Rn. 134.
8 Paal/Pauly-*Frenzel*, Art. 4 Rn. 9; vgl. Albrecht, CR 2016, 91; Ehmann/Selmayr-*Heberlein*, Art. 5 Rn. 5 spricht von »kumulativen« Anforderungen.

Art. 5 DSGVO knüpft insbesondere an Art. 6 der EG-DSRl an, geht aber inhaltlich darüber von Anfang an hinaus, indem Transparenz, Datenintegrität und -vertraulichkeit sowie die **Rechenschaftspflicht** ausdrücklich erwähnt werden. Der **Kommissionsvorschlag** sah schon vor, dass Daten »in einer für die betroffene Person nachvollziehbaren Weise verarbeitet werden« müssen. Außerdem soll nur die Verarbeitung zulässig sein, »wenn und solange die Zwecke der Verarbeitung nicht durch die Verarbeitung von anderen als personenbezogenen Daten erreicht werden können«. 11

Das **Parlament** fügte zwecks leichterer Verständlichkeit und Handhabbarkeit jeder Grundsatzbeschreibung noch eine knappe Begrifflichkeit bei: »Transparenz«, »Zweckbindung«, »Datenminimierung«, »Integrität«, »Speicherminimierung«, »Rechenschaftspflicht«. Zudem ergänzte es den Grundsatz der »Eingriffsmöglichkeit«, die »es den betroffenen Personen erlaubt, ihre Rechte gemäß den Artikeln 11 bis 21 wahrzunehmen«. In einem Abs. 1a wurde die Datensicherheit durch »technische und operationelle Maßnahmen« thematisiert. 12

Der **Rat** nahm eine Umstrukturierung vor, zog dabei die Regelung der Datensicherheit in den Abs. 1 nach vorne und regelte die Verantwortlichkeit in einem Abs. 2. Auf die Kurzbezeichnungen der Grundsätze sollte verzichtet werden. 13

Im **Trilog** wurde die Regelungsgliederung des Rates beibehalten; die Kurzbezeichnungen wurden wieder aufgenommen, wobei die Verantwortlichkeit in Abs. 2 als »Rechenschaftspflicht« beschrieben wurde. Dem materiell-rechtlichen Grundsatz der »Richtigkeit« wurde der technisch-organisatorische Grundsatz der »Integrität und Vertraulichkeit« an die Seite gestellt. 14

Die Grundsätze des Art. 5 sind umittelbar anwendbares Recht.[9] Wegen deren Verletzung können Sanktionen nach Art. 58 Abs. 2, 83 verhängt werden.[10] Deren Anwendung wird durch ihre Allgemeinheit und Abstraktheit erschwert. Sie sind ausfüllungsbedürftig und ausfüllungsfähig. Konkretisierungen erfolgen sowohl durch Regelungen der DSGVO wie auch weiterer Datenschutznormen. Ihre **Auslegung** muss in jedem Fall unter Berücksichtigung der tangierten Grundrechte erfolgen.[11] 14a

III. Rechtmäßigkeit, Treu und Glauben, Transparenz (Buchst. a)

Buchst. a benennt mehrere miteinander **verbundene Grundsätze**, wobei die Bedeutung der Transparenz gegenüber der EG-DSRl (bisher Art. 10) durch die prominente Platzierung verstärkt hervorgehoben wird. 15

1. Rechtmäßigkeit

Das Erfordernis der Rechtmäßigkeit bringt zum Ausdruck, dass jede personenbezogene Datenverarbeitung einer rechtlichen Grundlage bedarf. Letztlich handelt es sich hier um eine etwas versteckte Normierung des **Verarbeitungsverbots mit Erlaubnisvorbehalt**.[12] 16

9 Albrecht/Jotzo, S. 50.
10 Roßnagel, ZD 2018, 344.
11 Roßnagel, ZD 2018, 342.
12 DKWW-*Weichert*, § 4 Rn. 1; kritisch Roßnagel, ZD 2018, 340; SHS-*Roßnagel*, Art. 5 Rn. 35f.

Die Erlaubnis kann über eine wirksame Einwilligung oder auf Grundlage einer gesetzlichen Regelung erfolgen (so bisher § 4 Abs. 1 Art. 7 EG-DSRl). Dieser Grundsatz ergibt sich zwangsläufig daraus, dass Eingriffe in das Grundrecht auf Datenschutz nach Art. 8 GRCh bzw. das Grundrecht auf informationelle Selbstbestimmung nach Art. 2 Abs. 1 i. V. m. Art. 1 Abs. 1 GG einer rechtlichen Legitimation bedürfen.[13] Dies ergibt sich für den öffentlichen Bereich direkt aus dem Gesetzesvorbehalt staatlichen Handelns, für nicht-öffentlichen Bereich aus der Drittwirkung des Grundrechtsschutzes vor allem bei Machtungleichgewichten,[14] also nicht bei rein persönlichen und familiären Tätigkeiten (Art. 2 Abs. 2 Buchst. c).

17 Die Legitimation durch eine Rechtsvorschrift leitet sich grundsätzlich aus der DSGVO ab, wobei es sich auch um abgeleitete Vorschriften (z. B. Kollektivvereinbarungen nach Art. 88), nationale Rechtsvorschriften oder spezifischere europäische Regelungen handeln kann. Die DSGVO ist wie bisher das BDSG ein **Auffanggesetz**, das anwendbar ist, wenn keine spezielle, d. h. bereichsspezifische Norm anwendbar ist.

2. Treu und Glauben

18 Die Regelung des Art. 5 Abs. 1 Buchst. a, dass personenbezogene Daten »nach Treu und Glauben« (engl. fairly, franz. loyale, italien. corretto) verarbeitet werden müssen, geht auf Art. 8 Abs. 2 GRCh zurück, der dieselbe Formulierung verwendet. Diese hat wiederum eine Grundlage in Art. 5a der Konvention Nr. 108 des Europarats und Art. 6 Abs. 1 Buchst. a EG-DSRl. Während die Rechtmäßigkeit eher den formellen Aspekt der Verarbeitungslegitimation erfasst, bezieht sich »Treu und Glauben« auf die materielle Seite. Damit wird, ohne dass diese Terminologie verwendet wird, der **Verhältnismäßigkeitsgrundsatz** in die Grundsätze eingeführt.[15] Die Datenverarbeitung soll in Bezug auf den Betroffenen »fair« sein.[16] Außerdem wird damit klargestellt, dass besondere Sicherungen nötig sind, wenn der Betroffene von einer Datenverarbeitung nichts erfährt, wenn sich also der Transparenzgrundsatz nicht voll durchsetzen kann. Treu und Glauben soll heimliche Verarbeitungen ausschließen.[17]

19 Der Grundsatz von »Treu und Glauben«, den das **deutsche Recht** in vielen zivilrechtlichen Bereichen kennt (u. a. §§ 157, 242, 275 Abs. 2 Satz 1, 815 BGB; §§ 8 Abs. 2 Satz 2, 9, 34 Abs. 1 Satz 2, Abs. 3 Satz 2 UrhG, § 19 Abs. 5 DepotG, § 2 Abs. 1 Nr. 7 UWG, § 5 Abs. 2 Nr. 1 WpHG), war aber im deutschen Datenschutzrecht bisher nicht vertreten. Fairness als Rechtsprinzip findet sich im deutschen Recht bisher nur rudimentär (§ 14 Abs. 2 Satz 2

---

13 BVerfG, NJW 1984, 419ff.; Karg, DuD 2013, 75; a. A. im Hinblick auf die Gesundheitsdatenverarbeitung Kingreen/Kühling, JZ 2015, 217; im Hinblick auf den nicht-öffentlichen Bereich Rogall-Grothe, ZRP 2012, 195f.; Giesen, PinG 2013, 62; Bull, a. a. O., S. 136; dagegen Weichert, DuD 2013, 246.

14 BVerfG, NJW 1991, 2411, Mietvertrag; BVerfG, DuD 2006, 817ff., Schweigepflichtentbindung.

15 Jarass, GRCh, 2010, Art. 8 Rn. 14; s. Einl Rn. 18.

16 Albrecht, CR 2016, 91; a. A. Roßnagel, NJW 2019, 5.

17 EuGH 1. 10. 2015 – C-201/14, Rn. 42; Kühling/Buchner-*Herbst*, Art. 5 Rn. 15, zu den Unterschieden zur DSRl-JI Rn. 16; Gola-*Pötters*, Art. 5 Rn. 9; Paal/Pauly-*Frenzel*, Art. 5 Rn. 13.

UKlaG, § 26 Abs. 2 KAGB). Bei der Kontrolle von Datenschutzregelungen in AGB hat dieser Grundsatz eine wichtige Bedeutung.[18]

Die Bezugnahme auf »Treu und Glauben« soll nicht als Generalklausel verstanden werden, die zusätzlich zu bestehenden Rechtsnormen anwendbar ist, vielmehr als **Auslegungs- oder Auffangnorm**, als Ausgleichsnorm bei großem Kräfteungleichgewicht zwischen Betroffenen und Verantwortlichen, wenn präzisere Festlegungen für die Anwendung fehlen.[19] Eine ansonsten rechtmäßige Datenverarbeitung kann aber bei einem eindeutig erkennbaren Verstoß gegen »Treu und Glauben« rechtswidrig sein.[20] 20

3. Transparenz

»Für natürliche Personen sollte Transparenz dahingehend bestehen, dass sie betreffende personenbezogene Daten erhoben, verwendet, eingesehen oder anderweitig verarbeitet werden und in welchem Umfang die personenbezogenen Daten verarbeitet werden und künftig noch verarbeitet werden. Der Grundsatz der Transparenz setzt voraus, dass alle Informationen und **Mitteilungen zur Verarbeitung dieser personenbezogenen Daten** leicht zugänglich und verständlich und in klarer und einfacher Sprache abgefasst sind. Dieser Grundsatz betrifft insbesondere die Informationen über die Identität des Verantwortlichen und die Zwecke der Verarbeitung und sonstige Informationen, die eine faire und transparente Verarbeitung im Hinblick auf die betroffenen natürlichen Personen gewährleisten, sowie deren Recht, eine Bestätigung und Auskunft darüber zu erhalten, welche sie betreffende personenbezogene Daten verarbeitet werden. Natürliche Personen sollten über die Risiken, Vorschriften, Garantien und Rechte im Zusammenhang mit der Verarbeitung personenbezogener Daten informiert und darüber aufgeklärt werden, wie sie ihre diesbezüglichen Rechte geltend machen können« (ErwGr 39 Sätze 2–5). 21

Der Begriff »**in nachvollziehbarer Weise**« beschreibt den Transparenzanspruch des Betroffenen. Er erfasst sowohl eine prospektive wie eine retrospektive Seite. Schon vor einer geplanten Verarbeitung, aber erst recht während und nach einer Verarbeitung soll der Betroffene Schritt für Schritt den Umgang mit seinen Daten nachvollziehen können. 22

Transparenz, also zu wissen, **wer wann wo welche Daten zu welchem Zweck** über einen verarbeitet, ist eine Grundvoraussetzung für informationelle Selbstbestimmung.[21] Instrumente der Transparenz sind die Information im Rahmen einer Einwilligung (Art. 7), die Bestimmtheit normativer Regelungen, insbesondere die Unterrichtung des Betroffenen nach den Art. 12–15 und die »Breach Notification« nach Art. 34. Auch die Informationen des Betroffenen durch die Aufsichtsbehörde (Art. 57 Abs. 1 Buchst. e und f) gehören hierher. 23

Transparenz bezieht sich auf **alle wesentlichen Aspekte** personenbezogener Datenverarbeitung. Grundlegend sind die Benennung der Verantwortlichen (wer), die Art der verarbeiteten Daten (was), die Art der Verarbeitung (wie) und die Zweckbestimmung (wozu). Relevant kann auch der Zeithorizont (wann) und die Art des Datenträgers (womit) sein. 24

---

18 SHS-*Roßnagel*, Art. 5 Rn. 47.
19 Dammann/Simitis, Art. 6 Rn. 3; Kühling/Buchner-*Herbst*, Art. 5 Rn. 17.
20 Auernhammer-*Kramer*, Art. 5 Rn. 8–10; a. A. Härting, Rn. 89.
21 BVerfG NJW 1984, 422.

Darzustellen sind die objektiven Gegebenheiten; dabei ist auf die Wahrnehmungs- und Verständnisfähigkeit der jeweiligen Adressaten Rücksicht zu nehmen.

25 Transparenz hat nicht nur einen inhaltlichen, sondern auch einen prozeduralen Aspekt. Die **Art und Weise**, wie einem Betroffenen Informationen über die Verarbeitung gegeben wird, ist oft entscheidend dafür, dass dieser sein Selbstbestimmungsrecht wahrnehmen kann. Relevant sind insofern die Kosten (Art. 12 Abs. 5), die Sprache (Art. 12 Abs. 1 Satz 1, Abs. 7), das Kommunikationsmedium (Art. 12 Abs. 1 Satz 2, 20), die Unverzüglichkeit (Art. 12 Abs. 3) und der beim Betroffenen verursachte Aufwand.

26 Das Transparenzerfordernis von Buchst. a bezieht sich auf den Betroffenen. Datenschutzrechtliche Transparenzpflichten gehen teilweise erheblich weiter und begünstigen **weitere Personen und Stellen**, wobei diese Pflichten auch einen dienenden Charakter für die Betroffenentransparenz haben können. Transparenz ist gefordert für den Verantwortlichen, auch z. B. im Verhältnis zum Auftragsverarbeiter, für die Aufsichtsbehörde, für die einbezogenen Gerichte, für die zuständigen Parlamente und letztlich für die Öffentlichkeit generell, da informationelle Selbstbestimmung nicht nur eine individuelle, sondern auch eine gesamtgesellschaftliche Relevanz hat.[22]

IV. Zweckbindung (Buchst. b)

27 Gemäß ErwGr 39 Sätze 6, 7 »sollten die **bestimmten Zwecke**, zu denen die personenbezogenen Daten verarbeitet werden, eindeutig und rechtmäßig sein und zum Zeitpunkt der Erhebung der personenbezogenen Daten feststehen. Die personenbezogenen Daten sollten für die Zwecke, zu denen sie verarbeitet werden, angemessen und erheblich sowie auf das für die Zwecke ihrer Verarbeitung notwendige Maß beschränkt sein.«

1. Allgemeines

28 Die Zweckbindung (engl. purpose limitation, auch Zweckbegrenzung od. Zweckvereinbarkeit) findet ihre **verfassungsrechtliche Grundlage** in Art. 8 Abs. 2 Satz 1 GRCh. Sie wurde vom BVerfG im Volkszählungsurteil entwickelt und war seither fester Bestandteil der deutschen Verfassungsrechtsprechung.[23] Aufgabe der Zweckbindung ist es, den Betroffenen zu ermöglichen, in ihrem Leben in verschiedenen Rollen jeweils eine eigene Identität zu entwickeln und zu entfalten und zu verhindern, dass Persönlichkeitsbilder (siehe Art. 22 Rn. 8) entwickelt werden, die für deren Wahrnehmung und Behandlung bestimmend werden. Die Konturen der Zweckbindung werden im ErwGr 50 näher beschrieben; die äußeren Grenzen der Zweckänderung werden in Art. 6 Abs. 4 festgelegt. Bei der Prüfung, ob eine Zweckänderung zulässig ist, hat daher eine zweistufige Prüfung zu erfolgen. Zunächst bedarf es der Feststellung, dass die Zweckverfolgung rechtmäßig ist; im zweiten Schritt ist zu prüfen, ob die Zweckänderung gegen Art. 6 Abs. 4 verstößt.[24]

22 BVerfG NJW 1984, 422.
23 Umfassende Nachweise bei Kühling/Buchner-*Herbst*, Art. 5 Rn. 21 Fn. 20.
24 Albrecht/Jotzo, Teil 2 Rn. 5 (S. 52); a. A. Plath-*Plath*, Art. 6 Rn. 31; Auernhammer-*Kramer*, Art. 5 Rn. 16.

Der Zweck wird zumeist über den **Verarbeitungskontext** definiert. Eine Datenverarbeitung der Polizei dient z. B. zumeist dem Zweck der Gefahrenabwehr oder dem der Strafverfolgung. Je sensitiver eine Datenverarbeitung ist, desto enger muss der Zweck definiert werden. So kann dieser bei einer polizeilichen Verarbeitung z. B. auf die »Bekämpfung von schwerwiegender Kriminalität«[25] oder gar auf die Ermittlung in einem konkreten Strafverfahren beschränkt sein. Daten bei einer Behörde dienen maximal der Erledigung von deren gesetzlichen Aufgaben. Daten in Bezug auf einen Vertrag, z. B. im Rahmen eines Kundenverhältnisses mit einem Versandhändler, dienen zunächst vorrangig der Abwicklung des Vertragsverhältnisses. Wurden Daten nicht gezielt erhoben, sondern anderweitig erlangt, so erfolgt die Zweckfestlegung anlässlich der gezielten Speicherung.[26] Daten des Adresshandels werden für Werbezwecke verwendet, die von Auskunfteien zur Auskunftserteilung an Dritte. Während für den Betroffenen ein ursprünglicher Verarbeitungskontext bei einer Direkterhebung zumeist noch nachvollziehbar ist, geht dieser bei einer Zweck- und damit Kontextänderung leicht verloren. 29

Die Beschränkung der personenbezogenen Datenverarbeitung auf bestimmte definierte Zwecke ist zentral für die informationelle Selbstbestimmung. Der Grundsatz der Zweckbindung gilt sowohl **für Private als auch für die öffentliche Verwaltung**. Damit ist auch informationelle Amtshilfe nach dem Verwaltungsverfahrensrecht ausgeschlossen.[27] Es gibt keinen Rechtsgrundsatz der »Einheit der Verwaltung« oder einen der »Einheit der verarbeitenden Stelle«, wonach einmal erlangte Informationen für den Verantwortlichen frei verfügbar wären. Aufgrund eines Rechtsgeschäfts erlangte Personendaten dürfen ebenso wenig zu beliebigen anderen Zwecken genutzt werden wie administrativ gespeicherte Daten. Das Wissen einer bestimmten Stelle darf nicht unbeschränkt als potenzielles Wissen anderer Organisationsteile dieser Stelle genutzt werden. Damit der Betroffene die Tragweite der Einschränkung seines Rechts auf informationelle Selbstbestimmung korrekt einschätzen kann, müssen ihm Ziel und Umfang offengelegt werden. Den Grundsatz der Zweckbindung umzusetzen wird durch verbesserte technische Möglichkeiten der Datenverknüpfung, insbesondere im Rahmen von Big-Data-Anwendungen, zunehmend schwierig.[28] Dem wird mit dem neuen Datenschutzziel der Nichtverkettbarkeit (siehe Rn. 66) entgegenzuwirken versucht. 30

Der grundrechtliche Schutz personenbezogener Daten vor einer Zweckänderung gilt auch im **Verhältnis zwischen Privaten** in Anwendung des Art. 51 GRCh insbesondere, wenn private Wirtschaftsteilnehmer grenzüberschreitend und in »wirkmächtiger Stellung« tätig sind und dabei Grundfreiheiten einschränken oder in einem von Unionssekundärrecht durchnormierten Sektor diskriminierende Praktiken zeigen.[29] 31

Das Thema »Zweckbindung« war während der gesamten Dauer der Verhandlungen über die DSGVO äußerst **umstritten**. Politiker wie Wirtschaftsvertreter vertraten immer wieder die Ansicht, ein Beharren auf der Zweckbindung würde lukrative Geschäftsmodelle in 32

25 EuGH, NJW 2017, 717 Rn. 102.
26 Schantz/Wolff-*Wolff*, Rn. 418; DKWW-*Weichert*, § 3 Rn. 31, 34.
27 Schlink, Die Amtshilfe, 1982, S. 169ff.
28 Helbing, K&R 2015, 145; Martini, DVBl 2014, 1484; Weichert, ZD 2013, 255f.
29 Stern/Sachs-*Ladenburg/Vondung*, Art. 51 Rn. 17.

Frage stellen, Big-Data-Analysen verhindern und die gesellschaftliche Erkenntnis unangemessen beeinträchtigen.[30]

2. Definition des Zwecks

33 Gemäß Buchst. b müssen die Zwecke schon bei der Erhebung **festgelegt, eindeutig** und **legitim** sein. Der Verantwortliche hat in einem Akt der Selbstbindung[31] vor der Erhebung festzulegen, welches Ziel er mit der Verarbeitung verfolgt. Der Zweck muss explizit oder implizit zweifelsfrei zum Ausdruck gebracht worden sein.[32] Nur so kann festgestellt werden, ob eine weitere Nutzung der Daten sich im Rahmen des Zwecks bewegt oder eine Zweckänderung darstellt. Die Festlegung muss nicht zwingend schriftlich oder textlich erfolgen. Im Interesse der Transparenz ist dies aber, etwa in der Einwilligungserklärung oder einer Vertragspassage, zu bevorzugen. Dabei dürfen keine unbestimmten Leerformeln oder Allerweltsbeschreibungen verwendet werden. Der Zweck kann sich auch unausgesprochen aus dem Kontext ergeben. Dabei ist auf einen vernünftigen kundigen Betrachter abzustellen, für den sich das Erwartbare oder Übliche der Datenverarbeitung erschließt.[33]

33a Die Zwecke müssen **hinreichend bestimmt** sein. Bei der Feststellung der Anforderungen an die Bestimmtheit ist eine Abwägung zwischen dem Verarbeitungsinteresse des Verantwortlichen und dem Schutzinteresse des Betroffenen vorzunehmen. Vage und mehrdeutige Festlegungen sind unzulässig. Nicht eindeutig sind Angaben wie »zur Verbesserung der Nutzererfahrung«, für »Werbung«, »IT-Sicherheit«, für »kommerzielle Zwecke« oder für »Big Data-Anwendungen«, wenn keine weitere Eingrenzung erfolgt.[34]

34 Der Zweck muss legitim sein. **Legitimität** setzt voraus, dass der Zweck gesetzeskonform ist, was z. B. durch eine spezifische gesetzliche Regelung sichergestellt werden kann. Der Aufgabenzweck kann sich auch generell auf die Aufgabenerledigung einer Stelle beziehen. Verfolgt eine Stelle, privat oder öffentlich, verschiedene Aufgaben, so muss grds. eine Trennung nach diesen Aufgaben erfolgen (z. B. Strafverfolgung – Gefahrenabwehr bei Sicherheitsdiensten). Im privaten Bereich sind Vertragsabwicklung und Werbung grds. unterschiedliche Zwecke. Im privaten Bereich besteht für den Verantwortlichen für die verfolgten Zwecke über die Privatautonomie eine weit gehende Bestimmungsmöglichkeit. Nicht mehr erfasst und damit illegitim sind Zwecke oder Zweckverbindungen, die rechtlich ausgeschlossen sind. Illegitim sind auch solche Zwecke, die den Betroffenen unverhältnismäßig bzw. übermäßig beeinträchtigen (vgl. Art. 6 Abs. 4).

35 Die **Festlegung** des Zwecks erfolgt zum Zeitpunkt der Datenerhebung. Soll für eine Weiterverarbeitung eine Zweckänderung erfolgen, so bedarf es hierfür einer erneuten Festlegung. Eine Form für die Festlegung ist rechtlich nicht vorgegeben. Sie muss sich aber aus

30 Albrecht/Jotzo, S. 52; Weichert/Schuler, Datenschutz contra Wirtschaft und Big Data?, 31. 12. 2015; S. 9 ff.; *http://www.netzwerk-datenschutzexpertise.de/sites/default/files/analyse-2015-12-bigdata.pdf.*

31 Härting, Rn. 95.

32 Dammann/Simitis, Art. 6 Rn. 6.

33 Paal/Pauly-*Frenzel*, Art. 5 Rn. 27.

34 Art.-29-Datenschutzgruppe, WP 203 v. 2. 4. 2013; Schantz, NJW 2016, 1843; Specht/Mantz-*Mantz/Marosi*, Teil A Rn. 86.

den Umständen der Verarbeitung eindeutig ergeben; eine schriftliche Fixierung, etwa im Verarbeitungsverzeichnis (Art. 30 Abs. 1 Buchst. b), ist sinnvoll; im Rahmen der Betroffenenmitteilung (Art. 13 Abs. 1 Buchst. c, 14 Abs. 1 Buchst. c) kann sich die Festlegung manifestieren.

Hinsichtlich der **Bestimmtheit** der Zwecke gibt es keine festen Vorgaben. Je sensitiver die Datenverarbeitung ist, desto höhere Anforderungen sind hieran zu stellen. Für den Verantwortlichen, die Betroffenen und andere Beteiligte muss erkennbar sein, welche Verarbeitungen zulässig sein sollen und welche nicht. Vage und offene Formulierungen sind unzulässig.[35] 36

3. Zweckänderung

Eine **Zweckänderung** ist durch den Grundsatz der Zweckbindung nicht ausgeschlossen. 37 Durch eine Einwilligung oder auf gesetzlicher Grundlage kann für einen legitimen Zweck die Informations- oder Nutzungssperre der Zweckbindung überwunden werden. Keine Zweckänderung liegt vor, wenn für einen konkreten Zweck eine Vielzahl von Verarbeitungsschritten nötig ist. Wird bei der Weiterverarbeitung ein anderer neuer Zweck verfolgt, so muss auch dieser legitim sein. Als Legitimitätskriterium kann auf Art. 6 Abs. 1 Buchst. f zurückgegriffen werden. Danach muss die Zweckänderung zur Wahrung berechtigter Interessen erforderlich sein; entgegenstehende Interessen oder Grundrechte des Betroffenen dürfen nicht überwiegen. Prüfungskriterium kann auch sein, dass der Verantwortliche die Daten für den neuen Zweck selbst hätte erheben dürfen (hypothetische Datenneuerhebung).[36]

Äußere Grenze einer Zweckänderung ist, dass die erhobenen Daten in einer mit dem ur- 38 sprünglichen Zweck »**nicht zu vereinbarenden Weise** weiterverarbeitet werden«. Aus der Formulierung wird geschlossen, dass der Verantwortliche nicht verpflichtet ist nachzuweisen, dass die Weiterverarbeitung mit dem Primärzweck vereinbar ist. Vielmehr werde die Darlegungslast umgekehrt, dass die Weiterverarbeitung mit dem ursprünglichen Zweck unvereinbar ist.[37] Diese Ansicht verkennt, dass der nach Art. 5 Abs. 2 Verantwortliche nachweispflichtig bleibt bzgl. der Legitimität der Zweckänderung.[38] Mit der Unvereinbarkeit von Zwecken wird festgelegt, was in keinem Fall legitim ist.

Die Zweckunvereinbarkeit geht auf das **Volkszählungsurteil des BVerfG** zurück, das aus- 39 führte: »Eine Regelung, die dennoch beide Zwecke erreichen will, ist zur Erreichung der beabsichtigten Zwecke jedenfalls dann untauglich und damit verfassungswidrig, wenn sie tendenziell Unvereinbares miteinander verbindet.« Dies nahm das BVerfG bei einer Nutzung von für Statistikzwecke erhobenen Daten für die Korrektur der Melderegister an.[39]

---

35 Beispiele hierfür bei Artikel-29-Datenschutzgruppe, opinion 03/2013 on purpose limitation, WP 203, 2.4.2013, S. 16.

36 BVerfG 20.4.2016 – 1 BvR 966/09, 1 BvR 1140/09, BKA-Gesetz, DVBl 2016, 771 = NJW 2016, 1801, Rn. 287.

37 Paal/Pauly-*Frenzel*, Art. 5 Rn. 30.

38 Ehmann/Selmayr-*Heberlein*, Art. 5 Rn. 18.

39 BVerfG 15.12.1983 – 1 BvR 209/83 u.a., NJW 1984, 426.

40 Hinsichtlich der Zweckänderung hat das BVerfG das Kriterium der »**hypothetischen Datenneuerhebung**« entwickelt. Danach ist eine Zweckänderung jedenfalls dann möglich, wenn, die Daten auch für den neuen Zweck erhoben werden dürften.[40]

41 »Die Verarbeitung personenbezogener Daten für andere Zwecke als die, für die die personenbezogenen Daten ursprünglich erhoben wurden, sollte nur zulässig sein, wenn die Verarbeitung mit den Zwecken, für die die personenbezogenen Daten ursprünglich erhoben wurden, vereinbar ist. In diesem Fall ist **keine andere gesonderte Rechtsgrundlage** erforderlich als diejenige für die Erhebung der personenbezogenen Daten« (ErwGr 50 Sätze 1, 2). Diese missverständliche Erwägung des Gesetzgebers kann nicht für sich in der Form verstanden werden, dass es für Zweckänderungen keiner weiteren Rechtsgrundlage bedürfe.[41] Vielmehr sind die weiteren Anforderungen des DSGVO, die vom Erwägungsgrund erwähnt werden, wie auch der Gesetzesvorbehalt zu berücksichtigen, wobei zweifellos auf die in Art. 6 Abs. 1 enthaltenen Generalklauseln zurückgegriffen werden kann.[42]

41a Eine generell zulässige und mit dem ursprünglichen Zweck zu vereinbarende Nutzung besteht in der Datenschutzkontrolle, der Datensicherung und der Sicherstellung eines ordnungsmäßigen Betriebs einer Datenverarbeitungsanlage. Zwar besteht nicht mehr eine dem § 31 BDSG-alt vergleichbare explizite Regelung. Doch gelten die zugrunde liegenden Erwägungen weiterhin. Damit soll generell die Funktionsfähigkeit der jeweiligen primären Zweckverfolgung gewährleistet werden; hierzu gehört auch die informationstechnische Sicherheit.[43] Bei Verfolgung dieser Zwecke kann eine separate Datenhaltung gegenüber dem Primärzweck sinnvoll sein; Zugriff auf diese Daten haben Vorgesetzte sowie insbesondere der Datenschutzbeauftragte und die Aufsichtsbehörde. Die Daten unterliegen einer strengen Zweckbindung; eine Nutzung für Verhaltens- und Leistungskontrolle von Beschäftgiten ist grundsätzlich ausgeschlossen.[44] Eine Präzisierung der Nutzung von für **Kontroll- und Sicherheitszwecke** gespeicherten Daten kann durch Dienst- bzw. Betriebsvereinbarungen erfolgen.[45]

41b Für **öffentliche Stellen** enthält § 23 BDSG eine Regelung zur Zweckänderung, die neben materiellen Anforderungen (offensichtliches Interesse des Betroffenen, Abwehr erheblicher Nachteile für Gemeinwohl und Sicherheit, Abwehr einer schwerwiegenden Rechtsbeeinträchtigung Dritter) eine Nutzung zur Rechtsverfolgung, zur Wahrnehmung von Aufsichts- und Kontrollbefugnissen, der Rechnungsprüfung, von Organisationsuntersuchungen und zu Ausbildungs- und Prüfungszwecken erlaubt. Bei letztgenannten Zwecken ist immer eine Interessenabwägung durchzuführen.

42 Bei einer zweckändernden Weiterverarbeitung sind u. U. **kompensierende grundrechtssichernde Maßnahmen**, etwa in Bezug auf die Betroffenentransparenz oder Überprüfung der Richtigkeit der Daten, erforderlich.[46]

---

40 BVerfG 20. 4. 2016 – 1 BvR 966/09, 1 BvR 1140/09, Rn. 287–292, NJW 2016, 1801 f. m. w. N.

41 So aber Paal/Pauly-*Frenzel*, Art. 5 Rn. 31.

42 Kühling/Buchner-*Herbst*, Art. 5 Rn. 29, 48 f.

43 EuGH 19. 10. 2016 – C-582/14 Rn. 50–64, NJW 2016, 3579; NVwZ 2017, 213; EuZW 2016, 909; BB 2016, 2830; K&R 2016, 811; DuD 2017, 42.

44 Relativierend SHS-*Roßnagel*, Art. 5 Rn. 102.

45 DKWW-*Weichert*, § 31 Rn. 3–7.

46 Eifert, Zweckvereinbarkeit statt Zweckbindung als Baustein eines modernen Datenschutzes, in Gropp/Lipp/Steiger, S. 139.

4. Privilegierte Sekundärzwecke Archiv, Forschung, Statistik

Eine Weiterverarbeitung für im öffentlichen Interesse liegende Archivzwecke, für wissenschaftliche oder historische Forschungszwecke oder für statistische Zwecke gelten gemäß Art. 89 Abs. 1 nicht als unvereinbar mit den ursprünglichen Zwecken. Es handelt sich also um **Zweckänderungen**, bei denen im Wege einer Fiktion die Voraussetzungen für eine Zweckänderung nicht vorliegen müssen.[47] Gefordert wird aber ein öffentliches Interesse. Dieses öffentliche Interesse kann nicht ohne Berücksichtigung der schutzwürdigen Betroffeneninteressen festgestellt werden.[48] Entgegen dem ErwGr 50 Satz 2 bedarf es für die weitere Verarbeitung nach der zulässigen Zweckänderung einer eigenständigen Rechtsgrundlage.[49] Daten, die für einen konkreten Forschungs- oder Statistikzweck verarbeitet werden, dürfen für andere Forschungs- und Statistikzwecke unter den gleichen Voraussetzungen gem. Abs. 1 Buchst. b weiterverarbeitet werden.[50] 43

Begründet wird die Privilegierung der genannten Zwecke mit dem besonderen öffentlichen Interesse an der Nutzung für diese Sekundärzwecke bei gleichzeitigem besonderem Schutz der Betroffenen.[51] Das besondere öffentliche Interesse muss deshalb nicht nur bei Archivzwecken, sondern auch bei der Forschung und der Statistik vorliegen, um die Privilegierung zu rechtfertigen. Es entspricht dem Wesen von **Archiven, Forschung und Statistik**, dass nicht eng zweckgebundene, sondern vielfältige Ziele verfolgt werden können.[52] Forschung (siehe Art. 85 Rn. 37–41) und Statistik (siehe Art. 89 Rn. 19–23) zielen bevorzugt auf aggregierte, nicht mehr personenbeziehbare Ergebnisse. Dem wird durch Vorkehrungen, etwa die Pseudonymisierung von Datensätzen, Rechnung getragen. Statistische Zwecke werden nur verfolgt, wenn bei den Ergebnissen keine personenbezogenen Daten mehr vorliegen und wenn diese nicht für Maßnahmen gegen Einzelpersonen genutzt werden.[53] Bei der Archivierung steht die Erhaltung der Daten im Vordergrund (siehe Art. 89 Rn. 24–27). Die Nutzung der Archivdaten muss nicht mehr von der besonderen Privilegierung erfasst sein.[54] Für die Weiterverarbeitung zu den genannten Zwecken gilt in jedem Fall eine enge Zweckbindung (vgl. Art. 89). Bei den privilegierten Sekundärzwecken ist die in Art. 13 GRCh gewährleistete Freiheit von Forschung und Wissenschaft tangiert. Die Regelung stellt also kein »Einfallstor« für die Aufweichung der Zweckbindung dar,[55] sondern ist eine praktische Umsetzung des Prinzips praktischer Konkordanz der Grundrechtsverwirklichung.[56] 44

47 SHS-*Roßnagel*, Art. 5 Rn. 103, 109.
48 Richter, DuD 2016, 584f.
49 Hornung/Hofmann, ZD-Beilage 4/2017, 7f.; Schantz, NJW 2016, 1841; Kühling/Buchner-*Herbst*, Art. 5 Rn. 54; a. A. Schantz/Wolff-*Wolff*, Rn. 411.
50 Hornung/Hofmann, ZD-Beilage 4/2017, 10.
51 Zu einseitig jeweils einerseits SHS-*Roßnagel*, Art. 5 Rn. 104, andererseits Sydow-*Reimer*, Art. 5 Rn. 27.
52 BVerfGE 65, 47.
53 Jandt/Steidle-*Richter*, xxx.
54 SHS-*Roßnagel*, Art. 5 Rn. 105.
55 So Buchner, DuD 2016, 157.
56 Ehmann/Selmayr-*Heberlein*, Art. 5 Rn. 17; vgl. Richter, DuD 2015, 737ff.; Richter, DuD 2016, 585; Roßnagel/Nebel/Richter, ZD 2015, 458.

V. Datenminimierung (Buchst. c)

45 Die Zielsetzung der Datenminimierung wird damit beschrieben, dass personenbezogene Daten »dem Zweck angemessen und erheblich sowie auf das für die Zwecke der Verarbeitung notwendige Maß beschränkt sein« soll. Der Grundsatz entspricht der Regelung des bisherigen § 3a BDSG zur »**Datenvermeidung und Datensparsamkeit**«, wonach bei der Gestaltung von Datenverarbeitungssystemen das Ziel zu verfolgen ist, »so wenig personenbezogene Daten wie möglich zu erheben, zu verarbeiten oder zu nutzen«. Als Instrumente hierfür werden die Anonymisierung und Pseudonymisierung benannt, »soweit dies nach dem Verwendungszweck möglich ist und keinen im Verhältnis zu dem angestrebten Schutzzweck unverhältnismäßigen Aufwand erfordert«.[57] Ein weiteres Instrument ist das »Aggregieren«. Datensparsamkeit kann auch durch technisch-organisatorische Maßnahmen umgesetzt werden, die mit den Begriffen »Verstecken« und »Trennen« beschrieben werden kann.

46 Die Formulierung von Buchst. c ist insofern irritierend, dass sie den Grundsatz der Erforderlichkeit und den der Datenminimierung nicht trennt, so wie dies im deutschen Datenschutzrecht bisher der Fall war. Der **Erforderlichkeitsgrundsatz** findet sich auch in Buchst. e wieder. Insofern überschneiden sich diese beiden Grundsätze. In Art. 6 Abs. 1 UAbs. 1 Buchst. c EG-DSRl war vorgesehen, dass die Daten nicht über die verfolgten Zwecke hinausgehen durften.

47 Daten sind für einen Zweck angemessen, wenn sie hierfür erheblich, also geeignet, erforderlich, also nötig, und nicht unverhältnismäßig sind. Es ist also eine umfassende **Verhältnismäßigkeitsprüfung** durchzuführen, bei der letztlich ausgeschlossen werden soll, dass der Verantwortliche bei der Beschreibung der Daten über das wesentliche Ziel der Verarbeitung hinausschießt. Es geht nicht nur um die Wahrung des »Augenmaßes« durch den Verantwortlichen, sondern um eine qualifizierte Interessenabwägung im Rahmen der Angemessenheitskontrolle.[58]

47a Was konkret für die Erreichung eines Zwecks erforderlich ist, ist im Einzelfall zu bewerten. Bei Massenverfahren ist eine pauschalierte Sichtweise möglich. Es genügt hierbei aber nicht, dass in Massenverfahren ein Datum im Einzelfall nötig sein kann; es bedarf einer regelmäßigen **Erforderlichkeit**. Bei der Erforderlichkeit im Einzelfall ist ein strenger Maßstab anzulegen. Die Dienlichkeit oder die Geeignetheit genügen nicht. Auch in Fall einer geübten Praxis ist der Nachweis erforderlich, dass ohne die jeweiligen Daten der Zweck nicht erreicht werden kann.[59] Eine Klarnamenpflicht bei Online-Netzwerken ist regelmäßig wegen fehlender Erforderlichkeit unzulässig (siehe § 13 Abs. 6 TMG).[60]

48 Schon bei der **Gestaltung und Auswahl der Systeme** ist darauf zu achten, dass der Umfang personenbezogener Datenverarbeitung auf ein Minimum beschränkt wird. Dies ist eine Antwort auf die zunehmende Automatisierung alltäglicher Abläufe, bei denen – oft nebenbei – massenhaft personenbezogene Daten anfallen. Datenminimierung ist insofern eine Maßnahme des Systemdatenschutzes, der technisch-organisatorischen Systemgestal-

57 Zur Geschichte des Prinzips DKWW-*Weichert*, § 3a Rn. 1.
58 Auernhammer-*Kramer*, Art. 5 Rn. 21; a. A. Plath-*Plath*, xxx.
59 LG Bonn 29. 5. 2018 – 10 O 171/18; Moos, K&R 2019, 241.
60 Nebel, K&R 2019, 152.

tung (Datenschutz durch Technik), mit welcher der Anfall von personenbezogenen Daten verhindert oder zumindest minimiert wird. Die verantwortliche Stelle muss vorab und unabhängig vom Einzelfall prüfen, welche Daten für den jeweiligen Zweck in einem Verfahren tatsächlich erforderlich sind und entsprechende Vorgaben bei der Systemgestaltung machen.[61] Der Umfang der Datenverarbeitung wird festgelegt durch den Umfang und die Art der Daten, die Art der Verarbeitung und die einbezogenen Personen. Gemäß dem »Need-to-know-Grundsatz« sind Systeme durch Begrenzung der Lese- und Schreibrechte so zu gestalten, dass das materiell Zulässige auch das technisch Machbare ist.[62] Unter Umständen sind verschiedene Modelle des Geschäftsablaufs durchzuspielen, um festzustellen, welches Verfahren den Anforderungen an die Datenminimierung am besten genügt. Anonymisierung und Pseudonymisierung sind Methoden zur Umsetzung dieses Ziels (siehe Art. 4 Rn. 64ff.). Anonymität kann im Internet durch Anonymisierungsdienste erreicht werden.[63] Beim Einsatz von Zahlungschipkarten wird dieses Ziel durch Verwendung von nicht personifizierten Prepaid-Karten erreicht.[64]

Der Idealfall ist, dass bei einem System oder Verfahren überhaupt keine personenbezoge- 49
nen Daten anfallen. Neben Anonymisierung und Pseudonymisierung ist als weitere **Maßnahmen** die systemseitig sichergestellte frühestmögliche Datenlöschung von Bedeutung. Datenminimierung beschränkt sich nicht auf die Reduzierung der Quantität personenbezogener Daten, sondern umfasst auch die Verringerung der Eingriffstiefe (Sensibilität, Umfang der Verarbeitungsschritte).

Der Grundsatz der Datenminimierung findet in der DSGVO **Konkretisierungen** in 50
Art. 25 zur Technikgestaltung und durch datenschutzfreundliche Voreinstellungen, in Art. 32 Abs. 1 Buchst. a zur Datensicherheit (Pseudonymisierung, Verschlüsselung), sowie in Art. 40 Abs. 2 Buchst. d, h zu Verhaltensregeln. Verstöße gegen den Grundsatz können gemäß Art. 83 Abs. 4 Buchst. a, Abs. 5 Buchst. a sanktioniert werden. Die Beachtung des Grundsatzes ist bei Datenschutz-Folgenabschätzungen (Art. 35 Abs. 7 Buchst. b) und bei Zertifizierungen nach Art. 42 von Bedeutung. Art. 89 Abs. 1 Sätze 2, 3 verpflichtet bei Archiv-, Statistik- und Forschungszwecken zur Datenminimierung, etwa in Form der Pseudonymisierung.

VI. Richtigkeit (Buchst. d)

»Es sollten alle vertretbaren Schritte unternommen werden, damit unrichtige personen- 51
bezogene Daten gelöscht oder berichtigt werden« (ErwGr 39 Satz 11). Zielsetzung des Grundsatzes der Richtigkeit ist, dass Daten die **Realität korrekt darstellen**. Dies gilt für die Gegenwart, die Vergangenheit und im Rahmen von personenbezogenen Prognosen auch für die Zukunft. Durch die Weiterverarbeitung unrichtiger Daten können sich falsche Fakten weiterverbreiten und für den Betroffenen negative, evtl. persönlichkeitsrechtlich dramatische Konsequenzen verursachen.

61 Simitis-*Scholz*, § 3a Rn. 2; zu einem möglichen »Recht auf datenerhebungsfreie Produkte« Becker, JZ 2017, 170.
62 SHS-*Roßnagel*, Art. 5 Rn. 125–132.
63 Bäumler, DuD 2001, 316; Möller, DuD 2000, 267, 344.
64 Büttgen, DuD 2001, 128.

52 Richtig bedeutet der Wahrheit entsprechend. Da sich Fakten ändern können, ist die Ergänzung »**auf dem neuesten Stand**« dann relevant, wenn es auf die aktuelle Richtigkeit ankommt. Durch die Verwendung des Begriffs »erforderlichenfalls« wird klargestellt, dass Aktualität nur dann gefordert ist, wenn der Datenbestand hierfür vorgesehen ist. Sind Daten zu löschen, egal aus welchem Grund, bedarf es keiner Berichtigung.

53 **Aktualität** ist nicht relevant für Archive oder für Vorgangsdokumentationen, bei denen es auf die korrekte Darstellung vergangener Sachverhalte ankommt. In vielen Fällen bestehen Dokumentationspflichten, bei denen es nicht nur auf die inhaltliche Richtigkeit ankommt, sondern vorrangig darauf, dass ein Vorgang so dokumentiert wurde und die Dokumentation nicht verfälscht wurde. Dies gilt z.B. für die ärztliche Dokumentationspflicht gemäß § 10 MBOÄ. Um wahrheitsgemäß dargestellte, aber nicht inhaltlich der Wahrheit entsprechende Dokumentationen richtigzustellen, kann es geboten sein, korrigierende Ergänzungen in einer Dokumentation aufzunehmen.

54 Für die Feststellung der Richtigkeit kann es auf die **Beteiligung des Betroffenen** ankommen. Auskunfts- und Informationsansprüche (insbes. Art. 12–15) sind Voraussetzung dafür, dass der Betroffene Kenntnis von einer Verarbeitung erhält und dies mit den Fakten abgleichen kann, um bei Abweichungen seine Korrekturansprüche (Art. 16–18) geltend machen zu können.

54a Erfolgt die **Datenerhebung bei Dritten**, also nicht direkt bei den Betroffenen, so ist es Aufgabe des Verantwortlichen sicherzustellen, dass die Einmeldung der Daten vollständig, richtig und aktuell ist. Dies gilt z.B. für Auskunfteien, die auch im Kundeninteresse eine hohe Datenqualität vorweisen müssen. Hierfür kann es erforderlich sein, vertraglich Qualitätsanforderungen festzulegen, regelmäßig Qualitätsstichproben durchzuführen und/oder den Meldeprozess zu zertifizieren (vgl. Art. 42).[65]

55 Für die Frage, wie eine unrichtige Datenverarbeitung korrigiert wird, verweist der 2. Halbsatz auf die unverzügliche Berichtigung oder Löschung. Welches Mittel gewählt wird, hängt vom **Zweck der Datenspeicherung und der Datenlage** ab. Kommt es darauf an, dass ein aktuelles Datum vorliegt und ist das korrekte Datum bekannt, so muss berichtigt werden (Art. 16).[66] Hängt die Richtigkeit von der Vollständigkeit eines Datensatzes ab, so erfolgt eine Ergänzung der Daten. Wird die Richtigkeit bestritten, so muss eine Einschränkung der Verarbeitung erfolgen (Art. 18 Abs. 1 Buchst. a), gegebenenfalls eine Zuspeicherung (Gegendarstellung). Wird das falsche Datum für den ursprünglichen Zweck oder für den Zweck der Dokumentation, dass das falsche Datum gespeichert war, nicht mehr benötigt, so hat eine Löschung zu erfolgen (Art. 17 Abs. 1 Buchst. a, d). Für die Kontrolle der Richtigkeit sind bei komplexen Formen der Verarbeitung, etwa beim Einsatz von Big-Data oder von selbstlernenden Systemen, spezifische Evaluationsmaßnahmen durchzuführen, insbesondere wenn, wie beim sog. »Deep Learning«, der Ergebnisprozess nicht mehr nachvollzogen und kontrolliert werden kann.[67]

56 Um auch bei dem Empfänger eines unrichtigen Datums den Grundsatz der Richtigkeit bei dessen **Weiterverarbeitung** verwirklichen zu können, sieht Art. 19 die Mitteilung über Berichtigung, Löschung oder Verarbeitungseinschränkung an den Empfänger vor.

65 v. Lewinski/Pohl, ZD 2018, 21.
66 SHS-*Roßnagel*, Art. 5 Rn. 144f.
67 SHS-*Roßnagel*, Art. 5 Rn. 148f.

Der Empfänger unterliegt als Auftragsverabreiter oder Verantwortlicher auch den Pflichten zur Berichtigung, Löschung oder Verarbeitungsbeschränkung.

Die Korrektur hat »**unverzüglich**« zu erfolgen, d. h. ohne schuldhaftes Zögern. 57

Maßnahmen zur Gewährleistung der Richtigkeit beschränken sich nicht auf die Behand- 58
lung von einzelnen Betroffenenersuchen. Vielmehr ist der Verantwortliche verpflichtet, angemessene **organisatorische Maßnahmen** im Interesse der Richtigkeit zu ergreifen. Hierzu gehört, soweit Betroffenenersuchen keine Einzelfälle sind, die Etablierung eines Beschwerdemanagements, mit dem die Sicherstellung der Durchsetzung der Betroffenenrechte organisatorisch gewährleistet wird. Hierzu gehören bei Daten, bei denen es auf hohe Aktualität und Richtigkeit ankommt, etwa bei Adressdatenbeständen, bei denen es immer wieder zu Änderungen kommt, die regelmäßige Verifikation und im Bedarfsfall die Korrektur.

VII. Speicherbegrenzung (Buchst. e)

Es ist erforderlich, »dass die **Speicherfrist** für personenbezogene Daten auf das unbedingt 59
erforderliche Mindestmaß beschränkt bleibt. Personenbezogene Daten sollten nur verarbeitet werden dürfen, wenn der Zweck der Verarbeitung nicht in zumutbarer Weise durch andere Mittel erreicht werden kann. Um sicherzustellen, dass die personenbezogenen Daten nicht länger als nötig gespeichert werden, sollte der Verantwortliche Fristen für ihre Löschung oder regelmäßige Überprüfung vorsehen« (ErwGr 39 Sätze 8–11).

Die Speicherbegrenzung zielt zeitlich darauf ab, dem **Erforderlichkeitsgrundsatz** zu ge- 60
nügen, der schon in Buchst. c seine allgemeine Ausprägung gefunden hat. Maßstab für die Dauer der personenbeziehbaren Speicherung sind die konkreten Zwecke. Die Aufhebung des Personenbezugs muss nach Erfüllung des Zwecks erfolgen. Dies hat Auswirkungen auf evtl. angestrebte Weiterverarbeitungen. Fällt der Primärzweck weg, so ist auch eine Nutzung für einen Sekundärzweck nicht mehr zulässig.[68]

Die Maßnahme zur Umsetzung der Speicherbegrenzung ist die Datenlöschung (Art. 17).[69] 61
Es genügt aber auch, eine **Anonymisierung** vorzunehmen, d. h. die Bestimmbarkeit der Personenidentität bzw. den Personenbezug zu beseitigen. Die Löschung der Identifizierungsdaten genügt hierfür regelmäßig nicht, wenn die Bestimmbarkeit über die Merkmalsdaten und den Verarbeitungskontext möglich bleibt. Auch eine Pseudonymisierung genügt daher in der Regel nicht.

Werden mit einem Datum **mehrere Zwecke** verfolgt, so greift das Ziel der Speicherbe- 62
grenzung erst, wenn sämtliche Zwecke weggefallen sind. Denkbar ist aber, dass bzgl. der weggefallenen Zwecke eine Verarbeitungseinschränkung (Art. 18) erfolgen muss. Dies kann zur Folge haben, dass eine nach Zwecken getrennte Speicherung erfolgen muss.[70]

Die **Umsetzung** der Speicherbegrenzung erfolgt technisch-organisatorisch durch die 63
Festlegung von Speicherfristen (Art. 25 Abs. 2) oder durch die Festlegung von Prüffristen. Erfolgt ein Widerspruch gem. Art. 21, so muss eine separate Prüfung der Erforderlichkeit und Rechtmäßigkeit erfolgen, was zu einer Speicherbegrenzung führen kann.

---

68 Paal/Pauly-*Frenzel*, Art. 5 Rn. 43.
69 Gstrein, Das Recht auf Vergessenwerden als Menschenrecht, 2016.
70 Paal/Pauly-*Frenzel*, Art. 5 Rn. 45; a. A. Auernhammer-*Kramer*, Art. 5 Rn. 28.

64 Als Ausnahme von der Speicherbegrenzung werden in Buchst. e 2. HS die Verarbeitung für **Archiv-, Forschungs- und Statistikzwecke** zugelassen. Diese Privilegierung bedingt sich aus der damit verfolgten Zielsetzung und verpflichtet nicht nur zu einer strengen Zweckbindung (vgl. Buchst. b), sondern auch zur Beachtung des Datenminimierungsgebots sowie der weiteren in Art. 89 vorgesehenen Garantien (siehe Art. 89 Rn. 29).

VIII. Integrität und Vertraulichkeit (Buchst. f)

65 »Personenbezogene Daten sollten so verarbeitet werden, dass ihre **Sicherheit** und Vertraulichkeit hinreichend gewährleistet ist, wozu auch gehört, dass Unbefugte keinen Zugang zu den Daten haben und weder die Daten noch die Geräte, mit denen diese verarbeitet werden, benutzen können« (ErwGr 39 Satz 12). Mit Buchst. f wird »Systemdatenschutz«[71] zur Pflicht gemacht; dem dienen insbesondere technisch-organisatorische Maßnahmen (Art. 32).

66 Mit der Integrität und Vertraulichkeit (engl. integrity, confidentiality, franz. intégrité, confidentialité) stellt die DSGVO zwei **technisch-organisatorische Schutzziele** in den Vordergrund. Sie sind Teil des umfassenden Konzepts von Schutzzielen, zu denen zudem die »Verfügbarkeit«, die »Transparenz«, die »Intervenierbarkeit« und die Nichtverkettbarkeit gehören.[72] Diese Schutzziele werden auch in Art. 5 genannten Grundsätzen verfolgt: Verfügbarkeit ist nicht die inhaltliche, sondern die physische Integrität der Daten (Buchst. f; vgl. Art. 32 Abs. 1 Buchst. c). Transparenz wird in Buchst. a zugesichert. Intervenierbarkeit ist nötig, um die Grundsätze der Datenminimierung, der Richtigkeit und der Speicherbegrenzung zu verwirklichen (Buchst. c, d, e). Nichtverkettbarkeit dient der Realisierung der Zweckbindung (Buchst. b). Die in Art. 32 vorgesehenen Schutzmaßnahmen ersetzen die bisher in Art. 9 BDSG-alt mit Anlage vorgesehenen technisch-organisatorischen Sicherungsmaßnahmen.

67 Integrität bedeutet **Unversehrtheit** und zwar quantitativ (Vollständigkeit) wie auch qualitativ (Unverfälschtheit). Durch Vorkehrungen sind unberechtigte Veränderungen des Datensatzes etwa durch Verfälschungen, Ergänzungen oder Beschränkungen zu verhindern. Berechtigte Änderungen stellen keine Beeinträchtigung der Integrität dar.

68 **Vertraulichkeit** bedeutet, dass die Daten nur berechtigten Personen oder Stellen zugänglich gemacht werden und durch Vorkehrungen der Zugriff von Nichtberechtigten verhindert wird. Hierfür sind technisch-organisatorische Vorkehrungen zu treffen. Diese können z. B. in einer Verschlüsselung, in Rollenkonzepten oder in einer technischen Abschottung liegen.

69 Die **Konkretisierung des Grundsatzes** erfolgt in vielen Regelungen der DSGVO, insbes. den Art. 25, 32 Abs. 1, 2.

IX. Rechenschaftspflicht (Abs. 2)

70 Die Regelung des Abs. 2 entspricht Art. 6 Abs. 1 EG-DSRl. Sie knüpft an den Begriff des **Verantwortlichen** an (Art. 4 Nr. 7). Im Kommissionsentwurf war noch präzisiert formu-

71 Roßnagel-*Dix*, Kap. 3.5.
72 Schmidt/Weichert-*Rost*, S. 354 ff.

liert, »dass bei jedem Verarbeitungsvorgang die Vorschriften dieser Verordnung« eingehalten werden müssen. Nicht direkt verpflichtet werden durch Abs. 2 Auftragsverarbeiter, Zertifizierungsstellen, Kontrollstellen, Aufsichtsbehörden oder der EDSA.[73]

Die Rechenschaftspflicht (»accountability«) bezieht sich zunächst auf die Beachtung der in Art. 5 Abs. 1 festgelegten **Grundsätze**. Sie geht aber weit darüber hinaus und erfasst sämtliche materiellen, technischen, organisatorischen und prozeduralen Regelungen der DSGVO, die sich an den Verantwortlichen richten und die in Abs. 1 abstrakt zusammengeführt sind. Sie gilt als Ausgleich für das faktische Ungleichgewicht zwischen Verarbeiter und Betroffenen und steht – zumal sie nicht selbst sanktionsbewährt ist – nicht in Widerspruch zum Unschuldsgrundsatz sowie zum Recht, sich nicht selbst bezichtigen zu müssen.[74] Eine bestimmte Form des Nachweises ist nicht vorgegeben. 71

Die Rechenschaftspflicht erstreckt sich nicht nur auf die faktische Beachtung der Regelungen der DSGVO, sondern auch auf dessen **Dokumentation**, also dass der Verantwortliche die Einhaltung der Regeln nachweisen kann.[75] Dies hat zur Folge, dass die personenbezogene Datenverarbeitung protokolliert werden muss, was im Konfliktfall zur Prüfung herangezogen werden kann. Die Dokumentationspflicht erstreckt sich auf sämtliche datenschutzrechtlich relevanten Vorgänge, soweit diese für die Prüfung der Rechtmäßigkeit erforderlich sind. Da damit zugleich personenbeziehbare Daten erfasst werden, muss ein Interessenausgleich zwischen Datenminimierung und Dokumentationspflicht erfolgen. Hierbei kann unter Berücksichtigung des risikobasierten Ansatzes der DSGVO und des Verhältnismäßigkeitsgrundsatzes[76] pauschaliert vorgegangen werden, indem z. B. festgelegt wird, dass Vorgangsprotokollierungen ein Jahr lang gespeichert bleiben. 72

Die Dokumentationspflicht beschränkt sich nicht auf den Nachweis der Rechtmäßigkeit der jeweiligen konkreten Datenverarbeitung, sondern erstreckt sich auf das Gesamtverfahren der personenbezogenen Datenverarbeitung. Diese bezieht den Nachweis geeigneter technischer und organisatorischer Maßnahmen gem. Art. 24 Abs. 1 mit ein. Insofern verpflichtet Art. 5 Abs. 2 zur Erstellung eines **Datenschutz-Management-Systems**. Bestandteil dieses Systems sind interne Datenschutz- und IKT-Sicherheitsrichtlinien, regelmäßige Datenschutzschulungen und Regeln zur Kontrolle, Optimierung und Anpassung der Datenschutzmaßnahmen.[77] 73

Es gibt neben dieser allgemeinen Pflicht zur Verantwortlichkeit in der DSGVO **spezifische Regelungen zur Dokumentation**: Bei einer gemeinsamen Verantwortlichkeit muss die in Art. 26 geforderte Vereinbarung vorgelegt werden können.[78] Art. 28 Abs. 3 Buchst. a stellt sicher, dass der Auftragsverarbeiter weisungsgemäß verarbeitet und die Weisungen nachvollziehbar sind. Art. 30 verpflichtet zum Führen eines Verarbeitungsverzeichnisses und zur Dokumentation von Garantien bei Drittlandsübermittlungen (Abs. 2 Buchst. c; vgl. Art. 46 Abs. 2 Buchst. a, 49 Abs. 6). Art. 33 Abs. 5 verpflichtet zur Dokumentation im Fall einer meldepflichtigen Verletzung des Datenschutzes (Breach Notification). Angesichts 74

73 SHS-*Roßnagel*, Art. 5 Rn. 180.
74 A.A. Veil, ZD 2018, 12, 16.
75 Berning, ZD 2018, 348.
76 Veil, ZD 2018, 13 ff.; SHS-*Roßnagel*, Art. 5 Rn. 178.
77 Hamann, BB 2017, 1092.
78 Weichert, DANA 2019, 6 ff.

der Risikoorientierung der DSGVO ist eine Bewertung der Verarbeitung und im Bedarfsfall eine Folgenabschätzung nach Art. 35 vorzunehmen.[79] Besteht eine Pflicht zur Benennung eines Datenschutzbeauftragten (Art. 37, § 38 BDSG), so ist die Umsetzung dieser Pflicht zu dokumentieren; erfolgt keine Benennung, so sollten die Gründe hierfür festgehalten werden.[80]

75 In Umsetzung des Art. 5 Abs. 2 sollten die Aufsichtsbehörden ihre Anforderungen an den Nachweis der Verantwortlichkeit durch entsprechende Hinweise präzisieren. Verstöße gegen Art. 5 Abs. 2 sind gem. Art. 83 Abs. 5 Buchst. a mit **Bußgeld** bedroht.

X. Nationale Regelung

76 Das deutsche Datenschutzrecht kannte bisher keine allgemeinen normierten Datenschutzgrundsätze. Im Anwendungsbereich der DSGVO, also im öffentlichen und im privaten Bereich, im Allgemeinen wie im spezifischen Datenschutzrecht sind auch bei der Auslegung nationalen Rechts die Grundsätze des Art. 5 mit heranzuziehen.

Art. 6 Rechtmäßigkeit der Verarbeitung

(1) Die Verarbeitung ist nur rechtmäßig, wenn mindestens eine der nachstehenden Bedingungen erfüllt ist:

a) Die betroffene Person hat ihre Einwilligung zu der Verarbeitung der sie betreffenden personenbezogenen Daten für einen oder mehrere bestimmte Zwecke gegeben;

b) die Verarbeitung ist für die Erfüllung eines Vertrags, dessen Vertragspartei die betroffene Person ist, oder zur Durchführung vorvertraglicher Maßnahmen erforderlich, die auf Anfrage der betroffenen Person erfolgen;

c) die Verarbeitung ist zur Erfüllung einer rechtlichen Verpflichtung erforderlich, der der Verantwortliche unterliegt;

d) die Verarbeitung ist erforderlich, um lebenswichtige Interessen der betroffenen Person oder einer anderen natürlichen Person zu schützen;

e) die Verarbeitung ist für die Wahrnehmung einer Aufgabe erforderlich, die im öffentlichen Interesse liegt oder in Ausübung öffentlicher Gewalt erfolgt, die dem Verantwortlichen übertragen wurde;

f) die Verarbeitung ist zur Wahrung der berechtigten Interessen des Verantwortlichen oder eines Dritten erforderlich, sofern nicht die Interessen oder Grundrechte und Grundfreiheiten der betroffenen Person, die den Schutz personenbezogener Daten erfordern, überwiegen, insbesondere dann, wenn es sich bei der betroffenen Person um ein Kind handelt.

Unterabsatz 1 Buchstabe f gilt nicht für die von Behörden in Erfüllung ihrer Aufgaben vorgenommene Verarbeitung.

(2) Die Mitgliedstaaten können spezifischere Bestimmungen zur Anpassung der Anwendung der Vorschriften dieser Verordnung in Bezug auf die Verarbeitung zur Erfüllung von Absatz 1 Buchstaben c und e beibehalten oder einführen, indem sie spezifi-

---

79 Berning, ZD 2018, 352.

80 Berning, ZD 2018, 350.

sche Anforderungen für die Verarbeitung sowie sonstige Maßnahmen präziser bestimmen, um eine rechtmäßig und nach Treu und Glauben erfolgende Verarbeitung zu gewährleisten, einschließlich für andere besondere Verarbeitungssituationen gemäß Kapitel IX.

(3) Die Rechtsgrundlage für die Verarbeitungen gemäß Absatz 1 Buchstaben c und e wird festgelegt durch

a) Unionsrecht oder
b) das Recht der Mitgliedstaaten, dem der Verantwortliche unterliegt.

Der Zweck der Verarbeitung muss in dieser Rechtsgrundlage festgelegt oder hinsichtlich der Verarbeitung gemäß Absatz 1 Buchstabe e für die Erfüllung einer Aufgabe erforderlich sein, die im öffentlichen Interesse liegt oder in Ausübung öffentlicher Gewalt erfolgt, die dem Verantwortlichen übertragen wurde. Diese Rechtsgrundlage kann spezifische Bestimmungen zur Anpassung der Anwendung der Vorschriften dieser Verordnung enthalten, unter anderem Bestimmungen darüber, welche allgemeinen Bedingungen für die Regelung der Rechtmäßigkeit der Verarbeitung durch den Verantwortlichen gelten, welche Arten von Daten verarbeitet werden, welche Personen betroffen sind, an welche Einrichtungen und für welche Zwecke die personenbezogenen Daten offengelegt werden dürfen, welcher Zweckbindung sie unterliegen, wie lange sie gespeichert werden dürfen und welche Verarbeitungsvorgänge und -verfahren angewandt werden dürfen, einschließlich Maßnahmen zur Gewährleistung einer rechtmäßig und nach Treu und Glauben erfolgenden Verarbeitung, wie solche für sonstige besondere Verarbeitungssituationen gemäß Kapitel IX. Das Unionsrecht oder das Recht der Mitgliedstaaten müssen ein im öffentlichen Interesse liegendes Ziel verfolgen und in einem angemessenen Verhältnis zu dem verfolgten legitimen Zweck stehen.

(4) Beruht die Verarbeitung zu einem anderen Zweck als zu demjenigen, zu dem die personenbezogenen Daten erhoben wurden, nicht auf der Einwilligung der betroffenen Person oder auf einer Rechtsvorschrift der Union oder der Mitgliedstaaten, die in einer demokratischen Gesellschaft eine notwendige und verhältnismäßige Maßnahme zum Schutz der in Artikel 23 Absatz 1 genannten Ziele darstellt, so berücksichtigt der Verantwortliche – um festzustellen, ob die Verarbeitung zu einem anderen Zweck mit demjenigen, zu dem die personenbezogenen Daten ursprünglich erhoben wurden, vereinbar ist – unter anderem

a) jede Verbindung zwischen den Zwecken, für die die personenbezogenen Daten erhoben wurden, und den Zwecken der beabsichtigten Weiterverarbeitung,
b) den Zusammenhang, in dem die personenbezogenen Daten erhoben wurden, insbesondere hinsichtlich des Verhältnisses zwischen den betroffenen Personen und dem Verantwortlichen,
c) die Art der personenbezogenen Daten, insbesondere ob besondere Kategorien personenbezogener Daten gemäß Artikel 9 verarbeitet werden oder ob personenbezogene Daten über strafrechtliche Verurteilungen und Straftaten gemäß Artikel 10 verarbeitet werden,
d) die möglichen Folgen der beabsichtigten Weiterverarbeitung für die betroffenen Personen,
e) das Vorhandensein geeigneter Garantien, wozu Verschlüsselung oder Pseudonymisierung gehören kann.

Inhaltsübersicht Rn.

I. Einleitung

1 Art. 6 hat innerhalb des DSGVO als zentrale Erlaubnisnorm eine herausragende zentrale Position inne. Die Vorschrift ist inhaltlich und sprachlich an die Regelung des Art. 7 EG-DSRL angelehnt. Die dort enthaltenen datenschutzrechtlichen Grundsätze und Erlaubnistatbestände entsprechen Regelungen in den §§ 4 Abs. 1 und 28 Abs. 1 Nr. 1 und 2 BDSG-alt.

2 Art. 6 regelt unterschiedliche Sachverhalte:

- In **Abs. 1** sind die **datenschutzrechtlichen Erlaubnistatbestände abschließend** aufgelistet, die eine Verarbeitung personenbezogener Daten legitimieren. Mit Blick auf die in

Art. 5 enthaltenen allgemeinen Grundsätze sowie auf zahlreiche normative Präzisierungen (etwa in Art. 9 zur Verarbeitung besonderer Kategorien personenbezogener Daten) sind insbesondere Art und Reichweite der Erlaubnistatbestände nicht einfach zu überschauen.

- Die **Öffnungsklausel** des **Abs. 2** gibt den Mitgliedstaaten die Möglichkeit, spezifische Anforderungen für die Verarbeitung sowie für sonstige Maßnahmen präziser zu bestimmen, um Verarbeitungen zu gewährleisten, die rechtmäßig sind und die nach Treu und Glauben erfolgen. Die Vorschrift zielt vorrangig auf den öffentlichen Bereich und hat klarstellende Funktion.[1]
- Durch **Abs. 3** wird festgelegt, dass datenschutzrechtlich zulässige Verarbeitungen nur auf der **Grundlage von Unionsrecht** oder auf Basis des **Rechts der Mitgliedstaaten** erfolgen dürfen. In dieser Vorschrift werden die Bedingungen festgelegt und präzisiert, die einschlägige Rechtsgrundlagen erfüllen müssen.
- In **Abs. 4** werden beispielhaft (»unter anderem«) fünf Kriterien benannt, die für die Bewertung zulässiger **Zweckänderungen** berücksichtigt werden müssen. Diese Vorschrift ist kein eigenständiger Erlaubnistatbestand, sondern nur ein Maßstab für Zulässiges.[2]

Die Vorschrift gilt für alle Verantwortlichen, auf die die DSGVO anwendbar ist und **erfasst öffentliche wie nichtöffentliche Stellen** bis auf die in Abs. 1 Buchst. f genannte Ausnahme unterschiedslos.[3] Nach Art. 6 Satz 2 können Verantwortliche aus dem öffentlichen Bereich sich allerdings nicht darauf berufen, dass die Verarbeitungen personenbezogener Daten zur Wahrung eigener berechtigter Interessen oder zur Wahrung der Interessen Dritter erforderlich ist. Eine Verarbeitung für diese Zwecke kann nur von Verantwortlichen aus dem nichtöffentlichen Bereich durchgeführt werden. 3

II. Zulässigkeit der Datenverarbeitung (Abs. 1)

Art. 6 Abs. 1 Satz 1 benennt die **Voraussetzungen** für eine rechtmäßige Verarbeitung personenbezogener Daten. Die Aufzählung der Erlaubnistatbestände ist **abschließend**. Sie sind in ihrer rechtlichen Funktion zwar gleichwertig.[4] Der Tatbestand in Buchst. f stellt die Zulässigkeit der Datenverarbeitung aber immer unter den Vorbehalt einer Interessenabwägung, die die beiderseitigen Interessen berücksichtigt. 4

Die Vorschrift beinhaltet ein **Verbot mit Erlaubnisvorbehalt**,[5] das bereits in Art. 7 DSRL sowie in der sich hieraus ableitenden Vorschrift des § 4 Abs. 1 BDSG-alt zu finden war. Jede Verarbeitung von personenbezogenen Daten damit setzt voraus, dass es einen eindeutigen Erlaubnistatbestand gibt und dass eine gewollte Verarbeitung diesen ausfüllt. Den jeweils einschlägigen Erlaubnistatbestand muss der Verarbeiter benennen können. Die durchzuführende Verarbeitung muss durch die vom Verantwortlichen angeführte Rechtsgrundlage vollständig abgedeckt sein.[6] 5

1 Auernhammer-*Kramer*, Art. 6 Rn. 79; Kühling/Buchner-*Buchner/Petri*, Art. 6 Rn. 2.
2 Ähnlich Kühling/Buchner-*Buchner/Petri*, Art. 6 Rn. 4.
3 Gola-*Schulz*, Art. 6 Rn. 2.
4 Gola-*Schulz*, Art. 6 Rn. 10.
5 Gola-*Schulz*, Art. 6 Rn. 2; Kühling/Buchner-*Buchner/Petri*, Rn. 11ff.
6 SHS-*Albrechts*, Art. 6 Abs. 1 Rn. 13.

6 Aus der in Art. 6 Abs. 1 Satz 1 enthaltenen Formulierung, nach der »*mindestens eine der nachstehenden Bedingungen*« gegeben sein muss, leitet sich ab, dass eine **Verarbeitung mehrere Tatbestände** erfüllen kann. Dieses vom Wortlaut her mögliche Nebeneinander ist indes nicht im Sinn einer Ausweitung der Erlaubnistatbestände zu interpretieren. Einer solchen Ausweitung steht insbesondere die in Art. 5 Abs. 1 Buchst. b zum Ausdruck kommende enge Zweckbindung jeder Verarbeitung personenbezogener Daten entgegen. Wegen der sich hiermit verbindenden Unübersichtlichkeit der im konkreten Fall anwendbaren Zulässigkeitsvoraussetzungen steht sie zudem im Widerspruch zum Transparenzgebot in Art. 5 Abs. 1 Buchst. a und zu der hieraus folgenden Verpflichtung, die Zwecke einer Verarbeitung so konkret wie möglich zu fassen.[7] Bei der Prüfung, ob mehrere Tatbestände parallel erfüllt sind, ist deshalb stets ein **enger Maßstab** anzulegen. Werden etwa personenbezogene Daten auf der Grundlage von Art. 6 Abs. 1 Buchst. b zur Erfüllung eines Vertrags verarbeitet, bestimmen sich die zulässigen Möglichkeiten bzw. die bestehenden Grenzen der Verarbeitung allein aus dem Regelungsgehalt dieses Rechtsverhältnisses. Dies steht dem Rückgriff auf einen der anderen in Abs. 1 Buchst. d bis f enthaltenen anderen Erlaubnistatbestände entgegen. Die sich aus dem Wortlaut ableitende Möglichkeit, Erlaubnistatbestände zu kumulieren, kann nicht als Hinweis auf eine generelle Ausweitung der Verarbeitungsmöglichkeiten interpretiert werden.[8]

7 Die vorstehende Feststellung gilt entsprechend, wenn **parallel** zu einem der in Abs. 1 Buchst. b bis f genannten Erlaubnistatbestand von Verantwortlichen eine **Einwilligung** nach Abs. 1 Buchst. a eingeholt wird, um etwa eine Verarbeitung vorsorglich für den Fall abzusichern, dass eine andere Erlaubnisnormen nicht einschlägig ist.[9] Mit Blick auf den in Art. 5 Abs. 1 Buchst. a enthaltenen Grundsatz einer Verarbeitung nach Treu und Glauben setzt ein solches Vorgehen voraus, dass der Verarbeiter der betroffenen Person, von der er eine Einwilligung verlangt, zugleich darlegt, dass er selbst am Vorliegen eines anderen gesetzlichen Erlaubnistatbestand Zweifel hat. Das parallele Einholen einer Einwilligung kann weiterhin mit der in Art. 5 Abs. 1 Buchst. b festgeschriebenen Zweckbindung kollidieren, wenn es zu einer undifferenzierten Ausweitung der in den Abs. 1 Buchst. b bis f benannten Zwecke führt. Erwecken Verantwortliche trotz des Vorliegens eines anderweitigen datenschutzrechtlichen Erlaubnistatbestands durch das Verlangen nach einer Einwilligung den Eindruck, dass es auf eine persönliche Entscheidung der Betroffenen entscheidend ankommt, verletzen sie das in Art. 5 Abs. 1 Buchst. a enthaltene Transparenzgebot.[10] Für betroffene Personen muss klar und eindeutig zu erkennen sein, ob ihre Einwilligung für eine Verarbeitung notwendig, maßgeblich oder entscheidend ist oder ob diese von Verantwortlichen nur ergänzend oder in unklaren Fällen zu ihrer eigenen datenschutzrechtlichen Absicherung eingeholt wird.

8 Mit Ausnahme der in Abs. 1 Buchst. a genannten Einwilligung stehen alle in der Vorschrift benannten Erlaubnistatbestände unter dem **Vorbehalt** einer im Einzelfall **objektiv feststellbaren Erforderlichkeit**. Unter Beachtung dieses Vorbehalts dürfen personenbezogene Daten in den in Abs. 1 Buchst. b bis f genannten Fällen nur dann ohne Durchführung

---

7 Gola-*Schulz*, Art. 6 Rn. 19.
8 Weiter wohl Plath-*Plath*, Art. 6 Rn. 4.
9 Vgl. Plath-*Plath*, Art. 6 Rn. 5f.
10 Vgl. Kühling/Buchner-*Buchner/Petri*, Art. 6 Rn. 6; a. A. wohl Plath-*Plath*, Art. 6 Rn. 7.

einer vorausgehenden Interessenabwägung verarbeitet werden, wenn sich die in den verschiedenen Tatbeständen genannten Verarbeitungen sonst aus objektiver Sicht nicht realisieren lassen. Diese Voraussetzung kann beispielsweise bezogen auf die Verarbeitung der auf einem Briefbogen enthaltenen Kontonummer einer betroffenen Person erfüllt sein, wenn ein Verantwortlicher diese benötigt, um vertraglich geschuldete Zahlungen zu überweisen. Kann eine vorgeschaltete Interessenabwägung unterbleiben, sind die jeweils einschlägigen Tatbestände **eng auszulegen.**

Gibt es hingegen Umsetzungsspielräume oder unterschiedliche Alternativen, müssen die **verschiedenen Grundrechte** und **Interessensphären** gegeneinander **abgewogen werden**. Bei dieser Prüfung müssen allgemeine datenschutzrechtliche Grundsätze des Art. 5 berücksichtigt werden wie insbesondere die Zweckbindung oder die Datenminimierung. Hat ein Verantwortlicher Spielräume, ist die notwendige Erforderlichkeit nur gegeben, wenn es zu der beabsichtigten Verarbeitung von Daten in der vom Verarbeiter gewollten Art und Weise keine zumutbare oder realisierbare Alternative gibt.[11] Sind beabsichtigte Verarbeitungen nicht geeignet, die Erfüllung von Pflichten oder die Wahrnehmung der in Abs. 1 Buchst. b bis f genannten Rechte zu unterstützen oder zu fördern, fehlt es an der notwendigen Erforderlichkeit und damit an einer datenschutzrechtlichen Legitimation. 9

Für **besondere Kategorien** personenbezogener Daten wird die eigentlich abschließende Aufzählung des Abs. 1 durch die in Art. 9 Abs. 2 enthaltenen Erlaubnistatbestände konkretisiert. Art. 9 Abs. 2 ist in diesem Zusammenhang **restriktiv zu interpretieren** (vgl. Art. 9 Rn. 47) und stellt bezogen auf die in Art. 6 Abs. 1 genannten Erlaubnistatbestände keine Ausweitung der Verarbeitungsmöglichkeiten dar. Auch die Verarbeitung der in Art. 9 Abs. 1 genannten Daten ist nur zulässig, wenn einer der Erlaubnistatbestände aus Art. 6 Abs. 1 vorliegt. 10

Art. 6 Abs. 1 beinhaltet in einer abschließenden Aufzählung **sechs Erlaubnistatbestände** für die Verarbeitung von personenbezogenen Daten: 11

- Einwilligung durch eine betroffene Person (Abs. 1 Buchst. a).
- Erforderlichkeit für die Erfüllung eines Vertrags mit der betroffenen Person oder für die Durchführung einer vorvertraglichen Maßnahme auf deren Anfrage (Abs. 1 Buchst. b).
- Erforderlichkeit der Verarbeitung für die Erfüllung einer rechtlichen Verpflichtung, der der Verantwortliche unterliegt (Abs. 1 Buchst. c).
- Erforderlichkeit zum Schutz lebenswichtiger Interessen der betroffenen Person oder einer anderen natürlichen Person (Abs. 1 Buchst. d).
- Erforderlichkeit für die Wahrnehmung einer im öffentlichen Interesse liegenden Aufgabe oder in Ausübung öffentlicher Gewalt, die dem Verantwortlichen übertragen wurde (Abs. 1 Buchst. e).
- Erforderlichkeit zur Wahrung berechtigter Interessen des Verantwortlichen oder eines Dritten, sofern nicht Interessen oder Grundrechte und Grundfreiheiten der betroffenen Person überwiegen, die den Schutz personenbezogener Daten erfordern (Abs. 1 Buchst. f).

11 Kühling/Buchner-*Buchner/Petri*, Art. 6 Rn. 15.

12 Auf den ersten Blick geht die Reichweite der Erlaubnistatbestände in Abs. 1 über die hinaus, die sich aus den §§ 4 Abs. 1 und 28 Abs. 1 Satz 1 Nr. 1 und 2 BDSG-alt ableitete. Eine kurze Analyse verdeutlicht aber, dass die Rechtmäßigkeit einer Datenverarbeitung weiterhin das Vorliegen und die Erfüllung vertrauter Erlaubnistatbestände voraussetzt.[12] Die bisher in § 4 Abs. 1 BDSG-alt enthaltenen allgemeinen Zulässigkeitsvoraussetzungen der Anordnung oder Erlaubnis durch ein Gesetz oder eine andere Rechtsvorschrift sowie der Erteilung einer Einwilligung finden sich beispielsweise in Art. 6 Abs. 1 ebenso wieder wie die in § 28 Abs. 1 Satz 1 BDSG-alt aufgeführten datenschutzrechtlichen Erlaubnistatbestände für die Erhebung und Speicherung für eigene Geschäftszwecke.

13 In der DSGVO steht die **Einwilligung** nunmehr in Art. 6 Abs. 1 Buchst. a prominent **an erster Stelle** der Aufzählung von Erlaubnistatbeständen. Es folgen die Verarbeitung zur Erfüllung eines Vertrags bzw. für die Durchführung vorvertraglicher Maßnahmen (Buchst. b) oder aufgrund einer rechtlichen Verpflichtung (Buchst. c) sowie die Verarbeitung zur Wahrung berechtigter Interessen (Buchst. f).

14 Alle in Abs. 1 aufgeführten **Tatbestände stehen gleichberechtigt nebeneinander**. Die Zulässigkeitstatbestände müssen bei allen Phasen der Verarbeitung gegeben sein. Es gibt keinen allgemeinen Vorrang der individuellen Einwilligung nach Buchst. a gegenüber den weiteren Erlaubnistatbeständen in Buchst. b bis f.[13] Aus Art. 8 Abs. 2 Satz 1 GRCh leitet sich aber ab, dass alle anderen in Art. 6 Abs. 1 genannten Rechtsgrundlagen wegen der sich mit ihnen verbindenden Eingriffe in Rechte von betroffenen Personen aus den Art. 7 und 8 GRCh verhältnismäßig und auf das notwendige Maß beschränkt sein müssen.[14] Ist die Einholung einer Einwilligung möglich und den Verantwortlichen zumutbar, ist sie insbesondere gegenüber dem Rückgriff auf den in Abs. 1 Nr. 1 Buchst. f enthaltenen Erlaubnistatbestand stets das mildere Mittel, dem in soweit der Vorrang zu geben ist.[15]

15 Wird einer der in Abs. 1 aufgeführten Tatbestände erfüllt, ist die Verarbeitung personenbezogener Daten zulässig. Die Vorschrift regelt dann aber nur das »Ob« der Datenverarbeitung und trifft Aussagen zu ihrer Rechtmäßigkeit, nicht aber zugleich auch zum »Wie« ihrer tatsächlichen Durchführung.[16] Der weitergehende Rahmen für die Zulässigkeit einer Verarbeitung folgt aus anderen datenschutzrechtlichen Vorschriften, die es für den öffentlichen oder den nichtöffentlichen Bereich gibt.

1. Einwilligung (Abs. 1 Nr. 1 Buchst. a)

16 Die Verarbeitung von personenbezogenen Daten einer betroffenen Person für einen oder für mehrere bestimmte Zwecke ist nach Abs. 1 Nr. 1 Buchst. a rechtmäßig, wenn sie hierzu ihre Einwilligung gegeben haben. Es gilt die in Art. 4 Nr. 11 enthaltene Definition. Eine Einwilligung muss für einen bestimmten Fall in informierter Weise freiwillig erteilt werden und die in Art. 7 (vgl. dort Rn. 33) benannten allgemeinen Anforderungen erfüllen. Die entsprechende Willensbekundung muss unmissverständlich sein.

---

12 Ähnlich Gola-*Schulz*, Art. 6 Rn. 6.
13 So aber Paal/Pauly-*Frenzel*, Art. 6 Rn. 10.
14 So zutreffend SHS-*Schantz*, Art. 6 Rn. 11.
15 Im Ergebnis ebenso SHS-*Schantz*, Art. 6 Abs. 1 Rn. 11.
16 Paal/Pauly-*Frenzel*, Art. 6 Rn. 7.

Sollen durch eine Einwilligung **unterschiedliche** oder **mehrere Verarbeitungszwecke** legitimiert werden, muss sie sich auf alle Teile der geplanten Verarbeitung beziehen.[17] Werden nicht alle Verarbeitungszwecke von einer Einwilligungserklärung erfasst oder gibt es keine entsprechend differenzierte Zustimmung, fehlt es insgesamt an der notwendigen Freiwilligkeit und damit an der Rechtmäßigkeit der auf einer solchen Einwilligung basierenden Verarbeitung (vgl. ErwGr 43). Dies folgt insbesondere aus der Transparenzvorgabe in Art. 5 Abs. 1 Buchst. a. 17

In einer wirksamen Einwilligung müssen die mit der geplanten Verarbeitung beabsichtigten Zwecke in einer Form festgelegt werden, die dem **Zweckbindungsgebot** des Art. 5 Abs. 1 Buchst. b entspricht. Eine Verarbeitung ist nur für festgelegte, eindeutige und legitime Zwecke zulässig. Mit Blick auf das Transparenzgebot in Art. 5 Abs. 1 Buchst. a müssen die Zwecke für die Personen, von denen eine Einwilligung verlangt wird, einfach nachvollziehbar sein. 18

Die **Schriftform** für eine Einwilligung ist in der DSGVO **nicht mehr zwingend** vorgeschrieben. Sie kann deshalb auch mündlich oder elektronisch (etwa durch Anklicken eines »Kästchens«) abgegeben werden (vgl. ErwGr 32). Etwas anderes gilt für **Beschäftigungsverhältnisse**. Für diese schreibt § 26 Abs. 2 Satz 3 BDSG für Einwilligungen weiterhin die **Schriftform** vor, soweit nicht wegen besonderer Umstände eine andere Form angemessen ist (vgl. § 26 BDSG Rn. 227). 19

Werden Einwilligungserklärungen von Verantwortlichen vorgegeben bzw. vorformuliert, müssen sie in verständlicher, leicht zugänglicher Form und in einer klaren und einfachen Sprache verfasst sein (vgl. ErwGr 42). Um diese Voraussetzung zu erfüllen, müssen Einwilligungserklärungen regelmäßig in der Landessprache verfasst sein.[18] Dies gilt auch, wenn der Verarbeiter weiß, dass betroffene Personen eine bestimmte Sprache nur unzureichend verstehen. **Vorformulierte Klauseln** dürfen keine »missbräuchlichen Klauseln« im Sinne des AGB-Rechts enthalten. Das Bestehen eines aus missbräuchlichen Klauseln folgenden Ungleichgewichts zwischen den für die Verarbeitung Verantwortlichen und den betroffenen Personen stellt die Wirksamkeit einer Einwilligung und damit ihre Eignung als datenschutzrechtliche Grundlage in Frage (vgl. ErwGr 41 und 42). Dies kann insbesondere im Rahmen von Beschäftigungsverhältnissen der Fall sein, auch wenn der Rückgriff auf Einwilligungen nach § 26 Abs. 2 BDSG nunmehr ausdrücklich möglich ist. 20

Schweigen ist keine wirksame Einwilligung und kann deshalb eine Datenverarbeitung ebenso wenig legitimieren wie die Untätigkeit einer betroffenen Person oder ein in einem Vertrag bereits standardmäßig vom Verwender angekreuztes »Kästchen« (vgl. ErwGr 32). Damit scheidet ein **konkludentes Handeln** als Einwilligung aus, weil dies gerade keine unmissverständlich abgegebene Willensbekundung ist.[19] Erbittet etwa ein Flughafen von Teilnehmern, die sich hier für eine Führung am »Tag der offenen Tür« angemeldet haben, Namen und E-Mail-Adressen, um ihnen so Uhrzeit und Treffpunkt für die Führung mitteilen zu können, kann aus der Übermittlung dieser Daten nicht zugleich eine Zustim- 21

---

17 Vgl. ErwGr 32; ebenso SHS-*Schantz*, Art. 6 Abs. 1 Rn. 10; Plath-*Plath*, Art. 6 Rn. 8.

18 SHS-*Schantz*, Art. 6 Abs. 1 Rn. 27 hält Erklärungen außerhalb der Landessprache für »*sehr problematisch*«.

19 A.A. Paal/Pauly-*Frenzel*, Art. 6 Rn. 11, der schlüssige Willensbekunden für ausreichend hält.

mung dazu entnommen werden, dass ein Abgleich mit den aus einer Unterschriftenaktion vorliegenden Daten von Flughafengegnern erfolgen kann.

22 Werden Daten auf der Grundlage einer Einwilligung verarbeitet, kann eine Weitergabe oder Zweckänderung nur erfolgen, wenn dies durch die abgegebene Erklärung ausdrücklich legitimiert ist. Fehlt es an einer entsprechenden Erlaubnis und kann die Verarbeitung deshalb nicht durchgeführt werden, muss die Einwilligung durch Nachfrage bei den betroffenen Personen entsprechend ausgeweitet werden.[20]

23 Erteilen betroffene Personen eine **freiwillige Einwilligung**, können sie diese jederzeit widerrufen. Der Widerruf bedarf keiner Begründung (vgl. Art. 7 Rn. 44). Erfolgt er, wäre es widersprüchlich und damit datenschutzrechtlich unzulässig, wenn ein Verantwortlicher die von einer betroffenen Person offensichtlich nicht mehr gewollte Verarbeitung auf der Basis einer alternativen Erlaubnisnorm durchführen würde.[21]

24 Voraussetzung für die Wirksamkeit einer Einwilligung ist nach Art. 4 Nr. 11, dass sie für einen bestimmten Fall freiwillig, in informierter Weise und unmissverständlich abgegeben wurde. Aus dieser normativen Vorgabe leitet sich die Anforderung ab, dass es keinen Zweifel an der Wirksamkeit der Erteilung einer Einwilligung gibt.[22] Die Beweislast, dass eine wirksame Einwilligung vorliegt, auf die eine Verarbeitung gestützt wird, trägt nach Art. 7 Abs. 1 der Verantwortliche.

2. Erfüllung eines Vertrags oder Durchführung vorvertraglicher Maßnahmen (Abs. 1 Buchst. b)

25 Der **Erlaubnistatbestand** in Abs. 1 Buchst. b beinhaltet **zwei Alternativen**: Die Erforderlichkeit von Verarbeitungen für die **Erfüllung eines Vertrags** mit einer betroffenen Person bzw. die erforderliche **Durchführung vorvertraglicher Maßnahmen** auf deren Anforderung. Die Vorschrift ist fast textgleich mit der Vorgängerregelung in Art. 7 Abs. Buchst. b EG-DSRL und entspricht inhaltlich teilweise der Regelung in § 28 Abs. 1 Satz 1 Nr. 1 BDSG-alt.

a) Erfüllung eines Vertrags (Abs. 4 Buchst. a 1. Alternative)

26 Der **erste Zulässigkeitstatbestand** ist die Verarbeitung personenbezogener Daten für die **Erfüllung eines Vertrags**, dessen Vertragspartei die betroffene Person ist. Die nach Art. 5 Abs. 1 Buchst. b zu beachtende Zweckbestimmung des Vertrags leitet sich unmittelbar aus den übereinstimmenden Willenserklärungen der Vertragspartner ab.[23] Nicht maßgeblich sind hingegen die einseitigen Vorstellungen des Verantwortlichen oder betroffener Personen.

27 Der Begriff »**Erfüllung**« beinhaltet alle Phasen eines vertraglichen Schuldverhältnisses. Hierzu gehört vorrangig die **Herbeiführung des vertraglich geschuldeten Leistungser-**

---

20 A.A. Paal/Pauly-*Frenzel*, Art. 6 Rn. 11, der eine Ausweitung beim Vorliegen einer konkludenten Einwilligung für zulässig hält.
21 Ebenso Kühling/Buchner-*Buchner/Petri*, Art. 6 Rn. 23.
22 Ähnlich Kühling/Buchner-*Buchner/Petri*, Art. 6 Rn. 19 »ohne jeden Zweifel«.
23 Vgl. LG Frankfurt 8. 5. 2009, NZG 2009, 986.

folgs. Hinzu kommen die mit der Durchführung von vertraglich geschuldeten Leistungen einhergehenden Nebenpflichten (etwa allgemeine Rücksichtnahme- und Schutzpflichten) sowie die nach Beendigung eines Vertrags bestehenden Sorgfalts- und Abwicklungspflichten.[24] Folglich gehört auch die Verarbeitung von Daten im Zusammenhang mit einer gerichtlichen Auseinandersetzung zwischen den Vertragspartnern in den Anwendungsbereich von Abs. 1 Buchst. b.

Die Berechtigung zur Verarbeitung auf der Grundlage von Abs. 1 Buchst. b setzt voraus, dass die **betroffene Person**, um deren personenbezogene Daten es geht, **eine der direkten Vertragsparteien** ist. Diese zwingende Vorgabe ist schon mit Blick darauf plausibel, dass nur so sichergestellt ist, dass einer Verarbeitung personenbezogener Daten eine autonome Entscheidung der betroffenen Person im Rahmen des Vertragsschlusses vorausgeht.[25] 28

Vom Tatbestand eines »**Vertrag**« erfasst werden alle Arten von kausalen oder abstrakten Vereinbarungen wie etwa Dienst- oder Werkverträge (mit **Ausnahme** der unter **§ 26 BDSG** fallenden Verträge über **Beschäftigungsverhältnisse** und hier insbesondere **Arbeitsverträge**), Kauf-, Leih- Werk-, Werklieferungs-, Dienstleistungs- und Mietverträge sowie Schenkungen, Bürgschaften, Auftragsverhältnisse usw.[26] Gleiches gilt für Mitgliedschaften in Vereinen oder Gesellschaften, weshalb eine Verarbeitung für satzungsgemäße oder gesellschaftsvertragliche Zwecke zulässig ist. Nicht erfasst sind gesetzliche Schuldverhältnisse.[27] Stehen Betroffene mit einer verantwortlichen Stelle in verschiedenen Vertragsbeziehungen (beispielsweise als Kunde und als Beschäftigter), ist eine Verarbeitung nur zweckgebunden im jeweiligen Verarbeitungszusammenhang zulässig. Insoweit muss eine strikte Datentrennung erfolgen.[28] 29

Sollen beispielsweise Kundendaten auch für ein Beschäftigungsverhältnis genutzt werden (etwa die privaten Kontodaten eines Beschäftigten für ein neu abgeschlossenes Arbeitsverhältnis mit derselben Bank), ist dies eine **Zweckänderung**, die nur unter Beachtung der einschlägigen Vorgaben zulässig ist, die insbesondere Abs. 4 benennt. Die datenschutzrechtliche Zulässigkeit der Verwendung der Daten aus dem Beschäftigungsverhältnis für andere Vertragsbeziehungen ist unter Beachtung der Vorgaben in Art. 88 und in § 26 Abs. 1 BDSG festzustellen. Mit Blick auf die bestehenden arbeitsrechtlichen Abhängigkeiten (vgl. § 26 Rn. 224ff.) sind in diesen Fällen an die Zulässigkeit einer Zweckänderung hohe Anforderungen zu stellen. 30

§ 26 Abs. 1 BDSG setzt voraus, dass die **Datenverarbeitung** für die Begründung, Durchführung oder Beendigung eines Beschäftigungsverhältnisses erforderlich ist. Ist diese Erforderlichkeit für Verwendung in einem anderen Vertragsverhältnis nicht gegeben, muss die Verarbeitung unterbleiben.[29] Deshalb darf beispielsweise eine Versicherung die für die Durchführung des Beschäftigungsverhältnisses gespeicherten personenbezogenen Daten 31

24 Kühling/Buchner-*Buchner/Petri*, Art. 6 Rn. 33.

25 Kühling/Buchner-*Buchner/Petri*, Art. 6 Rn. 26 sprechen von der »Normierung einer Selbstverständlichkeit«.

26 Vgl. ausführlich Kühling/Buchner-*Buchner/Petri*, Art. 6 Rn. 25ff.; SHS-*Schantz*, Art. 6 Rn. 16ff.

27 SHS-*Schantz*, Art. 6 Abs. 1 Rn. 16.

28 Ebenso Kühling/Buchner-*Buchner/Petri*, Art. 6 Rn. 51.

29 Vgl. OLG Hamm v. 20.9.2012 – I-4 U 85/12, 4 U 85/12, DuD 2013, 106; ausführlich § 26 BDSG Rn. 18ff.

nicht dazu verwenden, den Beschäftigten oder deren Angehörigen Angebote für den Abschluss von Versicherungen zu machen.

32 Besteht ein Vertragsverhältnis, darf der Verantwortliche im Regelfall nur **personenbezogene Daten über direkte Vertragspartner** verarbeiten. Daten Dritter (etwa von **Ehepartnern** oder **Familienangehörigen**) dürfen nur erhoben werden, wenn eine entsprechende Einwilligung der Dritten vorliegt oder wenn eine der in Art. 6 Abs. 1 genannten Erlaubnistatbestände erfüllt ist. Wird ein vertragliches Schuldverhältnis mit mehreren Personen geschlossen, müssen die entsprechenden personenbezogenen Daten getrennt verarbeitet werden. Dies gilt auch für Ehe- oder Lebenspartner. Die Erhebung personenbezogener Daten von **Minderjährigen** ist ohne Zustimmung der Erziehungsberechtigten unzulässig und kann einen Wettbewerbsverstoß darstellen.[30]

33 Bei **Publikumspersonengesellschaften** soll die Übermittlung von Namen und Adressen der mittelbar beteiligten Treugeber an andere Treugeber zulässig sein.[31] In **Wohnungseigentumsgesellschaften** dürfen die Eigentümer die Verwaltung nicht pauschal und ohne weitere Detaillierung zum Funktionsumfang damit beauftragen, Heizkostenverteiler auf Funkbasis zu installieren.[32]

34 Wird ein vertragliches **Schuldverhältnis zugunsten Dritter** (etwa eine Lebensversicherung, in der Familienangehörige als Berechtigte genannt werden) geschlossen, kommt für die Rechtsbeziehung zum Versicherungsnehmer Abs. 1 Buchst. b zur Anwendung. Die datenschutzrechtliche Zulässigkeit der Verarbeitung von Daten der begünstigten Dritten bestimmt sich hingegen nach Abs. 1 Buchst. f, da »rechtsgeschäftsähnliches Schuldverhältnis« in Art. 6 nicht erwähnt werden.

35 **Verändert sich der Partner eines rechtsgeschäftlichen Schuldverhältnisses** (etwa durch Verkauf einer Lebensversicherung), dürfen den neuen Vertragspartnern schon mit Blick auf die allgemeinen Grundsätze des Art. 1 Abs. 1 zur Zweckbestimmung oder zur Datenminimierung nur solche Daten mitgeteilt werden, die für die Fortführung des Vertrags zwingend erforderlich sind (etwa Name und Anschrift des neuen Partners des vertraglichen Schuldverhältnisses). Alle weiteren Daten muss der Verantwortliche dann im Wege der Direkterhebung beim neuen Partner des vertraglichen Schuldverhältnisses einholen. Ist die Veränderung des Vertragspartners Ergebnis eines Betriebsübergangs nach § 613a BGB, bestimmt sich die Zulässigkeit der Übermittlung von Daten vorrangig nach § 26 BDSG. Etwas anderes kann gelten, wenn die Beschäftigtendaten zu anderen Zwecken (etwa allgemein zur Förderung von Verkaufsverhandlungen) verwendet werden. Dann kann Art. 6 Abs. 1 Buchst. f ausnahmsweise für Verarbeitungszwecke außerhalb des Beschäftigungsverhältnisses einschlägig sein (vgl. § 26 Rn. 185). Auch in diesen Fällen dürfen neuen Arbeitgebern mit Blick auf den Grundsatz der Datenminimierung in Art. 5 Abs. 1 Buchst. c nur Daten von den Beschäftigten übermittelt werden, die übernommen wurden oder die noch offene Ansprüche haben (etwa aus Abfindungs- oder Zusatzrentenzahlungen).

30 Vgl. OLG Hamm, a. a. O.

31 OLG München 5. 2. 2015, BB 2015, 848; BGH 5. 2. 2013, WM 2013, 603; Forgó/Hänold/Pfeiffenbring/Pieper/Tehrani, ZD 2014, 182.

32 LG Dortmund 28. 10. 2014, ZMR 2015, 330.

Im Tatbestand des § 28 Abs. 1 Nr. 1 BDSG-alt wurde neben dem rechtsgeschäftlichen Schuldverhältnis als 2. Alternative auch das **rechtsgeschäftsähnliche Schuldverhältnis** genannt. Die Verwendung dieses Begriffs führte im Ergebnis zu einer Ausweitung der datenschutzrechtlichen Zulässigkeitsvoraussetzung. Da eine entsprechende Erwähnung der rechtsgeschäftsähnlichen Schuldverhältnisse nunmehr in Art. 6 fehlt, ist eine Verarbeitung von personenbezogenen Daten auf dieser Rechtsgrundlage nur zulässig, wenn es sich um die **Durchführung vorvertraglicher Maßnahmen** nach Abs. 4 Buchst. a 2. Alternative handelt.[33] Ist dies nicht der Fall, bedarf eine entsprechende Verarbeitung wie etwa der Umgang mit personenbezogenen Daten (beispielsweise zur Zugehörigkeit zu einem Vereinsvorstand oder zu einer Aktiengesellschaft) einer alternativen Rechtsgrundlage. Fehlt eine Einwilligung, kommen insbesondere die berechtigten Interessen nach Abs. 1 Buchst. f in Betracht.[34] 36

b) Durchführung vorvertraglicher Maßnahmen (Abs. 4 Buchst. a 2. Alternative)

Die 2. Alternative des Abs. 1 Buchst. b bezieht sich auf die Durchführung vorvertraglicher Maßnahmen, die auf Anfrage der betroffenen Person erfolgen. 37

Der Begriff der vorvertraglichen Maßnahmen umfasst insbesondere Verarbeitungen, die ein Verantwortlicher im Rahmen einer möglichen **Vertragsanbahnung** oder für die **Vorbereitung konkreter Vertragsverhandlungen** durchführen muss. In Betracht kommt etwa die Verarbeitung von Name und Anschrift, wenn auf Bitte einer betroffenen Person ein Angebot oder ein Kostenvoranschlag erstellt wird.[35] Der datenschutzrechtliche Erlaubnistatbestand ist schon wegen seiner Unbestimmtheit **eng auszulegen** und ist kein Auffangtatbestand für Sachverhalte, die außerhalb der Erfüllung eines Vertragsverhältnisses stehen. 38

Der Tatbestand der Vorschrift setzt eine **Anfrage** der betroffenen Personen voraus. Damit werden Verarbeitungen zur Durchführung vorvertraglicher Maßnahmen nur dann durch Abs. 1 Buchst. b legitimiert, wenn diese von der betroffenen Person ausgehen oder initiiert werden.[36] Unter Beachtung der in Art. 5 enthaltenen allgemeinen datenschutzrechtlichen Grundsätze zu Treu und Glauben, zur Transparenz und zur Zweckbindung setzt ein wirksamer Antrag in diesem Zusammenhang ein informiertes und bewusstes Handeln voraus, dass von betroffenen Personen ausgeht.[37] Es bedarf zwar nicht unbedingt eines förmlichen Antrags, wohl aber einer klar erkennbaren und zielgerichteten Aktivität einer betroffenen Person. **Nicht** vom Tatbestand **erfasst** sind hingegen **Ermittlungsinitiativen** von Verantwortlichen, die sich außerhalb der Anfrage bewegen. Insoweit sind »Ausforschungen« ausgeschlossen, die sich auf nicht von der betroffenen Person nachgefragte Sachver- 39

---

33 Ähnlich Kühling/Buchner-*Buchner/Petri*, Art. 6 Rn. 29; SHS-*Schantz*, Art. 6 Abs. 1 Rn. 17; Gola-*Schulz*, Art. 6 Rn. 31.

34 Gola-*Schulz*, Art. 6 Rn. 29; a. A. Kühling/Buchner-*Buchner/Petri*, Art. 6 Rn. 29, die auch für diese Fälle eine Anwendung von Abs. 1 Buchst. b für gegeben halten.

35 Ähnlich Gola-*Schulz*, Art. 6 Rn. 30.

36 Ebenso Paal/Pauly-*Frenzel*, Art. 6 Rn. 15.

37 Ähnlich Ehmann/Selmayr-*Heberlein*, Rn. 14; a. A. Plath-*Plath*, Art. 6 Rn. 12, der von einem »weiten« Verständnis der Regelung ausgeht.

halte beziehen. Gleiches gilt für eine vorsorgliche Datenverarbeitung, die ein Verantwortlicher zur Erreichung eines von ihm gesetzten Zwecks durchführt.[38]

40 Beispielsweise ist die **Bitte** eines potentiellen Autokäufers **um Zusendung eines Finanzierungsangebots** an ein Autohaus **eine datenschutzrechtlich relevante Anfrage**. Um diese erfüllen zu können, muss das Autohaus mindestens Name und Anschrift des möglichen Kunden verarbeiten. Soll zudem ein Finanzierungsangebot für ein Fahrzeug erstellt werden, können Informationen zum Einkommen erforderlich sein.

41 Nicht durch Abs. 1 Buchst. b 2. Alt. legitimiert wird hingegen in dieser Phase die Einholung von **Bonitätsdaten bei einer Auskunftei**, weil sie vor dem möglichen Abschluss eines Kaufvertrags allein auf Veranlassung des potentiellen Verkäufers erfolgt und nicht auf die der betroffenen Person. Eine solche Verarbeitung wäre zeitlich erst zulässig, wenn ein Kunde sich zu einem Erwerb entschlossen hat und deshalb einen verbindlichen Finanzierungsantrag stellt, der vom Verkäufer im Auftrag der finanzierenden Bank geprüft werden soll. Dieser Antrag wird aber im Regelfall mit einer Einwilligung verbunden sein und insoweit datenschutzrechtlich anderweitig zulässig. Gleiches gilt, wenn etwa eine Versicherung vor **Abschluss einer Risikolebensversicherung** ärztliche Befunddaten einfordert, weil diese Datenerhebung ebenfalls regelmäßig nicht auf die Initiative der betroffenen Person zurückgeht.[39]

42 Die **Verarbeitungsbefugnis** nach Abs. 1 Buchst. b 2. Alt. **endet**, wenn die vorvertragliche Maßnahme nicht in ein Vertragsverhältnis mündet. Noch vorhandene personenbezogene Daten sind dann vom Verantwortlichen mangels Erlaubnis für eine weitere Verarbeitung zu löschen. Verantwortliche müssen sicherstellen, dass personenbezogene Daten nicht länger als nötig gespeichert werden (vgl. ErwGr 39).

c) Einzelfälle

aa) Datenschutz im Beschäftigungs- und Arbeitsverhältnis

43 • Mehrfache unterschiedliche Vertragsverhältnisse mit einem Verantwortlichen

44 Für den Bereich der **Beschäftigungsverhältnisse** und damit insbesondere auch für **Arbeitsverhältnisse** finden sich grundlegende datenschutzrechtliche Vorgaben in Art. 88. Diese Regelung eröffnet den Mitgliedstaaten die Formulierung spezieller Erlaubnistatbestände und Vorgaben für den Bereich des Beschäftigtendatenschutzes, durch die die allgemeinen Erlaubnisnormen in Art. 6 Abs. 1 verdrängt werden (zum Verhältnis zu Abs. 1 Buchst. f vgl. § 26 BDSG Rn. 4). In Umsetzung der damit eröffneten Gestaltungsmöglichkeiten hat der deutsche Gesetzgeber mit § 26 BDSG spezifische Erlaubnistatbestände und Regelungen für Beschäftigungsverhältnisse formuliert. Insbesondere wurden dort die in den §§ 3 Abs. 11 und 32 BDSG-alt enthaltenen Vorschriften zusammengefasst und durch spezifische Regelungen ergänzt wie etwa zur Einwilligung in Abs. 2 dieses Paragraphen. Die Regelungen des § 26 BDSG präzisieren für den Bereich des Beschäftigtendatenschutzes damit insbesondere die Regelung in Abs. 1 Buchst. b.[40]

---

38 Gola-*Schulz*, Art. 6 Rn. 15.
39 Ehmann/Selmayr-*Heberlein*, Art. 6 Rn. 14.
40 Ähnlich SHS-*Seifert*, Art. 88 Abs. 1 Rn. 21.

Die **allgemeinen datenschutzrechtlichen Erlaubnisnormen** in Abs. 1 Buchst. b sind allerdings weiterhin einschlägig, wenn Beschäftigte Vertragsbeziehungen zu ihrem Arbeit- oder Auftraggeber haben, die unabhängig von Beschäftigungsverhältnis sind.[41] Dies ist etwa der Fall, wenn Banken ihren Beschäftigten im Rahmen von Konto- oder Kreditverträgen Vorzugskonditionen anbieten. Gleiches gilt beispielsweise für Krankenversicherungen, die ihren Beschäftigten im Rahmen unterschiedlicher und rechtlich unabhängiger Vertragsverhältnisse vielfach als Arbeitgeber und als gesetzlicher Versicherer gegenübertreten, für Autohersteller, die Fahrzeuge an Beschäftigte verkaufen oder für Krankenhäuser, die über Untersuchungsergebnisse ihrer eigenen Beschäftigten verfügen. 45

Aus datenschutzrechtlicher Sicht müssen **parallel bestehende Rechtsverhältnisse bzw. Vertragssphären** differenziert bewertet werden. Insbesondere müssen gesonderte Erlaubnistatbestände für jede einzelne Sphäre bestehen. Eine vertragsübergreifende Verarbeitung der zu unterschiedlichen Zwecken und auf unterschiedlichen Rechtsgrundlagen erhobenen personenbezogenen Daten ist wegen des Fehlens einer datenschutzrechtlichen Grundlage unzulässig. Eine hiermit verbundene Übermittlung von Daten innerhalb der unterschiedlichen Rechts- bzw. Vertragsverhältnisse oder eine »vertragsübergreifende« Übermittlung in die jeweils andere Vertragssphäre wäre nur zulässig, wenn hierfür eine Einwilligung oder eine eindeutige gesetzliche Grundlage vorliegen würde. Deshalb haben beispielsweise Beschäftigte einer Bank denselben Anspruch auf Wahrung des Bankgeheimnisses bezüglich der bei ihrem Arbeitgeber bestehenden privaten Konten wie alle anderen Kunden auch. Genauso wenig wie eine Bank einem »fremden« Arbeitgeber Konteninformationen über dessen Beschäftigte geben darf, ist ihr bezogen auf »eigene« Arbeitnehmer erlaubt, entsprechende Informationen etwa an die interne Personalabteilung weiter zu geben. Insoweit besteht eine **strikte Datentrennung**.[42] 46

Die datenschutzrechtliche Zulässigkeit der Verarbeitung ist in diesen Fällen bezogen auf die Daten aus dem Beschäftigungsverhältnis nach den speziellen Regelungen in Art. 88 i. V. m. § 26 BDSG zu beurteilen und bezogen auf andere bestehende Vertragsverhältnisse nach Art. 6 Abs. 1 Buchst. b. 47

Sollen etwa bei einer Bank Informationen über das Konto eines Beschäftigten an die Personalabteilung übermittelt werden oder soll eine Auswertung durch die (konzernweit tätige) Innenrevision erfolgen, ist dies einerseits mangels Erforderlichkeit für die Durchführung des Beschäftigungsverhältnisses nicht durch § 26 Abs. 1 Satz 1 BDSG legitimiert. Andererseits lässt sich eine solche übergreifende Verarbeitung aus dem Blickwinkel des mit der Bank geschlossenen Dienstleistungsvertrags auch nicht als erforderlich nach Art. 6 Abs. 1 Buchst. b qualifizieren. Ob eine Übermittlung von »der Bank« an »den Arbeitgeber« im Einzelfall ein berechtigtes Interesse nach Art. 6 Abs. 1 Buchst. f sein, ist mit Blick auf die durchzuführende Interessenabwägung zweifelhaft. Aber selbst wenn man das Vorliegen eines solchen berechtigten Interesses unterstellt, stehen einer Übermittlung von Kontodaten eines Bankkunden an eine außerhalb des hiermit verbundenen Vertragsverhältnisses stehende Stelle oder Person immer überwiegende berechtigte Geheimhaltungsinteressen der betroffenen Personen entgegen. Eine »vertragsübergreifende« Datenverar- 48

41 Ebenso Plath-*Plath*, Art. 6 Rn. 29; vgl. auch Plath-*Plath* (2013), § 28 BDSG-alt Rn. 39.
42 Ebenso Kühling/Buchner-*Buchner/Petri*, Art. 6 Rn. 51.

beitung ist deshalb unzulässig. Sie könnte allenfalls auf der Basis einer wirksamen Einwilligung nach Art. 7 i. V. m. § 26 Abs. 2 BDSG erfolgen.[43]

49 Die Feststellung der Unzulässigkeit gilt ausdrücklich auch für den Umgang mit **besonderen Kategorien personenbezogener Daten** nach Art. 9. Deshalb dürfen beispielsweise die Untersuchungsergebnisse eines Krankenhauspatienten, der zugleich Mitarbeiter ist, nicht an den Arbeitgeber weitergegeben werden, der dieses Krankenhaus betreibt.[44] Insoweit gilt auch hier eine **strikte Datentrennung**. Zudem ist zu berücksichtigen, dass der Tatbestand des Art. 1 Abs. 1 Buchst. f nicht zu den in Art. 9 Abs. 2 genannten Ausnahmen gehört, die es für die Verarbeitung besonderer Arten personenbezogener Daten geben kann.

50 Nach Art. 24 Abs. 1 müssen **Verantwortliche eine verordnungskonforme Verarbeitung sicherstellen**. Dies beinhaltet die Vermeidung gesetzeswidriger Zugriffe auf Daten. Werden entsprechenden Daten in einem **anderen Verarbeitungszusammenhang** benötigt, muss der Weg der Direkterhebung bei den betroffenen Personen bzw. der Einholung einer Einwilligung gewählt werden. Sind betroffene Personen nicht bereit, eine übergreifende Verarbeitung zuzulassen, bleibt den Verantwortlichen zur Durchsetzung vermeintlicher oder tatsächlicher Ansprüche nur der Rechtsweg, bezogen auf Beschäftigtendaten durch ein Verfahren vor dem Arbeitsgericht. Insoweit darf beispielsweise die Innenrevision einer Bank personenbezogene Daten aus Beschäftigungs- und Kundenverhältnissen derselben Personen selbst dann nicht zusammenführen, wenn es einen Verdacht auf eine strafbare Handlung gibt. Entsprechendes gilt für die Durchführung von Maßnahmen zu den Themen »Korruptionsbekämpfung« oder »Compliance«. Mit Blick auf allgemeine rechtsstaatliche Grundsätze sind Arbeitgebern für derartige Situation lediglich Nothilfe- oder Notwehr-Ansprüche auf Beweissicherung zuzubilligen (etwa Sicherung der vorhandenen Daten gegen Löschung oder Übermittlung), nicht aber auf die Durchführung eigener Recherchen in den Datenbeständen unterschiedlicher Verträge. Dieses Recht obliegt beim Verdacht auf das Vorliegen einer Straftat den zuständigen Ermittlungsbehörden, nicht aber im Wege der »Selbstjustiz« den, aus datenschutzrechtlicher Sicht differenziert zu bewertenden, Vertragspartnern.

51 • Betriebs- und Personalräte

52 Betriebs- und Personalräte sind aus datenschutzrechtlicher Sicht »Teil des Verantwortlichen« und nicht eigenständige Verantwortliche i. S. v. Art. 4 Nr. 7.[45] Innerhalb eines Betriebs oder einer Dienststelle gibt es insoweit keine unterschiedlichen »Datenschutzbereiche«.[46] Sie dürfen deshalb im Rahmen ihrer gesetzlichen Aufgaben Daten verarbeiten. Dies wird durch den Hinweis in § 26 Abs. 1 Satz 1 BDSG ausdrücklich bestätigt (vgl. § 26 BDSG Rn. 216 f.). Zur zulässigen Verarbeitung gehört beispielsweise die Einsichtnahme

---

43 Ähnlich Kühling/Buchner-*Buchner/Petri*, Art. 6 Rn. 51.

44 Enger LG Braunschweig 5. 10. 1989 – 4 O 240/89, RDV 1990, 151, das in bestimmten Fällen die Einräumung der Möglichkeit der direkten Information für notwendig hält.

45 Vgl. hierzu Art. 4 Nr. 7 Rn. 89a; ebenso Däubler, Gläserne Belegschaften, Rn. 686; Auernhammer-*Eßer*, Art. 4 Rn. 80; Kühling/Bucher-*Hartung*, Art. 4 Rn. 7; Sydow-*Raschauer*, Art. 4 Rn. 131; Wedde-*Steiner/Wedde*, Kap. G. Rn. 15 ff.; offener Gola-*Gola*, Art. 4 Rn. 56; a. A. Kleinebrink, DB 18, 2566 f.

46 BAG 11. 11. 1997, NJW 1998, 2466; DKKW-*Klebe*, § 94 Rn. 40.

in Bruttolohn- und Gehaltslisten.[47] Einschlägige Erlaubnisnormen hierfür finden sich im BetrVG bzw. im BPersVG. Darüber hinaus ist die Verarbeitung nur im Rahmen einschlägiger Erlaubnisnormen der DSGVO und des BDSG zulässig.

Die Grenzen, die das geltende Datenschutzrecht beinhaltet, müssen von Betriebs- und Personalräten auch bei der Übermittlung von Beschäftigtendaten an Dritte beachtet werden. Insoweit bestimmt sich die Weitergabe an andere kollektivrechtliche Vertretungen im Konzern oder innerhalb der Behördenorganisation nach den allgemeinen Regeln der DSGVO oder des BDSG, soweit nicht in den einschlägigen kollektivrechtlichen Normen spezielle Regelungen enthalten sind, die eine Übermittlung legitimieren. Im Rahmen der gesetzlichen Aufgaben ist die Weitergabe an Gesamt- oder Konzernbetriebsräte bzw. an die Stufenvertretungen im Berich des Personalvertretungsrecht zulässig. Eine Weitergabe von Mitarbeiterlisten an eine Gewerkschaft zu Werbezwecken gehört hingegen nicht zu den Aufgaben eines Betriebs- oder Personalrats und ist mangels allgemeiner datenschutzrechtlicher Legitimation unzulässig. 53

Betriebs- und Personalräte unterliegen nach der Rechtsprechung **nicht der Kontrolle durch** einen internen **Datenschutzbeauftragten**, wohl aber der durch staatliche Aufsichtsbehörden.[48] Sie müssen die Einhaltung datenschutzrechtlicher Vorgaben bei der Verarbeitung personenbezogener Daten entsprechend der einschlägigen gesetzlichen Vorgaben selbst sicherstellen.[49] 54

bb) Arzt- und Krankenhausbereich

Im Zusammenhang mit der **Behandlung** durch Ärzte oder in Krankenhäusern fallen im Regelfall besondere Kategorien von Daten nach Art. 9 an. Hieraus resultiert ein besonderer Schutz, der sich insbesondere in Art. 9 niederschlägt (vgl. dort) und dessen Verletzung durch § 203 StGB strafbewehrt ist. In der Regel dürfen medizinische Daten durch Ärzte und medizinisches Personal auf Grundlage einer Einwilligung nach Art. 7 oder im Rahmen von Art. 9 Abs. 1 Buchst. h und i verarbeitet werden. Die Übermittlung dieser Daten ist, soweit nicht spezifische gesetzliche Regelungen (etwa im SGB) zur Anwendung kommen, **regelmäßig nur auf Basis einer Einwilligung** gestattet. 55

Dies gilt entsprechend, wenn ein Arzt ein **medizinisches Labor** mit Analysen beauftragt. Sofern für diese Beauftragung keine Einwilligung von Patienten vorliegt, muss die Bearbeitung von Aufträgen mit Blick auf die in Art. 5 Abs. 1 Buchst. c und e genannten Grundsätze ggf. unter einem **Pseudonym** erfolgen.[50] Entsprechendes gilt, wenn die Abrechnung durch eine **ärztliche Verrechnungsstelle** erfolgt. Mit Blick auf die nach Art. 7 für eine Einwilligung notwendige Freiwilligkeit müssen Ärzte Patienten Handlungsalternativen wie etwa Barzahlung oder Überweisung anbieten. 56

Die **Abtretung offener Honorarforderungen** durch Ärzte an Inkassobüros ist als Verstoß gegen die ärztliche Schweigepflicht des § 203 StGB zu qualifizieren und unzulässig.[51] Eine 57

47 LAG Niedersachen 18.4.2012 – 16 TaBV 39/11, DuD 2012, 916.
48 BAG 11.11.1997 – 1 ABR 21/97, NZA 98, 385; Däubler, Gläserne Belegschaften, Rn. 686.
49 BAG 18.7.2012 – 7 ABR 23/11, NZA 13, 49.
50 Ähnlich BMH, Art. 6 Rn. 46.
51 Ähnlich Wolff/Brink-*Wolff*, § 28 BDSG-alt Rn. 12.1.

entsprechende Vereinbarung zwischen Arzt und Patient ist nichtig.[52] Schaltet ein Arzt zur gerichtlichen Durchsetzung seiner Ansprüche einen Rechtsanwalt ein, ist dies mit Blick auf dessen spezifische Schweigepflicht zulässig. Soll hingegen ein Inkassobüro eingeschaltet werden, muss der Patient hierüber so rechtzeitig hingewiesen werden, dass er seine Rechte gegenüber dem Arzt wahren kann.[53]

58 Die vorstehenden Grundsätze gelten entsprechend, wenn ein **Behandlungsvertrag mit einem Krankenhaus** geschlossen wird. Der im konkreten Fall zur Anwendung kommende datenschutzrechtliche Rahmen wird allerdings durch die tatsächliche Vertragsform bestimmt, die aus der konkreten Form der Leistungserbringung resultiert.[54]

cc) Bankbereich/Geldgewerbe

59 In Zeitalter des bargeldlosen Zahlungsverkehrs kann sich niemand der Verarbeitung seiner Daten durch **Banken** oder andere **Unternehmen des Geldgewerbes** entziehen. Deshalb hat der gesetzliche Datenschutz in diesem Bereich eine herausragende Bedeutung. Im Mittelpunkt stehen hierbei Daten zur Bonität von Betroffenen. Wird zur Bewertung der Bonität auf Scoring-Verfahren zurückgegriffen, muss nunmehr die Regelung in § 31 BDSG beachtet werden.

60 In der vorvertraglichen Phase, etwa im Zusammenhang mit der Erstellung eines unverbindlichen Kreditangebots, dürfen **Bonitätsdaten** nur ausnahmsweise verarbeitet werden, nämlich auf Anfrage der betroffenen Personen.[55] Vorhandene Daten unterliegen mit Blick auf die aus dem Bankgeheimnis resultierenden besonderen vorvertraglichen Verschwiegenheitspflichten einem herausragenden Schutz. Eine Verwendung dieser Daten für andere Zwecke (insbesondere zu Werbe- und Marketingzwecken) liegt nicht innerhalb der Zweckbestimmung der vorvertraglichen Beziehung. Sie ist zudem schon deshalb unzulässig, weil entsprechende Aktivitäten nicht auf Anfrage der betroffenen Personen erfolgen.[56] Kommt es als Ergebnis der Anbahnungsphase zu keinem Vertragsabschluss, müssen vorhandene personenbezogene Daten unverzüglich gelöscht werden. Mitteilungen an Kreditauskunftsdateien dürfen in der vorvertraglichen Anbahnungsphase in der Regel nicht erfolgen. Sind sie ausnahmsweise (etwa zur Beseitigung von Unklarheiten) erforderlich, müssen die Daten nach dem Scheitern der Verhandlungen ebenfalls gelöscht werden. Auskunfteien dürfen personenbezogene Informationen zu Voranfragen ebenfalls nicht speichern.

61 Kommt es zum Abschluss eines Vertrags mit einer Bank, wird die Zulässigkeit der Verarbeitung durch die Erforderlichkeit und durch die Zweckbestimmung des jeweiligen Ver-

---

52 BGH 10.7.1991 – VIII ZR 296/90, NJW 1991, 2955.

53 BMH, Art. 6 Rn. 46 verweist auf die Notwendigkeit einer Einwilligung.

54 Etwa Gesamtleistung durch das Krankenhaus oder Trennung in Arzt- und Pflegevertrag; vgl. ausführlich BMH, Art. 6 Rn. 45.

55 Ebenso Ehmann/Selmayr-*Heberlein*, Rn. 14; a. A. Plath-*Plath*, Art. 6 Rn. 12; differenzierend Kühling/Buchner-*Buchner/Petri*, Art. 6 Rn. 47, die alternativ eine Einwilligung einfordern bzw. auf ein berechtigtes Interesse i. S. v. Abs. 1 Buchst. f verweisen; zur Zulässigkeit des Scorings vgl. § 31 BDSG.

56 Ähnlich im Ergebnis Ehmann/Selmayr-*Heberlein*, Rn. 14.

tragstyps bestimmt.[57] Die Festlegung des Umfangs der zulässigen Verarbeitung wird durch die Erforderlichkeit abschließend vorgegeben.[58] Es dürfen nur die unbedingt benötigten Daten verarbeitet werden.[59] Bei Kreditverträgen dürfen (soweit nicht § 31 BDSG zur Anwendung kommt) beispielsweise Bonitätsdaten, auf der Grundlage von Art. 6 Abs. 1 Buchst. b erhoben und verarbeitet werden, sowie ggf. auch Informationen an Kreditinformationssysteme übermittelt werden.[60] In jedem Fall unzulässig ist die Weitergabe von Informationen an Ehegatten, an den Arbeitgeber oder an andere Dritte.

Das **Bankgeheimnis** ist in den letzten Jahren durch zahlreiche gesetzliche Reglungen auf unterschiedlichen Ebenen reglementiert und teilweise ausgehöhlt worden. Dies hat einerseits zu neuen Datenschutzproblemen geführt, andererseits zu einer Fülle von spezifischen Vorschriften für die Erhebung, Speicherung und Nutzung von Daten, die im Ergebnis das Bankgeheimnis aushöhlen. 62

Neue Datenschutzprobleme folgen etwa aus Dokumentations- und Überprüfungspflichten der Banken.[61] So gibt es beispielsweise nach den §§ 31 ff. WpHG bezogen auf Kunden umfassende Verhaltens-, Organisations- und Transparenzpflichten der Banken. Diese haben zur Folge, dass Beratungsgespräche inzwischen umfassend dokumentiert werden. Eine Verwendung der so gewonnenen Daten für andere Zwecke als die, die das WpHG vorgibt, ist mit Blick auf die durch Art. 5 Abs. 1 Buchst. b vorgegebene enge Zweckbindung unzulässig. 63

Entsprechendes gilt für **Präventionssysteme**, die im Bankenbereich zur Vermeidung von Geldwäsche, Terrorismusfinanzierung und betrügerischen Handlungen zum Nachteil der Institute etwa nach dem GWG oder dem KWG eingerichtet werden müssen. Alle diese personenbezogenen Daten dürfen solange nur für die gesetzlich vorgeschriebenen Zwecke verwendet werden, wie es keine eindeutige rechtliche Grundlage für eine Zweckänderung gibt. 64

Staatlichen Behörden aus dem Bereich der Finanzaufsicht oder Steuerverwaltung haben bei Banken inzwischen zahlreiche Zugriffsrechte auf Kundendaten. So muss beispielsweise nach § 24c KWG jedes Kreditinstitut bestimmte Kontodaten seiner Kunden speichern und die Daten bei Bedarf der Bundesanstalt für Finanzdienstleistungsaufsicht und dem Bundeszentralamt für Steuern zur Verfügung stellen, ohne dass hierbei zugleich Vorgaben zur Datenvermeidung oder Datenreduzierung festgeschrieben sind. 65

dd) Kaufverträge

Beim **Abschluss von Kaufverträgen** ist die Verarbeitung einzelner Kundendaten im Regelfall nur so lange erlaubt, wie es die Abwicklung des Vertrags aus objektiver Sicht erfordert. Beim Kauf von schnelllebigen Verbrauchsgütern (etwa Lebensmitteln) endet diese Frist in der Regel unmittelbar nach Bezahlung der Ware. Bei langlebigeren Gütern wird 66

57 Vgl. die Übersicht zu unterschiedlichen Vertragstypen BMH, Art. 6 Rn. 48f.

58 BGH 17.12.1985 – VI ZR 244/84, NJW 1986, 2505.

59 Wolff/Brink-*Wolff*, § 28 BDSG-alt Rn. 45.

60 Z.B. an die SCHUFA; vgl. Roßnagel-Hoeren, S. 610; TEG, S. 558, Schaffland/Wiltfang, § 28 BDSG-alt Rn. 21.

61 Ähnlich BMH, Art. 6 Rn. 48.

eine Speicherung und Nutzung allenfalls so lange zulässig sein, wie sich aus dem Vertrag spezifische Verpflichtungen oder Fristen ableiten (etwa im Rahmen der Gewährleistung). Bei Käufen im **Versandhandel** ist die Speicherung nur bis zum Abschluss der konkreten Vertragsbeziehungen zulässig.

67 Gleiches gilt für **Internet- und Online-Anbieter**. Diese dürfen das »**Blätterverhalten**« von Kunden nicht erheben. Gleiches gilt auch für andersartige Auswertungen, die etwa mittels Anwendungen aus dem Bereich der »künstlichen Intelligenz« möglich sind. Die Daten müssen schon mit Blick auf die in Art. 6 Abs. 1 Buchst. c und e enthaltenen Grundsätze zur Datenminimierung und zur Speicherbegrenzung spätestens gelöscht werden, wenn die Waren vollständig bezahlt und bestehende **Gewährleistungsfristen** abgelaufen sind.[62] Soweit bestimmte Informationen aus anderen Gründen (etwa aufgrund steuerlicher Vorgaben in der AO) länger vorgehalten werden müssen, sind diese für anderweitige Nutzungen zu sperren.[63]

68 Die **Berechtigung zur Verarbeitung** erforderlicher Daten folgt **bezogen auf Kaufverträge** aus Art. 6 Abs. 1 Buchst. b. Deshalb gibt es aus datenschutzrechtlicher Sicht keine Notwendigkeit für die Einholung einer ergänzenden Einwilligung nach Art. 7. Erfolgt sie dennoch, muss der Verarbeiter die betroffenen Personen einerseits über die Gründe hierfür aufklären. Andererseits muss der Verarbeiter mit Blick auf Art. 7 Abs. 2 in klarer und einfacher Sprache darlegen, warum er zu dieser ergänzenden Legitimationsmöglichkeit greift, welche Gründe es hierfür gibt und welche Folgen die angeforderte Einwilligung für die betroffene Person haben kann.

69 Die **Nutzung der Vertragsdaten** zu **Werbezwecken** oder für die Erstellung von Adresslisten steht ebenso wie die Verwendung für Zwecke der **Markt- und Meinungsforschung** regelmäßig außerhalb des Vertragsverhältnisses und ist deshalb nach Abs. 1 Buchst. b nicht zulässig.

70 Für die **Durchführung von Kaufverträgen** dürfen nur die personenbezogenen Daten verarbeitet werden, die aus objektiver Sicht erforderlich sind. Dabei sind die allgemeinen Grundsätze in Art. 5 Abs. 1 Buchst. c zur **Datenminimierung** uneingeschränkt zu beachten. Im Regelfall ist damit nur die Erhebung und Speicherung von Name und Anschrift der Vertragspartner erforderlich. Das vollständige Geburtsdatum ist hingegen nicht erforderlich. Allenfalls das Geburtsjahr kann notwendig sein, wenn ein Mindestalter festgestellt werden muss. Nicht erforderlich ist es, das Geburtsdatum standardmäßig als Identifikationsdatum für die Fälle von Namensgleichheit des Vor- und Nachnamens zu verwenden, da sich eine Unterscheidung in diesen Fällen auch über die Anschrift realisieren lässt.[64] Ist der Rückgriff auf das Geburtsdatum ausnahmsweise unumgänglich, weil es mehrere Personen mit gleichem Namen und gleicher Anschrift gibt (etwa zwei Anschriften »Manfred Meyer« unter einer Hochhausanschrift), reicht die Verwendung eines Teils (etwa Geburtsjahr und -monat) aus.

---

62 BMH, Art. 6 Rn. 54.

63 Ebenso Wolff/Brink-*Wolff*, § 28 BDSG-alt Rn. 44.

64 Ähnlich kritisch Köhler, JR 2009, 204; a. A. OLG München 28.9.2006, DuD 2006, 741, das die Notwendigkeit dieses Identifikationsmerkmals bezogen auf das BDSG-alt bejaht hat; OLG Köln 14.12.2007, RDV 2008, 124.

Werden Zahlungen zur Abwicklung eines Vertrags **bargeldlos** mit **Scheck** oder mit **EC- bzw. Kreditkarte** geleistet, ist die Verwendung von erhobenen Kontodaten nur bis zu dem Moment von der Zweckbestimmung des Abs. 1 Buchst. b gedeckt, zu dem der Geldeingang bei der verantwortlichen Stelle erfolgt. Gleiches gilt bei der Verwendung von Online-Zahlungssystemen (etwa PayPal) Die hierbei anfallenden Daten dürfen nur zur unmittelbaren Abwicklung des Zahlungsverkehrs genutzt werden. Es ist ein **strenger Maßstab anzulegen.** Nach Zahlung durch den Betroffenen und nach Ablauf evtl. bestehender Widerspruchsfristen sind die Daten zu löschen, sofern die Berechtigung zu einer weiteren Verarbeitung sich nicht aus einschlägigen gesetzlichen Vorgaben ableitet (etwa aus Dokumentationspflichten). Eine Auswertung der Daten zu anderen Zwecken (etwa im Rahmen von »Data Mining«) oder eine Weitergabe zu Werbe- oder Marketingzwecken steht außerhalb des Vertragszwecks und ist schon mit Blick auf den Grundsatz der Zweckbindung in Art. 5 Abs. 1 Buchst. b unzulässig. Entsprechendes gilt, wenn Anbieter Kundenkarten ausgeben. Eine weitergehende Verarbeitung der Daten ist in diesen Fällen nur auf der Grundlage einer wirksamen Einwilligung zulässig. Tritt ein Zahlungsverzug ein, der vom Betroffenen zu vertreten ist, darf für dessen Dauer die Aufnahme in eine sog. »Sperrdatei« erfolgen. Diese Daten müssen allerdings gelöscht werden, wenn offene Forderungen beglichen sind. 71

ee) Reise- und Touristikbereich

Im **Reise- und Touristikbereich** gilt für abgeschlossene Verträge das **Gebot der Zweckbindung** des Art. 5 Abs. 1 Buchst. b **ohne Einschränkung**. Es sind nur solche Verarbeitungen zulässig, die zur Abwicklung der geschlossenen Verträge erforderlich sind (etwa Mitteilung der Namen der Reisenden an ein Hotel oder an eine Fluggesellschaft). Unzulässig ist die Verarbeitung mit dem Ziel der Erstellung von Analysen zu Vorlieben von Urlaubern, es sei denn, hierfür liegt eine wirksame Einwilligung der betroffenen Personen vor. 72

ff) Versicherungen

Bei Abschluss und Durchführung von **Versicherungsverträgen** dürfen gemäß Abs. 1 Buchst. b nur erforderliche Informationen verarbeitet werden. Mit Blick auf den Grundsatz der Datenminimierung in Art. 5 Abs. 1 Buchst. c muss ein Verantwortlicher schon bei der Erhebung von Informationen darauf achten, dass eine Beschränkung auf die unumgänglichen Daten erfolgt. 73

Unzulässig wäre es beispielsweise, zu einer **Kfz-Versicherung** die Zahl der Kinder oder Informationen zum Ehe- oder Lebenspartner der Versicherungsnehmerin zu verarbeiten. Zulässig gespeicherte Daten (etwa begünstigte Personen einer Lebensversicherung) dürfen nicht für andere Zwecke (etwa Werbung für Versicherungsverträge nach Erreichen der Volljährigkeit oder nach Auszahlung von Prämien) genutzt werden.[65] 74

65 Ähnlich BMH, Art. 6 Rn. 83 für Lebensversicherungen.

75 Gibt eine KFZ-Versicherung nach einem Unfall personenbezogene Daten eines Geschädigten zur Prüfung an einen Dritten weiter, kann dem betroffenen Unfallgegner ein Unterlassungsanspruch zustehen, wenn die Versicherung mit dem Datenempfänger keine Regelung über die Auftragsdatenverarbeitung getroffen hat.[66]

gg) Mietvertrag

76 Im Zusammenhang mit dem Abschluss und der **Durchführung eines Mietvertrags** dürfen Daten erhoben und verarbeitet werden, die der Identifikation des Mieters dienen. Hierzu können allgemeine Informationen über die Angehörigen kommen, die die Wohnung mit bewohnen sollen (Anzahl, Geschlecht, Alter). Daten zur Bonität dürfen nur von den Personen erhoben werden, mit denen der Abschluss des Mietverhältnisses beabsichtigt ist, nicht aber von allen Interessenten.[67] Werden von Mietinteressenten sog. »Selbstauskünfte« verlangt, müssen diese auf die individuelle Situation der Betroffenen Rücksicht nehmen. Zulässig ist die Einsichtnahme in Unterlagen zur Einkommenssituation potentieller Mieter (etwa in eine aktuelle Gehaltsabrechnung), nicht aber deren Kopie. Der Personalausweis darf nicht kopiert werden. Zulässig ist der manuelle Abgleich dieser Daten mit anderen erforderlichen Informationen, damit Vermieter sich Sicherheit über die Identität ihres Vertragspartners verschaffen können (etwa ausstellende Behörde und Datum der Ausstellung).

77 Fragen des Vermieters nach **Mietschulden** müssen wahrheitsgemäß beantwortet werden.[68] Unzulässig sind Nachfragen bei vorherigen Vermietern.[69] Stets unzulässig sind Fragen zu Vorstrafen oder nach besonderen Kategorien personenbezogener Daten.[70]

hh) Vereinsmitgliedschaft

78 Vereine dürfen **Daten ihrer Mitglieder** verarbeiten, soweit dies durch **Satzungs- oder Vereinszweck** im Sinne einer vertraglichen Bindung gemäß Abs. 1 Buchst. b gedeckt ist. Hieraus folgt etwa die Berechtigung zur Erstellung von Mitgliederlisten. Darüber hinaus können vereinsintern und zweckbezogen zusätzliche Informationen verarbeitet werden, wie etwa die Bekanntmachungen von Turnierergebnissen. Nicht vom Vereinszweck gedeckt ist die Einstellung personenbezogener Informationen in das Internet.

79 Die Zulässigkeit der Verwendung von Informationen für interne Zwecke reduziert sich, wenn es um **besondere Kategorien personenbezogener Daten** geht, wie etwa bei der Mitgliederliste eines Vereins, in dem sich von einer Krankheit betroffene Personen organisieren.

---

66 LG Oldenburg (Oldenburg) 3.4.2014 – 5 O 2164/12, ZD 2014, 476.
67 Ebenso Kühling/Buchner-*Buchner/Petri*, Art. 6 Rn. 57.
68 LG Itzehoe 28.3.2008 – 9 S 132/07, DuD 2008, 550; Gola/Schomerus, Rn. 17.
69 Gola/Schomerus, Rn. 17.
70 Ähnlich Kühling/Buchner-*Buchner/Petri*, Art. 6 Rn. 58.

3. Erfüllung einer rechtlichen Verpflichtung (Abs. 1 Buchst. c)

Die Verarbeitung personenbezogener Daten ist nach Abs. 1 Buchst. c zur **Erfüllung einer rechtlichen Verpflichtung** erforderlich, der ein Verantwortlicher unterliegt. Diese Regelung ist wortgleich mit Art. 7 Buchst. c DSRL. Es muss sich um eine Verpflichtung aus objektivem Recht handeln, für das es klare und präzise Rechtsgrundlagen gibt. 80

Die aus Abs. 1 Buchst. c resultierende Verpflichtung besteht für öffentliche wie für nichtöffentliche Verarbeiter gleichermaßen. Damit erfasst die Vorschrift auch die Verarbeitung durch staatliche Stellen. 81

Mit Blick auf die Erforderlichkeit und auf den allgemeinen Grundsatz der Datenminimierung müssen sich Verarbeitungen zur Erfüllung rechtlicher Verpflichtungen **eng** an den gesetzlichen Vorgaben orientieren. Hat ein Verarbeiter Alternativen zu einer Verarbeitung, durch die die Rechte von betroffenen Personen weniger stark tangiert werden, muss er diese wählen.[71] 82

4. Schutz lebenswichtiger Interessen (Abs. 1 Buchst. d)

Die Verarbeitung personenbezogener Daten ist nach Abs. 1 Buchst. d zulässig, wenn sie zum **Schutz lebenswichtiger Interessen betroffener Personen** oder **anderer natürlicher Personen** erforderlich ist. Die Vorschrift erlaubt als »Notfalltatbestand« eine Verarbeitung ausschließlich dann, wenn es um lebenswichtige Interessen von Menschen geht und wenn die dann erforderlichen Verarbeitungen nicht auf andere Erlaubnisnormen gestützt werden können (vgl. ErwGr 46). Die Anwendbarkeit dieser Erlaubnisnorm ist dann nicht (mehr) gegeben, wenn gefährdete Personen Verarbeitungen durch Erteilung einer Einwilligung legitimieren könnten, weil dann ein anderer datenschutzrechtlicher Erlaubnistatbestand vorliegen würde.[72] Das Vorliegen lebenswichtiger Interessen ist aus objektiver Sicht zu beurteilen. Subjektive Bewertungen oder Einschätzungen wie ein fehlender W-LAN-Zugang sind unbeachtlich. 83

Die **Zulässigkeit einer Verarbeitung** nach Abs. 1 Buchst. d hat **zwei Voraussetzungen.** Zunächst einmal müssen lebenswichtige Interessen der Betroffenen oder Dritter vorliegen, zu deren Schutz eine Erhebung erforderlich ist. Als lebenswichtiges Interesse ist insbesondere die körperliche Unversehrtheit und das Leben von Menschen anzusehen.[73] Der Erlaubnistatbestand ist deshalb **sehr eng auszulegen**. Es muss sich um existenzielle Interessen handeln, die insbesondere im Bereich des Gesundheitsschutzes (etwa im Zusammenhang mit hochinfektiösen Krankheiten) bestehen können. In der Regel wird diese Voraussetzung erfüllt sein, wenn die Erhebung zur Abwehr von Gefahren für Leib und Leben notwendig ist. Diese Situation rechtfertigt auch die Einbeziehung Dritter in den Tatbestand. **Weiterhin** muss der Betroffene **physisch oder aus rechtlichen Gründen außerstande sein**, seine **Einwilligung persönlich zu geben**. Dies ist etwa der Fall, wenn ein Verletzter bewusstlos oder sonst wie nicht ansprechbar ist oder wenn er nach einem Unfall unter Schock steht und eine Einwilligung offensichtlich nur deshalb nicht erfolgt. 84

---

71 Ehmann/Selmayr-*Heberlein*, Rn. 17.
72 Ebenso Ehmann/Selmayr-*Heberlein*, Rn. 18.
73 Vgl. ErwGr 112; ebenso Ehmann/Selmayr-*Heberlein*, Art. 6 Rn. 18.

85 Dieser Teil des Tatbestandes verdeutlicht schon vom Wortlaut, dass es andere gesetzliche Erhebungsregeln in diesen Fällen nicht geben kann, weil dann eine Einwilligung obsolet wäre. Die Vorschrift fingiert, dass der Betroffene seine Einwilligung geben würde, wenn er hierzu in der Lage wäre. Die Entscheidung ist im Zweifel vom Standpunkt eines verständigen Dritten aus zu treffen.

86 Eine **Verarbeitung** auf der Grundlage von Abs. 1 Buchst. b **muss unterbleiben**, wenn mit hinreichender Sicherheit davon auszugehen ist, dass der Betroffene eine Einwilligung gerade nicht erteilt hätte, wenn er hierzu in der Lage gewesen wäre. Gibt es diesbezüglich Zweifel, ist eine Entscheidung nur bezogen auf den konkreten Sachverhalt möglich. Hat ein handlungsunfähiger Betroffener einen gesetzlichen Vertreter oder liegt eine Vollmacht vor, scheidet eine Berufung auf Abs. 1 Buchst. b aus, da dann dessen Einwilligung eingeholt werden kann. Wird die Erteilung der Einwilligung vom Vertreter bzw. Bevollmächtigten verweigert (etwa aus religiösen Gründen bezüglich bestimmter medizinischer Maßnahmen), kann die verantwortliche Stelle hingegen auf den Tatbestand des Abs. 1 Buchst. b zurückgreifen.

5. Wahrnehmung von Aufgaben im öffentlichen Interesse oder Ausübung öffentlicher Gewalt (Abs. 1 Buchst. e)

87 Die Regelung in Abs. 1 Buchst. e legitimiert die einem Verantwortlichen übertragene erforderliche Verarbeitung von personenbezogenen Daten für die Wahrnehmung einer Aufgabe, die im öffentlichen Interesse liegt oder in Ausübung öffentlicher Gewalt. Die einschlägigen Rechtsgrundlagen für die Verarbeitung werden durch Abs. 3 Satz 1 definiert. Die Vorschrift richtet sich **vorrangig** an **staatliche Stellen**. Darüber hinaus kommt sie aber auch auf Verarbeitungen zur Anwendung, die im definierten Rahmen von natürlichen oder juristischen Personen durchgeführt werden.

88 Für die Anwendung der Vorschrift ist es nicht ausreichend, wenn ein (ggf. auch zwingendes) öffentliches Interesse besteht. **Erforderlich** ist vielmehr eine **eindeutige und klare gesetzliche Ermächtigung.**[74] Durch diese muss festgelegt werden, welche Aufgaben staatliche Stellen unmittelbar oder natürliche oder juristische Personen im öffentlichen Interesse wahrnehmen sollen. Buchst. e ist insoweit kein eigenständiger Erlaubnistatbestand.[75]

89 Außerhalb staatlicher Stellen können Verantwortliche i. S. dieser Vorschrift etwa Anwalts- oder Ärztekammern bezüglich des Standesrechts oder Industrie- und Handelskammern bezüglich der Abnahme von Prüfungen sein, wenn ihnen die Durchführung eigentlich staatlicher Aufgaben übertragen worden ist.[76]

---

74 SHS-*Roßnagel*, Art. 6 Rn. 79ff.

75 Gola-*Schulz*, Art. 6 Rn. 48.

76 Weitere Beispiele bei Kühling/Buchner-*Buchner/Petri*, Art. 6 Rn. 124ff.; Ehmann/Selmayr-*Heberlein*, Art. Rn. 21.

6. Wahrung berechtigter Interessen und überwiegende Interessen, Grundrechte und Grundfreiheiten der betroffenen Personen (Abs. 1 Buchst. f)

Die Regelung in Abs. 1 Buchst. f lässt die Verarbeitung personenbezogener Daten zu, wenn dies **zur Wahrung berechtigter Interessen des Verantwortlichen** oder **eines Dritten** erforderlich ist. Die Berufung auf ein berechtigtes Interesse setzt voraus, dass die zu verarbeitenden personenbezogenen Daten rechtmäßig und nach Treu und Glauben erhoben werden und dass sie richtig sind. Die Vorschrift ist kein »Auffangtatbestand«, der dann herangezogen werden kann, wenn keiner der anderen Erlaubnistatbestände erfüllt ist.[77] 90

Auf Verarbeitungen, die staatliche Behörden zur Erfüllung ihrer Aufgaben vornehmen, kommt die Vorschrift nicht zur Anwendung. Damit wird sichergestellt, dass Verarbeitungen in diesem Bereich nur in dem Rahmen erfolgen, der **durch gesetzliche Vorgaben legitimiert ist.** Es obliegt den zuständigen nationalen Gesetzgebern, die Rechtsgrundlagen für die Verarbeitung durch staatliche Stellen zu schaffen (vgl. ErwGr 47). 91

Die Zulässigkeit einer Verarbeitung auf Grundlage dieses Erlaubnistatbestandes steht immer unter dem Vorbehalt, dass es **keine überwiegenden Interessen oder Grundrechte** und **Grundfreiheiten betroffener Person** gibt, die den Schutz personenbezogener Daten erfordern.[78] Die notwendige **Interessenabwägung** obliegt den Verantwortlichen. Ist deren Ergebnis unzutreffend und werden trotz des Vorliegens überwiegender schutzwürdiger Interessen oder Rechte betroffener Personen deren Daten verarbeitet, setzen sich Verantwortliche dem Risiko einer Sanktionierung entsprechend Art. 83 aus. Dies spricht dafür, im Zweifel auf eine Verarbeitung auf dieser Rechtsgrundlage zu verzichten. 92

Mit Blick auf die zu schützenden Interessen und Rechte und auf das in Art. 1 Abs. 2 formulierte Schutzziel steht es einer Berechtigung zur Verarbeitung im Rahmen der vorzunehmenden Prüfung entgegen, wenn erhebliche und sofort ins Auge springende Umstände ersichtlich sind, die eine Beeinträchtigung zu Lasten der betroffenen Personen nahe legen. Allerdings müssen im Rahmen der Interessenabwägung in der Regel keine konkreten, einzelfallbezogenen Nachforschungen durchgeführt werden. 93

a) Berechtigte Interessen

Eine Verarbeitung auf der Grundlage von Abs. 1 Buchst. f muss zur **Wahrung eigener berechtigter Interessen eines Verantwortlichen** oder **eines Dritten** erforderlich sein. Ohne die angestrebte Verarbeitung muss der Verantwortliche oder der Dritte einen nicht zumutbaren Nachteil erleiden.[79] Erforderlich sind nur solche Verarbeitungen, zu denen es **keine objektiv zumutbare Alternative** gibt. In jedem Fall muss eine Form der Verarbeitung gewählt werden, die als mildestes Mittel so wenig wie möglich in Grundrechte und Grundfreiheiten der betroffenen Personen eingreift und dabei deren Recht auf Datenschutz beeinträchtigt. Gibt es Alternativen in diesem Sinne, muss die Verarbeitung unterbleiben, ohne dass es auf eine Abwägung mit den Interessen der betroffenen Personen 94

77 Ähnlich Gola-*Schulz*, Art. 6 Rn. 13; Paal/Pauly-*Frenzel*, Art. 6 Rn. 26.
78 Ebenso Paal/Pauly-*Frenzel*, Art. 6 Rn. 30.
79 Ähnlich Sydow-*Reimer*, Art. 6 Rn. 58 für die Unabwendbarkeit einer Beeinträchtigung.

noch ankommt. Allerdings gehen die Anforderungen Abs. 1 Buchst. f nicht so weit, dass eine absolut zwingende Notwendigkeit zur Verarbeitung bestehen muss, damit der Tatbestand erfüllt ist. Bezogen auf Beschäftigte ist zu beachten, dass nur solche Verarbeitungen zulässig sind, die als Ergebnis der im Rahmen von § 26 Abs. 1 Satz 1 BDSG notwendigen Verhältnismäßigkeitsprüfung als erforderlich zu qualifizieren sind (vgl. § 26 BDSG Rn. 18ff.).

95 Der Begriff der »berechtigten Interessen« erfasst nicht nur rechtliche, sondern auch wirtschaftliche und ideelle Interessen.[80]. Damit ist von einer weiten Auslegung dieses Begriffs auszugehen.[81] Nicht ausreichend ist es hingegen, wenn die Verarbeitung berechtigten Interessen nur dienlich ist. Die Erforderlichkeit fehlt beispielsweise, wenn berechtigte Interessen auch ohne bestimmte personenbezogene Informationen gewahrt werden können. Verantwortliche oder Dritte können sich nicht auf »beliebige« Interessen berufen. Die Vorschrift berechtigt sie zudem nicht zur Zweckentfremdung von Daten außerhalb der nach Abs. 4 zulässigen Zweckänderungen.

96 Ob ein berechtigtes Interesse eines Verantwortlichen oder eines Dritten besteht, ist in jedem Fall besonders **sorgfältig abzuwägen** (vgl. ErwGr 47). Der unbestimmte Erlaubnistatbestand »Wahrung berechtigter Interessen« ist an den in Art. 1 Abs. 2 enthaltenen Schutzzielen zu messen. Diese stehen der Verwendung dieser Erlaubnisnorm als eine Art Auffangtatbestand entgegen, auf die immer dann zurückgegriffen werden kann, wenn sich eine Verarbeitung nicht aus anderen gesetzlichen Erlaubnistatbeständen oder aus einer wirksamen Einwilligung ableiten lässt. An das Vorliegen berechtigter Interessen, die die Verarbeitung personenbezogener Daten rechtfertigen, ist deshalb ein **enger Maßstab anzulegen**. Dies gilt besonders in den Fällen, in denen keine Einwilligung der betroffenen Personen erteilt wurde oder in denen weder eine vertragliche Berechtigung bzw. Verpflichtung zur Verarbeitung besteht noch eine rechtliche Verpflichtung gegeben ist, der der Verantwortliche unterliegt.

97 Ob eine Verarbeitung aufgrund des Vorliegens eines berechtigten Interesses zulässig ist, bemisst sich insbesondere an den in Art. 5 enthaltenen allgemeinen Grundsätzen. Danach muss das berechtigte Interesse beispielsweise vom Erhebungszwecke erfasst (Art. 5 Abs. 1 Buchst. b) und die Vorgaben zur Datenminimierung (Art. 5 Abs. 1 Buchst. c) berücksichtigt sein. An diesen Grundsätzen scheitert etwa die Durchführung präventiver Datenscans oder die nicht durch einen von Anfang an festgelegten Zweck legitimierte Verwendung von Daten im Rahmen von »Big Data«-Auswertung. Nicht der Wahrung berechtigter Interessen dient im Regelfall auch die Verarbeitung von »Kundendaten auf Vorrat«, da es hierfür an dem nach Art. 5 Abs. 1 Buchst. b erforderlichen eindeutig festgelegten und legitimen Zwecken fehlt. Gleiches gilt für konzernweit aufgebaute Hinweisdateien im Bereich Geldwäsche oder Korruption, aber auch für alle anderen Formen konzernübergreifender Verarbeitung von Beschäftigtendaten. Bezüglich unternehmensübergreifender Verarbeitungen ist in diesem Zusammenhang zu beachten, dass weder die DSGVO noch

---

80 BGH 17.12.1985 – VI ZR 244/84, NJW 1986, 2505; VGH Mannheim 24.10.1983 – 10 S 902/82, NJW 1984, 1911.

81 Vgl. ErwGr 47 Satz 2; ebenso Schantz/Wolff-*Wolff*, Rn. 643.

das BDSG ausdrücklich ein »Konzernprivileg« über unternehmensübergreifende Verarbeitungen geschaffen hat.[82]

Eine auf Abs. 1 Buchst. f gestützte Verarbeitung muss nicht nur rechtmäßig sein und nach Treu und Glauben erfolgen, sondern **weiterhin für die betroffenen Personen transparent** sein (Art. 5 Abs. 1 Buchst. a). Diesen müssen beispielsweise Informationen zu allen Verarbeitungsschritten, die ein Verantwortlicher zur Wahrung seiner berechtigten Interessen durchführen will, nicht nur leicht zugänglich und verständlich sein, sondern auch in klarer und einfacher Sprache beschrieben werden (vgl. ErwGr 39 zum Transparenzgrundsatz). 98

Ein berechtigtes Interesse könnte beispielsweise bei Autoherstellern für die mögliche Durchführung von Rückrufaktionen vorliegen. Gegen die Annahme eines solchen Interesses lässt sich allerdings das Argument ins Feld führen, dass Abs. 1 Buchst. f unter Berücksichtigung des Grundsatzes der Datenminimierung in Art. 5 Abs. 1 Buchst. c dann mangels eines berechtigten Interesses nicht einschlägig ist, wenn die notwendigen personenbezogenen Informationen auch von den zuständigen staatlichen Stellen zur Verfügung gestellt werden können. Das Bestehen dieser Alternative steht den angeführten berechtigten Interessen entgegen. Das Vorliegen eines vorrangigen Interesses wird bezüglich der Übermittlung rechtskräftig titulierter Forderungen aus einem Kreditvertrag an eine Auskunftei wie die SCHUFA bejaht.[83] Nicht rechtskräftige Entscheidungen dürfen in Umkehrung des vorstehenden Arguments nicht an Auskunfteien übermittelt werden.[84] 99

Kein vorrangiges berechtigtes Interesse besteht beim Verkauf einer Anwaltspraxis bezüglich der Übermittlung der Mandantendaten. Diese ist nur mit Einwilligung der einzelnen Mandanten zulässig.[85] Ein berechtigtes Interesse soll weiterhin bezüglich der Aufnahme von Personen in eine Liste vorliegen, die sich auf den Verdacht der betrügerischen Inanspruchnahme von Versicherungen bezieht.[86] 100

b) Überwiegendes Interesse, Grundrechte oder Grundfreiheiten betroffener Personen

Die Berufung auf die Erforderlichkeit einer Verarbeitung zur Wahrung seiner berechtigten Interessen nach Abs. 1 Buchst. f steht unter dem grundsätzlichen Vorbehalt, dass es 101

---

82 Ebenso Kühling/Buchner-*Maschmann*, Art. 88 Rn. 52; Däubler, Gläserne Belegschaften, Rn. 451; Schantz/Wolff-*Wolff*, Rn. 664; Wedde, SR 19, 175, 184; ähnlich SHS-*Schantz*, Art. 6 Abs. 1 Rn. 116, der die Feststellung eines berechtigten Interesses ausdrücklich von einer Interessenabwägung abhängig macht; Taeger/Gabel-*Taeger*, Art. 6 Rn. 110, der allerdings auf das Bestehen eines berechtigten Interesses hinweist; Ehmann/Selmayr-*Selk*, Art. 88 Rn. 176 zeigt verschiedene Möglichkeiten für die Schaffung konzernweiter Verarbeitungsmöglichkeiten auf; offener Ehmann/Selmayr-*Heberlein*, Art. 6 Rn. 26, der die Zulässigkeit von einer in jedem Fall durchzuführenden Einzelfallprüfung abhängig macht; a. A. etwa Plath-*Plath*, Art. 6 Rn. 89, der den Datenaustausch innerhalb eines Konzerns grds. für möglich hält; vgl. auch Art. 4 Rn. 93, Art. 88 Rn. 338 ff. sowie § 26 BDSG Rn. 182.

83 OLG Frankfurt 13.7.2010 – 19 W 33/10, MDR 2010, 1135.

84 AG Leipzig 31.1.2010 – 118 C 10105/09, MMR 2010, 723.

85 BGH 13.6.2001 – VIII ZR 176/00, NJW 2001, 2462; KG Berlin 19.6.1992 – 13 U 262/92, NJW 1992, 2771.

86 LG Oldenburg (Oldenburg) 29.11.2013 – 13 O 1694/13.

keine überwiegenden Interessen, **Grundrechte** oder **Grundfreiheiten betroffener Personen** gibt, die den Schutz personenbezogener Daten erfordern. Die Interessen der betroffenen Personen sind umfassend zu berücksichtigen, auch wenn es sich hierbei nur um mögliche Risiken handelt.[87] Von einem **Überwiegen** der Interessen der betroffenen Personen, das der Verarbeitung zur Wahrung berechtigter Interessen entgegensteht, ist nach der beispielhaften Aufzählung in der Vorschrift insbesondere dann auszugehen, wenn es sich bei der betroffenen Person um ein Kind handelt. Die exemplarische Nennung von Kindern verweist darauf, dass den Interessen besonders schutzwürdiger Personen bei der Abwägung eine besondere Bedeutung zuzumessen ist. Die vorzunehmende Abwägung ist für jede Art der Verarbeitung von personenbezogenen Daten getrennt vorzunehmen.[88]

102 Die Verarbeitung von personenbezogenen Daten auf der Grundlage von Abs. 1 Buchst. f setzt damit **drei Prüfschritte** voraus, die der Verantwortliche vor der Verarbeitung durchführen muss: In einem **ersten Schritt** muss der Verantwortliche bewerten, ob eine Erforderlichkeit der Verarbeitung zur Wahrung berechtigter Interessen gegeben ist. Fehlt diese Erforderlichkeit, muss die Verarbeitung unterbleiben. Ist ein zu wahrendes berechtigtes Interesse feststellbar, muss in einem **zweiten Schritt** geprüft werden, ob der Verarbeitung Interessen, Grundrechte oder Grundfreiheiten der betroffenen Personen entgegenstehen. Weil dies schon mit Blick auf das Recht auf informationelle Selbstbestimmung praktisch immer der Fall sein wird, muss im abschließenden **dritten Schritt** eine Interessenabwägung zwischen den Positionen der Verarbeiter oder der Dritten auf der einen und der betroffenen Personen auf der anderen Seite erfolgen. Mit Blick auf die in Art. 5 Abs. 2 enthaltene Rechenschaftspflicht sowie unter Beachtung der etwa nach Art. 5 Abs. 1 Buchst. a oder nach Art. 12 Abs. 1 bestehenden Transparenzanforderungen und Nachweispflichten muss das Ergebnis der Prüfungen und Bewertungen dokumentiert und den betroffenen Personen auf Anforderung vorgelegt werden. Dies gilt insbesondere bezogen auf Beschäftigtendaten. Bezüglich dieser Daten haben Betriebs- und Personalräte bei der Wahrnehmung ihrer gesetzlichen Aufgaben ebenfalls einen Anspruch auf eine entsprechende Vorlage.

c) Anwendungsbereiche

103 In der Praxis setzt die notwendige Interessenabwägung der Verarbeitung zur Wahrung schutzwürdiger Interessen von Verantwortlichen enge Grenzen. So lässt sich etwa die Anfertigung umfassender Kundenprofile, wie sie von Reiseunternehmen oder Kreditkartenorganisationen erstellt werden, beispielsweise schon deshalb nicht durch Abs. 1 Buchst. f rechtfertigen, weil die Kunden hier vernünftigerweise nicht mit entsprechenden Verwendungen ihrer personenbezogenen Daten rechnen müssen (vgl. ErwGr 47). Erstellt eine Kreditkartenorganisation hingegen aus Sicherheitsgründen (etwa um Missbräuchen oder Diebstählen vorzubeugen) Zahlungsprofile, die bei auffälligen Veränderungen der Zahlungsgewohnheiten für eine Information der Besitzer sorgen oder Karten automatisch sperren, kann dies im Ergebnis einer Interessenabwägung zulässig sein, wenn eine anderweitige Verarbeitung oder Nutzung dieser Daten (insbesondere zu Marketing- und Wer-

87 SHS-*Schantz*, Art. 6 Abs. 1 Rn. 101.
88 Schantz/Wolff-*Wolff*, Rn. 651.

bezwecken) ausgeschlossen bleibt. Soweit es sich bei den Profilen um Scoring-Maßnahmen handelt, ist § 31 als Spezialnorm zu beachten.

Ob ein berechtigtes Interesse nach Art. 6 Abs. 1 Buchst. f auch bezogen auf die Daten von Beschäftigten besteht, war schon bezogen auf die entsprechende Regelung in § 28 Abs. 1 Satz 1 Nr. 2 BDSG-alt umstritten.[89] Gegen die Berufung auf Art. 6 Abs. 1 Buchst. f spricht auch unter den neuen datenschutzrechtlichen Rahmenbedingungen, dass für diesen Bereich mit dem auf der Grundlage von Art. 88 geschaffenen § 26 BDSG eine abschließende Spezialregelung zur Verfügung steht (vgl. § 26 BDSG Rn. 17). 104

Aber selbst, wenn man der Auffassung folgt, dass Art. 6 Abs. 1 Buchst. f für Beschäftigungsverhältnisse neben § 26 Abs. 1 BDSG zur Anwendung kommen kann, würde dies im Ergebnis nicht zu erweiterten Verarbeitungsbefugnissen führen. Dies folgt aus der **immer vorzunehmenden Interessenabwägung**. Neben der Feststellung der Erforderlichkeit einer Verarbeitung zur Wahrung der berechtigten Interesses eines Verantwortlichen oder eines Dritten ist bei dieser Abwägung zu prüfen, ob ein Überwiegen von Interessen oder Grundrechten und Grundfreiheiten der betroffenen Beschäftigten gegeben ist. Dieser zweite Aspekt des Erlaubnistatbestandes wiederholt das in Art. 1 Abs. 2 formulierte allgemeine und grundlegende Schutzziel der DSGVO. Vor diesem Hintergrund ist der in Art. 6 Abs. 1 Buchst. f enthaltene Erlaubnistatbestand zu Lasten von Verantwortlichen oder Dritten stets **eng auszulegen**.[90] Selbst zulässige Verarbeitungen von Beschäftigtendaten müssen sich mit Blick auf das zentrale Ziel der DSGVO, personenbezogene Daten zu schützen, auf das absolut Notwendige beschränken.[91] Gibt es zu einer bestimmten Form der Verarbeitung Alternativen, die schonender für die Grundrechte und Grundfreiheiten der Beschäftigten sind, müssen diese schon mit Blick auf den Grundsatz der Datenminimierung in Art. 5 Abs. 1 Buchst. c bevorzugt werden. 105

Bei der vorzunehmenden Interessenabwägung ist zu berücksichtigen, dass die Grundrechte betroffener Personen durch Datenverarbeitungen individuell unterschiedlich stark beeinträchtigt werden können.[92] Dies steht der Durchführung einer nur pauschalen Interessenabwägung entgegen.[93] Die Festellung eines Verantwortlichen, dass er »*überwiegende berechtigte Interessen*« an einer Verarbeitung hat, reicht deshalb nicht aus. Eine Verarbeitung zur Wahrung berechtigter Interessen setzt zudem immer voraus, dass sich hiermit keine Verletzung von vertraglichen Pflichten oder Schutzrechten verbindet, die Arbeitgeber gegenüber Beschäftigten zu erfüllen oder zu sichern haben.[94] Darüber hinaus muss bei der Durchführung der Interessenabwägung auch beachtet werden, ob bei der geplanten Verarbeitung Rechte von Betriebs- oder Personalräten ausgehöhlt oder ausgeschlossen werden, die zum Schutz der Beschäftigten gesetzlich verankert sind. 105a

Bezogen auf Beschäftigtendaten erfolgt die im Rahmen von Art. 6 Abs. 1 Buchst. f vorzunehmende Verhältnismäßigkeitsprüfung bereits im Rahmen der Erforderlichkeitsprü- 105b

89 Vgl. zum Meinungsstand DKWW-*Däubler*, § 32 BDSG-alt Rn. 7ff. m. w. N. sowie allg. Wedde, SR 19, 175, 182.
90 Nach Schantz/Wolff-*Wolff*, Rn. 542 ist eine restriktive Auslegung geboten.
91 Ähnlich Ehmann/Sellmayr-*Heberlein*, Art. 6 Rn. 28.
92 Ähnlich Ehmann/Sellmayr-*Heberlein*, Art. 6 Rn. 29.
93 A. A. SJTK-*Schwartmann/Klein*, Art. 6 Rn. 124.
94 Vgl. Gola-*Schulz*, Art. 6 Rn. 13.

fung des § 26 Abs. 1 Satz 1 BDSG. Wird bereits bei dieser Überprüfung festgestellt, dass eine Verarbeitung bestimmter Daten durch Arbeitgeber nicht erforderlich ist, steht dies der Verarbeitung auf der Grundlage der allgemeinen Regelung des Art. 6 Abs. 1 Buchst. f grundsätzlich entgegen. Um in dieser Situation das Überwiegen berechtigter Interessen an einer Verarbeitung zu begründen, müsste vom Arbeitgeber oder von einem Dritten dargelegt werden, dass sich trotz des Fehlens der Erforderlichkeit nach Art. 6 Abs. 1 Buchst. f mit der zur Wahrung berechtigter Interessen beabsichtigten Verarbeitung keine Verletzung schutzwürdiger Interessen oder Grundrechte und Grundfreiheiten der Beschäftigten verbindet. In diesem Zusammenhang müsste bei einer Bewertung insbesondere Berücksichtigung finden, dass im Arbeitsverhältnis nicht von einer tatsächlichen Parität der Rechte und Möglichkeiten der Vertragsparteien auszugehen ist. Dies wird auch an der spezifischen Regelung zur Einwilligung in § 26 Abs. 2 BDSG deutlich. Beschäftigten wäre es beispielsweise bei der Weitergabe ihrer Daten innerhalb eines Konzerns nicht mehr möglich abzuschätzen, welche Verarbeitungen dann in anderen Konzernunternehmen tatsächlich durchgeführt werden. Zudem hätten sie gegen andere Konzerunternehmen keine unmittelbaren und wirksamen arbeitsrechtlichen Durchgriffsmöglichkeiten mehr. Schon deshalb ist bezogen auf unternehmensübergreifende Verarbeitungen von Beschäftigtendaten stets von einem Überwiegen der Interessen, Grundrechte und Grundfreiheiten der Beschäftigten auszugehen.

105c Zusammenfassend ist festzustellen, dass es für eine Rechtfertigung von Verarbeitungen von Beschäftigtendaten, die außerhalb der Erforderlichkeit von § 26 BDSG stehen, nicht ausreicht, wenn Verantwortliche lediglich allgemein oder pauschal postulieren, dass die Verarbeitung von Beschäftigtendaten zur Wahrung ihrer berechtigten Interesse erforderlich ist.[95] Es bedarf vielmehr der substantiierten Darlegung der Erforderlichkeit zur Wahrung eigener berechtigter Interessen auf der einen und der entgegenstehenden Interessen, Grundrechte und Grundfreiheiten von betroffenen Beschäftigten auf der anderen Seite. Die Interessenabwägung erfolgt im Rahmen einer Einzelfallprüfung. Eine nur pauschale Bewertung ohne einen substantiierten Vortrag ist nicht ausreichend.[96] Auf der Grundlage dieser Informationen ist eine Interessenabwägung vorzunehmen und dokumentiert darzulegen. Hierbei ist vom Arbeitgeber insbesondere auszuführen, warum gegenüber berechtigten Interessen der Arbeitgeber kein Überwiegen der Beschäftigteninteressen gegeben ist. Bezogen auf im Rahmen der Interessenabwägung vorgetragene Sachverhalte sind Arbeitgeber beweispflichtig.[97]

105d Die Darlegungslast, dass eine Verarbeitung zur Wahrung seiner Interessen oder der eines Dritten erforderlich ist und dass entgegenstehende Interessen, Grundrechte und Grundfreiheiten von Beschäftigten nicht überwiegen, trägt der Arbeitgeber. Dies folgt etwa aus seiner allgemeiner Rechenschaftspflicht gemäß Art. 5 Abs. 2,[98] aber auch aus den etwa in Art. 12 Abs. 1 enthaltenen Verpflichtungen. An die Prüfung ist schon deshalb ein **strenger**

---

95 Vgl. Ehmann/Sellmayr-*Heberlein*, Art. 6 Rn. 25.

96 Vgl. Einzelfallprüfung Ehmann/Sellmayr-*Heberlein*, Art. 6 Rn. 26; a.A. SJTK-*Schwartmann/Klein*, Art. 6 Rn. 124, die eine Einzelfallprüfung in der Praxis für nicht beherrschbar halten.

97 Ähnlich Kühling/Buchner-*Buchner/Petri*, Art. 6 Rn. 149.

98 Zutreffend Kühling/Buchner-*Buchner/Petri*, Art. 6 Rn. 149.

Maßstab anzulegen, um zu vermeiden, dass diese Vorschrift zu einer in das Belieben des Verantwortlichen gestellten Erlaubnisnorm wird.[99]

Soll beispielsweise unter Berufung auf Art. 6 Abs. 1 Buchst. f in einem Unternehmen eine außerhalb der Erforderlichkeit nach § 26 Abs. 1 Satz 1 BDSG stehende Verarbeitung von Beschäftigtendaten zu unbestimmten oder allgemeinen Zwecken wie »**Korruptionsbekämpfung**« oder »**Compliance**« erfolgen, kann deren Zulässigkeit nicht mit dem pauschalen Hinweis legitimiert werden, dass es um die Wahrung berechtigter Unternehmensinteressen geht.[100] Diesen stehen insbesondere die zwingend zu beachtenden Grundsätze des Art. 5 Abs. 1 entgegen: Allgemeine Ziele wie »Korruptionsbekämpfung« oder »Compliance«, für deren Art und Weise der Durchführung es keine präzise gesetzliche Begründung gibt, stehen sowohl im Widerspruch zu der nach Art. 5 Abs. 1 Buchst. b notwendigen Festlegung konkreter Zwecke als auch zum Grundsatz der Datenminimierung in Art. 5 Abs. 1 Buchst. c. Sie lassen sich auch nicht mit den Transparenzvorgaben in Art. 5 Abs. 1 Buchst. a in Einklang bringen. Diese Diskrepanz zu den in den Grundsätzen des Art. 5 zum Ausdruck kommenden zwingenden Vorgaben weist darauf hin, dass hier schutzwürdige Interessen der betroffenen Personen unangemessen beeinträchtigt wären, wenn eine entsprechende Verarbeitung erfolgen würde. Gleiches gilt auch für sog. »**präventive Screenings**« (vgl. § 26 BDSG Rn. 161). 106

Restriktiv zu bewerten ist auch die Zulässigkeit der Übermittlung von Beschäftigtendaten im Rahmen von sog. **Due-Diligence-Prüfungen**, die im Zusammenhang mit einem **geplanten Unternehmenserwerb** erfolgen.[101] Sofern die Zulässigkeit einer solchen Übermittlung nicht unter den Zweck des Beschäftigungsverhältnisses zu subsumieren ist und damit ausschließlich nach § 26 Abs. 1 Satz 1 BDSG bewertet werden muss, obliegt der verantwortlichen Stelle die Pflicht zu prüfen, ob das Informationsinteresse von potenziellen Erwerbern nicht schon mit Blick auf die Anforderungen zur Datenminimierung in Art. 5 Abs. 1 Buchst. c auch unter Verwendung pseudonymisierter oder anonymisierter Listen befriedigt werden kann. Die Übermittlung von Klardaten ist hingegen im Regelfall zur Wahrung berechtigter Interessen von Verantwortlichen oder Dritten nicht erforderlich. Wird ein Unternehmen verkauft, bestimmt sich die Zulässigkeit der Verarbeitung vorhandener Beschäftigtendaten durch den Erwerber dann wiederum nach § 26 BDSG. 107

Das **Überwiegen schutzwürdiger Interessen und Rechte der Beschäftigten** folgt allgemein auch daraus, dass es für Beschäftigte regelmäßig nicht nachvollziehbar ist, ob und welche Verarbeitungen ihrer personenbezogenen Daten außerhalb der durch § 26 Abs. 1 Satz 1 BDSG vorgegebenen Erforderlichkeit erfolgen, die es im Zusammenhang mit der Durchführung ihres Beschäftigungsverhältnisses gibt. Beschließt beispielsweise ein Arbeitgeber, zur besseren Bewertung der Qualifikation seiner einzelnen Beschäftigten Big-Data-Auswertungen aller im Betrieb vorhandenen personenbezogenen Daten durch einen Dritten durchführen zu lassen, so gehört dies nicht zu den Verarbeitungen, mit denen eine Belegschaft vernünftigerweise rechnen muss. In derartigen Fällen ist von einem Überwiegen der schutzwürdigen Interessen der Beschäftigten auszugehen (ähnlich ErwGr 47). Etwas anderes kann beispielsweise dann gelten, wenn in einem kleinen Unter- 108

99 Zutreffend Taeger/Gabel-*Taeger*, Art. 6 Rn. 114.

100 A.A. Plath-*Plath*, Art. 6 Rn. 86ff.; offener Gierschmann, ZD 16, 51.

101 Ebenso Braun/Wybitul, BB 2008, 782; weniger restriktiv Göpfert/Meyer, NZA 2011, 486.

nehmen die Gehaltsabrechnung einem Steuerberater übertragen wird. Ein solches Vorgehen stellt für informierte Beschäftigte in einem entsprechenden Arbeitsumfeld keine Überraschung dar und kann vernünftigerweise abgesehen werden (vgl. ErwGr 47). Allerdings handelt es sich bei der Gehaltsabrechnung ohnehin um eine Verarbeitung, die für die Durchführung des Beschäftigungsverhältnisses erforderlich ist, was den Rückgriff auf Abs. 1 Buchst. f obsolet macht.

109 Haben Beschäftigte eine vom Arbeitgeber eingeforderte Einwilligung verweigert oder haben sie einer bestimmten Verarbeitung, die außerhalb der Erforderlichkeit des § 26 Abs. 1 BDSG steht, ausdrücklich widersprochen (etwa einer Verarbeitung ihrer Beschäftigtendaten in den USA), ist ebenfalls von einem Überwiegen ihrer Interessen und Rechte auszugehen. Gleiches gilt, wenn die auf der Grundlage von Abs. 1 Buchst. f geplante Verarbeitung weder der Erfüllung des Arbeitsvertrags dient oder aufgrund einer anderen rechtlichen Verpflichtung erforderlich ist.

110 Werden Verarbeitungsmöglichkeiten durch **Kollektivverträge** (insbesondere durch Betriebsvereinbarungen) beschränkt, steht dies der Berufung von Verantwortlichen auf berechtigte Interessen entgegen. Liegen kollektivrechtlich vereinbarte Verarbeitungszwecke oder -grenzen vor, handelt es sich um ein schutzwürdiges Interesse der Beschäftigten, das bestehenden Interessen von Arbeitgebern und Dritten entgegensteht und insoweit Verarbeitungsgrenzen zieht. Ergeben sich Notwendigkeiten für weitere Verarbeitungen, können diese durch Ergänzungen oder Veränderungen der Kollektivverträge ermöglicht werden. Da dieses Vorgehen weniger in die Interessen und Rechte der Beschäftigten eingreift, kommt der Rückgriff auf Abs. 1 Buchst. f in diesem Fall schon wegen der Möglichkeit des Rückgriffs auf Alternativen nicht in Betracht, die weniger stark in geschützte Rechte der Beschäftigten eingreifen.

111 Im Ergebnis müssen bestehende berechtigte Interessen von Verantwortlichen in allen vorstehend skizzierten Fällen hinter den Interessen und Rechten der betroffenen Beschäftigten zurückstehen. Aufgrund des Fehlens überwiegender berechtigter Interessen des Arbeitgebers i. S. v. Art. 6 Abs. 1 Buchst. f ist die Zulässigkeit entsprechender Maßnahmen ausschließlich an der Erforderlichkeit gemäß § 26 Abs. 1 BDSG zu messen. Auf die abschließende Beantwortung der Frage, ob eine Anwendbarkeit von Art. 6 Abs. 1 Buchst. f überhaupt möglich oder zulässig ist, kommt es damit in der Praxis nicht an.

112 Bezogen auf Beschäftigungsverhältnisse bleibt es damit selbst dann, wenn die grundsätzliche Anwendbarkeit entgegen bestehender Bedenken angenommen wird, bei der **restriktiven Auslegung des Anwendungsbereichs** der Regelung in Abs. 1 Buchst. f. Nur durch sie wird vermieden, dass Arbeitgeber oder Dritte (etwa andere Konzernunternehmen) durch den Hinweis auf die Wahrung berechtigter Interessen im Sinne von Abs. 1 Buchst. f den Schutzstandard unterlaufen, der durch § 26 BDSG bergründet wird. Die Anwendbarkeit dieser Regelung bleibt damit bezogen auf Beschäftigungsverhältnisse schon mit Blick auf die Interessenabwägung, die regelmäßig zugunsten des Schutzes der Beschäftigten ausfallen wird, weiterhin die Ausnahme. Ein anderes Ergebnis kann es nur geben, wenn sich Gefährdungen für die Interessen der Beschäftigten oder für deren Grundrechte oder Grundfreiheiten aus objektiver Sicht ausschließen lassen (etwa durch eine umfassende Pseudonymisierung oder durch kollektivrechtliche Schutzmaßnahmen.

III. Spezifischere Datenschutzbestimmungen in den Mitgliedstaaten (Abs. 2)

Die Regelung in Abs. 2 eröffnet den Mitgliedstaaten in bestimmten Fällen den Weg für **eine spezifischere Ausgestaltung des Datenschutzes.** Die Vorschrift ist aufgrund der Verwendung zahlreicher unbestimmter Rechtsbegriffe inhaltlich nicht präzise und sprachlich schwer verständlich.[102] Zudem ist sie zu weit gefasst.[103] Hinzu kommt, dass Abs. 2 teilweise redundant zu Abs. 3 ist und dass beide Vorschriften erst in der Gesamtsicht vollständig verständlich sind.[104] 113

Der **Anwendungsbereich** von Art. 6 Abs. 3 wird durch den Wortlaut **eingeschränkt.** Einschlägig ist sie insbesondere auf Verarbeitungen nach Abs. 1 Buchst. c (Erfüllung einer rechtlichen Verpflichtung, der der Verantwortliche unterliegt) und nach Buchst. e (Erforderlichkeit für die Wahrnehmung von Aufgaben im öffentlichen Interesse oder in Ausübung öffentlicher Gewalt) beschränkt. Dieser Teil der Regelung zielt vorrangig auf die Verarbeitung von personenbezogenen Daten durch öffentliche Stellen.[105] Darüber hinaus können die Mitgliedstaaten spezifischere Bestimmungen für die in Kapitel IX genannten besonderen Verarbeitungssituationen erlassen, zu denen insbesondere die Datenverarbeitung im Beschäftigungsverhältnis nach Art. 88 gehört. 114

Zielrichtung spezifischerer Datenschutzbestimmungen ist die **Gewährleistung einer Verarbeitung**, die rechtmäßig ist und nach **Treu und Glauben** erfolgt. Warum an dieser Stelle nicht auf alle in Art. 5 enthaltenen Grundsätze verwiesen wird, ist strukturell nicht nachzuvollziehen. Die nicht genannten Grundsätze stellen aber auch ohne eine ausdrückliche Nennung einen Maßstab dar, an dem Regelungen in den Mitgliedstaaten zu messen sind. 115

Durch Abs. 2 wird den Mitgliedstaaten die Möglichkeit eröffnet, für den in der Vorschrift genannten Anwendungsbereich spezifischere Vorschriften zu erlassen. Sie können aber auch bestehende Vorschriften beibehalten, wenn diese die in der DSGVO enthaltenen Vorgaben erfüllen. Damit begründet diese Regelung keinen Handlungszwang zu Lasten der Mitgliedstaaten. Diesen steht auch der Weg offen, statt einzelner Gesetze übergreifende Regelungen zu schaffen. In ErwGr 45 wird ausdrücklich darauf hingewiesen, dass die DSGVO nicht für jede Verarbeitung ein spezifisches Gesetz verlangt. 116

Alle spezifischeren Datenschutzvorschriften müssen sich in dem Rahmen bewegen, den die DSGVO insgesamt vorgibt. Werden in Mitgliedstaaten schon bestehende Datenschutzregelungen beigehalten, sind sie ggf. im Lichte des neuen europäischen Datenschutzrechts zu interpretieren und anzuwenden. Dies garantiert ein einheitliches Mindestniveau des Datenschutzes innerhalb der EU. 117

---

102 Paal/Pauly-*Frenzel*, Art. 6 Rn. 32 findet sie »sprachlich wenig überzeugend«.
103 Ähnlich SHS-*Roßnagel*, Art.6 Abs. 2 Rn. 26 »*sehr weit*«.
104 Ähnlich Paal/Pauly-*Frenzel*, Art. 6 Rn. 32; Gola/Schulz, Art. 6 Rn. 197.
105 Paal/Pauly-*Frenzel*, Art. 6 Rn. 32.

IV. Ausgestaltung spezifische Datenschutzbestimmungen (Abs. 3)

118 In **Abs. 3** finden sich Vorgaben zur Ausgestaltung der nach Art. 6 Abs. 2 möglichen **spezifischeren Bestimmungen**. Der Regelungsgehalt dieser Vorschrift ist mithin nur im Zusammenhang mit Abs. 2 verständlich.

119 Durch Abs. 3 **Satz 1 wird klargestellt**, dass sowohl die **Mitgliedstaaten** als auch die **EU entsprechende Festlegungen vornehmen können**. Datenschutzrecht kann damit auf zwei Ebenen ausgestaltet werden.

120 Durch Abs. 3 **Satz 2** wird eine **Verpflichtung des jeweiligen Gesetzgebers** festgeschrieben, den Zweck einer Verarbeitung in den jeweiligen spezifischeren Bestimmungen festzuschreiben. Aus dieser Vorgabe leiten sich hohe Anforderungen an die Ausgestaltung von Datenschutzregelungen ab. Diese gelten auch für die ebenfalls in Satz 2 benannte Möglichkeit, dass eine Zweckbestimmung sich daraus ableitet, was für die Erfüllung einer Aufgabe erforderlich ist. Aus dem Gesamtkontext des Satzes folgt, dass der Zweck in diesem Fall nicht nur implizit erkennbar sein muss, sondern durch den Rahmen der Erforderlichkeit konkret und abschließend benannt sein muss. Der Begriff der **Erforderlichkeit** ist in diesem Zusammenhang **eng auszulegen.**[106] Nur eine solche Auslegung wird im Übrigen den Vorgaben gerecht, die unter Beachtung des Rechts auf informationelle Selbstbestimmung an die Ausgestaltung von Gesetzen zu stellen ist, die in Persönlichkeitsrechte von Bürgern eingreifen.

121 In Abs. 3 **Satz 3** werden **beispielhaft Inhalte von Bestimmungen** benannt, die die EU oder einzelne Mitgliedstaaten zur Anpassung der DSGVO enthalten können. Die genannten Möglichkeiten sind **weit gefasst** und können sich beispielsweise auf allgemeine Bedingungen zur Regelung der Rechtmäßigkeit der Verarbeitung ebenso beziehen wie auf die Zweckbindung oder auf die zulässige Speicherdauer. Auch die Regelung besonderer Verarbeitungssituationen gemäß Kapitel IX wird hier erneut genannt. Damit steht im Ergebnis ein weitgehender Regelungsrahmen zur Verfügung, der seine Grenzen allerdings wiederum an den zwingenden Vorgaben der DSGVO findet.

122 Der abschließende Abs. 3 **Satz 4** beinhaltet einen **Verhältnismäßigkeitsgrundsatz**, der ähnlich in Art. 52 Abs. 1 Satz 2 GRCh zu finden ist. Diese Regelung hat insoweit wohl nur deklaratorischen Charakter.[107]

V. Verarbeitung zu anderen Zwecken (Abs. 4)

1. Grundsätzliches

123 Art. 6 **Abs. 4** enthält Bedingungen für die **Zulässigkeit der Verarbeitung** von personenbezogenen Daten **für Zwecke**, die von denen **abweichen**, die der erstmaligen Erhebung oder Verwendung personenbezogener Informationen zugrunde lagen. Die Vorschrift legt die Voraussetzungen für mögliche und zulässige Zweckänderungen fest. Sie kommt zur Anwendung, wenn Verarbeitungen für andere Zwecke nicht durch eine Einwilligung gemäß Art. 5 Abs. 1 Buchst. a oder durch eine Rechtsvorschrift gemäß Art. 5 Abs. 1 Buchst. b

106 Ähnlich Plath-*Plath*, Art. 6 Rn. 28; offener Auernhammer-*Kramer*, Art. Rn. 62; ebenso Paal/Pauly-*Frenzel*, Art. 6 Rn. 41.
107 Paal/Pauly-*Frenzel*, Art. 6 Rn. 45.

legitimiert wird. Bezogen auf die Legitimierung durch eine Rechtsvorschrift verweist der Text der Vorschrift ausdrücklich darauf, dass es sich um eine in »*einer demokratischen Gesellschaft (…) notwendige und verhältnismäßige Maßnahme zum Schutz der in Artikel 23 Absatz 1 genannten Ziele*« handeln muss.

Die Vorschrift muss unter **Beachtung der Grundsätze zur Zweckbindung** in Art. 5 Abs. 1 Buchst. b ausgelegt werden.[108] Art. 5 Abs. 1 Buchst. b enthält im zweiten Hlbs. eine **abschließende Aufzählung** zulässiger Zweckänderungen und benennt Weiterverarbeitungen für im öffentlichen Interesse liegende Archivzwecke, für wissenschaftliche oder historische Forschungszwecke oder für statistische Zwecke. In Ergänzung dieser Varianten können nach Art. 6 Abs. 4 weitere Zweckänderungen durchgeführt werden, wenn die in Abs. 4 genannten Vorgaben erfüllt sind. Ebenso wie bezüglich der ursprünglichen Zwecke muss es sich unter Beachtung von Art. 5 Abs. 1 Buchst. b auch hierbei immer um festgelegte, eindeutige und legitime Zwecke handeln. 124

Abs. 4 ist **keine autonome Rechtsgrundlage** für zweckändernde Verarbeitungen.[109] Sind die hier benannten Voraussetzungen einer Verarbeitung für andere Zwecke erfüllt, bedarf es vielmehr weiterhin einer klaren Rechtsgrundlage für eine dann grundsätzlich mögliche alternative Verwendung.[110] Ist diese nicht vorhanden, muss eine Verarbeitung für einen anderen Zweck unterbleiben. Die anderslautende Formulierung in ErwGr 50 Satz 2, nach der für eine Zweckänderung »*(…) keine andere gesonderte Rechtsgrundlage erforderlich [ist] als diejenige für die Erhebung der personenbezogenen Daten*« ist als Redaktionsversehen zu qualifizieren.[111] Diese Aussage im ErwGr kann ausnahmsweise überhaupt nur dann zutreffend sein, wenn es sowohl für die ursprüngliche Verarbeitung als auch für die spätere Verarbeitung zu einem anderen Zweck tatsächlich eine identische Rechtsgrundlage gibt. Das kann beispielsweise der Fall sein, wenn personenbezogene Informationen über eine lebensbedrohliche Infektionserkrankung einer betroffenen Person in einer akuten Bedrohungslage dazu verwendet werden sollen, anderen ebenfalls erkrankten Personen hiermit zu helfen. 125

Die **Zulässigkeit** einer Verarbeitung für andere Zwecke setzt damit **einerseits** ein **erfolgreiches Durchlaufen** des in Abs. 4 Buchst. a bis e enthaltenen **Prüfprogramms** und **andererseits** das Vorhandensein einer datenschutzrechtlich **belastbaren Rechtsgrundlage** i. S. v. Abs. 1 voraus. Abs. 4 ist insoweit nur eine Auslegungsregel für das Tatbestandsmerkmal der »Vereinbarkeit«.[112] 126

Erfüllt eine gewollte Verarbeitung für einen anderen Zweck die vorstehenden benannten Voraussetzungen nicht, ist sie **datenschutzrechtlich unzulässig** und muss unterbleiben. Verantwortlichen bleibt dann nur noch die Möglichkeit, eine eigenständige Verarbeitung für den neuen Zweck durchzuführen. Dies setzt eine neue Datenerhebung voraus, für die es wiederum eine klare Rechtsgrundlage geben muss. Der Rückgriff auf die schon vorhandenen Daten ist den Verantwortlichen hingegen verwehrt. Dies setzt insbesondere einer 127

108 Ebenso SHS-*Roßnagel*, Art. 6 Abs. 4 Rn. 1.
109 Ausführlich hierzu Kühling/Buchner-*Buchner/Petri*, Art. 6 Rn. 181 ff.
110 Schantz, NJW 16, 1841; a. A. SHS-*Roßnagel*, Art. 6 Abs. 2 Rn. 12.
111 Vgl. hierzu die ausführliche Darstellung bei Kühling/Buchner-*Buchner/Petri*, Art. 6 Rn. 182.
112 Kühling/Buchner-*Buchner/Petri*, Art. 6 Rn. 183; Auernhammer-*Kramer*, Art. 6 Rn. 65 ff.; Gola-*Schulz*, Art. 6 Rn. 203.

»Vorratsdatenspeicherung« Grenzen, die zwar zu legitimen Zwecken erfolgt, tatsächlich aber dazu dient, Informationen für andere Zwecke vorzuhalten.

2. Einwilligung

128 Soll eine Verarbeitung für andere Zwecke durch eine Einwilligung legitimiert werden, muss sich diese ausdrücklich auch auf die Zulässigkeit alternativer Verarbeitungsmöglichkeiten beziehen. Damit sind pauschale Einwilligungsklauseln wie beispielsweise »*Mit einer Verarbeitung zu anderen Zwecken bin ich einverstanden*« stets unwirksam. Etwas anderes kann nur gelten, wenn sich eine derart allgemeine Einwilligung auf Zwecke bezieht, die ohnehin nach Art. 5 Abs. 1 Buchst. b legitim sind.

129 Im Ergebnis bedeutet dies, dass sich eine wirksame Einwilligung nur auf solche Verarbeitungen beziehen kann, mit denen eine betroffene Person im Normalfall rechnen, nicht aber hingegen auf solche Verwendungen, die lediglich möglich oder irgendwie vorstellbar sind.[113] Handelt es sich hingegen um überraschende neue Zwecke, so sind diese nicht durch die ursprüngliche Einwilligung legitimiert. In diesen Fällen ist Verantwortlichen der Rückgriff auf Abs. 4 als Grundlage für eine Verarbeitung zu anderen Zwecken verwehrt. Stattdessen müssen sie bei den betroffenen Personen eine neue Einwilligung einholen, die sich ausdrücklich auf die veränderten Zwecke bezieht.

3. Zweckänderung durch Rechtsvorschriften

130 Werden **Zweckänderungen durch Rechtsvorschriften** der Union oder eines Mitgliedstaates legitimiert, müssen diese Normen die allgemeinen Grenzen und Vorgaben beachten, die sich aus der DSGVO ableiten. Zweckänderungen sind hiernach nur insoweit möglich, als dass bei den Verantwortlichen Regelungsbefugnisse für eine Verarbeitung bestehen. Abs. 4 ist keine allgemeine Öffnungsklausel für Gesetzgeber.

131 Nach Abs. 4 mögliche Zweckänderungen sind nur im Rahmen der durch Art. 5 Abs. 1 Buchst. b festgeschriebenen Zweckbindung möglich.[114] Abs. 4 verweist weiterhin ausdrücklich auf die Ziele, die Art. 23 Abs. 1 enthält. Dieser Verweis verdeutlicht, dass nicht jede Rechtsvorschrift eine Zweckänderung legitimieren kann, sondern nur eine solche, die die Grundrechte und Grundfreiheiten der betroffenen Personen achtet und die in einer demokratischen Gesellschaft eine notwendige und verhältnismäßige Maßnahme darstellen. Aus diesem Hinweis leitet sich im Gesamtkontext der Norm die Feststellung ab, dass die Wahrung der Grundrechte und Grundfreiheiten bezogen auf eine Zweckänderung Berücksichtigung finden muss.

4. Bewertungskriterien

132 Abs. 4 enthält in den Buchst. a bis e **fünf Bewertungskriterien**, die von Verantwortlichen bei der Prüfung der Zulässigkeit einer Verarbeitung für andere Zwecke berücksichtigt werden müssen, wenn eine Zweckänderung datenschutzrechtlich weder durch eine Ein-

113 Im Ergebnis ähnlich Kühling/Buchner-*Buchner/Petri*, Art. 6 Rn. 179.
114 SHS-*Roßnagel*, Art. 6 Abs. 4 Rn. 4.

willigung noch durch eine Rechtsvorschrift legitimiert ist. Die Aufzählung ist **nicht abschließend** (»unter anderem«). Für die Bewertung der Zulässigkeit sind darüber hinaus insbesondere die in Art. 5 genannten Grundsätze bedeutsam, deren Umsetzung der Verantwortliche auch bezogen auf eine geplante Zweckänderung nach Art. 5 Abs. 2 nachweisen muss. Damit werden zu Lasten der Verantwortlichen umfassende Prüfpflichten begründet, die erfüllt werden müssen, bevor eine Verarbeitung zu anderen Zwecken erfolgen darf.

a) Zweck (Abs. 4 Buchst. a)

Nach Abs. 4 Buchst. a muss vom Verantwortlichen **jede Verbindung** zwischen den ursprünglichen Erhebungszwecken und den Zwecken der beabsichtigten Weiterverarbeitung **geprüft werden**. Die Zulässigkeit einer zweckändernden Verarbeitung setzt damit eine enge Verbindung zwischen den ursprünglichen Zielen der Verarbeitung und der nunmehr in anderen Zusammenhängen angestrebten Verwendung von Daten voraus.[115] 133

Diese Voraussetzung kann erfüllt sein, wenn die angestrebte Zweckänderung der logische nächste Schritt in einer Verarbeitungskette ist (etwa die Übermittlung von Daten aus einer langjährigen und unproblematischen Vertragsbeziehung in eine unternehmensinterne »Sperrdatei«, wenn es zu einem nachhaltigen Zahlungsverzug kommt oder wenn ein Betrugsfall vermutet wird) und wenn betroffene Personen hiermit rechnen müssen. Sie ist hingegen nicht gegeben, wenn es sich um neue Verarbeitungszwecke handelt, die nur möglich oder denkbar sind.[116] 134

b) Erhebungszusammenhang (Abs. 4 Buchst. b)

Die Prüfungsvorgabe in Abs. 4 Buchst. b stellt den Erwartungshorizont bzw. die *»vernünftigen Erwartungen der betroffenen Person, die auf ihrer Beziehung zu dem Verantwortlichen beruhen«* (so ErwGr 50) in den Vordergrund. Damit liegt es in der Verantwortung der Verantwortlichen, die die ursprüngliche Verarbeitung durchführen, den betroffenen Personen in verständlicher Form und Sprache darzulegen, welche neuen Verarbeitungen nunmehr geplant und zu welchen Zwecken diese durchgeführt werden. Ist diese Darlegung nicht erfolgt, muss die Verarbeitung zu anderen Zwecken unterbleiben. 135

c) Art der personenbezogenen Daten (Abs. 4 Buchst. c)

Der in Abs. 4 Buchst. c benannte Prüfschritt stellt die **Art der verarbeiteten Daten** in den Mittelpunkt und bezieht sich einerseits auf besondere Kategorien personenbezogener Daten gemäß Art. 9 und andererseits auf personenbezogene Daten über strafrechtliche Verurteilungen und Straftaten gemäß Art. 10. 136

---

115 Kühling/Buchner-*Buchner/Petri*, Art. 6 Rn. 187; Plath-*Plath*, Art. 6 Rn. 136; ähnlich Sydow-*Reimer*, Art. 6 Rn. 75; a. A. Gola-*Schulz*, Art. 6 Rn. 205; der auch *»partielle oder ggf. sogar keine Verbindung«* für denkbar hält.

116 Kühling/Buchner-*Buchner/Petri*, Art. 6 Rn. 189.

137 Grundsätzlich ist zu bedenken, dass die Sensibilität dieser Daten Zweckänderungen entgegensteht. Da bezogen auf besondere Arten personenbezogener Daten nur wenige Fälle in Betracht kommen, in denen eine Verarbeitung überhaupt erfolgen darf, ist die Zahl der in Betracht kommenden Zweckänderungen gering. Entsprechendes gilt bezogen auf Daten zu Straftaten bzw. zu entsprechenden Verurteilungen, die vorrangig bei öffentlichen Stellen vorhanden sind. Zweckänderungen sind bezüglich beider Datenkategorien nur ausnahmsweise zulässig. Die Bewertungsmaßstäbe sind in diesen Fällen eng auszulegen.

138 Dies gilt insbesondere bezogen auf Beschäftigungsverhältnisse, in denen ohnehin die Verarbeitung besonders geschützter Daten nur in wenigen Ausnahmefällen zulässig ist. Neben der aus steuerlichen Gründen zu verarbeitenden Religionszugehörigkeit kommen hier beispielsweise von Beschäftigten bekannt gemachte Daten in Betracht zur Minderung der Erwerbsfähigkeit, Informationen zu Krankheitstagen im Zusammenhang mit der Entgeltfortzahlung, zu tatsächlichen Erkrankungen im Rahmen eines betrieblichen Eingliederungsmanagements oder zur Gewerkschaftszugehörigkeit bezogen auf Leistungen, die hieran anknüpfen. Zweckänderungen, die mit dem ursprünglichen Verarbeitungszweck übereinstimmten, stellen bezogen auf diese personenbezogenen Beschäftigtendaten somit eine seltene Ausnahme dar.

d) Folgen für die betroffene Person (Abs. 4 Buchst. d)

139 Bei der vorzunehmenden Prüfung ist der in Abs. 4 Buchst. d enthaltene Bewertungspunkt der möglichen **Folgen der Weiterverarbeitung** für die betroffenen Personen von besonderer Bedeutung. Er zielt auf eine umfassende Berücksichtigung aller denkbaren Auswirkungen. Sind diese für die betroffenen Personen vorteilhaft, spricht dies für die Zulässigkeit der Verarbeitung für andere Zwecke. Sind hingegen negative Auswirkungen zu erwarten, steht dies einer Zweckänderung entgegen.

140 Groß ist die Gefahr negativer Folgen für die betroffene Person, wenn die zweckändernde Verarbeitung nicht durch den Verantwortlichen selbst, sondern durch Dritte erfolgt.[117] In diesen Fällen ist für die betroffenen Personen oft nicht mehr nachvollziehbar, wer der neue Verarbeiter ist und in welcher Rechtsbeziehung er zu diesem steht.

141 Die Bewertung muss von einem objektiven Standpunkt aus erfolgen. Die subjektive Einschätzung des Verarbeiters ist hier ebenso unbeachtlich wie mögliche Nachteile, die für ihn aus dem Verzicht auf eine Verarbeitung folgen können.

e) Garantien (Abs. 4 Buchst. e)

142 Der letzte der fünf Bewertungspunkte in Abs. 4 Buchst. e stellt auf das **Vorhandensein geeigneter Garantien** ab. Diese Garantien sind weniger tatsächlich, juristisch oder organisatorisch zu verstehen als vielmehr technisch. Dies folgt aus dem Hinweis, dass zu den geeigneten Garantien insbesondere eine Verschlüsselung oder eine Pseudonymisierung gehört.

117 Kühling/Buchner-*Buchner/Petri*, Art. 6 Rn. 190.

Gibt es entsprechende technische Möglichkeiten bei der ursprünglichen Verarbeitung, ist zu bewerten, ob diese auch nach der Zweckänderung gewährleistet sind. Stehen sie erst ab Beginn der Verarbeitung zu einem anderen Zweck zur Verfügung, muss geprüft werden, ob hierdurch dasselbe (oder ggf. ein höheres) Sicherheitsniveau geschaffen wird als bisher. Eine solche Verbesserung kann ein Indiz für die Zulässigkeit sein. Hingegen steht eine Reduzierung des technischen Sicherheitsniveaus als Folge der Zweckänderung dieser entgegen. 143

5. Verantwortlichkeit

Die **Durchführung der Prüfung**, ob eine Verwendung personenbezogener Daten für andere Zwecke zulässig ist, **obliegt dem Verantwortlichen.** Er ist ohne Einschränkung dafür verantwortlich, dass eine Zweckänderung nur erfolgt, wenn die Rechte der betroffenen Personen uneingeschränkt gewahrt werden. Mit Blick auf die in Art. 83 verankerten hohen Sanktionszahlungen ist es empfehlenswert, die notwendigen Bewertungen umfassend und sorgfältig durchzuführen. 144

Beinhalten Kollektivregelungen wie insbesondere Betriebsvereinbarungen Regelungen oder Begrenzungen zur Verarbeitung für andere Zwecke (etwa innerhalb eines Konzerns), müssen diese ebenfalls uneingeschränkt beachtet werden. 145

Art. 7 Bedingungen für die Einwilligung

(1) Beruht die Verarbeitung auf einer Einwilligung, muss der Verantwortliche nachweisen können, dass die betroffene Person in die Verarbeitung ihrer personenbezogenen Daten eingewilligt hat.

(2) Erfolgt die Einwilligung der betroffenen Person durch eine schriftliche Erklärung, die noch andere Sachverhalte betrifft, so muss das Ersuchen um Einwilligung in verständlicher und leicht zugänglicher Form in einer klaren und einfachen Sprache so erfolgen, dass es von den anderen Sachverhalten klar zu unterscheiden ist. Teile der Erklärung sind dann nicht verbindlich, wenn sie einen Verstoß gegen diese Verordnung darstellen.

(3) Die betroffene Person hat das Recht, ihre Einwilligung jederzeit zu widerrufen. Durch den Widerruf der Einwilligung wird die Rechtmäßigkeit der aufgrund der Einwilligung bis zum Widerruf erfolgten Verarbeitung nicht berührt. Die betroffene Person wird vor Abgabe der Einwilligung hiervon in Kenntnis gesetzt. Der Widerruf der Einwilligung muss so einfach wie die Erteilung der Einwilligung sein.

(4) Bei der Beurteilung, ob die Einwilligung freiwillig erteilt wurde, muss dem Umstand in größtmöglichem Umfang Rechnung getragen werden, ob unter anderem die Erfüllung eines Vertrags, einschließlich der Erbringung einer Dienstleistung, von der Einwilligung zu einer Verarbeitung von personenbezogenen Daten abhängig ist, die für die Erfüllung des Vertrags nicht erforderlich sind.

Inhaltsübersicht Rn.

I. Überblick: Die Regelungen zur Einwilligung

1 Die Einwilligung hat in der DSGVO keine zusammenhängende Regelung erfahren. Verschiedene Elemente finden sich an **unterschiedlichen Stellen der VO**. Dazu kommt, dass bei der Einwilligung durch Beschäftigte nach § 26 Abs. 2 BDSG weitere Gesichtspunkte zu berücksichtigen sind; der deutsche Gesetzgeber hat insoweit von der Ermächtigung des Art. 88 Gebrauch gemacht. Im Einzelnen sind folgende Regelungen zu beachten:

2 **Art. 4 Nr. 11** definiert wesentliche Elemente einer wirksamen Einwilligung, ohne diese erschöpfend aufzuzählen (siehe auch Art. 4 Rn. 95). Im Einzelnen gehören dazu:

- Die Einwilligung muss »freiwillig« sein.
- Sie muss für einen »bestimmten Fall« abgegeben sein.
- Sie muss »in informierter Weise« abgegeben werden, was inhaltlich »in Kenntnis der Sachlage« bedeutet.
- Es muss sich um eine unmissverständliche Willensbekundung handeln, mit der die betroffene Person zu verstehen gibt, »dass sie mit der Verarbeitung der sie betreffenden personenbezogenen Daten einverstanden ist.«

Nach **Art. 6 Abs. 1 Buchst. a** ist eine Datenverarbeitung u. a. dann rechtmäßig, »wenn die betroffene Person ihre Einwilligung zu der Verarbeitung der sie betreffenden personenbezogenen Daten für einen oder mehrere bestimmte Zwecke gegeben hat.« Die in Art. 4 Nr. 11 genannte Bezugnahme auf einen bestimmten Fall wird hier durch »einen oder mehrere bestimmte Zwecke« ergänzt. 3

Art. 7 enthält ohne erkennbaren inneren Zusammenhang vier weitere Elemente. 4

- Nach Abs. 1 ist es Sache des Verantwortlichen zu beweisen, dass die betroffene Person eingewilligt hat.
- Abs. 2 betrifft den Fall, dass die Einwilligung durch eine schriftliche Erklärung erfolgt, die noch andere Sachverhalte betrifft. Hier muss die Einwilligung von den übrigen Erklärungen klar zu unterscheiden sein.
- Abs. 3 gewährt das Recht zum Widerruf der Einwilligung, der nur für die Zukunft (»ex nunc«) wirkt.
- Abs. 4 enthält ein generelles Koppelungsverbot; ein Vertragsabschluss darf nicht davon abhängig gemacht werden, dass eine Einwilligung in eine Datenverarbeitung erfolgt, die für die Erfüllung des Vertrages nicht erforderlich ist. Verstöße gegen Art. 7 können nach Art. 83 Abs. 5 Buchst. a zur Verhängung eines Bußgelds führen.

Daneben stehen verschiedene **Sonderregelungen. Art. 8** betrifft die Einwilligung Minderjähriger in Bezug auf »Dienste der Informationsgesellschaft«. **Art. 9 Abs. 2 Buchst. a** behandelt die Einwilligung in die Verarbeitung sensitiver Daten, die für »einen oder mehrere festgelegte Zwecke« und »ausdrücklich« erfolgen muss, soweit nicht das Unionsrecht oder das Recht der Mitgliedstaaten entgegensteht. Der deutsche Gesetzgeber hätte also die Einwilligung bei den Daten des Art. 9 Abs. 1 DSGVO als Rechtfertigungsgrund völlig ausschließen können, hat davon aber weder in § 22 BDSG noch in Bezug auf den Beschäftigtendatenschutz in § 26 Abs. 3 BDSG Gebrauch gemacht. Art. 22 Abs. 2 Buchst. c lässt eine automatisierte Verarbeitung einschließlich Profiling zu, die zu einer Entscheidung mit rechtlicher Wirkung führt, wenn die betroffene Person **»ausdrücklich« eingewilligt** hat. Eine »ausdrückliche« Einwilligung verlangt auch **Art. 49 Abs. 1 Buchst. a** für die Datenübermittlung in einen »unsicheren« Drittstaat. 5

§ 26 Abs. 2 BDSG enthält spezifische Vorgaben zur Einwilligung durch Beschäftigte. Sie betreffen einmal die Freiwilligkeit. Zum anderen geht es darum, die in § 4a BDSG-alt als Regel vorgesehene Schriftform im Bereich der Beschäftigung wiederherzustellen. 6

Der Übersichtlichkeit wegen sollen im Folgenden die Voraussetzungen und Folgen einer Einwilligung zusammenhängend dargestellt werden. Kleinere Überschneidungen mit den Kommentierungen zu Art. 4 Nr. 11 und mit Art. 6 Abs. 1 Buchst. a werden dabei in Kauf genommen. Ausgeklammert bleiben lediglich die Sonderregelungen der Art. 8, 9 Abs. 2 Buchst. a, 22 Abs. 2 Buchst. c und 49 Abs. 1 Buchst. a, die dort jeweils separat behandelt werden, sowie die spezifischen Fragen, die im Zusammenhang mit dem Beschäftigtendatenschutz stehen. Sie sollen zusammenhängend in der Kommentierung zu § 26 BDSG dargestellt werden. 7

II. Die Bedeutung der Einwilligung

Die Einwilligung ist auf der einen Seite **Ausdruck der informationellen Selbstbestimmung**: Der Betroffene befindet selbst darüber, wer in welcher Weise mit seinen Daten um- 8 gehen darf.[1] Auf der anderen Seite steht diese Freiheit auf dem Papier, wenn er auf ein Bankkonto, einen Strom- und einen Telefonanschluss oder eine Versicherung angewiesen ist: Hier geht seine Freiheit gegen null, wenn die andere Seite eine »Einwilligung« in die Preisgabe von Daten verlangt. Er wird das tun, was ihm nahegelegt wird. Die **Freiheit wird zur Unterwerfung**. Auch ohne eine solche Zwangslage bestehen **Gefahren**. Es kann zu einer umfassenden Kommerzialisierung höchstpersönlicher Daten kommen, die in sozialen Medien »abgeschöpft« werden. Das Privatleben, die persönlichen Präferenzen für eine bestimmte Art Bücher, eine bestimmte Art Musik, aber auch für die Einnahme bestimmter Medikamente wird erfasst und – so die harmloseste Konsequenz – für möglichst geschickt ausgesuchte künftige Angebote verwendet. Die **Vermarktung** erobert **Lebensbereiche**, die ihr aus grundsätzlichen Erwägungen verschlossen bleiben sollten.[2]

9 Die Regelungen in der DSGVO und in § 26 Abs. 2 BDSG wollen diesen Entwicklungen entgegenwirken und im Rahmen des Möglichen die Entscheidungsfreiheit des Einzelnen wiederherstellen.[3] Ist der Verzicht auf einen Vertrag keine zumutbare Alternative, so muss der Gesetzgeber bzw. die an seiner Stelle handelnde Rechtsprechung eingreifen und darf die Preisgabe von Daten nur dann zulassen, wenn sie unter Beachtung der Interessen beider Seiten erforderlich ist.[4] Führt dies dazu, dass im konkreten Fall die **Interessen des Betroffenen nicht mehr ausreichend berücksichtigt** sind, ist die **Einwilligung unwirksam**. Dies wurde für eine pauschale Entbindung von der ärztlichen Schweigepflicht zugunsten eines Versicherers angenommen, der das Vorliegen des Versicherungsfalls »Berufsunfähigkeit« überprüfen wollte: Dies könne auch im Wege von Einzelermittlungen erfolgen, von denen der Betroffene jeweils Kenntnis habe und wo er jeweils die Ärzte von der Schweigepflicht entbinden könne.[5] Im Arbeitsrecht wäre genauso zu entscheiden, wenn der **Betriebsarzt generell von der Schweigepflicht entbunden** würde oder wenn dies in Bezug auf alle Ärzte geschehen würde, die bei künftigen Erkrankungen Auskunft über den Gesundheitszustand des Betroffenen geben könnten.

9a Da die **Einwilligung** einen Eingriff in die Persönlichkeitssphäre rechtfertigen soll, ist sie in Zweifelsfällen grundsätzlich **eng auszulegen**. Wer beispielsweise in eine Videoüberwachung einwilligt, erklärt damit nicht, auch mit einer zweimonatigen Speicherung der Aufnahmen einverstanden zu sein.[6] Soll das mit Einwilligung des Abgebildeten auf einer Website veröffentlichte **Foto auf einer anderen Website** eingestellt werden, so bedarf es hierzu einer neuen Einwilligung.[7] Voraussetzung ist weiter, dass der »Einwilligende« überhaupt erkennt oder unschwer erkennen kann, dass er nicht nur (neuen) »Nutzungsbedingungen«, sondern auch Datenvorgängen zustimmt.[8]

10 Die Regeln über die Einwilligung gelten für den **öffentlichen wie** für den **nichtöffentlichen Bereich**. Behörden dürfen allerdings vom Mittel der Einwilligung nur Gebrauch

1 Wybitul-*Fladung/Pötters*, Art. 7 Rn. 3.
2 Zu den rechtlichen Grenzen der Kommerzialisierung s. den Überblick bei Däubler, BGB kompakt, Kap. 6.
3 Vgl. Riesenhuber, RdA 2011, 257.
4 BVerfG 23.10.2006 – 1 BvR 2027/02 – JZ 2007, 576 = RDV 2007, 20.
5 BVerfG a.a.O.
6 LAG Rheinland-Pfalz 25.10.2017 – 7 Sa 407/16, ZD 2018, 325.
7 EuGH 7.8.2018 – C-161/17, K&R 2018, 562 = NJW 2018, 3501.
8 OVG Hamburg 26.2.2018 – 5 Bs 93/17, ZD 2018, 230

machen, wenn ihnen die Erledigung einer Aufgabe, nicht aber die dafür notwendige Datenerhebung gesetzlich zugewiesen ist – ein wenig wahrscheinlicher Fall.[9] In anderen Fällen kann die Einwilligung das Verfahren beschleunigen und vereinfachen.[10] Sie hat unter diesen Umständen sehr viel größere Bedeutung im nichtöffentlichen Bereich.[11] Im Arbeitsverhältnis kann die **Einwilligung nicht durch eine Betriebsvereinbarung ersetzt** werden.[12] Sonderregeln existieren im Bereich der Telekommunikation und im TMG,[13] die derzeit mit Rücksicht auf die Entwicklung auf EU-Ebene allerdings zur Disposition stehen. Schließlich ist auf die ab 25. 5. 2018 geltende Neufassung des § 67b SGB X zu verweisen, der die Einwilligung in die Verarbeitung von Sozialdaten regelt.[14]

Die DSGVO sieht eine Reihe von formellen Voraussetzungen für eine wirksame Einwilligung vor, die als erste behandelt werden sollen und die auch die Regelung des Art. 7 Abs. 2 einbezieht (unten III). Dazu kommen inhaltliche Anforderungen, die eine wirksame Einwilligung erfüllen muss; sie darf insbesondere nicht im Widerspruch zu zwingendem Recht wie § 134 BGB und § 307 BGB stehen (unten IV). Eingehende Behandlung bedarf das schon in Art. 4 Nr. 11 zum Ausdruck gekommene Prinzip der Freiwilligkeit, das auch das Koppelungsverbot des Art. 7 Abs. 4 umfasst (unten V). Den Abschluss bildet das Widerrufsrecht nach Art. 7 Abs. 3 (unten VI). 11

III. Formale Voraussetzungen einer Einwilligung

1. Zeitpunkt

Von einer Einwilligung i. S. d. § 4a BDSG-alt konnte nur dann die Rede sein, wenn die Erklärung **vor dem fraglichen Vorgang** der Erhebung, Verarbeitung oder Nutzung der Daten abgegeben wurde. Dies ließ sich unschwer durch die Übernahme der Terminologie des § 183 BGB erklären.[15] Für die DSGVO gilt diese Überlegung nicht. Dennoch ist das Ergebnis kein anderes.[16] Hat die Datenverarbeitung einmal stattgefunden, wäre ein unumkehrbarer Zustand geschaffen, der durch nachträgliche Verweigerung nicht mehr aus der Welt geschafft werden könnte. Auch eine Löschung würde daran nichts ändern. Die Einwilligung muss vor der Datenverarbeitung erfolgt sein. Eine **nachträglich erteilte Zustimmung** hat keine legalisierende Wirkung für die Vergangenheit, steht jedoch in der Re- 12

9 Vgl. auch Wolff/Brink-*Kühling*, § 4a Rn. 6 (zum bisherigen Recht).

10 Kühling/Seidel/Sivridis, S. 114; zur Einwilligung im Rahmen von FATCA (= Foreign Account Tax Compliance Act) s. Hanloser, ZD 2013, 542 ff.

11 Roßnagel-*Holznagel/Sonntag*, Kap. 4.8 Rn. 24; Kühling/Seidel/Sivridis, S. 114; Taeger/Gabel-*Taeger*, § 4a Rn. 21; dazu auch Engelien/Schulz, VR 2009, 73.

12 Wedde, DuD 2004, 174.

13 Überblick bei Däubler, Gläserne Belegschaften, Rn. 177 ff.

14 BGBl 2017 I S. 2558 ff.

15 MünchArbR-*Blomeyer*, 2. Aufl., § 99 Rn. 25; ErfK-*Franzen*, § 4a BDSG Rn. 1; Gola/Schomerus, 12. Aufl., § 4a Rn. 2; HK-ArbR-*Hilbrans/Middel*, § 4a BDSG Rn. 1; Petri, RDV 2007, 153, 155; Thüsing, Arbeitnehmerdatenschutz, Rn. 122; Weichert in: Kilian/Heussen, Nr. 132 Rn. 44.

16 Ebenso Paal/Pauly-*Ernst*, Art. 4 Rn. 64; Kühling/Buchner-*Buchner/Kühling*, Art. 7 Rn. 30; SHS-*Klement*, Art. 7 Rn. 9; Sydow-*Ingold*, Art. 7 Rn. 17.

gel einem Schadensersatzanspruch entgegen.[17] Auch kann sie ggf. eine künftige Datenverarbeitung legitimieren,[18] doch muss dies seines Ausnahmecharakters wegen eindeutig zum Ausdruck gebracht werden.

2. Einsichtsfähigkeit des Betroffenen

13 Da es bei der Einwilligung ausschließlich um die Legalisierung eines Eingriffs in das allgemeine Persönlichkeitsrecht geht, wird nicht anders als z. B. bei Operationen und anderen Eingriffen in die körperliche Unversehrtheit[19] allein darauf abgestellt, ob der Betroffene die Konsequenzen seines Handelns übersehen konnte; **auf** die **Geschäftsfähigkeit kommt es nicht an.**[20] Man kann insoweit bei der Einwilligung von einer geschäftsähnlichen Handlung sprechen. Sie hat **höchstpersönlichen Charakter**, so dass eine **Stellvertretung** grundsätzlich **ausscheidet.**[21]

13a Eine Ausnahme gilt dann, wenn die betroffene Person nicht in der Lage ist, die Tragweite der Einwilligung zu überblicken und zugleich wie bei Minderjährigen oder Personen unter Betreuung ein **gesetzlicher Vertreter** an ihrer Stelle handeln kann. Greift dieser ein, so kann er sich bei der Verarbeitung der Daten des Mündels bzw. der betreuten Person auf Art. 6 Abs. 1 Buchst. c DSGVO stützen, weil es um die Erfüllung der mit seinem Amt verbundenen Pflichten geht.[22] Einer Einwilligung des Betreuten, die durch ihn als Vertreter abzugeben wäre,[23] bedarf es nicht. Ist der Betreute entgegen der Annahme des Betreuers in Wirklichkeit einsichtsfähig, so ist die vom Betreuer abgegebene Einwilligung unwirksam.[24] Eine rechtsgeschäftliche Vorsorgevollmacht kann nur für den Fall der »Einwilligungsunfähigkeit« wirksam sein.

14 Für Kinder besteht nunmehr nach Art. 8 eine **Sonderregelung**. soweit ein **»Dienst der Informationsgesellschaft**« in Anspruch genommen wird. Was man darunter zu verstehen hat, bestimmt Art. 4 Nr. 25 nicht selbst; vielmehr verweist er auf die Richtlinie (EU) 2015/1535.[25] Gemeint sind damit Dienstleistungen, die im Fernabsatz oder auf elektronischem Wege oder aufgrund individuellen Abrufs erbracht werden.[26] Soweit Art. 8 nicht eingreift, bleibt es bei den allgemeinen Regeln. Im Bereich von Beschäftigungsverhältnissen spielt er keine große Rolle, da die nach § 113 BGB erfolgte Zustimmung des gesetzli-

---

17 Klöpfer, § 8 Rn. 76; Rossnagel-*Holznagel/Sonntag*, Kap. 4.8 Rn. 19; Plath-*Plath*, 2. Aufl., § 4a BDSG-alt Rn. 81; Simitis-*Simitis*, § 4a Rn. 29; Taeger/Gabel-*Taeger*, § 4a Rn. 85 (zum bisherigen Recht).

18 Plath-*Plath*, 2. Aufl., § 4a BDSG-alt Rn. 81.

19 Nachweise bei Däubler, BGB kompakt, Kap. 10 Rn. 69.

20 Buchner, S. 250; Ehmann/Selmayr-*Heckmann/Paschke*, Art. 7 Rn. 32; HK-ArbR-*Hilbrans/Middel*, § 4a BDSG Rn. 2; ErfK-*Franzen*, § 4a BDSG Rn. 1; MünchArbR-*Reichold*, § 96 Rn. 35; Simitis-*Simitis*, § 4a Rn. 20; Tinnefeld/Buchner/Petri, S. 401; Klöpfer, § 8 Rn. 75 (größtenteils zum bisherigen Recht).

21 Auernhammer-*Kramer*, 4. Aufl., § 4a Rn. 11; Simitis-*Simitis*, § 4a Rn. 30 f. m. w. N. (zum bisherigen Recht); ebenso SHS-*Klement* Art. 7 Rn. 37 zum geltenden Recht.

22 AG Altötting 4. 6. 2018 – XVII 0266/05, ZD 2018, 539.

23 So AG Gießen 16. 7. 2018 – 230 XVII 381/17 G, ZD 2018, 592.

24 Tinnefeld/Conrad, ZD 2018, 391, 393.

25 ABl v. 17. 9. 2015, L 241/1 ff.

26 Paal/Pauly-*Ernst*, Art. 4 Rn. 144 ff.

chen Vertreters die gesamte Tätigkeit des Minderjährigen in einem Arbeits- oder Beschäftigungsverhältnis und damit auch das dienstliche Verhalten im Internet erfasst.

3. Vorherige Information des Betroffenen

Nach Art. 4 Nr. 11 muss die Einwilligung »in informierter Weise« abgegeben werden, was man mit den Worten »in Kenntnis der Sachlage« in ordentliches Deutsch übersetzen kann.[27] Dies wird durch ErwGr 42 Satz 4 ausdrücklich bestätigt: Damit die betroffene Person »in Kenntnis der Sachlage« ihre Einwilligung geben könne, solle sie »mindestens« wissen, »wer der Verantwortliche ist und für welche Zwecke ihre ... Daten verarbeitet werden sollen.« Je nach der beabsichtigten Datenverarbeitung läuft dies auf unterschiedlich weit reichende Informationspflichten hinaus, die von einem eher pauschalen Hinweis (»Ihre Stammdaten werden an die Unterstützungskasse übermittelt«) bis zu umfassender Aufklärung (z. B. über die Folgen der Befreiung des Werksarztes von der Schweigepflicht zu bestimmten Angelegenheiten) reichen können.[28] § 26 Abs. 2 Satz 4 BDSG verpflichtet den Arbeitgeber ausdrücklich, den Einwilligenden auch über sein Widerrufsrecht nach Art. 7 Abs. 3 zu belehren. Soweit es nach den Umständen des Einzelfalls erforderlich ist oder der Betroffene dies von sich aus wissen will, sind zudem die Folgen deutlich zu machen, die die Verweigerung der Einwilligung mit sich bringen würde. Nur dann ist der nötigen Transparenz Rechnung getragen.[29] Besondere Schwierigkeiten ergeben sich bei **Online-Diensten**: Einerseits sammeln sie eine Vielzahl von Daten, andererseits will der User schnell bedient sein und ist im Regelfall nicht interessiert, die notwendigerweise umfangreiche Aufklärung über sich ergehen zu lassen und einen längeren geschriebenen Text zu lesen.[30] 15

Der Gedanke einer **»informierten« Einwilligung** lag bereits dem BDSG 1977 zugrunde.[31] 16
Dabei dürfte es nicht allein um den »Zweck« der fraglichen Maßnahmen gehen; vielmehr ist auch einzubeziehen, **an welche Personen** im Falle einer **Übermittlung** die Daten weitergegeben werden.[32] Nur wenn auch diese Bedingung erfüllt ist, weiß der Betroffene wirklich um die Tragweite seiner Erklärung. Unspezifische Aussagen wie »Benutzung im Rahmen einer Aktion«[33] oder »Weitergabe an andere Konzernunternehmen«[34] genügen nicht. Will etwa der Arbeitnehmer in die Einschaltung eines **Outplacement-Beraters** einwilligen, der ihn in eine neue Arbeitsstelle vermitteln soll, so ist genau festzulegen, welche Daten dieser erhält und wie er von ihnen Gebrauch machen darf. Wird ein »Einwilligungsassistent« eingesetzt, so liegt darin allein noch keine ausreichende Information der betroffenen Person.[35]

---

27 Paal/Pauly-*Ernst*, Art. 4 Rn. 79ff.; Ehmann/Selmayr-*Heckmann/Paschke*, Art. 7 Rn. 40.
28 Hartmann, DuD 2008, 455, 459 (für das übereinstimmende frühere Recht).
29 Laue/Kremer-*Kremer*, § 2 Rn. 15.
30 Näher dazu Pollmann/Kipker, DuD 2016, 378ff. mit eigenen Vorschlägen.
31 Kroll, S. 176; grundlegend zu diesem Konzept Körner, FS Simitis, S. 131ff.
32 BMH, § 4a Rn. 81; Simitis-*Simitis*, § 4a Rn. 72; Roßnagel-*Holznagel/Sonntag*, Kap. 4.8. Rn. 45.
33 So der Fall LG Bremen DSB Heft 12/2001, S. 18 = DuD 2001, 620.
34 Petri, RDV 2007,153, 157.
35 SHS-*Klement* Art. 7 Rn. 38.

17 Der **Hinweis auf die Folgen** einer Verweigerung kann nur dann entfallen, wenn diese auf der Hand liegen.[36] Wer vom Vertreter eines Meinungsforschungsinstituts auf seine Ansichten über die Wirtschaftsentwicklung oder die Pünktlichkeit der Deutschen Bahn angesprochen wird, weiß, dass er nichts zu befürchten hat, wenn er mit einem »lasst mich in Ruhe« reagiert. Im Arbeitsverhältnis liegen die Dinge in aller Regel anders, da der Arbeitnehmer oft nicht beurteilen kann, ob ein »Nein« als Illoyalität gewertet wird. Eine klare Aussage (»Wer seine Daten nicht ins Netz stellen lässt, hat keinerlei Nachteile zu befürchten«) wäre daher dringend zu empfehlen.[37] Fehlt es an einer solchen Festlegung, kann nicht nur der betroffene Arbeitnehmer **Aufklärung verlangen**; auch der **Betriebsrat** kann insoweit beim Arbeitgeber intervenieren, wobei Rechtsgrundlage § 80 Abs. 2 Satz 1 i. V. m. Abs. 1 Nr. 1 BetrVG ist.[38]

18 **Fehlt** die nötige **Information**, ist die **Einwilligung** nach allgemeiner Auffassung **unwirksam**,[39] weil eine ihrer Voraussetzungen fehlt. Dies hat zur Folge dass sich in der Regel auch eine bereits begonnene Datenverarbeitung mangels Rechtsgrundlage als rechtswidrig erweist.[40]

4. Schriftform?

19 Nach § 4a Abs. 1 Satz 3 BDSG-alt bedurfte die Einwilligung der Schriftform, soweit nicht wegen besonderer Umstände eine andere Form angemessen war. Die DSGVO hat dies nicht übernommen. Vielmehr muss es sich lediglich um eine »unmissverständlich abgegebene Willensbekundung« (Art. 4 Nr. 11) handeln, die auch mündlich oder konkludent erklärt werden kann. Die Vorstellung von Kommission und Parlament, wenigstens eine »ausdrückliche« Erklärung zu verlangen, ließ sich im Trilog nicht durchsetzen.[41] Die darin liegende Änderung hat der deutsche Gesetzgeber für den Bereich der abhängigen Arbeit nicht mitgemacht: Nach **§ 26 Abs. 2 Satz 3 BDSG** muss die Einwilligung im Beschäftigungskontext schriftlich oder elektronisch abgegeben werden, soweit nicht wegen besonderer Umstände eine andere Form angemessen ist. Insoweit errichtet das deutsche Recht für den Regelfall eine höhere Schwelle, doch müssen selbstredend alle übrigen Voraussetzungen einer wirksamen Einwilligung nach der DSGVO erfüllt sein.

20 Eine »**Willensbekundung**« i. S. des Art. 4 Nr. 11 besteht in aktivem Tun; Stillschweigen oder Untätigkeit stellen nach ErwGr 32 Satz 3 keine Einwilligung dar.[42] Dasselbe gilt für

---

36 Ebenso AG Elmshorn RDV 2005, 174 = CR 2005, 641 sowie auf der Grundlage der DSGVO Gola-*Schulz*, Art. 7 Rn. 39.

37 Vgl. Wedde, DuD 2004,172.

38 Dazu näher Däubler, Gläserne Belegschaften, § 13 II (Rn. 630ff.); § 26 Abs. 1 Satz 1 BDSG bezieht im Gegensatz zu § 32 Abs. 1 Satz 1 BDSG a. F. die Übermittlung im Rahmen des Betriebsverfassungsrechts ausdrücklich mit ein.

39 Buchner, S. 242; Roßnagel-*Holznagel/Sonntag*, Kap. 4.8. Rn. 48; Simitis-*Simitis*, § 4a Rn. 76; Taeger/Gabel-*Taeger*, § 4a Rn. 84 (zum bisherigen Recht); daran hat sich durch die DSGVO nichts geändert.

40 Zum Rückgriff auf andere Rechtsgrundlagen s. unten Rn. 45 und Däubler, Gläserne Belegschaften, Rn. 136h; Kleinebrink, DB 2018, 1729, 1732.

41 Albrecht/Jotzo, Teil 3 Rn. 39.

42 Ehmann/Selmayr-*Klabunde*, Art. 4 Rn. 47; Wybitul-*Fladung/Pötters*, Art. 7, 8 Rn. 10.

das bloße Nutzen eines Dienstes.[43] Wann eine schlüssig erklärte (»konkludente«) Einwilligung vorliegt, kann zweifelhaft sein.[44] Wer sein Foto auf seinem Facebook-Account hochlädt, erklärt damit nicht sein Einverständnis, dass dieses auch in einer Zeitung veröffentlicht wird.[45] Wer ein Auto bei einem Carsharing-Anbieter mietet, ist deshalb noch lange nicht damit einverstanden. dass ein Bewegungsprofil über seine Fahrten erstellt wird.[46] Das Ankreuzen eines Kästchens genügt nach Satz 2 (»opt-in«), nicht jedoch ein **»opt-out«-Modell**, wonach die Einwilligung schon voreingestellt ist und man sie durch Klicken aus der Welt schaffen muss (Satz 3).[47] Eine »mutmaßliche« Einwilligung ist nicht vorgesehen.[48]

Wird die Einwilligung in Form einer **schriftlichen Erklärung** abgegeben und betrifft diese noch andere Sachverhalte, so muss nach Art. 7 Abs. 2 Satz 1 das Ersuchen um Einwilligung »in verständlicher und leicht zugänglicher Form in einer klaren und einfachen Sprache« so erfolgen, dass es »von den anderen Sachverhalten klar zu unterscheiden ist.« Der »andere Sachverhalt« kann beispielsweise ein Vertragstext sein, von dem sich die Erklärung des Verantwortlichen, der die Einwilligung haben will, deutlich absetzen muss. Erst recht muss die **Einwilligung** als solche durch Fettdruck oder auf andere Weise **deutlich hervorgehoben** sein. 21

Ist zweifelhaft, ob eine Einwilligung vorliegt, so muss der **Verantwortliche** nach Art. 7 Abs. 1 ihre **Existenz beweisen**. Dies stellt einen gewissen Ausgleich für die in der DSGVO zugelassene Formlosigkeit dar, da die Einholung einer schriftlichen Erklärung die einfachste Methode ist, jede Beweisschwierigkeit zu vermeiden.[49] Im hier besonders interessierenden Bereich des Beschäftigtendatenschutzes ist dies allerdings wegen § 26 Abs. 2 BDSG von geringer Bedeutung. Zu beachten ist, dass der Arbeitgeber nicht nur in Bezug auf die formale Existenz einer Einwilligung, sondern auch im Hinblick auf ihre Wirksamkeit beweisbelastet ist.[50] 22

IV. Inhaltliche Anforderungen an die Einwilligung

1. Keine Pauschaleinwilligung und keine Einwilligungserklärung zu Lasten Dritter

Die Einwilligung durfte nach allgemeiner Auffassung schon nach bisherigem Recht **keinen pauschalen Charakter** haben. Vielmehr musste sie erkennen lassen, welche Daten zu welchem Zweck verarbeitet oder genutzt werden sollten.[51] Dies bringt die DSGVO in der Weise zum Ausdruck, dass die Einwilligung »für den bestimmten Fall« (Art. 4 Nr. 11) er- 23

43 Laue/Nink/Kremer, 1. Aufl., § 2 Rn.11.
44 Gegen die Zulässigkeit einer konkludenten Einwilligung Gola, Handbuch, Rn. 421.
45 OLG München 17. 3. 2016 – 29 U 368/16 – K&R 2016, 424 = MMR 2016, 414 = CuA 9/2016 S. 25.
46 LG Köln 23. 5. 2016 – 113 KLs 34/15 – ZD 2017, 192 = CuA 9/2016 S. 25.
47 Dazu auch Krohm, ZD 2016, 368, 371.
48 Paal/Pauly-*Ernst*, Art. 4 Rn. 90.
49 Buchner/Kühling, DuD 2017, 544, 546; SHS-*Klement*, Art. 7 Rn. 40.
50 Gola-*Schulz*, Art. 7 Rn. 61; Kühling/Buchner-*Buchner/Kühling*, Art. 7 Rn. 23.
51 S. statt aller Klug, RDV 2001, 272; MünchArbR-*Reichold*, 3. Aufl., § 88 Rn. 23; Wächter, Rn. 234; Wohlgemuth, BB 1996, 693.

teilt werden muss. Dabei können auch mehrere Zwecke verfolgt werden, wie Art. 6 Abs. 1 Buchst. a deutlich macht, doch müssen sie klar zum Ausdruck gebracht sein und dem Betroffenen die Auswahl lassen, auch einzelne Zwecke abzulehnen.[52] Das rechtfertigt sich damit, dass auf diese Weise der Vorgang für den Einzelnen überschaubar und damit das Prinzip der **Datentransparenz** gewahrt bleibt, das Art. 5 Abs. 1 Buchst. a ausdrücklich unter die »Grundsätze« der Datenverarbeitung einreiht. Zu den notwendigen Informationen gehört auch die Kenntnis davon, an wen die Daten übermittelt werden. Nach der Rechtsprechung des BVerfG ist dies beispielsweise nicht mehr der Fall, wenn wegen einer möglichen Berufsunfähigkeit von vorne herein jeder damit befasste Arzt der Versicherung gegenüber von der Schweigepflicht entbunden wird.[53] Eine entgegen diesen Grundsätzen abgegebene Einwilligung ist unwirksam.

24 Wirkungslos ist eine Einwilligung, soweit sie sich auf **Daten Dritter** bezieht, es sei denn, diese hätten ausnahmsweise auch selbst eingewilligt. Davon ist nicht auszugehen, wenn WhatsApp Zugriff auf das Adressbuch eines Nutzers gewinnt.[54]

2. Kein Verstoß gegen zwingendes Recht

25 Die Einwilligung darf nicht gegen zwingendes Recht verstoßen. Sie ist **nach § 134 BGB unwirksam,** wenn sie den Zugriff auf Daten ermöglichen soll, die dem Interessenten (z. B. dem Arbeitgeber) kraft zwingenden Rechts verschlossen bleiben müssen. Einen unbestrittenen Anwendungsfall hierfür kennt das Arbeitsrecht nur bei der **Informationserhebung gegenüber Bewerbern**: Die **Grenzen** des arbeitgeberseitigen Fragerechts dürfen **auch nicht mit Einwilligung des Bewerbers überschritten** werden.[55] Der Arbeitgeber darf sich also die Möglichkeit zu einem graphologischen Test nicht dadurch eröffnen, dass er sich vom Bewerber eine Einwilligung erteilen lässt,[56] und er darf auch nicht vom Bewerber verlangen, dass er den die Einstellungsuntersuchung vornehmenden Arzt von der Schweigepflicht entbindet.[57] Erst recht ist der Zugriff auf nicht einschlägige Vorstrafen nicht dadurch möglich, dass mit »Einwilligung« des Bewerbers auch sie angegeben werden müssen. Diese Grenzen dürfen nicht durch das Verlangen nach einer »Selbstauskunft« oder nach Vorlage eines Auszugs aus dem Bundeszentralregister umgangen werden.

26 **Im bestehenden Arbeitsverhältnis** sind solche Grenzen **weniger erörtert** worden, doch werden dem Fragerecht des Arbeitgebers grundsätzlich dieselben Grenzen wie gegenüber einem Bewerber gezogen.[58] Dies spricht dafür, bei der Einwilligung gleichfalls keine anderen Maßstäbe anzulegen. Auch mit Einwilligung des Arbeitnehmers dürfen **keine**

---

52 Ehmann/Selmayr-*Klabunde*, Art. 4 Rn. 48; der Sache nach liegen hier mehrere Einwilligungen vor; so SHS-*Klement* Art. 7 Rn. 6.

53 So BVerfG 23.10.2006 – 1 BvR 2027/02, JZ 2007, 576 = RDV 2007, 20 unter Heranziehung des informationellen Selbstbestimmungsrechts.

54 Buchner/Kühling, DuD 2017, 544, 547f.

55 S. statt aller zum bisherigen Recht ErfK-*Franzen*, 18. Aufl., § 4a BDSG Rn. 1; Gola/Schomerus, 12. Aufl., § 4a Rn. 22; Taeger/Gabel-*Taeger*, § 4a Rn. 73; Wohlgemuth, BB 1996, 693.

56 Wohlgemuth, BB 1996, 693.

57 Däubler, in: Tinnefeld/Philipps/Heil, S. 123.

58 BAG 7.9.1995 – 8 AZR 828/93 – DB 1996, 634; BAG 16.12.2004 – 2 AZR 148/04 – AP Nr. 64 zu § 123 BGB.

Persönlichkeitsprofile erstellt werden.[59] Die hessische Landesregierung hat vor etlichen Jahren den berechtigten Standpunkt vertreten, dass trotz des Wortlauts von § 4c Abs. 1 Nr. 1 BDSG-alt die Einwilligung eines Betroffenen nicht ausreicht, um seine Daten in ein Drittland ohne ausreichendes Datenschutzrecht zu transferieren.[60] Dies lässt sich in der Tat damit rechtfertigen, dass das fehlende oder unzureichende Datenschutzrecht im Prinzip einen »beliebigen« Gebrauch der Daten ermöglichen und so jede Transparenz für den Betroffenen zerstören und weitreichende Eingriffe in seine Persönlichkeitssphäre legalisieren würde. Er hätte sich insoweit eines erheblichen Teils seines informationellen Selbstbestimmungsrechts entäußert, was die Rechtsordnung – wenn man so formulieren will – schon in ihrem eigenen Interesse nicht hinnehmen kann, da dadurch **nicht nur die Persönlichkeit eines Individuums, sondern auch die Grundlage einer freiheitlichen Gesellschaft betroffen** wäre.[61] Für das Grundrecht auf Datenschutz nach Art. 8 GrCh kann nichts anderes gelten. Vom Einzelnen her gesehen handelt es sich insoweit um eine neue Erscheinungsform des schon in anderen Zusammenhängen entwickelten Grundsatzes, dass wesentliche Teile der Persönlichkeit nicht kommerzialisiert werden dürfen.[62] Im Zusammenhang mit der Preisgabe genetischer Daten und ihrer beliebigen Auswertbarkeit ist diese Problematik ebenfalls diskutiert und im Ergebnis wie hier beantwortet worden.[63]

3. Angemessenheitskontrolle nach § 307 BGB

Einwilligungen werden häufig in standardisierter Form erteilt. Sie sind Bestandteil ein- 27
heitlicher Verträge oder werden von der Anbieterseite her vorformuliert. Im Rahmen der Schuldrechtsmodernisierung wurde die AGB-Kontrolle im Jahre 2001 teilweise neu gefasst und durch § 310 Abs. 4 BGB im Grundsatz auch auf Arbeitsverträge erstreckt.[64] Dieselben Grundsätze müssen weiter dann gelten, wenn es um **vorformulierte Einwilligungserklärungen** geht, da die äußere Form als selbstständige Erklärung angesichts sonst identischer Umstände keine unterschiedliche rechtliche Behandlung zu rechtfertigen vermag.[65] Da der Arbeitnehmer unter den Verbraucherbegriff des § 13 BGB fällt,[66] finden

59 Näher Däubler, Gläserne Belegschaften, § 3 IV 2c (Rn. 119ff.).

60 Mitgeteilt in RDV 2002, 38.

61 Zur Rechtfertigung des informationellen Selbstbestimmungsrechts als Grundbedingung einer freiheitlichen Gesellschaft s. Däubler, Gläserne Belegschaften, § 3 I (Rn. 79).

62 Dazu und zur Gesamtheit der nicht vermarktungsfähigen Güter s. Däubler, BGB kompakt, Kap. 6 Rn. 2ff.

63 Sokol-*Simitis*, S. 17: Informationelles Selbstbestimmungsrecht wird in »Property Right« umgedeutet.

64 Buchner, S. 251ff.; ebenso zur Einwilligung nach der DSGVO Paal/Pauly-*Ernst*, Art. 4 Rn. 85; Albrecht/Jotzo, Teil 3 Rn. 42; ErwGr 42 Satz 3 verweist auf die Richtlinie 93/13/EWG, die missbräuchliche Klauseln verbietet, doch erstreckt sie sich nicht auf das Arbeitsverhältnis.

65 BGH 14.3.2017 – VI ZR 721/15, ZD 2017, 327; s. weiter die Beispielsfälle bei Heidemann/Peuser, DuD 2002, 393; vgl. auch BGH 5.5.1986 – II ZR 150/85, BGHZ 98, 24ff.: Einseitige Rechtsgeschäfte des Verbrauchers, die vom Unternehmer vorformuliert sind, werden gleichfalls als AGB behandelt; ebenso Thüsing, Arbeitnehmerdatenschutz, Rn. 134.

66 BAG 25.5.2005 – 5 AZR 572/04, NZA 2005, 1111.

diese Vorschriften nach § 310 Abs. 3 Nr. 1 BGB auch dann Anwendung, wenn die Erklärung nur für den Einzelfall vorformuliert wurde.[67]

28 Denkbar ist, dass die vom Arbeitgeber vorformulierte Einwilligungserklärung keinen völlig eindeutigen Inhalt hat. Nach § **305c Abs. 2 BGB** ist dann bei der Auslegung die **Variante** zu wählen, die **den Beschäftigten am wenigsten belastet**. Dies bedeutet, dass der Einwilligungserklärung bei nicht auflösbarer Unklarheit ein möglichst geringer Anwendungsbereich gegeben wird.[68]

> **Beispiel:**
> Arbeitnehmer A hat eingewilligt, dass seine Daten in eine bei der Konzernspitze geführte »Nachwuchsförderungsdatei« übermittelt werden. Er erhält nun von verschiedenen Firmen Angebote zur Teilnahme an (teuren) Weiterbildungsveranstaltungen. Deckte seine Einwilligung auch die Weitergabe seiner Daten an diese Firmen? Das ist zweifelhaft, aber auch nicht von vorne herein völlig ausgeschlossen. Nach § 305c Abs. 2 BGB ist jedoch eine enge Auslegung geboten, so dass nur die Übermittlung an die Konzernspitze erfasst ist.

Hat sich ein Beschäftigter bereit erklärt, dass sein Bild ins Internet gestellt wird, so muss er mit den üblichen Nutzungshandlungen rechnen. Dass das Bild auf der Ergebnisliste einer Suchmaschine auftaucht, ist deshalb grundsätzlich in Kauf zu nehmen,[69] nicht jedoch die Verwendung im Rahmen eines Zeitungsberichts über die eigene Person. Außerdem kann er verlangen, dass der Arbeitgeber technische Vorkehrungen trifft, um eine Verwertung durch Suchmaschinen auszuschließen.[70] Dies läuft auf eine nachträgliche Einschränkung der Einwilligung hinaus.[71]

29 **Maßstab** für die inhaltliche Beurteilung einer Einwilligungsklausel ist in erster Linie § **307 Abs. 1 BGB**. Danach ist zu fragen, ob der Arbeitnehmer entgegen den Geboten von Treu und Glauben unangemessen benachteiligt wurde.[72] Diese unangemessene Benachteiligung kann sich auch aus mangelnder Transparenz ergeben. Keine Inhaltskontrolle findet statt, wenn lediglich kraft Gesetzes bestehende Pflichten wiederholt werden.[73]

30 Datenschutzrelevante Klauseln waren auch im Verbraucherrecht lange Zeit nur ausnahmsweise Gegenstand gerichtlicher Entscheidungen. In seiner **Schufa-Entscheidung** vom 19. September 1985 hat der **BGH**[74] den Standpunkt vertreten, die damals übliche Schufa-Klausel stelle eine unangemessene Benachteiligung der Kreditnehmer dar. Bean-

---

67 Für Angemessenheitskontrolle auch HK-ArbR-*Hilbrans/Middel*, § 4a BDSG Rn. 3.

68 HK-ArbR-*Hilbrans/Middel*, § 4a BDSG Rn. 2.

69 LG Hamburg 16.6.2010 – 325 O 448/09, RDV 2011,98; ähnlich OLG Köln 9.2.2010 – I-15 U 107/09, RDV 2010, 127.

70 LG Hamburg 16.6.2010 – 325 O 448/09, RDV 2011, 98.

71 Zu weiteren Fragen im Zusammenhang mit der Veröffentlichung von Fotos s. Däubler, Digitalisierung und Arbeitsrecht, § 78 Rn. 61ff.; Ehmann, in: Conrad/Grützmacher, § 28.

72 Ebenso Ehmann/Selmayr-*Heckmann/Paschke*, 1. Aufl., Art. 7 Rn. 34; Anschauungsmaterial in BGH 16.7.2008 – VIII ZR 348/06, NJW 2008, 3055 und in BGH 11.11.2009 – VIII ZR 12/08, NJW 2010, 864.

73 BGH 16.7.2008 – VIII ZR 348/06, NJW 2008, 3055; missverständlich EuArbR-*Franzen*, Art. 7 VO 2016/678/EU Rn. 4 a.E., der den Eindruck erweckt, § 307 BGB sei auf Einwilligungen nicht anwendbar.

74 19.9.1985 – III ZR 213/83, NJW 1986, 46.

standet wurde, dass Angaben über einseitige Maßnahmen des Kreditgebers zur Durchsetzung vermeintlicher Ansprüche gegen den Kreditnehmer wie z. B. Mahnungen, Kündigungen und Mahnbescheide generell an die Schufa als Kreditinformationssystem weitergegeben werden konnten, ohne dass im Einzelfall ein berechtigtes Interesse der Schufa oder eines künftigen Kreditgebers ersichtlich sein musste. Vom geltenden Recht (z. B. heute von Art. 6 Abs. 1 Buchst. f) vorgesehene Abwägungsprozesse dürfen daher – so muss man schließen – nicht über formularmäßig erteilte Einwilligungen beseitigt oder nachträglich korrigiert werden. Dieselben Maßstäbe legte der BGH[75] zugrunde, als es um die Einwilligung in Telefonanrufe zu Werbezwecken ging. Im Rahmen von AGB stelle eine derartige Vereinbarung eine unangemessene Benachteiligung des Kunden dar, der in seiner Privatsphäre erheblich gestört werde. Auch die Möglichkeit des jederzeitigen Widerrufs ändere daran nichts. Das **LG München I**[76] kam zum selben Ergebnis im Fall eines Kunden, der an einem Rabattverfahren teilgenommen hatte; auch hier wurde mit Recht der »Lästigkeitswert« dieser Form von Kommunikation betont. Eine unangemessene Benachteiligung des Kunden liegt weiter dann vor, wenn sich die Einwilligung in Werbeanrufe auf alle Unternehmen des Konzerns, und zwar auch auf solche bezieht, die einer anderen Sparte als der Vertragspartner angehören.[77]

Die Unwirksamkeit von AGB-Klauseln kann nicht nur von einem einzelnen User gerügt werden. Möglich ist nach dem UKlaG auch eine sog. **Verbandsklage**, zu der beispielsweise Verbraucherverbände befugt sind. Hierbei werden auch Bestimmungen über Einwilligungen in Frage gestellt. So führte das LG Berlin[78] aus: »Eine vorformulierte Einwilligungserklärung, wonach Facebook Namen und Profilbild der Nutzer ›für kommerzielle, gesponserte oder verwandte Inhalte‹ einsetzen und deren Daten in die USA weiterleiten darf, vermag keine wirksame Zustimmung zur Datennutzung zu begründen.« 30a

Das KG Berlin[79] entschied ebenfalls aufgrund einer Verbandsklage, den Hinweisen in den **Nutzungsbedingungen von Facebook** auf die Weitergabe von Daten fehle die nötige Transparenz, sodass keine »informierte« (und damit wirksame) Einwilligung möglich war.

Wann im Beschäftigungsverhältnis eine unangemessene Benachteiligung des Beschäftigten vorliegt, ist noch nicht ausreichend geklärt. Insofern sind nur Interpretationsvorschläge möglich. **Unangemessen** sind sicherlich alle jene Klauseln, die bereits **mangels Freiwilligkeit** oder wegen fehlender Transparenz (Übermittlung in ein Drittland ohne angemessenes Datenschutzniveau) rechtlichen Bedenken begegnen. Weiter wird man mit Blomeyer[80] verlangen müssen, dass die Einwilligung auf Daten beschränkt bleibt, die eine **Beziehung zum Beschäftigungsverhältnis** haben und an deren Kenntnis der **Arbeitge-** 31

75 16.3.1999 – XI ZR 76/98, NJW 1999, 1864.
76 1.2.2001 – 12 O 13009/00, RDV 2001, 187 = CR 2001, 470.
77 OLG Köln 14.12.2007 – 6 U 121/07, RDV 2008, 126; ähnlich OLG Hamburg 4.3.2009 – 5 U 260/08, K&R 2009, 414.
78 16.1.2018 – 16 O 341/15, DuD 2018, 387 = CR 2018, 256.
79 22.9.2017 – 5 U 155/14, ZD 2018, 118.
80 MünchArbR-*Blomeyer*, 2. Aufl., § 99 Rn. 25.

ber ein **objektiv gerechtfertigtes Interesse** hat.[81] Ausforschungen des Privatlebens oder der politischen Aktivitäten wären auch mit Einwilligung des Betroffenen nicht zulässig. Nimmt man die genannte Schufa-Entscheidung beim Wort, so darf auch die dem Art. 6 Abs. 1 Buchst. b zugrunde liegende in Vertragsform niedergelegte Interessenabwägung nicht im Wege der Einwilligung aufgehoben oder inhaltlich wesentlich verschoben werden. Dasselbe gilt für den § 32 Abs. 1 BDSG-alt und den § 26 Abs. 1 BDSG-neu. Unzulässig wäre deshalb beispielsweise, wollte der Beschäftigte in eine Datenverarbeitung durch den Arbeitgeber einwilligen, die keinen belegbaren berechtigten Interessen dient. Dies läuft im Ergebnis darauf hinaus, dass mit Hilfe der **Einwilligung** lediglich **»Grauzonenfälle« bewältigt** werden können, bei denen die Zulässigkeit angesichts der Unbestimmtheit des Zweckbegriffs zweifelhaft erscheint. Eine Klärung im Wege der Verbandsklage ist im Arbeitsrecht leider durch § 15 UKlaG ausgeschlossen.

32 Auf der anderen Seite ist die Einwilligung wirksam, wenn der fragliche Vorgang auch oder vorwiegend **Arbeitnehmerinteressen nützt**,[82] was ggf. bei einem Herausstellen als überragender Spezialist in einem Werbeprospekt oder bei Teilnahme an einem Wettbewerb der Fall sein kann. Beim Öffentlichmachen von Daten können Üblichkeiten eine gewisse Rolle spielen. Pflegen z. B. selbstständige Architekten ihr Geburtsdatum und ihre Privatanschrift nicht ins Internet zu stellen, kann etwas Vergleichbares von angestellten Architekten erst recht nicht verlangt werden. Eine entsprechende Einwilligung würde eine unangemessene Benachteiligung darstellen. Die auf Standardbedingungen bezogenen Grundsätze gelten nach § 310 Abs. 3 BGB **auch für Einzelarbeitsverträge**, es sei denn, die entsprechende Klausel sei auf Initiative des Arbeitnehmers in den Arbeitsvertrag eingebracht worden. Dies wird nur in den allerseltensten Fällen anzunehmen sein.[83]

V. Freiwilligkeit der Einwilligung

1. Die Ausgangssituation: Normative Grundlage

33 Nach § 4a Abs. 1 Satz 1 BDSG-alt musste die Einwilligung **»auf der freien Entscheidung des Betroffenen«** beruhen. **Art. 4 Nr. 11** verlangt eine »freiwillige« Willensbekundung. Dies wird bisweilen mit der Formel »ohne Zwang« umschrieben, was eine sehr viel engere Bedeutung hat: Wer befürchtet, bei einem »Nein« möglicherweise Nachteile zu erleiden, handelt nicht wirklich freiwillig, doch kann nicht die Rede davon sein, dass auf ihn Zwang ausgeübt worden wäre. Auch andere Sprachfassungen, die ja für die Interpretation in gleicher Weise verbindlich sind,[84] gehen von einer **freien Bildung des Willens** aus und stellen nicht auf die Abwesenheit von »Zwang« ab. So ist im Englischen von »freely given indication of the data subject's wishes« die Rede. Das Französische spricht von »toute manifestation de volonté, libre, spécifique«, das Spanische von »manifestación de voluntad li-

---

81 Ähnlich Art. 82 Abs. 1a der EU-Datenschutzverordnung in der Fassung des Parlamentsbeschlusses: »Der Zweck der Verarbeitung solcher Daten muss mit dem Grund, aus dem die Daten erhoben wurden, in Zusammenhang stehen und auf den Beschäftigungskontext beschränkt bleiben.«

82 Bestätigt durch § 26 Abs. 2 Satz 2 BDSG.

83 Zum Arbeitnehmer als Verbraucher s. oben Rn. 27.

84 Däubler, Gläserne Belegschaften, Rn. 42c.

bre«.[85] Auch alle anderen (dem Verf. zugänglichen) Fassungen betonen die Freiwilligkeit; um die Vielsprachigkeit ernst zu nehmen, seien sie in ihrer Mehrheit wiedergegeben.[86]

Was **Beschäftigungsverhältnisse** betrifft, so hatte der Kommissionsentwurf in Art. 7 34
Abs. 4 bestimmt, dass die Einwilligung nicht wirksam ist, wenn zwischen der Position des Betroffenen und der des Verantwortlichen ein »erhebliches Ungleichgewicht« besteht, was entscheidend gegen die Wirksamkeit im Arbeitsverhältnis gesprochen hätte.[87] Diese Formulierung setzte sich jedoch im Trilog nicht durch. Das Beschäftigungsverhältnis ist lediglich im ErwGr 155 erwähnt, wonach der nationale Gesetzgeber die Bedingungen festlegen kann, unter denen Beschäftigtendaten auf der Grundlage einer Einwilligung verarbeitet werden dürfen. ErwGr 43 Satz 1 erwähnt zwar den Fall eines »klaren Ungleichgewichts« zwischen der betroffenen Person und dem Verantwortlichen, nennt als Beispiel aber nur das Verhältnis zwischen Bürger und Behörde. Aussagekräftiger ist daher ErwGr 42 Satz 5, wo es heißt:

»Es sollte nur dann davon ausgegangen werden, dass sie (d. h. die betroffene Person) ihre Einwilligung freiwillig gegeben hat, wenn sie eine echte oder freie Wahl hat und somit in der Lage ist, die Einwilligung zu verweigern oder zurückzuziehen, ohne Nachteile zu erleiden.«

Der **deutsche Gesetzgeber** hat sich nach anfänglichem Zögern der Problematik ange- 35
nommen und in § 26 Abs. 2 Satz 1 und 2 BDSG eine differenzierende Lösung getroffen. Nach Satz 1 sind bei der Beurteilung der Freiwilligkeit »insbesondere die im Beschäftigungsverhältnis bestehende **Abhängigkeit** der beschäftigten Person« sowie die Umstände, unter denen die Einwilligung erteilt worden ist, **zu berücksichtigen**. Nach Satz 2 könne Freiwilligkeit »insbesondere« vorliegen, wenn für die beschäftigte Person »ein **rechtlicher oder wirtschaftlicher Vorteil** erreicht« werde oder Arbeitgeber und beschäftigte Person »gleichgelagerte Interessen« verfolgen würden. Dies ist bei § 26 BDSG näher zu erläutern.

---

85 Diese und die folgenden Zitate lassen sich im ABl. der EU finden und sind zugänglich über *http://eur-lex.europa.eu/legal-content/de/TXT/?uri=CELEX%3A32016R0679*.

86 Italienische Fassung: »manifestazione di *volontà libera*, specifica, informata e inequivocabile«; portugiesische Fassung: »uma *manifestação* de vontade, *livre*, específica, informada e esplícita«; niederländische Fassung: »elke *vrije*, specifieke, geinformeerde en ondubbelzinnige *wilsuiting*«; dänische Fassung: »enhver *frivillig*, specifik, informeret og utvetydig *viljestilkendegivelse*«; schwedische Fassung: »varje slag av *frivillig*, specifik, informerad och otvetydig *viljeyttring*«. Die finnische Fassung gebraucht das Wort »vapaaehto-« (= freiwillig). Doch der Blick sollte auch nach Osten gehen: Im Slowenischen heißt es: »vsako *prostovoljno*, izrecno, informirano in nedvoumno *izjavo volje*« (= jede freiwillige, ausdrückliche, informierte und unzweideutige Willensbekundung), ähnlich im Bulgarischen: »*свободно изразено*, конкретно, информирано и недвусмислено *указание за волята*« (= frei zum Ausdruck gebrachte, konkrete, informierte und unzweideutige Willensbekundung). Inhaltlich und in der Wortwahl stimmt damit auch das Tschechische überein: »jakýkoli svobodný, konkrétní, informovaný a jednoznačný projev vůle,« Im Polnischen ist von »dobrowolne« (= freiwillig) die Rede. Dabei wollen wir es fürs erste belassen, obwohl damit nur 13 von 24 Fassungen berücksichtigt sind.

87 Wortlaut wiedergegeben bei DKWW-*Däubler*, § 4a Rn. 49.

2. Notwendige Differenzierungen

a) Nur Fehlen von Willensmängeln?

36 Einvernehmen besteht darüber, dass »**freie Entscheidung**« **mehr** bedeutet **als das Fehlen von Willensmängeln** im Sinne der §§ 119ff. BGB, da sich die (zumindest analoge) Anwendbarkeit dieser Vorschriften bereits aus allgemeinen Grundsätzen ergibt und da auch ErwGr 42 Satz 5[88] deutlich macht, dass ersichtlich ein Mehr an tatsächlicher Entscheidungsfreiheit verlangt wird. Nur dann kann von »echter« oder »freier« Wahl die Rede sein. Das schließt nicht aus, dass die geschäftsähnliche Handlung »Einwilligung« bei Irrtum, Täuschung oder Drohung angefochten und so wirkungslos gemacht werden kann, doch fehlt in diesen Fällen in aller Regel die Freiwilligkeit.[89]

b) Keine Einwilligung im Arbeitsverhältnis?

37 Fast ebenso einig ist man sich de facto über den Grundsatz, dass die Existenz eines Arbeitsverhältnisses nicht von vorneherein jede »freiwillige« Einwilligung ausschließt. So kann es Fälle geben, in denen z. B. die Übermittlung von Daten eindeutig im Interesse des Arbeitnehmers liegt (der etwa – so ein Fall aus der Praxis – mit der von ihm verantworteten Schaufensterdekoration an einem branchenweiten Wettbewerb teilnehmen möchte). Auch vermag der Arbeitsvertrag als Basis eines Dauerschuldverhältnisses ersichtlich nicht alle denkbaren Situationen vorwegzunehmen, in denen ein neues Verarbeitungsbedürfnis des Arbeitgebers entsteht, dem keine schutzwürdigen Belange des Arbeitnehmers entgegenstehen. Ein **genereller Ausschluss der Einwilligung scheidet daher aus.** Dies ist nunmehr vom Gesetzgeber in § 26 Abs. 2 Satz 1 BDSG bestätigt worden, wonach die Abhängigkeit des Beschäftigten lediglich neben anderen Faktoren zu »berücksichtigen« ist.[90] Dies machte nicht zuletzt auch der vom BAG entschiedene Fall deutlich, bei dem der Eingriff in die Persönlichkeitssphäre minimal war und wo zugleich die Umstände eindeutig dafür sprachen, dass – wie das Beispiel von Arbeitskollegen zeigte – eine Verweigerung keine negativen Folgen haben würde.[91]

c) Das Koppelungsverbot des Art. 7 Abs. 4

38 Von »Freiwilligkeit« kann dann nicht die Rede sein, wenn das Koppelungsverbot des Art. 7 Abs. 4 verletzt wurde: Der Arbeitgeber verlangt beispielsweise beim verbilligten Einkauf von Waren die Einwilligung, mit der Zusendung von Werbesendungen anderer Konzernunternehmen einverstanden zu sein. Derartige Verknüpfungen sind unzulässig; es dürfen nur solche Daten erhoben werden, die für die Durchführung des Vertrages erforderlich sind. Entsprechende Vorgaben hatte schon zu früheren Zeiten § 12 Abs. 3 TMG und an-

---

88 »Es sollte nur dann davon ausgegangen werden, dass sie (d. h. die betroffene Person) ihre Einwilligung freiwillig gegeben hat, wenn sie eine echte oder freie Wahl hat und somit in der Lage ist, die Einwilligung zu verweigern oder zurückzuziehen, ohne Nachteile zu erleiden.«

89 Wie hier im Ergebnis Thüsing-*Thüsing/Traut*, § 5 Rn. 19.

90 Ebenso Wybitul, NZA 2017, 413, 414.

91 BAG 11. 12. 2014 – 8 AZR 1010/13, NZA 2015, 604.

schließend § 28 Abs. 3 Buchst. b BDSG-alt gemacht. Dies gilt im Übrigen auch dann, wenn andere Anbieter dieselbe Leistung ohne diese »Nebenbestimmung« anbieten.[92]

Beispiel: 39
Der Arbeitnehmer weigert sich, ein Foto für den Internetauftritt zur Verfügung zu stellen. Der Arbeitgeber erklärt nach Eingang eines Urlaubsantrags, diesem würde entsprochen, wenn die Foto-Frage endlich gelöst werde. Dies wäre eine unzulässige Koppelung.[93] Ebenso, wenn vom Arbeitnehmer beim Abschluss des Arbeitsvertrags die Einwilligung verlangt würde, dass seine Daten einer Auskunftei zur Verfügung gestellt werden.

Damit sind allerdings nur relativ wenige Fälle erfasst.[94] Nach Auffassung des österreichischen OGH spricht eine Vermutung gegen die Freiwilligkeit, wenn die Einwilligung sich auf vertragsunabhängige Daten bezieht; diese Vermutung kann nur unter besonderen Umständen widerlegt werden.[95]

d) Druck bei Verhandlungen und einseitige Beratung

Die Freiwilligkeit fehlt weiter dann, wenn der **Einwilligende in unangemessener Weise** 40
unter Druck gesetzt wurde, ohne dass deshalb die Grenze der widerrechtlichen Drohung erreicht wäre. Er hat dann nicht mehr eine echte und freie Wahl. Das angloamerikanische Recht kennt insoweit die Kategorie des »**undue influence**«, die sich auch im vorliegenden Zusammenhang heranziehen lässt.[96] Erfasst sind damit Fälle einer **einseitig strukturierten Verhandlungssituation:** Der Arbeitnehmer oder der Kunde wird unter Zeitdruck gesetzt. Oder: Er sieht sich mehreren Personen gegenüber, die ihn alle mit ähnlichen Argumenten zu einer bestimmten Entscheidung bringen wollen. Oder: Er kann sich nicht mit einer Person seines Vertrauens besprechen.[97] Dabei handelt es sich um Situationen, die man umgangssprachlich als »**Überrumpelung**« oder »Unter-Druck-Setzen« bezeichnet.[98] Dies ist im Arbeitsrecht insbesondere ein Problem, das beim Abschluss von Aufhebungsverträgen auftritt,[99] wo das Schaffen einer psychischen Drucksituation für die schwächere Seite inzwischen als zum Schadensersatz verpflichtender Tatbestand von der Rechtsprechung anerkannt ist.[100] Eine vergleichbare Situation könnte man sich auch bei Einwilligungserklärungen vorstellen.

---

92 SJTK-*Schwartmann/Klein*, Art. 7 Rn. 47.
93 Ebenso in aller Deutlichkeit BAG 11.12.2014 – 8 AZR 1010/13, NZA 2015, 604 Tz. 32: Grober Verstoß gegen Arbeitgeberpflichten, der zum Schadensersatz verpflichtet.
94 Skeptisch zum Koppelungsverbot auch Engeler, ZD 2018, 55ff.
95 ÖOGH 31.8.2018 – 6 Ob 140/18h, ZD 2019, 72
96 S. St. Lorenz, JZ 1997, 281.
97 So die bei Lorenz, JZ 1997, 281 genannten Beispiele; wie hier Thüsing, Arbeitnehmerdatenschutz, Rn. 128.
98 Ähnlich wie hier Tinnefeld, NJW 2001, 3081; s. weiter den bei Brink/Schwab, RDV 2017, 170, 175 geschilderten Fall eines Azubi.
99 DDZ-*Däubler*, Aufhebungsvertrag, Rn. 93ff.
100 BAG 7.2.2019 – 6 AZR 75/18, NZA 2019, 688 = NJW 2019, 1966.

Beispiel:
Der Außendienstmitarbeiter wird damit konfrontiert, dass seine Leistungen in den letzten drei Monaten deutlich hinter denen seiner Kollegen zurückgeblieben seien. Sein Einwand, er habe einen Bezirk mit besonders schwacher Kaufkraft zu betreuen, bleibt ungehört. Auch wird ihm vorgeworfen, in einem konkreten Fall nicht ganz korrekt abgerechnet zu haben. Anschließend willigt er ein, dass der Arbeitgeber durch Handy-Ortung jederzeit seinen Aufenthaltsort bestimmen könne.

Ähnlich verhält es sich, wenn vor der Einwilligung, die sich auf die Verarbeitung sehr komplexer und sensibler Daten bezog, keine ergebnisoffene, sondern eine **auf die Einwilligung hinzielende Beratung** erfolgte.[101] Dies gilt insbesondere für die Einwilligung in gentechnische Analysen, was durch das Gendiagnostikgesetz bestätigt wurde. Auch ein »Gruppendruck« kann dazu führen, dass Daten, die nur in die Personalakte gehören wie die Tätigkeit einer Kindergärtnerin als Aushilfe, als einzige Teilzeitkraft oder die Unterbrechung durch Elternzeit, im Betrieb ausgehängt werden. Dies wurde vom Thüringer Landesdatenschutzbeauftragten als unzulässig gerügt.[102]

e) Angedrohte oder erwartbare Nachteile

41 Weiter kann die Freiwilligkeit auch dadurch beeinträchtigt sein, dass dem Arbeitnehmer oder dem Kunden für den Fall der Verweigerung bestimmte **Nachteile in Aussicht gestellt** werden.[103] Diese können im Entzug vorhandener rechtlicher Positionen, aber auch darin liegen, dass künftige Vorteile abgelehnt werden oder ihre Gewährung als weniger wahrscheinlich bezeichnet wird. Denkbar ist, dass dies nicht ausdrücklich geschieht, sondern dass der Betroffene lediglich eine entsprechende Entwicklung befürchtet. Dies hat dieselbe Wirkung, wenn die Befürchtung nicht völlig hypothetischen Charakter trägt.

42 Werden für den Fall der Nicht-Erteilung der Einwilligung Nachteile in Aussicht gestellt oder erwartet, so ist die **Freiwilligkeit aufgehoben**. Eine Ausnahme gilt im Arbeitsrecht jedoch dann, wenn die Nachteile unvermeidbare Folgen dringender betrieblicher Erfordernisse sind. Will etwa der Arbeitgeber sämtliche Außendienstmitarbeiter im Internet präsentieren, weil er sich dadurch eine höhere Kundenbindung und bessere Absatzmöglichkeiten verspricht, so schließt der Hinweis, die Verweigerung der Einwilligung könne eine Änderungskündigung zur Folge haben, die »Freiwilligkeit« nicht aus. Rechtsprechung dazu ist allerdings nicht ersichtlich. Bezieht sich das »Nein« nur auf einen einzelnen Punkt wie ein Foto, so wäre eine Änderungskündigung unverhältnismäßig. Sie gleichwohl ins Spiel zu bringen, würde die Freiwilligkeit aufheben, da mit einem vermeidbaren Nachteil gedroht wird. Der Einzelne **muss sich** als **Arbeitnehmer** lediglich **unvermeidbaren Entwicklungen fügen; ansonsten** sind ihm **Handlungsalternativen** zu belassen.[104]

---

101 Weichert, DuD 2002, 139.
102 Mitgeteilt bei Köppen CuA 12/2018 S. 28f.
103 BAG 11.12.2014 – 8 AZR 1010/13, NZA 2015, 604 Tz. 32 (Arbeitnehmer).
104 S. auch Wedde, AiB 2001, 374; ähnlich Gola, RDV 2002, 111, der die Freiwilligkeit bei Androhung »ungerechtfertigter« Nachteile entfallen lässt.

f) Versprechen hoher Vorteile

Nach der Rechtsprechung des BGH[105] können **übermäßige Anreize** finanzieller oder sonstiger Natur gleichfalls die Freiwilligkeit aufheben. Dies wurde etwa für die Teilnahme an einem Gewinnspiel angenommen;[106] auch im Arbeitsleben sind solche Dinge denkbar. 43

Beispiel:
Der große Warenhauskonzern K veranstaltet einen Wettbewerb »die drei besten Kassiererinnen«. Zu diesem Zweck sollen alle Kassendaten einer Woche an die Konzernspitze überspielt werden, die ausrechnet, wer in der fraglichen Woche die meisten Kunden bewältigte und dabei weder eine Beschwerde erhielt noch einem Testkäufer negativ auffiel. Die Preisträger erhalten ein Extra-Monatsgehalt. Die Einwilligung zur Überspielung der Daten dürfte nicht auf Freiwilligkeit beruhen.

g) Zusammenfassung: Voraussetzungen einer wirksamen Einwilligung

Die Freiwilligkeit ist unter diesen Umständen nur gewahrt, wenn 44
- die Willensbildung des Betroffenen nicht in unangemessener Weise beeinflusst wurde (»Überrumpelung«, einseitige Beratung) und wenn
- keine vermeidbaren Nachteile und
- keine übermäßigen Vorteile

in Aussicht gestellt wurden.[107] Dem »In-Aussicht-Stellen« entspricht der Fall, dass der Betroffene den Umständen nach **davon ausgehen** konnte, bei einem »Nein« würden ihm ernsthaft **Nachteile** drohen. Anders verhält es sich, wenn solche Befürchtungen aus der Luft gegriffen sind.

Nur wenn **keine dieser Sondersituationen** vorliegt, ist die **Einwilligung wirksam.**[108] Unproblematisch ist deshalb in aller Regel der Fall, dass mit der Preisgabe von Daten eine Maßnahme ermöglicht werden soll, die **dem Arbeitnehmer** ausschließlich oder überwiegend **Vorteile bringt.**[109] Dies ist nunmehr auch vom Gesetzgeber in § 26 Abs. 2 Satz 2 BDSG bestätigt worden. In dem vom BAG entschiedenen Fall bestünde gleichfalls kein Zweifel an der Freiwilligkeit der Einwilligung. Umgekehrt sind Einwilligungen in eine Datenverarbeitung, die insgesamt zu Lasten des Beschäftigten geht, im Zweifel unfreiwillig.[110]

Ist die **Freiwilligkeit nicht gewahrt**, ist die **Einwilligung unwirksam.**

---

105 16.7.2008 – VIII ZR 348/06, DB 2008, 2188, 2189.

106 LG Stuttgart 13.8.1998 – 17 O 329/98, DuD 1999, 294 f.; Iraschko-Luscher, DuD 2006, 706,708.

107 Ebenso Tinnefeld, DuD 2002, 233.

108 Dies ist zu wenig bedacht bei Uecker, ZD 2019, 248 ff., der andere Rechtsgrundlagen generell für besser geeignet hält.

109 Gegen einen generellen Ausschluss der Einwilligung bei Beschäftigten mit Recht, Taeger/Gabel-*Taeger*, § 4a Rn. 64.

110 Wybitul, NZA 2017, 413, 416/417.

VI. Unwirksame Einwilligung – Rückgriff auf andere Rechtsgrundlagen?

45 Denkbar ist, dass die **Einwilligung ausschließliche Rechtsgrundlage** für die beabsichtigte Datenverarbeitung sein soll; ist sie nach den dargestellten Grundsätzen unwirksam, muss auch die Datenverarbeitung unterbleiben. Umgekehrt kann sie nur die Funktion einer **zusätzlichen Rechtsgrundlage** haben, so dass sich im Falle ihrer Unwirksamkeit im Prinzip nichts ändert. Ob die eine oder die andere Alternative gewollt ist, hängt von den Umständen ab; die Einwilligung bedarf insoweit der Auslegung. Bestehen keine Anhaltspunkte in die eine oder die andere Richtung, wird man der Einwilligung **exklusiven Charakter** beimessen müssen: Ihrem Sinn nach will sie etwas legitimieren, was sonst nicht zulässig wäre.[111] Art. 17 Abs. 1 Buchst. b, der nach Widerruf der Einwilligung einen Rückgriff auf eine anderweitige Rechtsgrundlage (wie z. B. Art. 6 Abs. 1 Buchst. b – Erfüllung eines Vertrages) zulässt, besagt nur, dass beide nebeneinander bestehen können. Die Frage, unter welchen Voraussetzungen dies der Fall ist, spricht die Vorschrift nicht an.[112] Auch muss die betroffene Person über ggf. eingreifende andere Rechtsgrundlagen nach Art. 13 Abs. 1 Buchst. c DSGVO informiert werden,[113] was zugleich den Hinweis impliziert, dass die Datenverarbeitung nicht durch Widerruf der Einwilligung gestoppt werden kann.[114] Möglich ist auch der Fall, dass sich die **Einwilligung** auf **mehrere Zwecke** bezog, nur einer von ihnen aber auch eine (nicht ausgeschlossene) gesetzliche Grundlage hatte. Hier darf nur noch im Rahmen dieses speziellen Zwecks von den Daten Gebrauch gemacht werden.

VII. Widerruf der Einwilligung

1. Der Grundsatz

46 Nach allgemeiner Auffassung war die einmal erteilte Einwilligung schon nach bisherigem Recht widerruflich;[115] nunmehr bestimmt dies Art. 7 Abs. 3 Satz 1 ausdrücklich. Dies hängt mit ihrem Persönlichkeitsbezug zusammen; der Einzelne soll die Möglichkeit haben, eine vorschnell getroffene Entscheidung aufgrund besserer Überlegung oder wegen geänderter Umstände wieder zu korrigieren. Derselbe Gedanke lag dem Widerspruchsrecht nach § 35 Abs. 5 BDSG-alt zugrunde.[116]

---

111 Gola/Wronka, RDV 2007, 59, 64ff.; anders ohne nähere Begründung SHS-*Klement*, Art. 7 Rn. 34.

112 Anders Laue/Kremer-*Kremer*, § 2 Rn. 4.

113 Gola, Handbuch, Rn. 452f.

114 Schantz/Wolff-*Schantz*, Rn. 475.

115 BMH, § 4a Rn. 24; Buchner, S. 232; ErfK-*Franzen*, 18. Aufl., § 4a BDSG Rn. 4; Klug, RDV 2001, 272; HWK-*Lembke*, Vorb. BDSG Rn. 58; Schaar, MMR 2001, 647; Simitis-*Simitis*, § 4a Rn. 94; Taeger/Gabel-*Taeger*, § 4a Rn. 81; MünchArbR-*Reichold*, 3. Aufl., § 88 Rn. 23; Thüsing, Arbeitnehmerdatenschutz, Rn. 139; Tinnefeld/Buchner/Petri, S. 360; Wächter, Rn. 232; Weichert, DuD 2002, 139.

116 Dazu näher Däubler, Gläserne Belegschaften, § 11 VI (Rn. 564ff.).

2. Die Form des Widerrufs

Der Widerruf ist genau wie die Einwilligung eine **höchstpersönliche Entscheidung**. Er war schon bisher **formlos** möglich,[117] was angesichts der in der DSGVO weggefallenen Schriftform jetzt erst recht gilt. Er kann auch darin liegen, dass eine Klage mit dem Ziel erhoben wird, die Datenverarbeitung für unzulässig zu erklären.[118] Der Widerruf darf nach Art. 7 Abs. 3 Satz 4 nicht von Anforderungen abhängig gemacht werden, die bei der Einwilligung keine Rolle spielten. Er muss »so einfach wie die Erteilung« sein, was beispielsweise eine Vereinbarung ausschließt, wonach er durch eingeschriebenen Brief erfolgen muss.[119] Umgekehrt kann aber eine leichter zu handhabende Form vorgesehen werden; wurde die Einwilligung schriftlich erteilt, kann gleichwohl ein Widerruf durch Mail vorgesehen werden.[120] 47

3. Die Wirkung des Widerrufs

Der Widerruf wirkt **immer nur für die Zukunft**,[121] was Art. 7 Abs. 3 Satz 2 nunmehr ausdrücklich festlegt. Die gespeicherten Informationen sind zu löschen, andere Unterlagen dem Betroffenen herauszugeben.[122] Sind die Daten als personenbezogene nicht mehr vorhanden (Umfragedaten wurden bereits anonymisiert), entfällt allerdings aus einsichtigen Gründen die Pflicht zur Löschung bzw. Herausgabe. 48

4. Vorliegen bestimmter Gründe?

Das BAG[123] verlangt auf der Grundlage des bisherigen Rechts für die Ausübung des Widerrufsrechts einen »plausiblen Grund«. Davon ist in Art. 7 Abs. 3 auch nicht andeutungsweise die Rede, so dass nunmehr freie Widerruflichkeit besteht.[124] Man könnte allenfalls an einen Missbrauchsvorbehalt denken, wie er etwa vom EuGH im Zusammenhang mit der Berufung auf ein im EU-Ausland erstelltes Arbeitsunfähigkeitszeugnis entwickelt wurde,[125] doch wären dies bisher nicht praktisch gewordene Extremfälle. 49

117 Schaar, MMR 2001, 647; Taeger/Gabel-*Taeger*, § 4a Rn. 82 (zum bisherigen Recht, das für die Einwilligung grundsätzlich Schriftform verlangte).
118 AG Elmshorn RDV 2005, 174 = CR 2005, 641.
119 Plath-*Plath*, Art. 7 Rn. 17: Wurde die Einwilligung schriftlich eingeholt, kann auch der Widerruf an die Schriftform gebunden werden; weitere Einzelheiten bei Paal/Pauly-*Frenzel*, Art. 7 Rn. 17.
120 Ehmann/Selmayr-*Heckmann/Paschke*, Art. 7 Rn. 91.
121 Ehmann/Selmayr-*Heckmann/Paschke*, Art. 7 Rn. 92; Klug, RDV 2001, 272; Weichert, DuD 2002, 139.
122 Weichert, DuD 2002, 139; Simitis-*Simitis*, § 4a Rn. 103.
123 11.12.2014 – 8 AZR 1010/13, NZA 2015, 604 Os 7.
124 Ebenso Laue/Kremer-*Kremer*, § 2 Rn. 17; Schmidl/Tannen, DB 2017, 1633, 1638; EuArbR-*Franzen*, Art. 7 VO 2016/679/EU Rn. 6; Ehmann/Selmayr-*Heckmann/Paschke*, Art. 7 Rn. 91; Wybitul, ZD 2016, 203, 205.
125 EuGH AP Nr. 2 zu Art. 18 EWG-Verordnung Nr. 574/72.

5. Einwilligung als Teil eines Vertrages

50 Ist die Einwilligung zum Gegenstand eines Vertrages gemacht worden, kann ihr Widerruf eine Verletzung übernommener Pflichten darstellen. Angesichts der persönlichkeitsrechtlichen Natur der Einwilligung ist aber **nicht zu vermuten**, dass die Beteiligten eine **solche Bindung gewollt** haben. Liegt sie gleichwohl vor, so war der Widerruf nach bisherigem Recht nur möglich, wenn die Fortsetzung der Datenverarbeitung für den Betroffenen objektiv nicht mehr zumutbar war oder wenn Daten in einer Weise verarbeitet wurden, die nicht von der Einwilligung gedeckt war.[126] Ob auch dies angesichts des Art. 7 Abs. 3 nicht mehr gilt, hängt letztlich davon ab, ob der Einwilligung mit Hilfe einer vertraglichen Einigung eine **weitergehende Bindungswirkung als in der DSGVO vorgesehen** beigemessen werden kann. Dies erscheint eher unwahrscheinlich, da im Normalfall (etwa des Verbrauchervertrags) die Einwilligung zusammen mit dem Vertragsabschluss erteilt wird, die freie Widerruflichkeit daher immer in der Gefahr der Beschränkung oder des Ausschlusses wäre. Aus diesem Grund hätte es zumindest nahe gelegen, die Möglichkeiten zu einer stärkeren Bindung irgendwo anzusprechen, was aber nicht geschehen ist. Von daher ist die Widerruflichkeit in gleicher Weise gegeben, wenn die Einwilligung Inhalt eines Vertrages geworden ist.[127]

VIII. Hinfällig werdende Einwilligung

51 Wird von einer einmal erteilten Einwilligung längere Zeit kein Gebrauch gemacht, so verliert sie ihre Wirkung. Dies gilt etwa dann, wenn die Einwilligung in die Zusendung von E-Mails erteilt wurde, dann aber eineinhalb Jahre von dieser Möglichkeit kein Gebrauch gemacht wurde.[128] Entsprechendes ist aber auch in anderen Lebensbereichen denkbar.

IX. Nach bisherigem Recht erteilte Einwilligung

52 Wurde eine Einwilligung nach bisherigem Recht abgegeben, so bleibt sie nach ErwGr 171 bestehen, wenn sie den Voraussetzungen der DSGVO entspricht. Eine neue Einwilligung muss jedoch dann eingeholt werden, wenn die DSGVO höhere Anforderungen als § 4a BDSG-alt stellt. Ist dies im Zeitraum bis 25. Mai 2018 versäumt worden, wird die Datenverarbeitung unzulässig, es sei denn, es wäre ein Rückgriff auf eine andere Rechtsgrundlage möglich.[129]

---

126 Tinnefeld/Buchner/Petri, S. 360f.; Simitis-*Simitis*, § 4a Rn. 96.

127 Ebenso Ehmann/Selmayr-*Heckmann/Paschke*, Art. 7 Rn. 93, die auch einen Schadensersatzanspruch ausschließen; einschränkend, wenn die Datenverarbeitung für eine rechtsgeschäftliche Beziehung »unverzichtbar« ist: SJTK-*Schwartmann/Klein*, Art. 7 Rn. 42; Kühling/Buchner-*Buchner-Kühling*, Art. 7 Rn. 38; dies dürfte etwa dann anzunehmen sein, wenn wie bei einem angestellten Fotomodell die »Preisgabe« des eigenen Bildes Hauptpflicht aus dem Arbeitsvertrag ist.

128 LG München 8.4.2010 – 17 HK O 138/10, 17 HKO 138/10, CR 2011, 830.

129 SJTK-*Schwartmann/Klein*, Art. 7 Rn. 12ff.

X. Sonderregeln

Auf einzelnen Sachgebieten hat die Einwilligung eine Sonderregelung erfahren. Dies gilt etwa für Art. 5 Abs. 3 der Richtlinie 2002/58/EG (**ePrivacy-Richtlinie**), wonach die Einwilligung nur in Form eines opt-in erfolgen kann und überdies der Nutzer klar und umfassend informiert werden muss, wie lange Cookies funktionieren und ob Dritte auf sie Zugriff nehmen können.[130] Das ebenfalls nicht in den Anwendungsbereich der DSGVO fallende **SÜG** sieht in § 13 eine sog. Sicherheitserklärung vor, die umfassende Daten zur eigenen Person und ggf. zum Ehegatten bzw. Partner enthalten muss; ihre Abgabe ist freiwillig, doch würde eine Weigerung die Beschäftigung in sicherheitsempfindlichen Positionen unmöglich machen. Dies steht in diesem speziellen Fall der »Freiwilligkeit« nicht entgegen.[131] 53

Art. 8 Bedingungen für die Einwilligung eines Kindes in Bezug auf Dienste der Informationsgesellschaft

(1) Gilt Artikel 6 Absatz 1 Buchstabe a bei einem Angebot von Diensten der Informationsgesellschaft, das einem Kind direkt gemacht wird, so ist die Verarbeitung der personenbezogenen Daten des Kindes rechtmäßig, wenn das Kind das sechzehnte Lebensjahr vollendet hat. Hat das Kind noch nicht das sechzehnte Lebensjahr vollendet, so ist diese Verarbeitung nur rechtmäßig, sofern und soweit diese Einwilligung durch den Träger der elterlichen Verantwortung für das Kind oder mit dessen Zustimmung erteilt wird. Die Mitgliedstaaten können durch Rechtsvorschriften zu diesen Zwecken eine niedrigere Altersgrenze vorsehen, die jedoch nicht unter dem vollendeten dreizehnten Lebensjahr liegen darf.
(2) Der Verantwortliche unternimmt unter Berücksichtigung der verfügbaren Technik angemessene Anstrengungen, um sich in solchen Fällen zu vergewissern, dass die Einwilligung durch den Träger der elterlichen Verantwortung für das Kind oder mit dessen Zustimmung erteilt wurde.
(3) Absatz 1 lässt das allgemeine Vertragsrecht der Mitgliedstaaten, wie etwa die Vorschriften zur Gültigkeit, zum Zustandekommen oder zu den Rechtsfolgen eines Vertrags in Bezug auf ein Kind, unberührt.

Inhaltsübersicht Rn.

130 So die Schlussanträge des Generalanwalts beim EuGH vom 21.3.2019, wiedergegeben in ZD 2019, 264 mit Anm. Hanloser; dazu auch die Vorlageentscheidung BGH 5.10.2017 – I ZR 7/16, ZD 2018, 79.

131 Einzelheiten bei Däubler, SÜG, Anm. zu § 13.

I. Einleitung: Zweck der Vorschrift

1 Art. 8 ist für das deutsche Datenschutzrecht ein **Novum**. Er enthält spezifische Voraussetzungen für die Einwilligung von Minderjährigen, in der DSGVO etwas missverständlich »Kinder« genannt. Er ist im Zusammenhang mit Art. 6 Abs. 1 Satz 1 Buchst. a zu sehen, der die Einwilligung der betroffenen Person als eine Bedingung für eine legale Datenverarbeitung nennt.[1] Ab einem Alter von 16 Jahren tritt »**Netzmündigkeit**« ein;[2] wer dieses Alter noch nicht erreicht hat, benötigt die Zustimmung der Eltern oder der an ihre Stelle tretenden Sorgeberechtigten. Auf diese Weise sollen **Minderjährige** vor einer unreflektierten Datenpreisgabe **geschützt** werden; sie seien sich – so ErwGr. 38 Satz 1 – der Risiken und Folgen der Datenverarbeitung sowie ihrer Rechte möglicherweise weniger bewusst als andere.[3] Dies alles gilt freilich nur für »Dienste der Informationsgesellschaft« im Sinne des Art. 4 Nr. 25; insoweit geht es um eine Sonderregelung mit relativ beschränktem Anwendungsbereich.

2 Art. 8 ist **nicht die einzige Vorschrift** in der DSGVO, die auf »**Kinder**« besondere **Rücksicht** nimmt. Zu erwähnen sind

- **Art. 6 Abs. 1 Satz 1 Buchst. f**, wonach bei einer Verarbeitung aufgrund eines berechtigten Interesses des Verantwortlichen zu prüfen ist, ob nicht die Interessen, Grundrechte und Grundfreiheiten der betroffenen Person überwiegen, »insbesondere dann, wenn es sich bei der betroffenen Person um ein Kind handelt.«
- **Art. 12 Abs. 1 Satz 1** verlangt, dass die betroffenen Personen alle Informationen und Mitteilungen nach Art. 13 ff. DSGVO, die sich auf die Verarbeitung beziehen, in präziser, transparenter, verständlicher und leicht zugänglicher Form in einer klaren und einfachen Sprache erhalten, dies gelte insbesondere für Informationen, »die sich speziell an Kinder richten«.
- Nach **Art. 17 Abs. 1 Buchst. f** sind Daten auf Verlangen der betroffenen Person unverzüglich zu löschen, wenn sie im Rahmen des Art. 8 DSGVO erhoben wurden. Der volljährig Gewordene soll so die Möglichkeit erhalten, früher gemachte Äußerungen »aus dem Verkehr zu ziehen«.
- **Art. 40 Abs. 2 Buchst. g** sieht als Inhalt von Verhaltensregeln, die die Anwendung der DSGVO präzisieren, u. a. Bestimmungen vor, die die Unterrichtung und den Schutz von Kindern sowie die Art und Weise regeln, in der die Einwilligung des Trägers der elterlichen Verantwortung einzuholen ist.
- Nach **Art. 57 Abs. 1 Buchst. b** hat die Aufsichtsbehörde u. a. die Aufgabe, die Öffentlichkeit für die Risiken, Vorschriften, Garantien und Rechte im Zusammenhang mit der Verarbeitung zu sensibilisieren und sie darüber aufzuklären. Besondere Beachtung müssten dabei – so heißt es weiter – spezifische Maßnahmen für Kinder finden.

Ersichtlich handelt es sich um punktuelle Vorschriften, hinter denen kein Gesamtkonzept sichtbar wird. Immerhin wird **nicht** mit einer **starren Altersgrenze** gearbeitet, die keine Rücksicht auf die Einsichtsfähigkeit der betroffenen Person nimmt.[4] Weiter dürfte bei der

---

1 Paal/Pauly-*Frenzel*, Art. 8 Rn. 1.
2 So die Formulierung bei Dammann, ZD 2016, 307, 311.
3 Ehmann/Selmayr-*Heckmann/Paschke*, Art. 8 Rn. 1, 15; Gola-*Schulz*, Art. 8 Rn. 1.
4 Kritisch zu starren Altergrenzen mit Recht Gola-*Schulz*, Art. 8 Rn. 9f.

Erhebung von Daten von Jugendlichen für Werbezwecke in aller Regel ein Fall von unlauterem Wettbewerb vorliegen.[5]

II. Der gegenständliche Anwendungsbereich

1. Dienste der Informationsgesellschaft

Art. 8 Abs. 1 enthält keine allgemeine Regelung über die von Minderjährigen erteilte Einwilligung, sondern beschränkt sich auf »Dienste der Informationsgesellschaft«. Diese werden in Art. 4 Nr. 25 in der Weise definiert, dass auf die **Richtlinie (EU) 2015/1535** von Parlament und Rat verwiesen wird. Deren **Art. 1 Abs. 1 Buchst. b** bestimmt: 3

»Dienst« (ist) eine Dienstleistung der Informationsgesellschaft, d. h. jede in der Regel gegen Entgelt elektronisch im Fernabsatz und auf individuellen Abruf eines Empfängers erbrachte Dienstleistung.
Im Sinne dieser Definition bezeichnet der Ausdruck
i) »im Fernabsatz erbrachte Dienstleistung« eine Dienstleistung, die ohne gleichzeitige physische Anwesenheit der Vertragsparteien erbracht wird;
ii) »elektronisch erbrachte Dienstleistung« eine Dienstleistung, die mittels Geräten für die elektronische Verarbeitung (einschließlich digitaler Kompression) und Speicherung von Daten am Ausgangspunkt gesendet und am Endpunkt empfangen wird und die vollständig über Draht, über Funk, auf optischem oder anderem elektromagnetischem Wege gesendet, weitergeleitet und empfangen wird;
iii) »auf individuellen Abruf eines Empfängers erbrachte Dienstleistung« eine Dienstleistung die durch die Übertragung von Daten auf individuelle Anforderung erbracht wird.
Eine Beispielliste der nicht unter diese Definition fallenden Dienste findet sich in Anhang I.

Was die Auslegung im Einzelnen betrifft, so ist auf die Kommentierung zu Art. 4 DSGVO Rn. 161 ff. zu verweisen. Nicht einbezogen ist beispielsweise der **Verkauf von Waren übers Internet**[6] sowie eine telefonische Beratung.[7] ErwGr 38 Satz 3 erwähnt **Präventions- oder Beratungsdienste,** bei denen die Einwilligung des Trägers der elterlichen Verantwortung nicht erforderlich sein soll – eine eher verwunderliche Feststellung, da Art. 8 nicht nach den Inhalten der »Dienste« differenziert und überdies in der Regel dabei kein elektronischer Geschäftsverkehr vorliegt. Soweit sich die betroffene Person außerhalb des Art. 8 bewegt, kann die Einwilligung in eine Datenverarbeitung nach allgemeinen Grundsätzen zulässig sein.[8]

Soweit **kein »Dienst der Informationsgesellschaft«** vorliegt, findet Art. 8 keine Anwendung. Es gelten die allgemeinen Grundsätze über die Einwilligung, wonach bei einem Minderjährigen lediglich die nötige **Einsichtsfähigkeit** in die Bedeutung der Einwilligung vorliegen muss.[9] 4

5 BGH 22.1.2014 – I ZR 218/12 – NJW 2014, 2282.
6 Kühling/Buchner-*Buchner/Kühling*, Art. 8 Rn. 13.
7 Ehmann/Selmayr-*Heckmann/Paschke*, Art. 8 Rn. 19.
8 Richtig Gola-*Schulz*, Art. 8 Rn. 18.
9 Näher oben Art. 7 Rn. 12 ff.; wie hier Gola-*Schulz*, Art. 8 Rn. 14.

2. Direkt angeboten

5 Der »Dienst der Informationsgesellschaft« muss dem Minderjährigen **»direkt« angeboten** werden. Dies betrifft einmal alle Dienste, die speziell auf die Bedürfnisse von Kindern und Jugendlichen zugeschnitten sind. Daneben sind aber auch solche Angebote erfasst, die gleichermaßen für Kinder wie für Erwachsene bestimmt sind und für die sich der Ausdruck »dual use« eingebürgert hat.[10] Ausgenommen sind solche Angebote, die sich ausschließlich an Erwachsene wenden, die z. B. ihren Kindern etwas schenken oder ihnen einen Ferienaufenthalt bezahlen sollen.[11]

III. Die Sonderregeln über die Einwilligung

1. Jugendliche ab 16

6 Wer das 16. Lebensjahr vollendet hat, kann selbst entscheiden, ob er in die Verarbeitung seiner Daten einwilligen will oder nicht. Von ihm wird unwiderleglich vermutet, dass er über die nötige Einsichtsfähigkeit verfügt.[12] Die Eltern oder sonstige Sorgeberechtigte müssen nicht gefragt werden. Die »Netzmündigkeit« erstreckt sich auch auf das **Widerrufsrecht** nach Art. 7 Abs. 3 (näher zu diesem Art. 7 Rn. 43 ff.).

2. Jugendliche unter 16

7 Die Mitgliedstaaten haben nach Art. 8 Abs. 1 Satz 3 das Recht, die **»Netzmündigkeit« bis auf 13 Jahre herabzusetzen**. Davon hat die Bundesrepublik bislang keinen Gebrauch gemacht. Es gelten daher bei allen Betroffenen unter 16 die in Abs. 2 Satz 2 niedergelegten Grundsätze. Danach muss der **»Träger der elterlichen Verantwortung«** zustimmen. Dies sind im Normalfall die Eltern, die das Kind nach §§ 1626, 1626a, 1629 BGB in der Regel gemeinsam vertreten. Dabei kann ein Elternteil den anderen ermächtigen, alleine für das Kind zu handeln. Fallen die Eltern aus, tritt an ihre Stelle nach § 1773 BGB ein Vormund. Im Einzelfall kann auch ein Pfleger zur Vertretung des Minderjährigen berechtigt sein.

8 Die Einschaltung der Träger der elterlichen Verantwortung kann in zwei Formen erfolgen. Zum einen besteht die Möglichkeit, dass die **Eltern** die **Einwilligung selbst** erklären. Soweit der Jugendliche über die nötige Einsichtsfähigkeit verfügt, würden sie ihr elterliches Sorgerecht allerdings missbrauchen, wenn sie sich entgegen seinem Willen für die Einwilligung aussprechen würden.[13] Dies wäre ein Eingriff in das Persönlichkeitsrecht des Jugendlichen.[14] Ein solcher Fall hat die Gerichte aber bisher nicht beschäftigt.

9 Zum zweiten besteht die Möglichkeit, dass der **Minderjährige selbst** die **Einwilligung** erklärt und die Träger der elterlichen Verantwortung anschließend zustimmen. Die Zustim-

---

10 Ehmann/Selmayr-*Heckmann/Paschke*, Art. 8 21; Kühling/Buchner-*Buchner/Kühling*, Art. 8 Rn. 16; Paal/Pauly-*Frenzel*, Art. 8 Rn. 7.

11 Gola-*Schulz*, Art. 8 Rn. 16.

12 Kühling/Buchner-*Buchner/Kühling*, Art. 8 Rn. 19; Ehmann/Selmayr-*Heckmann/Paschke*, Art. 8 Rn. 4.

13 Kühling/Buchner-*Buchner/Kühling*, Art. 8 Rn. 21; Ehmann/Selmayr-*Heckmann/Paschke*, Art. 8 Rn. 5.

14 Vgl. Gola-*Schulz*, Art. 8 Rn. 18 a. E.

mung muss vor Beginn der Datenverarbeitung vorliegen, da durch diese vollendete Tatsachen geschaffen werden.[15] In der Praxis lässt sich dies über ein »**double opt-in**« realisieren. Der Minderjährige erklärt die Einwilligung und teilt dabei zugleich die E-Mail-Adresse seiner Eltern mit. Daraufhin erhalten diese eine Mail, in der sie die Einwilligung ihres Kindes bestätigen.[16]

Ein **Widerruf nach Art. 7 Abs. 3** ist mit Zustimmung der Träger der elterlichen Verant- 10
wortung jederzeit möglich. Auch der Minderjährige allein kann jedoch die getroffene Entscheidung rückgängig machen, sofern er über die nötige Einsichtsfähigkeit verfügt. Ihn an der einmal getroffenen Entscheidung festzuhalten, würde gegen sein allgemeines Persönlichkeitsrecht verstoßen.

IV. Kontroll- und Nachweisobliegenheit des Verantwortlichen (Abs. 2)

Nach Abs. 2 muss der Verantwortliche unter Berücksichtigung der verfügbaren Technik 11
»**angemessene Anstrengungen**« unternehmen, um sich zu vergewissern, dass der Träger der elterlichen Verantwortung effektiv zugestimmt hat. Damit ist keine Wirksamkeitsvoraussetzung angesprochen; vielmehr geht es allein darum, dass der Verantwortliche im Streitfall das Vorliegen einer Einwilligung nach Art. 7 Abs. 1 DSGVO beweisen kann.[17] Welche Maßnahmen im Einzelnen ergriffen werden, lässt die VO offen. Essentiell ist, dass eine Rückmeldung des Trägers der elterlichen Verantwortung vorgesehen ist, wofür das Double-Opt-in-Modell gute Voraussetzungen schafft.[18] Da Umgehungsmöglichkeiten nicht ausgeschlossen sind – der Jugendliche hat z. B. Zugang zum E-Mail-Account der Eltern und löscht umgehend die Antwortmail – kommen je nach der Schutzbedürftigkeit der Daten auch andere Vorgehensweisen bis hin zur Rücksprache mit den Eltern und einem Postident-Verfahren in Betracht.[19] Die bloße **Versicherung des Minderjährigen**, seine Eltern hätten zugestimmt, genügt nach allgemeiner Auffassung nicht.

V. Mitgliedstaatliches Vertragsrecht (Abs. 3)

Abs. 3 lässt ausdrücklich das Recht der Mitgliedstaaten unberührt, nach dem sich der Ab- 12
schluss von Verträgen unter Beteiligung von Minderjährigen vollzieht. Die »Netzmündigkeit« berechtigt lediglich zur Abgabe einer wirksamen Einwilligung, nicht aber zum Abschluss eines schuldrechtlichen Vertrages. Haben die Träger der elterlichen Verantwortung einem **Vertrag** zugestimmt, so ist dieser **Rechtsgrundlage für die notwendige Datenverarbeitung** nach Art. 6 Abs. 1 Buchst. b.[20] Geht es neben dem Vertrag als solchem um eine Einwilligung, die z. B. das Recht am eigenen Bild betrifft, so ist es eine Frage des

---

15 Gola-*Schulz*, Art. 8 Rn. 17.

16 Ehmann/Selmayr-*Heckmann/Paschke*, Art. 8 Rn. 27; Paal/Pauly-*Frenzel*, Art. 8 Rn. 13; Gola-*Schulz*, Art. 8 Rn. 21 f., der sich auch mit Umgehungsstrategien auseinandersetzt.

17 Ehmann/Selmayr-*Heckmann/Paschke*, Art. 8 Rn. 36.

18 Ehmann/Selmayr-*Heckmann/Paschke*, Art. 8 Rn. 36 f.; ebenso Paal/Pauly-*Frenzel*, Art. 8 Rn. 13; Gola-*Schulz*, Art. 8 Rn. 21; Buchner/Kühling, DuD 2017, 544, 547.

19 Buchner/Kühling, DuD 2017, 544, 547 (unter Rückgriff auf US-Erfahrungen).

20 Gola-*Schulz*, Art. 8 Rn. 23, 24.

Einzelfalls, ob sich die Zustimmung der Eltern auch darauf erstreckt und ob der Minderjährige nach dem oben Rn. 8 Gesagten mit der Einwilligung einverstanden ist.

Art. 9 Verarbeitung besonderer Kategorien personenbezogener Daten

(1) Die Verarbeitung personenbezogener Daten, aus denen die rassische und ethnische Herkunft, politische Meinungen, religiöse oder weltanschauliche Überzeugungen oder die Gewerkschaftszugehörigkeit hervorgehen, sowie die Verarbeitung von genetischen Daten, biometrischen Daten zur eindeutigen Identifizierung einer natürlichen Person, Gesundheitsdaten oder Daten zum Sexualleben oder der sexuellen Orientierung einer natürlichen Person ist untersagt.

(2) Absatz 1 gilt nicht in folgenden Fällen:

a) Die betroffene Person hat in die Verarbeitung der genannten personenbezogenen Daten für einen oder mehrere festgelegte Zwecke ausdrücklich eingewilligt, es sei denn, nach Unionsrecht oder dem Recht der Mitgliedstaaten kann das Verbot nach Absatz 1 durch die Einwilligung der betroffenen Person nicht aufgehoben werden,

b) die Verarbeitung ist erforderlich, damit der Verantwortliche oder die betroffene Person die ihm bzw. ihr aus dem Arbeitsrecht und dem Recht der sozialen Sicherheit und des Sozialschutzes erwachsenden Rechte ausüben und seinen bzw. ihren diesbezüglichen Pflichten nachkommen kann, soweit dies nach Unionsrecht oder dem Recht der Mitgliedstaaten oder einer Kollektivvereinbarung nach dem Recht der Mitgliedstaaten, das geeignete Garantien für die Grundrechte und die Interessen der betroffenen Person vorsieht, zulässig ist,

c) die Verarbeitung ist zum Schutz lebenswichtiger Interessen der betroffenen Person oder einer anderen natürlichen Person erforderlich und die betroffene Person ist aus körperlichen oder rechtlichen Gründen außerstande, ihre Einwilligung zu geben,

d) die Verarbeitung erfolgt auf der Grundlage geeigneter Garantien durch eine politisch, weltanschaulich, religiös oder gewerkschaftlich ausgerichtete Stiftung, Vereinigung oder sonstige Organisation ohne Gewinnerzielungsabsicht im Rahmen ihrer rechtmäßigen Tätigkeiten und unter der Voraussetzung, dass sich die Verarbeitung ausschließlich auf die Mitglieder oder ehemalige Mitglieder der Organisation oder auf Personen, die im Zusammenhang mit deren Tätigkeitszweck regelmäßige Kontakte mit ihr unterhalten, bezieht und die personenbezogenen Daten nicht ohne Einwilligung der betroffenen Personen nach außen offengelegt werden,

e) die Verarbeitung bezieht sich auf personenbezogene Daten, die die betroffene Person offensichtlich öffentlich gemacht hat,

f) die Verarbeitung ist zur Geltendmachung, Ausübung oder Verteidigung von Rechtsansprüchen oder bei Handlungen der Gerichte im Rahmen ihrer justiziellen Tätigkeit erforderlich,

g) die Verarbeitung ist auf der Grundlage des Unionsrechts oder des Rechts eines Mitgliedstaats, das in angemessenem Verhältnis zu dem verfolgten Ziel steht, den Wesensgehalt des Rechts auf Datenschutz wahrt und angemessene und spezifische Maßnahmen zur Wahrung der Grundrechte und Interessen der betroffenen Person vorsieht, aus Gründen eines erheblichen öffentlichen Interesses erforderlich,

h) die Verarbeitung ist für Zwecke der Gesundheitsvorsorge oder der Arbeitsmedizin, für die Beurteilung der Arbeitsfähigkeit des Beschäftigten, für die medizinische Diagnostik, die Versorgung oder Behandlung im Gesundheits- oder Sozialbereich oder für die Verwaltung von Systemen und Diensten im Gesundheits- oder Sozialbereich auf der Grundlage des Unionsrechts oder des Rechts eines Mitgliedstaats oder aufgrund eines Vertrags mit einem Angehörigen eines Gesundheitsberufs und vorbehaltlich der in Absatz 3 genannten Bedingungen und Garantien erforderlich,

i) die Verarbeitung ist aus Gründen des öffentlichen Interesses im Bereich der öffentlichen Gesundheit, wie dem Schutz vor schwerwiegenden grenzüberschreitenden Gesundheitsgefahren oder zur Gewährleistung hoher Qualitäts- und Sicherheitsstandards bei der Gesundheitsversorgung und bei Arzneimitteln und Medizinprodukten, auf der Grundlage des Unionsrechts oder des Rechts eines Mitgliedstaats, das angemessene und spezifische Maßnahmen zur Wahrung der Rechte und Freiheiten der betroffenen Person, insbesondere des Berufsgeheimnisses, vorsieht, erforderlich, oder

j) die Verarbeitung ist auf der Grundlage des Unionsrechts oder des Rechts eines Mitgliedstaats, das in angemessenem Verhältnis zu dem verfolgten Ziel steht, den Wesensgehalt des Rechts auf Datenschutz wahrt und angemessene und spezifische Maßnahmen zur Wahrung der Grundrechte und Interessen der betroffenen Person vorsieht, für im öffentlichen Interesse liegende Archivzwecke, für wissenschaftliche oder historische Forschungszwecke oder für statistische Zwecke gemäß Artikel 89 Absatz 1 erforderlich.

(3) Die in Absatz 1 genannten personenbezogenen Daten dürfen zu den in Absatz 2 Buchstabe h genannten Zwecken verarbeitet werden, wenn diese Daten von Fachpersonal oder unter dessen Verantwortung verarbeitet werden und dieses Fachpersonal nach dem Unionsrecht oder dem Recht eines Mitgliedstaats oder den Vorschriften nationaler zuständiger Stellen dem Berufsgeheimnis unterliegt, oder wenn die Verarbeitung durch eine andere Person erfolgt, die ebenfalls nach dem Unionsrecht oder dem Recht eines Mitgliedstaats oder den Vorschriften nationaler zuständiger Stellen einer Geheimhaltungspflicht unterliegt.

(4) Die Mitgliedstaaten können zusätzliche Bedingungen, einschließlich Beschränkungen, einführen oder aufrechterhalten, soweit die Verarbeitung von genetischen, biometrischen oder Gesundheitsdaten betroffen ist.

Inhaltsübersicht Rn.

I. Allgemeines

1 Ähnlich wie schon das BDSG-alt stellt die DSGVO **bestimmte sensitive Daten** unter einen **besonderen Schutz**. Damit führt das europäische Datenschutzrecht ein Konzept fort, das schon in Art. 6 der Datenschutzkonvention des Europarats von 1981 und in Art. 8 EG-DSRl enthalten war. Art. 9 zielt – auch mit Blick auf Art. 21 GRCh – darauf, Benachteiligungen oder Diskriminierungen von Personen zu verhindern, die beispielsweise wegen der politischen Meinung, der Religion oder des Gesundheitszustandes erfolgen. Schutzziele von Art. 9 sind Grundrechte wie die Gedanken-, Gewissens- und Religionsfreiheit (Art. 10 GRCh, Art. 4 GG), die freie politische und gewerkschaftliche Betätigung (Art. 11, 12 GRCh, Art. 5, 9 GG), die Unversehrtheit (Art. 3 GRCh, Art. 2 Abs. 2 GG), die soziale Sicherheit und der Gesundheitsschutz (Art. 34, 35 GRCh, Art. 20 Abs. 1 GG – Sozialstaatsprinzip). Wegen der besonderen Sensibilität der von Art. 9 erfassten Daten sind die Verarbeiter in diesem Bereich nach Art. 35 Abs. 3 Buchst. b zur Durchführung einer Datenschutz-Folgeabschätzung und nach Art. 37 Abs. 1 Buchst. c zur Benennung eines Datenschutzbeauftragten verpflichtet.

2 Mit Blick auf die besondere Schutzbedürftigkeit bestimmter personenbezogener Informationen enthält Art. 9 für die in Abs. 1 genannten inhaltlichen Kategorien ein **generelles Verarbeitungsverbot**. Dieses Verbot kann allerdings durch **spezifische Einwilligung** der betroffenen Personen oder durch gesetzliche Spezialregelungen aufgehoben werden. Insoweit kann von einem absoluten Schutz sensibler Daten durch die DSGVO nicht die Rede sein. Eine trennscharfe Abgrenzung zwischen unzulässiger und zulässiger Verarbeitung ist vielfach nicht möglich.[1]

1 Gola-*Schulz*, Art. 9 Rn. 4 kritisiert zutreffend die fehlende »Randschärfte« der einzelnen Verarbeitungsbefugnisse.

Art. 9 setzt auf die in **Art. 6 Abs. 1** enthaltenen **allgemeinen Erlaubnisnormen** für eine Verarbeitung personenbezogener Daten **auf.** Damit muss mindestens einer der in Art. 6 Abs. 1 genannten Erlaubnistatbestände erfüllt sein, um eine ausnahmsweise Verarbeitung der in Art. 9 Abs. 1 aufgezählten Daten überhaupt möglich zu machen. **Gleiches gilt** für die in Art. **6 Abs. 4** geregelten **Mindestvoraussetzungen für Zweckänderungen**. Bei der Bewertung der Zulässigkeit von Zweckänderungen fällt allerdings die besondere Sensibilität der in Art. 9 Abs. 1 genannten Datenkategorien besonders ins Gewicht.[2] Besondere Kategorien personenbezogener Daten dürfen ohne das Vorliegen ausdrücklicher gesetzlicher Erlaubnistatbestände nicht für andere Zwecke weiter verarbeitet werden. Auch bezogen auf grundsätzlich zulässige Zweckänderungen ist wegen des hohen Schutzbedarfs sensibler Daten **von einer restriktiven Anwendung** bestehender Erlaubnistatbestände auszugehen.[3] 3

Die Regelung in Abs. 1 folgt dem Gedanken, dass die hier genannten personenbezogenen Daten einen **besonderen Schutz verdienen**, weil sich mit ihrer Verarbeitung erhebliche Risiken für die Grundrechte und Grundfreiheiten der Betroffenen verbinden können (ErwGr 51 Satz 1). Sie sollen deshalb eigentlich gar nicht verarbeitet werden, es sei denn, die Verarbeitung ist nach den in der DSGVO dargelegten besonderen Fällen ausnahmsweise zulässig. Die mit der DSGVO angestrebte EU-weite Harmonisierung der Datenschutzregelungen[4] erfolgt auf Basis dieses Regelungskonzepts bezogen auf besonderen Kategorien personenbezogener Daten nur auf einem niedrigen Niveau, weil es in den Mitgliedstaaten beispielsweise zur Verarbeitung von Gesundheitsdaten oder zur Verwendung von personenbezogenen Informationen in den Sozialsystemen oder im Arbeitsrecht weiterhin unterschiedliche Regelungen geben kann. 4

Die **Schutzbedürftigkeit** der in Art. 9 Abs. 1 genannten personenbezogenen Daten wird nicht nur durch ihren Inhalt und die Zugehörigkeit zu einer benannten Kategorie bestimmt, sondern auch dadurch, welchen Verarbeitungskontext es gibt, wer der Verantwortliche ist, welche Art von Verarbeitung erfolgt oder welche Schutzmaßnahmen ergriffen werden.[5] Mit Blick auf den allgemeinen Schutzgedanken dieser Norm ist eine **weite Auslegung des Anwendungsbereichs** von Art. 9 angebracht. Dies gilt selbst dann, wenn hierdurch andere bestehende Grundrechte (etwa die Pressefreiheit nach Art. 5 GG) eingeschränkt werden.[6] 5

Die **Ausgestaltung des Umgangs** mit besonders geschützten sensiblen Daten wird in einzelnen Normen der DSGVO **präzisiert** wie etwa in Art. 6 Abs. 4 Buchst. c (verschärfte Zweckbindung), in Art. 22 Abs. 4 (Verbot automatisierter Entscheidungen auf deren Grundlage), in Art. 30 Abs. 5 (Pflicht zur Erstellung eines Verarbeitungsverzeichnisses), in Art. 35 Abs. 3 Buchst. b (Erforderlichkeit einer Datenschutzfolgenabschätzung) oder in Art. 37 Abs. 1 Buchst. c (Pflicht zur Benennung eines Datenschutzbeauftragten). **Verstöße** 6

2 Gola-*Schulz*, Art. 9 Rn. 6.

3 Zutreffend mit überzeugender Begründung Ehmann/Selmayr-*Schiff*, Art. 9 Rn. 11; für eine grundsätzliche Zulässigkeit von Zweckänderungen SHS-*Petri*, Art. 9 Rn. 3.

4 Gola-*Schulz*, Art. 9 Rn. 3.

5 Zur Kritik an der Art des Schutzkonzepts sensitiver Daten schon Simitis-*Simitis*, § 3 BDSG-alt Rn. 8; Ehmann/Selmayr-*Schiff*, Art. 9 Rn. 2f.

6 Vgl. OLG Köln 18.7.19 – 15 W 21/19 juris, bezüglich des Umgangs mit individuellen Gesundheitsdaten durch Fernsehjournalisten.

gegen das aus Art. 9 resultierende Verarbeitungsverbot bzw. gegen die hieraus folgenden Begrenzungen können gemäß Art. 83 Abs. 5 Buchst. a geahndet werden.

7 **Art. 1 Abs. 1** enthält eine **Aufzählung** der besonders geschützten Kategorien personenbezogener Daten. An diese schließen sich in **Abs. 2** zahlreiche **Bereichsausnahmen** an. In **Abs. 3** wird festgelegt, dass die in Abs. 2 Buchst. h genannten Gesundheitsdaten nur durch Personen und Stellen verarbeitet werden, für die es **besondere Schweigepflichten** gibt. **Abs. 4** eröffnet den Mitgliedstaaten einen **Gestaltungsspielraum** für besondere Regelungen zum Umgang mit genetischen und biometrischen Informationen oder mit Gesundheitsdaten.

II. Verarbeitungsverbot für sensitive Daten (Abs. 1)

8 **Abs. 1** enthält eine **abschließende Aufzählung** der Kategorien besonderer personenbezogener Daten, deren Verarbeitung aufgrund ihrer hohen Sensibilität grundsätzlich untersagt ist. Dieses gesetzliche Verarbeitungsverbot wird durch den Dateninhalt ausgelöst. Dass die Motivation eines Verarbeiters oder die Zweckrichtung der von diesem durchgeführten Datenverarbeitung insgesamt nicht auf die Verwendung sensitiver Daten zielt, steht der Zuordnung in die in Abs. 1 aufgeführten Kategorien und dem hieraus folgenden Verarbeitungsverbot nicht entgegen.[7]

9 Die von Abs. 1 erfassten Daten sind in der Regel höchstpersönlich und haben für Betroffene oft große Bedeutung. In die benannten Kategorien können auch Informationen fallen, die Ausdruck einer körperlichen, seelischen, sozialen, familiären oder ökonomischen Notlage sind oder deren Bekanntmachung für die Betroffenen beschämend sind.

10 Von Art. 9 werden auch solche personenbezogenen Daten erfasst, bei denen aufgrund des Kontextes oder des Verarbeitungszwecks nur mit einer **statistischen Wahrscheinlichkeit** auf sensitive Inhalte geschlossen werden kann.[8]

11 Das durch Abs. 1 begründete Verarbeitungsverbot zielt auch darauf, sich bezogen auf sensitive Daten anderen gegenüber aufgrund einer eigenen Entscheidung angstfrei offenbaren zu können, etwa bei der Inanspruchnahme professionelle Hilfe in Notsituationen. Insofern überschneidet es sich teilweise mit ebenfalls herausragend geschützten Berufsgeheimnissen und Schweigepflichten bestimmter Personen.

12 Eine Diskriminierung wegen der in Abs. 1 genannten Merkmale ist mit Blick auf Art. 21 GRCh (vgl. auch Art. 3 Abs. 3 GG, Art. 14 EMRK) verboten.

13 Ausgehend vom besonderen Schutzbedarf, der sich mit sensitiven bzw. teilweise sogar höchstpersönlichen oder intimen Daten verbindet wie etwa zur Gesundheit oder zum Sexualleben, ist eine **weite Auslegung** der in Abs. 1 enthaltenen Kategorien angebracht.[9] Vom umfassenden Regelungsgehalt der Vorschrift werden nicht nur Daten erfasst, die die in Abs. 1 aufgezählten Merkmale unmittelbar enthalten, sondern auch solche mit indirekten Hinweisen hierauf. Im Ergebnis ist der vermittelte Informationsgehalt maßgeblich und nicht allein die Art und Weise der Darstellung und Bezeichnung. Auch »**Mischda-**

---

7 A.A. wohl Gola-*Schulz*, Rn. 13.

8 Kühling/Buchner-*Weichert*, Art. 9 Rn. 24; für eine weite Auslegung bezüglich mittelbar sensibler Daten SHS-*Petri*, Art. 9 Rn. 11.

9 Ähnlich Ehmann/Selmayr-*Schiff*, Art. 9 Rn. 13; SHS-*Petri*, Art. 9 Rn. 11f.

ten«, die nur zum Teil Informationen aus dem Katalog des Abs. 1 enthalten, werden bezogen auf die sensitiven Aussagen herausragend geschützt.[10]

Bei der Bewertung, ob personenbezogene Informationen von der Aufzählung in Abs. 1 erfasst sind, ist auf den **Verständnis- und Interpretationshorizont** eines **durchschnittlichen Empfängers** abzustellen.[11] Sind für diesen etwa Rückschlüsse auf die in Abs. 1 benannten Informationen möglich, wird das dort enthaltene Verarbeitungsverbot ausgelöst. Dies ist etwa bei einer Reisebuchung der Fall, wenn hier beispielsweise aus Mahlzeitwünschen wie »kein Schweinefleisch«, »glutenfreie Kost« oder »muslimische Mahlzeit« Rückschlüsse auf Religion oder auf den Gesundheitszustand gezogen werden können.[12] Die explizite Buchung eines Hotelzimmers mit einem breiten Doppelbett oder der Wunsch nach getrennten Betten lässt Rückschlüsse auf das Sexualleben des reisenden Paares zu. 14

Personenbezogene Daten können zu mehreren der in Abs. 1 aufgeführten Kategorien gehören. So lässt etwa die Aussage, dass eine Person aufgrund ihrer persönlichen Überzeugung Kirchen ablehnt, sowohl Rückschlüsse auf religiöse Anschauungen wie auf weltanschauliche Überzeugungen zu. An der formalen Zuordnung in den Anwendungsbereich der Vorschrift ändert dies nichts, wohl aber evtl. die Eingriffstiefe bei der Verarbeitung. 15

1. Rassische und ethnische Herkunft

Der Begriff der rassischen und ethnischen Herkunft steht für die **Zugehörigkeit zu einer bestimmten Bevölkerungsgruppe**.[13] Die Verwendung des Begriffs »rassische Herkunft« in dieser Verordnung bedeutet nicht, »dass die Union Theorien, mit denen versucht wird, die Existenz verschiedener menschlicher Rassen zu belegen, gutheißt« (ErwGr 51 Satz 2). Diese Kategorie zielt vielmehr ausschließlich auf den Schutz betroffener Personen. 16

Eine klare und eindeutige Abgrenzung zwischen »Rasse« und »Ethnie« ist vielfach nicht möglich. Mit Blick auf den einheitlichen Schutzrahmen, der an diese Kategorie anknüpft, ist eine **trennscharfe Abgrenzung** allerdings auch gar **nicht notwendig**. Während die »rassische Herkunft« auf tatsächliche oder vererbbare Eigenschaften abstellt, liegt der Schwerpunkt bei »ethnischer Herkunft« auf der Zugehörigkeit zu einer Gruppe mit einer gemeinsamen Kultur, Sprache und Geschichte.[14] Die Hautfarbe kann Hinweise zur rassischen und/oder ethnischen Herkunft geben. Nicht relevant ist in diesem Zusammenhang die Staatsangehörigkeit oder der Geburtsort.[15] 17

Der Name einer Person lässt zwar Rückschlüsse auf die Herkunft zu. Er wird aber vom Schutzrahmen des Art. 9 ausnahmsweise nur dann erfasst, wenn seine Verwendung in einem Kontext erfolgt, der sich konkret auf die rassische oder ethnische Herkunft bezieht.[16] 18

10 A.A. Gola-*Schulz*, Art. 9 Rn. 11.
11 Dammann/Simitis-*Dammann*, Art. 8 Rn. 7; Gola-*Schulz*, Art. 9 Rn. 13.
12 Implizit EuGH 26.7.2017, Gutachten 1/15, PNR, Rn. 164.
13 Sydow-*Kampert*, Art. 9 Rn. 7.
14 Ehmann/Selmayr-*Schiff*, Art. 9 Rn. 16ff. m.w.N.
15 Ähnlich Gola-*Schulz*, Art. 9 Rn. 12; Sydow-*Kampert*, Art. 9 Rn. 7.
16 Kühling/Bucher-*Weichert*, Art. 9 Rn. 26.

2. Politische Meinungen

19 Der Begriff der »Politischen Meinungen« ist in der DSGVO nicht definiert. Der Begriff »Meinung« steht nach dem Duden für etwas, an das man glaubt, dass man für richtig hält oder dass man als Tatsache annimmt. Er ist ein Synonym für eine Anschauung, eine Ansicht, eine Auffassung oder eine Einstellung[17]. Die in Abs. 1 enthaltene Kategorie schließt folglich Ansichten, Überzeugungen, Stellungnahmen, Werturteile oder Aussagen zu politischen Themen ein.[18] Erfasst werden weiterhin alle Äußerungen und Aktivitäten, die Rückschlüsse auf eine politische Ausrichtung oder Einstellung zulassen. Hierzu gehört vorrangig die Zugehörigkeit zu einer Partei, zu einer politischen Stiftung, zu einer politisch motivierten Gruppe oder politischen Initiative. Aber auch politische Äußerungen aller Art, die Zustimmung zu oder die Ablehnung von politischen Programmen oder von Politikern oder der Verzicht auf die Ausübung des Wahlrechts fallen ebenso in den Schutzbereich von Art. 9 Abs. 1 wie Berichte über die Teilnehmer an Demonstrationen, wenn hierbei Personenbezüge möglich sind.[19] Die Kategorie »Politische Meinung« ist somit **weit auszulegen.**[20]

20 Durch Art. 9 Abs. 1 werden nicht nur politische Meinungen selbst geschützt, sondern auch hieraus resultierende Tätigkeiten oder Aktivitäten wie etwa das Abonnieren einer politisch ausgerichteten Zeitschrift oder Zeitung, der Besuch einer entsprechenden Veranstaltung, die Unterstützung einer Petition oder Unterschriftensammlung oder Äußerungen im Rahmen von Versammlungen oder Demonstrationen. Bei einer Aktivität kommt es immer darauf an, ob aus dem Kontext eine Meinungsäußerung geschlossen werden kann.

3. Religiöse und weltanschauliche Überzeugungen

21 Die durch Art. 9 Abs. 1 ausdrücklich geschützten Informationen über religiöse und weltanschauliche Überzeugungen beziehen sich auf subjektiv verbindliche Gedankensysteme.[21] Bei den innerhalb dieser Kategorie geschützten Informationen handelt es sich **einerseits** um personenbezogene Daten, aus denen sich **religiöse Überzeugungen** ableiten lassen. Erfasst sind nur Überzeugungen, die sich mit einem Mindestmaß an Ernsthaftigkeit, Kohärenz und Bedeutung verbinden und die einen Bezug zur Transzendenz haben.[22] **Andererseits** werden innerhalb dieser Kategorie auch **weltanschauliche Überzeugungen** geschützt, die im Gegensatz zu religiösen Überzeugungen ohne transzendentalen Bezug auskommen.[23] Während politische Überzeugungen sich auf die aktuelle Bewertung der politischen Lage beziehen, betreffen religiöse und weltanschauliche Überzeugungen eher grundsätzliche Themen.

17 Vgl. Duden Band 10, Bedeutungswörterbuch, 2010.
18 Ehmann/Selmayr-*Schiff*, Art. 9 Rn. 19.
19 Gola-*Schulz*, Rn. 9.
20 Ehmann/Selmayr-*Schiff*, Art. 9 Rn. 15.
21 Sydow-*Kampert*, Art. 9 Rn. 9.
22 Sydow-*Kampert*, Art. 9 Rn. 9; Ehmann/Selmayr-*Schiff*, Art. 9 Rn. 23.
23 Ehmann/Selmayr-*Schiff*, Art. 9 Rn. 23.

Die **Information über die Zugehörigkeit** zu einer Religionsgemeinschaft bedarf angesichts weltweiter Verfolgungen religiöser Menschen und Gemeinschaften eines besonderen Schutzes. Durch Art. 9 Abs. 1 geschützt sind deshalb beispielsweise Informationen zur Zugehörigkeit zu einer Religion oder Kirche, zum Besuch von Gottesdiensten oder anderen religiösen Veranstaltungen, zum Bezug entsprechender Zeitungen oder Publikationen usw. Das Tragen von religiös zugeordneter Kleidung oder das Nutzen von entsprechenden Devotionalien fällt nur bei eindeutigen Kontexten unter den Schutz von Abs. 1.[24] 22

Ein entsprechender Schutz besteht für weltanschauliche Überzeugungen sowie bezüglich der Zugehörigkeit zu entsprechenden Organisationen.[25] Die **Abgrenzung** zwischen religiösen und weltanschaulichen Überzeugungen kann **im Einzelfall schwierig** sein. Da der aus Abs. 1 folgende Schutzrahmen hier nicht differenziert, ist eine trennscharfe Abgrenzung nicht zwingend erforderlich. 23

4. Gewerkschaftszugehörigkeit

Art. 9 Abs. 1 verbietet die Verarbeitung von Informationen zur Gewerkschaftszugehörigkeit. Es handelt sich vorrangig um alle Informationen, aus denen die Mitgliedschaft in einer Gewerkschaft oder die Unterstützung ihrer Ziele hervorgeht. Darüber hinaus werden Daten geschützt, die auf gewerkschaftlichen Aktivitäten verweisen, ohne dass es auf formelle Mitgliedschaft ankommt. Der Schutz knüpft allein an eine Zugehörigkeit an und nicht an eine Mitgliedschaft. 24

Das Verarbeitungsverbot soll insbesondere Diskriminierungen von Beschäftigten auf dem Arbeitsmarkt und durch gewerkschaftsfeindliche Arbeitgeber verhindern. Es ist weit **auszulegen**. 25

Ob eine Gewerkschaft parteipolitisch oder neutral ausgerichtet ist, es sich um eine Einheits- oder eine in Konkurrenz stehende Organisation handelt, ist nicht relevant. Entsprechende Informationen können deshalb im Einzelfall auch als politische Meinung geschützt sein. 26

5. Genetische Daten

Die Aufnahme der genetischen Daten in den durch Abs. 1 bestimmten Verbotsrahmen ist gegenüber der Aufzählung in § 3 Abs. 9 BDSG-alt eine Erweiterung. Nach der Definition in Art. 4 Nr. 13 handelt es sich bei diesen Daten um Informationen über ererbte oder erworbene genetische Eigenschaften eines Menschen, die eindeutige Informationen über seine Physiologie oder seine Gesundheit liefern. Gewonnen werden diese Informationen insbesondere aus der Analyse einer biologischen Probe, insbesondere durch eine Chromosomen-, DNS- oder RNA-Analyse oder durch die Analyse eines anderen Elements der betreffenden Person (ErwGr 34). Der **Begriff** der genetischen Daten ist **weit zu fassen** und bezieht sich, anders als der der biometrischen Daten, nicht nur auf Informationen, die zur eindeutigen Identifikation einer natürlichen Person herangezogen werden können.[26] 27

---

24 Enger Gola-*Schulz*, Art. 9 Rn. 14.
25 Ehmann/Selmayr-*Schiff*, Art. 9 Rn. 23.
26 A.A. Paal/Pauly-*Frenzel*, Art. 9 Rn. 14.

28 Durch die Einbeziehung der genetischen Daten in den Schutzrahmen von Art. 9 Abs. 1 soll eine genetische Diskriminierung verhindert werden, die entstehen kann, wenn etwa Arbeitgeber Mitarbeiter aufgrund genetischer Dispositionen nicht beschäftigen würden. Gleichzeitig soll ein tiefes Eindringen in die Privatsphäre von Personen ausgeschlossen werden, zu dem es kommen würde, wenn aus genetischen Daten Rückschlüsse auf persönliche Merkmale oder Eigenschaften abgeleitet würden (vgl. hierzu Art. 4 Rn. 116–122).

6. Biometrische Daten zur eindeutigen Identifizierung

29 Die **Aufnahme der biometrischen Daten** in den durch Abs. 1 bestimmten Verbotsrahmen ist gegenüber der Aufzählung in § 3 Abs. 9 BDSG-alt eine **Erweiterung**. Nach der Definition in Art. 4 Nr. 14 handelt es sich bei biometrischen Daten um mit speziellen technischen Verfahren gewonnene personenbezogene Informationen zu physischen, physiologischen oder verhaltenstypischen Merkmalen, die die eindeutige Identifizierung dieses Menschen ermöglichen oder bestätigen (beispielsweise Gesichtsbilder oder daktyloskopische Daten). Die Anwendbarkeit dieser Kategorie ist nur gegeben, wenn biometrische Daten für die eindeutige Identifizierung von natürlichen Personen verwendet werden.

30 Ein Grund für die Einbeziehung biometrischer Daten in den durch Abs. 1 definierten Schutzrahmen ist, dass mit Hilfe von biometrischer Identifizierung eine **Schnittstelle zwischen realer und digitaler** Welt möglich ist und dass über diese Identifikatoren Daten aus unterschiedlichen Kontexten zusammengeführt werden können. Das stellt ein besonderes Datenschutzrisiko dar. Genetische Daten können grundsätzlich auch zur personalen Identifizierung herangezogen werden. Ist dies der Fall, werden sie auch vom Anwendungsbereich dieser Kategorie erfasst.

31 Eindeutige Identifizierungen mittels biometrischer Daten sind beispielsweise möglich mit Methoden der **Stimm- oder Fingerabdruckerkennung**, der **Iris- und Venenerkennung**.[27] Darüber hinaus kommt auf Basis neuer Verfahren auch die eindeutige Identifizierung der Bewegung und des Gangs (»Silly Walks«) in Betracht.

32 Fotos (»**Lichtbilder**«) von Personen erfüllen die in Abs. 1 genannten Voraussetzungen der Verarbeitung biometrischer Daten, wenn technische Verfahren oder Mittel der Bilderkennung mit dem Ziel der eindeutigen Identifizierung oder Authentifizierung einer natürlichen Person eingesetzt werden (zu den hieraus folgenden Informationspflichten vgl. Art. 14). Diese Voraussetzung ist insbesondere dann erfüllt, wenn spezielle Gesichtserkennungsprogramme eingesetzt werden. Sie kommt aber auch bezogen auf spezielle »Apps« zur Anwendung, die es Nutzern von Smartphones ermöglicht, die Gesichter fotografierter Menschen mit Daten zu vergleichen, die im Internet vorhanden sind.[28] Ist auf einem Smartphone eine Software zur Gesichtserkennung installiert, fällt das gezielte Fotografieren einer Person in den Anwendungsbereich von Abs. 1.[29]

33 Im betrieblichen Rahmen kann das sich aus Abs. 1 für bestimmte Fälle ableitende Verbot der Verarbeitung von Fotos beispielsweise bezogen auf **Zugangskontrollsystemen** einschlägig sein, wenn diese hinterlegte Bilder von Beschäftigten mit den am Eingang zu ei-

---

27 Gola-*Schulz*, Art. 9 Rn. 14.
28 Ähnlich Ehmann/Selmayr-*Schiff*, Art. 9 Rn. 27.
29 A.A. Gola-*Schulz*, Art. 9 Rn. 14.

nem Betrieb von einer Kamera erfassten Gesichtern von Beschäftigten abgleichen. Gleiches gilt, wenn ein Arbeitgeber seine Beschäftigten mit Smartphones oder vergleichbaren Endgeräten ausstattet, deren Nutzung nur über einen Gesichtsabgleich möglich ist.

Die Verwendung von Fotos für andere Zwecke wird bezogen auf den betrieblichen Rahmen durch Art. 9 nicht eingeschränkt (so ausdrücklich ErwGr. 51 Satz 3). Sie dürfen beispielsweise für betriebliche Zugangsausweise verwendet werden, wenn sich hiermit keine digitalen Erkennungsmöglichkeiten verbinden. 34

7. Gesundheitsdaten

Gesundheitsdaten sind nach der Definition in Art. 4 Nr. 15 personenbezogene Daten, die sich auf die körperliche oder geistige Gesundheit einer natürlichen Person beziehen. Hierzu gehören auch die Informationen über deren Gesundheitszustand, die im Zusammenhang mit der Erbringung von Gesundheitsdienstleistungen entstehen. 35

Der Begriff der Gesundheitsdaten ist **weit zu fassen**: »Zu den personenbezogenen Gesundheitsdaten sollten alle Daten zählen, die sich auf den Gesundheitszustand einer betroffenen Person beziehen und aus denen Informationen über den **früheren, gegenwärtigen und künftigen körperlichen oder geistigen Gesundheitszustand** der betroffenen Person hervorgehen. Dazu gehören auch Informationen über die natürliche Person, die im Zuge der Anmeldung für sowie der Erbringung von Gesundheitsdienstleistungen im Sinne der Richtlinie 2011/24/EU des Europäischen Parlaments und des Rates[30] für die natürliche Person erhoben werden, Nummern, Symbole oder Kennzeichen, die einer natürlichen Person zugeteilt wurden, um diese natürliche Person für gesundheitliche Zwecke eindeutig zu identifizieren, Informationen, die von der Prüfung oder Untersuchung eines Körperteils oder einer körpereigenen Substanz, auch aus genetischen Daten und biologischen Proben, abgeleitet wurden, und Informationen etwa über Krankheiten, Behinderungen, Krankheitsrisiken, Vorerkrankungen, klinische Behandlungen oder den physiologischen oder biomedizinischen Zustand der betroffenen Person unabhängig von der Herkunft der Daten, ob sie nun von einem Arzt oder sonstigem Angehörigen eines Gesundheitsberufes, einem Krankenhaus, einem Medizinprodukt oder einem In-Vitro-Diagnostikum stammen« (ErwGr 35). 36

Nach § 35 SGB I als **Sozialgeheimnis** geschützte Daten sind in vielen Fällen Gesundheitsdaten, wobei diese dann teilweise spezialgesetzlich einen besonderen Schutz genießen. 37

Die auf die Verarbeitung von Gesundheitsdaten bezogene **Beschränkung** des Abs. 1 bezieht sich auf **alle natürlichen und juristischen Personen**, die mit diesen Informationen umgehen. Neben Arztpraxen und Krankenhäusern kommen beispielsweise medizinische Labore, externe Dienstleister, IT-Unternehmen, Abrechnungsstellen oder Versicherungen in Betracht. Weiterhin kann es um Forschung, Gesundheitsregister oder Gesundheitsverwaltung gehen. Bei der Anwendung von Art. 9 ist zu beachten, dass die Verarbeitung von Gesundheitsdaten Gegenstand zahlreicher spezialgesetzlicher Regelungen ist und somit 38

30 Richtlinie 2011/24/EU des Europäischen Parlaments und des Rates v. 9.3.2011 über die Ausübung der Patientenrechte in der grenzüberschreitenden Gesundheitsversorgung, ABl. L 88 v. 4.4.2011, S. 45.

besonderen Vorgaben und Restriktionen unterliegt (etwa **Berufsgeheimnisse** oder Vorgaben des SGB).

39 Der **Anwendungsbereich** von Abs. 1 ist bezogen auf Gesundheitsdaten **weit gefasst**. Er beinhaltet beispielsweise alle Hinweise auf den Gesundheitszustand, auf differenzierungsfähige körperliche und seelische Merkmale, wie z.B Gewicht, Größe, (vermeintliche) Schönheitsfehler, Befunddaten wie z. B. Röntgenbilder, Blutgruppe, Untersuchungsergebnisse, Ereignisse wie z. B. Operationen, Unfälle, Impfungen, akute oder chronische Krankheiten, medizinische Bewertungen wie z. B. die Einstufung als Schwerbehinderter oder ein Krankschreibung für den Arbeitgeber, die Einnahme von Medikamenten oder anderen Stoffen mit gesundheitlicher Wirkung (Alkohol, Drogen), der kurze oder längere Aufenthalt in gesundheitsrelevanten Einrichtungen wie z. B. allgemeinen Krankenhäusern, Aids-, Krebs-, Reha- oder Kurkliniken, Pflegeheimen, Arzt- oder Heilpraxen, psycho-sozialen Wohngruppen oder Maßregelvollzugsanstalten, Bestands-, Verkehrs- wie auch Inhaltsdaten des Telekommunikationsverkehrs zwischen Betroffenen und Gesundheitseinrichtungen wie auch Kommunikationsinhalte generell.[31]

40 Das **Verbot der Verarbeitung von Gesundheitsdaten** in Abs. 1 ist auch bezogen auf die Messung von Gesundheitsdaten mittels sog. »**Fitnessarmbänder**« und deren Weiterverarbeitung über Smartphones oder mit speziellen Programmen im Internet einschlägig. Gleiches gilt für die Messung bzw. Verarbeitung von Gesundheitsdaten in Sportstudios oder für die Erfassung von Fitnessdaten im Rahmen von »Bonusprogrammen« der Krankenkassen.[32] Etwas anderes kann gelten, wenn die betroffenen Personen eine wirksame **Einwilligung** für die Durchführung dieser Verarbeitungen erteilt haben. In allen diesen Fällen sind Verarbeiter künftig in der Pflicht, den durch Art. 7 Abs. 1 vorgeschriebenen Nachweis einer informierten Einwilligung erbringen zu können.

41 Keine »Daten über die Gesundheit« sind die **Zugehörigkeit** zu einer bestimmten **Krankenkasse** oder **Krankenversicherung**, der Umstand einer **Beihilfeberechtigung** sowie Daten über Arbeitgeber, Einkommen oder Konfession. Nicht als Gesundheitsdaten im Sinne von Abs. 1 sind Informatioen einzuordnen, aus denen sich Gesundheitsdaten allenfalls mittelbar ableiten lasen wie etwa die Fernsehübertragung eines Fussballfouls oder die Verletzung eines Boxers während eines Kampfs.[33]

42 Das durch Abs. 1 begründete **Verbot** der Verarbeitung von Gesundheitsdaten besteht auch für **Beschäftigungsverhältnisse**. Dies setzt etwa betrieblichen Gesundheitsprogrammen Grenzen, die darauf aufbauen, dass Beschäftigte ihren »Fitnessstatus« im Rahmen von »Gesundheitswettbewerben« im Internet eines Betriebs Kolleginnen und Kollegen zugänglich machen.

8. Daten über Sexualleben und sexuelle Ausrichtung

43 Das Verbot der Verarbeitung von personenbezogenen Daten über das **Sexualleben** oder über die **sexuelle Ausrichtung** in Abs. 1 schützt den Intimbereich der Menschen. Die Abgrenzung zwischen den beiden geschützten Bereichen ist nicht immer trennscharf mög-

---

31 Kühling/Buchner-*Weichert*, Art. 9 Rn. 39.
32 Ehmann/Selmayr-*Schiff*, Art. 9 Rn. 29.
33 Kühling/Buchner-*Weichert*, Art. 9 Rn. 41.

lich, was aber wegen des identischen Schutzrahmens im Ergebnis unerheblich ist. Beide Bereiche sind **weit zu fassen.**

Daten zum Sexualleben sind beispielsweise Angaben zu Sexualpartnern oder zu bevorzugten sexuellen Praktiken, Informationen über den Besuch von Sexshops, über die Bestellung von Sexartikeln, über den Konsum von Sexfilmen oder anderen Sexprodukten, zur Nutzung von Aphrodisika sowie von Verhütungsmitteln.[34] 44

Daten zur sexuellen Orientierung sind insbesondere Informationen dazu, welches Geschlecht Personen als Sexualpartner bevorzugen oder ablehnen. In Betracht kommen etwa Aussagen über die eigene Hetero-, Bi- oder Homosexualität, aber auch der Umstand einer Geschlechtsumwandlung. Hinweise auf die Ablehnung bestimmter sexueller Praktiken können ebenfalls auf die sexuelle Orientierung hinweisen.[35] 45

III. Ausnahmen vom Verarbeitungsverbot (Abs. 2)

Das in Art. 9 Abs. 1 enthaltene Verbot der Verarbeitung bestimmter Kategorien besonders sensibler Daten wird durch die in Abs. 2 enthaltenen **Ausnahmetatbestände vielfach aufgehoben oder ausgehöhlt**. Anders als der Wortlaut des Eingangssatzes von Abs. 2 es suggeriert, geht es allerdings **nicht** um eine **völlige Aufhebung** von Abs. 1, sondern nur um eine Aufhebung bzw. Relativierung des dort enthaltenen Verarbeitungsverbots. Damit beziehen sich die in Abs. 2 benannten Ausnahmen auch nur auf die in Abs. 1 definierten Kategorien.[36] 46

Die in **Abs. 2** enthaltene **Aufzählung** von Ausnahmetatbeständen ist **abschließend**. Die Ausnahmetatbestände sind schon mit Blick auf die große Schutzwürdigkeit der in Abs. 1 enthaltenen Kategorien sensibler Daten sowohl hinsichtlich der Tatbestandsmerkmale wie auch bei der Feststellung der Erforderlichkeit **eng auszulegen.**[37] In diese Richtung weisen auch die Vorgaben in ErwGr 52. Hiernach sollten Ausnahmen vom Verbot der Verarbeitung besonderer Kategorien von personenbezogenen Daten »auch erlaubt sein, wenn sie im Unionsrecht oder dem Recht der Mitgliedstaaten vorgesehen sind, und – vorbehaltlich angemessener Garantien zum Schutz der personenbezogenen Daten und anderer Grundrechte – wenn dies durch das öffentliche Interesse gerechtfertigt ist, insbesondere für die Verarbeitung von personenbezogenen Daten auf dem Gebiet des Arbeitsrechts und des Rechts der sozialen Sicherheit einschließlich Renten und zwecks Sicherstellung und Überwachung der Gesundheit und Gesundheitswarnungen, Prävention oder Kontrolle ansteckender Krankheiten und anderer schwerwiegender Gesundheitsgefahren« (ErwGr 52 Satz 1). 47

Viele der in Abs. 2 enthaltenen Ausnahmen vom allgemeinen Verarbeitungsverbot nach Abs. 1 setzen voraus, dass »**angemessene Garantien**« vorgesehen sind. Diese können in einer besonderen Zweckbindung, in personellen Voraussetzungen der agierenden Personen, in zusätzlichen formellen oder organisatorischen Anforderungen an die Verarbeitung wie z. B. Genehmigungsvorbehalten oder in technischen Bedingungen, wie z. B. Ver- 48

34 Ähnlich Ehmann/Selmayer-*Schiff*, Art. 9 Rn. 25f.; enger Gola-*Schulz*, Art. 9 Rn. 14.
35 Ehmann/Selmayr-*Schiff*, Art. 9 Rn. 30f.; Kühling/Buchner-*Weichert*, Art. 9 Rn. 42.
36 Zutreffend Paal/Pauly-*Frenzel*, Art. 9 Rn. 18.
37 Paal/Pauly-*Frenzel*, Art. 9 Rn. 18.

schlüsselung bestehen. Bei der Bewertung der Angemessenheit wie auch bei der allgemeinen Zulässigkeit der Verarbeitung sind insoweit die allgemeinen Grundsätze des Art. 5 Abs. 1 herausragend zu beachten.

49 Absatz 2 enthält **zwei Kategorien von Erlaubnisregelungen**. Zur **ersten Kategorie** gehören die in den **Buchst. a, c, d, e und f** benannten Fälle, die aus sich selbst heraus die Verarbeitung besonderer Kategorien von Daten erlauben (etwa die Einwilligung nach Buchst. a). In den **übrigen** in den **Buchst. b, g, h, i und j** genannten Fällen **der zweiten Kategorie** setzt eine Verarbeitung die vorherige Erfüllung spezifischer Bedingungen bzw. die Schaffung spezifische Regelungen voraus.

1. Einwilligung (Buchst. a)

50 Die erste Möglichkeit einer Abweichung von dem in Abs. 1 enthaltenen Verbot der Verarbeitung sensitiver Daten ist die Erteilung einer entsprechenden Einwilligung durch die betroffene Person. Die **Einwilligung** in die Verarbeitung dieser Daten muss **ausdrücklich** erfolgen. Sie muss **freiwillig** sein und auf der Basis einer umfassenden Information der betroffenen Person über den Gehalt der Einwilligung und ihre Folgen ausgesprochen werden. Dies schließt eine konkludente Einwilligung durch schlüssiges Handeln aus.[38]

51 Die Wahrung der **Schriftform** ist für die Einwilligung im Regelfall **nicht erforderlich**.[39] Etwas anderes gilt nach § 26 Abs. 2 BDSG im Rahmen von Beschäftigungsverhältnissen, für die die Schriftform in § 26 Abs. 2 ausdrücklich vorgeschrieben ist (ausführlich hierzu § 26 BDSG, Rn. 222 ff.). Mit Blick auf die nach Art. 7 Abs. 1 zulasten der Verantwortlichen bestehende Beweispflicht für das Vorliegen der Einwilligung ist aber eine schriftliche Erteilung oder zumindest die Nutzung einer dokumentierbaren elektronischen Form (etwa E-Mail) anzuraten.[40]

52 Die Einwilligung muss sich auf die Sensitivität oder auf den besonderen Charakter der Daten beziehen und es muss erkennbar sein, dass sich der Betroffene der Bedeutung seiner Erklärung bewusst ist (ähnlich bei Übermittlungen in ein Drittausland nach Art. 49 Abs. 1 Buchst. a). Sie muss den generellen Einwilligungsanforderungen genügen und insbesondere den Verwendungszusammenhang benennen. Im Hinblick auf die Bestimmtheit des Einwilligungsinhaltes (Stellen, Datenarten, Art der Verarbeitung, Zweck) sind gegenüber Art. 7 wegen der Sensitivität erhöhte Anforderungen zu stellen. Die Art. 7 und 8 sind im Übrigen uneingeschränkt und umfassend anwendbar.

53 Die Vorschrift räumt den Mitgliedstaaten und der EU die Möglichkeit ein, **Einwilligungen** in die Verarbeitung besonderer Kategorien personenbezogener Daten in bestimmten Fällen **auszuschließen**. Damit sind europäisch oder national geregelte einwilligungsfeste Verarbeitungsverbote grundsätzlich zulässig. Sie können ganz, oder teilweise oder unter Bedingungen gerechtfertigt sein, wenn auf Grund der Umstände eine Freiwilligkeit und Selbstbestimmung faktisch unrealistisch wäre oder wenn mit der einwilligungsbasierten Verarbeitung Rechte Dritter eingeschränkt würden.[41] Für die Frage, welches nationale

38 Ebenso Sydow-*Kampert*, Art. 9, Rn. 14; SHS-*Petri*, Art. 9 Rn. 33.
39 Gola-*Schulz*, Art. 9 Rn. 15; zweifelnd Ehmann/Selmayr-*Schiff*, Art. 9 Rn. 30.
40 Ebenso Ehmann/Selmayr-*Schiff*, Art. 9 Rn. 30.
41 Gola-*Schulz*, Art. 9 Rn. 19; Kühling/Buchner-*Weichert*, Art. 9 Rn. 48.

Recht für Einwilligungseinschränkungen anwendbar ist, sind die Regelungen zur Zuständigkeit bei schuldrechtlichen Beziehungen, insbesondere Art. 4 Abs. 1 Buchst. b sowie Art. 6 Abs. 1 Rom-I-VO anwendbar.[42] Eine Modifikation der zwingenden Vorgaben der DSGVO zur Einwilligung ist durch nationales Recht nicht möglich.[43]

Besteht eine berufliche **Schweigepflicht**, muss eine zulässige **Entbindung** von dieser nicht mit der damit verbundenen datenschutzrechtlichen Einwilligung übereinstimmen. Eine gesetzliche **Offenbarungsbefugnis** (z. B. i. S. v. § 203 StGB) muss vielmehr zusätzlich zu einer datenschutzrechtlichen Einwilligung vorliegen. Insoweit obliegt es den besonderen Schweigepflichten unterliegenden Personen zu prüfen, ob die gesetzlichen Voraussetzungen für die Offenbarung von geschützten Informationen vorliegen. Die Schweigepflichtentbindung kann aber gemeinsam mit der Einwilligung erklärt werden. Sie kann im Gesundheitsbereich gemäß ärztlichem Standesrecht auch konkludent möglich sein. Bei einer gemeinsamen Erklärung müssen die Voraussetzungen der Einwilligung und der Schweigepflichtentbindung kumulativ vorliegen. Im Zweifelsfall muss erkennbar sein, dass die von der Einwilligung erfassten Daten zudem einem Berufsgeheimnis unterliegen.[44] 54

Besteht zwischen dem Betroffenen und dem Verantwortlichen eine **Machtbeziehung**, eine Über-Unterordnungs- und damit ein Abhängigkeitsverhältnis, so sind besonders **hohe Anforderungen** an die Freiwilligkeit einer Einwilligung zu stellen. Indizien hierfür sind die Nützlichkeit für den Betroffenen oder wenn ein expliziter Hinweis auf Freiwilligkeit und Widerrufbarkeit erfolgt. Bei einem klaren Ungleichgewicht zwischen der betroffenen Person und dem Verantwortlichen, etwa gegenüber Behörden, soll die Einwilligung »keine gültige Rechtsgrundlage liefern« (ErwGr 43 Satz 1). 55

Entsprechendes kann für das Verhältnis zu Versicherungen, zu Vermietern oder zu Ausübenden eines Hilfsberufs wie etwa einem Arzt gelten.[45] Dies gilt aber nicht pauschal; nötig ist eine Feststellung im Einzelfall. Maßnahmen zur Sicherung der Freiwilligkeit sind besondere Wahlmöglichkeiten oder die glaubhafte Versicherung, dass bei einer Einwilligungsverweigerung keine Nachteile entstehen. Bei ungleichgewichtigen Beziehungen ist Art. 7 Abs. 4 DSGVO mit seinem Koppelungsverbot zu beachten.[46] Auch hinsichtlich der Anforderungen an die Konkretheit der Einwilligung können sich bei Abhängigkeitsbeziehungen erhöhte Anforderungen ergeben.[47] 56

In **Beschäftigungsverhältnissen** ist eine **Einwilligung in die Verarbeitung** von sensitiven Daten zwar nicht ausgeschlossen. Fraglich ist aber, ob Arbeitgeber unter Beachtung der Grenzen, die die Rechtsprechung für die Verarbeitung besonderer Kategorien personenbezogener Daten gesetzt hat, überhaupt dazu berechtigt sind, von ihren Beschäftigten Einwilligungen zu verlangen. Hinzu kommen die Vorgaben zur Sicherung der Freiwilligkeit von Einwilligungen in § 26 Abs. 2 BDSG. Ist die Erteilung einer Einwilligung entgegen dieser Bedenken im Einzelfall zulässig, bedarf es zur Sicherung der notwendigen Freiwil- 57

42 Auernhammer-*Greve*, Art. 9 Rn. 20; Laue, ZD 2016, 465.
43 Ehmann/Selmayr-*Schiff*, Art. 9 Rn. 36.
44 Kühling/Buchner-*Weichert*, Art. 9 Rn. 49, 50.
45 BVerfG MMR 2007, 93; im Ergebnis wohl auch SHS-*Klement*, Art. 7 Rn. 64; SHS-*Petri*, Art. 9 Rn. 33.
46 Dochow, GesR 2016, 404; Kingreen/Kühling-*Kühling/Seidel*, 152.
47 Kühling/Buchner-*Weichert*, Art. 9 Rn. 53.

ligkeit gesteigerter Anforderungen. Ein nach Art. 88 in einer besonderen Rechtsvorschrift oder in einer Kollektivvereinbarung (etwa einer Betriebs- oder Dienstvereinbarung) normiertes Einwilligungsverbot ist möglich. Ein solches Verbot besteht beispielsweise nach § 8 Abs. 1 AGG bezogen auf eine unterschiedliche Behandlung wegen rassischer oder ethnischer Herkunft, politischen Meinungen, religiösen, philosophischen und politischen Überzeugungen sowie der Gewerkschaftszugehörigkeit.

2. Arbeitsrecht, soziale Sicherheit und Sozialschutz (Buchst. b)

a) Arbeitsrecht

58 Die Regelung bezieht sich nur auf solche Verarbeitungen besonderer Kategorien personenbezogener Daten, die durch gesetzliche oder kollektivrechtliche Regeln vorgeschrieben oder berechtigt vorgesehen sind. Als **Erlaubnisnormen** kommen neben staatlichen Gesetzen auch die in Art. 88 ausdrücklich aufgeführten Kollektivvereinbarungen (Betriebs- oder Dienstvereinbarungen und Tarifverträge) in Betracht.[48] Außerhalb dieses rechtlichen Rahmens können entsprechende Verarbeitungen nicht durch Abs. 2 Buchst. b legitimiert werden.[49] Erfasst sind gemäß Art. 88 nur solche Verarbeitungen, die den Beschäftigten in seiner Beziehung zum Arbeitgeber betreffen und die mit der Arbeit in Zusammenhang stehen wie z. B. die Kooperation mit Sozialleistungsträgern, Kreditinstituten oder die Tätigkeit einer Gewerkschaft.

59 Für den Bereich des **individuellen** und des **kollektiven Arbeitsrechts** war die Verarbeitung von besonders geschützten Beschäftigtendaten in bestimmten Fällen durch Art. 8 Abs. 1 Buchst. b EG-DSRl legitimiert. Ähnliches galt aufgrund einzelner Regelungen im BDSG-alt wie etwa § 28 Abs. 6 Nr. 3.

60 Jede gesetzlich oder kollektivrechtlich zulässige Verarbeitung von besonderen Kategorien personenbezogener Daten steht nach dem Wortlaut von Buchst. b unter dem **Vorbehalt der Erforderlichkeit**. Diese ist wegen des Ausnahmecharakters der Regelung eng auszulegen. Zudem müssen die allgemeinen Grundsätze des Art. 5 Abs. 1 beachtet werden. Dies bedeutet insbesondere, dass mit Blick auf den Grundsatz der Datenminimierung in Art. 5 Abs. 1 Buchst. c nur die unbedingt erforderlichen Informationen verarbeitet werden dürfen. Diese müssen gemäß Art. 5 Abs. 1 Buchst. b zweckgebunden verarbeitet werden und unter Beachtung der Vorgaben zur Vertraulichkeit und Integrität in Art. 5 Abs. 1 Buchst. f nach Möglichkeit besonders gesichert bzw. verschlüsselt werden.

61 Erforderlich und damit zulässig sind Verarbeitungen von sensitiven Daten, wenn sie Arbeitgeber gesetzlich auferlegt sind (etwa zur Einbehaltung oder Abführung von Steuern oder Sozialbeiträgen oder zur Gewährleistung der Arbeitssicherheit).

62 Praktisch bedeutet dies, dass etwa Daten zur **Religionszugehörigkeit** auf der Basis steuerrechtlicher Grundlagen für die **Berechnung und Zahlung von Kirchensteuern** verarbeitet werden dürfen. Sind Beschäftigte in bestimmten Tendenzbetrieben tätig wie etwa in Kirchen, bei Parteien oder Gewerkschaften (vgl. Rn. 76ff.), kann die Verarbeitung der Religions-, Partei- oder Gewerkschaftszugehörigkeit ausnahmsweise erforderlich sein. Ver-

48 Wybitul, ZD 2016, 206; Gola-*Schulz*, Art. 9 Rn. 20.
49 Ehmann/Selmayr-*Schiff*, Art. 9 Rn. 38.

boten bleibt aber die Verarbeitung weiterer Informationen zu religiösen, gewerkschaftlichen oder politischen Themen, soweit sich diese nicht auf die berufliche Stellung oder auf berufliche Aufgaben beziehen.

Sehen Tarifverträge vor, dass vereinbarte Leistungen ausschließlich an **Gewerkschaftsmitglieder** zu zahlen sind, ist es notwendig, dass Arbeitgeber entsprechende Informationen verarbeiten. Eine solche Verarbeitung setzt allerdings eine Einwilligung der Beschäftigten nach Buchst. a voraus. Liegt diese vor, leitet sich eine Verarbeitungsbefugnis aus ihr ab. Da die Möglichkeit der Einholung einer Einwilligung immer besteht, gibt es keine Erforderlichkeit nach Buchst. b. Allerdings muss hier mit Blick auf den Grundsatz der Datenminimierung in Art. 5 Abs. 1 Buchst. c immer die eine Form der Verarbeitung gewählt werden, die so wenig Informationen wie möglich erfasst. Dies schließt etwa eine Kopie von Mitgliedsbescheinigungen ebenso aus wie umfassende Zugriffsrechte. 63

Die Verarbeitung von **Gesundheitsdaten** ist nur in dem Rahmen zulässig, der für das **konkrete Beschäftigungsverhältnis erforderlich** ist.[50] Dies gilt etwa für Information über eine Schwangerschaft, wenn hieraus ein gesetzliches Beschäftigungsverbot folgt oder die Verarbeitung von Informationen über behinderte Beschäftigte, wenn diese Daten für die Feststellung der »Behindertenquote« im Betrieb notwendig sind. Diese Informationen stehen auch dem zuständigen Betriebs- oder Personalrat zu. Voraussetzung ist jedoch, dass angemessene und spezifische Schutzmaßnahmen zur Wahrung der Interessen der von der Datenverarbeitung betroffenen Beschäftigten getroffen werden.[51] Durch Buchst. b ist es hingegen in keinem Fall gerechtfertigt, dass Arbeitgeber konkrete Informationen über Erkrankungen oder über Diagnosen verarbeiten. 64

Bei **genetischen Daten** sind bei der notwendigen Prüfung der Erforderlichkeit besonders strenge Maßstäbe anzulegen. Nicht gerechtfertigt ist eine genetische Untersuchung bei der Einstellung, wohl zur Vorsorge im Rahmen des Arbeitsschutzes (§ 20 GenDG). Die Regelungen der §§ 19–22 GenDG konkretisieren das Verarbeitungsverbot und die zulässigen Ausnahmen. 65

Die Verwendung bestimmter **biometrischer Merkmale** ist für Zwecke der Identitätsfeststellung bei der Zeiterfassung, dem Einsatz von Kassensystemen, der Zugangsberechtigung oder der Zugriffsauthentisierung zu IT-Systemen zulässig.[52] Allerdings müssen dabei die Grundsätze aus Art. 5 Abs. 1 herausragende Berücksichtigung finden. Arbeitgeber müssen sich deshalb – wenn biometrische Verfahren überhaupt erforderlich sind – auf solche beschränken, die sich auf die minimalsten Eingriffe in die Rechte der Beschäftigten beschränken. Ist etwa eine Identifikation durch die Eingabe einer PIN-Nummer technisch möglich, muss die Nutzung eines Fingerabdruckscanners unterbleiben. 66

Angaben zum **Sexualleben** und zur **sexuellen Orientierung** dürfen im Rahmen von Beschäftigungsverhältnissen regelmäßig nicht verwendet werden. Ausnahmen sind überhaupt nur dann denkbar, wenn Sexualität Gegenstand der beruflichen Tätigkeit ist, etwa wenn die Prostitution oder die Erbringung anderer sexuellen Dienstleistungen im Rahmen eines Beschäftigungsverhältnisses erfolgt. 67

50 Däubler, Gläserne Belegschaften, Rn. 229–231a, 269–284b.
51 BAG 9.4.19 – 1 ABR 51/17, EzA-SD 19, Nr. 16, 11.
52 Däubler, Gläserne Belegschaften, Rn. 287–291.

b) Soziale Sicherheit und Sozialschutz

68 Die Verarbeitung von Daten, die durch Art. 7 Abs. 1 geschützt sind, ist im Rahmen des Sozialrechts auf der **Grundlage des SGB** in den **verschiedensten Zusammenhängen erlaubt** bzw. **teilweise sogar vorgeschrieben**. Zwecke der Verarbeitung finden sich etwa in den Bereichen Arbeitsschutz, Bildungs- und Ausbildungsförderung, Kranken- und Berufsunfähigkeitsversicherung, Berufsunfähigkeit, Pflegebedürftigkeit, Unfall oder Alter, Entschädigung bei Gesundheitsbeeinträchtigungen, Familien-, Kinder- und Jugendhilfe, Hilfe in wirtschaftlicher Notlage oder Teilhabeförderung behinderter Menschen. Bezüglich der Gesundheitsdaten gibt es Überschneidungen im Anwendungsbereich mit den Regelungen in Buchst. h.

69 Für die Bereiche der sozialen Sicherung und des Sozialschutzes gibt es neben speziellen Verarbeitungsregeln spezifische Datenschutzvorgaben, etwa in den §§ 67 ff. SGB X. Soweit notwendige Anpassungen an das neue Recht noch nicht erfolgt sind, gilt bei identischen Regelungsinhalten die DSGVO.

3. Schutz lebenswichtiger Interessen (Buchst. c)

70 Nach dem Tatbestand in Abs. 2 Buchst. c kann eine Verarbeitung besonderer Kategorien von personenbezogenen Daten erfolgen, wenn dies zum **Schutz lebenswichtiger Interessen** des **Betroffenen** oder eines **Dritten** erforderlich ist und sofern der Betroffene aus körperlichen oder rechtlichen Gründen außerstande ist, seine Einwilligung zu geben. Die Vorschrift entspricht inhaltlich Art. 8 Abs. 2 Buchstabe c EG-Richtlinie. Lebenswichtige Interessen bei fehlender Einwilligungsfähigkeit waren auch dort eine Legitimation für die Verarbeitung sensitiver Daten wie auch generell von weniger geschützten Daten (vgl. Art. 6 Abs. 1 Buchst. d).

71 Der Tatbestand beinhaltet **zwei Voraussetzungen**. **Zunächst einmal** müssen **lebenswichtige Interessen** der Betroffenen oder Dritter **vorliegen**, zu deren Schutz eine Erhebung erforderlich ist. Es muss sich um **existenzielle Interessen** handeln, die insbesondere im Bereich des Gesundheitsschutzes (etwa im Zusammenhang mit hochinfektiösen Krankheiten) bestehen können.[53] In der Regel wird diese Voraussetzung erfüllt sein, wenn die Erhebung zur Abwehr von Gefahren für Leib und Leben notwendig ist. Notwendig ist in jedem Fall eine Abwägung der Lebensschutzinteressen mit dem Schutz der informationellen Selbstbestimmung. Diese Situation rechtfertigt auch die Einbeziehung Dritter in den Tatbestand. Ist eine Verarbeitung sensitiver Daten für die Abwehr einer Gefahr für Leib und Leben erforderlich, um beispielsweise helfende Dritte mit einbeziehen zu können, so ist die Voraussetzung hierfür regelmäßig gegeben. Es muss nicht um »Leben oder Tod« gehen, Anknüpfungspunkt sein kann schon die Abwehr von erheblichen Gesundheitsgefahren.

72 Die **Gefahr** für die Lebensinteressen muss **konkret und gegenwärtig sein**. Reine Gefahrenprävention oder die laufende Überwachung von Abläufen, die zum Schutz von lebenswichtigen Interessen nötig sind, erfüllen die Voraussetzungen dieser Alternative nicht.

---

53 Ähnlich Sydow-*Kampert*, Art. 9 Rn. 20; SHS-*Petri*, Art. 9 Rn. 44; Kühling/Buchner-*Weichert*, Art. 9 Rn. 63.

Weiterhin muss der **Betroffene** körperlichen oder aus rechtlichen Gründen **außerstande sein, seine Einwilligung persönlich zu erteilen**. Dieser Teil des Tatbestandes verdeutlicht, dass es andere gesetzliche Erhebungsregeln in diesen Fällen nicht geben kann, weil dann eine Einwilligung obsolet wäre. Die Vorschrift fingiert, dass der Betroffene seine Einwilligung geben würde, wenn er hierzu in der Lage wäre. Die Entscheidung ist im Zweifel vom Standpunkt eines verständigen Dritten aus zu treffen. Eine **Unmöglichkeit** aus körperlichen Gründen **besteht**, wenn eine Person zu einer verantwortlichen Entscheidung und Erklärung unfähig ist oder wenn sie nicht oder nicht rechtzeitig erreicht werden kann. **Gründe** können eine **schwere Erkrankung** oder **Bewusstlosigkeit** sein. 73

Rechtliche Hinderungsgründe für die Einholung einer Einwilligung bestehen, wenn das Recht eine wirksame Einwilligungserklärung ausschließt. Eine gesetzliche oder vertragliche Geheimhaltungspflicht genügt nicht. Hat ein handlungsunfähiger Betroffener einen gesetzlichen Vertreter oder liegt eine Vollmacht vor, scheidet eine Berufung auf Buchst. c aus, da dann dessen Einwilligung eingeholt werden kann. Wird die Erteilung der Einwilligung vom Vertreter bzw. Bevollmächtigten verweigert (etwa aus religiösen Gründen bezüglich bestimmter medizinischer Maßnahmen), kann die verantwortliche Stelle hingegen auf den Tatbestand in Buchst. c zurückgreifen. 74

Die Erhebung muss unterbleiben, wenn mit hinreichender Sicherheit davon auszugehen ist, dass der Betroffene eine Einwilligung gerade nicht erteilt hätte, wenn er hierzu in der Lage gewesen wäre. Gibt es diesbezüglich Zweifel, ist eine Entscheidung nur bezogen auf den konkreten Sachverhalt möglich. Relevant ist der hypothetische Wille des Betroffenen. Die Verarbeitung ist unzulässig, wenn mit hinreichender Sicherheit der Betroffene seine Einwilligung nicht erteilt hätte.[54] 75

4. Sonderbestimmungen für die Verarbeitung durch bestimmte Organisationen und Tendenzbetriebe (Buchst. d)

Die Regelung in Abs. 2 Buchst. d lässt die **Verarbeitung besonderer Kategorien** personenbezogener Daten durch bestimmte Organisationen bzw. Tendenzbetriebe zu. Nach der **abschließenden Aufzählung** handelt es sich ausschließlich um Stiftung, Vereinigung oder sonstige Organisation ohne Gewinnerzielungsabsicht aus dem politischen, philosophischen, religiösen oder gewerkschaftlichen Bereich. Die datenschutzrechtliche Privilegierung folgt bei derart ausgerichteten Vereinigungen oder Organisationen (sog. Tendenzbetrieben) unmittelbar aus dem Wesen ihrer Tätigkeit und ist deshalb erlaubt (vgl. auch Art. 8 Abs. 1 Buchst. d EG-DSRl und § 28 Abs. 9 BDSG-alt). Die jeweilige Tendenz wird in den privilegierenden Regelungen, z. B. dem Parteiengesetz, und im Satzungszweck der jeweiligen Vereinigung bzw. Organisation beschrieben. Die Verarbeitung besonders geschützter personenbezogener Daten ist in diesen Fällen auch mit Blick darauf zulässig, dass sich die Verantwortlichen aus diesem Bereich für die Ausübung von Grundfreiheiten einsetzen (vgl. ErwGr 51 Satz 6). Ist die Datenverarbeitung von der jeweiligen Tendenz unabhängig, besteht keine Befugnis zur Verarbeitung sensitiver Daten. 76

54 So Dammann/Simitis-*Dammann*, Art. 8 Rn. 11f.

77 **Politischen Parteien** wird durch die **Privilegierung in Buchst. d** die Möglichkeit zugestanden, im Zusammenhang mit **Wahlen** personenbezogene Daten über die politische Einstellung von Personen zu sammeln, wenn dies in einem Mitgliedstaat für das Funktionieren des demokratischen Systems erforderlich ist. Dies kann beispielsweise der Fall sein, wenn diese Informationen die **interne Meinungsbildung** in einer Partei unterstützen.[55] Das Maß des Zulässigen ist allerdings **eng auszulegen** und schließt entsprechende Verarbeitungen außerhalb von Wahlen aus. Voraussetzung ist allerdings, dass die Parteien geeignete Garantien für den Schutz dieser Daten vorsehen (vgl. ErwGr 56). Diese beinhalten hohe Anforderungen an die technischen und organisatorischen Maßnahmen, an die Herstellung von Transparenz gegenüber den von der Verarbeitung betroffenen Personen sowie an die Festlegung von Löschungsfristen.

78 Abs. 2 Buchst. d bezieht sich zunächst einmal auf **politische Parteien**, deren Jugend- und Unterorganisationen sowie parteinahe Stiftungen. Die weiterhin erfassten **religiös ausgerichteten Organisationen** sind die Kirchen sowie freireligiöse Vereinigungen und deren nicht auf Gewinnerzielung ausgerichtete soziale Einrichtungen. **Weltanschaulich** ausgerichtet sind etwa Anthroposophen und Freidenkende. **Gewerkschaftliche** Organisationen sind insbesondere der Deutsche Gewerkschaftsbund und seine Einzelgewerkschaften sowie deren Stiftungen wie z. B. die Hans-Böckler-Stiftung, aber auch alle anderen als Gewerkschaften anerkannten Vereinigungen. Von der Privilegierung des Abs. 2 Buchst. d werden auch die zu den dort genannten Stiftungen, Vereinigungen oder Organisationen gehörigen **Berufsverbände erfasst**, die wirtschaftliche, soziale oder politische Interessen ihrer Mitglieder vertreten, **nicht jedoch** die als öffentliche Körperschaften ausgestalteten **Kammern**. Auf die Organisationsform kommt es nicht an.[56] **Nicht privilegiert** sind Personal- und Betriebsräte, die im Rahmen des gesetzlich zulässigen gewerkschaftlich aktiv werden, es sei denn, sie tun das nicht im Rahmen ihres Wahlamts, sondern als Vertreter einer Gewerkschaft. Dann muss eine Abgrenzung der verschiedenen Rechtssphären erfolgen. Liegen mehrere Privilegierungsmerkmale vor (etwa bei sog. »christlichen Gewerkschaften«), führt das nicht zu einer Erweiterung der Verarbeitungsbefugnisse.

79 Die Privilegierung gilt nur, soweit von den jeweiligen Verarbeitern **kein »Erwerbszweck«** verfolgt wird. Es muss sich mithin um eine »gemeinnützig« Tätigkeit handeln. Dient eine geschäftliche oder kommerzielle Tätigkeit dem gemeinnützigen Zweck, so ist dies grds. unschädlich. Wie weit die Privilegierung bei kommerziellen Tätigkeiten geht, ist im konkreten Einzelfall anhand der Umstände zu beurteilen. Nicht privilegiert sind Vereinigungen, bei denen eine vorrangige kommerzielle Ausrichtung lediglich durch einen religiösen Mantel unterstützt wird (etwa bei der Scientology-Organisation). Gleiches gilt aber auch bei organisationsnahen Serviceeinrichtungen oder Verlagen der vom Regelungsgehalt des Abs. 2 Buchst. d uneingeschränkt erfassten Verarbeiter.

80 Gemeinnützige Organisationen, die nicht unter die genannten Beschreibungen fallen, werden **nicht privilegiert**. Dies gilt z. B. für **Handelsgesellschaften**, **Selbsthilfeorganisationen** oder **Nicht-Regierungs-Organisationen**.[57]

55 Ehmann/Selmayr-*Schiff*, Art. 9 Rn. 39.
56 Kühling/Buchner-*Weichert*, Art. 9 Rn. 71, 74.
57 Kühling/Buchner-*Weichert*, Art. 9 Rn. 72.

Die privilegierte Verarbeitung beschränkt sich auf die Verfolgung des Zwecks der Stelle und die Kommunikation mit den **Mitgliedern und regelmäßigen Kontakten**. Regelmäßige externe kommerzielle Kontakte werden nicht erfasst, wohl aber Kontakte zur Presse, zu Interessierten, regelmäßigen Teilnehmern, Beiräten, Freunden, Spendern oder allgemein Unterstützern.[58] 81

Nur die **interne Datenverarbeitung** ist privilegiert, nicht die Weitergabe der sensiblen Daten. Diese bedarf einer einer Einwilligung.[59] Privilegiert ist aber der zweckgemäße Austausch mit anderen Tendenzbetrieben, die parallel oder in einer anderen Hierarchieebene (z. B. lokale, regionale, nationale europäische Ebene) tätig sind, sowie mit Auftragsverarbeitern. 82

5. Offenkundig öffentlich gemachte Daten (Buchst. e)

Nach **Abs. 2 Buchst. e** kann die Verarbeitung besonderer Kategorien personenbezogener Daten zulässig sein, wenn diese **von einer betroffenen Person offensichtlich öffentlich gemacht worden sind** (ebenso schon Art. 8 Abs. 1 Buchst. e 1. Alt. EG-DSRl). Die Regelung folgt dem Gedanken, dass ein Betroffener auf den spezifischen Schutz seiner sensitiven Daten und die damit verbundene strenge Zweckbindung verzichtet, wenn er diese ausdrücklich der Öffentlichkeit bereitgestellt hat. Trotz der Veröffentlichung bleiben die allgemeinen Schutzregelungen der DSGVO und andere Datenschutzvorschriften uneingeschränkt anwendbar. Da es sich um eine Ausnahme von einem Verarbeitungsverbot handelt, ist diese **eng auszulegen**.[60] 83

Die DSGVO definiert nicht, was unter »**Öffentlichmachen**« zu verstehen ist. Auch ohne eine solche Definition ist aber klar, dass es um ein bewusstes Bereitstellen von Informationen für einen unbestimmten Personenkreis geht. Auf die Art der Veröffentlichung kommt es nicht an; diese kann analog oder digital erfolgt sein. 84

Eine **Veröffentlichung** kann etwa eine öffentliche Rede oder das Verbreiten eines kopierten Schriftstücks an eine offene Gruppe von Interessenten sein. Die Voraussetzung des Abs. 2 Buchst. e kann aber auch durch das Einstellen von sensitiven persönlichen Informationen ins Internet (etwa in Form eines Blogbeitrags), durch die Herausgabe einer Presseerklärung oder durch eine öffentliche Verlautbarung, durch einen Buch- oder Zeitschriftenbeitrag sowie durch die freiwillige Eintragung in ein öffentliches Verzeichnis (z. B. Branchen- oder Adressverzeichnis) erfüllt sein. Gibt eine Person ein Interview und behält sich die Autorisierung des Abdrucks vor, ist ein »Öffentlichmachen« noch nicht erfolgt. Die reine Präsenz im öffentlichen Raum ist keine Veröffentlichung.[61] 85

Das relevante »**Öffentlichmachen**« durch den Betroffenen muss »**offensichtlich**« erfolgen. Die Verwendung dieses Wortes verdeutlicht, dass sich die Privilegierung nach Buchst. e nicht auf alle Informationen bezieht, die irgendwie öffentlich bekannt sind. Eine Verarbeitung unter Berufung auf diesen Ausnahmetatbestand ist nur zulässig, wenn es eindeutig und offensichtlich ist, dass Betroffene eine Veröffentlichung gewollt haben und dass sie 86

58 Auernhammer-*Greve*, Art. 9 Rn. 24.
59 Gola-*Schulz*, Art. 9 Rn. 24.
60 DKW-*Wedde*, § 28 Rn. 173.
61 Ehmann/Selmayr-*Schiff*, Art. 9 Rn. 41.

dabei wussten, dass die entsprechenden Daten für die Öffentlichkeit nutzbar erhoben und verarbeitet werden können. Er soll den besonderen Schutz nicht dadurch verlieren, dass ein Dritter seine sensitiven Daten veröffentlicht. Verhindert werden soll zudem, dass der Betroffene seinen Schutz dadurch verliert, dass er Daten preisgibt, ohne sich über die daran anschließende Veröffentlichung bewusst zu sein, etwa durch eine Bild-Presseberichterstattung zu einer öffentlichen Demonstration.[62]

87 Bei der Bewertung, ob die in Abs. 2 Buchst. e enthaltene Voraussetzung einer offenkundigen Öffentlichmachung erfüllt ist, ist von einem **engen Maßstab** auszugehen. In Betracht kommen nur solche Daten, die auf Veranlassung des Betroffenen bzw. von ihm selbst mit dem Ziel publiziert worden sind, sie der Öffentlichkeit zugänglich zu machen wie etwa durch einen freiwilligen Eintrag in Berufsverzeichnisse, Telefonbücher usw.[63] Auch aus dem individuellen Verhalten kann sich ein »Öffentlichmachen« ableiten (etwa eine Kandidatur für ein politisches Amt). Erfasst werden können auch Online-Offenbarungen gegenüber einem Freundeskreis, wenn die Zahl der Adressaten für den Betroffenen nicht mehr überschaubar ist. In sozialen Netzwerken kommt es auf die Zugänglichkeit von Informationen (etwa kleine Gruppen oder Freigabe für alle Nutzer) an.[64] Ein »Öffentlichmachen« kann konkludent erfolgen, z. B. durch Kandidatur für ein öffentliches Amt oder durch den Auftritt als Künstler.[65]

88 Individuelle Profile in einem sog. sozialen Netzwerk sind nur dann offenkundig vom Betroffenen »veröffentlicht« worden, wenn die Informationen ohne mögliche Zugriffsbegrenzungen eingestellt wurden. Bestehen Zweifel daran, ob die Daten vom Betroffenen veröffentlicht wurden, was beispielsweise bei Internet- und Presseveröffentlichungen oft der Fall ist, ist der Ausnahmetatbestand nicht anwendbar. Eine nur kontextbezogene Mitteilung an eine unbestimmte Zahl von Personen genügt nicht für eine Verarbeitungsberechtigung.

89 **Keine Offenkundigkeit** besteht, wenn erkennbar ist, dass ein **Datum nicht direkt von Betroffenen** stammt, sondern von einem Dritten (etwa bei Presseberichterstattung). Eine für nur eine begrenzte Zahl von bekannten Personen zugängliche Webseite ist nicht offenkundig veröffentlicht. Gleiches gilt für ausdrücklich als privat ausgewiesenen **Inhalt** von **Webseiten.**[66] Die Zugänglichkeit eines Datums über eine Suchmaschine macht ein Datum nicht automatisch offenkundig veröffentlicht.[67] Die hierbei gefundenen Ergebnisse und Daten sind nur offensichtlich öffentlich, wenn sie in jedem Einzelfall ausdrücklich für eine breite Veröffentlichung bestimmt sind. Bestehen hieran Zweifel, muss auf eine Verwendung oder Verarbeitung verzichtet werden. Die **Privilegierung** durch die Norm ist insoweit **eng auszulegen.**

90 Unter Beachtung der Vorgaben zur Wirksamkeit einer Einwilligung in Art. 7 muss sichergestellt sein, dass die **Veröffentlichung** durch den **Betroffenen freiwillig erfolgt ist.**[68] Be-

62 Grabitz/Hilf-*Brühann*, Art. 8 Rn. 15.
63 Ähnlich SHS-*Petri*, Art. 9 Rn. 57ff.
64 Ähnlich SHS-*Petri*, Art. 9 Rn. 58.
65 Kühling/Buchner-*Weichert*, Art. 9 Rn. 78, 81.
66 Im Ergebnis ähnlich Sydow-*Kampert*, Art. 9 Rn. 33; SHS-*Petri*, Art. 9 Rn. 58; Gola-*Schulz*, Art. 9 Rn. 26; Kühling/Buchner-*Weichert*, Art. 9 Rn. 82.
67 EuGH 13.5.2014 – C 131/12, Google-Spain.
68 Ebenso Auernhammer-*Greve*, Art. 9 Rn. 25.

steht hingegen etwa bezüglich der Aufnahme in ein öffentliches Verzeichnis ein (direkter oder indirekter) Zwang, kann mangels Freiwilligkeit der Einwilligung nicht davon ausgegangen werden, dass die betroffene Person die Daten offenkundig öffentlich gemacht und damit für die Verarbeitung freigegeben hat.

Für die Feststellung der Offenkundigkeit kommt es nicht auf den **tatsächlich feststellbaren Willen** des Betroffenen an, sondern auf die Sicht eines außenstehenden Beobachters. Besteht der falsche Eindruck einer Betroffenenveröffentlichung, so soll dies nicht zur Unzulässigkeit der weiteren Datennutzung führen, wenn der Verantwortliche den Eindruck nicht vermeiden konnte. Bei Zweifeln des Verantwortlichen fehlt es an der Offenkundigkeit. 91

Gibt es daran Zweifel, dass ein Betroffener Daten offensichtlich öffentlich machen wollte, muss die Verwendung unterbleiben. An die Bewertung der Zulässigkeit einer Erhebung unter Berufung auf Buchst. e ist insoweit immer ein **restriktiver Maßstab anzulegen**. 92

6. Rechtsansprüche (Buchst. f)

Nach Abs. 2 Buchst. f kann die **Verarbeitung** von besonderen Kategorien personenbezogener Daten **im Rahmen von zwei Fallkonstellationen zulässig** sein: **Einerseits** zur **Geltendmachung**, **Ausübung** oder **Verteidigung von Rechtsansprüchen** durch Verarbeiter, mithin also im Zusammenhang mit der gerichtlichen Geltendmachung oder Verteidigung von Ansprüchen (so schon Art. 8 Abs. 1 Buchst. e 2. Alt. EG-DSRl) und **andererseits** im Rahmen der **Tätigkeit von Gerichten**, soweit dies im Rahmen ihrer Tätigkeit in Verwaltungsverfahren oder in außergerichtlichen Verfahren erforderlich ist (ErwGr 52 Satz 3). Kann ein rechtlicher Anspruch nur unter Verarbeitung sensitiver Daten begründet und durchgesetzt werden, so soll der Durchsetzung des Justizgewährleistungsanspruchs (Art. 47 GRCh, Art. 20 Abs. 2 Satz 2, 3 GG) der gesteigerte Datenschutz nicht entgegenstehen. 93

Anspruch ist das Recht einer Person, von einer anderen Person oder einer Stelle ein Tun oder Unterlassung zu verlangen (vgl. § 194 BGB). Der Tatbestand »Ausübung oder Verteidigung von Rechtsansprüchen« ist **weit auszulegen** und umfasst sowohl öffentlich-rechtliche wie auch zivilrechtliche Rechtspositionen. Grundlage kann insbesondere ein Vertrag, eine Einwilligung, ein rechtsgeschäftsähnliches Schuldverhältnis, eine schädigende Handlung oder ein Gesetz sein. Ergibt sich ein Konflikt über das Ob oder das Wie des Anspruchs, der den Anspruchsinhaber zwingt, prozedural den Anspruch durchzusetzen, so dürfen, soweit nötig, sensitive Daten Dritter verwendet werden. Eine Rechtshängigkeit wird nicht verlangt.[69] Der Verantwortliche kann sowohl Gläubiger wie auch Schuldner, Anspruchsteller wie auch Anspruchsgegner sein.[70] 94

Erlaubt ist die sensitive Verarbeitung, wenn diese in Bezug auf die **konkreten Ansprüche** bzw. **Rechte erforderlich ist**. Die Erforderlichkeit ist von den nationalen verfahrensrechtlichen Regelungen, auf die die DSGVO aber nicht explizit verweist, z. B. zur Beweisbeibringung, abhängig. Hierüber soll ein angemessener Interessenausgleich der Beteiligten sichergestellt werden. Sie kann prozessual wie auch materiellrechtlich gegeben sein. 95

69 Gola-*Schulz*, Art. 9 Rn. 27.
70 Gola-*Schulz*, Art. 9 Rn. 25; Kühling/Buchner-*Weichert*, Art. 9 Rn. 84.

96 Erforderlichkeit ist dahingehend zu verstehen, dass ohne den jeweiligen Vortrag der Rechtsanspruch nicht durchsetzbar ist. **Nicht erforderlich** sind **sensitive Informationen**, deren Vorbringen für die Rechtsdurchsetzung nicht plausibel oder abwegig ist. Die Grenze ist also nicht erst dann überschritten, wenn das Vorbingen völlig willkürlich ist,[71] sondern bereits dann, wenn andere Möglichkeiten der Wahrung oder Durchsetzung rechtlicher Positionen bestehen, die den Rückgriff auf die besonderen Kategorien personenbezogener Daten obsolet machen.

97 Soweit die Vorschrift im Rahmen von Beschäftigungsverhältnissen neben Art. 88 und § 26 BDSD überhaupt anwendbar ist, führt sie bezogen auf besondere Arten personenbezogener Daten zu keiner Erweiterung des Fragerechts der AG.[72]

7. Erhebliches öffentliches Interesse (Buchst. g)

98 Nach Abs. 2 Buchst. g kann die Verarbeitung besonderer Kategorien personenbezogener Daten ausnahmsweise zulässig sein, wenn es hierfür ein **erhebliches öffentliches Interesse** gibt. Schon diese Formulierung in der Vorschrift weist auf den **Ausnahmecharakter** dieser Möglichkeit hin. Damit entsprechende Verarbeitungen zulässig sind, müssen sie **drei Voraussetzungen** erfüllen: **Erstens** muss die **Verarbeitung** bezogen auf die verfolgten Ziele **angemessen** sein. **Zweitens** muss sie den Wesensgehalt des Rechts auf Datenschutz wahren und **drittens** müssen die rechtlichen Grundlagen für die Verarbeitung angemessene und spezifische Maßnahmen zur Wahrung der Grundrechte und Interessen der betroffenen Personen vorsehen. Ist eine dieser Voraussetzungen nicht gegeben, muss die Verarbeitung unterbleiben.

99 Der in der Vorschrift enthaltene unbestimmte Verweis auf ein »erhebliches öffentliches Interesse« (ähnlich bereits Art. 8 Abs. 4 EG-DSRl) muss durch einschlägige Vorschriften auf Ebene der Union oder der Mitgliedstaaten konkretisiert werden. Verarbeitungen auf Grundlage von Buchst. g setzen die Zusicherung angemessener Garantien zugunsten der betroffenen Personen voraus. Die Vorschrift bezieht sich auf generelle öffentliche Interessen. Aufgrund der Spezialität anderer Vorschriften ist sie bezogen auf öffentliche Gesundheitsinteressen (vgl. hierzu Buchst. h Rn. 105ff. und i Rn. 127ff.) sowie hinsichtlich öffentlicher Interessen der Archivierung, Forschung und Statistik (vgl. hierzu Buchst. j Rn. 132) **nicht unmittelbar anwendbar.**

100 Öffentliches Interesse ist ein **gesamtgesellschaftliches Interesse**, das sich auf Einzelpersonen, Gruppen, soziale Gemeinschaften wie auch sämtliche Menschen beziehen kann. Die Wahrung von Einzelinteressen muss zugleich auch ein Gesamtinteresse darstellen.

101 **Überindividuelle Interessen** liegen vor, wenn die Verarbeitung der sensitiven Daten beispielsweise dem **Gesundheitsschutz** oder dem **demokratischen Prozess** dient. Auch der Zugang von Bürgern zu amtlichen Dokumenten kann ein öffentliches Interesse sein (vgl. ErwGr 154 Satz 2 sowie Art. 86). Weitere legitime Ziele sind die Wahrung der Freiheitsrechte, die Durchsetzung der Rechtsstaatlichkeit, die Gefahrenabwehr und die Strafverfol-

---

71 So aber wohl Ehmann/Selmayr-*Schiff*, Art. 9 Rn. 42; Auernhammer-*Greve*, Art. 9 Rn. 17: kausale Erleichterung der Rechtsdurchsetzung.

72 Zum Fragerecht ausführlich § 26 BDSG Rn. 22ff.; allgemein Däubler, Gläserne Belegschaften, Rn. 207ff.; zur Mitbestimmung vgl. DKW-*Klebe/Wankel*, § 94 BetrVG Rn. 5ff.

gung, die Finanzversorgung der öffentlichen Haushalte, die Steuergerechtigkeit, die Forschung und wissenschaftliche Erkenntnis, die Wahrung von Gleichheit und Solidarität, die Sicherstellung der öffentlichen Gesundheit und der sozialen Fürsorge.

Für die Verarbeitung besonderer Kategorien personenbezogener Daten genügt nicht jedes öffentliche Interesse. Dieses muss vielmehr von besonderer Bedeutung sein, wobei dem konkretisierenden Normgeber aber ein weiter Gestaltungsspielraum belassen wird.[73] 102

Die Aufgabenerfüllung öffentlicher Stellen ist in der Regel immer im öffentlichen Interesse. Die Verarbeitung besonderer Kategorien personenbezogener Daten durch diese Stellen setzt in der Regel die Legitimation durch ein spezifisches Gesetz oder durch eine andere einschlägige Rechtsvorschrift im Unionrecht oder im Recht eines Mitgliedstaates voraus. Während für die Verarbeitung nichtsensitiver Daten gemäß Art. 6 Abs. 1 Buchst. e ein qualifiziertes öffentliches Interesse nötig ist, bedarf es gemäß Buchst. g eines erheblichen öffentlichen Interesses. Dies setzt eine umfassende Abwägung mit dem dadurch verbundenen Datenschutzrisiko für die Betroffenen in der expliziten Rechtsnorm voraus.[74] Dabei muss der Wesensgehalt des Rechts auf Datenschutz schon mit Blick auf die einschlägige Rechtsprechung des EuGH gewahrt werden.[75] Dieser Wesensgehalt wird insbesondere dann verletzt, wenn die Kernaussagen des Art. 8 GRCh missachtet werden.[76] 103

Die **besondere Risikosituation** bei der Verarbeitung sensitiver Daten muss bei der Regulierung berücksichtigt werden, indem »angemessene und spezifische Maßnahmen zur Wahrung der Grundrechte und Interessen der betroffenen Person« vorgesehen werden. 104

8. Gesundheitsvorsorge und Gesundheitsversorgung (Buchst. h)

Die Regelung in Abs. 2 Buchst. h zielt darauf, die Verarbeitung besonders geschützter personenbezogener Daten aus dem Bereich **der Gesundheitsvorsorge** und **der Gesundheitsversorgung** für die hier abschließend aufgezählten Zwecke zu ermöglichen. In diesem Rahmen erforderliche Verarbeitungen sind nur zulässig, wenn die in Abs. 3 benannten Bedingungen erfüllt sind und wenn die dort benannten Garantien garantiert werden. Entsprechende Verarbeitungen für Zwecke der medizinischen Datenverarbeitungen waren auch schon bisher zulässig (vgl. Art. 8 Abs. 3 EG-DSRl sowie § 28 Abs. 7 BDSG-alt). Der Schwerpunkt der durch diese Vorschrift zugelassenen Verarbeitung sind die in Art. 4 Rn. 15 definierten **Gesundheitsdaten** und ggf. hiermit in einem engen Zusammenhang stehende Informationen zum Sexualleben oder zur sexuellen Orientierung. Für Gesundheitsdaten sind neben den datenschutzrechtlichen Vorgaben besondere Schutzregelungen wie etwa **Sozialgeheimnis** oder **Patientengeheimnis** zu beachten sowie bestehende **enge gesetzliche Zweckbindungen**. Andere besondere Kategorien personenbezogener Daten kommen hingegen im Rahmen dieser Vorschrift regelmäßig nicht in Betracht. 105

Die **Aufzählung der Bereiche**, in denen besondere Kategorien von personenbezogenen Daten für Zwecke der Gesundheitsvorsorge und der Gesundheitsversorgung verarbeitet werden dürfen, **ist abschließend**. Mit Blick auf die besonders hohe Schutzbedürftigkeit 106

---

73 Kühling/Buchner-*Weichert*, Art. 9 Rn. 90.
74 Grabitz/Hilf-*Brühann*, Art. 8 Rn. 19.
75 EuGH 15.6.2006 – C-28/05 Rn. 75 mwN; EuGH 6.10.2015 – C-362/14, Rn. 94f.
76 Kritisch wegen der Unbestimmtheit Ehmann/Selmayr-*Schiff*, Art. 9 Rn. 55.

von Gesundheitsdaten sowie von Daten zur Sexualität ist bei der Bewertung, ob eine Verarbeitung die in Abs. 2 Buchst. h genannten Voraussetzungen erfüllt, ein enger Maßstab anzulegen. Damit ist die Vorschrift neben dem unmittelbaren Bereich der medizinischen Versorgung beispielsweise auch auf die entsprechenden administrativen Bereiche (etwa die Verwaltung einer Klinik).

107 Die Regelung des Abs. 2 Buchst. h stellt das individuelle Interesse an der gesundheitlichen Versorgung und an der damit verbundenen Organisation und Abwicklung von Maßnahmen der Vorsorge und der Versorgung in den Vordergrund, nicht aber das öffentliche Gesundheitsinteresse (hierzu Buchst. i). Nicht vom Anwendungsbereich des Abs. 2 Buchst. h erfasst ist die medizinische Forschung (hierzu Buchst. j) oder die rechtliche Durchsetzung von Zahlungsansprüchen (hierzu Buchst. f).

108 Die durch Abs. 2 Buchst. h in bestimmten Fällen zugelassene Verarbeitung sensitiver Daten soll die Gesundheitsversorgung der Bevölkerung informell unterstützen sicherstellen. Eine diesem Zweck entsprechende Verarbeitung kann beispielsweise die Sicherstellung und Überwachung der Gesundheit sein, aber auch Gesundheitswarnungen. Ebenso relevant kann die Prävention oder Kontrolle ansteckender Krankheiten und anderer schwerwiegender Gesundheitsgefahren sein. Die Verarbeitung sensitiver Informationen kann mit Blick auf Gesundheitsschutz und Gesundheitsvorsorge auch zur Sicherstellung von Leistungen oder zur Kontrolle von Qualität und Wirtschaftlichkeit der Abrechnung von Leistungen in Krankenversicherungssystemen erfolgen (vgl. ErwGr 51 Sätze 2 und 3).

109 Die Verarbeitung besondere Kategorien personenbezogener Daten darf nach Abs. 2 Buchst. h für gesundheitsbezogene Zwecke **nur dann erfolgen**, wenn dies für das Erreichen dieser Zwecke im Interesse einzelner natürlicher Personen und der Gesellschaft **insgesamt erforderlich ist**. Hierzu gehört auch die Verwaltung der Dienste und Systeme des Gesundheits- oder Sozialbereichs einschließlich der Verarbeitung dieser Daten durch die zentralen nationalen Gesundheitsbehörden (vgl. ErwGr 53).

110 Der in Abs. 2 Buchst. h angesprochene **Gesundheitssektor** ist durch einen starken informationstechnischen Fortschritt geprägt. Hierzu gehören etwa Bereiche wie biotechnische Sensorik, Verschmelzung von Bio- bzw. Gentechnik mit der Informationstechnik,[77] Einführung der Robotik in der Medizin,[78] Vorverlagerung der gesundheitsrelevanten Datenverarbeitung,[79] Vernetzung im Gesundheitssektor,[80] Einzug von Big Data im Medizinbereich[81] oder Ausdifferenzierung und Personalisierung bei Prävention und Behandlung.[82] Alle diese Themen beinhalten neue Herausforderungen für die Umsetzung des Datenschutzes. Die aus Abs. 2 Buchst. h teilweise auch für diese Bereiche abzuleitende Privilegierung sinnvoller nützlicher sensitiver Datenverarbeitung soll Fortschritt und medizinische Funktionalität ermöglichen, ohne den Persönlichkeitsschutz zu vernachlässigen.[83] Das bedeutet aber nicht, dass alles möglich ist, was realisiert werden kann. Vielmehr müs-

77 Vgl. Theißen, Risiken informations- und kommunikationstechnischer (IKT-) Implantate im Hinblick auf Datenschutz und Datensicherheit, 2009.
78 Münch, Autonome Systeme im Krankenhaus, 2017.
79 Stockter, Präventivmedizin und Informed Consent, 2008.
80 Schmidt/Weichert-*Bartmann*, 178 ff.
81 Langkafel, Big Data in Medizin und Gesundheitswirtschaft, 2014; Weichert, DuD 2014, 831.
82 Damm, MedR 2011, 7.
83 Kühling/Buchner-*Weichert*, Art. 9 Rn. 94.

sen sich mögliche Verarbeitungen schon mit Blick auf die Grundsätze in Art. 5 auf die personenbezogenen Informationen beschränken, die unbedingt erforderlich sind.

a) Versorgung im Gesundheits- oder Sozialbereich

Die Regelung in Abs. 2 Buchst. h erfasst sowohl die **medizinische Prävention, Diagnosen, Behandlungen** und **Nachversorgungen** als auch einschlägige **Maßnahmen der Rehabilitation**. Die hierfür erforderliche Verarbeitung personenbezogener Informationen erfolgt sowohl innerhalb der jeweiligen Einrichtung wie etwa in Arztpraxen, in Apotheken, in Krankenhäusern oder in sonstigen Einrichtungen der Gesundheitsversorgung. Dies schließt die entsprechenden Verwaltungsbereiche ein. 111

Gesundheitsvorsorge soll **Gesundheitsbeeinträchtigungen** schon im Vorfeld verhindern. Präventive Maßnahmen sind individuell wie auch kollektiv möglich. Für kollektive Prävention sind im Regelfall aggregierte Informationen ausreichend, was personenbezogene Daten entbehrlich macht. Etwas anderes gilt im Bereich der individuellen Prävention. Da hier zumeist eine konkrete Gefahr noch nicht vorliegt und eine anlassfreie Rundumgesundheitsüberwachung vermieden werden muss, sind eingrenzende Vorkehrungen und besondere Sicherungen vorzusehen. Zulässig sind auf Einwilligung basierende Maßnahmen. 112

Diagnostik ist die Feststellung und Bestimmung einer körperlichen oder seelischen Krankheit. Eine Diagnose beginnt mit der Anamnese und der professionellen Befragung des Patienten und ggf. von Dritten. Sie setzt im Regelfall eine direkte (körperliche) Untersuchung voraus und resultiert aus der zusammenfassenden Beurteilung einzelner Befunde wie beispielsweise Beschwerden, von Krankheitssymptomen oder typischen Gruppen von Symptomen. Auch Normalbefunde oder nicht krankhafte Normabweichungen gehören zur Diagnosestellung. Bei der Diagnostik werden oft chemische, biotechnische oder apparative Untersuchungen durch Spezialisten (z. B. Labore) durchgeführt. 113

Behandlung ist die individuelle medizinische Betreuung von Kranken. Der Behandlungsbegriff ist weit zu verstehen. Dazu gehören Eingriffe im Sinne von körperlichen Maßnahmen (Operationen, Injektionen), die Verschreibung und Verabreichung von Medikamenten sowie das Gespräch mit dem Patienten. Der Begriff schließt Diagnostik und Therapie ein. Erfasst werden auch fremdnützige Maßnahmen wie z. B. das Blutspenden und wunscherfüllende Medizin.[84] Die Behandlung muss regelmäßig individuell dokumentiert werden (vgl. §§ 630f BGB, 10 MBOÄ). 114

Die Leitung der Behandlung obliegt im Regelfall einer durch das **Berufsgeheimnis** verpflichteten Person (etwa Ärzte oder Psychologen). Eine Medikamentenausgabe erfolgt durch den Apotheker. Die Behandlung kann durch einen einzelnen Arzt durchgeführt werden, aber auch durch ein Team, etwa in Praxisgemeinschaften Gemeinschaftspraxen, medizinischen Versorgungszentren, Krankenhäusern oder sonstigen Kliniken. Eine Assistenz erfolgt durch abhängig und selbständig tätige Hilfspersonen wie Heilpraktiker, Logopäden, Krankengymnasten, Masseure, Optiker, eventuell auch Produzenten und Vertreiber von Arzneimitteln und medizinischen Hilfsmitteln, berufsmäßig tätige Gehilfen 115

84 Prütting-*Rehborn*, § 8 MBOÄ Rn. 3; Kingreen/Kühling-*Kircher*, 217 ff.

und die Personen, die bei ihnen zur Vorbereitung auf den Beruf tätig sind. Die Weitergabe und Nutzung von Patientengeheimnissen innerhalb der verantwortlichen Stelle muss sich auf das Erforderliche beschränken (vgl. § 203 Abs. 3 Satz 2 StGB).

116 Der Behandlung liegt regelmäßig ein **Behandlungsvertrag** zugrunde (§§ 630a ff. BGB). Für diesen gelten allgemeine (zivilrechtliche) Regelungen wie beispielsweise allgemeine Geschäftsbedingungen (§§ 305ff. BGB). Der hieraus resultierende Schutz schwächerer Vertragspartner steht nicht im Widerspruch zur Privatautonomie von Leistungserbringern und Patienten.[85]

117 Umfassende Versorgungskonzepte wie beispielsweise die haus- und fachärztliche Versorgung (§ 73 SGB V)[86], die integrierte Versorgung nach § 140a SGB V[87] oder strukturierte Behandlungsprogramme (sog Disease Management Programs)[88] schließen die Behandlung mit ein, beinhalten aber auch die Vor- und die Nachsorge.

118 Eine Abgrenzung zwischen Gesundheits- und Sozialbereich ist in der Praxis kaum möglich und wird von Buchst. h nicht gefordert. Während im Gesundheitsbereich der Schwerpunkt auf die Sicherstellung der körperlichen und seelischen Gesundheit gelegt wird, zielt der Sozialbereich darauf ab, durch staatliche Regulierung und öffentliche Leistungen auch soziale Gerechtigkeit und Sicherheit zu verwirklichen. Dies erfolgt durch Sicherung eines menschenwürdigen Daseins, durch Schaffung gleicher Voraussetzungen für die freie Entfaltung der Persönlichkeit, durch Förderung und Schutz der Familie, durch den Schutz vor und den Ausgleich von besonderen Lebensbelastungen (vgl. § 1 Abs. 1 SGB I).

119 Gesundheitsleistungen und deren Verwaltung werden von privaten wie von öffentlichen Stellen erbracht. **Sozialleistungsträger** sind in Deutschland ausschließlich öffentliche Stellen. Konkret erbracht werden Sozialleistungen teilweise jedoch auch durch private Stellen. Diese profitieren auch von der rechtlichen Privilegierung bei der Verarbeitung sensitiver Daten.

b) Arbeitsmedizin

120 Der Begriff »**Arbeitsmedizin**« steht für die Untersuchung, Bewertung, Begutachtung und Beeinflussung der Wechselbeziehungen zwischen Anforderungen, Bedingungen und Organisation der Arbeit sowie dem Menschen, seiner Gesundheit, seiner Arbeits- und Beschäftigungsfähigkeit und seinen Krankheiten. Der Bereich wird nicht nur von Abs. 2 Buchst. h, sondern auch von Abs. 2 Buchst. b (Arbeitsrecht) erfasst.

121 In der Arbeitsmedizin bestehen informationelle Beziehungen in einem »Dreiecksverhältnis« zwischen Arbeitgebern, Beschäftigten und Betriebsärzten. Arbeitgeber haben in diesem Zusammenhang nur einen Anspruch darauf, solche Gesundheitsinformationen zu erhalten, die für die Erbringung der Arbeitsleistung und die Bereitstellung des Arbeitsplatzes erforderlich sind. Die entsprechenden personenbezogenen Daten müssen sich schon mit Blick auf den Schutz der Beschäftigten als schwächere Vertragspartner, aber auch aufgrund fehlender Regeln zur Schweigepflicht, auf allgemeine Aussagen wie »geeig-

85 Kühling/Buchner-*Weichert*, Art. 9 Rn. 103; a. A. Dochow, GesR 2016, 405.
86 Dazu Kingreen/Kühling-*Kircher*, 220ff. mit Kritik an § 115 SGB V, 222.
87 Kingreen/Kühling-*Kircher*, 224f.; Hauser/Haag, 99ff.
88 Kingreen/Kühling-*Kircher*, 225f.

net« oder »mit bestimmten Einschränkungen geeignet« beschränken. Weitergehende Informationsansprüche können auch mit Blick auf den zu leistenden Schutz der Beschäftigten auf Seiten der Arbeitsmediziner bestehen. Diese können aber nur erfüllt werden, wenn eine weitgehende Vertraulichkeit garantiert wird.[89]

Arbeitsmedizin bewegt sich in der Schnittmenge von Medizin- und Arbeitsrecht. Vorga- **122**
ben zu Vertraulichkeitspflichten finden sich neben den allgemeinen Regeln in der DSGVO in zahlreichen Spezialnormen wie beispielsweise dem Arbeitssicherheitsgesetz (ASiG), dem SGB V (Krankenversicherung), dem SGB VII (Unfallversicherung) und dem SGB IX (Schutz behinderter Menschen). Zur Arbeitsmedizin gehört der Bereich der Vorsorge (§ 3 Abs. 1 Nr. 2 ASiG), die Verarbeitung von Gesundheitsdaten im Bewerbungsverfahren,[90] die Behandlung während des Beschäftigungsverhältnisses und die damit verbundene Kommunikation mit dem Arbeitgeber, etwa in Bezug auf Arbeitsunfähigkeit,[91] die Rehabilitation und Wiedereingliederung (§ 84 Abs. 2 SGB VII).[92] Mit erfasst werden der Datenaustausch zwischen öffentlichen Stellen, insbesondere Sozialversicherungsträgern und den Gesundheitsbehörden, und Arbeitgeber bzw. Betriebsarzt.

c) Verwaltung der gesundheitlichen Versorgung

Durch Abs. 2 Buchst. h werden einschlägige Verarbeitungsmöglichkeiten nunmehr auch **123**
für die Verwaltung von Systemen und Diensten im Gesundheits- und Sozialbereich eröffnet. Der **Anwendungsbereich** geht damit über den Regelungsbereich des Art. 8 Abs. 3 EG-DSRl, der eine Beschränkung auf die »Verwaltung von Gesundheitsdiensten« enthielt (ebenso § 28 Abs. 7 Satz 1 BDSG-alt). Erfasst werden damit neben der gesetzlichen Kranken- und Unfallversicherung auch privatrechtlich gestaltete Formen der Verwaltung einschließlich der Kostenübernahme durch Versicherungen für Gesundheitsleistungen.[93] Allerdings müssen alle Verarbeitungen die Schutzregeln der DSGVO beachten wie insbesondere die Grundsätze in Art. 5. Nicht vom Anwendungsbereich des Abs. 2 Buchst. h erfasst ist die Weitergabe sensitiver Daten an gewerbliche Verrechnungsstellen, Inkassobüros, Anbieter von Dokumentationsdienstleistungen (etwa Mikroverfilmung von Akten).

Der Begriff »Verwaltung von Gesundheitsdiensten« erfasst insbesondere den Bereich der **124**
Gesetzlichen Krankenversicherung (GKV). Hierzu gehören die Krankenkassen (§ 284 SGB V), die Kassen(zahn)ärztlichen Vereinigungen (§ 285 SGB V) und der Medizinische Dienst (MDK; § 278 SGB V). Erfasst werden Maßnahmen der Organisation, Planung, Abrechnung (§§ 295, 295a, 300ff. SGB V),[94] die Abrechnungsprüfung (§ 106a SGB V), die Qualitätssicherung (§§ 72 Abs. 2, 135ff., 299 SGB V) und die Wirtschaftlichkeitsprüfung (§ 106 SGB V)[95] im GKV-Bereich. Dazu gehören weiterhin die Abrechnung über Haus-

89 Weichert, RDV 2007, 189.
90 Weichert, RDV 2007, 192.
91 Weichert, RDV 2007, 193.
92 Dazu Gundermann/Oberberg, RDV 2007, 105.
93 Gola-*Schulz*, Art. 9 Rn. 30; Weichert, DANA 2016, 51; Kühling/Buchner-*Weichert*, Art. 9 Rn. 106; zur bisherigen Rechtslage Kingreen/Kühling-*Kühling/Seidel*, S. 43.
94 Dazu Kingreen/Kühling-*Kircher*, 233ff.; zur Abrechnung unter Einbeziehung privater Dritter BSG 10.12.2008 – BSGE 102, 134; dazu Kingreen/Kühling-*Kircher*, 236ff.
95 Kingreen/Kühling-*Kircher*, 254f., 266ff.

arztverbände und andere privatrechtlich organisierte Gemeinschaften von Leistungserbringern (§ 295a Abs. 1 Satz 1 i.V.m. §§ 73b, 73c, 140a SGB V)[96], durch Apothekenrechenzentren (§ 300 SGB V)[97], die Abrechnung für Hebammen (§ 302 Abs. 2 SGB V), der Betrieb der Telematik-Infrastruktur unter Einbeziehung der elektronischen Gesundheitskarte (eGK, § 291a SGB V)[98] oder die Durchführung von Modellvorhaben (§ 63 SGB V). Weitere Stellen können als Verantwortliche einbezogen sein.[99]

125 Die **Abrechnung** von gesundheitlichen Dienstleistungen wird auch außerhalb des GKV-Bereichs erfasst. Mangels beschränkter Erfahrungen und Ressourcen setzen Leistungserbringer für die Forderungsverwaltung und den Forderungseinzug sowie den dafür nötigen IT-Einsatz oft privatwirtschaftlich tätige Spezialisten ein. Dies ist nach Buchst. h grds. zulässig.[100] Entsprechendes gilt für Qualitäts- und Wirtschaftlichkeitskontrollen.[101] Erfolgt dabei eine Offenbarung von Berufsgeheimnissen, so bedarf es hierfür einer separaten Legitimation.

126 Die Absätze 3 und 4 erlauben national oder unionsweit geregelt zusätzliche Verarbeitungsvoraussetzungen wie beispielsweise unter der Verantwortung von Fachpersonal von Personen, die besonderen Geheimhaltungspflichten unterliegen (vgl. § 76 SGB X sowie Rn. 37). Diese **spezifischen Schutzregelungen** bedürfen einer besonderen Grundlage. Generell gilt, dass die Vorschriften zum Datenschutz und zu den Berufsgeheimnissen parallel und sich ergänzend anzuwenden sind. Im Bereich der Verwaltung von Systemen und Diensten ist zweckbezogen der Grundsatz der Datenminimierung zu beachten (Art. 5 Buchst. c).

9. Öffentliche Gesundheitsdienste (Buchst. i)

127 Nach Abs. 2 Buchst. i ist die Verarbeitung besonderer Kategorien personenbezogener Daten im **Bereich der öffentlichen Gesundheit** aus Gründen des öffentlichen Interesses in den hier genannten Fällen auch ohne Einwilligung der betroffenen Person zulässig. Dieser Erlaubnistatbestand ist eine Spezialregelung zu der in Abs. 2 Buchst. g, die generell das öffentliche Interesse erfasst.

128 Eine Verarbeitung auf der Grundlage von Abs. 2 Buchst. i setzt **angemessene und besondere Maßnahmen zum Schutz der Rechte und Freiheiten** der betroffenen natürlichen Personen voraus. »In diesem Zusammenhang sollte der Begriff »öffentliche Gesundheit« im Sinne der Verordnung (EG) Nr. 1338/2008 des Europäischen Parlaments und des Rates[102] ausgelegt werden und alle Elemente im Zusammenhang mit der Gesundheit wie den Gesundheitszustand einschließlich Morbidität und Behinderung, die sich auf diesen Gesundheitszustand auswirkenden Determinanten, den Bedarf an Gesundheitsversorgung, die der Gesundheitsversorgung zugewiesenen Mittel, die Bereitstellung von Gesundheits-

---

96 Dazu Kingreen/Kühling-*Kircher*, 242ff., 250ff.
97 Kingreen/Kühling-*Kircher*, 245ff.
98 Bales/Schwanenflügel, NJW 2012, 2475ff.
99 Kingreen/Kühling-*Kircher*, 264ff.
100 Kingreen/Kühling-*Kühling/Seidel*, 134f.
101 A.A. Paal/Pauly-*Frenzel*, Art. 9 Rn. 44: Buchst. i.
102 Verordnung v. 16. 12. 2008, ABl. L 354 v. 31. 12. 2008, 70.

versorgungsleistungen und den allgemeinen Zugang zu diesen Leistungen sowie die entsprechenden Ausgaben und die Finanzierung und schließlich die Ursachen der Mortalität einschließen. Eine solche Verarbeitung von Gesundheitsdaten aus Gründen des öffentlichen Interesses darf nicht dazu führen, dass Dritte, unter anderem Arbeitgeber oder Versicherungs- und Finanzunternehmen, solche personenbezogene Daten zu anderen Zwecken verarbeiten« (ErwGr 54).

Die Verarbeitung auf der Grundlage von Abs. 2 Buchst. h darf **ausschließlich öffentlichen Interessen dienen**. Kommerzielle Interessen sind damit ausgeschlossen, so dass sich private Unternehmen nicht auf diese Vorschrift berufen können. Etwas anderes kann nur gelten, wenn sie auf der Basis einer einschlägigen gesetzlichen Regelung im öffentlichen Auftrag tätig sind (etwa als Beliehene).[103] 129

Bezogen auf eine Verarbeitung nach Abs. 2 Buchst. i kann der Anspruch eines Betroffenen auf Löschung seiner Daten nach Art. 17 Abs. 3 Buchst. e »aus Gründen des öffentlichen Interesses im Bereich der öffentlichen Gesundheit« ausgeschlossen werden. Die Regelungen zu Berufsgeheimnissen in Abs. 3 und Gesundheitsdaten in Abs. 4 sind in Bezug auf Buchst. i uneingeschränkt anwendbar.[104] 130

Konkretisierende Normen sind in Bezug auf Medikamente die Pharmakovigilanz gemäß dem Arzneimittelgesetz (§§ 62ff. AMG), in Bezug auf Medizinprodukte das Medizinproduktegesetz (MPG). Krebsregistergesetze[105], die Behandlungs-, Vorsorge- und Forschungszwecke verfolgen, können sich auf Buchst. h und i berufen. Die Gesundheitsdienste in den Ländern sind durch Gesetze über den öffentlichen Gesundheitsdienst geregelt.[106] Auf Landesebene bestehen Gesetze zur Ausübung von Heilberufen sowie standesrechtliche Berufsordnungen. Die »Gewährleistung hoher Qualitäts- und Sicherheitsstandards bei der Gesundheitsversorgung und bei Arzneimitteln und Medizinprodukten« erfolgt dadurch, dass die Anwendungen dokumentiert und die Resultate erfasst, verglichen und ausgewertet werden. Regelungen dazu finden sich in § 299 SGB V, § 5 MBOÄ, §§ 72 Abs. 2, 135ff., 299 SGB V, § 11a Nr. 2 ApoG, §§ 54ff. AMG oder § 26 MPG. 131

10. Archivarische, wissenschaftliche und statistische Zwecke (Buchst. j)

Abs. 2 Buchst. j enthält eine **Privilegierung** der Verarbeitung besonderer Kategorien personenbezogener Daten für **Archivzwecke** sowie für **wissenschaftliche** und **historische Forschungszwecke**. Die Erlaubnis zur Verarbeitung sensitiver Daten besteht (anders als bisher in Art. 6 Abs. 1 Buchst. e EG-DSRl) nunmehr auch für archivarische, wissenschaftliche oder statistische Zwecke. Diese Erweiterung der Privilegierung beruht auf derselben Erwägung, nach der in Art. 5 Abs. 1 Buchst. b der Grundsatz der Zweckbindung für diese Zwecke relativiert wird. Erforderlich bleiben die Angemessenheit und der Bezug auf die verfolgten Ziele und die nach Art. 89 zu ergreifenden Schutzmaßnahmen. Diese müssen über das generell geforderte Maß hinausgehen, womit aber ein großer Gestaltungsspiel- 132

103 Härting, Rn. 546; Kühling/Buchner-*Weichert*, Art. 9 Rn. 116.
104 Kühling/Buchner-*Weichert*, Art. 9 Rn. 118.
105 Z.B. BremKRG v. 18.9.1997, Brem. GBl. 1997, 337.
106 Z.B. Bay GDVG – Gesundheitsdienst- und Verbraucherschutzgesetz v. 24.7.2003, Bay GVBl 2003, 452.

raum bleibt.[107] Auch die in Abs. 2 Buchst. j genannten Verarbeitungen müssen die allgemeinen Vorgaben der DSGVO erfüllen und insbesondere die in Art. 5 enthaltenen Grundsätze berücksichtigen.

133 Alle nach Abs. 2 Buchst. j zulässigen Verarbeitungen müssen im öffentlichen Interesse liegen.[108] Dies muss in einem **ersten Prüfschritt** positiv festgestellt werden. **Anschließend** muss im Rahmen einer Abwägung bewertet werden, ob die Verarbeitung verhältnismäßig ist. Hierbei muss geprüft werden, ob die Verarbeitung sensitiver Daten erforderlich ist. Dabei muss das öffentliche Interesse nunmehr nicht mehr »erheblich« überwiegen (so noch § 28 Abs. 6 Nr. 4 BDSG-alt). Es ist aber zu prüfen, ob der Zweck auch mit anonymisierten oder pseudonymisierten Daten erreicht werden kann.

134 **Erforderliche Sicherungsmaßnahmen** können beispielsweise Zugriffsbeschränkungen, Genehmigungsvorbehalte, Nutzungsbegrenzungen oder spezifische Betroffenenrechte sein. Die in Abs. 2 Buchst. j aufgeführten zulässigen Zwecke können im Einzelfall auch dazu führen, dass den Betroffenen ein Löschanspruch verwehrt wird (vgl. Art. 17 Abs. 3 Buchst. d sowie § 27 Abs. 2 BDSG).

135 Einschlägige Regelungen für den Bereich der Archivierung finden sich im BArchivG und in den jeweiligen Landesarchivgesetzen. Davon zu unterscheiden ist die Dokumentation von laufenden oder abgeschlossenen Verwaltungsverfahren, deren Daten noch nicht gelöscht bzw. an ein historisches Archiv abgeben werden können, weil sie für den Verwaltungsvollzug noch benötigt werden (können). Für diese Dokumentation wird landläufig auch der Begriff des (elektronischen) Archivs verwendet.[109] Archivzwecke i. S. v. Buchst. j setzen voraus, dass die Daten für den ursprünglichen Zweck nicht mehr benötigt werden und zu Zwecken der (historischen) Forschung weiter aufbewahrt werden. Private Archive kommen nicht in den Genuss der Ausnahmeregelung von Buchst. j.

136 Die Privilegierung bei der Verarbeitung sensitiver Daten für die wissenschaftliche Forschung geht auf die Forschungsfreiheit nach Art. 13 GRCh (Art. 5 Abs. 3 Satz 1 GG) zurück. Wissenschaft und Forschung haben einen Anspruch auf staatlichen Schutz und Förderung.[110] Forschungszwecke sind nach Art. 89 Abs. 1 beim Vorliegen hinreichender Garantien mit dem ursprünglichen Zwecken vereinbar, was zu einer rechtlichen Gleichrangigkeit der Forschungsfreiheit und des Datenschutzes führt.[111] Grundlage für die Auswertung von sensitiven Daten für Forschungszwecke und für die hierzu geltenden Garantien muss eine gesetzliche nationalstaatliche oder europäische Regelung sein.[112] Gibt es keine gesetzliche Regelung für die Verarbeitung zu Forschungszwecken, ist hierfür eine Einwilligung der Betroffenen erforderlich.[113]

---

107 Kühling/Martini u. a., S. 53; Kühling/Buchner-*Weichert*, Art. 9 Rn. 123.

108 Ehmann/Selmayr-*Schiff*, Art. 9 Rn. 63.

109 Blobel/Koeppe, Handbuch, S. 84ff.

110 BVerfGE 35, 114.

111 Kritisch Konferenz der Datenschutzbeauftragten des Bundes und der Länder v. 14. 8. 2015, Datenschutzrechtliche Kernpunkte für die Trilogverhandlungen zur Datenschutzgrundverordnung, 6f.

112 Albrecht, CR 2016, 97; vgl. auch § 27 BDSG.

113 Hornung/Hofmann, ZD-Beilage 4/2017, 12.

Statistische Zwecke werden mit dem BStatG, den Landesstatistikgesetzen sowie einer Vielzahl spezieller Regelungen auf Bundes- und Landesebene verfolgt.[114] 137

Der Begriff der »**wissenschaftlichen Forschungszwecke**« ist im Rahmen der DSGVO 138
weit auszulegen. Er erfasst beispielsweise die technologische Entwicklung und die Demonstration, die Grundlagenforschung, die angewandte Forschung und die privat finanzierte Forschung. Darüber hinaus soll der Begriff auch dem in Artikel 179 Absatz 1 AEUV festgeschriebenen Ziel Rechnung tragen, einen europäischen Raum der Forschung zu schaffen. Er umfasst auch Studien, die im öffentlichen Interesse im Bereich der öffentlichen Gesundheit durchgeführt werden (vgl. ErwGr 159 Sätze 2–6). Medizinische Forschung wird als besonders unterstützenswürdig angesehen.[115] Markt- und Meinungsforschung kommt hingegen nur dann in den Genuss der Privilegierung durch Abs. 2 Buchst. j, wenn sie die Voraussetzungen unabhängiger wissenschaftlicher Forschung erfüllen (hierzu Art. 85 Rn. 37ff.).

Forschung ist ein auf wissenschaftlicher Eigengesetzlichkeit in Bezug auf Methodik, Sys- 139
tematik, Beweisbedürftigkeit, Nachprüfbarkeit, Kritikoffenheit und Revisionsbereitschaft beruhender Prozess zum Auffinden von Erkenntnissen, ihrer Deutung und ihrer Weitergabe. Was nach Inhalt und Form als ernsthafter, planmäßiger Versuch zur Ermittlung der Wahrheit anzusehen ist, kann als **wissenschaftliche** Forschung angesehen werden.[116] Forschung wird nicht dadurch ausgeschlossen, dass ihr Gegenstand auch Ausbildungs- und Prüfungszwecken dient.[117]

Die **Privilegierung** gilt **nur für unabhängige Forschung**, so dass externe Einflussnahmen 140
auf den Erkenntnisprozess oder eine Unterordnung unter wirtschaftliche oder sonstige Zwecke, die z.B. oft im Bereich der Pharmaforschung verfolgt werden, ausgeschlossen sein müssen. Ebenso wenig fallen Untersuchungen, die Aufsichts-, Organisations- oder Kontrollzwecken dienen, unter den Forschungsbegriff. Die Finanzierung durch Drittmittel, kann die Unabhängigkeit beeinträchtigen. Allein der Umstand, dass ein Forschungsvorhaben durch eine dritte Stelle finanziert wird, die ein Eigeninteresse an den (unabhängig erlangten) Erkenntnissen hat, beeinträchtigt die Unabhängigkeit noch nicht.[118]

Bei der Abwägung von Forschungsinteressen mit schutzwürdigen Betroffeneninteressen 141
ist zu berücksichtigen, ob und inwieweit eine **Weiterverwendung** der sensitiven Daten ausgeschlossen ist.[119]

IV. Geeignete und spezifische Schutzmaßnahmen

In vielen der Ausnahmeregelungen des Abs. 2 wird die Erlaubnis zur Verarbeitung sen- 142
sitiver Daten an »**angemessene und spezifische**« oder an »**geeignete Garantien für die Grundrechte und die Interessen der Person**« geknüpft (vgl. etwa Buchst. b, g, i oder j so-

114 Zu den Rahmenbedingungen des Datenschutzes in der Statistik BVerfG NJW 1984, 423ff.
115 A.A. Härting, Rn. 549.
116 BVerfGE 35, 112f. = NJW 1978, 1176; Kühling/Buchner-*Weichert*, Art. 9 Rn. 127.
117 Kühling/Bucher-*Weichert*, Art. 9 Rn. 128.
118 Kühling/Bucher-*Weichert*, Art. 9 Rn. 129; ähnlich Sydow-*Kampert*, Art. 9 Rn. 52.
119 SHS-*Petri*, Art. 9 Rn. 98 verweist auf die Möglichkeit anonymer bzw. pseudonymer Verarbeitungen; nach Kühling/Buchner-*Weichert*, Art. 9 Rn. 131 ist eine personenbezogene Weiterverarbeitung für andere Zwecke nicht zulässig.

wie Buchst. h i. V. m. Abs. 3). Damit soll ein **Interessenausgleich** zwischen der Zielverfolgung der sensitiven Datenverarbeitung und dem Schutzinteresse der Betroffenen hergestellt werden. Bei dieser Interessenabwägung können durch Schutzvorkehrungen die Persönlichkeitsrechte gewahrt werden, ohne dass der Verarbeitungszweck aufgegeben werden muss.

143 Die notwendigen Schutzvorkehrungen können in materiell-rechtlichen **Verarbeitungsbegrenzungen** bestehen sowie in prozeduralen, technischen und organisatorischen Maßnahmen. Sie müssen sich jeweils spezifisch auf die sensitiven Daten, auf den Verarbeitungszweck, die verarbeitenden Stellen und die mit der Verarbeitung verbundenen Risiken beziehen. Dabei ist zwischen Garantien nach Abs. 2 und solchen nach Abs. 3 und Abs. 4 zu unterscheiden. Im Ergebnis können Maßnahmen nach Abs. 3 oder Abs. 4 auch angemessen i. S. v. Abs. 2 sein. Dies gilt beispielsweise für den materiellrechtlichen Schutz des Patientengeheimnisses oder von beruflichen Schweigepflichten (vgl. § 203 StGB, §§ 53, 53a, 97 StPO, Berufsordnungen). Das Seelsorgegeheimnis dient zugleich dem Schutz religiöser Bekenntnisse. Das Mandantengeheimnis des Anwalts schützt sensitive Prozessdaten der vertretenen Personen.

144 Geeignete materielle Garantien gibt es in Form von Zweckbegrenzungen, von Nutzungs- und **Verarbeitungsverboten** oder von **Weitergabebeschränkungen**. Strenge Zweckbegrenzungen bestehen z. B. bei der Nutzung für sog. End- oder Sekundärzwecke der Forschung, der Archivierung und der Statistik. Weitergabebeschränkungen können dahingehen, dass nur Berufsgeheimnisträger als Empfänger in Frage kommen. Eine Nutzungsbeschränkung liegt z. B. im Verbot der Nutzung für Werbe- und Marketingzwecke. Zu den materiellen Garantien gehören zusätzliche Betroffenenrechte, etwa ein spezifisches Recht auf Benachrichtigung, das Recht auf Wahl verschiedener Alternativen (Opt-out, Opt-in) oder erleichterte Auskunftsmöglichkeiten.

145 Bei prozeduralen Schutzmaßnahmen wird die Verarbeitung sensitiver Daten von der Einhaltung eines bestimmten Verfahrens abhängig gemacht. Dabei kann es sich um die Information des Betroffenen oder eines besonders fachkundigen und/oder unabhängigen Gremiums handeln, das im Bedarfsfall intervenieren kann (z. B. Votum der Ethik-Kommissionen nach § 3a Abs. 3 Satz 1 ESchG, § 15 Abs. 1 Satz 1 MBOÄ). Weiter geht die Pflicht zur Einholung einer Genehmigung. Eine Schutzvorkehrung kann auch die Anhörung eines Betroffenen sein. Auf Grundlage der dabei gewonnenen Erkenntnisse und Informationen kann zwischen den unterschiedlichen Schutz- und Verarbeitungsinteressen besser abgewogen werden. Eine Schutzwirkung kann durch die prozedurale Einbindung von Interessenvertretungen der Betroffenen, etwa Verbraucherverbänden oder Beschäftigtenvertretungen, erreicht werden. Auch allgemeine Veröffentlichungspflichten, die sowohl die allgemeine wie auch die Fach-Öffentlichkeit adressieren, sind hierzu zu zählen.

146 **Technisch-organisatorische Vorkehrungen** knüpfen an die in den Art. 25, 32 vorgesehenen Maßnahmen an, um die Schutzziele Verfügbarkeit, Integrität, Vertraulichkeit, Transparenz und Nichtverknüpfbarkeit zur optimalen Wirkung zu bringen.[120] Maßnahmen bestehen in der Datenminimierung, in einer obligatorischen Pseudonymisierung bzw. in

120 Schmidt/Weichert-*Rost*, S. 353ff.

einer frühzeitigen Anonymisierung, in Löschungskonzepten, in Verschlüsselungen, getrennten Verarbeitungen, spezifischen Formen der Dokumentation und der Protokollierung. In Betracht kommen auch Vorgaben zur Authentisierung und zur Datensicherung. Für den Bereich der Forschung werden Konkretisierungen in Art. 89 Abs. 1 zur Pflicht gemacht.

V. Verarbeitung von Berufsgeheimnissen durch Fachpersonal (Abs. 3)

Durch Abs. 3 wird eine Verknüpfung des Datenschutzrechts mit insbesondere standesrechtlich begründeten **Berufsgeheimnissen** vorgenommen. In Bezug auf diese Geheimnisse bestanden die Mitgliedstaaten im Rahmen der Verhandlungen zur DSGVO auf der Wahrung ihrer Regelungskompetenz. Dabei müssen sie aber die Vorgaben der Art. 5, 6 Abs. 2 und 3, 9 DSGVO sowie evtl. weitere spezifische Begrenzungen beachten.[121] Während die Vorgängerregelung des Art. 8 Abs. 3 EG-DSRl sich auf den Schutz von ärztlichem Personal beschränkte, erfasst Abs. 3 Berufsgeheimnisträger umfassend. 147

Der Anwendungsbereich von Abs. 3 beschränkt sich auf Abs. 2 Buchst. h. Für eine Verarbeitung von Gesundheitsdaten müssen die Voraussetzungen beider Vorschriften erfüllt sein.[122] Darüber hinaus werden von Abs. 3 aber auch die weiteren in Abs. 1 aufgezählten sensitiven Daten erfasst. Abs. 3 ermöglicht unionsrechtliche und nationale Regelungen, verpflichtet aber nicht dazu. Die Bedeutung dieser Vorschrift wird dadurch relativiert, dass Berufsgeheimnisregelungen nicht nur hinsichtlich Abs. 2 Buchst. h, sondern auch für die anderen Erlaubnistatbestände des Abs. 2 in Öffnungsklauseln vorgesehen werden können. 148

Abs. 3 nennt **keine expliziten qualitativen Anforderungen** an das Berufsgeheimnis; diese müssen aber angemessen, also geeignet, nötig und verhältnismäßig sein. Die in den Mitgliedstaaten anwendbaren Berufsgeheimnisregelungen finden sich im nationalen Recht und in den hieraus folgenden Geheimhaltungsvorschriften.[123] Im Bereich der EU gibt es damit unterschiedliche Vorgaben. 149

Bei Datenverarbeitungen, die von einem Berufsgeheimnis sowie von datenschutzrechtlichen Vorgaben reguliert werden, sind beide Regelungsbereiche unabhängig voneinander anwendbar. Ist eine Verarbeitung sensitiver Daten nach Art. 9 Abs. 2 datenschutzrechtlich zulässig, verstößt sie aber gegen ein Berufsgeheimnis, so ist sie insgesamt unzulässig. Es muss nach dem **Zwei-Schranken-Prinzip** eine **zweistufige Prüfung** stattfinden. Durch Abs. 3 hat das in Deutschland geltende Zwei-Schranken-Prinzip weiterhin Gültigkeit. 150

Das **Berufsgeheimnis beschränkt** die **Verarbeitung sensitiver Daten** auf **Fachpersonal**. Es zielt darauf ab, die zwischen diesem und dem Betroffenen bestehende Vertraulichkeitserwartung zu sichern. Ergänzend hierzu bekräftigt Art. 90 die Befugnis der Mitgliedstaaten, Berufsgeheimnisse in Bezug auf die Betroffenenauskunft und die Aufsichtskontrolle national zu regeln, soweit dies notwendig und verhältnismäßig ist. 151

121 Albrecht/Jotzo, S. 78.
122 Auernhammer-*Greve*, Art. 9 Rn. 34.
123 Auernhammer-*Greve*, Art. 9 Rn. 34.

152 Berufsgeheimnisse bestehen in Deutschland nach § 203 StGB, sowie Heilberufsordnungen für **Ärzte,**[124] **Apotheker** oder **Psychologen** in Form des sog. Patientengeheimnisses bzw. der beruflichen (z. B. ärztlichen) Schweigepflicht. Auch deren Gehilfen werden nach § 203 Abs. 3 Satz 2 StGB verpflichtet und geschützt. Das Zeugnisverweigerungsrecht von Berufsgeheimnisträgern ist in § 53 StPO geregelt. Die Berufsgeheimnisse können also ihre Grundlage in Gesetzen sowie in anderen verbindlichen Vorschriften haben, also zB auch in berufsständischen Satzungen.

153 Privilegiert werden können nach Abs. 3 nicht nur Ärzte, sondern auch Rechtsanwälte, soziale Berater sowie »Angehörige eines Unternehmens der privaten Kranken-, Unfall- oder Lebensversicherung oder einer privatärztlichen, steuerberaterlichen oder anwaltlichen Verrechnungsstelle« (§ 203 Abs. 1 Nr. 3–6 StGB). Einen rein strafprozessualen Berufsgeheimnisschutz genießen u. a. weiterhin Geistliche (§ 53 Abs. 1 Nr. 1 StPO), Abgeordnete (§ 53 Abs. 1 Nr. 4 StPO) sowie Journalisten (§ 53 Abs. 1 Nr. 5 StPO).

154 Wenig anwendungsfreundlich ist im deutschen Recht, dass einzelne Berufsgeheimnisse parallel in mehreren Gesetzen geregelt sind (z. B. § 203 StGB, § 43a Abs. 2 BRAO, § 18 BNotO) sowie in für Kammerangehörige verbindlichen von den Kammern erlassenen **Berufsordnungen**. Diese Regelungen widersprechen sich zwar nicht explizit, wohl aber finden sich im Standesrecht teilweise andere Formulierungen und teilweise Konkretisierungen der zumeist sehr allgemeinen gesetzlichen Regelungen. So präzisiert § 9 MBOÄ, dass eine Offenbarungsbefugnis zum Schutz eines höherwertigen Rechtsgutes besteht (vgl. § 34 StGB), wobei dann aber grds. eine Unterrichtungspflicht besteht, und dass eine Offenbarungsbefugnis bei gleichzeitiger und aufeinander folgender Behandlung gegeben ist.[125]

155 Das **Sozialgeheimnis** nach § 35 SGB I ist Berufsgeheimnis i. S. d. Abs. 3.[126] Es zielt darauf ab, Geheimnisse in vergleichbarem Maße institutionell wie personale Berufsgeheimnisse zu schützen, auch wenn sie den Vertrauensbereich z. B. zu Zwecken der Abrechnung oder der behördlichen Aufsicht verlassen müssen.[127] Es verpflichtet alle Beschäftigte von Sozialleistungsträgern bei der Verarbeitung von Sozialdaten nach § 67 Abs. 1 SGB X. Anders als klassische Berufsgeheimnisse knüpft es nicht an einer personalen Beziehung an, sondern an der gesetzlichen Verpflichtung der Sozialleistungsträger bzw. von deren Mitarbeiter zur Vertraulichkeit. Das SGB differenziert teilweise zwischen Sozialdaten und »besonders schutzwürdigen Sozialdaten« (§ 76 SGB X, ähnlich § 65 SGB VIII). Diese Differenzierung wird vom europäischen Gesetzgeber nicht vollzogen, bleibt aber dem nationalen Gesetzgeber erlaubt. Das Sozialgeheimnis erstreckt sich auch auf das für Leistungsträger tätige administrative oder technische Hilfspersonal und Auftragsverarbeiter (§ 80 SGB X).

156 Nach Abs. 3 ist auch »**eine andere Person**« zur Verarbeitung berechtigt, wenn sie ebenfalls einer »Geheimhaltungspflicht« unterliegt. An diese Pflicht sind normative Anforderungen zu stellen, auch wenn, anders als zuvor Art. 8 Abs. 3 EG-DSRl, die DSGVO nicht von einer »entsprechenden« Pflicht spricht. Die Geheimhaltungsverpflichtung der »anderen

---

124 Buchner-Buchner, Datenschutz im Gesundheitswesen, A.1.3; Hauser/Haag, 23 ff.

125 Kühling/Buchner-*Weichert*, Art. 9 Rn. 141.

126 Unklar Kingreen/Kühling-*Kircher*, S. 208 f.; a. A. zu Art. 8 Abs. 3 EG-DSRl Meier, Der rechtliche Schutz patientenbezogener Gesundheitsdaten, S. 66.

127 Kritisch v. a. aus terminologischen Gründen Kingreen/Kühling-*Kircher*, S. 208.

Person« muss nicht das gleiche, aber ein vergleichbares Schutzniveau gewähren.[128] Dies ist z. B. bei Rechtsanwälten, Steuerbevollmächtigten oder Angehörigen eines Unternehmens der privaten Versicherung oder einer Verrechnungsstelle (§ 203 Abs. 1 Nrn. 3, 6) der Fall. Voraussetzung ist auch, dass die Empfänger in ihrer beruflichen Funktion tätig sind. Entsprechendes gilt für Beauftragte für den Datenschutz (§ 203 Abs. 2a StGB) und für berufsmäßig tätige Gehilfen und die Personen, die bei Schweigepflichtigen zur Vorbereitung auf den Beruf tätig sind (§ 203 Abs. 3 Satz 2 StGB). Auch durch das Sozialgeheimnis verpflichtete Empfänger, Amtsträger nach § 203 Abs. 2 StGB, für den öffentlichen Dienst Verpflichtete sowie öffentlich bestellte Sachverständige unterliegen einem adäquaten Geheimnisschutz.[129]

Die Regelung zur »Verarbeitung durch eine andere Person« in Abs. 3 nimmt keinen aus- 157
drücklichen Bezug auf eine Datenübermittlung oder Zweckänderung (so § 28 Abs. 8 Satz 1 BDSG-alt), ist aber entsprechend auszulegen. Im Unionsrecht oder im nationalen Recht müssen die bei der anderen Person verfolgten Zwecke hinreichend bestimmt sein. Darüberhinausgehende Schutzmaßnahmen sind zulässig und möglich. So dürfen ärztliche Behandlungsdaten, Qualitätskontrollen durch Kassenärztliche Vereinigungen oder Krankenkassen verwendet werden, wenn die in § 299 SGB V genannten Voraussetzungen erfüllt sind.

In bestimmten Fällen können datenschutzrechtliche Befugnisregelungen eine **Offenba- 158
rung von Berufsgeheimnissen legitimieren**. Dies ist der Fall, wenn eine Regelung sich ausdrücklich auf ein Berufsgeheimnis bezieht (z. B § 76 SGB X) oder wenn die datenschutzrechtliche Befugnisregelung typischerweise Daten erfasst, die einem Berufsgeheimnis unterliegen. So legitimieren z. B. die Regelungen des SGB V die Offenbarung von Patientengeheimnissen durch Leistungserbringer an die Krankenkassen oder an die Kassenärztlichen Vereinigungen für Zwecke der Abrechnung, der Abrechnungskontrolle sowie für Maßnahmen in Bereich der Wirtschaftlichkeitskontrolle oder der Qualitätssicherung.[130]

Werden von einer datenschutzrechtlichen Regelung Fallgestaltungen erfasst, die sowohl 159
innerhalb wie außerhalb des Bereichs des Berufsgeheimnisschutzes fallen, führt dies regelmäßig zu **keiner Offenbarungsbefugnis**. Insoweit ist eine **enge Auslegung** angebracht. In diesem Zusammenhang deutet es darauf hin, dass eine Begrenzung bestehender Offenbarungspflichten gegeben ist, wenn beim Empfänger eines Berufsgeheimnisses ein gesteigerter rechtlicher Schutz vorgesehen ist, beispielsweise durch eine strenge Zweckbindung, ein Weitergabe- oder Beschlagnahmeverbot. Entsprechendes gilt, wenn organisatorische, technische oder prozedurale Sicherungen eine Anhebung des Schutzniveaus gewährleisten. Wegen den zusätzlichen Schutzvorkehrungen von Forschungsklauseln in allgemeinen Datenschutzgesetzen können diese eine Übermittlung bzw. eine Offenbarung von Berufsgeheimnissen rechtfertigen, auch wenn kein gleichwertiger Beschlagnahmeschutz gesichert ist. Bestehen also Forschungsregelungen im nationalen Recht, die eine Zweckänderung für die Wissenschaft erlauben und zugleich einen gesteigerten Schutz dieser Daten

---

128 Kühling/Buchner-*Weichert*, Art. 9 Rn. 144.

129 Kühling/Buchner-*Weichert*, Art. 9 Rn. 144; LNK, S. 107.

130 Kühling/Buchner-*Weichert*, Art. 9 Rn. 147.

vorsehen, so können diese Regelungen ausnahmsweise auch auf Patientengeheimnisse angewendet werden.[131]

160 **Auftragsverarbeiter** von Berufsgeheimnisträgern nach Art. 28 unterliegen in ihrer Funktion bisher keiner besonderen, einem Berufsgeheimnis vergleichbaren Geheimhaltungspflicht, sondern lediglich den vertraglichen Weisungen des Verantwortlichen. Die DSGVO macht insofern keinen Unterschied zwischen der Auftragsverarbeitung von sensitiven und von weniger schutzbedürftigen personenbezogenen Daten.[132]

161 Externe **EDV-Systemadministratoren**, **Wartungsfirmen**[133] und **Abrechnungsfirmen**[134] waren als Offenbarungsempfänger von Berufsgeheimnissen nicht legitimiert (Ausnahme z.B. § 9 HmbKHG).[135] Anders als im Sozialrecht (§ 80 SGB X) bestand für den allgemeinen Bereich der Berufsgeheimnisträger keine Befugnis zum Outsourcing.[136]

162 **Auftragsverarbeiter** sind zwar **keine Gehilfen** i. S.v § 203 Abs. 3 Satz 2 StGB.[137] Sie unterliegen aber aufgrund der im Oktober 2017 erfolgten Neuregelung der einschlägigen Vorschriften im StGB und in der StPO[138] inzwischen denselben Verschwiegenheitspflichten und Schutzrechten wie ihre Auftraggeber.

163 Nach § 203 Abs. 3 StGB können Verantwortliche, die Träger von Berufsgeheimnissen nach § 203 Abs. 1 StGB sind, diese sowohl Gehilfen als auch sonstigen Personen offenbaren, die an der beruflichen oder dienstlichen Tätigkeit mitwirken. Mitwirkenden Personen steht nach § 53a StPO nunmehr ein Zeugnisverweigerungsrecht zu. Diese gesetzliche Situation eröffnet den Trägern von Berufsgeheimnissen beispielsweise die Möglichkeit, Personen oder andere Anbieter auch dann mit der Wahrnehmung von IT-Services beauftragen, wenn dies mit einer Offenbarung von Berufsgeheimnissen verbunden ist.[139]

VI. Verarbeitung von genetischen, biometrischen und Gesundheitsdaten (Abs. 4)

164 Nach **Abs. 4** können die Mitgliedstaaten für die Verarbeitung von genetischen, biometrischen oder Gesundheitsdaten **zusätzliche Bedingungen** oder **Beschränkungen**, einführen oder aufrechterhalten. Diese Öffnungsklausel kann sich im Ergebnis mit den Verarbeitungsmöglichkeiten überschneiden, die sich aus Abs. 2 und Abs. 3 ableiten.

165 Abs. 4 erlaubt sowohl beschränkende Voraussetzungen[140] wie auch Regelungen, durch die **Befugnisse erweitert werden**. In beiden Fällen darf es zu keiner Senkung des daten-

131 Kühling/Buchner-*Weichert*, Art. 9 Rn. 147f.

132 Schmid/Kahl, ZD 2017, 56.

133 Buchner-Buchner, Datenschutz im Gesundheitswesen, A/2 S. 11ff.; Kingreen/Kühling-*Kircher*, 229f.

134 BGH NJW 1991, 2956; Kingreen/Kühling-*Kircher*, 231ff.; Blobel/Koeppe, Handbuch, S. 56f., 83f.

135 Überblick bei Hauser/Haag, 109f.

136 LG Flensburg 5.7.2013 – 4 O 54/11; in Bezug auf Arztpraxen Vedder, DuD 2014, 824.

137 So aber Giesen, NStZ 2012, 122.

138 Vgl. Gesetz zur Neuregelung des Schutzes von Geheimnissen bei der Mitwirkung Dritter an der Berufsausübung schweigepflichtiger Personen vom 30.10.2017, BGBl. I, S. 3618.

139 Kühling/Buchner-*Weichert*, Art. 9 Rn. 149; vgl. auch Hartung/Steinweg, DB 17, 2018ff.

140 Konferenz der Datenschutzbeauftragten des Bundes und der Länder, DANA 2016, 76.

schutzrechtlichen Schutzniveaus kommen.[141] Die Regelung ist dahin zu verstehen, dass die zusätzlichen Anforderungen für die jeweiligen Schutzzwecke geeignet, erforderlich und angemessen sein müssen.

Dies ist z. B. bei der **Normierung des biometrischen Reisepasses** der Fall, die eine **strenge Zweckbegrenzung** und einen hohen technischen Sicherheitsstandard vorsieht.[142] Diese Regelungen sollten »den freien Verkehr personenbezogener Daten innerhalb der Union nicht beeinträchtigen, falls die betreffenden Bedingungen für die grenzüberschreitende Verarbeitung solcher Daten gelten« (ErwGr 53 Satz 5). 166

Weitere spezifische Regelungen zu **biometrischen Identifikationsdaten** (Art. 4 Nr. 14) finden sich im Strafprozess- (§ 81b StPO) und Polizeirecht (z. B. § 24 BPolG), in § 5 Abs. 5 und 9 PAuswG, § 49 Abs. 1 AufenthG, § 16 Abs. 1a AsylVfG sowie auf europäischer Ebene in der Eurodac-Verordnung.[143] Zudem gibt es Normen zur Identifizierung mit Hilfe von Lichtbilder, Unterschriften, Augenfarbe uÄ in vielen Gesetzen (z. B. § 5 Abs. 2 PAuswG, § 4 PaßG, § 291 Abs. 2 Satz 1 SGB V).[144] 167

Die **Verarbeitung genetischer Daten** (Art. 4 Nr. 13) ist insbesondere im Gendiagnostikgesetz (GenDG) geregelt.[145] Darüber hinaus findet sich eine Normierung im Hinblick auf strafrechtliche Ermittlungen im Strafprozessrecht (§§ 81e, 81f, 81g StPO) sowie zur Präimplantationsdiagnostik in § 3a ESchG. Die Feststellung der biologischen Vaterschaft mit genetischen Daten ist in § 1598a BGB geregelt. 168

Es gibt im nationalen Recht zahlreiche Sonderregelungen zur Verarbeitung von Gesundheitsdaten (Art. 4 Nr. 15). Einschlägige Regelungen finden sich etwa in § 62 Abs. 2 AMG, in den §§ 630a ff. BGB, in § 9 InfSchG, in § 20 Abs. 1 Nr. 2 MPG, zur gesetzlichen Krankenversicherung in den §§ 284ff. SGB V, zur gesetzlichen Pflegeversicherung in den §§ 93ff. SGB XI, in § 14 TFG in §§ 13ff. TPG. 169

VII. Nationale Umsetzung

Im BDSG-alt war die Verarbeitung besonderer Arten personenbezogener Daten in den §§ 3 Abs. 9, 13 Abs. 2 und 28 Abs. 6–9 geregelt. Diese Regelungen werden von Art. 4 Nrn. 13–15 und Art. 9 DSGVO verdrängt. Zugleich eröffnet Art. 9 umfangreiche **nationale Handlungsoptionen**,[146] bei denen die Aufteilung der Gesetzgebungszuständigkeit zwischen Bund und Ländern beachtet werden muss.[147] Eine Umsetzung von Art. 9 auf **Bundesebene** ist durch § 22 BDSG erfolgt. Diese Norm ist anzuwenden, wenn keine bereichsspezifischen Normen in spezialgesetzlichen Regelungen existieren. 170

---

141 Kühling/Buchner-*Weichert*, Art. 9 Rn. 150; Dochow, GesR 2016, 407; a. A. Gola-*Schulz*, Art. 9 Rn. 37; Ehmann/Selmayr-*Schiff*, Art. 9 Rn. 56.

142 § 4 Abs. 4 PaßG, EuGH 17.10.2013 – C-291/12 Rn. 55–57, NVwZ 2014, 438.

143 EU Nr. 60/2013 v. 29.06.2013, ABl. L 180/1.

144 Roßnagel-*Gundermann/Probst*, Kap. 9.6 Rn. 84ff.; Hornung, Die digitale Identität, S. 81ff.

145 G v. 31.7.2009, BGBl. I S. 2529, 3672, zuletzt geändert d. G v. 7.8.2013, BGBl. I S. 3154; dazu Kingreen/Kühling-*Torbohm*, 287ff.

146 Übersicht bei Kühling/Buchner-*Weichert*, Art. 9 Rn. 156–159, 168.

147 Dazu ausführlich Kühling/Buchner-*Weichert*, Art. 9 Rn. 160–167.

171 Die im deutschen Datenschutzrecht angelegte strenge Trennung zwischen öffentlichem und nicht-öffentlichem Bereich wird zwar in der DSGVO aufgehoben, im BDSG weitgehend beibehalten (vgl. insbesondere §§ 1 Abs. 1, 2, 22 Abs. 1 BDSG).

172 Im **Arbeitsrecht** besteht weiterhin großer Regelungsbedarf, wobei die Verarbeitung sensitiver Daten hier eine größere Regelungstiefe notwendig macht als der allgemeine **Beschäftigtendatenschutz.**[148]

173 Bezogen auf das SGB wird bei der Umsetzung der DSGVO das bisherige, schon löcherig gewordene Konzept einer Vollregelung aufgegeben werden. Allerdings hat der Gesetzgeber das neue europäische Datenschutzrecht nicht zum Anlass genommen, um den Sozialdatenschutz insgesamt zu »entschlacken«. Vielmehr beschränkte er sich im »Gesetz zur Änderung des Bundesversorgungsgesetzes und anderer Vorschriften«[149] auf eine Bereinigung um die Regelungen, die durch die direkte Anwendbarkeit der DSGVO ungültig geworden sind und eine Ergänzung insbesondere der materiellen Regelungen des § 35 SGB I[150] und der §§ 67 bis 85a SGB X[151] in einem ersten Durchgang. Dabei sind die materiellen Regelungen (mit Ausnahmen, z. B. § 75 SGB X) weitgehend unverändert geblieben. Durch die Einfügung von Verweisen auf die DSGVO hat sich die Anwendbarkeit der Regelungen bis hin zur Unleserlichkeit und Unverständlichkeit verschlechtert.

174 Das Recht des Gesundheitsdatenschutzes ist wegen der Vielzahl parallel geltender Regelungen, der Anwendbarkeit des Strafrechts, des BGB und des Standesrechts und der Aufsplitterung zwischen Bundes- und Landesregelungen oft undurchsichtig und kompliziert.[152] Die normativen Vorgaben differenzieren sich teilweise stellenspezifisch, teils nach dem Zweck und teilweise nach den konkreten Anwendungen. Wesentliche inhaltliche Veränderungen fanden bisher anlässlich der Anpassung an die DSGVO nicht statt.

Art. 10 Verarbeitung von personenbezogenen Daten über strafrechtliche Verurteilungen und Straftaten

Die Verarbeitung personenbezogener Daten über strafrechtliche Verurteilungen und Straftaten oder damit zusammenhängende Sicherungsmaßregeln aufgrund von Artikel 6 Absatz 1 darf nur unter behördlicher Aufsicht vorgenommen werden oder wenn dies nach dem Unionsrecht oder dem Recht der Mitgliedstaaten, das geeignete Garantien für die Rechte und Freiheiten der betroffenen Personen vorsieht, zulässig ist. Ein umfassendes Register der strafrechtlichen Verurteilungen darf nur unter behördlicher Aufsicht geführt werden.

148 Z.B. ASiG, SGBs; Schuler/Weichert, Die EU-DSGVO und die Zukunft des Beschäftigtendatenschutzes, 8.4.2016, *www.netzwerk-datenschutzexpertise.de*; inhaltlich zur Verarbeitung sensitiver Daten Kingreen/Kühling-*Washausen*, 408ff.; zum Gesundheitsbereich Weichert, RDV 2007, 189ff.

149 G. v. 17.7.2017, BGBl. I S. 2451.

150 Art. 19, BGBl 2017 I S. 2555.

151 Art. 24, BGBl 2017 I S. 2558.

152 Dochow, GesR 2016, 401; Jandt, DuD 2016, 572.

Inhaltsübersicht Rn.

I. Allgemeines

Durch Art. 10 wird der **datenschutzrechtliche Umgang** mit personenbezogenen **Informationen über strafrechtliche Verurteilungen** und **Straftaten** sowie über damit zusammenhängende **Sicherungsmaßregeln** geregelt. Die besondere Sensitivität von Strafdaten ist dadurch begründet, dass das Strafrecht mit seinen Sanktionen die ultima ratio staatlichen Rechtsgüterschutzes darstellt und für den Betroffenen einschneidende, stigmatisierende Konsequenzen haben kann.[1] Aufgrund dieser besonderen Sensibilität sind diese Informationen mindestens ebenso schutzbedürftig wie die in Art. 9 aufgelisteten Informationen und sollten deshalb auch besonders geschützt werden. Die Bekanntmachung dieser Daten gegenüber unberechtigten Personen oder in der Öffentlichkeit beinhaltet das Risiko individueller Diskriminierungen. Ihre Verarbeitung darf nur ausnahmsweise und nur unter behördlicher Aufsicht oder auf der Grundlage von geeigneten Garantien für die Rechte der betroffenen Personen erfolgen. 1

Zielsetzung der Regelung ist es sicherzustellen, dass die **Daten unter öffentlicher Aufsicht** und damit unter öffentlich-rechtlicher Kontrolle verarbeitet werden. Weiterhin wird durch die Formulierung klargestellt, dass sie ausschließlich *»aufgrund von Artikel 6 Absatz 1«* erfolgt. Diese Verarbeitung wird durch die **Strafregister** der Justizbehörden vorgenommen, in Deutschland insbesondere durch das **BZR** (vgl. Rn. 16). Die Zuordnung zum hoheitlichen Bereich baut in Deutschland auf Art. 33 Abs. 4 GG auf, wonach die Ausübung hoheitlicher Befugnisse vom öffentlichen Dienst und Personen in einem öffentlich-rechtlichen Dienst- und Treueverhältnis wahrgenommen werden soll. Wegen der besonderen Sensibilität der in Art. 10 angesprochenen Daten sind die Verarbeiter in diesem Bereich nach Art. 35 Abs. 3 Buchst. b immer zur Durchführung einer **Datenschutz-Folgenabschätzung** und nach Art. 37 Abs. 1 Buchst. c zur Benennung eines Datenschutzbeauftragten verpflichtet.[2] 2

In der Europäischen Datenschutzkonvention Nr. 108 des Europarates werden sensitive Daten in Art. 6 Satz 1 unter besonderen »geeigneten« Schutz gestellt. Art. 6 Satz 2 der Konvention erweitert dies: »Dasselbe gilt für personenbezogene Daten über Strafurteile.« Art. 10 greift diese Regelungsverpflichtung auf. 3

Von Art. 10 **nicht erfasst** sind **Register** oder **Datenbanken**, die der »Verhütung, Ermittlung, Aufdeckung oder Verfolgung von Straftaten oder der Strafvollstreckung, einschließlich des Schutzes vor und der Abwehr von Gefahren für die öffentliche Sicherheit« dienen. Die Regulierung dieser Datenbanken erfolgt in der »Richtlinie zum Schutz natürlicher Personen bei der Verarbeitung personenbezogener Daten durch die zuständigen Behör- 4

1 Auernhammer-*Greve*, Art. 10 Rn. 1; Paal/Pauly-*Frenzel*, Art. 10 Rn. 1; SHS-*Petri*, Art. 10 Rn. 1.
2 Ehmann/Selmayr-*Schiff*, Art. 9 Rn. 2.

den zum Zweck der Verhütung, Aufdeckung, Untersuchung oder Verfolgung von Straftaten oder der Strafvollstreckung sowie zum freien Datenverkehr« (DSRl-JI).[3]

5 Die **Vorschrift richtet sich** aufgrund des Verweises auf die Vornahme der Verarbeitung unter behördlicher Aufsicht **vorrangig an staatliche Stellen** und lässt darüber hinaus **andere Verarbeitungen** nur **unter behördlicher Aufsicht zu.** Damit lässt sich aus Art. 10 insbesondere **keine Legitimation für Arbeitgeber** ableiten, Informationen über strafrechtliche Verurteilungen oder Straftaten von Beschäftigten zu verarbeiten oder aber, um etwa unter Hinweis auf »Compliance« Verarbeitungen durchzuführen, die der Erkennung oder Verarbeitung von Straftaten dienen sollen.[4] Für derartige Maßnahmen lässt **einerseits** die **neue Regelung** in **§ 26 Abs. 1 Satz 2 BDSG** (ebenso wie die entsprechende Regelung in § 32 Abs. 1 Satz 2 BDSG-alt) **keinen Raum. Andererseits** stehen einem denkbaren Rückgriff auf **berechtigte Interessen i. S. v. Art. 6 Abs. 1 Buchst. f** überwiegende Interessen sowie Grundrechte und Grundfreiheiten der Beschäftigten entgegen (vgl. Art. 6 Rn. 104 ff.).

II. Regelungsinhalte

1. Straftaten und strafrechtliche Verurteilungen

6 **Strafdaten** sind Angaben über einen hoheitlichen Strafausspruch. Sie beziehen sich auf Täter, Anstifter oder Gehilfen. Nicht zu den Straftaten gehören Ordnungswidrigkeiten.[5] Angaben zu Zeugen, Opfern oder sonstigen in einem Strafverfahren Beteiligten sollen aufgrund des Wortlauts von Art. 10 von der Vorschrift ebensowenig erfasst werden wie Daten zu »Tatverdächtigen«. Zur Begründung dieser Ausgrenzung wird darauf verwiesen, dass diese Informationen für die betroffenen Personen nicht »*risikoanfällig*« sind.[6] Diese Position verkennt, dass die Verarbeitung entsprechender Informationen für diese Personen mit vergleichbaren Diskriminierungsrisiken verbunden sein kann wie für Straftäter. Insoweit liegt es nah, die Verarbeitung dieser Daten außerhalb der durch Abs. 1 Satz 1 dieser Vorschrift vorgeschriebenen behördlichen Aufsicht durch nicht-öffentliche Stellen schon mit Blick auf die schutzwürdigen Interessen der betroffenen Personen aus datenschutzrechtlicher Sicht für unzulässig zu halten.[7]

7 Vom Anwendungsbereich des Art. 10 erfasst werden im Regelfall nur personenbezogene Informationen über den Ausspruch von Strafen und vergleichbaren Maßnahmen.[8] Art. 6

3 DSRL-JI, ABl. L 119/89 v. 4. 5. 2016; dazu Weichert, DANA 2016, 8; zur europäischen Rechtsgrundlage für Informationsaustausch zwecks polizeilicher Zusammenarbeit EuGH 6. 5. 2014 – C-43/12, NJW 2014, 2173 ff.

4 Ebenso im Ergebnis Däubler, Gläserne Belegschaften, Rn. 557; a. A. Gola-*Gola*, Art. 10 Rn. 5; Plath-*Plath*, Art. 10 Rn. 6; Wybitul, ZD 2016, 105 f.

5 Ehmann/Selmayr-*Schiff*, Art. 10 Rn. 7.

6 Vgl. Ehmann/Selmayr-*Schiff*, Art. 10 Rn. 8; im Ergebnis ebenso Taeger/Gabel-*Nolde*, Art. 10 Rn. 9 »beschuldigtenzentrierte Auslegung«; Plath-*Plath*, Art. 10 Rn. 7; Kühling/Bucher-*Weichert*, Art. 10 Rn. 6.

7 Kühling/Bucher-*Petri*, Art. 10 Rn. 11 leitet eine Einbeziehung von Tätern und Opfern in den Anwendungsbereich der Vorschrift aus einem Zusammenspiel der beiden Sätze von Art. 10 ab.

8 Grabitz/Hilf-*Brühann*, Art. 8 Rn. 21.

DSRL-JI regelt spezifisch den Umgang mit Verdächtigendaten durch Polizei und Justizbehörden

Für den Begriff der **Straftat** ist es unerheblich, dass alle Voraussetzungen für eine Verurteilung vorliegen. Auch Ermittlungsverfahren gegen mutmaßliche Straftäter werden vom Tatbestand erfasst.[9] Ergibt sich aus den Daten, dass jemand eine Straftat begangen hat und z. B. wegen Schuldunfähigkeit nicht verurteilt wird, so genügt dies für die Anwendung von Art. 10.[10] Insoweit ist von einer **weiten Auslegung des Begriffs** auszugehen. Die Mitgliedstaaten können auch Ordnungsstrafen und verwaltungs- sowie zivilrechtliche Sanktionen in den Anwendungsbereich der Regelung einbeziehen. 8

Sicherungsmaßregeln sind Maßnahmen bzgl. Straftätern, die keinen Strafcharakter haben, also zB die Unterbringung in der Sicherungsverwahrung (§§ 66ff. StGB) sowie im Maßregelvollzug (§§ 63, 64 StGB). 9

2. Adressaten

Wie schon EG-DSRl. erfasst die Norm **sowohl öffentliche wie auch private Datenbanken** über Verurteilungen, also auch die entsprechende Speicherung durch Wirtschaftsauskunfteien, Versicherungen oder Sicherheitsunternehmen.[11] Der Betrieb privater Datenbanken, in denen Informationen über Verurteilungen, Straftaten oder Sicherungsmaßnahmen gespeichert werden wie etwa in Auskunfteien über die Kreditwürdigkeit oder in Hinweissystemen im Bereich der Versicherungswirtschaft,[12] ist nur zulässig, wenn es hierfür eindeutige gesetzliche Grundlagen gibt und wenn für die Verarbeitung geeignete Garantien für die Wahrung und den Schutz der Rechte der betroffenen Personen bestehen.[13] Die Verarbeitung durch private Verantwortliche für nicht-öffentliche Zwecke unterliegt regelmäßig der DSGVO.[14] 10

Werden mit der Verarbeitung **journalistisch-redaktionelle oder literarische Zwecke** verfolgt, so verbietet sich eine behördliche Aufsicht schon mit Blick auf die verfassungsrechtlich herausragend geschützte Pressefreiheit (Art. 11 Abs. 2 GRCh, Art. 5 Abs. 1 Satz 2 GG). Dies gilt nicht nur für die Berichterstattung, sondern auch für Pressearchive. Art. 85 verweist insofern auf von den Mitgliedstaaten obligatorisch zu erlassenden Rechtsvorschriften.[15] In Deutschland besteht insofern ein sehr weit gehendes Medienprivileg (§ 57 Abs. 1 RStV).[16] Dies geht aber nicht so weit, dass unsichere private Paralleldatenbanken oder umfassende Register ohne staatliche Aufsicht geschaffen werden dürfen. Zudem ist zu be- 11

9 SHS-*Petri*, Art. 10 Rn. 10; Taeger/Gabel-*Nolde*, Art. 10 Rn. 8 verweist auf das Fehlen einer Beschränkung auf rechtskräftige Verurteilungen.

10 Ähnlich Auernhammer-*Greve*, Art. 10 Rn. 4.

11 Kühling/Buchner-*Weichert*, Art. 10 Rn. 9; Dammann/Simitis, Art. 8 Rn. 24; a. A. Grabitz/Hilf-*Brühmann*, Art. 8 Rn. 21.

12 Kühling/Buchner-*Weichert*, Art. 10 Rn. 20.

13 Kühling/Buchner-*Weichert*, Art. 10 Rn. 20 m. w. N.; Däubler, Gläserne Belegschaften, Rn. 306, 379ff.; vgl. auch § 32 Rn. 1161ff.

14 SHS-*Petri*, Art. 10 Rn. 10.

15 Auernhammer-*Greve*, Art. 10 Rn. 9.; Albrecht/Jotzo, S. 78, 134.

16 Vgl. Kühling/Buchner-*Buchner/Tinnefeld*, Art. 85 Rn. 17ff.; SHS-*Dix*, Art. 85 Rn. 17ff.; siehe auch Art. 85 Rn. 21ff.; kritisch Auernhammer-*Greve*, Art. 10 Rn. 10, der Abweichung für möglich hält.

denken, dass personenbezogene Daten, deren Verarbeitung im Rahmen Medienprivilegs zulässig ist, im Pressebereich nur intern verarbeitet werden dürfen, was eine Weitergabe dieser Informationen an andere Stellen ausschließt.

3. Sicherungsvorkehrungen

12 Behördliche Aufsicht steht nicht nur für eine staatliche Kontrolle (etwa über die Gewerbeaufsicht), sondern weitergehend für eine direkte staatliche und damit demokratisch legitimierte und regulierte Fach- und Rechtsaufsicht.

13 Die **private Verarbeitung** von **Informationen zu strafrechtlichen Verurteilungen** oder **zu Straftaten** und zu hiermit zusammenhängenden Sicherungsmaßnahmen außerhalb behördlicher Aufsicht ist **ausnahmsweise erlaubt**, wenn das Unionsrecht oder das Recht der Mitgliedsländer hierfür angemessene Garantien für die Rechte und Freiheiten der Betroffenen vorsieht. Zielrichtung ist der Persönlichkeitsschutz der Betroffenen. So sollen beispielsweise falsche Beschuldigungen ausgeschlossen werden, Betroffenenrechte auf Löschung, Sperrung und Berichtigung sichergestellt oder eine klare Zweckbindung garantiert werden. Die Verarbeitungen von Angaben über den staatlichen Sanktionsausspruch durch nichtöffentliche Verantwortliche sollen in besonderem Maße den Grundsätzen des Art. 5 genügen (Zweckbindung, Richtigkeit, zeitliche Speicherbegrenzung, Integrität, Vertraulichkeit). Neben dem Schutz der Betroffenen dient Art. 10 auch der Wahrung der Autorität staatlicher Sanktionen.

14 Dem **Verhältnismäßigkeitsgrundsatz** muss bei der Verarbeitung von Informationen über strafrechtliche Verurteilungen und über Straftaten wegen des hohen Diskriminierungsrisikos im herausragenden Maße Rechnung getragen werden. Hieraus folgt eine **enge Auslegung der Zulässigkeit**. Dies hat Auswirkungen auf die Festlegung der Speicher- und Prüffristen und der möglichen Empfänger, wobei Art und Schwere der Tat bzw. Höhe der Verurteilung als relevante Kriterien heranzuziehen sind. Besondere Bedeutung hat das gesellschaftliche wie das individuelle Resozialisierungsinteresse[17] in der besonderen Ausgestaltung des Rechts auf Vergessenwerden (Art. 17) und das Recht auf Einschränkung der Verarbeitung (Art. 18). Statt einer Löschung kann auch eine Verarbeitungseinschränkung (Sperrung) nötig sein, wenn eine Datennutzung für einen klar definierten engen Bereich von Berechtigten erforderlich bleibt und dies keine unangemessenen Nachteile für den Betroffenen zur Folge hat.

15 Mit Blick auf die große Sensitivität der in Art. 10 angesprochenen personenbezogenen Daten und das sich mit ihrer Kenntnis verbindende große Diskriminierungsrisiko müssen für die Verarbeitung dieser Informationen im besonderen Maß technisch-organisatorische Sicherungsmaßnahmen getroffen werden, um einen Datenmissbrauch zu verhindern und um zulässige Datenverarbeitungen auf den unbedingt erforderlichen Umfang zu begrenzen (vgl. Art. 25 Abs. 1 und 2 sowie Art. 32 Abs. 1 und 2).

---

17 BVerfG 5.6.1973 – 1 BvR 536/72, NJW 1973, 1226, 1232, Lebach; BVerfG 1.7.1998 – 2 BvR 441/90, NJW 1998, 3337; zum »Recht auf Vergessen« generell EuGH 13.5.2014 – C-131/12, NJW 2014, 2257, Google Spain, Rn. 99.

4. Register über Verurteilungen

Der Betrieb eines umfassenden Registers der strafrechtlichen Verurteilungen setzt eine **behördliche Aufsicht** voraus. Die Voraussetzung »umfassend« ist erfüllt, wenn ein Register der Auskunftserteilung über alle Straftaten in einem Mitgliedstaat dient. Vollständigkeit ist nicht gefordert (so noch Art. 8 Abs. 2 Satz 2 EG-DSRl). Ein umfassendes Verurteilungsregister ist beispielsweise das BZR, aber auch ein Register, in dem neben Korruptionsverurteilungen auch Korruptionsverdächte zum Zweck der Vergabekontrolle von Aufträgen gespeichert sind. 16

Fehlen bestimmte Strafdaten aus einem spezifischen Grund (z. B. **Schuldunfähigkeit**, nur Haftstrafen, keine Verwaltungsentscheidungen), so ist dies für die Feststellung eines »umfassenden Registers« unschädlich. Nicht umfassend ist hingegen ein Register, in dem Informationen über strafbare Handlungen oder über entsprechende Bewertungen (z. B. »Dieb«, »Betrüger«, »Schwindelfirma«) nur ergänzend zu anderen Informationen gespeichert sind.[18] 17

Das **BZR des Generalbundesanwalts** beim **BGH** wird als Behörde geführt. Es dient nicht der Strafverfolgung, der Gefahrenabwehr oder der Strafvollstreckung, sondern der Auskunftserteilung über hoheitliche Maßnahmen. Das BZR enthält die in Art. 10 geforderten Garantien, indem die Dateninhalte, die Speicherfristen, die Zugriffs- und Auskunftsberechtigten und die Betroffenenrechte näher bestimmt werden. 18

Die **Tilgung** von Informationen über strafrechtliche Verurteilungen oder über Straftaten im BZR hat ein Verwertungsverbot gemäß § 51 BZRG zur Folge. Art. 10 begründet keinen Änderungsbedarf hinsichtlich des BZRG; wohl aber enthält er in gewissem Maße eine Bestandsgarantie.[19] 19

Die bisher auf Landesebene geführten **Korruptionsregister** in Berlin[20], Bremen[21], Hamburg/Schleswig-Holstein[22] und Nordrhein-Westfalen[23] werden hoheitlich und unter staatlicher Aufsicht geführt.[24] Auf Bundesebene gibt es ein Gesetz zur Einführung eines **Wettbewerbsregisters beim Bundeskartellamt.**[25] 20

Art. 11 Verarbeitung, für die eine Identifizierung der betroffenen Person nicht erforderlich ist

(1) Ist für die Zwecke, für die ein Verantwortlicher personenbezogene Daten verarbeitet, die Identifizierung der betroffenen Person durch den Verantwortlichen nicht oder

18 Kühling/Buchner-*Weichert*, Art. 10 Rn. 17.

19 Härting, Rn. 564.

20 Gesetz über die Einrichtung und Führung eines Registers über korruptionsauffällige Unternehmen in Berlin v. 19.4.2006.

21 Bremisches Gesetz zur Errichtung und Führung eines Korruptionsregisters v. 17.5.2011, galt bis Ende 2018.

22 Verwaltungsabkommen zur Einrichtung des gemeinsamen Registers zum Schutz fairen Wettbewerbs (Korruptionsregister) v. 13.1.2014.

23 Korruptionsbekämpfungsgesetz – KorruptionsbG NRW v. 16.12.2004.

24 Zu einer hessischen Initiative HDSB 40. TB 2011, Kap. 3.1.1.

25 BR-Drs. 263/17 v. 31.3.2017, BT-Drs. 18/12051 v. 24.4.2017; Beschluss Bundesrat BR-Drs. 470/17 v. 7.7.2017.

nicht mehr erforderlich, so ist dieser nicht verpflichtet, zur bloßen Einhaltung dieser Verordnung zusätzliche Informationen aufzubewahren, einzuholen oder zu verarbeiten, um die betroffene Person zu identifizieren.

(2) Kann der Verantwortliche in Fällen gemäß Absatz 1 des vorliegenden Artikels nachweisen, dass er nicht in der Lage ist, die betroffene Person zu identifizieren, so unterrichtet er die betroffene Person hierüber, sofern möglich. In diesen Fällen finden die Artikel 15 bis 20 keine Anwendung, es sei denn, die betroffene Person stellt zur Ausübung ihrer in diesen Artikeln niedergelegten Rechte zusätzliche Informationen bereit, die ihre Identifizierung ermöglichen.

Inhaltsübersicht Rn.

I. Allgemeines

1 Art. 11 bezieht sich auf **Situation** und auf **Sachverhalte**, bei denen die **Wahrung der Betroffenenrechte** und die **allgemeine Vorgabe zur Datenminimierung** in Art. 5 Abs. 1 Buchst. c zueinander **in Konflikt stehen.** Die Regelung wird zudem der Tatsache gerecht, dass viele Verantwortliche nicht mehr wissen, wessen Daten sie verarbeiten – etwa, weil Nutzer ihnen gegenüber ein Pseudonym verwenden.[1]

2 Die Vorschrift legt in **Abs. 1** insbesondere fest, dass auf zusätzliche Datenerhebungen und -verarbeitungen von Informationen, die zur Identifizierung nötig sind, unter bestimmten Voraussetzungen verzichtet werden soll. Erhebungen und Verarbeitungen sollen nicht allein zu dem Zweck erfolgen, auf mögliche Auskunftsersuchen reagieren zu können (ErwGr 64 Satz 2). Machen nicht identifizierbare Betroffene ihre Rechte geltend, so sind sie nach **Abs. 2 über das Fehlen von Zuordnungsdaten** zu **unterrichten**, um es ihnen zu ermöglichen, die zur Identifikation benötigten Angaben bereitzustellen.

3 Können Verantwortliche eine natürliche Person anhand der verarbeiteten Informationen **nicht identifizieren**, sind sie nicht verpflichtet sein, **zur Einhaltung einer Vorschrift** der DSGVO zusätzliche Daten einzuholen, um eine Identifizierung zu realisieren. Stellen betroffene Personen ihnen mit dem Ziel einer Identifizierung zusätzliche Informationen zur Verfügung, dann müssen Verantwortliche diese entgegennehmen und verwenden (vgl. ErwGr 57).

4 Die Regelung erfasst alle **Betroffenenrechte, die in den Art. 12 bis 20** benannt sind. Die in den Art. 15 bis 20 aufgeführten Rechte kommen allerdings nach Abs. 2 nur zur Anwendung, wenn die betroffenen Personen mittels zusätzlicher Informationen eine Zuordnung zu vorhandenen personenbezogenen Daten ermöglichen.

---

1 SHS-*Hansen*, Art. 11 Rn. 16.

II. Regelungsinhalte

Gemäß den in Art. 5 Abs. 1 Buchst. c und e enthaltenen Grundsätzen zur Datenminimierung und zur Speicherbegrenzung ist eine **personenbezogene Datenverarbeitung** auf das **für den Zweck notwendige Maß zu beschränken**, sowohl was die Frage der personellen Zuordenbarkeit wie auch was die Speicherdauer betrifft. Das aus der Einhaltung dieser Grundsätze resultierende Fehlen bzw. der **Wegfall der Zuordenbarkeit** macht es Verantwortlichen unmöglich, die Rechte von Betroffenen zu wahren und umzusetzen. Dies ist vielmehr nur in Kooperation mit dem Betroffenen selbst oder mit Hilfe Dritter realisierbar. Anders als bisher im deutschen Recht, wonach der Verantwortliche die Art des Umgangs mit den Betroffenenrechten weitgehend bestimmen konnte, regelt die DSGVO, wie und unter welchen Umständen die Betroffenenrechte in dieser Situation wahrgenommen werden können. 5

Mit der **Pseudonymisierung** soll die Identifizierung des Betroffenen erschwert oder gar unmöglich gemacht werden. Sie kann dem Verantwortlichen zusätzliche Möglichkeiten der Datenauswertung eröffnen, ohne dass dabei die Schutzinteressen der Betroffenen verletzt werden. Besteht beim Verantwortlichen weiterhin eine (pseudonymisierte) Zuordenbarkeit zu einem Betroffenen, so ist dieser umfassend schutzwürdig.[2] Besteht hingegen definitiv keine Zuordnungsmöglichkeit mehr, so entfällt der Schutzbedarf. 6

1. Fehlende Identifizierungsmöglichkeit (Abs. 1)

Abs. 1 stellt klar, dass Verantwortliche nicht verpflichtet sind, von ihnen nicht mehr benötigte personenbezogene Daten nur noch deshalb zu speichern, um betroffene Personen identifizieren zu können.[3] Es geht also nicht um eine »Datenverarbeitung um der Datenverarbeitung willen«. Etwas anderes gilt, wenn es eine gesetzliche Verpflichtung gibt, bestimmte Informationen aufzubewahren. Mit der Formulierung »bloße Einhaltung dieser Verordnung« wird **auf sämtliche Regelungen der DSGVO** verwiesen und nicht nur auf die Betroffenenrechte nach Art. 12ff. Hieraus folgt eine **weitere Auslegung** des Anwendungsbereichs der Vorschrift. 7

Nehmen Betroffene ihre Rechte aktiv wahr oder müssten sie über einen bestimmten Vorgang informiert werden, ohne dass Verantwortlichen Daten über ihre Identität oder ihre Erreichbarkeit vorliegen, muss ein Verantwortlicher alle ihm verfügbaren Informationen zur Umsetzung der Betroffenenrechte verwenden und hierbei alle technisch verfügbaren Verfahren zum Einsatz bringen, um bestehende Informationsansprüche zu erfüllen. Verantwortliche sind aber nicht verpflichtet, zur Erfüllung eines Informationsanspruchs **von sich aus zusätzliche Daten** zu erheben. 8

Das **Fehlen identifizierender Angaben** kann jenseits der Umsetzung der Betroffenenrechte relevant sein, beispielsweise wenn die Richtigkeit oder generell die Rechtmäßigkeit einer Datenverarbeitung überprüft werden soll (etwa im Rahmen eine Datenschutzkontrolle). Auch dann ist der Verantwortliche nicht zu weiteren Anstrengungen zwecks Identifizierung verpflichtet. 9

---

2 AG Hamburg-Altona 17.11.2004 – 317 C 328/04, DuD 2005, 171.

3 SHS-*Hansen*, Art. 11 Rn. 24.

10 Identifizierungsdaten eines Betroffenen sind (nur) solange zu speichern, wie sie für die Verarbeitungszwecke erforderlich sind. Die **Erforderlichkeit** kann sich aus Dokumentationspflichten nach der DSGVO ergeben. So besteht z. B. eine Dokumentationspflicht der Einwilligungserklärung (Art. 7 Abs. 1) oder eine Protokollierungspflicht in Bezug auf die Herkunft der Daten und die Umstände einer Datenverarbeitung (Art. 32 Abs. 1).

11 Vor **Wegfall der Erforderlichkeit** der identifizierenden Datensätze dürfen diese nicht anonymisiert werden. Bestehen **Aufbewahrungspflichten** mit bestimmten Fristen, so darf die Identifizierbarkeit eines Datensatzes erst nach deren Ablauf aufgehoben werden. Während einer datenschutzrechtlichen Prüfung durch die Aufsichtsbehörde oder während eines die Daten betreffenden Gerichtsverfahrens, egal ob initiiert durch eine Aufsichtsbehörde oder den Betroffenen, ist es verboten, derartige Veränderungen oder Löschungen durchzuführen.

12 Die einschlägigen Vorschriften DSGVO zielen darauf, dass Daten zu einer identifizierten Person nicht unter deren Klarnamen, sondern unter einem **Pseudonym gespeichert** werden. So soll die Zuordnung bestimmter Informationen zu Personen ausgeschlossen werden. Stellt der Betroffene einen Antrag unter seinem Klarnamen, so muss der Verantwortliche gemäß Abs. 2 vorgehen. Wird ein Antrag auf Umsetzung der Betroffenenrechte unter Nennung des verwendeten Pseudonyms gestellt, so genügt es für die Umsetzung der Betroffenenrechte durch den Verantwortlichen, die Authentizität des Antrags festzustellen, die vom Betroffenen glaubhaft gemacht werden muss.

13 Die Wahrnehmung von Rechten nach der DSGVO setzt eine **sichere und eindeutige Identifizierung** einer Person voraus. Hat ein Verantwortlicher begründete Zweifel an der Identität einer betroffenen Person, die eine Auskunft anfordert, kann er deshalb nach Art. 12 Abs. 6 bei dieser weitere Informationen zur Identifikation anfordern (vgl. Art. 12 Rn. 20). Nur so kann beispielsweise verhindert werden, dass bei einem Auskunftsersuchen eine Datenübermittlung an eine nicht berechtigte Person erfolgt. Eine eindeutige Identifizierung setzt nicht voraus, dass die klassischen Identifizierungsdaten (Name, Vorname, Adresse, Geburtsangaben, evtl. Ordnungsnummer oder Kennziffer) vorhanden sind. Sie kann vielmehr auf jede denkbare Weise erfolgen. Die Nennung eines Pseudonyms genügt, wenn hinreichend gewährleistet wird, dass dieses nicht missbraucht wird (etwa nach einem Identitätsdiebstahl).

14 Für eine **postalische Zustellung** an den Betroffenen wird die aktuelle Wohnadresse zur Sicherung der Identität verwendet. Mit ihr verbindet sich eine hinreichende Sicherheit der Feststellung einer bestimmten Person.[4] Entsprechendes kann für eine aktuelle Telefonnummer bei einer telefonischen Kommunikation gelten. Besteht das Risiko einer falschen Adressierung, bedarf es einer zusätzlichen Sicherung (Zwei- oder gar Drei-Faktor-Authentisierung). Bei persönlicher Vorsprache genügt die Vorlage des Personalausweises oder eines anderen zuverlässigen Identifizierungsdokuments. Auf deren Kopie kann im Regelfall zugunsten des Vermerks »Personalausweis hat vorgelegen« verzichtet werden.[5]

15 Weitere Instrumente einer (**Mehrfaktor**-) **Identifizierung** können etwa der Zugang zu einem Account, zu einem Kennsatz oder zu sonstigen vereinbarten Zusatzinformationen, die Verwendung einer digitalen Signatur oder eines individuellen Schlüssels sein

4 Ähnlich Kühling/Buchner-*Weichert*, Art. 11 Rn. 15.

5 Zutreffend Gola-*Franck*, Art. 12 Rn. 44.

(ErwGr 64). Besteht allerdings eine hinreichende Sicherheit in Bezug auf die Identität, so gibt es keine Notwendigkeit und damit auch kein Recht des Verantwortlichen, eine weitergehende Identifizierung zu verlangen.[6]

§ 13 Abs. 7 TMG verpflichtet **Dienstanbieter** zur **Auskunftserteilung** von unter Pseudonym gespeicherten Daten. Diese Daten sind personenbeziehbar – zumindest bezogen auf die unter Pseudonym handelnde Person. Die Regelung steht nicht im Widerspruch zu Art. 11. Rechtsgrundlage für die Auskunftserteilung unter Pseudonym ist nicht mehr § 13 Abs. 7 TMG, sondern Art. 15 DSGVO. Der Auskungsanspruch besteht nicht nur für Telemediendienste, sondern generell für alle Verarbeitungen unter Pseudonym.[7] 16

Eine **Verpflichtung** zur Beachtung der DSGVO **besteht nicht mehr**, wenn die Identifizierung der Person für die verantwortliche Stelle **nicht möglich** ist. Damit knüpft die Regelung an eine objektive Unmöglichkeit der Identifizierung an.[8] Ist etwa die Adresse dem Verantwortlichen nicht bekannt, könnte er sie aber erlangen, so entbindet ihn dies nicht von der Pflicht zur Beschaffung.[9] Hätte mangels weiterer Erforderlichkeit ein Identifizierungsdatum gelöscht werden müssen und wurde dies unterlassen, so bleibt die Identifizierung weiterhin möglich, da die dafür nötigen Daten noch vorhanden sind. 17

Eine **Identifizierbarkeit besteht**, wenn die **notwendigen Daten** an anderer Stelle beim Verantwortlichen **vorhanden sind**, dem Datensatz der Person aber nicht direkt zugeordnet sind. Bedarf es eines gewissen technischen oder organisatorischen Aufwands, um die Zuordnung vorzunehmen, so ist der Verantwortliche nicht von den Pflichten der DSVGO befreit. Die identifizierenden Daten sind weiterhin verfügbar, wenn der Verantwortliche die Daten zwar nicht selbst gespeichert hält, aber die Zugriffsmöglichkeit auf diese Daten (z.B. auch im Internet) hat. 18

Art. 11 entbindet weder von der Berichtigungspflicht nach Art. 16 noch von der Verpflichtung zur Beachtung der allgemeinen Grundsätze in Art. 5. Nach Art. 5 Abs. 1 Buchst. d ist beispielsweise die Richtigkeit von Informationen vom Verantwortlichen zu garantieren. Unrichtige Daten sind unverzüglich zu löschen oder zu berichtigen. Zur Richtigkeit gehört bei einer ziel- und zweckgerichteten personenbezogenen Datenverarbeitung, dass die individuelle Zuordnung zu einer natürlichen Person korrekt ist. Dies kann es nötig machen, dass bei fehlender Eindeutigkeit, etwa bei Datensätzen mit gleichem Vor- und Nachnamen, zusätzliche Angaben zu einer Person (etwa Teile einer Anschrift oder des Geburtsdatums) erhoben und gespeichert werden müssen, um künftig die Identifizierung zu ermöglichen. 19

Lässt sich die **Identität** zwischen einem gespeicherten Betroffenen und einer den Auskunftsanspruch stellenden Person **nicht feststellen**, so ist der Verantwortliche nach Art. 11 von einer weiteren Datenbeschaffung freigestellt. Die Verwendung des Begriffs »verarbeiten« ist an dieser Stelle insofern missverständlich, als dass dieser nach Art. 4 Abs. 2 auch eine interne Nutzung von Daten beinhaltet. Die interne Identifizierung zur Wahrnehmung der Rechte gemäß der DSGVO setzt daher immer eine »Verarbeitung« voraus. Der 20

6 Dies übersieht HSH-*Schmitz*, Kap. 16.2 Rn. 208.

7 Zur Auskunftserteilung unter einem Künstlernamen AG Hamburg-Altona 17.11.2004 – 317 C 328/04, DuD 2005, 170.

8 Ehmann/Selmayr-*Klabunde*, Art. 11 Rn. 4.

9 So aber Gola-*Gola*, Art. 11 Rn. 5.

Verantwortliche wird gemäß Abs. 1 nur von solchen Verarbeitungen entbunden, die eine **aufwändige Datenbeschaffung** voraussetzen. Er soll sich aber seinen Pflichten nach der DSGVO nicht dadurch entziehen können, dass er einem Dritten die individuellen Zuordnungsdaten seiner Datensätze (zum Zweck einer späteren evtl. für ihn nötigen) Zuordnung bereitstellt und bei sich selbst vollständig löscht. Abs. 1 erlaubt es dem Verantwortlichen auch nicht, Rechte gemäß der DSGVO mit dem Hinweis zu verweigern, sie habe die Identität eines Betroffenen nicht »mit Sicherheit« festgestellt. Letztlich kommt es darauf an, welche Zuordnungsanstrengungen dem Verantwortlichen zumutbar sind.

2. Einbeziehung des Betroffenen (Abs. 2)

21 Nach Abs. 2 ist der Verantwortliche für die Identifizierung verantwortlich sowie gegenüber den betroffenen Personen oder den Aufsichtsbehörden für das Fehlen von Identifizierungsmöglichkeit nachweispflichtig.[10] Die hieraus gegenüber den betroffenen Personen resultierende Unterrichtungspflicht folgt aus dem Transparenzgebot der DSGVO. Verantwortliche müssen die Information nach Art. 12 Abs. 1 in präziser, transparenter, verständlicher und leicht zugänglicher Form sowie in einer klaren und einfachen Sprache erteilen.[11] Waren Daten zunächst personenbeziehbar gespeichert, so muss er nachweisen können, dass keine Personenbeziehbarkeit mehr besteht. Erfolgte eine Anonymisierung oder Pseudonymisierung, so besteht die **Nachweispflicht** darin, plausibel darzulegen, dass und weshalb mit dem noch vorhandenen oder verfügbaren Zusatzwissen keine Feststellung der betroffenen Personen mehr möglich ist.

22 Zur Verwirklichung der Betroffenenrechte bedarf es einer eindeutigen Zuordnung des Petenten zu den gespeicherten Daten. Trägt die verantwortliche Stelle plausibel vor, dass keine zuordnungsbare Daten vorhanden oder verfügbar sind, so obliegt es dem Betroffenen zur Wahrung seiner Rechte, die für die Zuordnung erforderlichen **Informationen vorzulegen** und nachzuweisen oder zumindest glaubhaft zu machen. Der Betroffene kann hierfür nähere Angaben zu seinem Account (Kennung, Pseudonym), zu gespeicherten Merkmalen oder zu seiner Identität machen. Er ist für die Wahrnehmung seiner Rechte nur zur Angabe der Merkmale verpflichtet, die für die Zuordnung bzw. Identifizierung erforderlich sind.[12] Um diese Erforderlichkeit festzustellen, bedarf es der Kooperation mit dem Verantwortlichen. Dieser muss mitteilen, welche Angaben sich zur Identifizierung eignen, die gelieferten Zusatzangaben entgegennehmen und prüfen, das Ergebnis der Prüfung dem Anfragenden mitteilen und im Trefferfall den Betroffenenrechten entsprechen.

23 Hat der Verantwortliche begründete **Zweifel an der Identität** einer Person, die ihre Rechte nach den Art. 15–20 geltend macht, kann er unter Angabe der Gründe zusätzliche Informationen zur Authentisierung bzw. Identifizierung einfordern.[13]

24 Es stellt keinen Widerspruch dar, dass bei fehlender Identifizierbarkeit der (identifizierte) Betroffene zu informieren ist. Wer Betroffenenrechte geltend macht, muss sich im Rah-

10 Ehmann/Selmayr-*Klabunde*, Art. 11 Rn. 15, 20.
11 SHS-*Hansen*, Art. 11 Rn. 31.
12 16. TB LfD Bbg. 117; 23. TB Hmb BfDI, 183.
13 Ehmann/Selmayr-*Klabunde*, Art. 11 Rn. 21.

men der Erforderlichkeit identifizieren oder zumindest authentisieren (können). Art. 11 regelt, ob und wie eine bestimmte Person **einem gespeicherten Datensatz zugeordnet** werden kann. Dabei kann sich erweisen, dass zu einer Person trotz zusätzlich gelieferter Daten keine Daten gespeichert sind. Für diesen Fall verwendet Abs. 2 den missverständlichen bzw. wohl sogar falschen Begriff der »betroffenen Person«. Die Informationspflicht nach Abs. 2 besteht auch dann, wenn der Verantwortliche mangels weiterer Erforderlichkeit der Identifizierungsmöglichkeit plant, vorhandene Daten zu löschen.[14] Die Information muss dem Verantwortlichen möglich sein, wozu bei hinreichender Authentisierung ein pseudonymer Kommunikationsweg genügt.[15]

Zusätzliche Unterlagen, die betroffene Personen mit dem Ziel ihrer Identifikation und zur Wahrung ihrer Rechte nach der DSGVO zur Verfügung stellen, sowie die sich hieraus ergebenden Informationen unterliegen einer **engen Zweckbindung**. Sie sind vom Verantwortlichen separat zu speichern und nach Abschluss des Verfahrens zu löschen.[16] Es genügt, dass der Verantwortliche dokumentiert, dass und wie eine Identitätsprüfung stattgefunden hat. 25

3. Umsetzung

Die Regelungen des **Art. 11 sind abschließend**. Zum konkreten Vorgehen, beispielsweise zur Erforderlichkeit von Identifizierungsmerkmalen, zur Glaubhaftmachung der Identität (durch den Betroffenen) und zur Unmöglichkeit der Identifizierung (durch den Verantwortlichen), zur Zumutbarkeit des Aufwands zur Identifizierung beim Verantwortlichen und beim Betroffenem können und sollten die Aufsichtsbehörden im Rahmen ihrer Beratungsaufgabe (Art. 57 Abs. 1 Buchst. e) Umsetzungshinweise geben. 26

Die Praxis von Verantwortlichen, von Betroffenen **amtliche Legitimationspapiere**, z. B. den Personalausweis oder den Reisepass, einzufordern, ist nur zulässig, soweit diese zur Identifizierung zwingend erforderlich sind. Ein Einfordern und Abspeichern von Kopien des Personalausweises zum »automatisierten Abruf« ist nach § 20 Abs. 2 PAuswG unzulässig.[17] Die Seriennummer des Personalausweises darf nach § 20 Abs. 3 PAuswG nicht als Schlüssel für den automatisierter Abruf personenbezogener Daten oder für eine Verknüpfung von Dateien verwendet werden. 27

III. Verstöße

Ein **Verstoß** der Verantwortlichen gegen die Vorgaben des Art. 11 ist nach Art. 83 Abs. 4 Buchst. a **bußgeldbewehrt**. Kommt es darüber hinaus auch zu einem Verstoß gegen die allgemeinen Betroffenenrechte nach den Art. 12ff., können Sanktionen aus Art. 83 Abs. 5 Buchst. b folgen. 28

---

14 Kühling/Buchner-*Weichert*, Art. 11 Rn. 12; a. A. wohl Plath-*Plath*, Art. 11 Rn. 11.

15 Ähnlich Auernhammer-*Eßer*, Art. 11 Rn. 8, der die Informationspflicht bei völlig anonymen Hinweisgebersystemen zutreffend verneint.

16 Ähnlich für die Begrenzung der Verarbeitungsbefugnis Ehmann/Selmayr-*Klabunde*, Art. 11 Rn. 21; SHS-*Hansen*, Art. 11 rn. 37.

17 Vgl. Hoeren, NVwZ 2010, 1125.

Kapitel 3
Rechte der betroffenen Person

Abschnitt 1
Transparenz und Modalitäten

Art. 12 Transparente Information, Kommunikation und Modalitäten für die Ausübung der Rechte der betroffenen Person

(1) Der Verantwortliche trifft geeignete Maßnahmen, um der betroffenen Person alle Informationen gemäß den Artikeln 13 und 14 und alle Mitteilungen gemäß den Artikeln 15 bis 22 und Artikel 34, die sich auf die Verarbeitung beziehen, in präziser, transparenter, verständlicher und leicht zugänglicher Form in einer klaren und einfachen Sprache zu übermitteln; dies gilt insbesondere für Informationen, die sich speziell an Kinder richten. Die Übermittlung der Informationen erfolgt schriftlich oder in anderer Form, gegebenenfalls auch elektronisch. Falls von der betroffenen Person verlangt, kann die Information mündlich erteilt werden, sofern die Identität der betroffenen Person in anderer Form nachgewiesen wurde.

(2) Der Verantwortliche erleichtert der betroffenen Person die Ausübung ihrer Rechte gemäß den Artikeln 15 bis 22. In den in Artikel 11 Absatz 2 genannten Fällen darf sich der Verantwortliche nur dann weigern, aufgrund des Antrags der betroffenen Person auf Wahrnehmung ihrer Rechte gemäß den Artikeln 15 bis 22 tätig zu werden, wenn er glaubhaft macht, dass er nicht in der Lage ist, die betroffene Person zu identifizieren.

(3) Der Verantwortliche stellt der betroffenen Person Informationen über die auf Antrag gemäß den Artikeln 15 bis 22 ergriffenen Maßnahmen unverzüglich, in jedem Fall aber innerhalb eines Monats nach Eingang des Antrags zur Verfügung. Diese Frist kann um weitere zwei Monate verlängert werden, wenn dies unter Berücksichtigung der Komplexität und der Anzahl von Anträgen erforderlich ist. Der Verantwortliche unterrichtet die betroffene Person innerhalb eines Monats nach Eingang des Antrags über eine Fristverlängerung, zusammen mit den Gründen für die Verzögerung. Stellt die betroffene Person den Antrag elektronisch, so ist sie nach Möglichkeit auf elektronischem Weg zu unterrichten, sofern sie nichts anderes angibt.

(4) Wird der Verantwortliche auf den Antrag der betroffenen Person hin nicht tätig, so unterrichtet er die betroffene Person ohne Verzögerung, spätestens aber innerhalb eines Monats nach Eingang des Antrags über die Gründe hierfür und über die Möglichkeit, bei einer Aufsichtsbehörde Beschwerde einzulegen oder einen gerichtlichen Rechtsbehelf einzulegen.

(5) Informationen gemäß den Artikeln 13 und 14 sowie alle Mitteilungen und Maßnahmen gemäß den Artikeln 15 bis 22 und Artikel 34 werden unentgeltlich zur Verfügung gestellt. Bei offenkundig unbegründeten oder – insbesondere im Fall von häufiger Wiederholung – exzessiven Anträgen einer betroffenen Person kann der Verantwortliche entweder

a) ein angemessenes Entgelt verlangen, bei dem die Verwaltungskosten für die Unterrichtung oder die Mitteilung oder die Durchführung der beantragten Maßnahme berücksichtigt werden, oder

b) sich weigern, aufgrund des Antrags tätig zu werden.
Der Verantwortliche hat den Nachweis für den offenkundig unbegründeten oder exzessiven Charakter des Antrags zu erbringen.

(6) Hat der Verantwortliche begründete Zweifel an der Identität der natürlichen Person, die den Antrag gemäß den Artikeln 15 bis 21 stellt, so kann er unbeschadet des Artikels 11 zusätzliche Informationen anfordern, die zur Bestätigung der Identität der betroffenen Person erforderlich sind.

(7) Die Informationen, die den betroffenen Personen gemäß den Artikeln 13 und 14 bereitzustellen sind, können in Kombination mit standardisierten Bildsymbolen bereitgestellt werden, um in leicht wahrnehmbarer, verständlicher und klar nachvollziehbarer Form einen aussagekräftigen Überblick über die beabsichtigte Verarbeitung zu vermitteln. Werden die Bildsymbole in elektronischer Form dargestellt, müssen sie maschinenlesbar sein.

(8) Der Kommission wird die Befugnis übertragen, gemäß Artikel 92 delegierte Rechtsakte zur Bestimmung der Informationen, die durch Bildsymbole darzustellen sind, und der Verfahren für die Bereitstellung standardisierter Bildsymbole zu erlassen.

Inhaltsübersicht Rn.

I. Überblick

Art. 12 enthält Grundsätze, die prinzipiell für alle Betroffenenrechte gelten. Insoweit handelt es sich um eine Art »Allgemeinen Teil« der Individualrechte,[1] wie sie insbesondere, aber nicht ausschließlich in den Art. 13 – 22 enthalten sind. Ihrer Zielsetzung nach wollen sie einmal die **Rechte operationabel** machen, indem konkrete Vorschriften für das Verfahren vorgesehen werden. Zum anderen soll **mehr Transparenz** hergestellt und damit 1

1 Ähnlich Auernhammer-*Eßer*, Art. 12 Rn.1, 2; Gola-*Franck*, Art. 12 Rn. 8.

ein Grundsatz realisiert werden, der von vorne herein den Art. 13ff. zugrunde liegt[2] und der Basis für die Ausübung des informationellen Selbstbestimmungsrechts ist.[3]

2 **Abs. 1** betrifft die **Form** der Übermittlung in einem doppelten Sinn: In Satz 1 geht es um die sprachlich-stilistische Form, in Satz 2 und 3 um die äußere Form als Schriftstück oder als elektronischen Dokument. **Abs. 2** enthält ein Bekenntnis dazu, dass der Verantwortliche den Berechtigten die Wahrnehmung ihrer Rechte erleichtern soll. Zum anderen wird aber auch der Fall geregelt, dass er nicht in der Lage ist, die einen Anspruch erhebende Person zu identifizieren. **Abs. 3** betrifft Fristen, die sich allerdings nur auf die aufgrund eines Verlangens (z.B. auf Auskunft oder Löschung) getroffenen Maßnahmen, nicht auf die Erfüllung des Anspruchs selbst beziehen. **Abs. 4** betrifft das Nicht-Tätigwerden des Verantwortlichen, über das die betroffene Person informiert werden muss, wobei Möglichkeiten des Rechtsschutzes bei der entsprechenden Mitteilung zu erwähnen sind. **Abs. 5** regelt die Unentgeltlichkeit der Informationen und Mitteilungen einschließlich der dabei bestehenden engen Ausnahmen. **Abs. 6** betrifft die Klärung der Identität eines Antragstellers. **Abs. 7** ergänzt die Formvorschrift des Abs. 1, wonach zur leichteren Information auch standardisierte Bildsymbole verwendet werden können, die gemäß **Abs. 8** von der Kommission durch delegierten Rechtsakt festgelegt werden können.

3 Die **Stärkung der Betroffenenrechte** ist ein zentrales Anliegen der DSGVO.[4] Dies verdient im Grundsatz Zustimmung, doch legen die bisherigen **Erfahrungen** eher **Skepsis** nahe. In Deutschland existieren seit dem BDSG 1977, also seit mehr als 40 Jahren, Individualrechte auf Information bei erstmaliger Speicherung, Auskunft, Berichtigung und Löschung, ohne dass sich dazu eine nennenswerte Rechtsprechung entwickelt hätte. Dies ist ein gewichtiges Indiz dafür, dass die einzelnen betroffenen Personen von den (schon immer vorhandenen) rechtlichen Möglichkeiten allenfalls in singulären Konstellationen Gebrauch gemacht haben. Auch wenn anders als bei der abhängigen Beschäftigung kein soziales Abhängigkeitsverhältnis besteht, wird vermutlich die betroffene Person davor zurückschrecken, ein großes Unternehmen mit einem Auskunftsersuchen zu überziehen, da sich Reaktionen und denkbare Auswirkungen auf die eigene Situation nicht ausreichend abschätzen lassen. Daran wird sich voraussichtlich auch dadurch kaum etwas ändern, dass in Zukunft nach Art. 13 und 14 der Einzelne sehr viel häufiger als in der Vergangenheit darauf hingewiesen wird, es seien bestimmte Daten zu bestimmten Zwecken über ihn gespeichert.

II. Formfragen (Abs. 1)

1. Die sprachliche Form

4 Abs. 1 Satz 1 verlangt, dass der Verantwortliche dafür sorgt, dass die betroffene Person die Informationen nach Art. 13 und 14 und die Mitteilungen nach Art. 15 bis 22 und 34 »**in präziser, transparenter, verständlicher und leicht zugänglicher Form in einer klaren und einfachen Sprache**« erhält. Die DSGVO selbst wird diesem Anspruch sicherlich nicht

2 Ähnlich Kühling/Buchner-*Bäcker*, Art. 12 Rn. 1.
3 Sydow-*Greve*, Art. 12 Rn. 2.
4 So auch Gola-*Franck*, Art. 12 Rn. 4.

gerecht; im konkreten Fall muss jedoch der Verantwortliche »betroffenennäher« als der europäische Gesetzgeber sein.[5]

5 Die Formulierungen müssen **den jeweiligen Adressaten gerecht** werden.[6] In Abs. 1 Satz 1 Halbsatz 2 wird dies speziell für Informationen betont, die sich an Kinder richten.[7] Allerdings ist diese konkrete Differenzierung in Mitgliedstaaten von größerer Bedeutung, die anders als Deutschland die »Netzmündigkeit« mit 13 oder 14 Jahren (und nicht erst mit 16) eintreten lassen. Im Einzelfall kann es sich empfehlen, von der **sog. einfachen Sprache** oder von der sog. leichten Sprache Gebrauch zu machen. Zumindest bieten diese Anhaltspunkte dafür, wie man sprachliche Schwierigkeiten vermeidet.[8] Dies ist insbesondere deshalb von Bedeutung, weil man – abgesehen von der Differenzierung zwischen Erwachsenen und Kindern – nicht auf die Verständnismöglichkeiten jedes Einzelnen abstellen kann, sondern **Durchschnittsmaßstäbe** (»Was ist für einen juristisch nicht vorgebildeten intelligenten Zeitungsleser noch verständlich?«) anlegen muss.

6 Die **inhaltlichen Anforderungen** des Abs. 1 sind nicht immer widerspruchsfrei. So lassen sich etwa die Attribute »präzise« und »einfach« nicht gleichzeitig erfüllen, wenn es um einen komplexen Sachverhalt geht: Die Präzision müsste zur Darstellung der Komplexität in allen Einzelheiten führen, was dann der Anforderung der »Einfachheit« nicht mehr Rechnung tragen würde.[9] Auch gibt es Doppelungen: Eine »klare« Sprache ist immer auch transparent und verständlich.[10] Inhaltlich bedeutet die Klarheit, dass Schachtelsätze und Fachtermini im Rahmen des Möglichen vermieden werden. Insgesamt wird man den vielen Adjektiven des Gesetzgebers die Verpflichtung entnehmen müssen, dass die Informationen und Mitteilungen **so verständlich wie irgend möglich** formuliert sein müssen. Dabei hat der Verantwortliche einen gewissen Beurteilungsspielraum.

7 Die Informationen und Mitteilungen müssen **»leicht zugänglich«** sein. Soweit sie unmittelbar an den Betroffenen übermittelt werden, macht dies in der Regel keine Probleme, doch dürfen sie selbstredend auch dann nicht in einem anderen Text wie z. B. in Allgemeinen Geschäftsbedingungen »versteckt« sein, die einem Angebot beigefügt sind. Geht es um eine Mitteilung an alle Nutzer, so kann sie auf der Website stehen, doch muss sie dann aufgrund von Hinweisen leicht auffindbar sein. Ob die Bezeichnung als »Datenschutzerklärung« ausreichend ist, erscheint höchst zweifelhaft, da dieser Ausdruck wenig eindeutig ist: Es könnte sich auch um eine Erklärung handeln, die vom Verantwortlichen aus eigenem Antrieb abgegeben wurde.

8 Der Gesetzgeber hat nicht ausdrücklich dazu Stellung genommen, **welcher Sprache** sich der Verantwortliche bedienen muss. Geht es um die **Antwort** auf das Anliegen einer betroffenen Person, ist die im Anliegen verwendete Sprache zu benutzen, sofern es sich um eine Amtssprache der Union handelt. Andernfalls wäre die »Verständlichkeit« im Normalfall nicht mehr gewährleistet. Bei Informationen nach Art. 13 und 14, bei denen der

---

5 Vgl. auch Sydow-*Greve*, Art. 12 Rn. 13.
6 Sydow-*Greve*, Art. 12 Rn. 12 spricht vom »Empfängerhorizont eines durchschnittlich verständigen Betroffenen«; ähnlich Auernhammer-*Eßer*, Art. 12 Rn. 5.
7 Paal/Pauly-*Paal/Hennemann*, Art. 12 Rn. 26, 36; Kühling/Buchner-*Bäcker*, Art. 12 Rn. 11.
8 SHS-*Dix*, Art. 12 Rn. 14.
9 Ebenso SHS-*Dix*, Art. 12 Rn. 12.
10 Vgl. Auernhammer-*Eßer*, Art. 12 Rn. 7: Die Verwendung des Terminus »transparent« hat keinen eigenständigen Aussagegehalt.

Verantwortliche von sich aus aktiv wird, ist die **Sprache des Mitgliedstaats** zu wählen, in dem sich der **Adressat aufhält**. Werden Daten von einem Unternehmen erhoben und/oder gespeichert, das keine Niederlassung in der EU hat, das aber nach Art. 3 Abs. 2 dennoch europäischem Datenschutzrecht unterliegt, so ist die Sprache des »Marktorts«, also der Adressaten von Angeboten bzw. des Landes der Beobachteten zu wählen.[11] Hat das Unternehmen die ganze EU im Visier, sind sämtliche 24 EU-Sprachen zu berücksichtigen.[12]

2. Die äußere Form

9 Die Information oder Mitteilung erfolgt nach Abs. 1 Satz 2 »schriftlich«, was mangels anderer Definitionen im Unionsrecht Schriftform im Sinne des § 126 BGB bedeutet. Stattdessen sind jedoch auch andere Formen wie z. B. die Textform zulässig, doch müssen die von der DSGVO vorausgesetzten Inhalte klar erkennbar sein. Auch eine elektronische Übermittlung, z. B. eine E-Mail ist ausdrücklich zugelassen. Eine mündliche Erklärung genügt nach Abs. 1 Satz 3 nur, wenn sie von der betroffenen Person ausdrücklich verlangt wurde. Sie möglich zu machen und beispielsweise zu diesem Zweck ein kleines Call-Center einzurichten, ist dem Verantwortlichen aber nicht zuzumuten.[13]

III. Pflicht zur Erleichterung als Regel, Verweigerung als Ausnahme (Abs. 2)

1. Pflicht des Verantwortlichen, die Ausübung der Rechte der betroffenen Person zu erleichtern

10 Abs. 2 Satz 1 verpflichtet den Verantwortlichen gegenüber der betroffenen Person, dieser die Ausübung ihrer Rechte aus Art. 15 bis 22 zu erleichtern. Dies lässt sich als eine (im Grunde selbstverständliche) Konkretisierung des Grundsatzes von Treu und Glauben verstehen. Praktische Bedeutung hat dies insbesondere insofern, als bei elektronischer Verarbeitung von Daten die Möglichkeit geschaffen werden muss, die Rechte aus Art. 15ff. gleichfalls auf elektronischem Wege geltend zu machen (ErwGr 59 Satz 2). Erst recht darf die Geltendmachung der Rechte nicht erschwert werden, indem z. B. die Wahrung einer bestimmten, im Gesetz nicht vorgesehenen Form verlangt wird.

2. Das Problem der Identifizierung

11 Die Rechte nach Art. 13ff. setzen voraus, dass sie von der betroffenen Person geltend gemacht werden. Ob dies tatsächlich der Fall ist, muss der Verantwortliche prüfen.[14] Bestehen Zweifel an deren Identität, so greift Abs. 6 ein. Daneben kann der Fall eintreten, dass der **Personenbezug** bei den fraglichen Daten **gelöscht** ist, weil dieser für den Verarbeitungszweck nicht mehr erforderlich ist (oder von Anfang an nicht erforderlich war). Eine

11 Paal/Pauly-*Paal/Hennemann*, Art. 12 Rn. 35 (für Marktortprinzip); SHS-*Dix*, Art. 12 Rn. 15.
12 Zurückhaltender Sydow-*Greve*, Art. 12 Rn. 15: »Verschiedene Sprachfassungen«.
13 Sydow-*Greve*, Art. 12 Rn. 21.
14 Auernhammer-*Eßer*, Art. 12 Rn. 35; Laue/Kremer-*Kremer*, § 4 Rn. 7.

bloße Pseudonymisierung genügt nicht, weil der Personenbezug ohne großen Aufwand wieder herstellbar ist. Art. 11 Abs. 1 DSGVO stellt klar, dass der Verantwortliche nicht wegen der Betroffenenrechte nach Art. 13ff. den Personenbezug aufrechterhalten muss. Will nun ein (möglicher) Betroffener z. B. eine Auskunft nach Art. 15, so kann der Verantwortliche diese nach Art. 11 Abs. 2 Satz 1 verweigern, wenn er nachweisen kann, dass er zur Gewährung einer solchen Information nicht (mehr) in der Lage ist. Davon ist die betroffene Person zu unterrichten. Sie geht dann nach Art. 11 Abs. 2 Satz 2 ihrer Rechte nach Art. 15ff. verlustig, es sei denn, sie könne **zusätzliche Informationen liefern, die eine Identifizierung wieder möglich machen.**[15] Sind beispielsweise weiter zurückliegende Fehlzeiten anonymisiert worden, weil man sie nur noch für statistische Zwecke benötigt, kann ein Betroffener aber zwei konkrete Krankheitszeiten benennen, so ist eine Re-Personalisierung und damit auch eine Auskunft wieder möglich. Liegt eine solche Ausnahmesituation nicht vor, bleibt es beim Verweigerungsrecht des Verantwortlichen; dies hebt Art. 12 Abs. 2 Satz 2 durch Verweis auf Art. 11 Abs. 2 ausdrücklich hervor. Dabei besteht vom **Text** her eine **Ungereimtheit**, weil der Verantwortliche nach Art. 11 Abs. 2 den **Nachweis** führen muss, dass er zur Identifizierung der fraglichen Person in seinen Dateien nicht in der Lage ist, während Art. 12 Abs. 2 Satz 2 lediglich verlangt, dass er dies »**glaubhaft macht**«. Dies scheint jedoch eine sprachliche Ungenauigkeit zu sein, da im Englischen von »demonstrate«, im Französischen von »démontrer« und im Spanischen von »demostrar« die Rede ist, was jeweils »beweisen« bedeutet. Auch andere Sprachfassungen[16] weisen in dieselbe Richtung.[17]

IV. Fristen (Abs. 3)

Abs. 3 enthält entgegen dem ersten Anschein keine Fristen, bis zu deren Ablauf das Ersuchen einer betroffenen Person erledigt sein muss.[18] Vielmehr geht es ausschließlich darum, bis wann die betroffene Person einen »**Sachstandsbericht**« erhalten muss. Nach Abs. 3 Satz 1 hat der Verantwortliche lediglich die »Maßnahmen« zu benennen, die er aufgrund eines Antrags gemäß Art. 15 bis 22 ergriffen hat.[19] Dabei muss er »unverzüglich«, also ohne schuldhaftes Zögern handeln. Spätestens muss er jedoch binnen eines Monats nach Eingang des Antrags reagieren. Nach deutschem Recht wird die Unverzüglichkeit etwas strenger gehandhabt, da dem Schuldner im Regelfall lediglich eine Frist von zwei Wochen zur Verfügung steht.[20] Die **Monatsfrist** kann überdies nach Abs. 3 Satz 2 um zwei Monate **verlängert** werden, wenn dies unter Berücksichtigung der Komplexität und der Anzahl der Anträge erforderlich ist. Die betroffene Person muss nach Abs. 3 Satz 3 spä- 12

---

15 Sydow-*Greve*, Art. 12 Rn. 23.

16 Portugiesisch: demonstrar; Italienisch: dimostrare; Niederländisch: aantoont; Slowenisch: dokazati; Polnisch: wykazac; Kroatisch: dokazati; Bulgarisch: докаже. Sämtliche Begriffe entsprechen dem deutschen »beweisen«.

17 Auf das Problem verweist auch Kühling/Buchner-*Bäcker*, Art. 12 Rn. 29 Fn. 30.

18 Missverständlich EuArbR-*Franzen*, Art. 12 VO 2016/679/EU Rn. 5.

19 Ehmann/Selmayr-*Heckmann/Paschke*, Art. 12 Rn. 31; Gola-*Franck*, Art. 12 Rn. 25; Paal/Pauly-*Paal/Hennemann*, Art. 12 Rn. 52.

20 Palandt-*Ellenberger*, § 121 Rn. 3 unter Berufung auf OLG Hamm NJW-RR 1990, 523 und OLG Jena OLG-NL 2000, 37.

testens innerhalb der Monatsfrist von der Verlängerung und ihren Gründen unterrichtet werden. Dabei sind die Grundsätze des Abs. 1 (»präzise und verständliche Form« usw.) zu beachten.[21] Soweit der Antrag elektronisch gestellt wurde, muss auch die Reaktion des Verantwortlichen auf diesem Wege erfolgen, es sei denn, der Antragsteller habe einen abweichenden Wunsch geäußert (Abs. 3 Satz 4). Eine Erledigungsfrist kann sich aus den Bestimmungen über die einzelnen Betroffenenrechte ergeben.

V. Untätigkeit des Verantwortlichen (Abs. 4)

13 Bleibt der Verantwortliche untätig, weil beispielsweise die Identität des Antragstellers nicht geklärt ist oder ein Rechtsmissbrauch vorliegt, so hat er davon **die betroffene Person unverzüglich**, spätestens innerhalb eines Monats nach Eingang des Antrags **zu unterrichten**. Dabei sind die Gründe anzugeben; weiter ist auf die Möglichkeit zu verweisen, bei einer Aufsichtsbehörde Beschwerde (Art. 77) einzulegen oder einen gerichtlichen Rechtsbehelf nach Art. 79 zu ergreifen. Bei diesem »Bescheid« sind ebenfalls die Grundsätze des Abs. 1 zu beachten,[22] da sie Ausdruck des allgemeinen Grundsatzes der Transparenz im Datenschutzrecht sind (oben Rn. 1). Dies bedeutet zugleich, dass nicht allein auf die allgemeine Möglichkeit der Beschwerde und des gerichtlichen Rechtsschutzes hinzuweisen ist.[23] Vielmehr sind die **zuständige Aufsichtsbehörde** und das zuständige Gericht namhaft zu machen.[24]

VI. Unentgeltlichkeit und ihre Ausnahmen (Abs. 5)

1. Die Regel

14 Die Informationen nach Art. 13 und 14 DSGVO sowie die Mitteilungen und Maßnahmen nach den Art. 15 bis 22 DSGVO sowie die Benachrichtigung der von einer Datenpanne betroffenen Personen nach Art. 34 DSGVO erfolgt **unentgeltlich**. Damit soll verhindert werden, dass finanzielle Belastungen der Geltendmachung von Rechten entgegenstehen, die Ausdruck des Persönlichkeitsschutzes sind. Nicht erfasst vom Unentgeltlichkeitsprinzip sind allerdings **Aufwendungen** wie z. B. Anwaltskosten, die der betroffenen Person dadurch entstehen, dass sie sich vor der Geltendmachung ihrer Rechte beraten lässt.[25]

2. Die Ausnahmen

15 Die Antragsrechte der betroffenen Personen nach Art. 15ff. DSGVO stehen wie andere subjektive Rechte unter **Missbrauchsvorbehalt.** Abs. 5 Satz 2 nennt zwei Fälle, die abschließenden Charakter haben. Liegen sie vor, so hat der Verantwortliche die Wahl: Er

21 Ehmann/Selmayr-*Heckmann/Paschke*, Art. 12 Rn. 34; Paal/Pauly-*Paal/Hennemann*, Art. 12 Rn. 55. Sydow-*Greve*, Art. 12 Rn. 25.
22 Paal/Pauly-*Paal/Hennemann*, Art. 12 Rn. 59.
23 So aber Paal/Pauly-*Paal*, 1. Aufl., Art. 12 Rn. 60; wie hier nunmehr Paal/Pauly-*Paal/Hennemann*, 2. Aufl., Art. 12 Rn. 60.
24 So auch Ehmann/Selmayr-*Heckmann/Paschke*, Art. 12 Rn. 40.
25 Ehmann/Selmayr-*Heckmann/Paschke*, Art. 12 Rn. 42.

kann entweder ein angemessenes Entgelt verlangen (Buchst. a) oder sich weigern, tätig zu werden (Buchst. b). In diesem zweiten Fall ist die betroffene Person nach Abs. 4 zu unterrichten (oben Rn. 13).

Ein Rechtsmissbrauch liegt einmal dann vor, wenn der **Antrag offensichtlich unbegründet** ist. Dies ist dann der Fall, wenn von vornherein keinerlei Argumente für seine Begründetheit sprechen. Als Beispiel mag der Fall stehen, dass eine nicht betroffene Person einen Auskunftsanspruch nach Art. 15 geltend macht.[26] Besteht dagegen auch nur ein vager Anfangsverdacht, dass das Unternehmen X Daten über die betroffene Person gespeichert haben könnte, so ist der Antrag nicht »offensichtlich« unbegründet. Dies ist für den Verantwortlichen hinnehmbar: Hat er keine Daten gespeichert, kann er nach Abs. 4 vorgehen und unter Verwendung einer Standardformulierung mit geringem Verwaltungsaufwand mitteilen, dass er nicht tätig werden könne. Anders wäre es nur dann, wenn umfangreiche Recherchen notwendig würden, die betroffene Person aber von vorne herein wüsste, dass keine auf sie bezogenen Daten vorhanden sind. 16

Ein zweiter Missbrauchsfall liegt bei **»exzessiven« Antragstellungen** vor. Als Beispiel führt das Gesetz die häufige Wiederholung desselben Antrags an, doch sind auch Anträge denkbar, die nur den Sinn haben, dem Verantwortlichen Aufwand zu machen und damit Schaden zuzufügen.[27] Die Tatsache, dass der Aufwand bei der Bearbeitung eines Antrags groß ist, stellt aber für sich allein noch keinen Fall von Exzessivität dar. Der Sache nach geht es um ein querulatorisches Tun. Deshalb ist es nicht zu beanstanden, wenn die betroffene Person in angemessenen Abständen sein Auskunftsrecht geltend macht, um den rechtmäßigen Fortbestand der Speicherung kontrollieren zu können.[28] 17

Die offensichtliche Unbegründetheit sowie den exzessiven Charakter einer Rechtsausübung muss nach Abs. 5 Satz 3 der Verantwortliche beweisen. 18

Wählt der Verantwortliche als Rechtsfolge des Missbrauchs nicht die Untätigkeit, sondern das **angemessene Entgelt**, so stellt sich die Frage nach seiner Höhe. Wie der EuGH zu Art. 12 Buchst. a DSRl entschied, darf das Entgelt die tatsächlichen Kosten, die der konkrete Vorgang verursacht hat, nicht übersteigen.[29] Dabei sind allein die dem Vorgang direkt zurechenbaren Kosten zu berücksichtigen; ein Gemeinkostenanteil darf nicht in Rechnung gestellt werden.[30] 19

VII. Identitätsprüfung (Abs. 6)

Hat der Verantwortliche begründete Zweifel an der Identität der Person (weil die Anfrage beispielsweise von einem neuen Account ausgeht[31]), die einen Antrag gemäß Art. 15 bis 21 stellt, z. B. eine Auskunft nach Art. 15 haben will, so kann er nach Abs. 6 **zusätzliche Informationen** anfordern. Diese müssen »zur Bestätigung der Identität der betroffenen Person« erforderlich sein. Nach ErwGr 64 sollte er dabei alle »vertretbaren Mittel« nutzen, 20

26 Ehmann/Selmayr-*Heckmann/Paschke*, Art. 12 Rn. 43.
27 Kühling/Buchner-*Bäcker*, Art. 12 Rn. 37.
28 Sydow-*Greve*, Art. 12 Rn. 28.
29 EuGH 12.12.2013 – C-486/12 – ZD 2014, 248.
30 Gola-*Franck*, Art. 12 Rn. 40.
31 Laue/Kremer-*Kremer*, § 4 Rn. 7.

doch gilt auch insoweit der Grundsatz der Verhältnismäßigkeit. Ein **Anrufer** ist ggf. nach seinem Geburtstag oder nach seiner Mobilfunknummer zu fragen. Weiter ist denkbar, dass im Rahmen einer Vertragsbeziehung eine **Kontrollfrage** vereinbart wurde. Auch das **Einloggen** mit Kundennummer in einem Kundenportal kommt in Betracht. Versagen diese Mittel, so kommt die Überlassung einer **Kopie des Personalausweises** in Frage. Dies ist jedoch problematisch, weil sich dort auch Informationen finden, die für die Feststellung der Identität nicht erforderlich sind.[32] Diese Angaben können ggf. von der betroffenen Person geschwärzt werden.[33] Insoweit muss der Vermerk »Personalausweis hat vorgelegen« genügen. Notfalls muss ein Postident-Verfahren stattfinden.

VIII. Standardisierte Bildsymbole (Abs. 7 und 8)

21 Abs. 7 Satz 1 bezieht sich ausschließlich auf die nach Art. 13 und Art. 14 bereit zu stellenden Informationen. Diese »können« (müssen aber nicht) in Kombination mit standardisierten Bildsymbolen bereitgestellt werden. Durch die Kombination von Bild und Text soll »in leicht wahrnehmbarer, verständlicher und klar nachvollziehbarer Form« ein aussagekräftiger Überblick über die beabsichtigte Verarbeitung vermittelt werden. Abs. 7 Satz 1 stellt insoweit eine Konkretisierung des Abs. 1 Satz 1 dar. Damit soll den **Wahrnehmungsgewohnheiten der Nutzer** entgegengekommen werden.[34]

22 Werden die standardisierten Bildsymbole in elektronischer Form dargestellt, müssen sie nach Abs. 7 Satz 2 **maschinenlesbar** sein. Dies hat den Vorzug, dass damit Barrierefreiheit geschaffen ist, da sich sehbehinderte Menschen mit Hilfe eines Sprachprogramms den Inhalt erschließen können.[35]

23 Der Parlamentsentwurf für eine DSGVO enthielt eine Reihe von Bildsymbolen, deren Sinn sich allerdings nicht spontan erschloss.[36] Im Trilog wurde daher Abs. 8 geschaffen und festgelegt, dass die **Kommission durch delegierten Rechtsakt** im Sinne des Art. 92 Abs. 2 die Informationen bestimmen kann, die durch Bildsymbole dargestellt werden können. Vor einer Regelung durch die Kommission hat der Europäische Datenschutzausschuss nach Art. 70 Abs. 1 Buchst. r eine Stellungnahme abzugeben. Von der Ermächtigung des Abs. 8 ist bisher kein Gebrauch gemacht worden.

IX. Zwingender Charakter der Betroffenenrechte

24 In der DSGVO fehlt eine Bestimmung, die wie § 6 BDSG-alt die Individualrechte für zwingend erklärt. Dennoch ist davon auszugehen, dass sie **nicht vertraglich abbedungen** oder durch einseitige Erklärung beschränkt werden können. Als Teil der DSGVO stellen sie wie diese insgesamt einen Mindeststandard dar, der nicht unterschritten werden darf. Mittelbar wird dies aus Art. 23 deutlich, der lediglich den Gesetzgeber (der Union wie der Mitgliedstaaten), nicht aber die Parteien eines Vertrages ermächtigt, von den Betroffenen-

32 Gola-*Franck*, Art. 12 Rn. 44.
33 Laue/Kremer-*Kremer*, § 4 Rn. 11.
34 Albrecht, CR 2016, 88, 93.
35 Vgl. Ehmann/Selmayr-*Heckmann/Paschke*, Art. 12 Rn. 55.
36 Sie sind wiedergegeben bei Gola-*Franck*, Art. 12 Rn. 48.

rechten zu Lasten des Einzelnen abzuweichen.[37] Praktische Bedeutung gewinnt dies insbesondere beim Einsatz der Blockchain-Technologie.

X. Sanktionen

Werden die Betroffenenrechte durch den Verantwortlichen verletzt, so kann die betroffene Person nach Art. 82 DSGVO **Ersatz ihres materiellen wie ihres immateriellen Schadens** vom Verantwortlichen verlangen. Weiter kann die **Aufsichtsbehörde** – etwa aufgrund einer Beschwerde – von ihren Befugnissen nach Art. 58 DSGVO Gebrauch machen. Zudem kommt nach Art. 83 Abs. 5 Buchst. b die Verhängung eines **Bußgeldes** in Betracht. Dieses kann bis zu 20 Mio. Euro oder – bei Unternehmen – 4 % des weltweiten Umsatzes des vorangegangenen Geschäftsjahres betragen, wobei jeweils die höhere Summe maßgebend ist. Die Rechtsprechung betrachtet überdies die Belehrungspflicht über Betroffenenrechte nach Art. 12 ff. DSGVO als Marktverhaltensregel, so dass bei ihrer Verletzung zugleich ein **Verstoß gegen Wettbewerbsrecht** vorliegt (§ 3a UWG), der einen Konkurrenten, einen Verbraucherverband sowie andere Organisationen zu einer Unterlassungsklage berechtigt.[38] 25

Abschnitt 2
Informationspflicht und Recht auf Auskunft zu personenbezogenen Daten

Art. 13 Informationspflicht bei Erhebung von personenbezogenen Daten bei der betroffenen Person

(1) Werden personenbezogene Daten bei der betroffenen Person erhoben, so teilt der Verantwortliche der betroffenen Person zum Zeitpunkt der Erhebung dieser Daten Folgendes mit:

a) den Namen und die Kontaktdaten des Verantwortlichen sowie gegebenenfalls seines Vertreters;

b) gegebenenfalls die Kontaktdaten des Datenschutzbeauftragten;

c) die Zwecke, für die die personenbezogenen Daten verarbeitet werden sollen, sowie die Rechtsgrundlage für die Verarbeitung;

d) wenn die Verarbeitung auf Artikel 6 Absatz 1 Buchstabe f beruht, die berechtigten Interessen, die von dem Verantwortlichen oder einem Dritten verfolgt werden;

e) gegebenenfalls die Empfänger oder Kategorien von Empfängern der personenbezogenen Daten und

f) gegebenenfalls die Absicht des Verantwortlichen, die personenbezogenen Daten an ein Drittland oder eine internationale Organisation zu übermitteln, sowie das Vor-

37 Im Ergebnis wie hier SHS-*Dix*, Art. 12 Rn. 6.

38 LG Würzburg 13. 9. 2018 – 11 O 1741/18, ZD 2019, 38 = K&R 2018, 736: Ein Rechtsanwalt klagte gegen einen anderen; die Problematik wurde nicht bedacht bei LG Bochum 7. 8. 2018 – I-12 O 85/18, ZD 2019, 39 = K&R 2018, 737.

handensein oder das Fehlen eines Angemessenheitsbeschlusses der Kommission oder im Falle von Übermittlungen gemäß Artikel 46 oder Artikel 47 oder Artikel 49 Absatz 1 Unterabsatz 2 einen Verweis auf die geeigneten oder angemessenen Garantien und die Möglichkeit, wie eine Kopie von ihnen zu erhalten ist, oder wo sie verfügbar sind.

(2) Zusätzlich zu den Informationen gemäß Absatz 1 stellt der Verantwortliche der betroffenen Person zum Zeitpunkt der Erhebung dieser Daten folgende weitere Informationen zur Verfügung, die notwendig sind, um eine faire und transparente Verarbeitung zu gewährleisten:

a) die Dauer, für die die personenbezogenen Daten gespeichert werden oder, falls dies nicht möglich ist, die Kriterien für die Festlegung dieser Dauer;

b) das Bestehen eines Rechts auf Auskunft seitens des Verantwortlichen über die betreffenden personenbezogenen Daten sowie auf Berichtigung oder Löschung oder auf Einschränkung der Verarbeitung oder eines Widerspruchsrechts gegen die Verarbeitung sowie des Rechts auf Datenübertragbarkeit;

c) wenn die Verarbeitung auf Artikel 6 Absatz 1 Buchstabe a oder Artikel 9 Absatz 2 Buchstabe a beruht, das Bestehen eines Rechts, die Einwilligung jederzeit zu widerrufen, ohne dass die Rechtmäßigkeit der aufgrund der Einwilligung bis zum Widerruf erfolgten Verarbeitung berührt wird;

d) das Bestehen eines Beschwerderechts bei einer Aufsichtsbehörde;

e) ob die Bereitstellung der personenbezogenen Daten gesetzlich oder vertraglich vorgeschrieben oder für einen Vertragsabschluss erforderlich ist, ob die betroffene Person verpflichtet ist, die personenbezogenen Daten bereitzustellen, und welche mögliche Folgen die Nichtbereitstellung hätte und

f) das Bestehen einer automatisierten Entscheidungsfindung einschließlich Profiling gemäß Artikel 22 Absätze 1 und 4 und – zumindest in diesen Fällen – aussagekräftige Informationen über die involvierte Logik sowie die Tragweite und die angestrebten Auswirkungen einer derartigen Verarbeitung für die betroffene Person.

(3) Beabsichtigt der Verantwortliche, die personenbezogenen Daten für einen anderen Zweck weiterzuverarbeiten als den, für den die personenbezogenen Daten erhoben wurden, so stellt er der betroffenen Person vor dieser Weiterverarbeitung Informationen über diesen anderen Zweck und alle anderen maßgeblichen Informationen gemäß Absatz 2 zur Verfügung.

(4) Die Absätze 1, 2 und 3 finden keine Anwendung, wenn und soweit die betroffene Person bereits über die Informationen verfügt.

Inhaltsübersicht Rn.

I. Einleitung

1 Über den bisherigen § 33 BDSG-alt hinaus verpflichtet Art. 13 den Verantwortlichen dazu, die betroffene Person **über zahlreiche Umstände aufzuklären**. Anders als bei der Auskunftserteilung nach Art. 15 muss der Verantwortliche selbst aktiv werden.[1] Während bisher nur eine »Basisinformation« geschuldet war, die den Betroffenen in die Lage versetzen sollte, »nachzuhaken« und mit Hilfe des Auskunftsrechts Näheres zu erfahren, ist nunmehr eine umfassende Information vorgesehen.[2] Damit wird ersichtlich die **Datentransparenz verbessert**, weil die betroffene Person automatisch erfährt, wer welche Daten zu welchem Zweck verarbeitet. Dies wird durch ErwGr 60 Satz 1 bestätigt.[3] Sind **mehrere Stellen** für die Verarbeitung **verantwortlich**, so haben sie nach Art. 26 Abs. 1 Satz 2 in transparenter Form festzulegen, wer welche Pflichten zu erfüllen hat (siehe Art. 26 Rn. 8 ff.).

2 Die DSGVO regelt in Art. 13 den Fall, dass die Daten direkt bei der betroffenen Person erhoben werden, während Art. 14 die Situation erfasst, dass die Erhebung auf andere Weise, insbesondere durch Befragung von Dritten erfolgt.[4] Der bisher bestehende **Grundsatz der** vorrangigen **Direkterhebung** nach § 4 Abs. 2 BDSG-alt **existiert** im geschriebenen Recht **nicht mehr**, doch kommt man in der Regel dadurch zum selben Ergebnis, dass die Direkterhebung das weniger eingreifende Mittel ist, sodass das Beschreiten anderer Wege nur dann erforderlich ist, wenn die Direkterhebung nicht zum Ziel führt.[5] Wortlaut und Sinn der Vorschrift sprechen eindeutig dafür, dass die auf die Erhebung folgenden Akte der Datenverarbeitung keine Informationspflicht auslösen; nur Abs. 3 macht insoweit eine Ausnahme (siehe Rn. 24 ff.).[6]

---

1 Auernhammer-*Eßer*, Art. 13 Rn. 3.

2 Kritisch dazu Plath-*Kamlah*, Art. 13 Rn. 5.

3 »Die Grundsätze einer fairen und transparenten Verarbeitung machen es erforderlich, dass die betroffene Person über die Existenz des Verarbeitungsvorgangs und seine Zwecke unterrichtet wird.«

4 Zur Abgrenzung im Einzelnen s. Art. 14 Rn. 2.

5 Däubler, Gläserne Belegschaften, Rn. 203; ähnlich SHS-*Dix*, Art. 14 DSGVO Rn. 1 und Gola-*Gola*, Einl. Rn. 41: Es verstößt gegen Treu und Glauben, Daten, die beim Betroffenen erhoben werden können, hinter seinem Rücken anderweitig zu beschaffen.

6 Sydow-*Ingold*, Art. 13 Rn. 8.

2a Bei enger Auslegung erfasst »Erheben« nur das »**gezielte Beschaffen**«, doch wäre damit der Anwendungsbereich des Art. 13 und damit des Transparenzprinzips außerordentlich eingeengt. Dies stünde im Gegensatz zur Zwecksetzung der DSGVO und würde überdies Möglichkeiten eröffnen, wie der Verantwortliche den Pflichten aus Art. 13 entgehen könnte. Wird etwa der häusliche Stromverbrauch durch »smart meter« automatisch gemessen oder werden die IP-Adressen der Nutzer bestimmter Websites festgehalten, so stellt auch dies ein »Erfassen« dar, **ohne** dass eine **aktuelle Handlung** des Verantwortlichen vorliegen würde.[7] Wird nur der **Anschein einer Erhebung** erzeugt (z.B. durch eine Kameraattrappe), so entsteht keine Informationspflicht.[8]

3 **Abs. 1** regelt »Basisinformationen«, die bei jeder Datenerhebung mitzuteilen sind. **Abs. 2** verlangt weitere Angaben, durch die eine »faire und transparente« Verarbeitung sichergestellt werden soll. **Abs. 3** betrifft die Informationspflicht bei einer beabsichtigten Zweckänderung, **Abs. 4** normiert den Ausnahmefall, dass die betroffene Person bereits über die fraglichen Informationen nach den Abs. 1 bis 3 verfügt.

II. Die Gewährung von Basisinformationen nach Abs. 1

4 Abs. 1 sieht Informationen zu insgesamt **sechs Punkten** vor, die der betroffenen Person im Zeitpunkt der Erhebung mitzuteilen sind. Eine spätere Mitteilung genügt nicht. Dies kann für nicht wenige Unternehmen zu einer ungewohnten neuen Belastung führen. Eine bestimmte Form, in der die Information zu erfolgen hätte, ist nicht vorgeschrieben, doch ist Art. 12 zu beachten.[9] Die Daten als solche oder die Kategorien von Daten sind anders als bei Art. 14 nicht anzugeben, da sie ja bei der betroffenen Person erhoben werden und diese deshalb schon weiß, um was es geht.[10]

1. Name und Kontaktdaten des Verantwortlichen und eines evtl. Vertreters (Abs. 1 Buchst. a)

5 Wer »Verantwortlicher« ist bestimmt sich nach Art. 4 Nr. 7 (siehe dort). Handelt es sich um eine natürliche Person, sind **Vor- und Zuname** anzugeben, ggf. auch ein Titel. Bei juristischen Personen ist die genaue **Firmenbezeichnung samt Rechtsform** mitzuteilen, wie sie sich im Handelsregister oder im Vereinsregister befindet. Hat sich eine Kurzform im Geschäftsverkehr durchgesetzt, ist diese beizufügen. Bei **Behörden** ist auf die genaue Bezeichnung zu achten, ebenso bei anderen Stellen. Handelt es sich um einen Verantwortlichen mit Sitz im Ausland, ist bei Bedarf eine **Übersetzung** vorzunehmen, was insbesondere bei Behörden in Betracht kommt.

6 Zu den **Kontaktdaten** gehört auf alle Fälle die postalische Anschrift, da nicht jedermann zu jedem Zeitpunkt über leicht zugängliche elektronische Kommunikationsmittel ver-

---

7 Hierzu und zu weiteren Beispielen SHS-*Dix*, Art. 13 Rn. 5.

8 SHS-*Dix*, Art. 13 Rn. 6.

9 Auernhammer-*Eßer*, Art. 13 Rn. 8; Sydow-*Ingold*, Art. 13 Rn. 14; dazu kann auch die Verwendung standardisierter Bildsymbole gehören (s. Art. 12 Rn. 21 ff.).

10 Auernhammer-*Eßer*, Art. 13 Rn. 13.

fügt.[11] Außerdem liegt nur dann eine **ladungsfähige Anschrift** vor.[12] Daneben ist aber auch die **elektronische Erreichbarkeit** mitzuteilen, also insbesondere die E-Mail-Adresse[13] oder ein Online-Kontaktformular.[14] Dies ist erst recht dann der Fall, wenn es um eine elektronische Speicherung geht; andernfalls, d. h. bei der bloßen Mitteilung der Postanschrift, träte ein »**Medienbruch**« ein, der die Geltendmachung der Betroffenenrechte erschweren würde.

Unterliegt ein **Unternehmen aus einem Drittstaat** nach Art. 3 Abs. 2 dem europäischen Datenschutzrecht und muss es deshalb einen **Vertreter nach Art. 27** bestellen (siehe dort), so sind auch Name und Kontaktdaten des Vertreters anzugeben. Insoweit sind dieselben Maßstäbe anzulegen wie bei einem innerhalb der EU ansässigen Verantwortlichen. 7

2. Datenschutzbeauftragter (Abs. 1 Buchst. b)

Besteht ein Datenschutzbeauftragter, sind dessen **Kontaktdaten** anzugeben. Dabei kommt es nicht darauf an, ob er aufgrund gesetzlicher Verpflichtung (Art. 37, §§ 5ff., 38 BDSG) oder freiwillig bestellt wurde. Die Kontaktdaten sind wie beim Verantwortlichen zu bestimmen, umfassen also sowohl die Postanschrift wie auch die elektronische Erreichbarkeit. Ob auch der **Name** angegeben werden muss, wird größtenteils verneint, da er im Gesetz nicht erwähnt sei.[15] Im Interesse der leichteren Zugänglichkeit und des damit verbundenen Beitrags zur Transparenz der Datenverarbeitungsvorgänge sollte jedoch auch der Name einbezogen werden.[16] 8

3. Zwecke und Rechtsgrundlagen der Verarbeitung (Abs. 1 Buchst. c)

Die Mitteilung des Verarbeitungszwecks ist von wesentlicher Bedeutung. Sie führt einmal dazu, dass sich der Verantwortliche auf einen bestimmten Zweck oder **auf bestimmte Zwecke festlegt**, deren Änderung nur noch unter spezifischen Voraussetzungen möglich und die außerdem nach Abs. 3 der betroffenen Person zu kommunizieren ist. Außerdem kann die betroffene Person auf diese Weise ansatzweise kontrollieren, ob die Verarbeitungen wirklich im Rahmen des angegebenen Zwecks erfolgen.[17] Im Interesse der Datentransparenz müssen die Zwecke möglichst eng bestimmt werden.[18] Dies wirft bei Big-Data-Anwendungen besondere Probleme auf.[19] 9

---

11 Ebenso im Ergebnis Ehmann/Selmayr-*Knyrim*, Art. 13 Rn. 34.

12 Gola-*Franck*. Art. 13 Rn. 9; Kühling/Buchner-*Bäcker*, Art. 13 Rn. 22.

13 Paal/Pauly-*Paal/Hennemann*, Art. 13 Rn. 14.

14 Ebenso im Ergebnis Auernhammer-*Eßer*, Art. 13 Rn. 18; Ehmann/Selmayr-*Knyrim*, Art. 13 Rn. 34 (allerdings eher als Soll-Vorschrift).

15 Auernhammer-*Eßer*, Art. 13 Rn. 19; Gola-*Franck*, Art. 13 Rn. 11; Ehmann/Selmayr-*Knyrim*, Art. 13 Rn. 36; Kühling/Buchner-*Bäcker*, Art. 13 Rn. 24.

16 Wer eine »ladungsfähige Anschrift« verlangt (s. etwa Paal/Pauly-*Paal/Hennemann*, Art. 13 Rn. 15), müsste auch den Namen einbeziehen; SHS-*Dix* (Art. 13 Rn. 9) verlangt den Namen nur, wenn keine funktionsspezifische E-Mail-Adresse vorhanden ist.

17 Vgl. Sydow-*Ingold*, Art. 13 Rn. 18.

18 Dazu Herholtz, CuA 11/2018, S. 11ff.

19 SHS-*Dix*, Art. 13 Rn. 8.

10 Die **Rechtsgrundlage** der Datenverarbeitung muss gleichfalls genannt werden.[20] Als solche kommt meist **Art. 6 Abs. 1** in Betracht, wobei es aber notwendig ist, eine konkrete dort aufgeführte Ermächtigung (Vertrag, Einwilligung usw.) zu benennen. Ein bloßer Hinweis auf »Art. 6 Abs. 1 DSGVO« wäre ungenügend.[21] Im Bereich des Beschäftigtendatenschutzes wäre häufig auf den auf der Grundlage der Öffnungsklausel des Art. 88 erlassenen **§ 26 Abs. 1 Satz 1 BDSG** zu verweisen. Die reine Benennung der Rechtsgrundlage versetzt die betroffene Person häufig noch nicht in die Lage, ihre rechtliche Position im Einzelnen zu bestimmen. Deshalb wird in der Literatur[22] zu Recht verlangt, die **Rechtslage** im Einzelfall **vollständig darzulegen**. Zumindest sei eine solche Erläuterung auf Verlangen geboten.

4. Berechtigte Interessen des Verantwortlichen oder eines Dritten (Abs. 1 Buchst. d)

11 Ausschließlich auf den Fall des **Art. 6 Abs. 1 Buchst. f** bezogen ist die Informationspflicht in Bezug auf das »berechtigte Interesse« des Verantwortlichen oder eines Dritten. Art. 6 Abs. 1 Buchst. f lässt eine Datenverarbeitung dann zu, wenn sie zur Wahrung »der berechtigten Interessen« des Verantwortlichen oder eines Dritten erforderlich ist, sofern nicht die Interessen oder Grundrechte und Grundfreiheiten der betroffenen Person, die den Schutz personenbezogener Daten erfordern, überwiegen. Dies kann insbesondere dann der Fall sein, wenn es sich bei der betroffenen Person um ein Kind unter 18 Jahren handelt. Um die Abwägung der Interessen vornehmen zu können, muss die betroffene Person die **»berechtigten Interessen«** kennen, die die Verarbeitung rechtfertigen sollen. Diese müssen **konkret umschrieben** sein, um so ihr Gewicht bestimmen zu können. Die **Gegeninteressen der betroffenen Person** werden so behandelt, als seien sie dieser geläufig, so dass ihre Einschätzung durch den Verantwortlichen oder den Dritten nicht mitzuteilen ist.[23] Dies entspricht dem Wortlaut, doch würde es unnötige Auseinandersetzungen vermeiden, wenn der Verantwortliche seinen **gesamten Abwägungsprozess** darstellen würde. Dies wird zum Teil auch in der Literatur ausdrücklich verlangt.[24] Jedenfalls auf freiwilliger Grundlage ist eine solche »Abrundung« der Informationen immer möglich.

5. Empfänger oder Kategorien von Empfängern (Abs. 1 Buchst. e)

12 Ist im Zeitpunkt der Erhebung der Daten absehbar, dass diese anderen offengelegt werden, so muss der Verantwortliche die Empfänger oder die in Aussicht genommenen Kategorien von Empfängern der betroffenen Person mitteilen. »Empfänger« sind nach der ausdrücklichen Festlegung in Art. 4 Nr. 9 nicht nur Dritte, so dass auch die **Weitergabe**

---

20 Auernhammer-*Eßer*, Art. 13 Rn. 20; Sydow-*Ingold*, Art. 13 Rn. 18.

21 Auernhammer-*Eßer*, Art. 13 Rn. 20; Paal/Pauly-*Paal/Hennemann*, Art. 13 Rn. 16.

22 Kühling/Buchner-*Bäcker*, Art. 13 Rn. 26.

23 Paal/Pauly-*Paal/Hennemann*, Art. 13 Rn. 17.

24 Kühling/Buchner-*Bäcker*, Art. 13 Rn. 27: »Die für diese Interessenabwägung maßgeblichen Gesichtspunkte (sind) einzelfallbezogen so darzustellen, dass die betreffende Person die Abwägung nachvollziehen und gegebenenfalls substantiierte Einwände gegen sie vorbringen kann.«

an einen Auftragsdatenverarbeiter erfasst ist.[25] Einbezogen ist damit auch die zumindest mögliche Übermittlung an Unterauftragnehmer, wie sie im Rahmen des **Cloud Computing** allgemein üblich ist. Der Informationspflicht unterliegt auch der **Datenfluss zwischen** verschiedenen **Untereinheiten** des Verantwortlichen,[26] doch dürfte der vorübergehende oder dauernde Austausch eines Sachbearbeiters nicht einbezogen sein – seine Person ist für die Geltendmachung der Betroffenenrechte ohne Bedeutung.[27]

Der Verantwortliche hat kein Wahlrecht, ob er die Empfänger konkret benennen oder nur ihre »Kategorien« mitteilen will. Dem Gedanken der Datentransparenz entspricht es vielmehr, dass die bereits **absehbaren Personen namentlich benannt** werden.[28] Werden nur bestimmte Kategorien von Empfängern (»Werbeunternehmen«) in Aussicht genommen, sind sie so genau zu beschreiben, dass sich die betroffene Person ein Bild von den damit für sie verbundenen Risiken machen kann.[29] Besteht die Absicht der **Veröffentlichung**, so ist auch diese Tatsache mitzuteilen; für die betroffene Person ist von Interesse, das in Aussicht genommene Medium und den in erster Linie relevanten Adressatenkreis zu kennen. Die Mitteilungspflicht kann nicht deshalb entfallen, weil wegen der weiten Verbreitung auch keine »Kategorie« von Empfängern benannt werden kann. 13

Muss die betroffene Person **damit rechnen, dass die Daten** an Empfänger **weitergegeben** oder veröffentlicht werden, ändert dies nichts an der Informationspflicht des Verantwortlichen. Diese entfällt nach Abs. 4 lediglich, wenn die betroffene Person positive Kenntnis besitzt. 14

6. Übermittlung in Drittstaaten (Abs. 1 Buchst. f)

Werden die personenbezogenen Daten voraussichtlich **in einen Drittstaat oder** an eine **internationale Organisation** übermittelt, so ist die betroffene Person ausdrücklich darauf hinzuweisen.[30] Weiter muss sie davon informiert werden, ob es einen **Beschluss der EU-Kommission** über einen angemessenen Datenschutz in dem Drittland gibt. Fehlt es daran, so ist die betroffene Person davon in Kenntnis zu setzen, welche Garantien nach Art. 46, 47 und 49 Abs. 1 Satz 2 bestehen. Diese können sich z. B. aus einem Datenschutzvertrag oder aus verbindlichen »Binding Corporate Rules« (BCR) ergeben. Die betroffene Person ist davon zu informieren, wie sie **Kenntnis von** diesen **Formen der Absicherung** erhalten kann.[31] Sie soll auf diese Weise in die Lage versetzt werden, die mit der Übermittlung in ein Drittland verbundenen Risiken einigermaßen adäquat abschätzen zu können. 15

25 Kühling/Buchner-*Bäcker*, Art. 13 Rn. 28; Ehmann/Selmayr-*Knyrim*, Art. 13 Rn. 44; Gola-*Franck*, Art. 13 Rn. 16; Sydow-*Ingold*, Art. 13 En. 19.

26 Kühling/Buchner-*Bäcker*, Art. 13 Rn. 28.

27 Ebenso Ehmann/Selmayr-*Knyrim*, Art. 13 Rn. 45, der nur dann eine Ausnahme machen will, wenn es sich nicht um Arbeitnehmer handelt.

28 Kühling/Buchner-*Bäcker*, Art. 13 Rn. 30; SHS-*Dix*, Art. 13 Rn. 11.

29 Kühling/Buchner-*Bäcker*, Art. 13 Rn. 30.

30 Die Formulierung »an ein Drittland« ist irreführend und Ausdruck mangelhafter redaktioneller Arbeit. Es geht wie in Art. 14 darum, dass sich der Empfänger »in« einem Drittland befindet: SHS-*Dix*, Art. 13 Rn. 12.

31 Auernhammer-*Eßer*, Art. 13 Rn.25.

16 Werden Daten nach Art. 49 Abs. 1 Satz 2 zur Wahrung zwingender Interessen des Verantwortlichen in einen Drittstaat übermittelt, so muss die betroffene Person nach Art. 49 Abs. 1 Satz 4 von der Übermittlung informiert und über die zwingenden berechtigten Interessen ins Bild gesetzt werden. Dies ist eine **neben Art. 13 und 14 stehende Informationspflicht**, die auch dann eingreift, wenn die Übermittlung in Drittstaaten im Zeitpunkt der Datenerhebung noch nicht absehbar war.[32] Um eine Schutzlücke zu vermeiden, ist die Vorschrift bei anderen Übermittlungen in Drittstaaten entsprechend anzuwenden.[33]

III. Die Gewährung von weiteren Informationen nach Abs. 2

17 Abs. 2 enthält sechs weitere Gruppen von Informationen, die – so der Verordnungswortlaut – notwendig seien, »um eine faire und transparente Verarbeitung zu gewährleisten«. ErwGr 60 geht davon aus, dass die Informationen nur zu gewähren seien, wenn dies für eine **faire und transparente Verarbeitung** notwendig sei, so dass es sich um eine situationsabhängige Verpflichtung handele. Dabei ist allerdings zu berücksichtigen, dass kaum Fälle denkbar sind, in denen die in Abs. 2 genannten Informationen keinen Beitrag zu einem fairen und transparenten Verfahren leisten.[34] Auch ist der Bezug auf das faire und transparente Verfahren nicht als Konditionalsatz formuliert, sondern besitzt beschreibenden Charakter. Daraus wird mit Recht geschlossen, dass die Verpflichtungen nach Abs. 2 nicht anders als die nach Abs. 1 zu behandeln sind.[35] Auch Autoren, die dies anders sehen, empfehlen den Unternehmen, möglichst alle Informationen nach Abs. 2 zu gewähren, um angesichts der unsicheren Rechtslage kein Bußgeld zu riskieren.[36] Im Übrigen ist es dem Verantwortlichen unbenommen, mehr Informationen als durch Art. 13 geboten zu gewähren.[37]

1. Speicherdauer (Abs. 2 Buchst. a)

18 Der Verantwortliche muss der betroffenen Person mitteilen, für welche Dauer die fraglichen Daten gespeichert werden sollen. Ist dies nicht möglich, so sind die **Kriterien** anzugeben, **nach denen** sich die **Dauer der Speicherung** bestimmt. Dadurch soll die betroffene Person die voraussichtliche Dauer wenigstens annäherungsweise abschätzen können.[38] Dies ist nur auf der Grundlage eines **Löschkonzepts** praktikabel, das selbstredend die Aufbewahrungsfristen nach Handels- und Steuerrecht (§§ 257 HGB, 147 AO) beachten muss.[39] Die bisherige Praxis neigt eher dazu, zumindest eine Sicherungskopie für eine unbestimmte Zukunft aufzubewahren; der in Art. 5 Abs. 1 Buchst. e enthaltene **Gedanke**

---

32 Kühling/Buchner-*Bäcker*, Art. 13 Rn. 35.
33 Kühling/Buchner-*Bäcker*, Art. 13 Rn. 35.
34 Vgl. Paal/Pauly-*Paal/Hennemann*, Art. 13 Rn. 22.
35 Kühling/Buchner-*Bäcker*, Art. 13 Rn. 20; SHS-*Dix*, Art. 13 Rn. 13; im Ergebnis auch Ehmann/Selmayr-*Knyrim*, Art. 13 Rn. 51.
36 Ehmann/Selmayr-*Knyrim*, Art. 13 Rn. 51.
37 Sydow-*Ingold*, Art. 13 Rn. 23.
38 Kühling/Buchner-*Bäcker*, Art. 13 Rn. 36.
39 Gola-*Franck*, Art. 13 Rn. 20.

der Speicherbegrenzung hat bisher noch **wenig Anerkennung** erfahren;[40] die DSGVO kommt ihrerseits nicht über die Deklarierung des allgemeinen Prinzips hinaus und enthält keinerlei Speicherfristen.[41] Es wird Sache der Aufsichtsbehörden sein, mit Hilfe der ihnen zur Verfügung stehenden Mittel einen Wandel herbeizuführen.

2. Betroffenenrechte (Abs. 2 Buchst. b)

Die betroffene Person muss weiter über ihre Rechte auf Auskunft (Art. 15), Berichtigung (Art. 16), Löschung (Art. 17), Einschränkung der Verarbeitung (Art. 18), Widerspruch (Art. 19) und Datenübertragbarkeit (Art. 20) unterrichtet werden. Dies geht nicht über die Wiedergabe der Rechtslage hinaus; es reicht, wenn die einzelnen Rechte zusammenfassend benannt werden.[42] Allerdings stellt es eine Herausforderung dar, dies in den **Formen des Art. 12 Abs. 1 Satz 1** zu tun (dazu Art. 12 Rn. 4ff.). Die Befugnisse aus Art. 19 Satz 2 und Art. 22 Abs. 1 sind jedoch nicht erfasst.[43] 19

3. Widerrufsrecht bei Einwilligung (Abs. 2 Buchst. c)

Beruht die Datenverarbeitung auf einer Einwilligung nach Art. 6 Abs. 1 Buchst. a oder nach Art. 9 Abs. 2 Buchst. a, so muss die betroffene Person davon informiert werden, dass sie die Einwilligung widerrufen kann, dass dieser Widerruf aber nur für die Zukunft wirkt. Auch dies stellt nur eine Information über die Rechtslage dar (Art. 7 Abs. 3 – dazu Art. 7 Rn. 43ff.), deren Wert darin besteht, dass sie die Form des Art. 12 Abs. 1 Satz 1 wahren muss und so dazu beiträgt, dass die Einzelnen ihre Rechte wirklich kennen und davon evtl. sogar Gebrauch machen. 20

4. Bestehen eines Beschwerderechts (Abs. 2 Buchst. d)

Die betroffene Person ist weiter darüber zu informieren, dass sie sich **bei einer Aufsichtsbehörde beschweren** kann. Dabei muss der Verantwortliche nicht nur allgemein auf das Beschwerderecht nach Art. 77 Abs. 1 hinweisen, sondern auch die **zuständige Aufsichtsbehörde** einschließlich ihrer Kontaktdaten benennen.[44] Auf andere Rechte wie z.B. auf das Recht, nach Art. 82 Schadensersatz zu verlangen, ist nicht hinzuweisen. Dass ein Privatunternehmen verpflichtet wird, einem Betroffenen eine Art **Rechtsmittelbelehrung** zu erteilen, wird mit dem Argument kritisiert, dies bringe es in die Nähe eines hoheitlichen Subjekts.[45] Dem ist entgegen zu halten, dass der Vermieter von Wohnraum seit Jahrzehnten verpflichtet ist, den Mieter bei einer Kündigung nach §§ 568 Abs. 2, 574b Abs. 2 21

---

40 Ehmann/Selmayr-*Knyrim*, Art. 13 Rn. 53.
41 Auernhammer-*Eßer*, Art. 13 Rn. 29.
42 Auernhammer-*Eßer*, Art. 13 Rn. 33.
43 SHS-*Dix*, Art. 13 Rn. 14.
44 Kühling/Buchner-*Bäcker*, Art. 13 Rn. 39; anders Paal/Pauly-*Paal/Hennemann*, Art. 13 Rn. 29; Auernhammer-*Eßer*, Art. 13 Rn. 36.
45 Ehmann/Selmayr-*Knyrim*, Art. 13 Rn. 59.

Satz 2 BGB auf sein Widerspruchsrecht aufmerksam zu machen. Von einem »Systembruch« kann daher nicht die Rede sein.

5. Bereitstellung der Daten (Abs. 2 Buchst. e)

22 Die betroffene Person muss weiter darüber informiert werden, ob die Bereitstellung der Daten gesetzlich oder vertraglich vorgeschrieben oder für einen Vertragsabschluss erforderlich ist. Weiter ist klarzustellen, ob die betroffene Person verpflichtet ist, die Daten zur Verfügung zu stellen und was die möglichen Folgen einer Weigerung wären.[46] Auch dies ist primär eine Information über die Rechtslage. Die betroffene Person soll durch die Information in die Lage versetzt werden, ihr Verhalten rational zu steuern; vor unliebsamen Überraschungen soll sie weitgehend sicher sein.[47]

6. Automatisierte Entscheidungsfindung und Profiling (Abs. 2 Buchst. f)

23 Die betroffene Person ist schließlich zu informieren, ob eine automatisierte Entscheidungsfindung im Sinne des Art. 22 Abs. 1 und 4 besteht, wobei auch ein mögliches Profiling einzubeziehen ist. Zumindest in diesen Fällen müssen »**aussagekräftige Informationen über die involvierte Logik**« gegeben sowie die Tragweite und die angestrebten Auswirkungen einer derartigen Verarbeitung für die betroffenen Personen mitgeteilt werden.[48] Zur »involvierten Logik« gehören Methode und Kriterien der Datenverarbeitung, auch die **Bildung eines Algorithmus**, der bei der Bestimmung eines Scorewerts benutzt wird. Insoweit geht das neue Recht über das bisher bestehende hinaus, wie es vom BGH[49] gesehen wurde.[50] Das Problem, dass mit dem Algorithmus ein **Betriebsgeheimnis** preisgegeben werden müsste, lässt sich dadurch bewältigen, dass durch technische Vorkehrungen eine Nachahmung des Verfahrens durch Dritte verhindert wird.[51]

IV. Zweckänderung (Abs. 3) und Zeitpunkt der Information

1. Zweckänderung

24 Abs. 3 verpflichtet den Verantwortlichen, die betroffene Person davon zu informieren, dass er die Absicht habe, die personenbezogenen Daten für einen anderen Zweck als den bei der Erhebung verfolgten weiterverarbeiten zu wollen. Wann eine solche Zweckänderung **zulässig** ist, bestimmt sich nach **Art. 6 Abs. 4** (siehe dort). Der Verantwortliche muss die betroffene Person vor der effektiven Vornahme der Zweckänderung informieren und

---

46 SHS-*Dix*, Art. 13 Rn. 15.

47 Unterscheidung verschiedener Fallgruppen bei Kühling/Buchner-*Bäcker*, Art. 13 Rn. 42 ff.

48 SHS-*Dix*, Art. 13 Rn. 16.

49 BGH 28.1.2014 – VI ZR 156/13 – NJW 2014, 1235.

50 Wie hier Kühling/Buchner-*Bäcker*, Art. 13 Rn. 54; Laue/Kremer-*Kremer*, § 3 Rn. 14; a. A. Paal/Pauly-*Paal/Hennemann*, Art. 13 Rn. 31, der meint, nur die »Grundannahmen der Algorithmus-Logik« müssten mitgeteilt werden. Wie soll das in der Praxis funktionieren?; abwartend Ehmann/Selmayr-*Knyrim*, Art. 13 Rn. 64.

51 Kühling/Buchner-*Bäcker*, Art. 13 Rn. 54.

dabei diesen **neuen Zweck beschreiben** und alle anderen Informationen liefern, die nach Abs. 2 geschuldet sind. Eine Verweisung auf Abs. 1 erfolgte nicht, da sich im Normalfall an den dortigen Angaben nichts ändert.

Die Information über den neuen Zweck muss auch die **Abwägungskriterien** umfassen, die für (bzw. gegen) die Zweckänderung sprachen.[52] Nur dann ist die betroffene Person in der Lage, ihre Rechte wirksam und nicht nur »ins Blaue hinein« geltend zu machen. Dies gilt insbesondere für den Fall, dass die Grenzen einer Einwilligung oder eines Vertrages durch die Zweckänderung überschritten sind. Für diese Lösung spricht auch der Gedanke, dass Art. 6 Abs. 4 keine sehr präzisen Vorgaben macht und der Betroffene die Rechtmäßigkeit am ehesten dann beurteilen kann, wenn die dortigen Gesichtspunkte auf den konkreten Fall »heruntergebrochen« werden.[53] 25

Die **Zweckänderung** kann **Folgen haben**, über die an sich nach Abs. 1 informiert werden müsste: Die »berechtigten Interessen« nach Art. 6 Abs. 1 Buchst. f können andere werden, die Kategorien von Datenempfängern ändern sich, die Daten werden in ein unsicheres Drittland übermittelt. Auch solche Folgen der Zweckänderung müssen einbezogen werden, da nur dann die notwendige Transparenz gewahrt ist, die allein die betroffene Person zur Wahrnehmung ihrer Rechte befähigt.[54] 26

2. Zeitpunkt der Information und Erstreckung auf spätere Veränderungen

Abs. 3 ist der einzige ausdrücklich geregelte Fall, in dem der Verantwortliche **vor** einer späteren Änderung den Betroffenen informieren muss. Die Pflichten nach Abs. 1 und 2 sind sämtlich bei der Datenerhebung zu erfüllen.[55] Belässt man es dabei, entsteht eine große **Transparenzlücke**: Die betroffene Person muss nichts davon erfahren, wenn sich ohne Zweckänderung nach erfolgter Speicherung wesentliche Umstände ändern: Die Daten werden an eine andere Kategorie vom Empfängern weitergeleitet oder in ein unsicheres Drittland übermittelt; es wird ein Verfahren zu automatisierter Entscheidungsfindung implementiert. Diese dem Wortlaut des Art. 13 entsprechende Situation einfach hinzunehmen, würde gegen das Prinzip des Art. 5 Abs. 1 Buchst. a verstoßen, weil die **Verarbeitung** für die betroffene Person **nicht mehr nachvollziehbar** wäre. Aus diesem Grund ist in solchen Fällen **Abs. 3 entsprechend** anzuwenden; der Verantwortliche hat die betroffene Person zu informieren.[56] 27

52 Ebenso Ehmann/Selmayr-*Knyrim*, Art. 13 Rn. 67.

53 Ähnlich Kühling/Buchner-*Bäcker*, Art. 13 Rn. 72, der für eine einzelfallbezogene und vollständige Schilderung der Rechtslage plädiert.

54 Für erweiternde Auslegung des Abs. 3, der auch Elemente des Abs. 1 in sich aufnimmt, Kühling/Buchner-*Bäcker*, Art. 13 Rn. 72f.

55 Auernhammer-*Eßer*, Art. 13 Rn. 14: Zeitpunkt der Datenerhebung. Sie können auch in Formulare integriert werden. Eine Information im Rahmen von AGBs kommt aber allenfalls dann in Betracht, wenn die Angaben nach Art. 13 als solche bezeichnet und drucktechnisch hervorgehoben sind.

56 Ebenso Gola-*Franck*, Art. 13 Rn. 35 unter Bezugnahme auf die Art. 29-Datenschutzgruppe; SHS-*Dix*, Art. 13 Rn. 7; etwas abweichend Kühling/Buchner-*Bäcker*, Art. 13 Rn. 57.

V. Ausnahmen von den Informationspflichten (Abs. 4)

28 Nach Abs. 4 entfällt die Informationspflicht, »wenn und soweit« die betroffene Person **bereits über die Informationen verfügt**. Dies ist häufig dann der Fall, wenn die Datenverarbeitung auf einer Einwilligung beruht, da dieser eine eingehende Aufklärung voranzugehen hat.[57] Wie sich aus dem »soweit« ergibt, bleiben die Informationspflichten zu allen Punkten bestehen, bei denen diese Voraussetzung nicht erfüllt ist. Wer beispielsweise den Verantwortlichen und seine Kontaktdaten kennt, muss gleichwohl über die Gegenstände von Abs. 1 Buchst. b bis f informiert werden.

29 Die Ausnahme des Abs. 4 setzt voraus, dass die betroffene Person bereits über die Information verfügt, die sie nach der gesetzlichen Regelung zu beanspruchen hat. Kennt sie **nur Umstände**, aus denen ein entsprechender **Rückschluss** gezogen werden könnte, ist diese Bedingung nicht erfüllt.[58] Erst recht spielt es keine Rolle, ob sie die fraglichen Tatsachen hätte erkennen können: Nur das tatsächliche Vorliegen der Informationen schließt den Anspruch aus. Voraussetzung ist weiter, dass die betroffene Person **über die Information »verfügt«**, d. h. dass sie in ihren Herrschaftsbereich gelangt ist. Ob sie effektiv Kenntnis genommen hat, soll keine Rolle spielen.[59]

30 **Art. 23** ermächtigt die Mitgliedstaaten, die Betroffenenrechte über Abs. 4 hinaus zu beschränken, soweit dadurch ihr Wesensgehalt nicht angetastet wird. Der deutsche Gesetzgeber hat von dieser Möglichkeit nur im Zusammenhang mit der Zweckänderung nach Abs. 3 Gebrauch gemacht. Auf **§ 32 BDSG** kann insoweit verwiesen werden.

31 **ErwGr 62** kennt **weitere Ausnahmen**, die im Text des Art. 13 keinen Niederschlag gefunden haben. Die Pflicht zur Information soll entfallen, wenn die Speicherung oder Offenlegung der Daten ausdrücklich durch Rechtsvorschriften geregelt ist. Dies kann möglicherweise auch eine Vorschrift des nationalen Rechts sein, doch muss diese den Rahmen des Art. 23 wahren, darf also nicht etwa die Informationspflicht total ausschließen, weil dies den Wesensgehalt des Art. 13 antasten würde. Auch kann ein Erwägungsgrund **nicht** den **Text einer Verordnung korrigieren**, indem dieser beispielsweise nur noch subsidiäre Wirkung gegenüber anderen Normen beigemessen wird.

32 Die Informationspflicht soll nach ErwGr 62 weiter dann entfallen, wenn sich die **Unterrichtung** der betroffenen Person als **unmöglich** erweist. Dies lässt sich als stillschweigender, da selbstverständlicher Vorbehalt auffassen; »impossibilium nulla est obligatio« ist ein allgemeiner Rechtsgrundsatz, der auch für das Unionsrecht gilt. Dasselbe wie bei Unmöglichkeit ist nach ErwGr 62 dann anzunehmen, wenn die Unterrichtung mit **unverhältnismäßigem Aufwand** verbunden ist. Auch dies lässt sich akzeptieren, wenn sich die Ausnahme auf Extremfälle eines unzumutbar hohen Aufwands beschränkt. ErwGr 62 nennt jedoch als Beispiele die Verarbeitung für im öffentlichen Interesse liegende Archivzwecke, für wissenschaftliche, historische und statistische Zwecke. Dies hat nichts oder wenig mit unverhältnismäßigem Aufwand zu tun, sondern will lediglich bestimmte Verarbeitungsformen privilegieren. Da sich entsprechende Formulierungen in Art. 14 Abs. 4

---

57 Sydow-*Ingold*, Art. 13 Rn. 10.

58 Kühling/Buchner-*Bäcker*, Art. 13 Rn. 84; ähnlich Auernhammer-*Eßer*, Art. 13 Rn. 49.

59 Kühling/Buchner-*Bäcker*, Art. 13 Rn. 86.

Buchst. b finden, muss ErwGr 62 auf diese Bestimmung bezogen werden, hat jedoch **keinen unmittelbaren Bezug zu Art. 13.**[60]

33 Erhebungen, die **vor dem 25. Mai 2018** erfolgten, fallen nicht unter Art. 13. Die Vorschrift ist jedoch anwendbar, wenn eine Erhebung später erfolgt, selbst wenn sie dieselben Daten betrifft.[61]

VI. Verstöße und ihre Folgen

1. Rechtswidrige Datenverarbeitung?

34 Werden die Informationspflichten nach Abs. 1 bis 3 nicht oder nur teilweise erfüllt, so stellt sich die Frage, ob dies die Erhebung und Speicherung der personenbezogenen Daten rechtswidrig macht. Soweit das Problem als solches wahrgenommen wird, findet sich eine **differenzierende Lösung**: Hing die Datenverarbeitung vom Willen der betroffenen Person ab (Einwilligung, Annahme eines Vertragsangebots), so ist das Fehlen und die Unvollständigkeit von Informationen eine Rechtmäßigkeitsvoraussetzung, da sich die betroffene Person bei korrekter Information möglicherweise anders entschieden hätte. Dasselbe gilt bei heimlicher Überwachung,[62] die aber schon aus anderen Gründen rechtswidrig sein wird. Liegt keiner dieser Fälle vor, war der Verantwortliche z. B. kraft Gesetzes zur Verarbeitung befugt, so bleibt die fehlende oder mangelhafte Einschaltung der betroffenen Person ohne Konsequenz: An der Rechtmäßigkeit der Verarbeitung ändert sich in einem solchen Fall nichts.[63] Die Information ist jedoch nachzuholen.

35 Ist die **Erhebung oder Speicherung rechtswidrig**, so wirkt sich dies auch auf **alle weiteren Verarbeitungsschritte** aus: Auch eine spätere Übermittlung ist rechtswidrig. Dies folgt aus Art. 17 Abs. 1 Buchst. d, wonach unrechtmäßig verarbeitete Daten zu löschen sind. Auf die Gründe für die Rechtswidrigkeit kommt es dabei nicht an.[64]

2. Sanktionen für Pflichtverstöße

36 Auch wenn die weitere Datenverarbeitung rechtmäßig bleiben sollte, schließt dies die Verhängung von Sanktionen wegen des Verstoßes gegen Art. 13 nicht aus. Den Verantwortlichen trifft in einem solchen Fall nach Art. 82 eine **Haftung auf Schadensersatz**, wenn der betroffenen Person durch die Verletzung der Informationspflichten ein materieller oder ein immaterieller Schaden entstanden ist (Einzelheiten zu Art. 82 siehe dort). Weiter kann die **Aufsichtsbehörde** von ihren **Befugnissen nach Art. 58** Gebrauch machen und beispielsweise anordnen, dass die Information nachgeholt und in künftigen Fällen entsprechend Art. 13 verfahren wird. Schließlich kann sie – was allerorten erwähnt wird[65] – nach

60 Ähnlich Paal/Pauly-*Paal/Hennemann*, Art. 13 Rn. 35; Sydow-*Ingold*, Art. 13 Rn. 11.
61 Auernhammer-*Eßer*, Art. 13 Rn. 16.
62 SHS-*Dix* Art. 13 Rn. 26.
63 So Kühling/Buchner-*Bäcker*, Art. 13 Rn. 63ff.; ähnlich Sydow-*Ingold*, Art. 13 Rn. 24; anders SHS-*Dix*, Art. 13 Rn. 26.
64 Kühling/Buchner-*Bäcker*, Art. 13 Rn. 67.
65 Siehe etwa Gola-*Franck*, Art. 13 Rn. 53; Paal/Pauly-*Paal/Hennemann*, Art. 13 Rn. 9; Ehmann/Selmayr-*Knyrim*, Art. 13 Rn. 79.

Art. 83 Abs. 5 Buchst. b ein **Bußgeld verhängen**. Dieses kann bis zu 20 Mio. Euro und bei Unternehmen bis zu 4 % des gesamten weltweit erzielten Jahresumsatzes des vergangenen Geschäftsjahres betragen, wobei der jeweils höhere Betrag maßgebend ist. Auch wenn es das Verhältnismäßigkeitsprinzip typischerweise verbietet, diese Summen in den hier erörterten Fällen auszuschöpfen, bleibt dennoch eine große Unsicherheit, wie hoch mögliche Bußgelder sein werden. Sanktionen können sich schließlich aus dem **UWG** ergeben, wenn ein Konkurrent oder ein Verband aktiv wird; die Informationspflichten werden als »Marktverhaltensregeln« angesehen.[66]

Art. 14 Informationspflicht, wenn die personenbezogenen Daten nicht bei der betroffenen Person erhoben wurden

(1) Werden personenbezogene Daten nicht bei der betroffenen Person erhoben, so teilt der Verantwortliche der betroffenen Person Folgendes mit:

a) den Namen und die Kontaktdaten des Verantwortlichen sowie gegebenenfalls seines Vertreters;

b) zusätzlich die Kontaktdaten des Datenschutzbeauftragten;

c) die Zwecke, für die die personenbezogenen Daten verarbeitet werden sollen, sowie die Rechtsgrundlage für die Verarbeitung;

d) die Kategorien personenbezogener Daten, die verarbeitet werden;

e) gegebenenfalls die Empfänger oder Kategorien von Empfängern der personenbezogenen Daten;

f) gegebenenfalls die Absicht des Verantwortlichen, die personenbezogenen Daten an einen Empfänger in einem Drittland oder einer internationalen Organisation zu übermitteln, sowie das Vorhandensein oder das Fehlen eines Angemessenheitsbeschlusses der Kommission oder im Falle von Übermittlungen gemäß Artikel 46 oder Artikel 47 oder Artikel 49 Absatz 1 Unterabsatz 2 einen Verweis auf die geeigneten oder angemessenen Garantien und die Möglichkeit, eine Kopie von ihnen zu erhalten, oder wo sie verfügbar sind.

(2) Zusätzlich zu den Informationen gemäß Absatz 1 stellt der Verantwortliche der betroffenen Person die folgenden Informationen zur Verfügung, die erforderlich sind, um der betroffenen Person gegenüber eine faire und transparente Verarbeitung zu gewährleisten:

a) die Dauer, für die die personenbezogenen Daten gespeichert werden oder, falls dies nicht möglich ist, die Kriterien für die Festlegung dieser Dauer;

b) wenn die Verarbeitung auf Artikel 6 Absatz 1 Buchstabe f beruht, die berechtigten Interessen, die von dem Verantwortlichen oder einem Dritten verfolgt werden;

c) das Bestehen eines Rechts auf Auskunft seitens des Verantwortlichen über die betreffenden personenbezogenen Daten sowie auf Berichtigung oder Löschung oder auf Einschränkung der Verarbeitung und eines Widerspruchsrechts gegen die Verarbeitung sowie des Rechts auf Datenübertragbarkeit;

66 Siehe oben § 12 Rn. 25.

d) wenn die Verarbeitung auf Artikel 6 Absatz 1 Buchstabe a oder Artikel 9 Absatz 2 Buchstabe a beruht, das Bestehen eines Rechts, die Einwilligung jederzeit zu widerrufen, ohne dass die Rechtmäßigkeit der aufgrund der Einwilligung bis zum Widerruf erfolgten Verarbeitung berührt wird;
e) das Bestehen eines Beschwerderechts bei einer Aufsichtsbehörde;
f) aus welcher Quelle die personenbezogenen Daten stammen und gegebenenfalls ob sie aus öffentlich zugänglichen Quellen stammen;
g) das Bestehen einer automatisierten Entscheidungsfindung einschließlich Profiling gemäß Artikel 22 Absätze 1 und 4 und – zumindest in diesen Fällen – aussagekräftige Informationen über die involvierte Logik sowie die Tragweite und die angestrebten Auswirkungen einer derartigen Verarbeitung für die betroffene Person.

(3) Der Verantwortliche erteilt die Informationen gemäß den Absätzen 1 und 2
a) unter Berücksichtigung der spezifischen Umstände der Verarbeitung der personenbezogenen Daten innerhalb einer angemessenen Frist nach Erlangung der personenbezogenen Daten, längstens jedoch innerhalb eines Monats,
b) falls die personenbezogenen Daten zur Kommunikation mit der betroffenen Person verwendet werden sollen, spätestens zum Zeitpunkt der ersten Mitteilung an sie, oder,
c) falls die Offenlegung an einen anderen Empfänger beabsichtigt ist, spätestens zum Zeitpunkt der ersten Offenlegung.

(4) Beabsichtigt der Verantwortliche, die personenbezogenen Daten für einen anderen Zweck weiterzuverarbeiten als den, für den die personenbezogenen Daten erlangt wurden, so stellt er der betroffenen Person vor dieser Weiterverarbeitung Informationen über diesen anderen Zweck und alle anderen maßgeblichen Informationen gemäß Absatz 2 zur Verfügung.

(5) Die Absätze 1 bis 4 finden keine Anwendung, wenn und soweit
a) die betroffene Person bereits über die Informationen verfügt,
b) die Erteilung dieser Informationen sich als unmöglich erweist oder einen unverhältnismäßigen Aufwand erfordern würde; dies gilt insbesondere für die Verarbeitung für im öffentlichen Interesse liegende Archivzwecke, für wissenschaftliche oder historische Forschungszwecke oder für statistische Zwecke vorbehaltlich der in Artikel 89 Absatz 1 genannten Bedingungen und Garantien oder soweit die in Absatz 1 des vorliegenden Artikels genannte Pflicht voraussichtlich die Verwirklichung der Ziele dieser Verarbeitung unmöglich macht oder ernsthaft beeinträchtigt In diesen Fällen ergreift der Verantwortliche geeignete Maßnahmen zum Schutz der Rechte und Freiheiten sowie der berechtigten Interessen der betroffenen Person, einschließlich der Bereitstellung dieser Informationen für die Öffentlichkeit,
c) die Erlangung oder Offenlegung durch Rechtsvorschriften der Union oder der Mitgliedstaaten, denen der Verantwortliche unterliegt und die geeignete Maßnahmen zum Schutz der berechtigten Interessen der betroffenen Person vorsehen, ausdrücklich geregelt ist oder
d) die personenbezogenen Daten gemäß dem Unionsrecht oder dem Recht der Mitgliedstaaten dem Berufsgeheimnis, einschließlich einer satzungsmäßigen Geheimhaltungspflicht, unterliegen und daher vertraulich behandelt werden müssen.

Inhaltsübersicht Rn.

I. Einführung und Anwendungsbereich

1 Die Transparenz der Datenverarbeitung und die Ausübung von Betroffenenrechten ist besonders stark in Gefahr, wenn **Daten nicht bei der betroffenen Person erhoben** werden. Würde hier keine Informationspflicht bestehen, könnte **ohne Wissen des Betroffenen** ein umfassendes Bild von ihm erstellt werden, ohne dass er dessen Zulässigkeit und Richtigkeit überprüfen könnte. Die Transparenz wäre nicht nur beeinträchtigt, sondern beseitigt.[1] Von daher verdient es Art. 14, in besonderem Maße ernst genommen zu werden.

2 Im Einzelfall kann fraglich sein, ob eine **Datenerhebung »bei«** der betroffenen Person oder auf andere Weise erfolgt. Fällt darunter beispielsweise auch die Observation durch einen Privatdetektiv oder die heimliche Videoüberwachung? In der Literatur wird dies zum Teil bejaht,[2] doch hat diese Position den Nachteil, dass anders als bei einem bewussten Kontakt und einer Mitwirkung der betroffenen Person die gesamte **Datenverarbeitung** für den Betroffenen **im Dunkeln bleiben** kann. Unter Umständen besteht nicht einmal ein »Anfangsverdacht«, dass eine Datenerhebung stattfindet. Insoweit haben solche Formen der Erhebung mehr Ähnlichkeit mit dem Fall, dass die Erhebung bei Dritten erfolgt: In beiden Fällen sollte der Anwendungsbereich des Art. 14 eröffnet sein.[3] Entsprechendes wurde auch zu Art. 10 der DSRl vertreten.[4]

2a Art. 14 ist eine Art **Auffangnorm**, die nicht nur die Erhebung bei einem Dritten umfasst. Vielmehr deckt sie auch Fälle, in denen der Verantwortliche keine »Erhebung« vornimmt, weil die betroffene Person oder ein Dritter ihm bestimmte Daten aus eigenem Antrieb übersendet. Dasselbe gilt, wenn Daten öffentlich zugänglich sind oder wenn durch Verknüpfung von anonymisierten oder pseudonymisierten Daten personenbezogene Angaben erst erarbeitet werden. Wird wie bei einem Betriebsübergang oder einer Unterneh-

1 Auernhammer-*Eßer*, Art. 14 Rn. 2.
2 So insbesondere Kühling/Buchner-*Bäcker*, Art. 13 Rn. 15.
3 Ebenso im Ergebnis Sydow-*Ingold*, Art. 13 Rn. 8.
4 Dammann/Simitis, Art. 10 Rn. 2; ebenso Grabitz/Hilf-*Brühann*, Art. 10 DSRl Rn. 7.

menssspaltung der bisherige Unternehmer durch einen neuen ersetzt, so greift Art. 14 zugunsten der Kunden und der Beschäftigten ein.[5]

3 Art. 14 enthält keine Vorgaben für die **Form**, in der die Informationen zu gewähren sind. Insoweit ist Art. 12 maßgebend (siehe dort).[6] Inhaltlich stellen sie eine Art Vorstufe zur Auskunft nach Art. 15 dar.

II. Informationsinhalte

1. Die Regelung des Abs. 1

4 Abs. 1 stimmt mit Art. 13 Abs. 1 überein, lässt allerdings die Worte »zum Zeitpunkt der Erhebung« weg. Die Frage, wann die Information zu erfolgen hat, ist stattdessen in Abs. 3 geregelt. Die übrigen Abweichungen sind redaktioneller Natur. Im Einzelnen gilt:

5 Abs. 1 **Buchst. a** entspricht wörtlich dem Art. 13 Abs. 1 Buchst. a; insoweit kann auf die dortigen Erläuterungen verwiesen werden (Art. 13 Rn. 5ff.).

6 Abs. 1 **Buchst. b** entspricht inhaltlich dem Art. 13 Abs. 1 Buchst. b. Die Tatsache, dass dort »gegebenenfalls« die Kontaktdaten des Datenschutzbeauftragten mitzuteilen sind, während sie bei Art. 14 Abs. 1 Buchst. b »zusätzlich« Gegenstand der Information sind, ist ohne inhaltliche Bedeutung. Es liegt eine unnötige sprachliche Variation vor, die auf unsorgfältiger Redigierung des Textes zurückzuführen ist. Es liegt auf der Hand, dass nur die Kontaktdaten eines tatsächlich vorhandenen Datenschutzbeauftragten mitgeteilt werden können (deshalb: »gegebenenfalls«) und dass diese Information im Verhältnis zu Buchst. a eine »zusätzliche« ist. Die Erläuterung in Art. 13 Rn. 8 gilt daher auch hier.

7 Abs. 1 **Buchst. c** stimmt wörtlich mit Art. 13 Abs. 1 Buchst. c überein; auf die dortigen Ausführungen kann verwiesen werden (Art. 13 Rn. 9f.).

8 Abs. 1 **Buchst. d** hat keine Entsprechung in Art. 13 Abs. 1 oder Abs. 2. Danach muss der Verantwortliche der betroffenen Person die **»Kategorien von Daten«** angeben, die er verarbeitet hat. Sie müssen so präzise umschrieben sein, dass sich die betroffene Person ein Bild von den Risiken machen kann, die mit dem Vorgang verbunden sind.[7] Eine Mitteilung »Bewerberdaten zur Überprüfung an einen Personalberater weitergegeben« würde wohl nicht genügen, wohl aber die Aussage, der Personalberater hätte die berufliche Laufbahn eingeschätzt und einzelne Angaben überprüft. Eine Mitteilung aller erhobenen Daten ist nicht geschuldet; die Angabe der »Kategorien von Daten« muss aber so präzise sein, dass die betroffene Person ggf. mit Hilfe ihres Auskunftsrechts nach Art. 15 »nachhaken« und Näheres erfahren kann.

9 Abs. 1 **Buchst. e** entspricht wörtlich dem Art. 13 Abs. 1 Buchst. e; auf die dortigen Ausführungen zur Angabe von »Empfängern« und »Kategorien von Empfängern« kann verwiesen werden (Art. 13 Rn. 12ff.).

10 Abs. 1 **Buchst. f** entspricht dem Art. 13 Abs. 1 Buchst. f bezüglich der Übermittlung in Drittstaaten oder an internationale Organisationen. Korrekterweise werden in Art. 14 Abs. 1 Buchst. f die Worte »an einen Empfänger« eingefügt, was aber keinen inhaltlichen

5 SHS-*Dix*, Art. 14 Rn. 7.
6 Auernhammer-*Eßer*, Art. 14 Rn. 2, 5.
7 Kühling/Buchner-*Bäcker*, Art. 14 Rn. 17; SHS-*Dix*, Art. 14 Rn. 5.

Unterschied bringt. Auf die Erläuterungen zu Art. 13 Abs. 1 Buchst. f kann daher verwiesen werden (Art. 13 Rn. 15f.)

2. Die Regelung des Abs. 2

11 Art. 14 trifft dieselbe Unterscheidung wie Art. 13 zwischen Basisinformationen und jenen, die für eine faire und transparente Datenverarbeitung notwendig sind. Allerdings ist anders als in Art. 13 Abs. 2 nicht von »weiteren« Informationen die Rede, was wohl wiederum auf wenig reflektierte redaktionelle Arbeit zurückzuführen ist. **Inhaltliche Unterschiede** sind jedenfalls **nicht erkennbar.**[8] Auch die Tatsache, dass die Informationen in Art. 13 Abs. 2 »notwendig«, in Art. 14 Abs. 2 jedoch »erforderlich« sind, ist ohne Bedeutung.[9] Inhaltlich ergeben sich bei den einzelnen Punkten auch hier weitestgehende Übereinstimmungen.

12 Abs. 2 **Buchst. a** stimmt wörtlich mit Art. 13 Abs. 2 Buchst. a überein; auf die dortigen Ausführungen kann verwiesen werden (Art. 13 Rn. 18).

13 Abs. 2 **Buchst. b** stimmt wörtlich mit Art. 13 Abs. 1 Buchst. d überein; die andere systematische Stellung ist inhaltlich ohne Bedeutung, ja schafft ein zusätzliches Indiz dafür, dass sich die Informationen nach Abs. 1 und Abs. 2 der Art. 13 und 14 nicht hinsichtlich ihrer generellen Verbindlichkeit unterscheiden. Auf die Erläuterungen zu Art. 13 Abs. 1 Buchst. d kann Bezug genommen werden (Art. 13 Rn. 11).

14 Abs. 2 **Buchst. c** entspricht Art. 13 Abs. 2 Buchst. b mit dem einen Unterschied, dass in Art. 13 vor dem Widerspruchsrecht ein »oder«, in Art. 14 jedoch ein »und« steht. Beides ändert nichts am Charakter einer Aufzählung der Betroffenenrechte. Das im Rahmen des Art. 13 Gesagte (Art. 13 Rn. 19) gilt auch hier.

15 Abs. 2 **Buchst. d** entspricht wörtlich Art. 13 Abs. 2 Buchst. c; auf die dazu gegebenen Erläuterungen kann Bezug genommen werden (Art. 13 Rn. 20)

16 Abs. 2 **Buchst. e** stimmt wörtlich mit Art. 13 Abs. 2 Buchst. d überein; auch insoweit ist das bei Art. 13 (Rn. 21) Gesagte übertragbar.

17 Abs. 2 **Buchst. f** hat keine Entsprechung in Art. 13. Die **Quelle** ist ersichtlich nur dann von Bedeutung, wenn die Information nicht direkt vom Betroffenen gewonnen wurde. Die betroffene Person von der Quelle in Kenntnis zu setzen, verschafft dieser die Möglichkeit, bei falschen Inhalten Fehler an der Wurzel anzugehen und so Wiederholungen zu vermeiden.[10] Es handelt sich um eine zentrale Information für den Betroffenen, die besser unter Abs. 1 gepasst hätte.[11] »Quelle« können **andere Menschen oder Institutionen** sein; **Whistleblower**, die (vermeintliche) Missstände aufdecken wollen, sind nach materiellem Recht geschützt,[12] soweit sie keine leichtfertigen Anschuldigungen erheben. Ihre Identität ist geheim zu halten, doch sind solche Umstände der betroffenen Person mitzuteilen, die diese Geheimhaltung nicht in Gefahr bringen. Zu benennen sind weiter **Spuren**, die

8 Ebenso Paal/Pauly-*Paal/Hennemann*, Art. 14 Rn. 22.
9 Paal/Pauly-*Paal/Hennemann*, Art. 14 Rn. 23.
10 Vgl. Gola-*Franck*, Art. 14 Rn. 13.
11 Auernhammer-*Eßer*, Art. 14 Rn. 27.
12 Krause SR 2019, 138ff. und nunmehr § 5 Geschäftsgeheimnisgesetz.

Rückschlüsse auf bestimmte Vorgänge erlauben.[13] Gerade im letzteren Fall müssen auch die **Methoden** angegeben werden, mit deren Hilfe Erkenntnisse gewonnen wurden.[14] Geht es um **öffentlich zugängliche Informationen**,[15] ist die betroffene Person auch darauf hinzuweisen. Hat der Verantwortliche **mehrere Quellen** benutzt, so hat er alle zu benennen.[16] Als Beispiel lässt sich der Fall nennen, dass eine überraschende Erkenntnis von Quelle 1 bezogen und anschließend mit Quelle 2 und Quelle 3 abgeglichen wurde. Sind personenbezogene Daten erst dadurch entstanden, dass bestimmte Datenbestände ohne Personenbezug kombiniert wurden, so sind diese im Interesse der Transparenz gleichfalls zu benennen.[17] Mit Rücksicht auf die Pflicht aus Art. 14 Abs. 2 Buchst. f (und den übereinstimmenden Art. 15 Abs. 1 Buchst. g) ist die Quelle **auch dann zu speichern, wenn der Verantwortliche** daran **kein Eigeninteresse** hat. Werden die Daten gelöscht, so sind auch die Angaben über ihre Herkunft zu vernichten.[18]

Abs. 2 **Buchst. g** entspricht wörtlich dem Art. 13 Abs. 2 Buchst. f. Auf die dortigen Erläuterungen kann verwiesen werden (Art. 13 Rn. 23). 18

3. Zweckänderung nach Abs. 4

Abs. 4 stimmt wörtlich mit Art. 13 Abs. 3 überein. Insoweit gelten für die Zweckänderung dieselben Grundsätze (Art. 13 Rn. 24ff.). 19

III. Zeitpunkt der Information (Abs. 3)

Wird ein personenbezogenes Datum direkt bei der betroffenen Person erhoben, liegt es nahe, die Informationspflicht mit der Datenerhebung als solcher zu verbinden, was Art. 13 mit der Formulierung »zum Zeitpunkt der Erhebung« zum Ausdruck bringt. Ist dies wie im Falle des Art. 14 anders, muss ein Zeitpunkt festgelegt werden, bis zu dem die Information zu erfolgen hat. **Abs. 3 Buchst. a** verlangt eine Information **binnen »angemessener Frist«** nach Erlangung der Daten, die sich nach den Umständen des Einzelfalls richtet.[19] Sie darf jedoch einen Monat nicht übersteigen.[20] Insoweit handelt es sich um eine »**Erledigungsfrist**«, während Art. 12 Abs. 3 lediglich Fristen für einen Bericht über den Sachstand enthält (Art. 12 Rn. 12). Auch wenn der Ausdruck »unverzüglich« nicht benutzt und stattdessen auf die spezifischen Umstände der Verarbeitung abgestellt wird, ist die Information möglichst umgehend zu erteilen; dies folgt schon aus der Pflicht des Art. 12 Abs. 2, die Wahrnehmung der Betroffenenrechte zu erleichtern. Wird **aus mehreren Quellen geschöpft**, so beginnt die Monatsfrist bereits mit der Nutzung der ersten 20

13 Kühling/Buchner-*Bäcker*, Art. 14 Rn. 20.
14 Kühling/Buchner-*Bäcker*, Art. 14 Rn. 21.
15 Dazu SHS-*Dix*, Art. 14 Rn. 11.
16 Auernhammer-*Eßer*, Art. 14 Rn. 30; Kühling/Buchner-*Bäcker*, Art. 14 Rn. 23; SHS-*Dix*, Art. 14 Rn. 11; anders Plath-*Kamlah*, Art. 14 Rn. 6.(»allgemein gehaltene Information«).
17 Kühling/Buchner-*Bäcker*, Art. 14 Rn. 23.
18 Kühling/Buchner-*Bäcker*, Art. 15 Rn. 26.
19 Sydow-*Ingold*, Art. 14 Rn. 21.
20 Auernhammer-*Eßer*, Art. 14 Rn. 35 und Plath-*Kamlah*, Art. 14 Rn. 9 vermuten nicht ganz zu Unrecht, dass dies zur Regelfrist werden dürfte.

Quelle.[21] Gerade wenn diese noch keine sichere Informationsgrundlage bringt, ist die betroffene Person zu informieren, damit sie ggf. für Klarheit sorgen kann. Im Übrigen ist es dem Verantwortlichen unbenommen, der betroffenen Person über die gesetzliche Verpflichtung hinaus weitere Informationen zu gewähren.[22]

21 Sollen die Daten zur Kommunikation mit der betroffenen Person verwendet werden, so ist die Information nach **Abs. 3 Buchst. b** spätestens zum **Zeitpunkt der ersten Kontaktaufnahme** zu geben, auch wenn die Monatsfrist noch nicht abgelaufen ist.[23]. Ist die **Weitergabe der Daten** an einen anderen Empfänger **beabsichtigt**, so hat die Information spätestens bei der ersten Offenlegung zu erfolgen (**Abs. 3 Buchst. c**). Die Absicht muss allerdings von Anfang an bestehen, da der Verantwortliche andernfalls die erste Variante (Abs. 3 Buchst. a) ignorieren und sich bei Bedarf auf seine Übermittlungsabsicht berufen könnte.[24] Der betroffenen Person muss eine angemessene Frist eingeräumt werden, um sich gegen eine drohende Weitergabe oder Veröffentlichung zur Wehr setzen zu können.[25] Zu den in Abs. 3 Buchst. c genannten »Empfängern« zählt auch ein Auftragsdatenverarbeiter.

IV. Ausnahmen von der Informationspflicht (Abs. 5)

1. Überblick

22 Anders als Art. 13 Abs. 4, der nur die Ausnahme kennt, dass die betroffene Person bereits über die Informationen verfügt, enthält Art. 14 Abs. 5 vier Gruppen von Ausnahmen und trägt damit dem ErwGr 62 Rechnung. Der **Sinn dieser Differenzierung** zwischen Art. 13 und Art. 14 erschließt sich nicht, da eine Ausnahme von Art. 14 sehr viel schwerer wiegt als der Wegfall von Informationspflichten in der Situation des Art. 13: Die betroffene Person hat dort im Regelfall zumindest Kenntnis von der Datenerhebung als solcher und kann sich schon deshalb in gewissem Umfang zur Wehr setzen und z. B. Auskunftsansprüche geltend machen. Als Ausnahmen von dem Grundrecht auf Datenschutz sind die Fälle des Abs. 5 eng zu interpretieren.[26]

2. Informationen schon vorhanden

23 Nach Abs. 5 **Buchst. a** entfällt die Informationspflicht, wenn die betroffene Person bereits über die Informationen verfügt. Dies deckt sich mit der Regelung des Art. 13 Abs. 4 (dazu Art. 13 Rn. 28ff.).

---

21 Ebenso Kühling/Buchner-*Bäcker*, Art. 14 Rn. 30 im Fall besonderer Risiken für die betroffene Person (z. B. Verdacht einer Straftat).
22 Sydow-*Ingold*, Art. 14 Rn. 29.
23 Auernhammer-*Eßer*, Art. 14 Rn. 36.
24 Plath-*Kamlah*, Art. 14 Rn. 11.
25 SHS-*Dix*, Art. 14 Rn. 15.
26 SHS-*Dix*, Art. 14 Rn. 19.

3. Unmöglichkeit und Unverhältnismäßigkeit

Abs. 5 **Buchst. b** regelt insgesamt vier verschiedene Fälle (was der Wortlaut nicht immer ganz deutlich macht). 24

Die Informationspflicht entfällt, wenn ihre Erfüllung **unmöglich** ist. Dies ist insbesondere dann der Fall, wenn der Verantwortliche die betroffene Person nicht ausfindig machen kann[27] oder wenn die Datenträger verloren gegangen sind.[28] Dies kann hier sehr viel eher geschehen als im Falle des Art. 13. Keine Unmöglichkeit liegt vor, wenn der Verantwortliche die Kontaktdaten der betroffenen Person nur mit einigem Aufwand beschaffen kann. Sind nur einzelne Elemente wie die Herkunft der Daten nicht mehr beschaffbar, so bleibt die Informationspflicht im Übrigen bestehen.[29] 25

Die Informationspflicht entfällt weiter dann, wenn ihre Erfüllung einen **unverhältnismäßigen Aufwand** mit sich bringen würde. Bei dessen Bestimmung ist eine Interessenabwägung vorzunehmen: Je höher die auf dem Spiel stehenden Interessen der betroffenen Person(en), umso größer ist auch der Aufwand, der dem Verantwortlichen zuzumuten ist. Stehen umgekehrt praktisch kaum Persönlichkeitswerte auf dem Spiel, ist die Grenze des unzumutbaren Aufwands schon früher erreicht.[30] Im Streitfall können sich Maßstäbe auch aus § 275 Abs. 2 BGB ergeben, der dem Schuldner bei unverhältnismäßiger Belastung ein Leistungsverweigerungsrecht einräumt.[31] Stehen automatische Auswertungsverfahren zur Verfügung, stellt die Größe des Datenvolumens (»Big Data«) kein Hindernis dar.[32] 26

4. Privilegierte Verarbeitungszwecke

Die DSGVO kennt an verschiedenen Orten privilegierte Verarbeitungszwecke, die auch hier zur Geltung kommen. Dazu zählen im öffentlichen Interesse liegende **Archivzwecke, wissenschaftliche und historische Forschungen sowie statistische Zwecke** (Art. 89 – siehe dort, auch zur Sicherung der Rechte der betroffenen Personen). Bei ihnen entfällt grundsätzlich die Informationspflicht, doch geht es zu weit, auf jede Interessenabwägung zu verzichten.[33] Werden beispielsweise im Rahmen epidemiologischer Forschung Daten erhoben, die für eine gewisse Zeit ihren Personenbezug behalten, so ist die Informationspflicht möglicherweise verzichtbar. Dauert dieser Zeitraum jedoch über ein Jahr, ohne dass dies durch den Forschungszweck zwingend geboten wäre, so tritt die Informationspflicht wieder in Kraft: Andernfalls bestünde die Gefahr, dass die gebotene Anonymisierung auf Dauer unterbleiben würde. 27

27 Kühling/Buchner-*Bäcker*, Art. 14 Rn. 54.
28 Sydow-*Ingold*, Art. 14 Rn. 13.
29 Sydow-*Ingold*, Art. 14 Rn. 16.
30 Kühling/Buchner-*Bäcker*, Art. 14 Rn. 55; Sydow-*Ingold*, Art. 14 Rn. 14.
31 Dazu Palandt-*Grüneberg*, § 275 Rn. 26ff. m.w.N.
32 Sydow-*Ingold*, Art. 14 Rn. 14.
33 So aber Kühling/Buchner-*Bäcker*, Art. 14 Rn. 56; wie hier im Prinzip SHS-*Dix*, Art. 14 Rn. 23.

5. Geheimhaltungsbedürfnis

28 Weiter nennt **Abs. 5 Buchst. b** den Fall, dass durch die Information der betroffenen Person die **Ziele der Datenverarbeitung gefährdet** wären. Dies betrifft geheime Erhebungsmethoden (etwa durch eine versteckte Videokamera), die nur ganz ausnahmsweise – etwa im Fall des § 26 Abs. 1 Satz 2 BDSG – zulässig sind. Soweit diese hohe Hürde übersprungen ist, entfällt aber auch die Mitteilungspflicht, da sie den potentiellen Delinquenten warnen und zu Verschleierungsmaßnahmen veranlassen würde. Das **Geheimhaltungsbedürfnis** besteht typischerweise nur für einen bestimmten Zeitraum; sobald der Verarbeitungszweck nicht mehr gefährdet wird, ist der Informationspflicht Rechnung zu tragen.[34]

6. Schutzvorkehrungen

29 Beruft sich der Verantwortliche auf einen der Tatbestände des **Abs. 5 Buchst. b**, so muss er nach **Satz 2** dieser Vorschrift **geeignete Maßnahmen** ergreifen, **um die Rechte** und Freiheiten sowie die berechtigten Interessen **der betroffenen Person zu schützen.** Die Verordnung nennt als Beispiel eine Veröffentlichung, die bei den privilegierten Verarbeitungszwecken durchaus für einen gewissen Ausgleich sorgen kann. Allerdings darf sie nicht etwa die personenbezogenen Daten als solche der Öffentlichkeit zugänglich machen, sondern nur berichten, welche Art von Forschung oder statistischer Auswertung in welchem Bereich stattgefunden hat. Bei anderen Ausnahmefällen wie insbesondere bei der Nicht-Information wegen eines **Geheimhaltungsbedürfnisses** kommt die Veröffentlichung als Schutzmechanismus nicht in Frage. Hier könnte man dem Einzelnen mitteilen, über ihn seien Informationen gespeichert; ein Einblicksrecht würde dann aber nur einer neutralen Stelle wie der Aufsichtsbehörde eingeräumt. In der Literatur wird die **Dokumentation** von Vorgängen als weiteres Beispiel genannt,[35] doch ist zu fragen, ob eine derartige Pflicht nach Art. 5 Abs. 2 nicht sowieso besteht.[36] Außerdem wird dadurch die betroffene Person nur in die Lage versetzt, bei einer später dann doch stattfindenden Information die Vorgänge rekonstruieren zu können, doch nützt dies nichts, wenn zu keinem Zeitpunkt eine Information erfolgt.

7. Spezialregelungen

30 Die in **Abs. 5 Buchst. c** geregelte Ausnahme wird auch im Rahmen des Art. 13 diskutiert, stößt dort aber überwiegend auf Ablehnung (siehe Art. 13 Rn. 31). Im vorliegenden Zusammenhang muss es um eine Norm gehen, die Art. 14 der Sache nach annähernd gleichwertig ist.[37] Der Hauptanwendungsfall sind Meldepflichten gegenüber Behörden, wie sie z. B. in Bezug auf Lohnsteuer und Sozialabgaben bestehen. Hier weiß die betroffene Person, was mit seinen Daten geschieht und bedarf deshalb keiner weiteren Information. Würde allerdings die Finanzbehörde die Daten für andere Zwecke verwenden, z. B. einem

---

34 Kühling/Buchner-*Bäcker*, Art. 14 Rn. 59.
35 Kühling/Buchner-*Bäcker*, Art. 14 Rn. 63.
36 Zu den Dokumentationspflichten zusammenfassend Däubler, Gläserne Belegschaften, § 12 IV (Rn. 586ff.).
37 Kühling/Buchner-*Bäcker*, Art. 14 Rn. 65.

Werbeunternehmen zur Verfügung stellen, würde dies sofort eine Informationspflicht nach Abs. 4 (neben weiteren Folgen) auslösen.

8. Berufsgeheimnisse

Nach **Abs. 5 Buchst. d** entfällt die Informationspflicht schließlich dann, wenn ihre Erfüllung ein Berufsgeheimnis verletzen würde. Wer zu den Geheimnisträgern gehört und wie weit der Geheimnisschutz reicht, ist bei Art. 90 zu klären. Die gleichfalls erwähnte satzungsmäßige Geheimhaltungspflicht meint nicht jede Unternehmenssatzung, sondern die Satzungen berufsständischer Organisationen.[38] 31

V. Rechtsverstöße und ihre Folgen

Werden aus Art. 14 folgende Pflichten verletzt, hat dies dieselben Rechtsfolgen wie im Falle des Art. 13. Auf die dortigen Ausführungen kann daher verwiesen werden (Art. 13 Rn. 33ff.). 32

Art. 15 Auskunftsrecht der betroffenen Person

(1) Die betroffene Person hat das Recht, von dem Verantwortlichen eine Bestätigung darüber zu verlangen, ob sie betreffende personenbezogene Daten verarbeitet werden; ist dies der Fall, so hat sie ein Recht auf Auskunft über diese personenbezogenen Daten und auf folgende Informationen:

a) die Verarbeitungszwecke;
b) die Kategorien personenbezogener Daten, die verarbeitet werden;
c) die Empfänger oder Kategorien von Empfängern, gegenüber denen die personenbezogenen Daten offengelegt worden sind oder noch offengelegt werden, insbesondere bei Empfängern in Drittländern oder bei internationalen Organisationen;
d) falls möglich die geplante Dauer, für die die personenbezogenen Daten gespeichert werden, oder, falls dies nicht möglich ist, die Kriterien für die Festlegung dieser Dauer;
e) das Bestehen eines Rechts auf Berichtigung oder Löschung der sie betreffenden personenbezogenen Daten oder auf Einschränkung der Verarbeitung durch den Verantwortlichen oder eines Widerspruchsrechts gegen diese Verarbeitung;
f) das Bestehen eines Beschwerderechts bei einer Aufsichtsbehörde;
g) wenn die personenbezogenen Daten nicht bei der betroffenen Person erhoben werden, alle verfügbaren Informationen über die Herkunft der Daten;
h) das Bestehen einer automatisierten Entscheidungsfindung einschließlich Profiling gemäß Artikel 22 Absätze 1 und 4 und – zumindest in diesen Fällen – aussagekräftige Informationen über die involvierte Logik sowie die Tragweite und die angestrebten Auswirkungen einer derartigen Verarbeitung für die betroffene Person.

38 Plath-*Kamlah*, Art. 14 Rn. 20.

(2) Werden personenbezogene Daten an ein Drittland oder an eine internationale Organisation übermittelt, so hat die betroffene Person das Recht, über die geeigneten Garantien gemäß Artikel 46 im Zusammenhang mit der Übermittlung unterrichtet zu werden.

(3) Der Verantwortliche stellt eine Kopie der personenbezogenen Daten, die Gegenstand der Verarbeitung sind, zur Verfügung. Für alle weiteren Kopien, die die betroffene Person beantragt, kann der Verantwortliche ein angemessenes Entgelt auf der Grundlage der Verwaltungskosten verlangen. Stellt die betroffene Person den Antrag elektronisch, so sind die Informationen in einem gängigen elektronischen Format zur Verfügung zu stellen, sofern sie nichts anderes angibt.

(4) Das Recht auf Erhalt einer Kopie gemäß Absatz 3 darf die Rechte und Freiheiten anderer Personen nicht beeinträchtigen.

Inhaltsübersicht Rn.

I. Einleitung

1 Art. 15 **konkretisiert** die Garantie des **Art. 8 Abs. 2 Satz 2 GRCh**, wonach jede Person das Recht hat, Auskunft über die sie betreffenden erhobenen Daten zu erhalten. Die ausdrückliche Erwähnung in der GRCh unterstreicht die **zentrale Bedeutung des Auskunftsrechts** für einen transparenten Datenschutz.

Seinem Inhalt nach gewährt Art. 15 **drei Rechte:**[1] 2

- Die betroffene Person kann Auskunft darüber verlangen, **ob überhaupt Daten** über sie **gespeichert** sind. Ist dies nicht der Fall, erhält sie ein sog. **Negativattest**. Liegt eine Speicherung vor, kann sie zwei weitere Rechte geltend machen:
- Sie kann verlangen, dass ihr **die gespeicherten Daten** sowie zahlreiche darauf bezogene weitere Informationen **mitgeteilt** werden, die in Art. 15 Abs. 1 2. Halbsatz unter den Buchst. a bis h und im Falle der Übermittlung in ein Drittland in Abs. 2 aufgeführt sind.
- Sie kann weiter nach Abs. 3 verlangen, dass ihr eine **Kopie** der personenbezogenen Daten, die Gegenstand der Verarbeitung sind, **zur Verfügung gestellt** wird. Verlangt die betroffene Person mehrere Kopien, ist dies u. U. kostenpflichtig. Die Kopie darf nach Abs. 4 die Rechte und Freiheiten anderer Personen nicht beeinträchtigen.

Das Auskunftsrecht versetzt die betroffene Person in die Lage, die Rechtmäßigkeit der 3
Verarbeitung zu überprüfen (oder durch einen sachkundigen Menschen überprüfen zu lassen) und dann ggf. **von ihren Rechten** auf Berichtigung, Löschung und Beschränkung der Verarbeitung **Gebrauch zu machen.**[2] Die betroffene Person wird in gewissem Umfang zum Herrn ihrer Daten, weil sie nur mit Hilfe des Anspruchs aus Art. 15 ihre Rechte geltend machen kann.[3]

Das Auskunftsrecht **steht der betroffenen Person zu.** Dies kann auch ein Bewerber 4
oder ein ehemaliger Arbeitnehmer sein.[4] Erfasst ist weiter der **Alleingesellschafter einer GmbH** oder einer anderen Kapitalgesellschaft,[5] da Angaben über seine Gesellschaft automatisch auch ihn betreffen. Die betroffene Person muss nicht geschäftsfähig sein; für die Geltendmachung des Anspruchs reicht es, wenn sie über die nötige **Einsichtsfähigkeit** verfügt.[6] Betroffener ist auch eine nur **»bestimmbare« Person**. Diese muss allerdings darlegen, weshalb gespeicherte Daten sich möglicherweise auf sie beziehen.[7] Wer generell oder in bestimmten Lebensbereichen unter einem **Pseudonym** auftritt, kann Auskunft auch über die Daten verlangen, die zu der Person mit diesem Pseudonym gespeichert sind.[8] Davon zu unterscheiden ist der Fall, dass die verantwortliche Stelle die Daten pseudonymisiert hat. Soweit sie selbst (oder eine von ihren Weisungen abhängige Stelle) in der Lage ist, die Pseudonymisierung aufzulösen, hat sie dies zu tun, um das Auskunftsersuchen zu erfüllen.

Der Auskunftsanspruch ist ein höchst persönliches Recht, das nicht abgetreten werden 4a
kann. Es fällt auch nicht in die Insolvenzmasse, so dass es der Insolvenzverwalter nicht geltend machen kann.[9]

---

1 Ehmann/Selmayr-*Ehmann*, Art. 15 Rn. 4.
2 EuGH 7.5.2009 – C-553/07, EuZW 2009, 546 – Rijkeboer, Tz. 51.
3 LG Bielefeld 12.6.2008 – 7 O 12/08, NJW-RR 2009, 554; LG Düsseldorf 4.9.2007 – 12 O 320/07, WRP 2008, 154; informativer Überblick bei Schierbaum, CuA 4/2010, 33 f.; vgl. auch Paal/Pauly-*Paal*, Art. 15 Rn. 3.
4 HK-ArbR-*Hilbrans*, §§ 33, 34 BDSG Rn. 1.
5 BGH 17.12.1985 – VI ZR 244/84, NJW 1986, 2505.
6 Auernhammer-*Stollhoff*, Art. 15 Rn. 8; Sydow-*Specht*, Art. 15 Rn. 5.
7 So zum alten Recht Simitis-*Dix*, 8. Aufl., § 34 Rn. 14.
8 AG Hamburg-Altona 17.11.2004 – 317 C 328/04, DuD 2005, 170; Auernhammer-*Stollhoff*, Art. 15 Rn. 8.
9 OVG Lüneburg 20.6.2019 – 11 LC 121/17, ZD 2019, 471.

II. Der Inhalt des Auskunftsanspruchs (Abs. 1)

1. Sind überhaupt Daten gespeichert?

5 **Erste Stufe** des Auskunftsverlangens ist die Frage danach, ob **überhaupt Daten** zu der betroffenen Person verarbeitet werden. Dafür reicht nach dem weiten Verarbeitungsbegriff des Art. 4 Nr. 2 aus, dass sie gespeichert sind. **Anonymisierte Daten** haben ihren Personenbezug verloren, sofern sie nicht mehr mit zumutbarem Aufwand de-anonymisiert werden können, und sind deshalb nicht zu berücksichtigen.[10] Waren sie allerdings früher als personenbezogene gespeichert, sind sie in der Auskunft zu erwähnen, da der EuGH das Auskunftsrecht auch auf **in der Vergangenheit liegende Verarbeitungen** bezieht.[11] Dies setzt allerdings voraus, dass die Daten z. B. als archivierte noch verfügbar sind (näher unten Rn. 9).

6 Der Auskunftsanspruch richtet sich nach dem Wortlaut des Art. 15 Abs. 1 in erster Linie auf die Frage, ob in der Gegenwart Daten der betroffenen Person verarbeitet werden. Ist dies nicht der Fall, erhält die eine Auskunft verlangende Person eine sog. **Negativauskunft**, auch Negativattest genannt, womit bestätigt wird, über sie sei nichts gespeichert.[12] Verfügt der Verantwortliche dagegen über **Daten der betroffenen Person**, hat er **diese Tatsache mitzuteilen**. Damit ist die erste Stufe des Auskunftsersuchens abgeschlossen.

7 Wurden **lediglich in der Vergangenheit Daten** über die betroffene Person **verarbeitet**, so ändert dies nichts an der Negativauskunft. Die zu früheren Zeiten gespeicherten Daten können aber Gegenstand eines Ersuchens in der zweiten Stufe sein, was der Rechtsprechung des EuGH[13] Rechnung trägt.

2. Welche Inhalte sind gespeichert?

8 Die betroffene Person kann verlangen, im Einzelnen zu erfahren, was über sie gespeichert ist. Dies erfasst bei einer Versicherung z. B. auch Vermerke, in denen die Inhalte von Telefongesprächen niedergelegt sind.[14] Voraussetzung für die Auskunft ist, dass sie einen entsprechenden **Antrag beim Verantwortlichen** stellt. Verlangt sie lediglich zu erfahren, ob überhaupt Informationen über sie vorhanden sind, ist im Zweifel nicht auch nach den Inhalten gefragt. Wird umgekehrt das Ersuchen von vorne herein auf das »Gespeicherte« konzentriert, ist die Frage des »ob« mit enthalten.[15] Wird nach den **Inhalten** gefragt, so müssen diese **vollständig** angegeben werden. Dabei genügt es **nicht**, wenn **lediglich** die **Veränderungen** benannt werden, die seit der letzten Auskunftserteilung eingetreten sind; der betroffenen Person wird es nicht zugemutet, den gesamten Datenvorrat selbst zu rekonstruieren.[16] Maßgebend ist der **Zeitpunkt der Antragstellung**; der Verantwortliche kann seine Pflichten nicht dadurch reduzieren, dass er kurz danach einen Teil der Daten

---

10 Paal/Pauly-*Paal*, Art. 15 Rn. 19.
11 EuGH 7.5.2009 – C-553/07, EuZW 2009, 546 – Rijkeboer, Tz. 54.
12 Ehmann/Selmayr-*Ehmann*, Art. 15 Rn. 13; Kühling/Buchner-*Bäcker*, Art. 15 Rn. 7; Gola-*Franck*, Art. 15 Rn. 5.
13 Siehe Fn. 11.
14 OLG Köln 26.7.2019 – 20 U 75/18, ZD 2019, 462.
15 Paal/Pauly-*Paal*, Art. 15 Rn. 21.
16 Kühling/Buchner-*Bäcker*, Art. 15 Rn. 9.

der betroffenen Person löscht.[17] Wichtig ist die Vollständigkeit der Auskunft insbesondere dort, wo durch (öffentlich zugängliche) Zusatzinformationen wie z. B. das Wohngebiet ein umfassendes »Kundenprofil« erstellt wird, wie dies beispielsweise Amazon praktiziert.

Mit Rücksicht auf die Rechtsprechung des **EuGH**[18] muss auch über **Datenverarbeitungen** einschließlich Speicherungen Auskunft gegeben werden, die **in der Vergangenheit** liegen.[19] Dies ist selbstverständlich in all den Fällen, in denen die aktuell vorhandenen Daten im Laufe der Zeit aus unterschiedlichen Quellen ergänzt und vervollständigt wurden: Hier muss nach Art. 15 Abs. 1 Buchst. g auch die Herkunft der Daten benannt werden, so dass deutlich wird, wie der Datenbestand aussah, bevor aus Quelle X und einen Monat später aus Quelle Y noch einige wichtige Informationen hinzukamen. Dies kann für die Beurteilung, ob die Daten auf legalem Wege erhoben wurden, von erheblicher Bedeutung sein. Es kann nun keinen Unterschied machen, ob die Daten heute noch in modifizierter Form vorhanden sind oder ob die ganze »Akte« inzwischen gelöscht wurde. Auch in einem solchen Fall kann ein erhebliches Informationsinteresse bestehen. Allerdings muss ein solcher Auskunftsanspruch **spezifische Grenzen** beachten. Zum einen kann es faktisch unmöglich sein, einen früheren Datenbestand zu rekonstruieren, weil beispielsweise sämtliche Datenträger inzwischen vernichtet sind. In diesem Fall versagt der Anspruch. Weiter ist denkbar, dass die Daten **auch Verhältnisse eines Dritten** betreffen, diesem gegenüber aber die Speicherungsbefugnis durch Zeitablauf erloschen ist (»Recht auf Vergessenwerden« – Art. 17). Hier wäre eine (technisch mögliche) Rekonstruktion nicht geboten, da kein Anhaltspunkt dafür ersichtlich ist, weshalb das Auskunftsrecht des einen Betroffenen einen höheren Rang als das Löschungsrecht des anderen haben sollte. 9

3. Kontextinformationen

Neben der Auskunft, welche Inhalte über die betroffene Person gespeichert sind, muss der Verantwortliche weitere Informationen liefern, die insbesondere in Abs. 1 Buchst. a bis h aufgezählt sind. Nur auf diese Weise ist es möglich, den **Stellenwert der gespeicherten Informationen** zu bestimmen und die eigene Reaktion darauf einzurichten.[20] Die Tatsache, dass die meisten dieser Umstände schon nach Art. 13 oder Art. 14 mitzuteilen waren, ändert nichts daran, dass sie auch Gegenstand einer Auskunft sind; es ist nicht auszuschließen, dass bei der Erteilung der Informationen der eine oder andere Punkt vergessen wurde oder später Änderungen erfuhr. 10

a) Verarbeitungszwecke (Buchst. a)

Anzugeben ist der Zweck (z. B. Erfüllung eines Vertrages), der die Datenverarbeitung legitimiert. Dazu gehören auch **Auswertungsprogramme**,[21] da nur so die Zweckbestim- 11

17 Kühling/Buchner-*Bäcker*, Art. 15 Rn. 8.
18 Siehe Fn. 11.
19 A.A. Kühling/Buchner-*Bäcker*, Art. 15 Rn. 8.
20 Bisweilen ist auch von »Meta-Informationen« die Rede, was den Gegenstand aber nicht voll trifft.
21 Däubler, CR 1991, 438 m. w. N.

mung in vollem Umfang erkennbar wird. Werden **mehrere Zwecke** verfolgt, sind alle anzugeben.[22] Auch die Dateibezeichnung ist mitzuteilen, da aus ihr typischerweise Rückschlüsse auf den Verwendungszusammenhang möglich sind.[23] In den Parallelvorschriften des Art. 13 Abs. 1 Buchst. c und des Art. 14 Abs. 1 Buchst. c wird außerdem die Angabe der **Rechtsgrundlage** verlangt. Weshalb diese nur bei der Datenerhebung, nicht aber in späteren Stadien des Datenverarbeitungsprozesses zu erwähnen sein sollte, ist nicht erkennbar. Mit Recht wird daher in der Literatur auch im Rahmen des Art. 15 Abs. 1 Buchst. a die Angabe der Rechtsgrundlage verlangt.[24] Nur dann ist eine ausreichende Kontrolle möglich.

b) Kategorien personenbezogener Daten (Buchst. b)

12 Die Vorschrift des Art. 15 Abs. 1 Buchst. b entspricht inhaltlich völlig dem Art. 14 Abs. 1 Buchst. d, so dass auf die dortigen Ausführungen verwiesen werden kann (Art. 14 Rn. 7).

c) Empfänger oder Kategorien von Empfängern (Buchst. c)

13 Die Vorschrift ist mit Art. 13 Abs. 1 Buchst. e und Art. 14 Abs. 1 Buchst. e identisch, so dass zunächst auf die dort gemachten Ausführungen Bezug genommen werden kann (Art. 13 Rn. 12 ff.). Auch hier existiert kein Wahlrecht; bekannte Empfänger müssen mitgeteilt werden.[25] Empfänger und Kategorien von Empfängern müssen **auch für die Vergangenheit** benannt werden, da der Verordnungswortlaut von denjenigen spricht, denen gegenüber die Daten »**offengelegt worden sind**«.[26] Der Verantwortliche ist verpflichtet, die Weitergabe von Daten und die Empfänger zu speichern, um später Auskunft geben zu können.[27] Ein **zeitliches Limit** wird nicht festgelegt. Entscheidend ist, ob die betroffene Person noch ein Interesse an der Kenntnis der Empfänger hat; äußerste Grenze dürften die Verjährungsfristen nach §§ 195, 199 BGB sein. Was zukünftige Empfänger angeht, so werden häufig nur Kategorien namhaft gemacht werden können.[28]

d) Speicherdauer (Buchst. d)

14 Die Vorschrift des Abs. 1 Buchst. d entspricht Art. 13 Abs. 2 Buchst. a und Art. 14 Abs. 2 Buchst. a; auf die dortigen Ausführungen kann Bezug genommen werden (Art. 13 Rn. 18).

---

22 Paal/Pauly-*Paal*, Art. 15 Rn. 20: zum bisherigen Recht ebenso BMH, § 34 Rn. 44; Taeger/Gabel-*Meents/Hinzpeter*, § 34 Rn. 22.

23 Ebenso HessVGH 17.12.1990 – 7 UE 1182/84, RDV 1991, 187; Simitis-*Dix*, § 34 Rn. 17; Wohlgemuth/Gerloff, S. 134; Gola/Schomerus, § 34 Rn. 9 – »Alkoholliebhaber«.

24 SHS-*Dix*, Art. 15 Rn. 18; Kühling/Buchner-*Bäcker*, Art. 15 Rn. 13 m. w. N.

25 Anders Wybitul/Brams, NZA 2019, 672, 673.

26 Gola-*Franck*, Art. 15 Rn. 9 (soweit noch rekonstruierbar).

27 Kühling/Buchner-*Bäcker*, Art. 15 Rn. 18.

28 Insoweit zutreffend Wybitul/Brams, NZA 2019, 672, 673.

e) Betroffenenrechte (Buchst. e)

15 Der Verantwortliche ist verpflichtet, die betroffene Person über das Bestehen eines Rechts auf Berichtigung oder Löschung sowie darauf hinzuweisen, ob ein Recht auf Einschränkung der Verarbeitung durch den Verantwortlichen und ob ein Widerspruchsrecht gegen die Verarbeitung besteht. Das **Recht auf Datenportabilität** wurde nicht erwähnt, muss jedoch gleichfalls einbezogen werden.[29]

f) Bestehen eines Beschwerderechts (Buchst. f)

16 Art. 15 Abs. 1 Buchst. f stimmt wörtlich mit Art. 13 Abs. 2 Buchst. d und Art. 14 Abs. 2 Buchst. e überein; auf die Kommentierung zu Art. 13 Abs. 2 Buchst. d kann daher verwiesen werden (Art. 13 Rn. 21).

g) Herkunft der Daten (Buchst. g)

17 Abs. 1 Buchst. g verpflichtet den Verantwortlichen, der betroffenen Person »alle verfügbaren Informationen über die Herkunft der Daten« zur Verfügung zu stellen, wenn diese nicht bei der betroffenen Person selbst erhoben wurden. Dies entspricht der Regelung von Art. 14 Abs. 2 Buchst. f, dessen Wortlaut allerdings von »**Quellen**« spricht, aus denen die Informationen stammen und dabei als eine Möglichkeit auch öffentlich zugängliche Quellen nennt. Zwischen beidem besteht jedoch **kein inhaltlicher Unterschied**. Dies wird an anderen Sprachfassungen deutlich: Im Englischen wie im Französischen, im Portugiesischen wie im Slowenischen wird dasselbe Wort für »Quelle« und »Herkunft« verwendet (engl. source; frz. source; port. origem; slow. vir); andere differenzieren wie das Deutsche (span: fuente und orígen; italien: fonte und origine). Im Ergebnis kann daher auf die Ausführungen zu Art. 14 Abs. 2 Buchst. f verwiesen werden (Art. 14 Rn. 16).

h) Automatisierte Entscheidungsfindung (Buchst. h)

18 Abs. 1 Buchst. h entspricht den in Art. 13 Abs. 2 Buchst. f und in Art. 14 Abs. 2 Buchst. g geregelten Pflichten; auch insoweit kann Bezug genommen werden (Art. 13 Rn. 23). Im Rahmen des Art. 15 Abs. 1 Buchst. h sind jedoch auch in der Vergangenheit liegende Auswertungen sowie die auf dieser Grundlage getroffenen Entscheidungen mitzuteilen.[30] Der Verantwortliche hat die darauf bezogenen Informationen zu speichern.

i) Übermittlung in Drittstaaten (Abs. 2)

19 Werden Daten der betroffenen Person in ein Drittland oder an eine internationale Organisation übermittelt, so hat die betroffene Person nach Abs. 2 ein Recht darauf, über **Garantien nach Art. 46** unterrichtet zu werden. Diese bestehen in der Regel aus Standardverträgen oder verbindlichen unternehmensinternen Datenschutzvorschriften, und grei-

29 So wohl auch Gola-*Franck*, Art. 15 Rn. 12.
30 Kühling/Buchner-*Bäcker*, Art. 15 Rn. 27.

fen nur Platz, wenn die EU-Kommission keinen Angemessenheitsbeschluss nach Art. 45 Abs. 3 erlassen hat.[31]

4. Antrag und Formfragen

20 Das **Auskunftsersuchen** muss **keine besondere Form** wahren, es kann auch mündlich oder per E-Mail gestellt werden.[32] Dies wird mittelbar aus Abs. 3 Satz 3 deutlich, der für den Fall, dass der Antrag elektronisch gestellt wird, den Verantwortlichen verpflichtet, die Auskunft in einem »gängigen elektronischen Format« zur Verfügung zu stellen. **Wie weit der Antrag reicht**, entscheidet die betroffene Person. Wird »Auskunft zu den über mich gespeicherten Daten« verlangt, so ist damit gleichzeitig nach dem »Ob« der Datenspeicherung wie auch nach dem »Was« gefragt.[33] Eine Beschränkung auf das »Ob« ist jederzeit möglich. Soll auch Auskunft über in der Vergangenheit verarbeitete Daten gegeben werden, ist dies ausdrücklich hervorzuheben.

20a Nach § 34 Abs. 1 Satz 2 BDSG-alt »sollte« der Betroffene die Art der personenbezogenen Daten näher bezeichnen, über die er Auskunft haben wollte. Diese Vorschrift ist jetzt weggefallen, zumal es dem Betroffenen häufig nicht möglich sein wird, die gespeicherten Daten zu beschreiben. Im Rahmen des Möglichen sollte er dennoch eine **Eingrenzung** vornehmen. Der betroffenen Person steht es allerdings frei, auf eine solche Beschränkung zu verzichten und nach allen zu ihr gespeicherten Daten zu fragen.[34] Dies kann zu einer Fristverlängerung nach Art. 12 Abs. 3 DSGVO führen. Unterbleibt beim Auskunftsersuchen eine Beschränkung auf bestimmte Gegenstände, so bezieht sich dieses automatisch auf alle gespeicherten Informationen. Eine Verweigerung wegen **unverhältnismäßigen Aufwands** kommt nur in Extremfällen und auch dann nur in Betracht, wenn der Aufwand nicht durch bessere Organisation der Datenverarbeitung zu minimieren war (näher unten Rn. 34). Wer kein Verfahrensverzeichnis führt, kann sich nicht darüber beklagen, dass das Auffinden bestimmter Daten viel Mühe und Zeit kostet.

21 **Antragsberechtigt** ist **jede natürliche Person**, die sich als möglicherweise betroffen ansieht. Ob sie sich im Inland oder im Ausland aufhält ist ebenso irrelevant wie ihre Staatsangehörigkeit. Im Falle der Negativauskunft erweist sie sich als nicht betroffen, was ihrer Antragsbefugnis aber keinen Abbruch tut. Wer z. B. als Schriftsteller unter **Pseudonym** auftritt, kann nach allen zu diesem Pseudonym gespeicherten Daten fragen, aber auch die Daten einbeziehen, die unter seinem echten Namen gespeichert sind. Der Antrag kann durch einen **Vertreter** gestellt werden, der ggf. auch die Auskunft erhält. Dies könnte z. B. ein Rechtsanwalt oder ein Vermögensverwalter sein.

22 Der Auskunftsanspruch wird nach Art. 15 Abs. 3 Satz 1 dadurch erfüllt, dass eine **Kopie der gespeicherten Daten** zur Verfügung gestellt wird. § 34 Abs. 9 BDSG-alt sah daneben die Möglichkeit vor, persönlich **vor Ort Einsicht** in die Daten **zu nehmen**. Unter der

31 Kühling/Buchner-*Bäcker*, Art. 15 Rn. 29.

32 Paal/Pauly-*Paal*, Art. 15 Rn. 21; zum bisherigen Recht: Wybitul/Schultze-Melling, § 34 Rn. 1; selbst ein Tweet wird als Form genannt: Dausend, ZD 2019, 103, 104.

33 Sydow-*Specht*, Art. 15 Rn. 5.

34 Sydow-*Specht*, Art. 15 Rn. 6.

DSGVO existiert diese Regelung nicht mehr, doch kann auf freiwilliger Basis Entsprechendes praktiziert werden.[35]

Weitere **Einzelheiten** der Auskunftserteilung richten sich nach **Art. 12**. Dies betrifft insbesondere die **Prüfung der Identität** des Auskunft Begehrenden (Art. 12 Abs. 6 – dazu Art. 12 Rn. 20) sowie die **Formulierung der Auskunft**, die für die betroffene Person leicht verständlich sein muss (Art. 12 Abs. 1 – dazu Art. 12 Rn. 4ff.). Dort sind auch gewisse **zeitliche Vorgaben** für die Reaktion des Verantwortlichen festgelegt (Art. 12 Abs. 3 – dazu Art. 12 Rn. 12). Eine Erledigungsfrist findet sich jedoch nur in Art. 14 Abs. 3 Buchst. a (Art. 14 Rn. 19). Weiter findet sich in Art. 12 Abs. 5 auch eine Regelung zur **Unentgeltlichkeit** (Art. 12 Rn. 14ff.). 23

Sonderprobleme können sich im medizinischen Bereich ergeben. Bei der **Eröffnung medizinischer Diagnosen** ist in der Regel die **mündliche Form** zu wählen, weil dadurch ggf. die Schockwirkung abgemildert werden kann.[36] Wird die mündliche Information aber nicht verstanden, weil der Patient schwere Hörprobleme hat, ist eine schriftliche Mitteilung geboten.[37] Eine gesetzliche Ausnahme besteht für Auskünfte aus dem Krebsregister, die nur mündlich erteilt werden dürfen. 24

Durch die Erteilung der **Auskunft entstehen neue Daten**. Nach § 34 Abs. 5 BDSG-alt durften sie nicht für andere Zwecke als die Auskunftserteilung und die Datenschutzkontrolle verwendet werden.[38] Diese strikte Zweckbindung sollte Benachteiligungen wegen Ausübung des Auskunftsrechts verhindern. Seinem Sinn nach muss dieser Grundsatz auch unter der DSGVO gelten. Ist die Auskunft erteilt und schließen sich keine weiteren Auseinandersetzungen an, ist die darauf bezogene Information wegen Zweckwegfalls zu löschen. 25

5. Zweifel an der Richtigkeit und Vollständigkeit

Bestehen begründete **Zweifel** an der Richtigkeit oder Vollständigkeit der Auskunft, so ist der Verantwortliche dazu verpflichtet, die **Richtigkeit** und Vollständigkeit **eidesstattlich** zu **versichern**. Dies folgt aus einer entsprechenden Anwendung des § 259 Abs. 2 BGB, die auch unter dem neuen Recht im Interesse der praktischen Wirksamkeit des Auskunftsrechts geboten ist.[39] Sie kann notfalls gerichtlich erzwungen werden.[40] Die Zweifel können sich aus unterschiedlichen Umständen, u. a. durch innere Widersprüche der Auskunft oder dadurch ergeben, dass die betroffene Person über bestimmte Fakten umfassendere Belege vorlegen kann. Dies gilt nach § 259 Abs. 3 BGB allerdings nicht bei Angelegenheiten von geringer Bedeutung.[41] Die betroffene Person kann stattdessen auch den einfacheren Weg wählen, sich an den Datenschutzbeauftragten und insbesondere an die Aufsichtsbehörde zu wenden, 26

35 Gola-*Franck*, Art. 15 Rn. 30.
36 Gola/Schomerus, 12. Aufl., § 34 Rn. 15; TEG, Rn. 592 (zum bisherigen Recht).
37 BVerfG 18.11.2004 – 1 BvR 2315/04, NJW 2005, 1103 = EuGRZ 2004, 805.
38 Hoss, RDV 2011, 6, 10; Taeger/Gabel-*Meents/Hinzpeter*, § 34 Rn. 36; Plath-*Kamlah*, § 34 Rn. 63ff.
39 OLG Köln 26.7.2018 – 9 W 15/18, ZD 2018, 536
40 AG Geislingen 20.4.2004 – 3 C 2/04, RDV 2004, 178; LG Ulm 1.12.2004 – 1 S 89/04, MMR 2005, 265; Taeger/Gabel-*Meents/Hinzpeter*, § 34 Rn. 60 (zum bisherigen Recht).
41 Dazu Palandt-*Grüneberg*, § 259 Rn. 14.

die die erteilte Auskunft auf Korrektheit überprüfen kann.[42] Zu dem Fall, dass die Auskunft von vorne herein nicht ernst gemeint oder unglaubhaft ist, siehe unten Rn. 38a.

III. Der Anspruch auf Kopien (Abs. 3)

27 Der Verantwortliche ist nach Art. 15 Abs. 3 Satz 1 verpflichtet, der betroffenen Person eine Kopie der personenbezogenen Daten zur Verfügung zu stellen, die Gegenstand der Verarbeitung sind. Dies ist **Teil seiner Auskunftspflicht**, so dass es keiner separaten Geltendmachung durch die betroffene Person bedarf.[43] Was Gegenstand der Auskunftspflicht ist, d. h. die in Abs. 1 genannten Gegenstände, muss auch in Kopie zur Verfügung gestellt werden. Insoweit kann von einem »Parallelanspruch« die Rede sein.[44] Dies kann durch Ausgabe auf einem Datenträger (Papier, CD, andere elektronische Speichermedien) erfolgen. Abs. 3 Satz 3 lässt ein rein elektronisches Format genügen, wenn der Antrag elektronisch gestellt war.[45] Die Eröffnung eines **Fernzugangs** ist zwar sinnvoll, ersetzt den Anspruch auf eine Kopie aber nur, wenn die betroffene Person damit einverstanden ist.[46] Anders entschied das VG Dresden[47] für das bisherige sächsische LDSG, wonach die Form der Auskunft im pflichtgemäßen Ermessen der Behörde liege. Die Überlassung der Kopie stellt aber noch keine volle Erfüllung des Auskunftsanspruchs dar, weil der kopierte Datensatz in der Regel der Erläuterung bedarf, um den Anforderungen des Art. 12 Abs. 1 gerecht zu werden.[48]

28 Die betroffene Person kann auch **weitere Kopien** verlangen, doch kann dann der Verantwortliche ein angemessenes Entgelt auf der Grundlage seiner Verwaltungskosten verlangen (Abs. 3 Satz 2). »Mehrere Kopien« liegen auch dann vor, wenn die betroffene Person in engem zeitlichem Abstand verschiedene Auskunftsersuchen zum selben Gegenstand stellt, ohne dass Anhaltspunkte für Veränderungen bestehen (dazu unten Rn. 32), und dabei jeweils nur eine Kopie verlangt.[49] Unter den Verwaltungskosten sind nur die direkt zurechenbaren **Kosten** zu verstehen (Art. 12 Rn. 19).

IV. Beschränkungen und Ausschluss des Auskunftsrechts

1. Rechte und Freiheiten anderer Personen (Abs. 4)

29 Durch die Bereitstellung einer Kopie dürfen die Rechte und Freiheiten anderer Personen nicht beeinträchtigt werden. Abs. 4 enthielt ursprünglich ein **Redaktionsversehen**, als von »Kopie gemäß Abs. 1b« die Rede war, während sich die Regelung zu Kopien in Abs. 3

---

42 Laue/Kremer-*Kremer*, § 4 Rn. 32.

43 *Brink/Joos*, ZD 2019, 483; Ehmann/Selmayr-*Ehmann*, Art. 15 Rn. 25; SHS-*Dix*, Art. 15 Rn. 29. Ebenso LAG Baden-Württemberg 20.12.2018 – 17 Sa 11/18, NZA-RR 2019, 242, 250.

44 So Wybitul/Brams, NZA 2019, 672, 674; die dort vorgenommene Differenzierung zwischen einer weiten und einer engen Auffassung leuchtet nicht ein.

45 Näher Gola-*Franck*, Art. 15 Rn. 29.

46 Vgl. SHS-*Dix*, Art. 15 Rn. 32.

47 26.7.2017 – 6 K 1372/15, ZD 2018, 240.

48 SHS-*Dix*, Art. 15 Rn. 28.

49 Vgl. Kühling/Buchner-*Bäcker*, Art. 15 Rn. 45.

befindet. Dieses ist wie andere derartige Fehlleistungen kurz vor Inkrafttreten der DSGVO berichtigt worden.[50] Bei der Redigierung anderer Sprachfassungen war die Aufmerksamkeit etwas größer, so dass der Fehler dort nicht auftauchte.[51] Dieser hat seine Ursache darin, dass die Regelung der Kopien in der Ratsfassung der VO noch in Abs. 1b geregelt war.

Bei den Rechten und Freiheiten anderer ist zunächst an den **Schutz von** deren **personenbezogenen Daten** zu denken;[52] die Betroffenen können ein Interesse daran haben, dass ihr Name nicht in Zusammenhang mit bestimmten Vorgängen genannt wird. ErwGr 63 Satz 5 erwähnt allerdings **andere Beispiele**: Geschäftsgeheimnisse oder Rechte des geistigen Eigentums, insbesondere Urheberrechte an Software sollen nicht beeinträchtigt werden. In der Sache hat eine **Abwägung** zwischen den Interessen der Beteiligten stattzufinden.[53] Sie darf allerdings nach ErwGr. 63 Satz 6 nicht dazu führen, dass der betroffenen Person jede Auskunft verweigert wird. In aller Regel wird eine **Schwärzung** derjenigen Informationen genügen, deren Bekanntwerden die Rechte und Freiheiten Dritter beeinträchtigen würde.[54] Dies ist der betroffenen Person mitzuteilen.[55] Im Streitfall hat der Verantwortliche die Darlegungs- und Beweislast dafür, dass eine Information mit Rücksicht auf die Rechte und Freiheiten Dritter nicht gewährt werden kann. 30

Die Beschränkung des Abs. 4 gilt **ausschließlich** für den Fall, dass die betroffene Person eine **Kopie** erhält. Die sonstigen Erscheinungsformen des Auskunftsrechts können jedenfalls nicht unter Berufung auf Abs. 4 beschränkt werden. Zu beachten ist allerdings, dass insoweit eine Abwägung mit kollidierenden Rechtsgütern des Verantwortlichen und Dritter stattzufinden hat.[56] 31

2. Exzessverbot

Art. 12 Abs. 5 Satz 2 enthält eine Art **Missbrauchsvorbehalt** (Art. 12 Rn. 15 ff.). Der Fall eines »offensichtlich unbegründeten« Antrags ist schwer vorstellbar, da Art. 15 auch den Fall erfasst, dass über die betroffene Person nichts gespeichert ist.[57] Denkbar sind jedoch exzessive Anträge; der Verantwortliche wird beispielsweise jede Woche erneut mit derselben Anfrage konfrontiert. Im Grundsatz dürfen Anträge durchaus wiederholt gestellt werden, da sich in der Zwischenzeit ja Änderungen ergeben haben könnten. Eine legitime Wiederholung hängt aber auch nicht etwa davon ab, dass die betroffene Person Anhalts- 32

50 ABlEU v. 23. Mai 2018, L 127.

51 Auf Abs. 3 verwiesen wird in der bulgarischen, spanischen, tschechischen, dänischen, estnischen, griechischen, englischen, französischen, irischen, kroatischen, italienischen, lettischen, litauischen, ungarischen, maltesischen, niederländischen, polnischen, portugiesischen, rumänischen, slowakischen, slowenischen, finnischen und schwedischen Fassung. Dies lässt sich durch Aufrufen der einzelnen Fassungen und das Aufsuchen der Zahl »3« in Art. 15 Abs. 4 unschwer verifizieren.

52 Gola-*Franck*, Art. 15 Rn. 33 f.

53 Vgl. Paal/Pauly-*Paal*, Art. 15 Rn. 41; Gola-*Franck*, Art. 15 Rn. 33 f.

54 Laue/Kremer-*Kremer*, § 4 Rn. 32; bei automatisierter Datenverarbeitung kommt eine Teilkopie in Betracht, die alle personenbezogenen Daten Dritter ausklammert – SHS-*Dix*, Art. 15 Rn. 33.

55 Laue/Kremer-*Kremer*, § 4 Rn. 33.

56 SHS-*Dix*, Art. 15 Rn. 34.

57 Gola-*Franck*, Art. 15 Rn. 35.

punkte für eine Änderung besitzt; vielmehr kann sie aus freien Stücken erfolgen.[58] In der Literatur wird **eine Anfrage pro Quartal** im Regelfall als angemessen angesehen,[59] doch kann es dann Ausnahmen geben, wenn wie häufig bei Leiharbeitnehmern Veränderungen in kürzeren Zeitabständen eintreten. Insoweit ist auf den Einzelfall abzustellen.

3. Preisgabe von Berufsgeheimnissen?

33 Die Auskunftspflicht macht Halt vor Berufsgeheimnissen, die durch § 203 StGB strafrechtlich geschützt sind. Die Gegenpartei im Zivilprozess kann nicht etwa an den Anwalt des Klägers mit dem Ansinnen herantreten, er möge doch Auskunft darüber geben, welche Informationen er über sie gespeichert habe. Dieser würde sich strafbar machen, würde er dem entsprechen. Art. 14 Abs. 5 Buchst. d unterstützt das **Verweigerungsrecht**, auch wenn eine entsprechende Vorschrift in Art. 15 (wegen mangelhafter Arbeit am Text?) fehlt.

4. Unverhältnismäßiger Aufwand?

34 Eine über das Exzessverbot hinausgehende ungeschriebene Grenze des unverhältnismäßigen Aufwands existiert nicht. Verlangt die betroffene Person Auskunft über eine sehr hohe Zahl an Daten, so kann der Verantwortliche sie nach ErwGr 63 Satz 7 **fragen**, ob sie nicht präziser angeben wolle, auf welche Informationen und Verarbeitungsvorgänge sich ihr Anliegen beziehe. Nimmt die betroffene Person gleichwohl **keine Eingrenzung** vor, so handelt sie zwar nicht rechtwidrig, doch muss sie die durch die Rückfrage entstandene Verzögerung in Kauf nehmen. Auch kann es insgesamt bis zur Erledigung ihrer Anfrage **einiges länger dauern**. In Extremfällen kann sich der Verantwortliche auf **§ 275 Abs. 2 BGB** berufen, wonach der Schuldner die Leistung verweigern darf, wenn der mit ihr verbundene Aufwand in einem groben Missverhältnis zu dem Leistungsinteresse des Gläubigers steht. Will ein Patient Einsichtnahme in Behandlungsunterlagen und sind diese in großer Zahl ungeordnet gelagert, so sind auch aufwendige Suchaktionen zumutbar, wenn das Krankenhaus die Art der Lagerung zu vertreten hat.[60] Insoweit kommt keine Verweigerung nach § 275 Abs. 2 BGB in Betracht.

34a Bisweilen »hilft« die Rechtsprechung dadurch, dass sie den **Personenbezug eng** auslegt. So verneinte ihn das AG Dortmund[61] für die Angaben zu Kosten und Nutzen eines Versicherungsvertrags, die dem Versicherungsunternehmen entstanden, obwohl diese in der »Vertragsakte« des Versicherungsnehmers gespeichert waren. Die vom Gericht vorgenommene Beschränkung auf Daten zu »Eigenschaften und Verhaltensweisen« des Versicherungsnehmers verkennt den gesetzlichen Begriff der personenbezogenen Daten nach Art. 4 Nr. 1 DSGVO (siehe dort), auf deren aktuelle Aussagekraft es angesichts ungewisser künftiger Entwicklungen und ungewisser Verknüpfungsmöglichkeiten in keiner Weise

---

58 Vgl. Ehmann/Helfrich, Art. 12 Rn. 19.
59 Gola-*Franck*, Art. 15 Rn. 35.
60 LG Kiel 4. 4. 2008 – 8 O 50/07.
61 29. 8. 2017 – 425 C 3489/17, ZD 2018, 38.

ankommt. Ähnlich wie das AG Dortmund entschied auch das LG Köln[62] in einem Fall, in dem es um zwei Lebensversicherungsverträge ging: »**Interne Vorgänge**« wie Vermerke oder rechtliche Bewertungen oder Analysen seien nicht in die Auskunft einzubeziehen. Dies verkennt nicht nur datenschutzrechtliche Grundsätze, sondern auch die Möglichkeiten, die den Unternehmen im Zeitalter der Digitalisierung zur Verfügung stehen.[63]

5. Ermächtigung des Art. 23 und § 34 BDSG

Der deutsche Gesetzgeber hat von der Ermächtigung des Art. 23 Gebrauch gemacht und nach § 34 BDSG zusätzliche Einschränkungen des Auskunftsrechts vorgenommen. Näheres bei der Kommentierung zu § 34 BDSG. 35

V. Sanktionen bei Pflichtverletzungen

Wird die verlangte **Auskunft nicht erteilt**, kann sich der Betroffene an die **Aufsichtsbehörde** wenden. Lässt sich der Konflikt auch dadurch nicht bereinigen, so kann der Auskunftsanspruch vor den **ordentlichen Gerichten** geltend gemacht werden. Die Arbeitsgerichte sind zuständig, wenn ein Arbeitnehmer von seinem Arbeitgeber Auskunft über die zu seiner Person gespeicherten Daten haben möchte.[64] Soweit die Aufsichtsbehörde interveniert und sich der Verantwortliche dagegen zur Wehr setzen möchte, sind nach durchgeführtem Widerspruchsverfahren die Verwaltungsgerichte zur Entscheidung berufen. 36

Der Auskunftsanspruch kann nicht »ins Blaue hinein« gerichtlich geltend gemacht werden. Der **Bestimmtheitsgrundsatz des § 253 Abs. 2 Nr. 2 ZPO** ist vielmehr nur dann gewahrt, wenn der Betroffene ausreichend darlegt, dass tatsächlich personenbezogene Daten gespeichert sein könnten.[65] Trotz des damit verbundenen Aufwands neigt die Rechtsprechung bislang zur Festsetzung von sehr niedrigen Streitwerten. Da es sich um eine immaterielle Streitigkeit handle, werden Beträge zwischen 200 Euro und 5000 Euro festgesetzt,[66] was der realen Bedeutung derartiger Streitigkeiten häufig nicht entspricht. 37

Neben dem Anspruch auf Erteilung der Auskunft kommt auch ein **Schadensersatzanspruch** nach Art. 82 in Betracht. Daneben kann die Aufsichtsbehörde Maßnahmen ergreifen und ein **Bußgeld** verhängen.[67] Insoweit gilt dasselbe wie im Rahmen des Art. 13 (Art. 13 Rn. 35). 38

Wird der rechtskräftig (oder durch vorläufig vollstreckbares Urteil) zuerkannte Auskunftsanspruch nicht erfüllt, so können **Zwangsmittel nach § 888 ZPO** festgesetzt werden. Dasselbe gilt dann, wenn die Auskunft ersichtlich nicht ernst gemeint, unglaubwürdig oder unvollständig ist.[68] Ist sie zwar formal in Ordnung, bestehen aber Zweifel an ihrer 38a

62 18. 3. 2019 – 26 O 25/18, ZD 2019, 313.
63 Siehe etwa Dausend, ZD 2019, 103ff., die zwar entstehende Schwierigkeiten anspricht, an keiner Stelle aber eine Überforderung der Unternehmen behauptet.
64 HK-ArbR-*Hilbrans*, §§ 33, 34 BDSG Rn. 8.
65 LAG Hessen 29. 1. 2013 – 13 Sa 263/12, DuD 2013, 392 = ZD 2013, 413.
66 Riemer, ZD 2018, 269 mit berechtigter Kritik an OLG Köln 5. 2. 2018, 9 U 120/17, ZD 2018, 268.
67 Dazu LG Landau 12. 6. 2018 – 4 O 389/17, ZD 2018, 388.
68 OLG Köln 26. 7. 2018 – 9 W 15/18, ZD 2018, 536.

inhaltlichen Richtigkeit, so kann vom Schuldner die Abgabe einer eidesstattlichen Versicherung verlangt werden (siehe oben Rn. 26).

VI. Andere Auskunftsansprüche

39 Das BDSG-alt trat nach seinem § 1 Abs. 3 Satz 1 hinter anderen bundesrechtlichen Vorschriften zurück, so dass auch Auskunftsansprüche auf anderer Rechtsgrundlage unberührt blieben. Dies ist bei der DSGVO nicht der Fall, so dass sich neue Konkurrenzprobleme ergeben können. Allerdings anerkennt **Art. 6 Abs. 1 Buchst. c** ausdrücklich die **»Erfüllung rechtlicher Verpflichtungen« als Verarbeitungsgrundlage**, wobei diese rechtlichen Verpflichtungen nach Art. 6 Abs. 3 Satz 1 aus dem Unionsrecht oder aus dem nationalen Recht stammen können, dem der Verantwortliche unterliegt. Dabei ist es gleichgültig, welchem Teil der Rechtsordnung die Pflicht entstammt; sie kann öffentlichrechtlichen, aber auch zivil- oder arbeitsrechtlichen Charakter tragen.[69]

1. § 83 BetrVG

40 Eine praktisch wichtige Vorschrift stellt § 83 BetrVG dar, wonach der Arbeitnehmer das Recht hat, in die über ihn geführten **Personalakten Einsicht** zu nehmen. Dabei wird der Begriff der »Personalakte« materiell bestimmt; zu ihr zählen alle personenbeziehbaren Daten, die potentiell Auswirkungen auf das Arbeitsverhältnis haben.[70] Erfasst ist etwa auch die Stellung in der Förderungs- und Nachwuchsdatei[71] sowie die Nennung in den Unterlagen des Werkschutzes.[72] Die Speicherung von Daten durch arbeitgebernahe Einrichtungen wie z. B. eine **Pensionskasse** wird nicht erfasst; insoweit gelten die allgemeinen datenschutzrechtlichen Regeln. § 83 BetrVG setzt im Übrigen nicht voraus, dass im Betrieb ein Betriebsrat gewählt wurde.[73]

41 Die »Einsichtnahme«, die über das bloße Mitteilen gespeicherter Daten hinausgeht und auch das **Anfertigen einer Kopie** umfasst,[74] steht dem Arbeitnehmer zu. Personen nach § 5 Abs. 2 BetrVG sind gleichfalls erfasst, während **freie Mitarbeiter** und abgewiesene Bewerber allein auf Art. 15 zurückgreifen können. Sie haben daher ein Auskunftsrecht, und können nach Art. 15 Abs. 3 eine Kopie verlangen, dürfen aber die sie betreffenden Akten oder Dateien nicht einsehen.[75] Für leitende Angestellte enthält § 26 Abs. 2 SprAuG eine dem § 83 BetrVG entsprechende Sonderregelung. Das Recht auf Einsichtnahme ist nach Auffassung des LAG Schleswig-Holstein[76] höchstpersönlicher Natur und kann des-

---

69 Gola-*Schulz*, Art. 6 Rn. 43.

70 LAG Baden-Württemberg 20.12.2018 – 17 Sa 11/18, ZD 2019, 276; DKKW-*Buschmann*, § 83 Rn. 3; Fitting, § 83 Rn. 5.

71 Simitis, Schutz von Arbeitnehmerdaten, S. 135.

72 LAG Bremen 4.3.1977 – 1 Sa 303/76, BB 1977, 649. S. weiter LAG Baden-Württemberg (20.12.2018 – 17 Sa 11/18, NZA-RR 2019, 242, 249), das auch Akten über mögliche Compliance-Verstöße einbezieht.

73 DKKW-*Buschmann*, § 83 Rn. 2; Fitting, § 83 Rn. 1.

74 HK-ArbR-*Hilbrans*, §§ 33, 34 BDSG Rn. 2.

75 SHS-*Dix*, Art. 12 Rn. 21.

76 17.4.2014 – 5 Sa 385/13, ZD 2014, 577 mit Anm. Tiedemann.

halb nicht von einem dazu bevollmächtigten Rechtsanwalt ausgeübt werden. Dies überzeugt nicht; eine solche Höchstpersönlichkeit ist in der (Arbeits-)Rechtsordnung eine seltene Ausnahme, für die es in der gesetzlichen Regelung eindeutige Indizien geben muss. Sie sind hier nicht ersichtlich, zumal § 83 Abs. 1 Satz 2 BetrVG ausdrücklich die Hinzuziehung eines Betriebsratsmitglieds vorsieht.[77]

Bei der Einsichtnahme kann sich der Arbeitnehmer **Notizen** machen, aber auch die Akten kopieren. Wichtig ist, dass die **Verweigerungsgründe** des Datenschutzrechts, also des Art. 15 Abs. 4 und des § 34 BDSG **nicht anwendbar** sind. Selbst die Existenz eines Betriebs- oder Geschäftsgeheimnisses steht der Information des Arbeitnehmers nicht entgegen, doch ist dieser in einem solchen Fall seinerseits zur Geheimhaltung verpflichtet.[78] Ob sich dies unter dem Geschäftsgeheimnisgesetz noch aufrecht erhalten lässt, erscheint zweifelhaft. Herkunft und Übermittlung der Daten an Dritte sind durch § 83 BetrVG nicht erfasst; insoweit kann auf Art. 15 Abs. 1 zurückgegriffen werden.[79] Hat der Arbeitgeber einem Hinweisgeber (»**Whistleblower**«) Vertraulichkeit zugesichert, so muss er diese grundsätzlich auch dem Betroffenen gegenüber wahren. Er ist daher verpflichtet, Angaben, die Rückschlüsse auf den Hinweisgeber ermöglichen, nicht zur Personalakte des Beschuldigten zu geben oder sie jedenfalls zu schwärzen. Unterlässt er dies, kann der betroffene Arbeitnehmer in vollem Umfang Kenntnis nehmen.[80] 42

2. Auskunftsrechte im Zivilrecht und im Urheberrecht

Nach einer Entscheidung des BGH[81] stellt es einen rechtswidrigen Eingriff in das Persönlichkeitsrecht dar, wenn Daten der betroffenen Person **an einen Dritten** weitergegeben werden, der **kein berechtigtes Interesse** hat, von ihnen Kenntnis zu erhalten. Im konkreten Fall hatte der Vorstand einer AG von einer Auskunftei Daten über die persönlichen Verhältnisse eines Lehrers erhalten, der eine »Aktionärsopposition« zu organisieren versuchte. Diese mit Argumenten aus der persönlichen Sphäre ihres Initiators zu konfrontieren, lässt sich nicht mit einem »berechtigten Interesse« legitimieren. In Fällen dieser Art kann die betroffene Person in entsprechender Anwendung von § 1004 BGB vom Verantwortlichen verlangen, dass er die **Datenlieferanten** bzw. Datenempfänger **namhaft macht**; insoweit besteht ein zivilrechtlicher Auskunftsanspruch. Die betroffene Person kann dann gegen diese bisher im Hintergrund agierenden »Informationsvermittler« vorgehen. 43

Ist ein möglicher Rechtsinhaber in entschuldbarer Weise über das Bestehen oder den Umfang seines Rechts im Ungewissen, kann aber der Anspruchsgegner die nötigen Informationen unschwer beschaffen, so besteht ein **Auskunftsanspruch** unmittelbar **nach § 242 BGB**.[82] Mit Rücksicht auf Art. 6 Abs. 1 Buchst. b und c DSGVO besteht auch er nach 43a

77 Aufgrund besonderer Vollmacht kann das Betriebsratsmitglied auch ausschließlich, d. h. ohne den Arbeitnehmer, Einblick nehmen: DKKW-*Buschmann*, § 83 Rn. 18 m. w. N.
78 Näher Däubler, Gläserne Belegschaften, Rn. 537.
79 *Brink/Joos*, ZD 2019, 483, 486.
80 LAG Baden-Württemberg 20.12.2018 – 17 Sa 11/18, NZA-RR 2019, 242 = ZD 2019, 276 mit Anm. Wybitul.
81 BGH 22.3.1984 – VI ZR 195/82, NJW 1984, 1886.
82 OLG München, 24.10.2018 – 3 U 1551/17, ZD 2019, 36.

neuem Recht weiter. Aus einem **Behandlungsvertrag mit einem Krankenhaus** folgt nur dann ein Anspruch auf Auskunft über Namen und Anschrift aller behandelnden Ärzte und Pfleger, wenn seitens des Patienten ein berechtigtes Interesse vorliegt, er beispielsweise Anhaltspunkte dafür hat, dass Aufklärungs- oder Behandlungsfehler aufgetreten sind.[83]

44 Auch aus **gesellschaftsrechtlichen Verträgen** können sich zahlreiche Auskunftsansprüche ergeben. Besonders kontrovers wurde das Recht von Kommanditisten in einer Publikums-KG diskutiert, die Namen der Mit-Kommanditisten zu erfahren. Dies macht gemeinsame (Klage-)Aktionen erst möglich. Der BGH[84] hat einen solchen **Auskunftsanspruch bejaht**, der zwingenden Charakter habe. In Bezug auf die Mitgesellschafter rechtfertigt sich die Übermittlung von Name, Adresse und Beteiligungshöhe durch zwingendes Vertragsrecht, weshalb **Art. 6 Abs. 1 Buchst. b** eingreift. Dies ist vom OLG München nach Inkrafttreten der DSGVO bestätigt worden.[85]

44a Sonderregeln existieren weiter im **Urheberrecht**. Sie finden sich insbesondere in Art. 8 der Richtlinie 2004/48/EG des Europäischen Parlaments und des Rates vom 29.4.2004 zur Durchsetzung der Rechte des geistigen Eigentums.[86] Der BGH[87] hat in diesem Zusammenhang dem EuGH u. a. die Frage vorgelegt, ob der zur Auskunft Verpflichtete auch E-Mail-Adressen, Telefonnummern und zum Hochladen verwendete IP-Adressen der Nutzer mitteilen muss. Von Interesse ist weiter die Auskunftspflicht des Providers nach § 101 Abs. 2 Satz 1 UrhG.[88] Ein spezielles Auskunftsrecht findet sich schließlich in **§ 14 Abs. 3 TMG.**[89]

3. Bewertungsportale im Internet

45 Die Frage eines Auskunftsanspruchs ist weiter bei Bewertungsportalen im Internet strittig geworden, wo sich betroffene Personen gegen **unsachliche Bewertungen oder Schmähkritik** zur Wehr setzen wollen. Nach der Rechtsprechung[90] existiert kein Anspruch auf Mitteilung des Namens der Bewerter gegen den Inhaber des Portals. Dem stehe die Wertung des § 13 Abs. 6 Satz 1 TMG entgegen, wonach eine anonyme oder pseudonyme Nutzung von Telediensten möglich sein müsse. Diese Regelung baut auf der Rechtsprechung des BVerfG auf, wonach auch **anonyme Meinungsäußerungen** den **Schutz des Art. 5 Abs. 1 GG** genießen, weil andernfalls bei vielen Mitmenschen wegen Angst vor Repressalien oder anderen negativen Folgen eine »Selbstzensur« nicht auszuschließen wäre.[91] An diesen Ansatz hat sich auch in der jüngsten Vergangenheit nichts geändert, doch werden

83 OLG Hamm 14.7.2017 – 26 U 117/16, ZD 2018, 123.
84 Urteil v. 5.2.2013 – II ZR 134/11, NJW 2013, 2190 = ZD 2013, 442.
85 16.1.2019 – 7 U 342/18, ZD 2019, 171.
86 ABl v. 30.4.2004, L 157/45.
87 21.2.2019 – I ZR 153/17, ZD 2019, 270.
88 BGH 21.9.2017 – I ZR 58/16, ZD 2018, 83.
89 Dazu LG Frankfurt 18.2.2019 – 2–03 O 174/18, ZD 2019, 314, das ausdrücklich von der Fortgeltung der Bestimmung auch nach dem 25. Mai 2018 ausgeht.
90 OLG Hamm 3.8.2011 – I-3 U 196/10, ZD 2011, 179; einschränkend OLG Dresden 8.2.2012 – 4 U 1850/11, RDV 2012, 249.
91 Zusammenfassend BGH 23.6.2009 – VI ZR 196/08, NJW 2009, 2888; zu den gleichwohl bestehenden Abwehrmöglichkeiten gegen Ehrverletzungen s. Däubler, Digitalisierung und Arbeitsrecht, § 7 Rn. 68ff.

dem Portalbetreiber von der Rechtsprechung erhöhte Sorgfaltspflichten auferlegt.[92] Auch ist er ggf. verpflichtet, ehrverletzende oder unwahre Äußerungen zu entfernen, sobald er einen entsprechenden Hinweis erhält.

Anders verhält es sich dann, wenn ein Dritter einen **Beamten** leichtfertig oder wider besseres Wissen **der Korruption bezichtigt**; hier kann der Betroffene verlangen, dass ihm die Person namhaft gemacht wird, damit er in die Lage versetzt wird, sich gegen die Anschuldigungen zur Wehr zu setzen.[93] 46

4. Geheimdienste

Außerhalb des Anwendungsbereichs der DSGVO stehen Auskunftsansprüche gegen Sicherheitsdienste wie den BND[94] oder die Behörden, die mit einer Sicherheitsüberprüfung befasst sind.[95] 47

Abschnitt 3
Berichtigung und Löschung

Art. 16 Recht auf Berichtigung

Die betroffene Person hat das Recht, von dem Verantwortlichen unverzüglich die Berichtigung sie betreffender unrichtiger personenbezogener Daten zu verlangen. Unter Berücksichtigung der Zwecke der Verarbeitung hat die betroffene Person das Recht, die Vervollständigung unvollständiger personenbezogener Daten – auch mittels einer ergänzenden Erklärung – zu verlangen.

Inhaltsübersicht Rn.

I. Einleitung

Das Grundrecht auf Datenschutz und das informationelle Selbstbestimmungsrecht geben dem Einzelnen das Recht, über sein **Erscheinungsbild in der durch Digitalisierung geprägten Gesellschaft** zu bestimmen. Dieses Erscheinungsbild ist wesentlich für viele berufliche und nicht-berufliche Interaktionen. Enthält es falsche Angaben, kann dies unge- 1

92 BGH 1.3.2016 – VI ZR 34/15 – NJW 2016, 2106 Tz. 31ff. – Ärztebewertungsportal III; näher Däubler, FS Geiser, 2017, S. 31, 39.

93 BVerwG 27.2.2003 – 2 C 10/02, NJW 2003, 3217.

94 Dazu BVerwG 24.1.2018 – 6 A 8.16, ZD 2018, 280.

95 § 23 SÜG; dazu die Kommentierung von Däubler, SÜG.

wollte, im Einzelfall schlimme Folgen für die betroffene Person haben.[1] Sie können zu Benachteiligungen, Diffamierungen und Ausgrenzungen führen.[2] Art. 5 Abs. 1 Buchst. d bekennt sich deshalb ausdrücklich zum **Grundsatz der »Datenrichtigkeit«.** Das Recht, eine Berichtigung zu erwirken, ist außerdem durch Art. 8 Abs. 2 Satz 2 GRCh ausdrücklich garantiert.

2 Art. 16 ist eine wichtige Konkretisierung des Art. 5 Abs. 1 Buchst. d. In **Satz 1** gibt er der betroffenen Person das Recht, vom Verantwortlichen die unverzügliche **Berichtigung unrichtiger personenbezogene Daten** zu verlangen. Nach **Satz 2** kann dies auch in der Weise geschehen, dass eine unvollständige Information mittels einer ergänzenden Erklärung **vervollständigt** wird. Inhaltlich stellt das eine spezielle Form der Berichtigung dar. Mit Hilfe dieses »**Korrekturrechts**« wird (zusätzlich) eine faire und transparente Verarbeitung sichergestellt.[3] Die betroffene Person kann auch die **Löschung** unrichtiger Daten verlangen (Art. 17 Abs. 2 Buchst. d). Juristische Personen werden nicht erfasst, doch können sie sich mit den Mitteln des Delikts- und des Wettbewerbsrechts zur Wehr setzen.[4] Soweit Art. 16 keine Vorgaben über Form und Verfahren enthält, findet **Art. 12** Anwendung.[5]

II. Wann ist ein personenbezogenes Datum unrichtig?

3 »**Unrichtig**« ist eine auf die Person bezogene Angabe dann, wenn sie **nicht mit der Realität übereinstimmt.**[6] Dies ist nicht nur dann der Fall, wenn der Name falsch geschrieben oder eine unzutreffende Adresse gespeichert ist. Vielmehr liegt »Unrichtigkeit« auch dann vor, wenn eine Information aus dem Zusammenhang gerissen wurde und deshalb wahrscheinlich Fehlvorstellungen verursachen wird;[7] ein solcher **Kontextverlust** liegt beispielsweise vor, wenn Fehlzeiten eines Arbeitnehmers ohne Rücksicht auf die Gründe gespeichert werden, so dass z. B. auch im Fall einer einvernehmlichen Freistellung der Eindruck hoher krankheitsbedingter Abwesenheit entsteht.[8]

4 Tatsachen können auch **in sprachlich verdeckter** oder »geschönter« **Form gespeichert** sein. Dies gilt z. B. für Arbeitszeugnisse (»X machte sich durch seine fröhliche Art um die Geselligkeit im Betrieb verdient« = Er trinkt gerne mal ein Gläschen zu viel), kann aber auch bei Auskunfteien eine große Rolle spielen. Heißt es etwa »X gilt als unternehmend«, so bedeutet dies, dass er hoch spekulative Geschäfte tätigt. Heißt es, Außenstehende hätten keinen Einblick in seine Geschäfte, so ist damit gesagt, dass diese dubiosen Charak-

---

1 Vgl. dazu Grimm, JZ 2013, 585ff.; Kühling/Buchner-*Herbst*, Art. 16 Rn. 1.

2 SHS-*Dix*, Art. 16 Rn. 1.

3 Paal/Pauly-*Paal*, Art. 16 Rn. 4.

4 Kühling/Buchner-*Herbst*, Art. 16 Rn. 15.

5 Auernhammer-*Stollhoff*, Art. 16 Rn. 24; Sydow-*Peuker*, Art. 16 Rn. 24ff.

6 Sydow-*Peuker*, Art. 16 Rn. 7.

7 Gola-*Reif*, Art. 16 Rn. 14; Plath-*Kamlah*, Art. 16 Rn. 2; Sydow-*Peuker*, Art. 16 Rn. 9; zum bisherigen Recht ebenso Grimm in Tschöpe, Teil 6 F Rn. 196; Taeger/Gabel-*Meents/Hinzpeter*, § 35 Rn. 9; Mester, S. 175; Wohlgemuth/Gerloff, S. 138; Wybitul/Schultze-Melling, § 35 Rn. 2.

8 Däubler, Gläserne Belegschaften, Rn. 549; Mester, S. 176; ebenso zur Unrichtigkeit wegen Kontextverlustes HK-ArbR-*Hilbrans*, § 35 BDSG Rn. 3; Wolff/Brink-*Brink*, § 35 Rn. 13: Berichtigung auch durch »Hinzuspeicherung« von Informationen, die den Kontext wiederherstellen.

ter haben. Höflich, wenngleich eindeutig ist auch die Formulierung »X soll, wie verlautet, zurzeit durch die Behörden seiner geschäftlichen Tätigkeit entzogen sein«, was die »Code-Formulierung« für eine Inhaftierung darstellt.[9] Trifft eine dieser Behauptungen nicht zu, so ist für Abhilfe zu sorgen; diese wird selten in einer Berichtigung, häufig jedoch in einer Löschung der fraglichen Angabe bestehen.

Die Berichtigung muss auch dann vorgenommen werden, wenn es sich um eine »**Bagatelle**« wie einen falsch geschriebenen Straßennamen handelt.[10] Auch kommt es nicht darauf an, ob ein Datum von Anfang an unrichtig war oder erst nachträglich unrichtig wurde.[11] Keine Unrichtigkeit liegt vor, wenn dem Computerprogramm entsprechend ein Name statt mit »ö« mit »oe« geschrieben wird.[12] **Schätzungen** mussten nach § 35 Abs. 1 Satz 2 BDSG-alt als solche gekennzeichnet werden und bei Übermittlungen musste diese Einordnung mit übergehen.[13] In der DSGVO fehlt eine entsprechende Vorschrift, doch ändert dies nichts daran, dass geschätzte Daten, die nicht als solche gekennzeichnet werden, unrichtig sind, weil sie den Eindruck erwecken, gesicherte Fakten wiederzugeben.[14] 5

Eine **Tatsache** ist auch dann unrichtig, wenn sie dem Verantwortlichen **von einem Dritten mitgeteilt** wurde und er diese »Quelle« mitspeichert. Hält er fest, der A habe über B gesagt, dieser stecke in großen Zahlungsschwierigkeiten und könne die Insolvenz wohl kaum noch abwenden, trifft dies aber nicht zu, so hat B einen Berichtigungsanspruch gegen den Verantwortlichen; dass die Mitteilung als solche erfolgte und korrekt wiedergegeben wurde, spielt keine Rolle.[15] 5a

Aus dem Zusammenhang ergibt sich, ob eine Angabe über eine Person nur einen **in der Vergangenheit liegenden Zustand** wiedergeben oder auch noch für die Gegenwart Geltung beanspruchen will. Ist Ersteres der Fall, kommt keine Berichtigung in Betracht, wenn das fragliche Datum **zu seiner Zeit korrekt** war. Im Bereich der ärztlichen Dokumentation muss eine in der Vergangenheit liegende **Fehldiagnose** durch den aktuellen Erkenntnisstand ergänzt werden; eine Berichtigung in Bezug auf die Vergangenheit würde zu einer zusätzlichen Unrichtigkeit führen und dem Betroffenen die Geltendmachung seiner Rechte erschweren.[16] Geht es um eine **Tatsache**, die **auch für die Gegenwart** Gültigkeit beansprucht, so hat die betroffene Person einen Anspruch auf **Aktualisierung**;[17] der veränderte Kontext hat die Tatsache unrichtig gemacht. 6

Werturteile, wie sie sich etwa in Dienstzeugnissen finden können, sind zwar personenbezogene Daten, doch können sie nicht »richtig« oder »falsch« sein. Dies erscheint auf den ersten Blick insofern bedenklich, als die Persönlichkeit sowie das Fortkommen der betroffenen Person durch entsprechende Wertungen mindestens genauso stark wie durch Tatsachenbehauptungen beeinträchtigt sein können. Auf der anderen Seite ist die Abgabe 7

9 Alle Beispiele zu Auskunfteien bei Simitis-*Dix*, § 35 Rn. 13, 14.
10 Gola-*Reif*, Art. 16 Rn. 13; SHS-*Dix*, Art. 16 Rn. 11; Sydow-*Peuker*, Art. 16 Rn. 8.
11 BVerwG 4.3.2004 – 1 WB 32/03, NVwZ 2004, 626, 627 = BVerwGE 120, 188.
12 Mester, S. 177; Schaffland/Wiltfang, § 35 Rn. 7.
13 Taeger/Gabel-*Meents/Hinzpeter*, § 35 Rn. 12.
14 Kühling/Buchner-*Herbst*, Art. 16 Rn. 10; SHS-*Dix*, Art. Rn. 15.
15 SHS-*Dix*, Art. 16 Rn. 13.
16 Vgl. Wolff/Brink-*Brink*, § 35 Rn. 15.
17 Sydow-*Peuker*, Art. 16 Rn. 23.

von Werturteilen eine zentrale Ausprägung des Grundrechts der Meinungsfreiheit, die nicht angetastet werden sollte. Aus der Sicht der betroffenen Person reduzieren sich die Bedenken, da sich **zahlreiche Werturteile auf Tatsachen stützen** und u. U. auch stützen müssen, die ihrerseits der Berichtigung zugänglich sind.[18] Hat diese Erfolg, kommt ggf. das ganze »Gebäude« zum Einsturz. Im **Arbeitsrecht** sind beispielsweise »isolierte« Wertungen schon wegen Verletzung einer arbeitsvertraglichen Nebenpflicht unzulässig.[19] Negative Leistungsbewertungen im Zeugnis oder Zwischenzeugnis müssen entfernt werden, wenn sie sich nicht auf ausreichendes Tatsachenmaterial stützen lassen.[20] Bei **ärztlichen Bewertungen** gelten dieselben Grundsätze, so dass bei Diagnosen und nachvollziehbaren Vorgängen wie einer Medikation durchaus Berichtigungen möglich sind. Ist eine **Schätzung** als solche gekennzeichnet, handelt es sich um ein Werturteil, das als solches erkennbar ist. Bei öffentlichen Auseinandersetzungen können Schätzungen mit anderem Ergebnis vorgelegt werden, die dadurch an Resonanz gewinnen, dass sie sich ggf. auf konkrete Tatsachen stützen und deshalb verlässlicher als eine bloße Bewertung sind.

8 **Wie** es **zu der Unrichtigkeit gekommen** ist, spielt keine Rolle. Es ist deshalb nicht zu prüfen, ob den Verantwortlichen ein Verschulden trifft oder ob falsche Angaben durch die betroffene Person eine Rolle gespielt haben.[21]

III. Der Berichtigungsanspruch

1. Die reine Berichtigung

9 Die Berichtigung erfolgt in der Weise, dass die **falsche Angabe durch die richtige ersetzt** wird: Geburtstag und Adresse werden richtig angegeben, die Abwesenheitsgründe aufgeschlüsselt, das beim Lebenslauf unter den Tisch gefallene Zweite Juristische Staatsexamen wird eingefügt. Häufig wird allerdings eine Ergänzung der Angaben (Satz 2) oder eine Löschung (Art. 17) in Betracht kommen.

10 Die Berichtigung hat **unverzüglich**, d. h. ohne schuldhaftes Zögern zu erfolgen.[22] Der Verantwortliche kann aber die **Zeit** in Anspruch nehmen, die er **für die Überprüfung** der behaupteten Unrichtigkeit benötigt, doch darf diese die Monatsfrist des Art. 12 Abs. 3 Satz 1 nicht überschreiten.[23] Eine ausdrückliche Verlängerungsmöglichkeit wie in Art. 12 Abs. 3 Satz 2 existiert nicht. In der Literatur wurde die Unverzüglichkeit zum bisherigen Recht teilweise auf »schwerwiegende Unrichtigkeiten« beschränkt.[24] Daran ist zutreffend, dass sich die verantwortliche Stelle mit einer Berichtigung mehr Zeit lassen kann, wenn es nur um Umstände geht, deren unzutreffende Wiedergabe dem Betroffenen keinen Nachteil

18 HK-ArbR-*Hilbrans*, § 35 BDSG Rn. 3; Gola-*Reif*, Art. 16 Rn. 10; Kühling/Buchner-*Herbst*, Art. 16 Rn. 9; Mester, S. 177; Wolff/Brink-*Brink*, § 35 Rn. 9.

19 Däubler, Gläserne Belegschaften, Rn. 550; zustimmend Taeger/Gabel-*Meents/Hinzpeter*, § 35 Rn. 11; Mester, S. 177.

20 DDZ-Däubler, § 109 GewO Rn. 67; ErfK-*Müller-Glöge*, § 109 GewO Rn. 87.

21 Kühling/Buchner-*Herbst*, Art. 16 Rn. 14.

22 So ausdrücklich Satz 1; ebenso zum bisherigen Recht Däubler, CR 1991, 480; Mester, S. 175; Wolff/Brink-*Brink*, § 35 Rn. 17.

23 SHS-*Dix*, Art. 16 Rn. 17.

24 BMH, § 35 Rn. 39; Schaffland/Wiltfang, § 35 Rn. 10.

bringen kann. Je größer die Gefahr für den Betroffenen, umso mehr ist Eile geboten.[25] Weitere zeitliche Vorgaben ergeben sich aus Art. 12 Abs. 3 und 4 (Art. 12 Rn. 12f.); die »Unverzüglichkeit« wird dadurch nicht verändert.[26]

Lässt sich **aus technischen Gründen** wie bei einer CD-ROM **keine Berichtigung** durchführen, ist notfalls die korrigierte Fassung neu zu speichern und die alte zu vernichten[27] – der Aufwand ist heute sehr viel geringer als vor fünfzehn Jahren. Nach Art. 12 Abs. 5 erfolgt die **Berichtigung** im Übrigen **unentgeltlich**. Die Berichtigung löst eine sog. **Nachberichtspflicht** nach Art. 19 aus (siehe dort). 11

2. Berichtigung durch Ergänzung

Ob eine gespeicherte Information **unvollständig** ist, richtet sich nach dem **Verarbeitungszweck**; dieser bestimmt letztlich den Kontext, dessen fehlende oder mangelhafte Schilderung einen falschen Eindruck vermittelt. So ist etwa die Feststellung, jemand habe eine Zahlung verweigert, im Rahmen der Prüfung der Kreditwürdigkeit unvollständig (und deshalb unrichtig), wenn nicht zusätzlich angegeben wird, dass dies wegen einer mangelhaften Lieferung geschehen sei; andernfalls wird der Eindruck erweckt, dies sei aus Geldmangel erfolgt.[28] Genauso ist der Fall zu behandeln, dass lediglich die »Fehltage« eines Arbeitnehmers gespeichert wurden, ohne dass deren Ursachen miterwähnt werden. Um die Unrichtigkeit zu beseitigen, kommt nicht nur in Betracht, die **kontextbezogenen Daten hinzuzuspeichern.** Vielmehr erwähnt Satz 2 ausdrücklich auch eine **»ergänzende Erklärung«**, die normalerweise von der betroffenen Person stammen wird und die die bereits gespeicherten Daten erläutert und so Missverständnisse ausräumt. Tatsachen, die mit dem verfolgten Zweck nichts zu tun haben, können nicht hinzu gespeichert werden.[29] 12

Auch die Berichtigung durch Ergänzung muss **»unverzüglich«** erfolgen, sobald die fragliche Erklärung vorliegt, da es sich um einen Spezialfall der Berichtigung handelt.[30] Dabei fallen nach Art. 12 Abs. 5 für die betroffene Person **keine Kosten** an, auch hier wird die **Nachberichtspflicht** nach Art. 19 (s. dort) ausgelöst. 13

Ausnahmen von der Pflicht zur Berichtigung sind denkbar, aber in Art. 16 selbst nicht vorgesehen.[31] 13a

IV. Durchsetzungsprobleme

Hat der Verantwortliche sichere Kenntnis von der Unrichtigkeit, so muss er diese von sich aus beseitigen, weil es sich um eine **rechtswidrige Speicherung** handelt.[32] Allerdings muss er die betroffene Person zuerst kontaktieren, um zu klären, ob sie von ihrem Recht 14

25 MünchArbR-*Reichold*, § 96 Rn. 78.
26 Kühling/Buchner-*Herbst*, Art. 16 Rn. 24.
27 Mester, S. 178.
28 Kühling/Buchner-*Herbst*, Art. 16 Rn. 27.
29 Sydow-*Peuker*, Art. 16 Rn. 22.
30 SHS-*Dix*, Art. 16 Rn. 18.
31 SHS-*Dix*, Art, 16 Rn. 19.
32 Vgl. Auernhammer-*Stollhoff*, Art. 16 Rn. 6.

zur Einschränkung der Verarbeitung nach Art. 18 Abs. 1 Buchst. b Gebrauch machen will (s. weiter Art. 17 Rn. 16).

15 Die betroffene Person muss von der Unrichtigkeit der über sie gespeicherten Daten Kenntnis haben. Diese kann sie insbesondere mit Hilfe des Auskunftsrechts nach Art. 15 gewinnen. Beim Verantwortlichen muss sie einen **Antrag auf Berichtigung** stellen. Ist ihre **Identität** nicht von vorne herein außer Zweifel, empfiehlt es sich, durch eine Kopie des (partiell geschwärzten) Personalausweises oder durch andere Mittel etwaige Zweifel an der Identität auszuräumen (s. Art. 12 Rn. 20).

15a Sind personenbezogene Daten in einem **Blockchain-Netzwerk** gespeichert, so ist eine Berichtigung oder Ergänzung aus technischen Gründen im Regelfall nicht möglich. Machbar ist nur eine sog. Reverse Transaction, die die falsche Transaktion durch einen gegenteiligen Vorgang (wirtschaftlich) »rückgängig« macht, aber nicht aus der Welt schafft. Dies stellt aber keine volle Berichtigung oder Ergänzung dar.[33]

16 **Bestreitet der Verantwortliche die Unrichtigkeit**, werden Gespräche stattfinden. Nach Art. 12 Abs. 4 muss er eine Begründung abgeben, weshalb er die Berichtigung verweigert. Dabei hat er auf die Möglichkeit einer Beschwerde bei der Aufsichtsbehörde und einer gerichtlichen Klärung hinzuweisen. Der einfachere Weg wird für die betroffene Person der zur Aufsichtsbehörde sein. Diese kann ggf. die Berichtigung nach Art. 58 Abs. 2 Buchst. g anordnen und in gravierenden Fällen ein Bußgeld nach Art. 83 verhängen. Sieht sie von solchen Maßnahmen ab, muss eine gerichtliche Klärung erfolgen. Während der Zeit der »Ungeklärtheit« (**Non-Liquet-Situation**) kann die betroffene Person nach Art. 18 Abs. 1 Buchst. a vom Verantwortlichen verlangen, dass eine »**Einschränkung der Verarbeitung**« erfolgt, die der früheren Sperrung entspricht (näher Art. 18 Rn. 3ff.).

Art. 17 Recht auf Löschung (»Recht auf Vergessenwerden«)

(1) Die betroffene Person hat das Recht, von dem Verantwortlichen zu verlangen, dass sie betreffende personenbezogene Daten unverzüglich gelöscht werden, und der Verantwortliche ist verpflichtet, personenbezogene Daten unverzüglich zu löschen, sofern einer der folgenden Gründe zutrifft:

a) Die personenbezogenen Daten sind für die Zwecke, für die sie erhoben oder auf sonstige Weise verarbeitet wurden, nicht mehr notwendig.

b) Die betroffene Person widerruft ihre Einwilligung, auf die sich die Verarbeitung gemäß Artikel 6 Absatz 1 Buchstabe a oder Artikel 9 Absatz 2 Buchstabe a stützte, und es fehlt an einer anderweitigen Rechtsgrundlage für die Verarbeitung.

c) Die betroffene Person legt gemäß Artikel 21 Absatz 1 Widerspruch gegen die Verarbeitung ein und es liegen keine vorrangigen berechtigten Gründe für die Verarbeitung vor, oder die betroffene Person legt gemäß Artikel 21 Absatz 2 Widerspruch gegen die Verarbeitung ein.

d) Die personenbezogenen Daten wurden unrechtmäßig verarbeitet.

---

33 Schrey/Thalhofer, NJW 2017, 1431, 1435; zum Auseinanderfallen von Blockchain-Technologie und Datenschutzrecht s. auch Janicki/Saive, ZD 2019, 251ff.

e) Die Löschung der personenbezogenen Daten ist zur Erfüllung einer rechtlichen Verpflichtung nach dem Unionsrecht oder dem Recht der Mitgliedstaaten erforderlich, dem der Verantwortliche unterliegt.

f) Die personenbezogenen Daten wurden in Bezug auf angebotene Dienste der Informationsgesellschaft gemäß Artikel 8 Absatz 1 erhoben.

(2) Hat der Verantwortliche die personenbezogenen Daten öffentlich gemacht und ist er gemäß Absatz 1 zu deren Löschung verpflichtet, so trifft er unter Berücksichtigung der verfügbaren Technologie und der Implementierungskosten angemessene Maßnahmen, auch technischer Art, um für die Datenverarbeitung Verantwortliche, die die personenbezogenen Daten verarbeiten, darüber zu informieren, dass eine betroffene Person von ihnen die Löschung aller Links zu diesen personenbezogenen Daten oder von Kopien oder Replikationen dieser personenbezogenen Daten verlangt hat.

(3) Die Absätze 1 und 2 gelten nicht, soweit die Verarbeitung erforderlich ist

a) zur Ausübung des Rechts auf freie Meinungsäußerung und Information;

b) zur Erfüllung einer rechtlichen Verpflichtung, die die Verarbeitung nach dem Recht der Union oder der Mitgliedstaaten, dem der Verantwortliche unterliegt, erfordert, oder zur Wahrnehmung einer Aufgabe, die im öffentlichen Interesse liegt oder in Ausübung öffentlicher Gewalt erfolgt, die dem Verantwortlichen übertragen wurde;

c) aus Gründen des öffentlichen Interesses im Bereich der öffentlichen Gesundheit gemäß Artikel 9 Absatz 2 Buchstaben h und i sowie Artikel 9 Absatz 3;

d) für im öffentlichen Interesse liegende Archivzwecke, wissenschaftliche oder historische Forschungszwecke oder für statistische Zwecke gemäß Artikel 89 Absatz 1, soweit das in Absatz 1 genannte Recht voraussichtlich die Verwirklichung der Ziele dieser Verarbeitung unmöglich macht oder ernsthaft beeinträchtigt, oder

e) zur Geltendmachung, Ausübung oder Verteidigung von Rechtsansprüchen.

Inhaltsübersicht Rn.

I. Einleitung

1 Das Recht auf Löschung verfolgt ein ähnliches Ziel wie das in Art. 16 garantierte Recht auf Berichtigung: Die betroffene Person soll Daten über sie aus der Welt schaffen können, die rechtswidrig erlangt, inhaltlich falsch oder nicht mehr von ihrem aktuellen Willen getragen sind. Damit soll für eine **korrekte Erscheinungsform in der digitalen Welt** gesorgt werden. Dazu kommt der Gedanke der **Datenminimierung** nach Art. 5 Abs. 1 Buchst. c[1] und der **Speicherbegrenzung** nach Art. 5 Abs. 1 Buchst. e: Informationen, die für die Erfüllung des zugrunde liegenden Zwecks nicht mehr erforderlich sind oder deren Löschung eine Rechtsvorschrift vorschreibt, sollen effektiv verschwinden.

2 Der genaue rechtliche Inhalt des Art. 17 erschließt sich nicht spontan. **Abs. 1** gewährt in insgesamt sechs Fallgruppen ein **Recht auf Löschung** der auf die betroffene Person bezogenen Daten. Diese muss insoweit initiativ werden. Gleichzeitig ist im selben Absatz eine **Pflicht des Verantwortlichen** statuiert, in genau denselben Fällen von sich aus eine Löschung vorzunehmen. Dies bedarf ersichtlich der Koordinierung, die bei den einzelnen Fällen eine unterschiedliche Form annimmt. **Abs. 2** betrifft den Fall, dass der Verantwortliche die Daten insbesondere im Internet veröffentlicht hat: Wird ihre Löschung verlangt, so muss er die anderen Verantwortlichen, die die Daten gespeichert und verarbeitet haben, davon informieren, dass ein Löschungsverlangen besteht. Dies wurde in der Öffentlichkeit unter dem Stichwort des »**Rechts auf Vergessenwerden**« diskutiert, das als Teil der Überschrift von Art. 17 wieder auftaucht. Vorkehrungen, wonach die Daten effektiv aus dem Internet verschwinden müssen, werden allerdings nicht verlangt. **Abs. 3** zählt insgesamt fünf **Ausnahmen** auf, in denen eine Löschung nach Abs. 1 und Abs. 2 nicht stattfinden kann, weil beispielsweise eine gesetzliche Pflicht zur dauerhaften Speicherung besteht. **Big-Data-Anwendungen** werden dadurch nicht erfasst, doch können bei ihnen insbesondere die im öffentlichen Interesse vorgesehenen Ausnahmen häufiger vorliegen.[2] Was das Verfahren angeht, so ist auf Art. 12 zurückzugreifen.[3] Im Vergleich zur Datenschutzrichtlinie ist die Vorschrift wenig innovativ; in der Literatur ist von »alter Wein in neuen Schläuchen« und von einem »Potemkin'schen Dorf« die Rede.[4]

1 Paal/Pauly-*Paal*, Art. 17 Rn. 7.
2 Sydow-*Peuker*, Art. 17 Rn. 37.
3 Paal/Pauly-*Paal*, Art. 17 Rn. 12ff.
4 Trentmann, CR 2017, 26, 35.

II. Die Löschungstatbestände des Abs. 1

Im Folgenden wird – aufgegliedert nach den sechs Tatbeständen – das Recht auf Löschung behandelt. Es richtet sich gegen den »Verantwortlichen« im Sinne des Art. 4 Nr. 7 (siehe Art. 4 Rn. 81ff.), der in der Rechtsprechung des EuGH durch Einbeziehung des Suchmaschinenbetreibers eher weit bestimmt wird.[5] Für das Löschungsverlangen ist nicht erforderlich, dass sich die betroffene Person ausdrücklich auf einen dieser Tatbestände bezieht, doch riskiert sie, dass einem solchen Verlangen mangels näherer Begründung nicht Rechnung getragen wird.[6] An das jeweilige Recht zur Löschung schließt sich die Frage an, wann eine Pflicht zur Löschung besteht und wie beide in ein möglichst widerspruchsfreies Verhältnis zu bringen sind. Löschungspflichten sind überdies zu dokumentieren.[7] 3

1. Zweck erfordert keine Datenverarbeitung mehr (Buchst. a)

a) Der Grundsatz

Abs. 1 Buchst. a gewährt einen Anspruch auf Löschung, wenn die personenbezogenen Daten für die Zwecke, für die sie erhoben oder auf sonstige Weise verarbeitet wurden, **nicht mehr notwendig** sind. Damit wird gleichzeitig dem Gedanken der Datenminimierung nach Art. 5 Abs. 1 Buchst. c und dem Gedanken der Speicherbegrenzung nach Art. 5 Abs. 1 Buchst. e Rechnung getragen. Wann die Notwendigkeit der weiteren Speicherung oder sonstigen Verarbeitung entfällt, lässt sich nur unter Rückgriff auf die **Verhältnisse des Einzelfalls** bestimmen. In Bezug auf das bisherige deutsche Recht, das in § 35 Abs. 2 Satz 2 Nr. 3 BDSG-alt einen vergleichbaren Tatbestand kannte, besteht einige **Kasuistik**. 4

b) Anwendungsbeispiele

Besonderes Interesse erfuhr seit jeher die Frage, wie lange die **Schufa** Daten speichern darf und wann mangels aktuellen Aussagegehalts ihre Löschung verlangt werden kann. Dabei wird das Informationsinteresse künftiger Kreditgeber recht groß geschrieben. Die weitere Speicherung wurde als erforderlich angesehen, wenn die betroffene Person eine Forderung über 341,– € erst nach Erhalt eines Mahnbescheids bezahlt hatte.[8] Gelöscht werden müssen dagegen die Angaben eines erfolglos gebliebenen **Bewerbers** um eine Stelle, sofern wegen der Einstellung kein Rechtsstreit anhängig ist.[9] Dies gilt erst recht für einen bei dieser Gelegenheit durchgeführten Profilabgleich.[10] Auch **nach** dem **Ausscheiden eines Arbeitnehmers** werden die allermeisten Daten überflüssig. 5

Während eines **bestehenden Arbeitsverhältnisses** kann gleichfalls die Situation eintreten, dass bestimmte Angaben jede Bedeutung verlieren. Dies gilt etwa dann, wenn die zu- 6

5 Sydow-*Peuker*, Art. 17 Rn. 13.
6 Ein bloßes Löschungsverlangen soll nicht genügen: Plath-*Kamlah*, Art. 17 Rn. 5.
7 Keppeler/Berning, ZD 2017, 315.
8 LG Bochum 30.9.2004 – 8 O 276/04, DB 2005, 721.
9 Ebenso BAG 6.6.84 – 5 AZR 286/81, NZA 1984, 321 für manuell geführte Akten; wie hier Taeger/Gabel-*Meents/Hinzpeter*, § 35 Rn. 28.
10 MünchArbR-*Reichold*, § 96 Rn. 82; ebenso Mester, S. 182.

nächst praktizierte Abführung der Gewerkschaftsbeiträge durch den Arbeitgeber eingestellt wird oder wenn »einschlägige« Vorstrafen mittlerweile im Strafregister getilgt sind. Genauso sind **Abmahnungen** zu behandeln, wenn sie so lange zurückliegen, dass sie für das Arbeitsverhältnis keinerlei Bedeutung mehr haben, was von der Schwere und Art der Pflichtverletzung abhängt.[11] Eine für alle Fälle gleichermaßen gültige Dauer kann nicht angenommen werden.[12] Ist der »Vertrauensbereich« tangiert, ist der Zeitraum sehr viel länger als bei einer mangelhaften Leistung; in einem solchen Fall kann erst erheblich später der Fall eintreten, dass wieder von einem »störungsfreien« Verlauf des Arbeitsverhältnisses die Rede sein kann. Von großer praktischer Relevanz sind **Abrechnungsdaten**, die nach Ende einer Abrechnungsperiode grundsätzlich nur noch dann relevant sind, wenn über ihre Richtigkeit gestritten wird.

7 Ist ein Vertrag abgewickelt, findet Löschung statt, es sei denn, die gerichtliche oder außergerichtliche Erhebung von Ansprüchen könne nicht ausgeschlossen werden (zu den gesetzlichen Aufbewahrungspflichten siehe unten Rn. 39). Spätestens mit **Ablauf der Verjährungsfrist** muss die Speicherung ein Ende haben.[13] Wird ein Marketingunternehmen vertraglich damit betraut, Kunden im Wege der Direktwerbung zu kontaktieren, wird die gesamte Abmachung dann aber aufgelöst, muss das Unternehmen die erhaltenen Daten zurückgewähren und in seinen eigenen Rechnern löschen.[14] Anders verhielt es sich mit der Speicherung der Personalausweisnummer, die im Zusammenhang mit dem Kauf von **Eintrittskarten zur Fußballweltmeisterschaft** erhoben wurde: Mit ihrer Hilfe wurde sichergestellt, dass nur die Käufer selbst die Stadien betreten konnten und so »Hooligans« ferngehalten wurden.[15] Nach Ende der Spiele waren sie selbstredend als nicht mehr »erforderlich« zu löschen. Aus der Praxis wird von zahlreichen **Altdaten** berichtet, die nicht gelöscht werden, weil der Wegfall der Erforderlichkeit nicht völlig eindeutig bestimmt werden könne oder weil man »stornierte Verträge« oder »Kellerbestände« bewahren möchte, um sie ggf. bei Werbeaktionen einsetzen zu können.[16] Letzteres genügt als Rechtfertigung selbstredend nicht, da es sich um eine Zweckänderung nach Art. 6 Abs. 4 handeln würde, die nur unter den dort vorgesehenen engen Voraussetzungen möglich ist.[17]

8 Auch eine **Behörde** ist zur Löschung verpflichtet, wenn ein gespeichertes Datum jede Bedeutung für die Erfüllung ihrer Aufgaben verloren hat.[18] Könnte die weitere Speicherung die Erfüllung der Aufgaben ein wenig erleichtern, ohne dafür notwendig zu sein, so ist eine **Interessenabwägung** vorzunehmen: Würde die fortdauernde Speicherung in gravierender Weise in die Rechtsstellung der betroffenen Person eingreifen, muss mit Rücksicht

---

11 BAG 19.7.2012 – 2 AZR 782/11, NZA 2013, 91 ff.

12 BAG 19.7.2012 – 2 AZR 782/11, NZA 2013, 91; für zwei bis drei Jahre die Vorauflage sowie Taeger/Gabel-*Meents/Hinzpeter*, § 35 Rn. 28; vgl. weiter ErfK-*Franzen*, § 26 BDSG Rn. 31.

13 Dazu auch Gassner/Schmidt, RDV 2004, 153; Plath-*Kamlah*, Art. 17 Rn. 9; kritisch dazu Kühling/Klar, ZD 2014, 507, die eine sehr viel schnellere Löschung befürworten, was der Praxis schwerlich gerecht wird; zu den dort vorhandenen »Datengräbern«, die gewissermaßen das andere Extrem darstellen, s. Katko/Knöpfle/Kirschner, ZD 2014, 238 ff.

14 Simitis-*Dix*, § 35 Rn. 36 (zum bisherigen Recht).

15 AG Frankfurt/Main 28.3.2006 – 32 C 723/06–27, DuD 2006, 313 = CR 2006, 423.

16 Fraenkel/Hammer, DuD 2007, 900.

17 Fraenkel/Hammer, DuD 2007, 901.

18 BVerwG 18.3.1994 – 11 B 76/93, NJW 1994, 2499 (für den Eintrag der Fahrerlaubnisentziehung).

auf das Verhältnismäßigkeitsprinzip eine Löschung erfolgen.[19] In anderen Fällen dürfte gegen die Fortdauer der Speicherung nichts einzuwenden sein. Ist eine Handelsgesellschaft als aufgelöste noch weiter im **Handelsregister** eingetragen, so können die Gesellschafter, deren personenbezogene Daten ebenfalls eingetragen sind, nach der Rechtsprechung des EuGH verlangen, dass nach Ablauf einer »hinreichend langen Frist« der Zugang auf solche Dritten beschränkt wird, die ein besonderes Interesse an der Einsichtnahme nachweisen können.[20]

c) Zweckänderung

Erfolgt die Datenverarbeitung für einen anderen als den bei der Erhebung verfolgten Zweck, so ist zunächst zu fragen, ob diese Zweckänderung den Voraussetzungen des Art. 6 Abs. 4 entsprach. War das nicht der Fall, ist die Verarbeitung rechtswidrig, weshalb sich ein Löschungsanspruch aus Art. 17 Abs. 1 Buchst. d ergibt. Ließ sich die **Zweckänderung rechtfertigen**, ist der Wegfall des ursprünglichen Zwecks ohne Bedeutung; lediglich dann, wenn der neue wegfällt, entsteht ein Löschungsanspruch.[21] Werden **verschiedene Zwecke** verfolgt, so müssen sie alle wegfallen, um einen Anspruch auf Löschung nach Art. 17 Abs. 1 auszulösen. 9

d) Löschungspflicht auch ohne Verlangen der betroffenen Person?

Vom Wortlaut des Abs. 1 her könnte der Verantwortliche die Daten von sich aus löschen, auch wenn die betroffene Person keinen entsprechenden Wunsch geäußert hat (weil ihr vielleicht der Zweckwegfall gar nicht bekannt ist). Damit würde jedoch das Recht der betroffenen Person gegenstandslos, nach Art. 18 Abs. 1 Buchst. c die weitere Speicherung ihrer Daten verbunden mit einer Einschränkung der Verarbeitung zu verlangen, weil sie sie »zur Geltendmachung, Ausübung oder Verteidigung von Rechtsansprüchen benötigt.« Der Verantwortliche muss daher **vor einer Löschung zunächst zur betroffenen Person Kontakt** aufnehmen und dieser Gelegenheit geben, von ihrem Recht nach Art. 18 Abs. 1 Buchst. c Gebrauch zu machen.[22] Ist sie daran nicht interessiert oder kommt eine Verwertung der Daten in dem besagten Rahmen offensichtlich nicht in Betracht, so kann die Löschung erfolgen. Die Einschaltung der betroffenen Person vor einer Löschung ist eine **Rechtspflicht,** die sich aus **Art. 12 Abs. 2 Satz 1** ergibt, wonach der Verantwortliche verpflichtet ist, die Rechtsausübung der betroffenen Person zu erleichtern (Art. 12 Rn. 10). 10

2. Widerruf der Einwilligung (Buchst. b)

Ein Recht auf Löschung besteht auch dann, wenn eine einmal erteilte Einwilligung widerrufen wird und **keine andere Rechtsgrundlage** für die Datenverarbeitung eingreift. Dies gilt in gleicher Weise für die Einwilligung nach Art. 6 Abs. 1 Buchst. a wie für die Einwil- 11

19 Simitis-*Dammann*, § 14 Rn. 15.
20 EuGH 9.3.2017 – C-398/15, ZD 2017, 325.
21 Kühling/Buchner-*Herbst*, Art. 17 Rn. 21.
22 Ebenso Kühling/Buchner-*Herbst*, Art. 17 Rn. 10.

ligung nach Art. 9 Abs. 2 Buchst. a. Das Widerrufsrecht ist in Art. 7 Abs. 3 garantiert (Art. 7 Rn. 43ff.). Mit seiner Ausübung sagt sich die betroffene Person von der Datenverarbeitung los; eines besonderen **Löschungsantrags** bedarf es in der Regel **nicht**, er ist konkludent im Widerruf der Einwilligung enthalten.[23] Sobald dem Verantwortlichen der Widerruf zur Kenntnis kommt, ist er auch zur Löschung verpflichtet, da keine sonstigen Rechte der betroffenen Person ersichtlich sind, die ggf. zu wahren wären. Die Vorschrift hat im Grunde aber nur **deklaratorische Funktion**, da der Widerruf bei fehlender anderer Rechtsgrundlage die weitere Datenverarbeitung unzulässig macht und damit der Löschungstatbestand des Art. 17 Abs. 1 Buchst. d erfüllt ist. Wird der Widerruf zurückgenommen und die Einwilligung erneut erteilt, entfällt auch der Anspruch auf die (noch nicht vollzogene) Löschung.[24]

12 Der Widerruf der Einwilligung reicht so weit wie diese selbst. Betraf sie nicht die ganze Datenverarbeitung, sondern beispielsweise **nur die Veröffentlichung eines Fotos** oder bestimmter anderer Angaben, so muss lediglich diese in Zukunft unterbleiben; im Übrigen können die fraglichen Daten weiterhin gespeichert sein und im Rahmen ihres ursprünglichen Zwecks verarbeitet werden.[25] Ist die Tragweite des erklärten Widerrufs unsicher, ist nach Art. 12 Abs. 2 eine Nachfrage bei der betroffenen Person geboten. Weiter kann es Fälle geben, in denen auf die Vergangenheit bezogene Daten nicht gelöscht werden; der Widerruf wirkt ja nur für die Zukunft (siehe oben Art. 16 Rn. 6).

3. Widerspruch der betroffenen Person gegen die Verarbeitung (Buchst. c)

13 Die betroffene Person hat unter bestimmten Voraussetzungen ein Recht zum Widerspruch gegen die weitere Verarbeitung ihrer Daten. Die Einzelheiten ergeben sich aus Art. 21 (siehe dort). Macht die betroffene Person von ihrem Widerspruchsrecht Gebrauch, so kann sie die Löschung der Daten verlangen. Ob dies auch dann gilt, wenn sich der Widerspruch nach Art. 21 Abs. 2 gegen die Verwendung im Rahmen der Direktwerbung richtet, ist umstritten. Die DSGVO trifft insoweit eine **widersprüchliche Regelung**: Auf der einen Seite gibt Art. 17 Abs. 1 Buchst. c ein Löschungsrecht, auf der anderen Seite schließt Art. 21 Abs. 3 lediglich eine weitere Verwendung für Zwecke der Direktwerbung aus. Will man nicht die gesamte Regelung wegen Widersprüchlichkeit für unwirksam erklären, so wird man sich die weniger weit gehende Position zu eigen machen, d.h. lediglich die künftige Verwendung für Zwecke der Direktwerbung ausschließen, sofern für andere Verarbeitungszwecke eine Rechtsgrundlage besteht. Für eine Löschung als weitergehendem Eingriff in die Datenverwendung fehlt eine eindeutige Rechtsgrundlage.[26] Soweit nur von dem Widerspruchsrecht Gebrauch gemacht wird, ist der Verantwortliche daher nicht zur Löschung verpflichtet.

---

23 Sydow-*Peuker*, Art. 17 Rn. 20.
24 Sydow-*Peuker*, Art. 17 Rn. 20.
25 Ähnlich Kühling/Buchner-*Herbst*, Art. 17 Rn. 25.
26 Ebenso Kühling/Buchner-*Herbst*, Art. 17 Rn. 27; s. auch SHS-*Dix*, Art. 17 Rn. 13.

4. Unrechtmäßige Verarbeitung (Buchst. d)

Fehlt es an einer **ausreichenden Rechtsgrundlage** für die Verarbeitung, so ist diese »unrechtmäßig«; die betroffene Person kann Löschung verlangen. Daran fehlt es, wenn ein Ärztebewertungsportal entgegen seiner Selbstdarstellung in der Aufmachung diejenigen Ärzte benachteiligt, die kein »Premium-Paket« gekauft haben.[27] An der Rechtsgrundlage fehlt es auch dann, wenn von vorne herein eine bestimmte Speicherfrist vereinbart oder in die Einwilligung der betroffenen Person aufgenommen wurde und diese jetzt abgelaufen ist.[28] Weiter genügt es, dass eine vorangehende Phase der Datenverarbeitung im Widerspruch zum geltenden Recht stand. Hat der Arbeitgeber beispielsweise bei der Einstellung sein Fragerecht überschritten, so ist die weitere Verarbeitung der dadurch erlangten Informationen generell unzulässig. Anders stellt sich die Rechtslage dar, wenn die zunächst fehlende **Rechtsgrundlage später »nachgeschoben«** wird; die für die Verbreitung des Fotos im Internet notwendige Einwilligung wurde nachträglich erteilt. Hier wird die zunächst illegale Datenverarbeitung rechtmäßig, so dass ein Löschungsanspruch ausscheidet. 14

Auch bei einer rechtswidrigen Datenverarbeitung hat die betroffene Person das Recht, es bei der Speicherung zu belassen und eine **Einschränkung der Verarbeitung zu verlangen** (Art. 18 Abs. 1 Buchst. b). Dieses Recht darf ihr nicht dadurch genommen werden, dass der Verantwortliche von sich aus eine Löschung vornimmt. Vielmehr muss er genau wie beim Wegfall des Verarbeitungszwecks **die betroffene Person kontaktieren** und sie befragen, ob sie von ihrem Recht nach Art. 18 Abs. 1 Buchst. b Gebrauch machen will, das von keinerlei inhaltlichen Voraussetzungen abhängig ist. Bejaht die betroffene Person dies, scheidet die Löschung aus; andernfalls kann sie durchgeführt werden. Nicht zu beanstanden wäre es auch, wenn zunächst von dem Recht auf Einschränkung der Verarbeitung Gebrauch gemacht, nach einiger Zeit jedoch Löschung verlangt würde. 15

Werden **unrichtige Daten** gespeichert, so verstößt dies nicht nur gegen den Grundsatz der Richtigkeit nach Art. 5 Abs. 1 Buchst. d, sondern ist auch regelmäßig nicht von einer Rechtsgrundlage gedeckt. Insoweit kann – wie nach bisherigem Recht – die betroffene Person Löschung verlangen. Ob sie dies wünscht oder ob sie von ihrem Berichtigungsanspruch nach Art. 16 Gebrauch machen will, entscheidet sie nach freiem Ermessen. Der Verantwortliche darf die Löschung nicht von sich aus vornehmen, da er dadurch der betroffenen Person dieses Wahlrecht entziehen würde, was im Widerspruch zu Art. 12 Abs. 2 stünde. 16

5. Löschung zur Erfüllung einer rechtlichen Verpflichtung (Buchst. e)

Ein Recht, die Löschung von Daten zu verlangen, kann auf speziellen Rechtsgrundlagen beruhen. Diese müssen sich aus dem objektiven Recht ergeben; eine vertragliche Vereinbarung genügt nicht.[29] Gleichgültig ist, zu welchem Teil der Rechtsordnung die fragliche Vorschrift gehört. Erfasst ist beispielsweise auch die kraft Richterrechts bestehende Ver- 17

---

27 Siehe den lesenswerten Sachverhalt in BGH 20.2.2018 – VI ZR 30/17, NJW 2018, 1884 = ZD 2018, 532.

28 Sydow-*Peuker*, Art. 17 Rn. 25.

29 Kühling/Buchner-*Herbst*, Art. 17 Rn. 28.

pflichtung, eine unberechtigte oder lange zurückliegende **Abmahnung** zu **löschen.**[30] Insoweit kann der Verantwortliche auch von sich aus aktiv werden und die Löschung vornehmen.

6. Gegenüber einem Kind erhobene Daten in Bezug auf Dienste der Informationsgesellschaft (Buchst. f)

18 Voraussetzung für einen Löschungsanspruch nach Art. 17 Abs. 1 Buchst. f ist, dass die Daten gemäß Art. 8 einem Kind gegenüber erhoben wurden (Einzelheiten bei Art. 8 Rn. 6ff.). Art. 8 setzt eine Einwilligung des Kindes voraus. Erfasst sind damit Fälle, in denen Kinder unter 16 Jahren mit Zustimmung ihrer gesetzlichen Vertreter eine Einwilligung gegeben haben, Der Widerruf der Einwilligung soll im Falle des Buchst. f zu einer **automatischen Löschung** führen, während diese bei einem Widerruf nach Art. 7 Abs. 3 nur dann eintritt, wenn keine andere Rechtsgrundlage vorhanden ist (Art. 17 Abs. 1 Buchst. b).[31] Zum Schutze des Minderjährigen sind insbesondere auch Fälle erfasst, die in jeder Hinsicht das geltende Recht einschließlich der Voraussetzungen des Art. 8 gewahrt haben.

19 Eine Löschungspflicht würde dazu führen, dass die nach Art. 8 erhobenen Daten sofort nach ihrer Speicherung zu löschen wären, was zur Folge hätte, dass die Minderjährigen entgegen der gesetzlichen Regelung von den »Diensten der Informationsgesellschaft« faktisch ausgeschlossen wären. Dies wäre ein absurdes Ergebnis, weshalb man von einem **Antragserfordernis** ausgehen muss.[32] Ein solcher Antrag kann von dem Minderjährigen selbst ab dem 16. Lebensjahr sowie von der volljährig gewordenen betroffenen Person gestellt werden.

III. Die Vornahme der Löschung

1. Was bedeutet »Löschung«?

20 Die DSGVO definiert an keiner Stelle den Begriff »Löschung«; er ist lediglich in **Art. 4 Nr. 2** als eine Form der Datenverarbeitung genannt. In der Sache geht es um die Herstellung eines Zustands, wonach die in den zu löschenden Dateien enthaltenen Informationen auf Dauer nicht mehr wahrgenommen werden können.[33] Die praktische Durchführung der Löschung stößt nicht selten auf technisch-organisatorische oder psychologische Hindernisse.[34] **Technisch** sind **verschiedene Wege** denkbar, wobei das Unkenntlichmachen durch (mehrfaches) Überschreiben oder die Vernichtung des Datenträgers die wohl effektivsten sind.[35] Man spricht insoweit von »physikalischer Löschung«. In neuerer Zeit

---

30 DDZ-Deinert, § 314 BGB Rn. 105; zum Recht auf Entfernung aus der (digitalisierten oder nicht digitalisierten) Personalakte BAG 19.7.2012 – 2 AZR 782/11 – NZA 2013, 91.

31 Sydow-*Peuker*, Art. 17 Rn. 28; SHS-*Dix*, Art. 17 Rn. 19.

32 Kühling/Buchner-*Herbst*, Art. 17 Rn. 16; Paal/Pauly-*Paal*, Art. 17 Rn. 28; Ehmann/Selmayr-*Kamann/Braun*, Art. 17 Rn. 29.

33 Ähnlich Kühling/Buchner-*Herbst*, Art. 17 Rn. 37.

34 Greveler/Wegener, DuD 2010, 467.

35 Bedenklich Paal/Pauly-*Paal*, Art. 17 Rn. 30, wonach die theoretische Möglichkeit, mit Spezialprogrammen die Daten wiederherzustellen, der Annahme einer Löschung nicht entgegenstehen

ist auch die Verschlüsselung mit nachfolgender Vernichtung des Schlüssels ins Gespräch gebracht worden.[36] Die bloße Kennzeichnung der Daten als »gelöscht« (sog. logische Löschung) reicht nicht aus, ebenso wenig die Entsorgung einer Festplatte mit dem allgemeinen Müll, da dies einer Kenntnisnahme durch Dritte nicht prinzipiell entgegensteht.[37]

Die Löschung muss sich auch auf **Sicherungskopien** und sonstige Kopien des Verantwortlichen beziehen. Kopien, die sich Dritte gemacht haben, sind nicht erfasst; die Dritten werden lediglich nach Art. 19 in Kenntnis gesetzt und müssen dann ihrer Löschungspflicht nachkommen. Nach Art. 12 Abs. 5 erfolgt die Löschung **unentgeltlich** (Art. 12 Rn. 14ff.). 21

2. Wann muss die Löschung erfolgen?

Die betroffene Person kann verlangen, dass die Löschung »**unverzüglich**« erfolgt. Insoweit findet § 121 BGB entsprechende Anwendung.[38] Länger zuzuwarten, liefe auf eine Vorratsdatenspeicherung hinaus, für die keine Rechtfertigung ersichtlich ist. **Kein schuldhaftes Zögern** liegt vor, solange der Verantwortliche mit zumutbarem Aufwand prüft, ob die Voraussetzungen eines Löschungsanspruchs überhaupt vorliegen, und solange er durch **Gespräche** mit der betroffenen Person klärt, ob diese statt der Löschung eine Beschränkung der Verarbeitung oder (im Falle der Speicherung unrichtiger Daten) eine Berichtigung haben will. Die Monatsfristen nach Art. 12 Abs. 3 und 4 sind oberste Grenzen, die in keinem Fall überschritten werden dürfen; eine Verlängerung ist nicht vorgesehen. Die Monatsfrist ändert jedoch nichts an der Pflicht zu einer möglichst schnellen Umsetzung.[39] Soweit kein Antrag der betroffenen Person gestellt wird, ist ggf. in regelmäßigen Abständen zu überprüfen, ob ein Löschungstatbestand vorliegt.[40] 22

3. Ersatzformen

Als Minus zum Löschungsanspruch kann der Betroffene auch verlangen, dass die **Daten anonymisiert oder pseudonymisiert** werden;[41] die DSGVO schließt das nicht aus. Dies gilt allerdings nur dann, wenn der Verantwortliche nicht seinerseits eine Löschung vornehmen will und daran auch durch Abs. 3 nicht gehindert ist. Im Rahmen des Einsatzes von **Blockchain-Technologie** lassen sich aus technischen Gründen die einmal gespeicherten Angaben nicht mehr löschen.[42] Dies wirkt auf die Speicherungsbefugnis zurück, da in den Fällen des Art. 6 Abs. 1 Buchst. f die Interessen der betroffenen Person wegen der auf 23

---

soll – Das ist eine Art Löschung zweiter Klasse; wie hier dagegen Sydow-*Peuker*, Art. 17 Rn. 32; Ehmann/Selmayr-*Kamann/Braun*, Art. 17 Rn. 38; Kühling/Buchner-*Herbst*, Art. 17 Rn. 38; zwischen »Löschung« und »Vernichtung« unterscheidet Art. 4 Nr. 2 DSGVO.

36 Greveler/Wegener, DuD 2010, 467, 471.

37 Kühling/Buchner-*Herbst*, Art. 17 Rn. 40.

38 Auernhammer-*Stollhoff*, Art. 17 Rn. 40; Wolff/Brink-*Brink*, § 35 Rn. 30.

39 Für Tätigwerden innerhalb von zwei Wochen als Regelfall Paal/Pauly-*Paal*, Art. 17 Rn. 31.

40 Kühling/Buchner-*Herbst*, Art. 17 Rn. 47.

41 Taeger/Gabel-*Meents/Hinzpeter*, § 35 Rn. 17; Mester, S. 179; Schaar, Datenschutz im Internet, Rn. 531 (zum bisherigen Recht).

42 Krupar/Strassemeyer, K&R 2018, 746, 752.

unabsehbare Dauer ausgerichteten Datenverarbeitung gegenüber den Interessen des Verantwortlichen überwiegen werden.[43] In der Literatur wird eine asymmetrische Verschlüsselung als Ersatzlösung befürwortet.[44]

4. Meinungsverschiedenheiten

24 Meinungsverschiedenheiten können sich zu allen sechs Löschungstatbeständen ergeben. Bei umstrittener Richtigkeit und bei unrechtmäßiger Verarbeitung kann die betroffene Person statt der Löschung nach Art. 18 Abs. 1 Buchst. a und b eine **Beschränkung der Verarbeitung** verlangen, was weitere Auseinandersetzungen erübrigt. Bei den anderen Fällen sowie dann, wenn von den Möglichkeiten des Art. 18 kein Gebrauch gemacht wird, muss notfalls im Rahmen einer **gerichtlichen Auseinandersetzung** eine endgültige Klärung erfolgen. Dabei gelten die allgemeinen Regeln über die Beweislast, so dass derjenige, der sich auf die Notwendigkeit einer Löschung beruft, deren Voraussetzungen darlegen und beweisen muss. Daneben ist es Sache des Verantwortlichen, im Einzelnen darzulegen und ggf. zu beweisen, dass er seiner **Dokumentationspflicht** nach Art. 5 Abs. 2 Rechnung getragen hat.

5. Kontrolle

25 Die betroffene Person hat die Möglichkeit, mit Hilfe ihres Auskunftsrechts nach Art. 15 zu überprüfen, ob ihrem Löschungsverlangen Rechnung getragen wurde. Die **Nichtvornahme einer geschuldeten Löschung** stellt überdies eine Pflichtverletzung dar, die nach Art. 82 zu Schadensersatz verpflichtet und die nach Art. 83 Abs. 5 Buchst. b mit einem Bußgeld belegt werden kann.[45] Der betroffenen Person, aber auch dem Verantwortlichen steht jederzeit die Möglichkeit offen, sich an die Aufsichtsbehörde zu wenden. Bisher sind dies allerdings eher theoretische Möglichkeiten; angesichts gewachsener Speicherkapazitäten verzichten viele Unternehmen auf Löschroutinen und lassen das einmal Gespeicherte vor sich hin schlummern.[46]

IV. Das sogenannte Recht auf Vergessenwerden (Abs. 2)

1. Die Problematik

26 Der Anspruch auf Löschung nach Abs. 1 erreicht dann sein Ziel, wenn die Daten ausschließlich durch einen bestimmten Verantwortlichen gespeichert wurden. Auch dann, wenn die Daten an einen überschaubaren Kreis von weiteren Personen oder Institutionen weitergegeben wurden, lassen sich Berichtigung und Löschung noch mit einer gewissen Erfolgsgarantie praktizieren, da Art. 19 insoweit eine Mitteilungspflicht vorsieht und die betroffene Person auch in Erfahrung bringen kann, an wen die Daten übermittelt wurden.

---

43 Gola-*Schulz*, Art. 4 Rn. 35.
44 Krupar/Strassemeyer, K&R 2018, 746, 752.
45 Dazu eingehend Keppeler/Berning, ZD 2017, 314, 318f.
46 Keppeler/Berning, ZD 2017, 314.

Notfalls kann sie die Berichtigung und Löschung direkt von den fraglichen Verantwortlichen verlangen. Dies alles ist völlig anders, sobald **Daten im Internet veröffentlicht** werden: Die Zahl der (potentiellen) Nutzer ist unüberschaubar, niemand weiß, wer von ihnen die Daten heruntergeladen und anschließend an weitere Personen übermittelt hat. Unter diesen Umständen gibt es ersichtlich keinerlei Garantie, dass alle Beteiligten von einer Berichtigung oder Löschung erfahren und dass sie ggf. die Berichtigung oder Löschung nachvollziehen oder gar dazu gezwungen werden können. Zur Kritik siehe Rn. 31.

2. Voraussetzungen der Informationspflichten nach Abs. 2

Den Verantwortlichen, der die fraglichen Daten öffentlich gemacht hat, treffen nach Abs. 2 **27**
bestimmte Pflichten. Dabei wird nur das »**Öffentlich-Machen**« vorausgesetzt; dies muss nicht über das Internet geschehen, doch wird dies in der Regel der Fall sein. Keine Rolle spielt, ob die Veröffentlichung zu Recht erfolgte; wer entgegen bestehendem Recht personenbezogene Daten an die Öffentlichkeit bringt, muss erst recht dafür sorgen, dass die Folgen in Grenzen gehalten werden. Wer allerdings keinen Anteil an der Veröffentlichung hatte, weil diese beispielsweise von Hackern bewerkstelligt wurde, fällt nicht unter Abs. 2. Ein **Antrag der betroffenen Person** wird im Text nicht ausdrücklich vorausgesetzt, ist aber zu unterstellen, da die Mitteilung dahin lauten muss, dass eine betroffene Person die Löschung »verlangt« habe. Ohne deren Initiative dürften die Pflichten aus Abs. 2 nicht wirksam werden.

3. Inhalt der Pflichten nach Abs. 2

Der Verantwortliche »trifft unter Berücksichtigung der verfügbaren Technologie und der **28**
Implementierungskosten angemessene Maßnahmen, auch technischer Art, um für die Datenverarbeitung Verantwortliche, die die personenbezogenen Daten verarbeiten, darüber zu informieren, dass eine betroffene Person von ihnen die Löschung aller Links zu diesen personenbezogenen Daten oder von Kopien oder Replikationen dieser personenbezogenen Daten verlangt hat.« Der Sache nach geht es daher nur um eine **Mitteilung an einen unbestimmte Kreis von »Verantwortlichen«,** also von Personen und Institutionen, die die Daten in der Zwischenzeit gespeichert haben; anders als nach Art. 19 geht es nicht nur um die unmittelbaren Empfänger. Auch sind »Empfänger« keineswegs nur Personen, die dem EU-Datenschutzrecht unterliegen.[47]

Um möglichst viele aus diesem Kreis zu erreichen, muss der Verantwortliche »**angemessene Maßnahmen**« treffen. Was angemessen ist, bestimmt sich nach der verfügbaren **29**
Technologie und den Implementationskosten; bestehen hier keine besonderen Möglichkeiten, so kann auch eine Veröffentlichung auf der Webseite des Verantwortlichen genügen.[48] Auch kommt eine Veröffentlichung an der Stelle, wo die Daten zum ersten Mal öffentlich gemacht wurden, in Betracht.[49]

---

47 Kühling/Buchner-*Herbst*, Art. 17 Rn. 54.

48 Bedenken bei Sydow-*Peuker*, Art. 17 Rn. 52, weil das Gesetz nur eine Mitteilung an die »Verantwortlichen« verlange.

49 Kühling/Buchner-*Herbst*, Art. 17 Rn. 53.

30 Die Mitteilung bezieht sich darauf, dass die betroffene Person von allen Verantwortlichen die Löschung aller Links zu den fraglichen Daten sowie aller Kopien und Replikationen verlangt. Dabei meint »**Replikationen**« eine Form von Wiedergabe, die anders als die Kopie nicht notwendigerweise den ganzen Informationsgehalt wiedergibt. Als Beispiel wird ein **Screenshot** genannt.[50] Mit »Link« ist jeder Verweis auf einen Speicherort gemeint, nicht nur ein solcher, der auf die ursprüngliche Veröffentlichungsstelle verweist.

31 Die Mitteilung löst bei den Empfängern **keine rechtliche Pflicht zur Löschung** aus. Auch ist der Verantwortliche nicht verpflichtet, im Rahmen seiner Möglichkeiten für eine Löschung zu sorgen.[51] Entsprechende Vorschläge gab es zwar im Gesetzgebungsverfahren, doch ließen sie sich letztlich nicht durchsetzen.[52] Abs. 2 leistet deshalb kaum einen Beitrag zum »Recht auf Vergessenwerden«; dieses in der Artikelüberschrift zu verwenden, ist irreführend.[53] In der Literatur wurde die verwandte Begrifflichkeit zu Recht als »Mogelpackung« kritisiert.[54] In der Regel werden zwar die Dritten nach Abs. 1 zur Löschung verpflichtet sein, doch übersteigt es die Möglichkeiten einer betroffenen Person, sie ausfindig zu machen oder sie gar im Wege eines gerichtlichen Verfahrens zu einer Löschung zu zwingen.

4. Suchmaschinen und soziale Netzwerke

32 Das »**Recht auf Vergessenwerden**« war schon vor Inkrafttreten der DSGVO Gegenstand der **Google-Entscheidung** des EuGH vom 13. Mai 2014:[55] Die Grundrechte aus Art. 7 und 8 GRCh umfassen das Recht, auf die eigene Person bezogene Informationen unter bestimmten Voraussetzungen nicht mehr der Öffentlichkeit zugänglich zu machen, indem sie von der Ergebnisliste der Suchmaschinen entfernt werden. Der Löschungsanspruch bezieht sich also nicht auf die Information insgesamt, sondern nur darauf, dass ein entsprechender Link in der Ergebnisliste der Suchmaschine nicht mehr auftaucht. Ein solcher Anspruch ist insbesondere dann gegeben, wenn die Zugänglichkeit der Information den Zwecken des Suchmaschinenbetreibers »nicht entsprechen, dafür nicht oder nicht mehr erheblich sind oder darüber hinausgehen.« Im konkreten Fall erhielt der Nutzer bei Eingabe des Namens des Betroffenen einen Hinweis auf ein Zeitungsarchiv, aus dem sich ergab, dass vor zwölf Jahren ein Grundstück des Betroffenen wegen rückständiger Forderungen der Sozialversicherung unter Zwangsverwaltung gestellt worden war. Da sich aus dieser Information für die gegenwärtige wirtschaftliche Lage des Betroffenen keinerlei Anhaltspunkte mehr ergaben, hatten seine **Grundrechte Vorrang gegenüber dem wirtschaftlichen Interesse des Suchmaschinenbetreibers** und auch gegenüber dem Informationsinteresse der breiten Öffentlichkeit. Letzteres kann aber ausnahmsweise etwa wegen

50 Jandt/Kieselmann/Wacker, DuD 2013, 235, 238.
51 SHS-*Dix*, Art. 17 Rn. 28.
52 Kühling/Buchner-*Herbst*, Art. 17 Rn. 61.
53 Sydow-*Peuker*, Art. 17 Rn. 2.
54 Roßnagel/Nebel/Richter, ZD 2015, 455, 458; zustimmend Kühling/Buchner-*Herbst*, Art. 17 Rn. 61; ähnlich Auernhammer-*Stollhoff*, Art. 17 Rn. 1: »Scheinriese«.
55 C-131/12, ZD 2014, 350; zur deutschen Rechtsprechung zu Suchmaschinen s. Meyer, K&R 2014, 300.

der Rolle der betreffenden Person im öffentlichen Leben überwiegen und so eine Einbeziehung in die Ergebnisliste rechtfertigen.

Die vom EuGH durch unmittelbaren Rückgriff auf Art. 8 GRCh gefundene Lösung ergibt 33
sich heute aus Art. 17: Der **Zweck** der Speicherung (Aufklärung über die wirtschaftliche Situation des Betroffenen) ist **hinfällig geworden**, so dass nach Art. 17 Abs. 1 Buchst. a ein Löschungsanspruch besteht. Das Entfernen aus einer Suchmaschine erschwert aber nur den Zugriff, macht ihn jedoch nicht unmöglich: Im spanischen Register oder in dem fraglichen Zeitungsarchiv wird die Information immer noch verfügbar bleiben.[56] Ob und wann auch eine Entfernung aus dem Register verlangt werden kann, hat das nationale Recht in Abwägung zwischen den beteiligten Interessen zu entscheiden.[57] Weiter wird in Zweifel gezogen, ob die Entfernung aus Suchmaschinen nur das EU-Territorium betrifft oder weltweite Wirkung haben soll.[58] Der EuGH[59] bejaht im Grundsatz eine Begrenzung auf das EU-Territorium, lässt aber bei überwiegendem Interesse des Betroffenen Ausnahmen zu. In der Literatur ist vorgeschlagen worden, mit dem Recht auf Vergessenwerden in der Weise ernst zu machen, dass bei allen Datensätzen in der Personalverwaltung ein **Datenfeld für das Verfallsdatum** mitgeliefert wird, das sich mangels gegenteiliger Eingabe automatisch realisiert.[60]

Auch in anderen Fällen kann es ein **überwiegendes öffentliches oder privates Interesse** 33a
geben, auf das »Vergessenwerden« zu verzichten.[61] In diesem Sinne wurde etwa bei einem wahrheitsgemäßen Bericht ohne impliziten persönlichen Schuldvorwurf entschieden, der nur wenige Jahre zurücklag.[62] Zum selben Ergebnis kam der BGH in Bezug auf die Speicherung eines begangenen Mordes in einem Online-Archiv; die geringe Zugänglichkeit rechtfertige den Vorrang des öffentlichen Informationsinteresses.[63] Soweit sensitive Daten nach Art. 9 Abs. 1 betroffen sind, besteht nach Auffassung des Generalanwalts am EuGH eine grundsätzliche Löschungspflicht des Suchmaschinenbetreibers.[64]

Nach Auffassung des BGH dürfen **Prüfpflichten eines Suchmaschinenbetreibers** im Hin- 33b
blick auf Verletzungen des Persönlichkeitsrechts einzelner Personen nicht so weit ausgedehnt werden, dass dadurch der Betrieb der Suchmaschine gefährdet oder unverhältnismäßig erschwert würde.[65] Bestimmte Verhaltenspflichten (z. B. die Pflicht zur Entfernung eines Links) entstehen erst »durch einen hinreichend konkreten Hinweis auf eine offensichtliche und auf den ersten Blick klar erkennbare Verletzung des allgemeinen Persönlichkeitsrechts des Betroffenen«.[66]

---

56 Körner, Beschäftigtendatenschutz, S. 24.

57 Dazu EuGH 9.3.2017 – C-398/15, RIW 2017, 287.

58 Paal/Pauly-*Paal*, Art. 17 Rn. 37; Ehmann/Selmayr-*Kamann/Braun*, Art. 17 Rn. 49, jeweils m. w. N.

59 Urteile v. 24.9.2019 – C-136/17 und C-507/17.

60 Maas/Schmitz/Wedde, S. 45.

61 Für umfassende Abwägung im Einzelfall OLG Dresden 7.1.2019 – 4 W 1149/18, ZD 2019, 172.

62 OLG Frankfurt/Main 6.9.2018 – 16 U 193/17, K&R 2018, 726 = DuD 2018, 783.

63 BGH 8.5.2012 – VI ZR 217/08, NJW 2012, 2197.

64 EuGH 10.1.2019 – C-136/17, ZD 3/2019 S. XVII.

65 BGH 27.2.2018 – VI ZR 489/16, NJW 2018, 2324 = DuD 2018, 449.

66 BGH 27.2.2018 – VI ZR 489/16, NJW 2018, 2324 = DuD 2018, 449, bestätigt durch BGH 24.7.2018 – VI ZR 330/17, K&R 2019, 256

34 Die für Suchmaschinen entwickelten Grundsätze gelten prinzipiell auch für **soziale Netzwerke**, soweit die betroffene Person keine Privatsphäreneinstellung vorgenommen hat. Häufigster Grund für eine Löschung ist hier eine unwirksame oder eine widerrufene Einwilligung. Im Einzelfall kann auch ein Nutzer zum (alleinigen) Verantwortlichen werden, wenn z. B. der Arbeitgeber eine Seite betreibt und dort ein Foto des Arbeitnehmers einstellt.[67]

34a Behält sich ein soziales Netzwerk in seinen Allgemeinen Geschäftsbedingungen vor, alle **Äußerungen löschen zu dürfen**, die gegen seine Richtlinien verstoßen, so ist dies eine unangemessene Benachteiligung einzelner User nach § 307 Abs. 1 Satz 1 BGB.[68] Eine Löschung kommt nur dann in Betracht, wenn die Grenzen der freien Meinungsäußerung überschritten sind.[69] Im Ergebnis bedeutet dies, dass das Netzwerk das Grundrecht aus Art. 5 Abs. 1 GG in vollem Umfang zu respektieren hat (näher unten Rn. 38 f.).

5. Weitere Überlegungen

35 Die datenschutzrechtliche Diskussion hat sich bislang wenig um die Sonderfälle gekümmert, in denen das nationale Recht definitiv einen Schlussstrich unter Fakten zieht, die den Betroffenen ausgrenzen und seine **Lebenschancen** aufs schwerste beeinträchtigen können. Dies betrifft einmal **Vorstrafen,** die aus dem Strafregister getilgt sind und die deshalb nach § 51 BZRG dem Betroffenen auch nicht mehr »vorgehalten« und die nicht mehr zu seinem Nachteil verwendet werden dürfen. Sie sind gewissermaßen »ausgelöscht«. Zum anderen ist an die **Lebach-Entscheidung des BVerfG** zu erinnern, wonach die Ausstrahlung einer Sendung auch viele Jahre nach der Straftat unterbleiben musste, weil dies die **Resozialisierung** der Täter **erschwert** hätte.[70] In ähnlicher Weise wurde mit lange zurückliegenden **Stasi-Tätigkeiten** und ihren heutigen Auswirkungen auf eine Tätigkeit im öffentlichen Dienst verfahren. So vertritt das **BVerfG**[71] den Standpunkt, schon in der ersten Hälfte der neunziger Jahre sei eine Frage nach einer vor 1970 beendeten Stasi-Mitarbeit unzulässig gewesen. Im folgenden Jahr hat es dies mit der Erwägung bestätigt, eine Frage nach Dingen, die länger als 20 Jahre zurücklägen, würde einen unverhältnismäßigen Eingriff in das allgemeine Persönlichkeitsrecht des befragten Bewerbers oder Arbeitnehmers darstellen.[72] Diese punktuellen Regelungen sollten Ausgangspunkt für den weiteren Umgang mit dem Problem sein, wie das »Recht auf Vergessenwerden« realisiert werden könnte. Art. 10 liefert hierfür nur einen kleinen Beitrag, indem er »private Strafregister« im Grundsatz verbietet.

36 Derzeit werden verschiedene Wege diskutiert, wie man das »**Nicht-Vergessen-Können**« der Informationssysteme in den Griff bekommen könnte. So wird vorgeschlagen, die Daten zu **verschlüsseln** und den Schlüssel im Zeitpunkt der »Löschung« zu vernichten.[73]

---

67 Siehe weiter Gola-*Nolte/Werkmeister*, Art. 17 Rn. 62 ff.

68 OLG München 24. 8. 2018 – 18 W 1294/18, MMR 2018, 753.

69 OLG München 24. 8. 2018 – 18 W 1294/18, MMR 2018, 753. Ebenso LG Berlin 23. 3. 2018 – 31 O 23/18; etwas anders LG Heidelberg, 28. 8. 2018 – 1 O 71/18, MMR 2018, 773.

70 BVerfG 5. 6. 1973 – 1 BvR 536/72, BVerfGE 35, 202; darauf verweist auch Kodde, ZD 2013, 115, 118.

71 8. 7. 1997 – 1 BvR 2111/94 u. a., NZA 1997, 992 = ZTR 1997, 424.

72 BVerfG 4. 8. 1998 – 1 BvR 2095/97, NZA 1998, 1329.

73 Greveler/Wegener, DuD 2010, 467; Einwände bei Sydow-*Peuker*, Art. 17 Rn. 42.

Dies mag bei konzerninternen Daten sinnvoll sein, die nur dort gespeichert und genutzt werden. Stellt man Daten ins Internet, würde die allgemeine Zugänglichkeit leiden; um die weltweite Kopiermöglichkeit kommt man in den allermeisten Fällen nur schwer herum. Insoweit wird ein »**digitaler Radiergummi**« erörtert, der bei Erreichen eines bestimmten Verfallsdatums die Datei automatisch vernichtet.[74] Ein solches »Höchsthaltbarkeitsdatum« wird auch für Personaldaten im Betrieb gefordert.[75] Über ein **Prüftool**, mit dessen Hilfe betriebliche Interessenvertretungen die Einhaltung von Löschungspflichten kontrollieren können, berichtet Konrad-Klein.[76] Die Diskussion um wirksame Lösungen hat ersichtlich erst begonnen.[77]

V. Löschungsverbote (Abs. 3)

Abs. 3 enthält fünf Ausnahmetatbestände, die einer Löschung entgegenstehen. Sie sind insbesondere dann zu beachten, wenn der Verantwortliche von sich aus einer Löschungspflicht nach Abs. 1 nachkommen möchte, stehen aber auch einem Anspruch der betroffenen Person entgegen. Die in Abs. 3 enthaltene Liste ist abschließend; weitere Fälle bestehen nicht.[78] 37

1. Recht auf freie Meinungsäußerung und Information (Buchst. a)

Löschungsansprüche und Löschungspflichten nach Abs. 1 und 2 bestehen nicht, wenn die weitere Verarbeitung »zur Ausübung des Rechts auf freie Meinungsäußerung und Information« erforderlich ist. Damit ist nicht nur die journalistische Arbeit, sondern beispielsweise auch die **Tätigkeit eines Gelegenheitsbloggers** erfasst. Dies ergibt sich aus dem Wortlaut, der anders als die Ermächtigungsnorm des Art. 85 Abs. 2 nicht von journalistischer Tätigkeit spricht, aber auch aus der Vorgeschichte, bei der entsprechend einengende Formulierungen diskutiert, aber im Ergebnis verworfen wurden.[79] Auf diese Weise sollen die freie Meinungsäußerung und die Informationsfreiheit geschützt werden. 38

Der Meinungs- und Informationsfreiheit kommt jedoch **kein absoluter Vorrang** zu. Sie ist zwar in Art. 11 GRCh garantiert, muss aber gegen das die Persönlichkeit des Einzelnen schützende Grundrecht auf Datenschutz nach Art. 8 GRCh abgewogen werden.[80] Ein Beispiel hierfür bietet die Google Spain – Entscheidung des EuGH, die angesichts des Überholt-Seins der Aussage über die wirtschaftlichen Verhältnisse der betroffenen Person dem Persönlichkeitsrecht der betroffenen Person den Vorrang einräumte, zugleich jedoch betonte, bei Persönlichkeiten des öffentlichen Lebens könne Abweichendes gelten (oben Rn. 32). In ähnlicher Weise hat der BGH den Standpunkt vertreten, ein verurteilter Straf- 39

---

74 Zum Stand der Dinge Ferrath u. a., DuD 2011, 403 ff.; Sydow-*Peuker*, Art. 17 Rn. 42; zur Gestaltung der Hardware s. Gerling/Gerling, DuD 2013, 445.

75 Konrad-Klein, CuA 6/2014, 13 ff.; vgl. auch Körner, Beschäftigtendatenschutz, S. 42.

76 CuA 12/2010, 31 ff.

77 Die Rn. 35 und 36 entsprechen dem in Däubler, Gläserne Belegschaften, Rn. 561d und 561e Ausgeführten.

78 Ehmann/Selmayr-*Kamann/Braun*, Art. 17 Rn. 55.

79 Kühling/Buchner-*Herbst*, Art. 17 Rn. 72.

80 Kühling/Buchner-*Herbst*, Art. 17 Rn. 73; Ehmann/Selmayr-*Kamann/Braun*, Art. 17 Rn. 50.

täter könne nicht verlangen, dass im **Online-Archiv einer Rundfunkanstalt** die Berichte über seine Verurteilung gelöscht werden, sofern sie sachlich gefasst, relativ schwer zugänglich und als Teil einer lange zurückliegenden Berichterstattung gekennzeichnet waren.[81] Aussagen in einem **Bewertungsportal** z. B. über die Leistungen von Lehrern verlieren demgegenüber in sehr viel kürzerer Zeit ihre Bedeutung und können daher wegen Zweckwegfalls gelöscht werden, ohne dass die darin zum Ausdruck gekommenen Meinungen von Schülern einer Löschung nach Abs. 3 Buchst. a entgegenstehen würden.

2. Erfüllung einer Rechtspflicht oder öffentlicher Aufgaben (Buchst. b)

40 Die Pflicht, bestimmte Daten weiter zu speichern (und deshalb nicht zu löschen), muss sich aus **objektivem Recht** ergeben. Vertragliche Abmachungen genügen nicht, da sich der Verantwortliche sonst den Löschungspflichten quasi beliebig entziehen könnte.[82] Wichtig sind insbesondere Dokumentations- und Aufbewahrungsfristen, wie sie sich für **»Geschäftsbriefe«** in § 257 HGB und in § 137 AO finden.[83] Insoweit ist von einem »Radierverbot« die Rede.[84] Allerdings können diese Vorschriften keine **Archivierung** von privaten E-Mails **für die Dauer von zehn Jahren** oder von personenbezogenen Angaben rechtfertigen, die für Zwecke der Wirtschaftsprüfung und der Steuer nicht erforderlich sind.[85] Nicht weniger schwierig ist es, eine datenschutzkonforme Dokumentenentsorgung umzusetzen und dabei alle Aufbewahrungsfristen zu beachten.[86]

41 Bei der **Erfüllung öffentlicher Aufgaben** geht es um Fälle der Datenverarbeitung, die ihre Rechtsgrundlage in Art. 6 Abs. 1 Buchst. e haben (siehe dort). Auch sie haben allerdings keinen absoluten Vorrang gegenüber dem Löschungsanspruch der betroffenen Person. Vielmehr kann es das Verhältnismäßigkeitsprinzip gebieten, auf die weitere Speicherung irrelevant gewordener Daten zu verzichten (oben Rn. 8).

3. Schutz der öffentlichen Gesundheit (Buchst. c)

42 Die Vorschrift des Buchst. c nimmt Daten aus dem Bereich des öffentlichen Gesundheitswesens aus der Löschungspflicht aus. Der erfasste Bereich ergibt sich aus **Art. 9 Abs. 2 Buchst. h und i**, auf dessen Erläuterung verwiesen werden kann (Art. 9 Rn. 105 ff., 127 ff.). Der gleichfalls in Bezug genommene Art. 9 Abs. 3 betrifft die Tatsache, dass die Verarbeitung nach Art. 9 Abs. 2 Buchst. h nur durch Fachpersonal erfolgen darf, das zur Verschwiegenheit verpflichtet ist. Auch hier kann sich die Notwendigkeit einer Abwägung zwischen dem mit der Datenspeicherung verfolgten öffentlichen Interesse und dem Interesse der betroffenen Person ergeben. Auch ist der Grundsatz der **Datenminimierung** zu beachten, der dazu führt, dass die Daten möglichst frühzeitig pseudonymisiert oder anonymisiert werden.

---

81 BGH 15. 12. 2009 – VI ZR 227/08 – NJW 2010, 757.
82 Kühling/Buchner-*Herbst*, Art. 17 Rn. 75.
83 Näher Katko/Knöpfle/Kirschner, ZD 2014, 238.
84 Dazu Keppeler/Berning, ZD 2017, 314, 317.
85 Sendelbeck/Müller, CuA 6/2018, 23 ff.
86 Einzelheiten bei Leeb/Lorenz, ZD 2018, 573.

4. Archiv, Forschung und Statistik (Buchst. d)

43 Die Vorschrift des Buchst. d verweist auf die **privilegierten Verarbeitungszwecke** nach Art. 89 Abs. 1; die Löschung kann nur unterbleiben, wenn die in Art. 89 Abs. 1 vorgesehenen Garantien bestehen (dazu Art. 89 Rn. 29ff.). Die nähere inhaltliche Bestimmung der verfolgten Zwecke ist an anderer Stelle erläutert (Art. 89 Rn. 9ff.). Schon die in Art. 89 Abs. 1 angesprochenen Garantien verhindern, dass eine personenbezogene Speicherung fortbesteht, wenn der Personenbezug für die verfolgten (z. B. wissenschaftlichen) Zwecke gar nicht mehr erforderlich ist.

5. Rechtsansprüche (Buchst. e)

44 Die Vorschrift entspricht der Bestimmung des **Art. 9 Abs. 2 Buchst. f**. Sie setzt voraus, dass die Geltendmachung von Ansprüchen stattfindet oder mit einiger Wahrscheinlichkeit bevorsteht; die bloße abstrakte Möglichkeit, dass es zu Auseinandersetzungen kommen könnte, genügt nicht.[87] Dabei geht es nicht nur um gerichtliche, sondern auch um außergerichtliche Verfahren.[88] Vom Wortsinn her bedeutet »Verteidigung von Rechtsansprüchen«, dass gegen das Bestreiten von dritter Seite vorgegangen wird, was eine spezielle Form der Ausübung darstellt. Gemeint ist aber vermutlich die **Verteidigung »gegen« Rechtsansprüche** etwa mit Einwendungen und Einreden. Einem Beteiligten diese Möglichkeit abzuschneiden und nur dem potentiellen Rechtsinhaber das Speicherprivileg zu gewähren, erscheint wenig stimmig und verstößt gegen die Waffengleichheit im Prozess sowie in sonstigen Verfahren.[89] Vielmehr will die Bestimmung verhindern, dass der jeweilige Prozessgegner mit Hilfe des Löschungsanspruchs Beweismittel oder anspruchsbegründende Tatsachen aus der Welt schaffen kann.[90]

VI. Durchsetzung des Löschungsanspruchs und Sanktionierung von Pflichtverletzungen

45 Der Löschungsanspruch ist mit Hilfe einer **Leistungsklage** durchzusetzen. Die zuständigen Gerichte bestimmen sich nach denselben Grundsätzen wie beim Auskunftsanspruch (siehe oben Art. 15 Rn. 36). Wird einer rechtskräftigen Verurteilung nicht entsprochen, kann nach § 890 ZPO ein **Ordnungsgeld** verhängt werden.[91] Im Einzelfall kann wegen eines in der Vergangenheit erfolgten schweren Eingtriffs in die Persönlichkeitssphäre die Leistungsklage als Mittel zur Korrektur nicht ausreichen; daneben ist dann eine Feststellungsklage möglich.[92]

87 Gola-*Nolte/Werkmeister*, Art. 17 Rn. 49.
88 Sydow-*Peuker*, Art. 17 Rn. 69.
89 Wie hier im Ergebnis Paal/Pauly-*Paal*, Art. 17 Rn. 46; a. A. Kühling/Buchner-*Herbst*, Art. 17 Rn. 83 Fn. 72.
90 Plath-*Kamlah*, Art. 17 Rn. 20.
91 Zu seiner Bemessung s. OLG Frankfurt/Main 22. 6. 2017 – 6 W 49/17, ZD 2018, 288 Ls.
92 BVerwG 4. 12. 2018 – 6 B 55.18, ZD 2019, 328.

46 Wird pflichtwidrig, z. B. trotz eines entsprechenden Verlangens der betroffenen Person, nicht gelöscht, so ist der Verantwortliche nach Art. 82 zum **Ersatz des** materiellen wie des immateriellen **Schadens** verpflichtet. Außerdem kann ein Bußgeld nach Art. 83 gegen ihn verhängt werden. Die Aufsichtsbehörde könnte ihrerseits die Löschung verbindlich durch Verwaltungsakt anordnen, wogegen sich der Verantwortliche durch Widerspruch und Anfechtungsklage vor dem Verwaltungsgericht zur Wehr setzen könnte.

Art. 18 Recht auf Einschränkung der Verarbeitung

(1) Die betroffene Person hat das Recht, von dem Verantwortlichen die Einschränkung der Verarbeitung zu verlangen, wenn eine der folgenden Voraussetzungen gegeben ist:

a) die Richtigkeit der personenbezogenen Daten von der betroffenen Person bestritten wird, und zwar für eine Dauer, die es dem Verantwortlichen ermöglicht, die Richtigkeit der personenbezogenen Daten zu überprüfen,

b) die Verarbeitung unrechtmäßig ist und die betroffene Person die Löschung der personenbezogenen Daten ablehnt und stattdessen die Einschränkung der Nutzung der personenbezogenen Daten verlangt;

c) der Verantwortliche die personenbezogenen Daten für die Zwecke der Verarbeitung nicht länger benötigt, die betroffene Person sie jedoch zur Geltendmachung, Ausübung oder Verteidigung von Rechtsansprüchen benötigt, oder

d) die betroffene Person Widerspruch gegen die Verarbeitung gemäß Artikel 21 Absatz 1 eingelegt hat, solange noch nicht feststeht, ob die berechtigten Gründe des Verantwortlichen gegenüber denen der betroffenen Person überwiegen.

(2) Wurde die Verarbeitung gemäß Absatz 1 eingeschränkt, so dürfen diese personenbezogenen Daten – von ihrer Speicherung abgesehen – nur mit Einwilligung der betroffenen Person oder zur Geltendmachung, Ausübung oder Verteidigung von Rechtsansprüchen oder zum Schutz der Rechte einer anderen natürlichen oder juristischen Person oder aus Gründen eines wichtigen öffentlichen Interesses der Union oder eines Mitgliedstaats verarbeitet werden.

(3) Eine betroffene Person, die eine Einschränkung der Verarbeitung gemäß Absatz 1 erwirkt hat, wird von dem Verantwortlichen unterrichtet, bevor die Einschränkung aufgehoben wird.

Inhaltsübersicht

I. Einleitung

Art. 18 gibt der betroffenen Person unter bestimmten in Abs. 1 genannten Voraussetzungen das Recht, die Einschränkung der Verarbeitung zu verlangen: Die Speicherung der personenbezogenen Daten bleibt bestehen, doch können sie nur noch in Ausnahmefällen weiterverarbeitet werden, die in Abs. 2 allerdings relativ großzügig bestimmt sind. Die Vorschrift gibt der betroffenen Person ein Stück Herrschaft über ihre Daten. Die »Beschränkung der Verarbeitung« stellt einen meist vorübergehenden Schutzstandard dar,[1] der insbesondere eingreift, wenn die Voraussetzungen einer Löschung erst noch geprüft werden müssen oder andere Meinungsverschiedenheiten bestehen. Im Falle des Abs. 1 Buchst. b kann jedoch auch eine dauerhafte Beschränkung vorliegen. Die Beschränkung der Verarbeitung stellt so ein funktionales Äquivalent zur Sperrung dar, die bisher in § 35 Abs. 3 bis 4a BDSG-alt geregelt war. Anders als dort ist aber immer ein Verlangen der betroffenen Person erforderlich.[2] 1

II. Voraussetzungen des Einschränkungsrechts (Abs. 1)

Abs. 1 gibt der betroffenen Person unter vier im Einzelnen aufgeführten Voraussetzungen das Recht, eine Einschränkung der Verarbeitung zu verlangen. Diese **Voraussetzungen** haben **abschließenden Charakter**[3] und können deshalb auch einvernehmlich nicht erweitert werden. Die Ausübung des Rechts aus Art. 18 Abs. 1 ist **keinen spezifischen Modalitäten unterworfen**, sodass in soweit auf Art. 12 zurückgegriffen werden muss. Aus dessen Abs. 5 ergibt sich u. a. die **Unentgeltlichkeit der Rechtsausübung**. 2

1. Umstrittene Richtigkeit der Daten (Buchst. a)

Nach Buchst. a besteht ein Anspruch auf Einschränkung der Verarbeitung, wenn die Richtigkeit der gespeicherten Daten von der betroffenen Person bestritten wird. Diese muss einen **Antrag auf Berichtigung** nach Art. 16 stellen, weil sonst das »Bestreiten« nicht hinreichend deutlich wird. Das bloße In-Frage-Stellen der Daten ohne jede nähere Substanziierung reicht nicht aus.[4] Die Einschränkung der Verarbeitung besteht so lange, wie der Verantwortliche für die Überprüfung der Richtigkeit benötigt. Hierfür gibt ihm Art. 12 Abs. 3 und 4 einen **Zeitraum von höchstens einem Monat**, der nicht verlängert werden kann.[5] Ist der Antrag auf Berichtigung **abschlägig** entschieden, endet die Beschränkung der Verarbeitung. Die betroffene Person kann sich dann allerdings auf Buchst. b stützen, wenn sie weiter auf ihrer Position besteht. 3

Keine ausdrückliche Regelung enthält die DSGVO zu der Frage, was geschieht, wenn sich die **Richtigkeit** des fraglichen Datums **nicht klären** ließ (sog. non-liquet-Situation), weil es an entsprechenden Möglichkeiten fehlt oder der Verantwortliche die Monatsfrist verstreichen ließ. Da das Datenschutzrecht auf einem Verbot mit Erlaubnisvorbehalt auf- 4

1 Ehmann/Selmayr-*Kamann/Braun*, Art. 18 Rn. 2.
2 Keppeler/Berning, ZD 2017, 314, 316.
3 Ehmann/Selmayr-*Kamann/Braun*, Art. 18 Rn. 1.
4 VG Stade, 9.10.2018 – 1 B 1918/18, ZD 2019, 139.
5 SHS-*Dix*, Art. 18 Rn. 4.

baut, ist es Sache des Verantwortlichen, die Voraussetzungen einer erlaubten Datenverarbeitung (und damit des von ihm in Anspruch genommenen Ausnahmetatbestands) zu belegen. Dasselbe ergibt aus Art. 5 Abs. 1 Buchst. d i. V. m. Art. 5 Abs. 2.[6] Ist er dazu nicht in der Lage, muss die Datenverarbeitung unterbleiben; gespeicherte Daten müssen mangels Rechtsgrundlage gelöscht oder auf Wunsch der betroffenen Person berichtigt oder einer eingeschränkten Verarbeitung unterworfen werden.[7]

2. Unrechtmäßige Verarbeitung (Buchst. b)

5 Buchst. b gibt der betroffenen Person das Recht, bei einer unrechtmäßigen Verarbeitung statt der Löschung eine Beschränkung der Verarbeitung zu verlangen. Ihr steht insoweit ein **Wahlrecht** zu. Eine **Begründung**, weshalb sie sich für die Variante »eingeschränkte Verarbeitung« entscheidet, wird **nicht verlangt**. U.U. können die rechtswidrig gespeicherten Daten für die betroffene Person **in anderen Zusammenhängen von Nutzen** sein, beispielsweise die Geltendmachung eines Anspruchs erleichtern. Auch kann auf diese Weise dokumentiert werden, dass der Verantwortliche Daten der betroffenen Person rechtswidrig verarbeitet hat. Entsteht nachträglich eine Rechtsgrundlage für die Verarbeitung, fällt die Beschränkung der Verarbeitung nach Buchst. b weg (was nicht ausschließt, dass sie ggf. auf einen anderen Tatbestand gestützt werden kann). Möglich ist aber auch, dass die betroffene Person **später Löschung** verlangt, da die Daten aus ihrer Sicht keinen Nutzen mehr bringen.

6 Die **Rechtswidrigkeit** der Verarbeitung **muss feststehen**; eine bloße Behauptung genügt nicht. Anders als bei Buchst. a ist im Wortlaut nirgends von einer »Überprüfung« die Rede. Auch spricht die Formulierung, die betroffene Person müsse die Löschung abgelehnt haben, dafür, dass der Verantwortliche seinerseits die Löschung wegen Rechtswidrigkeit verlangte, insoweit also Meinungsverschiedenheiten eher unwahrscheinlich sind. Dennoch kann der Fall eintreten, dass die betroffene Person von der Unrechtmäßigkeit der Speicherung ausgeht und einen Beschränkungsanspruch geltend macht, während der Verantwortliche weiter die Rechtmäßigkeit der Speicherung zugrunde legt. Hier ist anders als im Fall des Buchst. a **kein Klärungsverfahren** in Bezug genommen, so dass allgemeine Grundsätze Anwendung finden müssen: Dies bedeutet, dass letztlich eine gerichtliche Klärung erfolgen muss. Dabei hat der Verantwortliche die Voraussetzungen einer Verarbeitungsgrundlage darzulegen und ggf. zu beweisen, während es Sache der betroffenen Person ist, deren Wegfall (z. B. durch Widerruf der Einwilligung) oder die Existenz von Gegenrechten (»V hat sich zur Löschung verpflichtet«) darzulegen und erforderlichenfalls zu beweisen.

3. Rechtsansprüche (Buchst. c)

7 Buchst. c nennt als Voraussetzung für einen Anspruch auf Beschränkung der Verarbeitung, dass der Verantwortliche die Daten für die Zwecke der Verarbeitung nicht mehr braucht, die betroffene Person sie jedoch benötigt, um Rechtsansprüche geltend zu ma-

6 SHS-*Dix*, Art. 19 Rn. 5: Der Verantwortliche trägt die Beweislast.
7 Ebenso Kühling/Buchner-*Herbst*, Art. 18 Rn. 13.

chen und auszuüben oder um sich gegen solche zu verteidigen.[8] Er hat insoweit ein evidentes **Interesse**, die **Löschung zu verhindern**; Art. 18 Abs. 1 Buchst. c gibt ihm implizite einen entsprechenden Anspruch auf **Unterlassung**.[9] Die Auseinandersetzung um Rechtsansprüche muss schon bestehen oder **in absehbarer Zeit zu erwarten** sein; bloße abstrakte Befürchtungen genügen nicht.

4. Widerspruch gegen die Verarbeitung (Buchst. d)

Im Fall des Buchst. d geht es ähnlich wie bei Buchst. a darum, eine **vorläufige Regelung** zu 8
erreichen, bis definitive Klarheit geschaffen ist. Voraussetzung ist, dass die betroffene Person gemäß Art. 21 Abs. 1 Widerspruch gegen die Verarbeitung eingelegt hat, aber noch zu klären ist, ob nicht überwiegende Gründe für eine Fortsetzung der Verarbeitung sprechen (siehe Art. 21 Rn. 11ff.). Die Einschränkung der Verarbeitung kann hier sehr viel länger dauern als im Fall des Buchst. a, da dieser Zustand erst dann beendet ist, wenn definitiv Klarheit geschaffen ist.[10]

III. Was bedeutet Einschränkung der Verarbeitung? (Abs. 2)

Art. 4 Nr. 3 definiert die Einschränkung der Verarbeitung als »Markierung gespeicherter 9
personenbezogener Daten mit dem Ziel, ihre künftige Verarbeitung einzuschränken.« Inwieweit die Verarbeitung inhaltlich eingeschränkt ist, bestimmt sich nach Abs. 2.

1. Kennzeichnung

Die »Markierung« hat in der Weise zu erfolgen, dass bei nicht automatisierten Dateisyste- 10
men nicht etwa nur eine Beschriftung z. B. von Karteikarten erfolgt, da dies einem beliebigen Gebrauch nicht entgegenstehen würde. Vielmehr müssen die erfassten **Daten von den übrigen separiert** und ein Zugriff auf die Fälle des Abs. 2 beschränkt werden. Bei automatisierten Dateisystemen ist die Software so zu gestalten, dass ein Zugriff nur möglich ist, wenn zuvor das **Vorliegen der spezifischen Zwecke** des Abs. 2 **geklärt** wurde; dies kann z. B. durch Rückfrage erfolgen.[11] Dabei ist sicherzustellen, dass Zugreifender und Beurteilender nicht identisch sind. Diese technisch-organisatorischen Beschränkungen sind auch bei **Sicherungskopien** anzuwenden.

2. Zulässige Verarbeitungen

Die Verarbeitung ist trotz Einschränkung auf der Grundlage einer **Einwilligung** der be- 11
troffenen Person möglich. Sie ist weiterhin Herrin ihrer Daten und kann deshalb ihren Vorstellungen entsprechend die Einschränkungen aufheben. Allerdings unterliegt jede Einwilligung mit Wirkung für die Zukunft dem Widerrufsrecht nach Art. 7 Abs. 3, so

8 Zu dieser Auslegung s. Art. 17 Rn. 43.
9 Kühling/Buchner-*Herbst*, Art. 18 Rn. 21.
10 Kühling/Buchner-*Herbst*, Art. 18 Rn. 27.
11 Kühling/Buchner-*Herbst*, Art. 18 Rn. 30.

dass die einmal erlaubte Verarbeitung auch wieder reduziert oder ausgeschlossen werden kann.

12 Zweiter möglicher Grund ist die **Geltendmachung und Ausübung von Rechtsansprüchen** sowie die Verteidigung gegen sie. Gemeint sind damit gleichermaßen gerichtliche und außergerichtliche Verfahren; auch ein »Geltendmachungsschreiben« ist einbezogen. Eine **Auseinandersetzung** muss allerdings mit hinreichender Wahrscheinlichkeit **bevorstehen** oder schon am Laufen sein; rein abstrakte Befürchtungen, es könne zu Konflikten um Rechtsansprüche kommen, genügen nicht.

13 Dritter Grund ist der **Schutz der Rechte einer anderen** natürlichen oder juristischen **Person**. Das der Beschränkung unterliegende Datum kann beispielsweise den gegen einen anderen erhobenen Betrugsvorwurf entkräften. Wie weit der Schutz der Rechte Dritter reicht, ist nicht ausreichend geklärt. In der Literatur wird der Standpunkt vertreten, es müsse eine Abwägung zwischen dem Recht der betroffenen Person und dem Recht des Dritten stattfinden; nur wenn letzteres gewichtiger sei, könne eine Verarbeitung erfolgen.[12] Voraussetzung ist in jedem Fall, dass die Verarbeitung für den aktuellen Schutz der Rechte Dritter **erforderlich** ist.[13]

14 Vierter Grund ist ein »**wichtiges öffentliches Interesse**« der Union oder eines Mitgliedstaats. Wie die wichtigen von den weniger wichtigen öffentlichen Belangen abzugrenzen sind, ist bis auf weiteres offen. Fest steht jedenfalls, dass nicht jedes öffentliche Interesse ausreicht.[14] Rein wirtschaftliche oder finanzielle Interessen genügen nicht, wohl aber Interessen der öffentlichen Gesundheit.[15] Im Ergebnis muss sich das öffentliche Interesse in der Abwägung mit den Interessen der betroffenen Person als gewichtiger erweisen.[16]

15 Mit Hilfe der Gründe des Abs. 2 kann die Einschränkung der Verarbeitung überwunden werden. Dies allein reicht für eine legale Verarbeitung aber nicht aus; vielmehr müssen im Einzelfall rechtfertigende **Gründe nach Art. 6 Abs. 1** oder nach einer Vorschrift des nationalen Rechts vorhanden sein.

IV. Unterrichtung von der Aufhebung (Abs. 3)

16 Hat die betroffene Person die Einschränkung der Verarbeitung erwirkt, so muss sie von dem Verantwortlichen informiert werden, bevor dieser die Einschränkung aufhebt. Dies ist eine Konsequenz der Tatsache, dass es sich in der Regel um eine vorübergehende Maßnahme handelt. Die betroffene Person wird so in die Lage versetzt, ggf. weitere Maßnahmen zu ergreifen, beispielsweise eine Berichtigung oder eine Löschung durchzusetzen.[17]

---

12 Ehmann/Selmayr-*Kamann/Braun*, Art. 18 Rn. 33.
13 Gola-*Gola*, Art. 18 Rn. 18.
14 Kühling/Buchner-*Herbst*, Art. 18 Rn. 42.
15 SHS-*Dix*, Art. 18 Rn. 13.
16 Ehmann/Selmayr-*Kamann/Braun*, Art. 18 Rn. 34.
17 Ehmann/Selmayr-*Kamann/Braun*, Art. 18 Rn. 36.

V. Rechtsdurchsetzung

Will die betroffene Person ihren Anspruch auf Einschränkung der Verarbeitung geltend machen, so muss sie dies **gegenüber dem Verantwortlichen** tun. Eine Form ist hierfür nicht vorgeschrieben, doch empfiehlt sich Schriftform oder Textform. Der Verantwortliche soll dafür sorgen, dass die Anträge auch elektronisch gestellt werden können. In Zweifelsfällen hat die betroffene Person einen Nachweis der Identität beizufügen (siehe Art. 12 Rn. 11). Lehnt der Verantwortliche den Antrag ab, so muss er dies nach Art. 12 Abs. 4 mit Begründung tun und auf weitere Möglichkeiten hinweisen. 17

Die betroffene Person kann sich an die **Aufsichtsbehörde** wenden, die ihrerseits befugt ist, nach Art. 58 Abs, 2 Buchst. g die Beschränkung der Verarbeitung anzuordnen und ggf. nach Art. 83 ein Bußgeld zu verhängen. Soweit der betroffenen Person ein Schaden entsteht, muss dieser nach Art. 82 ersetzt werden (s. dort). Die betroffene Person kann auch **gerichtlichen Rechtsschutz** in Anspruch nehmen, um die von ihr gewünschte Beschränkung der Verarbeitung zu erreichen. 18

Art. 19 Mitteilungspflicht im Zusammenhang mit der Berichtigung oder Löschung personenbezogener Daten oder der Einschränkung der Verarbeitung

Der Verantwortliche teilt allen Empfängern, denen personenbezogenen Daten offengelegt wurden, jede Berichtigung oder Löschung der personenbezogenen Daten oder eine Einschränkung der Verarbeitung nach Artikel 16, Artikel 17 Absatz 1 und Artikel 18 mit, es sei denn, dies erweist sich als unmöglich oder ist mit einem unverhältnismäßigen Aufwand verbunden. Der Verantwortliche unterrichtet die betroffene Person über diese Empfänger, wenn die betroffene Person dies verlangt.

Inhaltsübersicht Rn.

I. Einleitung

Art. 19 Satz 1 ergänzt die »Korrekturrechte« auf Berichtigung (Art. 16), Löschung (Art. 17 Abs. 1) und Einschränkung der Verarbeitung (Art. 18). Durch Information der Datenempfänger soll sichergestellt werden, dass die **Korrektur** nicht allein beim unmittelbar Verantwortlichen, sondern **auch bei jenen** erfolgt, **die** die fraglichen **Daten** von ihm **erhalten** haben. Auf diese Weise wird der Schutz der betroffenen Person ein Stück wirksamer gemacht. Außerdem wird es den Empfängern erleichtert, sich datenschutzkonform zu verhalten. Terminologisch ist von einer sog. **Nachberichtspflicht** des Verantwortlichen 1 die Rede. **Satz 2** der Vorschrift räumt der betroffenen Person das Recht ein, vom Verantwortlichen die Datenempfänger mitgeteilt zu erhalten. Auf diese Weise kann er kontrollieren, ob der Nachberichtspflicht Rechnung getragen wurde und ob auch die Empfänger ihren Pflichten z. B. zu Berichtigung oder Löschung nachgekommen sind. In der Literatur ist deshalb auch von einer **umfassenden »Folgenbeseitigung«** die Rede.[1]

II. Der konkrete Inhalt der Nachberichtspflicht (Satz 1)

1. Der Grundsatz

2 Der Verantwortliche ist nach Satz 1 verpflichtet, den Datenempfängern **jede Berichtigung, Löschung und Einschränkung der Verarbeitung** mitzuteilen. Das bloße Bereithalten zum Abruf genügt nicht.[2] Zur Berichtigung zählt nach Art. 16 Satz 2 auch die Ergänzung. Diese »Nachberichtspflicht« entsteht erst mit dem **konkreten Vorgang**; das bloße Verlangen der betroffenen Person nach Berichtigung, Löschung usw. löst keine Mitteilungspflicht aus. Auf freiwilliger Grundlage kann selbstredend mitgeteilt werden, dass seitens der betroffenen Person entsprechende Wünsche geäußert wurden. Die Pflicht entsteht automatisch mit der Berichtigung usw. und hängt nicht von einem entsprechenden Verlangen der betroffenen Person ab.[3]

2a Der Verantwortliche ist **lediglich** zur **Mitteilung** verpflichtet. Es ist Sache des Empfängers, seiner Löschungspflicht nach Art. 17 Abs. 1 nachzukommen, sofern er nicht selbst nach Art. 6 Abs. 1 zur Verarbeitung berechtigt ist oder einer der Ausnahmefälle des Art. 17 Abs. 3 vorliegt.[4]

2b Die Mitteilungspflicht besteht nur gegenüber Personen und Stellen, die die Daten von dem Verantwortlichen erhalten haben. Seine **Quelle** – von der er beispielsweise eine unrichtige Information bekommen hat – ist **nicht einbezogen**. Insoweit ist es Sache der betroffenen Person, auf der Grundlage der nach Art. 13 oder 14 erhaltenen Informationen (»Herkunft der Daten«) aktiv zu werden.

2. Voraussetzungen im Einzelnen

3 Die Mitteilungspflicht besteht nur, wenn der **Verantwortliche** den fraglichen Personen oder Institutionen zu einem früheren Zeitpunkt die **Daten offengelegt** hat. Dies kann auch im Wege eines Abrufverfahrens erfolgen. Aus der Erwähnung der Offenlegung in Satz 1 lässt sich schließen, dass Personen, die die Informationen aus anderer Quelle, z. B. von einem Dritten, erhalten oder sie selbst erhoben haben, nicht einbezogen sind.[5] Die Pflichten des Verantwortlichen könnten sonst uferlos werden; auch würden sich schwierige Abgrenzungsprobleme bei der Frage ergeben, welche dritten Personen in die Mitteilungspflicht einzubeziehen sind.

1 Ehmann/Selmayr-*Kamann/Braun*, Art. 19 Rn. 2.
2 Gola-*Gola*, Art. 19 Rn. 8, der zu Recht betont, das reiche auch dann nicht, wenn die Offenlegung im Wege des Abrufverfahren erfolgt sei.
3 SHS-*Dix*, Art. 19 Rn. 7.
4 SHS-*Dix*, Art. 19 Rn. 8.
5 Ebenso Kühling/Buchner-*Herbst*, Art. 19 Rn. 7.

Die Offenlegung muss an »**Empfänger**« erfolgt sein. Dieser Begriff ist in Art. 4 Nr. 9 definiert und erfasst nicht nur Dritte (Art. 4 Rn. 92), sondern beispielsweise auch Auftragsverarbeiter oder Leiter von Zweigstellen. Übermittlungen innerhalb eines Unternehmens von einer Abteilung in eine andere oder die Übergabe der Daten an einen Nachfolger in derselben Funktion werden nicht erfasst. 4

3. Anspruch der betroffenen Person

Mit der Mitteilungspflicht korrespondiert ein entsprechender Anspruch der betroffenen Person.[6] Zu weit geht es allerdings, auch allen Datenempfängern einen Anspruch einzuräumen, da es nicht primär um ihre Interessen geht und da sie einen solchen Anspruch meist nur geltend machen könnten, wenn sie bereits aus anderen Quellen informiert sind.[7] 5

4. Vorrang von Art. 17 Abs. 2

Soweit die **Daten** nicht einem konkreten Empfänger offengelegt, sondern (normalerweise im Internet) **veröffentlicht** wurden, findet Art. 19 keine Anwendung; Art. 17 Abs. 2 geht als Spezialnorm vor. Auf die dortigen Ausführungen kann verwiesen werden (Art. 17 Rn. 27ff.). Während Art. 19 erst eingreift, wenn die Berichtigung Löschung usw. bereits stattgefunden hat, knüpft Art. 17 Abs. 2 an der Löschungsverpflichtung an, setzt also deren Umsetzung nicht voraus. 6

5. Ausnahmefälle

Die Mitteilungspflicht besteht nicht, wenn ihre **Erfüllung unmöglich** ist. Unmöglichkeit liegt dann vor, wenn die Empfänger nicht mehr existieren (die GmbH wurde aufgelöst) oder »unbekannt verzogen« sind. Unmöglichkeit liegt auch dann vor, wenn versäumt wurde, die Kontaktdaten der Empfänger festzuhalten oder wenn der fragliche Datenträger abhandengekommen ist. Ob die Unmöglichkeit von dem Verantwortlichen zu vertreten ist oder nicht, ändert an ihrem Vorliegen nichts, doch kann es im Zusammenhang mit einem Schadensersatzanspruch von erheblicher Bedeutung sein. In Zukunft wird die **Dokumentationspflicht** nach Art. 5 Abs. 2 und (bei Unternehmen ab 250 Beschäftigten) nach Art. 30 dafür sorgen, dass solche Fälle nur äußerst selten vorkommen.[8] 7

Die Mitteilungspflicht entfällt weiter, wenn ihre **Erfüllung mit unverhältnismäßigem Aufwand verbunden** ist. Der Aufwand kann in zeitlicher und finanzieller Beziehung entstehen, wird sich aber in aller Regel in Grenzen halten. Er ist abzuwägen gegen das Interesse der betroffenen Person, dass die Berichtigung oder Löschung auch gegenüber den Datenempfängern vollzogen wird, sowie gegen das Interesse der Empfänger an der Richtigkeit der von ihnen verarbeiteten Daten. Dieses wird am ehesten zurückstehen müssen, 8

6 Ehmann/Selmayr-*Kamann/Braun*, Art. 19 Rn. 1, 18.
7 Anders Ehmann/Selmayr-*Kamann/Braun*, Art. 19 Rn. 18.
8 Ehmann/Selmayr-*Kamann/Braun*, Art. 19 Rn. 14.

wenn es um marginale Fehler wie Schreibversehen geht. Auch spielt eine Rolle, ob die Daten bei den Empfängern voraussichtlich noch weiterverarbeitet werden.[9]

9 Ob wirklich Unmöglichkeit oder unverhältnismäßiger Aufwand vorliegt, muss im Streitfall **der Verantwortliche beweisen,** da er aus diesem Ausnahmetatbestand für sich günstige Rechtsfolgen ableiten will. Anders als nach bisherigem Recht (§§ 20 Abs. 8, 35 Abs. 7 BDSG-alt) sind **schutzwürdige Interessen der betroffenen Person** kein Grund mehr, die Mitteilungspflicht entfallen zu lassen.

III. Unterrichtung der betroffenen Person über die Empfänger (Satz 2)

10 Die Pflicht, die betroffene Person über die Empfänger der Daten zu unterrichten, setzt ein entsprechendes **Verlangen der betroffenen Person** voraus (Satz 2), doch ist der Verantwortliche nicht gehindert, von sich aus aktiv zu werden. Anders als bei Art. 13 Abs. 1 Buchst. e und bei Art. 14 Abs. 1 Buchst. e geht es ausschließlich um die konkreten Empfänger; eine Beschränkung auf »Kategorien von Empfängern« ist nicht vorgesehen. Soweit die Ermittlung der Empfänger unmöglich war oder an unverhältnismäßigem Aufwand scheiterte (oben Rn. 7ff.), entfällt auch die Mitteilung nach Satz 2.

IV. Durchsetzungsprobleme

11 Art. 19 enthält keine speziellen Vorkehrungen wie Rechte geltend zu machen oder Pflichten zu erfüllen sind, so dass insoweit auf **Art. 12** zurückzugreifen ist. Bei Schwierigkeiten kann sich die betroffene Person oder auch der Verantwortliche an die **Aufsichtsbehörde** wenden, die ihrerseits Auskünfte erteilen und Anordnungen treffen kann.

Art. 20 Recht auf Datenübertragbarkeit

(1) Die betroffene Person hat das Recht, die sie betreffenden personenbezogenen Daten, die sie einem Verantwortlichen bereitgestellt hat, in einem strukturierten, gängigen und maschinenlesbaren Format zu erhalten, und sie hat das Recht, diese Daten einem anderen Verantwortlichen ohne Behinderung durch den Verantwortlichen, dem die personenbezogenen Daten bereitgestellt wurden, zu übermitteln, sofern

a) die Verarbeitung auf einer Einwilligung gemäß Artikel 6 Absatz 1 Buchstabe a oder Artikel 9 Absatz 2 Buchstabe a oder auf einem Vertrag gemäß Artikel 6 Absatz 1 Buchstabe b beruht und

b) die Verarbeitung mithilfe automatisierter Verfahren erfolgt.

(2) Bei der Ausübung ihres Rechts auf Datenübertragbarkeit gemäß Absatz 1 hat die betroffene Person das Recht, zu erwirken, dass die personenbezogenen Daten direkt von einem Verantwortlichen einem anderen Verantwortlichen übermittelt werden, soweit dies technisch machbar ist.

(3) Die Ausübung des Rechts nach Absatz 1 des vorliegenden Artikels lässt Artikel 17 unberührt. Dieses Recht gilt nicht für eine Verarbeitung, die für die Wahrnehmung ei-

9 Ehmann/Selmayr-*Kamann/Braun*, Art. 19 Rn. 15.

ner Aufgabe erforderlich ist, die im öffentlichen Interesse liegt oder in Ausübung öffentlicher Gewalt erfolgt, die dem Verantwortlichen übertragen wurde.
(4) Das Recht gemäß Absatz 1 darf die Rechte und Freiheiten anderer Personen nicht beeinträchtigen.

Inhaltsübersicht Rn.

I. Einleitung

Art. 20 stellt ein **Novum im Datenschutzrecht** dar. Der betroffenen Person wird das Recht 1
eingeräumt, die dem Verantwortlichen von ihr zur Verfügung gestellten Daten in einem »strukturierten, gängigen und maschinenlesbaren Format« zu erhalten und einem anderen Verantwortlichen zu übermitteln. Dies soll den **Anbieterwechsel** – etwa bei sozialen Netzwerken, bei E-Mail-Providern oder beim Bezug von Energie – **erleichtern**, weil der Einzelne nicht gezwungen ist, die Daten vom alten auf den neuen Anbieter manuell zu übertragen. Dies berührt den Datenschutz allerdings eher am Rande; im Prinzip geht es um eine **Reduzierung von Transaktionskosten** und damit um eine marktbezogene Norm. Sie erleichtert den Wettbewerb, weil sie sog. Lock-in-Effekte vermeidet, wonach der Konsument nur wegen der praktischen Schwierigkeiten von einem Anbieterwechsel absieht.[1]

Die Frage, ob Art. 20 überhaupt auf die datenschutzrechtliche Kompetenznorm des 2
Art. 16 AEUV gestützt werden kann, ist legitim.[2] Wenn man sie verneint, ändert sich allerdings nichts an der Gültigkeit des Art. 20, da dieser dann seine Grundlage in der Zuständigkeitsnorm des **Art. 114 AEUV** hat, der sich auf die marktbezogene Rechtsangleichung bezieht.

Abs. 1 regelt die Voraussetzungen des Anspruchs, der mit dem Stichwort »Datenübertrag- 3
barkeit« oder »Datenportabilität« gekennzeichnet wird. Er greift allerdings nur in Fällen, in denen die technischen Voraussetzungen dafür bereits bestehen.[3] Nach **Abs. 2** kann die betroffene Person verlangen, dass die Daten direkt von einem Verantwortlichen auf einen anderen übertragen werden, soweit dies technisch machbar ist. **Abs. 3** enthält zwei Einzelnormierungen, die im Grunde nichts miteinander zu tun haben. Nach Satz 1 bleibt das

1 Strubel, ZD 2017. 355; Benedikt, RDV 2017, 189; Brüggemann, K&R 2018, 1; ähnlich Auernhammer-*Schürmann*, Art. 20 Rn. 2ff.
2 Sydow-*Sydow/Wilhelm*, Art. 20 Rn. 4.
3 Kritisch dazu Sydow-*Sydow/Wilhelm*, Art. 20 Rn. 10.

Recht auf Löschung nach Art. 17 unberührt. Satz 2 nimmt Daten, deren Verarbeitung für die Wahrnehmung öffentlicher Aufgaben erforderlich ist, von der gesamten Regelung des Art. 20 aus. **Abs. 4** legt fest, dass Rechte und Freiheiten anderer Personen durch die Ausübung der in Art. 20 garantierten Rechte nicht beeinträchtigt werden dürfen.

II. Voraussetzungen der Datenübertragbarkeit

4 Abs. 1 enthält eine Reihe von Voraussetzungen, die erfüllt sein müssen, damit die betroffene Person ihr Recht auf Datenübertragbarkeit geltend machen kann. Diese bedürfen der eingehenden Erläuterung. Dazu kommt die negative Voraussetzung nach Abs. 3 Satz 2, wonach Aufgaben der öffentlichen Verwaltung ausgenommen sind. Eine Beschränkung auf »**Dienste der Informationsgesellschaft**« im Sinne des Art. 4 Nr. 25 wurde zwar erwogen, ist aber dann doch nicht erfolgt.[4]

1. Bereitstellung »eigener« Daten durch die betroffene Person

5 **Erste Voraussetzung** ist, dass die betroffene Person dem Verantwortlichen **Daten** bereitgestellt hat, die **sie selbst betreffen**. Typische Beispiele sind das »Profil« bei Facebook oder LinkedIn und die sog. Bestandsdaten bei einem Telefonanbieter nach § 14 TMG, die für die Nutzung des Dienstes erforderlich sind. Auch die »Konsumhistorie« bei einem Online-Händler, aus der sich die getätigten Käufe ergeben, gehört dazu; für einen anderen Anbieter kann sie von erheblichem Interesse sein, weil er so dem Kunden besser passende Angebote machen kann. Auch der Banken- und Versicherungsbereich wird als Anwendungsfeld genannt.[5] Nicht unter Art. 20 Abs. 1 fallen **Daten**, die **ausschließlich Dritte** betreffen. Wer bei Facebook ein von ihm erworbenes **E-Book** ins Netz stellt, kann nicht verlangen, dass ihm Facebook dann einen Datenträger wie z. B. einen Stick überreicht, mit dem das Buch auf eine andere Website aufgespielt werden könnte.[6] Auch die Daten Verstorbener sind nicht erfasst.[7]

6 In der Praxis ergeben sich allerdings viele **Abgrenzungsprobleme**, die sich mangels Rechtsprechung bislang nicht in rechtssicherer Weise klären lassen. So wird man ein **Chat-Protokoll** nicht unter Art. 20 Abs. 1 subsumieren können, weil dort neben »eigenen« vorwiegend fremde Äußerungen enthalten sind.[8] Auf der anderen Seite verlangt die Verordnung **nicht**, dass es sich »**ausschließlich**« um Daten handelt, die sich auf die betroffene Person beziehen.[9] So ist es zulässig, z. B. die Annahmeerklärung eines Providers mit aufzunehmen, der damit auf einen entsprechenden Antrag der betroffenen Person reagiert hat. Notwendig ist lediglich, dass die auf andere Personen bezogenen Daten in engem Zusammenhang mit den von der betroffenen Person zur Verfügung gestellten stehen.

---

4 Vgl. Gola-*Piltz*, Art. 20 Rn. 6.

5 Sydow-*Sydow/Wilhelm*, Art. 20 Rn. 13.

6 Kühling/Buchner-*Herbst*, Art. 20 Rn. 9.

7 Strubel, ZD 2017, 355, 357 m. w. N.; Eltern haben als Erben Zugriff auf den Facebook-Account ihrer verstorbenen Tochter – BGH 12.7.2018 – III ZR 183/17, NJW 2018, 3178; anders KG 31.5.2017 – 21 U 9/16, ZD 2017, 386 als Vorinstanz.

8 Ebenso Kühling/Buchner-*Herbst*, Art. 20 Rn. 11.

9 Kühling/Buchner-*Herbst*, Art. 20 Rn. 10.

In einer wachsenden Zahl von Fällen werden **Daten von einem Fahrzeug** an den Hersteller oder eine andere Stelle übertragen, die daraufhin adäquate Ratschläge zu geben versucht, beispielsweise darauf aufmerksam macht, wo sich die nächste Elektro-Tankstelle befindet, die man angesichts des zur Neige gehenden Stroms mit dem Elektroauto dringend aufsuchen sollte. Inhaltlich handelt es sich dabei in der Regel um personenbeziehbare Daten, die der Fahrer »**bereitstellt**«, indem er bewusst in ein vernetztes Fahrzeug einsteigt und dieses steuert. Das spricht dafür, auch hier Art. 20 anzuwenden; die Art. 29-Datenschutzgruppe vertritt mit Recht den Standpunkt, auch Daten, die vom Anbieter eines Dienstes durch Tracking oder Beobachten erhoben wurden, seien »bereit gestellt« und damit von Art. 20 erfasst.[10] Angesichts der großen Zahl von Daten ergibt sich allerdings das zusätzliche Problem, ob die betroffene Person auch verlangen kann, lediglich einen Teil der vorhandenen Daten in »verkörperter« Form zu bekommen (dazu unten Rn. 16). 7

Das »**Bereit-Stellen**« von Daten erfolgt in der Regel **durch Übermittlung** oder in der Form, dass sie der Verantwortliche jederzeit abrufen kann. In diese Kategorie gehören beispielsweise die eben erwähnten Daten, die ein vernetztes Auto liefert.[11] Es genügt, wenn die betroffene Person irgendeine Initiative entfaltet, die dazu führt, dass der Verantwortliche über die Daten verfügen kann.[12] Nicht von »Bereit-Stellen« kann dagegen die Rede sein, wenn der Verantwortliche die **Daten auswertet**, aus ihnen also eigene Erkenntnisse z. B. statistischer Art gewinnt; sie stammen von ihm, nicht von der betroffenen Person.[13] Auch Daten, die **von Dritten bereit gestellt** werden, fallen nicht unter Art. 20, auch wenn sie sich auf die betroffene Person beziehen.[14] 8

2. Grundlagen der Verarbeitung

Die Datenverarbeitung durch den Verantwortlichen muss auf einem **Vertrag oder** auf einer **Einwilligung** der betroffenen Person beruhen, die sich entweder auf Art. 6 Abs. 1 Buchst. a oder auf Art. 9 Abs. 2 Buchst. a stützt. Andere Rechtsgrundlagen im Sinne des Art. 6 Abs. 1 kommen nicht in Betracht; dies betont ErwGr 68 ausdrücklich. Ausgeschlossen ist insbesondere der Fall des Art. 6 Abs. 1 Buchst. f, der auf die Wahrung berechtigter Interessen des Verantwortlichen oder eines Dritten abstellt. Diese Begrenzung mag damit zusammenhängen, dass in den typischen Fällen der »Dienste der Informationsgesellschaft« ein Vertrag oder eine Einwilligung zugrunde liegen. 9

3. Automatisiertes Verfahren

Ein wenig überraschend ist die weitere Voraussetzung, dass die Verarbeitung mithilfe automatisierter Verfahren erfolgen muss. Diese Voraussetzung ist heute **praktisch immer erfüllt**; ausgenommen sind nur traditionelle Akten oder Informationen auf Karteikar- 10

---

10 Dazu eingehend und kritisch Strubel, ZD 2017, 355, 357 ff. sowie Klink-Straub/Straub, ZD 2018, 459; wie die Art. 29-Datenschutzgruppe Benedikt, RDV 2017, 190.

11 Näher Klink-Straub/Straub, ZD 2018, 459, 463.

12 Vgl. Auernhammer-*Schürmann*, Art. 20 Rn. 24 ff.; Brüggemann, K&R 2018, 1, 2.

13 Auernhammer-*Schürmann*, Art. 20 Rn. 26, 28.

14 Auernhammer-*Schürmann*, Art. 20 Rn. 24.

ten, auch soweit die Kartei den Begriff des Dateisystems nach Art. 4 Nr. 6 erfüllt (Art. 4 Rn. 77ff.). Der Verantwortliche soll ersichtlich durch Art. 20 **nicht** mit der Aufgabe belastet werden, traditionelles **Schriftgut zu digitalisieren.**

4. Keine öffentlichen Aufgaben

11 Ist die Verarbeitung für die Wahrnehmung einer Aufgabe erforderlich, die im öffentlichen Interesse liegt oder in Ausübung öffentlicher Gewalt erfolgt, so greift nach Abs. 3 Satz 2 das Recht auf Datenübertragbarkeit nicht Platz. Diese **Ausnahme entspricht** in ihrer inhaltlichen Tragweite dem **Art. 6 Abs. 1 Buchst. e.** Beliehene Unternehmer sind erfasst, nicht jedoch Initiativen einzelner Mitbürger, die wie zahlreiche Bürgerinitiativen durchaus im öffentlichen Interesse liegen. Soweit die Verwaltung weder hoheitliche Gewalt ausübt noch im unmittelbaren öffentlichen Interesse handelt und beispielsweise normale zivilrechtliche Verträge schließt, kommt die Anwendung des Art. 20 durchaus in Betracht.

5. Rechte und Freiheiten anderer Personen (Abs. 4)

12 Nach Abs. 4 darf das Recht auf Datenübertragbarkeit »gemäß Abs. 1« die Rechte und Freiheiten anderer Personen nicht beeinträchtigen. Der ursprüngliche **Verweis auf Abs. 2** war ein **Redaktionsversehen**, das nur in der deutschen Fassung auftrat[15] und das kurz vor Inkrafttreten der DSGVO bereinigt wurde.[16] Insoweit ergibt sich derselbe Befund wie bei Art. 15 Abs. 4 (Art. 15 Rn. 29).

13 Bei den Rechten und Freiheiten anderer ist zunächst an den **Schutz von** deren **personenbezogenen Daten** zu denken;[17] die Betroffenen können ein Interesse daran haben, dass ihr Name nicht in Zusammenhang mit bestimmten Vorgängen genannt wird. Weiter sollten Geschäftsgeheimnisse oder Rechte des geistigen Eigentums, insbesondere Urheberrechte an Software nicht beeinträchtigt werden. Eine solche Beeinträchtigung ist nicht zu erwarten, wenn die »verkörperten« Daten der betroffenen Person zurückgegeben werden; da sie von ihr bereit gestellt wurden, liegt in der Schaffung der »Datenübertragbarkeit« **kein neuer Informationseingriff.** Probleme können sich nur bei der Übermittlung an Dritte ergeben, die sowohl in der Form des Abs. 2 als auch durch Übergabe eines Datenträgers oder durch elektronische Übermittlung erfolgen kann. In allen diesen Fällen gelten aber die allgemeinen Grundsätze der Übermittlung;[18] einer besonderen Hervorhebung des Schutzes der Rechte und Freiheiten Dritter hätte es deshalb nicht bedurft. Oder hätte irgend jemand daran gezweifelt, dass auch ein Betriebsgeheimnis zu schützen ist, das in ein Format nach Art. 20 Abs. 1 »verpackt« ist?[19]

---

15 Auf Abs. 1 verwiesen von vornherein die bulgarische, spanische, tschechische, dänische, estnische, griechische, englische, französische, irische, kroatische, italienische, lettische, litauische, ungarische, maltesische, niederländische, polnische, portugiesische, rumänische, slowakische, slowenische, finnische und schwedische Fassung. Vgl. auch Sydow-*Sydow/Wilhelm*, Art. 20 Rn. 18.

16 ABlEU v. 23. Mai 2018, L 127/2.

17 Gola-*Piltz*, Art. 20 Rn. 39.

18 Siehe Däubler, Gläserne Belegschaften, Rn. 438ff.

19 Dazu Strubel, ZD 2017, 355, 360.

III. Rechtsfolgen: Übertragbarkeit und Übertragung

1. Erhalt der Daten in einem spezifischen Format

Sind die geschilderten Voraussetzungen erfüllt, so kann die betroffene Person vom Verantwortlichen verlangen, die Daten »**in einem strukturierten, gängigen und maschinenlesbaren Format**« zu erhalten. Dies kann durch Übergabe eines Datenträgers, aber auch unmittelbar elektronisch erfolgen. Ein bloßes Zugriffsrecht reicht nicht aus.[20] Der **Verantwortliche** kann die Daten **weiter speichern**, sofern dafür (noch) eine Rechtsgrundlage vorhanden ist. Beim Anbieterwechsel wird jedoch typischerweise der bestehende Vertrag aufgelöst, so dass nur noch wegen etwaiger Nachwirkungen eine Speicherung möglich ist. Wie sich aus Abs. 3 Satz 1 ergibt, richtet sich die **Löschung** weiterhin **nach Art. 17**; Art. 20 trifft insoweit keine Anordnung. 14

Ein Format ist dann **maschinenlesbar**, wenn es elektronisch ist oder durch Einscannen in ein elektronisches verwandelt und damit lesbar gemacht werden kann. Das Format muss »gängig« sein, d. h. von zahlreichen anderen Anwendern derselben Branche benutzt werden, und eine innere Struktur aufweisen, die ein Auffinden einzelner Informationen ermöglicht. ErwGr 68 spricht davon, dass das Format »interoperabel« sein muss, also auch von anderen genutzt werden kann. Maßgebend ist letztlich der **Zweck der Regelung**: Die betroffene Person soll die Möglichkeit haben, ohne größeren Aufwand mit ihren Daten von einem Verantwortlichen zu einem anderen zu wechseln.[21] 15

Der Anspruch aus Art. 20 kann sich auf **einen Teil der überlassenen Daten** beschränken. Davon wird die betroffene Person insbesondere dann Gebrauch machen, wenn die »Überlassung« umstritten ist oder die Einbeziehung von Daten Dritter Bedenken aufwirft und gleichzeitig ein Anbieterwechsel auch ohne die fraglichen Daten möglich ist. 16

2. Übermittlung an einen anderen Verantwortlichen

Die betroffene Person hat das Recht, die Daten in dem erhaltenen Format an einen anderen Verantwortlichen zu **übermitteln**. In der Literatur ist daher von einem zweistufigen Recht die Rede.[22] Die zweite Stufe muss aber nicht genutzt werden. Die betroffene Person wird ihr Recht nach Art. 20 Abs. 1 in der Regel nur ausüben, wenn sie jetzt oder in absehbarer Zukunft zu einem neuen Verantwortlichen wechseln will. Der bisherige Verantwortliche darf sie dabei **nicht behindern**. Er darf zwar ein günstiges Angebot machen, um einen Anreiz dafür zu schaffen, dass ein Wechsel des Anbieters unterbleibt. Er darf jedoch keine Hindernisse technischer Art schaffen, indem ein Format gewählt wird, das mit dem des normalerweise in Aussicht genommenen Wettbewerbers nicht kompatibel ist. Weiter darf er auch keine rechtlichen Hindernisse schaffen, etwa eine Verpflichtung, nicht zu einem anderen Anbieter zu wechseln; Derartiges ist im Zusammenhang mit Art. 20 ausgeschlossen.[23] Bereits bestehende längerfristige vertragliche Bindungen bleiben jedoch unberührt. 17

20 Klink-Straub/Straub, ZD 2018, 459, 462.
21 Kühling/Buchner-*Herbst*, Art. 20 Rn. 20.
22 Strubel, ZD 2017, 355, 356.
23 Kühling/Buchner-*Herbst*, Art. 20 Rn. 22.

3. Direkte Übermittlung vom bisherigen an einen neuen Verantwortlichen (Abs. 2)

18 Abs. 2 eröffnet die Möglichkeit, den Wechsel des Verantwortlichen noch weiter zu vereinfachen, indem der »Umweg« über die betroffene Person wegfällt und die Daten direkt vom alten auf den neuen Verantwortlichen transferiert werden. Dies kann auch durch eine automatisierte Übermittlung erfolgen.[24] Dies steht allerdings nach der Schlussformulierung des Abs. 2 unter dem Vorbehalt der technischen Machbarkeit. Die Form der Datenübermittlung ändert nichts daran, dass der Empfänger die Daten von der betroffenen Person erhalten hat, also seinerseits dem Anspruch aus Abs. 1 Rechnung tragen muss, wenn ein weiterer Wechsel ansteht.

IV. Geltendmachung der Ansprüche

19 Art. 20 enthält keine speziellen Regeln, wie der Anspruch auf Datenübertragbarkeit geltend zu machen ist. Insoweit ist auf **Art. 12** zurückzugreifen, der die Form, die zur Verfügung stehende Zeit und die **Unentgeltlichkeit** regelt. Verstöße gegen Art. 20 unterliegen den allgemeinen Sanktionen. Die Aufsichtsbehörde kann Abhilfe schaffen und ggf. ein Bußgeld verhängen, die betroffene Person kann sich an die Aufsichtsbehörde wenden und evtl. nach Art. 82 Schadensersatz verlangen. Ein **Löschungsanspruch** bleibt nach Abs. 3 Satz 1 unberührt; er kommt insbesondere gegenüber dem bisherigen Vertragspartner in Betracht, der sich nach Durchführung der Abwicklung in der Regel nicht mehr auf eine Verarbeitungsermächtigung berufen kann. Das Verlangen »portablen« Daten schließt aber nicht bereits einen Löschungswunsch in sich.[25]

Abschnitt 4
Widerspruchsrecht und automatisierte Entscheidungsfindung im Einzelfall

Art. 21 Widerspruchsrecht

(1) Die betroffene Person hat das Recht, aus Gründen, die sich aus ihrer besonderen Situation ergeben, jederzeit gegen die Verarbeitung sie betreffender personenbezogener Daten, die aufgrund von Artikel 6 Absatz 1 Buchstaben e oder f erfolgt, Widerspruch einzulegen; dies gilt auch für ein auf diese Bestimmungen gestütztes Profiling. Der Verantwortliche verarbeitet die personenbezogenen Daten nicht mehr, es sei denn, er kann zwingende schutzwürdige Gründe für die Verarbeitung nachweisen, die die Interessen, Rechte und Freiheiten der betroffenen Person überwiegen, oder die Verarbeitung dient der Geltendmachung, Ausübung oder Verteidigung von Rechtsansprüchen.

---

24 Kühling/Buchner-*Herbst*, Art. 20 Rn. 25.

25 Auernhammer-*Schürmann*, Art. 20 Rn. 52; EuArbR-*Franzen*, VO 2016/679/EU Art. 20 Rn. 2.

(2) Werden personenbezogene Daten verarbeitet, um Direktwerbung zu betreiben, so hat die betroffene Person das Recht, jederzeit Widerspruch gegen die Verarbeitung sie betreffender personenbezogener Daten zum Zwecke derartiger Werbung einzulegen; dies gilt auch für das Profiling, soweit es mit solcher Direktwerbung in Verbindung steht.

(3) Widerspricht die betroffene Person der Verarbeitung für Zwecke der Direktwerbung, so werden die personenbezogenen Daten nicht mehr für diese Zwecke verarbeitet.

(4) Die betroffene Person muss spätestens zum Zeitpunkt der ersten Kommunikation mit ihr ausdrücklich auf das in den Absätzen 1 und 2 genannte Recht hingewiesen werden; dieser Hinweis hat in einer verständlichen und von anderen Informationen getrennten Form zu erfolgen.

(5) Im Zusammenhang mit der Nutzung von Diensten der Informationsgesellschaft kann die betroffene Person ungeachtet der Richtlinie 2002/58/EG ihr Widerspruchsrecht mittels automatisierter Verfahren ausüben, bei denen technische Spezifikationen verwendet werden.

(6) Die betroffene Person hat das Recht, aus Gründen, die sich aus ihrer besonderen Situation ergeben, gegen die sie betreffende Verarbeitung sie betreffender personenbezogener Daten, die zu wissenschaftlichen oder historischen Forschungszwecken oder zu statistischen Zwecken gemäß Artikel 89 Absatz 1 erfolgt, Widerspruch einzulegen, es sei denn, die Verarbeitung ist zur Erfüllung einer im öffentlichen Interesse liegenden Aufgabe erforderlich.

Inhaltsübersicht Rn.

I. Einleitung

Die den Art. 16 bis 18 zugrunde liegenden Korrekturrechte (Berichtigung, Löschung, Einschränkung der Verarbeitung) beziehen sich grundsätzlich auf rechtswidrige Formen von Verarbeitung. Art. 21 hat demgegenüber eine **rechtmäßige Verarbeitung** zum Gegenstand, die sich auf Art. 6 Abs. 1 Buchst. e (»öffentliches Interesse«) oder auf Art. 6 Abs. 1 Buchst. f (»berechtigtes Interesse des Verantwortlichen«) stützt. Beide Gründe sind von 1 beträchtlicher Allgemeinheit, weshalb der betroffenen Person durch **Abs. 1** das Recht eingeräumt wird, **mit Rücksicht auf ihre besondere Situation** die weitere Datenverarbeitung zu untersagen.[1] Man kann insoweit von einem allgemeinen Widerspruchsrecht sprechen.

2 Davon ist das **Widerspruchsrecht nach Abs. 2** zu unterscheiden, das sich auf die Datenverarbeitung zu Zwecken der **Direktwerbung** bezieht, wobei es anders als bei Abs. 1 nicht auf die Rechtsgrundlage ankommt. Die Ausübung dieses Recht ist von **keinerlei inhaltlichen Voraussetzungen** abhängig und weist insoweit Ähnlichkeiten mit dem Widerrufsrecht bei Einwilligungen nach Art. 7 Abs. 3 auf: In beiden Fällen soll die **Entscheidungsfreiheit der betroffenen Person** gewahrt bleiben, sie soll allein bestimmen können, ob sie in bestimmten Zusammenhängen in Erscheinung tritt oder nicht. Weshalb diese Freiheit gerade hier garantiert wird, ist eine politische Entscheidung des Normgebers, die sicherlich zu diskutieren ist. Für die Auslegung ist sie jedenfalls bindend.

3 **Abs. 6** gibt eine **dritte Form** von Widerspruchsrecht, die der ersten nachgebildet ist: Es besteht nur aus Gründen, die sich aus der besonderen Situation der betroffenen Person ergeben. Anders als nach Abs. 1 muss es jedoch zurücktreten, wenn die Verarbeitung zur Erfüllung einer im öffentlichen Interesse liegenden Aufgabe erforderlich ist; diese dürfte sich insbesondere auf »wissenschaftliche und historische Forschungszwecke« oder auf »statistische Zwecke« beziehen.

4 Um diese Rechte ausüben zu können, muss die **betroffene Person** von ihnen **informiert sein**. Dies will Abs. 4 sicherstellen, der sich jedenfalls auf das allgemeine Widerspruchsrecht nach Abs. 1 und das Widerspruchsrecht bei Direktwerbung nach Abs. 2 bezieht. Bei Diensten der Informationsgesellschaft im Sinne des Art. 4 Nr. 25 kann das Widerspruchsrecht nach Abs. 5 mittels automatisierter Verfahren **ausgeübt** werden. Im Übrigen bestimmt sich die **Form** des Widerspruchs nach **Art. 12**. Adressat ist der Verantwortliche im Sinne des Art. 4 Nr. 7.

5 Die **Rechtsfolgen des Widerspruchs** sind unterschiedlich geregelt, doch besteht Übereinstimmung, dass er keine rückwirkende Kraft hat.[2] Abs. 1 enthält ein generelles Verarbeitungsverbot für die Zukunft, lässt jedoch Ausnahmen zu. Abs. 3 enthält für das Widerspruchsrecht nach Abs. 2 die Bestimmung, dass keine Verarbeitung mehr für Zwecke der Direktwerbung erfolgen darf; was sonst mit den Daten geschehen kann, bleibt offen. Wie mit einem Widerspruch nach Abs. 6 zu verfahren ist, wird ebenfalls nicht ausdrücklich geregelt.

II. Das allgemeine Widerspruchsrecht nach Abs. 1

1. Rechtsgrundlagen der Verarbeitung

6 Das Widerspruchsrecht nach Abs. 1 setzt voraus, dass die Datenverarbeitung auf der **Grundlage von Art. 6 Abs. 1 Buchst. e oder f** erfolgt. Welche Bereiche damit erfasst sind, ist an anderer Stelle erläutert (Art. 6 Rn. 87ff., 90ff.). Lässt sich die Datenverarbeitung **da-**

1 Auernhammer-*Kramer*, Art. 21 Rn. 2 spricht von der Schließung der sich aus der Typisierung ergebenden Schutzlücke; ähnlich Kühling/Buchner-*Herbst*, Art. 21 Rn. 1 »Feinsteuerung«.

2 Sydow-*Helfrich*, Art. 21 Rn. 51.

neben noch auf **andere Rechtsgrundlagen** stützen, kommt das Widerspruchsrecht nicht zur Geltung.[3] Besteht die andere Rechtsgrundlage allerdings in einer Einwilligung, so kann diese nach Art. 7 Abs. 3 mit Wirkung für die Zukunft widerrufen werden. Erklärt die betroffene Person einen Widerspruch, beruft sich der Verantwortliche aber auf den zusätzlichen Verarbeitungsgrund der Einwilligung,[4] so kann die betroffene Person von ihrem Widerrufsrecht Gebrauch machen. Im Regelfall wird der Widerspruch sogar **zugleich** einen **Widerruf der Einwilligung** beinhalten, weil sich die betroffene Person insgesamt von der Datenverarbeitung lossagen will und Art. 7 Abs. 3 auch die leichter zu erfüllenden Voraussetzungen enthält.

Der letzte Halbsatz von Abs. 1 Satz 1 erwähnt ausdrücklich ein auf Art. 6 Abs. 1 Buchst. e 7
oder f gestütztes **Profiling**, gegen das die betroffene Person Widerspruch einlegen kann. Dies ist an sich selbstverständlich, da alle Datenverarbeitungen, die auf eine der beiden genannten Rechtsgrundlagen gestützt sind, vom Widerspruchsrecht erfasst werden. Die Erwähnung hat jedoch den Sinn, diese für die betroffenen Personen besonders gefährliche Form der Datenverarbeitung in Erinnerung zu rufen, weil hier ein Widerspruch besonders nahe liegen könnte.[5] Außerdem wird so deutlich gemacht, dass das Widerspruchsrecht nicht durch Art. 22 ausgeschlossen wird.[6] Ist die **Datenverarbeitung** aus irgendwelchen Gründen **rechtswidrig**, hindert dies die Geltendmachung des Widerspruchsrechts nicht.[7]

2. Die erfassten Daten und Verarbeitungsformen

Das Widerspruchsrecht bezieht sich auf die **Verarbeitung der auf die betroffene Person** 8
bezogenen Daten. Haben diese wie z. B. Gesprächsprotokolle zugleich einen Bezug auf andere Personen, so ändert dies nichts am Widerspruchsrecht, da dieses andernfalls weithin leerlaufen würde.[8] Die Situation ist insoweit eine andere als bei Art. 20, wo es lediglich um die spezifische »Verkörperung« von Informationen geht, die umfangreicher oder weniger umfangreich ausfallen kann und die für einen Anbieterwechsel, also für den Hauptfall der Vorschrift, auch bei strenger Begrenzung auf die eigenen Daten immer genügen wird. Hier geht es jedoch darum, im Interesse der betroffenen Person die weitere Verarbeitung von Daten zu verhindern, was notwendigerweise auch **Beziehungen zu Dritten einbeziehen** muss.

Der Widerspruch muss sich **nicht gegen die Verarbeitung aller Daten** richten, über die 9
der Verantwortliche verfügt. Wie nicht zuletzt das ausdrücklich erwähnte Beispiel des Profiling zeigt, kann es auch nur um einzelne Daten oder Verarbeitungsformen gehen. So kann beispielsweise ein Arbeitnehmer **der Veröffentlichung** seiner Daten im Internet **widersprechen**, um sich so den Nachstellungen durch bestimmte Personen besser entziehen

3 Paal/Pauly-*Martini*, Art. 21 Rn. 28.
4 So das Beispiel bei Kühling/Buchner-*Herbst*, Art. 21 Rn. 12.
5 Zum Profiling s. Art. 4 Rn. 56ff. und Däubler, Gläserne Belegschaften, Rn. 428d ff.
6 SHS-*Caspar*, Art. 21 Rn. 16.
7 Auernhammer-*Kramer*, Art. 21 Rn. 13; Paal/Pauly-*Martini*, Art. 21 Rn. 24; SHS-*Caspar*, Art. 21 Rn. 7 a. E.
8 Ebenso Kühling/Buchner-*Herbst*, Art. 21 Rn. 14.

zu können, doch wird er in einem solchen Fall gegen andere Formen der Datenverarbeitung in der Personalabteilung nichts einzuwenden haben.

3. Die »besondere Situation« der betroffenen Person

10 Die »besondere Situation« der betroffenen Person ist stark situationsabhängig. Sie kann darin bestehen, dass sich die **Umstände** für die Datenverarbeitung **geändert** haben oder eine **neue Gefahrenlage** entstanden ist. Die zunächst »harmlose« Erhebung und Verarbeitung gewinnt nachträglich eine »besondere Eingriffsqualität«,[9] weil beispielsweise die betroffene Person in ein Amt gewählt wurde, das sie in besonderem Maße Angriffen aussetzt. Ähnlich verhält es sich, wenn die betroffene Person bei der Datenerhebung entgegen Art. 13 oder Art. 14 **nicht ausreichend informiert** wurde.[10] Die »besondere Situation« der betroffenen Person kann auch darin liegen, dass der Betroffene bereits **Opfer von Datenschutzverletzungen** wurde und einer Wiederholung vorgebeugt werden soll.[11] Weiter kann die besondere Gefährdung eines Menschen durch Terrorismus, z. B. aufgrund herausgehobener politischer Stellung, ein Grund sein, der weiteren Speicherung, Verarbeitung und Nutzung von Daten zu widersprechen.[12] Eine abschließende Aufzählung ist schwer möglich.[13] Dabei ist es Sache der betroffenen Person, die Tatsachen darzulegen und notfalls zu **beweisen,** die Grundlage für die Annahme einer »besonderen Situation« sind.[14]

4. Fehlen von Ausschlussgründen

11 Der Verantwortliche kann trotz des Vorliegens aller Voraussetzungen eines Widerspruchsrechts nach Abs. 1 Satz 2 die Datenverarbeitung fortsetzen, wenn er **»zwingende schutzwürdige Gründe«** für die Verarbeitung nachweist, die die Interessen, Rechte und Freiheiten der betroffenen Person überwiegen. »**Schutzwürdig**« sind etwa die Gründe, die Art. 23 für eine Einschränkung der Betroffenenrechte aufführt, aber auch individuelle Rechte des Verantwortlichen oder eines Dritten. »**Zwingend**« sind sie nur dann, wenn es keine andere Möglichkeit gibt, ihnen Rechnung zu tragen, wobei intensiv nach Ausweichmöglichkeiten Ausschau zu halten ist. Schließlich müssen die ins Feld geführten Gründe gegenüber der besonderen Situation der betroffenen Person »**überwiegen**«; kommt ihnen nur gleicher Rang zu, muss die Datenverarbeitung unterbleiben.[15] Ob die zwingenden schutzwürdigen Gründe vorhanden sind und überwiegen, muss im Streitfall der Verantwortliche beweisen.[16]

12 Abs. 1 Satz 2 nennt als zweiten Grund für die Fortsetzung der Verarbeitung trotz begründeten Widerspruchs, dass sie **der »Geltendmachung, Ausübung oder Verteidigung von**

---

9 TEG. S. 598; siehe nunmehr Tinnefeld/Buchner/Petri, S. 278 f.
10 Gola/Wronka, RDV 2007, 59, 63.
11 Däubler, Gläserne Belegschaften, Rn. 565; zustimmend Wolff/Brink-*Brink*, § 35 Rn.76.
12 Zustimmend Mester, S. 186.
13 Auf jede Konkretisierung verzichtet Sydow-*Helfrich*, Art. 21 Rn. 59–64; weitere Beispiele bei Auernhammer-*Kramer*, Art. 21 Rn. 15.
14 Gola-*Schulz*, Art. 21 Rn. 9.
15 Kühling/Buchner-*Herbst*, Art. 21 Rn. 22.
16 Auernhammer-*Kramer*, Art. 21 Rn. 2, 18.

Rechtsansprüchen« dient.[17] Wie diese Formel zu interpretieren ist, wurde bereits an anderer Stelle ausgeführt (Art. 17 Rn. 43). In Korrektur des Wortlauts muss die Fortsetzung der Verarbeitung für den beschriebenen Zweck »notwendig« sein, da nur dann ein Zurückstehen der Interessen und Rechte der betroffenen Person in Betracht kommt; die bloße »Dienlichkeit« genügt nicht. Der Verantwortliche ist überdies gehalten, die Voraussetzungen für diese Notwendigkeit darzulegen und im Streitfall zu beweisen.[18]

5. Zeitpunkt und Form der Geltendmachung

Der **Widerspruch** ist nach Abs. 1 Satz 1 **»jederzeit«** möglich. Dies bedeutet, dass er auch vor Beginn der Datenverarbeitung möglich ist, zu der auch die Datenerhebung zählt. Ist andererseits die Datenverarbeitung beendet, kommt der Anspruch nicht mehr zum Tragen, da er sich ja gerade darauf richtet, die weitere Verarbeitung auszuschließen. Der **Widerspruch** gegen die Fortsetzung der Datenverarbeitung stellt eine **Willenserklärung** dar, für die die allgemeinen Vorschriften des BGB gelten. Er muss daher insbesondere dem Verantwortlichen zugehen.[19] Eine besondere Form ist nicht vorgeschrieben, so dass auch eine Ausübung durch mündliche oder konkludente Erklärung möglich ist. Die Ausübung kann nach Art. 12 Abs. 5 unentgeltlich erfolgen.[20] 13

6. Rechtsfolgen

Liegen die Voraussetzungen des Widerspruchsrechts vor und macht die betroffene Person von ihm Gebrauch, so wird die **weitere Datenverarbeitung unzulässig**. Dabei ist die inhaltliche Tragweite des Widerspruchsrechts (oben Rn. 9) zu beachten. Nach Art. 17 Abs. 1 Buchst. c sind die Daten grundsätzlich zu löschen.[21] Solange Streit über das Vorliegen eines Widerspruchsrechts oder über überwiegende Gegeninteressen des Verantwortlichen besteht, ist der Umgang mit den Daten nach Art. 18 Abs. 1 Buchst. d beschränkt. Wird die Verarbeitung dennoch fortgesetzt, kann dies die Aufsichtsbehörde mit Abhilfemaßnahmen und Sanktionen beantworten. 14

III. Widerspruch im Falle der Direktwerbung nach Abs. 2 und 3

1. Voraussetzungen

Abs. 2 setzt anders als Abs. 1 **keine »besondere Situation«** der betroffenen Person voraus und enthält auch keinen Vorbehalt zugunsten zwingender schutzwürdiger Gründe. Werden die Daten zum Zwecke der Direktwerbung verwendet, so genügt eine schlichte Widerspruchserklärung der betroffenen Person. Auch die Vorbereitung der Verwendung 15

---

17 Einbezogen ist auch die außergerichtliche Geltendmachung: Auernhammer-*Kramer*, Art. 21 Rn. 20.

18 Kühling/Buchner-*Herbst*, Art. 21 Rn. 24.

19 Auernhammer-*Kramer*, Art. 21 Rn. 14; Paal/Pauly-*Martini*, Art. 21 Rn. 19, der von einem »Gestaltungsrecht« spricht.

20 Paal/Pauly-*Martini*, Art. 21 Rn. 14.

21 Paal/Pauly-*Martini*, Art. 21 Rn. 33.

über ein Profiling wird erfasst.[22] »Direktwerbung« meint dabei **nicht nur** die faktisch bei weitem im Vordergrund stehende **kommerzielle Werbung**;[23] vielmehr wird auch das Werben für soziale, politische und religiöse Zwecke erfasst.[24] Auch kommt es anders als bei Abs. 1 nicht auf die **Rechtsgrundlage der Datenverarbeitung**, sondern allein auf den Verarbeitungszweck an. Das Profiling ist in gleicher Weise wie bei Abs. 1 erwähnt und dient als (an sich sowieso einbezogenes) Beispiel.

2. Rechtsfolgen

16 Abs. 3 ordnet an, dass aufgrund des Widerspruchs die Daten **nicht mehr** für **Zwecke der Direktwerbung** verwendet werden dürfen. Die Verfolgung anderer Zwecke ist trotz der Löschungsvorschrift des Art. 17 Abs. 1 Buchst. c nicht ausgeschlossen, die insoweit über das Ziel hinausschießt (vgl. Art. 17 Rn. 13).[25] In der Praxis werden die Daten in eine »**Werbesperrdatei**« überführt, worüber die betroffene Person zu informieren ist. Auf diese Weise kann sie aber auch die Aufsichtsbehörde kontrollieren, ob dem Abs. 3 Rechnung getragen wurde. Besteht für die weitere Speicherung keine Rechtsgrundlage mehr, sind die Daten zu löschen.[26]

17 Wird der weiteren Verwendung für Werbezwecke widersprochen, so sind die Daten »**unverzüglich**« **nicht mehr** für diesen Zweck **zu verwenden**. Bei angelaufenen Werbekampagnen kann dem Verantwortlichen die sofortige Herausnahme allerdings unzumutbar sein. Darüber ist die betroffene Person zu informieren.[27] Bei der Umsetzung der Herausnahme sind die Fristen des Art. 12 zu beachten (Art. 12 Rn. 12).

IV. Spezielle Verfahrensvorschriften

1. Hinweispflicht nach Abs. 4

18 Nach Abs. 4 muss die betroffene Person **spätesten bei der ersten Kommunikation** mit ihr ausdrücklich auf das Widerspruchsrecht nach Abs. 1 und 2 hingewiesen werden. Dieser Hinweis hat »in einer verständlichen und von anderen Informationen getrennten Form« zu erfolgen. Die Vorschrift überrascht insoweit, als sie mit etwas kürzeren Worten zumindest Ähnliches sagt wie andere Vorschriften, ohne das Verhältnis zu ihnen zu klären: Art. 13 Abs. 2 Buchst. b verlangt einen Hinweis auf das »Widerspruchsrecht gegen die Verarbeitung«, wenn die Daten bei der betroffenen Person erhoben werden, Art. 14 Abs. 2 Buchst. c schreibt dasselbe vor, wenn die Daten nicht bei der betroffenen Person erhoben werden, und Art. 12 Abs. 1 enthält präzise Vorgaben in Bezug auf die Verständlichkeit von

22 Sydow-*Helfrich*, Art. 21 Rn. 83 f.; ebenso andere Vorbereitungshandlungen: Auernhammer-*Kramer*, Art. 21 Rn. 23.
23 Diese kann auch auf die (vermutete) persönliche Situation zugeschnitten sein: Sydow-*Helfrich*, Art. 21 Rn. 77.
24 Kühling/Buchner-*Herbst*, Art. 21 Rn. 26.
25 Ebenso Auernhammer-*Kramer*, Art. 21 Rn. 26; Gola-*Schulz*, Art. 21 Rn. 23.
26 Auernhammer-*Kramer*, Art. 21 Rn. 26; für automatische Löschung s. Sydow-*Helfrich*, Art. 21 Rn. 86.
27 Gola-*Schulz*, Art. 21 Rn. 26.

Erklärungen und Mitteilungen. Vermutlich liegt eine **wenig sorgfältige redaktionelle Arbeit** zugrunde, die dieses Mal nicht nur den deutschen Text betrifft.[28] In der Literatur wird mit vertretbaren Gründen der Standpunkt vertreten, die **Regelungen nebeneinander** anzuwenden und so der jeweils weitergehenden zum Durchbruch zu verhelfen.[29]

Abs. 4 sieht den Hinweis auf das Widerspruchsrecht ganz generell vor und stellt anders als 19
Art. 13 Abs. 2 Buchst. b und Art. 14 Abs. 2 Buchst. c **nicht** auf die **»Erforderlichkeit« ab.** Diese ist daher auch nicht zu prüfen. Als Zeitpunkt ist der **erste Kontakt** zwischen Verantwortlichem und betroffener Person maßgebend, was gegenüber Art. 13 keine Veränderung bedeutet, wohl aber bei Art. 14 zu einer Vorverlegung führen kann. Was die Form betrifft, so geht Art. 12 Abs. 1 Satz 1 weiter als Abs. 4. Entscheidend kommt es darauf an, dass die Mitteilung **auch für uninformierte Menschen verständlich** ist und dass sie von anderen Informationen getrennt zu erfolgen hat, was durch drucktechnische Hervorhebung bewerkstelligt werden kann.

2. Widerspruch mittels automatisierten Verfahrens nach Abs. 5

Bei der Nutzung von Diensten der Informationsgesellschaft kann die betroffene Person 20
nach Abs. 5 ihr Widerspruchsrecht »mittels automatisierter Verfahren« ausüben, »bei denen technische Spezifikationen verwendet werden«. In der Literatur wird als Beispiel eine **Browsereinstellung** genannt, die dem Webserver signalisiert, der Nutzer widerspreche der automatischen Nachverfolgung seines Surfverhaltens.[30] Ob dies als Willenserklärung im traditionellen Sinn aufgefasst würde, ist zweifelhaft; an der Wirksamkeit einer solchen technikgestützten Erklärung bestehen wegen Abs. 5 jedoch keine Zweifel. Im Übrigen ist bei allen Formfragen auf Art. 12 zurückzugreifen.

V. Der Sonderfall: Widerspruch bei Verarbeitung zu Forschungs- und zu Statistikzwecken nach Abs. 6

Abs. 6 enthält eine **Sonderregelung** für den Fall, dass die Verarbeitung zu »wissenschaft- 21
lichen oder historischen Forschungszwecken« oder zu statistischen Zwecken erfolgt. Wie diese im Einzelnen zu bestimmen sind, richtet sich nach Art. 89 (siehe dort). In einem solchen Fall hat die betroffene Person ebenso wie im Fall des Abs. 1 nur dann ein Widerspruchsrecht, wenn sie sich in einer **»besonderen Situation«** befindet (siehe oben Rn. 10). Allerdings kommt es anders als bei Abs. 1 nicht auf den Rechtsgrund der Verarbeitung an; alle Fälle des Art. 6 Abs. 1 sind erfasst.

Die **Ausnahmen** sind pauschaler als in Abs. 1 formuliert; es geht ausschließlich darum, 22
dass die Verarbeitung »zur Erfüllung einer im öffentlichen Interesse liegenden Aufgabe erforderlich« ist. Dazu dürften insbesondere die ausdrücklich genannten Forschungs- und Statistikzwecke, aber auch Zwecke der Archivierung zählen. Hier ist ebenfalls eine **Abwä-**

---

28 Zu »Redaktionsversehen« speziell im deutschen Text, nicht aber in den genauso verbindlichen anderen sprachlichen Fassungen s. Art. 20 Abs. 4 (dazu Art. 20 Rn. 12) und Art. 15 Abs. 4 (dazu Art. 15 Rn. 29).

29 Kühling/Buchner-*Herbst*, Art. 21 Rn. 34; s. auch Auernhammer-*Kramer*, Art. 21 Rn. 43ff.

30 Kühling/Buchner-*Herbst*, Art. 21 Rn. 43 (»do-not-track« – Einstellung).

gung zwischen dem öffentlichen Interesse und dem Interesse der betroffenen Person an der Verhinderung der weiteren Verarbeitung vorzunehmen. Auch hier greift die **Mitteilungspflicht** nach Abs. 4 ein, auch hier kann der **Widerruf** nach Abs. 5 **in technisierter Form** erklärt werden.

Art. 22 Automatisierte Entscheidung im Einzelfall einschließlich Profiling

(1) Die betroffene Person hat das Recht, nicht einer ausschließlich auf einer automatisierten Verarbeitung – einschließlich Profiling – beruhenden Entscheidung unterworfen zu werden, die ihr gegenüber rechtliche Wirkung entfaltet oder sie in ähnlicher Weise erheblich beeinträchtigt.

(2) Absatz 1 gilt nicht, wenn die Entscheidung

a) für den Abschluss oder die Erfüllung eines Vertrags zwischen der betroffenen Person und dem Verantwortlichen erforderlich ist,

b) aufgrund von Rechtsvorschriften der Union oder der Mitgliedstaaten, denen der Verantwortliche unterliegt, zulässig ist und diese Rechtsvorschriften angemessene Maßnahmen zur Wahrung der Rechte und Freiheiten sowie der berechtigten Interessen der betroffenen Person enthalten oder

c) mit ausdrücklicher Einwilligung der betroffenen Person erfolgt.

(3) In den in Absatz 2 Buchstaben a und c genannten Fällen trifft der Verantwortliche angemessene Maßnahmen, um die Rechte und Freiheiten sowie die berechtigten Interessen der betroffenen Person zu wahren, wozu mindestens das Recht auf Erwirkung des Eingreifens einer Person seitens des Verantwortlichen, auf Darlegung des eigenen Standpunkts und auf Anfechtung der Entscheidung gehört.

(4) Entscheidungen nach Absatz 2 dürfen nicht auf besonderen Kategorien personenbezogener Daten nach Artikel 9 Absatz 1 beruhen, sofern nicht Artikel 9 Absatz 2 Buchstabe a oder g gilt und angemessene Maßnahmen zum Schutz der Rechte und Freiheiten sowie der berechtigten Interessen der betroffenen Person getroffen wurden.

Inhaltsübersicht

I. Allgemeines

Vorgänger des Art. 22 ist **Art. 15 EG-DSRl** zu »automatisierten Einzelentscheidungen«. Auch diese Norm war systematisch bei den Betroffenenrechten eingeordnet. Sie nutzte noch nicht den Begriff »Profiling« und nahm Bezug auf eine die Person betreffende »erheblich beeinträchtigende Entscheidung«, die ausschließlich unter »Bewertung einzelner Aspekte ihrer Person ergeht, wie beispielsweise ihrer beruflichen Leistungsfähigkeit, ihrer Kreditwürdigkeit, ihrer Zuverlässigkeit oder ihres Verhaltens«. Schon bei Ausarbeitung der EG-DSRl ging die Kommission davon aus, dass die missbräuchliche Verwendung der Informatik für die Entscheidungsfindung »eine der Hauptgefahren der Zukunft« ist.[1] Art. 15 EG-DSRl wurde 2001 in Deutschland über den § 6a BDSG-alt umgesetzt.[2] Der damit verfolgte Ansatz, Menschen vor Maschinenentscheidungen zu schützen, war zuvor im deutschen Datenschutzrecht noch nicht verfolgt worden und kommt aus dem französischen Recht.[3] 1

Im Kommissionsentwurf (dort Art. 20) zur DSGVO war ein weitergehendes Profiling-Verbot vorgesehen. Der Änderungsvorschlag des **Europaparlaments** ging von diesem Verbotsansatz ab und ergänzte die Regelung zu den allgemeinen Zulässigkeitsanforderungen des Art. 6 um eine Unterrichtungspflicht des Verantwortlichen und ein Widerspruchsrecht für den Betroffenen. Ein vom EU-Parlament vorgeschlagener ErwGr sah vor, dass bei Profiling mit pseudonymisierten Daten generell die Vermutung gelten sollte, dass keine erheblichen Auswirkungen für die Betroffenen entstehen. Dies wurde letztlich nicht übernommen.[4] Nach Abs. 5a sollte der EDSA zwecks Präzisierung Leitlinien, Empfehlungen und bewährte Praktiken festhalten (jetzt Art. 70 Abs. 1 Buchst. f). Das Parlament wollte generell die Regelungen der DSGVO weitgehend auch auf Behörden der Gefahrenabwehr und der Strafverfolgung erstrecken, doch konnte er sich damit nicht durchsetzen.[5] In der zeitgleich mit der DSGVO in Kraft getretenen EU-Datenschutzrichtlinie für Polizei und Justiz[6] ist nun in Art. 11 eine dem Art. 22 vergleichbare Norm enthalten, die systematisch aber bei der Verarbeitungszulässigkeit angesiedelt ist. Die Problematik digitalisierter Entscheidungen besteht hier wegen der hohen Eingriffsintensität in verstärktem Maße. 2

Die im Trilog letztlich konsentierte Fassung des Art. 22 geht auf den **Regelungsvorschlag des Rates** zurück, der die Möglichkeit der Zulassung automatisierter Einzelentscheidungen ausweitete und für die Mitgliedstaaten eine Öffnungsklausel aufnahm. Dieser Öffnung vorausgegangen war eine massive Lobbyarbeit der Wirtschaft, der gegenüber sich viele nationale und europäische Politiker offen zeigten.[7] 3

---

1 Zit. bei Dammann/Simitis, S. 216.

2 Zu den Unterschieden Dammann, ZD 2016, 312f.; Paal/Pauly-*Martini*, Art. 22 Rn. 14.

3 Grabitz/Hilf-*Brühann*, EG-DSRl, Art. 15 Rn. 2.

4 Ehmann/Selmayr-*Hladjk*, Art. 22 Rn. 10.

5 Albrecht, CR 2016, 90.

6 EU 2016/680, ABl. EU v. 4.5.2016 – L 119/89; dazu Weichert, DANA 2016, 8–13 = *http://www.netzwerk-datenschutzexpertise.de/dokument/eu-datenschutzrichtlinie-f%C3%BCr-polizei-und-justiz*; Weinhold/Johannes, DVBl 2016, 1501ff.

7 Vgl. Netzwerk Datenschutzexpertise, Big Data, Wirtschaft 4.0 und der Datenschutz, 31.12.2015, *http://www.netzwerk-datenschutzexpertise.de/big-data*.

4 Art. 22 enthält eine Regelung, die sowohl an der **Nutzung personenbezogener Daten** (Entscheidung) wie auch an der diese vorbereitenden Verarbeitung (automatisiertes Verfahren, Profiling) anknüpft. Hierin liegt keine gesetzgeberische Ungenauigkeit,[8] sondern die datenschutzrechtliche Erwägung, dass die vollautomatische Datenverarbeitung eine diese Personen betreffende praktische Zweckrichtung verfolgt. Wesentlich ist also die Nutzung, die auf einer automatisierten Verarbeitung basiert.[9]

5 Ein zentraler Anwendungsfall für Art. 22 ist der Einsatz von »künstlicher Intelligenz«.[10] Die Regelung basiert nicht auf einem diffusen allgemeinen Unbehagen hierüber,[11] sondern auf der Erkenntnis, dass die Vorgaben von Algorithmen bei Entscheidungen massive Beeinträchtigungen für die Betroffenen verursachen können. Dass in die DSGVO zu den modernen Datenanalysemethoden noch keine eigenständigen fertigen Regelungen erlassen wurden, wird damit begründet, dass nach Ansicht des Gesetzgebers die **Entwicklung** sich noch **in einem frühen Stadium** befindet.[12] Tatsächlich befinden sich die Möglichkeiten von »Big Data« noch nicht im Ansatz ausgeschöpft; künftige Praktiken zeichnen sich bisher nur in Ansätzen ab. Es ist Versprechen wie Drohung, dass alles mit allem kombinier- und dann auswertbar gemacht wird. Angaben zu Finanztransaktionen, Bonitätsbewertungen, medizinische Behandlungen, Konsum, Internetnutzung, Kommunikation über soziale Netzwerke, aus der Berufsausübung, aus der »Smartifizierung« praktisch aller Lebensbereiche. Daten über sensitive Lebenssachverhalte (z. B. Sexualität) und erfasste Gefühle sind ebenso wenig Tabu wie biotechnologisch erfasste Daten. Die Auswertung erfolgt schon heute ohne wesentliche technische Einschränkung und oft in Echtzeit. Dabei werden sämtliche Datenschutzprinzipien auf den Prüfstand gestellt, insbesondere die der Zweckbindung und der Datensparsamkeit.[13]

5a Wegen seines eingeschränkten Anwendungsbereichs und zugleich wegen seiner offenen Formulierung wird Art. 22 als nicht technikadäquat kritisiert.[14] Art. 22 eignet sich aber als rechtlicher Anknüpfungspunkt für eine **umfassendere Algorithmenkontrolle**. Verbesserungen, die auch spezifisch geregelt sein können, sind insbesondere nötig im Hinblick auf die Nutzung des Algorithmeneinsatzes, der Transparenz, der Anwendung auch auf juristische Personen als »Betroffene«.[15]

6 Bei Verstößen gegen Art. 22 sind gemäß Art. 83 Abs. 5 Buchst. b unter Berücksichtigung der Kriterien von Art. 83 Abs. 2 **Geldbußen** bis zu 20 Mio. Euro oder 4 % des Jahresumsatzes vorgesehen.

---

8 So Kühling/Buchner-*Buchner*, 1. Aufl. 2017, Art. 22 Rn. 4.

9 Kritisch Kugelmann, DuD 2016, 569f.

10 Herberger, NJW 2018, 2825; Wischmeyer, AöR 143 (2018), 1–66; s. Conrad DuD 2018, 541; Rost, DuD 2018, 558.

11 So Gola-*Schulz*, Art. 22 Rn. 2.

12 Albrecht/Jotzo, S. 60, Rn. 6.

13 Weichert ZD 2013, 251ff.; Werkmeister/Brandt, CR 2016, 237.

14 Z.B. Reibach, RDV 2018, 198ff.

15 Netzwerk Datenschutzexpertise, Evaluation der Europäischen Datenschutz-Grundverordnung, 13.6.2019, *https://www.netzwerk-datenschutzexpertise.de/sites/default/files/gut-2019-evaluation dsgvo-final.pdf*, S. 7f.; Spindler, DB 2018, 45f.

II. Profiling

1. Begriff und Geschichte

Der Gesetzgeber hat das Profiling zu einem Anwendungsfall automatisierter Entscheidungen erklärt. Eine **Definition** des Profiling wird in Art. 4 Nr. 4 vorgenommen. Danach ist Profiling *jede Art der automatisierten Verarbeitung personenbezogener Daten, die darin besteht, dass diese personenbezogenen Daten verwendet werden, um bestimmte persönliche Aspekte, die sich auf eine natürliche Person beziehen, zu bewerten, insbesondere um Aspekte bezüglich Arbeitsleistung, wirtschaftliche Lage, Gesundheit, persönliche Vorlieben, Interessen, Zuverlässigkeit, Verhalten, Aufenthaltsort oder Ortswechsel dieser natürlichen Person zu analysieren oder vorherzusagen*. Damit wollte der Gesetzgeber auf die Debatten über Data-Mining und Big-Data-Anwendungen reagieren.[16] Von ErwGr 71 Satz 2 wird die Definition aufgegriffen. Anstelle des Begriffs Bewertung werden dabei die Begriffe »Analyse« und »Prognose« verwendet. Es wird zudem die Entfaltung einer rechtlichen Wirkung auf den Betroffenen oder eine ähnliche erhebliche Beeinträchtigung gefordert. Profiling kann sowohl eine manipulative wie auch eine diskriminierende Wirkung haben. Ihr liegt z. B. bei Produkt-, Lese- oder sonstigen Empfehlungen im Internet regelmäßig die Erwägung zugrunde, dass der Betroffene das, was er bisher getan hat, auch künftig tun möchte. 7

»Profiling« wurde in der Rechtsprechung des Bundesverfassungsgerichts (BVerfG) früh thematisiert. Schon 1969 hat es aus dem allgemeinen Persönlichkeitsrecht ein **Verbot der Erstellung totaler Persönlichkeitsbilder** abgeleitet: Es sei mit der Menschenwürde nicht vereinbar, »wenn der Staat das Recht für sich in Anspruch nehmen könnte, den Menschen zwangsweise in seiner ganzen Persönlichkeit zu registrieren und zu katalogisieren«.[17] Für die freie Entfaltung der Persönlichkeit bedürfe es eines verbleibenden »Innenraums«, in dem der Mensch »sich selbst besitzt« und »in den er sich zurückziehen kann, zu dem die Umwelt keinen Zutritt hat, zu dem die Umwelt keinen Zutritt hat, in dem man in Ruhe gelassen wird und ein Recht auf Einsamkeit genießt«. Vor allem bei der Integration automatisierter Informationssysteme entsteht danach die Gefahr, dass Personendaten zu einem »teilweisen oder weitgehend vollständigen Persönlichkeitsprofil zusammengefügt« werden, »ohne dass der Betroffene dessen Richtigkeit und Verwendung zureichend kontrollieren kann«.[18] Auch im privaten Bereich gilt das Verbot der zwangsweisen und heimlichen Erfassung, die auf die »Offenlegung wesentlicher Teile des Persönlichkeitsbildes gerichtet ist«.[19] Nicht erst das Erstellen von Profilen, sondern auch die systematische Datensammlung zu einem Menschen, z. B. durch systematische Observation, wurde früh gerichtlich untersagt.[20] 8

Wesentlich für die Begrifflichkeit des Profiling ist das **zielgerichtete Verknüpfen** personenbezogener Daten, die logisch zueinander in Beziehung gesetzt werden, so dass dabei ein Bild oder Teilabbild entsteht. Entscheidend ist die qualifizierte Auswahl und Kombi- 9

16 Albrecht/Jotzo, S. 79.
17 BVerfG, 16. 7. 1969, 1 BvL 19/63, Mikrozensus, NJW 1969, 1707 = BVerfGE 27, 1 ff.
18 BVerfGE 27, 6.
19 BGH 3. 5. 1986 – III ZR 233/84, NJW 1988, 3078; bzgl. Beschäftigten Däubler, Gläserne Belegschaften, Rn. 428 ff.
20 Vgl. BVerwG 21. 3. 1986 – 7 C 73/84, NJW 1986, 2332.

nation der Daten aus verschiedenen Lebensbereichen oder Nutzungsvorgängen. Art und Umfang der Daten sowie Verwendungsweisen sind zwar nicht begriffsbestimmend für das Profiling, können aber das Gefahrenpotential für die Persönlichkeitsrechte der Betroffenen erhöhen.[21]

10 Persönlichkeitsprofile lassen sich entlang einer zeitlichen Entwicklung (Langzeitprofile) oder als sektorenübergreifende Blitzaufnahme (Querschnittsprofile) erstellen. **Langzeitprofile** geben Antworten auf Fragen nach individuellen, z. B. politischen oder religiösen, Einstellungen und Verhaltensweisen oder beruflichen Laufbahnen. **Querschnittsprofile** fassen Informationen aus verschiedenen Lebensbereichen zusammen (z. B. über Familie, Gesundheit, Vermögen, Religion, Freizeit). Durch das Verbot von Langzeitprofilen soll verhindert werden, dass die Vergangenheit prägend für die Zukunft eines Menschen wird. Das Verbot von Querschnittsprofilen sichert das Ausfüllen unterschiedlicher sozialer Rollen. Es ist äußerst schwierig, eine objektive Grenze festzulegen, bei deren Überschreiten ein absolutes Verbot von Persönlichkeitsprofilen wirksam wird. Der Gefahr von Persönlichkeitsprofilen versuchte der Gesetzgeber – bisher mit beschränktem Erfolg – durch die Regelungen zu automatisierten Entscheidungen und zum Scoring Herr zu werden.[22] Einen umfassenderen Regelungsversuch stellt nun Art. 22 dar.[23]

11 »Das Profiling unterliegt den Vorschriften dieser Verordnung für die Verarbeitung personenbezogener Daten, wie etwa die Rechtsgrundlage für die Verarbeitung oder die Datenschutzgrundsätze« (ErwGr 72 Satz 1). Die Aussage, die auf den gesamten Art. 22 angewandt werden kann, stellt klar, dass bzgl. Rechtmäßigkeit, Treu und Glauben, Transparenz, Zweckbindung, Datenminimierung und Speicherbegrenzung, Datenrichtigkeit, Integrität und Vertraulichkeit bei dieser Methode etwa wegen der Komplexität grds. **keine rechtlichen Abstriche** gemacht werden dürfen.[24]

2. Verfassungsrechtliche Verortung

12 Die verfassungsrechtlichen Ableitungen zur Begrenzung des Profiling erfolgten durch das BVerfG bisher über die Menschenwürde und die Handlungsfreiheit in der besonderen Ausgestaltung des **allgemeinen Persönlichkeitsrechts** – die dogmatische Grundfigur, der auch die Grundrechte auf »informationelle Selbstbestimmung«[25] sowie auf »Gewährleistung der Vertraulichkeit und Integrität informationstechnischer Systeme«[26] zugrunde liegen.

13 Die seit 2009 gültige **Europäische Grundrechte-Charta** ist technikadäquat und moderner formuliert. Mit dem Art. 7 GRCh werden die Rechte auf Privatsphäre und deren besondere Ausprägung in der Wohnung und in der Kommunikation gesichert. Dem wird Art. 8 GRCh als Grundrecht auf Datenschutz zur Seite gestellt mit den konkreten Ausprägun-

21 Kühnl, S. 20 f.

22 Unabhängiges Landeszentrum für Datenschutz (ULD)/GP Forschungsgruppe, Scoring nach der Datenschutz-Novelle 2009 und neue Entwicklungen, 2014, S. 172.

23 Kritisch Artikel-29-Arbeitsgruppe, zit. in ULD/GP Forschungsgruppe, ebenda, S. 161 f.; Schröder/Taeger, S. 138 ff.

24 Spindler, DB 2016, 943.

25 BVerfG 15. 12. 1983 – 1 BvR 209/83 u. a., NJW 1984, 419, Volkszählung.

26 BVerfG 27. 2. 2008 – 1 BvR 370/07 u. 1 BvR 595/07, NJW 2008, 822, Online-Durchsuchung.

gen Auskunftsanspruch, Zweckbindung und unabhängige Kontrolle. Damit wird das abstrakte Instrumentarium zum Umgang mit Big Data festgelegt: Transparenz, Kontextschutz und externe Überwachung. Instrumentell relevant bleiben die Diskriminierungsverbote nach folgenden Merkmalen: Geschlecht, Rasse, Hautfarbe, ethnische und soziale Herkunft, genetische Merkmale, Sprache, Religion, Weltanschauung, politische und sonstige Anschauung, Zugehörigkeit zu einer nationalen Minderheit, Vermögen, Geburt, Behinderung, Alter, sexuelle Ausrichtung und Staatsangehörigkeit (Art. 21 GRCh). Für die Bewertung von Big Data nützlich ist zudem die verfassungsrechtliche Benennung bestimmter Kontexte, bei denen ein spezifischer Schutz angesagt ist: Der Umgang mit Daten von Kindern und älteren Menschen (Art. 24, 25 GRCh), von Menschen mit Behinderungen (Art. 26 GRCh), im Arbeitsverhältnis (Art. 27–32), im Gesundheitswesen (Art. 35 GRCh) und bei Verbraucherbezug (Art. 38 GRCh).

Die GRCh bleibt aber technikneutral, so dass die **technikspezifischen Risiken** von Big Data nicht eingehegt werden. Ein Versuch, dieses Defizit zu beheben, wurde mit dem am 1.12.2016 veröffentlichten Entwurf einer »Charta der digitalen Grundrechte der Europäischen Union«[27] gestartet. Dieser enthält Präzisierungen zur Transparenz, zum Datenschutz, zur Datensouveränität und zum »Recht auf Vergessenwerden« sowie Aussagen zum Profiling (Art. 6), zu Algorithmen (Art. 7) und zur »künstlichen Intelligenz« (Art. 8). 14

III. Intention und Systematik

»Die betroffene Person sollte das Recht haben, keiner Entscheidung – was eine Maß- 15
nahme einschließen kann – zur **Bewertung von sie betreffenden persönlichen Aspekten** unterworfen zu werden, die ausschließlich auf einer automatisierten Verarbeitung beruht und die rechtliche Wirkung für die betroffene Person entfaltet oder sie in ähnlicher Weise erheblich beeinträchtigt, wie die automatische Ablehnung eines Online-Kreditantrags oder Online-Einstellungsverfahren ohne jegliches menschliche Eingreifen« (ErwGr 71 Satz 1).

Die Ratio des Art. 22 besteht darin, dass automatisierte Entscheidungen für die Betroffe- 16
nen ein besonderes Risiko im Hinblick auf **Transparenz und Beeinflussbarkeit** darstellen, so dass die Nutzung des Datenauswertungsvorgangs als besonders sensitiv angesehen wird. Dass Art. 22 als Betroffenenrecht eingeordnet und formuliert ist, hat vorrangig historische Gründe und ändert nichts daran, dass er zusätzliche Rechtmäßigkeitsvoraussetzungen festlegt.[28] Es ist nicht nötig, dass der Betroffene von seinem »Recht« aktiv Gebrauch macht. Das Verbot gilt unabhängig davon, ob er tätig wird oder nicht.[29] Der Einzelne soll nicht reines Objekt von einem Entscheidungsautomatismus werden.[30]

---

27 Abrufbar im Internet unter *www.digitalcharta.eu.*

28 Albrecht/Jotzo, S. 79; Kühling/Martini u. a., S. 338 f.; Paal/Pauly-*Martini*, Art. 22 Rn. 29; Deuster, PinG 2016, 77; Kühling/Buchner-*Buchner*, Art. 22 Rn. 12; Abeel, ZD 2018, 305; a. A. Gola-*Schulz*, Art. 22 Rn. 3, 5, 11: organisatorische (Verfahrens-)Vorschrift mit mittelbarem Verbotscharakter.

29 Art. 29-Datenschutzgruppe, WP251rev.01 6.2.2018, S. 21; SHS-*Scholz*, Art. 22 Rn. 16.

30 Kühling/Martini u. a., S. 62.

17 Eine Problematik automatisierter Entscheidungen entsteht durch die Einbeziehung von Daten, die nicht im Kontext der konkreten Entscheidung entstanden sind.[31] Von einer automatisierten Entscheidung i. S. v. Art. 22 kann nicht gesprochen werden, wenn ein System auf der Grundlage eines kontextnahen Datensatzes eine (menschlich) vorfestgelegte Entscheidung trifft, etwa bei Verwendung eines elektronischen Berechtigungsausweises, um Zugang zu einem Raum oder einem Rechner zu erlangen. Erfolgt jedoch automatisiert keine vorfestgelegte überschaubare »Wenn-dann-Entscheidung«, sondern ein komplexer, für den Betroffenen **nicht mehr überschaubarer Entscheidungsprozess**, dann ist dies ein Fall des Art. 22, auch wenn die Entscheidung letztlich z. B. nur in einer »banalen« Zugangsberechtigung besteht.[32] Die fehlende Transparenz hat die fehlende Kontrollierbarkeit und Revisionsfähigkeit der Entscheidung zur Folge. Dieser Verlust entsteht insbesondere, wenn die verwendeten Algorithmen nicht mehr vollständig dokumentiert und damit nicht mehr nachvollziehbar sind.[33] Von Art. 22 nicht erfasst sind »automatisierte« Entscheidungen, bei denen sämtliche (kontextnahe und überschaubaren) Gewichtungen zuvor von Menschen, und nicht von einem automatisierten Verfahren festgelegt wurden.

18 Im Vordergrund der Regelung des Art. 22 steht nicht, dass eine **Bewertung** des Betroffenen erfolgt, sondern dass Schlussfolgerungen aus dem Vorliegen von Merkmalen über ihn gezogen werden (Prognose, Analyse). Da bei der Entwicklung von jedem Algorithmus vom Programmierer eine subjektive Komponente einfließt, kann aber gesagt werden, dass Art. 22 in jedem Fall personifizierte Aussagen mit einem Bewertungselement reguliert.[34]

19 Art. 22 ist immer anwendbar, wenn Entscheidungen mit Auswirkungen für die Betroffenen auf der Grundlage von personenbezogenen Daten mit sog. **künstlicher Intelligenz** getroffen werden. Bei derartigen selbstlernenden Systemen fließt das nicht mehr nachvollziehbare, automatisiert erfasste Erfahrungswissen des Systems in die Entscheidung ein.[35]

20 Art. 22 differenziert nicht nach dem objektiven Gewicht der Entscheidung, sondern danach, ob diese **für den Betroffenen rechtliche Relevanz** hat oder zu einer Beeinträchtigung führen kann.

21 Kein Kriterium ist es, ob und inwieweit durch das genutzte Verfahren das Risiko der Fehlerhaftigkeit erhöht wird.[36] **Fehlergeneigtheit** ist zwar ein oft im Zusammenhang mit automatisierten Entscheidungen auftretendes Phänomen, aber kein dafür bestimmendes Merkmal. Automatisierte Entscheidungen, etwa im Medizin- und Verkehrsbereich, müssen oft hoch zuverlässig sein, ohne dass dadurch Art. 22 ausgeschlossen würde. Es gibt viele automatisierte Entscheidungssysteme, bei denen die Einbeziehung von Menschen deren Fehlerhaftigkeit erhöht, nicht-automatisierte Lösungen also fehlergeneigter sind.

---

31 LNK, S. 110.

32 DKWW-*Weichert*, § 6a Rn. 3; Kühling/Buchner-*Buchner*, Art. 22 Rn. 18; SHS-*Scholz*, Art. 22 Rn. 18.

33 Reichwald/Pfisterer, CR 2016, 211 f.

34 Kühling/Buchner-*Buchner*, Art. 22 Rn. 19.

35 Reichwald/Pfisterer, CR 2016, 211.

36 So aber scheinbar LNK, S. 110.

Aus dem Umstand besonderer Sensitivität automatisierter Entscheidungen zieht die DSGVO **in weiteren Normen** Konsequenzen. So ist bei der Verwendung derartiger Technologien gemäß Art. 13 Abs. 2 Buchst. f und Art. 14 Abs. 2 Buchst. g eine Pflicht des Verantwortlichen vorgesehen zu »aussagekräftige(n) Informationen über die involvierte Logik sowie die Tragweite und die angestrebten Auswirkungen« für die Betroffenen, egal ob die Daten bei diesen erhoben wurden oder nicht. Art. 15 Abs. 1 Buchst. h begründet bei automatisierten Entscheidungen einen Anspruch auf »aussagekräftige Informationen über die involvierte Logik sowie die Tragweite und die angestrebten Auswirkungen einer derartigen Verarbeitung für die betroffene Person«. Gemäß Art. 35 Abs. 3 Buchst. a ist bei derartigen Verfahren eine Datenschutz-Folgeabschätzung erforderlich. In Binding Corporate Rules muss gemäß Art.47 Abs. 2 Buchst. e das Betroffenenrecht des Art. 22 inkorporiert werden. Der Europäische Datenschutzausschuss (EDSA) wird in Art. 70 Abs. 1 Buchst. f ermächtigt, »Leitlinien, Empfehlungen und bewährte Verfahren« festzulegen. 22

Art. 22 hat einen eigenen Regelungsgehalt, der **auf nationaler Ebene** nicht konkretisiert werden muss, wohl aber wegen Abs. 2 Buchst. b werden kann. Insofern wurden die bisher in Deutschland bestehenden Regelungen (§§ 6a, 28b, 34 Abs. 2, 3 Satz 2, 4 und 8 Satz 2, 35 Abs. 1 BDSG-alt) nicht in Frage gestellt[37] und fanden in den §§ 31, 37 BDSG eine Fortschreibung. 23

Wegen des starken Grundrechtsbezugs ist bei Art. 22 eine **betroffenenfreundliche Auslegung** geboten.[38] Da von automatisierten Entscheidungen regelmäßig ein hohes Risiko ausgeht, ist vom Verantwortlichen grundsätzlich eine Datenschutz-Folgenabschätzung nach Art. 35 durchzuführen.[39] 24

IV. Entscheidung

Die Norm knüpft an eine »ausschließlich auf einer automatisierten Verarbeitung beruhenden **Entscheidung**« an, also eine Computerentscheidung **ohne menschliche Einflussnahme**. Für die Anwendung genügt nicht ein Profiling, das eine Entscheidung nur vorbereitet.[40] Deshalb können z. B. Mimik- oder Sprachanalysen, mit denen per sog. Künstliche Intelligenz auf Charakter, Stimmung, Kaufbereitschaft o.Ä. geschlossen wird, ohne dass damit eine direkte Computerentscheidung verbunden ist, schwerlich unter Art.22 subsumiert werden.[41] Anstelle des Begriffs »Entscheidung« kann auch von einer Maßnahme gesprochen werden.[42] In ErwGr 71 Satz 1 werden Beispiele genannt: »die automatische Ablehnung eines Online-Kreditantrags oder Online-Einstellungsverfahren ohne jegliches menschliche Eingreifen«. Erfasst sind damit nicht nur vollautomatisierte Entscheidungen, sondern auch solche, bei denen ein Mensch vor der Entscheidung deren Inhalt zur Kenntnis nimmt, ohne aber einzugreifen. Es darf sich bei der menschlichen Beteiligung 25

---

37 Nebel, Hohmann u. Richter in Roßnagel, Europäische Datenschutz-Grundverordnung, S. 141f., 152ff., 251; kritisch und differenzierend Kühling/Martini u. a., S. 338ff., 441ff.; Kühling/Buchner-*Buchner*, Art. 22 Rn. 38, 48.

38 Kugelmann, DuD 2016, 570.

39 Art. 29-Datenschutzgruppe, WP251rev.01 6.2.2018, S. 22, 33f.

40 Weshalb Galetzka, K&R 2018, 687 Art. 22 nicht für Webtracking anwendbar hält.

41 Siehe Gola, RDV 2018, 26f.

42 Kühling/Buchner-*Buchner*, Art. 22 Rn. 23.

nicht nur um eine routinemäßige symbolische Geste handeln. Die Art der Beteiligung ist im Rahmen einer Folgenabschätzung gemäß Art. 35 aufzuzeichnen.[43] Erfolgt dagegen eine manuelle Prüfung eines automatisierten Ergebnisses vor einer Entscheidung, und wird dieses bestätigt, so ist Art. 22 nicht anwendbar.[44] Über die insofern nötige menschliche Prüftiefe sagt die DSGVO nichts. In jedem Fall müssen aber bei der manuellen Prüfung Aspekte und Erwägungen einfließen, die automatisiert keine Rolle gespielt haben. Eine rein formale, nicht inhaltliche Mitwirkung einer natürlichen Person genügt für den Ausschluss der Anwendbarkeit des Art. 22 nicht. Erst wenn der Mensch seine ihm verliehene Entscheidungsmacht in einem bestimmten Prozess bewusst ausübt und Verantwortung übernimmt, wird Art. 22 verdrängt. Auf die Plausibilität der menschlichen Entscheidung kommt es nicht an.[45] Die Anwendung des Art. 22 wird nicht dadurch ausgeschlossen, dass nach einer getroffenen Entscheidung eine natürliche Person diese nochmals überprüft. Geregelt ist das Fällen der Entscheidung, also deren Bestätigung oder Ausfertigung, nicht das spätere Umsetzen, bei dem Menschen beteiligt sein können, ohne dass die Anwendbarkeit des Art. 22 ausgeschlossen wäre.

26 Für die Unzulässigkeit der automatisierten Entscheidung spielt es keine Rolle, ob die automatisierte Bewertung der Daten durch eine **andere als die entscheidende Stelle** erfolgt.[46] Erhält z. B. ein Verantwortlicher von einer dritten Stelle einen Score für eine Entscheidung, so muss er sich vergewissern, dass der Score den Anforderungen des Art. 22 genügt.

26a Eine Entscheidung liegt nicht nur vor, wenn diese eine Außenwirkung entfaltet. Auch **interne Verfahrensschritte** mit den in Art. 22 genannten Wirkungen werden von der Regelung erfasst. Basieren Entscheidungen auf einem umfassenderen Prozess, bei dem mehrere Verantwortliche einbezogen sind, so kann auch eine von diesem getroffene automatisierte Vorentscheidung schon erfasst sein.[47]

27 Art. 22 ist anwendbar, wenn die Entscheidung eine rechtliche Wirkung entfaltet. Dabei spielt es keine Rolle, ob diese Wirkung für den Betroffenen positiv oder negativ ist. Eine **Nachteilswirkung** wird explizit nicht gefordert, wenngleich der Gesetzgeber insbesondere diese im Blick hatte. Ein fehlender Nachteil kann die Missachtung des Art. 22 nicht rechtfertigen, zumal bei der Feststellung eines Nachteils immer eine subjektive Komponente mitschwingt.[48]

28 **Rechtliche Wirkungen** sind z. B. solche auf ein Leistungsentgelt, auf die Modifikation von rechtlichen Ansprüchen oder von Leistungen, die Verweigerung oder die Erteilung einer Leistung, die Annahme eines Vertragsangebots[49] oder die Kündigung eines Vertrags. Rechtliche Wirkungen können sich auch auf Besonderheiten in Vertragsverhältnissen be-

---

43 Art. 29-Datenschutzgruppe, WP251rev.01 6. 2. 2018, S. 22.

44 Härting, S. 146.

45 Kühling/Martini u. a., S. 62; Paal/Pauly-*Martini*, Art. 22 Rn. 19; Kühling/Buchner-*Buchner*, Art. 22 Rn. 15; Wolff/Brink-*v. Lewinski*, § 6a Rn. 18; DKWW-*Weichert*, § 6a Rn. 2; SHS-*Scholz*, Art. 22 Rn. 26.

46 Möller/Florax, NJW 2003, 2725; Roßnagel-*Duhr*, S. 1173; Duhr/Naujok/Peter/Seiffert, DuD 2002, 25; ULD, Scoringsysteme, S. 86; a. A. Hoeren, RDV 2007, 98.

47 A.A. Abel ZD 2018, 306.

48 Anders wohl Kühling/Buchner-*Buchner*, Art. 22 Rn. 25; Piltz, K&R 2016, 636.

49 SHS-*Scholz*, Art. 22 Rn. 34; a. A. Abel, ZD 2018, 306.

ziehen, etwa auf die Zahlungsart. Insbesondere bei Dauervertragsbeziehungen, etwa einem Arbeits-, Miet- oder Pachtvertrag, kann sich die Wirkung auf einzelne Aspekte beschränken. Die rechtliche Wirkung muss keinen Bezug zu einem Vertragsverhältnis haben. Sie kann sich auf jegliches Rechtsverhältnis beziehen. Dabei kann es z. B. um den Erhalt öffentlicher Leistungen gehen oder um ein Haus- oder Betretungsverbot. Art. 22 verbietet nicht die unsachlich begründete Ablehnung eines Vertrags oder einer sonstigen Rechtsbeziehung, sondern eine bestimmte technisch vorgegebene diskriminierende Vorgehensweise; er stärkt damit die Privatautonomie.[50] Auch die automatisierte Geltendmachung eines Rechts entfaltet eine rechtliche Wirkung.[51]

Art. 22 ist außerdem anwendbar, wenn die Maßnahme den Betroffenen nicht rechtlich, sondern »**in ähnlicher Weise erheblich beeinträchtigt**«. Ausschließliche Begünstigungen werden nicht erfasst.[52] Dabei ist aber zu beachten, dass Vergünstigungen für die Einen regelmäßig zu Beeinträchtigungen bei anderen Betroffenen führen. Beeinträchtigungen sind (nachhaltige) Störungen der wirtschaftlichen oder persönlichen Entfaltung des Betroffenen. Verletzungen des Gleichheitsgrundsatzes machen Art. 22 anwendbar.[53] Da materielle Beeinträchtigungen regelmäßig mit rechtlichen Wirkungen einhergehen, werden von dieser Alternativen vorrangig immaterielle Beeinträchtigungen erfasst. Diese dürfen nicht nur kurzfristig und geringfügig, sie müssen erheblich, also »erwähnenswert« sein.[54] Dabei kann es sich um erhebliche Belästigungen oder faktische Verletzung des Persönlichkeitsrechts etwa durch eine Diskriminierung handeln, insbesondere wenn diese über einen längeren Zeitraum anhält, etwa durch eine automatisierte negative Merkmalszuschreibung, wie sie bei Autocomplete-Verfahren stattfinden kann.[55] 29

Ein Anwendungsfall des Art. 22 ist es, wenn durch ein automatisiertes Verfahren einem Betroffenen auf Grundlage einer Datenauswertung nur bestimmte **Bezahlverfahren** ohne oder nur mit geringem kreditorischem Risiko angeboten werden.[56] Entsprechendes gilt für den Zugang zu Gesundheitsdienstleistungen, zu einem Arbeitsplatz oder zu Bildung.[57] Solche Selektionen basieren i. d. R. auf Scoringverfahren. 30

Hinsichtlich der Verwendung komplexer automatisierter Verfahren für **Werbezwecke** war in Deutschland streitig, inwieweit die §§ 6a, 28b BDSG-alt anwendbar waren.[58] Zur Anwendbarkeit auf automatisierte Direktwerbung äußert sich auch die DSGVO nicht explizit.[59] Die Aufnahme des Profiling, dessen Hauptanwendungsbereich heute die Werbung 31

50 DKWW-*Weichert*, § 6a Rn. 9; Art. 29-Datenschutzgruppe, WP251rev.01 6. 2. 2018, S. 23.
51 A.A. Abel ZD 2018, 306.
52 Gola-*Schulz*, Art. 22 Rn. 22.
53 Kühling/Buchner-*Buchner*, Art. 22 Rn. 26; Martini/Nink, NVwZ-Extra 10/2017, 3.
54 Art. 29-Datenschutzgruppe, WP251rev.01 6. 2. 2018, S. 23.
55 BGH 14. 5. 2013 – VI ZR 269/12, NJW 2013, 2348 ff. = DuD 2013, 663 ff. = RDV 2013, 197 ff. = DANA 2013, 132 f.; Rassismusvorwurf gegen Google wegen »Autocomplete«-Suchangebot, DANA 2/2012, 89 f.
56 Simitis-*Scholz*, § 6a Rn. 28; a. A. Gola-*Schulz*, Art. 22 Rn. 26.
57 Art. 29-Datenschutzgruppe, WP251rev.01 6. 2. 2018, S. 24.
58 Dafür DKWW-*Weichert*, § 28b Rn. 2; BMH, § 28b BDSG Rn. 20; dagegen Simitis-*Ehmann*, § 28b Rn. 45; Gola/Schomerus, § 28b Rn. 8.
59 Härting, S. 146.

ist, in den Art. 22 ist nicht nur symbolisch,[60] sondern signalisiert eindeutig, dass die Norm auf das Marketing anzuwenden ist.[61] Hierfür spricht auch, dass die Beobachtung »des Verhaltens von Betroffenen in der Union« durch außereuropäische Anbieter in Art. 3 Abs. 2 Buchst. b ausdrücklich in den Anwendungsbereich der DSGVO einbezogen ist. Das zentrale Geschäftsmodell von IT-Konzernen wie Google oder Facebook in Bezug auf europäische Betroffene sollte von den Profiling-Regelungen der DSGVO erfasst werden (ErwGr 24 Satz 2). Der Einbeziehung des Werbeprofiling wurde auch dadurch Tribut gezollt, dass Art. 22 kein rigoroses Verbot vorsieht, sondern lediglich »angemessene Maßnahmen« einfordert, wozu bei der Werbung ausdrücklich nach Art. 21 Abs. 2, 3 das Recht auf Widerspruch gehört. ErwGr 70 Satz 2 konkretisiert weiter: »Die betroffene Person sollte ausdrücklich auf dieses Recht hingewiesen werden; dieser Hinweis sollte in einer verständlichen und von anderen Informationen getrennten Form erfolgen.« Eine erhebliche Beeinträchtigung durch Werbung liegt vor, wenn Personen über mehrere Websites, Geräte oder Dienste verfolgt werden, diese auf die Erwartungen und Wünsche der Betroffenen abzielt, auch durch die Gestaltung der Werbeanzeige, oder wenn Schwachstellen des Betroffenen angesprochen und ausgenutzt werden. Entsprechendes gilt, wenn über Retargeting eine unzumutbare Belästigung des Betroffenen erfolgt.[62] Diskriminierende Werbung und ein personalisiertes Preisangebot beeinträchtigen auch erheblich.[63] Worauf sich eine Werbemaßnahme bezieht, ist für die Anwendung des Art. 22 nicht relevant. Dabei kann es sich um Einkaufstipps, Routenvorschläge, Lese- oder Ernährungsratschläge handeln.

31a Das **personalisierte Anzeigen von Meldungen** oder das Gewichten und Strukturieren von persönlichen Daten oder Dateien ist noch keine Entscheidung. Diese Prozesse basieren regelmäßig auch auf einem Profiling. Da auch solche Maßnahmen eine hohe grundrechtliche Relevanz haben können, insbesondere für die Wahrnehmung der Informationsfreiheit, ist geplant, in einem neuen Medienstaatsvertrag in Fortschreibung der bisherigen Rundfunkstaatsverträge für Intermediäre wie z. B. Facebook oder Google eine Informationspflicht über die »zentralen Kriterien« für die Auswahl und Gewichtungen von Inhalten und die Funktionsweise ihrer Algorithmen »in verständlicher Sprache« vorzusehen.

32 Bei der Auslegung des Art. 22 kommt es nicht darauf an, ob das Profiling Bestandteil der Entscheidungsfindung ist.[64] Vielmehr stellt die Norm klar, dass bei der Auslegung des Begriffs der »automatisierten Entscheidung« solche Entscheidungen mit erfasst sein sollen, die typischerweise **per Profiling** generiert werden, also z. B. auch die automatisierte »Entscheidung« des Anzeigens von Werbebannern oder des Anbietens eines Vertragsabschlus-

---

60 So aber Schantz, NJW 2016, 1844; Gola-*Schulz*, Art. 22 Rn. 20; SHS-*Scholz*, Art. 22 Rn. 13; wohl auch Auernhammer-*Herbst*, Art. 22 Rn. 8.

61 Ehmann/Selmayr-*Hladjk*, Art. 22 Rn. 9; a. A. Deutscher Dialogmarketing Verband, Europäische Datenschutz-Grundverordnung, S. 8; Drewes, CR 2016, 725 f.; Kühling/Buchner-*Buchner*, Art. 22 Rn. 26; Paal/Pauly-*Martini*, Art. 22 Rn. 23; Gola-*Schulz*, Art. 22 Rn. 28; zweifelnd Plath-*Kamlah*, Art. 22 DSGVO Rn. 3; Taeger, RDV 2017, 4.

62 Galetzka, K&R 2018, 679.

63 Art. 29-Datenschutzgruppe, WP251rev.01 6. 2. 2018, S. 24; einschränkend SHS-*Scholz*, Art. 22 Rn. 37; a. A. Abel, ZD 2018, 306 u. 305, der eine »regelnde Wirkung« fordert.

64 LNK, S. 110.

ses oder auch nur das Angebot des Aufrufs eines weiteren Links, der für den Internet-User ohne Zwischenschaltung eines Menschen von einer Maschine ausgewählt wurde. Die Erheblichkeit der Persönlichkeitsbeeinträchtigung liegt beim Profiling in der kontrollfreien Erstellung eines (Teil-)Abbildes des Betroffenen.

Art. 22 erlaubt nicht Entscheidungen, die **keine gravierenden Folgen** haben. Vielmehr bleiben ergänzend die allgemeinen Regelungen der Art. 6 und 9 anwendbar. 33

V. Erlaubnisse (Abs. 2)

Die **Ausnahmen vom Verbot** automatisierter Entscheidungen sind in Abs. 2 abschließend geregelt: die Erfüllung eines Vertrags (Buchst. a), die ausdrückliche Einwilligung des Betroffenen (Buchst. c) sowie eine europäische oder nationalstaatliche Regelung (Buchst. b). 34

»Eine auf einer derartigen Verarbeitung, einschließlich des Profilings, beruhende Entscheidungsfindung sollte allerdings erlaubt sein, wenn dies nach dem Unionsrecht oder dem Recht der Mitgliedstaaten, dem der für die Verarbeitung Verantwortliche unterliegt, ausdrücklich zulässig ist, auch um im Einklang mit den **Vorschriften, Standards und Empfehlungen der Institutionen der Union oder der nationalen Aufsichtsgremien** Betrug und Steuerhinterziehung zu überwachen und zu verhindern und die Sicherheit und Zuverlässigkeit eines von dem Verantwortlichen bereitgestellten Dienstes zu gewährleisten, oder wenn dies für den Abschluss oder die Erfüllung eines Vertrags zwischen der betroffenen Person und einem Verantwortlichen erforderlich ist oder wenn die betroffene Person ihre ausdrückliche Einwilligung hierzu erteilt hat« (ErwGr 71 Satz 3). 35

Mit der fakultativen Öffnungsklausel des Art. 22 Abs. 2 Buchst. b ist keine Befugnis zur Absenkung des Schutzniveaus durch die nationalen Regelungen verbunden, wohl aber ein **Recht auf spezifische Konkretisierung**.[65] Nationalstaatliche Regelungen bestehen z.B. zum Scoring (§ 31 Abs. 1 BDSG), zur Versicherungsbearbeitung (§ 37 BDSG) sowie zu Nutzungsprofilen im Bereich der Telemedien (§ 15 Abs. 3 TMG)[66]. 36

1. Rechtsnormen (Buchst. b)

Für Art. 22 besteht die Möglichkeit einer Ausnahme vom Verbot automatisierter Entscheidungen über eine **Öffnungsklausel**;[67] diese begründet eine Konkretisierungsbefugnis im Unions- oder im nationalen Recht: »Wenn in dieser Verordnung auf eine Rechtsgrundlage oder eine Gesetzgebungsmaßnahme Bezug genommen wird, erfordert dies nicht notwendigerweise einen von einem Parlament angenommenen Gesetzgebungsakt; davon unberührt bleiben Anforderungen gemäß der Verfassungsordnung des betreffenden Mitgliedstaats. Die entsprechende Rechtsgrundlage oder Gesetzgebungsmaßnahme sollte jedoch klar und präzise sein und ihre Anwendung sollte für die Rechtsunterworfenen gemäß der Rechtsprechung des Gerichtshofs der Europäischen Union (im Folgen- 37

65 A.A. Kühling/Martini u.a., S. 61, relativierend S. 64f.
66 Zweifelnd Plath-*Kamlah*, Art. 22 Rn. 9; Gierschmann, ZD 2016, 51.
67 SHS-*Scholz*, Art. 22 Rn. 44; Jandt/Steidle-*Richter*, B III Rn. 271f.

den »Gerichtshof«) und des Europäischen Gerichtshofs für Menschenrechte vorhersehbar sein« (ErwGr 41).

37a Für die nationale Normkonkretisierung bedarf es grundsätzlich also keines formellen Gesetzes; ausreichend ist auch eine sonstige verbindliche, **demokratisch legitimierte Rechtsvorschrift**. Bei den §§ 31, 37 BDSG handelt es sich um solche Konkretisierungen.[68] Weitere allgemeine Regelungen bestehen in den Landesdatenschutzgesetzen.[69] Bei Selbstregulierungsnormen bedarf es einer hoheitlichen Transformation.[70] Kollektivvereinbarungen können im Beschäftigtenkontext auf der Grundlage von Art. 88 Abs. 1 Konkretisierungen vornehmen. Konkretisierende Verhaltensregeln können nur im Rahmen von Art. 40 Verbindlichkeit entfalten.

38 Dem ErwGr 71 kann entnommen werden, dass es **bestimmte hoheitliche Zielsetzungen** gibt, für die »Big Data« zugelassen sein soll, etwa Sicherheitszwecke sowie die Bekämpfung von Betrug und Steuerhinterziehung. Damit wird als mögliches Beispiel für künftige staatliche automatisierte Entscheidungen die weitere Automatisierung des Verwaltungsverfahrens im Steuerrecht genannt.[71] Bei derartigen intensiven staatlichen Informationseingriffen bedarf es aber – im Sinne des **Wesentlichkeitsprinzips** des BVerfG – für jeden Zweck einer expliziten gesetzlichen Grundlage, so dass die »wesentliche Entscheidungen« über das Verfahren der hoheitlichen Entscheidungsfindung durch das Parlament selbst getroffen werden.[72]

39 Angesichts der Offenheit des Art. 22 empfiehlt sich eine **normative** Konkretisierung insbesondere im Hinblick auf spezifische Verantwortliche und die von diesen verfolgten Zwecke. Eine solche Konkretisierung kann durch Gesetz oder durch sonstige Rechtsvorschrift erfolgen. Eine weitere Möglichkeit der Festlegung besonderer Anforderungen besteht darin, dass Aufsichtsbehörden Kriterien für die Zertifizierung von automatisierten Entscheidungsverfahren nach Art. 42 Abs. 5 festlegen. Explizit erwähnt ist die Konkretisierungsmöglichkeit durch den Europäischen Datenschutzausschuss (EDSA, Art. 70 Abs. 1 Buchst. f).

40 Derartige Konkretisierungen empfehlen sich **in vielen Bereichen**, insbesondere wenn dort Big-Data-Anwendungen weit verbreitet eingesetzt werden (sollen). Beispiele hierfür sind die Scoring-Verfahren zur Bonitätsbewertung im Bereich der Kreditgewährung (§ 31 BDSG), die Risikobewertung in der Versicherungsbranche (§ 37 BDSG), im Sozialbereich (vgl. § 67b Abs. 4 SGB X-alt) oder die Auswertung von Internet-Nutzungsdaten für Zwecke der Online-Werbung.[73] Im öffentlichen Bereich erlauben Regelungen den Erlass voll-

---

68 A.A. bzgl. § 31 SHS-*Scholz*, Art. 22 Rn. 45; Jandt/Steidle-*Richter*, B III Rn. 273: Anwendung von Art. 6 Abs. 1 S. 1.

69 Art. 35 BayDSG, § 39 BlnDSG, § 4 Abs. 2 BbgDSG, § 7 BremDSGVOAG, § 7 HmbDSG, § 49 HDSIG, § 7 NDSG, § 6 DSG NRW, § 36 LDSG RhPf, § 34 SächsDSDG, § 30 LDSG SH, § 38 ThürDSG.

70 Kühling/Martini u. a., S. 64; Paal/Pauly-*Martini*, Art. 22 Rn. 34.

71 Kühling/Martini u. a., S. 67.

72 Zum Technikrecht generell BVerfG 8.8.1978 – 2 BvL 8/77, Kalkar, BVerfGE 49, 89 = NJW 1979, 359; zum Datenschutz BVerfG 15.12.1983 – 1 BvR 209/83 u. a., Volkszählung, NJW 1984, 422.

73 Kugelmann, DuD 2016, 570; ausführlich dazu Kühnl, S. 21–43.

automatisierter Verwaltungsakte (vgl. §§ 155 Abs. 4 AO, 35a VwVfG, 31a SGB X).[74] Für den gesamten Bereich oder für besondere Bereiche der wissenschaftlichen Forschung, etwa der medizinischen oder der genetischen Forschung, können normative Vorgaben gemacht werden.

Nationale Regelungen zum **Scoring** werden durch Abs. 2 Buchst. b erlaubt. Die entgegen- 41
gesetzte Meinung wird damit begründet, dass Scoring sich auf die der Entscheidung vorgeschaltete automatisierte Datenverarbeitung beschränken würde, deren Zulässigkeit abschließend in Art. 6 Abs. 1 geregelt sei. Diese Ansicht übersieht, dass die DSGVO in Art. 22 den Vorgang der Datenanalyse und der Ergebnisnutzung (Entscheidung) einheitlich rechtlich bewertet und sich im Hinblick auf die grundrechtlichen Auswirkungen für die Betroffenen eine Aufspaltung des Sachverhaltes und der Regelung hierzu verbietet.[75]

Im **Beschäftigtenbereich** sind automatisierte Entscheidungen bei der Bewerberauswahl 42
weit verbreitet.[76] Schon durch eine automatisierte Vorselektion von Bewerbenden kann Art. 22 gegeben sein, wenn dem keine »harten« Qualifikationsanforderungen, sondern eine komplexe Merkmalsauswertung zugrunde liegt. Mit einem automatisierten Ranking wird für die schlecht bewerteten Personen eine Selektion vorgenommen, selbst wenn bzgl. der vorderen Plätze noch eine manuelle Auswahl erfolgt.[77] Die automatisierte Vorauswahl in **Online-Bewerbungsverfahren** auf Grundlage von automatisierten Analysen der Stimmanalysen, der Mimik, der eingereichten Dokumente u. Ä. stellt eine erhebliche Beeinträchtigung dar.[78] Ein Anwendungsfall kann in der sozialen Auswahl nach § 1 Abs. 4 KSchG liegen.[79] Im Beamtenrecht besteht in § 114 Abs. 4 BBG eine restriktive Regelung: »Beamtenrechtliche Entscheidungen dürfen nicht ausschließlich auf eine automatisierte Verarbeitung personenbezogener Daten gestützt werden, die der Bewertung einzelner Persönlichkeitsmerkmale dienen.« Konkretisierungen können über Kollektivvereinbarungen (Betriebsvereinbarungen, Tarifverträge) gemäß Art. 88 vorgenommen werden.

Die Anwendbarkeit von Art. 22 im Arbeitsleben erhält verstärkte Relevanz, wenn Ar- 42a
beitgeber künstliche Intelligenz einsetzen, um Beschäftigte zu produktivem Verhalten zu »motivieren«. So wird in Call-Center Software eingesetzt, die z. B. Tachometer-Bildchen oder Herzchen auf dem Bildschirm anzeigen, um über die analysierte Sprechgeschwindigkeit oder das Ausmaß von Empathie in der Sprache Rückmeldung zu geben. Durch die Messung von Herzfrequenz oder die Hautleitwerte wird festgestellt, wie hoch der Stressfaktor beim Beschäftigten ist und welche Handlungsempfehlungen sich hieraus ergeben. Art. 22 kann zur Geltung kommen, wenn bei einem derartigen **Nudging** eine direktivkontrollierende Intention verfolgt oder Wirkung erreicht wird.

---

74 Berger NVwZ 2018, 1260ff.; Martini/Nink, NVwZ 10/2017, 681f.; ausführlicher Martini/Nink, NVwZ-Extra 10/2017, 8.

75 Taeger, ZRP 2016, 74f.; Nebel u. Richter in Roßnagel, Europäische Datenschutz-Grundordnung, S. 141, 153, 251 (§ 3 Rn. 107, 153, § 4 Rn. 116); Härting, S. 156 (Rn. 641).

76 Zum Einsatz von Sprachanalyse-Software 23. TB LDI NRW 2017, Kap. 9.2.2 (S. 60ff.); Däubler, Gläserne Belegschaften, Rn. 429c.

77 Däubler, Gläserne Belegschaften, Rn. 432; a. A. Franzen, DB 2001, 1872; Gola-*Schulz*, Art. 22 Rn. 13; Plath-*Kamlah*, § 6a BDSG Rn. 5, Art. 22 Rn. 2; s. Wojak, DuD 2019, 553.

78 Gola, RDV 2018, 27; Betz, ZD 2019, 148; LDI NRW, 23. Tätigkeitsbericht 2017, S. 62.

79 Tinnefeld, NJW 2001, 3082.

2. Vertrag und vertragsähnliche Verhältnisse (Buchst. a)

43 Angesichts der Digitalisierung unserer Rechtsbeziehungen in allen Lebensbereichen nehmen automatisierte Entscheidungsverfahren in **Vertragsverhältnissen** massiv zu. Dies gilt insbesondere für Internet-Aktivitäten von Betroffenen. So handelt es sich bei der Einrichtung eines Internet-Accounts und damit der Begründung eines Anbieter-Nutzer-Verhältnisses nach § 11 TMG i. d. R. um einen Vertragsabschluss[80], dem oft ein automatisiertes Entscheidungsverfahren zugrunde liegt. Dies ist der Fall, wenn von Seiten des Internetunternehmens voraussetzungslos oder unter präzise benannten Bedingungen eine vertragliche Bindung eingegangen wird. Dies gilt generell, wenn das »Ob« oder das »Wie« eines Vertragsverhältnisses von einer komplexen Auswertung eines größeren, möglicherweise nicht mehr überschaubaren Datensets abhängig gemacht wird, bei der z. B. eine automatisierte Bonitätsüberprüfung durchgeführt wird.

44 Zulässig sind nur solche automatisierten Entscheidungen, die »für den Abschluss oder die Erfüllung des Vertragszwischen der betroffenen Person und dem Verantwortlichen **erforderlich**« sind (Abs. 2 Buchst. a). Es muss einen unmittelbaren sachlichen Zusammenhang zwischen der Datenverwendung und dem konkreten Vertragszweck (Entscheidungs- oder Kalkulationsgrundlage) bestehen, wobei dieser sich auch auf Nebenabreden beziehen kann.[81] Für die Vertragspartner muss erkennbar sein, dass und wie eine automatisierte Entscheidung für den Abschluss und die Abwicklung erforderlich ist. Der Verantwortliche muss nachweisen können, dass diese Art der Verarbeitung erforderlich ist, und dabei prüfen, ob nicht ein weniger eingreifendes Vorgehen möglich wäre.[82]

45 Im deutschen Recht besteht die Erlaubnis für automatisierte Entscheidungen, wenn im Rahmen eines Rechtsverhältnisses dem **Begehren des Betroffenen** stattgegeben wird (§ 37 Abs. 1 Nr. 1 BDSG, vgl. § 6a Abs. 2 Nr. 1 BDSG-alt). Eine entsprechende Regelung ist in Art. 22 nicht ausdrücklich vorgesehen. Zumeist dürften in diesen Fällen die Voraussetzungen von Art. 22 Abs. 2 Buchst. a (Erfüllung eines Vertrages) vorliegen.

3. Einwilligung (Buchst. c)

46 Erlaubt ist die automatisierte Entscheidung außerdem auf Basis einer »**ausdrücklichen Einwilligung**« des Betroffenen (Abs. 2 Buchst. c). Eine Definition des Begriffs, der auch in den Art. 9 Abs. 2 Buchst. a, 49 Abs. 1 Buchst. a für die Verarbeitung sensitiver Daten und bei Auslandsübermittlungen verwendet wird, enthält die DSGVO nicht.[83] Bei der Inanspruchnahme von Internet-Diensten besteht regelmäßig kein einseitiges, sondern ein synallagmatisches Verhältnis, also eine Vertragsbeziehung, bei der für beide Seiten Rechte und Pflichten begründet werden. Nur wenn keine derartige Gegenseitigkeit besteht, kommt eine Einwilligung i. S. v. Art. 7 in Betracht. Die Voraussetzungen für deren Wirksamkeit sind bei automatisierten, zumeist komplexen Entscheidungsverfahren i. d. R. sehr hoch, was die Informiertheit, die Bestimmtheit der Erklärung und die Freiwilligkeit an-

80 Siehe den Überblick bei HSH-*Schmitz*, Teil 16.2 Rn. 70ff.
81 Paal/Pauly-*Martini*, Art. 22 Rn. 31; Kühling/Buchner-*Buchner*, Art. 22 Rn. 30.
82 Art. 29-Datenschutzgruppe, WP251rev.01 6. 2. 2018, S. 25.
83 Art. 29-Datenschutzgruppe, Leitlinien in Bezug auf die Einwilligung, 28. 11. 2017.

geht. In der Praxis fehlt oft die Freiwilligkeit. Wegen der besonderen persönlichkeitsrechtlichen Relevanz automatisierter Entscheidungsverfahren muss bei der Einwilligung darauf ausdrücklich Bezug genommen werden. Dies gilt in besonderem Maße für sensitive Daten nach Art. 9 Abs. 1.[84]

Wirksame Einwilligungen stellen bei automatisierten Entscheidungsverfahren, insbesondere bei denen Big Data zum Einsatz kommt, hohe Anforderungen hinsichtlich **Informiertheit und Bestimmtheit** des Erklärungsinhalts.[85] Mindestvoraussetzung ist, dass (analog zu den Transparenzregeln der Art. 12ff.) sowohl der Daten-Input, die Logik der Verarbeitung, die beteiligten Stellen sowie der Zweck der Verarbeitung bzw. Entscheidung offengelegt werden. 47

Die Einwilligung kann sich nur auf die zugrundeliegende Datenverarbeitung und den **Umstand der automatisierten Entscheidung** beziehen, nicht auf deren Inhalt, da für eine Zulässigkeit eine Einwilligungserklärung vor der Datenverarbeitung gefordert wird.[86] Da gemäß Abs. 3 zu den Sicherungen die Möglichkeit »des Eingreifens einer Person seitens des Verantwortlichen, auf Darlegung des eigenen Standpunkts und der Anfechtung der Entscheidung gehört«, sollte durch die Einwilligung keine unangemessene Verkürzung der Betroffenenrechte erfolgen. 48

VI. Datengrundlagen

Die Nutzung der Daten für automatisierte Entscheidungsverfahren ist nur zulässig, wenn die **Verarbeitung** dieser **Daten für den Zweck** ohne Einsatz des Verfahrens auch zulässig wäre. Der Grundsatz der Zweckbindung (Art. 5 Buchst. b) sowie dessen materiell-rechtliche Konkretisierung (insbes. Art. 6 Abs. 1 Buchst. f, Abs. 4) bleibt auch bei Big-Data anwendbar. Verfügt also z.B. eine Stelle über Daten zweckgebunden für andere als Auskunftserteilungszwecke (etwa Voradressdaten zwecks Identifizierung) und dürften diese zur Bonitätsbewertung nicht übermittelt werden, so dürfen diese Daten auch nicht zu einer Scoreberechnung verwendet werden.[87] 49

Für die Anwendbarkeit des Art. 22 ist es unerheblich, ob die Entscheidung auf Daten des Betroffenen oder **Daten eines Dritten** erfolgt, mit dem der von der Entscheidung Beeinträchtigte in einer Verbindung steht.[88] 49a

Der Anwendbarkeit des Art. 22 tut es keinen Abbruch, wenn neben den personenbezogenen Daten auch **nicht-personenbezogene Merkmale** in die Entscheidung mit einbezogen werden. 50

Für die Einbeziehung eines Datums für eine automatisierte Entscheidung genügt nicht die – evtl. nur gering ausgeprägte – statistische Signifikanz. Nötig ist vielmehr **Relevanz bzw. Plausibilität**, jedoch nicht Kausalität.[89] Für die Bonitätsbewertung z.B. nicht rele- 51

84 A.A. Hoeren, RDV 2007, 97.

85 Weichert, ZD 2013, 255f.; zum Einsatz im Medizinbereich Weichert, DuD 2014, 835; Kühling/Buchner-*Weichert*, Art. 9 Rn. 47–53.

86 Vgl. Piltz, K&R 2016, 636.

87 DKWW-*Weichert*, § 28b Rn. 7.

88 Art. 29-Datenschutzgruppe, WP251rev.01 6.2.2018, S. 24f.

89 ULD, Scoringsysteme, S. 74; Weichert, DuD 2006, 401f.; a.A. Hoeren, RDV 2007, 97: mathematische Gesetzmäßigkeit genügt.

vant und daher unzulässig sind Angaben zu unverbindlichen Kreditkonditionenanfragen, zum Konsumverhalten, zu datenschutzrechtlichen Auskunftsanfragen, zu abgebrochenen Vertragsverhandlungen, zur Wohndauer, Nationalität, Bildungsabschluss, Geschlecht sowie Familienstand.[90]

52 Im deutschen Datenschutzrecht ist die Berechnung von Scores ausschließlich mit **Anschriftendaten** wegen der Gefahr einer scorebedingten Diskriminierung über die Wohnadresse verboten (Geoscoring, § 31 Abs. 1 Nr. 3, 4 BDSG, vgl. § 28b Nr. 3, 4 BDSG-alt). Gegen dieses Verbot wird auch verstoßen, wenn neben den Anschriftendaten noch andere Daten genutzt werden, diese aber nur mit einer geringen Gewichtung in die Berechnung des Scorewerts eingehen.[91] Es handelt sich hier um ein spezifisches Scoring-Diskriminierungsverbot, das noch mit einer Unterrichtungspflicht kombiniert ist.[92] Ein solches Verbot enthält Art. 22 nicht. Der nationale Gesetzgeber ist aber nicht gehindert, derartige Spezifizierungen vorzunehmen (vgl. Art. 22 Abs. 2 Buchst. b, 23 Abs. 1).

53 Bei der Heranziehung der für die Analyse herangezogenen Daten müssen die **Diskriminierungsverbote** des Art. 21 GRCh (vgl. Art. 3 Abs. 3 GG) beachtet werden. Diese Grundregeln sind teilweise durch das Allgemeine Gleichbehandlungsgesetz (AGG) konkretisiert worden und müssen bei der Merkmalsauswahl beachtet werden.[93] Diskriminierungsverbote können sich auch aus anderen rechtlichen Regeln ergeben. So darf z. B. die Wahrnehmung von Datenschutzrechten nicht zu einer Beeinflussung der automatisierten Entscheidung führen (vgl. § 6 Abs. 3 BDSG-alt).

VII. Angemessene Maßnahmen (Abs. 3)

54 »Um unter Berücksichtigung der besonderen **Umstände und Rahmenbedingungen**, unter denen die personenbezogenen Daten verarbeitet werden, der betroffenen Person gegenüber eine faire und transparente Verarbeitung zu gewährleisten, sollte der für die Verarbeitung Verantwortliche geeignete mathematische oder statistische Verfahren für das Profiling verwenden, technische und organisatorische Maßnahmen treffen, mit denen in geeigneter Weise insbesondere sichergestellt wird, dass Faktoren, die zu unrichtigen personenbezogenen Daten führen, korrigiert werden und das Risiko von Fehlern minimiert wird, und personenbezogene Daten in einer Weise sichern, dass den potenziellen Bedrohungen für die Interessen und Rechte der betroffenen Person Rechnung getragen wird und mit denen verhindert wird, dass es gegenüber natürlichen Personen aufgrund von Rasse, ethnischer Herkunft, politischer Meinung, Religion oder Weltanschauung, Gewerkschaftszugehörigkeit, genetischer Anlagen oder Gesundheitszustand sowie sexueller Orientierung zu diskriminierenden Wirkungen oder zu Maßnahmen kommt, die eine solche Wirkung haben« (ErwGr 71 Satz 6).

---

90 LfD Nds., XXI. TB 2011–2012, S. 51.

91 BT-Drs. 16/13219; ULD/GP Forschungsgruppe, S. 38; Hammersen/Eisenried, ZD 2014, 343; a. A. wohl Simitis-*Ehmann*, § 28b Rn. 73; unklar Behm, RDV 2010, 70.

92 DKWW-*Weichert*, § 28b Rn. 11, 12.

93 Wischmeyer, AöR 143 (2018), 26; ULD, Scoringsysteme, S. 77; LfD Nds. RDV 2006, 132; a. A. Plath-*Kamlah* (2013), BDSG-alt § 28b Rn. 27.

Bei erlaubten automatisierten Entscheidungen muss der Verantwortliche »**angemessene Maßnahmen**« ergreifen (Abs. 2 Buchst. b, Abs. 3). Als Mindestmaßnahmen werden genannt: »das Recht auf Erwirkung des Eingreifens einer Person seitens des Verantwortlichen, auf Darlegung des eigenen Standpunkts und auf Anfechtung der Entscheidung«. Dem Betroffenen muss die Möglichkeit eingeräumt werden, eine ausschließlich automatisiert vorgesehene Entscheidung zum Gegenstand einer personalen Entscheidung zu machen, welche von einer natürlichen Person verantwortet wird und die individuelle Perspektive des Betroffenen berücksichtigt.[94] Eine Einflussnahme besteht darin, dass der Betroffene das automatisierte Verfahren ganz abschalten kann. Es genügt nicht, dass ein Automat die individuelle Perspektive aufnimmt und dann erneut eine automatisierte Entscheidung getroffen wird. Anders als § 31 Abs. 1 BDSG (vgl. § 28b BDSG-alt) zum Scoring enthält Art. 22 darüber hinausgehend keine normativ bestimmten Festlegungen hinsichtlich der verwendeten Verfahren und eingesetzten Maßnahmen. Wohl aber werden in ErwGr 71 einzelne Aspekte angesprochen. 55

Gemäß der begrenzten Verweisung in Abs. 3 ist die Regelung nicht anwendbar, wenn **Rechtsvorschriften** der **Union oder der Mitgliedstaaten** automatisierte Entscheidungen nach Abs. 2 Buchst. b zulassen. Da in dieser Regelung auch die Notwendigkeit »angemessener Maßnahmen« vorgesehen ist, hat dies nur zur Folge, dass bei speziellen Rechtsvorschriften u. U. auf Eingriffsmöglichkeiten der Betroffenen verzichtet werden kann. 56

Die »angemessenen Maßnahmen« können von den **Mitgliedstaaten in Rechtsvorschriften** geregelt werde. Zulässig sind damit z. B. Regelungen zum Kreditscoring, wie sie bisher in den §§ 6a, 28b, 34 Abs. 2, 3 Satz 2, 4 und 8 Satz 2, 35 Abs. 1 BDSG-alt enthalten waren.[95] Im Bereich des Beschäftigtendatenschutzes kommen Präzisierungen in mit dem Betriebsrat im Rahmen der Mitbestimmung zu vereinbarende Betriebsvereinbarungen in Betracht.[96] 57

1. Wissenschaftlichkeit des Verfahrens

Der Verantwortliche soll **geeignete mathematische oder statistische Verfahren** für das Profiling verwenden. Anders als im deutschen Recht in Bezug auf das Scoring wird diese Zulässigkeitsvoraussetzung nicht im Gesetz formuliert, doch lässt sich diese aus den allgemeinen Datenschutzprinzipien des Art. 5 verbindlich ableiten (»Treu und Glauben« Abs. 1 Buchst. a, »Richtigkeit« Abs. 1 Buchst. d, »Integrität« Abs. 1 Buchst. f, »Rechenschaftspflicht« Abs. 2). Das zur Anwendung gebrachte mathematisch-statistische Verfahren muss wissenschaftlich anerkannt werden können. Dies ist vom Verantwortlichen, der das Verfahren zum Einsatz bringt, nachzuweisen.[97] Dem Erfordernis des Nachweises und der Offenlegung der Funktionsweise können gegenüber der Aufsichtsbehörde keine Be- 58

94 Kühling/Buchner-*Buchner*, Art. 22 Rn. 31; Martini/Nink, NVwZ-Extra 10/2017, 4.

95 Nebel in Roßnagel, Europäische Datenschutz-Grundverordnung, S. 141f.; Härting, S. 146; Taeger, ZRP 2016, 75; »implizit« erlaubt Kühling/Martini u.a., S. 68; a.A. Paal/Pauly-*Martini*, Art. 22 Rn. 24; LNK, S. 115.

96 Gola-*Schulz*, Art. 22 Rn. 34.

97 Kritisch zur Praxis ULD/GP Forschungsgruppe, S. 168ff.; kritisch zur Regelung in der DSGVO Plath-*Kamlah*, Art. 22 Rn. 16.

triebs- und Geschäftsgeheimnisse entgegengehalten werden. Es besteht eine Dokumentationspflicht hinsichtlich der genutzten Daten, deren Relevanz und deren Berechnung (Algorithmus). Fehlt es bei selbstlernenden Algorithmen an der hinreichenden Dokumentation und Nachvollziehbarkeit, so sind die Verfahren nicht zulässig.[98] Verfahren, die trotz einer ungenügenden Datenbasis automatisierte Entscheidungen berechnen, sind unzulässig. Der Aufsichtsbehörde muss auf Nachfrage der behauptete mathematisch-statistische Zusammenhang sowohl generell wie auch im konkreten Einzelfall belegt werden. Wissenschaftlichkeit muss nicht nur bzgl. der Methode im Allgemeinen gegeben sein, sondern auch bei jeder einzelnen Berechnung. Dies setzt ein dauerndes Monitoring der angewandten Methode voraus. Bei Kooperation mit Dienstleistern muss der Informationsfluss zum Verantwortlichen gewährleistet sein (Art. 28). Erfasst werden von der Nachweispflicht sämtliche verwendeten Daten. Zufällige Analogien sind auszuschließen.[99] Im Bereich des Kreditgewerbes ist die Einhaltung der Vorgaben des § 10 Abs. 1–8 KWG kein Nachweis für die Wissenschaftlichkeit, da die Ausrichtung und der Regelungsgehalt in eine andere Richtung geht als das Datenschutzrecht.[100]

2. Sicherungsmaßnahmen

59 Über **technische und organisatorische Maßnahmen** ist in geeigneter Weise insbesondere sicherzustellen, dass Faktoren, die zu unrichtigen personenbezogenen Ergebnissen führen, korrigiert werden und das Risiko von Fehlern minimiert wird. Fehler können sich durch unrichtige Daten, falsche Kategorisierungen und unzutreffende Prognosen ergeben. Folgende beispielhafte weitere Maßnahmen können zur Angemessenheit des Schutzes beitragen: präzise Definition der Zwecke, Verpflichtung zur Pseudonymisierung bzw. Anonymisierung, Kontrolle der Betroffenen über die Entscheidung, Zugang und Korrekturmöglichkeiten für die Betroffenen in Bezug auf die Profilinformationen.[101]

59a Die Verantwortlichen sind verpflichtet, regelmäßige Bewertungen und Kontrollen des eingesetzten Verfahrens durchzuführen. Dabei sind die rechnerisch bestimmten Ergebnisse mit der Realität abzugleichen. Die Richtigkeitskontrolle bzw. **Evaluation** muss sich sowohl auf den Daten-Input wie auch auf die Ergebnisse (Output) beziehen, die einer Plaubilitätsüberprüfung zu unterziehen sind.[102]

3. Transparenzpflichten

60 Die Umsetzung der **Informationspflichten** nach Art. 13 Abs. 2 Buchst. f, 14 Abs. 2 Buchst. g ist eine unabdingbare Maßnahme zur Wahrung der Rechte der Betroffenen. Diese haben einen Anspruch darauf zu erfahren, dass überhaupt eine automatisierte Entscheidung erfolgt wie auch darauf, Logik, Tragweite und angestrebte Auswirkungen zu kennen. Die Informationen müssen präzise, transparent, verständlich, leicht zugänglich

98 Problematisch deshalb z. B. das Vorgehen von Kreditech, DANA 2013, 118.
99 ULD, Scoringsysteme, S. 48ff.
100 ULD/GP Forschungsgruppe, S. 26; a. A. Gürtler/Kriese, RDV 2010, 49.
101 Artikel 29-Arbeitsgruppe, zit. in ULD/GP-Forschungsgruppe, S. 162.
102 Artikel 29-Datenschutzgruppe, WP251rev.01 6. 2. 2018, S. 31.

und in klarer einfacher Sprache erfolgen (Art. 12 Abs. 1). Informations- und Benachrichtigungspflichten stoßen in der Praxis bei Big-Data-Anwendungen an ihre Grenzen, da Zuordnungen und Zwecke oft nicht hinreichend bestimmt sind.[103] Eine Entbindung von den Transparenzpflichten gegenüber den Betroffenen erlaubt die DSGV nach Art. 11 Abs. 1 aber nur, soweit die für die Identifikation nötigen Informationen nicht verfügbar sind.[104]

Ein zentraler Schwerpunkt von Schutzmaßnahmen liegt in der Herstellung von Verarbeitungs- und Verfahrenstransparenz (Art. 13 Abs. 2 Buchst. f, 14 Abs. 2 Buchst. g, 15 Abs. 1 Buchst. h). Die Information über die »involvierte **Logik**« schließt eine Offenlegung der relevanten Informationen zu den zugrunde liegenden Algorithmen in Bezug auf die individuelle Berechnung mit ein.[105] 61

Diesen Transparenzansprüchen wird von Seiten der Verantwortlichen regelmäßig entgegengehalten, hierbei handele es sich um **Betriebs- und Geschäftsgeheimnisse**.[106] Der Bundesgerichtshof (BGH) hat diese Argumentation gebilligt und sogar mit der Behauptung gestützt, die Interpretation personenbezogener Daten durch Algorithmen, etwa durch ein Scoring-Verfahren, sei durch die Meinungsfreiheit (Art. 5 GG; vgl. Art. 11 GRCh) geschützt.[107] Eine derartige Argumentation ist mit der DSGVO nicht mehr haltbar.[108] Computerentscheidungen genießen keinen Schutz durch die Meinungsfreiheit.[109] Aber auch bei der Abwägung des Eigentumsschutzes des Verantwortlichen mit dem Grundrecht auf Datenschutz muss im Hinblick auf die konkreten personenbezogenen Verarbeitungen und deren Ergebnisse dem Datenschutz der Vorrang eingeräumt werden. 62

Im ErwGr 63 Satz 5 und 6 heißt es zum Transparenzanspruch der Betroffenen: »Dieses Recht sollte die Rechte und Freiheiten anderer Personen, etwa Geschäftsgeheimnisse oder Rechte des geistigen Eigentums und insbesondere das Urheberrecht an Software, nicht beeinträchtigen. Dies darf jedoch nicht dazu führen, dass der betroffenen Person jegliche Auskunft verweigert wird.« Hieraus kann nicht geschlossen werden, dass Betriebs- und Geschäftsgeheimnisse den Auskunftsanspruch verdrängen können,[110] sondern nur, dass insofern eine **Abwägung** erfolgen muss, bei der die Grundrechte von Betroffenen (insbes. Art. 8 GRCh) und der verarbeitenden Stellen (insbes. Art. 17 GRCh – Eigentumsrecht, nicht Art. 11 GRCh – Meinungsfreiheit) einfließen müssen. Für die Betroffenenrechte ist nicht der Quellcode relevant, sondern die Merkmalsgewichtung, die wiederum schwerlich zum überwiegenden Geheimnis deklariert werden kann. Rechtswidrige Datenverarbeitung kann in jedem Fall keinen Geheimnisschutz genießen.[111] Die Offenlegungspflich- 63

103 Werkmeister/Brandt, CR 2016, 236.
104 Kühling/Buchner-*Weichert*, Art. 11 Rn. 13–15.
105 Roßnagel/Nebel/Richter, ZD 2015, 458; Art. 29-Datenschutzgruppe, WP251rev.01 6.2.2018, S. 28; a.A. Paal/Pauly-*Martini*, Art. 22 Rn. 36.
106 Zur Definition Schnabel, CR2016, 343f.
107 BGH 28.1.2014 – VI ZR 156/13, NJW 2014, 1235; Kühling/Buchner-*Buchner*, Art. 22 Rn. 35; dagegen ausführlich zu Recht ULD/GP Forschungsgruppe, S. 44ff.
108 Gola/Heckmann-*Lapp*, § 31 Rn. 22.
109 Weichert, ZRP 2014, 168ff.; Weichert, DANA 2018, 133ff.
110 So aber wohl Kühling/Buchner-*Buchner*, Art. 22 Rn. 35.
111 Schnabel, CR 2016. 345f.

ten gegenüber dem Betroffenen müssen daher soweit gehen, wie dies für die Feststellung der Rechtmäßigkeit der Datenverarbeitung nötig ist. Eine Rechtsänderung hat sich durch das Geschäftsgeheimnisgesetz (GeschGehG) nicht ergeben.[112]

4. Optionsrechte

64 Neben der Information ist die Wahrung von **Wahlmöglichkeiten** für den Betroffenen ein zentrales Anliegen des Art. 22, indem er in Abs. 3 ein Recht auf »Erwirkung des Eingreifens einer Person seitens des Verantwortlichen, auf Darlegung des eigenen Standpunkts und auf Anfechtung der Entscheidung« zusteht. Basis dieser Befugnisse ist in jedem Fall ein Widerspruch des Betroffenen, der z.B. durch das Anklicken eines entsprechenden Buttons zum Ausdruck gebracht werden kann. Der Anspruch auf Option einer analogen Alternative muss sich aber nicht zwangsläufig auf den Entscheidungsinhalt auswirken, sondern bezieht sich ausschließlich auf den Entscheidungsprozess.

VIII. Sensitive Daten (Abs. 4)

65 Werden bei automatisierten Entscheidungen sensitive Daten i. S. v. Art. 9 Abs. 1, also »**besondere Kategorien personenbezogener Daten**«, einbezogen, so macht dies diese Entscheidungen gemäß Abs. 4 unzulässig, sofern nicht Art. 9 Abs. 2 Buchst. a oder g anwendbar sind und angemessene Schutzmaßnahmen getroffen werden. Erlaubt sind diese Entscheidungen also nur bei ausdrücklicher Einwilligung der Betroffenen (Buchst. a) oder die Verarbeitung dient »einem erheblichen öffentlichen Interesse« (Buchst. g).

66 Durch **spezifische Schutzmaßnahmen** soll, so ErwGr 71 Satz 6, verhindert werden, »dass es gegenüber natürlichen Personen aufgrund von Rasse, ethnischer Herkunft, politischer Meinung, Religion oder Weltanschauung, Gewerkschaftszugehörigkeit, genetischer Anlagen oder Gesundheitszustand sowie sexueller Orientierung zu diskriminierenden Wirkungen oder zu Maßnahmen kommt, die eine solche Wirkung haben.« Eine wesentliche, aber nicht alleine ausreichende Schutzmaßnahme kann darin bestehen, dass die Verarbeitung ausschließlich von Personen vorgenommen wird, die einem Berufsgeheimnis unterliegen (Art. 9 Abs. 3).[113]

67 Der Schutz der **Kinder** wird in Art. 24 GRCh ausdrücklich sichergestellt. Der Schutz von Kindern findet in einigen Regelungen der DSGVO seinen Ausdruck, etwa wenn eine Interessenabwägung vorgenommen wird (Art. 6 Abs. 1 Buchst. f) oder beim Einholen einer Einwilligung (Art. 8). Es bedarf, um informationelle Eingriffe bei Kindern zu legitimieren, einer Unabweisbarkeit der Maßnahme, die im kommerziellen Bereich in keinem Fall angenommen werden kann, weshalb der Gesetzgeber zu Recht festgelegt hat: »Diese Maßnahme sollte kein Kind betreffen« (ErwGr 71 Satz 5, vgl. ErwGr 38). Damit ist kein absolutes Verbot verbunden. Automatisierte Entscheidungen können das Wohlergehen der

112 GeschGehG v. 24.4.2019, BGBl. I S. 466; dazu Ulrici, Bernhard, Geschäftsgeheimnisschutzgesetz, 2019; Alexander, WRP 2019, 673; Apel/Walling, DB 2019, 891; Dann/Markgraf, NJW 2019, 1774; Fuhlrott/Hiéramente, NZA 2019, 967; zur EU-Geschäftsgeheimnis-Richtlinie Scheja, CR 2018, 485.

113 Kühling/Buchner-*Weichert*, Art. 9 Rn. 132–148.

Kinder fördern. Entsprechende Werbemaßnahmen sind aber absolut verboten. Risiken kompensierende Schutzmaßnahmen sind in jedem Fall nötig. Dahinter steckt die Erwägung, dass die informationelle Selbstbestimmung von Kindern noch eingeschränkt ist, so dass Informationspflichten und Wahlmöglichkeiten regelmäßig ins Leere laufen.[114]

Abschnitt 5 Beschränkungen

Art. 23 Beschränkungen

(1) Durch Rechtsvorschriften der Union oder der Mitgliedstaaten, denen der Verantwortliche oder der Auftragsverarbeiter unterliegt, können die Pflichten und Rechte gemäß den Artikeln 12 bis 22 und Artikel 34 sowie Artikel 5, insofern dessen Bestimmungen den in den Artikeln 12 bis 22 vorgesehenen Rechten und Pflichten entsprechen, im Wege von Gesetzgebungsmaßnahmen beschränkt werden, sofern eine solche Beschränkung den Wesensgehalt der Grundrechte und Grundfreiheiten achtet und in einer demokratischen Gesellschaft eine notwendige und verhältnismäßige Maßnahme darstellt, die Folgendes sicherstellt:

a) **die nationale Sicherheit;**
b) **die Landesverteidigung;**
c) **die öffentliche Sicherheit;**
d) **die Verhütung, Ermittlung, Aufdeckung oder Verfolgung von Straftaten oder die Strafvollstreckung, einschließlich des Schutzes vor und der Abwehr von Gefahren für die öffentliche Sicherheit;**
e) **den Schutz sonstiger wichtiger Ziele des allgemeinen öffentlichen Interesses der Union oder eines Mitgliedstaats, insbesondere eines wichtigen wirtschaftlichen oder finanziellen Interesses der Union oder eines Mitgliedstaats, etwa im Währungs-, Haushalts- und Steuerbereich sowie im Bereich der öffentlichen Gesundheit und der sozialen Sicherheit;**
f) **den Schutz der Unabhängigkeit der Justiz und den Schutz von Gerichtsverfahren;**
g) **die Verhütung, Aufdeckung, Ermittlung und Verfolgung von Verstößen gegen die berufsständischen Regeln reglementierter Berufe;**
h) **Kontroll-, Überwachungs- und Ordnungsfunktionen, die dauernd oder zeitweise mit der Ausübung öffentlicher Gewalt für die unter den Buchstaben a bis e und g genannten Zwecke verbunden sind;**
i) **den Schutz der betroffenen Person oder der Rechte und Freiheiten anderer Personen;**
j) **die Durchsetzung zivilrechtlicher Ansprüche.**

(2) Jede Gesetzgebungsmaßnahme im Sinne des Absatzes 1 muss insbesondere gegebenenfalls spezifische Vorschriften enthalten zumindest in Bezug auf

114 Art. 29-Datenschutzgruppe, WP251rev.01 6.2.2018, S. 31f.; Martini/Nink, NVwZ-Extra 10/2017, 6.

a) die Zwecke der Verarbeitung oder die Verarbeitungskategorien,
b) die Kategorien personenbezogener Daten,
c) den Umfang der vorgenommenen Beschränkungen,
d) die Garantien gegen Missbrauch oder unrechtmäßigen Zugang oder unrechtmäßige Übermittlung;
e) die Angaben zu dem Verantwortlichen oder den Kategorien von Verantwortlichen,
f) die jeweiligen Speicherfristen sowie die geltenden Garantien unter Berücksichtigung von Art, Umfang und Zwecken der Verarbeitung oder der Verarbeitungskategorien,
g) die Risiken für die Rechte und Freiheiten der betroffenen Personen und
h) das Recht der betroffenen Personen auf Unterrichtung über die Beschränkung, sofern dies nicht dem Zweck der Beschränkung abträglich ist.

Inhaltsübersicht Rn.

I. Einleitung

1 Art. 23 enthält eine bedeutsame **Öffnungsklausel**, die sich auf die **Betroffenenrechte** nach Art. 12 bis 22 und 34 sowie die damit zusammenhängenden Pflichten bezieht. Soweit diese Rechte und Pflichten in den Prinzipien des Art. 5 enthalten sind, wird auch

diese Vorschrift erfasst. Die Bestimmung des Art. 23 stellt eine Ermächtigung an die Mitgliedstaaten dar; allein sie entscheiden darüber, ob und in welchem Umfang sie von ihrer Normsetzungsbefugnis Gebrauch machen wollen. Die Öffnung lässt allerdings **keine Erweiterung**, sondern **nur** eine **Beschränkung der Betroffenenrechte** zu. Davon hat der deutsche Gesetzgeber in den **§§ 32 bis 36 BDSG** Gebrauch gemacht; auf die dortigen Erläuterungen wird verwiesen.

Die möglichen **Einschränkungen** der Betroffenenrechte werden **von zahlreichen Voraussetzungen abhängig** gemacht, die allerdings einen **beträchtlichen Allgemeinheitsgrad** aufweisen. 2

Es muss sich um eine

- Gesetzgebungsmaßnahme handeln, die den
- Wesensgehalt der Grundrechte und Grundfreiheiten achtet und in einer demokratischen Gesellschaft eine
- notwendige und verhältnismäßige Maßnahme darstellt. Sie muss sich stützen auf
- die in den Buchstaben a bis h genannten öffentliche Interessen oder auf
- die in den Buchstaben i und j genannten privaten Interessen.

Abs. 2 zählt in seinen Buchst. a – h Gegenstände auf, die eine solche Gesetzgebungsmaßnahme ggf. enthalten muss.

Die Erläuterungen orientieren sich an dieser Reihenfolge.

II. Gesetzgebungsmaßnahmen

1. Begriff

Die nach Abs. 1 möglichen nationalen »Gesetzgebungsmaßnahmen« stellen einen **unionsrechtlichen Begriff** dar. Sie müssen deshalb nicht notwendigerweise von einem Parlament stammen,[1] da die Union selbst die gesetzgebende Gewalt auf Rat und Parlament aufteilt und der Kommission ein exklusives Initiativrecht einräumt. ErwGr 41 hebt ausdrücklich hervor, dass es sich nicht um ein parlamentarisches Gesetz handeln muss, und stellt **inhaltliche Anforderungen an »Gesetzgebungsakte«**: Sie sollten **»klar und präzise«** und ihre **Anwendung** sollte für die Rechtsunterworfenen der Rechtsprechung des EuGH und des EGMR entsprechend **»vorhersehbar«** sein. Da die DSGVO selbst diesen Anforderungen nur sehr eingeschränkt Rechnung trägt, wird man mit einem beträchtlichen Grad an »Großzügigkeit« rechnen müssen, so dass ein Gesetz nur in absoluten Extremfällen an diesen Vorgaben scheitern wird. 3

Auch wenn kein vom Parlament beschlossenes Gesetz verlangt wird, ist doch eine **Abgrenzung zu anderen normativen Akten** notwendig. Der fragliche Rechtsakt muss **»Außenwirkung«** haben, darf also nicht nur eine verwaltungsinterne Richtlinie darstellen, und muss in einem offiziellen **Gesetz- und Verordnungsblatt** veröffentlicht und so für die Allgemeinheit zugänglich sein.[2] Er muss außerdem verbindlich sein, also nicht bloße Empfehlungen enthalten. Art. 88 geht weiter und lässt auch Regelungen durch Kollektivverträge zu, doch ist davon in Art. 23 nicht die Rede. 4

1 Auernhammer-*Herbst*, Art. 23 Rn. 6.
2 Kühling/Buchner-*Bäcker*, Art. 23 Rn. 35.

2. Achtung der Rahmenbedingungen

5 Es kann sich um einen **Gesetzgebungsakt der Union** handeln, aber auch um **Gesetzgebung eines Mitgliedstaats**. In beiden Fällen sind die dem Gesetzgeber gezogenen vorrangigen Grenzen zu beachten. Dies gilt gerade auch dann, wenn Mitgliedstaaten einen Rechtsakt erlassen. So stellt ErwGr 41 ausdrücklich klar, dass die **verfassungsrechtlichen Anforderungen an die Gesetzgebung in den Mitgliedstaaten** unberührt bleiben. Die §§ 32 bis 36 BDSG müssen daher den Maßstäben des Grundgesetzes gerecht werden, insbesondere auch das informationelle Selbstbestimmungsrecht und andere Grundrechte achten. Auch muss das Gesetzgebungsverfahren den verfassungsrechtlichen Regeln entsprechen (was von niemandem bestritten wurde).

III. Wahrung des Wesensgehalts der Grundrechte und Grundfreiheiten

1. Was bedeutet »Wesensgehalt«?

6 Der Schutz des Wesensgehalts von Grundrechten ist nach Art. 52 Abs. 1 Satz 1 GRCh ein **unionsrechtliches Gebot**; Art. 19 Abs. 2 GG ordnet dasselbe für das deutsche Recht an. Damit ist eine äußerste Grenze für gesetzgeberische Eingriffe benannt, die allgemeiner Auffassung nach nur selten praktische Bedeutung erlangte. In der **Safe-Harbor-Entscheidung** hat der EuGH jedoch den **Wesensgehalt** des Grundrechts auf Datenschutz nach Art. 8 GRCh und des Grundrechts auf wirksamen gerichtlichen Rechtsschutz nach Art. 47 GRCh **als verletzt angesehen**.[3] Maßgebend war hierfür die Tatsache, dass die US-Behörden im Grunde beliebig auf die in die USA übermittelten Daten zugreifen konnten und dagegen auch kein wirksamer gerichtlicher Rechtsschutz eröffnet war. Unter Bezugnahme auf Stellungnahmen der Kommission beschrieb der Gerichtshof die Situation wie folgt:

EuGH 6.10.2015 – C-362/14, NJW 2015, 315

(Die Kommission … stellt fest), »dass die amerikanischen Behörden auf die aus den Mitgliedstaaten in die Vereinigten Staaten übermittelten personenbezogenen Daten zugreifen und sie in einer Weise verarbeiten konnten, die namentlich mit den Zielsetzungen ihrer Übermittlung unvereinbar war und über das hinausging, was zum Schutz der nationalen Sicherheit absolut notwendig und verhältnismäßig war. Desgleichen stellte die Kommission fest, dass es für die Betroffenen keine administrativen oder gerichtlichen Rechtsbehelfe gab, die es ihnen erlaubten, Zugang zu den sie betreffenden Daten zu erhalten und ggf. deren Berichtigung oder Löschung zu erwirken.«

7 Eine Regelung, die es den Behörden gestatte, generell auf den Inhalt elektronischer Kommunikation zuzugreifen, **verletze den Wesensgehalt des Grundrechts** auf Achtung des Privatlebens. Weiter sei auch das **Grundrecht auf wirksamen gerichtlichen Rechtsschutz** nach Art. 47 GRCh in seinem Wesengehalt verletzt, wenn der betroffene Bürger keine Möglichkeit habe, Kenntnis von den ihn betreffenden Daten zu erlangen und ihre Berich-

3 EuGH 6.10.2015 – C-362/14, NJW 2015, 3151.

tigung oder Löschung zu erwirken.[4] Insbesondere aus diesen Gründen wurde die Kommissions-Entscheidung 2000/520 über die Safe-Harbor-Principles für ungültig erklärt.

2. Anwendungsprobleme beim BDSG

Die Ausführungen des EuGH machen deutlich, dass auch der **Wegfall von Betroffenenrechten** den **Wesensgehalt** der beiden Grundrechte **verletzen kann** (und im konkreten Fall verletzt hat). Der Einzelne muss die Möglichkeit haben, Kenntnis von den auf ihn bezogenen Daten zu nehmen, und in der Lage sein, diese berichtigen oder löschen zu lassen. Dies bedeutet, dass gerade die **Individualrechte auf Auskunft und Korrektur** nicht entzogen werden können, ohne den Wesensgehalt anzutasten. Bei **Einschränkungen** ist zu fragen, was im konkreten Fall von ihnen noch übrigbleibt. Wird dem Einzelnen mit Rücksicht auf ein überwiegendes öffentliches Interesse keine Auskunft über »seine Akte« erteilt, so ist dies nur in Ausnahmesituationen zulässig. Außerdem muss eine **rechtsstaatliche Kontrolle durch die Datenschutzaufsicht** möglich sein, um die Einhaltung des geltenden Rechts sicher zu stellen. Eine bloße Dokumentationspflicht reicht hierfür nicht aus. Vielmehr ist im Grundsatz eine Regelung wie in § 34 Abs. 3 BDSG geboten, wonach der Bundesbeauftragte für den Datenschutz und die Informationsfreiheit die fragliche Auskunft erhält und so die Einhaltung des Datenschutzrechts kontrollieren kann. 8

Nicht akzeptabel ist dabei aber der Vorbehalt, dass dieses Verfahren von einer **Zustimmung der zuständigen obersten Bundesbehörde, insbesondere eines Sicherheitsdienstes** abhängt, da diese mit dem Argument verweigert werden kann, die Erteilung der Auskunft an den Datenschutzbeauftragten würde die Sicherheit des Bundes oder eines Landes gefährden: Damit können bestimmte Datenbestände entgegen der Rechtsprechung des EuGH jeder Kontrolle entzogen werden, weil eine effektive gerichtliche Kontrolle, ob die Sicherheit des Bundes oder eines Landes wirklich gefährdet ist, schwer vorstellbar ist. Dies **verletzt den Wesensgehalt der Grundrechte** aus Art. 8 und Art. 47 GRCh und ist deshalb nicht hinnehmbar. Auch versteht man nicht, weshalb Gefahren für die Sicherheit des Bundes oder eines Landes zwar bei der Einschaltung des Datenschutzbeauftragten für möglich gehalten werden, nicht aber dann, wenn Informationen etwa einer anderen Abteilung desselben Sicherheitsdienstes oder einem anderen Geheimdienst zur Verfügung gestellt werden. Illoyalitäten kann es im Extremfall überall geben. 9

IV. Notwendige und verhältnismäßige Maßnahme in einer demokratischen Gesellschaft

1. Der Verhältnismäßigkeitsgrundsatz

Die beschränkende Regelung muss für die Erreichung ihres Ziels **geeignet und erforderlich** sein und darf **nicht außer Verhältnis zu dem verfolgten Zweck** stehen. Dieser im deutschen Recht allgemein anerkannte Grundsatz der Verhältnismäßigkeit im weiteren Sinne gilt auch im Unionsrecht, obwohl er dort mit etwas anderen Worten zum Ausdruck gebracht wird. Die Bezugname auf die »**demokratische Gesellschaft**« findet sich in der 10

4 EuGH, a.a.O., Tz. 94, 95.

EMRK wieder, etwa bei der Beschränkung der Meinungsfreiheit in Art. 10 Abs. 2 oder bei der Beschränkung der Versammlungs- und Vereinigungsfreiheit nach Art. 11 Abs. 2 EMRK. Will man darin nicht nur eine symbolische Reverenz an das Demokratieprinzip sehen, so bedeutet dies, dass die Einschränkungen den grundsätzlichen Vorrang der individuellen Freiheit wahren und bei Beschränkungen eine Kontrolle durch demokratisch legitimierte Instanzen (Gerichte, unabhängige Teile der Verwaltung) vorsehen müssen. Nach Auffassung des EGMR gehören zur Demokratie Pluralismus und Toleranz, womit ein Missbrauch der Mehrheitsherrschaft nicht zu vereinbaren sei.[5]

2. Mögliche Konsequenzen

11 Die Erforderlichkeit einer Beschränkung (etwa aus Gründen der staatlichen Geheimhaltung) wird häufig **nur für einen bestimmten Zeitraum** bestehen. Dem muss der Gesetzgeber Rechnung tragen und zumindest eine nachträgliche Information zulassen, wenn eine Gefährdung des öffentlichen Interesses nicht mehr zu besorgen ist. Eine entsprechende Regelung enthält das Gesetz zu Art. 10 GG.[6] Außerdem darf der **Nutzen der Beschränkung** (Absicherung z. B. eines öffentlichen Interesses) nicht sehr viel geringer als die **Belastung** sein, die der betroffenen Person auferlegt wird:[7] Kann diese z. B. in ihrem beruflichen Fortkommen beeinträchtigt sein (weil bestimmte Informationen wie eine frühere Drogenabhängigkeit einer an sich zur Einstellung entschlossenen Behörde übermittelt werden), so darf dies allenfalls dann geschehen, wenn **besonders gewichtige öffentliche Interessen** auf dem Spiel stehen. Auch wäre in diesem Beispielsfall der Einzelne von dem »Defizit« in seinem Lebenslauf zu informieren, um ihm so die Möglichkeit zur Schilderung aller für ihn sprechenden Umstände zu geben.[8] Darauf zu verzichten, würde bedeuten, ihn zum Objekt eines von dritter Seite gesteuerten Verfahrens zu machen, was im Widerspruch zu den Grundsätzen steht, die in einer demokratischen Gesellschaft zu beachten sind.

12 Die oben Rn. 6 ff. geschilderten Fälle eines Eingriffs in den Wesensgehalt von Grundrechten stellen zugleich eine Verletzung des Verhältnismäßigkeitsgrundsatzes dar.

V. Beschränkungen im öffentlichen Interesse (Abs. 1 Buchst. a – h)

13 Abs. 1 enthält in den Buchst. a – h insgesamt acht mögliche **Zwecke**, deren **Wahrung im öffentlichen Interesse** liegt. Überschneidungen sind dabei nicht ausgeschlossen. Auffallend ist, dass auch solche Rechtsgüter genannt sind, deren Wahrung an sich weiter den Mitgliedstaaten überlassen ist. Auch hätte es sicherlich im Interesse der Übersichtlichkeit der Normierung genügt, ein »überwiegendes öffentliches Interesse« als Eingriffsgrundlage zu benennen, da ja die vorstehend abgehandelten Grenzen einen exzessiven Zugriff staatlicher Behörden verhindern.

---

5 EGMR 29. 4. 1999 – 25088/94 u. a., NJW 1999, 3695 Tz. 112; zustimmend Auernhammer-*Kramer*, Art. 23 Rn. 8.

6 BGBl. I 2001, S. 1254 ff.

7 Kühling/Buchner-*Bäcker*, Art. 23 Rn. 58.

8 Dem entspricht die Regelung des § 6 SÜG; dazu die Erläuterungen bei Däubler, SÜG.

1. Nationale Sicherheit (Abs. 1 Buchst. a)

Die nationale Sicherheit fällt nach Art. 4 Abs. 2 Satz 3 EUV weiterhin in die alleinige Verantwortung der Mitgliedstaaten. Dies hat zur Folge, dass die **DSGVO** nach ihrem Art. 2 Abs. 2 Buchst. a insoweit **keine Anwendung** findet. Eine unionsrechtliche Regelung, zu der Art. 23 ja auch ermächtigt, scheidet daher von vorne herein aus. Möglich ist es jedoch, Abs. 1 Buchst. a so zu verstehen, dass die Mitgliedstaaten im Interesse der nationalen Sicherheit in Betroffenenrechte eingreifen können, wobei sie die Definitionsmacht darüber behalten, wie »nationale Sicherheit« im Einzelnen zu verstehen ist. Dabei handelt es sich allerdings nicht um Betroffenenrechte im Rahmen von Bestimmungen der nationalen Sicherheit, sondern um **Betroffenenrechte, die im Anwendungsbereich der DSGVO** bestehen. Dabei ist an Fälle zu denken, in denen ein an sich nicht mit Fragen der nationalen Sicherheit betrauter Verantwortlicher Daten im Interesse der nationalen Sicherheit speichert oder an eine Staatsschutzbehörde übermittelt.[9] Dies werden sehr seltene Fälle sein, sollten sie überhaupt in der Realität vorkommen. 14

2. Landesverteidigung (Abs. 1 Buchst. b)

Auch die Landesverteidigung – also der Schutz des eigenen Hoheitsgebiets gegen militärische Angriffe von außen – fällt nicht in den Zuständigkeitsbereich der Union. Insoweit gilt dasselbe wie für den Schutz der nationalen Sicherheit (siehe Rn. 14) 15

3. Öffentliche Sicherheit (Abs. 1 Buchst. c)

Die »öffentliche Sicherheit« ist auch in Abs. 1 Buchst. d im Zusammenhang mit der Verhütung und Verfolgung von Straftaten geregelt, so dass Abs. 1 Buchst. c nur Fälle erfasst, in denen die öffentliche Sicherheit in anderer Weise, etwa **durch Katastrophen, betroffen** ist.[10] Dieser Fall ist ausdrücklich in ErwGr 73 erwähnt. Nach der Rechtsprechung des EuGH[11] gehört zur »öffentlichen Sicherheit« (deren Beeinträchtigung durch Rauschgiftkriminalität im konkreten Fall geprüft wurde) die äußere wie die innere Sicherheit. Dabei kann die öffentliche Sicherheit dadurch berührt sein, dass das Funktionieren der Einrichtungen des Staates und seiner wichtigen öffentlichen Dienste beeinträchtigt wird, dass das Überleben der Bevölkerung oder einzelner ihrer Teile in Gefahr gerät oder dass die auswärtigen Beziehungen und das friedliche Zusammenleben der Völker erheblich gestört werden.[12] Die ebenfalls erwähnte »Beeinträchtigung der militärischen Interessen« spielt im vorliegenden Zusammenhang keine Rolle, da sie bereits durch Abs. 1 Buchst. b erfasst ist. **Praktische Anwendungsfälle,** etwa eingeschränkte Informationspflichten und Auskunftsrechte im Katastrophenfall, sind nicht ersichtlich und deshalb auch vom deutschen Gesetzgeber nicht aufgegriffen worden. 16

9 Kühling/Buchner-*Bäcker*, Art. 23 Rn. 16.
10 Kühling/Buchner-*Bäcker*, Art. 23 Rn. 20.
11 23.11.2010 – C-145/09, NVwZ 2011, 221 Tz. 43f.
12 Bestätigt durch EuGH 15.2.2016 – C-601/15 PPU, NVwZ 2016, 1789 Tz. 66.

4. Straftaten und Gefahrenabwehr (Abs. 1 Buchst. d)

17 Auch die in Abs. 1 Buchst. d bezeichneten **Zwecke** liegen **außerhalb des Anwendungsbereichs der DSGVO**. Sie werden durch die Richtlinie 2016/680 geregelt, die in Art. 1 ff. auch Regeln über Betroffenenrechte enthält (siehe Art. 2 Abs. 2 Buchst. d). Die Richtlinie und der sie umsetzende Teil des BDSG richtet sich an alle für die Strafverfolgung und für die Gefahrenabwehr zuständigen Behörden.[13] Andere Personen wie z. B. **Kreditinstitute** sollen jedoch erfasst sein, soweit sie im Rahmen der **Bekämpfung von Geldwäsche** Daten, die sie im Anwendungsbereich der DSGVO gespeichert haben, den zuständigen staatlichen Behörden übermitteln.[14] Dabei stellt sich allerdings die Frage, inwieweit sie im Rahmen der Geldwäscheprävention nicht als beliehene Unternehmer tätig sind und deshalb in den Anwendungsbereich der Richtlinie 2016/680 fallen.

5. Sonstige wichtige öffentliche Interessen (Abs. 1 Buchst. e)

18 Abs. 1 Buchst. e stellt eine **Generalklausel** zugunsten des öffentlichen Interesses dar, die die anderen bislang behandelten Gründe nur zu einem Teil einer beispielhaften Aufzählung macht. Allerdings muss der Eingriff immer »wichtigen Zielen« des öffentlichen Interesses dienen, ein einfaches öffentliches Interesse genügt nicht.[15] In der Literatur wird das Beispiel genannt, dass **Daten nicht gelöscht** werden dürfen, die an sich für die Durchführung des Arbeitsverhältnisses bedeutungslos geworden sind, die jedoch vorgehalten werden müssen, um eine **Überprüfung durch die Steuer- oder die Gewerbeaufsichtsbehörden** zu ermöglichen.[16]

6. Unabhängigkeit der Justiz und Schutz von Gerichtsverfahren (Abs. 1 Buchst. f)

19 Die Unabhängigkeit der Justiz ist ein in der Union wie in den Mitgliedstaaten anerkanntes Prinzip. Wie sie durch die Ausübung von Betroffenenrechten beeinträchtigt werden könnte, ist nicht evident. Man könnte allenfalls daran denken, dass ein Auskunftsrecht einer Prozesspartei in der Weise ausgeübt wird, dass **Einblick in die Entwürfe** verlangt wird, die ein Berichterstatter in einem Kollegialgericht erstellt hat und die später nicht in die Entscheidung eingegangen sind. Dies würde das Beratungsgeheimnis und damit auch die Unabhängigkeit der Justiz tangieren. Bedenklich wäre es auch, könnte eine Partei Einblick in die schriftlichen oder elektronisch gespeicherten **Vorüberlegungen eines Einzelrichters** nehmen, die er ggf. später verworfen hat. Der deutsche Gesetzgeber hat von Abs. 1 Buchst. f insoweit Gebrauch gemacht, als nach § 7 Abs. 1 Satz 2 BDSG der Datenschutzbeauftragte das Handeln des Gerichts im Rahmen seiner justiziellen Tätigkeit nicht überprüfen darf, was allerdings gleichzeitig auch in Art. 37 Abs. 1 Buchst. a (siehe dort Rn. 7) festgeschrieben ist.

---

13 Sydow-*Peuker*, Art. 23 Rn. 23.
14 Sydow-*Peuker*, Art. 23 Rn. 24.
15 Für enge Auslegung des Abs. 1 Buchst. e mit Recht Auernhammer-*Herbst*, Art. 23 Rn. 15.
16 Kühling/Buchner-*Bäcker*, Art. 23 Rn. 23.

Der **Schutz von Gerichtsverfahren** könnte insofern eine Rolle spielen, als Betroffenenrechte nicht dazu führen dürfen, dass sich eine Partei einen Vorteil gegenüber der anderen verschafft oder dass die Sachverhaltsermittlung gestört würde.[17] Insoweit ist auf das Beweissicherungsverfahren zu verweisen, das grundsätzlich nicht ohne Beteiligung der Gegenpartei stattfinden kann. 20

7. Berufsständische Regeln (Abs. 1 Buchst. g)

Die Betroffenenrechte können weiter beschränkt werden, um Verstöße gegen berufsständische Regeln z. B. von Ärzten zu verhüten oder aufzudecken. Diese müssen nicht durch Selbstverwaltungskörperschaften erlassen werden, sondern können auch Teil des staatlichen Rechts sein.[18] Soweit es um strafrechtlich relevantes Verhalten geht, greift Abs. 1 Buchst. d ein, doch muss es um ein **vergleichbar gravierendes Verhalten** gehen, da kein Grund ersichtlich ist, bei Buchst. g weniger gewichtige Verstöße als bei den übrigen Fällen des Abs. 1 einzubeziehen.[19] 21

8. Überwachungs-, Kontroll- und Ordnungsfunktionen (Abs. 1 Buchst. h)

Abs. 1 Buchst. h hat nur klarstellende Funktion: Es geht um die Absicherung der Tätigkeit von Trägern öffentlicher Gewalt, die den Aufgaben nach Buchst. a – e und g gewidmet ist. Sie würde von diesen Bestimmungen miterfasst, hätte der Verordnungsgeber in seinem Übereifer nicht den Buchst. h geschaffen.[20] 22

VI. Beschränkungen im überwiegenden individuellen Interesse (Abs. 1 Buchst. i und j)

Auch der Schutz privater Interessen und Rechte kann einen Eingriff in die Betroffenenrechte rechtfertigen. Allerdings müssen diese gewichtiger sein als die Datenschutz-Interessen der betroffenen Person. Wie sich nicht zuletzt aus den vorhergehenden Vorschriften zugunsten des öffentlichen Interesses und aus dem Verhältnismäßigkeitsgrundsatz ergibt, können **nur überwiegende Belange** einen **Eingriff rechtfertigen**, obwohl dies im Wortlaut nicht zum Ausdruck gebracht wird. 23

1. Schutz der betroffenen Person (Abs. 1 Buchst. i Variante 1)

Eine Beschränkung kann zum Schutz der betroffenen Person erfolgen. Gedacht ist dabei an den Fall, dass die Einsichtnahme eines Betroffenen in Patientenakten mit Diagnosedaten zu einem Schock führen kann, der den Gesundheitszustand weiter verschlechtern würde. Hier kann der Gesetzgeber intervenieren und beispielsweise eine **Bekanntgabe** 24

17 Kühling/Buchner-*Bäcker*, Art. 23 Rn. 24.
18 Kühling/Buchner-*Bäcker*, Art. 23 Rn. 26.
19 Sydow-*Peuker*, Art. 23 Rn. 32.
20 Kühling/Buchner-*Bäcker*, Art. 23 Rn. 28.

nur im Rahmen eines ärztlichen Gesprächs zulassen.[21] Dies ist kein Paternalismus, sondern ein Schutz vor Selbstschädigung.[22] Weiter ist auch an eine **Beschränkung der Löschungspflichten** des Verantwortlichen zu denken, was der betroffenen Person einen umfassenderen Überblick und ggf. Beweismöglichkeiten sichern soll.[23]

2. Schutz der Rechte und Freiheiten anderer Personen (Abs. 1 Buchst. i Variante 2)

25 Als andere Personen kommen sowohl der **Verantwortliche als auch Dritte** in Betracht. Rein wirtschaftliche Interessen, z. B. die Kosten einer Auskunftserteilung genügen nicht; es muss sich um anerkannte Rechte oder Freiheiten handeln. Auch ist es ersichtlich nicht zulässig, die in den Betroffenenrechten als solchen liegenden Eingriffe z. B. in die freie unternehmerische Tätigkeit oder in die freie Entfaltung der Persönlichkeit als Rechtfertigung für deren Einschränkung zu behandeln. Genügen kann aber wie in § 35 Abs. 1 Satz 1 BDSG **ein unverhältnismäßiger Aufwand** für die Beschaffung einer Information, wenn gleichzeitig das Interesse der betroffenen Person an der Löschung als gering anzusehen ist. **Rechte Dritter** sind eine ausreichende Grundlage, für die Beschränkung, wenn der Verantwortliche im Rahmen seiner Pressearbeit eine vertrauliche Information erhalten hat oder wenn eine Behörde **vertrauliche Informationen** über Menschenrechtsverletzungen erhält.[24]

3. Durchsetzung zivilrechtlicher Ansprüche (Abs. 1 Buchst. j)

26 Abs. 1 Buchst. j hat gegenüber Abs. 1 Buchst. i Variante 2 klarstellende Funktion; zu den »Rechten und Freiheiten« gehören auch die Möglichkeiten, zivilrechtliche Ansprüche durchzusetzen. Das kann Beschränkungen der Löschungsbefugnis rechtfertigen, um so die Beweisführung durch die betroffene Person nicht zu beeinträchtigen.[25] Die Formulierung unterscheidet sich von Art. 17 Abs. 3 Buchst. e, die von der »Geltendmachung, Ausübung oder Verteidigung von Rechtsansprüchen« spricht, die auch arbeitsrechtlicher oder öffentlich-rechtlicher Natur sein können. Der Wortlaut ist an sich eindeutig, doch ist dies letztlich ohne Bedeutung, da **bei** auftretenden **Lücken** immer auf **Abs. 1 Buchst. i** zurückgegriffen werden kann.

VII. Anforderungen an Beschränkungsregelungen (Abs. 2)

1. Grad des verpflichtenden Charakters

27 Abs. 2 enthält bestimmte Vorgaben, die eine die Betroffenenrechte beschränkende Gesetzgebung zu beachten hat. **Ob sie alle verpflichtend**, also kumulativ **zu erfüllen** sind, wird aus der deutschen Fassung nicht recht deutlich, wonach die Gesetzgebung »insbeson-

---

21 Sydow-*Peuker*, Art. 23 Rn. 34; s. auch § 630g Abs. 1 Satz 1 BGB.
22 Etwas anders Kühling/Buchner-*Bäcker*, Art. 23 Rn. 30.
23 Kühling/Buchner-*Bäcker*, Art. 23 Rn. 31.
24 Sydow-*Peuker*, Art. 23 Rn. 35.
25 Auernhammer-*Herbst*, Art. 23 Rn. 20.

dere gegebenenfalls spezifische Vorschriften« zumindest in Bezug auf (bestimmte Gegenstände) enthalten muss. **Andere sprachliche Fassungen** sind eindeutiger. Im Englischen heißt es:
»In particular, any legislative measure referred to in paragraph 1 shall contain specific provisions at least, *where relevant*, as to:«
Im Französischen wird formuliert:
»En particulier, toute mesure législative visée au paragraphe 1 contient des dispositions spécifiques relatives, au moins, *le cas échéant*:«
Im Spanischen:
»En particular, cualquier medida legislativa indicada en el apartado 1 contendrá como mínimo, *en su caso*, disposiciones específicas relativas a:«
Im Italienischen:
»In particolare qualsiasi misura legislativa di cui al paragrafo 1 contiene disposizioni specifiche riguardanti almeno, *se del caso*:«
Im Slowenischen:
»Zlasti vsak zakonodajni ukrep iz odstavka 1 vsebuje posebne določbe vsaj, *kjer je ustrezno*, glede:«

Aus diesen Formulierungen wird einerseits klar, dass es sich insgesamt um **Mindestvorschriften** handelt. die grundsätzlich alle zu befolgen sind (»at least«, »au moins«, »como mínimo«, »almeno«, »vsaj«), dass dies aber nur dann geschuldet ist, **wenn sie im konkreten Fall »passen«,** also sinnvollerweise erfüllt werden können.[26] Dies wird in den kursiv gesetzten Worten deutlich (»where relevant«, »le cas échéant«, »en su caso«, »se del caso«), am besten im Slowenischen »kjer je ustrezno«.[27] Die deutsche Version hat ersichtlich nicht nur ästhetische Mängel. 28

2. Rechtsstaatliche Vorgaben

Die insgesamt acht Vorgaben des Abs. 2 benennen einmal rechtsstaatliche Prinzipien,[28] die im Wesentlichen verdeutlichenden Charakter haben. Die gesetzgeberische Maßnahme muss nach Abs. 2 Buchst. c in erster Linie den **Umfang der vorgenommenen Beschränkungen** bestimmen, also insbesondere festlegen, welches Betroffenenrecht in welchem Umfang beschränkt wird. Zum zweiten muss sie die **Datenverarbeitungen** benennen, um die es geht: Nach Abs. 2 Buchst. a ist der **Zweck** der Datenverarbeitungen zu beschreiben, nach Abs. 2 Buchst. b sind die **Datenkategorien** und nach Abs. 2 Buchst. e ist **der Verantwortliche** namhaft zu machen. Daraus muss das Ziel der Beschränkung abzuleiten sein. Für die betroffenen Personen soll auf diese Weise **klar werden**, welche Inhalte die beschränkende Regelung hat. 29

26 So Sydow-*Peuker*, Art. 23 Rn. 48.
27 kjer = wo; je = ist; ustrezno = passend.
28 Hierzu und zum Folgenden Kühling/Buchner-*Bäcker*, Art. 23 Rn. 40ff.

3. Konkretisierungen des Verhältnismäßigkeitsprinzips

30 Nach Abs. 2 Buchst. g sind die **Risiken** für die betroffene Person **einzuschätzen**, was sinnvollerweise in Vorbereitung der gesetzlichen Regelung geschieht. Aus den so ermittelten (oder auch: evidenten) Risiken kann sich die Notwendigkeit besonderer Schutzvorkehrungen ergeben. Diese können darin bestehen, dass nach Abs. 2 Buchst. d Maßnahmen gegen eine missbräuchliche Weiterverwendung ergriffen werden, indem beispielsweise **Datensicherungsmaßnahmen verstärkt** werden. Die Beschränkung des Löschungsrechts kann nach Abs. 2 Buchst. f durch eine **Speicherfrist** kompensiert werden.[29] Nach Abs. 2 Buchst. h soll die betroffene Person von der Beschränkung unterrichtet werden, sofern dadurch nicht der Zweck der Beschränkung unterlaufen wird. Als eine Art Auffangregel sieht Abs. 2 Buchst. f die **Nennung der Garantien** vor, die trotz der Beschränkung bleiben. Als Beispiele werden hohe Datensicherheit, die Pflicht zu frühzeitiger Anonymisierung und eine strenge Zweckbindung genannt.[30]

Kapitel 4
Verantwortlicher und Auftragsverarbeiter

Abschnitt 1
Allgemeine Pflichten

Art. 24 Verantwortung des für die Verarbeitung Verantwortlichen

(1) Der Verantwortliche setzt unter Berücksichtigung der Art, des Umfangs, der Umstände und der Zwecke der Verarbeitung sowie der unterschiedlichen Eintrittswahrscheinlichkeit und Schwere der Risiken für die Rechte und Freiheiten natürlicher Personen geeignete technische und organisatorische Maßnahmen um, um sicherzustellen und den Nachweis dafür erbringen zu können, dass die Verarbeitung gemäß dieser Verordnung erfolgt. Diese Maßnahmen werden erforderlichenfalls überprüft und aktualisiert.

(2) Sofern dies in einem angemessenen Verhältnis zu den Verarbeitungstätigkeiten steht, müssen die Maßnahmen gemäß Absatz 1 die Anwendung geeigneter Datenschutzvorkehrungen durch den Verantwortlichen umfassen.

(3) Die Einhaltung der genehmigten Verhaltensregeln gemäß Artikel 40 oder eines genehmigten Zertifizierungsverfahrens gemäß Artikel 42 kann als Gesichtspunkt herangezogen werden, um die Erfüllung der Pflichten des Verantwortlichen nachzuweisen.

Inhaltsübersicht Rn.

29 Kühling/Buchner-*Bäcker*, Art. 23 Rn. 53.
30 Kühling/Buchner-*Bäcker*, Art. 23 Rn. 55.

I. Einleitung

Art. 24 ist innerhalb der DSGVO die **zentrale Regelung** für die Festlegung der Verantwortlichkeit bezüglich einer gesetzeskonformen Verarbeitung. Die Vorschrift ist insoweit eine Art Generalnorm oder -klausel, durch die eine zentrale Zuweisung von einzuhaltenden Verpflichtungen mit dem Ziel einer rechtskonformen Verarbeitung erfolgt.[1] Zusammen mit den Vorgaben zum Datenschutz durch Technikgestaltung und durch datenschutzfreundliche Voreinstellungen in Art. 25 und mit den Hinweisen zur Sicherheit personenbezogener Daten in Art. 32 legt Art. 24 den Pflichtenkreis fest, der Verantwortliche trifft, die personenbezogene Daten für eigene Zwecke oder im eigenen Namen verarbeiten. Ergebnis ist die Verpflichtung zur Schaffung eines strukturierten Datenschutzmanagements.[2] Der Umfang des Handelns von Verantwortlichen wird in diesem Zusammenhang durch die nach Art. 35 durchzuführende Datenschutz-Folgenabschätzung beeinflusst. 1

Unterstützt wird der Verantwortliche bei der Wahrnehmung seiner Verpflichtungen, die aus Art. 24 und den weiteren Vorschriften der DSGVO folgen, nach Art. 39 Abs. 1 Buchst. a durch den zuständigen **Datenschutzbeauftragten**. Die Einhaltung der in Art. 24 und den korrespondierenden Vorschriften der DSGVO verankerten Pflichten überwacht nach Art. 57 Abs. 1 Buchst. a die zuständige **Aufsichtsbehörde.** 2

Art. 24 übernimmt grundlegende Inhalte aus Art. 17 EG-DSRl. Allerdings enthält weder Art. 24 noch eine andere Vorschrift der DSGVO eine Definition des in der Vorschrift verwendeten Begriffs der »technischen und organisatorischen Maßnahmen. Auch in der EG-DSRl oder in § 9 BDSG-alt war eine solche Definition nicht enthalten. 3

Der Regelungsrahmen des Art. 24 verfolgt einen **risikobasierten Ansatz** (»Risk-Based Approach«), wie er auch in den Regelungen zur Datenschutz-Folgenabschätzung seinen Niederschlag gefunden hat.[3] Verantwortliche sollen hiernach unter Berücksichtigung von Art, Umfang, Umständen und Zweck der Verarbeitung auf der einen und der Eintrittswahrscheinlichkeit und Schwere von Risiken für die Rechte und Freiheiten natürlicher Personen auf der anderen Seite geeignete technische und organisatorische Maßnahmen zum Schutz der ihnen zur Verfügung stehenden personenbezogenen Daten treffen. 4

---

1 Ebenso Paal/Pauly-*Martini*, Art. 24 Rn. 1; Kühling/Buchner-*Hartung*, Art. 24 Rn. 1; SHS-*Petri*, Art. 24 Rn. 1; Schantz/Wolff-*Wolff*, Rn. 822.

2 Taeger/Gabel-*Lang*, Art. 24 Rn. 27 spricht von einem »*mehr oder weniger umfassenden Datenschutzmanagement*«.

3 Vgl. Art. 35 Rn. 3ff., insbesondere auch zum Begriff des »Risikos«.

5 Der **risikobasierte Ansatz** findet seinen unmittelbaren Niederschlag in **Abs. 1**. Hieran schließt sich in **Abs. 2** die **Verpflichtung zur Anwendung geeigneter Datenschutzvorkehrungen** durch den Verantwortlichen an. Durch **Abs. 3** wird Verantwortlichen ein Weg eröffnet, um durch die **Einhaltung genehmigter Verhaltensregeln** nach Art. 40 oder durch die **Anwendung genehmigter Zertifizierungsverfahren** nach Art. 42 den Nachweis zu erbringen, dass die nach Art. 24 Abs. 1 bestehenden Verpflichtungen eingehalten werden.

II. Risiken und durchzuführende Maßnahmen (Abs. 1 Satz 1)

6 Die Regelung des **Abs. 1** hat **drei Komponenten**. Zunächst wird durch sie ein **risikobasierter Ansatz**, der bisher so im deutschen Datenschutzrecht nicht bekannt war, in die DSGVO **eingeführt**. Die von Verantwortlichen zu treffenden Maßnahmen werden durch Eintrittswahrscheinlichkeit und Schwere der Risiken für die Rechte und Freiheit natürlicher Personen maßgeblich bestimmt. Weiterhin müssen Verantwortliche nach den Vorgaben in Abs. 1 durch **geeignete technische und organisatorische Maßnahmen** sicherstellen, dass die von ihnen zu vertretende Verarbeitung datenschutzkonform ist. Schließlich müssen sie die getroffenen **Maßnahmen überprüfen und** erforderlichenfalls **aktualisieren**.[4]

7 Den Verantwortlichen wird durch Abs. 1 die **alleinige und vollständige Zuständigkeit** für eine sichere Verarbeitung von personenbezogenen Daten zugewiesen, die für ihre Zwecke und in ihrem Namen erfolgen. Wer Verantwortlicher ist, bestimmt sich nach der Definition in Art. 4 Nr. 7. Die durch Art. 24 begründete spezifische Verantwortlichkeit besteht uneingeschränkt fort, wenn eine Auftragsverarbeitung erfolgt. Allerdings treffen Auftragsverarbeiter bezüglich der eigenen Tätigkeit eigenständige Sicherheitspflichten.[5]

8 Durch Abs. 1 **Satz 1** wird festgelegt, dass Verantwortliche eine **verordnungskonforme Verarbeitung** von personenbezogenen Daten durch den **Einsatz geeigneter technischer und organisatorischer Maßnahmen sicherstellen** müssen. Praktisch bedeutet dies, dass Verarbeiter alle Regeln und Schutzvorgaben dieser Verordnung und der hierzu ergangenen nationalen Umsetzungsgesetze beachten müssen. Weiterhin müssen sie mit Blick auf ihre nach Art. 5 Abs. 2 bestehende allgemeine Verantwortlichkeit und den von ihnen zu schaffenden Sicherheitsstandard nachweisen können, dass die Verarbeitung auch alle Schutzvorgaben und -ziele der DSGVO berücksichtigt. Die entsprechenden Verpflichtungen der Verarbeiter werden im Rahmen von Art. 24 nicht auf angemessene Maßnahmen beschränkt.[6]

9 Der Begriff der technischen und organisatorischen Maßnahmen wird in der DSGVO zwar an unterschiedlichen Stellen verwendet (etwa in Art. 5 Abs. 1 Buchst. f, in Art. 25 Abs. 1 und 2, in Art. 28 Abs. 1 oder in Art. 32 Abs. 1). Eine Definition des Begriffs findet sich in der Verordnung aber nicht. Der Begriff ist dem deutschen Datenschutzrecht aus § 9 BDSG-alt bekannt, wo er mit »technische und organisatorische Maßnahmen« überschrieben ist. Die in § 9 BDSG-alt und in der Anlage zu Satz 1 dieser Norm enthaltenen Prä-

4 Ähnlich Gola-*Piltz*, Art. 24 Rn. 4.

5 Ehmann/Selmayr-*Bertermann*, Art. 24 Rn. 3.

6 Kühling/Buchner-*Hartung*, Art. 24 Rn. 18, der allerdings wegen des Fehlens einer Begrenzung auf angemessene Maßnahmen Art. 24 nur als »Überblicksnorm« ansieht.

zisierung zu verschiedenen Maßnahmen können damit als eine Art Richtschnur für die Ausgestaltung der im Rahmen der DSGVO zu treffenden technischen und organisatorischen Maßnahmen verwendet werden.[7] Ihnen kommt bei der Auslegung deshalb weiterhin eine besondere Bedeutung zu.

Der Begriff der technischen und organisatorischen Maßnahmen ist im Rahmen von Art. 24 Abs. 1 mit Blick auf den Schutzzweck der DSGVO **weit auszulegen**. Er beinhaltet alle Maßnahmen, die Verantwortliche bei und im Zusammenhang mit der Verarbeitung von personenbezogenen Daten treffen müssen, um den durch § 24 und die hiermit korrespondierenden Vorschriften der DSGVO vorgeschriebenen Mindeststandard der Datensicherheit zu erreichen. Die zu treffenden Maßnahmen können beispielsweise sowohl technische Vorkehrungen wie auch die Schulung und Anweisung des eingesetzten Personals beinhalten.[8] In Betracht kommen im Einzelfall beispielsweise bauliche Vorkehrungen wie besondere Armierungen von Wänden, Fenstern oder Türen oder Begrenzungen von Zugangsrechten zu Gebäuden, in denen sich IT-Anwendungen befinden. Einschlägig ist insoweit alles, was geeignet ist, um den von der DSGVO angestrebten Schutz der Interessen, Grundrechte und Grundfreiheiten betroffener Personen zu sichern. 10

Verantwortliche müssen im Ergebnis alle technischen und organisatorischen Maßnahmen treffen, die erforderlich sind, um den Vorgaben der DSGVO zu genügen und die dort benannten Schutzvorkehrungen zu gewährleisten. Eine Beschränkung kann allenfalls dort erfolgen, wo technische Möglichkeiten nicht bestehen. 11

Das notwendige Schutzniveau soll durch technische und organisatorische Maßnahmen hergestellt werden. Beide Maßnahmengruppen sind oft **nicht trennscharf** voneinander abzugrenzen. So können beispielsweise Zutrittskontrollkonzepte sowohl auf die Benutzung von elektronischen Zugangskarten als auch auf Zutrittsverbote zurück. Mit Blick auf das zu erreichende Schutzziel ist eine präzise Abgrenzung der Begrifflichkeiten indes nicht erforderlich. 12

Typische technische Maßnahmen sind beispielsweise Sicherungen vor unbefugten Zugriffen auf Systeme durch Vergabe von Passwörtern oder durch den Einsatz von elektronischen Zugangskarten. Bedeutsam sind auch Verschlüsselungsverfahren oder die Realisierung von Zugriffsmöglichkeiten auf Systemen über sogenannte VPN-Kanäle. 13

Organisatorische Maßnahmen können beispielsweise schriftliche Festlegungen der Prozesse zur Änderung von Systemen sein, die Verankerung eines sogenannten »Vier-Augen-Prinzips«, die Auswertungen von Protokollen über Tätigkeiten von Administratoren oder die Durchführung von Stichproben und Audits. Als bedeutsame Maßnahmen werden in den Erwägungsgründen die Datenminimierung, die frühzeitige Pseudonymisierung sowie die Herstellung von Transparenz für den Betroffenen benannt, damit diese die Verarbeitung ihrer personenbezogenen Daten überwachen können (ErwGr 78). Wichtig sind in diesem Zusammenhang auch Schulungsmaßnahmen, in denen Beschäftigten erläutert wird, welche Sicherheitsnotwendigkeiten – und wie diese umgesetzt werden sollen – bestehen.[9] Welche technischen und organisatorischen Maßnahmen Verantwortliche im Detail einsetzen, bleibt ihnen selbst überlassen. 14

7 Plath-*Plath*, Art. 24 Rn. 14.
8 Ähnlich Paal/Pauly-*Martini*, Art. 24 Rn. 20.
9 Ähnlich Paal/Pauly-*Martini*, Art. 24 Rn. 21f.

15 Mit Blick auf die Vorgaben zur Ausgestaltung der technischen und organisatorischen Maßnahmen in § 9 Satz 1 BDSG-alt kommen Vorkehrungen in Betracht, die Unbefugten im Sinne einer **Zutrittskontrolle** einen direkten Kontakt zu IT-Systemen verwehren. Bedeutsam ist es weiterhin, ihnen den unmittelbaren **Zugriff** auf Datenverarbeitungssysteme zu **verwehren**. Verantwortliche müssen insoweit beispielsweise sichere Authentifizierungsverfahren verankern. Dies macht die Etablierung von umfassenden Berechtigungskonzepten unumgänglich, die stets aktuell zu halten sind. Im Rahmen von Maßnahmen der **Weitergabekontrolle** müssen Verantwortliche sicherstellen, dass die Integrität und Vertraulichkeit personenbezogener Daten bei allen Vorgängen garantiert bleiben. Dies gilt sowohl beim Transport von Daten auf konventionellen Datenträgern als insbesondere auch bezogen auf unterschiedliche elektronische Übermittlungswege.

16 Um eine Revisionssicherheit von Systemen herzustellen und auf Auditierungen vorbereitet zu sein, muss eine Protokollierung von relevanten Verarbeitungsvorgängen erfolgen. Entsprechende Protokolle müssen Rückschlüsse darauf zulassen, wer beispielsweise Informationen eingegeben, verändert oder gelöscht hat. Notwendig ist auch ein **Schutz** vorhandener personenbezogener Daten **vor zufälliger Zerstörung** oder **vor Verlust** sowie Vorkehrungen gegen gezielte Angriffe mit Schadsoftware oder durch nicht berechtigte Personen.

17 Mit Blick auf die nach Art. 5 Abs. 2 bestehende herausragende Verantwortlichkeit muss auch sichergestellt werden, dass Auftragnehmer Verarbeitungsprozesse nur nach den **Weisungen** der Verantwortlichen durchführen können. Schließlich muss ausgeschlossen werden, dass Daten für unzulässige Zwecke verarbeitet werden können, für die es eine datenschutzrechtliche Legitimation gibt. Damit muss das in Anlage 8 zu § 9 Satz 1 BDSG-alt enthaltene **Trennungsgebot** weiterhin Berücksichtigung finden.

18 Die Festlegung der technischen und organisatorischen Maßnahmen, die geeignet sind, Risiken für die Interessen, Grundrechte oder Grundfreiheiten natürlicher Personen auszuschließen, muss sich an den **Kriterien** orientieren, die in Abs. 1, erster Hlbs. aufgezählt sind.[10] Alle hier benannten Messpunkte der vorzunehmenden Bewertung stehen gleichwertig nebeneinander und müssen Berücksichtigung finden.[11]

19 Die Liste der Kriterien, die Art. 24 Abs. 1, erster Hlbs., für die Bewertung geeigneter technischer und organisatorischer Maßnahmen enthält, ist **nicht abschließend.**[12] ErwGr 75 deutet darauf hin, dass besondere Risiken für die Betroffenen auch daraus folgen können, dass sie die sie betreffenden personenbezogenen Daten nicht kontrollieren können. Weiterhin wird in diesem ErwGr bezogen auf Risiken für Rechte und Freiheiten natürlicher Personen auch darauf hingewiesen, dass die Verarbeitung personenbezogener Daten, die zu den besonders geschützten Kategorien nach Art. 6 Abs. 1 gehören, oder Daten zur strafrechtlichen Verurteilung von Straftaten nach Art. 10 für die Betroffenen zu besonderen Risiken führen können. Auch hier besteht ein herausragender Bedarf an geeigneten technischen und organisatorischen Maßnahmen zur Sicherung der Verarbeitung.

20 Da es sich bei den Bewertungskriterien durchgängig um relativ unbestimmte Begriffe handelt, ergeben sich bezogen auf die technischen und organisatorischen Maßnahmen, die geeignet sind, relativ **weite Auslegungsspielräume**.

10 Paal/Pauly-*Martini*, Art. 24 Rn. 27.
11 Paal/Pauly-*Martini*, Art. 24 Rn. 26.
12 Ähnlich Plath-*Plath*, Art. 24 Rn. 17.

1. Art der Verarbeitung

Bei der Bewertung, welche technischen und organisatorischen Maßnahmen geeignet sind, um die Rechte und Freiheiten betroffener Personen angemessen zu schützen, muss zunächst einmal die **Art der Verarbeitung** Berücksichtigung finden. Relevant ist insbesondere, ob eine manuelle oder eine elektronische Verarbeitung erfolgt.[13] Die vorzunehmende Bewertung bezieht sich auf alle in Art. 4 Nr. 2 genannten Verarbeitungsschritte und schließt somit das Erheben, das Erfassen, die Organisation, das Ordnen, die Speicherung, die Anpassung oder Veränderung, das Auslesen, das Abfragen, die Verwendung, die Offenlegung durch Übermittlung, Verbreitung oder eine andere Form der Bereitstellung, den Abgleich oder die Verknüpfung, die Einschränkung, das Löschen oder die Vernichtung von personenbezogenen Daten ein.[14] Im Rahmen dieses Bewertungsschrittes ist auch auf die Inhalte von Daten abzustellen. Handelt es sich etwa um besondere Kategorien personenbezogener Daten i. S. v. Art. 9, ist schon wegen deren Sensitivität von einem hohen Risiko und damit von entsprechend umfangreichen technischen und organisatorischen Maßnahmen auszugehen.[15] Auch die Frage, ob eine Verarbeitung innerhalb einer geschlossenen und gesicherten Betriebsstätte erfolgt oder mobil auf den Tablets oder Notebooks von Beschäftigten, ist zu beachten. Gleiches gilt für die äußere Form. Gibt es beispielsweise konventionelle »Papierakten«, sind andere technische und organisatorische Maßnahmen zu treffen als für digitale Unterlagen und Dateien. 21

2. Umfang der Verarbeitung

Der **Umfang der Verarbeitung** bezieht sich auf die Menge personenbezogener Daten. Betreffen sie eine große Zahl von Personen, verbindet sich mit dieser Quantität ein höheres Risiko (ErwGr 91 Satz 1). Hierbei geht es quantitativ um die personenbezogenen Daten aller Betroffenen, die in eine Verarbeitung einfließen und qualitativ um Verknüpfungsmöglichkeiten dieser Informationen.[16] Je umfangreicher die vorhandene Datenbasis ist, desto größer werden die im Rahmen von Auswertungen bestehenden Erkenntnismöglichkeiten. Nicht als umfangreich sollen Verarbeitungen von personenbezogenen Daten anzusehen sein, wenn sie etwa durch einen einzelnen Arzt oder Rechtsanwalt erfolgen und sich lediglich auf einzelne Patienten oder Mandanten beziehen (ErwGr 91 Satz 4). 22

Bedeutsam ist auch die **zeitliche Komponente,** hier insbesondere die Dauer der Verarbeitung. Je länger personenbezogene Daten vorgehalten werden, desto mehr Erkenntnisse zum Verhalten der Betroffenen lassen sich aus dieser Datenbasis ableiten. Dies führt unmittelbar zur Notwendigkeit von angepassten organisatorischen und technischen Maßnahmen. 23

Bestimmte Verarbeitungen können im konkreten Fall **weitreichende negative Auswirkungen** für geschützte Interessen, Grundrechte und Grundfreiheiten von betroffenen Personen haben. So kann sich beispielsweise das Bekanntwerden der Personen, die Kun- 24

13 Plath-*Plath*, Art. 24 Rn. 15.
14 Paal/Pauly-*Martini*, Art. 24 Rn. 32.
15 Gola-*Piltz*, Art. 24 Rn. 33.
16 Paal/Pauly-*Martini*, Rn. 33.

den eines »Seitensprungportals« sind, für die Betroffenen weitreichende negative Auswirkungen haben. Weniger kritisch ist hingegen die Information, dass Personen sich aktiv an der Pflege eines Naturschutzgebietes beteiligen.

3. Umstände der Verarbeitung

25 Die **Umstände der Verarbeitung** beziehen sich insoweit auf alle tatsächlichen und rechtlichen Gegebenheiten der Verarbeitung.[17] In diesem Zusammenhang ist es insbesondere bedeutsam, ob die entsprechenden Umstände, die mit der Verarbeitung einhergehen, für betroffene Personen absehbar und zu erwarten sind.[18] Aus Sicht von Beschäftigten leitet sich beispielsweise aus dem Umstand eines gewerkschaftsfeindlichen Arbeitgebers ein hohes Schutzbedürfnis bezüglich der Informationen ab, wer Gewerkschaftsmitglied ist.

4. Zwecke der Verarbeitung

26 Die **Zwecke der Verarbeitung** werden vom Verarbeiter selbst definiert. Damit kann er schon bei Beginn der Verarbeitung festlegen und absehen, wie groß Risiken für betroffene Personen sind und welche technischen und organisatorischen Maßnahmen hieraus resultieren. Hohe Risiken verbinden sich beispielsweise mit Verarbeitungszwecken, die auf die Aufhebung von Pseudonymen ausgerichtet sind, bei denen Persönlichkeitsprofile erstellt werden oder die besondere Kategorien personenbezogener Daten zum Gegenstand haben.[19] Auch Zweckänderungen können angepasste spezifische technische und organisatorische Maßnahmen erforderlich machen. Bezogen auf Daten mit hoher Sensibilität führt dies praktisch immer zu einem hohen Aufwand im Bereich der technischen und organisatorischen Maßnahmen. Gleiches gilt, wenn auf Pseudonyme oder verschlüsselte Übertragungen vollständig verzichtet wird. Unerheblich ist hingegen die Tatsache, ob die verfolgten Zwecke eng oder weit gefasst sind.[20] Der Umfang eines Risikos für die Betroffenen ist vielmehr maßgeblich abhängig von der Konkretisierung der Verarbeitungszwecke. Beispielsweise besteht auch bei einer extrem engen Zweckfestlegung ein hoher Schutzbedarf, wenn es um Gesundheitsdaten geht. Unkritisch ist hingegen selbst bei einer sehr weit gefassten Zweckstimmung die Verwendung von Daten, die die Betroffenen selbst gezielt öffentlich gemacht haben.

5. Eintrittswahrscheinlichkeit der Risiken

27 Bei der Festlegung geeigneter technischer und organisatorischer Maßnahmen ist die **unterschiedliche Eintrittswahrscheinlichkeit** eines Risikos für die Interessen, Grundrechte und Grundfreiheiten der betroffenen Personen zu berücksichtigen. Vom Verantwortli-

17 Gola-*Piltz*, Art. 24 Rn. 35.
18 Gola-*Piltz*, Art. 24 Rn. 35.
19 Gola-*Piltz*, Art. 24 Rn. 36.
20 So aber Paal/Pauly-*Martini*, Art. 24 Rn. 35, der eine Beziehung zwischen weiter Zweckfestlegung und hohen Risiken sieht.

chen ist eine umfassende Risikobeurteilung vorzunehmen.[21] Je größer die Gefahr ist, umso höher müssen die zu treffenden technischen oder organisatorischen Maßnahmen sein.[22] Es kommt dabei allein auf die Möglichkeit einer Realisierung an und nicht etwa auf die Inhalte von personenbezogenen Daten oder auf deren Sensibilität. Beispielsweise müssen angesichts zahlreicher digitaler Attacken Informationen über Konten oder Kreditkarten von Kunden von Verantwortlichen in Unternehmen deutlich umfangreicher geschützt werden als etwa die Adressdaten von Mitgliedern eines kleinen Musikvereins. Herausragend zu schützen sind insbesondere solche Verarbeitungen personenbezogener Daten, die zu einem physischen, materiellen oder immateriellen Schaden der Betroffenen führen können (ErwGr 75 Satz 1).

6. Schwere der Risiken

Art. 24 benennt im ersten Hlbs. die **Schwere der Risiken für die Rechte und Freiheiten** als weiteren Maßstab für die Festlegung geeigneter technischer und organisatorischer Maßnahmen. Dieses Kriterium bezieht sich letztlich auf die Höhe der Gefährdungen, die bezogen auf Betroffene bestehen.[23] 28

Maßstab dafür, wie schwer Risiken sind, ist allein der **Blickwinkel eines Betroffenen**, den Nachteile treffen könnten. Es ist mithin zu prüfen, welche Folgen eine mögliche Verletzung für die Rechte und Freiheiten natürlicher Person haben können.[24] Dieser »persönliche« Anknüpfungspunkt trägt der Tatsache Rechnung, dass die Auswirkungen von Verletzungen der Vorgaben der DSGVO für Betroffene kontextabhängig unterschiedlich sein können. So ist etwa das unzulässige Bekanntwerden exponierter weltanschaulicher Meinungen für einen Bewerber für ein hohes politisches Amt schwerwiegender als für einen Bürger ohne jegliche politischen Ambitionen. 29

7. Verhältnismäßigkeit

Ob sich aus den im ersten Hlbs. von Art. 24 Abs. 1 genannten Kriterien Risiken für die Rechte und Freiheiten natürlicher Personen ableiten, ist im konkreten Fall im Rahmen einer **Verhältnismäßigkeitsprüfung** aus objektiver Sicht festzustellen (ErwGr 76 Satz 2). Ein herausragend hohes Schutzniveau durch adäquate technische und organisatorische Maßnahmen muss insbesondere dann geschaffen werden, wenn Verarbeitungen zu einer Diskriminierung, einem Identitätsdiebstahl oder -betrug, einem finanziellen Verlust, einer Rufschädigung, einem Verlust der Vertraulichkeit von personenbezogenen Daten, die einem Berufsgeheimnis unterliegen, der unbefugten Aufhebung der Pseudonymisierung oder anderen erheblichen wirtschaftlichen oder gesellschaftlichen Nachteilen führen kann (ErwGr 75). Die besondere Nennung der vorstehend aufgezählten Risiken in ErwGr 75 ist **beispielhaft** und bedeutet deshalb nicht, dass nur in diesen Fällen von besonderen 30

21 SHS-*Petri*, Art. 24 Rn. 11.
22 Ähnlich Gola-*Piltz*, Art. 24 Rn. 22.
23 Gola-*Piltz*, Art. 24 Rn. 25.
24 Gola-*Piltz*, Art. 24 Rn. 26.

Risiken auszugehen ist.[25] Andererseits ist es nicht zwingend, dass die genannten Beispiele immer mit einem hohen Risiko verknüpft sind.[26] Sie stellen nur ein Indiz für das mögliche Vorliegen eines hohen Schutzbedarfs dar, der aber auch in allen anderen denkbaren Fällen gegeben sein kann.

III. Überprüfung und Aktualisierung (Abs. 1 Satz 2)

31 Nach Abs. 1 Satz 2 müssen die vom Verantwortlichen als geeignet identifizierten technischen und organisatorischen Maßnahmen erforderlichenfalls von diesem **überprüft** und **aktualisiert** werden. Diese Vorgabe ist keine Selbstverständlichkeit[27], sondern die Festschreibung einer Verpflichtung, die den Verantwortlichen trifft, nicht aber einen bestellten Datenschutzbeauftragten oder die staatliche Aufsichtsbehörde.[28] Unterbleiben die nach dieser Vorschrift erforderlichen Überprüfungen und Aktualisierungen durch den Verantwortlichen, ist dies ein Pflichtverstoß.

32 Erforderliche Prüfungen und Aktualisierungen dürfen **nicht an Kostengründen scheitern**. Verantwortliche müssen vielmehr alle Bewertungen und Maßnahmen durchführen, die mit Blick auf die nach Abs. 1 Satz 1 vorzunehmende Bewertung erforderlich sind. Hierzu gehört beispielsweise eine Anpassung geeigneter technischer und organisatorischer Maßnahmen, wenn neue Software-Strukturen oder eine neue Version eines Programms eingeführt werden. Gleiches gilt bezogen auf Konzepte wie »Software as a Service«, die eine prozessorientierte Überprüfung und Aktualisierung von Maßnahmen erforderlich machen.

33 Aus Sicht von **Betriebs- und Personalräten** ist die Vorgabe in Art. 24 Abs. 1 Satz 2 insoweit bedeutsam, als sie vom Arbeitgeber verlangen können, über entsprechende Prüfungen und Aktualisierungen sowie über den gesamten Bewertungsprozess nach Abs. 1 Satz 1 informiert zu werden. Soweit die Anpassungen Mitbestimmungstatbestände beinhalten (etwa bezogen auf technische Einrichtungen), lösen sie ggf. einschlägige Mitbestimmungsrechte aus. In seltenen Ausnahmefällen kann eine Anpassung auch darin bestehen, nicht mehr erforderliche technische und organisatorische Maßnahmen zurückzufahren oder auszusetzen.[29]

IV. Geeignete Datenschutzvorkehrungen (Abs. 2)

34 Nach Abs. 2 gehört zu den in Abs. 1 Satz 1 genannten technischen und organisatorischen Maßnahmen auch die Anwendung **geeigneter Datenschutzvorkehrungen** durch den Verantwortlichen. Allerdings sind diese Vorkehrungen nur dann erforderlich, wenn sie in einem **angemessenen Verhältnis** zu den Verarbeitungstätigkeiten stehen.

25 So aber Plath-*Plath*, Art. 24 Rn. 16.
26 Gola-*Piltz*, Art. 24 Rn. 38.
27 So aber Kühling/Buchner-*Hartung*, Art. 24 Rn. 19.
28 Taeger/Gabel-*Lang*, Art. 24 Rn. 68; SHS-*Petri*, Art. 24 Rn. 19.
29 Gola-*Piltz*, Art. 24 Rn. 51.

Die genaue Bedeutung dieses Verweises auf die Anwendung geeigneter Vorkehrungen im Kontext des Art. 24 erschließt sich nicht auf Anhieb.[30] Nicht zur Klärung trägt ein Blick in die englischsprachige Fassung, in der von »data protection policies« die Rede ist. Diese Begrifflichkeit verweist darauf, dass es um »Datenschutzrichtlinien« gehen soll.[31] Diese müssten indes als technische und organisatorische Maßnahmen ausgestaltet und umgesetzt werden, was wiederum auf eine Pflicht zur Etablierung eines internen Datenschutzmanagements hinweist.[32] 35

Die Anwendung geeigneter Datenschutzvorkehrungen im Sinne von Abs. 2 ist damit letztlich wohl als die Summe aller strukturierten Vorgaben zu verstehen, die Verarbeiter machen müssen, um einerseits den Vorgaben und Verpflichtungen nach der DSGVO gerecht zu werden und um andererseits Verstöße gegen diese Verordnung zu vermeiden.[33] Die Vorschrift hat damit mehr als nur eine deklaratorische Funktion.[34] Sie verpflichtet Verantwortliche vielmehr, strukturierte Datenschutzvorkehrungen festzulegen und im Rahmen von technischen und organisatorischen Maßnahmen umzusetzen. 36

Damit kommt Abs. 2 eine allgemeine Bedeutung zu. Diese wird allerdings dadurch relativiert, dass nur solche Datenschutzvorkehrungen getroffen werden müssen, die in einem angemessenen Verhältnis zur Verarbeitungstätigkeit stehen. Damit ist diese Regelung offen für eine Verhältnismäßigkeitsprüfung und stellt keine absolute Vorgabe dar. 37

Betriebs- und Personalräte haben im Rahmen ihrer **allgemeinen Informationsrechte** einen Anspruch darauf, vom Arbeitgeber über getroffene Datenschutzvorkehrungen und die hiermit zusammenhängende Verhältnismäßigkeitsprüfung informiert zu werden. 38

V. Verhaltensregeln und Zertifizierungsverfahren als Nachweis (Abs. 3)

Nach der Vorgabe des Abs. 3 ist die **Einhaltung genehmigter Verhaltensregeln** nach Art. 40 oder die Durchführung **genehmigter Zertifizierungsverfahren** nach Art. 42 ein Hinweis darauf, dass Verantwortliche die ihnen nach der DSGVO obliegenden Pflichten erfüllen. Die Vorschrift zielt insoweit auf eine Stärkung der Selbstregulierung von Verarbeitern zum Thema Datenschutz. 39

Dieses Konzept ist dann **grundsätzlich positiv zu bewerten**, wenn es tatsächlich zu einem erhöhten Datenschutzbewusstsein bei den Verantwortlichen führt. Allerdings ist die Regelung inhaltlich denkbar schwach ausgestaltet.[35] Dies wird schon daran deutlich, dass die Einhaltung genehmigter Verhaltensregelungen lediglich als ein »Gesichtspunkt« herangezogen werden kann. Damit schafft selbst eine umfassende Einhaltung von Verhaltensregeln und Zertifizierungsverfahren durch einen Verantwortlichen für ihn keine Rechtssi- 40

---

30 Ähnlich Gola-*Piltz*, Art. 24 Rn. 56, der die Vorschrift für unklar hält; Kühling/Buchner-*Hartung*, Art. 24 Rn. 21 erscheint sie »rätselhaft«; Ehmann/Selmayr-*Bertermann*, Art. 24 Rn. 14 verweist auf die fehlende Definition.

31 Ehmann/Selmayr-*Bertermann*, Art. 24 Rn. 14; nach SHS-*Petri* soll es um »*eine Art Datenschutzpolitik*« gehen.

32 Paal/Pauly-*Martini*, Art. 24 Rn. 40.

33 Ähnlich Paal/Pauly-*Martini*, Art. 24 Rn. 40.

34 So aber Ehmann/Selmayr-*Bertermann*, Art. 24 Rn. 14.

35 Ähnlich Kühling/Buchner-*Hartung*, Art. 24 Rn. 23; Gola-*Piltz*, Art. 24 Rn. 60; Plath-*Plath*, Art. 24 Rn. 24.

cherheit. Sie zieht nicht automatisch den Nachweis nach sich, dass die Verpflichtungen nach Art. 24 Abs. 1 erfüllt sind.[36]

41 Bei der Schaffung von Verhaltensregeln oder bei der Etablierung von Zertifizierungsverfahren sind die bestehenden Informations- und Mitbestimmungsrechte von **Betriebs- und Personalräten** zu beachten. Soweit entsprechende Regeln allgemeine Verhaltensvorgaben für Beschäftigte machen, wird im Anwendungsbereich des BetrVG beispielsweise das Mitbestimmungsrecht nach § 87 Abs. 1 Nr. 1 BetrVG bezüglich der Ordnung des Betriebs und des Verhaltens der Arbeitnehmer im Betrieb ausgelöst. Auch das Mitbestimmungsrecht bezüglich der Einführung und Änderung technischer Einrichtungen nach § 87 Abs. 1 Nr. 6 BetrVG kann einschlägig sein. Andererseits können mit den kollektivrechtlichen Interessenvertretungen abgestimmte Verhaltensregeln und Zertifizierungsverfahren dazu beitragen, die Anwendung von Verhaltensregeln und Zertifizierungsverfahren ebenso zu erleichtern wie den Betrieb von IT-Verfahren und Software-Anwendungen.

Art. 25 Datenschutz durch Technikgestaltung und durch datenschutzfreundliche Voreinstellungen

(1) Unter Berücksichtigung des Stands der Technik, der Implementierungskosten und der Art, des Umfangs, der Umstände und der Zwecke der Verarbeitung sowie der unterschiedlichen Eintrittswahrscheinlichkeit und Schwere der mit der Verarbeitung verbundenen Risiken für die Rechte und Freiheiten natürlicher Personen trifft der Verantwortliche sowohl zum Zeitpunkt der Festlegung der Mittel für die Verarbeitung als auch zum Zeitpunkt der eigentlichen Verarbeitung geeignete technische und organisatorische Maßnahmen – wie z. B. Pseudonymisierung –, die dafür ausgelegt sind, die Datenschutzgrundsätze wie etwa Datenminimierung wirksam umzusetzen und die notwendigen Garantien in die Verarbeitung aufzunehmen, um den Anforderungen dieser Verordnung zu genügen und die Rechte der betroffenen Personen zu schützen.

(2) Der Verantwortliche trifft geeignete technische und organisatorische Maßnahmen, die sicherstellen, dass durch Voreinstellung nur personenbezogene Daten, deren Verarbeitung für den jeweiligen bestimmten Verarbeitungszweck erforderlich ist, verarbeitet werden. Diese Verpflichtung gilt für die Menge der erhobenen personenbezogenen Daten, den Umfang ihrer Verarbeitung, ihre Speicherfrist und ihre Zugänglichkeit. Solche Maßnahmen müssen insbesondere sicherstellen, dass personenbezogene Daten durch Voreinstellungen nicht ohne Eingreifen der Person einer unbestimmten Zahl von natürlichen Personen zugänglich gemacht werden.

(3) Ein genehmigtes Zertifizierungsverfahren gemäß Artikel 42 kann als Faktor herangezogen werden, um die Erfüllung der in den Absätzen 1 und 2 des vorliegenden Artikels genannten Anforderungen nachzuweisen.

36 Ehmann/Selmayr-*Bertermann*, Art. 24 Rn. 15.

Inhaltsübersicht Rn.

I. Einleitung

Durch Art. 25 werden **spezifische Verpflichtungen** der Verantwortlichen zum Schutz personenbezogener Daten geschaffen, die es in dieser Form im deutschen Datenschutzrecht bisher noch nicht gab. Ausgehend davon, dass aus einer Verarbeitung personenbezogener Daten immer Risiken für die Rechte und Freiheiten natürlicher Personen resultieren, begründet Art. 25 eine generelle Verpflichtung, geeignete technische und organisatorische Maßnahmen vorzusehen. Hierzu gehört es, interne Strategien und Maßnahmen zu ergreifen, die insbesondere den Grundsätzen des **Datenschutzes durch Technik** (»Data Protection by Design«) und den **datenschutzfreundlichen Voreinstellungen** (»Data Protection by Default«) Genüge tun. Weiterhin muss die Verarbeitung personenbezogener Daten minimiert werden bzw. sind vorhandene personenbezogene Daten so schnell wie möglich zu pseudonymisieren (vgl. ErwGr 78). Um den Anforderungen des Art. 25 nachkommen zu können, muss der Verantwortliche immer eine Analyse des konkreten Systems durchführen.[1] Allgemeine Bewertungen oder Richtlinien erfüllen die Anforderungen der Norm nicht. 1

Zum neuen **Schutzkonzept** gehört die Sicherstellung eines »Datenschutzes durch Technik oder Technikgestaltung«. Verantwortliche müssen geeignete technische und organisatorische Maßnahmen treffen, um den Anforderungen der DSGVO gerecht zu werden und zugleich die Rechte der Betroffenen zu schützen. Verantwortlichen werden durch Art. 25 Obliegenheiten der betroffenen Personen übertragen.[2] Diese Maßnahmen müssen ausgehend von den Rahmenbedingungen erfolgen, unter denen die Verwendung personenbezogener Daten im konkreten Fall stattfindet und unter Beachtung der zulasten von betroffenen Personen bestehenden Risikosituationen. Ziel der zu treffenden Maßnahmen ist die Schaffung eines »**eingebauten Datenschutzes**«.[3] 2

Konkrete Hinweise auf zu treffende Maßnahmen enthält Art. 25 nicht. Zur Orientierung kann aud **die allgemeinen Vorgaben des Art. 24 (vgl. dort Rn. 6ff.)** sowie auf die beispielhafte **Aufzählung von möglichen Maßnahmen in Art. 32** (vgl. dort Rn.14ff.) zurückgegriffen werden.[4] Die in Art. 25 **Abs. 1** angesprochenen **technischen und organisatorischen Maßnahmen** stimmen grundsätzlich mit denen überein, die Verantwortliche auch nach § 9 BDSG-alt durchführen mussten.[5] Der Hinweis auf die **Datenminimierung** als geeignete technische und organisatorische Maßnahme fand sich bereits § 3a BDSG-alt. 3

1 Sydow-*Mantz*, Art. 25 Rn 14.
2 Schantz/Wolff-*Wolff*, Rn. 832.
3 SHS-*Hansen*, Art. 25 Rn. 1.
4 Ehmann/Selmayr-*Baumgartner*, Art. 25 Rn. 13.
5 Anderer Auffassung Sydow-*Mantz*, Art. 25 Rn. 8.

Art. 25 Abs. 1 geht allerdings über die teilweise unverbindlicheren Vorgaben des § 9 BDSG-alt und der dazugehörigen Anlage hinaus. Im aktuellen BDSG finden sich Vorgaben zum Datenschutz durch Technikgestaltung und durch datenschutzfreundliche Voreinstellungen in § 71 BDSG. Nach § 45 Abs. 1 BDSG kommen diese jedoch nur im Bereich der Bundverwaltung für die in der Norm benannten Justiz- und Strafverfolgungsbehörden zur Anwendung.

4 Durch **Abs. 2** werden die nach Abs. 1 bestehenden Verpflichtungen von Verarbeitern ausgeführt und detailliert. Durch diese Regelung wird insbesondere eine allgemeine Verpflichtung der Verantwortlichen begründet, im Rahmen der vorzunehmenden technischen und organisatorischen Datensicherungsmaßnahmen durch geeignete Voreinstellungen sicherzustellen, dass grundsätzlich nur solche personenbezogenen Informationen verarbeitet werden können, die für die jeweiligen Zwecke erforderlich sind. Dieses Konzept wird allgemein als »**datenschutzfreundliche Voreinstellung**« bezeichnet oder auch als »**Privacy by Default**«.

5 Durch **Abs. 3** wird klargestellt, dass ein genehmigtes **Zertifizierungsverfahren** nach Art. 42 ein Faktor sein kann, mit dem Verantwortliche auch die Erfüllung ihrer nach Art. 25 bestehenden Pflichten nachweisen können.

6 Die nach Art. 25 zu treffenden technischen und organisatorischen Maßnahmen beziehen sich **vorrangig** auf die **Vorkehrungen zur Datensicherheit**, die nach Art. 32 von Verantwortlichen zu treffen sind. Sie beinhalten aber auch alle anderen technischen Schutzvorkehrungen. Diese **weite Auslegung** leitet sich aus der Verwendung des allgemeineren Begriffs »Maßnahmen« im Text der Vorschrift ab.[6]

7 **Kommen Verantwortliche ihrer Verpflichtung** zur Schaffung geeigneter technischer und organisatorischer Maßnahmen **nicht nach**, kann das unmittelbar zu Schadenersatzansprüchen der betroffenen Personen nach Art. 82 führen. Nicht datenschutzkonform wäre es beispielsweise, wenn technische Systeme zweckfreie Verarbeitungen personenbezogener Daten grundsätzlich zulassen und wenn diese erst auf Initiative der betroffenen Personen (etwa durch entsprechende Voreinstellungen) begrenzt oder beendet werden können. Diese datenschutzrechtliche Situation setzt insbesondere der »Sammlung« personenbezogener Daten durch Betreiber sogenannter »sozialer Netzwerke« oder durch bestimmte Suchmaschinen deutliche Grenzen. Einschlägig kann der Ersatzanspruch auch im Rahmen von Beschäftigungsverhältnissen werden, wenn Arbeitgeber beispielsweise Präsenzanzeigen so konfigurieren, dass deren »freiwillige« Erfassung und Mitteilungen in Systemen so lange erfolgen, bis Beschäftigte sie aktiv abstellen.

8 Die **Überwachung**, ob Verantwortliche die sich aus Art. 25 ableitenden Vorgaben beachten und umsetzen, obliegt den jeweiligen **staatlichen Aufsichtsbehörden**, die nach Art. 55 Abs. 1 Buchst. b die Anwendung aller Vorschriften der DSGVO überwachen und durchsetzen.

9 Die **Verpflichtung** zur Beachtung und Umsetzung der in Art. 25 genannten geeigneten technischen und organisatorischen Maßnahmen **trifft** nach dem insoweit eindeutigen Wortlaut der Absätze 1 und 2 **unmittelbar die Verantwortlichen**. Diese Verpflichtung gilt auch, wenn neue technische Systeme oder Prozesse wie etwa »Software as a Service

6 Ähnlich Paal/Pauly-*Martini*, Art. 25 Rn. 4.

(SaaS)«[7] eingesetzt werden, bei denen ein Teil der Voreinstellungen von Anbietern bzw. Herstellern vorgenommen werden. Sind diese Voreinstellungen nicht »datenschutzfreundlich«, müssen die Verantwortlichen entweder entsprechende Modifikationen vornehmen oder auf das Einspielen neuer Software-Versionen verzichten. Soweit technische und organisatorische Maßnahmen erforderlich sind, müssen diese nach Abs. 1 Satz 1 sowohl zum Zeitpunkt der Festlegung der Mittel für die Verarbeitung als auch zum Zeitpunkt der eigentlichen Verarbeitung durchgeführt werden. Damit müssen sie ausdrücklich vor Beginn der Verarbeitung erfolgen und nicht erst danach.[8]

Werden neue Systeme eingeführt, müssen Verantwortliche mit Blick auf ihre Verpflichtung aus Art. 25 sicherstellen, dass diese die Umsetzung datenschutzrechtlicher Vorgaben ermöglichen. Ist dies nicht der Fall, muss ggf. auf die Einführung verzichtet werden. Dies schränkt im Ergebnis die Auswahlfreiheit der Verantwortlichen ein. Mit Blick auf die zu schützenden Grundrechte der betroffenen Personen ist diese Einschränkung verhältnismäßig. In diesem Zusammenhang ist zu beachten, dass Verantwortliche sich nach Anschaffung einer nicht datenschutzkonformen Anwendung oder Software nicht auf die Position zurückziehen können, dass notwendige Anpassungen unverhältnismäßig sind. 10

Auf **Auftragsverarbeiter** selbst kommt die Regelung des Art. 25 **nicht unmittelbar zur Anwendung**. Eine indirekte Anwendbarkeit ergibt sich aber daraus, dass nach Art. 28 Verantwortliche ihre Auftragsverarbeiter danach auswählen müssen, dass sie hinreichende Garantien dafür bieten, dass alle technischen und organisatorischen Maßnahmen im Einklang mit den Anforderungen der DSGVO erfolgen und dass dabei der Schutz der Rechte der betroffenen Personen gewährleistet.[9] 11

In der Praxis bedeutet dies beispielsweise, dass Verantwortliche nur solche Auftragsverarbeiter auswählen und einsetzen dürfen, die mittels geeigneter technischer und organisatorischer Maßnahmen garantieren können, dass ausschließlich Verarbeitungen erfolgen, die für den Zweck erforderlich sind. Weiterhin muss auch für die Auftragsverarbeitung sichergestellt sein, dass Betroffene selbst darüber entscheiden können, welche Daten und Informationen sie zusätzlich preisgeben. Insofern ist das Konzept der datenschutzfreundlichen Voreinstellungen auch für die Auftragsverarbeitung zu gewährleisten. Die tatsächliche Umsetzung dieses Konzepts müssen Verantwortliche insbesondere bei der Auswahl von Auftragsverarbeitern berücksichtigen. 12

Keine unmittelbare Anwendung findet Art. 25 auf die **Hersteller** oder **Anbieter von Produkten, Diensten oder Anwendungen**, mit denen personenbezogene Daten verarbeitet werden.[10] Ebenso wie bei Auftragsverarbeitern gilt allerdings auch hier, dass Verantwortliche nur solche Produkte, Dienste oder Anwendungen einsetzen oder verwenden dürfen, die den Vorgaben der Datenschutz-Grundverordnung im Allgemeinen und in Art. 25 Abs. 1 und 2 im Speziellen entsprechen. 13

Diese Situation generiert **indirekte Anforderungen** an Hersteller und Anbieter, die sich in ErgGr 78 wiederfinden. »*In Bezug auf Entwicklung, Gestaltung, Ausfall und Nutzung von Anwendungen, Diensten und Produkten, die entweder auf der Verarbeitung von personenbe-* 14

7 Vgl. allgemein Wedde-*Höller/Wedde*, S. 250 f.; Karg, CuA 2/2016, 16; Tiemeyer, CuA 5/2017, 26.
8 SHS-*Hansen*, Art. 25 Rn. 19.
9 Ähnlich Ehmann/Selmayr-*Baumgartner*, Art. 25 Rn. 5.
10 Ehmann/Selmayr-*Baumgartner*, Art. 25 Rn. 6; Schantz/Wolff-*Wolff*, Rn. 836.

zogenen Daten beruhen oder zur Erfüllung ihrer Aufgaben personenbezogene Daten verarbeiten, sollten die Hersteller der Produkte, Dienste und Anwendungen ermutigt werden, das Recht auf Datenschutz bei der Entwicklung und Gestaltung der Produkte, Dienste und Anwendungen zu berücksichtigen und unter gebührender Berücksichtigung des Stands der Technik sicherstellen, dass die Verantwortlichen und die Verarbeiter in der Lage sind, ihren Datenschutzpflichten nachzukommen« (ErwGr 78 Satz 4). Auch wenn im ErwGr in diesem Zusammenhang nur von einer »Ermutigung« die Rede ist, macht der Hinweis deutlich, dass künftig Produkte, Dienste oder Anwendungen in Europa nicht mehr markttauglich sein werden, die es Verantwortlichen nicht ermöglichen, die Vorgaben in Art. 25 Abs. 1 und 2 umzusetzen.[11]

15 Die Vorgaben zum Datenschutz durch Technikgestaltung sowie zum Einsatz von datenschutzfreundlichen Voreinstellungen verpflichten die Verantwortlichen, ausschließlich solche technischen Lösungen einzusetzen und anzuwenden, die eine Umsetzung dieser gesetzlichen Datenschutzvorgaben ermöglichen. Die nach Art. 25 bestehende Pflicht kann nur dann entfallen, wenn beispielsweise bestimmte Ausgestaltungen technisch nicht möglich sind, nicht aber bereits dann, wenn nur bestimmte oder bevorzugte Hersteller sie nicht anbieten. Allerdings begründet die Vorschrift **keine Verpflichtung der Hersteller**, entsprechende **technisch anpassbare Produkte, Dienste oder Anwendungen anzubieten**. Somit bleibt nur die Hoffnung, dass die DSGVO im Ergebnis auf dem Markt genügend Nachfrage erzeugt, die dann von Händlern und Herstellern erfüllt wird.[12]

16 Gibt es im konkreten Fall **keine technischen Möglichkeiten** zur Sicherstellung des Datenschutzes oder zur Herstellung datenschutzfreundlicher Voreinstellungen, bedeutet das nicht automatisch, dass Verarbeiter damit einen »Freibrief« haben, beliebige oder »datenschutzfeindliche« Techniken einzusetzen. Mit Blick auf die zu schützenden Rechte von Betroffenen muss dann von Verantwortlichen in Erwägung gezogen werden, auf bestimmte technische Lösungen zu verzichten und notwendige Verarbeitungen mit anderen technischen Mitteln oder auf anderem Weg durchzuführen.

17 Wenn ein Arbeitgeber beispielsweise zur Schaffung eines internen sozialen Netzwerkes ein Programm einsetzen will, dessen umfangreiche Präsenzanzeige sich nicht individuell abschalten oder begrenzen lässt, ist es fraglich, ob er hiermit die Vorgaben von Art. 25 einhält. Dies wird zumindest dann nicht der Fall sein, wenn es anwendbare technische Alternativen in Form von anderen Programmen gibt. Können diese nicht eingesetzt werden, stellt sich insgesamt die Frage nach einer Abschaltung der Präsenzanzeige. Unabhängig hiervon zeichnet sich ein Reaktionszwang zulasten von Herstellern und Produzenten von Hard- oder Software ab, der dazu führen könnte, dass künftig entsprechende Variationsmöglichkeiten geschaffen werden.

---

11 Ebenso Ehmann/Selmayr-*Baumgartner*, Art. 25 Rn. 6; Paal/Pauly-*Martini*, Art. 25 Rn. 25.

12 Ähnlich Paal/Pauly-*Martini*, Art. 25 Rn. 25; offener Kühling/Buchner-*Hartung*, Art. 25 Rn. 13, der erhebliche Eingriffe in die wirtschaftlichen Freiheiten von Herstellern als Argument gegen eine solche Pflicht anführt; ebenso Schultz, CR 2012, 204.

II. Datenschutz durch Technikgestaltung (Abs. 1)

Die Regelung in Abs. 1 **verpflichtet Verantwortliche, technischen und organisatorischen Maßnahmen ein- und umzusetzen**, die notwendig sind (»dafür ausgelegt«), um den Anforderungen der DSGVO zu genügen und um die Rechte der Betroffenen zu schützen. Insoweit schließt Abs. 1 an die Vorgaben an, die Art. 24 bezüglich der Sicherung der Interessen, Grundrechte und Grundfreiheiten der Betroffenen enthält (vgl. Art. 24 Rn. 18). Wichtige Orientierungspunkte für die Sinnhaftigkeit von technischen und organisatorischen Maßnahmen zur Umsetzung der Schutzziele des Art. 25 enthält einerseits Art. 24 und andererseits Art. 32. In Art. 32 werden beispielhaft organisatorische Maßnahmen aufführt (vgl. Art. 32 Rn. 9ff.). Letztlich werden in Abs. 1 die technischen und organisatorischen Maßnahmen aufgelistet, die Verantwortliche zur Erfüllung ihrer datenschutzrechtlichen Pflichten zu treffen haben.[13] 18

Aus der gemeinsamen Nennung der Anforderungen der Verordnung und der Rechte der Betroffenen leitet sich insbesondere die **Verpflichtung von Verarbeitern** ab, technische und organisatorische **Maßnahmen so einzusetzen**, dass alle **zugunsten der Betroffenen geltenden Schutzvorgaben** der DSGVO gewahrt und eingehalten werden. Hierzu gehören insbesondere die Grundsätze in Art. 5 Abs. 1.[14] Dies verdeutlicht auch die exemplarische Nennung der Datenminimierung im Text von Abs. 1. 19

Die zu treffenden technischen und organisatorischen **Maßnahmen müssen geeignet** sein, um die in der Vorschrift genannten Schutzziele zu erreichen. Der Begriff der »geeigneten« technischen und organisatorischen Maßnahmen ist (ebenso wie im Rahmen von Art. 24) **weit auszulegen.**[15] Die angesprochenen Maßnahmen müssen sowohl zum Zeitpunkt der Festlegung der Mittel für die Verarbeitung als auch während der eigentlichen Verarbeitung getroffen werden. Der erstgenannte Zeitpunkt der Festlegung der Mittel liegt im Regelfall lange vor dem tatsächlichen Einsatz oder dem »Roll-out« von Produkten, Anwendungen oder Hard- und Software. Damit müssen Überlegungen zur Ausgestaltung von geeigneten technischen und organisatorischen Maßnahmen auch entsprechend früh erfolgen. 20

Bei einer **geplanten Einführung von Fremdprodukten** setzt die Verpflichtung zur Verankerung technischer und organisatorischer Maßnahmen beispielsweise mit einer **Investitionsentscheidung**, mit der **Erstellung eines Pflichtenheftes** für eine **Ausschreibung** oder mit der **Einholung entsprechender Angebote** ein. Bei **Eigenentwicklungen** beginnt die entsprechende Pflicht ebenfalls mit der Aufstellung von Anforderungen, die an eine Verarbeitung gestellt werden bzw. mit Überlegungen zur technischen Umsetzung der Planungen. 21

Ein **Verstoß** gegen die datenschutzrechtlichen Vorgaben des Art. 25 Abs. 1 ist allerdings **erst dann gegeben**, wenn personenbezogene Daten erstmals verarbeitet werden und nicht schon, wenn im Vorfeld erste Überlegungen oder Planungen stattfinden.[16] Allerdings ist 22

---

13 Kühling/Buchner-*Hartung*, Art. 25 Rn. 15; ausführlich zu den technischen und organisatorischen Maßnahmen Art. 24 Rn. 9ff. und Art. 32 Rn. 9ff.

14 Kühling/Buchner-*Hartung*, Art. 25 Rn. 14.

15 Vgl. Art. 24 Rn. 10; Ehmann/Selmayr-*Baumgartner*, Art. 25 Rn. 12; zu möglichen Maßnahmen Taeger/Gabel-*Lang*, Art. 25 Rn. 37f.

16 Ehmann/Selmayr-*Baumgartner*, Art. 25 Rn. 7.

es in der Praxis kaum vorstellbar, dass sich ein datenschutzkonformer Zustand ohne vorherige Überlegung zur Umsetzung entsprechender Maßnahmen herstellen lässt.

23 Welche geeigneten **technischen und organisatorischen Maßnahmen** von Verantwortlichen im Einzelfall zu treffen sind, lässt Abs. 1 offen. **Beispielhaft** wird hier lediglich die »**Pseudonymisierung**« genannt, die in Art. 4 Nr. 5 definiert ist. Mit Blick auf die in Art. 5 Abs. 1 enthaltenen Grundsätze kommt über die Pseudonymisierung hinaus eine Fülle weiterer technischer und organisatorischer Maßnahmen in Betracht. So kann beispielsweise die in Art. 5 Abs. 1 Buchst. a geforderte **Rechtmäßigkeit** der Verarbeitung auf der technischen und/oder organisatorischen Ebene dadurch abgesichert werden, dass Schnittstellen zu anderen Systemen oder Anwendungen nur dann freigeschaltet werden können, wenn die datenschutzrechtliche Zulässigkeit der dann möglichen Übermittlung positiv feststeht. Die ebenfalls in Art. 5 Abs. 1 Buchst. a genannte **Verpflichtung zur Transparenz** können Verantwortliche etwa durch den Einsatz von »Bannern« in Bildschirmanzeigen oder durch »Pop-ups« einhalten.[17] Die nach Art. 5 Abs. 1 Buchst. a weiterhin vorgesehene Kontrolle der Rechtmäßigkeit von Verarbeitungen kann etwa durch Verankerung von Prüfroutinen, Stichproben oder regelmäßigen Audits sichergestellt werden.

24 Die durch Art. 5 Abs. 1 Buchst. b vorgeschriebene **Zweckbindung** kann im Rahmen technischer und organisatorischer Maßnahmen etwa durch eine unverrückbare Kennzeichnung von Daten und den hiermit zulässigen Zwecken (»Tagging«) sichergestellt werden.[18] In Betracht kommt weiterhin die Festlegung und Durchsetzung von Rollen- und Berechtigungskonzepten, die Zugriffsmöglichkeiten auf solche Personen und Stellen beschränken, die im Rahmen des festgelegten Zwecks tätig werden.

25 Die nach Art. 5 Abs. 1 Buchst. c sicherzustellende **Datenminimierung** soll nach dem in Art. 25 Abs. 1 genannten Beispiel insbesondere durch Pseudonymisierung erfolgen. Darüber hinaus kommt aber auch eine Begrenzung der erhobenen Daten in Betracht sowie die Verankerung von kurzen **Löschfristen** im Rahmen von **Löschkonzepten**.

26 Die nach Art. 5 Abs. 1 Buchst. d zu gewährleistende **Richtigkeit** personenbezogener Daten kann beispielsweise durch Prüfroutinen sichergestellt werden. Darüber hinaus kann die Einhaltung dieser Vorgaben auch durch sinnvolle Informationen der Betroffenen über den Gehalt der über sie vorhandenen Daten unterstützt werden, die in der einfachen Änderung unrichtiger Daten mündet.

27 Die nach Art. 5 Abs. 1 Buchst. e vorgeschriebene **Speicherbegrenzung** lässt sich durch umfassende Löschkonzepte umsetzen. Sinnvoll ist etwa die Zuweisung von **verbindlichen Löschdaten** schon bei der Erhebung von Informationen sowie die Begrenzung zulässiger Speicherdauern auf Zeiträume, die so kurz wie möglich sind.

28 Die Berücksichtigung der in Art. 5 Abs. 1 Buchst. f genannten **Integrität und Vertraulichkeit** von Daten lässt sich beispielsweise durch umfassende Datensicherheitskonzepte realisieren (vgl. hierzu Art. 32).

29 Ergänzt werden müssen die von Verantwortlichen getroffenen technischen und organisatorischen Maßnahmen durch angemessene **Schulungskonzepte**, in denen allen Personen,

17 Gola-*Nolte/Werkmeister*, Art. 25 Rn. 16, die auch auf die Möglichkeit der Nutzung von Head-up-Displays in Fahrzeugen hinweisen.

18 Paal/Pauly-*Martini*, Art. 25 Rn. 30; Kühling/Buchner-*Hartung*, Art. 25 Rn. 16.

die mit geschützten personenbezogenen Daten umgehen, das notwendige Wissen über die zu beachtenden Grundsätze und Vorkehrungen vermittelt wird. Auch **regelmäßige Audits** kommen als ergänzende Maßnahme hier ebenso in Betracht wie ausgeweitete Datenschutzfolgeabschätzungen, die nicht nur im Rahmen der gesetzlichen Verpflichtungen nach Art. 35 erfolgen.

Die im Rahmen von Abs. 1 vorzusehenden geeigneten technischen und organisatorischen Maßnahmen sollen notwendige **Garantien für die Verarbeitung** aufnehmen. Um welche Garantien es sich handelt, lässt der Text der Regelung allerdings offen. Eine Konkretisierung dieser Vorgabe enthält die DSGVO nicht. In der Praxis können aber bestehende umfassende Datenschutzkonzepte oder auch Datenschutzmanagement-Systeme, die bereits bezogen auf § 9 BDSG-alt entwickelt wurden, als entsprechende Garantien angesehen werden.[19] 30

Den Verantwortlichen steht zwar die Beurteilung frei, welche technischen und organisatorischen Maßnahmen aus ihrer Sicht geeignet sind. Ihre **Auswahlentscheidung** kann allerdings im Rahmen der nach Art. 5 Abs. 2 bestehenden Gesamtverantwortlichkeit im Einzelfall überprüft werden. Dies schränkt ihre Auswahlmöglichkeiten mit Blick auf drohende Sanktionen ein. 31

1. Bewertung der Eignung

Bei der **Abwägung**, welche technischen und organisatorischen Maßnahmen geeignet sind, müssen die in Abs. 1, erster Hlbs., aufgezählten Kriterien berücksichtigt werden. In ihnen kommt der (auch in Art. 24 Abs. 1) enthaltene risikobasierende Ansatz der Datenschutz-Grundverordnung zum Ausdruck (vgl. Art. 24 Rn. 6ff.). Da sich dieser Ansatz neben Art. 24 auch in Art. 32 und in Art. 35 wiederfindet, stellt sich die Frage, ob es nicht in jedem Fall sinnvoll ist, eine **übergreifende Risikoabschätzung** durchzuführen und diese beispielsweise in ein erweitertes Konzept der Datenschutz-Folgeabschätzung nach Art. 35 einzufügen.[20] 32

Die im Rahmen des risikobasierten Ansatzes vorzunehmende Abwägung eröffnet Verantwortlichen einen **Bewertungs- und Ermessensspielraum** bezüglich der im Einzelfall als geeignet angesehenen technischen und organisatorischen Maßnahmen. Im Vordergrund der somit möglichen Abwägung müssen allerdings immer die Betroffenenrechte stehen und nicht die (wirtschaftlichen) Interessen der Verantwortlichen. Insoweit geht die im Rahmen von Art. 25 Abs. 1 vorzunehmende Abwägung über den Rahmen dessen hinaus, was nach § 9 BDSG-alt notwendig ist. Während in § 9 Abs. 2 BDSG-alt nur die Maßnahmen als erforderlich qualifiziert werden, deren Aufwand in einem angemessenen Verhältnis zu dem angestrebten Schutzzweck steht, legt Art. 25 Abs. 2 Wert darauf, dass Datenschutzgrundsätze wirksam umgesetzt und notwendige Garantien in die Verarbeitung aufgenommen werden. Diese Vorgabe schränkt den Ermessensspielraum der Verantwortlichen weiter ein als der nach § 9 Satz 2 BDSG-alt.[21] 33

19 Gola-*Nolte/Werkmeister*, Art. 25 Rn. 20; Ehmann/Selmayr-*Baumgartner*, Art. 25 Rn. 12.
20 Ähnlich Kühling/Buchner-*Hartung*, Art. 25 Rn. 19.
21 Anders Kühling/Buchner-*Hartung*, der von einer Ähnlichkeit zwischen § 9 BDSG-alt und Art. 25 Abs. 1 ausgeht.

34 Als **erstes Bewertungskriterium** benennt Abs. 1 den »**Stand der Technik**«. Dieser unbestimmte Rechtsbegriff ist in der DSGVO nicht definiert. Er war wortgleich im letzten Satz der Anlage zu § 9 Satz 1 BDSG-alt enthalten. Die Formulierung »Stand der Technik« brachte dort bezogen auf Verschlüsselungsverfahren zum Ausdruck, dass fortschrittliche Verfahren gemeint sind, die sich in der Praxis bewährt haben und die einen hohen Sicherheitsstandard gewährleisten.[22] Der Begriff steht damit insbesondere für eine Technik- und Entwicklungsoffenheit.

35 In der Praxis wird es sich um Technik handeln, die bereits zur Verfügung steht und umgesetzt werden kann.[23] Im Einzelfall kann das Kriterium nur unter Einbezug von technischem Sachverstand aus dem IT-Bereich ausgefüllt werden.[24]

36 Ein **weiteres Bewertungskriterium** sind die **Implementierungskosten** von technischen und organisatorischen Maßnahmen. Auch hierzu findet sich in der DSGVO keine Definition. Es ist aber davon auszugehen, dass es sich um den Aufwand für die erstmalige Einführung bzw. Anwendung von technischen und organisatorischen Maßnahmen handelt, die mit dem Ziel eingesetzt werden, den Anforderungen der DSGVO zu genügen und gleichzeitig die Rechte der Betroffenen zu schützen. Bei der Bewertung zu berücksichtigen sind ausdrücklich nur die Implementierungskosten, nicht aber die Folgekosten eingesetzter technischer und organisatorischer Maßnahmen.[25] Zu den Implementierungskosten gehören nur solche Aufwendungen, die unmittelbar für die Durchführung von technischen und organisatorischen Maßnahmen anfallen. Ausgeschlossen bleiben indirekte Kosten, die hierdurch nur mittelbar ausgelöst werden.

37 Die Bewertung, ob Implementierungskosten verhältnismäßig sind, muss von einem objektiven Standpunkt aus erfolgen. Die wirtschaftliche Situation im jeweiligen Unternehmen stellt hier kein maßgebliches Kriterium dar. Ausschlaggebend ist vielmehr nur das **Verhältnis zwischen Implementierungskosten und** ihrer **Schutzwirkung** zugunsten der Einhaltung der DSGVO und der Rechte der betroffenen Personen.

38 **Weitere Bewertungskriterien** im Rahmen von Art. 25 Abs. 1 sind **Art**, **Umfang**, **Umstände** und **Zweck der Verarbeitung** sowie deren **unterschiedliche Eintrittswahrscheinlichkeit** und die Schwere der mit der Verarbeitung verbundenen Risiken für Rechte und Freiheit natürlicher Personen. Diese Formulierung ist inhaltsgleich mit der in Art. 24 Abs. 1, weshalb auf die dortige Erläuterung verwiesen wird (Art. 24 Rn. 21ff.). Im Rahmen der Bewertung sind alle Verarbeitungen relevant und nicht nur hochriskante.[26]

39 Aus kollektivrechtlicher Sicht müssen die **Betriebs- bzw. Personalräte** von ihren Arbeitgebern im Rahmen bestehender **Informationsrechte über den Abwägungsprozess** sowie über die **hieraus resultierenden technischen und organisatorischen Maßnahmen** infor-

---

22 Vgl. BT-Drs. 16/13657, S. 23.

23 Ähnlich Kühling/Buchner-*Hartung*, Art. 25 Rn. 21; enger Paal/Pauly-*Martini*, Art. 25 Rn. 39c, der auf »allgemein anerkannte Regeln der Technik« abstellt; offen Gola-*Nolte/Werkmeister*, Art. 25 Rn. 23.

24 Zutreffend Kühling/Buchner-*Hartung*, Art. 25 Rn. 22.

25 Paal/Pauly-*Martini*, Art. 25 Rn. 41; ähnlich Ehmann/Selmayr-*Baumgartner*, Art. 25 Rn. 15; offen Kühling/Buchner-*Hartung*, Art. 25 Rn. 22, nachdem die Berücksichtigung von Folgekosten nur »auf den ersten Blick« nicht zulässig scheint; für die Berücksichtigung von Folgekosten Gola-*Nolte/Werkmeister*, Art. 25 Rn. 24.

26 Kühling/Buchner-*Hartung*, Art. 25 Rn. 20; Veil, ZD 2015, 347.

miert werden. Diese Information muss so früh wie möglich erfolgen. Insoweit deckt sich der kollektivrechtliche Informationsanspruch mit dem Zeitpunkt, den die DSGVO für den Beginn der Überlegungen zu diesem Thema ansetzt. Soweit technische Maßnahmen getroffen werden, die Verhaltens- oder Leistungskontrollen beinhalten, sind die einschlägigen Mitbestimmungsrechte zu beachten. Werden hierzu zwischen Arbeitgeber und Betriebs- oder Personalräten Vereinbarungen getroffen, können insbesondere Audit-Verfahren verankert werden, die eine Übereinstimmung zwischen Vereinbarung und Realität feststellen können.

Bezogen auf einzelne Kriterien wie insbesondere den Stand der Technik werden viele Be- 40
triebs- und Personalräte allerdings nicht in der Lage sein, die komplexe technische Situation eigenständig zu bewerten. Dies wird in der Praxis in vielen Fällen dazu führen, dass externe Sachverständige hinzugezogen werden müssen. Deren Beauftragung und Honorierung bestimmt sich nach den einschlägigen kollektivrechtlichen Vorgaben in § 40 BetrVG oder in den einschlägigen Personalvertretungsgesetzen des Bundes oder der Länder.[27]

III. Datenschutzfreundliche Voreinstellungen (Abs. 2)

Die Regelung in **Abs. 2** verpflichtet Verantwortliche dazu, bei der Einführung oder beim 41
Betrieb von Produkten, Diensten oder Anwendungen aller Art, mit denen personenbezogene Daten verarbeitet werden, durch geeignete technische und organisatorische Maßnahmen sicherzustellen, dass nur jeweils erforderliche Informationen verarbeitet werden. Dies muss – und das ist das Neue an der Vorschrift – durch **Voreinstellungen** realisiert werden. Dieses Konzept der datenschutzfreundlichen Voreinstellungen ist auch als »**Privacy by Default**« bekannt. Die Vorschrift zielt auf eine möglichst **datensparsame Verarbeitung** und nimmt insoweit den Grundsatz aus Art. 5 Abs. 1 Buchst. c zur Datenminimierung auf. Die entsprechenden Voreinstellungen sollen mittels geeigneter technischer und organisatorischer Maßnahmen realisiert werden. Sie können aber auch durch andere geeignete Maßnahmen oder Konfigurationen innerhalb der eingesetzten Produkte, Dienste oder Anwendungen sichergestellt werden.

Grundlegendes Ziel der Vorschrift ist es, **datensparsame Verarbeitungen automatisiert** 42
zu erreichen. Der Verordnungsgeber setzt insoweit voraus, dass Produkte, Dienste oder Anwendungen standardmäßig so eingestellt sind, dass so wenig Daten wie möglich erhoben und verarbeitet werden.[28] Eine Reduzierung des so geschaffenen datenschutzrechtlichen Schutzniveaus soll nur den betroffenen Personen selbst durch entsprechende Einstellungen ermöglicht werden.

Das Konzept der datenschutzfreundlichen Voreinstellungen **setzt insbesondere** allen For- 43
men der **zweckfreien Vorratsdatenverarbeitung Grenzen**, die etwa im Rahmen von »Da-

---

27 Kühling/Buchner-*Hartung*, Art. 25 Rn. 21 weist darauf, dass der Stand der Technik als Kriterium schwierig ist und im Zweifelsfall durch entsprechenden technischen Sachverstand und Gutachter zu klären sein wird.

28 Ähnlich Ehmann/Selmayr-*Baumgartner*, Art. 25 Rn. 17; Kühling/Buchner-*Hartung*, Art. 24 Rn. 24.

ta-Warehouses« oder im Rahmen von »Big Data« stattfindet.[29] Gleiches gilt für umfassende Formen der **Vorratsdatenspeicherung**, die etwa große soziale Netzwerke, einzelne Anbieter von Suchmaschinen oder auch einzelne Musik-Streaming-Dienste durchführen. Allerdings stehen diese Anbieter nicht im alleinigen Fokus des Anwendungsbereichs der Vorschrift.[30] Damit sind beispielsweise permanente Erfassungen von Aufenthaltsorten und von Bewegungsmustern mittels der Gyrodaten aus modernen Smartphones künftig grundsätzlich unzulässig. Hiervon können Anbieter nur abweichen, wenn betroffene Personen dieser Nutzung auf der Basis einer informierten Einwilligung ausdrücklich zugestimmt haben.

44 Durch die abschließende Aufzählung[31] in Abs. 2 Satz 1 werden **Schutzvorgaben präzisiert**, die insbesondere in Art. 5 Abs. 1 zu finden sind. Ausdrücklich genannt wird die Zweckbindung in Art. 5 Abs. 1 Buchst. b. Darüber hinaus weist der hier enthaltene Hinweis, dass nur die erforderlichen Daten verarbeitet werden sollen, auf die Grundsätze der Datenminimierung in Art. 5 Abs. 1 Buchst. c hin. Darüber hinaus versteht sich von selbst, dass die Speicherbegrenzung in Art. 5 Abs. 1 Buchst. e sich im Rahmen der geeigneten technischen und organisatorischen Maßnahmen als Löschfristen niederschlagen müssen.

45 In Abs. 2 Satz 1 werden die **Schutzziele** präzisiert, die sich mit den **datenschutzfreundlichen Voreinstellungen unmittelbar verbinden**. Die Aufzählung der Merkmale zum Umfang der Verpflichtung zu datenschutzfreundlichen Voreinstellungen ist nach dem Wortlaut als **abschließend** zu interpretieren. Allerdings leitet sich aus einzelnen Bewertungspunkten wie etwa »Umfang der Verarbeitung« oder »Zugänglichkeit« ein weiter Anwendungsbereich ab, der praktisch alle Elemente und Formen von Verarbeitungen erfasst.[32] Insoweit besteht eine umfassende Verpflichtung zu datenschutzfreundlichen Voreinstellungen.

46 Die Verpflichtung, **entsprechende** geeignete technische und organisatorische Maßnahmen zu treffen, bezieht sich zunächst einmal auf die **Menge der verarbeiteten Daten**. Mit Blick auf die Vorgabe zur Datenminimierung in Art. 5 Abs. 1 Buchst. c bedeutet dies, dass »so wenig Daten wie möglich« verarbeitet werden sollen und dass dies durch entsprechende Voreinstellungen sichergestellt wird.[33] Weiterhin soll der **Umfang der Datenverarbeitung** berücksichtigt werden. Diese Formulierung ist deckungsgleich mit der in Art. 24 Abs. 1 (vgl. Art. 24 Rn. 22). Durch datenschutzfreundliche Voreinstellungen soll sowohl die Quantität verarbeiteter personenbezogener Daten als auch die Qualität, insbesondere Verknüpfungsmöglichkeiten dieser Informationen, eingeschränkt werden. Insbesondere die Verknüpfung von Daten im Rahmen von Persönlichkeitsprofilen soll ausgeschlossen werden.[34]

---

29 Gola-*Nolte/Werkmeister*, Art. 25 Rn. 30; Kühling/Buchner-*Hartung*, Art. 25 Rn. 24; offener bezogen auf die Nutzung von Datenströmen Paal/Pauly-*Martini*, Art. 25 Rn. 46b unter Hinweis auf wirtschaftliche Grundrechte nach Art. 15 Abs. 1 und Art. 16 GRCh.

30 So aber Gola-*Nolte/Werkmeister*, Art. 25 Rn. 28.

31 Das ursprünglich im Text enthaltene Adjektiv »*grundsätzlich*« wurde im Rahmen einer Berichtigung im Mai 2018 gestrichen (vgl. ABl. L 127/2 v. 23. 5. 2018). Damit wurde die Diskrepanz zur englischen Fassung »only personal data which are necessary« behoben.

32 Kühling/Buchner-*Hartung*, Art. 25 Rn. 27.

33 Ähnlich Paal/Pauly-*Martini*, Art. 25 Rn. 49.

34 Ähnlich Paal/Pauly-*Martini*, Art. 25 Rn. 50.

Bedeutsam sind die **Speicherfristen**. Durch geeignete datenschutzfreundliche Voreinstellungen müssen diese möglichst kurz gehalten werden. In der Praxis muss damit das in Art. 17 enthaltene »Recht auf Vergessen« bei der Ausgestaltung entsprechender Speicherfristen berücksichtigt werden.[35] Schließlich ist die **Zugänglichkeit** zu beachten. Auch diese muss auf die Erreichung der zulässigen Verarbeitungszwecke beschränkt werden. Dies setzt bei Verarbeitern intern restriktive Rollen- und Berechtigungskonzepte voraus und gegenüber anderen Personen wirksame technische Zugangssperren. 47

Die aus Abs. 2 Satz 2 folgende Verpflichtung gilt für alle Verarbeitungen von personenbezogenen Daten und nicht nur schwerpunktmäßig für solche aus sozialen Netzwerken oder ähnlichen Online-Plattformen.[36] 48

Durch die Regelung in **Abs. 2 Satz 3** wird klargestellt, dass die von Verantwortlichen vorzusehenden Voreinstellungen im Rahmen geeigneter technischer und organisatorischer Maßnahmen insbesondere sicherstellen müssen, dass personenbezogene Daten nur mit einem aktiven Eingreifen der betroffenen Personen einer unbestimmten Zahl von anderen Menschen zugänglich gemacht werden können. Die Vorschrift richtet sich schwerpunktmäßig an soziale Netzwerke und vergleichbare Online-Plattformen.[37] Sie ist darüber hinaus aber auch für alle anderen Verarbeitungssituationen einschlägig, in denen es zu entsprechenden Veröffentlichungen kommen kann. Im innerbetrieblichen Raum gilt dies beispielsweise auch für interne soziale Netzwerke. 49

Die Vorschrift in Abs. 2 Satz 3 nimmt insbesondere die Grundsätze aus Art. 5 Abs. 1 auf.[38] Verantwortliche müssen durch entsprechende Voreinstellungen beispielsweise mit Blick auf den Grundsatz der Datenminimierung in Art. 5 Abs. 1 Buchst. c vorsehen, dass nur der kleinstmögliche Adressatenkreis von personenbezogenen Informationen Kenntnis erlangen kann. Weichen betroffene Personen durch aktive Veränderungen der Voreinstellungen von dieser Vorgabe ab, muss dies im Rahmen eines informierten Handelns erfolgen. So soll beispielsweise vermieden werden, dass Nutzer unbewusste Einladungen einer großen Adressatenzahl zu einer sogenannten »Facebook-Party« aussprechen.[39] 50

IV. Zertifizierungsverfahren (Abs. 3)

Durch **Abs. 3** wird festgelegt, dass genehmigte **Zertifizierungsverfahren** nach Art. 42 von Verantwortlichen **als Faktor herangezogen** werden können, um die Erfüllung der in Art. 25 Abs. 1 und 2 genannten Anforderungen nachzuweisen. Damit kommt dem Konzept der Zertifizierung, das ein wichtiger Bestandteil der DSGVO ist, auch in diesem Bereich eine größere Bedeutung zu. Es ist dabei zu bedenken, dass ein entsprechendes Zertifikat lediglich ein (wichtiger) Hinweis darauf ist, dass die in Art. 25 enthaltenen Rechtspflichten erfüllt wurden.[40] Das Vorhandensein eines Zertifikats ändert nichts an bestehen- 51

35 Ebenso Paal/Pauly-*Martini*, Art. 25 Rn. 51.

36 So aber Ehmann/Selmayr-*Baumgartner*, Art. 25 Rn. 20; Gola-*Nolte/Werkmeister*, Art. 25 Rn. 28.

37 Ehmann/Selmayr-*Baumgartner*, Art. 25 Rn. 20; Kühling/Buchner-*Hartung*, Art. 25 Rn. 26; im Ergebnis wohl auch Paal/Pauly-*Martini*, Art. 25 Rn. 52d.

38 Gola-*Nolte/Werkmeister*, Art. 25 Rn. 31.

39 Paal/Pauly-*Martini*, Art. 25 Rn. 52.

40 Goal-*Nolte/Werkmeister*, Art. 25 Rn. 31.

den Pflichten der Verantwortlichen nach Art. 25 und an der nach Art. 5 Abs. 2 bestehenden Rechenschaftspflicht. Ein vorliegendes Zertifikat ist insoweit kein Beweis der Rechtmäßigkeit einer Datenverarbeitung, sondern lediglich ein Indiz hierfür.[41]

V. Verstöße

52 Ein **Verstoß** gegen die Rechtspflichten, die sich aus Abs. 1 und 2 ableiten, kann die Sanktionen nach Art. 83 Abs. 4 führen. Ist er gleichzeitig als Verstoß gegen die Grundsätze des Art. 5 Abs. 1 zu qualifizieren, kann auch die erhöhte Geldbuße nach Art. 83 Abs. 5 Buchst. a ausgelöst werden.[42]

Art. 26 Gemeinsam Verantwortliche

(1) Legen zwei oder mehr Verantwortliche gemeinsam die Zwecke der und die Mittel zur Verarbeitung fest, so sind sie gemeinsam Verantwortliche. Sie legen in einer Vereinbarung in transparenter Form fest, wer von ihnen welche Verpflichtung gemäß dieser Verordnung erfüllt, insbesondere was die Wahrnehmung der Rechte der betroffenen Person angeht, und wer welchen Informationspflichten gemäß den Artikeln 13 und 14 nachkommt, sofern und soweit die jeweiligen Aufgaben der Verantwortlichen nicht durch Rechtsvorschriften der Union oder der Mitgliedstaaten, denen die Verantwortlichen unterliegen, festgelegt sind. In der Vereinbarung kann eine Anlaufstelle für die betroffenen Personen angegeben werden.

(2) Die Vereinbarung gemäß Absatz 1 muss die jeweiligen tatsächlichen Funktionen und Beziehungen der gemeinsam Verantwortlichen gegenüber betroffenen Personen gebührend widerspiegeln. Das wesentliche der Vereinbarung wird der betroffenen Person zur Verfügung gestellt.

(3) Ungeachtet der Einzelheiten der Vereinbarung gemäß Absatz 1 kann die betroffene Person ihre Rechte im Rahmen dieser Verordnung bei und gegenüber jedem einzelnen der Verantwortlichen geltend machen.

Inhaltsübersicht Rn.

41 Ehmann/Selmayr-*Baumgartner*, Art. 25 Rn. 23; Paal/Pauly-*Martini*, Art. 25 Rn. 53.
42 Kühling/Buchner-*Hartung*, Art. 26 Rn. 31.

I. Einleitung

Nach Art. 4 Nr. 7 ist »Verantwortlicher« die natürliche oder juristische Person, Behörde, Einrichtung oder andere Stelle, die »allein oder gemeinsam mit anderen« über die Zwecke und Mittel der Verarbeitung von personenbezogenen Daten entscheidet (siehe Art. 4 Rn. 81 ff.). Wann »gemeinsames Entscheiden« vorliegt, ist angesichts **komplexer Organisationsstrukturen** in der Gegenwart oft zweifelhaft. Art. 26 will deshalb für eine **klare Rollenverteilung** sorgen, die es erleichtert, die Betroffenenrechte zu erfüllen und die es im Schadensfall leichter möglich macht, den nach Art. 82 Ersatzpflichtigen dingfest zu machen. 1

Abs. 1 wiederholt in Satz 1 die Definition des Art. 4 Nr. 7 und bestimmt, wann von »gemeinsam Verantwortlichen« die Rede sein kann. Nach Satz 2 sind sie allein aufgrund ihrer Zusammenarbeit[1] verpflichtet, durch vertragliche Vereinbarung festzulegen, wen welche Verpflichtungen treffen, und dies in transparenter Form zu tun; dabei sind die Festlegungen durch Rechtsvorschriften zu beachten. Satz 3 sieht die Möglichkeit vor, eine »Anlaufstelle« für die betroffenen Personen vorzusehen. Inhaltlich muss die Vereinbarung nach **Abs. 2** Satz 1 die jeweiligen Funktionen und Beziehungen zu den betroffenen Personen »gebührend« wiedergeben. Diesen wird nach Abs. 2 Satz 2 das »Wesentliche der Vereinbarung« zur Verfügung gestellt. Nach **Abs. 3** bleiben die Befugnisse jeder betroffenen Person unberührt, ihre Rechte gegenüber einzelnen Verantwortlichen geltend zu machen. 2

II. Was bedeutet »gemeinsam Verantwortliche«?

1. Der traditionelle Fall

Entscheiden mehrere Personen gemeinsam über die Zwecke und alle eingesetzten Mittel der Verarbeitung, so sind die Voraussetzungen des Abs. 1 Satz 1 mit Sicherheit erfüllt. Dies ist z. B. dann der Fall, wenn sich mehrere natürliche Personen zu einer Gesellschaft des bürgerlichen Rechts nach §§ 705 ff. BGB zusammenschließen und die jeweils anstehenden Fragen **gemeinsam entscheiden.**[2] Dies wird oft im Rahmen einer Gruppe von Unternehmen erfolgen. Dabei kann die Behandlung einzelner Probleme durchaus auf Dritte ausgelagert sein: Entscheidet etwa ein **Auftragsverarbeiter** darüber, **welche technischen Mittel** im Rahmen einer Übermittlung eingesetzt werden, so wird er dadurch nicht zum Mitverantwortlichen, sondern bleibt in seiner bisherigen Rolle.[3] 3

2. Modernere Formen der Arbeitsteilung

Die sog. Art. 29-Datenschutzgruppe hat eine Reihe von Überlegungen angestellt, wie mit Konstellationen umzugehen ist, in denen sich die Gemeinsamkeit nicht auf sämtliche Zwecke und Mittel der Datenverarbeitung bezieht.[4] Soweit **gemeinsam** über die **Zwecke** 4

---

1 Schantz/Wolff-*Schantz*, Rn. 369 mit Beispielen, Rn. 370.

2 So im Ergebnis auch Kühling/Buchner-*Hartung*, Art. 26 Rn. 30.

3 SHS-*Petri*, Art. 26 Rn. 13.

4 Artikel 29-Datenschutzgruppe, Stellungnahme 1/2010 zu den Begriffen »für die Verarbeitung Verantwortlicher« und »Auftragsverarbeiter«, WP 169 (im Folgenden zitiert: WP 169).

der Datenverarbeitung entschieden wird, liegt eine gemeinsame Verantwortung vor. Bei den **Mitteln** ist **zu differenzieren**: Wer die Daten auswählt, um deren Verarbeitung es gehen soll, wer ihre Speicherungsdauer bestimmt und wer den Zugang anderer Personen zu ihnen regelt, ist nicht mehr nur Auftragsverarbeiter, sondern Mitverantwortlicher.[5] Die **Gemeinsamkeit** setzt lediglich voraus, dass jede einzelne Einheit einen **Beitrag zum Gesamtergebnis** leistet und dies dem gemeinsamen Willen der Beteiligten entspricht.[6] Das kann auch der Fall sein, wenn einheitliche Mittel zu divergierenden Zwecken verwendet werden.[7] Mittelbar macht dies Abs. 1 Satz 2 deutlich, der bei den Pflichten **eine (abgesprochene) Arbeitsteilung** voraussetzt: Dies wäre keine sinnvolle Regelung, würde eine abgesprochene »Rollenverteilung« nicht für die Gemeinsamkeit genügen. Dies ist insbesondere auch für **Konzerne** von Bedeutung, wo gemeinsame Verantwortlichkeit oft praktiziert wird, ohne dass diese als solche erkannt würde.[8]

5 Eine solche Arbeitsteilung kann beispielsweise vorliegen, wenn ein **Online-Netzwerk** wie booking.com oder kicker.de **zugleich Anzeigen eines Werbenetzwerks** schaltet, die der Nutzer automatisch zu sehen bekommt. Erfasst das Online-Netzwerk Kundendaten, die bestimmte Kaufpräferenzen erkennen lassen, und werden diese an das Werbenetzwerk weitergegeben, das sie auch anderen Anbietern zur Verfügung stellt, so liegt bezüglich der Kundendaten eine gemeinsame Verantwortlichkeit vor.[9] Dies kann auch im Verhältnis zwischen öffentlicher Hand und Dienstleister der Fall sein, wenn letzterem in relevantem Umfang eigene Entscheidungsbefugnisse zustehen.

5a Die neuere **Rechtsprechung des EuGH** bietet weitere Beispiele. Ein Unternehmen, das auf der Plattform eines sozialen Netzwerks (Facebook) eine **Fanpage** betreibt, ist **neben Facebook Verantwortlicher** im Rechtssinne: Die von dem sozialen Netzwerk automatisch erhobenen Daten der Besucher der Fanpage werden zwar nur in anonymisierter Form mitgeteilt, doch kann der Inhaber der Fanpage mitentscheiden, nach welchen Kriterien die Daten ausgewertet werden.[10] In einem ähnlich gelagerten Fall ging es darum, dass ein Online-Händler für Modeartikel (»**Fashion ID**«) in seine Website ein **Social Plugin** (Zusatzprogramm) **von Facebook** integriert hatte, das als »Gefällt mir« – Button sichtbar war. Sobald Besucher die Website anklickten, wurden automatisch Daten in Bezug auf sie erhoben, ohne dass es darauf ankam, ob sie schon ein Benutzerkonto bei Facebook hatten oder nicht. Auch dies genügte dem EuGH für die Annahme einer gemeinsamen Verantwortlichkeit, obwohl »Fashion ID« keinen Zugang zu den von Facebook erhobenen Daten hatte.[11] Die vom EuGH praktizierte weite Auslegung des Verantwortlichen gibt der Aufsichtsbehörde die Möglichkeit, gegen jeden der Beteiligten vorzugehen. Eine gemeinsame Verantwortlichkeit wurde auch zwischen der Religionsgemeinschaft der **Zeugen Jehovas**

5 Artikel 29-Datenschutzgruppe, WP 169, S. 17.
6 Artikel 29-Datenschutzgruppe, WP 169, S. 22; ebenso Weichert, DANA 1/2019, S. 5: Kumulatives Zusammenwirken.
7 Schreiber, ZD 2019, 55, 56.
8 Eingehend Lezzi/Oberlin, ZD 2018, 398ff.
9 Siehe das Beispiel bei Art. 29-Datenschutzgruppe, WP 169, S. 28 (»Behavioural Targeting«).
10 EuGH 5.6.2018 – C-210/16, ZD 2018, 357 = NZA 2018, 919 = K&R 2018, 475; dazu die kritische Betrachtung von Golland, K&R 2018, 433.
11 EuGH 29.7.2019 – C-40/17.

und den einzelnen Verkündigern angenommen, die von Tür zu Tür gingen und anschließend Daten über die geführten Gespräche festhielten.[12]

Die **Verantwortlichkeit** muss **nicht notwendig** eine **gleichrangige** sein. Es ist denkbar, dass der eine Partner nur an (kleinen) Teilen der Datenverarbeitung des anderen beteiligt ist oder dass er nur Kriterien für die Erstellung von statistischen Auswertungen festlegt, die ganze übrige Datenverarbeitung aber dem anderen überlässt.[13] Im Falle »Fashion ID« besteht die Gemeinsamkeit nur bei der Erhebung und Übermittlung der Daten.[14] Dies hat **Bedeutung** u. a. für die Frage, gegen wen sich Betroffenenrechte richten können, wer für welche Vorgänge haftet und wie ein eventuelles Bußgeld zu bemessen ist.[15] Wer beispielsweise keinerlei Einflussmöglichkeit auf bestimmte Vorgänge der Datenverarbeitung hat, ist nach Art. 82 Abs. 3 DSGVO auch im Außenverhältnis von jeder Haftung frei. 5b

Die Kooperation wird typischerweise auf einer **vertraglichen Abmachung zwischen den Beteiligten** bestehen, doch ist dies nicht begriffsnotwendig. Möglich ist auch, dass ein Auftragsverarbeiter seine vertraglich übernommene Rolle verlässt und die faktisch von ihm kontrollierten Daten für andere Zwecke, z. B. für die Werbung durch andere Unternehmen verwendet: In Bezug auf diese Daten wird er dadurch zum Verantwortlichen, was aber nichts daran ändert, dass daneben der Auftraggeber weiterhin Verantwortlicher bleibt. Der Tatbestand ähnelt ein wenig der sog. **Nebentäterschaft** im Deliktsrecht. 6

Möglich ist weiter der Fall, dass vertragliche **Abmachung und Realität voneinander abweichen**, ohne dass eine einseitige Loslösung von dem Vereinbarten vorliegt. So ist theoretisch denkbar, dass die vertraglich eingeräumten Entscheidungsbefugnisse nicht wahrgenommen werden, so dass in der Praxis eine reine Auftragsverarbeitung vorliegt. Auf der anderen Seite ist an den (wahrscheinlicheren) Fall zu denken, dass im Vertrag die Rolle eines völlig weisungsabhängigen Datenverarbeiters vorgesehen ist, während sich in der Praxis für diesen eigenständige Entscheidungskompetenzen herausbilden. In beiden Fällen sind die **tatsächlichen Vorgänge maßgebend**, nicht der Vertragstext; andernfalls könnte Art. 26 unschwer umgangen werden. 7

Die an einer **Blockchain-Technologie** beteiligten Verantwortlichen lassen sich nicht als gemeinschaftliche Verantwortliche qualifizieren, da angesichts ihrer unübersehbaren Anzahl kein Vertragsschluss machbar wäre (Art. 4 Rn. 92c). Der Umgang mit dezentralen Netzen ist für das bestehende Datenschutzrecht eine noch nicht bewältigte Herausforderung.[16] 7a

12 EuGH 10.7.2018 – C-25/17, NZA 2018, 991; zu dieser EuGH-Rechtsprechung eingehend Weichert, DANA 1/2019, S. 4ff.

13 So auch EuGH 5.6.2018 – C-210/16, ZD 2018, 357 = NZA 2018, 919, bestätigt durch EuGH 29.7.2019 – C-40/17.

14 Weichert, DANA 1/2019, S. 5.

15 Schreiber, ZD 2019, 55, 58ff.

16 Vgl. Janicki/Saive, ZD 2019, 251ff.

III. Rechtsfolgen der gemeinsamen Verantwortlichkeit

1. Pflicht zum Abschluss einer Vereinbarung

8 Die gemeinsame Verantwortlichkeit macht die beteiligten Unternehmen nicht zu einer datenschutzrechtlichen Einheit; die Datenübermittlung zwischen beiden bedarf weiter einer Rechtfertigung z.B. durch Art. 6 Abs. 1 DSGVO.[17] Durch Abs. 1 Satz 2 wird den Beteiligten jedoch die Pflicht auferlegt, eine transparente Vereinbarung zu schließen, in der festgelegt ist, wer welche Verpflichtung nach der DSGVO erfüllt. Diese Pflichten bestehen in erster Linie gegenüber den betroffenen Personen und gegenüber der Aufsichtsbehörde. Der **Vertrag** ist im Regelfall **auf** die **datenschutzrechtliche Wirkung beschränkt**. Ob zwischen den Beteiligten eine Gesellschaft des bürgerlichen Rechts besteht, bestimmt sich nach den Leistungsbeziehungen; nur wenn dies einmal nicht der Fall sein sollte, hätte die Vereinbarung auch insoweit Rechtswirkung.[18] Kommt kein Vertrag zustande, weil eine Seite (oder beide) kein Interesse zeigt oder weil ein inhaltliches Einvernehmen nicht herstellbar ist, so soll die folgende Datenverarbeitung rechtswidrig werden.[19] Ist nur ein Beteiligter nicht zum Vertragsabschluss bereit, so kommt auch die gerichtliche Geltendmachung eines Erfüllungsanspruchs in Betracht.[20] Weiter kann die Aufsichtsbehörde von ihren Befugnissen nach Art. 58 Gebrauch machen (siehe dort). Auch kann sie nach Art. 83 Abs. 4 Buchst. a ein **Bußgeld** verhängen, das bis zu 10 Mio. Euro oder 2 % des weltweit getätigten Umsatzes des vergangenen Geschäftsjahres betragen kann.[21] Wird dies ernsthaft angedroht, wird die Kooperation entweder aufgelöst oder sehr schnell ein Vertrag geschlossen.

2. Form und Inhalt der Vereinbarung

a) Form

9 Eine bestimmte Form ist für die Vereinbarung nicht unmittelbar vorgeschrieben, so dass sie auch mündlich geschlossen werden könnte. Da ihre wesentlichen Inhalte nach Abs. 2 Satz 2 den betroffenen Personen jedoch zur Verfügung zu stellen sind, ist **zumindest** die **Textform** zu wahren.[22] Angesichts der Kontrolle durch die Aufsichtsbehörde und die evtl. drohenden Sanktionen ist aber darüber hinaus die Schriftform zu empfehlen, um so jede »Beweisnot« zu vermeiden. Weiter muss die **Abmachung »transparent«** sein, was bei mündlichen Abreden nur dann zu erreichen ist, wenn es um einen sehr überschaubaren Personenkreis geht. Nach ErwGr 58 setzt das Erfordernis der Transparenz voraus, dass die Information »präzise, leicht zugänglich und verständlich sowie in klarer und einfacher Sprache« abgefasst ist. Dies stimmt trotz der leicht abweichenden Formulierung mit den Anforderungen nach Art. 12 überein (siehe Art. 12 Rn. 4ff.).

17 Schantz/Wolff-*Schantz*, Rn. 375.
18 Kühling/Buchner-*Hartung*, Art. 26 Rn. 30.
19 Schreiber, ZD 2019, 55.
20 Weichert, DANA 1/2019, S. 8.
21 SHS-*Petri*, Art. 26 Rn. 31f.
22 Ebenso im Ergebnis Auernhammer-Thomale, Art. 26 Rn. 14; Schreiber, ZD 2019, 55,57; SHS-*Petri*, Art. 26 Rn. 18.

b) Mindestinhalt

Inhaltlich wird es zunächst darum gehen, die jeweiligen **tatsächlichen Funktionen der Verantwortlichen** sowie ihre Beziehungen zu den betroffenen Personen darzustellen. Man könnte dies mit der Formel umschreiben: Wer macht was und wer ist deshalb wofür verantwortlich? Dies entspricht dem in Abs. 2 Satz 1 Festgelegten. Dann wird man zu Abs. 1 Satz 2 zurückkehren und bestimmen, **wer welche Verpflichtungen** gegenüber den betroffenen Personen zu erfüllen hat. Wer muss Auskünfte nach Art. 15 erteilen, wer nach Art. 13 und 14 informieren?[23] Entscheidend wird sein, wem dies von den übernommenen Aufgaben her den geringsten Aufwand macht. Schließlich kann nach Abs. 2 Satz 3 eine gemeinsame **Anlaufstelle** angegeben werden, deren Existenz jedoch die betroffenen Personen nicht hindert, ihre Rechte direkt gegenüber einem Verantwortlichen geltend zu machen.[24] 10

Die in Abs. 1 Satz 2 und 3 und in Abs. 2 genannten Gegenstände sind Mindestinhalte der Vereinbarung. Ihr **Detailliertheitsgrad** wird von der Verordnung nicht vorgegeben,[25] so dass sehr viele Einzelfragen geregelt werden können. Je komplizierter die Verbindung zwischen den verschiedenen Verantwortlichen ist und je mehr mit Auseinandersetzungen zu rechnen ist, umso klarer und detaillierter sollte die Abmachung sein. Beispiele für die möglicherweise zu behandelnden Gegenstände finden sich in der Literatur.[26] 11

c) Information der betroffenen Personen

Nach Abs. 2 Satz 2 wird »**das Wesentliche**« der getroffenen Vereinbarung der betroffenen Person **zur Verfügung gestellt**. Was »wesentlich« und was »unwesentlich« ist, muss aus der Perspektive des Adressaten, d. h. der betroffenen Person bestimmt werden. Erfasst sind damit alle Informationen, die erforderlich sind, um die Betroffenenrechte sachgerecht ausüben zu können. »Zur Verfügung stellen« heißt nicht, dass ein Schriftstück übergeben werden müsste; es reicht, wenn die Abmachung, bzw. ein das Wesentliche ausmachender Extrakt auf der Website der einzelnen Verantwortlichen veröffentlicht wird.[27] Allerdings muss die **betroffene Person** einen direkt an sie adressierten **Hinweis** darauf erhalten, wo sie den Text einsehen kann; die bloße Veröffentlichung auf der Website genügt nicht, da nicht erwartet werden kann, dass die betroffene Person regelmäßig die Website des Verantwortlichen studiert. 12

d) Öffnungsklausel zugunsten der Mitgliedstaaten

Abs. 1 Satz 2 letzter Halbsatz enthält einen Vorbehalt zugunsten einer anderweitigen Regelung durch die Union und die Mitgliedstaaten, die die Aufgaben der Verantwortlichen, 13

---

23 Vgl. Gola-*Piltz*, Art. 26 Rn. 11; Musterformulierungen bei Schreiber, ZD 2019, 55, 57 sowie bei Weichert, DANA 1/2019, S. 7.

24 Paal/Pauly-*Martini*, Art. 26 Rn. 29: »Serviceangebot«.

25 Weichert, DANA 1/2019, S. 7.

26 Kühling/Buchner-*Hartung*, Art. 26 Rn. 25.

27 Paal/Pauly-*Martini*, Art. 26 Rn. 34.

also die Art ihrer Arbeitsteilung, anders regeln können. Davon ist bisher in Deutschland kein Gebrauch gemacht worden.

IV. Keine Wirkung im Außenverhältnis

14 **Abs. 3** legt ausdrücklich fest, dass die Vereinbarung nicht zu Lasten der betroffenen Personen wirkt. Diese können vielmehr – soweit die allgemeinen Voraussetzungen gegeben sind – ihre Ansprüche gegen jeden der Verantwortlichen geltend machen. Dies gilt auch für Schadensersatzansprüche, für die Art. 82 Abs. 4 eine **gesamtschuldnerische Haftung** festlegt. Art. 26 ist darauf beschränkt, für klare Verhältnisse zwischen den Verantwortlichen zu sorgen. Kommt es zu einer gesamtschuldnerischen Haftung, so ist die Abmachung allerdings für den Ausgleich zwischen den Gesamtschuldnern von großer Bedeutung.[28]

Art. 27 Vertreter von nicht in der Union niedergelassenen Verantwortlichen oder Auftragsverarbeitern

(1) In den Fällen gemäß Artikel 3 Absatz 2 benennt der Verantwortliche oder der Auftragsverarbeiter schriftlich einen Vertreter in der Union.

(2) Die Pflicht gemäß Absatz 1 des vorliegenden Artikels gilt nicht für

a) eine Verarbeitung, die gelegentlich erfolgt, nicht die umfangreiche Verarbeitung besonderer Datenkategorien im Sinne des Artikels 9 Absatz 1 oder die umfangreiche Verarbeitung von personenbezogenen Daten über strafrechtliche Verurteilungen und Straftaten im Sinne des Artikels 10 einschließt und unter Berücksichtigung der Art, der Umstände, des Umfangs und der Zwecke der Verarbeitung voraussichtlich nicht zu einem Risiko für die Rechte und Freiheiten natürlicher Personen führt, oder

b) Behörden oder öffentliche Stellen.

(3) Der Vertreter muss in einem der Mitgliedstaaten niedergelassen sein, in denen die betroffenen Personen, deren personenbezogene Daten im Zusammenhang mit den ihnen angebotenen Waren oder Dienstleistungen verarbeitet werden oder deren Verhalten beobachtet wird, sich befinden.

(4) Der Vertreter wird durch den Verantwortlichen oder den Auftragsverarbeiter beauftragt, zusätzlich zu diesem oder an seiner Stelle insbesondere für Aufsichtsbehörden und betroffene Personen bei sämtlichen Fragen im Zusammenhang mit der Verarbeitung zur Gewährleistung der Einhaltung dieser Verordnung als Anlaufstelle zu dienen.

(5) Die Benennung eines Vertreters durch den Verantwortlichen oder den Auftragsverarbeiter erfolgt unbeschadet etwaiger rechtlicher Schritte gegen den Verantwortlichen oder den Auftragsverarbeiter selbst.

---

28 Paal/Pauly-*Martini*, Art. 26 Rn. 37.

Inhaltsübersicht

I. Zweck der Vorschrift

Nach ihrem Art. 3 Abs. 2 ist die DSGVO unter den dort beschriebenen Umständen auch auf Verantwortliche und Auftragsdatenverarbeiter anwendbar, die weder ihren Sitz noch eine Niederlassung in der EU haben. Faktisch sind die Aufsichtsbehörden und andere Instanzen jedoch nicht in der Lage, bei im Ausland tätigen Unternehmen die Einhaltung der DSGVO zu kontrollieren und ggf. Sanktionen zu verhängen. Art. 27 sieht deshalb für diese Unternehmen die **Benennung eines Vertreters** vor, der in einem der Mitgliedstaaten niedergelassen sein muss. Er dient als »Anlaufstelle« für die Aufsichtsbehörden und die betroffenen Personen in allen Fragen, die die Datenverarbeitung im Rahmen der DSGVO betreffen.[1] Auf diese Weise sollen auch **die in Drittstaaten ansässigen Verantwortlichen** und Auftragsverarbeiter effektiv zu einem **datenschutzkonformen Verhalten** veranlasst werden. Dies bedeutet aber nicht, dass den Vertreter persönlich alle Pflichten des in einem Drittstaat angesiedelten Verantwortlichen treffen würden.[2] Dies wäre eine Überforderung, da es nicht in seiner Macht liegt, das Verhalten des ihn bestellenden Unternehmens oder Konzerns zu steuern. 1

Die DSRl enthielt in Art. 4 Abs. 2 eine ähnliche Bestimmung, doch waren damit nur Fälle erfasst, in denen Stellen aus Drittstaaten Datenverarbeitung mit Mitteln vornahmen, die in der EU belegen waren. § 1 Abs. 5 Satz 3 BDSG-alt hatte dies in deutsches Recht umgesetzt, doch war die Regelung von relativ geringer Bedeutung, weil sich schon der Tatbestand durch Benutzung von Servern in anderen (Dritt-)Staaten vermeiden ließ und weil keine Möglichkeiten zur Verfügung standen, die verantwortlichen Stellen zur Bestellung eines Vertreters zu zwingen.[3] 2

II. Pflicht zur Benennung eines Vertreters

1. Der Grundsatz

Nach Abs. 1 muss der in einem Drittland ansässige Verantwortliche oder Auftragsverarbeiter schriftlich einen »Vertreter« bestellen, sofern einer der beiden Fälle des Art. 3 Abs. 2 3

1 Lantwin, ZD 2019, 14, 16.
2 Lantwin, ZD 2019. 14, 15.
3 Taeger/Gabel-*Gabel*, 2. Aufl., § 1 Rn. 61.

vorliegt (zu diesen oben Art. 3 Rn. 17–22). Nach **Art. 4 Nr. 17** ist unter einem Vertreter »eine in der Union niedergelassene natürliche oder juristische Person (zu verstehen), die von dem Verantwortlichen oder Auftragsverarbeiter schriftlich gemäß Artikel 27 bestellt wurde und den Verantwortlichen oder Auftragsverarbeiter in Bezug auf die ihnen jeweils nach dieser Verordnung obliegenden Pflichten vertritt.« Damit ist eine Reihe von Fragen entschieden.

4 Der Vertreter kann eine **natürliche Person** sein (z.B. ein Rechtsanwalt) **oder** eine **juristische Person** wie eine GmbH. Diese kann, muss aber nicht zur Unternehmensgruppe des Verantwortlichen oder des Auftragsverarbeiters gehören (zumal dann oft eine »Niederlassung« im Sinne des Art. 3 Abs. 1 vorliegen würde); vielmehr wird es sich in der Regel um einen Externen bzw. ein nicht verbundenes Unternehmen handeln.[4] Die fragliche Person kann **nicht zugleich** die Funktion eines **Datenschutzbeauftragten** erfüllen, da dieser von Weisungen unabhängig sein muss,[5] während der Vertreter den Weisungen des Verantwortlichen bzw. des Auftragsverarbeiters unterworfen ist. Nach **Abs. 3** muss der Vertreter **in einem der Mitgliedstaaten niedergelassen** sein, in denen sich die Personen befinden, denen Angebote gemacht oder deren Verhalten beobachtet wird. Der Begriff »Niederlassung« ist genauso wie im Rahmen des Art. 3 Abs. 1 zu bestimmen.[6] Auch wenn sich ein Unternehmen an Betroffene in mehreren Mitgliedstaaten wendet, muss **lediglich ein Vertreter** bestimmt werden; das Land und den konkreten Ort auszusuchen, ist Sache des Verantwortlichen bzw. des Auftragsverarbeiters. Es kann sich allerdings als zweckmäßig erweisen, für jedes Land einen Vertreter zu bestellen.[7]

5 Die **Benennung** (Art. 4 Nr. 17 spricht korrekter von »Bestellung«) muss nach Abs. 1 **schriftlich** erfolgen. Damit ist wie in § 126 Abs. 1 BGB ein mit eigenhändiger Unterschrift versehenes Schriftstück gemeint. Die elektronische Form genügt grundsätzlich nicht. Dies ergibt sich aus Art. 12 Abs. 1 Satz 2, wonach die Übermittlung von Informationen »schriftlich oder in anderer Form, gegebenenfalls auch elektronisch« erfolgen muss. Auf diese Weise werden schriftliche und elektronische Form nebeneinandergestellt. An anderer Stelle werden beide zusammengefasst. So spricht Art. 28 Abs. 9 davon, der Vertrag über die Auftragsverarbeitung sei »schriftlich abzufassen, was auch in einem elektronischen Format erfolgen« könne. Damit stimmt die Formulierung in Art. 30 Abs. 3 überein. Eine solche Gleichstellung ist in Art. 27 gerade nicht erfolgt, so dass von der **traditionellen Schriftform** auszugehen ist.[8] Dieser ist in § 126 Abs. 3 BGB die »elektronische Form« gleichgestellt, die nach § 126a BGB eine qualifizierte elektronische Signatur voraussetzt.[9] Der Rückgriff auf diese Vorschriften ist durch den Vorrang des Unionsrechts nicht ausgeschlossen, da dieses die Schriftform über die wiedergegebenen Vorschriften der DSGVO hinaus nicht regelt, so dass insoweit die nationale Kompetenz erhalten bleibt.[10]

---

4 Gola-*Piltz*, Art. 27 Rn. 6.

5 Gola-*Piltz*, Art. 27 Rn. 6; SHS-*Hornung*, Art. 27 Rn. 12.

6 Paal/Pauly-*Martini*, Art. 27 Rn. 48; zu Art. 3 Abs. 1s. oben Art. 3 Rn. 10ff.

7 SHS-*Hornung*, Art. 27 Rn. 9.

8 Paal/Pauly-*Martini*, Art. 27 Rn. 19; SHS-*Hornung*, Art. 27 Rn. 10.

9 Kühling/Buchner-*Hartung*, Art. 27 Rn. 13 empfiehlt, mit Rücksicht auf die unsichere Rechtslage auf alle Fälle die Schriftform zu wahren.

10 Anders Lantwin, ZD 2019, 14, der vom Zweck der Regelung her die Textform genügen lassen will.

Eine natürliche oder juristische Person kann **mehrere Verantwortliche** in Drittstaaten vertreten, soweit sie über die nötigen zeitlichen und personellen Ressourcen verfügt. Auch darf kein Interessenkonflikt zwischen den Vertretenen bestehen.[11] 5a

2. Die Ausnahmen

Abs. 2 nennt zwei Ausnahmen, in denen die Pflicht zur Bestellung eines Vertreters entfällt. 6
Unproblematisch ist **Abs. 2 Buchst. b**, wonach Behörden und andere öffentliche Stellen in Drittstaaten keinen Vertreter benennen müssen. Dabei kommt es darauf an, ob die Verarbeitung zu öffentlichen Zwecken geschieht.[12] Möglicherweise geht man davon aus, dass diese das Verhalten der Menschen in der EU nicht überwachen oder – was sehr viel wahrscheinlicher ist – dass die EU keinen Konflikt mit einer großen Macht jenseits des Atlantiks gewollt hat.

Mehr Interpretationsprobleme wirft die Ausnahme in **Abs. 2 Buchst. a** auf. Die drei dort 7
genannten Merkmale müssen kumulativ vorliegen, was der deutschen und der englischen Fassung entspricht, aber auch entgegen anderslautenden Vermutungen für weitere Fassungen gilt.[13] Auch mit Rücksicht darauf, dass Ausnahmen eng auszulegen sind und dass der Wegfall eines Vertreters die Vorschrift des Art. 3 Abs. 2 weithin leerlaufen lässt, wird im Folgenden von einem kumulativen Vorliegen der einzelnen Elemente ausgegangen.[14]

- Kein Vertreter ist zu bestellen, wenn die Verarbeitung nur »**gelegentlich**« erfolgt. Es muss sich dabei um eine zeitweise Tätigkeit handeln,[15] die einen eher untergeordneten Charakter trägt.[16]
- Auch eine gelegentliche Verarbeitung darf **nicht** eine umfangreiche Verarbeitung von **sensitiven Daten** im Sinne von Art. 9 und Art. 10 einschließen. Während »gelegentlich« die zeitliche Dimension erfasst, meint »umfangreich« die quantitative wie die qualitative Dimension, die sich in der Verarbeitung sehr vieler sensitiver Daten oder einer besonders intensiven Analyse niederschlägt.[17] Die Auswertung krankheitsbedingter Fehlzeiten würde genügen, um die Ausnahme nicht Platz greifen zu lassen. Dritte Voraussetzung:
- die Verarbeitung darf nicht mit einem **Risiko für die Rechte und Freiheiten natürlicher Personen** verbunden sein, wobei Art, Umstände, Umfang und Zweck der Verarbeitung zu berücksichtigen sind.

---

11 SHS-*Hornung*, Art. 27 Rn. 11.

12 Kühling/Buchner-*Hartung*, Art. 27 Rn. 11; SHS-*Hornung*, Art. 27 Rn. 19.

13 Die Wiederholung des »qui« bzw. »que« könnte theoretisch dafür sprechen, dass zwei selbständige Ausnahmetatbestände vorliegen.

14 Ehmann/Selmayr-*Bertermann*, Art. 27 Rn. 4; Kühling/Buchner-*Hartung*, Art. 27 Rn. 7: Laue/Kremer-*Laue*, § 1 Rn. 89; Paal/Pauly-*Martini*, Art. 27 Rn. 32; Plath-*Plath*, Art. 27 Rn. 4; Lantwin, ZD 2019, 14; anders Gola-*Piltz*, Art. 27 Rn. 22.

15 Kühling/Buchner-*Hartung*, Art. 27 Rn. 8 »hin und wieder«, »manchmal« oder »vereinzelt«.

16 Paal/Pauly-*Martini*, Art. 27 Rn. 36; vgl. auch Kühling/Buchner-*Hartung*, Art. 27 Rn. 8: Darf nicht zum Kernbereich der Geschäftstätigkeit zählen.

17 Kühling/Buchner-*Hartung*, Art. 27 Rn. 9.

Entscheidend kommt es also auf das Risiko für die Betroffenen an; andere Kriterien wie die Größe des Unternehmens, die bei den Vorarbeiten eine Rolle spielten, haben sich nicht durchgesetzt.

8 Auf einen Vertreter kann nur dann verzichtet werden, wenn die **gesamte Datenverarbeitung** unter den Ausnahmetatbestand des Abs. 2 fällt. Ist dies für einen Teil nicht der Fall, so ist der Vertreter zu bestellen und gleichzeitig auch für die »geringfügigen« Verarbeitungsvorgänge zuständig.[18]

9 **Errichtet** der Verantwortliche oder der Auftragsverarbeiter eine **Niederlassung in der EU**, so fällt die Pflicht zur Bestellung eines Vertreters weg, sofern die Niederlassung die in Art. 3 Abs. 2 erwähnten Funktionen übernimmt. Dem Verantwortlichen und dem Auftragsverarbeiter steht es frei, ihn als »Anlaufstelle« weiterbestehen zu lassen, um so den Aufsichtsbehörden und den Betroffenen entgegen zu kommen. Übernimmt die Niederlassung nur einen Teil der Aufgaben nach Art. 3 Abs. 2, so bleibt die Pflicht zur Bestellung des Vertreters bestehen; seine Aufgaben beschränken sich auf den Bereich, in dem die Niederlassung nicht tätig wird.[19]

III. Aufgaben des Vertreters

1. Normative Grundlagen

10 Nach Abs. 4 ist der Vertreter **Ansprechpartner** für alle Fragen der Datenverarbeitung durch den Verantwortlichen oder den Auftragsverarbeiter, und zwar »insbesondere« für Aufsichtsbehörden und betroffene Personen; auch andere Instanzen wie z. B. ein Betriebsrat können sich an ihn wenden.[20] Ob er ausschließlicher Ansprechpartner in der EU ist (was nahe liegt) oder ob er neben dem Verantwortlichen bzw. dem Auftragsverarbeiter steht, kann die beauftragende Stelle frei entscheiden. Es muss aber nach außen kommuniziert werden.[21] Daneben werden in Einzelbestimmungen seine Aufgaben weiter spezifiziert. So bestimmt **Art. 31**, dass er mit der Aufsichtsbehörde bei der Erfüllung ihrer Aufgaben zusammenarbeitet. Nach **Art. 30 Abs. 1** hat der Vertreter das Verzeichnis der Verarbeitungstätigkeiten zu führen. Nach **Art. 58 Abs. 1 Buchst. a** kann die Aufsichtsbehörde den Vertreter anweisen, alle Informationen bereit zu stellen, die sie für die Erfüllung ihrer Aufgaben benötigt.

2. Kommunikation mit betroffenen Personen

11 Nach Art. 13 Abs. 1 Buchst. a erfasst die **Informationspflicht**, die mit der Erhebung von Daten bei der betroffenen Person verbunden ist, auch **Namen und Kontaktdaten des Vertreters**. Art. 14 Abs. 1 Buchst. a ordnet dasselbe für den Fall an, dass die Daten nicht bei der betroffenen Person erhoben werden. Dies kann Probleme aufwerfen, wenn der Vertreter in einem anderen Mitgliedstaat als die betroffene Person niedergelassen ist und nur

18 Kühling/Buchner-*Hartung*, Art. 27 Rn. 6.

19 Zur entsprechenden Anwendung des Art. 3 Abs. 2 in den Fällen einer Niederlassung, die nicht alle Aufgaben in der EU erfüllt, s. oben Art. 3 Rn. 22.

20 SHS-*Hornung*, Art. 27 Rn. 23.

21 Kühling/Buchner-*Hartung*, Art. 27 Rn. 15.

in der dort vorherrschenden Sprache kommuniziert. So können z. B. **Auskunftsrechte leerlaufen**, da nur wenige Betroffene über die Mittel verfügen werden, sich eine Übersetzung zu beschaffen. Dies wird in der Literatur zum Teil in Kauf genommen,[22] kann aber nicht befriedigen: Die Vielsprachigkeit des Unionsrechts, die heute auf Art. 342 AEUV und der Verordnung Nr. 1[23] beruht, hat gerade den Sinn, jedem Bürger den Zugang zum Unionsrecht zu sichern und in seiner Sprache von ihm Kenntnis zu nehmen. Es mag zwar zulässig sein, in einzelnen Bereichen sich auf die »bekanntesten« Sprachen zu beschränken, doch darf dies nicht dazu führen, dass Rechte Einzelner beeinträchtigt werden.[24] So dürfen etwa Lebensmittel nicht ohne »Angaben in einer dem Käufer leicht verständlichen Sprache« in den Verkehr gebracht werden.[25] Im Datenschutz kann nichts anderes gelten.

Klagt eine betroffene Person gegen den Verantwortlichen (z. B. auf Auskunft oder Löschung), so kann eine solche zivilgerichtliche Klage nach § 44 Abs. 3 BDSG dem Vertreter zugestellt werden. Dies dürfte auch für arbeitsgerichtliche Klagen gelten. Klagen von Wettbewerbern gegen den Verantwortlichen sind nicht erfasst.[26] 11a

3. Kommunikation mit der Aufsichtsbehörde

Der Vertreter soll nach ErwGr 80 Satz 2 im Namen des Verantwortlichen oder des Auftragsverarbeiters tätig werden und den Aufsichtsbehörden als Anlaufstelle dienen. Wollen diese beispielsweise bestimmte **Datenverarbeitungsvorgänge beanstanden**, so können sie sich an den Vertreter wenden und mit diesem über Abhilfemöglichkeiten verhandeln. Dies schließt nach Abs. 5 nicht aus, dass sie sich auch direkt mit dem in einem Drittstaat ansässigen Verantwortlichen in Verbindung setzen, sofern dieser dazu bereit ist. 12

IV. Verhängung von Sanktionen

1. Unterbliebene Benennung eines Vertreters

Wird kein Vertreter benannt, obwohl keine der Ausnahmen des Art. 27 Abs. 2 vorliegt, so stellt dies einen Verstoß gegen die DSGVO dar, der nach Art. 83 Abs. 4 Buchst. a mit einem **Bußgeld** sanktioniert werden kann, das bis zu 10 000000 Euro oder im Fall eines Unternehmens bis zu 2 % des gesamten weltweit erzielten Jahresumsatzes betragen kann, sofern dies der höhere Betrag ist. Gleichgestellt wird der Fall, dass der Vertreter völlig unqualifiziert oder nicht in der EU niedergelassen ist.[27] **Vollstreckbar** ist eine solche Sanktion allerdings **nur insoweit** als der Verantwortliche bzw. der Auftragsverarbeiter über Vermögen in der EU verfügt (was mangels Niederlassung die Ausnahme sein wird). Eine Zwangsvollstreckung im Ausland wäre nur auf der Grundlage eines völkerrechtlichen Abkommens möglich. 13

---

22 Paal/Pauly-*Martini*, Art. 27 Rn. 51.
23 ABl. 1958, 358, jeweils angepasst beim Beitritt neuer Mitgliedstaaten.
24 Schwarze-*Priebe*, Art. 342 AEUV Rn. 2 a. E.
25 Richtlinie 2000/13/EG, ABl. 2000 L 109/29, Art. 16.
26 SHS-*Hornung*, Art. 27 Rn. 27.
27 SHS-*Hornung*, Art. 27 Rn. 36.

14 Die Verhängung eines Bußgelds ist allerdings nicht die einzige Sanktion, die der Aufsichtsbehörde zur Verfügung steht. Sie wird vielmehr in erster Linie von den abgestuften Befugnissen nach Art. 58 Abs. 2 gegenüber dem Verantwortlichen oder dem Auftragsverarbeiter Gebrauch machen, die mit einer »Warnung« und einer »Verwarnung« beginnen und die auch die Möglichkeit umfassen, »eine vorübergehende oder endgültige Beschränkung der Verarbeitung, einschließlich eines Verbots, zu verhängen.« Möglich ist daher in gravierenden Fällen, das **Anbieten** von Waren und Dienstleistungen in der EU **oder** die **Beobachtung** des Verhaltens von in der EU befindlichen Personen insgesamt **zu verbieten**, den in einem Drittstaat ansässigen Unternehmen daher den Zugang zum europäischen Markt zu versperren. Dies dürfte nicht weniger wirksam als die Verhängung eines Bußgelds sein.

2. Verstöße gegen sonstige Bestimmungen der DSGVO

15 Soweit ein Vertreter benannt wurde, kann er nur insoweit sanktioniert werden, als er **eigene Pflichten verletzt** hat. Unterlässt er es beispielsweise, trotz einer Anordnung der Behörde die Informationen nach Art. 58 Abs. 1 Buchst. a bereit zu stellen, so können Maßnahmen des Verwaltungszwangs angewandt werden.[28] Bei anderen Pflichten, die unmittelbar aufgrund der DSGVO eintreten, scheitert die Verhängung eines Bußgelds daran, dass Art. 83 Abs. 4 Buchst. a nur Verstöße des Verantwortlichen und des Auftragsverarbeiters nennt, eine Analogie zu Lasten eines »Täters« aber genauso wenig wie im Strafrecht in Betracht kommt.[29] Hat der Verantwortliche oder der Auftragsverarbeiter im Drittstaat Pflichten nach der DSGVO verletzt, so steht nur er in der Verantwortung.

16 ErwGr 80 Satz 6 enthält die ein wenig rätselhafte Formulierung, bei Verstößen des Verantwortlichen oder Auftragsverarbeiters solle der bestellte Vertreter »**Durchsetzungsverfahren unterworfen** werden«. Dies kann den Umständen nach nur bedeuten, dass Maßnahmen nach Art. 58 Abs. 2 sowie Bußgelder nach Art. 83 dem Vertreter zugestellt werden können, sich aber gegen den Verantwortlichen bzw. gegen den Auftragsverarbeiter richten. Mittelbar wird dies aus ErwGr. 80 Satz 2 deutlich, wonach der Vertreter »im Namen« des Verantwortlichen oder des Auftragsverarbeiters tätig werden und den Aufsichtsbehörden als Anlaufstelle dienen soll. Nach ErwGr. 80 Satz 3 soll der Vertreter vom Verantwortlichen oder dem Auftragsverarbeiter schriftlich beauftragt werden, in Bezug auf die aus der DSGVO folgenden Verpflichtungen an seiner Stelle zu handeln. Dies betrifft insbesondere Reaktionen auf Maßnahmen der Aufsichtsbehörde, die sich auf ein datenschutzkonformes Verhalten richten, aber noch nicht mit Sanktionen verbunden sind.

17 Eine **Zwangsvollstreckung** gegen den in einem Drittstaat ansässigen Verantwortlichen oder Auftragsverarbeiter kommt nur aufgrund einer völkerrechtlichen Abmachung in Betracht, es sei denn, es ginge allein um Vermögen, das in der EU belegen ist. Auch hier wird es aussichtreicher sein, von den Möglichkeiten des Art. 58 Abs. 2 Gebrauch zu machen, die bis zu einem **Verbot bestimmter Datenverarbeitungen** (und damit dem Ausschluss aus dem Markt) reichen können (Art. 58 Abs. 2 Buchst. f).

---

28 SHS-*Hornung*, Art. 27 Rn. 37.

29 Im Ergebnis wie hier Kühling/Buchner-*Hartung*, Art. 27 Rn. 22ff.; Laue/Kremer-*Laue*, § 1 Rn. 95.

Art. 28 Auftragsverarbeiter

(1) Erfolgt eine Verarbeitung im Auftrag eines Verantwortlichen, so arbeitet dieser nur mit Auftragsverarbeitern, die hinreichend Garantien dafür bieten, dass geeignete technische und organisatorische Maßnahmen so durchgeführt werden, dass die Verarbeitung im Einklang mit den Anforderungen dieser Verordnung erfolgt und den Schutz der Rechte der betroffenen Person gewährleistet.

(2) Der Auftragsverarbeiter nimmt keinen weiteren Auftragsverarbeiter ohne vorherige gesonderte oder allgemeine schriftliche Genehmigung des Verantwortlichen in Anspruch. Im Fall einer allgemeinen schriftlichen Genehmigung informiert der Auftragsverarbeiter den Verantwortlichen immer über jede beabsichtigte Änderung in Bezug auf die Hinzuziehung oder die Ersetzung anderer Auftragsverarbeiter, wodurch der Verantwortliche die Möglichkeit erhält, gegen derartige Änderungen Einspruch zu erheben.

(3) Die Verarbeitung durch einen Auftragsverarbeiter erfolgt auf der Grundlage eines Vertrags oder eines anderen Rechtsinstruments nach dem Unionsrecht oder dem Recht der Mitgliedstaaten, der bzw. das den Auftragsverarbeiter in Bezug auf den Verantwortlichen bindet und in dem Gegenstand und Dauer der Verarbeitung, Art und Zweck der Verarbeitung, die Art der personenbezogenen Daten, die Kategorien betroffener Personen und die Pflichten und Rechte des Verantwortlichen festgelegt sind. Dieser Vertrag bzw. dieses andere Rechtsinstrument sieht insbesondere vor, dass der Auftragsverarbeiter

a) **die personenbezogenen Daten nur auf dokumentierte Weisung des Verantwortlichen – auch in Bezug auf die Übermittlung personenbezogener Daten an ein Drittland oder eine internationale Organisation – verarbeitet, sofern er nicht durch das Recht der Union oder der Mitgliedstaaten, dem der Auftragsverarbeiter unterliegt, hierzu verpflichtet ist; in einem solchen Fall teilt der Auftragsverarbeiter dem Verantwortlichen diese rechtlichen Anforderungen vor der Verarbeitung mit, sofern das betreffende Recht eine solche Mitteilung nicht wegen eines wichtigen öffentlichen Interesses verbietet;**
b) **gewährleistet, dass sich die zur Verarbeitung der personenbezogenen Daten befugten Personen zur Vertraulichkeit verpflichtet haben oder einer angemessenen gesetzlichen Verschwiegenheitspflicht unterliegen;**
c) **alle gemäß Artikel 32 erforderlichen Maßnahmen ergreift;**
d) **die in den Absätzen 2 und 4 genannten Bedingungen für die Inanspruchnahme der Dienste eines weiteren Auftragsverarbeiters einhält;**
e) **angesichts der Art der Verarbeitung den Verantwortlichen nach Möglichkeit mit geeigneten technischen und organisatorischen Maßnahmen dabei unterstützt, seiner Pflicht zur Beantwortung von Anträgen auf Wahrnehmung der in Kapitel III genannten Rechte der betroffenen Person nachzukommen;**
f) **unter Berücksichtigung der Art der Verarbeitung und der ihm zur Verfügung stehenden Informationen den Verantwortlichen bei der Einhaltung der in den Artikeln 32 bis 36 genannten Pflichten unterstützt;**
g) **nach Abschluss der Erbringung der Verarbeitungsleistungen alle personenbezogenen Daten nach Wahl des Verantwortlichen entweder löscht oder zurückgibt, und**

die vorhandenen Kopien löscht, sofern nicht nach dem Unionsrecht oder dem Recht der Mitgliedstaaten eine Verpflichtung zur Speicherung der personenbezogenen Daten besteht;

h) dem Verantwortlichen alle erforderlichen Informationen zum Nachweis der Einhaltung der in diesem Artikel niedergelegten Pflichten zur Verfügung stellt und Überprüfungen – einschließlich Inspektionen –, die vom Verantwortlichen oder einem anderen von diesem beauftragten Prüfer durchgeführt werden, ermöglicht und dazu beiträgt.

Mit Blick auf Unterabsatz 1 Buchstabe h informiert der Auftragsverarbeiter den Verantwortlichen unverzüglich, falls er der Auffassung ist, dass eine Weisung gegen diese Verordnung oder gegen andere Datenschutzbestimmungen der Union oder der Mitgliedstaaten verstößt.

(4) Nimmt der Auftragsverarbeiter die Dienste eines weiteren Auftragsverarbeiters in Anspruch, um bestimmte Verarbeitungstätigkeiten im Namen des Verantwortlichen auszuführen, so werden diesem weiteren Auftragsverarbeiter im Wege eines Vertrags oder eines anderen Rechtsinstruments nach dem Unionsrecht oder dem Recht des betreffenden Mitgliedstaats dieselben Datenschutzpflichten auferlegt, die in dem Vertrag oder anderen Rechtsinstrument zwischen dem Verantwortlichen und dem Auftragsverarbeiter gemäß Absatz 3 festgelegt sind, wobei insbesondere hinreichende Garantien dafür geboten werden muss, dass die geeigneten technischen und organisatorischen Maßnahmen so durchgeführt werden, dass die Verarbeitung entsprechend den Anforderungen dieser Verordnung erfolgt. Kommt der weitere Auftragsverarbeiter seinen Datenschutzpflichten nicht nach, so haftet der erste Auftragsverarbeiter gegenüber dem Verantwortlichen für die Einhaltung der Pflichten jenes anderen Auftragsverarbeiters.

(5) Die Einhaltung genehmigter Verhaltensregeln gemäß Artikel 40 oder eines genehmigten Zertifizierungsverfahrens gemäß Artikel 42 durch einen Auftragsverarbeiter kann als Faktor herangezogen werden, um hinreichende Garantien im Sinne der Absätze 1 und 4 des vorliegenden Artikels nachzuweisen.

(6) Unbeschadet eines individuellen Vertrags zwischen dem Verantwortlichen und dem Auftragsverarbeiter kann der Vertrag oder das andere Rechtsinstrument im Sinne der Absätze 3 und 4 des vorliegenden Artikels ganz oder teilweise auf den in den Absätzen 7 und 8 des vorliegenden Artikels genannten Standardvertragsklauseln beruhen, auch wenn diese Bestandteil einer dem Verantwortlichen oder dem Auftragsverarbeiter gemäß den Artikeln 42 und 43 erteilten Zertifizierung sind.

(7) Die Kommission kann im Einklang mit dem Prüfverfahren gemäß Artikel 87 Absatz 2 Standardvertragsklauseln zur Regelung der in den Absätzen 3 und 4 des vorliegenden Artikels genannten Fragen festlegen.

(8) Eine Aufsichtsbehörde kann im Einklang mit dem Kohärenzverfahren gemäß Artikel 63 Standardvertragsklauseln zur Regelung der in den Absätzen 3 und 4 des vorliegenden Artikels genannten Fragen festlegen.

(9) Der Vertrag oder das andere Rechtsinstrument im Sinne der Absätze 3 und 4 ist schriftlich abzufassen, was auch in einem elektronischen Format erfolgen kann.

(10) Unbeschadet der Artikel 82, 83 und 84 gilt ein Auftragsverarbeiter, der unter Verstoß gegen diese Verordnung die Zwecke und Mittel der Verarbeitung bestimmt, in Bezug auf diese Verarbeitung als Verantwortlicher.

Inhaltsübersicht Rn.

I. Einleitung

Die Regelung des Art. 28 setzt den **datenschutzrechtlichen Rahmen** für die **Verlagerung der tatsächlichen Verarbeitung** von personenbezogenen Daten durch Verantwortliche auf andere natürliche oder juristische Personen. Die Vorschrift gleicht strukturell den Regelungen zur Auftragsdatenverarbeitung in § 11 BDSG-alt ist. So verbleibt beispielsweise die Verantwortung für die Verarbeitung oder für die sorgfältige Auswahl von Auftragsverarbeitern nach Art. 28 Abs. 1 ebenso wie nach § 11 Abs. 1 und 2 BDSG-alt bei den Verantwortlichen. Die vormals in § 11 Abs. 3 BDSG-alt zu findenden Bindungen der Auftragsverarbeiter an Weisungen des Verantwortlichen findet sich in Abs. 3 Satz 1 wieder. Nicht 1 mehr in Art. 28 enthalten ist die vormals in § 3 Abs. 8 BDSG-alt enthaltene Privilegierung der Auftragsverarbeiter.[1]

1a Bedeutsam ist, dass Auftragnehmer in ihren Verarbeitungsmöglichkeiten weiterhin von den Anweisungen und Vorgaben des Auftraggebers abhängig bleiben. Im Ergebnis leitet sich damit aus Art. 28 keine neue Verteilung der Verantwortlichkeit bei Auftragsverarbeitung ab.[2] Die Entscheidung für eine Vergabe von Aufträgen an andere Personen oder Stellen darf nicht zu einer Reduzierung des durch die DSGVO und andere anwendbare Datenschutzregeln gewährten Schutzniveaus führen. Eine Überschreitung der damit durch Art. 28 gezogenen Grenze löst die in Abs. 10 genannten Rechtsfolgen und die sich hiermit ggf. verbindenden Sanktionen aus.[3]

2 Das **Verständnis** der textlich umfangreichen Vorschrift wird dadurch **erschwert**, dass sich der Regelungsgehalt des Themas »Auftragsverarbeitung« erst im Kontext anderer Vorschriften der DSGVO vollständig erschließt. Hierzu gehören insbesondere die Definitionen zur »Verarbeitung« in Art. 4 Nr. 2, zum »Verantwortlichen« in Art. 4 Nr. 7, zum »Auftragsverarbeiter« in Art. 4 Nr. 8, zum »Empfänger« in Art. 4 Nr. 9 und zum »Dritten« in Art. 4 Nr. 10, aber auch die in Art. 29 enthaltene Bindung der Auftragsverarbeiter an Weisungen der Verantwortlichen.[4]

3 Art. 28 enthält **zehn** teilweise sehr textreiche **Absätze**. Schon dieses umfangreiche Textvolumen erschwert das Verständnis der Norm. Hinzu kommt, dass die einzelnen Absätze vielfach Bezüge zueinander enthalten und dass sie zudem strukturell nicht logisch angeordnet sind.[5]

- In **Abs. 1** finden sich die **allgemeinen Vorgaben** zur Auswahl von Auftragsverarbeitern.
- **Abs. 2** enthält die **Voraussetzungen** einer Erteilung von **Unteraufträgen** durch Auftragsverarbeiter.
- **Abs. 3** ist innerhalb des Art. 28 textlich die umfassendste Regelung und beinhaltet die **Anforderungen**, die an einen **Auftrag** zu stellen sind. Dieser Abs. enthält beispielhaft Vorgaben, die bei der Auftragsvergabe zu beachten sind.
- **Abs. 4** knüpft an die Vorgaben zur **Unterbeauftragung** durch Auftragsverarbeiter in Abs. 2 an. In dieser Vorschrift wird festgelegt, wann Unterbeauftragungen zulässig sind und in welcher Form Unterbeauftragte im Rahmen der Auftragsverarbeitung haften.
- **Abs. 5** bezieht sich wiederum auf Abs. 1 und legt fest, dass die Einhaltung genehmigter **Verhaltensregeln oder Zertifizierungsverfahren** als hinreichende Garantie nachgewiesen werden kann.
- **Abs. 6** verweist auf die Möglichkeit, dass die Vertragssituation zwischen Verantwortlichen und Auftragnehmern bzw. Unterauftragnehmern ganz oder teilweise durch sogenannte »**Standardvertragsklauseln**« festgelegt werden kann.
- Hieran schließen die Regelungen in **Abs. 7** und **Abs. 8** zur Festlegung von Standardvertragsklauseln durch die Kommission oder die Aufsichtsbehörden an.

---

1 Ehmann/Selmayr-*Bertermann*, Art. 28 Rn. 4.
2 Kühling/Buchner-*Petri*, Art. 28 Rn. 7.
3 Vgl. insgesamt Kühling/Buchner-*Petri*, Art. 28 Rn. 3, der diesbezüglich von einem »*Aufgabenexzess*« spricht.
4 Ausführlich Kühling/Buchner-*Hartung*, Art. 28 Rn. 2.
5 Kühling/Buchner-*Hartung*, Art. 28 Rn. 3.

- Durch **Abs. 9** wird vorgegeben, dass die **Verträge** mit Auftragsverarbeitern oder deren Unterauftragnehmern **schriftlich** abzufassen sind.
- In **Abs. 10** wird festgelegt, dass **Auftragsverarbeiter**, die gegen die DSGVO verstoßen, ebenso wie Verantwortliche **selbst haften** müssen bzw. auch ansonsten wie diese verantwortlich sind.

Der folgenden Kommentierung der Abs. 1 bis 10 werden Erläuterungen zu grundlegenden Themen vorangestellt. Aus Gründen der besseren Übersichtlichkeit werden die sich anschließenden Ausführungen zu den einzelnen Abs. thematisch zusammengefasst. Die Kommentierung wird mit den Regelungen zur Auswahl und Beauftragung von Auftragsverarbeitern eingeleitet, die in den Abs. 1, 3 und 9 enthalten sind (vgl. Rn. 30ff.). Es folgen Ausführungen zu den Möglichkeiten der Vergabe von Aufgaben an Unterauftragnehmer in den Abs. 2 und 4 (vgl. Rn. 86ff.) sowie zu genehmigten Verhaltensregeln und Zertifizierungsverfahren in Abs. 5 (vgl. Rn. 102ff.). Hieran schließt sich die Befassung mit den Regelungen zu »Standardvertragsklauseln« in den Abs. 6 bis 8 (vgl. Rn. 106ff.) an, gefolgt von den Erläuterungen zum Umgang mit Verstößen der Auftragsverarbeiter in Abs. 10 (vgl. Rn. 115ff.). 4

II. Grundlegendes

1. Privilegierung der Auftragsverarbeiter

Anders als das BDSG-alt enthält die DSGVO **keine datenschutzrechtliche Privilegierung** der Auftragsverarbeiter gegenüber Verantwortlichen. Nach § 3 Abs. 8 BDSG-alt waren Auftragsverarbeiter ausdrücklich keine »Dritten«. Diese Privilegierung galt für natürliche oder juristische Personen, die im Inland, in einem Mitgliedstaat der EU oder in einem Vertragsstaat des EWR Auftragsdatenverarbeitung erbrachten. 5

Aufgrund der in der DSGVO nicht enthaltenen gesetzlichen Privilegierung stellt sich die Frage, auf welcher **Rechtsgrundlage** die Übermittlung und anschließende Verarbeitung von personenbezogenen Daten von Verantwortlichen an Auftragsverarbeiter zulässig ist. 6

Zu dieser Frage gibt es in der Literatur **unterschiedliche Positionen**. So wird beispielsweise aus einem genauen Vergleich des Wortlauts von Art. 28 mit dem bisherigen Recht, aus der Systematik sowie aus einem Vergleich der Regelungen des BDSG-alt mit der EG-DSRl hergeleitet, dass weiterhin eine Privilegierungswirkung besteht oder jedenfalls dieselbe rechtliche Wirkung eintritt.[6] Nach einer anderen Position folgt eine entsprechende Privilegierung unmittelbar aus der Definition in Art. 4 Nr. 10, weil dort festgelegt wird, dass Auftragsverarbeiter keine Dritten im Sinne der Definition sind.[7] Schließlich wird die Auffassung vertreten, dass Auftragsverarbeitung ein zulässiges Mittel ist, welches Verantwortliche zur Erreichung der geplanten Zwecke einsetzen dürfen.[8] Aus der letztgenannten Auffassung folgt aber, dass die Verarbeitung durch Auftragsverarbeiter nur erlaubt ist, wenn eine der in Art. 6 Abs. 1 genannten Bedingungen erfüllt ist. 7

---

6 So Kühling/Buchner-*Hartung*, Art. 28 Rn. 15ff.; Plath-*Plath*, Art. 28 Rn. 6; wohl auch Taeger/Gabel-*Gabel/Lutz*, Art. 28 Rn. 11.

7 So Paal/Pauly-*Martini*, Art. 28 Rn. 8; ähnlich Plath-*Plath*, Art. 28 Rn. 6.

8 Ehmann/Selmayr-*Bertermann*, Art. 28 Rn. 7.

8 Die umfangreiche Diskussion zur Frage des Fortbestehens einer datenschutzrechtlichen Privilegierung von Auftragsverarbeitern überrascht mit Blick auf die eindeutige neue gesetzliche Situation. So macht beispielsweise die Definition des »Dritten« in Art. 4 Nr. 10 deutlich, dass Auftragsverarbeiter eine besondere Stellung einnehmen. Schon dies spricht dafür, dass sie eine enge Beziehung zu den Verantwortlichen haben, die nach der Definition in Art. 4 Abs. 7 über Zweck und Mittel der Verarbeitung entscheiden. Beinhaltet eine solche Entscheidung die Vergabe an Auftragsverarbeiter, spricht dies dafür, dass entsprechende Tätigkeiten auch privilegiert erfolgen können. Andererseits macht die Definition des »Empfängers« in Art. 4 Abs. 9 wiederum deutlich, dass sowohl »Dritte« wie auch »Auftragsnehmer« personenbezogene Daten von Verantwortlichen erhalten können.

9 Unabhängig davon, ob man den Ausschluss von Auftragsverarbeitern in der DSGVO aus dem Kreis der »Dritten« als Privilegierung qualifizieren will, folgt aus den unterschiedlichen Definitionen zumindest ein Hinweis darauf, dass Auftragsverarbeiter eine **datenschutzrechtliche Sonderstellung** einnehmen. Dies bedeutet aber nicht zugleich, dass sie damit durch die DSGVO datenschutzrechtlich im Sinne einer Erweiterung der Verarbeitungsmöglichkeiten privilegiert werden. Art. 28 stellt insbesondere keine spezifische datenschutzrechtliche Erlaubnisnorm für Verarbeitungen dar, die neben der in Art. 6 enthaltenen abschließenden Aufzählung steht.[9]

10 Das Fehlen einer datenschutzrechtlichen Privilegierung für Auftragsverarbeitung im Sinne einer eigenen Erlaubnisnorm bedeutet nicht zugleich, dass damit Auftragsverarbeitung tatsächlich unzulässig bzw. unmöglich ist. Eine solche Schlussfolgerung verbietet sich schon mit Blick darauf, dass diese Möglichkeit in der DSGVO ausdrücklich genannt und geregelt ist. Ausgehend davon, dass die ursprüngliche »Ausgangsverarbeitung« nach Art. 6 DSGVO zulässig ist, kann ein Auftragsverarbeiter vielmehr in dem durch Art. 28 vorgegebenen Rahmen befugt werden. Eine entsprechende Befugnis kann sich allerdings nur innerhalb des Erlaubnisrahmens bewegen, den Art. 6 vorgibt. Neben einer Einwilligung nach Art. 6 Abs. 1 Buchst. a kommt insbesondere Art. 6 Abs. 1 Buchst. b in Betracht. Hiernach ist eine Verarbeitung zulässig, wenn sie der Erfüllung eines Vertrages dient, den ein Verantwortlicher mit betroffenen Personen abgeschlossen hat.

11 Auftragsverarbeiter erhalten damit unter der Voraussetzung einer grundsätzlichen datenschutzrechtlichen Zulässigkeit innerhalb des durch Art. 6 vorgegebenen Zulässigkeitsrahmens die Befugnis, alles zu tun, was ein Verantwortlicher im Rahmen einer Beauftragung für erforderlich hält. In diesem Rahmen ist er zum Umgang mit personenbezogenen Daten berechtigt. Dies schließt eine Verarbeitung für eigene Interessen aus, sofern Auftragsverarbeiter sich hierfür nicht auf eine gesonderte Rechtsgrundlage nach Art. 6 berufen können.

2. Inhalt der Auftragsverarbeitung

12 Die DSGVO enthält in Art. 4 Nr. 8 eine **allgemeine Definition** der Auftragsverarbeitung. Hiernach ist Auftragsverarbeiter eine natürliche oder die juristische Person, Behörde, Ein-

9 Ähnlich Ehmann/Selmayr-*Bertermann*, Art. 7.

richtung oder eine andere Stelle, die im Auftrag des Verantwortlichen personenbezogene Daten verarbeitet.

Auftragsverarbeitung darf **ausschließlich im Rahmen der Vorgaben** erfolgen, die ein **Verantwortlicher macht**. Art. 28 Abs. 2 Buchst. a legt hierzu fest, dass Verarbeitungen nur auf **dokumentierte Weisungen** hin erfolgen dürfen, sofern nicht das Recht der Union oder der Mitgliedstaaten zu bestimmten Verarbeitungen verpflichtet. Damit sind Auftragsverarbeiter nicht befugt, eigenständige Verarbeitungs- oder Auswertungsentscheidungen zu treffen oder die Zwecke der Verarbeitung nach eigener Entscheidung zu verändern. Im Zweifel müssen Auftragnehmer die Erteilung einer Weisung beweisen können. 13

Dies führt auch für die DSGVO zu der Erkenntnis, dass Auftragsverarbeitung nach Art. 28 sich auf die Erbringung von »**Hilfstätigkeiten**« im Rahmen der von Verantwortlichen erteilten Weisungen beschränken muss. Dabei steht der Begriff der »Hilfstätigkeiten« nicht für die Qualität und Inhalte der zu leistenden Aufgaben als vielmehr dafür, dass eine Auftragserledigung ausschließlich in einem Rahmen erfolgen darf, den ein Verantwortlicher unter Beachtung der DSGVO vorgibt.[10] 14

Unbeachtlich für die Qualifikation als Auftragsverarbeiter ist, in welcher **Art und Weise** die **Erledigung von Aufträgen** tatsächlich erfolgt. Ein Auftragsverarbeiter ist bei der Ausgestaltung der von ihm eingesetzten und verwendeten Hard- und Software sowie der verwendeten technischen oder organisatorischen Infrastruktur weisungsfrei.[11] Etwas anderes gilt, wenn Verantwortliche im Auftrag bestimmte Verarbeitungsvorgaben machen wie etwa die Verpflichtung zur Verwendung bestimmter Software. 15

Verlässt eine Verarbeitung durch Auftragsverarbeiter den Bereich weisungsgebundener Tätigkeit, **endet die Privilegierung**, die nach Art. 28 besteht. Soll beispielsweise statt einer weisungsgebundenen Verarbeitung eine eigenständige Verwendung von personenbezogenen Daten nach selbstbestimmten Zielen oder zu eigenen Zwecken erfolgen, liegt im Regelfall eine sogenannte »**Funktionsübertragung**« vor.[12] Dies wäre etwa der Fall, wenn ein Verantwortlicher eine natürliche oder juristische Person damit beauftragt, ein Rechenzentrum vollkommen eigenständig zu betreiben und alle dort anfallenden administrativen, logistischen oder inhaltlichen Aufgaben eigenständig zu übernehmen oder wenn innerhalb eines Konzerns der Einkaufs- oder Personalbereich vollständig in ein eigenes autonomes Unternehmen überführt wird, das entsprechende Personaldienstleistungen für alle anderen Konzernunternehmen eigenständig anbietet. 16

Der Begriff der **Funktionsübertragung** bezeichnet Verarbeitungen, bei denen Dritte unabhängig von Vorgaben ihres Auftraggebers tätig werden. Die Bewertung, ob eine Auftragsverarbeitung oder eine Funktionsübertragung vorliegt, muss im Einzelfall unter Berücksichtigung der konkreten Gegebenheiten erfolgen.[13] Dabei sind die tatsächlichen Ver- 17

10 Ähnlich im Ergebnis Ehmann/Selmayr-*Bertermann*, Art. 28 Rn. 3; offener für einen »gewissen Spielraum« Kühling/Buchner-*Hartung*, Art. 28 Rn. 30.

11 Ebenso Ehmann/Selmayr-*Bertermann*, Art. 28 Rn. 3.

12 Ähnlich Sydow-*Ingold*, Art. 28 Rn. 15; Kühling/Buchner-*Petri*, Art. 28 Rn. 20; a. A. Taeger/Gabel-*Gabel/Lutz*, Art. 28 Rn. 14; wohl Auernhammer-*Thomale*, Art. 28 Rn. 14.

13 So schon zum alten Datenschutzrecht Gola/Schomerus, § 11 BDSG-alt Rn. 9; DKWW-*Wedde*, § 11 BDSG-alt Rn. 14ff.

hältnisse maßgeblich. Stimmen diese nicht mit der entsprechenden vertraglichen Vereinbarung überein, ist zu prüfen, ob es sich um Umgehungstatbestände handelt bzw. ob mangels wirksamer Beauftragung eine unzulässige Verarbeitung vorliegt.

18 Die DSGVO schließt Funktionsübertragungen grundsätzlich nicht aus. Auf eine solche Möglichkeit deutet die Regelung in Abs. 10 hin, die festlegt, dass im Falle eines Verstoßes eines Auftragsverarbeiters gegen die Verordnung eine Veränderung seiner rechtlichen Qualifikation und der hiermit im Zusammenhang stehenden Verantwortlichkeiten eintritt. Die Vorschrift sagt zwar nichts zu einer von beiden Parteien gewollten Funktionsübertragung aus. Aus ihr leitet sich aber ein starkes Indiz dafür ab, dass Verarbeitungen außerhalb einer Auftragsverarbeitung zwar möglich sind, dass sie aber stets eine eigenständige Legitimation benötigen. Eine Funktionsübertragung ist nur möglich, wenn mindestens einer der in Art. 6 Abs. 1 benannten Erlaubnistatbestände erfüllt ist.

19 Beim **Vorliegen einer Funktionsübertragung** sind **Auftragsverarbeiter als Dritte** im Sinne von Art. 4 Nr. 10 **zu qualifizieren**. Eine Verarbeitung von personenbezogenen Daten setzt dann stets voraus, dass die allgemeinen Voraussetzungen vorliegen, die insbesondere Art. 6 enthält. Verstoßen Auftragsverarbeiter gegen diese Vorgaben, werden sie nach Abs. 10 wie Verantwortliche behandelt und haften entsprechend.

20 Eine Funktionsübertragung kann beispielsweise vorliegen, wenn eine Versicherung die Schadensregulierung für Privatkunden in ein eigenständiges Unternehmen ausgliedert.[14] Entsprechendes kann innerhalb von Konzernstrukturen im Verhältnis der einzelnen Konzernunternehmen zueinander der Fall sein. Übertragen etwa Konzernunternehmen der Konzernspitze das Recht zur selbstständigen Erledigung von Aufgaben (beispielsweise die unternehmensübergreifende Verarbeitung der Gehaltsdaten aller Konzernmitarbeiter, die Verwaltung von Mitarbeiteraktien oder die Schaffung einer zentralen Personalabteilung für alle Konzernunternehmen), spricht dies für eine Funktionsübertragung und gegen eine Auftragsverarbeitung im Sinne von Art. 28. Ebenso verhält es sich, wenn ein Unternehmen eine externe Firma mit der Errechnung von Rückstellungen für die betriebliche Altersversorgung beauftragt und hierfür die entsprechenden personenbezogenen Daten der Mitarbeiter übermittelt.

21 Bezogen auf **Beschäftigungsverhältnisse** sind ausgehend von der grundlegenden Regelung in Art. 88 bei der Bewertung der rechtlichen Zulässigkeit von Auftragsverarbeitungen nunmehr insbesondere die Vorgaben in § 26 BDSG relevant. Ein darüberhinausgehender Rückgriff auf die Erlaubnisnorm in Art. 6 kann allenfalls zulässig sein, wenn ausnahmsweise ein berechtigtes Verarbeitungsinteresse im Sinne von Art. 6 Abs. 1 Buchst. f vorliegt, weil Arbeitgeber beispielsweise außerhalb der Erforderlichkeit für die Durchführung eines Beschäftigungsverhältnisses an einen potenziellen Betriebserwerber Informationen über die Gehaltsstruktur im Betrieb übermitteln wollen. Allerdings steht die datenschutzrechtliche Zulässigkeit einer Berufung auf berechtigte Interessen eines Verantwortlichen immer unter dem Vorbehalt, dass keine überwiegenden schutzwürdigen Interessen der Beschäftigten vorhanden sind. Die in diesem Zusammenhang notwendige Bewertung muss im Rahmen einer Verhältnismäßigkeitsprüfung als Abwägung zwischen den Interessen des Arbeitgebers als Verantwortlichen und den Beschäftigten als betroffe-

14 Ähnlich schon Gola/Schomerus, § 11 BDSG-alt Rn. 9 mit weiteren Beispielen.

nen Personen erfolgen.[15] Von einem Überwiegen der schutzwürdigen Interessen der Beschäftigten ist beispielsweise dann auszugehen, wenn sich deren datenschutzrechtliche Situation als Folge der Übermittlung verschlechtern würde. Die Zulässigkeit einer Funktionsübertragung ist im Rahmen von Beschäftigungsverhältnissen insoweit auch danach zu bewerten, ob eine Erforderlichkeit nach § 26 Abs. 1 Satz 1 BDSG gegeben ist.

Innerhalb von **Konzernstrukturen** kann sich eine datenschutzrechtliche Befugnis für einen konzerninternen Datenaustausch aus einer KBV ableiten. Die Legitimation von Verarbeitungen durch Kollektivvereinbarungen ist in Art. 88 Abs. 1 Satz 1 ausdrücklich benannt und wird durch § 26 BDSG Abs. 4 bestätigt (vgl. hierzu Art. 88 Rn. 9 sowie § 26 BDSG Rn. 247ff.). Durch derartige Vereinbarungen können datenschutzrechtliche Anforderungen und Vorgaben mit nachvollziehbaren Verarbeitungsbedürfnissen von Arbeitgebern in Einklang gebracht werden.[16] Leitet sich aus einer KBV eine datenschutzrechtliche Grundlage für einen konzerninternen Datenaustausch ab, wird für dessen Durchführung weiterhin ein Auftrag nach Art. 28 benötigt. Betriebsvereinbarungen legitimieren insoweit nur die Zulässigkeit bestimmter Verarbeitungen im Sinne von Art. 6 Abs. 1, machen aber den Abschluss eines Auftrags nicht entbehrlich. 22

3. Verantwortlichkeit und Haftung

Erfolgt eine Auftragsverarbeitung, ist der **Verantwortliche uneingeschränkt** auch für die hierbei stattfindenden Verarbeitungen **verantwortlich**. Dies schließt die Auswahl des Auftragsverarbeiters, die Einhaltung der mit ihm getroffenen Vereinbarung, die Befolgung von Weisungen oder die Erfüllung von Ansprüchen betroffener Personen ein.[17] Verstößt ein Auftragsverarbeiter gegen die ihm nach der DSGVO obliegenden Pflichten, haftet der Verantwortliche gegenüber betroffenen Personen auch hierfür uneingeschränkt. 23

Unabhängig hiervon haften Auftragsverarbeiter nach Art. 28 Abs. 2 Satz 2 eigenständig, wenn sie gegen ihre Pflichten nach dem geschlossenen Vertrag oder nach der DSGVO verstoßen. Eine Befreiung von der Haftung tritt nur ein, wenn sie ihren nach der DSGVO bestehenden spezifischen Pflichten nachgekommen sind oder wenn sie alle erteilten Anweisungen beachtet bzw. wenn sie im Rahmen von Anweisungen gehandelt haben. 24

4. Auftragsverarbeitung in Drittländern

Durch § 3 Abs. 8 Satz 2 BDSG-alt wurde Auftragsverarbeitung gemäß § 11 BDSG-alt geografisch auf die Bereiche der EUW bzw. des EWR beschränkt. Eine entsprechende Beschränkung gibt es in der DSGVO nicht mehr. Damit ist es grundsätzlich möglich, **Auftragsverarbeitung außerhalb der EU** durchführen zu lassen. Das bedeutet aber nicht zugleich, dass damit jede Auftragsverarbeitung in Drittländern unbegrenzt zulässig ist. 25

Die **Zulässigkeit** von Auftragsverarbeitung in Drittländern außerhalb der EU knüpft vielmehr daran an, dass dabei das durch die DSGVO vorgegebene Datenschutzniveau uneingeschränkt garantiert wird und dass betroffene Personen auch im Übrigen (beispielsweise 26

15 Vgl. zur Abwägung Art. 6 Rn. 8ff.
16 Zur möglichen Ausgestaltung vgl. v.d. Bussche/Voigt-*Wedde*, Kap. 5 Rn. 115.
17 Ehmann/Selmayr-*Bertermann*, Art. 28 Rn. 11.

auch prozessrechtlich) ebenso gestellt sind wie innerhalb der EU. Diese Voraussetzung steht beispielsweise mit Blick auf die weitgehenden Ermittlungsbefugnisse staatlicher Stellen und auf das Fehlen umfassender Rechenschaftspflichten entsprechend Art. 5 Abs. 2 einer Auftragsverarbeitung durch natürliche oder juristische Personen in den USA grundsätzlich entgegen. Diesbezüglich ist zu beachten, dass sich hinsichtlich einer Verarbeitung in den USA weder aus den EU-Standardvertragsklauseln noch aus dem EU-US Privacy Shield ein datenschutzrechtliches Schutzniveau ableitet, das dem innerhalb der EU bzw. nach der DSGVO entspricht.[18]

27 Entsprechendes gilt bezogen auf Auftragsverarbeitungen in anderen Staaten, wenn deren datenschutzrechtliches Schutzniveau hinter den Vorgaben der DSGVO zurückbleibt. In Betracht für Auftragsverarbeitungen außerhalb der EU kommen damit nur solche Staaten, die ebenfalls über wirksame Datenschutzregeln verfügen.

5. Technischer Support

28 In § 11 Abs. 5 BDSG-alt war festgelegt, dass ein Auftragsdatenverarbeitungsvertrag notwendig ist, wenn die Prüfung oder Wartung automatisierter Verfahren oder Datenverarbeitungsanlagen durch andere Stellen im Auftrag vorgenommen wird und wenn dabei ein Zugriff auf personenbezogene Daten nicht ausgeschlossen ist. Für die Praxis bedeutete diese Vorgabe, dass nur dann auf den Abschluss eines Vertrags zur Auftragsverarbeitung verzichtet werden konnte, wenn Zugriffsmöglichkeiten auf personenbezogene Daten ausgeschlossen waren. Dies ist allerdings aufgrund der regelmäßig vorhandenen umfassenden Rechte von Systemadministratoren und der weitgehenden Möglichkeiten von Service- und Wartungstechnikern in der Praxis zumeist der Fall.

29 Vor diesem Hintergrund ist es nicht problematisch, dass eine entsprechende Differenzierung in der DSGVO nicht mehr enthalten ist. Aufgrund ihres Fehlens müssen aber nunmehr alle Formen der Wartung und des Service, bei denen der Zugriff auf personenbezogene Daten nicht ausgeschlossen ist, durch einen Vertrag zur Auftragsverarbeitung legitimiert werden. Eine solche vertragliche Festlegung wird den besonderen Möglichkeiten der Kenntnisnahme personenbezogener Daten gerecht.

III. Voraussetzungen für die Auswahl von Auftragsverarbeitern (Abs. 1)

30 In **Abs. 1** werden die **Voraussetzungen** für die Zulässigkeit einer Auftragsverarbeitung benannt. Verantwortliche dürfen nach dieser Vorschrift nur mit Auftragsverarbeitern zusammenarbeiten, die hinreichende Garantien für eine sichere Verarbeitung der ihnen anvertrauten personenbezogenen Daten bieten können. Insbesondere muss bei Auftragsverarbeitungen gewährleistet sein, dass sie im Einklang mit den Anforderungen der DSGVO erfolgt und im Ergebnis die zu schützenden Rechte der betroffenen Personen gewährleistet und garantiert. Um dieses Ziel zu erreichen, müssen Auftragsverarbeiter hinreichende

18 Vgl. zur Kritik Art. 45 Rn. 24ff.; SHS-*Schantz*, Art. 45 Rn. 66f. sowie Art. 46 Rn. 54; a.A. Ehmann/Selmayr-*Bertermann*, Art. 28 Rn. 9, der ein angemessenes Schutzniveau als gegeben ansieht; zu den Voraussetzungen einer Verarbeitung in Drittländern vgl. grundsätzlich EuGH 6.12.2015 – C-362/14 Schrems/Data Protection Commissioner.

Garantien für die Durchführung geeigneter technischer und organisatorischer Maßnahmen bieten.

31 Aus der allgemeinen Verpflichtung des Absatzes 1 leitet sich zulasten der Verantwortlichen eine Notwendigkeit zur **sorgfältigen Auswahl** von Auftragsverarbeitern ab.[19] Sie dürfen nur mit solchen Auftragsverarbeitern zusammenarbeiten, die im Hinblick auf ihr Fachwissen, ihre Zuverlässigkeit und ihre Ressourcen garantieren können, dass die Anforderungen der DSGVO eingehalten werden (ErwGr 81).

32 Die DSGVO enthält keine Vorgaben dazu, wie **Auftragsverarbeiter vor Aufnahme ihrer Verarbeitungstätigkeit** bzw. während der Durchführung von Aufgaben von den Verantwortlichen **zu kontrollieren sind.**[20] Mit Blick auf die nach Art. 5 Abs. 2 bestehende Rechenschaftspflicht der Verantwortlichen ist es allerdings nicht vorstellbar, dass auf **Überprüfungen** vor der Vergabe von Aufträgen bzw. während der Durchführung verzichtet wird. Insoweit ist Verantwortlichen eine vertragliche Fixierung von Kontrollrechten und deren anschließende Wahrnehmung mit Blick auf die drohenden hohen Geldbußen dringend anzuraten.[21]

33 Ein maßgebliches Kriterium für die Konformität der Auftragsverarbeitung zu den Vorgaben der DSGVO sind hinreichende **Garantien** eines Auftragsverarbeiters für die Durchführung geeigneter technischer und organisatorischer Maßnahmen. Mittels der tatsächlich durchgeführten Maßnahmen muss vom Auftragsverarbeiter sichergestellt werden, dass seine gesamte Tätigkeit für Verantwortliche in einer Form im Einklang mit der DSGVO steht, dass die Rechte der betroffenen Personen geschützt und garantiert werden.[22]

34 Dies alles führt im Ergebnis dazu, dass Verantwortliche nur solche Auftragsverarbeiter einsetzen dürfen, die im Sinne einer zivilrechtlichen Garantie ein unbedingtes Einstehen für ihre Verpflichtungen nach der DSGVO garantieren.[23] Sind entsprechende Garantien nicht gegeben, müssen Verantwortliche auf eine Verarbeitung durch die entsprechenden Auftragsverarbeiter verzichten.

IV. Mindestinhalt von Verträgen zur Auftragsverarbeitung (Abs. 3)

35 Abs. 3 beinhaltet die zentralen Voraussetzungen und Gestaltungsvorgaben für eine Auftragsverarbeitung. Die Vorschrift enthält in **Satz 1 Hinweise zur allgemeinen Beschreibung des Gegenstands** der Auftragsverarbeitung und in **Satz 2 eine Aufzählung des Mindestinhalts** entsprechender Verträge.[24] Die Aufzählung in Satz 2 ist **nicht abschließend** (»insbesondere«).

---

19 Kühling/Buchner-*Hartung*, Art. 28 Rn. 5; Sydow-*Ingold*, Art. 28 Rn. 52.

20 Auernhammer-*Thomale*, Art. 28 Rn. 25.

21 Ebenso im Ergebnis Auernhammer-*Thomale*, Art. 28 Rn. 15, der darauf verweist, dass der Verantwortliche Kontrollmaßnahmen schon »*zur Fortsetzung seines Vertrauens*« ergreifen und dokumentieren muss.

22 Müthlein, RDV 16, 75; Kühling/Buchner-*Hartung*, Art. 28 Rn. 56.

23 A.A. Kühling/Buchner-*Hartung*, Art. 28 Rn. 56, der »hinterfragt«, ob eine Garantie im Sinne des deutschen Zivilrechts gemeint ist; ähnlich Ehmann/Selmayr-*Bertermann*, Art. 28 Rn. 14.

24 Kühling/Buchner-*Hartung*, Art. 28 Rn. 64.

36 Die Vorgaben in Abs. 3 setzen insgesamt einen datenschutzrechtlichen Standard, den jede Form der Auftragsverarbeitung wahren muss.[25]

1. Voraussetzungen für Auftragsverarbeitung (Abs. 3 Satz 1)

37 Abs. 3 **Satz 1** setzt zunächst voraus, dass ein **Vertrag** zwischen Verantwortlichen und Auftragsverarbeitern besteht. Dieser ist nach Art. 28 Abs. 9 schriftlich abzufassen.[26] Alternativ kann nach dem Wortlaut des Satzes 1 die Auftragsverarbeitung auch auf Grundlage eines anderen »Rechtsinstruments« erfolgen. Aktuell gibt es allerdings keine einschlägigen Rechtsinstrumente. Regelungen wie etwa § 80 SGB X oder § 1 Abs. 1 AZRG erfüllen nicht die in Art. 28 insgesamt enthaltenen zwingenden Vorgaben.[27] Damit ist derzeit der **Abschluss eines Vertrags** vor der Aufnahme von Auftragsverarbeitung **unumgänglich**.

38 In einem wirksamen Vertrag zur Auftragsverarbeitung müssen der Verantwortliche und ein Auftragsverarbeiter die in Abs. 3 enthaltenen Themen, Inhalte und Vorgaben vereinbaren.[28] Darüber hinaus steht es den Vertragsparteien frei, weitergehende Vereinbarungen zum Datenschutz zu treffen, sofern diese sich in dem durch die DSGVO vorgegebenen Rahmen bewegen.

39 Die getroffenen Vereinbarungen oder die einschlägigen Rechtsinstrumente der EU oder der Mitgliedstaaten müssen Auftragsverarbeiter in Bezug auf den Verantwortlichen und die von diesen erteilten Weisungen **binden**. Sie müssen weiterhin die in Abs. 1 enthaltenen Detailthemen regeln. Dies entspricht teilweise wortgleich den Vorgaben zur Auftragsdatenvereinbarung in § 11 Abs. 2 BDSG-alt.

a) Gegenstand der Auftragsverarbeitung

40 In Vereinbarungen zur Auftragsdatenvereinbarung muss der **Gegenstand der Verarbeitung inhaltlich beschrieben** werden. In diesem Rahmen muss konkret benannt werden, um **welche Form der Datenverarbeitung** es sich handelt. Den unmittelbaren Vertragsparteien, aber auch den betroffenen Personen sowie ggf. dem betrieblichen Datenschutzbeauftragten oder den zuständigen staatlichen Aufsichtsbehörden muss bezogen auf den Gegenstand der Auftragsverarbeitung auf Anhieb klar sein, worum es inhaltlich geht und welche Zwecke hiermit verfolgt werden.[29] Im Regelfall muss konkret benannt werden, um welche Form der Verarbeitung es sich handelt. Mit Blick auf die angestrebte Rechtssicherheit ist eine klare und abschließende Festschreibung unumgänglich (beispielsweise »Durchführung von Reisekostenabrechnungen im Bereich Marketing«). Nicht ausreichend sind hingegen allgemeine oder pauschale Beschreibungen (etwa »Übernahme von Aufgaben der Personalverwaltung«).

41 Schon mit Blick auf die notwendige Regelungssicherheit ist eine **klare, verständliche** und **abschließende Festschreibung der Inhalte** einer Auftragsverarbeitung **unumgänglich**.

---

25 Sydow-*Ingold*, Art. 28 Rn. 48.
26 Vgl. hierzu Rn. 112ff.; allg. Schierbaum, CuA 3/19, 34.
27 Kühling/Buchner-*Hartung*, Art. 28 Rn. 63.
28 Ehmann/Selmayr-*Bertermann*, Art. 28 Rn. 16.
29 Ehmann/Selmayr-*Bertermann*, Art. 28 Rn. 159.

Inhalt und Gegenstand der Auftragsverarbeitung müssen dabei den allgemeinen Grundsätzen des Art. 5 Abs. 1 entsprechen. Hieraus leitet sich insbesondere die Notwendigkeit einer transparenten Gestaltung, einer klaren Zweckbindung sowie einer Minimierung der im Auftrag verarbeiteten Daten ab.

b) Dauer der Auftragsverarbeitung

Neben dem Gegenstand der Datenverarbeitung ist deren **Dauer** in eine Vereinbarung zur Auftragsverarbeitung aufzunehmen.[30] Es ist festzulegen, ob es sich um einen einmaligen Auftrag oder um die wiederkehrende oder dauerhafte Übernahme von Aufgaben handelt. Im Einzelfall kann sowohl ein konkreter Zeitraum (etwa »für ein Kalenderjahr« oder »bis zum 31.12.2020«) als auch eine auflösende Bedingung benannt werden (etwa »der Auftrag endet spätestens mit Erledigung des vereinbarten Aufgabenpakets«). Es kann auch ein unbestimmter Zeitraum vereinbart werden.[31] 42

Gibt es **kein festgelegtes Enddatum**, muss unter Beachtung der Regelungen in Abs. 3 Buchst. d vertraglich sichergestellt werden, dass Auftragsverarbeiter nicht länger als erforderlich über personenbezogene Daten verfügen können. Fehlen Angaben zur Beendigung des Auftrags, gelten allgemeine zivilrechtliche Normen zur Beendigung von Vertragsverhältnissen. 43

c) Art und Zweck der Auftragsverarbeitung

Weiterhin müssen **Art** und **Zweck der Verarbeitung** vertraglich fixiert werden. Die vorzunehmende Beschreibung muss so verbindlich, konkret, vollständig und abschließend sein, dass Auftragsverarbeiter bezogen auf die Zwecke der Verarbeitung keinen Spielraum haben.[32] Wird die Festlegung von Art und Zweck nicht getroffen, können Auftragsverarbeiter nach den Regeln des Abs. 10 selbst zu Verantwortlichen werden.[33] Ihnen fehlt dann aber im Regelfall die notwendige Rechtsgrundlage für die Durchführung von Aufgaben. 44

Zur Art der Verarbeitung muss **abschließend festgeschrieben** werden, welche Verarbeitungsvorgänge Auftragnehmer durchführen dürfen. In Betracht kommt beispielsweise die Begrenzung auf die Erhebung von Daten, der Ausschluss von Abfragen oder Verpflichtungen zur Löschung nach bestimmten Zeiträumen. Soweit es in einschlägigen Betriebs- oder Dienstvereinbarungen Vorgaben zur Art der Verarbeitung gibt, müssen diese in Vereinbarungen mit Auftragsverarbeitern übernommen werden. 45

Neben der Art muss auch der **Zweck** der Verarbeitung im Auftrag festgeschrieben werden. Hierbei müssen die zu erledigenden Aufgaben schon mit Blick auf die angestrebte Rechtssicherheit **so konkret wie möglich** beschrieben werden. Die vorgenommenen Beschreibungen müssen Auftragsverarbeiter in die Lage versetzen, beurteilen zu können, ob ihr Handeln datenschutzrechtlich zulässig und rechtmäßig ist. Pauschale Festlegungen (etwa 46

30 Kühling/Buchner-*Hartung*, Art. 28 Rn. 65.
31 Ehmann/Selmayr-*Bertermann*, Art. 28 Rn. 19.
32 Ähnlich Ehmann/Selmayr-*Bertermann*, Art. 28 Rn. 20.
33 Ehmann/Selmayr-*Bertermann*, Art. 28 Rn. 20.

»die Auftragsverarbeitung erfolgt zu Zwecken der Kundenbetreuung« oder »der Auftragsverarbeiter erfüllt Aufgaben der Datensicherheit«) erfüllen die datenschutzrechtlichen Anforderungen des Absatzes 3 nicht. Die Festlegung des Zwecks muss auch erfolgen, wenn eine Auftragsvergabe zwischen einzelnen Konzernunternehmen eines Konzerns verarbeitet wird.

d) Art der personenbezogenen Daten

47 In der mit dem Auftragsverarbeiter zu treffenden Vereinbarung muss auch die **Art der personenbezogenen Daten, die verarbeitet werden sollen,** festgelegt werden. Diese Vorgabe ist datenschutzrechtlich von zentraler Bedeutung, weil sich aus dieser Information Schlussfolgerungen zu möglicherweise bestehenden Risiken sowie zu den im konkreten Einzelfall erforderlichen technischen und organisatorischen Maßnahmen ableiten lassen.[34]

48 Um vor diesem Hintergrund Rechtssicherheit zu erzeugen, müssen Verantwortliche ihren Auftragsverarbeitern beispielsweise Kataloge von Datenarten, die verarbeitet werden dürfen, vollständig und abschließend vorgeben. Neben der allgemeinen Festlegung der zu verarbeitenden Kategorien, Gruppen usw. von personenbezogenen Daten, deren Verwendung Verantwortliche erlauben, kommt hier der Frage eine große Bedeutung zu, ob **besondere Kategorien personenbezogener Daten** im Sinne von Art. 9 vom Auftrag erfasst sind, auf welcher Rechtsgrundlage diese besonders schützenswerten Daten verarbeitet werden dürfen und für welche Zwecke.

e) Kategorie der betroffenen Personen

49 Im Vertrag zwischen Verantwortlichen und Auftragsverarbeiter müssen die **Kategorien betroffener Personen** festgelegt werden. Der Begriff bezieht sich auf die abstrakte Beschreibung von Gruppen von Personen, wie sie auch in Art. 30 Abs. 1 Buchst. c und Art. 33 Abs. 3 Buchst. a enthalten ist.[35] Die Beschreibung muss so konkret sein, dass für Auftragsverarbeiter klar ist, um welche Kategorien bzw. Personengruppen es sich handelt (vgl. hierzu auch Art. 30).

f) Pflichten und Rechte der Verantwortlichen

50 Die **Pflichten und Rechte** der Verantwortlichen gegenüber Auftragsverarbeitern müssen ebenfalls im Vertrag festgeschrieben werden. Hierzu enthält die Aufzählung in Abs. 3 Satz 2 die zu beachtenden **Mindestvorgaben**.

2. Mindestinhalte von Verträgen zur Auftragsverarbeitung (Abs. 3 Satz 2)

51 In Abs. 3 Satz 2 sind die **Mindestanforderungen** und Vereinbarungen mit Auftragsverarbeitern aufgelistet. Diese Auflistung ist **nicht abschließend** (»insbesondere«).

---

34 Ehmann/Selmayr-*Bertermann*, Art. 28 Rn. 21.
35 Paal/Pauly-*Martini*, Art. 28 Rn. 33.

a) Dokumentierte Weisung des Verantwortlichen (Abs. 3 Buchst. a)

Vereinbarungen zur Auftragsverarbeitung müssen festlegen, dass alle Verarbeitungen nur auf dokumentierte Anweisungen des Verantwortlichen erfolgen dürfen. Weiterhin muss vereinbart werden, ob eine Verarbeitung auch in einem Drittland außerhalb der Union oder durch eine internationale Organisation erfolgen darf.[36] 52

Die Weisungen des Verantwortlichen müssen nach dem Wortlaut der ersten Alternative des Abs. 3 Buchst. a **dokumentiert** werden. Wie diese Dokumentation erfolgt, lässt die Regelung offen. Es gibt es keine verbindliche gesetzliche Formvorschrift.[37] Weisungen sollten aber schon mit Blick auf die nach Art. 5 Abs. 2 bestehende Rechenschaftspflicht der Verantwortlichen nur in einer unveränderlichen und revisionssicheren Art erteilt werden, was in der Praxis eine schriftlich Form erfordert.[38] Neben der Schriftform kommt als nachweissicheres Mittel auch eine qualifizierte digitale Signatur in Betracht. 53

Außerhalb des Rahmens, der sich aus Weisungen des Verantwortlichen ableitet, darf eine Verarbeitung durch Auftragsverarbeiter nach der zweiten in Abs. 3 Buchst. a genannten Alternative **ausnahmsweise** dann erfolgen, wenn hierfür nach dem Recht der Union oder dem Recht eines Mitgliedstaats, das auf die Auftragsverarbeitung anwendbar ist, eine entsprechende Verpflichtung besteht. Im Regelfall ist dies eine zwingende gesetzliche Vorgabe. Ist eine solche gesetzliche Verpflichtung gegeben, muss der Auftragsverarbeiter dem Verantwortlichen **eine entsprechende Mitteilung machen**. Eine Ausnahme von dieser Mitteilungspflicht soll nur bestehen, wenn es das betreffende Recht auf Information des Verantwortlichen wegen eines wichtigen öffentlichen Interesses verbietet. Entsprechende Verpflichtungen können beispielsweise bezogen auf geheimdienstliche Aktivitäten in den USA bestehen, die sich mit entsprechenden Schweigepflichten verbinden.[39] Bezogen auf derartige Konstellationen stellt sich allerdings die Frage, ob die Erteilung von Aufträgen an Auftragnehmer, die während der Durchführung von Aufträgen Verpflichtungen unterliegen, die nicht im Einklang mit dem Schutzrahmen und den Vorgaben der DSGVO stehen, überhaupt zulässig ist. Dieser Aspekt steht wohl der Erteilung von Aufträgen an Auftragsverarbeiter, die in den USA angesiedelt sind, entgegen. 54

b) Vertraulichkeit (Abs. 3 Buchst. b)

Durch den zwischen Verantwortlichen und Auftragsverarbeiter abzuschließenden Vertrag muss gewährleistet werden, dass die zur Verarbeitung befugten Personen entweder durch gesonderte Vereinbarung **zur Vertraulichkeit verpflichtet** werden oder dass sie angemessenen gesetzlichen **Verschwiegenheitspflichten** unterliegen. Weitergehende Vorgaben zur Art und zum Umfang der Verpflichtung, wie sie in § 5 BDSG-alt zu finden waren, enthält die DSGVO nicht. 55

36 Kühling/Buchner-*Hartung*, Art. 28 Rn. 68.
37 Kühling/Buchner-*Hartung*, Art. 28 Rn. 69.
38 Ehmann/Selmayr-*Bertermann*, Art. 28 Rn. 23 hält die »Textform« für ausreichend.
39 Vgl. hierzu Kühling/Buchner-*Hartung*, Art. 28 Rn. 68.

56 Mit Blick auf diese Vorgabe müssen Auftragsverarbeiter gewährleisten, dass sie nur solche Personen einsetzen, die sich der notwendigen Vertraulichkeit bewusst sind und die entsprechende (schriftliche) Verpflichtungserklärungen abgegeben haben.[40]

57 Die durch diese Regelung vorgegebene **Verpflichtung zur Verschwiegenheit** korrespondiert mit Weisungsgebundenheit in Art. 32 Abs. 4. Zudem sind alle bei Auftragsverarbeitern tätigen Personen nach Art. 29 nur zu solchen Verarbeitungen befugt, die sich innerhalb der Weisungen der Verantwortlichen bewegen.

c) Maßnahmen zur Sicherheit der Verarbeitung (Abs. 3 Buchst. c)

58 Nach Buchst. c muss der Auftragsverarbeiter alle Maßnahmen zur **Sicherheit der Verarbeitung** treffen, die in Art. 32 benannt sind. Die Verarbeitung der personenbezogenen Daten, für deren Sicherheit der Verantwortliche zuständig ist, soll hierdurch sowohl nach innen wie nach außen geschützt werden.[41]

59 Da Auftragsverarbeiter bereits nach dem Wortlaut des Art. 32 Abs. 1 Satz 1 dazu verpflichtet sind, geeignete technische und organisatorische Maßnahmen zu treffen, die erforderlich sind, um ein dem Risiko angemessenes Schutzniveau zu gewährleisten, kommt dieser Regelung auf den ersten Blick nur deklaratorische Bedeutung zu.[42] Tatsächlich leitet sich aus ihr für Verantwortliche bezogen auf die Ausgestaltung der Auftragsverarbeitung aber ein normativer Ansatzpunkt ab, um Auftragsverarbeiter zur Planung und Durchführung der in Art. 32 beschriebenen technischen und organisatorischen Maßnahmen zu veranlassen bzw. zu zwingen.[43] Dies stärkt die Handlungsposition der Verantwortlichen in Konfliktfällen.

60 Die Vorschrift beinhaltet keine ausdrückliche Verpflichtung, im Vertrag mit Auftragsverarbeitern Festlegungen zu den zu treffenden technischen und organisatorischen Maßnahmen zu verankern. Allerdings ist es Verantwortlichen mit Blick auf ihren nach Art. 5 Abs. 2 bestehenden Rechenschaftspflichten anzuraten, schriftliche bzw. beweisbare Fixierungen vorzunehmen. Darüber hinaus empfehlen sich mit Blick auf die nach der DSGVO bestehenden Haftungsrisiken für Verantwortliche wie auch für Auftragsverarbeiter nachweisbare und verbindliche Festlegungen zu diesem Thema.[44]

d) Bedingungen für Unteraufträge (Abs. 3 Buchst. d)

61 Nach Abs. 3 Buchst. d müssen Verträge zwischen einem Auftragsverarbeiter und einem von ihm beauftragten **Unterauftragnehmer** zwingend die Verpflichtung enthalten, die in Art. 28 Abs. 2 und 4 genannt werden. Ebenso wie die Vorgaben in Abs. 3 Buchst. c sind die Verpflichtungen in Abs. 3 Buchst. d **deklaratorisch**, da die Regelungen in den Absätzen 2 und 4 dieses Artikels ohnehin Anwendung finden. Die Vorschrift in Abs. 4 Buchst. d weist

---

40 Kühling/Buchner-*Hartung*, Art. 28 Rn. 17.
41 Paal/Pauly-*Martini*, Art. 28 Rn. 44.
42 So Ehmann/Selmayr-*Bertermann*, Art. 28 Rn. 25; Paal/Pauly-*Martini*, Art. 28 Rn. 44.
43 Paal/Pauly-*Martini*, Art. 28 Rn. 45.
44 Ähnlich Ehmann/Selmayr-*Bertermann*, Art. 28 Rn. 25; Schierbaum, CuA 3/19, 34; vgl. auch Rn. 53.

aber ebenso wie die in Buchst. c auf die Notwendigkeit klarer und verbindlicher vertraglicher Vereinbarungen hin, nur dass diese zwischen Auftragnehmern und den von ihnen beauftragten Unterauftragnehmern **festgeschrieben** werden müssen.[45] Zur Begründung sei hier auf die vorstehenden Ausführungen zu Buchst. c (vgl. Rn. 53 und 60) verwiesen.

Aus der Regelung in Buchst. d leitet sich die Notwendigkeit ab, dass zwischen Auftragsverarbeitern und ihren Unterauftragnehmern Verträge geschlossen werden müssen, die insgesamt den Vorgaben von Art. 28 entsprechen. Hierbei müssen eventuelle Vorgaben, die der Verantwortliche im »Ursprungsvertrag« macht, eine umfassende Berücksichtigung finden. **62**

e) Unterstützung des Verantwortlichen (Abs. 3 Buchst. e)

Die sprachlich schwer verständliche Regelung in Abs. 3 Buchst. e verpflichtet Auftraggeber, **Verantwortliche zu unterstützen**, wenn dies für die Erfüllung von Betroffenenrechten nach den Art. 12–22 notwendig ist. Exemplarisch benannt wird die Beantwortung von Anträgen. Die Unterstützung soll nach Möglichkeit mit geeigneten technischen und organisatorischen Mitteln erfolgen. **63**

Der Rahmen, in dem Unterstützungsleistungen zu Lasten der Auftragsverarbeiter vereinbart werden müssen, ist aufgrund der allgemeinen Formulierung der Regelung weit zu fassen. In Betracht kommen etwa Maßnahmen, die dem Verantwortlichen das einfache Auffinden von Informationen über betroffene Personen ermöglichen.[46] Darüber hinaus kommt auch das Zurverfügungstellen von technischen Möglichkeiten in Betracht, mit denen das durch Art. 17 gewährleistete »Recht auf Vergessenwerden« praktisch umgesetzt werden kann.[47] **64**

Die Unterstützungspflicht nach Buchst. e ist **nicht unbegrenzt**. Vielmehr müssen Auftragsverarbeiter Unterstützungsleistungen nur »nach Möglichkeit« erbringen. **65**

f) Unterstützung bei Sicherheitsmaßnahmen (Abs. 3 Buchst. f)

Nach Abs. 3 Buchst. f müssen Auftragsverarbeiter ihre Auftraggeber bei der Einhaltung der in den Art. 32–36 genannten Pflichten unterstützen. Diese spezifische Unterstützungspflicht bezieht sich auf alle **Maßnahmen zur Sicherung der Verarbeitung**, die Verantwortliche durchführen müssen. Der Rahmen für Unterstützungsleistungen, die Auftragsverarbeiter erbringen müssen, ist damit **weit gefasst**. **66**

Die möglichen Unterstützungspflichten beziehen sich auf **alle technischen und organisatorischen Maßnahmen**, aber auch auf alle Informationen, über die Auftragsverarbeiter und Unterauftragnehmer berechtigt verfügen. Allerdings ist die Unterstützungspflicht auch hier nicht grenzenlos. Vielmehr wird die Verpflichtung der Auftragsverarbeiter durch die **Art der Verarbeitung** und der ihnen zur **Verfügung stehenden Informationen begrenzt**. Der Umfang der Unterstützungspflicht bestimmt sich aufgrund des Verweises **67**

45 Ähnlich Ehmann/Selmayr-*Bertermann*, Art. 28 Rn. 26.
46 Kühling/Buchner-*Hartung*, Art. 28 Rn. 74.
47 Paal/Pauly-*Martini*, Art. 28 Rn. 47.

auf die »Art der Verarbeitung« auch aus dem tatsächlich bestehenden Risiko sowie aus den Daten, die tatsächlich verarbeitet werden.[48]

g) Löschung oder Rückgabe nach Ende der Auftragsverarbeitung (Abs. 3 Buchst. g)

68 Die Regelung in Abs. 3 Buchst. g begründet eine Verpflichtung für den Verantwortlichen, schon bei Abschluss des Auftrags festzuschreiben, wie mit den personenbezogenen Daten nach **Beendigung des Vertrags** umzugehen ist. In diesem Rahmen muss eine gewollte Rückgabe überlassener Daten oder Datenträger ebenso vereinbart werden wie die alternativ mögliche Löschung personenbezogener Daten durch Auftragsverarbeiter.

69 Bezüglich Rückgabe oder Löschung steht dem Verantwortlichen ein **Wahlrecht** zu.[49] Bei der Ausgestaltung dieses Wahlrechts müssen Verantwortliche auch die Grundsätze in Art. 5 Abs. 1 beachten. Bedeutsam dürfte hierbei insbesondere die Datenminimierung sein. Dies kann im Einzelfall für eine Löschung und gegen eine Zurverfügungstellung sprechen.

70 Eine **Begrenzung des Wahlrechts** tritt nur ein, wenn nach dem Unionsrecht oder nach dem Recht von Mitgliedstaaten eine Verpflichtung zur weiteren Speicherung personenbezogener Daten beim Auftragsverarbeiter besteht. Diese kann sich beispielsweise aus spezifischen gesetzlichen Archivierungspflichten ergeben.[50] Allerdings müssen entsprechende rechtliche Verpflichtungen die Grundsätze in Art. 5 Abs. 1 beachten, was dem Umfang der zu speichernden Daten Grenzen setzt. Gibt es keine einschlägigen rechtlichen Vorgaben, bleibt es bei der Zweckbindung und damit bei der Unzulässigkeit der Verarbeitung für andere Ziele.

71 Bezüglich der **konkreten Umsetzung** kann in einem Vertrag mit Auftragsverarbeitern beispielsweise vereinbart werden, dass die Löschung von Daten mit bestimmten Verfahren oder Programmen erfolgen muss, um eine spätere Wiederherstellung sicher auszuschließen. Vorgaben zur Löschung sollten auch bezüglich eventuell vorhandener Back-Up-Daten vereinbart werden.

72 Weiterhin muss sichergestellt werden, dass der Verantwortliche vor der Löschung der Daten beim Auftragsverarbeiter in den Besitz aktueller Datensätze kommt, wenn er diese benötigt. Nur so lässt sich vermeiden, dass eine Weiterverarbeitung beim Verantwortlichen ohne Informationsverluste möglich ist. Ausgeschlossen werden sollten zivilrechtliche Zurückbehaltungsrechte an Daten durch Auftragsverarbeiter.

h) Informationsrechte des Verantwortlichen und Vor-Ort-Kontrollen (Abs. 3 Buchst. h)

73 Nach der Regelung in der **ersten Alternative** von Abs. 3 Buchst. h bestehen zulasten der Auftragsverarbeiter umfassende **Informationspflichten** gegenüber dem Verantwortlichen. Die durch diese Vorschrift normierte Unterstützungspflicht geht über die im Bereich der technischen Sicherheit bestehenden Verpflichtungen gemäß Abs. 3 Buchst. f hi-

48 Ähnlich Paal/Pauly-*Martini*, Art. 28 Rn. 49.
49 Paal/Pauly-*Martini*, Art. 28 Rn. 50.
50 Kühling/Buchner-*Hartung*, Art. 28 Rn. 77.

naus. Sie sind weit gefasst. Erfasst sind alle Informationen, die dem Nachweis dafür dienen, dass der Verantwortliche die ihm obliegenden Pflichten als Auftraggeber ordnungsgemäß wahrnimmt. Auftragsverarbeiter müssen dem Verantwortlichen alles zur Verfügung stellen, was zur Erbringung dieses Nachweises notwendig ist. Ausgeschlossen ist aber die Unterstützung eines rechtswidrigen Verhaltens des Verantwortlichen.[51]

Neben der Unterstützungspflicht steht als **zweite Alternative** aus Abs. 3 Buchst. h das Recht von Verantwortlichen, persönlich oder durch beauftragte Prüfer **Inspektionen vor Ort** bei Auftragsverarbeitern **durchführen zu lassen**. Auftragsverarbeiter müssen derartige Kontrollen nicht nur dulden, sondern an ihrer Durchführung **aktiv mitwirken.**[52] 74

Durch Abs. 3 Buchst. h wird eigentlich nur Selbstverständliches formuliert. Die Vorschrift macht aber zugleich deutlich, dass entsprechende **Festlegungen in Auftragsverträgen explizit** erfolgen müssen. 75

Bei der Festschreibung von Kontrollrechten müssen die bestehenden **Überprüfungsmöglichkeiten von Datenschutzbeauftragten** verankert werden. Soweit gesetzlich vorgegeben oder erforderlich, müssen sie über eigenständige und praktikable Kontrollrechte bei Auftragnehmern verfügen. Alternativ kommt auch die Verankerung von elektronischen Zugriffsrechten oder von Auditrechten in Betracht. 76

Darüber hinaus müssen entsprechende Kontrollrechte auch anderen berechtigte betrieblichen Stellen wie insbesondere **Betriebs- oder Personalräten** zur Verfügung stehen. Auch deren Kontrollrechte müssen bei der Vertragsausgestaltung berücksichtigt werden. 77

Der Umfang der zu fixierenden Kontrollrechte sowie die sich hieraus ableitenden Duldungs- und Mitwirkungspflichten der Auftragnehmer bestimmen sich für den konkreten Einzelfall insbesondere aus dem Gegenstand des Auftrags sowie aus Umfang, Art und Zweck der Verarbeitung personenbezogener Daten. Insoweit steht die Regelung in enger Verbindung zu den Vorgaben, die Abs. 3 Satz 1 enthält. 78

3. Anzeige rechtswidriger Weisungen (Abs. 3 Satz 3)

Unter Bezugnahme auf Art. 28 Satz 2 Buchst. h enthält Abs. 3 Satz 3 weitere spezifische Unterrichtungs- und Unterstützungspflichten zulasten der Auftragsverarbeiter. Diese setzen ein, wenn Auftragnehmer der Auffassung sind, dass eine **Weisung des Verantwortlichen gegen die DSGVO** oder **gegen andere Datenschutzbestimmungen** der Union oder der Mitgliedstaaten **verstößt**. Hält ein Auftragsverarbeiter eine Weisung für rechtswidrig, muss er den Verantwortlichen hierüber unverzüglich informieren. Auch wenn Unterauftragnehmer nicht ausdrücklich benannt sind, ist davon auszugehen, dass diese im Rechtsverhältnis mit ihrem Auftraggeber ebenfalls auf die Regelung und die hieraus resultierenden Informationspflichten verpflichtet werden sollten. 79

Grundsätzlich darf sich ein Auftragsverarbeiter darauf verlassen, dass die ihm vom Verantwortlichen erteilten Weisungen rechtmäßig sind. Insoweit trifft ihn **keine Pflicht**, jeden einzelnen Auftrag hierauf zu überprüfen.[53] Ist er allerdings – aus welchem Grund 80

51 Paal/Pauly-*Martini*, Art. 28 Rn. 52.
52 Paal/Pauly-*Martini*, Art. 28 Rn. 53.
53 BMH, § 11 BDSG-alt Rn. 51; Simitis-*Petri*, § 11 BDSG-alt Rn. 61; Ehmann/Selmayr-*Bertermann*, Art. 28 Rn. 30.

auch immer – der Auffassung, dass eine rechtswidrige Weisung vorliegt, entsteht zu seinen Lasten eine unverzügliche Hinweispflicht. Die Information des Verantwortlichen muss ohne schuldhaftes Zögern erfolgen (§ 121 Abs. 1 Satz 1 BGB). Deshalb muss ein Auftragnehmer so schnell wie möglich handeln.

81 Ist die Information des Verantwortlichen erfolgt, muss der Auftragsverarbeiter die weitere **Verarbeitung unterbrechen** und auf eine Reaktion bzw. Weisung des Verantwortlichen warten.[54] Wurde die Auftragserledigung bereits begonnen und erkennt ein Auftragsverarbeiter die Unzulässigkeit erst später, muss er die Durchführung der entsprechenden Arbeiten unterbrechen.[55] Durch den in jedem Fall durchzuführenden Stopp weiterer Verarbeitungen soll vermieden werden, dass unzulässige Verarbeitungen fortgesetzt werden.

82 Maßgeblich für die Verpflichtung zur Information des Verantwortlichen ist die **subjektive Einschätzung der Rechtssituation**, die ein Auftragsverarbeiter hat. Nicht notwendig ist es, dass eine Weisung auch tatsächlich objektiv rechtswidrig ist. Insoweit resultiert aus der Vorschrift in Abs. 3 Satz 3 keine unmittelbare Rechtmäßigkeitskontrolle. Auftragsverarbeiter sollen aber davor geschützt werden, eine Weisung dann durchführen zu müssen, wenn diese aufgrund ihrer eigenen Bewertung der rechtlichen Situation unzulässig ist.

83 Ist die Umsetzung einer Weisung durch einen Auftragsverarbeiter als **strafbare Handlung zu qualifizieren**, so hat dieser **keine Durchführungspflicht**.[56] Entsprechendes gilt, wenn ein nicht gerechtfertigter Verstoß gegen andere gesetzliche Vorschriften vorliegt (etwa, wenn Auftragsverarbeitern bei der Umsetzung von Weisungen zivilrechtliche Schadensersatzforderungen der betroffenen Personen drohen). Verstoßen Weisungen des Verantwortlichen gegen einschlägige Datenschutzbestimmungen, kann dies zur Nichtigkeit wegen eines Verstoßes gegen ein gesetzliches Verbot (§ 134 BGB) führen. Verbindet sich die Durchführung einer Weisung mit Gesetzesverstößen, besteht eine Verpflichtung des Verantwortlichen, seine Anweisungen an Auftragsverarbeiter zurückzunehmen.[57]

84 Gibt es bezüglich der Rechtswidrigkeit erteilter Weisungen **unterschiedliche Auffassungen** zwischen Verantwortlichen und Auftragsverarbeitern, soll Letzterer verpflichtet sein, die Weisungen zu befolgen.[58] Beim Bestehen berechtigter Zweifel bezüglich der Rechtmäßigkeit einer Weisung kann ein Auftragsverarbeiter die Einholung einer **Stellungnahme** der zuständigen staatlichen Aufsichtsbehörde verlangen, bevor er seine Aufgaben weiter durchführt.[59]

85 Die **Haftung** für weisungsgemäß durchgeführte Aufträge trifft den Verantwortlichen. Dies gilt auch dann, wenn er nach einer Information durch den Auftragsverarbeiter an der Rechtmäßigkeit seiner Weisung festhält. Wurde die staatliche Aufsichtsbehörde eingeschaltet und hat sie die Verarbeitung für rechtmäßig befunden, ist der Auftragsverarbeiter nach Art. 28 Abs. 2 Satz 2 **von jeglicher Haftung befreit**. Dies schließt das Risiko (weitgehend) aus, mit einer Geldbuße nach Art. 83 Abs. 4 Buchst. a belegt zu werden. Etwas anderes gilt, wenn der Auftragsverarbeiter oder seine Unterauftragnehmer selbst rechtswid-

54 Simitis-*Petri*, § 11 BDSG-alt Rn. 93; Ehmann/Selmayr-*Bertermann*, Art. 28 Rn. 30.
55 Simitis-*Petri*, § 11 BDSG-alt Rn. 63.
56 Gola/Schomerus, § 11 BDSG-alt Rn. 25; Simitis-*Petri*, § 11 BDSG-alt Rn. 95.
57 BMH, § 11 BDSG-alt Rn. 51.
58 BMH, § 11 BDSG-alt Rn. 52; Ehmann/Selmayr-*Bertermann*, Art. 28 Rn. 30.
59 Ähnlich im Ergebnis Paal/Pauly-*Martini*, Art. 28 Rn. 58.

rig handeln. Dann haften sie nach allgemeinen datenschutz- und zivilrechtlichen Grundsätzen selbst.[60]

V. Unteraufträge (Abs. 2 und 4)

Auftragsverarbeiter können unter den in den Absätzen 2 und 4 genannten Bedingungen sowie unter Beachtung der allgemeinen Vorgaben in der DSGVO für die Erledigung der für den Verantwortlichen zu erbringenden Verarbeitungen auf **weitere Auftragsverarbeiter** zurückgreifen. Der Begriff der »weiteren Auftragsverarbeiter« ist identisch mit dem der »Unterauftragnehmer«, der zur Vereinfachung der Darstellung im Folgenden verwendet wird. 86

1. Genehmigung von Unteraufträgen (Abs. 2)

Nach Abs. 2 ist die Vergabe von Unteraufträgen durch Auftragsverarbeiter grundsätzlich möglich. Allerdings bedarf eine entsprechende Beauftragung nach **Satz 1** einer **vorherigen gesonderten** oder **allgemein schriftlichen Genehmigung** durch den Verantwortlichen. In beiden Fällen muss die Genehmigung vor der Vergabe von Unteraufträgen erteilt werden. Dem steht nicht entgegen, dass die »Genehmigung« nach deutschem Recht rückwirkend erteilt werden kann (§ 184 BGB).[61] 87

Die Erteilung einer Genehmigung setzt die vorherige **detaillierte Information** des Verantwortlichen über die geplante Beauftragung voraus. Im Anschluss an die Information kann der Verantwortliche der geplanten Unterbeauftragung widersprechen. Erfolgt ein Widerspruch, muss die Vergabe des Unterauftrags unterbleiben. Der Widerspruch ist insoweit mit einem Verbot der geplanten Unterbeauftragung durch den Verantwortlichen gleichzusetzen.[62] 88

Die Regelung des Abs. 1 soll garantieren, dass innerhalb einer datenschutzrechtlichen »Verarbeitungskette« an allen Stellen und bei allen Verantwortlichen **gleiche Schutzstandards** gewährleistet werden und **dieselben datenschutzrechtlichen Rahmenbedingungen gelten**. Darüber hinaus soll eine Umgehung der nach der DSGVO bestehenden Pflichten mittels der Einschaltung Dritter verhindert werden.[63] 89

Der Auftragsverarbeiter und alle seine Unterauftragnehmer haben aus datenschutzrechtlicher Sicht dieselben Rechte und Pflichten. Deshalb müssen sich die zwischen dem Verantwortlichen und dem Auftragsverarbeiter vereinbarten Regelungen inhaltlich ohne Einschränkung auch in den Verträgen des Auftragsverarbeiters mit Unterauftragnehmern wiederfinden.[64] Gleiches gilt für den **Haftungsrahmen**, der auf das Verhältnis zwischen Verantwortlichen und Auftragsverarbeiter zur Anwendung kommt. 90

---

60 Ebenso Simitis-*Petri*, § 11 BDSG-alt Rn. 96.

61 Kühling/Buchner-*Hartung*, Art. 28 Rn. 87 (allerdings irrtümlich bezogen auf § 183 BGB); Plath-*Plath*, Art. 28 Rn. 16.

62 Ehmann/Selmayr-*Bertermann*, Art. 28 Rn. 15.

63 Auernhammer-*Thomale*, Art. 28 Rn. 47.

64 Kühling/Buchner-*Hartung*, Art. 28 Rn. 86.

91 Durch Abs. 2 werden Verantwortlichen keine spezifischen Kontrollrechte gegenüber Unterauftragnehmern eingeräumt. Schon mit Blick auf die nach Art. 5 Abs. 2 bestehende Rechenschaftspflicht ist die Vereinbarung direkter Kontrollmöglichkeiten in der Verarbeitungskette für den Auftragsverarbeiter für die Praxis unumgänglich.[65]

92 Der **Vertrag** zwischen Auftragsverarbeiter und Unterauftragnehmer muss **schriftlich** geschlossen werden. Die elektronische Form genügt nicht.[66] Damit ist in jedem Fall ein unterschriebenes Dokument erforderlich. Die Schriftform ist als besonderes Sicherheitselement zu verstehen, das den Vertragsparteien die besondere Bedeutung des geschlossenen Vertrages vor Augen führt.[67]

93 Für den Abschluss eines Unterauftrags sieht Abs. 2 **zwei unterschiedliche Gestaltungsmöglichkeiten** vor.

- Die **erste Möglichkeit** besteht in einer gesonderten **schriftlichen Genehmigung des Verantwortlichen**. Eine solche Genehmigung muss sich sowohl auf einen bestimmten und eindeutig bezeichneten Unterauftragnehmer beziehen als auch die Gegenstände der Verarbeitung im Unterauftrag sowie deren konkrete Zwecke und Grenzen benennen.
- Die **zweite Möglichkeit** besteht in einer **vorherigen allgemeinen schriftlichen Genehmigung** des Verantwortlichen gegenüber dem Auftragsverarbeiter. Diese Form der Ermöglichung von Unterauftragsverarbeitung löst nach Satz 2 besondere Informationspflichten zulasten des Auftragsverarbeiters aus. Eine wirksame allgemeine Genehmigung kann beispielsweise innerhalb eines Rahmenvertrags erteilt werden. In Abs. 2 Satz 2 wird hierzu nochmals betont, dass es sich auch hier um eine **schriftliche Genehmigung** handeln muss. Kommt es auf Grundlage einer allgemeinen Genehmigung zu Unterbeauftragungen, muss der Auftragsverarbeiter den Verantwortlichen vorher über jede beabsichtigte Beauftragung und über jede Änderung von Unterauftragsverhältnissen informieren. Hierzu gehören sowohl die Hinzuziehung neuer Auftragnehmer wie die Beendigung von bestehenden Auftragsverhältnissen.

94 Auch bei einer allgemeinen Genehmigung von Auftragsverarbeitung müssen die zwischen Verantwortlichen und Auftragsverarbeiter vereinbarten Rechte und Pflichten auf allen Stufen der Unterauftragsverarbeiter durch schriftliche Vereinbarung garantiert sein.

95 Die Regelung in Art. 28 Abs. 2 schließt die Vergabe von »Unter-Unterauftragsverhältnissen« nicht aus. Damit können unbegrenzt lange »Verarbeitungsketten« entstehen. Allerdings obliegt es dem Auftragsverarbeiter, bezogen auf alle Glieder dieser Kette, einen einheitlichen Schutzrahmen durch entsprechende vertragliche Vereinbarungen herzustellen.

2. Haftung der Unterauftragnehmer (Abs. 4)

96 Die Regelung in **Abs. 4** regelt bezogen auf die Vergabe von Unteraufträgen durch Auftragsverarbeiter die hierbei bestehenden **spezifischen Haftungstatbestände**. Weiterhin

65 Ähnlich Kühling/Buchner-*Hartung*, Art. 28 Rn. 86.

66 Paal/Pauly-*Martini*, Art. 28 Rn. 62; a. A. Plath-*Plath*, Art. 28 Rn. 15, der ein elektronisches Format für ausreichend hält; Gola-*Klug*, Art. 28 Rn. 12, der sich auf »gute Gründe« bezieht; Müthlein, RDV 2016, 74.

67 Ähnlich Paal/Pauly-*Martini*, Art. 28 Rn. 62.

werden **Verpflichtungen der Unterauftragnehmer** bezüglich des technischen und organisatorischen Datenschutzes benannt.

Nach Abs. 4 **Satz 1** der Vorschrift müssen Auftragsverarbeiter ihren Unterauftragnehmern per Vertrag oder unter Rückgriff auf ein anderes Rechtsinstrument nach dem Unionsrecht oder dem Recht der Mitgliedstaaten dieselben Datenschutzpflichten auferlegen, denen sie selbst im Verhältnis zum Verantwortlichen unterliegen. Deshalb müssen in Vereinbarungen mit Unterauftragnehmern insbesondere die in Art. 28 Abs. 3 aufgeführten Inhalte berücksichtigt werden. Auch diese Vorgabe dient der Schaffung eines einheitlichen Schutzrahmens entlang einer Kette von verantwortlichen Auftragsverarbeitern und Unterauftragnehmern.[68] Die entsprechende Vereinbarung muss schriftlich abgeschlossen werden, wobei nach der Regelung in Art. 28 Abs. 9 die elektronische Form ausreichend ist (vgl. Rn. 112). 97

Durch den Vertrag oder durch ein anderes Rechtsinstrument müssen insbesondere **hinreichende Garantien** dafür geboten werden, dass die Anforderungen der DSGVO durch den Einsatz geeigneter technischer und organisatorischer Maßnahmen gewährleistet werden. Auch insoweit müssen auf allen Ebenen der Verarbeitung die Schutzstandards gegeben sein, zu denen der Verantwortliche verpflichtet ist, der den »Grundauftrag« erteilt hat.[69] Mit Blick auf Abs. 3 Buchst. h müssen alle Unterauftragnehmer dem Verantwortlichen auf dessen Anforderung alle erforderlichen Informationen zur Verfügung stellen sowie ihm Vor-Ort-Inspektionen ermöglichen.[70] Die gleiche Pflicht obliegt ihnen auch bezogen auf den Auftragsverarbeiter, der sie beauftragt hat. 98

Nach Abs. 4 Satz 2 haftet der Auftragsverarbeiter gegenüber dem Verantwortlichen für die Einhaltung der datenschutzrechtlichen Pflichten durch jeden Unterauftragsverarbeiter. Diese Konstruktion ist naheliegend, da der Auftragsverarbeiter mit seiner Auswahl und mit den von ihm durchgeführten Kontrollen den Rahmen setzt, in dem Datenverarbeitung erfolgt. Damit trifft den Auftragsverarbeiter eine **unbegrenzte Einstandspflicht** für jedes datenschutzrechtliche Fehlverhalten der Personen und Stellen, die er zur Erledigung des ihm obliegenden Auftrags eingesetzt hat. Diese Regelung ändert nichts daran, dass der Verantwortliche und die Auftragsverarbeiter nach Art. 82 Abs. 4 gegenüber den betroffenen Personen gesamtschuldnerisch in voller Höhe haften. Im Innenverhältnis können sich die unterschiedlichen Verantwortlichen allerdings nach allgemeinen zivilrechtlichen Regelungen in Regress nehmen.[71] 99

Bezogen auf **Beschäftigtendaten** können Betriebs- und Personalräte in einschlägigen kollektivrechtlichen Vereinbarungen beispielsweise ausdrücklich vorsehen, dass sie in ein Einspruchsverfahren nach Abs. 2 sowie in die Kontrollmöglichkeiten nach Abs. 4 einbezogen werden. Verantwortliche müssen allerdings auch ohne entsprechende Vereinbarungen gegenüber Auftragsverarbeitern sicherstellen, dass Betriebs- und Personalräte ihre Kontroll- und Informationsrechte entlang der gesamten Verarbeitungskette uneingeschränkt wahrnehmen können. 100

68 Ähnlich Kühling/Buchner-*Hartung*, Art. 28 Rn. 89.
69 Ähnlich Paal/Pauly-*Martini*, Art. 28 Rn. 65.
70 Kühling/Buchner-*Hartung*, Art. 28 Rn. 89 lässt die Zulässigkeit einer Überprüfung offen.
71 Paal/Pauly-*Martini*, Art. 28 Rn. 66.

101 Auf der Grundlage von kollektivrechtlichen Vereinbarungen können Arbeitgeber sich im arbeitsrechtlichen Innenverhältnis beispielsweise verpflichten, als datenschutzrechtlich Verantwortlicher mit Auftragsverarbeitern und deren Unterauftragnehmern zu vereinbaren, dass Betriebs- und Personalräte alle notwendigen Informationen frühzeitig erhalten oder dass sie der Vergabe von Unteraufträgen widersprechen und ggf. sogar Kontrollen vor Ort durchführen können. Ob sich allerdings der von der DSGVO intendierte gleiche Schutz auf allen Ebenen von Auftragsverarbeitung und Unterauftragsverarbeitung realisiert, wird sich gerade bezogen auf den Umgang mit Beschäftigtendaten in großen transnationalen Konzernen erst in der Praxis zeigen müssen.

VI. Genehmigte Verhaltensregeln und Zertifizierungsverfahren (Abs. 5)

102 Durch die Regelung in Abs. 5 wird festgelegt, dass die **Einhaltung genehmigter Verhaltensregeln** nach Art. 40 oder **genehmigter Zertifizierungsverfahren** nach Art. 42 durch Auftragsverarbeiter ein Faktor ist, der herangezogen werden kann, um das Vorliegen hinreichender Garantien im Sinne von Art. 28 Abs. 1 und 4 nachzuweisen. Entsprechende Nachweismöglichkeiten obliegen auch den Unterauftragnehmern.

103 Die Regelung des Abs. 5 ist eine Reaktion darauf, dass die Überprüfung der Einhaltung datenschutzrechtlicher Vorgaben im Bereich der Auftragsverarbeitung in der Praxis im Einzelfall schwierig sein kann. Im Fokus steht hier etwa der Bereich des Cloud-Computing.[72]

104 Ob sich diese Erleichterung in der Praxis tatsächlich einstellt, ist allerdings schon mit Blick darauf fraglich, dass die Einhaltung von Verhaltensregelungen oder Zertifizierungsverfahren schon vom Wortlaut her nur ein »Faktor« für den Nachweis des Vorhandenseins hinreichender Garantien ist. Ihnen kommt damit nur eine Indizwirkung zu, die nichts daran ändert, dass Auftragsverarbeiter im Zweifelsfall entsprechende Garantien nachweisen müssen.[73] Insoweit kann aus genehmigten Verhaltensregeln oder genehmigten Zertifizierungsverfahren kein »Rechtmäßigkeitssiegel« abgeleitet werden, auf das sich Verantwortliche oder Auftragsverarbeiter uneingeschränkt verlassen und berufen können.[74]

105 Mit Blick auf die Indizwirkung genehmigter Verhaltensregelungen oder genehmigter Zertifizierungsverfahren müssen sich **Betriebs- oder Personalräte** bezogen auf Beschäftigte von Arbeitgebern nicht darauf verweisen lassen, dass hinreichende Garantien bestehen. Sie können vielmehr darüberhinausgehend konkrete Nachweise verlangen, wie sie in Art. 28 Abs. 1 und 4 detailliert beschrieben sind.

VII. Standardvertragsklauseln (Abs. 6–8)

106 Die Regelungen in den Absätzen 6–8 weisen **Standardvertragsklauseln** einen hohen **Stellenwert** innerhalb der Ausgestaltung von datenschutzrechtlichen Vertragsbeziehungen

72 Schantz, NJW 2016, 1841; Kühling/Buchner-*Hartung*, Art. 28 Rn. 69.
73 Kühling/Buchner-*Hartung*, Art. 28 Rn. 60.
74 Paal/Pauly-*Martini*, Art. 28 Rn. 69.

zu. Hierbei handelt es sich um Standardverträge, die datenschutzrechtliche Mindestinhalte wiedergeben, die insbesondere in Art. 28 Abs. 3 enthalten sind.[75]

Die derzeit bekannten Muster von Standardvertragsklauseln erfüllen die Vorgaben der DSGVO noch nicht. Hierbei ist zu beachten, dass eine europaweite Abstimmung von entsprechenden Textmustern erfolgen muss, die mit einem hohen Zeitaufwand verbunden sein wird. Insoweit werden abgestimmte Standardverträge bzw. Standardvertragsklauseln noch auf sich warten lassen.[76] 107

Leiten sich aus vorliegenden kollektivrechtlichen Vereinbarungen besondere Anforderungen an den Datenschutz ab, werden künftige Standardverträge im Regelfall nicht geeignet sein, diese zutreffend aufzunehmen. Insoweit wird der Rückgriff auf Standardvertragsklauseln im kollektivrechtlichen Bereich eher die Ausnahme bleiben. 108

VIII. Standardvertragsklauseln in Auftragsverhältnissen (Abs. 6)

Unbeschadet eines individuellen Vertrags zwischen Verantwortlichen und Auftragsverarbeitern können Regelungen zur Auftragsverarbeitung ganz oder teilweise auf die in den Abs. 7 und 8 genannten Standardvertragsklauseln beruhen. Voraussetzung ist jedoch, dass sie mindestens den Inhalt des Art. 28 Abs. 3 wiedergeben.[77] Die Prüfung, ob diese Voraussetzung erfüllt ist, obliegt den Verantwortlichen. 109

IX. Festlegung durch die Kommission (Abs. 7)

Durch Abs. 7 wird die **Kommission befugt**, zur Regelung der in Art. 28 Abs. 3 und 4 genannten Themen **Standardvertragsklauseln festzulegen**. 110

X. Festlegung durch Aufsichtsbehörden (Abs. 8)

Neben der Kommission können nach Abs. 8 auch **Aufsichtsbehörden Standardvertragsklauseln** zur Regelung der in den Absätzen 3 und 4 genannten Themen **festlegen**. Diese Klauseln müssen im Einklang mit dem Kohärenzverfahren gemäß Art. 63 stehen und insoweit auch europaweit abgestimmt werden. 111

XI. Schriftform (Abs. 9)

Nach der Regelung in Abs. 9 müssen Verträge oder andere Rechtsinstrumente im Sinne der Absätze 3 und 4 schriftlich abgefasst werden. Als **Schriftform** wird ausdrücklich ein **elektronisches Format** anerkannt. Wobei es sich bei diesem elektronischen Format handelt, ist in der DSGVO nicht definiert. Damit stellt sich die Frage, ob das elektronische Format mit der elektronischen Form im Sinne von § 126a BGB identisch ist oder ob die Textform im Sinne von § 126b BGB ausreicht. 112

75 Kühling/Buchner-*Hartung*, Art. 28 Rn. 91.
76 Zutreffend Kühling/Buchner-*Hartung*, Art. 28 Rn. 92.
77 Paal/Pauly-*Martini*, Art. 28 Rn. 72; Kühling/Buchner-*Hartung*, Art. 28 Rn. 91.

113 Mit Blick darauf, dass europäische Verordnungen sich einer Auslegung allein anhand der nationalen Rechtsverordnung verschließen,[78] ist nicht von einer Beschränkung auf die elektronische Form auszugehen. Andererseits muss mit Blick darauf, dass dem Vertrag oder einem anderen Rechtsinstrument bezogen auf die Auftragsvergabe im Streitfall ein hoher Beweiswert zukommt, beachtet werden, dass bestimmte elektronische Formen diese Voraussetzung nicht erfüllen. Dies gilt beispielsweise für Erklärungen per E-Mail.[79] Deshalb sind nur solche elektronischen Formen zulässig, deren **Echtheit und Authentizität sich nachweisen lässt.**

114 In Betracht kommt beispielsweise eine mit einer **digitalen elektronischen Signatur versehene E-Mail**[80]**, aber auch ein geschütztes »PDF-Dokument«**. Im Zweifel trifft bei Verwendung eines solchen Dokuments die Beweislast für deren Echtheit und Wirksamkeit den Verantwortlichen oder den Auftragsverarbeiter. Vor diesem Hintergrund kann allen Vertragsparteien nur angeraten werden, ein beweissicheres Format zu wählen.

XII. Verstoß des Auftragsverarbeiters gegen die DSGVO (Abs. 10)

115 Abs. 10 regelt den Fall, dass Auftragsverarbeiter in die alleinigen Befugnisse des Verantwortlichen eingreifen, indem sie ohne rechtliche Befugnis die Zwecke und Mittel der Verarbeitung selbst bestimmen. Liegt ein solcher Verstoß vor, werden Auftragsverarbeiter nach der gesetzlichen Festlegung in Abs. 10 zu Verantwortlichen. Dies hat zur Folge, dass sie anstatt des Verantwortlichen selbst haften und sanktioniert werden können.

116 Die Vorschrift ist beispielsweise einschlägig, wenn Auftragsverarbeiter unberechtigte Zweckänderungen durchführen und personenbezogene Informationen dann nach eigenen Vorgaben verarbeiten oder anderen zugänglich machen. Sie kann aber auch zur Anwendung kommen, wenn Funktionsübertragungen erfolgen und die dabei stattfindenden Verarbeitungen nicht durch eine gesetzliche Grundlage legitimiert sind.[81] Insoweit ist Auftragsverarbeitern angeraten, zu vermeiden, dass sie den Bereich der Auftragsverarbeitung, der sich durch »Hilfstätigkeiten« für Verantwortliche (vgl. Art. 28 Rn. 14ff.) auszeichnet, verlassen.

XIII. Rechte von Betriebs- und Personalräten

117 Bezogen auf die Auftragsverarbeitung muss für den arbeitsrechtlichen Bereich vom Verantwortlichen sichergestellt werden, dass Betriebs- und Personalräte ihre nach den einschlägigen gesetzlichen Regelungen bestehenden **Mitwirkungs- und Mitbestimmungsrechte uneingeschränkt** auch **gegenüber Auftragsverarbeitern und deren Unterauftragnehmern wahrnehmen können.**[82] Auf Basis von § 80 BetrVG gehören für den nichtöffentlichen Bereich hierzu beispielsweise umfassende Informationsrechte. Diese schlie-

78 Zutreffend Kühling/Buchner-*Hartung*, Art. 28 Rn. 95 unter Berufung auf EuGH 15.7.1964 – 6/64, Slg. 1964, 1259 – Costa/Enel.
79 Paal/Pauly-*Martini*, Art. 28 Rn. 75; a. A. Plath-*Plath*, Art. 28 Rn. 31.
80 Paal/Pauly-*Martini*, Art. 28 Rn. 75.
81 A.A. Paal/Pauly-*Martini*, Art. 28 Rn. 77.
82 Vgl. etwa LAG Frankfurt, NZA 1995, 34f.; DKKW-*Klebe*, § 87 BetrVG Rn. 14 m.w.N.

ßen die Vorlage der mit Auftragnehmern geschlossenen Verträge ebenso ein wie die der mit Unterauftragnehmern geschlossenen Vereinbarungen.

Darüber hinaus gehören hierzu ein (**elektronisches**) **Zugangsrecht** zu den beim Auftragsverarbeiter vorhandenen Daten des eigenen Betriebs sowie direkte Kontrollrechte vor Ort. Insoweit müssen Arbeitgeber sicherstellen, dass Betriebs- und Personalräte beispielsweise in den Kreis der nach Art. 28 Abs. 3 Buchst. h zu informierenden Personen eingeschlossen werden und dass sie entsprechende Inspektionsrechte wahrnehmen können. Dieses kollektivrechtlich begründete Kontrollrecht besteht analog zu den Kontrollpflichten des Arbeitgebers, die im Rahmen von Art. 28 Abs. 3 bestehen (vgl. Rn. 50ff.), sowohl vor Aufnahme der Auftragsverarbeitung als auch während ihrer Durchführung. Die bestehenden kollektivrechtlichen Kontrollrechte dürfen nicht durch restriktive Vereinbarungen mit Auftragsverarbeitern oder gar durch Ausschlüsse von Kontrollmöglichkeiten eingeschränkt werden. 118

Die einschlägigen Rechte von Betriebs- und Personalräten müssen insgesamt ihren Niederschlag in den vertraglichen Festlegungen mit Auftragnehmern finden, die insbesondere nach Art. 28 Abs. 3 erforderlich sind. Praktisch bedeutet dies, dass Betriebs- und Personalräte vor Aufnahme der Auftragsverarbeitung über den Inhalt der Aufträge in Kenntnis gesetzt werden müssen. In diesem Rahmen müssen sie überprüfen können, ob in Aussicht genommene Auftragsverarbeiter die nach Art. 28 Abs. 1 vorgesehenen hinreichenden Garantien bieten. Innerhalb von Konzernstrukturen müssen sie auf dieser Grundlage weiterhin überprüfen können, ob ihr Arbeitgeber bei der Wahl des in Aussicht genommenen Auftragsverarbeiters eine echte Auswahlentscheidung hat.[83] Darüber hinaus müssen sie vom Arbeitgeber informiert werden, wenn es bei der Verarbeitung von Beschäftigtendaten durch Auftragnehmer zu Verstößen gegen die DSGVO kommt. 119

Gibt es zu bestimmten IT-Systemen Betriebs- oder Dienstvereinbarungen und beinhalten diese speziellen Datenschutzvorkehrungen, die über die DSGVO hinausgehen oder spezifische Kontrollrechte für Betriebs- oder Personalräte, müssen Arbeitgeber bei der Formulierung von Aufträgen mit sicherstellen, dass diese auch gegenüber Auftragsverarbeitern realisiert werden können. Bei der inhaltlichen Ausgestaltung von Aufträgen muss schließlich der Inhalt einschlägiger Betriebs- und Dienstvereinbarungen Berücksichtigung finden. Schließen kollektivrechtliche Regelungen bestimmte Verarbeitungen oder Nutzungen aus oder begrenzen diese, müssen Auftragnehmer hiervon in einer Form in Kenntnis gesetzt werden, die Verstöße gegen Betriebs- oder Dienstvereinbarungen ausschließt. 120

Art. 29 Verarbeitung unter der Aufsicht des Verantwortlichen oder des Auftragsverarbeiters

Der Auftragsverarbeiter und jede dem Verantwortlichen oder dem Auftragsverarbeiter unterstellte Person, die Zugang zu personenbezogenen Daten hat, dürfen diese Daten ausschließlich auf Weisung des Verantwortlichen verarbeiten, es sei denn, dass sie nach dem Unionsrecht oder dem Recht der Mitgliedstaaten zur Verarbeitung verpflichtet sind.

83 Vgl. zu dieser Voraussetzung OVG Schleswig-Holstein 12.1.2011 – 4 MB 56/10, CR 2011, 359.

Inhaltsübersicht Rn.

I. Einleitung

1 Durch Art. 29 wird festgeschrieben, dass eine Verarbeitung von personenbezogenen Daten **ausschließlich auf Weisung** des Verantwortlichen erfolgen darf. Durch diese Regelung werden einerseits alle Personen, die für Verantwortliche arbeiten, ausdrücklich verpflichtet. Andererseits gilt dieselbe Verpflichtung auch für Auftragsverarbeiter und die ihnen unterstellten Personen. Mit Blick auf die Vorgaben in Art. 28 Abs. 2 und 4 gilt die Regelung mittelbar auch für Unterauftragnehmer des Auftragsverarbeiters.

2 Art. 29 nimmt wesentliche Inhalte der Regelung des Art. 16 EG-DSRl auf. Strukturell gleicht sie dem Vorgang zum Datengeheimnis in § 5 BDSG-alt sowie zur Bindung an Weisungen in § 11 Abs. 3 Satz 1 BDSG-alt.[1]

II. Bindung an Weisungen

3 Art. 29 **legt für alle Formen der Verarbeitung** personenbezogener Daten **verbindlich fest**, dass alle hiermit befassten Personen und Auftragsverarbeiter die vom Verantwortlichen erteilten **Weisungen zwingend befolgen** müssen. Mit Blick auf die generelle Verantwortlichkeit für die gesamte Verarbeitungskette (vgl. Art. 28 Rn. 23 ff.) ist diese Festlegung plausibel. Sind erteilte Weisungen **auslegbar**, muss die **Interpretationsalternative** gewählt werden, die dem Schutz personenbezogener Daten am zuträglichsten ist. Hierzu gehört beispielsweise eine **enge Auslegung** zulässiger Verarbeitungszwecke.

4 In welcher **Form** eine Weisung erfolgt, ist aus Sicht der Vorschrift unerheblich. Die Regelung kommt deshalb beispielsweise für mündliche Weisungen ebenso zur Anwendung wie für die Übermittlung von Vorgaben per SMS, per E-Mail oder mittels eines »klassischen« Briefs.[2] Entscheidend ist in allen Fällen, dass erteilte **Weisungen** so **konkret, eindeutig** und **abschließend** sind, dass Auftragsverarbeiter sowie alle mit der Verarbeitung betrauten Personen genau wissen, was sie tun dürfen und was nicht.

5 Adressaten der Weisungen sind Auftragsverarbeiter sowie alle einem Verantwortlichen oder einen Auftragnehmer unterstellten Personen. Zu diesen Personen gehören sowohl Beschäftigte wie auch freie Mitarbeiter, externe Berater oder Mitarbeiter von Dienstleistern.[3]

6 Nach dem »Regel-Ausnahme-Konzept« des Art. 29 gibt es eine **absolute Bindung** an Weisungen der Verantwortlichen (»ausschließlich«). Dieses Prinzip erlaubt nur dann eine Abweichung von erteilten Weisungen, wenn es hierfür eine Verpflichtung nach anwendbarem Unionsrecht oder nach dem Recht eines Mitgliedstaats gibt.

7 Anders als § 5 Satz 2 BDSG-alt enthält Art. 29 **keine** unmittelbaren **Vorgaben zu Art und Umfang der Verpflichtung** von Personen oder Auftragsverarbeitern auf das »Datenge-

1 Ehmann/Selmayr-*Bertermann*, Art. 29 Rn. 1.
2 Ähnlich Ehmann/Selmayr-*Bertermann*, Art. 29 Rn. 4.
3 SHS-*Petri*, Art. 29 Rn. 9 ff.

heimnis«. Eine solche Verpflichtung leitet sich für Auftragsverarbeiter und die bei ihnen beschäftigten Personen allerdings unmittelbar aus Art. 28 Abs. 3 Buchst. b ab (vgl. Art. 28 Rn. 55ff.). Trotz des Fehlens einer solchen gesetzlichen Verpflichtung ist es ratsam, diese dennoch von allen Personen einzuholen, die personenbezogene Daten verarbeiten. Aus Sicht des Verantwortlichen resultiert eine entsprechende Notwendigkeit unmittelbar aus der nach Art. 5 Abs. 2 bestehenden Rechenschaftspflicht.

Die **Einholung einer Vertraulichkeitserklärung** führt einerseits allen Personen vor Augen, welche **besonderen Pflichten** sie haben. Andererseits ermöglichen sie den Verantwortlichen den **Nachweis**, dass diese ihren Verpflichtungen aus Art. 29 auf der formalen Ebene nachgekommen sind. 8

Wegen des Fehlens einer unmittelbaren Rechtsbeziehung zwischen dem Verantwortlichen und den bei Auftragsverarbeitern beschäftigten Personen ist es **für die Praxis ratsam**, den **Abschluss entsprechender Verpflichtungserklärungen** durch vertragliche Vereinbarungen **vorzuschreiben.** Gegebenenfalls kommt eine Regelung zur Vorlage der entsprechend Verpflichteten beim Verantwortlichen in Betracht. 9

Betriebs- und Personalräte können auf der Basis ihrer allgemeinen gesetzlichen Informationsansprüche vom Verantwortlichen verlangen, dass sie über das Vorhandensein der Vertraulichkeitserklärung informiert werden. Soweit bezogen auf einzelne IT-Systeme Mitbestimmungsrechte bestehen, kann die Vorlage entsprechender Nachweise bzw. die Möglichkeit einer Kontrolle hier verankert werden. Sie können in diesem Rahmen vom Arbeitgeber verlangen, dass er in seiner Eigenschaft als Verantwortlicher entsprechende Verpflichtungen auch bei den Auftragsverarbeitern etabliert und dass auch diesbezüglich eine Vorlage der entsprechenden Nachweise erfolgt. 10

Art. 30 Verzeichnis von Verarbeitungstätigkeiten

(1) Jeder Verantwortliche und gegebenenfalls sein Vertreter führen ein Verzeichnis aller Verarbeitungstätigkeiten, die ihrer Zuständigkeit unterliegen. Dieses Verzeichnis enthält sämtliche folgenden Angaben:

a) den Namen und die Kontaktdaten des Verantwortlichen und gegebenenfalls des gemeinsam mit ihm Verantwortlichen, des Vertreters des Verantwortlichen sowie eines etwaigen Datenschutzbeauftragten;

b) die Zwecke der Verarbeitung;

c) eine Beschreibung der Kategorien betroffener Personen und der Kategorien personenbezogener Daten;

d) die Kategorien von Empfängern, gegenüber denen die personenbezogenen Daten offengelegt worden sind oder noch offengelegt werden, einschließlich Empfänger in Drittländern oder internationalen Organisationen;

e) gegebenenfalls Übermittlungen von personenbezogenen Daten an ein Drittland oder an eine internationale Organisation, einschließlich der Angabe des betreffenden Drittlands oder der betreffenden internationalen Organisation, sowie bei den in Artikel 49 Absatz 1 Unterabsatz 2 genannten Datenübermittlungen die Dokumentierung geeigneter Garantien;

f) wenn möglich, die vorgesehenen Fristen für die Löschung der verschiedenen Datenkategorien;

g) wenn möglich, eine allgemeine Beschreibung der technischen und organisatorischen Maßnahmen gemäß Artikel 32 Absatz 1.

(2) Jeder Auftragsverarbeiter und gegebenenfalls sein Vertreter führen ein Verzeichnis zu allen Kategorien von im Auftrag eines Verantwortlichen durchgeführten Tätigkeiten der Verarbeitung, die Folgendes enthält:

a) den Namen und die Kontaktdaten des Auftragsverarbeiters oder der Auftragsverarbeiter und jedes Verantwortlichen, in dessen Auftrag der Auftragsverarbeiter tätig ist, sowie gegebenenfalls des Vertreters des Verantwortlichen oder des Auftragsverarbeiters und eines etwaigen Datenschutzbeauftragten;

b) die Kategorien von Verarbeitungen, die im Auftrag jedes Verantwortlichen durchgeführt werden;

c) gegebenenfalls Übermittlungen von personenbezogenen Daten an ein Drittland oder an eine internationale Organisation, einschließlich der Angabe des betreffenden Drittlands oder der betreffenden internationalen Organisation, sowie bei den in Artikel 49 Absatz 1 Unterabsatz 2 genannten Datenübermittlungen die Dokumentierung geeigneter Garantien;

d) wenn möglich, eine allgemeine Beschreibung der technischen und organisatorischen Maßnahmen gemäß Artikel 32 Absatz 1.

(3) Das in den Absätzen 1 und 2 genannte Verzeichnis ist schriftlich zu führen, was auch in einem elektronischen Format erfolgen kann.

(4) Der Verantwortliche oder der Auftragsverarbeiter sowie gegebenenfalls der Vertreter des Verantwortlichen oder des Auftragsverarbeiters stellen der Aufsichtsbehörde das Verzeichnis auf Anfrage zur Verfügung.

(5) Die in den Absätzen 1 und 2 genannten Pflichten gelten nicht für Unternehmen oder Einrichtungen, die weniger als 250 Mitarbeiter beschäftigen, sofern die von ihnen vorgenommene Verarbeitung nicht ein Risiko für die Rechte und Freiheiten der betroffenen Personen birgt, die Verarbeitung nicht nur gelegentlich erfolgt oder nicht die Verarbeitung besonderer Datenkategorien gemäß Artikel 9 Absatz 1 bzw. die Verarbeitung von personenbezogenen Daten über strafrechtliche Verurteilungen und Straftaten im Sinne des Artikels 10 einschließt.

Inhaltsübersicht Rn.

I. Allgemeines

Art. 30 verpflichtet Verantwortliche und Auftragsverarbeiter dazu, schriftliche **Verzeichnisse** über ihre Verarbeitungstätigkeiten (»records of processing activities«) zu **führen und** diese **den Aufsichtsbehörden auf Anfrage zur Verfügung** zu **stellen**. Nach ErwGr 82 dient diese Verpflichtung dem Nachweis der Einhaltung der DSGVO, ist Ausdruck der Verpflichtung der Verantwortlichen und Auftragsverarbeiter zur Zusammenarbeit mit den Aufsichtsbehörden nach Art. 31 und erfüllt für die Aufsichtsbehörden die Funktion, die betreffenden Verarbeitungsvorgänge anhand dieser Verzeichnisse kontrollieren zu können. 1

Die Einschätzung, Art. 30 bringe für deutsche Unternehmen und Behörden »grundsätzlich keine nachhaltigen inhaltlichen Neuerungen mit sich«[1] kann nicht geteilt werden. Im Vergleich zu den Verpflichtungen nach den §§ 4d, 4e, 4g Abs. 2 Satz 2 BDSG-alt fehlt die (in § 4g BDSG-alt an die internen Datenschutzbeauftragten gerichtete) Verpflichtung, die Angaben »auf Antrag jedermann in geeigneter Weise verfügbar« zu machen. Die auch auf die Informationspflichten nach den Art. 13 und 14 bezogene **Verpflichtung zur transparenten Information nach Art. 12** tritt zwar an diese Stelle und ist einerseits grundrechtsfreundlicher, da sie **antragsunabhängig** ist. Andererseits bezieht sie sich aber nur auf die betroffenen Personen und gewährt kein Jedermannsrecht. Auch wird für deutsche nicht-öffentliche Verantwortliche und Auftragsverarbeiter ohne bestellte Datenschutzbeauftragte die grundsätzliche Meldepflicht vor Inbetriebnahme von automatisierten Verfahren durch die Pflicht nach Art. 36 zur vorherigen Konsultation der Aufsichtsbehörde ersetzt, die nach dem Wortlaut lediglich in den Fällen besteht, in denen eine Datenschutz-Folgeabschätzung ergeben hat, dass die Verarbeitung ein hohes Risiko zur Folge hätte. 2

Die wohl wichtigste Veränderung zur jetzigen Situation besteht aber darin, dass Verantwortliche und Auftragsverarbeiter als Adressaten der Pflicht zur Führung des Verzeichnisses von Verarbeitungstätigkeiten sich darauf einstellen müssen, dass ein **Verstoß gegen Art. 30** nach Art. 83 Abs. 4 Buchst. a **bußgeldbewehrt** ist. 3

1 Paal/Pauly-*Martini*, Rn. 36.

II. Pflicht der Verantwortlichen zur Führung eines Verzeichnisses aller Verarbeitungstätigkeiten (Abs. 1)

4 Abs. 1 formuliert die Pflichten der Verantwortlichen. Sie müssen nach Satz 1 ein »**Verzeichnis aller Verarbeitungstätigkeiten**« führen, die ihrer Zuständigkeit unterliegen. Aus den in den Sätzen 1 und 2 gewählten Formulierungen wird deutlich, dass das Verarbeitungsverzeichnis vollständig, aussagekräftig und aktuell sein muss.[2] Diese Pflicht besteht auch für die Vertreter im Sinne des Art. 4 Nr. 17. Satz 2 enthält den Katalog der Informationen, die sich in diesem Verzeichnis finden müssen. Es handelt sich dabei um 7 Informationen, die eine hohe Ähnlichkeit mit den Informationspflichten der Art. 13 Abs. 1 und Art. 14 Abs. 1 aufweisen. Da die DSGVO deutlich macht, dass ein »Verzeichnis aller Verarbeitungstätigkeiten« vorliegt, wenn alle 7 Informationen erschöpfend in einem Verzeichnis beschrieben wurden, ist es müßig, die Tiefen des Begriffs der »Verarbeitungstätigkeiten« zu ergründen.[3]

1. Name und Kontaktdaten des Verantwortlichen

5 Nach Buchst. a muss das Verzeichnis Namen und die Kontaktdaten des Verantwortlichen und gegebenenfalls des gemeinsam mit ihm Verantwortlichen, des Vertreters des Verantwortlichen sowie eines etwaigen Datenschutzbeauftragten enthalten. Zu den Kontaktdaten gehört dabei jedenfalls die **postalische Anschrift**.[4] Nur sie macht eine eindeutige Identifizierung der verantwortlichen Stelle möglich. Eine E-Mail-Adresse oder Internetadresse kann hinzukommen, die postalische Anschrift aber nicht ersetzen.

2. Zwecke der Verarbeitung

6 Der Begriff der Verarbeitung ist nach der Definition des Art. 4 Nr. 2 sehr weit und umfasst jeden mit oder ohne Hilfe automatisierter Verfahren ausgeführten Vorgang oder jede solche Vorgangsreihe im Zusammenhang mit personenbezogenen Daten wie das Erheben, das Erfassen, die Organisation, das Ordnen, die Speicherung, die Anpassung oder Veränderung, das Auslesen, das Abfragen, die Verwendung, die Offenlegung durch Übermittlung, Verbreitung oder eine andere Form der Bereitstellung, den Abgleich oder die Verknüpfung, die Einschränkung, das Löschen oder die Vernichtung. Das Verzeichnis der Verarbeitungstätigkeiten muss jede dieser Verarbeitungstätigkeiten benennen und **für jede benannte Verarbeitungstätigkeit den konkreten Zweck möglichst präzise und aussagekräftig**[5] **benennen**. Da Art. 5 Abs. 1 Buchst. b bestimmt, dass personenbezogene Daten nur zu **festgelegten**, **eindeutigen** und **legitimen** Zwecken erhoben und verarbeitet werden dürfen und nicht in einer mit diesen Zwecken nicht zu vereinbarenden Weise weiterverarbeitet werden dürfen, muss der Verantwortliche die Zwecke der Verarbeitung also in jedem Fall vor Augen haben. Dies muss bereits »zum Zeitpunkt der Erhebung der per-

---

2 SHS-*Petri*, Rn. 13.

3 Damit plagen sich Kühling/Buchner-*Hartung*, Rn. 15, und SHS-*Petri*, Rn. 16.

4 Kühling/Buchner-*Hartung*, Rn. 17.

5 SHS-*Petri*, Rn. 22.

sonenbezogenen Daten« feststehen (ErwGr 39 Satz 6). Insofern liegt es im Interesse der Verarbeiter selbst, bei der Formulierung der mit der Verarbeitung verfolgten Zwecke im Verzeichnis genau zu sein. Allgemeine, abstrakt formulierte Zwecke wie »Organisation«, »Archivierung« und »Dokumentation« sind nicht geeignet, die Rechtmäßigkeit konkreter Datenverarbeitungen zu begründen. Insofern kommt der Verpflichtung zur Formulierung dieser Zwecke eine **Warnfunktion** zu. Schon im Verzeichnis der Verarbeitungstätigkeiten sollten die konkrete Zwecke der Verarbeitung also so detailliert wie möglich beschrieben werden (»Speicherung von Namen und Adresse der Kundinnen und Kunden bis zur vollständigen Abwicklung des Verkaufs des Produktes xy zur Ermöglichung der Rechnungsstellung.«).

Warum Art. 30 anders als die Informationspflichten nach Art. 13 und 14 auf die Pflicht 7
zur Nennung der Rechtsgrundlage verzichtet, ist rätselhaft. Die Ergebnisse der Suche nach **Rechtsgrundlagen für Verarbeitungstätigkeiten** liefern den Verarbeitern den wichtigsten **Hinweis darauf, ob Verarbeitungstätigkeiten rechtmäßig sind** oder nicht und sind insofern unverzichtbares Instrument der Qualitätssicherung im Bereich des Datenschutzes. Insofern sind Verarbeiter sehr gut beraten, im Verzeichnis nicht nur die Zwecke jeder Verarbeitungstätigkeit, sondern auch die jeweilige Rechtsgrundlage aufzuführen.

3. Kategorien betroffener Personen und personenbezogener Daten

Auch die Auflistung der Kategorien betroffener Personen und der Kategorien personen- 8
bezogener Daten erfüllt eine Warnfunktion. Nur mit Hilfe dieser Informationen kann beurteilt werden, ob die Verarbeitung rechtmäßig erfolgen kann, weil die Voraussetzungen von Art. 6 erfüllt sind. Mit Kategorien betroffener Personen sind **Gruppen von Personen** gemeint, **in deren Grundrechte die Verarbeitungstätigkeiten in vergleichbarer Weise eingreifen** wie beispielsweise Beschäftigte oder Verbraucherinnen und Verbraucher.[6] Die Benennung der Kategorien der personenbezogenen Daten erfordert insbesondere die Information, ob es sich bei den betreffenden Daten um personenbezogene Daten handelt, aus denen entsprechend Art. 9 Abs. 1 die rassische und ethnische Herkunft, politische Meinungen, religiöse oder weltanschauliche Überzeugungen oder die Gewerkschaftszugehörigkeit hervorgehen, oder genetische, biometrische Daten zur eindeutigen Identifizierung einer natürlichen Person, Gesundheitsdaten oder Daten zum Sexualleben oder der sexuellen Orientierung einer Person oder aus denen entsprechend Art. 10 strafrechtliche Verurteilungen und Straftaten oder damit zusammenhängende Sicherungsmaßregeln hervorgehen. Hierbei ist die Angabe einer abstrakten Bezeichnung wie Adressdaten, Standortdaten, Profildaten und Bankdaten nicht ausreichend.[7] Erforderlich ist vielmehr, dass näher identifiziert wird, welche Daten es sind, die dabei verarbeitet werden. So gehören beispielsweise zu Bankdaten wie zu Profildaten personenbezogene Daten im Sinne der Art. 9 Abs. 1 und Art. 10, und solche, die nicht hierzu zählen.

---

6 Paal/Pauly-*Martini*, Rn. 10.

7 A.A. Paal/Pauly-*Martini*, Rn. 10, der diese Beispiele als »Kategorien« im Sinne der Vorschrift nennt.

4. Kategorien von Empfängern

9 Auch die Auflistung der **Kategorien von Empfängern**, gegenüber denen die personenbezogenen Daten offengelegt worden sind oder noch offengelegt werden, einschließlich Empfängern in Drittländern oder internationalen Organisationen erfüllt die genannte Warnfunktion. Auch die Kenntnis über die Kategorien der Empfänger ist erforderlich, um beurteilen zu können, ob die Verarbeitung rechtmäßig erfolgen kann, weil die Voraussetzungen von Art. 6 erfüllt sind. Empfänger sind nach Art. 4 Nr. 9 natürliche oder juristische Personen, Behörden (es sei denn, sie erhalten die Daten im Rahmen eines gesetzlich bestimmten Untersuchungsauftrags), Einrichtungen oder andere Stellen, denen personenbezogene Daten offengelegt werden.

5. Gegebenenfalls Übermittlungen von personenbezogenen Daten an ein Drittland oder an eine internationale Organisation

10 Sofern personenbezogene Daten an ein **Drittland**, also einen Staat außerhalb der EU, oder an eine **internationale Organisation** übermittelt werden, muss dies ebenfalls aus dem Verzeichnis hervorgehen. Dabei muss das betreffende Drittland oder die betreffende internationale Organisation konkret benannt werden.[8] In den Fällen, in denen es sich um Datenübermittlungen nach Art. 49 Absatz 1 Unterabsatz 2 handelt, in denen eine Übermittlung weder auf einen Angemessenheitsbeschluss nach Art. 45 noch auf geeignete Garantien nach Art. 46 gestützt werden kann, noch die Übermittlung die in Art. 49 Abs. 1 Unterabsatz 1 genannten Bedingungen erfüllt werden, müssen die vom Verantwortlichen nach Unterabsatz 2 vorzusehenden Garantien zum Schutz personenbezogener Daten im Verzeichnis aufgeführt werden.

6. »Wenn möglich« vorgesehene Löschungsfristen

11 Das Verzeichnis muss für jede Datenkategorie, auf die sich die Verarbeitungstätigkeiten beziehen, die vorgesehenen Fristen für die Löschung angeben. Sofern der Regelungstext hier die Einschränkung »wenn möglich« enthält, verweist dies darauf, dass der genaue Zeitpunkt möglicherweise nicht genannt werden kann, wenn es sich um eine der Löschungsverpflichtungen nach Art. 17 Abs. 1 Buchst. a-d und f handelt. Hier **genügt auch eine ungefähre Zeitangabe**. Jedenfalls muss das Datum des Ablaufs **gesetzlicher Löschungsfristen in jedem Fall** im Verzeichnis genannt werden, sofern eine entsprechende gesetzliche Verpflichtung besteht. Die Nennung dieser Frist ist »möglich«.

7. »Wenn möglich« allgemeine Beschreibung der technischen und organisatorischen Maßnahmen

12 Dass auch die Aufnahme einer allgemeinen Beschreibung der technischen und organisatorischen Maßnahmen gemäß Art. 32 Abs. 1 in das Verzeichnis unter dem Vorbehalt steht, dies müsse möglich sein, erstaunt angesichts des Umstandes, dass das **Ergreifen dieser**

8 So auch SHS-*Petri*, Rn. 28.

Maßnahmen zu den **Pflichten der Verantwortlichen und Auftragsverarbeiter** gehört. Was es den Verarbeitern unmöglich machen könnte, die ergriffenen Maßnahmen im Verzeichnis zu beschreiben, bleibt unklar.[9] Insofern ist zu fordern, dass die Beschreibung der technischen und organisatorischen Maßnahmen so konkret ist, dass Aufsichtsbehörden und Datenschutzbeauftragten die Beurteilung ermöglicht wird, ob die Maßnahmen geeignet sind, die personenbezogenen Daten tatsächlich zu schützen.[10]

III. Pflicht der Auftragsverarbeiter zur Führung eines Verzeichnisses aller Kategorien von im Auftrag eines Verantwortlichen durchgeführten Verarbeitungstätigkeiten (Abs. 2)

Abs. 2 formuliert die an **Auftragsverarbeiter** gerichtete **Pflicht zur Führung eines Verzeichnisses** im Zusammenhang mit von ihnen durchgeführten Verarbeitungspflichten und stellt damit ein Novum dar.[11] Nach Satz 1 müssen Auftragsverarbeiter ein »Verzeichnis zu allen Kategorien von im Auftrag eines Verantwortlichen durchgeführten Tätigkeiten der Verarbeitung« führen. Diese Pflicht besteht auch für die Vertreter der Auftragsverarbeiter im Sinne des Art. 4 Nr. 17. Satz 2 enthält den Katalog der Informationen, die sich in diesem Verzeichnis finden müssen. Es handelt sich dabei um 4 Informationen. Auch hier macht die DSGVO deutlich, dass ein »Verzeichnis zu allen Kategorien von im Auftrag eines Verantwortlichen durchgeführten Tätigkeiten der Verarbeitung« vorliegt, wenn alle 4 Informationen erschöpfend in einem Verzeichnis beschrieben wurden. Sofern Auftragsverarbeiter selbst Verantwortliche sind, unterliegen sie daneben der Verpflichtung nach Abs. 1.[12] 13

1. Namen und Kontaktdaten des Auftragsverarbeiters oder der Auftragsverarbeiter und aller verantwortlichen Auftraggeber

Nach Buchst. a muss das von Auftragsverarbeitern zu führende Verzeichnis die Namen und Kontaktdaten des Auftragsverarbeiters oder der Auftragsverarbeiter und aller verantwortlichen Auftraggeber, in deren Auftrag der Auftragsverarbeiter tätig ist, sowie gegebenenfalls der Vertreter der Verantwortlichen oder des Auftragsverarbeiters und eines etwaigen Datenschutzbeauftragten des Verantwortlichen enthalten. Zu den Kontaktdaten gehört dabei jedenfalls auch die postalische Anschrift (Rn. 5). 14

9 Auch Kühling/Buchner-*Hartung*, Rn. 24 verweist darauf, dass Informationen zu den technischen und organisatorischen Maßnahmen beim Verantwortlichen vorliegen dürften, »da er schließlich nach Art. 32 zu ihrer Durchführung verpflichtet ist«.

10 Paal/Pauly-*Martini*, Rn. 19; Kühling/Buchner-*Hartung*, Rn. 24.

11 Paal/Pauly-*Martini*, Rn. 1, 20.

12 Kühling/Buchner-*Hartung*, Rn. 25.

2. Kategorien von Verarbeitungen, die im Auftrag jedes Verantwortlichen durchgeführt werden

15 Verglichen mit den Pflichten der Verantwortlichen nach Abs. 1 Buchst. b, c und d, die Zwecke der Verarbeitung und Kategorien betroffener Personen, personenbezogener Daten und Empfänger im Verzeichnis aufzuführen, scheint die Verpflichtung des Auftragsverarbeiters weniger umfangreich, »Kategorien von Verarbeitungen« aufzuführen. Dies wird durch die Verpflichtung aufgewogen, die entsprechenden Verarbeitungen den möglicherweise mehreren Auftraggebern und damit Verantwortlichen zuzuordnen.

3. Gegebenenfalls Übermittlungen von personenbezogenen Daten an ein Drittland oder an eine internationale Organisation

16 Sofern personenbezogene Daten an ein Drittland, also einen Staat außerhalb der EU, oder an eine internationale Organisation übermittelt werden, muss dies auch aus dem vom Auftragsverarbeiter zu führenden Verzeichnis hervorgehen (zu den Pflichten des Verantwortlichen Rn. 10). Auch hier muss das betreffende Drittland oder die betreffende internationale Organisation konkret benannt werden. In den Fällen, in denen es sich um Datenübermittlungen nach Art. 49 Absatz 1 Unterabsatz 2 handelt, müssen auch hier die vom Verantwortlichen nach Unterabsatz 2 vorzusehenden Garantien zum Schutz personenbezogener Daten im Verzeichnis aufgeführt werden.

4. »Wenn möglich« allgemeine Beschreibung der technischen und organisatorischen Maßnahmen

17 Auch die Aufnahme einer allgemeinen Beschreibung der technischen und organisatorischen Maßnahmen gemäß Art. 32 Abs. 1 in das Verzeichnis des Auftragsverarbeiters steht unter dem Vorbehalt, dies müsse möglich sein. Auch hier ist zu bemerken, dass das Ergreifen dieser Maßnahmen zu den Pflichten der Auftragsverarbeiter gehört. Was es ihnen unmöglich machen könnte, die ergriffenen Maßnahmen im Verzeichnis zu beschreiben, bleibt auch hier unklar (zur vergleichbaren Situation bei den Verarbeitern Rn. 12) Auch hier ist zu fordern, dass die Beschreibung der technischen und organisatorischen Maßnahmen so konkret ist, dass Aufsichtsbehörden und Datenschutzbeauftragten die Beurteilung ermöglicht wird, ob die Maßnahmen geeignet sind, die personenbezogenen Daten tatsächlich zu schützen.[13]

IV. Schriftformerfordernis (Abs. 3)

18 Abs. 3 bestimmt, dass die Verzeichnisse der Verantwortlichen und Auftragsverarbeiter schriftlich geführt werden müssen, wozu auch Verzeichnisse im elektronischen Format zählen.

---

13 Paal/Pauly-*Martini*, Rn. 19; Kühling/Buchner-*Hartung*, Rn. 24.

V. Zurverfügungstellen (Abs. 4)

Nach Abs. 4 müssen Verantwortliche und Auftragsverarbeiter und gegebenenfalls ihre Vertreter der **Aufsichtsbehörde** auf ihre Anfrage hin[14] die von ihnen geführten **Verzeichnisse zur Verfügung stellen**. Hiermit ist eine der Pflichten zur Zusammenarbeit mit der Aufsichtsbehörde nach Art. 31 formuliert (Art. 31 Rn. 1), die nach Art. 83 Abs. 4 Buchst. a bußgeldbewehrt ist. 19

VI. Ausnahmemöglichkeiten für KMU (Abs. 5)

Abs. 5 formuliert Ausnahmemöglichkeiten von den in den Abs. 1 und 2 statuierten Pflichten zum Führen von Verzeichnissen für kleine und mittlere Unternehmen (KMU). Für **Unternehmen und Einrichtungen, die weniger als 250 Mitarbeiter beschäftigen**, bestehen die Verpflichtungen zum Führen der Verzeichnisse nur in bestimmten Fällen. Dies ist der Fall, wenn die Verarbeitungen Risiken für die Rechte und Freiheiten der betroffenen Personen bergen, es sich um eine »nur gelegentliche« Verarbeitung handelt oder besondere Datenkategorien gemäß Art. 9 Abs. 1 oder Art. 10 verarbeitet werden. Aufgrund des Umstandes, dass bei fast allen Unternehmen und Einrichtungen zumindest einer der genannten Sachverhalte gegeben ist,[15] wird es **nur wenige Unternehmen und Einrichtungen** geben, die als Verantwortliche für die Verarbeitung personenbezogener Daten oder als Auftragsverarbeiter nach Abs. 5 von der Verpflichtung zur Führung von Verzeichnissen nach den Absätzen 1 und 2 **befreit** sind.[16] 20

Art. 31 Zusammenarbeit mit der Aufsichtsbehörde

Der Verantwortliche und der Auftragsverarbeiter und gegebenenfalls deren Vertreter arbeiten auf Anfrage mit der Aufsichtsbehörde bei der Erfüllung ihrer Aufgaben zusammen.

Inhaltsübersicht Rn.

I. Allgemeines

Art. 31 konstituiert die nach Art. 83 Abs. 4 Buchst. a sogar **bußgeldbewehrte Pflicht** der Verantwortlichen und Auftragsverarbeiter, gegebenenfalls auch deren Vertreter, »**auf An-** 1

---

14 SHS-*Petri*, Rn. 40, fasst hierunter jede »wie auch immer geartete Initiative der Aufsichtsbehörde«.

15 Kühling/Buchner-*Martini*, Rn. 30, weist mit Hilfe anderer Sprachversionen nach, dass die DSGVO davon ausgeht, dass schon das Vorliegen eines der drei Sachverhalte die Ausnahme von den Pflichten nach den Abs. 1 und 2 verhindert, was die missverständliche deutsche Formulierung nicht klar zum Ausdruck bringt.

16 So auch Kühling/Buchner-*Hartung*, Rn. 39, und Paal/Pauly-*Martini*, Rn. 31.

frage mit der Aufsichtsbehörde bei der Erfüllung ihrer Aufgaben« **zusammenzuarbeiten**. Gleichzeitig bestimmt Art. 83 Abs. 1 Buchst. f den Grad der Kooperation mit den Aufsichtsbehörden als bußgeldmindernden Umstand (Art. 83 Rn. 16). Die DSGVO begründet an unterschiedlichen Stellen spezielle Pflichten der Verantwortlichen und Auftragsverarbeiter zur Zusammenarbeit mit der Aufsichtsbehörde. Dazu gehören die Verpflichtung nach Art. 30 Abs. 4, der Aufsichtsbehörde auf Anforderung die Verzeichnisse über Verarbeitungstätigkeiten zur Verfügung zu stellen, die Pflicht nach Art. 33 Abs. 1 zur Meldung von Verletzungen des Schutzes personenbezogener Daten an die Aufsichtsbehörde und die sich aus den Abs. 1 und 2 des Art. 58 ergebende Pflicht zur Duldung der Untersuchungs- und Abhilfebefugnisse der Aufsichtsbehörde und die sich in diesem Zusammenhang ergebenden Mitwirkungspflichten. Aus Art. 83 folgt die Pflicht, den Aufsichtsbehörden die für die Bußgeldbemessung erforderlichen Informationen zu übersenden (Art. 83 Rn. 26).

2 Dass es darüber hinaus **weitere Bereiche** gibt, auf die sich die Zusammenarbeitsverpflichtung bezieht, hat die DSGVO selbst entschieden. Die aufsichtsbehördlichen Untersuchungsbefugnisse nach Art. 58 Abs. 1 beziehen sich auf die Aufgabenerfüllung der Aufsichtsbehörden, die in Art. 57 geregelt ist. Diese bestehen nach Art. 57 Abs. 1 Buchst. v neben den in den Buchst. a bis u und den »anderen« in der DSGVO genannten Aufgaben auch in der Aufgabe, »jede sonstige Aufgabe im Zusammenhang mit dem Schutz personenbezogener Daten« zu erfüllen. Damit sind im Anwendungsbereich der DSGVO keine Bereiche denkbar, die sich der aufsichtsbehördlichen Kontrolle entziehen und damit auch von der Verpflichtung zur Zusammenarbeit mit der Aufsichtsbehörde ausgenommen sind. Nur der Klarstellung halber sei darauf hingewiesen, dass das Berufen auf Aussageverweigerungsrechte und die Ausübung der Selbstbelastungsfreiheit[1] keinen Verstoß gegen Art. 31 bedeuten. Ein solcher Verstoß liegt aber vor, wenn diese Rechte in der Weise missverstanden werden, dass sie den Abbruch der Kommunikation mit der Aufsichtsbehörde rechtfertigen würden.

II. Adressaten der Pflicht zur Zusammenarbeit

3 Adressaten der Pflicht zur Zusammenarbeit mit der Aufsichtsbehörde sind die Verantwortlichen und Auftragsverarbeiter, gegebenenfalls auch deren Vertreter im Sinne des Art. 4 Nr. 17.

III. Zusammenarbeit bei der Erfüllung der Aufgaben der Aufsichtsbehörde

4 Die Formulierung »arbeiten (…) mit der Aufsichtsbehörde bei der Erfüllung ihrer Aufgaben zusammen« weist darauf, dass es sich bei der Zusammenarbeit um eine solche zwischen Aufsichtsbehörde in ihrer Eigenschaft als Aufsichtsbehörde und Verantwortlichen, Auftragsverarbeitern und Vertretern in ihrer Eigenschaft als dieser Aufsicht nach der DSGVO Unterworfene handelt. Dass die Aufsichtsbehörden nach der DSGVO auch das Recht auf anlasslose Kontrollen haben, folgt aus Art. 57 Abs. 1 Buchst. v, wonach jede Auf-

---

1 Zu ihren verfassungsrechtlichen Grenzen § 42 BDSG, Rn. 5, und die bei Paal/Pauly-*Martini*, Rn. 31ff. genannten Entscheidungen des EuGH und des EGMR.

sichtsbehörde verpflichtet ist »jede sonstige Aufgabe im Zusammenhang mit dem Schutz personenbezogener Daten« zu erfüllen.[2]

IV. Erfordernis einer Anfrage der Aufsichtsbehörde

Nach der deutlichen Formulierung des Normtextes wird die bußgeldbewehrte Zusammenarbeitsverpflichtung erst durch eine Anfrage der Aufsichtsbehörde ausgelöst, die allerdings auch ohne konkreten Anlass erfolgen kann.[3] Verantwortliche, Auftragsverarbeiter und Vertreter sind damit nach Art. 31 nicht verpflichtet, proaktiv tätig zu werden.[4] Auch muss die Anfrage der Aufsichtsbehörde gewissen Anforderungen genügen. Sie muss so deutlich formuliert sein, dass Verantwortlichen, Auftragsverarbeitern und Vertretern deutlich wird, welche konkrete Handlung die Aufsichtsbehörde von ihnen erwartet. Dafür kann es hilfreich sein, wenn die Aufsichtsbehörde die Anfrage begründet. Dies ist jedoch nicht erforderlich.[5] Aus Art. 31 folgt auch das Recht der Aufsichtsbehörden für die erwarteten Handlungen Fristen zu setzen.[6] 5

Abschnitt 2
Sicherheit personenbezogener Daten

Art. 32 Sicherheit der Verarbeitung

(1) Unter Berücksichtigung des Stands der Technik, der Implementierungskosten und der Art, des Umfangs, der Umstände und der Zwecke der Verarbeitung sowie der unterschiedlichen Eintrittswahrscheinlichkeit und Schwere des Risikos für die Rechte und Freiheiten natürlicher Personen treffen der Verantwortliche und der Auftragsverarbeiter geeignete technische und organisatorische Maßnahmen, um ein dem Risiko angemessenes Schutzniveau zu gewährleisten; diese Maßnahmen schließen gegebenenfalls unter anderem Folgendes ein:

a) die Pseudonymisierung und Verschlüsselung personenbezogener Daten;

b) die Fähigkeit, die Vertraulichkeit, Integrität, Verfügbarkeit und Belastbarkeit der Systeme und Dienste im Zusammenhang mit der Verarbeitung auf Dauer sicherzustellen;

---

2 Dies übersieht offensichtlich Paal/Pauly-*Martini*, Rn. 30, der hierfür den pejorativen Begriff »Ausforschungen ins Blaue« verwendet, den Ehmann/Selmayr-*Raum*, Rn. 7, aufgreift.

3 SHS-*Polenz*, Rn. 9.

4 Paal/Pauly-*Martini*, Rn. 23; Kühling/Buchner-*Hartung*, Rn. 8; SHS-*Polenz*, Rn. 5, der in den Rn. 6f. darauf hinweist, dass die Anfrage der Aufsichtsbehörde nach Art. 31 anders als die Geltendmachung von Untersuchungsbefugnissen nach Art. 58 Abs. 1 mangels Regelungscharakter keinen Verwaltungsakt darstellt.

5 Paal/Pauly-*Martini*, Rn. 25.

6 Kühling/Buchner-*Hartung*, Rn. 10; Paal/Pauly-*Martini*, Rn. 28.

c) die Fähigkeit, die Verfügbarkeit der personenbezogenen Daten und den Zugang zu ihnen bei einem physischen oder technischen Zwischenfall rasch wiederherzustellen;

d) ein Verfahren zur regelmäßigen Überprüfung, Bewertung und Evaluierung der Wirksamkeit der technischen und organisatorischen Maßnahmen zur Gewährleistung der Sicherheit der Verarbeitung.

(2) Bei der Beurteilung des angemessenen Schutzniveaus sind insbesondere die Risiken zu berücksichtigen, die mit der Verarbeitung verbunden sind, insbesondere durch – ob unbeabsichtigt oder unrechtmäßig – Vernichtung, Verlust, Veränderung oder unbefugte Offenlegung von beziehungsweise unbefugten Zugang zu personenbezogenen Daten, die übermittelt, gespeichert oder auf andere Weise verarbeitet wurden.

(3) Die Einhaltung genehmigter Verhaltensregeln gemäß Artikel 40 oder eines genehmigten Zertifizierungsverfahrens gemäß Artikel 42 kann als Faktor herangezogen werden, um die Erfüllung der in Absatz 1 des vorliegenden Artikels genannten Anforderungen nachzuweisen.

(4) Der Verantwortliche und der Auftragsverarbeiter unternehmen Schritte, um sicherzustellen, dass ihnen unterstellte natürliche Personen, die Zugang zu personenbezogenen Daten haben, diese nur auf Anweisung des Verantwortlichen verarbeiten, es sei denn, sie sind nach dem Recht der Union oder der Mitgliedstaaten zur Verarbeitung verpflichtet.

Inhaltsübersicht Rn.

I. Einleitung

1 Art. 32 ist innerhalb der DSGVO die zentrale Vorschrift zur **Sicherstellung eines technischen Schutzstandards**. Sie setzt den in Art. 1 Abs. 2 formulierten Auftrag des Schutzes der Grundrechte und Grundfreiheiten fort und flankiert das Recht betroffener Personen auf Schutz ihrer personenbezogenen Daten auf der technischen Ebene. Die Vorschrift

normiert Vorgaben für den Bereich der Datensicherheit, die in alle Bereiche des Gesetzes ausstrahlen. Der Begriff »Datensicherheit« wird allerdings in Art. 32 so nicht verwendet.

Vorgaben zur technischen Datensicherheit, die mit denen in Art. 32 strukturell vergleichbar sind, fanden sich bereits in Art. 17 Abs. 1 Satz 1 EG-DSRl sowie in § 9 BDSG-alt nebst der zugehörigen Anlage zu Satz 1 dieser Vorschrift. Innerhalb der DSGVO steht Art. 32 in **enger Beziehung** zu den **allgemeinen Verpflichtungen** der Verantwortlichen, die in **Art. 24** präzisiert werden sowie zu den ebenfalls allgemeinen **Vorgaben zum Datenschutz durch Technikgestaltung** und durch **datenschutzrechtliche Voreinstellungen** in **Art. 25**. Im Gegensatz zu den nur allgemeinen Regelungen in Art. 24 und 25 enthält Art. 32 in Abs. 1 eine beispielhafte **Aufzählung von konkreten Schutzmaßnahmen**, die Auftragsverarbeiter oder Unterauftragnehmer (vgl. Art. 28 Rn. 86ff.) zur Umsetzung von Vorgaben der Datensicherheit in Erwägung ziehen können. 2

Systematisch steht Art. 32 schon aufgrund der gemeinsamen Verankerung in Kapitel 4, Abschnitt 2, unter der Überschrift »Sicherheit personenbezogener Daten« in einem engen Zusammenhang zu anderen Regelungen, die dieses Ziel ebenfalls verfolgen. Hierzu gehört die **Meldung von Verletzungen datenschutzrechtlicher Vorschriften** an die Aufsichtsbehörde in **Art. 33** und die hiermit korrespondierende **Verpflichtung zur Benachrichtigung** der betroffenen Personen in **Art. 34** sowie die Regelungen zur **Datenschutz-Folgeabschätzung** in **Art. 35**. 3

Die Vorgaben zur (technischen) **Sicherheit der Verarbeitung** in Art. 32 und die umfassenden Regelungen zum **gesetzlichen Datenschutz**, die die DSGVO enthält, stehen in einem **engen Verhältnis zueinander**. Die Einhaltung der Vorgaben zum technischen Datenschutz bzw. zur Datensicherheit sollte für Verantwortliche und für Auftragsverarbeiter eigentlich eine Selbstverständlichkeit sein. Handelt es sich doch um Maßnahmen, die einen Verlust von personenbezogenen Daten verhindern sollen bzw. die einen störungsfreieren und sicheren Betrieb von IT-Systemen ermöglichen und garantieren.[1] Insoweit muss es eigentlich ein Eigeninteresse Verantwortlicher und Auftragsverarbeiter sein, alle einschlägigen Maßnahmen der Datensicherung, durch die die Verarbeitung von personenbezogenen Daten sicherer wird, auch unabhängig von gesetzlichen Vorgaben und Verpflichtungen umzusetzen. Vor diesem Hintergrund verwundert es, dass in der Praxis dieses vermeintliche Eigeninteresse oft hinter den tatsächlichen Gegebenheiten von Verarbeitungen zurückbleibt. 4

Die nach Art. 32 vorzunehmenden technischen und organisatorischen Datensicherungsmaßnahmen sind zu treffen, wenn die DSGVO zur Anwendung kommt. Sie sind insoweit **unabhängig von der konkreten Verarbeitungsform** und gelten gleichermaßen für elektronische wie für »analoge« Verarbeitungen von personenbezogenen Daten, soweit diese in den Anwendungsbereich der DSGVO fallen. Deshalb müssen beispielsweise elektronische Kundenkarteien oder Personalakten in gleicher Qualität durch geeignete technische und organisatorische Maßnahmen gesichert werden wie ihre analogen »Vorläufer« in Karteikästen oder konventionellen Personalakten. 5

1 Ähnlich schon Gola/Schomerus, § 9 BDSG-alt Rn. 1.

6 Mit dem Ziel der Sicherheit der Verarbeitung enthält **Abs. 1** der Vorschrift in einer **beispielhaften Aufzählung** (»unter anderem«) **acht Kriterien**, die Verantwortliche und Auftragsverarbeiter bei der Ausgestaltung der eingesetzten technischen und organisatorischen Maßnahmen beachten müssen. Auf der Grundlage dieser Einschätzung sind geeignete technische und organisatorische Maßnahmen zu treffen, von denen vier wichtige in der Vorschrift ausdrücklich genannt werden. Hieran schließt sich in **Abs. 2** die **Vorgabe** an, bei der Beurteilung des angemessenen Schutzniveaus **Risiken zu berücksichtigen**, die sich mit der Verarbeitung verbinden. Zu den relevanten Risiken gehören nach der exemplarischen Aufzählung (»insbesondere«) die Vernichtung, der Verlust, die Veränderung oder eine unbefugte Offenlegung bzw. ein unbefugter Zugang zu personenbezogenen Daten während der Verarbeitung. Durch **Abs. 3** wird klargestellt, dass die **Einhaltung genehmigter Verfahrensregeln** nach Art. 40 oder **genehmigter Zertifizierungsverfahren** nach Art. 42 ein **Faktor für den Nachweis** der in Abs. 1 genannten Anforderungen sein kann. **Abs. 4** verpflichtet Verantwortliche und Auftragsverarbeiter, **bezüglich** der ihnen **unterstellten Personen sicherzustellen**, dass diese nur entsprechend ihrer Weisungen bzw. unter Beachtung einschlägiger Gesetze der Union oder der Mitgliedstaaten tätig werden.

II. Technische und organisatorische Maßnahmen (Abs. 1)

1. Adressaten

7 Anders als die Vorgängerregelungen in Art. 17 EG-DSRl und § 9 BDSG-alt sowie die aktuellen Regelungen in den Art. 24 und 25 **verpflichtet Art. 32** Abs. 1 sowohl die Verantwortlichen als **auch** deren **Auftragsverarbeiter** zur Schaffung geeigneter technischer und organisatorischer Maßnahmen.[2] Hiermit korrespondiert insbesondere die Vorgabe in Art. 28 Abs. 3 Buchst. c, nach der Auftragsverarbeiter vertraglich zu verpflichten sind, Verantwortliche bei der Einhaltung der Vorgaben aus Art. 32 zu unterstützen.[3]

2. Bewertungskriterien

8 Die Regelung in Abs. 1 wird eingeleitet durch die **acht Bewertungskriterien** »Stand der Technik«, »Implementierungskosten«, »Art, Umfang, Umstände und Zwecke der Verarbeitung« sowie »unterschiedliche« Eintrittswahrscheinlichkeit« und »Schwere des Risikos für die Rechte und Freiheiten natürlicher Personen«. Die Kriterien sind weitgehend identisch mit denen in Art. 24 Abs. 1 und 25 Abs. 1 (vgl. deshalb die entsprechenden Erläuterungen in Art. 25 Rn. 21ff.). Diese Kriterien müssen Verantwortliche und Auftragsverarbeiter bei der Ausgestaltung der von ihnen zu treffenden technischen und organisatorischen Maßnahmen berücksichtigen.

2 Ebenso SHS-*Hansen*, Art. 32 Rn. 15.

3 Vgl. Kühling/Buchner-*Jandt*, Art. 32 Rn. 4; vgl. auch Art. 28 Abs. 3 Buchst. f Rn. 66ff.

3. Geeignete technische und organisatorische Maßnahmen

Auf der Basis der in Abs. 1 genannten acht Kriterien gestalten Verantwortliche und Auftragsverarbeiter die technischen und organisatorischen Maßnahmen aus, die sie für **geeignet** halten. Insoweit stehen die tatsächlich zu treffenden technischen und organisatorischen Maßnahmen unter dem Vorbehalt der Verhältnismäßigkeit.[4] 9

Allerdings ist der Begriff der »**Geeignetheit**« **nicht** als **Begrenzung** der zu treffenden technischen und organisatorischen Maßnahmen zu verstehen.[5] Dies gilt insbesondere für die Implementierungskosten. Mit Blick auf das mit Art. 32 verfolgte Ziel der Risikominimierung dürfen Verantwortliche und Auftragsverarbeiter nicht etwa die technischen und organisatorischen Maßnahmen wählen, die am kostengünstigsten sind. Vielmehr ist eine Bewertung vorzunehmen, in welchem Verhältnis Risiken und Kosten von Maßnahmen zueinander stehen. Mit steigendem Risiko muss sich auch das Volumen der Implementierungskosten erhöhen, die Verantwortliche und Auftragsverarbeitern bezüglich des Einsatzes technischer und organisatorischer Maßnahmen zumutbar sind.[6] Verantwortliche und Auftragsverarbeiter sollen insoweit **nur vor unbegrenzt hohen Kosten geschützt werden**, nicht aber vor hohen Aufwendungen, die sie erbringen müssen, wenn für personenbezogene Daten große Risiken bestehen.[7] Zudem sind die **Implementierungskosten nur bei der Einführung** technischer und organisatorischer Maßnahmen als Kriterium der Bewertung **heranzuziehen**, nicht aber während ihres Betriebs bzw. ihres Einsatzes (vgl. Art. 25 Rn. 36). Bezüglich der **Betriebskosten ist keine permanente Verhältnismäßigkeitsprüfung** durchzuführen. Diese sind vielmehr von Verantwortlichen, Auftragsverarbeitern oder Unterauftragnehmern zu tragen. 10

Geeignete technische und organisatorische Maßnahmen sollen darauf zielen, bezogen auf bestehende Risiken im Einzelfall ein **angemessenes Schutzniveau zu gewährleisten**. Sie sollen die Rechte der betroffenen Personen gegen alle Formen einer Verarbeitung schützen, die im Widerspruch zu den Regeln und den Ge- und Verboten der DSGVO stehen. Eine Eignung im Sinne von Abs. 1 ist insoweit gegeben, wenn bestimmte Maßnahmen dieses Schutzziels nachhaltig fördern.[8] 11

Der **Begriff** der technischen und organisatorischen Maßnahmen ist **weit auszulegen** (vgl. Art. 25 Rn. 20ff.). Erfasst sind alle Maßnahmen, die geeignet sind, die Risiken von Verarbeitungen auszuschließen oder zu minimieren und zugleich die Sicherheit der Verarbeitung zu erhöhen. Die Eignung von technischen und organisatorischen Maßnahmen wird dadurch geprägt, dass sie beispielsweise die in Art. 5 enthaltenen Grundsätze sicherstellen oder stärken oder dass sie die in Art. 3 enthaltenen Rechte der Betroffenen schützen und garantieren. Insoweit lassen sich die technischen und organisatorischen Maßnahmen 12

4 Sydow-*Mantz*, Art. 32 Rn. 10.

5 Ehmann/Selmayer-*Hladjk*, Art. 32 Rn. 4; Taeger/Gabel-*Schultze-Melling*, Art. 32 Rn. 14.

6 Vgl. Kühling/Buchner-*Jandt*, Art. 32 Rn. 11.

7 Ehmann/Selmayer-*Hladjk*, Art. 32 Rn. 5; deutlich zu eng Plath-*Grages*, Art. 32 Rn. 2, der die »*wirtschaftliche Innovationsfähigkeit nicht über Gebühr mit statischen Verpflichtungen belasten*« will.

8 Ähnlich Kühling/Buchner-*Jandt*, Art. 32 Rn. 5.

in der Praxis nicht von den allgemeinen Grundsätzen, Vorgaben und Schutzzielen der DSGVO abgrenzen.[9]

13 Technische und organisatorische Maßnahmen sollen bezogen auf bestimmte Risiken eingesetzt werden. Der **Risikobegriff** ist in der DSGVO **nicht definiert.** Insoweit fällt Verantwortlichen und Auftragsverarbeitern ein gewisser Ermessensspielraum bei der Einschätzung bestehender Gefahren zu. **Hinweise zur Bewertung des Risikos** leiten sich insbesondere aus der Abschätzung ab, die im Vorfeld einer Verarbeitung nach Art. 25 durchgeführt werden muss (vgl. Art. 24 Rn. 18ff. und Art. 25 Rn. 32). Gibt es darüber hinaus wegen besonders hoher Risiken für die Rechte und Freiheiten natürlicher Personen eine Datenschutz-Folgeabschätzung nach Art. 35, müssen auch die hierbei identifizierten Gefährdungen bei der Ausgestaltung von technischen und organisatorischen Maßnahmen berücksichtigt werden.[10]

4. Ausgestaltung der Maßnahmen

14 Die **Entscheidung**, wie die zu treffenden technischen und organisatorischen Maßnahmen aussehen müssen, **obliegt** grundsätzlich **der Einschätzung der Verantwortlichen** bzw. **der Auftragsverarbeiter**. Damit besteht ein in seinen Grenzen **unbestimmtes Auswahlermessen**. Sind allerdings die ausgewählten und eingesetzten technischen und organisatorischen Maßnahmen unzureichend oder unwirksam, tragen Verantwortliche oder Auftragsverarbeiter erhebliche Risiken. Nach Art. 83 Abs. 4 Buchst. a können Geldbußen gegen sie verhängt werden, wenn Maßnahmen nicht geeignet sind und wenn es deshalb zu Verstößen gegen die DSGVO kommt. Weiterhin können sie gegenüber betroffenen Personen nach Art. 82 schadensersatzpflichtig werden.

15 Bezogen auf die **Höhe möglicher Geldbußen** ist davon auszugehen, dass die zuständige Aufsichtsbehörde bei deren Festsetzung prüfen wird, welche technischen und organisatorischen Maßnahmen Verantwortliche oder Auftragsverarbeiter tatsächlich ergriffen bzw. welche sie nicht durchgeführt haben.[11]

16 Die in Abs. 1 aufgeführten technischen und organisatorischen **Maßnahmen sind beispielhaft**. Deshalb können Verantwortliche oder Auftragsverarbeiter auch andere Vorkehrungen treffen, um die Datensicherheit zu gewährleisten. In Betracht kommen insoweit alle technischen oder organisatorischen Maßnahmen, durch die die Datenschutzvorgaben der DSGVO erfüllt werden können.

17 Art. 32 enthält **keine Definition** der technischen und organisatorischen Maßnahmen, die von Verantwortlichen oder Auftragsverarbeitern zu treffen sind. Mit Blick auf die weit gefassten Schutzziele der DSGVO ist auch der **Begriff** der erforderlichen technischen und organisatorischen Maßnahmen **weit auszulegen**. Er beinhaltet alle Maßnahmen, die Verantwortliche oder Auftragsverarbeiter im Zusammenhang mit der Verarbeitung von Daten treffen müssen, um den durch Art. 32 vorgeschriebenen Mindeststandard der Datensicherheit zu erreichen.

---

9 A.A. Auernhammer-*Kramer/Meints*, Art. 32 Rn. 11, die im Ergebnis für eine klare Trennung plädieren.

10 Ähnlich Sydow-*Mantz*, Art. 32 Rn. 8; vgl. auch Art. 35 Rn. 18ff.

11 Paal/Pauly-*Martini*, Art. 32 Rn. 13.

Mit Blick auf die weite Definition der Verarbeitung in Art. 4 Ziffer 2 bezieht sich die **Notwendigkeit zur Schaffung und Durchführung** von Maßnahmen aus dem Bereich der technischen und organisatorischen Datensicherung **auf alle Phasen der Verarbeitung**. Schutzmaßnahmen müssen bei der Erhebung von Daten beginnen, setzen sich bei allen Formen der Speicherung, Verwendung, Übermittlung oder Bereitstellung fort und enden erst mit dem Löschen oder der Vernichtung von Daten. Zu den zu treffenden technischen und organisatorischen Maßnahmen können im Einzelfall auch bauliche oder personelle Vorkehrungen gehören (etwa besondere Armierungen von Wänden, Fenstern oder Türen sowie Beschränkungen von Zugangsrechten zu Gebäuden, in denen sich IT-Anwendungen befinden).[12] 18

Als technische und organisatorische Maßnahme **einschlägig** ist über den unmittelbaren Wortlaut des Art. 32 hinaus folglich **alles, das geeignet ist**, den durch Art. 1 Abs. 2 vorgegebenen Schutz der Persönlichkeitsrechte zu sichern. Verantwortliche und Auftragsverarbeiter müssen deshalb im Ergebnis alle technischen und organisatorischen Maßnahmen einsetzen und durchführen, die erforderlich sind, um die Ausführung der DSGVO zu realisieren und zu gewährleisten. Eine Beschränkung kann sich allenfalls aus den technischen Grenzen entsprechender Möglichkeiten ableiten. Maßstab ist hierbei aber nicht das subjektive Empfinden der Verantwortlichen oder der Auftragsverarbeiter, sondern eine objektive Bewertung. 19

Nicht erforderlich sind technische und organisatorische Maßnahmen oder Vorkehrungen, die **nur anderweitigen oder sonstigen Interessen** der Verantwortlichen oder der Auftragsverarbeiter dienen (etwa im Bereich der Kundenbetreuung) oder die sich aus anderen Rechtspflichten ableiten (etwa im Bereich der Produkthaftung). Hieraus folgende Handlungspflichten können allerdings im Einzelfall deckungsgleich mit denen nach der DSGVO sein oder diese ergänzen. 20

Vier Maßnahmen, die der Verordnungsgeber für besonders geeignet hält, werden in Abs. 1 Buchst. a bis d benannt. Diese Maßnahmen **stehen für einen minimalen Schutzstandard**, der von Verantwortlichen wie von Auftragsverarbeitern auf jeden Fall garantiert werden muss. Insoweit muss die Verankerung entsprechender technischer und organisatorischer Maßnahmen immer erfolgen.[13] 21

a) Pseudonymisierung und Verschlüsselung (Abs. 1 Buchst. a)

Nach Abs. 1 **Buchst. a** sind technische und organisatorische Maßnahmen, die mit dem Ziel der **Pseudonymisierung** oder **Verschlüsselung** von personenbezogenen Daten erfolgen, geeignete technische und organisatorische Maßnahmen, die zum Schutz betroffener Personen eingesetzt werden können. 22

Der Begriff der **Pseudonymisierung** wird in Art. 4 Nr. 5 definiert. Er steht für Verfahren, bei denen der Personenbezug von Daten nur noch mit zusätzlichen Informationen hergestellt werden kann. Realisiert werden kann eine Pseudonymisierung durch verschiedene Methoden. Die einfachste ist das Ersetzen eines Namens in einer Tabelle durch einen zu- 23

12 Ähnlich Auernhammer-*Kramer/Meints*, Art. 32 Rn. 12.

13 Enger Paal/Pauly-*Martini*, Art. 32 Rn. 31, der die Umsetzung dieser Maßnahmen nicht in jedem Einzelfall für zwingend geboten hält.

fälligen Zahlenwert. Die Zuordnung zwischen Namen und Zahlen muss dann getrennt in einer geschützten Tabelle gespeichert werden. Technisch anspruchsvoller ist die Umwandlung personenbezogener Daten in einen sogenannten »Hash-Wert«, der beispielsweise aus Name, Vorname, Geburtsdatum und einer Zusatzinformation eine nicht rückrechenbare Zahlenkombination erstellt.[14] Das Pseudonym ist hier nur auf eine Person zurückzuführen, wenn alle ursprünglichen Begriffe eingegeben werden.

24 Eine **Pseudonymisierung** entfaltet in Abhängigkeit von ihrem konkreten Anwendungszusammenhang eine **unterschiedliche Schutzwirkung**. Im Gegensatz zur Verschlüsselung von Daten und aufgrund der Möglichkeit der Wiederherstellung des Personenbezugs stellt keine sichere Methode der Datensicherheit dar, sondern allenfalls eine Sicherheitsmaßnahme, mit der die Verknüpfbarkeit vorhandener Daten mit bestimmten betroffenen Personen reduziert wird.[15] Im Einzelfall kann die Schutzwirkung der Pseudonymisierung sehr begrenzt sein, beispielsweise wenn es sich um eine sehr kleine Zahl von erfassten personenbezogenen Daten bzw. um eine überschaubare Zahl von Personen handelt. Gleiches gilt, wenn pseudonymisierte Daten mit einfach zugänglichen Zusatzinformationen schnell auf bestimmte Personen bezogen werden können. Dies ist im betrieblichen Rahmen beispielsweise der Fall, wenn Leistungsdaten zwar ohne Bezug auf eine bestimmte Person erfasst werden, wenn diese Zuordnung aber über Zusatzinformationen wie etwa die Nutzung einer Maschine oder eines bestimmten Rechners hergestellt werden kann.

25 Der Begriff der **Verschlüsselung** ist in der DSGVO nicht definiert. Er steht allgemein für technische Verfahren, bei denen eine Information unter Anwendung eines »Schlüssels« in eine »Geheimschrift« umgewandelt wird.[16]

26 Verschlüsselungsverfahren werden auch als **kryptografische Verfahren** bezeichnet. Bei »symmetrischen Verschlüsselungsverfahren« verfügen mehrere Personen über den für die Wiederherstellung von Informationen notwendigen identischen Schlüssel. Bei »asymmetrischen Verschlüsselungsverfahren« werden unterschiedliche Schlüssel für die Ver- und Entschlüsselung verwendet. Dabei kann auch ein Schlüssel veröffentlicht werden. Wird dieser zur Verschlüsselung benutzt, kann eine Information nur vom Besitzer des Gegenschlüssels wiederhergestellt werden.[17]

b) Sicherstellung der Verarbeitung (Abs. 1 Buchst. b)

27 Nach Abs. 1 **Buchst. b** müssen Verantwortliche und Auftragsverarbeiter geeignete technische und organisatorische Maßnahmen treffen, um die Fähigkeit, die Vertraulichkeit, die Integrität, die Verfügbarkeit und die Belastbarkeit von Systemen und Diensten bezogen auf die **Verarbeitung** personenbezogener Daten **dauerhaft sicherzustellen**. Die zu treffenden Maßnahmen sollen darauf abzielen, einen **störungsfreien und dauerhaften Betrieb** der Systeme und Dienste zu **garantieren**, mit denen personenbezogene Daten ver-

---

14 Ähnlich Kühling/Buchner-*Jandt*, Art. 32 Rn. 18.

15 Vgl. Stellungnahme 05/2014 der »Art.-29-Datenschutzgruppe« vom 10.4.2014, S. 24ff.; Ehmann/Selmayer-*Hladjk*, Art. 32 Rn. 7.

16 Ähnlich Simitis-*Ernestus*, § 9 BDSG-alt Rn. 166; Kühling/Buchner-*Jandt*, Art. 32 Rn. 19.

17 Ausführlich Kühling/Buchner-*Jandt*, Art. 32 Rn. 19.

arbeitet werden. Sie zielen damit weniger auf die Verarbeitung personenbezogener Daten selbst ab als auf das technische und organisatorische Umfeld, in dem dies geschieht.

In der Vorschrift wird als Teilmaßnahme die Sicherstellung der **Fähigkeit** von Systemen und Diensten benannt. Der Begriff »Fähigkeit« ist in der DSGVO nicht definiert. Er steht aber dafür, dass bestimmte Verarbeitungsprozesse tatsächlich dauerhaft durchgeführt werden können.[18] Die eingesetzten Systeme und Dienste sollen über die Fähigkeit verfügen, die Vertraulichkeit, Integrität, Verfügbarkeit und Belastbarkeit zu gewährleisten. Insoweit steht der unbestimmte Begriff als Generalanweisung über den vier genannten Schutzzielen. 28

Die zu sichernde **Vertraulichkeit** steht als Begriff für den Schutz vor unbefugter Preisgabe personenbezogener Informationen. Es soll sichergestellt werden, dass die durch die DSGVO geschützten personenbezogenen Daten ausschließlich Befugten in zulässiger Weise zugänglich gemacht werden.[19] Inhaltlich entspricht die zu schützende Vertraulichkeit der Weitergabekontrolle in der Anlage zu § 9 Satz 1 BDSG-alt Nr. 4.[20] Zum Schutz der Vertraulichkeit soll sichergestellt werden, dass auf personenbezogene Daten nur berechtigte Personen oder Stellen zugreifen können. Im Ergebnis geht es um den Schutz vor einer Preisgabe der Informationen, die durch die DSGVO geschützt werden. Neben technischen Vorkehrungen kommen Zutritts- oder Zugangskontrollen in Betracht.[21] 29

Durch technische und organisatorische Maßnahmen soll weiterhin die **Integrität** personenbezogener Daten gewährleistet werden. Zielrichtung dieser Vorgabe ist es, einerseits die inhaltliche Korrektheit von Daten und Informationen sicherzustellen und andererseits die einwandfreie Funktionsweise von technischen Systemen. Der Begriff steht dafür, dass personenbezogene Daten vollständig bleiben und vor unbefugten Veränderungen geschützt werden. Der Schutz der Integrität lässt sich einerseits durch die Verwendung von technischen Verfahren sicherstellen, die nicht-autorisierte Veränderungen verhindern, insbesondere durch eine elektronische digitale Signatur nach dem SignG.[22] Der Begriff der Integrität bezieht sich andererseits auf die Funktionsweise technischer Systeme und Dienste. Diese sollen durch geeignete Maßnahmen vor Schadprogrammen wie etwa Viren, Trojanern oder »Spyware« geschützt werden.[23] 30

Der Schutz der Systeme vor Schadprogrammen im Rahmen der Sicherstellung der Integrität überschneidet sich mit Maßnahmen zur Sicherung der **Verfügbarkeit**. Eine entsprechende Schutzvorgabe war bereits in der Anlage zu § 9 Satz 1 BDSG-alt in Nr. 7 unter dem Titel »Verfügbarkeitskontrolle« erhalten. Durch die Sicherung der Verfügbarkeit sollen personenbezogene Daten gegen zufällige Zerstörung oder Verluste geschützt werden. Darüber hinaus sollen sie jederzeit und vollständig zugänglich sein. Kommt es dennoch zu einem Verlust von Daten, sollen diese durch entsprechende Back-Up-Maßnahmen einfach wiederhergestellt werden können. Die Sicherung der Verfügbarkeit stellt somit auf zwei unterschiedliche Sachverhalte ab: Den Schutz vor einer zufälligen Zerstörung durch 31

18 Ähnlich Gola-*Piltz*, Art. 32 Rn. 30.
19 Ebenso Gola-*Piltz*, Art. 32 Rn. 31.
20 Ausführlich DKWW-*Wedde*, § 9 BDSG-alt Rn. 61 ff.
21 Kühling/Buchner-*Jandt*, Art. 32 Rn. 23.
22 Paal/Pauly-*Martini*, Art. 32 Rn. 36.
23 Kühling/Buchner-*Jandt*, Art. 32 Rn. 24.

ungeplante Ereignisse (etwa Ausfall der Hardware durch Unwetter oder nicht vorhersehbare Störungen in der genutzten Software) auf der einen und vor einem Verlust der personenbezogenen Daten selbst auf der anderen Seite.

32 Um die Verfügbarkeit zu sichern, müssen **denkbare Schadensquellen identifiziert** und **ausgeschlossen werden**. Hierzu gehören Störungen der technischen Infrastruktur (insbesondere der Stromversorgung) ebenso wie schädigende Einflüsse durch Außeneinwirkung (etwa durch Feuer, Wasser, Staub usw.). Hinzu kommen mögliche fahrlässige oder vorsätzliche Handlungen von Beschäftigten oder von Dritten. Gegen derartige Schadensursachen müssen entsprechende Vorkehrungen getroffen werden.[24]

33 Technische und organisatorische Maßnahmen müssen weiterhin zum Schutz der **Belastbarkeit** der Systeme getroffen werden. In diesem Rahmen soll insbesondere sichergestellt werden, dass die für die Verarbeitung personenbezogener Daten genutzten technischen Systeme und Dienste auch bei einer hohen Inanspruchnahme einwandfrei funktionieren.[25] In diesem Rahmen müssen Verantwortliche und Auftragsverarbeiter insbesondere Vorkehrungen zum Schutz vor gezielten Überlastungen der genutzten Systeme durch sogenannte »Denial of Service«-Attacken oder ähnliche Angriffsformen treffen.[26] Im Ergebnis geht es um die Sicherung der Widerstandsfähigkeit und Ausfallsicherheit von Systemen.[27]

34 Alle nach Abs. 1 Buchst. b zu treffenden Maßnahmen sollen die Verarbeitung auf Dauer sicherstellen. Insgesamt zielen die Maßnahmen dann deshalb auf die Nachhaltigkeit einer einwandfreien Verarbeitung von personenbezogenen Daten.

c) Wiederherstellung der Verfügbarkeit (Abs. 1 Buchst. c)

35 Nach Abs. 1 **Buchst. c** müssen Verantwortliche und Auftragsverarbeiter geeignete technische und organisatorische Maßnahmen treffen, mit denen die **Verfügbarkeit** personenbezogener Daten und der Zugang zu ihnen nach einem physischen oder technischen Zwischenfall **rasch wiederhergestellt werden kann**. Die Zielrichtung entsprechender Maßnahmen nach dem Eintreten von physischen oder technischen Problemen oder nach Störungen ist ein geordneter und schneller Wiederanlauf aller Systeme, mit und auf denen personenbezogene Daten verarbeitet werden.[28] Im Gegensatz zu den Maßnahmen nach Abs. 1 Buchst. b, die auf eine Vorsorge zielen, steht im Mittelpunkt der Maßnahmen nach Abs. 1 Buchst. c die **Bewältigung** von eingetretenen Problemen, mit dem Ziel, die Verarbeitung personenbezogener Daten wieder möglich zu machen.

36 Die Vorschrift **zielt auf alle physischen** oder **technischen Zwischenfälle**, durch die die Verfügbarkeit oder der Zugang zu personenbezogenen Daten eingeschränkt oder ausgeschlossen wird. Gegenstand der Regelung sind sowohl gezielte Angriffe von außen oder

---

24 Vgl. ausführlich DKWW-*Wedde*, § 9 BDSG-alt Rn. 92ff.
25 Gola-*Piltz*, Art. 32 Rn. 31.
26 Paal/Pauly-*Martini*, Art. 32 Rn. 39.
27 Kühling/Buchner-*Jandt*, Art. 32 Rn. 26.
28 Ehmann/Selmayer-*Hladjk*, Art. 32 Rn. 9.

von innen als auch andere Einflüsse wie etwa Brände, Stromausfälle oder Naturkatastrophen.[29]

Umsetzen lassen sich die zu treffenden Maßnahmen im Rahmen einer **umfassenden Notfallplanung**. Diese kann sowohl die Auslagerung von Daten und Back-Up-Dateien als auch das Vorhalten von Back-Up-Rechenzentren beinhalten. Hinzukommen können flankierende Maßnahmen wie etwa eine Notstromversorgung. Bedeutsam sind aber auch personelle Maßnahmen wie etwa die Festlegung von wichtigen Personen im Rahmen einer »Alarmierungskette«. 37

d) Überprüfung, Bewertung und Evaluierung der Wirksamkeit (Abs. 1 Buchst. d)

Zu den nach Abs. 1 **Buchst. d** geeigneten Maßnahmen gehören Verfahren, mit denen die **Wirksamkeit** der getroffenen technischen und organisatorischen Maßnahmen **regelmäßig überprüft, bewertet und evaluiert werden**. Ziel ist die Gewährleistung der Sicherheit der Verarbeitung. Gegenstand dieser Maßnahmen ist eine Überprüfung der Wirksamkeit der eingesetzten Datensicherungsmaßnahmen. Geeignete Maßnahmen sind beispielsweise sogenannte »Penetrationstests«, mit denen überprüft werden soll, ob es Sicherheitslücken gibt.[30] In Betracht kommen aber auch regelmäßige Sicherheitsaudits oder vergleichbare Verfahren. 38

Die **Durchführung** entsprechender Überprüfung, Bewertung oder Evaluierungen soll Verantwortliche und Auftragsverarbeiter in die Lage versetzen, **nachweisen zu können**, dass technische und organisatorische Maßnahmen eingesetzt werden und dass diese auch wirksam sind. Wo der Nachweis nicht gelingt, können Anpassungen vorgenommen werden, um das von der DSGVO vorgeschriebene Schutzniveau halten zu können. 39

In welchen **Abständen** entsprechende Prüfvorgänge durchgeführt werden, ist den Verantwortlichen und den Auftragsverarbeitern überlassen. Die Zeitplanung sollte allerdings so gesetzt werden, dass entstehende Risiken oder Sicherheitslücken rechtzeitig erkannt werden können. 40

III. Beurteilung des angemessenen Schutzniveaus (Abs. 2)

Bei der Beurteilung, ob ein angemessenes Schutzniveau besteht, sind von Verantwortlichen und Auftragsverarbeitern nach **Abs. 2 bestimmte Risiken herausragend zu berücksichtigen**, die mit der Verarbeitung verbunden sind. Hierzu gehören nach der **beispielhaften Aufzählung** (»insbesondere«) in Abs. 2 unbeabsichtigte oder unrechtmäßige Vernichtungen, Verluste, Veränderungen oder unbefugte Offenlegungen von personenbezogenen Daten. Ebenso ist der unbefugte Zugang zu personenbezogenen Daten, die übermittelt, gespeichert oder auf andere Weise verarbeitet wurden, bei der Beurteilung des angemessenen Schutzniveaus zu berücksichtigen. Die **Verpflichtungen**, die sich für Verantwortliche und für Auftragsverarbeiter aus Abs. 2 ableiten, sind **umfassend**. Insoweit sind auch zufällige Vernichtungen personenbezogener Daten ebenso mit einbezogen wie 41

---

29 Ähnlich Gola-*Piltz*, Art. 32 Rn. 34.

30 Ehmann/Selmayer-*Hladjk*, Art. 32 Rn. 10.

neue Angriffsvarianten, mit denen sich etwa Hacker Zugang zu personenbezogenen Daten verschaffen wollen.[31]

42 Die sich aus Art. 32 Abs. 2 ableitenden **Vorgaben müssen** von Verantwortlichen oder Auftragsverarbeitern **zwingend beachtet** werden. Es handelt sich nicht um bloße Bewertungsoptionen.[32]

43 Die in Abs. 2 enthaltenen Vorgaben zur Beurteilung eines angemessenen Schutzniveaus beziehen sich im Kontext der DSGVO nur auf personenbezogene Daten. Werden zur Sicherstellung eines angemessenen Schutzniveaus für diese Informationen ausreichende Schutzmaßnahmen getroffen, wirken diese sich gleichermaßen auch auf alle anderen Daten und Informationen aus. Im Ergebnis erhöht sich damit das gesamte Schutzniveau.

44 Der **Anwendungsbereich** von Abs. 2 ist **weit gefasst**. Er beinhaltet alle Möglichkeiten der unbeabsichtigten oder unrechtmäßigen Schadensverursachung. Darüber hinaus können aber auch alle anderen Formen der Verursachung wie etwa beabsichtigte rechtwidrige Schädigungen in Betracht kommen. Die Aufzählung in Abs. 2 ist insoweit beispielhaft (»insbesondere«) zu verstehen.[33]

45 Unrechtmäßig sind alle **Einwirkungen** auf personenbezogene Daten, die **gegen Rechtsvorschriften verstoßen**. In Betracht kommt insbesondere eine Verletzung der Vorgaben der DSGVO. Einschlägig sind darüber hinaus etwa Verletzungen von zivil- oder strafrechtlichen Schutzvorschriften, die zugunsten der betroffenen Personen gelten.

46 Weiterhin sind Risiken zu berücksichtigen, die entstehen, wenn während der Übermittlung, Speicherung oder anderen Weise der Verarbeitung ein unbefugter Zugang zu personenbezogenen Daten möglich ist. Es soll insoweit ein **umfassender Schutz** vor unbefugten Zugriffen auf personenbezogene Daten **gewährleistet werden**. Die Regelung gleicht insoweit der, die in der Anlage zu § 9 Satz 1 BDSG-alt in Nummer 4 als »Weitergabekontrolle« enthalten war.[34]

47 Um die Vorgaben aus Abs. 2 erfüllen zu können, müssen Verantwortliche und Auftragsverarbeiter **im Regelfall** eine **umfassende Analyse** der von ihnen für die Verarbeitung verwendeten technischen Einrichtungen oder Dienste sowie der organisatorischen Gegebenheiten durchführen. Da eine solche Analyse beispielsweise auch im Rahmen von Art. 24 und 25 bzw. als Teil der Datenschutzfolgenabschätzung nach Art. 35 erfolgen muss, ist es naheliegend, die vorzunehmende Schutzbedarfsfeststellung übergreifend sowie umfassend anzulegen. Sie sollte nicht nur die in Abs. 2 beispielhaft benannten Risiken einer Vernichtung, eines Verlusts, einer Veränderung, einer unbefugten Offenlegung oder eines unbefugten Zugangs berücksichtigen, sondern darüber hinaus alle denkbaren oder wahrscheinlichen Gefährdungen, die eintreten können. In Betracht kommen alle Formen des fahrlässigen oder vorsätzlichen Handelns von Externen oder Internen sowie der unbefugten Zugriffe auf vorhandene personenbezogene Daten.[35] Darüber hinaus müssen weitere vorstellbare schädigende Ereignisse wie etwa ein Stromausfall, eine Flutkatastrophe, ein Feuer usw. berücksichtigt werden.

---

31 Ähnlich Gola-*Piltz*, Art. 32 Rn. 42.
32 Ähnlich Gola-*Piltz*, Art. 32 Rn. 39.
33 Ebenso Kühling/Buchner-*Jandt*, Art. 32 Rn. 32.
34 Vgl. DKWW-*Wedde*, § 9 BDSG-alt Rn. 61 ff.
35 Ehmann/Selmayer-*Hladjk*, Art. 32 Rn. 11.

Die **vorzunehmende Feststellung** bestehender Risiken und die heraus folgende Beurteilung eines angemessenen Schutzniveaus erfolgt im Rahmen einer **umfassenden Schutzbedarfsfeststellung**. In dieser wird festgelegt, welche technischen und organisatorischen Maßnahmen getroffen werden müssen sowie welche Notfallmaßnahmen möglich sind, wenn Schädigungen eintreten. Im Rahmen einer solchen Schutzbedarfsfeststellung können verschiedene Risikoklassen gebildet werden, die sowohl an den unterschiedlichen Schutzbedarf verschiedener Arten personenbezogener Daten anknüpfen als auch die unterschiedlichen Gefährdungen der für die Verarbeitung verwendeten technischen Systeme, Dienste und Netze berücksichtigen.[36] 48

Das zu schaffende **Schutzniveau** muss **angemessen** sein. Damit obliegt es Verantwortlichen und Auftragsverarbeitern, die konkret zu treffenden technischen und organisatorischen Maßnahmen festzusetzen und durchzuführen. Mit Blick auf die bei Verstößen gegen den DSGVO drohenden Bußgelder und Schadensersatzansprüche von betroffenen Personen wird es hier hoffentlich zu einer wirksamen »Selbstregulierung« kommen, wenn finanzielle Risiken ausgeschlossen oder begrenzt werden sollen. 49

IV. Genehmigte Verhaltensregeln oder Zertifizierungsverfahren (Abs. 3)

Durch Abs. 3 wird festgelegt, dass die **Einhaltung genehmigter Verhaltensregeln** nach Art. 40 oder **genehmigter Zertifizierungsverfahren** nach Art. 42 durch Verantwortliche oder Auftragsverarbeiter als **ein Faktor** herangezogen werden kann, um die **Erfüllung** der in Abs. 1 genannten Anforderungen **nachzuweisen**. 50

Die Vorschrift soll Verantwortlichen und Auftragsverarbeitern den **Nachweis erleichtern**, dass sie geeignete technische und organisatorische Maßnahmen getroffen haben. Insoweit zielt Abs. 3 auch auf die in Art. 5 Abs. 2 vorgesehene Rechenschaftspflicht. Die Einhaltung genehmigter Verhaltensregeln oder Zertifizierungsverfahren ist jedoch nicht gleichzusetzen mit der Erfüllung der nach Art. 32 Abs. 1 bestehenden Pflichten. Sie ist vielmehr nur ein Faktor, dem eine Indizwirkung zukommt (vgl. hierzu Art. 28 Rn. 102ff.). Verantwortliche oder Auftragsverarbeiter dürfen sich nicht uneingeschränkt darauf verlassen, dass sie ihre Pflichten nach Art. 32 erfüllen, wenn sie sich an genehmigte Verhaltensregeln oder Zertifizierungsverfahren halten.[37] 51

V. Weisungsgebundene Verarbeitung (Abs. 4)

Nach Abs. 4 müssen Verantwortliche und Auftragsverarbeiter Schritte unternehmen, um sicherzustellen, dass ihnen unterstellte natürliche Personen personenbezogene **Daten nur weisungsgebunden verarbeiten**. Diese Verpflichtung beschränkt sich auf Personen, die Zugang zu entsprechenden Informationen haben. Die Verpflichtung der Verantwortlichen und Auftragsverbeiter entfällt, wenn nach dem Recht der Union oder eines Mitgliedstaats eine Verpflichtung von Personen besteht, bestimmte Verarbeitungen durchzuführen. 52

36 Ähnlich Ehmann/Selmayer-*Hladjk*, Art. 32 Rn. 11.

37 Ähnlich Gola-*Piltz*, Art. 32 Rn. 46; a. A. wohl Paal/Pauly-*Martini*, Art. 32 Rn. 62, der aus der Einhaltung eine Indizwirkung ableitet.

53 Die sich aus Abs. 4 ableitenden Pflichten von Verantwortlichen und Auftragsverarbeitern gehen deutlich über die Verpflichtung auf das Datengeheimnis hinaus, die nach § 5 BDSG-alt vorzunehmen war. Es ist insbesondere nicht mehr ausreichend, dass sich Verantwortliche oder Auftragsverarbeiter von den von ihnen beschäftigten natürlichen Personen lediglich schriftlich versichern lassen, dass diese sich an die einschlägigen datenschutzrechtlichen Vorgaben halten. Sie müssen vielmehr selbst aktiv tätig werden, um die Einhaltung der Vorgaben der DSGVO sicherzustellen. Dies setzt entsprechende Schritte konkrete Maßnahmen wie etwa die Erteilung klare und eindeutige Weisungen an alle unterstellten natürlichen Personen voraus.

54 In Abs. 4 ist von »natürlichen Personen« die Rede. Damit beschränkt sich der Regelungsgehalt dieser Vorschrift nicht auf Beschäftigte im Sinne von Art. 88, sondern erfasst alle Menschen, denen Verantwortliche oder Auftragsverarbeiter rechtlich oder tatsächlich verbindliche Weisungen erteilen können.[38] Der **Anwendungsbereich** der Vorschrift ist damit **weit gefasst** und schließt im Ergebnis nur Weisungen an juristische Personen aus. Für juristische Personen sind allerdings im Regelfall die Vorgaben in Art. 28 zur Auftragsverarbeitung einschlägig.

55 Der **Zugang** zu personenbezogenen Daten ist gegeben, wenn natürliche Personen in irgendeiner Form auf personenbezogene Daten zugreifen und mit diesen umgehen können. Auf die genaue Form der Verarbeitung, die tatsächlich möglich ist, kommt es in diesem Zusammenhang nicht an. Ausreichend ist die bloße Möglichkeit der Kenntnisnahme von personenbezogenen Informationen. Ausgenommen vom Anwendungsbereich des Abs. 4 sind nur Mitarbeiter, die keinerlei Zugang zu personenbezogenen Daten haben. Für diese Fälle ist Art. 4 zwar nicht einschlägig. Es ist aber in der Praxis kaum vorstellbar, dass beschäftigte Personen keinerlei Zugang zu personenbezogenen Daten erhalten. Insoweit ist es angebracht, entsprechende Weisungen allen Personen zu erteilen, ohne dass der Zugang zu geschützten Informationen gewollt ist.[39]

56 Die **notwendigen Weisungen** können Arbeitgeber im Rahmen ihres **Direktionsrechts** Beschäftigten auf individualrechtlicher Ebene erteilen. Bei der Erteilung von Weisungen sind die tatsächlichen Zugangsmöglichkeiten einzelner Personen zu berücksichtigen. Wie die Weisungen individualrechtlich konkret ausgestaltet werden können, hängt vom tatsächlich bestehenden Vertragsverhältnis ab. Weisungen an Arbeitnehmer können naturgemäß detaillierter und verbindlicher sein als etwa an Beschäftigte, die auf Basis eines sonstigen Dienst- oder Werkvertrags tätig sind. Weisungen nach Abs. 4 können in allgemeiner Form auch anderen natürlichen Personen erteilt werden, die Zugang zu personenbezogenen Daten haben. Dies kann etwa durch Arbeitsanweisungen oder anderweitige Verhaltensregelungen erfolgen. Die entsprechenden Weisungen können sich sowohl auf den Bereich des gesetzlichen Datenschutzes wie auch auf Vorgaben zu technischen und organisatorischen Maßnahmen im Bereich der Datensicherheit beziehen.[40]

57 Werden Weisungen erteilt, müssen Verantwortliche und Auftragsverarbeiter deren **Einhaltung überwachen.** Dabei müssen sie allerdings bestehende Rechte der angewiesenen Personen berücksichtigen. Dies setzt insbesondere innerhalb von Arbeitsverhältnissen

38 Gola-*Piltz*, Art. 32 Rn. 51 für rechtliche Weisungen.
39 Ebenso Auernhammer-*Kramer/Meints*, Art. 32 Rn. 54; Paal/Pauly-*Martini*, Art. 32 Rn. 60.
40 Auernhammer-*Kramer/Meints*, Art. 32 Rn. 60.

möglichen Kontrollen enge Grenzen (vgl. ausführlich Art. 88 und § 26 BDSG). Im Rahmen von Arbeitsverhältnissen können Verantwortliche und Auftragsverarbeiter nur solche Kontrollmöglichkeiten einsetzen, die nicht unangemessen in die Persönlichkeitsrechte von Arbeitnehmern eingreifen.

Abweichungen von erteilten Weisungen sind im Rahmen von Abs. 4 nur dann zulässig, 58
wenn Personen nach dem Recht der Union oder eines Mitgliedstaats zu bestimmten Verarbeitungen verpflichtet sind. Dies kann etwa der Fall sein, wenn bezogen auf **Gesundheitsgefährdungen** an Arbeitsplätzen Meldepflichten nach einschlägigen gesetzlichen Vorgaben aus dem Bereich des Arbeitsschutzes bestehen.

Im **Rahmen von Arbeitsverhältnissen** können Weisungen nur im Rahmen des **Direktionsrechts** der Arbeitgeber erteilt werden. Hierbei ist zu beachten, dass Arbeitgeber als Verantwortliche ebenso wie deren Auftragsverarbeiter weiterhin primär für die Einhaltung gesetzlicher Vorgaben verantwortlich sind, die die DSGVO enthält, nicht aber die Arbeitnehmer. Dies steht einer vollständigen Verlagerung datenschutzrechtlicher Pflichten auf Beschäftigte entgegen. Insoweit wäre es unzulässig, Arbeitnehmer durch Weisungen zu verpflichten, alle einschlägigen Vorgaben zum Datenschutz eigenständig sicherzustellen. Sie sind vielmehr nur zur Beachtung der Anweisungen verpflichtet, die Arbeitgeber ihnen erteilt haben. Arbeitgeber sind zudem nicht uneingeschränkt berechtigt, die Einhaltung der erteilten Weisungen durch technische Maßnahmen zu kontrollieren. Entsprechende Kontrollen sind nur nach Maßgabe der Erforderlichkeit gemäß § 26 Abs. 1 Satz 1 zulässig (vgl. § 26 Rn. 98ff.). 59

VI. Verstöße

Kommen Verantwortliche oder Auftragsverarbeiter ihren in Art. 32 festgelegten Verpflichtungen nicht nach, kann dies als Verstoß gegen Art. 83 Abs. 4 Buchst. a mit Geldbußen belegt werden. Daneben kommt eine Schadensersatzpflicht nach Art. 82 in Betracht, wenn Personen ein materieller oder immaterieller Schaden entstanden ist. 60

VII. Mitwirkungs- und Mitbestimmungsrechte von Betriebs- und Personalräten

Die in Art. 32 aufgeführten Maßnahmen sind auf ein zentrales datenschutzrechtliches Ziel ausgerichtet: Die Sicherung der durch die DSGVO geschützten Grundrechte und Grundfreiheiten natürlicher Personen und insbesondere deren Recht auf den Schutz ihrer personenbezogenen Daten. Vor diesem Hintergrund ist eine umfassende Umsetzung der notwendigen Datensicherungsmaßnahmen aus datenschutzrechtlicher Sicht uneingeschränkt zu begrüßen. Aus arbeitsrechtlicher Sicht kann eine umfassende Umsetzung der Vorgaben des Art. 32 jedoch zu dem Problem führen, dass sich bei der Umsetzung von technischen und organisatorischen Maßnahmen zur Datensicherheit aus den dann anfallenden Informationen Rückschlüsse auf das Verhalten und die Leistungen von Mitarbeitern ziehen lassen. Eine Erhöhung des Standards der Sicherheit der Verarbeitung kann damit unmittelbare Auswirkungen auf (verfassungs-)rechtliche Positionen der von der Verarbeitung betroffenen Beschäftigten haben. 61

Vor diesem Hintergrund kommen **Mitwirkungs- und Mitbestimmungsrechte**, die Betriebs- und Personalräte haben, um Arbeitnehmer vor unzulässigen Verhaltens- und Leis- 62 tungskontrollen zu schützen und um zulässige Kontrollmaßnahmen zu gestalten und zu regeln, eine **herausragende Bedeutung** zu. Diese erfassen im Regelfall auch die Weisungen, die ein Arbeitgeber als Verantwortlicher seinen Auftragsverarbeitern bezüglich der Verarbeitung personenbezogener Daten gibt. Die bestehenden kollektivrechtlichen Möglichkeiten finden sich in den einschlägigen kollektivrechtlichen Regelungen des BetrVG bzw. des BPersVG (zur Situation auf Landesebene vgl. die jeweiligen LPersVG).

1. Handlungsmöglichkeiten nach dem BetrVG

63 Werden im Rahmen von Maßnahmen, die mit dem Ziel der Sicherheit der Verarbeitung ein- oder durchgeführt werden, personenbezogene Daten verarbeitet, (etwa i.R.v. Verfahren zur Überprüfung der Wirksamkeit von Maßnahmen nach Art. 32 Abs. 1 Buchst. d), gilt die DSGVO als Schutzgesetz zugunsten der Beschäftigten.[41] Nach § 80 Abs. 1 BetrVG gehört es deshalb zu den Aufgaben der Betriebsräte, die Durchführung der DSGVO und des BDSG zu überwachen.[42] Damit steht ihnen bezüglich der in der Anlage genannten Maßnahmen ein unmittelbares Mitwirkungsrecht zu. Der Arbeitgeber ist nach § 80 Abs. 1 BetrVG verpflichtet, den Betriebsrat über alle einschlägigen Sachverhalte umfassend und vollständig zu informieren. Auf der Grundlage dieser Information kann der Betriebsrat die Umsetzung bestimmter Maßnahmen einfordern, wenn sie erforderlich und verhältnismäßig sind.

64 Unter Hinweis auf **Abs. 1 Buchst. a** können Betriebsräte beispielsweise bezogen auf einzelne IT-Systeme die Schaffung abschließender **Berechtigungskonzepte** fordern, durch die Zugriffsmöglichkeit auf ein unbedingt erforderliches Maß begrenzt werden. In Ausfüllung der Vorgaben zur **Verfügbarkeit** in **Abs. 1 Buchst. c** können sie verlangen, dass allgemeine und individuelle Möglichkeiten getroffen werden, damit eine Weiterarbeit jederzeit (d. h. auch nach dem Ausfall einzelner Komponenten) möglich ist. Aus **Abs. 1 Buchst. a** können sie die Forderung ableiten, dass Beschäftigtendaten durch umfassende Pseudonymisierungs- oder Verschlüsselungskonzepte gegen unbefugte Zugriffe geschützt werden, etwa durch die standardmäßige Installation von Verschlüsselungssoftware auf allen Endgeräten.[43]

65 Einer Forderung von Betriebsräten, Verschlüsselungssoftware flächendeckend einzuführen, können Arbeitgeber nicht das Argument entgegenhalten, dass bestimmte Verarbeitungen aufgrund von vorliegenden Einwilligungen der Beschäftigten auch im Klartext erfolgen können. Der Wirksamkeit entsprechender Einwilligungen steht insbesondere die durch § 77 Abs. 4 BetrVG begründete zwingende Wirkung von Betriebsvereinbarungen entgegen.[44]

66 Sind Maßnahmen, die der Sicherheit der Verarbeitung dienen, im Sinne von § 87 Abs. 1 Nr. 6 BetrVG dazu geeignet, das Verhalten und die Leistung der AN zu überwachen, fällt

---

41 Ausführlich zur Anwendbarkeit Däubler, Gläserne Belegschaften, Rn. 630 ff.

42 Zur Situation nach dem BDSG-alt DKKW-*Buschmann*, § 80 BetrVG Rn. 10 m. w. N.; Wedde, AiB 2003, 290.

43 Wedde, AiB 2003, 290.

44 Vgl. hierzu DKKW-*Berg*, § 77 BetrVG Rn. 88.

dem Betriebsrat ein echtes Mitbestimmungsrecht zu.[45] Die in § 87 BetrVG genannte Voraussetzung wird durch alle technischen und organisatorischen Maßnahmen erfüllt, bei denen personenbezogene Daten der Beschäftigten erhoben bzw. verarbeitet werden. Hierbei ist zu beachten, dass es für das Einsetzen des Mitbestimmungsrechts unerheblich ist, ob der Arbeitgeber entsprechende Kontrollmaßnahmen tatsächlich durchführt oder durchführen will. Ausschlaggebend ist allein die (auch nur theoretische) Möglichkeit von Verhaltens- und Leistungskontrollen. Dem Betriebsrat steht damit die Möglichkeit offen, die Interessen der Beschäftigten durch Abschluss von Betriebsvereinbarungen zu wahren, die sich auf den Bereich des technischen und organisatorischen Datenschutzes beziehen. Neben Regelungen zur Ausgestaltung zulässiger Auswertungen können auch Verwertungsverbote nach Zweckänderungen bzw. zum Nachteilsschutz verankert werden.[46]

Maßnahmen der technisch-organisatorischen Datensicherung können im konkreten Einzelfall Mitbestimmungsrechte nach anderen Vorschriften des BetrVG auslösen. Werden beispielsweise Zugangskartensysteme eingeführt, bei denen Beschäftigte die notwendigen Ausweise sichtbar tragen werden müssen, erfüllt dies als Vorgabe zum Verhalten der Beschäftigten im Regelfall den Tatbestand des § 87 Abs. 1 Nr. 1 BetrVG zur Ordnung im Betrieb.[47] Sind aus Sicherheitsgründen bauliche Maßnahmen notwendig (etwa die Verlagerung der DV-Abteilung in sichere Kellerräume oder in das Dachgeschoss), kann dies als Betriebsänderung i. S. v. § 90 Abs. 1 BetrVG zu qualifizieren sein. Gleiches gilt, wenn einzelne Arbeitsplätze durch den Einbau von Schutzwänden oder -scheiben verändert werden.[48] 67

Zur Wahrnehmung seiner kollektivrechtlichen Mitwirkungs- und Mitbestimmungsrechte haben Betriebsräte zu allen betrieblichen Arbeitsplätzen ein Zugangsrecht.[49] Damit sie ihren gesetzlichen Aufgaben nachkommen können, müssen AG ihnen sowohl ein physisches Zugangsrecht zu allen DV-Bereichen als auch ein elektronisches Zugriffsrecht auf alle Systeme gewähren, da nur so sichergestellt ist, dass alle gesetzlich zulässigen bzw. vorgeschriebenen Kontrollen und Prüfungen möglich sind. Da der Betriebsrat Teil des Verantwortlichen i. S. v. Art. 4 Nr. 7, sind derartige Rechte datenschutzrechtlich unbedenklich, solange sie zweckgebunden erfolgen. Dies verdeutlicht inzwischen der Hinweis in § 26 Abs. 1 Satz 1 BDSG, nach dem personenbezogene Daten von Beschäftigten auch zur Ausübung oder Erfüllung der sich aus einem Gesetz, einem Tarifvertrag oder einer Betriebs- oder Dienstvereinbarung ergebenden Rechte und Pflichten der Interessenvertretung der Beschäftigten erforderlich ist. Die angesprochenen Rechte stehen dem Betriebsrat mit Blick auf Art. 2 Abs. 1 auch bezüglich nicht automatisierter Dateien zu. 68

45 Vgl. ausführlich DKKW-*Klebe*, § 87 BetrVG Rn. 135ff. m. w. N.
46 Vgl. Wedde, AiB 2003, 290f.
47 DKKW-*Klebe*, § 87 BetrVG Rn. 50f. m. w. N.; a. A. BAG, AP Nr. 7 zu § 87 BetrVG 1972, das ein Mitbestimmungsrecht abgelehnt hat.
48 Ausführlich DKKW-*Klebe*, § 90 BetrVG Rn. 7ff.
49 DKKW-*Buschmann*, § 80 BetrVG Rn. 14ff.

2. Handlungsmöglichkeiten nach dem Personalvertretungsrecht

69 Die vorstehenden Aussagen für den Betriebsrat gelten entsprechend auch für Personalräte im Bereich der Bundesverwaltung. Vergleichbare gesetzliche Regelungen finden sich im BPersVG. Die Mitwirkungs- und Mitbestimmungstatbestände sind zu den hier einschlägigen Themen strukturell gleich ausgestaltet.

70 Werden Mitarbeiterdaten mit dem Ziel der Sicherheit der Verarbeitung verwendet, hat der Personalrat gemäß § 68 Abs. 1 Nr. 2 BPersVG über die Einhaltung aller zugunsten der Beschäftigten geltenden Gesetze zu wachen. Hierzu gehört auch das BDSG.[50] Die Überwachungsrechte vom Personalrat erfassen automatisierte und nicht automatisierte Dateien gleichermaßen.

71 Im Konfliktfall steht Personalräten nach § 66 Abs. 3 BPersVG die Einschaltung der zuständigen Aufsichtsbehörde frei, wenn eine Einigung in der Dienststelle nicht erzielt werden konnte.[51]

72 Beinhalten Maßnahmen zur Sicherheit der Verarbeitung die Möglichkeit von Verhaltens- und Leistungskontrollen, kommen aufgrund der textidentischen Aussagen zu § 87 Abs. 1 Nr. 6 BetrVG, bei der Anwendung § 75 Abs. 3 Nr. 17 BPersVG, die gleichen Grundsätze wie im Bereich der Betriebsverfassung zur Anwendung (vgl. Rn. 66). Das BVerwG hat diesbezüglich die Rechtspositionen des BAG weitgehend übernommen.[52] Personalräten wird damit der Weg zum Abschluss von einschlägigen Dienstvereinbarungen eröffnet.[53]

73 Einen **grundlegenden Unterschied** bei der Wahrnehmung kollektiver Rechte gibt es im öffentlichen Bereich bezüglich der Zugangsrechte zu Arbeitsplätzen. Dieses ist nach der bisher geltenden Rechtsprechung vom Einvernehmen mit den Dienststellenleitern abhängig.[54] Obwohl die Dienststellenleitung Zugangsrechte nur aus triftigen Gründen verweigern darf, besteht für den Personalrat damit im Einzelfall bezüglich besonders gesicherter DV-Bereiche eine hohe Hürde, die die Wahrnehmung der bestehenden gesetzlichen Rechte erschweren kann. Aus dem Blickwinkel des Datenschutzes ist diese Hürde nicht zu rechtfertigen, unterliegen doch auch die Mitglieder des Personalrats als Beschäftigte der verantwortlichen Stelle den gleichen datenschutzrechtlichen Geheimhaltungsvorschriften wie alle anderen Mitarbeiter auch.

74 Ähnliche Rechte wie Betriebsräte haben Personalräte bezüglich der aus Datensicherungsgründen ggf. notwendig werdenden Gestaltung der Arbeitsplätze gem. § 75 Abs. 3 Ziff. 16 BPersVG.

Art. 33 Meldung von Verletzungen des Schutzes personenbezogener Daten an die Aufsichtsbehörde

(1) Im Falle einer Verletzung des Schutzes personenbezogener Daten meldet der Verantwortliche unverzüglich und möglichst binnen 72 Stunden, nachdem ihm die Verlet-

50 Vgl. Altvater u. a., § 68 BPersVG Rn. 3 m. w. N.
51 Däubler, Gläserne Belegschaften, Rn. 849.
52 Vgl. BVerwG CR 1988, 500; PersR 1992, 147; PersR 1993, 30.
53 Ausführlich Vogelgesang, CR 1992, 407 ff. sowie Wedde, AiB 2003, 290 f.
54 BVerwG PersR 1990, 177; Däubler, Gläserne Belegschaften, Rn. 844.

zung bekannt wurde, diese der gemäß Artikel 51 zuständigen Aufsichtsbehörde, es sei denn, dass die Verletzung des Schutzes personenbezogener Daten voraussichtlich nicht zu einem Risiko für die Rechte und Freiheiten natürlicher Personen führt. Erfolgt die Meldung an die Aufsichtsbehörde nicht binnen 72 Stunden, so ist ihr eine Begründung für die Verzögerung beizufügen.

(2) Wenn dem Auftragsverarbeiter eine Verletzung des Schutzes personenbezogener Daten bekannt wird, meldet er diese dem Verantwortlichen unverzüglich.

(3) Die Meldung gemäß Absatz 1 enthält zumindest folgende Informationen:

a) eine Beschreibung der Art der Verletzung des Schutzes personenbezogener Daten, soweit möglich mit Angabe der Kategorien und der ungefähren Zahl der betroffenen Personen, der betroffenen Kategorien und der ungefähren Zahl der betroffenen personenbezogenen Datensätze;

b) den Namen und die Kontaktdaten des Datenschutzbeauftragten oder einer sonstigen Anlaufstelle für weitere Informationen;

c) eine Beschreibung der wahrscheinlichen Folgen der Verletzung des Schutzes personenbezogener Daten;

d) eine Beschreibung der von dem Verantwortlichen ergriffenen oder vorgeschlagenen Maßnahmen zur Behebung der Verletzung des Schutzes personenbezogener Daten und gegebenenfalls Maßnahmen zur Abmilderung ihrer möglichen nachteiligen Auswirkungen.

(4) Wenn und soweit die Informationen nicht zur gleichen Zeit bereitgestellt werden können, kann der Verantwortliche diese Informationen ohne unangemessene weitere Verzögerung schrittweise zur Verfügung stellen.

(5) Der Verantwortliche dokumentiert Verletzungen des Schutzes personenbezogener Daten einschließlich aller im Zusammenhang mit der Verletzung des Schutzes personenbezogener Daten stehenden Fakten, von deren Auswirkungen und der ergriffenen Abhilfemaßnahmen. Diese Dokumentation muss der Aufsichtsbehörde die Überprüfung der Einhaltung der Bestimmungen dieses Artikels ermöglichen.

Inhaltsübersicht Rn.

I. Allgemeines

Art. 33, 34 regeln die sog. »**Data Breach Notification**«, die Meldepflicht der verarbeitenden Stellen, sobald ein Datenschutzverstoß mit möglichen relevanten Auswirkungen festgestellt wird. Art. 33 sieht eine Meldung an die Aufsichtsbehörde vor, Art. 34 eine Benach- 1 richtigung der Betroffenen. Mit der »Notification« soll die Transparenz der Datenverarbeitung (Art. 5 Abs. 1 Buchst. a) erhöht werden und ein vorbeugender Schutz dadurch erreicht werden, dass von der Aufsichtsbehörde bzw. den Betroffenen umgehend nötige Maßnahmen ergriffen werden können. Die Regelungen sind eine Konkretisierung der in Art. 5 Abs. 2 normierten Rechenschaftspflicht. Eine Vorgängerregelung in der EG-DSRl gab es nicht.

2 Das Konzept der Security Breach Notifications Laws stammt aus den USA und wurde 2002 erstmals in Kalifornien Gesetz.[1] Eine entsprechende Regelung besteht in Art. 4 Abs. 3 UAbs. 1 TK-DSRl in Bezug auf **elektronische Kommunikationsdienste** in öffentlichen Kommunikationsnetzen. Eine Konkretisierung hierzu erfolgt in Art. 2 VO(EU) 611/2013 incl. Anhang. Diese Regelung war Vorbild für Art. 33.[2]

3 Eine weitere europarechtliche Parallelregelung besteht in Art. 14 NIS-Rl[3] im Hinblick auf sog. **kritische Infrastrukturen**. Gem. Art. 15 Abs. 4 NIS-Rl ist vorgesehen, dass die für die Meldung zuständige Behörde bei der Bearbeitung von Sicherheitsvorfällen »eng mit den Datenschutzbehörden« zusammenarbeitet.

4 Die Art. 30, 31 der DSRl-JI[4] enthalten für den Bereich der **Gefahrenabwehr- und Strafverfolgungsbehörden** Regelungen, die den Art. 33, 34 entsprechen.

5 »Eine Verletzung des Schutzes personenbezogener Daten kann – wenn nicht rechtzeitig und angemessen reagiert wird – einen physischen, **materiellen oder immateriellen Schaden für natürliche Personen** nach sich ziehen, wie etwa Verlust der Kontrolle über ihre personenbezogenen Daten oder Einschränkung ihrer Rechte, Diskriminierung, Identitätsdiebstahl oder -betrug, finanzielle Verluste, unbefugte Aufhebung der Pseudonymisierung, Rufschädigung, Verlust der Vertraulichkeit von dem Berufsgeheimnis unterliegenden Daten oder andere erhebliche wirtschaftliche oder gesellschaftliche Nachteile für die betroffene natürliche Person. Deshalb sollte der Verantwortliche, sobald ihm eine Verletzung des Schutzes personenbezogener Daten bekannt wird, die Aufsichtsbehörde von der Verletzung des Schutzes personenbezogener Daten unverzüglich und, falls möglich, binnen höchstens 72 Stunden, nachdem ihm die Verletzung bekannt wurde, unterrichten, es sei denn, der Verantwortliche kann im Einklang mit dem Grundsatz der Rechenschaftspflicht nachweisen, dass die Verletzung des Schutzes personenbezogener Daten voraussichtlich nicht zu einem Risiko für die persönlichen Rechte und Freiheiten natürlicher Personen führt. Falls diese Benachrichtigung nicht binnen 72 Stunden erfolgen kann, sollten in ihr die Gründe für die Verzögerung angegeben werden müssen, und die Informationen können schrittweise ohne unangemessene weitere Verzögerung bereitgestellt werden« (ErwGr 33).

6 Während des **Gesetzgebungsverfahrens** gab es in Bezug auf Art. 33 nur geringfügige Änderungen. Die Kommission sah für die Reaktionsfrist zunächst regelmäßig 24 Stunden

---

1 Gola-*Reif*, Art. 33 Rn. 4.
2 Marschall, DuD 2015, 183; Paal/Pauly-*Martini*, Art. 34 Rn. 11.
3 Richtlinie über Maßnahmen zur Gewährleistung eines hohen gemeinsamen Sicherheitsniveaus von Netz- und Informationssystemen in der Union; RL(EU) 2016/1148, ABl. (EU) L 194/1 v. 19.7.2016.
4 RL(EU) 2016/680.

vor. Das Parlament sah gar keine feste Frist vor, sondern forderte nur eine »unverzügliche« Meldung. Der Rat schlug die vom Trilog übernommene 72-Stunden-Frist vor.[5]

Aufbau der Regelung: Abs. 1 adressiert die Verantwortlichen, Abs. 2 die Auftragsdatenverarbeiter. Abs. 3 benennt die nötigen Inhalte der Meldung. Abs. 4 sieht eine sukzessive Meldung vor, wenn eine umfassende Meldung nicht möglich ist. Abs. 5 regelt die Dokumentationspflichten des Verantwortlichen im Fall eines »Breaches«. 7

Ebenso wie die DSGVO generell verfolgen die Art. 33, 34 einen **risikoorientierten Ansatz**, wonach die zu ergreifenden Maßnahmen von der Schwere und Tiefe des erfolgten bzw. zu befürchtenden Datenschutzverstoßes abhängig gemacht werden. Es handelt sich bei den Art. 33, 34 um Transparenz- und Kommunikationsvorschriften und damit auch um Konkretisierungen der Betroffenenrechte (Art. 12ff.). Art. 33 konkretisiert die Pflicht der verarbeitenden Stellen nach Art. 31, mit der Aufsichtsbehörde zusammenzuarbeiten. 8

»Die entsprechende Meldung kann zu einem **Tätigwerden der Aufsichtsbehörde** im Einklang mit ihren in dieser Verordnung festgelegten Aufgaben und Befugnissen führen« (ErwGr 87 Satz 3). 9

Art. 70 Abs. 1 Satz 2 Buchst. g erlegt dem **EDSA** auf, durch Leitlinien, Empfehlungen und bewährte Verfahren Hilfestellungen für den praktischen Vollzug des Art. 33 zu geben. Gem. Art. 40 Abs. 2 Buchst. i können die Meldungen nach den Art. 33, 34 durch **Verhaltensregeln** präzisiert werden. Mit dieser Regelung ist jedoch keine normative Privilegierung verbunden.[6] Wohl aber kann und sollte eine nachhaltige Konkretisierung und Durchsetzung der Melde- und Benachrichtigungspflichten in Verhaltensregeln bei der Umsetzung der DSGVO durch die Aufsichtsbehörden Berücksichtigung finden (vgl. Art. 40 Abs. 1). 10

Verstöße gegen Art. 33 sind Geldbußtatbestand gem. Art. 83 Abs. 4 Buchst. a.[7] Die undifferenzierte Verweisung auf Art. 33 und Art. 34 hat zur Folge, dass nicht nur das Unterlassen einer Meldung, sondern jeder Verstoß gegen diese Artikel bußgeldbewehrt ist. 11

Art. 33, 34 verdrängen die bisherige Regelung des **§ 42a BDSG-alt** sowie entsprechende Regelungen (z.B. § 83a SGB X-alt, § 15a TMG, Landesregelungen Berlin, Mecklenburg-Vorpommern, Rheinland-Pfalz und Schleswig-Holstein, z.B. § 27a LDSG SH-alt), die eine Benachrichtigungspflicht gegenüber der Aufsichtsbehörde und den Betroffenen bei unrechtmäßiger Kenntniserlangung Dritter von sensitiven Daten, Berufsgeheimnissen sowie Bank- und Kreditkartendaten regelten.[8] Während § 42a BDSG-alt nur für nicht-öffentliche Stellen galt, erstrecken sich die Art. 33, 34 auf diese wie auf öffentliche Stellen. Während § 42a BDSG-alt spezifische »Risikodaten« benannte, erstrecken sich die Art. 33, 34 auf Risiken personenbezogener Datenverarbeitung ohne Einschränkung. Ein Informationsverwendungsverbot, wie es in § 42a Satz 6 BDSG-alt enthalten ist, ist nicht vorgesehen.[9] Die Art. 33, 34 sind abschließend; eine Öffnungsklausel (abgesehen von Art. 23, siehe Art. 34 Rn. 5) ist nicht vorgesehen, so dass den Mitgliedstaaten auch kein datenschutzrechtlicher Regelungsspielraum bleibt. 12

5 Kühling/Buchner-*Jandt*, Art. 33 Rn. 4; Paal/Pauly-*Martini*, Art. 33 Rn. 12.
6 Paal/Pauly-*Martini*, Art. 33 Rn. 6. Art. 34 Rn. 10.
7 Dazu Faust/Spitta/Wybitul, ZD 2016, 120; zur bisherigen Rechtslage Krischker, DuD 2015, 813.
8 Dazu DKWW-*Weichert*, § 42a.
9 Paal/Pauly-*Martini*, Art. 34 Rn. 59–62; Kühling/Buchner-*Jandt*, Art. 33 Rn. 30f.

13 Die Art. 33, 34 schließen Regelungen zu Benachrichtigungspflichten nicht aus, die eine andere Intention als den Persönlichkeitsschutz von Betroffenen verfolgen. Dies ist z. B. über die Verabschiedung des sog. IT-Sicherheitsgesetzes mit § 8 Abs. 1 BSI-G gegeben, wonach dem **Bundesamt für die Sicherheit in der Informationstechnik** (BSI) als zentrale Meldestelle für Betreiber kritischer Infrastrukturen (Atom, Energiewirtschaft, Telekommunikationsanbieter) fungiert und Meldungen über informationstechnische Sicherheitsvorfälle gemacht werden müssen.[10] Trotz der teilweisen Überschneidungen verfolgt das BSI-G mit der Sicherung der Daseinsvorsorge eine andere Intention als die DSGVO.[11]

14 Die Art. 33, 34 dienen nicht nur der Prävention von weiteren und vertieften Datenschutzverletzungen; deren rechtskonforme Umsetzung setzen i. d. R. bei den verarbeitenden Stellen präventive Maßnahmen voraus. Im Rahmen eines umfassenderen **Datenschutzmanagements** sind Prozesse und Ressourcen vorzuhalten, mit denen es möglich ist, erfolgte Verletzungen zeitnah zu detektieren und nötigen Meldungen und Benachrichtigungen unverzüglich vorzunehmen.[12]

II. Meldepflicht Verantwortlicher (Abs. 1)

15 Adressat der Pflichtenregelung des Abs. 1 ist der **Verantwortliche**, der die Aufsichtsbehörde unterrichten muss. Die Meldepflicht des Verantwortlichen besteht auch, wenn sich die Datenschutzverletzung im Bereich eines Auftragsverarbeiters ereignet hat (vgl. Abs. 2).

16 Die Meldung ist zu richten an die **zuständige Aufsichtsbehörde** gem. Art. 55. Bei einer grenzüberschreitenden Datenverarbeitung bzw. einer solchen in mehreren EU-Mitgliedstaaten ist die Regelung zur federführenden Aufsichtsbehörde nach Art. 56 anwendbar. In Deutschland muss wegen der geteilten Zuständigkeit der Datenschutzaufsicht zudem die nationale Zuständigkeitsverteilung berücksichtigt werden.[13] Sind mehrere Verantwortliche betroffen, so kann eine Meldung an mehrere Aufsichtsbehörden geboten sein. Dabei kann einer der Verantwortlichen die Meldung für alle anderen übernehmen; wobei dies an der individuellen Verpflichtung nichts ändert.[14]

16a Die Art. 33, 34 sind nicht abschließend, es können weitere Informationspflichten bestehen. Im Fall einer Datenpanne ist gemäß § 80 Abs. 1 Nr. 1, Abs. 2 BetrVG auch der **Betriebsrat** zu informieren, soweit Mitarbeiterdaten von der Panne betroffen sind. Zudem besteht bei Unternehmen mit mehr als 100 Beschäftigten eine Pflicht der Benachrichtigung des Wirtschaftsausschusses, wenn die Datenlecks angesichts ihrer Bedeutung »die Interessen der Arbeitnehmer des Unternehmens wesentlich berühren« (§ 106 Abs. 2, 3 Nr. 10 BetrVG).[15]

10 Schneider, Meldepflichten im IT-Sicherheitsrecht, 2017.
11 Paal/Pauly-*Martini*, Art. 33 Rn. 60f.
12 Marschall, DuD 2015, 189; Gola-*Reif*, Art. 33 Rn. 40f.
13 Kühling/Buchner-*Jandt*, Art. 33 Rn. 10–14; vgl. § 40 Abs. 2 BDSG.
14 Auernhammer-*Schreibauer*, Art. 33 Rn. 7f.
15 Fuhlrott, NZA 2019, 650f.

1. Meldepflichtige Datenschutzverletzung

Voraussetzung für die Meldepflicht ist die »**Verletzung des Schutzes personenbezogener Daten**«. Diese werden oft auch »Datenschutzpannen« genannt.[16] Es ist aber unerheblich, ob die Datenschutzverletzung unabsichtlich oder gezielt, z. B. per Hacking stattgefunden hat, wem sie zuzuschreiben ist, ob sie auf einem technischen oder einem menschlichen Fehler basiert. Eine ausschließlich der Sphäre der oder des Betroffenen zuzurechnenden Verletzung ist nicht meldepflichtig.[17] Die Definition hierfür gibt Art. 4 Nr. 12: »eine Verletzung der Sicherheit, die zur Vernichtung, zum Verlust oder zur Veränderung, ob unbeabsichtigt oder unrechtmäßig, oder zur unbefugten Offenlegung von beziehungsweise zum unbefugten Zugang zu personenbezogenen Daten führt, die übermittelt, gespeichert oder auf sonstige Weise verarbeitet wurden«. Es wird ausschließlich auf die objektive Verletzung abgestellt; ein Verschulden ist nicht nötig; auf die subjektive Bewertung des Verantwortlichen kommt es nicht an. Es spielt auch keine Rolle, ob dem Verantwortlichen die Meldepflicht bekannt war. Die Unkenntnis von der normativen Pflicht schützt nicht vor den Rechtsfolgen. Die Meldepflicht besteht sowohl für den Fall, dass die Ursache für die Verletzung im Bereich des Verantwortlichen gesetzt wurde wie auch bei einer Verursachung durch einen Dritten, z. B. einen Hacker. Die Verletzung kann anlässlich einer Speicherung oder einer sonstigen Verarbeitung erfolgen. Sie kann materiell-rechtlicher Art sein oder auf einer Schutzverletzung wegen mangelnder Datensicherheit beruhen.[18] Es genügt, wenn Vermögensschäden drohen, die auf einer Verletzung des Datenschutzes beruhen; sonstige Vermögensschäden werden von den Art. 33, 34 nicht abgedeckt.[19] 17

Auf die Art der betroffenen personenbezogenen Daten kommt es grds. nicht an. Meldepflichtige Verletzungen sind **nicht nur Verstöße gegen die DSGVO** selbst, sondern jede Verletzung des Schutzes personenbezogener Daten. Darunter fallen auch Verstöße gegen nationales Umsetzungsrecht, das nach den Öffnungsklauseln erlassen wurde, sowie Verletzungen von personenbezogenen Berufsgeheimnissen (Art. 9 Abs. 3). Voraussetzung ist, dass die verletzte Regelung dem Regelungsauftrag der DSGVO folgt; anderes gilt u. U. bei Einschränkungen des Regelungsgehalts der DSGVO z. B. nach Art. 85 Abs. 2 (zur Realisierung der Meinungsäußerungs- und Informationsfreiheit). Relevant ist, dass die Regelung einen informationellen Schutz der Grundrechte und Grundfreiheiten beabsichtigt.[20] 18

Weitere Voraussetzung der Meldepflicht ist, dass dem Verantwortlichen »die **Verletzung bekannt wurde**«. Die Kenntnis muss so weit gehen, dass dem Verantwortlichen eine sinnvolle Meldung möglich ist. Besteht eine hinreichende Kenntnis einer Verletzung, ohne dass alle Meldeaspekte bekannt sind, so ermöglicht Abs. 4 eine schrittweise Meldung. Für die Feststellung der Verletzung kommt es auf die tatsächlichen Umstände, nicht auf deren rechtliche Einordung an.[21] Keine Rolle spielt es, wie und über welche Quelle die Kenntnis erlangt wurde. Eigene Feststellungen sind ebenso möglich wie die Information durch dritte Stellen, Betroffene oder eine Strafverfolgungsbehörde. 19

---

16 Marschall, DuD 2015, 183.
17 Auernhammer-*Schreibauer*, Art. 33 Rn. 5.
18 Marschall, DuD 2015, 185; Gola-*Reif*, Art. 33 Rn. 22.
19 A.A. Gola-*Reif*, Art. 33 Rn. 24.
20 Paal/Pauly-*Martini*, Art. 33 Rn. 56.
21 Marschall, DuD 2015, 185

20 Entzieht sich der Verantwortliche pflichtwidrig der Kenntnisnahme der Umstände der Verletzung, so ist er so zu behandeln, als ob er über die entsprechende Kenntnis verfügt. Vom Zeitpunkt der **pflichtwidrigen Kenntnisverweigerung** an läuft die in Abs. 1 genannte Frist. Bei der Feststellung der Pflichtwidrigkeit kommt es auf den Vorsatz an; Fahrlässigkeit genügt nicht. Die Formulierung »Bekannt«-Sein setzt ein bewusstes und zielgerichtetes Verweigern der Kenntnisnahme voraus.[22]

21 Keine Meldepflicht besteht, wenn die Verletzung »**voraussichtlich nicht zu einem Risiko**« für den Datenschutz führt. Eine entsprechende Formulierung findet sich in Art. 27 Abs. 2 Buchst. a in Bezug auf die Pflicht zur Bestellung eines Vertreters. Entgegen dem Vorschlag des Rates bedarf es keines hohen Risikos, jede Form von Risiko genügt gemäß dem Wortlaut. Unter Anwendung des Verhältnismäßigkeitsgrundsatzes genügt aber nicht ein geringfügiges Risiko in Bezug auf Eintrittswahrscheinlichkeit und Schadenshöhe.[23] Die Anforderungen an eine negative Risikoprognose werden umso höher, je gravierender die Rechtsverletzung im Fall ihrer Realisierung wäre.[24]

22 Risiko ist »das Bestehen der Möglichkeit des Eintritts eines Ereignisses, das selbst einen Schaden (einschließlich ungerechtfertigter Beeinträchtigung von Rechten und Freiheiten natürlicher Personen) darstellt oder zu einem weiteren Schaden für eine oder mehrere natürliche Personen führen kann«.[25] Kriterien für eine **Messung des Risikos** lassen sich aus den Art. 24 Abs. 1 Satz 1, 25 Abs. 1, 32 Abs. 1 und 35 ableiten. Maßgeblich sind Art, Umfang, Umstände und Zweck der Verarbeitung und die Eintrittswahrscheinlichkeit und Schwere der zu erwartenden Verletzung. Aspekte einer Verletzung können die Lesbarkeit von pseudonymisierten oder verschlüsselten Daten sein, die Verletzung der Vertraulichkeit, Integrität, Verfügbarkeit und Belastbarkeit. Ein hohes Risiko besteht bei einem unzulässigen Profiling (Art. 22), einer umfangreichen Verarbeitung sensitiver Daten (Art. 9 Abs. 1) oder einer systematischen umfangreichen Überwachung öffentlicher Bereiche (vgl. Art. 35 Abs. 2). ErwGr 85 benennt als drohende physische, materielle und immaterielle Schäden Diskriminierung, Identitätsdiebstahl, Betrug, wirtschaftliche Verluste, Rufschädigung, Verletzung von Berufsgeheimnissen sowie gesellschaftliche Nachteile.

23 Für die Frage, welches Risiko besteht, ist von Bedeutung, welche Schutzvorkehrungen vom Verantwortlichen getroffen wurden: »Es sollte festgestellt werden, ob alle geeigneten **technischen Schutz- sowie organisatorischen Maßnahmen** getroffen wurden, um sofort feststellen zu können, ob eine Verletzung des Schutzes personenbezogener Daten aufgetreten ist, und um die Aufsichtsbehörde und die betroffene Person umgehend unterrichten zu können« (ErwGr 87 Satz 1).

24 Bei der Risikobewertung ist eine **Prognose**, also eine Wahrscheinlichkeitsbewertung über die Folgen des Datenschutzverstoßes gefordert. Bei der Prognose muss eine methodisch nachvollziehbare Analyse des aktuell verfügbaren Wissens vorgenommen werden, wobei der Erkenntnishorizont des Verantwortlichen zu berücksichtigen ist. Nötig ist die Einbe-

22 Paal/Pauly-*Martini*, Art. 33 Rn. 19; Gola-*Reif*, Art. 33 Rn. 28.
23 Paal/Pauly-*Martini*, Art. 33 Rn. 22.
24 SHS-*Dix*, Art. 33 Rn. 11; zur Risikobewertung DSK, Risiko für die Rechte und Freiheiten natürlicher Personen, Kurzpapier Nr. 18, 24.04.2018.
25 DSK, Risiko für die Rechte und Freiheiten natürlicher Personen, 1.

ziehung aller maßgeblichen Umstände. Die Prognoseentscheidung des Verantwortlichen unterliegt der vollen rechtlichen und gerichtlichen Kontrolle.[26]

Die Meldepflicht steht in einem Konflikt zum Recht, sich nicht selbst belasten zu müssen (Grundsatz der **Selbstbelastungsfreiheit**, Nemo-Tenetur-Prinzip, Art. 14 Abs. 3 Buchst. g Internationaler Pakt über bürgerliche und politische Rechte). Der Grundsatz »nemo tenetur se ipsum accusare« besagt allgemein, dass niemand als Beweismittel gegen sich selbst dienen muss. Dazu gehören vor allem das Schweigerecht des Angeklagten im Strafprozess, das Schweigerecht des Zeugen, wenn dieser sich selbst belasten müsste, sowie Beweisverwertungsverbote, wenn auf diese Rechte nicht hingewiesen wurde. Er ist im Zusammenhang mit dem Recht auf ein faires Verfahren zu sehen (Art. 47 Abs. 2 GRCh; vgl. Art. 6 Abs. 1 EMRK). Aus dem Nemo-Tenetur-Prinzip werden verschiedene weitere Folgerungen gezogen.[27]. Gerichte der EU (EuGH und EuG) sehen dieses Recht nicht bei der Pflicht zur Beantwortung rein tatsächlicher Fragen berührt. Die Grenze zur nicht zumutbaren Selbstbelastung sei erst überschritten, wenn Antworten verlangt werden, durch die der Adressat eine Zuwiderhandlung eingestehen müsste, für welche die Behörde den Nachweis zu erbringen hat. Die Verteidigungsrechte eines Betroffenen seien bereits dadurch gewahrt, dass das »Unternehmen immer noch in der Lage ist, entweder während des Verwaltungsverfahrens oder im Verfahren vor den (...) Gerichten geltend zu machen, dass die vorgelegten Dokumente einen anderen als den ihnen (...) zugeschriebenen Sinn hätten«.[28] 25

Der **EGMR** verfolgt bei der Auslegung des Art. 6 Abs. 1 EMRK, der ein faires Verfahren garantiert, einen weiter gehenden Ansatz, wonach Behörden grds. versuchen müssen, ihre Behauptungen zu beweisen, ohne auf Beweise zurückzugreifen, die durch Zwang oder Druck gegen den Willen der angeklagten Personen erlangt sind;[29] er wendet diesen Grundsatz aber nicht auf verwaltungsrechtliche Ermittlungen an.[30] 26

Der Nemo-Tenetur-Grundsatz fand in der DSGVO **keine ausdrückliche Normierung**,[31] wurde aber für das deutsche Recht in den §§ 42 Abs. 4, 43 Abs. 2 BDSG-neu umgesetzt, die damit in modifizierter Form die Regelung des § 42a Satz 6 BDSG-alt (vgl. § 38 Abs. 3 Satz 2, 3 BDSG-alt)[32] fortschreiben. Aus Art. 33, 34 und dem Nemo-Tenetur-Grundsatz kann nicht abgeleitet werden, dass sich hinsichtlich Sanktionen gegen den Verantwortlichen ein **Verwertungsverbot** ergibt; im Rahmen einer Sanktionszumessung sollte er aber berücksichtigt werden.[33] 27

26 Paal/Pauly-*Martini*, Art. 33 Rn. 26.
27 Möller, JR 2005, 314; Weichert, Informationelle Selbstbestimmung, S. 123; Gola-*Reif*, Art. 33 Rn. 12, zur Vereinbarkeit mit deutschem Verfassungsrecht ohne Nemo-Tenetur-Schutz Rn. 43; vgl. Wolff/Brink-*Scheffczyk*, § 42a BDSG Rn. 70; Kaufmann, ZD 2012, 360.
28 EuGH zit. bei Paal/Pauly-*Martini*, Art. 31 Rn. 32.
29 EGMR 25.2.1993 Nr. 10828/84; EGMR 3.5.2001 Nr. 31827/96, NJW 2002, 501.
30 EGMR 17.12.1996 Nr. 19187/91.
31 Kritisch Gola-*Reif*, Art. 33 Rn. 43; vgl. auch Kaufmann, ZD 2012, 360.
32 Wolff/Brink-*Scheffczyk*, § 42a Rn. 57a-62.
33 Unklar insofern Plath-*Grages*, Art. 33 Rn. 18.

2. Formelle Anforderungen

28 Art. 33 legte **keine bestimmte Form** der Meldung fest. Angesichts sonstiger formeller Festlegungen in der DSGVO kann aus diesem Schweigen geschlossen werden, dass keine bestimmte Form vorgegeben wird. Neben der schriftlichen Form ist angesichts der zeitlichen Dringlichkeit insbesondere die elektronische Textform zu empfehlen.[34] Denkbar ist selbst eine mündliche oder fernmündliche Meldung, soweit darüber alle inhaltlichen Anforderungen erfüllt werden.

29 Die Meldung muss »unverzüglich und möglichst binnen 72 Stunden erfolgen«. Fristbeginn ist das Bekanntwerden. »Bei der Feststellung, ob die **Meldung unverzüglich** erfolgt ist, sollten die Art und Schwere der Verletzung des Schutzes personenbezogener Daten sowie deren Folgen und nachteilige Auswirkungen für die betroffene Person berücksichtigt werden« (ErwGr 87 Satz 2). Die DSGVO verzichtet also auf eine starre Frist, legt aber eine Höchstfrist fest.[35]

30 Unverzüglichkeit bedeutet »**ohne schuldhaftes Zögern**« (§ 121 Abs. 1 BGB). Hinsichtlich des Meldezeitpunktes besteht mit der Schuldhaftigkeit eine Komponente subjektiver Vorwerfbarkeit.

31 Die **Höchstfrist von 72 Stunden** soll es als normative Leitvorgabe dem Verantwortlichen ermöglichen, zunächst die nötigen Sachverhalte zu erheben, bevor evtl. voreilig oder falsch eine Meldung erfolgt. Sie soll zugleich aber sicherstellen, dass mit dem Argument, sich der risikoreichen Datenschutzverletzung nicht vollständig versichert zu haben, keine übermäßige Verzögerung der Meldung stattfindet. Liegen alle für die Feststellung der Meldepflicht erforderlichen Kenntnisse vor, so darf nicht bis zum Ende der Höchstfrist gewartet werden.

32 Ist die Höchstfrist ohne Meldung verstrichen, so muss der Verantwortliche die Fristversäumung bzw. Verzögerung nach Satz 2 begründen. Nach den 72 Stunden ist also in jedem Fall eine Begründung bzw. **Rechtfertigung des späten Meldezeitpunktes** erforderlich. Hierbei muss in nachvollziehbarer Weise dargestellt werden, was im konkreten Fall die Gründe und Hintergründe für die verspätete Meldung waren.

33 Erfolgte eine Meldung irrtümlicherweise nicht bei der zuständigen, sondern **bei einer anderen Aufsichtsbehörde**, so befreit dies nicht von der Meldepflicht. Wohl aber ist die angesprochene Aufsichtsbehörde gehalten, auf ihre Unzuständigkeit hinzuweisen.[36] Die angesprochene Aufsichtsbehörde sollte im Interesse einer zeitnahen behördlichen Reaktion auf die gemeldete Verletzung die zuständige Behörde über die Meldung unterrichten (vgl. Art. 60 Abs. 1).

34 Eine verspätete Meldung kann **aufsichtsbehördliche Maßnahmen** nach sich ziehen, insbesondere eine Verwarnung nach Art. 58 Abs. 2 Buchst. b. Die Aufsichtsbehörde kann auch ein Bußgeld gem. Art. 83 Abs. 4 Buchst. a verhängen. Ein Verstoß gegen die Meldepflicht kann zudem eine Ersatzpflicht in Bezug auf materielle wie immaterielle Schäden

---

34 Paal/Pauly-*Martini*, Art. 33 Rn. 29, 30; Marschall, DuD 2015, 186.
35 Piltz/Pradel, ZD 2019, 152 mit Hinweis auf die VO (EWG, EURATOM) Nr. 1182/71.
36 Kühling/Buchner-*Jandt*, Art. 33 Rn. 17.

nach Art. 82 auslösen.[37] Um eine Sanktion wegen Verletzung des Art. 33 zu vermeiden, kann eine vorsorgliche Meldung angezeigt sein.[38]

III. Meldepflicht Auftragsverarbeiter (Abs. 2)

Der Auftragsverarbeiter ist nicht gegenüber der Aufsichtsbehörde, sondern **dem Verantwortlichen informationspflichtig**. Dies ist dem Umstand zuzuschreiben, dass der Auftragsverarbeiter nach Art. 28 den Weisungen des Verantwortlichen unterworfen ist. Art. 28 Abs. 3 UAbs. 1 Satz 2 Buchst. f verpflichtet den Auftragsverarbeiter, den Verantwortlichen bei der Einhaltung der in Art. 32–36 genannten Pflichten zu unterstützten. Daraus ist auch zu schließen, dass er dem Verantwortlichen alle in Abs. 3 genannten Informationen bereitstellen muss, soweit er hierüber verfügt. Dieser soll letztlich auch die Verantwortung für die Meldung gegenüber der Aufsichtsbehörde tragen. Der Auftragsverarbeiter hat jede Verletzung zu melden. Die Entscheidung, ob damit ein die Meldepflicht gegenüber der Aufsichtsbehörde auslösendes Risiko besteht, obliegt dem Verantwortlichen. Auf die Ausführungen zu Abs. 1 kann verwiesen werden. Die Frist nach Abs. 1 Satz 2 beginnt mit der Kenntnisnahme des Auftragsnehmers von der Verletzung. Verzögerungen im Bereich des Auftragsnehmers muss sich der Verantwortliche deshalb i. d. R. zurechnen lassen.[39] Es empfiehlt sich, in einem Vertrag nach Art. 28 die Informationspflichten im Fall einer Datenschutzverletzung und deren Dokumentation ausdrücklich zu regeln.[40] 35

Die Meldepflicht des Auftragsverarbeiters wird ausgelöst, wenn eine **Auftragsverarbeitung gem. Art. 4 Nr. 8** vorliegt; nicht nötig ist, dass die Auftragsverarbeitung gem. Art. 28 rechtmäßig ist (siehe Art. 4 Rn. 96). Da auch Internet-Portale oder -Dienstleister insofern in einem Auftragsverhältnis stehen, sind diese nicht nur evtl. gegenüber den Betroffenen (Art. 34), sondern gem. Abs. 2 auch gegenüber den Verantwortlichen meldepflichtig 36

IV. Anforderungen an die Meldung (Abs. 3)

»Bei der detaillierten Regelung des **Formats und der Verfahren für die Meldung** von Verletzungen des Schutzes personenbezogener Daten sollten die Umstände der Verletzung hinreichend berücksichtigt werden, beispielsweise ob personenbezogene Daten durch geeignete technische Sicherheitsvorkehrungen geschützt waren, welche die Wahrscheinlichkeit eines Identitätsbetrugs oder anderer Formen des Datenmissbrauchs wirksam verringern. Überdies sollten solche Regeln und Verfahren den berechtigten Interessen der Strafverfolgungsbehörden in Fällen Rechnung tragen, in denen die Untersuchung der Umstände einer Verletzung des Schutzes personenbezogener Daten durch eine frühzeitige Offenlegung in unnötiger Weise behindert würde« (ErwGr 88). 37

Die in Abs. 3 aufgeführten **Informationen** sind in ihrer Gänze verpflichtend. Es steht dem Verantwortlichen frei, darüber hinausgehend Informationen zu geben, wenn dies zur Be- 38

37 Kühling/Buchner-*Jandt*, Art. 33 Rn. 27f.
38 Gierschmann, ZD 2016, 53.
39 SHS-*Dix*, Art. 33 Rn. 18; a. A. Plath-*Grages*, Art. 33 Rn. 10.
40 Auernhammer-*Schreibauer*, Art. 33 Rn. 22.

urteilung der Verletzung und des damit verbundenen Risikos incl. den risikominimierenden Maßnahmen sinnvoll erscheint (vgl. Anhang II zur TK-DSRl).

39 **Zweck der Informationen** sind die Ermöglichung einer umfassenden Risikobewertung (Buchst. a), der Sachverhaltsfeststellung (Buchst. b) und der Folgenanalyse (Buchst. c, d). Buchst. b, c und d sind für die Betroffenen relevante Umstände, die auch in Art. 34 Abs. 2 als den Betroffenen zu gebende Informationen aufgeführt sind.

40 Gegen die Meldung können keine **Geheimhaltungspflichten** vorgebracht werden. Dies gilt sowohl in Bezug auf gesetzliche Geheimhaltungspflichten, erst recht aber für Betriebs- und Geschäftsgeheimnisse.[41]

1. Beschreibung der Art der Verletzung (Buchst. a)

41 Die Beschreibung der Verletzungsart darf sich nicht auf eine allgemeine Kategorisierung (Vernichtung, Verlust, Veränderung, unbefugte Offenlegung) beschränken, sondern muss »soweit möglich« **detailliert Angaben** zu der Art und der Zahl der Betroffenen und zu der Art und dem Umfang der betroffenen Datensätze enthalten. Dies bedingt, dass, soweit bekannt, die Rahmenbedingungen der Verletzung beschrieben werden, also z. B. ob es sich um einen externen Hackerangriff oder um eine interne Schutzverletzung handelt. Keine Verpflichtung besteht, sämtliche technischen Details über die Sicherheitslücken oder erfolgreichen Angriffe zu machen, auch ist keine einzelne Benennung der Betroffenen und der betroffenen Daten zu machen. Doch sollten die Kategorien der Betroffenen und der betroffenen Daten so präzise wie möglich genannt werden, da dies für die Risikobewertung von Relevanz ist.

42 Die Regelung steht unter **keinem Kostenvorbehalt**. Der Verantwortliche muss auch personal- oder kostenintensive Untersuchungen durchführen, um die erforderlichen Informationen zu erlangen. Die Grenze liegt insofern bei der Vertret- bzw. Zumutbarkeit.

2. Datenschutzbeauftragter (Buchst. b)

43 Die Angabe von Namen und Kontaktdaten des Datenschutzbeauftragten oder einer sonstigen Anlaufstelle für weitere Informationen soll der Aufsichtsbehörde die Möglichkeit der Nachfrage und weiteren Klärung des Sachverhalts, des Risiko und der nötigen Sicherungsmaßnahmen geben. **Kontaktdaten** können Daten zur Erreichbarkeit per Mail, per Telefon und über weitere Kanäle sein und sollten – wegen der möglicherweise bestehenden Dringlichkeit – auch zeitliche Präzisierungen enthalten.

3. Folgen und Maßnahmen (Buchst. c, d)

44 Buchst. c verpflichtet zur Beschreibung der **wahrscheinlichen Folgen**. Durch Kenntnis der möglichen negativen Folgen können diese gemildert werden. In diesem Zusammenhang sind auch schon die ergriffenen Maßnahmen der Folgenbeseitigung darzustellen

41 Kühling/Buchner-*Jandt*, Art. 33 Rn. 21.

(Buchst. d) und, welche Restfolgen noch zu befürchten bzw. möglich sind. Gefordert ist also eine kurzfristige anlassbezogene Datenschutz-Folgenabschätzung (vgl. Art. 35).

Folgen i. S. d. Regelung meint nicht die wirtschaftlichen, sozialen und politischen Folgen einer Verletzung, sondern bezieht sich auf die Folgen für die Grundrechte und Grundfreiheiten natürlicher Personen (Art. 1 Abs. 2), also insbesondere für den **Datenschutz der Betroffenen** (Art. 4 Nr. 1). 45

Erfasst werden außerdem die ergriffenen und insbesondere die **vorgeschlagenen Maßnahmen** »zur Abmilderung ihrer möglichen nachteiligen Auswirkungen«. Der Verantwortliche soll sich mit der Meldung nicht seiner Verantwortung entledigen können, sondern den ihm möglichen Beitrag zur Folgenbeseitigung leisten. Die vorgeschlagenen Maßnahmen sind die Grundlage für die Beratung durch die Aufsichtsbehörde und evtl. der Anordnung von geeigneten Abhilfemaßnahmen i. S. v. Art. 58 Abs. 2 Buchst. d und f. 46

V. Sukzessive Bereitstellung der Informationen (Abs. 4)

Kann der Verantwortliche zeitnah nicht sämtliche Informationen beibringen, so bleibt er gem. Abs. 4 in der Pflicht, bis diese vollständig vorliegen. Er muss die jeweils verfügbaren Informationen erstmalig unverzüglich liefern bzw. nachliefern, auch wenn dies nur schrittweise möglich ist. Damit sollen jeweils **zeitnah möglichst umfassend** informierte Entscheidungen und Maßnahmen durch die Aufsichtsbehörde ermöglicht werden. Die Regelung verfolgt die Intention, so früh wie möglich Schäden von den Betroffenen abzuwenden. 47

Bei einer **Erstmeldung** sind in jedem Fall die verfügbaren Informationen zu geben. Hierzu gehört der allgemeine Anlass (Abs. 3 Buchst. a) sowie die Angabe von Name und Kontaktdaten des Datenschutzbeauftragten bzw. der Anlaufstelle (Abs. 3 Buchst. b). Einmal im Rahmen der Meldung gegebene Informationen müssen nicht wiederholt werden, es sei denn, diese ergeben im neuen Kontext ein verändertes Bild und veränderte Schlussfolgerungen. 48

VI. Dokumentationspflicht (Abs. 5)

Abs. 5 erlegt dem Verantwortlichen auf, die Datenschutzverletzung umfassend mit allen relevanten **Fakten, Auswirkungen und ergriffenen Abhilfemaßnahmen** zu dokumentieren. Eingeschlossen sind damit auch die Auswirkungen von ergriffenen Abhilfemaßnahmen. 49

Über die Dokumentation soll es dem Verantwortlichen selbst ermöglicht werden, die Verletzung nachzuvollziehen und danach mittel- und längerfristige Sicherungsmaßnahmen zu ergreifen. Das Mindestmaß der Dokumentationspflicht wird durch die vorgesehenen Meldeinhalte festgelegt (Abs. 3 Buchst. a, c, d). Die Dokumentation sollte auch die Grundlagen und das Ergebnis der Risikoprognose umfassen.[42] Die Dokumentation soll es zudem der Aufsichtsbehörde ermöglichen, nach der Verletzung eine **effektive Kontrolle** 50

42 Kühling/Buchner-*Jandt*, Art. 33 Rn. 26.

durchzuführen, die sich sowohl auf die Verarbeitung durch den Verantwortlichen generell, die Verletzung wie auch die Reaktion auf die Verletzung bezieht.

51 Die Dokumentationspflicht betrifft nicht nur meldepflichtige Verletzungen, sondern auch solche, bei denen der Verantwortliche kein die Meldepflicht auslösendes Risiko annahm.[43] Insofern gehört die in Abs. 5 verpflichtend vorgesehene Dokumentation zu einem umfassenderen **Datenschutzmanagement**, das darauf abzielt, Datenschutzverletzungen zu einem frühestmöglichen Zeitpunkt zu detektieren und zu dokumentieren.

52 Die Dokumentationspflicht hat ihre Grenzen im Verhältnismäßigkeitsgrundsatz. Verstöße mit einem erkennbar geringen Risiko müssen nicht dokumentiert werden. Dem gegenüber ist der Verantwortliche aber verpflichtet, sämtliche **Abhilfemaßnahmen** zu dokumentieren, zumal diese möglicherweise erst die Voraussetzung dafür sind, dass das Risiko in akzeptabler Weise minimiert werden konnte.[44]

53 Die Dokumentation muss in einer Weise geführt werden, dass sie im Bedarfsfall intern wie auch auf Anfrage der Aufsichtsbehörde **zur Verfügung gestellt** werden kann.[45]

Art. 34 Benachrichtigung der Betroffenen über Datenschutzverletzungen

(1) Hat die Verletzung des Schutzes personenbezogener Daten voraussichtlich ein hohes Risiko für die persönlichen Rechte und Freiheiten natürlicher Personen zur Folge, so benachrichtigt der Verantwortliche die betroffene Person unverzüglich von der Verletzung.

(2) Die in Absatz 1 genannte Benachrichtigung der betroffenen Person beschreibt in klarer und einfacher Sprache die Art der Verletzung des Schutzes personenbezogener Daten und enthält zumindest die in Artikel 33 Absatz 3 Buchstaben b, c und d genannten Informationen und Maßnahmen.

(3) Die Benachrichtigung der betroffenen Person gemäß Absatz 1 ist nicht erforderlich, wenn eine der folgenden Bedingungen erfüllt ist:

a) der Verantwortliche geeignete technische und organisatorische Sicherheitsvorkehrungen getroffen hat und diese Vorkehrungen auf die von der Verletzung betroffenen personenbezogenen Daten angewandt wurden, insbesondere solche, durch die die personenbezogenen Daten für alle Personen, die nicht zum Zugang zu den personenbezogenen Daten befugt sind, unzugänglich gemacht werden, etwa durch Verschlüsselung;

b) der Verantwortliche durch nachfolgende Maßnahmen sichergestellt hat, dass das hohe Risiko für die Rechte und Freiheiten der betroffenen Personen gemäß Absatz 1 aller Wahrscheinlichkeit nach nicht mehr besteht;

c) dies mit einem unverhältnismäßigen Aufwand verbunden wäre. In diesem Fall hat stattdessen eine öffentliche Bekanntmachung oder eine ähnliche Maßnahme zu erfolgen, durch die die betroffenen Personen vergleichbar wirksam informiert werden.

43 Paal/Pauly-*Martini*, Art. 33 Rn. 55; SHS-*Dix*, Art. 33 Rn. 23.
44 Paal/Pauly-*Martini*, Art. 33 Rn. 57.
45 Vgl. Marschall, DuD 2015, 186.

(4) Wenn der Verantwortliche die betroffene Person nicht bereits über die Verletzung des Schutzes personenbezogener Daten benachrichtigt hat, kann die Aufsichtsbehörde unter Berücksichtigung der Wahrscheinlichkeit, mit der die Verletzung des Schutzes personenbezogener Daten zu einem hohen Risiko führt, von dem Verantwortlichen verlangen, dies nachzuholen, oder sie kann mit einem Beschluss feststellen, dass bestimmte der in Absatz 3 genannten Voraussetzungen erfüllt sind.

Inhaltsübersicht Rn.

I. Allgemeines

Art. 34 begründet eine Benachrichtigungspflicht des Verantwortlichen gegenüber dem bzw. den **Betroffenen einer Datenschutzverletzung**. Dieser soll bzw. diese sollen darüber in die Lage versetzt werden, selbst Schutzmaßnahmen zu ergreifen, um weitere Rechtsverletzungen vermeiden zu können. Zudem kann der Betroffene weitergehende Schritte gegenüber dem Verantwortlichen (z. B. Wahrnehmung der Betroffenenrechte, Art. 12 ff.; gerichtliches Vorgehen, Art. 79; Haftungsansprüche, Art. 82) geltend machen. Darin liegt aber nicht die einzige Funktion des Art. 34; er soll dazu beitragen, dass präventiv Schäden vermieden werden.[1] 1

»Der für die Verarbeitung Verantwortliche sollte die betroffene Person unverzüglich von der Verletzung des Schutzes personenbezogener Daten benachrichtigen, wenn diese Verletzung des Schutzes personenbezogener Daten voraussichtlich zu einem **hohen Risiko** für die persönlichen Rechte und Freiheiten natürlicher Personen führt, damit diese die erforderlichen Vorkehrungen treffen können« (ErwGr 86 Satz 1). 2

Die Regelung ist, ebenso wie Art. 33 risikoorientiert (siehe Art. 33 Rn. 8, 21 f.). Während in Art. 33 für die Meldepflicht gegenüber der Aufsichtsbehörde ein einfaches Risiko genügt, setzt die erheblich aufwändigere Betroffenenbenachrichtigung nach Art. 34 ein **hohes Risiko** voraus. Damit wird aber kein unterschiedliches Grundsatz-Ausnahme-Verhältnis für »Non-liquet-Situationen« festgelegt: Im Zweifel muss nach Art. 33 eine Meldung gegenüber der Aufsichtsbehörde erfolgen; bestehen Zweifel bzgl. des Vorliegens eines hohen Risikos nach Art. 34, so kann auf eine Betroffenenbenachrichtigung nicht verzichtet werden.[2] 3

Zum **Aufbau der Regelung**: Art 34 verpflichtet in Abs. 1 den Verantwortlichen, benennt in Abs. 2 die Form der Benachrichtigung und in Abs. 3 die Ausnahmen von der Pflicht. Abs. 4 regelt Aufsichtsbefugnisse in Bezug auf die Betroffenenbenachrichtigung. 4

Art. 34 ist eine **Sondervorschrift zu den Betroffenenrechten** (Art. 12 ff.), was auch dadurch zum Ausdruck kommt, dass gem. Art. 23 Abs. 1 eine fakultative Öffnungsklausel 5

1 Paal/Pauly-*Martini*, Art. 34 Rn. 17; Gola-*Reif*, Art. 34 Rn. 1; dazu generell Art. 29-Datenschutzgruppe, WP 213 (03/2014) vom 25. 3. 2014.

2 Auernhammer-*Schreibauer*, Art. 34 Rn. 7; anders wohl Paal/Pauly-*Martini*, Art. 34 Rn. 4.

für nationale Beschränkungsregelungen besteht (vgl. auch Art. 12 Abs. 1 Satz 1). Diese muss aber notwendig und verhältnismäßig sein, um eines der Schutzziele von Art. 23 Abs. 1 Buchst. a-j zu erreichen. Dies kann es bei Ausnahmeregelungen erforderlich machen, kompensatorische Sicherungsmaßnahmen vorzusehen.[3] Art. 23 eröffnet es z.B. dem nationalen Gesetzgeber, eine Regelung wie § 43 Abs. 4 BDSG (vgl. § 42a Abs. 6 BDSG-alt) vorzusehen, wonach Daten aus der Melde- bzw. Benachrichtigungspflicht nur mit Zustimmung des Pflichtigen in Straf- und Ordnungswidrigkeitenverfahren verwendet werden dürfen.[4]

6 Über die Einhaltung des Art. 34 wacht gem. Art. 57 Abs. 1 Buchst. a die **Aufsichtsbehörde**, die gem. Art. 58 Abs. 2 Buchst. e den Verantwortlichen anweisen kann, Benachrichtigungen vorzunehmen (Abs. 4) und die evtl. auch eine Geldbuße gem. Art. 83 Abs. 4 Buchst. a i.V.m. Abs. 2 verhängen kann.

7 Wegen Sanktionsmöglichkeiten generell, der Parallele zum Bereich Gefahrenabwehr und Strafverfolgung, zu den Konkretisierungsmöglichkeiten durch den EDSA sowie in Verhaltensregeln, zu der Vorgängerregelung in § 42a BDSG und zum Verhältnis zu weiteren Meldepflichten siehe auch die **Ausführungen zu Art. 33.**

8 Anders als Art. 4 Abs. 3 UAbs. 2 **TK-DSRl**, der für den dortigen Anwendungsbereich lex specialis ist, wird in Art. 34 nicht die Wahrscheinlichkeit einer Betroffenenbeeinträchtigung gefordert; die mitzuteilenden Angaben werden in der TK-DSRl etwas präziser benannt. Die dort vorgesehene Möglichkeit, im Interesse einer ordnungsgemäßen Untersuchung die Benachrichtigung der Betroffenen auszusetzen (Art. 3 Abs. 4 VO(EU) 611/2013) ist in Art. 34 nicht vorgesehen.

9 Die wesentlichen Regelungen des Art. 34 waren schon von **der Kommission und dem Parlament** geplant, wobei sich die Benachrichtigungspflichten in Abs. 2 im Inhalt unterschieden und die Ausnahmeregelungen in Abs. 3 durch den Rat präzisiert wurden. Die Konkretisierungsmöglichkeit sollte nach der Kommission bei ihr selbst liegen, was seit der Parlamentsbehandlung aber auf den EDSA überging.[5]

II. Benachrichtigungspflicht (Abs. 1)

10 **Adressat** des Art. 34 ist ausschließlich der Verantwortliche, nicht der Auftragsverarbeiter (Art. 28). Dieser ist nach Art. 33 Abs. 2, Art. 28 Abs. 3 UAbs. 1 Satz 2 Buchst. f verpflichtet, dem Verantwortlichen unverzüglich eine Verletzung zu melden, der dann über die Betroffenenbenachrichtigung nach Art. 34 zu entscheiden hat.

11 Art. 34 knüpft ebenso wie Art. 33 an eine **Verletzung** des Schutzes personenbezogener Daten an, was in Art. 4 Nr. 12 definiert ist (siehe Art. 4 Rn. 120–122, Art. 33 Rn. 5).

12 Anders als bei Art. 33 genügt nicht irgendeine Verletzung zur Auslösung der Benachrichtigungspflicht; nötig ist vielmehr, dass »**voraussichtlich ein hohes Risiko**« besteht. Diese Formulierung findet sich auch in Art. 35 Abs. 1 Satz 1, der situationsunabhängig eine Datenschutz-Folgenabschätzung einfordert. Die Einschränkung gegenüber Art. 33 beruht

3 Paal/Pauly-*Martini*, Art. 34 Rn. 43, 58; Kühling/Martini u.a., S. 69f.

4 Paal/Pauly-*Martini*, Art. 34 Rn. 62 unter falschem Verweis auf Art. 23 Abs. 1 Buchst. d statt auf Buchst. i.

5 Kühling/Buchner-*Jandt*, Art. 34 Rn. 3; Paal/Pauly-*Martini*, Art. 34 Rn. 18–23.

auf Verhältnismäßigkeitserwägungen im Hinblick auf den Aufwand von Betroffenenbeeinträchtigungen und dem damit verbundenen Reputationsverlust. Oft erfolgende Benachrichtigungen schon bei einem mittleren Risiko könnten evtl. zu einer Abstumpfung bei den Betroffenen führen, was dazu beitragen könnte, dass diese nicht die nötigen Selbstschutzmaßnahmen ergreifen. Das Risiko kann sich beziehen auf eine Diskriminierung, auf Identitätsdiebstahl, Betrug, finanzielle Schäden, den Verlust eines Pseudonymschutzes, die Verletzung eines Berufsgeheimnisses, einen Reputationsverlust, eine Offenlegung von Intim- oder sonstigen sensitiven Daten.[6]

Die Regelung verlangt, wie bei Art. 33, eine **Prognose** durch den Verantwortlichen (siehe 13
Art. 33 Rn. 24). Für das Ergebnis der Prognose sind drohende Schadensschwere sowie Eintrittswahrscheinlichkeit des Schadens relevant. Bei einem sehr hohen drohenden Schaden kann schon eine geringe Wahrscheinlichkeit ein hohes Risiko begründen. Ist die Schadenswahrscheinlichkeit sehr hoch, genügt für ein hohes Risiko auch ein geringerer prognostizierter Schaden.[7] Es ist wünschenswert, dass Maßstäbe für die geforderte Risikoprognose durch die Aufsichtsbehörden bzw. durch den EDSA vorgegeben werden.

Bzgl. der **Schadensschwere** sind Aspekte der Sensitivität der Daten von Bedeutung, also 14
ob es sich um besondere Kategorien (Art. 9 Abs. 1), um Berufsgeheimnisse (Art. 9 Abs. 3) oder um Straftatendaten (Art. 10) handelt. Sind Gesundheitsdaten tangiert, so kann durch drohende Gesundheitsschäden das Risiko erhöht sein. Bei Bank- und Kreditkarteninformationen ist die Gefahr unberechtigter Abbuchungen mit von Bedeutung.[8] Gem. der Wertung des Art. 35 Abs. 3 spricht für ein hohes Risiko weiterhin eine »systematische und umfassende Bewertung persönlicher Aspekte«, die erhebliche Beeinträchtigung der Betroffenen in faktischer und rechtlicher Hinsicht oder die »systematische umfangreiche Überwachung öffentlich zugänglicher Bereiche«. Abgesehen von dem Aspekt der Massenüberwachung spielt es keine Rolle, wieviel Personen betroffen sind; sind nur eine oder wenige Personen mit einem hohen Risiko betroffen, so genügt dies für die Benachrichtigungspflicht. Im Vordergrund steht das Ziel, individuelle Schutzmaßnahmen zu ermöglichen.

»Solche Benachrichtigungen der betroffenen Person sollten stets **so rasch wie nach all-** 15
gemeinem Ermessen möglich, in enger Absprache mit der Aufsichtsbehörde und nach Maßgabe der von dieser oder von anderen zuständigen Behörden wie beispielsweise Strafverfolgungsbehörden erteilten Weisungen erfolgen. Um beispielsweise das Risiko eines unmittelbaren Schadens mindern zu können, müssten betroffene Personen sofort benachrichtigt werden, wohingegen eine längere Benachrichtigungsfrist gerechtfertigt sein kann, wenn es darum geht, geeignete Maßnahmen gegen fortlaufende oder vergleichbare Verletzungen des Schutzes personenbezogener Daten zu treffen« (ErwGr 86 Satz 3, 4).

Art. 34 setzt voraus, dass die Verletzung dem Verantwortlichen bekannt wurde (vgl. 16
Art. 33 Abs. 1 Satz 1). Die Benachrichtigungspflicht des Art. 34 setzt auf der Meldepflicht des Art. 33 auf, so dass spätestens mit einer Benachrichtigung der Betroffenen auch eine Meldung nach Art. 33 erfolgen muss. Für eine darüber hinausgehende **restriktive Ausle-**

6 Auernhammer-*Schreibauer*, Art. 34 Rn. 12; Plath-*Grages*, Art. 34 Rn. 2.
7 Paal/Pauly-*Martini*, Art. 34 Rn. 30; a. A. wohl Gola-*Reif*, Art. 33 Rn. 4.
8 Gola-*Reif*, Art. 34 Rn. 5.

gung der Benachrichtigungsvoraussetzungen gibt es angesichts der Relevanz für den Betroffenenschutz keinen Anlass.[9]

17 Die Verpflichtung zur **unverzüglichen** Benachrichtigung nach Abs. 1 wird nicht notwendigerweise durch die Kenntniserlangung über die Verletzung ausgelöst, sondern erst durch die Kenntniserlangung der Umstände, die ein hohes Risiko begründen.[10] Etwas anderes gilt nur, wenn der Verantwortliche pflichtwidrig die Aufklärung der Verletzung verweigert bzw. sich dem verschließt und dadurch auch keine Kenntnis vom hohen Risiko erlangt.[11]

18 ErwGr 86 Satz 3 kann entnommen werden, dass bei der Festlegung des Zeitpunktes der unverzüglichen Benachrichtigung weitere Aspekte, z. B. der des **Strafverfolgungsinteresses**, eine Rolle spielen können. Würden durch die Benachrichtigung Ermittlungsinteressen beeinträchtigt, z. B. weil mögliche Täter wirksame Vertuschungsaktionen durchführen könnten, so können diese dem Verantwortlichen kommuniziert werden. Bei einer Kommunikation durch die Aufsichtsbehörden kann dies entsprechend Abs. 4 verbindlich vorgegeben werden. Entgegen dem Wortlaut gilt zumindest für Deutschland, dass die Strafverfolgungsbehörden oder andere zuständige Behörden i. d. R. keine Rechtsgrundlage für eine verbindliche Weisung gegenüber dem Verantwortlichen haben; eine solche besteht nur für die Datenschutzaufsicht (Art. 58 Abs. 2 Buchst. e: »entsprechend zu benachrichtigen«). Es muss eine Abwägung zwischen dem Schutz- und Informationsinteresse und den Ermittlungsinteressen vorgenommen werden. Der Verantwortliche selbst hat insofern keinen eigenen Ermessens- oder Entscheidungsspielraum mehr. Insofern besteht Konkretisierungsbedarf in Bezug auf Kriterien und Verfahren durch die Aufsichtsbehörden bzw. den EDSA.[12]

19 Die Meldung nach Art. 33 in Verbindung mit einer **Aufforderung an die Aufsichtsbehörde**, eine Bewertung zur Benachrichtigungspflicht abzugeben, entbindet den Verantwortlichen nicht, eine eigene Bewertung vorzunehmen. Reagiert die Aufsichtsbehörde – egal aus welchen Gründen – kurzfristig nicht auf eine derartige Aufforderung, so muss der Verantwortliche die Bewertung selbst vornehmen, um sich nicht dem Vorwurf einer verspäteten Benachrichtigung auszusetzen. Um diese Wirkung zu vermeiden, sollte eine kurzfristige Nachfrage, z. B. per Telefon, bei der Aufsichtsbehörde vorgenommen werden.

20 Erfolgte **keine unverzügliche Benachrichtigung** und war es deshalb dem Betroffenen nicht möglich, rechtzeitig Schutzvorkehrungen zu treffen, so kann dies zu einem materiellen oder immateriellen Schaden führen, für den der Verantwortliche haften muss (vgl. Art. 82).

III. Form und Inhalt der Benachrichtigung (Abs. 2)

21 »Die Benachrichtigung sollte eine Beschreibung der Art der Verletzung des Schutzes personenbezogener Daten sowie an die betroffene natürliche Person gerichtete Empfehlun-

9 So aber Paal/Pauly-*Martini*, Art. 34 Rn. 32.
10 A.A. wohl Marschall, DuD 2015, 188: Zeitpunkt der Schutzverletzung.
11 Paal/Pauly-*Martini*, Art. 34 Rn. 34; s. Art. 33 Rn. 29 f.
12 Paal/Pauly-*Martini*, Art. 34 Rn. 45; Marschall, DuD 2015, 188.

gen zur **Minderung etwaiger nachteiliger Auswirkungen** dieser Verletzung enthalten« (ErwGr 86 Satz 2).

Adressat der Benachrichtigung sind alle Personen, die von der Verletzung mit einem hohen Risiko betroffen sind. Diese hat individuell zu erfolgen, etwa per E-Mail, über den Postweg oder telefonisch. Art. 12 Abs. 1, der Art. 34 ausdrücklich erwähnt, ist direkt anwendbar. 22

Inhaltlich muss die Benachrichtigung informieren über die Art der Verletzung sowie über den Namen und die Kontaktdaten des Datenschutzbeauftragten oder einer sonstigen Anlaufstelle, die wahrscheinlichen Folgen sowie die Maßnahmen zur Behebung der Verletzung sowie ggf. zur Abmilderung der nachteiligen Auswirkungen (Art. 33 Abs. 3 Buchst. b-d). Nicht verpflichtend sind die sonstigen in § 33 Abs. 3 Buchst. a genannten Informationen (Datenkategorien, Zahl der betroffenen Personen und Datensätze).[13] Sehr zu empfehlen ist es, die Betroffenen über ihre Rechte zu informieren, einschließlich möglicher Rechtsbehelfe.[14] Dem Verantwortlichen ist es unbenommen, diese sowie weitere Informationen, soweit sie sachdienlich für die Betroffenen sein können, zu geben. Der Katalog führt nur die Mindestangaben auf. 23

Es empfiehlt sich, ohne dass es zwingend ist, dass der Verantwortliche die Benachrichtigung in **Absprache mit der Aufsichtsbehörde** sowie evtl. weiteren beteiligten Behörden vornimmt. Neben den in ErwGr 86 Satz 3 genannten Strafverfolgungsbehörden kann eine Absprache mit dem in § 8b Abs. 3 genannten Bundesamt für die Sicherheit in der Informationstechnik (BSI) sinnvoll sein.[15] 24

Eine bestimmte **Art der Benachrichtigung** wird durch die DSGVO nicht vorgegeben. Es empfiehlt sich, auch aus Dokumentationsgründen, eine Text- bzw. Schriftform. Bei einer Unterrichtung per Mail ist darauf zu achten, dass die Betroffenen diese nicht als Spam wahrnehmen. Liegen nur Erreichbarkeitsdaten über Telefon vor, so kann in Ermangelung anderer Möglichkeiten auch hierauf zurückgegriffen werden. Die Benachrichtigung ist in jedem Fall unentgeltlich (vgl. Art. 12 Abs. 5).[16] 25

Die Erforderlichkeit der Verwendung einer **klaren und einfachen Sprache** ergibt sich aus Abs. 2 wie aus Art. 12 Abs. 1 Satz 2. Letztgenannte Regelung präzisiert weiter, dass die Information »in präziser, transparenter, verständlicher und leicht zugänglicher Form« zu erfolgen hat. Die Ausführungen zur Sprache sind nicht nur für die individuelle Benachrichtigung, sondern auch für die öffentliche Bekanntgabe gem. Abs. 3 Buchst. c anwendbar. 26

Die **Verständlichkeitsvorgaben** beziehen sich auf sämtliche bei der Benachrichtigung gemachten Informationen. Sie verbieten grds. die Verwendung von nicht gebräuchlichen Fachtermini.[17] Grds. ist die deutsche Sprache zu verwenden; adressiert ein Angebot nicht nur den deutschen, sondern den europäischen Markt, so sind die EU-Amtssprachen zu wählen, die im jeweiligen Markt vorherrschend sind.[18] Sind bestimmte Termini zur präzisen Sachdarstellung nicht vermeidbar, müssen sie klar und verständlich erläutert wer- 27

13 Kritisch hierzu Marschall, DuD 2015, 188 Fn. 56; Kühling/Buchner-*Jandt*, Art. 33 Rn. 12.
14 Plath-*Grages*, Art. 34 Rn. 7.
15 Auernhammer-*Schreibauer*, Art. 34 Rn. 15.
16 Plath-*Grages*, Art. 34 Rn. 9.
17 Paal/Pauly-*Martini*, Art. 34 Rn. 50–52; Marschall, DuD 2015, 188.
18 Kühling/Buchner-*Jandt*, Art. 33 Rn. 10.

den. Adressiert eine Benachrichtigung eine bestimmte (soziale) Gruppe, so kann die Verwendung des von der Gruppe verwendeten Sprachgebrauchs (zusätzlich zur gängigen deutschen Sprache) angebracht sein, was aber nicht vom Erfordernis der Allgemeinverständlichkeit entbindet. Dies bedeutet, dass in der Regel eine Meldung nach Art. 33 nicht einfach für die Benachrichtigung nach Art. 34 übernommen werden kann und darf, da die Empfänger und deren Horizont sich stark unterscheiden (können). Bei Abhilfemaßnahmen für den Betroffenen sind diese nicht nur abstrakt darzustellen, sondern, soweit dies für deren Umsetzung nötig ist, durch eine Beschreibung Schritt für Schritt.

IV. Ausnahmen (Abs. 3)

28 Abs 3 schränkt die generell bestehende Benachrichtigungspflicht mit einem **abschließenden Katalog** von Ausnahmen ein. Die Voraussetzungen für die Ausnahmen sind sehr allgemein formuliert, so dass die Gefahr besteht, dass bei einer restriktiven Auslegung durch den Verantwortlichen eine aus präventiven Gründen erforderliche Benachrichtigung unterbleibt. Die Tatbestandsmerkmale der Ausnahmetatbestände unterliegen der vollständigen aufsichtsbehördlichen und gerichtlichen Überprüfbarkeit. Abs. 4 sieht vor, dass die Aufsichtsbehörde ihre eigene Bewertung vornimmt, die dann die Bewertung des Verantwortlichen verdrängt.

28a Die in § 29 Abs. 1 Satz 3 BDSG vorgesehene Ausnahme für **Berufsgeheimnisträger** von der Benachrichtigungspflicht verstößt gegen die Pflicht nach Art. 34 und ist deshalb nicht anzuwenden. Gerade bei Sicherheitsverstößen in diesem Bereich besteht ein besonders hohes Risiko und i.d.R. ein überwiegendes Benachrichtigungsinteresse der Betroffenen.[19]

29 Gem. Buchst a besteht keine Benachrichtigungspflicht, wenn **geeignete technische und organisatorische Sicherheitsvorkehrungen** getroffen wurden. Derartige Sicherheitsvorkehrungen werden generell in Art. 32 zur Pflicht gemacht. Die hier geforderten zusätzlichen Sicherheitsvorkehrungen müssen geeignet sein, den durch die Verletzung ermöglichten Schaden zu verhindern oder zu kompensieren. Die Eignung hängt vollständig von der Art der Verletzung ab. Als mögliche Maßnahmen kommen eine (erneute) Verschlüsselung oder eine (zusätzliche) Pseudonymisierung in Betracht.[20] Geeignet kann es sein, einen Datenbestand oder ein Angebot vorläufig vom Netz zu nehmen, um Angreifern die Nutzung erlangter Zugriffsdaten zu vereiteln. Weitere Maßnahmen der räumlichen, technischen oder organisatorischen Abschottung sind denkbar. Regelmäßig werden neben technisch-organisatorische Maßnahmen dienstliche Anweisungen für den weiteren Umgang mit bestimmten Datenbeständen treten müssen.

30 Keine ausdrückliche Erwähnung in der DSGVO findet die sog. »**responsible disclosure**«, also dass Sicherheitslücken erst publik gemacht werden, nachdem Sicherheitsvorkehrungen getroffen werden konnten. Werden Maßnahmen zum Schließen einer Sicherheitslücke unverzüglich ergriffen, so wird zumeist kein schuldhaftes Zögern vorliegen. Eine Abstimmung mit der Aufsichtsbehörde ist insofern nötig und sinnvoll.[21]

---

19 SHS-*Dix*, Art. 34 Rn. 12.
20 Marschall, DuD 2015, 189.
21 Gola-*Reif*, Art. 34 Rn. 14.

Gem. Buchst. b kann eine Benachrichtigung auch unterbleiben, wenn vom Verantwortlichen durch **nachfolgende Maßnahmen** das hohe Risiko aller Wahrscheinlichkeit nach nicht mehr besteht. Während Buchst. a Maßnahmen benennt, stellt Buchst. b auf die Zielsetzung von Maßnahmen und deren Ergebnis ab. Im Ergebnis wird es regelmäßig zu Maßnahmen kommen müssen, die sowohl in Buchst. a wie auch in Buchst. b genannt werden. Es gibt insofern einen großen Bereich von beide Alternativen erfassenden Maßnahmen. Eine nachfolgende Maßnahme kann z. B. bei Identitätsdiebstahl die Vergabe neuer Kennungen und Passwörter sein. Buchst.b ist nicht anzuwenden, wenn ein Schaden bereits eingetreten ist und das Risiko aller Wahrscheinlichkeit nach nicht mehr besteht, ohne dass der Verantwortliche durch entsprechende Maßnahmen hierfür gesorgt hat. Den Betroffenen müssen durch die Benachrichtigung weitergehende Maßnahmen zur Wahrung ihrer Interessen, etwa Schadenersatzforderungen, möglich sein.[22] 31

Anders als Buchst. a und b stellt Buchst. c nicht auf eine Risikoreduzierung ab, sondern darauf, dass dem Verantwortlichen eine individuelle Benachrichtigung nicht möglich oder nicht zumutbar ist und einen **unverhältnismäßigen Aufwand** auslösen würde. 32

In diesem Fall wird die individuelle Benachrichtigung durch »eine **öffentliche Bekanntmachung** oder eine ähnliche Maßnahme« ersetzt. Eine vergleichbare Formulierung verwendet Art. 21 Abs. 1 der Verordnung (EG) Nr. 1346/2000 des Rates vom 29. 05. 2000 über Insolvenzverfahren in Bezug auf die Beantragung eines Insolvenzverfahrens. Während dort aber die förmliche Bekanntmachung im Vordergrund steht, zielt Buchst. c insbesondere darauf ab, die Betroffenen tatsächlich auch zeitnah zu erreichen. 33

Die Maßnahme nach Buchst. c mögen weniger aufwändig für den Verantwortlichen sein, sind aber regelmäßig mit einem hohen **Imageverlust** verbunden. Dieser kann sich selbstverständlich auch dadurch einstellen, dass ein individuell informierter Betroffener die Datenschutzverletzung von sich aus bekannt macht, woran er grds. durch den Verantwortlichen nicht gehindert werden kann. Der Gang an die Öffentlichkeit kann insofern aus Imagegründen sogar auch parallel zur individuellen Benachrichtigung für den Verantwortlichen sinnvoll sein, wenn dadurch das Vertrauen gestärkt wird, dass dieser alles zur Schadenabwendung Mögliche und Notwendige unternimmt. 34

Voraussetzung der Ersatzmaßnahme nach Buchst. c ist, dass hierdurch »die betroffenen Personen **vergleichbar wirksam** informiert werden«. Als Maßnahmen kommen Presseerklärungen, das Abhalten einer Pressekonferenz oder die Durchführung sonstiger Medienaktionen, die Information über soziale Netzwerke oder über die eigene Webseite in Betracht. Die Veröffentlichung alleine auf der eigenen Internetseite genügt nicht, unabhängig davon, wie wahrscheinlich es ist, dass Betroffene diese besuchen, da so keine Multiplikation über öffentliche Medien sichergestellt ist.[23] Auch das Schalten von Anzeigen in Printmedien kann sinnvoll sein, wenn die betroffene Personengruppe hierdurch erreicht werden kann. Die vergleichbare Wirksamkeit setzt nicht voraus, dass tatsächlich alle Betroffenen erreicht werden, wohl aber, dass die Möglichkeit und Wahrscheinlichkeit groß ist, dass über die Maßnahme der größte Teil der Betroffenen direkt oder indirekt erreicht wird. Insofern genügt die Veröffentlichung in einem hoheitlichen Publikationsorgan, 35

---

22 SHS-*Dix*, Art. 34 Rn. 15; Paal/Pauly-*Martini*, Art. 34 Rn. 17.
23 Anders wohl Gola-*Reif*, Art. 34 Rn. 9.

etwa einem Amts- oder Verordnungsblatt nicht, da i. d. R. nicht davon ausgegangen werden kann, dass dieses von den Betroffenen zur Kenntnis genommen wird.[24]

36 Hinsichtlich der Art der Veröffentlichung kommt es nicht nur darauf an, dass diese die Betroffenen erreicht, sondern dass sie auch von den Betroffenen verstanden wird bzw. verstanden werden kann. Wenngleich Abs. 2 nur auf die in Abs. 1 genannte individuelle Benachrichtigung Bezug nimmt, gilt auch bei einer Veröffentlichung, dass diese »in **klarer und einfacher Sprache** die Art der Verletzung« sowie die weiteren Informationen benennt.[25]

V. Aufsichtsbehörde (Abs. 4)

37 Abs. 4 ermächtigt die Aufsichtsbehörde, vom Verantwortlichen eine korrekte Benachrichtigung vorzunehmen und deren Inhalt präzise festzulegen (Art. 58 Abs. 2 Buchst. e: »entsprechend zu benachrichtigen«). Die Aufsichtsbehörde kann sich bei ihrer Anweisung, die **Benachrichtigung »nachzuholen«**, auch auf Einzelaspekte beschränken, gem. Satz 2 auch auf die Feststellung, dass bzw. inwieweit die in Abs. 3 genannten Voraussetzungen erfüllt sind.

38 Die Befugnis beschränkt sich, entgegen der missverständlichen Formulierung des Abs. 4 nicht auf Weisungen, wenn noch keine Benachrichtigung erfolgt ist. Eine Weisung bzw. das »Verlangen« kann auch erfolgen, wenn die erfolgte Benachrichtigung nicht **den rechtlichen Anforderungen genügt** hat.[26]

39 Voraussetzung für das aufsichtsbehördliche Verlangen ist, dass der Verantwortliche **pflichtwidrig** der Benachrichtigungspflicht nicht (vollständig) nachgekommen ist. D.h., er muss Kenntnis der Umstände haben, die die Benachrichtigungspflicht auslösen.

40 Die Aufsichtsbehörde wird zwar nicht ausdrücklich befugt, anstelle des Verantwortlichen eine Benachrichtigung der Betroffenen vorzunehmen. Sie kann aber im Rahmen ihrer allgemeinen Befugnis zur Information von Betroffenen und insbesondere der Öffentlichkeit die **Informationsmaßnahmen** ergreifen, die aus ihrer Sicht (evtl. zusätzlich) zur Gefahrenprävention geeignet sind.

Abschnitt 3
Datenschutz-Folgenabschätzung und vorherige Konsultation

Art. 35 Datenschutz-Folgenabschätzung

(1) Hat eine Form der Verarbeitung, insbesondere bei Verwendung neuer Technologien, aufgrund der Art, des Umfangs, der Umstände und der Zwecke der Verarbeitung voraussichtlich ein hohes Risiko für die Rechte und Freiheiten natürlicher Personen zur Folge, so führt der Verantwortliche vorab eine Abschätzung der Folgen der vorge-

---

24 A.A. Paal/Pauly-*Martini*, Art. 34 Rn. 41.
25 Paal/Pauly-*Martini*, Art. 34 Rn. 42.
26 So wohl auch Paal/Pauly-*Martini*, Art. 34 Rn. 56.

sehenen Verarbeitungsvorgänge für den Schutz personenbezogener Daten durch. Für die Untersuchung mehrerer ähnlicher Verarbeitungsvorgänge mit ähnlich hohen Risiken kann eine einzige Abschätzung vorgenommen werden.

(2) Der Verantwortliche holt bei der Durchführung einer Datenschutz-Folgenabschätzung den Rat des Datenschutzbeauftragten, sofern ein solcher benannt wurde, ein.

(3) Eine Datenschutz-Folgenabschätzung gemäß Absatz 1 ist insbesondere in folgenden Fällen erforderlich:

a) systematische und umfassende Bewertung persönlicher Aspekte natürlicher Personen, die sich auf automatisierte Verarbeitung einschließlich Profiling gründet und die ihrerseits als Grundlage für Entscheidungen dient, die Rechtswirkung gegenüber natürlichen Personen entfalten oder diese in ähnlich erheblicher Weise beeinträchtigen;

b) umfangreiche Verarbeitung besonderer Kategorien von personenbezogenen Daten gemäß Artikel 9 Absatz 1 oder von personenbezogenen Daten über strafrechtliche Verurteilungen und Straftaten gemäß Artikel 10 oder

c) systematische umfangreiche Überwachung öffentlich zugänglicher Bereiche.

(4) Die Aufsichtsbehörde erstellt eine Liste der Verarbeitungsvorgänge, für die gemäß Absatz 1 eine Datenschutz-Folgenabschätzung durchzuführen ist, und veröffentlicht diese. Die Aufsichtsbehörde übermittelt diese Listen dem in Artikel 68 genannten Ausschuss.

(5) Die Aufsichtsbehörde kann des Weiteren eine Liste der Arten von Verarbeitungsvorgängen erstellen und veröffentlichen, für die keine Datenschutz-Folgenabschätzung erforderlich ist. Die Aufsichtsbehörde übermittelt diese Listen dem Ausschuss.

(6) Vor Festlegung der in den Absätzen 4 und 5 genannten Listen wendet die zuständige Aufsichtsbehörde das Kohärenzverfahren gemäß Artikel 63 an, wenn solche Listen Verarbeitungstätigkeiten umfassen, die mit dem Angebot von Waren oder Dienstleistungen für betroffene Personen oder der Beobachtung des Verhaltens dieser Personen in mehreren Mitgliedstaaten im Zusammenhang stehen oder die den freien Verkehr personenbezogener Daten innerhalb der Union erheblich beeinträchtigen könnten.

(7) Die Folgenabschätzung enthält zumindest Folgendes:

a) eine systematische Beschreibung der geplanten Verarbeitungsvorgänge und der Zwecke der Verarbeitung, gegebenenfalls einschließlich der von dem Verantwortlichen verfolgten berechtigten Interessen;

b) eine Bewertung der Notwendigkeit und Verhältnismäßigkeit der Verarbeitungsvorgänge in Bezug auf den Zweck;

c) eine Bewertung der Risiken für die Rechte und Freiheiten der betroffenen Personen gemäß Absatz 1 und

d) die zur Bewältigung der Risiken geplanten Abhilfemaßnahmen, einschließlich Garantien, Sicherheitsvorkehrungen und Verfahren, durch die der Schutz personenbezogener Daten sichergestellt und der Nachweis dafür erbracht wird, dass diese Verordnung eingehalten wird, wobei den Rechten und berechtigten Interessen der betroffenen Personen und sonstiger Betroffener Rechnung getragen wird.

(8) Die Einhaltung genehmigter Verhaltensregeln gemäß Artikel 40 durch die zuständigen Verantwortlichen oder die zuständigen Auftragsverarbeiter ist bei der Beurteilung der Auswirkungen der von diesen durchgeführten Verarbeitungsvorgänge, insbesondere für die Zwecke einer Datenschutz-Folgenabschätzung, gebührend zu berücksichtigen.

(9) Der Verantwortliche holt gegebenenfalls den Standpunkt der betroffenen Personen oder ihrer Vertreter zu der beabsichtigten Verarbeitung unbeschadet des Schutzes gewerblicher oder öffentlicher Interessen oder der Sicherheit der Verarbeitungsvorgänge ein.

(10) Falls die Verarbeitung gemäß Artikel 6 Absatz 1 Buchstabe c oder e auf einer Rechtsgrundlage im Unionsrecht oder im Recht des Mitgliedstaats, dem der Verantwortliche unterliegt, beruht und falls diese Rechtsvorschriften den konkreten Verarbeitungsvorgang oder die konkreten Verarbeitungsvorgänge regeln und bereits im Rahmen der allgemeinen Folgenabschätzung im Zusammenhang mit dem Erlass dieser Rechtsgrundlage eine Datenschutz-Folgenabschätzung erfolgte, gelten die Absätze 1 bis 7 nur, wenn es nach dem Ermessen der Mitgliedstaaten erforderlich ist, vor den betreffenden Verarbeitungstätigkeiten eine solche Folgenabschätzung durchzuführen.

(11) Erforderlichenfalls führt der Verantwortliche eine Überprüfung durch, um zu bewerten, ob die Verarbeitung gemäß der Datenschutz-Folgenabschätzung durchgeführt wird; dies gilt zumindest, wenn hinsichtlich des mit den Verarbeitungsvorgängen verbundenen Risikos Änderungen eingetreten sind.

Inhaltsübersicht Rn.

I. Einleitung

Durch die Regelung des Art. 35 wird das Konzept der **Datenschutz-Folgenabschätzung** als **Bestandteil des Datenschutzes** etabliert. Für das deutsche Datenschutzrecht ist dies eine Novität.[1] Hingegen ist die Datenschutz-Folgenabschätzung als Konzept der vorausschauenden Risikobewertung in Ländern wie Australien und Neuseeland oder in den USA unter der Bezeichnung »Data Protection Impact Assessment« (»PIA«) schon länger bekannt.[2] 1

Die Datenschutz-Folgenabschätzung ist ein »**datenschutzrechtliches Frühwarnsystem**«, mit dem bestehende oder mögliche Risiken von den Verantwortlichen schon **vor Beginn einer Verarbeitung** identifiziert und ausgeschlossen bzw. minimiert werden können.[3] Sie muss nach Art. 1 Abs. 1 durchgeführt werden, wenn eine Verarbeitung voraussichtlich ein **hohes Risiko** für die Rechte und Freiheiten natürlicher Personen mit sich bringt. 2

Die Verankerung der Datenschutz-Folgenabschätzung in der DSGVO ist Ausdruck des **risikobasierten Ansatzes**, der sich auch an verschiedenen anderen Stellen in der Verordnung wiederfindet wie etwa in den Artikeln 24, 25 oder 32.[4] Die vorzunehmende Risikoabschätzung unterstützt das in Art. 25 enthaltene Prinzip des Datenschutzes durch Technikgestaltung und durch datenschutzfreundliche Voreinstellungen (vgl. Art. 25 Rn. 18 ff und 41 ff).[5] 3

Hauptziel der Datenschutz-Folgenabschätzung ist es, **drohende hohe Risiken** für betroffene Personen bereits im Vorfeld einer Verarbeitung zu erkennen und nach Möglichkeit bereits vorab **ganz auszuschließen** oder zumindest so weit wie möglich **zu begrenzen**. Deshalb kommt es bei der Durchführung vorrangig auf die Perspektiven der Betroffenen an, die vor einer Verletzung ihrer Grundrechte und Grundfreiheiten sowie ihres Rechts auf Schutz ihrer personenbezogenen Daten in jedweder Art geschützt werden sollen.[6] 4

---

1 Zu Vorüberlegungen vgl. Wedde, quid!, S. 37ff.; zum Zweck der Datenschutz-Folgenabschätzung Friedewald/Schiering/Martin, DuD 19, 473.

2 Vgl. zur Entwicklung ausführlich Friedewald/Obersteller/Nebel/Bieker/Rost, S. 7ff.; Hansen, DuD 2016, 587; Ehmann/Selmayr-*Baumgartner*, Art. 35 Rn. 1; Auernhammer-*Raum*, Art. 35 Rn. 2.

3 Vgl. Friedewald/Obersteller/Nebel/Bieker/Rost, S. 34; Ehmann/Selmayr-*Baumgartner*, Art. 35 Rn. 4.

4 Veil, ZD 2015, 347; Auernhammer-*Raum*, Art. 35 Rn. 2.

5 Gola-*Nolte/Werkmeister*, Art. 35 Rn. 3.

6 Gola-*Nolte/Werkmeister*, Art. 35 Rn. 4.

5 Die Datenschutz-Folgenabschätzung bezieht sich nicht auf die Zulässigkeit einer Verarbeitung an sich. Diese ist nach allgemeinen datenschutzrechtlichen Vorgaben zu bewerten, wie sie insbesondere Art. 6 Abs. 1 enthält.[7]

6 In Art. 35 finden sich zur Regelung der Datenschutz-Folgenabschätzung Ansätze wieder, die bereits in der EG-DSRl enthalten waren. Hierzu gehört die Vorabkontrolle, die nach Art. 20 EG-DSRl vor Beginn einer Verarbeitung durchzuführen war, wenn diese spezifischen Risiken für die Rechte und Freiheiten betroffener Personen beinhaltete. Dieses Modell der Risikoabschätzung und Risikobegrenzung wird nun bezogen auf »ein hohes Risiko für die Rechte und Freiheiten natürlicher Personen« in Art. 35 Abs. 1 in modifizierter Form fortgeführt.

7 **Keine direkte Übernahme** in Art. 35 hat die in Art. 18 EG-DSRl enthaltene **Meldepflicht** gegenüber den Aufsichtsbehörden gefunden.[8] Sie besteht nach Art. 33 nunmehr nur bei einer Verletzung des Schutzes personenbezogener Daten (vgl. Art. 33 Rn. 15ff.). Begründet wird die **Abschaffung der Meldepflicht** damit, dass sie trotz des sich mit ihr verbindenden hohen bürokratischen und finanziellen Aufwands nicht zu einem besseren Schutz personenbezogener Daten geführt hat (ErwGr 89 Satz 2). Den Wegfall der Meldepflicht soll die Datenschutz-Folgenabschätzung kompensieren. Diese soll sich *»vorrangig mit denjenigen Arten von Verarbeitungsvorgängen befassen, die aufgrund ihrer Art, ihres Umfangs, ihrer Umstände und ihrer Zwecke wahrscheinlich ein hohes Risiko für die Rechte und Freiheiten natürlicher Personen mit sich bringen. Zu solchen Arten von Verarbeitungsvorgängen gehören insbesondere solche, bei denen neue Technologien eingesetzt werden oder die neuartig sind und bei denen der Verantwortliche noch keine Datenschutz-Folgenabschätzung durchgeführt hat bzw. bei denen aufgrund der seit der ursprünglichen Verarbeitung vergangenen Zeit eine Datenschutz-Folgenabschätzung notwendig geworden ist« (ErwGr 89 Satz 3 und 4).*

8 Die vorstehend angesprochenen Vorgaben zur **Meldepflicht** in der EG-DSRl waren schon in **§ 4d BDSG-alt** enthalten. Auch diese Vorschrift wurde unmittelbar durch Art. 35 ersetzt. Die nach der nunmehr geltenden Regelung bestehenden Pflichten der Verantwortlichen unterscheiden sich allerdings in vielen Details grundsätzlich von denen nach § 4d BDSG-alt. So muss eine durchzuführende Datenschutz-Folgenabschätzung nunmehr alle Formen der Verarbeitung erfassen und nicht nur automatisierte Verarbeitungen, die alleiniger Gegenstand der Meldepflicht nach § 4d Abs. 1 BDSG-alt bzw. der nach § 4d Abs. 5 BDSG-alt vom Beauftragten für Datenschutz durchzuführenden Vorabkontrolle waren. Die Schwelle für die Notwendigkeit der Durchführung einer Datenschutz-Folgenabschätzung knüpft nunmehr allein an das Bestehen eines »hohen Risikos« für die betroffenen Personen an. Sie ist deutlich höher als die noch in § 4d Abs. 5 BDSG-alt benannten »besonderen Risiken für die Rechte und Freiheiten der Betroffenen«.

9 Zur **Durchführung** der Datenschutz-Folgenabschätzung ist der **Verantwortliche verpflichtet** und nicht (wie noch bezüglich der Vorabkontrolle nach § 4d BDSG-alt) der betriebliche Datenschutzbeauftragte (vgl. hierzu Rn. 15ff.).

10 Art. 35 enthält keine ausdrückliche Festlegung des **Mindestinhalts** einer Datenschutz-Folgenabschätzung. In **Abs. 7** findet sich lediglich eine **beispielhafte Beschreibung** von

7 Sydow-*Schwendemann*, Art. 35 Rn. 1.
8 Kühling/Buchner-*Jandt*, Art. 35 Rn. 3.

vier inhaltlichen Themenfeldern (vgl. Rn. 65ff.). Da diese beispielhafte Auflistung nicht zugleich auch die Prozesse und Abläufe einer Datenschutz-Folgenabschätzung verbindlich vorgibt, eröffnet sich für die Verantwortlichen ein großer Gestaltungsspielraum für die Umsetzung der Vorgaben des Art. 35.[9] Vor diesem Hintergrund ist eine gewisse Skepsis angebracht, ob Datenschutz-Folgenabschätzungen zu einem besseren Schutz der personenbezogenen Daten führen werden als das vorherige Konzept von Meldepflicht bzw. Vorabkontrolle.

Diese Skepsis speist sich aus der Überlegung, dass die Durchführung von Datenschutz- 11
Folgenabschätzungen sich im Einzelfall für die Verantwortlichen mit einem sehr viel höheren Aufwand verbinden wird als die Meldung an die Aufsichtsbehörde oder die Durchführung einer Vorabkontrolle nach § 4d BDSG-alt. Ob das Modell der Datenschutz-Folgenabschätzung in der Praxis tatsächlich wirksam sein wird, hängt damit ganz entscheidend davon ab, dass die staatlichen Aufsichtsbehörden bei Verstößen gegen die DSGVO, die durch eine Datenschutz-Folgenabschätzung hätten ausgeschlossen werden können, tatsächlich die nach Art. 83 Abs. 1 vorgegebenen wirksamen, verhältnismäßig und abschreckenden Geldbußen verhängen.

Inhaltlich finden sich in Art. 35 zu Datenschutz-Folgenabschätzungen unterschiedliche 12
Regelungen und Vorgaben wieder.

- In **Abs. 1** sind **grundsätzliche Vorgaben zur Durchführung** von Datenschutz-Folgenabschätzungen enthalten. Insbesondere wird die Auslöseschwelle für eine Durchführung benannt.
- **Abs. 2** verweist Verantwortliche darauf, dass sie bei der Durchführung einer Datenschutz-Folgenabschätzung einen bestellten **Datenschutzbeauftragten einbeziehen** müssen.
- In **Abs. 3** werden in **beispielhafter Form Fälle benannt**, in denen eine **Datenschutz-Folgenabschätzung** erforderlich ist und **durchgeführt werden muss**. Dies ist insbesondere beim Vorliegen umfassender und systematischer Bewertung persönlicher Aspekte natürlicher Personen der Fall, aber auch bei umfangreichen Verarbeitungen besonderer Kategorien von personenbezogenen Daten oder bei systematischen und umfangreichen Überwachungen öffentlich zugänglicher Bereiche.
- Durch **Abs. 4** wird **Aufsichtsbehörden** die Aufgabe zugewiesen, eine **Liste von Fällen** zu erstellen, in denen Datenschutz-Folgenabschätzungen regelmäßig durchzuführen sind.
- Hieran schließt sich in **Abs. 5** ergänzend die Feststellung an, dass **Aufsichtsbehörden** eine **Liste von Verarbeitungsvorgängen erstellen** und veröffentlichen können, bei denen eine Datenschutz-Folgenabschätzung explizit nicht erforderlich ist.
- Formal wird durch **Abs. 6** festgelegt, dass die zuständige Aufsichtsbehörde vor der Erstellung der Listen das **Kohärenzverfahren** gemäß Art. 63 durchführen muss, wenn diese sich auf bestimmte Verarbeitungstätigkeiten beziehen, die in mehreren Mitgliedstaaten erfolgen oder wenn der freie Verkehr personenbezogener Daten innerhalb der Union erheblich beeinträchtigt werden könnte.

---

9 Ehmann/Selmayr-*Baumgartner*, Art. 35 Rn. 4; Sydow-*Schwendemann*, Art. 35 Rn. 1.

- In **Abs. 7** werden **beispielhaft Mindestinhalte** einer Datenschutz-Folgenabschätzung aufgeführt. Hierzu gehört eine systematische Beschreibung der geplanten Verarbeitung, eine Bewertung der Notwendigkeit und Verhältnismäßigkeit, eine Bewertung der Risiken für Rechte und Freiheiten der betroffenen Personen sowie geplante Abhilfemaßnahmen.
- Hieran schließt sich in **Abs. 8** die Vorgabe an, dass **genehmigte Verhaltensregeln** nach Art. 40 bei der Beurteilung der geplanten Verarbeitungsvorgänge gebührend zu berücksichtigen sind.
- Durch **Abs. 9** werden **Verantwortliche verpflichtet**, ggf. den Standpunkt der betroffenen Personen oder ihrer Vertreter einzuholen. Dies soll eine Einbeziehung der Blickwinkel der Betroffenen sicherstellen.
- In **Abs. 10** findet sich eine sprachlich aufgrund zahlreicher Verweise nur schwer verständliche **Ausnahme** von der Verpflichtung zur Durchführung einer Datenschutz-Folgenabschätzung trotz des Vorliegens eines hohen Risikos in bestimmten Fällen.
- Durch **Abs. 11** wird schließlich festgeschrieben, in welchen Fällen und unter welchen Voraussetzungen die **Ergebnisse** von Datenschutz-Folgenabschätzungen zu **überprüfen** sind oder wann diese **erneut durchgeführt** werden müssen.

II. Notwendigkeit einer Datenschutz-Folgenabschätzung (Abs. 1)

13 In Abs. 1 **Satz 1** werden die **Voraussetzungen** benannt, bei deren Vorliegen eine Datenschutz-Folgenabschätzung durchgeführt werden muss. Dies ist der Fall, wenn eine Form der Verarbeitung aufgrund der Art, des Umfangs, der Umstände und der Zwecke der Verarbeitung voraussichtlich ein hohes Risiko für die Rechte und Freiheiten natürlicher Personen zur Folge hat. Anwendbar ist die Regelung insbesondere bei der Verwendung neuer Technologien. Besteht ein hohes Risiko, wird der Verantwortliche vorab eine Abschätzung der Folgen der vorgesehenen Verarbeitungsvorgänge für den Schutz personenbezogener Daten durchführen.

14 Durch Abs. 1 **Satz 2** wird es Verantwortlichen ermöglicht, eine notwendige Datenschutz-Folgenabschätzung bezogen auf **mehrere ähnliche Verarbeitungsvorgänge** mit ähnlich hohen Risiken gemeinsam vorzunehmen.

1. Voraussetzungen (Abs. 1 Satz 1)

a) Adressat

15 Die **Pflicht** zu einer Datenschutz-Folgenabschätzung **trifft** nach dem Wortlaut von Art. 1 Satz 1 der Regelung (»so führt der Verantwortliche«) **den Verantwortlichen**. Anders als die Vorabkontrollen nach § 4d Abs. 5 BDSG-alt, die aufgrund der eindeutigen Vorgabe in § 4d Abs. 6 Satz 1 BDSG-alt vom betrieblichen Datenschutzbeauftragten durchzuführen war, muss der Verantwortliche nunmehr selbst für eine anderweitige Erledigung dieser Aufgabe sorgen. Eine Übernahme dieser Aufgabe durch einen betrieblichen Datenschutzbeauftragten bzw. eine Delegation der entsprechenden Verpflichtung an diesen ist schon mit Blick auf die in Art. 35 Abs. 2 vorgesehene Hinzuziehung des Datenschutzbeauftragten als »Ratgeber« ausgeschlossen. Diese Rollenzuweisung in Art. 35 Abs. 2 macht deut-

lich, dass der Datenschutzbeauftragte nur eine Unterstützungsfunktion hat, nicht aber eine Durchführungsaufgabe.[10] Wenn der Datenschutzbeauftragte die Datenschutz-Folgenabschätzung durchführen würde, würde die gesetzlich vorgeschriebene Unterstützungsfunktion im Rahmen einer Beratung des Verantwortlichen leerlaufen. Zudem wäre dies eine unzulässige »Insichberatung« bzw. »Selbstkontrolle«.

Verantwortliche sollten sich der ihnen zugeordneten Durchführungsaufgabe schon mit Blick auf die bestehenden Rechenschaftspflichten nach Art. 5 Abs. 2 und auf die drohenden Geldbußen bei Verstößen gegen die DSGVO in Art. 83 nicht entziehen. Werden betriebliche Datenschutzbeauftragte von einem Verantwortlichen dennoch aufgefordert, eine Datenschutz-Folgenabschätzung durchzuführen und anschließend den nach Art. 35 Abs. 2 vorgesehenen »Ratschlag« zu erteilen, sollten sie die Übernahme dieser Aufgabe sowohl unter Hinweis auf die klar geregelte anderweitige Zuständigkeit als auch mit Blick auf mögliche Haftungstatbestände zurückweisen. Beharrt ein Verantwortlicher auf der Durchführung der Datenschutz-Folgenabschätzung durch den Datenschutzbeauftragten, sollte dieser die Aufsichtsbehörde informieren. 16

Keine Anwendung findet die Regelung in Art. 35 **auf Auftragsverarbeiter**. Dies folgt aus dem Wortlaut der Vorschrift. Diese Begrenzung des Anwendungsbereichs ist sinnvoll, weil die Datenschutz-Folgenabschätzung vor Beginn einer Verarbeitung durchgeführt werden muss (vgl. Rn. 6 und 92). Die Situation bei potenziellen Auftragsverarbeitern muss aber indirekt insoweit in eine Datenschutz-Folgenabschätzung einbezogen werden, als dass der Verantwortliche auch die dort vorhandenen Gegebenheiten in die durchzuführende Risikobewertung sowie in die Festlegung von technischen und organisatorischen Maßnahmen einbeziehen (vgl. Art. 32 Rn. 7 ff.) und ggf. in den Vertrag mit den Auftragsverarbeitern aufnehmen muss.[11] 17

b) Risikobewertung

Die **Verpflichtung zur Durchführung** einer Datenschutz-Folgenabschätzung besteht, wenn eine Form der Verarbeitung voraussichtlich ein **hohes Risiko** zulasten der Rechte der betroffenen Personen zur Folge hat. Relevant sind alle denkbaren Gefährdungen. Einschlägige Risiken sind etwa gegeben, wenn die Verarbeitung zu einem physischen, materiellen oder immateriellen Schaden führen kann. Relevante Risiken bestehen insbesondere, *»wenn die Verarbeitung zu einer Diskriminierung, einem Identitätsdiebstahl oder -betrug, einem finanziellen Verlust, einer Rufschädigung, einem Verlust der Vertraulichkeit von dem Berufsgeheimnis unterliegenden personenbezogenen Daten, der unbefugten Aufhebung der Pseudonymisierung oder anderen erheblichen wirtschaftlichen oder gesellschaftlichen Nachteilen führen kann, wenn die betroffenen Personen um ihre Rechte und Freiheiten gebracht und daran gehindert werden, die sie betreffenden personenbezogenen Daten zu kon-* 18

---

10 Ebenso SHS-*Karg*, Art. 35 Rn. 67 f.; Sydow-*Schwendemann*, Art. 35 Rn. 6; a. A. Auernhammer-*Raum*, Art. 35 Rn. 11 und 22, der eine Beauftragungsmöglichkeit weiterhin sieht; Marschall/Müller, ZD 2016, 415 halten die Beauftragung wegen fehlender eindeutiger Regelungen für zulässig; Kramer, DSB 2016, 94, der die Durchführung für eine Aufgabe des Datenschutzbeauftragten hält.

11 Ehmann/Selmayr-*Baumgartner*, Art. 35 Rn. 9.

trollieren, wenn personenbezogene Daten, aus denen die rassische oder ethnische Herkunft, politische Meinung, religiöse oder weltanschauliche Überzeugung oder die Zugehörigkeit zu einer Gewerkschaft hervorgehen, und genetische Daten, Gesundheitsdaten oder das Sexualleben oder strafrechtliche Verurteilungen und Straftaten oder damit zusammenhängende Sicherungsmaßnahmen betreffende Daten verarbeitet werden, wenn persönliche Aspekte bewertet werden, insbesondere wenn Aspekte, die die Arbeitsleistung, wirtschaftliche Lage, Gesundheit, persönliche Vorlieben oder Interessen, die Zuverlässigkeit oder das Verhalten, den Aufenthaltsort oder den Wortwechsel betreffen, analysiert oder prognostiziert werden, um persönliche Profile zu erstellen oder zu nutzen, (…) oder wenn die Verarbeitung eine große Menge personenbezogener Daten und eine große Anzahl von betroffenen Personen betrifft« (ErwGr 75 Satz 1).

19 Die Verpflichtung zur Durchführung einer Datenschutz-Folgenabschätzung wird **nicht durch jedes Risiko** ausgelöst. Nach dem Wortlaut in Abs. 1 sind vielmehr **nur hohe Risiken** relevant. Der Auslösepunkt für eine Datenschutz-Folgenabschätzung liegt damit über den normalen Risiken, die bei der Verarbeitung von personenbezogenen Daten gegeben sind. Eine Definition des »hohen Risikos« enthält die DSGVO nicht. Dieses ist etwa gegeben, wenn Gefahren für die Rechte und Freiheiten betroffener Personen vorliegen, die über die allgemeinen Gefahren hinausgehen, die sich mit der Verarbeitung von personenbezogenen Daten verbinden.[12] Anhaltspunkte für das Vorliegen eines hohen Risikos können aus den Fallbeispielen abgeleitet werden, die in Abs. 3 genannt sind (vgl. Rn. 46ff.).

20 Der Begriff des **hohen Risikos** ist schon mit Blick auf den intendierten Schutz der Betroffenen zu ihren Gunsten **weit auszulegen**. Eine Pflicht zur Durchführung einer Datenschutz-Folgenabschätzung besteht bereits dann, wenn Risiken über ein normales Maß hinausgehen. Sie muss beispielsweise durchgeführt werden, wenn in einem Betrieb vorhandene konventionelle Personalakten in ein elektronisches Personalaktensystem überführt werden, weil sich hiermit erheblich gesteigerte Auswertungsmöglichkeiten verbinden. Gleiches gilt, wenn innerhalb eines Konzerns auf ein elektronisches Personalaktensystem in einem Konzernunternehmen andere Konzernunternehmen zugreifen sollen.

21 **Hohe Risiken** für die Rechte und Freiheiten natürlicher Personen liegen weiterhin vor, wenn es um **umfangreiche Verarbeitungsvorgänge** geht, die dazu dienen, große Mengen personenbezogener Daten auf regionaler, nationaler oder supranationaler Ebene zu verarbeiten. Weiterhin kann ein hohes Risiko bestehen, wenn Verarbeitungen eine **große Zahl von Personen betreffen** oder wenn in großem Umfang neue Technologien eingesetzt werden. Schließlich leitet sich ein hohes Risiko auch aus der Tatsache ab, dass bestimmte Verarbeitungsvorgänge die **Ausübung der Rechte** betroffener Personen **erschweren** (ErwGr 90 Satz 1).

22 Bei der **Bewertung** der Höhe eines Risikos ist eine **ganzheitliche Betrachtung** der Gefährdungssituation vorzunehmen, die Art, Umfang, Umstände und Zweck der Verarbeitung einbezieht (vgl. die Erläuterungen zur textgleichen Regelung Art. 24 Rn. 21ff.). Die Datenschutz-Folgenabschätzung muss sich in diesem Rahmen insbesondere mit Maßnahmen, Garantien und Verfahren befassen, durch die das bestehende hohe Risiko eingedämmt werden kann oder die dazu dienen, den Schutz personenbezogener Daten sicher-

12 Gola-*Nolte/Werkmeister*, Art. 35 Rn. 13; Sydow-*Schwendemann*, Art. 35 Rn. 10.

zustellen und die Einhaltung der DSGVO nachzuweisen (ErwGr 90 Satz 2).[13] In diesem Rahmen müssen beispielsweise der Verarbeitungskontext, die Art der personenbezogenen Daten oder der Prozess der Verarbeitung Berücksichtigung finden. Auch hierfür leitet sich ein Maßstab aus den Regelbeispielen in Abs. 3 ab.

Die Feststellung, ob ein hohes Risiko vorliegt, ist **ausgehend von den betroffenen Personen** vorzunehmen, da es um den Schutz ihrer personenbezogenen Daten geht. Die Interessen der Verarbeiter sind an dieser Stelle nachrangig. 23

c) Prognose hoher Risiken

Die aus Abs. 1 folgende Pflicht zur Durchführung von Datenschutz-Folgenabschätzungen besteht, sobald ein hohes Risiko **voraussichtlich** gegeben ist. Der Begriff »voraussichtlich« ist in der DSGVO nicht definiert. Im allgemeinen Sprachgebrauch steht er für ein Ereignis, das mit einiger Gewissheit zu erwarten ist.[14] Dies weist auf eine niedrige Schwelle für das Auslösen der Verpflichtung zur Durchführung einer Datenschutz-Folgenabschätzung hin. 24

Demgegenüber ist in den Erwägungsgründen durchgängig davon die Rede, dass ein hohes Risiko »wahrscheinlich« ist. Dies entspricht wohl auch der in der englischen Fassung durchgängig verwendeten Formulierung »likely to«.[15] Das Adjektiv »wahrscheinlich« steht nach dem Duden für *»mit ziemlicher Sicherheit anzunehmen, in Betracht kommend«*.[16] Diese Definition weist auf eine etwas höhere Schwelle für das Auslösen der Notwendigkeit einer Datenschutz-Folgenabschätzung hin.[17] 25

Stellt man aber bezüglich der Festlegung der Auslöseschwelle auf den Gesamtkontext der DSGVO ab, muss man den Hinweis in ErwGr 89 beachten. Dort wird ausdrücklich darauf verwiesen, dass mit der DSGVO und hier insbesondere mit dem Instrument der Datenschutz-Folgenabschätzung wirksame Verfahren und Mechanismen geschaffen werden sollten, um betroffene Personen vor hohen Risiken zu schützen (ErwGr 89 Satz 3). Diese Intention liefe eine Begrenzung bzw. enge Auslegung der hohen Risiken entgegen, die »voraussichtlich« eintreten können. 26

Somit ist eine Auslegung des Adjektivs »voraussichtlich« angebracht, nach der im Ergebnis eine Datenschutz-Folgenabschätzung erforderlich ist, sobald sich das Vorhandensein hoher Risiken mit einer Gewissheit abzeichnet. Diese Auslegung ist auch mit Blick darauf sinnvoll, dass Verantwortliche zunächst selbst bewerten können, ob eine Datenschutz-Folgenabschätzung notwendig ist, da sich aus dieser Auslegung klare Anhaltspunkte ableiten lassen: Gibt es erhöhte Risiken, muss eine Datenschutz-Folgenabschätzung durchgeführt werden. 27

Die in Abs. 1 genannte Voraussetzung eines voraussichtlich bestehenden **hohen Risikos** muss sich **nicht auf die gesamte Verarbeitung beziehen**. Sie wird bereits dann ausgelöst, wenn einzelne Bestandteile besondere Gefährdungen für die Rechte und Freiheiten be- 28

13 Ähnlich Sydow-*Schwendemann*, Art. 35 Rn. 10.
14 Vgl. Duden Bedeutungswörterbuch.
15 Sydow-*Schwendemann*, Art. 35 Rn. 8.
16 Vgl. Duden Bedeutungswörterbuch.
17 So auch Sydow-*Schwendemann*, Art. 35 Rn. 8.

troffener Personen in sich bergen. Insoweit genügt es, wenn ein einziger Verarbeitungsbestandteil wie etwa die Nutzung bestimmter Informationen voraussichtlich ein hohes Risiko mit sich bringt.[18]

29 Die Regelung in Abs. 1 bezieht sich auf die **Form der Verarbeitung**. Dieser Begriff ist weit gefasst und beinhaltet alle elektronischen und manuellen Verarbeitungsvorgänge, die die Voraussetzungen der Vorschrift erfüllen.

30 Ausdrücklich als Anknüpfungspunkt für die durchzuführende Bewertung und ggf. für die Durchführung einer Datenschutz-Folgenabschätzung wird die **Verwendung neuer Technologien** genannt. Der Begriff der »neuen Technologien« ist in der DSGVO nicht definiert.[19] In Betracht kommen auch ohne eine Legaldefinition insbesondere alle neuen technischen Anwendungen, Verfahren, Dienste usw., die dafür geeignet oder dazu bestimmt sind, personenbezogene Daten zu verarbeiten. Dies führt im Ergebnis zu einer **weiten Auslegung** des Begriffs. Besondere Risiken verbinden sich in diesem Zusammenhang beispielsweise mit neuen Formen der Person- oder Spracherkennung, mit der Möglichkeit der Verarbeitung von Daten aus sogenannten »Wearable« aus neuen Formen von Videoüberwachung wie etwa »Body-Cams« oder aus verschiedenen »Big-Data-Anwendungen«.[20]

31 Findet eine Datenschutz-Folgenabschätzung statt, müssen alle negativen Auswirkungen bewertet werden, die sich für Rechte und Freiheiten natürlicher Personen ergeben können. Hierzu gehört alles, was zu einem *»physischen, materiellen oder immateriellen Schaden führen könnte, insbesondere wenn die Verarbeitung zu einer Diskriminierung, einem Identitätsdiebstahl oder -betrug, einem finanziellen Verlust, einer Rufschädigung, einem Verlust der Vertraulichkeit von dem Berufsgeheimnis unterliegenden personenbezogenen Daten, der unbefugten Aufhebung der Pseudonymisierung oder anderen erheblichen wirtschaftlichen oder gesellschaftlichen Nachteilen führen kann« (ErwGr 75 Satz 1).*

d) Bewertungsfaktoren

32 Die Feststellung, ob voraussichtlich ein hohes Risiko eintritt, das eine Datenschutz-Folgenabschätzung notwendig macht, knüpft nach Abs. 1 an die vier Kriterien Art, Umfang, Umstände und Zweck der Verarbeitung. Diese Begriffe sind komm- und inhaltsgleich auch in Art. 24 Abs. 1 enthalten. Insoweit wird auf die zugehörige Kommentierung verwiesen (vgl. Art. 24 Rn. 21 ff.).

e) Zeitpunkt

33 Eine notwendige Datenschutz-Folgenabschätzung muss nach dem Wortlaut »**vorab**« durchgeführt werden. Da die Ergebnisse der Abschätzung bei der Festlegung geeigneter technischer und organisatorischer Maßnahmen für die Verarbeitung Berücksichtigung finden müssen (ErwGr 84 Satz 2), muss die Datenschutz-Folgenabschätzung in der Praxis

18 Gola-*Nolte/Werkmeister*, Art. 35 Rn. 11.
19 Vgl. zu neuen Technologien ausführlich Schmitz/von Dall'Armi, ZD 2017, 57.
20 Ähnlich Paal/Pauly-*Martini*, Art. 35 Rn. 18.

abgeschlossen sein, bevor die Verarbeitung begonnen werden kann bzw. bevor Aufträge an Auftragsverarbeiter vergeben werden.

Diese zeitlichen Vorgaben entsprechen bezogen auf den betrieblichen Bereich denen, die im Rahmen der Mitbestimmung von Betriebs- und Personalräten bestehen (etwa nach § 87 Abs. 1 Nr. 6 BetrVG oder nach § 75 Abs. 3 Nr. 17 BPersVG). Auch hier ist die **vorherige Durchführung** des Mitbestimmungsprozesses bezogen auf technische Einrichtungen, die zur Verhaltens- oder Leistungskontrolle bestimmt sind, Voraussetzung für die Einführung. Dies stellt eine gute Voraussetzung für die Verzahnung des Verfahrens zur Datenschutz-Folgenabschätzung und der betrieblichen Mitbestimmung dar. 34

Die Prüfung, ob eine Datenschutz-Folgenabschätzung notwendig ist, ist **nicht** auf die **erstmalige Einführung von Verarbeitungsprozessen** beschränkt. Auch bei **bestehenden Prozessen** kann ihre Durchführung erneut erforderlich sein, wenn Veränderungen eintreten, die Auswirkungen auf die Risikosituation haben. In diesen Fällen ist eine erneute Abschätzung vor der Erweiterung oder Veränderung des Systems durchzuführen. Dies bedeutet zwar im Umkehrschluss nicht, dass damit eine kontinuierliche Überprüfungspflicht besteht.[21] Tatsächlich folgt aus dem Gesamtzusammenhang aber die Anforderung zulasten von Verantwortlichen, bei **jeder Veränderung von Verarbeitungen**, die mit hohen Risiken für die Rechte und Freiheiten natürlicher Personen belastet sind, immer wieder erneut zu prüfen, ob eine weitere oder erneute Abschätzung erforderlich ist. Unterbleibt diese Prüfung, laufen Verantwortliche Gefahr, ihren durch Art. 5 Abs. 2 festgelegten Rechenschaftspflichten nicht nachkommen zu können. 35

f) Gegenstand

Gegenstand der Datenschutz-Folgenabschätzung sind die **Gefahren**, die für Rechte und Freiheiten natürlicher Personen entstehen können. Der Begriff »Gefahren« ist in diesem Zusammenhang **weit gefasst** und bezieht sich nicht nur auf personenbezogene Daten, sondern auf alle negativen Folgen, die aus einer Verarbeitung dieser Informationen resultieren können.[22] In Betracht kommen beispielsweise unberechtigte oder unbeabsichtigte Vernichtungen, Verluste, Veränderungen oder unbefugte Offenlegungen personenbezogener Daten, insbesondere dann, wenn dies zu physischen, materiellen oder immateriellen Schäden führt (ErwGr 83 Satz 3). 36

2. Zusammenfassung von Abschätzungen (Abs. 1 Satz 2)

Nach Abs. 1 **Satz 2** können mehrere ähnliche Verarbeitungsvorgänge, bei denen ähnlich hohe Risiken bestehen, übergreifend durch **eine einzige Datenschutz-Folgenabschätzung** bewertet werden. Diese Regelung zielt mit Blick auf ökonomische Gesichtspunkte darauf, Datenschutz-Folgenabschätzungen breiter anzulegen. Dies soll möglich sein, wenn beispielsweise »*Behörden oder öffentliche Stellen eine gemeinsame Anwendung oder Verarbeitungsplattform schaffen möchten oder wenn mehrere Verantwortliche eine gemeinsame Anwendung oder Verarbeitungserhebung für einen gesamten Wirtschaftssektor, für ein* 37

21 Sydow-*Schwendemann*, Art. 35 Rn. 6.
22 Gola-*Nolte/Werkmeister*, Art. 35 Rn. 12.

bestimmtes Marktsegment oder für eine weit verbreitete horizontale Tätigkeit einführen möchten« (ErwGr 92).

38 Die Durchführung übergreifender Datenschutz-Folgenabschätzungen setzt voraus, dass für alle zu prüfenden Einzelvorgänge eine **einheitliche Verantwortung** besteht. Dies steht einer gemeinsamen Durchführung einer Datenschutz-Folgenabschätzung durch mehrere Verantwortliche entgegen, die parallel zueinander eine bestimmte Form der Verarbeitung durchführen. Möglich ist sie lediglich, wenn sowohl die internen Verarbeitungsvorgänge ähnlich sind als auch, wenn sie unter denselben Bedingungen erfolgen. Nur so ist eine einheitliche Bewertung der Risiken möglich. Dies setzt insbesondere die gleichen Zwecke der Verarbeitung und weitgehend identische technische und organisatorische Bedingungen voraus. Insoweit wird diese Form der gemeinsamen Durchführung wohl eher die Ausnahme bleiben.[23]

39 Im betrieblichen Rahmen kann der Rückgriff auf Art. 35 Abs. 1 Satz 2 in Betracht kommen, wenn in einem Unternehmen mehrere vergleichbare Verarbeitungsvorgänge eingeführt werden. Nicht einschlägig ist die Regelung hingegen für Verarbeitungen im Konzern, da hier mangels eines »Konzernprivilegs« jeweils verschiedene datenschutzrechtliche Verantwortlichkeiten bestehen.[24]

III. Einbeziehung des Datenschutzbeauftragten (Abs. 2)

40 Im Rahmen des durch **Abs. 2** vorgeschriebenen »**Ratgeberverfahrens**« soll eine Bewertung der im Mittelpunkt der Datenschutz-Folgenabschätzung stehenden Verarbeitungsvorgänge stehen. Diese muss jedoch keine abschließende Einschätzung beinhalten.[25] Die vorgeschriebene Beratung erfolgt **auf Anfrage des Verantwortlichen**. Dieser bestimmt den Zeitpunkt der Einbindung des Datenschutzbeauftragten. Damit ist eine nachträgliche Überprüfung einer Datenschutz-Folgenabschätzung nicht ausgeschlossen.[26] Voraussetzung ist allerdings, dass die geprüfte Verarbeitung noch nicht begonnen wurde, wenn der Datenschutzbeauftragte um den durch Art. 2 vorgeschriebenen Rat gebeten wird.

41 Die **Einholung** des Rats ist nach dem Wortlaut von Abs. 2 **zwingend**, sofern ein Datenschutzbeauftragter bestellt ist. Ein Verzicht auf seine Einbindung ist als Missachtung der Vorgaben der DSGVO bußgeldbewehrt.[27] Der Datenschutzbeauftragte ist verpflichtet, einen vom Verantwortlichen erbetenen Rat zu erteilen.[28] Einen Zeitraum für die Erteilung des Rats sieht die DSGVO nicht vor. Es ist insoweit aber davon auszugehen, dass eine entsprechende Erklärung nach pflichtgemäßem Ermessen in einem adäquaten Zeitraum erfolgt.

42 Erteilt der Datenschutzbeauftragte einen Rat, der Veränderungen oder Reduzierungen einer Verarbeitung empfiehlt, **muss der Verantwortliche diesem nicht folgen**. Gibt es hier-

---

23 Ähnlich Ehmann/Selmayr-*Baumgartner*, Art. 35 Rn. 17, der auf eine Auslegung des Kriteriums der »Ähnlichkeit durch Gerichte« verweist.

24 Zum Konzernprivileg vgl. Art. 4 Rn. 93.

25 Ehmann/Selmayr-*Baumgartner*, Art. 35 Rn. 32.

26 Gola-*Nolte/Werkmeister*, Art. 35 Rn. 59.

27 Ehmann/Selmayr-*Baumgartner*, Art. 35 Rn. 32.

28 Sydow-*Schwendemann*, Art. 35 Rn. 32.

für seitens des Verantwortlichen keine belastbare Begründung, kann dies im Konfliktfall zu einer gesteigerten Verantwortlichkeit und in der Folge zu erhöhten Bußgeldern führen.[29] Gleiches gilt, wenn ein Verantwortlicher den Datenschutzbeauftragten vollständig übergeht. In diesem Fall könnten Bußgelder aus dem damit verbundenen Verstoß gegen Art. 35 Abs. 2 folgen.

Die rechtskonforme Einbindung des Datenschutzbeauftragten ist nicht nur zur Vermeidung von Geldbußen sinnvoll. Verantwortliche können mit Blick auf die bei diesem im Regelfall vorhandene datenschutzrechtliche Fachkunde aus seinen Ratschlägen Hinweise auf notwendigen Änderungsbedarf ableiten. Insoweit ist die umfassende Einbindung vom Beginn des Prozesses der Datenschutz-Folgenabschätzung an ratsam. 43

Der Datenschutzbeauftragte hat auf der Grundlage von Abs. 2 nur **begrenzte Einwirkungsmöglichkeiten** auf die Planung einer Verarbeitung.[30] Weder kann er Änderungen der Planung einseitig durchsetzen noch steht ihm ein Einspruchs- oder Vetorecht zu. Sein Rat hat lediglich **Empfehlungscharakter**. Hinzu kommt, dass ihm durch Art. 35 Abs. 2 kein Anspruch auf Einbindung in die gesamte Vorbereitungs- und Durchführungsphase einer Datenschutz-Folgenabschätzung gewährt wird. Damit bleibt ihm, sofern Verantwortliche keine entsprechende Einbindung wollen, nur eine Beteiligung im Rahmen seiner Aufgaben nach Art. 39. 44

IV. Erforderliche Datenschutz-Folgenabschätzungen (Abs. 3)

In Abs. 3 werden beispielhaft (»insbesondere«) drei **Fallgestaltungen** aufgeführt, in denen eine **Datenschutz-Folgenabschätzung zwingend erforderlich** ist. Verantwortliche sind beim Vorliegen der beschriebenen Sachverhalte verpflichtet, sie durchzuführen, um den Vorgaben der DSGVO nachzukommen. 45

1. Systematische und umfassende Bewertung (Abs. 3 Buchst. a)

Eine Datenschutz-Folgenabschätzung muss nach **Abs. 3 Buchst. a** erfolgen, wenn **systematische und umfassende Bewertungen persönlicher Aspekte** natürlicher Personen als **Grundlage für Entscheidungen** dienen, die auf automatisierte Verarbeitungen einschließlich Profiling begründet sind, wenn diese gegenüber Betroffenen eine Rechtswirkung entfalten oder sie in ähnlich erheblicher Weise beeinträchtigen. 46

Neben dem ausdrücklich genannten »Profiling«, das in Art. 4 Nr. 4 definiert ist, werden etwa Vorhersagen des zukünftigen Verhaltens von Betroffenen mit Verfahren aus dem Bereich »Predictive Analytics« oder des »Mining Social Graph«[31] die Pflicht zur Durchführung von Datenschutz-Folgenabschätzungen auslösen. Gleiches gilt für »Scorings«, wenn auf dieser Grundlage etwa automatisierte Bonitätsprüfungen erfolgen.[32] Gleiches gilt für automatisierte Entscheidungen über die Belieferung von Kunden im Online-Handel oder 47

29 Ehmann/Selmayr-*Baumgartner*, Art. 35 Rn. 33.

30 Kühling/Buchner-*Jandt*, Art. 35 Rn. 18 bewertet diese Form der Beteiligung zutreffend als »relativ schwach«.

31 Wedde-*Höller/Wedde*, S. 337; dies., Vermessung der Belegschaft, S. 9ff.

32 Ehmann/Selmayr-*Baumgartner*, Art. 35 Rn. 35.

für die Vergabe von Krediten oder Versicherungsverträgen.[33] Schließlich ist eine Datenschutz-Folgenabschätzung erforderlich, wenn auf der Basis automatisierter Verarbeitungen Kunden personalisierte Preise angeboten werden, die wiederum Ergebnisse eines Profilings oder eines Scorings sind.

48 Kommen entsprechende Verfahren in Betrieben **bezogen auf Beschäftigte** zum Einsatz, sind neben der Durchführung einer Datenschutz-Folgenabschätzung auch die Mitbestimmungsrechte von Betriebs- und Personalräten zu beachten. Für Betriebsräte ist in diesem Zusammenhang § 87 Abs. 1 Nr. 6 BetrVG von grundlegender Bedeutung. Betriebs- und Personalräte müssen über den Einsatz entsprechender Verfahren vorab informiert werden, um ihre Beteiligungs- und Mitbestimmungsrechte wahrnehmen zu können.

2. Umfangreiche Verarbeitung besonderer Kategorien von personenbezogenen Daten (Abs. 3 Buchst. b)

49 Eine Datenschutz-Folgenabschätzung muss nach **Abs. 3 Buchst. b** erfolgen, wenn **umfangreiche Verarbeitungen besonderer Kategorien von personenbezogenen Daten** nach Art. 9 Abs. 1 oder von personenbezogenen Daten über **strafrechtliche Verurteilungen** und **Straftaten** gemäß Art. 10 verarbeitet werden sollen.

50 Die Durchführung einer Datenschutz-Folgenabschätzung ist zwingend, wenn »**umfangreiche**« **Verarbeitungen** erfolgen. Wann dies der Fall ist, lässt die Vorschrift offen. Aus dem Wortlaut lässt sich ableiten, dass Einzelfälle nicht erfasst werden sollen. Dies bedeutet aber nicht, dass keine Einzelfallbetrachtungen von riskanten Sachverhalten angestellt werden müssen. Hinzu kommt, dass es unabhängig von den Abs. 3 genannten Regelfällen immer eine Datenschutz-Folgenabschätzung geben muss, wenn hohe Risiken entstehen. Damit kann auch die einzelne Verarbeitung besonderer Kategorien von personenbezogenen Daten oder von Informationen über strafrechtliche Verurteilungen oder Straftaten eine Datenschutz-Folgenabschätzung notwendig machen.

51 Dies gilt insbesondere bezogen auf **Beschäftigungsverhältnisse**, bei denen der Umgang der Arbeitgeber mit besonderen Arten personenbezogener Daten sowie mit personenbezogenen Informationen über strafrechtliche Verurteilungen oder Straftaten durch die Rechtsprechung weitgehend limitiert ist. Hier wird eine Datenschutz-Folgenabschätzung mit Blick auf die Risiken, denen Beschäftigte ausgesetzt sind, wenn entsprechende Informationen dem Arbeitgeber bekannt sind, regelmäßig stattfinden müssen.

52 Unabhängig hiervon müssen Datenschutz-Folgenabschätzungen bezogen auf Beschäftigungsverhältnisse beispielsweise auch stattfinden, wenn etwa unter Hinweis auf **Compliance-Vorgaben** oder auf rechtliche Verpflichtungen aus dem Bereich der **Terrorbekämpfung** entsprechende **Datenabgleiche flächendeckend durchgeführt** werden sollen.[34] Nicht als umfangreiche Verarbeitungen im Sinne von Abs. 3 Buchst. b sollen Verarbeitungen besonderer Kategorien von personenbezogenen Daten oder von personenbezogenen Daten über strafrechtliche Verurteilungen und Straftaten sein, wenn hierfür ein einzelner Arzt, ein sonstiger Angehöriger eines Gesundheitsberufs oder ein Rechtsanwalt verant-

---

33 Gola-*Nolte/Werkmeister*, Art. 35 Rn. 12.

34 Ähnlich Gola-*Nolte/Werkmeister*, Art. 35 Rn. 14.

wortlich ist (ErwGr 91 Satz 4 und 5).[35] Das Merkmal eines »einzelnen« Arztes oder Rechtsanwalts ist **eng auszulegen**. Privilegiert werden nur Einzelpersonen, die »Ein-Personen«-Praxen oder -Kanzleien betreiben. Keine Ausnahme von der Pflicht zur Durchführung von Datenschutz-Folgenabschätzungen gibt es hingegen für Zusammenschlüsse von Berufsgeheimnisträgern, die etwa in Rechtsanwaltskanzleien oder Arztpraxen gemeinsam arbeiten.[36]

3. Systematische umfangreiche Überwachung öffentlich zugänglicher Bereiche (Abs. 3 Buchst. c)

Abs. 3 Buchst. c schreibt eine Datenschutz-Folgenabschätzung vor, wenn **systematische** 53
und umfangreiche Überwachungen öffentlich zugänglicher Bereiche erfolgen sollen. Angesprochen ist insbesondere eine weiträumige Überwachung dieser Bereiche mittels **Videokameras**, bei denen nach Auffassung der zuständigen Aufsichtsbehörde die Verarbeitung wahrscheinlich ein hohes Risiko für Rechte und Freiheiten der betroffenen Personen mit sich bringt. Dies kann etwa der Fall sein, wenn die Betroffenen an der Ausübung ihrer Rechte oder der Nutzung von Dienstleistungen bzw. der Durchführung von Verträgen gehindert sind oder wenn die Überwachung systematisch in großem Umfang erfolgt (ErwGr 91 Satz 3). Relevant ist die Vorschrift damit auch für die Videoüberwachung in öffentlichen Räumen (vgl. hierzu auch § 4 BDSG). Der Verweis auf die »systematische« Überwachung verdeutlicht, dass nur zufällige oder nicht geplante Überwachungen öffentlich zugänglicher Bereiche ausgenommen bleiben. Insoweit ist der **Anwendungsbereich dieser Vorschrift weit zu fassen** und lässt nur wenige Ausnahmen von der Pflicht zur Durchführung einer Datenschutz-Folgenabschätzung zu.

Vom Anwendungsbereich erfasst werden nicht nur **öffentliche Plätze** oder **Straßen**, son- 54
dern auch **private Räume**, die **der Öffentlichkeit zugänglich sind,** wie etwa Kaufhäuser, Bahnhöfe oder Flughäfen.[37]

Vom Anwendungsbereich des Abs. 3 Buchst. c **ausgenommen** bleiben weiterhin **Betriebs-** 55
stätten und Betriebe, die **nicht zum öffentlichen Raum gehören**. Allerdings kann auch in nicht-öffentlichen Betrieben eine Verpflichtung zur Durchführung von Datenschutz-Folgenabschätzungen bestehen, wenn die allgemeinen Voraussetzungen in Abs. 1 erfüllt sind. Dies wird mit Blick auf das Kontrollpotenzial von Videokameras und die sich hieraus ableitenden Gefährdungen für Persönlichkeitsrechte regelmäßig der Fall sein.

V. Positivliste zur Datenschutz-Folgenabschätzung (Abs. 4)

Nach **Abs. 4** erstellt die zuständige Aufsichtsbehörde eine **Liste der Verarbeitungsvor-** 56
gänge, für die eine Datenschutz-Folgenabschätzung durchzuführen ist. Diese Liste wird veröffentlicht und an den in Art. 68 genannten Europäischen Datenausschuss übermittelt. Die Liste ergänzt die in Abs. 3 genannten Fälle, bei deren Vorliegen die Durchführung ei-

35 Ebenso Plath-*v.d. Bussche*, Art. 35 Rn. 20.
36 Ebenso Gola-*Nolte/Werkmeister*, Art. 35 Rn. 14.
37 Ebenso Auernhammer-*Raum*, Art. 35 Rn. 32.

ner Datenschutz-Folgenabschätzung zwingend erforderlich ist.[38] Schon mit Blick auf die Entwicklung der technischen Möglichkeiten für Verarbeitungen ist diese Liste nicht abschließend. Es obliegt den Aufsichtsbehörden, sie im Rahmen ihrer gesetzlichen Kompetenzen fortzuschreiben. Aufsichtsbehörden sind allerdings nach Abs. 4 nicht verpflichtet, die zu erstellende Liste mit einer bestimmten Anzahl von Fallkonstellationen zu füllen. Damit wäre theoretisch eine Liste denkbar, die keine Vorgaben zur Datenschutz-Folgenabschätzung enthält.[39]

57 Bezüglich der Kriterien, nach denen Verarbeitungsvorgänge in eine Liste aufgenommen werden, macht die DSGVO keine Vorgaben. Es ist aber naheliegend, dass sich die Aufsichtsbehörden an die Vorgaben halten, die Art. 35 Abs. 1 den Verantwortlichen selbst bezüglich der Notwendigkeit der Durchführung einer Datenschutz-Folgenabschätzung auferlegen.[40]

58 Die Artikel-29-Datenschutzgruppe hat inzwischen eine Positivliste vorgelegt, die u. a. Beispiele für Verarbeitungsvorgänge enthält, bei denen eine Datenschutz-Folgenabschätzung in jedem Fall erfolgen muss,[41] etwa bei der Verarbeitung medizinischer oder genetischer Patientendaten in einem Krankenhaus, beim Einsatz von Kamerasystemen zur Überwachung des Fahrverhaltens auf Schnellstraßen oder bei der systematischen Überwachung der Tätigkeit von Beschäftigten, ihrer Arbeitsplatzrechner oder ihrer Internetnutzung durch Arbeitgeber.[42]

59 Die entsprechenden Listen müssen verpflichtend an Europäischen Datenschutzausschuss übermittelt werden.[43]

VI. Negativliste der Aufsichtsbehörden (Abs. 5)

60 Nach **Abs. 5** können die zuständigen Aufsichtsbehörden eine »**Negativliste**« **der Verarbeitungsvorgänge** erstellen und veröffentlichen, bei denen sie eine **Datenschutz-Folgenabschätzung** für **nicht erforderlich** halten. Voraussetzung für eine solche Festlegung muss sein, dass die in Art. 35 Abs. 1 angesprochenen hohen Risiken sich nicht oder mit an Sicherheit grenzender Wahrscheinlichkeit nicht realisieren können. Von daher kann es sich nur um Formen der Verarbeitung handeln, bei denen ein hohes Risiko für Rechte und Freiheiten natürlicher Personen sich in der Praxis nicht realisieren kann.

61 Zu den für eine Negativliste prädestinierten Verarbeitungen sollen solche durch einzelne Ärzte oder Rechtsanwälte gehören (vgl. Rn. 52). Die vom Verordnungsgeber gesehene Ausnahme für einzeln tätige Ärzte oder Rechtsanwälte überzeugt schon mit Blick auf die von diesen verarbeiteten hochsensiblen Daten nicht. Selbst wenn es zu einer solchen aus-

38 Ehmann/Selmayr-*Baumgartner*, Art. 35 Rn. 31; Sydow-*Schwendemann*, Art. 35 Rn. 17.

39 A.A. Paal/Pauly-*Martini*, Art. 35 Rn. 17, der die Erstellung der Liste für verpflichtend hält.

40 Ähnlich Kühling/Buchner-*Jandt*, Art. 35 Rn. 14.

41 Vgl. *Leitlinien zur Datenschutz-Folgenabschätzung (DSFA) und Beantwortung der Frage, ob eine Verarbeitung im Sinne der Verordnung 2016/679 »wahrscheinlich ein hohes Risiko mit sich bringt«*, angenommen am 4.4.2017, zuletzt überarbeitet und angenommen am 4.10.2017, elektronisch verfügbar unter *https://ec.europa.eu/newsroom/article29/item-detail.cfm?item-id=611236* (Stand 4.10.2017).

42 Vgl. ebenda, S. 13.

43 Kühling/Buchner-*Jandt*, Art. 35 Rn. 17.

drücklichen Ausnahme für diese Berufsgruppen kommt, entbindet sie einzeln tätige Ärzte und Anwälte nicht von der Einhaltung der für sie geltenden datenschutzrechtlichen Vorgaben.[44]

Erstellt eine Aufsichtsbehörde eine Negativliste, so ist auch diese zu veröffentlichen. Es gelten die gleichen Grundsätze wie bei einer Veröffentlichung nach Abs. 4. Gleichermaßen muss eine Übermittlung dieser Listen an den Europäischen Datenschutzausschuss gemäß Art. 68 erfolgen. 62

VII. Kohärenzverfahren bezüglich Positiv- oder Negativlisten

Bevor eine zuständige Aufsichtsbehörde bestimmte Verarbeitungen in eine Positiv- oder eine Negativliste aufnimmt, ist sie nach **Abs. 6** gehalten, das in der DSGVO vorgesehene Kohärenzverfahren durchzuführen, wenn in den Listen Verarbeitungen erfasst werden, die das Angebot von Waren und Dienstleistungen für Betroffene oder die Beobachtung des Verhaltens dieser Personen in mehreren Mitgliedstaaten betreffen oder die den freien Verkehr personenbezogener Daten innerhalb der Union erheblich beeinträchtigen könnten. In allen anderen Fällen unterbleibt das Kohärenzverfahren. Abs. 6 soll einer **einheitlichen Anwendung** der Datenschutz-Grundverordnung in der gesamten EU **den Weg bahnen.** 63

Ist die Weiterleitung an den Europäischen Datenschutzausschuss erfolgt, muss dieser hierzu nach Art. 64 Abs. 1 eine **Stellungnahme** abgeben. Bis zu einer Stellungnahme ist die zuständige Aufsichtsbehörde verpflichtet, mit einer Veröffentlichung zu warten. Diese **Wartefrist** endet nach Art. 64 Abs. 6 in Verbindung mit Abs. 3 Satz 1 nach längstens **acht Wochen.**[45] 64

VIII. Mindestinhalt von Datenschutz-Folgenabschätzungen (Abs. 7)

In **Abs. 7** werden **Mindestinhalte** benannt, die eine Datenschutz-Folgenabschätzung haben muss. Diese Standardisierung soll vergleichbare Ergebnisse und ein einheitliches Datenschutzniveau gewährleisten.[46] 65

Die **Berücksichtigung** der in Abs. 7 Buchst. a bis d aufgeführten **Bewertungsschritte ist zwingend**, aber **nicht abschließend.**[47] Verantwortliche müssen deshalb im Rahmen einer Datenschutz-Folgenabschätzung ergänzend insbesondere die weiteren Themen berücksichtigen, die während der Prüfungen nach Abs. 1 als Gründe dafür identifiziert worden sind, dass es voraussichtlich zu hohen Risiken für die Rechte und Freiheiten natürlicher Personen kommen kann. 66

44 Ähnlich im Ergebnis Paal/Pauly-*Martini*, Art. 35 Rn. 38, der den berechtigten Verdacht äußert, dass hier erfolgreiche Lobbyarbeit der zuständigen Berufsorganisationen der Grund für die Ausnahme ist.

45 Paal/Pauly-*Martini*, Art. 35 Rn. 43.

46 Kühling/Buchner-*Jandt*, Art. 35 Rn. 31.

47 Ehmann/Selmayr-*Baumgartner*, Art. 35 Rn. 49.

67 Abs. 7 gibt **kein bestimmtes Verfahren** vor, nach dem eine Datenschutz-Folgenabschätzung durchzuführen ist.[48] Aus den Vorgaben in Abs. 7 Buchst. a bis d leitet sich aber eine Struktur ab, an die sich die Durchführung einer Datenschutz-Folgenabschätzung orientieren kann.[49] Es bleibt abzuwarten, ob die zuständigen Aufsichtsbehörden eigene Strukturvorgaben für Datenschutz-Folgenabschätzungen machen.[50]

68 Unabhängig von der Struktur muss eine Datenschutz-Folgenabschätzung die zu bewertenden Verarbeitungsprozesse **als Ganzes prüfen**. Eine Beschränkung auf einzelne Komponenten oder Funktionen erfüllt die gesetzlichen Anforderungen nicht. In diesem Rahmen muss die Verarbeitung bezüglich ihrer rechtlichen Voraussetzungen und der technischen und organisatorischen Aspekte in ihrer Umsetzung geprüft werden.[51]

69 Die Ergebnisse einer Datenschutz-Folgenabschätzung müssen **schriftlich dokumentiert werden**. Neben der Schriftform nach § 126 BGB bzw. der elektronischen Form nach § 126a BGB ist die Textform nach § 126b BGB möglich. Den Verantwortlichen trifft in jedem Fall die durch Art. 5 Abs. 2 begründete Nachweispflicht.

70 Ausgehend von der Systematik, die aus Abs. 7 Buchst. a bis d folgt, steht am Anfang einer Datenschutz-Folgenabschätzung die systematische Beschreibung der geplanten Verarbeitung (Buchst. a). Hieran schließen sich Bewertungen der Notwendigkeit und Verhältnismäßigkeit bezogen auf die Zwecke der Verarbeitung (Buchst. b) und der Risiken für die Rechte und Freiheiten der betroffenen Personen gemäß Abs. 1 (Buchst. c) an. Die im Rahmen der Datenschutz-Folgenabschätzung gewonnenen Erkenntnisse fließen in Abhilfemaßnahmen ein (Buchst. d).

1. Systematische Beschreibung (Abs. 7 Buchst. a)

71 Nach der Regelung in Buchst. a muss eine Datenschutz-Folgenabschätzung eine **systematische Beschreibung** der **geplanten Verarbeitungsvorgänge** und der **Zwecke der Verarbeitung** enthalten. Diese muss zudem die berechtigten Interessen der Verarbeiter benennen.

72 Voraussetzung für eine zielorientierte Datenschutz-Folgenabschätzung ist, dass der Verantwortliche einen Überblick über die von ihm geplante Verarbeitung personenbezogener Daten hat und diese auch darlegen kann.[52] Der Gewinnung eines solchen Überblicks dient die vorgeschriebene **systematische Beschreibung**. Hierbei handelt es sich um eine systematische, planmäßige und konsequente Beschreibung des zu bewertenden Verarbeitungsvorgangs.[53] Um die geforderte systematische Beschreibung vorzunehmen, ist es notwendig, die geplante Verarbeitung einschließlich ihrer technischen und organisatorischen

48 Ähnlich Sydow-*Schwendemann*, Art. 35 Rn. 23; Paal/Pauly-*Martini*, Art. 35 Rn. 44.

49 Ähnlich Kühling/Buchner-*Jandt*, Art. 35 Rn. 31; Schaffland/Wiltfang-*Schaffland/Holthaus*, Art. 35 Rn. 19; zur möglichen Struktur einer Datenschutz-Folgenabschätzung Friedewald/Obersteller/Nebel/Bieker/Rost, S. 19ff.

50 Kühling/Buchner-*Jandt*, Art. 35 Rn. 31 hofft auf einen praktischen Konkretisierungsprozess durch die Aufsichtsbehörden.

51 Auernhammer-*Raum*, Art. 35 Rn. 40; Bieker/Hansen/Friedewald, RDV 2016, 188 bezüglich technischer und organisatorischer Aspekte.

52 Auernhammer-*Raum*, Art. 35 Rn. 42; Bieker/Hansen/Friedewald, RDV 2016, 188.

53 Sydow-*Schwendemann*, Art. 35 Rn. 24.

Rahmenbedingungen so konkret wie möglich zu benennen. Dies beinhaltet insbesondere die präzise und vollständige Beschreibung der einzusetzenden Hard- und Software sowie der für die Verarbeitung verwendeten Dienste und Netze. In diesem Rahmen müssen auch vorgesehene Schnittstellen und die hierüber gesendeten oder empfangenen Daten, die beabsichtigten Auswertungen oder Reports, das einzusetzende Rollen- und Berechtigungskonzept sowie geplante Löschkonzepte vollständig und abschließend aufgeführt werden. Weiterhin müssen beispielsweise die zu verwendenden Formate benannt sein.[54]

Ist eine systematische Beschreibung, die Details wie die vorstehend skizzierten enthält, nicht möglich, kann die Datenschutz-Folgenabschätzung nicht erfolgen. Dies steht dann auch der geplanten Verarbeitung entgegen. 73

Neben der systematischen Beschreibung der geplanten Verarbeitungsvorgänge müssen auch die **Zwecke der Verarbeitung** aufgeführt werden. Die notwendige Darstellung orientiert sich an den Grundsätzen in Art. 5 Abs. 1 Buchst. b (vgl. Art. 5 Rn. 33ff.). Eine Datenschutz-Folgenabschätzung muss in diesem Zusammenhang insbesondere bewerten, ob die geplante Verarbeitung innerhalb der festgelegten Zwecke liegt bzw. ob sich die Verarbeitungsziele mit diesen decken. In die Prüfung einbezogen werden müssen auch künftige oder absehbare Zweckänderungen.[55] 74

Die Vorgabe zum Inhalt einer Datenschutz-Folgenabschätzung in Abs. 7 Buchst. a beinhaltet weiterhin die zwingende Vorgabe, dass die vom Verantwortlichen **verfolgten rechtlichen Interessen** in die Prüfung **einbezogen werden**. Diese **Formulierung** ist **weit auszulegen** und zielt nicht nur auf den Erlaubnistatbestand in Art. 6 Abs. 1 Buchst. f. Wegen der bestehenden subjektiven Komponente fließen berechtigte Interessen vielmehr regelmäßig auch in die Ermessensspielräume ein, die nach Art. 6 Abs. 1 Buchst. b bis e bestehen.[56] Damit muss im Ergebnis eine umfassende Bewertung der Frage erfolgen, ob die Verarbeitung rechtlich zulässig ist. 75

Bezogen auf die Erlaubnisnorm in Art. 6 Abs. 1 Buchst. f muss neben einer Bewertung, ob die Verarbeitung zur Wahrung berechtigter Interessen des Verantwortlichen erforderlich ist, auch in die Prüfung einbezogen werden, ob überwiegende Interessen oder Grundrechte und Grundfreiheiten betroffener Personen vorliegen (vgl. Art. 6 Rn. 101ff.). 76

Führt der erste Prüfungsschritt zu der Feststellung, dass die geplante Verarbeitung und deren Zwecke unzureichend beschrieben sind oder dass die berechtigten Interessen die Verarbeitung nicht rechtfertigen, muss dies als Ergebnis einer Datenschutz-Folgenabschätzung ganz unterbleiben. Zeigt die Folgenabschätzung, dass erforderliche Informationen fehlen, müssen diese vorgelegt und bewertet werden. Auch in diesem Fall darf die geplante Verarbeitung erst erfolgen, wenn die Ergebnisse der Datenschutz-Folgenabschätzung sie zulassen. 77

Bezogen auf **Beschäftigungsverhältnisse** bedeutet dies, dass die Verarbeitung von Beschäftigtendaten unterbleiben muss, wenn etwa die Erforderlichkeit einer Verarbeitung 78

54 Tendenziell ähnlich Auernhammer-*Raum*, Art. 35 Rn. 42; Paal/Pauly-*Martini*, Art. 35 Rn. 47; Sydow-*Schwendemann*, Art. 35 Rn. 24.

55 Auernhammer-*Raum*, Art. 35 Rn. 42; Wybitul/Ströbl, BB 2016, 2307.

56 Ähnlich Sydow-*Schwendemann*, Art. 35 Rn. 25; ebenso bezogen auf Art. 6 b und c Kühling/Buchner-*Jandt*, Art. 35 Rn. 37.

für das Beschäftigungsverhältnis nicht gegeben ist (vgl. § 26 Abs. 1 Satz 1 BDSG). Gleiches gilt, wenn weitere der in Art. 5 Abs. 1 genannten Grundsätze nicht erkennbar erfüllt sind.

2. Bewertung der Notwendigkeit und Verhältnismäßigkeit von Verarbeitungsvorgängen (Abs. 7 Buchst. b)

79 Nach **Abs. 7 Buchst. b** muss eine Bewertung der Notwendigkeit und Verhältnismäßigkeit von Verarbeitungsvorgängen bezogen auf ihren Zweck erfolgen.

80 Die **Bewertung der Notwendigkeit** beinhaltet die Darlegung, warum eine vom Verantwortlichen zu erfüllende Aufgabe nur so erfüllt werden kann bzw. warum sie auf anderem Weg nicht, nicht vollständig oder nicht in rechtmäßiger Weise zu erfüllen ist.[57] Bei der durchzuführenden Bewertung ist insbesondere der in Art. 5 Abs. 1 Buchst. c enthaltene Grundsatz der Datenminimierung zu beachten. Hiernach ist der Verantwortliche verpflichtet, für die von ihm geplanten Verarbeitungsvorgänge nur solche Verfahren einzusetzen, die bezogen auf die Eingriffe in Grundrechte und Grundfreiheiten natürlicher Personen und ihr Recht auf den Schutz personenbezogener Daten den geringsten Eingriff darstellen und insoweit das mildeste Mittel sind.[58]

81 Es muss sich bei einer notwendigen Verarbeitung von personenbezogenen Daten immer um einen Vorgang handeln, ohne den ein verfolgter Zweck denktechnisch nicht erreicht werden kann.[59] Bezogen auf **Beschäftigungsverhältnisse** steht diese Vorgabe etwa zweckfreien Vorratsdatenspeicherungen von Beschäftigtendaten oder der Auswertung dieser Informationen mittels Big-Data-Anwendungen entgegen.

82 Neben der Notwendigkeit muss eine **Verhältnismäßigkeit** der Verarbeitungsvorgänge **bezogen auf den Zweck** gegeben sein. Bei der durchzuführenden Verhältnismäßigkeitsprüfung muss eine Abwägung zwischen der konkreten Ausgestaltung einer Verarbeitung und der hiermit verfolgten Zwecke erfolgen. Diese Abwägung muss im Rahmen einer Datenschutz-Folgenabschätzung bezogen auf den konkreten Einzelfall vorgenommen werden.

83 Bezogen auf **Beschäftigungsverhältnisse** ist im Rahmen der Erforderlichkeitsprüfung insbesondere zu bewerten, ob die geplante Verarbeitung erforderlich im Sinne von § 26 Abs. 1 Satz 1 BDSG in Verbindung mit Art. 88 ist.

3. Bewertung der Risiken (Abs. 7 Buchst. c)

84 Die durchzuführende Datenschutz-Folgenabschätzung muss nach **Abs. 7 Buchst. c** eine Bewertung der Risiken für die Rechte und Freiheiten der betroffenen Personen nach den Vorgaben in Abs. 1 beinhalten. Diese Regelung stellt die Verbindung zum Ausgangspunkt der Datenschutz-Folgenabschätzung her: Das voraussichtliche Eintreten eines hohen Risikos für die Rechte und Freiheiten natürlicher Personen als Folge einer Verarbeitung. Im

57 Ehmann/Selmayr-*Baumgartner*, Art. 35 Rn. 52; Kühling/Buchner-*Jandt*, Art. 35 Rn. 40.
58 Ähnlich Kühling/Buchner-*Jandt*, Art. 35 Rn. 40; Auernhammer-*Raum*, Art. 35 Rn. 43.
59 Kühling/Buchner-*Jandt*, Art. 35 Rn. 40.

Ergebnis handelt es sich hierbei um den zentralen Bestandteil der Darlegungen einer Datenschutz-Folgenabschätzung.[60]

Die Bewertung des voraussichtlichen hohen Risikos soll sich auf dessen spezifische Eintrittswahrscheinlichkeit und seine Schwere beziehen. Hierbei sollen Art, Umfang, Umstände und Zweck der Verarbeitung sowie die Ursachen des Risikos bewertet werden (ErwGr 90 Satz 1). Das **Bewertungsfeld** ist mit Blick auf die in Rede stehenden Rechte und Freiheiten der betroffenen Personen **weit auszulegen** und **schließt alle einschlägigen Grundrechtsbeeinträchtigungen ein.**[61] 85

Die **Bewertung** muss sich auf **alle in Abs. 1 benannten Kriterien beziehen** (vgl. Rn. 32 ff.). Notwendig ist deshalb eine **umfassende Risikoanalyse**, deren Anknüpfungspunkt nach dem Wortlaut der Vorschrift die Rechte und Freiheiten der betroffenen Personen ist. Damit ist die Betroffenenperspektive der maßgebliche Ausgangspunkt.[62] 86

Zur durchzuführenden Risikoanalyse gehören **sowohl externe** wie auch **interne Angriffe und Angreifer.**[63] Die Gefährdungen personenbezogener Daten können sowohl fahrlässig als auch vorsätzlich erfolgen und dabei von unterschiedlichen Motiven getragen sein (beispielsweise Ärger, Bereicherungsabsichten oder Vandalismus).[64] Relevant sind alle Aktionen, die sich unmittelbar auf personenbezogene Daten richten oder die deren Verarbeitung direkt oder indirekt beeinflussen können. 87

In die Bewertung sind vorhandene technische und organisatorische Maßnahmen einzubeziehen. Zu bewerten ist etwa deren Wirksamkeit und das Risiko, dass sie Gegenstand von Angriffen (etwa durch Hacker) werden.[65] Darüber hinaus ist zu bewerten, warum bestimmte übliche oder sinnvolle technische und organisatorische Maßnahmen im konkreten Fall nicht eingesetzt werden. Ausgangspunkt ist der aktuelle und übliche Stand der Datensicherheitstechnik. Hierauf bezogen müssen Verantwortliche darstellen und begründen, warum sie auf bestimmte Sicherheitsmaßnahmen verzichtet haben. Darüber hinaus sollte auch begründet werden, warum die vorhandenen Maßnahmen eingesetzt worden sind. 88

Die Bewertung bezieht sich auf die einzelnen Risiken und deren Höhe und Wahrscheinlichkeit. Maßstab für das Vorliegen eines hohen Risikos ist das Verhältnis von Eintrittswahrscheinlichkeit und Schadensauswirkungen für die betroffenen Personen.[66] Dabei sind Risikoklassen wie »normal«, »hoch« oder »sehr hoch« zu definieren.[67] 89

4. Geplante Abhilfemaßnahmen (Abs. 7 Buchst. d)

Im Anschluss an die systematische Beschreibung geplanter Verarbeitungen und ihrer Zwecke sowie an die Bewertung von Notwendigkeit und Verhältnismäßigkeit sowie der 90

---

60 Ehmann/Selmayr-*Baumgartner*, Art. 35 Rn. 53.

61 Enger Kühling/Buchner-*Jandt*, Art. 35 Rn. 42, der nicht jegliche Grundrechtsbeeinträchtigung einbeziehen will.

62 Kühling/Buchner-*Jandt*, Art. 35 Rn. 44.

63 Kühling/Buchner-*Jandt*, Art. 35 Rn. 44.

64 Ähnlich Paal/Pauly-*Martini*, Art. 35 Rn. 53.

65 Kühling/Buchner-*Jandt*, Art. 35 Rn. 44.

66 Sydow-*Schwendemann*, Art. 35 Rn. 27.

67 Paal/Pauly-*Martini*, Rn. 53.

bestehenden Risiken für die Rechte und Freiheiten der betroffenen Personen sind nach **Abs. 7 Buchst. d** die zur Bewältigung der identifizierten Gefahren geplanten Abhilfemaßnahmen darzulegen. Diese Darlegung schließt Garantien, Sicherheitsvorkehrungen und Verfahren zur Sicherstellung des Schutzes personenbezogener Daten ein. Insgesamt soll von Verantwortlichen der Nachweis erbracht werden, dass die DSGVO eingehalten und den Rechten und berechtigten Interessen betroffener Personen und sonstiger Betroffener Rechnung getragen wird.

91 In der Systematik der Vorgaben, die Abs. 7 enthält, folgt aus Abs. 7 Buchst. d die **Verpflichtung der Verantwortlichen**, die als Ergebnis der vorgenommenen Bewertung **geplanten Maßnahmen zu beschreiben**. Ziel ist es, voraussehbare hohe Risiken für Rechte und Freiheiten natürlicher Personen auszuschließen oder unter eine kritische Schwelle zu bringen.[68] Bei der Beschreibung der geplanten Maßnahmen können sich Verantwortliche an bereits eingesetzten technischen und organisatorischen Maßnahmen orientieren, wie sie im Anhang zu § 9 Satz 1 BDSG-alt enthalten waren.[69]

92 Das **Spektrum denkbarer Abwehrmaßnahmen**, die Gegenstand der Planung sein können, ist **weit gefasst**. Neben den in **Abs. 7 Buchst. d** ausdrücklich genannten Garantien, Sicherheitsvorkehrungen und Verfahren kommen vertragliche Maßnahmen oder organisatorische Vorkehrungen in Betracht wie beispielsweise die Durchführung regelmäßiger Audits mit dem Ziel der Verbesserung des bestehenden Schutzstandards.

93 Zu den in **Abs. 7 Buchst. d** genannten **Garantien** gehören beispielsweise verbindliche Verpflichtungen gegenüber betroffenen Personen, die das Ziel haben, die ablaufende Verarbeitung transparent zu machen und die die Durchsetzung bestehender Betroffenenrechte erleichtern.[70] Denkbar ist weiterhin, dass Verantwortliche garantieren, dass Auftragsverarbeitungen nur innerhalb des unmittelbaren Anwendungsbereichs der DSGVO stattfinden oder dass nur Auftragsverarbeiter eingesetzt werden, die über eine herausragende Zuverlässigkeit verfügen.[71]

94 »Sicherheitsvorkehrungen« sind insbesondere die in Art. 32 genannten Maßnahmen (vgl. Art. 32 Rn. 9ff.). Zu den **Verfahren** gehören neben festgelegten organisatorischen Abläufen wie etwa einem Vier-Augen-Prinzip[72] beispielsweise auch die durch Art. 25 vorgegebenen Verfahren zum Datenschutz durch Technikgestaltung und durch datenschutzfreundliche Voreinstellungen. Die in der Datenschutz-Folgenabschätzung beschriebenen Abhilfemaßnahmen müssen vor Beginn der Verarbeitung in die Praxis umgesetzt werden. Nur so lässt sich der durch Art. 35 Abs. 1 intendierte Ausschluss absehbarer hoher Risiken bzw. deren Reduzierung in die Praxis umsetzen. Die bloße Beschreibung von Planungen ist hierfür nicht ausreichend.[73] Unterbliebe die praktische Umsetzung, würde sich die Verarbeitung außerhalb der Vorgaben der DSGVO bewegen und wäre damit unzulässig.

95 Die zu erstellende Datenschutz-Folgenabschätzung muss insoweit insgesamt zeitlich deutlich **vor Beginn der Verarbeitung** vorliegen. Bis zum Beginn der Verarbeitung muss

68 Ehmann/Selmayr-*Baumgartner*, Art. 35 Rn. 56.
69 Ehmann/Selmayr-*Baumgartner*, Art. 35 Rn. 54.
70 Ähnlich Kühling/Buchner-*Jandt*, Art. 35 Rn. 49.
71 Ähnlich Kühling/Buchner-*Jandt*, Art. 35 Rn. 49.
72 Kühling/Buchner-*Jandt*, Art. 35 Rn. 49; Gola/Schomerus, § 9 BDSG-alt Rn. 14.
73 Ebenso Kühling/Buchner-*Jandt*, Art. 35 Rn. 48.

beispielsweise ausreichend Zeit dafür sein, die nach Art. 9 vorgesehene Einholung der Standpunkte der betroffenen Personen zu ermöglichen. Aus **kollektivrechtlicher Sicht** muss es darüber hinaus zuständigen Betriebs- und Personalräten möglich sein, auf der Grundlage der Datenschutz-Folgenabschätzung vor Beginn der Verarbeitung bestehende Mitbestimmungsrechte umsetzen zu können.

Eine ausdrückliche Pflicht zur **Veröffentlichung** der Ergebnisse einer Datenschutz-Folgenabschätzung enthält die DSGVO nicht.[74] Aus Transparenzgründen ist es aber sinnvoll, die Ergebnisse der Folgenabschätzung zumindest dem absehbaren Kreis der betroffenen Personen in geeigneter Form zugänglich zu machen.[75] 96

Soweit sich die Datenschutz-Folgenabschätzung auf die Verarbeitung von **Beschäftigtendaten** bezieht, haben die zuständigen Betriebs- und Personalräte einen Anspruch auf die Zurverfügungstellung dieser Unterlage im Rahmen ihrer allgemeinen Informations- und Beratungsrechte. Aufbauend auf den Ergebnissen der Datenschutz-Folgenabschätzung können sie ggf. kollektivrechtliche Regelungen fordern und durchsetzen, die den Arbeitgeber als Verantwortlichen auf bestimmte Verarbeitungen festlegen bzw. auf deren Grundlage bestimmte Verwendungen von personenbezogenen Daten ausgeschlossen werden. Mit Blick auf die kollektivrechtlich vorgesehenen Zeitläufe für die Durchführung des Mitbestimmungsverfahrens muss auch insoweit eine Datenschutz-Folgenabschätzung so rechtzeitig vor der Aufnahme der Verarbeitung erfolgen, dass im Extremfall ein notwendiges Einigungsstellenverfahren vorher abgeschlossen sein kann. 97

IX. Einhaltung genehmigter Verhaltensregeln (Abs. 8)

Die Einhaltung der durch Art. 40 beschriebenen genehmigten Verhaltensregeln durch Verantwortliche oder zuständige Auftragsverarbeiter ist nach Art. 35 Abs. 8 bei der Beurteilung der Auswirkungen der von ihm durchgeführten Verarbeitungen auch für die Zwecke der Datenschutz-Folgenabschätzung gebührend zu berücksichtigen. Die Vorschrift zielt darauf, die Komplexität der Datenschutz-Folgenabschätzungen zugunsten des Verantwortlichen zu reduzieren und gleichzeitig das in Art. 40 verankerte Instrument der **Selbstregulierung** zu stärken.[76] Die Regelung stellt somit eine Verbindung zu den in Art. 40 genannten Verhaltensregeln dar. 98

Voraussetzung ist, dass Verantwortliche **Verhaltensregeln nach Art. 40 auch tatsächlich einhalten**. Diese Einhaltung muss mit Blick auf die in Art. 5 Abs. 2 verankerte Rechenschaftspflicht nachgewiesen werden. Es ist nicht ausreichend, dass sie von zuständigen Verantwortlichen oder Auftragsverarbeitern lediglich vorgetragen wird. Zum Grad der vorzunehmenden Berücksichtigung trifft Art. 8 keine verbindliche Vorgabe. Der unbestimmte Begriff »gebührend« enthält keine Festlegung und schließt beispielsweise auch nicht aus, dass Verantwortliche von Empfehlungen genehmigter Verhaltensregeln abweichen.[77] Abweichungen müssen allerdings begründet werden.[78] 99

74 Paal/Pauly-*Martini*, Art. 35 Rn. 55.
75 Ähnlich Gola-*Nolte/Werkmeister*, Art. 35 Rn. 66; Friedewald/Obersteller/Nebel/Bieker/Rost, S. 32.
76 Kühling/Buchner-*Jandt*, Art. 35 Rn. 52.
77 Kühling/Buchner-*Jandt*, Art. 35 Rn. 53.

X. Standpunkt der betroffenen Personen (Abs. 9)

100 Nach **Abs. 9** soll der Verantwortliche ggf. den **Standpunkt der betroffenen Personen** oder ihrer Vertreter zu einer beabsichtigten risikoreichen Verarbeitung **einholen**. Dies gilt unbeschadet des Schutzes gewerblicher oder öffentlicher Interessen oder der Sicherheit der Verarbeitungsvorgänge. Die Regelung zielt auf den **Selbstdatenschutz** als Ausdruck der Selbstbestimmung und stärkt in Art. 5 Abs. 1 Rn. 1 den vorgegebenen Grundsatz der Transparenz.[79]

101 Die Einbeziehung der betroffenen Personen oder ihrer Vertreter soll »ggf.« erfolgen. Die Verwendung dieses Begriffs weist auf das Bestehen eines **Ermessensspielraums** des Verantwortlichen hin. In diesem Rahmen kann die Einbeziehung unterbleiben, wenn sich hiermit für den Verantwortlichen ein **unzumutbarer hoher Aufwand** verbindet oder wenn sich infolge der Einbeziehung das Risiko einer Verarbeitung für die betroffenen Personen noch erhöhen würde.[80] Gleiches gilt, wenn der Kreis der betroffenen Personen unbestimmt oder sehr groß ist.

102 Die **Konsultationspflicht besteht hingegen zwingend**, wenn der Kreis der betroffenen Personen begrenzt oder benannt werden kann, etwa in einem geschlossenen oder anmeldepflichtigen Online-Portal.[81] Gleiches gilt bei einer überschaubaren Zahl von Patienten in einer großen ärztlichen Gemeinschaftspraxis oder bei der Belegschaft eines Betriebs ohne Betriebsrat.

103 Statt der betroffenen Personen kann der Verantwortliche den **Standpunkt ihrer Vertreter** einholen. Diese Alternative steht nur offen, wenn die vorstehende Adressierung an eine bestimmbare Gruppe von personenbezogenen Daten ausscheidet. Insoweit hat der Verantwortliche hier keine Wahlfreiheit.

104 Wer »Vertreter« der betroffenen Personen ist, lässt Abs. 9 offen. Bezogen auf ein betroffenes Kind gemäß Art. 8 Abs. 1 kommen hier zweifelsfrei die gesetzlichen Vertreter in Betracht.[82] Einschlägig sein können aber auch die nach Art. 80 mit der Vertretung betroffener Personen beauftragten Einrichtungen, Organisationen oder Vereinigungen, sofern für den Verantwortlichen erkennbar ist, dass diese Vertretung besteht. Gleiches gilt für andere klar zuordenbare Vertretungen wie etwa Verbraucherschutzverbände bezogen auf Kunden oder Konsumenten[83], oder Kundenvertretungen wie etwa »Pro Bahn«.[84] Einschlägig können auch die gewählten Fachschaften oder AStAs von Studierenden an Hochschulen und Universitäten sein.[85]

105 Gibt es **Betriebs- oder Personalräte**, sind diese als demokratisch gewählte Interessenvertretungen der logische Ansprechpartner des Verantwortlichen im Sinne von Abs. 9.[86] Ihre

78 Schaffland/Wiltfang-*Schaffland/Holthaus*, Art. 35 Rn. 24; Kühling/Buchner-*Jandt*, Art. 35 Rn. 53.
79 Kühling/Buchner-*Jandt*, Art. 35 Rn. 54.
80 Ähnlich Ehmann/Selmayr-*Baumgartner*, Art. 35 Rn. 71.
81 Kühling/Buchner-*Jandt*, Art. 35 Rn. 56.
82 Kühling/Buchner-*Jandt*, Art. 35 Rn. 55.
83 Ebenso Sydow-*Schwendemann*, Art. 35 Rn. 33; a.A. Ehmann/Selmayr-*Baumgartner*, Art. 47 Rn. 71 (Fn. 135).
84 Ähnlich Ehmann/Selmayr-*Baumgartner*, Art. 35 Rn. 71 (135).
85 Kühling/Buchner-*Jandt*, Art. 35 Rn. 55.
86 Ebenso SHS-*Karg*, Art. 35 Rn. 70.

Einbeziehung in das Verfahren der Technik-Folgenabschätzung einschließlich der Abgabe eines Standpunkts ergänzen insoweit die nach dem BetrVG bzw. nach den jeweiligen Personalvertretungsgesetzen bestehenden Beratungs- und Mitbestimmungsrechte. Insoweit führt die Regelung in der Praxis zu einer Ausweitung der Beratungsmöglichkeiten, die Betriebs- und Personalräten obliegen, und erstreckt diese ausdrücklich auf den Bereich des Datenschutzes, für den es bisher kein Mitbestimmungsrecht gibt.[87]

XI. Ausnahme von der Pflicht zur Durchführung einer Datenschutz-Folgenabschätzung (Abs. 10)

Abs. 10 enthält eine **enge Ausnahme** von der Verpflichtung zur Durchführung einer Datenschutz-Folgenabschätzung.[88] Sie kann hiernach in den in Art. 6 Abs. 1 Buchst. c und e) genannten Fällen (Erforderlichkeit einer Verarbeitung zur Erfüllung einer rechtlichen Verpflichtung des Verantwortliche bzw. zur Wahrnehmung einer Aufgabe im öffentlichen Interesse oder in Ausübung öffentlicher Gewalt) entfallen, sofern die Mitgliedstaaten diese nicht für erforderlich halten. Die Vorschrift bezieht sich vorrangig auf Verarbeitungserfordernisse bei öffentlichen Stellen.[89] 106

Voraussetzung des möglichen Wegfalls der Datenschutz-Folgenabschätzung ist, dass die geplante Verarbeitung auf einer Rechtsgrundlage der EU oder eines Mitgliedstaats beruht und dass hier die konkreten Verarbeitungsvorgänge geregelt werden. Ziel der Regelung ist es, eine doppelte Folgenabschätzung zu vermeiden.[90] 107

XII. Pflicht zur Überprüfung (Abs. 11)

Nach der Regelung in Abs. 11 müssen Verantwortliche erforderlichenfalls eine **Überprüfung mit dem Ziel der Bewertung** durchführen, dass die Verarbeitung gemäß der Datenschutz-Folgenabschätzung durchgeführt wird. Diese Überprüfungspflicht gilt zumindest, wenn hinsichtlich des mit Verarbeitungsvorgängen verbundenen Risikos Änderungen eingetreten sind. 108

Durch die Verwendung des Begriffs »erforderlichenfalls« wird kein fester Zeitraum für eine erneute Überprüfung vorgegeben. Der im zweiten Hlbs. verwendete Hinweis, dass sie »zumindest« nach Veränderungen erfolgen muss, verdeutlicht aber, dass Überprüfungen in diesen Fällen zwingend vorgenommen werden müssen.[91] Eine Erforderlichkeit besteht damit beispielsweise, wenn neue Software oder neue Software-Versionen eingeführt werden, die Auswirkungen auf die Höhe des Risikos haben können (etwa der Wechsel von der Verarbeitung in eigenen Rechenzentren hin zu »Cloud-Computing« oder der Vergabe der Systemadministration in Staaten außerhalb der EU). Auch der Einsatz neuer Hardware oder neuer Netze und Dienste sowie geänderte technische Sicherheitsmaßnahmen wie 109

---

87 Enger Sydow-*Sassenberg/Schwedenmann*, Art. 35 Rn. 33, die die Einbeziehung lediglich für eine Formfrage halten.
88 Ebenso Ehmann/Selmayr-*Baumgartner*, Art. 35 Rn. 73.
89 Paal/Pauly-*Martini*, Art. 35 Rn. 64.
90 Ehmann/Selmayr-*Baumgartner*, Art. 35 Rn. 74.
91 Ähnlich Auernhammer-*Raum*, Art. 35 Rn. 51; Ehmann/Selmayr-*Baumgartner*, Art. 35 Rn. 76.

neue Verschlüsselungsalgorithmen führen zur Notwendigkeit einer neuen Bewertung.[92] Schließlich führt auch die Veränderung der eingesetzten technischen und organisatorischen Maßnahmen zur Notwendigkeit einer erneuten Bewertung.

XIII. Verstöße

110 Kommt ein Verantwortlicher seiner Verpflichtung zur Durchführung einer Datenschutz-Folgenabschätzung nicht nach, kann sich hieraus gegenüber betroffenen Personen eine Haftung sowie eine Verpflichtung zur Zahlung eines Schadensersatzes nach den Grundsätzen des Art. 82 ableiten. Darüber hinaus kann der festzustellende Verstoß gegen Vorgaben der DSGVO mit einer Geldbuße nach Art. 83 Abs. 4 Buchst. a belegt werden.

XIV. Rechte von Betriebs- und Personalräten

111 Im Zusammenhang mit der Pflicht zur Durchführung von Datenschutz-Folgenabschätzungen nach Art. 35 sind **einschlägige Mitwirkungs- und Mitbestimmungsrechte** von Betriebs- und Personalräten zu beachten.

112 Betriebsräten steht beispielsweise nach § 80 Abs. 1 Nr. 1 BetrVG ein allgemeines Informationsrecht zu. In diesem Rahmen muss der Arbeitgeber sie zur Durchführung ihrer Aufgaben nach dem Gesetz rechtzeitig und umfassend über alle relevanten Sachverhalte unterrichten. Hierzu gehört sowohl ein **Hinweis** auf die **geplante Durchführung einer Datenschutz-Folgenabschätzung** als auch eine **Information über deren Ergebnisse** und die hieraus resultierenden technischen oder organisatorischen Maßnahmen, die ein Verantwortlicher trifft. Betrifft die Datenschutz-Folgenabschätzung eine neue technische Anlage oder die Veränderung einer bestehenden, ist weiterhin das Informationsrecht nach § 90 Abs. 1 Nr. 2 BetrVG einschlägig, das den Arbeitgeber in jedem Fall verpflichtet, dem Betriebsrat auch alle relevanten Unterlagen vorzulegen.

113 Weist das Ergebnis einer Datenschutz-Folgenabschätzung auf das Vorliegen eines hohen Risikos für Rechte und Freiheiten von Arbeitnehmern hin und sollen diese Risiken durch technische Maßnahmen ausgeschlossen oder reduziert werden, ist **im Regelfall das Mitbestimmungsrecht** nach **§ 87 Abs. 1 Nr. 6 BetrVG einschlägig**. Hiernach haben Betriebsräte bei der Einführung und Anwendung technischer Einrichtungen mitzubestimmen, wenn diese dazu bestimmt sind, Verhalten oder Leistung von Arbeitnehmern zu überwachen. Auf der Grundlage dieses Mitbestimmungsrechts können Betriebsräte verlangen, dass die im Rahmen einer Datenschutz-Folgenabschätzung identifizierten Risiken bezogen auf technische Einrichtungen durch festzulegende Maßnahmen ausgeschlossen oder reduziert werden. Hierzu kann beispielsweise eine Reduzierung der verarbeiteten Daten im Sinne einer Datenminimierung nach Art. 5 Abs. 1 Buchst. c gehören.

114 Bedeutsam ist auch die Begrenzung der Zugriffsmöglichkeiten auf vorhandene personenbezogene Daten, die im Rahmen des Mitbestimmungsverfahrens auf die unumgängliche Zahl von Personen beschränkt werden kann. Darüber hinaus dient auch eine Beschränkung der Verarbeitungsorte und ein Ausschluss der Übermittlung innerhalb von Kon-

---

92 Ähnlich Kühling/Buchner-*Jandt*, Art. 35 Rn. 60.

zernunternehmen einer Reduzierung des Risikos für die Rechte und Freiheiten der betroffenen Arbeitnehmer. Eine Reduzierung des bestehenden Risikos lässt sich grundsätzlich auch durch den Einsatz von Verschlüsselungsverfahren oder durch die Pseudonymisierung oder Anonymisierung von Daten erreichen.

Ist die **Verarbeitung** bestimmter personenbezogener Daten **unumgänglich**, folgt eine Re- 115
duzierung bestehender Risiken auch aus der Begrenzung von Auswertungs- und Reportmöglichkeiten. Schließlich trägt die Verankerung von Löschkonzepten und Löschfristen im Sinne einer Speicherbegrenzung nach Art. 5 Abs. 1 Buchst. e zur Begrenzung oder zum Ausschluss von Risiken bei.

Die bestehende kollektivrechtliche Situation ist sowohl bei der Einführung von Verarbei- 116
tungsprozessen, die einer Prüfung durch eine Datenschutz-Folgenabschätzung unterliegen, einschlägig als auch bezogen auf Veränderungen der Verarbeitungen. Hieraus resultiert die Verpflichtung eines Arbeitgebers, Betriebs- und Personalräte permanent über Aktivitäten im Rahmen der Datenschutz-Folgenabschätzung zu informieren. Bezogen auf Veränderungen der Verarbeitung leitet sich dies aus § 35 Abs. 11 ab (vgl. Rn. 108ff.). Darüber hinaus ist er als Verantwortlicher nach Abs. 9 verpflichtet, ihren Standpunkt zu einer Datenschutz-Folgenabschätzung abzufragen und der Aufsichtsbehörde mitzuteilen (vgl. Rn. 105).

Art. 36 Vorherige Konsultation

(1) Der Verantwortliche konsultiert vor der Verarbeitung die Aufsichtsbehörde, wenn aus einer Datenschutz-Folgenabschätzung gemäß Artikel 35 hervorgeht, dass die Verarbeitung ein hohes Risiko zur Folge hätte, sofern der Verantwortliche keine Maßnahmen zur Eindämmung des Risikos trifft.

(2) Falls die Aufsichtsbehörde der Auffassung ist, dass die geplante Verarbeitung gemäß Absatz 1 nicht im Einklang mit dieser Verordnung stünde, insbesondere weil der Verantwortliche das Risiko nicht ausreichend ermittelt oder nicht ausreichend eingedämmt hat, unterbreitet sie dem Verantwortlichen und gegebenenfalls dem Auftragsverarbeiter innerhalb eines Zeitraums von bis zu acht Wochen nach Erhalt des Ersuchens um Konsultation entsprechende schriftliche Empfehlungen und kann ihre in Artikel 58 genannten Befugnisse ausüben. Diese Frist kann unter Berücksichtigung der Komplexität der geplanten Verarbeitung um sechs Wochen verlängert werden. Die Aufsichtsbehörde unterrichtet den Verantwortlichen oder gegebenenfalls den Auftragsverarbeiter über eine solche Fristverlängerung innerhalb eines Monats nach Eingang des Antrags auf Konsultation zusammen mit den Gründen für die Verzögerung. Diese Fristen können ausgesetzt werden, bis die Aufsichtsbehörde die für die Zwecke der Konsultation angeforderten Informationen erhalten hat.

(3) Der Verantwortliche stellt der Aufsichtsbehörde bei einer Konsultation gemäß Absatz 1 folgende Informationen zur Verfügung:

a) gegebenenfalls Angaben zu den jeweiligen Zuständigkeiten des Verantwortlichen, der gemeinsam Verantwortlichen und der an der Verarbeitung beteiligten Auftragsverarbeiter, insbesondere bei einer Verarbeitung innerhalb einer Gruppe von Unternehmen;

b) die Zwecke und die Mittel der beabsichtigten Verarbeitung;

c) **die zum Schutz der Rechte und Freiheiten der betroffenen Personen gemäß dieser Verordnung vorgesehenen Maßnahmen und Garantien;**
d) **gegebenenfalls die Kontaktdaten des Datenschutzbeauftragten;**
e) **die Datenschutz-Folgenabschätzung gemäß Artikel 35 und**
f) **alle sonstigen von der Aufsichtsbehörde angeforderten Informationen.**

(4) **Die Mitgliedstaaten konsultieren die Aufsichtsbehörde bei der Ausarbeitung eines Vorschlags für von einem nationalen Parlament zu erlassende Gesetzgebungsmaßnahmen oder von auf solchen Gesetzgebungsmaßnahmen basierenden Regelungsmaßnahmen, die die Verarbeitung betreffen.**

(5) **Ungeachtet des Absatzes 1 können Verantwortliche durch das Recht der Mitgliedstaaten verpflichtet werden, bei der Verarbeitung zur Erfüllung einer im öffentlichen Interesse liegenden Aufgabe, einschließlich der Verarbeitung zu Zwecken der sozialen Sicherheit und der öffentlichen Gesundheit, die Aufsichtsbehörde zu konsultieren und deren vorherige Genehmigung einzuholen.**

Inhaltsübersicht Rn.

I. Einleitung

1 Die in **Art. 36** enthaltene **Pflicht zur vorherigen Konsultation** steht zusammen mit den Regelungen zur Verantwortung des Verantwortlichen in Art. 24, mit den Vorgaben zum Datenschutz durch Technikgestaltung durch datenschutzfreundliche Voreinstellungen in Art. 25 und mit der Datenschutz-Folgenabschätzung nach Art. 35 im Mittelpunkt des risikobasierten Ansatzes, den die DSGVO verfolgt.[1] Durch die Vorschrift soll sichergestellt werden, dass die zuständigen Aufsichtsbehörden bei Verarbeitungen, die voraussichtlich ein hohes Risiko für Rechte und Freiheiten natürlicher Personen mit sich bringen, das nicht durch Maßnahmen zu dessen Eindämmung ausgeschlossen wird, rechtzeitig und umfassend eingebunden werden.

2 Die durch Art. 36 begründete **Konsultationspflicht** gleicht der in Art. 20 Abs. 1 EU-DSRl enthaltenen Verpflichtung zur Vorabprüfung bei solchen Verarbeitungen, die spezifische Risiken für die Rechte und Freiheiten von Personen beinhalten können. Gegenüber der in Art. 18 Abs. 1 EU-DSRl enthaltenen generellen Meldepflicht wird die **Einbeziehung der Aufsichtsbehörden** allerdings durch die Regelung in Art. 36 **begrenzt.**[2]

3 Der **Umfang der Verpflichtungen**, die Verantwortliche bezogen auf die Konsultationspflicht treffen, ist in **Abs. 1** und **Abs. 3** der Vorschrift festgelegt. Abs. 1 beschreibt die Vo-

1 Ehmann/Selmayr-*Baumgartner*, Art. 36 Rn. 1; BMH, Art. 36 Rn. 1; Schaffland/Wiltfang-*Schaffland/Holthaus*, Art. 36 Rn. 1; Albrecht, CR 2016, 88; Schmitz/von Dall'Armi, ZD 2017, 63.

2 Ähnlich Kühling/Buchner-*Jandt*, Art. 36 Rn. 2.

raussetzungen, unter denen eine **vorherige Konsultation** erfolgen muss. In Abs. 3 wird festgelegt, **welche Informationen** der Verantwortliche der Aufsichtsbehörde zur Verfügung stellen muss.

In **Abs. 2** sind **Regelungen zum Verhalten der Aufsichtsbehörde** enthalten, wenn diese der Meinung ist, dass die geplante Verarbeitung nicht im Einklang mit der DSGVO steht. Weiterhin enthält diese Vorschrift Fristen, innerhalb derer die Aufsichtsbehörde reagieren muss. 4

In **Abs. 4** wird ein **Konsultationsverfahren zwischen den Mitgliedstaaten** und den Aufsichtsbehörden für den Fall festgeschrieben, dass nationale Gesetze oder Regelungsmaßnahmen getroffen werden, die die DSGVO betreffen. 5

Nach **Abs. 5** können die Mitgliedstaaten **Verantwortliche durch eigenes Recht verpflichten**, die Aufsichtsbehörden zu konsultieren und deren vorherige Genehmigung einzuholen, wenn bestimmte Verarbeitungen zur Erfüllung einer im öffentlichen Interesse liegenden Aufgaben erfolgen. Die Absätze 4 und 5 beziehen sich damit nicht unmittelbar auf die konkret bestehenden Situationspflichten. 6

II. Konsultationspflicht (Abs. 1)

Nach **Abs. 1** muss der Verantwortliche die zuständige Aufsichtsbehörde **vor der Verarbeitung konsultieren**, wenn die identifizierten hohen Risiken für die Rechte und Freiheiten natürlicher Personen sich im Ergebnis einer Datenschutz-Folgenabschätzung nach Art. 35 **nicht durch geeignete Maßnahmen eindämmen lassen**. Die Durchführung des Konsultationsverfahrens nach Abs. 1 ist für Verantwortliche in diesem Fall verpflichtend. Dies lässt sich bereits daraus ableiten, dass ein Verstoß gegen Abs. 1 im Sanktionskatalog von Art. 83 Abs. 4 Buchst. a aufgeführt ist.[3] 7

Ziel dieser Konsultation ist, dass die Verantwortlichen einen **konstruktiven Dialog mit den Aufsichtsbehörden** führen.[4] Da das **Ergebnis des Konsultationsverfahrens** nach Abs. 2 eine **Empfehlung der Aufsichtsbehörde sein kann**, obliegt dieser die abschließende Prüfung von Verarbeitungen, die sich mit hohen Risiken verbinden und nicht mehr wie im Rahmen der Vorabkontrolle nach § 4d Abs. 6 dem Datenschutzbeauftragten des Betriebs. Da dieser nicht für die Durchführung der Datenschutz-Folgenabschätzung zuständig ist (vgl. Art. 35 Rn. 9 und 15ff.), verlagert sich die Zuständigkeit für diesen wichtigen Verfahrensschritt im Bereich des Datenschutzes. 8

Die durch Abs. 1 begründete Konsultationspflicht soll es **Aufsichtsbehörden ermöglichen**, gegenüber den Verantwortlichen Empfehlungen auszusprechen, um die **bestehenden hohen Risiken auszuschließen oder einzudämmen**. Gleiches gilt, wenn Verarbeiter eine Reduzierung von hohen Risiken nicht für erforderlich oder nicht für realisierbar halten (etwa aufgrund der sich hiermit verbindenden finanziellen Belastung). Für die Notwendigkeit einer Konsultation reicht es aus, wenn Verantwortliche der Meinung sind, dass 9

3 Kühling/Buchner-*Jandt*, Art. 36 Rn. 6.
4 Gola-*Nolte/Werkmeister*, Art. 36 Rn. 3.

der Einsatz verfügbarer Technik oder die sich hiermit verbindenden Kosten als nicht vertretbarer Aufwand zu qualifizieren sind.[5]

10 Es geht damit nicht nur darum, ob noch ein (ggf. hohes) Restrisiko besteht.[6] Die Konsultationspflicht wird vielmehr bereits dadurch ausgelöst, dass es durch technische und organisatorische Maßnahmen nicht gelungen ist, ein erkennbares hohes Risiko für die Rechte und Freiheiten natürlicher Personen insgesamt zu begrenzen. Insoweit reicht es nicht, wenn durch Maßnahmen lediglich die Situation in einzelnen Risikobereichen verbessert wird. Auch in diesen Fällen muss die durch Abs. 1 vorgeschriebene Konsultation durchgeführt werden.

11 **Für das Vorliegen** eines **hohen Risikos für Beschäftigte spricht es,** wenn **betroffene Personen** oder **Betriebs- oder Personalräte** als ihre Vertreter im Rahmen des Verfahrens nach Art. 35 Abs. 9 darauf verweisen, dass die geplante Verarbeitung sich mit hohen Risiken für Rechte und Freiheiten verbindet. Die im Rahmen des Beratungsverfahrens von den betroffenen Personen oder ihren Vertretern vorgebrachten Argumente und Einwände müssen von der Aufsichtsbehörde gebührend berücksichtigt werden.

12 Die **Konsultation** muss **vor der Verarbeitung** erfolgen, das heißt bevor sie erstmals erfolgt. Die Aufsichtsbehörde muss deshalb vor Beginn entsprechender Verarbeitungstätigkeiten eingebunden werden (ErwGr 94 Satz 1 letzter Hlbs.). Während der Prüfung durch die Aufsichtsbehörde muss die geplante Verarbeitung unterbleiben.[7] Nur eine solche Aussetzung geplanter Verarbeitungen bis zu einer abschließenden Befassung der Aufsichtsbehörde und zur Umsetzung eventuell angeordneter Maßnahmen wird dem Ziel gerecht, hohe Risiken für die Rechte und Freiheiten der betroffenen Personen auszuschließen.[8]

III. Inhalt der vorzulegenden Informationen (Abs. 3)

13 In **Abs. 3** wird festgelegt, **welche Informationen** Verantwortliche den Aufsichtsbehörden im Rahmen der vorherigen Konsultation zur Verfügung stellen müssen. Die **Mitteilung** der hier aufgelisteten Daten ist **verpflichtend**. Sie müssen **vollständig und aussagekräftig** sein.[9] Darüber hinaus können Verantwortliche weitere Informationen zur Verfügung stellen, wenn sie dies für sinnvoll halten. Hierzu gehört beispielsweise auch der im Rahmen von Art. 35 Abs. 9 durch betroffene Personen oder ihre Vertreter mitgeteilte Standpunkt.

14 Die Aufsichtsbehörde kann nach **Abs. 3 Buchst. f weitere Informationen** anfordern. Da der Verordnungstext von »alle sonstigen von der Aufsichtsbehörde angeforderten Informationen« spricht, handelt es sich um eine **sehr weitgehende Vorlagepflicht.**[10] Im Rahmen pflichtgemäßen Ermessens kann die zuständige Aufsichtsbehörde insoweit alle In-

---

5 Zutreffend Kühling/Buchner-*Jandt*, Art. 36 Rn. 5; vgl. auch ErwGr 84 Satz 3 sowie ErwGr 94 Satz 1.

6 So aber Ehmann/Selmayr-*Baumgartner*, Art. 36 Rn. 10; Schaffland/Wiltfang-*Schaffland/Holthaus*, Art. 36 Rn. 2; Gola-*Nolte/Werkmeister*, Art. 36 Rn. 4.

7 Sydow-*Reimer*, Art. 36 Rn. 8; BMH, Art. 36 Rn. 12.

8 Ähnlich BMH, Art. 36 Rn. 12.

9 Ehmann/Selmayr-*Baumgartner*, Art. 36 Rn. 17.

10 Ähnlich Ehmann/Selmayr-*Baumgartner*, der von einer sehr weiten Generalklausel spricht.

formationen anfordern, die sie zur Beurteilung des Sachverhalts und insbesondere des vorliegenden Risikos für erforderlich hält.[11]

Die vorgelegten Informationen sollen der Aufsichtsbehörde die Prüfung der Risikosituation ermöglichen. Im Einzelnen müssen Verantwortliche hierfür nach **Abs. 3 Buchst. a** zunächst **Angaben zur Zuständigkeitsverteilung vorlegen**, wenn neben dem Verantwortlichen eine gemeinsame Verantwortlichkeit, die Verarbeitung durch Auftragsverarbeiter oder eine Verarbeitung innerhalb einer Gruppe von Unternehmen erfolgt. Dies dient der Bestimmung der datenschutzrechtlichen Verantwortlichkeit.[12] 15

Nach **Abs. 3 Buchst. b** müssen die **Zwecke und die Mittel der beabsichtigten Verarbeitung beschrieben** werden und nach **Abs. 3 Buchst. c** die **zum Schutz** der Rechte und Freiheiten der betroffenen Personen **vorgesehenen Maßnahmen**. Letztlich handelt es sich hierbei um Informationen, die in der Datenschutz-Folgenabschätzung enthalten sein müssen (vgl. Art. 35 Rn. 71 ff.). 16

Die **Datenschutz-Folgenabschätzung** selbst muss gemäß **Abs. 3 Buchst. e** ebenfalls **beigefügt werden**. Darüber hinaus müssen nach **Abs. 3 Buchst. d** die **Kontaktdaten des Datenschutzbeauftragten** mitgeteilt werden. Hierbei handelt es sich im Regelfall um Namen, Anschrift und Kommunikationsdaten. 17

Durch **Abs. 3 Buchst. f** wird der Aufsichtsbehörde die Möglichkeit eingeräumt, im Rahmen pflichtgemäßen Ermessens alle **für erforderlich gehaltenen Informationen anzufordern.** 18

IV. Verfahren bei den Aufsichtsbehörden (Abs. 2)

In **Abs. 2** ist das **Verfahren bei den Aufsichtsbehörden** festgelegt, das sich an die Übermittlung der Informationen anschließt. Die Vorschrift enthält aber keine Vorgabe zur praktischen Durchführung des Konsultationsverfahrens.[13] 19

Nach Abs. 2 **Satz 1** prüft die Aufsichtsbehörde, ob die **geplante Verarbeitung** im **Einklang mit der DSGVO steht.** Damit wird ein weiter Prüfraum eröffnet, der alle Regelungsbereiche beinhaltet. Die Prüfung bei der Aufsichtsbehörde beschränkt sich damit nicht auf Durchführung und Inhalte der Datenschutz-Folgenabschätzung.[14] 20

Die **Prüfkriterien** sind in Abs. 2 Satz 1 nur **beispielhaft benannt** (»insbesondere«). Die Aufsichtsbehörde bewertet etwa, ob ein Verantwortlicher ein Risiko nicht ausreichend ermittelt hat. Aus dieser Vorgabe folgt die Verpflichtung für Verantwortliche, eine umfassende Bewertung vorzunehmen. Ist diese im Rahmen der Datenschutz-Folgenabschätzung nicht erfolgt, setzen sich Verantwortliche dem Risiko aus, dass die Aufsichtsbehörde dies im Rahmen der vorzunehmenden Prüfung moniert und nachfordert (zur Risikobewertung vgl. Art. 35 Rn. 84 ff.). 21

Weiterhin bewertet die Aufsichtsbehörde, ob **identifizierte Risiken ausreichend eingedämmt** worden sind. Dies beinhaltet vor allem eine Bewertung der geplanten technischen und organisatorischen Maßnahmen (vgl. Art. 32 Rn. 8 ff.). 22

---

11 Paal/Pauly-*Paal*, Art. 36 Rn. 20.

12 Kühling/Buchner-*Jandt*, Art. 36 Rn. 10.

13 Ehmann/Selmayr-*Baumgartner*, Art. 36 Rn. 11.

14 Ehmann/Selmayr-*Baumgartner*, Art. 36 Rn. 12.

23 Auf Grundlage der vorgenommenen Prüfung unterbreitet die Aufsichtsbehörde den Verantwortlichen eine **schriftliche Empfehlung**. Diese Empfehlung kann Hinweise zu notwendigen Ausgestaltungen von technischen und organisatorischen Maßnahmen enthalten. Darüber hinaus wird durch den in Abs. 2 Satz 1 enthaltenen Verweis auf die Befugnisse in Art. 58 der Weg eröffnet, Verantwortlichen im Rahmen der dort verankerten Befugnisse verbindliche Weisungen zu erteilen oder Verbote auszusprechen. Die damit bestehende Möglichkeit der Aufsichtsbehörden, im Extremfall Verarbeitungen einzuschränken oder zu untersagen, hat in der Praxis die Wirkung eines faktischen Genehmigungsvorbehalts der Aufsichtsbehörden.[15]

24 Die **Empfehlung** oder **weitergehende Hinweise** oder **Verbote** nach Art. 58 müssen innerhalb eines Zeitraums von **maximal acht Wochen** nach Erhalt des Ersuchens um eine Konsultation erfolgen. Die genannte Frist ist eine **Maximalfrist** und kann von den Aufsichtsbehörden nach pflichtgemäßem Ermessen verkürzt werden. Nach Abs. 2 Satz 2 ist weiterhin eine **Verlängerung** um bis zu **sechs Wochen** möglich, wenn dies unter Berücksichtigung der Komplexität der geplanten Verarbeitung notwendig ist. Auch eine Verlängerung steht im pflichtgemäßen Ermessen der zuständigen Aufsichtsbehörde.

25 Über eine **mögliche Verlängerung** der Frist von acht Wochen muss die Aufsichtsbehörde den Verantwortlichen nach Abs. 2 Satz 3 **innerhalb eines Monats** nach Eingang des Antrags auf Konsultation **unterrichten**. Diese Unterrichtung muss die Gründe der Verzögerung nennen. Dies dient der Planungssicherheit beim Verantwortlichen, da dieser mit dem Beginn der Verarbeitung solange warten muss, bis eine abschließende Empfehlung vorliegt (vgl. Rn. 12).

26 Erfolgt innerhalb der in Abs. 2 genannten Fristen **keine Empfehlung** der Aufsichtsbehörde, **kann** die geplante **Verarbeitung durchgeführt werden**.

27 Sind die nach Abs. 3 vorzulegenden **Informationen nicht vollständig** oder **nicht aussagekräftig**, kann die Aufsichtsbehörde nach Abs. 2 Satz 4 das **Verfahren solange aussetzen**, bis die vorzulegenden bzw. nach Abs. 3 Buchst. f angeforderten Informationen vom Verantwortlichen übergeben wurden. In diesem Fall muss mit der geplanten Verarbeitung gewartet werden, bis das Verfahren bei der Aufsichtsbehörde wiederaufgenommen wird oder bis die entsprechenden Fristen nach Wiedereinsetzung des Verfahrens abgelaufen sind.

V. Konsultation der Aufsichtsbehörden durch Mitgliedstaaten (Abs. 4)

28 Die Regelung in **Abs. 4** schreibt vor, dass Mitgliedstaaten die **zuständigen Aufsichtsbehörden konsultieren**, wenn sie Vorschläge für Gesetze oder für Regelungsmaßnahmen, die die Verarbeitung betreffen, ausarbeiten. Diese Konsultation soll die Vereinbarkeit der geplanten Verarbeitung mit der DSGVO sicherstellen und im Ergebnis insbesondere die sich hiermit verbindenden Risiken für betroffene Personen eindämmen. Die Konsultationspflicht bezieht sich auf alle Gesetzgebungsverfahren, die in irgendeiner Weise die Verarbeitung von personenbezogenen Daten betreffen können.[16]

---

15 Ehmann/Selmayr-*Baumgartner*, Art. 36 Rn. 1; BMH, Art. 36 Rn. 34; Schaffland/Wiltfang-*Schaffland/Holthaus*, Art. 36 Rn. 8.

16 Ähnlich Gola-*Nolte/Werkmeister*, Art. 36 Rn. 10.

VI. Ausweitung der Konsultationspflichten (Abs. 5)

In **Abs. 5** wird festgelegt, dass Mitgliedstaaten über die Konsultationspflicht in Abs. 1 hinaus Verantwortliche verpflichten können, **weitere Konsultationen der Aufsichtsbehörden durchzuführen**. Diese Möglichkeit wird ausdrücklich nur für solche Verarbeitungen vorgesehen, die zur Erfüllung einer im öffentlichen Interesse liegenden Aufgabe erfolgen. Hierzu gehören auch Verarbeitungen zu Zwecken der sozialen Sicherheit oder der öffentlichen Gesundheit. 29

VII. Sanktionen

Verstoßen Verantwortliche gegen ihre in Art. 36 festgelegten Verpflichtungen zur Konsultation, kann dies nach Art. 83 Abs. 4 Buchst. a zur Verhängung von **Geldbußen** führen. Als **relevanter Pflichtverstoß** ist insbesondere der **Verzicht auf das Konsultationsverfahren** und die hiermit verbundene Einschaltung der Aufsichtsbehörde zu werten, wenn dieses aufgrund fortbestehender hoher Risiken durchgeführt werden müsste. Gleiches gilt, wenn eine geplante Verarbeitung vor Abschluss der Verarbeitung durchgeführt wird.[17] In Betracht kommt zudem eine Haftung oder eine Verpflichtung zum Schadenersatz nach Art. 82. 30

VIII. Handlungsmöglichkeiten von Betriebs- und Personalräten

Das in Art. 36 festgelegte **Konsultationsverfahren** gehört mit Blick auf den Schutz der Rechte und Freiheiten von Beschäftigten zu einer **Rechtspflicht des Arbeitgebers** in seiner Eigenschaft als Verantwortlicher. Damit haben Betriebs- und Personalräte die Pflicht, die Einhaltung dieser Vorgabe im Rahmen ihrer kollektivrechtlichen Möglichkeiten zu überprüfen. Der Verantwortliche ist insoweit etwa nach § 80 Abs. 2 BetrVG verpflichtet, den Betriebsrat rechtzeitig und umfassend über die (geplante) Einschaltung der Aufsichtsbehörde im Rahmen des Konsultationsverfahrens sowie über die ihr übergebenen Informationen zu informieren. Das Verfahren kann der Betriebsrat auf Basis von Art. 80 Abs. 1 Nr. 1 BetrVG überwachen. 31

Aus der in Abs. 2 enthaltenen Zeitvorgaben von bis zu acht Wochen für eine Empfehlung der Aufsichtsbehörde im Rahmen des Konsultationsverfahrens leitet sich für Arbeitgeber eine **klare zeitliche Vorgabe** für die **Durchführung des gesetzlichen Mitwirkungs- und Mitbestimmungsverfahrens**, von der Betriebs- und Personalräte bezogen bestehende Mitwirkungs- und Mitbestimmungsrechte ausgehen können. Einschlägige Mitbestimmungsverfahren können erst abgeschlossen werden, wenn die Empfehlungen der Aufsichtsbehörde bekannt sind und wenn klar ist, wie diese vom Arbeitgeber als dem datenschutzrechtlich Verantwortlichen in der betrieblichen Praxis umgesetzt werden. Dies führt in der Praxis zur Notwendigkeit einer langfristigeren Planung von Einführungs- bzw. Änderungsprozessen durch Arbeitgeber, wenn Verarbeitungen hohe Risiken für Beschäftigte beinhalten. 32

17 Ehmann/Selmayr-*Baumgartner*, Art. 36 Rn. 20.

33 Über die Konsultation der Aufsichtsbehörde entscheidet der Arbeitgeber als Verantwortlicher nach pflichtgemäßem Ermessen. Nimmt er bezogen auf vorliegende hohe Risiken eine **Fehleinschätzung** vor und verzichtet auf eine Datenschutz-Folgenabschätzung oder auf die Konsultation der Aufsichtsbehörde, findet die entsprechende Verarbeitung möglicherweise außerhalb des nach der DSGVO zulässigen Rahmens statt. Betriebs- und Personalräte können in derartigen Fällen insbesondere den Abschluss von Vereinbarungen zur Einführung oder Änderung der entsprechenden technischen Einrichtungen verweigern.

Abschnitt 4 Datenschutzbeauftragter

Art. 37 Benennung eines Datenschutzbeauftragten

(1) Der Verantwortliche und der Auftragsverarbeiter benennen auf jeden Fall einen Datenschutzbeauftragten, wenn

a) die Verarbeitung von einer Behörde oder öffentlichen Stelle durchgeführt wird, mit Ausnahme von Gerichten, soweit sie im Rahmen ihrer justiziellen Tätigkeit handeln,

b) die Kerntätigkeit des Verantwortlichen oder des Auftragsverarbeiters in der Durchführung von Verarbeitungsvorgängen besteht, welche aufgrund ihrer Art, ihres Umfangs und/oder ihrer Zwecke eine umfangreiche regelmäßige und systematische Überwachung von betroffenen Personen erforderlich machen, oder

c) die Kerntätigkeit des Verantwortlichen oder des Auftragsverarbeiters in der umfangreichen Verarbeitung besonderer Kategorien von Daten gemäß Artikel 9 oder von personenbezogenen Daten über strafrechtliche Verurteilungen und Straftaten gemäß Artikel 10 besteht.

(2) Eine Unternehmensgruppe darf einen gemeinsamen Datenschutzbeauftragten ernennen, sofern von jeder Niederlassung aus der Datenschutzbeauftragte leicht erreicht werden kann.

(3) Falls es sich bei dem Verantwortlichen oder dem Auftragsverarbeiter um eine Behörde oder öffentliche Stelle handelt, kann für mehrere solcher Behörden oder Stellen unter Berücksichtigung ihrer Organisationsstruktur und ihrer Größe ein gemeinsamer Datenschutzbeauftragter benannt werden.

(4) In anderen als den in Absatz 1 genannten Fällen können der Verantwortliche oder der Auftragsverarbeiter oder Verbände und andere Vereinigungen, die Kategorien von Verantwortlichen oder Auftragsverarbeitern vertreten, einen Datenschutzbeauftragten benennen; falls dies nach dem Recht der Union oder der Mitgliedstaaten vorgeschrieben ist, müssen sie einen solchen benennen. Der Datenschutzbeauftragte kann für derartige Verbände und andere Vereinigungen, die Verantwortliche oder Auftragsverarbeiter vertreten, handeln.

(5) Der Datenschutzbeauftragte wird auf der Grundlage seiner beruflichen Qualifikation und insbesondere des Fachwissens benannt, das er auf dem Gebiet des Daten-

schutzrechts und der Datenschutzpraxis besitzt, sowie auf der Grundlage seiner Fähigkeit zur Erfüllung der in Artikel 39 genannten Aufgaben.
(6) Der Datenschutzbeauftragte kann Beschäftigter des Verantwortlichen oder des Auftragsverarbeiters sein oder seine Aufgaben auf der Grundlage eines Dienstleistungsvertrags erfüllen.
(7) Der Verantwortliche oder der Auftragsverarbeiter veröffentlicht die Kontaktdaten des Datenschutzbeauftragten und teilt diese Daten der Aufsichtsbehörde mit.

Inhaltsübersicht Rn.

I. Einleitung

1. Warum Datenschutzbeauftragter?

1 Der betriebliche Datenschutzbeauftragte, den es seit 2001 auch bei Behörden geben muss, dient der **Selbstkontrolle des Verantwortlichen.**[1] Eine solche Institution erspart einen beträchtlichen Überwachungsapparat und befreit die Unternehmen von nie auszuschließenden Ärgernissen im Umgang mit der Bürokratie. Das Modell »**Befehl und Gehorsam**« wird **durch** die Installierung eines **Verfahrens ergänzt**, mit dessen Hilfe die tatsächlichen Probleme viel besser benannt und bewältigt werden können, weil Zugang zu allen Betriebsinterna besteht.[2] **Auf der anderen Seite** kann ein innerbetrieblicher Kontrolleur zur **Alibi-Instanz** werden, wenn die arbeitnehmertypische Abhängigkeit auf seine Amtsführung durchschlägt oder wenn er sich aus freien Stücken den von der Leitung formulierten Unternehmenszielen bedingungslos unterwirft.[3]

2 Die **EG-Datenschutzrichtlinie** sah die Institution eines betrieblichen Datenschutzbeauftragten (bDSB) **nicht zwingend vor**, schuf jedoch in Art. 18 Abs. 2 zweiter Spiegelstrich einen **Anreiz**, weil die Existenz eines bDSB die Meldepflicht gegenüber der staatlichen Kontrollstelle entfallen ließ. Allerdings musste er in hohem Maße von der verantwortlichen Stelle unabhängig sein: Nach dem Richtlinientext war ihm die »**unabhängige Überwachung**« des Datenschutzrechts anvertraut; ErwGr 49 sagte ausdrücklich: »Ein solcher Beauftragter, ob Angestellter des für die Verarbeitung Verantwortlichen oder externer Beauftragter, muss seine Aufgaben in vollständiger Unabhängigkeit ausüben können«. Ob

1 Tschöpe-*Grimm*, Teil 6 F Rn. 42; HWK-*Lembke*, §§ 4f, 4g Rn. 1.
2 Näher Däubler, DuD 2010, 20; vgl. auch Roßnagel-*Königshofen*, Kap. 5.5. Rn. 3ff.
3 Zu den praktischen Schwierigkeiten überzeugend Scholl, DANA 2005, 15.

dieser Vorgabe Rechnung getragen wurde, wird man bezweifeln müssen, da die verantwortliche Stelle noch immer ihren eigenen Kontrolleur ernennen konnte.[4]

3 Bei den **Vorarbeiten zur DSGVO** war die Einrichtung eines betrieblichen wie eines behördlichen Datenschutzbeauftragten heftig **umstritten**, da Deutschland fast der einzige Mitgliedstaat war, der eine solche Einrichtung flächendeckend etabliert hatte.[5] **Im Trilog** gelangte man zu einem **Kompromiss.** Die Bestellung eines bDSB wurde für den öffentlichen Bereich und bei Durchführung bestimmter Verarbeitungen im privaten Bereich obligatorisch. In Abs. 4 Satz 1 wurden u. a. die **Mitgliedstaaten** an etwas versteckter Stelle **ermächtigt,** auch in anderen Fällen die Bestellung eines bDSB als verbindlich vorzuschreiben. Davon hat die Bundesrepublik in den §§ 5 – 7 BDSG für den öffentlichen Bereich und in § 38 BDSG für den privaten Bereich Gebrauch gemacht und dadurch die Bestellungspflicht in gleicher Weise wie bisher geregelt.

4 Durch die Aufteilung auf Unionsrecht und nationales Recht wird das geltende Recht insoweit etwas unübersichtlicher. Art. 37 regelt die Frage, wann ein Datenschutzbeauftragter nach der DSGVO bestellt werden und welche Voraussetzungen er erfüllen muss. Art. 38 betrifft seine Rechtsstellung, Art. 39 seine Aufgaben. Dieselbe Reihenfolge findet sich in den §§ 5 – 7 BDSG für den behördlichen Datenschutzbeauftragten: § 5 regelt die »Benennung«, § 6 die »Stellung« und § 7 die »Aufgaben«. Dabei werden zum Teil Aussagen aus den Art. 37 bis 39 wiederholt, zum Teil geht das deutsche Recht über sie hinaus. § 38 BDSG betrifft dann den betrieblichen Datenschutzbeauftragten, dessen Rechtsstellung in wesentlichen Punkten durch Verweisung auf § 6 BDSG geregelt ist – eine etwas ungewohnte Form der Rechtstechnik, würde man doch eher erwarten, dass wichtige Fragen unmittelbar im Zusammenhang mit diesem »Normaltatbestand« geregelt sind.

5 Das geltende deutsche Recht kennt **zahlreiche andere »Beauftragte«**, die aus ähnlichen Erwägungen im Betrieb oder Unternehmen geschaffen wurden. Dies gilt etwa für den **Betriebsarzt** und die Fachkräfte für Arbeitssicherheit, für den **Immissionsschutzbeauftragten** nach §§ 55 ff. BImSchG und für die Gleichstellungsbeauftragte nach den §§ 16 ff. Bundesgleichstellungsgesetz.[6] Ihre Rechtsstellung ist keineswegs einheitlich ausgestaltet, was sich insbesondere an dem unterschiedlichen Bestandsschutz zeigt,[7] doch schließt dies nicht aus, dass im Einzelfall Erkenntnisse, die in einem Bereich gewonnen wurden, auf einen anderen übertragen werden können. Die größte Ähnlichkeit besteht mit dem (nur teilweise gesetzlich vorgeschriebenen) Compliance-Beauftragten.[8] Beide Funktionen in einer Person zu vereinen, kommt dennoch nicht in Betracht, da der Datenschutzbeauftragte weisungsfrei sein muss und außerdem bei manchen Fragen wie bei der Behandlung von Whistleblowern oder bei der Durchführung interner Untersuchungen eine unterschiedliche Herangehensweise naheliegt.[9] Enge Zusammenarbeit sollte mit dem ggf. bestellten **IT-Sicherheitsbeauftragten** bestehen.

---

4 Zustimmend Auernhammer-*Raum*, 4. Aufl., § 4f Rn. 112; Bedenken auch bei Plath-*v.d. Bussche*, § 4f Rn. 1 und insbesondere bei Tinnefeld/Buchner, DuD 2010, 581.

5 Einzelheiten bei Ehmann/Selmayr-*Heberlein*, Art. 37 Rn. 3 ff.

6 Weitere Beispiele bei BMH, § 4f Rn. 12; Däubler, Arbeitsrecht 1, Rn. 1241 ff.

7 Dazu DDZ-*Brecht-Heitzmann*, Einl. Rn. 343, 347.

8 Auernhammer-*Raum*, Art. 37 Rn. 12.

9 Baumgartner/Hansch, ZD 2019, 99, 100.

II. Pflicht zur Benennung eines Datenschutzbeauftragten

1. Die Regelung des Abs. 1

Art. 37 Abs. 1 enthält drei Fallgruppen, in denen die Bestellung eines Datenschutzbeauftragten obligatorisch ist. Gestützt auf die Ermächtigung des Abs. 4 Satz 1 hat der deutsche Gesetzgeber in § 38 Abs. 1 BDSG den Kreis der erfassten Verantwortlichen sehr viel weiter gezogen, so dass die Vorschrift des Art. 37 Abs. 1 in Deutschland erheblich an Bedeutung verliert. Dennoch sei die Rechtslage kurz dargestellt; die Praxis wird sich in erster Linie an § 38 Abs. 1 BDSG orientieren. 6

Nach Art. 37 Abs. 1 Buchst. a haben **Behörden und öffentliche Stellen** einen Datenschutzbeauftragten zu benennen, soweit bei ihnen personenbezogene Daten verarbeitet werden. Ob eine »Behörde« oder »öffentliche Stelle« vorliegt, bestimmt sich nach dem jeweiligen nationalen Recht.[10] In Deutschland sind davon auch mit öffentlicher Gewalt **beliehene Unternehmen** erfasst. Auf die **Anzahl der Beschäftigten**, die mit Datenverarbeitung befasst sind, kommt es ebenso wenig an wie auf die Qualität der Daten; auch wenn diese in keiner Weise sensitiv sind, besteht die Pflicht zur Bestellung eines Datenschutzbeauftragten. Ausgenommen sind allerdings **Gerichte**, soweit ihre Datenverarbeitung im Rahmen der rechtsprechenden Tätigkeit erfolgt; auf diese Weise soll die richterliche Unabhängigkeit gesichert werden.[11] Eine entsprechende Anwendung kommt bei deutschen Vergabekammern und bei Beschlusskammern des Bundeskartellamts in Betracht.[12] Soweit Gerichte verwaltende Tätigkeit ausüben, besteht aber eine Bestellungspflicht.[13] 7

Im **privaten Sektor** beschränkt sich die Benennungspflicht auf zwei besonders risikobehaftete Datenverarbeitungen. Nach Abs. 1 Buchst. b sind Verantwortliche erfasst, deren »Kerntätigkeit« in der Durchführung von Verarbeitungsvorgängen besteht, die eine »umfangreiche, regelmäßige und systematische« Überwachung von betroffenen Personen erforderlich machen. Dazu zählen etwa Marktforschungsunternehmen, Auskunfteien, Adresshändler und Detekteien sowie Unternehmen, die das Internetverhalten von Kunden systematisch aufzeichnen und auswerten.[14] Soweit diese ihren Sitz außerhalb der EU haben und soweit sie auch nicht über eine Niederlassung in der EU verfügen, unterliegen sie nach Art. 3 Abs. 2 gleichwohl der DSGVO und müssen daher einen Datenschutzbeauftragten bestellen. Von solchen Fällen abgesehen, schafft die Vorschrift **viel Unsicherheit**, da unklar ist, ob die »Kerntätigkeit« auf das Gesamtunternehmen oder nur auf einzelne Geschäftsbereiche zu beziehen ist[15] und da »Kern« und »Rand« Bilder, aber keine exakten Begriffe sind.[16] 8

Von Abs. 1 Buchst. c ist der Fall erfasst, dass die »Kerntätigkeit« in der **»umfangreichen« Verarbeitung sensitiver Daten** nach Art. 9 und 10 besteht. Dies ist noch nicht bei einer Ein-Mann-Arztpraxis der Fall, wohl aber bei größeren Arztpraxen und Krankenhäu- 9

---

10 Ehmann/Selmayr-*Heberlein*, Art. 37 Rn. 19.
11 Ehmann/Selmayr-*Heberlein*, Art. 37 Rn. 21.
12 Vgl. Kühling/Buchner-*Bergt*, Art. 37 Rn. 16.
13 Niklas/Faas, NZA 2017, 1091.
14 Ehmann/Selmayr-*Heberlein*, Art. 37 Rn. 25; weitere Beispiele bei Kühling/Buchner-*Bergt*, Art. 37 Rn. 20.
15 Kühling/Buchner-*Bergt*, Art. 37 Rn. 19.
16 Niklas/Faas, NZA 2017, 1091, 1092.

sern.[17] Werden Beschäftigtendaten der eigenen Mitarbeiter verarbeitet, ist diese Voraussetzung bei mittleren und größeren Unternehmen erfüllt.[18]

2. Gemeinsamer Datenschutzbeauftragter

10 Schon bisher war die Praxis verbreitet, dieselbe Person zum Datenschutzbeauftragten mehrerer oder aller Unternehmen eines Konzerns zu bestellen.[19] Dies war eine zulässige Vorgehensweise, sofern der zeitliche Aufwand nicht die Kapazität einer Person überstieg.[20] Ein **Konzerndatenschutzbeauftragter** ist nunmehr durch Art. 37 Abs. 2 ausdrücklich zugelassen, sofern er von jeder Niederlassung aus leicht erreicht werden kann. Nach dem Wortlaut der Bestimmung ist von einer »Unternehmensgruppe« die Rede, die einen gemeinsamen Datenschutzbeauftragten haben kann, doch macht dies keinen Unterschied: Art. 4 Nr. 19 definiert die Unternehmensgruppe als eine Gruppe, »die aus einem herrschenden Unternehmen und den von diesem abhängigen Unternehmen« besteht, was dem Begriff des Unterordnungskonzerns nach deutschem Recht entspricht. Den Verantwortlichen steht es frei, **für jedes Unternehmen einen besonderen Datenschutzbeauftragten** zu bestellen; die Benennung eines Konzerndatenschutzbeauftragten ist eine Möglichkeit, keine Verpflichtung. Es bestehen auch keine Bedenken dagegen, nur für einige Unternehmen denselben Datenschutzbeauftragten zu bestellen und für die übrigen jeweils eine Person pro Unternehmen vorzusehen. Die Vorschrift betrifft auch solche Konzerne, zu denen Gesellschaften in unterschiedlichen Mitgliedstaaten der EU gehören. In der Praxis wird nicht selten so verfahren, dass in jedem Unternehmen ein »**privacy manager**« bestellt wird, der den Konzerndatenschutzbeauftragten unterstützt.[21] Er sollte dann allerdings in gleicher Weise wie ein Datenschutzbeauftragter abgesichert sein.

11 Der Konzerndatenschutzbeauftragte muss von jeder Niederlassung aus »**leicht erreichbar**« sein. Dies setzt voraus, dass jederzeit ein telefonischer oder ein E-Mail-Kontakt möglich ist und dass darüber hinaus auch ein vertrauliches Gespräch ohne übermäßigen Aufwand realisiert werden kann.[22] Soweit bei Konzernen, die Niederlassungen in verschiedenen Mitgliedstaaten haben, Sprachbarrieren bestehen, muss dafür gesorgt werden, dass nicht nur Briefe übersetzt, sondern auch Telefongespräche sofort verdolmetscht werden.[23] Auch bei Gesprächen muss ein – zur Geheimhaltung verpflichteter[24] – Dolmetscher präsent sein.[25] Der mit diesen Vorkehrungen verbundene Aufwand kann es sinnvoll erscheinen lassen, für jeden Sprachraum einen eigenen Datenschutzbeauftragten zu bestellen.

---

17 Kühling/Buchner-*Bergt*, Art. 37 Rn. 24.

18 Kühling/Buchner-*Bergt*, Art. 37 Rn. 21; anders Ehmann/Selmayr-*Heberlein*, Art. 37 Rn. 27.

19 Büllesbach, RDV 2002, 57.

20 Reinhard, NZA 2013, 1049, 1050; Forgó/Helfrich/Schneider-*Haag*, Teil II Kap. 2 Rn. 39.

21 Baumgartner/Hansch, ZD 2019, 99, 101.

22 Kühling/Buchner-*Bergt*, Art. 37 Rn. 28; Niklas/Faas, NZA 2017, 1091, 1093; Paal/Pauly-*Paal*, Art. 37 Rn. 10.

23 Kühling/Buchner-*Bergt*, Art. 37 Rn. 29 verlangt, dass der Datenschutzbeauftragte die Sprache jeder Niederlassung fließend beherrscht. Dies wird sich kaum realisieren lassen; ähnlich Paal/Pauly-*Paal*, Art. 37 Rn. 10 und EuArbR-*Franzen*, Art. 37 VO 2016/679/EU Rn.7.

24 Dazu Cebulla, Sprachmittlung und Datenschutz, S. 495ff.

25 Ähnlich im Ergebnis Baumhartner/Hansch, ZD 2019, 99, 101.

Besteht in einem konzernzugehörigen Unternehmen **schon ein Datenschutzbeauftragter**, so könnte es nahe liegen, dieses Unternehmen aus der Zuständigkeit des Konzerndatenschutzbeauftragten auszunehmen. Dies ist sicherlich zulässig, freilich nicht zwingend geboten: In der Literatur wurde zu Recht darauf hingewiesen, dass auch zwei Datenschutzbeauftragte für ein Unternehmen zuständig sein könnten, doch sei es ratsam, die Kompetenzen mit Hilfe eines Geschäftsverteilungsplans abzugrenzen.[26] 11a

Abs. 3 sieht einen einheitlichen Datenschutzbeauftragten für mehrere Behörden oder öffentliche Stellen vor, wobei ihre Organisationsstruktur und ihre Größe zu berücksichtigen sind. Auch hier wird man entscheidend auf die leichte Erreichbarkeit abstellen. 12

3. Optionale Bestellung eines Datenschutzbeauftragten

Nach Abs. 4 Satz 1 kann die Union, insbesondere aber der nationale Gesetzgeber eine Pflicht zur Benennung eines Datenschutzbeauftragten bei Verantwortlichen schaffen, die nicht unter Abs. 1 fallen. Damit sind Rechtsunterschiede zwischen den Mitgliedstaaten möglich, was aber nicht zu relevanten Unzuträglichkeiten führen wird.[27] Der deutsche Gesetzgeber hat in § 38 Abs. 1 BDSG von dieser Möglichkeit Gebrauch gemacht. Ob damit der risikobasierte Ansatz der DSGVO verlassen wurde, ist umstritten (dazu unten § 38 BDSG Rn. 4). 13

Jeder Verantwortliche hat das Recht, **auf freiwilliger Grundlage** einen Datenschutzbeauftragten zu bestellen. Diesem stehen im Zweifel dieselben Rechte wie einem aufgrund gesetzlicher Verpflichtung benannten Datenschutzbeauftragten zu.[28] 14

Vereinigungen von Verantwortlichen oder Auftragsverarbeitern können nach Abs. 4 einen Datenschutzbeauftragten bestellen, der ihren Mitgliedsfirmen beratend und kontrollierend zur Seite steht.[29] Dies kann insbesondere für kleine und mittlere Unternehmen in Ländern von Bedeutung sein, die es bei der Regelung des Art. 37 Abs. 1 belassen.[30] 15

III. Anforderungen an den Datenschutzbeauftragten

1. Allgemeine Voraussetzungen

Die Bestellung zum Datenschutzbeauftragten, in der DSGVO »Benennung« genannt, muss anders als nach bisherigem Recht nicht notwendig schriftlich erfolgen. Schon aus Dokumentationsgründen empfiehlt sich jedoch die Schriftform.[31] Wird eine bisher im Unternehmen tätige Person bestellt, ist im Regelfall eine einvernehmliche Änderung des Arbeitsvertrags erforderlich.[32] Art. 37 Abs. 5 benennt als **Eignungskriterium** die »berufliche Qualifikation« und insbesondere das Fachwissen in Recht und Praxis des Datenschutzes sowie die Fähigkeit, die in Art. 39 festgelegten Aufgaben zu erfüllen. Dies kann 16

26 Baumgartner/Hansch, ZD 2019, 99, 101.
27 Ehmann/Selmayr-*Heberlein*, Art. 37 Rn. 33: Geringes Risiko der Fragmentierung.
28 Kühling/Buchner-*Bergt*, Art. 37 Rn. 26.
29 Ebenso Kühling/Buchner-*Bergt*, Art. 37 Rn. 31.
30 Vgl. Ehmann/Selmayr-*Heberlein*, Art. 37 Rn. 16.
31 Paal/Pauly-*Paal*, Art. 37 Rn. 16; Kühling/Buchner-*Bergt*, Art. 37 Rn. 32.
32 BAG 29.9.2010 – 10 AZR 588/09, NZA 2011, 151.

man unter dem Oberbegriff der »**Fachkunde**« zusammenfassen. Die bislang verlangte »Zuverlässigkeit« ist als weiteres Kriterium weggefallen, doch darf **keine Interessenkollision** vorliegen, wie sich mittelbar aus Art. 38 Abs. 6 Satz 2 ergibt. Aus den genannten menschlichen Eigenschaften ist zu schließen, dass nur eine natürliche Person in Betracht kommt; eine Unternehmensberatungs-GmbH scheidet daher aus.[33]

17 Art. 37 Abs. 6 stellt klar, dass der Datenschutzbeauftragte Beschäftigter des Verantwortlichen sein (»**interner**« **Datenschutzbeauftragter**), aber auch auf der Grundlage eines Dienstleistungsvertrags tätig werden kann (»**externer**« **Datenschutzbeauftragter**).[34] Der Externe wird in der Regel »**freier Mitarbeiter**« sein[35] und auf der Grundlage eines Dienst- oder Geschäftsbesorgungsvertrags tätig werden.[36] Möglich ist auch, eine Art »Grundlagenvertrag« mit einem Unternehmen zu schließen, das eine oder mehrere fachkundige Personen bei Bedarf **als Externe zur Verfügung stellt**.[37] Diese müssen dann aber schon im Vertrag benannt sein, da die Funktion eines Datenschutzbeauftragten – wie nicht zuletzt die in Abs. 5 verlangten persönlichen Eigenschaften deutlich machen – nur von einer natürlichen Person ausgeübt werden kann.[38] Durch die hier vorgeschlagene Lösung können die Vorteile einer »Organisation« als Partner gleichwohl genutzt werden.

17a Da sich der Datenschutzbeauftragte anders als ein Rechtsanwalt nicht vertieft mit Rechtsfragen befasst, wird er vom FinG München[39] als **Gewerbetreibender** und nicht als Freiberufler qualifiziert. Der BGH[40] hatte diese Frage nicht zu entscheiden, jedoch die **Zulassung als Syndikusanwalt verweigert**, wenn ein angestellter Jurist von seinem Arbeitgeber zu dessen Kunden geschickt werde, um dort die Funktion eines externen Datenschutzbeauftragten wahrzunehmen: es handle sich dabei nicht um »Rechtsangelegenheiten des Arbeitgebers«. Die Vorinstanz hatte demgegenüber entschieden, bei der Tätigkeit eines Datenschutzbeauftragten fehle die erforderliche »fachliche Tiefe« und »fachliche Breite«, die für die anwaltliche Tätigkeit charakteristisch sei.[41] Dies will nicht unbedingt einleuchten, zumal hier Anwälte über die juristische Fachkunde von Nicht-Anwälten urteilen.

17b In der Praxis kann die Einschaltung eines Externen durchaus die zweitbeste Lösung sein, weil ein Außenstehender die betrieblichen Verhältnisse weniger gut kennt und sich deshalb oft nicht in beginnende Planungsprozesse einschalten kann, um dabei datenschutzrechtliche Aspekte einzubringen.[42] Auch kann ein wirtschaftliches Interesse bestehen, den Fortbestand des Auftrags nicht durch unerwünschte Kritik zu gefährden.

---

33 Wie hier Ehmann/Selmayr-*Heberlein*, Art. 37 Rn. 43 (unter Bezugnahme auf die englische Fassung); zum Diskussionsstand Paal/Pauly-*Paal*, Art. 37 Rn. 15; Kühling/Buchner-*Bergt*, Art. 37 Rn. 36.
34 Niklas/Faas, NZA 2017, 1091, 1093.
35 Hess. LAG 28.2.1989 – 4 TaBV 106/88, CR 1990, 342.
36 Ehmann/Selmayr-*Heberlein*, Art. 37 Rn. 42; Auernhammer-*Raum*, Art. 37 Rn. 102.
37 Sörup/Batman, ZD 2018, 553.
38 Anders Baumgartner/Hansch, ZD 2019, 99, 102.
39 FinG München 25.7.2017 – 5 K 14034/16, ZD 2018, 194.
40 BGH 2.7.2018 – AnwZ (Brfg) 49/17, ZD 2018, 582.
41 AGH Hamburg (22.6.2017 – AGH I ZU (SYN) 11/2016 (I-6), ZD 2018, 176
42 Gola/Schomerus, 12. Aufl., § 4f Rn. 17.

2. Fachkunde und Fehlen von Interessenkollisionen

18 Die »**Fachkunde**« im Sinne des Art. 37 Abs. 5 muss nicht durch eine besondere Ausbildung nachgewiesen werden.[43] Ein festes Anforderungsprofil existierte in der Vergangenheit nicht[44] und wurde auch durch die DSGVO nicht geschaffen. Der Beschluss des sog. Düsseldorfer Kreises vom 24./25. November 2010 hat mit Recht zwischen den unterschiedlichen Anforderungen in den jeweiligen Branchen differenziert.[45] Notwendig sind insbesondere Kenntnisse des Datenschutzrechts, der Technik der Datenverarbeitung und betrieblicher Abläufe.[46] Keine Rolle spielt, ob ein Bewerber Jurist, Betriebswirt oder Informatiker ist.[47] Mögliche Defizite können durch den Einsatz von qualifizierten Mitarbeitern ausgeglichen werden.[48]

19 Das Erfordernis der »Zuverlässigkeit« ist weggefallen, doch wird in groben Fällen wie Drogenabhängigkeit die Fähigkeit fehlen, die Aufgaben nach Art. 39 zu erfüllen.[49] Außerdem bestimmt Art. 38 Abs. 6 Satz 2, dass anderweitige Aufgaben und Pflichten des Datenschutzbeauftragten nicht zu einer Interessenkollision führen dürfen. Diese besteht insbesondere dann, wenn der Datenschutzbeauftragte neben dieser Funktion eine Tätigkeit ausübt, wonach er sich selbst oder seinen Verantwortungsbereich kontrollieren müsste. Dies ist etwa bei dem **Leiter der** EDV-, der Rechts- oder der **Personalabteilung** sowie bei einem Systemadministrator der Fall.[50] Durch eine solche Selbstkontrolle wäre dem Datenschutzbeauftragten von vorne herein ein großer Teil seiner Wirksamkeit genommen: Die vom Bundesverfassungsgericht (und auch von Art. 38 Abs. 3 Satz 1) verlangte »Unabhängigkeit« würde bestenfalls auf dem Papier existieren. Dies bedeutet, dass die ausgewählte Person jedenfalls soviel Distanz zum Arbeitgeber haben muss, dass die Kontrolle nicht zur Farce wird. Neben den genannten Funktionsträgern sind deshalb wegen besonderer Nähe zum Arbeitgeber auch dessen Familienangehörige ausgenommen, zumal sie in einem Straf- oder Zivilverfahren ein Zeugnisverweigerungsrecht hätten.[51] Auch **leitende Angestellte** sind ihrer Arbeitgebernähe wegen ungeeignet.[52] Keine Bedenken bestehen jedoch gegen Mitarbeiter der **Revisionsabteilung**, da ihnen sowieso eine Kontrollaufgabe zukommt.[53] Aus demselben Grund sind nach der Rechtsprechung des BAG[54] auch **Betriebsratsmitglieder** geeignet,[55] da sie gleichermaßen in beiden Rollen die Einhaltung

43 LG Ulm 31.10.1990 – S T 153/90, RDV 1991, 40; DKWW-*Däubler*, § 4f Rn. 28.
44 Simitis-*Simitis*, 8. Aufl., § 4f Rn. 84.
45 RDV 2011, 52.
46 Einzelheiten in dem Beschluss des Düsseldorfer Kreises a.a.O.
47 Schierbaum, CuA 4/2010, 24.
48 Kühling/Buchner-*Bergt*, Art. 37 Rn. 34.
49 Kühling/Buchner-*Bergt*, Art. 37 Rn. 35.
50 Tinnefeld/Buchner/Petri, S. 282; Gola, RDV 2001, 265; Schierbaum, AiB 2001, 516 (zum bisherigen Recht).
51 Küpferle, S. 409ff.
52 Borgaes, BlfStR 1980, 232; als »höchst fraglich« bezeichnet Tinnefeld, CR 1991, 32, ihre Eignung.
53 Schierbaum/Kiesche, CR 1992, 730.
54 BAG 23.3.2011 – 9 AZR 189/10, NZA 2011, 1036 Tz. 25; kritisch dazu Dzida/Kröpelin, NZA 2011, 1018.
55 Ebenso Breinlinger, RDV 1993, 53, 55; DKWW-*Däubler*, § 4f Rn. 32; Gola/Schomerus, 12. Aufl., § 4f Rn. 28; Gola/Pötters/Wronka, Rn. 1705ff.; Kiesche/Wilke, CuA 11/2012, 17, 20; Schierbaum, CuA 4/2010, 25 und CuA 2/2013, 34; Stück, ZD 2019, 256, 260; anders mit wenig über-

des geltenden Rechts in Unabhängigkeit vom Arbeitgeber überwachen müssen. In der Praxis wird sich der Arbeitgeber allerdings nur selten zur Installierung eines derartigen Kontrolleurs bereitfinden.[56] Nach Auffassung des Landesdatenschutzbeauftragten von Schleswig-Holstein sind auch **Arbeitnehmervertreter im Aufsichtsrat** keineswegs generell ungeeignet.[57]

3. Beteiligung des Betriebsrats

20 Nach dem Wortlaut der DSGVO und des übrigen Datenschutzrechts ist der **Betriebsrat** bei der Bestellung zum Datenschutzbeauftragten nicht beteiligt.[58] Dies schließt jedoch nicht aus, dass er nach allgemeinen Grundsätzen ein **Zustimmungsverweigerungsrecht** nach § 99 BetrVG besitzt, das er insbesondere darauf stützen kann, die Benennung sei gesetzwidrig, weil dem vorgeschlagenen Kandidaten die notwendige Fachkunde fehle oder weil er Interessenkollisionen ausgesetzt sei.[59] Unbestritten zulässig ist es, durch freiwillige **Betriebsvereinbarung** ein volles **Mitbestimmungsrecht** vorzusehen.[60] Dasselbe ist im Wege des Tarifvertrags möglich.[61] Kommt im Einzelfall nur die gesetzliche Regelung in Betracht, so ist zu unterscheiden:

21 Wird ein bisher im Unternehmen beschäftigter Arbeitnehmer zum Datenschutzbeauftragten bestellt, so ändert sich damit sein Tätigkeitsfeld. Auch wenn er nur einen Teil seiner Arbeitszeit mit der neuen Aufgabe verbringt, liegen die Voraussetzungen einer **Versetzung** im Sinne des § 95 Abs. 3 Satz 1 BetrVG vor.[62] Dabei spielt es keine Rolle, ob der Arbeitsvertrag mit dem betreffenden Beschäftigten zuerst geändert werden musste oder ob der Arbeitgeber mit Rücksicht auf eine sehr weite Umschreibung der Aufgaben eine entsprechende einseitige Anordnung treffen konnte.[63] Der Betriebsrat kann seine Zustimmung insbesondere mit dem Argument verweigern, es fehle die durch die DSGVO vorgeschriebene Fachkunde und Freiheit von Interessenkollisionen, die Bestellung der vorgesehenen Person sei also gesetzwidrig im Sinne des § 99 Abs. 2 Nr. 1 BetrVG.[64] Die konstruktive **Trennung zwischen** dem **»Amtsverhältnis«** und der **Stellung als Arbeitnehmer**[65]

---

zeugender Begründung Beder, CR 1990, 475; BMH, § 4f Rn. 105; Taeger/Gabel-*Scheja*, § 4f Rn. 71; Simitis-*Simitis*, § 4f Rn. 108 (alle zum identischen Problem nach bisherigem Recht).

56 In dem vom BAG (a.a.O.) entschiedenen Fall war die betriebliche Datenschutzbeauftragte nachträglich in den Betriebsrat gewählt werden.

57 23. TB unter 6.3.4; ebenso Schierbaum, CuA 4/2010, 25.

58 Ehrich, DB 1991, 1982 (für das bisherige Recht).

59 BAG 22.3.1994 – 1 ABR 51/93, DB 1994, 1678.

60 LAG Düsseldorf 23.2.1988 – 16 TaBV 13/88, RDV 1989, 34; DKKW-*Däubler*, § 4f Rn. 42; Simitis-*Simitis*, § 4f Rn. 68.

61 Däubler, Tarifvertragsrecht, Rn. 823; für tarifliche Erweiterung von Beteiligungsrechten – insbesondere auch im Fall des § 99 BetrVG – BAG 10.2.1988 – 1 ABR 70/86, NZA 1988, 699.

62 Ebenso BAG 22.3.1994 – 1 ABR 51/93, NZA 1994, 1049; LAG München 16.11.1978 – 8 TaBV 6/78, DB 1979, 1561; ebenso Däubler, Arbeitsrecht 1, Rn. 1050; Ehrich, DB 1991, 1983; Fitting, § 99 Rn. 131; DKKW-*Bachner*, § 99 Rn. 111.

63 Zur Eigenständigkeit des betriebsverfassungsrechtlichen Versetzungsbegriffs siehe DKKW-*Bachner*, § 99 Rn. 98.

64 BAG 22.3.1994 – 1 ABR 51/93, DB 1994, 1678 = NZA 1994, 1048; DKWW-*Däubler*, § 4f Rn. 39; DKKW-*Bachner*, § 99 Rn. 198; anders nur Ehrich, DB 1991, 1983.

65 Dafür insbesondere Ehrich, DB 1991, 1983.

kann zu keinem anderen Ergebnis führen, da die Versetzung und die Bestellung in einen Akt zusammenfallen.

Kommt der Datenschutzbeauftragte von außen und schließt er mit dem Arbeitgeber einen Arbeitsvertrag, so liegt eine **Einstellung** im Sinne des § 99 BetrVG vor, so dass der Betriebsrat aus den in § 99 Abs. 2 BetrVG genannten Gründen seine Zustimmung verweigern kann. Wird der »Externe« nicht Arbeitnehmer, sondern wird er als freier Mitarbeiter im Rahmen eines Dienstvertrags tätig, kann im Einzelfall eine **»Eingliederung« in den Betrieb** vorliegen, die das Beteiligungsrecht des Betriebsrats nach § 99 BetrVG gleichfalls auslöst.[66] Fehlt es an der Eingliederung, ist der Betriebsrat am Verfahren nicht beteiligt; der Arbeitgeber handelt alleine. Würde man entgegen dem hier Vertretenen die Möglichkeit eröffnen, auch leitende Angestellte zu betrieblichen Datenschutzbeauftragten zu machen, so läge eine »Hereinnahme« in den Bereich der Nicht-Leitenden vor, der analog einer Einstellung zu behandeln ist.[67] 22

4. Bestellung einer ungeeigneten Person

Wird eine **ungeeignete Person** bestellt, so hat dies dieselbe Wirkung, als wenn der Arbeitgeber überhaupt niemanden eingesetzt hätte. Die »Abberufung« hätte nur klarstellende Funktion, weil in Wahrheit die Funktion gar nicht erlangt wurde.[68] Sofern die sonstigen Voraussetzungen vorliegen, kann daher ggf. nach Art. 83 ein **Bußgeld** verhängt werden. Der Betriebsrat kann der Aufsichtsbehörde eine entsprechende Mitteilung machen. Wurde dem Betriebsrat durch Betriebsvereinbarung oder Tarifvertrag ein volles Mitbestimmungsrecht eingeräumt, kann er den Arbeitgeber im Wege der einstweiligen Verfügung zwingen, die einseitige Bestellung eines Datenschutzbeauftragten zu unterlassen oder wieder rückgängig zu machen.[69] 23

IV. Bekanntgabe der Kontaktdaten des Datenschutzbeauftragten

Nach Abs. 7 veröffentlicht der Verantwortliche bzw. der Auftragsverarbeiter die Kontaktdaten des Datenschutzbeauftragten und teilt diese der Aufsichtsbehörde mit. Die Veröffentlichung wird am einfachsten mit Hilfe der firmeneigenen Website erfolgen.[70] Die »Kontaktdaten« umfassen die Funktion und die Erreichbarkeit, doch ist auch der Name einzubeziehen.[71] Abs. 7 ist Ausdruck des Transparenzprinzips, wie es in Art. 5 Abs. 1 Buchst. a sowie in Art. 12 zum Ausdruck gekommen ist. Kunden, Geschäftspartner und Beschäftigte sollen so in die Lage versetzt werden, sich mit datenschutzrechtlichen Problemen, die sich aus der Beziehung zu dem Verantwortlichen ergeben, an eine sachkundige Person zu wenden. Die Behörde erfährt auf diese Weise, wer ihre »Anlaufstelle« ist und 24

---

66 LAG Frankfurt/Main 28.2.1989 – 4 TaBV 106/88, RDV 1990, 150 = AiB 1990, 38 = CR 1990, 342; Fitting, § 99 Rn. 75; Gola/Schomerus, 12. Aufl., § 4f Rn. 33.

67 Ebenso DKWW-*Däubler*, § 4f Rn. 41; im Grundsatz auch DKKW-*Bachner*, § 99 Rn. 14.

68 Reinhard, NZA 2013, 1049, 1053.

69 So LAG Düsseldorf 23.2.1988 – 16 TaBV 13/88, RDV 1989, 35.

70 Kühling/Buchner-*Bergt*, Art. 37 Rn. 37.

71 A.A. Ehmann/Selmayr-*Heberlein*, Art. 37 Rn. 45 und Kühling/Buchner-*Bergt*, Art. 37 Rn. 38, wonach der Name entbehrlich sein soll.

kann überdies kontrollieren, ob die gesetzliche Pflicht zur Bestellung eines Datenschutzbeauftragten erfüllt wurde.

Art. 38 Stellung des Datenschutzbeauftragten

(1) Der Verantwortliche und der Auftragsverarbeiter stellen sicher, dass der Datenschutzbeauftragte ordnungsgemäß und frühzeitig in alle mit dem Schutz personenbezogener Daten zusammenhängenden Fragen eingebunden wird.

(2) Der Verantwortliche und der Auftragsverarbeiter unterstützen den Datenschutzbeauftragten bei der Erfüllung seiner Aufgaben gemäß Artikel 39, indem sie die für die Erfüllung dieser Aufgaben erforderlichen Ressourcen und den Zugang zu personenbezogenen Daten und Verarbeitungsvorgängen sowie die zur Erhaltung seines Fachwissens erforderlichen Ressourcen zur Verfügung stellen.

(3) Der Verantwortliche und der Auftragsverarbeiter stellen sicher, dass der Datenschutzbeauftragte bei der Erfüllung seiner Aufgaben keine Anweisungen bezüglich der Ausübung dieser Aufgaben erhält. Der Datenschutzbeauftragte darf von dem Verantwortlichen oder dem Auftragsverarbeiter wegen der Erfüllung seiner Aufgaben nicht abberufen oder benachteiligt werden. Der Datenschutzbeauftragte berichtet unmittelbar der höchsten Managementebene des Verantwortlichen oder des Auftragsverarbeiters.

(4) Betroffene Personen können den Datenschutzbeauftragten zu allen mit der Verarbeitung ihrer personenbezogenen Daten und mit der Wahrnehmung ihrer Rechte gemäß dieser Verordnung im Zusammenhang stehenden Fragen zu Rate ziehen.

(5) Der Datenschutzbeauftragte ist nach dem Recht der Union oder der Mitgliedstaaten bei der Erfüllung seiner Aufgaben an die Wahrung der Geheimhaltung oder der Vertraulichkeit gebunden.

(6) Der Datenschutzbeauftragte kann andere Aufgaben und Pflichten wahrnehmen. Der Verantwortliche oder der Auftragsverarbeiter stellt sicher, dass derartige Aufgaben und Pflichten nicht zu einem Interessenkonflikt führen.

Inhaltsübersicht Rn.

I. Einleitung

Die Vorschrift regelt **sowohl** das »**Innenverhältnis**« des Datenschutzbeauftragten zum Verantwortlichen bzw. zum Auftragsverarbeiter **als auch** das »**Außenverhältnis**« zu den betroffenen Personen,[1] die sich beispielsweise nach Abs. 4 jederzeit an ihn wenden können. Nach ErwGr 97 Satz 4 soll der Datenschutzbeauftragte seine Pflichten und Aufgaben »in vollständiger Unabhängigkeit« ausüben können, wofür allerdings keine ausreichenden Voraussetzungen geschaffen werden: Die Benennung der Person ist weiter Sache des Verantwortlichen bzw. des Auftragsverarbeiters, bei Konflikten ist der Schutz gegenüber dem BDSG-alt insoweit zurückgenommen, als nach Abs. 3 Satz 2 lediglich ein allgemeines Abberufungs- und Benachteiligungsverbot wegen der Tätigkeit als Datenschutzbeauftragter besteht, nicht aber ein umfassender Kündigungsschutz wie nach bisherigem deutschem Recht. Dieser ist erst durch §§ 6, 38 BDSG-neu wiederhergestellt worden. Offen bleibt auch die Frage, in welchem Umfang eine befristete Benennung möglich ist (dazu § 38 BDSG Rn. 10 und § 6 BDSG Rn. 6ff.). 1

Auch in den Einzelregelungen der Abs. 1 – 6 **bleibt** die Vorschrift **zum Teil hinter dem bisherigen deutschen Recht zurück**. Abs. 1 verlangt eine »ordnungsgemäße und frühzeitige Einbindung« des Datenschutzbeauftragten in alle Fragen, die mit dem Schutz personenbezogener Daten zusammenhängen. Abs. 2 sieht eine Unterstützung durch den Verantwortlichen bzw. den Auftragsverarbeiter bei der Erfüllung der Aufgaben nach Art. 39 vor, die insbesondere darin besteht, die nötigen Ressourcen und die erforderlichen Zugangsmöglichkeiten zu schaffen. Systematisch wäre es sinnvoller gewesen, zuerst die Aufgaben zu umschreiben, um dann die zu ihrer Erfüllung notwendigen Mittel zu regeln. Abs. 3 stellt den Datenschutzbeauftragten von Weisungen frei, enthält ein Benachteiligungsverbot und gibt ihm unmittelbaren Zugang zur höchsten Leitungsebene im Unternehmen. Abs. 4 gibt jeder betroffenen Person das Recht, den Datenschutzbeauftragten zu konsultieren, wobei dieser nach Abs. 5 die Regeln der Vertraulichkeit beachten muss. Der Datenschutzbeauftragte muss nach Abs. 6 nicht notwendig nur diese Aufgabe erfüllen, doch muss sichergestellt sein, dass weitere Aufgaben nicht zu einem Interessenkonflikt führen. 2

Werden die in Art. 38 niedergelegten Pflichten durch den Verantwortlichen bzw. den Auftragsverarbeiter verletzt, kann nach Art. 83 Abs. 4 Buchst. a ein Bußgeld verhängt werden, das bis zu 10 Mio. Euro oder bei Unternehmen bis zu 2 % des weltweiten Jahresumsatzes betragen kann, wenn dieser Betrag der höhere ist. 3

II. Die »Einbindung« und Unterstützung des Datenschutzbeauftragten (Abs. 1 bis 3)

1. Einbindung des Datenschutzbeauftragten

Der in Abs. 1 verwandte **Begriff** »**Einbindung**« ist kein Begriff der **Rechtssprache**. Ausländische Fassungen sind etwas weniger unspezifisch, wenn etwa im Englischen davon die Rede ist, der »data protection officer« müsse »properly and in a timely manner« »invol- 4

1 Paal/Pauly-*Paal*, Art. 38 Rn. 1.

ved« sein »in all issues which relate to the protection of personal data.« Mit »involved« ist »einbezogen« gemeint; im Französischen muss er allen Fragen »associé« sein, im Spanischen muss er »participar«. Inhaltlich bedeutet dies, dass er über alle Fragen der Datenverarbeitung voll informiert werden muss und dass er an Überlegungen zu Problemen, Planungen und Veränderungen teilnehmen kann. All dies muss »frühzeitig« erfolgen, im Regelfall also zu einem Zeitpunkt, in dem noch keine Entscheidungen gefallen und keine vollendeten Tatsachen geschaffen sind. Nur dann können seine Stellungnahmen berücksichtigt werden.[2] Diese können sich insbesondere auf Art. 25 (»privacy by design« und »privacy by default«) beziehen.[3]

2. Die Absicherung der Aufgabenerfüllung

5 Abs. 2 verpflichtet den Verantwortlichen bzw. den Auftragsverarbeiter, den Datenschutzbeauftragten bei der **Erfüllung seiner Aufgaben** nach Art. 39 zu unterstützen, indem er ihm die dafür notwendigen »**Ressourcen**« zur Verfügung stellt und den **Zugang zu** personenbezogenen Daten und zu **Datenverarbeitungsvorgängen** gewährt. Es soll keine kontrollfreie Datenverarbeitung geben; auch Berufsgeheimnisse wie das des Arztes stehen einer Kenntnisnahme durch den Datenschutzbeauftragten nicht entgegen.[4] Dieser muss Zutritt zu allen Räumlichkeiten haben, in denen Daten verarbeitet werden. Hat der Verantwortliche einen Auftragsdatenverarbeiter eingeschaltet, muss er den Vertrag so ausgestalten, dass der Datenschutzbeauftragte den Zugriff behält.[5] Wie dies bei Cloud Computing umgesetzt werden soll, bleibt unerörtert. Weiter erhält der Datenschutzbeauftragte »**Ressourcen**«, die zur Erhaltung seines Fachwissens erforderlich sind. Diese Formulierungen sind sehr viel unspezifischer als das bisherige Recht, doch ist nicht anzunehmen, dass praktische Handlungsmöglichkeiten des Datenschutzbeauftragten reduziert werden sollen.

a) Zeit und Hilfspersonal

6 Die Unterstützungspflicht nach Abs. 2 bedeutet u. a., dass der Datenschutzbeauftragte **von** etwaigen **sonstigen Arbeitsaufgaben** soweit **zu entlasten** ist, dass er seine in der DSGVO vorgesehenen Aufgaben wahrnehmen kann. Gibt es im Unternehmen mehr als 500 Bildschirmgeräte oder sind dort mehr als 30 Programmierer beschäftigt, wird eine Vollfreistellung als angemessen angesehen.[6] Wird in der Praxis keinerlei Zeitkontingent zur Verfügung gestellt, so stellt die Benennung eine Formalie dar und ist deshalb als nichtig zu behandeln (was den Tatbestand der Ordnungswidrigkeit der Nichtbestellung erfüllt).[7] Der Düsseldorfer Kreis empfiehlt deshalb, ein konkretes Zeitbudget schon im Zu-

---

2 Ehmann/Selmayr-*Heberlein*, Art. 38 Rn. 8; eher noch weitergehend Kühling/Buchner-*Bergt*, Art. 38 Rn. 14.

3 Gola-*Klug*, Art. 38 Rn. 3.

4 Kühling/Buchner-*Bergt*, Art. 38 Rn. 18.

5 Kühling/Buchner-*Bergt*, Art. 28 Rn. 19.

6 Schierbaum, AiB 2001, 516 und CuA 4/2010, 26.

7 Taeger/Gabel-*Scheja*, § 4f Rn. 91 (zum bisherigen Recht).

sammenhang mit der Benennung festzulegen.[8] Weiter muss der Verantwortliche ihm einen oder mehrere »Ansprechpartner« benennen, an die er sich im Einzelfall bei Problemen wenden kann. Dieses gehört zu den »Ressourcen«, die nach Abs. 2 zur Verfügung zu stellen sind. Im früheren Recht hatte § 4f Abs. 5 Satz 1 BDSG-alt sehr viel spezifischer bestimmt, die verantwortliche Stelle müsse im Rahmen des Erforderlichen »**Hilfspersonal** sowie Räume, Einrichtungen, Geräte und Mittel« bereitstellen, damit der Datenschutzbeauftragte seine Aufgaben erfüllen könne. Ein inhaltlicher Unterschied dürfte sich dadurch nicht ergeben. **Räume** und die **Aufbewahrung von** (manuellen oder digitalen) **Unterlagen** müssen so ausgestaltet sein, dass die Vertraulichkeit von Informationen gewahrt ist.[9] Je nach Umfang des Tätigkeitsbereichs kann das »Hilfspersonal« zahlreicher oder weniger zahlreich sein. Die Vorschrift entspricht der für Betriebsräte geltenden Bestimmung des § 40 Abs. 2 BetrVG.[10] Über das Maß des »Erforderlichen« kann im einen wie im anderen Fall nicht der Verantwortliche bzw. der Auftragsverarbeiter allein entscheiden;[11] vielmehr kommt es darauf an, ob der Datenschutzbeauftragte bei vernünftiger Abwägung aller Umstände eine bestimmte Aufwendung als erforderlich ansehen konnte.[12] Von gerichtlichen Auseinandersetzungen ist insoweit allerdings bislang nichts bekannt geworden. Zu den »Ressourcen« zählt neben der üblichen Büroausstattung auch eine angemessene **Versorgung mit Fachliteratur**,[13] da andernfalls angesichts der Schnelligkeit der Entwicklung weder die Beratungs- noch die Kontrollfunktion angemessen erfüllt werden könnten.[14] Hat das Unternehmen oder der Konzern mehrere Niederlassungen, für die der Datenschutzbeauftragte zuständig ist, so kann er dorthin reisen, um die Datenverarbeitungsvorgänge zu kontrollieren und bei Bedarf Gespräche mit betroffenen Personen zu führen, ohne dass es dafür einer Genehmigung durch den Verantwortlichen bedarf. Dieser trägt auch angemessene Reisekosten.[15]

b) Teilnahme an Fort- und Weiterbildungsveranstaltungen

Art. 38 Abs. 2 verpflichtet den Verantwortlichen weiter, dem Datenschutzbeauftragten die 7
»Ressourcen« zur Verfügung zu stellen, die zur Erhaltung seines Fachwissens erforderlich sind. Dazu gehört insbesondere die Teilnahme an Fort- und Weiterbildungsveranstaltungen. »Erhaltung des Fachwissens« bedeutet mehr als eine gelegentliche »Auffrischung« dessen, was man an sich schon wusste. Vielmehr geht es um ein Fachwissen »auf der Höhe der Zeit«, was insbesondere auch neuere Entwicklungen der Informationstechnik und Veränderungen im Datenschutzrecht zum Gegenstand hat. Die notwendige **Fachkunde** ist eine dynamische Größe; so wären Veranstaltungen über das **Internet der Dinge** oder

8 RDV 2011, 52, 54.
9 Ehmann/Selmayr-*Heberlein*, Art. 38 Rn. 10.
10 Ehrich, DB 1991, 1981.
11 So aber Gola, DuD 1991, 341.
12 Zur entsprechenden Handhabung des § 40 Abs. 2 BetrVG siehe DKKW-*Wedde*, § 40 Rn. 117; Fitting, § 40 Rn. 9 m. w. N.
13 Ehmann/Selmayr-*Heberlein*, Art. 38 Rn. 10.
14 § 4f Abs. 5 Satz 1 BDSG-alt gab ausdrücklich ein solches Recht.
15 Kühling/Buchner-*Bergt*, Art. 38 Rn. 21.

über **Robotik** sicherlich geeignet, das Fachwissen eines Datenschutzbeauftragten zu »erhalten«.

8 Der Kreis der in Betracht kommenden Veranstaltungen bestimmt sich nach dem **Inhalt, nicht** nach der äußeren **Form.** Ob es sich um einen »Kongress«, eine »Fachtagung« oder eine »Seminarveranstaltung« handelt, ist ohne Bedeutung. Weiter ist es gleichgültig, ob sich unter den Teilnehmern auch andere Personen als Datenschutzbeauftragte befinden.[16] Dabei kommen sehr unterschiedliche **Veranstalter** in Betracht, die von gemeinnützigen Einrichtungen bis zu kommerziell betriebenen »Fortbildungs-AGs« reichen. Besondere Resonanz findet die Sommerakademie des Unabhängigen Landeszentrums für Datenschutz in Schleswig-Holstein.[17]

9 Wie lange die **Veranstaltung** dauern kann, hängt von den zu vermittelnden Kenntnissen ab. Es kann durchaus in Betracht kommen, dass sich der Datenschutzbeauftragte ein oder zwei Wochen im Jahr fortbildet. Anhaltspunkte für einen entsprechenden Bedarf ergeben sich aus der bisherigen **beruflichen Ausbildung** (der Datenschutzbeauftragte ist Informatiker, weshalb er nicht in der Technik, wohl aber im Datenschutzrecht besondere Defizite sieht) sowie aus **bisherigen Erfahrungen** (der neu bestellte Beauftragte kann einen Kurs »Einführung in SAP« belegen, der seit Jahren mit SAP befasste wird allenfalls Bedarf nach Informationen über ein neues Modul wie SAP HCM haben). Eine Veranstaltung »zur Wiederholung und Auffrischung« kann durchaus in Betracht kommen, dürfte aber schwerlich länger als einen Tag dauern.

10 Da die verantwortliche Stelle die Kosten trägt, darf sie nicht mehr als erforderlich belastet werden. Von **zwei gleichwertigen Angeboten** zum selben Thema ist das preiswertere zu wählen. Dabei besteht aber ein Beurteilungsspielraum des Datenschutzbeauftragten, der etwa mit Rücksicht auf von ihm besonders geschätzte Referenten ggf. auch die teurere Veranstaltung wählen kann, weil er sich von ihr eine bessere Aktualisierung und Perfektionierung seiner Kenntnisse verspricht. Auch kann es eine Rolle spielen, ob am Rande der Veranstaltung ein Erfahrungsaustausch mit Datenschutzbeauftragten aus anderen Unternehmen möglich ist, was mehrtägige Veranstaltungen besonders sinnvoll macht.

11 Die Teilnahme an einer Fort- und Weiterbildungsveranstaltung gehört zur Tätigkeit als betrieblicher Datenschutzbeauftragter, so dass insoweit **keine Entgeltminderung** eintreten darf. Zu den Kosten zählen neben den **Teilnahmegebühren Fahrt, Unterbringung und Verpflegung**, wobei das Betriebsratsmitgliedern zugestandene Maß an Aufwand sicherlich eine Untergrenze darstellen dürfte.[18] Maßstäbe können sich auch aus den Fortbildungskosten für Manager (etwa bei »Management Circle«) ergeben. Ob davon effektiv auch gegen den Wunsch der Arbeitgeberseite Gebrauch gemacht wird, lässt sich nicht absehen.

---

16 Ebenso die allgemeine Auffassung für den Bereich des § 37 Abs. 6 BetrVG – Nachweise bei Däubler, Schulung und Fortbildung, Rn. 340 Fn. 129; DKKW-Wedde, § 37 Rn. 143.

17 Dazu auch der Bericht des Berliner Datenschutzbeauftragten, mitgeteilt bei Köppen, CuA 6/2009, 30.

18 Einzelheiten bei Däubler, Schulung und Fortbildung, Rn. 458 ff.

3. Freiheit von Weisungen und Stellung in der Hierarchie

a) Unabhängigkeit in der konkreten Tätigkeit

Nach Abs. 3 Satz 1 stellt der Verantwortliche bzw. der Auftragsverarbeiter sicher, dass der Datenschutzbeauftragte bei der Erfüllung seiner Aufgaben keine Anweisungen erhält. § 4f Abs. 3 Satz 2 BDSG-alt hatte dasselbe mit den Worten zum Ausdruck gebracht, der Datenschutzbeauftragte sei »bei Anwendung seiner Fachkunde auf dem Gebiet des Datenschutzes« **weisungsfrei**. Dies bedeutet nicht nur, dass er nicht zu bestimmten »Ergebnissen« angewiesen werden kann, sondern dass jede inhaltliche Beeinflussung seiner Tätigkeit ausscheidet.[19] Selbst »Prüfaufträge« kann der Verantwortliche nicht erteilen.[20] Auch etwaige Mitarbeiter des betrieblichen Datenschutzbeauftragten sind insoweit keinen Weisungen des Verantwortlichen bzw. des Auftragsverarbeiters unterworfen.[21] Weiter ist er nicht etwa kraft Arbeitsvertrags verpflichtet, dem Arbeitgeber über alle Beobachtungen Mitteilung zu machen, da die amtliche Funktion insoweit die arbeitsvertraglichen Pflichten überlagert. 12

b) Stellung in der Hierarchie

Nach Art. 38 Abs. 3 Satz 3 **berichtet** der Datenschutzbeauftragte unmittelbar **der höchsten Managementebene** des Verantwortlichen. Er untersteht daher direkt dem Firmeninhaber bzw. **dem Vorstand** oder der Geschäftsführung.[22] Damit ist gewährleistet, dass Initiativen nicht auf dem Weg nach oben »versickern«;[23] dies zu verhindern, ist deshalb besonders wichtig, weil proaktives Tun sehr viel aussichtsreicher ist als die Beanstandung von (tatsächlichen oder möglichen) Verstößen.[24] Die Herausnahme aus der allgemeinen Hierarchie erhöht die Autorität und erleichtert den Informationsfluss, kann aber die fehlende Durchsetzungsmacht nicht ersetzen. **Ihm selbst** stehen trotz seiner hervorgehobenen Position **keine Anordnungsbefugnisse** zu, selbst wenn ein offenkundiger Datenschutzverstoß vorliegt; Anweisungen kann er nur seinen Hilfspersonen erteilen, soweit es um deren Aufgaben geht.[25] 13

c) Benachteiligungsverbot und Abberufungsschutz

Nach Art. 38 Abs. 3 Satz 2 besteht ein **Benachteiligungsverbot**. Dem Verantwortlichen bzw. dem Auftragsverarbeiter ist es untersagt, den Datenschutzbeauftragten »wegen der 14

19 Siehe statt aller Wohlgemuth, Datenschutzrecht, Einf. Rn. 371.
20 Kühling/Buchner-*Bergt*, Art. 38 Rn. 27.
21 Kühling/Buchner-*Bergt*, Art. 38 Rn. 26; ebenso zum bisherigen Recht Simitis-*Simitis*, § 4f Rn. 123; BMH, § 4f Rn. 128; DKWW-*Däubler*, § 4f Rn. 45.
22 Plath-*v.d. Bussche*, Art. 38 Rn. 13; etwas anders Kühling/Buchner-*Bergt*, Art. 38 Rn. 25; innerhalb des Vorstands bzw. der Geschäftsführung sollte ein Ressort als zuständig bestimmt werden, das anders als »Personal« und »Einkauf« wenig mit den zu kontrollierenden Datenbeständen zu tun hat: Simitis-*Simitis*, § 4f Rn. 116.
23 Zustimmend Tinnefeld, CR 1991, 32.
24 Ehmann/Selmayr-*Heberlein*, Art. 38 Rn. 16.
25 Ehmann/Selmayr-*Heberlein*, Art. 38 Rn. 14.

Erfüllung seiner Aufgaben« zu diskriminieren, ihm etwa aus diesem Grund besonders unangenehme Aufgaben zuzuweisen[26] oder einen betriebsüblichen Aufstieg zu verweigern.[27] Das Verbot gilt auch noch nach Beendigung der Tätigkeit.[28] Seine **praktische Tragweite** dürfte **beschränkt** sein,[29] da sich im Einzelfall häufig Umstände finden werden, die die Entscheidung als »sachlich begründet«, zumindest als »vertretbar« erscheinen lassen. Spielen wie z. B. bei Beförderungen auch zahlreiche Imponderabilien und schwer überprüfbare Einschätzungen eine Rolle, wird sich kaum je eine eindeutige Verbindung zur Tätigkeit als Datenschutzbeauftragter herstellen lassen. Daran ändert auch eine Umkehr der Beweislast nur wenig.[30] Das gilt in gleicher Weise für die Abberufung, weshalb § 6 Abs. 4 BDSG-neu insoweit den bisher bestehenden Sonderkündigungsschutz fortgeschrieben hat.

III. Der Datenschutzbeauftragte als Ansprechpartner betroffener Personen (Abs. 4 und 5)

15 Nach Abs. 4 können betroffene Personen den Datenschutzbeauftragten zu Rate ziehen, wenn es um die Verarbeitung ihrer Daten und ihre daraus folgenden Rechte geht. Auf diese Weise wird er in vielen Fällen zu einem Bindeglied zwischen betroffener Person und Verantwortlichem.[31] Auch sonstige Hinweise sind möglich.[32] Dabei sind die technischen Voraussetzungen zu schaffen, dass Dritte nicht von den Kommunikationsinhalten Kenntnis nehmen können.[33] Der Datenschutzbeauftragte ist verpflichtet, **Beschwerden** nachzugehen und festzustellen, ob an ihnen »etwas dran« ist. Auch ist aus gegebenem Anlass die oberste Managementebene zu informieren. Sind die Untersuchungen abgeschlossen, ist die betroffene Person über das Ergebnis in Kenntnis zu setzen.[34] Nach Maßgabe des nationalen Rechts hat der Datenschutzbeauftragte **Verschwiegenheit zu wahren**, die sich auf die Identität der betroffenen Person und auf Umstände bezieht, die Rückschlüsse auf die betroffene Person zulassen; eine entsprechende Bestimmung findet sich in § 6 Abs. 5 Satz 2 BDSG, auf den § 38 Abs. 2 BDSG für die Datenschutzbeauftragten im privaten Bereich verweist. Nur auf diese Weise können auch Missstände zur Sprache gebracht und im Ergebnis abgestellt werden. Um diese Überlegung praktisch wirksam werden zu lassen, sieht Art. 37 Abs. 7 die **Veröffentlichung der Kontaktdaten** des Datenschutzbeauftragten vor. Die gesetzliche Verschwiegenheitspflicht nutzt im Übrigen auch dem Datenschutzbeauftragten selbst, da er sich einem Ansinnen der Geschäftsleitung, »die Dinge auf den Tisch zu legen«, verweigern muss, ohne dass ihm dies zum (moralischen) Vorwurf ge-

26 Ehmann/Selmayr-*Heberlein*, Art. 38 Rn. 15.
27 Wohlgemuth, Datenschutz für Arbeitnehmer, Rn. 801 f.
28 Vgl. Paal/Pauly-*Paal*, Art. 38 Rn. 10; zum bisherigen Recht Gola/Schomerus, 12. Aufl., § 4f Rn. 53; Taeger/Gabel-*Scheja*, § 4f Rn. 83.
29 Ebenso die Einschätzung bei Auernhammer-*Raum*, Art. 38 Rn. 33; und zum bisherigen Recht Schierbaum, AiB 2001, 516 sowie Taeger/Gabel-*Scheja*, § 4f Rn. 83.
30 Dafür Kühling/Buchner-*Bergt*, Art. 38 Rn. 31; Louis, Rn. 316.
31 Ehmann/Selmayr-*Heberlein*, Art. 38 Rn. 18.
32 Kühling/Buchner-*Bergt*, Art. 38 Rn. 38.
33 Kühling/Buchner-*Bergt*, Art. 38 Rn. 35.
34 Kühling/Buchner-*Bergt*, Art. 38 Rn. 36.

macht werden kann.[35] Das nationale Recht sollte sie durch ein Zeugnisverweigerungsrecht ergänzen, was durch das BDSG nur teilweise geschah: § 6 Abs. 6 BDSG sieht lediglich vor, dass der Datenschutzbeauftragte dann ein Zeugnisverweigerungsrecht hat, wenn es um Informationen geht, die einem Berufsgeheimnis unterliegen. Wünschenswert wäre, dass dies für alle Daten gilt, die ihm in seiner offiziellen Funktion anvertraut wurden.[36]

IV. Die Wahrnehmung sonstiger Aufgaben durch den Datenschutzbeauftragten (Abs. 6)

Der Datenschutzbeauftragte wird nur ausnahmsweise in Vollzeit tätig sein. Als Interner 16
wird er arbeitsvertraglich bestimmte Aufgaben beibehalten, als Externer ggf. weitere Firmen betreuen. Dies ist nicht zu beanstanden, solange dadurch **kein Interessenkonflikt** entsteht. Wann dies der Fall sein könnte, ist im Zusammenhang mit der Bestellung des internen Datenschutzbeauftragten bereits im Rahmen der Benennung ausgeführt worden (Art. 37 Rn. 19). Externe dürfen für den Verantwortlichen bzw. den Auftragsverarbeiter keine anderen Aufgaben wie z. B. die eines Rechtsanwalts, eines Steuerberaters oder eines Wirtschaftsprüfers wahrnehmen.[37]

Art. 39 Aufgaben des Datenschutzbeauftragten

(1) Dem Datenschutzbeauftragten obliegen zumindest folgende Aufgaben:

a) Unterrichtung und Beratung des Verantwortlichen oder des Auftragsverarbeiters und der Beschäftigten, die Verarbeitungen durchführen, hinsichtlich ihrer Pflichten nach dieser Verordnung sowie nach sonstigen Datenschutzvorschriften der Union bzw. der Mitgliedstaaten;

b) Überwachung der Einhaltung dieser Verordnung, anderer Datenschutzvorschriften der Union bzw. der Mitgliedstaaten sowie der Strategien des Verantwortlichen oder des Auftragsverarbeiters für den Schutz personenbezogener Daten einschließlich der Zuweisung von Zuständigkeiten, der Sensibilisierung und Schulung der an den Verarbeitungsvorgängen beteiligten Mitarbeiter und der diesbezüglichen Überprüfungen;

c) Beratung – auf Anfrage – im Zusammenhang mit der Datenschutz-Folgenabschätzung und Überwachung ihrer Durchführung gemäß Artikel 35;

d) Zusammenarbeit mit der Aufsichtsbehörde;

e) Tätigkeit als Anlaufstelle für die Aufsichtsbehörde in mit der Verarbeitung zusammenhängenden Fragen, einschließlich der vorherigen Konsultation gemäß Artikel 36, und gegebenenfalls Beratung zu allen sonstigen Fragen.

(2) Der Datenschutzbeauftragte trägt bei der Erfüllung seiner Aufgaben dem mit den Verarbeitungsvorgängen verbundenen Risiko gebührend Rechnung, wobei er die Art, den Umfang, die Umstände und die Zwecke der Verarbeitung berücksichtigt.

---

35 Vgl. Klug, RDV 2014, 90, 92.

36 Die Beschränkung nicht referierend Plath-*v.d. Bussche*, Art. 38 Rn. 48.

37 Ehmann/Selmayr-*Heberlein*, Art. 38 Rn. 25.

Inhaltsübersicht Rn.

I. Einleitung

1 Nach Art. 39 **Abs. 1** hat der Datenschutzbeauftragte verschiedene Aufgaben zu erfüllen; sein Schwerpunkt liegt auf der Beratung des Verantwortlichen und auf der Kontrolle, ob die DSGVO und sonstiges Datenschutzrecht eingehalten sind. Wie er dabei vorgeht, ist im Gesetz nicht im Einzelnen geregelt. Nach **Abs. 2** muss er insbesondere auf die Risiken achten, die mit der Art, dem Umfang, den Umständen und den Zwecken der Verarbeitung verbunden sind. Auf diese Weise soll er der risikobasierten Herangehensweise der DSGVO Rechnung tragen, die beispielsweise auch in Art. 35 zum Ausdruck kommt.[1] Die wichtigsten Tätigkeitsfelder des Datenschutzbeauftragten seien ausdrücklich genannt. Die Aufgabenbeschreibung des Art. 39 ist auch dann maßgebend, wenn die **Benennung** als Datenschutzbeauftragter **auf nationalem Recht** oder auf einer **freiwilligen Entscheidung** des Verantwortlichen **beruht**.[2]

II. Die einzelnen Aufgaben

1. Beratung

2 Nach Art. 39 Abs. 1 Buchst. a muss der Datenschutzbeauftragte **den Verantwortlichen** über seine datenschutzrechtlichen Pflichten unterrichten und ihn insoweit beraten, d. h. beim Lösen von Problemen unterstützen. Diese können auch durch die Umstellung auf das neue Recht entstehen.[3] Dabei ist es von Vorteil, dass er nach Art. 38 Abs. 3 Satz 2 einen unmittelbaren Zugang zur höchsten Managementebene hat. Dasselbe gilt im Verhältnis zu den **Beschäftigten**, die mit Datenverarbeitung befasst sind. Der Datenschutzbeauftragte muss auch bei der Planung der **Datenschutz-Folgenabschätzung** nach Art. 35 beratend tätig werden[4] und ihre Durchführung (mit-)überwachen (Art. 39 Abs. 1 Buchst. c); sie darf ihm jedoch nicht übertragen werden, da sonst für die übrigen Aufgaben vorübergehend kaum mehr Raum bliebe.[5] Aus Art. 35 Abs. 2 folgt, dass er vom Verantwortlichen heranzuziehen ist; die in Abs. 1 Buchst. c enthaltenen Worte »auf Anfrage« beziehen sich nur auf den Zeitpunkt, zu dem er aktiv werden muss.[6] Schließlich muss er nach Art. 39

1 Ehmann/Selmayr-*Heberlein*, Art. 39 Rn. 5.
2 Ehmann/Selmayr-*Heberlein*, Art. 39 Rn. 2.
3 Gola-*Klug*, Art. 39 Rn. 3.
4 Gola-*Klug*, Art. 39 Rn. 5: Einschaltung bereits dann, wenn die Notwendigkeit einer Datenschutz-Folgenabschätzung ermittelt werden soll.
5 Ehmann/Selmayr-*Heberlein*, Art, 39 Rn. 13.
6 Ebenso im Ergebnis Ehmann/Selmayr-*Heberlein*, Art. 39 Rn. 15; Gola-*Klug*, Art. 39 Rn. 5.

Abs. 1 Buchst. e auch die **Aufsichtsbehörde** beraten, wenn diese es wünscht.[7] Ist der Datenschutzbeauftragte bei einem Auftragsverarbeiter tätig, so gelten dieselben Grundsätze, müssen aber ggf. dem engeren Rahmen angepasst werden, der dort zu beachten ist.

2. Kontrolle

Der Datenschutzbeauftragte muss überprüfen, ob die DSGVO und das sonstige Datenschutzrecht wie z. B. die (derzeit im Trilog verhandelte) ePrivacy-Verordnung und der Sozialdatenschutz nach SGB X eingehalten werden; dabei sind auch die **Strategien** des Verantwortlichen in die Kontrolle einzubeziehen (Art. 39 Abs. 1 Buchst. b). Gemeint sind damit organisatorische Maßnahmen, die sicherstellen sollen, dass die DSGVO eingehalten wurde, und die dies auch belegen.[8] Zu diesen Strategien gehören auch die Zuweisung von Zuständigkeiten, die Sensibilisierung und Schulung der an der Verarbeitung teilnehmenden Mitarbeiter und die diesbezüglichen Überprüfungen. Nimmt man dies ernst, so ist der Datenschutzbeauftragte in **Planungen über künftige digitale Arbeitsformen** so frühzeitig einzuschalten, dass er noch Einfluss nehmen kann.[9] Insbesondere ist er aufgerufen, Regeln für die Umsetzung des Datenschutzrechts zu entwickeln, die auf die betrieblichen Spezifika abgestimmt sind. Auch die Zugriffsberechtigung auf bestimmte Dateien und Programme sowie die Vergabe von Passwörtern gehört zu den Themen, zu denen er Vorschläge erarbeiten kann. Dasselbe gilt für die **Softwarequalität.** Da die Zerstörung von Programmen durch Viren datenschutzrechtlich geschützte Interessen berührt, muss auch insoweit für Maßnahmen gesorgt werden.[10] Die bloße **Datennutzung** muss er gleichfalls – da vom geltenden Datenschutzrecht erfasst – **überprüfen**, was allerdings nur bei innerbetrieblicher Weitergabe von Daten, z. B. von einer Abteilung in eine andere, realisierbar ist. Zu diesem Zweck kann er auch unvermutete Prüfungen vornehmen und **Stichproben** machen.[11] 3

3. Zusammenarbeit mit der Aufsichtsbehörde

Der Datenschutzbeauftragte arbeitet nach Art. 39 Abs. 1 Buchst. d mit der Aufsichtsbehörde zusammen und ist nach Art. 39 Abs. 1 Buchst. e Anlaufstelle für sie. Dadurch wird er für diese zum zentralen Ansprechpartner.[12] Er kann sich aber auch von sich aus mit allen betrieblichen Datenschutzfragen an die Aufsichtsbehörde wenden und dabei deutlich machen, dass er in seinen Handlungsmöglichkeiten unzulässig begrenzt ist. Nicht unproblematisch ist es, dass der Datenschutzbeauftragte einerseits den Verantwortlichen bei der Datenschutz-Folgenabschätzung berät, andererseits dann aber der Aufsichtsbehörde gegenüber auf Defizite hinweisen muss.[13] Noch schwieriger ist der **Umgang mit innerbe-** 4

7 Paal/Pauly-*Paal*, Art. 39 Rn. 9.
8 Ehmann/Selmayr-*Heberlein*, Art. 39 Rn. 11; ähnlich Gola-*Klug*, Art. 39 Rn. 4.
9 BMH, § 4g Rn. 27 (zum bisherigen Recht).
10 Näher DKWW-*Däubler*, § 4g Rn. 15.
11 Ehmann/Selmayr-*Heberlein*, Art. 39 Rn. 10; ebenso zum bisherigen Recht DKWW-*Däubler*, § 4g Rn. 13; Gola/Schomerus, 12. Aufl., § 4g Rn. 19; Simitis-*Simitis*, § 4g Rn. 48.
12 Ehmann/Selmayr-*Heberlein*, Art. 39 Rn. 17.
13 Laue/Kremer-*Kremer*, § 6 Rn. 54.

trieblichen Missständen. Angesichts der umfassenden Kooperationspflicht muss er darauf bezogene Fragen der Aufsichtsbehörde wahrheitsgemäß beantworten. Außerdem steht ihm wie allen Arbeitnehmern das Recht zu, von sich aus aktiv zu werden und sich an Behörden oder die Öffentlichkeit zu wenden, wenn innerbetriebliche Abhilfe nicht erfolgversprechend ist.[14] Sich ohne einen Versuch zu innerbetrieblicher Abhilfe gleich an die Aufsichtsbehörde zu wenden, erscheint jedenfalls bei leichteren Datenschutzverstößen nicht angemessen,[15] zumal er kein Hilfsorgan der Aufsichtsbehörde ist.[16] Umgekehrt kann dies geboten sein, wenn andernfalls während einer innerbetrieblichen »Abhilfe« alle Spuren z. B. eines illegalen Screenings verwischt würden.

4. Fortbildung der Mitarbeiter

5 Der Datenschutzbeauftragte hatte nach bisherigem Recht eine ausdrückliche »**Fortbildungsfunktion**«; er sollte die bei der Datenverarbeitung tätigen Personen durch geeignete Maßnahmen mit den Vorschriften des Datenschutzes vertraut machen. Nunmehr ist er lediglich berufen, entsprechende Bemühungen des Verantwortlichen zu überwachen.[17] Da die Aufzählung in Art. 39 Abs. 1 jedoch nur eine beispielhafte ist, kommt auch weiterhin die Durchführung von Fortbildungsmaßnahmen in Betracht, sofern die ausdrücklich genannten Aufgaben nicht wegen zeitlicher Beanspruchung darunter leiden.[18]

5. Weitere Aufgaben

6 Nach Art. 38 Abs. 4 können **betroffene Personen den Datenschutzbeauftragten** bei allen Fragen »**zu Rate ziehen**«, die mit der Verarbeitung ihrer Daten und der Ausübung ihrer Rechte nach der DSGVO zusammenhängen. Für den Datenschutzbeauftragten ergibt sich daraus die Pflicht, sich um die Anliegen der betroffenen Personen zu kümmern. Art. 39 erfährt insoweit eine Ergänzung. Sieht er sich nicht zu einer eindeutigen Stellungnahme in der Lage, kann er die Aufsichtsbehörde konsultieren.

7 Der Verantwortliche bzw. der Auftragsverarbeiter kann den Datenschutzbeauftragten mit weiteren Aufgaben versehen, muss jedoch beachten, dass die Wahrnehmung der gesetzlichen Mindestaufgaben nach Art. 39 Abs. 1 dadurch nicht beeinträchtigt wird.[19] Als Beispiel wird die Durchführung von Weiterbildungsveranstaltungen zum Datenschutz genannt.[20] Existieren verbindliche interne Datenschutzvorschriften nach Art. 47 (»Binding Corporate Rules«), so müssen diese nach Art. 47 Abs. 2 Buchst. h auch die Aufgaben beschreiben, die der nach Art. 37 benannte Datenschutzbeauftragte zu erfüllen hat. Diese können über den Mindestkatalog des Art. 39 Abs. 1 hinausgehen.[21] Die »Zusatzaufgaben« dürfen nicht zu einem Interessenkonflikt führen; so wäre es bedenklich, für den Daten-

14 EGMR 21.7.2011 – 28274/08, NZA 2011, 1269 – Fall Heinisch.
15 Kühling/Buchner-*Bergt*, Art. 39 Rn. 19.
16 Ehmann/Selmayr-*Heberlein*, Art. 39 Rn. 16.
17 Ehmann/Selmayr-*Heberlein*, Art. 39 Rn. 12.
18 Kühling/Buchner-*Bergt*, Art. 39 Rn. 12.
19 Baumgartner/Hansch, ZD 2019, 99.
20 Ehmann/Selmayr-*Heberlein*, Art. 39 Rn. 20.
21 Gola-*Klug*, Art. 39 Rn. 4.

schutzbeauftragten eine aktive Rolle bei der Datenschutz-Folgenabschätzung vorzusehen, da er sich dann in gewissem Umfang selbst kontrollieren müsste.[22]

III. Sanktionen gegen den Arbeitgeber oder den Datenschutzbeauftragten?

8 Trotz seines weiten und anspruchsvollen Tätigkeitsspektrums[23] stehen dem **Datenschutzbeauftragten keinerlei Anordnungsbefugnisse** zu. Er kann lediglich »beraten« und aufgrund seiner Kontrollen »mahnen«. Sein schärfstes Mittel ist die Einschaltung der Aufsichtsbehörde, was angesichts ihrer umfassenden Anordnungsbefugnisse nach Art. 58 und der drohenden hohen Bußgelder allerdings mittlerweile durchaus Gewicht hat.[24]

9 Die **Haftung auf Schadensersatz** nach Art. 82 trifft ausschließlich den Verantwortlichen, nicht den Datenschutzbeauftragten.[25] Insoweit gelten zu seinen Lasten ausschließlich die Regeln des **BGB**. Angesichts seiner beratenden Funktion wird es sehr schwierig sein, die Kausalität zwischen einer unterbliebenen »Mahnung« oder »Beanstandung« einerseits und einem eingetretenen Schaden andererseits zu belegen. Auch die Annahme einer Garantenstellung ändert insoweit nichts – allenfalls bei sehr groben Verstößen wird man den Datenschutzbeauftragten als verpflichtet ansehen, die Aufsichtsbehörde einzuschalten.[26] Würde man die Haftung früher beginnen lassen, wäre seine Unabhängigkeit beeinträchtigt, da er seine Entscheidungen im Hinblick darauf treffen würde, dass unter keinen Umständen ein Haftungsfall zu seinen Ungunsten eintritt.

Abschnitt 5
Verhaltensregeln und Zertifizierung

Art. 40 Verhaltensregeln

(1) Die Mitgliedstaaten, die Aufsichtsbehörden, der Ausschuss und die Kommission fördern die Ausarbeitung von Verhaltensregeln, die nach Maßgabe der Besonderheiten der einzelnen Verarbeitungsbereiche und der besonderen Bedürfnisse von Kleinstunternehmen sowie kleinen und mittleren Unternehmen zur ordnungsgemäßen Anwendung dieser Verordnung beitragen sollen.

(2) Verbände und andere Vereinigungen, die Kategorien von Verantwortlichen oder Auftragsverarbeitern vertreten, können Verhaltensregeln ausarbeiten oder ändern oder erweitern, mit denen die Anwendung dieser Verordnung beispielsweise zu dem Folgenden präzisiert wird:

a) faire und transparente Verarbeitung;

b) die berechtigten Interessen des Verantwortlichen in bestimmten Zusammenhängen;

22 Baumgartner/Hansch, ZD 2019, 100.

23 Büllesbach, RDV 2001, 5.

24 Zur Einschaltung der Aufsichtsbehörde nach bisherigem Recht insbesondere Schild, DuD 2001, 286.

25 Näher zu seiner Haftung Schantz/Wolff-*Wolff*, Rn. 911.

26 Schärfere Maßstäbe bei Niklas/Fraas, NZA 2017, 1091, 1096.

c) Erhebung personenbezogener Daten;
d) Pseudonymisierung personenbezogener Daten;
e) Unterrichtung der Öffentlichkeit und der betroffenen Personen;
f) Ausübung der Rechte betroffener Personen;
g) Unterrichtung und Schutz von Kindern und Art und Weise, in der die Einwilligung des Trägers der elterlichen Verantwortung für das Kind einzuholen ist;
h) die Maßnahmen und Verfahren gemäß den Artikeln 24 und 25 und die Maßnahmen für die Sicherheit der Verarbeitung gemäß Artikel 32;
i) die Meldung von Verletzungen des Schutzes personenbezogener Daten an Aufsichtsbehörden und die Benachrichtigung der betroffenen Person von solchen Verletzungen des Schutzes personenbezogener Daten;
j) die Übermittlung personenbezogener Daten an Drittländer oder an internationale Organisationen oder
k) außergerichtliche Verfahren und sonstige Streitbeilegungsverfahren zur Beilegung von Streitigkeiten zwischen Verantwortlichen und betroffenen Personen im Zusammenhang mit der Verarbeitung, unbeschadet der Rechte betroffener Personen gemäß den Artikeln 77 und 79.

(3) Zusätzlich zur Einhaltung durch die unter diese Verordnung fallenden Verantwortlichen oder Auftragsverarbeiter können Verhaltensregeln, die gemäß Absatz 5 des vorliegenden Artikels genehmigt wurden und gemäß Absatz 9 des vorliegenden Artikels allgemeine Gültigkeit besitzen, auch von Verantwortlichen oder Auftragsverarbeitern, die gemäß Artikel 3 nicht unter diese Verordnung fallen, eingehalten werden, um geeignete Garantien im Rahmen der Übermittlung personenbezogener Daten an Drittländer oder internationale Organisationen nach Maßgabe des Artikels 46 Absatz 2 Buchstabe e zu bieten. Diese Verantwortlichen oder Auftragsverarbeiter gehen mittels vertraglicher oder sonstiger rechtlich bindender Instrumente die verbindliche und durchsetzbare Verpflichtung ein, die geeigneten Garantien anzuwenden, auch im Hinblick auf die Rechte der betroffenen Personen.

(4) Die Verhaltensregeln gemäß Absatz 2 des vorliegenden Artikels müssen Verfahren vorsehen, die es der in Artikel 41 Absatz 1 genannten Stelle ermöglichen, die obligatorische Überwachung der Einhaltung ihrer Bestimmungen durch die Verantwortlichen oder die Auftragsverarbeiter, die sich zur Anwendung der Verhaltensregeln verpflichten, vorzunehmen, unbeschadet der Aufgaben und Befugnisse der Aufsichtsbehörde, die nach Artikel 55 oder 56 zuständig ist.

(5) Verbände und andere Vereinigungen gemäß Absatz 2 des vorliegenden Artikels, die beabsichtigen, Verhaltensregeln auszuarbeiten oder bestehende Verhaltensregeln zu ändern oder zu erweitern, legen den Entwurf der Verhaltensregeln bzw. den Entwurf zu deren Änderung oder Erweiterung der Aufsichtsbehörde vor, die nach Artikel 55 zuständig ist. Die Aufsichtsbehörde gibt eine Stellungnahme darüber ab, ob der Entwurf der Verhaltensregeln bzw. der Entwurf zu deren Änderung oder Erweiterung mit dieser Verordnung vereinbar ist und genehmigt diesen Entwurf der Verhaltensregeln bzw. den Entwurf zu deren Änderung oder Erweiterung, wenn sie der Auffassung ist, dass er ausreichende geeignete Garantien bietet.

(6) Wird durch die Stellungnahme nach Absatz 5 der Entwurf der Verhaltensregeln bzw. der Entwurf zu deren Änderung oder Erweiterung genehmigt und beziehen sich

die betreffenden Verhaltensregeln nicht auf Verarbeitungstätigkeiten in mehreren Mitgliedstaaten, so nimmt die Aufsichtsbehörde die Verhaltensregeln in ein Verzeichnis auf und veröffentlicht sie.

(7) Bezieht sich der Entwurf der Verhaltensregeln auf Verarbeitungstätigkeiten in mehreren Mitgliedstaaten, so legt die nach Artikel 55 zuständige Aufsichtsbehörde – bevor sie den Entwurf der Verhaltensregeln bzw. den Entwurf zu deren Änderung oder Erweiterung genehmigt – ihn nach dem Verfahren gemäß Artikel 63 dem Ausschuss vor, der zu der Frage Stellung nimmt, ob der Entwurf der Verhaltensregeln bzw. der Entwurf zu deren Änderung oder Erweiterung mit dieser Verordnung vereinbar ist oder – im Fall nach Absatz 3 dieses Artikels – geeignete Garantien vorsieht.

(8) Wird durch die Stellungnahme nach Absatz 7 bestätigt, dass der Entwurf der Verhaltensregeln bzw. der Entwurf zu deren Änderung oder Erweiterung mit dieser Verordnung vereinbar ist oder – im Fall nach Absatz 3 – geeignete Garantien vorsieht, so übermittelt der Ausschuss seine Stellungnahme der Kommission.

(9) Die Kommission kann im Wege von Durchführungsrechtsakten beschließen, dass die ihr gemäß Absatz 8 übermittelten genehmigten Verhaltensregeln bzw. deren genehmigte Änderung oder Erweiterung allgemeine Gültigkeit in der Union besitzen. Diese Durchführungsrechtsakte werden gemäß dem Prüfverfahren nach Artikel 93 Absatz 2 erlassen.

(10) Die Kommission trägt dafür Sorge, dass die genehmigten Verhaltensregeln, denen gemäß Absatz 9 allgemeine Gültigkeit zuerkannt wurde, in geeigneter Weise veröffentlicht werden.

(11) Der Ausschuss nimmt alle genehmigten Verhaltensregeln bzw. deren genehmigte Änderungen oder Erweiterungen in ein Register auf und veröffentlicht sie in geeigneter Weise.

Inhaltsübersicht

I. Allgemeines

Das aus den Niederlanden und Großbritannien stammende Instrument der Verhaltensregeln (**Code of Conduct**) wurde 1996 in Art. 27 EG-DSRl europaweit und 2001 über § 38a BDSG in Deutschland eingeführt. Art. 40, 41 entwickeln das Instrument weiter. Verhaltensregeln dienen – ähnlich wie Datenschutzaudit und Gütesiegel – dem präventiven Datenschutz und der regulierten Selbstregulierung der Wirtschaft.[1] Die Verhaltensregeln sollen für bestimmte Bereiche Datenschutzstandards bzw. gute Praxis oder gar »best 1

1 Polenz, VuR 2012, 303; Ehmann/Selmayr-*Schweinoch/Will*, Vorb. Art. 40–43, Rn. 5.

practice« festlegen. Diese Standards werden nach entsprechender Prüfung durch die zuständige Aufsichtsbehörde mit einer Art Qualitätsbestätigung oder Gütesiegel versehen. So ist Standardisierung ohne parlamentarische Beteiligung auf nationaler, europäischer sowie indirekt auch auf internationaler Ebene möglich.

2 **Verhaltensregeln** sind rechtliche Vorgaben eines Verbands oder einer anderen Vereinigung gegenüber ihren Mitgliedern zur Durchsetzung des Datenschutzes und damit auch der DSGVO. Diese sind nicht bei öffentlichen, sondern nur bei nicht-öffentlichen Stellen möglich.[2]

3 Eine Regelung zu den Verhaltensregeln war schon im **Kommissionsentwurf** vorgesehen und enthielt die wesentlichen Inhalte des Art. 40 Abs. 2, 6 und 9. Der Entwurf des Parlaments sah eine höhere Verbindlichkeit hinsichtlich der Einbindung der Aufsichtsbehörden vor und machte vor Erlass von delegierten Rechtsakten durch die Kommission die Einbindung des Europäischen Datenschutzausschusses obligatorisch. Der Rat erweiterte den Vorschlag erheblich: Die Verbindlichkeit der Verhaltensregeln in Bezug auf geeignete Garantien wurde erhöht (Art. 40 Abs. 3, 4). Die administrative Abwicklung insbesondere bei übernationalen Regeln wurde präzisiert (Art. 40 Abs. 6–8, 11). Der Vorschlag des Parlaments, die Annahme von durch eine Aufsichtsbehörde erarbeitete Verhaltensregeln zu ermöglichen, wurde zurückgewiesen. Eine neue Regelung zur Überwachung der genehmigten Verhaltensregeln wurde aufgenommen (Art. 41). Der Ratsentwurf wurde im Trilog übernommen.[3]

4 »Verbände oder andere Vereinigungen, die bestimmte Kategorien von Verantwortlichen oder Auftragsverarbeitern vertreten, sollten ermutigt werden, in den Grenzen dieser Verordnung Verhaltensregeln auszuarbeiten, um eine wirksame **Anwendung dieser Verordnung zu erleichtern**, wobei den Besonderheiten der in bestimmten Sektoren erfolgenden Verarbeitungen und den besonderen Bedürfnissen der Kleinstunternehmen sowie der kleinen und mittleren Unternehmen Rechnung zu tragen ist. Insbesondere könnten in diesen Verhaltensregeln – unter Berücksichtigung des mit der Verarbeitung wahrscheinlich einhergehenden Risikos für die Rechte und Freiheiten natürlicher Personen – die Pflichten der Verantwortlichen und der Auftragsverarbeiter bestimmt werden« (ErwGr 98).

5 **Normzweck** der Art. 40, 41 ist es, anwendungs- und problemnahe branchenspezifische Umsetzungsregelungen zur DSGVO zu schaffen, ohne dass Parlamente beteiligt werden müssen, und die zugleich von allen Beteiligten akzeptiert werden, weil sie bei der Ausarbeitung eingebunden waren und ihre Expertise einbringen konnten. Zudem soll die Rechtssicherheit bei der Anwendung erhöht werden.[4] Mit der Übertragung der Überwachung an Dritte sollen die Aufsichtsbehörden entlastet werden.[5]

6 In **Deutschland** waren nur zwei Verhaltensregeln nach § 38a BDSG-alt genehmigt worden. Am 2. 11. 2012 wurde vom Berliner Beauftragten für Datenschutz und Informationsfreiheit (BlnBDI) ein umfassendes Regelwerk des Gesamtverbands der Deutschen Versicherungswirtschaft (GDV) für die gesamte Versicherungswirtschaft (ausgenommen

2 SHS-*Roßnagel*, Art. 40 Rn. 5.
3 Kühling/Buchner-*Bergt*, Art. 40 Rn. 3–7; Plath-*von Braunmühl*, Art. 40 Rn. 3–7.
4 Kranig/Peintinger, ZD 2014, 8.
5 Paal/Pauly-*Paal*, Art. 40 Rn. 3.

Krankenversicherung) genehmigt. Am 3.8.2015 erfolgte auf Antrag des Vereins Selbstregulierung Informationswirtschaft (SRIW) durch den BlnBDI die Anerkennung eines »GeoBusiness Code of Conduct«, der eine Zertifizierung von Geodaten verarbeitenden Firmen vorsieht, um deren Vertrauenswürdigkeit gegenüber Geodaten haltenden Stellen nachzuweisen.[6] Vorausgegangen waren jeweils umfangreiche Verhandlungen der Wirtschaftsverbände mit den Arbeitsgruppen (AG) der deutschen Aufsichtsbehörden, die den jeweiligen Verhaltensregeln vor ihrer förmlichen Genehmigung durch den BlnBDI zustimmten. Die deutschen Aufsichtsbehörden beschlossen am 26./27.2.2013 eine »Orientierungshilfe der Datenschutzbehörden für den Umgang mit Verhaltensregeln nach § 38a BDSG«. Während der GeoBusiness Code of Conduct in der Praxis keine große Relevanz entwickelte, wurden die Verhaltensregeln in der Versicherungswirtschaft die einheitliche Grundlage für die bbrancheninterne Umsetzung der allgemeinen Datenschutzregeln. Es trifft nicht zu, dass die bisher zurückhaltende Nutzung des Instruments auf uneinheitlichen Auffassungen der Aufsichtsbehörden zurückzuführen war.[7] Vielmehr scheuten Verbände bisher regelmäßig vor Festlegungen zurück, mit denen untergesetzliche Praktiken transparent würden.

Gemäß Art. 27 Abs. 3 EG-DSRl wurden Entwürfe von europaweiten **gemeinschaftlichen Verhaltensregeln** von der Art. 29-Datenschutzgruppe anerkannt. Die Gruppe hat hierzu ihr WP 77 vom 13.6.2003 verabschiedet. Ein Beispiel ist der Ehrenkodex für den Bereich der Direktwerbung der Federation of European Direct Marketing (FEDMA).[8] Im Bereich der Markt- und Meinungsforschung besteht der ICC/ESOMAR-Kodex.[9] 7

Inzwischen liegt zur **Umsetzung der DSGVO-Verhaltensregeln** eine schon einmal überarbeitete Version von Guidelines zu Art. 40, 41 des EDSA vom 4.6.2019 vor.[10] Am 25.5.2018 genehmigte die LDI NRW »Verhaltensregeln/Code of Conduct für Prüf- und Löschfristen von personenbezogenen Daten durch die deutschen Wirtschaftsauskunfteien« des Verbands »Die Wirtschaftsauskunfteien e.V.«.[11] Nach Anpassung an die DSGVO wurde eine Überarbeitung der Verhaltensregeln des GDV von den Aufsichtsbehörden im Sommer 2018 genehmigt.[12] 7a

Gemäß Art. 24 Abs. 3 kann die Einhaltung genehmigter Verhaltensregel »**als Gesichtspunkt herangezogen** werden, um die Erfüllung der Pflichten des Verantwortlichen nachzuweisen«. Verantwortliche und Auftragsverarbeiter weisen hierüber die hinreichenden Garantien und Sicherheitsvorkehrungen nach (Art. 28 Abs. 5, Art. 32 Abs. 3). Die Einhaltung von Verhaltensregeln ist bei der Datenschutz-Folgenabschätzung relevant (Art. 35 8

6 Martini, NVwZ 2016, 353; ders., NVwZ-Extra 6/2016.

7 So Plath-*Hullen*, § 38a Rn. 7; Taeger/Gabel-*Kinast*, § 38a Rn. 21; Martini, NVwZ 2016, 353.

8 Artikel 29-Datenschutzgruppe, RDV 2003, 195; Working Paper (WP) 77 v. 13.6.2003; Article 29 Data Protection Working Party WP 174 (4/2010) on the European code of conduct of FEDMA for the use of personal data in direct marketing v. 13.7.2010.

9 Hornung/Hofmann, ZD-Beilage 4/2017, 6.

10 Guidelines 1/2019 on Codes of Conduct and Monitoring Bodiens under Regulation 2016/679, Version 2.0 v. 4.6.2019, *https://www.datenschutzzentrum.de/wirtschaft/20130226-orientierungs hilfe-38bdsg.html.*

11 *http://handelsauskunfteien.de/fileadmin/user-upload/handelsauskunfteien/doc/DW-CoC-Loesch fristen-180418-final-Logo.pdf.*

12 Stand 29.6.2018, *https://www.gdv.de/resource/blob/23938/4aa2847df2940874559e51958a0bb350/ download-code-of-conduct-data.pdf.*

Abs. 8); sie kann die Datenübermittlung ins Drittausland ohne angemessenen Datenschutz legitimieren (Art. 46 Abs. 2 Buchst. e) Verhaltensregeln sollen bei der Sanktionierung von Verstößen berücksichtigt werden (Art. 83 Abs. 2 Buchst. j; ErwGr 148 Satz 3). Es gibt also vielfältige Anreize, Verhaltensregeln zu erarbeiten und umzusetzen.[13]

9 Nicht erreicht werden kann mit Verhaltensregeln, dass Anforderungen der DSGVO gesenkt werden oder eine Freistellung hiervon erfolgt. Auch eine datenschutzrechtliche **Privilegierung von Unternehmen**, die sich einer Verhaltensregel unterworfen haben, ist damit nicht verbunden. Wohl aber kann eine Aufsichtsbehörde im Rahmen ihrer Auswahl für anlasslose Prüfungen derart gebundene Unternehmen nachrangig berücksichtigen.

II. Förderung der Ausarbeitung (Abs. 1)

10 Die Aufsichtsbehörden haben die explizite Aufgabe, die Ausarbeitung von Verhaltensregeln zu fördern, Kriterien für Verhaltensregeln abzufassen und zu veröffentlichen, hierzu Stellungnahmen abzugeben und bei Datenschutzkonformität zu billigen und zu überprüfen (Art. 57 Abs. 1 Buchst. m, p, q, Art. 58 Abs. 3 Buchst. d). Diese Aufgabe besteht auch beim EDSA (Art. 70 Buchst. n). Verpflichtet werden zudem die Mitgliedstaaten, also insbesondere deren Exekutive; in Form eines Appells richtet sich die Verpflichtung auch an die Parlamente und die Gerichte. Eine entsprechende **Förderpflicht** war schon in Art. 27 Abs. 1 EG-DSRl für die Mitgliedstaaten und die Kommission vorgesehen.

11 **Fördern** bedeutet, dass die genannten Stellen Rahmenbedingungen schaffen, in denen Datenschutz-Verhaltensregeln ein wirksames Instrument der Durchsetzung des Datenschutzes und insbesondere der DSGVO werden können. Förderung kann in Form von Beratung, der Bereitstellung von Geldern oder von Infrastruktur oder durch die Durchführung von unterstützender Forschung bestehen. Behinderungen sind zu unterlassen.[14]

12 Bei der Ausarbeitung der Verhaltensregeln sind die Besonderheiten der **betroffenen Verarbeitungsbereiche zu berücksichtigen**. Dies ist nicht erfüllt, wenn diese Regeln lediglich die allgemeinen Regeln bereichsspezifisch paraphrasieren. Vielmehr sind Konkretisierungen der teilweise sehr allgemeinen DSGVO-Vorgaben vorzunehmen, die für alle Beteiligten dadurch einen Mehrwert darstellen, dass sie die Vorgaben im Hinblick auf die praktischen Anwendungen, Verarbeitungsabläufe und -verfahren konkretisieren oder auch erweitern.[15] Keine Norm der DSGVO, die auf Verantwortliche oder Auftragsverarbeiter Anwendung findet, ist ausgenommen.[16] Ein Unterschreiten der DSGVO-Normen ist unzulässig und führt zur Verweigerung der Genehmigung. Zusätzliche, in der DSGVO nicht vorgesehene Maßnahmen, sind nicht nur zulässig, sondern insbesondere im Hinblick auf die konkreten Anwendungsfelder sogar erwünscht. Gemäß der Art. 29-Datenschutzgruppe müssen Verhaltensregeln »ausreichende Qualität und Kohärenz aufweisen und genügenden zusätzlichen Nutzen für die Richtlinien und andere geltende Datenschutz-

---

13 Article 29 Data Protection Working Party Working Paper 232 (2/2015) on C-SIG Code of Conduct on Cloud Computing v. 22. 9. 2015.

14 SHS-*Roßnagel*, Art. 40 Rn. 27; Sydow-*Raschauer*, Art. 40 Rn. 16.

15 Auernhammer-*Vomhof*, Art. 40 Rn. 11; gegen »Mehrwert« Abel, RDV 2003, 12f.; Taeger/Gabel-*Kinast*, § 38a Rn. 21.

16 Gola-*Lepperhoff*, Art. 40 Rn. 13.

rechtsvorschriften liefern, insbesondere, ob der Entwurf der Verhaltensregeln ausreichend auf die spezifischen Fragen und Probleme des Datenschutzes in der Organisation oder dem Sektor ausgerichtet ist, für den er gelten soll, und für diese Fragen und Probleme ausreichend klare Lösungen bietet«.[17]

Die Vorgabe, dass bei der Ausarbeitung den besonderen Bedürfnissen von Kleinstunternehmen sowie **kleinen und mittleren Unternehmen** Rechnung getragen werden soll, wurde erst durch den EU-Rat aufgenommen. Im Sinne der Verhältnismäßigkeit sollen über die Verhaltensregeln diesen Unternehmen Anwendungshilfen und praktische Erleichterungen gegeben werden. Die Verhaltensregeln dürfen dabei aber keine Unterschreitung des von der DSGVO geforderten Datenschutzniveaus vorsehen. Wohl aber können angesichts der Risikoorientierung der DSGVO und des bei kleineren Unternehmen oft bestehenden geringeren Risikos geringere Anforderungen als bei Großbetrieben festgeschrieben werden. 13

III. Gegenstand der Regeln (Abs. 2)

Vorlageberechtigte Institutionen sind für das Anerkennungsverfahren von Verhaltensregeln »Verbände und sonstige Vereinigungen, die Kategorien von Verantwortlichen oder Auftragsverarbeitern vertreten«. In Frage kommen danach Berufs- und Wirtschaftsverbände oder sonstige Vereinigungen, die Unternehmen repräsentieren, die im Hinblick auf die personenbezogene Datenverarbeitung Gemeinsamkeiten aufweisen. Die Vereinigungen können hoheitliche oder freiwillige Zusammenschlüsse sein (Kammern, Innungen, Firmengruppen, regionale oder nationale Wirtschaftsorganisationen).[18] Ein Berufsverband muss nicht sämtliche oder den wesentlichen Teil von Unternehmen einer Gruppe vertreten.[19] Auch Konzerne können ihre Verhaltensrichtlinie behördlich genehmigen lassen, wenn eine branchenbezogene Spezifikation des Datenschutzes möglich ist, nicht aber einzelne Unternehmen.[20] Es kommt nicht darauf an, dass die Vereinigung wirtschaftlich orientiert ist. In der Vereinigung können Verantwortliche oder Auftragsverarbeiter vertreten sein; eine Vereinigung nur von Auftragsverarbeitern genügt. Gewerkschaftsverbände können Regeln erarbeiten, soweit es um die Verarbeitung durch Gewerkschaften geht. Innerhalb der Vereinigung müssen in Bezug auf Datenverarbeitung Gemeinsamkeiten und möglichst auch eine gewisse Homogenität bestehen.[21] Es besteht für Verbände und Vereinigungen keine Pflicht, Verhaltensregeln auszuarbeiten und zur Genehmigung vorzulegen. 14

Nicht berechtigt sind Vereinigungen, die **Betroffene, Arbeitnehmer oder Verbraucher** vertreten.[22] Diese können und sollen aber ebenso wie sonstige Interessenträger bei der Erarbeitung beteiligt werden.[23] Eine Pflicht zu einer Einbindung besteht nicht.[24] Zur Erhö- 15

17 Artikel 29-Datenschutzgruppe, Working Paper (WP) 13 v. 10.9.1998.

18 Auernhammer-*Vomhof*, Art. 40 Rn. 8.

19 Paal/Pauly-*Paal*, Art. 40 Rn. 11; Gola-*Lepperhoff*, Art. 40 Rn. 8; vgl. Ehmann/Helfrich, Art. 27 Rn. 12.

20 Kritisch Auernhammer-*Vomhof*, Art. 40 Rn. 10; SHS-*Roßnagel*, Art. 40 Rn. 34.

21 Paal/Pauly-*Paal*, Art. 40 Rn. 11.

22 Vgl. Orientierungshilfe Düsseldorfer Kreis nach § 38a BDSG.

23 ErwGr 99, s. Rn. 28; Härting, Rn. 789.

hung der Qualität und der Akzeptanz der Verhaltensregeln kann es sinnvoll sein, den Entwurf mit betroffenen Interessenverbänden, z. B. Datenschutzorganisationen, Gewerkschaften oder Verbraucherzentralen, zu erörtern.

16 Abs. 2 zählt beispielhaft und umfangreich – nicht abschließend – **Pflichten** auf, die in Verhaltensregeln festgelegt werden können. Es besteht nicht die Notwendigkeit, die Verarbeitung bei den Unternehmen umfassend zu regeln; auch kleine Spezialthemen und spezielle Maßnahmen können zum Gegenstand der Regeln genommen werden. Gegenstand können sein: materielle Regelungen zur Zulässigkeit und Transparenz (Buchst. a-c, g) zu Maßnahmen der Datenminimierung (Buchst. d), zur Wahrnehmung der Betroffenenrechte (Buchst. e, f), zu Meldungen von Verletzungen (Buchst. i), zur Drittlandsübermittlung (Buchst. j) und zur Streitbeilegung (Buchst. k). Erst durch einen Vorschlag des EU-Rats werden in Buchst. h beispielhaft auch technisch-organisatorische Maßnahmen (Art. 24, 25, 32) erwähnt, wodurch eine spezifische zeitnahe Anpassung an den fortschreitenden Stand der Technik möglich ist.[25]

17 Formal wie inhaltlich besteht für die Verbände ein großer **Gestaltungsspielraum**. Die Regeln können als Satzung, als Vertrag oder als einfacher Beschluss gestaltet sein. Die Wirksamkeit kann für einen Verband oder für die Vereinigung generell gültig sein oder von einem erklärten Beitritt abhängig gemacht werden. Festgelegt werden können unbestimmte Rechtsbegriffe, Ermessenskriterien, Musterklauseln, verfahrensrechtliche Vorkehrungen, Vorgaben z. B. für die Bearbeitung von Betroffenenrechten oder technisch-organisatorische Maßnahmen.[26], allgemeine Geschäftsbedingungen (AGB), die Umsetzung der Datenminimierung, technische Standards oder bestimmte informationstechnische Verfahren. Zertifizierungsverfahren und Sanktionsmechanismen können vorgesehen werden.

18 Die Verhaltensregeln nach der DSGVO haben gegenüber denen nach § 38a BDSG-alt[27] eine höhere **Verbindlichkeit** durch ihre Erwähnung in anderen Instrumenten der DSGVO. Dessen ungeachtet handelt es sich weiterhin lediglich um eine Selbstbindung der beteiligten Stellen. Über die Genehmigung durch die zuständige Aufsichtsbehörde und die vorangehende Behandlung durch weitere Aufsichtsbehörden entsteht auch auf behördlicher Seite eine selbstbindende Wirkung.[28] Durch die Verpflichtung zur gegenseitigen Abstimmung haben die nationalen Verhaltensregeln eine bundesweite Bindungswirkung.[29] Die Regeln gelten grds. unbefristet. Sinnvoll ist es, die Regeln nach einer gewissen Zeit zu evaluieren. An der Evaluierung können sich Aufsichtsbehörden beteiligen. Werden die Regeln geändert, bedarf es einer erneuten Antragstellung und des Erlasses eines entsprechenden Feststellungsbescheids.[30] Die DSGVO und Gesetze gehen im Zweifel vor.

---

24 Spindler ZD 2016, 407f. weist darauf hin, dass nach deutschem Recht eine stärkere Pflicht zur Beteiligung von Stakeholdern besteht.

25 Kraska, ZD 2016, 154; Ehmann/Selmayr-*Schweinoch/Will*, Vorb. Art. 40–43 Rn. 8–10.

26 Orientierungshilfe Düsseldorfer Kreis nach § 38a BDSG.

27 Spindler/Thorun, Eckpunkte einer digitalen Ordnungspolitik, S. 59.

28 Gola/Schomerus, § 38a Rn. 2; Auernhammer-*Vomhof*, Art. 40 Rn. 38: »amtlich bestätigte Interpretationshilfe«.

29 Ausführlich und differenzierend Spindler, ZD 2016, 411f.

30 Orientierungshilfe der Datenschutzbehörden für den Umgang mit Verhaltensregeln nach § 38a BDSG v. 26./27. 2. 2013; 31. TB 2009 ULD Kap. 5.5.1, S. 83.

Die Verbindlichkeitserklärung für jedes einzelne **Unternehmen** kann ausdrücklich in den Verhaltensregeln vorgesehen werden. Erfolgt die Festlegung durch hoheitliche Körperschaften oder durch private Vereine, können sie als Satzungen allgemein verbindlich gemacht werden. Die Veröffentlichung ist geboten. Die Aufsichtsbehörde kann von sich aus eine Veröffentlichung vornehmen.[31] Im Telekommunikationsbereich kommt eine Veröffentlichung nach § 45n TKG in Betracht. 19

Es gibt mehrere **nicht förmlich bestätigte Verhaltensregeln** von Berufsverbänden. Verbände bieten teilweise verbandsinterne Audits an. Eine Sonderstellung hat der Pressekodex des Deutschen Presserates,[32] der nach § 57 Abs. 1 RStV i. V. m. § 38a BDSG-alt auf spezialgesetzlicher Grundlage anerkannt werden kann.[33] Sollte keine Änderung der Regelung erfolgen, kann diese sinngemäß auf Art. 40 übertragen werden. Soweit diese Verhaltensregeln nicht das vorgesehene Verfahren durchlaufen haben, haben sie jeweils nur interne Verbindlichkeit. 20

IV. Beachtung der Regeln in Drittländern (Abs. 3)

Verantwortliche und Auftragsverarbeiter in Drittländern oder internationale Organisationen können durch Verhaltensregeln nachweisen, dass sie **geeignete Garantien** i. S. v. Art. 46 Abs. 2 Buchst. e als Empfänger von Datenübermittlungen bieten. Die Verhaltensregeln müssen nach Abs. 5 genehmigt werden und nach Abs. 9 allgemeine Gültigkeit haben. Erfasst sind sowohl nationale wie auch europäische Verhaltensregeln. Geregelt werden müssen dabei nicht nur die materiellen Pflichten, die Sicherung der Betroffenenrechte und die Gewährleistung der technischen Sicherheit, sondern auch eine rechtsverbindliche Bindung der Stelle im Drittland und Verfahren zur deren Durchsetzung (Art. 40 Abs. 3 Satz 2, 46 Abs. 2 Buchst. e). Dabei müssen nicht alle Voraussetzungen für eine Zulassung von Drittlandsübermittlungen, mit denen dort angemessener Datenschutz gewährleistet wird, in den Verhaltensregeln enthalten sein; diese können sich auch aus anderen Rechtsinstrumenten ergeben.[34] Das Gesamtregelwerk muss in jedem Fall gewährleisten, dass den Betroffenen die rechtliche Möglichkeit verbindlich eingeräumt wird, ihre Datenschutzrechte geltend zu machen.[35] Verhaltensregeln allein genügen nicht zur Legitimation eines Drittlands-Datentransfers. Vielmehr müssen auch die in den Art. 44ff. vorgesehenen formellen Anforderungen beachtet werden.[36] 21

31 Taeger/Gabel-*Kinast*, § 38a Rn. 29; Simitis-*Petri*, § 38a Rn. 25.

32 Taeger/Gabel-*Kinast*, § 38a Rn. 10; Münch, AfP 2002, 18ff.; Kloepfer, AfP 2005, 118; Thomale, AfP 2009, 107.

33 Vgl. auch § 41 Abs. 1 BDSG-alt.

34 Das übersieht Paal/Pauly-*Paal*, der meint, das Verb »können« in Abs. 1 Satz 1 sei insofern ein redaktioneller Fehler.

35 Kühling/Buchner-*Bergt*, Art. 40 Rn. 9, 15, 47.

36 Bergt, CR 2016, 671f.; Spindler, ZD 2016, 410; zweifelnd Ehmann/Selmayr-*Schweinoch*, Art. 40 Rn. 31.

V. Überwachung der Regeln (Abs. 4)

22 Verhaltensregeln müssen ein Verfahren vorsehen, das es der in Art. 41 Abs. 1 genannten Stelle ermöglicht, die **Einhaltung der Verhaltensregeln** zu kontrollieren. Auch eine Vorabüberprüfung und förmliche Bestätigung der Normkonformität ist möglich.[37] Ohne eine solche »exekutive« Regelung hätten diese keine hinreichende Wirksamkeit.[38] Dies gilt, soweit sich Stellen auf die Verhaltensregeln berufen, um Anforderungen der DSGVO nachzuweisen. Dies gilt aber auch unabhängig hiervon. Die Ausgestaltung des Verfahrens hängt vom materiellen Inhalt der Regeln ab und wie deren Beachtung wirksam kontrolliert werden kann. Die Kontrolleure sollten eine möglichst große Unabhängigkeit von den überwachten Stellen und ausreichende technische und rechtliche Kompetenz vorweisen können. Das Überwachungsverfahren ist – allein zwecks Kontrolle durch die Aufsichtsbehörden – vollständig zu dokumentieren und möglichst transparent zu gestalten, um die Wirkung eines Vertrauensankers entfalten zu können. Die obligatorische Überwachung nach Abs. 4 bzw. Art. 41 Abs. 1 steht selbständig neben der aufsichtsbehördlichen Prüfung.

23 Die **Aufsichtsbehörden** können die Überwachung und Sanktionierung der Verhaltensregeln nur in dem Maße vornehmen, wie sie von Regelungen der DSGVO gedeckt werden.[39] Stellen sie anlässlich einer Prüfung fest, dass Verhaltensregeln nicht mit der DSGVO vereinbar sind, so haben sie darauf hinzuwirken, dass deren Genehmigung aufgehoben wird.

24 Die unberechtigte Werbung mit Verhaltensregeln oder die Berufung auf diese, ohne sie einzuhalten, kann jeweils ein **Wettbewerbsverstoß[40] darstellen, der wettbewerbsrechtlich sanktioniert werden kann.**

VI. Genehmigungsverfahren (Abs. 5, 6)

25 Gemäß Abs. 1 Satz 1 muss der Verband, der beabsichtigt, Verhaltensregeln auszuarbeiten, zu ändern oder zu erweitern, diese der zuständigen Aufsichtsbehörde vorlegen. Diese soll dann nach Satz 2 eine Stellungnahme abgeben bzw. den Entwurf genehmigen bzw. billigen, wenn er ausreichende geeignete Garantien enthält (Art. 58 Abs. 3 Buchst. f). Die Stellungnahme soll eine Aussage dazu erhalten, inwieweit der Entwurf mit der DSGVO und den dort geforderten Garantien in Einklang steht Die Differenzierung zwischen den Begriffen der »**Vereinbarkeit mit der Verordnung**« und »geeignete Garantien« hat keine tatsächliche Grundlage.[41]

26 Die Regelung macht keine weiteren Ausführungen zum Inhalt und zur Form der Entwurfsbehandlung. In der Praxis wird es nicht einen Entwurf und eine Stellungnahme und schließlich die Genehmigung geben. Vielmehr wird die Ausarbeitung regelmäßig in ei-

37 Auernhammer-*Vomhof*, Art. 41 Rn. 4.

38 Kühling/Buchner-*Bergt*, Art. 40 Rn. 22; Bergt, CR 2016, 672; Spindler, ZD 2016, 408; Ehmann/Selmayr-*Schweinoch*, Art. 40 Rn. 18, 27; a. A. Plath-*von Braunmühl*, Art. 40 Rn. 13; Krings/Mammen, RDV 2015, 235.

39 LNK, Rn. 22; Wolff, ZD 2017, 153.

40 Auernhammer-*Vomhof*, Art. 40 Rn. 50; Wronka, RDV 2014, 96; Martini, NVwZ-Extra 6/2016, 9.

41 A.A. Paal/Pauly-*Paal*, Art. 40 Rn. 21.

nem **Diskurs- und Verhandlungsprozess** erfolgen, bei dem immer wieder neue Entwürfe oder Entwurfsteile zur Bewertung gebracht werden.[42] Die (Zwischen-) Stellungnahmen werden im Fall solcher Verhandlungen nicht immer schriftlich, sondern können mündlich erfolgen. Bei der Genehmigung handelt es sich wegen der sich daraus ergebenden Verbindlichkeit um eine gebundene Entscheidung.[43]

In Deutschland besteht die besondere Situation, dass es 17 Aufsichtsbehörden gibt, so 27
dass die national **zuständige Aufsichtsbehörde** nicht eindeutig bestimmt ist, da Verhaltensregeln zumeist nicht nur für ein Bundesland, sondern für die gesamte Bundesrepublik gelten sollen. Zuständig sind insofern zumeist alle Aufsichtsbehörden der Länder, in denen sich verantwortliche oder auftragsverarbeitende Stellen befinden. Die Praxis stellt auf den Sitz der antragstellenden Stelle ab.[44] Vor einer Genehmigung erfolgt eine Absprache der Aufsichtsbehörden in der Konferenz der Datenschutzaufsichtsbehörden des Bundes und der Länder. Von dort wird i. d. R. zuvor eine Delegation bestimmt, die die Verhandlung mit dem Verband führt und die jeweiligen Ergebnisse an die anderen betroffenen Aufsichtsbehörden kommuniziert.[45]

»Bei der Ausarbeitung oder bei der Änderung oder Erweiterung solcher Verhaltensregeln 28
sollten Verbände und oder andere Vereinigungen, die bestimmte Kategorien von Verantwortlichen oder Auftragsverarbeitern vertreten, die **maßgeblichen Interessenträger**, möglichst auch die betroffenen Personen, konsultieren und die Eingaben und Stellungnahmen, die sie dabei erhalten, berücksichtigen« (ErwGr 99).[46] Eine Pflicht zur Anhörung von Vertretern der Betroffenen, wie sie die Kommission noch vorschlug, wurde nicht umgesetzt. Die Einbeziehung von Interessenträgern beschränkt sich nicht auf Betroffenenverbände (z. B. Datenschutzorganisationen, Verbraucherzentralen, Beschäftigtenvertretungen). Sinnvoll kann auch die Beteiligung von einzelnen Verantwortlichen und Auftragsverarbeitern, von Vertretern der Politik oder von sonstigen Interessen sein. Die Einbeziehung kann durch Stellungnahmen zu Entwürfen wie auch direkt in den Verhandlungen geschehen.

Die Frage, ob eine positive Stellungnahme zugleich eine **Genehmigung** darstellt, ist irre- 29
levant.[47] Wesentlich ist, dass es sich bei der Genehmigung um einen formgerechten (begünstigenden) feststellenden Verwaltungsakt handelt und dass dafür alle rechtlichen Voraussetzungen erfüllt werden.[48] Es handelt sich nicht nur um ein hoheitlich erstelltes Rechtsgutachten ohne materielle Verbindlichkeit.[49] Die Bindungswirkung ist generell und erstreckt sich auch auf andere Behörden.[50] Dies hindert aber Betroffene nicht, den Verstoß von Verhaltensregeln gegen die DSGVO geltend zu machen.[51] Im Rahmen des jeweiligen Geltungsrahmens können sich die verarbeitenden Stellen darauf verlassen, dass geneh-

42 Wolff, ZD 2017, 152.
43 Spindler, ZD 2016, 408.
44 Bergt, CR 2016, 674; Wolff, ZD 2017, 154.
45 Härting, Rn. 784; a. A. Kühling/Buchner-*Bergt*, Art. 40 Rn. 25, siehe aber Rn. 27.
46 Auernhammer-*Vomhof*, Art. 40 Rn. 27.
47 Dazu Paal/Pauly-*Paal*, Art. 40 Rn. 22.
48 Kühling/Buchner-*Bergt*, Art. 40 Rn. 1, 40; LNK, Rn. 12; Bergt, CR 2016, 676.
49 So aber Wolff, ZD 2017, 152; Spindler, ZD 2016, 411.
50 SHS-*Roßnagel*, Art. 40 Rn. 70.
51 SHS-*Roßnagel*, Art. 40 Rn. 71.

migte Verhaltensregeln mit der DSGVO vereinbar sind. Die Genehmigung kann befristet werden, wenn die verwaltungsverfahrensrechtlichen Voraussetzungen hierfür vorliegen, d. h. wenn Rechtskonformität der Verhaltensregel nur bis zu einem bestimmten Datum sichergestellt ist. Bei Vorliegen einer rechtlichen Grundlage können Gebühren erhoben werden. Für die Aufhebung und die Rücknahme des Verwaltungsaktes gelten die allgemeinen Regeln.[52]

30 Bei nationalen Verhaltensregeln zu **Datenverarbeitungen mit Auslandsberührungen** kann jede Aufsichtsbehörde gemäß Art. 64 Abs. 2 beantragen, dass eine solche Angelegenheit mit allgemeiner Geltung oder mit Auswirkung in mehr als einem Mitgliedstaat vom EDSA geprüft wird.

VII. Supranationales Genehmigungsverfahren (Abs. 7–10)

31 Die Absätze 7–10 regeln das Genehmigungsverfahren von Verhaltensregeln, die **mehrere EU-Mitgliedstaaten betreffen**. Dies ist schon der Fall, wenn zwei Staaten tangiert sind.[53] Das europäische Verfahren ist teilweise vergleichbar mit dem im föderalen Deutschland praktizierten Verfahren (siehe Rn. 6). Förmlich für die Genehmigung zuständig ist die für den Sitz des Verbands zuständige Aufsichtsbehörde.[54] Vor der Entscheidung, egal ob es sich um eine Ablehnung oder eine Genehmigung handelt, hat sie den Entwurf gemäß Art. 63 dem EDSA vorzulegen.[55]

32 Zuständig für die Durchführung des Verfahrens zur Genehmigung der Regel ist die für den **Sitz des Verbands** oder der Vereinigung zuständige Aufsichtsbehörde; ein Wahlrecht besteht nicht.

33 Der **EDSA gibt Stellungnahmen** in Verfahren nach Abs. 7 und Abs. 9 ab, inwieweit Entwürfe, Änderungen und Ergänzungen zu Verhaltensregeln DSGVO-konform sind (Art. 64 Abs. 1 Buchst. b, Art. 70 Abs. 1 Buchst. x). Kommt der EDSA zu dem Ergebnis, dass der Entwurf mit der DSGVO vereinbar ist, so übermittelt er nach Abs. 8 seine Stellungnahme der Kommission. Im Konfliktfall zwischen vorlegender Aufsichtsbehörde und EDSA-Stellungnahme kann das Konfliktlösungsverfahren nach Art. 64, 65 durchgeführt werden.

34 Nach Abs. 9 Satz 1 kann die Kommission über einen **Durchführungsrechtsakt** beschließen, dass die ihr gemäß Abs. 8 übermittelte Verhaltensregel bzw. deren Änderung oder Ergänzung allgemeine Gültigkeit in der Union erhält.[56] Dies führt dazu, dass die Verhaltensregeln auch für Unternehmen der jeweiligen Branche verbindlich sind, die sich diesen nicht freiwillig unterworfen haben.[57] Die Verbindlichkeit beruht nicht auf der Selbstregulierung, sondern auf der demokratisch legitimierten hoheitlichen Entscheidung der Kommission. Die Bindungswirkung erstreckt sich gemäß Art. 288 Abs. 4 AEUV auch auf Auf-

52 Detaillierter Kühling/Buchner-*Bergt*, Art. 40 Rn.36–39.
53 Plath-*von Braunmühl*, Art. 40 Rn. 15.
54 Härting, Rn. 784; a. A. Kühling/Buchner-*Bergt*, Art. 40 Rn. 25.
55 Kühling/Buchner-*Bergt*, Art. 40 Rn. 30.
56 Kritisch Kranig/Peininger, ZD 2014, 7 f.
57 Härting, Rn. 788; Ehmann/Selmayr-*Schweinoch*, Art. 40 Rn. 37; kritisch Auernhammer-*Vomhof*, Art. 40 Rn. 46–48 m. w. N.; Plath-*von Braunmühl*, Art. 40 Rn. 23.

sichtsbehörden und nationale Gerichte.[58] Gegen den bindenden Beschluss kann eine Aufsichtsbehörde durch eine Nichtigkeitsklage gemäß Art. 263 AEUV vor dem EuG vorgehen.[59] Ein nationales Gericht kann eine Vorlage nach Art. 267 AEUV vornehmen. Erfolgt kein solcher Beschluss durch die Kommission, so genehmigt die zuständige Aufsichtsbehörde die Verhaltensregel, die gemäß den darin enthaltenen Klauseln für die jeweiligen Verbandsmitgliedern in den betroffenen EU-Mitgliedstaaten verbindlich wird.

»Für den Erlass von Durchführungsrechtsakten bezüglich … Verhaltensregeln … sollte das Prüfverfahren angewandt werden (ErwGr 168). Abs. 2 Satz 2 bestimmt, dass der Durchführungsrechtakt nach dem **Prüfverfahren** gemäß Art. 93 Abs. 2 erlassen wird. **35**

Bei von der Kommission allgemeingültig erklärten Verhaltensregeln besteht für diese nach Abs 10 die Pflicht zur **Veröffentlichung »in geeigneter Weise«**. Eine Konkretisierung der Weise erfolgt weder in der DSGVO noch in den Erwägungsgründen. Geeignet ist eine Veröffentlichung im Amtsblatt der EU sowie im Internet in allen europäischen Sprachen auf der Seite der Kommission (*http://ec.europa.eu*) bzw. über das Europäische Justizportal (*https://e-justice.europa.eu*). **36**

VIII. Register (Abs. 11)

Der EDSA führt sämtliche genehmigten Verhaltensregeln sowie deren Änderungen und Erweiterungen in einem Register zusammen, dessen Inhalt in geeigneter Weise veröffentlicht wird. Im Ratsentwurf, in dem erstmals diese Regelung vorgeschlagen wurde, wird die Veröffentlichung über das Europäische Justizportal erwähnt (siehe Rn. 36). **37**

Art. 41 Überwachung der genehmigten Verhaltensregeln

(1) Unbeschadet der Aufgaben und Befugnisse der zuständigen Aufsichtsbehörde gemäß den Artikeln 57 und 58 kann die Überwachung der Einhaltung von Verhaltensregeln gemäß Artikel 40 von einer Stelle durchgeführt werden, die über das geeignete Fachwissen hinsichtlich des Gegenstands der Verhaltensregeln verfügt und die von der zuständigen Aufsichtsbehörde zu diesem Zweck akkreditiert wurde.

(2) Eine Stelle gemäß Absatz 1 kann zum Zwecke der Überwachung der Einhaltung von Verhaltensregeln akkreditiert werden, wenn sie

a) ihre Unabhängigkeit und ihr Fachwissen hinsichtlich des Gegenstands der Verhaltensregeln zur Zufriedenheit der zuständigen Aufsichtsbehörde nachgewiesen hat;

b) Verfahren festgelegt hat, die es ihr ermöglichen, zu bewerten, ob Verantwortliche und Auftragsverarbeiter die Verhaltensregeln anwenden können, die Einhaltung der Verhaltensregeln durch die Verantwortlichen und Auftragsverarbeiter zu überwachen und die Anwendung der Verhaltensregeln regelmäßig zu überprüfen;

c) Verfahren und Strukturen festgelegt hat, mit denen sie Beschwerden über Verletzungen der Verhaltensregeln oder über die Art und Weise, in der die Verhaltensregeln von dem Verantwortlichen oder dem Auftragsverarbeiter angewendet werden

58 Bergt, CR 2016, 676f.; Kühling/Buchner-*Bergt*, Art. 40 Rn. 51; Wolff, ZD 2017, 153; relativierend Spindler, ZD 2016, 411; Ehmann/Selmayr-*Schweinoch*, Art. 40 Rn. 37.

59 Vgl. EuGH 6.10.2015 – C-362/14 Rn. 65, Safe Harbor, NJW 2016, 3154.

oder wurden, nachgeht und diese Verfahren und Strukturen für betroffene Personen und die Öffentlichkeit transparent macht, und

d) zur Zufriedenheit der zuständigen Aufsichtsbehörde nachgewiesen hat, dass ihre Aufgaben und Pflichten nicht zu einem Interessenkonflikt führen.

(3) Die zuständige Aufsichtsbehörde übermittelt den Entwurf der Anforderungen an die Akkreditierung einer Stelle nach Absatz 1 gemäß dem Kohärenzverfahren nach Artikel 63 an den Ausschuss.

(4) Unbeschadet der Aufgaben und Befugnisse der zuständigen Aufsichtsbehörde und der Bestimmungen des Kapitels VIII ergreift eine Stelle gemäß Absatz 1 vorbehaltlich geeigneter Garantien im Falle einer Verletzung der Verhaltensregeln durch einen Verantwortlichen oder einen Auftragsverarbeiter geeignete Maßnahmen, einschließlich eines vorläufigen oder endgültigen Ausschlusses des Verantwortlichen oder Auftragsverarbeiters von den Verhaltensregeln. Sie unterrichtet die zuständige Aufsichtsbehörde über solche Maßnahmen und deren Begründung.

(5) Die zuständige Aufsichtsbehörde widerruft die Akkreditierung einer Stelle gemäß Absatz 1, wenn die Anforderungen an ihre Akkreditierung nicht oder nicht mehr erfüllt sind oder wenn die Stelle Maßnahmen ergreift, die nicht mit dieser Verordnung vereinbar sind.

(6) Dieser Artikel gilt nicht für die Verarbeitung durch Behörden oder öffentliche Stellen.

Inhaltsübersicht Rn.

I. Allgemeines

1 Art. 41 regelt die in genehmigten Verhaltensregeln selbst vorgesehenen Kontrollen von deren Einhaltung, zu der sich Verantwortliche bzw. Auftragsverarbeiter verpflichtet haben. Der **Zweck der Überwachung** ist die Selbstregulierung der Wirtschaft und damit eine möglichst große Fachnähe und deren Identifizierung mit den Datenschutzzielen und damit zugleich eine Entlastung der Aufsichtsbehörden. Die beteiligten Stellen werden damit aber nicht völlig von einer staatlichen Kontrolle freigestellt.[1] Die Etablierung eines Kontrollmechanismus mit einer Überwachungsstelle ist nach Art. 40 Abs. 4 obligatorisch, um diese Effekte auch tatsächlich zu verwirklichen (siehe Art. 40 Rn. 22).[2] Gemäß Abs. 1 kann die Überwachung durch eine hierfür durch die Aufsichtsbehörde akkreditierte Stelle vorgenommen werden. Die Akkreditierung wird in Abs. 2 und 3 geregelt. Abs. 4 beschreibt den Tätigkeitsbereich der akkreditierten Stelle. Abs. 5 regelt den Widerruf der Akkreditierung. In Abs. 6 wird klargestellt, dass Art. 41 auf öffentliche Stellen keine Anwendung findet.

1 SHS-*Roßnagel*, Art. 41 Rn. 1, 10; a. A. Plath-*von Braunmühl*, Art. 41 Rn. 1.
2 Kühling/Buchner-*Bergt*, Art. 41 Rn. 3; a. A. Auernhammer-*Vomhof*, Art. 41 Rn. 2.

Es gibt für die Regelung keine Vorbilder. Sie wurde im **Gesetzgebungsverfahren** erst vom Rat der EU vorgeschlagen und dann auch inhaltlich so übernommen. 2

II. Akkreditierung (Abs. 1)

Verhaltensregeln gemäß Art. 40 werden von einer von der Aufsichtsbehörde zu akkreditierenden sog. Überwachungsstelle überwacht. Diese muss über das erforderliche Fachwissen verfügen, das im Rahmen des **Akkreditierungsverfahrens** nachzuweisen ist (Abs. 2 Buchst. a). Die Überwachungsfunktion kann auch proaktiv durch Audits und Bestätigungen wahrgenommen werden; sie erfasst sowohl die Feststellung der Konformität von Verfahren und Konzepten wie auch der Konformität im operativen Geschäft (siehe Art. 40 Rn. 22). 3

Die Aufsichtsbehörde ist trotz der Verwendung des Begriffs »kann« **zur Akkreditierung verpflichtet**, wenn ein solcher Antrag gestellt wird und die Voraussetzungen hierfür vorliegen und nachgewiesen werden, wobei sie aber einen Beurteilungsspielraum hat (Art. 57 Abs. 1 Buchst. q).[3] Dies ist erforderlich, um den zwingend vorgesehenen Kontrollmechanismus von Verhaltensregeln überhaupt zur Wirkung zu bringen. Eine Übernahme dieser Aufgabe in die Aufgaben- und Befugniskataloge der Aufsichtsbehörden nach Art. 57, 58 ist aber nicht erfolgt. 4

Die Überwachung erfolgt »unbeschadet der Aufgaben und Befugnisse der **Aufsichtsbehörden**«. Die können die Einhaltung der Verhaltensregeln auch überprüfen und auch ihre sonstigen Aufgaben und Befugnisse nach Art. 57, 58 gegenüber Verantwortlichen und Auftragsverarbeitern umfassend wahrnehmen. Dabei sind aber die Erkenntnisse aus Überwachungsverfahren nach Art. 41 einzubeziehen. 5

III. Voraussetzung und Verfahren der Akkreditierung (Abs. 2, 3)

Abs. 2 benennt die Voraussetzungen für die Akkreditierung. Hierbei handelt es sich um einen gestaltenden begünstigenden **Verwaltungsakt**. Dieser ist inhaltlich gebunden, doch besteht für die Aufsichtsbehörde ein Beurteilungsspielraum.[4] Auf das Akkreditierungsverfahren ist in Deutschland das Verwaltungsverfahrensrecht anzuwenden. 6

Die Überwachungsstelle kann sowohl eine öffentliche wie auch eine nicht-öffentliche Stelle sein.[5] **Unabhängigkeit** setzt voraus, dass die Überwachungsstelle organisatorisch und personell nicht mit den zu überwachenden Stellen verflochten ist, insofern keine Abhängigkeiten bestehen und keine Beeinflussungen erfolgen.[6] Eine organisatorische Anbindung der Überwachungsstelle an den Verband stellt für sich noch keine Beeinträchtigung der Unabhängigkeit darf, wohl aber eine Tätigkeit »im Auftrag« oder im Namen des Verbands.[7] Es sind im Verhältnis zur überwachten Stelle ähnliche Anforderungen wie an einen Datenschutzbeauftragten zu stellen (siehe Art. 37 Rn. 19). Eine vorangegangene Be- 7

---

3 Paal/Pauly-*Paal*, Art. 41 Rn. 5; Kühling/Buchner-*Bergt*, Art. 41 Rn. 4.
4 Auernhammer-*Vomhof*, Art. 41 Rn. 16.
5 SHS-*Roßnagel*, Art. 41 Rn. 9.
6 Bergt, CR 2016, 672f.; Paal/Pauly-*Paal*, Art. 41 Rn. 7.
7 Auernhammer-*Vomhof*, Art. 41 Rn. 9.

ratung durch die Überwachungsstelle zu einem Verfahren und zum Datenschutzkonzept kann die Unabhängigkeit beeinträchtigen. Entsprechendes gilt für eine separate kommerzielle Beratung.[8] Dies schließt aber eine Beratung im Rahmen der Überwachungstätigkeit, z. B. zwecks Abstellens von Missständen, nicht aus. Eine Tätigkeit als externer Datenschutzbeauftragter (Art. 37) bei den überwachten Stellen ist mit der Aufgabe als Überwachungsstelle nicht vereinbar.[9] Entsprechendes gilt für ein vorangegangenes Verfahren als Zertifizierungsstelle nach Art. 43. Finanzielle Beziehungen, die über Beiträge oder Gebühren zur Finanzierung der Überwachungstätigkeit bestehen, beeinträchtigen die Unabhängigkeit nicht,[10] wohl aber z. B. finanzielle Abhängigkeiten oder Erfolgsprämien.

8 Das erforderliche **Fachwissen** bezieht sich auf die für die Tätigkeit nötigen rechtlichen, organisatorischen und technischen Kenntnisse insbesondere mit Bezug auf die konkrete Branche und auf die Kenntnis der Verhaltensregeln selbst. Es beschränkt sich nicht, wie die Formulierung vermuten lassen könnte, nur auf die Verhaltensregel als solche, sondern erstreckt sich auch auf die Umsetzung der DSGVO, der die Verhaltensregel dient. Einzubeziehen sind Kenntnisse des Kontrollgeschäfts, also der Bearbeitung von Eingaben und die Durchführung systematischer Prüfungen. Das Anforderungsprofil entspricht in vieler Hinsicht dem des Datenschutzbeauftragten (Art. 37 Abs. 5). Während dieser aber persönlich die nötige Fachkunde vorweisen muss, genügt es bei der Überwachungsstelle, dass in ihr Personen arbeiten, die gemeinsam diese im Hinblick auf alle Anforderungen erfüllen.

9 Die Überwachungsstelle muss ein **Verfahren zur Bewertung der Einhaltung** der Verhaltensregeln festlegen (Buchst. b). Hierzu gehört ein Plan für regelmäßige Kontrollen. Zwingend ist, dass ein anlassbezogenes und auf Beschwerden beruhendes Überprüfungsverfahren etabliert wird.[11]

10 Voraussetzung für die Akkreditierung ist ein fixiertes und etabliertes **Beschwerdemanagement**, sind also Verfahren und Strukturen für die Entgegennahme, Ermittlung, Bearbeitung und Entscheidung zu Beschwerden von Betroffenen, Konkurrenten oder weiteren Stellen (Buchst. c).[12] Vorstellbar ist auch, dass Aufsichtsbehörden sich an die Kontrollstelle mit Prüfbitten wenden, ohne dass sich diese dadurch aber von ihren eigenen Aufgaben entledigen können. Das Verfahren muss für alle Beteiligte transparent sein, was u. a. voraussetzt, dass diesen eine Kontaktadresse u von zu diesonen zu den wesentlichen Abläufen der Beschwerdebearbeitung – z. B. über das Internet – bekannt gegeben werden, um den Betroffenen eine wirksame Möglichkeit zur Nutzung dieses Instrumentes zu eröffnen.[13] Aussagen zu anonymen Beschwerdemöglichkeiten sind sinnvoll.[14]

11 Eine **Verschwiegenheitspflicht** der Überwachungsstelle ist ausdrücklich nicht vorgesehen. Angesichts der Sensibilität der bei der Überwachung möglicherweise erlangten Da-

---

8 SHS-*Roßnagel*, Art. 41 Rn. 17.
9 Paal/Pauly-*Paal*, Art. 41 Rn. 7; Kühling/Buchner-*Bergt*, Art. 41 Rn. 7.
10 Kühling/Buchner-*Bergt*, Art. 41 Rn. 20.
11 Auernhammer-*Vomhof*, Art. 41 Rn. 13.
12 Plath-*von Braunmühl*, Art. 41 Rn. 5.
13 Paal/Pauly-*Paal*, Art. 41 Rn. 9.
14 Kühling/Buchner-*Bergt*, Art. 41 Rn. 10.

ten sollte eine dem Datenschutzbeauftragten entsprechende Verschwiegenheit normiert werden (siehe Art. 38 Rn. 15).

Den Nachweis, dass die Wahrnehmung der Aufgaben und Pflichten als Überwachungsstelle »nicht zu einem **Interessenkonflikt** führen« (Buchst. d), erfolgt durch Vorlage von Dokumenten, die belegen, dass keine organisatorisch-personelle Verbindung zwischen Überwachungsstelle und überwachten Stellen bestehen. Es geht dabei um den Beleg der in Buchst. a erwähnten Unabhängigkeit. Hierfür genügt neben der Verhaltensregel, die hierzu Aussagen enthalten sollte, eine Selbstdeklaration. 12

Vor einer Akkreditierung nach Art. 41 hat die Aufsichtsbehörde **Kriterien für die Akkreditierung** festzulegen, zu veröffentlichen (Art. 57 Abs. 1 Buchst. p) und dem EDSA zu übermitteln (Abs. 3). Dabei handelt es sich nicht um die im einzelnen Fall angewendeten Maßstäbe, sondern um allgemeine Vorgaben für die Akkreditierung.[15] Der EDSA gibt eine Stellungnahme ab, ob diese Kriterien von ihm akzeptiert werden (Art. 64 Abs. 1 Satz 1, Satz 2 Buchst. c). Eine Aufsichtsbehörde kann die Kriterien abstrakt benennen und muss nicht Bezug auf ein konkretes Akkreditierungsverfahren nehmen.[16] In Deutschland empfiehlt es sich, dass die Aufsichtsbehörden sich zuvor über gemeinsame Akkreditierungskriterien verständigen. Bei Konflikten mit dem EDSA bzw. Aufsichtsbehörden in anderen Staaten ist das Kohärenzverfahren durchzuführen (Art. 63 ff.). 13

IV. Pflichten der Überwachungsstelle (Abs. 4)

Die akkreditierte Überwachungsstelle hat die jeweiligen Verantwortlichen und Auftragsverarbeiter zu überwachen. Dies erfolgt in Form von regelmäßigen **Kontrollen** sowie über die Bearbeitung von Beschwerden und Hinweisen. Kontrollen können sowohl vor Ort wie auch extern, z. B. durch Dokumentenprüfung, erfolgen.[17] Die erfolgten wie die geplanten, anlassbezogenen wie anlassfreien Kontrollen sind zu dokumentieren. 14

Stellt die Überwachungsstelle eine **Verletzung der Verhaltensregeln** fest, so hat sie geeignete Maßnahmen zur Beendigung der Verletzung und zur Beseitigung der Verletzungsfolgen zu ergreifen. Dies sind zunächst die Mitteilung des Verstoßes – unter Darlegung des festgestellten Sachverhaltes und einer Begründung der Feststellung des Verstoßes – und die Aufforderung unter Fristsetzung, diesen zu beheben und hierüber Mitteilung zu machen. Rückmeldungen des Verantwortlichen oder Auftragsverarbeiters können ein Nachhaken oder gar eine Vorortkontrolle nötig machen. Wird ein Verstoß endgültig festgestellt, so ist der Betroffene hierüber zu unterrichten. Als Sanktionen sind auch Vertragsstrafen und die Veröffentlichung des Verstoßes möglich. Bei gravierenden oder regelmäßigen vorsätzlichen Verstößen und beim Nichtbeheben festgestellter Missstände kann die Überwachungsstelle die überwachte Stelle von den Privilegien der Verhaltensregeln vorläufig oder endgültig ausschließen. Zuvor ist dies der betroffenen Stelle unter Fristsetzung anzukündigen bzw. anzudrohen. 15

Das Abstellen von Verstößen erfolgt in Form von **geeigneten Garantien**. 16

15 Auernhammer-*Vomhof*, Art. 41 Rn. 15.
16 Tendenziell anders Kühling/Buchner-*Bergt*, Art. 41 Rn. 5.
17 SHS-*Roßnagel*, Art. 41 Rn. 20.

17 Gemäß Abs. 4 Satz 2 hat die Überwachungsstelle die **Aufsichtsbehörde** über Beanstandungen und deren Behebung bzw. Ergebnis und deren Begründung zu unterrichten. Dies gilt nur, wenn von der Kontrollstelle festgestellte Verstöße nicht behoben wurden, nicht schon nach Feststellung eines Verstoßes.[18] Diese Konsequenz kann dazu beitragen, dass die überwachte Stelle gut mit der Überwachungsstelle zusammenarbeitet und festgestellte Verstöße abstellt. Unterrichtungspflichtig sind auch unterlassene Maßnahmen zur Durchsetzung der Verhaltensregeln.[19]

V. Widerruf, öffentliche Stellen, Sonstiges (Abs. 5, 6)

18 Stellt die Aufsichtsbehörde fest, dass die Überwachungsstelle die Voraussetzungen für die Akkreditierung nicht oder nicht mehr erfüllt oder verstößt sie gegen die DSGVO, so widerruft sie die Akkreditierung (Abs. 5). Gemäß dem Wortlaut handelt es sich hierbei um eine gebundene Entscheidung, wobei aber der Verhältnismäßigkeitsgrundsatz beachtet werden muss. Dies gilt insbesondere im Hinblick auf Verstöße gegen die DSGVO. Bei geringen vereinzelten Verstößen darf nicht sofort ein **Widerruf** erfolgen. Vielmehr ist die Überwachungsstelle zur Behebung der Verstöße aufzufordern. Verstöße sind auch das Unterlassen von Maßnahmen gegenüber überwachten Stellen, die gegen den Datenschutz bzw. die Verhaltensregeln verstoßen. Ein Widerruf ist dann angemessen, wenn sich aus den Verstößen ergibt, dass eine wirksame Tätigkeit durch die Überwachungsstelle nicht (mehr) möglich ist. Ein Widerruf ist auch zulässig, wenn sich kein Verantwortlicher bzw. Auftragsverarbeiter mehr zur Einhaltung der Verhaltensregel verpflichten will.[20] Führt der Widerruf dazu, dass die Überprüfung der Verhaltensregeln künftig nicht mehr gesichert ist, ist auch die Genehmigung der Verhaltensregeln zu widerrufen.[21] Der EDSA ist über einen Widerruf zu unterrichten, um zu vermeiden, dass andere Aufsichtsbehörden fälschlich von einer bestehenden Akkreditierung ausgehen.[22]

19 Art. 41 regelt nicht die **Geltungsdauer einer Akkreditierung**. Diese ist grds. unbefristet zu erteilen. Regelmäßige Überprüfungen, ob die Voraussetzungen noch vorliegen, sind zu empfehlen. Liegen Hinweise dafür vor, dass die regelkonforme Überwachung nur für eine bestimmte Frist wahrgenommen werden kann, so ist die Akkreditierung entsprechend zu befristen.

20 **Öffentliche Stellen** können gemäß Abs. 6 nicht durch akkreditierte Stellen überwacht werden. Zuständig für Verstöße sind in diesem Fall die Aufsichtsbehörden. Unterliegen die öffentlichen Stellen einer sonstigen Aufsicht, so kann auch diese tätig werden.

21 Bei einem Verstoß gegen die Pflichten aus Abs. 4 durch die Überwachungsstelle ist gemäß Art. 83 Abs. 4 Buchst. c eine **Geldbuße** möglich.

22 **Wettbewerbsrechtlich** sind Verhaltensregeln keine Marktverhaltensregeln i. S. d. § 3a UWG, doch stellt es eine irreführende geschäftliche Handlung dar, wenn ein Unterneh-

---

18 Auernhammer-*Vomhof*, Art. 41 Rn. 20.
19 SHS-*Roßnagel*, Art. 41 Rn. 30.
20 Paal/Pauly-*Paal*, Art. 41 Rn. 20.
21 SHS-*Roßnagel*, Art. 41 Rn. 24; a. A. Gola-*Lepperhoff*, Art. 41 Rn. 25: Rückfall der Überwachungsaufgabe auf Verband.
22 Kühling/Buchner-*Bergt*, Art. 41 Rn. 11.

men fälschlich auf seine Bindung an die Verhaltensregeln hinweist (§§ 3 Abs. 3, 5 Abs. 1 Satz 2 Nr. 6, 8 Abs. 2 UWG).[23]

Art. 42 Zertifizierung

(1) Die Mitgliedstaaten, die Aufsichtsbehörden, der Ausschuss und die Kommission fördern insbesondere auf Unionsebene die Einführung von datenschutzspezifischen Zertifizierungsverfahren sowie von Datenschutzsiegeln und -prüfzeichen, die dazu dienen, nachzuweisen, dass diese Verordnung bei Verarbeitungsvorgängen von Verantwortlichen oder Auftragsverarbeitern eingehalten wird. Den besonderen Bedürfnissen von Kleinstunternehmen sowie kleinen und mittleren Unternehmen wird Rechnung getragen.

(2) Zusätzlich zur Einhaltung durch die unter diese Verordnung fallenden Verantwortlichen oder Auftragsverarbeiter können auch datenschutzspezifische Zertifizierungsverfahren, Siegel oder Prüfzeichen, die gemäß Absatz 5 des vorliegenden Artikels genehmigt worden sind, vorgesehen werden, um nachzuweisen, dass die Verantwortlichen oder Auftragsverarbeiter, die gemäß Artikel 3 nicht unter diese Verordnung fallen, im Rahmen der Übermittlung personenbezogener Daten an Drittländer oder internationale Organisationen nach Maßgabe von Artikel 46 Absatz 2 Buchstabe f geeignete Garantien bieten. Diese Verantwortlichen oder Auftragsverarbeiter gehen mittels vertraglicher oder sonstiger rechtlich bindender Instrumente die verbindliche und durchsetzbare Verpflichtung ein, diese geeigneten Garantien anzuwenden, auch im Hinblick auf die Rechte der betroffenen Personen.

(3) Die Zertifizierung muss freiwillig und über ein transparentes Verfahren zugänglich sein.

(4) Eine Zertifizierung gemäß diesem Artikel mindert nicht die Verantwortung des Verantwortlichen oder des Auftragsverarbeiters für die Einhaltung dieser Verordnung und berührt nicht die Aufgaben und Befugnisse der Aufsichtsbehörden, die gemäß Artikel 55 oder 56 zuständig sind.

(5) Eine Zertifizierung nach diesem Artikel wird durch die Zertifizierungsstellen nach Artikel 43 oder durch die zuständige Aufsichtsbehörde anhand der von dieser zuständigen Aufsichtsbehörde gemäß Artikel 58 Absatz 3 oder – gemäß Artikel 63 – durch den Ausschuss genehmigten Kriterien erteilt. Werden die Kriterien vom Ausschuss genehmigt, kann dies zu einer gemeinsamen Zertifizierung, dem Europäischen Datenschutzsiegel, führen.

(6) Der Verantwortliche oder der Auftragsverarbeiter, der die von ihm durchgeführte Verarbeitung dem Zertifizierungsverfahren unterwirft, stellt der Zertifizierungsstelle nach Artikel 43 oder gegebenenfalls der zuständigen Aufsichtsbehörde alle für die Durchführung des Zertifizierungsverfahrens erforderlichen Informationen zur Verfügung und gewährt ihr den in diesem Zusammenhang erforderlichen Zugang zu seinen Verarbeitungstätigkeiten.

---

23 Kühling/Buchner-*Bergt*, Art. 41 Rn. 24, 25; Wolff/Brink-*Meltzian*, § 38a Rn. 27.

(7) Die Zertifizierung wird einem Verantwortlichen oder einem Auftragsverarbeiter für eine Höchstdauer von drei Jahren erteilt und kann unter denselben Bedingungen verlängert werden, sofern die einschlägigen Kriterien weiterhin erfüllt werden. Die Zertifizierung wird gegebenenfalls durch die Zertifizierungsstellen nach Artikel 43 oder durch die zuständige Aufsichtsbehörde widerrufen, wenn die Kriterien für die Zertifizierung nicht oder nicht mehr erfüllt werden.

(8) Der Ausschuss nimmt alle Zertifizierungsverfahren und Datenschutzsiegel und -prüfzeichen in ein Register auf und veröffentlicht sie in geeigneter Weise.

Inhaltsübersicht Rn.

I. Allgemeines[1]

1 »Um die Transparenz zu erhöhen und die **Einhaltung dieser Verordnung zu verbessern**, sollte angeregt werden, dass Zertifizierungsverfahren sowie Datenschutzsiegel und -prüfzeichen eingeführt werden, die den betroffenen Personen einen raschen Überblick über das Datenschutzniveau einschlägiger Produkte und Dienstleistungen ermöglichen« (ErwGr 100).

2 Die EG-DSRl enthielt keine Regelung zur Zertifizierung. Mit ihr wird nun primär das Ziel der **Selbstregulierung** über marktwirtschaftliche Anreize verfolgt.[2] Den Daten verarbeitenden Stellen sollen gesetzliche Anreize gegeben werden, ihre IT-Produkte und Verfahren datenschutzgerecht oder datenschutzfördernd zu gestalten. Durch die förmliche Bestätigung im Rahmen der Zertifizierung sollen die Stellen einen Qualitätsnachweis in die Hand bekommen, mit dem sie öffentlich werben und dadurch einen Wettbewerbsvorteil erzielen können und der gewisse Erleichterungen bei der Umsetzung der DSGVO zur Folge hat. In Europa wurden öffentliche Datenschutz-Zertifizierungen vor der Regulierung in der DSGVO in einzelnen deutschen Bundesländern, in Frankreich, Großbritannien und in der Schweiz praktiziert.[3] Vergleichbare Instrumente gibt es in anderen Staaten, z. B. in den USA[4] oder in Japan.[5] Jenseits staatlicher Regulierung bestehen Gütesiegel und Zertifikate im Bereich des Datenschutzes in vielen Regionen und Bereichen. Mit der Zertifizierung soll allen Beteiligten eine **höhere rechtliche und technische Sicherheit** gegeben werden: Rechtsverstöße und Missbräuche werden nicht nur im Nachhinein – re-

1 Der Autor dankt Raoul Kirmes für Anregungen und Hinweise.
2 Schmidt/Weichert-*Bock*, S. 310; Ehmann/Selmayr-*Will*, Art. 42 5 f.
3 Schwartmann/Weiß, RDV 2016, 69 f.
4 Grimm/Roßnagel, DuD 2000, 446; Roßnagel-*Roßnagel*, S. 447 ff.
5 Roßnagel, DuD 2001, 154; Roßnagel-*Roßnagel*, S. 450 ff.

pressiv – festgestellt, sondern – präventiv – schon bei der Produkt- und Verfahrensgestaltung vermieden.

Auf **nationaler Ebene** hat Art. 42 einen Vorläufer in der Regelung zum Datenschutzaudit in § 9a BDSG-alt. Bei dieser Regelung handelte es sich um eine unvollständige Regelung, da diese auf ein besonderes Gesetz verwies, das nie erlassen wurde.[6] Regelungen zum Datenschutzaudit waren zunächst in die Multimedia-Gesetzgebung eingeflossen (1997: § 17 MDStV, 2001: § 21 MDStV), die 2001 in das BDSG-alt übernommen wurden.[7] Eine obligatorische Zertifizierung des Datenschutzkonzepts von De-Mail-Anbietern durch die BfDI ist in § 18 Abs. 3 Nr. 4 De-Mail-G vorgesehen. Im Rahmen des E-Health-Gesetzes werden in den §§ 291f ff. SGB V die Grundlagen für Qualitätsanforderungen an bestimmte IT-Produkte im Gesundheitsbereich geschaffen. 3

In Deutschland wurden effektive Zertifizierungen im Landesrecht von **Schleswig-Holstein** als weltweit erste hoheitliche Gütesiegel- und Auditverfahren im Datenschutzbereich mit den §§ 4 Abs. 2, 43 Abs. 2 LDSG SH-alt im Jahr 2000 eingeführt.[8] § 4 Abs. 2 LDSG SH-alt regelte, dass zertifizierte Produkte von öffentlichen Stellen vorrangig eingesetzt werden sollen. Das Gütesiegel des Unabhängigen Landeszentrums für Datenschutz Schleswig-Holstein (ULD) ist somit ein wesentliches Qualitätsmerkmal bei öffentlichen Ausschreibungen im Land Schleswig-Holstein.[9] Auditverfahren für öffentliche Stellen sind inzwischen in weiteren Bundesländern vorgesehen.[10] Die auf nationaler und auf europäischer Ebene angebotenen hoheitlich regulierten und/oder durchgeführten Verfahren sollten aufeinander abgestimmt werden.[11] Die bei Audits durch Aufsichtsbehörden, die zugleich Kontroll- und Sanktionsaufgaben wahrnehmen, mögliche Interessenkollision soll durch eine strenge Trennung zwischen den kontrollierenden und den auditierenden Organisationsteilen vermieden werden. 4

Seit 2008 gibt es ein vom ULD entwickeltes **Europäisches Datenschutzgütesiegel** (European Privacy Seal – EuroPriSe).[12] Aus einem von der EU geförderten Projekt hervorgegangen, werden in einem zweistufigen Verfahren digitale Produkte und Dienstleistungen zertifiziert, wenn der Nachweis gelingt, dass das Produkt bzw. die Dienstleistung mit europäischem Datenschutzrecht in Einklang steht.[13] Dem Vorbild des schleswig-holsteinischen Gütesiegels folgend, wird in einem ersten Schritt von den beauftragten Sachverständigen (Gutachtern) die Konformität mit EU-Datenschutzrecht und mit den Erfordernissen der Datensicherheit geprüft. Deren Expertise wird danach im zweiten Schritt 5

6 Ausführlich DKWW-*Weichert*, § 9a Rn. 2ff.; Feik/von Lewinski, ZD 2014, 59; Kraska, ZD 2016, 153.

7 Simitis-*Scholz*, § 9a Rn. 2; Gola/Schomerus, § 9a Rn. 1f.; Roßnagel-*Roßnagel*, S. 442ff.; zur Regelungskompetenz Bizer/Petri, DuD 2001, 97ff.

8 Bäumler, RDV 2001, 167; ders., DuD 2002, 325.

9 Zum Wirtschaftsrecht Petri, DuD 2001, 150; kritisch Kirmes, in Paulus, Praxis des Security Managements.

10 Überblick bei Kühling/Buchner-*Bergt*, Art. 42 Rn. 39–43; Gola/Schomerus, § 9a, Rn. 14; Simitis-*Scholz*, § 9a Rn. 19f.; zu Bremen Holst, DuD 2004, 710; Regelung abgedruckt in RDV 2005, 26.

11 Münch, RDV 2003, 223.

12 European Privacy Seal – EuroPriSe; Meissner, DuD 2014, 153; ULD, DuD 2014, 222; Bock, DuD 2008, 712; dies., DuD 2008, 610; dies., DuD 2007, 410; Kirmes, in Paulus, Praxis des Security Managements.

13 Zu den Zertifizierungskriterien Meissner, DuD 2008, 525.

von einer unabhängigen Zertifizierungsstelle auf ihre Qualität, also auf Vollständigkeit, Schlüssigkeit und Nachvollziehbarkeit untersucht und im Fall eines positiven Ergebnisses mit dem EuroPriSe-Zertifikat ausgezeichnet. Dieses kann für Werbezwecke genutzt werden.[14] EuroPriSe ist seit Anfang 2014 privatisiert und im Markt eingeführt.[15]

6 Zertifizierungen können zur **Verbesserung des Schutzes** informationeller Selbstbestimmung einen wichtigen Beitrag leisten.[16] Die Wirksamkeit besteht vor allem dort, wo Dritte (Vertragspartner, Kunden) Vertrauen in die Datenschutzkonformität der Verarbeitung einfordern. Dies gilt für Internet-Angebote[17] oder auch für die Verarbeitung fremder besonders sensibler Daten, etwa im Gesundheitsbereich.[18] Zertifikate haben aber darüber hinausgehend im gesamten Sektor der Verbraucherdatenverarbeitung sowie in der geschäftlichen Datenverarbeitung eine Daseinsberechtigung. Im Hinblick auf die Datenverarbeitung im Beschäftigtenbereich bestehen bisher keine Zertifizierungsangebote. Solche Angebote sind wünschenswert, um sowohl den Arbeitgebern wie auch den Beschäftigtenvertretungen eine bessere Einschätzung verwendeter Produkte zu ermöglichen. Diese können auch zum Gegenstand von Kollektivvereinbarungen (Art. 88) gemacht werden. Es gibt schon heute Überschneidungen zu Zertifizierungen, bei denen Datenschutz ein Bestandteil ist (z. B. ISO 27001, 27002, 27018)[19] sowie bei Zertifikaten zur Datensicherheit.[20]

7 Zertifizierungen entfalten ihren **Nutzen**, wo Verantwortliche mangels technischer und/ oder rechtlicher Kompetenz ihre Verantwortung nur begrenzt wahrnehmen können, wie dies oft bei der Auftragsverarbeitung allgemein bzw. beim Cloud Computing speziell der Fall ist.[21] Entsprechendes gilt für komplexe arbeitsteilige Datenverarbeitungsprozesse. Die Zertifizierung dient der Nivellierung des Kompetenzgefälles zwischen Dienstleistern und Verantwortlichen bzw. Betroffenen. Verantwortliche können so ihre Haftungsrisiken (Art. 82) einschränken, die Zertifizierung als Beschaffungsargument von Hard- und Software verwenden und das Sanktionsrisiko minimieren. Gegenüber der eigenen Kundschaft dienen Zertifikate als Vertrauensnachweis und der Erhöhung der Verfahrenstransparenz. Bei der Zertifizierung muss es sich um eine unabhängige Beurteilung durch einen vertrauenswürdigen kompetenten Dritten handeln, mit dem die Datenschutzkonformität eines Angebots bestätigt und dadurch ein Wettbewerbsvorteil oder eine Risikobegrenzung

14 Eine umfassende Darstellung früher Datenschutzzertifizierungen ist zu finden in ULD, Datentreuhänderschaft in der Biobank-Forschung – bdcAudit, Schlussbericht 30. 4. 2009.

15 35. TB ULD 2015, Kap. 9.3; einen Überblick europaweit gibt ENISA, Recommendations on European Data Protection Certification, 2017, S. 16 f., 32 ff., *https://www.enisa.europa.eu/publications/recommendations-on-european-data-protection-certification.*

16 Kritisch Drews/Kranz, DuD 1998, 93; Gola/Schomerus, § 9a Rn. 5: Beschränkung der betrieblichen Selbstkontrolle durch bDSB, kostenaufwändige Bürokratie.

17 Hladjk, DuD 2002, 597.

18 Dazu ausführlich Weichert, MedR 2003, 674.

19 Cloud – Datenschutzprofil für Cloud-Dienste, April 2015, S. 5 f.; ENISA, Recommendations, S. 38 ff.; Staub, BvD-News 2/2018, 32.

20 Common Criteria, BSI-Grundschutzhandbuch; Ruländer/Weck, DuD 2003, 692; Münch, DuD 2002, 346; Voßbein, DuD 2006, 33; Meints, DuD 2006, 13; Gola, DuD 2009, 238; Kraska, ZD 2016, 153.

21 DSB-K, Zertifizierung nach Art. 42 DS-GVO, Kurzpapier Nr. 9, 17. 12. 2018, S. 3; Richter, RDV 2017, 65 ff.

erreicht wird. Zugleich kann die Kommunikation im Zertifizierungsverfahren zu einer Qualitätskontrolle und -sicherung sowie letztlich zur Produktverbesserung beitragen. Zertifizierungen stoßen an Grenzen, wenn IKT-Systeme oder -Organisationen einem dauernden Wandel ausgesetzt sind, der von der Zertifizierung nicht nachvollzogen werden kann, oder bei hochkomplexen arbeitsteiligen Systemen, wenn die Zertifizierung nicht sämtliche Komponenten erfassen kann.

Der **Entwurf der Kommission** enthielt lediglich eine kurze Regelung, welche die Konkre- 8
tisierung delegierten Rechtsakten der Kommission überlassen wollte. Das EU-Parlament sah demgegenüber eine detaillierte Regelung vor, mit der den verarbeitenden Stellen wie den Betroffenen eine gewisse Rechtssicherheit gegeben werden sollte. Eine angemessene Gebühr war vorgesehen, eine Höchstgültigkeit von 5 Jahren und die Veröffentlichung in einem Register. Das Parlament sah ein zweistufiges Verfahren vor, wonach die Zertifizierung durch die Aufsichtsbehörden erfolgt und private Stellen eingebunden werden. Nicht umgesetzt wurde der Parlamentsvorschlag, dass der EDSA auf eigene Initiative Zertifizierungen durchführen kann. Der Rat reduzierte die maximale Gültigkeitsdauer auf 3 Jahre und ergänzte die Regelung für kleine und mittlere Unternehmen. Private Stellen werden nun selbst befugt, Zertifikate auszustellen. Auch die Regelung zur Rechtfertigung von Datenexporten geht auf den Rat zurück.

Die Entscheidung zur Durchführung von Datenschutzzertifizierungen nach der DSGVO 9
ist **freiwillig** (Abs. 3). Primärer Wirkmechanismus soll es sein, das Eigeninteresse der Stellen an der Einhaltung des Datenschutzes zu fördern.[22] Es ist aber nicht ausgeschlossen, dass Zertifizierungen als gesetzliche zwingende Voraussetzung für bestimmte Formen der Datenverarbeitung festgelegt werden.[23] Möglich ist auch, im Fall des Vorliegens einer Zertifizierung weitere formelle Erleichterungen vorzusehen, wobei dies jedoch nicht dazu führen darf, dass materielle Regelungen, Betroffenenrechte oder technisch-organisatorische Datenschutznormen unbeachtet bleiben.

Über Verträge verbindlich gemachte Zertifizierungen sind nach Art. 46 Abs. 2 Buchst. f 10
ein Mittel zur Rechtfertigung von Datenexporten in unsichere Drittstaaten. Zertifikate eignen sie sich als **Nachweis** der Einhaltung der Pflichten des Verantwortlichen (Art. 24 Abs. 3) sowie des Auftragsverarbeiters (Art. 28 Abs. 5), zum Nachweis der Umsetzung von Privacy by Design und Privacy by Default (Art. 25 Abs. 3) sowie der Sicherheit der Verarbeitung (Art. 32 Abs. 3). Auch wenn sie nicht, wie Verhaltensregeln (Art. 40, 41), in Art. 35 explizit genannt werden, eignen sie sich auch für Datenschutz-Folgenabschätzungen.[24] Zertifizierungen können im Rahmen der Prüftätigkeit von Aufsichtsbehörden hinsichtlich der Auswahl der Stellen wie auch des Prüfgegenstands relevant sein und den Prüfaufwand reduzieren.

Im Rahmen der Zertifizierung erfolgt eine **Dokumentation und Bewertung**, die eine Be- 11
urteilungsgrundlage für alle beteiligten Stellen darstellen sollte: Produkthersteller, Verfahrensbetreiber, Anwender, Betroffene, Datenschutzbeauftragte, Aufsichtsbehörden, Ver-

---

22 SHS-*Scholz*, Art. 42 Rn. 5.

23 ENISA, Recommendations, S. 11; a. A. Kühling/Buchner-*Bergt*, Art. 42 Rn. 10.

24 DSK, Zertifizierung nach Art. 42 DS-GVO, S. 1; Kühling/Buchner-*Bergt*, Art. 42 Rn. 2; zu Unrecht relativierend, weil Zertifizierungen sich nicht auf eine bestimmte Verarbeitung, sondern ein Produkt beziehen, Ehmann/Selmayr-*Will*, Art. 42 Rn. 7.

tragspartner und Öffentlichkeit.[25] Je detaillierter und nachvollziehbarer Dokumentation und Bewertung sind, desto leichter ist die kritische Hinterfragung und desto höher die Vertrauenswürdigkeit. Die Zertifizierung von Produkten und Verfahren fördert zugleich die Erarbeitung von Standards, Best Practices oder Schutzprofilen, die bei der Entwicklung von IT-Produkten frühzeitig berücksichtigt werden können.[26] Mit Zertifizierungen können Fragen zur IT-Sicherheit[27] zur Vereinbarkeit mit materiellem Datenschutzrecht, zur Umsetzung von Betroffenenrechten und zu einem effektiven Datenschutzmanagement beantwortet werden. Zielsetzung muss nicht nur die Bestätigung von Gesetzeskonformität sein; darüber hinausgehend kann damit das Ziel einer Datenschutzoptimierung verfolgt werden. Zertifizierungen können so zu einer übergesetzlichen Verbesserung und Weiterentwicklung des Datenschutzes beitragen. Die Europäische Agentur für Informations- und Netzwerksicherheit (European Union Agency for Network and Information Security – ENISA) hat im November 2017 Empfehlungen zur Zertifizierung nach der DSGVO veröffentlicht.[28]

12 Zertifikate, also der Nachweis einer erfolgreichen Zertifizierung, können für das **Marketing und für Werbung** genutzt werden. Akkreditierungen nach der VO (EG) Nr. 765/2008 EG haben einen konkreten Nutzen beim Markzugang innerhalb der EU und darüber hinausgehend (World Trade Organization) für datenschutzbezogene Dienstleistungen und Produkte. Die Zertifikate ermöglichen die Teilnahme an Ausschreibungen der öffentlichen Hand gemäß Art. 44 der Vergaberichtlinie.[29] Produkte mit Zertifizierungen können privilegiert bei öffentlichen oder privaten Ausschreibungen behandelt werden (so ausdrücklich § 4 Abs. 2 LDSG SH).[30] Gem. Art. 5 VO (EG) Nr. 764/2008 dürfen die Mitgliedstaaten von einer Konformitätsbewertungsstelle, die für eine entsprechende Konformitätsbewertungstätigkeit gemäß Verordnung (EG) Nr. 765/2008 akkreditiert wurde, ausgestellte Bescheinigungen oder Prüfberichte nicht aus Gründen, die sich auf die Befugnisse dieser Konformitätsbewertungsstelle beziehen, zurückweisen.

13 Die Verwendung von Gütezeichen, Qualitätskennzeichen oder Ähnlichem sowohl durch öffentliche wie durch private Stellen ohne die Erfüllung der festgelegten Voraussetzungen (einschließlich evtl. nötiger Zertifikate und Genehmigungen) ist eine **Irreführung im Wettbewerb** und stellt einen Verstoß gegen Wettbewerbsrecht dar (Nr. 2 Anhang zu § 3 Abs. 3 UWG). Das Gleiche gilt, wenn gegenüber Verbrauchern eine unwahre Angabe gemacht wird, ein Unternehmen, eine von ihm vorgenommene geschäftliche Handlung, eine Ware oder eine Dienstleistung sei von einer öffentlichen Stelle bestätigt, gebilligt oder genehmigt worden (Nr. 4 Anhang zu § 3 Abs. 3 UWG). Dies wäre gegeben, wenn ausdrücklich werbend auf ein nicht bestehendes Gütesiegel verwiesen wird.[31] Es wäre sicher sinnvoll, wenn der DAkkS und den Aufsichtsbehörden eine eigenständige Befugnis zum

25 Hammer/Schuler, DuD 2007, 77.

26 Z.B. für Online-Dienste Schaar/Stutz, DuD 2002, 330; Schläger/Stutz, DuD 2003, 406; Föhlisch, DuD 2004, 74; Zwick, DuD 2006, 24; Kraska, ZD 2016, 154.

27 Quiring-Kock, DuD 2010, 178; Kersten/Schröder, DuD 2011, 565, 650, 726, 802.

28 ENISA, Recommendations on European Data Protection Certification.

29 RL 2014/24/EU vom 26. 2. 2014, ABl. L 94/65 v. 28. 3. 2014.

30 Diese Regelung bedarf der Anpassung an die DSGVO, vgl. Auernhammer-*Hornung*, Art. 42 Rn. 37f.

31 Gola/Reif, RDV 2009, 111; SHS-*Scholz*, Art. 42 Rn. 54.

Vorgehen gegen Stellen, die ohne Akkreditierung tätig werden oder sonst Missbrauch mit Zertifikaten treiben, eingeräumt würde.

Die **Validität einer Zertifizierung** hängt von einer Vielzahl von Faktoren ab, die über die Vorgaben der Art. 42, 43 gewährleistet werden sollen. Deren Vertrauenswürdigkeit wird durch die Unabhängigkeit der Zertifizierungsstelle, deren Kompetenz und deren umfassende Prüfung und laufende behördliche Überwachung durch die Akkreditierungsstelle hergestellt sowie durch die Möglichkeit, das Ergebnis nachzuvollziehen. Dies setzt eine möglichst weitgehende Dokumentation und deren Transparenz und Nachvollziehbarkeit voraus. 14

Die Art. 42, 43 haben die Funktion, auf dem **Markt der Datenschutzzertifizierung** die Spreu vom Weizen zu trennen und durch die formellen Anforderungen, die Transparenzpflichten und die einheitlichen Standards unseriöse Zertifikate zu erkennen und auszugrenzen. Durch die Bezugnahme auf das europäische Akkreditierungssystem der VO (EG) Nr. 765/2008 ist die Datenschutzzertifizierung künftig vollständig reguliert. Eine akkreditierte Konformitätsbewertungsleistung im Sinne von Art. 2 Nr. 12 VO (EG) Nr. 765/2008 ist das Verfahren zur Bewertung, ob spezifische Anforderungen an ein Produkt, ein Verfahren, eine Dienstleistung, ein System, eine Person oder eine Stelle erfüllt sind. Nach Art. 3 VO (EG) Nr. 765/2008 gelten die Regelungen zur Akkreditierung sowohl bei obligatorischen oder freiwilligen Akkreditierungen in Bezug auf die Bewertung der Konformität, unabhängig vom Rechtsstatus der akkreditierenden Stelle. Damit können nur noch Stellen, die über eine gültige Akkreditierung verfügen, Zertifizierungsleistungen im Datenschutz gemäß § 1 Abs. 2 AkkStelleG anbieten.[32] Private Angebote für Datenschutz-Zertifizierungen oder -Audits, die nicht den Eindruck erwecken, eine Zertifizierung gemäß DSGVO vorzunehmen, sind weiterhin zulässig.[33] 15

Mit einer Zertifizierung wird nicht die **Rechtmäßigkeit der konkreten Datenverarbeitung** bestätigt. Vielmehr wird bescheinigt, dass ein Verfahren, wenn es regelgerecht genutzt wird, eine datenschutzkonforme Verarbeitung ermöglicht. Die Zertifizierung bestätigt, dass in einem vorgegebenen Verfahren keine Datenschutzverstöße systemseitig angelegt sind. Kommt es im Einzelfall zu einer rechtswidrigen Nutzung eines zertifizierten Verfahrens, so kann dies der Anlass für eine Prüfung des Verfahrens sein; es ist aber kein Beleg dafür, dass die Zertifizierung unberechtigt erfolgte. Die Zertifizierungsstellen sind für derartige Einzelverstöße nicht verantwortlich.[34] Weichen Zertifizierungsstellen von ihren im akkreditierten Konformitätsbewertungsprogramm festgelegten Überwachungs- und Prüfungspflichten und von den mit der Aufsichtsbehörde und der Akkreditierungsstelle abgestimmten Anforderungen an Prüfung und Überwachung ab, so drohen Bußgelder nach Art. 83 Abs. 4 Buchst. b und c. 16

32 ErwGr 13 zur VO (EG) Nr. 765/2008: »Das System der Akkreditierung stärkt den Grundsatz der gegenseitigen Anerkennung, weshalb die Bestimmungen dieser Verordnung über die Akkreditierung für Stellen gelten sollten, die Konformitätsbewertungen sowohl in reglementierten als auch in nicht reglementierten Bereichen durchführen. Es soll die Qualität von Bescheinigungen und Prüfberichten, unabhängig davon, ob sie aus dem reglementierten oder dem nicht reglementierten Bereich stammen gesichert werden, weshalb kein Unterschied zwischen diesen Bereichen gemacht werden sollte.«

33 SHS-*Scholz*, Art. 42 Rn. 11f.

34 Kühling/Buchner-*Bergt*, Art. 42 Rn. 17; zur Marktsituation Richter, RDV 2017, 64f.

17 Art. 42 regelt das **Zertifizierungsverfahren und dessen Voraussetzungen**. Art. 43 beschreibt, welche Stellen unter welchen Rahmenbedingungen ein solches Verfahren durchführen dürfen. Art. 42 Abs. 1 enthält eine generelle Förderungspflicht. Abs. 2 bekräftigt die Verbindlichkeit im Hinblick auf Datentransfers in Drittausland. Abs. 4 stellt klar, dass darüber hinausgehend keine Bindung der Aufsichtsbehörden erfolgt. Abs. 3 sieht generell die Freiwilligkeit und das Transparenzerfordernis vor. Abs. 5 legt fest, wie die Zertifizierungs-Kriterien festgelegt werden. Abs. 6 regeln das Verhältnis zwischen verarbeitender Stelle und Zertifizierungsstelle. Abs. 7 regelt die Dauer der Gültigkeit und Abs. 8 die Veröffentlichung der Zertifikate.

II. Die Regelung im Einzelnen

18 Anders als bei den bisher in Deutschland praktizierten Zertifizierungen wird in Art. 42 nicht zwischen **Produkt- und Verfahrenszertifizierung**, also zwischen einen auf eine Anwendung beschränktes Gütesiegel und einer umfassenden Auditierung unterschieden.[35] Dies schließt aber nicht aus, dass die in Art 41 vorgesehenen Zertifizierungen sich auf einen der beiden Aspekte beschränken oder auch beides erfassen.

19 Als **Empfänger eines Zertifikats** und damit auch als Antragsteller in einem Zertifizierungsverfahrens nennt die DSGVO nur Verantwortliche und Auftragsverarbeiter. Dies schließt Hersteller von Hard- und Software aus, die nicht die Rolle eines Verantwortlichen oder eines Auftragsverarbeiters einnehmen.[36] In der Regel werden auch **Hersteller** im Rahmen der Systempflege, Administration, dem Aufspielen von Backups und der Wartung Aufgaben von Auftragsverarbeitern wahrnehmen. Erfolgt dies nicht, weil der konkrete Einsatz des Produktes vom Vertrieb und Verkauf vollständig getrennt ist, so sollte dies kein Hinderungsgrund für die Durchführung einer Zertifizierung nach den Art. 42, 43 sein, auch wenn diese nicht Verantwortliche oder Auftragsverarbeiter sind.[37] Dafür spricht auch, dass die ursprüngliche Intention des Parlaments, die DSGVO auch auf Hersteller auszuweiten, zwar aufgegeben wurde, nicht aber die dahinter stehende Intention, die von Herstellern bereitgestellte informationstechnische Infrastruktur datenschutzkonform zu verwirklichen (ErwGr 78 Satz 4).[38]

1. Förderpflicht und Zertifizierungszweck (Abs. 1)

20 Abs. 1 Satz 1 verpflichtet Mitgliedstaaten, Aufsichtsbehörden (Art. 57 Abs. 1 Buchst. m), den EDSA (Art. 70 Abs. 1 Buchst. n) sowie die Kommission zur **Förderung von Zertifizierungsverfahren**. Dies kann u. a. durch folgende Maßnahmen geschehen: Durchführung und Förderung von Forschungsprojekten,[39] Schaffung von Zertifizierungsanreizen

---

35 Dazu ausführlich DKWW-*Weichert*, § 9a Rn. 10, 12–14; Simitis-*Scholz*, Art. 9 a Rn. 24–35; kritisch Hornung/Hartl, ZD 2014, 222ff.

36 Auernhammer-*Hornung*, Art. 42 Rn. 9; a. A. Vorauflage, ähnlich tendenziell Plath-*von Braunmühl*, Art. 42 Rn. 7.

37 Dümeland, K&R 2019, 25.

38 Vgl. ErwGr 100; a. A. Auernhammer-*Hornung*, Art. 42 Rn. 2, 9ff.

39 So z. B. das vom Bundesministerium für Wirtschaft geförderte Projekt AUDITOR, *http://www.aifb.kit.edu/web/AUDITOR*.

(z. B. besondere Berücksichtigung bei Ausschreibungen)[40], finanzielle Unterstützung, Regelung von Verfahren und Kriterien, Öffentlichkeitsarbeit und Werbung, informationelle Hilfen, z. B. durch die Bereitstellung von Informationen, Formularen, Ansprechstellen. Es sollen Rahmenbedingungen geschaffen werden, die private wie öffentliche Stellen dazu bringt, Zertifizierungsverfahren zu durchlaufen und dadurch den Datenschutz zu stärken. Es muss für jedes Unternehmen grundsätzlich unabhängig vom Geschäftsmodell möglich sein, ein Zertifikat für einzelne Anforderungen der DSGVO zu erhalten. Daneben müssen Gütesigel und Prüfzeichen etabliert werden, die es in einer in hohem Maße auf Arbeitsteilung eingestellten Volkswirtschaft ermöglicht, das Verantwortliche oder Auftragsverarbeiter Produkte und Dienste erwerben können, die für sich jeweils verlässlich bestimmte Eigenschaften nachweisen, die zur Erreichung der Datenschutzcompliance erforderlich sind.

Die Regelung verwendet den Oberbegriff der Zertifizierung und nennt als Konkretisierungen »**Zertifizierungsverfahren, Datenschutzsiegel und -prüfzeichen**«. Eine weitere normative Unterscheidung wird nicht vorgenommen. Im Interesse der Vermeidung von Wildwuchs und Verwechslungen sollte eine klare und einheitliche Terminologie verwendet werden. Gem. Art. 43 Abs. 8 kann die EU-Kommission Durchführungsrechtsakte (vgl. Art. 93 Abs. 2) erlassen, in denen nähere Spezifikationen sowie Mechanismen der Förderung und der Anerkennung festgelegt werden. Hierüber kann eine europaweite Vereinheitlichung erreicht werden.[41] 21

Zertifizierungen dienen dem **Nachweis der Einhaltung der DSGVO**. Damit sind **Managementsysteme** nach ISO/IEC 17021 angesprochen, die insbesondere in den Art. 24 Abs. 3 (Einhaltung der genehmigten Verhaltensregeln), Art. 28 Abs. 5 (genehmigte Verhaltensregeln für Auftragsverarbeiter), Art. 46 Abs. 2 Buchst. e (genehmigte Verhaltensregeln für Drittlandübermittlungen) sowie Art 32 Abs. 1 Buchst. a-d (Datensicherheitsmanagementsysteme) adressiert werden. Dazu gehören auch die Überwachungsstellen gemäß Artikel 41 Abs. 1 die nach ISO/IEC 17021 als Inspektionsstellen zu akkreditieren sind. Darunter fallen zudem Personenzertifizierungssysteme nach ISO/IEC 17024, z. B. für die Kompetenzfeststellung eines »betrieblichen Datenschutzbeauftragten« gemäß Art 32 Abs. 2. Viele Unternehmen haben zur Erfüllung von Anforderungen der technischen Datensicherheit schon zertifizierte Managementsysteme (z. B. nach ISO/IEC 27001, 27017, 27018). Diese Zertifikate sind nicht hinreichend, können aber als Teilsysteme in die Datenschutzzertifizierung integriert werden. 22

Mit Datenschutzsiegel und -prüfzeichen werden insbesondere **Verarbeitungsvorgänge** von Verantwortlichen oder Auftragsverarbeitern bewertet, also konkrete Prozesse, Produkte oder Dienstleistungen (Art. 25 Abs. 3). Solche Zertifikate dürfen nur von Stellen vergeben werden, die nach der Norm ISO/IEC 17065 akkreditiert sind. 23

Die Nachweise beziehen sich zunächst auf den Zertifizierungszeitpunkt,[42] sollen aber über die **gesamte Geltungsdauer** hinweg fortbestehen. Selbstverständlich können im Rahmen der Zertifizierung auch Datenschutzgarantien nachgewiesen werden, die über die Anfor- 24

40 Ehmann/Selmayr-*Will*, Art. 42 Rn. 12.

41 Auernhammer-*Hornung*, Art. 42 Rn. 17; zur Begrifflichkeit ENISA, Recommendations, S. 10f. mit Verweis auf Art. 3 Verordnung (EU) 910/2014.

42 Roßnagel/Nebel/Richter, ZD 2015, 459.

derungen der DSGVO hinausgehen. Zwingend ist dies aber nicht.[43] Die DSGVO will einen umfassenden digitalen Grundrechtsschutz gewährleisten und ist insofern nicht inhaltlich eingrenzend.[44]

25 Gem. Abs. 1 Satz 2 ist »den besonderen Bedürfnissen von Kleinstunternehmen sowie **kleinen und mittleren Unternehmen**« Rechnung zu tragen. Dabei handelt es sich um eine rechtliche Verpflichtung und nicht nur um einen Appell.[45] Dies kann durch Sensibilisierungsmaßnahmen (ErwGr 132) und durch Erleichterungen bei der Zertifizierung erfolgen, mit denen zugleich Rechtssicherheit und Transparenz geschaffen werden (ErwGr 13 Satz 1), etwa durch Standardisierung von Abläufen oder Musterschreiben.[46] In Verhaltensregeln nach Art. 40 Abs. 1 kann Entsprechendes geregelt werden. Nicht möglich ist eine Freistellung von in der DSGVO vorgesehenen Pflichten (Abs. 4). Bei kleinen Unternehmen wäre es unangemessen, mehr als ein Managementsystem im Sinne der ISO/IEC 17021 zu zertifizieren. Die Anforderungen hierfür richten sich nach den »Implementierungskosten und der Art, des Umfangs, der Umstände und der Zwecke der Verarbeitung sowie der unterschiedlichen Eintrittswahrscheinlichkeit und Schwere des Risikos«. Prozesse, Dienstleistungen und Produkte im Sinne der ISO/IEC 17065 sind in diesem Bereich eher untypisch. Innerhalb der Managementsysteme kann geprüft werden, inwieweit zertifizierte Produkte und Dienstleistungen (Cloud) eingekauft oder eingesetzt werden.[47]

2. Drittlandsübermittlungen (Abs. 2)

26 Nach Abs. 2 Satz 1 können Stellen in Drittländern durch eine Zertifizierung nachweisen, dass sie geeignete Garantien für die Übermittlung von personenbezogenen Daten an **Drittländer oder internationale Organisationen** bieten.[48] Die Beurteilung, ob eine Datenverarbeitung sich auf mehrere Mitgliedstaaten bezieht, obliegt der zuständigen Aufsichtsbehörde. Betroffen sind die Akkreditierungsarten ISO/IEC 17065/17021/17020. Die konkreten Zertifizierungsprogramme müssen für jedes »Drittland« gesondert geprüft und durch die Aufsichtsbehörden genehmigt werden, weil sich in jeder Drittlands-Jurisdiktion unterschiedliche Probleme stellen.

27 Die zertifizierten Stellen gehen mittels Vertrags oder sonstiger bindender Instrumente die **verbindliche und durchsetzbare Verpflichtung** ein, geeignete Garantien anzuwenden. Dies setzt voraus, dass schon bei der Akkreditierung der Zertifizierungsstellen die Zertifizierungsvereinbarungen zu prüfen sind, z. B. welche Gerichtsstands- und Rechtswahlverträge gefordert werden. Die einzuhaltenden Kriterien müssen mit den vom EDSA vorgegebenen übereinstimmen.

28 Bei Konflikten kann das **Kohärenzverfahren** nach Art. 63 ff. angewendet werden. Voraussetzung ist, dass rechtsverbindliche Verpflichtungen des Verantwortlichen bzw. Auftrags-

43 Gola-*Lepperhoff*, Art. 42 Rn. 26.
44 Anders insofern wohl Hornung/Hartl, ZD 2014, 224.
45 Zu den Kosten s. u. Rn. 30; Kühling/Buchner-*Bergt*, Art. 42 Rn. 13; a. A. Plath-*von Braunmühl*, Art. 42 Rn. 8; LNK, § 8 Rn. 28.
46 Gola-*Lepperhoff*, Art. 42 Rn. 12.
47 ENISA, Recommendations, S. 28 f.
48 Hornung/Hartl, ZD 2014, 224 f.

verarbeiters im Drittland zertifiziert werden, etwa in Bezug auf geeignete Garantien und Betroffenenrechte (Art. 46 Abs. 2 Buchst. f). Das Zertifizierungsverfahren muss ausdrücklich auf diese Verbindlichkeit durch die entsprechende Definition des Zertifizierungsgegenstands hin ausgelegt sein;[49] ein exklusiver Bezug zum Datenexport ist zwar nicht nötig, aber im Interesse größtmöglicher Transparenz und Klarheit wünschenswert. Soll eine Zertifizierung umfassend die geeigneten Garantien i. S. v. Art. 46 Abs. 1 gewährleisten, so bedarf es einer umfassenden Bezugnahme und Prüfung sämtlicher Voraussetzungen für eine Drittlandsübermittlung.[50]

3. Freiwilligkeit, Transparenz und Verantwortlichkeit (Abs. 3, 4)

Abs. 3 stellt klar, dass die Zertifizierung gemäß der DSGVO keine gesetzliche Pflicht dar- 29
stellt, sondern freiwillig erfolgt. **Freiwilligkeit** bedeutet, dass keine generellen nationalen Zertifizierungspflichten vorgesehen werden dürfen. Verpflichtungen zur Zertifizierung bestimmter Anwendungen in Betriebsvereinbarungen oder Tarifverträgen (Kollektivvereinbarungen, vgl. Art. 88) bleiben zulässig. Die Regelung hindert den europäischen oder die nationalen Gesetzgeber aber auch nicht daran, datenschutzrechtliche Zertifizierungen unter bestimmten engeren Voraussetzungen zur Pflicht zu machen und dabei auf die sonstigen Verfahrensregelungen der Art. 42, 43 zurückzugreifen.[51] Die Vorgabe der Freiwilligkeit gilt als allgemeine Vorgabe für das allgemeine Datenschutzrecht.[52] Es ist nicht erkennbar, dass der DSGVO-Gesetzgeber bereichsspezifisch höhere Datenschutzanforderungen ausschließen wollte. Produkte, die aus anderen rechtlichen Anforderungen einer Zertifizierungspflicht unterliegen, bleiben entsprechend reguliert, auch wenn innerhalb der Systeme Datenschutzanforderungen zu prüfen sind (z. B. bei Medizinprodukten). Die Freiwilligkeit bezieht sich auf hoheitliche Anforderungen und schließt nicht aus, dass sich Stellen vertraglich zu einer Zertifizierung verpflichten oder dass in Verhaltensregeln (Art. 40) unter bestimmten Voraussetzungen Zertifizierungen zur Pflicht gemacht werden.[53]

Der Vorschlag des Parlaments, die Zertifizierungen zu erschwinglichen **Kosten** anzubie- 30
ten und in einem nicht übermäßig aufwändigen Verfahren zugänglich zu machen, wurde nicht Gesetz. Es besteht keine hoheitliche Subventionierungspflicht der konkreten Verfahrensdurchführung. Die geforderten Gebühren oder sonstige Zahlungen für die Durchführung des Verfahrens können kostendeckend sein. Insofern können nationale Regelungen erlassen werden.[54] Die Kosten dürfen aber nicht so hoch sein, dass bestimmte Stellen von vornherein von einer Zertifizierung ausgeschlossen werden. Den finanziellen Möglichkeiten von Kleinstunternehmen sowie kleinen und mittleren Unternehmen ist Rechnung zu tragen (vgl. Abs. 1 Satz 2, siehe Rn. 25).

49 SHS-*Scholz*, Art. 42 Rn. 27.
50 Ähnlich Kühling/Buchner-*Bergt*, Art. 42 Rn. 14, 29.
51 A.A. SHS-*Scholz*, Art. 42 Rn. 30.
52 A.A. undifferenziert und ohne Begründung Kühling/Buchner-*Bergt*, Art. 42 Rn. 10.
53 Generell zum Verhältnis Zertifizierung-Verhaltensregeln Plath-*von Braunmühl*, Art. 42 Rn. 5.
54 Kühling/Buchner-*Bergt*, Art. 42 Rn. 32.

31 Die Zertifizierung muss über »ein transparentes Verfahren zugänglich sein«. Die Anforderungen für die Erteilung eines Zertifikats mit den Zuständigkeiten und dem Verfahrensablauf und den Kriterien sollen für Interessierte einfach zu verstehen und nachzuvollziehen sein. Das **Transparenzerfordernis** beschränkt sich nicht nur auf die Möglichkeit der Nutzung, sondern auch auf die konkrete Durchführung und die Ergebnisse der Zertifizierungen (Abs. 8; siehe Rn. 64ff.).

32 Eine Zertifizierung stellt die Stelle gemäß Abs. 4 nicht von der **Pflicht zur Einhaltung** der Regelungen der DSGVO und von Kontrollen durch die Aufsichtsbehörden ganz oder teilweise frei. Stellt eine Aufsichtsbehörde Rechtsverstöße im Hinblick auf zertifizierte Datenverarbeitungen fest, so muss diese im Rahmen ihres Ermessens aufsichtsrechtlich tätig werden. Dies kann zudem Anlass sein, die Berechtigung und evtl. einen Widerruf der Zertifizierung zu prüfen. Mit einer Zertifizierung kann eine Selbstbindung der Aufsichtsbehörde verbunden sein.[55]

4. Zuständigkeit und Kriterien (Abs. 5)

33 Zuständig für die Zertifizierung sind Zertifizierungsstellen nach Art. 43 oder die zuständigen Aufsichtsbehörden. Die Zertifizierung durch Aufsichtsbehörden selbst bietet sich insbesondere für den öffentlichen Bereich an. Es gibt aber keine rechtlichen Regelungen, die Zertifizierungen durch sie im nicht-öffentlichen Bereich ausschließen. Art. 57 Abs. 1 Buchst. n nennt die Einführung von Zertifizierungsmechanismen als **Pflichtaufgabe der Aufsichtsbehörden**. Diese sollen »die Einführung von Datenschutzzertifizierungsmechanismen und von Datenschutzsiegeln und -prüfzeichen nach Artikel 42 Absatz 1 anregen und Zertifizierungskriterien nach Artikel 42 Absatz 5 billigen«. Danach gehört es nicht zu den Pflichten der Aufsichtsbehörden, wohl aber zu deren Befugnissen, selbst Zertifizierungen vorzunehmen. Mitgliedstaaten können gesetzlich festlegen, dass und in welcher Form und welchem konkreten Verfahren Aufsichtsbehörden die Aufgabe der Zertifizierung wahrnehmen.[56] Die Doppelrolle als Aufsicht und Zertifizierungsstelle hebt die für die jeweilige Unabhängigkeit wichtige Rollentrennung auf und kann zu Interessenkonflikten führen.[57] Dem muss und kann durch organisatorische Maßnahmen vorgebeugt werden.[58]

34 Hierfür wie auch für die Durchführung von Zertifizierungen durch in Art. 43 genannten Stellen bedarf es **europäischer und nationaler Konkretisierungen**. Dies gilt auch für die Frage eines Konkurrenzverhältnisses zwischen Zertifizierungsstelle und Datenschutzbeauftragtem.[59] Diese Konkretisierungen können in Deutschland sowohl auf nationaler wie auch auf Länderebene erfolgen. Die bestehenden Länderregelungen in Deutschland sind an das europäische Recht anzupassen. Zudem müssen die bisher angewendeten Kriterien und Verfahren auf ihre Vereinbarkeit mit der DSGVO und dem sonstigen europäischen

---

55 Ehmann/Selmayr-*Will*, Art. 42 Rn. 28; Plath-*von Braunmühl*, Art. 42 Rn. 16; Krings/Mammen, RDV 2015, 233; a. A. SHS-*Scholz*, Art. 42 Rn. 34.
56 Kühling/Buchner-*Bergt*, Art. 42 Rn. 12.
57 Gola-*Lepperhoff*, Art. 42 Rn. 8.
58 SHS-*Scholz*, Art. 42 Rn. 36.
59 Dazu SHS-*Scholz*, Art. 42 Rn. 37.

Recht zur Konformitätsfeststellung hin überprüft werden.[60] Im Interesse einer Einheitlichkeit und Übersichtlichkeit wäre es wünschenswert und auch zulässig, wenn in Deutschland bundesweit eine einheitliche Normierung hinsichtlich der Umsetzung des Art. 42 erfolgen würde.

Das mögliche Nebeneinander von DSGVO-Zertifizierungen kann sich als ein Anwendungsproblem der Art. 42, 43 erweisen: Die **örtliche und sachliche Zuständigkeit einer Aufsichtsbehörde für die Aufsicht** über eine Zertifizierungsstelle orientiert sich an den Art. 55, 56. Nach Art. 55 ist die Aufsichtsbehörde für die Zertifizierungsstelle »im Hoheitsgebiet ihres eigenen Mitgliedstaates zuständig«. Bestehen wie in Deutschland mehrere Aufsichtsbehörden, so richtet sich die sachliche und örtliche Zuständigkeit zusätzlich am nationalen Recht (vgl. § 40 Abs. 2 BDSG). Vorbehaltlich anderweitiger künftig möglicher Spezialregelungen gilt, dass für Zertifizierungsstellen die jeweilige Landesaufsicht zuständig ist. Dass der Gesetzgeber eine Orientierung an der jeweiligen zertifizierten Materie beabsichtigt hätte, ist nicht erkennbar. Dies bedeutet, dass die Aufsichtsbehörden der Länder auch für Zertifizierungen zuständig sein können, die den Bereich der Telekommunikation oder den Bereich von Bundesbehörden tangieren. Eine Trennung nach Sachgebieten verbietet sich auch wegen der oft bestehenden faktischen Verknüpfung von Verarbeitungsprozessen, die unterschiedlichen Aufsichten unterliegen. Bezieht sich dagegen eine Zertifizierung oder ein Zertifizierungsverfahren auf einen Bereich, der ausschließlich öffentliche Stellen des Bundes oder von Post/Telekommunikation betrifft (§ 42 Abs. 3 PostG, § 115 Abs. 4 TKG), so lässt die DSGVO auch eine Aufsicht durch die BfDI zu. Handelt es sich bei einer Zertifizierungsstelle um eine öffentliche Stelle des Bundes, so nimmt insofern die BfDI die Aufsicht wahr, in Bayern ist dann nicht das BayLDA, sondern der Bayerische Landesbeauftragte für Datenschutz zuständig. Vorstellbar ist auch, dass die Datenschutzbehörden in Deutschland ihre Zuständigkeiten nach fachlichen Gesichtspunkten aufteilen, um eine Konkurrenz unter den Aufsichtsbehörden zu vermeiden und zugleich eine größtmögliche Kompetenz und Fachlichkeit zu gewährleisten. 35

Aufsichtsbehörden sind nach der DSGVO nicht gehindert, ihre Zertifizierungs-, Akkreditierungstätigkeit im Wege der Organleihe **einer anderen Aufsichtsbehörde zu übertragen**. Angesichts des hoheitlichen Charakters dieser Tätigkeit bedarf es hierfür einer gesetzlichen Grundlage. Dieser hohen formalen Hürde bedarf es nicht, wenn eine Aufsichtsbehörde im Wege der Auftragsverwaltung tätig wird. In diesem Fall bleibt die den Auftrag erteilende zuständige Aufsichtsbehörde rechtlich für die Aufgabenerfüllung und deren Ergebnisse verantwortlich. 36

Eine **Zertifizierung durch Aufsichtsbehörden** ist im jeweiligen örtlichen und sachlichen Zuständigkeitsbereich zulässig. Gem. § 33 Abs. 1 Vergabeverordnung (VgV)[61] müssen öffentliche Auftraggeber aber auch Konformitätsbescheinigungen anderer Bewertungsstellen akzeptieren. 37

Ist eine Zertifizierungsstelle gem. Art. 43 Abs. 1 akkreditiert, so kann sie für den Bereich, für den sie zugelassen wurde, Zertifizierungen vornehmen. Diese beschränken sich nicht auf den Bereich der Zuständigkeit der aufsichtsführenden Aufsichtsbehörde, sondern er- 38

60 Edpd/EDSA, Guidelines 1/2018 on certification and identifying certification criteria in accordance with Articles 42 and 43 of the Regulation 2016/679, 25. 5. 2018.

61 VgV v. 12. 4. 2016, BGBl. I 624; ebenso Art. 44 Abs. 3 RL 2014/24/EU, Vergaberichtlinie.

strecken sich räumlich auf die EU und sogar darüber hinaus (vgl. Art. 46 Abs. 2 Buchst. f). Auch Aufsichtsbehörden sind durch die VO (EG) Nr. 765/2008 gebunden. Aus Art. 5 VO (EG) Nr. 764/2008 folgt, dass die Mitgliedstaaten von einer Konformitätsbewertungsstelle, die für eine entsprechende Konformitätsbewertungstätigkeit gemäß Verordnung (EG) Nr. 765/2008 akkreditiert wurde, ausgestellte Bescheinigungen oder Prüfberichte nicht aus Gründen, die sich auf die Befugnisse dieser Konformitätsbewertungsstelle beziehen, zurückweisen dürfen. Dies kann zur Folge haben, dass Aufsichtsbehörden in der EU mit Zertifikaten von anderen Aufsichtsbehörden nicht einverstanden sind. In diesen Fällen können die Aufsichtsbehörden das **Kohärenzverfahren nach Art. 63ff.** zur Anwendung bringen.

39 Maßstab für die Erteilung von Zertifikaten ist die Umsetzung bzw. Beachtung von **Kriterien**, die von der zuständigen Aufsichtsbehörde oder vom EDSA genehmigt wurden. Diese müssen die Beachtung der DSGVO gewährleisten; ein darüber hinaus gehender Mehrwert wird nicht gefordert, ist aber im angemessenen Rahmen zulässig.[62] Angesichts der Offenheit vieler Regelungen der DSGVO sind über die Kriterien insbesondere Präzisierungen des geltenden Rechts in Bezug auf konkrete Anwendungen vorzunehmen.

40 Bei **nationalen Kriterien**, die sich nicht nur auf das EU-Recht, sondern auch auf die Beachtung des Datenschutzrechtes eines Mitgliedstaates beziehen, kann das gesamte nationale Rechtsregime mitberücksichtigt werden. Dies muss sich eindeutig aus der Entscheidung über die Zertifizierung (Zertifikat) ergeben.

41 Die Erteilung von Zertifizierungen nach Art. 42 Abs. 5 und die Billigung der Kriterien erfolgt gem. Art. 58 Abs. 3 Buchst. f vorrangig durch die **zuständige Aufsichtsbehörde**. Aus der Formulierung kann der Schluss gezogen werden, dass für jede Zertifizierung eigenständige Kriterien festgelegt und gewilligt werden können. Dies hindert die Aufsichtsbehörde aber nicht, für sämtliche oder eine Vielzahl von spezifischen Zertifizierungen einheitliche Vorgaben zu machen bzw. für spezifische Anwendungen spezifische allgemeine Anforderungen festzulegen, die im einzelnen Verfahren beachtet werden müssen. Dass es sich bei den Kriterien um allgemeinverbindliche abstrakte Festlegungen handeln soll, kann der Art. 43 Abs. 6 Satz 1 und 2 entnommen werden, wonach die Kriterien »in leicht zugänglicher Form veröffentlicht« werden. Die Verwendung geheimer Kriterien, wie sie bisher am Markt zu beobachten war, ist bei DSGVO-Zertifizierungen unzulässig.[63]

42 Zertifizierungsstellen dürfen die Zertifizierung von der Akzeptanz von **Lizenzbedingungen** abhängig machen. Die Zertifizierungsstellen können aber zu einer FRAND-Selbstverpflichtung gemäß den Kommissionsleitlinien zu Vereinbarungen über horizontale Zusammenarbeit im Sinne des Art. 101 AEUV veranlasst werden.[64] Dies hindert die Akkreditierungsstelle nicht daran zu prüfen, ob die Anforderungen der DSGVO und der festgelegten Kriterien eingehalten werden.[65]

---

62 Auernhammer-*Hornung*, Art. 42, Rn. 11; SHS-*Scholz*, Art. 42 Rn. 25; ähnlich Kühling/Buchner-*Bergt*, Art. 42 Rn. 15; Schwartmann/Weiß, RDV 2016, 72.

63 Gola-*Lepperhoff*, Art. 42 Rn. 11.

64 FRAND (Fair Reasonable and Non-Discriminatory) Selbstverpflichtung = Schriftliche unwiderrufliche Erklärung des Patent-Inhabers, die patentierte Technologie dritten Unternehmen zu fairen, zumutbaren und nicht-diskriminierenden Bedingungen zur Verfügung zu stellen.

65 EA Procedure and Criteria for the Evaluation of Conformity Assessment Schemes by EA, 2016.

Die Kriterien können, da es keine weiteren Festlegungen in der DSGVO gibt, von jeder Zertifizierungsstelle wie auch von jeder Aufsichtsbehörde in ihrem jeweiligen Einzugsbereich festgelegt werden. Die zuständige Aufsichtsbehörde kann aber Kriterien verwerfen. Im Interesse einer Standardisierung auf nationaler Ebene können die Mitgliedstaaten gesetzliche Verfahrensvorschriften für eine **Erarbeitung einheitlicher Standards** und Kriterien festlegen, bei denen jedoch die Unabhängigkeit der Datenschutzaufsicht gewahrt bleiben muss. 43

Die Billigung der **Kriterien in Deutschland** empfiehlt sich in einheitlicher Form durch eine gemeinsame Festlegung durch die DAkkS und die Datenschutzbehörden. Die Festlegung der Kriterien erfolgt unter Wahrung der Unabhängigkeit der Aufsichtsbehörden gemäß nationalem Recht oder im Konsensverfahren. 44

Abs. 5 Satz 2 betrifft den Fall, dass die Kriterien gemäß Art. 63 auf der Basis von »durch den Ausschuss genehmigten Kriterien erteilt« (Satz 1) werden und in Form einer »gemeinsamen Zertifizierung, dem **Europäischen Datenschutzsiegel**« erfolgt. Die Regeln des Kohärenzverfahrens nach Art. 63ff. sind anwendbar. Auch diese Kriterien beziehen sich nicht nur auf einzelne Zertifizierungen, sondern können abstrakt und allgemeingültig formuliert werden. Mit dem Europäischen Datenschutzsiegel soll europaweit ein vergleichbar hoher, der DSGVO entsprechender Datenschutzstandard festgelegt und einheitlich zertifiziert werden können.[66] Das bestehende, ursprünglich vom ULD entwickelt European Privacy Seal (EuroPriSe, Europäische Datenschutz-Gütesiegel, siehe Rn 5) ist mit dem Europäischen Datenschutzsiegel nicht gleichzusetzen, kann aber als Blaupause für deren Entwicklung verwendet werden. Dies war auch ursprünglich eine Intention von EuroPriSe. 45

5. Durchführung der Zertifizierung (Abs. 6)

Der Verantwortliche oder Auftragsverarbeiter, der ein Zertifikat erstrebt, stellt der Zertifizierungsstelle nach Art. 43 bzw. der zertifizierenden Aufsichtsbehörde alle für die Durchführung des Verfahrens **erforderlichen Informationen** zur Verfügung und gewährt den hierfür nötigen Zugang zu den maßgeblichen Verarbeitungstätigkeiten. Was erforderlich ist, orientiert sich nach dem Zertifizierungsgegenstand, der zunächst vom Antragsteller definiert wird. Inwieweit Schnittstellen sowie eine Einbindung in eines oder mehrere umfangreiche Verfahren oder Infrastrukturen dazu gehören, muss jeweils präzise beschrieben sein und ist letztlich gemäß Abs. 8 öffentlich zu machen. 46

Bei dem **Zertifizierungsgegenstand** muss es sich um ein abgrenzbares und in sich abgeschlossenes Verfahren handeln. Es kann sich um ein Produkt, einen Prozess, ein Dienstleistungsangebot, aber auch um die Gesamtheit einer Organisation[67] handeln. Schon bei der Definition des Zertifizierungsgegenstandes empfiehlt sich eine vorlaufende Kommunikation zwischen Zertifizierungsstelle und Antragsteller. Es kommt nicht darauf an, dass der Zertifizierungsgegenstand schon real existiert oder schon im Einsatz ist. Es kann auch ein Konzept oder ein Prototyp zertifiziert werden, was künftig auf dem Markt eingeführt 47

66 Koós/Englisch, ZD 2014, 282; Traung, CR/i 2012, 48f.

67 A.A. Ehmann/Selmayr-*Will*, Vorb. Art. 40–43 Rn. 8, Art. 42 Rn. 15, der übersieht, dass insofern die Verarbeitungsvorgänge hinreichend bestimmt werden können.

werden soll. Bei schon existierenden Zertifizierungsgegenständen ist ein direkter Zugriff der Zertifizierungsstelle auf personenbezogene Echtdaten nicht ausdrücklich reguliert, kann aber nicht ausgeschlossen werden, soweit dies zur Bewertung unabdingbar ist. Denkbar ist es, dass im Rahmen der Zertifizierung ein Penetrationstest durchgeführt wird.[68]

48 Abgesehen von hoheitlichen Verfahren, bei denen sich öffentliche Stellen von Aufsichtsbehörden auf der Grundlage von verwaltungsrechtlichen Präzisierungen des Art. 42 zertifizieren lassen, basieren Zertifizierungen nach Art. 42 neben den dort genannten Regeln und Umsetzungsnormen auf einer **vertragsrechtlichen Basis** zwischen der antragstellenden Stelle (Verantwortlicher, Auftragsverarbeiter) und der Zertifizierungsstelle bzw. der Aufsichtsbehörde.[69] Die Verträge können eine Schutzwirkung zugunsten Dritter entfalten. In den Verträgen sind, soweit nicht insofern schon verbindliche hoheitliche Festlegungen erfolgt sind, u. a. regelungsbedürftig: Geltungsdauer, Geltungsbereich, Prüfanforderungen, Prüfintensität, Prüfablauf, regelmäßige Überprüfung, Haftung, Streitschlichtung.[70]

49 Nach Festlegung des Zertifizierungsgegenstands ist der Antragsteller verpflichtet, **sämtliche relevanten Informationen** der zertifizierenden Stelle zur Prüfung und Bewertung bereitzustellen. Die Erforderlichkeit ist objektiv zu beurteilen. Ist für die Prüfung die Kenntnisnahme von personenbezogenen Daten erforderlich, so besteht auch insofern eine Verpflichtung und Berichtigung zur Information der Zertifizierungsstelle. Diese Daten unterliegen der Zweckbindung hinsichtlich des konkreten Zertifizierungsverfahrens. Es darf insofern keine Blackbox geben. Weigert sich der Antragsteller, bestimmte erforderliche Informationen zu geben, so genügt dies für die Verweigerung des Zertifikats. Eine Weigerung kann auch als Verstoß gegen Art. 83 Abs. 4 Buchst. A sanktioniert werden; dem kann sich eine Stelle durch Rücknahme des Zertifizierungsantrags entziehen.

50 Der Ablauf des Zertifizierungsverfahrens wird ausführlich beschrieben in den ISO/IEC 17065, 17021, 17020, 17024. Die bisherigen Erfahrungen im ULD zeigen, dass erfolgreiche Zertifizierungen einen dauernden umfangreichen **Austausch zwischen Antragsteller und Zertifizierungsstelle** voraussetzen, in dessen Laufe es auch zu einer Änderung bzw. Anpassung des Zertifizierungsgegenstandes kommen kann.

6. Gültigkeit und Veröffentlichung (Abs. 7, 8)

51 Die Zertifizierung wird für eine **Höchstdauer** von drei Jahren erteilt. Hierbei wird es sich in der Praxis auch um die regelmäßige Geltungsdauer handeln. Eine kürzere Dauer ist möglich und dann zwingend, wenn ein konkretes Verfahren oder Produkt nur für diese kürzere Dauer (datenschutzkonform) betrieben wird bzw. betrieben werden soll. Eine längere Dauer ist nicht vorgesehen. Dies ist dem Umstand geschuldet, dass wegen der

68 Dazu schon Bäumler-*Schönleber*, S. 128 ff.

69 Vgl. z. B. ISO/IEC 17067, »Zertifizierungsvereinbarung«; zur Zertifizierung von Auftragsdatenverarbeitern durch BvD/GDD; Staub, DuD 2014, 156; LDI NRW, DuD 2014, 6; zum EuroCloud Star Audit Weiss, DuD 2014, 170.

70 Kompetenzzentrum Trusted Cloud, Eckpunkte eines Zertifizierungsverfahrens für Cloud-Dienste, April 2015, *http://www.trusted-cloud.de.*

schnellen Innovationszyklen im Bereich der Informations- und Kommunikationstechniken nach drei Jahren eine Überarbeitung, zumindest aber eine Überprüfung des Produktes und damit auch der Zertifizierung nötig ist.

52 Nicht nur nicht ausgeschlossen, sondern erwünscht ist es, ein Produkt oder ein Verfahren jeweils für weitere maximal drei Jahre, auch mehrfach, zu rezertifizieren. Bei der **Rezertifizierung** (Verlängerung) kann auf die Erkenntnisse, auf die Dokumentationen und Prüfungsergebnisse der vorangegangenen Zertifizierungen zurückgegriffen werden. Die Normen ISO/IEC 17065, 17021 verlangen aber eine Vollprüfung.[71] Innerhalb der Geltungsdauer werden Überwachungsmaßnahmen in Abhängigkeit vom Risiko festgelegt, die auch zu Prüfungen beim Verantwortlichen führen können. Rechtsverbindliche Festlegungen bei einer Zertifizierung entfalten keine Bindungswirkung für das Rezertifizierungsverfahren. Haben sich weder rechtliche noch technische Neuerungen ergeben, so erleichtert dies eine Rezertifizierung. Insbesondere wesentliche Änderungen müssen einer neuen Beurteilung unterzogen werden.

53 In Art. 70 Abs. 1 Satz 2 Buchst. o wird als **Aufgabe des EDSA** die »Akkreditierung (…) und (…) regelmäßige Überprüfung (…) der in Drittländern niedergelassenen akkreditierten Verantwortlichen oder Auftragsdatenverarbeiter gemäß Artikel 42 Absatz 7« festgelegt. Hierbei handelt es sich nicht um ein Redaktionsversehen, wonach der Verweis (nur) auf Art. 42 Abs. 8 (Veröffentlichung und Register) erfolgt.[72] Vielmehr bezieht sich die nicht eindeutige Formulierung (auch) auf die Zertifizierung und deren Widerruf, zu denen auch der EDSA ermächtigt ist. Es ist Aufgabe des EDSA, die Einheitlichkeit der Zertifizierungen zu sichern.[73]

54 Nach Abs. 7 Satz 2 ist der **Widerruf der Zertifizierung** durch die Zertifizierungsstelle oder durch die zuständige Aufsichtsbehörde möglich, wenn und soweit die Voraussetzungen für eine Zertifizierung nicht (mehr) vorliegen. Ein Widerruf kann auch darauf begründet werden, dass den Mitwirkungspflichten nach Abs. 6 nicht entsprochen wird.[74] Gem. Art. 58 Abs. 2 Buchst. h verfügt jede Aufsichtsbehörde »über sämtliche folgenden Abhilfebefugnisse, die es ihr gestatten, (…) eine Zertifizierung zu widerrufen oder die Zertifizierungsstelle anzuweisen, eine gemäß den Artikel 42 und 43 erteilte Zertifizierung zu widerrufen, oder die Zertifizierungsstelle anzuweisen, keine Zertifizierung zu erteilen, wenn die Voraussetzungen für die Zertifizierung nicht oder nicht mehr erfüllt werden«. Da eine Zertifizierung auch retrospektiv von Bedeutung sein kann, etwa für Drittlandsübermittlungen, kann ein Widerruf für die Vergangenheit oder für einen bestimmten Zeitraum erfolgen.[75]

55 Beim Widerruf handelt es sich im Interesse der Wahrung der Rechtskonformität der erteilten Zertifikate um eine **gebundene Entscheidung**. Die in Abs. 7 Satz 2 verwendete Formulierung »gegebenenfalls« bringt zum Ausdruck, dass die faktischen Voraussetzungen für den Widerruf gegeben sein müssen; sie eröffnet kein Ermessen. Es besteht beim (wei-

71 Gola-*Lepperhoff*, Art. 42 Rn. 18.
72 So Paal/Pauly-*Paal*, Art. 42 Rn. 19.
73 ENISA, Recommendations, S. 23f.
74 Ehmann/Selmayr-*Will*, Art. 42 Rn. 41.
75 Kühling/Buchner-*Bergt*, Art. 42 Rn. 23.

teren) Fehlen der Zertifizierungsvoraussetzungen eine Widerrufspflicht.[76] Die Widerrufspflicht besteht nur bei der Stelle, welche die Zertifizierung vorgenommen hat. Gem. Art. 43 Abs. 5 ist die Aufsichtsbehörde bei einem Widerruf durch die Zertifizierungsstelle über die Gründe des Widerrufs zu unterrichten.

56 Die Erteilung eines Zertifikats wie auch der Widerruf durch Aufsichtsbehörden stellen, anders als beim Tätigwerden von privaten Zertifizierungsstellen, **Verwaltungsakte** dar. Das nationale Verwaltungsverfahrens- und Prozessrecht ist zu beachten. Zu berücksichtigen ist aber, dass dieses durch die europarechtlichen Festlegungen überformt wird. Anwendbar sind insbesondere die §§ 48ff. VwVfG sowie die entsprechenden Länderregelungen.

57 Gültige Zertifizierungen durch Aufsichtsbehörden entfalten diesen gegenüber eine rechtliche Verbindlichkeit. Diese ergibt sich schon aus dem **Regelungscharakter der Zertifizierung** und beschränkt sich nicht auf die faktische (Selbst-) Bindung der Aufsichtsbehörde.[77]

58 Zertifizierungen durch sonstige öffentliche oder private Zertifizierungsstellen nach Art. 43 kommt kein hoheitlicher eigenständiger Regelungscharakter zu. Die Aussage des Zertifikats beschränkt sich auf die in der DSGVO vorgesehenen **Tatbestandswirkungen.**

59 Die nationalen Gesetzgeber sind nicht gehindert, **weitere rechtliche Wirkungen an Zertifizierungen** zu knüpfen, soweit diese nicht im Widerspruch zur DSGVO und zum sonstigen Unionsrecht stehen. Insbesondere können diese mit einer weiteren verbraucher- oder arbeitsrechtlichen Aussagekraft gekoppelt werden (ErwGr 78 Satz 4).[78]

60 Der Zertifizierungsstelle nach Art. 43 Abs. 1 (wie auch der Aufsichtsbehörde) kommt grds. die Befugnis zur **regelmäßigen Überprüfung** der erteilten Zertifizierungen zu. So kann die Kenntnis vom Nichtvorliegen von Zertifizierungsvoraussetzungen erlangt werden. Die regelmäßige Überprüfung ist gem. Art. 43 Abs. 2 Buchst. c Akkreditierungsvoraussetzung für Zertifizierungsstellen.[79] Ein finanzieller Anreiz für eine solche regelmäßige Überprüfung dürfte weder für die zertifizierte Stelle noch für die Zertifizierungsstelle bestehen. Eine Frist für die Regelmäßigkeit wird in der DSGVO nicht angegeben. Angesichts der maximalen Zertifizierung auf drei Jahre ist eine Überprüfung regelmäßig nach jeweils einem Jahr angemessen.

61 Erlangt eine Zertifizierungsstelle z. B. durch eine Beschwerde oder durch die Aufsichtsbehörde **Kenntnis vom Verdacht** des Fehlens bzw. des Wegfalls der Zertifizierungsvoraussetzungen, so muss sie aktiv werden und bei Bestätigung des Verdachts den Widerruf aussprechen. Bei der Überprüfung des konkreten Verdachtes eines Verstoßes gegen Datenschutzrecht kann es notwendig sein, auf personenbezogene Daten zuzugreifen. Hierzu sind nicht nur die Aufsichtsbehörde, sondern nach Abs. 6 auch private Zertifizierungsstellen berechtigt.

62 Die **Überprüfungsaufgabe der Aufsichtsbehörde** wird ausdrücklich in Art. 57 Abs. 1 Buchst. o festgehalten.

63 Gemäß Abs. 8 sind durch den EDSA sämtliche Zertifizierungen in ein **Register** aufzunehmen und in geeigneter Weise zu veröffentlichen. Trotz der missverständlichen Formulie-

76 Paal/Pauly-*Paal*, Art. 42 Rn. 21.
77 So aber wohl Kühling/Buchner-*Bergt*, Art. 42 Rn. 27; zur Selbstbindung Rn. 32.
78 Zum Vergaberecht Rn. 12, 37.
79 Paal/Pauly-*Paal*, Art. 42 Rn. 22.

rung betrifft die Veröffentlichungspflicht nicht schon die Einleitung und Durchführung von Zertifizierungsverfahren, sondern erst deren erfolgreicher Abschluss. War ein Verfahren – aus welchen Gründen auch immer – nicht erfolgreich, so besteht keine Notwendigkeit für eine Veröffentlichung. Eine frühzeitige Veröffentlichung bei ungewissem Ausgang des Verfahrens könnte für eine Stelle gar ein Grund sein, von einem Verfahren überhaupt abzusehen.

Das Veröffentlichungserfordernis dient einer größtmöglichen Transparenz der zertifizierten Produkte und Verfahren und der über diese erfolgenden Datenverarbeitungsprozesse. Hierüber soll allen Beteiligten digitale Souveränität, den Betroffenen informationelle Selbstbestimmung ermöglicht werden. Die Veröffentlichung bezweckt auch die Förderung des Instruments der Zertifizierung nach Abs. 1. Die Veröffentlichung verfolgt zudem den **Zweck einer externen Kontrolle**, die Voraussetzung dafür ist, dass der Zertifizierung das nötige Vertrauen und damit die nötige Wirksamkeit zukommen. 64

Eine **Veröffentlichung in geeigneter Weise** ist eine solche über das Europäische Amtsblatt (mindestens einmal) sowie die dauernde Veröffentlichung über das Internet, z.B. über das Europäische Justizportal. 65

Inhaltlich sind die Kriterien zu veröffentlichen, d.h. **alles Wesentliche**, was nicht aus Gründen des Schutzes von Betriebs- und Geschäftsgeheimnissen vertraulich behandelt werden muss. Mindestens publiziert werden müssen die Angaben über die Zertifizierungsstelle bzw. Aufsichtsbehörde, den Zeitpunkt und die Dauer der Zertifizierung, die zertifizierte Stelle, den Zertifizierungsgegenstand und die zentralen Erwägungen und Gründe für die Zertifizierungen. Die Veröffentlichung dient nicht nur dem Zweck der Bekanntgabe der Reichweite, sondern auch der Möglichkeit einer Hinterfragung durch eine kritische (Fach-) Öffentlichkeit. Daher sollte standardisiert vorgegeben werden, dass zumindest eine Kurzversion des Zertifizierungsgutachtens publiziert wird. Dabei sind die Ergebnisse inhaltlich nachvollziehbar und verständlich darzustellen. Der Gebrauch einer (juristischen und/oder technischen) Fachsprache sollte sich auf das beschränken, was für eine präzise Darstellung erforderlich ist.[80] 66

Gem. Art. 70 Abs. 1 Satz 2 Buchst. o führt der EDSA ein öffentliches Register der **in Drittländern niedergelassenen** akkreditierten Verantwortlichen oder Auftragsverarbeitern. 67

Bei Verstoß gegen die Pflichten aus Art. 42 durch den Verantwortlichen bzw. Auftragsverarbeiter droht gem. Art. 83 Abs. 4 Buchst. a sowie der Zertifizierungsstelle gem. Art. 83 Abs. 4 Buchst. b eine **Geldbuße** von bis zu 10 000 000 € oder von bis zu 2 % des gesamten weltweit erzielten Jahresumsatzes des vorangegangenen Jahresumsatzes. 68

Art. 43 Zertifizierungsstellen

(1) Unbeschadet der Aufgaben und Befugnisse der zuständigen Aufsichtsbehörde gemäß den Artikeln 57 und 58 erteilen oder verlängern Zertifizierungsstellen, die über das geeignete Fachwissen hinsichtlich des Datenschutzes verfügen, nach Unterrichtung der Aufsichtsbehörde – damit diese erforderlichenfalls von ihren Befugnissen gemäß Artikel 58 Absatz 2 Buchstabe h Gebrauch machen kann – die Zertifizierung. Die

80 Rigoroser Kühling/Bucner-*Bergt*, Art. 42 Rn. 11.

Mitgliedstaaten stellen sicher, dass diese Zertifizierungsstellen von einer oder beiden der folgenden Stellen akkreditiert werden:

a) der gemäß Artikel 55 oder 56 zuständigen Aufsichtsbehörde;

b) der nationalen Akkreditierungsstelle, die gemäß der Verordnung (EG) Nr. 765/2008 des Europäischen Parlaments und des Rates (20) im Einklang mit EN-ISO/IEC 17065/2012 und mit den zusätzlichen von der gemäß Artikel 55 oder 56 zuständigen Aufsichtsbehörde festgelegten Anforderungen benannt wurde.

(2) Zertifizierungsstellen nach Absatz 1 dürfen nur dann gemäß dem genannten Absatz akkreditiert werden, wenn sie

a) ihre Unabhängigkeit und ihr Fachwissen hinsichtlich des Gegenstands der Zertifizierung zur Zufriedenheit der zuständigen Aufsichtsbehörde nachgewiesen haben;

b) sich verpflichtet haben, die Kriterien nach Artikel 42 Absatz 5, die von der gemäß Artikel 55 oder 56 zuständigen Aufsichtsbehörde oder – gemäß Artikel 63 – von dem Ausschuss genehmigt wurden, einzuhalten;

c) Verfahren für die Erteilung, die regelmäßige Überprüfung und den Widerruf der Datenschutzzertifizierung sowie der Datenschutzsiegel und -prüfzeichen festgelegt haben;

d) Verfahren und Strukturen festgelegt haben, mit denen sie Beschwerden über Verletzungen der Zertifizierung oder die Art und Weise, in der die Zertifizierung von dem Verantwortlichen oder dem Auftragsverarbeiter umgesetzt wird oder wurde, nachgehen und diese Verfahren und Strukturen für betroffene Personen und die Öffentlichkeit transparent machen, und

e) zur Zufriedenheit der zuständigen Aufsichtsbehörde nachgewiesen haben, dass ihre Aufgaben und Pflichten nicht zu einem Interessenkonflikt führen.

(3) Die Akkreditierung von Zertifizierungsstellen nach den Absätzen 1 und 2 erfolgt anhand der Anforderungen, die von der gemäß Artikel 55 oder 56 zuständigen Aufsichtsbehörde oder – gemäß Artikel 63 – von dem Ausschuss genehmigt wurden. Im Fall einer Akkreditierung nach Absatz 1 Buchstabe b des vorliegenden Artikels ergänzen diese Anforderungen diejenigen, die in der Verordnung (EG) Nr. 765/2008 und in den technischen Vorschriften, in denen die Methoden und Verfahren der Zertifizierungsstellen beschrieben werden, vorgesehen sind.

(4) Die Zertifizierungsstellen nach Absatz 1 sind unbeschadet der Verantwortung, die der Verantwortliche oder der Auftragsverarbeiter für die Einhaltung dieser Verordnung hat, für die angemessene Bewertung, die der Zertifizierung oder dem Widerruf einer Zertifizierung zugrunde liegt, verantwortlich. Die Akkreditierung wird für eine Höchstdauer von fünf Jahren erteilt und kann unter denselben Bedingungen verlängert werden, sofern die Zertifizierungsstelle die Anforderungen dieses Artikels erfüllt.

(5) Die Zertifizierungsstellen nach Absatz 1 teilen den zuständigen Aufsichtsbehörden die Gründe für die Erteilung oder den Widerruf der beantragten Zertifizierung mit.

(6) Die Anforderungen nach Absatz 3 des vorliegenden Artikels und die Kriterien nach Artikel 42 Absatz 5 werden von der Aufsichtsbehörde in leicht zugänglicher Form veröffentlicht. Die Aufsichtsbehörden übermitteln diese Anforderungen und Kriterien auch dem Ausschuss.

(7) Unbeschadet des Kapitels VIII widerruft die zuständige Aufsichtsbehörde oder die nationale Akkreditierungsstelle die Akkreditierung einer Zertifizierungsstelle nach Absatz 1, wenn die Voraussetzungen für die Akkreditierung nicht oder nicht mehr erfüllt sind oder wenn eine Zertifizierungsstelle Maßnahmen ergreift, die nicht mit dieser Verordnung vereinbar sind.
(8) Der Kommission wird die Befugnis übertragen, gemäß Artikel 92 delegierte Rechtsakte zu erlassen, um die Anforderungen festzulegen, die für die in Artikel 42 Absatz 1 genannten datenschutzspezifischen Zertifizierungsverfahren zu berücksichtigen sind.
(9) Die Kommission kann Durchführungsrechtsakte erlassen, mit denen technische Standards für Zertifizierungsverfahren und Datenschutzsiegel und -prüfzeichen sowie Mechanismen zur Förderung und Anerkennung dieser Zertifizierungsverfahren und Datenschutzsiegel und -prüfzeichen festgelegt werden. Diese Durchführungsrechtsakte werden gemäß dem in Artikel 93 Absatz 2 genannten Prüfverfahren erlassen.

Inhaltsübersicht Rn.

I. Allgemeines[1]

Art. 43 regelt, dass neben den zuständigen Aufsichtsbehörden auch **akkreditierte Zertifizierungsstellen** für die Erteilung und Verlängerung sowie den Widerruf von Zertifizierungen zuständig sein können und regelt die Voraussetzungen hierfür. Abs. 1 regelt die Parallelität der aufsichtsbehördlichen und der sonstigen Zertifizierungen, Abs. 2 und 3 die prozeduralen und materiellen Anforderungen an die Akkreditierung. Abs. 4 und 5 regeln Fragen der Verantwortung und der Pflichten der Zertifizierungsstelle. Abs. 6 enthält Transparenzregeln. Abs. 7 normiert den Akkreditierungswiderruf. Abs. 8 und 9 ermöglichen der Kommission weitergehende Regelungen. 1

Mit der Akkreditierung externer insbesondere privater Stellen für die Datenschutzzertifizierung wird **bezweckt**, ein Netzwerk für Zertifizierungen aufzubauen, das zu einer Effektivierung der Umsetzung des Datenschutzes, zur Erarbeitung von Standards und zugleich zur Entlastung der Aufsichtsbehörden beiträgt. 2

Die Regelung zu den Zertifizierungsstellen wurde erst durch den **Rat der EU** im Trilog-Verfahren eingeführt, nachdem aber zuvor das Parlament mit einer teilweise anderen inhaltlichen Ausrichtung hierzu auch schon Normen vorgeschlagen hatte (siehe Art. 42 Rn. 8). 3

1 Der Autor dankt Raoul Kirmes für Anregungen und Hinweise.

II. Regelungsinhalt

4 Art. 43 bezieht sich ausdrücklich nur auf akkreditierte Zertifizierungsstellen. Die Regelung kann jedoch sinngemäß auf die **Zertifizierungsverfahren von Aufsichtsbehörden** übertragen werden, soweit sich diese nicht auf den Binnenmarkt beziehen, zumal sich die qualitativen Anforderungen an die Datenschutz-Zertifizierungen so wenig wie nötig unterscheiden sollen.

1. Akkreditierte Zertifizierungsstellen (Abs. 1)

5 Datenschutz-Zertifizierungen können nicht nur von den **parallel zuständigen** Aufsichtsbehörden, sondern auch von zu diesem Zweck akkreditierten Zertifizierungsstellen vorgenommen werden. Im Bereich der Wirtschaft müssen Zertifikate europäische und internationale Anerkennung finden, was eine Akkreditierung erfordert. Im Bereich der behördlichen Zertifizierung, insbesondere im Bereich der inneren Sicherheit (Polizei/Justiz), können auch rein behördliche Zertifikate genutzt werden. Für die Beschaffung der öffentlichen Hand ist allerdings Art. 44 der europäischen Vergaberichtlinie[2] zu beachten, wonach in Ausschreibungen nur Zertifikate oder Nachweise verlangt werden können, die über eine Akkreditierung nach der Verordnung (EG) Nr. 765/2008 verfügen.

6 Zertifizierungsstellen müssen das hierfür nötige **Fachwissen** und damit eine entsprechende Kompetenz aufweisen (vgl. Abs. 2 Buchst. a). Demgemäß kann bzw. muss die Akkreditierung auf bestimmte Zertifizierungstätigkeiten, für die das Fachwissen vorliegt, beschränkt werden. Im Rahmen der Akkreditierung muss ein konkreter technischer Geltungsbereich (Scope) definiert werden und kann sich nicht allgemein auf den Datenschutz bzw. die DSGVO, sondern muss sich auf konkrete Geltungsbereiche und Branchen beziehen (ISO/IEC 17011).

7 Die **Aufsichtsbehörden** sind neben Zertifizierungsstellen gem. Art. 42 Abs. 5 für die Erteilung, die Verlängerung und den Widerruf von Zertifizierungen zuständig, weil deren Aufgaben und Befugnisse unbeschadet bleiben. Deren fakultative Zuständigkeit hierfür ergibt sich aus Art. 57, 58 (siehe Art. 42 Rn. 20, 33, 62).

8 Zertifizierungsstellen können **öffentliche oder private Stellen** sein. Die DSGVO macht insofern keine Vorgabe.[3] Während bei öffentlichen Stellen (z. B. Kammern oder die Stiftung Datenschutz) i. d. R. ein öffentliches Interesse im Vordergrund stehen wird (Gemeinwohl, im negativen Sinne ist auch Protektionismus denkbar), liegt ein zentrales Motiv privater Stellen bei Zertifizierungen in einem Geschäftsmodell zu Erwirtschaftung von Profiten. Die Zertifizierungsstellen stehen zueinander europaweit in einem Wettbewerb und in Konkurrenz. Für Zertifizierungsstellen außerhalb der EU sind nicht die in Art. 43 Abs. 1 Satz 2 Buchst. a zuständigen Aufsichtsbehörden, die nur innerhalb der EU bestehen, sondern nach Art. 70 Abs. 1 Satz 2 Buchst. o der EDSA zuständig.[4]

9 Die kommerzielle Ausrichtung und die Konkurrenz der Zertifizierungsstellen können dazu führen, dass diese wie auch – aus anderen Gründen – die Antragsteller ein großes In-

2 RL 2014/24/EU v. 26.2.2014, ABl. L 94/65 v. 28.3.2014.
3 Auernhammer-*Hornung*, Art. 43 Rn. 6; SHS-*Scholz*, Art. 43 Rn. 8.
4 Dies übersieht Auernhammer-*Hornung*, Art. 43 Rn. 3f.

teresse daran haben, möglichst **preisgünstig Zertifizierungen** anzubieten. Dies steht im Konflikt zu den inhaltlichen qualitativen Anforderungen an Art und Inhalt der Prüfung und der Zertifikate. Die Überprüfung der Qualität erfolgt durch die Aufsichtsbehörden, durch die Anwendenden sowie durch die (kritische) Öffentlichkeit. Hierfür müssen die Voraussetzungen bei den Aufsichtsbehörden (hinreichende Ressourcen und Qualifikation) sowie für Nutzer und die Öffentlichkeit (größtmögliche Transparenz) geschaffen werden. Diesem Ziel ist neben Art. 42 auch Art. 43 verpflichtet. Letztlich kann und sollte für die Zertifizierungsstellen eine hohe Qualität ein positives Wettbewerbsmerkmal sein.

Die Erteilung ist die erstmalige Vergabe einer Zertifizierung nach Art. 45 Abs. 5 in Bezug 10 auf einen spezifischen Zertifizierungsgegenstand. Die Verlängerung erfolgt gem. Art. 42 Abs. 7 Satz 1. Hier nicht erwähnt, aber relevant ist weiterhin der Widerruf durch die Zertifizierungsstelle (Art. 42 Abs. 7 Satz 2). Art. 43 Abs. 1 Satz 1 stellt klar, dass die Zertifizierungsstelle vor **Erteilung oder Verlängerung** die Aufsichtsbehörde zu unterrichten hat. Aus dem Zweck der Regelung ergibt sich, dass die Vorabinformation so frühzeitig erfolgen muss, dass es der Aufsichtsbehörde möglich ist, auf diese Information zu reagieren. Eine Reaktion kann darin bestehen, dass die Aufsichtsbehörde die Zertifizierungsstelle gem. Art. 58 Abs. 2 Buchst. h anweist, »keine Zertifizierung zu erteilen, wenn die Voraussetzungen für die Zertifizierung nicht oder nicht mehr erfüllt werden«. Die Aufsichtsbehörde muss nicht reagieren. Wegen der Vorlauffrist sollte eine Absprache zwischen Aufsichtsbehörde und Zertifizierungsstellen erfolgen. Die Frist sollte vier Wochen nicht überschreiten.[5]

Die **Akkreditierung der Zertifizierungsstellen** erfolgt durch die gem. Art. 55 u. 56 zu- 11 ständige Aufsichtsbehörde (Abs. 1 Satz 2 Buchst. a) oder durch die zuständige Aufsichtsbehörde und die nationale Akkreditierungsstelle (Abs. 1 Satz 2 Buchst. b). Die DSGVO eröffnet den Mitgliedsaaten also zwei Verfahrensoptionen. Der Verzicht auf eine eigene Akkreditierungsstelle (Art. 4 Abs. 2 VO (EG) Nr. 765/2008) setzt voraus, dass dies national nicht wirtschaftlich sinnvoll oder tragfähig ist. Deutschland verfügt über eine nationale Akkreditierungsstelle (Art. 4 Abs. 1 VO (EG) Nr. 765/2008), weshalb für Deutschland die zweite Option wirksam wird.

Bei einem Zusammenwirken der nationalen Akkreditierungsstelle mit den Datenschutz- 12 behörden erfolgt eine zweistufige **Aufgabenteilung** analog anderer Hochsicherheitsbereiche (z. B. Medizinprodukte, Lebensmittelsicherheit, Bauprodukte). Die nationale Akkreditierungsstelle nimmt in der ersten Stufe eine Kompetenzfeststellung vor. Auf dieser Grundlage erteilen die Datenschutzaufsichtsbehörden als Benennungsbehörden die Befugnis, zertifizierend tätig zu werden und notifizieren die Stellen gegenüber der EU. Nach dem Konzept der DSGVO tragen die Aufsichtsbehörden die Letztverantwortung.[6]

Bei der ersten Stufe muss die den Antrag stellende Organisation ihre Kompetenz und Un- 13 abhängigkeit bei der **Akkreditierungsstelle** nachweisen. Dazu gehört insbesondere die Fähigkeit, die internationalen Normen für Konformitätsbewertungsstellen (z. B. ISO/IEC

5 Analog Art. 60 Abs. 4; Kühling/Buchner-*Bergt*, Art. 43 Rn. 17.

6 Siehe die Übersicht von DSK, Akkreditierungsprozess für den Bereich »Datenschutz« gemäß Art. 42, 43 DS-GVO, 15. 5. 2019.

17065, 17021, 17024, 1720) und die datenschutzrechtlichen Anforderungen der Datenschutzbehörden bzw. die gemeinsamen Kriterien des EDSA zu erfüllen. Im Rahmen der zweiten Stufe erteilt die zuständige **Aufsichtsbehörde** auf Grundlage der erfolgten Akkreditierung die Befugnis im jeweiligen Zuständigkeitsbereich tätig zu werden, wenn die außerhalb der fachlichen Kompetenz liegenden Anforderungen (z. B. Zuverlässigkeit, finanzielle Stabilität) gegeben sind.

14 Die Akkreditierungsstelle berücksichtigt die EN-ISO/IEC 17065/2011 sowie die von den Aufsichtsbehörden gem. Art. 55, 56 zusätzlich aufgestellten Anforderungen.[7] Der **ISO/IEC-Standard** hat den Titel »Konformitätsbewertung – Anforderungen an Stellen, die Produkte, Prozesse und Dienstleistungen zertifizieren«.[8] Auf den Standard wird nur beispielhaft Bezug genommen. Werden z. B. Managementsysteme gem. ISO/IEC 17021 zertifiziert, so erfolgt die Akkreditierung nach ISO/IEC 17024. Diese Offenheit ergibt sich aus Art. 43 Abs. 3. Art. 55 legt die generelle Zuständigkeit der Aufsichtsbehörde fest, Art. 56 die der federführenden bei Bestehen einer Hauptniederlassung in der EU.

15 Die nationale Akkreditierungsstelle ist gemäß der VO (EG) Nr. 765/2008 in der Bundesrepublik Deutschland die **Deutsche Akkreditierungsstelle** (DAkkS, § 39 Satz 1 BDSG). Die DAkkS GmbH agiert gemäß dem Akkreditierungsstellengesetz (AkkStelleG) im öffentlichen Interesse hoheitlich als Beliehene mit Alleinzuständigkeit für Akkreditierungen (siehe § 39 BDSG Rn. 1f.). Gesellschafter der GmbH sind zu jeweils einem Drittel die Bundesrepublik Deutschland, die Bundesländer (Bayern, Hamburg und Nordrhein-Westfalen) und die durch den Bundesverband der Deutschen Industrie e. V. (BDI) vertretene Wirtschaft (Deutsche Akkreditierungsstelle GmbH, Spittelmarkt 10, 10117 Berlin, Tel. (0)30 670591–0, kontakt@dakks.de, *http://www.dakks.de*). Die DAkkS darf keine Zertifizierungen nach Art. 42 vornehmen und ist auf die Aufgabe der Akkreditierung beschränkt.[9] Als Lenkungsorgan auf europäischer Ebene ist die Europäische Kooperation für Akkreditierung (EA) in Paris tätig.[10]

2. Anforderungen (Abs. 2)

16 Abs. 2 definiert die Voraussetzungen für eine Akkreditierung. Die Art. 42, 43 stellen nicht klar, ob auch eine Einzelperson eine Zertifizierungsstelle sein kann. Die ISO/IEC-Normen verlangen eine »Organisation« (legal entity). Angesichts der dort enthaltenen Anforderungen muss eine **Organisation** aus mindestens 3 Personen bestehen. Es müssen alle rechtlichen und technischen Anforderungen an die Fachkunde erfüllt sein. Durch die Organisation der Arbeit (z. B. Überprüfungen, Beschwerdemanagement) muss eine gewisse Beständigkeit der Stelle gesichert sein.

17 Es gibt für die **rechtliche Ausgestaltung der Zertifizierungsstelle** keine Vorgaben in der DSGVO. Sämtliche rechtlichen Gesellschaftsformen kommen in Betracht, auch eine Gesellschaft bürgerlichen Rechts. Denkbar ist selbst, dass die Zertifizierungsstelle vertragli-

---

7 DSK, Anforderungen zur Akkreditierung gemäß Art. 43 Abs. 3 DS-GVO i. V. m. DIN EN ISO/IEC 17065, 28.08.2018.

8 Vgl. *https://www.beuth.de/de/norm/din-en-iso-iec-17065/153760501.*

9 Art. 6 VO (EG) Nr. 765/2008; s. § 39 BDSG Rn. 6.

10 Vgl. *http://www.european-accreditation.org.*

che Kooperationen eingeht, z. B. mit rechtlich unabhängigen Gutachtern. Die Akkreditierungsstelle prüft aber in jedem Fall die Belastbarkeit der rechtlichen Konstruktion; die Zertifizierungsentscheidung selbst kann nicht ausgelagert werden.

Zu den Anforderungen gehört zunächst die **Unabhängigkeit**. Ähnlich wie in Art. 41 Abs. 2 18
Buchst. a in Bezug auf die Verhaltensregeln ist diese gegeben, wenn die Zertifizierungsstelle organisatorisch und personell nicht mit den zu überwachenden Stellen verflochten ist, insofern keine Abhängigkeiten bestehen und keine Beeinflussungen erfolgen (siehe Art. 41 Rn. 7). Für alle Mitarbeitenden der Zertifizierungsstelle besteht ein striktes Beratungsverbot (z. B. gem. ISO/IEC 17065 und 17021). Klassische Beratungsunternehmen sind deshalb von der Zertifizierung ausgeschlossen; akkreditierte Stellen agieren als reine Prüforganisationen.

Das erforderliche **Fachwissen** bezieht sich auf die für die Tätigkeit nötigen rechtlichen, 19
organisatorischen und technischen Kenntnisse insbesondere mit Bezug auf die konkrete Branche und auf die Kenntnis der Zertifizierungsregeln selbst (siehe Rn. 21 f.). Die Ausführungen zur gleichlautenden Regelung über Überwachungsstellen von Verhaltensregeln gelten entsprechend (siehe Art. 41 Rn. 8).

Zum **Nachweis des Fachwissens** empfiehlt sich unter den deutschen Akkreditierungsstel- 20
len (Aufsichtsbehörden und DAkkS) ein einheitliches Vorgehen, bei dem zwischen rechtlichen und technischen Kenntnissen unterschieden werden sollte, da in beiden Bereichen in jedem Fall Kenntnisse vorgewiesen werden müssen. Für typische Kategorien (z. B. soziale Netzwerke, Webseiten, Applikationen, Customer Relation Management) können ebenso wie für bestimmte Branchen (z. B. Finanzdienstleister, Internetservices, Analyticsunternehmen, Auskunfteien, Adressenhandel) spezifische Anforderungen präzisiert werden.

Die zu akkreditierende Stelle muss sich verpflichten, die von der zuständigen Aufsichtsbe- 21
hörde oder vom EDSA genehmigten **Kriterien der Zertifizierung** (siehe Art. 42 Rn. 39 ff.) einzuhalten (Buchst. b). Diese Verpflichtung ist rein deklaratorisch. Die Verpflichtung zur Einhaltung der Kriterien ergibt sich bereits aus Art. 42 Abs. 5. Eine Missachtung dieser Pflicht kann mit einem Bußgeld sanktioniert werden (Art. 83 Abs. 2 Buchst. j, Abs. 4 Buchst. b).

Voraussetzung ist weiterhin die Festlegung von »**Verfahren für die Erteilung**, die **regel-** 22
mäßige Überprüfung und den **Widerruf**« der Zertifizierungen (Buchst. c), das sog. Konformitätsbewertungsprogramm gem. ISO/IEC 17067. Festzulegende Aspekte sind Antragstellung, Formulare, Kommunikation zwischen Antragsteller und Zertifizierungsstelle, Überprüfungsablauf, Erteilung der Zertifizierung, (regelmäßige) Nachkontrolle, Stichproben, Vorgehen bei Beschwerden, Widerruf, Hinweise zur Vertraulichkeit. Dadurch soll sichergestellt werden, dass die Zertifizierungsverfahren einer vorgegebenen Ordnung folgen, auf die sich die Antragsteller für Zertifizierungen ebenso verlassen können wie die Aufsichtsbehörden. Diese Verfahren müssen in Einklang mit den übergeordneten rechtlichen Festlegungen, insbesondere den Art. 42, 43 stehen.

Gemäß VO (EG) Nr. 765/2008 müssen die konkreten Prüfverfahren, die im **Konfor-** 23
mitätsbewertungsprogramm beschrieben werden, wissenschaftlichen Ansprüchen an Messbarkeit und Nachvollziehbarkeit genügen. Stichprobenverfahren müssen repräsentativ sein, weshalb statistisch relevante Auswahl- und Festlegungsverfahren im Konformitätsbewertungsprogramm zu beschreiben sind. Die Überwachung der Zertifikate einer

Stelle muss gegenüber der Akkreditierungsstelle die Gewähr bieten, dass nur vertretbare Fehlerrisiken auftreten. Neue Konformitätsbewertungsprogramme sind bei der DAkks in einem gesonderten Verfahren auf ihre Akkreditierungsfähigkeit zu überprüfen, wobei Einvernehmen mit den Aufsichtsbehörden hergestellt werden muss.[11]

24 Festgelegt werden müssen zudem Verfahren und Strukturen für die Entgegennahme und Bearbeitung von Beschwerden in Bezug auf Verletzungen der Zertifizierung (Buchst. d). Die »EU Principles for better Self- and Co-Regulation« verlangen bei Beschwerden von Dritten die Einbeziehung eines unabhängigen Entscheidungsgremiums.[12] Dieses **Beschwerdemanagement** muss sowohl gegenüber den Betroffenen wie auch der Öffentlichkeit transparent sein. Dem dient die Mitteilung einer Adresse und einer Funktion, die sowohl postalisch wie auch elektronisch erreichbar ist (siehe Art. 41 Rn. 10). Dazu gehört aber auch ein internes Verfahren, das sicherstellt, dass Beschwerden zeitnah und fachlich qualifiziert geprüft und beschieden werden. Die Transparenzpflicht dient insofern sowohl der Kontrolle der Aufsichtsbehörde, durch Beschwerdeführer sowie einer kritischen Öffentlichkeit. Ihr wird durch eine Internetveröffentlichung entsprochen; erfolgt eine Beschwerde, so ist dem Beschwerdeführer mit der Eingangsbestätigung die relevante Information beizufügen bzw. zur Verfügung zu stellen.

25 Die zu akkreditierende Stelle muss schließlich »zur Zufriedenheit der zuständigen Aufsichtsbehörden nachgewiesen haben«, dass keine **Interessenkonflikte** bestehen. Diese können bestehen durch eine Tätigkeit als externer Datenschutzbeauftragter, als Auftragsverarbeiter oder im Fall einer Beratungstätigkeit in Datenschutzfragen.[13] Auch insofern kann auf die Ausführungen zur Unabhängigkeit (siehe Rn. 18) und zur Überwachungsstelle von Verhaltensregeln (siehe Art. 41 Rn. 12) verwiesen werden.

26 Eine **Verschwiegenheitspflicht der Zertifizierungsstelle** ist in der DSGVO nicht geregelt. Sie ergibt sich aber z. B. aus Tz. 4.5 der ISO/IEC 17065. Die im Rahmen des Zertifizierungsverfahrens vom bzw. über den Antragsteller erlangten Informationen unterliegen einer strengen Zweckbindung. Auch eine Konsultation der Aufsichtsbehörde ist nur nach Rücksprache zulässig. Die Zertifizierungsverträge sollten entsprechende Festlegungen enthalten. Ist eine Rücksprache erforderlich wegen der Auslegung von Kriterien und stimmt der Antragsteller dieser nicht zu, so ist ein Antrag auf Zertifizierung zurückzuweisen. Der Name eines Beschwerdeführers darf nur nach Rücksprache mit diesem mitgeteilt werden, wenn die Namensnennung für die Überprüfung erforderlich ist. Stellt die Zertifizierungsstelle im Rahmen einer Beschwerdebearbeitung einen Verstoß gegen Datenschutzvorgaben bzw. Zertifizierungsanforderungen fest, so ist der zertifizierten Stelle die Möglichkeit zur Stellungnahme einzuräumen, bevor eine allgemeine Unterrichtung des Beschwerdeführers erfolgt.

---

11 DAkkS-Regel »Aufnahme neuer Akkreditierungsaktivitäten und Konformitätsprogramme« 71 SD 0 016.

12 Plath-*von Braunmühl*, Art. 43 Rn. 5.

13 SHS-*Scholz*, Art. 43 Rn. 15.

3. Verfahren (Abs. 3)

Gemäß Satz 1 erfolgt die Akkreditierung auf der Basis der aufsichtsbehördlich gem. Art. 42 Abs. 5 akzeptierten **Kriterien**. Gem. Art. 57 Abs. 1 Buchst. q ist es Aufgabe jeder Aufsichtsbehörde, »die Akkreditierung einer Stelle für die Überwachung der Einhaltung (…) einer Zertifizierungsstelle gemäß Art. 43 vor(zu)nehmen«. Art. 64 Abs. 1 Buchst. c verpflichtet die Aufsichtsbehörde, den Entwurf ihrer Kriterien vorab dem EDSA im Kohärenzverfahren nach Art. 63 ff. vorzulegen. Der EDSA soll in jedem Fall eine Stellungnahme zu den Akkreditierungskriterien abgeben. Gem. Art. 70 Abs. 1 Buchst. p ist es zudem die Aufgabe des EDSA, die Anforderungen gem. Art. 43 Abs. 3 zu präzisieren. Hieran muss sich die Aufsichtsbehörde mit ihren eigenen Kriterien orientieren. Sie kann diese, wenn sie vorliegen und umfassend sind, auch vollständig übernehmen und evtl. um lokale/nationale Details ergänzen. 27

Erfüllt eine Stelle die normativen Voraussetzungen der DSGVO und der behördlich festgelegten konkretisierenden Kriterien, so besteht ein **Anspruch auf Akkreditierung**. Bei der Akkreditierung handelt es sich um einen begünstigenden Verwaltungsakt, auf den in Bezug auf Erlass, Verfahren, Widerruf und Rechtsschutz in Deutschland das deutsche Verwaltungsverfahrensrecht anzuwenden ist.[14] Die in der zweiten Stufe erfolgende Benennung durch die Aufsichtsbehörde ist ebenso ein begünstigender Verwaltungsakt. 28

Für die Akkreditierung[15] und die Befugniserteilung können **Gebühren** erhoben werden. 29

4. Verantwortung der Zertifizierungsstellen (Abs. 4, 5)

Abs. 4 Satz 1 stellt klar, dass die Zertifizierungsstelle für die Angemessenheit der Entscheidung und die **Begründung** (Bewertung) der Zertifizierung, einer Verlängerung oder eines Widerrufs verantwortlich zeichnet. Die Begründung kann in Form eines Gutachtens erfolgen. Angemessen ist eine Bewertung nur, wenn sämtliche für den Zertifizierungsgegenstand relevanten Datenschutzaspekte berücksichtigt werden. Dazu gehören die materiellrechtliche Zulässigkeit der Verarbeitung, die formellen Anforderungen, die ergriffenen technisch-organisatorischen Maßnahmen und die Beachtung der Betroffenenrechte. Gemäß der DSGVO nicht zu beurteilen ist das dem Zertifizierungsgegenstand zugrunde liegende Geschäftsmodell. Die Begründung muss es der Aufsichtsbehörde ermöglichen, die Richtigkeit der Entscheidung der Zertifizierungsstelle nachzuvollziehen. 30

Die Akkreditierung und die Befugniserteilung werden einheitlich gem. Abs. 4 Satz 2 für maximal 5 Jahre erteilt. Dabei handelt es sich auch um die **Regelfrist**, wenn keine Gründe für eine kürzere Befristung vorliegen. Eine Verlängerung ist mehrfach möglich, wenn die Zertifizierungsanforderungen weiterhin erfüllt werden. Nach Ablauf der Akkreditierung muss diese erneuert werden (Re- bzw. Wiederholungsakkreditierung). Die Zuständigkeit für die Befristung und für Verlängerungen liegt bei der akkreditierenden Stelle. 31

Während der Laufzeit der Akkreditierung wird die Zertifizierungsstelle je nach Risiko alle 12 bis 24 Monate durch eine **Überwachungsbegutachtung** bewertet. Hierbei werden zwi- 32

14 Kühling/Buchner-*Bergt*, Art. 43 Rn. 15; für weitere Details Bloehs/Frank, Akkreditierungsrecht, S. 2015.

15 Kostenordnung der DAkkS – AKKStelleKostV.

schen 30 % bis 80 % des Betätigungsfelds einer Vorortprüfung in der Geschäftsstelle und den Niederlassungen kontrolliert. Daneben wird eine repräsentative Auswahl der Auditoren einem sog. Witnessaudit unterzogen, wobei die Auditoren beim Kundenaudit durch die nationale Akkreditierungsstelle beobachtet werden. Überprüft werden deren Eignung sowie das regelkonforme Vorgehen in der Praxis. Die Anforderungen hierfür finden sich in der VO (EG) Nr. 765/2008, der ISO/IEC 17011 und den internationalen Regeln der Europäischen Kooperation für Akkreditierung (EA) und des International Accreditation Forum (IAF).

33 Gem. Abs. 5 teilen die Zertifizierungsstellen den zuständigen Aufsichtsbehörden die **Gründe** für die Erteilung oder den Widerruf der Zertifizierung mit. Entsprechendes gilt selbstverständlich auch für die Verlängerung als eine erneute Erteilung. Mitgeteilt wird also nicht nur, dass und wann eine Entscheidung getroffen wurde (vgl. Abs.1 Satz 1), sondern auch, aus welchen Gründen. Hinsichtlich des Widerrufs kann die Mitteilung nach der Entscheidung erfolgen. Sie ermöglicht es der Aufsichtsbehörde, eigene weitergehende Maßnahmen zu prüfen.

5. Veröffentlichung (Abs. 6)

34 Gem. Abs. 6 Satz 1 werden die Akkreditierungsvoraussetzungen für Zertifizierungsstellen nach Abs. 3 sowie die Kriterien für die Zertifizierung nach § 42 Abs. 5 von der Aufsichtsbehörde **in leicht zugänglicher Form veröffentlicht**. Als Veröffentlichungsmedium empfiehlt sich auf jeden Fall das Internet. Auf Nachfrage sind die Kriterien aber auch auf anderem Wege (gedruckte Veröffentlichung, postalisch, elektronische Zusendung) bereitzustellen.

35 Gem. Abs. 6 Satz 2 werden diese Anforderungen und Kriterien auch **dem EDSA übermittelt**. So ist es dem EDSA möglich, Kongruenzen und Widersprüche festzustellen und im Bedarfsfall nach Art. 63 ein Kohärenzverfahren einzuleiten.

36 Eine weitere Funktion der Übermittlung von Anforderungen und Kriterien an den EDSA liegt darin, dass dieser gemäß Abs. 6 Satz 3 »alle Zertifizierungsverfahren und Datenschutzsiegel« also alle Akkreditierungen in ein **Register** aufnimmt und »in geeigneter Weise« veröffentlicht. Zwar werden Datenschutzprüfzeichen nicht explizit in der Regelung erwähnt. Da insofern keine klare Abgrenzung erfolgt, sind auch diese von der Veröffentlichungspflicht erfasst.[16]

37 Gemäß Art. 70 Abs. 1 Satz 2 Buchst. o hält der EDSA auch ein **Register aller akkreditierten Einrichtungen** öffentlich bereit.

6. Widerruf der Akkreditierung, Sanktionen (Abs. 7)

38 Gem. Abs. 7 widerruft die für die Akkreditierung zuständige Stelle diese, wenn die Voraussetzungen hierfür nicht oder **nicht mehr vorliegen** oder wenn die Zertifizierungsstelle Maßnahmen ergreift, die nicht mit der DSGVO vereinbar sind. Bei dem Widerruf handelt es sich um eine gebundene Entscheidung. Beurteilungsrahmen sind die in Abs. 3

16 Auernhammer-*Hornung*, Art. 43 Rn. 13.

genannten Kriterien und Voraussetzungen. Der Widerruf der Befugnis führt zur Aufhebung der Akkreditierung hinsichtlich des Bereichs (Scopes) Datenschutz. Fällt die Befugnis oder die Akkreditierung weg, so ist die weitere Zertifizierungstätigkeit ausgeschlossen. DAkkS und zuständige Aufsichtsbehörde sollten sich in jedem Fall abstimmen.

Das Auslaufen, das Aussetzen und der Widerruf einer Akkreditierung haben Auswirkung 39
auf die **erteilten Zertifizierungen**. Gemäß der VO (EG) Nr. 765/2008 i.V.m. ISO/IEC 17011 Tz. 8.3 u. IAF-ILAC A5 müssen Zertifikate mit diesem Akkreditierungssymbol aus dem Verkehr gezogen werden. Jede Zertifizierung ist mit einer Prognose verbunden, die einer Überprüfung bedarf. In der Zertifizierungsvereinbarung haben die Zertifizierungsstellen durch rechtlich belastbare Klauseln für diesen Fall ein Umsetzungskonzept vorsehen. Bestehen die Voraussetzungen nicht mehr, nachdem die Zertifizierungsstelle nicht mehr existiert, kann die Zertifizierung von der zuständigen Aufsichtsbehörde widerrufen werden (Art. 42 Abs. 7).

Maßnahmen, »die **nicht mit dieser Verordnung vereinbar** sind«, sind insbesondere un- 40
berechtigte Zertifizierungen, also die Ausstellung eines Zertifikats, ohne dass erkennbar die Voraussetzungen hierfür bestanden haben. Auch alle weiteren nach der DSGVO gefällten Entscheidungen (z.B. Verlängerung, Widerruf) sind solche Maßnahmen. Die Aufsichtsbehörde hat gegen Stellen vorzugehen, die ohne Akkreditierung Zertifizierungsangebote im Bereich Datenschutz anbieten.

Der Widerruf erfolgt »unbeschadet des Kapitels VIII«, in dem die **Rechtsbehelfe, die Haf-** 41
tung und die Sanktionen geregelt sind. Der Widerruf ersetzt also nicht sonstige Abhilfemaßnahmen und Rechtsfolgen, sondern tritt an deren Seite und ist parallel vorzunehmen.

Bei Verstoß gegen die Pflichten nach Art. 43 drohen dem Verantwortlichen bzw. Auf- 42
tragsverarbeiter (Art. 83 Abs. 4 Buchst. a) bzw. der Zertifizierungsstelle (Art. 83 Abs. 4 Buchst. b) **Geldbußen** von bis zu 10 000 000 € oder 2 % des Jahresumsatzes des vorangegangenen Jahres.

7. Rechtsakte der Kommission (Abs. 8, 9)

Die Kommission hat nach Abs. 8 die Befugnis, gem. Art. 92 **delegierte Rechtsakte** zu er- 43
lassen, um die **Anforderungen** festzulegen, die für die datenschutzspezifischen Zertifizierungen zu berücksichtigen sind (Art. 42 Abs. 1). Hierbei können z.B. Transparenzanforderungen präzisiert werden. Die Regelungskompetenz der Kommission ist unproblematisch, da hier exekutive Regeln im Vordergrund stehen, welche die Unabhängigkeit der Datenschutzaufsicht nicht berühren. Der EDSA gibt gem. Art. 70 Abs. 1 Buchst. q gegenüber der Kommission eine Stellungnahme zu den Zertifizierungsanordnungen ab.[17]

Gemäß Absatz 9 hat die Kommission die Befugnis, **Durchführungsrechtsakte** zu erlas- 44
sen, »mit denen **technische Standards** für Zertifizierungsverfahren und Datenschutzsiegel und -prüfzeichen sowie Mechanismen zur Förderung und Anerkennung« dieser Verfahren festgelegt werden. Diese Durchführungsrechtsakte werden gemäß dem in Art. 93 Abs. 2 genannten Prüfverfahren erlassen, wonach Art. 5 der Verordnung EU Nr. 182/2011

17 Auernhammer-*Hornung*, Art. 43 Rn. 15.

gilt, der das Prüfverfahren zum Erlass von Durchführungsrechtsakte regelt. Im Interesse größtmöglicher Transparenz sollten die Inhalte in einer Online-Datenbank allgemein zugänglich und abrufbar sein.[18]

Kapitel 5
Übermittlungen personenbezogener Daten an Drittländer oder an internationale Organisationen

Art. 44 Allgemeine Grundsätze der Datenübermittlung

Jedwede Übermittlung personenbezogener Daten, die bereits verarbeitet werden oder nach ihrer Übermittlung an ein Drittland oder eine internationale Organisation verarbeitet werden sollen, ist nur zulässig, wenn der Verantwortliche und der Auftragsverarbeiter die in diesem Kapitel niedergelegten Bedingungen einhalten und auch die sonstigen Bestimmungen dieser Verordnung eingehalten werden; dies gilt auch für die etwaige Weiterübermittlung personenbezogener Daten aus dem betreffenden Drittland oder der betreffenden internationalen Organisation an ein anderes Drittland oder eine andere internationale Organisation. Alle Bestimmungen dieses Kapitels sind anzuwenden, um sicherzustellen, dass das durch diese Verordnung gewährleistete Schutzniveau für natürliche Personen nicht untergraben wird.

Inhaltsübersicht

I. Einleitung

1 Die Vorschrift leitet das Kapitel V ein, das mit »Übermittlungen personenbezogener Daten an Drittländer oder an internationale Organisationen« überschrieben ist. Im Zeitalter der Globalisierung wird die **grenzüberschreitende Datenübermittlung** zu einer **alltäglichen Erscheinung**; ohne sie wäre ein beträchtlicher Teil des Wirtschaftslebens erschwert, wenn nicht unmöglich gemacht. Gleichzeitig sind mit unüberschaubaren internationalen Datensammlungen enorme Gefahren für den Einzelnen verbunden.[1] Der Datenschutz verdient deshalb seinen Namen nur dort, wo seine Standards auch dann erhalten bleiben,

18 Kühling/Buchner-*Bergt*, Art. 43 Rn. 20.

1 Sydow-*Towfigh/Ulrich*, Art. 44 Rn. 1.

wenn das heimische Territorium verlassen wird und eine Verarbeitung jenseits der eigenen Grenzen stattfindet.

Unter dem bisherigen Recht warf die Übermittlung **in einen anderen Mitgliedstaat der EU** oder des EWR gewisse Probleme auf, die in § 4b Abs. 1 BDSG-alt geregelt waren. Nach der DSGVO ist dies anders: Die Beteiligten bewegen sich im selben Rechtsraum; überall gilt die DSGVO. Es genügt daher, wenn die **allgemeinen Voraussetzungen für eine Übermittlung** oder eine sonstige Datenweitergabe erfüllt sind. Portugal und Finnland zählen genauso zum »Inland« wie Irland und Kroatien. Diese Rechtslage schließt es allerdings nicht aus, dass sich bei der **praktischen Handhabung** Unterschiede zu rein innerstaatlichen Sachverhalten ergeben. So kann es etwa eine unbillige Benachteiligung darstellen, wenn die betroffene Person ein Auskunftsersuchen in einer fremden Sprache abfassen muss. Auch wären unterschiedliche Praktiken der Aufsichtsbehörden denkbar. Dem wirkt jedoch die DSGVO ausdrücklich entgegen; darauf ist bei den Informationsrechten der betroffenen Person[2] und beim sog. Kohärenzverfahren[3] einzugehen. 2

II. Zulässigkeit der Übermittlung in Drittstaaten

»Übermittlung« in einen Drittstaat meint nicht nur die Übermittlung als Erscheinungsform der Datenverarbeitung, sondern **jede Form des Datentransfers**. Es genügt, dass Daten **an eine rechtlich unselbständige Zweigstelle** oder einen Auftragsverarbeiter in einem Drittstaat übermittelt werden. Auch wenn das in einem Drittstaat ansäßige Unternehmen Daten direkt beim Verbraucher in der EU erhebt, müssen die Art. 44ff. ihrem Schutzzweck nach Anwendung finden.[4] 2a

1. Allgemeine Grundsätze

Die Art. 44ff. richten sich gleichermaßen an **Verantwortliche wie** an **Auftragsverarbeiter.** Art. 44 Satz 1 umschreibt abschließend die Voraussetzungen, unter denen Daten in Drittstaaten übermittelt werden dürfen. Dabei genügt es, dass sie in der EU bzw. im EWR erhoben und in einem Drittstaat verarbeitet werden.[5] Nach Art. 44 sind – ähnlich wie im bisher geltenden Recht – **drei Fälle** zu unterscheiden, die abschließenden Charakter haben.[6] 3

(1) Die Kommission hat einen **Beschluss** gefasst, wonach in dem fraglichen Land ein **angemessenes Datenschutzniveau** besteht (Art. 45). Dieser Beschluss kann sich abweichend vom bisherigen Recht auch auf ein **bestimmtes Gebiet** (wie z.B. eine kanadische Provinz) oder ein oder mehrere **spezifische Sektoren** (z.B. Versicherungen) in dem Drittstaat beschränken. Vorstellbar ist z.B., dass der Datenschutz im Bankensektor eines Drittlandes voll ausgebildet und dem europäischen gleichwertig ist, während es einen Beschäf-

---

2 Siehe Kommentierung zu Art. 15 DSGVO.
3 Dazu Kommentierung zu Art. 63.
4 Schantz/Wolff-*Schantz*, Rn. 757.
5 Vgl. Wybitul-*Schuppert/Pflüger*, Art. 44 Rn. 4.
6 Paal/Pauly-*Pauly*, Art. 44 Rn. 11.

tigtendatenschutz kaum gibt. Hier würde sich der »Angemessenheitsbeschluss« auf den Bankensektor beschränken.

4 (2) Fehlt es an einem entsprechenden Beschluss der EU-Kommission, müssen nach Art. 46 **durch Vertrag** oder auf andere Weise **»geeignete Garantien«** zur Wahrung des Datenschutzes vorgesehen und den betroffenen Personen durchsetzbare Rechte und wirksame Rechtsbehelfe zur Verfügung gestellt werden. Dabei kommen auch »verbindliche interne Datenschutzvorschriften« von Unternehmensgruppen in Betracht (»Binding Corporate Rules« – BCR); die an sie gestellten Anforderungen finden sich in Art. 47, der im bisherigen Recht keine Entsprechung hat.

5 (3) **Fehlen** sowohl ein **Angemessenheitsbeschluss** als auch **»geeignete Vorkehrungen«,** so können **in engem Rahmen** gleichwohl Daten übermittelt werden. Die Voraussetzungen sind im Einzelnen in Art. 49 niedergelegt. Es handelt sich dabei um eine Art von Minimum, das den für den Wirtschaftsverkehr unerlässlichen Datentransfer zum Gegentand hat.

6 Art. 50 enthält eine **Ermächtigung** an die Kommission und die Aufsichtsbehörden **zur Weiterentwicklung des grenzüberschreitenden Datenschutzes.** Dies kann insbesondere dann bedeutsam werden, wenn die normalen Mittel der Angemessenheitsentscheidung und der geeigneten Garantien in Form von Verträgen und verbindlichen internen Datenschutzvorschriften nicht funktionieren und der Wirtschaftsverkehr unter der Beschränkung auf das Minimum des Art. 49 leidet. In solchen Fällen sind auch neue völkerrechtliche Abkommen zwischen der EU und einem Drittstaat möglich; auch Mitgliedstaaten können zu einem solchen Mittel greifen.[7]

7 Den Drittstaaten sind **internationale Organisationen** gleichgestellt.[8]

2. Weiterübermittlung

8 Über das bisher geltende Recht hinaus stellt der letzte Halbsatz von Satz 1 klar, dass die allgemeinen Anforderungen der Art. 44 bis 50 auch dann gelten, wenn Daten **von einem Drittstaat in einen anderen** oder von einer internationalen Organisation an eine andere übermittelt werden (auch als **»Onward Transfer Principle«** bezeichnet). Miterfasst ist auch der Fall, dass die Weiterübermittlung von einem Verantwortlichen in einem Drittstaat an eine internationale Organisation oder von einer internationalen Organisation an einen Drittstaat erfolgt. Auch die Übermittlung von einem Verantwortlichen in einem Drittstaat an einen ebenfalls dort ansässigen anderen Verantwortlichen soll einbezogen sein.[9] Vom Wortlaut nicht ausdrücklich erfasst ist der Fall, dass in einem Drittstaat der Datenschutz **nur in einem bestimmten Bereich als gleichwertig anerkannt** ist und **Daten** aus diesem Bereich **in einen anderen übermittelt** werden. Von ihrem Zweck her müssen die Art. 44ff. hier ebenfalls Anwendung finden.[10] Anders stellt sich die Situation dar, wenn die Daten **in einen EU-Mitgliedstaat zurückübermittelt** werden: Hier gelten wie-

---

7 Auernhammer-*Hladjk*, Art. 44 Rn. 10f.

8 Im Folgenden ist aus Vereinfachungsgründen immer von »Drittstaaten« die Rede.

9 Wybitul-*Schuppert/Pflüger*, Art. 44 Rn. 8.

10 Kühling/Buchner-*Schröder*, Art. 44 Rn. 21.

der die allgemeinen Grundsätze, für eine Anwendung der Art. 44ff. besteht bei einer solchen »Rückkehr« kein Anlass, da keine für die Übermittlung in Drittstaaten typischen Risiken entstehen.

Die hier angeordnete **erweiterte Anwendung der Art. 44 bis 50** geht über den Bereich nach Art. 3 hinaus. Man könnte von einem »**Herkunftsprinzip**« sprechen; Daten, die aus der EU oder dem EWR übermittelt wurden, bringen gewissermaßen automatisch die DSGVO mit.[11] Dies kann problematisch werden, wenn ein Drittstaat andere Grundsätze für eine Übermittlung in ein anderes Drittland kennt, diese beispielsweise ohne weiteres zulässt. Hier helfen im Prinzip nur **vertragliche Abmachungen** mit dem Datenempfänger im ersten Drittland;[12] der Aufsichtsbehörde sind insoweit gegenüber Unternehmen in Drittstaaten die Hände gebunden. Auch ein sonstiges Vorgehen gegen den Drittstaat kommt nicht in Betracht; dies würde eine Art »Rechtsimperialismus« darstellen, weil ihm dann das europäische Recht aufgezwungen würde.[13] Die vertragliche Lösung ist insbesondere dann von Bedeutung, wenn der Datenschutz im ersten Drittland als gleichwertig anerkannt ist, weil sie dann sehr viel weniger nahe liegt, aber gleichwohl unabdingbar ist. Fehlt es an einem Angemessenheitsbeschluss, müssen die dann notwendigen »Garantien« dafür sorgen, dass auch die Weiterübermittlung im Sinne des Art. 44 geregelt ist. Eine Verletzung der vertraglich eingegangenen Bindung löst die im Vertrag vorgesehenen Sanktionen aus. Enthält der Vertrag insoweit keine Regelung, entsteht nach allgemeinen Grundsätzen eine vertragliche wie auch eine auf Art. 82 beruhende Schadensersatzpflicht. In schweren Fällen kommt eine fristlose Kündigung des Vertrages in Betracht, doch wird die Rechtmäßigkeit der ursprünglichen Datenübermittlung in den Drittstaat dadurch nicht berührt.[14] 9

3. Die Zweistufenprüfung

Die Übermittlung in Drittstaaten oder an internationale Organisationen setzt nicht nur voraus, dass die Art. 44 bis 50 beachtet werden. Vielmehr müssen auch die **allgemeinen Bedingungen**, insbesondere nach § 26 Abs. 1 Satz 1 BDSG oder nach Art. 6 Abs. 1 erfüllt sein, damit eine legale Übermittlung stattfinden kann. Dies ist nunmehr ausdrücklich festgeschrieben, da Art. 44 Satz 1 verlangt, dass auch die »sonstigen Bestimmungen« der DSGVO eingehalten werden.[15] In der Praxis wird man sinnvollerweise zunächst prüfen, ob die allgemeinen Übermittlungsvoraussetzungen erfüllt sind, und erst dann der Frage nachgehen, ob auch den Spezialvorschriften der Art. 44ff. Rechnung getragen ist. 10

---

11 Vgl. Auernhammer-*Hladjk*, Art. 44 Rn. 10: Der Datenschutz gemäß DSGVO haftet den Daten an.

12 Ebenso Schantz/Wolff-*Schantz*, Rn. 760.

13 Vgl. Sydow-*Towfigh/Ulrich*, Art. 44 Rn. 6.

14 Vgl. Plath-*v.d. Bussche*, Art. 44 Rn. 13.

15 Auernhammer-*Hladjk*, Art. 44 Rn. 2; Geppert, ZD 2018, 62; Gola, Handbuch, Rn. 2504ff.; Kühling/Buchner-*Schröder*, Art. 44 Rn. 20; Paal/Pauly-*Pauly*, Art. 44 Rn. 2; Plath-*v.d. Bussche*, Art. 44 Rn. 4; Wybitul-*Schuppert/Pflüger*, Art. 44 Rn. 1.

4. Art. 44 Satz 2 als Auslegungsgrundsatz

11 Satz 2 enthält ein Auslegungsgebot.[16] Durch die Anwendung der Art. 44 bis 50 sei sicherzustellen, dass das durch die DSGVO gewährleistete Schutzniveau für natürliche Personen nicht untergraben werde. Dies bestätigt die Aussagen des EuGH im Safe-Harbor-Fall[17] und kann beispielsweise eine Rechtfertigung dafür sein, eine Regelung zur Weiterübermittlung in zusätzliche Staaten zu verlangen (siehe Rn. 9). Auch kann es die **Maßstäbe beeinflussen**, die bei einer Anerkennung eines ausländischen Datenschutzrechts als gleichwertig zu beachten sind. Ob Satz 2 selbst Rechtsgrundlage für bestimmte Maßnahmen sein kann, erscheint zweifelhaft.

III. Ergänzungen zu den Regelungen der Art. 44 bis 50

12 Werden Daten in Drittstaaten übermittelt, so sind außer den Art. 44 bis 50 eine Reihe weiterer Vorschriften zu beachten, die sich in unterschiedlichen Teilen der DSGVO befinden.

- Hat der Verantwortliche die Absicht, Daten in ein Drittland oder an eine internationale Organisation zu übermitteln, so muss er **die betroffene Person** schon bei ihrer Erhebung nach Art. 13 Abs. 1 Buchst. f und Art. 14 Abs. 1 Buchst. f davon **unterrichten** und ihr weitere Umstände mitteilen (siehe Art. 13 Rn. 15).
- Nach Art. 15 Abs. 1 Buchst. c hat die betroffene Person ein **Auskunftsrecht** insbesondere **über** die **Empfänger in Drittländern** und bei internationalen Organisationen und sie kann nach Art. 15 Abs. 2 insbesondere verlangen, dass ihr die Garantien nach Art. 46 mitgeteilt werden (siehe Art. 15 Rn. 19).
- Nach Art. 28 Abs. 3 Satz 2 besteht bei der **Auftragsdatenverarbeitung** die Weisungsbefugnis des Verantwortlichen gegenüber dem Auftragsverarbeiter grundsätzlich auch dann, wenn er sich in einem Drittstaat befindet.

13
- Die **Dokumentationspflicht** besteht nach Art. 30 Abs. 1 Buchst. d auch in Bezug auf **Kategorien von Empfängern**, die sich in Drittländern oder bei internationalen Organisationen befinden (siehe Art. 30 Rn. 10). Art. 30 Abs. 1 Buchst. e bezieht die Übermittlungen »an ein Drittland oder an eine internationale Organisation« mit ein; dasselbe ordnet Art. 30 Abs. 2 Buchst. c zu Lasten des Auftragsverarbeiters an.
- Verbände und andere Vereinigungen können **Verhaltensregeln** ausarbeiten, die nach Art. 40 Abs. 2 Buchst. j den Datenschutz bei der Übermittlung personenbezogener Daten an Drittländer oder an internationale Organisationen präzisieren. Solche Verhaltensregeln können nach Art. 40 Abs. 3 und nach Art. 46 Abs. 2 Buchst. e die Übermittlung in Drittstaaten oder an internationale Organisationen rechtfertigen.
- Der **Europäische Datenschutzausschuss** kann nach Art. 70 Abs. 1 Buchst. o ein Register der in Drittländern niedergelassenen Verantwortlichen oder Auftragsverarbeiter führen. Außerdem kann er nach Art. 70 Abs. 1 Buchst. v Schulungsprogramme und einen Personenaustausch auch im Verhältnis zu Aufsichtsbehörden in Drittstaaten fördern.

---

16 Ebenso Wybitul-*Schuppert/Pflüger*, Art. 44 Rn. 9.
17 EuGH 6.10.2015 – C-362/14, NJW 2015, 3151.

- Nach Art. 96 bleiben **internationale Übereinkünfte**, die die Übermittlung personenbezogener Daten in Drittländer mit sich bringen, **unberührt**, soweit sie vor dem 24. Mai 2016 abgeschlossen wurden und mit dem zu diesem Zeitpunkt geltenden Unionsrecht in Einklang stehen. 14
- Die **Kommission berichtet** nach Art. 97 Abs. 1 alle vier Jahre über die Bewertung und Überprüfung der DSGVO. Dabei prüft sie nach Art. 97 Abs. 2 Buchst. b insbesondere die Vorschriften der Art. 44 bis 50.

IV. Spielräume des nationalen Rechts

Im Bereich der Datenübermittlung in Drittstaaten oder an internationale Organisationen bleiben die nationalen Spielräume eher bescheiden. 15

- **Art. 85 Abs. 2** enthält eine **Öffnungsklausel** für die Verarbeitung zu journalistischen, wissenschaftlichen, künstlerischen oder literarischen Zwecken; insoweit können die Mitgliedstaaten auch von den Art. 44 bis 50 abweichen.
- Art. 49 Abs. 1 Buchst. d lässt eine Übermittlung zu, wenn sie **»aus wichtigen Gründen des öffentlichen Interesses« notwendig** ist; bei der Bestimmung dieser Voraussetzung haben die Mitgliedstaaten eine beträchtliche Definitionsmacht, ebenso bei der Einrichtung von Registern nach Art. 49 Abs. 1 Buchst. g.
- Existiert kein Angemessenheitsbeschluss der Kommission in Bezug auf einen bestimmten Drittstaat, so kann das Recht eines Mitgliedstaats nach **Art. 49 Abs. 5** bestimmen, dass die Übermittlung bestimmter Kategorien von Daten in Drittstaaten beschränkt wird, soweit hierfür wichtige Gründe des öffentlichen Interesses sprechen.

Mit Rücksicht auf die Rechtsprechung des EuGH, der einen **wirksamen Rechtsschutz** gegenüber einer Angemessenheitsentscheidung der EU-Kommission verlangt, hat § 21 BDSG eine bemerkenswerte Regelung geschaffen. Hält eine Aufsichtsbehörde die Entscheidung für rechtswidrig, so kann sie ein bei ihr anhängiges Verfahren aussetzen, wenn es auf diese Frage ankommt, und eine Klärung durch das **BVerwG** verlangen. Dieses entscheidet in erster und letzter Instanz, wird aber in vielen Fällen nach Art. 267 AEUV den EuGH einschalten, um eine verbindliche Interpretation des Unionsrechts bzw. eine Entscheidung über die Gültigkeit der Kommissionsentscheidung zu erhalten. Bis zum Inkrafttreten des **§ 21 BDSG** am 25. Mai 2018 galt der gleichlautende § 42b, der in das BDSG-alt eingefügt wurde und vorzeitig, d. h. am Tag nach der Verkündung des Gesetzes in Kraft getreten war.[18] 16

Art. 45 Datenübermittlungen auf der Grundlage eines Angemessenheitsbeschlusses

(1) Eine Übermittlung personenbezogener Daten an ein Drittland oder eine internationale Organisation darf vorgenommen werden, wenn die Kommission beschlossen hat, dass das betreffende Drittland, ein Gebiet oder ein oder mehrere spezifische Sek-

18 Art. 8 Abs. 2 des Gesetzes zur Anpassung des Datenschutzrechts an die Verordnung (EU) 2016/679 und zur Umsetzung der Richtlinie (EU) 2016/680 (Datenschutz-Anpassungs- und -Umsetzungsgesetz EU – DSAnpUG-EU).

toren in diesem Drittland oder die betreffende internationale Organisation ein angemessenes Schutzniveau bietet. Eine solche Datenübermittlung bedarf keiner besonderen Genehmigung.

(2) Bei der Prüfung der Angemessenheit des gebotenen Schutzniveaus berücksichtigt die Kommission insbesondere das Folgende:

a) die Rechtsstaatlichkeit, die Achtung der Menschenrechte und Grundfreiheiten, die in dem betreffenden Land bzw. bei der betreffenden internationalen Organisation geltenden einschlägigen Rechtsvorschriften sowohl allgemeiner als auch sektoraler Art – auch in Bezug auf öffentliche Sicherheit, Verteidigung, nationale Sicherheit und Strafrecht sowie Zugang der Behörden zu personenbezogenen Daten – sowie die Anwendung dieser Rechtsvorschriften, Datenschutzvorschriften, Berufsregeln und Sicherheitsvorschriften einschließlich der Vorschriften für die Weiterübermittlung personenbezogener Daten an ein anderes Drittland bzw. eine andere internationale Organisation, die Rechtsprechung sowie wirksame und durchsetzbare Rechte der betroffenen Person und wirksame verwaltungsrechtliche und gerichtliche Rechtsbehelfe für betroffene Personen, deren personenbezogene Daten übermittelt werden,

b) die Existenz und die wirksame Funktionsweise einer oder mehrerer unabhängiger Aufsichtsbehörden in dem betreffenden Drittland oder denen eine internationale Organisation untersteht und die für die Einhaltung und Durchsetzung der Datenschutzvorschriften, einschließlich angemessener Durchsetzungsbefugnisse, für die Unterstützung und Beratung der betroffenen Personen bei der Ausübung ihrer Rechte und für die Zusammenarbeit mit den Aufsichtsbehörden der Mitgliedstaaten zuständig sind, und

c) die von dem betreffenden Drittland bzw. der betreffenden internationalen Organisation eingegangenen internationalen Verpflichtungen oder andere Verpflichtungen, die sich aus rechtsverbindlichen Übereinkünften oder Instrumenten sowie aus der Teilnahme des Drittlands oder der internationalen Organisation an multilateralen oder regionalen Systemen insbesondere in Bezug auf den Schutz personenbezogener Daten ergeben.

(3) Nach der Beurteilung der Angemessenheit des Schutzniveaus kann die Kommission im Wege eines Durchführungsrechtsaktes beschließen, dass ein Drittland, ein Gebiet oder ein oder mehrere spezifische Sektoren in einem Drittland oder eine internationale Organisation ein angemessenes Schutzniveau im Sinne des Absatzes 2 des vorliegenden Artikels bieten. In dem Durchführungsrechtsakt ist ein Mechanismus für eine regelmäßige Überprüfung, die mindestens alle vier Jahre erfolgt, vorzusehen, bei der allen maßgeblichen Entwicklungen in dem Drittland oder bei der internationalen Organisation Rechnung getragen wird. Im Durchführungsrechtsakt werden der territoriale und der sektorale Anwendungsbereich sowie gegebenenfalls die in Absatz 2 Buchstabe b des vorliegenden Artikels genannte Aufsichtsbehörde bzw. genannten Aufsichtsbehörden angegeben. Der Durchführungsrechtsakt wird gemäß dem in Artikel 93 Absatz 2 genannten Prüfverfahren erlassen.

(4) Die Kommission überwacht fortlaufend die Entwicklungen in Drittländern und bei internationalen Organisationen, die die Wirkungsweise der nach Absatz 3 des vor-

liegenden Artikels erlassenen Beschlüsse und der nach Artikel 25 Absatz 6 der Richtlinie 95/46/EG erlassenen Feststellungen beeinträchtigen könnten.

(5) Die Kommission widerruft, ändert oder setzt die in Absatz 3 des vorliegenden Artikels genannten Beschlüsse im Wege von Durchführungsrechtsakten aus, soweit dies nötig ist und ohne rückwirkende Kraft, soweit entsprechende Informationen – insbesondere im Anschluss an die in Absatz 3 des vorliegenden Artikels genannte Überprüfung – dahingehend vorliegen, dass ein Drittland, ein Gebiet oder ein oder mehrere spezifischer Sektor in einem Drittland oder eine internationale Organisation kein angemessenes Schutzniveau im Sinne des Absatzes 2 des vorliegenden Artikels mehr gewährleistet. Diese Durchführungsrechtsakte werden gemäß dem Prüfverfahren nach Artikel 93 Absatz 2 erlassen.

In hinreichend begründeten Fällen äußerster Dringlichkeit erlässt die Kommission gemäß dem in Artikel 93 Absatz 3 genannten Verfahren sofort geltende Durchführungsrechtsakte.

(6) Die Kommission nimmt Beratungen mit dem betreffenden Drittland bzw. der betreffenden internationalen Organisation auf, um Abhilfe für die Situation zu schaffen, die zu dem gemäß Absatz 5 erlassenen Beschluss geführt hat.

(7) Übermittlungen personenbezogener Daten an das betreffende Drittland, das Gebiet oder einen oder mehrere spezifische Sektoren in diesem Drittland oder an die betreffende internationale Organisation gemäß den Artikeln 46 bis 49 werden durch einen Beschluss nach Absatz 5 des vorliegenden Artikels nicht berührt.

(8) Die Kommission veröffentlicht im Amtsblatt der Europäischen Union und auf ihrer Website eine Liste aller Drittländer beziehungsweise Gebiete und spezifischen Sektoren in einem Drittland und aller internationalen Organisationen, für die sie durch Beschluss festgestellt hat, dass sie ein angemessenes Schutzniveau gewährleisten bzw. nicht mehr gewährleisten.

(9) Von der Kommission auf der Grundlage von Artikel 25 Absatz 6 der Richtlinie 95/46/EG erlassene Feststellungen bleiben so lange in Kraft, bis sie durch einen nach dem Prüfverfahren gemäß den Absätzen 3 oder 5 des vorliegenden Artikels erlassenen Beschluss der Kommission geändert, ersetzt oder aufgehoben werden.

Inhaltsübersicht Rn.

I. Einleitung

1 Wie das bisherige Recht lässt Art. 45 die Datenübermittlung in einen Drittstaat zu, wenn dieser über ein **vergleichbares Datenschutzniveau** verfügt. Er wird insoweit praktisch wie ein EU-Mitgliedstaat behandelt. Dies bringt Abs. 1 Satz 2 zum Ausdruck, indem er betont, eine solche Übermittlung bedürfe »keiner besonderen Genehmigung«. Den Drittstaaten sind internationale Organisationen gleichgestellt. Neu hinzugekommen ist die Möglichkeit innerhalb eines Drittstaats zu differenzieren: Ein vergleichbares Datenschutzniveau kann auch **in einem bestimmten Gebiet** (z. B. in einem Land eines Bundesstaats) oder **in ein oder mehrere Sektoren** (»Versicherungswirtschaft«, »Öffentliche Hand«[1]) bestehen.

2 Nach welchen Kriterien bestimmt sich das **»angemessene Schutzniveau«,** von dem die Verordnung spricht? Dies ist im Einzelnen in Abs. 2 geregelt. Anders als nach bisherigem Recht kann der einzelne Verantwortliche oder der Mitgliedstaat das nicht selbst beurteilen;[2] vielmehr ist insoweit nach Abs. 3 **allein die Kommission zur Entscheidung berufen.** Sie erlässt einen sog. Durchführungsrechtsakt im Sinne des Art. 291 Abs. 2 AEUV, der für alle Betroffenen bindend ist. Allerdings kann er einer gerichtlichen Überprüfung unterworfen werden (Art. 44 Rn. 16 und unten Rn. 15).

3 In dem Durchführungsrechtsakt ist ein Mechanismus vorzusehen, wonach die **Entwicklung in dem Drittland** bzw. der internationalen Organisation **beobachtet** und mindestens alle vier Jahre im Hinblick auf die Einhaltung der Kriterien des Abs. 2 überprüft wird (Abs. 3 Satz 2 und Abs. 4). Nach Abs. 5 ist die Kommission befugt, ihren **Beschluss** insoweit zu **widerrufen oder** zu **ändern**, als kein angemessenes Schutzniveau mehr besteht. Nach Abs. 6 nimmt sie Beratungen mit dem Drittstaat auf, um Abhilfe für die Situation zu schaffen, die zu dem Beschluss nach Abs. 5 geführt hat. Der Widerruf und die Änderung lassen Datenübermittlungen unberührt, die nach Art. 46 bis 49 (etwa aufgrund vertraglicher Garantien oder als »Minimum«) zulässig sind (Abs. 7).

4 Die Kommission **veröffentlicht nach Abs. 8 im Amtsblatt der EU** und auf ihrer Website eine Liste aller Drittländer bzw. der Gebiete und spezifischen Sektoren in einem Drittland sowie der internationalen Organisationen, die ein angemessenes Schutzniveau gewährleisten oder nicht mehr gewährleisten. **Die bisher bestehenden Angemessenheitsbeschlüsse** bleiben nach Abs. 9 bestehen, solange sie nicht in dem auch für sie vorgesehenen Überprüfungsverfahren geändert oder widerrufen werden.

1 So im Fall Australien, Paal/Pauly-*Pauly*, Art. 45 Rn. 3a.
2 Ehmann/Selmayr-*Zerdick*, Art. 45 Rn. 4; Kühling/Buchner-*Schröder*, Art. 45 Rn. 1.

II. Die Wirkung einer Angemessenheitsentscheidung (Abs. 1)

1. Geltungsbereich

Eine **positive Angemessenheitsentscheidung** bezieht sich auf einen Drittstaat oder eine internationale Organisation. Stattdessen kann sie auch **bestimmte Gebiete** eines Drittstaats betreffen, die im Gegensatz zu den übrigen Teilen des Landes den Kriterien des Abs. 2 entsprechen. Dies setzt im Regelfall voraus, dass dieses Gebiet im Bereich des Datenschutzes über **eigene Rechtsetzungsbefugnisse** verfügt. Dies gilt etwa für die Inseln Guernsey und Jersey, die trotz ihrer Zugehörigkeit zu Großbritannien nicht automatisch dem britischen Recht unterliegen. Die Entscheidung der Kommission kann sich auch auf einen **bestimmten Sektor** (oder mehrere Sektoren) beziehen; dies wird im Regelfall voraussetzen, dass das ausländische Recht durch **Spezialnormen** in diesen Bereichen für einen angemessenen Datenschutz sorgt, während in anderen Teilen des Landes diese Voraussetzungen (noch) nicht erfüllt sind. Die Möglichkeit, die Angemessenheit für bestimmte Teile eines Drittstaats zu bejahen, wird vermutlich zu einer sehr viel häufigeren Anwendung dieser Bestimmung als in der Vergangenheit führen. 5

Der Geltungsbereich der Kommissionsentscheidung betrifft den gesamten **Anwendungsbereich der DSGVO**, geht aber nicht darüber hinaus. Ausgeklammert sind deshalb die **Gemeinsame Außen- und Sicherheitspolitik,**[3] das Telekommunikationsrecht sowie die Bereiche, die wie der Schutz der nationalen Sicherheit weiterhin der **Zuständigkeit der Mitgliedstaten** unterstehen. Der Austausch solcher Daten mit Drittstaaten wird durch eine Angemessenheitsentscheidung nicht beeinflusst. 6

2. Verfahren

Die Kommission muss im Einzelnen **prüfen**, ob die **Voraussetzung des angemessenen Datenschutzes** gegeben ist. Sie hat dabei den Europäischen Datenschutzausschuss einzuschalten; dies ergibt sich mittelbar aus Art. 70 Abs. 1 Buchst. s, der die Stellungnahme zum Datenschutz in Drittstaaten ausdrücklich zu den Aufgaben des **Europäischen Datenschutzausschusses** zählt, sowie aus ErwGr 105 Satz 3, wonach die Kommission den Ausschuss konsultieren sollte. Seine Stellungnahme hat allerdings keine bindende Wirkung, jedoch erhebliches faktisches Gewicht. Im Übrigen sollte die Kommission alle ihr zur Verfügung stehenden Erkenntnismöglichkeiten ausschöpfen. 7

3. »Übermittlung ohne Genehmigung«

Eine Datenübermittlung in einen Bereich, dessen Datenschutz durch die Kommission als gleichwertig anerkannt wurde, bedarf nach Abs. 1 Satz 2 keiner »besonderen Genehmigung«. Dies bedeutet, dass **keine anderen Voraussetzungen als bei einer Übermittlung innerhalb der EU** zu erfüllen sind. Zugleich ist damit klargestellt, dass eine Auftragsverarbeitung im Sine des Art. 28 auch mit Verarbeitern möglich ist, die sich in einem als gleichwertig anerkannten Bereich befinden.[4] 8

---

3 Kühling/Buchner-*Schröder*, Art. 45 Rn. 8.
4 Däubler, Gläserne Belegschaften, Rn. 500.

III. Entscheidungskriterien der Kommission

1. Die »Berücksichtigung« des Katalogs nach Abs. 2

9 Bei der Prüfung der »Angemessenheit« des gebotenen Schutzniveaus »berücksichtigt« die Kommission die im Folgenden aufgeführten Kriterien. Bedeutet dies, dass sie an sie gebunden ist oder müssen sie nur in die Überlegungen einbezogen werden, können jedoch im Ergebnis mit Rücksicht auf vorrangige andere Erwägungen auch hintangestellt werden? Mit Rücksicht auf das Gebot, die Grundrechte der betroffenen Personen auch beim grenzüberschreitenden Datenverkehr zu sichern, spricht mehr für eine **Bindung.**[5] Auch die Auslegungsmaxime des Art. 44 Satz 2 sowie der ErwGr 104 unterstützen eine solche Lösung, weil der Katalog des Abs. 2 entscheidend gerade auf Kriterien wie Rechtsstaatlichkeit und Schutz der Menschenrechte abstellt.

2. Anforderungen des Abs. 2

10 Abs. 2 **Buchst. a** benennt in einem Schachtelsatz von beeindruckender Länge eine Reihe von wichtigen Voraussetzungen, die erfüllt sein müssen. An der Spitze stehen die **Rechtsstaatlichkeit** sowie die **Achtung der Menschenrechte** und Grundfreiheiten. Dabei sind alle Regeln einschließlich der von der Rechtsprechung entwickelten zu berücksichtigen. Einbezogen werden auch Regeln über die Verteidigung und die nationale Sicherheit, die als solche nicht vom Unionsgesetzgeber gestaltet werden können, deren rechtsstaatliche Ausformung jedoch Voraussetzung für die Angemessenheitsentscheidung sein soll. Pauschale staatliche Eingriffsermächtigungen stehen der Gleichwertigkeit entgegen.[6] Weiter sind auch die Regeln zur **Weiterübermittlung** in andere Drittstaaten zu berücksichtigen. Schließlich soll es darauf ankommen, dass die betroffene Person wirksame und durchsetzbare Rechte hat sowie über »wirksame verwaltungsrechtliche und gerichtliche **Rechtsbehelfe**« verfügt.

11 Abs. 2 **Buchst. b** setzt die Existenz und »wirksame Funktionsweise« einer oder mehrerer unabhängiger **Aufsichtsbehörden** voraus, die für die Einhaltung der Datenschutzvorschriften zuständig und mit angemessenen Durchsetzungsbefugnissen versehen sind. Weiter müssen sie die Aufgabe haben, die betroffenen Personen bei der Ausübung ihrer Rechte zu beraten und zu unterstützen, sowie für die Zusammenarbeit mit den Aufsichtsbehörden der EU-Mitgliedstaaten zuständig sein.

12 Nach Abs. 2 **Buchst. c** sind weiter die **internationalen Verpflichtungen** zu berücksichtigen, die ein Drittstaat oder eine internationale Organisation insbesondere in Bezug auf den Schutz personenbezogener Daten eingegangen ist. Dazu zählt – wie sich aus ErwGr 105 Satz 2 ergibt – insbesondere das Übereinkommen des Europarats vom 28. Januar 1981.[7]

---

5 So auch Sydow-*Towfigh/Ulrich*, Art. 45 Rn. 8.
6 Paal/Pauly-*Pauly*, Art. 45 Rn. 5a.
7 Zu diesem s. Däubler, Gläserne Belegschaften, Rn. 64ff.

3. Gleichwertiger Schutz als übergeordnetes Kriterium

Abs. 1 verlangt in Anlehnung an Art. 25 DSRl ein »angemessenes« Schutzniveau. Nach einer in der Literatur zum bisherigen Recht vertretenen Auffassung bedeutete dies weniger als »gleichwertig«,[8] doch wurde verlangt, dass jedenfalls der »Kernbestand« der in der Richtlinie enthaltenen Schutzbestimmungen gewahrt sein müsse.[9] In seiner **Safe-Harbor-Entscheidung** ging der EuGH jedoch darüber erheblich hinaus, indem er ein **»gleichwertiges« Niveau** verlangte. Im Einzelnen führte er aus:[10] 13

EuGH (Safe Harbor)
»Zwar impliziert das Wort ›angemessen‹ in Art. 25 Abs. 6 der Richtlinie 95/46, dass nicht verlangt werden kann, dass ein Drittland ein dem in der Unionsrechtsordnung garantierten identisches Schutzniveau gewährleistet. Wie der Generalanwalt … ausgeführt hat, ist der Ausdruck ›angemessenes Schutzniveau‹ jedoch so zu verstehen, dass verlangt wird, dass das Drittland aufgrund seiner innerstaatlichen Rechtsvorschriften oder internationaler Verpflichtungen tatsächlich ein Schutzniveau der Freiheiten und Grundrechte gewährleistet, das dem in der Union auf Grund der Richtlinie 95/46 im Licht der Charta garantierten Niveau der Sache nach gleichwertig ist« (Hervorhebung von mir).
EuGH 6.10.2015 – C-362/14 NJW 2015, 3151

Die Formulierungen des Abs. 2 machen deutlich, dass sich der Verordnungsgeber die **Auffassung des EuGH zueigen gemacht** hat; es muss also einen »gleichwertigen« Schutz im Drittstaat oder einem anderen außerhalb der EU liegenden Bereich geben. Auch **ErwGr 104 Satz 3** formuliert, das Drittland solle Garantien für ein angemessenes Schutzniveau bieten, »das dem innerhalb der Union gewährleisteten Schutzniveau der Sache nach gleichwertig ist.« Die Literatur hat sich dem im Wesentlichen angeschlossen.[11] Die Mittel, wie ein gleichwertiger Schutz erreicht wird, können dabei unterschiedliche sein; es geht um funktionale Äquivalenz. Wichtig ist dabei insbesondere, dass es nicht auf die abstrakte Rechtslage, sondern auf die konkrete Umsetzung ankommt.[12] Entscheidend sind die tatsächlichen Rahmenbedingungen der Datenverarbeitung,[13] die sich nicht allein aufgrund einer Stellungnahme der betreffenden Regierung bestimmen lassen.[14] Politische Sympathien oder Antipathien dürfen dabei keine Rolle spielen.[15] 14

8 Dammann/Simitis, Art. 25 Anm. 6; Ehmann/Helfrich, Art. 25 Rn. 5.
9 Dammann/Simitis, Art. 25 Anm. 8; ähnlich Ehmann/Helfrich, Art. 25 Rn. 4.
10 EuGH 6.10.2015 – C-362/14, NJW 2015,3151 – Schrems/Digital Rights Ireland, Tz 73.
11 Albrecht, CR 2016, 88, 95; Auernhammer-*Hladjk*, Art. 45 Rn. 9; Gola-*Klug*, Art. 45 Rn. 5; Molnár-Gábor/Kaffenberger, ZD 2017, 18, 19; SHS-*Schantz*, Art. 45 Rn. 6; Sydow-*Towfigh/Ulrich*, Art. 45 Rn.10; im Ergebnis ebenso (trotz Kritik am EuGH) Kühling/Buchner-*Schröder*, Art. 45 Rn. 13 a.E.
12 Plath-*v.d. Bussche*, Art. 45 Rn. 7.
13 Paal/Pauly-*Pauly*, Art. 45 Rn. 5a.
14 SHS-*Schantz*, Art. 45 Rn. 7.
15 SHS-*Schantz*, Art. 45 Rn. 6.

4. Gerichtliche Kontrolle

15 Mit Rücksicht auf die Rechtsprechung des EuGH, der einen **wirksamen Rechtsschutz** gegenüber einer Anerkennungsentscheidung verlangt, sieht Art. 58 Abs. 5 ein generelles **Klagerecht der Aufsichtsbehörden** vor. § 21 BDSG hat auf dieser Grundlage eine spezielle Regelung für den hier interessierenden Bereich geschaffen. Hält eine Aufsichtsbehörde den Angemessenheitsbeschluss der EU-Kommission für rechtswidrig, so kann sie ein bei ihr anhängiges Verfahren, wenn es auf diese Frage ankommt, aussetzen und eine Klärung durch das **BVerwG** verlangen. Dieses entscheidet in erster und letzter Instanz, muss aber meist nach Art. 267 AEUV **den EuGH einschalten**, um eine verbindliche Interpretation des Unionsrechts bzw. eine Entscheidung über die Gültigkeit der Kommissionsentscheidung zu erhalten.[16] Bis zum Inkrafttreten des § 21 BDSG am 25. Mai 2018 galt der gleichlautende § 42b, der in das BDSG-alt eingefügt wurde und bereits am Tag nach der Verkündung des Gesetzes in Kraft trat.[17] In dringenden Fällen kann die Aufsichtsbehörde geeignete Maßnahmen ergreifen, z. B. einen Datentransfer in das Drittland untersagen.[18] **Verweigert** die **Kommission** einen **Angemessenheitsbeschluss**, so kann § 21 BDSG seinem eindeutigen Wortlaut nach nicht Platz greifen. Ob ein Drittstaat insoweit Rechtsschutz beanspruchen kann, ist in der DSGVO nicht angesprochen, dürfte aber zu bejahen sein. Ein Verantwortlicher, dem die Übermittlung von Daten in das Drittland untersagt wird, kann sich dagegen gerichtlich zur Wehr setzen, was letztlich ebenfalls zur Einschaltung des EuGH führt. Erfolgsaussichten dürften allerdings nur dann bestehen, wenn die Gleichwertigkeit des Schutzes evident ist oder wenn sachfremde Gründe belegbar sind.[19]

15a Auch wenn der Angemessenheitsbeschluss als solcher nicht in Frage zu stellen ist, kann der Fall eintreten, dass im Einzelfall ein nicht zu rechtfertigender Eingriff in die Persönlichkeitssphäre droht. In diesem Fall kann die zuständige Aufsichtsbehörde intervenieren und den **Datentransfer untersagen**, muss davon jedoch der Kommission Mitteilung machen. Dies ist in den Angemessenheitsbeschlüssen klargestellt.[20]

IV. Überwachung und Widerruf

1. Regelmäßige Überprüfung

16 **Recht und Praxis** in einem Drittstaat **können sich ändern**. Die Kommission muss deshalb in ihrer Entscheidung einen Mechanismus vorsehen, um die maßgebende Entwicklung in dem Drittland bzw. der internationalen Organisation zur Kenntnis zu nehmen und darauf reagieren zu können (Abs. 3 Satz 2). Spätestens nach vier Jahren muss eine automatische Überprüfung vorgenommen werden. **Abs. 4** greift dies ohne Bezugnahme auf

16 Einen strengen gerichtlichen Prüfungsmaßstab erwartet Plath-*v.d. Bussche*, Art. 45 Rn. 4ff.

17 Art. 8 Abs. 2 des Gesetzes zur Anpassung des Datenschutzrechts an die Verordnung (EU) 2016/679 und zur Umsetzung der Richtlinie (EU) 2016/680 (Datenschutz-Anpassungs- und –Umsetzungsgesetz EU – DSAnpUG-EU) vom 30.6.2017 – BGBl. I S. 2097.

18 SHS-*Schantz*, Art. 45 Rn. 36.

19 Vgl. SHS-*Schantz*, Art. 45 Rn. 40.

20 Schantz/Wolff-*Schantz*, Rn. 775.

die Vier-Jahres-Frist auf, was wohl den Sinn hat, auch in Bezug auf die schon nach Art. 25 Abs. 2 DSRl erlassenen Entscheidungen eine Überprüfungspflicht einzuführen.[21]

2. Feststellung von Verstößen

Das Überprüfungsverfahren kann mehr oder weniger schwere Verstöße gegen das im Drittland bestehende Datenschutzrecht zutage fördern; dasselbe kann sich aus Informationen der Aufsichtsbehörden, aus Eingaben von Betroffenen sowie aus Gerichtsentscheidungen ergeben. Denkbar ist weiter, dass im Drittland das Datenschutzrecht abgebaut oder **unkontrollierte Zugriffe von Sicherheitsbehörden geschaffen** werden. In diesen Fällen steht der Kommission nach Abs. 5 Satz 1 das Recht zu, ihre bisherige Entscheidung auszusetzen, sie zu ändern oder sie zu widerrufen. Auch wenn Abs. 6 eine Beratung über eine Abhilfe erst für den Zeitraum nach Erlass einer solchen Entscheidung vorsieht, wird zunächst **schon im Rahmen des Überprüfungsverfahrens** dem Drittstaat ein **Hinweis** gegeben, dass eine bestimmte Gesetzgebung oder Praxis die bestehende Angemessenheitsentscheidung in Gefahr bringen könnte.[22] Mit Rücksicht auf das Verhältnismäßigkeitsprinzips ist ihm die Möglichkeit einzuräumen, den Mangel umgehend mit eigenen Mitteln zu beseitigen. 17

3. Aussetzung, Änderung, Widerruf

Trägt der Drittstaat den gegebenen Hinweisen nicht Rechnung, so kann die Angemessenheitsentscheidung ausgesetzt, geändert oder widerrufen werden. Dies hat nach Abs. 5 Satz 1 allerdings keine rückwirkende Kraft, sondern **wirkt nur für die Zukunft**.[23] In der Vergangenheit übermittelte Daten dürfen allerdings nicht weiterverarbeitet werden, soweit dabei (wie im Falle des Art. 44 Satz 1) die DSGVO zu beachten ist.[24] Eine Änderung wird insbesondere dann in Betracht kommen, wenn lediglich in einem bestimmten Bereich (Branche, Land in einem Bundesstaat) die Angemessenheit nicht mehr gegeben ist. Eine derartige Entscheidung **muss** ergehen, wenn aufgrund der Veränderungen in dem Drittstaat in der Gegenwart keine Angemessenheitsentscheidung mehr erlassen würde. Die Aussetzung ist gegenüber dem Widerruf die mildere Maßnahme, weil nach Beseitigung der Mängel die bisherige Entscheidung wieder in Kraft gesetzt werden könnte. Die Entscheidung der Kommission stellt einen sog. **Durchführungsakt** dar und ergeht im Verfahren nach Art. 93 Abs. 2 (s. dort). 18

4. Fälle äußerster Dringlichkeit

Wird das Datenschutzniveau nicht in einem langsamen Prozess reduziert, sondern liegt ein gravierender Abbau demokratischer Rechte vor oder kommt es in dem Drittstaat zu 19

21 Sydow-*Towfigh/Ulrich*, Art. 45 Rn. 19.
22 Gola-*Klug*, Art. 45 Rn. 10.
23 Plath-*v.d. Bussche*, Art. 45 Rn. 12; SHS-*Schantz*, Art. 45 Rn. 25.
24 SHS-*Schantz*, Art. 45 n. 25.

einem Militärputsch, so kann die Kommission nach Abs. 5 UAbs. 2 sofort geltende Durchführungsakte erlassen, wobei sie das Verfahren nach Art. 93 Abs. 3 einzuhalten hat.

5. Rechtsfolgen

20 Datenübermittlungen, die **vor Erlass** der Kommissionsentscheidung stattgefunden haben, bleiben aus Gründen des Vertrauensschutzes **unberührt**. Später erfolgende Übermittlungen können zwar nicht mehr auf Art. 45, wohl aber **auf Art. 46 bis 49 gestützt** werden (Art. 45 Abs. 7). Im Übrigen sieht Abs. 6 Beratungen der Kommission mit dem fraglichen Drittstaat vor, die sich auf mögliche Abhilfemaßnahmen beziehen.

V. Vor Wirksamwerden der DSGVO ergangene Entscheidungen

1. Der Grundsatz

21 Nach Abs. 9 bleiben die auf der Grundlage der Datenschutzrichtlinie erlassenen Angemessenheitsentscheidungen weiter in Kraft, können jedoch durch die Kommission unter den Voraussetzungen der Abs. 3 und 5 geändert, ersetzt oder aufgehoben werden. Auch diese Entscheidung entspricht der Rechtssicherheit.

2. Bestehende Entscheidungen

22 Derzeit (9.8.2019) bestehen Angemessenheitsentscheidungen in Bezug auf folgende Länder:
Andorra,[25]
Argentinien,[26]
Kanada,[27]
Schweiz,[28]
Faröer Inseln,[29]
Guernsey,[30]
Israel,[31]
Isle of Man,[32]
Jersey,[33]
Neuseeland,[34]

25 ABl. v. 19.10.2010 Nr. L 277/27.
26 ABl. v. 5.7.2003 Nr. L 168/19.
27 ABl. v. 4.1.2002 Nr. L 2/13 (für den nicht-öffentlichen Bereich).
28 ABl. v. 25.8.2000 Nr. L 215/1.
29 ABl. v. 9.3.2010 Nr. L 58/17.
30 ABl. v. 25.11.2003 Nr. L 308/27.
31 ABl. v. 1.2.2011 Nr. L 27/39.
32 ABl. v. 30.4.2004, Nr. L 151/51, berichtigt in ABl. v. 10.6.2004, Nr. L 208/47.
33 ABl. v. 8.5.2008 Nr. L 138/21.
34 ABl. v. 30.1.2013 Nr. L 28/11.

Uruguay[35] und zuletzt
Japan.[36]

Mit Australien gibt es nur ein Abkommen über **Fluggastdaten;**[37] im Verhältnis zu **Kanada** haben diese eine Sonderregelung erfahren.[38] Eine geplante Neufassung scheiterte an den **Vorgaben des EuGH**, der in einem Gutachten u. a. die Übermittlung sensitiver Daten ausgeschlossen und bestimmt hatte, dass die Daten nach der Ausreise zu löschen seien, wenn nicht objektive Anhaltspunkte dafür bestehen, dass von der fraglichen Person eine Gefahr »im Zusammenhang mit der Bekämpfung des Terrorismus und grenzüberschreitender schwerer Kriminalität« ausgehen könnte.[39] Außerdem sei grundsätzlich sicherzustellen, dass die Passagiere informiert würden und eine Weitergabe der Daten in ein anderes Drittland nur erfolgt, wenn mit diesem ein vergleichbares Abkommen geschlossen wird oder wenn der dort bestehende Datenschutz von der Kommission als gleichwertig anerkannt wurde. 22a

Die Kommission hat angekündigt, auch die vor Inkrafttreten der DSGVO erlassenen Entscheidungen **einer baldigen Überprüfung** zu unterziehen; auf diese Weise soll sicher gestellt werden, dass die nationalen Aufsichtsbehörden von ihrem Recht auf gerichtlichen Rechtsschutz Gebrauch machen können. 23

Durch seinen **Austritt** aus der EU wird **Großbritannien** zu einem Drittstaat. Soweit es die DSGVO als nationales Recht beibehält, wäre eine Anerkennung als sicherer Drittstaat im Rahmen des Art. 45 unproblematisch und könnte relativ kurzfristig erfolgen, auch wenn sich der Austritt ohne vertragliche Abmachung vollzieht. 23a

VI. Der Sonderfall USA

1. Von Safe Harbor zu Privacy Shield

In vielen Bereichen, insbesondere im Arbeitsrecht weisen die USA **kein Datenschutzniveau** auf, das man nach den Maßstäben der Datenschutzrichtlinie und der DSGVO **als angemessen ansehen** kann.[40] Dies ist – soweit ersichtlich – unbestritten. Um den Handelsverkehr nicht unnötig zu belasten, ist im Jahre 2000 zwischen der EU-Kommission und dem US-Handelsministerium eine Abmachung getroffen worden. Danach waren Unternehmen aus den USA taugliche Datenempfänger, sobald sie sich den Grundsätzen über den sog. sicheren Hafen (**safe harbor principles**) angeschlossen hatten, über deren Einhaltung die Federal Trade Commission (FTC) wachte.[41] In der EU war Rechtsgrundlage eine **Entscheidung der EG-Kommission** vom 26. Juli 2000,[42] die seit November 2000 24

35 ABl. v. 23.8.2012 Nr. L 227/11.

36 *https://europa.eu/rapid/press-release-IP-19-421-de.htm* (Presseerklärung vom 23. Januar). Zur Entwicklung des japanischen Datenschutzrechts s. Hoeren/Wada, ZD 2018, 3.

37 ABl. v. 8.8.2008 Nr. L 231/47.

38 ABl. v. 29.3.2006 Nr. L 91/49.

39 EuGH 26.7.2017 – Gutachten 1/15, ZD 2018, 23, auch zum Folgenden.

40 Wilske, CR 1993, 297; Däubler, CR 1999, 53; zu den konzeptionellen Unterschieden s. Buchner, Informationelle Selbstbestimmung, S. 7ff.; Weichert, RDV 2010, 113.

41 Einzelheiten bei Klug, RDV 2000, 212; die safe harbor principles waren einschl. Erläuterungen abrufbar unter *www.export.gov/safeharbor.*

42 ABl. v. 25.8.2000 Nr. L 215/7ff.

praktiziert wurde.[43] Die Lösung ist im Ansatz intelligent, da sie auf amerikanische Souveränitätsvorstellungen Rücksicht nimmt, gleichzeitig aber den Anspruch des europäischen Datenschutzrechts aufrechterhält.

25 Seit der Vereinbarung über die Safe-Harbor-Grundsätze haben sich zahlreiche **negative Erfahrungen** ergeben: Unternehmen unterstellten sich zwar »safe harbor«, beachteten aber die dort festgelegten Anforderungen nicht, was dadurch erleichtert wurde, dass **Kontrollen** durch die FTC **selten** und nur auf Beschwerde hin oder deshalb stattfanden, weil ein Verfahren wegen unlauterer oder irreführender Geschäftspraktiken eingeleitet wurde.[44] Auch waren die Sanktionen bei Verstößen erst seit 2010 relevant.[45] Nicht schon bei einer Verletzung datenschutzrechtlicher Vorschriften, sondern erst bei einem Verdacht unlauteren oder betrügerischen Verhaltens konnte ein Unternehmen mit einer Sanktion belegt werden. Diese bestand **nicht etwa** aus einem **Bußgeld**, vielmehr drohte lediglich die Streichung von der Liste.[46] Eine empirische Untersuchung ergab im Jahre 2008, dass von 1700 »zertifizierten« Unternehmen nur 348 den Anforderungen von »Safe harbor« effektiv genügten.[47] Der **Düsseldorfer Kreis** (der Aufsichtsbehörden) hatte deshalb im April 2010 beschlossen, von den deutschen »Datenexporteuren« zusätzliche Nachweise zu verlangen, wonach der US-Partner den safe-harbor-principles effektiv nachkam, insbesondere auch seine Informationspflichten gegenüber den Betroffenen erfüllte.[48] Die Aufdeckung der NSA-Aktivitäten hat die Konferenz der Datenschutzbeauftragten zu einer gemeinsamen Erklärung veranlasst, in der u. a. die EU-Kommission aufgefordert wurde, ihre Entscheidung zugunsten der Safe-Harbor-Principles zu suspendieren.[49]

26 Mit Entscheidung vom 6. Oktober 2015 hat die Große Kammer des **EuGH** die Entscheidung der EU-Kommission zu den **Safe-Harbor-Principles für rechtswidrig erklärt** und aufgehoben.[50] Zugrunde lag ein im Grunde alltäglicher Sachverhalt: Ein österreichischer Staatsangehöriger namens Max Schrems wollte Facebook nutzen, konnte dies aber nur, wenn er einen Vertrag mit Facebook Irland, einer Tochtergesellschaft der in den USA ansässigen Gesellschaft Facebook Inc., abschloss. Nach diesem Vertrag wurden die über ihn anfallenden Daten an die Facebook Inc. in den USA übermittelt und dort verarbeitet. Aufgrund der Enthüllungen von Edward Snowden rechnete er damit, dass die NSA und andere Instanzen auf die Daten zugreifen und sie für nicht erkennbare Zwecke verwenden würden. Schrems wandte sich an den irischen Datenschutzbeauftragten. Als dieser keinen Anlass zum Eingreifen sah, klagte Schrems vor dem irischen High Court, der die Angele-

---

43 Mitgeteilt in RDV 2001, 31.

44 Paal/Pauly-*Pauly*, Art. 45 Rn. 10.

45 SHS-*Schantz*, Art. 45 Rn. 50.

46 Dazu Marnau/Schlehahn, DuD 2011, 311, 314; kritisch weiter Simitis-*Simitis*, 8. Aufl., § 4b Rn. 70ff.; Tinnefeld/Buchner/Petri, S. 266; HK-ArbR-*Hilbrans*, §§ 4b, 4c Rn. 3.

47 Mitgeteilt bei Paal/Pauly-*Pauly*, Art. 45 Rn. 10.

48 Mitgeteilt bei Marnau/Schlehahn, DuD 2011, 311, 315.

49 Die Presseerklärung vom 24.7.2013 ist nachlesbar unter *http://www.datenschutz.bremen.de/sixcms/detail.php?gsid=bremen236.c.9283.de*; heftige Kritik an der Praxis der Safe-harbor-principles auch bei Spies, ZD 2013, 535ff.; Negativprognose in Bezug auf die Safe Harbor Principles bei Forgó/Helfrich/Schneider-*Schneider*, 1. Aufl., Teil II Kap. 4 Rn. 50.

50 EuGH 6.10.2015 – C-362/14, NJW 2015, 3151, auch zum Folgenden.

genheit dem EuGH vorlegte. Dieses Vorgehen eines Bürgers ist alles andere als alltäglich und verdient hohe Anerkennung.

Der EuGH stellte fest, dass nach einem Anhang der Kommissionsentscheidung in Sachen 27
»Safe Harbor« US-Gesetze den Unternehmen jederzeit Pflichten auferlegen konnten, denen sie ohne Rücksicht auf die Safe-Harbor-Grundsätze folgen mussten. Die darin liegenden **Eingriffe in die Grundrechte** auf Achtung der Privatsphäre nach Art. 7 GRCh und auf Datenschutz nach Art. 8 GRCh wurden **nicht von irgendwelchen inhaltlichen Voraussetzungen abhängig** gemacht. Ausdrücklich wird in diesem Zusammenhang auf Feststellungen der EU-Kommission verwiesen, wo es heißt:[51]

(Die Kommission … stellt fest), »dass die amerikanischen Behörden auf die aus den Mitgliedstaaten in die Vereinigten Staaten übermittelten personenbezogenen Daten zugreifen und sie in einer Weise verarbeiten konnten, die namentlich mit den Zielsetzungen ihrer Übermittlung unvereinbar war und über das hinausging, was zum Schutz der nationalen Sicherheit absolut notwendig und verhältnismäßig war. Desgleichen stellte die Kommission fest, dass es für die Betroffenen keine administrativen oder gerichtlichen Rechtsbehelfe gab, die es ihnen erlaubten, Zugang zu den sie betreffenden Daten zu erhalten und ggf. deren Berichtigung oder Löschung zu erwirken.«

Eine Regelung, die es den Behörden gestatte, generell auf den Inhalt elektronischer Kommunikation zuzugreifen, **verletze den Wesensgehalt des Grundrechts** auf Achtung des Privatlebens. Weiter sei auch das **Grundrecht auf wirksamen gerichtlichen Rechtsschutz** nach Art. 47 GRCh in seinem Wesengehalt verletzt, wenn der betroffene Bürger keine Möglichkeit habe, Kenntnis von den ihn betreffenden Daten zu erlangen und ihre Berichtigung oder Löschung zu erwirken.[52] Insbesondere aus diesen Gründen wurde die Entscheidung 2000/520 über die Safe-Harbor-Principles für ungültig erklärt.

Die Safe-Harbor-Entscheidung des EuGH führte zu **intensiven Verhandlungen** zwischen 28
der EU-Kommission und amerikanischen Stellen. Am 2. 2. 2016 wurde eine politische Einigung über ein neues Modell für den Datentransfer erzielt, »Privacy Shield« genannt.[53] Auch dieses beruhte wie Safe Harbor auf einer Art Selbstzertifizierung, doch wurden die Kontrollen intensiviert. Zugleich war eine Ombudsstelle vorgesehen, an die sich jede betroffene Person wenden konnte; auch sollten EU-Bürger notfalls amerikanische Gerichte anrufen können. Gleichwohl fand der **»Privacy Shield« vorwiegend Kritik.**[54] Nach einigen weiteren Veränderungen verabschiedete die EU-Kommission am 12. 7. 2016 eine neue »Angemessenheitsentscheidung«, die am 1. 8. 2016 in Kraft trat.[55] Die Literatur ist demgegenüber praktisch einhellig der Meinung, dass »Privacy Shield« nach den vom EuGH in

51 EuGH a. a. O. Tz 90.

52 EuGH a. a. O. Tz. 94, 95.

53 Privacy Shield = Datenschutzschild.

54 Einzelheiten bei Paal/Pauly-*Pauly*, Art. 45 Rn. 17ff.; ob das Privacy Shield-Abkommen einer Überprüfung durch den EuGH standhält, wird von Wybitul-*Schuppert/Pflüger*, Art. 45 Rn. 23, als offene Frage angesehen.

55 Durchführungsbeschluss (EU) 2016/1250 der Kommission vom 12. Juli 2016 gemäß der Richtlinie 95/46/EG des Europäische Parlaments und des Rates über die Angemessenheit des vom EU-US-Datenschutzschild gebotenen Schutzes, ABl. v. 1. 8. 2016, Nr. L 207/1.

der Safe-Harbor-Entscheidung entwickelten Grundsätzen keinen Bestand haben kann.[56] Das wird auch durch die EuGH-Entscheidung zur Übermittlung der Fluggastdaten nach Kanada hinreichend deutlich – »privacy shield« ist in seiner heutigen Fassung meilenweit von den dort genannten zwingenden Vorgaben entfernt.[57] Dies insbesondere deshalb, weil der **unkontrollierte Zugriff auf die Daten** etwa aus (vorgeschobenen oder realen) Gründen der Terrorismusbekämpfung auch nach neuem Recht nicht zu unterbinden ist.

28a Die **Aufhebung von »privacy shield«** durch den EuGH wäre keineswegs eine Katastrophe, die den transatlantischen Handel und die Investitionstätigkeit in Europa und den USA zum Erliegen bringen würde. Was bliebe, wären die durch Art. 49 eröffneten Möglichkeiten (siehe dort), die beispielsweise im Verhältnis zur Volksrepublik China trotz intensiver Wirtschaftsbeziehungen als ausreichend angesehen werden. Klagen sind jedenfalls im datenschutzrechtlichen Schrifttum nicht ersichtlich. Die Frage: »Müssen Unternehmen in Zukunft auf den transatlantischen Handel mit den USA verzichten und Datenverarbeitungen auf das Territorium der EU beschränken oder sich in andere Länder verlagern?«[58] ist daher auch ohne »Privacy Shield« mit einem klaren »Nein« zu beantworten. Eine **langfristige Annäherung** zwischen dem europäischen und dem in den USA herrschenden Datenschutzkonzept ist nicht nur wegen der unterschiedlichen Herangehensweise schwierig.[59] Hinzu kommt, dass die USA keine Drittwirkung von Grundrechten kennen, sondern insoweit immer erst der Gesetzgeber intervenieren muss.

28b Die Situation wird dadurch erschwert, dass nach dem sog. **Cloud Act** in den USA ansäßige Firmen gezwungen werden können, ihre in der EU gehosteten Daten den US-Strafverfolgungsbehörden zur Verfügung zu stellen (näher dazu Art. 48 Rn. 1a). Auch die Nicht-Übermittlung von Daten bringt also keinen wirklichen Schutz; dieser besteht von Rechts wegen nur, wenn auf eine Niederlassung in den USA verzichtet wird.

2. Weitere Transferprobleme

29 Probleme hat auch die Übermittlung der **Daten von Flugpassagieren** in die USA aufgeworfen.[60] Die vergleichsweise »großzügigen« Entscheidungen der Kommission und des Ministerrats sind auf den Widerstand des Europäischen Parlaments gestoßen. Dieses hat den EuGH angerufen, der der Klage wegen mangelnder Kompetenz von Kommission und Rat stattgab, im Übrigen aber zur Sache selbst keine Ausführungen machte[61] und zur Vereinbarkeit mit datenschutzrechtlichen Grundsätzen keine Stellung nahm.[62] Inzwischen sind vertragliche Abmachungen mit den USA, Kanada und Australien getroffen;[63] der

56 Eingehend Weichert, ZD 2016, 209ff.; SHS-*Schantz*, Art. 45 Rn. 66ff.; Schantz/Wolff-*Schantz*, Rn. 770; Börding, CR 2016, 431ff.; kritisch auch Geppert, ZD 2018, 62, 66; Grau/Granetzny, NZA 2016, 405; Schreiber/Kohm, ZD 2016, 255; abwartend Paal/Pauly-*Pauly*, Art. 45 Rn. 25.

57 EuGH 26.7.2017 – Gutachten 1/15, ZD 2018, 23; dazu oben Rn. 22.

58 So Geppert, ZD 2018, 62, 66.

59 Dazu Molnár-Gábor/Kaffenberger, ZD 2018, 162.

60 Simitis-*Simitis*, 8. Aufl., § 4b Rn. 80.

61 EuGH 30.5.2006 – C-317, 318/04 – NJW 2006, 2029; dazu Simitis, NJW 2006, 2011.

62 Dazu eingehend Ehricke/Becker/Walzel, RDV 2006, 149ff.

63 Tinnefeld/Buchner/Petri, S. 86; zum Abkommen mit den USA s. die Kritik der Art. 29-Datenschutzgruppe in RDV 2007, 207.

Streit hat sich beruhigt, was damit zusammenhängen mag, dass die EU-Mitgliedstaaten auch ihrerseits interessiert sind, bei bestimmten Auslandsflügen die Passagierdaten rechtzeitig vor der Landung zu bekommen.[64] Eine inhaltliche Stellungnahme vermied der EuGH auch in seiner ersten Entscheidung zur Vorratsdatenspeicherung,[65] die gleichfalls im Kontext der Terrorismusbekämpfung stand.[66] Kritik rief weiter die sog. **SWIFT-Affäre** hervor[67]: Nach dem 11. September 2001 haben US-Behörden massenhaft Zugriff auf Daten erlangt, die in dem weltweiten Geldüberweisungsdienst SWIFT (Society for Worldwide Interbank Financial Telecommunication) vorhanden sind und dort dem Bankgeheimnis unterlagen.[68] Die belgische Datenschutzaufsicht und die Art. 29-Datenschutzgruppe sahen darin einen Verstoß gegen die Datenschutzrichtlinie. Nach langen Auseinandersetzungen trat schließlich am 28. Juli 2010 ein Abkommen zwischen der EU und den USA in Kraft,[69] das die Zugriffe in beträchtlichem Umfang legalisierte. Aus einem zunächst geheim gehaltenen Arbeitspapier der EU-Kommission geht hervor, dass im Zeitraum vom 1.2.2011 bis 30.9.2012 monatlich im Durchschnitt 1590 Suchanfragen zu Überweisungsvorgängen gestellt wurden.[70] Die Durchsetzung rechtsstaatlicher Prinzipien stellt insoweit noch eine Zukunftsaufgabe dar, da von Rechtsbehelfen nirgends die Rede ist.

Personenbezogene Daten können auch dadurch in die USA gelangen, dass ein Gericht die US-Tochtergesellschaft eines deutschen Unternehmens verpflichtet, im Rahmen einer Art Beweissicherungsverfahren (»pre-trial discovery«) dem **US-Gericht zahlreiche Unterlagen zur Verfügung zu stellen**. Nach einer relativ neuen Entscheidung des District Court von Südkalifornien stehen die nach deutschem Recht möglichen Sanktionen einer solchen Übermittlung nicht grundsätzlich im Wege, doch sind sie bei der Abwägung der beiderseitigen Interessen zu berücksichtigen.[71] Die Frage ist nunmehr in Art. 48 geregelt (siehe dort). Auch bei einer freiwilligen Zusammenarbeit mit den amerikanischen Behörden stellen sich schwierige Abwägungsprobleme.[72] 30

Die Übermittlung von Daten in die USA ist auch außerhalb von »Privacy Shield« mit der generellen Hypothek belastet, dass aufgrund des **Patriot Act** jederzeit ein staatlicher Zugriff auf die Daten möglich ist.[73] Zwar muss er sich inhaltlich mit dem Zweck der Terrorismusbekämpfung rechtfertigen lassen, doch ist faktisch so gut wie keine Kontrolle möglich, ob sich diese Begründung effektiv auf Tatsachen stützen konnte oder ob sie nur vor- 31

64 Siehe die Entscheidung VG Potsdam 24.7.2015 – VG 3 K 1763/12, ZD 2016 101: Auf Polizeirecht gestützte Anordnung an Fluggesellschaften, die Passagierdaten spätestens eine Stunde vor der geplanten Landung zu übermitteln.

65 EuGH 10.2.2009 – C-301/06, NJW 2009, 1801 = EuZW 2009, 212.

66 Dazu die ablehnende Stellungnahme von Simitis, NJW 2009, 1782; anders jedoch später EuGH 8.4.2014 – C-293/12, NJW 2014, 2169 – Digital Rights Ireland, wo die Vorratsdatenspeicherung nur in sehr engem Rahmen zugelassen wurde.

67 Zu den Fakten s. RDV 2007, 41.

68 Zur Stellungnahme der Art. 29-Datenschutzgruppe, RDV 2007, 37.

69 ABl. v. 27.7.2010, Nr. L 195/1.

70 ZD Heft 4/2013, S. VII.

71 US District Court, Southern District of California, Urteil vom 11.3.2013 – Civil No. 10-cv-1345-L (DHB), ZD 2013, 271 mit Anm. Spies.

72 Loof/Schefold, ZD 2016, 107.

73 Zum Patriot Act s. die kurze Darstellung bei Voigt/Klein, ZD 2013, 16f.

geschoben war. Für europäische Unternehmen besteht so das Risiko, dass Betriebs- und Geschäftsgeheimnisse auf diese Weise der US-amerikanischen Konkurrenz bekannt werden. Um dies zu vermeiden, bieten bestimmte Firmen im Rahmen des **cloud computing** ausschließlich Speicherplatz in Europa an.[74]

Art. 46 Datenübermittlung vorbehaltlich geeigneter Garantien

(1) Falls kein Beschluss nach Artikel 45 Absatz 3 vorliegt, darf ein Verantwortlicher oder ein Auftragsverarbeiter personenbezogene Daten an ein Drittland oder eine internationale Organisation nur übermitteln, sofern der Verantwortliche oder der Auftragsverarbeiter geeignete Garantien vorgesehen hat und sofern den betroffenen Personen durchsetzbare Rechte und wirksame Rechtsbehelfe zur Verfügung stehen.
(2) Die in Absatz 1 genannten geeigneten Garantien können, ohne dass hierzu eine besondere Genehmigung einer Aufsichtsbehörde erforderlich wäre, bestehen in
a) einem rechtlich bindenden und durchsetzbaren Dokument zwischen den Behörden oder öffentlichen Stellen,
b) verbindlichen internen Datenschutzvorschriften gemäß Artikel 47,
c) Standarddatenschutzklauseln, die von der Kommission gemäß dem Prüfverfahren nach Artikel 93 Absatz 2 erlassen werden,
d) von einer Aufsichtsbehörde angenommenen Standarddatenschutzklauseln, die von der Kommission gemäß dem Prüfverfahren nach Artikel 93 Absatz 2 genehmigt wurden,
e) genehmigten Verhaltensregeln gemäß Artikel 40 zusammen mit rechtsverbindlichen und durchsetzbaren Verpflichtungen des Verantwortlichen oder des Auftragsverarbeiters in dem Drittland zur Anwendung der geeigneten Garantien, einschließlich in Bezug auf die Rechte der betroffenen Personen, oder
f) einem genehmigten Zertifizierungsmechanismus gemäß Artikel 42 zusammen mit rechtsverbindlichen und durchsetzbaren Verpflichtungen des Verantwortlichen oder des Auftragsverarbeiters in dem Drittland zur Anwendung der geeigneten Garantien, einschließlich in Bezug auf die Rechte der betroffenen Personen.
(3) Vorbehaltlich der Genehmigung durch die zuständige Aufsichtsbehörde können die geeigneten Garantien gemäß Absatz 1 auch insbesondere bestehen in
a) Vertragsklauseln, die zwischen dem Verantwortlichen oder dem Auftragsverarbeiter und dem Verantwortlichen, dem Auftragsverarbeiter oder dem Empfänger der personenbezogenen Daten im Drittland oder der internationalen Organisation vereinbart wurden, oder
b) Bestimmungen, die in Verwaltungsvereinbarungen zwischen Behörden oder öffentlichen Stellen aufzunehmen sind und durchsetzbare und wirksame Rechte für die betroffenen Personen einschließen.
(4) Die Aufsichtsbehörde wendet das Kohärenzverfahren nach Artikel 63 an, wenn ein Fall gemäß Absatz 3 des vorliegenden Artikels vorliegt.

74 Zur Problematik, ob die safe-harbor-principles auch im Falle des cloud-computing ausreichend sind, s. den Bericht von Spies/Schröder, ZD Heft 7/2013 S. V.

(5) **Von einem Mitgliedstaat oder einer Aufsichtsbehörde auf der Grundlage von Artikel 26 Absatz 2 der Richtlinie 95/46/EG erteilte Genehmigungen bleiben so lange gültig, bis sie erforderlichenfalls von dieser Aufsichtsbehörde geändert, ersetzt oder aufgehoben werden. Von der Kommission auf der Grundlage von Artikel 26 Absatz 4 der Richtlinie 95/46/EG erlassene Feststellungen bleiben so lange in Kraft, bis sie erforderlichenfalls mit einem nach Absatz 2 des vorliegenden Artikels erlassenen Beschluss der Kommission geändert, ersetzt oder aufgehoben werden.**

Inhaltsübersicht Rn.

I. Einleitung

Art. 46 betrifft die Fälle, in denen **keine Angemessenheitsentscheidung nach Art. 45 Abs. 3** existiert. Er sieht eine Datenübermittlung auf der Grundlage »geeigneter Garantien« vor, die den Mangel an Datenschutz ausgleichen sollen.[1] Damit ist die wichtigste Grundlage für eine Übermittlung in »unsichere« Drittländer genannt; er gilt für Verantwortliche wie für Auftragsverarbeiter.[2] **Art. 46** hat jedoch **keine Exklusivwirkung** der Art, dass andere Formen der Übermittlung ausgeschlossen wären; insbesondere bleibt das »Minimum« des Art. 49 unberührt (siehe Art. 44 Rn. 5). 1

Geeignete Garantien kommen auch **neben einem Angemessenheitsbeschluss** in Betracht, um für den Fall von dessen Aufhebung oder Änderung gewappnet zu sein. Auch ist denkbar, dass Unternehmen den Beschluss als allzu »großzügig« betrachten und deshalb im Interesse der Sicherheit ihrer Daten weitere Maßnahmen für angemessen halten.[3] Die Beteiligten bewegen sich insoweit im Rahmen der Privatautonomie. 1a

Abs. 1 betrifft die Grundsatzentscheidung, die sich sowohl an Verantwortliche wie an Auftragsverarbeiter richtet. **Abs. 2** nennt konkrete Formen von Garantien, die es ermöglichen, Daten ohne Einschaltung von Aufsichtsbehörden an Empfänger in Drittstaaten zu 2

1 Auernhammer-*Hladjk*, Art. 46 Rn. 3.
2 Dazu Paal/Pauly-*Pauly*, Art. 46 Rn. 3.
3 Paal/Pauly-*Pauly*, Art. 46 Rn. 2; SHS-*Schantz*, Art. 46 Rn. 4.

übermitteln. Dazu gehören beispielsweise von der EU-Kommission genehmigte »Standarddatenschutzklauseln«, die bisher unter dem Begriff »Standardverträge« bekannt sind; ebenso fallen darunter »verbindliche interne Datenschutzvorschriften«, in Bezug auf deren Inhalt auf Art. 47 verwiesen wird. Daneben sind weitere Garantien genannt, die bisher keine oder eine sehr viel geringere Rolle gespielt haben. Die **Abs. 3 und 4** enthalten Vorschriften über Nicht-Standard-Verträge, die der Genehmigung der Aufsichtsbehörde bedürfen. **Abs. 5** betrifft in der Vergangenheit erteilte Genehmigungen und getroffene Feststellungen der Kommission, die weiter in Kraft bleiben, sofern die Kommission nach Abs. 2 keine Veränderungen vornimmt.

II. Inhaltliche Anforderungen an die »geeigneten Garantien« (Abs. 1)

1. Der Wortlaut des Art. 46 Abs. 1 und 2

3 Abs. 1 verlangt zunächst in formaler Hinsicht, dass keine Angemessenheitsentscheidung der Kommission nach Art. 45 Abs. 3 vorliegen darf. Eine inhaltliche Vorgabe findet sich **nur** insoweit, als den betroffenen Personen **»durchsetzbare Rechte und wirksame Rechtsbehelfe«** zur Verfügung stehen müssen. Worauf sich diese richten, ist nicht angedeutet. Auch Abs. 2 nennt nur die formale Seite. Buchst. a spricht etwa von einem »rechtlich bindenden und durchsetzbaren Dokument« in Bezug auf die Übermittlung zwischen Behörden und anderen öffentlichen Stellen, Buchst. b verweist auf Art. 47, Buchst. c meint die Datenschutzverträge, Buchst. d nennt von einer Aufsichtsbehörde angenommene Standarddatenschutzklauseln, was den nationalen Behörden einen gewissen Spielraum eröffnet, aber nichts darüber aussagt, wie dieser inhaltlich beschaffen ist. Ebenso wenig lassen sich aus den in Buchst. e erwähnten genehmigten Verhaltensregeln oder aus dem »genehmigten Zertifizierungsmechanismus« im Sinne des Buchst. f inhaltliche Vorgaben ableiten.

2. Rückschlüsse aus anderen Vorschriften

4 ***Gewisse Aufschlüsse bietet ErwGr 108, wo es in Satz 3 und 4 heißt:***
Diese Garantien sollten sicherstellen, dass die Datenschutzvorschriften und die Rechte der betroffenen Personen auf eine der Verarbeitung innerhalb der Union angemessene Art und Weise beachtet werden; dies gilt auch hinsichtlich der Verfügbarkeit von durchsetzbaren Rechten der betroffenen Person und von wirksamen Rechtsbehelfen einschließlich des Rechts auf wirksame verwaltungsrechtliche oder gerichtliche Rechtsbehelfe sowie des Rechts auf Geltendmachung von Schadensersatzansprüchen in der Union oder in einem Drittland. Sie sollten sich insbesondere auf die Einhaltung der allgemeinen Grundsätze für die Verarbeitung personenbezogener Daten, die Grundsätze des Datenschutzes durch Technik und durch datenschutzfreundliche Voreinstellungen beziehen.

Der erste Satz ist so gemeint, dass die **Datenverarbeitung im Verhältnis zu Drittstaaten** die **Grundsätze** beachten muss, die auch **für eine Verarbeitung innerhalb der Union** gelten. Dies macht der englische Text sehr viel deutlicher, wo es heißt:

»Those safeguards should ensure compliance with data protection requirements and the rights of the data subjects appropriate to processing within the Union, including the availability of enforceable data subject rights and of effective legal remedies, including to obtain effective administrative or judicial redress and to claim compensation, in the Union or in a third country.«

Für einen **gleichwertigen Schutz** spricht weiter, dass Art. 44 Satz 2 ein ausdrückliches »**Untergrabungsverbot**« enthält (siehe Art. 44 Rn. 11); die Art. 45ff. müssen – so ist zu schließen – so angewandt werden, dass das Schutzniveau der DSGVO nicht unterschritten wird. Dafür spricht auch Art. 47 Abs. 2, der zahlreiche **Vorgaben für verbindliche interne Datenschutzvorschriften** enthält, die allesamt am Gedanken eines gleichwertigen Schutzes orientiert sind; es wäre wenig einleuchtend, würde man zwar in diesem Fall (auf den Art. 46 Abs. 1 Buchst. b ausdrücklich verweist) derartige Vorgaben beachten müssen, nicht aber in den anderen Anwendungsfällen des Abs. 2. Auch die Tatsache, dass die bisherigen **Standardvertragsklauseln** nach Abs. 5 **aufrecht erhalten** bleiben, die sich ebenfalls am Gedanken der Gleichwertigkeit orientierten, liefert ein Argument dafür, dass insoweit keine grundlegende Änderung erfolgen sollte.[4] Schließlich spricht für eine solche Auslegung auch die Tatsache, dass der **EuGH** im Rahmen der Angemessenheit des Schutzes nach Art. 45 Gleichwertigkeit verlangt und es wenig stimmig wäre, wollte man im Bereich vertraglicher Abmachungen eine weitergehende »Öffnung« vornehmen und wesentliche Inhalte der DSGVO zur Disposition stellen.[5] 5

3. Durchsetzbare Rechte und wirksame Rechtsbehelfe

Die in Abs. 1 besonders hervorgehobenen subjektiven Rechte der betroffenen Person bedeuten einmal, dass es **nicht** genügen würde, **lediglich Pflichten des Verantwortlichen** oder des Datenempfängers festzuschreiben; vielmehr muss die betroffene Person in der Lage sein, die Einhaltung dieser Pflichten aus eigenem Recht zu erzwingen. »**Durchsetzbar**« sind subjektive Rechte z.B. auf Auskunft, Berichtigung und Löschung dann, wenn ihnen keine Hindernisse entgegenstehen, die eine betroffene Person im Normalfall von ihrer Ausübung abhalten. Kostenrisiken beeinträchtigen die Durchsetzbarkeit, ebenso die Notwendigkeit, die **eigenen Rechte in einer fremden Sprache** geltend machen zu müssen. Rechtsbehelfe sind nur dann wirksam, wenn sie bei einer **unabhängigen Stelle** wie einem Gericht oder einer Aufsichtsbehörde eingelegt werden können und wenn deren **Entscheidung** auch effektiv umgesetzt, also **vollstreckt** werden kann. 6

Diese »durchsetzbaren Rechte und wirksamen Rechtsbehelfe« sind theoretisch in jedem Land vorstellbar, das in irgendeiner Beziehung zu der Datenverarbeitung steht. In der Praxis wird es häufig darum gehen, dass die genannten Befugnisse **in dem Mitgliedstaat** ausgeübt werden können, **in dem sich die betroffene Person befindet**. Der Verantwortliche wird daher mit dem Datenempfänger vereinbaren, dass dieser sich einer mitgliedstaatlichen Aufsichtsbehörde unterstellt und dass er auch bereit ist, ggf. einen Prozess vor einem Gericht in einem Mitgliedstaat zu führen. Selbstredend muss ihm dann auch die Möglich- 7

4 Kühling/Buchner-*Schröder*, Art. 46 Rn. 12.
5 Für gleichwertigen Schutz auch Däubler, Gläserne Belegschaften, Rn. 507.

keit offenstehen, dort eigene Rechte aus dem Vertrag geltend zu machen. Vergleichbare Regelungen müssen die weiteren in Abs. 2 genannten »Instrumente« enthalten, insbesondere die »verbindlichen internen Datenschutzvorschriften«.

7a Ändern sich die rechtlichen Rahmenbedingungen, so dass die **Garantien nach Abs. 2 nicht mehr** voll **realisierbar** sind, so sind die übermittelten Daten zu löschen.[6] Andernfalls könnte entgegen Art. 44 Satz 2 der Schutzstandard der DSGVO unterlaufen werden.

4. »Geeignete Garantien« bei massivem Zugriff ausländischer Behörden auf die übermittelten Daten

8 Die in Abs. 2 genannten »geeigneten Garantien« differenzieren nicht nach Ländern oder Ländergruppen. Es stellt sich also die Frage, inwieweit auch dann noch von »geeigneten Garantien« die Rede sein kann, wenn **staatliche Behörden** in einem Drittstaat **massiv auf die übermittelten Daten Zugriff** nehmen und dabei letztlich keine Kontrolle darüber möglich ist, ob dies wirklich im Interesse der nationalen Sicherheit oder aus ganz anderen Gründen erfolgt. Nach den Grundsätzen der Safe Harbor-Entscheidung des EuGH[7] ist die Frage eindeutig zu verneinen; was für eine Abmachung der EU-Kommission mit dem Außenhandelsministerium der USA gilt, muss auch dann Anwendung finden, wenn Datenschutzverträge oder verbindliche interne Datenschutzvorschriften die Grundlage für die Übermittlung sind.[8] Im Ergebnis würde dies dazu führen, dass **nur noch im Rahmen des Art. 49** Daten übermittelt werden; man kann vermuten, dass **im Verhältnis zur Volksrepublik China** seit jeher so verfahren wird. In der Literatur[9] ist der Vorschlag gemacht worden, den Datenempfänger zu verpflichten, jeden Zugriff öffentlicher Stellen auf die überlassenen Daten anzuzeigen; dies solle auch dann gelten, wenn ihm dies von seinem nationalen Recht her verboten sei. Die Erfüllung dieser Pflicht soll durch Vertragstrafen erzwungen werden. Das Problem liegt nur darin, dass in den USA strafbares Verhalten vorliegen kann, wenn man anderen von einem Zugriff der Geheimdienste berichtet. Dies wird die Betroffenen auch dann zum Schweigen veranlassen, wenn mit dem europäischen Partner eine Vertragstrafe vereinbart ist: Die Wahrscheinlichkeit, dass er von dem Zugriff erfährt, kann man de facto mit null ansetzen.

III. Formen der »geeigneten Garantien« (Abs. 2)

9 Abs. 2 zählt insgesamt **fünf Instrumente** auf, mit deren Hilfe »geeignete Garantien« geschaffen werden können. Gelingt dieses Vorhaben und wird auch den inhaltlichen Vorgaben Rechnung getragen und ein gleichwertiger Datenschutz etabliert, so bedarf eine Übermittlung **im Einzelfall keiner Genehmigung** mehr.[10] Voraussetzung ist allerdings immer, dass sich die Übermittlung im Rahmen des vertraglich oder auf andere Weise Vorgesehenen bewegt.

---

6 SHS-*Schantz*, Art. 46 Rn. 18.
7 6.10.2015 – C-362/14, NJW 2015, 3151.
8 Dazu Schantz/Wolff-*Schantz*, Rn. 785f.
9 Schuler/Weichert, DuD 2016, 386ff.
10 Sydow-*Towfigh/Ulrich*, Art. 46 Rn. 5.

1. Rechtlich bindende Dokumente zwischen Behörden (Abs. 2 Buchst. a)

Ein »**Dokument**« ist an sich ein Schriftstück, das eine bestimmte Erklärung oder auch Erklärungen von mehreren Personen verkörpert. Man denkt an eine Vertragsurkunde, ein Testament oder eine zum Vereinsregister eingereichte Satzung. So ist dieser Begriff hier aber nicht gemeint. Die englische Fassung spricht von »instrument«, ebenso die französische (»instrument«), die spanische (»instrumento«) und die italienische (»strumento«). Auch die slawischen Sprachen folgen dieser Terminologie.[11] Gewollt ist also ein Mittel, das für verbindliche Regeln zwischen den Behörden oder sonstigen öffentlichen Stellen sorgt. Hier bietet sich insbesondere das **Verwaltungsabkommen** an,[12] das die gesamte ausländische Behörde binden muss.[13] Bemerkenswert ist, dass keine Einschaltung der EU-Kommission erforderlich ist.[14] Eine »**Absichtserklärung**« genügt nur dann, wenn sie entgegen dem üblichen Sprachgebrauch verbindliche Regeln setzt, auf die sich nicht nur die beiden Partner, sondern auch die betroffenen Personen berufen können. Wichtig ist, dass diesen durchsetzbare Rechte zustehen.[15] 10

2. Verbindliche interne Datenschutzvorschriften (Abs. 2 Buchst. b)

Genannt sind als zweites Mittel »verbindliche interne Datenschutzvorschriften«, die eingehend in Art. 47 geregelt sind. Auf die dortige Kommentierung wird verwiesen. 11

3. Standarddatenschutzklauseln der EU-Kommission (Abs. 2 Buchst. c)

Die Standarddatenschutzklauseln entsprechen den **Standardvertragsklauseln**, die schon bisher existierten und die nach Abs. 5 zunächst weiter gelten (siehe Rn. 19). Um mit dem Datenschutzniveau der DSGVO gleichwertig zu sein, reicht es nicht aus, wenn man die Begrenzungen der Datenverarbeitung durch Art. 5 und 6 übernimmt. Vielmehr müssen **auch** die **Implementationsmechanismen** einbezogen werden,[16] wozu ggf. eine **Datenschutz-Folgenabschätzung** nach Art. 35 gehört. Der **Datenschutzbeauftragte** muss die Datenverarbeitung beim ausländischen Auftragsverarbeiter kontrollieren können; soweit keine Anhaltspunkte für rechtswidriges Verhalten bestehen, kann dies auch im Wege der Fernabfrage geschehen. Bei einer Übermittlung muss der zwischen Verantwortlichem und Empfänger abgeschlossene Vertrag dafür sorgen, dass er seiner Kontrollfunktion nachkommen kann. Dasselbe gilt für die **Informationsrechte des Betriebsrats**, die auch in einer solchen Situation erhalten bleiben müssen. Die dafür notwendigen Ergänzungen des Vertragstextes sind unschädlich, solange sie den Standardvertrag nur ergänzen, die- 12

---

11 Slowenisch, kroatisch und polnisch jeweils »instrument«, tschechisch »nastroj« mit derselben Bedeutung, bulgarisch wiederum »instrument«, was in lateinischer Schrift schlicht »Instrument« bedeutet.

12 Kühling/Buchner-*Schröder*, Art. 46 Rn. 23.

13 Sydow-*Towfigh/Ulrich*, Art. 46 Rn. 7.

14 Paal/Pauly-*Pauly*, Art. 46 Rn. 14; vgl. auch Wybitul-*Schuppert/Pflüger*, Art. 46 Rn. 10f.

15 Paal/Pauly-*Pauly*, Art. 46 Rn. 16; Sydow-*Towfigh/Ulrich*, Art. 46 Rn. 7.

16 Zu diesen s. Däubler, Gläserne Belegschaften, Rn. 581ff.

sem aber nicht widersprechen.[17] Wie umfangreich die »Nebenbestimmungen« und sonstigen Regelungen sind, spielt keine Rolle.[18]

13 Der Verantwortliche muss für eine Vertragsgestaltung sorgen, die die **Ausübung der Betroffenenrechte** nach Art. 12 bis 22 nicht beeinträchtigt. Für Arbeitnehmer oder Kunden ist es **wenig hilfreich**, wenn ihnen die Möglichkeit eingeräumt wird, **direkt gegen den ausländischen Datenempfänger** Ansprüche geltend zu machen, es sei denn, es wäre in der vertraglichen Abmachung auch garantiert, dass Frage und Antwort in der Arbeitssprache des Arbeitnehmers bzw. des Kunden erfolgen können. **Nicht zumutbar** ist das Führen von **Prozessen im Ausland**, weil in aller Regel weder Kontakte zu einem Anwalt bestehen noch die dortige Rechtslage abschätzbar ist. Insoweit muss der Vertrag eine Klausel enthalten, wonach eine **Klage im Land des Verantwortlichen** möglich ist. Würde dem nicht Rechnung getragen, dürfte die EU-Kommission eine entsprechende Standarddatenschutzklausel nicht genehmigen.

14 Der Standardvertrag muss mit Rücksicht auf Art. 44 Satz 1 auch die **Weiterübermittlung** in andere Drittstaaten regeln; insoweit ist der Datenempfänger zu verpflichten, das Schutzniveau der DSGVO auch in einem solchen Fall aufrecht zu erhalten (siehe Art. 44 Rn. 8 f.). Auch muss er dafür sorgen, dass mit Hilfe der Betroffenenrechte zumindest ein gewisses Maß an **Datentransparenz** gewahrt bleibt. Es kommt auch in Betracht, dass er diese ausweitet, um so einen **Ausgleich für die spezifischen Schwierigkeiten** zu schaffen, die sich bei grenzüberschreitenden Sachverhalten ergeben. Die Frage, ob das Datenschutzniveau der DSGVO verbessert werden kann, stellt sich hier nicht, weil es nur um die Erhaltung des Normalniveaus geht.

15 **Fiktiven Charakter** hat die vom Datenempfänger abzugebende **Erklärung**, dass er seines Wissens keinen Gesetzen unterliege, die ihm die Erfüllung der übernommenen Verpflichtungen unmöglich machen. Angesichts der Aktivitäten von Geheimdiensten, die sich in der Regel auf höchst pauschale Rechtsgrundlagen stützen, verfehlt eine solche Erklärung die Realität. Insoweit ist sie ohne Bedeutung.[19]

16 In **Konzernen** stellt sich das Problem, wer von verschiedenen Niederlassungen innerhalb der EU den Vertrag schließt. Die Aufsichtsbehörden stellen darauf ab, **wo** die **Entscheidung** für oder gegen die Übermittlung **fällt**; ist hierfür ausschließlich die Konzernspitze im Inland zuständig, ist der Vertragsschluss allein ihre Sache.[20] Anders dann, wenn die Zuständigkeiten dezentralisiert sind.[21] Übermittelt die rechtlich **unselbständige inländische Zweigstelle** Daten an das ausländische Unternehmen, so findet Art. 46 entsprechende Anwendung.[22] An sich ist die Zuständigkeit der dortigen Aufsichtsbehörde gegeben, doch entbindet dies die inländische Niederlassung nicht von der Prüfung, ob die Voraussetzungen der Übermittlung effektiv gegeben sind.[23] Vergleichbare Probleme ergeben

---

17 Auernhammer-*Hladjk*, Art. 46 Rn. 7; Plath-*v.d. Bussche*, Art. 46 Rn. 15.
18 Sydow-*Towfigh/Ulrich*, Art. 46 Rn. 8.
19 Kühling/Buchner-*Schröder*, Art. 46 Rn. 29.
20 V.d. Bussche/Voigt-*Voigt/v.d. Bussche*, Teil 4 Kap. 3 Rn. 7 f.; ebenso zum bisherigern Recht Hillenbrand-Beck, RDV 2007, 232; Plath-*v.d. Bussche*, § 4b Rn. 37; Taeger/Gabel-*Gabel*, § 4b Rn. 16.
21 V.d. Bussche/Voigt-*Voigt/v.d. Bussche*, Teil 4 Kap. 3 Rn. 7 f.; ebenso zum bisherigen Recht Taeger/Gabel-*Gabel*, § 4c Rn. 16.
22 Hillenbrand-Beck, RDV 2007, 232; Taeger/Gabel-*Gabel*, § 4b Rn. 16 (zum bisherigen Recht).
23 Taeger/Gabel-*Gabel*, § 4b Rn. 28.

sich im Zusammenhang mit der **rechtlich unselbständigen Niederlassung eines deutschen Unternehmens in einem Drittstaat**. In beiden Fällen lässt sich mangels Rechtsfähigkeit der Niederlassung kein Vertrag zwischen verschiedenen Unternehmen schließen; hier kommt jedoch auch nach Ansicht der Aufsichtsbehörden eine Garantieerklärung des Unternehmens gegenüber den Betroffenen in Betracht.[24]

Eingriffsmöglichkeiten ausländischer Behörden lassen sich nicht völlig ausschließen, 17
doch sind sie dem Rechtsgedanken des Art. 23 entsprechend auf das Maß zu beschränken, das in einer demokratischen Gesellschaft zugunsten von höherwertigen Interessen zulässig ist.[25] Pauschale Ermächtigungen (»möglicherweise nützlich für die Bekämpfung des Terrorismus«) werden dieser Anforderung nicht gerecht.[26] Insoweit ist der Datenverkehr mit solchen Ländern auf die Gegenstände des Art. 49 beschränkt.

Bei den Standardverträgen für **Auftragsdatenverarbeitung** spielt die Einschaltung von 18
Sub- und Subsubunternehmern eine große Rolle.[27] Auch wenn nur der Subsubunternehmer in einem Drittstaat sitzt, können und müssen die Standardverträge im Verhältnis zu ihm Anwendung finden.[28] Die Grenze des Zulässigen wird nunmehr durch Art. 28 Abs. 2 bestimmt.

Die Standardvertragsklauseln sind für die Mitgliedstaaten nicht in dem Sinne bindend, 19
dass sie sie unbesehen als ausreichend ansehen müssen, um auch bei Übermittlungen in »unsichere« Drittstaaten für einen vergleichbaren Datenschutz zu sorgen. Insoweit muss in gleicher Weise wie bei den Angemessenheitsentscheidungen nach Art. 45 eine **gerichtliche Überprüfung** möglich sein (siehe Art. 45 Rn. 15).[29] § 21 BDSG ist insoweit analog anzuwenden.

4. Von einer Aufsichtsbehörde genehmigte Standarddatenschutzklauseln (Abs. 2 Buchst. d)

Auch eine nationale Aufsichtsbehörde kann Datenschutzklauseln »annehmen«, d. h. sie 20
genehmigen und so die grenzüberschreitende Datenverarbeitung ermöglichen. Voraussetzung ist allerdings, dass die **EU-Kommission** im Rahmen des Prüfverfahrens nach Art. 93 Abs. 2 eine **Genehmigung** ausspricht. Damit wird ein erheblicher Anreiz geschaffen, in der Praxis entstehenden Bedürfnissen Rechnung zu tragen und so den Beteiligten unterschiedliche Vertragsmodelle zur Verfügung zu stellen. Diese können den Besonderheiten einer bestimmten Branche oder den Bedürfnissen des Cloud Computing Rechnung tragen, wobei bei Letzterem besonders sorgfältig zu prüfen ist, ob das Transparenzprinzip nicht unterlaufen wird. Außerdem werden damit die genehmigungsbedürftigen Abmachungen nach Abs. 3 reduziert, weil es **weniger Bedarf nach individuellen Sonder-**

24 Paal/Pauly-*Pauly*, Art. 46 Rn. 11; SHS-*Schantz*, Art. 46 Rn. 35.
25 So Paal/Pauly-*Pauly*, Art. 46 Rn. 12.
26 EuGH 6. 10. 2015 – C-362/14, NJW 2015, 3151 Tz. 86 ff.
27 Siehe etwa die Überlegungen bei Paal/Pauly-*Pauly*, Art. 46 Rn. 28.
28 Wybitul-*Schuppert/Pflüger*, Art. 46 Rn. 19.
29 Ehmann/Selmayr-*Zerdick*, Art. 46 Rn. 10; Sydow-*Towfigh/Ulrich*, Art. 46 Rn. 9.

lösungen gibt.[30] Inhaltlich muss auch hier die Gleichwertigkeit gegenüber dem Datenschutzniveau der DSGVO gewahrt sein.[31]

5. Genehmigte Verhaltensregeln (Abs. 2 Buchst. e)

21 Nach näherer Maßgabe des Art. 40 können Verhaltensregeln für den Datenverkehr aufgestellt werden (siehe dort), die nach Art. 55 der Genehmigung durch die Aufsichtsbehörde bedürfen. Sie können ihrerseits nunmehr auch die grenzüberschreitende Übermittlung einbeziehen und werden dadurch um einiges attraktiver. Nicht anders als die übrigen »Instrumente« müssen sie für einen mit dem der DSGVO vergleichbaren Datenschutz sorgen und insbesondere den Datenempfänger verbindlich zur Einhaltung der Datenschutzstandards verpflichten.[32] Konzerne können keine Verhaltensregeln im Sinne des Art. 40 schaffen.[33]

6. Genehmigter Zertifizierungsmechanismus (Abs. 2 Buchst. f)

22 Ein Zertifizierungsmechanismus nach Art. 42 (siehe dort) kann gleichfalls eine Grundlage für die Datenübermittlung in Drittstaaten schaffen. Auch hier muss allerdings für gleichwertigen Schutz gesorgt werden.

IV. Genehmigungsbedürftige Abmachungen (Abs. 3 und 4)

23 Die Beteiligten sind **nicht gezwungen**, sich eines **Standardmodells** im Sinne des Abs. 2 zu bedienen. Ihnen steht es offen, eine **individuelle Vereinbarung** zu treffen, die dann allerdings der Genehmigung durch die Aufsichtsbehörde bedarf (sog. Ad-Hoc-Vertrag). Diese Möglichkeit steht nach Buchst. a sowohl privaten Verantwortlichen als auch nach Buchst. b Behörden und sonstigen öffentlichen Stellen zu Verfügung.[34] Die Erteilung der Genehmigung ist ein recht aufwändiger Vorgang, weil nach Abs. 4 ein **Kohärenzverfahren** nach Art. 63 (siehe dort) durchzuführen ist. Die dafür benötigte Zeit wird häufig ein Grund sein, doch die Standardbedingungen vorzuziehen, auch wenn sie den eigenen Bedürfnissen nicht in jedem Punkt entsprechen. Außerdem muss der Vertrag von einer gewissen Dauerhaftigkeit sein und darf deshalb kein jederzeitiges Auflösungsrecht zugunsten einer Seite vorsehen.[35] Insoweit dürften Abs. 3 und 4 keine große praktische Bedeutung gewinnen.[36]

---

30 Kühling/Buchner-*Schröder*, Art. 46 Rn. 34.

31 Paal/Pauly-*Pauly*, Art. 46 Rn. 30.

32 Paal/Pauly-*Pauly*, Art. 46 Rn. 36.

33 Dazu eingehend Herfurth/Engel, ZD 2017, 367 ff.

34 Wybitul-*Schuppert/Pflüger*, Art. 46 Rn. 28 f.; auch nichtbindende Verwaltungsvereinbarungen sollen genügen, soweit den betroffenen Personen durchsetzbare Rechte eingeräumt werden – SHS-*Schantz*, Art. 47 Rn. 80 f.

35 Paal/Pauly-*Pauly*, Art. 46 Rn. 10.

36 Ähnlich Paal/Pauly-*Pauly*, Art. 46 Rn. 48.

V. Fortgeltung der bisherigen Standardbedingungen (Abs. 5)

Die von der EU-Kommission auf der Grundlage des Art. 26 Abs. 4 Datenschutzrichtlinie entwickelten **Standardverträge** gelten nach Abs. 5 Satz 2 **so lange weiter**, bis sie aufgehoben und durch neue ersetzt sind. Sie wurden erstmals im Jahre 2001 veröffentlicht;[37] alternative Regelungen finden sich in der Entscheidung der Kommission v. 17. 12. 2004.[38] Beide werden auch als »**Set I**« und »**Set II**« bezeichnet.[39] Parallel dazu existiert ein Standardvertrag zur **Auftragsdatenverarbeitung.**[40] Sie gelten weiter, obwohl sie nicht das spezifische Prüfverfahren nach Art. 93 Abs. 2 durchlaufen haben.[41] Wer sie zugrunde legt, benötigt nach Art. 46 Abs. 2 Buchst. c **keine Genehmigung der Aufsichtsbehörde**. Zu den Standardvertragsklauseln existiert eine »Handreichung« des Düsseldorfer Kreises.[42] In der Literatur wird mit Recht darauf hingewiesen, dass auch sonstige genehmigte Abmachungen zunächst ihre Gültigkeit behalten.[43] 24

Art. 47 Verbindliche interne Datenschutzvorschriften

(1) Die zuständige Aufsichtsbehörde genehmigt gemäß dem Kohärenzverfahren nach Artikel 63 verbindliche interne Datenschutzvorschriften, sofern diese

a) rechtlich bindend sind, für alle betreffenden Mitglieder der Unternehmensgruppe oder einer Gruppe von Unternehmen, die eine gemeinsame Wirtschaftstätigkeit ausüben, gelten und von diesen Mitgliedern durchgesetzt werden, und dies auch für ihre Beschäftigten gilt,

b) den betroffenen Personen ausdrücklich durchsetzbare Rechte in Bezug auf die Verarbeitung ihrer personenbezogenen Daten übertragen und

c) die in Absatz 2 festgelegten Anforderungen erfüllen.

(2) Die verbindlichen internen Datenschutzvorschriften nach Absatz 1 enthalten mindestens folgende Angaben:

a) Struktur und Kontaktdaten der Unternehmensgruppe oder Gruppe von Unternehmen, die eine gemeinsame Wirtschaftstätigkeit ausüben, und jedes ihrer Mitglieder;

---

37 Entscheidung der Kommission vom 15. 6. 2001 hinsichtlich Standardvertragsklauseln für die Übermittlung personenbezogener Daten in Drittländer nach der Richtlinie 95/46/EG, ABl. v. 4. 7. 2001, Nr. L 181/19.

38 2004/915/EG, ABl. v. 29. 12. 2004, Nr. L 385.

39 Schmidl, DuD 2008, 258.

40 Entscheidung der Kommission v. 27. 12. 2001 hinsichtlich Standardvertragsklauseln für die Übermittlung personenbezogener Daten an Auftragsverarbeiter in Drittländern nach der Richtlinie 95/46/EG, ABl. v. 10. 1. 2002, Nr. L 6/52, ersetzt durch Entscheidung der Kommission (K (2010) 593) vom 5. 2. 2010 über Standardvertragsklauseln für die Übermittlung personenbezogener Daten an Auftragsverarbeiter in Drittländern nach der Richtlinie 95/46/EG, ABlEU v. 12. 2. 2010, L 39/5.

41 Im Ergebnis auch Paal/Pauly-*Pauly*, Art. 46 Rn. 23ff.; speziell für Auftragsdatenverarbeitung SJTK-*Klein/Pieper*, Art. 46 Rn. 34.

42 Abrufbar unter *http://www.rp-darmstadt.hessen.de/Sicherheit&Ordnung/Datenschutz/Auslands datentransfer/.*

43 Wybitul-*Schuppert/Pflüger*, Art. 46 Rn. 33.

b) die betreffenden Datenübermittlungen oder Reihen von Datenübermittlungen einschließlich der betreffenden Arten personenbezogener Daten, Art und Zweck der Datenverarbeitung, Art der betroffenen Personen und das betreffende Drittland beziehungsweise die betreffenden Drittländer;
c) interne und externe Rechtsverbindlichkeit der betreffenden internen Datenschutzvorschriften;
d) die Anwendung der allgemeinen Datenschutzgrundsätze, insbesondere Zweckbindung, Datenminimierung, begrenzte Speicherfristen, Datenqualität, Datenschutz durch Technikgestaltung und durch datenschutzfreundliche Voreinstellungen, Rechtsgrundlage für die Verarbeitung, Verarbeitung besonderer Kategorien von personenbezogenen Daten, Maßnahmen zur Sicherstellung der Datensicherheit und Anforderungen für die Weiterübermittlung an nicht an diese internen Datenschutzvorschriften gebundene Stellen;
e) die Rechte der betroffenen Personen in Bezug auf die Verarbeitung und die diesen offenstehenden Mittel zur Wahrnehmung dieser Rechte einschließlich des Rechts, nicht einer ausschließlich auf einer automatisierten Verarbeitung – einschließlich Profiling – beruhenden Entscheidung nach Artikel 22 unterworfen zu werden sowie des in Artikel 79 niedergelegten Rechts auf Beschwerde bei der zuständigen Aufsichtsbehörde beziehungsweise auf Einlegung eines Rechtsbehelfs bei den zuständigen Gerichten der Mitgliedstaaten und im Falle einer Verletzung der verbindlichen internen Datenschutzvorschriften Wiedergutmachung und gegebenenfalls Schadenersatz zu erhalten;
f) die von dem in einem Mitgliedstaat niedergelassenen Verantwortlichen oder Auftragsverarbeiter übernommene Haftung für etwaige Verstöße eines nicht in der Union niedergelassenen betreffenden Mitglieds der Unternehmensgruppe gegen die verbindlichen internen Datenschutzvorschriften; der Verantwortliche oder der Auftragsverarbeiter ist nur dann teilweise oder vollständig von dieser Haftung befreit, wenn er nachweist, dass der Umstand, durch den der Schaden eingetreten ist, dem betreffenden Mitglied nicht zur Last gelegt werden kann;
g) die Art und Weise, wie die betroffenen Personen über die Bestimmungen der Artikel 13 und 14 hinaus über die verbindlichen internen Datenschutzvorschriften und insbesondere über die unter den Buchstaben d, e und f dieses Absatzes genannten Aspekte informiert werden;
h) die Aufgaben jedes gemäß Artikel 37 benannten Datenschutzbeauftragten oder jeder anderen Person oder Einrichtung, die mit der Überwachung der Einhaltung der verbindlichen internen Datenschutzvorschriften in der Unternehmensgruppe oder Gruppe von Unternehmen, die eine gemeinsame Wirtschaftstätigkeit ausüben, sowie mit der Überwachung der Schulungsmaßnahmen und dem Umgang mit Beschwerden befasst ist;
i) die Beschwerdeverfahren;
j) die innerhalb der Unternehmensgruppe oder Gruppe von Unternehmen, die eine gemeinsame Wirtschaftstätigkeit ausüben, bestehenden Verfahren zur Überprüfung der Einhaltung der verbindlichen internen Datenschutzvorschriften. Derartige Verfahren beinhalten Datenschutzüberprüfungen und Verfahren zur Gewährleistung von Abhilfemaßnahmen zum Schutz der Rechte der betroffenen Person.

Die Ergebnisse derartiger Überprüfungen sollten der in Buchstabe h genannten Person oder Einrichtung sowie dem Verwaltungsrat des herrschenden Unternehmens einer Unternehmensgruppe oder der Gruppe von Unternehmen, die eine gemeinsame Wirtschaftstätigkeit ausüben, mitgeteilt werden und sollten der zuständigen Aufsichtsbehörde auf Anfrage zur Verfügung gestellt werden;

k) die Verfahren für die Meldung und Erfassung von Änderungen der Vorschriften und ihre Meldung an die Aufsichtsbehörde;

l) die Verfahren für die Zusammenarbeit mit der Aufsichtsbehörde, die die Befolgung der Vorschriften durch sämtliche Mitglieder der Unternehmensgruppe oder Gruppe von Unternehmen, die eine gemeinsame Wirtschaftstätigkeit ausüben, gewährleisten, insbesondere durch Offenlegung der Ergebnisse von Überprüfungen der unter Buchstabe j genannten Maßnahmen gegenüber der Aufsichtsbehörde;

m) die Meldeverfahren zur Unterrichtung der zuständigen Aufsichtsbehörde über jegliche für ein Mitglied der Unternehmensgruppe oder Gruppe von Unternehmen, die eine gemeinsame Wirtschaftstätigkeit ausüben, in einem Drittland geltenden rechtlichen Bestimmungen, die sich nachteilig auf die Garantien auswirken könnten, die die verbindlichen internen Datenschutzvorschriften bieten, und

n) geeignete Datenschutzschulungen für Personal mit ständigem oder regelmäßigem Zugang zu personenbezogenen Daten.

(3) Die Kommission kann das Format und die Verfahren für den Informationsaustausch über verbindliche interne Datenschutzvorschriften im Sinne des vorliegenden Artikels zwischen Verantwortlichen, Auftragsverarbeitern und Aufsichtsbehörden festlegen. Diese Durchführungsrechtsakte werden gemäß dem Prüfverfahren nach Artikel 93 Absatz 2 erlassen.

Inhaltsübersicht Rn.

I. Einleitung

1 Die Vorschrift enthält eine Erleichterung für Unternehmen, die in vielen Ländern tätig sind. Wären sie gezwungen, sich jeweils der Musterverträge zu bedienen, würde innerhalb kurzer Zeit ein unübersichtliches Geflecht von Abmachungen entstehen, da ja auch der Datenfluss von einem Drittland in ein anderes erfasst werden muss.[1] Die Schaffung konzerneinheitlicher Regeln nach Art. 47 hat zudem den Vorteil, **spezifischen Bedürfnissen** der betroffenen Unternehmen Rechnung tragen zu können. Dies kann es rechtfertigen, den Zeitaufwand in Kauf zu nehmen, der dadurch entsteht, dass Abs. 1 eine **behördliche Genehmigung** verlangt und diese im Kohärenzverfahren nach Art. 63 (siehe dort) ergehen muss. Sind die Unternehmensregelungen einmal genehmigt, ist für Datenverarbeitungen, die in ihrem Rahmen stattfinden, keine Genehmigung mehr erforderlich.[2]

2 Verbindliche Unternehmensregelungen waren **schon nach bisherigem Recht zulässig**; § 4c Abs. 2 BDSG-alt nannte sie als Beispiel für »ausreichende Garantien«. Verbreitet ist die Bezeichnung als »Binding Corporate Rules«, was mit **BCR** abgekürzt wird. Ein »Musterkodex« analog zu den Standardvertragsklauseln existierte nicht, was zur Folge hatte, dass in jedem Einzelfall eine **behördliche Genehmigung notwendig** war. Dies mag ein Grund dafür gewesen sein, dass es EU-weit noch **im September 2017 nur 98 genehmigte** verbindliche **Unternehmensregelungen** gab.[3] Der Gesamtverband der Deutschen Versicherungswirtschaft (GDV) hat eine »Unternehmensrichtlinie« entwickelt.[4] Beispiele für verbindliche Festlegungen bieten der (damalige) **Daimler**-Chrysler-Konzern[5] sowie die **Telekom-Gruppe.**[6] Die ausdrückliche Regelung in Art. 47 kann zu einer weiteren Verbreitung dieses Instruments beitragen.[7]

3 Die eingehende Neuregelung enthält in Abs. 1 und Abs. 2 genaue inhaltliche Anforderungen, die erfüllt sein müssen, damit die Genehmigung erteilt wird. Das soll die Rechtsanwendung erleichtern. Geregelt ist auch, dass die Aufsichtsbehörde zuständig ist, in deren Bereich die europäische Hauptniederlassung liegt, und dass sie im Kohärenzverfahren entscheidet. Ist die Genehmigung erfolgt, wird man bei regelkonformer Verhaltensweise schwerlich in die Situation geraten, die Anforderungen der DSGVO verletzt zu haben; die **Risiken**, mit Bußgeld belegt zu werden, oder Schadensersatz bezahlen zu müssen, werden so **deutlich geringer**. Auf der anderen Seite sind die Vorgaben des **Abs. 2 höchst detailliert**, was im Einzelfall dazu führen kann, dass auf den Weg über die BCR verzichtet wird. Die generellen Anforderungen sind in **Abs. 1** geregelt, während **Abs. 2** die detaillierten inhaltlichen Anforderungen auflistet. **Abs. 3** gibt der EU-Kommission das Recht, die Form

---

1 Paal/Pauly-*Pauly*, Art. 47 Rn. 1: nicht praktikabel; vgl. weiter Gola, Handbuch, Rn. 2528.

2 Sydow-*Towfigh/Ulrich*, Art. 47 Rn. 11.

3 Mitgeteilt bei Kühling/Buchner-*Schröder*, Art. 47 Rn. 2; Paal/Pauly-*Pauly*, Art. 47 Rn. 6 spricht ebenfalls für September 2017 von 88 genehmigten Regelungen; Sydow-*Towfigh/Ulrich*, Art. 47 Rn. 6, nennen die Zahl 90; Auernhammer-*Hladjk*, Art. 47 Rn. 8, nennt – bezogen auf den 22. Februar 2018 – die Zahl 88.

4 Nachlesbar unter *http://www.datenschutz-berlin.de/jahresbe/02/anl/anlagenband2002.pdf*.

5 *http://www.daimlerchrysler.com/Projects/c2c/channel/documents/184264-coc-itr-g.pdf*.

6 *http://www.datenschutz-berlin.de/jahresbe/03/anl/472d2.pdf*; weitere Beispiele bei Dix/Gardain, DuD 2006, 344; zu Siemens s. ZD 5/2014, S. IX.

7 Paal/Pauly-*Pauly*, Art. 47 Rn. 3.

und das Verfahren des Informationsaustausches in Bezug auf die BCR durch Durchführungsrechtsakt zu bestimmen; weitergehende Einflussrechte stehen ihr nicht zu.

II. Allgemeine Anforderungen nach Abs. 1

1. Wer darf sich verbindliche interne Datenschutzvorschriften geben?

Abs. 1 Buchst. a benennt als Adressaten der Genehmigung einmal die »**Unternehmensgruppe**«. Sie ist in Art. 4 Nr. 19 definiert (siehe Art. 4 Rn. 147 ff.) und entspricht im Wesentlichen dem aus dem deutschen Recht bekannten **Unterordnungskonzern** mit einem herrschenden und einem oder mehreren abhängigen Unternehmen. Die Rechtsform ist gleichgültig; »Konzernspitze« kann auch eine natürliche Person sein. Weiter kommt es nicht darauf an, worauf die Abhängigkeit beruht; im Regelfall wird Grundlage eine Mehrheits- oder Alleinbeteiligung sein. In Übereinstimmung mit Art. 2 Abs. 1 Buchst. b der EBR-Richtlinie ist nicht erforderlich, dass die »Herrschaftsgewalt« tatsächlich ausgeübt wird; es genügt, dass dies jederzeit möglich ist. Schon dies stellt eine Rechtfertigung dafür dar, einheitliche datenschutzrechtliche Grundsätze vorzusehen. Ein Gleichordnungskonzern, bei dem sich zwei (oder mehr) Unternehmen einer gemeinsamen Leitung unterstellen (§ 18 Abs. 2 AktG), stellt dagegen keine »Unternehmensgruppe« dar. 4

Abs. 1 Buchst. a nennt weiter eine »**Gruppe von Unternehmen, die eine gemeinsame Wirtschaftstätigkeit ausüben.**« Dieser Begriff ist in Art. 4 nicht definiert, doch dürfte in erster Linie der Gleichordnungskonzern im Sinne des § 18 Abs. 2 AktG gemeint sein. Eine lose Kooperation genügt nicht, da Art. 47 Abs. 2 detaillierte Vorgaben für die Datenschutzorganisation enthält, was eine enge wirtschaftliche Zusammenarbeit voraussetzt.[8] Besteht Wettbewerb zwischen den Unternehmen, kann eine Vereinheitlichung der Datenschutzstandards mit Hilfe von **Verhaltensregeln nach Art. 40** erfolgen, die nach Art. 46 Abs. 2 Buchst. e auch die Übermittlungen in Drittstaaten umfassen können. 5

Art. 4 Nr. 20 umschreibt die »verbindlichen internen Datenschutzvorschriften« (siehe Art. 4 Rn. 151) und macht dabei deutlich, dass dadurch **auch Auftragsverarbeiter** erfasst sind, die **zur Unternehmensgruppe** bzw. der Gruppe von Unternehmen **gehören**, die eine gemeinsame Wirtschaftstätigkeit ausüben. Externe Auftragsverarbeiter, die auch für andere tätig sind, werden nicht erfasst; dies gilt auch dann, wenn sie in der Hauptsache für die Gruppe arbeiten. **Zulieferer** sind ebenfalls nicht einbezogen, obwohl das Parlament die sinnvolle Forderung erhob, der gesamten Produktionskette eine entsprechende Möglichkeit zu einem einheitlichen Datenschutz zu geben. 6

2. Personeller und sachlicher Geltungsbereich der Datenschutzregeln

Wie der Wortlaut des Abs. 1 eindeutig erkennen lässt, müssen die verbindlichen internen Datenschutzvorschriften für **alle Mitglieder der Unternehmensgruppe** oder der Gruppe von Unternehmen gelten, die eine gemeinsame Wirtschaftstätigkeit ausüben.[9] Es ist daher 7

8 Zutreffend Kühling/Buchner-*Schröder*, Art. 47 Rn. 13.

9 Auernhammer-*Hladjk*, Art. 47 Rn. 11; Gola-*Klug*, Art. 47 Rn. 4; Plath-*v.d. Bussche*, Art. 47 Rn. 8; Sydow-*Towfigh/Ulrich*, Art. 47 Rn. 10.

ausgeschlossen, nur einen Teil des Konzerns zu erfassen, beispielsweise nur die französischen Konzernteile und ihre Töchter in Drittstaaten einzubeziehen. Auch sind alle in Drittstaaten angesiedelten Tochter- und Enkelgesellschaften zu erfassen. Dieser »**Universalitätsanspruch**« gilt auch dann, wenn der Konzern autonome Untergliederungen aufweist, beispielsweise für ein Produkt oder eine Ländergruppe eine selbständige Organisation besitzt, die trotz Mehrheitsbesitz der Konzerneigentümer über eigene Entscheidungsbefugnisse verfügt.

8 Nach einer in der Literatur verbreiteten Auffassung[10] können sich die verbindlichen internen Datenschutzvorschriften auf die Verarbeitung von **Daten** beschränken, **die aus der EU** bzw. dem EWR **stammen**. Dies ist **wenig einsichtig**, weil es dann innerhalb des Konzerns zwei verschiedene Datenschutzordnungen geben kann: Die der verbindlichen Vorschriften für Übermittlungen und Weiterverarbeitungen aus der EU, und die anderen, die sich z. B. auf solche Daten beziehen, die in einem Drittland generiert wurden. Dies schafft außerdem vermeidbare Abgrenzungsprobleme: Wie qualifiziert man z. B. Daten, die aus einem Abgleich zwischen »EU-Daten« und Daten aus einem Drittland entstanden sind? Auch ist denkbar, dass ein Drittland selbst über ein angemessenes Datenschutzniveau verfügt – angesichts der universellen Anwendung der Datenschutzvorschriften ist auch ein solches einbezogen – und deshalb eigene Regeln für die dort entstandenen Daten besitzt. Es ist daher zu empfehlen, sämtliche im Rahmen der Tätigkeit des Konzerns bzw. der zusammenarbeitenden Unternehmen entstehenden Daten einheitlichen Grundsätzen zu unterstellen und dabei auch die Anforderungen zu respektieren, die ein Drittland mit angemessenem Datenschutzniveau entwickelt hat.

3. Verbindlichkeit der Datenschutzvorschriften

9 Die festgelegten Vorschriften können nur dann Schutz vermitteln, wenn sie rechtlich verbindlich sind. Es kann daher **nicht ausreichen**, wenn die Konzernspitze oder die einzelnen beteiligten Unternehmen »**Wohlverhaltenserklärungen**« abgeben, wie sie sich häufig unter dem Stichwort des »**Code of Conduct**« in der Praxis finden. Ihnen fehlt der verbindliche Charakter, den Art. 47 Abs. 1 zwingend voraussetzt.[11] Die einzelnen Unternehmen sowie – so ausdrücklich Abs. 1 a. E. – ihre Beschäftigten müssen aufgrund der Datenschutzvorschriften die Möglichkeit haben, das darin Festgelegte effektiv durchzusetzen. Die konzerninternen Verpflichtungen räumen insoweit den Arbeitnehmern als **begünstigten Dritten Rechte** ein, die – sofern deutsches Recht anwendbar ist – nach § 328 Abs. 2 BGB nicht wieder entzogen werden könnten. Sie können auch zum Inhalt der Arbeitsverträge gemacht werden,[12] was sich insbesondere dann anbietet, wenn auch Arbeitnehmer mit Pflichten belastet werden sollen.[13] Die einmal geschaffene rechtliche Verbindlichkeit

10 Kühling/Buchner-*Schröder*, Art. 47 Rn. 17; Filip, ZD 2013, 51, 56.

11 Für notwendige rechtliche Verbindlichkeit auch Filip, ZD 2013, 51, 57; Heil, DuD 2009, 229; Scheja, S. 246; Sydow-*Towfigh/Ulrich*, Art. 47 Rn. 8; Weniger, S. 504f.; zu dem zugrunde liegenden Konzept der »Corporate Social Responsiblity« kritisch Däubler, in: Blanpain/Hendrickx, S. 49ff.

12 Paal/Pauly-*Pauly*, Art. 47 Rn. 18.

13 Auernhammer-*Hladjk*, Art. 47 Rn. 13.

wird nicht dadurch hinfällig, dass die Konzernspitze die abhängigen Gesellschaften jederzeit anweisen könnte, gemeinsam mit ihr die Abmachungen wieder aufzuheben: In einem solchen Fall würde sie sich selbst die Basis für eine Datenübermittlung in Drittstaaten entziehen. Ein solches Handeln gegen die eigenen Interessen ist in der Praxis höchst unwahrscheinlich; bislang ist kein Fall dokumentiert, in dem die Konzernspitze kraft ihres Weisungsrechts die ersatzlose Aufhebung von konzerneinheitlichen Datenschutzvorschriften erwirkt hätte. Die Datenschutzvorschriften werden in der Regel **vertraglicher Natur**, also zwischen den einzelnen Konzernunternehmen vereinbart sein. Allerdings ist dies nicht notwendig so: Beispielsweise wären auch Festlegungen in der **Satzung** der einzelnen Gesellschaften denkbar.[14]

Herkömmlicher Weise wird zwischen »**innerer**« und »**äußerer**« **Verbindlichkeit** unterschieden, was seinen Niederschlag auch in Abs. 2 Buchst. c gefunden hat. »Innere Verbindlichkeit« bedeutet, dass die Regeln für die beteiligten Unternehmen und ihre Beschäftigten verbindlich sind, was z. B. durch Anordnung gegenüber den Mitarbeitern realisiert werden kann.[15] Werden für den Fall der Zuwiderhandlung Sanktionen angedroht, ist die interne Verbindlichkeit definitiv belegt. »Äußere Verbindlichkeit« bedeutet Verbindlichkeit gegenüber Dritten, die in die Lage versetzt werden, die Regeln durchzusetzen, was über ein Klagerecht von Geschäftspartnern wie auch über Eingriffsmöglichkeiten der Aufsichtsbehörde sichergestellt werden kann.[16] Wie Abs. 1 Buchst. b klarstellt, müssen **speziell die betroffenen Personen durchsetzbare Rechte** in Bezug auf die Verarbeitung ihrer Daten haben, also z. B. einen Auskunftsanspruch gerichtlich durchsetzen können. 10

4. Genehmigungsverfahren

Die Genehmigung der verbindlichen internen Datenschutzvorschriften hat gegenüber der bisherigen Rechtslage den Vorteil der Vereinfachung.[17] Allerdings muss im Regelfall das sog. Kohärenzverfahren nach Art. 63 (siehe dort) praktiziert werden.[18] Dies gilt nur dann ausnahmsweise nicht, wenn der Konzern oder die zusammenarbeitenden Unternehmen **lediglich eine Niederlassung in der EU** haben; hier sind potentielle Koordinierungsprobleme zwischen den Aufsichtsbehörden ausgeschlossen.[19] Liegen die Genehmigungsvoraussetzungen vor, so besteht ein subjektives Recht auf Genehmigung, das auch gerichtlich durchgesetzt werden kann.[20] 11

14 Vgl. auch Scheja, S. 260; eingehend Büllesbach, S. 180ff.
15 Weitere Formen bei Paal/Pauly-*Pauly*, Art. 47 Rn. 21.
16 Kühling/Buchner-*Schröder*, Art. 47 Rn. 18; Paal/Pauly-*Pauly*, Art. 47 Rn. 21.
17 Kühling/Buchner-*Schröder*, Art. 47 Rn. 24; Einzelheiten des Genehmigungsverfahrens bei SHS-*Schantz*, Art. 47 Rn. 7ff.
18 Wybitul-*Schuppert/Pflüger*, Art. 47 Rn. 13.
19 Ebenso im Ergebnis Paal/Pauly-*Pauly*, Art. 47 Rn. 12.
20 SJTK-*Traut*, Art. 47 Rn. 64ff.

III. Mindestinhalt der Vorschriften nach Abs. 2

12 Abs. 2 nennt insgesamt **14 inhaltliche Punkte**, die sich in den internen Datenschutzvorschriften wiederfinden müssen.[21] Dieser ungewöhnliche Detailliertheitsgrad will vermeiden, dass sich die Einheitlichkeit des Datenschutzes aufgrund unterschiedlicher Interpretationen in den Mitgliedstaten auflöst. Dafür könnte insbesondere deshalb Anlass bestehen, weil die Parallelform der Codes of Conduct Anlass zu den unterschiedlichsten Auslegungen gab. Auch erscheint das **Kohärenzverfahren**, insbesondere die damit verbundene Federführung durch die Aufsichtsbehörde am Hauptsitz für die übrigen Mitgliedstaaten akzeptabler, wenn durch eine detaillierte Regelung der Spielraum dieser Behörde von vorne herein stark eingeengt ist. Auf der anderen Seite führt die Detailtiefe zu einer gewissen Starrheit, die die Gefahr mit sich bringt, dass nicht recht »passende« Vorschriften mehr oder weniger ignoriert werden. Genau wie die DSGVO selbst werden allerdings die internen Datenschutzvorschriften bisweilen nicht ohne **Öffnungsklausel** auskommen können; dies ist jedenfalls in all den Bereichen unbedenklich, wo auch die DSGVO abweichende nationale Regelungen zulässt. Im Übrigen besteht für die Beteiligten die Aufgabe, die Anforderungen des Art. 47 Abs. 1 und 2 auf die konkreten Verhältnisse des Konzerns bzw. der kooperierenden Unternehmen zuzuschneiden.[22]

1. Struktur der Unternehmensgruppe und Kontaktdaten der Mitglieder (Abs. 2 Buchst. a)

13 Die Vorschrift verlangt die Angabe der Konzernstruktur sowie der Struktur der zusammenarbeitenden Unternehmen. Die **Kontaktdaten** müssen sich auf **jedes einzelne Unternehmen** beziehen. Die Regelung dient der Transparenz der Datenverarbeitung und macht es möglich, Auskunftsersuchen oder Schadensersatzansprüche dem richtigen Adressaten gegenüber geltend zu machen. Kommen Unternehmen hinzu oder scheiden Unternehmen aus dem Konzernverbund aus, so sind die Vorschriften insoweit zu berichtigen. Dafür kann ein vereinfachtes Verfahren vorgesehen werden.

2. Beschreibung der Datenverarbeitung (Abs. 2 Buchst. b)

14 Abs. 2 Buchst. b formuliert Anforderungen, die nur schwer zu erfüllen sind. Die **»Arten personenbezogener Daten«**, die der Übermittlung unterliegen, lassen sich schwer im Voraus bestimmen, da sich im Unternehmen sehr vielfältige Dinge ereignen können. In der Literatur wird im Anschluss an die Art. 29-Datenschutzgruppe verlangt, dass die Länder benannt werden, in die übermittelt wird, sowie die Gruppe der betroffenen Personen (Kunden, Zulieferer, Arbeitsnehmer, sonstige Geschäftspartner).[23] Vermutlich wird die Genehmigungspraxis weniger streng sein und sich mit Beschreibungen wie »mit der un-

---

21 Sie stellen eine Kodifizierung von Ergebnissen der Art. 29-Datenschutzgruppe dar; diese können daher in Zweifelsfragen eine gewisse Interpretationsrichtlinie darstellen: Sydow-*Towfigh/Ulrich*, Art. 47 Rn. 13; eingehend zu deren Arbeiten Auernhammer-*Hladjk*, Art. 47 Rn. 6ff.; Gola-*Klug*, Art. 47 Rn. 6.

22 Sydow-*Towfigh/Ulrich*, Art. 47 Rn. 8.

23 Sydow-*Towfigh/Ulrich*, Art. 47 Rn. 22.

ternehmerischen Tätigkeit in Zusammenhang stehende Daten« begnügen, um Art. 47 funktionsfähig zu erhalten. Ähnliches gilt für den **»Zweck« der Datenverarbeitung**; soll es wirklich notwendig sein, erst die internen Datenschutzvorschriften zu ändern, bevor man beispielsweise eine konzernumgreifende statistische Auswertung vornimmt, an die bisher niemand gedacht hat? Relativ einfach ist die Benennung der Drittländer, in die Daten übermittelt werden, doch dürften darunter auch diejenigen fallen, in die die Daten »weiter übermittelt« werden (Art. 44 Rn. 8ff.). Zu beachten ist schließlich, dass es nicht ausschließlich um Datenübermittlung, sondern auch um sonstige Formen der Datenverarbeitung geht.

3. Interne und externe Verbindlichkeit (Abs. 2 Buchst. c)

Die Datenschutzvorschriften müssen »intern« wie »extern« verbindlich sein (siehe 15
Rn. 10). Dies darf nicht nur als Grundsatz verkündet, sondern muss durch Benennung konkreter Mechanismen dargelegt werden, aus denen sich die Bindungswirkung ergibt. Sie muss auch gegenüber Unterauftragnehmern bestehen.[24]

4. Anwendung der allgemeinen Datenschutzgrundsätze (Abs. 2 Buchst. d)

Abs. 2 Buchst. d zählt beispielhaft die wichtigsten Grundsätze der DSGVO auf, die sich in 16
den internen Datenschutzvorschriften wiederfinden müssen. Dabei reicht es jedoch nicht aus, diese unter Nennung der Artikel-Nummer aufzuzählen. Vielmehr muss ihre **konkrete Anwendung beschrieben** werden, um so Transparenz herzustellen und eine wirksame Kontrolle möglich zu machen.[25] Wodurch wird beispielsweise für Datenminimierung gesorgt, welche Maßnahmen dienen am deutlichsten dem Transparenzgrundsatz? Welche Kontrollmechanismen werden eingesetzt, um eine unerlaubte Zweckentfremdung zu verhindern? Dies kann der Übersichtlichkeit wegen am besten in Anlagen geschehen, auf die der eigentliche Text verweist. Inhaltlich ist Buchst. d das wohl wichtigste Mittel, um einen **gleichwertigen Schutz** wie durch die DSGVO zu sichern.

5. Betroffenenrechte (Abs. 2 Buchst. e)

Buchst. e verlangt, dass die Betroffenenrechte aufgezählt werden, zu denen auch der Scha- 17
densersatzanspruch wegen Verletzung der internen Datenschutzvorschriften gezählt wird. Auch hier geht es darum, nicht einfach die gesetzliche Regelung zu nennen, sondern im Einzelnen zu erläutern, **wie die betroffenen Personen von ihren Rechten Gebrauch machen können.**[26] Sie müssen auf diese Weise in eine Situation gebracht werden, die der bei einer Datenverarbeitung innerhalb der EU entspricht.[27] Die Rechte müssen dem Verantwortlichen für die Datenübermittlung gegenüber geltend gemacht werden, doch ist es

24 Auernhammer-*Hladjk*, Art. 47 Rn. 19.
25 Kühling/Buchner-*Schröder*, Art. 47 Rn. 36; Paal/Pauly-*Pauly*, Art. 47 Rn. 22.
26 Kühling/Buchner-*Schröder*, Art. 47 Rn. 39.
27 Kühling/Buchner-*Schröder*, Art. 47 Rn. 40.

auch nicht ausgeschlossen, daneben zusätzlich Ansprüche gegen ein ausländisches Unternehmen einzuräumen.

6. Haftung auf Schadensersatz (Abs. 2 Buchst. f)

18 Abs. 2 Buchst. f verlangt, dass der in einem Mitgliedstaat ansässige Verantwortliche auch für Datenschutzverstöße des Unternehmens in einem Drittstaat haftet. Diese Haftung soll nur dann entfallen, wenn der Verantwortliche nachweist, dass der Umstand, durch den der Schaden eingetreten ist, dem Unternehmen im Drittstaat nicht zur Last gelegt werden kann.[28] Dies muss in den Datenschutzvorschriften **deutlich verankert** sein, da es über das durch Art. 82 Geforderte hinausgeht. Spielräume bestehen insoweit, als der europäische Konzernteil, der die Mithaftung tragen muss, in den Datenschutzvorschriften näher bestimmt werden kann.[29] Auch muss feststehen, dass für Schadensfälle eine Haftpflichtversicherung besteht oder genügend Eigenmittel vorhanden sind.[30]

7. Information der betroffenen Personen (Abs. 2 Buchst. g)

19 Die internen Datenschutzvorschriften müssen weiter festlegen, wie die betroffenen Personen über ihren Inhalt und insbesondere darüber informiert werden, was nach den Buchst. d, e und f bestimmt ist. Dies geht ersichtlich über Art. 13 und 14 hinaus, was im Text der Vorschrift ausdrücklich hervorgehoben wird. Gerade weil in den in Bezug genommenen Vorgaben Datenschutzprinzipien konkret expliziert werden müssen, verlangen die internen Datenschutzvorschriften insoweit mehr als die DSGVO.

8. Datenschutz-Compliance (Abs. 2 Buchst. h)

20 Abs. 2 Buchst. h verlangt weiter, dass die Zuständigkeiten des Datenschutzbeauftragten und anderer Personen und Einrichtungen beschrieben werden, die mit der Aufgabe betraut sind, die Einhaltung der internen Datenschutzvorschriften zu überwachen. Dabei sind aber keine konkreten Namen zu nennen, da dies einen häufigen Änderungsbedarf zur Folge hätte. Einbezogen ist auch die Frage, wer die Schulungsmaßnahmen im Datenschutz überwacht und wie mit Beschwerden umgegangen wird. Von Interesse ist weiter, welche Unterstützung der Datenschutzbeauftragte durch die Geschäftsführung erhält[31] und wie sein Mitarbeiterstab beschaffen ist.[32]

9. Beschwerdeverfahren (Abs. 2 Buchst. i)

21 Gemeint ist mit Abs. 2 Buchst. i ein internes Beschwerdeverfahren, die sich auf **Verstöße gegen die internen Datenschutzregeln** bezieht. Zum Verfahren gehört auch die Festle-

28 Auernhammer-*Hladjk*, Art. 47 Rn. 24; näher Sydow-*Towfigh/Ulrich*, Art. 47 Rn. 16.
29 Kühling/Buchner-*Schröder*, Art. 47 Rn. 43.
30 Paal/Pauly-*Pauly*, Art. 47 Rn. 24.
31 Sydow-*Towfigh/Ulrich*, Art. 47 Rn. 17.
32 Auernhammer-*Hladjk*, Art. 47 Rn. 27.

gung, an welche Stelle die Beschwerde zu richten ist, der nach Möglichkeit Unabhängigkeit einzuräumen ist. Auch müssen Angaben enthalten sein, welche Folgen bei erfolgreichen und welche bei abgelehnten Beschwerden eintreten.[33] Externe Beschwerden, etwa gegenüber der Aufsichtsbehörde, werden durch die Regelung nicht erfasst.

10. Überprüfungsorganisation (Abs. 2 Buchst. j)

Abs. 2 Buchst. j geht von dem Grundsatz aus, dass insbesondere bei neuen Regeln wie den in internen Datenschutzvorschriften enthaltenen regelmäßig überprüft werden muss, ob sie eingehalten werden, und dass bei Nichteinhaltung Empfehlungen abgegeben werden, wie Verstöße in Zukunft zu vermeiden sind. Dies muss im Einzelnen auch hier vorgesehen werden.[34] 22

11. Änderung der internen Datenschutzvorschriften (Abs. 2 Buchst. k)

Änderungen der internen Datenschutzvorschriften sind jederzeit möglich, doch müssen sie in einem bestimmten Verfahren erfasst und an die Aufsichtsbehörde gemeldet werden. Auch dies muss in den internen Datenschutzvorschriften im Einzelnen geregelt sein. Einer **erneuten Genehmigung** bedarf es nur bei substanziellen Änderungen.[35] Treten neue Unternehmen zum Konzern oder zu den kooperierenden Unternehmen hinzu und implementieren sie von sich aus die bindenden Unternehmensregeln, liegt keine derartige Änderung vor. 23

12. Zusammenarbeit mit der Aufsichtsbehörde (Abs. 2 Buchst. l)

Die Unternehmen sind zur Zusammenarbeit mit der Aufsichtsbehörde verpflichtet. Dies umfasst auch die Mitteilung der internen Compliance-Untersuchungen nach Buchst. j sowie der Änderungen der internen Datenschutzvorschriften nach Buchst. k. Untersuchungen durch die Aufsichtsbehörde sind von allen Mitgliedern der Unternehmensgruppe zu dulden, was bei der Kontrolle ausländischer Unternehmen Probleme der Achtung einer fremden staatlichen Souveränität aufwirft.[36] 24

13. Nachteilige Bestimmungen im Drittland (Abs. 2 Buchst. m)

Ändert sich das Recht im Drittstaat und kann sich dies nachteilig auf die Garantien auswirken, die die verbindlichen internen Datenschutzvorschriften gewähren, so ist ein Meldeverfahren gegenüber der Aufsichtsbehörde vorzusehen.[37] Dabei ist zu berücksichtigen, dass das Schutzniveau der DSGVO grundsätzlich nicht unterschritten werden darf. 25

---

33 Sydow-*Towfigh/Ulrich*, Art. 47 Rn. 18.
34 Kühling/Buchner-*Schröder*, Art. 47 Rn. 48.
35 Sydow-*Towfigh/Ulrich*, Art. 47 Rn. 27.
36 Kühling/Buchner-*Schröder*, Art. 47 Rn. 53.
37 Auernhammer-*Hladjk*, Art. 47 Rn. 32.

14. Schulungen des Personals (Abs. 2 Buchst. n)

26 Die internen Datenschutzvorschriften haben weiter vorzusehen, dass Personen, die einen ständigen oder regelmäßigen Zugang zu personenbezogenen Daten haben, im Datenschutz in geeigneter Weise geschult werden müssen. Dies bezieht sich insbesondere auch auf den Inhalt der internen Datenschutzvorschriften. Die Trainingsprogramme müssen spätestens im Laufe des Genehmigungsverfahrens der Genehmigungsbehörde gegenüber detailliert dargelegt werden.[38]

IV. Durchführungsrechtsakte der Kommission nach Abs. 3

27 Abs. 3 ermächtigt die Kommission, Format und Verfahren für den Informationsaustausch über verbindliche interne Datenschutzvorschriften zwischen Verantwortlichen, Auftragsverarbeitern und Aufsichtsbehörden festzulegen. Sie hat zu diesem Zweck Durchführungsrechtsakte zu erlassen, die sich allerdings nur auf Form und Verfahren beschränken; über Inhalt oder Umfang von Meldungen darf die Kommission keine Vorgaben machen.[39]

Art. 48 Nach dem Unionsrecht nicht zulässige Übermittlung oder Offenlegung

Jegliches Urteil eines Gerichts eines Drittlands und jegliche Entscheidung einer Verwaltungsbehörde eines Drittlands, mit denen von einem Verantwortlichen oder einem Auftragsverarbeiter die Übermittlung oder Offenlegung personenbezogener Daten verlangt wird, dürfen unbeschadet anderer Gründe für die Übermittlung gemäß diesem Kapitel jedenfalls nur dann anerkannt oder vollstreckbar werden, wenn sie auf eine in Kraft befindliche internationale Übereinkunft wie etwa ein Rechtshilfeabkommen zwischen dem ersuchenden Drittland und der Union oder einem Mitgliedstaat gestützt sind.

Inhaltsübersicht

I. Einleitung

1 Insbesondere **Behörden und Gerichte aus den USA verlangen** nicht selten die **Herausgabe von Daten**, die sich bei Verantwortlichen in der EU befinden. Geht es um Gerichtsverfahren gegen europäische Unternehmen, wird häufig eine Art Beweissicherung durchgeführt (»pre-trial-discovery«), die dem eigentlichen Verfahren vorangeht. Erweist sich ein Unternehmen hier nicht als kooperativ, kann dies seine Prozesschancen und darüber hinaus die Chancen auf dem US-Markt erheblich beeinträchtigen. Deshalb werden häufig

38 Sydow-*Towfigh/Ulrich*, Art. 47 Rn. 20.
39 Paal/Pauly-*Pauly*, Art. 47 Rn. 34.

Daten an das zuständige US-Gericht übermittelt. Ist dies nach europäischem Recht unzulässig, hindert das aus Sicht der amerikanischen Gerichte eine Pflicht zur Vorlage nicht; die notwendige Interessenabwägung falle insbesondere dann zugunsten der (europäisches Recht brechenden) Vorlagepflicht aus, wenn das Gericht eine sog. protective order erlasse, die unberechtigte Zugriffe Dritter verbiete.[1] Weiter könnte man sich vorstellen, dass Daten aus der EU an die NSA übermittelt werden.[2]

Die bestehende Situation wird dadurch schwieriger, dass der US-Präsident am 23. März 1a
2018 den sog. **Cloud Act** unterzeichnete (wobei »CLOUD« für **C**larifying **L**awful **O**verseas **U**se of **D**ata steht).[3] Dieser betrifft strafrechtliche Ermittlungen durch US-Behörden und verpflichtet u. a. alle in den USA ansäßigen Unternehmen, den Behörden auch solche Daten herauszugeben, die in der EU oder in einem anderen Land bei einer anderen Gesellschaft gehostet sind. Ob das dort geltende Recht dies zulässt, wird ausdrücklich als unerheblich bezeichnet. Auch kann dem Hoster verboten werden, seine Kunden über die Abfrage ihrer Daten zu informieren. Eine vorherige Einschaltung eines Richters (»Richtervorbehalt«) ist nicht vorgesehen. Auch ein nachträglicher Rechtsschutz in den USA ist nur für solche betroffenen Personen möglich, deren Staat ein sog. Exekutivabkommen mit den USA geschlossen hat; dazu gehörten Deutschland und die EU nicht. Auch **Tochtergesellschaften deutscher Konzerne** in den USA sind von dieser Regelung erfasst.[4]

Art. 48 greift diese spezifische Konstellation auf, die im Prinzip auch im Verhältnis zu an- 2
deren Drittstaaten entstehen kann. Für eine Übermittlung verlangt er eine **völkerrechtliche Rechtsgrundlage** wie etwa ein Rechtshilfeabkommen, lässt aber zugleich mögliche Rechtsgrundlagen aus dem Kapitel V (Art. 44 bis 50) unberührt. Durch diese klare Regelung sehen sich europäische Unternehmen vor amerikanischen Behörden und Gerichten nicht mehr dem Vorwurf mangelnder Kooperation ausgesetzt, weil sie ggf. auf ein ausdrückliches Verbot und ein drohendes Bußgeld[5] Bezug nehmen können.

II. Rechtsgrundlage für eine Übermittlung

1. Die Ausgangssituation

Gerichtsurteile und Verwaltungsentscheidungen aus einem Drittstaat stellen für sich al- 3
lein keinen ausreichenden Rechtstitel für die Übermittlung personenbezogener Daten in den Drittstaat dar. Insoweit ist die amtliche Überschrift der Bestimmung durchaus zutreffend. Die Einbeziehung von Gerichten *und* Verwaltungsbehörden macht die **Abgrenzung zwischen beiden überflüssig**; entscheidend ist, dass eine hoheitlich handelnde staatliche Instanz die Übermittlung oder Offenlegung der Daten anfordert. Dies kann auch die Regierung selbst sein.[6] Auch spielt keine Rolle, in welcher rechtlichen Form sie das tut; ob nach deutschem (oder auch ausländischem) Verständnis ein Urteil oder ein Beschluss

1 Bezirksgericht Northern California 8.11.2017 – Case No. 14-cv-01009-HSG (MEJ) – BrightEdge Technologies, in deutscher Übersetzung in ZD 2018, 76ff.
2 Vgl. Paal/Pauly-*Pauly*, Art. 48 Rn. 2.
3 Dazu Ruhland, CuA 2/2019, 31ff.
4 Kritisch zu dieser Regelung Cording/Götzinger, CR 2018, 636.
5 Kühling/Buchner-*Schröder*, Art. 48 Rn. 11.
6 Kühling/Buchner-*Schröder*, Art. 48 Rn. 13.

vorliegt, ist ebenfalls ohne Bedeutung. Nicht erfasst sind **private Instanzen**; bei ihnen gelten ausschließlich die allgemeinen Grundsätze der Art. 44ff. Im gerichtlichen Verfahren liegt hoheitliches Verhalten nur insoweit vor, als der Richter eine Anordnung trifft.[7]

4 Seinem eindeutigen Wortlaut nach gilt Art. 48 gleichermaßen für **Verantwortliche wie** für **Auftragsverarbeiter**. Zweifelhaft ist, ob er auch dann eingreift, wenn das betroffene **Unternehmen in einem Drittstaat** angesiedelt ist, **aber** nach Art. 3 Abs. 2 **der DSGVO unterliegt**, weil es in der EU Angebote macht oder das Verhalten von Marktteilnehmern beobachtet. Hier ist zu differenzieren. Handelt es sich um einen anderen Drittstaat als den, aus dem das Ersuchen kommt, so findet Art. 48 Anwendung. Die gerichtliche oder behördliche Entscheidung kann auch insoweit keine extraterritoriale Wirkung entfalten. Ist das Unternehmen jedoch in dem Staat angesiedelt, aus dem das Verlangen nach Übermittlung kommt, dürfte anders zu entscheiden sein: Im Konflikt zwischen der Bindung an die DSGVO und der hoheitlichen Anordnung nach dem heimischen Recht hat das letztere den Vorrang. Jede andere Lösung würde das Unternehmen in enorme Schwierigkeiten bringen, die bis hin zu (nicht zu verhindernden) Zwangsvollstreckungsmaßnahmen führen würden.[8] Dies kann schlechterdings nicht zugemutet werden.

2. Rechtfertigung durch ein völkerrechtliches Abkommen

5 Art. 48 verlangt das Vorliegen einer »**internationalen Übereinkunft**« und nennt als Beispiel ein Rechtshilfeabkommen. Sind dessen Voraussetzungen gegeben, werden beispielsweise gerichtliche Entscheidungen grundsätzlich anerkannt, so ist der gerichtlichen Anordnung Folge zu leisten, und die Daten sind zu übermitteln. Dabei muss nicht ausdrücklich von einer Datenübermittlung die Rede sein; es genügt, wenn diese automatisch mit der Ausführung einer auf einen anderen Gegenstand gerichteten Entscheidung verbunden ist. Auch muss es sich nicht um ein förmliches Rechtshilfeabkommen handeln, das im Text nur als Beispiel genannt ist; es reicht, wenn ein anderes zwischenstaatliches Abkommen die Übermittlung rechtfertigt. **Ungenügend** ist jedoch eine **bloße Empfehlung** oder eine sonstige Abmachung, die keine verbindlichen Pflichten schafft.

6 In der Literatur wird der Standpunkt vertreten, das völkerrechtliche Abkommen sei nur dann eine ausreichende Rechtsgrundlage, wenn durch die Übermittlung das **grundsätzliche Datenschutzniveau der DSGVO** nicht unterschritten werde.[9] Andernfalls würde entgegen dem Anspruch des Art. 44 Satz 2 nicht sichergestellt, dass die Übermittlung in Drittstaaten den Schutz der DSGVO aufrecht erhält. Dem kann nur in der Weise Rechnung getragen werden, dass ausländische Gerichte und Behörden die erhaltenen Daten ausschließlich für Zwecke ihres Verfahrens verwenden, dies offenlegen und den unbefugten Zugriff Dritter mit allen ihnen zur Verfügung stehenden Mitteln verhindern.

---

7 Kühling/Buchner-*Schröder*, Art. 48 Rn. 13.
8 Ebenso im Ergebnis Kühling/Buchner-*Schröder*, Art. 48 Rn. 14.
9 Sydow-*Towfigh/Ulrich*, Art. 48 Rn. 6.

3. Rechtfertigung mit Art. 45 – 47 und Art. 49?

Art. 48 enthält einen **Vorbehalt zugunsten anderer Gründe nach dem Kapitel V**, d.h. nach den Art. 44 bis 50. Ob damit auch die Vorschriften der Art. 45, 46 und 47 erfasst sind, erscheint höchst zweifelhaft. Diese gestatten nicht selbst Übermittlungen, sondern bestimmen lediglich Voraussetzungen, unter denen eine Übermittlung wegen des angemessenen Datenschutzes im Empfängerstaat oder wegen der Schaffung geeigneter Garantien keinen Bedenken begegnet.[10] Auch wäre Art. 48 in Bezug auf Staaten, deren Datenschutzniveau nach Art. 45 Abs. 3 als gleichwertig anerkannt ist, ohne jeden Anwendungsbereich, was weder im Wortlaut noch im Sinn der Vorschrift irgendwie zum Ausdruck gekommen ist. **Art. 49** kann dagegen **angewandt** werden, weil er insbesondere auch Konstellationen wie das Verhältnis einer ausländischen Staatsgewalt zu in der EU befindlichen Menschen regelt. Zusammen mit Art. 48 stellt er insoweit eine spezielle Regelung dar.[11] 7

Von den Übermittlungsgründen des Art. 49 Abs. 1 kommt einmal die in Buchst. a geregelte **Einwilligung** in Betracht. Sie scheidet allerdings aus Sicht von Unternehmen im Verhältnis zu Behörden meist aus, da die Übermittlung häufig wie eine Veröffentlichung wirkt, weil die Behörde jedem Interessierten Auskunft gibt oder dies wegen der für sie maßgebenden Informationsfreiheitsgesetzgebung tun muss. Im Verhältnis zu Gerichten kann dagegen die Situation eine andere sein. 8

Art. 49 Abs. 1 Buchst. d lässt eine Übermittlung aus »**wichtigen Gründen des öffentlichen Interesses**« zu, doch ist dabei vorausgesetzt, dass nicht nur ein öffentlichen Interesse des anderen Staates, sondern auch der Union oder eines Mitgliedstaats vorliegt (Art. 49 Abs. 4). Andernfalls könnte der Drittstaat seine Vorstellungen von Informationsgewinnung gegen die der Union durchsetzen. 9

Einschlägig könnte weiter der Tatbestand des Art. 49 Abs. 1 Buchst. e sein, wonach eine Übermittlung erfolgen darf, wenn sie zur Geltendmachung, Ausübung oder Verteidigung von **Rechtsansprüchen** erforderlich ist. Dies spielt insbesondere bei gerichtlichen Auseinandersetzungen eine Rolle (siehe Art. 49 Rn. 11 ff.). Dasselbe gilt für die **Auffangklausel** des Art. 49 Abs. 1 UAbs. 2 (siehe Art. 49 Rn 17 f.). 10

Bisweilen werden Klagen in den USA gegen Unternehmen aus der EU mit der Begründung abgewiesen, andere nationale Gerichte seien »näher dran«. Der Beklagte muss sich in einem solchen Fall allerdings vorher verpflichten, das Verfahren in dem anderen Staat effektiv zu akzeptieren.[12] Das Gericht wird allerdings sein **eigenes Prozessrecht** anwenden, was es ausschließt, von der beklagten Partei zu verlangen, sich vor einem deutschen Gericht den Regeln eines US-amerikanischen **Pre-Discovery-Trial** zu unterwerfen; ein deutsches Gericht wäre dazu nicht berechtigt.[13] 11

---

10 Kühling/Buchner-*Schröder*, Art. 48 Rn. 22, 23.
11 Ähnlich im Ergebnis Paal/Pauly-*Pauly*, Art. 48 Rn. 7.
12 Fölsing, RIW 2017, 347.
13 Fölsing, RIW 2017, 347, 350.

Art. 49 Ausnahmen für bestimmte Fälle

(1) Falls weder ein Angemessenheitsbeschluss nach Artikel 45 Absatz 3 vorliegt noch geeignete Garantien nach Artikel 46, einschließlich verbindlicher interner Datenschutzvorschriften, bestehen, ist eine Übermittlung oder eine Reihe von Übermittlungen personenbezogener Daten an ein Drittland oder an eine internationale Organisation nur unter einer der folgenden Bedingungen zulässig:

a) die betroffene Person hat in die vorgeschlagene Datenübermittlung ausdrücklich eingewilligt, nachdem sie über die für sie bestehenden möglichen Risiken derartiger Datenübermittlungen ohne Vorliegen eines Angemessenheitsbeschlusses und ohne geeignete Garantien unterrichtet wurde,

b) die Übermittlung ist für die Erfüllung eines Vertrags zwischen der betroffenen Person und dem Verantwortlichen oder zur Durchführung von vorvertraglichen Maßnahmen auf Antrag der betroffenen Person erforderlich,

c) die Übermittlung ist zum Abschluss oder zur Erfüllung eines im Interesse der betroffenen Person von dem Verantwortlichen mit einer anderen natürlichen oder juristischen Person geschlossenen Vertrags erforderlich,

d) die Übermittlung ist aus wichtigen Gründen des öffentlichen Interesses notwendig,

e) die Übermittlung ist zur Geltendmachung, Ausübung oder Verteidigung von Rechtsansprüchen erforderlich,

f) die Übermittlung ist zum Schutz lebenswichtiger Interessen der betroffenen Person oder anderer Personen erforderlich, sofern die betroffene Person aus physischen oder rechtlichen Gründen außerstande ist, ihre Einwilligung zu geben,

g) die Übermittlung erfolgt aus einem Register, das gemäß dem Recht der Union oder der Mitgliedstaaten zur Information der Öffentlichkeit bestimmt ist und entweder der gesamten Öffentlichkeit oder allen Personen, die ein berechtigtes Interesse nachweisen können, zur Einsichtnahme offensteht, aber nur soweit die im Recht der Union oder der Mitgliedstaaten festgelegten Voraussetzungen für die Einsichtnahme im Einzelfall gegeben sind.

Falls die Übermittlung nicht auf eine Bestimmung der Artikel 45 oder 46 – einschließlich der verbindlichen internen Datenschutzvorschriften – gestützt werden könnte und keine der Ausnahmen für einen bestimmten Fall gemäß dem ersten Unterabsatz anwendbar ist, darf eine Übermittlung an ein Drittland oder eine internationale Organisation nur dann erfolgen, wenn die Übermittlung nicht wiederholt erfolgt, nur eine begrenzte Zahl von betroffenen Personen betrifft, für die Wahrung der zwingenden berechtigten Interessen des Verantwortlichen erforderlich ist, sofern die Interessen oder die Rechte und Freiheiten der betroffenen Person nicht überwiegen, und der Verantwortliche alle Umstände der Datenübermittlung beurteilt und auf der Grundlage dieser Beurteilung geeignete Garantien in Bezug auf den Schutz personenbezogener Daten vorgesehen hat. Der Verantwortliche setzt die Aufsichtsbehörde von der Übermittlung in Kenntnis. Der Verantwortliche unterrichtet die betroffene Person über die Übermittlung und seine zwingenden berechtigten Interessen; dies erfolgt zusätzlich zu den der betroffenen Person nach den Artikeln 13 und 14 mitgeteilten Informationen.

(2) Datenübermittlungen gemäß Absatz 1 Unterabsatz 1 Buchstabe g dürfen nicht die Gesamtheit oder ganze Kategorien der im Register enthaltenen personenbezogenen Daten umfassen. Wenn das Register der Einsichtnahme durch Personen mit berechtigtem Interesse dient, darf die Übermittlung nur auf Anfrage dieser Personen oder nur dann erfolgen, wenn diese Personen die Adressaten der Übermittlung sind.
(3) Absatz 1 Unterabsatz 1 Buchstaben a, b und c und sowie Absatz 1 Unterabsatz 2 gelten nicht für Tätigkeiten, die Behörden in Ausübung ihrer hoheitlichen Befugnisse durchführen.
(4) Das öffentliche Interesse im Sinne des Absatzes 1 Unterabsatz 1 Buchstabe d muss im Unionsrecht oder im Recht des Mitgliedstaats, dem der Verantwortliche unterliegt, anerkannt sein.
(5) Liegt kein Angemessenheitsbeschluss vor, so können im Unionsrecht oder im Recht der Mitgliedstaaten aus wichtigen Gründen des öffentlichen Interesses ausdrücklich Beschränkungen der Übermittlung bestimmter Kategorien von personenbezogenen Daten an Drittländer oder internationale Organisationen vorgesehen werden. Die Mitgliedstaaten teilen der Kommission derartige Bestimmungen mit.
(6) Der Verantwortliche oder der Auftragsverarbeiter erfasst die von ihm vorgenommene Beurteilung sowie die angemessenen Garantien im Sinne des Absatzes 1 Unterabsatz 2 des vorliegenden Artikels in der Dokumentation gemäß Artikel 30.

Inhaltsübersicht Rn.

I. Einleitung

1 Auch mit Unternehmen in Ländern ohne angemessenes Datenschutzniveau und auch dann, wenn weder vertragliche Garantien noch verbindliche interne Datenschutzvorschriften bestehen, **muss ein Minimum an Datenaustausch möglich sein**. Dem trägt

Art. 49 Rechnung, wobei das »Minimum« nicht allzu eng bemessen ist.[1] **Ermöglicht** werden auf diese Weise alltägliche Verarbeitungsvorgänge wie die Buchung von Flügen und der E-Commerce,[2] in erheblichem Umfang aber auch der **Handelsverkehr** sowie die **Kooperation** im Rahmen bestimmter **Projekte**. Ausgeschlossen sind im Grunde nur die Auslagerung der Datenverarbeitung auf ein Dienstleistungsunternehmen in einem »unsicheren« Drittstaat[3] sowie der übliche Datenfluss im Rahmen von multinationalen Konzernen,[4] der im Prinzip alle anfallenden Daten erfasst. In diesen beiden Fällen – so die Vermutung – muss man effektiv auf die Art. 45 bis 47 zurückgreifen.

2 **Abs. 1** enthält die **Grundregel**: Besteht kein Angemessenheitsbeschluss und existieren auch keine »geeigneten Garantien«, so dürfen Daten in Drittstaaten nur übermittelt werden, wenn einer der in Unterabsatz 1 ausdrücklich vorgesehenen sieben Fälle (Buchst. a bis g) vorliegt oder wenn nach Unterabsatz 2 zwingende berechtigte Interessen es erfordern und eine Reihe sonstiger Voraussetzungen erfüllt ist. Diese Bedingungen haben abschließenden Charakter.[5] **Abs. 2** zieht der Übermittlung aus Registern bestimmte Grenzen, **Abs. 3** unterwirft Daten, die im Zusammenhang mit hoheitlichen Tätigkeiten anfallen, einer Sonderregelung; bestimmte Erlaubnistatbestände gelten für sie nicht. **Abs. 4** legt fest, dass das »öffentliche Interesse« im Unionsrecht oder im Recht des Mitgliedstaats, dem der Verantwortliche angehört, letztlich maßgebend ist. **Abs. 5** gibt der Union und insbesondere den **Mitgliedstaaten** bestimmte Befugnisse: Liegt kein Angemessenheitsbeschluss nach Art. 45 Abs. 3 vor (siehe Art. 45 Rn. 5ff.), so kann ein Mitgliedstaat aus wichtigen Gründen des öffentlichen Interesses die **Übermittlung** bestimmter Kategorien von Daten an Drittländer **beschränken**. **Abs. 6** betrifft die Aufnahme bestimmter Umstände in die **Dokumentation** nach Art. 30.

II. Fälle zulässiger Übermittlung in Drittstaaten ohne angemessenes Schutzniveau (Abs. 1)

1. Die Ausgangssituation

3 Art. 49 ist als **Ausnahmevorschrift** konzipiert: Wo weder ein Angemessenheitsbeschluss vorliegt noch »geeignete Garantien« eingreifen, kann eine Übermittlung nur nach Maßgabe des Abs. 1 zulässig sein. Dieser enthält eine **abschließende Liste von Gründen**,[6] die jedenfalls insoweit eng zu interpretieren sind, als sie nicht auf neue Tatbestände erstreckt werden dürfen.[7] Erfasst wird aber nicht nur eine einzelne Übermittlung, sondern auch eine »Reihe von Übermittlungen«, so dass auch ein regelmäßiger Datenfluss mit Hilfe des Art. 49 legitimiert werden kann. Die »**Auffangregelung**« des Abs. 1 Unterabsatz 2 bezieht sich allerdings auf konkrete Übermittlungsvorgänge und ist insoweit sehr viel enger. Die Vorschrift des Abs. 1 kommt typischerweise dem Verantwortlichen zugute, doch sind

1 Für enge Auslegung deshalb Sydow-*Towfigh/Ulrich*, Art. 44 Rn. 13.
2 SHS-*Schantz*, Art. 49 Rn. 1.
3 Vgl. Gola, Handbuch, Rn. 2535.
4 Zu diesen Fällen ebenso Schantz/Wolff-*Schantz*, Rn. 787, 789.
5 Paal/Pauly-*Pauly*, Art. 49 Rn. 3.
6 SHS-*Schantz*, Art. 49 Rn. 7.
7 Kühling/Buchner-*Schröder*, Art. 49 Rn. 1.

auch Fälle denkbar, in denen ein Auftragsverarbeiter z. B. zur Geltendmachung von Ansprüchen sich auf einen der Fälle des Abs. 1 bezieht.

2. Die einzelnen Erlaubnistatbestände (Abs. 1 UAbs. 1)

a) Einwilligung (Buchst. a)

Die als erste genannte Einwilligung muss von vorne herein die **allgemeinen Voraussetzungen** erfüllen, die an eine **wirksame Einwilligung** zu stellen sind. Nur dann ist sie taugliche Grundlage für eine Datenverarbeitung. Dazu gehört insbesondere die bereits durch die Definition in Art. 4 Nr. 11 vorgegebene Freiwilligkeit,[8] die nicht vorliegen dürfte, wenn ohne Preisgabe bestimmter Daten ein Flug nicht möglich wäre. Voraussetzung ist weiter ein Informationsstand, der den Einwilligenden in die Lage versetzt, die Wirkungen seiner Erklärung richtig einzuschätzen.[9] Die zusammenfassende Darstellung findet sich bei Art. 7 Rn. 11ff., 42. Nach Art. 7 Abs. 3 ist die Einwilligung jederzeit mit Wirkung für die Zukunft **widerruflich** (siehe Art. 7 Rn. 43ff.). Zum Verhältnis gegenüber öffentlichen Stellen siehe unten Rn. 20. 4

Abs. 1 UAbs. 1 Buchst. a spezifiziert dies für den hier vorliegenden Fall: Die Einwilligung muss »**ausdrücklich**« sein, was eine konkludente Erklärung ausschließt,[10] aber auch einer Opt-out-Lösung in Form des Ankreuzens eines Kästchens entgegen stehen soll.[11] Die betroffene Person muss zuvor über die für sie bestehenden möglichen Risiken aufgeklärt worden sein. Pauschaleinwilligungen entfalten wie auch in anderen Fällen keine Wirksamkeit; vielmehr muss aus der Erklärung ersichtlich sein, dass sie sich auf eine Datenübermittlung in Drittstaaten bezieht. Befindet sich die Einwilligungserklärung im Rahmen von AGBs, so muss ggf. geprüft werden, ob sie wegen überraschenden Charakters nach § 305c Abs. 1 BGB überhaupt Vertragsinhalt und damit wirksam geworden ist.[12] Die **Belehrung über die Risiken** kann relativ allgemeiner Art sein, da eine Einschätzung von Risiken im konkreten Fall häufig nicht möglich ist.[13] Trotz des Hinweises auf den unzureichenden Datenschutz im Empfängerland bleibt die inhaltliche **Tragweite der Einwilligung unverändert**. Deckt sie beispielsweise nicht die Weitergabe an Dritte im Empfängerland, so könnte die betroffene Person gegen den Datenempfänger vorgehen, wenn er sich darüber hinwegsetzt; in der Praxis scheitert dies an den Schwierigkeiten, in einem anderen Land einen Prozess zu führen. Umgekehrt kann die Einwilligung auch sehr weitgehende Eingriffe erfassen, die – wenn einseitig-hoheitlich vorgenommen – den Wesensgehalt tangieren würden.[14] 5

---

8 SHS-*Schantz*, Art. 49 Rn. 16.

9 Paal/Pauly-*Pauly*, Art. 49 Rn. 6 (»informierte Einwilligung«).

10 Paal/Pauly-*Pauly*, Art. 49 Rn. 7; bestehen Zweifel am Vorliegen einer ausdrücklichen Erklärung, schließt auch dies schon die Annahme einer wirksamen Einwilligung aus: Ehmann/Selmayr-*Zerdick*, Art. 49 Rn. 7.

11 So SHS-*Schantz*, Art. 49 Rn. 12; dagegen spricht, dass es hier allenfalls an der Transparenz, nicht aber an der Eindeutigkeit der Erklärung fehlt.

12 Kühling/Buchner-*Schröder*, Art. 49 Rn. 14; SHS-*Schantz*, Art. 49 Rn. 13.

13 Kühling/Buchner-*Schröder*, Art. 49 Rn. 15; einen Hinweis auf die ggf. schlecht durchsetzbaren Betroffenenrechte verlangen Wybitul-*Schuppert/Pflüger*, Art. 49 Rn. 11.

14 SHS-*Schantz*, Art. 49 Rn. 19

b) Verträge mit der betroffenen Person und Durchführung vorvertraglicher Maßnahmen (Buchst. b)

6 Daten dürfen weiter in »unsichere« Drittstaaten übermittelt werden, wenn dies der **Erfüllung eines Vertrages** zwischen der betroffenen Person und dem Verantwortlichen dient. Typischerweise befindet sich die betroffene Person in der EU, bucht einen Flug bei einer in einem Drittstaat angesiedelten Fluggesellschaft oder kauft eine Sache bei einem US-Anbieter im Rahmen des **E-Commerce**. Denkbar und gleichfalls von Buchst. b erfasst ist die umgekehrte Konstellation, dass sich der Anbieter in der EU befindet, bei der Abwicklung des Vertrags aber einige personenbezogene Daten (»Ihr Ansprechpartner ist Herr X«) ins Drittland übermittelt.

7 Verwunderlich ist, dass Buchst. b nur von der »Erfüllung« eines Vertrages, nicht von dessen Abschluss spricht, bei dem prima facie sehr viel mehr personenbezogene Daten übermittelt werden. Eine Stichprobe ergibt, dass die anderen Sprachfassungen dieselbe Besonderheit aufweisen.[15] Dies kann ein Redaktionsversehen sein; auf der anderen Seite umfasst dieselbe Bestimmung auch solche Übermittlungen von Daten, die zur Durchführung von vorvertraglichen Maßnahmen auf Antrag der betroffenen Person erforderlich sind. Der Vertragsabschluss stellt aber bei entgegenkommender Lesart die wichtigste Erscheinungsform aller vorvertraglichen Maßnahmen dar.[16] Zu beachten ist, dass immer nur die »erforderlichen« Daten übermittelt werden dürfen; bloße Nützlichkeit für die Begründung oder Abwicklung des Vertrags genügt nicht. Nicht zuzustimmen ist aber einer Auffassung, wonach nur eine »gelegentliche« Übermittlung möglich sein soll; ErwGr 111 könnte zwar in dieser Weise interpretiert werden, doch würde damit übersehen, dass es viele Wirtschaftsverträge gibt, die eine häufige grenzüberschreitende Kommunikation erfordern, die personenbezogene Daten nicht aussparen kann.[17] Sie faktisch zu illegalisieren, kann nicht gewollt sein. Obwohl der Wortlaut anders als Buchst. a keinen entsprechenden Hinweis enthält, muss die betroffene Person über nicht ganz fern liegende Risiken informiert werden.[18]

c) Verträge im Interesse der betroffenen Person (Buchst. c)

8 Ein tauglicher Übermittlungsgrund ist weiter ein Vertrag, an dem die betroffene Person zwar nicht beteiligt ist, der aber in ihrem Interesse abgeschlossen wird: Es wird bei einem in einem Drittstaat ansässigen Anbieter ein Geschenk für den X bestellt, der Arbeitgeber schließt bei einer ausländischen Gesellschaft eine Versicherung über eine Zusatzrente für seine Belegschaft ab. In diesem Fall werden korrekterweise **»Abschluss« und »Erfüllung« genannt**, was das unter Buchst. b erreichte Ergebnis bestätigt. Auch hier sind Datenübermittlungen im Rahmen vorvertraglicher Verhandlungen miterfasst, obwohl diese nicht ausdrücklich erwähnt sind. Nicht »im Interesse der betroffenen Person« liegen Verträge,

15 Englisch: performance of a contract; französisch: exécution du contrat; spanisch: ejecución de un contracto; italienisch: esecuzione di un contratto; slowenisch: izvajanje pogodbe (was dasselbe bedeutet).
16 Im Ergebnis wie hier Kühling/Buchner-*Schröder*, Art. 49 Rn. 20; SHS-*Schantz*, Art. 49 Rn. 20.
17 In andere Richtung tendierend Wybitul-*Schuppert/Pflüger*, Art. 49 Rn. 14.
18 SHS-*Schantz*, Art. 49 Rn. 25.

die sich nur auf sie beziehen, ohne ihr Vorteile einzuräumen: Die Auslagerung der Lohnbuchhaltung oder die Benutzung der Dienste eines Cloud-Anbieters kann nicht unter Berufung auf Buchst. c vorgenommen werden.[19]

d) Wichtige Gründe des öffentlichen Interesses (Buchst. d)

Ein »**wichtiger Grund des öffentlichen Interesses**« liegt etwa vor, wenn es um die Über- 9
mittlung der Daten von Sozialversicherungsträgern oder von Gesundheitsinstanzen geht, die der Bekämpfung von Epidemien dienen. Auch für den **Datenaustausch zwischen Steuer- und Zollverwaltungen** kann ein wichtiges öffentliches Interesse sprechen. Die Aufdeckung und Verhinderung von **Geldwäsche** ist gleichfalls erfasst, doch ist zu fragen, ob hier nicht der Geltungsbereich der DSGVO verlassen ist. Im nichtöffentlichen Bereich ist ein Rückgriff auf diese Alternative des Art. 49 sehr selten; das Streben nach Compliance kann nicht genügen, weil ein »wichtiges öffentliches Interesse« fehlt.[20]

Die **Bekämpfung von Straftaten** fällt ebenso wenig wie die nationale Sicherheit in den 10
Anwendungsbereich der DSGVO, so dass Buchst. d insoweit nicht eingreifen kann. Hier muss nach anderen Rechtsgrundlagen gesucht werden. Auch kann es Fälle geben, in denen sich ein Rechtshilfeabkommen abschließenden Charakter beimisst und deshalb ein Rückgriff auf Buchst. d ebenfalls ausscheidet. Zur Definitionsmacht über das »öffentliche Interesse« siehe Abs. 4 (unten Rn. 21).

e) Geltendmachung, Ausübung oder Verteidigung von Rechtsansprüchen (Buchst. e)

Die Vorschrift stimmt mit Art. 9 Abs. 2 Buchst. f sowie mit Art. 17 Abs. 3 Buchst. e (siehe 11
dort Rn. 43) überein. **Auch** die **Verteidigung gegen Ansprüche**, nicht nur die aktive Geltendmachung muss erfasst sein. Private wie öffentliche Rechtsträger können sich grundsätzlich in gleicher Weise dieser Vorschrift bedienen. Auch die **außergerichtliche Geltendmachung** bzw. Verteidigung ist einbezogen; dies hat ErwGr 111 ausdrücklich hervorgehoben.[21] Dazu gehört auch ein Verwaltungsverfahren. Die Übermittlung muss für den jeweiligen Zweck nicht nur nützlich, sondern **notwendig** sein. Erfasst sind aher auch Übermittlungen an einen Rechtsanwalt im Drittstaat oder einen anderen Rechtsvertreter. Im Übrigen wird diese Vorschrift streng gehandhabt in dem Sinne, dass eine Übermittlung anonymisierter oder pseudonymisierter Daten nicht genügen darf. In der Literatur wird sogar verlangt, dass eine Prozesspartei zunächst prüft, ob sie nicht durch den Abschluss von Standarddatenschutzklauseln für einen angemessenen Schutz sorgen kann.[22]

Auskunftsersuchen ausländischer Behörden sind kein genereller Anlass, um auf Buchst. 12
e zurückzugreifen. Andernfalls könnten sie sich durch schlichtes Behaupten irgendwelcher Anordnungsbefugnisse beliebige Informationen von Unternehmen oder anderen

19 SHS-*Schantz*, Art. 49 Rn. 29.
20 Anders Taeger/Gabel-*Gabel*, § 4c Rn. 10; wie hier Wolff/Brink-*Schantz*, § 4c Rn. 20.
21 Auernhammer-*Hladjk*, Art. 49 Rn. 7.
22 Kühling/Buchner-*Schröder*, Art. 49 Rn. 26.

Verantwortlichen in der EU verschaffen. Auch würden die Anforderungen des Buchst. d gegenstandslos. Anders verhält es sich dann, wenn ein Unternehmen Daten übermittelt, um seinerseits Ansprüche gegen den ausländischen Staat geltend zu machen. Auch können Rechtshilfeabkommen im Sinne des Art. 48 abschließende Bedeutung haben.[23]

13 Buchst. e findet schon seinem Wortlaut nach Anwendung, wenn ein **in der EU angesiedeltes Unternehmen** Daten **an ein Unternehmen in einem »unsicheren« Drittstaat** übermittelt, um damit deutlich zu machen, dass ihm z. B. ein Schadensersatzanspruch zusteht. Dasselbe gilt dann, wenn ein Unternehmen aus dem Drittstaat seinerseits Schadensersatz geltend macht und das europäische Unternehmen Daten übermittelt, die gegen einen solchen Anspruch sprechen. Dieselben Grundsätze sind maßgebend, wenn die Auseinandersetzung nicht durch Gespräche geklärt werden kann und die Beteiligten ein **Schiedsgericht** einschalten: Dieses mit Informationen zu versorgen, lässt sich sowohl mit Buchst. e wie auch mit Buchst. b rechtfertigen. Dabei genügt es, wenn es um **Ansprüche** geht, die von **einer anderen Konzerngesellschaft** geltend gemacht werden oder gegen die sich diese verteidigen muss.[24]

14 Kommt es zu einer Auseinandersetzung vor staatlichen Gerichten, so gelten dieselben Grundsätze. Besondere Probleme hat das **Pre-Trial-Discovery-Verfahren** nach US-amerikanischem Recht aufgeworfen, bei dem eine Partei (in der Regel das US-Unternehmen) sehr weitgehende Auskunftsansprüche gegen ein anderes Unternehmen (in der Regel aus der EU) stellen kann.[25] An sich wäre insoweit Art. 48 und das **Haager Übereinkommen über die Beweisaufnahme** im Ausland in Zivil- und Handelssachen vom 18. 3. 1970[26] einschlägig, doch haben u. a. Deutschland, Frankreich und Spanien erklärt, es nicht auf das US-Pre-Trial-Discovery-Verfahren anzuwenden.[27] Insoweit muss auf allgemeine Grundsätze zurückgegriffen werden. Dies bedeutet, dass insbesondere den von US-Gerichten bestätigten **Auskunftsersuchen** im Rahmen des Erforderlichen **Rechnung getragen** werden kann.[28] So war es etwa zulässig, dass die Firma Bayer im Rahmen der Schadensersatzprozesse wegen behaupteter schwerer Nebenwirkungen des Medikaments Lipobay der amerikanischen Justiz die im Zusammenhang mit der Entwicklung dieses Medikaments angefallenen Daten einschließlich aller internen E-Mails zur Verfügung stellte. Gleichzeitig ist jedoch Sorge dafür zu tragen, dass diese Daten nur im **Rahmen des gerichtlichen Verfahrens** Verwendung finden und **nicht** etwa der **Presse** oder Konkurrenzunternehmen zur Verfügung gestellt werden; dies wäre vom Tatbestand des Buchst. e nicht mehr gedeckt.[29]

---

23 Siehe auch Kühling/Buchner-*Schröder*, Art. 49 Rn. 33.

24 SHS-*Schantz*, Art. 49 Rn. 43; ebenso zum bisherigen Recht Auernhammer-*Thomale*, 4. Aufl., § 4c Rn. 8; Wolff/Brink-*Schantz*, § 4c Rn. 21.

25 Dazu Metz/Spittka, ZD 2017, 361 ff.

26 BGBl 1977 II, S. 1472.

27 Kühling/Buchner-*Schröder*, Art. 49 Rn. 28.

28 Taeger/Gabel-*Gabel*, § 4c Rn. 11; Kühling/Buchner-*Schröder*, Art. 49 Rn. 31; einschränkend Auernhammer-*Hladjk*, Art. 49 Rn. 8; näher auch zu den Bedenken Wolff/Brink-*Schantz*, § 4c Rn. 24 ff.

29 Dazu auch Plath-*v.d. Bussche*, Art. 49 Rn. 25; Taeger/Gabel-*Gabel*, § 4c Rn. 11.

f) Schutz lebenswichtiger Interessen (Buchst. f)

Buchst. f lässt die Übermittlung in ein »unsicheres« Drittland zu, wenn dies zum Schutz lebenswichtiger Interessen der betroffenen Person oder eines Dritten erforderlich ist. Die Einbeziehung von Dritten ist erst durch die DSGVO hinzugekommen. Weitere Voraussetzung ist nunmehr, dass die betroffene Person aus physischen oder rechtlichen Gründen außerstande ist, eine Einwilligung abzugeben; es geht also nicht etwa um medizinische Forschungsvorhaben, sondern um Hilfe im Einzelfall. Als Beispiel mag die Übermittlung der Blutgruppe eines Unfallopfers stehen. Erfasst ist nach ErwGr 112 Satz 5 auch die notwendige Datenübermittlung durch humanitäre Hilfsorganisationen in bewaffneten Konflikten oder bei Katastrophensituationen. 15

g) Daten aus Registern (Buchst. g)

Der Tatbestand des Buchst. g betrifft öffentliche Register, die nicht notwendigerweise von einer Behörde geführt sein müssen,[30] doch reichen private Datensammlungen nicht.[31] Soweit sie wie das Handels- und das Vereinsregister **für jedermann frei zugänglich** sind, erscheint die Übermittlung von Daten in andere Länder unproblematisch, doch sieht **Abs. 2** hier gewisse Grenzen vor (unten Rn. 19). Ist für den Zugang eine bestimmte Schwelle zu überwinden (die DSGVO spricht hier von einem nachzuweisenden »**berechtigten Interesse**«), so ist die Übermittlung schon nach allgemeinen Grundsätzen nur demjenigen möglich, der diese Schwelle überwunden hat. Um eine nicht gewollte Publizität etwa des Gewerbezentralregisters oder des Grundbuchs zu vermeiden, ist eine **Übermittlung nur an** solche **Personen** zulässig, **die ihrerseits Einblick** nehmen dürften.[32] Ein in den USA wohnender Erbe kann also sehr wohl einen Grundbuchauszug erhalten. Die Tatsache, dass § 12 Abs. 1 Satz 1 GBO ein »rechtliches« und kein »berechtigtes« Interesse voraussetzt, grenzt lediglich den Kreis der Zugriffsberechtigten weiter ein, ändert aber nichts an der an das Recht zur Einsichtnahme gekoppelten Befugnis zur Übermittlung. Zu Abs. 2 siehe unten Rn. 19. 16

3. Ausnahmen im Einzelfall (Abs. 1 UAbs. 2)

Unterabsatz 2 (UAbs. 2) von Abs. 1 enthält eine **Auffangklausel**, die dann eingreift, wenn keiner der Zulassungstatbestände des UAbs. 1 Buchst. a bis g vorliegt und es auch an einem Angemessenheitsbeschluss und an »geeigneten Garantien« im Sinne von Art. 46 fehlt. In einem solchen Fall ist eine **Datenübermittlung** in ein »unsicheres« Drittland **gleichwohl** möglich, wenn eine Reihe von Voraussetzungen erfüllt ist. Im Einzelnen: 17

- Die Übermittlung darf nicht »wiederholt« erfolgen, was mit »**Einmaligkeit**« gleichzusetzen ist. Das Wiederholungsverbot bezieht sich aber nur auf die einzelne ganz konkrete Information.

30 Auernhammer-*Thomale*, Art. 49 Rn. 11; Gola-*Klug*, Art. 49 Rn. 11: Schuldnerlisten der Schufa.
31 SHS-*Schantz*, Art. 49 Rn. 49.
32 Ebenso Taeger/Gabel-*Gabel*, § 4c Rn. 13 und wohl auch Simitis-*Simitis*, § 4c Rn. 23 (zum bisherigen Recht).

- Es darf nur eine **begrenzte Zahl von Personen** betroffen sein; Angaben über Belegschaften von Großunternehmen wären nicht erfasst.[33]
- Die Übermittlung muss für die Wahrung eines »**zwingenden berechtigten Interesses des Verantwortlichen**« erforderlich sein. Interessen einer dritten Person reichen nicht.[34]
- Die Interessen oder **Rechte und Freiheiten der betroffenen Person** dürfen nicht überwiegen.
- Der Verantwortliche muss alle Umstände der Datenübermittlung beurteilt und auf dieser Grundlage **geeignete Garantien** in Bezug auf den Schutz personenbezogener Daten vorgesehen haben. Diese gehen weniger weit als die »geeigneten Garantien« nach Art. 46.[35]
- Die **Aufsichtsbehörde** muss von der Übermittlung **informiert** werden.
- Der Verantwortliche **unterrichtet die betroffenen Personen** über Art. 13 und 14 hinaus über die Übermittlung und seine zugrundeliegenden zwingenden berechtigten Interessen.[36]

18 **Praktische Anwendungsfälle** sind schwer zu ermitteln. In der Literatur wird als Beispiel der Einsatz eines Spezialisten zur Fehlersuche in Datenbanken genannt; welche konkreten Informationen er benötigt, lässt sich nicht im voraus bestimmen.[37] Zu den »geeigneten Garantien« für den Schutz der übermittelten Daten kann insbesondere ein genau fixierter Verwendungszweck und die Verpflichtung zur Löschung nach einer bestimmten Zeit gehören. Auch sind Kontrollrechte seitens der »Datenlieferanten« aus der EU und weitere vertragliche Abmachungen denkbar.

III. Einschränkungen für spezifische Tatbestände (Abs. 2 – 4)

1. Datenübermittlungen aus Registern (Abs. 2)

19 Die Übermittlung von Daten aus öffentlich zugänglichen Registern darf **nicht** die Gesamtheit oder **ganze Kategorien der** dort enthaltenen personenbezogenen **Daten** erfassen. Dies lässt sich allerdings schwer kontrollieren, wenn verschiedene ausländische Stellen unterschiedliche Teile des Registers anfordern und diese dann »zusammensetzen«. Ist das Register nur für **Personen** zugänglich, denen ein **berechtigtes Interesse** zusteht, so darf die Übermittlung nur auf Anfrage dieser Personen oder dann erfolgen, wenn diese Personen die Adressaten der Übermittlung sind. Auch durch Übermittlung darf der Kreis der zugriffsberechtigten Personen nicht erweitert werden. Außerdem enthält ErwGr 111 Satz 4 eine Schlussformulierung, wonach durch die Übermittlung aus Registern den »**Interessen und Grundrechten der betroffenen Person**« in vollem Umfang Rechnung zu tragen ist. Dies ist von der Register führenden Stelle in allen Fällen zu beachten, d.h. auch

33 Anders Paal/Pauly-*Pauly*, Art. 49 Rn. 29, der »begrenzt« im Sinne von »zahlenmäßig bestimmt« interpretiert.

34 SHS-*Schantz*, Art, 49 Rn. 54.

35 Paal/Pauly-*Pauly*, Art. 49 Rn. 31.

36 Siehe auch Ehmann/Selmayr-*Zerdick*, Art. 49 Rn. 18; Wybitul-*Schuppert/Pflüger*, Art. 49 Rn. 24.

37 Kühling/Buchner-*Schröder*, Art. 49 Rn. 43.

dann, wenn nach nationalem Recht kein »berechtigtes Interesse« an der Einsichtnahme verlangt wird.

2. Einschränkungen für öffentliche Stellen (Abs. 3)

Behörden sollen **nicht** in der Lage sein, sich über die Einwilligung der betroffenen Person 20
(Abs. 1 UAbs. 1 Buchst. a), über Verträge (Abs. 1 UAbs. 1 Buchst. b und c) oder über die Auffangklausel des Abs. 1 UAbs. 2 einen **zusätzlichen Rechtstitel** für die Übermittlung von Daten verschaffen können. Sie sind insoweit an ihre gesetzlichen Kompetenzen und den Tatbestand des Abs. 1 UAbs. 1 Buchst. d gebunden. Die Einschränkung gilt ihrer allgemeinen Formulierung wegen sowohl für Behörden innerhalb der EU wie auch für solche in Drittstaaten.

3. Einschränkungen für das »öffentliche Interesse« (Abs. 4)

Das öffentliche Interesse, das Abs. 1 UAbs. 1 Buchst. d voraussetzt, darf nicht ausschließ- 21
lich ein solches des Drittstaates sein. Vielmehr muss es im Unionsrecht oder im Recht des Mitgliedstaates, dem der Verantwortliche unterliegt, anerkannt sein. Das schließt nicht aus, dass übereinstimmende Interessen bestehen können, wie dies etwa bei der Terrorabwehr oder der Verhinderung von Geldwäsche der Fall ist. Entscheidend ist aber, dass die **Definitionsmacht** über das »öffentliche Interesse« bei der Union und dem betroffenen Mitgliedstaat, nicht aber bei einem Drittstaat liegt.

IV. Beschränkungen der Datenübermittlungen durch die Union und die Mitgliedstaaten (Abs. 5)

Abs. 5 eröffnet sowohl der Union als auch dem einzelnen Mitgliedstaat die Möglichkeit, 22
die Datenübermittlung in »unsichere« Drittstaaten zu beschränken. Die erst auf Vorschlag des Rats eingeführte Vorschrift lässt es vom Wortlaut her offen, inwieweit auf diesem Wege die **Zulässigkeitstatbestände von Abs. 1 eingeschränkt** werden können, beispielsweise besondere Anforderungen an die Einwilligung nach Abs. 1 UAbs. 1 Buchst. a oder an Verträge mit der betroffenen Person nach Abs. 1 UAbs. 1 Buchst. b gestellt werden können. Dies wird man im Grundsatz bejahen müssen, da Abs. 5 sonst keinen eigenen Anwendungsbereich hätte. Wie weit die Einschränkungen gehen können (»jeder Vertrag bedarf der staatlichen Genehmigung«), ist nicht ersichtlich, doch müssen sie sich auf »bestimmte Kategorien von personenbezogenen Daten« beschränken. Allzu weitreichenden Beschränkungen dürfte das auch in diesem Fall zu beachtende **Verhältnismäßigkeitsprinzip** entgegenstehen. Soweit Mitgliedstaaten von dieser Befugnis Gebrauch machen, müssen sie die Kommission von den erlassenen Vorschriften in Kenntnis setzen (Abs. 5 Satz 2).

V. Dokumentationspflicht (Abs. 6)

Abs. 6 ergänzt die Auffangklausel des Abs. 1 UAbs. 2. Danach hat der Verantwortliche 23
seine Beurteilung der Umstände der (ausnahmsweise zulässigen) Datenübermittlung ge-

mäß Art. 30 (siehe dort) zu dokumentieren. Dasselbe gilt für die aufgrund dieser Beurteilung vorgesehenen geeigneten Garantien, die Abs. 6 als »angemessene« Garantien bezeichnet. Auf diese Weise ist eine Überprüfung dieser Art von Datenübermittlung durch die Aufsichtsbehörde erleichtert.

Art. 50 Internationale Zusammenarbeit zum Schutz personenbezogener Daten

In Bezug auf Drittländer und internationale Organisationen treffen die Kommission und die Aufsichtsbehörden geeignete Maßnahmen zur

a) Entwicklung von Mechanismen der internationalen Zusammenarbeit, durch die die wirksame Durchsetzung von Rechtsvorschriften zum Schutz personenbezogener Daten erleichtert wird,

b) gegenseitigen Leistung internationaler Amtshilfe bei der Durchsetzung von Rechtsvorschriften zum Schutz personenbezogener Daten, unter anderem durch Meldungen, Beschwerdeverweisungen, Amtshilfe bei Untersuchungen und Informationsaustausch, sofern geeignete Garantien für den Schutz personenbezogener Daten und anderer Grundrechte und Grundfreiheiten bestehen,

c) Einbindung maßgeblicher Interessenträger in Diskussionen und Tätigkeiten, die zum Ausbau der internationalen Zusammenarbeit bei der Durchsetzung von Rechtsvorschriften zum Schutz personenbezogener Daten dienen,

d) Förderung des Austauschs und der Dokumentation von Rechtsvorschriften und Praktiken zum Schutz personenbezogener Daten einschließlich Zuständigkeitskonflikten mit Drittländern.

Inhaltsübersicht Rn.

I. Einleitung

1 Die Union selbst und die Mitgliedstaaten können **nur innerhalb ihres Territoriums tätig werden** und für eine Beachtung des Datenschutzrechts sorgen. Im Gebiet eines anderen Staates ist eine Tätigkeit nur möglich, wenn dieser (ausnahmsweise) eine Genehmigung dafür erteilt. Der **sachliche Anwendungsbereich** der DSGVO reicht **über die EU hinaus**: Nach Art. 3 Abs. 2 ist sie nach dem sog. Marktortprinzip auch auf solche Verantwortliche anwendbar, die ohne Sitz oder Niederlassung in der EU den hier befindlichen Menschen Angebote machen oder ihr Verhalten beobachten (siehe Art. 3 Rn. 16ff.). Außerdem ist die DSGVO gemäß Art. 44 auch dann zu beachten, wenn die in ein Drittland übermittelten Daten von dort **in ein anderes Drittland weiter übermittelt** werden sollen (siehe Art. 44 Rn. 8ff.). In beiden Fällen wird eine extraterritoriale Anwendung erwartet.

Die Union hat unter diesen Umständen ein erhebliches **Interesse** daran, im Bereich des Datenschutzes mit anderen Ländern **zusammenzuarbeiten**, um so für eine effektive Beachtung des eigenen Rechts zu sorgen. Dies impliziert die Bereitschaft, ggf. auch ausländisches Datenschutzrecht in der Union anzuwenden und für seine Umsetzung zu sorgen. Daraus hat Art. 50 insoweit Konsequenzen gezogen, als er sich für die Entwicklung **»geeigneter Maßnahmen«** ausspricht, um zu einer Zusammenarbeit mit Drittstaaten zu gelangen. Dabei handelt es sich aber grundsätzlich nur um **Zielvorgaben**, aus denen sich keine einklagbaren oder anderweitig durchsetzbaren Ansprüche herleiten lassen.[1] 2

II. Zielvorgaben des Art. 50

1. Mechanismen zur wirksamen Durchsetzung des Datenschutzrechts (Buchst. a)

Buchst. a fordert dazu auf, Mechanismen der internationalen Zusammenarbeit zu entwickeln, die die wirksame **Durchsetzung** von Datenschutznormen **»erleichtern«**. Die ursprüngliche Formulierung, dass die Mechanismen die wirksame Durchsetzung »gewährleisten« sollten, ließ sich im Trilog nicht durchsetzen. Denkbar wären beispielsweise gemeinsame Ausschüsse zur Prüfung von Beschwerden, aber auch eine Anerkennung von Urteilen aus dem jeweils anderen Gebiet. Auch wären Regelungen zu den Fällen denkbar, in denen zwar Daten aus der Union in Drittstaaten übermittelt werden, der Empfänger aber mangels geeigneter Garantien keinerlei spezifischen Beschränkungen unterliegt, weil er die Voraussetzungen des Art. 3 Abs. 2 nicht erfüllt.[2] 3

2. Gegenseitige Amtshilfe (Buchst. b)

Unter Buchst. b sieht Art. 50 weiter eine gegenseitige Amtshilfe als Ziel vor, die grenzüberschreitenden Charakter hat. Sie bezieht sich auf die **Durchsetzung von Datenschutzrecht** und nennt **beispielhaft** als **Mittel** »Meldungen, Beschwerdeverweisungen, Amtshilfe bei Untersuchungen und den Informationsaustausch«. Als Bedingung wird zugleich genannt, dass »geeignete Garantien« für den **Schutz** personenbezogener Daten und **anderer Grundrechte und Grundfreiheiten** bestehen. Damit sind wohl Anforderungen an die Rechtsordnung des Drittstaats gemeint, doch könnte man auch daran denken, dies nur als Konkretisierung eines Verhandlungsmandats zu begreifen. Als besonders nachdrücklich erscheint die Einladung zu Gesprächen auf diese Weise nicht, weil möglicherweise die andere Seite befürchten wird, an den Pranger gestellt zu werden oder zumindest Besserung geloben zu müssen. 4

3. Einbindung maßgeblicher Interessenträger (Buchst. c)

Aussichtsreicher erscheint die Vorgabe des Buchst. c, bei Gesprächen Interessenvertreter in Sachen Datenschutz einzubinden. Dies betrifft auch **Organisationen aus der Zivilge-** 5

1 Siehe Kühling/Buchner-*Schröder*, Art. 50 Rn. 5: »sanktionslose Zielvorgaben«; Plath-*v.d. Bussche*, Art. 50 Rn. 1: diplomatische Absichtserklärung.
2 Kühling/Buchner-*Schröder*, Art. 50 Rn. 6.

sellschaft und der Wirtschaft, so dass auch Positionen diskutiert werden können, die im herrschenden Diskurs keinen Platz erlangt haben, sowie solche, die in besonderem Maße über Praxiserfahrungen verfügen. Den Kreis der beteiligten Organisationen weit zu bestimmen, kann im Falle eines (annähernden) Konsenses die Chancen einer Verständigung mit dem Partner jenseits der Grenzen deutlich verbessern.

4. Austausch von Rechtsvorschriften und Vermeidung von Zuständigkeitskonflikten (Buchst. d)

6 Nützlich ist die Zielvorgabe des Buchst. d, wonach **Rechtsvorschriften und Praktiken ausgetauscht**, d.h. der jeweils anderen Seite bekannt gemacht und anschließend dokumentiert werden. Außerdem sollen Zuständigkeitskonflikte mit Drittstaaten vermieden werden. Dies dürfte auch die Frage umfassen, ob die Anforderung einer Seite dann zurückzunehmen ist, wenn sie die betroffene Person zwingen würde, das für sie maßgebende Recht zu verletzen.

Kapitel 6 Unabhängige Aufsichtsbehörden

Abschnitt 1 Unabhängigkeit

Art. 51 Aufsichtsbehörde

(1) Jeder Mitgliedstaat sieht vor, dass eine oder mehrere unabhängige Behörden für die Überwachung der Anwendung dieser Verordnung zuständig sind, damit die Grundrechte und Grundfreiheiten natürlicher Personen bei der Verarbeitung geschützt werden und der freie Verkehr personenbezogener Daten in der Union erleichtert wird (im Folgenden »Aufsichtsbehörde«).
(2) Jede Aufsichtsbehörde leistet einen Beitrag zur einheitlichen Anwendung dieser Verordnung in der gesamten Union. Zu diesem Zweck arbeiten die Aufsichtsbehörden untereinander sowie mit der Kommission gemäß Kapitel VII zusammen.
(3) Gibt es in einem Mitgliedstaat mehr als eine Aufsichtsbehörde, so bestimmt dieser Mitgliedstaat die Aufsichtsbehörde, die diese Behörden im Ausschuss vertritt, und führt ein Verfahren ein, mit dem sichergestellt wird, dass die anderen Behörden die Regeln für das Kohärenzverfahren nach Artikel 63 einhalten.
(4) Jeder Mitgliedstaat teilt der Kommission bis spätestens 25. Mai 2018 die Rechtsvorschriften, die er aufgrund dieses Kapitels erlässt, sowie unverzüglich alle folgenden Änderungen dieser Vorschriften mit.

Inhaltsübersicht

I. Allgemeines (Abs. 1)

»Die **Errichtung von Aufsichtsbehörden** in den Mitgliedstaaten, die befugt sind, ihre Aufgaben und Befugnisse völlig unabhängig wahrzunehmen, ist ein wesentlicher Bestandteil des Schutzes natürlicher Personen bei der Verarbeitung personenbezogener Daten. Die Mitgliedstaaten sollten mehr als eine Aufsichtsbehörde errichten können, wenn dies ihrer verfassungsmäßigen, organisatorischen und administrativen Struktur entspricht« (ErwGr 117). 1

Die **verfassungsrechtliche Grundlage** für die Datenschutzaufsicht findet sich in Art. 8 Abs. 3 GRCh: »Die Einhaltung dieser Vorschriften wird von einer unabhängigen Stelle überwacht«. 2

Die unabhängige Überwachung der Einhaltung datenschutzrechtlicher Vorschriften gehört von Anfang an zu den wesentlichen Grundlagen des Datenschutzrechts. Schon im Hessischen Datenschutzgesetz von 1970 war die Einrichtung einer **eigenständigen Kontrollbehörde** vorgesehen, ebenso wie in § 17 BDSG 1976, wonach ein unabhängiger Bundesbeauftragter für den Datenschutz zu bestellen war, der aber der Rechtsaufsicht der Bundesregierung unterlag. Die Datenschutzkonvention des Europarats 1981 (Nr. 108) und die Datenschutzempfehlung der OECD aus dem Jahr 1980 hatten zunächst keinen eigenständigen Durchsetzungsmechanismus vorgesehen. 3

Im **Zusatzprotokoll 2001 zur Datenschutzkonvention** des Europarats Nr. 108 ist in Art. 1 nun eine unabhängige Kontrollstelle vorgesehen: »(1) Jede Vertragspartei sieht eine oder mehrere Stellen vor, die dafür zuständig sind, die Einhaltung der Maßnahmen zu gewährleisten, durch die in ihrem internen Recht die in den Kapiteln II und III des Übereinkommens und in diesem Protokoll aufgestellten Grundsätze verwirklicht werden. (2a) Zu diesem Zweck haben die genannten Stellen insbesondere Untersuchungs- und Einwirkungsbefugnisse sowie das Klagerecht oder eine Anzeigebefugnis bei Verstößen gegen Vorschriften des internen Rechts, welche die in Absatz 1 genannten Grundsätze verwirklichen. (2b) Jede Kontrollstelle kann von einer Person mit einer Eingabe in Bezug auf den Schutz ihrer Rechte und Grundfreiheiten bei den Verarbeitungen personenbezogener Daten, die in ihren Zuständigkeitsbereich fallen, befasst werden. (3) Die Kontrollstellen nehmen ihre Aufgaben in völliger Unabhängigkeit wahr. (4) Gegen beschwerende Entscheidungen der Kontrollstellen steht der Rechtsweg offen. (5) Unbeschadet des Artikels 13 des Übereinkommens sorgen die Kontrollstellen in Übereinstimmung mit Kapitel IV des Übereinkommens für die zur Erfüllung ihrer Kontrollaufgaben notwendige gegenseitige Zusammenarbeit, insbesondere durch den Austausch sachdienlicher Informationen.« 4

Im Volkszählungsurteil führte das **BVerfG** zu der Funktion der Datenschutzaufsicht Folgendes aus: »Wegen der für den Bürger bestehenden Undurchsichtigkeit der Speicherung und Verwendung von Daten unter den Bedingungen der automatisierten Datenverarbeitung und auch im Interesse eines vorgezogenen Rechtsschutzes durch rechtzeitige Vorkehrungen ist die Beteiligung unabhängiger Datenschutzbeauftragter von erheblicher Bedeutung für einen effektiven Schutz des Rechts auf informationelle Selbstbestimmung«.[1] Das BVerfG wies zusätzlich darauf hin, dass beschränkte Transparenz der Datenverarbeitung und dadurch eingeschränkter individueller Rechtsschutz dazu führt, dass »der Ge- 5

1 BVerfG NJW 1984, 422 f.

währleistung einer effektiven aufsichtlichen Kontrolle umso größere Bedeutung« zukommt.[2]

6 Diese Funktion wird von **EuGH** bestätigt. Danach sind die Kontrollstellen »Hüter dieser Grundrechte und Grundfreiheiten«, deren Aufgabe es ist, »die wirksame und zuverlässige Kontrolle der Vorschriften zum Schutz natürlicher Personen bei der Verarbeitung personenbezogener Daten« sicherzustellen.[3] Durch die Erwähnung in Art. 8 Abs. 3 GRCh sind die Aufsichtsbehörden noch kein Verfassungsorgan mit verfassungsrechtlichem Organstatus in einem verfassungsrechtlichen Rechtsverhältnis, da die konkrete Ausgestaltung und Zuordnung der Aufgaben der »unabhängigen Stelle« dem einfachen Gesetzgeber überlassen ist.[4]

7 **Art. 28 EG-DSRl** sah vor, dass die Mitgliedstaaten eine oder mehrere öffentliche Stellen mit der Umsetzung des Datenschutzrechts beauftragen, die ihre Aufgaben »in völliger Unabhängigkeit« wahrnehmen. Trotz dieser einheitlichen rechtlichen Grundlage entwickelte sich die Datenschutzaufsicht in der Union sehr unterschiedlich.[5] Dies veranlasste den Gesetzgeber, die Datenschutzkontrolle einheitlich verbindlich zu regeln, um gleiche Voraussetzungen für die Kontrolle und Durchsetzung der DSGVO zu schaffen.[6] Über die Vorgaben der DSGVO hinausgehend bleibt den nationalen Gesetzgebern noch Spielraum für ergänzende Regelungen. Während die Normierung der nationalen Datenschutzaufsicht weitgehend Konsens war, war die Frage, wie deren Zusammenarbeit ausgestaltet werden soll, ein zentraler Diskussionspunkt bei den Verhandlungen zur DSGVO.[7]

8 Die unabhängige Datenschutzkontrolle auf nationaler Ebene ist in **Kapitel VI der DSGVO** geregelt (Art. 51–59). Anstelle des Begriffs der »Kontrollstelle« in der EG-DSRl wird der Begriff der Aufsichtsbehörde verwendet. Die »Zusammenarbeit und Kohärenz« innerhalb der EU findet in Kapitel VII eine Grundlage (Art. 60–76). Die umfangreichen und detaillierten Festlegungen zeigen, dass der Gesetzgeber der Durchsetzung des Datenschutzrechts eine zentrale Bedeutung beimisst. Art. 51 verpflichtet die Mitgliedstaaten zur Etablierung einer oder mehrerer Überwachungsbehörden. Art. 52 gewährleistet deren Unabhängigkeit. Art. 53 definiert die Voraussetzungen für die personelle Bestellung der Leiter (Mitglieder) der Aufsichtsbehörden, Art. 54 das Verfahren hierfür. Art. 55 beschreibt die Zuständigkeit der nationalen Aufsicht, Art. 56 bei europäischen Sachverhalten. Art. 57 und 58 legen präzise Aufgaben und Befugnisse fest. Nach Art. 59 muss ein jährlicher Tätigkeitsbericht abgeliefert werden.

9 Die Regelungsvorschläge der Kommission zu Art. 51 wurden im **Gesetzgebungsverfahren** nur unwesentlich verändert. Der Rat fügte den Abs. 2 zur Zusammenarbeitspflicht im Kohärenzverfahren hinzu.

10 Den Aufsichtsbehörden kommt zur **Verwirklichung ihres Auftrages** nicht nur eine repressive, sondern auch eine präventive Funktion zu und zwar sowohl im Hinblick auf den

2 BVerfG 24.4.2013 – 1 BvR 1215/07, Rn. 214, NJW 2013, 1516; BVerfG 20.4.2016 – 1 BvR 1140/09, Rn. 141.

3 EuGH 9.3.2010 – C-518/07, Rn. 24f., NJW 2010, 1266.

4 Vgl. BVerfG 20.9.2016 – 2 BvE 5/15, G 10-Kommission, NVwZ 2016, 1701.

5 Artikel-29-Datenschutzgruppe, Working Paper 168.

6 Reding, ZD 2012, 196.

7 Nguyen, ZD 2015, 265.

privaten (nicht-öffentlichen) wie auch den hoheitlichen (öffentlichen) Bereich. Deren gefordert Expertise erstreckt sich sowohl auf datenschutzrechtliche wie auch auf technische und organisatorische Aspekte. Durch die Festlegung von Standards und die Genehmigung von Verhaltensregeln kommt ihnen in gewissem Maße sogar eine normsetzende Funktion zu. Eine klare Zuordnung zu Legislative, Exekutive oder Judikative ist somit nicht möglich, weshalb sie als Kontrollorgan sui generis qualifiziert werden.[8] Der Schwerpunkt liegt jedoch bei der exekutiven Tätigkeit. Ihrer Tätigkeit kann Gegenstand einer parlamentarischen Untersuchung sein.[9]

Abs. 1 verpflichtet zum **Aufbau einer nationalen Aufsichtsstruktur**, von der sämtliche 11
von der DSGVO erfassten Bereiche erfasst sein müssen. Eine Freistellung einzelner Bereiche ist nicht vorgesehen.[10] Damit wird Art. 197 Abs. 1 AEUV umgesetzt, der die Mitgliedstaaten verpflichtet, als Ausprägung des Grundsatzes der von Art. 4 Abs. 3 AEUV verlangten loyalen Zusammenarbeit die effektive Durchführung des Unionsrechts sicherzustellen.[11] Die DSGVO sieht eine nationale Aufsichtsstruktur mit einem engen supranationalen Austausch vor und verwirft Vorschläge für eine europaweite zentrale Datenschutzaufsicht.[12] Nur so können die nötige Bürger- und Sachnähe sowie die Weiterentwicklung der nationalen Datenschutzkulturen gesichert werden.

Die Aufgabe der Datenschutzaufsicht besteht gem. Abs. 1 im Schutz der »**Grundrechte** 12
und Grundfreiheiten natürlicher Personen bei der Verarbeitung«. Die Formulierung greift Art. 1 Abs. 2 auf und stellt klar, dass sich der Schutz der DSGVO nicht auf Art. 8 GRCh beschränkt, sondern sämtliche Grundrechte und Grundfreiheiten mit einschließt. Dazu gehört der Schutz des Telekommunikationsgeheimnisses, der Wohnung und der Privatsphäre (Art. 7 GRCh, vgl. Art. 10 GG) sowie sämtlicher weiterer Grundrechte mit ihrer digitalen bzw. informationellen Komponente.[13]

Abs. 1 benennt als weiteres Ziel neben dem Schutz der Grundrechte und der Grundfrei- 13
heiten die Erleichterung des **freien Verkehrs personenbezogener Daten** innerhalb der EU. Dieses Ziel findet sich schon in Art. 16 Abs. 2 AEUV und wird in Art. 1 Abs. 3 bekräftigt. Im Interesse des freien Binnenmarktes bei der personenbezogenen Datenverarbeitung muss ein einheitliches hohes Niveau beim Datenschutz innerhalb der EU realisiert werden, wofür die Datenschutzkontrolle eine wichtige Voraussetzung ist.

Der Hinweis auf die **Unabhängigkeit** der Datenschutzaufsicht hat rein deklaratorische 14
Bedeutung. Er nimmt Bezug auf Art. 8 Abs. 3 GRCh und verweist auf Art. 52, in dem die Voraussetzungen der Unabhängigkeit detailliert geregelt sind.

---

8 Kühling/Buchner-*Boehm*, Art. 51 Rn. 10; vgl. zur ähnlichen Ausgestaltung der G 10-Kommission BVerfG 14.9.2016 – 1 BvE 5/15, NVwZ 2016, 1701.

9 DKWW-*Weichert*, § 23 Rn. 2.

10 So schon die EG-DSRl Dammann/Simitis, Art. 28 Rn. 3; Liste der deutschen Aufsichtsbehörden in Anhang 1, eine Liste der EU-Aufsichtsbehörden findet sich unter *www.ec.europa.eu/justice/data-protection/bodies/authorities/index-en.htm.*

11 Ehmann/Selmayr-*Selmayr*, Art. 51 Rn. 5.

12 Gola-*Nguyen*, Art. 51 Rn. 1 gegen Kahler, RDV 2013, 71.

13 Weichert, KJ 2014, 123ff.; DKWW-*Weichert*, Einl. Rn. 30ff.; Hoffmann u. a., 2015.

II. Zusammenarbeit (Abs. 2)

15 Gem. Abs. 2 beschränkt sich die Aufgabe der Datenschutzaufsicht nicht auf die nationale Umsetzung des Datenschutzes, sondern erstreckt sich auch darauf, einen Beitrag zur **einheitlichen Anwendung der DSGVO** in der gesamten EU zu leisten, weshalb die Behörden untereinander sowie mit der Kommission gem. Kap. VII zusammenarbeiten. Zugleich wird die bisher weitgehend informelle Kooperation in der Artikel-29-Datenschutzgruppe auf eine formalisierte und verbindliche Ebene gehoben.

16 Die Regelung gilt sowohl für die europaweite Kooperation wie auch für die **nationale Kooperation** der Aufsichtsbehörden. Zwar adressiert das Kap. VII nur grenzüberschreitende Zuständigkeiten und Sachverhalte, bezieht hierbei aber sämtliche Aufsichtsbehörden ein, auch wenn es hiervon mehrere in einem Mitgliedstaat gibt. Denknotwendig besteht diese Pflicht nicht nur gegenüber anderen Mitgliedstaaten, sondern auch gegenüber anderen Aufsichten im eigenen Land. Die Regelung des innerstaatlichen Meinungsbildungsprozesses in Bezug auf den Kohärenzmechanismus ist dem nationalstaatlichen Gesetzgeber überlassen (Abs. 3), der dies in den §§ 17–19 BDSG geregelt hat.

17 Die Zusammenarbeit hat sowohl eine formelle in den Art. 60ff. geregelte wie auch eine **informelle Komponente**. Mit ihr soll nicht nur ein Forum-Shopping verhindert werden, sondern auch das gegenseitige Verständnis erhöht und damit europaweit das behördliche Datenschutzbewusstsein gefördert werden.

III. Mehrere Aufsichtsbehörden in einem Mitgliedstaat (Abs. 3, 4)

18 »Errichtet ein Mitgliedstaat mehrere Aufsichtsbehörden, so sollte er mittels Rechtsvorschriften sicherstellen, dass diese Aufsichtsbehörden am **Kohärenzverfahren wirksam beteiligt** werden. Insbesondere sollte dieser Mitgliedstaat eine Aufsichtsbehörde bestimmen, die als zentrale Anlaufstelle für eine wirksame Beteiligung dieser Behörden an dem Verfahren fungiert und eine rasche und reibungslose Zusammenarbeit mit anderen Aufsichtsbehörden, dem Ausschuss und der Kommission gewährleistet« (ErwGr 119).

19 Abs. 1 und 3 ermöglichen es den Mitgliedstaaten, mehrere Aufsichtsbehörden einzurichten. Abs. 3 überträgt dem jeweiligen Mitgliedstaat die Befugnis, sowohl die Einrichtung wie auch das Verfahren bei deren Kooperation, die Vertretung im EDSA sowie die Integration in der Kohärenzverfahren nach Kap. VII zu regeln. Relevant ist die Möglichkeit v.a. für Deutschland und Spanien.[14]

20 Die Regelung hat u.a. die **deutsche föderale Tradition** bei der Datenschutzaufsicht im Blick, die unter der Geltung der DSGVO beibehalten werden kann (siehe § 40 BDSG).[15] Die Regelung verpflichtet nicht zur Beibehaltung des föderalen Systems, würdigt aber deren bisherige Bedeutung und sichert deren Fortbestand.

21 Die Formulierung stellt bei der Zulassung mehrerer Aufsichtsbehörden – ebenso wenig wie zuvor Art. 28 Abs. 1 EG-DSRl – nicht speziell auf regionale Gliederungen ab. Die Mitgliedstaaten können auch **fachliche oder funktionale Gliederungen** vornehmen. So sind in Deutschland bisher die Kontrollen über den kirchlichen Bereich sowie über die journa-

14 Auernhammer-*v. Lewinski*, Art. 51 Rn. 10 m.w.N. für Spanien.

15 Reding, ZD 2012, 196; kritisch Kahler, RDV 2013, 72.

listische Tätigkeit der Rundfunkanstalten von der direkten hoheitlichen Aufsicht ausgenommen. Diese Struktur kann grundsätzlich aufrecht erhalten bleiben.[16]

Die DSGVO macht nur beschränkt organisatorische Vorgaben in Bezug auf **Bürgernähe, Effektivität und Transparenz.** Eine aufgegliederte föderale und sektorell getrennte Struktur hat insofern positive wie negative Auswirkungen.[17] 22

Gem. Art. 68 Abs. 3, 4 kann ein Mitgliedstaat nur einen **gemeinsamen Vertreter und einen Stellvertreter** in den EDSA entsenden. Diese werden vom jeweiligen Mitgliedstaat bestimmt, wobei dieser das Verfahren selbst festlegen kann. Sie müssen dafür Sorge tragen, dass die anderen nicht direkt im EDSA vertretenen Datenschutzaufsichtsbehörden effektiv in das Kohärenzverfahren eingebunden werden. 23

Gem. ErwGr 118 Satz 2 soll die rasche und reibungslose Zusammenarbeit über eine **zentrale Anlaufstelle** gewährleistet werden. 24

Abs. 4 verpflichtet die Mitgliedstaaten zur Meldung der nach Art. 51 erlassenen Regelungen an die Kommission bis zum 25. 5. 2018. Durch die **Mitteilung an die Kommission** soll es dieser ermöglicht werden, das Ineinandergreifen der nationalen Regelungen und damit auch die Kohärenz gem. Kap. VII sicherzustellen. 25

Art. 52 Unabhängigkeit

(1) Jede Aufsichtsbehörde handelt bei der Erfüllung ihrer Aufgaben und bei der Ausübung ihrer Befugnisse gemäß dieser Verordnung völlig unabhängig.

(2) Das Mitglied oder die Mitglieder jeder Aufsichtsbehörde unterliegen bei der Erfüllung ihrer Aufgaben und der Ausübung ihrer Befugnisse gemäß dieser Verordnung weder direkter noch indirekter Beeinflussung von außen und ersuchen weder um Weisung noch nehmen sie Weisungen entgegen.

(3) Das Mitglied oder die Mitglieder der Aufsichtsbehörde sehen von allen mit den Aufgaben ihres Amtes nicht zu vereinbarenden Handlungen ab und üben während ihrer Amtszeit keine andere mit ihrem Amt nicht zu vereinbarende entgeltliche oder unentgeltliche Tätigkeit aus.

(4) Jeder Mitgliedstaat stellt sicher, dass jede Aufsichtsbehörde mit den personellen, technischen und finanziellen Ressourcen, Räumlichkeiten und Infrastrukturen ausgestattet wird, die sie benötigt, um ihre Aufgaben und Befugnisse auch im Rahmen der Amtshilfe, Zusammenarbeit und Mitwirkung im Ausschuss effektiv wahrnehmen zu können.

(5) Jeder Mitgliedstaat stellt sicher, dass jede Aufsichtsbehörde ihr eigenes Personal auswählt und hat, das ausschließlich der Leitung des Mitglieds oder der Mitglieder der betreffenden Aufsichtsbehörde untersteht.

(6) Jeder Mitgliedstaat stellt sicher, dass jede Aufsichtsbehörde einer Finanzkontrolle unterliegt, die ihre Unabhängigkeit nicht beeinträchtigt und dass sie über eigene, öf-

16 Ehmann/Selmayr-*Selmayr*, Art. 51 Rn. 17; Auernhammer-*v. Lewinski*, Art. 51 Rn. 7; vgl. König, S. 139.

17 Positiv Weichert, Informationsfreiheit und Datenschutz in der Forschung an Hochschulen, in: Erichsen u. a., S. 77 ff.; kritisch Dammann/Simitis, Art. 28 Rn. 4.

fentliche, jährliche Haushaltspläne verfügt, die Teil des gesamten Staatshaushalts oder nationalen Haushalts sein können.

Inhaltsübersicht Rn.

I. Allgemeines (Abs. 1)

1 Die Unabhängigkeit der Datenschutzbehörden ist spätestens seit der Volkszählungsentscheidung des BVerfG ein **wesentliches verfassungsrechtlich gefordertes Merkmal** wirksamer Datenschutzaufsichtsbehörden.[1] Art. 28 Abs. 1 Satz 2 EG-DSRl hatte folgenden Wortlaut: »Diese Stellen nehmen die ihnen zugewiesenen Aufgaben in völliger Unabhängigkeit wahr.« Dies war in der EG-DSRl die einzige organisatorische Festlegung zu den Kontrollstellen.[2] Art. 1 des Zusatzprotokolls 2001 zum Datenschutzabkommen des Europarats Nr. 108 sieht Kontrollstellen mit völliger Unabhängigkeit vor. Die Unabhängigkeit ist mit Art. 8 Abs. 3 GRCh seit 2009 ausdrücklich verfassungsrechtlich abgesichert.[3] Sie findet sich im europäischen Primärecht in Art. 16 Abs. 2 Satz 2 AEUV verankert.

2 Der **EuGH** hat in drei Entscheidungen zur Datenschutzaufsicht in Deutschland, Österreich und Ungarn zur Unabhängigkeit konkretisierende Aussagen gemacht und die dort jeweils vorgefundenen Organisationsstrukturen teilweise als unzulässig verworfen.[4] Das vom EuGH präzisierte Verständnis von Unabhängigkeit wurde vom DSGVO-Gesetzgeber übernommen und teilweise explizit gemacht.[5]

3 Im DSGVO-**Gesetzgebungsverfahren** gab es keine wesentlichen Änderungen, zumal der EuGH im Hinblick auf die Unabhängigkeit verbindliche und klare Vorgaben machte. Im Ratsentwurf wurde in Abs. 2 die Freiheit direkter oder indirekter Beeinflussung von außen hinzugefügt.

4 Zum **Aufbau**: In Abs. 1 wird die völlige Unabhängigkeit bekräftigt. Abs. 2 verbietet Weisungen und Beeinflussungen. Abs. 3 beschränkt die Leitung der Aufsichtsbehörde. Abs. 4 soll die nötigen Ressourcen sicherstellen, Abs. 5 die eigenständige Personalauswahl. Abs. 6 sichert die Finanzkontrolle.

5 Der **Begriff der Unabhängigkeit** kann in organisatorischer, fachlicher, aufsichtsrechtlicher, disziplinarischer, personeller, finanzieller, politischer, persönlicher und psychologischer Hinsicht relevant sein.[6] Der Art. 52 erfasst sämtliche Aspekte, soweit sie rechtlich erfassbar sind. Unabhängigkeit bedeutet jedoch weder Regel- noch Kontrollfreiheit. Ausge-

---

1 BVerfG NJW 1984, 422f.; siehe Art. 51 Rn. 3ff.
2 Dammann/Simitis, Art. 28 Rn. 5.
3 Zuletzt EuGH 21.12.2016 – C-203/15 u. C-698/15, Rn. 123, Vorratsdaten, DVBl 2017, 183.
4 Deutschland: EuGH 9.3.2010 – C-518/07, NJW 2010, 1266ff.; Österreich: EuGH 16.10.2012 – C-614/10; Ungarn: 8.4.2014 – C-288/12, NJ 2014, 290; positiv hierzu: Tinnefeld/Buchner, DuD 2010, 581f.; Petri/Tinnefeld, MMR 2010, 355ff.; Schild, DuD 2010, 549ff.; kritisch Frenzel, DÖV 2010, 925; Bull, EuZW 2010, 488ff.
5 Ehmann/Selmayr-*Selmayr*, Art. 52 Rn. 3.
6 Auernhammer-*v. Lewinski*, Art. 52 Rn. 6, 29.

schlossen ist es also nicht, dass bestimmte – gesetzliche – Regeln das Verhalten festlegen, dass deren Einhaltung rechtsstaatlich und demokratisch kontrolliert wird und dass die Aufsichtsbehörden Transparenzpflichten unterworfen werden. Die Umsetzung im Bundesrecht erfolgte durch § 10 BDSG.

Die Unabhängigkeit schließt es nicht aus, dass es weitere Stellen gibt, die **vergleichbare Aufgaben und Funktionen** wie die Aufsichtsbehörden haben.[7] Dies gilt insbesondere, wenn der Schwerpunkt der Tätigkeit anders gesetzt wird, so wie dies z. B. bei der Gewerbeaufsicht, den Berufskammern, den Verbraucherzentralen oder den Betriebsräten der Fall ist. Auch die G 10-Gremien im Bereich der Telekommunikation können hier genannt werden. Derartige Parallelzuständigkeiten können sich vielmehr ergänzen. Sie stellen nur dann eine Beeinträchtigung dar, wenn sie die Wahrnehmung der Aufgaben faktisch oder rechtlich beeinträchtigen. 6

II. Weisungsfreie Aufgabenerfüllung (Abs. 2)

Der EuGH definiert die in Abs. 1 gesicherte völlige Unabhängigkeit als die Freiheit von Weisungen und direkter sowie indirekter Beeinflussung.[8] Es soll verhindert werden, dass die zu Kontrollierenden auf die Datenschutzkontrolle Einfluss nehmen und dadurch die effektive Durchsetzung des Datenschutzes verhindert wird (funktionelle Unabhängigkeit). Kontrollunterworfen sind sowohl öffentliche wie nicht-öffentliche Stellen. Verhindert werden soll aber auch die Einflussnahme durch Dritte, z. B. durch die Regierungen oder durch Verbände. Es geht nicht also nur um eine funktionelle, sondern eine umfassende institutionell abgesicherte Unabhängigkeit, die Formen staatlicher (exekutiver) **Fach- und Rechtsaufsicht** ebenso ausschließt[9] wie private, evtl. über finanzielle Anreize ausgeübte Einflussnahmen. Selbst eine Berichtspflicht gegenüber anderen exekutiven Dienststellen oder ein Unterrichtungsrecht von diesen verstieße gegen die Unabhängigkeit. 7

Die Unabhängigkeit der Aufsichtsbehörde bezieht sich insbesondere auf deren Leitung. Die DSGVO verwendet hierfür den in der deutschen Rechtssprache ungewöhnlichen Begriff des **Mitglieds**. Mitglied ist der Leiter oder sind im Fall einer kollektiven Leitung die Angehörigen des Leitungskollektivs. 8

Die institutionelle Unabhängigkeit ist nicht durch ein – nicht normativ bestehendes aber teilweise abgeleitetes – **Verbot ministerialfreier Räume** bei hoheitlichem Handeln ausgeschlossen. Eine hinreichende Kontrolle wird durch die Verantwortung gegenüber dem Parlament sowie durch umfassende Rechtsschutzmöglichkeiten gewährleistet. Die demokratische Legitimation soll über ein transparentes parlamentarisches Bestellungsverfahren sichergestellt werden (siehe Art. 53 Rn. 5).[10] 9

Auch im Hinblick auf eine **Dienstaufsicht** muss sich der Dienstherr zurückhalten und die Unabhängigkeit wahren. Entspricht die Dienstaufsicht der gegenüber Richtern, deren 10

7 So aber wohl Auernhammer-*v. Lewinski*, Art. 52 Rn. 8.
8 EuGH 9. 3. 2010 – C-518/07, Rn. 30.
9 EuGH 9. 3. 2010 – C-518/07, Rn. 31–37.
10 Ehmann/Selmayr-*Selmayr*, Art. 52 Rn. 10; Paal/Pauly-*Körffer*, Art. 52 Rn. 3; a. A. Bull, EuZW 2010, 492.

Unabhängigkeit ebenso rechtlich abgesichert ist (vgl. § 26 DRiG), so wird die geforderte Unabhängigkeit gewahrt.[11]

11 Zur funktionellen Unabhängigkeit gehört es, an keine Anordnung gebunden zu sein. Schon die »bloße Gefahr einer politischen Einflussnahme auf die Entscheidungen der Kontrollstellen« reicht aus, um deren Unabhängigkeit zu beeinträchtigen. Ein »**vorauseilender Gehorsam**« ist zu vermeiden. Die Kontrollstelle muss angesichts der Rolle als Hüter des Rechts auf Privatsphäre über jeglichen Verdacht der Parteilichkeit erhaben sein.[12]

12 Zur Unabhängigkeit gehört auch, dass der Leitung der Kontrollstelle nicht mit **vorzeitiger Amtsbeendigung** gedroht werden darf, da dies eine Form des Gehorsams gegenüber der politisch verantwortlichen Stelle bewirken kann. Die Unabhängigkeit schließt die Verpflichtung mit ein, die Dauer des Mandats bis zu seinem Auslauf zu beachten. Dies gilt auch, wenn über eine organisatorische Umstrukturierung der Aufsichtsbehörde per Gesetz für diese ein neuer struktureller Rahmen geschaffen wird.[13]

13 Eine **parlamentarische Kontrolle** wird durch die Regelung nicht ausgeschlossen. Diese beginnt bei der Bestimmung des Leitungspersonals und setzt sich in der Gesetzgebung, der Rechenschaftslegung und der parlamentarischen Behandlung fort.[14] Bei der Gesetzgebung muss aber im Rahmen des Verfassungsrahmens die Unabhängigkeit sowohl abstrakt wie auch konkret sichergestellt bleiben. Wird die Abberufung der Leitung der Aufsichtsbehörde in einem Gesetz mit qualifizierter Zweidrittelmehrheit vorgesehen, so ist dies mit der Unabhängigkeit in Einklang zu bringen. Voraussetzung für eine vorzeitige Beendung ist ein schwerwiegender objektiv nachprüfbarer Grund.[15]

14 »Die Tatsache, dass die Aufsichtsbehörden unabhängig sind, sollte nicht bedeuten, dass sie hinsichtlich ihrer Ausgaben keinem Kontroll- oder Überwachungsmechanismus unterworfen werden bzw. sie keiner **gerichtlichen Überprüfung** unterzogen werden können« (ErwGr 118).

15 Die Unabhängigkeit der einzelnen Aufsichtsbehörde kann durch verbindliche **kollektive Entscheidungen der Aufsichtsbehörden** aufgehoben werden. Dies gilt auf Basis gesetzlicher nationaler Regelungen wie auch gem. Art. 63 ff. für Entscheidungen des EDSA. Diesen Beschlüssen kommt die Wirkung einer Weisung gleich.[16]

16 Bedenklich ist die Pflicht der Aufsichtsbehörden zur **Zusammenarbeit mit der Kommission**. Art. 64 Abs. 2 verpflichtet diese zur Stellungnahme auf Antrag der Kommission bei einer »Angelegenheit mit allgemeiner Geltung oder mit Auswirkungen in mehr als einem Mitgliedstaat«, »insbesondere wenn eine zuständige Aufsichtsbehörde den Verpflichtun-

---

11 Wolff/Brink-*Schiedermair*, § 22 Rn. 16 f.; Ziebarth, CR 2013, 660; Ehmann/Helfrich, Art. 28 Rn. 6; a. A. Frenzel, DÖV 2010, 928; kritisch zu Regelungen in Bundesländern Gola-*Nguyen*, Art. 52 Rn. 10.

12 EuGH 9.3.2010 – C-518/07, Rn. 36; EuGH 16.10.2012 – C-614/10, Rn. 52; EuGH 8.4.2014, C-288/12, Rn. 53.

13 EuGH 8.4.2014 – C-288/12, Rn. 54–62.

14 EuGH 9.3.2010 – C-518/07, Rn. 43–45; Glauben, DVBl 2017, 485; Roßnagel, ZD 2015, 108; SHS-*Polenz*, Art. 52 Rn. 9.

15 EuGH 8.4.2014 – C-288/12, Rn. 56, 57.

16 Paal/Pauly-*Körffer*, Art. 52 Rn. 4; Kahler, RDV 2013, 218; a. A. Koós, ZD 2014, 14; Kranig, RDV 2013, 218.

gen zur Amtshilfe gemäß Artikel 61 oder zu gemeinsamen Maßnahmen gemäß Artikel 62 nicht nachkommt«. Bei der Kommission handelt es sich nicht um eine Behörde, die den Anforderungen der DSGVO an die Unabhängigkeit entspricht.[17] Die Kommission darf keine die Unabhängigkeit einschränkende Entscheidungen treffen.[18]

Die Regelungen auf Bundes- und Länderebene, die unzulässig die Unabhängigkeit **deutsche Aufsichtsbehörden** einschränkten, wurden weitgehend aufgehoben bzw. geändert.[19] 17

III. Inkompatible Nebentätigkeiten und Handlungen (Abs. 3)

»Um die Unabhängigkeit der Aufsichtsbehörde zu gewährleisten, sollten ihre Mitglieder ihr Amt integer ausüben, von allen mit den Aufgaben ihres Amts **nicht zu vereinbarenden Handlungen** absehen und während ihrer Amtszeit keine andere mit ihrem Amt nicht zu vereinbarende entgeltliche oder unentgeltliche Tätigkeit ausüben« (ErwGr 121 Satz 2). 18

Die **Inkompatibilitätsregelung** des Abs. 3 entspricht der Regelung des § 23 Abs. 2 BDSG-alt. Die aktuelle Umsetzung erfolgt in § 13 Abs. 1, 2 BDSG. Soweit das Mitglied vor Amtsübernahme die genannten Tätigkeiten wahrgenommen hat, muss es diese nach der Ernennung unverzüglich beenden. Die Unabhängigkeit der Amtstätigkeit soll auch nicht durch die genannten Nebentätigkeiten und Handlungen in Zweifel gezogen werden, egal ob sie entgeltlich oder unentgeltlich ausgeübt werden. Die Übernahme der Leitung einer zu kontrollierenden Stelle wäre unzulässig.[20] Das Verbot zur entgeltlichen außergerichtlichen Gutachtenerstellung des § 23 Abs. 2 Satz 2 BDSG-alt wird von der Regelung mit umfasst. Nicht mit erfasst sind unentgeltliche wissenschaftliche Stellungnahmen, die Publikation von persönlichen und offiziellen Meinungsäußerungen und das Halten von Vorträgen, soweit damit die öffentliche Information, Diskussion und Meinungsbildung im Fokus steht und nicht die Privilegierung von besonderen Interessen. Aufgrund des Amts ist das Mitglied vielmehr zu solchen Aktivitäten geradezu verpflichtet.[21] Eine Karenzpflicht nach Beendigung der Tätigkeit ist bisher gesetzlich nicht vorgesehen.[22] 19

Die Wahrnehmung des Amtes eines **Informationsfreiheitsbeauftragten** ist mit der Funktion als Mitglied der Aufsichtsbehörde vereinbar. Eine derartige Funktionszusammenfassung besteht beim Bund und in vielen Bundesländern in Deutschland aber auch in vielen anderen Staaten. Die Ansicht, dass es einen Interessenkonflikt zwischen einem Informationsfreiheitsbeauftragten, der den Zugang auch zu personenbezogenen Daten vermitteln solle und einem Datenschutzbeauftragten, der diesen tendenziell verhindern solle, gäbe, ist nicht zutreffend. Auskunftsansprüche aus Datenschutzrecht und dem Recht auf Informationsfreiheit ergänzen sich teilweise. Informationsfreiheit soll ebenso wie informationelle Selbstbestimmung die individuelle wie gesellschaftliche Selbstbestimmung, Transparenz und demokratische Teilhabe stärken. Weder der Informations- noch der Daten- 20

17 Paal/Pauly-*Körffer*, Art. 52 Rn. 5; Hornung, ZD 2012, 105; Ziebarth, CR 2013, 68.
18 EuGH 6.10.2015, C-362/14 Rn. 99ff.; Kühling/Buchner-*Boehm*, Art. 52 Rn. 17.
19 Paal/Pauly-*Körffer*, Art. 52 Rn. 6.
20 Sydow-*Ziebarth*, Art. 52 Rn. 35; SHS-*Polenz*, Art. 52 Rn. 12.
21 Gola/Schomerus, § 23 Rn. 3.
22 Auernhammer-*v. Lewinski*, Art. 52 Rn. 11.

schutzbeauftragte sollen für oder gegen Informationen als Partei auftreten, sondern als Partei der tendenziell schwächeren Bürger gegenüber (datenmächtigeren) Organisationen. Deren Aufgabe ist es in jedem Fall zwischen Interessen an der Preisgabe und solchen an der Geheimhaltung eine Abwägung auf gesetzlicher Grundlage durchzuführen.[23]

IV. Ausstattung (Abs. 4–6)

21 Die Regelung des Abs. 4, wonach jeder Mitgliedstaat sicherstellt, »dass jede Aufsichtsbehörde mit den **personellen, technischen und finanziellen Ressourcen**, Räumlichkeiten und Infrastrukturen ausgestattet wird, die sie benötigt«, ist nicht als Feststellung, sondern als rechtliche Verpflichtung zu verstehen. Sie soll die materielle Unabhängigkeit sicherstellen. Ist eine Aufsichtsbehörde in Bezug auf ihre Ausstattung auf das Wohlwollen eines Finanzierungsgremiums angewiesen, läuft sie Gefahr, deren Wünsche bei der gesetzlichen Aufgabenerfüllung zu berücksichtigen, selbst wenn dies fachlich nicht angezeigt ist. Die Unabhängigkeit kann außerdem dadurch beeinträchtigt sein, dass mangels ausreichender Ressourcen die Aufgabenwahrnehmung insgesamt nicht mehr sichergestellt ist und bei der Prioritätensetzung die Ressourcennöte und nicht die Notwendigkeit und sachliche Erwägungen bestimmend sind. Dies soll durch Abs. 4 verhindert werden.

22 »Jede Aufsichtsbehörde sollte mit Finanzmitteln, Personal, Räumlichkeiten und einer Infrastruktur ausgestattet werden, wie sie für die wirksame Wahrnehmung ihrer Aufgaben, einschließlich derer im Zusammenhang mit der Amtshilfe und Zusammenarbeit mit anderen Aufsichtsbehörden in der gesamten Union, notwendig sind. Jede Aufsichtsbehörde sollte über einen **eigenen, öffentlichen, jährlichen Haushaltsplan** verfügen, der Teil des gesamten Staatshaushalts oder nationalen Haushalts sein kann« (ErwGr 120).

23 **Adressat** dieser Verpflichtung ist die jeweilige Stelle, die für die Bereitstellung der Ressourcen rechtlich zuständig ist. Dies ist regelmäßig das Parlament. Die Regelung soll sicherstellen, dass angesichts der Vielzahl der Aufgaben einer Aufsichtsbehörde diese sämtliche effektiv wahrnehmen kann, so dass Vollzugs- und Durchsetzungsdefizite vermieden werden. Bei der hoheitlichen Aufgabenwahrnehmung können keine kostendeckenden Gebühren erhoben werden. Grundrechtsschutz gibt es für eine demokratische und freiheitliche Gemeinschaft nicht zum Nulltarif.

24 Zu den Aufgaben der Aufsichtsbehörde gehört nicht nur die Durchsetzung des Datenschutzes im jeweiligen Hoheitsgebiet, sondern auch die Kooperation im Rahmen der **Kohärenz-Mechanismen innerhalb der EU** nach den Art. 63ff.

25 Die Bereitstellung von personellen und technischen Ressourcen erfolgt nicht direkt durch die Bereitstellung von Mitarbeitern und Technik. Deren Auswahl obliegt der Leitung der Aufsichtsbehörde. Vielmehr kommt es darauf an, dass hinreichende Stellen im Stellenplan und **ausreichende Haushaltsmittel** im Haushaltsplan zur Verfügung stehen (Abs. 6). Art. 52 ist unmittelbares verbindliches Recht, das von den Aufsichtsbehörden auch im

23 Paal/Pauly-*Körffer*, Art. 52 Rn. 8; SHS-*Polenz*, Art. 52 Rn. 20; Wolff/Brink-*Schiedermair*, Syst. H Rn. 6–8; kritisch Auernhammer-*v. Lewinski*, Art. 52 Rn. 35.

Hinblick auf die Ressourcenausstattung bei offensichtlichem Unterschreiten einer angemessenen Ausstattung gerichtlich durchsetzbar ist.[24]

Die bisherige Erfahrung zeigt, dass die Parlamente den Aufsichtsbehörden regelmäßig zu geringe Mittel zur Verfügung stellen. Die Finanzierung des digitalen Grundrechtsschutzes ist kein Aspekt, der bisher bei Wahlen zu Parlamenten eine ausschlaggebende Rolle spielte. Eine Lobby zur Durchsetzung der Interessen an einer ausreichenden Ausstattung besteht nicht. Die Fachpresse ist sich weitgehend einig, dass in Deutschland schon heute die Ausstattung für die Wahrnehmung der gegenwärtigen Aufgaben ungenügend ist.[25] Diese Einschätzung wird von den betroffenen Behörden weitgehend bestätigt.[26] Durch die zusätzlichen mit der DSGVO einhergehenden Aufgaben muss eine massive Verbesserung der Finanzausstattung der Datenschutzbehörden zur Folge haben.[27] Zur Feststellung der Angemessenheit hat die Artikel-29-Datenschutzgruppe daher eine »**unabhängige umfassende Abschätzung**« der Kosten gefordert.[28] 26

»Die Aufsichtsbehörde sollte über eigenes Personal verfügen, das sie selbst oder eine nach dem Recht des Mitgliedstaats eingerichtete unabhängige Stelle auswählt und das ausschließlich der Leitung des Mitglieds oder der Mitglieder der Aufsichtsbehörde unterstehen sollte« (ErwGr 121 Satz 3). Abs. 5 stellt die **Personalhoheit** der Aufsichtsbehörden sicher. Bis 2016 war es der BfDI z.B. noch nicht möglich, das eigene Personal eigenständig auszuwählen. Die Abhängigkeit von Wohlwollen anderer Dienststellen kann dazu führen, dass dort keine effektive Kontrolle durchgeführt wird.[29] Eine Unterstellung von Mitarbeitern unter einen anderen Dienstherrn ist unzulässig. Durch die organisationsrechtliche darf nicht der Verdacht der Parteilichkeit entstehen, d.h. der Eindruck, nicht Hüter des Rechts auf Privatsphäre zu sein. 27

Die **Erleichterung des Personalaustausches** zwischen Aufsichtsbehörden sowie gegebenenfalls mit Aufsichtsbehörden von Drittländern oder mit internationalen Organisationen« durch den EDSA (Art. 70 Abs. 1 Buchst. v) greift nicht in die Personalhoheit der Aufsichtsbehörden ein, sondern soll die personellen Möglichkeiten erweitern. 28

Abs. 6 gewährleistet die **Finanzkontrolle** der Aufsichtsbehörden. Diese wird in Deutschland, auch zur Wahrung der Unabhängigkeit vor anderen Gremien, von den ebenso unabhängigen Rechnungshöfen wahrgenommen. Diese unterliegen zugleich als Teil der Exekutive der Datenschutzkontrolle der Aufsichtsbehörden. Bei der gegenseitigen Kontrolle muss die jeweilige Unabhängigkeit beachtet werden. 29

Die Finanzierung der Aufsichtsbehörden erfolgt über »eigene, öffentliche jährliche **Haushaltspläne**« (siehe Rn. 22, 25). Die Eigenständigkeit wird dadurch gewahrt, dass die Fi- 30

---

24 Ehmann/Selmayr-*Selmayr*, Art. 52 Rn. 28; a.A. wohl Paal/Pauly-*Körffer*, Art. 52 Rn. 2; zweifelnd Auernhammer-*v. Lewinski*, Art. 52 Rn. 14.

25 Roßnagel, ZD 2015, 109; Lüdemann/Wenzel, RDV 2015, 287ff.; Kühling/Buchner-*Boehm*, Art. 52 Rn. 24.

26 Z.B. HmbBfDI TB 2014/2015, S. 12f. 268ff.

27 DSB-K, EU-Datenschutz-Grundverordnung erfordert zusätzliche Ressourcen für Datenschutzbehörden, 25.5.2016.

28 Artikel-29-Datenschutzgruppe, WP 191, 23.3.2012; eine ausführliche Darstellung der (zusätzlichen) Aufgaben und des damit verbundenen Aufwands findet sich bei Roßnagel, Aufwand der Datenschutzbehörden, 2017, insbes. S. 144ff.

29 Paal/Pauly-*Körffer*, Art. 52 Rn. 11.

nanzen in einem separaten Kapitel eines allgemeinen Haushaltsplanes aufgeführt werden. Üblich und zulässig ist die Ausweisung im Haushalt des Parlaments. Die Jährlichkeit der Ausweisung hindert nicht an der Beschlussfassung von Zweijahreshaushalten, wobei eine Trennung nach Jahren vorgenommen werden muss.

31 Die Haushalte müssen **öffentlich** sein. Dies entspricht dem generellen Transparenzgebot öffentlicher Haushalte. Es dient konkret der öffentlichen Kontrolle der Finanzierung und des Ausgabeverhaltens der Aufsichtsbehörden.

Art. 53 Allgemeine Bedingungen für die Mitglieder der Aufsichtsbehörde

(1) Die Mitgliedstaaten sehen vor, dass jedes Mitglied ihrer Aufsichtsbehörden im Wege eines transparenten Verfahrens ernannt wird, und zwar

- **vom Parlament,**
- **von der Regierung,**
- **vom Staatsoberhaupt oder**
- **von einer unabhängigen Stelle, die nach dem Recht des Mitgliedstaats mit der Ernennung betraut wird.**

(2) Jedes Mitglied muss über die für die Erfüllung seiner Aufgaben und Ausübung seiner Befugnisse erforderliche Qualifikation, Erfahrung und Sachkunde insbesondere im Bereich des Schutzes personenbezogener Daten verfügen.

(3) Das Amt eines Mitglieds endet mit Ablauf der Amtszeit, mit seinem Rücktritt oder verpflichtender Versetzung in den Ruhestand gemäß dem Recht des betroffenen Mitgliedstaats.

(4) Ein Mitglied wird seines Amtes nur enthoben, wenn es eine schwere Verfehlung begangen hat oder die Voraussetzungen für die Wahrnehmung seiner Aufgaben nicht mehr erfüllt.

Inhaltsübersicht Rn.

I. Allgemeines

1 »Die allgemeinen Anforderungen an das Mitglied oder die Mitglieder der Aufsichtsbehörde sollten durch Rechtsvorschriften **von jedem Mitgliedstaat geregelt** werden und insbesondere vorsehen, dass diese Mitglieder im Wege eines transparenten Verfahrens entweder – auf Vorschlag der Regierung, eines Mitglieds der Regierung, des Parlaments oder einer Parlamentskammer – vom Parlament, der Regierung, dem Staatsoberhaupt des Mitgliedstaats oder von einer unabhängigen Stelle ernannt werden, die nach dem Recht des Mitgliedstaats mit der Ernennung betraut wird« (ErwGr 121 Satz 1). Die Mitgliedstaaten sind zur Konkretisierung der in Art. 53 vorgesehenen verbindlichen Vorgaben berechtigt.

In der EG-DSRl gab es keine dem Art. 53 entsprechende Regelung. Im **Verfahren Kommission gegen Ungarn** hat sich gezeigt,[1] dass normative Präzisierungen zur Bestellung des Mitglieds sinnvoll sind, um die Unabhängigkeit der Aufsicht zu gewährleisten. Damit soll der »faktischen Subordination und Marginalisierung« der Aufsicht entgegengetreten und die personelle Qualifizierung gesichert werden.[2] Eine Parallele besteht zur Regelung in Bezug auf den europäischen Datenschutzbeauftragten in Art. 42 der Verordnung 45/2001/EG. 2

Die Formulierung des Art. 53 wurde im **Gesetzgebungsverfahren** nur geringfügig geändert. Die Möglichkeit der Ernennung durch das Staatsoberhaupt wurde vom Rat im Hinblick auf bestehende Ernennungsverfahren in Mitgliedstaaten eingefügt. Das Parlament konnte sich mit dem Erfordernis einer »Konsultierung des Parlaments« nicht durchsetzen. Auch das Transparenzerfordernis geht auf den Rat zurück. Dem Vorschlag der Kommission für genaue Zeitvorgaben zwischen Amtsantritt eines neuen Mitglieds und einer vorherigen Amtsbeendigung wurde nicht gefolgt. 3

Der **Begriff des Mitglieds** bezeichnet die Leitung der Aufsichtsbehörde (siehe Art. 52 Rn. 8). Auf deutscher Bundesebene ist das Mitglied die oder der Bundesbeauftragte für den Datenschutz und die Informationsfreiheit (BfDI). Die Regelungen zur Ernennung und zur Amtszeit finden sich in § 11 BDSG, zum Beginn und Ende sowie zur Vertretung in § 12 Abs. 2, 3 BDSG. 4

II. Ernennung des Mitglieds (Abs. 1)

Die Ernennung des Mitglieds – Anforderungen und Verfahren – wird nationalstaatlich geregelt (Art. 54 Abs. 1 Buchst. c). Abs. 1 erlaubt grds. eine Ernennung durch das Parlament, die Regierung, das Staatsoberhaupt oder eine unabhängige Stelle. Grundlage hierfür muss eine Rechtsvorschrift sein (ErwGr 121 Satz 1). Schon gemäß dem europäischen Recht besteht die Notwendigkeit einer **demokratischen Legitimation** hoheitlicher Tätigkeit, wie sie von Aufsichtsbehörden ausgeübt wird. Dass diese bisher fehlte, war Gegenstand der Kritik insbesondere im Hinblick auf die Verfahren in Großbritannien, Estland, Litauen, Irland und Luxemburg.[3] Die demokratische Legitimation wird insbesondere bei einer Auswahl durch eine unabhängige Stelle relevant. Zumindest deren Bestellung muss auf demokratischem Wege erfolgt sein. Sie muss zudem gewährleisten, dass eine qualifizierte Auswahl stattfindet. 5

Das demokratische Legitimationserfordernis wird durch die **Anforderungen des GG** verstärkt, das angesichts der wegen der fehlenden Einbindung in die sonstige Regierungsverantwortung im Interesse der Unabhängigkeit der Aufsichtsbehörde, eine direkte parlamentarische Legitimation erfordert. Es muss daher eine Wahl durch den Bundestag bzw. den jeweiligen Landtag erfolgen.[4] 6

1 EuGH 8.4.2014 – C-288/12, NJ 2014, 290.
2 FRA (2010), S. 44; Kühling/Buchner-*Boehm*, Art. 53 Rn. 2.
3 FRA (2010), S. 20; Kühling/Buchner-*Boehm*, Art. 53 Rn. 7.
4 Ziebarth, CR 2013, 63.

7 Zentral für das Ernennungsverfahrens ist dessen **Transparenz**, womit dieses für die Öffentlichkeit nachvollziehbar zu machen ist.[5]

8 Im Gegensatz zur bisherigen deutschen Praxis ist eine **öffentliche Ausschreibung** erforderlich, so wie dies auch bei der Bestellung des Europäischen Datenschutzbeauftragten praktiziert wird.[6] Wünschenswert ist, dass im Rahmen der Ausschreibung die anzulegenden Qualifikationskriterien präzise benannt werden und damit als Maßstab zur Verfügung stehen.

9 Dies genügt jedoch nicht, um den Öffentlichkeitsgrundsatz hinreichend zu verwirklichen. Darüber hinausgehend ist auch ein **öffentliches Auswahlverfahren** nötig, das durch eine öffentliche Anhörung der Kandidaten realisiert werden kann.[7] Eine Aussprache über die möglichen Kandidaten ist wohl nicht zwingend gefordert, wohl aber möglich.[8]

III. Fachliche Qualifikation des Mitglieds (Abs. 2)

10 Abs. 2 definiert allgemeine Anforderungen an die fachliche Qualifikation, **Erfahrung und Sachkunde** des Mitglieds im Hinblick auf den Datenschutz, die durch nationales Recht zu konkretisieren sind. Dies ist für Deutschland ein Novum, dessen Recht bislang zumeist lediglich Anforderungen an eine formale Qualifikation, z. B. Befähigung zum Richteramt oder Laufbahnbefähigung des höheren Dienstes vorsah.[9]

11 Die **Anforderungen an die Qualifikation** müssen vom Mitgliedstaat festgelegt werden. Über eine Streichung des Erfordernisses von Erfahrung im Datenschutzrecht wurde bei den Ratserörterungen diskutiert; sie wurde aber nicht vorgenommen.[10] Eine genauere Festlegung erfolgte nicht. Eine fachliche Qualifikation muss das Datenschutzrecht, die Informationstechnik und organisatorische Kenntnisse einbeziehen. Ein Rückgriff auf Juristen, Informatiker ist naheliegend, jedoch nicht zwingend.[11] Zusätzliche Kompetenzen in den Bereichen Ökonomie, Psychologie, Politik, Pädagogik und Management sind förderlich.[12] Kriterien für die Auswahl sind hinreichende Kenntnisse des Datenschutzrechts oder die frühere Tätigkeit in einer Aufsichtsbehörde. Zur Qualifikation gehört die Gewährleistung der Unabhängigkeit (siehe § 11 BDSG Rn. 15).[13]

---

5 Kühling/Martini u. a., S. 166; Kühling/Buchner-*Boehm*, Art. 53 Rn. 5; Netzwerk Datenschutzexpertise (2016), S. 5; siehe § 11 BDSG Rn. 3; enger SHS-*Polenz*, Art. 53 Rn. 4.

6 Netzwerk Datenschutzexpertise (2016), S. 6f., 16; Engeler, Die Ernennung der Beauftragten für den Datenschutz und das transaprente Wahlverfahren nach Art. 53 Abs. 1 DSGVO, www.cr-online.de, 6. 8. 2018; Ehmann/Selmayr-*Selmayr*, Art. 53 Rn. 5; so wohl auch Kühling/Buchner-*Boehm*, Art. 53 Rn. 6.

7 Enger Gola-*Nguyen*, Art. 53 Rn. 2: öffentliche Debatte ist »wünschenswert«.

8 Netzwerk Datenschutzexpertise (2016), S. 7f., 16 mit der Feststellung, dass die bisherigen deutschen Regelungen nicht DSGVO-konform sind; Auernhammer-*v. Lewinski*, Art. 53 Rn. 6.

9 Ehmann/Selmayr-*Selmayr*, Art. 53 Rn. 10; vgl. Überblick bei Netzwerk Datenschutzexpertise (2016), S. 9; Paal/Pauly-*Körffer*, Art. 54, Rn. 3.

10 Kühling/Buchner-*Boehm*, Art. 53 Rn. 9.

11 Simitis-*Simitis*, § 4f Rn. 93.

12 Netzwerk Datenschutzexpertise (2016), S. 9f.

13 Ähnlich Ehmann/Selmayr-*Selmayr*, Art. 53 Rn. 9.

Die Festlegung eines **Mindestalters** (So z. B. Bund, Hamburg, Sachsen-Anhalt: 35 Jahre) verstößt gegen das europarechtliche Verbot der Altersdiskriminierung.[14] 12

Es gibt bisher keine formelle Ausbildung und Qualifizierung von Datenschützern in der EU oder in einzelnen Mitgliedstaaten. Regelungen, die die Bestellung des Mitglieds von einer bestimmten **beruflichen Ausbildung** abhängig machen, schließen Personen ohne diese Ausbildung aus, auch wenn sie in gleicher Weise qualifiziert sind. Daher sind Anforderungen wie die Befähigung zum Richteramt oder generell zum höheren Verwaltungsdienst, wie sie bisher in deutschen Regelungen üblich sind, unzulässig.[15] Das Erfordernis der Staatsangehörigkeit des Landes der Aufsichtsbehörde ist keine zulässige Voraussetzung.[16] 13

Die Regelung des Art. 53 Abs. 2 lässt sich gerichtlich durch eine Konkurrentenklage durchsetzen. Inwieweit eine solche Klage zulässig und begründet sein kann, ist bisher gerichtlich nicht geklärt. Die Leiter von Datenschutzaufsichtsbehörden können nicht mit sonstigen politischen Beamten gleichgesetzt werden, von denen ein Vertrauensverhältnis zur jeweiligen Regierung gefordert wird. Von ihnen werden vielmehr eine Distanz auch gegenüber der jeweiligen Regierung und hohe Fachlichkeit gefordert. Angesichts des Umstandes, dass – anders als bei klassischen politischen Beamten – eine politische Amtsenthebung ausgeschlossen ist, muss eine Rechtsprüfung bei der Bestellung möglich sein. Die Regelung des Art. 53 Abs. 2 ist mehr als ein unverbindlicher Programmsatz. Er entfaltet – auch in Deutschland – gegenüber den parlamentarischen Gremien bei der Bestellung der Datenschutzbeauftragten vielmehr **Bindungswirkung.** 14

IV. Beendigung des Amtes (Abs. 3, 4)

Abs. 3 definiert abschließend die Gründe für eine reguläre Beendigung des Amtes des Mitglieds. Art. 4 normiert die Voraussetzungen für eine Amtsenthebung. Den Mitgliedstaaten verbleibt ein **Regelungsspielraum** im Hinblick auf die Festlegung der Amtszeit (Art. 54 Abs. 1 Buchst. d) und der Wiederwahlmöglichkeit (Art. 54 Abs. 1 Buchst. e). 15

Eine Beendigung der Funktion als Mitglied ist gem. Abs. 3 »mit **Ablauf der Amtszeit**, mit seinem Rücktritt oder verpflichtender Versetzung in den Ruhestand gemäß dem Recht des betroffenen Mitgliedstaats« möglich. Mit der Norm wird das Urteil des EuGH gegen Ungarn aufgegriffen, wonach die vorzeitige Beendigung der Amtszeit des Präsidenten der ungarischen Datenschutzbehörde unzulässig war.[17] Ein Rücktritt muss freiwillig erfolgen; dies schließt politischen Druck nicht aus, wohl aber Zwangssituationen.[18] 16

Eine **Pflicht zur Regelung** durch die Mitgliedstaaten besteht in Bezug auf die Amtszeit der Mitglieder, die mindestens vier Jahre betragen muss (Art. 54 Abs. 1 Buchst. d), ob und unter welchen Bedingungen einer Bestätigung im Amt zulässig ist (Art. 54 Abs. 1 Buchst. e) sowie die Pflichten des Mitglieds bzw. der Mitglieder (Art. 54 Abs. 1 Buchst. f). 17

---

14 Wolff/Brink-*Schiedermair*, § 22 BDSG Rn. 3; Netzwerk Datenschutzexpertise (2016), S. 10; s. § 11 BDSG Rn. 10.
15 Netzwerk Datenschutzexpertise (2016), S. 9.
16 Ehmann/Selmayr-*Selmayr*, Art. 53 Rn. 10.
17 EuGH 8.4.2014 – C-288/12; NJ 2014, 290.
18 Auernhammer-*v. Lewinski*, Art. 43 Rn. 10.

18 Abs. 4 ermöglicht die **Amtsenthebung**, wenn das Mitglied eine schwere Amtsverfehlung begangen hat oder die Ernennungsvoraussetzungen nicht mehr vorliegen. Die Ernennungsvoraussetzungen liegen nicht mehr vor, wenn die Integrität des Mitglieds i. S. v. Art. 52 Abs. 2 nicht mehr gewährleistet ist, z. B. nicht auflösbare Interessenkollisionen bestehen.[19] Sinn und Zweck der Regelung kann es trotz des nicht eindeutigen Wortlauts nur sein, auch dann eine Amtsenthebung zu ermöglichen, wenn die Voraussetzungen von Anfang an nicht bestanden haben. Da jedoch eine Amtsenthebung stark in die Unabhängigkeit des Mitglieds eingreift, ist die Voraussetzung als Ausnahme eng auszulegen.[20] Gegen eine hohe formelle Hürde, z. B. bei einer Parlamentsentscheidung eine Zweidrittelmehrheit für die Amtsenthebung, ist nichts einzuwenden. Weitere Voraussetzung ist, dass analog zu Abs. 1 auch die Amtsenthebung in einem transparenten und demokratisch legitimierten Verfahren erfolgt.[21]

19 Um die Unabhängigkeit der Amtsführung kann nur die Einrichtung **entscheidungsbefugt** sein, die im Einklang mit den Anforderungen die Wahl und Ernennung des Mitglieds vornimmt, also in Deutschland das jeweilige Parlament (siehe Rn. 5).[22]

Art. 54 Errichtung der Aufsichtsbehörde

(1) Jeder Mitgliedstaat sieht durch Rechtsvorschriften Folgendes vor:

a) die Errichtung jeder Aufsichtsbehörde;

b) die erforderlichen Qualifikationen und sonstigen Voraussetzungen für die Ernennung zum Mitglied jeder Aufsichtsbehörde;

c) die Vorschriften und Verfahren für die Ernennung des Mitglieds oder der Mitglieder jeder Aufsichtsbehörde;

d) die Amtszeit des Mitglieds oder der Mitglieder jeder Aufsichtsbehörde von mindestens vier Jahren; dies gilt nicht für die erste Amtszeit nach 24. Mai 2016, die für einen Teil der Mitglieder kürzer sein kann, wenn eine zeitlich versetzte Ernennung zur Wahrung der Unabhängigkeit der Aufsichtsbehörde notwendig ist;

e) die Frage, ob und – wenn ja – wie oft das Mitglied oder die Mitglieder jeder Aufsichtsbehörde wiederernannt werden können;

f) die Bedingungen im Hinblick auf die Pflichten des Mitglieds oder der Mitglieder und der Bediensteten jeder Aufsichtsbehörde, die Verbote von Handlungen, beruflichen Tätigkeiten und Vergütungen während und nach der Amtszeit, die mit diesen Pflichten unvereinbar sind, und die Regeln für die Beendigung des Beschäftigungsverhältnisses.

(2) Das Mitglied oder die Mitglieder und die Bediensteten jeder Aufsichtsbehörde sind gemäß dem Unionsrecht oder dem Recht der Mitgliedstaaten sowohl während ihrer Amts- beziehungsweise Dienstzeit als auch nach deren Beendigung verpflichtet,

---

19 Paal/Pauly-*Körffer*, Art. 54 Rn. 5.

20 Gola-*Nguyen*, Art. 53 Rn. 6; Ehmann/Selmayr-*Selmayr*, Art. 53 Rn. 14; Kühling/Buchner-*Boehm*, Art. 53 Rn. 12 mit Verweis auf die Parallele zu Richtern BGH 19. 5. 1995, RiZU 1/95, NJW 1995, 2495.

21 Auernhammer-*v. Lewinski*, Art. 53 Rn. 12.

22 Paal/Pauly-*Körffer*, Art. 53 Rn. 6.

über alle vertraulichen Informationen, die ihnen bei der Wahrnehmung ihrer Aufgaben oder der Ausübung ihrer Befugnisse bekannt geworden sind, Verschwiegenheit zu wahren. Während dieser Amts- beziehungsweise Dienstzeit gilt diese Verschwiegenheitspflicht insbesondere für die von natürlichen Personen gemeldeten Verstößen gegen diese Verordnung.

Inhaltsübersicht Rn.

I. Allgemeines

Die Konkretisierung der in Art. 53 festgelegten **Anforderungen an die Mitglieder der** 1
Aufsichtsbehörde wird gem. Abs. 1 den Mitgliedstaaten überlassen. Abs. 2 normiert die Verschwiegenheitspflicht der Mitglieder und der Aufsichtsbehörde generell. Die Pflicht zur Einrichtung einer Aufsichtsbehörde korrespondiert mit Art. 28 Abs. 1 EG-DSRl, die Pflicht zur Verschwiegenheit mit Art. 28 Abs. 7 EG-DSRl.[1]

Im **Gesetzgebungsverfahren** erfolgten strukturelle und präzisierende, aber wenige in- 2
haltliche Veränderungen. Ein deutsch-italienischer Vorschlag, die Amtszeit von Mitgliedern zu begrenzen, wurde nicht aufgenommen.[2]

II. Errichtung der Aufsichtsbehörde (Abs. 1)

Abs. 1 enthält **Regelungsaufträge** an die Mitgliedstaaten, die teilweise originär sind 3
(Buchst. d-f) und sich teilweise schon in anderen Normen der DSGVO finden (Buchst. a-c). Der deutsche Gesetzgeber regelte die »Bundesbeauftragte für den Datenschutz und die Informationsfreiheit (BfDI) in den §§ 8ff. BDSG. Die Aufsichtsbehörden der Länder sind in den Landesdatenschutzgesetzen (LDSG) geregelt, die auch den Anforderungen des Abs. 1 entsprechen müssen.

Gem. Abs. 1 Buchst. a bestimmt nationales Recht die Errichtung jeder Aufsichtsbehörde. 4
Aufsichtsbehörden ohne Grundlage einer **Rechtsvorschrift** im Sinne des nationalen Verfassungsrechts sind damit ausgeschlossen. Rechtsvorschriften sind in Deutschland Gesetze oder sonstige verbindliche Regelungen auf der Grundlage von Gesetzen.[3]

Die Rechtsvorschriften müssen sich im Rahmen der Vorgaben der DSGVO bewegen. Zu 5
beachten sind insbesondere die Anforderungen an die Unabhängigkeit (Art. 52). Zur organisatorischen Umsetzung wird von der deutschen Konferenz der Datenschutzbehörden des Bundes und der Länder jeweils eine oberste Bundes- oder Landesbehörde favorisiert.[4] Vorstellbar ist auch eine **Rechtsform** sui generis, eine Anstalt des öffentlichen Rechts (so das Unabhängige Landeszentrum für Datenschutz Schleswig-Holstein) oder eine eigenständige Einrichtung im organisatorischen Rahmen des Parlaments. Dabei ist zu be-

1 Ehmann/Selmayr-*Selmayr*, Art. 54 Rn. 4.
2 Kühling/Buchner-*Boehm*, Art. 54 Rn. 4–6.
3 Auernhammer-*v. Lewinski*, Art. 54 Rn. 3.
4 DSB-K, Unabhängige Datenschutzkontrolle in Deutschland gewährleisten, 27./28. 10. 2005.

rücksichtigen, dass die Aufsichtsbehörden gem. der DSGVO (Art. 58 Abs. 2, 3) hoheitliche Befugnisse haben und hiergegen ein wirksamer Rechtsschutz ermöglicht werden muss.[5]

6 Bzgl. der Präzisierung der erforderlichen Qualifikation und sonstiger **Voraussetzungen für die Ernennung zum Mitglied** gem. Buchst. b sind die europarechtlichen Vorgaben zur Qualifikation nach Art. 53 Abs. 2 zu beachten (siehe Art. 53 Rn. 10f.). Diese sind für den BfDI in § 11 Abs. 1 BDSG umgesetzt. Zu berücksichtigen sind weiterhin europarechtliche Diskriminierungsverbote (vgl. Art. 14 EMRK; Art. 19 Abs. 1 AEUV; Art. 21, 23 GRCh).[6]

7 Das **Verfahren für die Ernennung des Mitglieds** gem. Buchst c wird in Art. 53 Abs. 1 hinsichtlich der Legitimation (siehe Art. 53 Rn. 5f.) und der Transparenz des Verfahrens (siehe Art. 53 Rn. 7ff.) vorgegeben.

8 Buchst. d sieht eine Mindestamtszeit von vier Jahren vor. Bei einer kürzeren Frist wäre die geforderte Kontinuität nicht gewährleistet. Eine Obergrenze ist nicht festgelegt. Die Mitgliedstaaten können die Dauer frei bestimmen. Ohne eine erneute Legitimation sollte die Amtszeit acht Jahre nicht überschreiten. Eine einmal festgesetzte Dauer muss beachtet werden.[7] Die **Amtszeiten** gehen in Deutschland von 5 (BayLDA, Berlin, Schleswig-Holstein), 6 (Baden-Württemberg, BayLfD, Brandenburg, Hamburg, Mecklenburg-Vorpommern, Saarland, Sachsen-Anhalt, Sachsen, Thüringen) bis 8 Jahren (Bremen, Niedersachsen, Nordrhein-Westfalen, Rheinland-Pfalz). Eine Besonderheit besteht in Hessen, wo die Wahl des Datenschutzbeauftragten an die Wahlperiode des Landtags gekoppelt ist. Diese Regelung kann in Kollision zu der Mindestdauer von 4 Jahren geraten und hat das Potential eines Verstoßes gegen das überordnete europäische Recht.

9 Durch die **Regelung zur ersten Amtszeit** soll ein fließender Übergang von der Geltung des nationalen zum direkt verbindlichen europäischen Datenschutzrecht gesichert und zugleich den Anforderungen des EuGH an die Unabhängigkeit der Aufsichtsbehörden bei organisatorischen Veränderungen genügt werden.[8]

10 Buchst. e erlaubt die nationale Festlegung, ob und wenn ja wie oft eine **Wiederernennung** möglich sein soll. In Deutschland ist teilweise nur eine einmalige Wiederwahl zulässig (Bund, Baden-Württemberg, Niedersachsen, Sachsen-Anhalt, Schleswig-Holstein, Thüringen), teilweise wird die mehrfache Wiederwahl ausdrücklich erlaubt (Rheinland-Pfalz). Die Wiederwahlbeschränkung soll die Unabhängigkeit der Amtsführung und die Innovationsbereitschaft der Amtsinhaber sichern.[9] Diese Effekte sind aber nicht nachweisbar. Die hohen qualitativen rechtlichen, technischen und politischen Anforderungen an die Amtsführung machen möglichst große Erfahrung wünschenswert.[10] Es gibt keine Indizien dafür, dass sich Amtsinhaber in ihrer unabhängigen Amtsführung beschränkt hätten, weil sie eine Wiederwahl bewirken wollten. Lange Amtszeiten müssen nicht zu erlahmender Innovationsbereitschaft führen. Die Innovationsgeschwindigkeit bei der Verarbeitung personenbezogener Daten setzt vielmehr hohes Fachwissen und sehr spezifische, amtsbezogene

5 Paal/Pauly-*Körffer*, Art. 54 Rn. 2.
6 Ehmann/Selmayr-*Selmayr*, Art. 54 Rn. 7; Kühling/Buchner-*Wieczorek*, § 11 Rn. 8.
7 EuGH 8.4.2014 – C-288/12, Rn. 38
8 EuGH 8.4.2014, C-288/12, Rn. 54–62.
9 Roßnagel-*Heil*, S. 762; Simitis-*Dammann*, § 22 Rn. 13; Gola/Schomerus, § 22 Rn. 7.
10 DKWW-*Weichert*, § 22 Rn. 3.

Erfahrung voraus. Der Verzicht auf eine Wiederwahlbeschränkung schließt nicht aus, dass Datenschutzbeauftragte, die sich nicht bewähren, nicht wiedergewählt werden. Sie ermöglicht andererseits jedoch, dass im Bewerbungs- und Bestellungsverfahren auch Amtsinhaber erneut bestellt werden können, wenn sie nach Meinung des Parlaments die besten persönlichen und inhaltlichen Voraussetzungen aller Bewerber bieten.[11]

Buchst. f erlaubt Festlegungen zu den **Pflichten des Mitglieds** in Bezug auf Handlungen, berufliche Tätigkeiten und Vergütungen während und nach der Amtszeit sowie Regeln für die Beendigung des Beschäftigungsverhältnisses. Vorgaben hierzu finden sich in Art. 52 Abs. 3. Regeln zum Ende der Betätigung beziehen sich z. B. auf die finanzielle Versorgung. 11

Die Regelungspflicht von Buchst. f bezieht sich nicht nur auf das Mitglied, sondern erstreckt sich auf sämtliche **Bedienstete der Aufsichtsbehörde**. Für diese gelten die recht strengen Anforderungen der Art. 52 Abs. 2 und Art. 53 Abs. 3, 4 nicht. Mit einem entsprechenden Schutzzweck können aber Regeln durch die Mitgliedstaaten erlassen werden. Die Regelungen des Beamtenrechts sowie des Tarifrechts sind anwendbar.[12] 12

Regelungen zu Handlungen der Mitglieder und Bediensteten nach **Ausscheiden aus dem Amt** können insbesondere darauf abzielen, eine Vorwirkung auf die Unabhängigkeit während der Zeit der Amtsausübung zu verhindern. Insofern sind zeitlich begrenzte Verbote solcher Tätigkeiten möglich, die mit der bisherigen Tätigkeit einen Interessenkonflikt ergeben können. Dabei darf aber nicht die Meinungsfreiheit (Art. 11 GRCh) eingeschränkt werden, die Berufsfreiheit (Art. 15 GRCh) nur, soweit dies für die Sicherung der Unabhängigkeit erforderlich und verhältnismäßig ist und zugleich diese Unabhängigkeit nicht einschränkt.[13] Dies kann z. B. in einem befristeten Verbot beruflicher Tätigkeit für Unternehmen liegen, die der Aufsicht des Mitglieds unterworfen waren. Vorstellbar und im Interesse der Transparenz für alle Seiten sinnvoll ist die Regelung einer Anzeigepflicht für bestimmte berufliche Tätigkeiten. 13

III. Verschwiegenheitspflicht (Abs. 2)

Das **Mitglied** sowie die **Bediensteten der Aufsichtsbehörde** unterliegen gem. Abs. 2 der Verschwiegenheit. Diese Regelung entspricht Art. 28 Abs. 7 EG-DSRl sowie § 23 Abs. 5 BDSG-alt. Die Verschwiegenheitspflichten der Datenschutzaufsicht sind nun in § 13 Abs. 3–6 BDSG präzisiert. Die besondere Geheimhaltungspflicht basiert auf dem Umstand, dass Aufsichtsbehörden teilweise höchst sensitive persönliche Sachverhalte sowie Betriebs- und Geschäftsgeheimnisse erfahren. Es besteht ein besonderes Vertrauensverhältnis insbesondere zu den Petenten. Durch die weitgehenden Ermittlungsbefugnisse erhalten Aufsichtsbehörden Einblick ist heikle Sachverhalte. Auch wenn Abs. 2 – anders als die Vorgängerregelung des Art. 28 Abs. 7 EG-DSRl – nicht den Begriff **Berufsgeheimnis** verwendet, handelt es sich um ein solches. Sie ist mit dem z. B. von Ärzten oder Rechtsanwälten vergleichbar.[14] Die Regelungen zu Berufsgeheimnissen in der DSGVO sind anwendbar (Art. 9 Abs. 3, 90). 14

11 Ausführlich Netzwerk Datenschutzexpertise, Auswahlprozess von Datenschutzbeauftragten.
12 Kühling/Buchner-*Boehm*, Art. 54 Rn. 20.
13 Ehmann/Selmayr-*Selmayr*, Art. 54 Rn. 11; Auernhammer-*v. Lewinski*, Art. 54 Rn. 11.
14 Dammann/Simitis, Art. 28 Rn. 28.

15 Die Verschwiegenheitspflicht umfasst sämtliche Angelegenheiten, die der Aufsichtsbehörde **amtlich bekannt** werden, nicht nur personenbezogene Daten von Petenten und Betroffenen im Rahmen von Eingaben und Kontrollen, sondern auch sonstige dienstlich erlangte sachliche oder organisatorische Erkenntnisse und Betriebs- und Geschäftsgeheimnisse. Sie hat eine doppelte Schutzfunktion: für den Petenten sowie für die Aufgabenwahrnehmung der Aufsichtsbehörde und damit indirekt auch für die verarbeitenden Stellen. Die Verschwiegenheitspflicht gilt bei Eingaben auch gegenüber einer überprüften Stelle: Ist die Nennung des Namens eines Petenten für die Bearbeitung einer Eingabe nicht erforderlich, darf diese auch nicht erfolgen.[15] Im Zweifel sollten Unternehmen der Aufsichtsbehörde deutlich machen, dass und aus welchen Gründen ein bestimmter Sachverhalt als geheimhaltungsbedürftig eingestuft wird.[16]

16 Die Verschwiegenheitspflicht des Abs. 2 gilt »gemäß dem Unionsrecht oder dem Recht der Mitgliedstaaten«, so dass Raum für **nationale Regelungen** bleibt.[17] § 29 Abs. 3 Satz 2 BDSG, wonach Aufsichtsbehörden bei Kenntniserlangung eines Berufsgeheimnisses den dafür geltenden Regeln unterliegt, hat keinen eigenständigen Regelungsgehalt.[18] Weitere nationale Regelungen finden sich im Beamtenrecht (§ 67 BBG) bzw. im Tarifrecht sowie in vertraglichen Regelungen bei freien Mitarbeitern.[19] Bei der Auslegung von Abs. 2 können bestehende nationale Regelungen berücksichtigt werden. Von Abs. 2 unberührt bleiben weitergehende Geheimhaltungsvorschriften, bei denen es nicht um den Schutz der Vertraulichkeit dienstlich erlangter Informationen geht.

17 Die Verschwiegenheitspflicht der Aufsichtsbehörde korrespondiert mit der strengen Zweckbindung, der die zur Datenschutzkontrolle verarbeiteten Daten unterliegen. Hierbei handelt es sich um eine **besondere Verwendungsbeschränkung** i. S. v. sonstigen Datenschutzregelungen (z. B. § 88 Abs. 1 AufenthG) sowie um eine Geheimhaltungsvorschrift i. S. d. Presserechts.[20]

18 Nicht erfasst von der Verschwiegenheitspflicht sind offenkundige und bedeutungslose Tatsachen sowie **Mitteilungen im dienstlichen Verkehr**. Soweit Mitteilungen zur Aufgabenwahrnehmung erforderlich sind, ist die Aufsichtsbehörde hierzu befugt. Keine Verschwiegenheitspflicht besteht grds. im Hinblick auf die Offenbarung von Datenschutzverstößen, wenn damit auf gesetzmäßiges Verhalten hingewirkt wird.[21]

19 In Bezug auf Akteneinsichtsansprüche können sich durch die Vertraulichkeitsverpflichtung Einschränkungen ergeben, so dass eine Interessenabwägung nötig ist.[22] Die Aufsichtsbehörde hat bei Verstößen nach Art. 57 Abs. 1 Buchst. f eine Informationspflicht und ein **Informationsrecht gegenüber dem Betroffenen**. Dies ist kein Auskunftsan-

---

15 Gola-*Nguyen*, Art. 54 Rn. 2; Ehmann/Selmayr-*Selmayr*, Art. 54 Rn. 12 ff.

16 Gola-*Nguyen*, Art. 54 Rn. 7.

17 Kühling/Martini u. a., S. 174; Gola-*Nguyen*, Art. 54 Rn. 4; kritisch zur Vertraulichkeitsverpflichtung wegen deren Unbestimmtheit Plath-*Hullen*, Art. 54 Rn. 4.

18 Zum Verstoß von § 29 Abs. 3 BDSG gegen EU- und Verfassungsrecht s. § 29 BDSG Rn. 24–30.

19 Simitis-*Dammann*, § 23 Rn. 26.

20 OVG NRW, AfP 2009, 295 = RDV 2009, 179 = MMR 2009, 294 f.

21 Zur Strafbarkeit nach § 353b StGB BGHSt 48, 132 = NJW 2003, 979 = DuD 2003, 311; SHS-*Polenz*, Art. 54 Rn. 20; kritisch Schuldt, Geheimnisverrat, S. 92; einschränkend auch Auernhammer-*v. Lewinski*, § 23 Rn. 35.

22 Gola-*Nguyen*, Art. 54 Rn. 8.

spruch nach Art. 15 und unterliegt nicht den dort sowie in Art. 23 genannten Einschränkungen. Es erstreckt sich auf den Sachverhalt und auf die rechtliche Bewertung.

Verstöße gegen die Vertraulichkeitsverpflichtungen können eine Schadenersatzpflicht wegen Amtspflichtverletzung begründen. In Verwaltungs- und Gerichtsverfahren können diese zudem ein Verwertungsverbot begründen.[23] 20

Die Vertraulichkeitsverpflichtung besteht auch **nach Beendigung der Dienstzeit.** Die Dauer dieser Verpflichtung hängt von der Schutzwürdigkeit der Informationen und den Konsequenzen einer Offenbarung ab (siehe § 13 Abs. 4 BDSG).[24] Die Vertraulichkeitsverpflichtung steht grundsätzlich einer datenschutznahen Tätigkeit nach Amtszeitende nicht entgegen. 21

Abschnitt 2
Zuständigkeit, Aufgaben und Befugnisse

Art. 55 Zuständigkeit

(1) Jede Aufsichtsbehörde ist für die Erfüllung der Aufgaben und die Ausübung der Befugnisse, die ihr mit dieser Verordnung übertragen wurden, im Hoheitsgebiet ihres eigenen Mitgliedstaats zuständig.

(2) Erfolgt die Verarbeitung durch Behörden oder private Stellen auf der Grundlage von Artikel 6 Absatz 1 Buchstabe c oder e, so ist die Aufsichtsbehörde des betroffenen Mitgliedstaats zuständig. In diesem Fall findet Artikel 56 keine Anwendung.

(3) Die Aufsichtsbehörden sind nicht zuständig für die Aufsicht über die von Gerichten im Rahmen ihrer justiziellen Tätigkeit vorgenommenen Verarbeitungen.

Inhaltsübersicht Rn.

I. Allgemeines

Ein übergeordnetes Ziel der DSGVO besteht darin, die Zuständigkeitsregeln für die Verantwortlichen und Auftragsverarbeiter (verarbeitenden Stellen) zu vereinfachen und für diese eine vorrangige Aufsichtszuständigkeit festzulegen. Vom »**One Stop Shop**« profitieren insbesondere Stellen mit europaweiter Datenverarbeitung sowie mit Niederlassungen in mehreren Mitgliedstaaten. 1

Mit dem **Marktortprinzip**, das auf das Territorium der geschützten Personen abstellt, soll sichergestellt werden, dass sich Stellen ihrer datenschutzrechtlichen Verpflichtungen nicht dadurch entziehen können, dass sie ihre (Haupt-)Niederlassung an einem Ort wählen, an 2

23 Ehmann/Selmayr-*Selmayr*, Art. 54 Rn. 19.
24 Ehmann/Selmayr-*Selmayr*, Art. 54 Rn. 17.

dem das Datenschutzrecht oder dessen Durchsetzung ein niedriges Niveau aufweist und an dem die Betroffenen ihre Rechte nicht oder nur unter erschwerten Bedingungen durchsetzen können. So hat es für den EuGH genügt, dass ein Vertreter einer Stelle als Niederlassung für eine »effektive Ausübung der wirtschaftlichen Tätigkeiten« genügt, um das Marktortprinzip zur Anwendung zu bringen.[1]

3 Ein zentrales Ziel der DSGVO besteht darin, **für die Betroffenen** eine möglichst ortsnahe vorrangig zuständige Aufsichtsbehörde zu etablieren, mit der in der eigenen Sprache kommuniziert werden kann. Der EuGH legte Wert darauf, dass die lokale Aufsichtsbehörde die Beschwerden der Betroffenen »unabhängig vom anwendbaren Recht und daher selbst prüfen kann, wenn das auf die Verarbeitung der betreffenden Daten anwendbare Recht das eines anderen Mitgliedstaats ist«.[2]

4 Die unterschiedlichen mit der DSGVO verfolgten Ziele galt es bei der **Zuständigkeitsregelung zusammenzuführen**. Auf Seiten der Aufsichtsbehörden führt dies zu einer Vielzahl von unterschiedlichen Aufgaben sowie zu einer sehr weitgehenden Pflicht zur Zusammenarbeit, die in Art. 60 und im Kapitel VII geregelt ist.

5 **Art. 28 Abs. 6 EG-DSRl** orientierte sich auch am Territorialitätsprinzip, wobei aber die konkrete Ausgestaltung weitgehend unklar und den Mitgliedstaaten überlassen blieb.

6 Der Kommissionsvorschlag regelte die Inhalte der Art. 55 und 56 zunächst in einem insbesondere die Unternehmensinteressen berücksichtigenden Artikel. Das Parlament betonte die Interessen der Petenten und führte im **Gesetzgebungsverfahren** die Regelung zur Federführung ein. Die Spezialregelung des Abs. 2 zur Datenverarbeitung im öffentlichen Interesse geht auf den Rat zurück.

7 »Jede Aufsichtsbehörde sollte dafür zuständig sein, **im Hoheitsgebiet ihres Mitgliedstaats** die Befugnisse auszuüben und die Aufgaben zu erfüllen, die ihr mit dieser Verordnung übertragen wurden. Dies sollte insbesondere für Folgendes gelten: die Verarbeitung im Rahmen der Tätigkeiten einer Niederlassung des Verantwortlichen oder Auftragsverarbeiters im Hoheitsgebiet ihres Mitgliedstaats, die Verarbeitung personenbezogener Daten durch Behörden oder private Stellen, die im öffentlichen Interesse handeln, Verarbeitungstätigkeiten, die Auswirkungen auf betroffene Personen in ihrem Hoheitsgebiet haben, oder Verarbeitungstätigkeiten eines Verantwortlichen oder Auftragsverarbeiters ohne Niederlassung in der Union, sofern sie auf betroffene Personen mit Wohnsitz in ihrem Hoheitsgebiet ausgerichtet sind. Dies sollte auch die Bearbeitung von Beschwerden einer betroffenen Person, die Durchführung von Untersuchungen über die Anwendung dieser Verordnung sowie die Förderung der Information der Öffentlichkeit über Risiken, Vorschriften, Garantien und Rechte im Zusammenhang mit der Verarbeitung personenbezogener Daten einschließen« (ErwGr 122).

8 In Abs. 1 wird das **Territorialitätsprinzip** bei der Datenschutzkontrolle als Grundsatz festgelegt. An Abs. 2 wird in Bezug auf die öffentliche Aufgabenwahrnehmung eine Ausnahme vorgesehen. Nach Abs. 3 wird die justizielle Tätigkeit zwecks Schutzes der Judikative von der allgemeinen aufsichtlichen Kontrolle ausgenommen.

---

1 EuGH 1.10.1015 – C-230/14, Weltimmo, Rn. 30; SHS-*Polenz*, Art. 55 Rn. 8–11, 14–17.

2 EuGH 1.10.1015 – C-230/14, Rn. 54; vgl. EuGH 28.7.2016 – C-191/15, Rn. 59f.

II. Hoheitsgebiet des Mitgliedstaats (Abs. 1)

Als allgemeinen Grundsatz legt Abs. 1 fest, dass jede Aufsichtsbehörde im Hoheitsgebiet ihres Mitgliedstaates zuständig ist. **Anknüpfungspunkte** können hierbei die Verantwortlichkeit, die Datenverarbeitung oder der Betroffene sein. Welcher Anknüpfungspunkt jeweils gilt, orientiert sich an der Aufgabe bzw. der Ausübung bestimmter Befugnisse. Adressat der Aufgabenerfüllung und Befugnisausübung sind der Verantwortliche, der Auftragsverarbeiter, der Betroffene, eine Zertifizierungsstelle oder das jeweilige Parlament. Richtet sich eine Aufgabenerledigung oder Befugnisausübung nur an einen Adressaten, z. B. eine Beratung, eine Information, eine Stellungnahme oder ein Bericht, so orientiert sich die örtliche Zuständigkeit am Sitz des Adressaten. 9

Betrifft eine Aufgabe bzw. eine Befugnisausübung dagegen **mehrere Adressaten**, so trifft Art. 60 eine Entscheidung über die Zuständigkeit, wenn sich die Adressaten im Hoheitsgebiet unterschiedlicher Mitgliedstaaten bzw. im Zuständigkeitsbereich unterschiedlicher Aufsichtsbehörden befinden. Dies ist insbesondere der Fall, wenn ein Beschwerdeführer (Petent) sich in einem anderen Hoheitsgebiet befindet wie der Verantwortliche oder der Auftragsverarbeiter. 10

Für die in der Praxis häufigen Fälle, dass sich der Betroffene im Hoheitsgebiet eines Mitgliedstaates befindet, in dem die verarbeitende Stelle eine **Niederlassung** hat, gibt Abs. 1 keine Antwort zur Zuständigkeit. Anwendbar ist in diesen Fällen Art. 56, wonach für einen Sachverhalt mehrere Aufsichtsbehörden zuständig sein können. Diese müssen sich dann nach den in Art. 56 (Federführung), 60 (Zusammenarbeit mit der Federführung) und 63 ff. (Abstimmung zwischen den zuständigen Aufsichtsbehörden) festgelegten Regeln verständigen. 11

Deutschland hat wegen seiner föderalen Struktur sowie wegen einer teilweisen Zuständigkeitsspezialisierung mehrere lokal bzw. bereichsspezifisch zuständige Aufsichtsbehörden. Dies wird von Art. 51 Abs. 1 und 3 ausdrücklich zugelassen. Die Zuständigkeit innerhalb von Deutschland richtet sich aber nicht nach der DSGVO und ist in Umsetzung von Art. 51 Abs. 3 analog zur DSGVO in § 40 Abs. 2 BDSG geregelt. 12

Spezielle Zuständigkeiten gibt es für den Bereich der öffentlich-rechtlichen Religionsgesellschaften (siehe Art. 91 Rn. 22 f.) sowie der öffentlich-rechtlichen Rundfunkanstalten (siehe Art. 85 Rn. 48). Weitere Besonderheiten können im Hinblick auf spezifische Berufsgeheimnisträger bestehen (siehe Art. 90 Rn. 2 f., 16 ff.). Bundesweit zuständig für den privaten Telekommunikations- und Postbereich bleibt die BfDI (§ 42 Abs. 3 PostG, § 115 Abs. 4 TKG). 13

Hinsichtlich der örtlichen Zuständigkeit der Datenschutzbehörden innerhalb Deutschlands gibt es für den **nicht-öffentlichen Bereich** keine expliziten Regelungen. Insofern kommt es darauf an, wo der Ort der Datenverarbeitung, in der Terminologie der DSGVO der Sitz der Niederlassung, ist.[3] Bestehen eine Vielzahl von Niederlassungen, so orientiert sich die Praxis jeweils an der Hauptniederlassung. 14

Die Kontrollzuständigkeit für **öffentliche Stellen** ist in Deutschland danach aufgeteilt, ob es sich um Stellen des Bundes (dann BfDI) oder der Länder und Kommunen handelt (dann Aufsichtsbehörden der Länder). In Bayern besteht eine Trennung zwischen priva- 15

3 Kühling/Buchner-*Boehm*, Art. 55 Rn. 17.

tem und öffentlichem Bereich; für letzteren ist der Bayerische Landesbeauftragte für Datenschutz zuständig; für den privaten Bereich das Landesamt für Datenschutzaufsicht.

III. Tätigkeit für öffentliche Zwecke (Abs. 2)

16 »Die Vorschriften über die federführende Behörde und das Verfahren der Zusammenarbeit und Kohärenz sollten keine Anwendung finden, wenn die Verarbeitung durch Behörden oder private Stellen **im öffentlichen Interesse** erfolgt. In diesen Fällen sollte die Aufsichtsbehörde des Mitgliedstaats, in dem die Behörde oder private Einrichtung ihren Sitz hat, die einzige Aufsichtsbehörde sein, die dafür zuständig ist, die Befugnisse auszuüben, die ihr mit dieser Verordnung übertragen wurden« (ErwGr 128).

17 Ist eine Stelle also im **hoheitlichen Auftrag** tätig, indem sie sich auf Art. 6 Abs. 1 Buchst. c oder e beruft, so ist die Aufsichtsbehörde des Mitgliedstaates, in dessen Auftrag sie tätig ist, zuständig; Art. 56 findet keine Anwendung. Art. 6 Abs. 1 Buchst. c regelt die »Erfüllung einer rechtlichen Verpflichtung«, Buchst. e die Wahrnehmung einer Aufgabe, »die im öffentlichen Interesse liegt oder in Ausübung öffentlicher Gewalt erfolgt, die dem Verantwortlichen übertragen wurde«.

18 Die Sonderregelung des Abs. 2 gilt grds. für **öffentliche wie für nicht-öffentliche Stellen**. Die Kommission konnte sich nicht durchsetzen, die Ausnahme nur auf öffentliche Stellen zu beschränken.[4] Eine private Stelle wird im öffentlichen Interesse tätig, wenn die Verarbeitung zur Erfüllung einer Verpflichtung auf der Grundlage eines Gesetzes tätig wird oder zur Ausübung öffentlicher Gewalt (Beleihung).[5]

IV. Justizielle Tätigkeit (Abs. 3)

19 Diese Verordnung gilt zwar unter anderem für die Tätigkeiten der Gerichte und anderer Justizbehörden, doch könnte im Unionsrecht oder im Recht der Mitgliedstaaten festgelegt werden, wie die Verarbeitungsvorgänge und Verarbeitungsverfahren bei der Verarbeitung personenbezogener Daten durch Gerichte und andere Justizbehörden im Einzelnen auszusehen haben. Damit die Unabhängigkeit der Justiz bei der Ausübung ihrer **gerichtlichen Aufgaben einschließlich ihrer Beschlussfassung** unangetastet bleibt, sollten die Aufsichtsbehörden nicht für die Verarbeitung personenbezogener Daten durch Gerichte im Rahmen ihrer justiziellen Tätigkeit zuständig sein. Mit der Aufsicht über diese Datenverarbeitungsvorgänge sollten besondere Stellen im Justizsystem des Mitgliedstaats betraut werden können, die insbesondere die Einhaltung der Vorschriften dieser Verordnung sicherstellen, Richter und Staatsanwälte besser für ihre Pflichten aus dieser Verordnung sensibilisieren und Beschwerden in Bezug auf derartige Datenverarbeitungsvorgänge bearbeiten sollten« (ErwGr 20).

20 Vor dem Wirksamwerden der DSGVO war nach **deutschem Datenschutzrecht** die Datenschutzkontrolle von Gerichten nur zulässig, soweit diese Verwaltungsangelegenheiten ausüben (vgl. § 24 Abs. 3 BDSG-alt). Ziel dieser Regelung ist der Schutz der richterlichen Unabhängigkeit. Die Ausnahmeregelung findet sich nun u. a. in § 9 Abs. 2 BDSG. Nicht

4 Kühling/Buchner-*Boehm*, Art. 55 Rn. 13; Nguyen, ZD 2015, 267.
5 Ehmann/Selmayr-*Selmayr*, Art. 55 Rn. 11.

erfasst ist die Tätigkeit der Gerichte im Bereich der Justizverwaltung, wozu die Tätigkeit der Geschäftsstellen der Gerichte,[6] der Rechtspfleger,[7] die Staatsanwaltschaft einschließlich des Generalbundesanwalts und des Oberbundesanwalts beim Bundesverwaltungsgericht und die Registerführung, z. B. des Bundeszentralregisters, gehören. Auch die Mitbestimmungs- und Beteiligungsgremien der Justiz sind nicht der justiziellen Tätigkeit zuzuordnen.[8]

Abs. 3 orientiert sich am Schutzzweck der unabhängigen Judikative, wenn Aufsichtsbehörden von der Aufsicht über die von Gerichten ausgeübten **justiziellen Tätigkeiten** ausgeschlossen werden. **21**

Im ErwGr 20 werden die Staatsanwälte als Adressaten der Sensibilisierung durch die »besonderen Stellen im Justizsystem« aufgeführt und des Weiteren wird auf das Recht der Mitgliedstaaten verwiesen. Abs. 3 privilegiert nur »die von Gerichten im Rahmen ihrer justiziellen Tätigkeit vorgenommenen Verarbeitungen«. Damit bleiben die **Staatsanwaltschaften**, die in Deutschland der Exekutive zugeordnet sind, abhängige Justizbehörden, die Weisungen unterliegen, und sind der allgemeinen Datenschutzaufsicht unterworfen.[9] **22**

Von Abs. 3 auch nicht erfasst ist die **Rechtspflege**, die nach deutschem Recht auch der Exekutive angehört und der Rechtswegegarantie des Art. 19 Abs. 4 GG unterliegt.[10] **23**

ErwGr 20 präzisiert die Ausnahme durch einen Verweis auf **gerichtliche Aufgaben einschließlich ihrer Beschlussfassung**. Erfasst sind damit sämtliche Tätigkeiten, die mit der richterlichen Entscheidungsfindung stehen. Dazu gehören auch alle vorbereitenden und der Durchführung dienenden Handlungen.[11] **24**

Kontrolliert werden kann auch die Durchführung von (Ermittlungs-) Maßnahmen, die richterlich angeordnet wurden.[12] Nicht ausgenommen von der allgemeinen Aufsicht sind also Datenverarbeitungen, die **Gegenstand einer gerichtlichen Entscheidung** sind, die z. B. im Rahmen von strafrechtlichen Ermittlungen oder gefahrenabwehrenden Maßnahmen gerichtlich angeordnet, bestätigt oder für zulässig erklärt wurden. Die gerichtliche Prüfung beschränkt sich in diesen Fällen lediglich auf die materiell-rechtliche Zulässigkeit des »Ob«, was für die Aufsichtsbehörde verbindlich bleibt, nicht aber auf die konkrete Umsetzung, d. h. das »Wie«, das der aufsichtlichen Kontrolle unterliegt.[13] **25**

Auch eine **nachträgliche gerichtliche Prüfung** hindert die Kontrolle der Aufsichtsbehörden nicht. Eine andere Sichtweise würde dazu führen, dass Datenverarbeitungen, zu der eine gerichtliche Entscheidung angestrebt wird, nicht parallel durch die Aufsichtsbehörde kontrolliert werden dürfte. Dies stünde im Widerspruch zu Art. 77 Abs. 1.[14] **26**

---

6 Simitis-*Dammann*, § 24 Rn. 31; Auernhammer-*v. Lewinski*, § 24 Rn. 12.
7 ULD, 35. TB (2015), Kap. 4.3.9.
8 Engeler, NVwZ 2019, 611; Engeler, NJOZ 2019, 594.
9 Engeler, NJOZ 2019, 599.
10 BVerfG NJW 2000, 1709; BVerwG NVwZ 2006, 1704ff.; BGH NJW-RR 2000, 1366ff.
11 BGH NJW 2006, 1674; BGH 22. 2. 2006, RiZ(R)3/05, NJW-RR 2008, 1660.
12 Gola-*Nguyen*, Art. 55 Rn. 13; Kurz, DuD 2012, S. 259.
13 DSB-K, Vorbeugender Grundrechtsschutz ist Aufgabe der Datenschutzbeauftragten, 28./29. 9. 2001.
14 Paal/Pauly-*Körffer*, Art. 55 Rn. 7.

27 Von der richterlichen Unabhängigkeit nicht mit umfasst und deshalb kontrollierbar sind die **technische Ausstattung der Justiz** und Fragen der Datensicherheit.[15]

28 In ErwGr 20, nicht aber im Normtext, wird erstmals ausdrücklich Bezug genommen auf »besondere Stellen im Justizsystem«, die eine **Selbstkontrolle der Justiz** ausüben sollen. Eine solche justizinterne Beratungs- und Aufsichtsstruktur ist im Hinblick auf die hohe Sensibilität der betroffenen Datenverarbeitung praktisch dringend geboten[16] aber rechtlich nicht zwingend gefordert.[17]

29 Von der Datenschutzkontrolle nicht ausgenommen sind die nationalen Zentralbanken und die **Rechnungshöfe des Bundes und der Länder** bei ihren Prüfungen, auch wenn ihnen eine den Gerichten ähnliche Unabhängigkeit zukommt (vgl. § 3 Abs. 4 Satz 2 BRHG). Es handelt sich bei deren Tätigkeit nicht um eine judikative Tätigkeit. Während es die Aufgabe der Richter ist, eine umfassende Rechtsprüfung vorzunehmen, bei der der Schutz informationeller Selbstbestimmung vollständig einbezogen wird, beschränkt sich die Aufgabe der Rechnungshöfe auf eine Wirtschaftlichkeitskontrolle.[18] Die Aufsichtsbehörden müssen bei der Rechnungshofkontrolle deren Unabhängigkeit berücksichtigen.

Art. 56 Zuständigkeit der federführenden Aufsichtsbehörde

(1) Unbeschadet des Artikels 55 ist die Aufsichtsbehörde der Hauptniederlassung oder der einzigen Niederlassung des Verantwortlichen oder des Auftragsverarbeiters gemäß dem Verfahren nach Artikel 60 die zuständige federführende Aufsichtsbehörde für die von diesem Verantwortlichen oder diesem Auftragsverarbeiter durchgeführte grenzüberschreitende Verarbeitung.

(2) Abweichend von Absatz 1 ist jede Aufsichtsbehörde dafür zuständig, sich mit einer bei ihr eingereichten Beschwerde oder einem etwaigen Verstoß gegen diese Verordnung zu befassen, wenn der Gegenstand nur mit einer Niederlassung in ihrem Mitgliedstaat zusammenhängt oder betroffene Personen nur ihres Mitgliedstaats erheblich beeinträchtigt.

(3) In den in Absatz 2 des vorliegenden Artikels genannten Fällen unterrichtet die Aufsichtsbehörde unverzüglich die federführende Aufsichtsbehörde über diese Angelegenheit. Innerhalb einer Frist von drei Wochen nach der Unterrichtung entscheidet die federführende Aufsichtsbehörde, ob sie sich mit dem Fall gemäß dem Verfahren nach Artikel 60 befasst oder nicht, wobei sie berücksichtigt, ob der Verantwortliche oder der Auftragsverarbeiter in dem Mitgliedstaat, dessen Aufsichtsbehörde sie unterrichtet hat, eine Niederlassung hat oder nicht.

(4) Entscheidet die federführende Aufsichtsbehörde, sich mit dem Fall zu befassen, so findet das Verfahren nach Artikel 60 Anwendung. Die Aufsichtsbehörde, die die feder-

15 BGH 6.10.2011, RiZ (R) 7/10 = CR 2012, 9 = DRiZ 2012, 169 = MDR 2011, 1508 = MMR 2012, 128; BVerfG 17.1.2013 – 2 BvR 2576/11, NJW 2013, 2102 = K&R 2013, 248 (LS); Ronellenfitsch, DuD 2005, 354 ff.; 34. TB HDSB (2005) Kap. 5.2.1.

16 Paal/Pauly-*Körffer*, Art. 55 Rn. 6.

17 Kühling/Buchner-*Boehm*, Art. 55 Rn. 21.

18 Gola/Schomerus, § 24 Rn. 11; a. A. Hockenbrink, DÖV 1991, 50; Paal/Pauly-*Körffer*, Art. 55 Rn. 8; Ehmann/Selmayr-*Selmayr*, Art. 55 Rn. 15.

führende Aufsichtsbehörde unterrichtet hat, kann dieser einen Beschlussentwurf vorlegen. Die federführende Aufsichtsbehörde trägt diesem Entwurf bei der Ausarbeitung des Beschlussentwurfs nach Artikel 60 Absatz 3 weitestgehend Rechnung.

(5) Entscheidet die federführende Aufsichtsbehörde, sich mit dem Fall nicht selbst zu befassen, so befasst die Aufsichtsbehörde, die die federführende Aufsichtsbehörde unterrichtet hat, sich mit dem Fall gemäß den Artikeln 61 und 62.

(6) Die federführende Aufsichtsbehörde ist der einzige Ansprechpartner der Verantwortlichen oder der Auftragsverarbeiter für Fragen der von diesem Verantwortlichen oder diesem Auftragsverarbeiter durchgeführten grenzüberschreitenden Verarbeitung.

Inhaltsübersicht Rn.

I. Allgemeines

Art. 56 regelt die Zuständigkeitsverteilung zwischen der federführenden Aufsichtsbehörde (englisch: lead supervisory authority, französisch: autorité de controle chef de file) und den weiteren zuständigen Aufsichtsbehörden: »Findet die Verarbeitung personenbezogener Daten im Zusammenhang mit der Tätigkeit einer Niederlassung eines Verantwortlichen oder eines Auftragsverarbeiters in der Union statt und hat der Verantwortliche oder der Auftragsverarbeiter Niederlassungen in mehr als einem Mitgliedstaat oder hat die Verarbeitungstätigkeit im Zusammenhang mit der Tätigkeit einer einzigen Niederlassung eines Verantwortlichen oder Auftragsverarbeiters in der Union erhebliche Auswirkungen auf betroffene Personen in mehr als einem Mitgliedstaat bzw. wird sie voraussichtlich solche Auswirkungen haben, so sollte die **Aufsichtsbehörde für die Hauptniederlassung** des Verantwortlichen oder Auftragsverarbeiters oder für die einzige Niederlassung des Verantwortlichen oder Auftragsverarbeiters als federführende Behörde fungieren. Sie sollte **mit den anderen Behörden zusammenarbeiten**, die betroffen sind, weil der Verantwortliche oder Auftragsverarbeiter eine Niederlassung im Hoheitsgebiet ihres Mitgliedstaats hat, weil die Verarbeitung erhebliche Auswirkungen auf betroffene Personen mit Wohnsitz in ihrem Hoheitsgebiet hat oder weil bei ihnen eine Beschwerde eingelegt wurde. Auch wenn eine betroffene Person ohne Wohnsitz in dem betreffenden Mitgliedstaat eine Beschwerde eingelegt hat, sollte die Aufsichtsbehörde, bei der Beschwerde eingelegt wurde, auch eine betroffene Aufsichtsbehörde sein« (ErwGr 124 Satz 1–3). 1

Das Aufsichtskonzept der DSGVO basiert auf einem **dezentralen Ansatz** und dem bewussten Verzicht auf eine europäische zentralisierte Aufsichtsbehörde.[1] Damit wird am vorhandenen Rechtszustand angeknüpft und dem Umstand Rechnung getragen, dass nicht nur europaweit tätige Unternehmen adressiert werden, sondern auch nationale und 2

1 Dafür z. B. Kahler, RDV 2013, 71.

regionale Stellen, so dass die Betroffenen möglichst in der eigenen Sprache und ortsnah eine unabhängigen kompetente Ansprechstelle finden (Art. 77), dass das Verständnis für den Datenschutz in den Mitgliedstaaten sich teilweise noch weit voneinander unterscheidet und über ein pluralistisches Verfahren eine höhere Entscheidungsrationalität erreicht werden kann.[2] Das Kooperationskonzept der DSGVO ist in der EU hinsichtlich der Enge der Zusammenarbeit nationaler und europäischer Stellen bisher einzigartig und insofern Experimentierfeld für weitere transnationale Kooperationen.[3]

3 In der **EG-DSRl** gab es noch keine Regelung zur federführenden Behörde. Dies führte in der Praxis dazu, dass insbesondere große IT-Unternehmen per »Forum-Shopping« und nach dem Grundsatz »divide et impera« sich »ihre« Aufsichtsbehörde aussuchen und die Behörden gegeneinander ausspielen konnten. In der deutschen Praxis des »Düsseldorfer Kreises« wie auch in Europa hat sich aber schon informell bzw. der Not gehorchend in Einzelfragen eine Art Federführung ergeben.[4]

4 Der Kommissionsentwurf sah noch vor, dass die Aufsichtsbehörde am Sitz der Hauptniederlassung oder der einzigen Niederlassung in der EU für die Umsetzung der DSGVO alleinentscheidend zuständig ist. Dieser Grundsatz ließ sich nicht aufrecht halten, da Betroffenen nicht zugemutet werden sollte, sich an eine Aufsicht im EU-Ausland zu wenden. Die Einbindung weiterer Aufsichtsbehörden, insbesondere solcher, an die sich Betroffene wenden, aber auch solcher, in deren Bereich das Unternehmen auf dem Markt tätig ist, werden in die Datenschutzverfahren eingebunden. Vom Grundgedanken der Kommission ist der One-Stop-Shop übriggeblieben, die federführende Aufsichtsbehörde der (Haupt-) Niederlassung als **einziger Ansprechpartner** (englisch: sole interlocutor, französisch: seul interlocuteur) als »single point of contact« des Unternehmens (Abs. 1, 6). Eingebunden und zuständig sind aber weitere Aufsichtsbehörden (Abs. 2). Abs. 3 regelt das Unterrichtungsverfahren der weiteren zuständigen Aufsichtsbehörden gegenüber der federführenden Behörde sowie deren Entscheidung. Abs. 4 stellt klar, dass im Fall einer Federführung das kooperative Verfahren nach Art. 60 Anwendung findet. Abs. 5 regelt den Fall, dass die Behörde der (Haupt-) Niederlassung nicht die Federführung übernimmt.

5 Art. 56 ist nicht anwendbar, wenn gem. Art. 55 Abs. 2 Stellen Daten auf der Grundlage von Art. 6 Abs. 1 Buchst. c oder e verarbeiten (**Erfüllung einer rechtlichen Verpflichtung, Wahrnehmung einer Aufgabe im öffentlichen Interesse**). In diesen Fällen sind die nationalen Aufsichtsbehörden auch bei grenzüberschreitender Datenverarbeitung zuständig. Hierauf weist auch Abs. 1 hin: »Unbeschadet des Artikels 55«.

6 Innerhalb von **Deutschland** richtet sich die Zuständigkeit nach nationalem Recht, wobei der Regelungsansatz der DSGVO Vorbild ist (§ 40 Abs. 2 BDSG). Für einen innerdeutschen Konflikt zwischen Aufsichtsbehörden ist das Kohärenzverfahren nach Art. 63ff. nicht anwendbar.[5]

7 Der EDSA hat die Befugnis gem. Art. 70 Abs. 1 Satz 2 Buchst. c, **Leitlinien, Empfehlungen und bewährte Verfahren** festzulegen »zwecks Sicherstellung einer einheitlichen Anwen-

---

2 Kühling/Buchner-*Dix*, Art. 56 Rn. 1.
3 Auernhammer-*Lachmayer*, Art. 56 Rn. 19.
4 Kühling/Buchner-*Dix*, Art. 56 Rn. 2.
5 Kühling/Buchner-*Dix*, Art. 56 Rn. 18, 19; vgl. Kühling/Martini u. a., S. 206ff.

dung dieser Verordnung«, wozu auch Festlegungen zur Zusammenarbeit und Vereinbarungen zur Arbeitsteilung der Aufsichtsbehörden gehören.[6]

II. Federführende Aufsichtsbehörde (Abs. 1, 6)

Der Grundgedanke des **One-Stop-Shop** ist es, dass ein Unternehmen vorrangig mit ihrer Aufsichtsbehörde kommunizieren muss und nicht, wie bisher, evtl. mit einer Vielzahl von Aufsichtsbehörden konfrontiert ist, die möglicherweise unterschiedliche Positionen vertreten. Diese Konzentration geht auf eine Forderung der Informationswirtschaft zurück.[7] Damit einher geht die Einschränkung für die Betroffenen, vor Ort mit »ihrer« Aufsichtsbehörde gegen eine als datenschutzwidrig empfundene Verarbeitung vorgehen zu können. Zugleich wird diesen Aufsichtsbehörden der direkte Zugang zu den verarbeitenden Stellen abgeschnitten, um sich auf der Basis authentischer Informationen schnell ein eigenes Bild und einen Standpunkt erarbeiten zu können.[8] Die Regelung schließt aber nicht aus, dass sich verarbeitende Stellen freiwillig mit anderen als der federführenden Aufsichtsbehörde austauschen. 8

Art. 56 ist bei »**grenzüberschreitender Datenverarbeitung**« anwendbar. Dieser Begriff wird in Art. 4 Nr. 24 definiert. Erfasst werden sowohl die Fälle, in denen die Verarbeitung durch Verantwortliche oder Auftragsverarbeiter in Niederlassungen in mehreren Mitgliedstaaten stattfindet. Erfasst sind auch die Fälle, wenn eine Verarbeitung in einem Mitgliedstaat Auswirkungen auf einen oder mehrere andere Mitgliedstaaten hat.[9] 9

Ausschlaggebend für die Federführung ist der **Sitz der Hauptniederlassung** oder der einzigen Niederlassung in der EU. Bei der Bestimmung der Hauptniederlassung ist die Definition von Art. 4 Nr. 16 anzuwenden (siehe Art. 4 Rn. 145ff.), wobei eine rein formale Überprüfung vorgesehen ist.[10] 10

Erfolgt eine Datenverarbeitung als **Auftragsverarbeitung** (Art. 28), so kommt es darauf an, ob sich der zu überprüfende Vorgang im Bereich der Verantwortung des Verantwortlichen (Grundsätze) oder dem des Auftragsverarbeiters (Umsetzung) bewegt. Ist die Bestimmung des Verantwortungsbereichs unklar, so muss eine Zusammenarbeit der beiden federführenden Behörden nach Art. 60 erfolgen. »Sind sowohl der Verantwortliche als auch der Auftragsverarbeiter betroffen, so sollte die Aufsichtsbehörde des Mitgliedstaats, in dem der Verantwortliche seine Hauptniederlassung hat, die zuständige federführende Aufsichtsbehörde bleiben, doch sollte die Aufsichtsbehörde des Auftragsverarbeiters als betroffene Aufsichtsbehörde betrachtet werden und diese Aufsichtsbehörde sollte sich an dem in dieser Verordnung vorgesehenen Verfahren der Zusammenarbeit beteiligen« (ErwGr 36 Satz 6). Hat der Verantwortliche in der EU keine Niederlassung, wohl aber der Auftragsverarbeiter, so ist dessen (Haupt-) Niederlassung für die Federführung bestimmend. Ist ein Auftragsverarbeiter für Verantwortliche in mehreren Mitgliedstaaten tätig, 11

6 Siehe schon Art-29-Datenschutzgruppe, WP 244, 13.12.2016; Paal/Pauly-*Körffer*, Art. 56 Rn. 3; Ehmann/Selmayr-*Selmayr*, Art. 56 Rn. 11, 16.
7 Dehmel/Hullen, ZD 2013, 151; Schultze-Melling, ZD 2015, 397f.
8 Paal/Pauly-*Körffer*, Art. 57 Rn. 8.
9 Ehmann/Selmayr-*Selmayr*, Art. 56 Rn. 6.
10 Kritisch Kühling/Buchner-*Dix*, Art. 56 Rn. 6.

so besteht eine Federführung nur im Hinblick auf die Auftragsverarbeitung, nicht auf die Verantwortlichen.[11]

12 Da die DSGVO kein Konzernprivileg kennt, ist bei einer **Unternehmensgruppe** keine zentralisierte Zuständigkeit bei der »Hauptniederlassung des herrschenden Unternehmens« gegeben.[12] ErwGr 36 Satz 8 sagt insofern nicht anderes. Nur bei einer gemeinsamen Datenverarbeitung in einer Unternehmensgruppe kommt der Vorrang der Hauptniederlassung zum Tragen. Eine einmal begründete Federführung in einem Verfahren sollte nicht wieder aufgegeben werden.[13]

13 Besteht **keine Niederlassung in der EU**, so kommt das Marktortprinzip nach Art. 3 Abs. 2 zur Anwendung. In Ermangelung einer (Haupt-) Niederlassung gibt es auch keine federführende Behörde sowie mehrere zuständige Behörden. Die DSGVO bietet für diese Fallgestaltungen keine Lösung über eine Federführung an. Im Rahmen der Zusammenarbeit und der Kohärenz sollten sich die Aufsichtsbehörden informell abstimmen, wer eine Federführung übernimmt. Im Konfliktfall bedarf es einer Entscheidung des EDSA.[14]

14 »Die federführende Behörde sollte berechtigt sein, **verbindliche Beschlüsse** über Maßnahmen zu erlassen, mit denen die ihr gemäß dieser Verordnung übertragenen Befugnisse ausgeübt werden. In ihrer Eigenschaft als federführende Behörde sollte diese Aufsichtsbehörde für die enge Einbindung und Koordinierung der betroffenen Aufsichtsbehörden im Entscheidungsprozess sorgen. Wird beschlossen, die Beschwerde der betroffenen Person vollständig oder teilweise abzuweisen, so sollte dieser Beschluss von der Aufsichtsbehörde angenommen werden, bei der die Beschwerde eingelegt wurde« (ErwGr 125). Dabei ist das Verfahren nach Art. 60 durchzuführen, bei fehlender Einigkeit das Kohärenzverfahren nach den Art. 63 ff. Insofern wird zwangsläufig die Unabhängigkeit der betroffenen Aufsichtsbehörden beschränkt.[15]

III. Betroffene Aufsichtsbehörden (Abs. 2)

15 Abs. 2 regelt neben der Zuständigkeit der federführenden Behörde davon **abweichende Zuständigkeiten**. Anknüpfungspunkte sind der Ort der Verarbeitung bzw. des Sitzes der Beschwerdeführer für die Fälle eines Verstoßes gegen die DSGVO oder einer eingereichten Beschwerde. Lässt sich eine Verarbeitung auf einen Mitgliedstaat bzw. eine Aufsichtsbehörde begrenzen, so wird die dortige Aufsichtsbehörde für zuständig erklärt. Letztlich reguliert Abs. 2 nicht grenzüberschreitende, sondern auf einen Mitgliedstaat beschränkte Vorgänge einer Stelle, die auch in anderen Mitgliedstaaten aktiv ist, deren Verarbeitung aber nur eine Niederlassung tangiert.[16] Die Regelung soll sicherstellen, dass auch in diesen Fällen die federführende Behörde beteiligt wird und die Möglichkeit erhält, diese federführend zu regeln (Abs. 3).

11 Insofern unklar Kühling/Buchner-*Dix*, Art. 56 Rn. 7.
12 Nguyen, ZD 2015, 267; Gola-*Nguyen*, Art. 56 Rn. 8; Kühling/Buchner-*Dix*, Art. 56 Rn. 7; a. A. Ehmann/Selmayr-*Selmayr*, Art. 56 Rn. 10; Plath-*Hullen*, Art. 55 Rn. 8.
13 Nguyen, ZD 2015, 267.
14 Paal/Pauly-*Körffer*, Art. 56 Rn. 3; Kühling/Buchner-*Dix*, Art. 56 Rn. 6.
15 Kühling/Buchner-*Dix*, Art. 56 Rn. 4.
16 Paal/Pauly-*Körffer*, Art. 56 Rn. 4; anders unter Verweis auf Art. 4 Nr. 23 Kühling/Buchner-*Dix*, Art. 56 Rn. 9.

ErwGr 127 Satz 1 benennt als Anwendungsbeispiele Fälle, bei denen es »um die Verarbeitung von personenbezogenen Daten von Arbeitnehmern im spezifischen **Beschäftigungskontext** eines Mitgliedstaats geht«. Befindet sich z. B. die Personaldatenverarbeitung in dem Mitgliedstaat, so kann Prüfmaßstab das nationale Arbeits- und Datenschutzrecht sein.[17] 16

Ein Anwendungsbeispiel ist zudem **Videoüberwachung**, die nicht auf verbindlichen Vorgaben der Unternehmenszentrale beruht.[18] Weitere Fälle sind, dass ein spezielles **Internet-Angebot** eines in mehreren Mitgliedstaaten ansässigen Unternehmens in der Sprache eines bestimmten anderen Mitgliedstaates erbracht wird, oder dass örtliche Verstöße gegen die **Datensicherheit** (Art. 32) zur Diskussion stehen.[19] 17

Gem. ErwGr 131 soll die örtliche Aufsichtsbehörde »eine gütliche Einigung mit dem Verantwortlichen« anstreben; »falls sich dies als nicht erfolgreich erweist, sollte sie die **gesamte Bandbreite ihrer Befugnisse** wahrnehmen. Dies sollte auch Folgendes umfassen: die spezifische Verarbeitung im Hoheitsgebiet des Mitgliedstaats der Aufsichtsbehörde oder im Hinblick auf betroffene Personen im Hoheitsgebiet dieses Mitgliedstaats; die Verarbeitung im Rahmen eines Angebots von Waren oder Dienstleistungen, das speziell auf betroffene Personen im Hoheitsgebiet des Mitgliedstaats der Aufsichtsbehörde ausgerichtet ist; oder eine Verarbeitung, die unter Berücksichtigung der einschlägigen rechtlichen Verpflichtungen nach dem Recht der Mitgliedstaaten bewertet werden muss«. 18

»Der Ausschuss sollte – im Rahmen seiner Aufgaben in Bezug auf die Herausgabe von **Leitlinien** zu allen Fragen im Zusammenhang mit der Anwendung dieser Verordnung – insbesondere Leitlinien zu den Kriterien ausgeben können, die bei der Feststellung zu berücksichtigen sind, ob die fragliche Verarbeitung erhebliche Auswirkungen auf betroffene Personen in mehr als einem Mitgliedstaat hat und was einen maßgeblichen und begründeten Einspruch darstellt« (ErwGr 124 Satz 4). 19

IV. Unterrichtung der federführenden Behörde (Abs. 3)

Die gem. Abs. 2 zuständige Aufsichtsbehörde **unterrichtet unverzüglich**, also ohne schuldhaftes Verzögern, die federführende Behörde über die Beschwerde bzw. den zu prüfenden Vorgang. Die prüft innerhalb von drei Wochen, ob sie sich mit dem Fall befassen oder diesen der nach Abs. 2 zuständigen Behörde überlassen will und teilt dies mit. Dabei spielt eine Rolle, ob und inwieweit der mitgeteilte Vorgang Parallelen zu Vorgängen in anderen Mitgliedstaaten, grundsätzliche oder grenzüberschreitende Bedeutung hat. Die schnelle Reaktion hat Relevanz angesichts der Dreimonatsfrist für Reaktionen auf Betroffenenbeschwerden nach Art. 78 Abs. 2. 20

Mit der Regelung kann die federführende Stelle ihre Funktion als **einzig zuständiger Kontaktpunkt** für das Gesamtunternehmen (Abs. 6) wahrnehmen. 21

Es wird zurecht in Frage gestellt, ob sämtliche Beschwerden der federführenden Aufsichtsbehörde mitgeteilt werden müssen. Dies ist nicht der Fall bei **offensichtlich unbegründe-** 22

17 Kühling/Buchner-*Dix*, Art. 56 Rn. 10; SHS-*Polenz*, Art. 56 Rn. 11 f.

18 Paal/Pauly-*Körffer*, Art. 56 Rn. 4; Nguyen, ZD 2015, 267; Gola-*Nguyen*, Art. 56 Rn. 20; Schantz, NJW 2016, 1847.

19 Kühling/Buchner-*Dix*, Art. 56 Rn. 10.

ten Beschwerden. Im Interesse der Vermeidung von Doppelarbeit kann in diesen Fällen die örtliche Behörde den Fall abschließen.[20]

23 Entsprechendes gilt für **gleichförmige Beschwerden** einer Vielzahl von Personen. In diesen Fällen kann die zuständige Behörde der federführenden eine zusammenfassende Unterrichtung zukommen lassen.

24 Bei **dringlichen Fällen** ist Art. 66 anwendbar.

25 Das Selbsteintrittsrecht der federführenden Behörde ist bedingungslos, sollte aber bei einem ausschließlichen örtlichen Bezug die »absolute Ausnahme bleiben«.[21] Bei ihrer Entscheidung soll »die federführende Aufsichtsbehörde berücksichtigen, ob der Verantwortliche oder der Auftragsverarbeiter in dem Mitgliedstaat, dessen Aufsichtsbehörde sie unterrichtet hat, eine Niederlassung hat, damit Beschlüsse gegenüber dem Verantwortlichen oder dem Auftragsverarbeiter **wirksam durchgesetzt** werden. Entscheidet die federführende Aufsichtsbehörde, den Fall selbst zu regeln, sollte die Aufsichtsbehörde, die sie unterrichtet hat, die Möglichkeit haben, einen Beschlussentwurf vorzulegen, dem die federführende Aufsichtsbehörde bei der Ausarbeitung ihres Beschlussentwurfs im Rahmen dieses Verfahrens der Zusammenarbeit und Kohärenz weitestgehend Rechnung tragen sollte (ErwGr 127 Satz 4, 5).

26 Folgende zwei **Prüfschritte** sind nach der Unterrichtung durch die federführende Behörde vorzunehmen: 1. Besteht entgegen der Ansicht der unterrichtenden Behörde eine grenzüberschreitende Verarbeitung? 2. Gebietet effektive Datenschutzdurchsetzung eine federführende Übernahme?[22]

V. Vorgehen bei Federführung (Abs. 4)

27 Übernimmt die federführende Behörde das Verfahren, so ist Art. 60 anwendbar. Die **unterrichtende Behörde** kann einen **Beschlussvorschlag** z. B. für die »Verhängung von Geldbußen« vorlegen, den die federführende Behörde behandeln und »weitestgehend berücksichtigen« sollte, aber nicht übernehmen muss (ErwGr 130 Satz 2). Bei der Unterrichtung durch mehrere Aufsichtsbehörden ist ein Kompromiss anzustreben. Im Konfliktfall erfolgt das Verfahren nach Art. 60 bzw. das Kohärenzverfahren.

VI. Vorgehen ohne Federführung (Abs. 5)

28 Übernimmt die federführende Behörde den Fall nicht, so ist die unterrichtende Behörde zuständig, die gem. Art. 61, 62 (**Amtshilfe, gemeinsame Maßnahmen**) vorgeht. Der Verweis auf diese Vorschriften kann im Interesse einer effektiven Ausübung der Aufsichtstätigkeit nur so verstanden werden, dass ein derartiges Vorgehen nur dann erfolgt, wenn in anderen Mitgliedstaaten bzw. bei anderen Niederlassungen ähnliche Verarbeitungen vorgenommen werden, ohne dass eine Steuerung von der Niederlassung erfolgt.[23] Der Verweis kann auch als eine Auffangvorschrift verstanden werden, dass also die unterrichtende

20 Paal/Pauly-*Körffer*, Art. 56 Rn. 5; Kühling/Buchner-*Dix*, Art. 56 Rn. 12.
21 So Kühling/Buchner-*Dix*, Art. 56 Rn. 12.
22 Ähnlich Paal/Pauly-*Körffer*, Art. 56 Rn. 5.
23 Paal/Pauly-*Körffer*, Art. 56 Rn. 7.

Behörde bei keiner Übernahme der Federführung die Kooperationsnormen der Art. 61, 62 anwenden muss.

Art. 57 Aufgaben

(1) Unbeschadet anderer in dieser Verordnung dargelegter Aufgaben muss jede Aufsichtsbehörde in ihrem Hoheitsgebiet

a) die Anwendung dieser Verordnung überwachen und durchsetzen;

b) die Öffentlichkeit für die Risiken, Vorschriften, Garantien und Rechte im Zusammenhang mit der Verarbeitung sensibilisieren und sie darüber aufklären. Besondere Beachtung finden dabei spezifische Maßnahmen für Kinder;

c) im Einklang mit dem Recht des Mitgliedsstaats das nationale Parlament, die Regierung und andere Einrichtungen und Gremien über legislative und administrative Maßnahmen zum Schutz der Rechte und Freiheiten natürlicher Personen in Bezug auf die Verarbeitung beraten;

d) die Verantwortlichen und die Auftragsverarbeiter für die ihnen aus dieser Verordnung entstehenden Pflichten sensibilisieren;

e) auf Anfrage jeder betroffenen Person Informationen über die Ausübung ihrer Rechte aufgrund dieser Verordnung zur Verfügung stellen und gegebenenfalls zu diesem Zweck mit den Aufsichtsbehörden in anderen Mitgliedstaaten zusammenarbeiten;

f) sich mit Beschwerden einer betroffenen Person oder Beschwerden einer Stelle, einer Organisation oder eines Verbandes gemäß Artikel 80 befassen, den Gegenstand der Beschwerde in angemessenem Umfang untersuchen und den Beschwerdeführer innerhalb einer angemessenen Frist über den Fortgang und das Ergebnis der Untersuchung unterrichten, insbesondere, wenn eine weitere Untersuchung oder Koordinierung mit einer anderen Aufsichtsbehörde notwendig ist;

g) mit anderen Aufsichtsbehörden zusammenarbeiten, auch durch Informationsaustausch, und ihnen Amtshilfe leisten, um die einheitliche Anwendung und Durchsetzung dieser Verordnung zu gewährleisten;

h) Untersuchungen über die Anwendung dieser Verordnung durchführen, auch auf der Grundlage von Informationen einer anderen Aufsichtsbehörde oder einer anderen Behörde;

i) maßgebliche Entwicklungen verfolgen, soweit sie sich auf den Schutz personenbezogener Daten auswirken, insbesondere die Entwicklung der Informations- und Kommunikationstechnologie und der Geschäftspraktiken;

j) Standardvertragsklauseln im Sinne des Artikels 28 Absatz 8 und des Artikels 46 Absatz 2 Buchstabe d festlegen;

k) eine Liste der Verarbeitungsarten erstellen und führen, für die gemäß Artikel 35 Absatz 4 eine Datenschutz-Folgenabschätzung durchzuführen ist;

l) Beratung in Bezug auf die in Artikel 36 Absatz 2 genannten Verarbeitungsvorgänge leisten;

m) die Ausarbeitung von Verhaltensregeln gemäß Artikel 40 Absatz 1 fördern und zu diesen Verhaltensregeln, die ausreichende Garantien im Sinne des Artikels 40 Absatz 5 bieten müssen, Stellungnahmen abgeben und sie billigen;

n) die Einführung von Datenschutzzertifizierungsmechanismen und von Datenschutzsiegeln und -prüfzeichen nach Artikel 42 Absatz 1 anregen und Zertifizierungskriterien nach Artikel 42 Absatz 5 billigen;
o) gegebenenfalls die nach Artikel 42 Absatz 7 erteilten Zertifizierungen regelmäßig überprüfen;
p) die Anforderungen an die Akkreditierung einer Stelle für die Überwachung der Einhaltung der Verhaltensregeln gemäß Artikel 41 und einer Zertifizierungsstelle gemäß Artikel 43 abfassen und veröffentlichen;
q) die Akkreditierung einer Stelle für die Überwachung der Einhaltung der Verhaltensregeln gemäß Artikel 41 und einer Zertifizierungsstelle gemäß Artikel 43 vornehmen;
r) Vertragsklauseln und Bestimmungen im Sinne des Artikels 46 Absatz 3 genehmigen;
s) verbindliche interne Vorschriften gemäß Artikel 47 genehmigen;
t) Beiträge zur Tätigkeit des Ausschusses leisten;
u) interne Verzeichnisse über Verstöße gegen diese Verordnung und gemäß Artikel 58 Absatz 2 ergriffene Maßnahmen und
v) jede sonstige Aufgabe im Zusammenhang mit dem Schutz personenbezogener Daten erfüllen.

(2) Jede Aufsichtsbehörde erleichtert das Einreichen von in Absatz 1 Buchstabe f genannten Beschwerden durch Maßnahmen wie etwa die Bereitstellung eines Beschwerdeformulars, das auch elektronisch ausgefüllt werden kann, ohne dass andere Kommunikationsmittel ausgeschlossen werden.

(3) Die Erfüllung der Aufgaben jeder Aufsichtsbehörde ist für die betroffene Person und gegebenenfalls für den Datenschutzbeauftragten unentgeltlich.

(4) Bei offenkundig unbegründeten oder – insbesondere im Fall von häufiger Wiederholung – exzessiven Anfragen kann die Aufsichtsbehörde eine angemessene Gebühr auf der Grundlage der Verwaltungskosten verlangen oder sich weigern, aufgrund der Anfrage tätig zu werden. In diesem Fall trägt die Aufsichtsbehörde die Beweislast für den offenkundig unbegründeten oder exzessiven Charakter der Anfrage.

Inhaltsübersicht Rn.

I. Allgemeines

Art. 57 regelt umfassend und **unmittelbar anwendbar** die Aufgaben von Aufsichtsbehörden als »Hüter des Rechts auf Privatsphäre«.[1] Dabei wird, anders als zuvor in Art. 28 Abs. 1 Satz 1 EG-DSRl, nicht nur generell die Aufgabe als Anwendungsüberwachung beschrieben. In den Art. 28 Abs. 2–6 EG-DSRl werden lediglich einzelne Aspekte thematisiert: die Anhörung bei Ausarbeitung von Datenschutznormen, einzelne Befugnisse, die Eingabebearbeitung, die Vorlage eines Tätigkeitsberichts, Amtshilfe und Zusammenarbeit. In Art. 57 werden die Aufgaben präziser in Einzelpunkten konkretisiert. Die von diesen erwarteten Tätigkeiten werden ausdrücklich benannt. Mit der Aufgabenbeschreibung geht keine Befugnis zu in Grundrechte eingreifendes Handeln einher.[2] Hierfür bedarf es jeweils einer eigenständigen Regelung (vgl. insb. Art. 58). 1

Die Präzisierung der Aufgaben in Abs. 1 war schon mit zehn Punkten im Kommissionsentwurf angelegt. Das Parlament und insbesondere der Rat fügten weitere Aspekte hinzu. Der Katalog ist mit den 21 **Pflichtaufgaben nicht abschließend**, was durch Abs. 1 Buchst. v klargestellt wird. Weitere Aufgaben des BfDI benennen z. B. § 14 BDSG sowie § 12 IFG-Bund. Abs. 2 enthält Vorgaben zur Entgegennahme von Beschwerden. Abs. 3 und 4 befassen sich mit der (Un-)Entgeltlichkeit der Aufsichtstätigkeit. 2

Die Wahrnehmung der vielfältigen Aufgaben, die oft mehrere Handlungsalternativen eröffnen, erfolgt im Rahmen des **Opportunitätsprinzips**.[3] Entstehen zwischen der Aufgaben Interessenkonflikte, so muss die Aufsichtsbehörde – unter Wahrung ihrer Unabhängigkeit – eine ausgleichende oder konfliktvermeidende Lösung finden. Hierfür können personelle sowie organisatorische Trennungen sinnvoll sein. 3

II. Einzelaufgaben (Abs. 1)

»Die Aufsichtsbehörden sollten die Anwendung der Bestimmungen dieser Verordnung überwachen und zu ihrer **einheitlichen Anwendung in der gesamten Union** beitragen, um natürliche Personen im Hinblick auf die Verarbeitung ihrer Daten zu schützen und den freien Verkehr personenbezogener Daten im Binnenmarkt zu erleichtern. Zu diesem 4

1 Ehmann/Selmayr-*Selmayr*, Art. 57 Rn. 6 m. w. N. auf die Rspr. des EuGH.
2 Ehmann/Selmayr-*Selmayr*, Art. 57 Rn. 2.
3 Auernhammer-*v. Lewinski*, Art. 57 Rn. 3.

Zweck sollten die Aufsichtsbehörden untereinander und mit der Kommission zusammenarbeiten, ohne dass eine Vereinbarung zwischen den Mitgliedstaaten über die Leistung von Amtshilfe oder über eine derartige Zusammenarbeit erforderlich wäre« (ErwGr 123).

5 Die Aufzählung in Abs. 1 und deren Reihenfolge enthält **keine inhaltlichen Wertungen** und Gewichtungen bzw. Vorrangvermutungen. Einzelne Aufgaben weisen Überschneidungen auf.

1. Überwachung und Durchsetzung (Buchst. a)

6 Buchst. a benennt mit der Überwachung der **Anwendung der Vorschriften** zum Schutz personenbezogener Daten die zentrale, allgemeine Aufgabe der Aufsichtsbehörden. Die nachgenannten Aufgaben sind Präzisierungen hierzu. Der ausschließliche Verweis auf die DSGVO schließt auch Regelungen ein, in denen auf die DSGVO Bezug genommen wird.[4]

7 Anders als Art. 28 Abs. 1 EG-DSRl wird den Aufsichtsbehörden neben der **Überwachung** auch die **Durchsetzung** der DSGVO aufgegeben. Wohl sah Art. 28 Abs. 3 2. Sp. »wirksame Einwirkungsbefugnisse« vor. Deren Wirksamkeit war generell, aber insbesondere in Deutschland fraglich.[5] Die beiden Begriffe ergänzen sich und schließen sich nicht aus. Der Begriff der Durchsetzung ist umfassend. Der Begriff der Überwachung schließt auch Maßnahmen im Rahmen von Verwaltungsverfahren ohne konkrete Kontrolle und Sanktionen mit ein.[6] Wird ein Betroffener durch die Verarbeitung seiner Daten in seinen Rechten verletzt, darf die Aufsichtsbehörde nicht untätig bleiben. Diese muss von ihren Befugnissen nach Art. 58 Abs. 2 Gebrauch machen; es besteht kein Entschließungsermessen.[7]

8 Der Begriff Durchsetzung umfasst repressive wie präventive Aufgaben. Gesetzlicher Vorläufer für dieses **Nebeneinander von Prävention und Repression** war das Land Schleswig-Holstein mit seinem Landesdatenschutzgesetz 2000, das dem Unabhängigen Landeszentrum für Datenschutz (ULD) als Aufsichtsbehörde neben die klassische Aufsicht einige Serviceaufgaben (Beratung, Aus- und Fortbildung, Gütesiegel, Audit) stellte. Weitere gesetzlich nicht erwähnte Tätigkeiten waren und sind Forschung, Entwicklung und Standardisierung. Zwischen den Bereichen Prävention und Repression besteht kein Vorrangsverhältnis; beide sind für effektiven Datenschutz unersetzlich.[8]

2. Sensibilisierung der Öffentlichkeit (Buchst. b)

9 »Auf die Öffentlichkeit ausgerichtete **Sensibilisierungsmaßnahmen** der Aufsichtsbehörden sollten spezifische Maßnahmen einschließen, die sich an die Verantwortlichen und

4 Kritisch zur Formulierung SHS-*Polenz* Art. 57 Rn. 10.
5 DKWW-*Weichert*, § 25 Rn. 1; Paal/Pauly-*Körffer*, Art. 57 Rn. 2.
6 Auerhammer-*v. Lewinski*, Art. 57 Rn. 8.
7 Härting/Flisek/Thiess, CR 2018, 299.
8 Bäumler, DuD 2000, 257–261; DKWW-*Weichert*, § 26 Rn. 1; Paal/Pauly-*Körffer*, Art. 57 Rn. 2; ausführlich Roßnagel, Arbeitsaufwand, S. 32, 36ff.; a.A. Lüdemann/Wenzel, RDV 2015, 285: Vorrang von Kontrolle, Verfolgung und Sanktion.

die Auftragsverarbeiter, einschließlich Kleinstunternehmen sowie kleiner und mittlerer Unternehmen, und an natürliche Personen, insbesondere im Bildungsbereich, richten« (ErwGr 132).

Als gesetzliche Aufgabe neu ist die Sensibilisierung und **Aufklärung der Öffentlichkeit** über Risiken, Vorschriften, Garantien und Rechte. Diese Aufgabe basiert auf der Erkenntnis, dass Information und Bewusstsein beim Datenschutz regelmäßig der technischen und geschäftlichen Entwicklung hinterherhinken und es angesichts der hohen technischen und rechtlichen Komplexität eines unabhängigen kompetenten Vermittlers bedarf. Dem teilweise geringen Bekanntheitsgrad der Aufsichtsbehörden soll entgegengewirkt werden. Für die Wahrnehmung der Aufgabe als »unabhängige Hüter des Grundrechts auf Datenschutz«[9] ist das Wissen über dessen Existenz und dessen Möglichkeiten von großer Bedeutung. Aufklärung und Sensibilisierung werden in Deutschland von Anfang an praktiziert. Hierzu besteht mit dem virtuellen Datenschutzbüro (*www.datenschutz.de*) eine gemeinsame Internet-Plattform. Dem dienen auch die Tätigkeitsberichte und die allgemeine Öffentlichkeitsarbeit (siehe Art. 59), Faltblätter, Informationsbroschüren, sonstige Publikationen sowie an die Allgemeinheit adressierte Veranstaltungen (z. B. über Volkshochschulen). 10

Besondere Beachtung sollen spezifische **Maßnahmen für Kinder** finden (Satz 2). In Deutschland richtet sich das Portal »Young Data« (*www.youngdata.de*) explizit an Kinder und Jugendliche. Weitere praktizierte Maßnahmen sind Medienprojekttage sowie Einzelveranstaltungen an Schulen sowie die Entwicklung von Curricula für Lehrkräfte als Multiplikatoren. Ein wichtiger Aspekt ist die Umsetzung der Einwilligungs- und Vertretungsanforderungen bei Kindern und Jugendlichen (Art. 8). Bei den Maßnahmen für Kinder sind deren informationstechnische Praktiken, deren Auffassungs- und Handlungsfähigkeiten sowie mögliche Vermittlungswege (Eltern, Schule, Verein) zu berücksichtigen. 11

3. Beratung von Legislative und Exekutive (Buchst. c)

Die Beratung von **Parlament, Regierung und Verwaltung** gehört seit jeher zum Aufgabenkanon deutscher Aufsichtsbehörden (vgl. § 26 Abs. 2, 3).[10] Die Erstattung von Gutachten und Berichten auf Anforderung von Parlament oder Regierung ist eine gesetzliche Pflicht. Hierfür bedarf es eines förmlichen Beschlusses des anfordernden Organs. Davon unberührt bleibt die Möglichkeit der Aufsichtsbehörden, auf Bitte bzw. nicht förmliche Anforderung eines Ausschusses, eines Ministers, einer Fraktion oder eines Abgeordneten im Rahmen ihrer Beratung eine eigene Bewertung vorzutragen, soweit ein Datenschutzbezug besteht. Unabhängig von einer Anfrage steht es gem. Buchst c. der Aufsichtsbehörde frei, von sich aus jederzeit beratend an die Legislative oder die Exekutive heranzutreten. 12

Nicht explizit aufgenommen wurde in die DSGVO die bisherige Regelung des Art. 28 Abs. 2 EG-DSRl, wonach die Aufsichtsbehörden **bei der Ausarbeitung der Datenschutz-** 13

9 EuGH 9. 3. 2010 – C-518/07, Rn. 24f., NJW 2010, 1266; Kühling/Buchner-*Boehm*, Art. 57 Rn. 14.
10 Bäumler-*Weichert*, S. 219f.

vorschriften angehört werden. Eine solche Praxis hat sich bewährt und wird in ErwGr 96 thematisiert. Den die Vorschriften entwerfenden und beschließenden Gremien der Exekutive und Legislative fehlen oft die äußerst komplexen fachlichen Kenntnisse und die Sensibilität für den Datenschutz. Mit einer frühzeitigen Anhörung konnten immer wieder rechtzeitig notwendige Korrekturen an Entwürfen von Vorschriften bewirkt werden. Eine explizite Pflicht zur frühzeitigen Einbeziehung besteht zwar nicht. Da aber der Normerarbeitungsprozess öffentlich sein muss und die Beratung auch »aufgedrängt« werden kann, sollte eine hinreichende Einbindung der Aufsicht in die Normsetzung weiterhin sichergestellt sein.

14 Im **Recht des Mitgliedstaats** können weitergehende Beratungspflichten vorgesehen werden; diese in der DSGVO geregelten Beratungspflichten können dort präziser beschrieben werden.

15 Zu den **administrativen Maßnahmen** zum Datenschutz gehört der Erlass von Rechtsverordnungen, Verwaltungsvorschriften, Erlassen und anderen normativen Entscheidungen. Dazu gehören aber auch die Bereitstellung von Formularen, die Gestaltung von Prozessen sowie die Organisation der Datenverarbeitung. Die Beratungsaufgabe erstreckt sich auch auf die nötigen angemessenen technisch-organisatorischen Maßnahmen zur Gewährleistung der Datensicherheit (Art. 25, 32).

4. Sensibilisierung von Verantwortlichen und Auftragsverarbeitern (Buchst. d)

16 § 38 Abs. 1 Satz 2 BDSG-alt gab seit 2006 den Aufsichtsbehörden im privaten Bereich die Aufgabe, die verantwortlichen Stellen zu beraten und zu unterstützen. Eine entsprechende Pflicht (Beratung, Empfehlungen) besteht von Anfang des Datenschutzrechts an in Bezug auf die Regierungen und die öffentlichen Stellen (vgl. § 26 Abs. 3 BDSG-alt). Während diese Aufgaben bisher eher reaktiv auf Nachfrage erfüllt wurden, legt die Regelung der DSGVO auf ein **proaktives Vorgehen** den Schwerpunkt.[11]

17 Zur Sensibilisierung gehört die problembezogene Beratung, Aus- und Fortbildung und Information verschiedener **Adressaten** in den genannten Stellen, d.h. der betrieblichen bzw. behördlichen Datenschutzbeauftragten (Art. 37, 38), der IT-Verantwortlichen, der Leitungsebene wie auch der einfachen Anwender und Mitarbeiter.

18 **Gutachten- und Beratungsaufträge** durch andere als den in Buchst. e genannten Stellen sind nicht ausgeschlossen. Diese dürfen aber nicht die Unabhängigkeit der Aufsichtsbehörde einschränken. Solche Bewertungen sind aus Gründen der Gleichbehandlung und Transparenz ihres Handelns auf Anforderung unter den gleichen Bedingungen zur Verfügung zu stellen. Mit einer Gutachtenerstellung oder Beratung kann eine Selbstbindung der Aufsichtsbehörde einhergehen, auch wenn damit auf Seiten der Behörde keine Regelungsabsicht verfolgt wird.[12]

---

11 Paal/Pauly-*Körffer*, Art. 57 Rn. 6; Ehmann/Selmayr-*Selmayr*, Art. 57 Rn. 12, vgl. Bäumler-*Weichert*, S. 213ff.

12 Weitergehend Born, RDV 2015, 126: Verwaltungsakt.

5. Betroffeneninformation (Buchst. e)

Eine ausdrückliche gesetzliche Pflicht zur Bereitstellung von Informationen über die Ausübung der Betroffenenrechte besteht nur **auf Antrag**. Dieser Antrag (vgl. Abs. 3) kann über jedes Kommunikationsmedium gestellt werden (mündlich, schriftlich, per Fax, telefonisch, per Mail, Internetformular). Zu den Betroffenenrechte gehören neben dem Beschwerderecht nach Art. 77 Abs. 1 die Ansprüche aus den Art. 12ff. auf Transparenz und Datenkorrektur, die Rechtsschutzmöglichkeiten und Haftungsansprüche nach Art. 77ff. sowie weitere nationale gesetzliche Möglichkeiten, wie sie z.B. im Recht für Beschäftigte und für Verbraucher bestehen. Die Bereitstellung soll darauf abstellen, dass rechtskonform und ohne mehrfaches Nachfragen Formulare, Formulierungsvorschläge und weitere Hinweise (z.B. Adressen) zur Verfügung gestellt werden, um einfach, ohne fremde Hilfe und schnell die Betroffenenrechte umsetzen zu können. Das Recht auf Information ist als gesetzlicher Anspruch ausgestaltet.[13] 19

Unabhängig von Anträgen sind die Aufsichtsbehörden gehalten, eine **Informationsinfrastruktur für die Betroffenen** bereitzustellen. Diese sollte sich nicht auf die Betroffenenrechte beschränken, sondern auch folgende Aspekte umfassen: technische Hilfen zur Selbsthilfe, allgemeine und spezielle Informationen zum Bürger-, Verbraucher- und Beschäftigtendatenschutz, Informationen über aktuelle Entwicklungen.[14] 20

6. Beschwerdebearbeitung (Buchst. f)

Die Aufgabe zur Bearbeitung von Beschwerden von Betroffenen, einer Stelle, Organisation oder eines Verbands gem. Art. 80 korrespondiert mit den Regelungen der **Art. 77, 80.** 21

Der »Gegenstand der Beschwerde« ist »in angemessenem Umfang« zu untersuchen. Der Beschwerdeführer ist »innerhalb einer angemessenen Frist« über den Fortgang zu unterrichten, insbesondere bei komplexeren und längeren Verfahren. Die formalisierten Vorgaben sollen eine sehr lange Verfahrensdauer verhindern. Ein Rechtsanspruch der Beschwerdeführer auf eine **ausführliche und zügige Untersuchung** ergibt sich aus der Aufgabennorm aber nicht.[15] Wohl aber sind bei übermäßiger Verfahrensdauer, wie bisher, Untätigkeitsklagen möglich, wobei die auch den Beschwerdeführer schützende Norm des Buchst. f einzubeziehen ist. 22

7. Zusammenarbeit Aufsichtsbehörden (Buchst. g)

Art. 28 Abs. 6 EG-DSRl verpflichtete schon bisher die Kontrollstellen zur Zusammenarbeit und Amtshilfe, sowohl bzgl. ihrer Vorortaufgaben wie auch auf gemeinschaftlicher Ebene. Als Ziel wird erstmals explizit die **einheitliche Anwendung und Durchsetzung** 23

13 Paal/Pauly-*Körffer*, Art. 57 Rn. 7.

14 Bäumler-*Schrader* und Bäumler-*Weichert*, S. 206ff., 224ff.

15 Kühling/Buchner-*Boehm*, Art. 57 Rn. 12; VG Neustadt a. d. W. 22.12.2015 – 4 K 867/15 NW; kritisch Brink, CR 2017, 435.

der DSGVO genannt. Dies setzt voraus, dass eine zweiseitige Kommunikation erfolgt mit dem Versuch, gemeinsam Lösungen zu finden.

24 Die **Konkretisierung der Aufgabe** erfolgt in den Art. 56, 60 ff., 63 ff. Die Zusammenarbeit bedarf angesichts der umfassenden Regulierung keiner weiteren normativen Konkretisierung. Dies hindert aber Aufsichtsbehörden nicht, über die Vorgaben hinausgehend Kooperationen zu vereinbaren.

8. Untersuchung DSGVO-Anwendung (Buchst. h)

25 Während Buchst. a die Anwendung der DSGVO im Einzelfall vor Augen hat, verfolgt Buchst. h das Ziel, auf regionaler, nationaler, europäischer, ja internationaler Ebene und evtl. auch nach Branchen und Sektoren strukturiert **stellenübergreifend Erkenntnisse** über die Anwendung der DSGVO zu gewinnen.[16] Geeignet sind hierfür repräsentative und statistische Erhebungen, Umfragen und Stichprobenuntersuchungen sowie auch Informationen von anderen Aufsichtsbehörden oder sonstigen Behörden.[17] Externe Erkenntnisse dürfen von der Aufsicht nicht ignoriert werden.[18] Wissenschaftlicher Sachverstand kann einbezogen werden. Bei repräsentativen oder statistischen Untersuchungen ist darauf zu achten, dass eine Trennung zur Aufgabe der Durchsetzung der DSGVO im Einzelfall stattfindet, um sicherzustellen, dass keine Verfälschung von Ergebnissen dadurch bewirkt wird, dass die Informationsgeber eine zweckändernde Nutzung zu ihrem Nachteil befürchten.[19]

26 Mit der Regelung wird erstmals ausdrücklich der von Aufsichtsbehörden vereinzelt schon praktizierte Tätigkeitsbereich der **empirischen Forschung** bestätigt. Es besteht ein enger Zusammenhang mit der Aufgabe gem. Buchst. i.[20]

27 Zur Untersuchung der Anwendung der DSGVO gehört auch die Untersuchung der **Aktivitäten der Aufsichtsbehörden**. Insofern kann es sinnvoll, ja sogar rechtlich geboten sein, dass diese über ihre Tätigkeit qualitative Aussagen machen und quantitative Erhebungen durchführen (Eingaben, ergriffene Maßnahmen, Sanktionen, Gerichtsverfahren, Aufwand in Bezug auf Personal, Zeit, Ressourcen). Die Wirkung von Maßnahmen der Aufsicht ist zu erkunden, z. B. über Wiederholungsprüfungen.[21] Die Unabhängigkeit der Aufsicht ist zu beachten. Eine Datengrundlage für die Untersuchungen können die nach Buchst. u zu führenden Verzeichnisse über Verstöße und Maßnahmen sein (siehe Rn. 43).

9. Verfolgen der Technik- und Anwendungsentwicklung (Buchst. i)

28 Die Aufgabe, »**maßgebliche Entwicklungen**« von Datenschutzrelevanz zu verfolgen, »insbesondere die Entwicklung der Informations- und Kommunikationstechnologie und der Geschäftspraktiken«, erfordert eine anlassunabhängige proaktive Beobachtung. Diese

---

16 Unklar insofern Paal/Pauly-*Körffer*, Art. 57 Rn. 10.
17 SHS-*Polenz*, Art. 57 Rn. 32.
18 Kühling/Buchner-*Boehm*, Art. 57 Rn. 13.
19 BVerfG, NJW 1984, 423 ff.
20 Siehe hierzu die Tätigkeitsberichte des ULD seit 2001.
21 SHS-Polenz, Art. 57 Rn. 33.

steht in einem engen Zusammenhang mit Buchst. h. Ihr liegt die Erkenntnis eines schnellen, oft als »disruptiv« beschriebenen Wandels zugrunde, auf den die Aufsichtsbehörden nicht nur reagieren, sondern auf den sie gestaltend einwirken sollen.

Zweck der Beobachtung relevanter Entwicklungen ist die zeitnahe Reaktion im Rahmen der weiteren genannten Aufgaben. Insofern steht die Beobachtung mit einem **Gestaltungsauftrag** im engen Zusammenhang. Ohne Kenntnis der Entwicklungen können andere Aufgaben nicht adäquat wahrgenommen werden, z. B. die Information für die Betroffenen (Buchst. b), die Beratung der Legislative und der Exekutive (Buchst. c), die Umsetzung der Datenschutz-Folgenabschätzung (Buchst. k) oder der vorherigen Konsultation (Buchst. l).[22] 29

Ein maßgeblicher Aspekt ist die Entwicklung der **Informations- und Kommunikationstechnik** (IKT) im Hinblick auf Chancen wie Risiken für den Datenschutz. Dabei spielen sowohl Eigen- wie auch Fremdgefährdungen eine Rolle wie auch Aspekte des Selbst- und eines übergeordneten (fremdgesteuerten) Schutzes. Die DSGVO betont stärker als bisherige Datenschutzgesetze das Prinzip des Datenschutzes durch Technikgestaltung. Aufgrund seiner fachlichen Kompetenz und angesichts seiner Einbettung in der Schnittstelle zwischen verarbeitenden Stellen und Betroffenen kommt den Aufsichtsbehörden eine Schlüsselrolle zu, auf eine datenschutzkonforme Entwicklung von IKT hinzuwirken.[23] 30

Mit der ausdrücklichen Erwähnung von **Geschäftspraktiken** wird dem Umstand Rechnung getragen, dass personenbezogene Daten ein wichtiger »Rohstoff« der globalisierten Informationsgesellschaft sind, deren kommerzielle Ausbeutung zunehmend im Zentrum vieler Unternehmen steht, und dass diese die Grundlage für Überwachungsmaßnahmen von Arbeitgebern im Produktions- und Dienstleistungsprozess sind. Dabei sind nicht nur die direkte kommerzielle Nutzung der Daten aus Sicht des individuellen Schutzes im Blick zu behalten, sondern auch übergreifende Aspekte des Beschäftigten- und des Verbraucherschutzes, des Wettbewerbs- Kartell- und Steuerrechts. 31

10. Festlegung Standardvertragsklauseln (Buchst. j)

Buchst. j nimmt Bezug auf Standardvertragsklauseln als geeignete Garantie für die **Datenübermittlung in Drittländer** gem. Art. 46 Abs. 2 Buchst. d sowie bei der **Auftragsverarbeitung** gem. Art. 28 Abs. 8. 32

11. Datenschutz-Folgenabschätzung (Buchst. k)

Buchst. k bezieht sich auf Art. 35 Abs. 4, wonach Listen von Verarbeitungsvorgängen von den Aufsichtsbehörden zu erstellen und zu veröffentlichen sind, für die eine Datenschutz-Folgenabschätzung durchzuführen ist (**Positivliste**). Nach Art. 35 Abs. 5 kann auch eine Liste erstellt werden, wann keine solche Folgenabschätzung durchzuführen ist (Negativliste). Bei der Positivliste handelt es sich um eine Pflichtaufgabe, bei der Negativliste da- 33

22 Paal/Pauly-Körffer, Art. 57 Rn. 12.
23 Roßnagel-*Hansen* und Roßnagel-*Dix*, Kap. 3.3 u. 3.5.

gegen nicht. Die Listen sind dem EDSA vorzulegen (Art. 35 Abs. 4, 5).[24] Die Erstellung durch deutsche Aufsichtsbehörden kann und sollte koordiniert gemeinsam erfolgen.

12. Vorherige Konsultation (Buchst. l)

34 Buchst. l nimmt Bezug auf Art. 36 Abs. 2, wonach die Aufsichtsbehörde bei einer geplanten Verarbeitung mit einem hohen Risiko bei **ungenügender Eindämmung des Risikos** schriftliche Empfehlungen geben und evtl. Maßnahmen nach Art. 58 ergreifen kann.

13. Verhaltensregeln (Buchst. m)

35 Buchst. m erfasst die Aufgaben der Aufsichtsbehörden in Bezug auf Verhaltensregeln nach Art. 40. Dabei geht es um die Förderung von Verhaltensregeln (Art. 40 Abs. 1) sowie um die Abgabe von Stellungnahmen und die Billigung von Verhaltensregeln (Art. 40 Abs. 5), wenn sie ausreichende Garantien gem. Art. 40 Abs. 2–4 vorsehen, nicht um die eigenständige Erarbeitung.[25]

14. Zertifizierung (Buchst. n)

36 Buchst. n zur Zertifizierung nach Art. 42 ist eine reine Verweisnorm, wobei insbesondere auf die Förderpflicht in Art. 42 Abs. 1 und die Pflicht zur Prüfung und Billigung nach Art. 42 Abs. 5 verwiesen wird. Dass Buchst. n anders als Art. 42 Abs.1 von »anregen« statt von »fördern« spricht, ist keine inhaltliche Abweichung. Das Gleiche gilt, wenn anders als in Art. 42 Abs. 5 von »billigen« und nicht von »genehmigen« die Rede ist.

15. Überprüfung von Zertifizierungen (Buchst. o)

37 Auch bei der in Buchst. o vorgesehenen Aufgabe des regelmäßigen Überprüfens von Zertifizierungen nach Art. 42 Abs. 7 weichen die Formulierungen der Grundnorm von denen der Aufgabennorm ab. Regelmäßige Überprüfungen sind nicht über den in Art. 42 gesteckten Rahmen hinaus notwendig.[26] Es genügt die Überprüfung im Rahmen der Rezertifizierung sowie im Fall von Hinweisen auf Verstöße (siehe Art. 42 Rn. 32, vgl. Art. 58 Abs. 1 Buchst. c). Davon abweichende kürzerfristige Prüfungen werden damit nicht ausgeschlossen (Art. 42 Abs. 4). Die Überprüfung der Zertifizierung eröffnet die **Möglichkeit des Widerrufs** nach Art. 42 Abs. 7 Satz 2.

16. Kriterien Akkreditierung von Zertifizierungsstellen (Buchst. p)

38 Buchst. p nimmt Bezug auf Art. 43 Abs. 3, wonach die Aufsichtsbehörden die Kriterien **genehmigen**, nach denen Zertifizierungsstellen akkreditiert werden. Die Aufsichtsbehörden veröffentlichen diese Kriterien gem. Art. 43 Abs. 6. Erneut weicht ohne inhaltliche Aus-

---

24 Kritisch zu den Listen Paal/Pauly-*Körffer*, Art. 57 Rn. 14.
25 SHS-*Polenz*, Art. 57 Rn. Rn. 41.
26 Paal/Pauly-*Körffer*, Art. 57 Rn. 18.

wirkungen die Formulierung in Buchst. p (»abfassen«) von der Grundnorm des Art. 43 Abs. 3 (»genehmigt«) ab.

17. Überwachung Verhaltensregeln und Zertifizierungen (Buchst. q)

Buchst. q bezieht sich auf die **Überwachung der korrekten Akkreditierung** von Stellen im Kontext von Verhaltensregeln gem. Art. 41 (Abs. 1, 2) sowie von Zertifizierungsstellen gem. Art. 43 durch Aufsichtsbehörden. 39

18. Drittlands-Übermittlungsklauseln (Buchst. r)

Buchst. r bezieht sich auf die Genehmigung von **Vertragsklauseln und Bestimmungen** nach Art. 46 Abs. 3. Darin müssen »geeignete Garantien« gemäß Art. 46 Abs. 1 für Datenübermittlungen ins Drittausland enthalten sein. Diese sollen die Übermittlungen legitimieren. 40

19. Binding Corporate Rules (Buchst. s)

Buchst. s enthält die Aufgabennorm zur Genehmigung von **verbindlichen unternehmensinternen Vorschriften** gem. Art. 47 (Binding Corporate Rules), mit denen konzerninterne Datenübermittlung ins Drittausland legitimiert werden können. 41

20. Beiträge für EDSA (Buchst. t)

Buchst. t enthält die Aufgabe und Verpflichtung der Aufsichtsbehörde, an der Arbeit des EDSA (Art. 68ff.) im Rahmen der Regelungen der DSGVO mitzuwirken und aktiv Beiträge zu leisten (insb. Art. 63ff.: Kohärenzverfahren). Diese Beiträge bestehen in Sachverhaltsdarstellungen und deren Bewertung, in der Vorbereitung von zu treffenden Entscheidungen sowie in der Teilnahme hieran. Zur **Vorbereitung von Entscheidungen** gehört auch die Gremienarbeit in Arbeits- bzw. Untergruppen. Letztlich ist auch die Respektierung der Entscheidungen des EDSA ein »Beitrag«. Die Beteiligung der deutschen Aufsichtsbehörden am EDSA und die sich ergebenden Aufgaben und Pflichten richten sich zusätzlich nach deutschem Recht (§§ 17–19 BDSG). 42

21. Verzeichnis über Verstöße und Maßnahmen (Buchst. u)

Die Aufgabe in Buchst. u zum Führen von **internen Verzeichnissen** »über Verstöße gegen diese Verordnung und gemäß Artikel 58 Abs. 2 ergriffene Maßnahmen« geht auf einen Vorschlag des Europäischen Parlaments zurück. Anders als viele andere Aufgaben ist diese Zuweisung nicht deklaratorisch, sondern konstitutiv. Der wesentliche Inhalt der Verzeichnisse erschließt sich aus der knappen Regelung nicht. Die Norm ist im Zusammenhang mit Buchst. h zu sehen, wonach Untersuchungen über die Anwendung der DSGVO vorgesehen sind. Gem. Art. 59 Satz 1 können die Tätigkeitsberichte der Aufsichtsbehörden »eine Liste der Arten der gemeldeten Verstöße und der Arten der getroffenen Maßnahmen« nach Art. 58 Abs. 2 enthalten. 43

22. Sonstige Aufgaben (Buchst. v)

44 Buchst. v eröffnet die Möglichkeit für »jede sonstige Aufgabe im Zusammenhang mit dem **Schutz personenbezogener Daten**«. Solche Aufgaben können sowohl von europäischem wie auch nationalem Recht vorgesehen sein. Dazu gehört insbesondere auch die Aufsicht in den Bereichen Polizei und Justiz (Art. 41ff. DSRl-JI, Richtlinie (EU) 2016/680, vgl. § 68f. BDSG) sowie über die Geheimdienste (z.B § 26a BVerfSchG, § 12a MADG, § 32 BNDG, § 36a SÜG). Sie dürfen aber nicht dazu führen, dass damit zwangsläufig Interessenkonflikte entstehen und die Unabhängigkeit beeinträchtigt wird. Eine spezifische Aufgabe ist die Evaluation der DSGVO (Art. 97 Abs. 4).

45 In der DSGVO nicht explizit vorgesehen ist, dass Aufsichtsbehörden die **Funktion eines Mediators** zwischen verarbeitenden Stellen und Betroffenen wahrnehmen. Tatsächlich erfolgt dies schon heute, insbesondere im Bereich des Beschäftigtendatenschutzes, wo die Behörden die Funktion eines fachkundigen neutralen Mittlers erfüllen können.[27] Angesichts der offenen Regelungen gerade im Bereich des Beschäftigtendatenschutzes ist eine solche Funktion zielführend und kann als eine Konkretisierung der Aufgaben in Buchst. a, d, e und f angesehen werden. Statt nur beratend oder sanktionierend tätig zu sein, ist es der Aufsicht auch zuzugestehen, vermittelnd zu agieren.

46 Dem BfDI kommt, ebenso wie vielen Landes-Aufsichtsbehörden, neben dem Datenschutz die Aufgabe der Umsetzung von **Informationsfreiheits-, -zugangs- und Transparenzgesetzen** zu (z. B. § 24 IFG-Bund). Angesichts der engen Verknüpfung der unterschiedlichen digitalen Grundrechte haben die Datenschutzaufsichtsbehörden generell in informationellen Fragen die Funktion als »Anwalt des Bürgers«.[28] Insofern besteht gem. Art. 86 eine allgemeine Öffnungsklausel. Wegen der Überschneidungen bzw. teilweisen Gleichgerichtetheit des Informationszugangs- und des Datenschutzrechts und der Vereinbarkeit der Aufsichtsaufgaben (siehe Art. 52 Rn. 20) wird diese Aufgabenwahrnehmung von der DSGVO zugelassen.[29]

III. Einreichen von Beschwerden (Abs. 2)

47 Abs. 2 verpflichtet die Aufsichtsbehörden zu Maßnahmen, die den Betroffenen die Einreichung von Beschwerden (Art. 77) erleichtern, die gemäß Abs. 1 Buchst. f zu befassen und zu untersuchen sind. Als Beispiel nennt die Regelung »die Bereitstellung eines **Beschwerdeformulars**, das auch elektronisch ausgefüllt werden kann«. Diese exemplarisch genannte Maßnahme ist nicht zwingend, aber wegen der expliziten Regelung geboten. Es genügt nicht, solche Formulare bereitzustellen. Bei Verwendung eines Online-Formulars ist darauf zu achten, dass eine vertrauliche und damit verschlüsselte Übertragung stattfindet. Bei der Standardisierung der Kommunikation zwischen Aufsicht und Betroffenen müssen die Möglichkeiten und Bedürfnisse der Betroffenen berücksichtigt werden. So können z. B. Formulare in verschiedenen Sprachen angeboten und auch ausgefüllt werden.

---

27 Schuler/Weichert, Die EU-DSGVO und die Zukunft des Beschäftigtendatenschutzes, 8.4.2016, *www. Netzwerk-datenschutzexpertise.de*, S. 21; kritisch Kort, ZD 2017, 5.
28 Müller, RDV 2014, 213; Weichert, DuD 2015, 324.
29 Unklar insofern Gola-*Nguyen*, Art. 57 Rn. 16.

Bei Beschwerdeformularen und sonstigen Kommunikationsangeboten sollte darauf hingewirkt werden, dass die Betroffenen sofort **möglichst alle sachdienlichen Angaben** machen, um zeitnah eine substantiierte Prüfung von Sachverhalt und Rechtmäßigkeit durchführen zu können und ein aufwändiges Nachfrageverfahren zu vermeiden. 48

Es geht der Regelung darum, die **Zugangshürden zu den Aufsichtsbehörden** für die Betroffenen so niedrig wie möglich zu machen. Dies schließt keine Maßnahmen aus, mit denen missbräuchliche oder querulatorische Beschwerden vermieden werden sollen. Ein völliger Ausschluss solcher Beschwerden ist aber nicht möglich. Ein solcher Versuch würde zu einer Missachtung von Abs. 2 führen. 49

Weitere Kommunikationsmittel sollen angeboten werden. Pflicht ist in jedem Fall die Entgegennahme von postalischen Beschwerden, der persönliche und der telefonische Kontakt sowie die Entgegennahme von Faxen.[30] 50

Die **Kommunikation mit E-Mail** ist so etabliert, dass ein Ausschluss dieses Mittels als Verstoß gegen Abs. 2 anzusehen wäre. Um die Vertraulichkeit dieser Kommunikationsform sicherzustellen, muss eine gängige Methode der Verschlüsselung angeboten werden, also zumindest PGP bzw. GnuPG. Soweit die Entgegennahme andersartig verschlüsselter elektronischer Nachrichten angeboten wird, ist dies zu begrüßen, aber rechtlich nicht zwingend. Eine Pflicht zur Verschlüsselung darf Beschwerdeführern nicht auferlegt werden, weil dies eine Zugangserschwernis darstellen würde. 51

Die Kommunikation mit **anderen elektronischen Diensten**, etwa Messenger-Diensten, Videokonferenz o. Ä. ist nicht zwingend bereitzustellen. Findet eine solche Bereitstellung statt, so muss darauf geachtet werden, dass diese Dienste datenschutzkonform sind. Daher ist die Nutzung von sozialen Netzwerken wie Facebook, Twitter oder Google+ wie auch von anderen nicht vertrauenswürdigen Dienstleistern, die z. B. keine Ende-zu-Ende-Verschlüsselung anbieten, nicht angesagt. 52

Zu begrüßen, wenn auch nicht explizit gefordert ist die **anonyme Möglichkeit** zur Mitteilung von Hinweisen. Die Beschwerdeführenden sind aber darauf hinzuweisen, dass für konkrete personenbezogene Überprüfungen eine Namensangabe erforderlich ist.[31] 53

IV. Unentgeltlichkeit (Abs. 3)

Die Leistungen der Aufsichtsbehörden sind für die **Betroffenen und den Datenschutzbeauftragten** (Art. 37) grds. kostenfrei. Gleiches gilt, wenn sich ein Betroffener durch eine Einrichtung oder Organisation nach Art. 80 Abs. 1 vertreten lässt.[32] Durch die Verwendung des Begriffs »gegebenenfalls« wird signalisiert, dass eine Beratung von Datenschutzbeauftragten nicht in allen Fällen unentgeltlich sein muss. Bei umfangreicheren Beratungsleistungen für kommerziell tätige und unternehmerisch eingebundene Datenschutzbeauftragte kann eine Gebühr verlangt werden.[33] 54

30 Paal/Pauly-*Körffer*, Art. 57 Rn. 27.
31 Paal/Pauly-*Körffer*, Art. 57 Rn. 28.
32 Paal/Pauly-*Körffer*, Art. 57 Rn. 29; Kühling/Buchner-*Bergt*, Art. 80 Rn. 17.
33 Nguyen, ZD 2015, 269; Kühling/Buchner-*Boehm*, Art. 57 Rn. 26; Ehmann/Selmayr-*Selmayr*, Art. 57 Rn. 22.

55 Gegenüber allen **anderen Adressaten** können die Aufsichtsbehörden grds. eine Kostenerstattung verlangen. Bisher ist die Praxis der Gebührenerhebung noch zurückhaltend. Es ist aber naheliegend, dass für – geldwerte – Beratungsleistungen insbesondere gegenüber privaten Stellen eine Erstattung des Aufwands verlangt wird. In einigen Bundesländern ist eine Gebührenerhebung für die Durchführung einer Prüfung vorgesehen (Baden-Württemberg, Hamburg, Thüringen). Dem Umstand, dass eine Kontrolle u. U. vom Gebührenpflichtigen nicht veranlasst wurde, tragen die Regelungen dadurch Rechnung, dass bei mangelfreiem Ergebnis der Prüfung keine Gebühren von der verarbeitenden Stelle erhoben werden.[34]

V. Ausnahmsweise Gebührenpflicht (Abs. 4)

56 Gem. Abs. 4 kann die Aufsichtsbehörde bei **offenkundig unbegründeten oder exzessiven Anfragen** entgegen Abs. 3 eine »angemessene Gebühr auf der Grundlage der Verwaltungskosten verlangen«. Die Regelung bezieht sich ausschließlich auf die Bearbeitung von Beschwerden durch Betroffene. Angesichts der Bedeutung des Beschwerderechts ist die Ausnahme zurückhaltend anzuwenden. Bei unbegründeten Anträgen hat die Beschwerde führende Person grds. einen Anspruch nach Abs. 3 auf unentgeltliche Mitteilung der Gründe für eine Zurückweisung. Soll wegen offenkundiger Unbegründetheit oder Exzessivität eine Gebühr erhoben werden, so sollte dies der Person zunächst mitgeteilt werden. Besteht sie auf einer Bearbeitung, so ist gegen eine Gebührenerhebung grds. nichts einzuwenden. Voraussetzung ist in jedem Fall das Vorliegen einer Gebührenordnung.

57 Die Prüfung der offenkundigen Unbegründetheit oder der Exzessivität ist nach **pflichtgemäßem Ermessen** durchzuführen, wobei zu berücksichtigen ist, welche Konsequenzen die Zurückweisung für den Betroffenen hat bzw. haben kann. In vielen Fällen ist eine einfühlsame sanktionsfreie Reaktion effektiver und für alle Seiten erkenntnisfördernder als die Berufung auf eine Gebührenpflicht.

58 Unter den genannten Voraussetzungen kann statt einer Gebührenerhebung auch – ganz ausnahmsweise – eine Weigerung stehen, »aufgrund einer Anfrage tätig zu werden«. Eine kumulative **Verweigerung des Tätigwerdens** in Kombination mit einer (Missbrauchs-) Gebühr ist nicht vorgesehen. Auch dem Verweigern des Tätigwerdens sollte eine entsprechende Mitteilung zumindest mit einer knappen Begründung vorangehen. Geht eine Eingabe eines Beschwerdeführers ein, die nicht mehr offensichtlich unbegründet oder exzessiv ist und insbesondere einen (neuen) datenschutzrelevanten Sachverhalt mitteilt, muss die unentgeltliche Prüfung begonnen werden.

59 Bei einer Gebührenerhebung gegenüber einem Beschwerdeführer oder der Verweigerung des Tätigwerdens liegt gem. Abs. 4 Satz 4 »die **Beweislast** für den offenkundig unbegründeten oder exzessiven Charakter der Anfrage« bei der Aufsichtsbehörde.

---

34 Paal/Pauly-*Körffer*, Art. 57 Rn. 29; Nachweise bei Gola-*Nguyen*, Art. 57 Rn. 17.

Art. 58 Befugnisse

(1) Jede Aufsichtsbehörde verfügt über sämtliche folgenden Untersuchungsbefugnisse, die es ihr gestatten,

a) den Verantwortlichen, den Auftragsverarbeiter und gegebenenfalls den Vertreter des Verantwortlichen oder des Auftragsverarbeiters anzuweisen, alle Informationen bereitzustellen, die für die Erfüllung ihrer Aufgaben erforderlich sind,

b) Untersuchungen in Form von Datenschutzüberprüfungen durchzuführen,

c) eine Überprüfung der nach Artikel 42 Absatz 7 erteilten Zertifizierungen durchzuführen,

d) den Verantwortlichen oder den Auftragsverarbeiter auf einen vermeintlichen Verstoß gegen diese Verordnung hinzuweisen,

e) von dem Verantwortlichen und dem Auftragsverarbeiter Zugang zu allen personenbezogenen Daten und Informationen, die zur Erfüllung ihrer Aufgaben notwendig sind, zu erhalten,

f) gemäß dem Verfahrensrecht der Union oder dem Verfahrensrecht des Mitgliedstaats Zugang zu den Räumlichkeiten, einschließlich aller Datenverarbeitungsanlagen und -geräte, des Verantwortlichen und des Auftragsverarbeiters zu erhalten.

(2) Jede Aufsichtsbehörde verfügt über sämtliche folgenden Abhilfebefugnisse, die es ihr gestatten,

a) einen Verantwortlichen oder einen Auftragsverarbeiter zu warnen, dass beabsichtigte Verarbeitungsvorgänge voraussichtlich gegen diese Verordnung verstoßen,

b) einen Verantwortlichen oder einen Auftragsverarbeiter zu verwarnen, wenn er mit Verarbeitungsvorgängen gegen diese Verordnung verstoßen hat,

c) den Verantwortlichen oder den Auftragsverarbeiter anzuweisen, den Anträgen der betroffenen Person auf Ausübung der ihr nach dieser Verordnung zustehenden Rechte zu entsprechen,

d) den Verantwortlichen oder den Auftragsverarbeiter anzuweisen, Verarbeitungsvorgänge gegebenenfalls auf bestimmte Weise und innerhalb eines bestimmten Zeitraums in Einklang mit dieser Verordnung zu bringen,

e) den Verantwortlichen anzuweisen, die von einer Verletzung des Schutzes personenbezogener Daten betroffene Person entsprechend zu benachrichtigen,

f) eine vorübergehende oder endgültige Beschränkung der Verarbeitung, einschließlich eines Verbots, zu verhängen,

g) die Berichtigung oder Löschung von personenbezogenen Daten oder die Einschränkung der Verarbeitung gemäß den Artikeln 16, 17 und 18 und die Unterrichtung der Empfänger, an die diese personenbezogenen Daten gemäß Artikel 17 Absatz 2 und Artikel 19 offengelegt wurden, über solche Maßnahmen anzuordnen,

h) eine Zertifizierung zu widerrufen oder die Zertifizierungsstelle anzuweisen, eine gemäß den Artikel 42 und 43 erteilte Zertifizierung zu widerrufen, oder die Zertifizierungsstelle anzuweisen, keine Zertifizierung zu erteilen, wenn die Voraussetzungen für die Zertifizierung nicht oder nicht mehr erfüllt werden,

i) eine Geldbuße gemäß Artikel 83 zu verhängen, zusätzlich zu oder anstelle von in diesem Absatz genannten Maßnahmen, je nach den Umständen des Einzelfalls,

j) die Aussetzung der Übermittlung von Daten an einen Empfänger in einem Drittland oder an eine internationale Organisation anzuordnen.

(3) Jede Aufsichtsbehörde verfügt über sämtliche folgenden Genehmigungsbefugnisse und beratenden Befugnisse, die es ihr gestatten,

a) gemäß dem Verfahren der vorherigen Konsultation nach Artikel 36 den Verantwortlichen zu beraten,

b) zu allen Fragen, die im Zusammenhang mit dem Schutz personenbezogener Daten stehen, von sich aus oder auf Anfrage Stellungnahmen an das nationale Parlament, die Regierung des Mitgliedstaats oder im Einklang mit dem Recht des Mitgliedstaats an sonstige Einrichtungen und Stellen sowie an die Öffentlichkeit zu richten,

c) die Verarbeitung gemäß Artikel 36 Absatz 5 zu genehmigen, falls im Recht des Mitgliedstaats eine derartige vorherige Genehmigung verlangt wird,

d) eine Stellungnahme abzugeben und Entwürfe von Verhaltensregeln gemäß Artikel 40 Absatz 5 zu billigen,

e) Zertifizierungsstellen gemäß Artikel 43 zu akkreditieren,

f) im Einklang mit Artikel 42 Absatz 5 Zertifizierungen zu erteilen und Kriterien für die Zertifizierung zu billigen,

g) Standarddatenschutzklauseln nach Artikel 28 Absatz 8 und Artikel 46 Absatz 2 Buchstabe d festzulegen,

h) Vertragsklauseln gemäß Artikel 46 Absatz 3 Buchstabe a zu genehmigen,

i) Verwaltungsvereinbarungen gemäß Artikel 46 Absatz 3 Buchstabe b zu genehmigen

j) verbindliche interne Vorschriften gemäß Artikel 47 zu genehmigen.

(4) Die Ausübung der der Aufsichtsbehörde gemäß diesem Artikel übertragenen Befugnisse erfolgt vorbehaltlich geeigneter Garantien einschließlich wirksamer gerichtlicher Rechtsbehelfe und ordnungsgemäßer Verfahren gemäß dem Unionsrecht und dem Recht des Mitgliedstaats im Einklang mit der Charta.

(5) Jeder Mitgliedstaat sieht durch Rechtsvorschriften vor, dass seine Aufsichtsbehörde befugt ist, Verstöße gegen diese Verordnung den Justizbehörden zur Kenntnis zu bringen und gegebenenfalls die Einleitung eines gerichtlichen Verfahrens zu betreiben oder sich sonst daran zu beteiligen, um die Bestimmungen dieser Verordnung durchzusetzen.

(6) Jeder Mitgliedstaat kann durch Rechtsvorschriften vorsehen, dass seine Aufsichtsbehörde neben den in den Absätzen 1, 2 und 3 aufgeführten Befugnissen über zusätzliche Befugnisse verfügt. Die Ausübung dieser Befugnisse darf nicht die effektive Durchführung des Kapitels VII beeinträchtigen.

Inhaltsübersicht Rn.

I. Allgemeines

Art. 58 enthält einen detaillierten, aber nicht abschließenden Katalog der hoheitlichen Befugnisse der Aufsichtsbehörden.[1] Eine höhere Präzisierung war nach Ansicht der Kommission erforderlich, weil die korrespondierende Regelung in Art. 28 Abs. 3 EG-DSRl so unbestimmt war, dass sich die nationalen Regelungen stark unterschieden und deren Anwendung zu sehr voneinander abwich. Die Unterschiede führten u. a. zu einem sog. Forum-Shopping, d. h. der Auswahl des Orts der Niederlassung mit dem Ziel, die Durchsetzung des europäischen Datenschutzrechts zu verhindern.[2] Trotz der Vielzahl der Befugnisse sind die damit eingeräumten Eingriffsrechte teilweise äußerst umfassend.[3] Art. 58 ist, anders als zuvor Art. 28 Abs. 3 EG-DSRl direkt anwendbar. Der Rat wollte im **Gesetzgebungsverfahren** die Konkretisierung den Mitgliedstaaten überlassen, konnte sich hierbei aber im Trilog nicht durchsetzen. Auf den Rat geht Abs. 6 zurück, der es dem nationalen Recht ermöglicht, weitere Befugnisse vorzusehen. 1

Die **Gliederung der Befugnisse** nach den Kriterien Untersuchung (Abs. 1), Abhilfe (Abs. 2) und Genehmigung (Abs. 3) geht auf den Rat zurück. Abs. 4 betont den Verhältnismäßigkeitsgrundsatz und den Grundrechtsbezug, Abs. 5 die justizbehördliche Durchsetzung. Abs. 6 enthält eine nationale Öffnungsklausel. 2

»Um die einheitliche Überwachung und Durchsetzung dieser Verordnung in der gesamten Union sicherzustellen, sollten die Aufsichtsbehörden in jedem Mitgliedstaat dieselben Aufgaben und **wirksamen Befugnisse** haben, darunter, insbesondere im Fall von Beschwerden natürlicher Personen, Untersuchungsbefugnisse, Abhilfebefugnisse und Sank- 3

1 Überblick bei DSK, Aufsichtsbefugnisse/Sanktionen, Kurzpapier Nr. 2, 17.12.2018.
2 Nguyen, ZD 2015, 269.
3 Kritisch Auernhammer-*v. Lewinski*, Art. 58 Rn. 4–6.

tionsbefugnisse und Genehmigungsbefugnisse und beratende Befugnisse, sowie – unbeschadet der Befugnisse der Strafverfolgungsbehörden nach dem Recht der Mitgliedstaaten – die Befugnis, Verstöße gegen diese Verordnung den Justizbehörden zur Kenntnis zu bringen und Gerichtsverfahren anzustrengen. Dazu sollte auch die Befugnis zählen, eine vorübergehende oder endgültige Beschränkung der Verarbeitung, einschließlich eines Verbots, zu verhängen. Die Mitgliedstaaten können andere Aufgaben im Zusammenhang mit dem Schutz personenbezogener Daten im Rahmen dieser Verordnung festlegen. Die Befugnisse der Aufsichtsbehörden sollten in Übereinstimmung mit den geeigneten Verfahrensgarantien nach dem Unionsrecht und dem Recht der Mitgliedstaaten unparteiisch, gerecht und innerhalb einer angemessenen Frist ausgeübt werden. Insbesondere sollte jede Maßnahme im Hinblick auf die Gewährleistung der Einhaltung dieser Verordnung geeignet, erforderlich und verhältnismäßig sein, wobei die Umstände des jeweiligen Einzelfalls zu berücksichtigen sind, das Recht einer jeden Person, gehört zu werden, bevor eine individuelle Maßnahme getroffen wird, die nachteilige Auswirkungen auf diese Person hätte, zu achten ist und überflüssige Kosten und übermäßige Unannehmlichkeiten für die Betroffenen zu vermeiden sind« (ErwGr 129 Satz 1–5).

4 »Jede rechtsverbindliche Maßnahme der Aufsichtsbehörde sollte schriftlich erlassen werden und sie sollte **klar und eindeutig** sein; die Aufsichtsbehörde, die die Maßnahme erlassen hat, und das Datum, an dem die Maßnahme erlassen wurde, sollten angegeben werden und die Maßnahme sollte vom Leiter oder von einem von ihm bevollmächtigten Mitglied der Aufsichtsbehörde unterschrieben sein und eine Begründung für die Maßnahme sowie einen Hinweis auf das Recht auf einen wirksamen Rechtsbehelf enthalten. Dies sollte zusätzliche Anforderungen nach dem Verfahrensrecht der Mitgliedstaaten nicht ausschließen« (ErwGr 129 Satz 7, 8).

5 Anders als bisher im deutschen Recht (vgl. §§ 24, 25, 38 BDSG-alt) unterscheidet Art. 58 nicht zwischen **öffentlichem und nicht-öffentlichem Bereich**. Aufsichtsbehörden haben also nun die Möglichkeit, gegenüber öffentlichen Stellen verbindliche Maßnahmen bis hin zur Verfahrensuntersagung durchzusetzen, Anweisungen zu geben und Bußgelder (Geldbußen) zu verhängen.[4] Bisher waren sie hier auf weitgehend unwirksame Beanstandungen beschränkt.[5]

6 Die Wahrnehmung der Befugnisse erfolgt durch die Aufsichtsbehörden in jedem Fall nach **eigenem Ermessen**. Soweit in Art. 58 Befugnisse der Aufsichtsbehörden explizit vorgesehen sind, besteht kein weiterer nationalstaatlicher Regelungsspielraum (anders nur Abs. 1 Buchst. f). Regelmäßig werden die genannten Befugnisse per Verwaltungsakt (§ 35 VwVfG) wahrgenommen. Eine Rangfolge der Befugnisse besteht nicht; diese haben sich an ihrer Effektivität und an der Verhältnismäßigkeit zu orientieren. Maßnahmen können kombiniert oder hintereinander gestaffelt durchgeführt werden.[6]

7 **Beschränkungen der aufsichtlichen Kontrollen** und Sanktionen sind nach Art. 90 möglich.

---

4 SHS-*Polenz*, Art. 58 Rn. 2, 5.
5 DKWW-*Weichert*, § 25 Rn. 1; kritisch dazu Ronellenfitsch, DuD 2012, 563.
6 SHS-*Polenz*, Art. 58 Rn. 6–8.

II. Untersuchungsbefugnisse (Abs. 1)

Art. 28 Abs. 3 Sp. 1 EG-DSRl regelte die Untersuchungsbefugnisse bisher exemplarisch und wenig detailliert. **Gegenstand, Umfang und Tiefe einer Prüfung** werden von der Aufsichtsbehörde festgelegt. Möglich sind Vollprüfungen ebenso wie Einzelfall-, Sonder- oder Stichprobenkontrollen. Es kann eine Beschränkung auf allgemeine oder spezifische materiell-rechtliche oder technisch-organisatorische Fragen vorgenommen werden. Möglich sind oberflächliche Prüfungen in Form von Interviews oder Fragebögen, aber auch Prüfungen bis hinein in die Betriebssystem-Ebene und die Programmierung bestimmter Verfahren mit Personenbezug. Die Befugnisse der Buchst. a, b, e und f können im Hinblick auf Berufsgeheimnisse und gleichwertige Geheimnispflichten nach Art. 90 Abs. 1 eingeschränkt werden. 8

1. Informationsbeschaffung (Buchst. a)

Der Auskunftsanspruch der Aufsichtsbehörde gegenüber dem Verantwortlichen, dem Auftragsverarbeiter oder deren Vertreter in Bezug auf alle zur Aufgabenerfüllung erforderlichen Informationen nach Buchst. a entspricht den bisherigen §§ 24 Abs. 4 Satz 1 Nr. 1, 38 Abs. 3 BDSG.[7] Bei juristischen Personen sind die **Adressaten** deren Organe bzw. die von ihnen bevollmächtigten Personen. Die Befugnis nach Buchst. a korrespondiert mit der Kooperationspflicht der verarbeitenden Stellen nach Art. 31. Persönlich verpflichtet ist nur die Leitung der Stelle, nicht der Datenschutzbeauftragte (Art. 37), an den die Pflicht aber delegiert werden kann. Die Auskunft muss unverzüglich, d. h. ohne schuldhaftes Verzögern, erteilt werden. 9

Die Auskunftspflicht setzt keine personenbezogene Datenverarbeitung voraus; es genügt der **konkrete Verdacht** einer solchen Verarbeitung aufgrund tatsächlicher Anhaltspunkte.[8] Ist dagegen erkennbar, dass keine Datenverarbeitung i. S. d. DSGVO erfolgt, besteht keine Auskunftspflicht. 10

Die Auskunftspflicht besteht im Hinblick auf die konkrete Datenverarbeitung, auf die eingesetzten (automatisierten/technischen Verfahren) sowie auf die organisatorischen und datenschutzrechtlichen Rahmenbedingungen. Die Auskunft muss umfassend und vollständig in Bezug auf die Anfrage der Aufsichtsbehörde sein;[9] sie muss auf Nachfrage auch die Datenherkunft oder den Datenempfänger benennen. Die Geltendmachung des Auskunftsanspruchs begründet eine Handlungspflicht, die auch darin besteht, die vorhandenen Informationen strukturiert zusammen- und dann bereitzustellen. Das Auskunftsersuchen ist ein **Verwaltungsakt** (vgl. § 35 VwVfG).[10] Die unrechtmäßige Verweigerung 11

7 Zur Verfassungskonformität OVG Sachsen 17. 7. 2013 – 3 B 470/12. DuD 2014, 55 ff.

8 Vgl. AG Kiel, RDV 1998, 93; AG Trier, RDV 1988, 154; OLG Celle, RDV 1995, 244; Herb, CR 1992, 111.

9 OVG Sachsen, DuD 2014, 55 = ZD 2014, 48.

10 Paal/Pauly-*Körffer*, Art. 58 Rn. 8; Wolff/Brink-*Brink*, § 38 Rn. 56; OVG Sachsen, ZD 2014, 48; zur sofortigen Vollziehbarkeit einer Auskunftsanforderung VG Leipzig 3. 12. 2012 – 5 L 1308/12.

der Auskunft auf ein Verlangen ist, anders als das Zugangsrecht (Art. 83 Abs. 5 Buchst. e) nicht bußgeldbewehrt.[11]

12 Die **Art der Auskunftserteilung** (durch wen, schriftlich, elektronisch, mündlich zur Niederschrift, Vorlage von Unterlagen, Einsichtgabe in EDV) kann von der verantwortlichen Stelle bestimmt werden, soweit hierdurch die Pflicht zur umfassenden Auskunftserteilung erfüllt wird. Verlangt werden können auch Kopien von Dokumenten oder Dateien.[12]

13 Aus dem Verfassungsrecht wird das Nemo-Tenetur-Prinzip abgeleitet, wonach ein **Auskunftsverweigerungsrecht** besteht, wenn ein Auskunftspflichtiger sich selbst belasten würde.[13] Dieser im deutschen Strafprozessrecht (§§ 55 Abs. 1, 136 Abs. 1 Satz 2 StPO) normierte Grundsatz fand bisher in § 38 Abs. 3 Satz 2 BDSG-alt und nun (nur in Bezug auf Breach Notification) in den §§ 42, 43 BDSG (jeweils Abs. 4) eine datenschutzrechtliche Ausformung.[14] Beim erstmaligen Auskunftsersuchen im Rahmen einer Prüfung muss die Aufsichtsbehörde auf dieses Recht hinweisen. Eine Verletzung der Hinweispflicht macht eine darauf erfolgte Datenerhebung rechtswidrig und führt, soweit insofern ein Auskunftsverweigerungsrecht bestanden hätte, zu einem Verwertungsverbot. Zur Zeugnisverweigerung berechtigt nach § 333 Abs. 1–3 ZPO sind der Verlobte, der Ehegatte und diejenigen, die mit dem Auskunftspflichtigen in gerader Linie verwandt oder verschwägert bzw. in der Seitenlinie bis zum dritten Grad verwandt oder verschwägert sind. Das Recht zur Auskunftsverweigerung besteht nur bzgl. der Fragen, deren Beantwortung die genannten Personen der Gefahr einer strafrechtlichen oder ordnungswidrigkeitsrechtlichen Verfolgung aussetzen würde.[15] Das Verweigerungsrecht ist personaler Natur und entbindet die verarbeitende Stelle grds. nicht von der Auskunftspflicht.

14 Vom Nemo-Tenetur-Prinzip nicht umfasst ist, dass die Beantwortung des Auskunftsersuchens eine **Straftat oder Ordnungswidrigkeit** darstellen könnte.[16] Insofern stellt die Auskunftspflicht einen Rechtsfertigungsgrund dar. Auskunftspflichtig sind also auch Personen, die einer beruflichen Schweigepflicht (§ 203 Abs. 1, 3 StGB) unterliegen. Die beruflichen Schweigepflichten sind Datenschutznormen, deren Einhaltung überprüft werden können muss.[17] Die Einheit der Rechtsordnung und der berufliche Vertraulichkeitsschutz wird dadurch gewahrt, dass die Aufsichtsbehörde selbst sanktionsbewehrt zur Geheimhaltung verpflichtet ist. Verhältnismäßige Einschränkungen der Prüfung können gem. Art. 90 vom nationalen Gesetzgeber festgelegt werden.

---

11 Ehmann/Selmayr-*Selmayr*, Art. 58 Rn. 16; a. A. wohl Paal/Pauly-*Körffer*, Art. 58 Rn. 9; Gola-*Nguyen*, Art. 58 Rn. 4 mit Verweis auf Art. 83 Abs. 4 Buchst. a.

12 Gola-*Nguyen*, Art. 58 Rn. 4.

13 Weichert, Informationelle Selbstbestimmung, S. 123 f.; siehe Art. 33 Rn. 25–27.

14 Ehmann/Selmayr-*Selmayr*, Art. 58 Rn. 12; Gola-*Nguyen*, Art. 58 Rn. 5.

15 Bärlein/Pananis/Rehmsmeier, NJW 2002, 1825.

16 Gola/Schomerus, § 38 Rn. 21; Paal/Pauly-*Körffer*, Art. 58 Rn. 8; a. A. KG 20. 8. 2010 – 1 Ws (b) 51/07, DuD 2011, 366 f.

17 Weichert, NJW 2009, 554 ff.; Simitis-*Petri*, § 38 Rn. 22 ff.; Leowsky, DuD 2011, 414; a. A. KG Berlin 26. 8. 2010 – 1 Ws(B)51/07 u. 2 Ss 23/07, NJW 2011, 324 = RDV 2010, 285 = DuD 2011, 367; Plath-*Plath*, § 38 Rn. 48.

2. Untersuchungen (Buchst. b)

Die Befugnis von Buchst. b, Untersuchungen in Form von Datenschutzüberprüfungen durchzuführen, überschneidet sich mit den anderen Befugnissen des Absatzes. Für die Überprüfung bedarf es **keines konkreten Anlasses**, z. B. eines Verdachts eines Datenschutzverstoßes.[18] Anlässe können z. B. sein: eine Eingabe eines Betroffenen, der Hinweis eines Mitarbeiters oder des Betriebsrats, Anzeigen von Dritten (Interessenverband, Konkurrenzunternehmen, unbeteiligter Dritter), Presse- oder Medienberichte, Informationen von Behörden. Möglich sind auch branchenbezogene Prüfungen oder Stichproben. 15

3. Überprüfung von Zertifizierungen (Buchst. c)

Die Befugnis zur Überprüfung gem. Art. 42 Abs. 7 erteilter Zertifizierungen korrespondiert mit der entsprechenden **Aufgabe der Aufsichtsbehörde** (Art. 57 Abs. 1 Buchst. o) und unterscheidet sich in Bezug auf Anlass und Umfang nicht von der Befugnissen nach Buchst. a, b. 16

4. Hinweis auf Datenschutzverstoß (Buchst. d)

Das Recht, eine verarbeitende Stelle auf einen vermeintlichen Datenschutzverstoß hinzuweisen, stellt das **eingriffsschwächste Instrument** zur Rechtsdurchsetzung dar. Ein Verstoß muss noch nicht beweissicher festgestellt worden sein; es genügt, dass dieser wahrscheinlich erfolgt ist. Es ist daher bei der Wahl der Maßnahmen vorrangig zu prüfen.[19] Ein solcher Hinweis kann im Rahmen einer Anhörung in Bezug auf eine geplante stärker eingreifende Maßnahme erfolgen (vgl. § 28 VwVfG). Ist ein Sachverhalt offenkundig und keine weitere Ermittlung nötig, so kann der Hinweis umgehend erfolgen. Dies kann bei verwendeten AGB der Fall sein oder bei einer eigenen Darstellung einer unzulässigen Verarbeitung z. B. im Internet. Genügt der Hinweis zur Beendigung einer Datenschutzverletzung nicht, so können weitergehend Maßnahmen ergriffen werden. 17

5. Zugang zu Daten und nötigen Informationen (Buchst. e)

Mit dem Zugang zu den Daten und Verfahrensinformationen, der schon in Art. 28 Abs. 3 EG-DSRl zugesichert wurde, soll die **Überprüfung der konkreten Datensätze**, deren Funktionsweise, deren Zugänglichkeit und deren technisch-organisatorische Absicherung ermöglicht werden. Der Zugang zu den Daten ist für die Aufgabenerfüllung der Aufsicht oft unabdingbar, z. B. um Auskünfte nach Buchst. a zu verifizieren. Das Recht auf Zugang zu den Daten umfasst auch das Aktivieren von Verarbeitungsprogrammen, sowohl von Anwendungs- wie auch von Sicherheitsprogrammen, also auch das Starten eines Verfahrens, die Ausführung von Anwendungen und das Sichtbarmachen von Protokolldaten.[20] 18

---

18 Paal/Pauly-*Körffer*, Art. 58 Rn. 10; Dammann/Simitis, Art. 28 Rn. 8.
19 SHS-*Polenz*, Art. 58 Rn. 16.
20 Dammann/Simitis, Art. 28 Rn. 9; Paal/Pauly-*Körffer*, Art. 58 Rn. 16.

19 Dem Recht auf Zugang zu den Informationen korrespondiert die **Verpflichtung der verarbeitenden Stelle**, die verfügbaren Informationen bereitzustellen. Verpflichtet sind der Verantwortliche, der Auftragsverarbeiter, evtl. aber auch der Lieferant, ein Datenempfänger oder eine dritte Stelle, die über die erforderlichen Informationen verfügt.[21] Die auf Art. 90 beruhende Regelung des § 29 Abs. 3 BDSG in Bezug auf Berufsgeheimnisträger ist europarechts- und verfassungswidrig und kann daher nicht zur Rechtfertigung einer Zugangsverweigerung herangezogen werden (siehe § 29 BDSG Rn. 24–30).

6. Zutritt zu Geschäftsräumen (Buchst. f)

20 Buchst. f begründet ein **Betretungsrecht** von Grundstücken und Geschäftsräumen für die Aufsichtsbehörde für Kontrollzwecke. Die Wahrnehmung des Betretungsrechts, mit dem eine kraft Gesetzes bestehende Duldungspflicht der kontrollierten Stelle korrespondiert, ist ein Realakt, kein Verwaltungsakt. Im Interesse eines wirksamen Schutzes des Wohnungsgrundrechts nach Art. 7 GRCh (Art. 13 Abs. 1 GG) ist der Begriff der Wohnung weit auszulegen und umfasst auch Arbeits-, Betriebs- und Geschäftsräume.[22] Geschäftsräume dienen beruflichen oder gewerblichen Zwecken. Wird eine berufliche Tätigkeit in einer Wohnung, etwa als Homeoffice, wahrgenommen,[23] so müsssen das Recht auf Unverletzlichkeit der Wohnung sowie die Privatsphäre der Bewohner beachtet werden, was zu Kontrolleinschränkungen oder gar im Einzelfall zu einem Kontrollausschluss führen kann.[24]

20a **Betriebs- und Geschäftszeiten** sollten bei der Wahl des Prüfungszeitraums berücksichtigt werden. Gibt es solche beim geprüften Unternehmen nicht explizit, gelten die branchenüblichen Geschäftszeiten bzw. die am Ort üblichen Öffnungszeiten.[25] Das Betretungsrecht dient der Einsichtnahme in die EDV und in Geschäftsunterlagen sowie der Feststellung der technisch-organisatorischen Maßnahmen (Art. 25, 32). Dieses muss nicht in Anspruch genommen werden, wenn z. B. über das Internet oder sonstige Netze die Überprüfung in den Räumlichkeiten der Aufsichtsbehörde oder an einem anderen zugänglichen Ort weniger eingreifend möglich ist.[26] Das Einsichtsrecht schließt die Befugnis zur Anfertigung von Notizen, Skizzen, Fotos und Kopien mit ein.[27] Kein Betretungsrecht besteht, wenn vor der Kontrolle bereits feststeht, dass die Voraussetzungen einer personenbezogenen Datenverarbeitung nach dem BDSG nicht vorliegen.[28]

21 »Untersuchungsbefugnisse im Hinblick auf den Zugang zu Räumlichkeiten sollten im Einklang mit besonderen Anforderungen im **Verfahrensrecht der Mitgliedstaaten** ausgeübt werden, wie etwa dem Erfordernis einer vorherigen richterlichen Genehmigung« (ErwGr 129 Satz 6). In Deutschland ist bisher eine richterliche Anordnung nicht vorge-

---

21 Dammann/Simitis, Art. 28 Rn. 9.
22 BVerfGE 32, 68; 76, 88, 228, 265.
23 Däubler, Gläserne Belegschaften, Rn. 388j-388n.
24 Müller, Homeoffice, Rn. 273f.
25 Simitis-*Petri*, § 38 Rn. 58.
26 Bäumler-*Kühn*, 1998, S. 121ff.
27 Simitis-*Petri*, § 38 Rn. 63; Taeger/Gabel-*Grittmann*, § 38 Rn. 33; a. A. Plath-*Plath*, § 38 Rn. 56.
28 Vgl. BVerfG, RDV 2007, 163f.

sehen; sie ist zur Wahrung der Verhältnismäßigkeit auch nicht erforderlich, da zwischen Wohnung und Geschäftsräumen differenziert wird.[29]

Der **Verdacht eines Datenschutzverstoßes** wird von der DSGVO, anders als zunächst im Gesetzgebungsverfahren von der Kommission vorgesehen, nicht gefordert. Im Rahmen der Verhältnismäßigkeitsprüfung haben die Aufsichtsbehörden aber die Auswirkungen und die Erkenntniserwartungen von Vor-Ort-Kontrollen mit zu berücksichtigen. 22

Eine **Vorankündigung einer Vor-Ort-Kontrolle** ist nicht erforderlich, so wie dies das Parlament ausdrücklich festschreiben wollte.[30] Im Rahmen der Verhältnismäßigkeitsprüfung sollte sie dann erfolgen, wenn keine Gefahr besteht, dass dadurch Beweisverluste herbeigeführt werden. 23

Während bei der Auskunft eine Pflicht zu aktivem Handeln besteht, begründet das Betretungsrecht eine **Duldungspflicht**. Im Rahmen von Datenschutzprüfungen erfolgen im Zusammenhang mit der Betretung weitere Prüfungen, z. B. die Durchsicht von Unterlagen oder die Einsicht in Dateien, die von der Duldungspflicht mit umfasst sind. Sind für Ermittlungsmaßnahmen aktive Maßnahmen der verantwortlichen Stelle erforderlich, unterliegen diese der Auskunftspflicht nach Buchst. a. Die Duldungspflicht hinsichtlich des Betretens ist bußgeldbewährt (Art. 83 Abs. 5 Buchst. e), nicht aber die zur Einsicht in Unterlagen.[31] 24

III. Abhilfebefugnisse (Abs. 2)

Gegenüber dem bisherigen deutschen Datenschutzrecht ist bei den Abhilfebefugnissen neu, dass die Aufsichtsbehörden gegenüber Behörden und anderen **öffentlichen Stellen Anordnungen** erlassen können.[32] Von einer unzulässigen Datenverarbeitung Betroffene haben einen Anspruch gegen die Aufsichtsbehörde auf Erlass von Verwaltungsakten gegenüber dem Verantwortlichen oder Auftragsverarbeiter.[33] Bei den Abhilfemaßnahmen ist auf die jeweils aktuelle Rechtslage und auf den Zeitpunkt des Rechtsverstoßes abzustellen. Vorwirkende Verfügungen wegen künftig möglicher Rechtsverstöße sind unzulässig.[34] 25

1. Warnung (Buchst. a)

Stellt eine Aufsichtsbehörde einen Datenschutzverstoß fest, so kann sie als Maßnahme mit der **niedrigsten Eingriffsintensität** eine Warnung aussprechen. Eine Warnung ist auch dann möglich, wenn ein Verstoß noch nicht erfolgt ist, aber droht oder wenn ein Verstoß möglich, aber nicht sicher festgestellt ist. Sie ist möglich, wenn auf Basis nachvollziehbarer Anhaltspunkte voraussichtlich ein Verstoß stattfinden wird. Art. 28 Abs. 3 2. Sp. EG-DSRl 26

29 Paal/Pauly-*Körffer*, Art. 58 Rn. 14.

30 SHS-*Polenz*, Art. 58 Rn. 20, 22.

31 Zur Rechtslage nach dem BDSG-alt KG Berlin 20. 8. 2010 – 1Ws(B)51/07 u. 2 Ss 23/07, NStZ 2012, 220 = DuD 2011, 367; Plath-*Plath*, § 38 Rn. 60.

32 Voßhoff/Hermerschmidt, PinG 2016, 59; Schaar, PinG 2016, 64; Plath-*Hullen*, Art. 58 Rn. 2.

33 Härting/Flisek/Thiess, CR 2018, 300.

34 VG Karlsruhe 6. 7. 2017 – 10 K 7698/16, ZD 2017, 543; Ehmann, ZD 2017, 546; Moos, K&R 2019, 240.

erhielt schon die Befugnis, eine Verwarnung oder eine Ermahnung auszusprechen. Aus einer Warnung ergibt sich, ebenso wenig wie aus einer Verwarnung nach Buchst. b, keine Rechtspflicht für den Adressaten. Die Warnung verfolgt das Ziel, auf die Möglichkeit eines Datenschutzverstoßes hinzuweisen und den Adressaten anzuhalten, diesen zu vermeiden. Wurde eine Warnung oder eine Verwarnung nicht beachtet, so kann dies bei einer späteren stärkeren Sanktionierung von Relevanz sein. Bei der Warnung und der Verwarnung handelt es sich jeweils um einen feststellenden Verwaltungsakt.[35]

2. Verwarnung (Buchst. b)

27 Die Verwarnung nach Buchst. b unterscheidet sich von der Warnung nach Buchst. a dadurch, dass hierfür ein Datenschutzverstoß oder -mangel festgestellt werden muss. Sie entspricht weitgehend der nach deutschem Recht vorgesehenen **Beanstandung** (§ 18 Abs. 2 BDSG, vgl. § 25 BDSG-alt).[36] Es kommt nicht darauf an, ob der Verstoß oder der Mangel auf vorwerfbarem oder vorsätzlichem Handeln beruht. Gegenüber einer vorgesetzten Stelle kann auch eine Verwarnung erfolgen, wenn diese sich weigert, gegenüber einer unter- oder nachgeordneten Stelle im Interesse der Beachtung des Datenschutzes tätig zu werden, z. B. indem eine Weisung verweigert wird, oder wenn eine unzulässige Weisung erteilt wurde. Der Verwarnung kommt ebenso wie der Warnung lediglich eine Hinweis-, keine Straffunktion zu. Sie ist kein Verwaltungsakt und kann deshalb auch i. d. R. nicht verwaltungsrechtlich angegriffen werden.[37] Sie muss nicht als ultima ratio darauf beschränkt bleiben, dass andere Mittel zur Durchsetzung des Datenschutzes erfolglos blieben.[38] Auch bei abgestellten Verstößen bzw. solchen, deren Abhilfe angekündigt ist, kann eine Verwarnung erfolgen, um für die Zukunft ein Rückfall in die frühere Praxis zu verhindern.

28 Die Verwarnung ist, ebenso wenig wie die Warnung, **nicht bußgeldbewehrt**. Wird eine Verwarnung missachtet, kann die Aufsichtsbehörde mit einer schärferen Abhilfebefugnis reagieren. Wegen Nichtbefolgung kann sie zwar nicht ausschließlich auf die Verwarnung, wohl aber auf die dieser zugrunde liegenden Missachtung des Datenschutzrechtes Bezug nehmen (sanktionsverstärkend evtl. über Art. 83 Abs. 2 Satz 2 Buchst. i).[39]

3. Anweisung zu Betroffenenrechten (Buchst. c)

29 Buchst. c regelt die Anweisung der Aufsichtsbehörde, **Betroffenenanträgen** auf Ausübung von deren Rechten zu entsprechen. Art. 28 Abs. 3 Sp. 2 EG-DSRl enthielt eine solche Befugnis beschränkt auf die Umsetzung von Sperrungen und Löschungen. § 38 Abs. 5 BDSG-alt hatte mit seiner Anordnungsbefugnis nicht die Betroffenenrechte im Fokus.

35 Härting/Flisek/Thiess, CR 2018, 298.
36 Paal/Pauly-*Körffer*, Art. 58 Rn. 18; SHS-*Polenz*, Art. 58 Rn. 27; vgl. DKWW-*Weichert*, § 38 Rn. 29.
37 BVerwG, RDV 1993, 27 = CR, 1993, 242; OVG Sachsen 21. 6. 2011 – 3 A 224/10, DuD 2011, 818 = RDV 2011, 249 = NVwZ-RR 2011, 980 = DÖV 2011, 901 (LS) = DÖD 2011, 286 mit Anm. Leuze, DÖD 2011, 274; OVG Münster, RDV 1994, 139; Simitis-*Dammann*, § 25 Rn. 21.
38 Simitis-*Dammann*, § 38 Rn. 8; a. A. Gola/Schomerus, § 25 Rn. 6; Roßnagel-*Heil*, S. 769 (Rn. 56).
39 Ehmann/Selmayr-*Selmayr*, Art. 58 Rn. 20.

30 Voraussetzung für eine Anweisung ist ein Antrag eines Betroffenen auf **Wahrnehmung seiner Rechte**, dem ein Verantwortlicher oder ein Auftragsverarbeiter zumindest teilweise nicht entsprochen hat, nachdem er hierzu vom Betroffenen aufgefordert worden ist. Die Regelung nimmt damit Bezug auf Kap. III, in dem die Rechte auf Information, Auskunft, Berichtigung, Löschung, Verarbeitungseinschränkung, Benachrichtigung im Fall einer Datenkorrektur, Datenübertragbarkeit, Widerspruch geregelt sind (Art. 12ff.). Auch Art. 22 (automatisierte Entscheidungen im Einzelfall einschließlich Profiling) enthält spezifische Betroffenenrechte. Buchst. c beschränkt sich aber nicht auf das Kap. III. Datenschutzrechtliche Betroffenenrechte finden sich auch an anderen Stellen der DSGVO, etwa der Anspruch auf Schadenersatz (Art. 82). Die Pflicht, Betroffenenrechte bei einer Interessenabwägung zu beachten, ist ein hier relevantes Recht (z.B. Art. 6 Abs. 1 Satz 1 Buchst. f). Die Benachrichtigung bei Datenschutzverstößen (Art. 34) ist auch erfasst, wird aber zusätzlich in Buchst. e aufgeführt. Die Betroffenenansprüche auf Rechtsschutz richten sich an die Gerichte und begründen keine Befugnisse der Aufsichtsbehörden (Art. 79, 80).

31 Buchst. c unterscheidet sich von Buchst. d dadurch, dass hier die Missachtung der Betroffenenrechte (vorrangig das »Ob«) angesprochen wird und nicht die **materielle Rechtmäßigkeit**, bei der es u.a. auch darum geht, wie Betroffenenrechte abgewogen werden.

32 Bei der Anweisung handelt es sich, wie bei allen weiteren Anweisungen um einen **Verwaltungsakt**, bei dem die Vorschriften des Verwaltungsverfahrensrechts beachtet werden müssen. Hierzu gehört die Durchführung eines Anhörungsverfahrens (vgl. § 28 VwVfG). Kommt der Adressat den Anforderungen der Aufsichtsbehörde vor Erlass des Verwaltungsaktes nach, so kann er diesen damit abwenden. Die Anweisung und die in der Folge genannten Maßnahmen sind bei Missachtung gem. Art. 83 Abs. 5 Buchst. e, Abs. 6 bußgeldbewehrt.

4. Anweisung zur Datenverarbeitung (Buchst. d)

33 Buchst. d ist im Hinblick auf die Anordnungsbefugnis der Aufsichtsbehörde eine Art Generalklausel, die andere Alternativen mit einschließen kann (Buchst. c, e, f, g, j). Sie knüpft an **konkreten Verarbeitungsvorgängen** an. Buchst. d entspricht weitgehend § 38 Abs. 5 Satz 1 BDSG-alt. Anknüpfungspunkt ist also eine Verarbeitung i.S.v. Art. 4 Nr. 2.

34 Grds. kann jede **Abweichung von der DSGVO** Anlass für eine Anweisung sein. Im Vordergrund stehen dabei Verstöße gegen das materielle Recht, also bei Feststellung einer fehlenden Rechtsgrundlage für eine Datenverarbeitung (Einwilligung, gesetzliche Grundlage). Erfasst sind aber auch Verstöße gegen Regeln der Datensicherheit oder das Unterlassen rechtlich geforderter technisch-organisatorischer Maßnahmen (Art. 32). Hierzu gehört auch die Bestellung eines Datenschutzbeauftragten (Art. 37) oder die Durchführung einer Datenschutz-Folgenabschätzung (Art. 35)

35 Erfasst sind auch Verstöße gegen das Datenschutzrecht, die zwar nicht ausdrücklich in der DSGVO geregelt sind, die aber **auf der DSGVO beruhen**. Dies gilt z.B. für Verletzungen gegen Berufsgeheimnisse im Hinblick auf sensitive personenbezogene Daten (Art. 9 Abs. 3) oder für Verstöße gegen nach Art. 88 abgeschlossene Kollektivvereinbarungen.

36 Die Anweisung muss in Bezug auf das zu erreichende Ziel eines datenschutzkonformen Vorgehens der verantwortlichen Stelle in ihrer Gänze erforderlich und hinreichend be-

stimmt sein (»auf bestimmte Weise«).[40] Für den Adressaten muss vollständig klar und unzweideutig erkennbar sein, was die Aufsicht von ihm verlangt. Bestehen verschiedene Möglichkeiten der Zielerreichung, so darf insofern durch die Aufsichtsbehörde keine Festlegung erfolgen. Erforderlich für die **Bestimmtheit der Anweisung** ist nicht die Angabe von Hersteller, Modell u. Ä., wenn ein anderes IT-Produkt in gleicher Weise rechtswidrig eingesetzt werden könnte.[41] Die Bestimmtheit bezieht sich auch auf eine konkrete Fristsetzung (»innerhalb eines bestimmten Zeitraums«).

37 Bei der Anweisung ist das **Verhältnismäßigkeitsprinzip** zu beachten, d. h. diese muss zur Beendigung des rechtswidrigen Zustands geeignet, erforderlich und angemessen sein. Das Gewicht des Verstoßes ist bei der Anweisung im Rahmen der Ermessensausübung zu berücksichtigen. Es müssen nicht zuvor alle milderen Mittel ausgeschöpft worden sein, wenn nur das gewählte Mittel einen wirksamen Erfolg verspricht.[42]

5. Anweisung Breach Notification (Buchst. e)

38 Buchst. e ermöglicht der Aufsicht ausdrücklich, im Fall von Datenschutzverletzungen eine **Benachrichtigung der Betroffenen** nach Art. 34 anzuordnen (sog. Breach Notification). Buchst. e ist ein Sonderfall zu Buchst. c und d. Adressat des Art. 34 ist ausschließlich der Verantwortliche. Bei der Ermessensausübung ist die Wahrscheinlichkeit eines hohen Risikos für die Betroffenen zu berücksichtigen (Art. 34 Abs. 4). Ist für den Fall einer verspäteten Benachrichtigung der Betroffenen für diese eine Gefahr im Verzug, kann die Aufsichtsbehörde auch ihre Befugnis nach Buchst. a (Warnung) in Anspruch nehmen.

6. Verarbeitungsbeschränkung und -verbot (Buchst. f)

39 Buchst. f erlaubt die Anweisung einer vorübergehenden oder endgültigen Beschränkung bis hin zu einem Verbot einer Verarbeitung gegenüber dem Verantwortlichen oder dem Auftragsverarbeiter. Dies entspricht § 38 Abs. 5 Satz 2 BDSG-alt, der aber im Vorlauf regelmäßig ein obligatorisches Zwangsgeldverfahren vorsah. Die Beschränkung kann sowohl eine quantitative wie eine qualitative, eine zeitliche oder eine räumliche Dimension haben.[43] Untersagt werden kann z. B. die weitere Beauftragung eines bestimmten Auftragnehmers, die Nutzung eines unsicheren Netzes, der Ankauf oder der Verkauf von bestimmten Adressen, die Begrenzung einer Videoüberwachung, die Bereitstellung von Daten im Internet oder die Speicherung von bestimmten Daten.

40 Die Schwere des Verstoßes und die damit verbundene Beeinträchtigung der Betroffenenrechte sind **abzuwägen** mit den Folgen für die verarbeitende Stelle. Sind mildere Mittel voraussichtlich zur Zielerreichung ausreichend, so sind diese vorzuziehen.[44]

---

40 VG Oldenburg, RDV 2013, 209 = ZD 2013, 296.
41 A.A. VG Ansbach 12. 8. 2014 – AN 4 K 13.01634, S. 26, Rn. 89.
42 Paal/Pauly-*Körffer*, Art. 58 Rn. 20.
43 SHS-*Polenz*, Art. 58 Rn. 38.
44 SHS-*Polenz*, Art. 58 Rn. 39f.

7. Anordnung Datenkorrektur (Buchst. g)

Die Art. 16–19 sehen die **Berichtigung, Löschung, Einschränkung der Verarbeitung und Unterrichtung der Empfänger** vor. Wurden diese Regeln missachtet, so kann nach Buchst. g eine Anordnung ergehen. Dies kann auch entgegen dem erklärten Willen des Betroffenen erfolgen,[45] wobei aber dessen Wille rechtlich erheblich sein kann. Dass hier, anders als bei den vorangegangenen Alternativen im Gesetzestext statt dem Begriff »anzuweisen« der Begriff »anzuordnen« verwendet wird, hat keine rechtliche Bedeutung. Anders als bei Buchst. c bedarf es für Buchst. g keines vorangegangenen Antrags des oder der Betroffenen; die Anordnung kann auch von Amts wegen erfolgen. Da die in den Art. 16–19 genannten Rechte ausschließlich gegenüber den Verantwortlichen bestehen, kann eine Anordnung auch nur an diesen ergehen.[46] Auftragsverarbeiter können aber mit der gleichen Wirkung gem. Buchst. d verpflichtet werden. 41

8. Widerruf Zertifizierung (Buchst. h)

Buchst. h mit der Befugnis zum Widerruf einer erteilten Zertifizierung nimmt Bezug auf die Regelung des Art. 42 Abs. 6. Die zertifizierende Aufsichtsbehörde bzw. Zertifizierungsstelle ist auch für den Widerruf zuständig. Beim Tätigwerden einer Zertifizierungsstelle ist diese **zum Widerruf anzuweisen**. Die Aufsichtsbehörde erfährt gem. Art. 43 Abs. 1 Satz 1 von den erteilten und verlängerten Zertifizierungen. 42

9. Verhängung von Geldbuße (Buchst. i)

Gem. Buchst. i hat die Aufsichtsbehörde die Aufgabe und Befugnis zur Verhängung von Geldbußen nach Art. 83. Diese werden »zusätzlich zu oder anstelle von« anderen Abhilfemaßnahmen erlaubt. Damit wird die **Parallelität von Verwaltungsanordnungen und Bußgeldverfahren**, die schon bisher in Deutschland bestand, beibehalten. Für ein Bußgeld wegen des Nichtbefolgens eines Verwaltungsaktes muss dieser bestandskräftig sein.[47] 43

Die Verfolgung von Ordnungswidrigkeiten war bisher **nach deutschem Recht** nicht zwingend eine Aufgabe und Befugnis der Aufsichtsbehörden. Mangels einer sonstigen Regelung galt § 36 OWiG. Die Umsetzung war landesrechtlich unterschiedlich ausgestaltet. Die Aufsichtsbehörden waren weitgehend, aber auch nicht vollständig für Bußgeldverfahren gegen nicht-öffentliche Stellen zuständig,[48] die obersten Landesbehörden weitgehend für öffentliche Stellen.[49] Die Umsetzung der Ordnungswidrigkeitenverfahren nach der DSGVO obliegt nunmehr ausschließlich den Aufsichtsbehörden. 44

45 SHS-*Polenz*, Art. 58 Rn. 42.
46 Kühling/Buchner-*Boehm*, Art. 58 Rn. 27.
47 SHS-*Polenz*, Art. 58 Rn. 46.
48 Überblick bei Wolff/Brink-*Holländer*, § 43 Rn. 72.1.
49 Paal/Pauly-*Körffer*, Art. 58 Rn. 26.

10. Aussetzung Drittlandsübermittlung (Buchst. j)

45 Buchst. j gibt Aufsichtsbehörden die Befugnis, die Datenübermittlung in Drittländer für eine zeitlich definierte Frist auszusetzen.[50] Die Frist kann sich sowohl auf einen bestimmten Zeitpunkt als auch auf eine bestimmte Bedingung beziehen, Diese konstitutive Regelung benennt keine prozeduralen Voraussetzungen. Einzige Voraussetzung ist daher die **Rechtswidrigkeit der Übermittlung** gemäß den Art. 44ff. (Kap. V) unter Berücksichtigung des Verhältnismäßigkeitsgrundsatzes.[51] Die Suspendierungsbefugnis bezieht sich jeweils auf bestimmt beschreibbare Datentransfers, nicht auf diese rechtfertigende Rechtsgrundlagen. Insofern besteht die Verwerfungskompetenz beim EuGH.[52]

IV. Genehmigungs- und Beratungsbefugnisse (Abs. 3)

1. Beratung vorherige Konsultation (Buchst. a)

46 Buchst. a nimmt Bezug auf Art. 36. Gem. Art. 36 Abs. 1 muss der Verantwortliche vor Beginn einer Verarbeitung die Aufsichtsbehörde konsultieren, wenn sich bei einer Datenschutz-Folgenabschätzung ergibt, dass ein **hohes Risiko** besteht, das nicht durch geeignete Maßnahmen eingedämmt wird. Gem. Art. 36 Abs. 2 darf die Aufsichtsbehörde ihre Befugnisse nach Art. 58 ausüben, wenn sie der Ansicht ist, dass »der Verantwortliche das Risiko nicht ausreichend ermittelt oder nicht ausreichend eingedämmt hat«. Innerhalb eines Zeitraums von bis zu acht Wochen können neben sonstigen Maßnahmen gem. Art. 58 auch »schriftliche Empfehlungen« erteilt werden. Die Aufnahme in den Befugniskanon des Abs. 3 erklärt sich evtl. dadurch, dass dabei Beratungskosten entstehen können.[53]

2. Beratung Legislative, Exekutive, Wirtschaft, Öffentlichkeit (Buchst. b)

47 Da die Beratungsbefugnis[54] grds. nicht mit hoheitlichen Eingriffen verbunden ist, bedürfte es keiner expliziten Befugnisnorm. Sie korrespondiert mit den Beratungsaufgaben in Art. 57 Abs. 1 Buchst. c, 59. In Bezug auf **Warnhinweise** insbesondere gegenüber der Öffentlichkeit[55] mit Verweis auf Verantwortliche oder Auftragsverarbeiter können sich aber evtl. doch Eingriffe ergeben. Die im deutschen Recht anerkannte Befugnis zu derartigen (öffentlichen) Äußerungen[56] wird in der DSGVO nun ausdrücklich bekräftigt.[57]

48 Die Beratung kann von der Aufsichtsbehörde von sich aus oder auf Anfrage erfolgen.[58] Als Methode der Beratung kommt **jede Kommunikationsform** in Betracht, mündlich, fernmündlich, über Internet, E-Mail oder sonstige digitale Medien, in Form von Veranstaltungen, Seminaren, Tagungen und Kongressen, über öffentliche Medien (Presse, Rund-

50 Vgl. EuGH 6.10.2015 – C-362/14, Rn. 66, NJW 2015, 3154f.
51 Paal/Pauly-*Körffer*, Art. 58 Rn. 27.
52 EuGH 6.10.2015 – C-362/14, Rn. 66; Ehmann/Selmayr-*Selmayr*, Art. 58 Rn. 28.
53 Paal/Pauly-*Körffer*, Art. 58 Rn. 28.
54 Bäumler-*Weichert*, S. 213ff.
55 Kühling/Buchner-*Boehm*, Art. 58 Rn. 34.
56 Ausführlich Weichert, DuD 2015, 323ff., 397ff.; Born, RDV 2015, 129f.; s. Art. 59 Rn. 11f.
57 Paal/Pauly-*Körffer*, Art. 58 Rn. 29.
58 SHS-*Polenz*, Art. 58 Rn. 52.

funk, Fernsehen) sowie über eigene Publikationen, zu denen auch der Tätigkeitsbericht (Art. 59) gehört.

3. Verfahrensgenehmigung nach nationalem Recht (Buchst. c)

Art. 36 Abs. 5 erlaubt bei risikobehafteten **Verfahren**, die **im öffentlichen Interesse** liegen, nach nationalem Recht eine Genehmigung durch die Aufsichtsbehörde vorzusehen. Buchst. c enthält hierzu die Befugnisnorm. 49

4. Stellungnahme und Billigung von Verhaltensregeln (Buchst. d)

Buchst. d nimmt Bezug auf Art. 40 Abs. 5, wonach Aufsichtsbehörden zu **Verhaltensregeln** Stellungnahmen abgeben und diese billigen (genehmigen). 50

5. Zertifizierungen (Buchst. e, f)

Buchst. e nimmt Bezug auf die Befugnis der Aufsichtsstellen **Zertifizierungsstellen** gem. Art. 43 zu akkreditieren. 51

Buchst. f nimmt Bezug auf die Befugnis der Aufsichtsbehörden, gem. Art. 42 Abs. 5 Zertifizierungen zu erteilen und Zertifizierungskriterien zu billigen (genehmigen). 52

6. Festlegung Standarddatenschutzklauseln (Buchst. g)

Buchst. g nimmt Bezug auf die Genehmigung von Standardvertragsklauseln für die **Auftragsverarbeitung** (Art. 28 Abs. 8) sowie für die **Drittauslands-Datenübermittlung** (Art. 46 Abs. 2 Buchst. d). 53

7. Genehmigung Drittlandsübermittlungsklauseln (Buchst. h, i, j)

Buchst. h nimmt Bezug auf Art. 46 Abs. 3 Buchst. a, b, wonach die Aufsichtsbehörde befugt ist, Vertragsklauseln sowie Bestimmungen in Verwaltungsvereinbarungen zur Gewährleistung geeigneter Garantien für die Datenübermittlung in Drittländer zu genehmigen. 54

Buchst. j sieht die Genehmigung von verbindlichen Vorschriften zu Drittlandsübermittlungen gem. Art. 47 vor. 55

V. Ausübung der Befugnisse (Abs. 4)

Abs. 4 stellt klar, dass sich die Ausübung der Befugnisse der Aufsichtsbehörden am **nationalen Recht** oder am Unionsrecht orientiert. Diese Regelungen müssen geeignete Garantien, wirksame gerichtliche Rechtsbehelfe und ordnungsgemäße Verfahren vorsehen. Unionsrechtliche Grundsätze sind zu beachten. Hierzu gehören das Recht auf eine gute Verwaltung (Art. 41 GRCh) mit dem Anspruch auf Aktenzugang und Entscheidungsbegründung, der Anspruch auf Rechtsschutz (Art. 47 GRCh) und der Verhältnismäßigkeitsgrundsatz (Art. 51 Abs. 1 Satz 2 GRCh). Dazu gehören weiterhin rechtliches Gehör, ange- 56 messene Fristen und die Vermeidung überflüssiger Kosten (ErwGr 129 Satz 4–8). Ein europarechtliches allgemeines Verfahrensrecht besteht bisher nicht.[59] D.h. das nationale Recht kann anhand dieser Kriterien europarechtlich überprüft werden.

57 In **Deutschland** gilt grds. das Verwaltungsverfahrensrecht der Länder (Aufsichtsbehörden der Länder) bzw. das des Bundes (BfDI). In Bußgeldverfahren sind das OWiG sowie die StPO anwendbar. Als Vollstreckungsmaßnahmen kommen Zwangsgeld, Ersatzvornahme oder unmittelbarer Zwang in Betracht (vgl. § 9 Abs. 1 VwVG), wobei der unmittelbare Zwang nur als ultima ratio zulässig ist (siehe § 6 Abs. 2 VwVG). Unter den Voraussetzungen des § 80 Abs. 2 VwGO kann die sofortige Vollziehung angeordnet werden.[60]

58 »Der Erlass eines rechtsverbindlichen Beschlusses setzt voraus, dass er in dem Mitgliedstaat der Aufsichtsbehörde, die den Beschluss erlassen hat, **gerichtlich überprüft** werden kann« (ErwGr 129 Satz 9).

59 Hinsichtlich des **Rechtswegs** besteht grds. der Weg über die Verwaltungsgerichtsbarkeit. Bei Maßnahmen in Bußgeldverfahren sind gem. § 68 OWiG die Amtsgerichte entscheidungsbefugt. Überformt sind die verwaltungsgerichtlichen nationalen Regelungen durch die Rechtsschutzmöglichkeiten nach den Art. 78.

VI. Weiterleitung an Justiz (Abs. 5)

60 Abs. 5 verpflichtet die Mitgliedstaaten zu Rechtsvorschriften, die die Aufsichtsbehörden befugen, Verstöße gegen die DSGVO »den **Justizbehörden zur Kenntnis** zu bringen und gegebenenfalls die Einleitung eines gerichtlichen Verfahrens zu betreiben«. Entsprechendes war bisher in § 44 Abs. 2 BDSG-alt und ist nun in § 42 Abs. 3 Satz 2 BDSG vorgesehen. »Gegebenenfalls« bezieht sich nicht auf die Regelungsbefugnis der Mitgliedstaaten, sondern darauf, dass unter den gegebenen Umständen in jedem Fall ein gerichtliches Verfahren initiiert werden kann.[61]

VII. National geregelte Befugnisse (Abs. 6)

61 Abs. 6 erlaubt den **Mitgliedstaaten**, für deren Aufsichtsbehörden weitere Befugnisse vorzusehen, die aber »nicht die die effektive Durchführung des Kapitels VII beeinträchtigen« dürfen. Kap. VII regelt die europäische Zusammenarbeit und Kohärenz. So wurde die frühere Befugnis zur Abberufung des Datenschutzbeauftragten (§ 38 Abs. 5 Satz 3 BDSG-alt) in das neue BDSG übernommen (§ 40 Abs. 6 Satz 2).

62 Das BDSG-alt sah nicht explizit in der DSGVO vorgesehene Befugnisse vor: Die **Unterrichtung der Betroffenen** über Datenschutzverstöße (§ 38 Abs. 1 Satz 6 BDSG-alt) wird durch Art. 57 Abs. 1 Buchst. f sowie Art. 58 Abs. 2 Buchst. e (Breach Notification) abgedeckt.

63 Die Unterrichtung der **Gewerbeaufsichtsbehörde** war bisher auch in § 38 Abs. 1 Satz 6 BDSG vorgesehen, hatte aber in der Praxis kaum eine Bedeutung. Die Gewerbeaufsichts-

---

59 Albrecht/Jotzo, Datenschutzrecht, S. 109; EuGH 1.10.2015 – C-230/14, Rn. 50, ZD 2015, 580; Ehmann/Selmayr-*Selmayr*, Art. 58 Rn. 33; Auernhammer-*v. Lewinski*, Art. 58 Rn. 54f.

60 SHS-*Polenz*, Art. 58 Rn. 67.

61 EuGH 6.10.2015 – C-362/14, Rn. 65, NJW 2015, 3154; Kühling/Buchner-*Boehm*, Art. 58 Rn. 46.

behörde ist nicht von Abs. 5 (Justizbehörden) erfasst. Entsprechendes gilt für die **Unterrichtung der Kammern** in Bezug auf die Aufsicht über freie Berufe. Insofern können nationale Regelungen erfolgen.

Gemäß den **Informationsfreiheits-, -zugangs- und Transparenzgesetzen** des Bundes und einiger Länder haben die Aufsichtsbehörden nicht nur Aufgaben, sondern teilweise auch hoheitliche Befugnisse. Diese können weiterhin bestehen bleiben (siehe Art 57 Rn. 46). 64

Art. 59 Tätigkeitsbericht

Jede Aufsichtsbehörde erstellt einen Jahresbericht über ihre Tätigkeit, der eine Liste der Arten der gemeldeten Verstöße und der Arten der getroffenen Maßnahmen nach Artikel 58 Absatz 2 enthalten kann. Diese Berichte werden dem nationalen Parlament, der Regierung und anderen nach dem Recht der Mitgliedstaaten bestimmten Behörden übermittelt. Sie werden der Öffentlichkeit, der Kommission und dem Ausschuss zugänglich gemacht.

Inhaltsübersicht Rn.

I. Allgemeines

Art. 28 Abs. 5 EG-DSRl sah vor, dass jede Kontrollbehörde regelmäßig einen zu veröffentlichenden Bericht über ihre Tätigkeit vorlegt. Dieser Regelung lagen die Praxis und nationale Regelungen, z. B. auch in Deutschland, zugrunde. Die ursprüngliche Funktion der Tätigkeitsberichte bestand darin, die politischen Gremien der Exekutive und Legislative regelmäßig mit den aktuellen Datenschutzfragen zu konfrontieren und die Öffentlichkeit über die damals noch eher exotische Thematik zu informieren. Diese Funktionen werden heute nicht mehr nur durch die Tätigkeitsberichte, sondern generell durch die **Öffentlichkeitsarbeit** der Aufsichtsbehörden und generell durch die Medienberichterstattung erfüllt (siehe Art. 58 Rn. 47f.). Art. 49 DSRl-JI enthält eine entsprechende Regelung. 1

Im **Kommissionsentwurf** war keine Zeitangabe zum Tätigkeitsbericht vorgesehen; das Parlament sah diesen mindestens alle zwei Jahre vor. Der Rat schlug einheitlich eine Einjahresfrist vor, die im Trilog Bestand hatte. Der Rat führte zudem die Öffnungsklausel für weitere Adressaten ein. Die Kann-Regelung zum Berichtsinhalt (Verstöße und Maßnahmen) kam erst im Trilogverfahren hinzu. 2

Angesichts der Unabhängigkeit der Aufsichtsbehörden besteht ein **besonderer Kontrollbedarf** in Bezug auf deren Tätigkeit.[1] Der Tätigkeitsbericht soll es regelmäßig dem Parlament sowie der kritischen Öffentlichkeit ermöglichen, sich einen umfassenden Überblick 3

---

1 Dammann/Simitis, Art. 28 Rn. 18; Tinnefeld/Buchner, DuD 2010, 582; Kühling/Buchner-*Boehm*, Art. 59 Rn. 4, 5; Ehmann/Selmayr-*Selmayr*, Art. 59 Rn. 1.

über die ansonsten weitgehend kontrollfreie Tätigkeit der Aufsichtsbehörden und über die Verwendung von öffentlichen Mitteln zu verschaffen und Ansatzpunkte für Nachfragen geben.[2] Die Tätigkeitsberichte haben zudem eine Informations- und Meinungsbildungsfunktion.[3] Mit dem Tätigkeitsbericht wird auch der Sensibilisierungsaufgabe der Aufsichtsbehörden entsprochen (Art. 57 Abs. 1 Buchst. b, d). Bestehen, wie in Deutschland, mehrere Aufsichtsbehörden, so gilt die Pflicht nach Art. 59 für jede von diesen.

II. Die Regelung konkret

1. Berichtszeitraum und Inhalt (Satz 1)

4 Der Bericht ist **jährlich** zu erstellen. Dies entspricht der langjährigen Praxis in Deutschland. In der jüngeren Zeit stellten immer mehr Regelungen zu Aufsichtsbehörden auf einen Zweijahresrhythmus um. Dem lagen ökonomische Erwägungen (Aufwand) zugrunde wie auch das Bestreben der Parlamente, sich mit den Berichten nur noch in größeren Abständen befassen zu müssen. Teilweise wird die Regelung dahingehend verstanden, dass der Berichtszeitraum sich auf das jeweilige Haushaltsjahr zu beziehen habe.[4]

5 Die Regelung macht keine verbindlichen Vorgaben über den **Inhalt** der Tätigkeitsberichte. Insofern hat die Aufsichtsbehörde in ihrer Unabhängigkeit einen großen Spielraum. Es haben sich aber sinnvolle Standards entwickelt. So ist es wenig ergiebig, die einzelnen bearbeiteten Fälle darzustellen. Vielmehr soll eine qualitative, nach Schwerpunkten und an der Wichtigkeit der Themen ausgerichtete Auswahl vorgenommen werden. Außerdem sollen quantitative Aussagen gemacht werden, mit denen die Tätigkeit der Aufsichtsbehörde wie auch die Situation des Datenschutzes im Berichtsraum bewertet werden können. Über Statistiken lässt sich eine zeitliche Entwicklung nachvollziehen und ein Vergleich zwischen den Aufsichtsbehörden vornehmen.[5] Insofern ist es wünschenswert, dass sich die Aufsichtsbehörden über bestimmte Standards der Erfassung und der Berichterstattung verständigen. Zu erfassen sind z. B. Meldungen nach Art. 33, Art und Umfang der durchgeführten Kohärenzverfahren (Art. 60ff.), der Beschwerden (Art. 77), der Gerichtsverfahren (Art. 78), Zahl der Bußgeldverfahren und Bußgeldhöhe sowie anderer Abhilfebefugnisse und Sanktionen (Art. 58 Abs. 2, 83, 84). Die Nachweise dienen auch der Begründung für den Umfang der angemessenen Ausstattung (Art. 52 Abs. 4).[6] Es geht nicht nur darum, die Entwicklungen des Datenschutzes zu verfolgen (Art. 57 Abs. 1 Buchst. i), sondern hierüber auch wertend zu berichten (Art. 57 Abs. 1 Buchst. b, c).

6 Ausdrücklich erwähnt wird die Möglichkeit, eine Liste von gemeldeten Verstößen und der Arten der getroffenen Maßnahmen zu dokumentieren. Eine Aufgabe zur Erstellung solcher **internen Verzeichnisse** ist in Art. 57 Abs. 1 Buchst. u vorgesehen, ohne dass aber eine Konkretisierung erfolgt. Die wesentlichen Aussagen und Schlüsse aus diesen Verzeichnissen sollen nach außen kommuniziert werden. Dahinter steckt das Anliegen, Schwer-

---

2 Ehmann/Selmayr-*Selmayr*, Art. 59 Rn. 3.
3 SHS-*Polenz*, Art. 59 Rn. 2.
4 SHS-*Polzenz*, Art. 59 Rn. 5; Ehmann/Selmayr-*Selmayr*, Art. 59 Rn. 9.
5 Gola-*Nguyen*, Art. 59 Rn. 3; SHS-*Polenz*, Art. 59 Rn. 2.
6 Ehmann/Selmayr-*Selmayr*, Art. 59 Rn. 7.

punkte von Umsetzungsdefiziten beim Datenschutz zu detektieren und mögliche Maßnahmen hiergegen aufzuzeigen und hierüber öffentlich diskutieren zu können.

2. Adressaten (Satz 2, 3)

Als Adressaten der Tätigkeitsberichte benennt Satz 2 das Parlament, die Regierung sowie andere »nach dem Recht der Mitgliedstaaten bestimmte Behörden« Die Adressierung der **Legislative** zielt auf die parlamentarische Kontrolle der Aufsichtsbehörde und auf die Gesetzgebung. Tätigkeitsberichte werden in den Parlamentsausschüssen erörtert, womit eine kritische Hinterfragung der Aufsichtstätigkeit ebenso intendiert ist wie die Feststellung von politischem Handlungsbedarf sowohl im Hinblick auf die Tätigkeit der Regierung und der Ministerien wie auch auf die Gesetzgebung. In den Tätigkeitsberichten werden erlassene Gesetze und laufende Gesetzesvorhaben kommentiert. Die Legislative ist i. d. R. zuständig für die Ressourcenbereitstellung der Aufsicht (Art. 52 Abs. 4). Der Bericht sollte Anhaltspunkte über Bedarfe und deren Befriedigung geben. 7

Die **Exekutive** als Adressat soll über die Tätigkeitsberichte ein Feedback erhalten über deren Wirksamkeit bei der Umsetzung des Datenschutzes in der Verwaltung im Umgang mit personenbezogenen Daten. Da hochsensitive und oft auch nicht-öffentliche Verarbeitungen Gegenstand sind, kann eine Sensibilisierung erreicht werden. Zugleich erfolgt mit den Berichten eine evtl. mit öffentlichem Druck verbundene Beratung (Art. 57 Abs. 1 Buchst. b). 8

Gemäß Satz 3 wird der Bericht **der Kommission und dem EDSA** zugänglich gemacht. Er soll daher Aussagen über die europäische Zusammenarbeit und die sich durch den grenzüberschreitenden Datenverkehr ergebenden Notwendigkeiten enthalten und so der Kommission und dem EDSA Hinweise für deren Tätigkeit geben. Ein bestimmter Umgang mit den Berichten ist nicht ausdrücklich vorgesehen. Es kann der Kommission nicht versagt werden, hierzu Stellung zu nehmen; hierin liegt kein unzulässiger Eingriff in die Unabhängigkeit.[7] 9

Adressat des Berichts ist weiterhin generell die **Öffentlichkeit**. Hierbei handelt es sich um die Bürgerinnen und Bürger direkt, denen die Berichte z. B. über das Internet oder in gedruckter Form bereitgestellt werden, ebenso wie die Öffentlichkeit der verarbeitenden Stellen (Art. 57 Abs. 1 Buchst. d) und die wissenschaftliche und sonstige Fachöffentlichkeit. Tätigkeitsberichte sind Anlass und Material für wissenschaftliche Arbeiten. Die allgemeine Öffentlichkeit wird indirekt auch über die Presse und die Medien angesprochen, die über die Tätigkeitsberichte informieren und die bei ihrer Berichterstattung auf diesen Fundus zurückgreifen. 10

III. Öffentlichkeitsarbeit von Aufsichtsbehörden

Die Aufsichtsbehörden dürfen im Tätigkeitsbericht wie auch generell bei offensichtlich rechtswidriger Datenverarbeitung **öffentliche Warnungen** aussprechen. Hierin liegt eine wirksame Maßnahme gegenüber der Öffentlichkeit zwecks Sensibilisierung, Aufklärung 11

7 Ehmann/Selmayr-*Selmayr*, Art. 59 Rn. 11; a. A. Paal/Pauly-*Körffer*, Art. 59 Rn. 4.

und Hilfe zum Selbstschutz (Art. 57 Abs. 1 Buchst. b), die in Unabhängigkeit wahrgenommen werden kann.[8] Mit der Veröffentlichung von wesentlichen Rechtsverstößen verstoßen die Aufsichtsbehörden grundsätzlich nicht gegen ihre Amtsverschwiegenheit, sie nehmen vielmehr ein öffentliches Interesse wahr.[9] Diese Publikationsbefugnis beschränkt sich nicht hierauf.[10] Da die vorrangige Wirkungsmöglichkeit der insofern legitimierten Aufsichtsbehörden darin besteht, zu prüfen, zu kritisieren, zu mahnen, zu beanstanden und zu empfehlen, können sie diese Aktivitäten entfalten, solange sie damit nicht rechtswidrig in Rechte Dritter eingreifen. Von ihnen wird per Gesetz erwartet, im Interesse des Grundrechtsschutzes als »Hüter« parteiisch zu sein. Dies entbindet sie nicht davon, sämtliche sonstigen rechtlichen und berechtigten Interessen zu berücksichtigen. Würden die Aufsichtsbehörden angesichts aktueller Risiken für den Datenschutz ihrer Warnfunktion nicht nachkommen, würden sie ihren Pflichten nach der DSGVO nicht genügen. Angesichts der Offenheit vieler datenschutzrechtlicher Vorschriften sind die Aufsichtsbehörden nicht gehindert, auch in streitigen Fragen ihre datenschutzrechtliche Bewertung zu veröffentlichen, wenn diese vertretbar ist und erkennbar ist, dass diese ein Beitrag zur gesellschaftlichen Auseinandersetzung sein soll und nicht eine pauschale Anprangerung oder Anpreisung.[11]

12 Warnungen oder vergleichbare **hoheitliche Äußerungen** sind schlicht-hoheitliches Handeln in Form von öffentlich-rechtlichen Realakten, womit Grundrechtseingriffe gegenüber privaten Stellen, insbesondere in die freie Berufsausübung und den Schutz des Eigentums (Art. 15–17 GRCh; Art. 12, 14 GG) einhergehen können.[12] Hierbei kann sich die Aufsichtsbehörde nicht auf die Meinungsfreiheit nach Art. 11 GRCh (Art. 5 GG) berufen; anderes gilt jedoch, wenn ein hoheitlicher Vertreter sich als Privatperson äußert.[13] Hoheitliche Äußerungen bedürfen keiner ausdrücklichen gesetzlichen Grundlage und legitimieren sich schon durch die behördliche Aufgabenstellung in Verbindung mit der Wahrnehmung von Schutzpflichten, wenn ein hinreichend gewichtiger, dem Inhalt und der Bedeutung des berührten Grundrechts entsprechender Anlass besteht, und wenn die negativen Werturteile nicht unsachlich sind, sondern auf einem im Wesentlichen zutreffenden oder zumindest sachgerecht und vertretbaren Tatsachenkern beruhen.[14] Die konkrete Benennung sollte sich weniger bzw. nicht daran orientieren, wie schwer ein Verstoß ist bzw. war,[15] sondern vorrangig daran, welche Verstöße mit einem hohen Risiko für die Rechte vieler Betroffener verbunden sind (vgl. Art. 34).[16] Entsprechend dem Verhältnismäßigkeitsgrundsatz müssen die staatlichen Äußerungen den zu gewährleistenden öffentlichen und privaten Belangen förderlich sein und sich in den Grenzen der Erforderlichkeit und

---

8 Weichert, DuD 2015, 325.
9 BGHSt 48, 126ff. = NJW 2003, 979ff. = RDV 2003, 84 = DuD 2003, 311; dazu Kauß, DuD 2003, 370.
10 So aber VG Köln, RDV 1999, 125 = DANA 2/1999, 29 = CR 1999, 557 = DuD 1999, 353; dagegen Köppen, DANA 2/1999, 31; Ehmann, CR 1999, 560; s. u. Rn. 5.
11 Köppen, DANA 2/1999, 31; Müller, RDV 2004, 211.
12 Auernhammer-*v. Lewinski*, Art. 59 Rn. 10.
13 Zu den Abgrenzungskriterien Weichert, DuD 2015, 401.
14 Ständige Rechtsprechung BVerfG, NJW 1989. 3270; BVerwG NJW 2089, 2273.
15 So wohl SHS-*Polenz*, Art. 59 Rn. 6.
16 Kühling/Buchner-*Boehm*, Art. 59 Rn. 6.

der Angemessenheit bzw. der Zumutbarkeit bewegen.[17] Bei dringenden Maßnahmen kann nicht gefordert werden, dass zunächst die Abhilfebefugnisse des Art. 58 Abs. 2 ausgeschöpft wurden.[18] Betroffenen Stellen sollte vor der Veröffentlichung die Möglichkeit der Stellungnahme gegeben werden.[19] Zuständig ist nicht nur die räumlich und sachlich für einen Verstoß einer Stelle zuständige Aufsichtsbehörde; vielmehr genügt ein Anknüpfungspunkt der sich äußernden Behörde in ihrem Zuständigkeitsbereich.[20] Eine Abstimmungspflicht unter den unabhängigen Aufsichtsbehörden besteht bei Äußerungen nicht. Der dadurch ausgelöste Diskurs muss und kann sich oft nicht auf die interne Fachöffentlichkeit beschränken, zumal derartige Einschränkungen in der Praxis von der sich äußernden Behörde beherrscht werden können, ebenso wenig wie die Kennzeichnung als eigene Ansicht unter mehreren ohne Absolutheitsanspruch.[21]

Kapitel 7
Zusammenarbeit und Kohärenz

Abschnitt 1
Zusammenarbeit

Art. 60 Zusammenarbeit zwischen der federführenden Aufsichtsbehörde und den anderen betroffenen Aufsichtsbehörden

(1) Die federführende Aufsichtsbehörde arbeitet mit den anderen betroffenen Aufsichtsbehörden im Einklang mit diesem Artikel zusammen und bemüht sich dabei, einen Konsens zu erzielen. Die federführende Aufsichtsbehörde und die betroffenen Aufsichtsbehörden tauschen untereinander alle zweckdienlichen Informationen aus.

(2) Die federführende Aufsichtsbehörde kann jederzeit andere betroffene Aufsichtsbehörden um Amtshilfe gemäß Artikel 61 ersuchen und gemeinsame Maßnahmen gemäß Artikel 62 durchführen, insbesondere zur Durchführung von Untersuchungen oder zur Überwachung der Umsetzung einer Maßnahme in Bezug auf einen Verantwortlichen oder einen Auftragsverarbeiter, der in einem anderen Mitgliedstaat niedergelassen ist.

(3) Die federführende Aufsichtsbehörde übermittelt den anderen betroffenen Aufsichtsbehörden unverzüglich die zweckdienlichen Informationen zu der Angelegenheit. Sie legt den anderen betroffenen Aufsichtsbehörden unverzüglich einen Beschlus-

17 Zu den Kriterien Weichert, DuD 2015, 398; einschränkend Born, RDV 2015, 131.
18 So aber Kühling/Buchner-*Boehm*, Art. 59 Rn. 6.
19 Plath-*Plath*, § 38 Rn. 31; Auernhammer-*v. Lewinski*, Art. 59 Rn. 10.
20 Weichert, DuD 2015, 399; a. A. VG Schleswig, ZD 2014, 103.
21 Weichert, DuD 2015, 399; a. A. OVG Schleswig-Holstein, DuD 2014, 717 mit Anm. Kauß; zu allem auch Kauß in: FS Will, S. 603 ff.

sentwurf zur Stellungnahme vor und trägt deren Standpunkten gebührend Rechnung.

(4) Legt eine der anderen betroffenen Aufsichtsbehörden innerhalb von vier Wochen, nachdem sie gemäß Absatz 3 des vorliegenden Artikels konsultiert wurde, gegen diesen Beschlussentwurf einen maßgeblichen und begründeten Einspruch ein und schließt sich die federführende Aufsichtsbehörde dem maßgeblichen und begründeten Einspruch nicht an oder ist der Ansicht, dass der Einspruch nicht maßgeblich oder nicht begründet ist, so leitet die federführende Aufsichtsbehörde das Kohärenzverfahren gemäß Artikel 63 für die Angelegenheit ein.

(5) Beabsichtigt die federführende Aufsichtsbehörde, sich dem maßgeblichen und begründeten Einspruch anzuschließen, so legt sie den anderen betroffenen Aufsichtsbehörden einen überarbeiteten Beschlussentwurf zur Stellungnahme vor. Der überarbeitete Beschlussentwurf wird innerhalb von zwei Wochen dem Verfahren nach Absatz 4 unterzogen.

(6) Legt keine der anderen betroffenen Aufsichtsbehörden Einspruch gegen den Beschlussentwurf ein, der von der federführenden Aufsichtsbehörde innerhalb der in den Absätzen 4 und 5 festgelegten Frist vorgelegt wurde, so gelten die federführende Aufsichtsbehörde und die betroffenen Aufsichtsbehörden als mit dem Beschlussentwurf einverstanden und sind an ihn gebunden.

(7) Die federführende Aufsichtsbehörde erlässt den Beschluss und teilt ihn der Hauptniederlassung oder der einzigen Niederlassung des Verantwortlichen oder gegebenenfalls des Auftragsverarbeiters mit und setzt die anderen betroffenen Aufsichtsbehörden und den Ausschuss von dem betreffenden Beschluss einschließlich einer Zusammenfassung der maßgeblichen Fakten und Gründe in Kenntnis. Die Aufsichtsbehörde, bei der eine Beschwerde eingereicht worden ist, unterrichtet den Beschwerdeführer über den Beschluss.

(8) Wird eine Beschwerde abgelehnt oder abgewiesen, so erlässt die Aufsichtsbehörde, bei der die Beschwerde eingereicht wurde, abweichend von Absatz 7 den Beschluss, teilt ihn dem Beschwerdeführer mit und setzt den Verantwortlichen in Kenntnis.

(9) Sind sich die federführende Aufsichtsbehörde und die betreffenden Aufsichtsbehörden darüber einig, Teile der Beschwerde abzulehnen oder abzuweisen und bezüglich anderer Teile dieser Beschwerde tätig zu werden, so wird in dieser Angelegenheit für jeden dieser Teile ein eigener Beschluss erlassen. Die federführende Aufsichtsbehörde erlässt den Beschluss für den Teil, der das Tätigwerden in Bezug auf den Verantwortlichen betrifft, teilt ihn der Hauptniederlassung oder einzigen Niederlassung des Verantwortlichen oder des Auftragsverarbeiters im Hoheitsgebiet ihres Mitgliedstaats mit und setzt den Beschwerdeführer hiervon in Kenntnis, während die für den Beschwerdeführer zuständige Aufsichtsbehörde den Beschluss für den Teil erlässt, der die Ablehnung oder Abweisung dieser Beschwerde betrifft, und ihn diesem Beschwerdeführer mitteilt und den Verantwortlichen oder den Auftragsverarbeiter hiervon in Kenntnis setzt.

(10) Nach der Unterrichtung über den Beschluss der federführenden Aufsichtsbehörde gemäß den Absätzen 7 und 9 ergreift der Verantwortliche oder der Auftragsverarbeiter die erforderlichen Maßnahmen, um die Verarbeitungstätigkeiten all seiner Niederlassungen in der Union mit dem Beschluss in Einklang zu bringen. Der Verant-

wortliche oder der Auftragsverarbeiter teilt der federführenden Aufsichtsbehörde die Maßnahmen mit, die zur Einhaltung des Beschlusses ergriffen wurden; diese wiederum unterrichtet die anderen betroffenen Aufsichtsbehörden.
(11) Hat – in Ausnahmefällen – eine betroffene Aufsichtsbehörde Grund zu der Annahme, dass zum Schutz der Interessen betroffener Personen dringender Handlungsbedarf besteht, so kommt das Dringlichkeitsverfahren nach Artikel 66 zur Anwendung.
(12) Die federführende Aufsichtsbehörde und die anderen betroffenen Aufsichtsbehörden übermitteln einander die nach diesem Artikel geforderten Informationen auf elektronischem Wege unter Verwendung eines standardisierten Formats.

Inhaltsübersicht Rn.

I. Systematik des Kapitels VII

Kapitel VII trägt die Überschrift »Zusammenarbeit und Kohärenz« (»Cooperation and consistency«). In den drei Abschnitten »Zusammenarbeit«, »Kohärenz« und »Europäischer Datenschutzausschuss« werden drei Verfahren des Zusammenwirkens der europäischen Aufsichtsbehörden normiert. Es sind dies in Abschnitt 1 das Verfahren zur konsensorientierten bi-, bis multilateralen grenzüberschreitenden Zusammenarbeit von Aufsichtsbehörden in Einzelfällen, in Abschnitt 2 das Verfahren zur Beschlussfassung über konkrete Fragestellungen, die einzelne Aufsichtsbehörden im Wege des Kohärenzverfahrens an den Europäischen Datenschutzausschusses herantragen, und das Verfahren und die Aufgaben des Europäischen Datenschutzausschusses in Abschnitt 3. 1

Oberste Prinzipien sind dabei in **Abschnitt 1 der Konsens** und in den **Abschnitten 2 und 3 die einheitliche Anwendung der DSGVO**. Damit verfolgen das Verfahren der Zu- 2 sammenarbeit auf der einen und das Verfahren der Kohärenz und das Verfahren im Europäischen Datenschutzausschuss (EDSA) auf der anderen Seite unterschiedliche Ziele. Der erste Abschnitt bezieht sich auf die Lösung von Einzelfällen, in denen eine konsensuale Lösung unter Beteiligung aller betroffenen Aufsichtsbehörden angestrebt wird. Die beiden anderen Abschnitte beziehen sich auf diese und weitere Fragestellungen im Zusammenhang mit der Auslegung der DSGVO, wobei die Einheitlichkeit der Anwendung der DSGVO im Vordergrund steht. Hierbei erhält auch der EDSA eine Bedeutung. Nach Art. 68 Abs. 1 ist er eine »Einrichtung der Union mit eigener Rechtspersönlichkeit«, die nach Art. 69 Abs. 1 unabhängig handelt. In der Organisationform des EDSA handeln die Aufsichtsbehörden in Europa. Nur sie sind im Primärrecht in Art. 8 Abs. 2 GRCh und in Art. 16 Abs. 2 AEUV erwähnt. Während der EDSA im Kohärenzverfahren des Abschnitts 2 auf Initiative der Aufsichtsbehörden im Bottom-Up-Verfahren in die Beantwortung konkreter Fragestellungen der Aufsichtspraxis eingebunden wird, besteht seine Rolle nach Abschnitt 3 in der Formulierung allgemeiner Positionen im Zusammenhang mit der Auslegung der DSGVO. Damit folgt das Kapitel VII dem Grundsatz: **Je abstrakter und strittiger eine datenschutzrechtliche Frage ist, desto gewichtiger ist die Rolle des Europäischen Datenschutzausschusses bei ihrer Lösung.**

3 Im in Abschnitt 1 beschriebenen **Zusammenarbeitsverfahren** sollen die betroffenen Aufsichtsbehörden[1] bei der Beurteilung von **Einzelfällen** unter der Federführung[2] einer Behörde zu einem möglichst frühen Verfahrensstadium zu einer von allen betroffenen Aufsichtsbehörden inhaltlich mitgetragenen **konsensualen Lösung** kommen, die für alle betroffenen Aufsichtsbehörden bindend ist. Die datenschutzrechtliche Lösung konkreter **Einzelfälle** wird also **in der Regel bi- bis multilateral von den betroffenen Aufsichtsbehörden** erarbeitet. Nur im **Ausnahmefall**, in dem die Bemühungen der federführenden Aufsichtsbehörde um einen Konsens zwischen den betroffenen Aufsichtsbehörden endgültig gescheitert sind, **entscheidet der EDSA** nach Art. 65 »streitbeilegend« den Einzelfall.

4 In den Abschnitten 2 und 3 geht es umfassend um die einheitliche Anwendung der DSGVO. Schon Art. 51 Abs. 2 verpflichtet »jede« Aufsichtsbehörde, einen Beitrag zur einheitlichen Anwendung der DSGVO in der gesamten Union zu leisten, indem sie gemäß Kapitel VII mit den anderen Aufsichtsbehörden und der Kommission zusammenarbeitet. Wie sich aus der Formulierung des Art. 63 ergibt, der den Begriff des Kohärenzverfahrens exemplifiziert, ist Ziel des Kohärenzverfahren, einen Beitrag »zur einheitlichen Anwendung der DSGVO in der gesamten Union« zu leisten. Der auf den EDSA bezogene Art. 70 Abs. 1 stellt fest: »Der Ausschuss stellt die einheitliche Anwendung dieser Verordnung sicher.« Während einzelne Behörden und das Kohärenzverfahren also lediglich zur einheitlichen Anwendung der DSGVO »beitragen«, ist der **EDSA** nach dem Willen des europäischen Verordnungsgebers gegenüber Grundrechtsträgerinnen, Grundrechtsträgern, Verarbeitern und Auftragsverarbeitern also **Garant der einheitlichen Anwendung der DSGVO**. Seine in den Abschnitten 2 und 3 in diesem Zusammenhang beschriebene Funktionen unterscheiden sich nach dem Grad der Abstraktheit der vom EDSA getroffenen Entscheidungen. Die im **Abschnitt 2** beschriebenen Entscheidungen des EDSA ergehen

---

1 Legaldefinition in Art. 4 Nr. 22, hierzu Art. 4 Rn. 163.
2 Art. 56 Abs. 1, hierzu Art. 56 Rn. 1.

zu **konkreten Fragestellungen**, die sich in der Aufsichtspraxis ergeben, und werden jeweils von **Aufsichtsbehörden** initiiert, die insofern **Motoren des Kohärenzverfahrens** sind. Die Erarbeitung der einheitlichen Anwendung der DSGVO im zweiten Abschnitt folgt damit dem Bottom-Up-Prinzip. Neben dieser Funktion, die der EDSA Kohärenzverfahren in Abschnitt 2 als Schlichter des Streits betroffener Aufsichtsbehörden (Art. 65), als schneller Letztentscheider (Art. 66) und als Orientierungsgeber (Art. 64) einnimmt, hat der EDSA noch eine Vielzahl in Art. 70 Abs. 1 beschriebener weiterer Aufgaben im Zusammenhang mit **abstrakteren Fragestellungen**, die ebenfalls die einheitliche Anwendung (»consistant application«) der DSGVO zum Ziel haben. Diese Funktion füllt der EDSA auf eigene Initiative im Top-Down-Verfahren aus. Insofern steht der EDSA für die Einheitlichkeit der aufsichtsbehördlichen Anwendung der DSGVO in einem übergreifenden Sinne.

Was die **Bindungswirkung der Äußerungen des EDSA** anbelangt, muss zwischen den 5
Entscheidungen, die im Wege des **Kohärenzverfahrens** nach Abschnitt 2 ergehen, und den Entscheidungen des EDSA nach Art. 70 Abs. 1 unterscheiden werden. Erstere binden nach Art. 60 Abs. 6, Art. 64 Abs. 7 und Art. 65 Abs. 2 Satz 3 **nur die beteiligten betroffenen Aufsichtsbehörden** in der konkreten an den EDSA herangetragenen aufsichtsrechtlichen Einzelfrage. Die Bindungswirkung der allgemeinen Positionen, die der EDSA nach Art. 70 mit dem Ziel der einheitlichen Anwendung der DSGVO entwickelt, ergibt sich allenfalls mittelbar aus Art. 51 Abs. 2, wonach jede Aufsichtsbehörde einen Beitrag zur einheitlichen Auslegung der DSGVO leistet.

Aus der Anknüpfung an den Begriff der federführenden Aufsichtsbehörde an vielen Stel- 6
len des Kapitels VII, die es begrifflich nach Art. 56 Abs. 1 nur in den Fällen grenzüberschreitender Verarbeitungen gibt, ist zu schließen, dass das Kapitel zumindest überwiegend das Zusammenwirken der europäischen Aufsichtsbehörden in Fällen grenzüberschreitender Verarbeitungen (Art. 4 Nr. 23) regelt. Wie Aufsichtsbehörden zusammenwirken, wenn sich Verarbeitungen lediglich auf Grundrechtsträgerinnen und Grundrechtsträger auf dem Territorium eines Mitgliedstaats auswirken, ergibt sich aus Art. 55 Abs. 1 und in Fällen, in denen die Betroffenheit von Aufsichtsbehörden anderer Mitgliedstaaten möglich ist, aus den Absätzen 2 bis 5 des Artikels 56.

1. Anwendungsbereich der Abschnitte 1 und 2: Einzelfälle der Aufsicht über den nicht-öffentlichen Bereich

Die zentrale Aussage der DSGVO zum Anwendungsbereich der in den Abschnitten 1 und 7
2 geregelten Verfahren (bis auf Art 61) findet sich »systematisch falsch verortet und leicht zu übersehen«[3] in Art. 55 Abs. 2. Danach gibt es in den Fällen, in denen Behörden oder private Stellen auf der Grundlage von Art. 6 Abs. 1 Buchst. c oder e personenbezogene Daten verarbeiten, keine federführende Behörde im Sinne des Art. 56. Die DSGVO legt also in diesen Fällen keine Behörde fest, die bei grenzüberschreitenden Verfahren im Sinne des Art. 4 Nr. 23 das Recht zur Entscheidung an sich ziehen kann. Lediglich das in Art. 61 geregelte Verfahren der gegenseitigen Amtshilfe auf Augenhöhe, und in bestimmten Fällen

3 Kühling/Buchner-*Dix*, Art. 56 Rn. 5.

die in Art. 62 geregelten gemeinsamen Maßnahmen, die nicht an die Zusammenarbeit zwischen der federführenden und den betroffenen Aufsichtsbehörden anknüpfen, können in diesen Fällen angewandt werden. Die Fälle, in denen die Datenverarbeitung für die Wahrnehmung einer **Aufgabe** erforderlich ist, die **im öffentlichen Interesse** liegt, oder in **Ausübung öffentlicher Gewalt** erfolgt, die dem Verantwortlichen übertragen wurde, und die Fälle, in denen die Verarbeitung zur Erfüllung einer rechtlichen Verpflichtung erforderlich ist, der der Verantwortliche unterliegt, sind damit **von Art. 61 und Art. 62 abgesehen vom Anwendungsbereich der Abschnitte 1 und 2 des Kapitels VII ausgenommen**. Damit ist nach der DSGVO in den meisten Fällen der Datenverarbeitung durch öffentliche Stellen selbst dann kein Zusammenwirken der Europäischen Aufsichtsbehörden mit dem Ziel der Herstellung von Kohärenz vorgesehen, wenn es sich um grenzüberschreitende Sachverhalte wie den Umgang mit Umweltgefahren handelt. Nach ErwGr 128 »sollten« die Vorschriften über die federführende Behörde und »das Verfahren der Zusammenarbeit und Kohärenz«, keine Anwendung finden, wenn die Verarbeitung durch Behörden oder private Stellen im öffentlichen Interesse erfolgt. Stattdessen »sollte« in diesen Fällen »die Aufsichtsbehörde des Mitgliedstaats, in dem die Behörde oder private Einrichtung ihren Sitz hat, die einzige Aufsichtsbehörde sein, die dafür zuständig ist, die Befugnisse auszuüben, die ihr mit dieser Verordnung übertragen wurden.« Die Formulierung »sollte« ermöglicht es Europäischen Aufsichtsbehörden, bei Datenverarbeitungen nach Art. 6 Abs. 1c und e freiwillig in einer Weise zu verfahren, die an das Zusammenarbeits- und Kohärenzverfahren angelehnt ist. Beispielsweise die bindenden Fristen gelten dann aber nur, wenn die betroffenen Aufsichtsbehörden dies explizit vereinbart haben.

8 Damit beziehen sich die in den **Abschnitten 1 und 2** geregelten Verfahren des Zusammenwirkens der Europäischen Aufsichtsbehörden im Wege des Zusammenarbeitsverfahrens und des Kohärenzverfahrens bis auf die in Art. 61 und Art. 62 geregelten Verfahren allein auf die Fälle der **Aufsicht über den nicht-öffentlichen Bereich**. Für diese Aufsicht sind in Deutschland nach § 40 BDSG die Aufsichtsbehörden der Länder zuständig. Lediglich in den Bereichen des Postdienstes und der Telekommunikation ist die oder der Bundesbeauftragte Aufsichtsbehörde im nicht-öffentlichen Bereich, sofern es sich um Sachverhalte handelt, in denen geschäftsmäßige Beziehungen zu den Betroffenen bestehen (siehe Art. 4 Rn. 160). Dieser aufsichtsrechtlichen Verteilung der Aufsichtszuständigkeit über den nicht-öffentlichen Bereich zwischen Bund und Ländern hätte bei der Frage, welche Aufsichtsbehörde im Kohärenzverfahren im EDSA für Deutschland spricht, eine bedeutendere Rolle zukommen müssen, als dies in § 17 BDSG der Fall ist (§ 17 BDSG Rn. 5, 7).

9 Die Abschnitte 1 und 2 normieren das bi-, tri- oder multilaterale Zusammenwirken betroffener europäischen Aufsichtsbehörden (inklusive der federführenden Aufsichtsbehörde) in Einzelfällen bzw. in Fällen einzelner grenzüberschreitend agierender Datenverarbeiter oder Auftragsdatenverarbeiter. Eine nicht nur terminologische Sonderstellung nehmen dabei das in Art. 61 beschriebene Verfahren der »gegenseitigen Amtshilfe« (»mutual assistance«) und das Verfahren der gemeinsamen Maßnahmen nach Art. 62 ein, die nicht an federführende und betroffene Aufsichtsbehörden anknüpfen, sondern allgemein und ohne, dass es zwangsläufig um einen zu lösenden Einzelfall ginge, das grenzüberschreitende Zusammenwirken der Aufsichtsbehörden auf Augenhöhe regeln. Mit dieser Ausnahme regeln die Abschnitte 1 und 2 Verfahren zwischen federführender Aufsichtsbehörde und den betroffenen Aufsichtsbehörden. Da der Begriff der betroffenen Aufsichts-

behörde weit gefasst ist, können nach Sichtweise der DSGVO alle Aufsichtsbehörden, die gegenwärtig mit der konkreten einfallbezogenen Datenverarbeitung befasst sind oder künftig befasst sein werden, als »betroffene Aufsichtsbehörden« an der Lösung der mit der Aufsicht zusammenhängenden grenzüberschreitenden wie nicht-grenzüberschreitenden Einzelfälle mitwirken (Art. 4 Rn. 167). Auch die **federführende Aufsichtsbehörde ist betroffene Aufsichtsbehörde** (Art. 4 Rn. 163), nimmt aber eine **herausgehobene Stellung** ein. Sie ist »**prima inter pares**« (= »Erste unter Gleichen«) der betroffenen Aufsichtsbehörden, da ihr die **Verfahrenssteuerung** obliegt. Nach Art. 56 bzw. nach Art. 60 bestimmt sie, welches der Verfahren des ersten Abschnitts des Kapitels VII zunächst zur Anwendung kommt. Dies sind die Verfahren der Amtshilfe auf Augenhöhe nach den Art. 61 und 62 oder das konsensorientierte Zusammenarbeitsverfahren nach Art 60. Die federführende Aufsichtsbehörde entscheidet auch, ob der betreffende **Einzelfall so streitig** ist, **dass sie** nach Art. 60 Abs. 4 das **Kohärenzverfahren einleitet**, nachdem sie festgestellt hat, dass der Einzelfall trotz ihrer Bemühungen um die Erzielung eines Konsenses streitig geblieben ist. Alle weiteren europäischen Aufsichtsbehörden, die weder betroffen noch federführend sind, sind mit der beschriebenen Ausnahme an den Verfahren nach den Abschnitten 1 und 2 nur beteiligt, sofern das Verfahren in den Streitbeilegungsmechanismus des Art. 65 eskaliert. Ihre Beteiligung ergibt sich in diesen Fällen allein über ihre Mitgliedschaft im Europäischen Datenschutzausschuss.

2. Konsensorientierung: Abschnitt 1 als Regel, Abschnitt 2 als Ausnahme

Während Abschnitt 1 also die bi-, tri- oder multilaterale grenzüberschreitende Zusammenarbeit von Aufsichtsbehörden in Einzelfällen regelt, die in der Regel zu konsensualen Entscheidungen der beteiligten Aufsichtsbehörden und nach Erwgrd 138 erst im Streitfall[4] zu einer Beschlussfassung unter Einbeziehung des Europäischen Datenschutzausschusses führt, regelt Abschnitt 2 das Kohärenzverfahren genannte Verfahren, in dem die auf Einzelfälle bezogene Kohärenz im engeren Sinne, also eine einheitliche Auffassung der betroffenen Aufsichtsbehörden hergestellt wird. Dabei wird ein Bottom-Up-Ansatz verfolgt: Es sind jeweils die **einzelnen Aufsichtsbehörden**, die als **Motoren des Kohärenzverfahrens** die Äußerungen des EDSA initiieren. Nach Art. 64 sind dies Stellungnahmen des EDSA zu bestimmten aufsichtsbehördlichen Entscheidungen, die nach Art. 65 zu Beschlüssen führen können, die für alle betroffenen Aufsichtsbehörden inklusive der federführenden verbindlich sind. 10

Das **Regel-Ausnahme-Verhältnis** der einzelfallbezogenen Verfahren der **Zusammenarbeit und Kohärenz**, also der Abschnitte 1 und 2 zueinander, wird im ErwGr 138 beschrieben. Dort heißt es zum Kohärenzverfahren: »Die Anwendung dieses Verfahrens sollten in den Fällen, in denen sie verbindlich vorgeschrieben ist, eine Bedingung für die Rechtmäßigkeit einer Maßnahme einer Aufsichtsbehörde sein, die rechtliche Wirkungen entfalten soll. In anderen Fällen von grenzüberschreitender Relevanz sollte das Verfahren der Zusammenarbeit zwischen der federführenden Aufsichtsbehörde und den betroffenen Aufsichtsbehörden zur Anwendung gelangen, und die betroffenen Aufsichtsbehörden kön- 11

4 Kühling/Buchner-*Caspar*, Art. 63 Rn. 3.

nen auf bilateraler oder multilateraler Ebene Amtshilfe leisten und gemeinsame Maßnahmen durchführen, ohne auf das Kohärenzverfahren zurückzugreifen.« Die englische Version des ersten Satzes (»The application of such mechanism should be a condition for the lawfulness of a measure intended to produce legal effects by a supervisory authority in those cases where its application is mandatory.«) verdeutlich, dass mit der missverständlichen deutschen Version gemeint ist, dass die federführende Aufsichtsbehörde das Verfahren des Abschnittes 2 in solchen Streitfällen wählen sollte, in denen die Maßnahme der Aufsichtsbehörde für die Verarbeiter bindend ist. Damit ist für die Lösung von konkreten grenzüberschreitenden Einzelfällen das **Verfahren der konsensorientierten Zusammenarbeit** nach den Absätzen 1 bis 3 und 5 bis 12 des Art. 60 als **Regelfall** des Zusammenwirkens von europäischen Aufsichtsbehörden in grenzüberschreitenden Fällen anzusehen, während die federführende Aufsichtsbehörde das **Kohärenzverfahren**, das nach Art. 60 Abs. 4 im Streitfall beschritten werden kann, nur in begründeten **Ausnahmefällen** wählen sollte.

3. Der EDSA als Garant der einheitlichen Anwendung der DSGVO

12 Abschnitt 3 des Kapitels VII ist mit »Europäischer Datenschutzausschuss« überschrieben. Nach Art. 68 Abs. 1 ist der EDSA eine »Einrichtung der Union mit eigener Rechtspersönlichkeit«, die nach Art. 69 Abs. 1 »bei der Erfüllung seiner Aufgaben oder in Ausübung seiner Befugnisse gemäß den Artikeln 70 und 71« (»when performing its tasks or exercising its powers persuing to Artikles 70 and 71«) unabhängig handelt. Er ist eine **Organisationform, in der die** im Primärrecht in Art. 8 Abs. 2 GRCh und in Art. 16 Absatz 2 AEUV adressierten **Aufsichtsbehörden in Europa handeln**. Der auf den EDSA bezogene Art. 70 Abs. 1 stellt fest: »Der Ausschuss stellt die einheitliche Anwendung dieser Verordnung sicher.« Das Kohärenzverfahren, in dem der EDSA die entscheidende streitschlichtende Funktion einnimmt, dient nach Art. 63 ebenfalls der einheitlichen Anwendung der DSGVO. Damit ist der **EDSA** das Gremium, dessen wichtigste Aufgabe in der **Garantie der einheitlichen Anwendung der DSGVO** besteht.

4. Bottom-Up-Entscheidungen im Kohärenzverfahren und Top-Down-Entscheidungen des EDSA in Abschnitt 3

13 In **Abschnitt 2**, der das Kohärenzverfahren regelt, wird der **EDSA** von den betroffenen Aufsichtsbehörden und einzelnen Behörden, die bestimmte Fragen zu beantworten haben, als **unabhängiges, von den europäischen Aufsichtsbehörden in ihrer Gesamtheit gebildetes Kollegialorgan mit Letztentscheidungsrecht** genutzt. In diesem Abschnitt sind es die einzelnen Aufsichtsbehörden, die Entscheidungen des EDSA als Motoren des Kohärenzverfahrens in einem **Bottom-Up-Verfahren** initiieren. In den Fällen des Art. 64 begegnen sich das Kollegialorgan EDSA und einzelne Aufsichtsbehörden. Bei dem Verfahren nach Art. 65 geht es um betroffene Aufsichtsbehörden, die gemeinsam einen Einzelfall bearbeiten (Art. 65 Abs. 1a), über die Frage der Federführung streiten (Art. 65 Abs. 1b) oder die eine Stellungnahmen des Ausschusses ignoriert oder gar nicht erst eingeholt haben (Art. 65 Abs. 1c). Art. 66 normiert das Dringlichkeitsverfahren.

Im **Abschnitt 3** steht die Rolle des **EDSA als Richtungsgeber für die abstrakte Auslegung der DSGVO** im Vordergrund. Diese Funktion füllt der EDSA durch selbst bestimmte **Top-Down-Entscheidungen** aus, an die über Art. 51 Abs. 2 alle Aufsichtsbehörden in Europa gebunden sind.

II. Systematik des Abschnitts 1 Zusammenarbeit

Die Zusammenarbeit (»Cooperation«) ist der **Regelfall der grenzübergreifenden Kooperation der Aufsichtsbehörden in Einzelfällen** (Rn. 10). Nur dann, wenn die federführende Behörde nach gescheiterten Versuchen der Entwicklung einer konsensualen Lösung den Weg des Streitbeilegungsverfahrens nach Art. 65 beschreitet, findet für Einzelfälle der zweite Abschnitt des Kapitels VII Anwendung. 14

Art. 60 beschreibt das Verfahren der **Einbindung betroffener Aufsichtsbehörden** in das durch die federführende Behörde durchgeführte Verfahren der Beschlussfindung in grenzüberschreitenden Einzelfällen, die Verantwortliche oder Auftragsverarbeiter betreffen, die in mehr als einem Mitgliedstaat niedergelassen sind. **Art. 61** gestaltet die Zusammenarbeit der Aufsichtsbehörden als **gegenseitige Unterstützung auf Augenhöhe** aus, wobei es ausnahmsweise nicht darauf ankommt, ob es sich dabei um konkrete Einzelfälle handelt, und **Art. 62** regelt das Verfahren bei **gemeinsamen Maßnahmen** in Fällen, in denen es eine federführende Aufsichtsbehörde geben kann, aber nicht muss.[5] Die Art. 60 bis 62 beziehen sich weitgehend auf die Fälle der Aufsicht über den nicht-öffentlichen Bereich (Rn. 7f.), die konkrete grenzüberschreitende Datenverarbeitungen (Art. 60 und 62) oder nicht zwingend einzelfallbezogene Fragestellungen (Art. 61) betreffen, die sich auf Datenverarbeiter oder Auftragsverarbeiter mit Niederlassung in der EU beziehen. 15

III. Allgemeines zu Art. 60

Art. 60 beschreibt das Verfahren der Einbindung betroffener Aufsichtsbehörden in das durch die federführende Behörde durchgeführte Verfahren der Beschlussfindung in Angelegenheiten von Verantwortlichen oder Auftragsverarbeitern, die in mehr als einem Mitgliedstaat niedergelassen sind. Wie aus ErwGr 138 hervorgeht, ist für die Lösung von konkreten grenzüberschreitenden Einzelfällen das Verfahren der konsensorientierten Zusammenarbeit nach den Absätzen 1 bis 3 und 5 bis 12 des Art. 60 als **Regelfall des Zusammenwirkens europäischer Aufsichtsbehörden** in grenzüberschreitenden Fällen anzusehen, während die federführende Aufsichtsbehörde das Kohärenzverfahren, das nach Art. 60 Abs. 4 im Streitfall beschritten werden kann, als speziellere Ausnahme nur in Ausnahmefällen beschreiten sollte (Rn. 10). Art. 60 bezieht sich dabei ausschließlich auf die Fälle der Aufsicht über den nicht-öffentlichen Bereich (Rn. 7), die konkrete überwiegend grenzüberschreitende (Rn. 6) Datenverarbeitungen durch Datenverarbeiter oder Auftragsverarbeiter mit Niederlassung in der EU betreffen. Sofern die federführende Behörde nach Art. 56 Abs. 4 entscheidet, sich selbst mit dem Fall zu befassen, findet Art. 60 auch in nicht grenzüberschreitenden Fällen Anwendung. Damit adressiert Art. 60 in Deutschland 16

---

5 Kühling/Buchner-*Dix*, Art. 56 Rn. 7.

die Aufsichtsbehörden der Länder, weil sie nach § 40 Abs. 1 BDSG die Anwendung der DSGVO bei den nicht-öffentlichen Stellen überwachen. Nur soweit der oder dem Bundesbeauftragten Aufsichtsbefugnisse über Post- und Telekommunikationsdienstleister zustehen (Art. 4 Rn. 160), kann auch sie oder er Adressat/in des Art. 60 sein.

1. Verpflichtung der federführenden Aufsichtsbehörde zur konsensorientierten Moderation (Abs.1)

17 Abs. 1 Satz 1 verpflichtet die **federführende Aufsichtsbehörde**, die es nach Art 56 Abs. 1 und Art. 55 Abs. 2 nur bei grenzüberschreitenden Verarbeitungen nicht-öffentlicher Verarbeiter oder Auftragsverarbeiter gibt (Rn. 6), und die selbst als »prima inter pares« betroffene Aufsichtsbehörde ist (Rn. 9) zur **Moderation einer konsensorientierten Lösung für einzelfallbezogene datenschutzrechtliche Problemstellungen**. Wie aus der Verwendung des bestimmten Artikels im Plural (»mit den anderen betroffenen Aufsichtsbehörden«) hervorgeht, muss die federführende Aufsichtsbehörde in den Prozess dieser Lösungsentwicklung **alle betroffenen Aufsichtsbehörden** (Art. 4 Rn. 163ff.) **einbeziehen**. Satz 2 verpflichtet alle betroffenen Behörden inklusive der federführenden Aufsichtsbehörde zum aktiven Austausch aller zweckdienlichen Informationen. Dies bedeutet, dass alle betroffenen Behörden Informationen, die mit dem betreffenden Einzelfall in Verbindung stehen, allen anderen Behörden von sich aus, ohne dass es einer Übersendungsbitte bedürfte, aktiv zur Verfügung stellen müssen. Zweckdienliche Informationen sind nur solche, die mit der von den Aufsichtsbehörden gemeinsam bearbeiteten, vom konkreten Einzelfall aufgeworfenen datenschutzrechtlichen Fragestellung zusammenhängen und für die Lösung dieses Einzelfalles relevant sein können. Personenbezogene Daten (etwa diejenigen der Beschwerdeführerin) gehören hierzu zunächst einmal nicht. Zwar ist Anlass des in Art. 60 beschriebenen Verfahrens eine konkrete Fallgestaltung, die die personenbezogenen Daten feststehender Grundrechtsträgerinnen und Grundrechtsträger betrifft. Für die Beteiligung der anderen betroffenen Aufsichtsbehörden an der Lösungsfindung ist die Kenntnis der Identität dieser Personen aber nicht erforderlich. Die von den betroffenen Aufsichtsbehörden gemeinsam entwickelte Lösung soll insofern »ohne Ansehen der konkreten Person« erfolgen und entfaltet ihre konkrete Bindungswirkung für die anderen betroffenen Aufsichtsbehörden (Rn. 5) nur im Wege einer Selbstbindung für bereits vorliegende oder künftig eingehende Eingaben in gleichgelagerten Fällen und/oder in Bezug auf aufsichtsrechtliches Verhalten gegenüber den Niederlassungen des konkreten Verarbeiters oder Auftragsverarbeiters, die sich im Hoheitsbereich der anderen betroffenen Aufsichtsbehörden befinden. Sollte in Einzelfällen doch die Übersendung von personenbezogenen Daten erforderlich sein, sollten dies in Form der verschlüsselten Übersendung pseudonymisierter Daten geschehen.[6]

---

6 Kühling/Buchner-*Dix*, Art. 60 Rn. 9.

2. Amtshilfe und gemeinsame Maßnahmen (Abs. 2)

Abs. 2 erklärt für das auf einen Einzelfall bezogene Verfahren der Konsensbildung zwischen betroffenen, inklusive der federführenden Aufsichtsbehörde nach Art. 60 das Verfahren der Amtshilfe nach Art. 61, das im Normalfall die »anlasslose« grenzübergreifende Amtshilfe zum Gegenstand hat, und die Regelung über das Verfahren bei grenzüberschreitenden gemeinsamen Maßnahmen nach Art. 62, das sich in diesem Fall ebenfalls auf einen konkreten Einzelfall beziehen kann, für anwendbar. Die Regelung, die federführende Aufsichtsbehörde könne die anderen betroffenen Aufsichtsbehörden jederzeit um Amtshilfe und die Durchführung gemeinsamer Maßnahme ersuchen, ist insofern eher **deklaratorischer Natur**. Der »insbesondere«-Satz bezieht sich auf den Fall, in dem ein Verantwortlicher oder ein Auftragsverantwortlicher in einem anderen Mitgliedstaat niedergelassen ist, und damit explizit auf einen Fall grenzüberschreitender Verarbeitung. Darin kann ein Hinweis darauf gesehen werden, dass die DSGVO davon ausgeht, dass es im Anwendungsbereich des Art. 60 neben den Fällen aufsichtsbehördlichen Zusammenarbeit bei grenzüberschreitenden Sachverhalten auch Fälle der **aufsichtsbehördlichen Zusammenarbeit im Zusammenhang mit nicht grenzüberschreitenden Sachverhalten** geben kann. In dieselbe Richtung weist der Umstand, dass im einzigen Fall in Art. 60, in dem auf den Fall grenzüberschreitender Verarbeitung eingegangen wird (im »insbesondere«-Satz des Absatzes 2) die unbestimmte Formulierung »andere betroffene Aufsichtsbehörden« verwendet wird. Dies ist plausibel, da in Fällen, in denen es nur innerhalb eines Mitgliedstaates betroffene Behörden gibt, denknotwendig keinen Verantwortlichen oder Auftragsverarbeiter geben kann, »der in einem anderen Mitgliedstaat niedergelassen ist«. 18

3. Beschlussentwurf der federführenden Aufsichtsbehörde (Abs. 3)

Nach Abs. 3 Satz 1 muss die federführende Aufsichtsbehörde den anderen betroffenen Aufsichtsbehörden unverzüglich die zweckdienlichen Informationen zu der Angelegenheit übermitteln. Da sich die Pflicht zur unaufgeforderten Übermittlung der betreffenden Informationen bereits aus Abs. 1 Satz 2 ergibt (Rn. 17), liegt der Regelungsgehalt des Abs. 3 Satz 1 hier im zeitlichen Aspekt. **Unverzüglich** erfolgt eine Übermittlung, sofern sie ohne schuldhafte Verzögerung erfolgt, nachdem die federführende Aufsichtsbehörde erfahren hat, dass der konkrete Einzelfall auch andere Aufsichtsbehörden betrifft. 19

Der erste Halbsatz des Satzes 2 statuiert die Pflicht der federführenden Aufsichtsbehörde, den anderen betroffenen Aufsichtsbehörden ohne schuldhaftes Zögern einen **konkreten Beschlussentwurf** vorzulegen, auf den sich deren Stellungnahmen beziehen können. Dies **dient der Konsensbildung und Falllösung**, weil die Stellungnahmen der anderen betroffenen Behörden nicht abstrakt ausfallen müssen, sondern sich auf konkrete Formulierungen beziehen können und möglicher Dissens deshalb gleich erkannt werden kann. Der Begriff »unverzüglich« (»without delay«) weist hier darauf hin, dass das Konsensbildungsverfahren im Interesse der Grundrechtsträgerinnen auf der einen und der Verarbeiter und Auftragsverarbeiter auf der anderen Seite möglichst schnell zu einer gemeinsamen Lösung der betroffenen Aufsichtsbehörden führen sollte. In Bezug auf die fakultative (Rn. 22) Bildung eines innerstaatlichen »gemeinsamen Standpunkts« auf Initiative einer deutschen Behörde, die im Sinne der DSGVO federführend ist, ist hier beachtlich, dass die 20

Durchführung des Verfahrens nach § 18 BDSG eine gewisse Zeit in Anspruch nimmt und die betroffenen deutschen Aufsichtsbehörden ihre Argumente direkt in den Konsensbildungsprozess nach Art. 60 einbringen können. Dies muss die federführende deutsche Behörde bei ihrer Entscheidung darüber, ob sie auf einen »gemeinsamen Standpunkt« hinwirkt, beachten.

21 Im zweiten Halbsatz des Satzes 2 findet sich als Verweis auf die Konsensorientierung die **Verpflichtung der federführenden Behörde**, den **Standpunkten der anderen betroffenen Aufsichtsbehörden »gebührend« Rechnung zu tragen** (= »take due account of their views«). In ErwGr 130 heißt es für die Fälle, in denen eine Beschwerde bei einer anderen Aufsichtsbehörde eingereicht wurde, sogar, die federführende Behörde »sollte« den Standpunkt dieser betroffenen Aufsichtsbehörde »weitestgehend« berücksichtigen. Hierdurch wird noch deutlicher, dass die federführende Aufsichtsbehörde sich **aktiv um Konsens bemühen** und alle Argumente in ihre Entscheidung einbeziehen soll. Dies ist beispielsweise dann nicht der Fall, wenn die federführende Behörde ein Gegenargument einer anderen Behörde ignoriert oder es ohne Begründung zurückweist. Aus der Verwendung des bestimmten Artikels im Plural (»den anderen betroffenen Aufsichtsbehörden«) ergibt sich, dass die federführende Aufsichtsbehörde ihre Pflichten aus Abs. 3 gegenüber allen betroffenen Aufsichtsbehörden erfüllen muss.

22 Sofern die federführende Aufsichtsbehörde eine deutsche Aufsichtsbehörde ist, muss ihr Beschlussentwurf nach Abs. 3 Satz 2 **nicht zwingend** im Wege der Bildung eines **»gemeinsamen Standpunktes«** mit den anderen deutschen Aufsichtsbehörden abgestimmt sein (§ 18 BDSG Rn. 12, 15ff.). Gleichwohl kann die federführende Behörde dieses Verfahren selbstverständlich nutzen, wenn sie es für sinnvoll erachtet. Nach dem ausdrücklichen Wortlaut des § 18 Abs. 1 Satz 2 BDSG werden solche »gemeinsamen Standpunkte« an »die Aufsichtsbehörden der anderen Mitgliedstaaten«, die Kommission oder den EDSA versandt. Die Wahl des doppelten Plurals »die Aufsichtsbehörden der anderen Mitgliedstaaten«, die zudem darauf hindeutet, dass die Aufsichtsbehörden aller anderen Mitgliedstaaten gemeint sind, macht deutlich, dass das Verfahren der Bildung eines **gemeinsamen Standpunktes auf das Kohärenzverfahren im EDSA und nicht auf das bi- bis multilaterale Zusammenarbeitsverfahren des ersten Abschnittes des Kapitels VII gerichtet** ist. Ob es überhaupt zu einem Kohärenzverfahren kommen wird, ist zum Zeitpunkt der Formulierung des Beschlussentwurfes der federführenden Aufsichtsbehörde keineswegs gesagt. Die federführende Behörde ist im Gegenteil sogar dazu verpflichtet, durch die Herbeiführung einer konsensualen Lösung die **Durchführung des Kohärenzverfahrens** zu **vermeiden**. Dass die Begründung des BDSG die Aussage beinhaltet, die federführende Behörde müsse vor Übermittlung eines Beschlussentwurfes an die betroffenen Aufsichtsbehörden der anderen Mitgliedstaaten nach Art. 60 Abs. 3 die übrigen Aufsichtsbehörden des Bundes und der Länder einbinden und einen »gemeinsamen Standpunkt« ermitteln, entspricht deshalb nicht der DSGVO. Die entgegen dem ausdrücklichen Wortlaut des Art. 51 Abs. 3 in der Gesetzesbegründung des BDSG dazu angeführte Behauptung, der an die Mitgliedstaaten gerichtete Regelungsauftrag beziehe sich nicht nur auf das Kohärenzverfahren im EDSA, sondern auch auf das Verfahren der Zusammenarbeit nach den Art. 60 bis 62, ist unzutreffend (ausführlicher dazu § 18 BDSG Rn. 4ff.). Die **Gesetzesbegründung des BDSG** muss daher **europarechtskonform** und im Sinne der Formulierung des europarechtskonformen Gesetzestextes selbst **restriktiv ausgelegt** werden. Es handelt

sich damit um eine fakultative, nicht jedoch um eine zwingende Beteiligung der anderen innerstaatlichen Aufsichtsbehörden durch die federführende deutsche Aufsichtsbehörde. Bei dieser Entscheidung muss sie die im Abs. 3 genannten zeitlichen Anforderungen des europäischen Verfahrens beachten (Rn. 20).

4. Bei unüberbrückbarem Streit Einleitung des Kohärenzverfahrens (Abs. 4)

Abs. 4 bildet das **Scharnier** zwischen dem konsensorientierten Zusammenarbeitsverfahren der betroffenen Behörden zur Lösung des Einzelfalles und dem Kohärenzverfahren als Streitbeilegungsverfahren im Einzelfall. An dieser Stelle wird die verfahrenssteuernde Rolle der Stellung der **federführenden Aufsichtsbehörde** sichtbar. Sie ist es, die im Ausnahmefall, in dem es ihr nicht gelungen ist, eine gemeinsame Auffassung der betroffenen Aufsichtsbehörden herzustellen, nach Abs. 4 das **Vorliegen eines Streitfalles definiert**, indem sie das Kohärenzverfahren nach den Art. 63 ff. einleitet. 23

Die federführende Aufsichtsbehörde hat bei der Entscheidung darüber, ob sie diesen Schritt wählt, ein weites Ermessen.[7] Es gibt aber einige Aspekte, die sie bei ihrer Entscheidung beachten muss. So kann die Wertung des ErwGr 127, der sich auf die Frage bezieht, ob die federführende Behörde in den Fällen des Art. 56 das Zusammenarbeitsverfahren nach Art. 60 beschreiten soll, hier übertragen werden. Danach sollte sie auf diesen Schritt in der Regel verzichten, wenn »der Gegenstand der spezifischen Verarbeitung (...) nur die Verarbeitungstätigkeiten in einem einzigen Mitgliedstaat und nur betroffene Personen in diesem einen Mitgliedstaat betrifft, beispielsweise wenn es sich um die Verarbeitung von personenbezogenen Daten von Arbeitnehmern im spezifischen Beschäftigungskontext eines Mitgliedstaats geht.« Das hierin zum Ausdruck kommende Prinzip, **dem EDSA Fragestellungen** vorrangig dann **vorzulegen, wenn sie über den Einzelfall hinausgehende abstrakte Implikationen haben** (Rn. 2, 13), ist auch für die Entscheidung der federführenden Behörde nach Abs. 4 von Relevanz. Auch sollte es die federführende Behörde im Interesse des **Regel-Ausnahme-Verhältnisses von konsensualem Zusammenarbeitsverfahren und Kohärenzverfahren** (Rn. 10) in einem weiteren Anlauf nach Abs. 6 versuchen, Konsens zwischen den betroffenen Aufsichtsbehörden herzustellen, solange dies noch denkbar ist, weil etwa in einem Einspruch Argumente vorgebracht werden, die bislang noch nicht Gegenstand der Diskussion unter den betroffenen Aufsichtsbehörden waren. In ihre Entscheidung über die Anrufung des EDSA muss sie auch Aspekte der Verfahrenslänge einbeziehen. 24

Sofern sich die federführende Aufsichtsbehörde einem maßgeblichen und begründeten Einspruch (Art. 4 Rn. 172) gegen ihren Beschlussentwurf nicht anschließt und damit entscheidet, dass die Differenz zwischen ihrer Auffassung und der im Einspruch geäußerten Auffassung zu groß ist, um konsensual aufgelöst werden zu können, leitet sie das Kohärenzverfahren nach Art. 63 ein. Dasselbe gilt, wenn sie einen Einspruch nicht für maßgeblich oder nicht für begründet hält. Entscheidend ist hier, dass das **Kohärenzverfahren** schon dann eingeleitet wird, wenn von einer Vielzahl betroffener Behörden nur eine **einzige** einen entsprechenden **Einspruch** einlegt. Aus Abs. 4 geht hervor, dass die anderen 25

7 Kühling/Buchner-*Caspar*, Art. 63 Rn. 27.

betroffenen Aufsichtsbehörden 4 Wochen Zeit haben, ihre Einsprüche vorzubringen. Die Frist beginnt mit Eingang des Beschlussentwurfes der federführenden Behörde bei den anderen betroffenen Behörden. Entscheidender Zeitpunkt für den Fristablauf ist der Zugang des Einspruchs bei der federführenden Behörde.

26 Eine **betroffene deutsche Aufsichtsbehörde** ist bei der Formulierung eines Einspruchs **nicht verpflichtet**, aber berechtigt, einen **»gemeinsamen Standpunkt« über den Einspruch herbeizuführen**. Die entgegenstehende Formulierung in der Begründung zu § 18 BDSG ist auch hier **europarechtskonform** dahingehend auszulegen, dass die betroffene deutsche Aufsichtsbehörde einen solchen gemeinsamen Standpunkt herbeiführen kann, jedoch nicht muss (Rn. 20, 22 und § 18 BDSG Rn. 12, 15ff.). Bei einer solchen Entscheidung sind auch verfahrensökonomische Aspekte und die Fristen der DSGVO zu beachten. Die Frage, ob und ggf. mit welcher Begründung sie einen Einspruch einlegt, kann nur die betroffene Aufsichtsbehörde selbst entscheiden. Aufsichtsbehörden an dieser Entscheidung zu beteiligten, die nach der DSGVO nicht zu den betroffenen und damit nicht am Verfahren der Lösung des Einzelfalles beteiligten Aufsichtsbehörden gehören, hieße, Aufsichtsbehörden, die nach der DSGVO unzuständig sind, zusätzliche Befugnisse zu übertragen. Dies übersteigt die Möglichkeiten mitgliedstaatlicher Regelungsbefugnisse. Dies gilt jedenfalls in den Fällen, in denen es noch nicht feststeht, ob es den beteiligten Aufsichtsbehörden der unterschiedlichen Mitgliedstaaten misslingen wird, den von der DSGVO für die Lösung von Einzelfällen angestrebten Konsens zu erzielen und damit das Kohärenzverfahren vor dem Ausschuss zu vermeiden. In diesen Fällen ermöglicht die DSGVO im Zusammenarbeitsverfahren nach den Art. 60ff. nicht nur einvernehmliche bi-, tri- oder multilaterale Lösungen, die nicht den Weg in den Datenschutzausschuss finden, sondern wirkt sogar hierauf hin (Rn. 11). Deshalb bedarf es in diesen Fällen keiner nationalstaatlichen Regelung, insbesondere keiner, die die Rechte der betroffenen Aufsichtsbehörde im Verhältnis zu der in der DSGVO getroffenen Regelung verkürzt.

27 Diese Argumentation ist mit dem **Normtext des § 18 BDSG** vereinbar. Diese Norm soll die Anforderungen an den mitgliedstaatlichen Gesetzgeber nach Art. 51 Abs. 3 ausfüllen, sicherzustellen, dass die nicht direkt am Kohärenzverfahren beteiligten Behörden, also die von einem Einzelfall nicht betroffenen Behörden, »die Regeln für das Kohärenzverfahren nach Art. 63 einhalten«. Nach § 18 Abs. 1 Satz 2 sind **Adressaten gemeinsamer Standpunkte »die Aufsichtsbehörden der anderen Mitgliedstaaten«**, was in Richtung des Kohärenzverfahrens weist. Damit sind Adressaten des »gemeinsamen Standpunkts« die betroffenen Aufsichtsbehörden anderer Mitgliedstaaten **in ihrer Eigenschaft als Mitglieder des EDSA** und nicht in ihrer Eigenschaft als Beteiligte am Zusammenarbeitsverfahren. Zwar kann die Nichtbeachtung des Einspruchs der betroffenen deutschen Aufsichtsbehörde durch die federführende Aufsichtsbehörde dazu führen, dass diese das Kohärenzverfahren einleitet. Dies steht aber zu dem in Abs. 4 Satz 1 genannten Zeitpunkt der Einlegung des Einspruchs noch nicht fest. Insbesondere ist hier beachtlich, dass die Konsensorientierung des Art. 60 die federführende Behörde darin unterstützt, dem Einspruch nach Abs. 3 »gebührend«, im Fall einer Beschwerde, die nicht bei der federführenden Behörde eingelegt wurde, sogar nach Erwgr 130 »weitestgehend« zu berücksichtigen und sich dem Einspruch damit nach Abs. 5 anzuschließen.

28 Ein Verfahren festzulegen, das die Argumente, mit denen eine betroffene Behörde einen Einspruch einlegt, durch die Verpflichtung auf einen »gemeinsamen Standpunkt« steu-

erte, ginge über die Kompetenz der mitgliedstaatlichen Gesetzgeber nach Art. 51 Abs. 3 hinaus, wonach die Mitgliedstaaten sicherstellen müssen, dass »die anderen Behörden« die Regeln für das Kohärenzverfahren nach Art. 63 einhalten. Die Festlegung auf eine bestimmte Argumentation für einen Einspruch ist dazu nicht geeignet, weil auch die Aufsichtsbehörden anderer Mitgliedstaaten das Ergebnis des Kohärenzverfahrens beeinflussen können. Eine Bindungswirkung aller deutschen Aufsichtsbehörden an die Argumentation eines Einspruchs in einem **Zwischenstadium der Kohärenz** zu erzielen, wäre nicht nur **zeitaufwändig**, sondern geradezu **kontraproduktiv**, weil es möglich ist, dass die Argumentation **im letztlich durch den EDSA zu beurteilenden Beschlussentwurf**, für den es zwingend eines **gemeinsamen deutschen Standpunktes** bedarf, eine andere ist als die des Erstentwurfes der federführenden Behörde, auf den sich der Einspruch zu diesem Verfahrensstadium bezieht. Dies wäre zum Beispiel dann der Fall, wenn sich die federführende Behörde der Argumentation eines Einspruchs anschließt und diese in ihren Beschlussentwurf einarbeitet, einen anderen Einspruch jedoch für nicht begründet hält und deswegen das Kohärenzverfahren einleitet. In diesem Fall müssten sich alle deutschen Aufsichtsbehörden **mehrfach** mit unterschiedlichen, einen Einzelfall betreffenden Beschlussentwürfen beschäftigen, ohne von diesem Einzelfall überhaupt betroffen zu sein. Dem Wortlaut des § 18 Abs. 1 BDSG entsprechend, muss demgegenüber ein gemeinsamer Standpunkt der deutschen Aufsichtsbehörden erst im Zusammenhang mit der Einbeziehung des EDSA in das Kohärenzverfahren entwickelt werden.

Gegenstand des Kohärenzverfahrens nach Art. 65 Abs. 1 Buchst. a sind **der letzt**e unter den betroffenen Aufsichtsbehörden diskutierte **Beschlussentwurf** der federführenden Behörde und der darauf bezogene Einspruch einer betroffenen Aufsichtsbehörde, dem sich die federführende Aufsichtsbehörde nicht angeschlossen hat (Art. 65 Rn. 5). 29

5. Nach Einspruch überarbeiteter Beschlussentwurf (Abs.5)

Abs. 5 bestimmt, dass das konsensorientierte Verfahren der Einzelfalllösung neu beginnt, wenn die federführende Aufsichtsbehörde auf Argumente eingeht, die andere betroffene Behörde in einem Einspruch gegen den ursprünglichen Beschlussentwurf vorgebracht haben. Nach Satz 2 muss die federführende Behörde den anderen betroffenen Aufsichtsbehörden den **überarbeiteten Beschlussentwurf** innerhalb von zwei Wochen übersenden. Wie der Verweis auf Abs. 4 in Satz 2 verdeutlicht, können die anderen betroffenen Behörden auch gegen den überarbeiteten Beschlussentwurf innerhalb von 4 Wochen Einspruch einlegen. 30

Die Konsensorientierung der Regelungen des Art. 60 spricht dafür, dass auch ein erneuter Einspruch gegen diesen Beschlussentwurf nicht automatisch zu einer Verpflichtung der federführenden Aufsichtsbehörde zur Einleitung der Kohärenzverfahrens führt.[8] Insbesondere in den Fällen, in denen der erneute Einspruch **neue Argumente** beinhaltet, die bisher keinen Eingang in die Diskussion gefunden hatten, sollte der **weitere Versuch** unternommen werden, eine **konsensuale Lösung** der betroffenen Behörden zu erzielen. Sofern die federführenden Behörde auf eine solche Diskussion der neuen Argumente unter 31

8 So aber Kühling/Buchner-*Dix*, Art. 60 Rn. 17.

den betroffenen Aufsichtsbehörden verzichtet, riskiert sie, dass diese Argumente in dem bis zu 10 Wochen dauernden Verfahren vor dem EDSA, dem sich noch nach Art. 65 Abs. 6 Satz 1 eine Umsetzungsfrist der zuständigen Aufsichtsbehörde von bis zu einem Monat anschließt, zu derselben Entscheidung führen, die auch die betroffenen Aufsichtsbehörden im konsensualen Verfahren nach Art. 60 Abs. 4 und 6 nach vier Wochen erreicht hätten. In dieselbe Richtung geht die Wertung des Verordnungsgebers in ErwGr 138, der den **EDSA** offensichtlich **vor der Überfrachtung mit Problemstellungen bewahren** will, **für die eine konsensuale Lösung erreicht werden kann**. Auch liegt eine zeitnahe rechtsverbindliche aufsichtsrechtliche Entscheidung im Interesse der Beschwerdeführerinnen, Beschwerdeführer, Verarbeiter und Auftragsverarbeiter.

6. Bindung aller betroffenen Aufsichtsbehörden an den Beschluss (Abs. 6)

32 Abs. 6 beinhaltet die gesetzliche Fiktion, wonach alle betroffenen Aufsichtsbehörden mit einem Beschlussentwurf einverstanden sind, gegen den sie nicht fristgemäß Einspruch erhoben haben. An diesen Beschlussentwurf sind alle betroffenen Aufsichtsbehörden gebunden. Damit bestimmt Abs. 6, dass **konsensuale Lösungen Bindungswirkungen für alle betroffenen Aufsichtsbehörden** entfalten. Die Bindungswirkung entfaltet sich danach also nur für die federführende und die betroffenen Behörden, nicht jedoch für alle anderen europäischen Aufsichtsbehörden. Hierin zeigt sich die Gleichlagerung des bi- bis multilateralen Zusammenarbeitsverfahren mit dem Streitbeilegungsverfahren nach Art. 65 als derjenigen Ausprägung des Kohärenzverfahrens, in die gescheiterte Zusammenarbeitsverfahren münden. Die Bindungswirkung nach Art. 65 Abs. 2 erstreckt sich trotz der Einbeziehung des EDSA nicht auf alle europäischen Aufsichtsbehörden, sondern entfaltet sich nur für »die federführende Aufsichtsbehörde und alle betroffenen Aufsichtsbehörden«.

7. One-Stop-Shop für Verantwortliche und erfolgreiche Beschwerdeführerin (Abs. 7)

33 Die Abs. 7 und 8 regeln die Zuständigkeiten für den Erlass und die Bekanntgabe der im Zusammenarbeitsverfahren zustande gekommenen Beschlüsse und sind mit der **Unterscheidung in Erlass und Bekanntgabe** Ausdruck des **One-Stop-Shop** und den Grundsatz, wonach belastende aufsichtsbehördliche Entscheidungen von den Belasteten nach Art. 78 Abs. 1 vor Gerichten im eigenen Hoheitsbereich rechtlich angegriffen werden können (siehe Art. 78 Rn. 7). Sofern Anlass für den Beschluss eine Beschwerde ist, regelt Abs. 7 die Zuständigkeit der Bekanntgabe von stattgebenden Beschlüssen, während Abs. 8 die Bekanntgabe von ablehnenden oder abweisenden Beschlüssen regelt. Nach Abs. 7 Satz 1 ist es die federführende Aufsichtsbehörde, die den Beschluss erlässt und ihn der Hauptniederlassung (siehe Art. 4 Nr. 16) oder der einzigen Niederlassung des Verantwortlichen oder Auftragsverarbeiters mitteilt. Daneben statuiert Satz 1 die Verpflichtung der federführenden Behörde, die anderen betroffenen Aufsichtsbehörden und den EDSA von dem Beschluss »einschließlich einer Zusammenfassung der maßgeblichen Fakten und Gründe« in Kenntnis zu setzen. Satz 2 bestimmt, dass die betroffene **Aufsichtsbehörde, bei der eine Beschwerde eingereicht worden war, die Beschwerdeführerin oder den**

Beschwerdeführer darüber **unterrichtet**, dass der Beschwerde stattgegeben wurde. § 19 Abs. 2 BDSG kollidiert mit dieser Regelung der DSGVO (Rn. 37, § 19 BDSG Rn. 8ff.).

34 Die Mitteilung an den Ausschuss verschafft diesem einen Überblick über Verstöße gegen die DSGVO und den Umgang der betroffenen Aufsichtsbehörden mit diesen Verstößen. Zudem wird es hierdurch **allen Aufsichtsbehörden**, den betroffenen wie den nicht betroffenen, **ermöglicht**, nach Art. 70 Abs. 1 Buchst. e die der Entscheidung zugrundeliegende **abstrakte Rechtsfrage**, nicht jedoch die Einzelfallentscheidung selbst **vom EDSA beurteilen zu lassen**. Selbst wenn die Entscheidung unter Beteiligung des EDSA im Streitbeilegungsverfahren nach Art. 65 zustande gekommen ist, kann es sein, dass die konkreten Umstände des Einzelfalles so ungewöhnlich waren, dass die im Anschluss an die Mitteilung an den EDSA entwickelten Leitlinien, Empfehlungen und bewährten Verfahren nach Art. 70 Abs. 1 Buchst. e vom EDSA in weiteren Einzelfällen, die nur unwesentlich vom Einzelfall abweichen, der Gegenstand des Verfahrens nach Art. 60 war, zu anderen Ergebnissen führen würden.

8. One-Stop-Shop für unterlegene Beschwerdeführerin (Abs. 8)

35 Abs. 8 bestimmt, dass der Beschluss über die Ablehnung oder Abweisung einer Beschwerde[9] nicht von der federführenden, sondern von der **Aufsichtsbehörde** erlassen wird, **bei der die Beschwerde eingereicht worden war.** Diese Behörde muss dies der Beschwerdeführerin oder dem Beschwerdeführer mitteilen, damit diese die Möglichkeit haben, die belastende aufsichtsbehördliche Entscheidung nach Art. 78 Abs. 1 vor den für die betreffende Aufsichtsbehörde zuständigen Gerichten rechtlich anzugreifen (siehe Art. 78 Rn. 7). Dies ist Ausdruck des One-Stop-Shop. Daneben trifft die entsprechende Aufsichtsbehörde die Verpflichtung, den Verantwortlichen (bzw. den an dieser Stelle versehentlich nicht erwähnten Auftragsverarbeiter) über die ihnen günstige Entscheidung zu informieren.

36 Anders als in Abs. 7 findet sich in Abs. 8 nicht die Verpflichtung der Aufsichtsbehörde, bei der die Beschwerde eingereicht wurde, den Ausschuss von dem betreffenden Beschluss in Kenntnis zu setzen. Hier ist zu beachten, dass es sich um ein Verfahren handelt, in dem die betroffenen Behörden übereingekommen sind, eine auf einen Einzelfall bezogene Beschwerde abzuweisen. Damit sind die betroffenen Aufsichtsbehörden zu der gemeinsamen Auffassung gelangt, dass kein Verstoß gegen die DSGVO vorlag. Dass die DSGVO hier keine zwingende Information des EDSA vorsieht, ist einleuchtend.[10] Der EDSA ist seiner Wächterrolle entsprechend an Verstößen gegen die DSGVO interessiert, die ihm deshalb nach Abs. 7 mitgeteilt werden müssen. Dies ist in den Fällen des Abs. 8 anders, in denen die DSGVO nach gemeinsamer Auffassung der betroffenen Aufsichtsbehörden beachtet wurde. Im Konsensbildungsverfahren mit ihren Argumenten unterlegene betroffene Aufsichtsbehörden, die aber gleichwohl aus Gründen der Konsensbildung nicht an ihrer Auffassung festhalten und nicht die Voraussetzungen für ein Kohärenzverfahren schaffen wollten, können unabhängig von der Unterrichtung des EDSA eine abstrakte Entscheidung des Ausschusses nach Art. 70 Abs. 1 Buchst. e herbeiführen. Insofern soll-

---

9 Zur Definition der in ErwGr 143 verwendeten Begriffe Ablehnung und Abweisung siehe Art. 78 Rn. 2; siehe in diesem Zusammenhang auch Art. 77 Rn. 5.

10 A.A. Kühling/Buchner-*Dix*, Rn. 24.

ten die anderen betroffenen Aufsichtsbehörden den Beschluss erhalten, um überprüfen zu können, ob etwaige von ihnen ursprünglich vorgebrachte Gegenargumente weiterhin relevant sind.[11]

37 Sofern es sich bei der Aufsichtsbehörde, die solche Beschwerde erhalten hat, um eine deutsche Aufsichtsbehörde handelt, besteht das Problem, dass deutsche Aufsichtsbehörden, bei denen betroffene Personen Beschwerde eingereicht haben, diese Beschwerden nach den Sätzen 1 und 2 des **§ 19 Abs. 2 BDSG** an andere Aufsichtsbehörden »abgeben« müssen und in § 19 Abs. 2 Satz 3 BDSG fingiert wird, die Aufsichtsbehörden, an die die Beschwerden nach § 19 Abs. 2 Sätze 1 und 2 abgegeben werden, würden als »die Aufsichtsbehörde nach Maßgabe des Kapitels VII« der DSGVO gelten, bei der die Beschwerde eingereicht worden sei, und müssten »den Verpflichtungen aus Artikel 60 Absatz 7 bis 9 und 65 Absatz 6« der DSGVO nachkommen. Die abweichende deutsche Regelung **verstößt gegen die Idee des One – Stop – Shop**, der Grundrechtsträgerinnen und Grundrechtsträgern das Recht gewährt, die Entscheidung von genau der Aufsichtsbehörde zu erhalten, an die sie sich mit ihrer Beschwerde gewandt haben, und Ausdruck des in Art. 78 Abs. 1 normierten Grundsatzes ist, wonach belastende aufsichtsbehördliche Entscheidungen von den Belasteten vor Gerichten im eigenen Hoheitsbereich rechtlich angegriffen werden können (Art. 78 Rn. 7). Dies gilt selbstverständlich auch für die verwaltungsgerichtliche Zuständigkeit der Bundesländer. Es ist äußerst **zweifelhaft, dass § 19 BDSG europarechtlich haltbar ist** (§ 19 BDSG Rn. 8 ff.). Auch ist eine Befugnis zur Regelung einer abweichenden Regelung für mitgliedstaatliche Gesetzgeber nicht ersichtlich. Sie ergibt sich insbesondere nicht aus Art. 51 Abs. 3.

9. Beschlüsse mit teils begünstigender teils belastender Wirkung (Abs. 9)

38 Abs. 9 trifft Regelungen für die Konstellationen, in denen Entscheidungen über Beschwerden sowohl begünstigende als auch belastende Wirkungen für die Beschwerdeführerinnen und Beschwerdeführer haben. Satz 1 legt fest, dass in diesen Fällen statt eines Beschlusses mit unterschiedlichen Richtungen **jeweils ein stattgebender und ein ablehnender Beschluss** gefasst werden. Hier werden die Absätze 7 und 8 nicht vollständig gespiegelt: In dem Fall, in dem sich Beschwerdeführerinnen oder Beschwerdeführer mit ihrer Beschwerde durchsetzen, erhalten sie die Mitteilung hierüber nicht von der Aufsichtsbehörde, an die sie sich ursprünglich gewandt hatten, sondern von der ihnen bislang unbekannten federführenden Aufsichtsbehörde. Dieser Bruch mit dem One-Stop-Shop ist hinnehmbar, weil er dadurch aufgewogen wird, dass die Einheitlichkeit der beiden Beschlüsse nicht durch die Beteiligung zweier Aufsichtsbehörden gefährdet wird.

10. Umsetzungspflicht der Verarbeiter und Auftragsverarbeiter (Abs. 10)

39 Abs. 10 Satz 1 statuiert die **Bindungswirkung** der Beschlüsse der federführenden Aufsichtsbehörde **für die Verantwortlichen und Auftragsverarbeiter**. Sie werden verpflichtet, alle erforderlichen Maßnahmen zur Umsetzung der Entscheidung zu treffen. Dabei

11 Dies fordert Kühling/Buchner-*Dix*, Rn. 24.

wird klargestellt, dass die Beschlüsse in allen Niederlassungen der Verantwortlichen und Auftragsverarbeiter in der Union befolgt werden müssen. Satz 2 verpflichtet die Verantwortlichen und Auftragsverarbeiter zu entsprechenden **Umsetzungsberichten** an die federführende Aufsichtsbehörde und diese zur Unterrichtung der anderen betroffenen Aufsichtsbehörden über die Umsetzung der Beschlüsse durch die Verantwortlichen und Auftragsverarbeiter.

11. Dringlichkeit (Abs. 11)

Abs. 11 bestimmt, dass betroffene Aufsichtsbehörden grundsätzlich auch im Zusammenarbeitsverfahren einstweilige Maßnahmen im Sinne des Art. 66 ergreifen können, sofern es sich um einen Ausnahmefall handelt. Da auch Art. 66 Abs. 1 auf Art. 60 verweist, hat diese Regelung rein deklaratorische Wirkung. 40

12. elektronische Kommunikation (Abs. 12)

Abs. 12 bestimmt, dass die Kommunikation zwischen den betroffenen Aufsichtsbehörden im Zusammenarbeitsverfahren elektronisch und unter Verwendung eines standardisierten Formats erfolgen muss. Diese Norm ist nicht so zu verstehen, dass das Zusammenarbeitsverfahren nicht genutzt werden kann, sofern eine betroffene Aufsichtsbehörde nicht über elektronische Kommunikationswege verfügt. In einem solchen Fall muss aus Dokumentationszwecken das schriftliche Verfahren gewählt werden. 41

Art. 61 Gegenseitige Amtshilfe

(1) Die Aufsichtsbehörden übermitteln einander maßgebliche Informationen und gewähren einander Amtshilfe, um diese Verordnung einheitlich durchzuführen und anzuwenden, und treffen Vorkehrungen für eine wirksame Zusammenarbeit. Die Amtshilfe bezieht sich insbesondere auf Auskunftsersuchen und aufsichtsbezogene Maßnahmen, beispielsweise Ersuchen um vorherige Genehmigungen und eine vorherige Konsultation, um Vornahme von Nachprüfungen und Untersuchungen.

(2) Jede Aufsichtsbehörde ergreift alle geeigneten Maßnahmen, um einem Ersuchen einer anderen Aufsichtsbehörde unverzüglich und spätestens innerhalb eines Monats nach Eingang des Ersuchens nachzukommen. Dazu kann insbesondere auch die Übermittlung maßgeblicher Informationen über die Durchführung einer Untersuchung gehören.

(3) Amtshilfeersuchen enthalten alle erforderlichen Informationen, einschließlich Zweck und Begründung des Ersuchens. Die übermittelten Informationen werden ausschließlich für den Zweck verwendet, für den sie angefordert wurden.

(4) Die ersuchte Aufsichtsbehörde lehnt das Ersuchen nur ab, wenn

a) sie für den Gegenstand des Ersuchens oder für die Maßnahmen, die sie durchführen soll, nicht zuständig ist oder

b) ein Eingehen auf das Ersuchen gegen diese Verordnung verstoßen würde oder gegen das Unionsrecht oder das Recht der Mitgliedstaaten, dem die Aufsichtsbehörde, bei der das Ersuchen eingeht, unterliegt.

(5) Die ersuchte Aufsichtsbehörde informiert die ersuchende Aufsichtsbehörde über die Ergebnisse oder gegebenenfalls über den Fortgang der Maßnahmen, die getroffen wurden, um dem Ersuchen nachzukommen. Die ersuchte Aufsichtsbehörde erläutert gemäß Absatz 4 die Gründe für die Ablehnung des Ersuchens.

(6) Die ersuchten Aufsichtsbehörden übermitteln die Informationen, um die von einer anderen Aufsichtsbehörde ersucht wurde, in der Regel auf elektronischem Wege unter Verwendung eines standardisierten Formats.

(7) Ersuchte Aufsichtsbehörden verlangen für Maßnahmen, die sie aufgrund eines Amtshilfeersuchens getroffen haben, keine Gebühren. Die Aufsichtsbehörden können untereinander Regeln vereinbaren, um einander in Ausnahmefällen besondere aufgrund der Amtshilfe entstandene Ausgaben zu erstatten.

(8) Erteilt eine ersuchte Aufsichtsbehörde nicht binnen eines Monats nach Eingang des Ersuchens einer anderen Aufsichtsbehörde die Informationen gemäß Absatz 5, so kann die ersuchende Aufsichtsbehörde eine einstweilige Maßnahme im Hoheitsgebiet ihres Mitgliedstaats gemäß Artikel 55 Absatz 1 ergreifen. In diesem Fall wird von einem dringenden Handlungsbedarf gemäß Artikel 66 Absatz 1 ausgegangen, der einen im Dringlichkeitsverfahren angenommenen verbindlichen Beschluss des Ausschuss gemäß Artikel 66 Absatz 2 erforderlich macht.

(9) Die Kommission kann im Wege von Durchführungsrechtsakten Form und Verfahren der Amtshilfe nach diesem Artikel und die Ausgestaltung des elektronischen Informationsaustauschs zwischen den Aufsichtsbehörden sowie zwischen den Aufsichtsbehörden und dem Ausschuss, insbesondere das in Absatz 6 des vorliegenden Artikels genannte standardisierte Format, festlegen. Diese Durchführungsrechtsakte werden gemäß dem in Artikel 93 Absatz 2 genannten Prüfverfahren erlassen.

Inhaltsübersicht

I. Allgemeines zur »mutual assistance«

1 Art. 61 beschreibt die gegenseitige Amtshilfe als Zusammenwirken europäischer Aufsichtsbehörden **auf Augenhöhe**. Adressiert sind alle europäischen Aufsichtsbehörden unabhängig davon, ob sie betroffene Aufsichtsbehörden im Sinne des Art. 4 Nr. 22 sind, zu denen auch federführende Aufsichtsbehörden gehören, oder ob sie nicht betroffene Aufsichtsbehörden sind. Wichtig ist in diesem Zusammenhang, dass sich die Verpflichtung zur Zusammenarbeit direkt aus der DSGVO ergibt, ohne dass es einer Vereinbarung zwi-

schen den betroffenen Mitgliedstaaten über die Leistung von Amtshilfe bedarf (ErwGr 123). In der deutschen Fassung wird das Verfahren nach Art. 61 »gegenseitige Amtshilfe« genannt und nimmt damit Bezug auf den Begriff der Amtshilfe im deutschen Verfahrensrecht.[1] Die englische Version lautet »mutual assistance«, was rückübersetzt **gegenseitige Unterstützung** heißt und nicht die Assoziation mit einem deutschen Rechtsinstitut nahelegt, die für ein europäisches Verfahren irreführend sein kann. Art. 61 beschreibt, wie die europäischen Aufsichtsbehörden auf Augenhöhe »auf bilateraler oder multilateraler Ebene« (ErwGr 138) mit dem Ziel der einheitlichen Durchführung und Anwendung der DSGVO zusammenarbeiten sollen. Anders als Art. 60, in dem die federführende Aufsichtsbehörde als Prima Inter Pares die Verfahren steuern kann (Art. 60 Rn. 9), beschreibt Art. 61 damit ein Verfahren, in dem **alle europäischen Aufsichtsbehörden gleichberechtig** agieren.

Da Art. 61 sich an alle europäischen Aufsichtsbehörden **unabhängig davon** richtet, ob sie **federführend, betroffen oder nicht-betroffen** sind, bezieht sich Art. 61 nicht nur auf die Fälle der Aufsicht über den nicht-öffentlichen Bereich. Damit sind in Deutschland alle Aufsichtsbehörden der Länder und die oder der Bundesbeauftragte adressiert. Anders als es bei Art. 60 der Fall ist (siehe Art. 60 Rn. 7f.) kann Art. 61 also grundsätzlich für die Bundesbeauftragte oder den Bundesbeauftragten über die Bereiche hinaus, in denen ihr oder ihm Aufsichtsbefugnisse über Post- und Telekommunikationsdienstleister zustehen, Anwendung finden. Daraus, dass nicht auf das Vorhandensein einer federführenden Behörde abgestellt wird, folgt auch, dass von Art. 61 auch solche grenzüberschreitenden datenschutzrechtlichen Sachverhalte umfasst sind, in denen ein Auftragsverarbeiter mit einer einzigen Niederlassung in einem Mitgliedstaat Daten im Auftrag eines Verarbeiters mit einer einzigen Niederlassung in einem anderen Mitgliedstaat verarbeitet.[2] Anwendbar ist Art. 61 zudem über den Verweis in Art. 56 Abs. 5 in den Fällen, in denen sich die federführende Behörde entschieden hat, sich nicht selbst mit dem Fall zu befassen. Regelungen zur Leistung internationaler Amtshilfe finden sich in Art. 50 Buchst. b). 2

II. Zusammenarbeitsverpflichtung (Abs. 1)

Abs. 1 Satz 1 beschreibt drei Pflichten, denen Aufsichtsbehörden beim Zusammenwirken nach Art. 61 unterliegen. Es sind dies die Übermittlung maßgeblicher Informationen, die Amtshilfe und das Treffen von Vorkehrungen für eine wirksame Zusammenarbeit. Die letztgenannte Pflicht ist organisatorischer Art und wird in Abs. 2, 3, 5 und 6 konkretisiert. Als **Ziel** der beiden anderen Pflichten, also der Übermittlung maßgeblicher Informationen und der Gewährung von Amtshilfe beschreibt Satz 1 die **einheitliche Durchführung und Anwendung der DSGVO**. Sie soll einerseits durch die Übermittlung maßgeblicher Informationen und andererseits durch die Gewährung von Amtshilfe erreicht werden. 3

Bei der **Übermittlung maßgeblicher Informationen** im Sinne des Satzes 1 geht es um die »proaktive« Übermittelung von Informationen an eine oder mehrere andere Aufsichtsbehörden, also ohne hierum zuvor ersucht worden zu sein. Dies folgt aus dem Umstand, dass in Abgrenzung dazu in Satz 2 die Informationsübermittlung auf Anfrage als Gegen- 4

1 Beispielsweise die Amtshilfepflicht in § 4 VwVfG.
2 Kühling/Buchner-*Dix*, Rn. 7.

stand der Amtshilfe exemplifiziert wird. Maßgeblich können zunächst einmal alle abstrakten Ergebnisse und Erkenntnisse der aufsichtsbehördlichen Tätigkeit nach Art. 57 sein. Der Begriff »maßgeblich« weist allerdings darauf, dass Aufsichtsbehörden andere Aufsichtsbehörden nicht mit Informationen überfluten sollten, die für deren aufsichtsbehördliche Tätigkeit nicht relevant sind. Nur in seltenen Ausnahmefällen können zu den maßgeblichen Informationen auch personenbezogene Daten gehören. Aufgrund des »amtshilfefesten Schutzes vor Zweckentfremdung«[3] bedarf es zur Rechtmäßigkeit einer solchen Übermittlung personenbezogener Daten einer gesonderten Rechtsgrundlage. Hier kommen neben Einwilligungen der Betroffenen gesetzliche Grundlagen in Betracht. Der Wunsch Betroffener, anonym zu bleiben, berechtigt Aufsichtsbehörden dazu, selbst gegenüber Gerichten die Identität der Betroffenen geheim zu halten[4] und muss von Aufsichtsbehörden deshalb im Zusammenhang mit Art. 61 respektiert werden. Sofern personenbezogene Daten im Einzelfall übermittelt werden, darf dies nur in verschlüsselter Form geschehen.

5 Allein die **dritte Pflicht**, die der **Amtshilfe (»mutual assistance«)**, wird im Titel des Artikels genannt. Sie bezieht sich laut Satz 2 auf Auskunftsersuchen, also auf Informationen, die nicht proaktiv, sondern auf Ersuchen übermittelt werden, und auf aufsichtsbezogene Maßnahmen. Als Beispiele solcher aufsichtsbezogenen Maßnahmen werden »etwas unsystematisch«[5] Ersuchen um vorherige Genehmigungen und eine vorherige Konsultation, um Vornahme von Nachprüfungen und Untersuchungen genannt. Hier wird deutlich, dass es sich bei der Amtshilfe nicht nur begrifflich um »Hilfs«-Tätigkeiten handelt, die im Zusammenhang mit einer Hauptmaßnahme wie der Verhängung von Geldbußen oder der Durchsetzung von Anordnungen stehen, die eine Aufsichtsbehörde vornimmt. Art. 61 berechtigt und verpflichtet deshalb nicht zur Durchführung der Hauptmaßnahme selbst.

III. Pflicht zur organisatorischen Ermöglichung der wirksamen Zusammenarbeit (Abs. 2)

6 Abs. 2 ist vor allem Ausprägung der in Abs. 1 Satz 1 statuierten organisatorischen Pflicht zum Treffen von Vorkehrungen für eine wirksame Zusammenarbeit. Er verpflichtet alle Aufsichtsbehörden, alle geeigneten Maßnahmen zu ergreifen, um einem Ersuchen einer anderen Aufsichtsbehörde nachzukommen. Dies verpflichtet die Aufsichtsbehörden zu **engagierter und proaktiver Suche nach geeigneten Maßnahmen**. Gleichzeitig statuiert Satz 1 eine Frist, innerhalb derer die Maßnahmen ergriffen werden müssen. Dies muss unverzüglich, also ohne schuldhaftes Zögern und spätestens innerhalb eines Monats nach Eingang des Ersuchens geschehen. Satz 2 stellt klar, dass »insbesondere« die Übermittlung maßgeblicher Informationen über die Durchführung einer Untersuchung hierzu gehört. Hier ist beachtlich, dass aus der Unabhängigkeit der Aufsichtsbehörden folgt, dass sie grundsätzlich keiner anderen Stelle über die Durchführung datenschutzrechtlich relevanter Untersuchungen Auskunft erteilen müssen. Dies gilt insbesondere dann, wenn die Auskunft das Ergebnis der Untersuchung negativ beeinflussen könnte. Damit kann es bei

---

3 BVerfG 15.12.1983 – E 65, 1, 46, Volkszählungsurteil.
4 VG Bremen 25.3.2010 – 2 K 548/09 und OVG Bremen 28.8.2014 – 1 A 126/10.
5 Kühling/Buchner-*Dix*, Rn. 9.

der Verpflichtung zur Übermittlung nach Abs. 2 nur um solche Informationen gehen, die zwar relevant sind, aber das Ergebnis der Untersuchung nicht gefährden. Hierbei ist zu berücksichtigen, dass alle Mitglieder und Bediensteten der Aufsichtsbehörden nach Art. 54 Abs. 2 verpflichtet sind, über alle vertraulichen Informationen, die ihnen bei der Wahrnehmung ihrer Aufgaben oder der Ausübung ihrer Befugnisse bekannt geworden sind, Verschwiegenheit zu wahren. Die Übermittlung von personenbezogenen Daten wird aber gleichwohl nur in absoluten Ausnahmefällen von der Verpflichtung nach Abs. 2 umfasst sein. Sie muss in diesen Fällen verschlüsselt erfolgen, nachdem die Daten pseudonymisiert wurden.

IV. Amtshilfeersuchen (Abs. 3)

Abs. 3 statuiert Pflichten der um Amtshilfe ersuchenden Aufsichtsbehörde und der um Amtshilfe ersuchten Aufsichtsbehörde. Nach Satz 1 muss die ersuchende Behörde in ihrem Ersuchen alle erforderlichen Informationen nennen, ihr Ersuchen begründen und den Zweck des Ersuchens offenlegen. In der **Begründung** müssen auch Argumente dafür genannt werden, dass das aufsichtsbehördliche Tätigwerden der ersuchenden Behörde ohne die Hilfe der ersuchten Behörde nicht möglich ist, es also **kein milderes Mittel als** die Inanspruchnahme der **Amtshilfe** gibt. Dies ist dem Umstand geschuldet, dass auch die ersuchte Aufsichtsbehörde alle Aufgaben des Art. 57 wahrnehmen muss und die Amtshilfe insofern von Seiten der ersuchenden Behörde als ultima ratio betrachtet werden sollte. Ein Amtshilfeersuchen, das diesen Kriterien entspricht, löst die Verpflichtung der ersuchten Aufsichtsbehörde nach Abs. 1 und 2 aus. Satz 2 beinhaltet die Verpflichtung der ersuchten Aufsichtsbehörde, die übermittelten Informationen ausschließlich für den im Amtshilfeersuchen genannten Zweck zu verwenden. Dies schließt eine rechtmäßige Zweckänderung aus. 7

V. Eingeschränkte Möglichkeiten zur Ablehnung des Ersuchens (Abs. 4)

Abs. 4 verdeutlich die **hohe Priorität**, die die DSGVO dem **Zusammenwirken der Aufsichtsbehörden** beimisst: Die ersuchte Behörde muss einem den Anforderungen des Abs. 3 entsprechenden Amtshilfeersuchen in den Fristen des Abs. 2 nachkommen, es sei denn, einer der beiden Ausnahmegründe des Abs. 4 ist gegeben. Abs. 4 nennt damit abschließend zwei Gründe, aus denen eine ersuchte Aufsichtsbehörde ein Amtshilfeersuchen ablehnen darf. Dies ist der Fall, wenn sie für den Gegenstand des Ersuchens oder für die Maßnahme, um die sie ersucht wurde, keine Zuständigkeit besitzt (a) oder wenn sie durch die Tätigkeit, um die sie ersucht wurde, gegen Unionsrecht inklusive der DSGVO oder mitgliedstaatliches Recht, dem sie selbst (nicht die ersuchende Behörde) unterliegt, verstoßen würde (b). Selbst der Grund, die ersuchte Aufsichtsbehörde könne eigene Aufgaben nicht im erforderlichen Maße erfüllen, wenn sie dem Amtshilfeersuchen folge, scheint vor den Augen der DSGVO nicht auszureichen.[6] Dass dies damit begründet wird, dass die Mitgliedstaaten dazu verpflichtet sind, sicherzustellen, dass die Aufsichtsbehör- 8

6 So auch Kühling/Buchner-*Dix*, Rn. 15.

den mit den erforderlichen Ressourcen ausgestattet werden, um ihre Aufgaben auch im Rahmen der Amtshilfe wahrnehmen zu können, verweist allerdings darauf, dass es den unabhängigen Aufsichtsbehörden in Fällen, in denen Mitgliedstaaten ihre Aufsichtsbehörden noch nicht entsprechend ausgestattet haben, **in Ausnahmefällen möglich sein muss**, datenschutzrechtliche Notfälle, in denen **schwere Verletzungen der informationelle Selbstbestimmung verhindert** werden können, **der Bearbeitung von Amtshilfeersuchen vorzuziehen**. Aufgrund der Möglichkeiten des Abs. 8 ist dieses Ergebnis tragbar. Nach Abs. 5 Satz 2 muss die ersuchte Behörde der ersuchenden Behörde die Gründe für die Ablehnung ihres Ersuchens nennen und erläutern.

VI. Informationspflichten der ersuchten Aufsichtsbehörde (Abs. 5)

9 Auch Abs. 5 ist Ausprägung der in Abs. 1 Satz 1 statuierten organisatorischen Pflicht zum Treffen von Vorkehrungen für eine wirksame Zusammenarbeit. Er verpflichtet die ersuchte Aufsichtsbehörde, die ersuchende Aufsichtsbehörde **über den Fortgang** der Tätigkeiten der ersuchten Behörde im Zusammenhang mit der Amtshilfe **auf dem Laufenden zu halten**. Die Formulierung, wonach die ersuchte Behörde über »die Ergebnisse oder gegebenenfalls über den Fortgang der Maßnahmen« informiert, verdeutlicht jedoch, dass die möglichst schnell erfolgreiche Amtshilfe (»Ergebnis«) und nicht die Information über jeden Verfahrensschritt im Vordergrund der Information durch die ersuchte Behörde stehen muss. Die ersuchte Behörde sollte der ersuchenden Behörde jedoch **sofort den Eingang des Ersuchens um Amtshilfe bestätigen**, damit diese erfährt, ob ihr Ersuchen zugegangen ist. Diese Information sollte auch den Zugangszeitpunkt umfassen, da dieser für die Fristen des Abs. 2 Satz 1 und des Abs. 8 Satz 1 entscheidend ist. Daneben kann die ersuchte Behörde die ersuchende Behörde über ihre Planungen im Zusammenhang mit der Amtshilfe informieren. Aus der Formulierung des Satzes 1 geht hervor, dass die ersuchte Behörde die ersuchende Behörde jedenfalls über unvorhergesehene Hindernisse der Amtshilfe informieren muss, insbesondere dann, wenn sie dazu führen, dass die Einhaltung der Frist des Abs. 2 gefährdet ist. Nach Satz 2 muss die ersuchte Behörde der ersuchenden Behörde die Gründe für die Ablehnung ihres Ersuchens nach Abs. 4 nennen und erläutern.

VII. Elektronische Kommunikation (Abs. 6)

10 Abs. 6 hält die Aufsichtsbehörden dazu an, auf elektronischem Wege und unter Verwendung eines standardisierten Formats zu kommunizieren. Damit ist auch Abs. 6 Ausprägung der in Abs. 1 Satz 1 statuierten organisatorischen Pflicht zum Treffen von Vorkehrungen für eine wirksame Zusammenarbeit. Er korrespondiert mit der Ermächtigung der Kommission zum Erlass entsprechender Durchsetzungsrechtsakte nach Abs. 9 (Rn. 13).

VIII. Gebührenfreiheit der Amtshilfe (Abs. 7)

11 Abs. 7 formuliert den Grundsatz, wonach die **Amtshilfe nach Art. 61 kostenlos** ist. Ersuchte Aufsichtsbehörden dürfen in der Regel für Maßnahmen, um die sie im Wege der Amtshilfe ersucht wurden, auch dann keine Gebühren verlangen, wenn die Maßnahmen

nach dem Recht ihres Mitgliedstaats gebührenpflichtig sind. Satz 2 formuliert hierzu eine Ausnahme. Danach können »die Aufsichtsbehörden« untereinander Regeln vereinbaren, einander »in Ausnahmefällen besondere aufgrund der Amtshilfe entstandene Ausgaben« zu erstatten. Aufgrund der offenen Formulierung kann es sich hierbei um bilaterale, aber auch um multilaterale Regelungen handeln. Aus Satz 2 geht hervor, dass entsprechende Vereinbarungen dem Ausnahmecharakter der Erstattung entstandener Ausgaben Rechnung tragen müssen.

IX. Einstweilige Maßnahmen bei fehlender Reaktion der ersuchten Aufsichtsbehörde (Abs. 8)

Abs. 8 trifft eine Regelung für den Fall, dass eine ersuchte Aufsichtsbehörde sich bei der er- 12
suchenden Aufsichtsbehörde nicht entsprechend Abs. 5 innerhalb eines Monats nach Eingang des Ersuchens mit Informationen über die Ergebnisse oder den Fortgang der Maßnahmen, die getroffen wurden, oder mit der Begründung der Ablehnung der Amtshilfe meldet. In diesen Fällen darf die ersuchende Aufsichtsbehörde eine **einstweilige Maßnahme nach Art. 55 Abs. 1** ergreifen. Damit darf sie im Hoheitsgebiet ihres eigenen Mitgliedstaats tätig werden. Dies gilt selbst dann, wenn die fehlende Maßnahme, um deren Vornahme sie die andere Aufsichtsbehörde erfolglos ersucht hatte, Voraussetzung ihres Tätigwerdens ist. Damit liegt eine Situation vor, in der eine Maßnahme ergriffen wird, obwohl deren Voraussetzungen möglicherweise nicht vorliegen. Um diesen Zustand möglichst schnell zu korrigieren, bestimmt Satz 2, dass ein Fall des Art. 66 Abs. 1 vorliegt, der einen im **Dringlichkeitsverfahren** angenommenen **verbindlichen Beschluss des EDSA** gemäß Art. 66 Abs. 2 zur Folge hat. Der Verweis auf Art. 66 Abs. 1 stellt klar, dass die von der ersuchenden Behörde getroffene Maßnahme eine Geltungsdauer von höchstens drei Monaten haben darf. Die Formulierung, die Fiktion des Vorliegens eines dringenden Handlungsbedarfs mache einen »im Dringlichkeitsverfahren angenommenen verbindlichen Beschluss des Ausschusses gemäß Art. 66 Abs. 2 erforderlich«, verdeutlicht, dass der ersuchenden Behörde anders als im Fall des Art. 66 Abs. 2 darüber **kein Ermessen** eingeräumt ist, ob sie den EDSA um eine Stellungnahme oder einen verbindlichen Beschluss ersucht: Sie muss den entsprechenden Antrag beim EDSA stellen.

X. Standardisierungsrechtsakte der Kommission (Abs. 9)

Abs. 9 Satz 1 ermächtigt die Kommission, mit dem Ziel der Standardisierung Durchfüh- 13
rungsrechtsakte zu erlassen, in denen Form und Verfahren der Amtshilfe nach Art. 61, insbesondere das standardisierte Format für die Übermittlung von Informationen, die Gegenstand eines Amtshilfeersuchens sind, festgelegt werden. Daneben wird die Kommission zu entsprechenden Durchführungsrechtsakten zur Ausgestaltung des elektronischen Informationsaustauschs zwischen den Aufsichtsbehörden und dem EDSA ermächtigt. Satz 2 legt fest, dass diese Durchführungsrechtsakte im Prüfverfahren nach Art. 93 Abs. 2 (siehe dazu Art. 93 Rn. 3 f.) erlassen werden müssen.

Art. 62 Gemeinsame Maßnahmen der Aufsichtsbehörden

(1) Die Aufsichtsbehörden führen gegebenenfalls gemeinsame Maßnahmen einschließlich gemeinsamer Untersuchungen und gemeinsamer Durchsetzungsmaßnahmen durch, an denen Mitglieder oder Bedienstete der Aufsichtsbehörden anderer Mitgliedstaaten teilnehmen.

(2) Verfügt der Verantwortliche oder der Auftragsverarbeiter über Niederlassungen in mehreren Mitgliedstaaten oder werden die Verarbeitungsvorgänge voraussichtlich auf eine bedeutende Zahl betroffener Personen in mehr als einem Mitgliedstaat erhebliche Auswirkungen haben, ist die Aufsichtsbehörde jedes dieser Mitgliedstaaten berechtigt, an den gemeinsamen Maßnahmen teilzunehmen. Die gemäß Artikel 56 Absatz 1 oder Absatz 4 zuständige Aufsichtsbehörde lädt die Aufsichtsbehörde jedes dieser Mitgliedstaaten zur Teilnahme an den gemeinsamen Maßnahmen ein und antwortet unverzüglich auf das Ersuchen einer Aufsichtsbehörde um Teilnahme.

(3) Eine Aufsichtsbehörde kann gemäß dem Recht des Mitgliedstaats und mit Genehmigung der unterstützenden Aufsichtsbehörde den an den gemeinsamen Maßnahmen beteiligten Mitgliedern oder Bediensteten der unterstützenden Aufsichtsbehörde Befugnisse einschließlich Untersuchungsbefugnisse übertragen oder, soweit dies nach dem Recht des Mitgliedstaats der einladenden Aufsichtsbehörde zulässig ist, den Mitgliedern oder Bediensteten der unterstützenden Aufsichtsbehörde gestatten, ihre Untersuchungsbefugnisse nach dem Recht des Mitgliedstaats der unterstützenden Aufsichtsbehörde auszuüben. Diese Untersuchungsbefugnisse können nur unter der Leitung und in Gegenwart der Mitglieder oder Bediensteten der einladenden Aufsichtsbehörde ausgeübt werden. Die Mitglieder oder Bediensteten der unterstützenden Aufsichtsbehörde unterliegen dem Recht des Mitgliedstaats der einladenden Aufsichtsbehörde.

(4) Sind gemäß Absatz 1 Bedienstete einer unterstützenden Aufsichtsbehörde in einem anderen Mitgliedstaat im Einsatz, so übernimmt der Mitgliedstaat der einladenden Aufsichtsbehörde nach Maßgabe des Rechts des Mitgliedstaats, in dessen Hoheitsgebiet der Einsatz erfolgt, die Verantwortung für ihr Handeln, einschließlich der Haftung für alle von ihnen bei ihrem Einsatz verursachten Schäden.

(5) Der Mitgliedstaat, in dessen Hoheitsgebiet der Schaden verursacht wurde, ersetzt diesen Schaden so, wie er ihn ersetzen müsste, wenn seine eigenen Bediensteten ihn verursacht hätten. Der Mitgliedstaat der unterstützenden Aufsichtsbehörde, deren Bedienstete im Hoheitsgebiet eines anderen Mitgliedstaats einer Person Schaden zugefügt haben, erstattet diesem anderen Mitgliedstaat den Gesamtbetrag des Schadenersatzes, den dieser an die Berechtigten geleistet hat.

(6) Unbeschadet der Ausübung seiner Rechte gegenüber Dritten und mit Ausnahme des Absatzes 5 verzichtet jeder Mitgliedstaat in dem Fall des Absatzes 1 darauf, den in Absatz 4 genannten Betrag des erlittenen Schadens anderen Mitgliedstaaten gegenüber geltend zu machen.

(7) Ist eine gemeinsame Maßnahme geplant und kommt eine Aufsichtsbehörde binnen eines Monats nicht der Verpflichtung nach Absatz 2 Satz 2 des vorliegenden Artikels nach, so können die anderen Aufsichtsbehörden eine einstweilige Maßnahme im Hoheitsgebiet ihres Mitgliedstaats gemäß Artikel 55 ergreifen. In diesem Fall wird von

einem dringenden Handlungsbedarf gemäß Artikel 66 Absatz 1 ausgegangen, der eine im Dringlichkeitsverfahren angenommene Stellungnahme oder einen im Dringlichkeitsverfahren angenommenen verbindlichen Beschluss des Ausschusses gemäß Artikel 66 Absatz 2 erforderlich macht.

Inhaltsübersicht Rn.

I. Allgemeines

Art. 62 beschreibt gemeinsame Maßnahmen (»joint operations«) der Aufsichtsbehörden als **rechtsdurchsetzendes Zusammenwirken europäischer Aufsichtsbehörden auf Augenhöhe**. Die Artikel 62 und 61 unterscheiden sich dabei in der Frage, um wessen Aufgabenwahrnehmung es sich handelt, welche Aufsichtsbehörde also »den Hut aufhat«. Bei der Amtshilfe nach Art. 61 bedient sich eine ersuchende Behörde bei der eigenen Aufgabenwahrnehmung der Hilfe anderer Aufsichtsbehörden, ohne dass diese sich die Aufgabe »zu eigen machen«. Bei Art. 62 steht die Gemeinsamkeit der Maßnahmen als Erfüllung der je eigenen Aufgaben der Aufsichtsbehörden im Vordergrund: Zwar gibt es eine einladende und unterstützende Aufsichtsbehörde. Alle Aufsichtsbehörden erfüllen aber eigene Aufgaben. 1

Die Anwendbarkeit des Art. 62 ist nicht auf Fälle grenzüberschreitender Verarbeitung nach Art. 4 Nr. 23 beschränkt, sondern Art. 62 wendet sich an **alle europäischen Aufsichtsbehörden** unabhängig davon, ob sie betroffene Aufsichtsbehörden im Sinne des Art. 4 Nr. 22, zu denen auch federführende Aufsichtsbehörden gehören (siehe Art. 4 Rn. 163), oder ob sie nicht betroffene Aufsichtsbehörden sind. Anders als Art. 60, in dem die federführende Aufsichtsbehörde als Prima Inter Pares die Verfahren steuern kann (siehe Art. 60 Rn. 9), beschreibt Art. 62 wie Art. 61 damit ein Verfahren, in dem alle europäischen Aufsichtsbehörden »auf bilateraler oder multilateraler Ebene« (ErwGr 138) mit dem Ziel der einheitlichen Durchführung und Anwendung der DSGVO **gleichberechtig** agieren. Wichtig ist dabei, dass sich die Verpflichtung zur Zusammenarbeit direkt aus der DSGVO ergibt, ohne dass es einer Vereinbarung zwischen den betroffenen Mitgliedstaaten hierüber bedarf. 2

Da Art. 62 grundsätzlich alle europäischen Aufsichtsbehörden unabhängig davon adressiert, ob sie federführend, betroffen oder nicht-betroffen sind, wenden sich dieser Artikel in Deutschland an **alle Aufsichtsbehörden der Länder** und an die **Bundesbeauftragte** oder den Bundesbeauftragten und zwar – anders als es bei Art. 60 der Fall ist – (Art. 60 Rn. 8) nicht nur in den Bereichen, in denen ihr oder ihm Aufsichtsbefugnisse über Post- und Telekommunikationsdienstleister zustehen (siehe Art. 4 Rn. 160). Art. 62 bezieht sich wie Art. 61 damit nicht nur auf die Fälle der Aufsicht über den nicht-öffentlichen Bereich. Daraus, dass nicht auf das Vorhandensein einer federführenden Behörde abgestellt wird, 3 folgt daneben, dass von Art. 62 auch solche datenschutzrechtlichen Sachverhalte umfasst sind, in denen ein Auftragsverarbeiter mit einer einzigen Niederlassung in einem Mitgliedstaat Daten im Auftrag eines Verarbeiters mit einer einzigen Niederlassung in einem anderen Mitgliedstaat verarbeitet.[1] Anwendbar ist Art. 61 zudem über den Verweis in Art. 56 Abs. 5 in den Fällen, in denen sich die federführende Behörde entschieden hat, sich nicht selbst mit dem Fall zu befassen.

II. Begriff der gemeinsamen Maßnahmen (Abs. 1)

4 Abs. 1 exemplifiziert den Begriff der gemeinsamen Maßnahmen nach Art. 62, die dadurch gekennzeichnet sind, dass an einer Maßnahme auf dem Hoheitsgebiet einer Aufsichtsbehörde nach Art. 55 Abs. 1 nicht nur Mitglieder oder Bedienstete der betreffenden dort zuständigen Aufsichtsbehörde, sondern auch Mitglieder oder Bedienstete von Aufsichtsbehörden anderer Mitgliedstaaten teilnehmen. Als gemeinsamen Maßnahmen nennt Abs. 1 beispielhaft **gemeinsame Untersuchungen** und **gemeinsame Durchsetzungsmaßnahmen.**

III. Einladung zu gemeinsamen Maßnahmen (Abs. 2)

5 Abs. 2 formuliert Regelungen für die Fälle, in denen ein Verantwortlicher oder Auftragsverarbeiter über Niederlassungen in mehreren Mitgliedstaaten verfügt oder Verarbeitungsvorgänge voraussichtlich auf eine bedeutende Zahl betroffenen Personen in mehr als einem Mitgliedstaat erhebliche Auswirkungen haben. Die in Satz 1 genannten Voraussetzungen sind im Wesentlichen wortgleich mit denen der Buchst. a und/oder b des Art. 4 Nr. 22. Die quantitative Anforderung, die Verarbeitungsvorgänge müssten **erheblichen Auswirkungen für »eine bedeutende Zahl« betroffener Personen** haben, ist sogar strenger als diejenige in Art. 4 Nr. 22 Buchst. b. Daher handelt es sich hier um Fälle gemeinsamer Maßnahmen »betroffener« Aufsichtsbehörden. In diesen Fällen gibt es entweder nach Art. 56 Abs. 1 eine federführende Behörde oder dies ist nicht der Fall, weil der Verantwortliche oder Auftragsverantwortliche in keinem der Mitgliedstaaten eine Hauptniederlassung im Sinne des Art. 4 Nr. 16 hat.

6 Satz 1 formuliert die Berechtigung von Aufsichtsbehörden, in diesen Fällen an gemeinsamen Maßnahmen teilzunehmen. In **Deutschland** stellt sich die Frage, ob nur eine oder **alle betroffene Aufsichtsbehörden an den gemeinsamen Maßnahmen teilnehmen können**, sofern es mehrere betroffene Aufsichtsbehörden gibt. Hier zeigt sich eine Abweichung der unterschiedlichen sprachlichen Versionen des Satzes 1, die bei einer Gesamtsicht für die zweite Variante spricht. Während allein in der deutschen Version der bestimmte Artikel verwendet wird und es heißt, »die« Aufsichtsbehörde jedes dieser Mitgliedstaaten sei hierzu berechtigt, verwendet die englische (»a supervisory authority«) Version den unbestimmten Artikel. Bei der französischen (»une autorithé de contrôle«) und der niederländischen Version (»één toezichthoudende autoriteit«) kann die Formulierung entweder den unbestimmten Artikel oder das bestimmte Zahlwort »eine (und

1 Zu dieser Konstellation Kühling/Buchner-*Dix*, Rn. 7.

nicht zwei) Aufsichtsbehörden« meinen. Die schwedische Version spricht sogar im Plural von Aufsichtsbehörden in jedem Mitgliedstaat »tillsynsmyndigheterna i var och en av dessa medlemsstater«). Zunächst scheint nur die schwedische Version dafür zu sprechen, dass alle betroffenen deutschen Aufsichtsbehörden an der gemeinsamen Maßnahme teilnehmen können. Von der deutschen Version einmal abgesehen, die unter den Sprachversionen allein steht und für die aus diesem Grund wenig spricht, stellt sich hier die Frage, ob in der französischen und niederländischen Version der unbestimmte Artikel oder das bestimmte Zahlwort gemeint sind. Da in der englischen Version, auf die sich die Regelungsdiskussion der DSGVO in den meisten Fällen tatsächlich bezieht, der unbestimmte Artikel verwendet wird, spricht alles dafür, dass dies auch in den anderen Sprachversionen der Fall ist. Auch ist es angesichts der **als geglückt angesehenen Präzedenzfälle gemeinsamer Maßnahmen europäischer Aufsichtsbehörden** unter Beteiligung einer Vielzahl von Aufsichtsbehörden wenig wahrscheinlich, dass die Bezeichnung der Aufsichtsbehörden in Satz 1 dazu dienen sollte, die Anzahl der beteiligten Aufsichtsbehörden gering zu halten. Da die DSGVO in Art. 55 Abs. 1 auf das Hoheitsgebiet der Aufsichtsbehörden abstellt und im Bereich der Aufsicht über den nicht-öffentlichen Bereich, um den es hier in der überwiegenden Mehrzahl der Fälle gehen wird, zumindest die Landesaufsichtsbehörden über ein ihnen zugeordnetes Hoheitsgebiet verfügen, ist davon auszugehen, **dass sich auch in Deutschland alle betroffenen Aufsichtsbehörden an den gemeinsamen Maßnahmen nach Abs. 2 beteiligen können**.

Satz 2 bestimmt, dass die nach Art. 56 Abs. 1 federführende Behörde oder eine Aufsichts- 7
behörde, die die federführende Behörde über eine grenzüberschreitende Datenverarbeitung unterrichtet hat und nach Art. 56 Abs. 4 einen Beschlussentwurf vorlegen kann, die nach Satz 1 beteiligten Aufsichtsbehörden zur Teilnahme an den gemeinsamen Maßnahmen einladen und unverzüglich auf das Teilnahmeersuchen einer Aufsichtsbehörde antworten muss.

IV. Befugnisübertragung an unterstützende Aufsichtsbehörden (Abs. 3)

Abs. 3 führt die Unterscheidung in **einladende** (»host supervisory authority«) und **unter- 8
stützende** (»seconding supervisory authority«) **Aufsichtsbehörden** ein. Einladende Aufsichtsbehörde ist diejenige Aufsichtsbehörde, die die anderen nach Abs. 2 Satz 1 betroffenen Aufsichtsbehörden nach Abs. 2 Satz 2 einlädt, an der gemeinsamen Maßnahme teilzunehmen. Unterstützende Aufsichtsbehörden sind diejenigen Aufsichtsbehörden, die dieser Einladung folgen. Nach Satz 1 kann eine einladende Aufsichtsbehörde den an den gemeinsamen Maßnahmen beteiligten Mitgliedern oder Bediensteten der unterstützenden Aufsichtsbehörde Befugnisse einschließlich Untersuchungsbefugnisse übertragen. Soweit dies nach dem Recht ihres Mitgliedstaats zulässig ist, kann sie es den Mitgliedern oder Bediensteten der unterstützenden Aufsichtsbehörde gestatten, ihre Untersuchungsbefugnisse nach dem Recht des Mitgliedstaats der unterstützenden Aufsichtsbehörde auszuüben. Die einladende Aufsichtsbehörde muss dabei das Recht ihres eigenen Mitgliedstaats beachten und eine Genehmigung der unterstützenden Aufsichtsbehörde einholen. Satz 2 gestaltet die verfahrensrechtliche Sonderrolle der einladenden Aufsichtsbehörde aus, indem er bestimmt, dass diese Untersuchungsbefugnisse der Mitglieder oder Bediensteten der unterstützenden Aufsichtsbehörden nur unter der Leitung und in Gegen-

wart der Mitglieder oder Bediensteten der einladenden Aufsichtsbehörde ausgeübt werden können. Satz 3 bestimmt, dass die Mitglieder oder Bediensteten der unterstützenden Aufsichtsbehörde bei ihrer Tätigkeit auf dem Hoheitsgebiet der einladenden Aufsichtsbehörde dem dort geltenden Recht unterliegen.

V. Verantwortung für Bedienstete der unterstützenden Aufsichtsbehörden (Abs. 4)

9 Abs. 4 regelt, **welcher Aufsichtsbehörde**, und damit welchem Mitgliedstaat das **Handeln** der nicht auf dem eigenen Hoheitsgebiet handelnden Mitglieder und Bediensteten der unterstützenden Aufsichtsbehörden im Innenverhältnis der Aufsichtsbehörden zueinander **zugerechnet** wird. Danach trägt die einladende Aufsichtsbehörde die Verantwortung auch für das Handeln der Mitglieder und Bediensteten der unterstützenden Aufsichtsbehörde. Dies gilt auch für die Haftung von bei ihrem Einsatz von ihnen verursachten Schäden.

VI. Schadensausgleich für Personenschäden (Abs. 5)

10 Abs. 5 Satz 1 regelt die Zurechnung des Handelns von unterstützenden Aufsichtsbehörden im Außenverhältnis. Danach gilt die **Fiktion**, es handele sich bei den unterstützenden um **eigene Mitglieder oder Bedienstete**. Deshalb ersetzen die Mitgliedstaaten einladender Aufsichtsbehörden Schäden, die durch das Handeln der Mitglieder oder Bediensteten unterstützender Aufsichtsbehörden entstanden sind, genauso wie durch das Handeln eigener Mitglieder oder Bediensteter entstandene Schäden. Satz 2 bestimmt, dass die Mitgliedstaaten diesen Schadensersatz im Innenverhältnis ausgleichen, sofern es sich um Personenschäden handelt.

VII. Kein Schadensausgleich für Sachschäden (Abs. 6)

11 Abs. 6 beschreibt den Ausgleich im Innenverhältnis in den Fällen, in denen es sich nicht um Personenschäden handelt, für die Abs. 5 Satz 2 gilt. Danach verzichten die Mitgliedstaaten unbeschadet der Rechte gegenüber Dritten auf den Ausgleich im Innenverhältnis.

VIII. Dringlichkeitsverfahren (Abs. 7)

12 Abs. 7 beschreibt **Notfallbefugnisse** für den Fall, dass mindestens zwei Aufsichtsbehörden bereits eine gemeinsame Maßnahme geplant haben und die zur Einladung der anderen betroffenen Aufsichtsbehörden verpflichtete Aufsichtsbehörde dieser Verpflichtung nicht binnen eines Monats nachkommt. Nach Satz 1 können die anderen betroffenen Aufsichtsbehörden in diesen Fällen auf ihrem jeweiligen Hoheitsgebiet eine einstweilige Maßnahme ergreifen. Satz 2 fingiert in diesem Fall das Vorliegen eines dringenden Handlungsbedarfs gemäß Art. 66 Abs. 1 und legt fest, dass in diesem Fall nach Art. 66 Abs. 2 eine im Dringlichkeitsverfahren angenommene Stellungnahme oder ein im Dringlichkeitsverfahren angenommener verbindlicher Beschluss des Ausschusses herbeigeführt werden muss. Dies deutet darauf hin, dass den Aufsichtsbehörden hier kein Ermessen zusteht und sie die entsprechenden Entscheidungen des EDSA herbeiführen müssen.

Abschnitt 2
Kohärenz

Art. 63 Kohärenzverfahren

Um zur einheitlichen Anwendung dieser Verordnung in der gesamten Union beizutragen, arbeiten die Aufsichtsbehörden im Rahmen des in diesem Abschnitt beschriebenen Kohärenzverfahrens untereinander und gegebenenfalls mit der Kommission zusammen.

Inhaltsübersicht Rn.

I. Allgemeines zu Abschnitt 2

Der zweite Abschnitt des Kapitels VII ist mit dem Begriff »Kohärenz« überschrieben und normiert Verfahren der Einbeziehung des EDSA in konkrete Fälle der aufsichtsrechtlichen Praxis. Die Initiative geht dabei jeweils von **einzelnen Aufsichtsbehörden** aus, die die **Motoren des Kohärenzverfahrens** sind. In Abschnitt 2 wird der EDSA also von den einzelnen Aufsichtsbehörden selbst im Bottom-Up-Verfahren »zu Hilfe gerufen« und entscheidet mit Bindungswirkung für die beteiligten Aufsichtsbehörden. Eine Auflistung der Entscheidungen des EDSA in diesem Zusammenhang findet sich auf der Webseite des EDSA.[1] Die Funktion des EDSA in diesen Verfahren unterscheidet sich damit von seiner in Abschnitt 3 beschriebenen Rolle, nach der er eigeninitiativ abstrakte datenschutzrechtliche Fragestellungen letztentscheidend beantwortet und damit ausnahmslos alle europäischen Aufsichtsbehörden bindet (Art. 60 Rn. 10ff.). 1

Wie sich aus der Formulierung des Art. 63 ergibt, der den Begriff des **Kohärenzverfahrens** exemplifiziert, ist **Ziel** dieses Verfahrens, einen Beitrag »zur **einheitlichen Anwendung der DSGVO** in der gesamten Union« zu leisten. Was dieses Ziel anbelangt, steht Abschnitt 2 in Zusammenhang mit Art. 51 Abs. 2 und Art. 70 Abs. 1. Art. 51 Abs. 2 verpflichtet »jede« Aufsichtsbehörde, einen Beitrag zur einheitlichen Anwendung der DSGVO in der gesamten Union zu leisten, indem sie gemäß Kapitel VII mit den anderen Aufsichtsbehörden und der Kommission zusammenarbeitet. Art. 70 Abs. 1 stellt fest: »Der Ausschuss stellt die einheitliche Anwendung dieser Verordnung sicher.« Während einzelne Aufsichtsbehörden und das Kohärenzverfahren also »lediglich« zur einheitlichen Anwendung der DSGVO beitragen, ist der EDSA nach dem Willen des europäischen Verordnungsgebers gegenüber Grundrechtsträgerinnen, Grundrechtsträgern, Verarbeitern und Auftragsverarbeitern Garant der einheitlichen Anwendung der DSGVO (Art. 60 Rn. 12). Besonders deutlich wird dies in Abschnitt 3, in dem der Aufgabenkatalog des Art. 70 Abs. 1 auf eine alle Angelegenheiten des Datenschutzes in Europa bezogene Orientierungsfunktion des EDSA verweist. Aber schon die in **Abschnitt 2** beschriebenen Rollen des **EDSA als Orientierungsgeber** (Art. 64), **Streitschlichter** (Art. 65) und **schneller Letztentschei-** 2

1 *https://edpb.europa.eu/our-work-tools/consistency-findings/register-for-decisions-de*

der (Art. 66) in Einzelfällen und bei Einzelentscheidungen dienen dem Ziel der Garantie der einheitlichen Anwendung der DSGVO. Die in Abschnitt 2 normierten Gegenstände der Kohärenzherstellung durch den EDSA unterscheiden sich dabei von den in Abschnitt 3 insbesondere in Art. 70 normierten Entscheidungsgegenständen des EDSA darin, dass es sich um **Entscheidungsgegenstände** handelt, die **aus der Aufsichtspraxis der einzelnen Aufsichtsbehörden** resultieren.

3 Bei der Lektüre des Art. 63 fällt auf, dass der **EDSA** trotz der wichtigen Funktion, die ihm in diesem Abschnitt zukommt, **nicht erwähnt** wird. Es heißt dort: »Um zur einheitlichen Anwendung dieser Verordnung in der gesamten Union beizutragen, arbeiten die Aufsichtsbehörden im Rahmen des in diesem Abschnitt beschriebenen Kohärenzverfahrens untereinander und gegebenenfalls mit der Kommission zusammen.« Durch diese Formulierung wird deutlich, dass **der EDSA im Kohärenzverfahren des Abschnitts 2 als Instrument der Aufsichtsbehörden** zur Zusammenarbeit untereinander und mit der Kommission angesehen wird und diese Zusammenarbeit jeweils auf Initiativen der Aufsichtsbehörden zurückgeht. Insofern unterscheiden sich die im Kohärenzverfahren des Abschnitts 2 an den Ausschuss auf Initiative der Aufsichtsbehörden herangetragenen Fälle seiner Stellungnahmen und Beschlüsse von den anderen Fällen seiner Tätigkeit nach dem Abschnitt 3, die sich aus Art. 70 ergeben und bestimmten, dass der EDSA »von sich aus oder gegebenenfalls auf Ersuchen der Kommission« die dort genannten Tätigkeiten wahrnimmt.

4 Nach ErwGr 135 »sollte das **Kohärenzverfahren** insbesondere dann angewendet werden, wenn eine Aufsichtsbehörde beabsichtigt, eine Maßnahme zu erlassen, die rechtliche Wirkungen in Bezug auf Verarbeitungsvorgänge entfalten soll, die **für eine bedeutende Zahl betroffener Personen in mehreren Mitgliedstaaten erhebliche Auswirkungen** haben. Ferner sollte es zur Anwendung kommen, wenn eine betroffene Aufsichtsbehörde oder die Kommission **beantragt**, dass die Angelegenheit im Rahmen des Kohärenzverfahrens behandelt wird.« Sofern es sich es sich nur um eine die grenzüberschreitende Datenverarbeitung zwischen zwei Mitgliedstaaten betreffende Angelegenheit mit nur geringen Auswirkungen oder mit Auswirkungen nur für eine geringe Zahl betroffener Personen handelt, ist die Einbeziehung des EDSA danach selbst dann nicht zwingend, wenn eine der beiden eine federführende Behörde ist. In diesen Fällen können die einzelnen Aufsichtsbehörden die Fragestellung im Wege des Zusammenarbeitsverfahrens nach Art.60 bearbeiten.

5 Was die **Bindungswirkung der Äußerungen des EDSA** anbelangt, muss also zwischen den Entscheidungen, die im Wege des **Kohärenzverfahrens** nach **Abschnitt 2** ergehen, und den Entscheidungen des EDSA nach Art. 70 Abs. 1 unterscheiden werden. Erstere **binden** nach Art. 60 Abs. 6, Art. 64 Abs. 7 und Art. 65 Abs. 2 Satz 3 **nur diejenigen Aufsichtsbehörden, die für die Bearbeitung der konkreten an den EDSA herangetragenen aufsichtsrechtlichen Einzelfrage zuständig sind.** An die allgemeinen Positionen, die der EDSA nach Art. 70 mit dem Ziel der einheitlichen Anwendung der DSGVO entwickelt, sind die europäischen Datenschutzbehörden nur nach Maßgabe des Art. 51 Abs. 2 gebunden.

6 Die unterschiedlichen Regelungen des Abschnitts 2 beschreiben die unterschiedlichen Rollen, die der EDSA jeweils auf Initiative einzelner Aufsichtsbehörden im Verfahren der Kohärenz bei der Lösung von Einzelfällen und Einzelentscheidungen einnimmt. Art. 63

beschreibt diese Verfahren allgemein. Art. 64 beschreibt die Rolle des EDSA als Orientierungsgeber durch Stellungnahmen. Seine Rolle als Streitschlichter in drei benannten Fällen wird in Art. 65 beschrieben, während Art. 66 die Rolle des EDSA als schneller Letztentscheider in Dringlichkeitsverfahren beschreibt. Art. 67 trifft Regelungen zum elektronischen Informationsaustausch.

II. Art. 63 als Regelungsprogramm des Abschnitts 2

Art. 63 beschreibt das **Regelungsprogramm des Abschnittes 2** und bestimmt, dass die Aufsichtsbehörden im Kohärenzverfahren zusammenarbeiten, um zur einheitlichen Anwendung der DSGVO in der gesamten EU beizutragen. Obwohl Abschnitt 2 die Einbeziehung des EDSA in konkrete aufsichtsbezogene Fragestellungen thematisiert, erwähnt Art. 63 den EDSA nicht, sondern spricht von der Zusammenarbeit der Aufsichtsbehörden »im Rahmen des in diesem Abschnitt beschriebenen Kohärenzverfahrens untereinander«. Diese Beschreibung folgt dem Umstand, dass der EDSA die Organisationform der allein im Primärrecht in Art. 8 Abs. 2 GRCh und in Art. 16 Abs. 2 AEUV adressierten Aufsichtsbehörden in Europa ist (Art. 60 Rn. 12). Art. 63 verweist damit darauf, dass es die **Aufsichtsbehörden in Europa sind, die den EDSA »in ihrer Gesamtheit« bilden**. Damit konstituieren sie ein europäisches Rechtsorgan mit eigener Rechtspersönlichkeit (Art. 68 Abs. 1) »als gesamteuropäisches Kollegialorgan«.[2] Es erscheint nicht ganz zutreffend zu sagen, dieses Kollegialorgan trete den einzelnen Aufsichtsbehörden der Mitgliedstaaten im Kohärenzverfahren »entgegen«.[3] Der **EDSA** ist vielmehr die **Instanz, deren Hilfe sich die betroffenen Aufsichtsbehörden zum Teil freiwillig, zum Teil unfreiwillig bedienen**, wenn es der federführenden Aufsichtsbehörde nicht gelungen ist, unter den betroffenen Aufsichtsbehörden eine gemeinsame konsensuale Lösung zu finden. 7

Soweit Art. 63 festlegt, dass die Aufsichtsbehörden im Kohärenzverfahren nicht nur untereinander, sondern »gegebenenfalls« auch mit der Kommission zusammenarbeiten, bezieht sich dies darauf, dass die Kommission zwar nicht über ein Stimmrecht im EDSA verfügt, nach Art. 65 und 74 Abs. 2 aber Anträge stellen und eine Ausschussbefassung herbeiführen kann. Die zurückhaltende Formulierung (»gegebenenfalls«, »where relevant«, »le cas échéant«) macht deutlich, dass die Zusammenarbeit der Aufsichtsbehörden untereinander der im Vordergrund stehende Normalfall und die **Zusammenarbeit von Aufsichtsbehörden mit der Kommission die Ausnahme** bildet, die im Zweifel auf eine Initiative der Kommission zurückgehen wird. 8

Die Formulierung »im Rahmen des in diesem Abschnitt beschriebenen Kohärenzverfahrens« verweist darauf, dass immer dort, wo in der DSGVO das **Kohärenzverfahren** adressiert wird, **ausschließlich das in Art. 63 bis 67 beschriebene Verfahren** gemeint ist. Dies verkennt die Gesetzesbegründung zu § 18 BDSG, in der es heißt, der in der Sicherstellung der Einhaltung der »Regeln für das Kohärenzverfahren nach Art. 63« bestehende Regelungsauftrag des Art. 51 Abs. 3 gelte auch »für alle Angelegenheiten des Europäischen Datenschutzausschusses nach Artikel 70 (...) sowie für das Verfahren der Zusammenarbeit der europäischen Aufsichtsbehörden nach den Artikeln 60 bis 62« (§ 18 BDSG Rn. 4ff.). 9

2 Kühling/Buchner-*Caspar*, Rn. 14.
3 Kühling/Buchner-*Caspar*, Rn. 14.

10 Auch Art. 63 bezieht sich ausschließlich auf die Fälle der Aufsicht über den nicht-öffentlichen Bereich (Art. 60 Rn. 7f.) und bis auf seltene Ausnahmen auf die Fälle grenzüberschreitender Datenverarbeitungen (Art. 60 Rn. 18). Auch für Streitigkeiten unter Aufsichtsbehörden über konkrete Datenverarbeitungen durch Datenverarbeiter oder Auftragsverarbeiter ohne Niederlassung in der EU ist der Weg zum Kohärenzverfahren nach dem Abschnitt 2 verbaut. In diesen Fällen können allenfalls allgemeine Äußerungen des EDSA nach Art. 70 herbeigeführt werden. Diese Folge könnte für Verarbeiter, die bislang ausschließlich Niederlassungen betreiben, die ihren Sitz außerhalb der EU haben, die Motivation zur Begründung von Niederlassung in der EU erhöhen.[4]

Art. 64 Stellungnahme des Ausschusses

(1) Der Ausschuss gibt eine Stellungnahme ab, wenn die zuständige Aufsichtsbehörde beabsichtigt, eine der nachstehenden Maßnahmen zu erlassen. Zu diesem Zweck übermittelt die zuständige Aufsichtsbehörde dem Ausschuss den Entwurf des Beschlusses, wenn dieser

a) der Annahme einer Liste der Verarbeitungsvorgänge dient, die der Anforderung einer Datenschutz-Folgenabschätzung gemäß Artikel 35 Absatz 4 unterliegen,

b) eine Angelegenheit gemäß Artikel 40 Absatz 7 und damit die Frage betrifft, ob ein Entwurf von Verhaltensregeln oder eine Änderung oder Ergänzung von Verhaltensregeln mit dieser Verordnung in Einklang steht,

c) der Billigung der Anforderungen an die Akkreditierung einer Stelle nach Artikel 41 Absatz 3, einer Zertifizierungsstelle nach Artikel 43 Absatz 3 oder der Kriterien für die Zertifizierung gemäß Artikel 42 Absatz 5 dient,

d) der Festlegung von Standard-Datenschutzklauseln gemäß Artikel 46 Absatz 2 Buchstabe d und Artikel 28 Absatz 8 dient,

e) der Genehmigung von Vertragsklauseln gemäß Artikels 46 Absatz 3 Buchstabe a dient, oder

f) der Annahme verbindlicher interner Vorschriften im Sinne von Artikel 47 dient.

(2) Jede Aufsichtsbehörde, der Vorsitz des Ausschuss oder die Kommission können beantragen, dass eine Angelegenheit mit allgemeiner Geltung oder mit Auswirkungen in mehr als einem Mitgliedstaat vom Ausschuss geprüft wird, um eine Stellungnahme zu erhalten, insbesondere wenn eine zuständige Aufsichtsbehörde den Verpflichtungen zur Amtshilfe gemäß Artikel 61 oder zu gemeinsamen Maßnahmen gemäß Artikel 62 nicht nachkommt.

(3) In den in den Absätzen 1 und 2 genannten Fällen gibt der Ausschuss eine Stellungnahme zu der Angelegenheit ab, die ihm vorgelegt wurde, sofern er nicht bereits eine Stellungnahme zu derselben Angelegenheit abgegeben hat. Diese Stellungnahme wird binnen acht Wochen mit der einfachen Mehrheit der Mitglieder des Ausschusses angenommen. Diese Frist kann unter Berücksichtigung der Komplexität der Angelegenheit um weitere sechs Wochen verlängert werden. Was den in Absatz 1 genannten Beschlussentwurf angeht, der gemäß Absatz 5 den Mitgliedern des Ausschusses übermittelt

---

4 Dies vermutet auch Kühling/Buchner-*Caspar*, Rn. 23.

wird, so wird angenommen, dass ein Mitglied, das innerhalb einer vom Vorsitz angegebenen angemessenen Frist keine Einwände erhoben hat, dem Beschlussentwurf zustimmt.

(4) Die Aufsichtsbehörden und die Kommission übermitteln unverzüglich dem Ausschuss auf elektronischem Wege unter Verwendung eines standardisierten Formats alle zweckdienlichen Informationen, einschließlich – je nach Fall – einer kurzen Darstellung des Sachverhalts, des Beschlussentwurfs, der Gründe, warum eine solche Maßnahme ergriffen werden muss, und der Standpunkte anderer betroffener Aufsichtsbehörden.

(5) Der Vorsitz des Ausschusses unterrichtet unverzüglich auf elektronischem Wege

a) unter Verwendung eines standardisierten Formats die Mitglieder des Ausschusses und die Kommission über alle zweckdienlichen Informationen, die ihm zugegangen sind. Soweit erforderlich stellt das Sekretariat des Ausschusses Übersetzungen der zweckdienlichen Informationen zur Verfügung und

b) je nach Fall die in den Absätzen 1 und 2 genannte Aufsichtsbehörde und die Kommission über die Stellungnahme und veröffentlicht sie.

(6) Die in Absatz 1 genannte zuständige Aufsichtsbehörde nimmt den in Absatz 1 genannten Beschlussentwurf nicht vor Ablauf der in Absatz 3 genannten Frist an.

(7) Die in Absatz 1 genannte zuständige Aufsichtsbehörde trägt der Stellungnahme des Ausschusses weitestgehend Rechnung und teilt dessen Vorsitz binnen zwei Wochen nach Eingang der Stellungnahme auf elektronischem Wege unter Verwendung eines standardisierten Formats mit, ob sie den Beschlussentwurf beibehalten oder ändern wird; gegebenenfalls übermittelt sie den geänderten Beschlussentwurf.

(8) Teilt die in Absatz 1 genannte zuständige Aufsichtsbehörde dem Vorsitz des Ausschusses innerhalb der Frist nach Absatz 7 des vorliegenden Artikels unter Angabe der maßgeblichen Gründe mit, dass sie beabsichtigt, der Stellungnahme des Ausschusses insgesamt oder teilweise nicht zu folgen, so gilt Artikel 65 Absatz 1.

Inhaltsübersicht

I. Allgemeines

Art. 64 beschreibt die **orientierungsgebende Funktion des EDSA**, die ansonsten vor allem im Abschnitt 3 des Kapitels 7 geregelt ist. Diese Norm verpflichtet den EDSA, sich zur Herstellung der Kohärenz auf Initiative einzelner Aufsichtsbehörden im Wege der Stel- 1 lungnahme (»opinion«) zu Fragen zu äußern, die sich den einzelnen Aufsichtsbehörden in der praktischen Anwendung der DSGVO stellen. In den in Art. 64 Abs. 1 a–f genannten Fällen sind die Aufsichtsbehörden zur Beteiligung des Ausschusses verpflichtet, während die Herbeiführung der Stellungnahme des Ausschusses nach Abs. 2 im Ermessen der jeweiligen Aufsichtsbehörden steht. Auch wenn die Freiwilligkeit der Initiative der Aufsichtsbehörde in den Fällen des Abs. 1 also nicht besteht, handelt es sich doch um einen Botten-Up-Prozess, weil sich die **Entscheidungsgegenstände des EDSA direkt aus der aufsichtsbehördlichen Praxis** speisen und dieser in den Fällen des Abschnittes 2 nicht selbst entscheiden kann, welcher Thematik er sich zuwendet.

2 Auch Art. 64 bezieht sich ausschließlich auf die Fälle der Aufsicht über den nicht-öffentlichen Bereich (Art. 60 Rn. 7f.), in denen es in Fällen grenzüberschreitender Datenverarbeitungen Streitigkeiten unter Aufsichtsbehörden über konkrete Datenverarbeitungen durch Verarbeiter oder Auftragsverarbeiter mit Niederlassung in der EU geht. Nur in wenigen Ausnahmefällen kann es sich dabei auch um Fälle handeln, die nicht grenzüberschreitender Art sind (Art. 60 Rn. 18).

II. Stellungnahme des EDSA zu Beschlussentwürfen einzelner Aufsichtsbehörden (Abs. 1)

3 Abs. 1 Satz 1 bestimmt, dass der EDSA Stellungnahmen abgibt, wenn »die« zuständige Aufsichtsbehörde (in der englischen und der französischen Sprachversion wird dagegen der unbestimmte Artikel verwendet: »a competent supervisory authority« und »une autorité de contrôle compétente«) beabsichtigt, eine der in Buchst. a bis f aufgeführten Maßnahmen »zu erlassen«. Anders als die englische Formulierung (»shall issue an opinion«) weisen die deutsche (»Der Ausschuss gibt eine Stellungnahme ab«) und die französische Formulierung (»Le comité émet un avis«) auf eine Pflicht des EDSA zu einer entsprechenden Stellungnahme. Bei der Frage, ob Satz 1 die **zuständige Aufsichtsbehörde verpflichtet, sich in der entsprechenden Angelegenheit an den EDSA zu wenden**, ist dies eindeutiger: Aus allen Sprachversionen ergibt sich eine entsprechende Verpflichtung, sofern einer der Fälle der Buchst. a-f vorliegt. Dies wird dadurch bestätigt, dass es Art. 65 Abs. 1 c) als einen Fall des Streitschlichtungsverfahrens durch den EDSA ansieht, »wenn eine zuständige Aufsichtsbehörde in den in Art. 64 Abs. 1 genannten Fällen keine Stellungnahme des Ausschusses einholt«. Nach Satz 2 muss die zuständige Aufsichtsbehörde den geplanten konkreten Beschlussentwurf an den Ausschuss übermitteln. Auch wenn sie hierzu also verpflichtet sind, sind es in Abs. 1 also die einzelnen Aufsichtsbehörden, die das Tätigwerden des EDSA initiieren und durch die Formulierung ihres Beschlussentwurfes die vom EDSA zu betrachtenden Auslegungsfragen im Zusammenhang mit der DSGVO formulieren.

4 Abs. 1 eröffnet der »zuständigen« Aufsichtsbehörde die Möglichkeit, in den genau bezeichneten Fällen eine Stellungnahme des Ausschusses über eine konkrete von der betreffenden Aufsichtsbehörde beabsichtigte Maßnahme herbeizuführen. Welche Aufsichtsbehörde »zuständig« ist, ergibt sich nach den Art. 55 und 56. Nach Art. 55 Abs. 1 ist **»jede« Aufsichtsbehörde** für die Erfüllung der Aufgaben und die Ausübung der Befugnisse, die ihr mit der DSGVO übertragen wurden, in ihrem Hoheitsgebiet zuständig. In Deutschland können dies **alle 18 Aufsichtsbehörden** sein (siehe Art. 4 Rn. 162). Nach Art. 56

Abs. 2 ist jede Aufsichtsbehörde dafür zuständig, sich mit einer bei ihr eingereichten Beschwerde oder einem etwaigen Verstoß gegen die DSGVO zu befassen, wenn der Gegenstand nur mit einer Niederlassung in ihrem Mitgliedstaat zusammenhängt oder betroffene Personen nur ihres Mitgliedstaats erheblich beeinträchtigt. Auch hiermit sind in Deutschland alle 18 Aufsichtsbehörden gemeint. Welche der Aufsichtsbehörde für die jeweiligen Maßnahmen zuständig, und damit die antragsbefugte und gleichzeitig antragsverpflichtete Aufsichtsbehörde ist, ergibt sich für die in Buchst. a bis f genannten Maßnahmen damit aus der territorialen Zuständigkeit bzw. der Zuständigkeit für den jeweiligen Verarbeiter oder Auftragsverarbeiter.

Nach Abs. 1 sind die betreffenden Aufsichtsbehörden befugt und verpflichtet, dem EDSA mit dem Ziel der Herbeiführung einer Stellungnahme **Entwürfe für bestimmte abstrakte Beschlüsse** der jeweiligen Aufsichtsbehörde zu übermitteln, die in Buchst. a bis f aufgezählt werden. Hierbei handelt es sich um Entwürfe zu Beschlüssen über folgende Gegenstände:[1] 5

1. **Beschlussentwurf der Aufsichtsbehörde** zu der **Liste der Verarbeitungsvorgänge**, für die ein Verantwortlicher nach Art. 35 Abs. 1 vorab eine **Abschätzung der Folgen für den Schutz personenbezogener Daten** durchführen muss, weil die Verarbeitungsform aufgrund der Art, des Umfangs, der Umstände und der Zwecke der Verarbeitung voraussichtlich ein hohes Risiko für die Rechte und Freiheiten natürlicher Personen zur Folge hat, insbesondere wenn es sich um neue Technologien handelt. Aus Art. 35 Abs. 4 Satz 2 im Zusammenhang mit Art. 35 Abs. 6 Satz 1 ist zu schließen, dass die Aufsichtsbehörde zur Vorlage der Listen vor Beschlussfassung nach Art. 64 nur verpflichtet ist, sofern die darauf vermerkten Verarbeitungstätigkeiten mit dem Angebot von Waren oder Dienstleistungen für betroffene Personen oder der Beobachtung des Verhaltens dieser Personen in mehreren Mitgliedstaaten im Zusammenhang stehen oder den freien Verkehr personenbezogener Daten innerhalb der Union erheblich beeinträchtigen können. Alle übrigen von den Aufsichtsbehörden über entsprechende Verarbeitungsvorgänge zu erstellenden Listen, also insbesondere solche, deren Auswirkungen sich lediglich auf einen Mitgliedstaat erstrecken, müssen dem EDSA nicht vor Beschluss über die Liste nach Art. 64 zur Stellungnahme übermittelt werden, sondern sind dem EDSA nach Art. 35 Abs. 4 Satz 1 erst nach erfolgtem Beschluss der Aufsichtsbehörde zur Kenntnis zu übermitteln. 6

2. **Beschlussentwurf der Aufsichtsbehörde** zur Vereinbarkeit von **Verhaltensregeln** für Verarbeitungstätigkeiten mit der DSGVO, die Verbände und andere Vereinigungen, die Kategorien von Verantwortlichen oder Auftragsverarbeitern vertreten, nach Art. 40 zur Präzisierung der DSGVO ausgearbeitet oder geändert haben, sofern diese Verhaltensregeln sich auf Verarbeitungstätigkeiten in mehreren Mitgliedstaaten beziehen. 7

3. **Beschlussentwurf der Aufsichtsbehörde** zu **Akkreditierungskriterien** nach Art. 41 Abs. 2 für Stellen, die die Einhaltung von Verhaltensregeln nach Art. 40 überwachen oder zu Zertifizierungskriterien nach Art. 43 Abs. 2 für Stellen, die nach Art. 43 Zertifizierungen nach Art. 42 erteilen oder verlängern, 8

4. **Beschlussentwurf der Aufsichtsbehörde** zur Annahme von **Standard-Datenschutzklauseln** im Zusammenhang mit Datenübermittlungen an Drittländer und internatio- 9

---

1 Siehe die entsprechenden Stellungnahmen des EDSA unter *https://edpb.europa.eu/our-work-tools/consistency-findings/opinions-de.*

nale Organisationen im Sinne des Art. 46 Abs. 2d, die von der Kommission nach Art. 93 Abs. 2 genehmigt wurden, und Beschlussentwürfe zur Annahme von Standard-Datenvertragsklauseln zur Regelung des Vertragsverhältnisses zwischen Verarbeiter und Auftragsverarbeiter nach Art. 28 Abs. 3 und Abs. 4.

10 5. **Beschlussentwurf der Aufsichtsbehörde** zur Genehmigung von **Vertragsklauseln** zwischen Verantwortlichem oder Auftragsverarbeiter auf der einen und dem Verantwortlichen, dem Auftragsverarbeiter oder dem Empfänger personenbezogener Daten auf der anderen Seite im Zusammenhang mit Datenübermittlugen an ein Drittland oder eine internationale Organisation nach Art. 46 Abs. 3 Buchst. a.

10a 6. **Beschlussentwurf der Aufsichtsbehörde** zur Genehmigung **verbindlicher interner Vorschriften** nach Art. 47.

III. Stellungnahme des EDSA auf Antrag einer Aufsichtsbehörde, des Vorsitzes oder der Kommission (Abs. 2)

11 Art. 64 Abs. 2 DSGVO regelt im Gegensatz zu Abs. 1, der die Fälle auflistet, in denen die Aufsichtsbehörden zur Herbeiführung einer Stellungnahme des EDSA verpflichtet sind, die Fallgestaltung, in der **Stellungnahmen des EDSA durch Aufsichtsbehörden und andere Akteure initiiert werden können, jedoch nicht müssen.**[2] Dabei macht es Abs. 2 zur Herbeiführung einer Stellungnahme des EDSA zur Voraussetzung, dass es sich um eine **Angelegenheiten mit allgemeiner Geltung oder mit Auswirkungen in mehr als einem Mitgliedstaat** handelt. Die Fälle, in denen eine zuständige Aufsichtsbehörde den Verpflichtungen zur Amtshilfe gemäß Art. 61 oder zu gemeinsamen Maßnahmen gemäß Art. 62 nicht nachkommt, werden dabei als Anwendungsfälle von Angelegenheiten mit allgemeiner Geltung oder Auswirkungen in mehr als einem Mitgliedstaat betrachtet. Angesichts der Bedeutungslosigkeit nationaler Grenzen für digitale Anwendungen kann bei den meisten digitalen Anwendungen, insbesondere bei solchen, die neue Technologien nutzen, von denen zu erwarten ist, dass sie künftig weit verbreitet sein werden, von »Auswirkungen in mehr als einem Mitgliedstaat« und einer »allgemeinen Geltung« gesprochen werden.[3]

12 Antragsbefugt ist nach Abs. 2 neben dem Ausschussvorsitz und der Kommission »jede Aufsichtsbehörde« (Art. 4 Rn. 162). Damit steht es **im Ermessen aller 18 deutschen Aufsichtsbehörden**, in den entsprechenden Fällen nach Abs. 2 eine Stellungnahme des EDSA zu beantragen.

13 Der Umstand, dass die Themenpalette, auf die sich die beantragten Stellungnahmen nach Abs. 2 beziehen können, weit gefasst ist, und die Tatsache, dass jede europäische Aufsichtsbehörde einen entsprechenden Beschluss beantragen kann, macht Art. 64 Abs. 2 zum Hauptanwendungsfall des Bottom-Up-Ansatzes: **Jede Aufsichtsbehörde kann dem EDSA beinahe jedes Thema mit Relevanz für den Schutz der informationellen Selbstbestimmung zur Stellungnahme vorschlagen.**

---

2 Kühling/Buchner-*Caspar*, Rn. 7 spricht in diesem Zusammenhang vom »fakultativen Kohärenzverfahren«.

3 Kühling/Buchner-*Caspar*, Rn. 7.

IV. Verpflichtung des EDSA zur schnellstmöglichen Stellungnahme (Abs. 3)

Abs. 3 enthält Regelungen zur **Verpflichtung des EDSA zur schnellstmöglichen Stellungnahme** zu den an ihn entsprechend den Abs. 1 und 2 herangetragenen Themen. Die Regelungen des Abs. 3 verdeutlichen, dass es die Aufsichtsbehörden sind, die hier initiativ wurden, um eine Stellungnahme des EDSA zu einer in ihrer Aufsichtspraxis relevanten Fragestellung zu erreichen. Auch im Interesse der Grundrechtsträgerinnen und Grundrechtsträger und der Verarbeiter und Auftragsverarbeiter sollen sie die für ihre Aufsichtspraxis relevante Antwort schnellstmöglich erhalten. 14

Satz 1 verpflichtet den EDSA zur Stellungnahme zu der an ihn herangetragenen Thematik, »sofern er nicht bereits eine Stellungnahme zu derselben Angelegenheit abgegeben hat«. Diese Einschränkung ermöglicht es dem EDSA, derjenigen Stelle, die den Beschluss beantragt, die entsprechende vorangegangene Stellungnahme zuzusenden. Diese antragstellende Stelle kann hierauf mit einem erneuten Antrag zur Beschlussfassung reagieren, in dem begründet wird, warum der bereits gefasste Beschluss des EDSA die durch den ursprünglichen Antrag erbetene Stellungnahme zu der konkreten Fragestellung nicht umfasst. Ein etwaiger erneuter Antrag setzt die Fristen des Abs. 3 erneut in Gang. 15

Satz 2 bestimmt zum einen die zeitliche Dimension der Verpflichtung des EDSA zu Stellungnahme. Danach muss die Stellungnahme **binnen acht Wochen** nach Eingang des Antrags auf Stellungnahme erfolgen. Satz 3 ermöglicht es, die 8-Wochen-Frist in komplizierten Angelegenheiten um weitere sechs Wochen zu verlängern. 16

Auch das Quorum der Beschlussfassung wird in Satz 2 geregelt. Danach reicht für die Beschlussfassung die **einfache Mehrheit** der Mitglieder des EDSA. Hierbei ist beachtlich, dass Satz 5 für Beschlussentwürfe nach Abs. 1, nicht jedoch für die Fälle des »fakultativen Kohärenzverfahrens nach Abs. 2«, eine Zustimmungsfiktion normiert, die lediglich unter dem Vorbehalt steht, dass der entsprechende Beschlussentwurf den betreffenden Mitgliedern des Ausschusses entsprechend den Anforderungen des Abs. 5 übermittelt worden ist. In diesen Fällen »wird angenommen, dass ein Mitglied, das innerhalb einer vom Vorsitz angegebenen angemessenen Frist keine Einwände erhoben hat, dem Beschlussentwurf zustimmt«. Auch dies ist Ausdruck der starken Rolle der einzelnen Aufsichtsbehörden. 17

V. Übermittlungspflichten der antragstellenden Stellen (Abs. 4)

Die in Abs. 4 statuierte Pflicht der antragstellenden Stellen, dem EDSA unverzüglich »alle zweckdienlichen Informationen« inklusive »einer kurzen Darstellung des Sachverhalts, des Beschlussentwurfs, der Gründe, warum eine solche Maßnahme ergriffen werden muss, und der Standpunkte anderer betroffener Aufsichtsbehörden« zu übermitteln, dient der Beschleunigung des Verfahrens vor dem EDSA. Dies gilt auch für die Verpflichtung, die entsprechenden Informationen auf elektronischem Wege unter Verwendung eines standardisierten Formats zu übermitteln. Die Verpflichtung, zu begründen, warum der in dem vorgelegten Entwurf enthaltene Beschluss erforderlich ist, dient daneben wie das Erfordernis zur Begründung der Erforderlichkeit eines Beschlusses des EDSA nach Abs. 2 auch dem Schutz des EDSA vor einer Überflutung mit Anträgen auf Beschlussfassung in Fragestellungen, in denen dies für die Einheitlichkeit der Auslegung der DSGVO nicht erforderlich ist. Die Verpflichtung zur Vorlage der Auffassung anderer Aufsichtsbe- 18 hörden ermöglicht es dem EDSA schneller herauszufinden, an welchen Stellen die Aufsichtsbehörden divergierende Auffassungen vertreten.

VI. Kommunikation im Verfahren und nach Beschlussfassung (Abs. 5)

19 Abs. 5 verpflichtet den Vorsitz in Buchst. a Satz 1 zur **unverzüglichen elektronischen Unterrichtung der Mitglieder** des EDSA und der Kommission über die ihm vor allem nach Abs. 4 zugegangenen Informationen unter Verwendung eines standardisierten Formates. Satz 2 begründet eine Verpflichtung des Ausschusssekretariats zu Übersetzungen. Diese Verpflichtung ist in zweierlei Hinsicht eingeschränkt. Zum einen bezieht sie sich lediglich auf die »zweckdienlichen« der nach Abs. 4 übersandten Informationen. Andererseits besteht die Übersetzungsverpflichtung nur, »soweit« sie erforderlich ist. Angesichts der Weite der unbestimmten Rechtsbegriffe und des Umstandes, dass zumindest zu Beginn des Geltungszeitraumes der DSGVO nicht in allen europäischen Aufsichtsbehörden ausreichend Personal vorhanden sein wird, dass auf Englisch kommunizieren kann, ist hier Auslegungsstreit vorprogrammiert.

20 Buchst. b verpflichtet den Vorsitz, die Stellungnahmen des EDSA in den Fällen der Abs. 1 und 2 den Aufsichtsbehörden, die die betreffenden Stellungnahmen initiiert haben, und der Kommission elektronisch zur Kenntnis zu geben und alle gefassten Beschlüsse zu veröffentlichen.

VII. Verpflichtung zum Abwarten der Stellungnahme des EDSA (Abs. 6)

21 Abs. 6 verpflichtet die Aufsichtsbehörde, die für den Erlass des nach Abs. 1 im Entwurf vorgelegten Beschlusses zuständig ist, die Fristen des Abs. 3 (inklusive der verlängerten Frist des Satzes 3) abzuwarten, bevor sie den Beschluss erlässt. Diese Regelung stellt für die **Aufsichtsbehörde**, die die Entscheidung des EDSA initiiert hat, klar, dass sie sich **durch ihre Entscheidung, den EDSA in ihre Entscheidung einzubeziehen, selbst gebunden hat** (Abs. 2), bzw. nach Abs. 1 **verpflichtet** ist, bei ihrer **Entscheidung die Entscheidung des EDSA zu beachten**. Gemeinsam mit der Verpflichtung nach Abs. 7, der Stellungnahme des EDSA weitestgehend Rechnung zu tragen (»shall take utmost account«) und dem Verweis in Abs. 8 darauf, sich dazu zu erklären, ob sie die Stellungnahme beachtet, bedeutet dies, dass die zuständige Aufsichtsbehörde keinen Beschluss fassen darf, ohne sich zuvor mit der Stellungnahme des EDSA auseinandergesetzt zu haben. Sofern sie mit der Entscheidung nicht einverstanden ist, steht ihr nur das Verfahren des Abs. 8 zur Verfügung. Im Verfahren der Streitbeilegung durch den EDSA ist nach Art. 65 Abs. 4 die Bindungswirkung der Entscheidungen des EDSA noch stärker (Art. 65 Rn. 17).

VIII. Verpflichtung der Aufsichtsbehörde, dem Beschluss des EDSA weitestgehend Rechnung zu tragen (Abs. 7)

22 Abs. 7 verpflichtet die Aufsichtsbehörde, die dem EDSA nach Abs. 1 den Beschlussentwurf zur Stellungnahme zugeleitet hat, der **Stellungnahme des EDSA** bei ihrer Beschlussfassung **weitestgehend Rechnung zu tragen (»shall take utmost account«)** und sich innerhalb von zwei Wochen nach Eingang der Stellungnahme gegenüber dem Vorsitz dazu zu

erklären, ob sie ihren ursprünglichen Beschlussentwurf, der Gegenstand des Antrags an den EDSA war, beibehalten oder ändern wird. Sofern sie plant, den Beschlussentwurf zu ändern, ist sie verpflichtet, dem EDSA auch den geänderten Beschlussentwurf zu übermitteln. Im letztgenannten Fall beginnt das Verfahren nach Art. 64 Abs. 1 erneut.

IX. Verfahren bei Nichtbeachtung der Stellungnahme des EDSA (Abs. 8)

Abs. 8 bestimmt, dass in den Fällen, in denen die **Aufsichtsbehörde** nach Abs. 1 mitteilt, 23
dass sie der Stellungnahme des **EDSA insgesamt oder teilweise nicht folgen wird**, das **Streitbeilegungsverfahren nach Art. 65 Abs. 1** gilt. Gleichzeitig wird die Aufsichtsbehörde verpflichtet, die maßgeblichen Gründe für ihre Entscheidung zu nennen.

Art. 65 Streitbeilegung durch den Ausschuss

(1) Um die ordnungsgemäße und einheitliche Anwendung dieser Verordnung in Einzelfällen sicherzustellen, erlässt der Ausschuss in den folgenden Fällen einen verbindlichen Beschluss:

a) wenn eine betroffene Aufsichtsbehörde in einem Fall nach Artikel 60 Absatz 4 einen maßgeblichen und begründeten Einspruch gegen einen Beschlussentwurf der federführenden Aufsichtsbehörde eingelegt hat und sich die federführende Aufsichtsbehörde dem Einspruch nicht angeschlossen hat oder den Einspuch als nicht maßgeblich oder nicht begründet abgelehnt hat. Der verbindliche Beschluss betrifft alle Angelegenheiten, die Gegenstand des maßgeblichen und begründeten Einspruchs sind, insbesondere die Frage, ob ein Verstoß gegen diese Verordnung vorliegt;

b) wenn es widersprüchliche Standpunkte dazu gibt, welche der betroffenen Aufsichtsbehörden für die Hauptniederlassung zuständig ist,

c) wenn eine zuständige Aufsichtsbehörde in den in Artikel 64 Absatz 1 genannten Fällen keine Stellungnahme des Ausschusses einholt oder der Stellungnahme des Ausschusses gemäß Artikel 64 nicht folgt. In diesem Fall kann jede betroffene Aufsichtsbehörde oder die Kommission die Angelegenheit dem Ausschuss vorlegen.

(2) Der in Absatz 1 genannte Beschluss wird innerhalb eines Monats nach der Befassung mit der Angelegenheit mit einer Mehrheit von zwei Dritteln der Mitglieder des Ausschusses angenommen. Diese Frist kann wegen der Komplexität der Angelegenheit um einen weiteren Monat verlängert werden. Der in Absatz 1 genannte Beschluss wird begründet und an die federführende Aufsichtsbehörde und alle betroffenen Aufsichtsbehörden übermittelt und ist für diese verbindlich.

(3) War der Ausschuss nicht in der Lage, innerhalb der in Absatz 2 genannten Fristen einen Beschluss anzunehmen, so nimmt er seinen Beschluss innerhalb von zwei Wochen nach Ablauf des in Absatz 2 genannten zweiten Monats mit einfacher Mehrheit der Mitglieder des Ausschusses an. Bei Stimmengleichheit zwischen den Mitgliedern des Ausschusses gibt die Stimme des Vorsitzes den Ausschlag.

(4) Die betroffenen Aufsichtsbehörden nehmen vor Ablauf der in den Absätzen 2 und 3 genannten Fristen keinen Beschluss über die dem Ausschuss vorgelegte Angelegenheit an.

(5) Der Vorsitz des Ausschusses unterrichtet die betroffenen Aufsichtsbehörden unverzüglich über den in Absatz 1 genannten Beschluss. Er setzt die Kommission hiervon in Kenntnis. Der Beschluss wird unverzüglich auf der Website des Ausschusses veröffentlicht, nachdem die Aufsichtsbehörde den in Absatz 6 genannten endgültigen Beschluss mitgeteilt hat.

(6) Die federführende Aufsichtsbehörde oder gegebenenfalls die Aufsichtsbehörde, bei der die Beschwerde eingereicht wurde, trifft den endgültigen Beschluss auf der Grundlage des in Absatz 1 des vorliegenden Artikels genannten Beschlusses unverzüglich und spätestens einen Monat, nachdem der Europäische Datenschutzausschuss seinen Beschluss mitgeteilt hat. Die federführende Aufsichtsbehörde oder gegebenenfalls die Aufsichtsbehörde, bei der die Beschwerde eingereicht wurde, setzt den Ausschuss von dem Zeitpunkt, zu dem ihr endgültiger Beschluss dem Verantwortlichen oder dem Auftragsverarbeiter bzw. der betroffenen Person mitgeteilt wird, in Kenntnis. Der endgültige Beschluss der betroffenen Aufsichtsbehörden wird gemäß Artikel 60 Absätze 7, 8 und 9 angenommen. Im endgültigen Beschluss wird auf den in Absatz 1 genannten Beschluss verwiesen und festgelegt, dass der in Absatz 1 des vorliegenden Artikels genannte Beschluss gemäß Absatz 5 auf der Website des Ausschusses veröffentlicht wird. Dem endgültigen Beschluss wird der in Absatz 1 des vorliegenden Artikels genannte Beschluss beigefügt.

Inhaltsübersicht Rn.

I. Allgemeines

1 Art. 65 regelt die **Schlichterfunktion des EDSA** im Falle des Streits betroffener Aufsichtsbehörden. Danach wird der EDSA in drei Fällen auf Initiative betroffener Aufsichtsbehörden, zu denen auch die federführende Aufsichtsbehörde gehört (Art. 4 Rn. 163), streitbeilegend tätig, indem er die unterschiedlichen Auffassungen betroffener europäischer Aufsichtsbehörden in konkreten Einzelfällen (»individual cases«) zu einer letztendlichen verbindlichen Entscheidung bringt und damit Kohärenz für einzelne Streitfragen herstellt.

2 Auch die drei Varianten der streitbeilegenden Funktion des EDSA in Einzelfällen nach Art. 65 Abs. 1 beziehen sich ausschließlich auf die **Fälle der Aufsicht über den nicht-öf-**

fentlichen Bereich (Art. 60 Rn. 7f.), in denen es in Fällen grenzüberschreitender Datenverarbeitungen Streitigkeiten unter Aufsichtsbehörden über konkrete Datenverarbeitungen durch Verarbeiter oder Auftragsverarbeiter mit Niederlassung in der EU geht. Nur in wenigen Ausnahmefällen kann es sich dabei auch um Fälle handeln, die nicht grenzüberschreitender Art sind (Art. 60 Rn. 18).

II. Für die streitenden betroffenen Aufsichtsbehörden verbindliche Beschlüsse des EDSA (Abs. 1)

Abs. 1 bestimmt drei Konstellationen, in denen der EDSA in Einzelfällen »verbindliche Beschlüsse« erlässt. Wie sich aus Abs. 2 Satz 3 ergibt, bezieht sich die genannte **Verbindlichkeit** auf **alle betroffenen Aufsichtsbehörden inklusive der federführenden Aufsichtsbehörde.** Als Ziel der Beschlüsse formuliert Abs. 1 die Sicherstellung der Ordnungsmäßigkeit und Einheitlichkeit der Anwendung der DSGVO in Einzelfällen (»correct and consistant applicaton of this Regulation in individual cases«). Bei den drei Konstellationen handelt es sich um unter betroffenen Aufsichtsbehörden **streitige Einzelfälle grenzüberschreitender Datenverarbeitungen durch nicht-öffentliche Stellen** (Abs. 1a), um **Streit** unter betroffenen Aufsichtsbehörden **über die Federführung** (Abs. 1b) und um die Fälle, in denen potentiell oder tatsächlich betroffene Aufsichtsbehörden eine **Stellungnahme des EDSA** nach Art. 64 **ignorieren oder nicht einholen** (Abs. 1c). 3

1. Verbindliche Beschlüsse des EDSA bei Scheitern einer einvernehmlichen Lösung nach Art. 60

Abs. 1a) bezieht sich auf die Fälle, in denen die auf eine **konsensuale Verständigung** der betroffenen Aufsichtsbehörden über einen Beschlussentwurf gerichteten Bemühungen der federführenden Aufsichtsbehörde nach Art. 60 **endgültig gescheitert** sind. Dies kann entweder der Fall sein, weil eine betroffene Aufsichtsbehörde einen maßgeblichen und begründeten Einspruch gegen einen Beschlussentwurf der federführenden Behörde eingelegt hat oder weil die federführende Behörde einen solchen Einspruch als nicht maßgeblich oder nicht begründet abgelehnt hat. In diesen Fällen tritt die Entscheidung des EDSA an die Stelle der Entscheidung der federführenden Behörde. Damit wird die **Entscheidung der einzelnen federführenden Aufsichtsbehörde durch die gemeinsame Entscheidung aller europäischen Aufsichtsbehörden ersetzt.** 4

Die federführende Behörde leitet das Verfahren nach Art. 65 ein, indem sie dem EDSA den **streitigen Beschlussentwurf und** den darauf gerichteten **Einspruch** vorlegt. Sofern es der federführenden Aufsichtsbehörde im Verfahren des Art. 60 bereits durch die Berücksichtigung von Einsprüchen anderer betroffener Aufsichtsbehörden gelungen ist, einen gewissen Konsens herbeizuführen, legt sie dem EDSA nicht ihren ursprünglichen Beschlussentwurf, sondern **den letzten Beschlussentwurf** vor, in dem sie schon die Auffassung anderer betroffener Aufsichtsbehörden berücksichtigt hat, da dieser Beschlussentwurf einen höheren Grad des Konsenses der betroffenen Aufsichtsbehörden widerspiegelt und insofern am besten geeignet ist, das durch das Verfahren der Streitbeilegung nach Art. 65 angestrebte Ziel der einheitlichen Anwendung der DSGVO zu erreichen. 5

6 In den Fällen, in denen sich eine federführende Aufsichtsbehörde nach Art. 56 Abs. 3 und 4 für die Anwendung des Zusammenarbeitsverfahrens entscheidet und zusätzlich über die Entscheidung kein Konsens erzielt wird, findet der Abschnitt 2 nach Art. 60 Abs. 4 auch in Einzelfällen Anwendung, die nur in einem Mitgliedstaat Wirkungen entfalten.

2. Verbindliche Beschlüsse des EDSA bei Streit über die Federführung

7 Nach Abs. 1 Buchst. b entscheidet der Ausschuss verbindlich darüber, wenn Aufsichtsbehörden in Einzelfällen widersprüchliche Auffassungen darüber haben, »welche der betroffenen Aufsichtsbehörden für die Hauptniederlassung zuständig« und damit nach Art. 56 Abs. 1 die federführende Aufsichtsbehörde ist. **Jede betroffene Aufsichtsbehörde, die der Auffassung ist, federführende Aufsichtsbehörde zu sein**, kann sich mit der Bitte um Entscheidung nach Art. 65 Abs. 1 Buchst. b an den EDSA wenden und damit eine entsprechende Entscheidung des EDSA initiieren.

8 Dies gilt auch für **jede betroffene deutsche Aufsichtsbehörde** (siehe hierzu auch § 19 BDSG, Rn. 2ff.). Zwar hat der Bundesgesetzgeber in § 19 Abs. 1 Satz 3 BDSG bestimmt, dass »für die Festlegung der federführenden Aufsichtsbehörde das Verfahren des § 18 Abs. 2 entsprechende Anwendung« findet, wenn »über die Federführung kein Einvernehmen« zwischen den betroffenen deutschen Aufsichtsbehörden besteht. Diese Formulierung könnte als der Versuch des Bundesgesetzgebers angesehen werden, dem EDSA in den Fällen, in denen es mehrere deutsche betroffene Aufsichtsbehörden sind, die widersprüchliche Auffassungen darüber haben, welche von ihnen für die Hauptniederlassung zuständig ist, die dem EDSA nach Art. 65 Abs. 1 Buchst. b zustehende Kompetenz zur verbindlichen Entscheidung durch Beschluss zu entziehen. Für eine solche **mitgliedstaatliche Konkretisierungskompetenz** lässt Art. 65 **keinen Raum**. Auch folgt dies nicht aus der in Art. 51 Abs. 3 normierten und an die mitgliedstaatlichen Gesetzgeber gerichteten Verpflichtung, ein Verfahren einzuführen, mit dem sichergestellt wird, dass die »anderen«, also die nicht selbst im EDSA vertretenen Behörden, die Regeln für das Kohärenzverfahren nach Art. 63 einhalten. Da Art. 65 Abs. 2 Satz 3 bereits anordnet, dass der Beschluss des EDSA für alle betroffenen, also auch für alle betroffenen deutschen Aufsichtsbehörden verbindlich ist, hätte Art. 51 Abs. 3 im Zusammenhang mit der verbindlichen Entscheidung des EDSA über die federführende Aufsichtsbehörde vom Bundesgesetzgeber allenfalls für eine Regelung genutzt werden können, die bestimmt hätte, dass die Entscheidung des EDSA nach Art. 65 Abs. 1 Buchst. b auch für die im Einzelfall nicht betroffenen deutschen Aufsichtsbehörden verbindlich ist. Auf eine entsprechende Regelung hat der Bundesgesetzgeber jedoch verzichtet, was unschädlich ist, da es zum einen für nicht betroffene Aufsichtsbehörden nicht von Relevanz ist, welche Aufsichtsbehörde für einen Einzelfall, von dem sie nicht betroffen sind, federführende Aufsichtsbehörde ist. Andererseits kann eine entsprechende, jedoch wenig sinnvolle, Bindung nicht betroffener Aufsichtsbehörden an entsprechende Beschlüsse des EDSA aus der Verpflichtung der einzelnen Aufsichtsbehörden zur Leistung eines Beitrags zur einheitlichen Anwendung der DSGVO nach Art. 51 Abs. 2 hergeleitet werden.

9 Da der **Bundesgesetzgeber keine Befugnis zum Ausschluss der einzelnen betroffenen deutschen Aufsichtsbehörden vom Anrufungsrecht nach Art. 65 Abs. 1 Buchst. b** hatte, kann die Regelung des **§ 19 Abs. 1 Satz 3 BDSG europarechtskonform** allenfalls als **zu-**

sätzliche Option zum Verfahren nach Art. 65 Abs. 1 Buchst. b ausgelegt werden: Bei Streit unter deutschen Aufsichtsbehörden über die Federführung kann sich jede deutsche betroffene Aufsichtsbehörde, die sich für die federführende Aufsichtsbehörde hält, danach statt der Anrufung des EDSA nach Art. 65 dafür entscheiden, das Verfahren des § 18 Abs. 2 BDSG zu beschreiten. Dies verkürzt aber nicht ihr durch die DSGVO jeder betroffenen Behörde gewährtes Anrufungsrecht des EDSA. Deshalb steht es in diesen Fällen jeder betroffenen deutschen Aufsichtsbehörde vor, während und nach Abschluss des Verfahrens nach § 18 Abs. 2 BDSG frei, den EDSA nach Art. 65 Abs. 1 Buchst. b anzurufen.

3. Verbindliche Beschlüsse des EDSA in den Fällen der Nichteinholung oder des Ignorierens von Stellungnahmen des EDSA

Die dritte Konstellation, in der der EDSA in Einzelfällen »verbindliche Beschlüsse« erlässt, 10 ist diejenige, in der **Aufsichtsbehörden**, die nach Art. 64 Abs. 1 eine **Stellungnahme des EDSA herbeiführen müssten, dies nicht tun, oder** eine von ihnen herbeigeführte Stellungnahme des EDSA **ignorieren**. Buchst. c Satz 2 bestimmt, dass sich in diesen Konstellationen jede »betroffene« Aufsichtsbehörde und die Kommission mit der Bitte um Beschluss an den EDSA wenden können.

Anders als Art. 64, der auf die für die Beschlüsse nach Abs. 1 Buchst. a bis f »zuständigen« 11 Aufsichtsbehörden abstellt, verwendet Art. 65 Abs. 1 Buchst. c daher den Begriff der »betroffenen« Behörde (Art. 4 Rn. 163ff.), der auf konkrete Datenverarbeitungen abstellt. Art. 64 Buchst. a bis f beziehen sich auf abstrakte Beschlüsse über die Annahme der Liste der Verarbeitungsvorgänge, für die eine Datenschutzfolgeabschätzung erforderlich ist, die Übereinstimmung von Verhaltensregeln mit der DSGVO, die Billigung von Akkreditierungskriterien, die Festlegung von Standard-Datenschutzklauseln und die Genehmigung von Vertragsklauseln im Zusammenhang mit der Übermittlung von Daten an ein Drittland. Daher ist der Begriff der »betroffenen« Behörde im Sinne einer potenziell betroffenen Behörde zu verstehen: Anträge nach Art. 65 Abs. 1 Buchst. c können solche Aufsichtsbehörden stellen, für die die Nichteinholung bzw. das Ignorieren eines Beschlusses des EDSA nach Art. 63 insofern von Bedeutung ist, als es für die datenschutzrechtliche Beurteilung von gegenwärtigen oder zukünftigen Datenverarbeitungen eine Rolle spielt, für die sie eine aufsichtsbehördliche Zuständigkeit besitzen.

III. Fristen, Quoren und Verbindlichkeit der EDSA-Beschlüsse für alle betroffenen Aufsichtsbehörden (Abs. 2)

Abs. 2 Satz 1 bestimmt die regelmäßige Frist und das regelmäßige Quorum für die Be- 12 schlüsse des EDSA in den drei in Abs. 1 genannten Konstellationen. Was die **regelmäßige Frist** anbelangt, wird der Beschluss des EDSA danach »**innerhalb eines Monats** nach der Befassung mit der Angelegenheit« angenommen. Anders als die missverständliche deutsche Formulierung macht die englische Version deutlich, dass die Frist mit der Überweisung (»referral«) der Angelegenheit an den EDSA, also mit dem Eingang des Antrags der federführenden Aufsichtsbehörde auf Entscheidung über den Beschlussentwurf (Abs. 1 Buchst. a), dem Eingang des Antrags einer betroffenen Aufsichtsbehörde auf Feststellung der federführenden Behörde (Abs. 1 Buchst. a) oder dem Eingang des Antrags einer betroffenen Behörde auf Entscheidung des EDSA (Abs. 1 Buchst. c) beim EDSA beginnt. Das **regelmäßige Entscheidungsquorum** für die genannten Beschlüsse besteht nach Satz 1 in einer **Zweidrittelmehrheit** der Mitglieder des EDSA. Hierbei ist zu beachten, dass der Europäische Datenschutzbeauftragte in diesen Fällen nach Art. 68 Abs. 6 nur stimmberechtigt ist, sofern die Beschlüsse die Grundsätze und Vorschriften betreffen, die für die Organe, Einrichtungen, Ämter und Agenturen der Union gelten und inhaltlich den Grundsätzen und Vorschriften der DSGVO entsprechen (Art. 68 Rn. 7).

13 Satz 2 bestimmt, dass die **Entscheidungsfrist** auf zwei Monate nach Eingang der betreffenden Anträge beim EDSA **verlängert** werden kann, wenn es sich um eine komplexe Angelegenheit handelt. Die Entscheidung über die Verlängerung der Frist trifft der EDSA selbst. Da kein besonderes Quorum für diese Entscheidung geregelt ist, trifft der EDSA die Entscheidung nach Art. 72 Abs. 1 mit der einfachen Mehrheit seiner Mitglieder.

14 Satz 3 bestimmt, dass die **Beschlüsse des EDSA** in den drei Konstellationen des Abs. 1 **begründet** werden müssen und an alle betroffenen Aufsichtsbehörden inklusive der federführenden Behörde **übermittelt** werden müssen. Die Bestimmung der »betroffenen« Aufsichtsbehörden in den Fällen nach Abs. 1 Buchst. c folgt denselben Grundsätzen wie die Frage, welche Aufsichtsbehörde in diesen Fällen Anträge an den EDSA richten dürfen (siehe Rn. 11).

15 Satz 3 bestimmt, dass die **Beschlüsse des EDSA nach Art. 1 für alle betroffenen Aufsichtsbehörden inklusive der federführenden Aufsichtsbehörde verbindlich** sind. Damit unterscheidet sich die Bindungswirkung der Beschlüsse des EDSA im Falle des Art. 65, die sich nur auf die von den betreffenden Einzelfällen und Einzelentscheidungen betroffenen Aufsichtsbehörden bezieht, von der höchst mittelbaren Bindungswirkung der abstrakten Entscheidungen des EDSA nach Art. 70 für alle Aufsichtsbehörden, die nach Art. 51 Abs. 2 allenfalls über die Verpflichtung aller Aufsichtsbehörden, einen Beitrag zur einheitlichen Anwendung der DSGVO in der gesamten Union zu leisten, begründet werden kann (siehe dazu Art. 70 Rn. 4).

IV. Frist und Quorum bei Scheitern eines Beschlusses nach Abs. 2 (Abs. 3)

16 Abs. 3 bestimmt Frist und Quorum für die Fälle, in denen es dem EDSA nicht gelingt, einen Beschluss im Verfahren des Abs. 2 herbeizuführen, weil etwa für einen Beschluss keine Zweidrittelmehrheit zustande gekommen ist, oder weil der EDSA nicht innerhalb der Fristen des Abs. 2 entschieden hat. Für diese Fälle bestimmt Satz 1, dass der Ausschuss innerhalb von zwei Monaten und zwei Wochen nach Eingang der Anträge im Sinne des Abs. 1 an den EDSA einen Beschluss mit der **einfachen Mehrheit** seiner Mitglieder annimmt. Nach Satz 2 entscheidet in einer Pattsituation die oder der Ausschussvorsitzende.

V. Verpflichtung der betroffenen Aufsichtsbehörden, den Beschluss des EDSA abzuwarten (Abs. 4)

17 Abs. 4 verpflichtet die betroffenen Aufsichtsbehörden, den Beschluss des EDSA nach Abs. 2 oder Abs. 3 abzuwarten, bevor sie in der betreffenden, dem EDSA nach Abs. 1 vorgelegten Angelegenheit eine Entscheidung treffen. Wie Art. 64 Abs. 6 stellt diese Regelung für die **Aufsichtsbehörde**, die die Entscheidung des EDSA initiiert hat, klar, dass sich

durch ihre Entscheidung oder durch die Verpflichtung, den EDSA in ihre Entscheidung in einem konkreten Einzelfall oder bei einer Einzelentscheidung **einzubeziehen**, die **Steuerungsbefugnis über die Entscheidung reduziert** hat. Anders als dies im Verfahren des Art. 64 der Fall ist, in dem der EDSA zu der betreffenden datenschutzrechtlichen Fragestellung lediglich Stellung nimmt, geht die Steuerungsbefugnis über die Entscheidung im Verfahren des Art. 65 unrückholbar von den Aufsichtsbehörden auf den EDSA über. Für alle übrigen Aufsichtsbehörden bedeutet die Regelung, dass auch ihre Handlungsbefugnisse durch die Einschaltung des EDSA angehalten und reduziert werden.

VI. Unterrichtung der betroffenen Aufsichtsbehörden und Veröffentlichung des Beschlusses des EDSA (Abs. 5)

Abs. 5 Satz 1 verpflichtet die Vorsitzende oder den Vorsitzenden des EDSA, die **Unterrichtung der betroffenen Aufsichtsbehörden** nach Abs. 2 Satz 3, **unverzüglich** vorzunehmen. Dies dient vor allem eventuellen Beschwerdeführerinnen und Beschwerdeführern und den Verarbeitern und Auftragsverarbeitern, die unter Umständen sehr lange auf die aufsichtsbehördliche Entscheidung warten müssen. So können es beispielsweise in den Fällen des Abs. 1 Buchst. a im ungünstigsten Fall mehr als zehn Wochen seit Einschaltung des EDSA in die Angelegenheit sein. Hinzu kommen – abhängig davon, wie häufig die federführende Behörde vor Anrufung des EDSA den anderen betroffenen Aufsichtsbehörden neue Beschlussentwürfe mit dem Ziel der Erreichung einer konsensualen Lösung vorgelegt hatte – ein bis mehrere Monate und nach Abs. 6 noch bis zu ein Monat nach Mitteilung des Beschlusses des EDSA an die Aufsichtsbehörde. Aufgrund der Bindungswirkung der Entscheidung des EDSA für alle betroffenen Aufsichtsbehörden nach Abs. 6 Satz 3 muss die Unterrichtung über den Beschluss gegenüber **allen** betroffenen Aufsichtsbehörden erfolgen. Nach Satz 2 muss der oder die Vorsitzende des EDSA auch die Kommission über den Beschluss in Kenntnis setzen. Anders als in Satz 1 fehlt hier die Verpflichtung, dies unverzüglich zu tun. Nach Satz 3 muss der Beschluss unverzüglich auf der Webseite des EDSA veröffentlicht werden, nachdem die jeweils hierfür zuständigen Aufsichtsbehörden nach Abs. 6 den betroffenen Beschwerdeführerinnen, Beschwerdeführern, Verarbeitern und Auftragsverarbeitern den Beschluss mitgeteilt (»notified«) haben. Dies stellt sicher, dass die Betroffenen vor der Öffentlichkeit von dem Beschluss erfahren. 18

VII. One-Stop-Shop bei der Mitteilung über den Beschluss des EDSA (Abs. 6)

Nach Abs. 6 Satz 1 muss der »**endgültige Beschluss**« über die dem EDSA im Streitbeilegungsverfahren vorgelegte Angelegenheit des Abs. 1 Buchst. a, b oder c in zeitlicher Hinsicht »**unverzüglich und spätestens einen Monat**«, nachdem die von der oder dem Vorsitzende des EDSA getätigte Unterrichtung über den Beschluss des EDSA der betreffenden Aufsichtsbehörde nach Abs. 5 zugegangen ist, getroffen werden. 19

In inhaltlicher Hinsicht muss die betreffende **Aufsichtsbehörde** den endgültigen **Beschluss** nach Satz 1 »**auf der Grundlage« des Beschlusses des EDSA** treffen und nach Satz 4 und 5 explizit auf den Beschluss des EDSA verweisen, diesen dem Beschluss beilegen und die Veröffentlichung des Beschlusses auf der Webseite des EDSA »festlegen«. 20

21 In den Fällen des **Abs. 1 Buchst. a** bezieht sich der »verbindliche Beschluss« des EDSA »auf alle Angelegenheiten, die Gegenstand des maßgeblichen und begründeten Einspruchs sind, insbesondere die Frage, ob ein Verstoß gegen diese Verordnung vorliegt.« Damit muss die für den endgültigen Beschluss zuständige Aufsichtsbehörde die Teile des Beschlussentwurfes unverändert verabschieden, auf die sich der Einspruch nicht bezog, und muss in Bezug auf die durch den Beschluss des EDSA beanstandeten Teile des Beschlussentwurfes die verbindliche Entscheidung des EDSA beachten. Sofern der EDSA den Einspruch zurückgewiesen hat, muss es bei der Formulierung des Beschlussentwurfes bleiben. Sofern der EDSA dem Einspruch stattgegeben hat, muss die aus dem Einspruch hervorgehende Formulierung gewählt werden. In den Fällen des **Abs. 1 Buchst. b** bedeutet das Treffen der Entscheidung »auf der Grundlage« des Beschlusses des EDSA, dass die vom EDSA benannte Aufsichtsbehörde die federführende Aufsichtsbehörde ist. In den in **Abs. 1 Buchst. c** genannten Fällen bedeutet die Verpflichtung zum Treffen der endgültigen Entscheidung »auf der Grundlage« des Beschlusses des EDSA, dass die für den jeweiligen Beschluss nach Art. 64 Abs. 1 Buchst. a bis f zuständige Aufsichtsbehörde die nach Entscheidung des EDSA mit der DSGVO übereinstimmenden Passagen in dem jeweiligen Beschlussentwurf beschließt und die nach Entscheidung des EDSA nicht mit der DSGVO übereinstimmenden Passagen im Beschlussentwurf streicht und gegebenenfalls durch die vom EDSA anstelle der verworfenen Passagen beschlossenen Passagen ersetzt.

22 Was die Frage der für die Beschlussfassung **zuständigen Aufsichtsbehörde** anbelangt, wendet Abs. 6 die **Prinzipien des One – Stop – Shop** an. Nach Satz 1 ist es in der Regel die federführende Aufsichtsbehörde, die den endgültigen Beschluss trifft. Sofern die dem EDSA zur Beschlussfassung nach Art. 65 vorgelegte Angelegenheit auf eine Beschwerde zurückgeht, trifft die Aufsichtsbehörde, an die sich die Beschwerdeführerin oder der Beschwerdeführer ursprünglich durch das Einreichen einer Beschwerde gewandt hat, den endgültigen Beschluss.

23 Sofern es sich bei der Aufsichtsbehörde, die eine solche Beschwerde erhalten hat, um eine **deutsche Aufsichtsbehörde** handelt, besteht das Problem, dass deutsche Aufsichtsbehörden, bei denen betroffene Personen Beschwerde eingereicht haben, diese Beschwerden nach § 19 Abs. 2 Sätze 1 und 2 BDSG an andere Aufsichtsbehörden »abgeben« müssen und in § 19 Abs. 2 Satz 3 BDSG fingiert wird, die Aufsichtsbehörden, an die die Beschwerden nach § 19 Abs. 2 Sätze 1 und 2 abgegeben werden, würden als »die Aufsichtsbehörde nach Maßgabe des Kapitels VII« der DSGVO gelten, bei der die Beschwerde eingereicht worden sei, und müssten »den Verpflichtungen aus Art. 60 Abs. 7 bis 9 und 65 Abs. 6« der DSGVO nachkommen. Die **abweichende deutsche Regelung stellt einen Verstoß gegen die DSGVO** dar (§ 19 BDSG Rn. 8 ff.). Die Idee des One-Stop-Shop gewährt Grundrechtsträgerinnen und Grundrechtsträgern das Recht, die Entscheidung von genau der Aufsichtsbehörde zu erhalten, an die sie sich mit ihrer Beschwerde gewandt haben, und ist Ausdruck des in Art. 78 Abs. 1 normierten Grundsatzes, wonach belastende aufsichtsbehördliche Entscheidungen von den Belasteten vor Gerichten im eigenen Hoheitsbereich rechtlich angegriffen werden können. Dies gilt selbstverständlich auch für die verwaltungsgerichtliche Zuständigkeit der Bundesländer. Es ist **äußerst zweifelhaft, dass § 19 BDSG europarechtlich haltbar** ist (§ 19 BDSG Rn. 8 ff.). Auch ist eine Befugnis zur Regelung einer abweichenden Regelung für mitgliedstaatliche Gesetzgeber nicht ersichtlich, ergibt sich insbesondere nicht aus Art. 51 Abs. 3.

In Bezug auf die Zuständigkeit von Aufsichtsbehörden im Zusammenhang mit dem Verfahren nach Art. 65 bestimmt Satz 3 zusätzlich, dass der endgültige Beschluss der betroffenen Aufsichtsbehörden »gemäß Artikel 60 Absätze 7, 8 und 9 angenommen« (»shall be adopted under the terms of Article 60(7), (8) and (9)«) wird. Diese Regelung ist ebenfalls Ausdruck des One-Stop-Shop. Sie bestimmt, welche Aufsichtsbehörde den beteiligten betroffenen Aufsichtsbehörden, Verarbeitern und Auftragsverarbeitern den endgültigen Beschluss erlässt und welche Aufsichtsbehörde welche Beteiligten hierüber informiert. 24

Satz 2 verpflichtet die für die endgültige Beschlussfassung zuständige Aufsichtsbehörde zur Mitteilung des Zeitpunkts, zu dem der Beschluss dem Verantwortlichen oder dem Auftragsverarbeiter bzw. der betroffenen Person mitgeteilt wird, an den EDSA. Diese Mitteilung setzt die Verpflichtung des EDSA zur unverzüglichen Veröffentlichung des Beschlusses auf der Webseite des EDSA nach Abs. 5 Satz 3 in Gang. 25

Art. 66 Dringlichkeitsverfahren

(1) Unter außergewöhnlichen Umständen kann eine betroffene Aufsichtsbehörde abweichend vom Kohärenzverfahren nach Artikel 63, 64 und 65 oder dem Verfahren nach Artikel 60 sofort einstweilige Maßnahmen mit festgelegter Geltungsdauer von höchstens drei Monaten treffen, die in ihrem Hoheitsgebiet rechtliche Wirkung entfalten sollen, wenn sie zu der Auffassung gelangt, dass dringender Handlungsbedarf besteht, um Rechte und Freiheiten von betroffenen Personen zu schützen. Die Aufsichtsbehörde setzt die anderen betroffenen Aufsichtsbehörden, den Ausschuss und die Kommission unverzüglich von diesen Maßnahmen und den Gründen für deren Erlass in Kenntnis.

(2) Hat eine Aufsichtsbehörde eine Maßnahme nach Absatz 1 ergriffen und ist sie der Auffassung, dass dringend endgültige Maßnahmen erlassen werden müssen, kann sie unter Angabe von Gründen im Dringlichkeitsverfahren um eine Stellungnahme oder einen verbindlichen Beschluss des Ausschusses ersuchen.

(3) Jede Aufsichtsbehörde kann unter Angabe von Gründen, auch für den dringenden Handlungsbedarf, im Dringlichkeitsverfahren um eine Stellungnahme oder gegebenenfalls einen verbindlichen Beschluss des Ausschusses ersuchen, wenn eine zuständige Aufsichtsbehörde trotz dringenden Handlungsbedarfs keine geeignete Maßnahme getroffen hat, um die Rechte und Freiheiten von betroffenen Personen zu schützen.

(4) Abweichend von Artikel 64 Absatz 3 und Artikel 65 Absatz 2 wird eine Stellungnahme oder ein verbindlicher Beschluss im Dringlichkeitsverfahren nach den Absätzen 2 und 3 binnen zwei Wochen mit einfacher Mehrheit der Mitglieder des Ausschusses angenommen.

Inhaltsübersicht Rn.

I. Allgemeines

1 Auch in Art. 66 sind einzelne Aufsichtsbehörden die Motoren des Kohärenzverfahrens. Sie können das Tätigwerden des **EDSA** in seiner Rolle als **schneller Letztentscheider** initiieren. Art. 66 bezieht sich ausschließlich auf die Fälle der Aufsicht über den nicht-öffentlichen Bereich (Art. 60 Rn. 7 f), in denen es in Fällen grenzüberschreitender Datenverarbeitungen um Streitigkeiten unter Aufsichtsbehörden über konkrete Datenverarbeitungen durch Datenverarbeiter oder Auftragsverarbeiter mit Niederlassung in der EU geht oder es Bedarf für Stellungnahmen des EDSA nach Art. 64 gibt. Nur in wenigen Ausnahmefällen kann es sich dabei auch um Fälle handeln, die nicht grenzüberschreitender Art sind (Art. 60 Rn. 18).

II. Einstweilige Maßnahmen einzelner Aufsichtsbehörden zum Schutz der Rechte und Freiheiten betroffener Personen (Abs. 1)

2 Unter den Voraussetzungen des Abs. 1 Satz 1 kann eine betroffene Aufsichtsbehörde sofort **einstweilige Maßnahmen** (»provisional measures«) mit einer festgelegten **Geltungsdauer von höchstens drei Monaten** treffen, die in ihrer rechtlichen Wirkung auf das eigene Hoheitsgebiet beschränkt sind. »Einstweilig« und »provisorisch« sind Maßnahmen, die durch endgültige Maßnahmen, die nach einer späteren genaueren Prüfung beschlossen werden, ersetzt werden können, sofern die anschließende genauere Prüfung sie nicht bestätigt.

3 Unter Satz 1 können im Ausnahmefall aber **auch einstweilige Maßnahmen** fallen, **die in faktischer Hinsicht eine vermeintlich irreversible Wirkung entfalten**. Zwar ist zu beachten, dass es möglicherweise wenig sinnvoll ist, sie durch endgültige Maßnahmen zu ersetzen, die die Wirkungen der einstweiligen Maßnahme genau umkehren, was Körffer[1] zu der Auffassung gelangen lässt, sie seien vom Wortlaut her nicht als einstweilige Maßnahmen anzusehen. Dies verkennt, dass auch einstweilige Maßnahmen mit der beschriebenen Wirkung in den Fällen, in denen sie im Nachhinein für falsch gehalten werden, durch endgültige Maßnahmen ersetzt oder ergänzt werden können, die ihre Wirkungen korrigieren. Auch in den von Körffer genannten Beispielen der an einen Verantwortlichen gerichteten Anweisung, die Betroffenen über eine Rechtsverletzung zu benachrichtigen, und der Untersagung einer Datenverarbeitung, die im Zusammenhang mit einem einmaligen Ereignis steht, können Maßnahme ergriffen werden, die die Wirkungen der einstweiligen Maßnahme umkehren. So könnten an die Empfänger der Benachrichtigung Nutzungsuntersagungen gerichtet, die Datenverarbeitung trotz Verstreichens des einmaligen Ereignisses nachgeholt und die Wirkungen der ursprünglich geplanten Datenverarbeitung auf andere Weise erreicht werden. Dass im Einzelfall an die Stelle der einstweiligen keine endgültige Maßnahme treten wird, kann also zum Zeitpunkt des Erlasses der einstweiligen Maßnahme noch nicht feststehen. Insofern kann der Umstand, dass der einstweiligen Maßnahme möglicherweise keine endgültige Maßnahme folgen könnte, vor allem deshalb nichts an der rechtlichen Einordnung der ursprünglichen Maßnahme ändern, weil es von nicht prognostizierbaren künftigen Entscheidungen der zuständigen Gremien abhängt, ob im Einzelfall tatsächlich auf eine endgültige Maßnahme verzichtet werden wird.

1 Paal/Pauly-*Körffer*, Rn. 5.

Selbst Körffer kommt unter Hinweis auf die Grundsätze des einstweiligen Rechtsschutzes im deutschen Verfahrensrecht dazu, dass unter eingeschränkten Voraussetzungen im Verfahren des Art. 66 auch Maßnahmen mit faktisch endgültiger Wirkung möglich sind. Uneingeschränkt ist Körffer darin zuzustimmen, dass sich die handelnde Aufsichtsbehörde bei der Wahl zwischen einer Maßnahme mit irreversibler Wirkung (wie der Datenlöschung) und einer Maßnahme, die noch keine endgültige Wirkung entfaltet (wie der Sperrung der Daten), für letztere entscheiden muss.[2]

Dass die einstweiligen Maßnahmen »sofort« ergriffen werden dürfen, weist darauf, dass die betroffene Aufsichtsbehörde »vom Kohärenzverfahren nach Artikel 63, 64 und 65 oder dem Verfahren nach Artikel 60« abweichen, also insbesondere **Maßnahme** treffen darf, **ohne den EDSA oder** im Falle des Art. 60 **die anderen betroffenen Aufsichtsbehörden inklusive der federführenden Aufsichtsbehörde einzubeziehen**, und ohne die im Kohärenzverfahren nach dem zweiten Abschnitt geltenden Fristen zu beachten. 4

Voraussetzung für die durch Art. 66 Abs. 1 Satz 1 eröffnete Handlungsoption betroffener Aufsichtsbehörden (Art. 4 Nr. 22, siehe Art. 4 Rn. 163ff.) ist es in inhaltlicher Hinsicht, dass die betroffene Aufsichtsbehörde zu der Auffassung gelangt ist, dass **dringender Handlungsbedarf besteht, um Rechte und Freiheiten von betroffenen Personen zu schützen**. Diese Voraussetzung liegt insbesondere dann vor, wenn eine Verletzung der Rechte und Freiheiten betroffener Personen unmittelbar bevorsteht und durch die entsprechende aufsichtsrechtliche Handlung abgewendet werden kann, wie es beispielsweise bei der Anordnung der Unterlassung einer unmittelbar bevorstehenden Datenübermittlung der Fall ist. Satz 1 stellt weder in quantitativer noch in qualitativer Hinsicht Anforderungen an eine besondere Schwere der drohenden Verletzung der Rechte und Freiheiten, sondern stellt allein auf die Dringlichkeit des Handlungsbedarfes ab, der sich daraus ergibt, dass die Rechtsverletzung unmittelbar bevorsteht. Gleichwohl hat die Schwere der drohenden Rechtsverletzung insofern eine Bedeutung, als sie das Ermessen der betroffenen Aufsichtsbehörde, eine Maßnahme nach Art. 66 zu ergreifen, reduziert. 5

Sofern Satz 1 zusätzlich bestimmt, es müssten »**außergewöhnliche Umstände**« vorliegen, handelt es sich um ein Kriterium, das die Außerachtlassung der Verfahrensvorschriften der Art. 63 bis 65 und 60 rechtfertigen soll. In der Regel wird sich die Außergewöhnlichkeit der Umstände bereits aus der Dringlichkeit des aufsichtsbehördlichen Handelns ergeben. Aus ErwGr 137 geht hervor, dass die Anforderung an die Begründetheit der Maßnahme aufgrund der Eilbedürftigkeit zum Schutz der Rechte der Grundrechtsträgerinnen und Grundrechtsträger geringer sind, als sie es im Normalfall wären. Dort heißt es »Es kann dringender Handlungsbedarf zum Schutz der Rechte und Freiheiten von betroffenen Personen bestehen, insbesondere wenn eine erhebliche Behinderung der Durchsetzung des Rechts einer betroffenen Person droht. Eine Aufsichtsbehörde sollte daher hinreichend begründete einstweilige Maßnahmen in ihrem Hoheitsgebiet mit einer festgelegten Geltungsdauer von höchstens drei Monaten erlassen können.« 6

Satz 1 zielt allein auf den **Schutz der Rechte und Freiheiten betroffener natürlicher Personen**, also der Trägerinnen und Träger des Grundrechts auf informationelle Selbstbestimmung (»data subjects«). Der **Schutz juristischer Personen ist nicht bezweckt**. Maß- 7

2 Paal/Pauly-*Körffer*, Rn. 6.

nahmen zum Schutz der Rechte und Freiheiten der Verarbeiter und Auftragsverarbeiter können damit nach Art. 66 Abs. 1 Satz 1 nicht gerechtfertigt werden.

8 Nach Satz 2 muss die handelnde Aufsichtsbehörde die anderen betroffenen Aufsichtsbehörden, den Ausschuss und die Kommission unverzüglich von diesen Maßnahmen und den Gründen für deren Erlass in Kenntnis setzen. Damit muss sie diejenigen Akteure von der einstweiligen Maßnahme informieren, die in die Entscheidung über eine solche Maßnahme unter Umständen einbezogen wären, in denen kein dringender Handlungsbedarf zum Schutz der Rechte und Freiheiten betroffener Personen bestünde, und die in die Entscheidungsfindung einbezogen sind, nachdem die festgelegte Geltungszeit der einstweiligen Maßnahme (also höchstens drei Monate) abgelaufen ist. Mit der Information muss die Begründung für das Ergreifen der Sofortmaßnahme verbunden sein.

III. Recht der handelnden Aufsichtsbehörde zur Anrufung des EDSA im Dringlichkeitsverfahren (Abs. 2)

9 Abs. 2 berechtigt die betroffene Aufsichtsbehörde, die die einstweilige Maßnahme getroffen hat, den **EDSA um eine Stellungnahme** oder einen verbindlichen Beschluss »im Dringlichkeitsverfahren« zu **ersuchen**. Dabei handelt es sich um das Verfahren mit den entsprechend Abs. 4 verkürzten Fristen. Ein solches Ersuchen muss die Gründe für die Beschreitung des »Dringlichkeitsverfahrens« nennen.

IV. Recht jeder Aufsichtsbehörde zur Anrufung des EDSA im Dringlichkeitsverfahren (Abs. 3)

10 Sofern die Voraussetzungen des Abs. 1 zwar gegeben sind, also ein dringender Handlungsbedarf besteht, um die Rechte und Freiheiten von betroffenen Personen zu schützen, aber die zuständige Aufsichtsbehörde keine geeignete Maßnahme getroffen hat, gewährt Abs. 3 »**jeder Aufsichtsbehörde**« (Art. 4 Rn. 162) das **Recht zur Anrufung des EDSA** im Sinne des Abs 2. Dies Anrufungsrecht des EDSA ist Ausdruck der Verpflichtung jeder einzelnen Aufsichtsbehörde, nach Art. 51 Abs. 2 einen Beitrag zur einheitlichen Anwendung der DSGVO in der gesamten Union zu leisten.

V. Fristen und Quoren im Dringlichkeitsverfahren vor dem EDSA (Abs. 4)

11 Abs. 4 legt die Verkürzung der Fristen im Dringlichkeitsverfahren fest und bestimmt das Abstimmungsquorum. Danach werden Stellungnahmen und Beschlüsse mit einfacher Mehrheit der Mitglieder des EDSA **binnen zwei Wochen** nach Eingang des Antrags angenommen.

Art. 67 Informationsaustausch

Die Kommission kann Durchführungsrechtsakte von allgemeiner Tragweite zur Festlegung der Ausgestaltung des elektronischen Informationsaustauschs zwischen den Aufsichtsbehörden sowie zwischen den Aufsichtsbehörden und dem Ausschuss, insbesondere des standardisierten Formats nach Artikel 64, erlassen.

Diese Durchführungsrechtsakte werden gemäß dem Prüfverfahren nach Artikel 93 Absatz 2 erlassen.

Art. 67 berechtigt die Kommission zum Erlass von Durchführungsrechtsakten »von allgemeiner Tragweite« zur Festlegung der Ausgestaltung des elektronischen Informationsaustauschs zwischen den Aufsichtsbehörden sowie zwischen den Aufsichtsbehörden und dem EDSA, insbesondere des standardisierten Formats nach Art. 64, und legt fest, dass diese Durchführungsrechtsakte im Prüfverfahren nach Art. 93 Abs. 2 erlassen werden (Art. 93 Rn. 3 f.). Da bei der genannten Kommunikation im Ausnahmefall auch personenbezogene Daten übermittelt werden können, muss sich der Durchführungsrechtsakt an den Anforderungen der DSGVO messen lassen. 1

Abschnitt 3
Europäischer Datenschutzausschuss

Art. 68 Europäischer Datenschutzausschuss

(1) Der Europäische Datenschutzausschuss (im Folgenden »Ausschuss«) wird als Einrichtung der Union mit eigener Rechtspersönlichkeit eingerichtet.

(2) Der Ausschuss wird von seinem Vorsitz vertreten.

(3) Der Ausschuss besteht aus dem Leiter einer Aufsichtsbehörde jedes Mitgliedstaats und dem Europäischen Datenschutzbeauftragten oder ihren jeweiligen Vertretern.

(4) Ist in einem Mitgliedstaat mehr als eine Aufsichtsbehörde für die Überwachung der Anwendung der nach Maßgabe dieser Verordnung erlassenen Vorschriften zuständig, so wird im Einklang mit den Rechtsvorschriften dieses Mitgliedstaats ein gemeinsamer Vertreter benannt.

(5) Die Kommission ist berechtigt, ohne Stimmrecht an den Tätigkeiten und Sitzungen des Ausschusses teilzunehmen. Die Kommission benennt einen Vertreter. Der Vorsitz des Ausschusses unterrichtet die Kommission über die Tätigkeiten des Ausschusses.

(6) In den in Artikel 65 genannten Fällen ist der Europäische Datenschutzbeauftragte nur bei Beschlüssen stimmberechtigt, die Grundsätze und Vorschriften betreffen, die für die Organe, Einrichtungen, Ämter und Agenturen der Union gelten und inhaltlich den Grundsätzen und Vorschriften dieser Verordnung entsprechen.

Inhaltsübersicht Rn.

I. Allgemeines zum Abschnitt 3

1 Kapitel VII folgt dem Grundsatz: Je abstrakter und strittiger eine datenschutzrechtliche Frage ist, desto gewichtiger ist die Rolle des Europäischen Datenschutzausschusses bei ihrer Lösung (Art. 60 Rn. 2). Während der erste Abschnitt des Abschnitts VII den Normalfall der konsensualen Lösung von Einzelfällen unter Beteiligung aller betroffenen Aufsichtsbehörden regelt (Art. 60 Rn. 2, 10, 14f.), beziehen sich die beiden anderen Abschnitte sowohl auf Einzelfälle als auch auf weitere Fragestellungen im Zusammenhang mit der Auslegung der DSGVO, wobei die Einheitlichkeit der Anwendung der DSGVO im Vordergrund steht und der **EDSA als kollektive Organisationsform der Aufsichtsbehörden in Europa** eine wichtige Rolle erhält. Im Kohärenzverfahren des Abschnitts 2 wird der EDSA auf Initiative der Aufsichtsbehörden im Bottom-Up-Verfahren als Letztentscheidungsinstanz in die Beantwortung konkreter Fragestellungen der Aufsichtspraxis eingebunden, deren Entscheidungen nur durch den EuGH korrigiert werden können. **Abschnitt 3** konstituiert die entscheidende Rolle des **EDSA** als **Garant der Einheitlichkeit der Anwendung der DSGVO**, der auf eigene Initiative allgemeine Positionen im Zusammenhang mit der Auslegung der DSGVO formuliert (siehe Art. 60 Rn. 12). Die entsprechenden Entscheidungen werden veröffentlicht.[1] Daneben finden sich in Abschnitt 3 organisatorische und verfahrensbezogene Regelungen.

II. Der EDSA als Einrichtung der Union mit eigener Rechtspersönlichkeit (Abs. 1)

2 Nach Art. 68 Abs. 1 ist der EDSA eine »Einrichtung der Union mit eigener Rechtspersönlichkeit«, die nach Art. 69 Abs. 1 unabhängig handelt. Als eine solche Einrichtung ist der EDSA nach Art. 263 Abs. 4 AEUV eine vor dem EuGH klagebefugte »Stelle der Union, deren Handlungen Rechtswirkung gegenüber Dritten haben können«.[2] Auch wenn die damit vorrangig angesprochene Bedeutung des Tätigwerdens des EDSA als Letztentscheider im Kohärenzverfahren des Abschnitts 2 der ursprüngliche Grund dafür war, den EDSA als Einrichtung der Union mit eigener Rechtspersönlichkeit einzurichten,[3] hat der EDSA letztendlich nach der DSGVO mit seiner Garantenfunktion für die einheitliche Rechtsanwendung in der Europäischen Union eine viel umfänglichere Bedeutung erhalten: Er ist die **Organisationform, in der die** im Primärrecht in Art. 8 Abs. 2 GRCh und in Art. 16 Abs. 2 AEUV adressierten **Aufsichtsbehörden in Europa handeln**. Sie **bilden** »als gesamteuropäisches Kollegialorgan«[4] **in ihrer Gesamtheit den EDSA**. Selbst für das Kohärenzverfahren des zweiten Abschnitts ist es deshalb zu konfrontativ formuliert, der EDSA trete den einzelnen Aufsichtsbehörden der Mitgliedstaaten als Kollegialorgan »entgegen«.[5] Der EDSA ist demgegenüber eine **Instanz der Selbstorganisation**, derer sich die betroffenen Aufsichtsbehörden etwa nach Art. 64 Abs. 2 bedienen können oder in den Fällen des zweiten Abschnitts bedienen müssen, wenn es der federführenden Aufsichtsbehörde nicht

---

1 *https://edpb.europa.eu/our-work-tools/general-guidance/gdpr-guidelines-recommendations-best-practices-de.*
2 Kühling/Buchner-*Dix*, Rn. 6.
3 Ehmann/Selmayr-*Albrecht*, Rn. 1; Kühling/Buchner-*Dix*, Rn. 3.
4 Kühling/Buchner-*Caspar*, Rn. 14.
5 So Kühling/Buchner-*Caspar*, Rn. 14.

selbst gelungen ist, unter den betroffenen Aufsichtsbehörden eine gemeinsame konsensuale Lösung zu finden (Art. 60 Rn. 11, Art. 63 Rn. 1ff.).

Was die **Bindungswirkung** der Äußerungen des EDSA anbelangt, muss zwischen den Entscheidungen, die im Wege des **Kohärenzverfahrens** nach **Abschnitt 2** ergehen, und den Entscheidungen des EDSA nach Art. 70 Abs. 1 unterschieden werden. Erstere **binden** nach Art. 60 Abs. 6, Art. 64 Abs. 7 und Art. 65 Abs. 2 Satz 3 **nur diejenigen Aufsichtsbehörden, die für die Bearbeitung der konkreten an den EDSA herangetragenen aufsichtsrechtlichen Einzelfrage zuständig sind.** An die **allgemeinen Positionen**, die der EDSA nach Art. 70 mit dem Ziel der einheitlichen Anwendung der DSGVO entwickelt, sind allerdings nur nach Maßgabe des Art. 51 Abs. 2 **alle europäischen Datenschutzbehörden** gebunden (Art. 63 Rn. 5). 3

III. Vertretung durch den Vorsitz (Abs. 2)

Nach Abs. 2 ist es der oder die nach Art. 73 für eine Amtszeit von fünf Jahren gewählte Vorsitzende bzw. seine oder ihre beiden Stellvertreterinnen oder Stellvertreter, die den Ausschuss vertreten. Damit können sie etwa im Verfahren vor dem EuGH Erklärungen im Namen des EDSA abgeben. 4

IV. Zusammensetzung des Ausschusses und Stimmrecht (Abs. 3 bis 6)

Die Absätze 3 bis 6 regeln die Zusammensetzung des EDSA und das Stimmrecht seiner Mitglieder. 5

1. Leiterinnen oder Leiter der Europäischen Aufsichtsbehörden

Nach **Abs. 3** besteht der EDSA aus je einer Leiterin oder einem Leiter einer Aufsichtsbehörde jedes Mitgliedstaates und der Europäischen Datenschutzbeauftragten bzw. dem Europäischen Datenschutzbeauftragten. Sie können an ihrer Stelle »ihre jeweiligen Vertreter« (»their respective representatives«) schicken. Pro Mitgliedstaat kann eine Stimme abgegeben werden. 6

Das **Stimmrecht der oder des Europäischen Datenschutzbeauftragten** besteht in den Fällen des Art. 65 nach **Abs. 6** in dem Maße, in dem die Beschlüsse Grundsätze und Vorschriften betreffen, die für die Organe, Einrichtungen, Ämter und Agenturen der Union gelten und inhaltlich den Grundsätzen und Vorschriften der DSGVO entsprechen. Hier ist zu beachten, dass der Europäische Gesetzgeber das Ziel des einheitlichen und kohärenten Schutzes natürlicher Personen bei der Verarbeitung ihrer Daten verfolgt. Dies geht aus Art. 98 hervor,[6] der die Kommission verpflichtet, »gegebenenfalls« Änderungsvorschläge für andere Rechtsakte der Union zum Schutz personenbezogener Daten, insbesondere für Vorschriften zum Schutz natürlicher Personen bei der Verarbeitung ihrer Daten »durch Organe, Einrichtungen, Ämter und Agenturen der Union« vorzulegen. Bei den betreffenden Regelungen handelt es sich um die VO (EG) Nr. 45/2001 und die anderen Nor- 7

6 Auf Art. 98 weist auch Kühling/Buchner-*Dix*, Rn. 12, hin.

men, die für die Verarbeitung personenbezogener Daten durch Organe der Europäischen Union gelten. Aus der Wertung der Art. 98 Abs. 2 ist zu folgern, dass das Stimmrecht des EDPS aufgrund des Postulats der Einheitlichkeit und Kohärenz der Europäischen Regelungen sich über kurz oder lang auf fast alle Entscheidungsgegenstände des EDSA nach Art. 70 Abs. 1 beziehen wird.

2. gemeinsamer Vertreter oder gemeinsame Vertreterin

8 Die Regelung des **Abs. 4** bewirkt, dass pro Mitgliedstaat im EDSA nur eine Stimme abgegeben wird. Danach benennen Mitgliedstaaten, in denen es etwa wegen ihrer föderalen Struktur mehrere Aufsichtsbehörden gibt, eine gemeinsame Vertreterin oder ein gemeinsamer Vertreter. Dieser Verpflichtung ist Deutschland durch den Erlass des **§ 17 BDSG** nachgekommen, der europarechtlichen und verfassungsrechtlichen Bedenken begegnet (§ 17 BDSG Rn. 5ff.).

3. Vertreterin oder Vertreter der Kommission

9 Nach **Abs. 5** verfügt die **Kommission** zwar über ein Teilnahmerecht an den Sitzungen des EDSA, **nicht** jedoch über ein **Stimmrecht**. Sie muss zu diesem Zweck eine Vertreterin oder einen Vertreter benennen. Unsystematisch erscheint Abs. 5 Satz 2, der die Verpflichtung des Ausschussvorsitzes normiert, die Kommission über die Tätigkeiten des Ausschusses zu unterrichten. Die Logik des Regelungsortes erschließt sich allerdings aufgrund des Umstandes, dass die Kommission zwar das Recht zur Teilnahme an den Sitzungen des EDSA hat, zur Teilnahme jedoch nicht verpflichtet ist. Insofern ist die Verpflichtung zur Unterrichtung des EDSA in dem Sinne zu verstehen, dass die Kommission, auch wenn ihre Vertreterin oder ihr Vertreter nicht selbst an den Sitzungen teilgenommen hat, verlangen kann, dass ihr die Protokolle des EDSA übersandt werden.

Art. 69 Unabhängigkeit

(1) Der Ausschuss handelt bei der Erfüllung seiner Aufgaben oder in Ausübung seiner Befugnisse gemäß den Artikeln 70 und 71 unabhängig.
(2) Unbeschadet der Ersuchen der Kommission gemäß Artikel 70 Absätze 1 und 2 ersucht der Ausschuss bei der Erfüllung seiner Aufgaben oder in Ausübung seiner Befugnisse weder um Weisung noch nimmt er Weisungen entgegen.

Inhaltsübersicht Rn.

I. Allgemeines

1 Die in Art. 69 statuierte **Unabhängigkeit des EDSA** als Instanz der Selbstorganisation der europäischen Aufsichtsbehörden (Art. 68 Rn. 2) ist **Konsequenz der** durch Art. 52 garantierten **Unabhängigkeit der ihn konstituierenden einzelnen Aufsichtsbehörden**. Dass

im Kohärenzverfahren nach Abschnitt 2 die Entscheidung der unabhängigen federführenden Behörde durch die Entscheidung des EDSA ersetzt wird, steht unter der Bedingung, dass dieser selbst unabhängig ist.[1]

Aufgrund des gebotenen Gleichklangs zwischen der Unabhängigkeit der Aufsichtsbehörden und der Unabhängigkeit des EDSA sind die **Anforderungen**, die der **EuGH** im Vertragsverletzungsverfahren gegen Deutschland wegen der Nicht-Umsetzung der Unabhängigkeit der Aufsichtsbehörden über den nicht-öffentlichen Bereich für die **Unabhängigkeit von Aufsichtsbehörden** formuliert hat,[2] auf die Unabhängigkeit des EDSA **übertragbar**. Danach müssen unabhängige Stellen vor jeglicher Einflussnahme von außen einschließlich der unmittelbaren oder mittelbaren Einflussnahme sicher sein.[3] Insofern muss der EDSA völlig frei von Weisungen und Druck handeln und über eine Entscheidungsgewalt verfügen, die jeglicher Einflussnahme von außerhalb der Kontrollstelle entzogen ist. Handlungsfreiheit und als ihr Teilbereich die Weisungsfreiheit, die nach dem EuGH konstitutive Elemente der Unabhängigkeit sind, werden in den Absätzen 1 und 2 des Art. 69 ausgedrückt. 2

II. Unabhängiges Handeln (Abs. 1)

Mit der **aktivitätsbezogenen** Formulierung des Abs. 1, wonach der EDSA »bei der Erfüllung seiner Aufgaben oder in Ausübung seiner Befugnisse gemäß den Artikeln 70 und 71« (»when **performing** its tasks or **exercising** its powers persuing to Artikles 70 and 71«) unabhängig handelt, geht der europäische Gesetzgeber über ein normatives Konstatieren der Unabhängigkeit hinaus.[4] Nach dem EuGH sind unabhängige Stellen verpflichtet, bei der Wahrnehmung ihrer Aufgaben objektiv und unparteiisch vorzugehen.[5] Unabhängiges Handeln werde nicht nur durch unmittelbare Einflussnahme, die für den EDSA vor allem in Abs. 2 thematisiert wird, sondern vor allem auch durch die nach dem EuGH ebenfalls verbotene mittelbare Einflussnahme[6] verhindert. Hierzu ist die Erkenntnis des EuGH elementar, »dass **bereits die bloße Gefahr einer politischen Einflussnahme** (...) auf die Entscheidungen der Kontrollstellen ausreicht, um deren unabhängige Wahrnehmung ihrer Aufgaben zu beeinträchtigen. Zum einen könnte es, wie die Kommission ausführt, einen »**vorauseilenden Gehorsam**« der Kontrollstellen (...) geben. Zum anderen erfordert die Rolle der Kontrollstellen als Hüter des Rechts auf Privatsphäre, dass ihre Entscheidungen, also sie selbst, **über jeglichen Verdacht der Parteilichkeit erhaben** sind.«[7] Insofern ist auch der EDSA aufgefordert, schon den Anschein der Abhängigkeit zu vermeiden.[8] Dies muss auch bei der Beantwortung der Frage beachtet werden, ob der EDSA nach Art. 70 Abs. 4 von der Möglichkeit Gebrauch macht, »interessierte Kreise« zu konsultieren, bzw. um welche Organisationen es sich dabei handelt (Art. 70 Rn. 33). 3

1 Kühling/Buchner-*Dix*, Rn. 4.
2 EuGH 9.3.2010 – C-518/07.
3 EuGH 9.3.2010 – C-518/07, Rn. 30.
4 Kühling/Buchner-*Dix*, Rn. 4.
5 EuGH 9.3.2010 – C-518/07, Rn. 25.
6 EuGH 9.3.2010 – C-518/07, Rn. 30.
7 EuGH 9.3.2010 – C-518/07, Rn. 36.
8 Kühling/Buchner-*Dix*, Rn. 5.

III. Weisungsfreiheit (Abs. 2)

4 Abs. 2 bestimmt, dass der EDSA bei seinen Handlungen weder um Weisungen ersucht noch solche entgegennimmt. Damit thematisiert der Europäische Gesetzgeber die Fälle, die der EuGH zur verbotenen unmittelbaren Einflussnahme zählt.[9]

5 Mit der Formulierung »unbeschadet der Ersuchen der Kommission gemäß Art. 70 Abs. 1 Buchstabe b und Absatz 2« wird klargestellt, dass die Verpflichtung des EDSA nach Art. 70 Abs. 1 Satz 2 Buchst. b, die Kommission zu beraten, **keine Weisungsbefugnisse der Kommission** begründet. Hieran ändert auch eine von der Kommission nach Art. 70 Abs. 2 angegebene Frist für eine Beratung durch den EDSA nichts, die im Übrigen für den EDSA nicht verbindlich ist (Art. 70 Rn. 30).

Art. 70 Aufgaben des Ausschusses

(1) Der Ausschuss stellt die einheitliche Anwendung dieser Verordnung sicher. Hierzu nimmt der Ausschuss von sich aus oder gegebenenfalls auf Ersuchen der Kommission insbesondere folgende Tätigkeiten wahr:

a) **Überwachung und Sicherstellung der ordnungsgemäßen Anwendung dieser Verordnung in den in den Artikeln 64 und 65 genannten Fällen unbeschadet der Aufgaben der nationalen Aufsichtsbehörden;**

b) **Beratung der Kommission in allen Fragen, die im Zusammenhang mit dem Schutz personenbezogener Daten in der Union stehen, einschließlich etwaiger Vorschläge zur Änderung dieser Verordnung;**

c) **Beratung der Kommission über das Format und die Verfahren für den Austausch von Informationen zwischen den Verantwortlichen, den Auftragsverarbeitern und den Aufsichtsbehörden in Bezug auf verbindliche interne Datenschutzvorschriften;**

d) **Bereitstellung von Leitlinien, Empfehlungen und bewährten Verfahren zu Verfahren für die Löschung gemäß Artikel 17 Absatz 2 von Links zu personenbezogenen Daten oder Kopien oder Replikationen dieser Daten aus öffentlich zugänglichen Kommunikationsdiensten;**

e) **Prüfung – von sich aus, auf Antrag eines seiner Mitglieder oder auf Ersuchen der Kommission – von die Anwendung dieser Verordnung betreffenden Fragen und Bereitstellung von Leitlinien, Empfehlungen und bewährten Verfahren zwecks Sicherstellung einer einheitlichen Anwendung dieser Verordnung;**

f) **Bereitstellung von Leitlinien, Empfehlungen und bewährten Verfahren gemäß Buchstabe e des vorliegenden Absatzes zur näheren Bestimmung der Kriterien und Bedingungen für die auf Profiling beruhenden Entscheidungen gemäß Artikel 22 Absatz 2;**

g) **Bereitstellung von Leitlinien, Empfehlungen und bewährten Verfahren gemäß Buchstabe e des vorliegenden Absatzes für die Feststellung von Verletzungen des Schutzes personenbezogener Daten und die Festlegung der Unverzüglichkeit im Sinne des Artikels 33 Absätze 1 und 2, und zu den spezifischen Umständen, unter**

9 EuGH 9.3.2010 – C-518/07, Rn. 30.

denen der Verantwortliche oder der Auftragsverarbeiter die Verletzung des Schutzes personenbezogener Daten zu melden hat;

h) Bereitstellung von Leitlinien, Empfehlungen und bewährten Verfahren gemäß Buchstabe e des vorliegenden Absatzes zu den Umständen, unter denen eine Verletzung des Schutzes personenbezogener Daten voraussichtlich ein hohes Risiko für die Rechte und Freiheiten natürlicher Personen im Sinne des Artikels 34 Absatz 1 zur Folge hat;

i) Bereitstellung von Leitlinien, Empfehlungen und bewährten Verfahren gemäß Buchstabe e des vorliegenden Absatzes zur näheren Bestimmung der in Artikel 47 aufgeführten Kriterien und Anforderungen für die Übermittlungen personenbezogener Daten, die auf verbindlichen internen Datenschutzvorschriften von Verantwortlichen oder Auftragsverarbeitern beruhen, und der dort aufgeführten weiteren erforderlichen Anforderungen zum Schutz personenbezogener Daten der betroffenen Personen;

j) Bereitstellung von Leitlinien, Empfehlungen und bewährten Verfahren gemäß Buchstabe e des vorliegenden Absatzes zur näheren Bestimmung der Kriterien und Bedingungen für die Übermittlungen personenbezogener Daten gemäß Artikel 49 Absatz 1;

k) Ausarbeitung von Leitlinien für die Aufsichtsbehörden in Bezug auf die Anwendung von Maßnahmen nach Artikel 58 Absätze 1, 2 und 3 und die Festsetzung von Geldbußen gemäß Artikel 83;

l) Überprüfung der praktischen Anwendung der Leitlinien, Empfehlungen und bewährten Verfahren;

m) Bereitstellung von Leitlinien, Empfehlungen und bewährten Verfahren gemäß Buchstabe e des vorliegenden Absatzes zur Festlegung gemeinsamer Verfahren für die von natürlichen Personen vorgenommene Meldung von Verstößen gegen diese Verordnung gemäß Artikel 54 Absatz 2;

n) Förderung der Ausarbeitung von Verhaltensregeln und der Einrichtung von datenschutzspezifischen Zertifizierungsverfahren sowie Datenschutzsiegeln und -prüfzeichen gemäß den Artikeln 40 und 42;

o) Genehmigung der Zertifizierungskriterien gemäß Artikel 42 Absatz 5 und Führung eines öffentlichen Registers der Zertifizierungsverfahren sowie von Datenschutzsiegeln und -prüfzeichen gemäß Artikel 42 Absatz 8 und der in Drittländern niedergelassenen zertifizierten Verantwortlichen oder Auftragsverarbeiter gemäß Artikel 42 Absatz 7;

p) Genehmigung der in Artikel 43 Absatz 3 genannten Anforderungen im Hinblick auf die Akkreditierung von Zertifizierungsstellen gemäß Artikel 43;

q) Abgabe einer Stellungnahme für die Kommission zu den Zertifizierungsanforderungen gemäß Artikel 43 Absatz 8;

r) Abgabe einer Stellungnahme für die Kommission zu den Bildsymbolen gemäß Artikel 12 Absatz 7;

s) Abgabe einer Stellungnahme für die Kommission zur Beurteilung der Angemessenheit des in einem Drittland oder einer internationalen Organisation gebotenen Schutzniveaus einschließlich zur Beurteilung der Frage, ob das Drittland, das Gebiet, ein oder mehrere spezifische Sektoren in diesem Drittland oder eine interna-

tionale Organisation kein angemessenes Schutzniveau mehr gewährleistet. Zu diesem Zweck gibt die Kommission dem Ausschuss alle erforderlichen Unterlagen, darunter den Schriftwechsel mit der Regierung des Drittlands, dem Gebiet oder spezifischen Sektor oder der internationalen Organisation;

t) Abgabe von Stellungnahmen im Kohärenzverfahren gemäß Artikel 64 Absatz 1 zu Beschlussentwürfen von Aufsichtsbehörden, zu Angelegenheiten, die nach Artikel 64 Absatz 2 vorgelegt wurden und um Erlass verbindlicher Beschlüsse gemäß Artikel 65, einschließlich der in Artikel 66 genannten Fälle;

u) Förderung der Zusammenarbeit und eines wirksamen bilateralen und multilateralen Austauschs von Informationen und bewährten Verfahren zwischen den Aufsichtsbehörden;

v) Förderung von Schulungsprogrammen und Erleichterung des Personalaustausches zwischen Aufsichtsbehörden sowie gegebenenfalls mit Aufsichtsbehörden von Drittländern oder mit internationalen Organisationen;

w) Förderung des Austausches von Fachwissen und von Dokumentationen über Datenschutzvorschriften und -praxis mit Datenschutzaufsichtsbehörden in aller Welt;

x) Abgabe von Stellungnahmen zu den auf Unionsebene erarbeiteten Verhaltensregeln gemäß Artikel 40 Absatz 9 und

y) Führung eines öffentlich zugänglichen elektronischen Registers der Beschlüsse der Aufsichtsbehörden und Gerichte in Bezug auf Fragen, die im Rahmen des Kohärenzverfahrens behandelt wurden.

(2) Die Kommission kann, wenn sie den Ausschuss um Rat ersucht, unter Berücksichtigung der Dringlichkeit des Sachverhalts eine Frist angeben.

(3) Der Ausschuss leitet seine Stellungnahmen, Leitlinien, Empfehlungen und bewährten Verfahren an die Kommission und an den in Artikel 93 genannten Ausschuss weiter und veröffentlicht sie.

(4) Der Ausschuss konsultiert gegebenenfalls interessierte Kreise und gibt ihnen Gelegenheit, innerhalb einer angemessenen Frist Stellung zu nehmen. Unbeschadet des Artikels 76 macht der Ausschuss die Ergebnisse der Konsultation der Öffentlichkeit zugänglich.

Inhaltsübersicht Rn.

I. Allgemeines

Art. 70 beschreibt in umfassender Weise die Aufgaben des EDSA. Dabei wird neben den im Abschnitt 2 genannten Funktionen des EDSA als Orientierungsgeber, Streitschlichter und schneller Letztentscheider (Art. 63 Rn. 2)[1] eine Vielzahl von weiteren Aufgaben genannt, die der **EDSA als Garant der einheitlichen Anwendung der DSGVO** (Art. 60 Rn. 12f.) erfüllen muss. 1

II. Tätigkeiten des EDSA (Abs. 1)

Die Formulierung des Abs. 1 Satz 1 bringt die **Garantenfunktion des EDSA für die einheitliche Anwendung der DSGVO** auf den Punkt: Er soll die einheitliche Anwendung der DSGVO nicht nur fördern, sondern **sicherstellen**. 2

Die Aufzählung der Tätigkeiten des EDSA, die dieser mit dem Ziel der Sicherstellung der einheitlichen Anwendung der DSGVO in Satz 2 Buchst. a bis y ausüben soll, erscheint unsystematisch, ist aber wohl grundsätzlich an der Abfolge der Artikel der DSGVO orien- 3

1 Auch SJTK-*Kugelmann*, Art. 52 Rn. 25ff., unterscheidet die unterstützende Funktion, im Zuge derer der EDSA auch unverbindliche Vorgaben ausarbeiten könne, und verbindliche Beschlüsse des EDSA, die Einzelfälle betreffen.

tiert. Sie wird mit dem Wort »insbesondere« eingeleitet. Hiermit wird festgestellt, dass der **EDSA** neben den genannten **zu allen weiteren Tätigkeiten befugt** ist, **die der Sicherstellung der einheitlichen Anwendung der DSGVO dienen.**

4 Die in Buchst. a bis y genannten Tätigkeiten des EDSA **unterscheiden** sich hinsichtlich ihrer **Bindungswirkung** für die Aufsichtsbehörden in Europa (siehe hierzu auch Art. 63 Rn. 5). Entscheidungen, die im Wege des Kohärenzverfahrens nach Abschnitt 2 ergehen, binden nach Art. 60 Abs. 6, Art. 64 Abs. 7 und Art. 65 Abs. 2 Satz 3 nur diejenigen Aufsichtsbehörden, die für die Bearbeitung der konkreten an den EDSA herangetragenen aufsichtsrechtlichen Einzelfrage zuständig sind. Die übrigen Entscheidungen des EDSA, die dieser mit dem Ziel der einheitlichen Anwendung der DSGVO entwickelt, entfalten ihre Bindungswirkung allenfalls mittelbar nach Art. 51 Abs. 2, wonach jede Aufsichtsbehörde einen Beitrag zur einheitlichen Anwendung der DSGVO leistet. Eine Ausnahme bilden die an die Kommission gerichteten Beratungstätigkeiten der Buchst. b, c, q, r, s, und x. In der DSGVO findet sich keine Bestimmung, die die Kommission rechtlich an die Aussagen des EDSA im Zusammenhang mit der Beratung der Kommission bindet. Faktisch ist die primärrechtlich begründete Position des EDSA als Garant der einheitlichen Anwendung der DSGVO jedoch hoch beachtlich für die Kommission als Hüterin der Verträge. Insofern ist die Bindungswirkung der Kommission an die Äußerungen des EDSA ähnlich wie die Bindungswirkung, die diese Äußerungen nach Art. 51 Abs. 2 gegenüber den europäischen Aufsichtsbehörden entfalten. Diese Bedeutung der Beratung der Kommission durch den EDSA kommt auch dadurch zum Ausdruck, dass die Kommission dem EDSA nach Abs. 2 eine der Dringlichkeit des Sachverhalts entsprechende Frist angeben kann.

1. Tätigwerden nach Art. 64 und 65 (a)

5 An **erster Stelle** der Aufzählung der Aufgaben des EDSA ist seine Funktion im Abschnitt 2 des Kapitels VII genannt (siehe dazu Art. 60 Rn. 4 Art. 63 Rn. 2). Diese aus der sonstigen Logik der Aufzählung fallende Sonderstellung liegt in dem **hohen Stellenwert** begründet, die der Europäische Gesetzgeber dem Tätigwerden des **EDSA als Orientierungsgeber** (Art. 64) **und Streitschlichter** (Art. 65) im Kohärenzverfahren beigemessen hat. Die Entscheidung, den Streitentscheidungsbeschlüssen des EDSA rechtliche Verbindlichkeit zu verleihen, war der ursprüngliche Grund dafür, den EDSA als Einrichtung der Union mit eigener Rechtspersönlichkeit einzurichten.[2] Die entsprechenden Entscheidungen des EDSA nach Buchst. a entfalten nach Art. 60 Abs. 6, Art. 64 Abs. 7 und Art. 65 Abs. 2 Satz 3 allein Bindungswirkung für die Aufsichtsbehörden, die für die Bearbeitung der konkreten an den EDSA herangetragenen aufsichtsrechtlichen Einzelfrage zuständig sind.

2. Beratung der Kommission in allen Fragen (b)

6 Gleich an zweiter Stelle der Tätigkeiten des EDSA nennt die DSGVO die Beratung der Kommission in allen Fragen, die im Zusammenhang mit dem Schutz personenbezogener Daten in der Union stehen, zu denen auch Vorschläge zur Änderung der DSGVO gehören.

2 Ehman/Selmayr-*Albrecht*, Art. 68 Rn. 1.

Damit ist die **wichtige Rolle** ausgedrückt, die die Auffassung des EDSA als Garant der einheitlichen Auslegung der primärrechtlich begründeten DSGVO **für die Kommission als Hüterin der Verträge** spielt. Der EDSA, der in Streitigkeiten über die Auslegung der DSGVO entscheidet, erkennt es zuerst, an welchen Stellen die Auslegung der DSGVO Probleme bereitet und die DSGVO deshalb gegebenenfalls konkretisiert werden sollte.

3. Beratung der Kommission bei der Standardisierung von Formaten und Verfahren (c)

Auch in Bezug auf das Format und die Verfahren für den Austausch von Informationen zwischen den Verantwortlichen, den Auftragsverarbeitern und den Aufsichtsbehörden in Bezug auf verbindliche interne Datenschutzvorschriften im Zusammenhang mit der Übermittlung personenbezogener Daten an Drittländer hat der EDSA die Aufgabe, die Kommission zu beraten, die nach Art. 47 Abs. 3 für die Festlegung dieser Formate und Verfahren zuständig ist. 7

4. Tätigkeiten im Zusammenhang mit der Löschung (d)

Nach Buchst. d hat der EDSA die Aufgabe, Leitlinien, Empfehlungen und bewährte Verfahren zu Verfahren für die Löschung von Links zu personenbezogenen Daten oder Kopien oder Replikationen dieser Daten aus öffentlich zugänglichen Kommunikationsdiensten zu beschließen und zu veröffentlichen. Hierbei geht es nach Art. 17 Abs. 2 darum, im Zusammenhang mit dem »Recht auf Vergessenwerden«, also dem Recht auf Löschung, für alle europäischen Aufsichtsbehörden nach Maßgabe des Art. 51 Abs. 2 verbindliche Aussagen unter andrem darüber zu treffen, welche Technologien anzuwenden sind und welche Implementierungskosten angemessen sind und daher verlangt werden können. 8

5. Tätigkeiten zur Sicherstellung der einheitlichen Anwendung der DSGVO (e)

Buchst. e ist die **Auffangtätigkeit** für alle Tätigkeiten des EDSA zur **Sicherstellung der einheitlichen Anwendung der DSGVO.** Danach kann der EDSA einerseits Fragen prüfen, die die Anwendung der DSGVO betreffen. Dies kann er von sich aus oder auf Antrag seiner Mitglieder oder auf Ersuchen der Kommission tun. Daneben findet sich die Befugnis, Leitlinien, Empfehlungen und bewährte Verfahren bereitzustellen. Aus dem Zusammenhang dieser Befugnis mit der Sicherstellung der einheitlichen Anwendung der DSGVO folgt die Befugnis, die zur Verpflichtung werden kann, **Leitlinie, Empfehlungen und bewährte Verfahren zu verändern, soweit dies die einheitliche Anwendung der DSGVO erfordert**. Dies kann insbesondere dann der Fall sein, wenn es entsprechende **Entscheidungen des EuGH** gibt, oder wenn sich ohne der Einbeziehung des EDSA im Wege der Konsensfindung federführender Aufsichtsbehörden eine **aufsichtsbehördliche Praxis herausgebildet** hat, die zu einer einheitlichen Anwendung der DSGVO führt. An die Ergebnisse der Tätigkeiten nach Buchst. e sind die europäischen Aufsichtsbehörden nur mittelbar nach Maßgabe des Art. 51 Abs. 2 gebunden. 9

6. Tätigkeiten im Zusammenhang mit auf Profiling beruhenden Entscheidungen (f)

10 Vom EDSA entwickelte und veröffentlichte Leitlinien, Empfehlungen und bewährte Verfahren zur näheren Bestimmung der Kriterien und Bedingungen für die auf Profiling beruhenden Entscheidungen nach Art. 22 Abs. 2 entfalten nur nach Maßgabe des Art. 51 Abs. 2 Bindungswirkung für die europäischen Aufsichtsbehörden.

7. Tätigkeiten im Zusammenhang mit der Meldung von Verletzungen des Schutzes personenbezogener Daten (g)

11 Vom EDSA entwickelte und veröffentlichte Leitlinien, Empfehlungen und bewährte Verfahren für die Feststellung von Verletzungen des Schutzes personenbezogener Daten und die Festlegung der Unverzüglichkeit im Sinne des Art. 33 Abs. 1 und 2 entfalten nur nach Maßgabe des Art. 51 Abs. 2 Bindungswirkung für die europäischen Aufsichtsbehörden.

8. Tätigkeiten im Zusammenhang mit Risiken für Rechte und Freiheiten natürlicher Personen (h)

12 Vom EDSA entwickelte und veröffentlichte Leitlinien, Empfehlungen und bewährte Verfahren zu den Umständen, unter denen eine Verletzung des Schutzes personenbezogener Daten voraussichtlich ein hohes Risiko für die Rechte und Freiheiten natürlicher Personen im Sinnes des Art. 34 Abs. 1 zur Folge hat, entfalten nur nach Maßgabe des Art. 51 Abs. 2 Bindungswirkung für die europäischen Aufsichtsbehörden.

9. Tätigkeiten im Zusammenhang mit Übermittlungen an Drittländer nach Art. 47 (i)

13 Vom EDSA entwickelte und veröffentlichte Leitlinien, Empfehlungen und bewährte Verfahren zur näheren Bestimmung der in Art. 47 aufgeführten Kriterien und Anforderungen für die Übermittlungen personenbezogener Daten, die auf verbindlichen internen Datenschutzvorschriften von Verantwortlichen oder Auftraggsverarbeitern beruhen, und der weiteren erforderlichen Anforderungen zum Schutz personenbezogener Daten der betroffenen Personen entfalten nur nach Maßgabe des Art. 51 Abs. 2 Bindungswirkung für die europäischen Aufsichtsbehörden.

10. Tätigkeiten im Zusammenhang mit Übermittlungen an Drittländer nach Art. 47 (j)

14 Vom EDSA entwickelte und veröffentlichte Leitlinien, Empfehlungen und bewährte Verfahren zur näheren Bestimmung der Kriterien und Bedingungen für die Übermittlung personenbezogener Daten gemäß Art. 49 Abs. 1 entfalten nach nur nach Maßgabe des Art. 51 Abs. 2 Bindungswirkung für die europäischen Aufsichtsbehörden.

11. Leitlinien für Maßnahmen nach Art. 58 und die Festsetzung von Geldbußen (k)

Die in Buchst. k formulierten Leitlinien des EDSA zu Maßnahmen nach den Art. 58 und zur Festsetzung von Geldbußen nach Art. 83, an die alle europäischen Aufsichtsbehörden nur nach Maßgabe des Art. 51 Abs. 2 gebunden sind, werden eine große Bedeutung erlangen. Gerade Leitlinien für die Festsetzung von Geldbußen werden für Verantwortliche und Auftragsverarbeiter eine höhere Gewissheit über den Umgang der europäischen Aufsichtsbehörden mit dem weiten Bußgeldrahmen des Art. 83 schaffen. In Bezug auf die Frage, welche Arten von Verstößen gegen die DSGVO welche Bußgeldhöhen erwarten lassen, wird der EDSA jedoch voraussichtlich die Herausbildung einer aufsichtsbehördlichen Praxis abwarten. Auch wird er Vorsicht bei der Formulierung von Fallgruppen walten lassen, weil die Verantwortlichen und Auftragsverantwortlichen anderenfalls von falschen Voraussetzungen ausgehen könnten, weil ihnen die Besonderheiten des Einzelfalles, auf den Aufsichtsbehörden abstellen, möglicherweise nicht ins Auge fallen. 15

12. Überprüfung der praktischen Anwendung der Leitlinien, Empfehlungen und bewährten Verfahren (l)

Buchst. l verpflichtet den EDSA, die **praktische Anwendung** der von ihm entwickelten Leitlinien, Empfehlungen und bewährten Verfahren zu **überprüfen.** Diese Pflicht korrespondiert mit der sich aus Art. 70 Abs. 1 Satz 2 Buchst. e ergebenden Befugnis, unter Umständen sogar Verpflichtung, Leitlinien, Empfehlungen und bewährten Verfahren gegebenenfalls zu verändern (Rn. 9). Bevor der EDSA über die Frage beraten kann, ob die entsprechenden Entscheidungen des EDSA überarbeitet werden müssen, um die Einheitlichkeit der Rechtsanwendung der DSGVO sicherzustellen, muss erhoben werden, inwieweit diese Entscheidungen Wirkungen entfaltet haben. Entsprechende Betrachtungen muss der EDSA nach Art. 71 Abs. 2 jährlich anstellen und im Jahresbericht dokumentieren (Art. 71 Rn. 3). 16

13. Tätigkeiten im Zusammenhang mit der Meldung von Verstößen gegen die Verschwiegenheitsverpflichtung von Mitgliedern von Aufsichtsbehörden (m)

Vom EDSA entwickelte und veröffentlichte Leitlinien, Empfehlungen und bewährte Verfahren zur Festlegung gemeinsamer Verfahren für die von natürlichen Personen vorgenommene Meldung von Verstößen gegen die DSGVO gemäß Art. 54 Abs. 2 entfalten nur nach Maßgabe des Art. 51 Abs. 2 Bindungswirkung für die europäischen Aufsichtsbehörden. 17

14. Förderung der Ausarbeitung von Verhaltensregeln, Zertifizierungsverfahren und Datenschutzsiegeln (n)

Der EDSA hat die Aufgabe, die Ausarbeitung von Verhaltensregeln und die Einrichtung von datenschutzspezifischen Zertifizierungsverfahren, Datenschutzsiegeln und Datenschutzprüfzeichen im Sinne der Art. 40 und 42 zu fördern. 18

15. Akkreditierung von Zertifizierungsstellen (o)

19 Nach Buchst. o hat der EDSA die Aufgabe, Zertifizierungsstellen zu akkreditieren und regelmäßig gemäß Art. 43 zu überprüfen und ein öffentliches Register zu führen, aus dem gemäß Art. 43 Abs. 6 akkreditierte Einrichtungen und gemäß Art. 42 Abs. 7 in Drittländern niedergelassene akkreditierte, richtig müsste es heißen: »zertifizierte«[3] Verantwortliche oder Auftragsverarbeiter hervorgehen. Dass Buchst. o die Aufgabe der Akkreditierung der Zertifizierung dem EDSA zuweist, steht im Gegensatz zu Art. 43 Abs. 1, wonach es die zuständigen Aufsichtsbehörden oder nationale Akkreditierungsstellen sind, die Akkreditierungen erteilen. Insofern muss davon ausgegangen werden, dass der EDSA die Akkreditierungen weder selbst vornehmen noch überprüfen kann, sondern bezüglich der Akkreditierung auch hier die in Buchst. p genannte Tätigkeit des EDSA angesprochen ist, die Akkreditierungspraxis in den Mitgliedstaaten durch eine Vereinheitlichung der Kriterien zu beeinflussen.[4]

16. Präzisierung der Anforderungen für die Akkreditierung von Zertifizierungsstellen (p)

20 Nach Buchst. p hat der EDSA die Aufgabe, die in Art. 43 Abs. 3 genannten Anforderungen für die Akkreditierung von Zertifizierungsstellen zu präzisieren.

17. Stellungnahme zu Zertifizierungsanforderungen (q)

21 Nach Buchst. q hat der EDSA die Aufgabe, gegenüber der Kommission eine Stellungnahme zu den Anforderungen abzugeben, die in den datenschutzspezifischen Zertifizierungsverfahren nach Art. 42 Abs. 1 zu berücksichtigen sind. Diese Stellungnahme des EDSA fließt in die Erarbeitung des delegierten Rechtsaktes ein, den die Kommission gemäß Art. 43 Abs. 8 dazu erlassen kann.

18. Tätigkeiten (r)

22 Nach Buchst. r hat der EDSA die Aufgabe, gegenüber der Kommission eine Stellungnahme zu den standardisierten Bildsymbolen abzugeben, die nach Art. 12 Abs. 7 einen aussagekräftigen Überblick über die beabsichtigte Verarbeitung vermitteln sollen. Diese Stellungnahme des EDSA fließt in die Erarbeitung des delegierten Rechtsaktes ein, den die Kommission gemäß Art. 12 Abs. 9 dazu erlassen kann.

19. Tätigkeiten (s)

23 Nach Buchst. s hat der EDSA die Aufgabe, gegenüber der Kommission eine Stellungnahme zur Beurteilung der Angemessenheit des in einem Drittland oder einer internationalen Organisation gebotenen Schutzniveaus abzugeben. Diese Stellungnahme des EDSA

3 Kühling/Buchner-*Dix*, Rn. 17.
4 Kühling/Buchner-*Dix*, Rn.16.

fließt in die Kommissionsentscheidung nach Art. 45 Abs. 1 ein. Buchst. s begründet die Verpflichtung der Kommission, dem EDSA alle erforderlichen Unterlagen, darunter den Schriftwechsel mit der Regierung des Drittlands, dem Gebiet oder spezifischen Sektor oder der internationalen Organisation zu geben.

20. Entscheidungen im Kohärenzverfahren nach Abschnitt 2 (t)

Buchst. t wiederholt in redundanter[5] Weise die bereits prominent in Buchst. a genannten Aufgaben des EDSA im Kohärenzverfahren nach Abschnitt 2 des Kapitels VII. 24

21. Förderung der Zusammenarbeit der Aufsichtsbehörden (u)

Nach Buchst. u hat der EDSA die Aufgabe, die Zusammenarbeit und den wirksamen bilateralen und multilateralen Austausch von Informationen und bewährten Verfahren zwischen den Aufsichtsbehörden zu fördern. 25

22. Förderung von Schulungsprogrammen und Personalaustausch (v)

Nach Buchst. v hat der EDSA die Aufgabe, Schulungsprogramme zu fördern und den Personalaustausch zwischen europäischen Aufsichtsbehörden und gegebenenfalls auch den Personalaustausch mit Aufsichtsbehörden von Drittländern und mit internationalen Organisationen zu erleichtern. 26

23. Förderung des internationalen Austauschs von Fachwissen (w)

Nach Buchst. w hat der EDSA die Aufgabe, den Austausch von Fachwissen und von Dokumentationen über Datenschutzvorschriften und Datenschutzpraxis mit Datenschutzaufsichtsbehörden »in aller Welt« zu fördern. 27

24. Stellungnahme zu Verhaltensregeln (x)

Nach Buchst. x hat der EDSA die Aufgabe, Stellungnahmen zu Verhaltensregeln abzugeben, die auf Unionsebene von Verbänden und Vereinigungen, die Kategorien von Verantwortlichen oder Auftragsverarbeitern vertreten, erarbeitet wurden und denen die Kommission nach Art. 40 Abs. 9 allgemeine Gültigkeit in der Union zusprechen kann. 28

25. Führung eines Registers der Beschlüsse von Aufsichtsbehörden und Gerichten im Zusammenhang mit Kohärenzverfahren (y)

Nach Buchst. y hat der EDSA die Aufgabe, ein öffentlich zugängliches elektronisches Register zu führen, in dem sich Beschlüsse von Aufsichtsbehörden und Gerichten zu Fragen finden, die im Rahmen des Kohärenzverfahrens nach dem zweiten Abschnitt des Kapitels 29

5 Kühling/Buchner-*Dix*, Rn 8.

VII behandelt wurden. Damit wird klargestellt, dass der EDSA nicht nur der Pflicht nach Art. 65 Abs. 5 Satz 3 unterliegt, seine eigenen Beschlüsse im Kohärenzverfahren zu veröffentlichen, sondern dazu **auch alle vorangegangenen Beschlüsse der Aufsichtsbehörden**, die der EDSA durch seine Entscheidung ersetzt hat, sowie die im Zusammenhang mit der betreffenden Frage ergehenden Gerichtsentscheidung, insbesondere eine den Beschluss des EDSA bestätigende oder verwerfende Entscheidung des EuGH veröffentlichen muss. Dies macht es möglich, den **Verlauf der Entscheidungsfindung** der europäischen Aufsichtsbehörden in einer konkreten Fragestellung **und** gegebenenfalls die dazu erfolgte **Rechtsprechung nachzuvollziehen.**

III. Fristsetzung durch die Kommission (Abs. 2)

30 Nach Abs. 2 kann die Kommission dem EDSA eine der Dringlichkeit des Sachverhalts entsprechende Frist angeben. Diese Vorschrift ist Ausdruck der Bedeutung, die der EDSA als Garant der einheitlichen Anwendung der primärrechtlich begründen DSGVO für die Kommission als die Hüterin der Verträge hat. Dort, wo die DSGVO dem EDSA die Beratung der Kommission zur Aufgabe macht, soll die Kommission gehalten sein, auf eine solche Beratung zu dringen. Es besteht keine rechtliche Verpflichtung des unabhängigen EDSA, die Frist der Kommission zu beachten.

IV. Weiterleitung und Veröffentlichung (Abs. 3)

31 Nach Abs. 3 muss der EDSA seine Stellungnahmen, Leitlinien, Empfehlungen und bewährten Verfahren veröffentlichen und der Kommission und dem Ausschuss nach Art. 93 zuleiten.

V. Konsultationen (Abs. 4)

32 Abs. 4 behandelt das Verhältnis des EDSA zu »**interessierten Kreisen**«. Hierbei handelt es sich beispielsweise um Verbraucherorganisationen und Wirtschaftsverbände.[6] Aus der Wahl des Begriffes Kreise, der im Zusammenhang mit der Vertretung von **zusammengefassten Einzelinteressen** gebraucht wird, ist zu schließen, dass Abs. 4 nicht die Konsultation von einzelnen natürlichen oder juristischen Personen betrifft, die den EDSA stärker dem Anschein der Parteilichkeit aussetzen würde. Nach Auffassung des EuGH ist es elementar, »dass **bereits die bloße Gefahr einer politischen Einflussnahme** (…) auf die Entscheidungen der Kontrollstellen ausreicht, um deren unabhängige Wahrnehmung ihrer Aufgaben zu **beeinträchtigen**. Zum einen könnte es, (…) einen »**vorauseilenden Gehorsam**« der Kontrollstellen (…) geben. Zum anderen erfordert die Rolle der Kontrollstellen als Hüter des Rechts auf Privatsphäre, dass ihre Entscheidungen, also sie selbst, **über jeglichen Verdacht der Parteilichkeit erhaben** sind.«[7] Dies muss der EDSA bei der Beantwortung der Frage beachten, ob er überhaupt von der Möglichkeit Gebrauch macht,

6 Beispiele bei Kühling/Buchner-*Dix*, Rn. 20.
7 EuGH 9.3.2010 – C-518/07 Rn. 36.

»interessierte Kreise« zu konsultieren (»gegebenenfalls«/»where appropriate«), bzw. um welche Organisationen es sich dabei handelt (Art. 69 Rn. 3).

Sofern der EDSA über das Ob der Konsultation für bestimmte Organisationen entschieden hat, gilt, dass der EDSA den betreffenden Organisationen eine »angemessene Frist« zur Stellungnahme einräumen muss. 33

Nach Satz 2 **muss** der EDSA die **Ergebnisse der Konsultation der Öffentlichkeit zugänglich machen**. Der Verweis »unbeschadet des Art. 76« bedeutet nicht mehr, als dass der Zugang zu Dokumenten, die Konsultierte dem EDSA möglicherweise im Zusammenhang mit einer Konsultation nach Abs. 4 vorlegen, sich nach der VO (EG) Nr. 1049/2001 des Europäischen Parlaments und des Rates vom 30. Mai 2001 über den Zugang der Öffentlichkeit zu Dokumenten des Europäischen Parlaments, des Rates und der Kommission richtet. Da die »interessierten Kreise« um die Veröffentlichungspflicht nach Satz 2 wissen und selbst die Wahl haben, welche Dokumente sie dem EDSA vorlegen, wird ihr Interesse an dem Schutz gleichwohl in den betreffenden Dokumenten offenbarter »geschäftlicher Interessen« in den seltensten Fällen als »übergeordnetes öffentliches Interesse« anzusehen sein, das es rechtfertigen würde, die Verbreitung des Dokuments zu verweigern. 34

Art. 71 Berichterstattung

(1) Der Ausschuss erstellt einen Jahresbericht über den Schutz natürlicher Personen bei der Verarbeitung in der Union und gegebenenfalls in Drittländern und internationalen Organisationen. Der Bericht wird veröffentlicht und dem Europäischen Parlament, dem Rat und der Kommission übermittelt.

(2) Der Jahresbericht enthält eine Überprüfung der praktischen Anwendung der in Artikel 70 Absatz 1 Buchstabe l genannten Leitlinien, Empfehlungen und bewährten Verfahren sowie der in Artikel 65 genannten verbindlichen Beschlüsse.

Inhaltsübersicht Rn.

I. Allgemeines

Art. 71 verpflichtet den EDSA zur jährlichen Berichterstattung über den Schutz natürlicher Personen bei der Verarbeitung in der Europäischen Union und zur jährlichen Überprüfung der vom EDSA entwickelten Leitlinien, Empfehlungen und bewährten Verfahren und seiner Beschlüsse nach Art. 65. 1

II. Jahresbericht über das Niveau des Schutzes personenbezogener Daten (Abs. 1)

Nach Abs. 1 muss der EDSA einen Jahresbericht erstellen, veröffentlichen und dem Europäischen Parlament, dem Rat und der Kommission übermitteln. Gegenstand des Jahresberichts ist nach Abs. 1 der **Schutz natürlicher Personen bei der Verarbeitung** in der 2

Union und gegebenenfalls in Drittländern und internationalen Organisationen. Damit macht es die DSGVO dem EDSA zur Aufgabe, das **Schutzniveau jährlich** zu **beschreiben** und ermöglicht damit Aussagen darüber, ob dieses Niveau des Schutzes der personenbezogenen Daten natürlicher Personen ansteigt oder absinkt. Während der Jahresbericht zwingend Auskunft über das Schutzniveau in der Europäischen Union geben muss, sind Betrachtungen zum Schutzniveau in Drittländern und internationalen Organisationen fakultative Bestandteile (»gegebenenfalls«/»where relevant«), die vor allem dann angezeigt sind, wenn personenbezogene Daten aus der Europäischen Union in die entsprechenden Länder oder Organisationen übersandt werden.[1] Leider **fehlt** in Abs. 1 eine **Verpflichtung des Europäischen Parlaments, des Rates und der Kommission zur Stellungnahme** zum Jahresbericht.[2]

III. Überprüfung der praktischen Anwendung der Leitlinien, Empfehlungen, bewährten Verfahren und Beschlüsse nach Art. 65 (Abs. 2)

3 Abs. 2 korrespondiert wie Art. 70 Abs. 1 Satz 2 Buchst. l mit der Befugnis, gegebenenfalls sogar Pflicht zur Überprüfung der Leitlinien, Empfehlungen und bewährten Verfahren nach Art. 70 Abs. 1 Satz 2 Buchst. e (Art. 70 Rn. 9). Bevor der EDSA über die Frage beraten kann, ob die entsprechenden Entscheidungen des EDSA überarbeitet werden müssen, um die Einheitlichkeit der Rechtsanwendung der DSGVO sicherzustellen, muss erhoben werden, inwieweit diese Entscheidungen Wirkungen entfaltet haben. Den EDSA zu verpflichten, dies jährlich zu tun, ist aufgrund der technikbedingten Dynamik des Schutzes personenbezogener Daten sachgerecht. Dies gilt auch für die Überprüfung der praktischen Anwendung der Beschlüsse des EDSA im Rahmen der Beilegung des Streits über die Entscheidung von Einzelfällen unter betroffenen Aufsichtsbehörden nach Art. 65.

Art. 72 Verfahrensweise

(1) Sofern in dieser Verordnung nichts anderes bestimmt ist, fasst der Ausschuss seine Beschlüsse mit einfacher Mehrheit seiner Mitglieder.
(2) Der Ausschuss gibt sich mit einer Mehrheit von zwei Dritteln seiner Mitglieder eine Geschäftsordnung und legt seine Arbeitsweise fest.

Inhaltsübersicht Rn.

I. Allgemeines

1 Art. 72 regelt das Quorum für Beschlüsse des EDSA und ermächtigt diesen zum Erlass einer Geschäftsordnung.

1 Kühling/Buchner-*Dix*, Rn. 6.
2 Dies scheint auch Kühling/Buchner-*Dix*, Rn. 4f. zu bedauern.

II. Beschlüsse mit einfacher Mehrheit (Abs. 1)

Nach Abs. 1 fasst der EDSA in der Regel seine Beschlüsse mit der einfachen Mehrheit seiner Mitglieder. Wer in welchen Fragen stimmberechtigtes Mitglied ist, ergibt sich aus den Absätzen 3, 4 und 6 des Art. 68 (Art. 68 Rn. 5ff.). **Andere Entscheidungsquoren** finden sich in Abs. 2 für die Entscheidung über die **Geschäftsordnung** (2/3 der Mitglieder) und in **Art. 65 Abs. 2 Satz 1** für die **erste Entscheidung des EDSA** innerhalb eines Monats nach der Befassung mit der Angelegenheit (2/3 der Mitglieder). 2

III. Geschäftsordnung des EDSA (Abs. 2)

Nach Abs. 2 kann sich der EDSA mit einer Mehrheit von 2/3 seiner Mitglieder eine Geschäftsordnung geben, die sich im Rahmen der DSGVO halten muss. Der EDSA hat von dieser Befugnis Gebrauch gemacht.[1] Die Formulierung des Abs. 2 ist so zu verstehen, dass der EDSA dagegen seine Arbeitsweise mit einfacher Mehrheit festlegen kann (»gibt sich mit einer Mehrheit von zwei Dritteln seiner Mitglieder eine Geschäftsordnung und legt seine Arbeitsweise fest«/»shall adopt ist own rules of procedure by a two-thirds majority of ist members and organise its own operational arrangements«).[2] Auch eine solche Festlegung der Arbeitsweise ist nur im Rahmen der DSGVO möglich. 3

Das unterschiedliche Quorum erschwert die Beantwortung der Frage, welche **Regelungsgegenstände** zwingend in eine Geschäftsordnung geregelt werden müssen, die der qualifizierten Mehrheitsentscheidung bedarf. Für die Aufteilung der Aufgaben zwischen der oder dem Vorsitzenden und ihren oder seinen beiden Stellvertretern wird diese Frage durch Art. 74 Abs. 2 im Sinne der zwingenden Regelung durch die Geschäftsordnung geregelt. Dies gilt nach Art. 76 Abs. 1 auch für Festlegungen darüber, in welchen Fällen die Beratungen des EDSA vertraulich sind. Bei der Regelung im Zusammenhang mit der Vorbereitung der Sitzungen des EDSA durch Arbeitskreise, der Fristen für die Einreichung von Unterlagen, Regelungen über die Anmeldung von Tagesordnungspunkten, zu Fragen der Beschlussfähigkeit, der Protokollführung, des schriftlichen oder elektronischem Abstimmungsverfahrens und zur Vertraulichkeit der Ausschussberatungen, steht zu vermuten, dass sie sich in einer Geschäftsordnung des EDSA finden werden,[3] auch wenn diese Regelungsgegenstände auch als Festlegungen der Arbeitsweise angesehen werden können. 4

Art. 73 Vorsitz

(1) Der Ausschuss wählt aus dem Kreis seiner Mitglieder mit einfacher Mehrheit einen Vorsitzenden und zwei stellvertretende Vorsitzende.
(2) Die Amtszeit des Vorsitzenden und seiner beiden Stellvertreter beträgt fünf Jahre; ihre einmalige Wiederwahl ist zulässig.

---

1 *https://edpb.europa.eu/about-edpb/board/rules-procedure-and-memorandum-understanding-de.*
2 Kühling/Buchner-*Dix*, Rn. 6.
3 Kühling/Buchner-*Dix*, Rn. 6.

Inhaltsübersicht Rn.

I. Allgemeines

1 Art. 73 regelt das Quorum für die Wahl des oder der Vorsitzenden und ihrer oder seiner Stellvertreterinnen oder Stellvertreter und bestimmt ihre Amtszeit.

II. Wahlquorum (Abs. 1)

2 Nach Abs. 1 ist das Quorum für die Wahl der oder des Vorsitzenden des EDSA und ihrer oder seiner beiden Stellvertreterinnen oder Stellvertreter eine **einfache Mehrheit**. Gleichzeitig wird festgelegt, dass sowohl der oder die Vorsitzende als auch die beiden Stellvertreterinnen und Stellvertreter Mitglieder des EDSA sein müssen. Damit muss es sich nach Art. 68 Abs. 3 entweder um den Leiter oder die Leiterin einer Aufsichtsbehörde eines Mitgliedstaates, um die Europäische Datenschutzbeauftragte oder den Europäischen Datenschutzbeauftragten oder ihre jeweiligen Vertreterinnen oder Vertreter[1] handeln.

III. Amtszeit (Abs. 2)

3 Abs. 2 bestimmt, dass Vorsitzender, Vorsitzende, Stellvertreterinnen oder Stellvertreter auf **fünf Jahre** gewählt werden können und ein Mal wiedergewählt werden können. Aufgrund des Umstandes, dass nur Mitglieder des EDSA Vorsitzende oder Stellvertreterinnen und Stellvertreter sein können, folgt, dass die Amtszeit mit Ausscheiden aus dem EDSA endet.

Art. 74 Aufgaben des Vorsitzes

(1) Der Vorsitz hat folgende Aufgaben:
a) Einberufung der Sitzungen des Ausschusses und Erstellung der Tagesordnungen,
b) Übermittlung der Beschlüsse des Ausschusses nach Artikel 65 an die federführende Aufsichtsbehörde und die betroffenen Aufsichtsbehörden,
c) Sicherstellung einer rechtzeitigen Ausführung der Aufgaben des Ausschusses, insbesondere der Aufgaben im Zusammenhang mit dem Kohärenzverfahren nach Artikel 63.

(2) Der Ausschuss legt die Aufteilung der Aufgaben zwischen dem Vorsitzenden und dessen Stellvertretern in seiner Geschäftsordnung fest.

Inhaltsübersicht Rn.

1 So auch Paal/Pauly-*Körffer*, Rn. 2.

I. Allgemeines

Art. 74 bestimmt die Aufgaben des Vorsitzes und ordnet an, dass die Frage, welche dieser Aufgaben von der oder dem Vorsitzenden selbst erfüllt werden müssen und welche Aufgaben von den Stellvertreterinnen oder Stellvertretern erfüllt werden können, in der Geschäftsordnung geregelt werden müssen. 1

II. Aufgaben des Vorsitzes (Abs. 1)

Nach Abs. 1 obliegen dem Vorsitz des EDSA die **organisatorische Aufgaben**, die Sitzungen des Ausschusses einzuberufen und Tagesordnungen zu erstellen, Beschlüsse des Ausschusses nach Art. 65 den betroffenen Aufsichtsbehörden inklusive der federführenden Behörde zu übermitteln und eine rechtzeitige Ausführung der Aufgaben des Ausschusses, insbesondere im Zusammenhang mit dem Kohärenzverfahren nach Art. 63, also den im zweiten Abschnitt des Kapitels VII genannten Verfahren nach Art. 64, Art. 65 und Art. 66 sicherzustellen, in denen der EDSA als Orientierungsgeber, Streitschlichter und schneller Letztentscheider tätig wird (Art. 60 Rn. 4, Art. 63 Rn. 2). 2

III. Regelung in der Geschäftsordnung (Abs. 2)

Abs. 2 bestimmt, dass die Aufteilung der Aufgaben nach Abs. 1 in der Geschäftsordnung erfolgen muss und damit mit einer Mehrheit von 2/3 der Mitglieder des EDSA beschlossen werden muss. 3

Art. 75 Sekretariat

(1) Der Ausschuss wird von einem Sekretariat unterstützt, das von dem Europäischen Datenschutzbeauftragten bereitgestellt wird.
(2) Das Sekretariat führt seine Aufgaben ausschließlich auf Anweisung des Vorsitzes des Ausschusses aus.
(3) Das Personal des Europäischen Datenschutzbeauftragten, das an der Wahrnehmung der dem Ausschuss gemäß dieser Verordnung übertragenen Aufgaben beteiligt ist, unterliegt anderen Berichtspflichten als das Personal, das an der Wahrnehmung der dem Europäischen Datenschutzbeauftragten übertragenen Aufgaben beteiligt ist.
(4) Soweit angebracht, erstellen und veröffentlichen der Ausschuss und der Europäische Datenschutzbeauftragte eine Vereinbarung zur Anwendung des vorliegenden Artikels, in der die Bedingungen ihrer Zusammenarbeit festgelegt sind und die für das Personal des Europäischen Datenschutzbeauftragten gilt, das an der Wahrnehmung der dem Ausschuss gemäß dieser Verordnung übertragenen Aufgaben beteiligt ist.
(5) Das Sekretariat leistet dem Ausschuss analytische, administrative und logistische Unterstützung.
(6) Das Sekretariat ist insbesondere verantwortlich für
a) das Tagesgeschäft des Ausschusses,
b) die Kommunikation zwischen den Mitgliedern des Ausschusses, seinem Vorsitz und der Kommission,

c) die Kommunikation mit anderen Organen und mit der Öffentlichkeit,
d) den Rückgriff auf elektronische Mittel für die interne und die externe Kommunikation,
e) die Übersetzung sachdienlicher Informationen,
f) die Vor- und Nachbereitung der Sitzungen des Ausschusses,
g) die Vorbereitung, Abfassung und Veröffentlichung von Stellungnahmen, von Beschlüssen über die Beilegung von Streitigkeiten zwischen Aufsichtsbehörden und von sonstigen vom Ausschuss angenommenen Dokumenten.

Inhaltsübersicht Rn.

I. Allgemeines

1 Art. 75 regelt Ansiedlung, Weisungsunterworfenheit, personelle Selbständigkeit und Aufgaben des Sekretariats des EDSA sowie die Inhalte einer Vereinbarung zwischen EDSA und der oder dem Europäischen Datenschutzbeauftragten (EDPS), bei dem oder der das Sekretariat des EDSA angesiedelt ist.

II. Ansiedlung beim EDPS (Abs. 1)

2 Das Sekretariat des EDSA wird nach Abs. 1 bei der oder dem Europäischen Datenschutzbeauftragten (EDPS) angesiedelt (»bereitgestellt«/»provided by«). Es sind damit bei der oder dem EDPS Beschäftigte, die die Aufgaben des Sekretariats des EDSA wahrnehmen. Auch ist es Aufgabe der oder des EDPS, in seinem oder ihrem Haushalt für die erforderlichen personellen und sachlichen Mittel für das Sekretariat des EDSA zu sorgen.[1]

III. Weisungsbefugnis des Vorsitzes des EDSA (Abs. 2)

3 Abs. 2 stellt klar, dass das Sekretariat des EDSA trotz seiner Ansiedlung bei der oder dem EDPS **»ausschließlich« auf Anweisung des Vorsitzes des EDSA** handelt.

IV. Personelle Selbständigkeit des Sekretariats (Abs. 3)

4 Abs. 3 bestimmt die personelle Trennung zwischen Sekretariat des EDSA und EDPS.[2] Danach unterliegt das Personal der oder des EDPS, das an der Wahrnehmung der Aufgaben

1 Kühling/Buchner-Dix, Rn. 5.
2 Kühling/Buchner-Dix, Rn. 7 hält es für »mit der Fürsorgepflicht nicht vereinbar«, dass eine Person sowohl für den EDPS als auch den EDSA tätig ist.

des EDSA beteiligt ist, »anderen Berichtspflichten« als das Personal, das an der Wahrnehmung der Aufgaben der oder des EDPS beteiligt ist. Darüber hinaus unterliegt das für den EDSA tätige Personal der Pflicht zur Verschwiegenheit gegenüber dem EDPS.[3]

V. Regelung der Zusammenarbeit zwischen EDSA und EDPS (Abs. 4)

Abs. 4 beschreibt die Inhalte einer für das mit den Sekretariatsaufgaben betraute Personal des EDPS geltenden Vereinbarung, die EDSA und EDPS im Zusammenhang mit der Ansiedlung des Sekretariats beim EDPS schließen können. In einer solchen Vereinbarung sollen die Bedingungen der Zusammenarbeit zwischen EDSA und EDPS im Zusammenhang mit der Ansiedlung des Sekretariats geregelt werden. Sofern eine solche Vereinbarung getroffen wird, muss sie veröffentlicht werden, »soweit dies angebracht ist«.[4] Eine Veröffentlichung von Passagen, die personenbezogene Daten der fraglichen Beschäftigten enthält, scheidet dabei aus. 5

VI. Unterstützung des EDSA (Abs. 5)

Nach Abs. 5 besteht die allgemeine Aufgabe des Sekretariats darin, dem EDSA »analytische, administrative und logistische Unterstützung« zu leisten. Einzelne Aufgaben werden in Abs. 6 exemplifiziert. Auch wenn dies begrifflich nicht ausgeschlossen scheint, kann die **»analytische« Unterstützung keine inhaltliche Bearbeitung** beinhalten. Da der EDSA eine kollektive Organisationsform der Aufsichtsbehörden in Europa (Art. 68 Rn. 1) ist, kann die inhaltliche Bearbeitung nur durch die Aufsichtsbehörden selbst erfolgen.[5] Auch der Vorsitz erfüllt nach Art. 74 Abs. 1 keine inhaltlichen, sondern lediglich organisatorische Aufgaben. Insofern kann es sich bei den »analytischen« Unterstützungsleistungen des Sekretariats nur um solche handeln, die im Zusammenhang mit den organisatorischen Aufgaben des Vorsitzes stehen. 6

VII. Aufgaben des Sekretariats (Abs. 6)

Abs. 6 beschreibt 7 Aufgaben des Sekretariats und leitet die entsprechende Aufzählung mit dem Wort »insbesondere« ein. Damit besteht die Aufgabe des Sekretariats wie Abs. 5 bereits geregelt hat, auch in allen über die genannten Aufgaben hinausgehenden »analytischen, administrativen und logistischen« Unterstützungsleistungen für den EDSA. 7

Die **nicht abschließende Aufzählung der Aufgaben des Sekretariats** besteht in der Durchführung des Tagesgeschäfts des EDSA, der Kommunikation zwischen Mitgliedern und Vorsitz des EDSA und der Kommission, der Kommunikation mit anderen Organen und der Öffentlichkeit, der Nutzung elektronsicher Mittel der Kommunikation, der Übersetzung »sachdienlicher« Informationen, der Vor- und Nachbereitung der Sitzungen des 8

3 Kühling/Buchner-Dix, Rn. 7.

4 Siehe *https://edpb.europa.eu/sites/edpb/files/files/file1/memorandum-of-understanding-signed-en.pdf.*

5 So auch Paal/Pauly-Körffer, Rn. 74; a. A. wohl Kühling/Buchner-Dix, Rn. 9, der »vorbereitende juristische Analysen (z. B. der Rechtsprechung) zulassen will.

EDSA und der Vorbereitung, Abfassung und Veröffentlichung von Stellungnahmen, Beschlüssen im Verfahren des Art. 65 und von sonstigen vom Ausschuss angenommenen Dokumenten.

Art. 76 Vertraulichkeit

(1) Die Beratungen des Ausschusses sind gemäß seiner Geschäftsordnung vertraulich, wenn der Ausschuss dies für erforderlich hält.
(2) Der Zugang zu Dokumenten, die Mitgliedern des Ausschusses, Sachverständigen und Vertretern von Dritten vorgelegt werden, wird durch die Verordnung (EG) Nr. 1049/2001 des Europäischen Parlaments und des Rates (21) geregelt.

Inhaltsübersicht Rn.

I. Allgemeines

1 Art. 76 regelt die Frage, inwiefern die Tätigkeit des EDSA, die nach Art. 70 Abs. 4 und weiteren Vorschriften transparent sein soll (siehe dazu Art. 70 Rn. 34), **ausnahmsweise vertraulich** bleiben darf.

II. Vertraulichkeit der Beratungen des EDSA (Abs. 1)

2 Nach Abs. 1 sind die Beratungen des EDSA »gemäß seiner Geschäftsordnung« vertraulich, sofern der **EDSA dies für erforderlich** hält. Dies spricht dafür, dass der EDSA im Einzelfall von einer der Geschäftsordnung entsprechenden Vertraulichkeit abweichen kann. Ob eine solche Abweichung mit einer einfachen Mehrheit beschlossen werden kann, ist angesichts des Quorums von 2/3 der Mitglieder des EDSA für die Verabschiedung der Geschäftsordnung fraglich.

III. Zugang zu Dokumenten (Abs. 2)

3 Abs. 2 bestimmt, dass der Zugang zu Dokumenten, die Mitgliedern des Ausschusses, Sachverständigen und Vertretern von Dritten vorgelegt werden, durch die VO (EG) Nr. 1049/2001 des Europäischen Parlaments und des Rates vom 30. Mai 2001 über den Zugang der Öffentlichkeit zu Dokumenten des Europäischen Parlaments, des Rates und der Kommission geregelt wird. Da Dritte um den Zugang zu europäischen Dokumenten wissen, bzw. vom EDSA hierüber unterrichtet werden können, wird ihr Interesse an dem Schutz »geschäftlicher Interessen«, die sich gleichwohl in offenbarter Dokumenten finden, in den seltensten Fällen als »übergeordnetes öffentliches Interesse« anzusehen sein, das es rechtfertigen würde, die Verbreitung des Dokuments zu verweigern. Dies gilt jedoch nur, sofern die Dritten die Wahl haben, welche Dokumente und darin enthaltenen Informationen sie dem EDSA vorlegen und keiner Verpflichtung zur Offenbarung von Informationen und Dokumenten unterliegen.

Kapitel 8
Rechtsbehelfe, Haftung und Sanktionen

Art. 77 Recht auf Beschwerde bei einer Aufsichtsbehörde

(1) Jede betroffene Person hat unbeschadet eines anderweitigen verwaltungsrechtlichen oder gerichtlichen Rechtsbehelfs das Recht auf Beschwerde bei einer Aufsichtsbehörde, insbesondere in dem Mitgliedstaat ihres gewöhnlichen Aufenthaltsorts, ihres Arbeitsplatzes oder des Orts des mutmaßlichen Verstoßes, wenn die betroffene Person der Ansicht ist, dass die Verarbeitung der sie betreffenden personenbezogenen Daten gegen diese Verordnung verstößt.
(2) Die Aufsichtsbehörde, bei der die Beschwerde eingereicht wurde, unterrichtet den Beschwerdeführer über den Stand und die Ergebnisse der Beschwerde einschließlich der Möglichkeit eines gerichtlichen Rechtsbehelfs nach Artikel 78.

Inhaltsübersicht Rn.

I. Allgemeines

Art. 16 Abs. 2 Satz 2 AEUV bestimmt, dass die Einhaltung der Vorschriften über den Schutz natürlicher Personen bei der Verarbeitung personenbezogener Daten »von unabhängigen Behörden überwacht wird«. Art. 8 GRCh, der für jede und jeden das Recht auf Schutz der sie betreffenden personenbezogenen Daten statuiert, postuliert in Abs. 3, dass »die Einhaltung dieser Vorschrift von einer unabhängigen Stelle überwacht« wird. Damit ist das in Art. 77 gewährte **Recht auf Beschwerde bei einer Aufsichtsbehörde**, deren Unabhängigkeit Art. 52 statuiert, **Ausformung der primärrechtlichen Garantien des Rechts auf Schutz personenbezogener Daten**. Mit der Formulierung, dieses Recht auf Beschwerde bestehe bei »einer« Aufsichtsbehörde »insbesondere in dem Mitgliedstaat ihres Aufenthaltsorts, ihres Arbeitsplatzes oder des Orts des mutmaßlichen Verstoßes«, wird das **Prinzip des One-Stop-Shop** formuliert, das als eine der Hapterrungenschaften der DSGVO angesehen wird. Danach hat **jede Beschwerdeführerin und jeder Beschwerdeführer** das **Recht**, sich mit einer Beschwerde **an eine Aufsichtsbehörde ihrer oder seiner Wahl**[1] **zu wenden** und während des gesamten anschließenden Verfahrens nur mit dieser angerufenen Aufsichtsbehörde zu kommunizieren, selbst wenn andere Aufsichtsbehörden oder sogar der EDSA in die Lösung des konkreten Einzelfalles einbezogen sind oder diesen Fall sogar verbindlich entscheiden. 1

1 SHS-*Boehm*, Rn. 1, 4, 8.

II. Zulässigkeitsvoraussetzungen (Abs. 1)

2 Abs. 1 regelt die Zulässigkeitsvoraussetzungen der Beschwerde bei einer Aufsichtsbehörde bei Verstößen gegen die DSGVO. Danach hat »jede betroffene Person (…) das Recht auf Beschwerde bei einer Aufsichtsbehörde, insbesondere in dem Mitgliedstaat ihres Aufenthaltsorts, ihres Arbeitsplatzes oder des Orts des mutmaßlichen Verstoßes, wenn die betroffene Person der Ansicht ist, dass die Verarbeitung der sie betreffenden personenbezogenen Daten gegen diese Verordnung verstößt.«

1. Behauptung eines Verstoßes gegen die DSGVO

3 Beschwerdebefugt sind »betroffene Personen«,[2] also die Trägerinnen und Träger des Grundrechts auf Schutz personenbezogener Daten und damit **natürliche Personen**, die sich durch Verbände i. S. d. Art. 80 Abs. 1 verteten lassen können. Die betroffenen Personen müssen »der Ansicht sein« (»the data subject considers«), dass eine Verarbeitung (siehe Art. 4 Nr. 2) der sie betreffenden personenbezogenen Daten (siehe Art. 4 Nr. 1) gegen diese Verordnung verstößt. Aufgrund der Grundrechtsrelevanz des Art. 77 muss von einer entsprechenden **Ansicht der betroffenen Person** schon dann ausgegangen werden, wenn »der Verstoß nach den Darlegungen der betroffenen Person nicht völlig abwegig bzw. nicht offensichtlich von vornherein ausgeschlossen ist.«[3] Hierfür ist auf die vorgetragenen Tatsachen abzustellen. Angesichts des Umstandes, dass es für Betroffene unter Umständen schwierig sein kann, nachzuweisen, dass tatsächlich eine Verarbeitung im Sinne der DSGVO stattgefunden hat, reicht hierfür schon die nicht abwegige Behauptung unter Nennung von Anhaltspunkten aus, es habe möglicherweise eine Verarbeitung stattgefunden[4] bzw. könne stattfinden.[5] Ob eine rechtliche Einordnung dieser Tatsachen – sofern sie vorgetragen wird, was nicht erforderlich ist – vertretbar oder abwegig ist, spielt für die Zulässigkeit der Beschwerde keine Rolle.

2. One-Stop-Shop

4 Adressatin der Beschwerde kann nach Abs. 1 nur eine,[6] allerdings buchstäblich jede Aufsichtsbehörde sein, »insbesondere«, aber eben nicht ausschließlich eine Aufsichtsbehörde in dem Mitgliedstaat des auch vorübergehenden Aufenthaltsorts der betroffenen Behörde, eine Aufsichtsbehörde in dem Mitgliedstaat, in dem die betroffene Behörde ihren Arbeitsplatz hat, oder eine Aufsichtsbehörde in dem Mitgliedstaat, indem der von der betroffenen Person angenommene Verstoß gegen die DSGVO stattgefunden hat. Das damit

2 Definition siehe Art. 4 Nr. 1.

3 Ehmann/Selmayr-*Nemitz*, Rn.8.

4 Ehmann/Selmayr-*Nemitz*, Rn. 7

5 SHS-*Boehm*, Rn. 5 unter Hinweis auf das EuGH-Urteil vom 6. 10. 2015, Rechtssache C-362/14 (Maximillian Schrems gegen Data Protection Commissioner), Rn. 58, in dem dieser darauf hinweist, dass »Personen, deren personenbezogene Daten in das betreffende Drittland übermittelt wurden oder werden könnten, das durch Art. 8 Abs. 1 und 3 der Charta garantierte Recht« zusteht.

6 SHS-*Boehm*, Rn. 9.

umschriebene **Prinzip des One-Stop-Shop** hat es zur Folge, dass sich **betroffene Personen gegen jeden mutmaßlichen Verstoß gegen die DSVO bei jeder Aufsichtsbehörde in der Europäischen Union beschweren können**. Die Wahl der Aufsichtsbehörde, bei der eine Beschwerde eingelegt wird, obliegt allein der Beschwerdeführerin oder dem Beschwerdeführer. Diese Wahl bewirkt, dass die betreffende Aufsichtsbehörde nach Art. 4 Nr. 22 zur »betroffenen« Aufsichtsbehörde wird und damit nach Art. 60 Abs. 1 zuständig wird, mit der federführenden und den anderen betroffenen Aufsichtsbehörden zusammenzuarbeiten.[7] Durch die Wahl der Aufsichtsbehörde, an die sie Beschwerden richten, können **Betroffene** damit **steuern, welche Aufsichtsbehörden sich am Zusammenarbeitsverfahren** zwischen der federführenden Behörde und den anderen betroffenen Aufsichtsbehörden nach Art. 60 **beteiligen können** (Art. 4 Rn. 166). Dies ist auch deshalb erheblich, weil nach Art. 60 Abs. 4 die gemeinsame Betroffenheit von Aufsichtsbehörden mit divergierenden Ansichten zu einer Einzelfallentscheidung durch den EDSA nach Art. 65 Abs. 1 Buchst. a führt, wenn es der federführenden Behörde nicht gelingt, einen Konsens zu finden. Damit können Betroffene durch die Wahl der Aufsichtsbehörde, bei der sie ihre Beschwerde einlegen, die Wahrscheinlichkeit der Einbeziehung des EDSA in die Entscheidung über konkrete Einzelfälle verändern.

3. Pflicht der Aufsichtsbehörde zur Befassung mit der Beschwerde

Die Formulierung »Jede betroffene Person hat (...) das Recht auf Beschwerde« macht 5
deutlich, dass die Aufsichtsbehörde **kein Ermessen bezüglich des Ob** der Befassung mit einer Beschwerde hat, wenn die Voraussetzungen des Abs. 1 erfüllt sind.[8] Diese Pflicht der Aufsichtsbehörde zur Befassung mit Beschwerden, die die Voraussetzungen des Abs. 1 erfüllen, kann allenfalls bei »offenkundig unbegründeten oder – insbesondere im Fall von häufiger Wiederholung – exzessiven Anfragen«, auf die Art. 57 Abs. 4 rekurriert, relativiert sein. Nur bei »missbräuchlichen und offensichtlich querulatorischen«[9] Beschwerden besteht diese Pflicht nicht. Offensichtlich unbegründete Beschwerden müssen demgegenüber beschieden werden.

Was den Umfang der Untersuchungspflicht anbelangt, ist dieser im Spannungsverhältnis 5a
zwischen Unabhängigkeit der Aufsichtsbehörden und Recht der Betroffenen zu bestimmen. So weisen Kugelmann/Buchmann zu Recht darauf hin, dass die Bearbeitung von Beschwerden »zwar vorrangig, aber nicht ausschließlich dem Gundrechtsschutz der betroffenen Person« diene und Beschwerden »immer noch« neben den Melde- und Rechenschaftspflichten als maßgebliche Hinweise auf unzulässige Datenverarbeitungen fungierten.[10] Nach ErwGr 141 Satz 2 »sollte« die auf eine Beschwerde folgende Untersuchung »so

7 So auch SJTK-*Kugelmann/Römer*, Art. 55 Rn. 29, 35. Insofern ist es missverständlich, wenn Simitis-*Bohm*, Rn. 10, schreibt: »Erfolgt die Beschwerde bei einer unzuständigen Behörde (...).« Auch in Rn. 19 findet sich die Formulierung »Einreichung einer Beschwerde bei einer unzuständigen Behörde«. Da die Erhebung der Beschwerde die Zuständigkeit zur Teilnahme am Verfahren nach den Art. 60ff. nach sich zieht, kann es keine Beschwerdeerhebung bei einer »unzuständigen« Behörde geben.

8 Kühling/Buchner-*Bergt*, Rn. 16 ff; Ehmann/Selmayr-*Nemitz*, Rn. 3, 12.

9 Kühling/Buchner-*Bergt*, Rn. 18.

10 SJTK-*Kugelmann/Buchmann*, Art. 57 Rn. 64.

weit gehen, wie dies im Einzelfall angemessen« ist. Auch Art. 57 Abs. 1 Buchst. f stellt zur Frage des Umfangs der Untersuchung durch die Aufsichtsbehörde auf die Angemessenheit ab. Aufgrund des Umstandes, dass im Falle festgestellter Verletzungen der DSGVO ein Bußgeld im Raum steht, gehören dazu die in Art. 83 Abs. 2 genannten Aspekte.[11] Daneben muss aber beachtet werden, dass die Aufsichtsbehörden aufgrund ihrer Unabhängigkeit bei der Untersuchung einen weiten Ermessenspielraum haben.[12]

5b Die Frage, ob und ggf. wie weit die damit gesetzlich begründete Untersuchungsverpflichtung der Aufsichtsbehörde mit einem entsprechenden subjektiven Recht der Betroffenen korrespondiert, das von diesen gerichtlich erzwungen werden kann, muss europarechtlich beantwortet werden. Sofern also beispielsweise das VG Berlin erklärt, das Beschwerderecht nach Art. 57 Abs. 1 Buchst. f sei »als ein Petitionsrecht« ausgestaltet,[13] muss die Wahl des unbestimmten Artikels (»ein Petitionsrecht«) beachtet werden. Dies ermöglicht es, dem richtigen Hinweis Boehms, das Petitionsrecht nach Art. 17 GG stehe im Gegensatz zum Beschwerderecht nach Art. 77 DSGVO jedermann unabhängig von einer individuellen Beschwer zu,[14] zu begegnen: Das europarechtlich zu denkende Recht nach Art. 77 DSGVO findet deshalb möglicherweise keine exakt passenden Parallelen im Kanon bestehender mitgliedstaatlicher Rechtsbehelfe. Die Aussage des Gerichts, der Beschwerdeführer habe keinen Anspruch auf eine bestimmte verfahrensmäßige Behandlung und Entscheidung in der Sache,[15] muss sich an Art. 78 Abs. 1 messen, der auch für Betroffene »das Recht auf einen wirksamen Rechtsbehelf gegen einen sie betreffenden rechtsverbindlichen Beschluss einer Aufsichtsbehörde« statuiert (siehe dazu Art. 78 Rn. 2). Über aufsichtsbehördliche Beschlüsse, die gegenüber Personen Rechtswirkungen entfalten, heißt es in ErwGr 143: »Ein derartiger Beschluss betrifft insbesondere die Ausübung von Untersuchungs-, Abhilfe- und Genehmigungsbefugnissen durch die Aufsichtsbehörde oder die Ablehnung oder Abweisung von Beschwerden. Das Recht auf einen wirksamen gerichtlichen Rechtsbehelf umfasst jedoch nicht rechtlich nicht bindende Maßnahmen der Aufsichtsbehörden wie von ihr abgegebenen Stellungnahmen oder Empfehlungen.« Damit ist die Aussage des Gerichts, das subjektive Recht Betroffener erstrecke sich nicht auf eine bestimmte verfahrensmäßige Behandlung der Sache, uneingeschränkt einleuchtend, da sich die in ErwGr 143 erwähnten Verfahrensmodalitäten (»Ausübung von Untersuchungs-, Abhilfe- und Genehmigungsbefugnissen«) auf Verfahrenshandlungen im Verhältnis zwischen Verantwortlichen und Aufsichtsbehörden beziehen. Die Aussage des VG Berlin, Betroffene hätten keinen Anspruch auf »eine bestimmte Entscheidung«,[16] muss jedoch im Lichte des ErwGr 143 dahingehend differenziert werden, dass Betroffene sich gerichtlich gegen die Ablehnung und Abweisung der von ihnen bei der Aufsichtsbehörde eingelegten Beschwerden wehren können. Insofern können Betroffene sich nach Abschluss des Untersuchungsverfahrens durch die Aufsichtsbehörde dann gerichtlich gegen das Ergebnis der

---

11 So auch SHS-*Boehm*, Rn. 15.

12 So auch SHS-*Boehm*, Rn. 16.

13 VG Berlin, Beschluss vom 28. Januar 2019, Az. VG 1 L 1.19; ähnlich auch Paal/Pauly-*Körffer*, Rn. 5.

14 SHS-*Boehm*, Rn. 16

15 VG Berlin, Beschluss vom 28. Januar 2019, Az. VG 1 L 1.19

16 Auch bei SHS-*Boehm* heißt es: »Hingegen steht dem Beschwerdeführer kein Anspruch auf eine bestimmte aufsichtsrechtliche Maßnahme zu«, Rn. 16.

aufsichtsbehördlichen Untersuchung wehren, wenn es darin besteht, ihre Beschwerde abzulehnen oder abzuweisen.[17] Jedoch können sich Betroffene (von den Fällen des Art. 78 Abs. 2 abgesehen) nicht während des laufenden aufsichtsbehördlichen Verfahrens gegen Entscheidungen der Aufsichtsbehörde wehren, die sie auf dem Weg zu diesem Ergebnis trifft. Dass Betroffene darüber hinaus ein gerichtlich durchsetzbares Recht auf eine bestimmte Entscheidung der Aufsichtsbehörde gegenüber dem Verantwortlichen oder Auftragsverarbeiter haben, geht dahingegen in der Tat nicht aus ErwGr 143 hervor. In diesem Sinne muss die Entscheidung des VG Berlin verstanden werden.

Das weitere Vorgehen nach Erhalt der Beschwerde richtet sich für die Aufsichtsbehörde, **5c** bei der die Beschwerde eingereicht wurde, danach, ob sie federführende, betroffene oder nach Art. 56 Abs. 2 zuständige Behörde ist: Sofern die Aufsichtsbehörde federführende Behörde ist, leitet sie die Beschwerde nach Art. 60 Abs. 1 Satz 1 an die anderen betroffenen Aufsichtsbehörden weiter und führt das in Art. 60 vorgesehene Verfahren durch. Sofern sie selbst nur betroffene, nicht aber federführende Aufsichtsbehörde ist, unterrichtet die Aufsichtsbehörde, die die Beschwerde erhalten hat, die federführende Aufsichtsbehörde nach Art. 60 Abs. 1 Satz 2 über die Beschwerde und wird in der Folge von dieser als betroffene Behörde in das weitere Verfahren einbezogen. Sofern es sich um eine Beschwerde handelt, für die die Aufsichtsbehörde nach Art. 56 Abs. 2 zuständig ist, weil der Gegenstand nur mit einer Niederlassung in ihrem Mitgliedstaat zusammenhängt oder betroffene Personen nur ihres Mitgliedstaats erheblich beeinträchtigt, muss die Aufsichtsbehörde, bei der die Beschwerde erhoben wurde, nach Art. 56 Abs. 3 ebenfalls die federführende Aufsichtsbehörde unterrichten. Dann wird das in Art. 56 Abs. 3 bis 6 beschriebene Verfahren durchgeführt.

III. Unterrichtungspflichten der angerufenen Aufsichtsbehörde (Abs. 2)

Abs. 2 macht deutlich, dass Beschwerdeführerinnen und Beschwerdeführer mit der von **6** ihnen getroffenen Wahl der Aufsichtsbehörde, bei der sie die Beschwerde einlegen, gleichzeitig bestimmen, mit welcher Aufsichtsbehörde sie während des gesamten anschließenden Verfahrens kommunizieren. Selbst wenn andere Aufsichtsbehörden oder sogar der EDSA in die Lösung des konkreten Einzelfalles einbezogen sind oder diesen Fall sogar verbindlich entscheiden, ist es die ursprünglich angerufene Aufsichtsbehörde, die die Beschwerdeführenden über den Gang des Verfahrens unterrichtet und ihnen die getroffene Entscheidung und die Tatsache mitteilt, dass sie – sofern die Voraussetzungen des Art. 78 vorliegen – gegen die Entscheidung gerichtliche Rechtsbehelfe einlegen können. Aus dieser Regelung ergibt sich auch, dass das One-Stop-Shop-Prinzip sich bis in das Gerichtsverfahren erstreckt: Durch die Wahl der Aufsichtsbehörde, bei der eine Beschwerde eingelegt wird, werden gleichzeitig auch die Gerichte bestimmt, die für eine eventuelle gerichtliche Überprüfung der Entscheidung über die Beschwerde zuständig sind. Die Regelung des **§ 19 Abs. 2 BDSG widerspricht** dieser Regelung des **Art. 77 Abs. 2**.

ErwGr 141 Satz 3 legt fest, dass es ein »angemessener« Zeitraum sein sollte, innerhalb des- **7** sen die Aufsichtsbehörde die betroffene Person über den Fortgang und die Ergebnisse der

17 Zu diesen Begriffen Art. 78 Rn. 2.

Beschwerde unterrichten sollte. Nach Satz 4 »sollten« die Beschwerdeführenden Informationen über Zwischenstände erhalten, sofern es im Verfahren zu weiteren Untersuchungen oder der Abstimmung mit einer anderen Aufsichtsbehörde kommt. ErwGr 141 Satz 5 bestimmt schließlich, dass »Jede Aufsichtsbehörde Maßnahmen zur Erleichterung der Einreichung von Beschwerden treffen« sollte. Als Beispiel dafür wird die Bereitstellung eines auch elektronisch nutzbaren Beschwerdeformulars genannt, wobei klargestellt wird, dass es neben dem elektronischen auch andere Wege der Kommunikation mit den Aufsichtsbehörden geben sollte. Daneben ist zu beachten, dass es keine Frist für die Einreichung einer Beschwerde gibt,[18] und dass die Durchführung des Beschwerdeverfahrens nach Art. 57 Abs. 3 für betroffene Personen unentgeltlich sein muss.

Art. 78 Recht auf wirksamen gerichtlichen Rechtsbehelf gegen eine Aufsichtsbehörde

(1) Jede natürliche oder juristische Person hat unbeschadet eines anderweitigen verwaltungsrechtlichen oder außergerichtlichen Rechtsbehelfs das Recht auf einen wirksamen gerichtlichen Rechtsbehelf gegen einen sie betreffenden rechtsverbindlichen Beschluss einer Aufsichtsbehörde.

(2) Jede betroffene Person hat unbeschadet eines anderweitigen verwaltungsrechtlichen oder außergerichtlichen Rechtbehelfs das Recht auf einen wirksamen gerichtlichen Rechtsbehelf, wenn die nach den Artikeln 55 und 56 zuständige Aufsichtsbehörde sich nicht mit einer Beschwerde befasst oder die betroffene Person nicht innerhalb von drei Monaten über den Stand oder das Ergebnis der gemäß Artikel 77 erhobenen Beschwerde in Kenntnis gesetzt hat.

(3) Für Verfahren gegen eine Aufsichtsbehörde sind die Gerichte des Mitgliedstaats zuständig, in dem die Aufsichtsbehörde ihren Sitz hat.

(4) Kommt es zu einem Verfahren gegen den Beschluss einer Aufsichtsbehörde, dem eine Stellungnahme oder ein Beschluss des Ausschusses im Rahmen des Kohärenzverfahrens vorangegangen ist, so leitet die Aufsichtsbehörde diese Stellungnahme oder diesen Beschluss dem Gericht zu.

Inhaltsübersicht Rn.

I. Allgemeines

1 Art. 47 GRCh gewährt jeder Person, deren durch das Recht der Union garantierte Rechte und Freiheiten verletzt worden sind, das Recht, bei einem Gericht einen wirksamen Rechtsbehelf einzulegen. Da auch Handlungen der Aufsichtsbehörden die Rechte und

18 SHS-*Boehm*, Rn. 12.

Freiheiten von natürlichen und juristischen Personen verletzten können, konturiert Art. 78 das **Recht auf einen wirksamen gerichtlichen Rechtsbehelf gegen Maßnahmen von Aufsichtsbehörden**. Wie mit Art. 79 (Art. 79 Rn. 1) wird mit Art. 78 »die Judikative in die Kontrolle der Einhaltung der DSGVO eingebunden«.[1] Damit sind Gerichte neben den Aufsichtsbehörden diejenigen Institutionen, die den Grundrechsträgerinnen und Grundrechtsträgern zur Durchsetzung ihrer Rechte verhelfen können, wenn im Fall des Art. 79 Verantwortliche und Auftragsverarbeiter und im Fall des Art. 78 Aufsichtsbehörden diese verletzen. Die Kontrollinstanzen sind dabei aber nicht gleichgeordnet. Aus der Bindung der unabhängigen Aufsichtsbehörden an das Gesetz ergibt sich die **Suprematie der Gerichte**, denen die **Letztentscheidung über die Auslegung der DSGVO** obliegt. In Art. 78 wird die Vorrangstellung der Gerichte auch dadurch ausgedrückt, dass Betroffene nach Art. 78 Abs. 2 gerichtlich gegen Aufsichtsbehörden vorgehen können, wenn diese auf eine Beschwerde hin nicht tätig werden oder eine Beschwerde ganz oder teilweise abweisen.

II. Gerichtlicher Rechtsbehelf gegen Beschlüsse einer Aufsichtsbehörde (Abs. 1)

Abs. 1 gewährt »jeder natürlichen oder juristischen Person« das Recht auf einen wirksamen 2
gerichtlichen Rechtsbehelf gegen einen sie betreffenden rechtsverbindlichen Beschluss einer Aufsichtsbehörde. Anders als Abs. 2 und Art. 79, die allein die Trägerinnen und Träger des Grundrechts auf Schutz personenbezogener Daten adressieren, gewährt Art. 78 Abs. 1 damit **neben den Trägerinnen und Trägern des Grundrechts auf Schutz personenbezogener Daten auch Verantwortlichen, Auftragsverarbeitern und Dritten** das Recht auf **gerichtlichen Rechtsschutz in Form einer »Klage auf Nichtigerklärung«**[2] gegen rechtsverbindliche Beschlüsse der Aufsichtsbehörden, die die Rechtswirkungen gegenüber der jeweiligen klagenden natürlichen oder juristischen Person entfalten.[3] Nach ErwGr 143 Satz 4 geht es darum, den Trägerinnen und Trägern des Grundrechts auf Schutz personenbezogener Daten,[4] den Verarbeitern und den Auftragsverarbeitern gerichtliche Abwehrrechte gegen Beschlüsse von Aufsichtsbehörden zu verschaffen, die ihnen gegenüber Rechtswirkungen entfalten. Dabei folgt aus der europarechtlichen Verankerung des Rechts aus Art. 78 in Art. 47 GRCh, dass die Klagebefugnis schon bei jeglicher unmittelbaren individuellen Betroffenheit in eigenen Rechten gegeben ist und entgegen § 42 Abs. 2 VwGO nicht voraussetzt, dass die Klagenden in subjektiven Rechten verletzt sind. Damit entfällt die Prüfung, ob die streitentscheidende Norm den Klagenden subjektive Rechte zuspricht.[5]

---

1 Ehmann/Selmayr-*Nemitz*, Art. 78 Rn. 1.

2 ErwGr 143, Satz 1; SHS-*Boehm* geht unter Hinweis auf u. a. Paal/Pauly-*Körffer*, Art. 78 Rn. 2, davon aus, dass statthafte Klagearten »hauptsächlich« Anfechtungs-, Verpflichtungs- und Leistungsklagen nach der VwGO sind.

3 So auch SHS-*Boehm*, Art. 78 Rn. 1.

4 Siehe zur Reichweite der Klagebefugnisse Betroffener ausführlicher oben Art. 77 Rn. 5.

5 SHS-*Boehm*, Art. 78 Rn. 8, hält dies unter Hinweis auf ErwGr 143 Satz 7 noch bis zu einer Entscheidung des EuGH für offen, weil es dort heißt, Verfahren gegen Aufsichtsbehörden sollten »im Einklang« mit dem Verfahrensrecht des jeweiligen Mitgliedstaats durchgeführt werden. Ein solcher Einklang besteht aber durchaus auch dann, wenn die Klagebefugnis des § 42 Abs. 2 VwGO europarechtswahrend weit ausgelegt wird.

Weil die Abweisung einer Beschwerde als unzulässig es betroffenen Personen unmöglich macht, ihre Rechte mit Hilfe der Aufsichtsbehörde durchzusetzen, kann auch sie nach Art. 78 Abs. 1 auf Initiative der betroffenen Personen gerichtlich überprüft werden.[6] Ein **rechtsverbindlicher Beschluss** betrifft nach ErwGr 143 Satz 5 »insbesondere die Ausübung von Untersuchungs-, Abhilfe- und Genehmigungsbefugnissen durch die Aufsichtsbehörde oder die Ablehnung oder Abweisung von Beschwerden«. Gemeint sind damit in erster Linie die in Art. 58 Abs. 1 genannten aufsichtsbehördlichen Untersuchungsbefugnisse, die in Art. 58 Abs. 2 genannten Abhilfebefugnisse und die in Art. 58 Abs. 3 Buchst. c bis j genannten Genehmigungsbefugnisse. Gerichtlich überprüfbar sind aber auch alle anderen Untersuchungs-, Abhilfe- und Genehmigungsbefugnisse der Aufsichtsbehörden wie die an den Verantwortlichen gerichtete Anweisung, betroffene Personen zu benachrichtigen, nach Art. 34 Abs. 4 und andere Rechtswirkungen entfaltende aufsichtsbehördlichen Beschlüsse wie die ebenfalls nach Art. 34 Abs. 4 mögliche Feststellung der Aufsichtsbehörde, dass bestimmte der Erforderlichkeit der Benachrichtigung entgegenstehende Bedingungen erfüllt sind. Dass im ErwGr 143 Satz 5 ausdrücklich zwischen »Abweisung« und »Ablehnung« von Beschwerden (»dismissal or rejection of complaints«/ »le refus ou le rejet de réclamations« / »eller avvisande av eller avslag på klagomål«) unterschieden wird, weist darauf hin, dass Beschwerdeführende Klagerechte gegen jede das Beschwerdeverfahren endgültig beendende Entscheidung haben. Damit besteht das Klagerecht der Beschwerdeführenden sowohl gegen die endgültige aufsichtsbehördliche Entscheidung, sich nach Durchführung einer Untersuchung nicht weiter mit der Beschwerde zu befassen, als auch gegen die endgültige Entscheidung der Aufsichtsbehörde, sich nicht mit der Beschwerde zu befassen, ohne den der Beschwerde zugrunde liegenden Einzelfall zuvor untersucht zu haben. Entscheidend ist allein, dass es sich jeweils um eine Entscheidung handelt, mit der die Aufsichtsbehörde die Beschwerde endgültig erledigt.
Richtige Klagegegnerin ist die Aufsichtsbehörde, die den entsprechenden Beschluss erlassen hat. Das gilt selbst dann, wenn es sich um eine unzuständige Aufsichtsbehörde handelt.[7] Bei Beschwerden ist zu beachten, dass nach Durchführung eines Kohärenzverfahrens nach Art. 60 Abs. 8 Beschlüsse, die Beschwerden ablehnen oder abweisen, von der Aufsichtsbehörde getroffen werden, bei der die Beschwerde eingereicht wurde.
Nach ErwGr 143 Satz 6 bezieht sich das Recht auf einen wirksamen gerichtlichen Rechtsbehelf gegen aufsichtsbehördliche Maßnahmen nicht[8] auf »rechtlich nicht bindende« Maßnahmen der Aufsichtsbehörden wie von ihr abgegebene Stellungnahmen oder Empfehlungen. Neben sonstigen rechtlich nicht bindenden aufsichtsbehördlichen Maßnahmen unterliegen damit auch die beratenden Befugnisse der Aufsichtsbehörden nach Art. 58 Abs. 3 Buchst. a und b, also die Beratung der Verantwortlichen in den Fällen des Art. 36 und die an das nationale Parlament, Regierungen oder sonstige Einrichtungen und Stellen sowie die Öffentlichkeit gerichteten aufsichtsbehördliche Stellungnahmen, nicht der gerichtlichen Überprüfung.

---

6 So auch SHS-*Boehm*, Art. 78 Rn. 7, und Kühling/Buchner-*Bergt*, Art. 78 Rn. 7; a. A. Paal/Pauly-*Körffer*, Art. 78 Rn. 8.
7 So auch SHS-*Boehm*, Art. 78 Rn. 16.
8 So aber fälschlich in der Vorauflage.

III. Recht auf Anrufung des EuGH gegen Beschlüsse des EDSA nach Art. 263 AEUV

Ohne dass dies explizit erwähnt würde, lässt Art. 78 selbstverständlich das Recht jeder natürlichen oder juristischen Person **unberührt**, unter den in Art. 263 AEUV genannten Voraussetzungen beim EuGH eine **Klage auf Nichtigerklärung eines Beschlusses des EDSA** zu erheben. Das stellt ErwGr 143 Satz 1 klar. Daraus geht hervor, dass es sich bei Beschlüssen des EDSA um Handlungen einer Einrichtung oder sonstigen Stellen der Union im Sinne des Art. 263 Abs. 1 Satz 2 AEUV handelt. Die Voraussetzung, dass ein auf diese Weise angreifbarer Beschluss des EDSA Rechtswirkungen gegenüber Dritten entfaltet, ist nur bei den Beschlüssen des EDSA nach Art. 65 Abs. 1 Buchst. a bis c gegeben, die nach Art. 65 Abs. 2 Satz 3 für alle betroffenen Aufsichtsbehörden verbindlich sind. 3

Ob daraus ein **Anrufungsrecht für alle betroffenen Aufsichtsbehörden oder nur für die federführende Aufsichtsbehörde** resultiert, die den Beschluss nach Abs. 6 Satz 1 zur Grundlage ihres endgültigen Beschlusses machen muss, wird die Rechtsprechungspraxis der EuGH zeigen. Der Bezug auf die »betroffenen« Aufsichtsbehörden in ErwGr 143 Satz 2 spricht dafür, dass die DSGVO das Anrufungsrecht allen betroffenen Aufsichtsbehörden zuspricht. Jedenfalls geht aus ErwGr 143 Satz 2 hervor, dass dieses Anrufungsrecht vor dem EuGH zum einen den Aufsichtsbehörden als konkreten Adressatinnen solcher Beschlüsse des EDSA zusteht. Sie sind insofern »juristische Personen« im Sinne des Art. 263 Abs. 4 AEUV. Daneben macht ErwGr 143 Satz 3 deutlich, dass ein solches Recht auf Nichtigerklärung eines EDSA-Beschlusses durch den EuGH auch Verantwortlichen, Auftragsverarbeitern, Beschwerdeführerinnen und Beschwerdeführern zusteht, sofern sie durch den Beschluss des EDSA unmittelbar und individuell betroffen sind. 4

Sowohl betroffene Aufsichtsbehörden als auch betroffene Verantwortliche, Auftragsverarbeiter und Grundrechtsträgerinnen und -träger müssen nach Art. 263 Abs. 6 AEUV die **Klagen vor dem EuGH binnen zwei Monaten nach Bekanntgabe der betreffenden Handlung** erheben. Wie ErwGr 143 Satz 2 feststellt, beginnt diese Frist für die betroffenen Aufsichtsbehörden mit der Übermittlung des Beschlusses nach Art. 65 Abs. 2 Satz 3. Für die betroffenen Verantwortlichen, Auftragsverarbeiter und Grundrechtsträgerinnen und -träger beginnt die Zweimonatsfrist nach ErwGr 143 Satz 3 mit der Veröffentlichung der betreffenden Beschlüsse auf der Website des EDSA nach Art. 65 Abs. 5. 5

IV. Gerichtlicher Rechtsbehelf gegen Untätigkeit von Aufsichtsbehörden (Abs. 2)

Abs. 2 adressiert nur die Trägerinnen und Träger des Grundrechts auf Schutz personenbezogener Daten. Er stellt das Recht jeder betroffenen Person auf einen wirksamen gerichtlichen Rechtsbehelf in Fällen der Untätigkeit der nach Art. 55 und 56 zuständigen Aufsichtsbehörden und in Fällen fest, in denen diese Behörden die Betroffenen nicht »innerhalb von drei Monaten« über den Verfahrensstand informieren. Hieraus zu schließen, die DSGVO gehe davon aus, dass die Aufsichtsbehörden das Beschwerdeverfahren »prinzipiell« nach drei Monaten abgeschlossen haben sollten,[9] verkennt die Verfahrensdauern, die Kohärenzverfahren, aber auch andere Beschwerdeverfahren in Anspruch nehmen, die 6

9 So SHS-*Boehm*, Art. 78 Rn. 13.

sich auf komplexe Sachverhalte beziehen oder entsprechende Rechtsfragen aufwerfen.[10] Insofern liegt es näher, Abs. 2 wenn schon nicht die Verpflichtung,[11] dann aber doch die an die Aufsichtsbehörden gerichtete Empfehlung zu entnehmen, die Beschwerdeführenden möglichst im Dreimonatsabstand über den Verfahrensstand zu informieren. Klagegegnerin ist die Aufsichtsbehörde, bei der die betroffene Person die Beschwerde erhoben hat. Dies ist Ausdruck des aus dem One-Stop-Shop resultierenden Wahlrechts nach Art. 77 Abs. 1 (siehe dazu oben Art. 77 Rn. 1, 4). Da noch nicht absehbar ist, ob der Beschwerde stattgegeben werden wird, können die Beschwerdeführenden nicht auf die federführende Behörde verwiesen werden.[12] Auch wenn die federführende Aufsichtsbehörde tatsächlich die Beschlüsse gegenüber den Verantwortlichen treffen würde, die sich aus Sicht der Beschwerdeführenden als der Beschwerde stattgebende Beschlüsse darstellten, und es tatsächlich die federführende Behörde wäre, die ihnen dies zur Kenntnis geben würde, muss in Betracht gezogen werden, dass sich die aufsichtsbehördliche Untätigkeit für die Beschwerdeführenden im Zeitpunkt der Klageerhebeung wie eine Ablehnung oder Abweisung ihrer Beschwerde auswirkt. Daher müssen sie sich hiergegen gegenüber derjenigen Aufsichtsbehörde wehren können, die sie sich in Ausübung ihres Wahlrechts nach Art. 77 Abs. 1 ausgesucht haben. Diese Aufsichtsbehörde kann Klagen dadurch verhindern, dass sie die Beschwerdeführenden im Dreimonatsabstand über den Verfahrensstand informiert bis das Beschwerdeverfahren abgeschlossen ist.

V. Gericht des Sitzes der Aufsichtsbehörde (Abs. 3)

7 Abs. 3 legt fest, dass für Verfahren gegen eine Aufsichtsbehörde die **Gerichte des Mitgliedstaats** zuständig sind, in dem die **Aufsichtsbehörde ihren Sitz** hat. Dies bedeutet im Fall der deutschen Aufsichtsbehörden der Länder, dass für gegen sie gerichtete Rechtsbehelfe im Sinne des Art. 78 die jeweils in den Ländern zuständigen Verwaltungsgerichte zuständig sind. ErwGr 143 Satz 8 präzisiert, dass diese Gerichte in dem Sinne eine uneingeschränkte Zuständigkeit besitzen sollten, dass sie sämtliche für den bei ihnen anhängigen Rechtsstreit maßgebliche Sach- und Rechtsfragen prüfen dürften. Für den Fall, dass eine Beschwerdeführerin oder ein Beschwerdeführer gegen die Ablehnung oder Abweisung einer Beschwerde durch eine Aufsichtsbehörde vorgehen will, stellt ErwGr 143 Satz 9 fest, dass »Klage bei den Gerichten desselben Mitgliedstaats« erhoben werden kann. Der Vergleich mit der englischen Sprachversion (»Where a complaint has been rejected od dismissed by a supervisory authority, the complainant may bring proceedings before the courts in the same Member State«) verdeutlicht, dass damit gemeint ist, dass das für die handelnde Aufsichtsbehörde zuständige Gericht, und nicht das für die Beschwerdeführerin oder den Beschwerdeführer zuständige Gericht zuständig ist. Hierin liegt kein Verstoß,

---

10 Hierauf weisen auch SJTK-*Kugelmann/Buchmann*, Art. 57 Rn. 68, der im Hinblick hierauf den Beginn der 3-Monats-Frist erst dann ansetzen will, »wenn der Sachverhalt ausermittelt ist und eine Bewertung und die Entscheidung über die Art und das Maß des Vorgehens der Aufsichtsbehörde getroffen werden kann.«

11 Mit SHS-*Boehm*, Art. 78 Rn. 13, ist zu konstatieren, dass es hierfür keinen konkreten Anhaltspunkt in der DSGVO gibt.

12 So aber SHS-*Boehm*, Art. 78 Rn. 17, und Kühling/Buchner-*Bergt*, Art. 78 Rn. 27.

sondern gerade die **Beachtung des Prinzips des One-Stop-Shop**, weil dies die durch den Beschwerdeführer oder die Beschwerdeführerin selbst erfolgte **Wahl der Aufsichtsbehörde konsequent auf das gerichtliche Verfahren ausdehnt**. ErwGr 143 Satz 7 fügt der Beschreibung der Zuständigkeit der Gerichte die Forderung hinzu, dass Verfahren gegen eine Aufsichtsbehörde »im Einklang mit dem Verfahrensrecht dieses Mitgliedstaats durchgeführt werden« sollen.

VI. Einbeziehung der Entscheidungen des EDSA in das Gerichtsverfahren (Abs. 4)

Abs. 4 bestimmt, dass die beklagte Aufsichtsbehörde **dem Gericht den Beschluss des EDSA zuleiten** muss, sofern Gegenstand des Gerichtsverfahrens eine Entscheidung ist, der eine Stellungnahme oder ein Beschluss des EDSA im Rahmen des Kohärenzverfahrens vorangegangen ist. Hintergrund dieser Regelung ist es in Fällen von Beschlüssen des EDSA nach Art. 65, dass diese für die Aufsichtsbehörde nach Art. 65 Abs. 2 Satz 2 verbindlich sind, und sie die Beschlüsse deshalb nach Art. 65 Abs. 6 zur Grundlage ihres Beschlusses machen müssen. In Fällen von Stellungnahmen des EDSA nach Art. 64 ist es ähnlich, da Aufsichtsbehörden diesen nach Art. 64 Abs. 7 bei ihren Entscheidungen »weitestgehend Rechnung« tragen müssen. ErwGr 143 Satz 11 bestimmt für die Fälle, in denen ein angerufenes einzelstaatliches Gericht einen Beschluss des EDSA für nichtig hält, der der angegriffenen Entscheidung der Aufsichtsbehörde zugrunde liegt, diesen nicht selbst für nichtig erklären kann, sondern »im Einklang mit Artikel 267 AEUV in der Auslegung des Gerichtshofs« den Gerichtshof mit der Frage der Gültigkeit befassen muss. Satz 12 lautet: »Allerdings darf ein einzelstaatliches Gericht den Gerichtshof nicht auf Anfrage einer natürlichen oder juristischen Person mit Fragen der Gültigkeit des Beschlusses des Ausschusses befassen, wenn diese Person Gelegenheit hatte, eine Klage auf Nichtigerklärung dieses Beschlusses zu erheben – insbesondere dann, wenn sie unmittelbar und individuell von dem Beschluss betroffen war –, diese Gelegenheit jedoch nicht innerhalb der Frist gemäß Artikel 263 AEUV genutzt hat.« Dies nimmt dem Gericht aber nicht die Möglichkeit, den EuGH aufgrund eigener Zweifel an der Übereinstimmung des betreffenden Beschlusses mit der DSGVO anzurufen. 8

Art. 79 Recht auf wirksamen gerichtlichen Rechtsbehelf gegen Verantwortliche oder Auftragsverarbeiter

(1) Jede betroffene Person hat unbeschadet eines verfügbaren verwaltungsrechtlichen oder außergerichtlichen Rechtsbehelfs einschließlich des Rechts auf Beschwerde bei einer Aufsichtsbehörde gemäß Artikel 77 das Recht auf einen wirksamen gerichtlichen Rechtsbehelf, wenn sie der Ansicht ist, dass die ihr aufgrund dieser Verordnung zustehenden Rechte infolge einer nicht im Einklang mit dieser Verordnung stehenden Verarbeitung ihrer personenbezogenen Daten verletzt wurden.

(2) Für Klagen gegen einen Verantwortlichen oder gegen einen Auftragsverarbeiter sind die Gerichte des Mitgliedstaats zuständig, in dem der Verantwortliche oder der Auftragsverarbeiter eine Niederlassung hat. Wahlweise können solche Klagen auch bei den Gerichten des Mitgliedstaats erhoben werden, in dem die betroffene Person ihren gewöhnlichen Aufenthaltsort hat, es sei denn, es handelt sich bei dem Verantwortli-

chen oder dem Auftragsverarbeiter um eine Behörde eines Mitgliedstaats, die in Ausübung ihrer hoheitlichen Befugnisse tätig geworden ist.

Inhaltsübersicht Rn.

I. Allgemeines

1 Art. 47 GRCh gewährt jeder Person, deren durch das Recht der Union garantierte Rechte und Freiheiten verletzt worden sind, das Recht, bei einem Gericht einen wirksamen Rechtsbehelf einzulegen. Art. 77 bis 79 sind bereichsspezifische Ausprägungen dieses Rechts. Wie mit Art. 78 (Art. 78 Rn. 1) ist es mit Art. 79 die Judikative, die »in die Kontrolle der Einhaltung der DSGVO eingebunden« wird.[1] **Gerichte** sind neben den Aufsichtsbehörden also nach Art. 79 diejenigen Institutionen, die den **Grundrechtsträgerinnen und Grundrechtsträgern zur Durchsetzung ihrer Rechte verhelfen** können, wenn Verantwortliche und Auftragsverarbeiter diese Rechte verletzen. Durch den ersten Halbsatz des Abs. 2 wird das **One-Stop-Shop-Prinzip** auf die **Wahl des Gerichts** in Streitigkeiten über Verarbeitungen durch nicht-öffentlichen Verarbeiter und Auftragsverarbeiter erstreckt.

II. Recht auf gerichtlichen Rechtsbehelf bei Verstoß gegen die DSGVO (Abs. 1)

2 Abs. 1 bestimmt, dass jede betroffene Person neben allen anderen ihr zur Verfügung stehenden Möglichkeiten, sich gegen sie betreffende Datenverarbeitungen durch Verantwortliche und Auftragsverarbeiter zu wehren, in jeden Fall das **Recht auf einen wirksamen gerichtlichen Rechtsbehelf** hat. Dabei ist die **Zulässigkeitsvoraussetzung niedrigschwellig** und besteht darin, dass die oder der Betroffene der Ansicht ist, dass die ihr aufgrund dieser Verordnung zustehenden Rechte infolge einer nicht im Einklang mit dieser Verordnung stehenden Verarbeitung ihrer personenbezogenen Daten verletzt wurden. Damit ist die Klagebefugnis identisch formuliert wie die Zulässigkeitsanforderung für das Recht auf Beschwerde bei einer Aufsichtsbehörde nach Art. 77 (Art. 77 Rn. 2ff.). Es genügt also, dass der behauptete Verstoß nach den Darlegungen der betroffenen Person nicht völlig abwegig bzw. nicht offensichtlich von vornherein ausgeschlossen ist. Auch muss nicht zwingend behauptet werden, es seien individualschützende Vorschriften, die verletzt worden seien. Beispielsweise kann auch die Behauptung eines Verstoßes gegen die Prinzipien von Privacy by Design oder Privacy by Default Klagegegestand sein, sofern diese Auswirkungen auf die Rechte der betroffenen Person haben können.[2] Die Parallelität der Rechte der Betroffenen nach Art. 77 und Art. 79 kann dazu führen, dass sowohl Gerichte als auch

1 Ehmann/Selmayr-*Nemitz*, Art. 78 Rn. 1; SHS-*Boehm*, Art. 79 Rn. 3, spricht für die in den Art. 77 bis 79 gewährten Rechte jeweils von einer »bereichsspezifischen Ausprägung« des Art. 47 Abs. 1 GRCh.

2 SHS-*Boehm*, Art. 79 Rn. 10; Kühling/Buchner-*Bergt*, Art. 79 Rn. 5.

Aufsichtsbehörden gleichzeitig mit demselben Fall befasst sind.[3] Da es die Gerichte sind, die aufsichtsbehördlichen Entscheidungen überprüfen und korrigieren können, kann die in diesem Zusammenhang befürchtete Gefahr widersprüchlicher Entscheidungen allenfalls für eine Übergangszeit bestehen.[4]

III. Zuständiges Gericht (Abs. 2)

Nach dem ersten Satz und dem ersten Halbsatz des zweiten Satzes des Abs. 2 ist es der Wahl des oder der von einer Verarbeitung Betroffenen überlassen, ob sie Gerichte des Mitgliedstaats anrufen, in dem der Verantwortliche oder der Auftragsverarbeiter eine Niederlassung hat oder ob sie bei den Gerichten des Mitgliedstaats Klage erheben, in dem sie selbst ihren Aufenthaltsort haben. Damit wird das **One-Stop-Shop-Prinzip auf den gerichtlichen Rechtsschutz** gegen **Verarbeitungen durch nicht-öffentliche** Verarbeiter und Auftragsverarbeiter **erstreckt**. Mit der Wahl des unbestimmten Artikels (»des Mitgliedstaats, in dem der Verantwortliche oder Auftragsverarbeiter eine Niederlassung hat.«) stellt Satz 1 auch für Deutschland klar, dass für Verantwortliche mit einer Niederlassung in Deutschland ein deutsches Gericht zuständig sein muss.[5] Aufgrund der sich aus dem zweiten Halbsatz ergebenden Einschränkung auf die nicht-öffentlichen Verarbeiter und Auftragsverarbeiter bezieht sich das One-Stop-Shop-Prinzip vor allem auf die Wahlmöglichkeit im Zusammenhang mit dem Rechtsweg zur den ordentlichen Gerichten, etwa im Zusammenhang mit Klagen auf Schadensersatz nach Art. 82. 3

Nach dem zweiten Halbsatz des Abs. 2 gilt das auf den gerichtlichen Rechtsschutz bezogene One-Stop-Shop-Prinzip **nicht** für den Fall der behaupteten Verletzung der DSGVO durch hoheitliche Tätigkeit von Behörden. Danach ist das Wahlrecht betroffener Personen, Klagen auch bei den Gerichten des Mitgliedstaates zu erheben, in dem sie ihren Aufenthaltsort haben, ausgeschlossen, wenn es sich bei dem Verantwortlichen oder dem Auftragsverarbeiter um eine **Behörde** eines Mitgliedstaats handelt, die in Ausübung ihrer hoheitlichen Befugnisse tätig geworden ist.[6] Für Klagen gegen hoheitliche Maßnahmen deutscher Behörden bedeutet dies beispielsweise, dass von entsprechenden Maßnahmen Betroffene gegen diese Maßnahme auch dann Klage vor dem nach § 52 VwGO zuständigen deutschen Gericht erheben müssen, wenn sie nicht in Deutschland ihren Aufenthaltsort haben. 4

Art. 80 Vertretung von betroffenen Personen

(1) Die betroffene Person hat das Recht, eine Einrichtung, Organisationen oder Vereinigung ohne Gewinnerzielungsabsicht, die ordnungsgemäß nach dem Recht eines Mitgliedstaats gegründet ist, deren satzungsmäßige Ziele im öffentlichem Interesse liegen und die im Bereich des Schutzes der Rechte und Freiheiten von betroffenen Per-

3 Hierauf weist auch SHS-*Boehm*, Art. 79 Rn. 16, hin.
4 So auch SHS-*Boehm* a. a. O.
5 Hierauf weist auch SHS-*Boehm*, Art. 79 Rn. 23, hin. Dies setzt § 44 BDSG um.
6 Hierzu gehören alle Stellen, die Aufgaben der öffentlichen Verwaltung wahrnehmen, also beispielsweise auch Beliehene, SHS-*Boehm*, Art. 79 Rn. 22.

sonen in Bezug auf den Schutz ihrer personenbezogenen Daten tätig ist, zu beauftragen, in ihrem Namen eine Beschwerde einzureichen, in ihrem Namen die in den Artikeln 77, 78 und 79 genannten Rechte wahrzunehmen und das Recht auf Schadensersatz gemäß Artikel 82 in Anspruch zu nehmen, sofern dieses im Recht der Mitgliedstaaten vorgesehen ist.

(2) Die Mitgliedstaaten können vorsehen, dass jede der in Absatz 1 des vorliegenden Artikels genannten Einrichtungen, Organisationen oder Vereinigungen unabhängig von einem Auftrag der betroffenen Person in diesem Mitgliedstaat das Recht hat, bei der gemäß Artikel 77 zuständigen Aufsichtsbehörde eine Beschwerde einzulegen und die in den Artikeln 78 und 79 aufgeführten Rechte in Anspruch zu nehmen, wenn ihres Erachtens die Rechte einer betroffenen Person gemäß dieser Verordnung infolge einer Verarbeitung verletzt worden sind.

Inhaltsübersicht

I. Allgemeines

1 Das Datenschutzrecht kannte lange Zeit keine eigene **kollektive Interessenvertretung** und beschränkte sich darauf, individuelle subjektive Rechte zuzugestehen, die gerichtlich durchgesetzt werden können. Dies ist weiterhin über die Art. 77ff. gewährleistet. Art. 80 basiert auf der Erkenntnis, dass Datenschutzrecht auch eine kollektivrechtliche Komponente haben kann. Diese bezieht sich nicht nur auf die Gesellschaft als Ganzes, sondern auch auf einzelne Kollektive mit einer spezifischen Interessenlage. Diese Idee stammt ursprünglich aus dem Umweltrecht und ist für spezielle Fälle im Verbraucherrecht schon seit langem im Hinblick auf Datenschutz-AGB und allgemein seit 2016 in Deutschland anerkannt. Art. 80 enthält eine Öffnungsklausel für die Mitgliedstaaten, die individualrechtlichen Beschwerde- und Klagemöglichkeiten um kollektivrechtliche zu erweitern. Hierbei handelt es sich um Verbandsklagen insbesondere als Sammel- oder Musterklagen.[1]

1a Art. 80 ist für den Datenschutz allgemein konzipiert und hat weder **Gewerkschaften noch Mitarbeitervertretungen** im Blick.[2] Es ist aber ein möglicher, bisher normativ in Bezug auf Klagemöglichkeiten noch nicht umgesetzter Ansatz, Beschäftigtenvertretungen im Arbeitsrecht Klagemöglichkeiten zuzugestehen.[3] Der Umstand, dass den Betriebs- und Personalräten ihre Aufgaben durch Gesetz und nicht durch Satzung zugewiesen sind, ist kein Hinderungsgrund, ihnen die Vertretungsbefugnis nach Abs. 1 zuzugestehen. Diese wie auch Gewerkschaften verfolgen auch das Ziel, die Rechte der Beschäftigten bzw. ihrer Mitglieder zu vertreten.[4]

2 Abs. 1 sieht eine gewillkürte Verfahrens- und Prozessbeauftragung vor. Abs. 2 ermöglicht es, bestimmten Organisationen ein eigenes Recht zuzugestehen, gegen Datenschutzver-

1 Kühling/Buchner-*Bergt*, Art. 80 Rn. 1.
2 Körner, 2017, S. 88.
3 Auernhammer-*v. Lewinski*, Art. 80 Rn. 5f.; Plath-*Becker*, Art. 80 Rn. 1.
4 A.A. Körner, 2017, S. 88.

stöße vorzugehen. Die Funktion der kollektiven Interessenvertretung ist es, die individuelle Interessenvertretung dort zu ergänzen, wo diese systembedingt nicht ausreicht, um bestehende **Vollzugsdefizite zu beheben.**

Art. 22 EG-DSRl beschränkte sich darauf, der durch Rechtsverletzung betroffenen Person Rechtsbehelfsmöglichkeiten zu eröffnen. Dies schloss weitergehende kollektivrechtliche Rechtsbehelfe auf mitgliedstaatlicher Ebene nicht aus. Dies war aber im Schrifttum wie in der Rechtsprechung nicht umfassend anerkannt (siehe UKlaG Einl. Rn. 16). Art. 28 Abs. 4 EG-DSRl erlaubte es Betroffenen, sich von einem Verband vertreten zu lassen. Art. 80 enthält die **Klarstellung**, dass kollektivrechtlicher Rechtsschutz unter dem Regime der DSGVO möglich ist und notwendig sein kann. 3

Im Kommissionsentwurf war schon die Möglichkeit der Beschwerde und der gerichtlichen Rechtsbehelfe für Verbände bzw. Organisationen gegenüber der Aufsichtsbehörde und Verantwortlichen vorgesehen. Gemäß dem Parlament sollten diese »im Namen des Betroffenen« tätigen Stellen »im öffentlichen Interesse« handeln und auch Schadensersatzansprüche geltend machen können. Der Rat stellte, anders als das Parlament, die Vertretung der Betroffenen in den Vordergrund. Das Verbandsklagerecht sollte nicht direkt in der DSGVO begründet werden, sondern durch nationale Regelungen.[5] 4

Die Regelung zur **Unentgeltlichkeit aufsichtsbehördlichen Handelns** für den Betroffenen gem. Art. 57 Abs. 3 bezieht auch Verbandsbeschwerden nach Art. 80 mit ein. Da das Gesetz über Rechtsdienstleistungen (RDG) derzeit eine unentgeltliche Geltendmachung von Betroffenenrechte aus Gründen übergeordneter Interessen nicht vorsieht, sollte insofern eine nationale Ergänzungsregelung erfolgen.[6] 5

II. Wahrnehmung von Betroffenenrechten (Abs. 1)

Gem. Abs. 1 muss der Betroffene seine Rechte nicht selbst wahrnehmen, sondern kann dies an eine Organisation in einer Art **Prozessstandschaft** übertragen.[7] Die Vertretung der Betroffenen erfolgt »in ihrem Namen«, also aus fremdem Recht.[8] Es handelt sich aber nicht um eine Bevollmächtigung zur Wahrnehmung der subjektiven Rechte, sondern um eine Beauftragung, bei welcher der Verband das konkrete Vorgehen bestimmt. Der Betroffene kann nur den Auftrag erteilen oder ihn wieder entziehen, nicht aber eigene Prozesserklärungen abgeben oder dem Verband Weisungen erteilen.[9] 6

Bei den in Art. 80 geregelten **Einrichtungen, Organisationen oder Vereinigungen** kann es sich um öffentliche oder nicht-öffentliche Stellen mit eigener Rechtspersönlichkeit nach nationalem Recht handeln, denen Rechte und Pflichten zukommen können. Ebenso kommt eine Gesellschaft des bürgerlichen Rechts mit einer fixierten Satzung in Betracht; die Stelle muss nicht in dem Mitgliedstaat der Regulierung ihren Sitz haben.[10] Selbst eine 7

5 Kühling/Buchner-*Bergt*, Art. 80 Rn. 3–5; a. A. SHS-*Boehm*, Art. 80 Rn. 10: »gewöhnliche Vertretung«.
6 Kühling/Buchner-*Bergt*, Art. 80 Rn. 14, 17, 19.
7 Schantz, NJW 2016, 1847; Kühling/Buchner-*Bergt*, Art. 80 Rn. 10.
8 Paal/Pauly-*Frenzel*, Art. 80 Rn. 6; Gola-*Werkmeister*, Art. 80 Rn. 8.
9 A.A. Ehmann/Selmayr-*Nemitz*, Art. 80 Rn. 8.
10 Kühling/Buchner-*Bergt*, Art. 80 Rn. 5, 8; zur Stiftung Datenschutz Auernhammer-*v. Lewinski*, Art. 80 Rn. 7.

Mitarbeitervertretung, die zwar keine eigenständige juristische Person ist, aber als Organ als eigenständige Einrichtung zu kennzeichnen ist, kann nach Wortlaut und Zweck der Regelung die Rechtsvertretung übernehmen.[11] Nicht erfasst sind Mitbewerber oder Verbände i. S. v. § 8 Abs. 3 UWG.[12]

8 Die Anforderungen an die berechtigten Stellen wurden im Trilog dahingehend verschärft, dass diese »**ohne Gewinnerzielungsabsicht**« agieren müssen. Es genügt also nicht, dass gemäß den satzungsmäßigen Zielen ein öffentliches Interesse verfolgt wird. Vielmehr muss es sich um eine Non-Profit-Organisation handeln. Der hier geltende europarechtliche Begriff der Gemeinnützigkeit kann von dem des (deutschen) Steuerrechts abweichen. Es soll verhindert werden, dass sich im Bereich des Datenschutzes Abmahn-Geschäftsmodelle entwickeln. Nicht ausgeschlossen ist, dass die berechtigte Stelle kostendeckend tätig ist und dass dabei teilweise auch Überschüsse erwirtschaftet werden.

9 Die Zielsetzung der berechtigten Stelle muss sich auf den Schutz »der Rechte und Freiheiten von betroffenen Personen in Bezug auf den Schutz der Rechte und Freiheiten von betroffenen Personen« beziehen. Dabei genügt es, dass der **Datenschutz eine Zielsetzung** unter anderen ist. Typischerweise wird es sich um eine Stelle handeln, die die Vertretung von Betroffeneninteressen als Schwerpunkt hat; rechtlich ist aber auch eine Stelle vorstellbar, die vorrangig im Interesse von Verantwortlichen und Auftragsverarbeitern tätig ist. Neben Datenschutzorganisationen kommen auch Organisationen in Betracht, die generell die Interessen von Verbrauchern,[13] von Beschäftigten oder von sonstigen Betroffenen vertreten oder deren Ziel neben der Durchsetzung des Datenschutzes auch darin besteht, sonstige informationelle Rechte, z. B. im Bereich der Informationsfreiheit, zur Wirkung zu bringen.[14] Selbst politische Parteien werden als potenzielle Kläger genannt.[15]

10 Die berechtigte Stelle muss von dem oder den Betroffenen beauftragt werden. Dies setzt eine schriftliche Erklärung voraus.[16] Die Beauftragung kann sich auf einzelne Rechte und auf einzelne Rechtsverstöße und Verfahren beschränken oder auch sehr umfassend sein. In jedem Fall muss sie sich auf die Wahrnehmung der in den **Art. 77, 78, 79 und 82 genannten Rechte** (also insbesondere Information, Auskunft und Datenkorrektur) beziehen und insofern hinreichend bestimmt sein. Auch die Geltendmachung von Schadensersatzansprüchen kann mitgliedstaatlich zugelassen werden, wobei die Konstruktion der Abtretung der Ansprüche an den Verband gewählt werden kann.[17] Möglich sind damit auch Sammelklagen mit finanziellem Hintergrund. Der Auftrag kann sich auf die Beschwerdeerhebung oder eine Klageerhebung beschränken; er kann auch beides einschließen. Das Recht zum Tätigwerden für den Betroffenen beschränkt sich jeweils auf den Mitgliedstaat, in dem das Recht vorgesehen ist.

10a Bisher hatte der deutsche Gesetzgeber keine Regelungen erlassen, die eine Wahrnehmung individueller Interessen durch einen Verband vorsehen. Mit dem Gesetz zur Einführung

11 A.A. Körner, 2017, S. 88.
12 Köhler, WRP 2018, 1273.
13 Ehmann/Selmayr-*Nemitz*, Art. 80 Rn. 5; Gola-*Werkmeister*, Art. 80 Rn. 4.
14 Paal/Pauly-*Frenzel*, Art. 80 Rn. 8, 14.
15 Plath-*Becker*, Art. 80 Rn. 2.
16 Paal/Pauly-*Frenzel*, Art. 80 Rn. 9; einschränkend Kühling/Buchner-*Bergt*, Art. 80 Rn. 10.
17 Auernhammer-*v. Lewinski*, Art. 80 Rn. 9, 13; SHS-*Boehm*, Art. 80 Rn. 10f.

einer zivilprozessualen **Musterfeststellungsklage**[18] wurde Ende 2018 mit den §§ 606–614 ZPO ein prozessualer Rahmen geschaffen, der zumindest teilweise eine prozessuale Wahrnehmung von Verbraucherinteressen eröffnet. Art. 80 Abs. 1 gibt die europarechtliche Grundlage, dass entsprechende Musterfeststellungsklagen auch im Bereich des Datenschutzrechts erhoben werden können (siehe Einl. UKlaG Rn. 13b).

III. Eigenständige Verbandsklage (Abs. 2)

Anders als in Abs. 1 kann die Organisation gem. Abs. 2 berechtigt werden, nicht nur abgeleitete Betroffenenrechte geltend zu machen, sondern diese auch als objektive Datenschutzverstöße **ohne individuellen Auftrag** im eigenen Namen zur Beschwerde und vor Gericht zu bringen. Schadensersatzansprüche nach Art. 82 können hierüber nicht geltend gemacht werden (ErwGr 142 S. 3).[19] 11

Der deutsche Gesetzgeber hat von diesem Recht schon vor Inkrafttreten der DSGVO mit der expliziten Regelung von **Datenschutzklagen im UKlaG** Gebrauch gemacht (siehe UKlaG). Es ist offensichtlich, dass es sich beim UKlaG um ein generell Bürger schützendes Gesetz handelt. Verbraucher sind auch Bürger.[20] 12

Die Regelung bezieht sich auf die Beschwerderechte der Betroffenen nach Art. 77 und die Klagerechte nach Art. 78, 79. Die Formulierung läuft darauf hinaus, dass das Recht nach Abs. 2 **akzessorisch** zu behaupteten subjektiven Rechten von Betroffenen ist, ohne dass diese aber namentlich benannt werden müssen. Der Verband wird damit zum »Kläger hinter dem Kläger«.[21] Anders als im Umweltrecht genügt es nicht, dass eine objektive Rechtsverletzung behauptet wird. Vielmehr ist eine Anknüpfung an einem subjektiven Betroffenenrecht nötig. Die Verletzung einer drittschützenden Norm muss geltend gemacht werden. Ein Bezug auf konkrete Personen ist nicht nötig. Die Regelung schließt aber wohl keine Klagen bei rein objektiven Rechtsverstößen ohne subjektiven Bezug aus, wenn dies im Recht des Mitgliedstaats erlaubt wird. Art. 80 soll sicherstellen, dass in jedem Fall Verbandsklagen über das nationale Recht zugelassen werden können, mit denen Betroffenenrechte geltend gemacht werden. 13

Bei einer Klage nach Abs. 2 macht der Verband nicht die Betroffenenrechte selbst geltend; Voraussetzung ist lediglich, dass solche bestehen. Dabei ist nicht der Nachweis nötig, dass eine bestimmte Person in ihren Rechten verletzt wurde.[22] Notwendig ist eine mögliche subjektive Rechtsverletzung; rein objektive Rechtsverstöße genügen nicht.[23] Der Verband erhält also auch keine **Verfügungsbefugnis über die Betroffenenrechte**. Vielmehr müssen diese weiterhin gegenüber den Betroffenen realisiert werden. Nicht ausgeschlossen ist somit, dass individualrechtlich und verbandsklagerechtlich unterschiedliche Entschei- 14

---

18 G. v. 12.7.2018, BGBl. I S. 1151; dazu Nordholtz/Mekat, Musterfeststellungsklage, 2019; Röthemeyer, Musterfeststellungklage, 2019; Waclawik, NJW 2018, 2921; Mekat/Nordholtz, NJW 2019, 411.

19 SHS-*Boehm*, Art. 80 Rn. 12.

20 Abwegig Köhler, WRP 2018, 1274f.

21 Paal/Pauly-*Frenzel*, Art. 80 Rn. 11; Kühling/Buchner-*Bergt*, Art. 80 Rn. 14.

22 SHS-*Boehm*, Art. 80 Rn. 12.

23 SHS-*Boehm*, Art. 80 Rn. 15; Kühling/Buchner-*Bergt*, Art. 80 Rn. 14; a.A. Paal/Pauly-*Frenzel*, Art. 80 Rn. 10.

dungen zustande kommen und die Interessenvertretung des Verbands nicht im Interesse eines Betroffenen erfolgt.[24]

15 Der Verweis auf die Art. 77 ff., wonach der Rechtsbehelf der Beschwerde und Klagen zur Durchsetzung von Datenschutzverstößen auch in anderen Mitgliedstaaten möglich sind, zeigt, dass Verbände in einem Mitgliedstaat auch **in einem anderen Mitgliedstaat** klagen und Beschwerde einlegen dürfen. Art. 80 selbst sieht keine Eintragung in eine besondere Liste vor.[25] Wohl kann eine solche Liste im nationalen Recht geregelt werden (vgl. § 4 UKlaG).

Art. 81 Aussetzung des Verfahrens

(1) Erhält ein zuständiges Gericht in einem Mitgliedstaat Kenntnis von einem Verfahren zu demselben Gegenstand in Bezug auf die Verarbeitung durch denselben Verantwortlichen oder Auftragsverarbeiter, das vor einem Gericht in einem anderen Mitgliedstaat anhängig ist, so nimmt es mit diesem Gericht Kontakt auf, um sich zu vergewissern, dass ein solches Verfahren existiert.

(2) Ist ein Verfahren zu demselben Gegenstand in Bezug auf die Verarbeitung durch denselben Verantwortlichen oder Auftragsverarbeiter vor einem Gericht in einem anderen Mitgliedstaat anhängig, so kann jedes später angerufene zuständige Gericht das bei ihm anhängige Verfahren aussetzen.

(3) Sind diese Verfahren in erster Instanz anhängig, so kann sich jedes später angerufene Gericht auf Antrag einer Partei auch für unzuständig erklären, wenn das zuerst angerufene Gericht für die betreffenden Klagen zuständig ist und die Verbindung der Klagen nach seinem Recht zulässig ist.

1 Art. 81 trifft Regelungen für die Fälle, in denen **Gerichte unterschiedlicher Mitgliedstaaten Verfahren zu Verarbeitungen durch denselben Verantwortlichen oder Auftragsverarbeiter** führen. Aus ErwGr 144 Satz 3 geht hervor, dass dies der Vermeidung einander widersprechender gerichtlicher Entscheidungen in der EU dient. Sofern Verfahren in unterschiedlichen Gerichtszweigen unterschiedlicher Mitgliedstaaten geführt werden, ist Art. 81 anwendbar.[1] Dagegen enthält Art. 81 keine Regelungen für den Fall, dass Verarbeitungen durch denselben Verantwortlichen oder Auftragsverarbeiter parallel vor Zivil- und Verwaltungsgerichten desselben Mitgliedstaates geführt werden. Abs. 1 verpflichtet Gerichte, die davon Kenntnis erlangen, dass das Gericht eines anderen Mitgliedstaates ein Verfahren zu denselben Verarbeitungen durch Verantwortliche oder Auftragsverarbeiter führt, wie es selbst, mit diesem Gericht Kontakt aufzunehmen, um sich zu vergewissern, dass ein solches Verfahren tatsächlich existiert.

2 Abs. 2 bestimmt, dass jedes später angerufene zuständige Gericht das bei ihm anhängige **Verfahren aussetzen** kann, sofern es sich bestätigt, dass Gerichte unterschiedlicher Mit-

---

24 Dazu Kühling/Buchner-*Bergt*, Art. 80 Rn. 15.

25 Gola-*Werkmeister*, Art. 80 Rn. 6; vgl. Art. 4 Richtlinie **über Unterlassungsklagen zum Schutz der Verbraucherinteressen,** RL 98/27/EG v. 19. 5. 1998.

1 SHS-*Boehm*, Rn. 18 m. w. N.

gliedstaaten über dieselben Verarbeitungen durch Verantwortliche oder Auftragsverarbeiter Verfahren führen. Insofern ergänzt Art. 81 als lex specialis die §§ 148ff. ZPO.[2] Abs. 3 bestimmt für die Fälle, in denen in mehreren Mitgliedstaaten entsprechende Verfahren in erster Instanz anhängig sind, dass sich jedes später angerufene Gericht auf Antrag einer Partei für unzuständig erklären kann, wenn das zuerst angerufene Gericht für die betreffenden Klagen zuständig ist und die Verbindung der Klagen nach seinem Recht zulässig ist. Nach ErwGr 144 Satz 3 gelten Verfahren als miteinander verwandt (»are deemed to be related«), wenn zwischen ihnen eine so enge Beziehung gegeben ist, dass eine gemeinsame Verhandlung und Entscheidung geboten erscheint, um zu vermeiden, dass in getrennten Verfahren einander widersprechende Entscheidungen ergehen.

Art. 82 Haftung und Recht auf Schadensersatz

(1) Jede Person, der wegen eines Verstoßes gegen diese Verordnung ein materieller oder immaterieller Schaden entstanden ist, hat Anspruch auf Schadenersatz gegen den Verantwortlichen oder gegen den Auftragsverarbeiter.

(2) Jeder an einer Verarbeitung beteiligte Verantwortliche haftet für den Schaden, der durch eine nicht dieser Verordnung entsprechende Verarbeitung verursacht wurde. Ein Auftragsverarbeiter haftet für den durch eine Verarbeitung verursachten Schaden nur dann, wenn er seinen speziell den Auftragsverarbeitern auferlegten Pflichten aus dieser Verordnung nicht nachgekommen ist oder unter Nichtbeachtung der rechtmäßig erteilten Anweisungen des für die Datenverarbeitung Verantwortlichen oder gegen diese Anweisungen gehandelt hat.

(3) Der Verantwortliche oder der Auftragsverarbeiter wird von der Haftung gemäß Absatz 2 befreit, wenn er nachweist, dass er in keinerlei Hinsicht für den Umstand, durch den der Schaden eingetreten ist, verantwortlich ist.

(4) Ist mehr als ein Verantwortlicher oder mehr als ein Auftragsverarbeiter bzw. sowohl ein Verantwortlicher als auch ein Auftragsverarbeiter an derselben Verarbeitung beteiligt und sind sie gemäß den Absätzen 2 und 3 für einen durch die Verarbeitung verursachten Schaden verantwortlich, so haftet jeder Verantwortliche oder jeder Auftragsverarbeiter für den gesamten Schaden, damit ein wirksamer Schadensersatz für die betroffene Person sichergestellt ist.

(5) Hat ein Verantwortlicher oder Auftragsverarbeiter gemäß Absatz 4 vollständigen Schadenersatz für den erlittenen Schaden gezahlt, so ist dieser Verantwortliche oder Auftragsverarbeiter berechtigt, von den übrigen an derselben Verarbeitung beteiligten für die Datenverarbeitung Verantwortlichen oder Auftragsverarbeitern den Teil des Schadenersatzes zurückzufordern, der unter den in Absatz 2 festgelegten Bedingungen ihrem Anteil an der Verantwortung für den Schaden entspricht.

(6) Mit Gerichtsverfahren zur Inanspruchnahme des Rechts auf Schadenersatz sind die Gerichte zu befassen, die nach den in Artikel 79 Absatz 2 genannten Rechtsvorschriften des Mitgliedstaats zuständig sind.

---

2 SHS-*Boehm*, Rn. 39.

Inhaltsübersicht Rn.

I. Einleitung

1 Im Vergleich zur Haftung nach den §§ 7, 8 BDSG-alt bringt Art. 82 **zahlreiche Neuerungen**. Er sieht in Abs. 1 eine **Erfolgshaftung** gegenüber »jeder Person« vor, der durch einen Verstoß gegen die DSGVO ein Schaden entsteht. Er gewährt insoweit eine eigenständige Rechtsgrundlage. Dabei werden **materieller und immaterieller** Schaden **gleichbehandelt**. Diese Haftung trifft nach Abs. 2 nicht nur den Verantwortlichen, sondern unter bestimmten Voraussetzungen auch den **Auftragsverarbeiter**. Voraussetzung ist lediglich eine Kausalität zwischen dem Verstoß und dem Schaden. Nach Abs. 3 wird ein Verantwortlicher und ein Auftragsverarbeiter **nur dann von der Haftung frei**, wenn er nachweist, »dass er in keinerlei Hinsicht für den Umstand, durch den der Schaden eingetreten ist, verantwortlich ist.« Mehrere Verantwortliche oder Auftragsverarbeiter haften nach Abs. 4 als Gesamtschuldner; Abs. 5 regelt den internen Ausgleich zwischen diesen Gesamtschuldnern; Abs. 6 betrifft die gerichtliche Zuständigkeit.[1]

2 Die Vorschrift will einen Beitrag dazu leisten, dass die DSGVO auf allen Ebenen und in allen ihren Teilen Wirklichkeit wird.[2] Sie wird deshalb zu den wichtigsten **Implementationsmitteln** gerechnet,[3] was eine vertragliche Abbedingung ausschließt.[4] Nach ErwGr 146

1 Überblick über die Neuregelung bei Däubler, CuA 12/2017, 29ff.
2 Paal/Pauly-*Frenzel*, Art. 82 Rn. 1; SHS-*Boehm*, Art. 82 Rn. 1.
3 Däubler, Gläserne Belegschaften, § 12 (Rn. 581ff.).

Satz 6 sollen die betroffenen Personen einen »vollständigen und wirksamen Schadensersatz« erhalten, was in Satz 7 noch einmal bekräftigt wird. »**Wirksam**« ist ein Schadensersatz nach der Rechtsprechung des EuGH nur dann, wenn er die fraglichen **Verstöße** in Zukunft **unattraktiv macht** und auf diese Weise »abschreckende« Wirkung entfaltet.[5] Dies spricht für eine weite Auslegung des Schadensbegriffs.[6] Eine Abdeckung der damit verbundenen Risiken durch Versicherung scheint nur bei Großunternehmen üblich zu sein.[7]

Im Folgenden geht es zunächst um die Frage, wer zu den in Art. 82 Abs 1 geschützten »Personen« gehört (unten II – Rn. 4ff.) und gegen wen sich Schadensersatzansprüche richten können (unten III – Rn. 7ff.). Wie der **haftungsbegründende Tatbestand** beschaffen ist, ist die erste zentrale Frage der Vorschrift (unten IV – Rn.10ff.). Die zweite besteht in der »**Exkulpationsmöglichkeit**« des Abs. 3; welche Bedingungen müssen erfüllt sein, damit der potentiell zum Schadensersatz Verpflichtete nicht wirklich haftet, weil er für den schadenstiftenden Umstand in keiner Weise verantwortlich ist (unten V – Rn. 22ff.). Anschließend soll es um die Höhe des zu ersetzenden materiellen und immateriellen Schadens gehen (unten VI – Rn. 27ff.). Die Frage der Beweislast ist ein weiteres wichtiges Element im Haftungsregime des Art. 82 (unten VII – Rn. 30ff.). Es folgen Ausführungen über Haftung, wenn mehrere Schädiger vorhanden sind, sowie um die Berücksichtigung des mitwirkenden Verschuldens des Geschädigten sowie um weitere Einzelfragen (unten VIII – Rn. 34ff.). Schließlich geht es um Anwendungsprobleme im Arbeitsleben (unten IX – Rn. 37ff.) sowie um das Verhältnis zu anderen Haftungsnormen insbesondere des nationalen Rechts (unten X – Rn. 42). 3

II. Geschützte Personen

Seinem Wortlaut nach schützt Art. 82 Abs. 1 »**Personen**«, ohne danach zu unterscheiden, ob es sich um natürliche oder juristische Personen handelt oder ob die Ansprüche auf Schadensersatz nur den betroffenen Personen, also denjenigen zustehen, deren Daten verarbeitet werden. Für eine **weite Auslegung** könnte sprechen, dass die DSGVO **an anderer Stelle** wie z. B. beim Beschwerderecht des Art. 77 ausdrücklich von der »**betroffenen Person**« spricht, so dass die Wortwahl eine bewusste sein könnte.[8] Weiter könnte auf diese Weise der »Abschreckungseffekt« gesteigert werden, weil eine Schadensersatzpflicht wegen Verstoßes gegen die DSGVO noch häufiger als bei einer Begrenzung auf betroffene Personen eintreten würde.[9] In der Tat sind Fälle denkbar, bei denen **durch Datenschutzverstöße Dritte geschädigt** werden. So wird etwa der Fall genannt, dass aufgrund einer rechtswidrigen Datenübermittlung ein Arbeitnehmer seinen Arbeitsplatz verliert und 4

---

4 SHS-*Boehm*, Art. 82 Rn. 25.
5 EuGH 10.4.1984 – C-14/83, NJW 1984, 2021: abschreckende Wirkung des Schadensersatzes; EuGH 17.12.2015 – C-407/14, NZA 2016, 471: abschreckende Wirkung bedeutet nicht, dass mehr als der eingetretene Schaden bezahlt werden muss, aber das nationale Recht kann einen solchen Strafschadensersatz vorsehen.
6 Kühling/Buchner-*Bergt*, Art. 82 Rn. 17.
7 Jacquemain, RDV 2017, 227, 229.
8 Vgl. Sydow-*Kreße*, Art. 82 Rn. 9.
9 Vgl. Sydow-*Kreße*, Art. 82 Rn. 9.

seine Unterhaltspflichten nicht mehr erfüllen kann, weshalb ein Familienangehöriger den Verantwortlichen auf Schadensersatz in Anspruch nimmt.[10] Weiter ist nicht zu bestreiten, dass ein Unternehmen durch wenig sorgsamen Umgang mit Daten einen Wettbewerbsvorteil gegenüber einem Konkurrenten erlangen kann, der sich korrekt an die DSGVO hält.[11] Auch kann eine weisungswidrige Datenverarbeitung durch einen Auftragsverarbeiter dem Verantwortlichen einen erheblichen Schaden zufügen, weil auf diese Weise z. B. Betriebsgeheimnisse bekannt werden oder mangelnde Datensicherheit deutlich wird, was zum »Abspringen« von Kunden führt. In der Literatur wird auf Big-Data-Anwendungen verwiesen, die automatisch auch die Bonitätseinstufung von Familienangehörigen verschlechtern.[12]

5 Der Wortlaut des Abs. 1, der nur auf »Personen« abstellt, ist von relativ geringer Relevanz, weil die **redaktionelle Durcharbeitung** zumindest der deutschen Version der DSGVO bisweilen erheblich **zu wünschen übrig**lässt. Dies gilt auch für Art. 82 selbst. Sein **Abs. 4** begründet die gesamtschuldnerische Haftung von Verantwortlichen und Auftragsverarbeitern am Ende seines Textes mit dem Argument, einen »wirksamen Schadensersatz für die betroffene Person« sicherzustellen. Hier wird also ersichtlich ein **engerer Begriff** der potenziell Geschädigten in Form der »betroffenen Person« verwendet. Ähnliches gilt für **ErwGr 146 Satz 6**, wo es heißt, »die betroffenen Personen« sollten einen vollständigen und wirksamen Schadensersatz erhalten. Auf diese Weise ändert sich ein wenig die Perspektive: Der Wortlaut ist zumindest nicht eindeutig, ja es spricht mehr dafür, die Haftung auf »betroffene Personen« zu beschränken.

6 Stärkeres Gewicht haben unter diesen Umständen allerdings Argumente, die auf den **Zweck der DSGVO** abstellen. Nach ihrem Art. 1 Abs. 1 will sie »natürliche Personen« bei der Verarbeitung personenbezogener Daten schützen; es geht ihr also um den Schutz der Betroffenen. Über diesen Zweck ginge man hinaus, würde man Art. 82 auch als Schutzvorschrift zugunsten von juristischen Personen[13] sowie von solchen natürlichen Personen auffassen, deren Daten gar nicht Gegenstand der Verarbeitung waren. Art. 82 würde insoweit einen Fremdkörper innerhalb der DSGVO darstellen.[14] Die **Verhaltenspflichten**, die die DSGVO aufstellt, **wollen** grundsätzlich nur die **betroffenen Personen schützen**; ihre Verletzung sollte daher nicht zu einer Schadensersatzpflicht auch gegenüber Dritten führen.[15] Die ganz herrschende Auffassung in der juristischen Literatur kommt daher zu dem Ergebnis, dass sich die Haftung nach Art. 82 **nur** auf **betroffene Personen** bezieht.[16] Dafür spricht auch, dass eine »Öffnung« hin zu allen denkbaren Personen auch mittelbar Geschädigte mit einem Ersatzanspruch versehen würde, was nicht nur im deutschen Recht die bisherigen Strukturen sprengt. Wird etwa die Bonität des Gesellschafters einer Perso-

10 Laue/Kremer-*Laue*, § 11 Rn. 7; Kühling/Buchner-*Bergt*, Art. 82 Rn. 15.
11 Auernhammer-*Eßer*, Art. 82 Rn. 6; Plath-*Becker*, Art. 82 Rn. 2.
12 Schantz/Wolff-*Schantz*, Rn. 1247.
13 Insoweit zustimmend Wybitul-*Krätschmer/Bausewein*, Art. 82 Rn. 14.
14 Sydow-*Kreße*, Art. 82 Rn. 9.
15 Plath-*Becker*, Art. 82 Rn. 2.
16 Auernhammer-*Eßer*, Art. 82 Rn. 4; Gola-*Gola/Piltz*, Art. 82 Rn. 10; Paal/Pauly-*Frenzel*, Art. 82 Rn. 7; Plath-*Becker*, Art. 82 Rn. 2; Sydow-*Kreße*, Art. 82 Rn. 11; wohl auch Ehmann/Selmayr-*Nemitz*, Art. 82 Rn. 4; für Erstreckung auf alle natürlichen Personen Kühling/Buchner-*Bergt*, Art. 82 Rn. 15; Wybitul-*Krätschmer/Bausewein*, Art. 82 Rn. 12 ff.; SHS-*Boehm*, Art. 82 Rn. 9.

nengesellschaft wegen mangelhafter Datenverarbeitung zu schlecht bewertet, so leidet darunter auch die Bonität der Gesellschaft und die der Mitgesellschafter.[17] Werden Daten einer bestimmten Person zu Unrecht weitergegeben, so kann das auch Rückschlüsse auf nahestehende andere Personen ermöglichen, was für diese mit Nachteilen verbunden sein kann. Soll man in diesen und ähnlichen Fällen auch **allen mittelbar Geschädigten Schadensersatzansprüche** gewähren? Dies dürfte von Art. 82 schwerlich gewollt sein.[18]

III. Anspruchsgegner

Der Schadensersatzanspruch nach Art. 82 kann sich nur **gegen den Verantwortlichen** oder **gegen einen Auftragsverarbeiter** richten. Andere beteiligte Personen wie ein betrieblicher Datenschutzbeauftragter, ein Geschäftsführer oder Mitarbeiter des Verantwortlichen kommen nicht in Betracht. Das schließt nicht aus, dass im Verhältnis zu ihnen andere Vorschriften, insbesondere des nationalen Rechts, eingreifen, die eine Schadensersatzpflicht auslösen können. 7

Verantwortlicher ist jeder, der die Datenverarbeitung vornimmt oder vornehmen lässt. Zwischen öffentlichen und privaten Einheiten wird dabei anders als nach §§ 7, 8 BDSG-alt nicht unterschieden.[19] Das Verhalten von **Arbeitnehmern** wird **dem Arbeitgeber** bzw. der Behörde **zugerechnet**. Gibt es mehrere Verantwortliche im Sinne des **Art. 26** (siehe dort Rn. 3ff.), haften sie gleichermaßen.[20] Fraglich kann nur sein, ob sich ein Beteiligter nach Abs. 3 von der Haftung befreien kann, weil er nach der abgesprochenen Arbeitsteilung nichts mit dem fraglichen Vorgang zu tun hatte. 8

Auftragsverarbeiter sind erstmals in die datenschutzrechtliche Haftung einbezogen. Sie haften jedoch nach Abs. 2 Satz 2 nur, wenn sie den speziell ihnen auferlegten Pflichten (z. B. zur Datensicherung oder zur Bestellung eines Datenschutzbeauftragten) zuwidergehandelt haben oder wenn sie rechtmäßige Anweisungen des Verantwortlichen nicht oder nicht ausreichend befolgt haben. Soweit sie die Grenzen des Auftrags überschreiten und die Datenverarbeitung zu eigenen Zwecken vornehmen, werden sie zum Verantwortlichen und haften in dieser Eigenschaft voll. Zu den Auftragsverarbeitern gehören auch **Unterauftragsverarbeiter** und Sub-Sub-Auftragsverarbeiter,[21] da sie dieselbe Funktion erfüllen und die betroffenen Personen in der Regel keinen Einfluss darauf haben, welche weiteren Unternehmen in die Datenverarbeitung eingeschaltet werden. Der **Verantwortliche** haftet **neben dem Auftragsverarbeiter**, kann aber nach Abs. 3 von der Haftung frei werden, wenn er den Auftragsverarbeiter sorgfältig ausgesucht hat und dessen Fehlverhalten nicht voraussehbar war.[22] 9

---

17 Beispiel bei Kühling/Buchner-*Bergt*, Art. 82 Rn. 15.

18 Dafür aber grundsätzlich Wybitul/Neu/Strauch, ZD 2018, 202, 205.

19 Auernhammer-*Eßer*, Art. 82 Rn. 7; Gola-*Gola/Piltz*, Art. 82 Rn. 3; Paal/Pauly-*Frenzel*, Art. 82 Rn. 12.

20 Auernhammer-*Eßer*, Art. 82 Rn. 7.

21 Zur Zulässigkeit ihrer Einschaltung s. Däubler, Gläserne Belegschaften, Rn. 437c.

22 Wybitul/Neu/Strauch, ZD 2018, 202, 204; ähnlich SHS-*Boehm*, Art. 82 Rn. 24.

IV. Der haftungsbegründende Tatbestand (Abs. 1 und 2)

1. Verletzung von Pflichten aus der DSGVO durch den Verantwortlichen

10 Die Haftung des Verantwortlichen auf Schadensersatz setzt voraus, dass er **gegen Vorschriften der DSGVO verstoßen** hat. Deren Bedeutung spielt keine Rolle; es kann sich um materiell-rechtliche Zulässigkeitsvorschriften wie Art. 6 oder um Verfahrensvorschriften wie die Bestellung eines Datenschutzbeauftragten oder die Dokumentation nach Art. 30 handeln. Die Haftung tritt für jeden noch so kleinen Verstoß ein, soweit er kausal für die Entstehung eines Schadens war.[23] **Nicht** erforderlich ist, dass die Vorschrift **gerade den Schutz der betroffenen Person** bezweckte.[24] Allerdings muss immer eine Pflicht verletzt sein; ein **Suchmaschinenbetreiber** muss sich beispielsweise nicht vergewissern, ob die ermittelten Inhalte rechtmäßig ins Internet gekommen sind.[25] Seine Haftung kommt erst in Betracht, wenn er z. B. einem Hinweis nicht nachgegangen ist, eine bestimmte Äußerung im Internet habe verleumderischen Charakter.[26]

11 Der Verstoß muss **bei der Datenverarbeitung** eingetreten sein;[27] bei welcher Phase dies geschah, spielt keine Rolle.[28] Das Verhalten von Mitarbeitern wird dem Verantwortlichen zugerechnet; eine Exkulpation entsprechend § 831 BGB scheidet von vorne herein aus.[29]

12 Nach ErwGr 146 Satz 5 steht den Verstößen gegen die DSGVO ein Verstoß gegen delegierte Rechtsakte und **Durchführungsrechtsakte** gleich. Dasselbe gilt für **Rechtsvorschriften der Mitgliedstaaten** zur Präzisierung von Bestimmungen der DSGVO. Dies wird allgemein als Richtschnur zur Interpretation des Art. 82 akzeptiert.[30] Die Einbeziehung des nationalen Rechts wird zum Teil auf alle Vorschriften erstreckt, die im Zusammenhang mit der DSGVO erlassen wurden.[31] Dem wird allerdings für den Fall des Art. 85 Abs. 2 widersprochen, der die Mitgliedstaaten ermächtigt, von der DSGVO abweichende Vorschriften zu erlassen (siehe dort Rn. 21 ff.).[32] Bestimmungen, die wie die im Rahmen des **Art. 88** erlassenen **»spezifischeren« Charakter** haben, werden jedoch selbstredend von Art. 82 mit umfasst. Dies war ersichtlich auch die Auffassung des deutschen Gesetzgebers, der andernfalls »Nachfolgevorschriften« für die §§ 7 und 8 BDSG-alt erlassen hätte. Auch wäre es wenig sinnvoll, würde man nach Art. 83 Abs. 5 Buchst. d Bußgelder verhängen können, wenn gegen die auf der Grundlage der Art. 85 bis 91 erlassenen nationalen Vorschriften verstoßen wurde, während man in denselben Fällen auf die Schadensersatzsanktion verzichten müsste.[33] Nicht erfasst sind dagegen nationale Vorschriften, die

---

23 Kühling/Buchner-*Bergt*, Art. 82 Rn. 23.

24 Paal/Pauly-*Frenzel*, Art. 82 Rn. 8; Kühling/Buchner-*Bergt*, Art. 82 Rn. 23.

25 Zur Haftung des Suchmaschinenbetreibers BGH 27. 2. 2018 – VI ZR 489/16, ZD 2018, 428.

26 BGH 24. 2. 2018 – VI ZR 330/17, K&R 2019, 256 = ZIP 2019, 1172.

27 Ehmann/Selmayr-*Nemitz*, Art. 82 Rn. 8; Sydow-*Kreße*, Art. 82 Rn. 7.

28 Laue/Kremer-*Laue*, § 11 Rn. 4.

29 Gola-*Gola/Piltz*, Art. 82 Rn. 14.

30 Ehmann/Selmayr-*Nemitz*, Art. 82 Rn. 9: Paal/Pauly-*Frenzel*, Art. 92 Rn. 9 u. a.

31 Auernhammer-*Eßer*, Art. 92 Rn. 9; Laue/Kremer-*Laue*, § 11 Rn. 3; Plath-*Becker*, Art. 82 Rn. 3.

32 Kühling/Buchner-*Bergt*, Art. 92 Rn. 24; Paal/Pauly-*Frenzel*, Art. 92 Rn. 9.

33 Siehe auch Däubler, Gläserne Belegschaften, Rn. 625g; im Ergebnis übereinstimmend Wybitul-*Krätschmer/Bausewein*, Art. 82 Rn. 17.

einen allgemeinen Persönlichkeitsschutz ohne besonderen Bezug zur Datenverarbeitung schaffen wollen.

Auch **Kollektivverträge**, insbesondere Betriebsvereinbarungen können nach Art. 88 Abs. 1 spezifischere Datenschutzbestimmungen als die DSGVO enthalten. Schon nach bisheriger Rechtslage wurden sie zum Datenschutzrecht gezählt, dessen Verletzung die Haftung nach § 7 auslösen konnte.[34] Angesichts der engen Ankoppelung an die DSGVO kann im neuen Recht nichts anderes gelten.[35] 13

2. Verursachung eines Schadens

a) Wann liegt ein Schaden vor?

Der Verstoß gegen die DSGVO oder gleichgestellte Bestimmungen muss zu einem Schaden geführt haben.[36] Dieser kann im Gegensatz zu § 7 BDSG-alt[37] materieller oder immaterieller Art sein. **Fragen**, zu denen das Unionsrecht keine Regelung enthält, sind dabei **nach nationalem Recht zu entscheiden**. Welches nationale Recht im Einzelfall anzuwenden ist, richtet sich nicht nach der sog. Rom II-Verordnung,[38] da diese nach ihrem Art. 1 Abs. 2 Buchst. g »außervertragliche Schuldverhältnisse aus der Verletzung der Privatsphäre oder der Persönlichkeitsrechte, einschließlich der Verleumdung« ausdrücklich ausnimmt. Insoweit bleibt es bei der Anwendung des **nationalen Kollisionsrechts**.[39] Nach Art. 40 Abs. 1 Satz 1 EGBGB kommt das Recht des Staates zur Anwendung, in dem der Ersatzpflichtige gehandelt hat. Der Verletzte kann jedoch nach Art. 40 Abs. 1 Satz 2 EGBGB verlangen, dass stattdessen das **Recht des Staates** angewandt wird, **in dem der Erfolg eingetreten** ist. Ein in Deutschland wohnender Geschädigter kann (und wird) sich daher im Regelfall auf deutsches Recht berufen. 14

Ein **belegbarer materieller Schaden** tritt bei Datenschutzverletzungen relativ selten ein, ist aber nicht von vorne herein ausgeschlossen. Wegen Übermittlung falscher Daten durch einen Auskunftsdienst wird die betroffene Person nicht eingestellt oder entlassen: Weil ein unrichtiges Datum in einer Nachwuchsförderungsdatei entgegen dem Wunsch der betroffenen Person nicht berichtigt wurde, **unterblieb** die sonst zu erwartende **Beförderung**.[40] Der materielle Schaden kann – abstrakt gesprochen – darin liegen, dass ein Rechtsgut schlechter bewertet oder dem Betroffenen ein Vorteil vorenthalten wird, den er andernfalls bekommen hätte. Für den ersten Fall mag die Verschlechterung des Ratings eines Unternehmens stehen, für den zweiten die Gewährung schlechterer Bedingungen bei 15

---

34 DKWW-*Däubler*, § 7 Rn.10; Plath-*Becker*, § 7 Rn. 7 a. E.; Simitis-*Simitis*, § 7 Rn. 16; Wybitul/Schulze-*Melling*, § 7 Rn. 3; a. A. Wolff/Brink-*Quaas*, § 7 Rn. 50.

35 Gola-*Gola/Piltz*, Art. 82 Rn. 17.

36 So auch AG Diez 7.11.2018 – 8 C 130/18, ZD 2019, 85

37 Dazu LG Hannover 26.3.2018 – 18 S 28/17, ZD 2019, 41

38 Verordnung (EG) Nr. 864/2007 des Europäischen Parlaments und des Rates über das auf außervertragliche Schuldverhältnisse anzuwendende Recht v. 11. Juli 2007, ABl. EU Nr. L 199/40.

39 Palandt-*Thorn*, Art. 1 Rom II-VO Rn. 15; Sydow-*Kreße*, Art. 82 Rn. 4.

40 Weitere Beispiele bei Kühling/Buchner-*Bergt*, Art. 82 Rn. 19.

einem Kredit oder einem Versicherungsvertrag, weil die **Bonität** infolge unzutreffender Informationen zu schlecht eingeschätzt wurde.[41]

16 **Immaterielle Schäden** werden bei Datenschutzverletzungen sehr viel häufiger entstehen. Durch ungerechtfertigte Übermittlung oder Veröffentlichung von Daten kann die betroffene Person in ihrer Umgebung oder in der Öffentlichkeit bloßgestellt werden.[42] Einen immateriellen Schaden stellt es auch dar, wenn sich der Einzelne missachtet fühlt, weil seiner ausdrücklichen Erklärung zuwider seine Daten an einen Dritten übermittelt wurden.[43] Auch das Angeschrieben-Werden ohne Einwilligung stellt eine Beeinträchtigung dar, die bei einem einmaligen Vorgang allerdings sehr gering ist.[44] Die (heimliche oder offene) Überwachung durch einen **Privatdetektiv** oder eine **Videokamera** beeinträchtigt die normale Interaktion mit anderen Menschen und stellt deshalb einen immateriellen Nachteil dar.[45] Letzteres gilt auch für die unerlaubte Veröffentlichung eines Fotos im Internet.[46] Eine abschließende Aufzählung von derartigen Fällen ist nicht möglich. In Zweifelsfällen wird zu berücksichtigen sein, dass das Unionsrecht von einem weiten Schadensbegriff ausgeht, weil dies die effektive Beachtung der DSGVO fördert.[47] Über die Höhe der für einen immateriellen Schaden geschuldeten Ausgleichsleistung ist auf die Ausführungen unter Rn. 28 f. zu verweisen.

b) Das Problem der Kausalität

17 Der (materielle oder immaterielle) Schaden muss durch die Verletzung der DSGVO oder einer gleichgestellten Norm verursacht werden. Zwischen der **Nichtbeachtung der Norm** und dem **Schaden** muss also **Kausalität** bestehen, wobei eine Mitverursachung genügt.[48] An dieser fehlt es beispielsweise, wenn eine Auskunftei zwar die Vorschriften über die Datensicherung missachtet, gleichwohl aber eine zutreffende Information über die betroffene Person an einen Dritten weitergibt.[49] Wird entgegen gesetzlicher Verpflichtung **kein betrieblicher Datenschutzbeauftragter** bestellt, so wird es häufig ebenfalls schwierig sein, eine Kausalität zwischen dieser Pflichtverletzung und einem Schaden zu belegen.

18 Im Unionsrecht wird in kartellrechtlichen Streitigkeiten nicht jede Kausalität im naturwissenschaftlichen Sinne als haftungsbegründend angesehen; vielmehr muss eine »**hinreichende Unmittelbarkeit**« zwischen Ursache und Wirkung bestehen,[50] um so eine ufer-

41 Vgl. Wybitul/Neu/Strauch, ZD 2018, 202, 205.

42 Ehmann/Selmayr-*Nemitz*, Art. 82 Rn. 13.

43 Siehe AmtsG Kassel 3.11.1998 – 424 C 1260/98, CR 1999, 749 = DSB Heft 1/2000, 16 = DuD 1999, 599.

44 Im Fall des AG Diez (7.11.2018 – 8 C 130/18, ZD 2019, 85) wurde deshalb nur der vom Versender anerkannte Betrag von 50 Euro akzeptiert und die eingeklagten weiteren 500 Euro nicht zugesprochen.

45 Vgl. BAG 19.2.2015 – 8 AZR 1007/13, NZA 2015, 994.

46 OLG Dresden 19.2.2018 – 4 U 1234/17, ZD 2018,268.

47 Vgl. Paal/Pauly-*Frenzel*, Art. 82 Rn. 10; Plath-*Becker*, Art. 82 Rn. 4a.

48 SHS-*Boehm*, Art. 82 Rn. 14.

49 Kühling/Buchner-*Bergt*, Art. 82 Rn. 43; ähnliches Beispiel bei Wybitul/Neu/Strauch, ZD 2018, 202, 206.

50 EuGH 4.10.1979 – C-238/78, Rn. 21.

lose Schadensersatzpflicht zu vermeiden.[51] Dies ins Datenschutzrecht zu übertragen, besteht kein Anlass, da Art. 82 insofern eine »Selbstbeschränkung« enthält, als nur betroffene Personen als Träger eines Schadensersatzanspruchs in Betracht kommen. Damit ist die »**Unmittelbarkeit**« der Beziehung zwischen Schädiger und Geschädigtem **gesichert.** Wer allerdings auch andere natürliche Personen in den Schutzbereich des Art. 82 einbezieht, sieht sich insoweit vergleichbaren Problemen wie im Kartellrecht ausgesetzt.[52] Im Übrigen werden auch bei der Schädigung der betroffenen Person der überkommenen Adäquanztheorie entsprechend **völlig außergewöhnliche Verkettungen** von Umständen nicht als ausreichende Basis für einen Anspruch auf Schadensersatz anerkannt,[53] doch gibt es dazu keinerlei Anschauungsmaterial.

3. Verschulden?

Die Haftung nach Art. 82 Abs. 1 und 2 setzt kein Verschulden voraus. Der Verantwortliche hat lediglich die Möglichkeit, sich unter den Voraussetzungen des Abs. 3 von der Haftung zu befreien. Ob hierfür auch mangelndes Verschulden ausreicht, wird zu erörtern sein (unten Rn. 24). 19

4. Insbesondere: Pflichten der Auftragsverarbeiter

Auftragsverarbeiter haften nicht bei jedem Verstoß gegen die DSGVO, sondern nach Abs. 2 Satz 2 nur dann, wenn sie **den spezifischen**, ihnen auferlegten **Verpflichtungen zuwiderhandeln**. Die Liste dieser Verpflichtungen hat allerdings eine beeindruckende Länge.[54] 20

- **Abschluss eines Vertrags** über die Auftragsdatenverarbeitung, der die in Art. 28 vorgesehenen Gegenstände hat. Fehlt es daran und wird eine dort zu regelnde Pflicht verletzt, dürfte eine Haftungsbefreiung nach Abs. 3 ausscheiden. Unterauftragnehmer dürfen nur mit Zustimmung des Verantwortlichen eingeschaltet werden.
- Der Auftragsverarbeiter muss einen **Datenschutzbeauftragten** bestellen.
- Die Regeln zur **Übermittlung** von Daten **in Drittstaaten** gelten nach Art. 44 Satz 1 auch für Auftragsverarbeiter (siehe Art. 44 Rn. 3ff.).
- Der Auftragsverarbeiter muss den Weisungen der **Aufsichtsbehörde** nachkommen.
- Ein in einem Drittstaat angesiedelter Auftragsverarbeiter muss nach Art. 27 einen Vertreter in der EU benennen (siehe Art. 27 Rn. 3ff.).
- Nach Art. 30 Abs. 2 muss der Auftragsverarbeiter in der Regel ein **Verzeichnis der Verarbeitungstätigkeiten** führen. Es muss auf Anfrage der Aufsichtsbehörde zur Verfügung gestellt werden.

Der Auftragsverarbeiter ist weiter verpflichtet, **den Weisungen des Verantwortlichen nachzukommen**. Tut er dies nicht, würde dies ebenfalls eine Haftung nach Art. 82 auslösen. Ist die **Weisung rechtswidrig**, ist sie für den Auftragsverarbeiter unbeachtlich; er darf 21

51 Schlussanträge der Generalanwältin Kokott in der Rechtssache C-557/12.
52 Dazu Kühling/Buchner-*Bergt*, Art. 82 Rn. 44f.
53 Kühling/Buchner-*Bergt*, Art. 82 Rn. 45.
54 Überblick bei Kühling/Buchner-*Bergt*, Art. 82 Rn. 27ff.

ihr nicht Folge leisten. Nimmt er die Rechtswidrigkeit nur an, ist die Weisung **in Wirklichkeit** aber **rechtmäßig**, so handelt er auf eigenes Risiko; entsteht aus seinem pflichtwidrigen Unterlassen ein Schaden, haftet er nach Art. 82. **Führt** der Auftragsverarbeiter eine **rechtswidrige Weisung aus**, so haftet er nur dann, wenn er die Rechtswidrigkeit kannte oder wenn sie für ihn unschwer erkennbar war.[55] Insoweit wird empfohlen, in rechtlich zweifelhaften Fällen eine Weisung eher auszuführen als zu verweigern.[56] Zur Haftung für das Verhalten von Unterauftragnehmern siehe Art. 28 Rn. 96ff.

V. Die Haftungsbefreiung nach Abs. 3

1. Der problematische Wortlaut

22 Nach Art. 82 Abs. 3 wird der Verantwortliche oder der Auftragsverarbeiter **von der Haftung frei**, wenn er nachweist, dass er **»in keinerlei Hinsicht« für den Umstand verantwortlich** ist, durch den der Schaden eingetreten ist. Diese Formulierung fügt sich nicht in das System des deutschen Haftungsrechts ein, das für den Normalfall auf Verschulden abstellt, also verlangt, dass der Verursacher bei Anwendung genügender Sorgfalt den Schaden hätte vermeiden können.[57] Soweit eine Gefährdungshaftung besteht, findet sie ihre Grenze häufig an »höherer Gewalt« (§ 1 Haftpflichtgesetz) oder an einem »unabwendbaren Ereignis« (§ 7 StVG a. F.), das auch bei Anwendung größter Sorgfalt nicht zu vermeiden war. Die »**Verantwortung**« für bestimmte Umstände ist **bislang kein Kriterium** für die Auslösung oder den Umfang einer Haftung.

23 **Andere Sprachfassungen** bringen **keinen zusätzlichen Aufschluss**. Im Englischen muss die in Anspruch genommene verantwortliche Person beweisen, sie sei »not in any way responsible for the event giving rise to the damage«, wobei aber offen bleibt, ob man nur dann »responsible« ist, wenn einem mindestens Fahrlässigkeit zur Last gelegt werden kann. Im Französischen geht es allein um die »Zurechenbarkeit«: Der in Anspruch Genommene muss beweisen, dass »le fait qui a provoqué le dommage ne lui est nullement imputable«, dass die Tatsache, die den Schaden verursacht hat, ihm in keiner Weise zuzurechnen ist. Dem entspricht die italienische Fassung.[58] Im Spanischen wird wiederum auf die Verantwortlichkeit abgestellt,[59] ebenso im Portugiesischen,[60] im Niederländischen,[61] im Slowenischen[62] und im Bulgarischen.[63]

---

55 Kühling/Buchner-*Bergt*, Art. 82 Rn. 30.

56 Kühling/Buchner-*Bergt*, Art. 82 Rn. 36.

57 So auch ohne nähere Auseinandersetzung für Art. 82 Gola-*Gola/Piltz*, Art. 82 Rn. 18.

58 … se dimostra che l'evento dannoso non gli è in alcun modo *imputabile*.

59 … que no es en modo alguno *responsable* del hecho que haya causado los daños y perjuicios.

60 … se provar que não é de modo algum *responsável* pelo evento que deu origem aos danos.

61 … indien hij bewijst dat hij op geen enkele wijze *verantwoordelijk* is voor het schadeveroorzakende feit.

62 … če dokaže, da v nobenem primeru ni *odgovoren* za dogodek, ki povzroči škodo (= wenn er beweist, dass er in keinem Fall für das Ereignis *verantwortlich* war, das den Schaden verursacht hat).

63 … ако докаже, че по никакъв начин не е *отговорен* за събитието, причинило вредата (= wenn er beweist, dass er in keiner Weise für das Ereignis *verantwortlich* war, das den Schaden verursacht hat).

2. Kontroverse Auslegung

In der Literatur werden **zwei verschiedene Auffassungen** vertreten, die sich im Ansatz unterscheiden. Die eine folgt dem Wortlaut und betont, in Art. 82 sei nirgends von Verschulden die Rede.[64] Die Regelung in der DSRl und die Entstehungsgeschichte des Art. 82 beweise, dass fehlendes Verschulden für eine Enthaftung nicht ausreichen könne. Dafür komme lediglich »höhere Gewalt« und ein 100 %-iges Mitverschulden des Geschädigten in Betracht.[65] Die zahlenmäßig überwiegende Gegenmeinung meint, es handle sich um eine Verschuldenshaftung mit Umkehr der Beweislast.[66] Es liege eine unglückliche Doppelung des Begriffs »verantwortlich« vor, der hier in ganz anderem Sinne als in Art. 4 Nr. 7 verwendet werde. Eine Enthaftung nur dann anzunehmen, wenn der Verantwortliche beweisen könne, überhaupt nicht beteiligt gewesen zu sein, gehe zu weit.[67] Auch wer beteiligt sei, aber alle Pflichten erfüllt habe, müsse von der Haftung frei sein.[68] Dies überzeugt nicht. Die DSGVO kennt den Begriff des Verantwortlich-Seins und verwendet ihn in Art. 26 auch in dem Sinne, dass es **arbeitsteilige Datenverarbeitungsvorgänge** geben könne, bei denen es eine Arbeitsteilung zwischen verschiedenen Verantwortlichen gibt (siehe Art. 26 Rn. 4 ff.). Es liegt auf der Hand, dass insbesondere in solchen Fällen ein Verantwortlicher mit dem Argument seine Enthaftung erreichen kann, er habe mit den konkreten Vorgängen, die zu der Haftung führen, nichts zu tun, das falle in die Zuständigkeit eines anderen Verantwortlichen. Auch greift das Argument der fehlenden Verantwortung dann, wenn das haftungsbegründende Ereignis auf einem **unzulässigen Zugriff eines Dritten** beruht, der trotz aller gebotenen Sicherungsmaßnahmen Erfolg hatte.[69] Auch wird mit Recht auf die Entstehungsgeschichte der Norm und die Vorläuferregelung in der DSRl hingewiesen.[70] 24

3. Einigkeit im Ergebnis

Mit einer gewissen Überraschung muss man allerdings feststellen, dass sich im Ergebnis praktisch keine Differenzen ergeben. Völlig einig ist man sich zunächst darüber, dass der Verantwortliche sich nicht mit dem Argument der Haftung entziehen kann, einer seiner **Arbeitnehmer** habe zwar **schuldhaft einen Fehler begangen**, sei aber sorgfältig ausgesucht und überwacht worden; die Exkulpation nach § 831 BGB hat im Rahmen des Art. 82 keinen Platz.[71] In einem solchen Fall liegt das schadenstiftende Ereignis im Bereich des Verantwortlichen. Weiter wird eine Enthaftung auch dann nicht in Betracht gezogen, wenn eine Vorschrift der DSGVO nicht beachtet wurde, weil man sie nicht gekannt oder 25

64 Sydow-*Kreße*, Art. 82 Rn. 18.
65 Sydow-*Kreße*, Art. 82 Rn. 20.
66 Jacquemain, RDV 2017, 227, 230.
67 Paal/Pauly-*Frenzel*, Art. 82 Rn. 15.
68 Plath-*Becker*, Art. 82 Rn. 5.
69 Wybitul-*Krätschmer/Bausewein*, Art. 82 Rn. 29.
70 Sydow-*Kreße*, Art. 82 Rn. 19.
71 Gola-*Gola/Piltz*, Art. 82 Rn. 19; Kühling/Buchner-*Bergt*, Art. 82 Rn. 55; Paal/Pauly-*Frenzel*, Art. 82 Rn. 15; SHS-*Boehm*, Art. 82 Rn. 23; Spindler, DB 2016, 937, 947; Wybitul/Neu/Strauch, ZD 2018, 202, 204.

missverstanden habe. Vielmehr muss der Verantwortliche beweisen, dass alle Vorschriften des DSGVO (und gleichgestellter Vorschriften) eingehalten wurden, was im Zweifel nur bei entsprechender Dokumentation auf der Grundlage von Art. 5 Abs. 2 und Art. 24 Abs. 1 gelingt.[72] Nach beiden Auffassungen entfällt jedoch die Haftung, wenn ein **Dritter unbefugt auf Daten zugegriffen** und dadurch einen Schaden verursacht hatte – vorausgesetzt, alle gebotenen Sicherungsmaßnahmen gegen solche Zugriffe sind vorher realisiert worden.[73] Blieb ein Zugriffsweg erkennbar offen, kommt keine Exkulpation in Betracht.[74] Eine Enthaftung tritt weiter ein, wenn die betroffene Person den Schaden allein zu verantworten hatte; auch insoweit gibt es keine Meinungsverschiedenheiten.[75]

26 Liegt der **Fehler beim** (sorgfältig ausgesuchten) **Auftragsverarbeiter**, so stellt sich das Problem, ob sich der Verantwortliche in einem solchen Fall auf Abs. 3 berufen kann. Dies wird aus gutem Grund abgelehnt,[76] da dieser Fall nicht anders als der der eigenen Arbeitnehmer zu behandeln sei: In beiden Fällen bestehen Weisungsbefugnisse. Auch würde die betroffene Person entgegen der Intention der DSGVO nicht in den Genuss eines wirksamen Schadensersatzes kommen, weil sich der Auftragsverarbeiter seinerseits mit dem Argument exkulpieren könnte, sein **Unterauftragnehmer** habe einen Fehler gemacht. Da die Kette der eingeschalteten Unternehmen für die betroffene Person nur in Ausnahmefällen erkennbar ist, stünden der Durchsetzung von Schadensersatzansprüchen unzumutbare Hindernisse entgegen.

VI. Die Höhe des Schadens

27 Die Entstehung eines **beweisbaren materiellen Schadens** aufgrund einer Verletzung von Datenschutzvorschriften ist **selten** möglich. Auf denkbare Konstellationen ist bereits oben (Rn. 15) hingewiesen worden. In der Regel geht es um Vermögensnachteile, die sich in überschaubarem Rahmen halten. Ihre genaue Höhe bestimmt sich nach den §§ 249ff. BGB.[77]

28 Sehr viel problematischer sind die **immateriellen Schäden**, die aufgrund eines Verstoßes gegen Datenschutzvorschriften eintreten. Die Rechtsprechung war insoweit bisher sehr zurückhaltend und verlangte eine »schwere« Verletzung des Persönlichkeitsrechts. Diese lag allerdings vor, wenn eine Person im polizeilichen Informationssystem als »gewalttätig« bezeichnet wurde, obwohl es für eine solche Qualifizierung gar keine Rechtsgrundlage gab und außerdem die ermittelten Tatsachen eine solche Bewertung nicht rechtfertigten.[78] An der **unerlaubten Übermittlung von Daten** schien die Rechtsprechung allerdings kaum Anstoß zu nehmen. So sah das AmtsG Kassel[79] keinen Anlass, ein »Schmerzensgeld« zuzuerkennen, als die bei der Bestellung einer Bahncard angefallenen Kundendaten an ein

72 Auernhammer-*Eßer*, Art. 82 Rn. 12.
73 Ehmann/Selmayr-*Nemitz*, Art. 82 Rn. 14; Paal/Pauly-*Frenzel*, Art. 82 Rn. 15; Plath-*Becker*, Art. 82 Rn. 5.
74 Kühling/Buchner-*Bergt*, Art. 82 Rn. 54; Paal/Pauly-*Frenzel*, Art. 82 Rn. 15.
75 Kühling/Buchner-*Bergt*, Art. 82 Rn. 54; Sydow-*Kreße*, Art. 82 Rn. 20; SHS-*Boehm*, Art. 82 Rn. 22.
76 Kühling/Buchner-*Bergt*, Art. 82 Rn. 55ff.; Däubler, Gläserne Belegschaften, Rn. 625d.
77 Zur kollisionsrechtlichen Seite s. oben Rn. 14.
78 OVG Saarlouis 30.1.2018 – 2 A 269/16, ZD 2018, 233.
79 3.11.1998 – 424 C 1260/98, CR 1999, 749 = DSB Heft 1/2000 S. 16 = DuD 1999, 599.

US-Unternehmen übermittelt wurden, obwohl der Betroffene die fragliche Ermächtigungsklausel in den Vertragsbedingungen ausdrücklich gestrichen hatte. Dies war im Grunde nur ein Anwendungsfall des allgemeinen Grundsatzes, dass eine Entschädigung überhaupt **nur bei »schweren Eingriffen« in das Persönlichkeitsrecht** geschuldet war.

Eine solche Beschränkung gibt es nach der DSGVO nicht mehr.[80] Schon deshalb wird sich 29
die Rechtsprechung ändern und auch in Fällen wie dem eben genannten einen immateriellen Schadensersatz zusprechen müssen. Hinzu kommt, dass der Schadensersatz nach der DSGVO abschreckende Wirkung haben, d.h. so bemessen sein muss, dass andere von entsprechenden Verstößen gegen die DSGVO abgehalten werden. Dies folgt u.a. aus ErwGr. 146 Satz 6, wonach die betroffene Person nicht nur einen »vollständigen«, sondern auch einen »wirksamen« Schadensersatz erhalten muss.[81] Da ein materieller Schaden häufig nicht eintritt oder nicht beweisbar ist, hängt der Beitrag des Schadensersatzes zur Durchsetzung der DSGVO wesentlich davon ab, wie der Ersatz für immaterielle Schäden bemessen wird.[82] Mit Recht wird in der Literatur betont, dass deshalb nicht nur der Kreis der zu sanktionierenden Verstöße auszuweiten ist, sondern dass auch höhere Beträge als bisher ausgeurteilt werden müssen.[83] Im konkreten Fall wird die Höhe sich daran orientieren, wie stark der Eingriff war und ob es sich um eine bewusste oder eine versehentliche Rechtsverletzung handelte. Als Beispiel kann die unerlaubte Veröffentlichung eines Fotos im Internet stehen, für die das OLG Dresden zum alten Recht eine Mindestentschädigung von 2500 Euro zusprach,[84] doch dürfte nach neuem Recht im Regelfall ein höherer Betrag geboten sein. Hohe Summen wären erst recht geschuldet, wenn beispielsweise die Festplatte eines Krankenhauses mit sensiblen Patientendaten auf dem Flohmarkt angeboten würde,[85] während im Fall des Bahncard-Kunden (Rn. 28) ein Betrag von 3000 Euro sicherlich ausreichen würde. Auch wird eine Rolle spielen, wie viele Personen vom selben Datenschutzverstoß betroffen sind und ihre Ansprüche geltend machen; bei einer Massenaktion von mehreren Tausend Menschen behält der Schadensersatz auch dann noch seine abschreckende Funktion, wenn der dem Einzelnen zugesprochene Betrag diese Wirkung nicht entfalten würde.

VII. Beweislastfragen

Nach allgemeinen Grundsätzen ist es Sache des Geschädigten, die Voraussetzungen eines 30
Ersatzanspruchs darzulegen und im Streitfall zu beweisen. Dies würde im vorliegenden Zusammenhang dazu führen, dass in seltenen Fällen eine Chance bestünde, effektiv Schadensersatz zugesprochen zu bekommen: die **betroffene Person hat in der Regel keinen**

---

80 Ebenso AG Diez 7.11.2018 – 8 C 130/18, ZD 2019, 85; aus der Literatur s. statt aller Ehmann/Selmayr-*Nemitz*, Art. 82 Rn. 13; Gola-*Gola/Piltz*, Art. 82 Rn. 13.

81 Sydow-*Kreße*, Art. 82 Rn. 1, unter Bezugnahme auf Art. 4 Abs. 3 AEUV; Gola-*Gola/Piltz*, Art. 82 Rn. 13; Schantz/Wolff-*Schantz*, Rn. 1254: »Präventive Erwägungen«.

82 Ebenso Kühling/Buchner-*Bergt*, Art. 82 Rn. 18; Plath-*Becker*, Art. 82 Rn. 4a ff.; SHS-*Boehm*, Art. 82 Rn. 27.

83 Kühling/Buchner-*Bergt*, Art. 82 Rn. 18; diese Vorgaben des Unionsrechts ignorieren Wybitul/Neu/Strauch, ZD 2018, 202, 205, und gehen zur Beurteilung nach nationalem Recht über.

84 OLG Dresden 13.2.2018 – 4 U 1234/17, ZD 2018, 268.

85 Der entsprechende Fall ist mitgeteilt in DANA 2008, 124.

Einblick in die Interna des Verantwortlichen. Sie kann deshalb nicht beurteilen, ob dieser seine Pflichten nach der DSGVO verletzt hat und, sollte dies der Fall sein, durch welche Handlung welche konkrete Pflicht verletzt wurde. Ebenso schwierig ist es, den Kausalzusammenhang zwischen der Pflichtverletzung und dem erlittenen Schaden nachzuvollziehen und ihn im Streitfall zu beweisen. Dies ist auch in der Literatur weithin anerkannt,[86] wenngleich die Bereitschaft, daraus Konsequenzen zu ziehen, nicht sehr ausgeprägt ist.

31 Die DSGVO hat dieser Situation **teilweise Rechnung getragen**. Das sog. **Accountability-Prinzip** des Art. 5 Abs. 2 verpflichtet den Verantwortlichen nicht nur dazu, die Vorschriften der DSGVO einzuhalten. Vielmehr muss er im Streitfalle (und gegenüber der Aufsichtsbehörde) die **Einhaltung** auch **beweisen** können, was im Wege einer umfassenden Dokumentation zu bewerkstelligen ist. Dies führt im vorliegenden Zusammenhang dazu, dass die betroffene Person lediglich darlegen und beweisen muss, der Verantwortliche sei an der Verarbeitung irgendwie beteiligt gewesen.[87] Es ist dann dessen Sache, mit Hilfe der vorhandenen Dokumentation zu beweisen, dass dabei alles mit rechten Dingen zugegangen ist.[88] Dies läuft auf eine definitive **Umkehr der Beweislast** hinaus.

32 Die **betroffene Person** muss dann selbst **beweisen**, welcher **Schaden** ihr entstanden ist; insoweit handelt es sich um einen Vorgang in ihrer Sphäre. Warum es besonders schwierig sein sollte, einen immateriellen Schaden z. B. bei einer illegalen Videoüberwachung oder einer unerlaubten Datenübermittlung an Dritte darzulegen,[89] ist nicht ersichtlich; die Situation ist keine andere als bei sonstigen Verletzungen der Persönlichkeitssphäre. Was die Kausalität zwischen Pflichtverstoß und Schaden angeht, so befindet sich die betroffene Person in derselben Lage wie im Hinblick auf die Pflichtverletzung: Die internen Abläufe beim Verantwortlichen sind für sie eine black box.[90] In der Literatur wird deshalb der berechtigte Standpunkt vertreten, die betroffene Person müsse nur darlegen und beweisen, dass die Verarbeitung grundsätzlich geeignet war, einen derartigen Schaden herbeizuführen.[91]

33 Eindeutig ist die Beweislast im Falle des **Abs. 3** geregelt: Der Verantwortliche muss beweisen, dass er in keinerlei Weise für den Umstand verantwortlich war, durch den der Schaden eingetreten ist.[92]

---

86 Albrecht/Jotzo, Teil 8 Rn. 23; Auernhammer-*Eßer*, Art. 82 Rn. 13ff. (beide zum Kausalzusammenhang); Ehmann/Selmayr-*Nemitz*, Art. 82 Rn. 21: »Beweislast nach Verantwortungssphären«; Gola-*Gola/Piltz*, Art. 82 Rn. 15; anders Jacquemain, RDV 2017, 227, 230.

87 Kühling/Buchner-*Bergt*, Art. 82 Rn. 48.

88 So im Grundsatz auch Wybitul/Neu/Strauch, ZD 2018, 202, 203.

89 So Jacquemain, RDV 2017, 227, 231.

90 Vgl. speziell zur Kausalität Auernhammer-*Eßer*, Art. 82 Rn. 13; ähnlich Ehmann/Selmayr-*Nemitz*, Art. 82 Rn. 21.

91 Kühling/Buchner-*Bergt*, Art. 82 Rn. 48.

92 Ebenso Auernhammer-*Eßer*, Art. 82 Rn. 14; Ehmann/Selmayr-*Nemitz*, Art. 82 Rn. 19; Gola-*Gola/Piltz*, Art. 82 Rn. 18; Plath-*Becker*, Art. 82 Rn. 5; Sydow-*Kreße*, Art. 82 Rn. 18ff.

VIII. Einzelfragen

1. Mehrere Verantwortliche

Sind an einer Pflichtverletzung mehrere Verantwortliche beteiligt, so haften sie nach Abs. 4 als **Gesamtschuldner**. Die DSGVO gebraucht zwar nicht diesen Ausdruck, sondern begnügt sich mit der Festlegung, jeder Verantwortliche hafte für den gesamten Schaden. Da Abs. 4 keine weiteren Einzelfragen regelt, greift insoweit entsprechend den kollisionsrechtlichen Regeln (oben Rn. 14) das nationale Recht ein. Nach deutschem Recht stellt eine solche Haftung mehrerer auf das Ganze eine Gesamtschuld dar; Einzelfragen bestimmen sich nach §§ 421 ff. BGB. Die gleiche Regel gilt auch dann, wenn mehrere Auftragsverarbeiter zum Schadensersatz verpflichtet sind oder wenn diese Pflicht einen Verantwortlichen und einen Auftragsverarbeiter trifft. 34

Hat ein Verantwortlicher oder Auftragsverarbeiter die Schuld beglichen, d. h. vollständigen Schadensersatz geleistet, so kann er nach Abs. 5 bei dem oder den anderen **Rückgriff nehmen**. Die Höhe des Rückgriffsanspruchs hängt davon ab, wie hoch der Anteil des Einzelnen an der Verantwortung für den Schaden war. Hat jemand zwar nicht die ganze Schuld, wohl aber einen Betrag bezahlt, der **über seinem »Verursachungsanteil«** lag, so kann er wegen des überschießenden Betrags gleichfalls Rückgriff nehmen. 35

2. Mitwirkendes Verschulden

Die DSGVO enthält keine Regelung über die Behandlung eines mitwirkenden Verschuldens der betroffenen Person. In der Literatur sind die Meinungen geteilt. Eine Position verweist darauf, Art. 82 kenne nur eine Ausnahme von der Haftung, nämlich den Abs. 3, der hier nicht einschlägig sei.[93] Die Gegenposition verweist darauf, wo die DSGVO keine Regelung getroffen habe, würde das nationale Recht eingreifen. Soweit das Kollisionsrecht auf deutsches materielles Recht verweist, ist daher § 254 BGB anzuwenden.[94] Der zweiten Auffassung ist zuzustimmen, da **nicht erkennbar** ist, **dass Abs. 3 abschließende** Bedeutung haben soll. Außerdem wird die Haftung nach Art. 82 einige Umstellungsprobleme mit sich bringen, deren Bewältigung durch eine **»Feinsteuerung« mit Hilfe des § 254 BGB** erheblich erleichtert wird. 36

3. Verjährung

Art. 82 enthält keine Vorschriften über Verjährung. Insoweit greift nationales Recht ein.[95] In Deutschland sind insbesondere die §§ 195 und 199 BGB einschlägig. 37

---

93 Kühling/Buchner-*Bergt*, Art. 92 Rn. 59.

94 Ehmann/Selmayr-*Nemitz*, Art. 82 Rn. 15; Paal/Pauly-*Frenzel*, Art. 82 Rn. 19; Plath-*Becker*, Art. 82 Rn. 8; Wybitul/Neu/Strauch, ZD 2018, 202, 207; im Ergebnis übereinstimmend SHS-*Boehm*, Art. 82 Rn. 30, die sich aber allein auf unionsrechtliche Grundsätze stützt.

95 Paal/Pauly-*Frenzel*, Art. 82 Rn. 19.

4. Vertragliche Einschränkung oder vertraglicher Ausschluss der Haftung?

38 Die Haftung des Verantwortlichen nach Art. 82 kann nicht vertraglich eingeschränkt oder ausgeschlossen werden. Zwar fehlt in der DSGVO eine Bestimmung wie § 6 Abs. 1 BDSG-alt, doch würde es gegen ihren Schutzcharakter zugunsten der betroffenen Person verstoßen, könnte man einzelne ihrer Bestimmungen abbedingen.[96]

5. Zuständiges Gericht

39 Abs. 6 verweist auf Art. 79 Abs. 2 und will vermeiden, dass unterschiedliche Gerichte über den Schadensersatzanspruch und sonstige Ansprüche gegen den Verantwortlichen oder den Auftragsverarbeiter entscheiden. Zu Art. 79 siehe dort.

IX. Anwendungsprobleme im Arbeitsleben

1. Heimliche Videoüberwachung

40 Im Vordergrund von Schadensersatzansprüchen stand bisher die unerlaubte Beobachtung mit einer **Videokamera.**[97] Das ArbG Frankfurt[98] hat vor längerer Zeit einem betroffenen Arbeitnehmer ein »**Schmerzensgeld**« in Höhe von 1300,– DM zugesprochen, weil knapp zwei Monate lang ein Teil seines Arbeitsbereichs im Lebensmittellager (nicht aber sein Büro) von einer versteckten Videokamera überwacht worden war, von der weder er noch der Betriebsrat etwas wusste.[99] Die Beschäftigten von **Lidl**, die von Überwachungsaktionen betroffen waren,[100] erhielten Presseberichten zufolge pro Person eine Entschädigung von 300 Euro. Eine Arbeitnehmerin, deren Arbeitsplatz gegen ihren Willen knapp drei Monate lang mit einer Videokamera überwacht wurde, bekam demgegenüber wegen schweren Eingriffs in ihr allgemeines Persönlichkeitsrecht aufgrund einer Entscheidung des LAG Hessen[101] eine Entschädigung in Höhe von 7000 Euro; die Vorinstanz hatte sogar 15 000 Euro zugesprochen. Die **Höhe schwankt von Fall zu Fall**, wobei nicht immer die tatsächliche Schwere des Eingriffs (sondern oft auch die subjektive Haltung des Richters) maßgebend sein dürfte. So hat etwa das ArbG Iserlohn die »Rekordsumme« von 25 000 Euro zugesprochen,[102] während sich das LAG Rheinland-Pfalz in einem ebenfalls gravierenden Fall von Überwachung mit 650 Euro begnügte.[103] Das LAG Hamm hielt 4000 Euro für angemessen, als ein Betriebsratsmitglied einer Dauerüberwachung ausge-

---

96 Ebenso im Ergebnis Kühling/Buchner-*Bergt*, Art. 82 Rn. 56; anders Wybitul-*Krätschmer/Bausewein*, Art. 82 Rn. 39.

97 Zur Zulässigkeit der Videoüberwachung nach neuem Recht s. Lachenmann, ZD 2017, 407ff.

98 26.9.2000 – 18 Ca 4036/00, RDV 2001, 190.

99 Zur Bemessung des Schmerzensgelds bei Eingriffen in das allgemeine Persönlichkeitsrecht s. Däubler, BGB kompakt, Kap. 30 Rn. 83ff.

100 Siehe Däubler, Gläserne Belegschaften, Rn. 2a ff.

101 25.10.2010 – 7 Sa 1586/09, AiB 2011, 337 = RDV 2011, 99; Zusammenfassung in CuA 3/2011, 29.

102 ArbG Iserlohn 4.6.2008 – 3 Ca 2636/07.

103 Urteil v. 23.5.2013 – 2 Sa 540/12, ZD 2014, 41; beide Entscheidungen auch bei Schulze/Schreck, AiB 4/2014, 50.

setzt war und der Arbeitgeber nicht einmal einer gerichtlichen Anordnung zum Abbau der beiden Kameras nachkam.[104]

In allen diesen Fällen hatten die Gerichte eine **schwere Persönlichkeitsverletzung** bejaht. 41
Sie ist als Anspruchsvoraussetzung in der DSGVO nicht mehr vorhanden, so dass auch schon bei minder schweren Eingriffen ein Ersatz geschuldet ist. Die »Eingriffstiefe« müsste in Fällen wie den entschiedenen daher zu einer erheblichen Steigerung der Beträge führen. Hinzu kommt, dass auch der »**Abschreckungseffekt**« der Schadensersatzpflicht zur Zuerkennung höherer Beträge führen muss.

2. Weitere Verletzungen des informationellen Selbstbestimmungsrechts

Die Zurückhaltung der Gerichte machte sich auch bei anderen Formen der Persönlich- 42
keitsrechtsverletzung bemerkbar. **Unerlaubte Filmaufnahmen** am Arbeitsplatz hatten nach einem Urteil des AmtsG Köln die Zahlung einer Entschädigung von 1500 Euro zur Folge.[105] Noch bescheidener war das OLG Braunschweig,[106] das die unerlaubte Nutzung von vier Fotos in einem privaten eBay-Angebot nur mit 20 Euro pro Bild sanktionierte. Auch kann man sich unschwer vorstellen, dass ein **ausgeschiedener Mitarbeiter zu Werbezwecken** weiter als »dazugehörig« bezeichnet wird. Eine Zeitschrift, die dies ohne jede Rechtsgrundlage mit einem früheren Autor tat und diesen als »Mitarbeiter« fünfeinhalb Jahre lang im Impressum führte, musste deshalb 660 Euro bezahlen.[107]

Sind im Betrieb private E-Mails erlaubt und **löscht der Arbeitgeber** ohne Ankündi- 43
gung **sämtliche E-Mails** des inzwischen ausgeschiedenen Arbeitnehmers, so macht er sich schadensersatzpflichtig.[108] Hier kann im Einzelfall auch ein materieller Schaden entstehen. Denkbar wäre ein Schadensersatzanspruch auch bei einem **heimlichen HIV-Test.**[109] **Bei öffentlichen Diffamierungen** sind die Gerichte bereit, höhere Beträge in Erwägung zu ziehen.[110]

3. Unerlaubte Weitergabe von Daten

An der unerlaubten Übermittlung von Daten schien die Rechtsprechung bisher kaum An- 44
stoß zu nehmen.[111] Vom Fall der gelöschten E-Mails abgesehen, ging es im Übrigen immer nur um einen immateriellen Schaden.[112] Ein relevanter materieller Schaden könnte etwa dann vorliegen, wenn unrichtige Daten an einen **Branchenauskunftsdienst** weitergegeben werden und der betroffene Arbeitnehmer deshalb trotz guter Qualifikation eine Stelle

104 LAG Hamm 30.10.2012 – 9 Sa 158/12, ZD 2013, 355.
105 AG Köln 6.5.2013 – 142 C 227/12, ZD 2014, 253.
106 8.2.2012 – 2 U 7/11, K&R 2012, 299.
107 LG Düsseldorf 10.4.2013 – 2a O 235/12, RDV 2013, 318.
108 OLG Dresden 5.9.2012 – 4 W 961/12, ZD 2013, 232.
109 Simitis-*Simitis*, 8. Aufl., § 7 Rn. 10ff.
110 Siehe als Beispiel LG Berlin 13.8.2012 – 33 O 434/11, ZD 2013, 48: 8000 Euro.
111 Siehe den Fall des AmtsG Kassel oben Fn. 43.
112 Ein weiteres Beispiel für einen Eingriff in das Persönlichkeitsrecht auf der Grundlage einer Datenausspähung bei AmtsG Frankfurt/Main 26.10.2001 – 32 C 69/01–18, 32 C 69/01, RDV 2002, 86; der zugesprochene Betrag von 5000 DM erscheint immer noch als zu niedrig.

nicht erhält. Auch könnte man sich vorstellen, dass Tatsachen aus den Personalakten einem neuen Arbeitgeber bekannt gegeben werden, der daraufhin von einer Einstellung absieht oder in der Probezeit kündigt.

X. Konkurrierende Ansprüche

45 Art. 82 hat **keinen exklusiven Charakter** in dem Sinn, dass er andere Ansprüche insbesondere des nationalen Rechts verdrängen würde. Dies ist in ErwGr. 146 Satz 4 eindeutig zum Ausdruck gekommen und wird fast durchweg auch in der Literatur so gesehen.[113] Ansprüche aus Vertrag, aus Culpa in contrahendo sowie deliktische Ansprüche aus § 823 Abs. 1 BGB bleiben unberührt; die DSGVO stellt überdies ein Schutzgesetz im Sinne des § 823 Abs. 2 BGB zugunsten der betroffenen Person dar.[114] Auch Ansprüche aus Amtshaftung auf unionsrechtlicher wie auf nationaler Ebene bleiben unberührt.[115] Für die betroffene Person ist es aber meist einfacher, die Voraussetzungen des Art. 82 darzutun.[116]

Art. 83 Allgemeine Bedingungen für die Verhängung von Geldbußen

(1) Jede Aufsichtsbehörde stellt sicher, dass die Verhängung von Geldbußen gemäß diesem Artikel für Verstöße gegen diese Verordnung gemäß den Absätzen 4, 5 und 6 in jedem Einzelfall wirksam, verhältnismäßig und abschreckend ist.

(2) Geldbußen werden je nach den Umständen des Einzelfalls zusätzlich zu oder anstelle von Maßnahmen nach Artikel 58 Absatz 2 Buchstaben a bis h und j verhängt. Bei der Entscheidung über die Verhängung einer Geldbuße und über deren Betrag wird in jedem Einzelfall Folgendes gebührend berücksichtigt:

a) **Art, Schwere und Dauer des Verstoßes unter Berücksichtigung der Art, des Umfangs oder des Zwecks der betreffenden Verarbeitung sowie der Zahl der von der Verarbeitung betroffenen Personen und des Ausmaßes des von ihnen erlittenen Schadens;**

b) **Vorsätzlichkeit oder Fahrlässigkeit des Verstoßes;**

c) **jegliche von dem Verantwortlichen oder dem Auftragsverarbeiter getroffenen Maßnahmen zur Minderung des den betroffenen Personen entstandenen Schadens;**

d) **Grad der Verantwortung des Verantwortlichen oder des Auftragsverarbeiters unter Berücksichtigung der von ihnen gemäß den Artikeln 25 und 32 getroffenen technischen und organisatorischen Maßnahmen;**

e) **etwaige einschlägige frühere Verstöße des Verantwortlichen oder des Auftragsverarbeiters;**

f) **Umfang der Zusammenarbeit mit der Aufsichtsbehörde, um dem Verstoß abzuhelfen und seine möglichen nachteiligen Auswirkungen zu mindern;**

---

113 Ehmann/Selmayr-*Nemitz*, Art. 82 Rn. 7; Gola-*Gola/Piltz*, Art. 82 Rn. 20; Kühling/Buchner-*Bergt*, Art. 92 Rn. 67; Paal/Pauly-*Frenzel*, Art. 82 Rn. 20; Schantz/Wolff-*Schantz*, Rn. 1246; SHS-*Boehm*, Art. 82 Rn. 6, 32; differenzierend Sydow-*Kreße*, Art. 92 Rn. 27, die dem Art. 82 Vorrang vor deliktischen, nicht aber vor vertraglichen Ansprüchen einräumen.

114 Gola-*Gola/Piltz*, Art. 82 Rn. 26.

115 Gola-*Gola/Piltz*, Art. 82 Rn. 28.

116 Ehmann/Selmayr-*Nemitz*, Art. 82 Rn. 7.

g) Kategorien personenbezogener Daten, die von dem Verstoß betroffen sind;

h) Art und Weise, wie der Verstoß der Aufsichtsbehörde bekannt wurde, insbesondere ob und gegebenenfalls in welchem Umfang der Verantwortliche oder der Auftragsverarbeiter den Verstoß mitgeteilt hat;

i) Einhaltung der nach Artikel 58 Absatz 2 früher gegen den für den betreffenden Verantwortlichen oder Auftragsverarbeiter in Bezug auf denselben Gegenstand angeordneten Maßnahmen, wenn solche Maßnahmen angeordnet wurden;

j) Einhaltung von genehmigten Verhaltensregeln nach Artikel 40 oder genehmigten Zertifizierungsverfahren nach Artikel 42 und

k) jegliche anderen erschwerenden oder mildernden Umstände im jeweiligen Fall, wie unmittelbar oder mittelbar durch den Verstoß erlangte finanzielle Vorteile oder vermiedene Verluste.

(3) Verstößt ein Verantwortlicher oder ein Auftragsverarbeiter bei gleichen oder miteinander verbundenen Verarbeitungsvorgängen vorsätzlich oder fahrlässig gegen mehrere Bestimmungen dieser Verordnung, so übersteigt der Gesamtbetrag der Geldbuße nicht den Betrag für den schwerwiegendsten Verstoß.

(4) Bei Verstößen gegen die folgenden Bestimmungen werden im Einklang mit Absatz 2 Geldbußen von bis zu 10 000 000 EUR oder im Fall eines Unternehmens von bis zu 2 % seines gesamten weltweit erzielten Jahresumsatzes des vorangegangenen Geschäftsjahrs verhängt, je nachdem, welcher der Beträge höher ist:

a) die Pflichten der Verantwortlichen und der Auftragsverarbeiter gemäß den Artikeln 8, 11, 25 bis 39, 42 und 43;

b) die Pflichten der Zertifizierungsstelle gemäß den Artikeln 42 und 43;

c) die Pflichten der Überwachungsstelle gemäß Artikel 41 Absatz 4.

(5) Bei Verstößen gegen die folgenden Bestimmungen werden im Einklang mit Absatz 2 Geldbußen von bis zu 20 000 000 EUR oder im Fall eines Unternehmens von bis zu 4 % seines gesamten weltweit erzielten Jahresumsatzes des vorangegangenen Geschäftsjahrs verhängt, je nachdem, welcher der Beträge höher ist:

a) die Grundsätze für die Verarbeitung, einschließlich der Bedingungen für die Einwilligung, gemäß den Artikeln 5, 6, 7 und 9;

b) die Rechte der betroffenen Person gemäß den Artikeln 12 bis 22;

c) die Übermittlung personenbezogener Daten an einen Empfänger in einem Drittland oder an eine internationale Organisation gemäß den Artikeln 44 bis 49;

d) alle Pflichten gemäß den Rechtsvorschriften der Mitgliedstaaten, die im Rahmen des Kapitels IX erlassen wurden;

e) Nichtbefolgung einer Anweisung oder einer vorübergehenden oder endgültigen Beschränkung oder Aussetzung der Datenübermittlung durch die Aufsichtsbehörde gemäß Artikel 58 Absatz 2 oder Nichtgewährung des Zugangs unter Verstoß gegen Artikel 58 Absatz 1.

(6) Bei Nichtbefolgung einer Anweisung der Aufsichtsbehörde gemäß Artikel 58 Absatz 2 werden im Einklang mit Absatz 2 des vorliegenden Artikels Geldbußen von bis zu 20 000 000 EUR oder im Fall eines Unternehmens von bis zu 4 % seines gesamten weltweit erzielten Jahresumsatzes des vorangegangenen Geschäftsjahrs verhängt, je nachdem, welcher der Beträge höher ist.

(7) Unbeschadet der Abhilfebefugnisse der Aufsichtsbehörden gemäß Artikel 58 Absatz 2 kann jeder Mitgliedstaat Vorschriften dafür festlegen, ob und in welchem Umfang gegen Behörden und öffentliche Stellen, die in dem betreffenden Mitgliedstaat niedergelassen sind, Geldbußen verhängt werden können.

(8) Die Ausübung der eigenen Befugnisse durch eine Aufsichtsbehörde gemäß diesem Artikel muss angemessenen Verfahrensgarantien gemäß dem Unionsrecht und dem Recht der Mitgliedstaaten, einschließlich wirksamer gerichtlicher Rechtsbehelfe und ordnungsgemäßer Verfahren, unterliegen.

(9) Sieht die Rechtsordnung eines Mitgliedstaats keine Geldbußen vor, kann dieser Artikel so angewandt werden, dass die Geldbuße von der zuständigen Aufsichtsbehörde in die Wege geleitet und von den zuständigen nationalen Gerichten verhängt wird, wobei sicherzustellen ist, dass diese Rechtsbehelfe wirksam sind und die gleiche Wirkung wie die von Aufsichtsbehörden verhängten Geldbußen haben. In jeden Fall müssen die verhängten Geldbußen wirksam, verhältnismäßig und abschreckend sein. Die betreffenden Mitgliedstaaten teilen der Kommission bis zum 25. Mai 2018 die Rechtsvorschriften mit, die sie aufgrund dieses Absatzes erlassen, sowie unverzüglich alle späteren Änderungsgesetze oder Änderungen dieser Vorschriften.

Inhaltsübersicht Rn.

I. Allgemeines

Art. 83 regelt die Verhängung von Geldbußen gegen Verantwortliche und Auftragsverarbeiter aus Anlass des Verstoßes gegen Regelungen der DSGVO[1] und ist im Grundsatz **von Sanktionssystem und Methodologie des europäischen Wettbewerbsrechts geprägt**,[2] liegt jedoch – was die maximale Bußgeldhöhe anbelangt – deutlich unter dem im Wettbewerbsrecht maximal zulässigen Prozentbetrag von 10 %. Letzteres kritisert Nemitz zu Recht als »rechtspolitisch bedenklich«, weil die »Priorisierung vom Schutz des Wettbewerbs gegenüber dem Schutz personenbezogener Daten« unter Wertungsgesichtspunkten nicht überzeugt, handelt es sich doch um ein »prominent in Art. 16 EUV und Art. 8 GRCh niedergelegtes« Grundrecht.[3] Die Rechtsgrundlage für die Sanktionsvorschriften bietet Art. 16 Abs. 2 AEUV, die justiziellen Rechte der Art. 47–50 GrCh gelten.[4] Die **Verjährung** wird von der DSGVO nicht selbst geregelt. Beim Rückgriff auf die jeweiligen mitgliedstaatlichen Regelungen darf die Abschreckungswirkung des Art. 83 Abs. 1 (siehe dazu Rn. 2) nicht unterlaufen werden.[5] 1

II. Sicherstellung der Wirksamkeit, Verhältnismäßigkeit und Abschreckungswirkung von Geldbußen (Abs. 1)

Mit der Formulierung in Art. 83 Abs. 1 stellt der europäische Gesetzgeber klar, dass **Bußgelder** für ihn ein wichtiges **Mittel** sind, um die **Einhaltung der DSGVO zu gewährleisten**. Dort heißt es: »Jede Aufsichtsbehörde stellt sicher, dass die Verhängung von Geldbußen gemäß diesem Artikel für Verstöße gegen diese Verordnung gemäß den Absätzen 5 und 6 in jedem Einzelfall wirksam, verhältnismäßig und abschreckend ist.« Diese im europäischen Kontext gebräuchlichen drei Prinzipien zur Verhängung von Sanktionen gehen auf die Rechtsprechung des EuGH zurück.[6] Mit der Erwähnung der **Abschreckungswirkung** an dieser prominenten Stelle rückt der **präventive Gedanke der Verhängung** 2

1 Schönefeld/Thomé in: Privacy in Germany 03.17, 1 ff.

2 So Ehmann/Selmayr-*Nemitz*, Art. 83 Rn. 6, was ihn zu der Aussage bringt, bei der Auslegung des Art. 83 werde es möglich sein, »vielfach auf vergleichbare materiell-rechtliche Regelungen, Rechtsprechung der Gerichte zu vergleichbaren Fragestellungen und nicht zuletzt auch auf sonstige Dokumente der Kommission, insbesondere den Leitlinien zur Festsetzung von Geldbußen Leitlinien für das Verfahren zur Festsetzung von Geldbußen gemäß Art. 23 Abs. 2 Buchst. a VO (EG) Nr. 1/2003, ABl. 2006 C 210, 2. zurückzugreifen«; siehe auch Kühling/Buchner-*Bergt*, Rn. 2 »Kartellrecht«.

3 Ehmann/Selmayr-*Nemitz*, Art. 83 Rn. 35.

4 SHS-*Boehm*, Art. 83 Rn. 5.

5 SHS-*Boehm*, Art. 83 Rn. 58; Kühling/Buchner-*Bergt*, Art. 83 Rn. 113, der vorschlägt, auf die Verordnung über die Verfolgungs- und Vollstreckungsverjährung im Verkehrs und Wettbewerbsrecht der Europäischen Wirtschaftsgemeinschaft (VO (EWG) 2988/74) und die Art. 25, 26 der KartellverfahrensVO zurückzugreifen, wonach die Verfolgungsverjährung für die Aufsichtsbehörden bei Zuwiderhandlungen gegen Vorschriften über die Einholung von Auskünften oder die Vornahme von Nachprüfungen bei drei Jahren und bei fünf Jahren bei den übrigen Zuwiderhandlungen liegt.

6 SHS-*Boehm*, Art. 83 Rn. 18, mit Verweis auf den Beginn dieser Rechtsprechung im Urteil EuGH C-68/88, dessen Leitsatz 2 die Passage enthält: »wobei die Sanktion jedenfalls wirksam, verhältnismäßig und abschreckend sein muss«.

von Bußgeldern in den Vordergrund. Schon in Art. 58 Abs. 2 Buchst. i nimmt die Verhängung von Bußgeldern im Vergleich zu den anderen Abhilfebefugnissen (»corrective powers«) des Art. 58 Abs. 2 eine herausgehobene Stellung ein. Der Umstand, dass Bußgelder dort als »corrective power« angesehen werden, zeigt wie die Anforderung der **Wirksamkeit** in Abs. 1, dass die DSGVO nicht nur generalpräventiv auf die abschreckende Wirkung von Bußgeldern setzt, sondern auch von einer **spezialpräventiven Überzeugung** getragen ist,[7] und davon ausgeht, dass ein Verarbeiter oder Auftragsverarbeiter, dem gegenüber ein entsprechendes Bußgeld verhängt worden ist, nicht erneut Verstöße gegen die DSGVO begehen wird. Der Verweis auf die **Verhältnismäßigkeit** stellt in gewisser Weise einen Kontrapunkt zu dieser Zielrichtung der Geldbußen dar und stellt sicher, dass es bei aller Hoffnung, die in die Abschreckungswirkung von Bußgeldern zur Durchsetzung der DSGVO gesetzt wird, bei der **rechtsstaatlich gebotenen Einzelfallbetrachtung** bleibt. Die Bußgeldverhängung muss im Einzelfall geeignet, erforderlich und angemessen sein, das verfolgte Ziel, vergangene Verstöße gegen die DSGVO zu sanktionieren und die künftige Einhaltung der DSGVO zu erreichen.[8]

3 Bei allem Streit darüber, in welchem Grad Aufsichtsbehörden durch die DSGVO ein Ermessen auf den Verzicht auf die Verhängung von Bußgeldern eingeräumt wird, wenn sie einen Verstoß gegen die DSGVO feststellen, besteht Einigkeit darüber, dass die DSGVO »**deutliche schärfere Sanktionen**«[9] ermöglicht, als dies im Vergleicht zu den vorherigen mitgliedstaatlichen Regelungen der Fall war. Dies wird selbst von einem Befürworter eines weiteren Ermessens der Aufsichtsbehörden zur Verhängung von Bußgeldern als »Innovation« bezeichnet, die einen »negativen« Anreiz setze, »datenschutzrechtliche Bestimmungen nicht nur zur Kenntnis zu nehmen und sie als Anregungen zu werten, sondern sicherzustellen, dass sie dauerhaft eingehalten werden.«[10]

III. Reduzierung des Ermessens zum Verzicht auf Bußgelder und ermessensleitende Erwägungen (Abs. 2)

4 Art. 83 Abs. 2 Satz 1 bestimmt: »Geldbußen werden je nach den Umständen des Einzelfalls zusätzlich zu oder anstelle von Maßnahmen nach Artikel 58 Absatz 2 (...) verhängt.« Dies **reduziert in Fällen festgestellter Verstöße in mehrfacher Hinsicht das Ermessen der Aufsichtsbehörden.** Aus der Sicht deutscher Aufsichtsbehörden liegt die wichtigste Neuerung darin, dass ihr Ermessen in Bezug auf die Frage, ob sie bei Verstößen gegen datenschutzrechtliche Vorschriften auf die Verhängung eines Bußgeldes verzichten können, im Vergleich zur Situation vor Geltung der DSGVO extrem reduziert ist.

5 Mit der Formulierung des Abs. 2 Satz 1, insbesondere der Formulierung »zusätzlich zu oder anstelle von« (»in addition to, or instead of«) wird unzweideutig bestimmt, dass Aufsichtsbehörden **keine Maßnahme nach Art. 58 Abs. 2 ergreifen können, ohne ein Bußgeld zu verhängen.** Damit haben Aufsichtsbehörden bei festgestellten Verstößen drei Op-

---

7 So auch Paal/Pauly-*Frenzel*, Art. 83 Rn. 7; Ehmann/Selmayr-*Nemitz*, Art. 83 Rn. 1.
8 So auch Ehmann/Selmayr-*Nemitz*, Art. 83 Rn.8.
9 Paal/Pauly-*Frenzel*, Art. 83 Rn. 1.
10 Paal/Pauly-*Frenzel*, Art. 83 Rn.1; auch Ehmann/Selmayr-*Nemitz*, Art. 83 Rn. 1, spricht in diesem Zusammenhang von einer wichtigen Fortentwicklung des europäischen Datenschutzrechts.

tionen. Sie können zum einen darauf verzichten, tätig zu werden. Diese Option zu wählen, ist Aufsichtsbehörden schon aufgrund der Grundkonzeption der DSGVO, die eindeutig in Richtung des Tätigwerdens der Aufsichtsbehörden zielt, erschwert. Auch kann aus ErwGr 148 Satz 2 geschlossen werden, dass dies allenfalls den Fällen vorbehalten ist, in denen ein Verstoß durch juristische Personen noch nicht einmal den Grad der Geringfügigkeit erreicht hat oder im Falle eines Verstoßes durch eine natürliche Person eine Geldbuße eine unverhältnismäßige Belastung bewirken würde. Daneben stehen den Aufsichtsbehörden bei festgestellten Verstößen gegen die DSGVO nur noch die Optionen offen, lediglich ein Bußgeld zu verhängen, ohne eine der übrigen Abhilfemaßnahmen nach Art. 58 Abs. 2 zu ergreifen (»**Bußgeld ohne Maßnahme nach Art. 58 Abs. 2**«) **oder** neben einer solchen Maßnahme ein Bußgeld zu verhängen. (»**Bußgeld plus Maßnahme nach Art. 58 Abs. 2**«). Die Option, lediglich eine Maßnahme nach Art. 58 Abs. 2 zu ergreifen (»Maßnahme nach Art. 58 Abs.2 ohne Bußgeld«) besteht damit nach dem Wortlaut des Verordnungstextes nicht. Dies muss als **Entscheidung des europäischen Gesetzgebers** hingenommen werden.[11]

Bei Maßnahmen nach Art. 58 Abs. 2 die zusätzlich zu einem Bußgeld ergriffen werden 6
können, handelt es sich um sämtliche Maßnahmen des Art. 58 Abs. 2. Nicht genannt wird logischer Weise lediglich die Maßnahme der Verhängung der Geldbuße selbst, also Buchst. i. Der Vergleich mit der englischen Sprachversion, in der auf »points (a) to (h) and (j) of Article 58(2)« verwiesen wird, macht deutlich, dass es sich in der deutschen Version, in der es stattdessen (i) heißt, um ein Versehen handelt.[12]

Zusätzlich spricht die apodiktische Formulierung des Verordnungstextes in Abs. 2 Satz 2 7
(»Geldbußen (…) werden verhängt«) dafür, dass Aufsichtsbehörden von wenigen Ausnahmen abgesehen **bei festgestellten Verstößen gegen die DSGVO kaum noch ein, wenn nicht sogar gar kein Ermessen**[13] zum Verzicht auf Bußgelder haben. Dies ergibt auch der Umkehrschluss aus ErwGr 148, in dessen Satz 2 es heißt: »Im Falle eines geringfügigen Verstoßes oder falls die voraussichtlich zu verhängende Geldbuße eine unverhältnismäßige Belastung für eine natürliche Person bewirken würde, kann anstelle einer Geldbuße eine Verwarnung erteilt werden.« Diese Formulierung deutet darauf hin, dass bei Verstößen durch Unternehmen nur noch die Optionen Bußgeld plus oder Bußgeld ohne Maßnahme nach Art. 58 Abs. 2 gewählt werden können, **sobald die Geringfügigkeitsschwelle des Verstoßes überschritten ist.**[14] Sofern die kumulative Variante gewählt wird, scheidet in diesen Fällen nach der genannten Formulierung des Erwägungsgrundes die Variante »Verwarnung« nach Art. 58 Abs. 2 Buchst. b aus. Auch jede Belastung einer natürlichen Person, die nicht als unverhältnismäßig im Vergleich zu der Schwere der Verletzung der

---

11 Kühling/Buchner-*Bergt*, Art. 83 Rn. 31, der zu Recht darauf hinweist, dass mit der Verhängung einer Geldbuße allein noch kein rechtmäßiger Zustand hergestellt ist.

12 So auch Paal/Pauly-*Frenzel*, Art. 83 Rn. 8, der auch auf die französische und die italienische Sprachfassung verweist.

13 So auch Kühling/Buchner-*Bergt*, Art. 83 Rn. 2, 30; SHS-*Boehm*, Art. 83 Rn. 15, 22.

14 Kühling/Buchner-*Bergt*, Art. 83 Rn. 2, 32, der Zweifel hat, ob der Ausnahmen von der Bußgeldverhängung ermöglichende Erwägungsgrund nicht sogar versehentlich in der DSGVO verblieben ist, sieht hier den erklärten Willen des europäischen Gesetzgebers zur Verpflichtung zur Verhängung eines Bußgeldes, jedenfalls in den Fällen, in denen die Ausnahmetatbestände nicht erfüllt werden.

DSGVO anzusehen ist, muss im Umkehrschluss zu ErwGr 148 Satz 2 ein Bußgeld nach sich ziehen.

8 Frenzel votiert gegen eine Ermessensreduzierung auf Null zur Verhängung eines Bußgeldes im Regelfall und führt hierzu Wortlautargumente in Kombination mit Argumenten zur Normhistorie an, die nicht überzeugen können. Insbesondere wird der Normgebungsprozess gequetscht. Zunächst muss Frenzel konzedieren, dass sowohl der Kommissionsentwurf als auch der Entwurf des EP die Aufsichtsbehörden dazu verpflichteten, jede Nichterfüllung der Pflichten aus der DSGVO zu sanktionieren.[15] Die anschließende Wortlautauslegung Frenzels, die belegen soll, dass die DSGVO den Aufsichtsbehörden die Möglichkeit einräumt, andere Sanktionen zu verhängen, ohne daneben ein Bußgeld zu verhängen, ist zirkulär. So heißt es: »Der Wortlaut des Abs. 2 S. 1 (…) könnte zwar so verstanden werden, dass der ASB nur ein Auswahlermessen hinsichtlich der Höhe (unter Berücksichtigung der Umstände des Einzelfalls) und nicht ein Entschließungsermessen hinsichtlich der Verfolgung mittels Geldbuße als solcher zukommen soll.«[16] Gleich danach heißt es dann aber: »gegen eine Beförderung des Legalitätsprinzips in Bezug auf die Sanktionen spricht, dass es (…) möglich gewesen wäre, eine solche Verpflichtung der ASB sprachlich eindeutig anzulegen.«[17] Dabei bestand das Vorhaben Frenzels ja gerade darin, die Eindeutigkeit der Formulierung »werden verhängt« zu widerlegen. Auch der von Frenzel zum Beleg herangezogene[18] ErwGr 150 Satz 1 liefert nicht das gewünscht Ergebnis. Danach dient es der Vereinheitlichung der verwaltungsrechtlichen Sanktionen bei Verstößen gegen die DSGVO und dem Ziel, ihnen mehr Wirkung zu verleihen, dass jede Aufsichtsbehörde »befugt sein (sollte)« Geldbußen zu verhängen. Da das Wort »sollte« in allen Erwägungsgründen auf eine Verpflichtung im verfügenden Teil hinweist,[19] spricht der ErwGr 150 Satz 1 sogar für eine Ermessensreduzierung auf Null. Selbst wenn dies nicht der Fall wäre, muss auch die Auffassung, die sich gegen eine Ermessensreduzierung auf Null ausspricht, akzeptieren, dass der Wortlaut eines Erwägungsgrundes nicht den Wortlaut des Normtextes ins Gegenteil verkehren kann. Auch Boehm weist darauf hin, dass der Trilog gerade zum Ergebnis hatte, den vom Rat präferierten Zusatz zu streichen, wonach die Aufsichtsbehörden Geldbußen verhängen »konnten«, und sich der Gesetzgeber damit bewusst gegen ein Entschließungsermessen entschieden habe.[20]

9 Auch das von Frenzel angeführte Argument, das in Kenntnis des langjähren Vollzugsdefizits herausgebildete »Sentiment« der DSGVO zugunsten des Datenschutzes »sollte nicht den Ausschlag zu Gunsten einer Verpflichtung geben«[21] ist schwach. Zunächst einmal leuchtet die pejorative Wortwahl »Sentiment« nicht ein, die unterstellt, die DSGVO verlange aus einer Laune heraus die Einhaltung des Grundrechts auf Datenschutz. Abgesehen davon, dass unklar bleibt, wessen Gefühle und Launen hier thematisiert werden, desavouiert der Begriff den gesamten Normgebungsprozess, der vom demokratisch legitimierten

15 Paal/Pauly-*Frenzel*, Art. 83 Rn. 4; SHS-*Boehm*, Art. 83 Rn. 11; Kühling/Buchner-*Bergt*, Art. 83 Rn. 8, 30.

16 Paal/Pauly-*Frenzel*, Art. 83 Rn. 10.

17 Paal/Pauly-*Frenzel*, Art. 83 Rn. 11.

18 Paal/Pauly-*Frenzel*, Art. 83 Rn. 10.

19 So auch Kühling/Buchner-*Bergt*, Art. 83 Rn. 31.

20 SHS-*Boehm*, Art. 83 Rn. 15.

21 Paal/Pauly-*Frenzel*, Art. 83 Rn. 11.

Willen und nicht von Gefühlen der Europäischen Akteure getragen war und dem Ziel diente, unter Abwägung zwischen dem Recht auf Schutz personenbezogener Daten und anderen Grundrechten (so ErwGr 4) mit einem »soliden, kohärenten und klar durchsetzbaren Rechtsrahmen im Bereich des Datenschutzes (…) eine Vertrauensbasis zu schaffen, die die digitale Wirtschaft dringend benötigt, um im Binnenmarkt weiter wachsen zu können.«[22] Auch fehlen Argumente und Belege für die rein subjektiv vorgebrachte normative Aussage, das vermeintliche Sentiment »sollte nicht« den Ausschlag geben. Insbesondere der Verweis auf die Unterschiedlichkeit zwischen Ahndung von Ordnungswidrigkeiten und Bestrafung von Straftaten und die daraus abgeleitete nebulöse Verpflichtung von Hoheitsträgern zur »Formentreue«[23] verkennt, dass **Art. 83 Ausdruck einer europarechtlichen Konstruktion zur Durchsetzung einer Europäischen Verordnung mit direkter Geltung in der gesamten EU** ist, die von Sanktionssystem und Methodologie des europäischen Wettbewerbsrechts geprägt ist.[24] Deshalb verbietet es sich, Art. 83 an den »Formen« des deutschen Ordnungswidrigkeitenrechts und des deutschen Strafrechts zu messen. Sofern mit dem Verweis auf die »Formentreue« Bedenken geäußert werden sollen, die Rechte der Bußgeldpflichtigen würden stärker eingeschränkt als dies nach rechtsstaatlichen, insbesondere grundrechtlichen Grundsätzen zulässig ist, werden diese durch Abs. 8 entkräftet. Danach muss »(d)ie Ausübung der eigenen Befugnisse durch eine Aufsichtsbehörde gemäß diesem Artikel (…) angemessenen Verfahrensgarantien gemäß dem Unionsrecht und dem Recht der Mitgliedstaaten, einschließlich wirksamer gerichtlicher Rechtsbehelfe und ordnungsgemäßer Verfahren, unterliegen.« Die Aussage, es bestehe »keine Pflicht, einen Verstoß gegen die DSGVO mit einer Geldbuße zu ahnden«[25] kann damit nur für die genannten Ausnahmekonstellationen überzeugen.

Die Aufzählung in Satz 2 enthält **ermessensleitende Erwägungen**, die die Aufsichtsbe- 10
hörde im Zusammenhang mit der Verhängung von Bußgeldern beachten muss. Sie beziehen sich einerseits auf die »Entscheidung über die Verhängung einer Geldbuße«, also auf die Beurteilung, ob ein **Verstoß »geringfügig«** ist **oder** eine Geldbuße für eine natürliche Person zu einer **»unverhältnismäßigen« Belastung** führen würde. Vor allem sind die Kriterien der Buchst. a bis k bei der Bemessung der **Höhe des Bußgeldes** zu beachten. Aus der Formulierung, die Kriterien seien »gebührend« zu beachten, folgt, dass im Einzelfall nicht jedes Kriterium gleich gewichtig ist.[26] Die Gewichtung der Erwägungen liegt im Ermessen der Aufsichtsbehörden.[27] Auch die **Leitlinien des EDSA**, die dieser nach Art. 70 Abs. 1 Buchst. k entwickeln wird, werden das Ermessen der Aufsichtsbehörden leiten.

22 In dem zitierten ErwGr 7, hierauf weist Ehmann/Selmayr-*Nemitz*, Art. 83 Rn. 2, hin, »stellt die DSGVO sicher, dass der Markt weiterhin den Interessen der Allgemeinheit dient und unternehmerische Tätigkeit dem Schutz grundrechtlicher Positionen nicht entgegensteht, sondern diese vielmehr auch im Markt zur vollen Entfaltung kommen«.

23 Paal/Pauly-*Frenzel*, Art. 83 Rn. 11.

24 Ehmann/Selmayr-*Nemitz*, Art. 83 Rn. 6.

25 Paal/Pauly-*Frenzel*, Art. 83 Rn. 10.

26 SHS-*Boehm*, Art. 83 Rn. 22.

27 So auch Ehmann/Selmayr-*Nemitz*, Art. 83 Rn. 9.

1. Qualitatives und quantitatives Gewicht des Verstoßes (Buchst. a)

11 Nach Buchst. a spielen qualitative und quantitative Erwägungen zum Gewicht des Verstoßes eine entscheidende Rolle. Dabei müssen die **Wirkungen des Verstoßes auf** die/den betroffene/n oder die betroffenen **Grundrechtsträgerinnen und Grundrechtsträger** genau betrachtet werden. Verstöße, deren Wirkungen irreversibel sind,[28] haben daher ein deutlich höheres Gewicht als solche, deren Auswirkungen sich rückgängig machen lassen. Bereits ein Erstverstoß gegen die DSGVO kann mit Geldbuße geahndet werden.[29]

2. Vorsatz und Fahrlässigkeit als verschärfende Aspekte (Buchst. b)

12 Aus der Formulierung, dass Vorsätzlichkeit oder Fahrlässigkeit des Verstoßes »bei der Entscheidung (…) in jedem Einzelfall (…) gebührend berücksichtigt« werden, folgt, dass **Vorsatz oder Fahrlässigkeit nach dem Wortlaut der DSGVO keine notwendigen Bedingungen der Verhängung von Geldbußen** sind.[30] Ob dies dazu führt, dass Art. 83 in Deutschland verfassungsrechtlich nicht unbedenklich im Hinblick auf das Schuldprinzip ist,[31] wird aller Wahrscheinlichkeit nach nicht vom EuGH geklärt werden müssen, weil in der überwiegenden Zahl der Fälle, die die Geringfügigkeitsschwelle überschreiten, zumindest Fahrlässigkeit in Form von Organisationsverschulden vorliegen wird.[32]
Vor allem für die Frage der Bußgeldhöhe ist es aber von Bedeutung, ob der Verstoß gegen die DSGVO dem Verantwortlichen oder Auftragsverarbeiter in fahrlässiger Weise unterlaufen ist, ob der Verstoß noch nicht einmal als fahrlässig bezeichnet werden kann, oder ob er sogar billigend in Kauf genommen oder beabsichtigtes Ziel der Datenverarbeitung war. Insofern haben festgestellter Vorsatz und festgestellte Fahrlässigkeit bußgeldverschärfende Wirkungen. Bei der Beurteilung des Grades des Verschuldens ist bei **juristischen Personen** »nicht zwingend« auf das vertretungsberechtigte Organ abzustellen.[33] Von dort zu vertretendes Organisationsverschulden fällt aber stark ins Gewicht.

---

28 Ehmann/Selmayr-*Nemitz*, Art. 83 Rn. 16, nennt etwa die besondere Bloßstellung der betroffenen Person in einem engeren Personenkreis oder gar der Öffentlichkeit.

29 Paal/Pauly-*Frenzel*, Art. 83 Rn. 6.

30 So auch Härting, Datenschutz-Grundverordnung, Rn. 253; Ehrmann/Sedlmayr-*Nemitz*, Art. 83 Rn. 17; a. A. Paal/Pauly-*Frenzel*, Art. 83 Rn. 14; SHS-*Boehm*, Art. 83 Rn. 26.

31 Diese Auffassung vertritt Kühling/Buchner-*Bergt*, Art. 83 Rn. 36, der es aber ebenfalls für zweifelhaft hält, dass das Schuldprinzip auch im Ordnungswidrigkeitenrecht integrationsfest ist und europarechtlich einen allgemeinen Rechtsgrundsatz darstellt. Unter Verweis auf die Entscheidung EuGH 13.11.2014 – C-443/13, ECLI:EU:C:2014:2370, Rn. 42, gibt Bergt zu bedenken, dass der EuGH auch unter Geltung der GRCh seine Rechtsprechung fortführe, wonach nationale Systeme rein objektiver, auch strafrechtlicher Verantwortung grundsätzlich zulässig seien, wenn nur die Verhältnismäßigkeit gewahrt sei.

32 Hierauf weist auch Kühling/Buchner-*Bergt*, Art. 83 Rn. 37 hin.

33 Ehrmann/Sedlmayr-*Nemitz*, Art. 83 Rn. 17: »Vorsätzliches oder fahrlässiges Verhalten eines leitenden Angestellten, einer anderweitig die Verarbeitung verantwortenden Person oder gar der mit dem konkreten Verarbeitungsvorgang betrauten Person wird je nach den Umständen des konkreten Einzelfalles ebenfalls zu berücksichtigen sein.«

3. Schadensminderung als mildernder Aspekt (Buchst. c)

Nach Buchst. c muss bei der Ermessensausübung im Zusammenhang mit der Bußgeldverhängung der Umstand Berücksichtigung finden, ob Verantwortliche oder Auftragsverabeiter **Maßnahmen zur Minderung des den betroffenen Grundrechtsträgerinnen und Grundrechtsträgern entstandenen Schadens** getroffen haben. Dies ist eng mit dem Grad des Gewichts des Grundrechtsverstoßes nach Buchst. a verknüpft. Sofern es gelingt, die schädlichen Auswirkungen bei den Betroffenen zu mindern, reduziert dies das Gewicht des Grundrechtsverstoßes. Dies motiviert Verantwortliche und Auftragsverarbeiter, bei Datenschutzverletzungen nicht in Schockstarre zu verfallen, sondern schnell wirksame Abhilfemaßnahmen zu ergreifen, die im Idealfall sogar dazu führen, dass der Grundrechtsverstoß als »geringfügig« angesehen werden kann, was der Aufsichtsbehörde erst das Ermessen verschaffen kann, auf ein Bußgeld gänzlich zu verzichten (Rn.7). Hier zeigt sich, dass Verantwortlichen und Auftragsverarbeitern nur wirksame Abhilfemaßnahmen, nicht jedoch blinder und ostentativer Aktionismus weiterhelfen können. 13

4. Ob und Wie getroffener technischer und organisatorischer Maßnahmen (Buchst. d)

Buchst. d macht deutlich, dass die DSGVO die Verpflichtung zur Vornahme **technischer und organisatorischer Maßnahmen** nach Art. 25 und 32 als **sehr bedeutend** einschätzt. Verarbeiter und Auftragsverarbeiter, die ihren entsprechenden Pflichten nachkommen sind und damit das Risiko, die DSGVO zu verletzen, reduziert haben, sollen im Zusammenhang mit Bußgeldfragen als »verantwortungsvoll« gelten. Selbst wenn die technischen und organisatorischen Maßnahmen im konkreten Einzelfall den Verstoß gegen die DSGVO offensichtlich nicht verhindern konnten, sollen die Verantwortlichen und Auftragsverarbeiter durch Einbeziehung dieses Umstandes auf der Habenseite also »belohnt« werden. 14

5. Vorgängige Nichtbeachtung der DSGVO (Buchst. e)

Nach Buchst. e kommt als **bußgeldverschärfender** Umstand die Tatsache in Betracht, dass Verantwortliche oder Auftragsverarbeiter schon zuvor in ähnlicher Weise wie beim betrachteten Sachverhalt gegen die DSGVO verstoßen haben. Dies soll einmal überführte Verantwortliche und Auftragsverarbeiter in Ergänzung zur abschreckenden Wirkung der Bußgelder motivieren, keinen weiteren Verstoß gegen die DSGVO zu begehen.[34] Diese ermessensleitende Erwägung hat zur Folge, dass es für Aufsichtsbehörden äußerst schwer sein wird, gerichtsfest zu begründen, dass sie gegenüber einem Verarbeiter kein Bußgeld verhängen, bei dem sie in der Vergangenheit wegen Geringfügigkeit der Grundrechtsverletzung von einer Bußgeldverhängung absehen durften. Dies gilt selbst dann, wenn der erneute Verstoß ebenfalls als geringfügig angesehen werden kann. 15

---

34 Ehrmann/Sedlmayr-*Nemitz*, Art. 83 Rn. 22, sieht hierin den »pädagogischen, in die Zukunft gerichteten Ansatz der DS-GVO« ausgedrückt.

6. Kooperation mit der Aufsichtsbehörde als bußgeldmindernder Umstand (Buchst. f)

16 Buchst. f bezieht den **Grad der Kooperation mit der Aufsichtsbehörde** als ermessensleitende Erwägung in die Bußgeldverhängung ein. Explizit bezieht sich die DSGVO auf die Zusammenarbeit bei der Krisenreaktion der Verarbeiter und Auftragsverarbeiter, also bei den Anstrengungen, die unternommen werden, »um dem Verstoß abzuhelfen und seine möglichen nachteiligen Auswirkungen zu mindern« (»to remedy the infringement and mitigate the possible adverse effects of the infringement«). Daneben kann nach Art. 31 zumindest auch die Verweigerung der darüber hinausgehenden Kooperation mit der Aufsichtsbehörde Auswirkungen haben. Sie stellt selbst einen Verstoß gegen die DSGVO dar, sofern es sich um eine von der Aufsichtsbehörde erbetene (»on request«) Kooperation handelte.

7. Kategorien der betroffenen personenbezogenen Daten (Buchst. g)

17 Sofern Buchst. g als ermessensleitende Erwägung für Bußgeldverhängungen die Frage nennt, welche **Kategorien personenbezogener Daten** vom Verstoß gegen die DSGVO betroffen sind, zielt dies auf besondere Schutzvorschriften ab. Sie bestehen etwa nach Art. 8 für Daten von Kindern unter 16 Jahren, nach Art. 9 für besondere Kategorien personenbezogener Daten und nach Art. 10 für personenbezogene Daten über strafrechtliche Verurteilungen und Straftaten.

8. Mitteilung des Verstoßes an die Aufsichtsbehörde (Buchst. h)

18 Buchst. h **verstärkt die Wirksamkeit der Verpflichtung nach Art. 33**, der zuständigen Aufsichtsbehörde Verletzungen des Schutzes personenbezogener Daten zu melden, indem er die Frage, auf welche Art und Weise die Aufsichtsbehörde von dem Verstoß gegen die DSGVO erfahren hat, zur ermessensleitenden Erwägung macht.

9. Befolgung zuvor von der Aufsichtsbehörde angeordneter Maßnahmen (Buchst. i)

19 Buchst. i enthält einen ähnlichen Gedanken wie Buchst. e, wenn er es für Bußgeldfragen zur ermessensleitenden Erwägung erklärt, ob der Verantwortliche oder Auftragsverarbeiter, **Maßnahmen nach Art. 58 Abs. 2** befolgt hat, die die Aufsichtsbehörde ihm gegenüber zum selben Gegenstand angeordnet hat, oder ob er diese ignoriert hat.

10. Einhaltung von Verhaltensregeln und Zertifizierungsmaßnahmen (Buchst. j)

20 Buchst. j erklärt es zum **bußgeldmindernden** Umstand, dass sich Verarbeiter und Auftragsverarbeiter an genehmigte Verhaltensregeln nach Art. 40 oder genehmigte Zertifizierungsverfahren nach Art. 42 halten. Dies motiviert zum einen die Aufsichtsbehörden, bei der Genehmigung die von der DSGVO verlangten Qualitätsmaßstäbe tatsächlich anzulegen. Andererseits motiviert es Verantwortliche und Auftragsverarbeiter entsprechende Verhaltensregeln und Zertifizierungsmaßnahmen zu entwickeln und einzuhalten.

11. »Jegliche« andere Umstände des Einzelfalles (Buchst. k)

Indem Buchst. k »jegliche« anderen erschwerenden oder mildernden Umstände des jeweiligen Einzelfalles zum ermessensleitenden Umstand für die Bußgeldverhängung macht, wird verdeutlicht, dass das in Abs. 2 Satz 2 beschriebene Ermessen der Aufsichtsbehörden sehr weit ist und die Aufzählung der ermessensleitenden Erwägungen in den Buchst. a bis j nicht abschließend sind. In diesem Zusammenhang kann beispielsweise berücksichtig werden, welche Auswirkungen die Kumulation aufsichtsbehördlicher Maßnahmen auf die Beurteilung der Verhältnismäßigkeit hat.[35] Der ausdrückliche Verweis auf die **Berücksichtigung der unmittelbar oder mittelbar durch den Verstoß erlangten finanziellen Vorteile oder vermiedenen Verluste** wird lediglich als Beispiel genannt. Wie ein solcher finanzieller Vorteil bemessen werden kann, macht Nemitz am Beispiel des Wertes der über eine Person beispielsweise in einem sozialen Netzwerks vorhandenen Informationen deutlich: Er ergebe sich durch die Division des Unternehmenswertes durch die Anzahl der Mitglieder des betreffenden Netzwerks.[36] Als Beispiel eines erschwerenden Umstandes wird die aktive Behinderung der Arbeit der Aufsichtsbehöde genannt.[37] 21

IV. Tatmehrheit (Abs. 3)

Abs. 3 regelt die Situation der **Tatmehrheit**. Die Regelung erschließt sich wegen der missverständlichen deutschen Sprachversion besser aus der englischen Sprachversion.[38] Danach darf in Fällen, in denen ein oder mehrere miteinander verbundene Verarbeitungsvorgänge (»the same or linked processing operations«) gegen mehrere Bestimmungen der DSGVO verstoßen, die Summe der gesamten verhängten Geldbußen nicht höher liegen als das für den schwerwiegendsten Verstoß verhängbare (»specified«) Bußgeld. Dies gilt nur für vorsätzliche oder fahrlässige Verstöße gegen die DSGVO. Diese Regelung bedeutet, dass auch bei von Unternehmen in Tatmehrheit begangenen Verstößen gegen die DSGVO das Bußgeld nicht das nach Abs. 5 verhängbare Höchstbußgeld in Höhe von 4 % des gesamten weltweit erzielten Jahresumsatzes des vorangegangenen Geschäftsjahres übersteigen kann. 22

Dafür, dass Verarbeitungsvorgänge im Sinne dieser Vorschrift »miteinander verbunden« sind, reicht nicht, dass sie im zeitlichen Zusammenhang stehen. Es muss vielmehr einen inhaltlichen Zusammenhang geben. Dafür reicht allein eine Identität der von der Verletzung betroffenen Person, eine Identität des Zwecks der Verarbeitung oder der Art der Verarbeitungsvorgänge nicht aus.[39] Zumindest die Identität der betroffenen Person und des Zwecks der Verarbeitung müssen kumulativ gegeben sein. 23

35 Zu den Folgen der »Non-Exklusivität« der Sanktionen SHS-*Boehm*, Art. 83 Rn. 17.
36 Ehmann/Selmayr-*Nemitz*, Art. 83 Rn. 29.
37 SHS-*Boehm*, Art. 83 Rn. 35.
38 So auch SHS-*Boehm*, Art. 83 Rn. 36.
39 Ehmann/Selmayr-*Nemitz*, Art. 83 Rn. 31, nennt als Beispiel für das Fehlen einer solchen Verbindung ein soziales Netzwerk, das von seinen Mitgliedern ohne Rechtsgrundlage Profile erstellt und diese an zwei unterschiedliche Stellen weiterveräußert.

V. Höhe der Geldbußen und Unternehmensbegriff am europäischen Wettbewerbsrecht orientiert (Absätze 4, 5 und 6)

24 Art. 83 ist von Sanktionssystem und Methodologie des europäischen Wettbewerbsrechts geprägt.[40] Diese **Orientierung am europäischen Wettbewerbsrecht** gilt auch für die Bemessung der **Höhe der zu verhängenden Bußgelder.** Abs. 1 erteilt den Aufsichtsbehörden den Auftrag, Bußgelder zu verhängen, die »in jedem Einzelfall wirksam, verhältnismäßig und abschreckend« sind. Da Verantwortliche und Auftragsverarbeiter die Bußgelder nicht aus dem durch den Verstoß gegen die DSGVO entstandenen Gewinn bezahlen können dürfen und nicht motiviert werden dürfen, etwaige Bußgelder insofern »einzupreisen«, muss die Höhe des Bußgeldes deutlich über dem entstandenen Gewinn liegen.[41] Daraus, dass nach ErwGr 148 in Satz 2 nur von einer Geldbuße abgesehen werden kann, wenn eine zu verhängende Geldbuße für eine **natürliche Person** zu einer unverhältnismäßigen Belastung führen würde, ist zu schließen, dass bei **juristischen Personen** selbst dann eine Verpflichtung zur Verhängung eines Bußgeldes besteht, wenn dies zu einer unverhältnismäßige Belastung führt. In Bezug auf die Höhe können hier allenfalls nach Abs. 2 Satz 2 Buchst. k besondere Umstände des Einzelfalles berücksichtigt werden, die über die üblichen mit einer schlechten wirtschaftlichen Lage verbundenen Belastungen hinausgehen.[42]

25 ErwGr 150 Satz 3 lautet unmissverständlich: »Werden Geldbußen Unternehmen auferlegt, soll zu diesem Zweck der Begriff »**Unternehmen**« (»**undertaking**«) **im Sinne der Art. 101 und 102 AEUV** verstanden werden. Dies scheint mit der Definition des Unternehmens in Art. 4 Nr. 18 zu kollidieren. Bei Hinzuziehung der englischen Sprachversion zeigt sich aber, dass die Absätze 4 und 5 des Art. 83 nicht den Begriff »enterprise« verwenden, der in Art. 4 Nr. 18 definiert wird, und in der deutschen Sprachversion ebenfalls »Unternehmen« heißt.[43] Stattdessen verwenden Art. 83 Abs. 4, 5 und 6 wie ErwGr 150 Satz 3 den Begriff »undertaking«, der in Art. 4 Nr. 19 (»group of undertakings«) auftaucht.[44] Deshalb scheint der Unternehmensbegriff in Art. 83 eher mit der Definition in Art. 4 Nr. 19 zusammenzuhängen, was zum Bezug auf Art. 101 und 102 AEUV passt. Insofern spricht vieles dafür, dass es keine Kollision zwischen dem verfügenden Teil und den Erwägungsgründen gibt, die Bergt befürchtet[45] und Art. 83 wie im Erwägungsgrund ausgeführt **auf den im Wettbewerbsrecht herrschenden funktionalen Unternehmensbegriff** abstellt.[46] Damit wird auf die **wirtschaftliche Einheit** abgestellt, wonach ein Unternehmen jede eine wirtschaftliche Tätigkeit ausübende »Einheit«, unabhängig von ihrer

40 Ehmann/Sedlmayr-*Nemitz*, Art. 83 Rn. 6.

41 So auch Ehmann/Selmayr-*Nemitz*, Art. 83 Rn. 15.

42 Ähnlich Ehmann/Selmayr-*Nemitz*, Art. 83 Rn. 15, der darauf verweist, dass wirtschaftlich schlecht aufgestellten Unternehmen anderenfalls ein ungerechtfertigter Wettbewerbsvorteil aus rechtswidrigem Verhalten entstünde.

43 Darauf weist auch SHS-*Boehm*, Art. 83 Rn. 41, hin.

44 Hierauf weist Kühling/Buchner-*Bergt*, Art. 83 Rn. 43, hin.

45 Kühling/Buchner-*Bergt*, Art. 83 Rn. 42.

46 Angesichts der von Ehmann/Sedlmayr-*Nemitz*, Art. 83 Rn. 41, gestellten rhetorischen Frage, welche andere Bedeutung dem ErwGr 150 Satz 3 noch zukommen sollte, »als die hiesige Frage eindeutig zu beantworten?« scheint die Diskussion um den Unternehmensbegriff des Art. 83 tatsächlich sehr an den Haaren herbeigezogen.

Rechtsform und ihrer Art der Finanzierung ist.[47] Dies bedeutet, dass **nach Art. 83 Konzernmütter für ihre Töchter haften** sollen, sofern sie nicht beweisbar keinen bestimmenden Einfluss auf die Töchter ausüben.[48]

Um beurteilen zu können, ob für Unternehmen der Betrag von 10 oder 20 Millionen € oder der Betrag der 2 % oder 4 % des gesamten weltweit erzielten Jahresumsatzes des vorangegangenen Geschäftsjahrs höher liegt, muss die Aufsichtsbehörde letzteren in jedem Fall ermitteln. Daher sind **Unternehmen im Rahmen ihrer Mitwirkungspflicht** nach Art. 31 in den Fällen der Verstöße nach den Absätzen 4, 5 und 6 **verpflichtet**, den Aufsichtsbehörden gegenüber die **Angabe zum weltweit erzielten Jahresumsatz des vorangegangenen Geschäftsjahrs** zu machen und diese **zu belegen.** 26

Die Bußgeldbemessung für Verantwortliche oder Auftragsverarbeiter, die keine Unternehmen sind, darf die Höhe von 10 oder 20 Millionen € nicht überschreiten. Für die Entscheidung über die Höhe eines konkreten Bußgeldes bestimmt ErwGr 150 Satz 4, dass »dem allgemeinen Einkommensniveau in dem betreffenden Mitgliedstaat und der **wirtschaftlichen Lage der Person**« Rechnung getragen werden muss. 27

VI. Verstöße gegen Pflichten als Verantwortliche, Auftragsverarbeiter, Zertifizierungsstelle und Überwachungsstelle (Abs. 4)

Abs. 4 bestimmt, dass für die Verletzung der in Art. 8, 11, 25 bis 39, 41 Abs. 4, 42 und 43 für Verantwortliche, Auftragsverarbeiter, Zertifizierungsstelle und Überwachungsstellen statuierten Pflichten die **Bußgelder in Höhe von 10 Millionen €** oder bei Unternehmen von bis zu 2 % des gesamten weltweit erzielten Jahresumsatzes des vorangegangenen Geschäftsjahrs verhängt werden können. 28

VII. Verstöße gegen Verarbeitungsgrundsätze, Betroffenenrechte und andere Vorschriften (Abs. 5)

Abs. 5 bestimmt, dass für Verstöße gegen die dort genannten Vorschriften durch Verantwortliche und Auftragsverarbeiter **Bußgelder** in Höhe von **20 Millionen €** oder bei Unternehmen von bis zu 4 % des gesamten weltweit erzielten Jahresumsatzes des vorangegangenen Geschäftsjahrs verhängt werden können. Bußgeldbewehrt sind danach Verstöße gegen die Grundsätze für die Verarbeitung nach Art. 5, 6, 7 und 9, Verstöße gegen die Rechte der betroffenen Person gemäß Art. 12 bis 22 (b); Verstöße gegen die Regeln zur Übermittlung personenbezogener Daten an einen Empfänger in einem Drittland oder an eine internationale Organisation gemäß Art. 44 bis 49 (c); Verstöße gegen alle Pflichten gemäß den Rechtsvorschriften der Mitgliedstaaten, die im Rahmen des Kapitels IX erlas- 29

47 Kühling/Buchner-*Bergt*, Art. 83 Rn. 39ff.; Ehmann/Selmayr-*Nemitz*, Art. 83 Rn. 41.

48 So auch Kühling/Buchner-*Bergt*, Art. 83 Rn. 28, und Ehmann/Selmayr-*Nemitz*, Art. 83 Rn. 41, mit Verweis auf die entsprechende Rechtsprechung des EuGH zur Haftung der Muttergesellschaft für Fehlverhalten ihrer Tochtergesellschaften, »wenn diese aufgrund wirtschaftlicher, rechtlicher und organisatorischer Verknüpfungen »im Wesentlichen« ihre Weisungen befolgen. Maßgeblich ist insoweit ein »bestimmender Einfluss«, der jedenfalls dann vermutet wird, wenn die Muttergesellschaft sämtliche Anteile der Tochter hält.«

sen wurden (d) und die Nichtbefolgung einer Anweisung oder einer vorübergehenden oder endgültigen Beschränkung oder Aussetzung der Datenübermittlung durch die Aufsichtsbehörde gemäß Art. 58 Abs. 2 oder Nichtgewährung des Zugangs unter Verstoß gegen Art. 58 Abs. 1 (e). Dass Verstöße gegen den durch Art. 8 gewährleisteten Minderjährigenschutz nicht in Abs. 5, sondern in Abs. 4 genannt sind und insofern mit einem geringeren Bußgeld bedroht sind, leuchtet nicht ein.[49] Auch entsteht der Eindruck, dass Verstöße gegen Art. 10 nur aufgrund eines gesetzgeberischen Versehens weder in Abs. 4 noch in Abs. 5 genannt sind.[50]

30 Die Bußgeldbewehrung der **Verletzung der Grundsätze** (»**basic principles**«) **für die Verarbeitung**, einschließlich der Bedingungen für die Einwilligung, gemäß Art. 5, 6, 7 und 9 nach Buchst. a ist für den Grundrechtsschutz **erforderlich und rechtsstaatlich unbedenklich**. Keineswegs handelt es sich bei diesen Grundsätzen um »schillernde Begriffe«, die den Verarbeitern und Auftragsverarbeitern nicht als Grundlage für sein rechtskonformes Verhalten dienen können.[51] Dies zu behaupten, ignoriert, dass es sich bei den Grundsätzen der Datenverarbeitung in den Art. 5, 6, 7 und 9 um **Ausformungen** der Selbstverständlichkeit handelt, dass **Eingriffe in Grundrechte einer Rechtfertigung bedürfen und verhältnismäßig sein müssen**. Dass dies auch für sie gilt, kann Verantwortliche und Auftragsverarbeiter nicht überraschen. Sollte dies doch einmal der Fall sein, ist das Vertrauen, gegen diese Grundsätze verstoßen zu dürfen, nicht schutzwürdig. Sofern Verantwortliche und Auftragsverarbeiter mit der Verhängung des Bußgeldes nicht einverstanden sind, können sie dagegen entsprechend Abs. 8 vorgehen.

VIII. Bußgeld bei Nichtbefolgung einer Anweisung der Aufsichtsbehörde (Abs. 6)

31 Abs. 6 bestimmt, dass gegen Verantwortliche und Auftragsverarbeiter Bußgelder in Höhe von 20 Millionen € oder bei Unternehmen von bis zu 4 % des gesamten weltweit erzielten Jahresumsatzes des vorangegangenen Geschäftsjahrs verhängt werden können, wenn sie Anweisungen von Aufsichtsbehörde gemäß Art. 58 Abs. 2 nicht befolgen.

IX. Mitgliedstaatliche Befugnis zur Schaffung von Bußgeldtatbeständen für Behörden und öffentliche Stellen (Abs. 7)

32 Abs. 7 eröffnet den Mitgliedstaaten die Möglichkeit, Vorschriften zu erlassen, die es ermöglichen, gegenüber Behörden und öffentlichen Stellen Bußgelder zu erlassen. Von dieser Möglichkeit **hat der Bundesgesetzgeber im BDSG keinen Gebrauch gemacht**, sondern in § 43 Abs. 3 BDSG explizit geregelt: »Gegen Behörden und sonstige öffentliche Stellen (…) werden keine Geldbußen verhängt.« Ob sich die Landesgesetzgeber hieran orientieren werden, ist noch offen.

49 Ebenso SHS-*Boehm*, Art. 83 Rn. 37, und Paal/Pauly-*Frenzel*, Art. 83 Rn. 22.
50 Kühling/Buchner-*Bergt*, Art. 83 Rn. 66.
51 So aber Paal/Pauly-*Frenzel*, Art. 83 Rn. 24.

X. Verfahrensgarantien gegen Bußgeldverhängungen (Abs. 8)

Abs. 8 bestimmt, dass es gegen die Verhängung von Bußgeldern durch Aufsichtsbehörden im Einzelfall **wirksame gerichtliche Rechtsbehelfe** geben muss und dass die Bußgeldverhängung einem ordnungsgemäßen Verfahren unterliegen muss. Gewährleisten müssen dies »Unionsrecht und Recht der Mitgliedstaaten«. Als Maßstab für entsprechende Rechtsbehelfe und Verfahrensgarantien weist ErwGr 148 Satz 4 auf die »allgemeinen Grundsätzen des Unionsrechts und der Charta, einschließlich des Rechts auf wirksamen Rechtsschutz und ein faires Verfahren« hin. Der Bundesgesetzgeber hat in **§ 41 BDSG** entsprechende Verfahrensgarantien geregelt (siehe § 41 BDSG). 33

XI. Sonderregelung für Dänemark und Estland (Abs. 9)

Abs. 9 trifft Regelungen für die in ErwGr 151 aufgeführten Mitgliedstaaten Dänemark und Estland, deren Rechtsordnung keine Geldbußen vorsehen. 34

Art. 84 Sanktionen

(1) Die Mitgliedstaaten legen die Vorschriften über andere Sanktionen für Verstöße gegen diese Verordnung – insbesondere für Verstöße, die keiner Geldbuße gemäß Artikel 83 unterliegen – fest und treffen alle zu deren Anwendung erforderlichen Maßnahmen. Diese Sanktionen müssen wirksam, verhältnismäßig und abschreckend sein.
(2) Jeder Mitgliedstaat teilt der Kommission bis zum 25. Mai 2018 die Rechtsvorschriften, die er aufgrund von Absatz 1 erlässt, sowie unverzüglich alle späteren Änderungen dieser Vorschriften mit.

Inhaltsübersicht

I. Allgemeines

Art. 84 legt fest, dass **Mitgliedstaaten** weitere, über Art. 83 hinausgehende[1] »**Vorschriften über andere Sanktionen**« (»rules on other penalties«) für Verstöße gegen die DSGVO schaffen und diese der Kommission melden. Diesen an die Mitgliedstaaten gerichteten verpflichtenden Regelungsauftrag,[2] Handlungsspielraum[3] bzw. die »Brückennorm zum Recht der Mitgliedstaaten«[4] hat der Bundesgesetzgeber durch den Erlass der **§§ 42 und 43 BDSG** genutzt. 1

1 SHS-*Boehm*, Art. 84 Rn. 6; Art. 83 ist insofern lex specialis.
2 Kühling/Buchner-*Bergt*, Art. 84 Rn. 1, 6.
3 Ehmann/Selmayr-*Nemitz*, Art. 84 Rn. 1.
4 Paal/Pauly-*Frenzel*, Art. 84 Rn. 1.

II. Mitgliedstaatliche Vorschriften über andere Sanktionen (Abs. 1)

2 Nach Abs. 1 Satz 1 legen Mitgliedstaaten »die Vorschriften über andere Sanktionen für Verstöße gegen diese Verordnung – insbesondere für Verstöße, die keiner Geldbuße gemäß Artikel 83 unterliegen – fest«, wobei diese Sanktionen nach Satz 2 wirksam, verhältnismäßig und abschreckend sein müssen. Aus dem bestimmten Artikel in Satz 1 (»die«/»the«) folgt, dass die DSGVO von einer **Arbeitssteilung zwischen europäischem Gesetzgeber und mitgliedstaatlichen Gesetzgebern** ausgeht und letzteren einerseits die Regelung anderer Sanktionsformen[5] für Verstöße gegen die DSGVO und andererseits die Regelung weiterer Bußgeldtatbestände für Verstöße gegen die DSGVO überlässt. Bei Letzterem ist zu beachten, dass nach Art. 83 Abs. 5 Buchst. d »Verstöße gegen alle Pflichten gemäß den Rechtsvorschriften der Mitgliedstaaten, die im Rahmen des Kapitels IX erlassen wurden« schon nach Art. 83 mit einem Bußgeld belegt werden können. Aus ErwGr 149 Satz 1 geht hervor, dass die DSGVO bei den »anderen Sanktionen« für Verstöße gegen die DSGVO vor allem strafrechtlichen Sanktionen im Blick hat.

3 Als Anforderungen an solche strafrechtlichen Sanktionen bestimmt ErwGr 149 Satz 3, dass die Verhängung von strafrechtlichen Sanktionen für Verstöße gegen nach Kapitel IX erlassene mitgliedstaatliche Vorschriften und von verwaltungsrechtlichen Sanktionen »**nicht** zu einer **Verletzung des Grundsatzes »ne bis in idem**«, wie er vom Gerichtshof ausgelegt worden ist, führen sollte«. Nach dieser Auslegung des Verbotes des Doppelbestrafung durch den EuGH ist die Frage, ob es sich um eine »Strafe« in diesem Sinne handelt »nach der rechtlichen Einordnung im innerstaatlichen Recht, der Art der Zuwiderhandlung und der Schwere der Sanktion« zu entscheiden.[6]

4 Nach ErwGr 149 Satz 2 können strafrechtliche Sanktionen auch die Einziehung der durch die Verstöße gegen diese Verordnung erzielten Gewinne ermöglichen. Hier besteht eine Parallele zu Bußgeldern, in deren Bemessung nach Art. 83 Abs. 2 Buchst. k die unmittelbar oder mittelbar durch den Verstoß erlangten finanziellen Vorteile oder vermiedenen Verluste gebührend zu berücksichtigen sind.

III. Mitteilungspflichten der Mitgliedstaaten (Abs. 2)

5 Nach Abs. 2 müssen die Mitgliedstaaten der Kommission bis zum 25. 5. 2018 die Rechtsvorschriften mitteilen, die sie bis dahin nach Abs. 1 erlassen haben und unverzüglich, nachdem sie diese später ändern, auch die Änderungen der Kommission mitteilen. Die Formulierung deutet darauf hin, dass die Mitgliedstaaten nach dem 25. 5. 2018 keine neuen Strafen und Bußgeldtatbestände schaffen sollten.

---

5 So auch SHS-*Boehm*, Art. 84 Rn. 5.

6 EuGH 5. 6. 2012 – C-489/10.

Kapitel 9
Vorschriften für besondere Verarbeitungssituationen

Art. 85 Verarbeitung und Freiheit der Meinungsäußerung und Informationsfreiheit

(1) Die Mitgliedstaaten bringen durch Rechtsvorschriften das Recht auf den Schutz personenbezogener Daten gemäß dieser Verordnung mit dem Recht auf freie Meinungsäußerung und Informationsfreiheit, einschließlich der Verarbeitung zu journalistischen Zwecken und zu wissenschaftlichen, künstlerischen oder literarischen Zwecken, in Einklang.

(2) Für die Verarbeitung, die zu journalistischen Zwecken oder zu wissenschaftlichen, künstlerischen oder literarischen Zwecken erfolgt, sehen die Mitgliedstaaten Abweichungen oder Ausnahmen von Kapitel II (Grundsätze), Kapitel III (Rechte der betroffenen Person), Kapitel IV (Verantwortlicher und Auftragsverarbeiter), Kapitel V (Übermittlung personenbezogener Daten an Drittländer oder an internationale Organisationen), Kapitel VI (Unabhängige Aufsichtsbehörden), Kapitel VII (Zusammenarbeit und Kohärenz) und Kapitel IX (Vorschriften für besondere Verarbeitungssituationen) vor, wenn dies erforderlich ist, um das Recht auf Schutz der personenbezogenen Daten mit der Freiheit der Meinungsäußerung und der Informationsfreiheit in Einklang zu bringen.

(3) Jeder Mitgliedstaat teilt der Kommission die Rechtsvorschriften, die er aufgrund von Absatz 2 erlassen hat, sowie unverzüglich alle späteren Änderungsgesetze oder Änderungen dieser Vorschriften mit.

Inhaltsübersicht

I. Allgemeines

»Die Verarbeitung personenbezogener Daten sollte im Dienste der Menschheit stehen. 1
Das Recht auf Schutz der personenbezogenen Daten ist kein uneingeschränktes Recht; es muss im Hinblick auf seine gesellschaftliche Funktion gesehen und unter Wahrung des Verhältnismäßigkeitsprinzips gegen andere Grundrechte abgewogen werden. Diese Verordnung steht im Einklang mit **allen Grundrechten** und achtet alle Freiheiten und Grundsätze, die mit der Charta anerkannt wurden und in den Europäischen Verträgen verankert sind, insbesondere Achtung des Privat- und Familienlebens, der Wohnung und der Kommunikation, Schutz personenbezogener Daten, Gedanken-, Gewissens- und Religionsfreiheit, Freiheit der Meinungsäußerung und Informationsfreiheit, unternehmeri-

sche Freiheit, Recht auf einen wirksamen Rechtsbehelf und ein faires Verfahren und Vielfalt der Kulturen, Religionen und Sprachen.« (ErwGr 4). »Im Recht der Mitgliedstaaten sollten die Vorschriften über die freie Meinungsäußerung und Informationsfreiheit, auch von Journalisten, Wissenschaftlern, Künstlern und/oder Schriftstellern, mit dem Recht auf Schutz der personenbezogenen Daten gemäß dieser Verordnung in Einklang gebracht werden« (ErwGr 153 Satz 1).

2 Die Regelung des Art. 85 hat die Funktion, das Recht auf Meinungsäußerung und das Recht auf Informationsfreiheit (Art. 11 GRCh; vgl. Art. 5 Abs. 1 GG) sowie die Freiheit von Kunst und Wissenschaft (Art. 13 GRCh; Art. 5 Abs. 3 GG) mit dem Grundrecht auf Datenschutz in einen **Ausgleich** zu bringen.[1] Gem. Art. 52 Abs. 1 GRCh ist bei der Auslegung der Grundrechte deren Wesensgehalt zu achten und der Grundsatz der Verhältnismäßigkeit unter Berücksichtigung der dem Gemeinwohl dienenden Zielsetzungen zu wahren. Der EuGH hat mehrfach betont, dass ein Ausgleich beim Schutz der Grundrechte auf Datenschutz und auf Meinungsfreiheit notwendig ist.[2] Wegen seiner grundsätzlichen freiheitsrechtlich-demokratischen sowie seiner werte- und identitätswahrenden Funktion wird Art. 85 als bedeutendste Öffnungsklausel der DSGVO bezeichnet.[3] Der Datenschutz und die DSGVO sind also nicht kommunikationsfeindlich.[4] Die Rechte auf Informations- und Meinungsfreiheit setzen nicht eine Identitätsprüfung der Handelnden voraus; es besteht grds. ein Recht auf Anonymität.[5] Teilweise wird vertreten, dass es für die Wahrnehmung der Grundrechte auf freie Information und Meinung bei der Verarbeitung personenbezogener Daten keiner Erlaubnisnorm bedarf.[6] Teilweise wird die Ansicht vertreten, es bedürfte insofern einer gesetzlichen Grundlage.[7] Darauf kommt es nicht an, da Art. 85 als Grundlage herangezogen werden kann. Art. 85 ermöglicht nicht nur eine Öffnung für nationale Regulierung, sondern enthält auch einen Regelungsauftrag.[8] Dabei geht es nicht nur darum, Meinungsfreiheit und Datenschutz als Abwehrrechte gegen den Staat und private Organisationen zu verstehen, sondern auch als staatliche Handlungs- und Regulierungsauftrag zur Schaffung von freiheitlichen Rahmenbedingungen und Schutzinstrumenten, also z.B. zur Verhinderung unangemessener Personalisierung, von Fake News und Social Bots.[9]

3 Die Herstellung **praktischer Konkordanz** zwischen Datenschutz und Kommunikationsfreiheiten[10] stellt sich als eine dauernde Herausforderung angesichts der technischen Fort-

1 Albrecht/Janson, CR 2016, 502; a.A. Weberling/Bergann, AfP 2018, 206f.: Vorrang der Meinungs- und Informationsfreiheit.

2 EuGH 6.11.2003 – C-101/01, Lindquist, Rn. 90, JZ 2004, 245f.; EuGH 16.12.2008 – C-73/07, Steuerdaten, Rn. 54, MMR 2009, 177; zum Verhältnis europäischer zu nationalen Grundrechten Albrecht/Janson, CR 2016, 504f.

3 Albrecht/Janson, CR 2016, 502.

4 Zweifelnd Brink, Beilage 1 zu K&R Heft 7/8/2017, 7.

5 BGH 23.6.2009 – VI ZR 196/08 Rn. 38, Spickmich, NJW 2009, 2888; vgl. BGH 27.3.2007 – VI ZR 101/06 Rn. 10, NJW 2007, 2558.

6 So wohl Specht/Mantz-*Hennemann*, Teil B § 19 Rn. 3; Brink, K&R 2018, 3.

7 Specht/Mantz-*Bock*, Teil C § 20 Rn. 97f.

8 Albrecht/Janson, CR 2016, 502; Albrecht/Jotzo, Teil 9 Rn. 5; Kühling/Buchner-*Buchner/Tinnefeld*, Art. 85 Rn. 1; Benecke/Wagner, DVBl 2016, 602.

9 Paal/Hennemann, ZRP 2017, 76.

10 Albrecht/Janson, CR 2016, 502; Caspar, NVwZ 2010, 1456.

entwicklung der Informations- und Kommunikationsmedien, mit denen personenbezogene Daten in einer Weise verarbeitet werden können, dass eine massive Verletzung des allgemeinen Persönlichkeitsrechts von Betroffenen ermöglicht wird.[11] Dabei wird dem EuGH eine eher datenschutzfreundliche, dem EGMR eine eher meinungsfreundliche Grundhaltung zugesprochen.[12]

Art. 85 entspricht Art. 9 in der EG-DSRl. Ebenso wie dieser delegiert er die Regulierung 4
über den Ausgleich zwischen dem Datenschutz und der Meinungsfreiheit zurück an die Mitgliedstaaten. Der europäische Gesetzgeber entzog sich damit erneut der Aufgabe, selbst Mechanismen für die Auflösung des Konflikts zwischen Grundfreiheiten bereitzustellen.[13] Dies ist v.a. darauf zurückzuführen, dass die **Medien- und Meinungskultur in den EU-Mitgliedstaaten** sehr unterschiedlich ist und in den aktuellen Praktiken Konfliktstoff liegt. Die Mitgliedstaaten hätten daher präzisere Vorgaben nicht akzeptiert. Die EU war bisher nur begrenzt in den Bereichen Meinungs-, Presse- und Informationsfreiheit regulativ tätig. Es fehlen insofern auch mit nationalstaatlichen Regelungen noch die Erfahrungen, mit denen eine europäische Regulierung legitimiert werden könnte. Eine umfassende unionsrechtliche Kompetenzbegründung wäre nicht möglich gewesen.[14]

Anders als bisher Art. 9 EG-DSRl umfasst Art. 85 neben der Meinungs- auch die **Infor-** 5
mationsfreiheit. Dies geht auf Art. 11 Abs. 1 Satz 2 GRCh zurück, der das Recht und die Freiheit einschließt, »Informationen und Ideen ohne behördliche Eingriffe und ohne Rücksicht auf Staatsgrenzen zu empfangen und weiterzugeben«. Inwieweit Informationsfreiheit Informationsansprüche begründet, ist bisher weder nach deutschem noch europäischem Verfassungsrecht eindeutig geklärt.[15] Für die Anwendbarkeit der Transparenz- und Informationsfreiheitsgesetze, mit denen Zugang der Öffentlichkeit zu amtlichen Dokumenten erteilt wird, besteht die Sonderregelung des Art. 86.

Die Schutzfunktion des Art. 85 geht nicht nur auf das Recht der Union zurück, sondern 6
findet eine weitere Grundlage in **völkerrechtlichen Verpflichtungen**, insbesondere in Art. 10 EMRK und der Auslegung durch den EGMR[16] und Art. 19 AEMR sowie Art. 19 IPbürgR, die Meinungs-, Presse- und Informationsfreiheit garantieren.[17]

Die in Art. 85 privilegierten Aktivitäten setzen voraus, dass sie vom Schutz der Kommu- 7
nikationsgrundrechte erfasst werden. Dieser gilt grds. nur für Privatpersonen, mit der Ausnahme der Wissenschaftsfreiheit, die auch **öffentliche Stellen** für sich in Anspruch nehmen können.[18] Amtliche Publikationen werden also von der Anwendung der DSGVO grds. nicht ausgenommen.[19]

---

11 Grundlegend dazu Klar, DÖV 2013, 103 f; siehe schon Warren/Brandeis, DuD 2012, 755ff.

12 Auernhammer-*v. Lewinski*, Art. 85 Rn. 4f.

13 Dammann/Simitis, Art. 9 Rn. 1.

14 Albrecht/Janson, CR 2016, 503 mit Hinweisen auf aktuelle nationale Herausforderungen, 507; kritisch Härting, CR 2013, 720.

15 Weichert in Erichsen/Schäferbarthold u.a., S. 79; für Informationsansprüche gegenüber dem Staat Wegener, Der geheime Staat, 2006.

16 Albrecht/Janson, CR 2016, 507f.

17 Kühling/Buchner-*Buchner/Tinnefeld*, Art. 85 Rn. 9f.

18 Weichert in Erichsen/Schäferbarthold u.a., S. 77f., 86.

19 Zur Publikationsfreiheit von Datenschutzaufsichtsbehörden Weichert, DuD 2015, 323ff., 397ff.

8 Die Richtlinie stellte darauf ab, dass die personenbezogenen Daten »allein« zu den genannten Zwecken verarbeitet werden. Der **Kommissions-Entwurf** war eng an die bisherige Richtlinienregelung angelehnt. Der Parlamentsentwurf stellte nicht mehr auf eine bestimmte Zwecksetzung ab, so dass in der DSGVO letztlich auf diese Einschränkung verzichtet wurde.[20] Regelungsinhalt des Art. 85 ist aber weiterhin, dass beim **Hinzukommen eines andersartigen Zwecks** die Verarbeitung nicht mehr privilegiert ist. Im Ratsentwurf wurden die Regelbeispiele aufgenommen und der Zweck der wissenschaftlichen Nutzung ergänzt.

9 Bei der Auslegung der privilegierten Zwecke darf **kein enger Maßstab** angelegt werden. Vielmehr kommt es darauf an, inwieweit der konkret verfolgte Zweck mit der privilegierten Grundrechtsausübung in einem sachlichen Zusammenhang steht.

10 Relevant sind die Art und die Sensitivität der tangierten Daten sowie das Interesse der Öffentlichkeit hieran. Hierbei kann die Aktualität der Information ein **Abwägungskriterium** sein.[21] Die Legitimität des öffentlichen Interesses ist in jedem Fall zu berücksichtigen.[22] In einem Konfliktfall ist in Zweifel der freien Rede der Vorrang gegenüber dem allgemeinen Persönlichkeitsrecht zu geben.[23]

10a Auf Seiten des Betroffenen sind **sämtliche Aspekte des allgemeinen Persönlichkeitsrechts** relevant, also auch sein Recht am eigenen Wort sowie am eigenen Bild sowie textliche Zuschreibungen. Tangiert sein können sowohl das Selbstbestimmungsrecht wie auch der soziale Geltungsanspruch. Unwahre Tatsachenbehauptungen müssen i. d. R. nicht hingenommen werden. Bei verletzenden Wahrheiten und Meinungen können in die Abwägung eine Vielzahl von Aspekten einfließen. Ein objektiver Maßstab hat im Vordergrund zu stehen, nicht die individuelle Empfindlichkeit des Betroffenen.[24]

II. Nationale Regelung (Abs. 1)

11 Bisher besteht im Hinblick auf die Meinungs-, Presse- und Informationsfreiheit bei der EU nur eine begrenzte Regelungskompetenz, wenngleich es im politischen Raum des EU-Parlaments insofern zunehmend Bestrebungen gibt.[25] Der Gesetzgeber sah sich aber bisher nicht veranlasst, eine **Konkretisierungskompetenz auf EU-Ebene** vorzusehen und überlässt dies in der DSGVO ausschließlich den nationalen Gesetzgebern. Dabei handelt es sich um eine zweckbezogene Öffnungsklausel zum Schutz sowohl des Journalismus wie auch der privaten Meinungsäußerung und der weiteren genannten Zwecke und um einen Auftrag zur Anpassung des Rechts, bei der die europäischen Grundrechte beachtet werden müssen.[26]

---

20 Zur Gesetzes-Genealogie Albrecht/Janson, CR 2016, 506.

21 EuGH 13.5.2014 – C-131/12, Rn. 81, 98, Google Spain, ZD 2015, 350.

22 EGMR 7.2.2012, Nr. 39954/08, Axel Springer, Rn. 90–95, NJW 2012, 1060; Ehmann/Selmayr-*Schiedermair*, Art. 85 Rn. 13.

23 BVerfG 15.1.1958 – 1 BvR 400/57, Lüth, BVerfGE 7, 212; BVerfG 22.6.1982 – 1 BvR 1376/79, NPD von Europa, BVerfGE 61, 11.

24 Beater, JZ 2018, 216ff.

25 Albrecht/Janson, CR 2016, 507.

26 Benecke/Wagner, DVBl 2016, 602f.; Paal/Pauly-*Pauly*, Art. 85 Rn. 4; Roßnagel-*Hoidn*, § 4 Rn. 180; Lauber-Rönsberg/Hartlaub, NJW 2017, 1061f.

Der Einklang der genannten Grundrechte durch die nationalen Regelungen ist »**gemäß der Verordnung**« herzustellen. Damit bekennt sich die DSGVO dazu, dass die Grundrechte europaweit gelten und eine Konkordanz und eine Harmonisierung nach entsprechenden Kriterien angestrebt werden. Die Möglichkeit nationaler abweichender Regelungen relativiert diesen Harmonisierungsansatz. Es wird insofern **keine Vollharmonisierung** angestrebt.[27] Doch sind bei den nationalen Regeln die grundlegenden Prinzipien des DSGVO und die Festlegungen der GRCh zu beachten. Abweichungen von der DSGVO bedürfen einer nachvollziehbaren Begründung. 12

Bei einem **inhaltlichen Abweichen der nationalen Regelungen** im Anwendungsbereich des Art. 85 soll gem. ErwGr 153 das Recht desjenigen Mitgliedstaats anwendbar sein, dem der **Verantwortliche** konkret unterliegt, ohne aber genauer festzulegen, was hiermit gemeint ist. Die DSGVO gibt insofern keine wirkliche Hilfestellung, da es keine Hinweise auf die räumliche Anwendbarkeit mitgliedschaftlichen Rechts gibt. So wird vorgeschlagen, dass das Recht desjenigen Mitgliedstaats im Einzelfall anzuwenden sei, »dessen Recht auf Freiheit auf Meinungsäußerung und Informationsfreiheit konkret betroffen ist«.[28] Richtig ist, dass der Gesetzgeber hier den nationalen Regelungsvorbehalt bewahren wollte, so dass bei Verstößen gegen verschiedene nationale Regelungen diese nebeneinander zur Anwendung kommen können. 13

Ob dabei möglicherweise ein inadäquater Ausgleich zwischen den Grundrechten stattfindet, lässt sich vom EuGH feststellen, da Art. 85 zwar eine Öffnungsklausel enthält, deren Füllung aber **europarechtlich vollständig überprüfbar** bleibt.[29] Auch bei der Auslegung des den Art. 85 ausfüllenden nationalen Rechts geht es um die »Durchführung des Rechts der Union« (Art. 51 Abs. 1 GRCh).[30] 14

Art. 85 zählt die privilegierten Zwecke abschließend auf. Es gibt keine Grundlage dafür, aus der sehr weitgehenden Intention der Regelung darüber hinausgehend einen mitgliedstaatlichen Regelungsspielraum für einen Ausgleich zwischen Datenschutz und **Kommunikationsfreiheit** generell zu sehen.[31] 15

Meinung i. S. d. **freien Meinungsäußerung** umfasst jede Ansicht, Überzeugung, Einschätzung, Stellungnahme und jedes Werturteil ohne Rücksicht auf die Qualität und das Thema.[32] Erfasst wird damit auch der »Laienjournalismus« mit seiner populären Ausgestaltung des Veröffentlichens personenbezogener Daten im Internet (Blogging, private Webseiten, Youtube). Journalistische Tätigkeiten sind solche, die den Zweck haben, Informationen, Meinungen oder Ideen, mit welchem Übertragungsmittel auch immer, in der Öffentlichkeit zu verbreiten.[33] Nicht jede im Internet veröffentlichte Information erfüllt die Voraussetzung. Wohl ist dies regelmäßig der Fall, wenn rechtswidriges Vorgehen staatlicher Stellen veröffentlicht wird. In jedem Fall muss der Veröffentlicher eine Grund- 16

---

27 Benecke/Wagner, DVBl 2016, 603.

28 So Paal/Pauly-*Pauly*, Art. 85 Rn. 10.

29 Albrecht/Janson, CR 2016, 506; Kühling/Buchner-*Buchner/Tinnefeld*, Art. 85 Rn. 6f.

30 Albrecht/Janson, CR 2016, 505 m. w. N. zum EuGH.

31 Kühling/Buchner-*Buchner/Tinnefeld*, Art. 85 Rn. 12.

32 Jarass, GRCh, 2013, Art. 11 Rn. 7.

33 EuGH 14. 2. 2019 – C-345/17, Rn. 53, NVwZ 2019, 467 = CR 2019, 301 = K&R 2019, 252; dazu Grages/Neben, K&R 2019, 300.

rechtsabwägung vornehmen.[34] In Abkehr von der Lindqvist-Entscheidung des EuGH[35] fallen individuelle Äußerungen im Netz nicht unter die Haushaltsausnahme (Art. 2 Abs. 2 Buchst. c) und stellen eine Übermittlung dar. Solche privaten Meinungsäußerungen im Netz werden von der Meinungsfreiheit geschützt, sind aber kein Journalismus im rechtlichen Sinne (siehe dazu Rn. 29).[36]

16a Stehen Meinungsfreiheit und Datenschutz zu einander im Konflikt, ohne dass die privilegierte Meinungsfreiheit von Presse, Künstlern oder Literaten tangiert ist (Abs. 2), so bleibt die DSGVO in ihrer Gesamtheit anwendbar. Die Mitgliedstaaten können, müssen aber keine spezifischen Regeln festlegen.[37] Erfolgt keine spezifische Regelung, so kann auf Art. 6 Abs. 1 Buchst. f zurückgegriffen werden, der eine Abwägung zwischen dem berechtigten Meinungsinteresse mit dem Schutzinteresse des datenschutzrechtlich Betroffenen fordert. Nationale Regelungen können auch Teillösungen vorsehen, insbesondere auch ein bestimmtes prozedurales Vorgehen. Dies gilt insbesondere für den besonders konfliktträchtigen Bereich der **Meinungsäußerungen im Internet**. Eine Regelung hierzu ist das Netzwerkdurchsetzungsgesetz.[38]

17 Die Datenverarbeitung zu **journalistischen Zwecken** kann national reguliert werden. Erfasst wird damit die publizistische Tätigkeit von Medienunternehmen der Presse, des Rundfunks einschließlich des Fernsehens (Television) und des Films sowie auch von einzelnen Journalisten. Eine klare Abgrenzung zu den »künstlerischen und literarischen Zwecken« ist in der Praxis nicht möglich und von der Regelung auch nicht gefordert.

18 Zu den journalistischen Zwecken gehören nicht nur die Publikationen selbst, sondern auch das **Sammeln der Information** zum Zweck der Publikation, der Schutz des Zugangs zu Informationsquellen sowie der Austausch im Rahmen der Kooperation von Medienunternehmen und Journalisten. Erfasst sind weiterhin nicht nur die erstmalige Veröffentlichung, sondern auch deren Reproduktion und Archivierung sowie die Bereitstellung von veröffentlichten und unveröffentlichten Informationen in darauf spezialisierten Medienarchiven (siehe Rn. 21, 27, 34).

19 Anders als zuvor Art. 9 EG-DSRl erfasst Art. 85 auch **wissenschaftliche Verarbeitungsvorgänge**, so dass das Wissenschaftsprivileg des Art. 13 GRCh und die Meinungs- und Informationsfreiheit des Art. 11 GRCh hier ineinandergreifen. Anders als im Bereich der Meinungsfreiheit gilt neben der allgemeinen Öffnungs- und Abwägungsklausel des Art. 85 zusätzlich der Art. 89 (siehe Rn. 38ff.).

20 Bei der nationalen Regelung ist in Deutschland die föderale Verteilung der **Gesetzgebungskompetenz** zu beachten. Nach der Föderalismusreform ist die Rahmengesetzgebungskompetenz des Bundes für den Pressebereich entfallen, so dass es den Ländern vorbehalten ist, in den jeweiligen Landespressegesetzen den Gesetzgebungsauftrag des Art. 85 umzusetzen.[39]

---

34 EuGH 14.2.2019 – C-345/17, Rn. 358–66, NVwZ 2019, 468f.
35 EuGH 6.11.2003 – C-101/01, Rn. 71, 90, JZ 2004, 245f.; dazu richtig Fechner, JZ 2004, 246.
36 A.A. wohl Auernhammer-*v. Lewinski*, Art. 85 Rn. 8.
37 SHS-*Dix*, Art. 85 Rn. 5f.; a.A. Engeler, Art. 85 DSGVO, Die Meinungsfreiheit und das datenschutzrechtliche Verbotsprinzip, www.telemedicus.info, 19.3.2018.
38 NetzDG v. 1.9.2017, BGBl. I S. 3352.
39 Benecke/Wagner, DVBl 2016, 603.

In Umsetzung der DSGVO wurde durch den 21. Rundfunkänderungsstaatsvertrag in § 57 RStV eine einheitliche Regelung getroffen, die sowohl den öffentlich-rechtlichen wie den privaten **Rundfunk** sowie deren Telemedien mit umfasst. § 9c RStV ersetzt die bisherigen Medienprivilegierungen in den Rundfunk- und Mediengesetzen. Für eine datenschutzrechtliche Privilegierung ist es nötig, dass Telemedien journalistisch-redaktionell ausgerichtet sind. Erfasst werden auch Bürgerjournalisten, Blogger und Publikationen in sozialen Medien.[40] Die Grenzen zwischen professionellem und nicht professionellem Journalismus sind durch das Internet fließend geworden. Individuelle Meinungsäußerungen im Netz oder in Netzforen und Bewertungsportale fallen nicht mehr unter das spezifische Medienprivileg, wohl aber unter den Schutz der Meinungsfreiheit. Informationsintermediäre, also reine Vermittler von Informationen wie Suchmaschinen oder soziale Netzwerke können sich wegen der reinen Meinungsvermittlung nicht selbst auf die Meinungsfreiheit berufen.[41] 20a

Für Unternehmen und Hilfsunternehmen der **Presse** enthalten Regelungen der Bundesländer, etwa in den Pressegesetzen, Ausnahmen von der Anwendung der DSGVO.[42] Überarbeitete Regelungen sind an die §§ 9c, 57 RStV angelehnt. Erfasst vom Pressebegriff werden bisher gedruckte, nicht aber digitale Medien.[43] 20b

III. Abweichungen von der DSGVO (Abs. 2)

»Für die Verarbeitung personenbezogener Daten ausschließlich zu journalistischen Zwecken oder zu wissenschaftlichen, künstlerischen oder literarischen Zwecken sollten **Abweichungen und Ausnahmen** von bestimmten Vorschriften dieser Verordnung gelten, wenn dies erforderlich ist, um das Recht auf Schutz der personenbezogenen Daten mit dem Recht auf Freiheit der Meinungsäußerung und Informationsfreiheit, wie es in Art. 11 GRCh garantiert ist, in Einklang zu bringen. Dies sollte insbesondere für die Verarbeitung personenbezogener Daten im audiovisuellen Bereich sowie in Nachrichten- und Pressearchiven gelten.[44] Die Mitgliedstaaten sind daher gehalten Gesetzgebungsmaßnahmen zur Regelung der Abweichungen und Ausnahmen zu erlassen, die zum Zwecke der Abwägung zwischen diesen Grundrechten notwendig sind.[45] Die Mitgliedstaaten sollten solche Abweichungen und Ausnahmen in Bezug auf die allgemeinen Grundsätze, die Rechte der betroffenen Person, den Verantwortlichen und den Auftragsverarbeiter, die Übermittlung von personenbezogenen Daten an Drittländer oder an internationale Organisationen, die unabhängigen Aufsichtsbehörden, die Zusammenarbeit und Kohärenz und besondere Datenverarbeitungssituationen erlassen. Sollten diese Abweichungen oder Ausnahmen von Mitgliedstaat zu Mitgliedstaat unterschiedlich sein, sollte das Recht des Mitgliedstaats angewendet werden, dem der Verantwortliche unterliegt. Um der Bedeutung des Rechts 21

40 Gola-*Pötters*, Art. 85 Rn. 8; Specht/Mantz-*Hennemann*, Teil B § 19 Rn. 41f.
41 EuGH 2014 Google-Spain.
42 Specht/Mantz-*Hennemann*, Teil B § 19 Rn. 24, 68.
43 Weberling/Bergann, AfP 2018, 208ff.; kritisch Specht/Mantz-*Hennemann*, Teil B § 19 Rn. 63; SHS-*Dix*, Art. 85 Rn. 21.
44 Paal/Hennemann, K&R 2017, 18.
45 Specht/Mantz-*Hennemann*, Teil B § 19 Rn. 110ff. mit Verweis auf EuGH Google-Spain sowie BGH NJW 2010, 2432 u. 2728.

auf freie Meinungsäußerung in einer demokratischen Gesellschaft Rechnung zu tragen, müssen Begriffe wie Journalismus, die sich auf diese Freiheit beziehen, weit ausgelegt werden« (ErwGr 153 Satz 2–6). Die Privilegierung gemäß Abs. 2 wird allgemein als »**Medienprivileg**« bezeichnet, wobei aber zu beachten ist, dass sie auch wissenschaftliche, künstlerische und literarische Zwecke erfasst.[46]

22 Die mitgliedstaatlichen Ausnahmen von der DSGVO sind nur zulässig, wenn die Zielrichtung »**ausschließlich**« journalistisch, wissenschaftlich, künstlerisch oder literarisch ist (ErwGr 153 Satz 1). Werden dabei andere Zwecke verfolgt, so ist die DSGVO voll anwendbar. Eine Gewinnerzielungsabsicht durch den Privilegierten ist jedoch kein anderer Zweck,[47] wohl aber, wenn ein Werk von anderen, z. B. für Werbezwecke verwendet wird. Entsprechendes gilt für sonstige Aktivitäten der privilegierten Personen und Stellen, die im engen Zusammenhang mit der geschützten Tätigkeit stehen und ohne die diese Tätigkeit nicht möglich wäre, z. B. die Verarbeitung von Daten von Lieferanten oder Abonnenten, die Abwicklung von Abrechnungen oder sonstige administrative Aufgaben.[48]

23 Die nationalen Regelungen dürfen Ausnahmen von der DSGVO nur vorsehen, »wenn dies **erforderlich** ist«. Damit macht Abs. 2 dem nationalen Gesetzgeber zwingende bzw. verbindliche Vorgaben, wenngleich diesem ein Einschätzungs- und Gestaltungsspielraum eingeräumt bleibt.[49] So ist bei einer rein internen Verwendung von Daten durch einen Journalisten oder ein Medienunternehmen ein geringeres Schutzniveau für die Betroffenen angesagt als bei einem stellenübergreifenden Austausch von Daten und einer Zugänglichkeit für einen größeren Interessentenkreis z. B. für journalistische Zwecke.[50]

24 Abs. 2 erlaubt Abweichungen von den Bestimmungen der Kapitel II (Grundsätze), III (Betroffenenrechte), IV (Verantwortlichkeit), V (Drittlandsübermittlung), VI (Datenschutzkontrolle), VII (Kohärenz) und IX (besondere Verarbeitungen). Unberührt bleiben damit lediglich Kapitel I (allgemeine Bestimmungen) und VIII (**Rechtsbehelfe, Haftung und Sanktionen**). Bei Kapitel VIII handelt es sich nicht um primäre, sondern um sekundäre Regelungen, die nur soweit in Anwendung kommen, wie sie nicht auf Kapitel verweisen, für die Ausnahmen vorgesehen sind.

25 **Generalausnahmen** von der DSGVO sind nicht erlaubt, sondern gem. Abs. 2 nur besonders begründete spezifizierende abweichende, Regelungen. Der grds. von der DSGVO beabsichtigte Schutzauftrag bleibt bestehen, zumal in den privilegierten Bereichen gravierende Beeinträchtigungen informationeller Selbstbestimmung stattfinden können. Bei der Spezifizierung sind unterschiedliche auf den jeweiligen privilegierten Anwendungsfall ausgerichtete praktische und rechtliche Lösungen gefordert, soweit diese möglich sind. So ist für den Schutz der freien Meinungsäußerung eine vorzeitige Intervention bei geplanten Veröffentlichungen auszuschließen, während bei der Weiterverbreitung von bereits veröffentlichtem Material eher Interventionen zugunsten des Persönlichkeitsschutzes möglich sind.[51]

---

46 Albrecht/Janson, CR 2016, 502; Auernhammer-*v. Lewinski*, Art. 85 Rn. 1.
47 EuGH 16.12.2008 – C-73/07, Rn. 59, Satamedia, EuZW 2009, 110.
48 Kühling/Buchner-*Buchner/Tinnefeld*, Art. 85 Rn. 15f.
49 Albrecht/Janson, CR 2016, 502; Trentmann, CR 2017, 34.
50 Dammann/Simitis, Art. 9 Rn. 4.
51 Dammann/Simitis, Art. 9 Rn. 6, 7.

Bei der nationalen Ausdifferenzierung ist hinsichtlich der Adressaten zu unterscheiden: Richtet sich eine Regelung an »**Jedermann**« als Grundrechtsträger der allgemeinen Meinungsfreiheit, so können nur geringe Ausnahmen von der DSGVO in Frage kommen, die sich insbesondere auf die Veröffentlichung von personenbezogenen Daten im Internet, in sozialen Netzwerken oder in ähnlichen Foren beziehen (siehe Rn. 16). **26**

Institutionen, die für Meinungsbildung in unserer demokratischen Gesellschaft eine Schlüsselposition haben, sind besonders zu bevorzugen. Weitergehende Ausnahmen sind aus verfassungsrechtlicher Sicht notwendig und gerechtfertigt, wenn **Journalisten und Presseorgane** adressiert werden. Für den Begriff der Presse stehen nicht bestimmte inhaltliche Kriterien im Vordergrund, sondern er erfasst im Sinne einer formalen Zuordnung Verleger, Presseunternehmen, Journalisten, Redakteure, sonstige Herausgeber von Publikationen sowie deren Hilfsunternehmen (Agenturen, Korrespondenten, Grossisten). Eine Differenzierung zwischen analoger und elektronischer Presse ist heute überholt.[52] In den Landespressegesetzen wird für die Presse gegenüber öffentlichen Stellen ein Auskunftsanspruch begründet.[53] In Ermangelung einer gesetzlichen Regelung besteht gegenüber öffentlichen Stellen des Bundes aus Art. 5 Abs. 1 Satz 2 GG ein verfassungsunmittelbarer Auskunftsanspruch.[54] Journalisten und Presseorgane genießen derzeit nach deutschem Recht ein Zeugnisverweigerungsrecht und unterliegen nur einer eingeschränkten Beschlagnahme (§§ 53 Abs. 1 Satz 1 Nr. 3, Satz 2, 97 Abs. 5 StPO). ErwGr 153 nennt als weitere privilegierte Stellen journalistische Nachrichten- und Pressearchive. **27**

Nicht privilegiert sind Datenverarbeitungen von privilegierten Personen, die nicht primär der spezifischen Grundrechtsausübung dienen. Hierzu gehört der Umgang mit den Daten von Lieferanten, von technischem und Verwaltungspersonal. Hinsichtlich des Honorars oder Abrechnungsdaten etwa von Reisekosten kann eine gewisse grundrechtliche Fernwirkung bestehen.[55] **28**

Inwieweit **Hilfsunternehmen** der Presse in den Genuss der Pressefreiheit kommen müssen bzw. dürfen, hängt von der jeweiligen Funktion und den faktisch und rechtlich bestehenden Schutzmechanismen ab. Ein Internetauftritt ist für sich noch keine journalistische Tätigkeit.[56] Suchmaschinen und sog. soziale Netzwerke haben keine spezifisch auf den Journalismus bezogene, sondern eine allgemeine Funktion und sind daher nicht als Hilfsunternehmen einzustufen.[57] Nicht erfasst werden auch Stellen, die überhaupt keinen direkten Bezug zur Meinungsbildung haben, wie dies z. B. beim Beitragsservice der öffentlich-rechtlichen Rundfunkanstalten der Fall ist.[58] **29**

Personell ähnlich schwer präzise beschreib- und eingrenzbar wie Pressevertreter sind die privilegierten Wissenschaftler (siehe Rn. 38ff.). In beiden Fällen können formale Anforderungen festgelegt werden, mit denen eine klarere Zuordnung zu der jeweiligen Gruppe **30**

52 Specht/Mantz-*Hennemann*, Teil B § 19 Rn. 27f.
53 Zu der Abwägung mit Datenschutzinteressen BVerwG 27.9.2018 – 7 C 5.17, NVwZ 2019, 473 = AfP 2019, 160.
54 BVerwG 25.10.2018 – 7 C 6.17, Rn. 11, 13, NVwZ 2019, 480 = AfP 2019, 159.
55 Gola-*Pötters*, Art. 85 Rn. 9.
56 BVerwG 29.10.2015 – 1 B 32.15, Rn. 4f., ZD 2016, 193 = CR 2016154; BayVGH 25.03.2015 – 5 B 14.2164, ZD 2015, 324 m. Anm. Ehmann = DÖV 2015 672f. (LS).
57 A.A. tendenziell Auernhammer-*v. Lewinski*, Art. 85 Rn. 9.
58 Zum Vorläufer GEZ Roßnagel-*Herb*, Kap. 5.3 Rn. 29–31; Weichert, AfP 2004, 77ff.

möglich ist, etwa durch eine Akkreditierung, andere Formen eines **spezifischen Berechtigungsnachweises** oder eine Bezugnahme auf qualifizierte Aktivitäten.

30a Keinen Anspruch auf eine datenschutzrechtliche Privilegierung haben **öffentliche Stellen**. Diese können sich nicht auf die Grundrechte nach Art. 5 GG bzw. Art. 11 GRCh berufen. Wohl aber steht diesen die Befugnis und evtl. gar die Pflicht zu, meinungsbildend im Rahmen ihrer Aufgabenwahrnehmung tätig zu sein.[59]

31 Für die Annahme einer privilegierten Zwecksetzung ist ein **Mindestmaß** an journalistischer, wissenschaftlicher, künstlerischer oder literarischer Bearbeitung Voraussetzung. Je geringer die Bearbeitungshöhe ist, umso gewichtiger wird das Recht auf informationelle Selbstbestimmung. Handelt es sich um reine Aufzählungen oder sonstige Verarbeitungen von personenbezogenen Daten ohne Schöpfungshöhe (z. B. in Katalogen, Adress-, Telefon- oder Branchenverzeichnissen), so bleibt die DSGVO anwendbar.

1. Journalismus

32 »In Anbetracht der Bedeutung, die der Freiheit der Meinungsäußerung in jeder demokratischen Gesellschaft zukommt«, muss der Begriff der **journalistischen Zwecke** weit ausgelegt werden.[60] Diese Zwecke werden verfolgt, wenn die Veröffentlichung für einen unbestimmten Personenkreis bestimmt ist; der Schutz beginnt bei der Recherche und geht über redaktionelle Entscheidungen, die Veröffentlichung und deren Verwertung bis hin zur Dokumentation und Archivierung.[61] Journalistische Zwecke werden verfolgt, wenn ein Informationsinteresse der Allgemeinheit besteht und die meinungsbildende Wirkung der Veröffentlichung prägender Bestandteil ist.[62] Der Umstand, dass Informationen möglicherweise unzulässig erlangt oder weitergegeben wurden, ist im Interesse des Quellenschutzes allein kein Grund, die journalistische Privilegierung aufzuheben. Journalismus setzt professionelles Vorgehen voraus, zu dem eine qualifizierte Recherche gehört. Die Verbreitung von »Fake-News«, also von falschen oder sinnentstellenden Texten, Ton- und Bildnachrichten ist nicht geschützt. Die Wahrheitspflicht dient sowohl dem Ehr- und Persönlichkeitsschutz der Betroffenen wie auch der demokratischen öffentlichen Meinungsbildung.

33 Die journalistisch begründeten Beeinträchtigungen der Persönlichkeitsrechte der Betroffenen müssen für den legitimen Zweck **tauglich, erforderlich und verhältnismäßig** sein, wobei ein Ausgleich zwischen den konkurrierenden Freiheiten angestrebt werden muss.

34 Der Charakter oder Zweck der Publikation kann Anlass für eine Differenzierung sein. Bezüglich der **Nutzung von Archiven** kommt es darauf an, dass diese authentisch die archivierten Materialien bereitstellen.[63] Bei einer Erstveröffentlichung steht dagegen im Vordergrund, dass hohe Anforderungen an Qualität und Zuverlässigkeit gestellt werden, so

---

59 Specht/Mantz-*Bock*, Teil C § 20 Rn. 99f.
60 EuGH 16.12.2008 – C-73/07, Rn. 56.
61 Caspar, NVwZ 2010, 1454.
62 BGH 23.6.2009 – VI ZR 196/08, Rn. 21, NJW 2009, 1890.
63 Caspar, NVwZ 2010, 1455.

dass Ansprüche auf Berichtigung, Löschung oder Verarbeitungseinschränkung bzw. auf Gegendarstellung zugestanden werden können und müssen.

Journalismus – wie Meinungsäußerung generell – erfolgt in Form von **Tatsachendarstellungen und Bewertungen** sowie in einer Kombination von beidem. Je weniger eine Veröffentlichung mit der Verbreitung von Meinungen zu tun hat und je stärker sie sich im Bereich streng fachlich gebundener Faktenvermittlung bewegt, umso geringer ist die Erforderlichkeit, zum Schutz der Meinungsfreiheit die Betroffenenrechte zu beschränken. So gibt es keine Gründe, die Publikation von Teilnehmer- und Branchenverzeichnissen oder von Werbung in einem Anzeigenteil der Gewährleistung der Betroffenenrechte und der Datenschutzkontrolle zu entziehen.[64] Die administrativ-wirtschaftliche Tätigkeit von Medienunternehmen und Rundfunkveranstaltern fällt nicht unter den Begriff des Journalismus.[65] 35

Die Verarbeitung von **Beschäftigtendaten bei Medienunternehmen** gehört nicht in den engeren Bereich der Pressefreiheit, weshalb die DSGVO weitgehend anwendbar ist. Dessen ungeachtet hat die Pressefreiheit eine Fernwirkung auf den Beschäftigtendatenschutz, z. B. wenn es um den Quellenschutz oder die Anonymität von Recherchen geht.[66] 36

Art. 85 und 86 ergänzen sich gegenseitig. Während die aktive Bereitstellung von Informationen durch öffentliche Stellen ihren Schwerpunkt in Art. 86 (Informationsfreiheit) hat, liegt der Schwerpunkt von Art. 85 im Hinblick auf die **Bereitstellung von Informationen** im reaktiven Bereich (Presse). Die DSGVO gilt auch, soweit von Polizei oder Justizbehörden personenbezogene Daten bereitgestellt werden.[67] 36a

2. Wissenschaftliche Forschung

Art. 85 Abs. 2 enthält als **allgemeine Regelung** auf der gleichen Ebene wie Journalismus, Meinungsäußerung, Informationsfreiheit, Kunst und Literatur eine Privilegierung der wissenschaftlichen Forschung. Bei ihr geht es um die Grundrechtsabwägung zwischen dem Recht auf Datenschutz (Art. 8 GRCh) und dem Recht auf Wissenschaftsfreiheit (Art. 13 GRCh, vgl. Art. 5 Abs. 3 GG). Hinsichtlich des Datenzugangs besteht in Art. 5 Abs. 1 Buchst. b eine Spezialregelung. In Bezug auf die Weiterverarbeitung enthält Art. 89 eine Spezialregelung. Art. 85 gilt für die gesamte Datenverarbeitung für Forschungszwecke und beschränkt sich nicht auf die Wissenschaftskommunikation.[68] Ebenso wie die weiteren in Art. 85 genannten Bereiche zielt die Forschung generell auf einen demokratischen Diskurs über das ab, was »wahr« und »richtig« ist. 37

Wissenschaftliche Forschung[69] ist ein auf wissenschaftlicher Eigengesetzlichkeit (Methodik, Systematik, Beweisbedürftigkeit, Nachprüfbarkeit, Kritikoffenheit, Revisionsbereitschaft) beruhender Prozess zum Auffinden von Erkenntnissen, ihrer Deutung und ihrer 38

---

64 Dammann/Simitis, Art. 9 Rn. 9; SHS-*Dix*, Art. 85 Rn. 18.
65 SHS-*Dix*, Art. 85 Rn. 16.
66 Ausführlich Caspar, NVwZ 2010, 1454.
67 Zöller/Esser-*Hornung*, S. 154ff.
68 So aber Hornung/Hofmann, ZD-Beilage 4/2017, 12; Specht/Mantz-*Golla*, Teil C § 23 Rn. 6.
69 Zur Differenzierung zwischen »wissenschaftlicher Forschung« und »Wissenschaft« Geminn, DuD 2018, 645f.

Weitergabe. Wissenschaftliche Forschung ist »alles, was nach Inhalt und Form als ernsthafter, planmäßiger Versuch zur Ermittlung der Wahrheit anzusehen ist«.[70] Nicht notwendig ist, dass die Forschungsergebnisse veröffentlicht werden; wohl aber ist es unerlässlich, dass hierüber ein wissenschaftlicher Diskurs stattfinden kann.[71] Forschung ist nicht dadurch ausgeschlossen, dass das Vorhaben auch Ausbildungs- und Prüfungszwecken dient. Dissertations- und Habilitationsvorhaben sind regelmäßig als Forschungsvorhaben anzusehen, nicht aber eine vorrangig der Ausbildung dienende Studienarbeit. Nicht erfasst von dem gegenüber dem Begriff »Wissenschaft« engeren Begriff der »Forschung« ist die wissenschaftliche Lehre.[72]

39 Das Forschungsprivileg gilt nur für **unabhängige Forschung**, wobei aber der Begriff der Forschung weit auszulegen ist und auch grds. private finanzierte Forschung einschließt (ErwGr 159 Satz 1). Eine externe Einflussnahme auf den wissenschaftlichen Erkenntnisprozess oder eine Unterordnung unter wirtschaftliche oder sonstige Interessen muss ausgeschlossen sein.[73] Die Finanzierung durch Drittmittel muss nicht, kann aber die Unabhängigkeit beeinträchtigen.[74] Wissenschaftliche Untersuchungen, die zu Organisations-, Aufsichts- und Kontrollzwecken vorgenommen werden, verfolgen vorrangig keine wissenschaftliche Zielsetzung mehr. Auf die Entwicklung neuer Produkte ausgerichtete Forschung (z. B. der Pharmaindustrie) und rein kommerzielle Markt- und Meinungsforschung kommen auch nicht in den Genuss der Privilegierung nach den datenschutzrechtlichen Forschungsregelungen.[75] Etwas anderes gilt, wenn die privatfinanzierte, z. B. pharmakologische oder Markt- und Meinungsforschung die Anforderungen wissenschaftlicher unabhängiger Forschung erfüllen.[76] Die Unabhängigkeit der Forschung ist nicht beeinträchtigt, wenn die Finanzierung des Forschungsvorhabens von einer dritten Stelle erfolgt, die selbst ein Interesse an den (unabhängig erlangten) Erkenntnissen hat.

40 Zentral für die Annahme der Wissenschaftlichkeit ist im Hinblick auf die personenbezogene Datenverarbeitung, dass diese streng zweckgebunden erfolgt. Es muss ein **wissenschaftliches Erkenntnisinteresse** verfolgt werden, wobei dieses nicht auf ein eng definiertes Forschungsprojekt beschränkt sein muss. Der Zweck jedes Forschungsprojektes muss aber gesondert festgelegt werden. Soll eine Weiternutzung dieser Daten für weitere Forschungsprojekte erfolgen, so müssen auch insofern die Zwecke festgelegt werden. Unter definierten Voraussetzungen können Daten dann zwischen Projekten, in Forschungsverbünden, wissenschaftlichen Netzwerken und Registern ausgetauscht werden.[77]

---

70 BVerfGE 35, 112f. = NJW 1978, 1176; Roßnagel, ZD 2019, 158f.; zum Erfordernis der Staatsferne Weichert, Informationelle Selbstbestimmung, S. 231f.

71 Geminn, DuD 2018, 644f.

72 SHS-*Caspar*, Art. 89 Rn. 11f.

73 Geminn, DuD 2018, 643.

74 Gola/Schomerus, § 40 Rn. 8; Taeger/Gabel-*Mester*, § 40 Rn. 6; kritischer Simitis-*Simitis*, § 40 Rn. 36.

75 SHS-*Caspar*, Art. 89, Rn. 19; CR 2019, 86;, Plath-*Grages*, Art. 89 Rn. 6; Auernhammer-*Greve*, Art. 89 Rn. 4; Werkmeister//Schwaab, CR 2019, 86; so schon Simon/Vesting, CR 1992, 307; Simitis-*Simitis*, § 40 Rn. 43; ähnlich Gola/Schomerus, § 40 Rn. 8f.; SHS-*Caspar*, Art. 89 Rn. 18; a. A. Gola/Heckmann-*Krohm*, § 27 Rn. 15ff.; Hornung/Hofmann, ZD-Beilage 4/2017, 5.

76 Hornung/Hofmann, ZD-Beilage 4/2017, 5; SHS-*Caspar*, Art. 89, Rn. 12 16; weiter Specht/Mantz-*Golla*, Teil C § 23 Rn. 15: Gewinnung neuartiger Erkenntnisse.

77 Missverständlich insofern Werkmeister/Schwaab, CR 2019, 88, Rn. 27.

Die Nutzung von Forschungsdaten für andere als Forschungszwecke ist grundsätzlich verboten; insofern kann von einem »**Forschungsgeheimnis**« gesprochen werden. Dieses schließt insbesondere aus, dass unter Beibehaltung des Personenbezugs Geschäfts- oder Verwaltungszwecke verfolgt werden.[78] Derartige Zwecke sind nicht miteinander vereinbar.[79] In Gesetzen kann dessen konkrete Umsetzung erfolgen. 41

3. Kunst und Literatur

Die Privilegierung von **künstlerischen und literarischen Zwecken** bezieht sich – anders als beim Journalismus – weniger auf die individuelle und gesellschaftliche Förderung von Meinungen als auf Kreativität und Kultur. Auch diese sind verfassungsrechtlich gewährleistet (Art. 13 GRCh, Art. 5 Abs. 3 Satz 1 GG). Eine klare Grenze zwischen Journalismus, Wissenschaft und Kunst lässt sich oft nicht ziehen. Bei Kunst und Literatur steht das kreative Herstellen eines Werkes im Vordergrund. Das schließt die Zitierfreiheit, also den Bezug auf andere Werke, mit ein (§ 51 UrhG), wobei Plagiat und Parodie nicht ausgeschlossen sind. 42

Je stärker sich eine Publikation im Bereich streng fachlich gebundener Faktenvermittlung bewegt, umso weniger können Kunst, Meinungs- und Informationsfreiheit die informationelle Selbstbestimmung von Betroffenen beschränken. Wird jedoch das Privat- und Intimleben tangiert, so hat die **künstlerische Freiheit** grds. zurückzutreten.[80] 43

4. Abweichungen und Ausnahmen generell

Art. 85 setzt auf einen Ausgleich zwischen dem Datenschutz und den Kommunikationsfreiheiten durch angemessene Abweichungen und Ausnahmen von der DSGVO, wobei keine der beiden Seiten einen generellen Vorrang genießt.[81] Der nationale Gesetzgeber kann zwar **allgemein-abstrakte Normen** festlegen, die jedoch im Einzelfall eine Abwägung ermöglichen müssen. Pauschale Freistellungen von den Normen der DSGVO sind nicht zulässig. Damit wird nicht vom generell gültigen Prinzip des datenschutzrechtlichen Verbots mit Erlaubnisvorbehalt abgewichen,[82] sondern eine normative Erlaubnis zur Verarbeitung durch Grundrechte oder deren gesetzliche Spezifizierung vorausgesetzt. 44

Kriterien für die Normierung von Ausnahmen zur DSVGO werden in Art. 85 nicht explizit genannt. Ein wesentliches Kriterium ist, welche Funktion die jeweiligen Adressaten für die Meinungs- und Kulturbildung in der demokratischen und auf Erkenntnis ausgerichteten Gesellschaft haben (siehe Rn. 1 ff.). Eine Rolle kann spielen, inwieweit der Austausch personenbezogener Daten sich auf eine bestimmte Gruppe oder generell auf die Öffent- 45

78 DKWW-*Weichert*, § 40 Rn. 6 f.; Weichert in Erichsen/Schäferbarthold u. a., S. 87 ff.
79 Vgl. Art. 6 Abs. 4 sowie die analogen Ausführungen des BVerfG zur Statistik BVerfG NJW 1984, 423 ff.
80 BVerfG 13.6.2007 – 1 BvR 1783/05, Esra, NJW 2008, 39 ff. = AfP 2007, 441 ff.
81 Albrecht/Janson, CR 2016, 506.
82 So aber Kühling/Buchner-*Buchner/Tinnefeld*, Art. 85 Rn. 27 f.; Caspar, DÖV 2010, 1452.

lichkeit bezieht. Weitere Kriterien sind die konkrete Bedeutung der zu veröffentlichenden Informationen für die Öffentlichkeit sowie deren persönlichkeitsrechtliche Relevanz.[83]

46 Die **Betroffenenrechte** nach Art. 13ff. können im Anwendungsbereich des Art. 85 oft nicht vollständig umgesetzt werden. Vor einer Veröffentlichung ist eine Zensur auszuschließen (vgl. Art. 5 Abs. 1 Satz 3 GG). Insofern kommen auch Auskunfts-, Berichtigungs- und Einschränkungsrechte nicht in Betracht. Nach einer erfolgten Veröffentlichung können diese Rechte wie z.B. das »Recht auf Vergessenwerden« nach Art. 17 dagegen nicht vollständig versagt werden.[84] Journalistische Aspekte wie der Quellenschutz sind zu beachten. An die Stelle der Berichtigung und Löschung kann das Instrument der Gegendarstellung gesetzt werden.[85]

47 Der **Zweckbindungsgrundsatz** hat im Anwendungsbereich des Art. 85 eine spezifische Relevanz. Ihm kommt bei einer wissenschaftlichen Datenverarbeitung eine zentrale Funktion zu (siehe Rn. 1ff.). Aber auch die Presse und die Medien sind an die von ihnen verfolgten publizistischen Zwecke gebunden. Es gilt das Redaktions- bzw. Pressegeheimnis. Anderenfalls fallen sie nicht mehr in den Anwendungsbereich des Art. 85. Das Redaktionsgeheimnis wird abgesichert durch ein Zeugnisverweigerungsrecht und Vorkehrungen gegen Beschlagnahmen (§§ 52–53a, 97 StPO, §§ 383–389 ZPO, § 98 VwGO, § 118 SGG, § 177 AO, § 84 FGO).

48 Eine staatliche, d.h. **aufsichtsbehördliche Datenschutzkontrolle** wurde bisher im Bereich der journalistisch-redaktionellen Pressearbeit mit der Pressefreiheit für unvereinbar angesehen. Dies schließt aber nicht aus, dass eine Eigenkontrolle institutionalisiert wird. Diese ist nötig, um Betroffenenrechte, soweit sie bestehen, zur Geltung zu bringen.[86] Das im Bereich des öffentlich-rechtlichen Rundfunks bestehende Kontrollregime eigener Datenschutzbeauftragter ist grds. für den Grundrechtsschutz geeignet.[87] Bisher fehlte die nötige in Art. 8 Abs. 3 GRCh geforderte Unabhängigkeit. Dieses Defizit wurde mit den §§ 16ff. Deutschlandradio-Staatsvertrag bzw. §§ 16ff. ZDF-Staatsvertrag beseitigt.[88] Im Hinblick auf die Forschung wird bisher eine staatliche Datenschutzaufsicht akzeptiert. Es ist aber nicht ausgeschlossen, insofern ergänzende oder ersetzende Institutionen vorzusehen. Die bisher bestehenden Forschungsregelungen enthalten i.d.R. prozedurale Anforderungen zur Sicherung des Datenschutzes.[89]

48a Während die §§ 9c, 57 RStV einheitlich die Nichtanwendbarkeit einzelner Vorschriften der DSGVO bei journalistischen Zwecken regeln, unterscheiden sie sich bzgl. der **Kontrollaufsicht**. § 9a Abs. 4 RStV sieht vor, dass die Aufsicht beim öffentlich-rechtlichen Rundfunk durch Landesrecht bestimmt wird, wobei die Länder unterschiedliche Regelungsansätze verfolgen.[90] Gemäß § 57 Abs. 1 Satz 5, 6 RStV findet Kapitel VIII der DSGVO keine Anwendung, soweit die Unternehmen der Selbstregulierung durch den Pressekodex und der Beschwerdeordnung des Deutschen Presserats unterliegen. § 59 Abs. 1 RStV re-

83 Vgl. unter Bezugnahme auf die Rspr. des EGMR Albrecht/Janson CR 2016, 508.
84 EuGH 13.5.2014 – C-131/12, Google Spain; dazu Paal/Hennemann, K&R 2017, 18ff.
85 Simitis-*Dix*, § 35 Rn. 60–64; DKWW-*Däubler*, § 35 Rn. 37.
86 Caspar, NVwZ 2010, 1452.
87 Roßnagel-*Herb*, 2003, Kap. 5.3 Rn. 18ff.
88 Specht/Mantz-*Hennemann*, Teil B § 19 Rn. 94–100.
89 Weichert in Erichsen/Schäferbarthold u.a., S. 91f.
90 Weberling/Bergann, AfP 2018, 208.

gelt die Aufsicht über Telemedien, wobei auch hier bei journalistisch-redaktioneller Tätigkeit die freiwillige Selbstkontrolle stattfindet.

Bisher gilt im Pressebereich weitgehend ein Modell **freiwilliger Selbstregulierung**, insbesondere durch den Pressekodex und die Institution des Deutschen Presserats. Eine solche Selbstorganisation bietet sich im Regelungsrahmen des Art. 85 an.[91] Sie setzt aber voraus, dass verbindliche Vorgaben bzgl. der materiellen Abwägungen und der organisatorischen Durchsetzungsmöglichkeiten gemacht werden. Der Verweis auf das zivilrechtliche Instrumentarium der §§ 823, 1004 BGB genügt regelmäßig nicht, um Betroffenen einen hinreichenden Rechtsschutz zu gewähren.[92] 49

5. Veröffentlichungen insb. über das Internet

Art. 85 wirkt nicht nur für einige privilegierte Tätigkeits- und Berufsausübende, sondern hat allgemeine Bedeutung für jede natürlich oder juristische Person, welche die Grundrechte der Art. 11 und 13 GRCh bzw. des Art. 5 GG – grds. auch anonym (s. o. Rn. 2) – für sich in Anspruch nehmen kann. Dies gilt insbesondere, seitdem es für jede Person technisch leicht möglich ist, die eigene Meinung sowie eigene Kunstprodukte über das Internet zu verbreiten. Dies beinhaltet einerseits völlig neue Chancen der individuellen und gesellschaftlichen Entfaltung, birgt aber auch gewaltige Risiken für die Persönlichkeitsrechte von Betroffenen. Seit der massenhaften Verbreitung von Hassreden und von sog. Fake-News im Internet und die dadurch erfolgende Beeinflussung des demokratischen Meinungsbildungsprozesses ist dies im öffentlichen Bewusstsein. 50

Veröffentlichungen im Internet fallen unter die Privilegierung von Art. 85, soweit sie einen **Beitrag zur demokratischen Meinungsbildung** leisten.[93] Die Meinungsbildung für die Allgemeinheit muss prägender Bestandteil des Angebots sein und nicht nur »schmückendes Beiwerk«.[94] Schmückendes Beiwerk ist z. B. dann gegeben, wenn eine Publikation ausschließlich für Werbezwecke erfolgt. 51

Voraussetzung für die Anwendung des Art. 85 ist eine grundrechtlich geschützte Tätigkeit, die nicht gegeben ist, wenn die Publikation der personenbezogenen Daten ausschließlich das Ergebnis einer Auswertung personenbezogener Daten mit Hilfe **vorprogrammierter oder selbstlernender Algorithmen** ist. Die Berechnung und Anzeige von derart generierten Suchergebnissen in Suchmaschinen, von Scores, Schnipseln oder Autocomplete-Anzeigen, bei denen Feldeingaben automatisch ergänzt und dadurch personenbezogene Zuordnungen vorgenommen werden[95] kann für sich keinen Grundrechts- 52

91 SHS-*Dix*, Art. 85 Rn. 12; kritisch Cornils, Medienprivileg, S. 19ff. = Baden-Württemberg LT-Drs. 16/3555, 79–184; dagegen richtig Specht/Mantz-*Hennemann*, Teil B § 19 Rn. 73.

92 Caspar, NVwZ 2010, 1452f.; Gola-*Pötters*, Art. 85 Rn. 17.

93 Vgl. Schilde-Stenzel, RDV 2006, 107; Greve/Schärdel, MMR 2009, 614.

94 BGH 23.6.2009 – VI ZR 196/08, Spickmich, DuD 2009, 566.

95 BGH NJW 2013, 2348 = ZD 2013, 405 mit Anm. Hoeren = DuD 2013, 663 = RDV 2013, 197 = JZ 2013, 789 = MMR 2013, 535; einschränkend OLG Köln DuD 2013, 413; hierzu generell Weichert, ZRP 2014, 168; ders. in FS Kutscha, S. 147; a. A. Milstein/Lippold, NVwZ 2013, 182.

schutz in Anspruch nehmen.[96] Entsprechendes gilt für vollautomatisch generierte Pressemeldungen oder »Kunstwerke«.

53 Die Privilegierung des Art. 85 kann dazu führen, dass keine sonstigen berechtigten Interessen für die Preisgabe personenbezogener Daten und keine Aufzeichnungspflichten bestehen müssen. Dokumente, die nach nationalen Rechtsvorschriften veröffentlicht werden, dienen regelmäßig der Verbreitung von Informationen, Meinungen und Ideen in der **Öffentlichkeit**. Der spezifische Grundrechtsschutz gilt »nicht nur für Medienunternehmen, sondern für jeden, der journalistisch tätig ist.[97]

54 Bei redaktionell-journalistischen Beiträgen im Internet gilt die Pressefreiheit (Art. 5 Abs. 1 Satz 2, 3 GG, Art. 11 Abs. 2 GRCh). Bis 2018 galten nach **deutschem Recht** § 41 BDSG-alt bzw. 57 RStV und der Pressekodex des Presserats.[98] Das BDSG-neu sieht keine Regelung hierzu vor mit der Begründung, dass der Landesgesetzgeber zuständig sei.[99] Auch wenn dies teilweise bestritten wird, hat der Bund keine Regelungsbefugnis, geschweige denn eine solche Pflicht.[100]

55 Das öffentliche Interesse an den konkreten Informationen ist relevant,[101] etwa bei erhöhtem Informations-, Transparenz- oder Aufklärungsbedarf. Dieser wird z. B. bei **Bewertungsportalen** zu Gesundheitsanbietern oder Rechtsanwälten für gegeben angesehen wird.[102] Bewertungsportale, auch wenn sie über anonyme Meldungen beschickt werden, genießen den Schutz der Meinungsfreiheit, nicht aber die besondere Privilegierung für die Presse.[103]

56 Es hat eine **grundrechtliche Interessenabwägung** zu erfolgen, wobei zu unterscheiden ist, ob das personenbezogene Datum eine Tatsachenbehauptung ist oder eine Meinungsäußerung. Das Dafürhalten und Werten eröffnet einen größeren Freiraum als das bloße Feststellen.[104] Je länger ein Sachverhalt zurückliegt, umso größer wird das schutzwürdige Interesse eines Betroffenen. Dieses besteht besonders bei Straftätern wegen deren Resozia-

---

96 Dazu ausführlich Weichert, ZRP 2014, 168ff.; ULD/GP-Forschungsgruppe, Scoring, S. 50ff. gegen BGH 28. 1. 2014 – VI ZR 156/13, Rn. 30, NJW 2014, 2204.

97 EuGH 16. 12. 2008 – C-73/07, Rn. 58, RDV 2009, 113 = MMR 2009, 177.

98 Lauber-Rönsberg, ZD 2014, 177; Weichert, DuD 2009, 12; ders. VuR 2009, 324, 328; Greve/Schärdel, MMR 2009, 613f.; zu Falschberichterstattung EGMR 16. 7. 2013, No 33846/07, CEDH 224 (2013); zur Veröffentlichung rechtswidrig erlangter Informationen BGH AfP 2014, 534 = RDV 2015, 32 = ZD 2015, 227.

99 BR-Drs. 110/17, BT-Drs. 18/11325, S. 79

100 Ausführlich Wolff, Stellungnahme, 23. 3. 2017, Deutscher Bundestag Innenausschuss, Ausschussdrucksache 18(4)824 E, S. 5ff.

101 OLG Hamburg, RDV 2008, 76.

102 LG Kiel, NJW-RR 2002, 1195; Gundermann, VuR 2010, 333.

103 BGH NJW 2015, 489 = AfP 2014, 529 = CR 2015, 116, Ärztebewertungsportal II, BGH NJW 2009, 2890; OLG Frankfurt DuD 2012, 8 = ZD 2012, 274 = RDV 2012, 200; VG Köln 16. 2. 2017 – 13 K 6093/15, Fahrerbewertung, CR 2017, 306; LG Kiel RDV 2014, 217; LG Kiel ZD 2015, 278; Arbeitskreis Gesundheit und Soziales der DSB-Konferenz, Leitlinien mit Mindestanforderungen für die Ausgestaltung und den Betrieb von Arztbewertungsportalen im Internet vom 14. 3. 2013; Kühling, NJW 2015, 447; Meyer, K&R 2014, 807; Kirchberg, DVBl 2016, 1289; Paal, NJW 2016, 2081; Wilkat, Bewertungsportale im Internet, 2013.

104 Zur umfangreichen BGH-Rspr. von Pentz, AfP 2013, 20; kritisch zur Rspr. von BGH und BVerfG Schertz, NJW 2013, 721; zu AGG-Hopper OLG Stuttgart DuD 2014, 202 = ZD 2013, 408; LG Nürnberg-Fürth DuD 2013, 183; OLG Hamm DuD 2012, 55; Hennig/Etgeton, DuD 2011, 841.

lisierungsinteresse.[105] Von der Meinungsfreiheit geschützt sind wahre Tatsachenbehauptungen sowie individuelle Meinungsurteile bzw. Werturteile. Dazu gehören z.B. auch Namenslisten verhängter Spielsperren.[106] Keinen Schutzanspruch genießen unsachliche Schmähkritik, das An-den-Pranger-stellen, Formalbeleidigungen oder Angriffe auf die Menschenwürde.[107]

Die Veröffentlichung von **Beschäftigtendaten im Internet** setzt grds. die – widerrufbare – Einwilligung des Betroffenen voraus. Setzt die Art des Arbeitsverhältnisses eine derartige Veröffentlichung voraus, z.B. bei einem Pressesprecher oder einem betrieblichen Datenschutzbeauftragten, so ist diese im Rahmen des Erforderlichen zulässig. Fotos sind nicht erforderlich. Wegen der besonderen Gefährdung obliegt dem Arbeitgeber eine ungeschriebene Schutzpflicht im Hinblick auf das Persönlichkeitsrecht der Beschäftigten. 57

Wurde veröffentlichtes Informationsmaterial **widerrechtlich beschafft**, so stellt dies einen erheblichen Eingriff in die geschützten Rechtsgüter des Betroffenen dar, was in der Regel dazu führt, dass die Veröffentlichung unzulässig ist, wenn mit der verwerteten Information nicht Zustände oder Verhaltensweisen offenbart werden, die ihrerseits rechtswidrig oder zumindest von starkem öffentlichen Interesse sind. Die Bedeutung der Information für die Unterrichtung der Öffentlichkeit und für die öffentliche Meinung muss gegenüber den Nachteilen für den Betroffenen überwiegen.[108] 57a

Wurden **Daten zulässigerweise veröffentlicht**, spricht dies für die Zulässigkeit einer weiteren Veröffentlichung.[109] Dies gilt vor allem, wenn die identifizierenden Umstände von dem Betroffenen selbst preisgegeben wurden.[110] Nicht zulässig ist der Schluss, dass unzulässig ins Netz gestellte Daten allgemein zugänglich sind und daher deren weitere Verarbeitung erlaubt sei. In diesem Fall überwiegen zumeist offensichtlich schutzwürdige Betroffeneninteressen. Erweist sich die Unzulässigkeit einer Veröffentlichung und erfolgte deshalb im Internet eine Löschung, so kann die verantwortliche Stelle zusätzlich verpflichtet sein, Suchmaschinenbetreiber wie z.B. Google über die Löschung zu informieren und aufzufordern, die Daten im dortigen Cache zu löschen.[111] 58

Anbieter von personenbezogenen Inhalten müssen entweder eine Einwilligung des Betroffenen einholen (Art. 7)[112] oder eine **Abwägung mit den schutzwürdigen Betroffeneninteressen** vornehmen.[113] Eine Veröffentlichung ohne Einwilligung kommt nur in Betracht, wenn es sich um Daten geringerer Sensibilität handelt. Dabei kann auf die abgestufte Schutzwürdigkeit nach Sphären (Intim- und Geheimsphäre, Sozial- und Privatsphäre, Öffentlichkeit) zurückgegriffen werden. Betreffen Informationen z.B. eine nach 59

105 BGH 13.11.2012 – VI ZR 330/11, K&R 2013, 110 BGH DuD 2011, 423, DuD 2010, 722, Sedlmayr; Himmelsbach, K&R 2013, 82; Ruttig, AfP 2013, 372; Vosskamp/Kipker, DuD 2013, 787.

106 OLG Karlsruhe RDV 2009, 179.

107 BGH VersR 2007, 250f.; BVerfG NJW-RR 2000, 1712.

108 OLG Hamburg 27.11.2018 – 7 U 100/17, AfP 2019, 169.

109 BGH NJW 2010, 2888 = MMR 2009, 610; LG Köln DuD 2007, 781, Spickmich; LG Berlin DuD 2007, 784 = MMR 2007, 668 = CR 2007, 742, meinprof.de.

110 LG Berlin MMR 2008, 353 = CR 2008, 402 = RDV 2008, 76.

111 OLG Celle 29.1.2015 – 13 U 59/14.

112 Weichert, VuR 2009, 327.

113 OLG Hamburg MMR 2009, 405 vgl. Flechsig, AfP 2008, 284.

außen gerichtete berufliche Tätigkeit einer Person, gehören diese zur Sozialsphäre und sind in geringem Umfang schutzbedürftig.[114] Der Umstand, dass ein Betroffener der verantwortlichen Stelle die Daten zur Verfügung gestellt hat, z. B. über eine E-Mail, hat für die Interessenabwägung grds. keine Bedeutung, da der Absender i. d. R. von einer vertraulichen Behandlung durch den Empfänger ausgehen kann.[115] Die Verantwortlichkeit besteht uneingeschränkt, auch wenn die Inhalte, wie bei Suchmaschinen, nur zwischengespeichert und angezeigt werden, ohne dass eine inhaltliche Bearbeitung stattfindet.[116] Bei der Abwägung ist die konkrete Form der Veröffentlichung relevant, wobei eine Unzulässigkeit auch dann gegeben sein kann, wenn eine Erstveröffentlichung im Internet zulässig ist.[117]

60 Bei **Prangerseiten**, mit denen ein (angeblich) unzulässiges oder unmoralisches Verhalten veröffentlicht wird, besteht regelmäßig kein öffentliches Informationsinteresse; die schutzwürdigen Interessen überwiegen. Verfolgt die Veröffentlichung das Ziel, den Betroffenen als Menschen herabzusetzen, spricht dies gegen die Zulässigkeit.[118] Entsprechendes gilt z. B. für Gegnerlisten von Rechtsanwälten.[119] Auch wenn eine Einordnung als relative oder absolute Person der Zeitgeschichte möglich ist, bedarf es einer Abwägung im Einzelfall; eine pauschale Veröffentlichung ist ausgeschlossen.[120]

61 Die **Schutzinteressen** können u. U. in der Form wahrgenommen werden, dass der Zugriff auf die Daten von zusätzlichen Anforderungen des Internetanbieters (z. B. Mitgliedschaft in einem Verein, Verpflichtung zur Beachtung verbindlicher Nutzungsbeschränkungen) abhängig gemacht oder dass eine Erschließung durch Suchmaschinen technisch ausgeschlossen wird.[121] Die Eingriffsintensität kann durch eine Beschränkung des IP-Adressenbereichs reduziert werden, dem der Zugriff erlaubt wird.[122] Eine Form der Berücksichtigung schutzwürdiger Interessen kann darin bestehen, dass die Erkennbarkeit, z. B. durch Verpixelung von Bildern oder durch Verwenden von Pseudonymen erschwert wird, der Anbieter die Betroffenen generell über die Erfassung informiert und ihnen vor Veröffentlichung die Möglichkeit des Widerspruchs einräumt.[123] Schutzwürdige Interessen können auch dadurch gewahrt werden, dass den Betroffenen ein Gegendarstellungsrecht eingeräumt wird (analog § 57 Abs. 3 RStV). Betroffeneninteressen können weiterhin durch zivilrechtliche Regelungen gewahrt werden (z. B. Satzung des Betreibers). Ist es zumutbar, vom Betroffenen eine Einwilligung einzuholen, macht der Verzicht hierauf die Veröffent-

---

114 BGH 23. 6. 2009 – VI ZR 196/08; MMR 2009, 611; OLG Köln DuD 2008, 691; dazu Bilek, MMR Beilage 6/2009, 29.

115 LG Köln RDV 2009, 32; LG Köln RDV 2007, 128.

116 EuGH 13. 5. 2014 – C-131/12 Rn. 85, Google Spain.

117 EuGH 13. 5. 2014 – C-131/12, Rn. 62 ff., 88, AfP 2014, 245 = DuD 2014, 559, Google Spain; dazu von Lewinski, AfP 2015, 1; vgl. LG Hamburg DuD 2014, 343, Mosley.

118 OLG Hamburg RDV 2008, 76.

119 OLG Hamburg RDV 2008, 76; LG Essen 30. 8. 2012 – 4 O 263/12, MMR 2012, 845; Pfeiffenberg, MMR Fokus 12/2012, XII.

120 BGH NJW 2007, 1981; Teichmann, NJW 2007, 1917.

121 Falsch insofern: OLG Karlsruhe MMR 2009, 405.

122 VG Wiesbaden MMR 2009, 431.

123 Düsseldorfer Kreis 13./14. 11. 2008, digitale Straßenansicht, DuD 2008, 806 = RDV 2008, 260; Anhang bei Fickert, DuD 2009, 498.

lichung rechtswidrig. Das Einstellen von Informationen über Kinder ist ohne Einwilligung der Erziehungsberechtigten grds. ausgeschlossen.[124]

Inhaltsanbieter, die **fremde Inhalte** ins Internet stellen (z. B. Bewertungsportale, Blogs, Chatforen, Suchmaschinen, Soziale Netzwerkdienste),[125] haben analog § 10 TMG sicherzustellen, dass im Fall der Kenntnisnahme von datenschutzwidrigen Inhalten diese unverzüglich entfernt oder die Zugänge gesperrt werden.[126] Sie selbst können für sich nicht das Grundrecht auf Meinungsfreiheit geltend machen.[127] Im Zweifel muss der Dienstanbieter durch technische Gestaltung und durch ergänzende organisatorische Maßnahmen sicherstellen, dass keine unzulässigen (z. B. beleidigenden) Inhalte bereitgestellt werden (Feld- und Bewertungsvorgaben, Zugangsbeschränkungen der Inhaltseinsteller).[128] 62

IV. Nationales Recht und Sonstiges (Abs. 3)

Gem. Abs. 3 müssen die Mitgliedstaaten die aufgrund von Abs. 2 erlassenen Rechtsvorschriften **der Kommission mitteilen**. Dies gilt auch für Regelungen, die vor dem Inkrafttreten der DSGVO bestehen[129] wie auch unverzüglich für spätere Änderungen oder neue Vorschriften. Die Kommission soll sich so einen Überblick über das nationale Recht verschaffen können. 63

Die Öffnungsklausel hat zur Folge, dass die Regelungen zum **Presse- und Rundfunkrecht** auf Landesebene grds. bestehen bleiben können und zwar sowohl im Hinblick auf deren materiell-rechtlichen, prozeduralen wie technisch-organisatorischen Gehalt. Es bestehen keine Hinweise darauf, dass insofern Verstöße gegen die neuen Vorgaben der DSGVO vorliegen.[130] 64

Die Regelung des **§ 41 BDSG-alt** enthielt eine weitgehende Freistellung vom Datenschutzrecht und ist mit der DSGVO nicht vereinbar. Dies ließ sich auch nicht über die Selbstregulierung, wie sie der Deutsche Presserat mit seinem Verhaltenskodex vornimmt, kompensieren, zumal dieser keine flächendeckende Anwendung findet noch eine hoheitlich verbindliche Wirkung entfaltet.[131] 65

Die §§ 22, 23 **Kunsturhebergesetz** (KUG), mit denen ein gesetzlicher Bildnisschutz gewährt wird, können für journalistische Zwecke nicht angewendet werden, da sie keine hinreichende Privilegierung für die Presse vorsehen und insofern eine Gesetzgebungskompetenz bei den Ländern liegt.[132] Entsprechendes gilt bzgl. der Privilegierung für wis- 66

124 Vgl. 30. Intern. Konferenz der Datenschutzbeauftragten 17. 10. 2008, DuD 2008, 807.

125 Vgl. 30. Intern. Konferenz der Datenschutzbeauftragten 17. 10. 2008, DuD 2008, 810; Fox, DuD 2009, 53; Vaeth, DANA 2009, 49.

126 Weichert, MR-Int 2007, 190.

127 SHS-*Dix*, Art. 85 Rn. 25.

128 BGH NJW 2009, 2891 ff., Spickmich.

129 Plath-*Grages*, Art. 85 Rn. 11.

130 Ehmann/Selmayr-*Schiedermair*, Art. 85, Rn. 5–7; SHS-*Dix*, Art. 85 Rn. 30.

131 Kühling/Buchner-*Buchner/Tinnefeld*, Art. 85 Rn. 2, 31 f.; Benecke/Wagner, DVBl 2016, 603; SHS-*Dix*, Art. 85 Rn. 31; vgl. Simitis-*Dix*, § 41 Rn. 6; unklar Albrecht/Janson, CR 2016, 508.

132 Benedikt/Kranig, ZD 2019, 6; a. A. noch Vorauflage, Lauber-Rönsberg/Hartlaub, NJW 2017, 1062; Hamann/Wegmann, BB 2019, 1352; OLG Köln 18. 6. 2018 – 15 W 27/18, WRP 2018, 1006 = K&R 2018, 501 = MIR 2018 Dok. 029; Anm. dazu Ernst, EWiR 2019, 29 f.; Nägele/Apel/Stolz/Bosman, K&R 2019, 366.

senschaftliche oder künstlerische Zwecke. Außerhalb dieser Privilegierung ist die DSGVO anzuwenden, insbesondere die Abwägungsregelung des Art. 6 Abs. 1 Buchst. f. Dabei können jedoch im Rahmen der Abwägung die vom KUG vorgesehenen Aspekte berücksichtigt werden, so dass es im Ergebnis kaum zu Abweichungen vom KUG kommen wird.[133]

67 Das **Netzwerkdurchsetzungsgesetz** vom Sommer 2017[134] ist ein Gesetz, mit dem ein Ausgleich zwischen Meinungsfreiheit und Datenschutz realisiert werden soll.

68 Verstöße, die sich aus den von den Mitgliedstaaten nach Art. 85 erlassenen Vorschriften ergeben, werden nach Art. 83 Abs. 5 Buchst. d mit **Geldbußen** geahndet.

Art. 86 Verarbeitung und Zugang der Öffentlichkeit zu amtlichen Dokumenten

Personenbezogene Daten in amtlichen Dokumenten, die sich im Besitz einer Behörde oder einer öffentlichen Einrichtung oder einer privaten Einrichtung zur Erfüllung einer im öffentlichen Interesse liegenden Aufgabe befinden, können von der Behörde oder der Einrichtung gemäß dem Unionsrecht oder dem Recht des Mitgliedstaats, dem die Behörde oder Einrichtung unterliegt, offengelegt werden, um den Zugang der Öffentlichkeit zu amtlichen Dokumenten mit dem Recht auf Schutz personenbezogener Daten gemäß dieser Verordnung in Einklang zu bringen.

Inhaltsübersicht Rn.

I. Allgemeines

1 Anders als Art. 85, der den Umgang mit aus Dokumenten hervorgehenden Inhalten regelt, die Private unter anderem von öffentlichen Stellen erhalten haben können, betrifft Art. 86 die **Zugangsrechte der Öffentlichkeit zu amtlichen Dokumenten.**[1] Die Überschrift »Verarbeitung und Zugang der Öffentlichkeit zu amtlichen Dokumenten« (»Processing and public access to official documents«) führt deshalb in beiden Sprachversionen etwas in die Irre, weil nicht sofort deutlich wird, dass die in der Zugangsgewährung selbst liegende Verarbeitung geregelt wird. Die Norm richtet sich deshalb allein an »Behörden oder private Einrichtungen zur Erfüllung einer im öffentlichen Interesse liegenden Aufgabe« und trifft keine Regelungen darüber, welche Verarbeitungen diejenigen vornehmen dürfen, die entsprechende Dokumente erhalten.

133 Benedikt/Kranig, ZD 2019, 6f.; Sundermann, K&R 2018, 438ff.; SHS-*Dix*, Art. 85 Rn. 32.
134 G. v. 1.9.2017, BGBl. I S. 3352.

1 SHS-*Schnabel*, Rn. 4, der in Rn. 11 erhebliche Zweifel an der Normgebungskompetenz der EU in Fragen der Informationsfreiheit äußert.

Art. 86 stellt klar, dass die DSGVO dem Informationszugang grundsätzlich selbst dann nicht entgegensteht, wenn sich in den Dokumenten personenbezogene Daten befinden.[2] Der Grundsatz des Zugangs der Öffentlichkeit zu amtlichen Dokumenten kann nach ErwGr 154 Satz 2 als **öffentliches Interesse** betrachtet werden. Voraussetzung dafür es ist nach Art. 86 allerdings, dass der Zugang der Öffentlichkeit zu amtlichen Dokumenten **durch unionsrechtliche oder mitgliedstaatsrechtliche Rechtsvorschriften gewährt** wird. Dies ist in Deutschland beim Bund und bei einem Großteil der Länder der Fall. Das Bundesverfassungsgericht hat jüngst festgestellt, dass der durch Bundes- und Landesgesetze geregelte Zugang zu amtlichen Informationen durch das Grundrecht auf Informationsfreiheit nach Art. 5 Abs. 1 Satz 1, Halbsatz 2 garantiert wird.[3]

II. Anforderungen an unionsrechtliche oder mitgliedstaatliche Rechtsvorschriften

Voraussetzung dafür, dass die personenbezogenen Daten in den amtlichen Dokumenten offengelegt werden dürfen, ist es nach der Formulierung des Art. 86, dass die **Offenlegung »gemäß dem Unionsrecht oder dem Recht des Mitgliedstaats«** und »um den Zugang der Öffentlichkeit zu amtlichen Dokumenten mit dem Recht auf Schutz personenbezogener Daten gemäß dieser Verordnung in Einklang zu bringen« geschieht (»in order to reconcile public access to official documents with the right to the protection of personal data pursuant to this Regulation«). In ErwGr 154 Satz 4 heißt es in diesem Zusammenhang: »Diese Rechtsvorschriften sollten den Zugang der Öffentlichkeit zu amtlichen Dokumenten und die Weiterverwendung von Informationen des öffentlichen Sektors mit dem Recht auf Schutz personenbezogener Daten in Einklang bringen und können daher die notwendige Übereinstimmung mit dem Recht auf Schutz personenbezogener Daten gemäß dieser Verordnung regeln.« Insofern **legt die DSGVO nicht selbst fest, wie das Recht auf Zugang zu Dokumenten und das Recht auf den Schutz personenbezogener Daten in Einklang gebracht werden,**[4] sondern überlässt dies dem Unionsgesetzgeber und den mitgliedstaatlichen Gesetzgebern. Durch informationsfreiheitsrechtliche Landesgesetze oder das Bundesinformations-freiheitsgesetz erlaubte Verarbeitungen unterfallen – sofern eine Pflicht zur Offenbarung besteht – Art. 6 Abs. 1 Buchst. c und – sofern die Herausgabe im Ermessen steht – Art. 6 Abs. 1 Buchst. e.[5] 2

Nachdem das Bundesverfassungsgericht den durch Informationsfreiheitsgesetze gewährten Zugang zu amtlichen Informationen als Ausdruck der Informationsfreiheit nach Art. 5 Abs. 1 Satz 1, Halbsatz 2 Grundgesetz angesehen hat,[6] steht fest, dass in Deutschland **praktische Konkordanz**[7] zwischen den kollidierenden Grundrechten auf informationelle Selbstbestimmung und auf Informationsfreiheit hergestellt werden muss. Die nach der Wertung 3

2 So auch Ehmann/Selmayr-*Ehmann*, Rn. 6.

3 BVerfG, Beschluss v. 20. Juni 2017 – 1 BvR 1978/13.

4 Ehmann/Selmayr-*Ehmann*, Rn. 6, 11 unter Verweis auf ErwGr 154 Satz 1, der lautet: »Diese Verordnung ermöglicht es, dass bei ihrer Anwendung der Grundsatz des Zugangs der Öffentlichkeit zu amtlichen Dokumenten berücksichtigt wird.«

5 Schantz/Wolff-*Wolff*, Rn. 1325.

6 BVerfG, Beschluss v. 20. Juni 2017 – 1 BvR 1978/13.

7 Jarass/Pieroth-*Jarass*, Vorb. vor Art. 1, Rn. 18.

der DSGVO den mitgliedstaatlichen Gesetzgebern überlassene Abwägungsmöglichkeit entspricht dem erheblichen Spielraum, der dem mit der Herstellung praktischer Konkordanz beauftragten Gesetzgeber nach der grundgesetzlichen Ordnung eröffnet ist.[8]

4 Darüber, in welchem Maße sich der Bundes- und die Landesgesetzgeber an die durch die DSGVO vorgegebenen Leitlinien halten müssen, ob die DSGVO sie also von ihren datenschutzrechtlichen Vorgaben und ihrem Schutzniveau »dispersiert«[9] oder nicht,[10] ist streitig. Diese Frage kann unbeantwortet bleiben, sofern an Regelungen festgehalten wird, die den geltenden Vorschriften der Informationsfreiheitsgesetze über den Informationszugang zu personenbezogenen Daten entsprechen. Danach ist dieser nur dann eröffnet, wenn die Betroffenen in die Weitergabe ihrer personenbezogenen Daten eingewilligt haben oder das Informationsinteresse der Anfragenden oder der Allgemeinheit das schutzwürdige Recht der Betroffenen auf Geheimhaltung ihrer personenbezogenen Daten überwiegt und besondere Kategorien personenbezogener Daten nur mit Einwilligung der Betroffenen übermittelt werden.[11] Um eine vollständige Übereinstimmung mit der DSGVO zu gewährleisten, sollten den betreffenden Bundes- und Landesgesetzen Regelungen für den Umgang mit Daten über strafrechtliche Verurteilungen und Straftraten hinzugefügt werden, die im Einklang mit Art. 10 stehen.

III. Amtliche Dokumente

5 Aus dem Verweis in ErwGr 154 Satz 6 auf die Richtlinie 2003/98/EG des Europäischen Parlaments und des Rates über die Weiterverwendung von Informationen des öffentlichen Sektors ist zu schließen, dass der dort verwendete Begriff des Dokumentes auch in Art. 86 verwendet werden kann. Danach handelt es sich um jeden Inhalt unabhängig von der Form des Datenträgers sowie beliebige Teile eines solchen Inhalts.[12] Amtlich sind Dokumente, die in einer öffentlichen oder behördlichen Angelegenheit entstehen.[13]

IV. Im Besitz einer Behörde, öffentlichen oder privaten Einrichtung zur Erfüllung einer im öffentlichen Interesse liegenden Aufgabe

6 Art. 86 bezieht sich auf personenbezogene Daten in amtlichen Dokumenten, die sich »**im Besitz einer Behörde** oder einer öffentlichen Einrichtung oder einer privaten Einrichtung zur Erfüllung einer im öffentlichen Interesse liegenden Aufgabe befinden.« Zum Verständnis dieser Begriffe liegt der Rückgriff auf die Definitionen in Art. 2 Nr. 2 der Um-

8 Cremer, in: Festschrift für Jarass, 175, 182f.

9 So Kühling/Martini et al., S. 296; Paal/Pauly-*Pauly*, Art. 86 Rn. 2.

10 So Ehmann/Selmayr-*Ehmann*, Art. 86 Rn. 11; Kühling/Buchner-*Herbst*, Art. 86 Rn. 23.

11 SHS-*Schnabel*, Art. 86 Rn. 42ff., formuliert Zweifel an der Übereinstimmung einiger Normen des BundesIFG mit der DSGVO, auch wenn er letztlich zu einer »grundsätzlichen« Erfüllung der Anforderungen kommt (Rn. 46). Dahingegen fordert er eine Nachbesserung der deutschen Gesetzgeber bezüglich der presserechtlichen Auskunftsregelungen (Rn. 56).

12 SHS-*Schnabel*, Art. 86 Rn. 15, entnimmt dies der Definition des Art. 3a der Verordnung 1049/2001/EG des Europäischen Parlaments und des Rates über den Zugang der Öffentlichkeit zu Dokumenten des Europäischen Parlaments, des Rates und der Kommission.

13 So auch Kühling/Buchner-*Herbst*, Art. 86 Rn. 12.

weltinformationsrichtlinie RL 2003/4/EG nahe.[14] Insofern sind »Behörden« die Regierungen oder andere Stellen der öffentlichen Verwaltung, einschließlich öffentlicher beratender Gremien auf nationaler, regionaler oder lokaler Ebene,[15] »öffentliche Einrichtungen« sind natürliche oder juristische Personen, die aufgrund innerstaatlichen Rechts Aufgaben der öffentlichen Verwaltung wahrnehmen[16] und »private Einrichtungen zur Erfüllung einer im öffentlichen Interesse liegenden Aufgabe« sind natürliche oder juristische Personen, die unter der Kontrolle einer Behörde oder einer öffentlichen Einrichtung öffentliche Zuständigkeiten haben, öffentliche Aufgaben wahrnehmen oder öffentliche Dienstleistungen erbringen.[17]

Für die Frage, ob sich eine amtliche Information »im Besitz« einer Behörde, öffentlichen oder privaten Einrichtung zur Erfüllung einer im öffentlichen Interesse liegenden Aufgabe befindet, ist die zitierte Entscheidung des BVerfG[18] ebenfalls hilfreich: Das Gericht geht davon aus, dass es »nicht (…) von vornherein ausgeschlossen« ist, dass das Informationszugangsrecht des § 1 Abs. 1 IFG auch eine auch den Schutz des Art. 5 Abs. 1 Satz 1, Halbsatz 2 Grundgesetz eröffnende **Wiederbeschaffungspflicht von Akten** begründen kann. 7

Art. 87 Verarbeitung der nationalen Kennziffer

Die Mitgliedstaaten können näher bestimmen, unter welchen spezifischen Bedingungen eine nationale Kennziffer oder andere Kennzeichen von allgemeiner Bedeutung Gegenstand einer Verarbeitung sein dürfen. In diesem Fall darf die nationale Kennziffer oder das andere Kennzeichen von allgemeiner Bedeutung nur unter Wahrung geeigneter Garantien für die Rechte und Freiheiten der betroffenen Person gemäß dieser Verordnung verwendet werden.

Inhaltsübersicht Rn.

I. Allgemeines

Art. 87 sieht eine **Öffnungsklausel** für die Schaffung einer nationalen Kennziffer oder eines anderen Kennzeichens mit dem Ziel einer eindeutigen Identifikation von Personen vor. Entsprechende Regelungen der Mitgliedstaaten müssen durch geeignete Vorkehrungen wie etwa durch Verwendungsbeschränkungen oder durch technisch-organisatorische 1

14 Kühling/Buchner-*Herbst*, Art. 86 Rn. 13.
15 Kühling/Buchner-*Herbst*, Art. 86 Rn. 18.
16 Kühling/Buchner-*Herbst*, Art. 86 Rn. 19.
17 Kühling/Buchner-*Herbst*, Art. 86 Rn. 20.
18 BVerfG, Beschluss v. 20. Juni 2017 – 1 BvR 1978/13.

Maßnahmen gewährleisten, dass in diesem Zusammenhang nicht unverhältnismäßig in das Grundrecht auf Datenschutz eingegriffen wird.

2 Die Vorgängerregelung zu Art. 87 war Art. 8 Abs. 7 EG-DSRl. Dort heißt es zur Ausgestaltung, dass die Mitgliedstaaten bestimmen »unter welchen Bedingungen eine nationale Kennziffer oder andere Kennzeichen allgemeiner Bedeutung Gegenstand einer Verarbeitung sein« darf. Eine Angemessenheitsregelung gab es in Art. 8 EG-DSRl nicht. Bei der Schaffung von Art. 87 hatten Kommission und Parlament keine Regelung zu nationalen Kennziffern vorgesehen; die vom Rat vorgeschlagene Norm wurde im Trilog unverändert eingeführt.

1. Nationale Kennzeichen

3 Mit nationalen Kennziffern werden Menschen **eindeutig gekennzeichnet**. Die Kennzeichnung erfolgt **oft schon bei der Geburt und bleibt** einer natürlichen Person **lebenslang zugeordnet**. Ziel ist die Vermeidung von Zuordnungsschwierigkeiten bei staatlichen oder privaten Verantwortlichen, die entstehen können, wenn beispielsweise Änderung des Namens, des Geschlechts oder sonstiger zur Identifikation verwendeter Merkmale erfolgen. Die Regelung in Art. 87 **verpflichtet** die Mitgliedstaaten **nicht zur Einführung einer Kennziffer** oder vergleichbarer Kennziffern.

4 Die **lebenslange Kennzeichnung** von Personen bringt das **Risiko** mit sich, dass auf dieser Grundlage umfassende **Persönlichkeitsbilder** erstellt werden können und dass diese zur Durchführung einer umfassenden Überwachung von Betroffenen genutzt werden können.[1] Deshalb besteht bezüglich der Einführung eine berechtigte Skepsis.[2]

5 In einigen **EU Mitgliedstaaten** wie Belgien, Spanien, Schweden, Niederlande, Dänemark, Estland und Finnland **werden nationale Kennziffern bereits verwendet**.[3] Österreich verarbeitet in seinem Zentralen Melderegister eine sog ZMR-Zahl.[4] Auf dieser Basis gibt es eine Bürgerkarte, die ein bereichsspezifisches Personenkennzeichen (bPK) verwendet.[5] In Großbritannien wie auch in Irland war die geplante Einführung einer zentralen behördlichen Erfassung der Bevölkerung aus Gründen des Freiheitsschutzes nicht erfolgreich.[6]

2. Verfassungsrechtliche Vorbehalte

6 Trotz der Nutzung nationaler Kennziffern in einzelnen EU-Staaten bestehen aus verfassungsrechtlichen Gründen in Deutschland große Bedenken gegen deren Einführung. Eine übergreifende Einführung und Verwendung einheitlicher Personenkennzeichen (PKZ) durch private wie durch öffentliche Stellen wird von vielen Menschen vor dem **Hintergrund** der deutschen Geschichte nicht zuletzt deshalb als unzulässig angesehen, weil die

1 BVerfGE 65, 1, 42; BVerfGE 118, 184f.; BVerfGE 120, 398.
2 Im Ergebnis ebenso SHS-*Hansen*, Art. 87 Rn 3.
3 Roßnagel-*Burkert*, Kap. 2.3 Rn. 68, 73, 75; SHS-*Hansen*, Art. 87 Rn. 31; Mühlbauer, S. 187ff.
4 § 16 Abs. 4 Österreichisches Meldegesetz 1991, zuletzt geändert mit G v. 22.4.2015, BGBl. I Nr. 52/2015; Ehmann/Selmayr-*Ehmann*, Art. 87 Rn. 2.
5 Vgl. zur Bürgerkarte www.buergerkarte.at; allg. SHS-*Hansen*, Art. 87 Rn. 32.
6 Mühlbauer, S. 195ff.

Verfolgung von Menschen im Nationalsozialismus maßgeblich auf einer zentralen einheitlichen Erfassung der Betroffenen basierte.[7] In der DDR wurde für staatliche Überwachungs- und Kontrollzwecke eine »Personenkennzahl« (PKZ) verwendet, mit der die Daten aus verschiedenen Verwaltungs- und Lebensbereichen zusammengeführt wurden.[8]

Mit einem **Verbot einheitlicher Personenkennzeichen** soll präventiv das Zusammenführen von Daten verhindert werden, das beispielsweise mit dem Ziel der Erstellung von Persönlichkeitsprofilen erfolgt. Weitgehend unbedenklich ist hingegen die auf einen bestimmten Zweck begrenzte Erteilung von Ordnungsnummern zu bewerten, wie etwa die Vergabe von Pass- oder Ausweisnummern. 7

II. Regelungsinhalt

1. Kennziffer

Durch Art. 87 wird ausdrücklich nur die Ausgestaltung nationaler Kennziffern geregelt. Die Regelung gilt nicht für nationenübergreifende, europäische oder internationale Kennziffern. Derartige europaweite oder sonstige **supranationale Kennziffern** bedürfen einer eigenen Rechtsgrundlage. Der in Art. 87 enthaltene Grundgedanke der Notwendigkeit angemessener Garantien für den Grundrechts- und Freiheitsschutz gilt wegen Art. 8 GRCh auch für übernationale Kennziffern oder Kennzeichen. 8

Nationale Kennziffern können in den Mitgliedstaaten hoheitlich durch Gesetz eingeführt werden. Mit ihnen kann eine Verbindung zwischen bestimmten Personen oder Personengruppen zu bestimmten Vorgängen, Merkmalen oder Berechtigungen hergestellt werden. 9

Als Kennziffer eignen sich beispielsweise alpha-numerische Zeichen, QR- oder Barcodes, elektronische oder optische Marker, aber auch biometrische Merkmale wie etwa Fingerabdrücke sowie andere eindeutige individuelle Merkmale (vgl. Art. 4 Nr. 13).[9] **Technische oder biometrische Identifikatoren** lassen sich digitalisieren und damit als Ziffern darstellen. 10

Art. 87 **regelt nicht** die **Vergabe** von Kennzeichen durch **private Stellen.**[10] 11

2. Nationale allgemeine Bedeutung

Die **Schaffung** einer nationalen Kennziffer auf der Grundlage von Art. 87 **setzt nicht** voraus, dass diese in einem Mitgliedstaat **umfassend verwendet wird**. Es genügt, wenn sie in bestimmten Bereichen eingesetzt wird. Die nationale Ausgestaltung einer Kennziffer geht 12

7 Kirchberg, ZRP 1977, 137; Weichert, RDV 2002, 157; SHS-*Hansen*, Art. 87 Rn. 3; zur Geschichte in Deutschland Kühling/Buchner-*Weichert*, Art. 87 Rn. 21; Huber-*Weichert*, Vorb. §§ 86–91e Rn. 8.

8 Zur Ausländerzentralregisternummer Weichert, Ausländerzentralregistergesetz, § 3 Rn. 5–7.

9 Personalausweise in europäischen Rechtskulturen, DANA 2010, 158f.; Weichert, RDV 2002, 174f.; Roßnagel-*Gundermann/Probst*, Kap. 9.6 Rn. 62; Hansen/Meissner, ULD, Verkettung, S. 149ff.

10 Unklar insofern Auernhammer-*Herbst*, Art. 87 Rn. 4, der von »privaten Rechtsgeschäften« spricht.

nicht verloren, wenn sie in einem anderen Mitgliedstaat Verwendung findet. Durch eine internationale Verwendung wird allerdings das für betroffene Personen bestehende Risiko einer Verletzung ihrer Persönlichkeitsrechte erhöht.[11]

13 Von Art. 87 **erfasst** werden **auch »andere Kennzeichen von allgemeiner Bedeutung«**. Ausschlaggebend ist, dass eine zweckübergreifende Verarbeitung für Identifizierungszwecke erfolgt. Dies ist beispielsweise bei der Speicherung und Nutzung Fingerabdruck-Templates der Fall, die nicht nur für einen Zweck (Strafverfolgung, Identifikation in ausländerrechtlichen Verfahren) verwendet werden, sondern darüber hinausgehend für viele weitere Zwecke.

14 Keine direkte Anwendung findet Art. 87, wenn eine Kennziffer für eine oder eine eng **begrenzte Zahl konkreter Anwendungen** beschränkt auf wenige Stellen zum Einsatz kommt. Eine allgemeine Bedeutung ist hingegen gegeben, wenn die Anwendungen einer Kennziffer in keinem engen Zweckzusammenhang stehen und nicht nur für kurze Zeit erfolgen. Eine lebenslange Verwendung ist ein Indiz für die allgemeine Bedeutung. In einem Mitgliedstaat können mehrere Kennziffern für verschiedene Anwendungszwecke vergeben werden. Jede dieser Kennzeichnungen muss die rechtlichen Anforderungen des Art. 87 erfüllen. Zu beachten ist, dass Kennzeichen untereinander verknüpft werden können und inwieweit dies rechtlich erlaubt ist bzw. praktiziert wird.

3. Geeignete Garantien

15 Die **Einführung** von Kennzeichen von allgemeiner Bedeutung ist **nur zulässig**, wenn deren Verwendung durch **geeignete Garantien** für die Rechte und Freiheiten der betroffenen Personen eingegrenzt wird, die die in der DSGVO aufgeführten Voraussetzungen erfüllen. Diese Garantien müssen eine verbindliche normative Grundlage haben, die übermäßige Eingriffe in die Persönlichkeitsrechte verhindert. Sämtliche in der DSGVO vorgesehenen Garantien sind möglich. Erforderlich sind insbesondere Maßnahmen zur Herstellung von Transparenz für die Betroffenen und zur **Zweck- und Verwendungsbegrenzung**, die geeignet sind, die Erstellung von umfassenden Persönlichkeitsbildern zu verhindern.

16 Die Garantien können darin bestehen, zulässige **Anwendungen, Zwecke, Datenumfänge und Berechtigte abschließend aufzuführen**. Denkbar ist weiterhin, dass nur eine verwaltungsinterne Nutzung erlaubt und eine Verwendung der Kennziffer durch Private verboten wird. Eine solche Drittnutzung ist jedoch bei vielen Einsatzzwecken nicht oder nur schwer vermeidbar.[12] Möglich sind weiterhin spezifische Verbote der elektronischen Speicherung oder bestimmter Formen der Verarbeitung (Profiling, Zusammenführung von Daten). Prüfziffern können Übertragungsfehler vermeiden helfen. Durch die Garantien sind ganze oder auch nur teilweise Persönlichkeitsprofile zu vermeiden, mit denen Rückschlüsse auf Art und Inhalt von Beziehungen, Kommunikationsverhalten und Kommunikationsinhalten, soziales Umfeld, persönliche Angelegenheiten, Interessen, Neigungen und Gewohnheiten sowie Einkommens- und Vermögensverhältnisse möglich werden.[13]

---

11 Kühling/Buchner-*Weichert*, Art. 87 Rn. 9.
12 BFH DuD 2012, 276.
13 BFH DuD 2012, 279.

Der **Grundsatz der Datenminimierung** (Art. 5 Abs. 1 Buchst. c) **legt es nah**, auf **sprechende Kennzeichen** zu verzichten. Ist dies nicht möglich, muss verhindert werden, dass aus einem verwendeten Kennzeichen über die Identifizierungsfunktion hinaus weitere individuelle Merkmale oder Informationen über personenbezogene Beschäftigte abgeleitet werden können oder dürfen. Dies wäre der Fall, wenn Teile des Namens oder des Geburtsdatums in die Ziffer mit aufgenommen werden, oder wenn Merkmale wie Geschlecht, Hautfarbe oder Religionszugehörigkeit in codierter Form in der Ziffer enthalten sind. Durch den Verzicht hierauf werden verdeckte Diskriminierungen vermieden.[14] 17

Die **gesetzliche Grundlage** für eine nationale Kennziffer muss den Anforderungen an **Normenbestimmtheit und -klarheit** sowie dem Grundsatz der **Verhältnismäßigkeit** genügen.[15] Für die Betroffenen muss die größtmögliche Transparenz bei der Verarbeitung bestehen.[16] Heimliche Verarbeitungen müssen ausgeschlossen werden. Zugelassene Verarbeitungen müssen mit Benachrichtigungspflichten oder anderen Vorkehrungen zur Sicherung des Rechtsschutzes verbunden werden. Durch die Verwendung des Kennzeichens dürfen darüber hinaus keine berechtigten Vertraulichkeitserwartungen verletzt werden. Relevant ist zudem, inwieweit der Betroffene selbst den Erhebungs- oder Verarbeitungsanlass durch eigenes Verhalten gibt, oder ob durch anlasslose oder verdeckte Verarbeitungen besondere große informationelle Eingriffe erfolgen. Relevant sind schließlich die faktischen und rechtlichen Konsequenzen der Verarbeitung für die Betroffenen.[17] 18

III. Gesetzliche Regelungen

Wegen historischer Erfahrungen und verfassungsrechtlicher Vorbehalte gibt es in Deutschland bisher keine zweckübergreifenden nationalen Kennziffern. Die in einzelnen Bereichen existierenden **Ordnungsnummern** sind **ausdrücklich gesetzlich geregelt** und **hinsichtlich ihrer Zwecke beschränkt**. Hierzu gehören die Ordnungsmerkmale des Melderechts gemäß § 4 BMeldeG, die Geschäftszeichen des Ausländerzentralregisters (AZR-Nummer) nach § 3 Nr. 2 AZR-G,[18] die Seriennummern des Personalausweises nach § 3 PersAuswG[19] und die des Reisepasses nach § 16 PassG sowie die Steuer-Identifikationsnummern nach § 139b AO.[20] Die Krankenversichertennummer darf nicht mit der Rentenversicherungsnummer übereinstimmen (§ 290 Abs. 1 Satz 4 SGB V) und wird auf der Krankenversichertenkarte nur zur Abrechnung von Behandlungskosten verwendet (§ 291 Abs. 2 Nr. 6 SGB V).[21] 19

---

14 Ehmann/Selmayr-*Ehmann*, Art. 87 Rn. 2; Kühling/Buchner-*Weichert*, Art. 87 Rn. 16.

15 BVerfGE 120, 401 f.; BFH DuD 2012, 277.

16 Hornung, Die digitale Identität, S. 162 ff.

17 BFH DuD 2012, 277; Kühling/Buchner-*Weichert*, Art. 87 Rn. 17.

18 Weichert, Ausländerzentralregistergesetz, § 3 Rn. 5.

19 Hornung, Die digitale Identität, S. 55.

20 Zur Verfassungsgemäßheit BFH 18. 1. 2012 – II R 49/10, openJur 2013, 18312; vgl Polenz, RDV 2010, 115; vgl. auch SJTK-*Thüsing/Traut*, Art 87 Rn. 9 f., die sich zutreffend gegen die Qualifikation der Steuer- oder Krankenversicherungsnummer aussprechen; unklar Ehmann/Selmayr-*Selk*, Art. 87 Rn. 7; a. A. BMH, Art. 87 Rn. 17, für die die Steuernummer inzwischen zu einer nationalen Kennziffer »mutiert« ist.

21 Gola-*Gola*, Art. 87 Rn. 2, 6.

Art. 88 Datenverarbeitung im Beschäftigungskontext

(1) Die Mitgliedstaaten können durch Rechtsvorschriften oder durch Kollektivvereinbarungen spezifischere Vorschriften zur Gewährleistung des Schutzes der Rechte und Freiheiten hinsichtlich der Verarbeitung personenbezogener Beschäftigtendaten im Beschäftigungskontext, insbesondere für Zwecke der Einstellung, der Erfüllung des Arbeitsvertrags einschließlich der Erfüllung von durch Rechtsvorschriften oder durch Kollektivvereinbarungen festgelegten Pflichten, des Managements, der Planung und der Organisation der Arbeit, der Gleichheit und Diversität am Arbeitsplatz, der Gesundheit und Sicherheit am Arbeitsplatz, des Schutzes des Eigentums der Arbeitgeber oder der Kunden sowie für Zwecke der Inanspruchnahme der mit der Beschäftigung zusammenhängenden individuellen oder kollektiven Rechte und Leistungen und für Zwecke der Beendigung des Beschäftigungsverhältnisses vorsehen.

(2) Diese Vorschriften umfassen geeignete und besondere Maßnahmen zur Wahrung der menschlichen Würde, der berechtigten Interessen und der Grundrechte der betroffenen Person, insbesondere im Hinblick auf die Transparenz der Verarbeitung, die Übermittlung personenbezogener Daten innerhalb einer Unternehmensgruppe oder einer Gruppe von Unternehmen, die eine gemeinsame Wirtschaftstätigkeit ausüben, und die Überwachungssysteme am Arbeitsplatz.

(3) Jeder Mitgliedstaat teilt der Kommission bis zum 25. Mai 2018 die Rechtsvorschriften, die er aufgrund von Absatz 1 erlässt, sowie unverzüglich alle späteren Änderungen dieser Vorschriften mit.

Inhaltsübersicht Rn.

I. Einleitung

1 Die Vorschrift enthält in Abs. 1 eine **Öffnungsklausel** zugunsten der Mitgliedstaaten und ermächtigt diese, spezifische Vorschriften in Bezug auf die Verarbeitung von »Beschäftigtendaten« im »Beschäftigungskontext« zu erlassen. Dabei sind bestimmte inhaltliche Vor-

gaben zu beachten, die Abs. 2 im Einzelnen aufführt. Abs. 3 enthält eine Mitteilungspflicht der Mitgliedstaaten an die Kommission.

Die **Vorschrift** hat eine sehr **wechselvolle Geschichte.** Kontrovers waren insbesondere die Bindung an die übrigen Vorschriften der DSGVO, die Zulassung der Einwilligung durch den einzelnen Arbeitnehmer sowie der Abstraktionsgrad der Regelung: Das Europäische Parlament wollte sehr konkrete Bestimmungen aufnehmen, die bis zur Frage der Videoüberwachung im Betrieb reichten.[1] Im Ergebnis hat der europäische Gesetzgeber darauf verzichtet, die Zulässigkeit der Verarbeitung von Beschäftigtendaten selbst zu regeln. Er hat sich vielmehr auf **begleitende Vorgaben** beschränkt,[2] die wirksam werden, soweit die Mitgliedstaaten von den Möglichkeiten des Art. 88 effektiv Gebrauch machen. 2

II. Unionskompetenz zur Regelung des Beschäftigtendatenschutzes

Die DSGVO stützt sich ausweislich ihrer Präambel auf den »Vertrag über die Arbeitsweise der Europäischen Union, insbesondere auf Artikel 16«. Dies schafft eine beträchtliche Offenheit, was mögliche Kompetenzgrundlagen angeht, die bei einzelnen Bestimmungen zweifelhaft sein könnten. **Art. 16 Abs. 2 AEUV** enthält eine **Kompetenzzuweisung über den Datenschutz** im Rahmen der Ausübung von Tätigkeiten, die in den Anwendungsbereich des Unionsrechts fallen. Spezielle Normen in Bezug auf den Beschäftigtendatenschutz sind dadurch nur soweit abgedeckt, wie die Zuständigkeit der Union in diesem Bereich reicht. Die allgemeine Vorschrift über die Angleichung des Rechts im Binnenmarkt (Art. 114 Abs. 1 AEUV) ist nicht einschlägig, weil Art. 114 Abs. 2 AEUV die »Rechte und Interessen der Arbeitnehmer« ausdrücklich ausklammert.[3] Was bleibt, ist allein die **sozialpolitische Vorschrift des Art. 153 AEUV**. Sie enthält in ihrem Abs. 2 Buchst. b nur eine Ermächtigung, **durch Richtlinien Mindestvorschriften** zu erlassen; Verordnungen sind insoweit nicht möglich. In der Literatur ist deshalb mit Recht darauf hingewiesen worden, eine vollständige Harmonisierung des Beschäftigtendatenschutzes wäre möglicherweise kompetenzwidrig gewesen.[4] 3

Wollte man die Kompetenzregeln des AEUV konsequent anwenden, hätte eine **Aufteilung** in eine allgemeine Datenschutzverordnung und eine Richtlinie über den Beschäftigtendatenschutz **nahe gelegen**. Entsprechend ist man bei der Europäischen Gesellschaft verfahren, die durch Verordnung geregelt ist,[5] welche durch eine Richtlinie über die Arbeitnehmerrechte ergänzt wird.[6] Bei den Vorarbeiten zur DSGVO spielte diese Überlegung – soweit ersichtlich – keine Rolle, da man sie vermutlich als allzu offenes Eingeständnis gewertet hätte, die gewollte vollständige Harmonisierung sei in der Realität nicht wirklich erreichbar. Inhaltlich hat man jedoch eine Regelung getroffen, die zwar Teil einer Verordnung ist, die jedoch weniger Verbindlichkeit für die Mitgliedstaaten aufweist als 4

1 Einzelheiten bei DKWW-*Wedde*, § 32 Rn. 178 – 181.

2 Ehmann/Selmayr-*Selk*, Art. 88 Rn. 1.

3 Franzen, RDV 2014, 200.

4 Plath-*Stamer/Kuhnke*, Art. 88 Rn. 2; anders nunmehr Ehmann/Selmayr-*Selk*, Art. 88 Rn. 18f.

5 Verordnung Nr. 2157/2001 über das Statut der Europäischen Gesellschaft, ABl v. 10.11.2001, L 294 /1 ff.

6 Richtlinie 2001/86/EG »zur Ergänzung des Statuts der Europäischen Gesellschaft hinsichtlich der Beteiligung der Arbeitnehmer«, ABl. v. 10.11.2001, Nr. L 294/22ff.

eine Richtlinie: es steht ihnen völlig frei, ob sie von der Ermächtigung des Art. 88 Gebrauch machen wollen oder nicht. Die begleitenden Vorgaben des Abs. 2 könnten in gleicher Weise in einer Richtlinie stehen; insoweit kann man die **kompetenzrechtlichen Bedenken zurückstellen.**

III. Art. 88 als Öffnungsklausel

1. Der erfasste Personenkreis

5 Schon § 32 BDSG-alt griff **über den Bereich des Arbeitsrechts hinaus**, weil nicht nur Arbeitnehmer, sondern alle »Beschäftigten« im Sinne von § 3 Abs. 11 BDSG-alt erfasst waren. Der Gesetzgeber stellte damit bewusst nicht auf die rechtliche Konstruktion abhängiger Arbeit, sondern auf das reale Schutzbedürfnis ab, weshalb u. a. auch die Gruppe der **arbeitnehmerähnlichen Personen einbezogen** wurde. **§ 26 Abs. 8 BDSG-neu** hat dies übernommen und nennt in Satz 1 in sieben Ziffern die Personengruppen, die vom »Beschäftigtendatenschutz« erfasst sind. Satz 2 bezieht diejenigen Personen ein, die sich um ein solches Beschäftigungsverhältnis bewerben, sowie diejenigen, die inzwischen ausgeschieden sind.

6 Ob die Ermächtigung des Art. 88 Abs. 1 so weit reicht, dass sämtliche aufgezählten Gruppen einschließlich der arbeitnehmerähnlichen Personen einbezogen werden können, ist umstritten.[7] **Art. 88 Abs. 1** verwendet **keine einheitliche Terminologie.** Auf der einen Seite ist von »Beschäftigtendaten« und »Beschäftigungskontext« die Rede, was auf einen weiten Begriff verweist. Auf der anderen Seite wird bei der Zweckbeschreibung die Erfüllung des »Arbeitsvertrags« erwähnt, was eine Beschränkung auf Arbeitnehmer nahelegen könnte. **In anderen Sprachfassungen** finden sich vergleichbare Ungereimtheiten. So wird etwa im Italienischen zunächst auf abhängig Arbeitende schlechthin (»dipendenti nell'ambito dei rapporti di lavoro«), dann jedoch auf die Erfüllung des Arbeitsvertrags abgestellt (»esecuzione del contratto di lavoro«). Im Spanischen wird einerseits auf alle Beschäftigten (»trabajadores en el ámbito laboral«), dann jedoch gleichfalls auf die Erfüllung des Arbeitsvertrags abgestellt. Es gibt jedoch auch andersartige Fassungen. Im Englischen ist einheitlich von »employee« die Rede,[8] was unserem Arbeitnehmerbegriff entspricht, während im Slowenischen ganz generell der Ausdruck »Beschäftigte« und »Beschäftigungsvertrag« verwendet wird.[9] Da alle Fassungen gleichberechtigt sind, ist der Wortlaut letztlich unergiebig.

---

7 Bejahend Plath-*Stamer/Kuhnke*, Art. 88 Rn. 15; Gola/Pötters/Thüsing, RDV 2016, 58; Körner, Beschäftigtendatenschutz, S. 52; Kort, ZD 2017, 319, 323; Gola, Handbuch, Rn. 182; anders und für Beschränkung auf Arbeitnehmer Maschmann, DB 2016, 2481; zweifelnd Sydow-*Tiedemann*, Art. 88 Rn. 4, differenzierend SHS-*Seifert*, Art. 88 Rn. 18ff.

8 »the processing of employees' personal data in the employment context«, und »employment contract«.

9 »Države članice lahko v zakonu ali kolektivnih pogodbah določijo podrobnejša pravila za zagotovitev varstva pravic in svoboščin v zvezi z obdelavo osebnih podatkov *zaposlenih* (= der Beschäftigten) *v okviru zaposlitve*« (= im Rahmen der Beschäftigung, d. h. im Beschäftigungskontext) »zlasti za namene *zaposlovanja*, izvajanja *pogodbe o zaposlitvi*, (= insbesondere zum Zwecke der Beschäftigung, der Ausführung des Beschäftigungsvertrags) vključno z izpolnjevanjem obveznosti, določenih z zakonom ali kolektivnimi pogodbami«.

Die Tatsache, dass Art. 88 Abs. 1 auch eine **Regelung** des Datenschutzes **durch Kollektivverträge** zulässt,[10] spricht nicht für eine Begrenzung auf Arbeitnehmer, wie nicht zuletzt **§ 12a TVG** mit seiner Möglichkeit von Tarifverträgen für arbeitnehmerähnliche Personen zeigt. Auch **Beamte** können unter Dienstvereinbarungen fallen, so dass ihr Rechtsverhältnis kollektivvertraglich gestaltbar ist. Der öffentlich-rechtliche Charakter ihrer Beschäftigung spielt sowieso keine Rolle.[11] Letztlich wird man auf den **Zweck** abstellen, wonach Art. 88 eine Antwort auf die Spezifik der abhängigen Arbeit und das damit verbundene **besondere Schutzbedürfnis** ermöglichen will. Dies spricht dafür, nicht nur Arbeitnehmer, sondern auch andere vergleichbare Gruppen von Beschäftigten wie insbesondere die arbeitnehmerähnlichen Personen in die Vorschrift einzubeziehen. Dasselbe hat im Übrigen der EuGH bei der Frage getan, inwieweit Tarifverträge an Wettbewerbsregeln zu messen sind; Scheinselbständige, die nach unseren Kategorien als arbeitnehmerähnliche Personen zu qualifizieren sind, wurden wie Arbeitnehmer behandelt.[12] Im Ergebnis bestehen daher keine Bedenken gegen § 26 Abs. 8 BDSG. 7

2. Die zulässigen Mittel

Art. 88 lässt »**Rechtsvorschriften**« zu, die spezifische Regeln über den Beschäftigtendatenschutz enthalten. Zu ihnen zählen insbesondere Gesetze und Rechtsverordnungen.[13] aber auch Unfallverhütungsvorschriften und kommunale Satzungen. Entscheidend ist die normative Wirkung.[14] Bestimmungen, die nur verwaltungs- oder vereinsinterne Bedeutung haben, gehören nicht dazu, da ihnen die normative Wirkung gegenüber den Verantwortlichen und gegenüber den betroffenen Personen fehlt.[15] Keine Rolle spielt, ob es sich um **Vorschriften** aus der Zeit **vor Inkrafttreten der DSGVO** handelt oder ob sie erst später erlassen wurden; Anhaltspunkte für eine Differenzierung in zeitlicher Hinsicht gibt es nicht.[16] Von praktischer Bedeutung ist dies etwa für die datenschutzrechtlichen Normen im Beamtenrecht (siehe etwa §§ 106ff. BBG). 8

Die weiter als Mittel genannten **Kollektivvereinbarungen** umfassen nach ErwGr 155 auch Betriebsvereinbarungen, eine Klarstellung, die auf deutsche Initiative hin erfolgte.[17] Auch Vereinbarungen zwischen Sprecherausschuss und Unternehmensleitung gehören dazu, soweit ihnen normative Kraft zukommt;[18] ebenso Dienstvereinbarungen zwischen Personalrat und Dienststellenleiter.[19] Rein schuldrechtliche Vereinbarungen genügen nicht, da sie nicht mit staatlichem Recht vergleichbar sind.[20] Die Kollektivverträge können 9

---

10 Darauf verweist Maschmann, DB 2016, 2481.

11 Sydow-*Tiedemann*, Art. 88 Rn. 4; Wybitul-*Pötters/Wybitul/Böhm*, Art. 88 Rn. 10.

12 Urteil v. 4.12.2014 – C 413/13, NZA 2015, 55 – FNV.

13 Paal/Pauly-*Pauly*, Art. 88 Rn. 5; Sydow-*Tiedemann*, Art. 88 Rn. 8.

14 SHS-*Seifert*, Art. 88 Rn. 25.

15 Auernhammer-*Forst*, Art. 88 Rn. 9.

16 Ebenso im Ergebnis Plath-*Stamer/Kuhnke*, Art. 88 Rn. 5.

17 Paal/Pauly-*Pauly*, Art. 88 Rn. 5; SHS-*Seifert*, Art. 88 Rn. 26.

18 Sydow-*Tiedemann*, Art. 88 Rn. 9; SHS-*Seifert*, Art. 88 Rn.27.

19 Auernhammer-*Forst*, Art. 88 Rn. 11; Sydow-*Tiedemann*, Art. 88 Rn. 14; SHS-*Seifert*, Art. 88 Rn. 27, der auch innerkirchliche Dienstvereinbarungen einbeziehen will.

20 Auernhammer-*Forst*, Art. 88 Rn. 9; SHS-*Seifert*, Art. 88 Rn. 28.

eine Rechtsgrundlage für die Verarbeitung von Beschäftigtendaten sein.[21] Dabei genügt es, wenn der Mitgliedstaat den Kollektivvertragsparteien das Recht einräumt, auch datenschutzrechtliche Normen zu setzen, oder dies schon in der Vergangenheit tat. Einer sonstigen Inanspruchnahme der Öffnungsklausel des Art. 88 Abs. 1 bedarf es nicht.[22]

3. Was bedeutet »Beschäftigungskontext«?

10 Dem Beschäftigungskontext lassen sich nur solche Regeln zuordnen, die ausschließlich Beschäftigte oder einzelne Gruppen von ihnen erfassen. Wer wie ein beliebiger Dritter nur den allgemeinen Regeln des Datenschutzes unterliegt, bewegt sich nicht im »Beschäftigungskontext«.[23] Dies ist etwa dann der Fall, wenn der bei einer Handelskette beschäftigte Arbeitnehmer bei einer anderen Filiale zu den für alle geltenden Bedingungen einkauft. Wer als Arbeitnehmer dagegen zu Vorzugskonditionen einen zivilrechtlichen Vertrag mit seinem Arbeitgeber oder einem anderen Konzernunternehmen abschließt, bewegt sich im »Beschäftigungskontext«. Dies gilt für verbilligte Darlehen genauso wie für einen Einkauf mit Personalrabatt.

11 Abs. 1 zählt in etwas umständlicher Weise **Gegenstände** auf, die **von ihrer Zwecksetzung her** in den **»Beschäftigungskontext«** fallen; überdies hat die Aufzählung keinen abschließenden Charakter (»insbesondere«).[24] Im Einzelnen geht es um Datenverarbeitung für Zwecke der

- Einstellung, der
- Erfüllung des Arbeitsvertrags einschließlich der Erfüllung von durch Rechtsvorschriften oder durch Kollektivvereinbarungen festgelegten Pflichten, des
- Managements, der
- Planung und der Organisation der Arbeit, der
- Gleichheit und Diversität am Arbeitsplatz, der
- Gesundheit und Sicherheit am Arbeitsplatz, des
- Schutzes des Eigentums der Arbeitgeber und der Kunden sowie für Zwecke der
- Inanspruchnahme der mit der Beschäftigung zusammenhängenden individuellen oder kollektiven Rechte und Leistungen und für Zwecke der
- Beendigung des Beschäftigungsverhältnisses.

ErwGr 155 wiederholt diese möglichen Regelungsgegenstände, fügt aber hinzu, auf nationaler Ebene könnten auch die Bedingungen für eine wirksame Einwilligung des Arbeitnehmers geregelt werden. Dies ist auch bei der Auslegung des Art. 88 zu beachten.[25] Davon hat der deutsche Gesetzgeber durch § 26 Abs. 2 BDSG Gebrauch gemacht. Auch eigenständige Löschungsfristen (z. B. für Abmahnungen) könnten vorgesehen werden.[26]

21 Plath-*Stamer/Kuhnke*, Art. 88 Rn. 9.
22 Missverständlich Schantz/Wolff-*Wolff*, Rn. 1337f.
23 Sydow-*Tiedemann*, Art. 88 Rn. 6.
24 Gola, Handbuch, Rn. 182ff.
25 Plath-*Stamer/Kuhnke*, Art. 88 Rn. 12; Sydow-*Tiedemann*, Art. 88 Rn. 24.
26 Sydow-*Tiedemann*, Art. 88 Rn. 24 a. E.

Daten, die für Zwecke der **Compliance** erhoben werden, sind ebenfalls erfasst,[27] nicht anders als die Mitwirkung an einem Werbefilm des Arbeitgebers.[28]

Besondere Bedeutung kommt im Arbeitsleben den **Mitteln der Datenerhebung** zu, die in der DSGVO nicht angesprochen sind: Videokontrolle, Bewegungsprofile mit Hilfe von GPS, RFID-Lesegeräte. Ihr Einsatz kann durch Gesetz oder Kollektivvertrag geregelt werden, was Regelungen bis hin zu einem Verbot in sich schließt. Aus Art. 88 lassen sich auch keine grundsätzlichen Bedenken dagegen ableiten, § 26 BDSG aus dem BDSG herauszulösen und ein selbständiges **Beschäftigtendatenschutzgesetz** zu beschließen.[29] 12

IV. Gestaltungsspielraum

1. Beachtung des informationellen Selbstbestimmungsrechts

Als Teil des Unionsrechts ist die DSGVO als solche nicht am Maßstab des informationellen Selbstbestimmungsrechts zu messen, da dieses zum nachrangigen nationalen Recht gehört. Seine praktische Bedeutung würde daher gegen null gehen, wäre das gesamte Datenschutzrecht flächendeckend durch unmittelbar anwendbares Unionsrecht geregelt. Dem ist aber gerade im hier interessierenden Bereich nicht so: Der deutsche Gesetzgeber hat durch das BDSG von der Öffnungsklausel des Art. 88 Gebrauch gemacht. Da er dazu vom Unionsrecht her nicht verpflichtet ist, erlässt er eine **Regelung, die allein in seinem Ermessen steht**. Er bewegt sich insoweit ausschließlich **im Rahmen des mitgliedstaatlichen (deutschen) Rechtskreises**. Dabei muss er deutsches Verfassungsrecht und damit auch das informationelle Selbstbestimmungsrecht in vollem Umfang beachten. Das Unionsrecht ist nur insoweit von Bedeutung, als es die gegenständlichen Grenzen für autonome Entscheidungen absteckt (»Beschäftigungskontext«) und zugleich in Art. 88 Abs. 2 eine sehr allgemein gehaltene Aussage trifft, dass die Regelungen der Menschenwürde, den Grundrechten und den berechtigten Interessen der betroffenen Person dienen müssen. Diese für den Gesetzgeber geltenden Grundsätze sind in gleicher Weise für die **Kollektivvertragsparteien** maßgebend.[30] 13

2. Bindung an die DSGVO?

Während die Bindung an Grundrechte einschließlich des informationellen Selbstbestimmungsrechts weithin unbestritten ist, gibt es unterschiedliche Auffassungen über das **Verhältnis zur DSGVO**. Nach praktisch **einhelliger Auffassung** stellt diese allerdings ein **Mindestniveau** dar, das weder die nationalen Gesetzgeber noch die Tarif- oder die Betriebsparteien unterschreiten dürfen.[31] **Kontrovers** ist jedoch, inwieweit **Verbesserungen** 14

27 Auernhammer-*Forst*, Art. 88 Rn. 15f.

28 Siehe den Fall BAG 11.12.2014 – 8 AZR 1010/13, NZA 2015, 604.

29 Ebenso Sydow-*Tiedemann*, Art. 88 Rn. 33.

30 Zu den konkreten Konsequenzen s. § 26 BDSG, Abschnitt XI (Rn. 257ff).

31 Düwell/Brink, NZA 2016, 665, 666; Gola/Pötters/Thüsing, RDV 2016, 58, 59; Kort, DB 2016, 711, 714 und NZA 2018, 1097, 1101; Kühling/Buchner-*Maschmann*, Art. 88 Rn. 40; Maier, DuD 2017, 169, 173; Paal/Pauly-*Pauly*, Art. 88 Rn. 4; Plath-*Stamer/Kuhnke*, Art. 88 Rn. 6f.; SHS-*Sei-*

zulässig sind, der Beschäftigtendatenschutz also ein (etwas) höheres Niveau als der allgemeine Datenschutz der DSGVO haben darf.[32] In der Literatur verweisen die Gegner einer Verbesserungsmöglichkeit auf die Entscheidung des EuGH vom 24. November 2011[33], die der **Datenschutzrichtlinie** die Funktion zusprach, **zugleich** eine **Obergrenze** für den Datenschutz zu definieren (»Vollharmonisierung«).

15 Diese Auffassung mag auf die DSGVO im Allgemeinen übertragbar sein, da sie ein einheitliches Schutzniveau erstrebt. Dies ist allerdings ohne Bedeutung überall dort, wo sie ausdrücklich eine **Ausnahme** vorsieht. Bei den Vorarbeiten zu Art. 88 wurde verschiedentlich gefordert, im Beschäftigungskontext »striktere« Regeln über den Datenschutz zuzulassen. Diese Position setzte sich im Ergebnis aber nicht durch. Vielmehr ließ man nur »spezifischere« Regelungen zu, die sich auf den Schutz der Menschenwürde sowie die legitimen Interessen und die Grundrechte der Arbeitnehmer stützen. Dies verweist auf einen **Kompromiss**: Statt einer nach oben offenen **Ermächtigung** erteilte man eine **inhaltlich gebundene**: Soweit es um den Schutz der genannten Grundwerte geht, kann eine Verstärkung erfolgen, in allen anderen Fällen nicht.[34] So ist es insbesondere nicht möglich, die verfahrensmäßigen Rahmenbedingungen wie die Dokumentationspflicht oder die Datensicherung im Bereich des Arbeitnehmerdatenschutzes zu verbessern, weil hier der Bezug zu den genannten Rechtsgütern nur ein mittelbarer ist. Auch könnte man der Arbeitgeberseite schwerlich zumuten, für die Sicherung von Beschäftigtendaten strengere Vorkehrungen als für die Daten anderer Personen zu treffen.

16 Weiter ist zu beachten, dass der in Art. 1 Abs. 3 garantierte **freie Verkehr personenbezogener Daten in der Union** gar nicht berührt wird, wenn der Datenschutz der Beschäftigten eine Verstärkung erfährt. Es handelt sich insoweit um interne Daten von Unternehmen und Konzernen, die anders als die Nutzerdaten eines Online-Dienstes nicht in der Union zirkulieren. Damit ist das entscheidende Argument für die Annahme einer »Obergrenze« des Datenschutzes entfallen. In der Entscheidung des EuGH (oben Rn. 14) war es auch keineswegs um Arbeitnehmerdaten gegangen.

V. Angemessene und besondere Maßnahmen zum Beschäftigtendatenschutz (Abs. 2)

17 In Abs. 2 sind inhaltliche Anforderungen benannt, die die nach Art. 88 Abs. 1 möglichen Rechtsvorschriften oder Kollektivvereinbarungen zum Beschäftigtendatenschutz in den Mitgliedstaaten erfüllen müssen. Hierbei handelt es sich um **Mindestanforderungen**.[35] Weitergehende datenschutzrechtliche Vorgaben und Regelungen sind somit nicht ausgeschlossen, solange sie den allgemeinen Rechtsrahmen beachten, den die DSGVO vorgibt.

---

fert, Art. 88 Rn. 22; Sydow-*Tiedemann*, Art. 88 Rn. 3 und 9; Wybitul/Sörup/Pötters, ZD 2015, 559, 561.

32 Dafür etwa Wybitul/Sörup/Pötters, ZD 2015, 559, 561; Plath-*Stamer/Kuhnke*, Art. 88 Rn. 6 a. E.; Paal/Pauly-*Pauly*, Art. 88 Rn. 4; SHS-*Seifert*, Art. 88 Rn. 23; Kort, ZD 2017, 319, 322 und NZA 2018, 1097, 1101; dagegen Kühling/Buchner-*Maschmann*, Art. 88 Rn. 30ff., jeweils m. w. N.

33 C-468/10 und C-469/10, RDV 2012, 22 = NZA 2011, 1409.

34 Däubler, CuA 3/2016, S. 13, 15.

35 SHS-*Seifert*, Art. 88 Rn. 31 spricht von »Außengrenzen der Öffnungsklausel des Abs. 1«.

In der ersten Satzhälfte von Abs. 2 werden **geeignete und besondere Maßnahmen** genannt, die spezifische Vorschriften zum Beschäftigtendatenschutz **zwingend beinhalten** müssen. Hierzu gehören Maßnahmen zur Wahrung der menschlichen Würde, der berechtigten Interessen und der Grundrechte der betroffenen Person. Diese Maßnahmen müssen im Hinblick auf die Transparenz der Verarbeitung, auf die Übermittlung personenbezogener Daten innerhalb einer Unternehmensgruppe oder einer Gruppe von Unternehmen, die eine gemeinsame Wirtschaftstätigkeit ausüben, und auf die Überwachungssysteme am Arbeitsplatz getroffen werden. Sie müssen darüber hinaus auch bezogen auf alle anderen Verarbeitungen von Beschäftigtendaten vorgesehen werden, bei denen Rechtspositionen der Beschäftigten berührt oder beeinflusst werden. 18

Der in Abs. 2 verwendete Begriff der »Vorschriften« bezieht sich nach dem Wortlaut im ersten Satzteil von Abs. 1 unterschiedslos sowohl auf Rechtsvorschriften als auch auf Kollektivvereinbarungen. ErwGr 155 trifft eine identische Aussage und bezieht »Betriebsvereinbarungen« ausdrücklich in den Kreis der »Kollektivvereinbarungen« ein (ErwGr 155 Satz 1). 19

Die nach Abs. 2 zu treffenden Maßnahmen müssen sich in allen spezifischen Rechtsvorschriften wiederfinden, das heißt sowohl in Rechtsvorschriften als auch in Kollektivvereinbarungen.[36] Ist dies nicht der Fall und sind die spezifischen Vorschriften die einzige datenschutzrechtliche Grundlage, muss die Verarbeitung von Beschäftigtendaten unterbleiben. Erfolgt sie dennoch, setzt sich der Arbeitgeber als datenschutzrechtlich Verantwortlicher dem Risiko von Geldbußen nach Art. 83 sowie der Haftung und des Schadenersatzes nach Art. 82 aus. 20

In der zweiten Satzhälfte von Abs. 2 werden drei Themenfelder benannt, auf die sich die zu treffenden geeigneten und besonderen Maßnahmen insbesondere beziehen müssen. Voraussetzung ist, dass die dort genannten Fallkonstellationen im konkreten Fall einschlägig sind. Handelt es sich beispielsweise um eine Betriebsvereinbarung, die nur innerhalb eines Betriebs oder eines Unternehmens gültig ist, sind Regelungen zur Übermittlung personenbezogener Daten innerhalb eines Konzerns mangels praktischer Relevanz obsolet.[37] Hingegen sind die beiden weiterhin genannten Themenfelder der »Transparenz« und der »Überwachungssysteme am Arbeitsplatz« unabhängig von der konkreten Ausgestaltung des Beschäftigtendatenschutzes praktisch immer relevant, was in der Folge stets geeignete und besondere Maßnahmen erforderlich macht. 21

In Deutschland gibt es mit § 26 BDSG eine spezifische Rechtsvorschrift zum Beschäftigtendatenschutz. Diese Regelung ist allerdings teilweise so allgemein gehalten, dass die Bewertung schwerfällt, ob sie bezogen auf angemessene und besondere Maßnahmen den Vorgaben des Art. 88 Abs. 2 entspricht. Dies gilt insbesondere mit Blick auf den in § 26 Abs. 1 Satz 1 BDSG enthaltenen unbestimmten Rechtsbegriff der »Erforderlichkeit« als Voraussetzung der Verarbeitung von Beschäftigtendaten durch Arbeitgeber (siehe hierzu § 26 BDSG Rn. 99ff.). 22

---

36 Ehmann/Selmayer-*Selk*, Art. 88 Rn. 189.

37 Ähnlich im Ergebnis Paal/Pauly-*Pauly*, Art. 88 Rn. 10, der eine »tatbestandliche Reduktion« für sachgerecht hält.

1. Geeignete und besondere Maßnahmen

23 Spezifische Vorschriften der Mitgliedstaaten zum Beschäftigtendatenschutz müssen geeignete und besondere Schutzmaßnahmen umfassen. Der Begriff der »Maßnahmen«, der auch in anderen Art. enthalten ist (etwa in Art. 4 Nr. 20 oder in Art. 24 Abs. 1) wird in der DSGVO nicht definiert. Mit Blick auf die in Abs. 2 genannten hochrangigen persönlichen Schutzziele der menschlichen Würde sowie der berechtigten Interessen und der Grundrechte der betroffenen Personen ist der Begriff zugunsten der Betroffenen **weit auszulegen**. Neben technischen und organisatorischen Maßnahmen (vgl. Art. 32) kommen alle übrigen tatsächlichen oder rechtlichen Maßnahmen in Betracht die geeignet sind, die in Abs. 2 genannten Schutzziele zu erreichen.

24 Die **Maßnahmen** müssen **geeignet** sein. Durch dieses Adjektiv wurde im Rahmen der Korrektur der DSGVO vom 19. 4. 2018[38] der Begriff der »angemessenen Maßnahmen« ersetzt. Die Angemessenheit von Maßnahmen fand sich vorher auch schon bezogen auf die technischen und organisatorischen Maßnahmen in § 9 Satz 2 BDSG-alt.[39] Durch das Abstellen auf »geeignete Maßnahmen« hat der Verordungsgeber die Anforderungen an Arbeitgeber erhöht, die sie erfüllen müssen, wenn sie Beschäftigtendaten verarbeiten wollen. Der Verweis auf geignete Maßnahmen weist darauf hin, dass diese unter dem Vorbehalt der Verhältnismäßigkeit stehen. Erforderlich sind alle Maßnahmen, die in einem geeigneten Verhältnis zum angestrebten Schutzzweck stehen.

25 Zur Festlegung dessen, was verhältnismäßig ist, kann auf einschlägige **Rechtsprechung** zurückgegriffen werden. Nach Auffassung des BVerfG gebietet es beispielsweise der Grundsatz der Verhältnismäßigkeit, dass eine Maßnahme zur Erreichung des angestrebten Zwecks geeignet und erforderlich ist und dass der mit ihr verbundene Eingriff seiner Intensität nach nicht außer Verhältnis zur Bedeutung der Sache steht.[40] In der Praxis bereitet die Umsetzung dieses Grundsatzes zwar Probleme, weil im Bereich des Datenschutzrechts vielfältige Faktoren berücksichtigt werden müssen wie beispielsweise die Art der personenbezogenen Daten, die mit der Verarbeitung angestrebten Zwecke oder die tatsächliche Verarbeitungssituation. Dies ändert bezogen auf Abs. 2 aber nichts daran, dass Verantwortliche mit dem Ziel der Wahrung der Rechte der betroffenen Beschäftigten herausragende Anstrengungen unternehmen müssen.

26 Für die Notwendigkeit der **Realisierung eines hohen Schutzniveaus** im Ergebnis einer Verhältnismäßigkeitsprüfung spricht auch, dass Arbeitgeber als Verantwortliche sowohl geeignete als auch besondere Maßnahmen treffen müssen, um die Rechte der Beschäftigten zu wahren. Die Verwendung des Begriffs »besondere Maßnahmen« weist in diesem Zusammenhang daraufhin, dass die individuell eingesetzten Vorkehrungen an die jeweiligen Gegebenheiten angepasst werden müssen. Der Begriff ist in diesem Zusammenhang mit solchen Maßnahmen gleichzusetzen, die für den Verwendungszusammenhang spezifisch sind.[41]

---

38 Vgl. Berichtigung der Verordnung (EU) 2016/679 des Europäischen Parlaments und des Rates vom 27. April 2016, ABl. der EU L 127/8 vom 4. 5. 2018.

39 Vgl. hierzu DKWW-*Wedde*, § 9 BDSG-alt Rn. 20ff.

40 BVerfGE 27, 352.

41 Ebenso Ehmann/Selmayer-*Selk*, Art. 88 Rn. 133, der zur Begründung seiner Position ausdrücklich auf die Verwendung der Formulierung »specific« in der englischen Fassung der DSGVO verweist.

Bei der Festlegung geeigneter und besonderer Maßnahmen müssen Arbeitgeber als Verantwortliche berücksichtigen, dass eine **übermäßige Verarbeitung** herausragend zu schützender Daten mit Blick auf die Rechte der betroffenen Beschäftigten auch im Ergebnis einer Verhältnismäßigkeitsprüfung **nicht zulässig sein kann.**[42] Diese Feststellung steht beispielsweise der zweckfreien Speicherung von Beschäftigtendaten im Rahmen von Vorratsdatenverarbeitung oder von »Big-Data-Konzepten« entgegen. Hierbei ist zu bedenken, dass die insoweit zwingende Vorgabe in Abs. 2 zur Präzisierung der zu treffenden angemessenen und besonderen Maßnahmen die menschliche Würde, die berechtigten Interessen und die Grundrechte der betroffenen Beschäftigten eindeutig in den Vordergrund stellt. 27

Nicht zu berücksichtigen sind bei der vorzunehmenden Verhältnismäßigkeitsprüfung hingegen einschlägige **Grundrechtspositionen der Arbeitgeber** wie etwa die Eigentumsgarantie des Art. 14 GG. Der Ausschluss von allgemeinen Grundrechten der Arbeitgeber ist allerdings schon deshalb berechtigt, weil es in der DSGVO nicht um deren Schutz, sondern primär nur um den Schutz personenbezogener Daten geht.[43] Der darüber hinaus durch die DSGVO gewährleistete freie Datenverkehr muss die Grundrechte der betroffenen Personen bzw. Beschäftigten wahren. 28

2. Schutzziele

Die zu treffenden geeigneten und besonderen Maßnahmen zielen auf die **drei** in Abs. 2 genannte **Schutzziele** der Wahrung der menschlichen Würde, der berechtigten Interessen und der Grundrechte der betroffenen Personen. Zielrichtung der zu treffenden Maßnahmen sind damit insbesondere die Persönlichkeitsrechte der Beschäftigten. Weiterhin sollen die berechtigten Interessen herausragend abgesichert werden. Den Begriff der »berechtigten Interessen« enthält auch der Erlaubnistatbestand in Art. 6 Abs. 1 Buchst. f. Er erfasst dort nicht nur rechtliche, sondern auch wirtschaftliche und ideelle Interessen (vgl. Art. 6 Rn. 95). Mit Blick auf die zu schützenden Rechte der Beschäftigten vor einer unzulässigen Verarbeitung ihrer personenbezogenen Daten ist der Begriff der berechtigten Interessen im Rahmen von Art. 88 Abs. 2 **weit auszulegen.** 29

Die in Abs. 2 genannten Schutzziele tragen der Tatsache Rechnung, dass es im Rahmen von Beschäftigungsverhältnissen regelmäßig eine Disparität zwischen den tatsächlichen Handlungsmöglichkeiten gibt, die Arbeitgebern auf der einen und ihren Beschäftigten auf der anderen Seite zur Verfügung stehen. Wohl auch deshalb begründet die Vorschrift zu Lasten von Arbeitgebern die Verpflichtung, zum Schutz von Beschäftigten geeignete und besondere Maßnahmen zu treffen, die im Einzelfall über die in Art. 5 Abs. 1 enthaltenen zwingenden Grundsätze deutlich hinausgehen.[44] 30

Zum Schutz von Beschäftigten kommen etwa Maßnahmen zur Begrenzung und Ausgestaltung des Fragerechts von Arbeitgebern in Betracht. Ebenso können Regelungen zum Ausschluss von ungeeigneten oder heimlichen Kontrollen, zur Begrenzung von Lokalisierungen, zum Ausschluss von umfassenden Bewegungsprofilen, zum Ausschluss von umfassenden oder dauerhaften Überwachungen oder zur Verwendung von biometrischen 31

42 Ähnlich Kühling/Buchner-*Maschmann*, Art. 88 Rn. 44.
43 Im Ergebnis ähnlich Ehmann/Selmayer-*Selk*, Art. 88 Rn. 141.
44 Ähnlich Kühling/Buchner-*Maschmann*, Art. 88 Rn. 45.

Daten zu Authentifizierungs- und Autorisierungszwecken Maßnahmen im Sinn von Abs. 2 darstellen.[45] Auch der Ausschluss jeglicher Überwachungsmaßnahmen in Sanitär-, Umkleide-, Pausen- oder Schlafräumen gehört zu den einschlägigen Maßnahmen, die Arbeitgeber als Verantwortliche treffen müssen.[46]

3. Beispiele für Maßnahmen

32 In der zweiten Satzhälfte von Abs. 2 werden drei Zielrichtungen für angemessene und besondere Maßnahmen benannt. Die **exemplarische Nennung** verdeutlicht, dass diese drei Themen für den Bereich des Beschäftigtendatenschutzes von herausragender Bedeutung sind. Bezüglich der Transparenz der Verarbeitung und der Überwachungssysteme ist davon auszugehen, dass Maßnahmen zum Schutz der Beschäftigten in jedem Fall zu treffen sind. Die Vorgaben zur Übermittlung innerhalb von Konzernen sind hingegen nur relevant, wenn entsprechende Verarbeitungen aufgrund der gesellschaftsrechtlichen Struktur des Verantwortlichen überhaupt möglich sind (vgl. Rn. 38ff.).

a) Transparenz der Verarbeitung

33 Die Transparenz der Verarbeitung gegenüber Betroffenen und damit auch gegenüber Beschäftigten ist als einer der Grundsätze rechtskonformer Verarbeitung personenbezogener Daten in Art. 5 Buchst. a ausdrücklich festgeschrieben. Bezogen auf die Rechte der Betroffenen wird dieser Grundsatz in Art. 12 als transparente Information prominent benannt (vgl. Art. 12 Rn. 4ff.).

34 Bezogen auf Beschäftigungsverhältnisse leitet sich aus den allgemeinen Vorgaben zur Transparenz beispielsweise die Verpflichtung von Arbeitgebern als Verantwortlichen ab, ihre Beschäftigten über alle Verarbeitungen ihrer personenbezogenen Daten **in präziser, transparenter, verständlicher** und **leicht zugänglicher Form** sowie in einer **klaren** und **einfachen Sprache zu informieren**. Beschäftigte müssen auf Basis dieser Information erkennen und nachvollziehen können, ob, von wem und für welche Zwecke ihre Daten verarbeitet werden (ErwGr 58 Satz 3).[47] Dies gilt auch, wenn Beschäftigtendaten entsprechend Art. 28 durch Auftragnehmer verarbeitet werden oder wenn Funktionsübertragungen erfolgen (vgl. Art. 28 Rn. 16ff.).

35 Erfolgt die Verarbeitung innerhalb von **Konzernstrukturen**, müssen die Beschäftigten jederzeit einfach erkennen können, auf welcher Rechtsgrundlage, zu welchen Zwecken und in welchen Konzernunternehmen dies der Fall ist. Weiterhin muss für sie transparent sein, welche Personen aus anderen Konzernunternehmen auf welcher Rechtsgrundlage auf ihre Daten zugreifen können und auf welcher Rechtsgrundlage diese Zugriffe stattfinden.

36 Erfolgt die Verarbeitung von Beschäftigtendaten auf der Grundlage von **Rechtsvorschriften der Mitgliedstaaten**, müssen Arbeitgeber ihren Beschäftigten dies ebenfalls in nachvollziehbarer und verständlicher Form darlegen. Ist eine Kollektivvereinbarung (insbesondere eine Betriebsvereinbarung) die Rechtsgrundlage für die Verarbeitung, muss de-

45 Vgl. BT-Drs. 18/11325, S. 97.
46 Kühling/Buchner-*Maschmann*, Art. 88 Rn. 45.
47 Kühling/Buchner-*Maschmann*, Art. 88 Rn. 46.

ren Text so abgefasst sein, dass er für die Beschäftigten einfach verständlich und inhaltlich nachvollziehbar ist. Ist dies nicht der Fall, müssen Arbeitgeber ihren Beschäftigten die relevanten Inhalte in klaren und einfachen Worten erläutern. Ggf. sind hierfür von Arbeitgebern **spezifische Schulungs-** und **Weiterbildungskonzepte** vorzusehen. Gegenüber Nicht-Muttersprachlern macht dies ggf. eine Übersetzung der relevanten Passagen von Kollektivvereinbarungen oder Rechtsvorschriften erforderlich.

Einen **Verstoß** gegen die in Abs. 2 genannte Transparenzvorgabe stellen alle **heimlichen** oder **nicht offen erkennbaren Formen der Verarbeitung** personenbezogener Daten dar. Damit müssen beispielsweise verdeckte oder heimliche Videoaufnahmen ebenso durch geeignete und besondere Maßnahmen unterbunden werden wie die entsprechende Observation durch Privatdetektive oder Schrankkontrollen in Abwesenheit der Beschäftigten.[48] 37

b) Unternehmensübergreifende Verarbeitung von Beschäftigtendaten in Konzernen

Nach dem zweiten Themenfeld, das in Abs. 2 genannt wird, müssen geeignete und besondere Maßnahmen im Hinblick auf die Übermittlung personenbezogener Daten **innerhalb einer Unternehmensgruppe** oder **einer Gruppe von Unternehmen**, die eine gemeinsame Wirtschaftstätigkeit ausüben, vorgesehen werden. Die »Unternehmensgruppe« ist in Art. 4 Nr. 19 definiert. Dieses Maßnahmenbeispiel zielt insbesondere auf die unternehmensübergreifende Verarbeitung von Beschäftigtendaten innerhalb von Konzernen wie etwa die konzernweite Zusammenfassung der Gehaltsabrechnung in einem Konzernunternehmen. 38

Die DSGVO schließt unternehmensübergreifende Verarbeitungen innerhalb von Konzernen nicht grundsätzlich aus. In ErwGr 48 Satz 1 heißt es hierzu: »*Verantwortliche, die Teil einer Unternehmensgruppe oder einer Gruppe von Einrichtungen sind, die einer zentralen Stelle zugeordnet sind, können ein berechtigtes Interesse haben, personenbezogene Daten innerhalb der Unternehmensgruppe für interne Verwaltungszwecke, einschließlich der Verarbeitung personenbezogener Daten von Kunden und Beschäftigten, zu übermitteln.*« Gleichzeitig heißt es aber im folgenden Satz: »*Die Grundprinzipien für die Übermittlung personenbezogener Daten innerhalb von Unternehmensgruppen an ein Unternehmen in einem Drittland bleiben unberührt.*« Das bedeutet, dass es für eine unternehmensübergreifende Übermittlung innerhalb eines Konzerns immer eine explizite Erlaubnisnorm geben muss. 39

Aus dem Katalog des Art. 6 Abs. 1 kommt als Erlaubnisnorm neben einer Einwilligung nach Buchst. a möglicherweise die Berufung eines Arbeitgebers auf berechtigte Interessen nach Buchst. f in Betracht. Allerdings ist die Eignung dieser allgemeinen Erlaubnisnorm für Beschäftigungsverhältnisse für die Fälle strittig, in denen es für diesen Bereich spezifische Erlaubnisnormen wie § 32 Abs. 1 BDSG-alt bzw. § 26 Abs. 1 BDSG gibt (vgl. Art. 6 Rn. 104f. sowie § 26 BDSG Rn. 168ff.). Aber selbst, wenn man den Rückgriff auf Art. 6 Buchst. f bezogen auf Beschäftigungsverhältnisse für zulässig hält, ist bezogen auf eine 40

48 Kühling/Buchner-*Maschmann*, Art. 88 Rn. 47; Sydow-*Tiedemann*, Art. 88 Rn. 20.

konzernweite Verarbeitung im Regelfall von überwiegenden Interessen der Beschäftigten auszugehen. Diese resultieren aus der fehlenden Transparenz und der sich mit einer konzernweiten Verarbeitung verbindenden Aufweichung der Zweckbindung (vgl. hierzu Art. 6 Rn. 106ff.).

41 Die in ErwGr 48 enthaltene allgemeine Aussage zur bloßen Möglichkeit einer konzernweiten Verarbeitung personenbezogener Daten führt deshalb im Ergebnis nicht dazu, dass es für die Verarbeitung von Beschäftigtendaten ein allgemeines Konzernprivileg gibt. Bezogen auf diese Daten bedarf es vielmehr einer **spezifischen gesetzlichen Grundlage**, die bisher in Deutschland als Rechtsvorschrift noch nicht existiert. Ohne eine solche gibt es weiterhin kein datenschutzrechtliches Konzernprivileg.[49]

42 Der deutsche Gesetzgeber hat die in Art. 88 Abs. 1 vorgesehene Möglichkeit zur Schaffung spezifischer Vorschriften zwar durch § 26 BDSG genutzt. In dieser spezifischen Vorschrift zum Beschäftigtendatenschutz findet sich aber **keine explizite Regelung zur Zulässigkeit** einer **konzernweiten Verarbeitung von Beschäftigtendaten**. Insoweit gibt es auch nach dem BDSG kein Konzernprivileg für die Verarbeitung von Beschäftigtendaten.

43 Unabhängig von der möglichen Schaffung einer Rechtsvorschrift, durch die ein Konzernprivileg begründet werden könnte, haben Arbeitgeber und Betriebsräte die Möglichkeit, eine **gewollte unternehmensübergreifende Verarbeitung** von Beschäftigtendaten in einem Konzern **durch eine Betriebsvereinbarung zu legitimieren**. Die kollektivrechtliche Möglichkeit wird nunmehr allgemein durch § 26 Abs. 4 BDSG ausdrücklich bestätigt. Mangels eines einschlägigen Mitbestimmungsrechts kann eine solche Betriebsvereinbarung allerdings nur freiwillig oder bezogen auf ein mitbestimmungspflichtiges IT-System abgeschlossen werden. Damit kann beispielsweise eine »Rahmen-Konzernbetriebsvereinbarung zum Datenschutz« von keiner Betriebspartei erzwungen werden.

c) Überwachungssysteme am Arbeitsplatz

44 Nach dem dritten Themenfeld, das in Abs. 2 genannt wird, müssen Verantwortliche **geeignete und besondere Maßnahmen** im Hinblick auf die Überwachungssysteme am Arbeitsplatz vorsehen. Die explizite Einbeziehung dieses Themenfeldes in Abs. 2 verdeutlicht, dass alle Formen von Überwachungssystemen, die an Arbeitsplätzen eingesetzt werden, aus datenschutzrechtlicher Sicht für die Rechte der Beschäftigten eine herausragende Gefahr darstellen.[50] Die Regelung bezieht sich allgemein auf »Überwachungssysteme« und beschränkt sich nicht auf heimliche oder verdeckte Maßnahmen von Arbeitgebern.

45 Die Regelung zielt aus sprachlicher Sicht auf die **Überwachung** von Beschäftigten **durch »Systeme«**. In der DSGVO wird dieser Begriff nicht definiert. Auf den ersten Blick liegt es

49 Ebenso Paal/Pauly-*Pauly*, Art. 88 Rn. 15; Plath-*Stamer/Kuhnke*, Art. 88 Rn. 20; Ehmann/Selmayer-*Selk*, Art. 88 Rn. 142; Taeger/Gabel-*Zöll*, Art. 88 Rn. 34; BMH, Art. 88 Rn. 37; Kühling/Buchner-*Maschmann*, Art. 88 Rn. 53, hält das Bestehen eines Konzernprivilegs für »*zweifelhaft*«; a. A. SJTK-*Thüsing/Traut*, Art. 88 Rn. 26, die ein »*kleines Konzernprivileg*« sehen; zur Situation nach dem BDSG-alt vgl. Simitis-*Simitis*, § 2 BDSG-alt Rn. 143f.; DKWW-*Weichert*, § 3 BDSG-alt Rn. 59.

50 Sydow-*Tiedemann*, Art. 88 Rn. 22.

zwar nahe, ihn nur auf automatisierte Kontrollverfahren zu beziehen.[51] Geht man allerdings von der allgemeinen sprachlichen Bedeutung des Begriffs aus, wird schnell deutlich, dass die in Art. 88 Abs. 2 enthaltene Vorgabe weiter zu fassen ist. Nach dem Duden steht »System« für die »Ordnung, nach der etwas organisiert, aufgebaut wird« oder für einen »Plan, der als Richtlinie für etwas dient«.[52] Die gleiche Interpretation leitet sich aus dem in der englischen Fassung verwendeten Begriff »**monitoring systems at the work place**« ab. Das Adjektiv »monitoring« lässt sich allgemein mit »Überwachung«, »Aufsicht« oder »Kontrolle« übersetzen, ist dabei aber nicht auf technische Überwachungen beschränkt.

Der Begriff »Überwachungssysteme« ist damit **weit auszulegen** und beinhaltet deutlich mehr als nur automatisierte Abläufe. Er erfasst etwa auch systematisch durchgeführte Beobachtungen des Arbeitsverhaltens, wenn diese sich in der Verarbeitung personenbezogener Daten niederschlagen. 46

Handelt es sich um technische Überwachungen, sind die in Abs. 2 genannten »Überwachungssysteme« weitgehend deckungsgleich mit den in § 87 Abs. 1 Nr. 6 BetrVG enthaltenen »technischen Einrichtungen, die dazu bestimmt sind, das Verhalten oder die Leistung der Arbeitnehmer zu überwachen«. Eine Bestimmung zur Überwachung im Sinne von § 87 Abs. 1 Nr. 6 BetrVG ist immer dann gegeben, wenn eine technische Einrichtung objektiv geeignet ist, eine Überwachung durchzuführen. Auf den Willen des Arbeitgebers, eine Überwachung auch durchführen zu wollen, kommt es nicht an.[53] Auch bezogen auf technische Überwachungssysteme ist damit der Anwendungsbereich von Art. 88 Abs. 2 **weit zu fassen**. Ausgenommen bleiben nur solche technischen Systeme, die eine Überwachung nicht eigenständig bewirken können wie etwa eine Stoppuhr.[54] Erfasst werden hingegen beispielsweise Zugangskontroll- und Ausweissysteme, Ortungs- und Trackingsysteme, sog. DLP-Systeme, alle Formen sog. »Spionagesoftware«, Videoüberwachungssysteme, Predictive-Analytics-Systeme usw.[55] 47

Praktisch werden durch diese Vorgabe in Abs. 2 Arbeitgeber als Verantwortliche dazu verpflichtet, angemessene und besondere Maßnahmen zum Schutz der Rechte ihrer Beschäftigten sowohl bezogen auf alle IT-Systeme als auch auf alle anderen systematisch (und ggf. manuell) durchgeführten Systeme vorzusehen, mit denen eine personenbezogene Überwachung möglich ist. In diesem Rahmen müssen sie sicherstellen, dass eine Verarbeitung nur innerhalb des durch die DSGVO legitimierten Rahmens erfolgt. Hierzu gehört insbesondere die Berücksichtigung der in Art. 5 Abs. 1 niedergelegten Grundsätze. 48

---

51 So Paal/Pauly-*Pauly*, Art. 88 Rn. 17, der »*nicht-automatisierte Kontrollsysteme aufgrund des eindeutigen Wortlauts*« vom Anwendungsbereich ausgenommen sieht.

52 Duden, Bedeutungswörterbuch.

53 Grundlegend BAG 6.12.1938, AP Nr. 7 zu § 87 BetrVG 1972 Überwachung; vgl. ausführlich DKKW-*Klebe*, § 87 BetrVG Rn. 185ff.

54 BAG 8.11.1984, DB 95, 783.

55 Paal/Pauly-*Pauly*, Art. 88 Rn. 13; Sydow-*Tiedemann*, Art. 88 Rn. 22.

4. Handlungsmöglichkeiten von Betriebs- und Personalräten

49 Die nach Abs. 2 vom Arbeitgeber als Verantwortlichen durchzuführenden angemessenen und besonderen Maßnahmen weisen eine **große Schnittmenge** zu den **Aufgaben und Pflichten** auf, die **Betriebs- und Personalräten** durch einschlägige kollektivrechtliche Regelungen zugewiesen sind. Deutlich wird dies für den Anwendungsbereich des BetrVG insbesondere an § 75 BetrVG, der Grundsätze für die Behandlung der Betriebsangehörigen enthält.[56] Durch Abs. 2 dieser Vorschrift werden Arbeitgeber und Betriebsrat gemeinsam verpflichtet, die **freie Entfaltung der Persönlichkeit** der im Betrieb beschäftigten Arbeitnehmer zu schützen und zu fördern.

50 Damit haben Betriebs- und Personalräte sowohl aus kollektiv- wie aus datenschutzrechtlicher Sicht ein großes Interesse daran, dass das Persönlichkeitsrecht sowie alle weitern einschlägigen Rechte der Beschäftigten herausragend geschützt werden. Gleiches gilt für Arbeitgeber. Für diese kommt hinzu, dass sie nunmehr schon mit Blick auf ihre in Art. 5 Abs. 2 verankerte **Rechenschaftspflicht** sicherstellen müssen, dass Beschäftigtendaten ausschließlich in datenschutzrechtskonformer Art und Weise verarbeitet werden.

51 Betriebs- und Personalräte haben nach wie vor **kein gesetzliches Mitbestimmungsrecht** zu Fragen des Datenschutzes. Dies begrenzt die Möglichkeiten zur Schaffung allgemeiner Regelungen zum Beschäftigtendatenschutz durch eine entsprechende Rahmenbetriebsvereinbarung. Diese ist nur auf freiwilliger Basis möglich und kann insbesondere nicht über eine Einigungsstelle erzwungen werden. Betriebs- und Personalräten steht weiterhin kein Initiativrecht zu. Dieses Defizit schränkt zwar ihre Handlungsmöglichkeiten ein, schützt die Interessenvertretung sowie die Beschäftigten aber gleichzeitig vor einseitigen Forderungen von Arbeitgebern, Verarbeitungen von Beschäftigtendaten per BV oder DV zu ermöglichen, für die es ansonsten in der DSGVO keine Rechtsgrundlage gibt.

52 Werden im Rahmen bestehender Mitbestimmungsrechte Vereinbarungen abgeschlossen, die Datenschutzfragen tangieren (etwa im Bereich von § 87 Abs. 1 Nr. 6 oder § 75 Abs. 3 Nr. 17 BPersVG), können Betriebs- und Personalräte von Arbeitgebern verlangen, dass die zu regelnden technischen Systeme alle Vorgaben erfüllen, die die DSGVO vorgibt. Hierzu gehören insbesondere die in Art. 5 Abs. 1 aufgeführten Grundsätze. Diese werden neben einer **engen Zweckbindung** beispielsweise dazu beitragen, dass die **Verschlüsselung** von personenbezogenen Daten ebenso ein Standard wird wie die **Etablierung von Löschkonzepten**. Die Vorgaben aus den Grundsätzen des Art. 5 Abs. 1 müssen umgesetzt werden, bevor eine Verarbeitung beginnen kann.

53 Über die geeigneten und besonderen Maßnahmen, die Arbeitgeber nach Abs. 2 vorsehen und durchführen, sind Betriebs- und Personalräte rechtzeitig vorab zu informieren. Soweit einschlägige Mitbestimmungsrechte, wie etwa bezüglich Ordnung im Betrieb nach § 87 Abs. 1 Nr. 1 BetrVG bzw. in der Dienststelle nach § 75 Abs. 3 Nr. 15 BPersVG oder hinsichtlich der Regelung von technischen Einrichtungen zur Verhaltens- oder Leistungskontrolle nach § 87 Abs. 1 Nr. 6 BetrVG bzw. § 75 Abs. 3 Nr. 17 BPersVG betroffen sind, dürfen die entsprechenden Verarbeitungen erst erfolgen, wenn über die durchzuführenden geeigneten und besonderen Maßnahmen Einvernehmen hergestellt ist.

---

56 Vgl. für den Bereich des Personalvertretungsrechts etwa § 67 Abs. 1 Satz 1 BPersVG.

Bezogen auf die Erhebung von Beschäftigtendaten durch **Personalfragebogen** oder in schriftlichen Arbeitsverträgen ist weiterhin das Mitbestimmungsrecht des § 94 BetrVG zu beachten (vgl. auch § 75 Abs. 3 Nr. 8 BetrVG und 9 BPersVG).[57] Betriebs- und Personalräte können im Rahmen dieses Mitbestimmungsrechts insbesondere die Einhaltung der Grundsätze zur Zweckbindung und zur Datenminimierung in Art. 5 Abs. 1 Buchst. b und c einfordern. 54

Sind zur Herstellung der notwendigen **Transparenz** Informationsmaßnahmen geplant, müssen Arbeitgeber die einschlägigen Mitwirkungs- und Mitbestimmungsrechte von Betriebs- und Personalräten beachten, die es für den Bereich der beruflichen Aus- und Weiterbildung gibt (vgl. etwa die §§ 96 bis 98 BetrVG sowie § 75 Abs. 3 Nrn. 6 und 7 BPersVG). 55

Werden kollektivrechtliche Regelungen abgeschlossen, müssen diese insbesondre bezogen auf die durch Art. 88 Abs. 2, aber auch durch Art. 12 Abs. 1 vorgegebene Transparenz der Verarbeitung künftig so abgefasst sein, dass für Beschäftigte klar verständlich und nachvollziehbar ist, was mit ihren Daten innerhalb des Arbeitsverhältnisses passiert. 56

VI. Information der Kommission (Abs. 3)

Durch Abs. 3 werden die Mitgliedstaaten verpflichtet, der Kommission bis zum 25. Mai 2018 die Rechtsvorschriften mitzuteilen, die sie aufgrund von Absatz 1 erlassen haben. Nach diesem Datum müssen weiterhin unverzüglich **alle späteren Änderungen** dieser Vorschriften mitgeteilt werden. Durch diese Vorschrift soll die Kommission in die Lage versetzt werden, sich ein Bild darüber zu verschaffen, welchen Regelungsstand es in den einzelnen Mitgliedstaaten zum Thema Beschäftigtendatenschutz gibt. Die Regelung zielt damit auf die Herstellung von Transparenz.[58] 57

Die Regelung in Abs. 3 erfasst zunächst einmal **alle Rechtsvorschriften** zum Beschäftigtendatenschutz, die Mitgliedstaaten ab dem Inkrafttreten der DSGVO am 25. Mai 2016 zur Ausfüllung von Abs. 1 geschaffen haben. Um das Bild von den innerhalb der EU bestehenden Regelungsvarianten zu vervollständigen, müssen aber auch die einschlägigen Rechtsvorschriften gemeldet werden, die es vor dem 25. Mai 2016 zu diesem Thema gab und die weiterhin Gültigkeit haben.[59] 58

Die in Abs. 3 enthaltene Meldepflicht steht der Schaffung von einschlägigen Rechtsvorschriften zum Beschäftigtendatenschutz, die die Vorgaben des Abs. 1 ausfüllen, nach dem 25. Mai 2018 nicht entgegen. Den Mitgliedstaaten steht damit auch nach diesem Datum die Möglichkeit offen, neue Rechtsvorschriften zum Beschäftigtendatenschutz zu schaffen.[60] 59

---

57 Vgl. ausführlich DKKW-*Klebe*, § 94 Rn. 12ff.

58 Sydow-*Tiedemann*, Art. 88 Rn. 25.

59 Kühling/Buchner-*Maschmann*, Art. 88 Rn. 56; Plath-*Stamer/Kuhnke*, Art. 88 Rn. 11; Gola-*Pötters*, Art. 88 Rn. 21; Ehmann/Selmayer-*Selk*, Art. 88 Rn. 148; Sydow-*Tiedemann*, Art. 88 Rn. 27.

60 Ebenso Auernhammer-*Forst*, Art. 88 Rn. 34, unter Hinweis auf die Notwendigkeit, eine »*unverzügliche Meldung*« vorzunehmen; Kühling/Buchner-*Maschmann*, Art. 88 Rn. 57; Ehmann/Selmayer-*Selk*, Art. 88 Rn. 153; a.A. Gola-*Pötters*, Art. 88 Rn. 22, der beim Ausbleiben einer Meldung vom Verlust der »*Rechtssetzungskompetenz*« ausgeht und der nur Veränderungsmeldungen für zulässig hält.

60 Die in Abs. 3 festgelegte Meldepflicht bezieht sich nach dem insoweit eindeutigen Wortlaut der Vorschrift nur auf Rechtsvorschriften, **nicht aber auf Kollektivvereinbarungen**. Spezifische Vorschriften zum Beschäftigtendatenschutz, die in einer Betriebs- oder Dienstvereinbarung enthalten sind, müssen folglich nicht gemeldet werden.[61]

Art. 89 Garantien und Ausnahmen in Bezug auf die Verarbeitung zu im öffentlichen Interesse liegenden Archivzwecken, zu wissenschaftlichen Forschungszwecken und zu statistischen Zwecken

(1) Die Verarbeitung zu im öffentlichen Interesse liegenden Archivzwecken, zu wissenschaftlichen oder historischen Forschungszwecken oder zu statistischen Zwecken unterliegt geeigneten Garantien für die Rechte und Freiheiten der betroffenen Person gemäß dieser Verordnung. Mit diesen Garantien wird sichergestellt, dass technische und organisatorische Maßnahmen bestehen, mit denen insbesondere die Achtung des Grundsatzes der Datenminimierung gewährleistet wird. Zu diesen Maßnahmen kann die Pseudonymisierung gehören, sofern es möglich ist, diese Zwecke auf diese Weise zu erfüllen. In allen Fällen, in denen diese Zwecke durch die Weiterverarbeitung, bei der die Identifizierung von betroffenen Personen nicht oder nicht mehr möglich ist, erfüllt werden können, werden diese Zwecke auf diese Weise erfüllt.

(2) Werden personenbezogene Daten zu wissenschaftlichen oder historischen Forschungszwecken oder zu statistischen Zwecken verarbeitet, können vorbehaltlich der Bedingungen und Garantien gemäß Absatz 1 des vorliegenden Artikels im Unionsrecht oder im Recht der Mitgliedstaaten insoweit Ausnahmen von den Rechten gemäß der Artikel 15, 16, 18 und 21 vorgesehen werden, als diese Rechte voraussichtlich die Verwirklichung der spezifischen Zwecke unmöglich machen oder ernsthaft beeinträchtigen und solche Ausnahmen für die Erfüllung dieser Zwecke notwendig sind.

(3) Werden personenbezogene Daten für im öffentlichen Interesse liegende Archivzwecke verarbeitet, können vorbehaltlich der Bedingungen und Garantien gemäß Absatz 1 des vorliegenden Artikels im Unionsrecht oder im Recht der Mitgliedstaaten insoweit Ausnahmen von den Rechten gemäß der Artikel 15, 16, 18, 19, 20 und 21 vorgesehen werden, als diese Rechte voraussichtlich die Verwirklichung der spezifischen Zwecke unmöglich machen oder ernsthaft beeinträchtigen und solche Ausnahmen für die Erfüllung dieser Zwecke notwendig sind.

(4) Dient die in den Absätzen 2 und 3 genannte Verarbeitung gleichzeitig einem anderen Zweck, gelten die Ausnahmen nur für die Verarbeitung zu den in diesen Absätzen genannten Zwecken.

Inhaltsübersicht Rn.

61 Ebenso Auernhammer-*Forst*, Art. 88 Rn. 35; Kühling/Buchner-*Maschmann*, Art. 88 Rn. 58; Paal/Pauly-*Pauly*, Art. 88 Rn. 19; Gola-*Pötters*, Art. 88 Rn. 19; Ehmann/Selmayer-*Selk*, Art. 88 Rn. 145.

I. Allgemeines

Art. 89 regelt Besonderheiten des Datenschutzes bei der Verarbeitung für Zwecke der Forschung, der Statistik und des Archivwesens. Es handelt sich um eine Spezialregelung zu Art. 85, der allgemein eine Privilegierung für wissenschaftliche Zwecke vorsieht. Art. 89 enthält keine Erlaubnistatbestände für die Erhebung, Zweckänderung oder sonstige Verarbeitung für diese Zwecke. Diese finden sich in den Grundnormen der DSGVO, insbes. in Art. 6 i. V. m. Art. 5 Abs. 1 Buchst. b, e, 9 Abs. 2 Buchst. j (sensitive Daten) sowie deren Konkretisierung im nationalen und in geringem Umfang schon in spezifischem europäischem Recht. Die Weiterverarbeitung für diese Zwecke wird dadurch erleichtert, dass die Zweckbindung partiell aufgehoben wird (Art. 5 Abs. 1 Buchst. b). Die zeitliche Speicherbegrenzung soll nicht streng gelten (Art. 5 Abs. 1 Buchst. e). Die DSGVO sieht Beschränkungen der Betroffenen-Informationsrechte bei einer Verarbeitung zu diesen Zwecken vor (Art. 14 Abs. 5 Buchst. b, 17 Abs. 3 Buchst. d, 21 Abs. 6). Art. 89 benennt Rahmenbedingungen, mit denen den spezifischen Zwecken genügt und zugleich der Datenschutz gewährleistet werden soll. Über bereichsspezifische Regelungen können die Mitgliedstaaten die in Art. 89 enthaltenen **Mindestanforderungen** konkretisieren und darüber auch hinausgehen. 1

»Die Verarbeitung personenbezogener Daten für im öffentlichen Interesse liegende Archivzwecke, zu wissenschaftlichen oder historischen Forschungszwecken oder zu statistischen Zwecken sollte **geeigneten Garantien** für die Rechte und Freiheiten der betroffenen Person gemäß dieser Verordnung unterliegen. Mit diesen Garantien sollte sichergestellt werden, dass technische und organisatorische Maßnahmen bestehen, mit denen insbesondere der Grundsatz der Datenminimierung gewährleistet wird. Die **Weiterverarbeitung** personenbezogener Daten zu im öffentlichen Interesse liegende Archivzwecken, zu wissenschaftlichen oder historischen Forschungszwecken oder zu statistischen Zwecken erfolgt erst dann, wenn der Verantwortliche geprüft hat, ob es möglich ist, diese Zwecke durch die Verarbeitung von personenbezogenen Daten, bei der die Identifizierung von betroffenen Personen nicht oder nicht mehr möglich ist, zu erfüllen, sofern geeignete Garantien bestehen (wie z. B. die Pseudonymisierung von personenbezogenen Daten). Die Mitgliedstaaten sollten geeignete Garantien in Bezug auf die Verarbeitung personenbezogener Daten für im öffentlichen Interesse liegende Archivzwecke, zu wissenschaftlichen oder historischen Forschungszwecken oder zu statistischen Zwecken vorsehen« (ErwGr 156 Satz 1–3). 2

Art. 89 verfolgt das Ziel eines **Grundrechtsausgleichs**, einer »praktischen Konkordanz«[1] zwischen dem Grundrecht auf Datenschutz gem. Art. 8 GRCh und dem Art. 13 GRCh, der 3

1 Ehmann/Selmayr-*Raum*, Art. 89 Rn. 4.

in Satz 1 statuiert, dass Forschung frei ist (vgl. Art. 5 Abs. 3 Satz 1 GG). Art. 13 GRCh steht wiederum in einem engen Zusammenhang mit der Freiheit der Meinungsäußerung und der Information (Art. 11 GRCh, vgl. Art. 5 Abs. 1 Satz 1 GG). Dabei spielt es eine zentrale Rolle, dass die Forschungsfreiheit in besonderem Maße nicht nur ein individuelles Recht ist, sondern im Gemeinwohlinteresse gewährleistet wird. Die EU verfolgt die Ziele, den wissenschaftlichen Fortschritt zu fördern (Art. 3 Abs. 3 UAbs. 1 EUV) und einen europäischen Raum der Forschung zu schaffen (Art. 179 Abs. 1 AEUV).[2]

4 Zum **Aufbau der Norm**: Abs. 1 stellt die Privilegierung der genannten Zwecke unter den Vorbehalt geeigneter Garantien. Abs. 2 benennt die Regelungen der DSGVO, die zugunsten von Forschung und Statistik, Abs. 3 die Regelungen, die für das Archivwesen nicht gelten sollen. Abs. 4 normiert eine strenge Zweckbindung.

5 In Art. 6 Abs. 1 Buchst. a **EG-DSRl** war schon festgelegt, dass die Weiterverarbeitung von Daten zu historischen, statistischen oder wissenschaftlichen Zwecken im allgemeinen nicht als unvereinbar mit den Zwecken der Erhebung anzusehen ist, wenn geeignete Garantien bestehen. In Art. 11 Abs. 2 EG-DSRl wurden die Informationspflichten gegenüber den Betroffenen im Forschungsinteresse eingeschränkt. Die Privilegierungen der EG-DSRl werden in der DSGVO weiterentwickelt und ausgebaut.[3]

6 Das Regelungskonzept zu Forschung, Statistik und Archiven wurde während des **Gesetzgebungsverfahrens** mehrfach stark verändert. Die Kommission wollte eine eigenständige Befugnisnorm schaffen. Kommission und Parlament betonten noch in erheblich stärkerem Maße als letztlich beschlossen den Vorrang von Anonymisierung und Pseudonymisierung. Erst der Ratsvorschlag brachte sämtliche drei Bereiche in eine gemeinsame forschungsfreundliche Regelung.[4]

7 Die Verstreutheit der Forschungsregelungen in der DSGVO macht den Überblick über die jeweils anzuwendenden Vorschriften nicht einfach. Gemeinsam ist allen Regelungen in der DSGVO, dass sie den Mitgliedstaaten über Öffnungsklauseln einen relativ großen Gestaltungsspielraum lassen. Dies gilt insbesondere für **Art. 85**, der die **Grundöffnungsklausel** nicht nur für Meinungsfreiheit und Informationsfreiheit, sondern auch für die Datenverarbeitung zu wissenschaftlichen Zwecken enthält. Darin kann eine Einladung gesehen werden, die jeweilige Materie konsistent und übersichtlich national zu regeln. Während dies in Deutschland in Bezug auf Statistik und Archive zumindest für den öffentlichen Bereich bisher weitgehend gewährleistet war, kann hiervon in Bezug auf die wissenschaftliche Forschung keine Rede sein.

8 Für die Wissenschaft ist der Tod einer Person oft wenig relevant; das Interesse an den Daten von inzwischen Verstorbenen ist zumeist nur begrenzt geschmälert. Der Anwendungsbereich der DSGVO beschränkt sich auf den Schutz lebender Personen. Regelungsansätze für die Wissenschaft müssen daher über die Regulierung der Verarbeitung von Daten Lebender hinausgehen. Auch nach dem Tod besteht ein gewisser Schutzanspruch

---

2 Ehmann/Selmayr-*Raum*, Art. 89 Rn. 5.

3 Paal/Pauly-*Pauly*, Art. 89 Rn. 4; Ehmann/Selmayr-*Ehmann*, Art. 89Rn. 8–11; Molnár-Gabór/Korbel, ZD 2016, 277.

4 Kühling/Buchner-*Buchner/Tinnefeld*, Art. 89 Rn. 4–6; Gola-*Pötters*, Art. 89 Rn. 1; Ehmann/Selmayr-*Raum*, Art. 89 Rn. 7–11, s. Art. 4 Rn. 10.

auf **postmortalen Persönlichkeitsschutz.**[5] Die Schutzwirkung von Normen mit datenschutzrechtlicher Relevanz, wie z. B. Berufsgeheimnisse nach § 203 StGB oder Sozialgeheimnisse nach § 35 Abs. 5 Satz 1 SGB I wirken über den Tod hinaus. Insofern sind im Forschungsrecht Regelungen angesagt, die über den Anwendungsbereich der DSGVO hinausgehen. Dies gilt z. B. für das Statistikgeheimnis (vgl. § 16 BStatG), wobei aber postmortal ein geringerer Schutzstandard vorgesehen ist.

II. Zwecke

Sämtliche Zwecke des Art. 89 stehen unter dem besonderen Schutz von Art. 13 GRCh und verfolgen das Ziel einer umfassenden Informationsgrundlage für eine an **Aufklärung und Erkenntnis** orientierten Informationsgesellschaft, wobei bei der Statistik der gesamtgesellschaftliche Aspekt, beim Archivwesen der historische Aspekt und bei der wissenschaftlichen Forschung bestimmte einzelne, auch komplexe Fragestellungen im Vordergrund stehen. Eine klare Trennung der Zwecke ist nicht möglich und durch die gemeinsame Regelung in der DSGVO auch nicht nötig. Für die Bereiche Statistik und Archivwesen bestehen besondere Institutionen, die in starkem Maße der Forschung zuarbeiten. 9

Explizit wird in Art. 89 ein **öffentliches Interesse** nur an den Archivzwecken gefordert (Abs. 3). Dies ändert aber nichts an dem Umstand, dass eine einheitliche Privilegierung der drei Bereiche mit den damit verbundenen Grundrechtsbeschränkungen für die Betroffenen nur durch überwiegende Interessen gerechtfertigt sein kann. Dies hat zur Folge, dass Ausnahmen von der DSGVO auch bei Forschung und Statistik ein öffentliches Interesse voraussetzen. Zwar können sich auch Stellen auf die Privilegierung berufen, die im privaten Interesse statistisch oder forschend tätig sind.[6] Nötig bleibt aber, dass die dem Gemeinwohl verpflichtenden Anforderungen an Statistik und Forschung erfüllt sind (ErwGr 159 Satz 4). 10

Die Art. 89 **ergänzende Norm** in Bezug auf sensitive Daten (Art. 9 Abs. 2 Buchst. j), welche die Einschränkung von Betroffenenrechten und die Veröffentlichung von Forschungsergebnissen regelt, findet sich in § 27 BDSG. 10a

1. Wissenschaftliche Forschung generell

Ausführungen zum **Begriff der wissenschaftlichen Forschung** finden sich unter Art. 85 (siehe Art. 85 Rn. 38). Privilegiert, auch im Sinne von Art 89, ist nur die **unabhängige Forschung** (siehe Art. 85 Rn. 39). Erfasst ist nicht nur die Durchführung von Forschungsvorhaben, sondern auch die Lehrtätigkeit, soweit sie von der Erkenntnissuche getragen wird. Reine Lehrtätigkeit von Wissenschaftlern fällt dagegen nicht unter die Privilegierung des Art. 89.[7] 11

»Diese Verordnung sollte auch für die Verarbeitung personenbezogener Daten zu wissenschaftlichen Forschungszwecken gelten. Die Verarbeitung personenbezogener Daten zu 12

5 Dazu ausführlich Weichert, Postmortaler Datenschutz, *www.netzwerk-datenschutzexpertise.de*, 22. 8. 2016, S. 4 ff.

6 Albrecht/Jotzo, Teil 3 Rn. 71, S. 81.

7 Roßnagel-*Johannes*, Europäische Datenschutz-Grundverordnung, § 4 Rn. 59.

wissenschaftlichen Forschungszwecken im Sinne dieser Verordnung sollte **weit ausgelegt werden** und die Verarbeitung für beispielsweise die technologische Entwicklung und die Demonstration, die Grundlagenforschung, die angewandte Forschung und die privat finanzierte Forschung einschließen. Darüber hinaus sollte sie dem in Artikel 179 Absatz 1 AEUV festgeschriebenen Ziel, einen europäischen Raum der Forschung zu schaffen, Rechnung tragen« (ErwGr 159 Satz 1–3).

13 Die Ansage, den Begriff der Forschungszwecke weit auszulegen, bezieht sich auf die **inhaltlichen Fragestellungen** der Forschung, nicht auf die Methoden und die damit verfolgten Zwecke. Fehlt es an der wissenschaftlichen Methode oder werden andere Zwecke als das Streben nach Erkenntnis verfolgt (Abs. 4), so ist eine Privilegierung nach Art. 89 nicht gerechtfertigt.

14 »Diese Verordnung sollte auch für die Verarbeitung personenbezogener Daten zu historischen Forschungszwecken gelten. Dazu sollte auch **historische Forschung** und Forschung im Bereich der Genealogie zählen, wobei darauf hinzuweisen ist, dass diese Verordnung nicht für verstorbene Personen gelten sollte« (ErwGr 160).

14a Bei der **Zweitverwertung von Daten** für Forschungszwecke durch private Forschende ist auf Art. 6 Abs. 1 Buchst. f i. V. m. Art. 5 Abs. 1 Buchst. b zurückzugreifen. Für öffentlich-rechtliche Forschungsstellen gilt Art. 6 Abs. 1 Buchst. e, Abs. 2 in Verbindung mit den Forschungsklauseln in den allgemeinen Datenschutzgesetzen oder in spezifischen Forschungsregelungen.[8]

14b Hinsichtlich der **Zweckfestlegung** im Bereich der Forschung macht ErwGr 33 Satz 2, 3 die Aussage, dass Einwilligungen »für bestimmte Bereiche der Forschung gegeben werden können, wenn dies unter Einhaltung der anerkannten ethischen Standards der wissenschaftlichen Forschung geschieht«, wobei eine Beschränkung auf bestimmte Bereiche möglich sein sollte. Daraus lässt sich ableiten, dass Art. 89 keine übergeordnete und umfassende Zweckfestlegung beabsichtigt und eine Eingrenzung erforderlich ist. Dies gilt nicht nur für die einwilligungsbasierte Forschung, sondern auch, wenn Forschung auf gesetzlicher Grundlage durchgeführt wird. Wie weit diese Eingrenzung erfolgt, soll von der Einhaltung von Standards abhängen, wobei hier nicht nur anerkannte ethische Standards ausschlaggebend sein können, sondern auch normative Festlegungen sowie technisch-organisatorische Vorkehrungen.[9]

2. Medizinische Forschung speziell

15 Der medizinischen Forschung misst der Gesetzgeber in der DSGVO in den Erwägungsgründen besondere Bedeutung bei: »Die wissenschaftlichen Forschungszwecke sollten auch Studien umfassen, die im öffentlichen Interesse im **Bereich der öffentlichen Gesundheit** durchgeführt werden. Um den Besonderheiten der Verarbeitung personenbe-

8 Golla/von Schönfeld, K&R 2019, 19; Golla/Hofmann/Bäcker, DuD 2018, 90 ff.; Weichert/Bernhardt/Ruhmann, Die Forschungsklauseln im neuen Datenschutzrecht, 18.10.2018, *https://www.netzwerk-datenschutzexpertise.de/sites/default/files/gut-2018-forschungklauseln-181018.pdf.*

9 DSK, Auslegung des Begriffs »bestimmte Bereiche wisssenschaftlicher Forschung«, Beschluss, 3.4.2019.

zogener Daten zu wissenschaftlichen Forschungszwecken zu genügen, sollten spezifische Bedingungen insbesondere hinsichtlich der Veröffentlichung oder sonstigen Offenlegung personenbezogener Daten im Kontext wissenschaftlicher Zwecke gelten. Geben die Ergebnisse wissenschaftlicher Forschung insbesondere im Gesundheitsbereich Anlass zu weiteren Maßnahmen im Interesse der betroffenen Person, sollten die allgemeinen Vorschriften dieser Verordnung für diese Maßnahmen gelten« (ErwGr 159 Satz 4–6).

Im medizinischen Forschungsbereich kommt Registern eine wichtige Funktion zu: 16
»Durch die Verknüpfung von **Informationen aus Registern** können Forscher neue Erkenntnisse von großem Wert in Bezug auf weit verbreiteten Krankheiten wie Herz-Kreislauferkrankungen, Krebs und Depression erhalten. Durch die Verwendung von Registern können bessere Forschungsergebnisse erzielt werden, da sie auf einen größeren Bevölkerungsanteil gestützt sind. Im Bereich der Sozialwissenschaften ermöglicht die Forschung anhand von Registern es den Forschern, entscheidende Erkenntnisse über den langfristigen Zusammenhang einer Reihe sozialer Umstände zu erlangen, wie Arbeitslosigkeit und Bildung mit anderen Lebensumständen. Durch Register erhaltene Forschungsergebnisse bieten solide, hochwertige Erkenntnisse, die die Basis für die Erarbeitung und Umsetzung wissensgestützter politischer Maßnahmen darstellen, die Lebensqualität zahlreicher Menschen verbessern und die Effizienz der Sozialdienste verbessern können. Zur Erleichterung der wissenschaftlichen Forschung können daher personenbezogene Daten zu wissenschaftlichen Forschungszwecken verarbeitet werden, wobei sie angemessenen Bedingungen und Garantien unterliegen, die im Unionsrecht oder im Recht der Mitgliedstaaten festgelegt sind« (ErwGr 157).

Bei der Gesundheitsversorgung soll Datenschutz kein Hinderungsgrund für eine effektive 17
Qualitätskontrolle sein: »Die Verarbeitung personenbezogener Daten zu wissenschaftlichen Zwecken sollte auch anderen einschlägigen Rechtsvorschriften, beispielsweise für **klinische Prüfungen**, genügen« (ErwGr 156 Satz 6). »Für die Zwecke der Einwilligung in die Teilnahme an wissenschaftlichen Forschungstätigkeiten im Rahmen klinischer Prüfungen sollten die einschlägigen Bestimmungen der Verordnung (EU) Nr. 536/2014 des Europäischen Parlaments und des Rates gelten« (ErwGr 162).[10]

Insofern sind – auch im Interesse des medizinischen Fortschritts und der Gewährleistung 18
einer modernen effektiven Gesundheitsversorgung der Bevölkerung – **spezifische Privilegierungen und Schutzvorkehrungen** möglich und nötig.[11] In der Helsinki Deklaration »Ethische Grundsätze für die medizinische Forschung am Menschen« des Weltärztebunds (World Medical Association – WMA) werden Vorkehrungen benannt, wozu die Einbeziehung von Ethik-Kommissionen gehört.[12]

Zu den Schutzvorkehrungen gehört, dass dem **Wissen und Wollen der Betroffenen** eine 18a
prominente Bedeutung beigemessen wird. Wird medizinische Forschung auf weitgehende

10 Verordnung (EU) Nr. 536/2014 des Europäischen Parlaments und des Rates vom 16. April 2014 über klinische Prüfungen mit Humanarzneimitteln und zur Aufhebung der Richtlinie 2001/20/EG, ABl. L 158 v. 27.5.2014, S. 1.

11 Von Kalle/Ücker/Eils/Winkler/Schickhardt in Stiftung Datenschutz, Big Data und E-Health, S. 85.

12 Stand Oktober 2013, abrufbar unter *http://www.bundesaerztekammer.de/fileadmin/user-upload/Deklaration-von-Helsinki-2013-DE.pdf.*

Einwilligungen (sog. broad consent) begründet, so müssen weitere Maßnahmen gewährleisten, dass ein hohes Maß an Transparenz geschaffen wird und Möglichkeiten des (evtl. spezifizierten) Widerrufs eingeräumt werden (sog. dynamic consent).[13]

18b Eine spezifische Garantie bei medizinischer, von Ärzten durchgeführter Forschung besteht darin, dass zusätzlich zum Schutz besonderer Datenkategorien (Art. 9) die ärztliche Schweigepflicht als **Berufsgeheimnis** anwendbar ist, in die Forschungsnutzungen mit einbezogen sind.[14] Durch die 2017 in Deutschland durchgeführte Ausweitung von Berufsgeheimnissen auf mitwirkende Personen (§ 203 Abs. 3, 4 StGB) wird der Geheimnisschutz auf unterstützende Personen außerhalb des Verantwortlichen, also insbesondere Auftragsverarbeiter wie z. B. informationstechnische Dienstleister ausgeweitet.[15]

3. Statistik

19 »Diese Verordnung sollte auch für die Verarbeitung personenbezogener Daten zu statistischen Zwecken gelten« (ErwGr 162 Satz 1). »Unter dem Begriff »**statistische Zwecke**« ist jeder für die Durchführung statistischer Untersuchungen und die Erstellung statistischer Ergebnisse erforderliche Vorgang der Erhebung und Verarbeitung personenbezogener Daten zu verstehen. Diese statistischen Ergebnisse können für verschiedene Zwecke, so auch für wissenschaftliche Forschungszwecke, weiterverwendet werden. Im Zusammenhang mit den statistischen Zwecken wird vorausgesetzt, dass die Ergebnisse der Verarbeitung zu statistischen Zwecken keine personenbezogenen Daten, sondern aggregierte Daten sind und diese Ergebnisse oder personenbezogenen Daten nicht für Maßnahmen oder Entscheidungen gegenüber einzelnen natürlichen Personen verwendet werden« (ErwGr 162 Satz 3, 4).

20 »Das Unionsrecht oder das Recht der Mitgliedstaaten sollte in den Grenzen dieser Verordnung den statistischen Inhalt, die Zugangskontrolle, die **Spezifikationen** für die Verarbeitung personenbezogener Daten zu statistischen Zwecken und geeignete Maßnahmen zur Sicherung der Rechte und Freiheiten der betroffenen Personen und zur Sicherstellung der statistischen Geheimhaltung bestimmen« (ErwGr 162 Satz 2).

21 Statistik hat erhebliche **Bedeutung für eine staatliche Politik**, die den Prinzipien der Freiheitlichkeit und der Demokratie verpflichtet ist. Mit ihrer Hilfe soll über empirische Daten eine systematische Verbindung zwischen Erfahrung und Theorie und Planung hergestellt werden.[16] Die ökonomische und soziale Entwicklung sowie die Wahrung der Sozialstaatlichkeit sind permanente Aufgaben, wofür es einer umfassenden, kontinuierlichen sowie laufend aktualisierten Information über die wirtschaftlichen, ökologischen und sozialen Zusammenhänge bedarf.[17]

22 **Statistische Daten** sind sowohl solche, die von Anfang an für statistische Zwecke erhoben werden wie auch solche, die für anderen Zwecke generiert und für diese Zwecke weiterverarbeitet werden (Zweitverwertung, Sekundärerhebung). Das Besondere an statis-

---

13 SHS-*Caspar*, Art. 89 Rn. 37–41.
14 Geminn, RDV 2019, 120.
15 Geminn, RDV 2019, 116.
16 Richter, DuD 2016, 582.
17 BVerfG NJW 1984, 423.

tischen Daten ist, dass sie Ausgangspunkt einer weiteren anonymisierten Verarbeitung sind. Die Sammlung und Speicherung zu statistischen Zwecken führt i. d. R. noch nicht zu konkreten Belastungen für die Betroffenen und hat für diese nur eine geringe Eingriffsintensität.[18] Insofern unterscheidet sich Statistik z. B. vom Scoring, bei dem es auf den Personenbezug des Ergebnisses, des Scores, ankommt.[19]

Statistik i. S. v. Art. 89 ist nicht nur die streng formalisierte hoheitliche Statistik, bei der eine klare Trennung zwischen statistischen Merkmalen und Hilfsmerkmalen und eine frühzeitige Trennung der Identitätsdaten vorgesehen ist.[20] Erfasst werden auch private statistische Erhebungen, mit denen ein **Interesse an aggregierten Informationen** verfolgt wird. Voraussetzung ist weiter, dass damit ein öffentliches Interesse verfolgt wird (siehe Rn. 10). Zielt die Statistik auf eine personenbeziehbare Auswertung ab, z. B. für Direktwerbung oder für die Weiterentwicklung von Algorithmen mit einem wirtschaftlichen Interesse, gilt gem. Abs. 4 die Privilegierung des Art. 89 nicht mehr.[21] Letztlich werden von Privaten ähnliche Vorkehrungen verlangt werden können wie im hoheitlichen Bereich. 23

4. Archivwesen

»Diese Verordnung sollte auch für die Verarbeitung personenbezogener Daten zu Archivzwecken gelten, wobei darauf hinzuweisen ist, dass die Verordnung nicht für verstorbene Personen gelten sollte. Behörden oder öffentliche oder private Stellen, die Aufzeichnungen von öffentlichem Interesse führen, sollten gemäß dem Unionsrecht oder dem Recht der Mitgliedstaaten rechtlich verpflichtet sein, **Aufzeichnungen von bleibendem Wert** für das allgemeine öffentliche Interesse zu erwerben, zu erhalten, zu bewerten, aufzubereiten, zu beschreiben, mitzuteilen, zu fördern, zu verbreiten sowie Zugang dazu bereitzustellen. Es sollte den Mitgliedstaaten ferner erlaubt sein vorzusehen, dass personenbezogene Daten zu Archivzwecken weiterverarbeitet werden, beispielsweise im Hinblick auf die Bereitstellung spezifischer Informationen im Zusammenhang mit dem politischen Verhalten unter ehemaligen totalitären Regimen, Völkermord, Verbrechen gegen die Menschlichkeit, insbesondere dem Holocaust, und Kriegsverbrechen« (ErwGr 158). Archivzwecke verfolgen also das Ziel der Aufbewahrung und Nutzung von Unterlagen (öffentlicher Stellen), zwecks nachträglicher Transparenz, Überprüfung und Erforschung.[22] 24

Teilweise wird bestritten, dass die Union für das Archivrecht eine **Regelungsbefugnis** habe. Die begrenzten Kompetenzen im Rahmen der Kulturpolitik (Art. 6 Buchst. c, 167 AEUV) würden hierfür nicht genügen.[23] Tatsächlich erfasst die DSGVO lediglich personenbezogene Daten von lebenden Personen; Verstorbene unterfallen nicht dem Schutz.[24] Aus praktischen Gründen kann aber insofern keine Trennung vorgenommen werden, da 24a

18 BVerfG 6. 2. 2019 – 1 BvQ 4/19, Rn. 15, NJW 2019, 1367f. = NVwZ 2019, 640.
19 Johannes/Richter, DuD 2017, 301.
20 A.A. wohl Schantz/Wolff-*Wolff*, Rn. 416.
21 SHS-*Caspar*, Art. 89 Rn. 24.
22 Berger, ZRP 2017, 17.
23 Berger, RDV 2018, 203f.
24 Ehmann/Selmayr-*Raum*, Art. 89 Rn. 23.

den Archiven regelmäßig nicht bekannt ist, ob eine zu Lebzeiten erfasste Person inzwischen verstorben ist. Gemäß Art. 16 Abs. 2 AEUV besitzt die Union die Rechtsetzungsbefugnis zum Datenschutz bei der Anwendung von Unionsrecht und zur Regelung des freien Datenverkehrs.[25] Auch nationale Archivtätigkeiten führen zu grenzüberschreitendem Datenaustausch. Die Regelungskompetenz muss daher umfassend sein.[26]

25 Nicht unter den hier verwendeten Archivbegriff fallen **für den Verwaltungsvollzug aufbewahrte Unterlagen**, die noch nicht ausgesondert und gelöscht wurden, z. B. weil sie für laufende Vorgänge noch von Relevanz sein können und deren Löschfrist noch nicht abgelaufen ist.

26 Unterlagen, die im Rahmen des **Informationsfreiheits- und Transparenzrechts** nicht nur für Forschungszwecke, sondern auch zur Information der Bevölkerung verarbeitet werden, fallen auch nicht unter die Privilegierung des Art. 89. Insofern gelten die Öffnungsklauseln der Art. 86 und evtl. der Art. 85. Historische Archive beziehen sich zumeist auf verstorbene Personen (siehe Rn. 8). Doch gibt es einen Überschneidungsbereich sowie die Notwendigkeit einer Regulierung des Übergangs, was über das Archivrecht erfolgt.

26a Der Einsatz von **Suchmaschinen** sowie von anderen Techniken zum Erschließen von Informationen fällt nur dann unter die Privilegierung, wenn die erfassten Informationen als Archivdaten zu bewerten sind und der Zweck der Erschließung im öffentlichen Interesse liegt.[27]

27 Von der Privilegierung personenbezogener Archivierung ist nur umfasst, soweit diese im öffentlichen Interesse erfolgt. Hierzu zählen insbesondere die **historische Forschung** und die Bereitstellung von Informationen im Zusammenhang mit politischem Verhalten, etwa auch zu den Zeiten des Nationalsozialismus und der DDR, also unter totalitärer Herrschaft.[28] Es genügt nicht die bloße Aufbewahrung der Informationen von bleibendem Wert. Zielsetzung muss zumindest sein, diese zu erfassen und der Forschung langfristig zur Verfügung zu stellen.

28 Im öffentlichen Interesse liegende Archivzwecke werden nicht nur von öffentlichen Archiven verfolgt. Soweit historische **Archive in privater Hand** diese Voraussetzung erfüllen, ist auf sie Art. 89 anwendbar.[29]

III. Geeignete Garantien (Abs. 1)

29 »Es sollte den Mitgliedstaaten erlaubt sein, unter bestimmten Bedingungen und vorbehaltlich geeigneter Garantien für die betroffenen Personen **Präzisierungen und Ausnahmen** in Bezug auf die Informationsanforderungen sowie der Rechte auf Berichtigung, Löschung, Vergessenwerden, zur Einschränkung der Verarbeitung, auf Datenübertragbarkeit sowie auf Widerspruch bei der Verarbeitung personenbezogener Daten zu im öffentlichen Interesse liegende Archivzwecken, zu wissenschaftlichen oder historischen For-

---

25 Schwarze-Hatje, Art. 16 AEUV Rn. 6.
26 Ehmann/Selmayr-*Selmayr/Ehmann*, Einf. Rn. 36; Spiecker, ge. Döhmann, JZ 2011, 172.
27 SHS-*Caspar*, Art. 89 Rn. 27.
28 Paal/Pauly-*Pauly*, Art. 89 Rn. 6.
29 Ehmann/Selmayr-*Raum*, Art. 89 Rn. 16; Gola-*Pötters*, Art. 89 Rn. 17; a. A. tendenziell Plath-*Grages*, Art. 89 Rn. 11.

schungszwecken oder zu statistischen Zwecken vorzusehen. Im Rahmen der betreffenden Bedingungen und Garantien können spezifische Verfahren für die Ausübung dieser Rechte durch die betroffenen Personen vorgesehen sein – sofern dies angesichts der mit der spezifischen Verarbeitung verfolgten Zwecke angemessen ist – sowie technische und organisatorische Maßnahmen zur Minimierung der Verarbeitung personenbezogener Daten im Hinblick auf die Grundsätze der Verhältnismäßigkeit und der Notwendigkeit« (ErwGr 156 Satz 4, 5).

Die inhaltliche Benennung der Garantien geht nicht über das hinaus, was die DSGVO ohnehin kennt.[30] Dies macht die Regelung aber nicht überflüssig. Vielmehr wird zum einen festgelegt, dass insgesamt die Garantien ein höheres Maß als generell haben müssen und, dass diese anwendungsadäquat sein müssen.[31] Der bereichsspezifische Normgeber muss prüfen, **welche besonderen Schutzmaßnahmen möglich** sind und diese normieren. **30**

Die wissenschaftlichen Erkenntnismöglichkeiten haben sich mit den Fortschritten bei der Datenerhebung, -speicherung, -zusammenführung und -auswertung massiv verbessert. Dies wird i. d. R. unter dem Stichwort »**Big Data**« erörtert.[32] Dabei sind folgende Umstände relevant: **31**

1. Angesichts der Möglichkeiten der Datenerfassung und -auswertung mit sog. Big-Data-Instrumenten bestehen nur noch geringe technische Einschränkungen in Bezug auf Umfang, Detaillierungsgrad, Raum und Zeit. Dies hat auch zur Folge, dass die faktischen Möglichkeiten der Reidentifizierung von scheinbar anonymisierten Datensätzen fast unbegrenzt sind.
2. Angesichts der technischen Möglichkeiten besteht mit Hilfe der Vergabe von Pseudonymen und dem Einsatz von Kryptografie die Möglichkeit, Datensätze so mit Attributen zu versehen, dass deren Verarbeitung auf bestimmte Stellen und für bestimmte Zwecke begrenzt werden kann.
3. Moderne Forschungsansätze beschränken sich heute oft nicht mehr auf eine Datenquelle, sondern zielen darauf ab, räumlich, zeitlich und von der Zweckgebundenheit auseinanderliegende Datenquellen für eine gemeinsame Auswertung zusammenzuführen.
4. Forschung findet heute nicht mehr abgeschottet in separaten Einheiten statt, sondern erfolgt international, disziplinübergreifend und oft auch ohne fest definierte zeitliche Grenzen.
5. Moderne Forschung setzt grds. den Einsatz von Experten aus unterschiedlichen Bereichen und Disziplinen voraus. So bedingt medizinische Forschung i. d. R. den Einsatz von biotechnologischem, statistischem und informationstechnischem Wissen.

Hinsichtlich der Garantien kann zumindest teilweise auf das Konzept der **bestehenden Forschungsklauseln**, das sich im Grundsatz bewährt hat, zurückgegriffen werden. Dieses Konzept enthält folgende Aspekte: **32**

1. Die Verarbeitung personenbezogener Daten für Forschungszwecke hat, soweit dies der Forschungszweck erlaubt, mit Datensätzen zu erfolgen, die zuvor anonymisiert wurden. Erlaubt dies der Forschungszweck nicht, so ist, soweit möglich, eine Pseudonymisierung der Datensätze (Art. 4 Nr. 5) nötig (Grundsatz der **Datenminimierung**, Art. 5 Abs. 1

30 Kritisch deshalb Kühling/Buchner-*Buchner/Tinnefeld*, Art. 89 Rn. 3.
31 Roßnagel, ZD 2019, 159.
32 Richter, DuD 2016, 581.

Buchst. c).[33] Die Möglichkeit und das Risiko der Reidentifzierung muss minimiert werden.[34]

2. Die Verarbeitung von personenbeziehbaren Daten für Forschungszwecke ist nur zulässig, wenn diese in einem von den verantwortlich Forschenden beherrschten informationstechnischen System oder Netzwerk erfolgt, in dem über **technisch-organisatorische Maßnahmen** gewährleistet wird, dass die Schutzziele der Verfügbarkeit, Integrität, Vertraulichkeit, Transparenz, Intervenierbarkeit und Nichtverkettbarkeit in angemessener Weise konzeptionell festgelegt und realisiert werden (Art. 25, 32).[35]

3. Zulässig ist eine Verarbeitung, wenn diese auf einer informierten, expliziten, freiwilligen, widerrufbaren **Einwilligung** basiert (Art. 7).[36]

4. Eine Verarbeitung für Forschungszwecke kann auch ohne Einwilligung der Betroffenen zulässig sein, wenn eine **Abwägung des öffentlichen Interesses** an dem Forschungsvorhaben die schutzwürdigen Belange der Betroffenen erheblich überwiegt und der Zweck der Forschung auf andere Weise nicht oder nur mit unverhältnismäßigem Aufwand erreicht werden kann.[37]

5. Die für die wissenschaftliche Forschung Verantwortlichen dürfen personenbezogene Daten nur **veröffentlichen**, wenn die betroffene Person eingewilligt hat oder dies für die Darstellung von Forschungsergebnissen über Personen der Zeitgeschichte unerlässlich ist.[38]

6. Die datenschutzrechtlichen **Betroffenenrechte** müssen auch im Forschungskontext – soweit praktisch möglich – gewährleistet werden.[39]

33 Zusätzlich zu diesen etablierten Maßnahmen sind **weitere Garantien** möglich und bei einer Lockerung im Hinblick auf Verknüpfbarkeit, Speicherdauer und Betroffenenrechte geboten:

34 Eine **unabhängige Stelle**, in der Datenschutz- und Forschungskompetenz miteinander vereinigt wird, kann, je nach Sensitivität des jeweiligen Forschungsvorhabens mit Genehmigungsrechten oder bei einer reinen Meldepflicht mit Vetorechten ausgestattet werden. Deren Verhältnis zu den Datenschutzaufsichtsbehörden sollte so geregelt werden, dass ein gegenseitiges Konsultationsrecht besteht. Eine Meldung/Genehmigung entbindet die für die Forschung Verantwortlichen nicht von ihren datenschutzrechtlichen Compliance-Pflichten und die Aufsichtsbehörden nicht von ihren Beratungs- und Kontrollpflichten. Welche Forschungsprojekte melde- bzw. genehmigungspflichtig gemacht werden, hängt von der Sensitivität und den mit dem jeweiligen Projekt verbundenen Risiken ab. So kann z. B. auf eine Meldung verzichtet werden, wenn klassische Eigenforschung erfolgt, und bei

33 Vgl. § 40 Abs. 1 BDSG; § 22 Abs. 1, 2, 5 LDSG SH; Albrecht/Jotzo, Teil 3 Rn. 74; Paal/Pauly-*Pauly*, Art. 89 Rn. 11, 12.

34 Watteler/Kinder-Kurlanda, DuD 2015, 518.

35 Dazu Schmidt/Weichert-*Rost*, S. 353 ff.

36 Weichert, DuD 2014, 835.

37 Vgl. z. B. § 28 Abs. 6 Nr. 4 BDSG, § 22 Abs. 4 S. 1 LDSG SH.

38 Vgl. § 40 Abs. 3 BDSG; § 22 Abs. 6 LDSG SH.

39 Zum Obigen detaillierter Metschke/Wellbrock, Datenschutz in Wissenschaft und Forschung; DKWW-*Weichert*, § 40.

Einzelprojekten, wenn die Datenverarbeitung auf einer informierten Einwilligung der Betroffenen basiert.[40]

Meldepflichtig sollten in jedem Fall institutionenübergreifende Projekte sein, die zumeist eine eigene Infrastruktur und ein umfassendes Datenschutzkonzept vorweisen müssen. Meldepflichtig müssen in jedem Fall die Projekte sein, bei denen eine Interessenabwägung die Betroffeneneinwilligung ersetzen soll. Besteht eine Meldepflicht, muss ein unabhängiges Forschungsgremium nicht nur weitere Aufklärungs-, sondern auch Untersagungsrechte haben. 35

Genehmigungspflichtig sollten Projekte sein, bei denen hochsensitive Daten verarbeitet werden. Dies gilt z. B. für über Einzelmarkierungen hinausgehende Gensequenzierungen oder für Datenübermittlungen und Zweckänderungen, bei denen eng definierte Zwecke verlassen werden. Zeitlich nicht eng begrenzte Studien[41] bzw. Forschungsdatenbanken sollten unter einen umfassenden Genehmigungsvorbehalt gestellt und regelmäßig überprüft werden. 36

Für bestimmte Projekte, etwa internationale Studien, Forschungsnetzwerke, Krankheitsregister und Biomaterialdatenbanken[42] können von unabhängigen Forschungseinrichtungen zusätzliche **Anforderungen oder Standards** festgelegt werden, die bei der Prüfung bzw. Genehmigung zur Grundlage gemacht werden. Einem Gremium kann zudem die Aufgabe zugewiesen bekommen, Standards für die Datenübertragbarkeit nach Art. 20 für Forschungsprojekte sowie für nach Art. 7 zulässige Einwilligungen in die Forschungsdatenverarbeitung festzulegen. 37

Unabhängigen-**Forschungsgremien** kann auch die Aufgabe zukommen, eine **Pseudonymisierungs-Infrastruktur** zu erarbeiten und zu unterstützen oder gar selbst aufzubauen und zu betreiben. Bisher gibt es derartige (begrenzte) Infrastrukturen in Deutschland im Bereich der Krebsregistrierung[43] sowie im Bereich der gesetzlichen Krankenversicherung.[44] 38

Ein wichtiger Aspekt, der bisher bei der personenbezogenen Verarbeitung von Daten für Forschungszwecke vernachlässigt wurde, ist die demokratische Kontrolle und die hierfür nötige **Transparenz**.[45] Bei einer Zentralisierung der bisherigen Aufgaben von Ministerien, Aufsichtsbehörden und Ethik-Kommissionen könnte ein unabhängiges Forschungsgremium öffentlich oder teilöffentlich einsehbare Forschungsregister etablieren, die einen Überblick über die Forschung mit personenbezogenen Daten, über die Verantwortlichen, die Ziele und Fragestellungen sowie die grundrechtsschützenden Maßnahmen geben und so auch die Kontrollierbarkeit verbessern. 39

---

40 Vgl. den Vorschlag von Weichert für ein Bund-Länder-Forschungsgremium in Stiftung Datenschutz, Big Data und E-Health, S. 187.

41 Leopoldina/acatech/Union der Akademien der Wissenschaften, Wissenschaftliche und gesellschaftliche Bedeutung von Längsschnittstudien, Mai 2016.

42 ULD, Datentreuhänderschaft in der Biobank-Forschung, 2009.

43 Krebsfrüherkennungs- und -registergesetz – KFRG, BGBl. I 2013 S. 617 ff.; vgl. den Überblick bei *http://www.tumorzentren.de/krebsfrueherkennungs-und-registergesetz.html*; DSB-K, Anforderungen an den Schutz der Datenübermittlungen zwischen medizinischen Leistungserbringern und klinischen Krebsregistern, 14. 11. 2014.

44 Z.B. Datentransparenzregelungen nach den §§ 303a SGB V.

45 Weichert, DuD 2014, 837.

40 In Bezug auf Statistiken macht der DSGVO-Gesetzgeber folgende Vorgaben: »Die vertraulichen Informationen, die die statistischen Behörden der Union und der Mitgliedstaaten zur Erstellung der amtlichen europäischen und der amtlichen nationalen Statistiken erheben, sollten geschützt werden. Die europäischen Statistiken sollten im Einklang mit den in Art. 338 Abs. 2 AEUV dargelegten **statistischen Grundsätzen** entwickelt, erstellt und verbreitet werden, wobei die nationalen Statistiken auch mit dem Recht der Mitgliedstaaten übereinstimmen müssen. Die Verordnung (EG) Nr. 223/2009 des Europäischen Parlaments und des Rates enthält genauere Bestimmungen zur Vertraulichkeit europäischer Statistiken« (ErwGr 163). Art. 338 Abs. 2 AEUV hat folgenden Wortlaut: »Die Erstellung der Unionsstatistiken erfolgt unter Wahrung der Unparteilichkeit, der Zuverlässigkeit, der Objektivität, der wissenschaftlichen Unabhängigkeit, der Kostenwirksamkeit und der statistischen Geheimhaltung; der Wirtschaft dürfen dadurch keine übermäßigen Belastungen entstehen.«

IV. Ausnahmen bei Betroffenenrechten bei Forschung und Statistik (Abs. 2)

41 Abs. 2 enthält eine Öffnungsklausel für die EU sowie die Mitgliedstaaten im Hinblick auf Forschungs- und Statistikzwecke, bei denen **Ausnahmen von den strengen Regeln** der DSGVO zugelassen werden im Hinblick auf das Auskunftsrecht der Betroffenen (Art. 15), das Recht auf Berichtigung (Art. 16), das Recht auf Einschränkung der Verarbeitung (Art. 18) und das Recht auf Widerspruch (Art. 21).

42 Bei sämtlichen Ausnahmen ist eine **prognostische Verhältnismäßigkeitsprüfung** vorzunehmen. Dabei können Wirtschaftlichkeits- und Praktikabilitätsaspekte berücksichtigt werden. Soweit möglich, sind Umsetzungsdefizite der Datenschutzgrundsätze (Art. 5 Abs. 1) durch geeignete Garantien gem. Abs. 1 zu kompensieren.[46] Mit der Regelung muss also nicht in jedem Einzelfall eine Interessenabwägung sichergestellt werden. Es genügt, wenn im Regelfall (voraussichtlich, typischerweise) die Betroffenenrechte die Realisierung des Forschungsvorhabens verhindern.[47]

V. Ausnahmen bei Archivzwecken (Abs. 3)

43 Abs. 3 entspricht für den Archivbereich der Ausnahmevorschrift des Abs. 2 für Forschung und Statistik. Die Ausführungen zu Abs. 2 gelten entsprechend (siehe Rn. 41 f.). Über Abs. 2 hinausgehend sind gem. Abs. 3 auch Ausnahmen bzgl. Mitteilungspflichten gegenüber Empfängern personenbezogener Daten (Art. 19) sowie des Rechts auf Datenübertragbarkeit (Art. 20) zulässig. Hinter der Ausnahme zu Art. 20 steht die Erwägung, dass die Erschließung archivarischen Materials einer Übertragbarkeit technisch oft entgegensteht.[48] Die DSGVO ist nur auf die Daten zu natürlichen, d. h. lebenden Personen anwendbar.

44 Eine Zielsetzung von Archiven besteht darin, Originaldaten in unverfälschter Form aufzubewahren, auch wenn dabei Falschinformationen dokumentiert werden. Daher kann

46 Paal/Pauly-*Pauly*, Art. 89 Rn. 14 f.
47 Kühling/Buchner-*Buchner/Tinnefeld*, Art. 89 Rn. 24.
48 Paal/Pauly-*Pauly*, Art. 89 Rn. 16.

der **Berichtigungsanspruch** (Art. 16) beschränkt werden. An die Stelle einer Berichtigung kann der Hinweis auf die Streitigkeit des Dateninhalts, auf dessen Unrichtigkeit oder eine Gegendarstellung treten (vgl. § 4 Abs. 3 Satz 2 BArchivG).

Bei den bestehenden **deutschen Regelungen** des Bundesarchivgesetzes (BArchG), der Landesarchivgesetze oder des Stasi-Unterlagen-Gesetzes (StUG) handelt es sich um Gesetze nach Abs. 3, mit denen Betroffenenrechte abweichend zu den allgemeinen Regelungen normiert sind. 45

VI. Besondere Zweckbindung (Abs. 4)

Eine Besonderheit der Datenverarbeitung für Forschungszwecke besteht darin, dass die Entbindung von einigen datenschutzrechtlichen Restriktionen durch eine strenge Zweckbindung kompensiert wird, die ausdrücklich als **Forschungsgeheimnis** ausgestaltet werden sollte (siehe Art. 85 Rn. 41).[49] 46

Abs. 4 stellt klar, dass eine Privilegierung der in Art. 89 genannten Zwecke nur dann gewährt werden kann, wenn **keine sonstigen Zwecke** verfolgt werden. Eine »Flucht in die Privilegierung« soll vermieden werden.[50] 47

Art. 90 Geheimhaltungspflichten

(1) Die Mitgliedstaaten können die Befugnisse der Aufsichtsbehörden im Sinne des Artikels 58 Absatz 1 Buchstaben e und f gegenüber den Verantwortlichen oder den Auftragsverarbeitern, die nach Unionsrecht oder dem Recht der Mitgliedstaaten oder nach einer von den zuständigen nationalen Stellen erlassenen Verpflichtung dem Berufsgeheimnis oder einer gleichwertigen Geheimhaltungspflicht unterliegen, regeln, soweit dies notwendig und verhältnismäßig ist, um das Recht auf Schutz der personenbezogenen Daten mit der Pflicht zur Geheimhaltung in Einklang zu bringen. Diese Vorschriften gelten nur in Bezug auf personenbezogene Daten, die der Verantwortliche oder der Auftragsverarbeiter bei einer Tätigkeit erlangt oder erhoben hat, die einer solchen Geheimhaltungspflicht unterliegt.

(2) Jeder Mitgliedstaat teilt der Kommission bis zum 25. Mai 2018 die Vorschriften mit, die er aufgrund von Absatz 1 erlässt, und setzt sie unverzüglich von allen weiteren Änderungen dieser Vorschriften in Kenntnis.

Inhaltsübersicht Rn.

49 Ehmann/Selmayr-*Raum*, Art. 89 Rn. 12–14.
50 Paal/Pauly-*Pauly*, Art. 89 Rn. 18.

I. Allgemeines

1 Art. 90 eröffnet als fakultative Öffnungsklausel den Mitgliedstaaten die Möglichkeit, im Interesse des **Schutzes von (Berufs-)Geheimnissen** die Datenschutzkontrolle einzuschränken. Es handelt sich damit um eine Einschränkung der in Art. 8 Abs. 3 GRCh gewährleisteten unabhängigen Datenschutzkontrolle. Er basiert auf der in der Praxis nicht bestätigten Erwägung, dass zwischen Geheimhaltungspflichten und Durchsetzung des Datenschutzes ein Konflikt bestünde (siehe Rn. 17). Zugleich zielt die Regelung darauf ab, dass auch in Bezug auf Berufsgeheimnisse eine effektive Datenschutzkontrolle stattfindet. Die Regelung stellt in keiner Weise von der Beachtung der Datenschutzanforderungen frei.

2 »Hinsichtlich der Befugnisse der Aufsichtsbehörden, von dem Verantwortlichen oder vom Auftragsverarbeiter Zugang zu personenbezogenen Daten oder zu seinen Räumlichkeiten zu erlangen, können die Mitgliedstaaten in den Grenzen dieser Verordnung den Schutz des Berufsgeheimnisses oder anderer gleichwertiger Geheimhaltungspflichten durch Rechtsvorschriften regeln, soweit dies notwendig ist, um das Recht auf Schutz der personenbezogenen Daten mit einer Pflicht zur **Wahrung des Berufsgeheimnisses in Einklang** zu bringen. Dies berührt nicht die bestehenden Verpflichtungen der Mitgliedstaaten zum Erlass von Vorschriften über das Berufsgeheimnis, wenn dies aufgrund des Unionsrechts erforderlich ist« (ErwGr 164).

3 Die Regelung geht auf massive **Lobbyarbeit von Interessenverbänden**, z. B. im Anwalts- und Steuerberatungsbereich zurück, die einen weitergehenden Ausschluss der Kontrolle durch Aufsichtsbehörden erreichen wollten.[1] Diese war nicht nur auf europäischer Ebene erfolgreich, sondern auch bei der deutschen Gesetzgebung zum BDSG und führte zu dem verfassungs- und europarechtswidrigen § 29 BDSG (siehe § 29 BDSG Rn. 24 ff.).

4 In der EG-DSRl ist keine entsprechende Regelung enthalten. Im **Gesetzgebungsverfahren** gab es keine wesentlichen inhaltlichen Änderungen. Der Vorschlag des Rats, »berufsständische Regeln, die von Berufsverbänden überwacht und durchgesetzt werden«, ausdrücklich zu erwähnen, wurde nicht umgesetzt.

5 Der (Berufs-)Geheimnisschutz findet sich in der DSGVO außerdem in Art. 9 Abs. 3 geregelt, wonach dieser eine besondere Garantie für die **Verarbeitung sensitiver Daten** durch »Fachpersonal« ist.[2] Aus dieser parallelen Regelung kann gefolgert werden, dass der Gesetzgeber vorrangig den personalen Schutz sensitiver Daten im Auge hatte. Hierfür stellt die DSGVO nationale Öffnungsklauseln bereit. Den Geheimnisschutz hat auch Art. 14 Abs. 5 Buchst. d im Blick, der z. B. Informationspflichten von Rechtsanwälten begrenzt.[3]

1 Paal/Pauly-*Pauly*, Art. 90 Rn. 1; Kühling/Buchner-*Herbst*, Art. 90 Rn. 2.
2 Kühling/Buchner-*Weichert*, Art. 9 Rn. 138.
3 Kühling/Buchner-*Herbst*, Art. 90 Rn. 1.

II. Geheimnisse

6 Die in Art. 90 geschützten Geheimnispflichten können auf dem **Recht der EU oder der Nationalstaaten** beruhen und können über EU-Rechtsakte, Gesetze, Rechtsverordnungen oder Satzungen (z. B. von Berufskammern)[4] normiert sein.

7 Art. 90 ist anwendbar auf Verantwortliche und Auftragsverarbeiter (verarbeitende Stellen), die nach dem Recht der EU oder des Mitgliedstaats »dem **Berufsgeheimnis** oder einer gleichwertigen Geheimhaltungspflicht unterliegen«. Berufsgeheimnisse basieren auf einer besonderen Vertrauensstellung als Geheimnisträger gegenüber den jeweiligen Kunden oder Kontaktpersonen.[5] Das EU-Recht selbst kennt als eigenständiges »Berufsgeheimnis« nur die Amtsverschwiegenheit (Art. 339 AEUV).

8 Die zentrale Regelung zu Berufsgeheimnissen findet sich in Deutschland in der **Strafrechtsnorm des § 203 Abs. 1 StGB**, der folgende Berufsgruppen verpflichtet: Arzt, Zahnarzt, Tierarzt, Apotheker, Angehörigen eines anderen Heilberufs, der für die Berufsausübung oder die Führung der Berufsbezeichnung eine staatlich geregelte Ausbildung erfordert (Nr. 1), Berufspsychologe mit staatlich anerkannter wissenschaftlicher Abschlussprüfung (Nr. 2), Rechtsanwalt, Patentanwalt, Notar, Verteidiger in einem gesetzlich geordneten Verfahren, Wirtschaftsprüfer, vereidigter Buchprüfer, Steuerberater, Steuerbevollmächtigten, Organ oder Mitglied eines Organs einer Rechtsanwalts-, Patentanwalts-, Wirtschaftsprüfungs-, Buchprüfungs- oder Steuerberatungsgesellschaft (Nr. 3), Ehe-, Familien-, Erziehungs- oder Jugendberater, Berater für Suchtfragen in einer Beratungsstelle, die von einer Behörde oder Körperschaft, Anstalt oder Stiftung des öffentlichen Rechts anerkannt ist (Nr. 4), Mitglied oder Beauftragter einer anerkannten Beratungsstelle nach den §§ 3 und 8 des Schwangerschaftskonfliktgesetzes (Nr. 4a), staatlich anerkannter Sozialarbeiter oder staatlich anerkannter Sozialpädagoge (Nr. 5), Angehöriger eines Unternehmens der privaten Kranken-, Unfall- oder Lebensversicherung oder einer privatärztlichen, steuerberaterlichen oder anwaltlichen Verrechnungsstelle (Nr. 6). § 203 Abs. 1, 3, 4 StGB wird umfassend von Art. 90 erfasst.[6]

9 Die in § 203 StGB geregelten Berufsgeheimnisse finden in **bereits spezifischen** Regelungen weitergehende Ausgestaltungen und Präzisierungen (z. B. § 43a Abs. 2 BROA, § 18 BNotO, § 43 Abs. 1 Satz 1 WiPrG, Berufsordnungen von Heilberufskammern, z. B. § 9 MBOÄ).

10 **Entsprechend verpflichtet** und berechtigt sind nach § 203 Abs. 3, 4 StGB ein »Beauftragter für den Datenschutz«, ein »berufsmäßig tätiger Gehilfe« und eine Person, die bei den in § 203 Abs. 1 Satz 1 StGB Genannten zur Vorbereitung auf den Beruf oder als »mitwirkende Person« im Rahmen einer Auftragsverarbeitung tätig ist.

11 Nicht zu Berufsgeheimnissen verpflichtet, hierdurch aber geschützt sind gem. **§ 53 Abs. 1 StPO** zusätzlich folgende weiteren Berufsgruppen: Geistliche (Nr. 1), Verteidiger eines Beschuldigten (Nr. 2), Mitglieder des Bundestags, eines Landtages oder einer zweiten Kammer (Nr. 4), Personen, die bei der Vorbereitung, Herstellung oder Verbreitung von

---

4 Auernhammer-*Greve*, Art. 90 Rn. 2.

5 Ehmann/Selmayr-*Ehmann/Kranig*, Art. 90 Rn. 7, mit Verweis auf Art. 339 AEUV in Bezug auf EU-Organe.

6 SHS-*Caspar*, Art. 90 Rn. 10.

Druckwerken, Rundfunksendungen, Filmberichten oder der Unterrichtung oder Meinungsbildung dienenden Informations- und Kommunikationsdiensten berufsmäßig mitwirken oder mitgewirkt haben (Journalisten, Nr. 5). Auch insofern gilt, dass ein entsprechender Schutz für Gehilfen und die Personen besteht, die zur Vorbereitung auf den Beruf an der berufsmäßigen Tätigkeit teilnehmen (§ 53a Abs. 1 Satz 1 StPO).

12 Von der Regelung des Art. 90 erfasst sind weiterhin **gleichwertige Geheimhaltungspflichten.** Dazu gehören nicht **Amtsträger**, die gem. § 203 Abs. 2 StGB zur Vertraulichkeit verpflichtet sind. Darunter fallen ebenso wenig Mitarbeiter von Statistik-, Steuer- oder Meldebehörden, die dem Statistik-, dem Steuergeheimnis oder dem Meldegeheimnis unterliegen.[7] Eine andere Sicht hätte zur Folge, dass schon das Vorliegen eines Beschäftigungsverhältnisses in diesen Ämtern, also praktisch große Teile des öffentlichen Dienstes nach Art. 90 von der Datenschutzkontrolle zumindest teilweise ausgenommen werden könnte. Dies war nicht die Absicht des Verordnungsgebers. Art. 90 zielt grds. auf eine personale, nicht auf eine institutionelle Geheimhaltungspflicht bzw. -berechtigung.

13 Eine Ausnahme stellt insofern das **Sozialgeheimnis** nach § 35 SGB I dar, das Mitarbeiter von Sozialleistungsträgern verpflichtet und berechtigt. Das Sozialgeheimnis zielt auf einen spezifischen Schutz von Betroffenen in einer gesundheitlichen, sozialen, familiären oder ähnlichen Notlage ab. § 35 SGB I soll Geheimnisse tendenziell in vergleichbarem Maße institutionell schützen wie personale Berufsgeheimnisse, so dass insofern von einer gleichwertige Geheimhaltungspflicht gesprochen werden kann.[8]

14 Das Post- und das **Fernmelde- bzw. Telekommunikationsgeheimnis** (§ 39 PostG, § 88 TKG) geben auch einen institutionellen Schutz, der mit dem Grundrechtsbezug zu Art. 7 GRCh (Art. 10 GG) über den allgemeinen Datenschutz hinausgeht. Dieser Kommunikationsschutz lag bei Art. 90 nicht im Blickfeld des Gesetzgebers, zumal Konfliktlagen zur Datenschutzkontrolle hier noch weniger vorstellbar sind.[9]

15 Das **Bankgeheimnis** ist keine entsprechende Geheimhaltungspflicht.[10] Entsprechendes gilt für Betriebs- und Geschäftsgeheimnisse.[11] Vertragliche Geheimhaltungspflichten sind mit gesetzlichen nicht gleichzusetzen.[12]

16 Art. 90 Abs. 1 Satz 2 rechtfertigt eine Beschränkung der Datenschutzaufsicht nur »in Bezug auf personenbezogene Daten, die der Verantwortliche oder Auftragsverarbeiter **bei einer Tätigkeit** erlangt oder erhoben hat, die einer solchen Geheimhaltungspflicht unterliegt«. Erlangt also ein Berufsgeheimnisträger beiläufig oder in einer anderen als der beruflichen Rolle, etwa als Privatperson, Erkenntnisse, so können diese von der Datenschutzkontrolle nicht ausgenommen werden. Entsprechendes gilt für Daten, die keiner berufsbezogenen Geheimnispflicht unterliegen, die bei jeder Stelle, die mit Berufsgeheimnissen arbeitet, vorliegen.[13] Hierzu gehören generell die Beschäftigtendaten. Bei einem

---

7 DKWW-*Weichert*, Einl Rn. 41, 44; SHS-*Caspar*, Art. 90 Rn. 11; a. A. Paal/Pauly-*Pauly*, Art. 90 Rn. 6; Kühling/Buchner-*Herbst*, Art. 90 Rn. 15.

8 Kühling/Buchner-*Weichert*, Art. 9 Rn. 142.

9 A.A. Paal/Pauly-*Pauly*, Art. 90 Rn. 4; Kühling/Buchner-*Herbst*, Art. 90 Rn. 15.

10 Weichert, RDV 2003, 115; Gola, RDV 2013, 291; zweifelnd Paal/Pauly-*Pauly*, Art. 90 Rn. 6.

11 A.A. Kühling/Buchner-*Herbst*, Art. 90 Rn. 15.

12 Plath-*Grages*, Art. 90 Rn. 5.

13 Auernhammer-*Greve*, Art. 90 Rn. 6.

Anwalt nicht privilegiert sind von diesem ausgeübte nichtanwaltliche Tätigkeiten, z. B. im Inkassobereich oder bei kommerziellen Aktivitäten.

Die Regelung ist **systemwidrig**: Sie unterstellt fälschlich, dass zwischen der Wahrung von Geheimhaltungspflichten und einer Datenschutzkontrolle ein Spannungsverhältnis bestehen würde.[14] Tatsächlich ist die Datenschutzkontrolle das wohl effektivste Mittel zur Wahrung von Berufsgeheimnissen. Dies sind Datenschutznormen, deren vorrangiges Ziel es ist, nicht den Geheimnisträger, sondern den Betroffenen in seinem Vertrauensverhältnis zu diesem zu schützen.[15] 17

III. Aufsichtsbeschränkung (Abs. 1)

Bei Vorliegen einer Geheimhaltungspflicht können die Mitgliedstaaten die entsprechenden Daten der **Überwachung durch die Aufsichtsbehörde** teilweise, aber nicht vollständig entziehen.[16] Voraussetzung ist, dass mit der aufsichtlichen Kontrolle ein schwerwiegender Eingriff in das (berufliche) Vertraulichkeitsversprechen verbunden wäre, der schwerer wiegt als die Einschränkung der Kontrolle. 18

Eingeschränkt werden kann der **Zugang zu personenbezogenen Daten** (Art. 58 Abs. 1 Buchst. e) sowie der Zugang zu Geschäftsräumen, Datenverarbeitungsanlagen und -geräten (Art. 58 Abs. 1 Buchst. f). Darüber hinausgehende Untersuchungsbefugnisse gem. Art. 58 Abs. 1, die Abhilfebefugnisse nach Art. 58 Abs. 2 sowie die Genehmigungs- und Beratungsbefugnisse nach Art. 58 Abs. 3 sind der nationalen Regelungskompetenz entzogen.[17] 19

Von der Kontrolleinschränkung kann auch der **Zugang zu Geschäftsräumen** tangiert sein (Art. 58 Abs. 1 Buchst. f). Dies gilt aber nur, soweit damit auch zugleich Geheimnisse offenbart würden. Vom Zugang sind daher nur solche Geschäftsräume (und Datenverarbeitungsanlagen) auszuschließen, in denen sich ausschließlich solche Geheimnisse befinden.[18] 20

Von den Befugnissen der Aufsichtsbehörden nicht tangiert lässt Art. 90 den Art. 58 Abs. 1 Buchst. a, der zur Bereitstellung aller Informationen verpflichtet, »die für die Erfüllung ihrer Aufgaben erforderlich sind«. Diese **allgemeine Auskunftspflicht** ist wohl so zu verstehen, dass mit ihr die in Art. 90 geregelten Ausnahmen nicht umgangen werden sollen. Auskünfte über konkrete vom Berufsgeheimnis erfasste und über Art. 90 von der Kontrolle ausgenommene Daten müssen nicht erteilt werden.[19] 21

Art. 90 beschränkt die Möglichkeiten der Aufsicht, als »Hüter« des digitalen Grundrechtsschutzes tätig zu sein (siehe Art. 57 Rn. 1, 10).[20] Angesichts der durch Art. 8 Abs. 3 GRCh geschützten Funktion der Aufsicht bestehen für Beschränkungen hohe Hürden. Die nationale Regelungsbefugnis besteht nur ausnahmsweise, soweit dies notwendig und ver- 22

14 Richtig Ehmann/Selmayr-*Ehmann/Kranig*, Art. 90 Rn. 3; a. A. Kühling/Martini u. a., S. 299.
15 Ehmann/Selmayr-*Ehmann/Kranig*, Art. 90 Rn. 3f.
16 Gola-*Piltz*, Art. 90 Rn. 3; a. A. Zikesch/Kramer, ZD 2015, 566.
17 Paal/Pauly-*Pauly*, Art. 90 Rn. 8.
18 Zweifelnd insofern Kühling/Buchner-*Herbst*, Art. 90 Rn. 22.
19 Kühling/Buchner-*Herbst*, Art. 90 Rn. 7.
20 EuGH 9. 3. 2010 – C-518/07, Rn. 24f., NJW 2010, 1266.

hältnismäßig ist, um den Datenschutz mit der Pflicht zur Geheimhaltung in Einklang zu bringen. Die **Verhältnismäßigkeitsprüfung** setzt neben einem legitimen Zweck die Geeignetheit, Erforderlichkeit und Angemessenheit der Kontrolleinschränkung voraus.

23 Pauschale Ausnahmeregelungen kommen daher nicht in Betracht. Es kann auch keine Rede davon sein, dass die Berufsgeheimnisse der Datenschutzkontrolle vorgingen.[21] Vielmehr bedarf es einer spezifischen Einschränkung im Hinblick auf das besondere (Berufs-)Geheimnis, die sich auf das Erforderliche und das Angemessene beschränkt. So erscheint es angemessen, den direkten Zugriff auf analoge oder elektronische **Mandantendaten von Rechtsanwälten** einzuschränken oder auszuschließen.[22] Für die Ausnahme sonstiger Berufsgruppen hat sich in der Aufsichtspraxis in Deutschland bisher kein Bedarf erwiesen.

24 In keinem Fall ausgeschlossen werden kann eine Datenschutzkontrolle der Daten, die sich ausschließlich auf einen **Beschwerdeführer** beziehen. Insofern können auch umfassend vom Verantwortlichen nach Art. 58 Abs. 1 Buchst. a die erforderlichen Informationen eingefordert werden. In diesen Fällen besteht kein Vertrauensverhältnis zum zu überprüfenden Geheimnisträger, sondern allenfalls zur Aufsichtsbehörde. Zudem kann in der Beschwerde die Einwilligung zur Offenbarung für Zwecke der Datenschutzkontrolle gesehen werden.

25 Eine vertretbare und zumeist **hinreichende Schutzmaßnahme** ist es, dass die Aufsichtsbehörde einer entsprechenden beruflichen Schweigepflicht unterworfen ist. Der Prüfanlass kann auf näher definierte Fallkonstellationen oder auf Betroffenenbeschwerden beschränkt werden. Denkbar ist auch eine Begrenzung des Umfangs anlassloser Kontrollen.[23]

26 Soweit zulässigerweise eine Kontrollausnahme nach Art. 90 besteht, wird in Bezug auf die Datenhaltung bei dem Geheimnisträger eine **Trennungspflicht** begründet. Er ist nicht befugt, durch eine Vermischung von privilegierten Geheimnissen mit sonstigen Daten eine Prüfung dieser sonstigen Daten zu unterbinden.[24]

27 Zu berücksichtigen ist bei der Ausnahmeregelung, dass Aufsichtsbehörden selbst zum **Geheimnisschutz** verpflichtet sind (Art. 54 Abs. 2) und dass deren Aufgabe es ist, den Datenschutz der Kunden und Kontaktpersonen von (Berufs-) Geheimnisträgern als Betroffenen gegenüber diesen selbst zu wahren.

28 Der Verantwortliche bzw. der Berufsgeheimnisträger muss im Fall von Prüfbeschränkungen einer **effektiven Datenschutzkontrolle** unterworfen bleiben. Diese muss den Anforderungen an die Datenschutzaufsicht nach Art. 52 (Unabhängigkeit), Untersuchungs- und Sanktionsbefugnisse (Art. 58) entsprechen. Führt die nationale Regelung dazu, dass Datenschutzverstöße bei Berufsgeheimnisträgern nicht wirksam ermittelt und geahndet werden können, so ist dies mit Art. 90 nicht vereinbar.

---

21 A.A. Gola-*Piltz*, Art. 90 Rn. 9.

22 Kühling/Buchner-*Herbst*, Art. 90 Rn. 21; Conrad, ZD 2014, 166; zur bisherigen Rechtslage DKWW-*Weichert*, § 38 Rn. 12; Weichert, NJW 2009, 553; vgl. AG Tiergarten RDV 2007, 79; KG 20. 8. 2010 – 1 Ws (b) 51/07 – 2 Ss23/07, MMR 2010, 864 = NJW 2011, 324 = DANA 2010, 172.

23 Schuler/Weichert, Beschränkung der Datenschutzkontrolle bei Berufsgeheimnisträgern, *www.netzwerk-datenschutzexpertise.de* 22. 5. 2017, S. 9 f.

24 Kühling/Buchner-*Herbst*, Art. 90 Rn. 22.

IV. Unterrichtung der Kommission (Abs. 2)

Gem. Abs. 2 müssen die Mitgliedstaaten der Kommission die Rechtsvorschriften bis zum 25. 5. 2018 mitteilen, über welche die Kontrollmöglichkeiten der Aufsichtsbehörden eingeschränkt werden, auch soweit es sich um Altregelungen handelt.[25] Werden Normen zu Einschränkungen später erlassen, so besteht eine **unverzügliche Mitteilungspflicht**. Mit der Regelung soll der Kommission zeitnah eine Übersicht über die Vorschriften verschafft werden, um diese im Interesse der Harmonisierung vergleichen und evtl. angreifen zu können. 29

Art. 91 Bestehende Datenschutzvorschriften von Kirchen und religiösen Vereinigungen oder Gemeinschaften

(1) Wendet eine Kirche oder eine religiöse Vereinigung oder Gemeinschaft in einem Mitgliedstaat zum Zeitpunkt des Inkrafttretens dieser Verordnung umfassende Regeln zum Schutz natürlicher Personen bei der Verarbeitung an, so dürfen diese Regeln weiter angewandt werden, sofern sie mit dieser Verordnung in Einklang gebracht werden.

(2) Kirchen und religiöse Vereinigungen oder Gemeinschaften, die gemäß Absatz 1 umfassende Datenschutzregeln anwenden, unterliegen der Aufsicht durch eine unabhängige Aufsichtsbehörde, die spezifischer Art sein kann, sofern sie die in Kapitel VI niedergelegten Bedingungen erfüllt.

Inhaltsübersicht Rn.

I. Allgemeines

Art. 91 enthält eine **Sondervorschrift** zum bestehenden Datenschutzrecht von Kirchen und religiösen Vereinigungen. Bestand derartiges Recht zum Zeitpunkt des Inkrafttretens der DSGVO und in umfassender Weise, so kann dieses weiterhin angewendet werden. Es muss aber mit der DSGVO in Einklang gebracht werden. Die Regelung nimmt Rücksicht auf die unterschiedlichen nationalen verfassungsrechtlichen Gegebenheiten im Verhältnis von Staat und Kirchen.[1] Dieses reicht von einer strikten Trennung (z. B. Frankreich) über Zwischenmodelle (z. B. Deutschland) bis zu Staatskirchen (z. B. Großbritannien). 1

»Im Einklang mit Artikel 17 AEUV achtet diese Verordnung den Status, den **Kirchen und religiöse Vereinigungen oder Gemeinschaften** in den Mitgliedstaaten nach deren bestehenden verfassungsrechtlichen Vorschriften genießen, und beeinträchtigt ihn nicht« (ErwGr 165). Art. 17 AEUV hat folgenden Wortlaut: »(1) Die Union achtet den Status, den Kirchen und religiöse Vereinigungen oder Gemeinschaften in den Mitgliedstaaten 2

25 Kühling/Buchner-*Herbst*, Art. 90 Rn. 24.

1 Ronellenfitsch, NVwZ 2018, 1025; a. A. Hoeren, NVwZ 2018, 374.

nach deren Rechtsvorschriften genießen, und beeinträchtigt ihn nicht. (2) Die Union achtet in gleicher Weise den Status, den weltanschauliche Gemeinschaften nach den einzelstaatlichen Rechtsvorschriften genießen. (3) Die Union pflegt mit diesen Kirchen und Gemeinschaften in Anerkennung ihrer Identität und ihres besonderen Beitrags einen offenen, transparenten und regelmäßigen Dialog.«

3 Für die Frage, inwieweit Datenschutzrecht der Kirchen durch die EU geregelt werden darf, kommt es nicht darauf an, ob deren Handeln **Binnenmarktrelevanz** hat, da der Grundrechtsschutz hiervon unabhängig gewährleistet werden muss.[2] Dies gilt insbesondere, weil die Kirchen in erheblichem Umfang auch personenbezogene Daten von Nicht-Mitgliedern verarbeiten.[3]

4 Art. 17 AEUV bezieht sich auf den Status religiöser Organisationen, nicht auf deren Tätigkeit, zu der auch die personenbezogene Datenverarbeitung gehört.[4] Beides lässt sich aber nicht voneinander trennen. Statusbezogene Aktivitäten religiöser Vereinigungen können nur angenommen werden, soweit die **Kerntätigkeit religiöser Betätigung** tangiert wird. Religiös motivierte gesellschaftliche Aktivitäten, z. B. in Form der Betreuung oder Behandlung von Kindern, Flüchtlingen, Gefangenen, Senioren oder Kranken, lassen sich nicht mehr dieser Kerntätigkeit zuordnen.[5]

4a Nicht zur Kerntätigkeit gehören IT-Dienstleistungen. Dies hat zur Folge, dass **Auftragsverarbeiter** (Art. 28) nicht in den Genuss der Privilegierung gelangen können. Dies gilt sowohl für private oder öffentliche Auftragsverarbeiter, die für eine Kirche tätig werden wie auch für kirchliche Auftragsverarbeiter, die für nicht-kirchliche Verantwortliche Daten verarbeiten.[6]

5 Anders als Art. 17 Abs. 2 AEUV erfasst Art. 91 DSGVO keine **weltanschaulichen** Gemeinschaften, also Gemeinschaften mit einer gemeinsamen diesseitigen Weltsicht, so dass diese auch datenschutzrechtlich nicht privilegiert sind.[7]

6 Eine Regelung zum kirchlichen Datenschutz bestand in der **EG-DSRl** nicht. Eine Ausnahme war nicht vorgesehen. Nach richtlinienkonformer Auslegung hätte das allgemeine Datenschutzrecht auf Religionsgesellschaften angewendet werden müssen.[8] Die Datenverarbeitung von Religionsgesellschaften unterfiel schon immer dem europäischen Recht.[9]

7 Der **Kommissionsvorschlag** sah vor, dass Religionsgesellschaften »eine unabhängige Datenschutzaufsicht« im Sinne des Kap. VI einrichten. Das Parlament favorisierte eine »Vereinbarkeitsbescheinigung« analog zu den Verhaltensregeln (vgl. Art. 40). Der Rat schlug die im Trilog konsentierte Lösung vor.

8 Die Norm ist eine Art »**Öffnungsklausel**«, die den bisherigen Datenschutzstatus von Religionsgesellschaften zu wahren (Abs. 1) und zugleich einen weitgehenden und umfas-

---

2 Ehmann/Selmayr-*Ehmann/Kranig*, Art. 91 Rn. 5.
3 EuGH 10.7.2018 – C-25/17, Rn. 51, Zeugen Jehovas, NJW 2019, 285; Ronellenfitsch, DÖV 2018, 1020.
4 Ehmann/Selmayr-*Ehmann/Kranig*, Art. 91 Rn. 2.
5 Paal/Pauly-*Pauly*, Art. 91 Rn. 19.
6 Golland, RDV 2018, 10f. mit Bezug auf § 30 DSG-EKD u. § 29 KDG.
7 Kühling/Buchner-*Herbst*, Art. 91 Rn. 8.
8 Simitis-*Dammann*, § 2 Rn. 106.
9 EuGH 6.11.2003 – C-101/01, Rn. 39ff. (Lindquist), JZ 2004, 243.

senden Datenschutzvollzug durch eine wirksame Aufsicht sicherzustellen (Abs. 2) versucht.

Nicht auf öffentlich-rechtliche Religionsgemeinschaften beschränkt ist die nach Art. 9 Abs. 2 Buchst. d bestehende Privilegierung bei der Verarbeitung sensitiver Daten, soweit dies zum **Tendenzschutz** erforderlich ist (siehe Art. 9 Rn. 54ff.). 9

II. Bestehende Kirchenregelungen (Abs. 1)

Art. 91 spricht mit seiner weiten Fassung generell von Kirchen, religiösen Gemeinschaften und Vereinigungen und unterscheidet damit selbst nicht zwischen privat-rechtlichen und öffentlich-rechtlichen Religionsgesellschaften. Diese **bisherige Unterscheidung nach deutschem Recht** wird aber nicht obsolet,[10] da mit der grundsätzlichen Fortgeltung des bisherigen Rechtszustands diese Unterscheidung fortgeschrieben wird. 10

Gem. Art. 140 GG i.V.m. Art. 137 Abs. 3 **Weimarer Reichsverfassung** (WRV) wird in Deutschland Religionsgemeinschaften garantiert, ihre Angelegenheiten selbständig zu regeln. Weitere verfassungsrechtliche Grundlagen sind die Religionsfreiheit gem. Art. 4 Abs. 1, 2 und 33 Abs. 3 Satz 1 GG (vgl. Art. 10 Abs. 1 GRCh). Das Selbstbestimmungsrecht der Kirchen wird durch die für alle geltenden Gesetze beschränkt (Art. 137 Abs. 1 Satz 1 WRV).[11] 11

Die evangelische und die römisch-katholische Kirche hatten auf dieser Grundlage **eigene Datenschutzgesetze**: das seit 1978 bestehende und zuletzt 2012 novellierte »Kirchengesetz über den Datenschutz der Evangelischen Kirche in Deutschland« (DSG-EKD-alt)[12] und die zuletzt 2014 novellierte »Anordnung über den kirchlichen Datenschutz« (KDO-alt)[13]. Das sich bisher am staatlichen deutschen Datenschutzrecht orientierende Kirchenrecht sah u.a. jeweils die Bestellung von Datenschutzbeauftragten vor. 12

Folgende **öffentlich-rechtliche Religionsgesellschaften** bestehen in Deutschland: verschiedene evangelische Kirchen, die Bistümer der katholischen Kirche, das Bistum der Altkatholiken in Deutschland, die Russisch-Orthodoxe Kirche sowie in 13 Bundesländern die Zeugen Jehovas. Datenschutzrechtliche Regelungen erlassen worden sind aber nur von der EKD und der katholischen Kirche (siehe Rn. 12).[14] Die 12. Synode der Evangelischen Kirche in Deutschland beschloss am 15.11.2017 ein neues »Kirchengesetz über den Datenschutz der Evangelischen Kirche in Deutschland (EKD-Datenschutzgesetz – DSG-EKD-neu), das sich nun unter Berücksichtigung von kirchlichen Besonderheiten inhaltlich umfassend an der DSGVO orientiert und am 24.5.2018 das bisherige Kirchengesetz ablöst.[15] Am 20.11.2017 beschloss die Vollversammlung des Verbandes der Diözesen Deutschlands einstimmig ein »Gesetz über den Kirchlichen Datenschutz« für die katho- 13

10 So aber Paal/Pauly-*Pauly*, Art. 91 Rn. 18.
11 Specht/Mantz-*Pashcke*, § 27 Rn. 2.
12 Gola-*Gola*, Art. 91 Rn. 13–15.
13 Gola-*Gola*, Art. 91 Rn. 9–12.
14 Gola-*Gola*, Art. 91 Rn. 2, 3.
15 ABl. EKD 2017, 353; *https://www.kirchenrecht-ekd.de/document/41335.*

lischen Kirchen (KDG).[16] Darüber hinaus gibt es bereichtsspezifische kirchliche Datenschutzregelungen, etwa zum Archivwesen, zum Friedhofswesen, zum Schutz von Patienten-, Beschäftigten- oder Schülerdaten.[17] Auch diese können weitergelten, soweit sie sich auf den Kerntätigkeit der religiösen Betätigung beziehen (siehe Rn. 16). Hinsichtlich ärztlicher Behandlung, den Arbeitsverhältnissen und den regelmäßigen Lehraktivitäten muss dies bestritten werden.

14 Soweit Religionsgesellschaften **keinen Körperschaftsstatus** haben, genießen sie bisher keine datenschutzrechtliche Privilegierung, so dass das allgemeine Datenschutzrecht und auch die DSGVO voll zur Anwendung kommen. Dies trifft u. a. für den Großteil der islamischen Gemeinden zu.[18]

15 Anders als nun das BDSG enthielt das **BDSG-alt** Regelungen zum Verhältnis des Datenschutzes zu Kirchen: zur Datenübermittlung von Bundesbehörden an öffentliche-rechtliche Religionsgesellschaften (§ 15 Abs. 4) und zum Tendenzschutz bei der Verarbeitung sensitiver Daten für gemeinnützige Organisationen, die religiös ausgerichtet sind (§ 28 Abs. 9 Satz 1). Öffentlich-rechtliche Religionsgesellschaften sind weder nicht-öffentliche Stellen (§§ 1 Abs. 1 Satz 2, 2 Abs. 4) noch öffentliche Stellen (§§ 1 Abs. 1 Satz 1, 2 Abs. 4), so dass sie nicht Normadressat des BDSG sind. Die Regelung zum Tendenzschutz ist nun in Art. 9 Abs. 2 Buchst. d fortgeschrieben worden. Eine Privilegierung zum Erhalt von Meldedaten ist in § 42 BMG vorgesehen.

16 Der **Umfang der Anwendbarkeit** der bisherigen datenschutzrechtlichen Privilegierung und damit der Anwendungsbereich des kirchlichen Datenschutzrechtes sind umstritten. Die Privilegierung ist beschränkt auf die Kerntätigkeit religiöser Betätigung, die kirchliche Mission. Dies hat zur Folge, dass der Umgang mit personenbezogenen Daten der Mitglieder bei Angelegenheiten der Religionsausübung, das Ausüben religiöser Ämter und Funktionen sowie vergleichbarer organisationsinterner Angelegenheiten der Religionsgesellschaft erfasst sind. Auf den allgemeinen Geschäftsverkehr ist das staatliche Datenschutzrecht für nicht-öffentliche Stellen anwendbar.[19]

17 Weit verbreitet ist dagegen die Ansicht, dass öffentlich-rechtliche Religionsgesellschaften insgesamt vom Anwendungsbereich des staatlichen Datenschutzrechts ausgeschlossen seien. Dies wird sogar für selbständige kirchliche Einrichtungen in privatrechtlicher Organisationsform vertreten. Allenfalls bei rein wirtschaftlicher Betätigung durch eine Privatgesellschaft ohne jeglichen religiösen Bezug könne staatliches Datenschutzrecht gelten.[20] Teilweise wird dem **BDSG auch eine Auffangfunktion** zugewiesen, wenn das kirchliche Datenschutzrecht keinen ausreichenden Schutz gewährt.[21] Diese Positionen verkennen, dass Religionsgesellschaften außerhalb ihrer eigenen Welt sich in ihrer geschäftlichen

---

16 *https://www.datenschutz-kirche.de/sites/default/files/file/NEU/Rechtliches/Hamburg/Allgemeine-Vorschriften/KDG-HH.pdf*; zu beiden Golland, RDV 2018, 8; weitere Nachweise bei Specht/Mantz-*Paschke*, § 27 Rn. 8, 9.

17 SHS-*Seifert*, Art. 91 Rn. 6.

18 Preuß, ZD 2015, 217.

19 Simitis-*Dammann*, § 2 Rn. 109; DKWW-*Weichert*, § 2 Rn. 9; Auernhammer-*Eßer*, § 2 Rn. 12; Gola/Schomerus, § 2 Rn. 14a.

20 Preuß, ZD 2015, 220ff.; so wohl auch Plath-*Schreiber*, § 2 Rn. 11.

21 Paal/Pauly-*Pauly*, Art. 91, Rn. 13; Wolff/Brink-*Hanloser*, § 2 Rn. 22; Roßnagel-*Arlt*, Kap. 8.15 Rn. 4, S. 1745; Hoeren, CR 1988, 62.

Tätigkeit nicht von anderen Tendenzbetrieben unterscheiden und die Erstreckung bzw. die Beschränkung des kirchlichen Datenschutzrechts auf die internen Angelegenheiten zur Wahrung ihrer Autonomie genügt.

Art. 91 signalisiert, dass ein bisheriger grundrechtskonformer Regelungsstatus zum Datenschutz bei Religionsgesellschaften beibehalten werden kann. D.h. die bestehenden Datenschutzregelungen der Kirchen **behalten im Wesentlichen weiterhin Geltung**, soweit die Kerntätigkeit religiöser Betätigung tangiert ist (siehe Rn. 16).[22] 18

Dies ist nur der Fall, soweit die bestehenden Datenschutzregeln **umfassend** sind. Damit kann nicht gemeint sein, dass die bestehenden Regeln alle im staatlichen Recht vorgesehenen Instrumente enthalten müssen. Es genügt, dass das Regelwerk eine Vollregelung enthält und umfassend die personenbezogene Datenverarbeitung der religiösen Organisationen zu normieren beabsichtigt. Einzelne Normen für spezifische Situationen oder Fallkonstellationen reichen hierfür nicht. Bei der KDO und dem DSG-EKD handelte es sich um umfassende Datenschutz-Regelwerke, selbst wenn sie nicht den modernen datenschutzrechtlichen Standards entsprechen.[23] Der Bestandsschutz bleibt bestehen, da das katholische Recht im KDG und das DSG-EKD überarbeitet und modernisiert wurden. Kirchen, die bisher kein Datenschutzrecht haben, können auch künftig nicht in den Genuss der Privilegierung des Art. 91 kommen.[24] Für sie gilt die DSGVO generell und für den Beschäftigtendatenschutz auch Art. 88.[25] 19

Hinsichtlich des Anwendungsumfangs der weitergeltenden kirchlichen Regelungen kann auf die schon bisher geltenden Interpretationen des Kirchendatenschutzrechtes verwiesen werden (siehe Rn. 16ff.). Es gilt ein **Bestandsschutz**. Stichtag hierfür ist der 25.5.2016. Der Bestandsschutz hindert nicht Modernisierungen und Anpassungen an neue technische, soziale, ökonomische oder kulturelle Rahmenbedingungen. Soweit diese von der DSGVO vorgegeben werden, besteht sogar ein normativer Anpassungsbedarf. Der auf den Bestands- und Vertrauensschutz ausgerichtete Gehalt des Art. 91 lässt es aber nicht zu, dass religiöse Organisationen, die bisher keine umfassenden Datenschutzregelungen hatten, sich nunmehr solche geben können.[26] 20

Die umfassenden Regeln müssen mit der DSGVO »**in Einklang gebracht werden**«. Dies muss bis zum 25.5.2018 erfolgt sein. Mit dem DSG-EKD-neu v. 15.11.2017 wurde dem durch die Evangelische Kirche in Deutschland entsprochen, mit dem KDG v. 20.11.2017 durch die Katholische Kirche (siehe Rn. 13). Teilweise wird vertreten, dass die kirchlichen Vorschriften von der DSGVO weder nach oben abweichen noch diese konkretisieren dürfen. Die für Mitgliedstaaten geltenden Spielräume seien auch für sie maßgeblich.[27] In Res- 21

22 Ausführlich zur »Temporalstruktur« des Art. 91 Ronellenfitsch, DÖV 2018, 1017ff.

23 Horen, NVwZ 2018, 373; Paal/Pauly-*Pauly*, Art. 91 Rn. 21–24; Kühling/Buchner-*Herbst*, Art. 91 Rn. 10, 11; Gola-*Gola*, Art. 91 Rn. 16; Plath-*Grages*, Art. 91 Rn. 3.

24 Gola-*Gola*, Art. 91 Rn. 17; a.A. Ehmann/Selmayr-*Ehmann/Kranig*, Art. 91 Rn. 15 mit dem Verweis, eine wortgetreue Auslegung widerspräche Art. 17 Abs. 1 AEUV.

25 Generell zur Geltung des staatlichen Arbeitsrechts in Kirchen EuGH 11.9.2018 – C-68/17, NJW 2018, 3086 = NZA 2018, 1187; gegen BVerfG 22.10.2014 – 2 BvR 661/12, NVwZ 2015, 517 = DÖV 2015, 240 = NZA 2014, 1387; zur EuGH-Zuständigkeit beim kirchlichen Datenschutz Golland, RDV 2018, 13.

26 Zweifelnd insofern Paal/Pauly-*Pauly*, Art. 91 Rn. 28.

27 Ehmann/Selmayr-*Ehmann/Kranig*, Art. 91 Rn. 19; Kühling/Buchner-*Herbst*, Art. 91 Rn. 15.

pektierung der Autonomie der religiösen Organisationen kann die Regelung aber nicht dahingehend verstanden werden, dass eine Übereinstimmung mit der DSGVO oder ein der DSGVO voll entsprechendes Datenschutzniveau gefordert wird. Gefordert werden kann nur und muss ein angemessenes Niveau. Dabei kann nicht auf die vergleichbaren Regelungen zur Drittlands-Datenübermittlung (Art. 44ff.) zurückgegriffen werden, weil dort die GRCh und die DSGVO, anders wie hier, nicht direkt anwendbar sind. ErwGr 7 Satz 1 fordert »einen soliden, kohärenten und klar durchsetzbaren Rechtsrahmen im Bereich des Datenschutzes in der Union«. Dies kann Änderungsbedarf in Bezug auf das bestehende Regelwerk auslösen. Wird dem nicht entsprochen, bzw. stehen die geltenden Normen mit der DSGVO nicht »im Einklang«, so sind die Regeln der DSGVO subsidiär anzuwenden.[28]

III. Unabhängige Aufsicht (Abs. 2)

22 Soweit nach Abs. 1 umfassende Datenschutzregeln bestehen, sollen diese gem. Abs. 2 »durch eine unabhängige **Aufsichtsbehörde**, die spezifischer Art sein kann, sofern sie die in Kapitel VI niedergelegten Bedingungen erfüllt«, durchgesetzt werden.

23 Die bisherigen kirchlichen Datenschutzordnungen sahen die Bestellung eines Datenschutzbeauftragten vor (§§ 15ff. KDO-alt, §§ 17ff. DSG-EKD-alt). Deren Status entsprach zwar in mancher Hinsicht dem von staatlichen Aufsichtsbehörden, nicht aber im Hinblick auf **Unabhängigkeit, Ausstattung, Befugnissen und Durchsetzungskraft**.[29] Mit Abs. 2 wird klargestellt, dass diesen Anforderungen im Wesentlichen genügt werden muss. Dies ist bei den §§ 39–45 DSG-EKD-neu und bei den §§ 42–47 KDG der Fall. Sowohl die evangelische[30] wie auch die katholische Kirche[31] haben die Datenschutzaufsicht neu aufgesetzt. Durch die Verwendung des Begriffs »Behörde« wird eine Art hoheitliche Einrichtung nahegelegt, die von der Kirche aber selbst etabliert werden kann.[32] Solche Stellen bestehen bisher nicht.[33] Sollte eine solche Kontrollstelle nicht bis zum 24.5.2018 eingerichtet worden sein, so macht Abs. 2 klar, dass die Aufsicht an die Behörden nach Art. 51ff. fällt. Dies ist bezüglich dem KDG und dem DSG-EKD nicht der Fall. Fehlen lediglich die Befugnisse des Art. 58 der kirchlichen Datenschutzaufsicht, so ist diese Norm analog anwendbar. Hiervon muss angesichts der Abhilfebefugnisse im KDG und im DSG-EKD[34] ausgegangen werden.

---

28 Auernhammer-*Jacob*, Art. 91 Rn. 13f.; Plath-*Grages*, Art. 91 Rn. 1; Sydow-*Hense*, Art. 91 Rn. 21; zur Vereinbarkeit des DSG-EKD und des KDG zum Drittlandstransfer und zu Bußgelder Golland RDV 2018, 11f.

29 Paal/Pauly-*Pauly*, Art. 91 Rn. 29.

30 *https://datenschutz.ekd.de/tag/dsg-ekd-neu/*.

31 Sieben Katholische Bistümer benennen Datenschutzbeauftragte, DANA 2018, 39.

32 Albrecht/Jotzo, Teil 9 Rn. 10, S. 136; Roßnagel-*Hoidn*, Europäische Datenschutz-Grundverordnung, § 4 Rn. 177, S. 268; Kühling/Buchner-*Herbst*, Art. 91 Rn. 18.

33 Paal/Pauly-*Pauly*, Art. 91 29; auch zweifelnd wegen beschränkter Befugnisse Kühling/Buchner-*Herbst*, Art. 91 Rn. 21; zu den Planungen der Kirchen Auernhammer-*Jacob*, Art. 91 Rn. 20.

34 SHS-*Seifert*, Art. 91 Rn. 27.

Kapitel 10
Delegierte Rechtsakte und Durchführungsrechtsakte

Art. 92 Ausübung der Befugnisübertragung

(1) Die Befugnis zum Erlass delegierter Rechtsakte wird der Kommission unter den in diesem Artikel festgelegten Bedingungen übertragen.
(2) Die Befugnis zum Erlass delegierter Rechtsakte gemäß Artikel 12 Absatz 8 und Artikel 43 Absatz 8 wird der Kommission auf unbestimmte Zeit ab dem 24. Mai 2016 übertragen.
(3) Die Befugnisübertragung gemäß Artikel 12 Absatz 8 und Artikel 43 Absatz 8 kann vom Europäischen Parlament oder vom Rat jederzeit widerrufen werden. Der Beschluss über den Widerruf beendet die Übertragung der in diesem Beschluss angegebenen Befugnis. Er wird am Tag nach seiner Veröffentlichung im Amtsblatt der Europäischen Union oder zu einem im Beschluss über den Widerruf angegebenen späteren Zeitpunkt wirksam. Die Gültigkeit von delegierten Rechtsakten, die bereits in Kraft sind, wird von dem Beschluss über den Widerruf nicht berührt.
(4) Sobald die Kommission einen delegierten Rechtsakt erlässt, übermittelt sie ihn gleichzeitig dem Europäischen Parlament und dem Rat.
(5) Ein delegierter Rechtsakt, der gemäß Artikel 12 Absatz 8 und Artikel 43 Absatz 8 erlassen wurde, tritt nur in Kraft, wenn weder das Europäische Parlament noch der Rat innerhalb einer Frist von drei Monaten nach Übermittlung dieses Rechtsakts an das Europäische Parlament und den Rat Einwände erhoben haben oder wenn vor Ablauf dieser Frist das Europäische Parlament und der Rat beide der Kommission mitgeteilt haben, dass sie keine Einwände erheben werden. Auf Veranlassung des Europäischen Parlaments oder des Rates wird diese Frist um drei Monate verlängert.

Inhaltsübersicht Rn.

I. Allgemeines zum Kapitel 10

Die **Kommission** kann auf zwei Wegen **konkretisierende Normen** im Zusammenhang mit der DSGVO erlassen. Dies sind zum einen **delegierte Rechtsakte** (»delegated acts«), die Gegenstand des **Art. 92** sind. Nach Art. 290 Abs. 1 UAbs. 1 AEUV sind delegierte Rechtsakte Rechtsakte zur Ergänzung oder Änderung bestimmter, nicht wesentlicher Vorschriften eines Gesetzgebungsaktes, die zwar allgemeine Geltung, aber keinen Gesetzescharakter haben. Gleichwohl haben sie Teil am Anwendungsvorrang des Unionsrechts vor dem mitgliedstaatlichen Recht.[1] Das Inkrafttreten von delegierten Rechtsakten, die 1

1 Kühling/Buchner-*Herbst*, Rn. 17.

die Kommission erlassen hat, kann vom Europäischen Parlament oder dem Rat verhindert werden.

2 Davon zu unterscheiden sind die Befugnisse, die die Kommission nach der DSGVO zum Erlass von **Durchführungsrechtsakten** (»implementing acts«) hat, auf die sich **Art. 93** bezieht. Nach Art. 291 Abs. 2 AEUV sind Durchführungsrechtsakte Konkretisierungen von verbindlichen Rechtsakten durch die Kommission. Der Erlass von Durchführungsrechtsakten unterliegt den in der VO (EU) Nr. 182/2011 geregelten Kontrollbefugnissen der Mitgliedstaaten.

II. Bedingungen für den Erlass delegierter Rechtsakte (Art. 92 Abs. 1)

3 Abs. 1 stellt klar, dass in Art. 92 lediglich die **Bedingungen** festgelegt werden, unter denen die **an anderen Stellen** der DSGVO übertragenen **Befugnisse der Kommission zum Erlass delegierter Rechtsakte** genutzt werden können. Dies sind die Befugnis zum Erlass delegierter Rechtsakte zur Bestimmung der Informationen, die durch **Bildsymbole** darzustellen sind, und der Verfahren für die Bereitstellung standardisierter Bildsymbole nach Art. 12 Abs. 8 und die Befugnis zum Erlass delegierter Rechtsakte zur Festlegung der **Anforderungen**, die für die in Art. 42 Abs. 2 genannten datenschutzspezifischen **Zertifizierungsverfahren** zu berücksichtigen sind, nach Art 43 Abs. 8. Dabei handelt es sich um datenschutzspezifische Zertifizierungsverfahren, Datenschutzsiegel und Datenschutzprüfzeichen, die den Nachweis führen sollen, dass die DSGVO bei Verarbeitungsvorgängen von Verantwortlichen und Auftragsverarbeitern eingehalten wird.

4 Anders als dies nach dem von der Kommission ursprünglich vorgelegten Entwurf der DSGVO vorgesehen war, der Befugnisse der Kommission zum Erlass von delegierten Rechtsakten in 26 Bereichen enthielt, gibt es damit nur zwei Bereiche, in denen die DSGVO der Kommission die Befugnis zum Erlass delegierter Rechtsakte erteilt. Da der Erlass delegierter Rechtsakte begrifflich voraussetzt, dass der **Regelungsgegenstand »nicht wesentlich«** ist, stellt sich bei **Art. 43 Abs. 8** die **Frage**, ob die Argumente, die zum Verzicht auf die zahlreichen von der Kommission zunächst vorgesehenen Befugnisse zum Erlass delegierter Rechtsakte für Regelungsgegenstände von zum Teil erheblicher Bedeutung geführt haben, nicht gleichermaßen für die Möglichkeit der Kommission zum Erlass delegierter Rechtsakte nach Art. 43 Abs. 8 gelten.

III. Befugnisübertragung ab 2016 (Abs. 2)

5 Abs. 2 bestimmt, dass die Kommission bereits seit dem 24. 5. 2016 über die Befugnis zum Erlass delegierter Rechtsakte nach den Art. 12 Abs. 8 und 43 Abs. 8 verfügt.

IV. Widerruf der Befugnisübertragung (Abs. 3)

6 Abs. 3 Satz 1 bestimmt, dass die Befugnisübertragungen zum Erlass delegierter Rechtsakte nach den Art. 12 Abs. 8 und 43 Abs. 8 vom Europäischen Parlament oder dem Rat jederzeit widerrufen werden können. Nach Satz 2 beendet der Beschluss über den Widerruf, der nach Satz 3 am Tag nach seiner Veröffentlichung im Amtsblatt der Europäischen Union oder zu einem späteren im Widerrufsbeschluss bestimmten Zeitpunkt wirksam

wird, die Befugnis zum Erlass neuer delegierter Rechtsakte. Bereits in Kraft getretene delegierte Rechtsakte behalten nach Satz 4 ihre Gültigkeit.

V. Übermittlung der delegierten Rechtsakte (Abs. 4)

Abs. 4 verpflichtet die Kommission, Europäischem Parlament und Rat den erlassenen Rechtsakt sofort zu übermitteln (»sobald die Kommission (...) erlässt«). Damit wird die Dreimonatsfrist nach Abs. 5 ausgelöst, innerhalb derer das Europäische Parlament oder der Rat das Inkrafttreten des delegierten Rechtsaktes verhindern können. 7

VI. Inkrafttreten der delegierten Rechtsakte (Abs. 5)

Abs. 5 bestimmt, dass das Inkrafttreten von delegierten Rechtsakten, die die Kommission erlassen hat, vom Europäische Parlament oder dem Rat verhindert werden kann. Aus Satz 1 ergibt sich, dass das Europäische Parlament oder der Rat innerhalb einer Frist von drei Monaten nach Übermittlung des Rechtsaktes Einwände erheben können. Diese Frist wird nach Satz 2 um weitere drei Monate verlängert, sofern Europäisches Parlament oder Rat dies veranlassen. Sofern Europäisches Parlament oder Rat Einwände gegen den delegierten Rechtsakt erheben, tritt dieser nicht in Kraft. Sofern Europäisches Parlament oder Rat innerhalb der drei Monate keine Einwände erhoben haben, oder mitteilen, dass sie keine Einwände erheben werden, tritt der delegierte Rechtsakt in Kraft. 8

Art. 93 Ausschussverfahren

(1) Die Kommission wird von einem Ausschuss unterstützt. Dieser Ausschuss ist ein Ausschuss im Sinne der Verordnung (EU) Nr. 182/2011.
(2) Wird auf diesen Absatz Bezug genommen, so gilt Artikel 5 der Verordnung (EU) Nr. 182/2011.
(3) Wird auf diesen Absatz Bezug genommen, so gilt Artikel 8 der Verordnung (EU) Nr. 182/2011 in Verbindung mit deren Artikel 5.

Inhaltsübersicht Rn.

I. Durchführungsrechtsakte

Art. 93 beschreibt zwei Verfahren des Erlasses von Durchführungsrechtsakten, ohne selbst zu normieren, bei welchen Regelungsgegenständen welches Verfahren Anwendung findet. Nach Art. 291 Abs. 2 AEUV kann die Kommission **Durchführungsrechtsakte** zur Konkretisierung verbindlicher Rechtsakte erlassen. Art. 291 Abs. 3 AEUV ermächtigt zur Festlegung allgemeiner Regeln und Grundsätze, nach denen die **Mitgliedstaaten** die Wahrnehmung dieser Regelungsbefugnisse durch die **Kommission kontrollieren**. Von dieser Ermächtigung wurde durch den Erlass der VO (EU) Nr. 182/2011 Gebrauch gemacht. 1

Durch diese Verordnung wird ein Ausschuss normiert, der sich in unterschiedlichen Verfahren mit Durchführungsrechtsakten beschäftigt, die die Kommission erlassen hat. Der **Ausschuss** setzt sich aus **Vertretern der Mitgliedstaaten** zusammen. Der Vorsitz liegt bei einem nicht stimmberechtigten Vertreter der Kommission. In Art. 93 finden sich Verweise auf Art. 5 der Verordnung, in dem das Prüfverfahren normiert wird, und auf Art. 8, in dem das Verfahren für sofort geltende Durchführungsrechtsakte normiert wird. Durch den Verweis auf Abs. 2 oder Abs. 3 des Art. 93 in den jeweiligen Sachnormen der DSGVO wird bestimmt, welches der beiden genannten Verfahren für welchen Regelungsgegenstand gelten soll.

II. Rolle der Mitgliedstaaten (Abs. 1)

2 Nach Abs. 1 wird die Kommission bei dem Erlass von Durchführungsrechtsakten durch einen **Ausschuss** im Sinne der VO (EU) Nr. 182/2011 unterstützt. Damit wird angeordnet,[1] dass für Durchführungsrechtsakte zur Durchführung der DSGVO ein Ausschuss im Sinne der VO (EU) Nr. 182/2011 gebildet wird. Damit kontrollieren die Mitgliedstaaten die Kommission beim Erlass der betreffenden Durchführungsrechtsakte.

III. Im Prüfverfahren verabschiedete Durchführungsrechtsakte (Abs. 2)

3 Abs. 2 bestimmt, dass Art. 5 VO (EU) Nr. 182/2011 gilt, sofern die DSGVO auf diesen Absatz verweist. Nach Art. 5 VO (EU) Nr. 182/2011 gibt der Ausschuss im **Prüfverfahren** seine Stellungnahme zum von der Kommission erlassenen Durchführungsrechtsakt mit der Mehrheit nach Art. 16 Abs. 4 EUV und gegebenenfalls nach Art. 238 Abs. 3 AEUV ab. Nach Art. 16 Abs. 4 EUV muss es sich danach um eine Mehrheit von mindestens 55 % der Mitglieder des Rates, gebildet aus mindestens 15 Mitgliedern handeln und die von diesen vertretenen Mitgliedstaaten zusammen mindestens 65 % der Bevölkerung der Union ausmachen. Für eine Sperrminorität sind mindestens vier Mitglieder des Rates erforderlich, andernfalls gilt die qualifizierte Mehrheit als erreicht. Art. 238 Abs. 3 AEUV gilt für die Fälle, in denen nicht alle Mitglieder des Rates stimmberechtigt sind. In diesen Fällen muss der Beschluss mit einer Mehrheit von mindestens 55 % derjenigen Mitglieder des Rates gefasst werden, die die beteiligten Mitgliedstaaten vertreten, sofern die von ihnen vertretenen Mitgliedstaaten zusammen mindestens 65 % der Bevölkerung der beteiligten Mitgliedstaaten ausmachen. Für eine Sperrminorität bedarf es in diesen Fällen mindestens der Mindestzahl von Mitgliedern des Rates, die zusammen mehr als 35 % der Bevölkerung der beteiligten Mitgliedstaaten vertreten, zuzüglich eines Mitglieds; andernfalls gilt die qualifizierte Mehrheit als erreicht.

4 Die Anwendung der Prüfverfahren auslösende Verweise auf Abs. 2 finden sich in **Art. 28 Abs. 7** (Festlegung von Standardvertragsklauseln für Verträge zwischen Verantwortlichen und Auftragsverarbeitern), **Art. 40 Abs. 9** (Allgemeingültigkeitserklärung für genehmigte Verhaltensregeln), **Art. 43 Abs. 9** (Festlegung von technischen Standards für Zertifizierungsverfahren, Datenschutzsiegel und Datenschutzprüfzeichen sowie von Mechanismen

1 Kühling/Buchner-*Herbst*, Rn. 8.

zur Förderung und Anerkennung dieser Zertifizierungsverfahren, Datenschutzsiegel und Datenschutzprüfzeichen), **Art. 45 Abs. 3** (Beschluss über die Angemessenheit des Schutzniveaus eines Drittlandes oder eine internationalen Organisation), **Art. 45 Abs. 5 UAbs. 1** (Widerruf, Änderung oder Aussetzung eines Angemessenheitsbeschlusses, siehe auch Rn. 6), **Art. 46 Abs. 2 Buchst. c** (Standarddatenschutzklauseln für Übermittlungen an ein Drittland oder eine internationale Organisation), **Art. 46 Abs. 2 Buchst. d** (Genehmigung von Standarddatenschutzklauseln für Übermittlungen an ein Drittland oder eine internationale Organisation, die eine Aufsichtsbehörde angenommen hat), **Art. 47 Abs. 3** (Festlegung des Formats und der Verfahren für den Informationsaustausch zwischen Verantwortlichen, Auftragsverarbeitern und Aufsichtsbehörden über verbindliche interne Datenschutzvorschriften), **Art. 61 Abs. 9** (Festlegung von Form und Verfahren der Amtshilfe und der Ausgestaltung des elektronischen Informationsaustausches zwischen den Aufsichtsbehörden sowie zwischen den Aufsichtsbehörden und dem Europäischen Datenschutzausschuss) und **Art. 67** (Durchführungsrechtsakte von allgemeiner Tragweite zur Festlegung der Ausgestaltung des elektronischen Informationsaustausches zwischen den Aufsichtsbehörden sowie zwischen Aufsichtsbehörden und EDSA).

IV. Sofort geltende Durchführungsrechtsakte (Abs. 3)

Abs. 3 bestimmt, dass Art. 8 der VO (EU) Nr. 182/2011 gilt, sofern die DSGVO auf diesen Absatz verweist. Art. 8 VO (EU) Nr. 182/2011 regelt **sofort geltende Durchführungsrechtsakte**, die für einen Zeitraum von höchstens sechs Monaten in Kraft bleiben. Voraussetzung für eine entsprechende sofortige Geltung ist, dass der Basisrechtsakt, hier also die DSGVO vorsieht, dass in hinreichend begründeten Fällen äußerster Dringlichkeit dieser das Verfahren des Art. 8 der VO (EU) Nr. 182/2011 anzuwenden ist. Das ist in den genannten Fällen gegeben. 5

Ein die Anwendung des Verfahrens für sofort geltende Durchführungsrechtsakte auslösender Verweis auf Abs. 3 findet sich allein in **Art. 45 Abs. 5 UAbs. 2**. Damit findet dieses Verfahren in Bezug auf den **Widerruf, die Änderung oder die Aussetzung eines Angemessenheitsbeschlusses** nach Art. 45 Abs. 3 Anwendung, wenn ein **hinreichend begründeter Fall äußerster Dringlichkeit** gegeben ist. 6

Kapitel 11
Schlussbestimmungen

Art. 94 Aufhebung der Richtlinie 95/46/EG

(1) Die Richtlinie 95/46/EG wird mit Wirkung vom 25. Mai 2018 aufgehoben.

(2) Verweise auf die aufgehobene Richtlinie gelten als Verweise auf die vorliegende Verordnung. Verweise auf die durch Artikel 29 der Richtlinie 95/46/EG eingesetzte Gruppe für den Schutz von Personen bei der Verarbeitung personenbezogener Daten gelten als Verweise auf den kraft dieser Verordnung errichteten Europäischen Datenschutzausschuss.

Inhaltsübersicht

I. Allgemeines (Abs. 1)

1 »**Zweck der Richtlinie** 95/46/EG des Europäischen Parlaments und des Rates ist die Harmonisierung der Vorschriften zum Schutz der Grundrechte und Grundfreiheiten natürlicher Personen bei der Datenverarbeitung sowie die Gewährleistung des freien Verkehrs personenbezogener Daten zwischen den Mitgliedstaaten« (ErwGr 3).

2 Zwar besitzen die Ziele und Grundsätze der Richtlinie 95/46/EG, also der EG-DSRl, weiterhin Gültigkeit, doch wurde mit ihr nicht das erwünschte und heute notwendige **Maß an Harmonisierung** erreicht (ErwGr 9 Satz 1). Dies wird mit der DSGVO nun angestrebt.

3 »Die Richtlinie 95/46/EG sollte durch diese Verordnung **aufgehoben** werden. Verarbeitungen, die zum Zeitpunkt der Anwendung dieser Verordnung bereits begonnen haben, sollten innerhalb von zwei Jahren nach dem Inkrafttreten dieser Verordnung mit ihr in Einklang gebracht werden. Beruhen die Verarbeitungen auf einer Einwilligung gemäß der Richtlinie 95/46/EG, so ist es nicht erforderlich, dass die betroffene Person erneut ihre Einwilligung dazu erteilt, wenn die Art der bereits erteilten Einwilligung den Bedingungen dieser Verordnung entspricht, so dass der Verantwortliche die Verarbeitung nach dem Zeitpunkt der Anwendung der vorliegenden Verordnung fortsetzen kann. Auf der Richtlinie 95/46/EG beruhende Entscheidungen bzw. Beschlüsse der Kommission und Genehmigungen der Aufsichtsbehörden bleiben in Kraft, bis sie geändert, ersetzt oder aufgehoben werden« (ErwGr 171). Der letzte Satz soll Rechtssicherheit in einer Übergangszeit schaffen, auch wenn die weitergeltenden Beschlüsse und Genehmigungen der DSGVO noch nicht (voll) entsprechen. Die Kommission bleibt aber verpflichtet, derartige Entscheidungen zeitnah anzupassen.[1]

4 Die EG-DSRl verliert am 25. 5. 2018 ihre Gültigkeit. An diesem Tag ist die DSGVO direkt anwendbar (Art. 99), so dass ein **lückenloser Schutz** gewährleistet bleibt. Dadurch, dass die DSGVO schon am 24. 5. 2016 in Kraft getreten ist, besteht eine zweijährige Übergangszeit, während der durch Rechtsanpassungen Rechtssicherheit hergestellt werden kann. In der Übergangszeit entfaltet die DSGVO nicht nur Wirkung gegenüber den nationalen Normgebern, sondern auch gegenüber Verantwortlichen und Auftragsverarbeitern, die während dieser Periode ihre Verarbeitung anpassen müssen, da vom 25. 5. 2018 das Regime der DSGVO uneingeschränkt gilt.

5 Vom 25. 5. 2918 an gilt die DSGVO nicht nur für neue Verarbeitungsprozesse, sondern auch für die bisherigen Datenspeicherungen.[2] Sind diese nach dem neuen Recht nicht mehr zulässig oder basieren sie auf einer nunmehr **nicht mehr wirksamen Einwilligung**, so wird die Weiterverarbeitung unzulässig. Für die weitere Verarbeitung muss eine nun wirksame Einwilligung gem. Art. 7, 8 eingeholt werden. Ist nicht, wie in Art. 7 vorgesehen, ein Hinweis auf die Widerrufbarkeit und Freiwilligkeit erfolgt, so muss dies nachgeholt

1 Kritisch Gola-*Piltz*, Art. 94 Rn. 19.
2 SHS-*Hornung/Spiecker*, Art. 94 Rn. 6.

werden. Liegen die höheren Anforderungen an das Privacy by Design und die Datensicherheit (Art. 25, 32) nicht vor, so kann auch dieser Mangel trotz bisheriger wirksamer Einwilligung zu einer Unzulässigkeit der weiteren Speicherung führen.[3]

Art. 45 Abs. 9 und Art. 46 Abs. 5 enthalten Übergangsregelungen zum **Datenexport in Drittstaaten**. Danach bleiben auf der EG-DSRl beruhende Maßnahmen der Kommission und Genehmigungen der Aufsichtsbehörden vorläufig anwendbar. 6

II. Verweise auf die EG-DSRl (Abs. 2)

Gem. Abs. 2 Satz 1 gelten Verweise auf die EG-DSRl in **EU-Rechtsakten** als Verweise auf die entsprechenden Regelungen der DSGVO. Um die Vergleichbarkeit festzustellen, ist auf den Regelungsinhalt, nicht die verwendete Begrifflichkeit, die sich geändert haben kann, abzustellen. Eine synoptische Konkordanztabelle gibt es nicht.[4] 7

Verweisen nationale Rechtsnormen auf die EG-DSRl, so kommt es darauf an, worin die Intention des jeweiligen Gesetzgebers bestand. Handelt es sich bei der Regelung der DSGVO im Wesentlichen um eine Regelung mit **gleicher Zielsetzung und gleichem Inhalt**, so gilt der Verweis ab dem 25.5.2018 auf die DSGVO. Dies ist z.B. bei § 13 Abs. 1 Satz 1 TMG der Fall, der bei der Unterrichtungspflicht auf die EG-DSRl verweist.[5] Ist aber erkennbar, dass der nationale Gesetzgeber die sich bei Anwendung der DSGVO ergebende Rechtsfolgen nicht bedacht oder gewollt hat, so ist Art. 94 Abs. 2 Satz 1 als Normierungsauftrag an den nationalen Gesetzgeber zu verstehen.[6] Dabei sind die Wertungen der DSGVO zu berücksichtigen. 8

Soweit bis zum 25.5.2018 keine Anpassung des nationalen Rechts erfolgt ist, ist die DSGVO direkt anwendbar; davon **abweichende nationale Regelungen** werden unwirksam. 9

Erfolgen in **privatrechtlichen Verträgen** oder sonstigen privatrechtlich relevanten Vorgängen Verweise auf die EG-DSRl, so kann angesichts der bestehenden Privatautonomie grds. keine Verweisung auf die DSGVO fingiert werden. Das vertraglich Gewollte ist durch Auslegung (§§ 133, 157 BGB) zu bestimmen.[7] Wurde ein privatrechtlicher Vertrag mit oder nach dem Wirksamwerden der DSGVO anwendbar und enthält er einen Verweis auf die EG-DSRl, so ist i.d.R. eine sinngemäße Übertragung auf die Inhalte der DSGVO nicht mehr möglich. Dies gilt jedenfalls, wenn die verwendende Partei davon Kenntnis hatte, dass nunmehr die DSGVO und nicht die EG-DSRl gilt. Die Festlegungen behalten mit den Inhalten des EG-DSRl Wirksamkeit und müssen ausdrücklich an eine neue Rechtslage angepasst werden. Ergibt sich jedoch bei der Auslegung des Verweises, dass die jeweils gültige Rechtslage gelten sollte, so erfolgt eine Bezugnahme auf die DSGVO (siehe §§ 133, 157 BGB). 10

---

3 Insofern missverständlich Beschluss des Düsseldorfer Kreises vom 13./14.9.2016, Fortgeltung bisher erteilter Einwilligungen unter der Datenschutz-Grundverordnung.

4 Auernhammer-*v. Lewinski*, Art. 94 Rn. 4.

5 Kühling/Buchner-*Kühling/Raab*, Art. 94 Rn. 10; zweifelnd Gola-*Piltz*, Art. 94 Rn. 15f.

6 Paal/Pauly-*Pauly*, Art. 94 Rn. 7.

7 SHS-*Hornung/Spiecker*, Art. 94 Rn. 13.

11 Inwieweit ein Verweis auf die **EG-DSRl als Ganzes oder auf einzelne Regelungen** davon intendiert wurde, muss aus dem Wortlaut und dem Sachzusammenhang abgeleitet werden. Demgemäß ist auch die Gültigkeit hinsichtlich der DSGVO zu beurteilen.

12 Abs. 2 Satz 2 stellt klar, dass **Rechtsnachfolger der Artikel-29-Arbeitsgruppe** der EDSA (Art. 68 ff.) ist, der mit erheblich weiter gehenden Aufgaben und Befugnissen ausgestattet ist.[8]

Art. 95 Verhältnis zur Richtlinie 2002/58/EG

Diese Verordnung erlegt natürlichen oder juristischen Personen in Bezug auf die Verarbeitung in Verbindung mit der Bereitstellung öffentlich zugänglicher elektronischer Kommunikationsdienste in öffentlichen Kommunikationsnetzen in der Union keine zusätzlichen Pflichten auf, soweit sie besonderen in der Richtlinie 2002/58/EG festgelegten Pflichten unterliegen, die dasselbe Ziel verfolgen.

Inhaltsübersicht Rn.

I. Allgemeines

1 Art. 95 regelt das Verhältnis der DSGVO zur **Datenschutzrichtlinie für elektronische Kommunikation** (RL 2002/58/EG), die zuletzt 2009 (sog. Cookie-Richtlinie) novelliert wurde. Diese Richtlinie (TK-DSRl), die weit verbreitet auch ePrivacy-Richtlinie bzw. ePrivacy-Directive genannt wird, zielt insbesondere auf eine Harmonisierung des Datenschutzrechtes und des Schutzes des Telekommunikationsgeheimnisses (Art. 7, 8 GRCh) mit dem freien Datenverkehr im Bereich der elektronischen Kommunikation ab (siehe TMG Einl. Rn. 1, 12 ff.).

2 Soweit die TK-DSRl Regelungen zum Grundrechtsschutz enthält, geht sie der EG-DSRl als **Lex Specialis** vor. Bis zur Geltung einer Nachfolgeregelung, der ePrivacy-Verordnung, gilt dies auch für den Anwendungsbereich der DSGVO.[1]

2a Die TK-DSRl »gilt für die Verarbeitung personenbezogener Daten in Verbindung mit der Bereitstellung öffentlich zugänglicher Kommunikationsdienste in öffentlichen Kommunikationsnetzen« (Art. 3 TK-DSRl). Was hierunter zu verstehen ist, wird nicht präzise klargestellt.[2] Dies führt dazu, dass der Bereich, der über Art. 95 weiterhin Geltung behalten soll, unsicher ist. Art. 2 Satz 1 TK-DSRl verweist auf die Rahmenrichtlinie 2002/21/EG. Nach Art. 2 Buchst. c Rahmenrichtlinie sind **elektronische Kommunikationsdienste**: »gewöhnlich gegen Entgelt erbrachte Dienste, die ganz oder überwiegend in der Übertragung von Signalen über elektronische Kommunikationsnetze bestehen, einschließlich Telekommunikations- und Übertragungsdienste in Rundfunknetzen, jedoch ausgenommen Dienste, die Inhalte über elektronische Kommunikationsnetze und -dienste anbieten oder eine re-

8 Ehmann/Selmayr-*Ehmann*, Art. 95 Rn. 6.

1 Kritisch wegen ungeklärter Widersprüche Auernhammer-*Heun/Assion*, Art. 95 Rn. 5–7.
2 Jandt/Steidle-*Jandt/Karg*, A II Rn. 91.

daktionelle Kontrolle über sie ausüben; nicht dazu gehören die Dienste der Informationsgesellschaft im Sinne von Art. 1 der Richtlinie 98/34/EG, die nicht ganz oder überwiegend in der Übertragung von Signalen über elektronische Kommunikationsnetze bestehen«.[3]

Unklar bleibt auch danach, inwieweit sog. **OTT-Kommunikationsdienste** von der TK-DSRl erfasst werden, wozu Webmail-Angebote wie Gmail, Outlook, Yahoo Mail, Posteo gehören, Instant-Messenger-Dienste wie WhatsApp, Threema, Signal, ICQ, Wire sowie Telefoniedienste wie Hangout, Skype und Facetime. Sowohl aus funktionaler wie auch aus Sicht des Betroffenenschutzes spricht viel dafür, diese OTT-Dienste in den Anwendungsbereich der TK-DSRl einzuordnen.[4] Der Umstand, dass ein Angebot als »Dienst der Informationsgesellschaft« zu bewerten ist, ist kein Hinderungsgrund, diesen zugleich als »elektronischen Kommunikationsdienst« einzustufen.[5] Tatsächlich wurde vom EuGH Skype als ein solcher Kommunikationsdienst eingestuft.[6] Irritierend ist aber, dass wenige Tage später Gmail diese Zuordnung versagt wurde.[7] Begründet wurde dies damit, dass Gmail nicht »ganz oder überwiegend in der Übertragung von Signalen über elektronische Kommunikationsnetze« bestünde. Ausschlaggebend war offenbar, dass Google weitere Dienste im Internet erbringt, die dann »auch als elektronische Kommunikationsdienste einzuordnen wären«.[8] Diese Argumentation ist wenig überzeugend und kann nicht durchgreifen, da die rechtliche Einordnung davon abhängig gemacht würde, ob ein Unternehmen weitere Dienste anbietet, die keine Kommunikationsdienste sind.[9] 2b

Die TK-DSRl erfasst den gesamten Bereich der elektronischen Kommunikation. Dazu gehören sowohl die Verkehrsdaten (Art. 5 Abs. 1 und 3, 6 TK-DSRl), die Inhalte der Kommunikation (Art. 5 Abs. 1, 2 TK-DSRl) wie auch Bestandsdaten, also Angaben über den Anschlussinhaber (Art. 8, 12 TK-DSRl, siehe auch ErwGr 26 TK-DSRl). Ausgenommen von der Anwendung der DSGVO sind nur die Daten, die »mit der Bereitstellung« der Kommunikationsdienste anfallen und nötig sind, also nicht die Inhalte.[10] Die Bestandsdaten lassen sich von dem einheitlichen Vorgang der elektronischen Kommunikation nicht abtrennen.[11] Die TK-DSRl erfasst auch nicht nur den Schutz des Telekommunikationsgeheimnisses, sondern sämtlicher Grundrecht im Bereich der elektronischen Komunikation (ErwGr 2 TK-DSRl). 2c

Die zentrale und bisher äußerst umstrittene Frage, inwieweit die TK-DSRl **Internet-Kommunikationsdienste** (E-Mail, Messenger, Internet-Telefonie) erfasst,[12] soll künftig in der ePrivacy-Verordnung klargestellt werden, indem die Erstreckung auf Over-the-Top-Kommunikationsdienste (OTT-Dienste) ausdrücklich festgestellt wird (siehe TMG Einl. Rn. 5). 3

3 SHS-*Karg*, Art. 95 Rn. 7.
4 Jandt/Steidle-*Jandt/Karg*, A II Rn. 95, 98.
5 EuGH 5.6.2019 – C 142/18, K&R 2019, 484, Rn. 46.
6 EuGH 5.6.2019 – C-142/18, Rn. 33, 48, 49,
7 EuGH 13.6.2019 – C-193/18, K&R 2019, 487, Rn. 41.
8 EuGH 13.6.2019 – C-193/18, Rn. 438–40.
9 Weichert, DuD 9/2019, XX; a.A. Schumacher, K&R 2019, 490.
10 SHS-*Karg*, Art. 95 Rn. 14.
11 So aber Kiparski/Sassenberg, CR 2018, 327; Hunzinger/Sassenberg, CR 2019, 189f., 192, die für die Bestandsdaten umfassend die DSGVO anwenden wollen.
12 Kühling/Buchner-*Kühling/Raab*, Art. 95 Rn. 2; s. TMG § 1 Rn. 3; TMG § 11 Rn. 18.

4 Die Regelung des Art. 95 entspricht dem Vorschlag der Kommission. Während des **Gesetzgebungsverfahrens** wurden unterschiedliche Änderungsvorschläge gemacht, die sich aber nicht durchsetzen konnten.[13]

5 Art. 95 adressiert die Bereitstellung von Kommunikationsdiensten durch **natürliche und juristische Personen**. Dieses schließt öffentliche Stellen und Behörden mit ein.[14] Der Begriff des öffentlichen elektronischen Kommunikationsdiensts ist definiert in Art. 2 Buchst. c TK-DSRl. Nicht-öffentliche Kommunikationsnetze unterfallen der DSGVO.[15]

II. Anwendungsbereich der e-Privacy-Regulierung

6 Art. 95 bestätigt die **Weitergeltung der TK-DSRl** unter dem Regime der DSGVO. Der Wortlaut ist insofern missverständlich, dass die TK-DSRl eine Vielzahl spezifischer Pflichten in Verbindung mit der Bereitstellung öffentlich zugänglicher elektronischer Kommunikationsdienste in öffentlichen Netzen auferlegt.[16] Nur soweit diese geregelt sind und die Regelungen »**dasselbe Ziel verfolgen**«, soll die DSGVO nicht anwendbar sein. Die besondere zusätzliche Zielsetzung der TK-DSRl besteht darin, dass sie Regelungen zum Schutz von Art. 7 GRCh, also der Vertraulichkeit der elektronischen Kommunikation, enthält.[17] Von Relevanz ist dies auch für Art. 4 TK-DSRl (technische Sicherheit), so dass die Art. 25, 32–35 DSGVO nicht direkt anwendbar sind.[18] Dies wird sich voraussichtlich mit der Anwendbarkeit der ePrivacy-Verordnung ändern (vgl. Art. 1 Abs. 3 ePVO-E). Art. 5 (Vertraulichkeit), auch der dortige Abs. 3 (Cookie-Regelung), Art. 6 (Verkehrsdaten), Art. 8 (Rufnummernanzeige), Art. 9 (Standortdaten) TK-DSRl enthalten spezifische Anforderungen an die Betreiber von Kommunikationsdiensten, so dass insofern die TK-DSRl die DSGVO mit ihrem Art. 6 verdrängt. Die Anwendbarkeit des TMG und des TKG sowie der TK-DSRl in Bezug auf den Schutz von Daten juristischer Personen wird von der DSGVO überhaupt nicht tangiert und behält daher weiterhin volle Wirkung.[19]

7 Art. 15 TK-DSRl verweist auf die Anwendbarkeit von Regelungen der **bisherigen EG-DSRl** (Regelungsvorbehalt Sicherheit, Rechtsbehelfe, Haftung, Sanktionen, Artikel 29-Datenschutzgruppe). Die entsprechenden Regelungen der DSGVO, insb. die Kap. VII und VIII, sind also auch im Anwendungsbereich der TK-DSRl anwendbar.

8 Die **Betroffenenrechte** der DSGVO gelten auch für den Bereich der Kommunikationsdienste.[20] Eine Spezialregelung zu Art. 95 enthält Art. 21 Abs. 5 DSGVO, wonach mit der Nutzung von Diensten der Informationsgesellschaft Betroffene »ihr **Widerspruchsrecht**

---

13 Kühling/Buchner-*Kühling/Raab*, Art. 95 Rn. 4; zum Verhältnis DSGVO zu TK-DSRl bei den Verhandlungen Gola-*Piltz*, Art. 95 Rn. 13.

14 Auernhammer-*Heun/Assion*, Art. 95 Rn. 8; a. A. DSK, Zur Anwendbarkeit des TMG für nicht-öffentliche Stellen ab dem 25. Mai 2018, 26. 4. 2018, Nr. 4.

15 Auernhammer-*Heun/Assion*, Art. 95 Rn. 11.

16 Zum wenig klaren Wortlaut der Regelung Gola-*Piltz*, Art. 95 Rn. 3, 8 f.

17 Ehman/Selmayr-*Klabunde/Selmayr*, Art. 95, Rn. 4, 9.

18 Auernhammer-*Heun/Assion*, Art. 95 Rn. 3, 5; anders wohl partiell Ehmann/Selmayr-*Klabunde/Selmayr*, Art. 95 Rn. 12, 18.

19 Ehmann/Selmayr-*Klabunde/Selmayr*, Art. 95 Rn. 4.

20 Kühling/Buchner-*Kühling/Raab*, Art. 95, Rn. 10.

mittels automatisierter Verfahren ausüben (können), bei denen technische Spezifikationen verwendet werden.

Die TK-DSRl ist durch nationalen Recht umzusetzen, was in Deutschland mit dem **TKG und dem TMG** erfolgt ist (siehe TMG Einl. Rn. 4f.). Dies hat zur Folge, dass TKG und TMG weiterhin anwendbar bleiben, soweit diese Regelungen nicht durch die DSGVO selbst verdrängt werden (siehe TMG Einl. Rn. 45).[21] 9

»Diese Verordnung sollte auf alle Fragen des Schutzes der Grundrechte und Grundfreiheiten bei der Verarbeitung personenbezogener Daten Anwendung finden, die nicht den in der Richtlinie 2002/58/EG des Europäischen Parlaments und des Rates bestimmte Pflichten, die dasselbe Ziel verfolgen, unterliegen, einschließlich der Pflichten des Verantwortlichen und der Rechte natürlicher Personen. Um das Verhältnis zwischen der vorliegenden Verordnung und der Richtlinie 2002/58/EG klarzustellen, sollte die Richtlinie entsprechend geändert werden. Sobald diese Verordnung angenommen ist, sollte die Richtlinie 2002/58/EG **einer Überprüfung unterzogen** werden, um insbesondere die Kohärenz mit dieser Verordnung zu gewährleisten« (ErwGr 173, vgl. allgemein Art. 98). 10

In Bezug auf die **Portabilität** (Art. 20 DSGVO) besteht in Art. 30 Universaldienstrichtlinie[22] eine kommunikationsspezifische Regelung mit einem weit über Art. 20 DSGVO hinausgehenden Präzisierungsgrad. Diese Regelung behält natürlich weiterhin Geltung. 11

Eine explizite Ausnahme vom Vorrang der TK-DSRl enthält Art. 21 Abs. 5 DSGVO. Danach kann ein **Widerspruch** ungeachtet der TK-DSRl mittels automatisierter Verarbeitung erklärt werden, bei denen technische Spezifikationen verwendet werden.[23] 12

In ErwGr 173 Satz 2, 3 verpflichtet sich der EU-Gesetzgeber, die TK-DSRl zu überprüfen und letztlich an die DSGVO anzupassen. Dieses Vorhaben wurde mit dem Vorschlag der Kommission vom 10.1.2017 für eine ePrivacy-Regulation in Angriff genommen (siehe TMG Einl. Rn. 11ff.).[24] 13

Art. 96 Verhältnis zu bereits geschlossenen Übereinkünften

Internationale Übereinkünfte, die die Übermittlung personenbezogener Daten an Drittländer oder internationale Organisationen mit sich bringen, die von den Mitgliedstaaten vor dem 24. Mai 2016 abgeschlossen wurden und die im Einklang mit dem vor diesem Tag geltenden Unionsrecht stehen, bleiben in Kraft, bis sie geändert, ersetzt oder gekündigt werden.

Inhaltsübersicht Rn.

21 Gierschmann, ZD 2018, 299; a.A. DSB-K, Zur Anwendbarkeit des TMG für nicht-öffentliche Stellen nach dem 25.5.2018, 26.4.2018.

22 Richtlinie 2002/22/EG v. 7.3.2002, ABl. 2002 L 108, 51; zuletzt geändert durch Verordnung (EG) Nr. 2006/2004, ABl. 2009 L 337, 11.

23 Plath-*Jenny*, Art. 95 Rn. 3.

24 Einen Überblick bietet Ehmann/Selmayr-*Klabunde/Selmayr*, Art. 95 Rn. 22.

I. Entstehungsgeschichte und Zweck

1 Die Vorschrift hat keine Entsprechung in der Richtlinie 95/46/EG. Auch die Entwürfe von Kommission und Europäischem Parlament enthielten keine derartige Bestimmung. Erst der **Rat brachte** in Art. 89a seines Entwurfs eine solche **Regelung ein**, die allerdings nur eine Überprüfung an der Datenschutzrichtlinie und nicht am gesamten Unionsrecht vorsah. Dies wurde ersichtlich im Rahmen des Trilogs korrigiert.

2 Art. 96 nimmt den Geltungsanspruch des DSGVO insofern zurück, als sie internationale Abkommen unberührt lässt, die vor dem 24. Mai 2016 von den Mitgliedstaten abgeschlossen wurden.[1] Insoweit will der Unionsgesetzgeber nicht in die Beziehungen der Mitgliedstaaten zu Drittländern eingreifen, indem er **den bestehenden Abkommen Bestandsschutz** gewährt. Die Mitgliedstaaten können also die Erfüllung ihrer daraus folgenden Pflichten nicht mit dem Argument verweigern, die DSGVO verbiete ein derartiges Verhalten.[2] Ohne eine solche Bestimmung könnten einzelne Mitgliedstaaten in Schwierigkeiten geraten, wenn der Drittstaat weiter auf Vertragserfüllung beharrt und eine Kündigung der Übereinkunft nicht möglich ist.[3] Eine ähnliche Bestimmung findet sich in Art. 351 AEUV. Insbesondere könnte der Handelsverkehr beeinträchtigt werden.[4]

II. Welche Übereinkünfte sind erfasst?

1. Übereinkünfte mit Drittstaaten

3 Der Begriff der Übereinkunft findet sich auch in Art. 48 DSGVO. Ein dort genannter Anwendungsfall, der auch für Art. 96 relevant ist, sind die **Rechtshilfeabkommen**, doch ist bei ihnen eine Kollision mit der DSGVO von vorne herein ausgeschlossen, da sie sich ihrem Gegenstand nach im Bereich der Richtlinie für Polizei und Justiz (Richtlinie (EU) 2016/680) bewegen.[5] Inhaltlich muss es sich um völkerrechtliche Verträge handeln, die die Übermittlung personenbezogener Daten »mit sich bringen«. Dies bedeutet, dass sie nicht notwendigerweise dort ihren Schwerpunkt haben.[6] Selbst, wenn dieser wie bei **Handelsabkommen** auf anderen Gebieten liegt, kann trotzdem auch die Datenübermittlung ein Regelungsgegenstand sein. Sobald in einer völkerrechtlichen Übereinkunft die Datenübermittlung in Drittstaaten oder an Internationale Organisationen angesprochen ist, ist Art. 96 anwendbar.

4 In Deutschland wird es sich im Regelfall um einen **völkerrechtlichen Vertrag** im Sinne des Art. 59 Abs. 2 GG handeln, der erst nach Zustimmung durch Bundestag und Bundes-

---

1 Gegen eine solche Selbstbeschränkung sprechen entgegen Gola-*Piltz*, Art. 96 Rn. 10 keine Bedenken.
2 SHS-*Schiedermair*, Art. 96 Rn. 3.
3 Vgl. Gola-*Piltz*, Art. 96 Rn. 4.
4 Sydow-*Towfigh/Ulrich*, Art. 96 Rn. 1.
5 Plath-*Jenny*, Art. 96 Rn. 1.
6 Gola-*Piltz*, Art. 96 Rn. 7.

rat in Kraft tritt. Da die Datenübermittlung einen Eingriff in das informationelle Selbstbestimmungsrecht darstellt, bedarf es einer gesetzlichen Grundlage. Denkbar ist, dass eine solche bereits besteht und die Exekutive dort ermächtigt wird, Einzelheiten im Rahmen eines **Verwaltungsabkommens** zu regeln. In einem solchen Fall würde auch ein Verwaltungsabkommen mit einem Drittstaat unter Art. 96 fallen.[7]

Ohne Bedeutung ist es, ob es sich um einen **bilateralen oder** einen **multilateralen Vertrag** 5
handelt. Anhaltspunkte in Bezug auf eine Beschränkung auf bilaterale Verträge bestehen nicht.[8] Auch das im Rahmen des Europarats geschaffene »Übereinkommen zum Schutz des Menschen bei der automatischen Verarbeitung personenbezogener Daten«[9] fällt daher unter Art. 96,[10] wobei allerdings ein Widerspruch zur DSGVO nicht ersichtlich ist. Bei bloßen Empfehlungen wie den OECD-Leitlinien, dem Code of Practice der ILO und den UN-Richtlinien[11] tritt keine Kollision ein, weil sie keine Rechtswirkungen entfalten; die DSGVO ist daher allein maßgebend. Dies schließt nicht aus, dass Normen des **Soft law** bei der Auslegung der DSGVO herangezogen werden können.

Die **Übereinkünfte** müssen von den **Mitgliedstaaten** geschlossen worden sein. Verträge, 6
die die EU im Rahmen ihrer Außenkompetenzen nach Art. 216 ff. AEUV abschließt, sind nicht einbezogen.[12] **Gemischte Abkommen**, die sowohl von der Union wie von (den) Mitgliedstaaten abgeschlossen werden, sind dagegen erfasst.[13] Als Beispiel wird dabei das Rechtshilfeabkommen zwischen der EU und den USA vom 20. 10. 2007 genannt.[14]

2. Vor dem 24. Mai 2016 abgeschlossen

Der Bestandsschutz betrifft nur diejenigen Übereinkünfte, die **vor dem Inkrafttreten der** 7
DSGVO abgeschlossen wurden. Während des **»Übergangszeitraums« bis** zum Wirksamwerden am **25. 5. 2018** ist den Mitgliedstaaten die Berücksichtigung der Vorschriften der DSGVO zuzumuten. Als Abschluss der Übereinkunft ist der **Zeitpunkt** anzusehen, in dem sie **wirksam wird**. Dies wird bei einem sog. einphasigen Verfahren wie bei einem Verwaltungsabkommen bereits dann der Fall sein, wenn beide Seiten unterschrieben haben. Bei dem sog. zweiphasigen Verfahren, bei dem erst eine Zustimmung der gesetzgebenden Körperschaften eingeholt werden muss, liegt ein »Abschluss« erst dann vor, wenn der Mitgliedstaat seine **Ratifikationsurkunde** bei der vereinbarten Stelle **hinterlegt** hat und der Vertrag in Kraft getreten ist. Dies setzt bei zweiseitigen Verträgen voraus, dass auch der andere Staat die Ratifikation erklärt hat. Bei multilateralen Verträgen wie z. B. ILO-Überein-

---

7 Zur Differenzierung zwischen völkerrechtlichen Verträgen und Verwaltungsabkommen s. Paal/Pauly-*Pauly*, Art. 96 Rn. 6 ff.

8 Wie hier im Ergebnis Gola-*Piltz*, Art. 96 Rn. 8; Paal/Pauly-*Pauly*, Art. 96 Rn. 1.

9 Abgedruckt bei Däubler/Kittner/Lörcher, Nr. 330; dazu Däubler, Gläserne Belegschaften, Rn. 64 f.

10 Sydow-*Towfigh/Ulrich*, Art. 96 Rn. 5.

11 Zu diesen drei Quellen von soft laws Däubler, Gläserne Belegschaften, Rn. 64b – 66.

12 Ehmann/Selmayr-*Zerdick*, Art. 96 Rn. 3; anders SHS-*Schiedermair*, Art. 96 Rn. 5, was sich aber nicht mit dem Wortlaut des Art. 96 vereinbaren lässt.

13 Kühling/Buchner-*Kühling/Raab*, Art. 97 Rn. 3; Paal/Pauly-*Pauly*, Art. 97 Rn. 9.

14 BGBl. II, S. 1652.

kommen wird für das Rechtlich-Verbindlich-Werden in der Regel verlangt, dass eine Mindestzahl von Staaten eine Ratifikationsurkunde hinterlegt hat.

III. Vereinbarkeit mit sonstigem Unionsrecht

8 Nur solche Übereinkünfte bleiben aufrechterhalten, die **nicht in Widerspruch zu sonstigem Unionsrecht** stehen. Sie müssen also insbesondere mit der Datenschutzrichtlinie vereinbar sein, aber auch mit Art. 7 und Art. 8 GRCh. Für schon bisher unionsrechtswidrige Vorschriften kann es keinen Bestandsschutz geben. Bei Verträgen, die auch andere Materien regeln, gilt dies allerdings nur dann, wenn die datenschutzbezogenen Normen im Widerspruch zum Unionsrecht standen.

IV. Neuabschlüsse und Veränderungen von bestehenden Übereinkünften

9 Übereinkünfte, die **nach dem 24. Mai 2016 wirksam** werden, müssen die DSGVO in vollem Umfang beachten. Insoweit wird keine Abweichung toleriert. Gleichzeitig ist damit aber klar gestellt, dass die Mitgliedstaaten ihre Kompetenz zum Abschluss solcher Verträge behalten.[15]

10 Wird eine ältere Übereinkunft nach diesem Zeitpunkt ersetzt oder gekündigt, so ist den Vorschriften der DSGVO in vollem Umfang Rechnung zu tragen. Dasselbe gilt nach der ausdrücklichen Formulierung in Art. 96 auch dann, wenn sie **geändert** wird, wobei es ohne Bedeutung ist, welcher Teil eine Änderung erfährt. Darüber hinaus sind die Mitgliedstaaten verpflichtet, alles in ihren Kräften Stehende zu tun, um **durch Verhandlungen** mit dem Drittstaat eine **Anpassung an die DSGVO** zu erreichen. Dies wird in der Literatur als Ausdruck des sog. effet utile angesehen,[16] lässt sich aber auch mit Art. 351 Satz 2 AEUV rechtfertigen, der zumindest entsprechend anwendbar ist.[17]

Art. 97 Berichte der Kommission

(1) Bis zum 25. Mai 2020 und danach alle vier Jahre legt die Kommission dem Europäischen Parlament und dem Rat einen Bericht über die Bewertung und Überprüfung dieser Verordnung vor. Die Berichte werden öffentlich gemacht.

(2) Im Rahmen der Bewertungen und Überprüfungen nach Absatz 1 prüft die Kommission insbesondere die Anwendung und die Wirkungsweise

a) des Kapitels V über die Übermittlung personenbezogener Daten an Drittländer oder an internationale Organisationen insbesondere im Hinblick auf die gemäß Artikel 45 Absatz 3 der vorliegenden Verordnung erlassenen Beschlüsse sowie die gemäß Artikel 25 Absatz 6 der Richtlinie 95/46/EG erlassenen Feststellungen,

b) des Kapitels VII über Zusammenarbeit und Kohärenz.

(3) Für den in Absatz 1 genannten Zweck kann die Kommission Informationen von den Mitgliedstaaten und den Aufsichtsbehörden anfordern.

---

15 Plath-*Jenny*, Art. 96 Rn. 1; SHS-*Schiedermair*, Art. 96 Rn. 7.

16 Kühling/Buchner-*Kühling/Raab*, Art. 96 Rn. 5.

17 Art. 351 ist auch erwähnt bei Ehmann/Selmayr-*Zerdick*, Art. 96 Rn. 5.

(4) Bei den in den Absätzen 1 und 2 genannten Bewertungen und Überprüfungen berücksichtigt die Kommission die Standpunkte und Feststellungen des Europäischen Parlaments, des Rates und anderer einschlägiger Stellen oder Quellen.
(5) Die Kommission legt erforderlichenfalls geeignete Vorschläge zur Änderung dieser Verordnung vor und berücksichtigt dabei insbesondere die Entwicklungen in der Informationstechnologie und die Fortschritte in der Informationsgesellschaft.

Inhaltsübersicht Rn.

I. Allgemeines

Art. 33 **EG-DSRl** sah vor, dass die Kommission erstmals nach sechs Jahre nach deren Annahme einen zu veröffentlichenden Bericht über die Durchführung der EG-DSRl vorlegt und »gegebenenfalls geeignete Änderungsvorschläge« beilegt. Zu prüfen war dabei insbesondere die Verarbeitung von personenbezogenen Bild- und Tondaten »unter Berücksichtigung der Entwicklung der Informationstechnologie und der Arbeiten über die Informationsgesellschaft«. 1

Die **von Anfang an** vorgesehene Regelung zu den Kommissionsberichten wurde durch den Rat und im Trilog weiter ausdifferenziert, z. B. indem der Rat ausdrücklich auf die Kohärenz und die Zusammenarbeit der Aufsichtsbehörden Bezug nahm. 2

II. Prüfung der DSGVO (Abs. 1, 2)

Gem. Abs. 1 wird der Kommission aufgegeben, bis zum 25. 5. 2020 dem Parlament und dem Rat einen Bericht über ihre Bewertung der DSGVO vorzulegen. Die darin vorzunehmende Evaluierung der DSGVO soll Defizite feststellen und, wie diese behoben werden können. 3

Ein Schwerpunkt der Berichterstattung soll die **institutionelle Ausgestaltung** der DSGVO sein, mit der eine wirkungsvolle und effiziente Durchsetzung des Datenschutzes gewährleistet werden soll. 4

Ein weiterer Schwerpunkt sollen die gem. Art. 45 Abs. 3 von der Kommission zur **Drittlands-Datenübermittlung** gefällten Beschlüsse sein: »Die Kommission sollte innerhalb einer angemessenen Frist die Wirkungsweise der letztgenannten Beschlüsse bewerten und dem durch diese Verordnung eingesetzten Ausschuss im Sinne der Verordnung (EU) Nr. 182/2011 des Europäischen Parlaments und des Rates sowie dem Europäischen Parlament und dem Rat über alle maßgeblichen Feststellungen Bericht erstatten« (ErwGr 106 Satz 5). 5

Die Evaluierung soll nicht nur die beiden o. g. Aspekte, sondern eine **umfassende Bewertung** beinhalten. Ein Schwerpunkt muss bei den neuen oder den stark veränderten Instrumenten liegen wie der Portabilität (Art. 20) oder dem stark ausgebauten Sanktionen- und Rechtsschutzregime. Zu berücksichtigen sind sowohl die Aktivitäten des EDSA wie auch der einzelnen Aufsichtsbehörden. Hierbei kann auf die Jahresberichte (Art. 59, 71) zu- 6 rückgegriffen werden. Der Grad der Harmonisierung bzw. der Unterschiede bei Bewertungen und Praktiken ist eine wichtige Fragestellung.

7 Die festen **Terminvorgaben** für die Evaluationsberichte sind wohl darauf zurückzuführen, dass in Bezug auf die EG-DSRl die Kommission ihren ersten Bericht erst verspätet 2003 vorlegte und auch danach keine regelmäßige Evaluierung erfolgte.[1] Der erste Bericht zur DSGVO ist bis zum 25.5.2020 vorzulegen, also nach nur zwei Jahren direkter Anwendbarkeit.

8 **Adressaten** der Berichte sind Parlament und Rat, die politische Konsequenzen aus den Berichten ziehen können sollen. Die Information der Öffentlichkeit, z.B. über das Internet, dient der Einbeziehung der Fachöffentlichkeit und der öffentlichen Kontrolle der Umsetzung des Datenschutzes und des Umgangs der Kommission hiermit.

III. Rechte und Pflichten der Kommission (Abs. 3–5)

9 Abs. 3 begründet einen **Informationsanspruch der Kommission** gegenüber den Mitgliedstaaten und den Aufsichtsbehörden. Sie kann Informationen zu einzelnen Verfahren und zu den Hintergründen einfordern.

10 Abs. 4 verpflichtet die Kommission, die angelieferten Informationen auch **zu berücksichtigen**. Dies schließt ein, dass die vorgetragenen Erwägungen behandelt und die politischen Bewertungen des Rats und des Parlaments berücksichtigt werden. Eine zentrale Informationsquelle für die Erstellung des Kommissionsberichts sind die Berichte und Stellungnahmen der Datenschutzaufsichtsbehörden,[2] die ihrerseits Bewertungen von Betroffenen und Anwendenden einbeziehen.[3]

11 Die erlangten Informationen verwendet die Kommission gem. Abs. 5 zur Erarbeitung von Vorschlägen zur **Veränderung der DSGVO** sowie des sonstigen Rechtsrahmens unter Berücksichtigung der festgestellten Sachverhalte in Bezug auf Umsetzung des Datenschutzrechts, auf die technischen Entwicklungen und auf die politischen Meinungen und Zielsetzungen.

Art. 98 Überprüfung anderer Rechtsakte der Union zum Datenschutz

Die Kommission legt gegebenenfalls Gesetzgebungsvorschläge zur Änderung anderer Rechtsakte der Union zum Schutz personenbezogener Daten vor, damit ein einheitlicher und kohärenter Schutz natürlicher Personen bei der Verarbeitung sichergestellt wird. Dies betrifft insbesondere die Vorschriften zum Schutz natürlicher Personen bei der Verarbeitung solcher Daten durch die Organe, Einrichtungen, Ämter und Agenturen der Union und zum freien Verkehr solcher Daten.

---

1 Plath-*Jenny*, Art. 97 Rn. 1.

2 SHS-*Schiedermair*, Art. 97 Rn. 10.

3 Zur Evaluierung nach einem Jahr DSGVO Netzwerk Datenschutzexpertise, 13.6.2019, *https://www.netzwerk-datenschutzexpertise.de/sites/default/files/gut-2019-evaluationdsgvo-final.pdf*, Hinweis auf weitere Quellen bei Spaeing, DANA 2019, 78f.

Die Zielsetzung einer Harmonisierung des Datenschutzrechts und der Umsetzungspraxis beschränkt sich nicht auf den Anwendungsbereich der DSGVO. Vielmehr müssen die sonstigen Regelungen mit der DSGVO als Grundverordnung kompatibel sein. Dies wird mit der Verpflichtung der Kommission zur **Einheitlichkeit und zur Kohärenz** mit anderen Rechtsakten und insbesondere mit der für die EU-Organe geltenden Verordnung angestrebt. Normwidersprüche sollen vermieden werden. Soweit einheitliche Anforderungen, Standards oder Prozesse möglich sind, sollten diese im Interesse der Effizienz, der Bürgerfreundlichkeit und der Transparenz auch realisiert werden. Art. 98 enthält keine normative Verpflichtung, sondern spricht eher einen Appell aus. 1

Art. 98 wurde auf Initiative des Europäischen Parlaments im **Trilog** eingefügt, nachdem definitiv klar war, dass außer der Richtlinie für Justiz und Polizei (DSRl-JI)[1] die weiteren Regelwerke möglicherweise nicht zeitgleich angepasst werden können. Dabei handelt es sich um den Datenschutz bei den Unionsorganen[2] sowie um die TK-DSRl.[3] 2

Der Harmonisierungsappell adressiert nicht nur die expliziten Datenschutzregelwerke, sondern auch Regelungen mit datenschutzrechtlicher Relevanz, die sich in allen Richtlinien und Verordnungen ergeben kann, z. B. für die Richtlinie 2000/31/EG über den **elektronischen Geschäftsverkehr** (eCommerce-RL): »Die vorliegende Verordnung berührt nicht die Anwendung der Richtlinie 2000/31/EG des Europäischen Parlaments und des Rates und insbesondere die der Vorschriften der Art. 12 bis 15 jener Richtlinie zur Verantwortlichkeit von Anbietern reiner Vermittlungsdienste. Die genannte Richtlinie soll dazu beitragen, dass der Binnenmarkt einwandfrei funktioniert, indem sie den freien Verkehr von Diensten der Informationsgesellschaft zwischen den Mitgliedstaaten sicherstellt« (ErwGr 21).[4] Insbesondere im Justiz- und Sicherheitsbereich wurden von der EU Normen mit hoher datenschutzrechtlicher Relevanz festgelegt (z. B. Prümer Beschluss, zu Europol, Eurojust).[5] Aber auch Rechtsakte zum Binnenmarkt, zum Asyl, zur Gesundheit, zum Zoll und zum Grenzschutz haben Datenschutzbezüge.[6] 3

Regelungen zu »Informationen über die natürliche Person, die im Zuge der Anmeldung für sowie der **Erbringung von Gesundheitsdienstleistungen** im Sinne der Richtlinie 2011/24/EU des Europäischen Parlaments und des Rates für die natürliche Person erhoben werden« (ErwGr 35 Satz 2) betreffen die Ausübung der Patientenrechte in der grenzüberschreitenden Gesundheitsversorgung. Die Richtlinie enthält punktuelle Normen zum Zugang zu Patientenakten und zu Leitlinien für Netzwerke für elektronische Gesundheitsdienste. Relevanz hat nach ErwGr 54 Satz 3 zudem die Verordnung (EG) Nr. 1338/2008 zu »Gemeinschaftsstatistiken über die öffentliche Gesundheit und über Gesundheitsschutz und Sicherheit am Arbeitsplatz«. 4

Weiterhin werden in den Erwägungsgründen folgende **Regelwerke** erwähnt: die Richtlinie 2003/98/EG über die Weiterverwendung von Informationen des öffentlichen Sektors, geändert durch die Richtlinie 2013/37/EU (ErwGr 154 Satz 6), die Verordnung (EU) 5

1 Richtlinie 2016/680, ABl. 4. 5. 2016, L 119/89.
2 Verordnung 45/2001/EG.
3 Richtlinie 2002/58/EG, s. TMG Einl. Rn. 1, 10.
4 Kühling/Buchner-*Kühling/Raab*, Art. 98 Rn. 3.
5 Ehmann/Selmayr-*Zerdick*, Art. 98 Rn. 1, 9, 14, 15.
6 Ehmann/Selmayr-*Zerdick*, Art. 98 Rn. 13.

Nr. 536/2014 über klinische Prüfungen mit Humanarzneimittel (ErwGr 161) und die Verordnung (EG) Nr. 223/2009 über europäische Statistiken (ErwGr 163 Satz 3)[7] sowie die TK-DSRl (vgl. Art. 95, ErwGr 173).[8]

Art. 99 Inkrafttreten und Anwendung

(1) Diese Verordnung tritt am zwanzigsten Tag nach ihrer Veröffentlichung im Amtsblatt der Europäischen Union in Kraft.
(2) Sie gilt ab dem 25. Mai 2018.

1 Die **Veröffentlichung** der DSGVO im Amtsblatt der EU ist am 4.5.2016 erfolgt.[1] Der 20. Tag nach der Veröffentlichung i. S. v. Art. 99 ist also der 24.5.2016, zu dem sie in Kraft trat und damit **normative Wirksamkeit** im Sinne einer Vorwirkung entfaltet.[2] Dies hat z. B. im Hinblick auf kirchliche Regeln nach Art. 91 Abs. 1 Folgen, soweit sie noch nicht mit der DSGVO in Einklang gebracht wurden (siehe Art. 91 Rn. 21). Das Datum hat zudem gem. Art. 96 in Bezug auf internationale Übereinkünfte Relevanz. Vorher abgeschlossene Übereinkünfte bleiben in Kraft, wenn sie zuvor mit dem Unionsrecht vereinbar waren, bis sie geändert, ersetzt oder gekündigt werden. Eine Parallelvorschrift mit einer vom 6.5.2018 an laufenden Zweijahresfrist besteht in Art. 63 Abs. 1 DSRl-JI.

2 Gem. Abs. 2 ist die DSGVO vom **25.5.2018 an direkt anwendbar**. Sie hat damit unmittelbare und allgemeine Geltung und geht von diesem Tag an evtl. entgegenstehenden nationalen Regelungen vor und verdrängt diese.

3 Bei der Einführung der **EG-DSRl** war eine Frist von drei Jahren mit einem weiteren Anpassungszeitraum von drei Jahren nach Umsetzung im nationalen Recht vorgesehen (Art. 32 EG-DSRl).

4 Von Anfang an war klar, dass es für die direkte Anwendbarkeit einer **Übergangsfrist** bedarf, die schon von der Kommission auf zwei Jahre angesetzt war. Während dieser Zeit haben die Verantwortlichen, Auftragsverarbeiter, Aufsichtsbehörden, nationale Gesetzgeber, Betroffene, Zertifizierungsstellen sowie sonstige Beteiligte die Möglichkeit, ihre Praxis an die neue Rechtslage anzupassen und die hierfür nötigen Normen und Umsetzungsregeln zu erlassen. Dies verbietet schon vor dem Wirksamwerden der DSGVO nationalen Normierungsstellen den Erlass von Normen, die vom 25.5.2018 im Widerspruch zur DSGVO stehen.

5 In einzelnen Entscheidungen gehen Gerichte davon aus, dass die DSGVO durch deutsche Behörden **schon vom Zeitpunkt des Inkrafttretens anzuwenden** sei und nahmen Datenschutzverstöße an.[3] Diese Entscheidungen nehmen Bezug auf ein Urteil des EuGH, das feststellte, dass ein Gesetzgebungsakt der EU vom Zeitpunkt seiner Bekanntgabe Rechts-

7 Zu allem Kühling/Buchner-*Kühling/Raab*, Art. 98 Rn. 6–8.
8 Ausführlicher Plath-*Jenny*, Art. 98 Rn. 2; siehe auch Überblick bei SHS-*Roßnagel*, Art. 98 Rn. 23.

1 ABl. L 119, 1.
2 Ehmann/Selmayr-*Selmayr/Ehmann*, Einf. Rn. 7.
3 VG Wiesbaden 21.9.2017 – 6 L 3805/WI.A, FG Düsseldorf 9.8.2017 – 4 K 1404/17.

wirkungen entfaltet.[4] Der EuGH stützte sich aber in seinem Urteil auf Art. 191 EWG-Vertrag, der festlegte, dass Richtlinien und Entscheidungen durch ihre Bekanntgabe wirksam werden. Die detailliertere Nachfolgevorschrift des Art. 297 AEUV spricht nicht mehr von der Bekanntgabe und ermöglicht differenziertere Wirksamkeitsmechanismen, Nach Art. 94 Abs. 1 wird die EG-DSRl erst mit Wirkung vom 25. 5. 2018 aufgehoben. Mit dem Inkrafttreten wird die DSGVO Bestandteil des Unionsrechts und erlaubt z. B. der Kommission, gemäß Art. 92 Abs. 2 delegierte Rechtsakte zu erlassen; eine unmittelbare Anwendung ist damit nicht verbunden.

Anders als zuvor in Art. 32 EG-DSRl gibt es für die bisherigen Formen der Datenverarbei- 6
tung nach dem 25. 5. 2018 keine Privilegierungen. Von diesem Tag an gelten sämtliche Regelungen, auch wenn dem zugrunde liegende **Sachverhalte sich zuvor ereignet** haben.[5]

4 EuGH 18. 12. 2017 – C-219/96, Rn. 41.
5 Z.B. zur Breach Notification nach Art. 33 Paal/Pauly-*Pauly*, Art. 99 Rn. 3.

Bundesdatenschutzgesetz (BDSG)

Das Gesetz wurde als Art. 1 des Gesetzes vom 30. Juni 2017 (BGBl. I S. 2097) vom Bundestag mit Zustimmung des Bundesrates beschlossen. Es ist gem. Art. 8 Abs. 1 Satz 1 dieses Gesetzes am 25. Mai 2018 in Kraft getreten. Zuletzt geändert durch Art. 12 des Zweiten Datenschutz-Anpassungs- und Umsetzungsgesetzes EU – 2. DSAnpUG – EU vom 20. 11. 2019, BGBl. I S. 1626.

Einleitung

Inhaltsübersicht Rn.

I. Entwicklung des deutschen Datenschutzrechts

In Deutschland entstand in den 70er Jahren eine Datenschutzkultur, die bis heute Bestand hat und zu einem weltweiten Exportschlager wurde. 1970 erfolgte mit dem Hessischen Datenschutzgesetz (HDSG)[1] weltweit die erste Normierung, dem 1974 das Land Rheinland-Pfalz mit seinem »Gesetz gegen missbräuchliche Datennutzung« folgte.[2] Zentrale Grundlage der deutschen Diskussion war 1971 ein vom Bundestag in Auftrag gegebenes Gutachten.[3] 1977 folgten das erste Bundesdatenschutzgesetz (BDSG)[4] sowie in zeitlicher Nähe die weiteren Landesdatenschutzgesetze der »**ersten Generation**«. 1

Der politische und der gesellschaftliche Durchbruch des Datenschutzes kam mit der Volkszählungsboykottbewegung im Jahr 1983 und dem in deren Folge ergangenen »Volkszählungsurteil« des BVerfG.[5] In direkter Reaktion hierauf erfolgte eine Novellierungsrunde sämtlicher allgemeinen Datenschutzgesetze (BDSG 1990) sowie der Erlass spezifischer Regelungen (»**zweite Generation**«). In der früheren DDR wurde »Datenschutz« als Schutz des staatlichen Informationsmonopols vor den Bürgern verstanden.[6] Die Erfahrungen mit der Missachtung von Privatsphäre und Persönlichkeitsrechten, vor allem durch das Ministerium für Staatssicherheit in der DDR, flossen mit den Regelungen der »neuen Länder« in die allgemeine Diskussion mit ein.[7] 2

1 Hess. GVBl. 1970, 625.
2 GVBl. Rh. Pf. 1974, 84.
3 BT-Drs. VI/3826; Steinmüller, RDV 2007, 158.
4 G. v. 27. 1. 1977, BGBl. I S. 201; Pohle/Knaut-*v. Lewinski*, S. 9 ff.
5 BVerfGE 65, 1.
6 V. Lewinski in FS Will, S. 576–590.
7 Einwag, RDV 1991, 11; Lutterbeck/Mühlbauer, CR 1990, 531; Kilian/Heussen-*Weichert*, 131 Rn. 23–26; ders., DANA 1991, 5; DANA 1/1992.

3 Die weitere Entwicklung im Datenschutzrecht wurde ausgelöst durch die Anpassungsnotwendigkeit an die 1995 in Kraft getretene Europäische Datenschutzrichtlinie (EG-DSRl). Faktischer Hintergrund ist die Entwicklung der EDV-Technik bzw. der Informations- und Kommunikationstechnik (IKT: kleiner, billiger, leistungsfähiger, »intelligenter«) und die weltweite Computervernetzung, vor allem durch die Popularisierung des Internets. Bei einigen Datenschutzgesetzen, die an die EG-DSRl angepasst sind, kann noch nicht von einer »**dritten Generation**« gesprochen werden, da sie sich auf diese Anpassung begrenzen. Dazu gehört auch weitgehend das BDSG 2001, das nach dem erklärten Willen des Bundesgesetzgebers in einer »zweiten Stufe« überarbeitet werden sollte.[8] Die verfassungsrechtliche Dimension der neuen IKT hat das BVerfG im Urteil zur Online-Durchsuchung mit dem Recht auf Gewährleistung der Vertraulichkeit und Integrität informationstechnischer Systeme erfasst.[9]

4 Neuen Schub erhielt die Entwicklung des Persönlichkeitsrechts durch die Qualitätsveränderungen der Datenverarbeitung im 2. Jahrzehnt des 21. Jahrhunderts. Diese lassen sich kennzeichnen mit den englischen Begriffen **»Social«, »Mobile«, »Cloud« und »Analytics«**. Es geht um die weltweite Etablierung sog. sozialer Medien bzw. Netzwerke im Internet,[10] die Verbreitung mobiler, personenbeziehbarer Endgeräte (z. B. Smartphones, Tablets, Wearables),[11] die Verlagerung lokaler Datenverarbeitung in eine netzgestützte Cloud[12] und die Koppelung riesiger evtl. heterogener Datenbestände und deren multifunktionale Auswertung, evtl. in Echtzeit, unter dem Stichwort »Big Data«.[13] Die Entwicklung der digitalen Sensorik ermöglicht die automatisierte Erfassung von Daten und damit die Entkoppelung der Datenerhebung vom Menschen. Damit verbunden ist das Ersetzen vieler bisher von Menschen getroffener Entscheidungen durch Computer mit Hilfe von Algorithmen.[14] Dieser Digitalisierungsprozess spielt sich im menschlichen Lebensumfeld (»Smart Life«)[15] ab wie auch in den Bereichen Dienstleistung und Warenproduktion. Bei der »Industrie 4.0«[16] spielt der »Produktionsfaktor Mensch« eine immer gerin-

---

8 Bizer, DuD 2004, 6; Roßnagel/Pfitzmann/Garstka, 2001, 10; Roßnagel, MMR 2005, 71; zur Geschichte des BDSG Weichert, DANA Sonderheft 2008, 12; zu den aktuellen Herausforderungen Klar, DÖV 2013, 103.

9 BVerfG NJW 2008, 822, s. u. Rn. 13.

10 DSB-Konferenz, Orientierungshilfe Soziale Netzwerke, *https://www.datenschutz.hessen.de/sonetinh.htm;* Schleipfer, DuD 2014, 318; Keber, RDV 2014, 190; Caspar, DuD 2013, 767; Venzke-Caprarese, DuD 2013, 775; Weichert, DuD 2012, 716.

11 Hansen, DuD 2015, 435; Lober/Falker, K&R 2013, 357; Sachs/Meder, ZD 2013, 303; Weichert, Mobiler Datenschutz, *https://www.datenschutzzentrum.de/vortraege/20131112-weichert-schutzregelungen-tkg-bdsg.html.*

12 Schild, DANA 2015, 155; Hilber, Handbuch Cloud Computing, 2014; Brennscheid, Cloud Computing und Datenschutz, 2013; Jotzo, Der Schutz personenbezogener Daten in der Cloud, 2013; Weichert, DuD 2010, 679.

13 Welchering, DANA 2015, 144; Roßnagel/Nebel, DuD 2015, 455; Hill, DÖV 2014, 213; Hofstetter, Sie wissen alles, 2014; Martini, DVBl 2014, 1481; Ohrtmann/Schwiering, NJW 2014, 2984; Türpe/Selzer/Poller/Bedner, DuD 2014, 31; Reichert, Big Data, 2014; Geiselberger/Moostedt, Big Data, 2013; Ulmer, RDV 2013, 227; Weichert, ZD 2013, 251; zum Medizinbereich ders., DuD 2014, 831; Becker/Schwab, ZD 2014, 151.

14 Zur Mensch-Maschine-Relation Kersten, JZ 2015, 1.

15 Raabe/Weis, RDV 2014, 231; Rüdiger, RDV 2014, 253; Beilage zu RDV 2/2015.

16 Bräutigam/Klindt, NJW 2015, 1137; Mühlich, ZD 2014, 381.

gere Rolle. Diese technische Entwicklung macht einen neu zu definierenden »digitalen Grundrechtsschutz« nötig.[17] Die neuen Techniken führen dazu, dass die Trennlinien zwischen Privatheit und Öffentlichkeit kulturell wie rechtlich neu definiert werden müssen.[18] Dies muss und darf nicht zur Folge haben, dass die demokratische Gesellschaft im Sinne eines Post-Privacy-Ansatzes vor der technischen Faktizität kapituliert und der grundrechtliche Schutz abgewertet wird.[19] Bei den aktuellen Entwicklungen spielt die deutsche Politik nicht mehr die Rolle eines Vorbildes und eines Treibers. Vielmehr verlagerte sich die gesetzgeberische und die politische Diskussion auf die europäische Ebene; diese fand mit der DSGVO einen ersten Höhepunkt.

II. Besonderer Vertrauensschutz im deutschen Recht

Berufliche Vertrauensverhältnisse finden im deutschen Recht eine verfassungsrechtliche Ableitung in der Gewährleistung der freien Berufsausübung nach Art. 12 GG;[20] einige lassen sich aus dem Sozialstaatsprinzip begründen.[21] Sie sind zugleich eine Konkretisierung des Rechts auf informationelle Selbstbestimmung.[22] Die **berufliche Schweigepflicht** von Ärzten, sonstigen Angehörigen von Heilberufen, Psychologen, Rechtsanwälten, besonderen Beratern und auch von Sozialarbeitern wird vorrangig durch die Strafrechtsnorm des § 203 StGB begründet. Mit dieser Geheimhaltungspflicht korrespondiert weitgehend ein berufliches Zeugnisverweigerungsrecht sowie ein Beschlagnahmeverbot in Strafverfahren (§§ 53, 53a, 97 StPO). Durchbrochen werden dürfen Berufsgeheimnisse nur bei Einwilligung des Betroffenen oder bei Vorliegen einer gesetzlichen Ausnahmeregelung. Das **Patientengeheimnis** bzw. die ärztliche Schweigepflicht, die für jede Art von Ärzten gilt (auch Militär-, Betriebs- und Amtsärzte) findet seine Konkretisierung nicht nur in Gesetzen (z. B. § 203 StGB), sondern auch im Standesrecht der Ärztlichen Berufsordnungen.[23] Das **Beicht- bzw. Seelsorgegeheimnis** ist in § 53 Abs. 1 StPO normativ geregelt und sichert dem Geistlichen im Rahmen seiner beruflichen Tätigkeit besondere Vertraulichkeit.[24] 5

Das **Sozialgeheimnis** nach § 35 SGB I soll – ebenso wie das Patientengeheimnis – bewirken, dass die Hilfsbedürftigen nicht dadurch vor der Inanspruchnahme von Hilfe abgehalten werden, dass sie befürchten müssen, ihre Angaben könnten zu ihrem Nachteil verwendet werden.[25] Dessen ungeachtet sehen die Regelungen des Sozialgesetzbuches (SGB) eine Vielzahl von Durchbrechungen vor (z. B. §§ 67e ff. SGB X). 6

17 Hoffmann/Luch/Schulz/Borchers, Die digitale Dimension der Grundrechte, 2015; Weichert, KJ 2014, 123.
18 Peifer, JZ 2013, 860.
19 Klar, DÖV 2013, 103.
20 BVerfGE 38, 323.
21 BVerfG NJW 1977, 1489; BVerfG, NJW 1993, 1752; Weichert, DuD 2000, 214.
22 SächsStGH, DuD 1996, 496.
23 Kilian/Heussen-*Weichert*, Kap. 137, Rn. 16ff.; zum Gesundheitsdatenschutz umfassend rechtlich: Kingreen/Kühling, Gesundheitsdatenschutzrecht, 2015; praktisch: Buchner, Datenschutz im Gesundheitswesen, 2019.
24 BVerfG, NJW 2007, 1865; BGH NJW 2007, 307; de Wall, NJW 2007, 1856; vgl. Rn. 2.
25 Weichert, DuD 2000, 213; Köppen, DANA 2007, 101.

7 Das **Steuergeheimnis** (§§ 30, 31 AO, § 355 StGB) soll die Steuerpflichtigen zur Ehrlichkeit gegenüber dem Finanzamt anhalten. Daten, die anlässlich eines steuerrechtlichen Veranlagungs-, Straf- oder Bußgeldverfahrens angefallen sind, unterliegen einer besonderen Zweckbindung.[26]

8 Mit dem **Statistikgeheimnis** soll gegenüber den Statistikämtern auskunftspflichtigen Bürgern das Vertrauen in eine ausschließlich zweckgebundene Verwendung vermittelt werden als Grundlage für korrekte Angaben. Die Daten dürfen nicht für den Verwaltungsvollzug und damit auch nicht zulasten der Betroffenen genutzt werden (§ 16 BStatG).

9 Weitere besondere **Geheimhaltungspflichten** ergeben sich aus dem Adoptionsgeheimnis (§ 1758 BGB, § 61 Abs. 2 PStG), dem Chiffrengeheimnis (vgl. Art. 5 Abs. 1 Satz 2 GG),[27] dem Wahlgeheimnis (vgl. Art. 38 GG, § 107c StGB), dem Personalaktengeheimnis,[28] dem Amtsgeheimnis (vgl. §§ 203 Abs. 2, 353b StGB, § 67 BBG), dem Bankgeheimnis des § 30a AO, das aber nicht den Kunden vor Bankübermittlungen generell schützt, sondern lediglich vor Ausforschung durch Finanzbehörden.[29]

10 Für die oben genannten »Geheimnisse« wird in Gesetzen teilweise der Sammelbegriff der »**besonderen gesetzlichen Verwendungsregelungen**« verwendet (z. B. § 88 Abs. 1 AufenthG).[30] Das **Datengeheimnis** (vgl. § 5 BDSG-alt) begründet keine besondere Zweckbindung, sondern verpflichtet die bei der Datenverarbeitung beschäftigten Personen zur Beachtung der Datenschutzvorschriften. Das **Meldegeheimnis** (§ 7 BMG, früher § 5 MRRG)[31] hat nur eine beschränkte materiell-rechtliche Bedeutung und ist im Grunde nichts als eine frühe Bestätigung des allgemein geltenden, zu diesem Zeitpunkt aber verfassungsrechtlich noch nicht begründeten Zweckbindungsgrundsatzes.

III. Nationale Umsetzung der DSGVO

11 Wegen der direkten Anwendbarkeit der DSGVO besteht für eine Vielzahl von bisher gültigen nationalen Datenschutzregelungen vom 25. 5. 2018 an keine weitere Wirksamkeit. Wegen der in der DSGVO enthaltenen **Öffnungsklauseln** (Spezifizierungsklauseln)[32] verbleibt den nationalen Gesetzgebern aber ein Regulierungsspielraum, dessen Inanspruchnahme dazu führen kann, dass die mit der DSGVO verfolgte Zielsetzung einer Vollharmonisierung in vielen Bereichen nicht erreicht wird. Die inhaltlichen Grenzen nationaler Regelungen werden durch die europäischen Grundrechte und die DSGVO sowie durch das nationale Verfassungsrecht gezogen.

12 Die Öffnungsklauseln ermöglichen nicht nur nationale ergänzende Regelungen, sondern verpflichten hierzu in vielen Bereichen. Um keine Unklarheit darüber entstehen zu lassen, ob europäisches oder nationales Recht anzuwenden ist, hat der EuGH ein **Normwieder-**

---

26 BVerfG NJW 1991, 2132; NJW 1990, 701; NJW 1984, 2275 f.; BVerfGE 67, 139.
27 BVerfG NJW 1990, 702; BVerfGE 64, 115 = NJW 1984, 1101; AG Köln RDV 1996, 257.
28 Däubler, Gläserne Belegschaften, Rn. 543 ff.; Gola/Wronka, 2004, S. 34 ff.
29 Gola, RDV 2013, 291; Weichert, RDV 2003, 115.
30 Huber-*Weichert*, § 88 AufenthG Rn. 2.
31 Zilkens, RDV 2013, 281.
32 Benecke/Wagner, DVBl 2016, 600; Ehmann/Selmayr-*Selmayr/Ehmann*, Einf. Rn. 85–88.

holungsverbot aufgestellt.[33] Danach ist den Mitgliedstaaten untersagt, EU-Verordnungsregelungen zur Gänze oder in wesentlichen Teilen zu übernehmen.

Treffen in einem konkreten Fall nationale und europäische Regelungen aufeinander, so gilt der **Anwendungsvorrang** des europäischen vor dem nationalen Recht.[34] Verstößt nationales Recht gegen Unionsrecht direkt oder indirekt, so ist das nationale Recht zwar nicht nichtig, doch müssen es nationale Stellen, insbesondere Behörden und Gerichte, unangewendet lassen.[35] Deutsche Aufsichtsbehörden sind also befugt, nationale Regelungen, z. B. des BDSG, die gegen die DSGVO verstoßen, bei der Durchsetzung des Datenschutzrechts unberücksichtigt zu lassen. Die Vermutung eines Verstoßes genügt nicht; nötig ist die Gewissheit bei der Behörde.[36] Dies hat Rechtsunsicherheit bei den Anwendern zur Folge. Eine rechtliche Klärung kann dadurch herbeigeführt werden, dass im Fall einer gerichtlichen Auseinandersetzung zu dieser Frage das angerufene Gericht den EuGH gemäß Art. 267 AEUV anruft. 13

Anlässlich der Umsetzung der DSGVO wurde erneut in Frage gestellt, inwieweit der Bund im nicht-öffentlichen Bereich eine umfassende **Gesetzgebungskompetenz** habe. »Wirtschaftsunternehmen« und »nicht-öffentliche Stellen« seien nicht synonym; deshalb sei Art. 74 Nr. 11 GG nicht umfassend anwendbar.[37] So zutreffend die Feststellung zu den verarbeitenden Stellen sein mag, so falsch ist ein Rückschluss auf eine gespaltene Zuständigkeit. Der Begriff der »Wirtschaft« ist weit auszulegen und eine Erforderlichkeit zur »Wahrung der Rechts- und Wirtschaftseinheit« gem. Art. 72 Abs. 2 Nr. 3 GG besteht beim Datenschutz.[38] Datenschutzrecht ist zudem im Verhältnis Privater zueinander »bürgerliches Recht« bzw. »Arbeitsrecht« (Art. 74 Nr. 1, 12 GG).[39] Der persönlich-familiäre Bereich ist beim Datenschutz gem. Art. 2 Abs. 2 Buchst. c DSGVO ausgespart. Der Bund hat im verbleibenden nicht-öffentlichen Bereich eine umfassende Gesetzgebungskompetenz. 14

1. BDSG

Mit Datum vom 23. 11. 2016 stellte das Bundesministerium des Innern einen ersten Referentenentwurf für ein »**Datenschutz-Anpassungs- und -Umsetzungsgesetz EU** (DS-AnpUG-EU)« Verbänden zur Stellungnahme zur Verfügung.[40] Am 1. 2. 2017 beschloss die Bundesregierung einen überarbeiteten Entwurf und brachte ihn ins Gesetzgebungsver- 15

33 EuGH 7. 2. 1973 – 39/71, Rn. 17; EuGH 10. 10. 1973 – 34/73, Rn. 10; EuGH 2. 2. 1977 – 50/76, Rn. 4, 7; EuGH 26. 4. 1988 – C-74/86, Rn. 10; ausführlich dazu Ehmann/Selmayr-*Selmayr/Ehmann*, Einf. Rn. 80.

34 EuGH 15. 7. 1964 – C-6/64.

35 EuGH 9. 9. 2003 – C-198/01, Rn. 49; Roßnagel-*Roßnagel* (2017), S. 69 ff.; Kühling/Martini u. a., S. 3 ff.

36 OVG Saarlouis 22. 1. 2007 – 3 W 14/06, 3 W 15/06.

37 Wagner, RDV 2017, 76.

38 DKWW-*Weichert*, Einl. Rn. 61.

39 Kühling/Buchner-*Weichert*, Art. 9 Rn. 160–163.

40 Abrufbar unter *https://www.datenschutzverein.de/wp-content/uploads/2016/11/161123-BDSG-neu-RefE--2.-RessortabVerbaende-Laender.pdf*; Stellungnahme hierzu *https://www.datenschutzverein.de/wp-content/uploads/2016/12/Stellungnahme-BDSG-neu-DVD-NWDSE-20161204-Web.pdf*.

fahren ein.[41] Die EU-Kommission nahm zu dem Entwurf Stellung und machte geltend, dass der Entwurf fälschlich vermeintliche Öffnungsklauseln in Anspruch nehme, die Zweckbindungsregeln bei der Weiterverarbeitung unterlaufe und die Betroffenenrechte unangemessen einschränke.[42] Der Bundesrat legte mit Datum vom 10. 3. 2017 einen umfangreichen Katalog von Änderungsvorschlägen vor, der teils grundrechtliche, teils wirtschaftliche und teils exekutive Erwägungen enthielt.[43] Dies hielt den Bundesrat aber nicht davon ab, dem inhaltlich vom Bundestag nur marginal veränderten Gesetzesvorschlag am Ende zuzustimmen. Der Entwurf wurde während einer öffentlichen Anhörung des Bundestags-Innenausschusses am 27. 3. 2017 kontrovers erörtert.[44] Am gleichen Tag brachten die Fraktionen der CDU/CSU und der SPD einen Änderungsantrag ein, der vom Innenausschuss des Bundestags beschlossen wurde.[45] Die abschließende Behandlung des Vorschlags erfolgte im Bundestag am 27. 4. 2017 und im Bundesrat am 12. 5. 2017.[46] Das neue BDSG vom 30. 6. 2017 trat am 25. 5. 2018 in Kraft.[47] Bei dem BDSG handelt es sich um das erste, aber nicht das letzte Schnellschuss-Anpassungsgesetz.[48]

16 Der Gesetzgebungsprozess war davon bestimmt, eine Verabschiedung noch vor dem Ende der 18. Legislaturperiode zu erreichen. Eine ausführliche parlamentarische und öffentliche Debatte fand – begründet durch die **Dringlichkeit der Verabschiedung** – nicht statt, obwohl insbesondere von Datenschutzbeauftragten und Bürgerrechtsorganisationen massive inhaltliche Kritik an dem Gesetz vorgetragen wurde. Kritisiert wird, dass unter Verweis auf vermeintlich bestehende Öffnungsklauseln insbesondere Betroffenenrechte und Kontrollbefugnisse der Aufsichtsbehörden beschnitten werden und das BDSG **dem Anliegen und dem Geist der DSGVO**, digitalen Grundrechtsschutz zu verwirklichen, diametral widerspricht.[49]

17 Berechtigt ist auch die Kritik an der fehlenden Lesbarkeit und Verständlichkeit des BDSG. Zwar war die Bundesregierung bemüht, formal alle Vorgaben der DSGVO zu beachten, dies gilt aber nicht für den Inhalt und Geist der DSGVO.[50] Auch dem Anspruch, dass die **Sprache** des Datenschutzrechts präzise, transparent, verständlich, klar und einfach sein soll (vgl. Art. 12 Abs. 1 DSGVO), wird das BDSG in vieler Hinsicht nicht gerecht. Oftmals

---

41 BR-Drs. 117/17, BT-Drs. 18/11325; Stellungnahme hierzu *https://www.datenschutzverein.de/wp-content/uploads/2017/02/20170201-DVD-Stellungnahme-BDSG-RegE.pdf.*

42 Krempl, EU-Kommission droht Deutschland mit Vertragsverletzungsverfahren, *www.heise.de*, 20. 4. 2017.

43 BR-Drs. 110/2017 (B).

44 Nachweise dazu unter *https://www.bundestag.de/ausschuesse18/a04/anhoerungen/110-sitzung-inhalt/499100.*

45 BT-Drs. 18/12084; Bericht BT-Drs. 18/12144; Innenausschuss, Ausschuss-Drs. 18(4)842 27. 3. 2017.

46 BR-Drs. 332/17; zum gesamten Gesetzgebungsprozess Kremer, CR 2017, 368 f.; *http://dipbt.bundestag.de/extrakt/ba/WP18/796/79680.html.*

47 Art. 1 des Gesetzes zur Anpassung des Datenschutzrechts an die Verordnung (EU) 2016/679 und zur Umsetzung der Richtlinie (EU) 2016/680 (Datenschutz-Anpassungs- und -Umsetzungsgesetz EU – DSAnpUG-EU), BGBl. I 2017 S. 2097.

48 So Hoeren, NJW 2017, 1590.

49 Z.B. Stellungnahme der Europäischen Akademie für Informationsfreiheit und Datenschutz (EAID) 22. 2. 2017, Deutscher Bundestag Innenausschuss Ausschussdrucksache 18(4)824 A; ähnlich Auernhammer-*v. Lewinski*, Art. 95 Rn. 8.

50 Kritisch generell Brink, CR 2017, 434 f.

erfolgt eine Paraphrasierung der allgemeinen DSGVO-Regelungen, so dass für die Anwender keine Rechtssicherheit entsteht. Dies verstärkt sich dadurch, dass für diese oft unklar bleibt, welche Regelungen der DSGVO, des BDSG oder des spezifischen Datenschutzrechtes anwendbar sind und wie diese Regelungen zueinander im Verhältnis stehen.[51]

Ein erstes »**Datenschutz-Anpassungs- und -Umsetzungsgesetz EU**« (DSAnpUG-EU) sieht in Art. 1 ein neues BDSG mit 85 Paragraphen vor. In den Art. 2–4 sind Änderungen des Bundesverfassungsschutzgesetzes (BVerfSchG)[52], des Gesetzes über den Militärischen Abschirmdienst (MAD-G)[53] und des Gesetzes über den Bundesnachrichtendienst (BND-G)[54] vorgesehen. Dabei erfolgen insbesondere systematische und terminologische Anpassungen an den neuen europäischen und in der Folge auch neuen deutschen Datenschutzrechtsrahmen. Die Datenschutzkontrolle der BfDI wird u. a. im G-10-Bereich eingeschränkt. In den Art. 5 und 6 DSAnpUG-EU finden sich Änderungen des Sicherungsüberprüfungsgesetzes (SÜG) sowie des Artikel 10-Gesetzes (G10-G). 18

Art. 7 des DSAnpUG-EU regelt **Änderungen am geltenden BDSG-alt**, die am Tag nach der Gesetzesverkündung, also am 6. 7. 2017 in Kraft getreten sind und bis zum 24. 5. 2018, also zum Inkrafttreten des neuen BDSG, gelten. So wird im Vorgriff auf § 8 Abs. 3 BDSG der BfDI in einem § 22 Abs. 5a BDSG-alt die Möglichkeit eingeräumt, Aufgaben der Personalwirtschaft und -verwaltung an Dritte zu übertragen. In einem § 42b BDSG-alt wird mit sofortiger Wirkung das in § 21 BDSG-neu vorgesehene Klagerecht von Aufsichtsbehörden gegen Kommissionentscheidungen vorgesehen, wodurch eine entsprechende Forderung des EuGH umgesetzt wird.[55] Art. 8 regelt das Außerkrafttreten und das Inkrafttreten. 19

Das neue BDSG ist in vier teilweise sehr **selbständige Teile strukturiert**: Teil 1 (§§ 1 – 21) enthält »gemeinsame Bestimmungen« zum Anwendungsbereich, zu Begriffsbestimmungen (Kapitel 1), zu Rechtsgrundlagen, u. a. der Videoüberwachung (Kapitel 2), zu Datenschutzbeauftragten öffentlicher Stellen (Kapitel 3), zur BfDI (Kapitel 4), zur internationalen Zusammenarbeit (Kapitel 5) und zu Rechtsbehelfen (Kapitel 6). Teil 2 (§§ 22–44) enthält »Durchführungsbestimmungen« zur DSGVO und zwar in Bezug auf sensitive Daten und Zweckänderungen (Kap. 1 Abschnitt 1), zu besonderen Verarbeitungszwecken (Kap. 1 Abschnitt 2), zu Betroffenenrechten (Kapitel 2), zur Verantwortlichkeit (Kapitel 3), zu den Aufsichtsbehörden der Länder (Kapitel 4), Sanktionen (Kapitel 5) und Rechtsbehelfen (Kapitel 6). Teil 3 (§§ 45–84) befasst sich mit der Umsetzung der DSRl-JI. Teil 4 (§ 85) enthält Spezialregelungen für Bereiche, in denen weder die DSGVO noch die DSRl-JI anwendbar sind. 20

Am 27. 6. 2019 beschloss der Bundestag in Rahmen der Verabschiedung weiterer Datenverarbeitungsregelungen ein **zweites DSAnpUG-EU**, mit dem weitere 154 Fachgesetze an die DSGVO sowie an die DSRl-JI angepasst werden.[56] Dabei verfolgte die Bundespolitik auch das Ziel, angebliche Belastungen des neuen Datenschutzrechts abzumildern. Gean- 20a

51 Wegen der Unübersichtlichkeit schlägt Wagner einen Bund-Länder-Datenschutz-Staatsvertrag vor, RDV 2017, 75.
52 BGBl. I 2017 S. 2128f.
53 BGBl. I 2017 S. 2129.
54 BGBl. I 2017 S. 2129f.
55 EuGH 6. 10. 2015 – C-362/14, Safe Harbor, Rn. 65, NJW 2015, 3154.
56 BT-Drs. 19/4674 v. 2. 10. 2018; Beschlussempfehlung v. 26. 6. 2019 BT-Drs. 19/11181; Hülsmann, DANA 2018, 174.

dert wurde dabei u. a. die Mindestzahl der im Bereich der Datenverarbeitung Beschäftigten als Grund für eine Benennungspflicht von Datenschutzbeauftragten (§ 38 Abs. 1 Satz 1 BDSG).[57]

20b Die **Landesgesetzgeber** waren mit der Umsetzung der europarechtlichen Vorgaben äußerst zögerlich. Die Verabschiedung eines allgemeinen Landesdatenschutzrechts erfolgte zumeist erst kurz vor oder nach dem Wirksamwerden der DSGVO am 25. 5. 2018.[58] Keine Umsetzung erfolgte bis zum Redaktionsschluss (Sommer 2019) im Land Sachsen-Anhalt.

20c Eine typische Fehlerquelle bei der Anwendung des Datenschutzrechtes ist, dass auf die §§ 45–85 BDSG zurückgegriffen wird, obwohl der direkte Anwendungsbereich der DSGVO betroffen ist. Diese Regelungen gelten ausschließlich für den **Polizei- und Justizbereich** und dienen der Umsetzung der DSRl-JI. Zumeist bestehen inhaltlich entsprechende Regelungen in der DSGVO, die anzuwenden sind, was sich aber nicht klar aus dem BDSG ergibt, wenn man die Überschriften im BDSG übersieht (Teil 1 gemeinsame Regeln, Teil 2 DSGVO, Teil 3 DSRl-JI). Die Regelung von die DSGVO umsetzenden Normen in den §§ 1–44 BDSG und der Umsetzung der DSRl-JI in den folgenden Paragrafen wird dadurch verwirrender, dass die §§ 1–22 BDSG auch für den Polizei- und Justizbereich anwendbar ist. Im vorliegenden Kommentar werden die §§ 45–85 BDSG abgedruckt, aber nicht kommentiert, da dieser Kommentar seinen Schwerpunkt auf den nicht öffentlichen Bereich und dort insbesondere auf den Beschäftigtendatenschutz legt. Der Datenschutz im Polizei- und Justizbereich spielt hier keine oder nur eine geringe Rolle.

2. Bereichsspezifische Regelungen

21 Der deutsche Gesetzgeber versuchte, vor dem Ende der Legislaturperiode nicht nur eine Umsetzung der DSGVO im allgemeinen Datenschutzrecht zu erreichen, sondern auch einige wichtige bereichsspezifische Gesetze an die DSGVO anzupassen. Ein Änderungsantrag der Bundestagsfraktionen CDU/CSU und SPD zum Entwurf eines Gesetzes »zur Änderung des Bundesversorgungsgesetzes« auf Basis einer »Formulierungshilfe« der Bundesregierung mit Artikelregelungen zur Änderung ausländerrechtlicher Vorschriften, der **Abgabenordnung** (AO) und der **Sozialgesetzbücher** (SGB) vom 18. 5. 2017 sah u. a. vor, dass die Zuständigkeit für die Datenschutzaufsicht im Steuerbereich von den Ländern zur BfDI und damit zum Bund übertragen wird sowie der Auskunftsanspruch und weitere Betroffenenrechte gegenüber der Steuerverwaltung und den Sozialleistungsträgern beschränkt werden.[59] Der Bundestag beschloss das Artikelgesetz am 1. 6. 2017, der Bundesrat am 7. 7. 2017, verbunden mit dem Hinweis, dass das gewählte Verfahren ebenso wie bei der Verabschiedung des BDSG ungeeignet war, um den Ländern zu ermöglichen, ihre Mitwirkungsrechte umfassend wahrzunehmen.[60]

---

57 Spaeing, DANA 2019, 60; Backer-Heuvedop, DANA 2019, 75.

58 Überblick bei SHS-*Hornung/Spiecker*, Einl. Rn. 285–302; eine vollständige Gesetzessammlung der Länder und der Kirchen findet sich bei BMH, Teil V (Band 2).

59 G. v. 17. 7. 2017, BGBl. I S. 2541, S. 2546 (AO), S. 2555 (SGB); zur AO Krumm, DB 2017, 2182 ff.; Myßen/Kraus, DB 2017, 1860 ff.

60 BR-Drs. 450/17 (Beschluss) 7. 7. 2017.

Teil 1
Gemeinsame Bestimmungen

Kapitel 1
Anwendungsbereich und Begriffsbestimmungen

§ 1 Anwendungsbereich des Gesetzes

(1) Dieses Gesetz gilt für die Verarbeitung personenbezogener Daten durch
1. öffentliche Stellen des Bundes,
2. öffentliche Stellen der Länder, soweit der Datenschutz nicht durch Landesgesetz geregelt ist und soweit sie
a) Bundesrecht ausführen oder
b) als Organe der Rechtspflege tätig werden und es sich nicht um Verwaltungsangelegenheiten handelt.

Für nichtöffentliche Stellen gilt dieses Gesetz für die ganz oder teilweise automatisierte Verarbeitung personenbezogener Daten sowie die nicht automatisierte Verarbeitung personenbezogener Daten, die in einem Dateisystem gespeichert sind oder gespeichert werden sollen, es sei denn, die Verarbeitung durch natürliche Personen erfolgt zur Ausübung ausschließlich persönlicher oder familiärer Tätigkeiten.

(2) Andere Rechtsvorschriften des Bundes über den Datenschutz gehen den Vorschriften dieses Gesetzes vor. Regeln sie einen Sachverhalt, für den dieses Gesetz gilt, nicht oder nicht abschließend, finden die Vorschriften dieses Gesetzes Anwendung. Die Verpflichtung zur Wahrung gesetzlicher Geheimhaltungspflichten oder von Berufs- oder besonderen Amtsgeheimnissen, die nicht auf gesetzlichen Vorschriften beruhen, bleibt unberührt.

(3) Die Vorschriften dieses Gesetzes gehen denen des Verwaltungsverfahrensgesetzes vor, soweit bei der Ermittlung des Sachverhalts personenbezogene Daten verarbeitet werden.

(4) Dieses Gesetz findet Anwendung auf öffentliche Stellen. Auf nichtöffentliche Stellen findet es Anwendung, sofern
1. der Verantwortliche oder Auftragsverarbeiter personenbezogene Daten im Inland verarbeitet,
2. die Verarbeitung personenbezogener Daten im Rahmen der Tätigkeiten einer inländischen Niederlassung des Verantwortlichen oder Auftragsverarbeiters erfolgt oder
3. der Verantwortliche oder Auftragsverarbeiter zwar keine Niederlassung in einem Mitgliedstaat der Europäischen Union oder in einem anderen Vertragsstaat des Abkommens über den Europäischen Wirtschaftsraum hat, er aber in den Anwendungsbereich der Verordnung (EU) 2016/679 des Europäischen Parlaments und des Rates vom 27. April 2016 zum Schutz natürlicher Personen bei der Verarbeitung personenbezogener Daten, zum freien Datenverkehr und zur Aufhebung der

Richtlinie 95/46/EG (Datenschutz-Grundverordnung) (ABl. L 119 vom 4.5.2016, S. 1; L 314 vom 22.11.2016, S. 72; L 127 vom 23.5.2018, S. 2) in der jeweils geltenden Fassung) fällt.

Sofern dieses Gesetz nicht gemäß Satz 2 Anwendung findet, gelten für den Verantwortlichen oder Auftragsverarbeiter nur die §§ 8 bis 21, 39 bis 44.

(5) Die Vorschriften dieses Gesetzes finden keine Anwendung, soweit das Recht der Europäischen Union, im Besonderen die Verordnung (EU) 2016/679 in der jeweils geltenden Fassung, unmittelbar gilt.

(6) Bei Verarbeitungen zu Zwecken gemäß Artikel 2 der Verordnung (EU) 2016/679 stehen die Vertragsstaaten des Abkommens über den Europäischen Wirtschaftsraum den Mitgliedstaaten der Europäischen Union gleich. Andere Staaten gelten insoweit als Drittstaaten.

(7) Bei Verarbeitungen zu Zwecken gemäß Artikel 1 Absatz 1 der Richtlinie (EU) 2016/680 des Europäischen Parlaments und des Rates vom 27. April 2016 zum Schutz natürlicher Personen bei der Verarbeitung personenbezogener Daten durch die zuständigen Behörden zum Zwecke der Verhütung, Ermittlung, Aufdeckung oder Verfolgung von Straftaten oder der Strafvollstreckung sowie zum freien Datenverkehr und zur Aufhebung des Rahmenbeschlusses 2008/977/JI des Rates (ABl. L 119 vom 4.5.2016, S. 89) stehen die bei der Umsetzung, Anwendung und Entwicklung des Schengen-Besitzstands assoziierten Staaten den Mitgliedstaaten der Europäischen Union gleich. Andere Staaten gelten insoweit als Drittstaaten.

(8) Für Verarbeitungen personenbezogener Daten durch öffentliche Stellen im Rahmen von nicht in die Anwendungsbereiche der Verordnung (EU) 2016/679 und der Richtlinie (EU) 2016/680 fallenden Tätigkeiten finden die Verordnung (EU) 2016/679 und die Teile 1 und 2 dieses Gesetzes entsprechend Anwendung, soweit nicht in diesem Gesetz oder einem anderen Gesetz Abweichendes geregelt ist.

Inhaltsübersicht Rn.

I. Verarbeitende Stellen (Abs. 1)

1 § 1[1] bestimmt den **Anwendungsbereich** des BDSG. Der Anwendungsbereich der DSGVO ist in den Art. 2, 3 DSGVO geregelt. Die Begriffe »Verarbeitung« und »personenbezogene Daten« sind in Art. 4 Nr. 1 und 2 DSGVO definiert.

2 Nach Abs. 1 Satz 1 gilt das Gesetz, wie auch das Bundesdatenschutzgesetz in der zuvor geltenden Fassung (BDSG-alt), für jede Form der Verarbeitung personenbezogener Daten durch **öffentliche Stellen** des Bundes sowie durch öffentliche Stellen der Länder. Die Definition von öffentlichen und nicht-öffentlichen Stellen findet sich in § 2 Abs. 1–4. Während bei nicht-öffentlichen Stellen eine Verarbeitung in einem Dateisystem nötig ist, wird

1 Paragrafen ohne Angabe des Gesetzes sind solche des BDSG.

bei öffentlichen Stellen jede Verarbeitung erfasst, etwa auch in Handakten oder Notizen.[2] Das BDSG hat also, wie bisher auch, einen weiteren Anwendungsbereich als die Verordnung (EU) 2016/679 (DSGVO).

Für **nicht-öffentliche Stellen** gilt das BDSG nach Abs. 1 Satz 2 im Rahmen des sachlichen 3
Anwendungsbereichs der DSGVO (vgl. Abs. 4 Satz 2).[3] Voraussetzung ist also, dass eine ganz oder teilweise automatisierte Verarbeitung erfolgt und es sich hierbei nicht um eine ausschließlich persönliche oder familiäre Tätigkeit handelt (siehe Art. 2 Rn. 28). Im Bereich des Beschäftigtendatenschutzes gilt eine Erweiterung: Es bedarf keiner Verarbeitung in einem Dateisystem (§ 26 Abs. 7). Eine entsprechende Erweiterung besteht für den Bereich des Bewachungsgewerbes (§ 8 BewachVO). Erfasst sind auch politische Parteien. Eine Berücksichtigung ihres besonderen verfassungsrechtlichen Status erfolgt im Rahmen der Gesetzesanwendung.[4]

Für **öffentliche Stellen der Länder** gilt das BDSG gem. Satz 1 Nr. 2, soweit kein Landes- 4
gesetz gilt und soweit sie Bundesrecht ausführen oder als Organe der Rechtspflege tätig werden und es sich nicht um Verwaltungsangelegenheiten handelt. In sämtlichen Bundesländern bestehen allgemeine Datenschutzregelungen in den Landesdatenschutzgesetzen, die anzuwenden sind. Wurden diese oder die spezifischen Landesregelungen bis zum 25.5.2018 nicht an die DSGVO angepasst und verstoßen sie gegen diese europäischen Vorgaben, so kann das BDSG zur Anwendung kommen.[5]

Parlamente sowie deren Organe einschließlich der Abgeordneten unterliegen bei der 4a
Ausübung originär parlamentarischer Kerntätigkeiten, soweit keine speziellen Regelungen bestehen, nicht der DSGVO,[6] sind aber an die grundrechtlichen Vorgaben – auch des Datenschutzes – gebunden.[7] Eine spezielle Regelung kann eine Datenschutzordnung des jeweiligen Parlaments sein.[8] Außerhalb der Kerntätigkeit, etwa im fiskalischen und verwaltenden Bereich, gelten die DSGVO und das nationale Datenschutzrecht.[9]

Organe der Rechtspflege sind Gerichte wie auch Staatsanwaltschaften und Strafvollzugs- 5
behörden. Auch Notare sind, soweit sie in dieser Funktion tätig werden, öffentliche Stellen (der Länder, i.d.R. sog. Beliehene), auch wenn sie in ihrer sonstigen Tätigkeit als Rechtsanwalt als nicht-öffentliche Stelle anzusehen sind (vgl. Art. 55 Abs. 3 DSGVO).[10] Andere öffentlich-rechtlich organisierte Einrichtungen erfassen z.B. die Gesetzgebungsorgane

---

2 Schantz/Wolff-*Schantz*, Rn. 345.

3 Zur Unterscheidung zwischen öffentlichen u. nicht-öffentlichen Stellen Schantz/Wolff-*Schantz*, Rn. 346f.

4 DSK, Anwendung der DSGVO im Bereich von Parlamenten, Fraktionen, Abgeordneten und politischen Parteien, 5.9.2018, S. 5.

5 Kremer, CR 2017, 370.

6 A.A. in Bezug auf die Petitionszuständigkeit EuGH-Vorlage VG Wiesbaden 27.3.2019 – 6 K 1016/15.Wi, CR 2019, 366.

7 BVerfG 17.7.1984 – 2 BvE 11, 15/83, Flick-Untersuchungsausschuss, Rn. 180ff.; NJW 1984, 2271; NStZ 1984, 515; DVBl 1984, 827; BVerfG 17.6.2009 – 2 BvE 3/07, Rn. 132f.; NVwZ 2009, 1353; DVBl 2009, 1107; DÖV 2009, 770; Franke, Die Regelung des Datenschutzes im Parlament, 1996, S. 60.

8 Schröder, ZRP 2018, 129.

9 DSK, Anwendung der DSGVO im Bereich von Parlamenten, Fraktionen, Abgeordneten und politischen Parteien, 5.9.2018.

10 BGH NJW 1991, 568.

(z.B. Bundestag, Bundesrat). Bei Vereinigungen öffentlicher Stellen kommt es auf die Rechtsform nicht an; öffentliche Stelle ist daher auch ein Verein, dessen Mitglieder ausschließlich öffentlich-rechtliche Stellen sind. Rechtsanwälte sind Organe der Rechtspflege, nicht aber öffentliche Stellen; anwendbar sind die Regelungen der DSGVO.[11]

6 Erfasst wird auch die nicht automatisierte Verarbeitung, die einer Speicherung in einem **Dateisystem** dient oder aus ihr stammt. Der Begriff »Dateisystem« wird, anders als bisher in § 46 Abs. 1 BDSG-alt der Begriff »Datei«[12], nicht im BDSG definiert, sondern in Art. 4 Nr. 6 DSGVO. Eine Änderung erfolgt mit der neuen Begrifflichkeit nicht. Ein Datensystem liegt vor, wenn eine strukturierte Datensammlung besteht, die nach zumindest einem Merkmal organisiert ist. Anders als bisher in § 1 Abs. 2 Nr. 3 BDSG-alt wird nur die Speicherung in einer Datei ausdrücklich erwähnt, nicht eine sonstige Verarbeitung. Da auch schon eine kurzfristige Verarbeitung in einer Datei eine Speicherung darstellt, ist dies keine inhaltliche Änderung gegenüber dem bisherigen Rechtszustand. Für den Beschäftigtendatenschutz wird in § 26 Abs. 7 klargestellt, dass die Regeln für die Verarbeitung auch gelten, soweit keine Verarbeitung in einem Dateisystem erfolgt.

7 Für die Verarbeitung personenbezogener Daten von Unternehmen und Hilfsunternehmen der Presse ausschließlich zu eigenen **journalistisch-redaktionellen oder literarischen Zwecken** fand das BDSG-alt nach dem sogenannten Presseprivileg des § 41 Abs. 1 BDSG-alt nur sehr eingeschränkt Anwendung. Für das Pressewesen sind nunmehr nach der Föderalismusreform ausschließlich die Länder zuständig. Aus kompetenzrechtlichen Gründen wollte der Bundesgesetzgeber daher § 41 Abs. 1 BDSG-alt nicht beibehalten und erklärte, dass er davon ausgeht, dass die insofern zuständigen Landesgesetzgeber das Presseprivileg wie bisher absichern werden.[13]

8 Soweit die Verarbeitung personenbezogener Daten im Rahmen von Tätigkeiten öffentlicher Stellen des Bundes erfolgt, die weder vom Anwendungsbereich DSGVO noch von der Richtlinie (EU) 680/2016 (DSRl-JI) erfasst sind, richtet sich das anzuwendende Datenschutzrecht allein nach **nationalen Regelungen**. Die Europäische Union (EU) besitzt gemäß Art. 4 Abs. 2 Satz 3 des Vertrages über die Europäische Union (EUV) keine Regelungskompetenz für den Bereich der nationalen Sicherheit. Dies betrifft die Datenverarbeitung durch das Bundesamt für Verfassungsschutz, den Bundesnachrichtendienst, den Militärischen Abschirmdienst sowie den Bereich des Sicherheitsüberprüfungsgesetzes. Dies ist auch sekundärrechtlich klargestellt, Art. 2 Abs. 2 Buchst. a i.V.m. ErwGr 16 DSGVO; Art. 2 Abs. 3 Buchst. a i.V.m. ErwGr 14 DSRl-JI. Das neugefasste Bundesdatenschutzgesetz (BDSG) gibt für diese Bereiche außerhalb des EU-Rechts allgemeine Regelungen vor. Soweit in bereichsspezifischen Gesetzen, wie etwa im Bundesverfassungsschutzgesetz (BVerfSchG), im Bundesnachrichtendienstgesetz (BNDG), im Gesetz über den Militärischen Abwehrdienst (MADG) oder im Sicherheitsüberprüfungsgesetz (SÜG) abweichende Regelungen getroffen werden, gehen sie gemäß § 1 Abs. 2 den Vorschriften des BDSG vor.

---

11 Relevant ist aber die Regelung des § 29 BDSG.

12 Dazu DKWW-*Weichert*, BDSG § 46 Rn. 1.

13 BR-Drs. 110/17 S. 73f.; vgl. Art. 85.

II. Vorrangregelungen (Abs. 2, 3)

Absatz 2 entspricht inhaltlich dem § 1 Abs. 3 BDSG-alt und regelt das **Verhältnis des BDSG zu deutschen Vorschriften**. Regelungen der EU, insbesondere die DSGVO, gehen dem BDSG vor. 9

Abs. 2 Satz 1 bestimmt das Verhältnis dieses Gesetzes zu spezifischen datenschutzrechtlichen Vorschriften. Das BDSG hat den Charakter eines »**Auffanggesetzes**«. Spezifische Rechtsvorschriften des Bundes genießen gegenüber den Vorschriften des BDSG grundsätzlich Vorrang. Dies wird durch die Formulierung in Satz 1 ausdrücklich klargestellt. Rechtsvorschriften sind nicht nur Gesetze, sondern auch Rechtsverordnungen und Satzungen des Bundes. Durch Regelungen des Anwaltsrechts wird das BDSG nicht verdrängt, sondern ergänzt.[14] Dasselbe gilt für das BetrVG im Hinblick auf die Datenverarbeitung durch den Betriebsrat[15] für Verwaltungsvorschriften, Anordnungen und Erlasse, die zur Auslegung der Vorschriften des BDSG herangezogen werden können. Tarif- und Betriebsvereinbarungen sind allerdings Erlaubnisnormen (Art. 88 DSGVO), die eine Datenverarbeitung legitimieren können. 10

Durch Satz 2 wird zusätzlich klargestellt, dass die jeweilige bereichsspezifische Spezialregelung nur vorrangig ist, wenn eine **Tatbestandskongruenz** vorliegt. Sie beurteilt sich im Einzelfall nach den Tatbeständen des jeweiligen bereichsspezifischen Gesetzes. Für einen Vergleich heranzuziehen sind danach etwa der Sachverhalt »Datenverarbeitung«, ggf. in den jeweiligen Verarbeitungsphasen, oder bezogen auf sog. Individual- oder Betroffenenrechte der Sachverhalt »Informationspflicht«, »Auskunftsrecht«, »Widerspruchsrecht«. Dies gilt unabhängig davon, ob in der tatbestandskongruenten Vorschrift eine im Vergleich zum BDSG weitergehende oder engere gesetzliche Regelung getroffen ist. Liegt allerdings keine bereichsspezifische Datenschutzregelung für einen vergleichbaren Sachverhalt vor, so übernimmt das BDSG seine lückenfüllende Auffangfunktion. Auch eine nicht abschließende (teilweise) Regelung oder das Schweigen eines bereichsspezifischen Gesetzes führt dazu, dass subsidiär auf die Vorschriften des BDSG zurückgegriffen werden kann. Bedeutsam ist dies insbesondere mit Blick auf die in Teil 2 Kapitel 2 des BDSG vorgenommenen Einschränkungen der Betroffenenrechte (§§ 32–37). Auf diese Regelungen kann als Auffangregelung zurückgegriffen werden, sofern im bereichsspezifischen Recht keine tatbestandskongruente Regelung vorgehalten ist. 11

Dies gilt allerdings nicht, wenn spezifische Regelungen für einen bestimmten Bereich insgesamt **umfassend und damit abschließend** die Datenverarbeitung regeln und somit für das BDSG kein Anwendungsbereich verbleibt. Das ist z. B. für den im SGB X in Verbindung mit dem SGB I sowie in den übrigen **Sozialgesetzbüchern** geregelten Schutz von Sozialdaten oder etwa im Bereich der **Abgabenordnung** der Fall (siehe Einl. BDSG Rn. 6, 7, 21). 12

Abs. 2 Satz 3 entspricht der bisherigen Regelung des § 1 Abs. 3 Satz 2 BDSG-alt. Sonstige **Verpflichtungen zur Geheimhaltung** bleiben gültig, wenn diese auf Gesetz oder auf anderen Vorschriften beruhen. Dies ergibt sich bei speziellen Regelungen (z. B. Steuergeheimnis – § 30 AO, Sozialgeheimnis – § 35 SGB I, Statistikgeheimnis – § 16 BStatG, An- 13

14 Nachweise zum BDSG-alt bei DKWW-*Weichert*, § 1 Rn. 12 Fn. 14.

15 Unklar LAG Berlin-Brandenburg 4. 3. 2011 – 10 TaBV 1984/10, DuD 2011, 428.

walts- und Notargeheimnis – § 43a BRAO, § 18 BNotO, Verschwiegenheitspflicht von Steuerberater – § 57 Abs. 1 StBerG – und Wirtschaftsprüfer – § 43 Abs. 1 WPO) schon aus Satz 1. Auch bei besonderen Amtsgeheimnissen, z. B. dem Personalaktengeheimnis, handelt es sich um spezielle Regelungen. Anders als oft behauptet gibt es kein besonders gesetzlich geregeltes Bankgeheimnis.[16]

14 Die Verpflichtung zur Wahrung von **Berufsgeheimnissen** findet sich in standesrechtliche Regelungen (z. B. Berufsordnungen von Heilberufekammern), in § 203 StGB sowie in berufsgesetzlichen Normen. Dazu gehören u. a. die ärztliche und die anwaltliche Schweigepflicht (Patientengeheimnis, Mandantengeheimnis). Inwieweit daneben das BDSG anwendbar bleibt, ist nicht eine Frage des Schutzniveaus,[17] sondern des Normzwecks.[18] So bedarf es z. B. zur Aufhebung des Patientengeheimnisses durch Einwilligung des Betroffenen nicht zwingend der Anforderungen des Art. 7 DSGVO.[19] Zu besonderen »Geheimnissen« besteht die Sonderregelung des § 29.

15 Absatz 3 entspricht der bisherigen Regelung des § 1 Abs. 4 BDSG-alt. Die **Vorrangregelung des Absatzes 3** schränkt die in §§ 24, 26 VwVfG des Bundes weit geregelten Sachermittlungsbefugnisse bei der Bundesverwaltung ein, wenn personenbezogene Daten betroffen sind.

16 Absatz 4 Satz 1 Nr. 2 bestimmt, dass die Vorschriften des BDSG nur dann zur Anwendung kommen, wenn eine Datenverarbeitung durch eine **in Deutschland ansässige Niederlassung** vorliegt. Dies entspricht dem Harmonisierungsgedanken DSGVO. Abs. 4 Satz 1 Nr. 3 entspricht § 1 Abs. 5 Satz 2 BDSG-alt.

III. Territorialer Anwendungsbereich (Abs. 4)

17 Absatz 4 regelt den räumlichen Anwendungsbereich und legt fest, auf welche Stellen das BDSG bei **Auslandsbezug** anzuwenden ist.

17a Satz 1 enthält die Regelung für **öffentliche Stellen**. Die DSGVO gilt uneingeschränkt, soweit der Bund die Gesetzgebungsbefugnis hat. Dies ist bei öffentlichen Stellen des Bundes der Fall (§ 2 Abs. 1). Bei öffentlichen Stellen der Länder gelten die Einschränkungen des Abs. 1 Nr. 2. Auf den Ort der Datenverarbeitung kommt es bei öffentlichen Stellen nicht an; erfasst wird z. B. auch die Verarbeitung bei einem Bundeswehr-Auslandseinsatz oder in einem Konsulat.[20]

18 Für **nicht-öffentliche Stellen** wird in Abs. 2 Satz 2 redundant zu Abs. 1 Satz 2 die Anwendbarkeit der DSGVO vorausgesetzt. Erfasst werden sowohl Verantwortliche (Art. 24 DSGVO) wie auch Auftragsverarbeiter (Art. 28 DSGVO).[21]

19 Dies gilt auch für deren **Niederlassungen** (Abs. 4 Satz 2 Nr. 2; vgl. Art. 4 Nr. 16 DSGVO; siehe Art. 6 Rn. 138f.). Im Hinblick auf die Formulierung der Regelung kommt es nicht darauf an, wo die Verarbeitung räumlich erfolgt, sondern, ob sie »im Rahmen der Tätig-

16 Gola/Heckmann-*Gola/Reif*, § 1 Rn. 14.
17 So aber Gola/Schomerus, § 1 Rn. 25.
18 Kühling/Buchner-*Weichert*, Art. 9 Rn. 146–148.
19 Kühling/Buchner-*Weichert*, Art. 9 Rn. 49, 50.
20 Schantz/Wolff-*Schantz*, Rn. 351.
21 Kritisch zum Verhältnis zur DSGVO Kühling/Buchner-*Klar*, § 1 Rn. 20f.

keiten« der Niederlassung stattfindet. Voraussetzung ist also nicht, dass sämtliche Verarbeitungsschritte durch die Niederlassung selbst erfolgen.[22]

Das BDSG und die DSGVO gelten mit ihren **Kollisionsregelungen** nur für den Bereich des Datenschutzrechts. Soweit schuldrechtliche Beziehungen z. B. mit einem Beschäftigten oder einem Verbraucher bestehen, gelten die Regelungen der Rom I-[23] und Rom II-Verordnung.[24] Für Individualverbraucherverträge gilt Art. 6 Rom I-Verordnung,[25] für Individualarbeitsverträge gilt Art. 8 Rom I-Verordnung. Anknüpfungspunkt ist in diesen Fällen nicht das Unternehmen, sondern der schwächere Vertragspartner mit seinem Wohnort bzw. dem Ort seiner Tätigkeit. 20

Mit Abs. 4 Satz 2 Nr. 3 werden die Fälle des Marktortprinzips (siehe DSGVO Einl. Rn. 27, Art. 3 Rn. 1, 16ff.) erfasst, in denen **keine Niederlassung** in einem Mitgliedstaat besteht (Art. 3 Abs. 2 DSGVO).[26] 21

Nach § 1 Abs. 4 Satz 2 Nr. 1 ist das BDSG anzuwenden, wenn die **verarbeitende Stelle Daten im Inland verarbeitet**, wobei es gleichgültig ist, wo sich deren Sitz befindet. Dieser kann in einem EU-Mitgliedstaat oder in einem Drittstaat liegen. Werden also Daten eines Beschäftigten im Inland erhoben, so unterliegt dies dem BDSG. Entsprechendes gilt nach Nr. 2, wenn die Datenverarbeitung »im Rahmen der Tätigkeit einer inländischen Niederlassung« erfolgt. Werden z. B. die Personaldaten einer deutschen Niederlassung in einem anderen EU-Mitgliedstaat erhoben, so unterliegt diese Erhebung dem deutschen Recht.[27] 22

Nr. 3 erfasst die Sachverhalte, bei denen Verantwortliche oder Auftragsverarbeiter **keine Niederlassung in der EU** haben, aber dem Anwendungsbereich der DSGVO unterfallen. Ohne die Vorschrift könnte der Fall eintreten, dass z. B. Beschäftigte zwar der DSGVO unterfallen, nicht aber dem BDSG. Dies soll verhindert werden. Es geht hierbei um das Angebot von Waren oder Dienstleistungen in Deutschland (Marktortprinzip) durch Stellen außerhalb der Union (Art.3 Abs. 2 DSGVO).[28] 23

Mit Abs. 4 Satz 3 wird sichergestellt, dass bei einer **Nichtanwendbarkeit der DSGVO** bei nicht-öffentlichen Stellen dennoch die Regelungen zu den Aufsichtsbehörden, zu den Datenschutzbeauftragten, zur Zertifizierung sowie zum Straf- und Bußgeldverfahren (§§ 8–21, 39–44) gelten sollen. 24

IV. Europäisches Recht (Abs. 5–7)

Absatz 5 berücksichtigt, dass im Rahmen ihres Anwendungsbereichs der **DSGVO unmittelbare Geltung** im Sinne des Art. 288 Abs. 2 AEUV zukommt. Soweit in diesem Kapitel 25

22 EuGH 13.5.2014 – C-131/12, Rn. 52; EuGH 1.10.2015 – C-230/14, Rn. 35; Piltz, K&R 2014, 566, 567; Däubler, Gläserne Belegschaften, Rn. 494b.

23 Verordnung (EG) Nr. 593/2008 v. 17.6.2008 über das auf vertragliche Schuldverhältnisse anzuwendende Recht (Rom I), ABl. Nr. L 309 v. 24.11.2009, 87 (berichtigt).

24 Verordnung (EG) Nr. 864/2007 v. 11.7.2007 über das auf außervertragliche Schuldverhältnisse anzuwendende Recht (Rom II), ABl. Nr. L 1999 v. 31.7.2007, 40.

25 EuGH 28.7.2016 – C-191/15, Amazon, Rn. 60.

26 Däubler, Gläserne Belegschaften, Rn. 495.

27 Däubler, Gläserne Belegschaften, Rn. 497c.

28 Kühling/Buchner-*Klar*, § 1 Rn. 30.

punktuelle Wiederholungen sowie Verweise auf Bestimmungen aus DSGVO erfolgen, so geschieht dies aus Gründen der Verständlichkeit und Kohärenz und lässt die unmittelbare Geltung DSGVO unberührt. Dies wird hier klargestellt (siehe Einl. DSGVO Rn. 8, Einl. BDSG Rn. 11). Die punktuellen Wiederholungen und Verweise im BDSG sind außerdem dem komplexen Mehrebenensystem geschuldet, das sich aus dem Zusammenspiel zwischen DSGVO, der DSRl-JI sowie dem nationalen allgemeinen und fachspezifischen Recht ergibt. In einem solchen hat es der EuGH dem nationalen Gesetzgeber eingeräumt, im Interesse eines inneren Zusammenhangs und der Verständlichkeit für den Adressaten notwendige punktuelle Normwiederholungen vorzunehmen.[29]

26 Für den **Bereich der Richtlinie (EU) 2016/680** (DSRl-JI), also im Teil 3 des BDSG (§§ 45ff.), sind strengere Vorgaben als in der Richtlinie vorgegeben möglich. Dies stellt ausdrücklich ErwGr 15 DSRl-JI klar, wonach die Mitgliedstaaten nicht daran gehindert werden, zum Schutz der Rechte und Freiheiten der betroffenen Person bei der Verarbeitung personenbezogener Daten durch die zuständigen Behörden weitergehende Garantien festzulegen. Durch den integrativen Ansatz, gemeinsame Bestimmungen »vor die Klammer« zu ziehen, versucht der Gesetzgeber, diesem besonderen Umstand Rechnung zu tragen, um die Herausforderungen für den Rechtsanwender soweit europarechtlich vertretbar unter gleichzeitiger normökonomischer Entlastung des Fachrechts zu minimieren.[30]

27 Abs. 6 und 7 dienen der Klarstellung, welche Staaten den Mitgliedstaaten der Europäischen Union gleichgestellt sind. Dies gilt für die Schweiz sowie die Staaten des **Europäischen Wirtschaftsraums**, zu dem neben den EU-Mitgliedstaaten die EFTA-Staaten Norwegen, Island und Liechtenstein gehören.

28 Bei den Staaten, die zum **Schengen-Besitzstand** assoziiert sind, handelt es sich um die Nicht-EU-Mitglieder Schweiz, Norwegen, Island und Liechtenstein.

V. Anwendungsausnahmen jenseits der EU (Abs. 8)

29 Absatz 8 bestimmt, dass für Verarbeitungen personenbezogener Daten im Rahmen von Tätigkeiten, die **außerhalb des Anwendungsbereichs** DSGVO noch der DSRl-JI (Richtlinie (EU) 2016/680) unterfallen, die Verordnung DSGVO und Teil 1 und Teil 2 des BDSG Anwendung finden. Die Regelung gilt nur für öffentliche Stellen, denn nach § 1 Abs. 1 Satz 1 beschränkt sich der Geltungsbereich dieses Gesetzes nicht nur auf den sachlichen Anwendungsbereich DSGVO. Absatz 8 soll, so die Gesetzesbegründung, sicherstellen, dass auch für die nicht unter die beiden EU-Rechtsakte fallenden Bereiche entsprechend der bisherigen Regelungssystematik des BDSG-alt ein datenschutzrechtliches Vollregime im Geltungsbereich des Grundgesetzes angeboten wird.[31] Die besondere Erwähnung der Anwendbarkeit des Teils 1 des BDSG erfolgt lediglich aus Gründen der Klarstellung, da die Anwendbarkeit sich bereits aus Abs. 1 Satz 1 unmittelbar ergibt.

30 Das BDSG soll auch gelten, soweit gesetzlich nichts anderes geregelt ist. Dies kommt zur Geltung bei personenbezogener Datenverarbeitung im Bereich **parlamentarischer Kern-**

29 EuGH 28.3.1985 – C-272/83, Kommission/Italien, Rn. 27.
30 BR-Drs. 110/17, S. 75.
31 BR-Drs. 110/17 S. 75.

tätigkeit. Diese umfasst sowohl die Tätigkeit des Bundestags sowie des Bundesrats wie auch deren Mitglieder, also auch der Fraktionen und der einzelnen Abgeordneten, soweit sie als solche tätig sind. Sie sind insoweit als öffentliche Stellen anzusehen. Der BfDI übt insofern keine Aufsichtstätigkeit aus; er kann aber gegenüber den parlamentarischen Stellen beratend tätig sein.

Eine abweichende Regelung ist in § 27 BVerfSchG vorgesehen, wonach die §§ 4 (Video- 31
überwachung), 16 Abs. 1, 4 (Kontrollbefugnis der BfDI), 17–21 (Internationale Datenschutzzusammenarbeit) u. 85 (Verarbeitungsbefugnisse) BDSG nicht anwendbar sein sollen. Insofern gelten spezifische einengende Regelungen des BVerfSchG. Auch für die anderen **Bundesgeheimdienste** MAD und BND sind entsprechende Ausnahmen von der BDSG-Anwendbarkeit in § 13 Nr. 1 Nr. 1 MAD-G und in § 32a Nr. 1 Buchst. a BND-G vorgesehen, verbunden mit einschränkenden Spezialregelungen. Entsprechende Regelungen zur Nichtanwendbarkeit des BDSG findet sich zu Sicherheitsüberprüfungen in § 36 Abs. 1 Nr. 1 SÜG.

§ 2 Begriffsbestimmungen

(1) Öffentliche Stellen des Bundes sind die Behörden, die Organe der Rechtspflege und andere öffentlich-rechtlich organisierte Einrichtungen des Bundes, der bundesunmittelbaren Körperschaften, der Anstalten und Stiftungen des öffentlichen Rechts sowie deren Vereinigungen ungeachtet ihrer Rechtsform.

(2) Öffentliche Stellen der Länder sind die Behörden, die Organe der Rechtspflege und andere öffentlich-rechtlich organisierte Einrichtungen eines Landes, einer Gemeinde, eines Gemeindeverbandes oder sonstiger der Aufsicht des Landes unterstehender juristischer Personen des öffentlichen Rechts sowie deren Vereinigungen ungeachtet ihrer Rechtsform.

(3) Vereinigungen des privaten Rechts von öffentlichen Stellen des Bundes und der Länder, die Aufgaben der öffentlichen Verwaltung wahrnehmen, gelten ungeachtet der Beteiligung nichtöffentlicher Stellen als öffentliche Stellen des Bundes, wenn

1. **sie über den Bereich eines Landes hinaus tätig werden oder**
2. **dem Bund die absolute Mehrheit der Anteile gehört oder die absolute Mehrheit der Stimmen zusteht.**

Andernfalls gelten sie als öffentliche Stellen der Länder.

(4) Nichtöffentliche Stellen sind natürliche und juristische Personen, Gesellschaften und andere Personenvereinigungen des privaten Rechts, soweit sie nicht unter die Absätze 1 bis 3 fallen. Nimmt eine nichtöffentliche Stelle hoheitliche Aufgaben der öffentlichen Verwaltung wahr, ist sie insoweit öffentliche Stelle im Sinne dieses Gesetzes.

(5) Öffentliche Stellen des Bundes gelten als nichtöffentliche Stellen im Sinne dieses Gesetzes, soweit sie als öffentlich-rechtliche Unternehmen am Wettbewerb teilnehmen. Als nichtöffentliche Stellen im Sinne dieses Gesetzes gelten auch öffentliche Stellen der Länder, soweit sie als öffentlich-rechtliche Unternehmen am Wettbewerb teilnehmen, Bundesrecht ausführen und der Datenschutz nicht durch Landesgesetz geregelt ist.

Inhaltsübersicht Rn.

I. Allgemeines

1 Die Absätze 1 bis 4 der Regelung entsprechen § 2 BDSG-alt. Sie bestimmen, welche **öffentlichen Stellen und nicht-öffentlichen Stellen** unter den Anwendungsbereich nach § 1 Abs. 1 fallen. Absatz 5 entspricht inhaltlich dem § 27 Abs. 1 Satz 1 Nr. 2 BDSG-alt.

2 Im deutschen Datenschutzrecht wurde von Anfang an – anders als bisher in der EG-DSRl und nun in der DSGVO – stark zwischen **öffentlichem und privatem Bereich** unterschieden. Diese Unterscheidung wird, soweit dies dem Gesetzgeber für sinnvoll erschien, im BDSG und insbesondere im bereichsspezifischen Datenschutzrecht fortgeführt, weshalb es weiterhin der beiden Begriffe bedarf. Getrennt geregelt bleiben lediglich die gesetzlichen Verarbeitungsbefugnisse, während die Kontrolle, die Betroffenenrechte sowie der technische Datenschutz weitgehend einheitlich geregelt sind.

3 Die **Übergänge** zwischen öffentlichem und privatem Bereich werden dadurch fließend, dass bisher öffentlich wahrgenommene Aufgaben von Privaten erfüllt werden, sich öffentliche Stellen bei ihrer Aufgabenerfüllung privater Stellen sowie privatrechtlicher Handlungsformen bedienen und gemeinsame informationstechnische Medien (Internet, Mobilkommunikation, gemeinsame Netze) genutzt werden. Dies hat schon seit langem zur Folge, dass z. B. im Bereich der Datenschutzkontrolle keine klare Trennung möglich und eine gemeinsame Aufgabenerfüllung erforderlich ist, die, außer in Bayern, auch in einer Organisationseinheit erfolgt.[1] Datenverstöße **privater** Datenverarbeiter unterscheiden sich oft nicht von denen, die bei Behörden vorkommen.[2]

II. Öffentliche Stellen (Abs. 1–3)

4 Öffentliche Stellen sind zunächst sämtliche Behörden. Für die Definition der Behörde sind die jeweiligen Verwaltungsverfahrensgesetze heranzuziehen. Behörde ist danach jede Stelle, die Aufgaben der öffentlichen Verwaltung wahrnimmt (§ 1 Abs. 4 VwVfG, vgl. § 1 Abs. 2 SGB X). Durch die ausdrückliche Erwähnung **öffentlich-rechtlicher Einrichtungen**, Körperschaften, Anstalten und Stiftungen sowie deren Vereinigungen ist der Begriff der »öffentlichen Stelle« umfassend anwendbar. Öffentlich-rechtliche Rundfunkanstalten sind öffentliche Stellen, die einem besonderen Datenschutzregime unterliegen (siehe Art. 85 DSGVO, § 57 RStV). Stellen i. S. d. Datenschutzrechts sind nicht Funktionsgliederungen, sondern die jeweilige durch Organisationsakt geschaffenen Einrichtungen, die im eigenen Namen nach außen hin auftreten. Einzelnen Referaten, Dezernaten, Abteilungen, Ämtern in Kommunen usw. kommt keine eigenständige Stellenqualität zu. Insofern unterscheidet sich das BDSG vom SGB, das nicht den organisatorischen, sondern den funktionalen Stellenbegriff kennt (§ 67 Abs. 9 Satz 3 SGB X).[3] Der Umstand, dass der Stellen-

1 Dronsch, DuD 1994, 612; Simitis, DuD 1995, 648.
2 Joerden-*Weichert*, S. 113 ff.
3 Wolff/Brink-*Hanloser*, § 2 Rn. 8 ff.; Gola/Heckmann-*Schulz*, § 2 Rn. 9.

begriff nach dem BDSG umfassend ist, ändert nichts an den Zweckbindungen der jeweils geltenden (allgemeinen oder spezifischen) Regelungen. Auch Teile einer Stelle, die rechtlich mit eigenen Aufgaben und Befugnissen ausgestattet sind (z. B. Betriebsrat, Personalrat), sind keine eigenständige Stellen, sondern Teile der öffentlichen Einrichtung.

Oberste **Bundesbehörden** sind z. B. die Bundesministerien, das Bundespräsidialamt, das 5
Bundeskanzleramt, der Bundesrechnungshof, die Verwaltungsorgane von Bundestag, Bundesrat und Bundesverfassungsgericht. Bundesoberbehörden sind den obersten Bundesbehörden nachgeordnet, z. B. das Bundeskriminalamt, das Bundesverwaltungsamt, das Bundesamt für Finanzen, die Bundesanwaltschaft beim BGH, das Bundesarchiv, das Kraftfahrtbundesamt, das Statistische Bundesamt, das Bundeskartellamt. Als Bundesmittelbehörden werden z. B. die Oberfinanzdirektionen, die Wasser- und Schifffahrtsdirektionen sowie die Wehrbereichsverwaltungen erfasst. Bundesunterbehörden sind z. B. die Hauptzollämter, die Passkontrollämter oder die Standortverwaltungen des Bundesministeriums für Verteidigung.

Für **öffentliche Stellen der Länder** gelten die Begriffsbestimmungen nur subsidiär. Inso- 5a
fern hat das Landesdatenschutzrecht Vorrang (§ 1 Abs. 1 Satz 1 Nr. 2). Werden von diesen keine Aufgaben der öffentlichen Verwaltung wahrgenommen, so ist die DSGVO anwendbar.[4]

Mit der Generalklausel der **anderen öffentlich-rechtlich organisierten Einrichtungen** 6
werden alle Bereiche staatlichen Handelns – unabhängig von der rechtlichen Form – abgedeckt. Dazu gehören z. B. die gesetzgebenden Körperschaften (Bundesrat, Bundestag), die unselbstständigen Eigenbetriebe der öffentlichen Hand, öffentliche Selbstverwaltungsorgane, die Berufsgenossenschaften, die Deutsche Rentenversicherung, die Bundesagentur für Arbeit, die Deutsche Bundesbank mit den Landeszentralbanken, der Deutschlandfunk, die Deutsche Welle sowie Stiftungen. Die Zusammenschlüsse von Kommunen und der Bundesagentur für Arbeit in Arbeitsgemeinschaften nach dem SGB II sind nach gesetzlicher Regelung Stellen des Bundes.[5]

Zum Begriff »**Organe der Rechtspflege**« wird auf die Erläuterungen zu § 1 Rn. 5 verwie- 7
sen.

Bei **Vereinigungen öffentlicher Stellen** kommt es auf die Rechtsform nicht an; öffentli- 8
che Stelle ist daher auch ein Verein, dessen Mitglieder ausschließlich öffentlich-rechtliche Stellen sind. Wesentlich ist auch hier für die Annahme einer öffentlichen Stelle, dass von dieser eine Aufgabe der öffentlichen Verwaltung wahrgenommen wird (Rn. 10).[6]

Ein Anwendungsproblem stellen Einrichtungen dar, die als Unternehmen privaten Rechts 9
mit staatlicher Einflussnahme tätig sind. Soweit diese als »**beliehene Unternehmen**« **hoheitliche Aufgaben** wahrnehmen (z. B. TÜV bei technischer Kfz-Kontrolle), sind sie nicht als Gesamtheit, aber »insoweit« öffentliche Stellen, wie ihnen Verwaltungstätigkeiten übertragen sind (Abs. 4 Satz 2). Hoheitliche Aufgaben sind solche, bei denen die Stelle ohne gerichtliche Hilfe gegenüber dem Bürger Maßnahmen mit Verwaltungszwang durchsetzen kann. Dies schließt Tätigkeiten ein, die selbst keinen hoheitlichen Charakter haben, davon aber nicht zu trennen sind.

---

4 Gola/Heckmann-*Schulz*, § 2 Rn. 12f.
5 War lange Zeit streitig; vgl. 29. TB ULD 2007, Kap. 4.5.1, S. 56.
6 Gola/Heckmann-*Schulz*, § 2 Rn., 20.

10 Vereinigungen des privaten Rechts von öffentlichen Stellen, die Aufgaben der öffentlichen Verwaltung wahrnehmen, gelten nach Absatz 3 bzw. nach Landesrecht insgesamt als öffentliche Stellen. Der Begriff der **Aufgaben der öffentlichen Verwaltung** ist weiter als »hoheitliche Aufgaben«. Dazu gehört, was durch staatliche Rechtsvorschrift der öffentlichen Verwaltung zugewiesen ist, sowie auch das, was zur Koordinierung zwischen Trägern öffentlicher Verwaltung nötig ist. Zur öffentlichen Verwaltung gehören die Angebote ausreichender Verkehrsinfrastruktur oder von Energieversorgung sowie der Bereich der nicht dem Marktgeschehen überlassenen »Daseinsvorsorge«.[7]

11 **Vereinigungen des privaten Rechts** sind öffentliche Stellen, wenn sie von einer oder mehreren Stellen des Bundes bzw. des Landes beherrscht werden (Abs. 3 Satz 1 Nr. 2). Daran ändert sich nichts, wenn auch private Stellen beteiligt sind.[8] Allein durch die Inanspruchnahme von Subventionen oder sonstigen staatlichen Zuwendungen wird eine Stelle nicht »öffentlich-rechtlich«; ebenso wenig dann wenn eine staatliche Kapitalbeteiligung vorliegt, die nicht darauf abzielt, Aufgaben der Verwaltung wahrzunehmen.

12 **Öffentlich-rechtliche Religionsgesellschaften** sind keine öffentlichen Stellen. Für diese gilt i.d.R. wegen ihrer rechtlichen Privilegierung ein eigenständiges Datenschutzrecht (vgl. Art. 91 DSGVO).[9] Werden sie nicht in ihrer kirchlichen Mission, sondern im allgemeinen Geschäftsverkehr tätig, gilt für sie die DSGVO als nicht-öffentliche Stellen.[10] **Öffentlich-rechtliche Rundfunkanstalten** sind öffentliche Stellen. Für sie gilt aber wegen der verfassungsrechtlich gewährleisteten Pressefreiheit ein Sonderregime mit eigenständigen Datenschutzkontrollorganen (Art. 85 DSGVO).

13 In Absatz 2 werden die öffentlichen **Stellen der Länder** definiert. Für deren Datenverarbeitung ist aber nicht das BDSG anwendbar. Anwendbar sind insbesondere die Landesdatenschutzgesetze (LDSG).

III. Nicht-öffentliche Stellen (Abs. 4, 5)

14 Absatz 5 vollzieht den Regelungsgehalt des § 27 Abs. 1 Satz 1 Nr. 2 BDSG-alt nach, indem bestimmt wird, dass öffentliche Stellen des Bundes und öffentliche Stellen der Länder dann als nicht-öffentliche Stellen im Sinne dieses Gesetzes gelten, soweit sie als **öffentlich-rechtliche Unternehmen am Wettbewerb** teilnehmen, und – im Falle öffentlicher Stellen der Länder – zudem Bundesrecht ausführen und der Datenschutz nicht durch Landesgesetz geregelt ist. Er dient damit auch der Klarstellung, auf welche Verarbeitungsbefugnisse bzw. Ausnahmen von Betroffenenrechte abzustellen ist, wenn eine Unterscheidung nach öffentlichen und nicht-öffentlichen Stellen vorgenommen wird. Damit sollen Wettbewerbsverzerrungen zum Nachteil oder Vorteil des öffentlichen Unternehmens verhindert werden. Am Wettbewerb nehmen öffentliche Stellen teil, soweit sie Leistungen, die auch von Privaten erbracht werden, auf dem Markt anbieten. Besteht ein Monopol einer öf-

7 33. TB HDSB 2004 – HessLT-Drs. 16/3746 – S. 7; Simitis-*Dammann*, § 2 Rn. 52; a.A. Petri/Tinnefeld, RDV 2008, 59, 63.

8 Dammann, RDV 1992, 158.

9 Datenschutzgesetze der katholischen bzw. der evangelischen Kirchen; Simitis-*Dammann*, § 2 Rn. 84ff.

10 Simitis-*Dammann*, § 2 Rn. 107ff.

fentlichen Stelle oder gibt es keine private Konkurrenz für die angebotene Leistung, liegt kein Wettbewerb vor.[11] Kein Wettbewerb besteht bei hoheitlichem Handeln oder bei Anschluss- und Benutzungszwang. Wettbewerbsunternehmen sind i. d. R. Sparkassen und öffentliche Krankenhäuser, nicht aber z. B. Universitätskliniken im Bereich der wissenschaftlichen Forschung und Lehre.[12] Dient eine Verarbeitung sowohl Verwaltungszwecken als auch dem Wettbewerb, gilt das öffentliche Recht. Eine nur gelegentliche Beteiligung am Wettbewerb oder eine solche von untergeordneter Bedeutung ist keine Teilnahme am Wettbewerb. Öffentlich bestellte und vereidigte Sachverständige (§ 36 GewO) sind nicht beliehen und damit nicht-öffentliche Stellen.

In Absatz 4 Satz 1 werden als nicht-öffentliche Stellen alle natürlichen und juristischen Personen definiert, soweit sie nicht unter die Absätze 1 bis 3 fallen. Für sie findet die DSGVO Anwendung, wenn sie personenbezogene Daten zu anderen als persönlich-familiären Zwecken (Art. 2 Abs. 2 Buchst. c DSGVO) verarbeiten. Bei **natürlichen Personen** ist es gleichgültig, ob diese als Privatpersonen oder wirtschaftlich bzw. beruflich tätig werden (Einzelfirma, freier Beruf). 15

Bei **juristischen Personen** kommt es auf die Rechtsform nicht an; erfasst werden Gesellschaften (GmbH, AG, OHG, KG), Genossenschaften, Vereine, Stiftungen und Parteien. Auf den Umfang rechtlicher Selbstständigkeit kommt es nicht an. Auch BGB-Gesellschaften oder nicht rechtsfähige Vereine können nicht-öffentliche Stellen sein. Ein wirtschaftlicher Verbund von Unternehmen (Konzern) erfüllt nicht den Stellenbegriff. Voraussetzung ist das Vorliegen einer rechtlich-organisatorischen Einheit. Eine Holding ist zwar eine verarbeitende Stelle, die jedoch nicht identisch ist mit den Konzernunternehmen. 16

Kapitel 2
Rechtsgrundlagen der Verarbeitung personenbezogener Daten

§ 3 Verarbeitung personenbezogener Daten durch öffentliche Stellen

Die Verarbeitung personenbezogener Daten durch eine öffentliche Stelle ist zulässig, wenn sie zur Erfüllung der in der Zuständigkeit des Verantwortlichen liegenden Aufgabe oder in Ausübung öffentlicher Gewalt, die dem Verantwortlichen übertragen wurde, erforderlich ist.

Inhaltsübersicht Rn.

---

11 A.A. TEG, S. 266.

12 Zum Verhältnis von Forschungsfreiheit und Datenschutz bei Hochschulen Weichert in Erichsen/Schäferbarthold/Staschen/Zöllner, Lebensraum Hochschule, S. 77 ff.

I. Einleitung

1 Die Vorschrift ist eine **allgemeine Rechtsgrundlage** für die Verarbeitung personenbezogener Daten durch öffentliche Stellen, die in § 2 Abs. 1 benannt werden. Auf nichtöffentliche Stellen ist die Vorschrift nach ihrem klaren Wortlaut nicht anwendbar. § 3 entspricht inhaltlich weitgehend den §§ 13 Abs. 1 und 14 Abs. 1 BDSG-alt. **Neu** ist gegenüber den Vorgängerregelungen, dass einerseits die »Ausübung öffentlicher Gewalt« als eine weitere Zulässigkeitsvoraussetzung benannt wird und dass andererseits nicht mehr zwischen den Phasen der Erhebung bzw. der Speicherung, Veränderung und Nutzung differenziert wird. Diese unterschiedlichen Phasen werden entsprechend der Definition in Art. 4 Nr. 2 unterschiedslos als »Verarbeitung« bezeichnet.

2 Im Anwendungsbereich der DSGVO ist die Vorschrift **eine Rechtsgrundlage nach Art. 6 Abs. 1 Buchst. e**. Zur grundsätzlichen Zielrichtung der Vorschrift wird in der Gesetzesbegründung ausgeführt *»Durch die Stellung im Teil 1 »Gemeinsame Bestimmungen« dieses Gesetzes können Verantwortliche vorbehaltlich anderer bereichsspezifischer Regelungen auf die Regelung unabhängig davon zurückgreifen, zu welchen Zwecken die Datenverarbeitung erfolgt.«*[1] Ob eine derart allgemeine Definition der Zweckbindung angesichts der sehr viel engeren Definition in den Grundsätzen des Art. 5 Abs. 1 Buchst. b DSGVO (*»Personenbezogene Daten müssen für festgelegte, eindeutige und legitime Zwecke erhoben werden und dürfen nicht in einer mit diesen Zwecken nicht zu vereinbarenden Weise weiterverarbeitet werden«*) zulässig ist und einer möglichen gerichtlichen Überprüfung standhält, ist fraglich.

II. Inhalt

1. Anwendungsbereich

3 Nach der **ersten Alternative**, die § 3 nennt, ist die Verarbeitung personenbezogener Daten durch öffentliche Stellen zulässig, wenn sie zur **Erfüllung der in ihrer Zuständigkeit liegenden Aufgaben** erforderlich ist. Hierzu gehören alle Verarbeitungen, die auf der Grundlage einschlägiger Rechtsvorschriften bei der Wahrnehmung öffentlicher Aufgaben oder öffentlicher Interessen erfolgen bzw. zu denen Verantwortliche aufgrund gesetzlicher Vorgaben verpflichtet sind. Keine Verarbeitungserlaubnis beinhaltet § 3 hingegen für private Unternehmen, bei denen die eigenwirtschaftliche Tätigkeit zwar im öffentlichen Interesse liegt, diese letztlich aber nur privaten Gewinninteressen dient, etwa bei privaten Betreibern von Autobahnen.[2]

4 Nach der **zweiten Alternative** des § 3 ist die Verarbeitung **zur Ausübung öffentlicher Gewalt** zulässig. Hierbei handelt es sich um die Wahrnehmung hoheitlicher Aufgaben im Rahmen gesetzlich festgelegter Aufgaben und Befugnisse. Nicht eingeschlossen sind privatwirtschaftliche Tätigkeiten.[3]

---

1 BT-Drs. 18/11325, S. 81.
2 Ähnlich Auernhammer-*Kramer*, Art. 6 Rn. 39.
3 Ehmann/Selmayr-*Heberlein*, Art. 6 Rn. 22.

2. Zuständigkeit

Die Zulässigkeit einer Verarbeitung personenbezogener Daten im öffentlichen Bereich setzt nach § 3 voraus, dass eine öffentliche Stelle für eine bestimmte Verarbeitung personenbezogener Daten örtlich, sachlich und verbandsmäßig **zuständig** ist. Alle drei Zuständigkeitsarten müssen vorliegen.[4] Die Gründe für die Zuständigkeit müssen vom jeweiligen Verantwortlichen dargelegt werden.[5] 5

Die **örtliche Zuständigkeit** folgt bei Verantwortlichen aus dem öffentlichen Bereich im Regelfall aus deren **geographischer Ansiedelung**. Die **sachliche Zuständigkeit** knüpft an die ressortmäßige Zuständigkeit und an die Einordnung in der jeweiligen Verwaltungsorganisation an. Sie ist in der Regel durch Rechtsvorschriften bestimmt. Die **verbandsmäßige Zuständigkeit** grenzt die Verwaltungshoheit der öffentlichen Stellen zueinander ab und sie wird durch Gesetz, Rechtsverordnung oder Verwaltungsanordnung geregelt.[6] 6

Die erforderliche Prüfung der Zuständigkeit begrenzt die Zulässigkeit einer Verarbeitung im konkreten Fall. So dürfen etwa Organisationseinheiten des BKA personenbezogene Informationen nur im Rahmen einschlägiger normativer Generalklauseln erheben. Jede weitere oder weitergehende Verarbeitung muss entweder durch spezialgesetzliche Regelungen oder durch eine wirksame Einwilligung der Betroffenen nach Art. 6 Abs. 1 Buchst. a DSGVO abgesichert sein.[7] 7

3. Rechtmäßigkeit

Die Verarbeitung personenbezogener Daten durch öffentliche Stellen muss rechtmäßig sein. Die **Rechtmäßigkeit** wird als Voraussetzung in § 3 nicht ausdrücklich erwähnt. Sie ist jedoch eine selbstverständliche und notwendige Grundlage für das Handeln aller öffentlichen Stellen. Zudem wird sie in Art. 5 Abs. 1 Buchst. a DSGVO ausdrücklich als allgemeiner Grundsatz für die Zulässigkeit einer zulässigen Verarbeitung von personenbezogenen Daten benannt. 8

Eine rechtmäßige Verarbeitung muss der **Erfüllung einer** durch Gesetz oder durch einschlägige Verwaltungsverordnungen **vorgeschriebenen öffentlich-rechtlichen Aufgabe dienen. Ausnahmsweise** kommen auch Vorschriften des Privatrechts für die Begründung der Rechtmäßigkeit in Betracht, wie etwa bei der Behandlung von Patienten in einem Bundeswehrkrankenhaus.[8] Vor diesem Hintergrund sind etwa Verarbeitungen nicht rechtmäßig, das Persönlichkeitsrecht von Bürgern oder deren Recht auf informationelle Selbstbestimmung in unzulässiger Weise beeinträchtigen oder die gegen einschlägige Rechtsvorschriften verstoßen. 9

Fehlt eine einschlägige rechtliche Grundlage, sind Verarbeitungen allein auf Basis von § 3 unzulässig. Öffentliche Stellen haben dann keinen Anspruch auf die Mitteilung personenbezogener Daten durch Betroffene und dürfen diese Informationen nicht verarbeiten. Erfolgt die Verarbeitung dennoch, haben Betroffene nach Art. 17 Abs. 1 Buchst. d DSGVO 10

---

4 Taeger/Gabel-*Lang*, § 3 Rn. 25; grundlegend Bull, ZRP 1975, 12.
5 Ebenso Taeger/Gabel-*Lang*, § 3 Rn. 25.
6 Vgl. Gola/Heckmann, § 3 Rn. 21; ähnlich Auernhammer-*Eßer*, § 3 Rn. 17.
7 Riegel, S. 5f.; Gola/Heckmann, § 13 BDSG-alt Rn. 2.
8 Simitis-*Sokol/Scholz*, § 13 BDSG-alt Rn. 21.

einen Anspruch auf Löschung und können nach Art. 82 DSGVO Schadensersatz geltend machen.

4. Erforderlichkeit

11 Voraussetzung für die Zulässigkeit der Anforderung personenbezogener Daten von Bürgern oder von anderen Stellen oder Personen durch Verantwortliche aus dem öffentlichen Bereich ist nach dem Wortlaut von § 3 das Bestehen einer »**Erforderlichkeit**«. Diese muss für jeden Verarbeitungsvorgang bestehen.[9] Diese muss sich in dem Zulässigkeitsrahmen bewegen, der sich aus den allgemeinen Grundsätzen in Art. 5 Abs. 1 DSGVO ableiten lässt. Nach Abs. 1 Buchst. a ist insbesondere zu beachten, dass die Anforderung ebenso wie eine sich anschließende Verarbeitung immer nach Treu und Glauben und in einer für Betroffene transparenten Form erfolgen muss.

12 An die Ausfüllung des unbestimmten Rechtsbegriffs der **Erforderlichkeit** ist mit Blick auf den angestrebten Schutz von Grundrechten der Betroffenen ein **restriktiver Maßstab** anzulegen.[10] Es dürfen nach § 3 von Verantwortlichen aus dem öffentlichen Bereich nur solche Daten erhoben werden, die zur Erfüllung rechtlich vorgegebener Aufgaben zwingend erforderlich sind. Öffentliche Stellen dürfen nur genau die Daten verarbeiten, die sie zur Erfüllung ihrer Aufgaben unbedingt benötigen – nicht mehr. Bewertungsmaßstab ist immer das Minimum, wobei sich öffentliche Stellen den Maßstäben einer »schlanken Verwaltung« stellen müssen. Die Anlegung dieser Maßstäbe muss im Ergebnis zur Reduzierung der Datenbestände führen. Kein Kriterium für die Bestimmung der Erforderlichkeit sind hingegen alte, schon lang geübte und ggf. bewährte Verwaltungsabläufe.[11]

13 Erforderlich ist nur die Verarbeitung solcher personenbezogener Daten, ohne die öffentliche Stellen ihre gesetzlichen Aufgaben nicht, nicht vollständig oder nicht in rechtmäßiger Weise durchführen können. Es reicht nicht aus, dass die Erhebung für die öffentliche Stelle nur dienlich, praktisch, geeignet oder zweckmäßig ist.[12] Die Erforderlichkeit ist für jede Maßnahme einzeln zu prüfen.

14 Die verantwortlichen Stellen müssen auch im Rahmen der Prüfung der Erforderlichkeit die in Art. 5 Abs. 1 DSGVO enthaltenen Grundsätze beachten, insbesondere die Vorgabe zur Datenminimierung in Abs. 1 Buchst. c. Um diesen Vorgaben gerecht werden zu können, muss Art und Umfang der auf der Grundlage von § 3 zu verarbeitenden personenbezogenen Daten vorab festgelegt werden. Dies sollte nach Möglichkeit in den einschlägigen Erlaubnisnormen erfolgen.

15 **Im Regelfall** ist eine **Datenerhebung** durch öffentliche Stellen **auf Vorrat** oder **auf Verdacht** schon wegen des Fehlens des nach Art. 5 Abs. 1 Buchst. b DSGVO notwendigen Zwecks **unzulässig.**[13] **Abweichungen** sind nur zulässig, wenn es eine **eindeutige gesetz-**

---

9 Ähnlich Taeger/Gabel-*Lang*, § 3 Rn. 27.

10 Ebenso Plath-*Schreiber*, § 13 Rn. 7; Taeger/Gabel-*Lang*, § 3 Rn. 28.

11 Simitis-*Sokol/Scholz*, § 13 BDSG-alt Rn. 25.

12 OLG Dresden MMR 2003, 592f.; ähnlich Auernhammer-*Eßer*, § 3 Rn. 23.

13 Vgl. EuGH 8.4.2014, NJW 2014, 2169; BVerfG NJW 1984, 419ff.; Bull, ZRP 1975, 12; Simitis, NJW 1977, 734; Gola/Heckmann, § 3 BDSG Rn. 8; allgemein zum »Grundrecht gegen Vorratsdatenspeicherung« Wedde, CuA 6/2014, 22ff.

liche Grundlage gibt, die zugleich Art und Umfang der Vorrats- oder Verdachtsspeicherung festlegt.[14] An eine einschlägige Rechtsvorschrift sind mit Blick auf das Recht auf informationelle Selbstbestimmung hohe Begründungsanforderungen zu stellen. Nur eine solche einschränkende Auslegung steht im Einklang mit den allgemeinen Grundsätzen des BVerfG zum Recht auf informationelle Selbstbestimmung[15] sowie mit den Vorgaben zur Zulässigkeit von Vorratsdatenspeicherungen, die der EuGH entwickelt hat.[16] Nur sie wird zudem den Vorgaben gerecht, die sich aus dem durch die Entscheidung des BVerfG vom 27. 2. 2008 begründeten neuen Grundrecht auf Vertraulichkeit und Integrität informationstechnischer Systeme[17] sowie aus der Entscheidung zur Vorratsdatenspeicherung vom 2. 3. 2010[18] ableiten.

Die **Erforderlichkeit** nach § 3 beinhaltet als Voraussetzung der Verarbeitung eine **zeitliche Komponente**. 16 Verarbeitungen von personenbezogenen Daten sind nur so lange zulässig, wie sie zur Aufgabenerfüllung aus objektiver Sicht tatsächlich benötigt werden.[19] Nur eine solche zeitliche Begrenzung erfüllt die Vorgaben zur Datenminimierung in Art. 5 Abs. 1 Buchst. c DSGVO und zur Speicherbegrenzung in Abs. 1 Buchst e. Die verantwortliche Stelle muss deshalb für jedes Datum den erforderlichen Zeitrahmen bestimmen und es nach Ablauf der gesetzten Frist löschen. Zudem müssen die Verantwortlichen in regelmäßigen Zeitabständen prüfen, ob die Speicherung vorhandener personenbezogener Daten weiterhin erforderlich ist.

§ 4 Videoüberwachung öffentlich zugänglicher Räume

(1) Die Beobachtung öffentlich zugänglicher Räume mit optisch-elektronischen Einrichtungen (Videoüberwachung) ist nur zulässig, soweit sie
1. zur Aufgabenerfüllung öffentlicher Stellen,
2. zur Wahrnehmung des Hausrechts oder
3. zur Wahrnehmung berechtigter Interessen für konkret festgelegte Zwecke
erforderlich ist und keine Anhaltspunkte bestehen, dass schutzwürdige Interessen der betroffenen Personen überwiegen. Bei der Videoüberwachung von
1. öffentlich zugänglichen großflächigen Anlagen, wie insbesondere Sport-, Versammlungs- und Vergnügungsstätten, Einkaufszentren oder Parkplätzen, oder
2. Fahrzeugen und öffentlich zugänglichen großflächigen Einrichtungen des öffentlichen Schienen-, Schiffs- und Busverkehrs
gilt der Schutz von Leben, Gesundheit oder Freiheit von dort aufhältigen Personen als ein besonders wichtiges Interesse.

(2) Der Umstand der Beobachtung und der Name und die Kontaktdaten des Verantwortlichen sind durch geeignete Maßnahmen zum frühestmöglichen Zeitpunkt erkennbar zu machen.

---

14 Offener Gola/Heckmann, § 3 BDSG Rn. 8.
15 BVerfGE 65, 1 ff.
16 EuGH 8. 4. 2014, NJW 2014, 2169.
17 BVerfG NJW 2008, 822.
18 Vgl. BVerfG NJW 2010, 833.
19 Ähnlich Taeger/Gabel-*Lang*, § 3 Rn. 39.

(3) Die Speicherung oder Verwendung von nach Absatz 1 erhobenen Daten ist zulässig, wenn sie zum Erreichen des verfolgten Zwecks erforderlich ist und keine Anhaltspunkte bestehen, dass schutzwürdige Interessen der betroffenen Personen überwiegen. Absatz 1 Satz 2 gilt entsprechend. Für einen anderen Zweck dürfen sie nur weiterverarbeitet werden, soweit dies zur Abwehr von Gefahren für die staatliche und öffentliche Sicherheit sowie zur Verfolgung von Straftaten erforderlich ist.

(4) Werden durch Videoüberwachung erhobene Daten einer bestimmten Person zugeordnet, so besteht die Pflicht zur Information der betroffenen Person über die Verarbeitung gemäß den Artikeln 13 und 14 der Verordnung (EU) 2016/679. § 32 gilt entsprechend.

(5) Die Daten sind unverzüglich zu löschen, wenn sie zur Erreichung des Zwecks nicht mehr erforderlich sind oder schutzwürdige Interessen der betroffenen Personen einer weiteren Speicherung entgegenstehen.

Inhaltsübersicht Rn.

I. Einleitung

1 Gegenstand von § 4 ist die **Beobachtung öffentlich zugänglicher Räume** mit optisch-elektronischen Einrichtungen. Hinzu kommt unter den in Abs. 1 Satz 2 der Vorschrift genannten Voraussetzungen die Videoüberwachung öffentlich zugänglicher Fahrzeuge und Einrichtungen des Schienen-, Schiffs- und Busverkehrs. In der DSGVO findet sich keine vergleichbare Vorschrift.

2 Hinter dem sprachlich nicht einfach verständlichen Begriff der »optisch-elektronischen Einrichtungen« verbirgt sich, wie schon am Klammerzusatz in Abs. 1 erster Hlbs. deut-

lich wird, die immer mehr um sich greifende **Videoüberwachung**. Für den Einsatz dieser Technik in öffentlich zugänglichen Bereichen ist diese Vorschrift **zentrale datenschutzrechtliche Grundlage**, die der Wahrung des informationellen Selbstbestimmungsrechts durch einen angemessenen Interessenausgleich Rechnung tragen soll.[1] **Ziel** der Regelung ist eigentlich eine **restriktive Überwachungspraxis** unter Wahrung der Interessen potentieller Anwender.[2]

Die Vorschrift ist weitgehend textidentisch mit der Vorgängerregelung des § 6b BDSG-alt. 3
Diese Regelung wurde mit Wirkung zum 5.5.2017 durch das »Videoüberwachungsverbesserungsgesetz«[3] in **wichtigen Details geändert bzw. ergänzt**. Insbesondere wurde in Abs. 1 ein neuer Satz 2 aufgenommen, der auf die Erweiterung der Zulässigkeit der Videoüberwachung in großflächigen öffentlichen Anlagen sowie im Bereich der Verkehrsinfrastruktur zielt. Bezogen auf diese Bereiche wird durch Abs. 4 Satz 2 festgelegt, dass deren Überwachung ein besonderes Interesse darstellt. Diese Regelung setzt das schutzwürdige Interesse der betroffenen Personen an der Vermeidung derartiger Überwachungen weitgehend außer Kraft.

Im Rahmen der Neufassung des § 4 ist es zu weiteren Veränderungen gekommen. 4

- Nach **Abs. 2** muss nunmehr neben dem Umstand der Beobachtung selbst der **Name** und die **Kontaktdaten des Verantwortlichen** kenntlich gemacht werden. Weiterhin müssen alle diese Informationen **zum frühestmöglichen Zeitpunkt** erkennbar sein.
- Die Regelung in **Abs. 3** bezieht sich nur auf die **Speicherung oder Verwendung.**
- Bezüglich der nach **Abs. 4** bestehende Informationspflicht wird nunmehr auf **Art. 14 DSGVO** sowie auf **§ 32** verwiesen.

Die durch § 4 begründete **Zulässigkeit von Videoüberwachungen** ist **nur im Rahmen** 5
der allgemeinen datenschutzrechtlichen Vorgaben und Grenzen gegeben, die sich aus der **DSGVO** und aus dem **BDSG** ableiten. Durch § 4 wird der Sachverhalt der Beobachtung selbst vom Schutzbereich DSGVO bzw. des BDSG erfasst. Für die Einbeziehung in den allgemeinen datenschutzrechtlichen Schutzrahmen ist es unerheblich, ob anschließend eine weitere Verarbeitung erfolgt.[4]

§ 4 kommt sowohl für die in § 2 Abs. 1 bis 3 aufgeführten öffentlichen Stellen als auch für 6
die in § 2 Abs. 4 und 5 genannten nicht-öffentlichen Stellen zur Anwendung. Voraussetzung ist immer, dass die Überwachung in öffentlich zugänglichen Räumen erfolgt. Die aktuelle Vorschrift enthält

- die **allgemeinen Zulässigkeitsvoraussetzungen** einer Beobachtung mittels Videotechnik (Abs. 1 Satz 1),
- das **Vorliegen »besonders wichtiger Interessen«** in bestimmten Fällen (Abs. 1 Satz 2),
- die **Verpflichtung** der Verantwortlichen **zur Kenntlichmachung der Videoüberwachung** (Abs. 2),
- die **Zulässigkeitsvoraussetzungen** für eine **Speicherung oder Verwendung** erhobener Daten (Abs. 3),

1 BT-Drs. 14/4329, S. 38.
2 BT-Drs. 14/5793, S. 61.
3 BGBl. I vom 4.5.2017, S. 968.
4 BT-Drs. 14/4329; S. 38.

- die **Verpflichtungen zur Information** der betroffenen Personen (Abs. 4) sowie
- Regelungen zur **Löschung** (Abs. 5).

7 § 4 kommt vor dem Hintergrund einer zunehmenden und in vielen Bereichen immer mehr ausufernden Überwachungspraxis **herausragende Bedeutung** zu.[5] Mit Blick auf die steigende Anzahl von Videoüberwachungssystemen ist es allerdings fraglich, ob die Vorschrift tatsächlich geeignet ist, die Grundrechte der betroffenen Personen hinreichend zu wahren. Dies gilt erst recht in Anbetracht deutlich erweiterter und sehr allgemein gehaltener Möglichkeiten zum Einsatz von Videoüberwachung im öffentlichen Raum zum Schutz von Leben, Gesundheit oder Freiheit in Abs. 1 Satz 2 DSGVO (vgl. Rn. 55ff.).

8 Die Vorschrift kommt in der Praxis vorrangig auf die zahlreichen Ausprägungen **digitaler Videotechnik** zur Anwendung. Aufgrund der technikneutralen Formulierung in Abs. 1 (»Videotechnik«) unterfällt auch (noch) vorhandene **analoge Videotechnik** ihrem Anwendungsbereich.[6] Durch diesen **technikneutralen Ansatz** wird ein Umgehungsschutz begründet (vgl. ErwGr 15 Satz 1). Vom Anwendungsbereich des § 4 kann es nur dann eine Ausnahme geben, wenn analoge Aufzeichnungen erfolgen, für die keinerlei strukturierte Aufbewahrung oder Verarbeitung vorgesehen sind. Diese weitere Auslegung des Anwendungsbereichs erfüllt die in Art. 2 Abs. 1 DSGVO enthaltene Vorgabe, dass Ausnahmen vom Anwendungsbereich der DSGVO nur gegeben sind, wenn personenbezogene Daten nicht in einem Dateisystem gespeichert sind oder gespeichert werden sollen.

9 Videoüberwachung von öffentlichen Bereichen auf der Grundlage von § 4 Abs. 1 unterliegt schon wegen des sich hiermit regelmäßig verbindenden hohen Risikos für die Rechte und Freiheiten natürlicher Personen der Verpflichtung zur **Durchführung einer Datenschutz-Folgenabschätzung** nach Art. 35 DSGVO (vgl. dort Rn. 53ff.).[7] Diese Konsequenz leitet sich insbesondere aus dem Fallbeispiel in Art. 35 Abs. 3 Buchst. c DSGVO ab, das für den Fall einer systematischen umfangreichen Überwachung öffentlich zugänglicher Bereiche eine Datenschutz-Folgenabschätzung vorschreibt. Videoüberwachungen auf der Grundlage von § 4 dürfen erst nach Umsetzung der sich aus der Datenschutz-Folgenabschätzung ableitenden Schutzmaßnahmen oder nach der Durchführung der durch Art. 36 DSGVO vorgeschriebenen Konsultation mit der zuständigen Aufsichtsbehörde eingeführt oder geändert werden.

10 **Besonders strenge Maßstäbe** sind bei der der Abschätzung im Rahmen einer Datenschutz-Folgenabschätzung anzulegen, wenn die erfassten Daten an andere Stellen oder Personen übermittelt oder diesen in anderer Form zugänglich gemacht werden. Insbesondere die Zulässigkeit des Einsatzes von »Webcams« aller Art oder von Dashcams, Drohnen oder GoPros usw. und die anschließende Einstellung der gewonnenen Bilder in das Internet sind besonders restriktiv zu bewerten.[8] Zum gleichen Ergebnis führt die Anwendung der in Art. 5 Abs. 1 Buchst. c DSGVO enthaltenen Grundsätze zur **Datenminimierung.** Vor diesem Hintergrund müssen Verantwortliche immer abwägen, ob es Alternativen zu einer Videoüberwachung gibt, die weniger in Grundrechte der betroffenen Personen ein-

5 Simitis-*Scholz*, Art. 6 DSGVO Anhang 1 Rn. 5ff. mit zahlreichen Beispielen.
6 Gola/Heckmann-*Starnecker*, § 6 Rn. 20.
7 Ausführlich SHS-*Scholz*, Art. 6 DSGVO Anhang 1 Rn. 141ff.; BMH, § 6b BDSG-alt Rn. 6.
8 Offener wohl Gola/Heckmann-*Starnecker*, § 4 Rn. 18, der sich in diesen Fällen für eine differenzierte Bewertung der Zulässigkeit ausspricht; allgemein zu Webcams Wrede, DuD 2010, 225.

greifen.[9] Hierbei ist zu beachten, dass Videosequenzen, die einmal im Internet zugänglich gemacht werden, in der Praxis nicht mehr »rückholbar« sind. Das durch Art. 17 DSGVO garantierte Recht auf Löschung und auf »Vergessenwerden« lässt sich in diesen Fällen praktisch nicht mehr umsetzen. Dies spricht für eine **enge Auslegung** der Zulässigkeit entsprechender Verarbeitungen.

Kommen Videoüberwachungssysteme zum Einsatz, müssen verantwortliche Stellen alle 11
nach Art. 32 DSGVO **erforderlichen technischen und organisatorischen Maßnahmen** treffen. Die gewonnenen Informationen müssen insbesondere gegen unbefugten Zugriff (etwa durch durchgängige Verschlüsselung der Daten), gegen inhaltliche Manipulationen und gegen die unzulässige Weitergabe an Dritte geschützt werden.

Bei den zu treffenden Maßnahmen muss die Art der erfassten Informationen besonders 12
berücksichtigt werden. Ist beispielsweise eine Kamera im Eingangsbereich eines Krankenhauses angebracht, fallen hier mit hoher Wahrscheinlichkeit auch nach Art. 9 DSGVO besonders geschützte personenbezogene Daten an. Das schränkt nicht nur die Zulässigkeit der Verwendung von Kameras ein und hat Einfluss auf die technischen und organisatorischen Rahmenbedingungen, sondern hat auch unmittelbaren Einfluss auf die durchzuführende Datenschutz-Folgenabschätzung sowie auf die nach Art. 32 DSGVO zu treffenden Maßnahmen.

Verantwortliche müssen neben den allgemeinen datenschutzrechtlichen Vorgaben auch 13
allgemeine spezialgesetzliche Regelungen zum Schutz vor ungewollten Videoaufnahmen wie etwas das Recht am eigenen Bild und hieraus erwachsene Schadensersatzpflichten (§§ 823, 1004 BGB sowie die Vorgaben in § 22 KunstUrhG) beachten.[10] Erfolgen Videoaufnahmen in einer Wohnung oder in einem gegen Einblick besonders geschützten Raum, kann die unbefugte Herstellung von Videoaufnahmen den Straftatbestand der Verletzung des höchstpersönlichen Lebensbereichs gemäß § 201a StGB erfüllen.[11] Zudem stehen betroffenen Personen (etwa Besuchern) zivilrechtliche Unterlassungsansprüche zur Verfügung, wenn etwa ungewollte Aufnahmen erfolgt sind.[12]

§ 4 beschränkt sich inhaltlich auf Videoüberwachungen im öffentlichen Bereich. Damit 14
bleibt die Frage, welche Formen der Videoüberwachung von **Beschäftigten** durch Arbeitgeber in nicht-öffentlichen Betriebsstätten und -räumen zulässig sind (vgl. § 26 Rn. 119).[13] Insoweit kommt der deutsche Gesetzgeber bezogen auf diese Videosysteme der in Art. 88 Abs. 2 DSGVO enthaltenen Vorgabe nicht nach, für Überwachungssysteme am Arbeitsplatz geeignete und besondere Maßnahmen zum Schutz der Beschäftigten zu treffen (vgl. Art. 88 Rn. 37 DSGVO).

Auch ohne eine spezifische Regelung dürfen Videosysteme in nicht-öffentlichen betrieb- 15
lichen Bereichen schon mit Blick auf das herausragend geschützte Persönlichkeitsrecht der Beschäftigten **nicht heimlich installiert werden**. Ausgenommen bleiben weiterhin Räume und Bereiche, die überwiegend der persönlichen oder privaten Lebensgestaltung der Arbeitnehmer dienen. Hierzu gehören insbesondere Sanitär-, Umkleide-, Pausen-

9 Vgl. hierzu etwa BAG 14.12.2004, AuR 2005, 456.
10 BMH, § 6b BDSG-alt Rn. 11; Gola/Heckmann-*Starnecker*, § 4 Rn. 7.
11 Vgl. Oberwetter, NZA 2008, 609f.
12 SHS-*Scholz*, Art. 6 DSGVO Anhang 1 Rn. 53.
13 Allg. Frowein, CuA 4/19, 26.

und Schlafräume.[14] Hier sind heimliche Überwachung in jedem Fall unzulässig und offene eigentlich nicht denkbar.

II. Zulässigkeitsvoraussetzungen der Beobachtung (Abs. 1 Satz 1)

16 Nach dem ersten Hlbs. von § 4 Abs. 1 Satz 1 ist die »**Beobachtung**« öffentlicher Räume zulässig. Dieser Tatbestand wird allerdings weder im BDSG noch in der DSGVO definiert. Die Beobachtung wird aber aufgrund der weiten Definition des Begriffs von der »Verarbeitung« nach Art. 4 Nr. 2 DSGVO erfasst. Als weiterer nicht ausdrücklich definierter Tatbestand schließt sich in Abs. 1 Satz 1 die **Begrenzung des Anwendungsbereichs** der Vorschrift auf »öffentlich zugängliche Räume« an. Dieser folgt eine **Aufzählung von drei Voraussetzungen**, bei deren Vorliegen die Videoüberwachung zulässig ist. Durch den letzten Hlbs. von Satz 1 wird eine **Interessenabwägung vorgeschrieben**. Diese wird für die in Abs. 1 Satz 2 aufgeführten Bereiche durch die dort enthaltenen Vorgaben des Gesetzgebers »geprägt« (vgl. hierzu Rn. 55ff.).

1. Beobachtung

17 Die Vorschrift knüpft in Abs. 1 Satz 1 1. Hlbs. an das **Beobachten** an. Der Begriff ist **weit auszulegen**. Es reicht aus, wenn die bloße Möglichkeit hierzu besteht.[15] Unerheblich für das Erfüllen des Tatbestandes der Beobachtung ist, ob eine Aufnahme, Speicherung oder Übermittlung der Bilder erfolgt bzw. gewollt ist oder ob es beim bloßen Anschauen von Bildern auf einem Monitor bleibt.[16] Damit werden Kameras an S-Bahn-Bahnsteigen, durch die sich Lokführer einen Überblick darüber verschaffen können, ob alle Türen eines Zugs geschlossen sind, ebenso von der Vorschrift erfasst wie technische Anlagen aller Art, z. B. auf Türen oder auf Fahrzeuge im öffentlichen Bereich gerichtete Videoanlagen.[17] Entsprechendes gilt für Kameras in Taxis oder in öffentlichen Verkehrsmitteln, die dort aus Sicherheitsgründen immer öfter zu finden sind, aber auch für sog. **Dome-Kameras** mit »Rundumsicht«[18], für Webcams in Notebooks oder Tablets von Beschäftigten, die von öffentlichen Orten aus an dienstlichen Videokonferenzen teilnehmen. Erfasst werden auch sog. »**Dash-Cams**« in privaten Kraftfahrzeugen.[19] Widersprüchlich ist die Auffassung des BGH, der die permanente und anlasslose Aufzeichnung des Verkehrsgeschehens zwar für nicht mit den datenschutzrechtlichen Regelungen des BDSG-alt für vereinbar hält, die Verwendung entsprechender Aufzeichnungen durch Unfallbeteiligte als Beweismittel in

---

14 Zum Umfang des Persönlichkeitsrechts und zum Beweisverwertungsverbot bei heimlichen Kontrollmaßnahmen BAG 20.6.2013 – 2 AZR 546/12, NZA 14, 143.

15 Gola/Heckmann-*Starnecker*, § 4 Rn. 27.

16 BT-Drs. 14/4329, S. 38; Gola/Heckmann-*Starnecker*, § 4 Rn. 29f.

17 Ebenso BMH, § 6b BDSG-alt Rn. 20ff. mit zahlreichen weiteren Beispielen; vgl. auch SHS-*Scholz*, Art. 6 DSGVO Anhang 1 Rn. 55ff.

18 SHS-*Scholz*, Art. 6 DSGVO Anhang 1 Rn. 14.

19 Positiv zur Frage der Zulässigkeit etwa OLG München 10.8.2017 – 13 U 851/17, NJW 2017, 3597; LG Nürnberg-Fürth 8.6.2017 – 2 S 5570/15; a. A. VG Göttingen 12.10.2016 – 1 B 171/16; differenzierend LG Traunstein 1.7.2016 – 3 O 1200/15, ZD 17, 239, das bezüglich der Zulässigkeit auf die Art der Aufzeichnung abstellt.

einem Unfallhaftpflichtprozess aber dennoch zulässt.[20] Die Veröffentlichung von Bildern einer **Webcam per Livestream** im Internet, die öffentlich zugängliche Bereiche von Ferienanlagen zu Werbezwecken zeigen, ist ebenfalls von der Vorschrift erfasst.[21] Den Tatbestand der Beobachtung erfüllt auch der Einsatz von **Drohnen**, die mit Kameras bestückt sind[22] sowie sog. **Wildkameras**, die etwa Jäger in ihren Jagdrevieren aufstellen.[23] In den beiden letztgenannten Fällen stellt der Betrieb der Kameras einen unzulässigen Eingriff in das Persönlichkeitsrecht von betroffenen Personen dar. Dies gilt insbesondere, wenn durch Drohnen Einblick in private Grundstücke oder Lebensbereiche genommen wird. Zulässig ist die Verwendung kamerabestückter Drohnen allenfalls, wenn hierbei ausschließlich ein eigenes Grundstück erfasst wird. Auch hier müssen alle gefilmten Personen der Aufnahme vorab zustimmen. Aus datenschutzrechtlicher Sicht kritisch ist der Einsatz von sog. »**Bodycams**« durch nicht-öffentliche Stellen oder Personen zu bewerten. Weil hier regelmäßig die Interessen der Benutzer öffentliche Bereiche überwiegen, ist deren Verwendung auf der Grundlage von § 4 im Regelfall unzulässig.[24] Etwas anderes kann aber gelten, wenn Bodycams mit dem primären Ziel der Eigensicherung von Personen eingesetzt werden (etwa von Sicherheitspersonal in stark frequentierten Bereichen wie Bahnhöfen) und wenn sie nur bei Bedarf (etwa in persönlichen Gefahrensituationen) und für betroffene Personen klar erkennbar (etwa durch Lichtzeichen) eingeschaltet werden.[25]

Die Beobachtung mittels Videokamera muss sich **nicht gezielt auf bestimmte Personen** richten. Der Tatbestand ist auch erfüllt, wenn öffentliche Räume in einer Art und Weise gefilmt werden, die es ermöglicht, bestimmte Personen zu identifizieren. Er erfasst auch sog. **Übersichts- oder Überblicksaufnahmen**, wenn hierbei die Bildqualität so gut ist, dass bei entsprechender Vergrößerung Einzelpersonen oder Gesichter erkennbar sind.[26] Erfolgt hingegen die Beobachtung per Videokamera technisch in einer Art und Weise, die das Erkennen bestimmter Personen bzw. Gesichter unmöglich macht (etwa aufgrund einer geringen Auflösung), kann die Anwendbarkeit der Vorschrift entfallen.[27] Vom Grundsatz her wird dies aber nur der Fall sein, wenn eine technische Ausgestaltung gewählt wird, die den Grundsätzen des Art. 5 Abs. 1 DSGVO entspricht. 18

Keine Beobachtung im Sinne des Abs. 1 soll gegeben sein, wenn eine **einmalige Verfilmung von öffentlichen Räumen**, **Gebäuden** oder **Straßenzügen** zum Zwecke der digitalen Kartierung erfolgt.[28] Diese Auffassung überzeugt in den Fällen nicht, in denen Gebäude oder Wohnungen bestimmten Personen zugeordnet werden können. Betroffenen Personen stehen hier wegen des Fehlens einer Rechtsgrundlage für die Erhebung und Ver- 19

---

20 BGH vom 15.5.18 #VI ZR 233/17#, NJW 2018, 2883 bezogen auf das BDSG-alt; a.A. SHS-*Scholz*, Art. 6 DSGVO Anhang 1 Rn. 51, der eine Privilegierung ablehnt.

21 VG Schwerin 18.6.2015 – 6 B 1637/15 SN.

22 Schmid, K&R 2015, 217; Gola/Heckmann-*Starnecker*, § 4 Rn. 18.

23 Gola/Heckmann-*Starnecker*, § 4 Rn. 25.

24 Ebenso BMH, § 6b Rn. 11c.; allg. Lachenmann, DuD 18, 777.

25 SHS-*Scholz*, Art. 6 DSGVO Anh. 1 Rn. 6 verweist auf die deeskalierende Wirkung dieser Geräte; zu akzeptablen Ausgestaltungen Koelle/Brück/Cobus/Heuten/Boll, DuD 17, 152; zu bereichsspezifischen Regelungen Gola/Heckmann-*Starnecker*, § 4 Rn. 6.

26 SHS-*Scholz*, Art. 6 DSGVO Anhang 1 Rn. 39ff.

27 Ähnlich BMH, § 6b BDSG-alt Rn. 21 für Aufnahmen aus großer Höhe.

28 Vgl. Gola/Heckmann-*Starnecker*, § 4 Rn. 28, der auf allgemeine Abwehransprüche verweist; Auernhammer-*Onstein*, § 4 Rn. 22; Müller, DuD 1999, 252.

arbeitung die Löschungsrechte nach Art. 17 DSGVO einschließlich des »Rechts auf Vergessenwerden« zu. Darüber hinaus können sie auf allgemeine zivilrechtliche Abwehrrechte zurückgreifen, um ungewollte Aufnahmen zu unterbinden.

2. Medium der Beobachtung

20 Weiteres Tatbestandsmerkmal von § 4 Abs. 1 Satz 1 ist der **Einsatz optisch-elektronischer Einrichtungen**. Es müssen optische Aufnahmegeräte vorhanden sein, die eine Beobachtung ermöglichen. Die vom Gesetzgeber genutzte Festlegung auf optisch-elektronische Einrichtungen ist technikneutral und stellt nicht auf eine bestimmte Gerätetechnik oder Gerätetypen ab. Mit dem Klammerverweis auf »Videoüberwachung« macht die Vorschrift deutlich, dass von einer unspezifischen und damit weiten Technikdefinition auszugehen ist. In Betracht kommen damit Kameras jeglicher Art und Gestaltung wie insbesondere »klassische« Videokameras oder Webcams.[29] Voraussetzung ist, dass sie dazu geeignet sind, für Beobachtungen genutzt zu werden. Damit werden beispielsweise auch Kameras in Smartphones von der Vorschrift erfasst, wenn mit ihnen in der Öffentlichkeit Videosequenzen aufgenommen und übermittelt werden. Deshalb unterfällt beispielsweise das Filmen von Personen mit diesen Geräten in einem Lokal (auch wenn dies nur Beiwerk zu den aufgenommenen Tellern ist) und das anschließende Einstellen der gefertigten Videoclips in eine Internetplattform uneingeschränkt der Vorschrift.[30]

21 Vom Tatbestand der optisch-elektronischen Beobachtung erfasst werden sowohl **fest installierte** wie **bewegliche Kameras**, ohne dass es darüber hinaus darauf ankommt, ob ein mechanischer Schwenkbereich, Zoommöglichkeiten usw. gegeben sind.[31] Die Voraussetzung der elektronischen Beobachtung ist gegeben, wenn mindestens eine Systemkomponente durch entsprechende elektrische Impulse gesteuert werden kann. Damit können auch elektronisch gesteuerte Ferngläser und ähnliche Geräte den Tatbestand erfüllen.

22 Der Anwendungsbereich der Norm ist durch seine technikneutrale Formulierung **nicht auf digitale Kamerasysteme** beschränkt. Erfasst werden auch **analoge Systeme**, wenn diese zur Beobachtung geeignet sind (vgl. auch Rn. 8). Werden **Attrappen** eingesetzt, bei denen für Betroffene das Fehlen der Funktionsfähigkeit und entsprechender Beobachtungsmöglichkeiten nicht erkennbar ist, muss ebenfalls ein gesetzeskonformer Hinweis erfolgen.[32] Nur dieser versetzt Betroffene in die Lage, ihre Rechte angemessen wahrzunehmen und sich ggf. über das Fehlen einer tatsächlichen Beobachtungsmöglichkeit beim Verantwortlichen Gewissheit zu verschaffen, wenn eine Kontrolle als Beeinträchtigung der eigenen Rechte empfunden wird.

---

29 Kühling/Buchner-*Kühling/Raab*, Art. 2 DSGVO Rn. 15; SHS-*Scholz*, Art. 6 DSGVO Anhang 1 Rn. 34; Gola/Heckmann, § 4 Rn. 20ff.

30 Ähnlich Gola/Heckmann-*Starnecker*, § 4 Rn. 17.

31 Auernhammer-*Onstein*, § 4 Rn. 17; SHS-*Scholz*, Art. 6 DSGVO Anhang 1 Rn. 34; Gola/Heckmann-*Starnecker*, § 4 Rn.20.

32 A.A. Gola/Heckmann-*Starnecker*, § 4 Rn. 22, und SHS-*Scholz*, Art. 6 DSGVO Anhang 1 Rn. 43, die beide wegen des ebenfalls bestehenden Anpassungsdrucks ausdrücklich auf zivilrechtliche Möglichkeiten der betroffenen Personen verweisen.

3. Öffentlich zugängliche Räume und Fahrzeuge

§ 4 Abs. 1 setzt voraus, dass die **Beobachtung** in einem **öffentlich zugänglichen Raum erfolgt**. Der gesetzliche Tatbestand zielt zunächst einmal auf **umbaute Flächen**, die dazu bestimmt sind, von unbestimmten oder nur nach allgemeinen Kriterien abgegrenzten Personengruppen betreten zu werden.[33] Öffentlich zugängliche Räume sind beispielsweise die Ausstellungsräume eines Museums, Verkaufsräume oder Schalterhallen, aber auch Tankstellen, Biergärten, Parkhäuser, Internetcafés, Geldautomaten usw.[34] Hierzu gehören weiterhin Eingangsbereich und Treppenaufgänge zu Geschäftsräumen von Bürogebäuden. 23

Durch die Ergänzung in Abs. 1 Satz 2 wird der Anwendungsbereich dieser Vorschrift in den dort genannten Fällen (vgl. Rn. 64ff.) auf **Fahrzeuge** des öffentlich zugänglichen Schienen-, Schiffs- oder Busverkehrs ausgedehnt. Nicht von der Erweiterung erfasst sind Fahrzeuge, die nur bestimmten Personen zugänglich sind wie etwa Busse im reinen Werksverkehr, private Zubringerschiffe von Hafenbetrieben oder für bestimmte Personen gecharterte Schienenfahrzeuge. Nach dem Wortlaut ebenfalls von der Anwendung dieser Vorschrift ausgenommen sind Luftfahrzeuge aller Art. Für diesen Bereich leiten sich besondere Sicherheitsvorgaben allerdings aus speziellen Rechtsvorschriften ab wie etwa dem LuftSIG, dass dem besonderen Schutz vor Angriffen auf die Sicherheit des zivilen Luftverkehrs dient. Vom Anwendungsbereich ausgenommen bleiben auch Raumschiffe zum Mond oder zum Mars im öffentlichen Liniendienst, weil der kleine Kreis der Multimillionäre, die als Passagiere in Betracht kommen, die für eine Anwendung notwendige quantitative Voraussetzung nicht erfüllt. 24

Unerheblich für die Erfüllung des Tatbestandes ist, ob für den Zugang besondere Voraussetzungen erfüllt sein müssen (etwa Volljährigkeit oder ein bestimmtes Mindestalter) oder ob die Öffnung nur zu bestimmten Zeiten erfolgt. An der öffentlichen Zugänglichkeit ändert sich auch dadurch nichts, dass bestimmte Vorkehrungen beachtet werden müssen. So ist beispielsweise der Geldautomatenraum einer Bank auch dann öffentlich zugänglich und vom Anwendungsbereich des Abs. 1 erfasst, wenn hierfür eine EC-Karte erforderlich ist. Gleiches gilt für öffentlich zugängliche Eingangsbereiche und Treppenhäuser – etwa von Arztpraxen und Anwaltskanzleien.[35] 25

Der Begriff der öffentlich zugänglichen Räume ist **weit zu fassen**. Dies hat der Gesetzgeber bereits zur textgleichen Regelung in § 6b Abs. 1 Satz 1 BDSG-alt durch die beispielhafte Benennung von Bahnsteigen deutlich gemacht.[36] Maßgeblich für die Anwendbarkeit von § 4 ist, dass Betroffene einer Videoüberwachung in der Öffentlichkeit nicht ausweichen können. Die Regelung kommt damit auch auf umgrenzte Plätze und Bereiche außerhalb von Gebäuden zur Anwendung wie etwa in Parks, auf Straßen, in Fußgängerzonen usw.[37] 26

33 Auernhammer-*Onstein*, § 4 Rn. 14f.; SHS-*Scholz*, Art. 6 DSGVO Anhang 1 Rn. 56; Gola/Heckmann-*Starnecker*, § 4 Rn. 23f.

34 BT.-Drs. 14/4329, S. 38; weitere Beispiele bei BMH, § 6b BDSG-alt Rn. 25ff., SHS-*Scholz*, Art. 6 DSGVO Anhang 1 Rn. 55ff.; zur Überwachung im öffentlichen Nahverkehr Hilport, RDV 09, 160.

35 Ebenso SHS-*Scholz*, Art. 6 DSGVO Anhang 1 Rn. 61; Gola/Heckmann-*Starnecker*, § 4 Rn. 24.; a. A. BMH, § 6b BDSG-alt Rn. 25.

36 BT-Drs. 14/4329, S. 38.

37 SHS-*Scholz*, Art. 6 DSGVO Anhang 1 Rn. 58; Weichert, DuD 2000, 66; Plath-*Becker*, § 4 Rn. 9.

27 **Nicht öffentlich zugänglich** sind Räume, die nur von einem bestimmten und abschließend definierten Personenkreis betreten werden können oder dürfen.[38] Hierzu gehören etwa **Büros oder Produktionsbereiche ohne Publikumsverkehr**. Maßgeblich für den Ausschluss aus dem Bereich öffentlich zugänglicher Räume sind Vorgaben der Verfügungsberechtigten. Deshalb kommt es für die Bewertung der öffentlichen Zugänglichkeit nicht darauf an, ob die Räume oder Bereiche durch Zugangskontrollen, Türen usw. gesichert sind. Entscheidend ist, dass die Nichtöffentlichkeit erkennbar ist, etwa durch Verbotsschilder oder den Kontext der Umgebung.[39]

28 Die Vorschrift findet **keine Anwendung** auf **Arbeitsplätze in nicht-öffentlichen Bereichen** von Betrieben oder Dienststellen. Der Gesetzgeber geht für diese Fälle ausdrücklich davon aus, dass hier besondere Vorschriften (beispielsweise im Rahmen eines Beschäftigtendatenschutzgesetzes) erforderlich sind.[40] Eine solche gesetzliche Spezialregelung steht allerdings aus.[41] Die Videoüberwachung an Arbeitsplätzen in nicht-öffentlichen Bereichen ohne Publikumsverkehr lässt sich deshalb mit § 4 nicht legitimieren.[42]

29 Befinden sich Arbeitsplätze in öffentlichen Bereichen (etwa in den Verkaufsräumen eines Kaufhauses), wirkt die Regelung des § 4 auch hinsichtlich der **Beobachtung der dort Beschäftigten**. Bezogen auf sie ist zu beachten, dass keine Totalüberwachung erfolgen darf. Der Arbeitgeber muss für eine Ausgestaltung der Systeme sorgen, die die Persönlichkeitsrechte der betroffenen Personen so gering wie nur möglich tangiert. Im Einzelfall kann diese Vorgabe dazu führen, dass statt einer Überwachung durch technische Anlagen auf zusätzliche Aufsichtspersonen zurückgegriffen werden muss.[43]

30 Einführungen und Änderungen von Videoüberwachungssystemen in den öffentlichen Teilen von Betrieben können durch eine **Betriebs- oder Dienstvereinbarung** geregelt werden. Allerdings muss bei deren Ausgestaltung die **Verhältnismäßigkeit** beachtet werden.[44] Dies schließt für den Regelfall permanente oder umfassende Kontrollmaßnahmen zu Lasten von Beschäftigten aus. Zulässig könnten aber Konzepte sein, bei denen Beschäftigte technisch unkenntlich gemacht werden.

31 Erfolgt der Einsatz von Videosystemen im **privaten Umfeld** (etwa in einer Wohnung), kommt die **Vorschrift nicht zur Anwendung**. Diese Feststellung leitet sich aus zwei Überlegungen ab: Einerseits fehlt es an der vorstehend erläuterten Voraussetzung eines öffentlich zugänglichen Raumes. Andererseits ist in privaten Wohnungen davon auszugehen, dass die Datenerhebung dort ausschließlich persönlichen oder familiären Tätigkeiten dient und damit schon nach § 1 Abs. 1 Satz 2 nicht vom Anwendungsbereich des Geset-

38 BT-Drs. 14/4329, S. 38.

39 Ähnlich BMH, § 6b BDSG-alt Rn. 26; SHS-*Scholz*, Art. 6 DSGVO Anhang 1 Rn. 57.

40 BT-Drs. 14/4329, S. 38; vgl. zur Videoüberwachung im Beschäftigungsverhältnis § 26 Rn. 114ff.

41 Zu den einschlägigen Vorgaben in Art. 88 vergleiche dort Rn. 44ff.

42 Vgl. allgemein Wilke, AiB 2006, 31; zum Beseitigungsanspruch in diesen Fällen LAG Hamm 14.4.2011 – 15 Sa 125/11.

43 Vgl. insgesamt BAG 1. Senat 29.6.2004 und 14.12.2004 ArbuR 2005, 454 mit Anm. Wedde; vgl. auch BAG 2. Senat 23.3.2003, der die heimliche Videoüberwachung für den Fall zugelassen hat, dass sich nur so ein Diebstahl aufklären lässt; ArbG Frankfurt 25.1.2006, RDV 2006, 214, das ein Beweisverwertungsverbot sieht; ausführlich zur Videoüberwachung im Arbeitsverhältnis § 26 Rn. 119.

44 Vgl. BAG 1. Senat 26.8.2008 – 1 ABR 16/07, NZA 08, 1187; ähnlich BAG 21.6.2012 – 2 AZR 153/11, NZA 2012, 1025.

zes erfasst ist. Nur eine solche Auslegung wird im Übrigen der entsprechenden Vorgabe in Art. 2 Abs. 2 Buchst. c DSGVO gerecht, nach der die Verordnung keine Anwendung auf die Verarbeitung personenbezogener Daten durch natürliche Personen zur Ausübung ausschließlich persönlicher oder familiärer Tätigkeiten findet.

Allerdings ist der Begriff der persönlichen oder familiären Tätigkeiten **eng auszulegen** 32
und auf die Bereiche und Fallkonstellationen zu beschränken, die eindeutig **rein privaten Zwecken** dienen.[45] Die enge Auslegung führt im Einzelfall dazu, dass die Anbringung von Kameras im privaten Umfeld gegenüber Dritten (beispielsweise Besuchern oder Reinigungskräften), die sich dort berechtigt aufhalten, erkennbar gemacht werden muss. Wird die Überwachung eines privaten Bereichs einem kommerziellen Sicherheitsdienst übertragen, führt dies zum Verlust der datenschutzrechtlichen Privilegierung.[46] In Abhängigkeit von der konkreten Beauftragung kann dabei der Tatbestand der Auftragsverarbeitung nach Art. 28 DSGVO erfüllt sein.

Keine Ausnahme vom Anwendungsbereich der Vorschrift ist im privaten Umfeld gege- 33
ben, wenn eine **teilweise Öffnung der Wohnung nach außen** und damit für die Öffentlichkeit erfolgt (etwa im »Wohnbüro« eines Rechtsanwalts oder Steuerberaters).[47] Für diese Fälle ist zumindest bezüglich der Teile der Wohnung, zu denen Dritte Zugang haben, von einer Anwendbarkeit der Vorschrift auszugehen. Entsprechendes gilt, wenn eine gewerbliche Nutzung von Wohnungen erfolgt.[48]

Zur Anwendung kommt die Vorschrift **in privaten Räumen damit**, wenn die Überwa- 34
chung zu persönlichen oder familiären Zwecken den rein privaten Bereich verlässt und in die Rechte anderer Personen eingreift, die sich berechtigt innerhalb der Wohnung oder außerhalb befinden. So müssen die hierfür verantwortlichen Personen die allgemeine Rechte der überwachten Personen beachten. Dies gilt insbesondere für Besucher, die in geeigneter Form auf die Überwachungsmaßnahmen hingewiesen werden müssen. Entsprechendes gilt, wenn eine Überwachungskamera neben einem privaten Grundstück auch den öffentlichen Verkehrsraum und die sich dort befindlichen Personen erfasst.[49] Erfolgt die Überwachung von Nachbargrundstücken, die ebenfalls nicht öffentlich zugänglich sind, liegen Eingriffe in Persönlichkeitsrechte vor, gegen die sich die Betroffenen zivilrechtlich zur Wehr setzen können.[50] Werden Kameras in Türklingelsystemen in Mehrfamilienhäusern eingesetzt und sind die Bilder ggf. für mehrere Parteien sichtbar, handelt es sich zumeist um Beobachtungsmöglichkeiten öffentlicher Räume.[51]

---

45 Ebenso SHS-*Scholz*, Art. 6 DSGVO Anhang 1 Rn. 48ff.; Gola/Heckmann-*Starnecker*, § 4 Rn. 15; a. A. Auernhammer-*Onstein*, § 4 Rn. 10, der die Erstreckung auf Privatpersonen für unverhältnismäßig hält.

46 SHS-*Scholz*, Art. 6 DSGVO Anhang 1 Rn. 54.

47 Ähnlich Plath-*Becker*, § 4 Rn. 9.

48 Ähnlich SHS-*Scholz*, Art. 6 DSGVO Anhang 1 Rn. 61.

49 Ebenso SHS-*Scholz*, Art. 6 DSGVO Anhang 1 Rn. 60f.; Gola/Heckmann-*Starnecker*, § 4 Rn. 26 verweist auf die tatsächlichen Umstsände.

50 Vgl. etwa BGH NJW 1995, 1955; OLG Köln NJW 1989, 720; ebenso BMH, § 6b BDSG-alt Rn. 14; zur Bewertung durch den EuGH vgl. Urteil vom 11. 12. 2014 – C-212/13, NJW 2015, 463.

51 Ähnlich im Ergebnis wohl auch SHS-*Scholz*, Art. 6 DSGVO Anhang 1 Rn. 54.

4. Zwecke der Beobachtung

35 In Abs. 1 erfolgt unter den Nr. 1 bis 3 eine **abschließende Aufzählung von Zwecken**, zu denen Beobachtungen erfolgen dürfen. Die Zulässigkeit einer Beobachtung setzt weiterhin immer voraus, dass sie erforderlich ist (Rn. 39ff.) und dass eine Interessenabwägung erfolgt (Rn. 45ff.).

a) Aufgabenerfüllung öffentlicher Stellen (Nr. 1)

36 Die Beobachtung mit optisch-elektronischen Systemen ist nach Abs. 1 Nr. 1 zur **Aufgabenerfüllung öffentlicher Stellen** zulässig. Eine vergleichbare Regelung für nicht-öffentliche Stellen gibt es nicht.

37 Art und Umfang der angesprochenen Aufgaben leiten sich aus einschlägigen Regelungen der Verfassung, aus Gesetzen, Verordnungen oder Rechtsvorschriften ab, wird aber zugleich auch durch die hier enthaltenen Normen begrenzt.[52] In Betracht kommen einerseits Videoüberwachungen zur Eigensicherung von Bundesbehörden und andererseits Maßnahmen zum Schutz von Einrichtungen der öffentlichen Hand wie etwa die Beobachtung von Deich- oder Brückenanlagen zur Objektsicherung oder aus Gründen des Katastrophenschutzes.[53] Ggf. kommen auch öffentlich betriebene Verkehrseinrichtungen in Betracht. Für öffentliche Stellen der Länder gibt es in LDSG Sonderregelungen, die denen des BDSG vorgehen.

b) Wahrnehmung des Hausrechts (Nr. 2)

38 Die Beobachtung mit optisch-elektronischen Systemen ist nach Abs. 1 Nr. 2 zur **Wahrnehmung des Hausrechts** zulässig. Die Regelung kommt für öffentliche wie für nicht-öffentliche Stellen gleichermaßen zur Anwendung.

39 Für den öffentlichen Bereich ist das **Hausrecht** insbesondere durch Verwaltungsvorschriften des öffentlichen Rechts geregelt (vgl. etwa § 89 VwVfG zum Recht der Sitzungsleitung im Verwaltungsverfahren). Für den nicht-öffentlichen Bereich leitet sich das Hausrecht insbesondere aus zivilrechtlichen Abwehransprüchen der Besitzer oder Eigentümer ab (vgl. etwa §§ 859ff., 904, 1004 BGB).[54] Die Ausübung des Hausrechts kann mehreren Personen allein oder gemeinschaftlich zustehen.[55] Es kann privaten Sicherheitsdiensten übertragen werden.[56] Je nach Ausgestaltung kann die Übertragung die Voraussetzungen der Auftragsverarbeitung nach Art. 28 DSGVO erfüllen (vgl. dort).

40 Die Beobachtung zur Wahrnehmung des Hausrechts kann **sowohl präventiven Zwecken** (insbesondere Vermeidung von Diebstählen, Sachbeschädigungen oder Störungen) die-

---

52 Allg. Plath-*Becker*, § 4 Rn. 15; Kühling/Buchner-*Buchner*, § 4 Rn. 8; Gola/Heckmann-*Starnecker*, § 4 Rn. 34.

53 BMH, § 6b BDSG-alt Rn. 33; Auernhammer-*Onstein*, § 4 Rn. 25.

54 Hierzu Ziegler, DuD 2003, 337; Simitis-*Scholz*, Art. 6 Anlage 1 Rn. 71.

55 Gola/Heckmann-*Starnecker*, § 4 Rn. 35.

56 BMH, § 6b BDSG-alt Rn. 35; Gola/Heckmann-*Starnecker*, § 4 Rn. 35; Simitis-*Scholz*, Art. 6 Anlage 1 Rn. 71.

nen. Sie kann auch als **repressives Mittel** zur Verfolgung von Tätern eingesetzt werden.[57]

Der Einsatz von Videoüberwachungssystemen zur Wahrnehmung des Hausrechts muss so ausgestaltet sein, dass die **Rechte der betroffenen Personen nur so gering wie möglich tangiert werden**. Unzulässig ist vor diesem Hintergrund eine Form der Beobachtung, die allen Bewohnern einer Eigentumswohnanlage ermöglicht, jeden Besucher über einen Überwachungsmonitor in der Wohnung zu überwachen.[58] Kameras in **Klingelanlagen** müssen so geschaltet sein, dass nur die Bewohner auf die Bilder zugreifen können, bei denen geklingelt wird (vgl. zur Anwendbarkeit der Vorschrift Rn. 27). 41

c) Wahrnehmung berechtigter Interessen (Nr. 3)

Die Beobachtung mit optisch-elektronischen Systemen ist nach Abs. 1 Nr. 3 zur **Wahrnehmung berechtigter Interessen** für **konkret festgelegte Zwecke** zulässig. Die Vorschrift kommt mit Blick auf die Bereichsausnahme in Art. 6 Abs. 1 Satz 2 DSGVO nur für den nichtöffentlichen Bereich zur Anwendung. Die Formulierung der »berechtigten Interessen« bezieht sich auf die allgemeinen datenschutzrechtlichen Erlaubnisnormen des Art. 6 Abs. 1 Buchst. f DSGVO. Die Regelung war schon nach § 6b BDSG-alt als Ausnahmetatbestand eng auszulegen.[59] Diese Beschränkung wird nunmehr für die in Abs. 1 Satz 2 genannten Fälle teilweise ausgeweitet (vgl. Rn. 55ff.). Auch in diesem erweiterten normativen Rahmen ist allerdings weitehrin von einer engen Auslegung auszugehen.[60] 42

Die Vorschrift beinhaltet **zwei Tatbestandsvoraussetzungen**, die zusammen erfüllt sein müssen. Zunächst muss die Beobachtung der **Wahrung berechtigter Interessen** dienen. Hierzu gehören wirtschaftliche wie ideelle Interessen der verantwortlichen Stellen. Weiterhin müssen die **Zwecke im Voraus konkret festgelegt werden.**[61] Diese Voraussetzung wird im Regelfall nur erfüllt sein, wenn eine entsprechende Präzisierung in verbindlicher und abschließend dokumentierter Form erfolgt ist.[62] Allgemeine Umschreibungen des Verarbeitungszwecks wie etwa »zur Gefahrenabwehr« sind im Regelfall nicht ausreichend.[63] Etwas anderes kann nunmehr allerdings unter den in Abs. 1 Satz 2 genannten Voraussetzungen gelten (vgl. Rn. 55ff.). 43

Die **Beweislast** für die rechtzeitige und gesetzeskonforme Festlegung trägt die verantwortliche Stelle.[64] Kann der Beweis nicht erbracht werden, muss auf die weitere Beobachtung verzichtet werden. Bereits vorhandene Aufzeichnungen sind zu vernichten und unterliegen einem gerichtlichen Beweisverwertungsverbot.[65] 44

---

57 Simitis-*Scholz*, Art. 6 Anlage 1 Rn. 700; BMH, § 6b BDSG-alt Rn. 34.

58 Zutreffend KG Berlin 26.6.2002, DuD 2002, 633; ähnlich Plath-*Becker*, § 4 Rn. 16.

59 Simitis-*Scholz*, § 6b BDSG-alt Rn. 51; Plath-*Becker*, § 6b BDSG-alt Rn. 17.

60 Ebenso Plath-*Becker*, § 4 Rn. 17

61 Plath-*Becker*, § 4 Rn. 18; Auernhammer-*Onstein*, § 4 Rn. 32; Gola/Heckmann-*Starnecker*, § 4 Rn. 41f.

62 Ähnlich Plath-*Becker*, § 4 Rn. 18; SHS-*Scholz*, Art. 6 Anlage 1 Rn. 81 setzt die Schriftform voraus.

63 Zutreffend Simitis-*Scholz*, Art. 2 Anlage 1 Rn. 80.

64 Simitis-*Scholz*, Art. 2 Anlage 1 Rn. 80.

65 Zum Verwertungsverbot allgemein Däubler, Digitalisierung und Arbeitsrecht, § 8 Rn. 122ff.; vgl. auch Rn. 66.

5. Erforderlichkeit

45 Die Zulässigkeit der in den Nr. 1 bis 3 normierten Erlaubnistatbestände knüpft daran an, dass die **Beobachtung zur Erreichung** des genannten Zwecks **erforderlich** ist.

46 Videoüberwachungen sind im Sinne von § 4 nur dann erforderlich, wenn es **kein milderes** und ebenfalls **geeignetes Mittel** gibt, mit dem der gleiche Zweck erreicht werden kann.[66] Die Bewertung der Erforderlichkeit muss ausgehend von einer objektiven Betrachtungsweise erfolgen. Mit Blick auf die Informationspflicht gemäß Abs. 2 scheidet eine heimliche Überwachung immer aus, weil sie nicht das mildeste denkbare Mittel ist.

47 Die Beurteilung der Erforderlichkeit muss sich zudem an allgemeinen datenschutzrechtlichen Vorgaben wie etwa am Gebot der **Datenminimierung** in Art. 5 Abs. 1 Buchst. c DSGVO sowie an der in Abs. 1 Buchst. e genannten **Speicherbegrenzung** orientieren. Die hat unmittelbare Auswirkungen auf die Ausgestaltung der eingesetzten Systeme und Technik. Die Videoüberwachung muss deshalb sowohl räumlich wie auch sachlich auf das unbedingt notwendige Maß beschränkt werden.[67] Konkret bedeutet dies etwa, dass eine dauerhafte Beobachtung hinter ein Verfahren zurücktreten muss, das einzelfallbezogen (etwa Auslösung durch eine Lichtschranke) arbeitet oder bei dem Zoomfunktionen nicht dauerhaft aktiviert sind, sondern im konkreten Fall von einem Bedienpult ausgelöst werden müssen.[68] Auf umfassende und flächendeckende Überwachungen muss verzichtet werden, wenn alternativ eine begrenzte und auf bestimmte Bereiche bezogene Kontrolle zu vergleichbaren Ergebnissen führt.[69] Dies steht dem Einsatz von Systeme entgegen, die Videoinformationen intern oder extern einem großen und/oder unbestimmten Nutzerkreis zur Verfügung stellen.

6. Schutz der Beschäftigten

48 Besonders hohe Anforderungen an die Bewertung der Erforderlichkeit gelten, wenn in öffentlich zugänglichen Räumen gleichzeitig **Arbeitsplätze** angesiedelt sind. Hier muss durch die Ausgestaltung der Systeme sichergestellt werden, dass die **Beschäftigten keinem unzulässigen Überwachungsdruck ausgesetzt** sind. Praktisch bedeutet dies, dass ihnen kontrollfreie Bereiche verbleiben müssen, in denen sie unbeobachtet von einer Kamera sind. Unzulässig ist der Einsatz von verdeckten Kameras in öffentlichen Bereichen. Bei der Bewertung der Erforderlichkeit muss sowohl die Intensität der Überwachung als auch ihr Überwachungskontext berücksichtigt werden.[70]

49 Uneingeschränkt zulässig ist der Einsatz von Videosystemen zu Lasten von Beschäftigten nur, wenn es ein besonderes Gefährdungspotential gibt (etwa in den Schalterhallen von Banken). Arbeitgeber müssen dann durch die Wahl besonderer Verfahren sicherstellen, dass die Persönlichkeitsrechte der Beschäftigten nicht über Gebühr tangiert werden (etwa durch Verankerung von Auswertungsmöglichkeiten, die nur eintreten, wenn es zu sicher-

---

66 Simitis-*Scholz*, Art. 2 Anlage 1 Rn. 82f.; BAG 29.6.2004 und 14.12.2004, ArbuR 2005, 454 mit Anm. Wedde; 26.8.2008, NZA 2008, 1187.

67 BMH, § 6b BDSG-alt Rn. 27.

68 Zutreffend Weichert, DuD 2000, 668.

69 BMH, § 6b BDSG-alt Rn. 27a.

70 Ähnlich im Ergebnis Gola/Heckmann-*Starnecker*, § 4 Rn. 46.

heitsrelevanten Vorfällen gekommen ist). Fordern sie eine Einwilligung von Beschäftigten in die Videoüberwachung, ist diese nur wirksam, wenn die in § 26 Abs. 2 genannten Voraussetzungen sowie die allgemeinen Voraussetzungen in Art. 7 DSGVO erfüllt sind. Hierzu gehört insbesondere die **Freiwilligkeit** (vgl. § 26 Rn. 224 ff.).

Stehen Arbeitgebern Überwachungs- und Kontrollmöglichkeiten zur Verfügung, die weniger in Grundrechte eingreifen als der Einsatz von Videosystemen, müssen diese selbst dann zur Anwendung kommen, wenn hierfür ein erhöhter Personalaufwand erforderlich ist.[71] 50

Kommen unzulässige Videosysteme zum Einsatz, steht Beschäftigten ein individualrechtlich einklagbarer **Unterlassungsanspruch** zu. Darüber hinaus können sie ihre Arbeitsleistung zurückbehalten. 51

7. Interessenabwägung (Abs. 1 letzter Hlbs.)

Voraussetzung für die Zulässigkeit einer Beobachtung nach Abs. 1 ist neben der Erforderlichkeit, dass keine Anhaltspunkte dafür bestehen, **dass schutzwürdige Interessen der betroffenen Personen überwiegen**. Maßstab der vorzunehmenden Bewertung ist das Recht auf informationelle Selbstbestimmung der Personen, die als Beobachtungsobjekt von der Videoüberwachung betroffen sind.[72] Auf die Identifizierbarkeit bzw. auf die Herstellung des konkreten Personenbezugs kommt es hierbei nicht an. Schutzwürdige Interessen sind nicht verletzt, wenn die Identifizierung aufgrund der Aufzeichnungsqualität nicht möglich ist oder wenn Techniken eingesetzt werden, die etwa Gesichter gezielt ausblenden. Etwas anderes gilt, wenn moderne »intelligente« Kamerasysteme zum Einsatz kommen, die technisch eine Identifikation von Personen ermöglichen. Derartige Systeme beinhalten ein erhöhtes Kontrollpotential und damit neuartige Gefährdungen für Persönlichkeitsrechte, die bei einer Interessenabwägung zu beachten sind. Entsprechendes gilt, wenn derartige Systeme automatisch bestimmte Aktionen auslösen wie etwa einen Alarm, wenn eine mit Hausverbot belegte Person ein Kaufhaus betritt.[73] 52

Die **Beobachtung ist unzulässig**, wenn Anhaltspunkte dafür vorliegen, dass schutzwürdige Interessen der betroffenen Personen überwiegen. Ausreichend ist, dass hierfür **belegbare Tatsachen** substantiiert vorgetragen werden.[74] Eine gerichtsfeste Beweisführung ist nicht notwendig. In diesem Sinn spricht es beispielsweise für das Überwiegen schutzwürdiger Interessen, wenn vorgetragen wird, dass Besucher einer Toilette, eines Präservativautomaten, eines Ärztehauses oder einer Wohnanlage gefilmt werden. Entsprechendes gilt, wenn in einer Wohnanlage alle privaten Parkplätze über das hausinterne Kabelfernsehnetz einsehbar sind.[75] 53

71 BAG 14.12.2004, AuR 2005, 456 mit Anm. Wedde.
72 Simitis-*Scholz*, Art. 6 Anlage 1 Rn. 92.
73 Zu intelligenten Kamerasystemen vgl. SHS-*Scholz*, Art. 6 Anhang 1 Rn. 16.
74 Simitis-*Scholz*, Art. 6 Anlage 1 Rn. 93.
75 Ähnlich Plath-*Becker*, § 4 Rn. 25a; weitergehender LG München I 21.10.2011 – 20 O 19879/10 (nicht rechtskräftig), dass die Erfassung öffentlichen Verkehrsraums unter bestimmten Voraussetzungen für zulässig erklärt.

54 Notwendig ist eine **auf den konkreten Einzelfall bezogene Abwägung** unter Berücksichtigung aller verfassungsrechtlich geschützten Personen, die von der Beobachtung betroffen sein könnten.[76] Unzulässig sind insbesondere intensive oder dauerhafte Überwachungen, denen Betroffene nicht ausweichen können (etwa bezogen auf den Eingang einer Wohnanlage oder eine öffentliche Straße). Gleiches gilt für die Kontrolle des Kundenbereichs eines Gastronomiebetriebs.[77] Eine andere Bewertung kommt in Betracht, wenn bestimmte Bereiche oder Anlagen besonders gefährdet sind (etwa der Eingang zu einem Gebäude, auf das es schon mehrfach Anschläge gegeben hat). In derartigen Fällen können die schutzwürdigen Interessen der betroffenen Personen hinter die der verantwortlichen Stellen zurücktreten.[78] Im Rahmen der vorzunehmenden Interessenabwägung ist allerdings auf derartige Fälle ein strenger Maßstab anzuwenden.

III. Besonders wichtige Interessen für eine Videoüberwachung (Abs. 1 Satz 2)

55 Die spezielle Regelung zur Zulässigkeit der Videoüberwachung mit dem Ziel des Schutzes von Leben, Gesundheit und Freiheit wurde durch das sog. »Videoüberwachungsverbesserungsgesetz«[79] bereits im Mai 2017 in § 6b Abs. 1 BDSG-alt eingefügt und nunmehr unverändert in § 4 Abs. 1 übernommen. Durch Abs. 1 Satz 2 **wird unterstellt**, dass es für eine Videoüberwachung von öffentlich zugänglichen großflächigen Anlagen sowie von Fahrzeuge und von öffentlich zugänglichen großflächigen Einrichtungen des öffentlichen Schienen-, Schiffs- und Busverkehrs ein »**besonderes wichtiges Interesse**« gibt, wenn diese mit dem Ziel des Schutzes von Leben, Gesundheit oder Freiheit von Personen erfolgt.

56 Mit der Erweiterung der Überwachungsbefugnisse durch Abs. 1 Satz 2 wird im Ergebnis die Zulässigkeit der öffentlichen Videoüberwachung in den aufgeführten Fällen deutlich erweitert. Die Regelung ist ihrer rechtlichen Offenheit und wegen der Allgemeinheit ihrer Zweckbestimmung **kritisch zu bewerten**. Dies gilt insbesondere für die fehlende Definition dessen, was ein »besonders wichtiges Interesse« ist. Hinzu kommt, dass die in Abs. 1 Satz 1 der Vorschrift enthaltenen konkreten Regelungsziele nunmehr mit allgemeinen Schutzzielen vermischt werden, für deren Gewährleistung zuallererst staatliche Stellen zuständig sind. Diese Vermischung wird an einer Stelle der amtlichen Begründung zum »Videoüberwachungsverbesserungsgesetz« deutlich, an der es heißt: »*Durch die Videoüberwachung kann bei solchen öffentlich zugänglichen Anlagen mit großem Publikumsverkehr nicht bloß der dem Betreiber obliegenden Verkehrssicherungspflicht Rechnung getragen werden. Vielmehr stellt der Einsatz von optisch-elektronischer Sicherheitstechnologie auch eine Maßnahme im öffentlichen Interesse dar, um die Sicherheit der Bevölkerung präventiv zu erhöhen. Darüber hinaus stehen mit Videoaufzeichnungen der Polizei und Staatsanwaltschaft wirksamere Mittel für die Ermittlungstätigkeit zur Verfügung.*«[80] Diese Begründungslinie

---

76 Duhr/Naujock/Peter/Seiffert, DuD 2002, 28; SHS-*Scholz*, Art. 6 Anlage 1 Rn. 93f., weist darauf hin, dass eine abstrakte Bewertung nicht möglich ist.

77 AG Hamburg 22.4.2008, CR 2009, 129.

78 Ähnlich Plath-*Becker*, § 4 Rn. 25a.

79 BGBl. I vom 4.5.2017, S. 968.

80 BT-Drs. 18/10941, S. 2.

verdeutlicht, dass die Betreiber von privaten Videoüberwachungsanlagen in das System polizeilicher Präventionsmaßnahmen sowie in die sich an Straftaten anschließende Aufklärungsarbeit integriert werden.

57 Wären eine solche Integration und das mit ihr verbundene Verschmelzen privatrechtlicher Überwachungsinteressen und staatlicher Präventions- und Aufklärungsaufgaben tatsächlich unumgänglich und alternativlos, müsste sie mit wirksamen Schutzvorgaben einhergehen, um die Grundrechte der betroffenen Personen wirksam abzusichern. Hierzu müsste beispielsweise eine **enge Zweckbindung** für die Verwendung der Videodaten gehören, die auf der Grundlage von Abs. 1 Satz 2 erhoben und verarbeitet werden. Diese Zweckbindung müsste jede anderweitige Verwendung zu Lasten von Betroffenen ausschließen. Dies würde wirksame und angepasste technische und organisatorische Maßnahmen einfordern, die zwingend vorgeschrieben werden wie etwa eine durchgängige Verschlüsselung der erhobenen Daten, die nur durch die zuständigen staatlichen Stellen aufgehoben werden kann. Hinzukommen müssten etwa Vorgaben zur Löschung der Daten sowie ein gesetzliches Beweisverwertungsverbot, das dann greift, wenn Verantwortliche die vorhandenen Daten zu anderen Zwecken als den intendierten Schutz von Leben, Gesundheit oder Freiheit verwenden.

58 Bedenklich stimmt auch, dass der Gesetzgeber die Begründung des »Videoüberwachungsverbesserungsgesetzes« mit einer deutlichen Kritik an der von staatlichen Aufsichtsbehörden zur Videoüberwachung im öffentlichen Bereich vertretenen restriktiven Position einleitet und hieraus die Notwendigkeit der neuen Regelung ableitet. In der amtlichen Begründung heißt es hierzu: »*Die Zulässigkeit der Beobachtung mit optisch-elektronischen Einrichtungen (Videoüberwachung) richtet sich nach § 6b BDSG. Die Einrichtung solcher Anlagen durch die Betreiber wird durch die Datenschutzaufsichtsbehörden der Länder überprüft, die einer Videoüberwachung in solchen Anlagen eher ablehnend gegenüberstehen. Angesichts der jüngsten Vorfälle sollten Sicherheitsbelange stärker von den Betreibern von öffentlich zugänglichen großflächigen Anlagen sowie Einrichtungen und Fahrzeugen des öffentlichen Schienen-, Schiffs- und Busverkehrs in die durchzuführende Abwägungsentscheidung einbezogen und von den Datenschutzaufsichtsbehörden bei ihrer Überprüfungsentscheidung entsprechend berücksichtigt werden.*«[81] Im Ergebnis zielt die auch in § 4 Satz 2 enthaltene Ergänzung damit auch darauf, die Einspruchsmöglichkeiten der Aufsichtsbehörden zu begrenzen.

59 Die Ausweitung des Erlaubten zu Lasten der betroffenen Personen unmittelbar den datenschutzrechtlichen Schutzrahmen. Damit bleibt nur zu hoffen, dass die zuständigen staatlichen Aufsichtsbehörden von Verantwortlichen mit Blick auf die allgemeinen Grundsätze in Art. 5 Abs. 1 DSGVO insbesondere eine enge Festlegung der Verarbeitungszwecke und die Herstellung ausreichender Transparenz einfordern. Die Möglichkeit dazu hätten sie, wenn die Verantwortlichen ihnen im Rahmen der nach Art. 36 DSGVO vorgeschriebenen Konsultation die Ergebnisse der durchzuführenden Datenschutz-Folgenabschätzung nach Art. 35 DSGVO vorlegen. Hieran anschließend können sie insbesondere wirksame technische und organisatorische Maßnahmen zum Schutz der betroffenen Personen ein-

81 BT-Drs. 18/10941, S. 2.

fordern wie insbesondere eine Verschlüsselung der aufgenommenen Videosequenzen und sich hiermit verbindende transparente Prozesse auf Dechiffrierung der Daten.

60 Die Regelung in Abs. 1 Satz 2 bezieht sich in ihrer **Nr. 1** auf **öffentlich zugängliche großflächige Anlagen** und in **Nr. 2** auf **Fahrzeuge** und **öffentlich zugängliche großflächige Einrichtungen** des öffentlichen Schienen-, Schiffs- und Busverkehrs. Bezogen auf diese Anlagen, Fahrzeuge und Einrichtungen gilt der Schutz des Lebens, der Gesundheit und der Freiheit der Personen, die sich dort aufhalten, als **besonders wichtiges Interesse** für eine Videoüberwachung.

1. Öffentlich zugängliche großflächige Anlagen (Abs. 1 Satz 2 Nr. 1)

61 **Öffentlich zugängliche** großflächige **Anlagen** sind insbesondere solche Stätten, Plätze oder Bauten, die nach dem erkennbaren Willen des Betreibers von jedermann betreten oder genutzt werden können Hierbei handelt es sich etwa um alle Sport-, Versammlungs- und Vergnügungsstätten, Einkaufszentren und Parkräume, die einen entsprechenden Publikumsverkehr aufweisen.«[82] Weiterhin werden von der Regelung beispielsweise große Publikumsmessen, Volksfeste, Zoos, Botanische Gärten, Weihnachtsmärkte usw. erfasst. Zu den Versammlungsstätten gehören etwa öffentliche Hallen, aber auch Opernhäuser, Theater oder Großzelte. Der Begriff der Sportstätten bezieht sich nicht nur auf geschlossene oder überdachte Arenen oder Stadien, sondern erfasst auch offene Fußballfelder oder andere Sportstätten, aber auch das Veranstaltungsgelände eines Triathlons.[83]

62 Die **Anlagen müssen großflächig sein** und damit einen bestimmten räumlichen Umfang aufweisen. Dies ist der Fall, wenn sie eine größere Anzahl von Menschen aufnehmen können. Hierzu gehören andere Flächen, die im Rahmen von Veranstaltungen die gleichzeitige Anwesenheit vieler Menschen ermöglichen und ganz oder teilweise aus baulichen Anlagen bestehen und daher besonderen baurechtlichen Bestimmungen der Länder und der Baunutzungsverordnung unterliegen.[84] Eine Definition des Begriffs »großflächig« enthält das BDSG allerdings nicht. Die teilweise zu seiner Ausfüllung vorgenommen Anlehnung an § 11 Abs. 3 Satz 2 BauNVO, aus der eine Mindestgröße von 1200 m^2 abgeleitet wird,[85] kann mit Blick auf sich hieraus ableitende Mindestraumgrößen von beispielsweise 30 × 40 Metern allenfalls ein Anhaltspunkt sein. Von der Anwendbarkeit der Regelung ausgenommen bleiben demgegenüber die Versammlungsräume vor einem Frankfurter Wasserhäuschen.

63 Die in Abs. 1 Satz 2 Nr. 1 angesprochenen öffentlich zugänglichen Anlagen müssen **hochfrequentiert** sein und einen **hohen Publikumsverkehr** aufweisen.[86] Damit entfällt die besondere datenschutzrechtliche Privilegierung, wenn sich dort nur wenige Menschen aufhalten oder wenn sie leer stehen oder ungenutzt sind. Umgekehrt setzt sie ein, wenn eine

82 BT-Drs. 18/10941, S. 10.
83 Ähnlich BMH, § 6b BDSG-alt Rn. 39o; Gola/Heckmann-*Starnecker*, § 4 Rn. 50; Auerhammer-*Onstein*, § 4 Rn. 14; Schaffland/Wiltfang-*Schaffland/Holthaus*, § 4 Rn. 27.
84 BT-Drs. 18/10941, S. 10.
85 BMH, § 6b BDSG-alt Rn. 39m; ihnen folgend Schaffland/Wiltfang-*Schaffland/Holthaus*, § 4 Rn. 28.
86 BT-Drs. 18/10941, S. 10 und 13.

Anlage nur zu bestimmten Zeitpunkten (etwa an einem »Tag der offenen Tür«) von vielen Menschen besucht wird.[87] Aus dieser Differenzierung leitet sich unmittelbar die Verpflichtung der Verantwortlichen ab, auf der Grundlage von Abs. 1 Satz 2 Nr. 1 durchgeführte Videoüberwachungen zeitlich zu begrenzen. In einem Einkaufszentrum müssen Videokameras, die zu den hier genannten Zwecken betrieben werden, beispielsweise in publikumsschwachen Morgenstunden ausgeschaltet sein, es sei denn, es gibt für deren Betrieb eine der anderen nach § 4 Abs. 1 möglichen Rechtsgründe. Die zeitliche Komponente ist Gegenstand der nach Art. 35 DSGVO durchzuführenden Datenschutz-Folgenabschätzung.

2. Öffentlich zugängliche Fahrzeuge und großflächige Verkehrseinrichtungen (Abs. 1 Satz 2 Nr. 2)

Die Regelung des Abs. 1 Satz 2 Nr. 2 bezieht sich einerseits auf **Fahrzeuge** und andererseits auf **öffentlich zugängliche** großflächige **Einrichtungen** des öffentlichen Schienen-, Schiffs- und Busverkehrs, mithin also auf den öffentlich zugänglichen Personenverkehr. Ausgeschlossen vom Anwendungsbereich der Vorschrift sind Verkehrsbetriebe, die direkt von Verantwortlichen aus dem öffentlich-rechtlichen Bereich unterhalb der Bundesebene betrieben werden.[88] Für diese Betriebe kommen ggf. entsprechende Vorschriften aus dem jeweils anwendbaren Landesrecht zur Anwendung. 64

Von der Regelung erfasst werden beispielsweise **große Bahn- und Busbahnhöfe** oder **Häfen**. In Betracht kommen weiterhin große **Umsteigepunkte** von U- oder S-Bahnen in Großstädten. Hinzu kommen alle öffentlich zugänglichen Fahrzeuge, die Teil des Personenverkehrs sind. Nicht zur Anwendung kommt sie auf kleine Bahnhöfe oder Haltepunkte mit geringer Frequentierung. 65

Ebenso wie bei den in Abs. 1 Satz 2 Nr. 1 genannten Anlagen setzt die Begründung einer Videoüberwachung immer voraus, dass die Fahrzeuge oder Einrichtungen **von einer größeren Zahl von Personen benutzt** werden (vgl. Rn. 63). Dies führt dazu, dass die Videoüberwachung außerhalb der Hauptbenutzungszeiten abgeschaltet werden muss, sofern es hierfür nicht eine andere datenschutzrechtliche Grundlage gibt. 66

3. Besonders wichtiges Interesse

Erfolgen Videoüberwachungsmaßnahmen auf der Grundlage von Abs. 1 Satz 2 mit dem Ziel des Schutzes von Leben, Gesundheit oder Freiheit, ist hierfür nach dem Wortlaut der Norm ein **besonders wichtiges Interesse** zu unterstellen, dass bei der nach Abs. 1 Satz 1 von den Verantwortlichen vorzunehmenden Interessenabwägung **herausragend zu berücksichtigen ist**. Nach der Vorstellung des Gesetzgebers ist insoweit der Sicherheit und dem Schutz der Bevölkerung ein größeres Gewicht beizumessen, wenn es um die Zulässigkeit der Videoüberwachung bei hochfrequentierten Anlagen geht.[89] Diese Vorgabe macht aber eine **Interessenabwägung nicht entbehrlich**. Verantwortliche müssen viel- 67

87 BMH, § 6b BDSG-alt Rn. 39o.
88 BT-Drs. 18/10941, S. 10.
89 BT-Drs. 18/10941, S. 2.

mehr in jedem Einzelfall eine Bewertung der unterschiedlichen Interessen vornehmen. Der angestrebte Schutz von Leben, Gesundheit und Freiheit von Personen, die sich in den von ihnen betriebenen Anlagen, Einrichtungen oder Fahrzeugen aufhalten, ist dabei zwar ein herausragend wichtiges Ziel. Es überstrahlt aber das schutzwürdige Interesse betroffener Personen an der Wahrung ihrer Persönlichkeitsrechte nicht. Die vorgenommene Abwägung muss in der Datenschutz-Folgenabschätzung nach Art. 35 DSGVO dokumentiert werden.

68 Bei ihrer Entscheidung für die Form der einzusetzenden Videoüberwachung müssen Verantwortliche die allgemeinen Vorgaben beachten, die die DSGVO insbesondere in Art. 5 Abs. 1 DSGVO enthält. Hieraus folgt insbesondere die **Verpflichtung zur Zweckfestlegung** nach Abs. 1 Buchst. b. Darüber hinaus müssen beispielsweise Videosysteme eingesetzt werden, die die Vorgaben zur **Datenminimierung** in Abs. 1 Buchst. c erfüllen. Zudem muss die Speicherbegrenzung nach Abs. 1 Buchst. e Beachtung finden.

69 Durch Abs. 1 Satz 2 wird zu Lasten der Verantwortlichen **keine Verpflichtung zum Einsatz von Videoüberwachungsanlagen** begründet, die über evtl. bestehende zivilrechtliche Verpflichtungen (etwa aus dem Bereich der Verkehrssicherungspflicht) hinausgehen. Ihnen ist es insoweit freigestellt, ob oder in welcher Form sie auf die Erlaubnistatbestände in Satz 2 zurückgreifen.[90] Tun sie dies, müssen sie sich darüber klar sein, dass evtl. datenschutzrechtliche Pflichtverstöße zu ihren Lasten gehen.

IV. Transparenz der Videoüberwachung (Abs. 2)

70 Nach Abs. 2 muss ein Verantwortlicher sowohl die Tatsache, dass eine Videoüberwachung stattfindet, als auch deren Rahmenbedingungen den hiervon betroffenen Personen **in transparenter Form mitteilen.**[91] Damit muss sowohl der Umstand der Beobachtung selbst als auch die hierfür verantwortliche Stelle durch geeignete Maßnahmen kenntlich gemacht werden. Die Verpflichtung besteht auch, wenn **Attrappen** angebracht werden.[92] Einschlägige Hinweisschilder müssen so angebracht sein, dass Betroffene sie sehen, bevor sie in das Blickfeld einer Kamera treten.[93]

71 § 4 enthält Vorgaben, die in § 6b Abs. 2 BDSG-alt nicht enthalten waren:

- Neben dem Umstand der Beobachtung selbst muss eine Information zur Videoüberwachung nunmehr Namen und Kontaktdaten des Verantwortlichen nennen.
- Die Information muss insgesamt zum frühestmöglichen Zeitpunkt erfolgen.

72 Der **Umstand der Beobachtung** muss auf eine Art und Weise kenntlich gemacht werden, die es allen betroffenen Personen ermöglicht, auf einfache Art und Weise hiervon zu erfahren. Erforderlich sind eindeutige Hinweise wie etwa gut sichtbar angebrachte Schilder.[94] Ggf. muss der **Hinweis in mehreren Sprachen** erfolgen, wenn mit ausländischen

90 BT-Drs. 18/10941, S. 10.

91 BT-Drs. 14/4329, S. 38.

92 Im Ergebnis ebenso Simitis-*Scholz*, Art. 6 Anlage 1 Rn. 43, der allerdings auf die Unanwendbarkeit der DSGVO sowie auf bestehende zivilrechtliche Abwehransprüche hinweist; ähnlich Gola/Heckmann-*Starnecker*, § 4 Rn. 22.

93 Plath-*Becker*, § 4 Rn. 27, enger Auernhammer-*Onstein*, § 4 Rn. 55: »erst nach der Zuordnung zu einer bestimmten Person«.

94 Simitis-*Scholz*, Art. 6 Anlage 1 Rn. 117.

Betroffenen zu rechnen ist (etwa an Bahnhöfen und Flughäfen). Da bildhafte Piktogramme den Namen und die Kontaktdaten nicht nennen, können sie nur zusammen oder ergänzend zu entsprechenden schriftlichen Hinweisen verwendet werden. In jedem Fall müssen die Hinweise in Sichthöhe der Betroffenen angebracht werden. Eine Anbringung in »Dackelaugenhöhe« erfüllt die gesetzlichen Anforderungen nicht.

Nicht erforderlich ist, dass **alle genutzten Kameras** auf den ersten Blick **zu erkennen** sind. Es muss jedoch sichergestellt sein, dass Betroffene sich in öffentlich zugänglichen Bereichen der Kameraüberwachung nach dem Erkennen der überwachten Bereiche kurzfristig entziehen können (etwa um die Kleider zu richten oder sich die Nase zu putzen). Dies führt für die Praxis dann doch wieder zu dem Zwang, Kameras sichtbar anzubringen oder kontrollfreie Räume auszuweisen (etwa durch Schraffuren auf dem Fußboden). 73

Abs. 2 schreibt vor, dass **der Verantwortliche erkennbar ist**. In dem entsprechenden Hinweis müssen sein **Name und seine Kontaktdaten aufgeführt werden**. Der Verantwortliche ist nach Art. 4 Nr. 7 DSGVO die jeweilige natürliche oder juristische Person, Behörde, Einrichtung oder andere Stelle, die allein oder gemeinsam mit anderen über die Zwecke und Mittel der Verarbeitung von personenbezogenen Daten entscheidet. 74

Mitgeteilt werden muss bei natürlichen Personen mindestens deren Name, bei juristischen Personen die genaue Firmenbezeichnung sowie die Namen der Geschäftsführer oder entsprechender Verantwortlicher. Die Benennung des betrieblichen Datenschutzbeauftragten erfüllt diese Voraussetzung nicht, da er nicht Verantwortlicher nach Art. 4 Nr. 7 ist. Erfolgt eine Beobachtung unterschiedlicher Standorte durch eine zentrale Stelle, so ist ggf. diese zu benennen und im Innenverhältnis entsprechend zu beauftragen.[95] 75

Die mitzuteilenden Kontaktdaten müssen die **Postanschrift des Verantwortlichen** enthalten. Die Mitteilung eines Postfachs ist nicht ausreichend. Neben diesen Informationen können auch Piktrogramme verwendet werden.[96] Hinzu müssen übliche Kommunikationsdaten wie insbesondere Telefonnummer oder eine E-Mail-Adresse kommen. Die Kommunikationsdaten müssen so ausgewählt sein, dass sie für alle betroffenen Personen einfach und datenschutzkonform nutzbar sind. Dies schließt insbesondere die Beschränkung auf solche Kontaktdaten aus, die ihrerseits für die Nutzung die Eingabe personenbezogener Daten voraussetzen. 76

Der Umstand der **Beobachtung** muss vom Verantwortlichen **zum frühestmöglichen Zeitpunkt** erkennbar gemacht werden. Mangels einer Konkretisierung dieses Begriffs im Gesetz ist davon auszugehen, dass eine entsprechende **Information räumlich so angeordnet** sein muss, dass betroffene Personen sie einfach und sicher wahrnehmen und lesen können, bevor sie den von einer Videokamera überwachten Bereich betreten. Darüber hinaus muss es ihnen möglich sein, in Kenntnis der Überwachung auf einen Zugang zu verzichten. Dies macht es praktisch notwendig, dass entsprechende Hinweise räumlich deutlich vor dem überwachten Bereich angesiedelt sind. 77

Zeitlich muss ein Hinweis auf eine Videoüberwachung so frühzeitig erfolgen, dass hiervon potentiell betroffene Personen ihn in ihre Entscheidung über ein Betreten oder eine Benutzung öffentlich zugänglicher Anlagen, Einrichtungen oder Fahrzeuge einbeziehen können. Dabei müssen die Verantwortlichen mit Blick auf das allgemeine Transparenzge- 78

95 BMH, § 6b BDSG-alt Rn. 41.

96 Vgl. Gola/Heckmann-*Starnecker*, § 4 Rn. 53, und Auernhammer-*Onstein*, § 4 Rn. 60.

bot in Art. 5 Abs. 1 Buchst. a DSGVO sowie auf die Verpflichtung zur transparenten Information in Art. 12 Abs. 1 DSGVO den von der Überwachung erfassten Personen in klarer und einfacher Sprache mitteilen, wo, wann und zu welchen Zwecken sie Videoaufzeichnungen durchführen wollen. Ggf. müssen auch kontrollfreie Bereiche benannt werden. Ein pauschaler Hinweis wie »aus Sicherheitsgründen findet Videoüberwachung statt« erfüllt diese Voraussetzungen nicht.

V. Speicherung und Verwendung sowie Zweckänderung (Abs. 3)

79 Die Speicherung oder Verwendung der Informationen bzw. der Bilder oder Filme, die bei der Beobachtung mittels Videoüberwachung angefallen sind, ist nur in den in Abs. 3 genannten Fällen zulässig. Durch Satz 1 werden zulässige Verarbeitungen und Nutzungen festgelegt. Regelungen zu zulässigen Zweckänderungen enthält Satz 2.

80 Abs. 3 Satz 1 bezieht sich auf die »Speicherung oder Verwendung« der mittels Videoüberwachung erhobenen Daten. Dieser Wortlaut weicht von dem entsprechenden Satz der in § 6b Abs. 3 Satz 1 BDSG-alt ab. Dort war von »Verarbeitung oder Nutzung« die Rede. Die Verwendung der Begriffe »Speicherung« und »Verwendung« entspricht den in der Definition der »Verarbeitung« in Art. 4 Nr. 2 DSGVO enthaltenen Unterbegriffen, ohne dass damit ein Bedeutungsunterschied verbunden ist.[97]

1. Speicherung oder Verwendung (Satz 1)

81 Eine **Speicherung** oder **Verwendung** auf der Grundlage von Abs. 3 darf nur innerhalb des gemäß Abs. 1 festgelegten Zwecks erfolgen (vgl. Rn. 28). Die zur Wahrnehmung berechtigter Interessen verfolgten Zwecke müssen von Anfang an verbindlich festgelegt werden. Zweckänderungen bei der Speicherung oder Verwendung sind ausgeschlossen. Dies ist insbesondere bezogen auf die nach Abs. 1 Satz 2 erhobenen Daten der Fall. Die an die Beobachtung anschließende Verwendung muss für die festgelegten Zwecke erforderlich sein. Dies **schließt** etwa **Zweckänderungen aus**, bei denen beispielsweise Videoaufnahmen zu Werbezwecken benutzt oder an interessierte Dritte (etwa bei Prominenten) verkauft werden. Auch eine Weitergabe an staatliche Stellen wie insbesondere die Polizei ist nur zulässig, wenn es hierfür eine eindeutige Rechtsgrundlage (etwa im Polizei- oder im Strafprozessrecht) gibt.

82 Die Speicherung oder Verwendung darf nach Abs. 3 Satz 1 2. Hlbs. nur erfolgen, wenn **kein Anhaltspunkt** dafür besteht, dass **schutzwürdige Interessen der betroffenen Personen überwiegen.** Anhaltspunkte sind weniger als bewiesene Tatsachen, aber mehr als bloße Vermutungen. Dieser Abwägungsgrundsatz gilt auch bezogen auf die in Abs. 1 Satz 2 benannten »besonders wichtigen Interessen« (vgl. Rn. 55ff.).

83 Mit Blick auf das schützenswerte Recht auf informationelle Selbstbestimmung muss im Zweifel zugunsten der Betroffenen entschieden werden. Als **unzulässig zu qualifizieren** ist deshalb jede nicht von Anfang an durch den Zweck festgelegte Bearbeitung oder Veränderung der Bildinhalte (etwa durch Vergrößern oder Herausschneiden) sowie jede

97 Vgl. BT-Drs. 18/11325, S. 81 bezogen auf den Begriff »Verwendung«.

nicht eindeutig vom Zweck gedeckte Verarbeitung (etwa durch Übermittlung an andere Stellen) oder Nutzung (etwa durch Identifikation und Ansprache von Betroffenen).

2. Zweckänderung (Satz 2)

Für andere Zwecke dürfen die bei den Beobachtungen mittels optisch-elektronischer Einrichtungen gewonnenen Daten nur **in den beiden Fällen** verwendet werden, die in Abs. 2 Satz 2 **abschließend genannt sind**. Der Rückgriff auf andere Erlaubnistatbestände (insbesondere in Art. 6 Abs. 1 DSGVO) zur Ausweitung der Verwendungsmöglichkeiten ist aufgrund der abschließenden Regelung nicht zulässig. 84

Nach der ersten Alternative in Satz 2 ist die Speicherung oder Verwendung für andere Zwecke zulässig, soweit dies für die **Abwehr von Gefahren für die staatliche oder öffentliche Sicherheit erforderlich** ist. Bedeutung erlangt diese Regelung in der Praxis insbesondere bei der Verfolgung von Straftaten sowie bei der Gewährleistung der öffentlichen Sicherheit. Spezialregelungen zu diesen Themen finden sich insbesondere in den Polizeigesetzen der Länder sowie in der StPO. Vor dem Hintergrund des staatlichen Strafverfolgungsmonopols kommt die 1. Alt. des Satzes 2 für nichtöffentliche Verantwortliche nur in Betracht, wenn es um die Abwehr von Gefahren oder um den Schutz von Leben, Gesundheit oder Freiheit von Menschen geht. 85

Nach der zweiten Alternative in Satz 2 ist die den Zweck ändernde Speicherung oder Verwendung weiterhin zulässig, wenn sie für die **Verfolgung von Straftaten erforderlich ist**. Videoaufzeichnungen dürfen beispielsweise aus dem Videoüberwachungssystem eines Einkaufszentrums übermittelt werden, wenn sich nach einem Überfall nur so Hinweise auf mögliche Täter erlangen lassen. Ausgeschlossen bleibt hingegen die Verwendung dieser Aufzeichnungen, wenn es andere Anhaltspunkte zur Ermittlung der Täter gibt (etwa zahlreiche präzise Zeugenaussagen). Nicht zur Anwendung kommt die Regelung in Satz 2 darüber hinaus für die Verfolgung von Ordnungswidrigkeiten.[98] 86

VI. Benachrichtigung (Abs. 4)

Nach der Regelung in Abs. 4 muss ein Betroffener gemäß Art. 14 DSGVO **benachrichtigt** werden, wenn ihm per Videoüberwachung gewonnene Daten zugeordnet werden. Die Regelung soll den Umgang mit Videodaten für die betroffenen Personen transparent gestalten. Besondere Bedeutung könnte ihr zukünftig zukommen, wenn Videoaufnahmen mittels entsprechender Software einfach personalisiert werden können. 87

Der **Regelungsgehalt der Vorschrift wird dadurch entwertet**, dass ausdrücklich auf die Ausnahmeregelungen in § 32 verwiesen wird. Die Fülle der dort (wie auch in Art. 14 Abs. 5 DSGVO) enthaltenen Ausnahmetatbeständen lässt befürchten, dass eine Benachrichtigung über die Zuordnung weiterhin eher die Ausnahme als die Regel darstellen wird. Allerdings gilt aufgrund der sich aus Art. 5 Abs. 1 Buchst. b DSGVO ableitenden engen Zweckbindung, dass nach einer Zuordnung die Verarbeitungen und Nutzungen zu anderen Zwecken nur unter engen Voraussetzungen zulässig sein können. 88

98 Auernhammer-*Onstein*, § 4 Rn. 52.

VII. Löschung der Daten (Abs. 5)

89 In Abs. 5 ist eine spezifische **Löschungspflicht** für den Bereich der Videoüberwachung festgeschrieben. Hiernach sind die gewonnenen Daten **unverzüglich zu löschen**, wenn sie entweder **nicht mehr erforderlich** sind oder wenn **schutzwürdige Interessen der betroffenen Personen** einer weiteren Speicherung **entgegenstehen**. Vorgaben zu Löschungsfristen enthält Abs. 5 allerdings nicht.

90 Die Löschung nach Abs. 5 setzt voraus, dass tatsächlich Daten aus einer Videoüberwachung gespeichert werden. Gelöscht sind Daten, wenn sie unkenntlich gemacht sind.[99]

91 Nach der **ersten Tatbestandsalternative** des Abs. 5 sind die **Daten zu löschen**, wenn sie zur Erreichung des Zwecks **nicht mehr erforderlich** sind. Dieser Tatbestand knüpft an den in Abs. 1 Nr. 1 bis 3 vor der Beobachtung festgelegten Zweck der Verarbeitung an. Ist der Zweck erfüllt oder nicht mehr gegeben, muss eine Löschung zwingend erfolgen.

92 Nach der **zweiten Tatbestandsalternative** des Abs. 5 sind die **Daten zu löschen**, wenn der weiteren Speicherung **schutzwürdige Interessen der betroffenen Personen** entgegenstehen. Dieser Tatbestand steht aufgrund der Verwendung des Wortes »oder« als echte Alternative im Gesetz. Dies führt dazu, dass eine Speicherung nach der ersten Alternative zwar noch erforderlich sein kann (etwa zur Verfolgung von Rechten), jedoch nach der zweiten Alternative eine Löschung zwingend erfolgen muss. Legt ein Betroffener vor diesem Hintergrund der verantwortlichen Stelle dar, dass zu seinen Gunsten schutzwürdige Interessen der weiteren Speicherung entgegenstehen, muss eine Löschung ohne Rücksicht auf die angestrebte Zweckerreichung erfolgen.[100]

93 Sind Daten nach den Vorgaben in Abs. 5 nicht mehr erforderlich, muss ihre Löschung unverzüglich und ohne schuldhaftes Zögern erfolgen (§ 121 BGB). Angemessen sind in der Regel ein bis zwei Arbeitstage, soweit sich nicht aus dem konkreten Sachzusammenhang etwas anderes ergibt.[101] Von einer Löschung kann abgesehen werden, wenn der Betroffene selbst dies aus einem berechtigten Interesse heraus verlangt und der verantwortlichen Stelle rechtzeitig eine entsprechende Mitteilung macht.[102]

VIII. Streitigkeiten

94 **Verstöße** gegen die in § 4 enthaltenen Vorgaben wie etwa eine unbefugte Verarbeitung von Videodaten oder der Verzicht auf die vorgeschriebenen Hinweise kann zur Verhängung von **Geldbußen** nach Art. 83 DSGVO führen. Darüber hinaus kommt nach Art. 82 DSGVO eine **Haftung** oder die Zahlung von **Schadenersatz** in Betracht.

95 Videoaufnahmen, die unter Verstoß gegen die Vorschrift erstellt wurden, können bei zivilrechtlichen Auseinandersetzungen einem **Beweisverwertungsverbot** unterliegen.[103] Insbesondere die Ergebnisse einer **heimlichen Dauerüberwachung** bestimmter Räume dürfen **nicht als Beweismittel berücksichtigt werden**, wenn im Rahmen einer Interes-

---

99 So die Definition in § 3 Abs. 4 Nr. 5 BDSG-alt.

100 Im Ergebnis ebenso Simitis-*Scholz*, § 6b BDSG-alt Rn. 106.

101 BT-Drs. 14/5793, S. 63; ebenso Auernhammer-*Onstein*, § 4 Rn. 63; Gola/Heckmann-*Starnecker*, § 4 Rn. 71.

102 Vgl. Auernhammer-*Onstein*, § 4 Rn. 62; Gola/Heckmann-*Starnecker*, § 4 Rn. 69.

103 Plath-*Becker*, § 4 Rn. 31; Gola/Heckmann-*Starnecker*, § 4 Rn. 76.

senabwägung nicht geprüft wurde, ob eine offene Überwachung nicht den gleichen Zweck erfüllt hätte.[104] Gleiches gilt bei Verkehrsunfällen für sog. Dashcams, die im PKW angebracht sind und permanent das Verkehrsgeschehen im Umfeld des Fahrzeugs aufnehmen.[105] Im arbeitsrechtlichen Bereich wird das Vorliegen eines allgemeinen Beweisverwertungsverbots allerdings verneint.[106]

Aus der Durchführung **unzulässiger Videokontrollen von Beschäftigten** kann sich ein 96
Anspruch auf **Schadensersatz** bzw. **Schmerzensgeld** ableiten.[107]

IX. Rechte von Betriebs- und Personalräten

Ein Betriebs- oder Personalrat kann den Einsatz von Videoanlagen, mit denen (auch) Be- 96
schäftigte erfasst werden unter Berufung auf einschlägige **Mitbestimmungsrechte** bezüglich **Verhaltens- und Leistungskontrollen** bei der Einführung und Anwendung technischer Einrichtungen durch BV oder DV regeln (vgl. etwa § 87 Abs. 1 Nr. 6 BetrVG oder § 75 Abs. 3 Nr. 17 BPersVG).[108] Bezogen auf Kameras in öffentlichen Bereichen (etwa in Kaufhäusern) kann er verlangen, dass die Vorgaben des § 4 vom Arbeitgeber eingehalten werden. Verdeckten Kameras kann der Betriebs- oder Personalrat unter Hinweis auf die zwingende Vorgabe zur Kennzeichnung in § 4 Abs. 2 entgegentreten.

Das Mitbestimmungsrecht soll nach der Rechtsprechung nicht gegeben sein, wenn Ar- 97
beitgeber Attrappen einsetzen.[109] Unabhängig hiervon bestehen auch in diesen Fällen die einschlägigen kollektivrechtlichen Informationsansprüche der Betriebs- oder Personalräte (etwa nach § 80 Abs. 1 BetrVG oder nach § 68 Abs. 2 BPersVG). Kommt es über dieses Thema zu Streitigkeiten, darf der Spruch einer Einigungsstelle nicht hinter dem gesetzlichen Mindeststandard zurückbleiben, der sich aus der DSGVO sowie aus den ergänzenden Vorschriften des BDSG ableitet.

---

104 OLG Köln 5.7.2005, NJW 2005, 2997; ArbG Frankfurt 25.1.2006, RDV 2006, 214.

105 LG Heilbronn 3.2.2015 – I 3 S 19/14 und 3 S 19/14 I, DuD 2015, 333; AG Nienburg – 4 Ds 155/14, DuD 2015, 483, das eine Verwertungsmöglichkeit im Strafprozess ausdrücklich offen lässt; AG München 13.8.2014 – 345 C 5551/14, RDV 2014, 345, das gleichzeitig einen Verstoß gegen § 22 Satz 1 KunstUrhG sieht; für eine Unzulässigkeit auch der Beschluss des Düsseldorfer Kreises vom 25./26.2.2014; Reibach, DuD 2015, 157; Gola/Heckmann-*Starnecker*, § 4 Rn. 28, der aber die Verwendung zur Sicherung von Beweismaterial in Rn. 40 dennoch zulässt; a.A. BGH 15.5.18 – VI ZR 233/17, NJW 18, 2883, das die Vereinbarkeit der Aufzeichnungen mit dem BDSG-alt zwar verneint, die Verwertung vorhandener Aufnahmen in einem Zivilprozess aber dennoch für zulässig hält: ebenso etwa Balzer/Nugel, NJW 2014, 1622; Greger, NZV 2015, 114.

106 Grundlegend BAG 13.12.2007, NZA 2008, 1008, dessen 2. Senat das Vorliegen eines »Sachverhaltsverwertungsverbots« im Falle unzulässig erlangter Informationen verneint hat; ebenso im Ergebnis BAG 21.6.2012 – 2 AZR 153/11, ähnlich LAG Hamm 27.3.2014 – 16 Sa 1629/13; LAG Sachsen-Anhalt 15.4.2008, LAGE § 626 BGB 2002 Nr. 17; enger BAG 23.4.2009 – 6 AZR 189/08, NZA 2009, 974, das ein Beweisverwertungsverbot bei rechtswidrig erlangten Informationen sieht; ebenso ArbG Düsseldorf 3.5.2011 – 11 Ca 7326/10; zum Verwertungsverbot allgemein Däubler, Digitalisierung und Arbeitsrecht, § 8 Rn. 122ff.; Jerchel/Schubert, DuD 2015, 151.

107 ArbG Frankfurt 8.11.2013, ZD 2014, 633.

108 Hierzu ausführlich DKKW-*Klebe*, § 87 Rn. 162ff.

109 LAG Mecklenburg-Vorpommern 12.11.2014 – 3 TaBV 5/14, NZA 2015, 765; Ehmann, juris PR-ArbR 3/2015 Anm. 6, weist zutreffend darauf hin, dass zivilrechtliche Unterlassungsansprüche von Beschäftigten von dieser Auffassung nicht berührt werden.

98 Soll eine Videoüberwachung ohne Beachtung der Mitbestimmung eingeführt oder verändert werden, können Betriebs- oder Personalräte dies im Wege des einstweiligen Rechtsschutzes mit einer »einstweiligen Verfügung« unterbinden.

Kapitel 3
Datenschutzbeauftragte öffentlicher Stellen

§ 5 Benennung

(1) Öffentliche Stellen benennen eine Datenschutzbeauftragte oder einen Datenschutzbeauftragten. Dies gilt auch für öffentliche Stellen nach § 2 Absatz 5, die am Wettbewerb teilnehmen.
(2) Für mehrere öffentliche Stellen kann unter Berücksichtigung ihrer Organisationsstruktur und ihrer Größe eine gemeinsame Datenschutzbeauftragte oder ein gemeinsamer Datenschutzbeauftragter benannt werden.
(3) Die oder der Datenschutzbeauftragte wird auf der Grundlage ihrer oder seiner beruflichen Qualifikation und insbesondere ihres oder seines Fachwissens benannt, das sie oder er auf dem Gebiet des Datenschutzrechts und der Datenschutzpraxis besitzt, sowie auf der Grundlage ihrer oder seiner Fähigkeit zur Erfüllung der in § 7 genannten Aufgaben.
(4) Die oder der Datenschutzbeauftragte kann Beschäftigte oder Beschäftigter der öffentlichen Stelle sein oder ihre oder seine Aufgaben auf der Grundlage eines Dienstleistungsvertrags erfüllen.
(5) Die öffentliche Stelle veröffentlicht die Kontaktdaten der oder des Datenschutzbeauftragten und teilt diese Daten der oder dem Bundesbeauftragten für den Datenschutz und die Informationsfreiheit mit.

Inhaltsübersicht Rn.

I. Einleitung

1 Die Vorschrift ist nur scheinbar eine bloße Wiederholung von Bestimmungen, die sich in den Art. 37 ff. der DSGVO finden. Ihr normativer Gehalt liegt darin, dass sie die Regelungen der DSGVO auf den Anwendungsbereich der Richtlinie (EU) 2016/680 (Polizei und Justiz) erstreckt und außerdem eine einheitliche Regelung für die Bereiche schafft, die wie die Sicherheitsdienste nicht in den Anwendungsbereich des Unionsrechts fallen.[1] Deshalb liegt kein Verstoß gegen das sog. Wiederholungsverbot vor.[2]

1 Siehe BR-Drs. 110/17, S. 77.
2 Gola/Heckmann-*Gola*, § 5 Rn. 5.

II. Die einzelnen Bestimmungen

Abs. 1 übernimmt laut Begründung des Regierungsentwurfs[3] die Bestimmung des Art. 37 Abs. 1 Buchst. a DSGVO. Der **abweichende Wortlaut** hat Verdeutlichungsfunktion. Statt von »Behörden und öffentlichen Stellen« ist nur von »öffentlichen Stellen« die Rede, was inhaltlich jedoch keinen Unterschied macht. **Öffentliche Unternehmen**, die im Wettbewerb stehen, sind in Abs. 1 Satz 2 durch Verweisung auf § 2 Abs. 5 ausdrücklich einbezogen, was in der Kompetenz des nationalen Gesetzgebers liegt. Die in Art. 37 Abs. 1 Buchst. a DSGVO enthaltene Ausklammerung der justiziellen Tätigkeit der Gerichte findet sich in § 7 Abs. 1 Satz 2 und ist dort in der Weise geregelt, dass auch Gerichte einen Datenschutzbeauftragten bestellen müssen, dieser jedoch keine Zuständigkeit für die **justizielle Tätigkeit** hat. Im Übrigen ist auf die Erläuterungen zu Art. 37 Abs. 1 zu verweisen (Art. 37 DSGVO Rn 6, 7). 2

Abs. 2 übernimmt die Bestimmung des Art. 37 Abs. 3 DSGVO und erstreckt sie auf den Anwendungsbereich der Richtlinie (EU) 2016/680 und auf die Sachgebiete, die weiter ausschließlich der nationalen Hoheitsgewalt unterstehen. Auch unter Einschluss dieser Bereiche soll ein gemeinsamer Datenschutzbeauftragter möglich sein (dazu Art. 37 DSGVO Rn. 10ff.). 3

Abs. 3 übernimmt den Art. 37 Abs. 5 DSGVO und überträgt ihn in gleicher Weise auf die nicht von der DSGVO erfassten Bereiche. Die gleichzeitige Verwendung der männlichen und der weiblichen Form im BDSG macht keinen inhaltlichen Unterschied. Auf die Kommentierung zu Art. 37 Abs. 5 DSGVO kann verwiesen werden (Art. 37 DSGVO Rn. 18). 4

Abs. 4 übernimmt das in Art. 37 Abs. 6 DSGVO niedergelegte Wahlrecht zwischen einem internen und einem externen Datenschutzbeauftragten auf den Gesamtbereich der öffentlichen Stellen, ohne durch die Richtlinie (EU) 2016/580 dazu gezwungen zu sein. Inhaltliche Abweichungen sind nicht ersichtlich (dazu Art. 37 DSGVO Rn. 17). 5

Abs. 5 übernimmt Art 37 Abs. 7 DSGVO und die dort festgelegte Veröffentlichungspflicht (dazu Art. 37 DSGVO Rn. 24). An die Stelle der allgemeinen Aufsichtsbehörde tritt der Bundesbeauftragte für den Datenschutz und die Informationsfreiheit. 6

§ 6 Stellung

(1) Die öffentliche Stelle stellt sicher, dass die oder der Datenschutzbeauftragte ordnungsgemäß und frühzeitig in alle mit dem Schutz personenbezogener Daten zusammenhängenden Fragen eingebunden wird.

(2) Die öffentliche Stelle unterstützt die Datenschutzbeauftragte oder den Datenschutzbeauftragten bei der Erfüllung ihrer oder seiner Aufgaben gemäß § 7, indem sie die für die Erfüllung dieser Aufgaben erforderlichen Ressourcen und den Zugang zu personenbezogenen Daten und Verarbeitungsvorgängen sowie die zur Erhaltung ihres oder seines Fachwissens erforderlichen Ressourcen zur Verfügung stellt.

(3) Die öffentliche Stelle stellt sicher, dass die oder der Datenschutzbeauftragte bei der Erfüllung ihrer oder seiner Aufgaben keine Anweisungen bezüglich der Ausübung dieser Aufgaben erhält. Die oder der Datenschutzbeauftragte berichtet unmittelbar der

3 Siehe BR-Drs. 110/17, S. 77.

höchsten Leitungsebene der öffentlichen Stelle. Die oder der Datenschutzbeauftragte darf von der öffentlichen Stelle wegen der Erfüllung ihrer oder seiner Aufgaben nicht abberufen oder benachteiligt werden.

(4) Die Abberufung der oder des Datenschutzbeauftragten ist nur in entsprechender Anwendung des § 626 des Bürgerlichen Gesetzbuchs zulässig. Die Kündigung des Arbeitsverhältnisses ist unzulässig, es sei denn, dass Tatsachen vorliegen, welche die öffentliche Stelle zur Kündigung aus wichtigem Grund ohne Einhaltung einer Kündigungsfrist berechtigen. Nach dem Ende der Tätigkeit als Datenschutzbeauftragte oder als Datenschutzbeauftragter ist die Kündigung des Arbeitsverhältnisses innerhalb eines Jahres unzulässig, es sei denn, dass die öffentliche Stelle zur Kündigung aus wichtigem Grund ohne Einhaltung einer Kündigungsfrist berechtigt ist.

(5) Betroffene Personen können die Datenschutzbeauftragte oder den Datenschutzbeauftragten zu allen mit der Verarbeitung ihrer personenbezogenen Daten und mit der Wahrnehmung ihrer Rechte gemäß der Verordnung (EU) 2016/679, diesem Gesetz sowie anderen Rechtsvorschriften über den Datenschutz im Zusammenhang stehenden Fragen zu Rate ziehen. Die oder der Datenschutzbeauftragte ist zur Verschwiegenheit über die Identität der betroffenen Person sowie über Umstände, die Rückschlüsse auf die betroffene Person zulassen, verpflichtet, soweit sie oder er nicht davon durch die betroffene Person befreit wird.

(6) Wenn die oder der Datenschutzbeauftragte bei ihrer oder seiner Tätigkeit Kenntnis von Daten erhält, für die der Leitung oder einer bei der öffentlichen Stelle beschäftigten Person aus beruflichen Gründen ein Zeugnisverweigerungsrecht zusteht, steht dieses Recht auch der oder dem Datenschutzbeauftragten und den ihr oder ihm unterstellten Beschäftigten zu. Über die Ausübung dieses Rechts entscheidet die Person, der das Zeugnisverweigerungsrecht aus beruflichen Gründen zusteht, es sei denn, dass diese Entscheidung in absehbarer Zeit nicht herbeigeführt werden kann. Soweit das Zeugnisverweigerungsrecht der oder des Datenschutzbeauftragten reicht, unterliegen ihre oder seine Akten und andere Dokumente einem Beschlagnahmeverbot.

Inhaltsübersicht Rn.

I. Einleitung

Die Vorschrift des § 6 hat einen Doppelcharakter. Auf der einen Seite übernimmt sie in Abs. 1–3, Abs. 5 Satz 1 wörtlich Bestimmungen der DSGVO und erstreckt sie auf den Anwendungsbereich der Richtlinie (EU) 2016/680 und auf die nicht unter das Unionsrecht fallende Verwaltungstätigkeit. Auf der anderen Seite geht sie in zwei nicht unwichtigen Punkten über die DSGVO hinaus: Durch Abs. 4 schafft sie einen weitgehenden Bestandsschutz für den betrieblichen Datenschutzbeauftragten, der dem früheren Recht entspricht. Weiter sieht Abs. 5 Satz 2 eine Geheimhaltungspflicht des Datenschutzbeauftragten vor, die in Abs. 6 durch ein Zeugnisverweigerungsrecht ergänzt wird. 1

II. Übernahme von Bestimmungen der DSGVO

Abs. 1 übernimmt in geschlechtsspezifisch angepasster Formulierung die Bestimmung des Art. 38 Abs. 1 DSGVO und erstreckt sie auf die Bereiche, die nicht von der DSGVO erfasst sind. Auf die dortige kurze Kommentierung kann verwiesen werden (Art. 38 Rn. 4 DSGVO). 2

Abs. 2 deckt sich inhaltlich mit Art. 38 Abs. 2 DSGVO, der u. a. die öffentliche Stelle verpflichtet, dem Datenschutzbeauftragten die erforderlichen Ressourcen zur Verfügung zu stellen und ihm den Zugang zu Datenverarbeitungsvorgängen zu ermöglichen. Auch insoweit findet eine Übertragung auf die nicht von der DSGVO erfassten Bereiche statt. Eine zusätzliche Kommentierung ist nicht erforderlich (zu Art. 38 Abs. 2 DSGVO s. Art. 38 Rn. 5ff.). 3

Abs. 3 übernimmt mit der üblichen stilistischen Anpassung die Bestimmung des Art. 38 Abs. 3 DSGVO für die gesamte öffentliche Verwaltung des Bundes. Statt von »höchster Managementebene« ist von »höchster Leitungsebene« die Rede, worunter man den zuständigen Minister verstehen wird. Im Übrigen ist auf die Kommentierung zu Art. 38 Abs. 3 DSGVO zu verweisen (Art. 38 Rn. 12ff.). 4

Abs. 5 Satz 1 enthält in Übernahme von Art. 38 Abs. 4 DSGVO das Recht der betroffenen Person auf Konsultation des Datenschutzbeauftragten. Außer der DSGVO sind dabei auch das neue BDSG und andere datenschutzrechtliche Bestimmungen einbezogen, was sich aus der Natur der Sache ergibt. Auf die Kommentierung zu Art. 38 Abs. 4 DSGVO kann verwiesen werden (Art. 38 Rn. 15.). 5

III. Bestandsschutz für den Datenschutzbeauftragten

1. Beendigung des Amtes nur in Ausnahmefällen

Nach § 4f Abs. 3 Satz 4 BDSG-alt konnte die Bestellung zum Datenschutzbeauftragten »auf Verlangen der Aufsichtsbehörde« oder »in entsprechender Anwendung von § 626 BGB« durch die verantwortliche Stelle widerrufen werden. Lag weder die eine noch die andere Voraussetzung vor, war die **Entbindung von dem Amt unwirksam.**[1] Mit dieser Regelung sollte die **Unabhängigkeit** des Datenschutzbeauftragten gegenüber dem Arbeit- 6

1 Ehrich, DB 1991, S. 1984.

geber gestärkt werden.[2] Die DSGVO enthält keine vergleichbaren Regelungen. Vielmehr begnügt sich ihr Art. 38 Abs. 3 Satz 2 mit der Aussage, der Datenschutzbeauftragte dürfe nicht wegen der Erfüllung seiner Aufgaben abberufen werden. Dies vermittelt wenig Schutz. Das BDSG sieht deshalb nunmehr in § 6 Abs. 4 für den Datenschutzbeauftragten im öffentlichen Bereich einen Abberufungsschutz vor, auf den § 38 Abs. 2 für den Datenschutzbeauftragten im nichtöffentlichen Bereich verweist. Eine solche Lückenfüllung durch den nationalen Gesetzgeber ist zulässig.[3] Er kann sich dabei – wie die amtliche Begründung des Regierungsentwurfs betont[4] – auf die arbeitsrechtliche Öffnungsklausel des Art. 88 DSGVO stützen.

2. Verlangen der Aufsichtsbehörde

7 Die **Aufsichtsbehörde** konnte nach § 38 Abs. 5 Satz 3 BDSG-alt die **Abberufung** verlangen, wenn der Datenschutzbeauftragte die zur Erfüllung seiner Aufgaben erforderliche Fachkunde und Zuverlässigkeit nicht (mehr) besaß. Gelegentliche Pflichtverletzungen reichten nicht aus.[5] Eine entsprechende Regelung findet sich nunmehr in § 40 Abs. 6 Satz 2 BDSG, wobei jedoch nicht mehr auf die »Zuverlässigkeit«, sondern auf das Vorliegen einer schwerwiegenden Interessenkollision abgestellt wird.[6] Erfasst sind dadurch nur »betriebliche«, **nicht** jedoch **»behördliche« Datenschutzbeauftragte**. Eine entsprechende Entscheidung der Aufsichtsbehörde berechtigt den Verantwortlichen, d.h. in der Regel den Arbeitgeber zur Abberufung,[7] wobei die Frist des § 626 Abs. 2 BGB keine Rolle spielt.[8] Ob er dazu auch verpflichtet ist, ist demgegenüber zweifelhaft. Den Grundsätzen über die Druckkündigung entsprechend[9] wird man den Arbeitgeber für verpflichtet ansehen müssen, in all den Fällen, in denen er die Fachkunde weiter bejaht und vom Fehlen einer Interessenkollision ausgeht, der Behörde gegenüber Gegenvorstellungen zu erheben und ggf. Rechtsmittel einzulegen.[10] Der betriebliche Datenschutzbeauftragte kann sich seinerseits gegen das Abberufungsverlangen, das ihn in seinen Rechten beeinträchtigt, im Verwaltungsverfahren und vor dem Verwaltungsgericht zur Wehr setzen; insoweit besteht eine Parallele zu den Fällen, in denen die Kündigung eines Arbeitsverhältnisses von staatlicher Zustimmung abhängig ist.[11]

---

2 So der Regierungsentwurf, BR-Drs. 618/88, S. 137.
3 Jaspers/Reif, RDV 2016, 61, 64; Paal/Pauly-*Paal*, Art. 38 Rn. 10.
4 Vgl. BT-Drs. 18/11325, S. 82.
5 Ehrich, DB 1991, S. 1984.
6 Zur Rechtslage nach der DSGVO s. Kühling/Buchner-*Bergt*, Art. 37 Rn. 49.
7 Dörr/Schmidt, § 36 Rn. 25; Gola/Schomerus, § 4f Rn. 37 (zum früheren Recht).
8 Reinhard, NZA 2013, 1049, 1051.
9 Nachweise zu Rechtsprechung und Literatur bei DDZ-*Däubler*, § 626 BGB Rn. 168ff.
10 DDZ-*Brecht-Heitzmann*, § 4f BDSG Rn. 8.
11 Stimmt beispielsweise das Integrationsamt der Kündigung eines Schwerbehinderten zu, so kann der Betroffene diese Entscheidung vor dem Verwaltungsgericht anfechten – vgl. die Nachweise bei KR-*Gallner*, §§ 168–173 SGB IX Rn. 116ff.

3. Widerruf der Benennung durch den Verantwortlichen aus wichtigem Grund

Nach § 6 Abs. 4, auf den § 38 Abs. 2 für den privaten Bereich verweist, ist eine Abberufung des Datenschutzbeauftragten nur in entsprechender Anwendung von § 626 BGB zulässig. Der dort vorausgesetzte **wichtige Grund** wird etwa bei weitgehender Untätigkeit sowie bei schweren Pflichtverletzungen wie einem Geheimnisverrat oder der Entwendung von Datenträgern vorliegen. Dabei ist die **Zwei-Wochen-Frist** des § 626 Abs. 2 BGB zu beachten, da sich die Verweisung auf die gesamte Vorschrift erstreckt.[12] Außerdem wird die Wirksamkeit der Abberufung in der Literatur davon abhängig gemacht, dass der Datenschutzbeauftragte **zuvor angehört** wurde.[13] Ob die Schriftform einzuhalten ist, ist umstritten, aber im Interesse der Rechtssicherheit und in Anlehnung an § 623 BGB zu bejahen.[14] Im Einzelfall kann auch eine **schwere Verletzung arbeitsvertraglicher Pflichten** wie etwa die Unterschlagung eines größeren Geldbetrags die Fortsetzung der Funktion als Datenschutzbeauftragter ausschließen, da diese ein besonderes Maß an Vertrauen bei allen Beteiligten voraussetzt.[15] In solchen wie in anderen Fällen muss den Vorgaben des § 626 Abs. 1 BGB entsprechend immer eine **Abwägung der beiderseitigen Interessen** stattfinden. Hat etwa die verantwortliche Stelle nur wenig Fachkunde verlangt, kann sie den Beauftragten nicht ein halbes Jahr später mit der Begründung seines Amts entheben, er habe bei der Erfüllung seiner Aufgaben eine Reihe von Fehlern gemacht. Hier könnte lediglich die Aufsichtsbehörde intervenieren und eine Abberufung verlangen. Keinen »wichtigen Grund« stellt es dar, wenn der Arbeitgeber den internen durch einen externen Beauftragten ersetzen will; der Bestandsschutz hat nach der Rechtsprechung des BAG den Vorrang.[16] Wird die Bestellung zum Datenschutzbeauftragten wirksam widerrufen, so fällt der darauf bezogene Teil der Arbeitspflicht weg; einer Teilkündigung des Arbeitsverhältnisses bedarf es nicht.[17] War der Datenschutzbeauftragte ausschließlich mit dieser Tätigkeit befasst – vergleichbar einem freigestellten Betriebsratsmitglied – so **lebt** die **ursprüngliche Arbeitspflicht wieder auf**. Soweit sich diese nicht mehr realisieren lässt, ist einvernehmlich eine Umstellung auf eine aktuell mögliche Tätigkeit mit gleicher Vergütung vorzunehmen. Missglückt dies, ist erst nach Ablauf des nachwirkenden Kündigungsschutzes (dazu Rn. 11) eine Änderungskündigung nach § 2 KSchG möglich. 8

4. Erstreckung des Schutzes auf das Arbeitsverhältnis

Der Abberufungsschutz könnte leicht dadurch unterlaufen werden, dass zwar das »Amtsverhältnis« intakt bleibt, das zugrunde liegende Arbeitsverhältnis jedoch aus betriebli- 9

---

12 ArbG Frankfurt 5.9.2001 – 9 Ca 705/01, RDV 2001, 290f.; BMH, § 4f Rn. 144; DDZ-*Brecht-Heitzmann*, § 4f BDSG Rn. 11 m.w.N.; Reinhard, NZA 2013, 1049, 1051 (zum gleichlautenden früheren Recht).

13 BMH, § 4f Rn. 147.

14 HWK-*Lembke*, §§ 4f, 4 g Rn. 19.

15 Dzida/Kröpelin, NZA 2011, 1018, 1020; der Tendenz nach auch BAG 23.3.2011 – 10 AZR 562/09, NZA 2011,1036, 1037 Tz. 15; nur die Verletzung von Amtspflichten läßt genügen Plath-*v.d. Bussche*, § 6 BDSG Rn. 16; MünchArbR-*Reichold*, § 96 Rn. 108.

16 BAG 23.3.2011 – 10 AZR 562/09, NZA 2011, 1036.

17 BAG 23.3.2011 – 10 AZR 562/09, NZA 2011, 1036.

chen Gründen gekündigt wird. Nicht auszuschließen ist auch, dass als Reaktion auf eine Konfrontationssituation ein Kündigungsgrund »gesucht« und nach einiger Zeit auch »gefunden« wird. Schon eine entsprechende Befürchtung (die ganz unberechtigt sein mag) kann die Unabhängigkeit des Datenschutzbeauftragten beeinträchtigen. Dem hatte der Gesetzgeber 2009 durch Einfügung von § 4f Abs. 3 Satz 5 und 6 BDSG-alt Rechnung getragen. Ihm entspricht der heutige § 6 Abs. 4 Satz 2 BDSG, der nach § 38 Abs. 2 auch bei privaten Arbeitgebern gilt. Danach kann auch das **Arbeitsverhältnis nur noch aus wichtigem Grund nach § 626 BGB gekündigt** werden. Der »Abberufungsschutz« wird so auf den Bestandsschutz des Arbeitsverhältnisses übertragen. Dies gilt nach einer neueren Entscheidung des BAG[18] und einer früheren des ArbG Hamburg[19] auch für einen **stellvertretenden Datenschutzbeauftragten**, sofern er vorübergehend die Aufgaben eines Datenschutzbeauftragten wahrgenommen hat. Dabei kommt es nicht darauf an, ob der ursprüngliche Datenschutzbeauftragte (z. B. wegen Krankheit) für längere Zeit ausgefallen war oder ob der Verantwortliche mehr als eine Person zum Datenschutzbeauftragten bestellt hatte.[20] Nach Ende der Tätigkeit des »Vertreters« tritt genau wie bei einem Ersatzmitglied des Betriebsrats ein nachwirkender Kündigungsschutz von einem Jahr ein. Die Erstreckung des Schutzes auf das Arbeitsverhältnis hat weitreichende Folgen:

10 Eine **ordentliche Kündigung** ist generell ausgeschlossen. Selbst bei der Stilllegung einer Abteilung oder des ganzen Betriebes kommt sie nicht in Betracht; § 15 Abs. 4 und 5 KSchG finden keine entsprechende Anwendung.[21] Eine **außerordentliche Kündigung** nach § 626 BGB kommt jedoch in Frage, wenn das Arbeitsverhältnis in unzumutbarer Weise gestört ist. Dies wäre etwa bei kriminellen Handlungen gegen den Arbeitgeber einschließlich des Verrats von Betriebs- und Geschäftsgeheimnissen der Fall.[22] Bezüglich der in Betracht kommenden Einzelfälle muss auf die Kommentarliteratur zu § 626 BGB verwiesen werden.[23] Denkbar ist danach auch, im Falle einer Betriebsstilllegung eine außerordentliche Kündigung mit Auslauffrist auszusprechen, wenn sonst für viele Jahre ein »sinnentleertes« Arbeitsverhältnis entstehen würde.[24] Dies sind im Prinzip Extremfälle. Durch diese Kündigungsbeschränkungen wird die Unabhängigkeit des betrieblichen Datenschutzbeauftragten gegenüber dem Arbeitgeber in einem wichtigen Punkt verstärkt.

11 Nach §§ 6 Abs. 4 Satz 3, 38 Abs. 2 ist die ordentliche Kündigung auch noch innerhalb eines Jahres »nach dem Ende der Tätigkeit als Datenschutzbeauftragter« unzulässig. Dieser **nachwirkende Kündigungsschutz** findet sich in ähnlicher Weise bei Betriebsratsmitgliedern und anderen Betriebsbeauftragten. Keine Rolle spielt, aus welchem Grund die Tätigkeit ihr Ende fand. Auch eine (berechtigte) **Abberufung** aus wichtigem Grund und ein vom Datenschutzbeauftragten aus persönlichen Gründen erklärter **Amtsverzicht** reichen

---

18 BAG27.7.2017 – 2 AZR 812/16, NZA 2018, 166.
19 13.4.2016 – 27 Ca 486/15 – ZD 2016, 338.
20 BAG 27.7.2017 – 2 AZR 812/16, NZA 2018, 166.
21 LAG Düsseldorf 23.7.2012 – 9 Sa 593/12, ZD 2013, 357; ebenso ArbG Berlin 23.10.2015 – 28 Ca 9903/15, ZD 2016, 340.
22 Däubler, DuD 2010, 20, 22 m. w. N.
23 DDZ-*Däubler*, § 626 BGB Rn. 25ff.; ErfK-*Niemann*, § 626 BGB Rn. 60ff.; Palandt-*Weidenkaff*, § 626 Rn. 42ff.; KR-*Fischermeier*, § 626 BGB Rn. 90ff.
24 LAG Düsseldorf 23.7.2012 – 9 Sa 593/12, ZD 2013, 357; Däubler, DuD 2010, 20, 22; ähnlich Stück, ZD 2013, 290.

aus. Würde man unter Berufung auf den Wortlaut den zuletzt genannten Fall ausnehmen, könnte nicht nur ein unangemessener Anreiz entstehen, trotz »Amtsmüdigkeit« die Tätigkeit fortzuführen; auch einvernehmliche Lösungen wären erschwert, bei denen die förmliche Abberufung durch einen »Rücktritt« ersetzt wird.

5. Befristete Bestellung

Der weitgehende Bestandsschutz, den der Datenschutzbeauftragte genießt, darf nicht dadurch umgangen werden, dass ihm seine Aufgabe nur befristet übertragen wird. Dies hätte zur Folge, dass er befürchten müsste, im Falle einer Konfrontation nicht »verlängert« zu werden. In Betracht kommt allenfalls eine **Befristung auf fünf Jahre**, die jedenfalls in den ersten Jahren genügend Spielräume lassen würde.[25] Die Befristung aus »wichtigem Grund« zuzulassen,[26] würde zwar wertungsmäßig mit § 6 Abs. 4 übereinstimmen, doch sind praktisch keine Fälle denkbar, in denen derart gravierende Gründe für eine Befristung sprechen. Eine **Probebefristung** auf diese Weise zu rechtfertigen, erscheint entgegen früher eingenommener Position höchst fragwürdig, da dann ein sehr gravierender Mangel an Fachkunde oder eine deutliche Interessenkollision vorliegen müssten, die das Gesetz nicht duldet: Fachkunde und fehlende Interessenkollision müssen schon bei der Benennung vorhanden sein, eine Befristung lässt sich nicht mit dem Gesichtspunkt des »Einlernens« oder des »Unabhängig-Werdens« rechtfertigen.[27] 12

6. Externer Datenschutzbeauftragter

Bei **Externen** bezieht sich der mit ihnen geschlossene Dienst- oder Geschäftsbesorgungsvertrag allein auf die Tätigkeit als betrieblicher Datenschutzbeauftragter. Diese ist wiederum durch § 6 Abs. 4 Satz 1 (auf den § § 38 Abs. 2 verweist) gegen einen Entzug ohne wichtigen Grund abgesichert. Würde der zugrunde liegende Vertrag gekündigt, so würde sich an der Tätigkeit als solcher nichts ändern. Der Anspruch auf Vergütung des Externen würde sich aus Art. 38 Abs. 2 DSGVO ergeben, wonach ihm alle Mittel zur Verfügung zu stellen sind, die er zur Erfüllung seiner Aufgaben benötigt.[28] Sinnvoller erscheint es allerdings, den Abberufungsschutz auf das zugrunde liegende Vertragsverhältnis zu erstrecken.[29] Im Übrigen ist auch hier eine langfristige Bestellung zu verlangen.[30] 13

25 Grundsätzlich zustimmend Gola/Schomerus, § 4f Rn. 32; a. A. Simitis-*Simitis*, § 4f Rn. 62, der für eine Mindestfrist von zwei Jahren plädiert (ebenso Reinhard, NZA 2013, 1049, 1054). Der Düsseldorfer Kreis hat sich für vier Jahre ausgesprochen, will allerdings bei erstmaliger Bestellung auch eine Laufzeit von (nur) ein bis zwei Jahren zulassen (RDV 2011, 52. 53). Dies lässt sich m. E. nicht mit dem Erfordernis der Unabhängigkeit vereinbaren.

26 BMH, § 4f Rn. 68.

27 So auch der Düsseldorfer Kreis (RDV 2011, 52, 53, linke Spalte unten).

28 Wagner, DuD 2008, 660, 662.

29 So wohl auch BAG 23. 3. 2011 – 10 AZR 562/09, NZA 2011, 1036 Tz. 33.

30 So zum früheren Recht BMH, § 4f Rn. 69: mindestens 5 Jahre.

7. Freiwillig bestellter Datenschutzbeauftragter

14 Der Sonderkündigungsschutz gilt nur für die vom Gesetz vorgeschriebenen Datenschutzbeauftragten. **Bei freiwilliger Bestellung** scheidet er nach § 38 Abs. 2 Halbsatz 2 aus, da dies den Verantwortlichen von einem solchen Entgegenkommen abhalten könnte. Einvernehmlich kann aber eine Gleichstellung mit den »gesetzlichen« Beauftragten vorgesehen werden.

8. Freiwillige und einvernehmliche Beendigung des Amtes

15 Der Datenschutzbeauftragte kann sein Amt **aus eigenem Entschluss niederlegen**, muss dabei aber eine angemessene Frist wahren, um dem Verantwortlichen die Möglichkeit zu geben, einen Nachfolger zu finden. Nur bei Vorliegen eines wichtigen Grundes gilt anderes.[31] Kündigt er sein Arbeitsverhältnis, so endet damit auch die Tätigkeit als Datenschutzbeauftragter, es sei denn, beide Seiten würden sich darüber verständigen, dass er nunmehr als Externer weiterarbeiten soll.[32] Gegen eine **einvernehmliche Beendigung** der Tätigkeit als Datenschutzbeauftragter bestehen keine Bedenken.

IV. Stellung des Datenschutzbeauftragten bei Umstrukturierungen

16 Wird innerhalb der verantwortlichen Stelle umstrukturiert, beispielsweise ein **Betriebs- oder Behördenteil** verselbständigt, so ändert sich an der Zuständigkeit des Datenschutzbeauftragten nichts. Wird ein **Betrieb an ein anderes Unternehmen veräußert**, ist der **Datenschutzbeauftragte des »Empfängerunternehmens«** vom Zeitpunkt des Übergangs an zuständig. Vollzieht sich die Übernahme im Rahmen eines Konzerns, besteht zwischen beiden Funktionen Personenidentität, wenn von der Möglichkeit zur Bestellung eines Konzerndatenschutzbeauftragten nach Art. 37 Abs. 2 DSGVO Gebrauch gemacht wurde (siehe dort Rn. 10), es bleibt dann alles beim Alten. Wird der Betrieb von einem Unternehmen erworben, wo es keinen betrieblichen Datenschutzbeauftragten gibt, so steht dem bisherigen Funktionsträger m. E. in vorsichtiger Analogie zu § 21a BetrVG ein **Übergangsmandat** zu, sofern in der neuen Einheit die Voraussetzungen des § 38 Abs. 1 Satz 1 erfüllt sind. Nur so wird eine kontrollfreie Zeit oder gar eine dauerhaft kontrollfreie Zone vermieden. Der betriebliche Datenschutzbeauftragte muss sich **um die Bestellung** eines neuen Funktionsträgers, d. h. **eines »Nachfolgers« bemühen;** notfalls ist die Aufsichtsbehörde einzuschalten. Sind (ausnahmsweise) die Voraussetzungen des § 38 Abs. 1 Satz 1 nicht gegeben, ist nur eine freiwillige Bestellung möglich (zu dieser siehe oben Rn. 14). Bei Umstrukturierungen im Bereich der öffentlichen Verwaltung ist entsprechend zu verfahren; sobald der bisherige Betreuungsbereich des Datenschutzbeauftragten verlassen ist (auch hier ist eine größere Einheit entsprechend Art. 37 Abs. 3 DSGVO möglich), geht es um die Bestimmung einer neuen Person.

17 Die Dinge werden komplizierter, wenn ein **Unternehmen** einschließlich der ihm zugeordneten Betriebe **von einem anderen** Unternehmen **aufgenommen** wird und beide

31 Kühling/Buchner-*Bergt*, Art. 37 Rn. 41.
32 Kühling/Buchner-*Bergt*, Art. 37 Rn. 41.

über einen betrieblichen Datenschutzbeauftragten verfügen. Nach Auffassung des ArbG Frankfurt/Main[33] bleibt in einem solchen Fall die **Funktion der beiden** Beauftragten **erhalten**. Dies kann jedoch schwerlich ein Dauerzustand sein, und zwar schon deshalb nicht, weil die Grenzen der ursprünglichen Unternehmen in der Regel verwischt werden, so dass sich die Betreuungsbereiche nicht mehr in praktikabler Weise abgrenzen lassen. Deshalb sieht die Betriebsverfassung bei der Zusammenlegung von zwei Betrieben nicht etwa eine Koexistenz von zwei Betriebsräten, sondern ein Übergangsmandat für den Betriebsrat aus der größeren Ausgangseinheit vor, der dann die Neuwahlen zu einer einheitlichen Interessenvertretung vorzubereiten hat (§ 21a Abs. 2 BetrVG). Das **BAG** hat im Fall der **Fusion** zweier gesetzlicher Krankenkassen entschieden, dass mit der Schließung einer Kasse und damit dem Erlöschen ihrer Rechtsfähigkeit auch das **Amt des Datenschutzbeauftragten hinfällig** wird.[34] Dies wird man auf die gewerbliche Wirtschaft übertragen können. Wird eine Gesellschaft von der anderen aufgenommen, endet mit der Eintragung dieses Vorgangs ins Handelsregister auch das Amt ihres betrieblichen Datenschutzbeauftragten. Verfügt die weiterbestehende Gesellschaft über einen eigenen betrieblichen Datenschutzbeauftragten, **dehnt sich** dessen **Zuständigkeitsbereich** automatisch **aus.**[35] Findet eine **Verschmelzung durch Neugründung** statt, erlöschen die Mandate der Datenschutzbeauftragten in beiden Ursprungsgesellschaften; die neue Gesellschaft muss ihrerseits aktiv werden und einen betrieblichen Datenschutzbeauftragten bestellen, der häufig mit einem der bisherigen Amtsinhaber identisch sein wird.[36]

Wird ein **Betrieb** durch Ausgründung **zu einem selbstständigen Unternehmen gemacht**, 18
ist in der neuen Einheit ein betrieblicher Datenschutzbeauftragter zu bestellen, sofern die Voraussetzungen des 38 Abs. 1 Satz 1 erfüllt sind. Bis dies geschieht, sollte man auch hier entsprechend § 21a BetrVG dem bisherigen Datenschutzbeauftragten ein »**Übergangsmandat**« einräumen, um auf diese Weise eine »kontrollfreie Zone« zu vermeiden. Vermutlich wird in der Praxis einvernehmlich in diesem Sinne verfahren, da keinerlei Auseinandersetzungen über derartige Fragen in der Literatur dokumentiert sind.

Ist ein **interner** Datenschutzbeauftragter in einem **Betrieb beschäftigt**, der **auf einen** 19
neuen Inhaber übergeht, so kann er sein Amt anders als ein Betriebsrat nicht »mitnehmen«,[37] da dieses letztlich auf einer Legitimation durch den jeweiligen Unternehmer, nicht auf einer Wahl durch die Belegschaft beruht. Besteht das »abgebende« Unternehmen weiter, so könnte er an sich dort zum externen Datenschutzbeauftragten werden, doch ergeben sich praktische Probleme, weil er vom Übernehmer im Zweifel keine Freistellung für die Fortführung seiner bisherigen Tätigkeit erhalten wird. Insoweit ist **mit dem Übergang des Arbeitsverhältnisses** die **Geschäftsgrundlage** für die bisherige Tätigkeit **weggefallen**, was einen Widerruf ermöglichen würde.[38] In der Praxis wird man sich allerdings im Regelfall vorher verständigen, ob der betriebliche Datenschutzbeauftragte –

33 5.9.2001 – 9 Ca 705/01, RDV 2001, 290.
34 BAG 29.9.2010 – 10 AZR 588/08, NZA 2011, 151.
35 Auernhammer-*Raum*, § 6 BDSG Rn. 11.
36 Auernhammer-*Raum*, § 6 BDSG Rn. 11.
37 Ebenso im Ergebnis LAG Berlin-Brandenburg 15.10.2013 – 3 Sa 567/13.
38 Für automatischen Wegfall der Funktion als Datenschutzbeauftragter HWK-*Lembke*, §§ 4f, 4g Rn. 15.

notfalls im Wege der Ausübung des Widerspruchsrechts – beim bisherigen Inhaber verbleibt, ob er seine Tätigkeit beim Erwerber fortsetzt oder ob er letztlich auf sein Amt verzichtet.

V. Verschwiegenheitspflicht und Zeugnisverweigerungsrecht

1. Verschwiegenheitspflicht

20 Nach **Abs. 5 Satz 2** ist der Datenschutzbeauftragten zur Verschwiegenheit über die Identität des Betroffenen sowie über alle Umstände verpflichtet, die **Rückschlüsse auf den Betroffenen** zulassen. Nur auf diese Weise ist sichergestellt, dass sich einzelne Personen dem Beauftragten gegenüber offenbaren. Auch wird dieser selbst durch Abs. 5 Satz 2 vor einem Loyalitätskonflikt bewahrt, der ggf. entstehen könnte, wenn die betroffene Person selbst erhebliche Verstöße gegen Datenschutzrecht begangen hat oder wenn der Verantwortliche »nähere Informationen« von ihm haben will. Inhaltlich handelt es sich um ein **Berufsgeheimnis**, das grundsätzlich nicht anders als das eines Rechtsanwalts oder eines Arztes zu behandeln ist.[39] Die Verschwiegenheitspflicht besteht auch gegenüber der Aufsichtsbehörde und dem Betriebs- bzw. Personalrat; sie dauert nach Ende des Amtes fort.[40]

21 Der Datenschutzbeauftragte ist berechtigt, **auch einer anderen Person** als dem Betroffenen **Vertraulichkeit zuzusichern**. Dies ist insbesondere dann von Bedeutung, wenn ein Betriebs- oder Behördenangehöriger (reale oder angebliche) Verstöße gegen den Datenschutz namhaft macht, die nicht ihn selbst betreffen.

22 Der Betroffene bzw. die soeben genannte Person kann den Datenschutzbeauftragten **von** seiner **Verschwiegenheitspflicht entbinden**, doch hat dies eine ähnliche Wirkung wie die Einwilligung in eine vom Gesetz nicht vorgesehene Datenverarbeitung. Die an eine wirksame Einwilligung zu stellenden Anforderungen (Art. 7 Rn. 11 ff.) sind daher auch hier maßgebend.[41] Die **Einwilligung** bedarf bei Beschäftigten grundsätzlich der Schriftform, doch kann sie **auch konkludent** erklärt werden. Hat sich beispielsweise der Betroffene vergeblich um die Löschung auf ihn bezogener Daten bemüht und wendet er sich nunmehr an den Datenschutzbeauftragten, um doch noch zum Ziel zu kommen, besteht jedenfalls gegenüber der verantwortlichen Stelle keine Verschwiegenheitspflicht.[42]

23 In entsprechender Anwendung des § 34 StGB kann die Verschwiegenheitspflicht im **Interesse höherrangiger Rechtsgüter** durchbrochen werden. Erfährt der Datenschutzbeauftragte beispielsweise von einem beabsichtigten Mord oder einer anderen von § 138 StGB erfassten schweren Straftat, so kann und muss er die Polizei alarmieren. Bloße Datenschutzverstöße reichen aber in keinem Fall aus.[43]

---

39 Mester, S. 223.
40 Mester, S. 223.
41 BMH, § 4f Rn. 156; ähnlich Mester, S. 223.
42 Gola/Schomerus, § 4f Rn. 50.
43 Mester, S. 223.

2. Zeugnisverweigerungsrecht

Unterliegen die zu kontrollierenden Personen einem **Berufsgeheimnis** (Ärzte, Zahnärzte, Psychologen, Rechtsanwälte, Steuerberater usw.), so ist dieses auch vom betrieblichen Datenschutzbeauftragten zu beachten, soweit er von entsprechenden Informationen wie z. B. von Patientendaten Kenntnis erhält. Wie **Abs. 6** deutlich macht, steht ihm insoweit auch ein (abgeleitetes) **Zeugnisverweigerungsrecht** zu. »Abgeleitet« deshalb, weil es vom Verhalten des eigentlichen Geheimnisträgers abhängig ist: Entschließt sich dieser, von seinem Recht keinen Gebrauch zu machen und auszusagen, so ist dies auch für den Datenschutzbeauftragten verbindlich und diesem steht gleichfalls kein Zeugnisverweigerungsrecht mehr zu.[44] Bleibt es bestehen, so wird es nach Abs. 6 Satz 3 von einem **Beschlagnahmeverbot** in Bezug auf Akten und andere »Dokumente« flankiert. Zu letzteren zählen auch elektronische Dokumente.[45] Dafür sprach schon nach früherem Recht, dass nach der Begründung des Regierungsentwurfs[46] das Beschlagnahmeverbot so weit wie das Zeugnisverweigerungsrecht reichen sollte. Soweit der Datenschutzbeauftragte einer Verschwiegenheitspflicht unterliegt, ist er Träger eines Berufsgeheimnisses[47] und in dieser Eigenschaft berechtigt, eine Aussage vor Gericht im Zivilprozess zu verweigern (§ 383 Abs. 1 Nr. 6 ZPO), doch enthält § 53 StPO keine entsprechende Befugnis. 24

3. Bruch der Verschwiegenheitspflicht

Verletzt der Datenschutzbeauftragte seine Verschwiegenheitspflicht, so schafft er damit Zweifel an seiner Eignung, die eine Abberufung rechtfertigen können. Außerdem macht er sich ggf. **schadensersatzpflichtig**, da es sich bei der Verschwiegenheitspflicht um ein Schutzgesetz im Sinne des § 823 Abs. 2 BGB handelt.[48] Daneben macht er sich bei vorsätzlichem Tun nach § 203 Abs. 2a StGB **strafbar**, wenn er Tatsachen offenbart, die einem Berufsgeheimnis (z. B. eines Arztes) unterliegen. Der Gesetzgeber hat es jedoch versäumt, auch seine Gehilfen in die Strafdrohung einzubeziehen – eine Lückenfüllung durch Analogie scheidet aus, weil sie den Kreis der strafbaren Verhaltensweisen über das Gesetz hinaus erweitern würde.[49] 25

§ 7 Aufgaben

(1) Der oder dem Datenschutzbeauftragten obliegen neben den in der Verordnung (EU) 2016/679 genannten Aufgaben zumindest folgende Aufgaben:

1. **Unterrichtung und Beratung der öffentlichen Stelle und der Beschäftigten, die Verarbeitungen durchführen, hinsichtlich ihrer Pflichten nach diesem Gesetz und sonstigen Vorschriften über den Datenschutz, einschließlich der zur Umsetzung der Richtlinie (EU) 2016/680 erlassenen Rechtsvorschriften;**

---

44 Plath-*v.d. Bussche*, § 6 Rn. 24.
45 Kritisch zur früheren Rechtslage, unter der dies zweifelhaft war, Gola/Klug, NJW 2007, 122.
46 BT-Drs. 16/1853, S. 12.
47 Zustimmend Taeger/Gabel-*Scheja*, § 4f Rn. 90 (zum früheren Recht).
48 SHS-*Drewes*, Art. 39 Rn. 51; zum früheren Recht ebenso Simitis-*Simitis*, § 4f Rn. 173.
49 »Nulla poena sine lege«; siehe Gola/Klug, NJW 2007, 122.

2. Überwachung der Einhaltung dieses Gesetzes und sonstiger Vorschriften über den Datenschutz, einschließlich der zur Umsetzung der Richtlinie (EU) 2016/680 erlassenen Rechtsvorschriften, sowie der Strategien der öffentlichen Stelle für den Schutz personenbezogener Daten, einschließlich der Zuweisung von Zuständigkeiten, der Sensibilisierung und der Schulung der an den Verarbeitungsvorgängen beteiligten Beschäftigten und der diesbezüglichen Überprüfungen;
3. Beratung im Zusammenhang mit der Datenschutz-Folgenabschätzung und Überwachung ihrer Durchführung gemäß § 67 dieses Gesetzes;
4. Zusammenarbeit mit der Aufsichtsbehörde;
5. Tätigkeit als Anlaufstelle für die Aufsichtsbehörde in mit der Verarbeitung zusammenhängenden Fragen, einschließlich der vorherigen Konsultation gemäß § 69 dieses Gesetzes, und gegebenenfalls Beratung zu allen sonstigen Fragen.

Im Fall einer oder eines bei einem Gericht bestellten Datenschutzbeauftragten beziehen sich diese Aufgaben nicht auf das Handeln des Gerichts im Rahmen seiner justiziellen Tätigkeit.

(2) Die oder der Datenschutzbeauftragte kann andere Aufgaben und Pflichten wahrnehmen. Die öffentliche Stelle stellt sicher, dass derartige Aufgaben und Pflichten nicht zu einem Interessenkonflikt führen.

(3) Die oder der Datenschutzbeauftragte trägt bei der Erfüllung ihrer oder seiner Aufgaben dem mit den Verarbeitungsvorgängen verbundenen Risiko gebührend Rechnung, wobei sie oder er die Art, den Umfang, die Umstände und die Zwecke der Verarbeitung berücksichtigt.

Überblick

1 Die Vorschrift betrifft ausschließlich die **von öffentlichen Stellen benannten Datenschutzbeauftragten**, da § 38 nicht auf sie verweist. Sie erstreckt Regelungen der DSGVO auf den Anwendungsbereich der Richtlinie (EU) 2016/680 und auf die Verwaltungstätigkeit, die nicht dem Unionsrecht unterliegt.[1] Von der durch Art. 6 Abs. 2 DSGVO eröffneten Möglichkeit, spezifischere Bestimmungen für den öffentlichen Bereich zu erlassen, wird kein Gebrauch gemacht.

2 **Abs. 1 Satz 1** übernimmt mit einigen redaktionellen Anpassungen die Regelung des **Art. 39 DSGVO**. Auf die dortige Kommentierung kann verwiesen werden (Art. 39 Rn. 1–8). **Abs. 1 Satz 2** stellt klar, dass bei Gerichten zwar ein Datenschutzbeauftragter bestellt werden muss, dass sich sein Zuständigkeitsbereich aber nicht auf die justizielle Tätigkeit erstreckt (vgl. § 7 BDSG Rn. 2 zur Bestellung).

3 **Abs. 2** übernimmt inhaltlich in vollem Umfang die Regelung des **Art. 38 Abs. 6 DSGVO**; auf die dortigen Erläuterungen kann verwiesen werden (Art. 38 Rn. 16).

4 **Abs. 3** übernimmt den risikobasierten Ansatz des **Art. 39 Abs. 2 DSGVO** für die gesamte Verwaltung, auch soweit sie unter die Richtlinie (EU) 2016/680 oder ausschließlich unter nationales Recht fällt (vgl. Art. 39 Rn. 1).

1 BT-Drs. 18/11325, S. 82.

Kapitel 4
Die oder der Bundesbeauftragte für den Datenschutz und die Informationsfreiheit

§ 8 Errichtung

(1) Die oder der Bundesbeauftragte für den Datenschutz und die Informationsfreiheit (Bundesbeauftragte) ist eine oberste Bundesbehörde. Der Dienstsitz ist Bonn.

(2) Die Beamtinnen und Beamten der oder des Bundesbeauftragten sind Beamtinnen und Beamte des Bundes.

(3) Die oder der Bundesbeauftragte kann Aufgaben der Personalverwaltung und Personalwirtschaft auf andere Stellen des Bundes übertragen, soweit hierdurch die Unabhängigkeit der oder des Bundesbeauftragten nicht beeinträchtigt wird. Diesen Stellen dürfen personenbezogene Daten der Beschäftigten übermittelt werden, soweit deren Kenntnis zur Erfüllung der übertragenen Aufgaben erforderlich ist.

Inhaltsübersicht Rn.

I. Allgemeines zum Kapitel 4

Kapitel 4 passt die Regelungen des BDSG-alt zum **Bundesbeauftragten für den Datenschutz und die Informationsfreiheit** (BfDI) an die Vorgaben der Verordnung (EU) 2016/679 (DSGVO) und der Richtlinie (EU) 2016/680 (DSRl-JI) an. 1

Die Regelungen der §§ 21 bis 26 BDSG-alt wurden **inhaltlich weitgehend übernommen** und unter Orientierung an den Aufbau des Kapitels VI DSGVO und der DSRl-JI neu strukturiert. Im Einzelnen geregelt werden die Errichtung, die Zuständigkeit, die Unabhängigkeit, die Ernennung und Amtszeit, das Amtsverhältnis, die Rechte und Pflichten, die Aufgaben und Befugnisse sowie das Recht zur Anrufung der oder des Bundesbeauftragten. 2

II. Die Regelung des § 8 konkret

§ 8 Abs. 1 u. 2 übernimmt unverändert § 22 Abs. 5 BDSG-alt und regelt die Errichtung und Einrichtung des BfDI sowie die näheren Modalitäten. Hierdurch werden Art. 54 Abs. 1 Buchst. a DSGVO und Art. 44 Abs. 1 Buchst. a DSRl-JI durchgeführt bzw. umgesetzt. Dort wird den Mitgliedstaaten aufgegeben, **Aufsichtsbehörden zu errichten**. Durch die organisatorische Verselbständigung der Dienststelle des BfDI als oberste Bundesbehörde, weg vom Bundesministerium des Innern (BMI), wurde 2015 rechtlich die geforderte Unabhängigkeit weitgehend umgesetzt.[1] 3

Die Errichtung des BfDI soll dem Erfordernis von deren **völliger Unabhängigkeit** genügen (siehe § 19 BDSG-alt). Die völlige Unabhängigkeit und Weisungsfreiheit der Aufsichtsbehörden sind unionsrechtlich vorgegeben (Art. 8 Abs. 3 GRCh, Art. 16 Abs. 2 AEUV, Art. 52 4

1 BGBl. I 2015, 162; Roßnagel, ZD 2015, 108.

DSGVO bzw. Art. 42 DSRl-JI). Der rechtlichen Anforderung an die Unabhängigkeit wird in den Bundesländern dadurch Rechnung getragen, dass die Landesbeauftragten für den Datenschutz (Aufsichtsbehörden) entweder beim Parlament angebunden (z. B. § 31 HDSG), als rechtsfähige Anstalt des öffentlichen Rechtes (so § 32 LDSG SH) oder – entsprechend der BfDI – als oberste Landesbehörde ausgestaltet sind (so § 22 Abs. 2 BerlDSG).

5 Die Festlegung des Dienstsitzes (Abs. 1 Satz 2) und die körperschaftliche Zuweisung der bei dem Bundesbeauftragten beschäftigten Beamtinnen und Beamten als solche des Bundes (Abs. 2) stehen in unmittelbarem Sachzusammenhang zu der **Errichtung und Ausstattung** der Aufsichtsbehörden. Die Festlegung des Dienstsitzes schließt es nicht aus, dass der BfDI in anderen Städten, insbesondere in Berlin, eine Vertretung betreibt (vgl. Anhang 1). Auch die Einrichtung eines Verbindungsbüros in Brüssel unterliegt voll ihrer Organisationsgewalt.[2]

6 Die Absätze 2 und 3 stellen die **dienstrechtliche Personalhoheit** der BfDI sicher (Art. 52 Abs. 5 DSGVO, Art. 42 Abs. 5 DSRl-JI).

7 Abs. 3 schafft eine Rechtsgrundlage für die **Übertragung von Aufgaben der Personalverwaltung** und Personalwirtschaft von dem BfDI auf andere Behörden und die damit einhergehende Übermittlungsbefugnis für die Beschäftigtendaten. Inhaltlich trat die Regelung als § 22 Abs. 5a BDSG-alt schon am 6. 7. 2017 in Kraft (Art. 7 Nr. 2 DSAnpUG-EU). Erfasst werden z. B. die Reisevorbereitung, die Reisekostenabrechnung, die Gewährung von Trennungsgeld und Umzugskosten, die Realisierung von Schdensersatz oder die Unterstützung bei Stellenbesetzungsverfahren.[3] Die Regelung ist an § 108 Abs. 5 Satz 1 und 2 BBG angelehnt und erweitert diesen auf Aufgaben außerhalb der Beihilfebearbeitung. Hierdurch ist es dem Bundesbeauftragten als oberster Bundesbehörde ohne eigenen Geschäftsbereich möglich, bestimmte Aufgaben der Personalverwaltung und Personalwirtschaft, bei denen aufgrund des selbständigen Charakters der Aufgabenerledigung das Instrument der Auftragsverarbeitung nicht in Betracht kommt, durch andere Behörden im Wege der Funktionsübertragung ausführen zu lassen. Betroffen sind beispielsweise Aufgaben der Reisevorbereitung, Reisekostenabrechnung, Gewährung von Trennungsgeld und Umzugskostenerstattung, Geltendmachung von Schadensersatzansprüchen gegenüber Dritten oder Unterstützung bei Stellenbesetzungsverfahren.

§ 9 Zuständigkeit

(1) Die oder der Bundesbeauftragte ist zuständig für die Aufsicht über die öffentlichen Stellen des Bundes, auch soweit sie als öffentlich-rechtliche Unternehmen am Wettbewerb teilnehmen, sowie über Unternehmen, soweit diese für die geschäftsmäßige Erbringung von Telekommunikationsdienstleistungen Daten von natürlichen oder juristischen Personen verarbeiten und sich die Zuständigkeit nicht bereits aus § 115 Absatz 4 des Telekomunikationsgesetzes ergibt. Die Vorschriften dieses Kapitels gelten auch für Auftragsverarbeiter, soweit sie nichtöffentliche Stellen sind, bei denen dem Bund die Mehrheit der Anteile gehört oder die Mehrheit der Stimmen zusteht und der Auftraggeber eine öffentliche Stelle des Bundes ist.

---

2 BT-Drs. 18/2848, 16; Paal/Pauly-*Körffer*, § 9 Rn. 3; Roßnagel, ZD 2015, 110.

3 BT-Drs. 18/11325/83.

(2) Die oder der Bundesbeauftragte ist nicht zuständig für die Aufsicht über die von den Bundesgerichten im Rahmen ihrer justiziellen Tätigkeit vorgenommenen Verarbeitungen.

Inhaltsübersicht Rn.

I. Allgemeines

Art. 51 Abs. 1 DSGVO und Art. 41 Abs. 1 DSRl-JI überlassen es den Mitgliedstaaten, **eine oder mehrere Aufsichtsbehörden** für die Überwachung der Anwendung der Regelungen einzurichten. Art. 55 Abs. 1 DSGVO und Art. 45 Abs. 1 DSRl-JI bestimmen zudem, dass jede Aufsichtsbehörde für die Erfüllung der übertragenen Aufgaben für die Ausübung der dort vorgesehenen Befugnisse im Hoheitsgebiet ihres eigenen Mitgliedstaats zuständig ist. 1

Die Bundesrepublik verfügt mit ihrem **föderalen Staatsaufbau** über Datenschutzaufsichtsbehörden auf Bundes- und auf Länderebene (Adressen Anhang 1). Es ist daher auch innerhalb der Bundesrepublik eine Abgrenzung der Zuständigkeiten der Aufsichtsbehörden erforderlich, die in den §§ 17ff. und 40 erfolgt. 2

Historisch gesehen lag die primäre Aufgabe der Datenschutzbeauftragten des Bundes und der Länder in der **nachschauenden Datenschutzkontrolle**. Weitere Aufgaben sind hinzugekommen, die das Schwergewicht von dieser repressiven Seite immer weiter auf die präventive Seite verlagern. Dies ändert aber nichts an dem zentralen Stellenwert der klassischen Prüf- und Aufsichtstätigkeit. 3

Wegen der Kompensationsfunktion der unabhängigen Datenschutzkontrolle für die tatsächlich beschränkte Möglichkeit der Betroffenen, ihre Rechte geltend zu machen, ergeben sich unter Anwendung des Verhältnismäßigkeitsgrundsatzes **Mindestanforderungen an die Frequenz und Tiefe** aufsichtlicher Prüfungen. Je weniger eine Kontrolle durch die Betroffenen selbst sichergestellt werden kann, umso wichtiger wird ein hinreichend wirksames aufsichtsrechtliches Kontrollregime. Dies gilt insbesondere für die hoheitliche Datenverarbeitung durch Sicherheitsbehörden, die für Betroffene in hohem Maße intransparent bleibt. Dies trifft z. B. für die Bund und Länder übergreifenden Verbunddateien im Sicherheitsbereich zu, bei denen aufgrund föderaler Zuständigkeitsunklarheiten eine effektive Kontrolle gefährdet sein kann. Den Datenschutzbeauftragten ist es gestattet zusammenzuarbeiten und sich im Wege der Amtshilfe durch Delegation oder Ermächtigung bei der Wahrnehmung ihrer Befugnisse gegenseitig zu unterstützen. Aufsichtliche Regelkontrollen dürfen »ein gewisses Höchstmaß, etwa zwei Jahre, nicht überschreiten«.[1] Angesichts dieser verfassungsrechtlichen Vorgaben ist in § 10 Abs. 2 Antiterrordateigesetz (ATDG) und § 11 Abs. 2 Rechtsextremismusdateigesetz (REDG) die Verpflichtung geregelt, mindestens alle zwei Jahre die Einhaltung des Datenschutzes zu kontrollieren. Diese 4

---

1 BVerfG 24.4.2013 – 1 BvR 1215/07, Rn. 217 = NJW 2013, 1517 = DuD 2013, 740 = ZD 2013, 328.

Pflicht richtet sich an die zuständige Datenschutzaufsicht, also je nach verantwortlicher Stelle an die BfDI sowie an die Landesbeauftragten für Datenschutz.

II. Stellen des Bundes (Abs. 1)

5 Abs. 1 legt die sachliche Zuständigkeit des BfDI fest. Der BfDI ist zuständig für die datenschutzrechtliche Aufsicht über alle öffentlichen Stellen des Bundes, gleich ob die Datenverarbeitung unter den Anwendungsbereich des Unionsrechts fällt oder nicht. Hierzu wurde der § 24 Abs. 1 BDSG-alt ohne inhaltliche Änderungen sprachlich an die DSGVO angepasst. Auch Stellen des Bundes im Sinne des § 2 Abs. 1, die als öffentlich-rechtliche Unternehmen am Wettbewerb teilnehmen, unterfallen wie bisher (§ 27 Abs. 1 Nr. 2a BDSG-alt) der Zuständigkeit des BfDI. Spezialgesetzliche Zuweisungen der Datenschutzaufsicht über nicht-öffentliche Stellen an den BfDI bleiben – wie bisher – von der Regelung unberührt. Satz 2 führt den bisherigen Verweis des § 11 Abs. 4 Nr. 1b BDSG-alt (nicht-öffentliche Auftragnehmer in öffentlicher Hand) fort.

6 Der Kontrolle des BfDI unterliegen umfassend die **öffentlichen Stellen des Bundes** gem. § 1 Abs. 1, soweit diese personenbezogenen Daten verarbeiten. Dazu gehören auch die Verfassungsorgane (Bundestag, Bundesrat, Bundespräsident, Bundesregierung) und die Bundesgerichte; doch die Kontrolle ist insofern begrenzt, dass deren verfassungsrechtliche Stellung beachtet werden muss (siehe auch Abs. 2). Der BfDI kontrolliert gemäß § 50 Abs. 4 SGB II zudem die von der Bundesagentur für Arbeit und den kommunalen Trägern als gemeinsame Einrichtung geführten Jobcenter (§§ 6a, 6b, 44b SGB II). Eine Kontrollbefugnis besteht zudem im Post- und Telekommunikationsbereich (§ 42 Abs. 3 PostG; siehe § 16 BDSG Rn. 8). Mit Berührungspunkten zum Datenschutz hat der BfDI eine Kontrollzuständigkeit im Bereich der Informationsfreiheit bei öffentlichen Stellen des Bundes (§ 12 Abs. 2 IFG-Bund).[2]

7 Kurz vor dem Ende der 18. Legislaturperiode beschloss der Bundesgesetzgeber einen § 32h Abgabenordnung (AO), wonach der BfDI auch für die Aufsicht über die **Finanzbehörden** zuständig ist.[3] Hintergrund der Regelung ist, dass über Jahre hinweg die Landesbeauftragten für Datenschutz, die bisher für die Finanzbehörden zuständig waren, Datenverarbeitungen der Finanzbehörden beanstandeten, die auf Anweisungen des Bundesfinanzministerium zurück gingen. Mit der Zuständigkeitsänderung wird zum einen diese als lästig empfundene Kritik abgewürgt, zum anderen wird die Bürgerferne der Datenschutzkontrolle erhöht und auch die Kontrolldichte in diesem Bereich verringert. Bei der Gesetzesänderung handelt sich um den erfolgreichen Versuch im Rahmen eines umfassenderen Bestrebens auf Bundesebene, die Datenschutzaufsicht der Länder zu schwächen.

8 Der BfDI hat ein weites Ermessen bei der Frage, wo sie was wann und wie kontrolliert. Die **Art und Weise des Vorgehens** wird von ihr bestimmt, soweit das Ziel in der Überprüfung der Beachtung von Datenschutzvorschriften liegt. Neben anlassbezogenen Prüfungen sind systematische und anlasslose Kontrollen möglich. Zusätzlich zur schriftlichen Nach-

---

2 Kühling/Buchner-*Wieczorek*, § 9 Rn. 7; s. Art. 52 Rn. 20.

3 Kritisch hierzu auch der Bundesrat, 7.7.2017, BR-Drs. 450/17, der einen Eingriff in die Verwaltungs- und Aufsichtsstrukturen der Länder kritisiert.

frage und der Vorortnachschau können Online-Prüfungen durchgeführt werden.[4] Der BfDI hat immer die jeweilige Aufgabenerfüllung der zu kontrollierenden Stelle und deren fachliche Kompetenz im Auge zu behalten. Ihr steht es aber zu, die Erforderlichkeit der personenbezogenen Datenverarbeitung zur Aufgabenerfüllung jeweils in Frage zu stellen.

III. Gerichte (Abs. 2)

Die justizielle Tätigkeit der Bundesgerichte unterliegt – wie nach § 24 Abs. 3 BDSG-alt – nicht der Aufsicht durch den BfDI. Abs. 2 passt die bisherige Regelung, nach welcher die Bundesgerichte der Kontrolle des BfDI nur unterliegen, soweit sie in Verwaltungsangelegenheiten tätig werden, an den Wortlaut der DSGVO bzw. der DSRl-JI an. Hierdurch wird Art. 45 Abs. 2 DSRl-JI umgesetzt; Art. 55 Abs. 3 DSGVO gilt hingegen unmittelbar. 9

Mit der Ausnahme der Datenschutzkontrolle hinsichtlich der rechtsprechenden Tätigkeit der Bundesgerichte nach Abs. 3 soll die **Unabhängigkeit der rechtsprechenden Gewalt** (Judikative) gewährleistet werden (vgl. Art. 55 Abs. 3 DSGVO).[5] Nicht erfasst ist die Tätigkeit der Gerichte im Bereich der Justizverwaltung. Zur Rechtsprechung gehören nicht die Tätigkeit der Geschäftsstellen der Gerichte,[6] der Rechtspfleger,[7] des Generalbundesanwalts und des Oberbundesanwalts beim Bundesverwaltungsgericht, die Registerführung, z. B. des Bundeszentralregisters. Kontrolliert werden kann auch die Durchführung von (Ermittlungs-) Maßnahmen, die richterlich angeordnet wurden.[8] Von der richterlichen Unabhängigkeit nicht mit umfasst und deshalb kontrollierbar sind die technische Ausstattung der Richter und Fragen der Datensicherheit.[9] Auch nicht erfasst werden exekutive Maßnahmen, z. B. der Polizei, die gerichtlich angeordnet wurden.[10] 10

Auch bei anderen Einrichtungen mit verfassungsrechtlich garantierter Unabhängigkeit wie dem **Bundesrechnungshof**, soweit dessen Mitglieder im Rahmen ihrer richterlichen Unabhängigkeit handeln, sollte der BfDI, so der Regierungsentwurf, diese Unabhängigkeit achten und bei der Ausübung ihrer oder seiner Befugnisse wahren. Von der Datenschutzkontrolle sind sie aber nicht befreit, etwa die Mitglieder des Bundesrechnungshofs bei ihren Prüfungen, auch wenn ihnen eine ähnliche Unabhängigkeit zukommt (§ 3 Abs. 4 Satz 2 BRHG). Hierbei handelt es sich nicht um eine judikative Tätigkeit.[11] 11

§ 10 Unabhängigkeit

(1) Die oder der Bundesbeauftragte handelt bei der Erfüllung ihrer oder seiner Aufgaben und bei der Ausübung ihrer oder seiner Befugnisse völlig unabhängig. Sie oder er

4 Bäumler-*Kühn/Schönleber/Baeriswyl/Heinzmann*, S. 121, 128, 143.
5 Ronellenfitsch, DuD 2005, 354; Weßlau in FS Wolter, 2013, S. 1169.
6 Simitis-*Dammann*, § 24 Rn. 31; a. A. Auernhammer-*v. Lewinski*, § 24 Rn. 7.
7 ULD, 35. TB (2015), Kap. 4.3.9.
8 Kurz, DuD 2012, S. 259.
9 BGH 6. 10. 2011, RiZ (R) 7/10 = CR 2012, 9 = DRiZ 2012, 169 = MDR 2011, 1508 = MMR 2012, 128; BVerfG 17. 1. 2013, 2 BvR 2576/11, NJW 2013, 2102 = K&R 2013, 248 (LS); Ronellenfitsch, DuD 2005, 354 ff.; 34. TB HDSB (2005) Kap. 5.2.1.
10 Kühling/Buchner-*Wieczorek*, § 9 Rn. 10.
11 Gola/Schomerus, § 24 Rn. 11; a. A. Hockenbrink, DÖV 1991, 50.

unterliegt weder direkter noch indirekter Beeinflussung von außen und ersucht weder um Weisung noch nimmt sie oder er Weisungen entgegen.
(2) **Die oder der Bundesbeauftragte unterliegt der Rechnungsprüfung durch den Bundesrechnungshof, soweit hierdurch ihre oder seine Unabhängigkeit nicht beeinträchtigt wird.**

Inhaltsübersicht Rn.

I. Weisungsfreiheit

1 Abs. 1 Satz 1 und 2 setzt **Art. 42 Abs. 1 und 2 DSRl-JI** zur völligen Unabhängigkeit des BfDI um. Hierzu wurde der § 22 Abs. 4 Satz 2 BDSG-alt an den Wortlaut der Art. 42 Abs. 1 und 2 DSRl-JI angepasst. Auf die Ausführungen zu Art. 52 DSGVO kann auch bzgl. des Anwendungsbereichs der DSRl-JI verwiesen werden. Die Anpassung an das Europarecht bedurfte des Anstoßes durch den EuGH[1] und erfolgte erst spät im Jahr 2016.[2]

2 Für den **Bereich der DSGVO** gilt Art. 52 Abs. 1 u. 2 unmittelbar. Insoweit wird auch auf die Erläuterungen zu § 1 Abs. 5 verwiesen (siehe § 1 Rn. 25, 26).

3 Die Unabhängigkeit der Datenschutzaufsicht hindert das zuständige **Parlament** nicht an der Ausübung seiner demokratischen Kontrollrechte gegenüber der Exekutive, zu der auch die Aufsichtsbehörden gehören. Die parlamentarische Kontrolle schließt Berichtspflichten ebenso wenig aus wie die Einbeziehung der der Aufsichtstätigkeit in die Ermittlungen eines parlamentarischen Untersuchungsausschusses. Bei den Auskunftspflichten gegenüber dem Parlament sind aber die Verschwiegenheitspflichten der Aufsicht und deren Unabhängigkeit zu berücksichtigen.[3]

II. Rechnungskontrolle (Abs. 2)

4 Abs. 2 trägt Art. 52 Abs. 6 Halbs. 1 DSGVO und Art. 42 Abs. 6 Halbs. 1 DSRl-JI Rechnung. Jeder Mitgliedstaat hat sicherzustellen, dass jede Aufsichtsbehörde einer **Finanzkontrolle** unterliegt, die ihre Unabhängigkeit nicht beeinträchtigt. Wie aus ErwGr 118 DSGVO folgt, bedeutet die Unabhängigkeit der Aufsichtsbehörden nicht, dass sie hinsichtlich ihrer Ausgaben keinem Kontroll- oder Überwachungsmechanismus unterworfen sind. Jedoch findet die Finanzkontrolle ihre Grenzen in der Unabhängigkeit der Datenschutzaufsicht. Die Haushalts- und Wirtschaftsführung des Bundesbeauftragten unterliegt der Prüfung des Bundesrechnungshofs daher insbesondere in Bezug auf die Wirtschaftlichkeit und Ordnungsmäßigkeit des Verwaltungshandelns und nur, soweit hierdurch die Unabhängigkeit der oder des Bundesbeauftragten nicht beeinträchtigt wird.[4]

---

1 EuGH 9.3.2010 – C-518/17, NJW 2010, 1265 = EuZW 2010, 296 = MMR 2010, 352 = DuD 2010, 335 = K&R 2010, 326 = DÖV 2010, 446 (LS).

2 Voßhoff, DuD 2016, 138; Gola/Heckmann-*Thiel*, § 10 Rn. 4.

3 Glauben, DVBl 2017, 485.

4 Kühling/Buchner-*Wieczorek*, § 10 Rn. 6f.

§ 11 Ernennung und Amtszeit

(1) Der Deutsche Bundestag wählt ohne Aussprache auf Vorschlag der Bundesregierung die Bundesbeauftragte oder den Bundesbeauftragten mit mehr als der Hälfte der gesetzlichen Zahl seiner Mitglieder. Die oder der Gewählte ist von der Bundespräsidentin oder dem Bundespräsidenten zu ernennen. Die oder der Bundesbeauftragte muss bei ihrer oder seiner Wahl das 35. Lebensjahr vollendet haben. Sie oder er muss über die für die Erfüllung ihrer oder seiner Aufgaben und Ausübung ihrer oder seiner Befugnisse erforderliche Qualifikation, Erfahrung und Sachkunde insbesondere im Bereich des Schutzes personenbezogener Daten verfügen. Insbesondere muss die oder der Bundesbeauftragte über durch einschlägige Berufserfahrung erworbene Kenntnisse des Datenschutzrechts verfügen und die Befähigung zum Richteramt oder höheren Verwaltungsdienst haben.

(2) Die oder der Bundesbeauftragte leistet vor der Bundespräsidentin oder dem Bundespräsidenten folgenden Eid: »Ich schwöre, dass ich meine Kraft dem Wohle des deutschen Volkes widmen, seinen Nutzen mehren, Schaden von ihm wenden, das Grundgesetz und die Gesetze des Bundes wahren und verteidigen, meine Pflichten gewissenhaft erfüllen und Gerechtigkeit gegen jedermann üben werde. So wahr mir Gott helfe.« Der Eid kann auch ohne religiöse Beteuerung geleistet werden.

(3) Die Amtszeit der oder des Bundesbeauftragten beträgt fünf Jahre. Einmalige Wiederwahl ist zulässig.

Inhaltsübersicht Rn.

I. Allgemeines

§ 11 regelt in Durchführung der Art. 53 Abs. 1, Art. 54 Abs. 1 Buchst. c und e DSGVO sowie in Umsetzung der Art. 43 Abs. 1, 44 Abs. 1 Buchst. c und e DSRl-JI das Verfahren der **Ernennung und die Amtszeit des BfDI**. Hierzu wurde der § 22 Abs. 1 Satz 1 und 3, Abs. 2 und 3 BDSG-alt unverändert übernommen. Im Anschluss an die bisherige Regelung zum Mindestalter (§ 22 Abs. 1 Satz 2 BDSG-alt) wird die Vorschrift in Abs. 1 Satz 4 und 5 um weitere Anforderungen an die Qualifikation und sonstigen Voraussetzungen für die Ernennung der oder des Bundesbeauftragten ergänzt (Art. 53 Abs. 2, 54 Abs. 1 Buchst. b DSGVO und Art. 43 Abs. 2, 44 Abs. 1 Buchst. b DSRl-JI). 1

II. Wahl und Auswahl (Abs. 1)

Abs. 1 Satz 1 und 2 regelt das Verfahren der **Wahl und Ernennung** des BfDI. Nach Art. 53 Abs. 1 DSGVO und Art. 43 Abs. 1 DSRl-JI sehen die Mitgliedstaaten ein transparentes Ernennungsverfahren durch das Parlament, die Regierung, das Staatsoberhaupt oder eine 2 unabhängige Stelle, die nach dem Recht des Mitgliedstaats mit der Ernennung betraut wird, vor. Die Mitgliedstaaten haben zudem die Vorschriften und Verfahren für die Ernennung des Mitglieds oder der Mitglieder jeder Aufsichtsbehörde zu schaffen (Art. 54 Abs. 1 Buchst. c DSGVO, Art. 44 Abs. 1 Buchst. c DSRl-JI). Dem entspricht die bisherige Rechtslage in § 22 Abs. 1 Satz 1 und 3 BDSG-alt.

3 Durch die Wahl des BfDI durch den Bundestag erhält diese die notwendige **demokratische Legitimation**. Der Vorschlag für eine Kandidatin oder einen Kandidaten erfolgt durch die Bundesregierung. Dieses Vorschlagsrecht steht tendenziell in Widerspruch zu der vom BfDI geforderten Unabhängigkeit, da der BfDI die Datenverarbeitung der Bundesverwaltung kontrollieren soll, die von den in der Bundesregierung vertretenen Ministern geleitet wird. Die Wahl des BfDI muss mit der absoluten Mehrheit des Bundestags erfolgen. Diese Abweichung vom Grundsatz des Art. 42 Abs. 2 Satz 1 GG (einfache Mehrheit) signalisiert den Willen des Gesetzgebers, dass der BfDI das Vertrauen zumindest der absoluten Mehrheit des Parlamentes genießen soll. Der Ernennung durch den Bundespräsidenten gemäß Abs. 1 Satz 2 kommt nur eine formelle Bedeutung zu.

1. Transparentes Verfahren

4 Nach Art. 53 Abs. 1 DSGVO muss die Bestellung »im Wege eines **transparenten Verfahrens**« erfolgen. Regelungen zur Ausschreibung und zur öffentlichen Auswahl (Anhörung) sind obligatorisch (siehe Art. 53 Rn. 8). Relevant ist, dass die vorgegebenen Qualifikationskriterien im Verfahren transparent gemacht werden. Die Einhaltung der Transparenzanforderungen dürfte per Konkurrentenklage geltend gemacht werden können.[1] Die Transparenz kann auch durch eine öffentliche parlamentarische Aussprache vor der Wahl oder durch weitere Vorgaben hinsichtlich des Bestellungsverfahrens (z. B. Vorschlagsberechtigung, Auswahlprozess, Fristen) erhöht werden.

5 Durch die **Ausschreibung** wird das Auswahlverfahren für alle Interessierten geöffnet. Dem Wahl- und Auswahlgremium sollen möglichst umfassende alternative Angebote zur Verfügung stehen. In die Ausschreibung kann und sollte ein Anforderungsprofil aufgenommen werden, das Kriterien für die Auswahl und die Bewertung der Bewerbungen liefert.[2] Nur so kann dem Anspruch genügt werden, die in Bezug auf Eignung, Befähigung und fachliche Leistung beste Person zu berufen (Art. 33 Abs. 2 GG). Eine öffentliche Ausschreibung für die Position des BfDI ist gesetzlich nicht vorgesehen. Unterbleibt sie, so ist die Bestellung europarechtswidrig (siehe Art. 53 Rn. 8).[3]

6 Über eine Anhörung können sich sowohl die Öffentlichkeit als auch das Auswahlgremium ein **Bild über die Bewerber** machen. Diesen wird die Möglichkeit der Selbstdarstellung gegeben. Die Beantwortung von Fragen bei einer derartigen öffentlichen Anhörung ermöglicht eine präzisere Einordnung hinsichtlich Lebenslaufs, Vorkenntnissen und Einstellungen, also insbesondere auch bzgl. der Qualifikation. Durch eine öffentliche Anhö-

---

1 Netzwerk Datenschutzexpertise, Auswahlprozess von Datenschutzbeauftragten, S. 16.

2 Siehe das detaillierte Anforderungsprofil zur Bestellung des EDPS, Europäische Union, ABl. C 219 A/1 v. 31.7.2013, *https://secure.edps.europa.eu/EDPSWEB/webdav/site/mySite/shared/Documents/EDPS/MembersMission/Members/13-07-31-vacancies-DE.pdf*.

3 Zweifelnd Kühling/Buchner-*Wieczorek*, § 11 Rn. 4.

rung wird die politische Bedeutung des Amtes hervorgehoben. Die Kandidaten haben die Möglichkeit, ihre persönliche Unabhängigkeit und Qualifikation darzustellen und sich öffentlich zu profilieren. Ein solches Verfahren wird dem Anspruch gerecht, den die Öffentlichkeit an politische Beamte hat, was Datenschutzbeauftragte i. d. R. sind. Von unabhängigen Datenschutzbeauftragten wird erwartet, dass sie sich nach ihrer Wahl öffentlich und offensiv gemäß ihrer Aufgabenstellung engagieren. Die europarechtlich naheliegende Anhörung bei der Bestellung von Datenschutzbeauftragten ist in Deutschland bisher nicht etabliert. Deren Unterlassen kann dazu führen, dass das gesamte Bestellungsverfahren nicht hinreichend transparent ist.

Vor einer öffentlichen Anhörung kann bei einer größeren Zahl von Bewerbern ein **Auswahlverfahren** durch ein Gremium erfolgen, das nicht zwingend öffentlich sein muss. Bei einer Vorauswahl sollten auch Minderheiten die Möglichkeit haben, ihre Favoriten in die Endauswahl zu entsenden.[4] 7

Der Verzicht auf eine Aussprache wurde in § 22 Abs. 1 Satz 1 BDSG-alt erst Anfang 2016 im Bundesrecht eingefügt. Eine öffentliche Aussprache über die Kandidaten für die Leitung der Aufsichtsbehörde ist auch in einigen Ländern explizit normativ ausgeschlossen (Bund, Mecklenburg-Vorpommern, Rheinland-Pfalz, Schleswig-Holstein). Die Bundesregelung wurde damit begründet, dass der Verzicht auf eine Aussprache »der Stellung der oder des Bundesbeauftragten als oberste Bundesbehörde angemessen« sei.[5] Dies ist nicht nachvollziehbar: Die diskursfreie Wahl ermöglicht es, Personen zu bestellen, deren Wahl öffentlich nicht oder nur schwer gerechtfertigt werden kann.[6] Dem wirkt eine öffentliche Aussprache im Parlament, mit der ein Zwang zur **Begründung einer so wichtigen Personalentscheidung** einhergeht, zumindest teilweise entgegen.[7] Durch die Aussprache wird die Legitimation der Auswahl erhöht und werden zugleich die politischen Erwartungen an die Amtsausübung konkretisiert, die in der Praxis der Aufsichtsbehörden eine große Rolle spielen.[8] 8

2. Formelle Anforderungen

Mit Abs. 1 Satz 3–5 werden in Durchführung der Art. 53 Abs. 2, 54 Abs. 1 Buchst. b DSGVO und in Umsetzung der gleichlautenden Art. 43 Abs. 2, 44 Abs. 1 Buchst. b DSRl-JI die Anforderungen an die Qualifikation und sonstigen **Voraussetzungen für die Ernennung** des BfDI geregelt. 9

Das **Vorschlagsrecht** der Bundesregierung steht zu Recht in der Kritik, da damit die Kontrollierten einen wesentlichen Einfluss darauf haben, wer sie kontrolliert.[9] 9a

4 Netzwerk Datenschutzexpertise, Auswahlprozess von Datenschutzbeauftragten, S. 7.
5 BT-Drs. 18/2848, 13.
6 DKWW-*Weichert*, § 22 Rn. 2a; a. A. Gola/Heckmann-*Thiel*, § 11 Rn. 7; Kühling/Buchner-*Wieczorek*, § 11 Rn. 5.
7 Konkretes Beispiel für politische Interessen bei einer Stellenbesetzung Roth, DANA 2018, 140; s. auch DANA 2018, 108f.; DANA 2017, 49ff.
8 Netzwerk Datenschutzexpertise, Auswahlprozess von Datenschutzbeauftragten, S. 7f.; ähnlich Ehmann/Selmayr-*Selmayr*, Art. 53 Rn. 5; a. A. Kühling/Buchner-*Wieczorek*, § 11 Rn. 5.
9 DKKW-*Weichert*, § 22 Rn. 2; Thomé, VuR 2015, 133; Paal/Pauly-*Körffer*, § 11 Rn. 2; Gola/Heckmann-*Thiel*, § 11 Rn. 4.

10 Das in Abs. 1 Satz 3 vorgesehene **Mindestalter** von 35 Jahren wurde vom Gesetzgeber in die Kategorie »sonstige« Voraussetzung für die Ernennung im Sinne der vorbezeichneten europäischen Regelungen eingestuft. Satz 3 ist eine wortgleiche Übernahme des bisherigen § 22 Abs. 1 Satz 2 BDSG-alt. Die Festlegung wird zu Recht wegen des europarechtlichen Verbots der Altersdiskriminierung kritisiert.[10] Zwar ist für die verantwortungsvolle Wahrnehmung der Aufgabe eine gewisse Lebenserfahrung erforderlich. Gefordert sind aber auch Innovationsbereitschaft und vor allem ein hohes technisches Verständnis für aktuelle Praktiken. Bei anderen vergleichbaren Ämtern gibt es kein vergleichbares Mindestalter.[11]

11 Die Anforderung der Befähigung für den Richterdienst oder den **höheren Verwaltungsdienst** erklärt sich damit, dass die Datenschutzbeauftragten ursprünglich stark in die Exekutive integriert und vorrangig oder gar ausschließlich für den öffentlichen Bereich Kontrollaufgaben wahrnahmen. Sie ist Ausdruck des Verständnisses vom Datenschutz in seinen Frühzeiten, das stark rechtlich und legalistisch geprägt war. Inzwischen ist anerkannt, dass neben den rechtlichen auch grundlegende technische Kenntnisse für eine wirksame Wahrnehmung des Amtes nötig sind. Wer kein Verständnis für die sich rasant entwickelnde Informationstechnik mitbringt, ist ungeeignet. Kompetenzen in den Bereichen Ökonomie, Psychologie, Pädagogik und Management sind für die Wahrnehmung der Aufgabe förderlich.[12]

12 Gewählt werden kann auch eine Person, die **keine deutsche Staatsangehörigkeit** hat. Eine förmliche Überprüfung auf die **Verfassungstreue** ist nicht vorgesehen und wegen der hohen demokratischen Legitimation auch nicht erforderlich. Eine verpflichtende Regelung hätte zur Folge, dass die Exekutive einen entscheidenden Einfluss darauf ausüben könnte, wer sie kontrolliert.[13]

3. Qualifikation

13 Abs. 1 Satz 4 setzt Art. 43 Abs. 2 DSRl-JI um, wonach jedes Mitglied einer Aufsichtsbehörde über die für die Erfüllung seiner Aufgaben und Ausübung seiner Befugnisse erforderliche **Qualifikation, Erfahrung und Sachkunde** insbesondere im Bereich des Schutzes personenbezogener Daten verfügen muss. Eine wortgleiche Regelung findet sich in Art. 53 Abs. 2 DSGVO. Satz 5 konkretisiert die erforderlichen Qualifikationen des BfDI, die über durch einschlägige Berufserfahrung im Bereich des Datenschutzes praktisch belegbare, ausgezeichnete Kenntnisse des deutschen und europäischen Datenschutzrechts verfügen und die Befähigung zum Richteramt oder höheren Dienst haben muss.

14 Art. 53 Abs. 2 DSGVO verlangt die »erforderliche Qualifikation … und Sachkunde insbesondere im Bereich des Schutzes personenbezogener Daten« sowie auch »**Erfahrung**«. Aufsichtsbehörden müssen mit **höchster Professionalität** geleitet werden, um z. B. Unter-

---

10 Wolff/Brink-*Schiedermair*, § 22 BDSG Rn. 3; Netzwerk Datenschutzexpertise, Auswahlprozess von Datenschutzbeauftragten, S. 10; kritisch auch Gola/Heckmann-*Thiel*, § 11 Rn. 8; Kühling/Buchner-*Wieczorek*, § 11 Rn. 8; a. A. Paal/Pauly-*Körffer*, § 11 Rn. 3; BMH, § 11 BDSG Rn. 9.

11 Mit Ausnahme des hier nicht vergleichbaren Bundespräsidenten, Art. 54 Abs. 1 GG.

12 Netzwerk Datenschutzexpertise, Auswahlprozess von Datenschutzbeauftragten, S. 9.

13 Auernhammer-*v. Lewinski*, § 22 Rn. 6.

nehmen Paroli bieten zu können, die Milliardenumsätze machen, rechtlich und technisch zu Gegnern werden können und mit bestverfügbaren rechtlichen und technischen Ressourcen ausgestattet sind. Dies ist z. B. bei der Anwendung der Sanktionsregelungen des Art. 83 DSGVO relevant, der hohe Geldbußen zulässt. Erfahrung kann ein Kandidat vorweisen, der erfolgreich in einer Aufsichtsbehörde, als betrieblicher Datenschutzbeauftragter, als Wissenschaftler oder als NGO-Vertreter im Bereich Datenschutz arbeitet. Dies gilt nicht für einen Verwaltungsmitarbeiter oder einen Politiker, so verdient er sich auch in anderen Fachbereichen gemacht haben mag, wenn er bisher mit dem Datenschutz nicht oder nur am Rande zu tun hatte. Dies bedeutet, dass viele – auch jüngste – Bestellungen nach nunmehr geltendem Recht nicht mehr zulässig wären.[14]

Zur Qualifikation gehört auch die Gewährleistung der **Unabhängigkeit**. Gegen die Unabhängigkeit spricht nicht, dass eine Person zuvor eine politische Tätigkeit ausgeübt hat, also etwa als Mitglied einer Regierung oder als Abgeordneter. Auch eine vorangegangene Tätigkeit in der Wirtschaft, der Verwaltung oder einer Nicht-Regierungs-Organisation muss die spätere unabhängige Ausübung des Amtes nicht beeinträchtigen. Wohl aber muss die Aussicht bestehen, dass ab Amtsantritt diese Einflüsse für die Amtswahrnehmung nicht mehr bestimmend sind. 15

III. Eid (Abs. 2)

In Abs. 2 wird die bisherige Regelung des § 22 Abs. 2 BDSG-alt zum **Amtseid** unverändert übernommen. Der Amtseid des BfDI ist eine Konkretisierung des mitgliedstaatlich zu regelnden Ernennungsverfahrens gemäß Art. 54 Abs. 1 Buchst. c DSGVO und Art. 44 Abs. 1 Buchst. c DSRl-JI. 16

IV. Amtszeit (Abs. 3)

Die in Absatz 3 unverändert aus § 22 Abs. 3 BDSG-alt **übernommene Regelung** zur Länge der Amtszeit und zur einmaligen Wiederwahl entsprechen den Vorgaben von Art. 54 Abs. 1 Buchst. d und e DSGVO und Art. 44 Abs. 1 Buchst. d und e DSRl-JI. 17

Die **Beschränkung der Amtszeit** – nach einmaliger Wiederwahl – auf maximal zehn Jahre soll einerseits eine gewisse Kontinuität und andererseits dadurch Unabhängigkeit gewährleisten, dass eine Ausrichtung der Amtsführung auf die Wiederwahl eingegrenzt wird. Es ist zweifelhaft, ob diese Beschränkung die Unabhängigkeit stärkt. Die Erfahrung zeigt, dass die hohen qualitativen rechtlichen, technischen und politischen Anforderungen an den BfDI durch langjährige Praxis erlangt werden und eine hohe fachliche Qualifikation für die Unabhängigkeit wichtiger ist als die zeitliche Begrenzung der Amtszeit.[15] 18

---

14 Netzwerk Datenschutzexpertise, Auswahlprozess von Datenschutzbeauftragten, S. 15.

15 Kühling/Buchner-*Wieczorek*, § 11 Rn. 13; ausführlich dazu Netzwerk Datenschutzexpertise, Auswahlprozess von Datenschutzbeauftragten, S. 10ff.

§ 12 Amtsverhältnis

(1) Die oder der Bundesbeauftragte steht nach Maßgabe dieses Gesetzes zum Bund in einem öffentlich-rechtlichen Amtsverhältnis.

(2) Das Amtsverhältnis beginnt mit der Aushändigung der Ernennungsurkunde. Es endet mit dem Ablauf der Amtszeit oder mit dem Rücktritt. Die Bundespräsidentin oder der Bundespräsident enthebt auf Vorschlag der Präsidentin oder des Präsidenten des Bundestages die Bundesbeauftragte ihres oder den Bundesbeauftragten seines Amtes, wenn die oder der Bundesbeauftragte eine schwere Verfehlung begangen hat oder die Voraussetzungen für die Wahrnehmung ihrer oder seiner Aufgaben nicht mehr erfüllt. Im Fall der Beendigung des Amtsverhältnisses oder der Amtsenthebung erhält die oder der Bundesbeauftragte eine von der Bundespräsidentin oder dem Bundespräsidenten vollzogene Urkunde. Eine Amtsenthebung wird mit der Aushändigung der Urkunde wirksam. Endet das Amtsverhältnis mit Ablauf der Amtszeit, ist die oder der Bundesbeauftragte verpflichtet, auf Ersuchen der Präsidentin oder des Präsidenten des Bundestages die Geschäfte bis zur Ernennung einer Nachfolgerin oder eines Nachfolgers für die Dauer von höchstens sechs Monaten weiterzuführen.

(3) Die Leitende Beamtin oder der Leitende Beamte nimmt die Rechte der oder des Bundesbeauftragten wahr, wenn die oder der Bundesbeauftragte an der Ausübung ihres oder seines Amtes verhindert ist oder wenn ihr oder sein Amtsverhältnis endet und sie oder er nicht zur Weiterführung der Geschäfte verpflichtet ist. § 10 Absatz 1 ist entsprechend anzuwenden.

(4) Die oder der Bundesbeauftragte erhält vom Beginn des Kalendermonats an, in dem das Amtsverhältnis beginnt, bis zum Schluss des Kalendermonats, in dem das Amtsverhältnis endet, im Fall des Absatzes 2 Satz 6 bis zum Ende des Monats, in dem die Geschäftsführung endet, Amtsbezüge in Höhe der Besoldungsgruppe B 11 sowie den Familienzuschlag entsprechend Anlage V des Bundesbesoldungsgesetzes. Das Bundesreisekostengesetz und das Bundesumzugskostengesetz sind entsprechend anzuwenden. Im Übrigen sind § 12 Absatz 6 sowie die §§ 13 bis 20 und 21a Absatz 5 des Bundesministergesetzes mit den Maßgaben anzuwenden, dass an die Stelle der vierjährigen Amtszeit in § 15 Absatz 1 des Bundesministergesetzes eine Amtszeit von fünf Jahren tritt. Abweichend von Satz 3 in Verbindung mit den §§ 15 bis 17 und 21a Absatz 5 des Bundesministergesetzes berechnet sich das Ruhegehalt der oder des Bundesbeauftragten unter Hinzurechnung der Amtszeit als ruhegehaltsfähige Dienstzeit in entsprechender Anwendung des Beamtenversorgungsgesetzes, wenn dies günstiger ist und die oder der Bundesbeauftragte sich unmittelbar vor ihrer oder seiner Wahl zur oder zum Bundesbeauftragten als Beamtin oder Beamter oder als Richterin oder Richter mindestens in dem letzten gewöhnlich vor Erreichen der Besoldungsgruppe B 11 zu durchlaufenden Amt befunden hat.

Inhaltsübersicht Rn.

I. Amtsverhältnis (Abs. 1)

§ 12 regelt die **Ausgestaltung, den Beginn und das Ende** des Amtsverhältnisses der oder des Bundesbeauftragten (BfDI). Das Amtsverhältnis des BfDI ist ein öffentlich-rechtliches eigener Art. Der BfDI ist Amtsträger sowohl im strafrechtlichen wie im (staats-)haftungsrechtlichen Sinn.[1] 1

In Abs. 1 wird § 22 Abs. 4 Satz 1 BDSG-alt unverändert übernommen. Die Ausgestaltung als öffentlich-rechtliches Amtsverhältnis eigener Art soll die Unabhängigkeit des BfDI dienstrechtlich absichern. Es handelt sich um eine unionsrechtlich gemäß Art. 54 Abs. 1 Buchst. c DSGVO und Art. 42 Abs. 1 Buchst. c DSRl-JI zulässige Konkretisierung der Amtsstellung des BfDI. 2

II. Beginn und Ende (Abs. 2)

Absatz 2 regelt den Beginn und das Ende der Amtszeit des BfDI. Die Regelung entspricht den **europarechtlichen Vorgaben** der Art. 53 Abs. 3 und 4, 54 Abs. 1 Buchst. c, d und f DSGVO und der Art. 43 Abs. 3 und 4, 44 Abs. 1 Buchst. c, d und f der DSRl-JI und konkretisiert diese. 3

Nach Abs. 2 Satz 1 beginnt das Amtsverhältnis des BfDI in wortgleicher Übernahme des § 23 Abs. 1 Satz 1 BDSG-alt mit der **Aushändigung der Ernennungsurkunde**. Die Regelung ist eine nähere Ausgestaltung des Ernennungsverfahrens der Leiterin oder des Leiters der Aufsichtsbehörden (Mitglied), das nach Art. 54 Abs. 1 Buchst. c DSGVO und Art. 44 Abs. 1 Buchst. c DSRl-JI durch die Mitgliedstaaten zu regeln ist. 4

Abs. 2 Satz 2–6 konkretisieren die Voraussetzungen und das Verfahren der **Beendigung des Amtsverhältnisses** und der Amtsenthebung (Art. 53 Abs. 3 und 4, 54 Abs. 1 Buchst. f letzter Satzteil DSGVO und Art. 43 Abs. 3 und 4, Art. 44 Abs. 1 Buchst. f letzter Satzteil DSRl-JI). Diese orientieren sich unter Anpassung an die Anforderungen der genannten EU-Rechtsakte inhaltlich an der bisherigen Regelung des § 23 Abs. 1 Satz 2–6 BDSG-alt. Abs. 2 Satz 2 sieht in Übereinstimmung mit Art. 53 Abs. 3 DSGVO und Art. 43 Abs. 3 DSRl-JI als Gründe der Beendigung des Amtsverhältnisses den Ablauf der Amtszeit und den Rücktritt des BfDI. Von der in Art. 53 Abs. 3 DSGVO und Art. 43 Abs. 3 DSRl-JI als weiterer Beendigungsgrund vorgesehenen verpflichtenden Versetzung in den Ruhestand gemäß dem mitgliedstaatlichen Recht wurde wegen der Ausgestaltung des Amtes des BfDI als öffentlich-rechtliches Amtsverhältnis eigener Art, wie nach bisheriger Rechtslage, abgesehen. 5

Die bislang in § 23 Abs. 1 Satz 2 Nr. 2 BDSG-alt geregelte Entlassung des BfDI wurde, der Systematik der Art. 53 Abs. 3 und 4 DSGVO und Art. 43 Abs. 3 und 4 DSRl-JI folgend, künftig unter dem Begriff der **Amtsenthebung** in den Sätzen 3–5 unter Berücksichtigung der bisherigen Regelung des § 23 Abs. 1 Satz 3–5 BDSG-alt fortgeschrieben. Satz 3 sieht – wie bisher – ein Amtsenthebungsverfahren durch die Bundespräsidentin oder den Bundespräsidenten auf Vorschlag der Präsidentin oder des Präsidenten des Deutschen Bundestages vor. Der bislang in § 23 Abs. 1 Satz 3 BDSG-alt vorgesehene Bezug auf die Entlassungsgründe bei einer Richterin oder einem Richter auf Lebenszeit wurde an Art. 53 6

---

1 Kühling/Buchner-*Wieczoek*, § 12 Rn. 5; zur Strafbarkeit nach § 353b StGB BGH 9.12.2002 – 5 StR 276/02, NJW 2003, 979 = DuD 2003, 311.

Abs. 4 DSGVO bzw. Art. 43 Abs. 4 DSRl-JI angepasst, der den Begriff »schwere Verfehlung« verwendet. Danach ist eine Amtsenthebung nur bei einer solchen Verfehlung oder bei Nichterfüllung der Voraussetzungen für die weitere Wahrnehmung des Amtes vorgesehen.[2]

7 Die Sätze 4 und 5 enthalten weitere, auf Art. 54 Abs. 1 Buchst. f letzter Satzteil DSGVO und Art. 44 Abs. 1 Buchst. f letzter Satzteil DSRl-JI beruhende **Verfahrensregelungen**, welche an die in § 23 Abs. 1 Satz 4 und 5 BDSG-alt angelehnt sind.

8 Satz 6 regelt die bislang in § 23 Abs. 1 Satz 6 BDSG-alt vorgesehene Pflicht des BfDI zur **Weiterführung des Amtes** bis zur Ernennung einer Nachfolgerin oder eines Nachfolgers. Um dem ausscheidenden Amtswalter eine persönliche Perspektive und Planungssicherheit zu geben, wird die Pflicht zur Weiterführung des Amtes auf höchstens sechs Monate begrenzt.[3] Nach Ablauf dieser Frist erfolgt die Vertretung durch die Leitende Beamtin oder den Leitenden Beamten gemäß Absatz 3.

9 Die **Beendigung des Beschäftigungsverhältnisses der Bediensteten** des BfDI bestimmt sich nach allgemeinen beamten- und arbeitsrechtlichen Grundsätzen, so dass es weitergehender Regelungen nach Art. 54 Abs. 1 Buchst. f DSGVO und Art. 44 Abs. 1 Buchst. f DSRl-JI nicht bedurfte.

III. Vertretung und Versorgung (Abs. 3, 4)

10 Absatz 3 führt die bisherige **Vertretungsregelung** des § 22 Abs. 6 BDSG-alt unverändert fort. Die Wahrnehmung der Rechte des BfDI durch die Leitende Beamtin oder den Leitenden Beamten wurde vom Gesetzgeber als eine zweckmäßige, im engen Zusammenhang zu den Regelungsaufträgen des Art. 54 Abs. 1 Buchst. a und d DSGVO und Art. 44 Abs. 1 Buchst. a und d DSRl-JI stehende Regelung zur Gewährleistung der Funktionsfähigkeit und Aufgabenerfüllung bei Abwesenheit der BfDI angesehen.

11 Die Frage, wer den Vertreter des BfDI bestimmt, ist im Gesetz nicht explizit geregelt. Angesichts des Umstands, dass der BfDI oberste Bundesbehörde und unabhängig ist, ist es klar, dass das **Bestimmungsrecht** beim BfDI persönlich liegt.[4]

12 In Absatz 4 werden die **Besoldung, Versorgung und sonstigen Bezüge** der oder des Bundesbeauftragten unverändert unter wortgleicher Übernahme des § 23 Abs. 7 BDSG-alt beibehalten. Es handelt sich um eine notwendige mitgliedstaatliche Begleitregelung zur Regelung der Errichtung der Aufsichtsbehörden und des Verfahrens für die Ernennung der Leiterin oder des Leiters der Aufsichtsbehörde (Art. 54 Abs. 1 Buchst. a und c der DSGVO und Art. 44 Abs. 1 Buchst. a und c DSRl-JI).

§ 13 Rechte und Pflichten

(1) Die oder der Bundesbeauftragte sieht von allen mit den Aufgaben ihres oder seines Amtes nicht zu vereinbarenden Handlungen ab und übt während ihrer oder seiner Amtszeit keine andere mit ihrem oder seinem Amt nicht zu vereinbarende entgeltliche

2 Kritisch zu der Verweisung SHS-*Polenz*, Art. 54 Rn. 15; Paal/Pauly-*Körffer*, § 12 Rn. 2.
3 BT-Drs. 18/325, 86.
4 Kühling/Buchner-*Wieczorek*, § 12 Rn. 11.

oder unentgeltliche Tätigkeit aus. Insbesondere darf die oder der Bundesbeauftragte neben ihrem oder seinem Amt kein anderes besoldetes Amt, kein Gewerbe und keinen Beruf ausüben und weder der Leitung oder dem Aufsichtsrat oder Verwaltungsrat eines auf Erwerb gerichteten Unternehmens noch einer Regierung oder einer gesetzgebenden Körperschaft des Bundes oder eines Landes angehören. Sie oder er darf nicht gegen Entgelt außergerichtliche Gutachten abgeben.

(2) Die oder der Bundesbeauftragte hat der Präsidentin oder dem Präsidenten des Bundestages Mitteilung über Geschenke zu machen, die sie oder er in Bezug auf das Amt erhält. Die Präsidentin oder der Präsident des Bundestages entscheidet über die Verwendung der Geschenke. Sie oder er kann Verfahrensvorschriften erlassen.

(3) Die oder der Bundesbeauftragte ist berechtigt, über Personen, die ihr oder ihm in ihrer oder seiner Eigenschaft als Bundesbeauftragte oder Bundesbeauftragter Tatsachen anvertraut haben, sowie über diese Tatsachen selbst das Zeugnis zu verweigern. Dies gilt auch für die Mitarbeiterinnen und Mitarbeiter der oder des Bundesbeauftragten mit der Maßgabe, dass über die Ausübung dieses Rechts die oder der Bundesbeauftragte entscheidet. Soweit das Zeugnisverweigerungsrecht der oder des Bundesbeauftragten reicht, darf die Vorlegung oder Auslieferung von Akten oder anderen Dokumenten von ihr oder ihm nicht gefordert werden.

(4) Die oder der Bundesbeauftragte ist, auch nach Beendigung ihres oder seines Amtsverhältnisses, verpflichtet, über die ihr oder ihm amtlich bekanntgewordenen Angelegenheiten Verschwiegenheit zu bewahren. Dies gilt nicht für Mitteilungen im dienstlichen Verkehr oder über Tatsachen, die offenkundig sind oder ihrer Bedeutung nach keiner Geheimhaltung bedürfen. Die oder der Bundesbeauftragte entscheidet nach pflichtgemäßem Ermessen, ob und inwieweit sie oder er über solche Angelegenheiten vor Gericht oder außergerichtlich aussagt oder Erklärungen abgibt; wenn sie oder er nicht mehr im Amt ist, ist die Genehmigung der oder des amtierenden Bundesbeauftragten erforderlich. Unberührt bleibt die gesetzlich begründete Pflicht, Straftaten anzuzeigen und bei einer Gefährdung der freiheitlichen demokratischen Grundordnung für deren Erhaltung einzutreten. Für die Bundesbeauftragte oder den Bundesbeauftragten und ihre oder seine Mitarbeiterinnen und Mitarbeiter gelten die §§ 93, 97 und 105 Absatz 1, § 111 Absatz 5 in Verbindung mit § 105 Absatz 1 sowie § 116 Absatz 1 der Abgabenordnung nicht. Satz 5 findet keine Anwendung, soweit die Finanzbehörden die Kenntnis für die Durchführung eines Verfahrens wegen einer Steuerstraftat sowie eines damit zusammenhängenden Steuerverfahrens benötigen, an deren Verfolgung ein zwingendes öffentliches Interesse besteht, oder soweit es sich um vorsätzlich falsche Angaben der oder des Auskunftspflichtigen oder der für sie oder ihn tätigen Personen handelt. Stellt die oder der Bundesbeauftragte einen Datenschutzverstoß fest, ist sie oder er befugt, diesen anzuzeigen und die betroffene Person hierüber zu informieren.

(5) Die oder der Bundesbeauftragte darf als Zeugin oder Zeuge aussagen, es sei denn, die Aussage würde

1. dem Wohl des Bundes oder eines Landes Nachteile bereiten, insbesondere Nachteile für die Sicherheit der Bundesrepublik Deutschland oder ihre Beziehungen zu anderen Staaten, oder
2. Grundrechte verletzen.

Betrifft die Aussage laufende oder abgeschlossene Vorgänge, die dem Kernbereich exekutiver Eigenverantwortung der Bundesregierung zuzurechnen sind oder sein könnten, darf die oder der Bundesbeauftragte nur im Benehmen mit der Bundesregierung aussagen. § 28 des Bundesverfassungsgerichtsgesetzes bleibt unberührt.
(6) Die Absätze 3 und 4 Satz 5 bis 7 gelten entsprechend für die öffentlichen Stellen, die für die Kontrolle der Einhaltung der Vorschriften über den Datenschutz in den Ländern zuständig sind.

Inhaltsübersicht Rn.

I. Nebentätigkeit (Abs. 1)

1 § 13 regelt die Rechte und Pflichten des Bundesbeauftragten (BfDI). Die bisherigen Regelungen des § 23 Abs. 2–6 und 8 BDSG-alt wurden weitgehend unverändert übernommen.

2 Abs. 1 Satz 1 enthält ein umfassendes Verbot sämtlicher **nicht mit dem Amt zu vereinbarender Handlungen** und Tätigkeiten, gleich ob entgeltlich oder unentgeltlich. Der Wortlaut entspricht Art. 52 Abs. 3 DSGVO, der aus Gründen der Verständlichkeit und Kohärenz auch für Art. 42 Abs. 3 DSRl-JI gelten soll. Satz 2 und 3 übernehmen die Regelung des § 23 Abs. 2 BDSG-alt inhaltlich unverändert, gestalten diese nunmehr aber als Konkretisierung des allgemeinen Verbots der Ausübung mit dem Amt nicht zu vereinbarender Handlungen und Tätigkeiten (Satz 1) aus. Hierdurch werden Art. 54 Abs. 1 Buchst. f zweiter Satzteil DSGVO und Art. 44 Abs. 1 Buchst. f zweiter Satzteil DSRl-JI umgesetzt. Eine Karenzzeit nach Amtsbeendigung ist nicht vorgesehen.[1]

3 Die **Inkompatibilitätsregelung** in Abs. 1 ist vergleichbar mit der für den Bundespräsidenten (Art. 55 GG), für Minister (§ 5 BMinG) und den Wehrbeauftragten (§ 14 Abs. 3 WBeauftG). Soweit die BfDI die im Gesetz genannten Tätigkeiten wahrgenommen hat, muss sie diese nach der Ernennung unverzüglich beenden. Eine allgemein- oder parteipolitische Betätigung wird nicht generell verboten, doch darf diese nicht die unabhängige Wahrnehmung des Amtes beeinträchtigen.[2] Die Unabhängigkeit der Amtstätigkeit soll auch nicht durch die genannten Nebentätigkeiten in Zweifel gezogen werden, auch wenn diese unentgeltlich ausgeübt werden. Das Verbot zur entgeltlichen Gutachtenerstellung hindert die BfDI nicht, unentgeltlich wissenschaftliche Stellungnahmen abzugeben, Meinungsäußerungen zu publizieren oder Vorträge zu halten. Aufgrund ihres Amts ist sie vielmehr zu solchen Aktivitäten geradezu verpflichtet.[3] Unbedenklich sind auch bezahlte

1 Paal/Pauly-*Körffer*, § 13 Rn. 3.
2 Enger Kühling/Buchner-*Wieczorek*, § 13 Rn. 4.
3 Gola/Schomerus, § 23 Rn. 3.

Nebentätigkeiten wie Lehrtätigkeiten, soweit diese keine Haupttätigkeiten werden oder eine Unvereinbarkeit nach Abs. 1 Satz 1 besteht.[4]

II. Geschenke (Abs. 2)

Abs. 2 bis 6 sind eine **wortgleiche Übernahme** des bisherigen § 23 Abs. 3–6 und 8 BDSG-alt. 4

Die Mitteilungspflicht des BfDI über **Geschenke** (Abs. 2) ist eine Konkretisierung der aus Art. 52 Abs. 3 und 54 Abs. 1 Buchst. f zweiter Satzteil DSGVO und Art. 42 Abs. 3 und 44 Abs. 1 Buchst. f zweiter Satzteil DSRl-JI folgenden mitgliedstaatlichen Regelungsspielräume zu den Pflichten und Handlungsverboten. Der § 23 Abs. 3 BDSG-alt wurde unverändert übernommen. Geringwertige Geschenke sollen von der Regelung nicht erfasst sein.[5] 5

III. Zeugnisverweigerung (Abs. 3)

Absatz 3 regelt das **Zeugnisverweigerungsrecht** des BfDI und seiner Mitarbeiterinnen und Mitarbeiter. Als Konkretisierung der Ausgestaltung der Aufsichtsbehörden und sachgerechte Ergänzung der aus Abs. 4 folgenden Verschwiegenheitspflicht sichert das Zeugnisverweigerungsrecht die effektive Aufgabenwahrnehmung des BfDI ab. Hierzu wurde der § 23 Abs. 4 BDSG-alt wortgleich übernommen. 6

Das in Abs. 3 geregelte Zeugnisverweigerungsrecht ist eine Grundbedingung für ein rechtlich nicht zu beeinträchtigendes **Vertrauensverhältnis zu Petenten**, aber auch im gewissen Maße zu den von dem BfDI kontrollierten verantwortlichen Stellen. Die Petenten müssen sich darauf verlassen können, dass sie sich, ohne Nachteile zu befürchten, an den BfDI wenden können. Der BfDI soll als »Anwalt des Bürgers« agieren. Die Regelung gilt nach Abs. 6 auch für die Aufsichtsbehörden der Länder und wird von Art. 54 Abs. 2 DSGVO als Verankerung eines Berufsgeheimnisses gefordert. Das Zeugnisverweigerungsrecht ergänzt die in Abs. 4 geregelte Verschwiegenheitspflicht, ohne mit dieser inhaltlich übereinzustimmen. Der BfDI kann bei über die Verschwiegenheitspflicht hinausgehenden Umständen selbst über die Offenbarung disponieren. Das Zeugnisverweigerungsrecht steht neben den für andere Berufsgruppen geltenden Regelungen in den §§ 52f. StPO und §§ 383f. ZPO. 7

Das Zeugnisverweigerungsrecht gilt nur für Tatsachen, die dem BfDI **in seiner amtlichen Funktion anvertraut** wurden. Der Begriff des Anvertrauens entspricht dem in § 203 StGB zu Berufsgeheimnissen. Erfasst werden sämtliche Mitteilungen von Betroffenen und anderen Petenten, auch soweit es sich hierbei um subjektive Äußerungen handelt. Erfasst sein können auch Zufallsfunde.[6] Privat erlangte Informationen unterliegen nicht der Regelung. Erfasst werden mündliche, fernmündliche, schriftliche oder elektronische Mitteilungen, egal ob sie direkt oder über Dritte kommuniziert werden. Eine besondere Vertraulichkeitszusage gegenüber dem Mitteilenden wird nicht vorausgesetzt. Soweit der 8

4 Kühling/Buchner-*Wieczorek*, § 13 Rn. 6.
5 Paal/Pauly-*Körffer*, § 13 Rn. 4.
6 Generell dafür BMH, § 13, Rn. 15; a.A. Auernhammer-*v. Lewinski*, § 13 Rn. 17.

BfDI im Rahmen ihrer klassischen Kontroll- und Beratungstätigkeit ohne Anstoß von außen mit Stellen kommuniziert und dabei Tatsachen zur Kenntnis erhält, handelt es sich um normalen Dienstverkehr und nicht um ein »Anvertrauen«.[7] Insofern ist das Informationsfreiheitsrecht, bei dem BfDI also das IFG-Bund, anwendbar.[8]

9 Das Zeugnisverweigerungsrecht der Mitarbeiter sichert die Vertraulichkeit hinsichtlich der gesamten Tätigkeit der Dienststelle des BfDI. Sie erfasst auch die Identität von Beteiligten, etwa von Petenten.[9] Über die Aussage und deren Umfang der **Mitarbeiter** entscheidet der BfDI. Es besteht auch keine Pflicht, Akten herauszugeben und zur Einsicht zur Verfügung zu stellen (Abs. 3 Satz 3). Sämtliche Unterlagen des BfDI über Eingaben unterliegen damit einem **Beschlagnahmeverbot** im Rahmen von Strafverfahren (vgl. § 96 StPO).

IV. Verschwiegenheitspflicht (Abs. 4)

10 Abs. 4 setzt Art. 54 Abs. 2 DSGVO und Art. 44 Abs. 2 DSRl-JI zur **Verschwiegenheitspflicht** um. Hierzu wird der bisherige § 23 Abs. 5 BDSG-alt wortgleich übernommen.

11 Die Verschwiegenheitspflicht des BfDI nach Absatz 4 umfasst sämtliche Angelegenheiten, die ihm **amtlich bekannt** werden (vgl. ebenso §§ 6, 7 BMinG, § 19 WBeauftG). Sie umfasst nicht nur personenbezogene Daten von Petenten und Betroffenen im Rahmen von Eingaben und Kontrollen, sondern auch sonstige sachliche oder organisatorische dienstlich erlangte Erkenntnisse. Sie hat eine doppelte Schutzfunktion: für den Petenten sowie für die Aufgabenwahrnehmung des BfDI. Die Verschwiegenheitspflicht gilt bei Eingaben auch gegenüber einer überprüften Stelle: Ist die Nennung des Namens eines Petenten für die Bearbeitung einer Eingabe nicht erforderlich, darf diese auch nicht erfolgen. Abs. 4 regelt direkt nur die Verschwiegenheit des BfDI selbst. Für die Mitarbeiter gelten insofern die Vorschriften des § 67 BBG bzw. des Tarifrechts sowie vertragliche Regelungen bei freien Mitarbeitern.[10] Deren Pflicht zur Verschwiegenheit wird durch den äußeren Rahmen des Abs. 4 definiert.

12 Die Verschwiegenheitspflicht des BfDI und seiner Mitarbeiter korrespondiert mit der strengen Zweckbindung, der die zur Datenschutzkontrolle verarbeiteten Daten unterliegen (vgl. § 14 Abs. 4 BDSG-alt). Hierbei handelt es sich um eine **besondere Verwendungsbeschränkung** i. S. v. sonstigen Datenschutzregelungen (z. B. § 88 Abs. 1 AufenthG) sowie um eine Geheimhaltungsvorschrift i. S. d. Presserechts.[11]

13 Nicht erfasst von der Verschwiegenheitspflicht sind offenkundige und bedeutungslose Tatsachen sowie **Mitteilungen im dienstlichen Verkehr**. Soweit Mitteilungen zur Aufgabenwahrnehmung erforderlich sind, ist der BfDI hierzu befugt. Keine Verschwiegenheitspflicht besteht grds. im Hinblick auf die Offenbarung von Datenschutzverstößen, wenn damit auf gesetzmäßiges Verhalten hingewirkt wird.[12]

---

7 Simitis-*Dammann*, § 23 Rn. 18; Kühling/Buchner-*Wieczorek*, § 13 Rn. 10f.
8 VG Bremen 28.7.2014 – 4 K 382/13.
9 Kühling/Buchner-*Wieczorek*, § 13 Rn. 12.
10 Simitis-*Dammann*, § 23 Rn. 26.
11 OVG NRW, AfP 2009, 295 = RDV 2009, 179 = MMR 2009, 294f.
12 Zur Strafbarkeit nach § 353b StGB BGHSt 48, 132 = NJW 2003, 979 = DuD 2003, 311; kritisch Schuldt, Geheimnisverrat, S. 92; einschränkend auch Auernhammer-*v. Lewinski*, § 23 Rn. 35.

Von Absatz 5 unberührt bleiben besondere **weitergehende Geheimhaltungsvorschriften**. Die Offenbarungsbefugnis zum Schutz der freiheitlichen demokratischen Grundordnung (Satz 4) nimmt Bezug auf die Eidesformel in § 11 Abs. 2. 14

Nach der Abgabenordnung haben alle Behörden der **Finanzbehörde** auf Aufforderung zur Feststellung eines für die Besteuerung erheblichen Sachverhalts erforderliche Auskünfte zu erteilen, Urkunden und weitere Unterlagen vorzulegen, weitere Amtshilfe zu leisten und von Amts wegen, also unaufgefordert, einen bekanntwerdenden Verdacht einer Steuerstraftat mitzuteilen. Diese Regelungen werden zur Wahrung des Vertrauensverhältnisses von Petenten teilweise außer Kraft gesetzt. 15

Das Anzeigerecht des BfDI in Satz 7 kann auch Petenten und Betroffene erfassen. Dabei ist Rücksichtnahme geboten und eine Abwägung im Einzelfall nötig.[13] 15a

V. Aussageverweigerung (Abs. 5)

In Abs. 5 (**Zeugenaussage und dessen Einschränkungen**) wird § 23 Abs. 6 BDSG-alt wortgleich übernommen. Das Recht zur Zeugenaussage steht in unmittelbarem Bezug zu dem Zeugnisverweigerungsrecht (Abs. 3) und der Verschwiegenheitspflicht (Abs. 4) des BfDI. 16

Abs. 5 nennt die **Kriterien für Zeugenaussagen**. Der BfDI bedurfte bis zur 2016 in Kraft getretenen Änderung (§ 23 Abs. 6 BDSG-alt) der Genehmigung des BMI für Zeugenaussagen in einem Parlamentsuntersuchungsausschuss oder vor einem Gericht. Der BfDI hat für den Fall der Anhörung als Zeugin eine fallbezogene Abwägung vorzunehmen. Dabei sind grundrechtlich insbesondere von Relevanz das allgemeine Persönlichkeitsrecht, das Recht auf Leben und körperliche Unversehrtheit, die Berufsfreiheit und das Eigentumsrecht einschließlich des Schutzes von Betriebs- und Geschäftsgeheimnissen (Art. 2, 12, 14 GG). 17

Zum **Kernbereich exekutiver Eigenverantwortung** (Satz 2) sollen insbesondere Informationen gehören, welche der BfDI im Rahmen von Prüfungen über die Willensbildung der Bundesregierung über Erörterungen im Kabinett oder Abstimmungsprozesse zur Vorbereitung von Kabinetts- und Ressortentscheidungen erlangt hat.[14] Benehmen ist nicht Einvernehmen oder Einverständnis; es eröffnet dem BfDI nach Einholen einer Stellungnahme der Bundesregierung die Möglichkeit, aus sachlichen Gründen hiervon abzuweichen.[15] 18

VI. Anwendung auf Landesbehörden (Abs. 6)

Abs. 6 enthält eine wortgleiche Übernahme des § 12 Abs. 3 und des § 23 Abs. 8 BDSG-alt zur Erstreckung des Zeugnisverweigerungsrechts und der **Beistands- und Unterrichtungspflichten des BfDI** gegenüber den Finanzbehörden auf die Landesbeauftragten für den Datenschutz. 19

Der Verweis räumt den **Aufsichtsbehörden der Länder** einschließlich deren Mitarbeiter ein Zeugnisverweigerungsrecht ein. Es soll sicherstellen, dass Betroffene sich diesen an- 20

13 Kühling/Buchner-*Wieczorek*, § 13 Rn. 20.

14 BR-Drs. 395/14, 17.

15 Ähnlich Kühling/Buchner-*Wieczorek*, § 13 Rn. 22, enger Paal/Pauly-*Körffer*, § 13 Rn. 8: im Einvernehmen; kritisch Roßnagel, ZD 2015, 109.

vertrauen können, ohne die Weitergabe des Anvertrauten an andere Personen oder Stellen befürchten zu müssen. Das Zeugnisverweigerungsrecht gilt unabhängig von anderweitigen Regelungen in Landesgesetzen und ist als datenschutzrechtliche Spezialnorm anzusehen.[16] Es kommt auch zum Tragen, wenn nach einem Landesdatenschutzgesetz eine Aussagegenehmigung erteilt wurde.[17]

21 Das Zeugnisverweigerungsrecht besteht bezüglich **Personen und Tatsachen**; seine Reichweite ist mit Blick auf die Schutzfunktion weit auszulegen. Es genügt für seine Anwendung, wenn ein sachlicher Zusammenhang mit dem in Art. 1 Abs. 1 DSGVO genannten Zweck des Datenschutzes besteht. Es ist nicht einschlägig, wenn eine Aufsichtsbehörde anderweitige Aufgaben außerhalb der unmittelbaren Datenschutztätigkeit übertragen worden sind.[18]

§ 14 Aufgaben

(1) Die oder der Bundesbeauftragte hat neben den in der Verordnung (EU) 2016/679 genannten Aufgaben die Aufgaben,

1. **die Anwendung dieses Gesetzes und sonstiger Vorschriften über den Datenschutz, einschließlich der zur Umsetzung der Richtlinie (EU) 2016/680 erlassenen Rechtsvorschriften, zu überwachen und durchzusetzen,**
2. **die Öffentlichkeit für die Risiken, Vorschriften, Garantien und Rechte im Zusammenhang mit der Verarbeitung personenbezogener Daten zu sensibilisieren und sie darüber aufzuklären, wobei spezifische Maßnahmen für Kinder besondere Beachtung finden,**
3. **den Deutschen Bundestag und den Bundesrat, die Bundesregierung und andere Einrichtungen und Gremien über legislative und administrative Maßnahmen zum Schutz der Rechte und Freiheiten natürlicher Personen in Bezug auf die Verarbeitung personenbezogener Daten zu beraten,**
4. **die Verantwortlichen und die Auftragsverarbeiter für die ihnen aus diesem Gesetz und sonstigen Vorschriften über den Datenschutz, einschließlich den zur Umsetzung der Richtlinie (EU) 2016/680 erlassenen Rechtsvorschriften, entstehenden Pflichten zu sensibilisieren,**
5. **auf Anfrage jeder betroffenen Person Informationen über die Ausübung ihrer Rechte aufgrund dieses Gesetzes und sonstiger Vorschriften über den Datenschutz, einschließlich der zur Umsetzung der Richtlinie (EU) 2016/680 erlassenen Rechtsvorschriften, zur Verfügung zu stellen und gegebenenfalls zu diesem Zweck mit den Aufsichtsbehörden in anderen Mitgliedstaaten zusammenzuarbeiten,**
6. **sich mit Beschwerden einer betroffenen Person oder Beschwerden einer Stelle, einer Organisation oder eines Verbandes gemäß Artikel 55 der Richtlinie (EU) 2016/680 zu befassen, den Gegenstand der Beschwerde in angemessenem Umfang zu untersuchen und den Beschwerdeführer innerhalb einer angemessenen Frist über den Fortgang und das Ergebnis der Untersuchung zu unterrichten, insbeson-**

16 BMH, § 12 Rn. 16.
17 Simitis-*Dammann*, § 12 Rn. 19.
18 Simitis-*Dammann*, § 12 Rn. 21.

dere, wenn eine weitere Untersuchung oder Koordinierung mit einer anderen Aufsichtsbehörde notwendig ist,

7. mit anderen Aufsichtsbehörden zusammenzuarbeiten, auch durch Informationsaustausch, und ihnen Amtshilfe zu leisten, um die einheitliche Anwendung und Durchsetzung dieses Gesetzes und sonstiger Vorschriften über den Datenschutz, einschließlich der zur Umsetzung der Richtlinie (EU) 2016/680 erlassenen Rechtsvorschriften, zu gewährleisten,

8. Untersuchungen über die Anwendung dieses Gesetzes und sonstiger Vorschriften über den Datenschutz, einschließlich der zur Umsetzung der Richtlinie (EU) 2016/680 erlassenen Rechtsvorschriften, durchzuführen, auch auf der Grundlage von Informationen einer anderen Aufsichtsbehörde oder einer anderen Behörde,

9. maßgebliche Entwicklungen zu verfolgen, soweit sie sich auf den Schutz personenbezogener Daten auswirken, insbesondere die Entwicklung der Informations- und Kommunikationstechnologie und der Geschäftspraktiken,

10. Beratung in Bezug auf die in § 69 genannten Verarbeitungsvorgänge zu leisten und

11. Beiträge zur Tätigkeit des Europäischen Datenschutzausschusses zu leisten.

Im Anwendungsbereich der Richtlinie (EU) 2016/680 nimmt die oder der Bundesbeauftragte zudem die Aufgabe nach § 60 wahr.

(2) Zur Erfüllung der in Absatz 1 Satz 1 Nummer 3 genannten Aufgabe kann die oder der Bundesbeauftragte zu allen Fragen, die im Zusammenhang mit dem Schutz personenbezogener Daten stehen, von sich aus oder auf Anfrage Stellungnahmen an den Deutschen Bundestag oder einen seiner Ausschüsse, den Bundesrat, die Bundesregierung, sonstige Einrichtungen und Stellen sowie an die Öffentlichkeit richten. Auf Ersuchen des Deutschen Bundestages, eines seiner Ausschüsse oder der Bundesregierung geht die oder der Bundesbeauftragte ferner Hinweisen auf Angelegenheiten und Vorgänge des Datenschutzes bei den öffentlichen Stellen des Bundes nach.

(3) Die oder der Bundesbeauftragte erleichtert das Einreichen der in Absatz 1 Satz 1 Nummer 6 genannten Beschwerden durch Maßnahmen wie etwa die Bereitstellung eines Beschwerdeformulars, das auch elektronisch ausgefüllt werden kann, ohne dass andere Kommunikationsmittel ausgeschlossen werden.

(4) Die Erfüllung der Aufgaben der oder des Bundesbeauftragten ist für die betroffene Person unentgeltlich. Bei offenkundig unbegründeten oder, insbesondere im Fall von häufiger Wiederholung, exzessiven Anfragen kann die oder der Bundesbeauftragte eine angemessene Gebühr auf der Grundlage der Verwaltungskosten verlangen oder sich weigern, aufgrund der Anfrage tätig zu werden. In diesem Fall trägt die oder der Bundesbeauftragte die Beweislast für den offenkundig unbegründeten oder exzessiven Charakter der Anfrage.

§ 14 Abs. 1 regelt die Aufgaben des Bundesbeauftragten (BfDI) zum Zwecke der Umset- 1
zung des Art. 46 DSRl-JI. Zu diesem Zweck werden die in Art. 57 DSGVO vorgesehenen Aufgaben der Aufsichtsbehörden unter redaktioneller Anpassung des Wortlauts insoweit wiederholt, als sie inhaltlich deckungsgleich mit den **Vorgaben DSRl-JI** sind. Es handelt sich somit um die gemeinsame Schnittmenge der aus DSGVO und DSRl-JI resultierenden Aufgaben. Die Regelung gilt unbeschadet anderer Aufgaben nach DSGVO. Soweit sich die Auflistung des Abs. 1 Satz 1 nicht explizit nur auf die Verordnung oder die Richtlinie be-

zieht, gelten die Aufgaben des BfDI – wie zuvor bei § 24 Abs. 1 BDSG-alt – auch für Datenverarbeitungen, die nicht in den Anwendungsbereich des Unionsrechts fallen. Die Pflicht zur Beratung des Bundesrats nach Nr. 3 besteht sowohl für den BfDI wie auch für die Aufsichtsbehörden der Länder (Art. 57 Abs. 1 Buchst. c DSGVO).[1]

2 Zu den Aufgaben des BfDI gehört auch die Aufklärung und **Sensibilisierung der Öffentlichkeit**. Hierbei kann, wenn dies zur Abwehr von Datenschutzrisiken erforderlich ist, auch in Grundrechte von verarbeitenden Stellen eingegriffen werden (siehe Art. 59 Rn. 12).

3 Soweit der BfDI im Rahmen der Aufgabenwahrnehmung nach § 14 Abs. 1 Nr. 2 die Öffentlichkeit über die Risiken, Vorschriften, Garantien und Rechte im Zusammenhang mit der Verarbeitung personenbezogener Daten speziell von **Kindern sensibilisiert und aufklärt**, kann dies insbesondere in Zusammenarbeit mit den für den Kinder- und Jugendschutz zuständigen Stellen des Bundes erfolgen.

4 Abs. 2 konkretisiert die **Beratungsbefugnisse** des BfDI für den gesamten Anwendungsbereich des BDSG. Hierdurch wird Art. 47 Abs. 3 DSRl-JI umgesetzt. Zugleich wird der Adressatenkreis des Art. 58 Abs. 3 Buchst. b DSGVO konkretisiert, indem klargestellt wird, dass im Einklang mit dem mitgliedstaatlichen Recht die Beratungsbefugnisse auch gegenüber allen sonstigen Einrichtungen und Stellen sowie den Ausschüssen des Deutschen Bundestages und dem Bundesrat als Teil des nationalen Parlaments bestehen. Satz 2 greift die bislang in § 26 Abs. 2 Satz 2 BDSG-alt geregelten Tätigkeiten der oder des Bundesbeauftragten auf Ersuchen (Erstellung von Gutachten, Erstattung von Berichten, Nachgehen von Hinweisen auf Angelegenheiten des Datenschutzes) auf. Diese stellen zusätzliche Befugnisse des BfDI im Einklang mit Art. 58 Abs. 6 DSGVO dar.

5 Die Absätze 3 und 4 setzen Art. 46 Abs. 2–4 DSRl-JI in Übereinstimmung mit der Regelung des Art. 57 Abs. 2–4 DSGVO um. Das Recht des BfDI, sich mit Stellungnahmen an den Bundestag zu wenden, ist in Angelegenheiten des Bundesnachrichtendienstes gemäß § 32a Nr. 1 Buchst. b eingeschränkt.[2]

6 Das Einreichen von Beschwerden wird gemäß Abs. 3 durch ein **Internet-Formular** erleichtert: *https://www.bfdi.bund.de/DE/Service/Beschwerden/beschwerden_node.html.*

7 Die Beweislast dafür, dass eine **Anfrage exzessiv** ist und deshalb eine Gebühr verlangt werden kann (Abs. 4) liegt beim BfDI.[3]

§ 15 Tätigkeitsbericht

Die oder der Bundesbeauftragte erstellt einen Jahresbericht über ihre oder seine Tätigkeit, der eine Liste der Arten der gemeldeten Verstöße und der Arten der getroffenen Maßnahmen, einschließlich der verhängten Sanktionen und der Maßnahmen nach Artikel 58 Absatz 2 der Verordnung (EU) 2016/679, enthalten kann. Die oder der Bundesbeauftragte übermittelt den Bericht dem Deutschen Bundestag, dem Bundesrat und der Bundesregierung und macht ihn der Öffentlichkeit, der Europäischen Kommission und dem Europäischen Datenschutzausschuss zugänglich.

---

1 Paal/Pauly-*Körffer*, § 14 Rn. 2.
2 Paal/Pauly-*Körffer*, § 14 Rn. 3.
3 Kühling/Buchner-*Wieczorek*, § 14 Rn. 19; Gola/Heckmann-*Thiel*, § 14 Rn. 13.

§ 15 bestimmt, dass der Bundesbeauftragte (BfDI) einen jährlichen Bericht über ihre Tätigkeit zu erstellen hat. Der **Jahresbericht** umfasst die Umsetzung der DSGVO und der DSRl-JI und gilt auch für Datenverarbeitungen im Rahmen von sonstigen Tätigkeiten, die dem Unionsrecht unterfallen, sowie auch für solche, die nicht dem Unionsrecht unterfallen. Die Abweichung von dem bisher (§ 26 Abs. 1 BDSG-alt) vorgesehenen Berichtszeitraum von zwei Jahren beruht auf den Vorgaben der Art. 59 DSGVO und Art. 49 DSRl-JI in Bezug auf den Tätigkeitsbericht (Jahresbericht). Dieser Zeitraum wird aus Gründen der Einheitlichkeit und Praktikabilität auf Datenverarbeitungen im Rahmen von Tätigkeiten, die nicht dem Unionsrecht unterfallen, ausgedehnt, so dass die BfDI wie bisher einen einheitlichen Bericht erstellen kann. 1

Satz 2 konkretisiert die **Empfänger** des in Art. 59 DSGVO und Art. 49 DSRl-JI genannten Tätigkeitsberichts (Jahresbericht). Auch der Bundesrat ist nach unionsrechtlichem Verständnis nationales Parlament im Sinne des Art. 12 EUV und der Protokolle Nr. 1 und 2 des Lissabon-Vertrags. Nach Satz 3 ist der Bericht der Öffentlichkeit, der Europäischen Kommission und dem Europäischen Datenschutzausschuss zugänglich zu machen (Art. 59 Satz 3 DSGVO und Art. 49 Satz 3 DSRl-JI). Dem BfDI steht es frei, den Tätigkeitsbericht darüber hinaus Betroffenen, interessierten Behörden oder generell der Öffentlichkeit zur Verfügung zu stellen.[1] 2

Es gibt Bestrebungen unter den Aufsichtsbehörden in der Union, für die Erstellung von Tätigkeitsberichten **gemeinsame Standards und Strukturen** festzulegen.[2] 3

§ 16 Befugnisse

(1) Die oder der Bundesbeauftragte nimmt im Anwendungsbereich der Verordnung (EU) 2016/679 die Befugnisse gemäß Artikel 58 der Verordnung (EU) 2016/679 wahr. Kommt die oder der Bundesbeauftragte zu dem Ergebnis, dass Verstöße gegen die Vorschriften über den Datenschutz oder sonstige Mängel bei der Verarbeitung personenbezogener Daten vorliegen, teilt sie oder er dies der zuständigen Rechts- oder Fachaufsichtsbehörde mit und gibt dieser vor der Ausübung der Befugnisse des Artikels 58 Absatz 2 Buchstabe b bis g, i und j der Verordnung (EU) 2016/679 gegenüber dem Verantwortlichen Gelegenheit zur Stellungnahme innerhalb einer angemessenen Frist. Von der Einräumung der Gelegenheit zur Stellungnahme kann abgesehen werden, wenn eine sofortige Entscheidung wegen Gefahr im Verzug oder im öffentlichen Interesse notwendig erscheint oder ihr ein zwingendes öffentliches Interesse entgegensteht. Die Stellungnahme soll auch eine Darstellung der Maßnahmen enthalten, die aufgrund der Mitteilung der oder des Bundesbeauftragten getroffen worden sind.

(2) Stellt die oder der Bundesbeauftragte bei Datenverarbeitungen durch öffentliche Stellen des Bundes zu Zwecken außerhalb des Anwendungsbereichs der Verordnung (EU) 2016/679 Verstöße gegen die Vorschriften dieses Gesetzes oder gegen andere Vorschriften über den Datenschutz oder sonstige Mängel bei der Verarbeitung oder Nutzung personenbezogener Daten fest, so beanstandet sie oder er dies gegenüber der zuständigen obersten Bundesbehörde und fordert diese zur Stellungnahme innerhalb

1 Zu den Details und zur Öffentlichkeitsarbeit von Aufsichtsbehörden generell s. Art. 59 Rn. 4ff.
2 Gola/Heckmann-*Thiel*, § 15 Rn. 5.

einer von ihr oder ihm zu bestimmenden Frist auf. Die oder der Bundesbeauftragte kann von einer Beanstandung absehen oder auf eine Stellungnahme verzichten, insbesondere wenn es sich um unerhebliche oder inzwischen beseitigte Mängel handelt. Die Stellungnahme soll auch eine Darstellung der Maßnahmen enthalten, die aufgrund der Beanstandung der oder des Bundesbeauftragten getroffen worden sind. Die oder der Bundesbeauftragte kann den Verantwortlichen auch davor warnen, dass beabsichtigte Verarbeitungsvorgänge voraussichtlich gegen in diesem Gesetz enthaltene und andere auf die jeweilige Datenverarbeitung anzuwendende Vorschriften über den Datenschutz verstoßen.

(3) Die Befugnisse der oder des Bundesbeauftragten erstrecken sich auch auf

1. **von ihrer oder seiner Aufsicht unterliegenden Stellen erlangte personenbezogene Daten über den Inhalt und die näheren Umstände des Brief-, Post- und Fernmeldeverkehrs und**
2. **personenbezogene Daten, die einem besonderen Amtsgeheimnis, insbesondere dem Steuergeheimnis nach § 30 der Abgabenordnung, unterliegen.**

Das Grundrecht des Brief-, Post- und Fernmeldegeheimnisses des Artikels 10 des Grundgesetzes wird insoweit eingeschränkt.

(4) Die öffentlichen Stellen des Bundes sind verpflichtet, der oder dem Bundesbeauftragten und ihren oder seinen Beauftragten

1. **jederzeit Zugang zu den Grundstücken und Diensträumen, einschließlich aller Datenverarbeitungsanlagen und -geräte, sowie zu allen personenbezogenen Daten und Informationen, die zur Erfüllung ihrer oder seiner Aufgaben notwendig sind, zu gewähren und**
2. **alle Informationen, die für die Erfüllung ihrer oder seiner Aufgaben erforderlich sind, bereitzustellen.**

Für nichtöffentliche Stellen besteht die Verpflichtung des Satzes 1 Nummer 1 nur während der üblichen Betriebs- und Geschäftszeiten.

(5) Die oder der Bundesbeauftragte wirkt auf die Zusammenarbeit mit den öffentlichen Stellen, die für die Kontrolle der Einhaltung der Vorschriften über den Datenschutz in den Ländern zuständig sind, sowie mit den Aufsichtsbehörden nach § 40 hin. § 40 Absatz 3 Satz 1 zweiter Halbsatz gilt entsprechend.

Inhaltsübersicht

I. Befugnisse gemäß der DSGVO (Abs. 1)

1 § 16 regelt für den gesamten Anwendungsbereich des BDSG die **Befugnisse des Bundesbeauftragten** (BfDI). Abs. 1 regelt die Befugnisse und deren Ausübung im Anwendungsbereich der DSGVO. Abs. 2 regelt die Befugnisse des BfDI bei Datenverarbeitungen, deren Zwecke außerhalb DSGVO und DSRl-JI liegen, auch wenn auf diese nach § 1 Abs. 8 BDSG die DSGVO entsprechend anzuwenden ist, sowie bei Datenverarbeitungen im Geltungs-

bereich DSRl-JI. Die Absätze 3 bis 5 gelten sowohl im Anwendungsbereich DSGVO und DSRl-JI als auch außerhalb der Vorgaben des europäischen Rechts.

Abs. 1 Satz 1 nimmt im Anwendungsbereich DSGVO aus Gründen der **Klarstellung und Lesbarkeit** auf die Befugnisse des Art. 58 DSGVO Bezug. 2

Satz 2 bis 4 enthält **Verfahrensregelungen** im Sinne des Art. 58 Abs. 4 DSGVO. Danach erfolgt die Ausübung der den Aufsichtsbehörden übertragenen Befugnisse vorbehaltlich geeigneter Garantien, einschließlich ordnungsgemäßer Verfahren gemäß dem Unionsrecht und dem Recht der Mitgliedstaaten. Die bisherigen Regelungen des § 25 Abs. 1 BDSG-alt werden aufgegriffen und modifiziert. Für Maßnahmen des BfDI nach Art. 58 Abs. 1 DSGVO ist grds. das VwVfG-Bund anzuwenden; im Bereich der Sanktionen sind dies das OWiG und die StPO. 3

Hierdurch soll sichergestellt werden, dass von dem BfDI festgestellte Verstöße gegen die Vorschriften des Datenschutzes der jeweils zuständigen **Rechts- oder Fachaufsichtsbehörde** mitgeteilt werden und diese vor der Ausübung der aufgezählten Abhilfebefugnisse des Art. 58 Abs. 2 DSGVO unter Setzung einer angemessenen Frist Gelegenheit zur Stellungnahme erhalten. Bei den übrigen Abhilfebefugnissen des Art. 58 Abs. 2 DSGVO besteht nach Ansicht des Gesetzgebers kein Bedarf an einer vorherigen Information der Rechts- oder Fachaufsichtsbehörde. Durch die Mitteilung wird insbesondere gewährleistet, dass die zuständige Fachaufsichtsbehörde – unter den an § 28 Abs. 2 Nr. 1 und Abs. 3 VwVfG angelehnten Ausnahmen für Eilfälle und für den Fall entgegenstehender zwingender öffentlicher Interessen – Kenntnis von dem Verstoß erhält und vor der Ausübung weitergehender Befugnisse durch den BfDI rechtliches Gehör findet. Die Gefahr divergierender Anweisungen zwischen Datenschutzaufsicht und Rechts- oder Fachaufsicht wird hierdurch reduziert. Widersprüchliche Auffassungen der Datenschutzaufsicht und der Fachaufsicht sollen, so die Entwurfsbegründung, auf dem Gerichtsweg geklärt werden. Widerspricht die Verfügung des BfDI der Rechtsauffassung der Fachaufsichtsbehörde, kann diese den Verantwortlichen zur gerichtlichen Klärung anweisen. 4

II. Befugnisse außerhalb des Bereichs der DSGVO (Abs. 2)

Abs. 2 regelt die Befugnisse des BfDI bei Datenverarbeitungen, deren Zwecke außerhalb der DSGVO liegen, also insbesondere bei Datenerarbeitungen im Geltungsbereich der DSRl-JI und von Nachrichtendiensten. Dem BfDI werden nach der Regelungssystematik in diesem Gesetz **keine Durchgriffsbefugnisse** gegenüber Verantwortlichen gegeben, die für die Verhütung, Ermittlung, Aufdeckung, Verfolgung oder Ahndung von Straftaten oder Ordnungswidrigkeiten zuständig sind. Mit erfasst sind damit die Zwecke der Verfolgung von Straftaten und des Schutzes vor und die Abwehr von Gefahren für die öffentliche Sicherheit, soweit hierfür Daten verarbeitet werden. Die Abweichung vom Sanktionskonzept der DSGVO wird mit der unterschiedlichen Ausgestaltung der Abhilfebefugnisse der DSRl-JI und den dort bestehenden fachlichen Bedürfnissen gerechtfertigt. Die Richtlinie eröffnet dem nationalen Gesetzgeber mehr Flexibilität. Im Bereich der Straftatenverhütung, -ermittlung und -verfolgung sowie der darauf bezogenen Gefahrenabwehr, so der Regierungsentwurf, lassen sich Letztentscheidungs- und Anordnungsbefugnisse des BfDI nicht mit der Sensibilität und Komplexität der entsprechenden Verarbeitungen und dem Bedürfnis nach ständiger Verfügbarkeit rechtmäßig erhobener Daten und Datenverarbei- 5 tungsanlagen in Einklang bringen.[1] Dies gelte entsprechend für den nicht EU-rechtlich erfassten Bereich von Verarbeitungen zu Zwecken außerhalb beider Rechtsakte. Näher erläutert oder begründet wird diese Ansicht jedoch nicht.

6 Dem BfDI stehen, so die Gesetzesbegründung, mit dem aus § 25 BDSG-alt bekannten Instrument der **Beanstandung**, der aus Art. 47 Abs. 2 Buchst. a DSRl-JI entnommenen Warnung und sonstigen nicht regelungsbedürftigen Möglichkeiten, den als öffentliche Stelle an Recht und Gesetz gebundenen Verantwortlichen auf rechtswidrige Verarbeitungen aufmerksam zu machen, ausreichend Möglichkeiten zur Verfügung, ihren Beitrag dazu zu leisten, aus ihrer Sicht rechtswidrigen Zuständen abzuhelfen. Es bleibt dem Gesetzgeber unbenommen, in sicherheitsbehördlichen fachgesetzlichen Regelungen – wie etwa § 67 Abs. 2 BKAG – die in Abs. 2 genannten Befugnisse weiter auszugestalten und um Durchgriffsbefugnisse anzureichern.[2]

7 Die Beanstandung erfolgt, wenn bei einer Kontrolle Datenschutzdefizite festgestellt wurden. Ziel ist das Beheben dieser Defizite. Die Beanstandung ist keine verbindliche Weisung, sondern lediglich eine negative rechtliche Bewertung durch den BfDI. Die Herstellung der Rechtskonformität eines beanstandeten Vorgangs liegt ausschließlich bei der verantwortlichen Stelle und den fachlich weisungsberechtigten Stellen. Es handelt sich im Hinblick auf öffentliche Stellen bei ihr um keine »**wirksame Abhilfebefugnis**« des BfDI i. S. d. Art. 47 Abs. 2 DSRl-JI. Von der in Art. 47 Abs. 2 Buchst. c DSRl-JI vorgesehenen Möglichkeit, »eine vorübergehende oder endgültige Beschränkung der Verarbeitung, einschließlich eines Verbots, zu verhängen«, hat der deutsche Gesetzgeber keinen Gebrauch gemacht. Die Möglichkeit der demokratisch kontrollierten exekutiven Aufsicht, die Beseitigung von Mängeln anzuordnen, ist unsystematisch[3] und genügt den europarechtlichen Anforderungen nicht.[4] Es ist ein klassisches Verhaltensmuster vorgesetzter Behörden, Datenschutzverstöße nachgeordneter Stellen zu decken und keine Abhilfe zu schaffen. Der deutsche Gesetzgeber hat auf weitergehende Einwirkungsmöglichkeiten der Kontrollstelle im Interesse einer möglichst einvernehmlichen Zusammenarbeit mit den kontrollierten Stellen bewusst verzichtet.[5] Dies hat zur Folge, dass die Bewertung der Datenschutzaufsicht vollständig übergangen werden kann.

8 Dieser unbefriedigende Rechtszustand gilt vorläufig formal auch für die privatrechtlichen **Telekommunikationsunternehmen** (§ 115 Abs. 4 TKG), der lediglich Beanstandungen, die an die Bundesnetzagentur zu richten sind, vorsieht. Art. 95 DSGVO sieht vor, dass diesen elektronischen Diensten »keine zusätzlichen Pflichten« auferlegt werden sollen, soweit sie der TK-DSRl unterliegen und »dasselbe Ziel verfolgen« wie die DSGVO. Die Regelung verstieß schon bisher gegen die Pflicht zu »wirksamen Einwirkungsbefugnissen« gem. Art. 28 Abs. 3 2. Sps. EG-DSRl i. V. m. Art. 15 TK-DSRl. Dieser europarechtswidrige Zustand kann nur dadurch aufgehoben werden, dass die Aufgaben- und Befugnisregelungen der DSGVO (Art. 55–58, 83) für die Aufsichtsbehörden vollständig auf die Telekommunikationsanbieter angewendet werden.

---

1 BR-Drs. 110/17, S. 85.
2 BR-Drs. 110/17, S. 85.
3 Roßnagel, DuD 2017, 279.
4 Paal/Pauly-*Körffer*, § 16 Rn. 3; Kühling/Buchner-*Wieczorek*, § 16 Rn. 25–29; Gola/Heckmann-*Thiel*, § 16 Rn. 8, zur OWi- und Strafverfolgung einschränkend Rn. 9.
5 A.A. Weber, CR 1995, 298.

Die bisherige Regelung des § 42 Abs. 3 PostG, wonach der BfDI für **Postdienstleister** zuständig ist und Beanstandungen an das Bundesministerium für Wirtschaft und Energie übermittelt, genießt keine Privilegierung i. S. d. DSGVO. Auch diesen gegenüber haben Beanstandungen den Charakter eines allenfalls über die Öffentlichkeit wirkenden Appells, was den europarechtlichen Anforderungen der Art. 7, 8 GRCh in keiner Weise genügt. Auf diese ist die DSGVO zur Aufsicht und zu den Sanktionen vollständig anwendbar. § 42 Abs. 3 PostG beschränkt sich in seinem Regelungsgehalt auf die Zuständigkeitsregelung des Satz 1 zugunsten des BfDI. Die Art. 58, 83 DSGVO sind vollständig auf die Tätigkeit des BfDI gegenüber Post- wie auch Telekommunikationsdiensten anwendbar.[6] 9

Gegenstand der Beanstandung können nur **tatsächlich festgestellte Verstöße** gegen das Datenschutzrecht und Mängel sein, egal, ob diese auf vorwerfbarem oder vorsätzlichem Handeln beruhen oder nicht. Gegenüber einer vorgesetzten Stelle kann auch beanstandet werden, dass diese gegen die Weigerung einer untergeordneten Stelle zur Beachtung des Datenschutzes nicht tätig wird oder dass diese gegenüber einer verantwortlichen Stelle eine unzulässige Weisung erteilt hat. Bei der Entscheidung über die Beanstandung hat der BfDI einen weiten Ermessensspielraum. Der Beanstandung kommt eine Hinweis-, nicht eine Straffunktion zu. Sie ist kein Verwaltungsakt und kann deshalb auch i. d. R. nicht verwaltungsrechtlich angegriffen werden.[7] Auch bei abgestellten Verstößen bzw. solchen, deren Abhilfe angekündigt ist, kann eine Beanstandung erfolgen, um für die Zukunft ein Rückfall in die bisherige Praxis zu verhindern. 10

Der **Adressat** einer Beanstandung sind die zuständigen weisungsberechtigten Stellen, also i. d. R. die jeweiligen Ministerien als oberste Bundesbehörden bzw. die obersten weisungsberechtigten Organe. Es handelt sich dabei nicht um einen Verwaltungsakt, da sie keine rechtliche Regelung trifft.[8] Sie stellt den vorläufigen Abschluss eines Kontrollvorgangs dar, mit dem die verantwortliche Stelle zur Beachtung des Datenschutzes veranlasst werden soll. Es gibt zwar keine Formvorschriften, doch sollte die Beanstandung schriftlich oder zumindest in Textform erfolgen. 11

Die Pflicht, zur Beanstandung eine **Stellungnahme** abzugeben, dient der Herstellung datenschutzkonformer Zustände. Wird innerhalb einer angemessenen Frist trotz der entsprechenden Aufforderung eine Stellungnahme nicht abgegeben, kann auch dies beanstandet werden. Eine Beanstandung gegenüber einer Aufsichtsbehörde kann sich darauf beziehen, dass diese angesichts der Beanstandung gegenüber einer nachgeordneten Stelle pflichtwidrig untätig bleibt oder ungenügend tätig wird. 12

Die in Satz 4 vorgesehene **Warnung** nimmt Bezug auf Art. 47 Abs. 2 Buchst. a DSRl-JI, die ausgesprochen werden kann, wenn »beabsichtigte Verarbeitungsvorgänge voraussichtlich gegen die nach dieser Richtlinie erlassenen Vorschriften verstoßen«. 13

Weitere **Möglichkeiten zur Einwirkung** des BfDI sind die öffentliche Darstellung eines Sachverhalts und dessen Bewertung sowie die Darstellung im Tätigkeitsbericht (§ 14; 14

6 Kritisch zur früheren Beschränkung Roßnagel, ZD 2015, 111.

7 BVerwG RDV 1993, 27 = CR, 1993, 242; OVG Sachsen 21.6.2011, 3 A 224/10, DuD 2011, 818 = RDV 2011, 249 = NVwZ-RR 2011, 980 = DÖV 2011, 901 (LS) = DÖD 2011, 286 mit Anm. Leuze, DÖD 2011, 274; OVG Münster RDV 1994, 139; Simitis-*Dammann*, § 25 Rn. 21.

8 BVerwG, CR 1993, 242 = RDV 1993, 27.

siehe Art. 59 Rn. 4ff.), die Information der Bundesregierung sowie des Deutschen Bundestags sowie sonstiger Personen und Stellen (§ 14 Abs. 1 Nr. 2–5, 10, Abs. 2), schließlich die Anzeigeerstattung bzw. der Strafantrag gegenüber den Verfolgungsbehörden nach §§ 42, 84.

15 Betroffene haben keinen Anspruch auf eine Beanstandung. Der BfDI ist berechtigt, über festgestellte Datenschutzverstöße den **Betroffenen zu unterrichten**. Vor allem bei Kontrollen, die auf eine Anrufung gem. § 60 (vgl. Art. 57 Abs. 1 Buchst. f DSGVO) zurückgehen, ist der BfDI verpflichtet, den Betroffenen über das Prüfergebnis zu informieren. In sonstigen Fällen steht dem BfDI ein Ermessensspielraum zu. Durch die Unterrichtung darf grds. auch eine ansonsten als Auskunft unzulässige Information (§§ 19 Abs. 4, 15 Abs. 2 BVerfSchG, 9 MAD-G, 7 BND-G) erteilt werden. Eine Abstimmung der Mitteilung mit der verantwortlichen Stelle ist jedoch angezeigt.

III. Adressaten (Abs. 3)

16 In Abs. 3 wird für den **gesamten Anwendungsbereich des BDSG** der bisherige § 24 Abs. 2 Satz 1 und 2 BDSG-alt (Erstreckung auf das Kommunikations- und auf das Steuergeheimnis) weitgehend übernommen. Für Berufsgeheimnisträger findet sich im Anwendungsbereich DSGVO eine Spezialregelung in § 29.

17 Die Regelung ist historisch zu erklären: Es gab und gibt Bereiche, die sich einer Datenschutzkontrolle mit dem Hinweis auf **besondere Geheimhaltungspflichten** (Post- und Fernmeldegeheimnis, besonderes Amts- und Berufsgeheimnis, Steuergeheimnis, Personalaktengeheimnis) in besonderem Maße widersetzten, was vom Gesetzgeber teilweise akzeptiert wird. Soweit besondere Geheimnisse nicht nur das Recht auf informationelle Selbstbestimmung, sondern darüber hinausgehend weitere Grundrechte oder sonstige Verfassungsrechte informationell schützen, besteht die Erforderlichkeit der Datenschutzkontrolle in besonderem Maße. Wegen des **Zitiergebots** des Art. 19 Abs. 1 Satz 2 GG musste die besondere Ermächtigung zum Eingriff in Art. 10 GG durch den BfDI ausdrücklich benannt werden. Mit jeder Kontrolle personenbezogener Daten durch den BfDI, die nicht direkt auf eine Initiative des Betroffenen selbst zurückgeht und insofern eine Einwilligung hierzu angenommen werden kann, ist seinerseits ein hoheitlicher Grundrechtseingriff gegeben, der rechtlich legitimiert sein muss. Bei seiner Kontrolle hat der BfDI stets zu beachten, dass sämtliche von ihm vorgenommenen Eingriffe das Ziel verfolgen, das Grundrecht auf Datenschutz zu schützen.

18 Die personenbezogene Datenverarbeitung nach dem **Artikel-10-Gesetz** unterliegt der BfDI-Kontrolle nur eingeschränkt (§ 26a Abs. 2 BVerfSchG; § 12a MAD-G; § 32 BND-G). Dadurch wird ein besonders sicherheitsrelevanter Datenverarbeitungsbereich dem BfDI weitgehend entzogen. Dies wird grundrechtlich damit gerechtfertigt, dass insofern die Prüfung durch die G-10-Kommission erfolge. Diese Erwägung ist nicht zutreffend, da Rechtmäßigkeitskontrollen im Bereich der Datenverarbeitung in vieler Hinsicht parallel und damit redundant geregelt sind – ja, sein müssen und oft erst ein Zusammenspiel verschiedener Aufsichtsinstanzen eine verfassungsrechtlich gebotene Kontrolle sicherstellt.[9]

---

9 BVerfG 24.4.2013 – 1 BvR 1215/07 – Antiterrordatei, Rn. 216.

Die Einschränkung der Kontrollkompetenz gilt nur für Daten, die der Kontrolle durch die Kommission unterliegen, also die Daten, die sich auf die Zulässigkeit von Überwachungsmaßnahmen und Entscheidungen über die Unterrichtung Betroffener beziehen. Darüber hinausgehende personenbezogene Datenverarbeitung wird von dem BfDI kontrolliert.[10]

Das bisher in § 24 Abs. 2 Satz 4 BDSG-alt bestehende **Widerspruchsrecht von Betroffenen** bei Sicherheitsüberprüfungen wird nun in § 36a Abs. 2 SÜG geregelt. Es basiert auf der Erwägung, dass Grundrechtsschutz nicht gegen den Willen der Grundrechtsträger vorgenommen werden soll. An diesem Gedanken soll sich die Prüftätigkeit des BfDI auch außerhalb des explizit geregelten Bereiches ausrichten, soweit von der Kontrolle nur die Daten der jeweils widersprechenden Person erfasst werden. Das im BDSG 1990 sehr weit ausgestaltete Widerspruchsrecht[11] wurde 2001 auf die Kontrolle in die Akten über die Sicherheitsüberprüfung eingeschränkt. Die Regelung geht auf großes Misstrauen im Geheimdienstbereich gegenüber der Datenschutzkontrolle zurück. Es ist daher nicht verwunderlich, dass von dem Widerspruchsrecht praktisch nur von Mitarbeitern von Geheimdiensten Gebrauch gemacht wird. Die Kontrolle durch den BfDI erfolgt nicht nur im Interesse des Betroffenen, sondern auch im Interesse der Gesetzmäßigkeit der gesamten Datenverarbeitung. Bei der Datenverarbeitung sind Daten von Personen regelmäßig so vermischt, dass eine klare Trennung nach einzelnen Personen nicht möglich ist. Daher kann der Widerspruch nur Wirkung bezüglich Akten entfalten, die einzig über die widersprechende Person geführt werden. Der Widerspruch muss dem BfDI gegenüber erklärt werden.[12] 19

IV. Mitwirkungspflicht (Abs. 4)

Absatz 4 greift die bislang in § 24 Abs. 4 Satz 2 BDSG-alt geregelten **Zugangs- und Informationsrechte des BfDI** auf. Hierdurch wird Art. 47 Abs. 1 DSRl-JI umgesetzt und die gemäß Art. 58 Abs. 1 Buchst. f DSGVO zur Ausübung der Untersuchungsbefugnisse notwendigen mitgliedstaatlichen Verfahrensvorschriften für die Zugangs- und Betretensrechte von Grundstücken und Diensträumen geschaffen (Nr. 1). Aus Gründen der Verständlichkeit und Kohärenz erfolgt eine Wiederholung des Art. 58 Abs. 1 Buchst. a DSGVO. 20

Zu den Unterstützungspflichten gehören u. a. die Auskunftserteilung und die Zutrittsgewährung in Diensträume. Weiterhin gehört dazu die **Einsichtsgewährung** in EDV-Verfahren und in schriftliche Unterlagen, also auch Dienstanweisungen, Verwaltungsvorschriften, Anordnungen, Erlasse, Verfahrensdokumentationen und Organigramme. Der BfDI hat Anspruch auf direkten Zugang zu personenbezogenen Daten. Dieser kann vor Ort gewährt werden oder auch durch Online-Zugriffe. Die Einsicht des BfDI ist lediglich durch seinen gesetzlichen Auftrag begrenzt; d. h. es muss ein Zusammenhang mit der personenbezogenen Datenverarbeitung bestehen, egal, ob es um die konkrete Verarbeitung eines personenbezogenen Datums geht oder um das Verfahren im Allgemeinen, das vor 21

10 Simitis-*Dammann*, § 24 Rn. 22ff.
11 Dagegen Weichert, CR 1994, 174ff.
12 Zu den praktischen Problemen Weichert, CR 1994, 180f.

allem im Hinblick auf Strukturen und auf die Datensicherheit hin überprüft werden muss.

22 Die Unterstützung muss **jederzeit** erfolgen, d.h. unverzüglich und umfassend und ohne schuldhafte Verzögerung. Kontrollunterworfene Daten und Verfahren dürfen ohne Zustimmung des BfDI während der Kontrolle nicht – z.B. mit dem Ziel der Beweisunterdrückung oder Sachverhaltsverschleierung, auch wenn deren Rechtswidrigkeit erkannt wird – verändert werden. Verstöße gegen die Unterstützungspflicht können gem. Abs. 2 beanstandet werden.

23 § 26a Abs. 3 Satz 2 BVerfSchG, § 12a MAD-G und § 32 BND-G regeln Einschränkungen bei der **Kontrolle von Sicherheitsbehörden**. Dafür muss das Bundesministerium des Innern (Verteidigungsministerium, Bundeskanzleramt) feststellen, »dass die Auskunft oder Einsicht die Sicherheit des Bundes oder eines Landes gefährden würde«. Für die Einschränkung der Kontrolle wegen der Sicherheitsgefährdung des Bundes oder eines Landes besteht für die oberste Bundesbehörde eine Begründungspflicht, die dem BfDI zumindest eine Plausibilitätsprüfung ermöglicht. Angesichts des Umstandes, dass die Mitarbeiter des BfDI den gleichen Geheimhaltungsvorschriften (Verschlusssachen-Regelungen) unterworfen werden können wie Mitarbeiter der Sicherheitsbehörden, ist der Zweck dieser Einschränkung nicht nachvollziehbar. Sie ist Ausdruck eines überkommenen Misstrauens gegenüber der BfDI-Kontrolle, für das es keine tatsächliche Grundlage gibt.

V. Zusammenarbeitspflicht (Abs. 5)

24 Absatz 5 enthält die bislang in § 26 Abs. 4 BDSG-alt vorgesehene Hinwirkungsfunktion des BfDI auf die Zusammenarbeit mit den **Aufsichtsbehörden der Länder** im öffentlichen und nicht-öffentlichen Bereich.

25 Die Zusammenarbeit zwischen den **Landesbeauftragten für den Datenschutz** (LfD) und dem BfDI erfolgt nach Abs. 5 in der Konferenz der Datenschutzbehörden des Bundes und der Länder (DSK), die regelmäßig (mindestens) zweimal im Jahr zusammentrifft. Für einzelne Themenbereiche bestehen Arbeitskreise und Arbeitsgruppen.[13] Die Zusammenarbeit mit den **Aufsichtsbehörden** im nicht-öffentlichen Bereich erfolgt im Kontext der DSB-Konferenz im ebenso (mindestens) zweimal jährlich zusammentreffenden »Düsseldorfer Kreis« (DK). In Arbeitsgruppen des DK, zu denen auch Vertreter der Daten verarbeitenden Wirtschaft hinzugezogen werden können, erfolgt ein Erfahrungsaustausch und wird dessen Meinungsbildung vorbereitet. Die föderale Struktur des Datenschutzes hat sich in Deutschland bewährt. Sie fördert den öffentlichen pluralistischen Diskurs bei relevanten Themen und erweitert das Erfahrungsspektrum. Ohne Einschränkung der Unabhängigkeit der jeweiligen Aufsichtsstellen wird über die DSK ein Höchstmaß an Einheitlichkeit angestrebt.

13 Internetlink: *www.datenschutz.de*; zur Praxis Weichert, Rechtsbehelfe im Datenschutz – Die Rolle der Datenschutzbeauftragten, 2014, *https://www.datenschutzzentrum.de/artikel/809-.html*, Kap. IV. und V.

Kapitel 5
Vertretung im Europäischen Datenschutzausschuss, zentrale Anlaufstelle, Zusammenarbeit der Aufsichtsbehörden des Bundes und der Länder in Angelegenheiten der Europäischen Union

§ 17 Vertretung im Europäischen Datenschutzausschuss, zentrale Anlaufstelle

(1) **Gemeinsamer Vertreter im Europäischen Datenschutzausschuss und zentrale Anlaufstelle ist die oder der Bundesbeauftragte (gemeinsamer Vertreter). Als Stellvertreterin oder Stellvertreter des gemeinsamen Vertreters wählt der Bundesrat eine Leiterin oder einen Leiter der Aufsichtsbehörde eines Landes (Stellvertreter). Die Wahl erfolgt für fünf Jahre. Mit dem Ausscheiden aus dem Amt als Leiterin oder Leiter der Aufsichtsbehörde eines Landes endet zugleich die Funktion als Stellvertreter. Wiederwahl ist zulässig.**

(2) **Der gemeinsame Vertreter überträgt in Angelegenheiten, die die Wahrnehmung einer Aufgabe betreffen, für welche die Länder allein das Recht zur Gesetzgebung haben, oder welche die Einrichtung oder das Verfahren von Landesbehörden betreffen, dem Stellvertreter auf dessen Verlangen die Verhandlungsführung und das Stimmrecht im Europäischen Datenschutzausschuss.**

Inhaltsübersicht Rn.

I. Allgemeines

1 Das **Kapitel 5 des BDSG** nimmt für sich in Anspruch, diejenigen Normen der DSGVO zu konkretisieren, in denen die DSGVO den Mitgliedstaaten Konkretisierungsoptionen und -pflichten zur Gestaltung des Zusammenwirkens der Aufsichtsbehörden im jeweiligen Mitgliedstaat auferlegt. Deshalb bezieht sich Kapitel 5 BDSG nicht auf die Errichtung der Aufsichtsbehörden selbst. Für den BfDI ist dies in Teil 1 Kapitel 4 BDSG geregelt (§§ 8–16). Die Aufsichtsbehörden der Länder, die nach § 40 für die Aufsicht über die nicht-öffentlichen Stellen zuständig sind, werden nach dem jeweiligen Landesrecht errichtet. Damit konnte der Bundesgesetzgeber sich für die §§ 17–19 allein auf die **Konkretisierung der Art. 51 Abs. 3 und 4 und Art. 68 Abs. 4 DSGVO und Art. 41 Abs. 4 der JI-Richtlinie** berufen. Es bestehen große **Zweifel** daran, dass es dem Bundesgesetzgeber mit allen Regelungen der §§ 17, 18 und 19 gelungen ist, **europarechtskonforme Formulierungen** zu finden, die den an die Mitgliedstaaten gerichteten Konkretisierungsauftrag der DSGVO nicht überdehnen.[1] Nicht in jedem Fall kann dies durch eine europarechtskonforme Reduktion der §§ 17–19 geheilt werden. Die Bedenken an der rechtlichen Tragfähigkeit des § 17 speisen sich aus der Nichtbeachtung der Aufgabenzuweisung an die Aufsichtsbehör-

1 Zweifel daran äußern für § 19 Abs. 2 auch SJTK-*Kugelmann/Römer*, Art. 55 Rn. 45, und Schantz/Wolff-*Wolff*, vor allem Rn. 1008 und Rn. 1071.

den der Länder nach dem Grundgesetz und der DSGVO (Rn. 5, 7). Bei § 18 kann nur eine der Gesetzesbegründung entgegenstehende restriktive Auslegung gewährleisten, dass sich die Norm im Rahmen der mitgliedstaatlichen Konkretisierungskompetenz nach Art. 51 Abs. 3 und Art. 68 Abs. 4 DSGVO hält (§ 18 Rn. 4ff.) und bei § 19 besteht das Problem zum einen darin, dass das Recht der Betroffenen auf einen aufsichtsbehördlichen »One-Stop-Shop« verkürzt wird, was mit der Einschränkung der den Aufsichtsbehörden der Länder durch die DSGVO gewährten Rechte und Pflichten einhergeht (§ 19 Rn. 8ff.). Andererseits hat der Bundesgesetzgeber den europarechtlich nicht haltbaren Versuch unternommen, dem EDSA das Letztentscheidungsrecht bei der Bestimmung der federführenden Behörde zu entziehen (§ 19 Rn. 2ff.).

2 § 17 trägt den Titel »Vertretung im Europäischen Datenschutzausschuss, zentrale Anlaufstelle« und trifft Regelungen, die zum Teil europarechtlichen und verfassungsrechtlichen Bedenken begegnen.

II. Vertretung der deutschen Aufsichtsbehörden im EDSA und Stimmrecht

3 Abs. 1 Satz 1 bestimmt, dass die oder der Bundesbeauftragte »gemeinsamer Vertreter im Europäischen Datenschutzausschuss« ist. Nach Satz 2 soll Stellvertreterin oder Stellvertreter des gemeinsamen Vertreters eine Leiterin oder ein Leiter der Aufsichtsbehörde eines Landes sein, die oder der vom Bundesrat gewählt wurde. Nach Abs. 2 überträgt der gemeinsame Vertreter in Angelegenheiten, die die Wahrnehmung einer Aufgabe betreffen, »für welche die Länder alleine das Recht zur Gesetzgebung haben, oder welche die Einrichtung oder das Verfahren von Landesbehörden betreffen«, dem Stellvertreter auf dessen Verlangen die Verhandlungsführung und das Stimmrecht im Europäischen Datenschutzausschuss.

4 Mit diesen Regelungen soll die aus den **Art. 51 Abs. 3 und Art. 68 Abs. 4 DSGVO** hervorgehende Verpflichtung erfüllt werden, nach der **Mitgliedstaaten mit mehr als einer Aufsichtsbehörde** »die **Aufsichtsbehörde**, die die Behörden im Ausschuss vertritt« (Art. 51 Abs. 3), **bestimmen** bzw. »**im Einklang mit den Rechtsvorschriften** dieses Mitgliedstaats ein gemeinsamer Vertreter« (Art. 68 Abs. 4) benennen. Die oder der Bundesbeauftragte ist »ein« gemeinsamer Vertreter. Was die Voraussetzung anbelangt, dass diese Benennung »im Einklang« mit den deutschen Rechtsvorschriften erfolgt, so wies der **Bundesrat** Bundesregierung und Bundestag im Gesetzgebungsverfahren vergeblich darauf hin, dass die Regelung im **Widerspruch zu den im Grundgesetz festgelegten föderalen Grundsätzen** steht. Auch bestehen starke Zweifel an der Übereinstimmung mit der DSGVO. Insofern bestehen große Zweifel an der europarechtlichen Beständigkeit der genannten Regelungen.

5 Der **Regierungsentwurf** ging laut Begründung[2] davon aus, dass die Ernennung der oder des Bundesbeauftragten »dem Grundsatz der Außenvertretung des Bundes, wie er Art. 23 GG und dem Gesetz über die Zusammenarbeit von Bund und Ländern in Angelegenheiten der Europäischen Union (EUZBLG) zugrunde liegt,« entspreche. Der **Bundesrat hielt dem entgegen**, diese Regelungen berücksichtige nicht die **Hauptvollzugsverantwortung**

2 BT-Drs. 18/11325.

der Landesbeauftragten für den Datenschutz im nicht-öffentlichen Bereich[3] und beantragte, dem Stellvertreter auch in »Angelegenheiten, für welche die sachliche Zuständigkeit bei den Aufsichtsbehörden der Länder liegt«, Verhandlungsführung und Stimmrecht zu übertragen:[4] »Die Ausgestaltung des Verfahrens hinsichtlich der Vertretung der Bundesrepublik Deutschland im Europäischen Datenschutzausschuss im Gesetzentwurf räumt den Aufsichtsbehörden der Länder kein hinreichendes Gewicht ein. Wenn gemäß § 17 Absatz 1 BDSG-E stets die oder der Bundesbeauftragte für Datenschutz und Informationsfreiheit gemeinsamer Vertreter im Europäischen Datenschutzausschuss wird, während dem Ländervertreter lediglich die Stellvertreterrolle zugedacht wird, ist es erforderlich, die Position der Landesdatenschutzbeauftragten im Hinblick auf deren Hauptvollzugsverantwortung zu stärken. Dabei wird mit dem vorliegenden Antrag die Grundkonzeption des Gesetzentwurfs beibehalten, dass in besonderen Fällen die Verhandlungsführung und das Stimmrecht (…) sowie das Vorschlagsrecht für einen gemeinsamen Standpunkt (…) dem Vertreter der Landesaufsichtsbehörden zu übertragen ist. Wenn dies nach dem Gesetzentwurf neben den rein landesinternen Fällen der Behördeneinrichtung und der Verfahren von Landesbehörden nur dann der Fall sein soll, wenn die Länder das alleinige Recht zur Gesetzgebung haben, wird das (Vollzugs-)Gewicht der Landesaufsichtsbehörden nicht hinreichend berücksichtigt. Dies gilt vor allem vor dem Hintergrund, dass diese unter anderem für den Vollzug auch des Bundesdatenschutzrechts gegenüber nichtöffentlichen Stellen zuständig sind. Dieser Hauptvollzugsverantwortung der jeweiligen Landesdatenschutzbeauftragten kann Rechnung getragen werden, indem an die Vollzugszuständigkeit angeknüpft wird. Die Gesetzgebungskompetenz ist auch vor dem Hintergrund kein hinreichendes Kriterium, dass Aufsichtsbehörden keine Legislativ-, sondern Exekutivorgane darstellen, die ihrerseits über keinerlei Gesetzgebungszuständigkeiten verfügen. Der Umstand, dass der Bund für ein Sachgebiet die ausschließliche oder konkurrierende Gesetzgebungskompetenz besitzt, spricht deshalb in keiner Weise dafür, dass die Bundesbeauftragte die Bundesrepublik Deutschland insoweit verhandlungsführend im Europäischen Datenschutzausschuss vertreten sollte, wenn der Vollzug dieses Gesetzes allein den Landesdatenschutzbeauftragten obliegt. Letztere werden es auch künftig sein, die sich in ihrer Praxis mit privaten Unternehmen auseinanderzusetzen haben. Dadurch können sie auf einen großen Erfahrungsschatz zurückgreifen und praktikable Wege beschreiben. Bei der Erarbeitung von Stellungnahmen für den Europäischen Datenschutzausschuss können sich die Leiter der Landesaufsichtsbehörden auf Sachbearbeiter stützen, welche sich auch mit den jeweiligen konkreten Fällen beschäftigt haben. Eine vergleichbare Sachnähe kann es bei der oder dem Bundesbeauftragten naturgemäß nicht geben. Es erscheint deshalb geboten, dass für solche Fälle dem Vertreter der Landesaufsichtsbehörden das Vorschlagsrecht beziehungsweise das Recht zur Festlegung der Verhandlungsführung eingeräumt wird.« Damit **kritisierte** der **Bundesrat** einen **Verstoß** der betreffenden Regelungen **gegen das aus Art. 20 GG hervorgehende Bundesstaatsprinzip und Art. 30 GG**, wonach die Ausübung der staatlichen Befugnisse und

3 Auch Schantz/Wolff-*Wolff*, Rn. 976, verweist darauf, dass dieser Regelung an die Gesetzgebungskompetenz und nicht an die Verwaltungskompetenz anknüpfe, was »der für die Länder ungünstigere Ansatzpunkt« sei.

4 Bundesrat, BT-Drs. 18/11655, Nr. 11.

die Erfüllung der staatlichen Aufgaben Sache der Länder ist, soweit das Grundgesetz keine andere Reglung trifft oder zulässt.

6 In Ihrer **Gegenäußerung** wies die **Bundesregierung**[5] diesen Antrag des Bundesrates zurück: »Der Regierungsentwurf trägt dem föderalen Zusammenspiel zwischen der überwiegenden Vollzugsverantwortung der Länder im Innenverhältnis und der grundsätzlichen Repräsentation der Bundesrepublik durch den Bund im Außenverhältnis Rechnung. Die grundsätzliche Außenvertretung durch die Bundesbeauftragte im Europäischen Datenschutzausschuss folgt dem in Art. 23 GG und im EUZBLG verankerten Grundsatz, dass dem Bund die Aufgabe zusteht, die Interessen des Gesamtstaates in Angelegenheiten der EU zu vertreten. Der Europäische Datenschutzausschuss übt als Einrichtung der Europäischen Union keine mitgliedstaatliche, sondern unionale Verwaltungstätigkeit aus. Der Vertreter im Ausschuss handelt daher als Repräsentant seines Mitgliedstaats, der die gesamtstaatlichen Interessen der Bundesrepublik vertritt. Dies erfolgt sachnah durch den Bund und entspricht der Einstandspflicht der Bundesrepublik als Vertragspartei der Unionsverträge. Eine Verschiebung dieser Grundsätze zu Lasten des Bundes ist weder angemessen noch zweckmäßig. Aufgrund der vergleichbaren Funktion der Bundesbeauftragten in der Artikel 29-Gruppe verfügt die Dienststelle über jahrelange Erfahrungen und organisatorisch verfestigte Strukturen zur Wahrnehmung der Außenvertretung. Der Vollzugszuständigkeit der Länder wird im Regierungsentwurf angemessen Rechnung getragen. Als gemeinsamer Repräsentant ist der Vertreter an den gemeinsamen Standpunkt aller Aufsichtsbehörden gebunden (§ 18 Absatz 3 Satz 1). Bei der Ermittlung des gemeinsamen Standpunktes haben die Länder bestimmenden Einfluss – es wird mit 16 Länderstimmen und einer Stimme des Bundes per Mehrheitsentscheidung abgestimmt. Darüber hinaus räumt der Regierungsentwurf dem Ländervertreter unmittelbare Mitwirkungs- und Beteiligungsrechte im Europäischen Datenschutzausschuss in allen Fällen ausschließlicher Gesetzgebungskompetenz der Länder sowie der Datenverarbeitung durch Landesbehörden ein. Dies geht über das EUZBLG hinaus.«

7 Diese Auffassung der **Bundesregierung**, der sich der Bundestag durch die unveränderte Verabschiedung der ursprünglichen Formulierung der Bundesregierung anschloss, **verkennt** die Ausgestaltung des **EDSA als Koordinierungsgremium der unabhängigen europäischen Aufsichtsbehörden**, die ihm nach der DSGVO zukommt (Art. 60 Rn. 4, 12f.; Art. 68 Rn. 1). Nach Art. 68 Abs. 1 wird der EDSA zwar in der Tat »als Einrichtung der Union mit eigener Rechtspersönlichkeit eingerichtet«. Es handelt sich beim EDSA aber um die Organisationsform, in der die unabhängigen europäischen Aufsichtsbehörden nach Art. 51 Abs. 2 »untereinander sowie mit der Kommission gemäß Kapitel VII« zusammenarbeiten. Die Aufgaben des EDSA bestehen also keinesfalls in »unionaler Verwaltungstätigkeit«. Allenfalls in den in Art. 65 Abs. 1 DSGVO beschriebenen Fällen kann überhaupt davon gesprochen werden, der EDSA übe »Verwaltungstätigkeit« aus. Dass es sich dabei aber eindeutig um »mitgliedstaatliche Verwaltungstätigkeit« handelt, ergibt sich daraus, dass die entsprechenden Entscheidungen des EDSA nach Art. 65 Abs. 2 DSGVO nur für die betroffenen Aufsichtsbehörden verbindlich sind und nicht unionsweit gelten.

5 Ebenfalls BT-Drs. 18/11655.

III. Zentrale Anlaufstelle

Nach Abs. 1 Satz 1 nimmt der oder die Bundesbeauftragte die Funktion der **zentralen Anlaufstelle** wahr. Damit wird eine Anregung des ErwGr 119 DSGVO aufgegriffen, wonach in Mitgliedstaaten mit mehreren Aufsichtsbehörden mittels Rechtsvorschriften sichergestellt werden sollte, dass diese Aufsichtsbehörden am Kohärenzverfahren wirksam beteiligt werden. »Insbesondere sollte« eine Aufsichtsbehörde bestimmt werden, die als zentrale Anlaufstelle für eine wirksame Beteiligung dieser Behörden »an dem Verfahren« fungiert und eine »rasche und reibungslose (»swift and smooth«) Zusammenarbeit mit anderen Aufsichtsbehörden, dem Ausschuss und der Kommission« gewährleistet. Hiermit ist die Gewährleistung der effektiven Kommunikation zwischen mitgliedstaatlicher und europäischer Ebene im Kohärenzverfahren gemeint.[6] Um die mitgliedstaatlichen Zuständigkeitsordnungen zu wahren und die Unabhängigkeit der jeweiligen Aufsichtsbehörden nicht zu gefährden, insbesondere um sicher zu stellen, dass die materiellen Entscheidungen weiterhin von den jeweils hierfür zuständigen Aufsichtsbehörden getroffen werden, darf eine solche zentrale Anlaufstelle ausschließlich koordinierend und unterstützend tätig werden.[7] Dass die DSGVO den betreffenden Mitgliedstaaten die Einrichtung einer **zentralen Anlaufstelle** nahelegt, steht also nach der eindeutigen Formulierung des Art. 51 Abs. 3 DSGVO **im Zusammenhang mit der Zusammenarbeit der Aufsichtsbehörden im Kohärenzverfahren nach dem zweiten Abschnitt des Artikels VII DSGVO**, also den Art. 63 bis 67 DSGVO. Jede Regelung einer darüber hinausgehenden Funktion der zentralen Anlaufstelle kann sich daher nicht auf ErwGr 119 und Art. 51 Abs. 3 DSGVO berufen.[8] 8

Dass der Wortlaut der DSGVO hier eindeutig ist, erkennt auch die Begründung. Deshalb erstaunt es, dass es trotzdem dort heißt: »Die Unterstützungsfunktion der zentralen Anlaufstelle besteht über das in ErwGr 119 **genannte** Kohärenzverfahren hinaus **für alle** Angelegenheiten der Europäischen Union, insbesondere für das Verfahren der Zusammenarbeit der Artikel 60 bis 62«. Worauf sich diese vom Wortlaut der DSGVO nicht gedeckte Behauptung stützt, bleibt offen. In **europarechtskonformer Auslegung** muss daher davon ausgegangen werden, dass die Aufsichtsbehörden die **Unterstützungsfunktion** der zentralen Anlaufstellen in den Verfahren der Zusammenarbeit nach **Art. 60 bis 62 DSGVO** allenfalls nutzen können, hierzu jedoch **nicht verpflichtet** sind. Diese Auffassung, wonach die zentrale Anlaufstelle als Angebot an die Aufsichtsbehörden anzusehen ist, dessen Nutzung für sie fakultativ ist, wird durch Formulierungen in der Gesetzesbegründung wie »können sich (…) der zentralen Anlaufstelle (…) bedienen«, »leitet die zentrale Anlaufstelle alle ihr zugeleiteten und den bei ihr eingehenden Geschäftsverkehr (…) weiter« und »kann (…) unterstützende tätig sein« bestätigt. 9

6 SJTK-*Kugelmann/Buchmann*, Art. 57 Rn. 73.
7 Auf diesen Aspekt weisen auch SJTK-*Kugelmann/Buchmann*, a. a. O., hin.
8 Hierauf weist auch SJTK-*Kugelmann*, Art. 51 Rn. 52, hin, ebenso gemeinsam mit *Buchmann*: Art. 57 Rn. 73.

IV. Wahl der Ländervertreterin, des Ländervertreters

10 Nach den Sätzen 2 bis 5 des Abs. 1 wird eine Leiterin oder einen Leiter der Aufsichtsbehörde eines Landes vom Bundesrat als Stellvertreterin oder Stellvertreter des gemeinsamen Vertreters für fünf Jahre gewählt, wobei die Wiederwahl zulässig ist und die Funktion mit dem Ausscheiden aus dem Amt als Leiterin oder Leiter der Aufsichtsbehörde eines Landes endet. Damit hat das BDSG die Anregung nicht aufgegriffen, gemeinsamen Vertreter und Stellvertreter von der Konferenz der Datenschutzbeauftragten des Bundes und der Länder bestimmen zu lassen,[9] obwohl ein solches Verfahren den Umstand besser berücksichtigt hätte, dass der EDSA die Organisationsform ist, in der die unabhängigen europäischen Aufsichtsbehörden nach Art. 51 Abs. 2 »untereinander sowie mit der Kommission gemäß Kapitel VII« zusammenarbeiten.

§ 18 Verfahren der Zusammenarbeit der Aufsichtsbehörden des Bundes und der Länder

(1) Die oder der Bundesbeauftragte und die Aufsichtsbehörden der Länder (Aufsichtsbehörden des Bundes und der Länder) arbeiten in Angelegenheiten der Europäischen Union mit dem Ziel einer einheitlichen Anwendung der Verordnung (EU) 2016/679 und der Richtlinie (EU) 2016/680 zusammen. Vor der Übermittlung eines gemeinsamen Standpunktes an die Aufsichtsbehörden der anderen Mitgliedstaaten, die Europäische Kommission oder den Europäischen Datenschutzausschuss geben sich die Aufsichtsbehörden des Bundes und der Länder frühzeitig Gelegenheit zur Stellungnahme. Zu diesem Zweck tauschen sie untereinander alle zweckdienlichen Informationen aus. Die Aufsichtsbehörden des Bundes und der Länder beteiligen die nach den Artikeln 85 und 91 der Verordnung (EU) 2016/679 eingerichteten spezifischen Aufsichtsbehörden, sofern diese von der Angelegenheit betroffen sind.

(2) Soweit die Aufsichtsbehörden des Bundes und der Länder kein Einvernehmen über den gemeinsamen Standpunkt erzielen, legen die federführende Behörde oder in Ermangelung einer solchen der gemeinsame Vertreter und sein Stellvertreter einen Vorschlag für einen gemeinsamen Standpunkt vor. Einigen sich der gemeinsame Vertreter und sein Stellvertreter nicht auf einen Vorschlag für einen gemeinsamen Standpunkt, legt in Angelegenheiten, die die Wahrnehmung von Aufgaben betreffen, für welche die Länder allein das Recht der Gesetzgebung haben, oder welche die Einrichtung oder das Verfahren von Landesbehörden betreffen, der Stellvertreter den Vorschlag für einen gemeinsamen Standpunkt fest. In den übrigen Fällen fehlenden Einvernehmens nach Satz 2 legt der gemeinsame Vertreter den Standpunkt fest. Der nach den Sätzen 1 bis 3 vorgeschlagene Standpunkt ist den Verhandlungen zu Grunde zu legen, wenn nicht die Aufsichtsbehörden von Bund und Ländern einen anderen Standpunkt mit einfacher Mehrheit beschließen. Der Bund und jedes Land haben jeweils eine Stimme. Enthaltungen werden nicht gezählt.

---

9 *www.datenschutz.de/kuehlungsborner-erklaerung-der-unabhaengigendatenschutzbehoerden-der-laender-vom-10-november-2016/.*

(3) Der gemeinsame Vertreter und dessen Stellvertreter sind an den gemeinsamen Standpunkt nach den Absätzen 1 und 2 gebunden und legen unter Beachtung dieses Standpunktes einvernehmlich die jeweilige Verhandlungsführung fest. Sollte ein Einvernehmen nicht erreicht werden, entscheidet in den in § 18 Absatz 2 Satz 2 genannten Angelegenheiten der Stellvertreter über die weitere Verhandlungsführung. In den übrigen Fällen gibt die Stimme des gemeinsamen Vertreters den Ausschlag.

Inhaltsübersicht Rn.

I. Allgemeines

1 § 18 trägt den Titel Verfahren der Zusammenarbeit der Aufsichtsbehörden des Bundes und der Länder und trifft insbesondere Regelungen zur Notwendigkeit der Abstimmung eines »**gemeinsamen Standpunktes**«, die **europarechtlichen Bedenken** begegnen.

II. Zusammenarbeit zwischen den Bundesbeauftragten und den Landesbeauftragten

2 Abs. 1 Satz 1 verpflichtet die oder den Bundesbeauftragten und die Aufsichtsbehörden der Länder zur Zusammenarbeit in Angelegenheiten der Europäischen Union mit dem Ziel einer einheitlichen Anwendung der DSGVO und der Richtlinie (EU) 2016/680. Dies muss auf der Grundlage der Kompetenzordnung des Grundgesetzes geschehen.[1] Für die **DSGVO ergibt sich diese** Verpflichtung **bereits aus Art. 51 Abs. 2 Satz 2** (Art. 51 Rn. 16), der »jede Aufsichtsbehörde«, also auch die deutschen Aufsichtsbehörden des Bundes und der Länder (Art. 4 Rn. 162) dazu verpflichtet, mit den anderen Aufsichtsbehörden sowie mit der Kommission gemäß Kapitel VII zusammenzuarbeiten.

1 SJTK-*Kugelmann*, Art. 51 Rn. 53.

III. Mitgliedstaatliche Konkretisierungsbefugnis aus Art. 51 Abs. 3 und »gemeinsamer Standpunkt«

3 Abs. 1 Satz 2 lautet: »Vor der Übermittlung eines gemeinsamen Standpunktes an die Aufsichtsbehörden der anderen Mitgliedstaaten, die Europäische Kommission oder den Europäischen Datenschutzausschuss geben sich die Aufsichtsbehörden des Bundes und der Länder frühzeitig Gelegenheit zur Stellungnahme.« Der Begriff des »**gemeinsamen Standpunkts**« wird **nicht definiert**. Aus dem Zusammenhang ergibt sich, dass die Bildung eines »gemeinsamen Standpunkts« dem Ziel dienen soll, aus einer möglichen Vielzahl unterschiedlicher Auffassungen der deutschen Aufsichtsbehörden eine einzige Auffassung zu einem bestimmten Gegenstand zu gewinnen und diese als »gemeinsamen Standpunkt« festzulegen und zu vertreten.

4 Laut **Gesetzesbegründung** nimmt der Bundesgesetzgeber für sich in Anspruch, mit § 18 den Konkretisierungsauftrag des Art. 51 Abs. 3 auszuführen, wonach Mitgliedstaaten, in denen es mehr als eine Aufsichtsbehörde gibt, ein Verfahren einführen, »mit dem sichergestellt wird, dass die anderen Behörden die Regeln für das Kohärenzverfahren nach Art. 63 einhalten«. ErwGr 119 spricht in diesem Zusammenhang von einer »wirksamen Beteiligung« aller mitgliedstaatlichen Aufsichtsbehörden am Kohärenzverfahren. Aus dem ersten Teil des Art. 51 Abs. 3 (»bestimmt dieser Mitgliedstaat die Aufsichtsbehörde, die diese Behörden im Ausschuss vertritt«) geht deutlich hervor, dass mit den »anderen« Behörden die nicht im Ausschuss vertretenen Aufsichtsbehörden gemeint sind. Der an die mitgliedstaatlichen Gesetzgeber gerichtete **Regelungsauftrag** bezieht sich also explizit **nur** darauf, dass mit dem Verfahren die **Einhaltung der Regeln** »für das Kohärenzverfahren nach Art. 63« **durch** die **Aufsichtsbehörden, die nicht am Kohärenzverfahren beteiligt sind, gewährleistet** wird.[2] Daher ist es unzutreffend, dass es in der Begründung zu § 18 heißt: »Dieser Regelungsauftrag gilt über den unmittelbaren, auf das Kohärenzverfahren im Europäischen Datenschutzausschuss bezogenen Regelungsauftrag hinaus für alle Angelegenheiten des Europäischen Datenschutzausschusses nach Artikel 70 der Verordnung (EU) 2016/679 und Artikel 51 der Richtlinie (EU) 2016/680 sowie für das Verfahren der Zusammenarbeit der europäischen Aufsichtsbehörden nach den Artikeln 60 bis 62 der Verordnung. § 18 Abs. 1 erfasst alle Fallgestaltungen, in denen aufgrund der Wirkung für und gegen die übrigen deutschen Datenschutzbehörden und deren Vollzugsentscheidungen eine inhaltliche Vorabstimmung erforderlich ist, also unter anderem auch die Fälle gemäß Art. 60 Abs. 6.«

5 Die Behauptung, Art. 51 Abs. 3 fordere die Festlegung einer einzigen Auffassung der deutschen Aufsichtsbehörden nicht nur in Bezug auf »das Kohärenzverfahren«, sondern auch für »alle anderen Angelegenheiten des EDSA nach Art. 70 DSGVO« und »das Verfahren der Zusammenarbeit nach dem Abschnitt 1 des Kapitels VII,« **verkennt die Funktion des Art. 51 Abs. 3**. Mit dieser Norm will die DSGVO gewährleisten, dass in dem Fall, in dem sich eine von mehreren Aufsichtsbehörden eines Mitgliedstaats am Kohärenzverfahren beteiligt, das **Ergebnis des Kohärenzverfahrens alle Aufsichtsbehörden des betreffen-**

2 Auch SJTK-*Kugelmann*, Art. 51 Rn. 54, konstatiert, dass der Regelungsauftrag »soweit« reiche, das Verfahren festzulegen, mit dem gemäß Art. 51 Abs. 3 sichergestellt werde, dass alle Aufsichtsbehörden die Regeln für das Köhärenzverfahren nach Art. 63 einhielten.

den Mitgliedstaates so bindet, als ob sie betroffene Behörden wären. Damit soll ein Gleichklang zu Mitgliedstaaten, in denen es nur eine Aufsichtsbehörde gibt, erzeugt werden, bei denen gewährleistet ist, dass sich bei Betroffenheit der einzigen mitgliedstaatlichen Aufsichtsbehörde die Geltung der Entscheidungen des EDSA nach Art. 65 Abs. 2 Satz 1 auf das gesamte Hoheitsgebiet des betreffenden Mitgliedstaates erstreckt. Um auch in einem Mitgliedstaat mit mehreren Aufsichtsbehörden die Wirkung des auf die betroffenen Aufsichtsbehörden begrenzten Beschlusses des EDSA auf das gesamte Territorium des Mitgliedstaates zu erzielen, muss sichergestellt werden, dass keine der bislang nicht betroffenen Aufsichtsbehörden des Mitgliedstaates das Verfahren neu aufrollt. Dies muss insbesondere für die Fälle sichergestellt werden, in denen eine bislang nicht betroffene Aufsichtsbehörde nach Ende des Kohärenzverfahrens eine Beschwerde erhält und damit nachträglich zur betroffenen Aufsichtsbehörde wird. Mit ihrem Regelungsauftrag verpflichtet die DSGVO Mitgliedstaaten also, sicherzustellen, dass auch bislang nicht betroffene Aufsichtsbehörden des betreffenden Mitgliedstaates an das Ergebnis des Kohärenzverfahrens gebunden sind.

Der in Art. 51 Abs. 3 DSGVO an den mitgliedstaatlichen Gesetzgeber gerichtete Rege- 6
lungsauftrag bezieht sich also allein darauf, sicherzustellen, dass **auch diejenigen** mitgliedstaatlichen **Aufsichtsbehörden** an die im Kohärenzverfahren zustande gekommenen Entscheidungen gebunden sind, **die weder federführende noch gegenwärtig beteiligte**, sondern nur etwa aufgrund von möglichen Eingaben potenzielle beteiligte **Aufsichtsbehörde** sind. Da alle mitgliedstaatlichen Aufsichtsbehörden als potentielle Adressatinnen von Beschwerden zukünftig zu betroffenen Aufsichtsbehörden im Sinne des Art. 56 Abs. 2 werden könnten, ist es im Sinne des Art. 51 Abs. 3 wichtig, auch für diese eine Bindungswirkung an die im Wege des Kohärenzverfahrens getroffene Entscheidung herzustellen. Eine solche Bindungswirkung **könnte bereits aus Art. 51 Abs. 2 DSGVO folgen**, wonach »jede Aufsichtsbehörde einen Beitrag zur einheitlichen Anwendung der DSGVO« leistet. Dies könnte nicht nur die Verpflichtung, alle abstrakten Entscheidungen des EDSA zu beachten, sondern auch die Verpflichtung begründen, als nicht betroffene Aufsichtsbehörde eines Mitgliedstaats mit mehreren Aufsichtsbehörden im Kohärenzverfahren die von den betroffenen Aufsichtsbehörden oder vom EDSA getroffenen Entscheidungen wie eine betroffene Behörde für bindend anzusehen.

Sofern eine entsprechende Bindungswirkung der nicht im EDSA vertretenen mitglied- 7
staatlichen Aufsichtsbehörden nicht bereits aus Art. 51 Abs. 2 folgt, müsste konstatiert werden, dass diese für die nicht im Ausschuss vertretenen Landesaufsichtsbehörden in Deutschland trotz der Verabschiedung des § 18 nicht besteht, da das dort normierte Verfahren zur **Festlegung eines gemeinsamen Standpunktes nicht geeignet** ist, für Aufsichtsbehörden, die bislang noch nicht betroffen sind, eine **Bindungswirkung an die im Kohärenzverfahren gefundene Entscheidung zu erzeugen**. Eine solche Wirkung könnte nur eine Regelung erzielen, die sinngemäß lauten würde: »Die Bindungswirkung nach Art. 65 Abs. 2 DSGVO erstreckt sich auch auf alle nur potentiell betroffenen Aufsichtsbehörden.« Für die Bindung der nicht im EDSA vertretenen Aufsichtsbehörden an die anderen Beschlüsse des EDSA könnte eine Formulierung verwendet werden, die sinngemäß lautet: »Die Landesaufsichtsbehörden, die nicht Stellvertreter im Sinne des § 17 Absatz 1 Satz 2 sind, sind im gleichen Maße an die Entscheidungen des Ausschusses gebunden wie der/die Bundesbeauftragte und ihre Stellvertreterin oder ihr Stellvertreter.«

IV. Anwendungsfälle des »gemeinsamen Standpunkts«

8 Abs. 1 Satz 2 bestimmt nicht selbst, in welchen Fällen die deutschen Aufsichtsbehörden einen »gemeinsamen Standpunkt« festlegen müssen. In der Formulierung, der gemeinsame Standpunkt werde an »die Aufsichtsbehörden der anderen Mitgliedstaaten«, die Kommission oder den EDSA versandt, macht die Wahl des Plurals eine **europarechtskonforme Auslegung** möglich, wonach die Übermittlung an die Aufsichtsbehörden aller anderen Mitgliedstaaten in ihrer Gesamtheit, also an den EDSA als Koordinierungsgremium der unabhängigen europäischen Aufsichtsbehörden (Art. 60 Rn. 4, 12f.; Art. 68 Rn. 1) gemeint ist. Dementsprechend gilt das Verfahren der Bildung eines gemeinsamen Standpunktes entgegen der insofern europarechtwidrigen Aussage der Begründung (Rn. 4f.) nicht für das bi- bis multilaterale Zusammenarbeitsverfahren des ersten Abschnittes des Kapitels VII, sondern ausschließlich für **Äußerungen der deutschen Aufsichtsbehörden im EDSA**. Diese Auslegung folgt dem Umstand, dass Mitgliedstaaten, in denen es mehr als eine Aufsichtsbehörde gibt, einen »gemeinsamen Standpunkt« nur dann festlegen müssen, wenn die DSGVO einen solchen tatsächlich fordert. Da sich § 18 auf die Kommunikation der deutschen Aufsichtsbehörden im Zusammenhang mit dem Kapitel VII der DSGVO bezieht, in dem sehr unterschiedliche Verfahren des Zusammenwirkens der europäischen Aufsichtsbehörden beschrieben werden, muss für jedes dieser Verfahren festgestellt werden, ob es erforderlich ist, dass statt möglicherweise mehrerer nur eine einzige Auffassung der deutschen Aufsichtsbehörden vertreten wird.

1. »Gemeinsamer Standpunkt« für Äußerungen der deutschen Aufsichtsbehörden im EDSA nach Art. 70 Abs. 1 Buchst. b bis y

9 Art. 70 Abs. 1 Buchst. b bis y beziehen sich auf einzelfallunabhängige »Tätigkeiten« des EDSA, sind also eher abstrakter Natur (Art. 60 Rn. 2, 4, 13). Durch beratende Tätigkeiten, die Verabschiedung von Leitlinien, Empfehlungen und bewährten Verfahren, Stellungnahmen zu abstrakten Fragestellungen, etc. soll der EDSA die einheitliche Anwendung der DSGVO sicherstellen. Dass es hierfür der Herausbildung einer von dem/der gemeinsamen Vertreter/in bzw. der Stellvertreterin/des Stellvertreters im EDSA zu vertretenden einzigen, und nicht mehrerer deutscher Auffassungen bedarf, folgt aus Art. 68 Abs. 3 und den für die Entscheidungen des EDSA festgelegten Quoren (Art. 68 Rn. 8).

10 Die **Erforderlichkeit einer einzigen deutschen Auffassung** ergibt sich für die Fälle des Art. 70 Abs. 1 Buchst. b bis y aus der Regelung des Art. 68 Abs. 3, nach der der EDSA aus »dem«, also einem Leiter einer Aufsichtsbehörde jedes Mitgliedstaats besteht. Zusammen mit den in der DSGVO erwähnten Quoren für Entscheidungen des EDSA (beispielsweise »zwei Drittel der Mitglieder des Ausschusses«, »einfache Mehrheit der Mitglieder des Ausschusses«, Art. 65 Abs. 2 und 3) kann hieraus geschlossen werden, dass **jeder Mitgliedstaat im EDSA nur über eine Stimme** verfügt. Die Verpflichtung zur Benennung nur einer Aufsichtsbehörde nach Art. 51 Abs. 3 führt hingegen entgegen der Behauptung der Gesetzesbegründung nicht zwangsläufig dazu, dass nur eine Auffassung vertreten werden darf. Es wäre genauso denkbar, dass diese eine Aufsichtsbehörde über mehrere Stimmen verfügte, die sie »panaschieren« dürfte. Die Festlegung der Anzahl der Aufsichtsbehörden, die einen Mitgliedstaat vertreten, ist damit von der Frage, über wie viele Stimmen der

Mitgliedstaat verfügt, logisch trennbar. Insofern liegt die Gesetzesbegründung zu § 18 in Bezug auf die genannten Tätigkeiten des EDSA schief, wenn sie bei der Begründung der mitgliedstaatlichen Konkretisierungsbefugnis auf Art. 51 Abs. 3 und ErwGr 119 verweist.

2. »Gemeinsamer Standpunkt« für Stellungnahme des EDSA nach Art. 64

Auch für den Beitrag der deutschen Aufsichtsbehörden zur Stellungnahme nach Art. 64 Abs. 1 Buchst. a bis f, der in Art. 70 Abs. 1 Buchst. a erwähnt ist, ist ein **»gemeinsamer Standpunkt« erforderlich**. Dagegen muss der zuvor dem EDSA nach Art. 64 Abs. 1 Buchst. a bis f übermittelte Beschlussentwurf der zuständigen Aufsichtsbehörde, der die Entscheidung des EDSA auslöst, ebenso wenig auf einen »gemeinsamen Standpunkt« zurückgehen wie der Antrag auf Prüfung nach Art. 64 Abs. 2, den »jede Aufsichtsbehörde« (Art. 4 Rn. 162) an den EDSA richten kann. 11

3. »Gemeinsamer Standpunkt« im Kohärenzverfahren nach Art. 65 erst für Entscheidung des EDSA

Im Verfahren der Streitschlichtung nach Art. 65 DSGVO, das in Art. 70 Abs. 1 Buchst. a erwähnt ist, ist **nur für die letzte Äußerung** einer deutschen Aufsichtsbehörde, die im Rahmen des Verfahrens vor dem EDSA erfolgt, ein **gemeinsamer Standpunkt erforderlich**. Erst in diesem Verfahrensstadium ist es sinnvoll, das Verfahren der Festlegung des »gemeinsamen Standpunkts« zu durchlaufen, **weil sich vorher der Beratungsgegenstand noch ändern kann.** Dies gilt insbesondere in den Fällen des Art. 65 Abs. 1 Buchst. a, in denen der EDSA einen verbindlichen Beschluss erlässt, nachdem eine betroffene Aufsichtsbehörde in einem Fall nach Art. 60 Abs. 4 einen maßgeblichen und begründeten Einspruch gegen einen Beschlussentwurf der federführenden Behörde eingelegt hatte oder die federführende Behörde einen solchen Einspruch als nicht maßgeblich oder nicht begründet abgelehnt hatte. (Art. 60 Rn. 22, 26, 29ff.). Auch steht die in der Gesetzesbegründung behauptete Verpflichtung, »die Kontinuität des deutschen Standpunktes während des gesamten Verfahrens der (...) Kohärenz sicherzustellen« im Gegensatz zu der zumindest an die federführende Behörde gerichteten Verpflichtung zu Konsensorientierung und zur Verpflichtung, ggf. unter Zurückstellung eigener Auffassungen unter den betroffenen Aufsichtsbehörden eine konsensuale Lösung zu erarbeiten (Art. 60 Rn. 10f., 17, 20ff., 24). 12

Obwohl Art. 65 das Kohärenzverfahren betrifft, folgt die mitgliedstaatliche Konkretisierungsbefugnis für die Festlegung eines »gemeinsamen Standpunktes« ebenfalls aus Art. 68 Abs. 3 und nicht aus Art. 51 Abs. 3. DSGVO. Da nicht sichergestellt werden kann, dass sich der »gemeinsame Standpunkt« der deutschen Aufsichtsbehörden im EDSA durchsetzt, kann durch ihn nicht die Bindung der nicht betroffenen Aufsichtsbehörden »an die Regeln«, insbesondere die Ergebnisse des Kohärenzverfahrens hergestellt werden. 13

4. »Gemeinsamer Standpunkt« im Verfahren des Art. 66 erst für Stellungnahme oder Beschluss des EDSA

14 Auch im Dringlichkeitsverfahren nach Art. 66 DSGVO ist nur **für die Entscheidungen des EDSA** nach Art. 66 Abs. 2 und 3 die Festlegung eines »**gemeinsamen Standpunkts**« erforderlich. Die Entscheidungen, sich in den Fällen der Absätze 2 und 3 an den EDSA zu richten und damit das Dringlichkeitsverfahren vor dem EDSA einzuleiten, treffen die betroffene bzw. »jede« Aufsichtsbehörde selbst. Auch hier folgt die Konkretisierungsbefugnis aus Art. 68 Abs. 3 und nicht aus Art. 51 Abs. 3. DSGVO.

5. Kein »gemeinsamer Standpunkt« im Verfahren des Art. 60

15 **Solange das Verfahren noch nicht** nach Abs. 4 **in das Kohärenzverfahren nach Art. 65 Abs. 1 Buchst. a gemündet ist**, besteht an **keiner** Stelle des Verfahrens der Zusammenarbeit zwischen betroffenen Aufsichtsbehörden nach Art. 60 das Erfordernis für die Festlegung eines »**gemeinsamen Standpunkts**« der deutschen Aufsichtsbehörden. Dies entlastet die nicht betroffenen deutschen Aufsichtsbehörden davon, vor der Befassung des EDSA unter Umständen mehrfach zu unterschiedlichen Versionen des Beschlussentwurfes zu einem konkreten Fall Stellung zu nehmen.

16 Im Verfahren des Art. 60 sind die »federführende« und »die anderen betroffenen« Aufsichtsbehörden adressiert. Sofern die **federführende Aufsichtsbehörde** eine deutsche Aufsichtsbehörde ist, muss ihr **Beschlussentwurf nach Art. 65 Abs. 3 Satz 2 nicht** im Wege der Bildung eines »**gemeinsamen Standpunktes**« mit den anderen deutschen Aufsichtsbehörden abgestimmt sein. Gleichwohl kann die federführende Behörde dieses Verfahren selbstverständlich nutzen, wenn sie es für sinnvoll erachtet. Ob es überhaupt zu einem Kohärenzverfahren kommen wird, ist zum Zeitpunkt der Formulierung des Beschlussentwurfes der federführenden Aufsichtsbehörde nicht gesagt. Die federführende Behörde ist im Gegenteil sogar dazu verpflichtet, durch die Herbeiführung einer konsensualen Lösung die Durchführung des Kohärenzverfahrens zu vermeiden (Art. 60 Rn. 10f., 17, 20f., 24). Dass die **Begründung des BDSG demgegenüber** die Aussage beinhaltet, die federführende Behörde müsse vor Übermittlung eines Beschlussentwurfes an die betroffenen Aufsichtsbehörden der anderen Mitgliedstaaten nach Art. 60 Abs. 3 die übrigen Aufsichtsbehörden des Bundes und der Länder einbinden und einen »gemeinsamen Standpunkt« ermitteln, **widerspricht** deshalb der **DSGVO**. Der Bundesgesetzgeber ist nicht befugt, Zuständigkeiten für nach der DSGVO unzuständige Aufsichtsbehörden zu begründen. Die entgegen dem ausdrücklichen Wortlaut des Art. 51 Abs. 3 DSGVO in der Gesetzesbegründung des BDSG angeführte Behauptung, der an die Mitgliedstaaten gerichtete Regelungsauftrag beziehe sich nicht nur auf das Kohärenzverfahren im EDSA, sondern auch auf das Verfahren der Zusammenarbeit nach den Art. 60 bis 62, ist unzutreffend (Rn. 5ff.). Es handelt sich damit um eine fakultative, nicht jedoch um eine zwingende Beteiligung der anderen innerstaatlichen Aufsichtsbehörden durch die federführende deutsche Aufsichtsbehörde.

17 Auch der **Einspruch**, den »eine andere betroffene Aufsichtsbehörde« **nach Art. 60 Abs. 4 DSGVO** gegen den Beschlussentwurf der federführenden Aufsichtsbehörde einlegen kann, **muss nicht auf einen »gemeinsamen Standpunkt« zurückgehen**. Wenn die fe-

derführende Aufsichtsbehörde sich dem Einspruch nicht anschließt, oder der Einspruch nicht maßgeblich und begründet ist, muss sie das Kohärenzverfahren nach Art. 63 DSGVO einleiten. Auch für eine entsprechende Mitteilung der federführenden Aufsichtsbehörde an den EDSA ist kein »gemeinsamer Standpunkt« erforderlich.

6. Kein »gemeinsamer Standpunkt« in den Verfahren nach Art. 61 und 62

Auch in den bi- bis multilateralen Verfahren der Aufsichtsbehörden zur gegenseitigen Amtshilfe nach Art. 61 und zur Durchführung gemeinsamer Maßnahmen nach Art. 62 ist die Festlegung von **»gemeinsamen Standpunkten« nicht** erforderlich. 18

V. Beteiligung der nach Art. 85 und 91 der Verordnung (EU) 2016/679 eingerichteten spezifischen Aufsichtsbehörden

Nach Abs. 1 Satz 4 beteiligen die Aufsichtsbehörden des Bundes und der Länder die nach Art. 85 und 91 (Art. 85 Rn. 48, Art. 91 Rn. 22f.) eingerichteten »spezifischen Aufsichtsbehörden«, **sofern diese von einer Angelegenheit betroffen sind**. Bei der Beurteilung, ob diese Aufsichtsbehörden von einer Angelegenheit »betroffen« sind, ist zu beachten, dass **diese Aufsichtsbehörden als nicht-staatliche Stellen nicht unter den Begriff der Aufsichtsbehörde nach Art. 4 Nr. 21 fallen** (Art. 4 Rn. 161)[3] und deshalb auch der Begriff der betroffenen Aufsichtsbehörde nach Art. 4 Nr. 22 nicht auf sie anwendbar ist. Sie sind damit also nicht schon deshalb von einer Angelegenheit »betroffen«, weil ein Sachverhalt eine der Voraussetzungen des Art. 4 Nr. 22 Buchst. a bis c erfüllt. Insofern wird eine Betroffenheit im Sinne des Abs. 1 Satz 4 fast ausschließlich in den Fällen gegeben sein, in denen es darum geht, eine deutsche Position im Zusammenhang mit einer geplanten Äußerung des EDSA zu den Art. 85 oder 91 zu finden. 19

VI. Verfahren zur Festlegung des gemeinsamen Standpunkts (Absätze 2 und 3)

Das Verfahren zur Festlegung des gemeinsamen Standpunkts ist in den Sätzen 2 und 3 des Abs. 1 und in den Abs. 2 und 3 beschrieben. Es hat zum Ergebnis, dass die **Letztentscheidung im Zweifel bei der oder dem Bundesbeauftragten** liegt. 20

Nach den Sätzen 2 und 3 des Abs. 1 beginnt das Verfahren zur Festlegung des gemeinsamen Standpunkts damit, dass sich die Aufsichtsbehörden des Bundes und der Länder frühzeitig **Gelegenheit zur Stellungnahme** geben und zu diesem Zweck untereinander alle zweckdienlichen Informationen austauschen. 21

Abs. 2 bestimmt für die Fälle, in denen **kein einvernehmlicher gemeinsamer Standpunkt** erzielt werden kann, dass die **federführende Behörde einen Vorschlag** für einen gemeinsamen Standpunkt vorlegt. Für Fälle, in denen es keine federführende Behörde gibt, sieht Satz 1 vor, dass der oder die Bundesbeauftragte und der oder die Ländervertreter/in einen Vorschlag für einen gemeinsamen Standpunkt vorlegen. Für den Fall, dass es den beiden nicht gelingt, einen solchen gemeinsamen Standpunkt zu finden, bestimmen die Sätze 2 22

3 Kühling/Buchner-*Dix*, Art. 68 Rn. 9, begründet mit der fehlenden Eigenschaft als staatliche Aufsichtsbehörde, dass diese Aufsichtsbehörden als Mitglieder des EDSA ausscheiden.

und 3, dass der oder die Bundesbeauftragte einen Vorschlag für einen gemeinsamen Vorschlag vorlegt, es sei denn, es handelt sich um einen der seltenen Fälle, in denen es um die Wahrnehmung von Aufgaben geht, für welche die Länder alleine das Recht der Gesetzgebung haben, oder welche die Einrichtung oder das Verfahren von Landesbehörden betreffen. Satz 4 bestimmt, dass der auf den genannten Wegen entstandene Vorschlag für den gemeinsamen Standpunkt die **Grundlage für die Verhandlungen im EDSA** ist, **es sei denn**, die **Aufsichtsbehörden von Bund und Ländern** beschließen **einen anderen Standpunkt mit einfacher Mehrheit**. Die Sätze 5 und 6 legen für diese Abstimmung fest, dass der Bund und jedes Land jeweils eine Stimme haben und Enthaltungen nicht gezählt werden.

23 Abs. 3 befasst sich mit der **Verhandlungsführung** und dem **Letztentscheidungsrecht** im EDSA. Danach legen gemeinsame/r Vertreter/in und Stellvertreter/in, also Bundesbeauftragte/r und Ländervertreter/in unter Beachtung des gemeinsamen Standpunktes einvernehmlich die jeweilige Verhandlungsführung fest. Für die Fälle, in denen es ihnen **nicht** gelingt, **Einvernehmen** über die Verhandlungsführung zu erzielen, bestimmen die Sätze 2 und 3 des Abs. 3, dass der oder die **Bundesbeauftragte entscheidet**, es sei denn es handelt sich um einen der seltenen Fälle, in denen die Länder alleine das Recht der Gesetzgebung haben, oder welche die Einrichtung oder das Verfahren von Landesbehörden betreffen. Mit dieser Regelung ignorierte der Bundestag die Hauptvollzugsverantwortung der Aufsichtsbehörden der Länder und verwarf die verfassungsrechtlichen und europarechtlichen Bedenken des Bundesrats (§ 17 Rn. 4ff.).

§ 19 Zuständigkeiten

(1) Federführende Aufsichtsbehörde eines Landes im Verfahren der Zusammenarbeit und Kohärenz nach Kapitel VII der Verordnung (EU) 2016/679 ist die Aufsichtsbehörde des Landes, in dem der Verantwortliche oder der Auftragsverarbeiter seine Hauptniederlassung im Sinne des Artikels 4 Nummer 16 der Verordnung (EU) 2016/679 oder seine einzige Niederlassung in der Europäischen Union im Sinne des Artikels 56 Absatz 1 der Verordnung (EU) 2016/679 hat. Im Zuständigkeitsbereich der oder des Bundesbeauftragten gilt Artikel 56 Absatz 1 in Verbindung mit Artikel 4 Nummer 16 der Verordnung (EU) 2016/679 entsprechend. Besteht über die Federführung kein Einvernehmen, findet für die Festlegung der federführenden Aufsichtsbehörde das Verfahren des § 18 Absatz 2 entsprechende Anwendung.

(2) Die Aufsichtsbehörde, bei der eine betroffene Person Beschwerde eingereicht hat, gibt die Beschwerde an die federführende Aufsichtsbehörde nach Absatz 1, in Ermangelung einer solchen an die Aufsichtsbehörde eines Landes ab, in dem der Verantwortliche oder der Auftragsverarbeiter eine Niederlassung hat. Wird eine Beschwerde bei einer sachlich unzuständigen Aufsichtsbehörde eingereicht, gibt diese, sofern eine Abgabe nach Satz 1 nicht in Betracht kommt, die Beschwerde an die Aufsichtsbehörde am Wohnsitz des Beschwerdeführers ab. Die empfangende Aufsichtsbehörde gilt als die Aufsichtsbehörde nach Maßgabe des Kapitels VII der Verordnung (EU) 2016/679, bei der die Beschwerde eingereicht worden ist, und kommt den Verpflichtungen aus Artikel 60 Absatz 7 bis 9 und Artikel 65 Absatz 6 der Verordnung (EU) 2016/679 nach. Im Zuständigkeitsbereich der oder des Bundesbeauftragten gibt die Aufsichtsbehörde, bei

der eine Beschwerde eingereicht wurde, diese, sofern eine Abgabe nach Absatz 1 nicht in Betracht kommt, an den Bundesbeauftragten oder die Bundesbeauftragte ab.

Inhaltsübersicht Rn.

I. Allgemeines

§ 19 trägt die Überschrift »Zuständigkeiten« und formuliert von der DSGVO abweichende Regelungen zur »federführenden Aufsichtsbehörde«, zur Zuständigkeit der Bearbeitung von Beschwerden und zur Benachrichtigung von Beschwerdeführerinnen und Beschwerdeführern. 1

II. Von der DSGVO abweichende Bestimmung der federführenden Aufsichtsbehörde

Nach § 19 Abs. 1 Satz 1 ist »federführende Aufsichtsbehörde eines Landes im Verfahren der Zusammenarbeit und Kohärenz nach Kapitel VII« der DSGVO »die Aufsichtsbehörde des Landes, in dem der Verantwortliche oder der Auftragsverarbeiter seine Hauptniederlassung im Sinne des Artikels 4 Nr. 16 (…) oder seine einzige Niederlassung in der Europäischen Union im Sinne des Artikels 56 Abs. 1« DSGVO hat. Mit dieser Formulierung **wiederholt** Satz 1 den **Regelungsgehalt des Art. 56 Abs. 1 DSGVO** und stellt gleichzeitig durch den expliziten Verweis auf Art. 56 Abs. 1 klar, dass sich der Begriff der **federführenden Aufsichtsbehörde auch nach dem BDSG allein auf grenzüberschreitende Verarbeitungen bezieht.** Im Hinblick darauf, dass Satz 2 eine Ausnahme zu der in Satz 1 wiederholten Regelung des Art. 56 Abs. 1 formuliert, kann Satz 1 als eine dem Verständnis des Satzes 2 dienende deklaratorische Formulierung angesehen werden und verstößt deshalb nicht gegen das Wiederholungsverbot. 2

§ 19 Abs. 1 Satz 2 erklärt »im Zuständigkeitsbereich der oder des Bundesbeauftragten Art. 56 Abs. 1 in Verbindung mit Art. 4 Nr. 16 DSGVO für »entsprechend« anwendbar. Art. 56 Abs. 1 bestimmt, dass für grenzüberschreitende Verarbeitungen die Aufsichtsbehörde der Hauptniederlassung oder der einzigen Niederlassung der Verantwortlichen des Verantwortlichen oder Auftragsverarbeiters »gemäß dem Verfahren (»in accordance with the procedure«) nach Art. 60 die zuständige federführende Aufsichtsbehörde« ist. Art. 4 Nr. 16 stellt für die Bestimmung der Hauptniederlassung auf den Ort der Hauptniederlassung, der Niederlassung, die über Zwecke und Mittel der Verarbeitung personenbezogener Daten entscheidet, oder für Auftragsverarbeiter auf den Ort, an dem die Verarbeitung hauptsächlich stattfindet, ab. Die **Zuständigkeit der oder des BfDI für Post- und Telekommunikationsdienste, sofern die Verarbeitung in inhaltlichem Zusammenhang mit einem Vertrag über Post- oder Telekommunikationsdienstleistungen steht** (Art. 4 Rn. 160), stellt einen von der DSGVO tolerierten **Bruch mit der in Art. 56 Abs. 1 angelegten territorialen Logik** der aufsichtsrechtlichen Zuständigkeitsverteilung zur Bestim- 3 mung der im Sinne des Art. 60 federführenden Behörde dar.[1] § 19 Abs. 1 Satz 1 ist daher so zu verstehen, dass die oder der BfDI trotz fehlender territorialer Zuständigkeit für den Ort der Niederlassung für die entsprechenden grenzüberschreitenden Verarbeitungen der Post- oder Telekommunikationsdienstleister oder Auftragsverarbeiter die federführende Aufsichtsbehörde im Sinne des Art. 60 ist.

4 Damit weicht die Regelung des § 19 Abs. 1 Satz 2 von der explizit territorial orientierten Regelung des Art. 56 Abs. 1 ab. Diese durch den Bundesgesetzgeber festgelegte Abweichung von der DSGVO folgt aus der Befugnis der mitgliedstaatlichen Gesetzgeber nach Art. 51 Abs. 3 zur Einführung eines Verfahrens, mit dem sichergestellt wird, dass die nicht im EDSA vertretenen Behörden die Regeln für das Kohärenzverfahren nach Art. 63 einhalten. Ein Beschluss des EDSA in einem konkreten Kohärenzverfahren ist nach Art. 65 Abs. 2 Satz 3 für die federführende und alle anderen betroffenen Aufsichtsbehörden verbindlich. Wenn ausschließlich auf die territoriale Logik abgestellt würde, wäre in den genannten Fällen eine andere Aufsichtsbehörde als die oder der BfDI federführende Behörde. Wenn die oder der BfDI in einem solchen Fall nicht Adressatin bzw. Adressat einer Beschwerde (Art. 4 Nr. 22c) wäre, wäre sie bzw. er weder betroffene noch federführende Behörde. Insofern wäre der Beschluss des EDSA für sie bzw. ihn nicht verbindlich. Dies verdeutlicht, dass an dieser Stelle einer Regelung sinnvoll gewesen wäre, die die Verbindlichkeit der Beschlüsse des EDSA nach Art. 65 Abs. 2 Satz 3 nicht nur für die oder den BfDI, sondern auch für alle anderen nicht betroffenen deutschen Aufsichtsbehörden explizit festgestellt hätte. Auf eine solche Regelung hat der Bundesgesetzgeber verzichtet, obwohl die Formulierung in Art. 51 Abs. 3 dies nahegelegt hätte. Die an alle Aufsichtsbehörden gerichtete Verpflichtung nach **Art. 51 Abs. 2 Satz 1 zur Leistung eines Beitrages zur einheitlichen Anwendung der DSGVO** kann als Verpflichtung aller Europäischen Aufsichtsbehörden angesehen werden, auf Einzelfälle bezogene verbindliche Beschlüsse des EDSA im Rahmen des Kohärenzverfahrens nach Art. 65 und 66 zu beachten und **kann** deshalb **das gesetzgeberische Versäumnis heilen**.

5 Nach § 19 Abs. 1 Satz 3 soll in den Fällen, in denen über die Federführung kein Einvernehmen besteht, »für die Festlegung der federführenden Aufsichtsbehörde das Verfahren des § 18 Absatz 2 entsprechende Anwendung« finden. Dies steht im **Widerspruch zu Art. 65 Abs. 1 Buchst. b DSGVO**, wonach es der EDSA ist, der einen verbindlichen Beschluss erlässt, »wenn es widersprüchliche Standpunkte dazu gibt, welche der betroffenen Aufsichtsbehörden für die Hauptniederlassung zuständig ist«. Damit hat der **Bundesgesetzgeber** den **Versuch unternommen**, dem EDSA in den Fällen, in denen es mehrere deutsche Aufsichtsbehörden sind, die widersprüchliche Auffassungen darüber haben, welche von ihnen für die Hauptniederlassung zuständig ist, die **dem EDSA** nach Art. 65 Abs. 1 Buchst. b zustehende **Kompetenz** zur verbindlichen Entscheidung durch Beschluss **zu entziehen**. Für eine solche mitgliedstaatliche Konkretisierungskompetenz lässt Art. 65 keinen Raum. Insbesondere folgt dies nicht aus der in Art. 51 Abs. 3 normierten und an die mitgliedstaatlichen Gesetzgeber gerichteten Verpflichtung, ein Verfahren einzuführen, mit dem sichergestellt wird, dass die »anderen«, also die nicht selbst im EDSA vertretenen Behörden die Regeln für das Kohärenzverfahre nach Art. 63 einhalten. In Art. 65 Abs. 1

---

1 Auch SJTK-*Kugelmann/Römer*, Art. 56 Rn. 52, halten dies für eine »folgerichtige Sonderregelung« für die Bundesbeauftragte oder den Bundesbauftragten.

Buchst. b geht es nicht um das Kohärenzverfahren nach Art. 63, sondern um die verbindliche Bestimmung der federführenden Behörde durch den EDSA.

Auch die Ausführungen der Begründung zu § 19 vermögen hier nicht zu überzeugen. 6
Dort heißt es, Art. 56 Abs. 1 i. V. m. Art. 4 Nr. 16 diene der Zuständigkeitsabgrenzung zwischen den Aufsichtsbehörden verschiedener Mitgliedstaaten und verhalte sich nicht zur innerstaatlichen Zuständigkeitsverteilung. Diese Aussage ist zu undifferenziert. Zwar folgt tatsächlich aus dem Umstand, dass Art. 56 Abs. 1 sich auf grenzüberschreitende Verarbeitungen beschränkt, dass die Zuständigkeit der Aufsichtsbehörden verschiedener Mitgliedstaaten geregelt ist. Dass sich Art. 56 Abs. 1 nicht zur innerstaatlichen Zuständigkeitsverteilung verhält, folgt daraus jedoch nicht. Im Gegenteil wird durch die Festlegung der Kriterien, die eine Aufsichtsbehörde zur federführenden Aufsichtsbehörde machen, festgelegt, welche der deutschen Aufsichtsbehörden in einem konkreten Einzelfall federführende Aufsichtsbehörde ist. So ist etwa eine deutsche Landesaufsichtsbehörde nach Art. 56 Abs. 1 federführende Behörde, wenn ein Verarbeiter von einer in ihrem Bundesland gelegenen Hauptniederlassung aus grenzüberschreitende Verarbeitungen vornimmt.

Sofern es in der Gesetzesbegründung weiter heißt, die DSGVO adressiere »aus innerstaatlicher Perspektive (…) die mitgliedstaatliche Aufsicht in ihrer Gesamtheit, nicht aber jede einzelne Aufsichtsbehörde in einem föderal strukturierten Mitgliedstaat« ist dies unzutreffend. Die für die DSGVO entscheidende Kategorie ist die der grenzüberschreitenden Verarbeitungen. Nur für sie bestimmt Art. 56 Abs. 1 den Begriff der federführenden Behörde. Sofern eine deutsche Landesaufsichtsbehörde nach **Art. 56 Abs. 1 federführende Behörde** ist, ist **nur sie Adressatin der an federführende Behörden gerichteten Regelungen der DSGVO**. Es gibt in der DSGVO keinen Hinweis darauf, dass sich die betreffenden Normen der DSGVO in diesen Fällen nicht nur an die federführende, sondern auch an andere, nur betroffene oder sogar nicht-betroffene Aufsichtsbehörden eines Mitgliedstaates richten. Nichts anderes behauptet aber die durch keine Regelung der DSGVO belegte angebliche Adressierung an »die mitgliedstaatliche Aufsicht in ihrer Gesamtheit«. Für die behauptete Möglichkeit der Mitgliedstaaten zu »Abweichungen« bei der Festlegung der innerstaatlichen Zuständigkeiten fehlen damit die Belege. Insofern bleibt die Gesetzesbegründung die **Begründung dafür schuldig, dass der Bundesgesetzgeber** in § 19 Abs. 1 Satz 3 **die Kompetenz des EDSA** zur Bestimmung der federführenden Behörde durch den Mechanismus des § 18 Abs. 2 **ersetzen durfte. Art. 65 Abs. 1 Buchst. b DSGVO geht § 19 Abs. 1 Satz 3 vor.** Letzterer ist nicht anwendbar. 7

III. Abweichung von Art. 57 Abs. 1f DSGVO und vom One-Stop-Shop

§ 19 Abs. 2 Satz 1 bestimmt, dass deutsche **Aufsichtsbehörden, die Adressatinnen von Beschwerden Betroffener** sind, diese Beschwerden nicht selbst bearbeiten dürfen, sondern diese an eine andere deutsche Aufsichtsbehörde abgeben müssen. Gemeint sind damit – ohne dass dies explizit geregelt würde – die Fälle, in denen die Aufsichtsbehörde, die die Beschwerde erhält, nicht selbst federführende Aufsichtsbehörde ist. Bei dieser anderen Aufsichtsbehörde, an die die Beschwerde nach Satz 1 abzugeben ist, soll es sich um die nach Abs. 1 zu bestimmende (zur Kritik Rn. 5ff.) »federführende« Aufsichtsbehörde handeln. Sofern es keine Aufsichtsbehörde gibt, die die Kriterien nach Abs. 1 erfüllt, muss die Beschwerde gleichwohl abgegeben werden. In diesen Fällen soll die Aufsichtsbehörde ei- 8 nes Landes, in dem der Verantwortliche oder der Auftragsverarbeiter eine Niederlassung hat, Adressatin der Beschwerde sein. Diese Regelung **kollidiert mit Art. 57 Abs. 1 Buchst. f DSGVO**, wonach »**jede**« **Aufsichtsbehörde in ihrem Hoheitsgebiet** »sich mit Beschwerden einer betroffenen Person (…) befassen, den Gegenstand in angemessenem Umfang untersuchen und den Beschwerdeführer innerhalb einer angemessenen Frist über den Fortgang und das Ergebnis der Untersuchung unterrichten« muss.[2] Dass **bis auf die Besonderheit bei der Aufsichtstätigkeit der oder des Bundesbeauftragten für die Post- und Telekommunikationsdienstleister** (Art. 4 Rn. 160)[3] »**jede**« **deutsche Aufsichtsbehörde für ein geografisch klar definierbares Hoheitsgebiet zuständig ist**, kann nicht bestritten werden. Auch kollidiert die Pflicht zur Abgabe einer bei einer Aufsichtsbehörde eingegangenen Beschwerde an die nach § 19 Abs. 1 bestimmte Behörde mit Art. 77 Abs. 2,[4] der bestimmt, dass es die Aufsichtsbehörde, bei der die Beschwerde eingereicht wurde, ist, die die Beschwerdeführenden über den Stand und die Ergebnisse der Beschwerde einschließlich der Möglichkeit eines gerichtlichen Rechtsbehelfs nach Art. 78 unterrichtet (Art. 77 Rn. 1, 4ff.). Gleichzeitig widerspricht diese Regelung auch dem ebenfalls der Idee des One-Stop-Shop folgenden Grundsatz, mit der Wahl der Aufsichtsbehörde, bei der eine Beschwerde eingelegt wird, auch das für belastende Entscheidungen dieser Aufsichtsbehörde nach Art. 78 Abs. 1 zuständige Gericht zu bestimmen (Art. 78 Rn. 7). Insofern **verkürzt** Abs. 2 Satz 1 **in europarechtswidriger Weise** die **Rechte der Betroffenen** nach Art. 77 Abs. 2[5] und Art. 78 Abs. 1 und 2 und die nach der DSGVO gewährten **Rechte und vor allem Pflichten der deutschen Aufsichtsbehörden** und ist daher nicht anzuwenden, bzw. es ist in europarechtskonformer Auslegung zumindest davon auszugehen, dass auch in Deutschland Aufsichtsbehörden, die eine Beschwerde erhalten haben, immer betrof-

---

2 Damit handelt es sich bei § 19 Abs. 2 BDSG um eine Zuständigkeitsregelung und nicht, wie es bei SHS-*Boehm*, Art. 77 Rn. 19, heißt, um eine »verfahrensrechtliche Regelung, die das Vorgehen bei Einreichung einer Beschwerde bei einer unzuständigen Behörde festschreibt«. Betroffene haben nach Art. 77 Abs. 1 DSGVO das Recht, Beschwerden bei einer Aufsichtsbehörde ihrer Wahl zu erheben und diese zur »betroffenen« und damit von der federführenden Aufsichtsbehörde am Verfahren zur Entscheidung zu beteiligenden Behörde zu machen und gleichzeitig die Gerichte zu bestimmen, die für eine Klage gegen eine aufsichtsbehördliche Entscheidung über ihre Beschwerde zuständig sind. Zur Kritik an der Begrifflichkeit »unzuständige Behörde« siehe Art. 77 DSGVO Fn 7.

3 Für diese Fälle trifft der neu eingefügte Satz 4 die Regelung, dass die Beschwerde an die Bundesbeauftragte oder den Bundesbeauftragten dazugeben ist, die denselben Bedenken begegnet wie die Abgabepflicht an Landesbeauftragte.

4 Auch Schantz/Wolff-*Wolff*, Rn. 1008, konstatiert, dass das deutsche Recht die nach Art. 77 Abs. 2 DSGVO bestehende Zuständigkeit der Aufsichtsbehörde, bei der die Beschwerde erhoben wurde, »ändert.« § 19 Abs. 2 sei »eine mutige Umdefinition der unionsrechtlichen Vorgaben. Nach klassischen Regeln des Unionsrechts« spreche »viel dafür, dass sie die Konkretisierungsbefugnisse der Mitgliedstaaten überschreitet.«

5 So auch Wolff a.a.O und Rn. 1071, wo es heißt: »Das deutsche Recht versucht nun, das Unionsrecht umzudefinieren. Auch wenn die Regelung des § 19 Abs. 2 BDSG nF sachlich vernünftig und einleuchtend ist und insofern glücklicher ist als die Regelung des Art. 77 DS-GVO, ändert § 19 Abs. 2 BDSG nF ohne erkennbare Rechtfertigung das Unionsrecht und verstößt somit gegen den Anwendungsvorrang des Unionsrecht und dürfte eine gerichtliche Überprüfung auf seine Unionskonformität kaum »überleben«.«

fene Aufsichtsbehörden im Sinne des Art. 4 Nr. 22 DSGVO und als solche »zuständige« Aufsichtsbehörden im Sinne des Art. 55 Abs. 1 sind.[6]

Auch § 19 Abs. 2 Satz 2 kollidiert mit der DSGVO. Danach soll eine deutsche Aufsichtsbehörde, die Empfängerin einer Beschwerde ist, diese entweder an die in Satz 1 bzw. Satz 4 in Abweichung zur DSGVO definierte »federführende«, oder – sofern es keine Aufsichtsbehörde gibt, die die in Satz 1 genannten Kriterien erfüllt, – an die Aufsichtsbehörde am Wohnsitz des Beschwerdeführers abgeben, sofern die Aufsichtsbehörde, die Adressatin der Beschwerde war, »sachlich unzuständig« ist. Was die statuierte Abgabepflicht anbelangt, kollidiert diese Regelung wie Satz 1 mit Art. 57 Abs. 1 Buchst. f und Art. 77 DSGVO. Allerdings ist dies unschädlich, da die **Regelung in die Leere** geht: Nach Art. 57 Abs. 1 Buchst. f DSGVO ist jede Aufsichtsbehörde, die Adressatin einer Beschwerde ist, für die Bearbeitung dieser Beschwerde zuständig. »Sachlich unzuständig« können Aufsichtsbehörden, die Adressatinnen von Beschwerden sind, also nach der DSGVO nicht sein. 9

Satz 3 formuliert die **Fiktion**, die Aufsichtsbehörde, die nach Satz 1 oder 2 von der Aufsichtsbehörde, die Adressatin der Beschwerde war, eine Beschwerde empfangen hat, »gelte« im Sinne des Kapitels VII als die Aufsichtsbehörde bei der die Beschwerde eingereicht worden sei, und **müsse den Verpflichtungen aus Art. 60 Abs. 7 bis 9 und Art. 65 Abs. 6 DSGVO nachkommen.** Mit diesen Regelungen hat der Bundesgesetzeber den Versuch unternommen, einer Behörde diverse Verpflichtungen im Zusammenhang mit der Unterrichtung der Beschwerdeführer über die Ergebnisse des Zusammenarbeitsverfahrens nach Art. 60 und des Verfahrens der Streitbeilegung nach Art. 65 DSGVO zu übertragen, die diesen Verpflichtungen nach der DSGVO nicht unterliegt. Auch diese Regelung steht im **Widerspruch zum One-Stop-Shop-Verfahren**, das als eine der Errungenschaften der DSGVO gilt. Das in Art. 77 Abs. 2 für die Aufsichtsbehörden formulierte One-Stop-Shop-Verfahren besagt für Grundrechtsträgerinnen und Grundrechtsträger, die sich über Grundrechtsverstöße beklagen, dass sie es im Verfahren der Klärung ihrer Beschwerde selbst dann allein mit der Aufsichtsbehörde, an die sie sich gewandt haben, zu tun haben, wenn noch andere Aufsichtsbehörden und möglicherweise sogar der EDSA in die Entscheidung über die Beschwerde einbezogen worden sind. Die Idee des One-Stop-Shop verknüpft dies insbesondere auch mit dem Grundsatz, wonach belastende aufsichtsbehördliche Entscheidungen von den Belasteten nach Art. 78 Abs. 1 vor Gerichten im eigenen Hoheitsbereich rechtlich angegriffen werden können (Art. 78 Rn. 7). Dies gilt selbstverständlich auch für die **verwaltungsgerichtliche Zuständigkeit** der Bundesländer. Aufgrund des Anwendungsvorranges des in den Art. 77 Abs. 2 und 78 Abs. 1 und 2 für die Aufsichtsbehörden und die für sie zuständigen Gerichte normierten Prinzips des One-Stop-Shop ist auch § 19 Abs. 2 Satz 3 nicht anwendbar.[7] 10

6 So SJTK-*Kugelmann/Römer*, Art. 55 Rn. 45.

7 Etwas anders die Akzentsetzung bei SJTK-*Kugelmann/Römer*, Art. 55 Rn. 45, wenn sie schreiben, die »Ursprungsbehörde«, die die Beschwerde erhalten habe, sei als betroffene Aufsichtsbehörde anzusehen, die über die entsprechenden Rechte verfüge, »während die Pflichten teils von der empfangenden Behörde ausgeübt werden.« Was in diesem Zusammenhang aufsichtsbehördliche Recht und Pflichten sind und um welchen Teil der Pflichten es sich handelt, die von der empfangenden Behörde ausgeübt werden, bleibt dabei unklar.

Kapitel 6
Rechtsbehelfe

§ 20 Gerichtlicher Rechtsschutz

(1) Für Streitigkeiten zwischen einer natürlichen oder einer juristischen Person und einer Aufsichtsbehörde des Bundes oder eines Landes über Rechte gemäß Artikel 78 Absatz 1 und 2 der Verordnung (EU) 2016/679 sowie § 61 ist der Verwaltungsrechtsweg gegeben. Satz 1 gilt nicht für Bußgeldverfahren.

(2) Die Verwaltungsgerichtsordnung ist nach Maßgabe der Absätze 3 bis 7 anzuwenden.

(3) Für Verfahren nach Absatz 1 Satz 1 ist das Verwaltungsgericht örtlich zuständig, in dessen Bezirk die Aufsichtsbehörde ihren Sitz hat.

(4) In Verfahren nach Absatz 1 Satz 1 ist die Aufsichtsbehörde beteiligungsfähig.

(5) Beteiligte eines Verfahrens nach Absatz 1 Satz 1 sind

1. die natürliche oder juristische Person als Klägerin oder Antragstellerin und

2. die Aufsichtsbehörde als Beklagte oder Antragsgegnerin.

§ 63 Nummer 3 und 4 der Verwaltungsgerichtsordnung bleibt unberührt.

(6) Ein Vorverfahren findet nicht statt.

(7) Die Aufsichtsbehörde darf gegenüber einer Behörde oder deren Rechtsträger nicht die sofortige Vollziehung gemäß § 80 Absatz 2 Satz 1 Nummer 4 der Verwaltungsgerichtsordnung anordnen.

Inhaltsübersicht Rn.

I. Allgemeines

1 § 20 konkretisiert das durch Art. 78 DSGVO und durch Art. 53 Abs. 1 der JI-Richtlinie gewährte **Recht auf wirksamen gerichtlichen Rechtsbehelf gegen verbindliche Beschlüsse eine Aufsichtsbehörde**, das primärrechtlich in Art. 47 GRCh verankert ist (Dies geht aus ErwGr 141 Satz 1 hervor.). Die Gesetzesbegründung weist darauf hin, dass § 20 keine Anwendung findet, wenn wie in § 51 Sozialgerichtsgesetz bereichsspezifische Rechtsvorschriften des Bundes den Rechtsweg zu anderen Gerichte als den Gerichten der Verwaltungsgerichtsbarkeit eröffneten. Auch behalte sich der Gesetzgeber »z. B. vor, für datenschutzrechtliche Fragen im Anwendungsbereich der Abgabenordnung in einem gesonderten Gesetzgebungsverfahren den Finanzrechtsweg zu eröffnen.«

II. Rechtswegzuweisungen (Abs. 1)

2 Abs. 1 beinhaltet in Satz 1 für **Streitigkeiten i. S. d. Art. 78 DSGVO** eine **Rechtswegezuweisung zu den Verwaltungsgerichten** und bestimmt in Satz 2, dass in Streitigkeiten über von Aufsichtsbehörden verhängte **Bußgelder** der **ordentliche Rechtsweg** eröffnet ist.

III. Grundsätzliche Anwendbarkeit der VwGO für Streitigkeiten i. S. d. Art. 78 DSGVO (Abs. 2 bis 7)

Abs. 2 bestimmt, dass die VwGO für Streitigkeiten i. S. d. Art. 78 Abs. 1 und 2 DSGVO mit den sich aus den Abs. 3 bis 7 ergebenden Abweichungen und Präzisionen anwendbar ist.[1] In Umsetzung des Art. 78 Abs. 3 (siehe hierzu oben Art. 78 Rn. 7), wonach für Verfahren gegen eine Aufsichtsbehörde die Gerichte des Mitgliedstaats zuständig sind, in dem die Aufsichtsbehörde ihren Sitz hat, bestimmt Abs. 3, dass für diese Verfahren das **Verwaltungsgericht örtlich** zuständig ist, in dessen Bezirk die **Aufsichtsbehörde ihren Sitz** hat. In Konkretisierung der §§ 61 und 62 VwGO bestimmen Abs. 4, dass die Aufsichtsbehörde in diesem Verfahren **beteiligungsfähig** ist,[2] und Abs. 5 Satz 1, dass die von der aufsichtsbehördlichen Entscheidung betroffene natürliche oder juristische Person Klägerin oder Antragstellerin (Nr. 1) und die Aufsichtsbehörde Beklagte oder Antragsgegnerin ist (Nr. 2). Letzteres stellt eine aus der Unabhängigkeit der Aufsichtsbehörden resultierende Ausnahme zu § 78 Abs. 1 VwGO dar, wonach die Klage gegen die Körperschaft zu richten ist, deren Behörde den angefochtenen Verwaltungsakt erlassen oder den beantragten Verwaltungsakt unterlassen hat.[3] Abs. 5 Satz 2 bestimmt, dass weder Beigeladene noch der Vertreter des Bundesinteresses beim Bundesverwaltungsgericht oder der Vertreter des öffentlichen Interesses i. S. d. § 63 Nr. 3 und 4 VwGO Verfahrensbeteiligte sind. Abs. 6 bestimmt, dass **kein Vorverfahren** stattfindet, was nach § 68 VwGO zur Folge hat, dass gegen entsprechende Beschlüsse und Unterlassungen von Aufsichtsbehörden kein Widerspruchsverfahren stattfindet, sondern sofort die Verwaltungsgerichte angerufen werden können und müssen. Abs. 7 bestimmt, dass die Aufsichtsbehörde zwar gegenüber nichtöffentlichen Verarbeitern und Auftragsverarbeitern,[4] **nicht** jedoch **gegenüber Behörden** oder deren Rechtsträgern gemäß § 80 Abs. 2 Satz 1 Nr. 4 VwGO die **sofortige Vollziehung anordnen** und damit die aufschiebende Wirkung einer Anfechtungsklage entfallen lassen darf.[5] 3

§ 21 Antrag der Aufsichtsbehörde auf gerichtliche Entscheidung bei angenommener Rechtswidrigkeit eines Beschlusses der Europäischen Kommission

(1) Hält eine Aufsichtsbehörde einen Angemessenheitsbeschluss der Europäischen Kommission, einen Beschluss über die Anerkennung von Standardschutzklauseln oder über die Allgemeingültigkeit von genehmigten Verhaltensregeln, auf dessen Gül-

1 Schantz/Wolff-*Wolff*, Rn. 1098, weist darauf hin, dass die Rechtslage auch ohne Abs. 2 nicht anders gewesen wäre.

2 Nach Schantz/Wolff-*Wolff*, Rn. 1098, ist dies Folge der Unabhängigkeit der Aufsichtsbehörden, die zwar keine juristischen Personen seien, aber ähnlich wie Rechtsträger konstruiert seien.

3 So auch SHS-*Boehm*, Rn. 15.

4 Auf diesen Umkehrschluss weist auch SHS-*Boehm*, Rn. 20, hin.

5 SJTK-*Kugelmann*, Art. 52 Rn. 2, hält diesen Ausschluss nicht für zwingend, da die effektive Anwendung der DSGVO auch Zwangsmittel umfasse. Insofern könne auch die Möglichkeit der Durchführung der Verwaltungsvollstreckeund etwa in Landesdatenschutzgesetzen gesetzlich eröffnet werden.

tigkeit es für eine Entscheidung der Aufsichtsbehörde ankommt, für rechtswidrig, so hat die Aufsichtsbehörde ihr Verfahren auszusetzen und einen Antrag auf gerichtliche Entscheidung zu stellen.

(2) Für Verfahren nach Absatz 1 ist der Verwaltungsrechtsweg gegeben. Die Verwaltungsgerichtsordnung ist nach Maßgabe der Absätze 3 bis 6 anzuwenden.

(3) Über einen Antrag der Aufsichtsbehörde nach Absatz 1 entscheidet im ersten und letzten Rechtszug das Bundesverwaltungsgericht.

(4) In Verfahren nach Absatz 1 ist die Aufsichtsbehörde beteiligungsfähig. An einem Verfahren nach Absatz 1 ist die Aufsichtsbehörde als Antragstellerin beteiligt; § 63 Nummer 3 und 4 der Verwaltungsgerichtsordnung bleibt unberührt. Das Bundesverwaltungsgericht kann der Europäischen Kommission Gelegenheit zur Äußerung binnen einer zu bestimmenden Frist geben.

(5) Ist ein Verfahren zur Überprüfung der Gültigkeit eines Beschlusses der Europäischen Kommission nach Absatz 1 bei dem Gerichtshof der Europäischen Union anhängig, so kann das Bundesverwaltungsgericht anordnen, dass die Verhandlung bis zur Erledigung des Verfahrens vor dem Gerichtshof der Europäischen Union auszusetzen sei.

(6) In Verfahren nach Absatz 1 ist § 47 Absatz 5 Satz 1 und Absatz 6 der Verwaltungsgerichtsordnung entsprechend anzuwenden. Kommt das Bundesverwaltungsgericht zu der Überzeugung, dass der Beschluss der Europäischen Kommission nach Absatz 1 gültig ist, so stellt es dies in seiner Entscheidung fest. Andernfalls legt es die Frage nach der Gültigkeit des Beschlusses gemäß Artikel 267 des Vertrags über die Arbeitsweise der Europäischen Union dem Gerichtshof der Europäischen Union zur Entscheidung vor.

Inhaltsübersicht Rn.

I. Allgemeines

1 Art. 58 Abs. 5 DSGVO sieht vor, dass die Mitgliedstaaten durch Rechtsvorschrift vorsehen müssen, dass die **Aufsichtsbehörden** befugt sind, **Verstöße gegen die DSGVO** »den Justizbehörden zur Kenntnis zu bringen und gegebenenfalls die Einleitung eines **gerichtlichen Verfahrens zu betreiben** oder sich sonst daran zu beteiligen, um die Bestimmungen dieser Verordnung durchzusetzen.« Auch der **EuGH** hat eine solche Verpflichtung im »**Safe-Harbor-Urteil**« ausgesprochen. In der Gesetzesbegründung heißt es deshalb: »§ 21 dient insbesondere der Umsetzung des EuGH-Urteils vom 6. Oktober 2015 (Rs. C-362/14, Maximilian Schrems./. Data Protection Commissioner), in dem der Europäische Gerichtshof die Angemessenheitsentscheidung der Europäischen Kommission [Entscheidung der Europäischen Kommission vom 26. Juli 2000 gemäß der Richtlinie 95/46/EG des Europäischen Parlaments und des Rates über die Angemessenheit des von den Grundsät-

zen des »sicheren Hafens« und der diesbezüglichen »Häufig gestellten Fragen« (FAQ) gewährleisteten Schutzes, vorgelegt vom Handelsministerium der USA (2000/520/EG)] für ungültig erklärt hat. In Rn. 65 des Urteils heißt es: »Hält die Kontrollstelle die Rügen der Person, die sich mit einer Eingabe zum Schutz ihrer Rechte und Freiheiten bei der Verarbeitung ihrer personenbezogenen Daten an sie gewandt hat, dagegen für begründet, muss sie nach Artikel 28 Absatz 3 Unterabsatz 1 dritter Gedankenstrich der Richtlinie 95/46 im Licht insbesondere von Artikel 8 Absatz 3 der Charta ein Klagerecht haben. Insoweit ist es Sache des nationalen Gesetzgebers, Rechtsbehelfe vorzusehen, die es der betreffenden **nationalen Kontrollstelle ermöglichen,** die von ihr für begründet erachteten **Rügen vor den nationalen Gerichten geltend zu machen, damit diese**, wenn sie die Zweifel der Kontrollstelle an der Gültigkeit der Entscheidung der Europäischen Kommission teilen, **um eine Vorabentscheidung über deren Gültigkeit ersuchen.**«

Diese Verpflichtung setzt der Bundesgesetzgeber mit § 21 um.[1] Diese Norm ist dabei inhaltlich **identisch mit dem durch Art. 7 des Datenschutzanpassungs- und Umsetzungsgesetzes in das »alte« BDSG eingefügten § 42b**, der nach Art. 8 Abs. 2 des DSAnpUG-EU bereits am Tag nach der Verkündigung des Gesetzes, also am 6. 7. 2017 in Kraft trat. § 42b BDSG-alt und § 22 BDSG-neu sollen gewährleisten, dass die Aufsichtsbehörden dem **Bundesverwaltungsgericht** Angemessenheitsbeschlüsse der Europäischen Kommission und Beschlüsse über die Anerkennung von Standardschutzklauseln oder über die Allgemeingültigkeit von genehmigten Verhaltensregeln vorlegen können, sofern sie Zweifel an deren Übereinstimmung mit der DSGVO haben. 2

II. Aussetzung des Verfahrens und Antrag der Aufsichtsbehörden beim Bundesverwaltungsgericht

Nach Abs. 1 und 3 muss eine Aufsichtsbehörde, die einen Angemessenheitsbeschluss der Europäischen Kommission oder einen Beschluss über die Anerkennung von Standardschutzklauseln oder über die Allgemeingültigkeit von genehmigten Verhaltensregeln für rechtwidrig hält, ihr Verfahren aussetzen (Abs. 1) und beim **Bundesverwaltungsgericht** (Abs. 3) einen **Antrag auf gerichtliche Entscheidung** stellen, wenn es für die Entscheidung in dem Verfahren auf die Gültigkeit des betreffenden Beschlusses ankommt. Sofern dies der Fall ist, ist die Aufsichtsbehörde damit antragsbefugt.[2] 3

III. Grundsätzliche Anwendung der VwGO (Absätze 2 bis 6)

Abs. 2 bestimmt, dass für diese Verfahren die **VwGO** mit den sich aus den Absätzen 3 bis 7 ergebenden Abweichungen und Präzisionen anwendbar ist. In Konkretisierung der § 61 und 62 VwGO bestimmen Abs. 4 Satz 1 und 2, dass die Aufsichtsbehörde in diesem Verfahren als Antragstellerin **beteiligungsfähig** ist. Gleichzeitig wird bestimmt, dass es anders als im Fall des § 20 Beigeladene und der Vertreter des Bundesinteresses beim Bundesverwaltungsgericht oder Vertreter des öffentlichen Interesses geben kann, die im Sinne des 4

1 Schantz/Wolff-*Wolff*, Rn. 1015ff., stellt Erwägungen dazu an, ob die Aufsichtsbehörden von dieser Möglichkeit Gebrauch machen werden.
2 SJTK-*Kugelmann/Buchmann*, Art. 58 Rn. 9.

§ 63 Nr. 3 und 4 VwGO Verfahrensbeteiligte sind. Abs. 4 Satz 3 legt fest, dass das Bundesverwaltungsgericht der **Europäischen Kommission Gelegenheit zur Äußerung** binnen einer zu bestimmenden Frist geben **kann**. Abs. 5 bestimmt, dass das Bundesverwaltungsgericht anordnen kann, dass die Verhandlung bis zur Erledigung des Verfahrens vor dem EuGH ausgesetzt wird, wenn bereits ein Verfahren zur Überprüfung der Gültigkeit eines Beschlusses der Europäischen Kommission nach Abs. 1 bei dem Gerichtshof der Europäischen Union anhängig ist. Abs. 6 Satz 1 legt fest, dass § 47 Abs. 5 Satz 1 und Abs. 6 VwGO entsprechend anzuwenden sind. Damit entscheidet das Bundesverwaltungsgericht durch Urteil oder, wenn es eine mündliche Verhandlung nicht für erforderlich hält, durch Beschluss und kann auf Antrag eine einstweilige Anordnung erlassen, wenn dies zur Abwehr schwerer Nachteile oder aus anderen wichtigen Gründen dringend geboten ist.

5 Nach Abs. 6 Satz 2 kann der Tenor eines Urteils oder Beschlusses des **Bundesverwaltungsgerichts** entweder in der **Feststellung bestehen, dass der Beschluss der Europäischen Kommission nach Absatz 1 gültig ist**. Sofern das Bundesverwaltungsgericht demgegenüber zu der Überzeugung kommt, dass der Beschluss der Kommission mit der DSGVO **nicht übereinstimmt**, muss es die Frage nach der Gültigkeit des Beschlusses gemäß Art. 267 AEUV **dem EuGH zur Entscheidung vorlegen**. Danach entscheidet der EuGH im Vorabentscheidungsverfahren über die Auslegung der Verträge und über die Gültigkeit und die Auslegung der Handlungen der Organe, Einrichtungen oder sonstigen Stellen der Union, also auch über entsprechende Beschlüsse der Kommission. In der zweiten Variante des Art. 267 AEUV wird weiter bestimmt, dass mitgliedstaatliche Gerichte das Vorabentscheidungsverfahren nicht nur beschreiten können, sondern hierzu verpflichtet sind, wenn eine entsprechende Frage in einem schwebenden Verfahren bei einem einzelstaatlichen Gericht gestellt wird, dessen Entscheidungen selbst nicht mehr mit Rechtsmitteln des innerstaatlichen Rechts angefochten werden können. Dies trifft auf die Fälle des § 21 zu, in denen nach Abs. 3 »im ersten und letzten Rechtszug das Bundesverwaltungsgericht« entscheidet.

IV. Zusätzliche Möglichkeit aller Gerichte, Vorabentscheidungen des EuGH zu erwirken

6 § 21 lässt das Recht **jedes anderen Gerichtes** nach **Art. 267 Satz 2 AEUV** unberührt, dem EuGH Fragen zur Vorabentscheidung vorzulegen. Danach entscheidet der EuGH über die Auslegung der Verträge und über die Gültigkeit und die Auslegung der Handlungen der Organe, Einrichtungen oder sonstigen Stellen der Union, also **auch über Beschlüsse des EDSA und der Kommission**. In Art. 267 Satz 2 AEUV wird weiter bestimmt, dass mitgliedstaatliche Gerichte das Vorabentscheidungsverfahren beschreiten können, wenn eine derartige Frage einem Gericht eines Mitgliedstaats gestellt wird und das Gericht eine Entscheidung darüber zum Erlass seines Urteils für erforderlich hält. Dies geht auch aus ErwGr 143 Satz 10 hervor, wonach einzelstaatliche Gerichte, die eine Entscheidung über eine Frage zur Anwendung der DSGVO für erforderlich halten, um ihr Urteil erlassen zu können, einzelstaatliche Gerichte »den Gerichtshof um eine Vorabentscheidung zur Auslegung des Unionsrechts – das auch diese Verordnung einschließt – ersuchen (...) können bzw. müssen«.

Teil 2
Durchführungsbestimmungen für Verarbeitungen zu Zwecken gemäß Artikel 2 der Verordnung (EU) 2016/679

Kapitel 1
Rechtsgrundlagen der Verarbeitung personenbezogener Daten

Abschnitt 1
Verarbeitung besonderer Kategorien personenbezogener Daten und Verarbeitung zu anderen Zwecken

§ 22 Verarbeitung besonderer Kategorien personenbezogener Daten

(1) Abweichend von Artikel 9 Absatz 1 der Verordnung (EU) 2016/679 ist die Verarbeitung besonderer Kategorien personenbezogener Daten im Sinne des Artikels 9 Absatz 1 der Verordnung (EU) 2016/679 zulässig

1. durch öffentliche und nichtöffentliche Stellen, wenn sie
   a) erforderlich ist, um die aus dem Recht der sozialen Sicherheit und des Sozialschutzes erwachsenden Rechte auszuüben und den diesbezüglichen Pflichten nachzukommen,
   b) zum Zweck der Gesundheitsvorsorge, für die Beurteilung der Arbeitsfähigkeit des Beschäftigten, für die medizinische Diagnostik, die Versorgung oder Behandlung im Gesundheits- oder Sozialbereich oder für die Verwaltung von Systemen und Diensten im Gesundheits- und Sozialbereich oder aufgrund eines Vertrags der betroffenen Person mit einem Angehörigen eines Gesundheitsberufs erforderlich ist und diese Daten von ärztlichem Personal oder durch sonstige Personen, die einer entsprechenden Geheimhaltungspflicht unterliegen, oder unter deren Verantwortung verarbeitet werden,
   c) aus Gründen des öffentlichen Interesses im Bereich der öffentlichen Gesundheit, wie des Schutzes vor schwerwiegenden grenzüberschreitenden Gesundheitsgefahren oder zur Gewährleistung hoher Qualitäts- und Sicherheitsstandards bei der Gesundheitsversorgung und bei Arzneimitteln und Medizinprodukten erforderlich ist; ergänzend zu den in Absatz 2 genannten Maßnahmen sind insbesondere die berufsrechtlichen und strafrechtlichen Vorgaben zur Wahrung des Berufsgeheimnisses einzuhalten, oder
   d) aus Gründen eines erheblichen öffentlichen Interesses zwingend erforderlich ist,
2. durch öffentliche Stellen, wenn sie
   a) zur Abwehr einer erheblichen Gefahr für die öffentliche Sicherheit erforderlich ist,

b) zur Abwehr erheblicher Nachteile für das Gemeinwohl oder zur Wahrung erheblicher Belange des Gemeinwohls zwingend erforderlich ist oder

c) aus zwingenden Gründen der Verteidigung oder der Erfüllung über- oder zwischenstaatlicher Verpflichtungen einer öffentlichen Stelle des Bundes auf dem Gebiet der Krisenbewältigung oder Konfliktverhinderung oder für humanitäre Maßnahmen erforderlich ist

und soweit die Interessen des Verantwortlichen an der Datenverarbeitung in den Fällen der Nummer 1 Buchstabe d und der Nummer 2 die Interessen der betroffenen Person überwiegen.

(2) In den Fällen des Absatzes 1 sind angemessene und spezifische Maßnahmen zur Wahrung der Interessen der betroffenen Person vorzusehen. Unter Berücksichtigung des Stands der Technik, der Implementierungskosten und der Art, des Umfangs, der Umstände und der Zwecke der Verarbeitung sowie der unterschiedlichen Eintrittswahrscheinlichkeit und Schwere der mit der Verarbeitung verbundenen Risiken für die Rechte und Freiheiten natürlicher Personen können dazu insbesondere gehören:

1. **technisch organisatorische Maßnahmen, um sicherzustellen, dass die Verarbeitung gemäß der Verordnung (EU) 2016/679 erfolgt,**
2. **Maßnahmen, die gewährleisten, dass nachträglich überprüft und festgestellt werden kann, ob und von wem personenbezogene Daten eingegeben, verändert oder entfernt worden sind,**
3. **Sensibilisierung der an Verarbeitungsvorgängen Beteiligten,**
4. **Benennung einer oder eines Datenschutzbeauftragten,**
5. **Beschränkung des Zugangs zu den personenbezogenen Daten innerhalb der verantwortlichen Stelle und von Auftragsverarbeitern,**
6. **Pseudonymisierung personenbezogener Daten,**
7. **Verschlüsselung personenbezogener Daten,**
8. **Sicherstellung der Fähigkeit, Vertraulichkeit, Integrität, Verfügbarkeit und Belastbarkeit der Systeme und Dienste im Zusammenhang mit der Verarbeitung personenbezogener Daten, einschließlich der Fähigkeit, die Verfügbarkeit und den Zugang bei einem physischen oder technischen Zwischenfall rasch wiederherzustellen,**
9. **zur Gewährleistung der Sicherheit der Verarbeitung die Einrichtung eines Verfahrens zur regelmäßigen Überprüfung, Bewertung und Evaluierung der Wirksamkeit der technischen und organisatorischen Maßnahmen oder**
10. **spezifische Verfahrensregelungen, die im Fall einer Übermittlung oder Verarbeitung für andere Zwecke die Einhaltung der Vorgaben dieses Gesetzes sowie der Verordnung (EU) 2016/679 sicherstellen.**

Inhaltsübersicht

I. Allgemeines

Durch § 22 werden **Ausnahmen vom Verbot der Verarbeitung** besonderer Kategorien personenbezogener Daten festgelegt, das Art. 9 Abs. 1 DSGVO enthält. § 22 nutzt damit den Spielraum, den die Öffnungsklausel in Art. 9 Abs. 2 Buchst. j DSGVO den Mitgliedstaaten für eigenständige Regelungen zur Verarbeitung besonderer Kategorien personenbezogener Daten eröffnet. Zusammen mit den bereits in Art. 9 Abs. 2 DSGVO enthaltenen Ausnahmetatbeständen weitet § 22 die Fälle der Zulässigkeit der Verarbeitung besonders sensitiver Daten deutlich aus. Die in Abs. 1 Nr. 1 der Vorschrift enthaltenen Ausnahmeregelungen gelten gleichermaßen für öffentliche wie für nicht-öffentliche Stellen. Die in Abs. 1 Nr. 2 aufgeführten Ausnahmen gelten ausschließlich für öffentliche Stellen. 1

Entsprechende **Ausnahmeregelungen** gab es bereits in § 3 Abs. 9 BDSG-alt. Gegenüber dieser Vorgängerregelung führt insbesondere die Regelung in § 22 Abs. 1 Buchst. b DSGVO zu einer Ausweitung der Möglichkeiten privater Verarbeiter, weil diesen die Verarbeitung besonderer Kategorien personenbezogener Daten nunmehr auch für die Verwaltung von Systemen und Diensten im Gesundheits- und Sozialbereich ermöglicht wird. Damit ist die Regelung beispielsweise für private Krankenversicherungen einschlägig.[1] Für den öffentlichen Bereich enthält § 22 Abs. 1 Nr. 2 BDSG drei Ausnahmetatbestände, die bereits in § 13 Abs. 2 BDSG-alt zu finden waren. 2

Durch das 2. DSAnpUG-EU[2] wurde die Zulässigkeit der Verarbeitung von besonderen Kategorien personenbezogener Daten, die aus Gründen eines erheblichen öffentlichen Interesses erforderlich ist, 2019 aus Abs. 1 Nr. 2 der Vorschrift in Abs. 1 Nr. 1 verschoben. Damit kommt dieser Ausnahmetatbestand sowohl im öffentlichen wie im nichtöffentlichen Bereich zur Anwendung.

II. Erlaubnisregelungen (Abs. 1)

Nach Art. 9 Abs. 1 DSGVO ist die Verarbeitung besonderer Kategorien personenbezogener Daten **grundsätzlich untersagt**. Dieses **Verbot** wird jedoch durch die in Art 9 Abs. 2 DSGVO enthaltenen zahlreichen Ausnahmen **vielfach durchbrochen**. Die in Abs. 2 Buchst. a, b, g, h, i und j enthaltenen Ausnahmetatbestände sehen Ausgestaltungen durch das Recht der Mitgliedstaaten ausdrücklich vor. Diese Möglichkeiten nimmt § 22 Abs. 1 auf. Bezogen auf die hier enthaltenen Ausnahmetatbestände ist allerdings – ebenso wie für die in Art. 9 Abs. 2 DSGVO enthaltenen – stets zu beachten, dass nach Art. 6 Abs. 1 DSGVO für die Verarbeitung zusätzlich **immer auch eine Rechtsgrundlage** gegeben sein muss. 3

§ 22 Abs. 1 legt fest, unter welchen Voraussetzungen bzw. unter welchen Bedingungen eine Verarbeitung besonderer Kategorien personenbezogener Daten über die in Art. 9 4

1 Kühling/Buchner-*Weichert*, Art. 9 DSGVO Rn. 106.

2 Zweites Gesetz zur Anpassung des Datenschutzrechts an die Verordnung (EU) 2016/679 und zur Umsetzung der Richtlinie (EU) 2016/680 (Zweites Datenschutz-Anpassungs- und Umsetzungsgesetz EU – 2. DSAnpUG-EU), BGBl. I, S. 1633.

Abs. 2 DSGVO genannten **Ausnahmetatbestände** hinaus zulässig ist. Bezogen auf Beschäftigungsverhältnisse ist zudem die (teilweise zu Art. 9 Abs. 2 Buchst. b DSGVO weitgehend inhaltsgleiche) Regelung in § 26 Abs. 3 zu beachten. Der gesamte Rahmen zulässiger Ausnahmen erschließt sich damit erst in der Gesamtschau der beiden Vorschriften. Damit fällt eine klare Festlegung des tatsächlich Verbotenen schwer.

5 Teilweise wiederholen die in Abs. 1 enthaltenen Ausnahmetatbestände die in Art. 9 Abs. 2 DSGVO enthaltenen Regelungen. Die Regelung in § 22 fndet nur Anwendung auf Verarbeitungen im sachlichen Anwendungsbereich der DSGVO.[3] So findet sich beispielsweise der Regelungsgehalt von Abs. 1 Nr. 1 Buchst. a praktisch wortgleich in Art. 9 Abs. 2 Buchst. b DSGVO. Für die Auslegung der jeweiligen Begrifflichkeiten wird deshalb auf die Kommentierung zu Art. 9 DSGVO verwiesen.

1. Sozialrecht (Nr. 1 Buchst. a)

6 Welche Funktion der Regelung in Abs. 1 **Nr. 1 Buchst. a** zum **Recht der sozialen Sicherheit und des Sozialschutzes** über Art. 9 Abs. 2 Buchst. b DSGVO hinaus zukommen soll, ist schon angesichts spezifischer Datenschutzvorgaben für diesen Bereich unklar. Diese finden sich an verschiedenen Stellen des SGB bzw. insbesondere in den entsprechenden allgemeinen Datenschutzregelungen, die in den §§ 67ff. SGB X normiert sind. Es ist nicht erkennbar, welcher zusätzliche Regelungsbereich mit Nr. 1 Buchst. a abgedeckt werden soll. Für eine weitere Generalklausel besteht für das nationale Recht weder eine Notwendigkeit noch eine Rechtfertigung. Die eine Formulierung aus Art. 9 Abs. 2 DSGVO wiederholende Klausel in Nr. 1 Buchst. a ist zudem zu unbestimmt, um für sich allein eine personenbezogene Datenverarbeitung verfassungskonform legitimieren zu können.

2. Gesundheitsversorgung (Nr. 1 Buchst. b)

7 Nach der Gesetzesbegründung entspricht Abs. 1 **Nr. 1 Buchst. b** im Wesentlichen Regelungen in § 13 Abs. 2 Nr. 7 und § 28 Abs. 7 BDSG-alt und setzt zugleich Art. 9 Abs. 2 Buchst. h DSGVO um.[4] Auf eine **explizite Nennung der Arbeitsmedizin wird** in der Vorschrift **verzichtet**, weil die arbeitsmedizinische Vorsorge vom Begriff der Gesundheitsvorsorge erfasst ist. Im deutschen Recht gibt es für die Verarbeitung besonderer Kategorien personenbezogener Daten durch die unterschiedlichen Facharztrichtungen keine spezifische Regelung. Die Verarbeitung muss auch hier den inhaltlichen Zwecken folgen, die sich aus Abs. 2 Buchst. b oder aus anderen spezifischen Vorschriften ergeben.[5]

8 Bei dem in der Vorschrift genannten »Vertrag« handelt es sich um einen **Behandlungsvertrag** nach §§ 630a ff. BGB, nicht aber um sonstige Verträge von Heilberufsangehörigen mit Dritten. Die Regelung findet im Bereich der Humanmedizin für (Zahn-)Ärzte, psychologische Psychotherapeuten, Kinder- und Jugendlichenpsychotherapeuten Anwendung. Darüber hinaus werden auch Angehörige anderer Heilberufe erfasst, deren Ausbildung gemäß Art. 74 Abs. 1 Nr. 19 GG durch Bundesgesetz (Hebammen, Masseure und

3 Kühling/Buchern-*Weichert*, § 22 Rn. 4.
4 BT-Drs. 18/11325, S. 95.
5 BT-Drs. 18/11325, S. 95.

medizinische Bademeister, Ergotherapeuten, Logopäden, Physiotherapeuten u.a.) geregelt ist sowie auch zugelassene Heilpraktiker.

Soweit es nach § 22 Abs. 1 Nr. 1 Buchst. b zulässig ist, dass Gesundheitsdaten im Rahmen des Berufsgeheimnisses von Fachpersonal oder unter dessen Verantwortung verarbeitet werden, sind auch die **Erfüllungsgehilfen** der genannten Gesundheits- und Heilberufe vom Ausnahmetatbestand erfasst (vgl. § 203 Abs. 3 Satz 2 StGB). 9

Die betroffenen Personen sollen durch umfangreiche angemessene und spezifische Maßnahmen zum Schutz des Berufsgeheimnisses abgesichert werden, die insbesondere in § 203 StGB und in einschlägigen Berufsordnungen enthalten sind. Hierzu könnten die in § 22 Abs. 2 ausdrücklich genannten angemessenen und spezifischen Maßnahmen gehören.[6] Die in Abs. 2 **beispielhaft genannten Maßnahmen** können nicht bei allen Anwendungen umgesetzt werden. Dies entbindet den Verantwortlichen aber nicht davon, sämtliche Maßnahmen nach Abs. 2 daraufhin zu überprüfen, ob sie notwendig und angemessen sind. 10

3. Öffentliche Gesundheitsinteressen (Nr. 1 Buchst. c)

Abs. 1 **Nr. 1 Buchst. c** dient der Umsetzung der Vorgaben in Art. 9 Abs. 2 Buchst. i DSGVO zum **öffentlichen Gesundheitswesen.** Wie schon zu Abs. 1 Buchst. a ausgeführt, ist nicht erkennbar, welche über die spezifisch geregelten Fallgestaltungen hinausgehenden Fälle mit dieser unbestimmten Generalklausel abgedeckt werden sollen. Maßnahmen zur Gewährleistung hoher Qualitäts- und Sicherheitsstandards sind beispielsweise bereits im InfSchG oder in § 299 SGB V geregelt. 11

4. Erhebliches öffentliches Interesse und zwingende Erforderlichkeit (Nr. 1 Buchst. d)

Ein erhebliches öffentliches Interesse nach Abs. 1 Nr. 2 Buchst. a ist insbesondere dann anzunehmen, wenn biometrische Daten zu Zwecken der eindeutigen Identifikation Betroffener verarbeitet werden.[7] Die Vorschrift enthält mit der Formulierung »zwingend erforderlich« eine unbestimmte und offene Generalklausel, die keine inhaltliche Eingrenzung vornimmt.[8] Sie steht damit insbesondere im Widerspruch zur durch Art. 5 Abs. 1 Buchst. b DSGVO vorgeschriebenen Zweckbindung. 12

5. Öffentliche Interessen (Abs. 1 Nr. 2)

Abs. 1 **Nr. 2 Buchst. a bis d entspricht inhaltlich** weitgehend der **Vorgängerregelung** des § 13 BDSG-alt. Die Verarbeitung besonderer Kategorien personenbezogener Daten nach Abs. 1 Nr. 2 erfordert nach Art. 9 Abs. 2 Buchst. g DSGVO immer eine **Interessenabwä-** 13

6 BT-Drs. 18/11325, S. 95.
7 BT-Drs. 18/11325, S. 95; ebenso Kühling/Buchner-*Weichert*, § 22 Rn. 21.
8 Wolff/Brink-*Stender-Vorwachs*, § 13 BDSG-alt Rn. 25.

gung. Die Verarbeitung muss in einem angemessenen Verhältnis zu dem verfolgten Zweck stehen und den Wesensgehalt des Rechts auf Datenschutz wahren.[9]

14 Die **Notwendigkeit der Regelungen** in Abs. 1 Nr. 2 Buchst. a bis c wird vom Gesetzgeber **nicht näher begründet**. Letztlich wird hier das bereits in Abs. 1 Nr. 1 Buchst. d benannte öffentliche Interesse konkretisiert. Der Begriff der **Abwehr einer erheblichen Gefahr** für die **öffentliche Sicherheit** nimmt auf das **Polizeirecht** Bezug, wobei die Gefahr erheblich sein und sich auf ein qualifiziertes Rechtsgut beziehen muss. Eine einfache Gefahr genügt nicht. In Betracht kommt nur eine Gefahr für Leben, Gesundheit oder Freiheit.[10]

15 Abs. 1. **Nr. 2 Buchst. b** rechtfertigt die Verarbeitung sensitiver Daten **bei zwingender Erforderlichkeit** zur **Abwehr erheblicher Nachteile** für das **Gemeinwohl** oder zur **Wahrung erheblicher Belange des Gemeinwohls**. Die Norm ist § 13 Abs. 2 Nr. 6 BDSG-alt nachgebildet. Angesichts der Unbestimmtheit der verwendeten Begriffe »Gemeinwohl«, »Nachteile« und »Belange« müssen **hohe Anforderungen** an das Vorliegen dieses Tatbestands gestellt werden. Eine Anwendung kommt in dieser Vorschrift nur in **Ausnahmefällen** in Betracht.[11]

16 Die in Abs. 1 **Nr. 2 Buchst. c** genannte **Verteidigung** und **Erfüllung über- und zwischenstaatlicher Verpflichtungen** auf dem Gebiet der Krisenbewältigung, Konfliktverhinderung oder humanitärer Maßnahmen ist in ihrer Reichweite ebenfalls sehr unbestimmt, weshalb eine **enge Auslegung** des Tatbestands angebracht ist.

III. Geeignete Garantien (Abs. 2)

17 **Abs. 2 setzt** in seinen ersten beiden Sätzen das in **einzelnen Tatbeständen** von Art. 9 Abs. 2 DSGVO enthaltene Erfordernis um, geeignete Garantien für die Grundrechte und die Interessen der betroffenen Person bzw. angemessene und spezifische Maßnahmen zur Wahrung der Grundrechte und Interessen der betroffenen Person vorzusehen. Die in Abs. 2 Satz 2 aufgeführten Maßnahmen treffen jeden Verantwortlichen, der besondere Kategorien personenbezogener Daten verarbeitet.

18 Die in Art. 9 Abs. 2 Buchst. h DSGVO unter Bezugnahme auf den Art. 9 Abs. 3 DSGVO (**Berufsgeheimnisse**) geforderten **besonderen Garantien** sollten unmittelbar durch Abs. 1 Nr. 1 Buchst. b umgesetzt werden. Deshalb bleiben sie von Abs. 2 ausgenommen.[12] Auf diese Privilegierung bei der Verarbeitung von Daten, die Berufsgeheimnissen unterliegen, wurde wohl auch deshalb verzichtet, weil sie nur schwerlich mit der DSGVO vereinbar gewesen wäre. Diese macht zwar durch Art. 9 Abs. 2 Buchst. i DSGVO datenschutzrechtliche Sonderregelungen für Berufsgeheimnisse möglich, aber keine völlige Freistellung von geeigneten Sicherungsmaßnahmen.

19 In Abs. 2 erfolgt gegenüber den Regelungen der DSGVO **weder eine Eingrenzung noch eine Präzisierung**. Die Vorschrift wiederholt lediglich **beispielhaft** (»insbesondere«), was an technisch-organisatorischen Maßnahmen in den einschlägigen Vorschriften der

---

9 BT-Drs. 18/11325, S. 95.; zum Wesensgehaltsschutz des Grundrechts auf Datenschutz Engeler/Bock, DBVl 2016, 593.

10 Simitis-*Sokol/Scholz*, § 13 BDSG-alt Rn. 39.

11 Simitis-*Sokol/Scholz*, § 13 BDSG-alt Rn. 40.

12 BT-Drs. 18/11325, S. 95.

DSGVO (vgl. etwa die Art. 24ff. DSGVO) verpflichtend vorgesehen ist. Insofern wird auf die jeweiligen Kommentierungen der DSGVO verwiesen.

Die in Abs. 2 aufgeführten Maßnahmen sind geeignet, die **Anwendung des Datenschutzrechts** im sensitiven Bereich **zu erleichtern**. Verantwortliche werden durch die Regelung verpflichtet, für die konkreten Verarbeitungen Präzisierungen vorzunehmen und im Verzeichnis der Verarbeitungstätigkeiten (Art. 30 Abs. 1 Buchst. g DSGVO) zu dokumentieren. Erleichterungen für die Anwender, Verantwortliche und Auftragsverarbeiter sind dadurch möglich, dass in Verhaltensregeln nach Art. 40 DSGVO Präzisierungen vorgenommen werden. 20

Die nationale Regelung verpflichtet Verantwortliche nicht ausdrücklich dazu, die Maßnahmen in einem umfassenden **Datenschutzkonzept** zu bewerten. Eine solche Pflicht ergibt sich indes schon aus der für diese Fälle nach Art. 35 Abs. 3 Buchst. b DSGVO bestehenden Pflicht zur Durchführung einer Datenschutz-Folgeabschätzung. 21

Die Pflicht zur Regelung und Umsetzung der Maßnahmen nach Abs. 2 trifft sowohl Verantwortliche als auch Auftragsverarbeiter. In einem Auftrag müssen entsprechend genau Beschreibungen enthalten sein (Art. 28 Abs. 1 und 3 DSGVO). Die Pflicht erstreckt sich auch auf **Personen**, die **an der Berufsausübung** schweigepflichtiger Personen **mitwirken**. Dabei handelt es sich um externe Dienstleister wie z. B. Fernwartungsdienste, Anbieter von Software-Anwendungen, Clouddiensten, also Stellen, die für Berufsgeheimnisträger als Auftragsverarbeiter nach Art. 28 DSGVO tätig werden. 22

IV. Konkurrenzfragen

Die Anwendung von § 22 ist kompliziert, da **spezifische Regelungen** zur Verarbeitung sensitiver Daten dieser Vorschrift als lex spezialis vorgehen. Die zahlreichen Spezialregelungen haben auch künftig Bestand.[13] Hinsichtlich des Verhältnisses zwischen spezifischen Regelungen und § 22 kommt es darauf an, was geregelt wurde: Soweit in Spezialregelungen lediglich Aussagen zur materiell-rechtlichen Zulässigkeit enthalten sind, ist § 22 Abs. 2 ergänzend anwendbar. Werden hingegen bereichsspezifisch Garantien geregelt, gehen diese § 22 Abs. 2 vor. In diesen Fällen wird § 22 Abs. 2 allerdings nicht vollständig verdrängt, da diese Regelung mit ihrer exemplarischen Formulierung die ohnehin weiterhin verbindlich bestehenden Regelungen der DSGVO bekräftigt. Da es sich nicht um Befugnisregelungen nach Art. 6 Abs. 1 bis 3 DSGVO handelt, sondern um Normen zu Sicherungsmaßnahmen, bleibt § 22 Abs. 2 direkt anwendbar. 23

Abs. 2 ist **nicht anzuwenden**, wenn die **Verarbeitung** sensitiver Daten **auf der Grundlage europäischen Rechts** erfolgt, insbesondere nach Art. 9 Abs. 1 Buchst. c, d, e oder f DSGVO. Sowohl wegen des europarechtlichen Vorrangs wie auch wegen des in § 22 Abs. 2 enthaltenen Verweises auf Abs. 1 kommt eine komplementäre Anwendung des § 22 Abs. 2 zu Regelungen der DSGVO oder zu anderen europäischen Befugnisnormen bezüglich der Zulässigkeit der Verarbeitung sensitiver Daten nicht in Betracht. 24

13 Vgl. hierzu ausführlich Kühling/Buchner-*Weichert*, Art. 9 DSGVO Rn. 168ff.

§ 23 Verarbeitung zu anderen Zwecken durch öffentliche Stellen

(1) Die Verarbeitung personenbezogener Daten zu einem anderen Zweck als zu demjenigen, zu dem die Daten erhoben wurden, durch öffentliche Stellen im Rahmen ihrer Aufgabenerfüllung ist zulässig, wenn

1. **offensichtlich ist, dass sie im Interesse der betroffenen Person liegt und kein Grund zu der Annahme besteht, dass sie in Kenntnis des anderen Zwecks ihre Einwilligung verweigern würde,**
2. **Angaben der betroffenen Person überprüft werden müssen, weil tatsächliche Anhaltspunkte für deren Unrichtigkeit bestehen,**
3. **sie zur Abwehr erheblicher Nachteile für das Gemeinwohl oder einer Gefahr für die öffentliche Sicherheit, die Verteidigung oder die nationale Sicherheit, zur Wahrung erheblicher Belange des Gemeinwohls oder zur Sicherung des Steuer- und Zollaufkommens erforderlich ist,**
4. **sie zur Verfolgung von Straftaten oder Ordnungswidrigkeiten, zur Vollstreckung oder zum Vollzug von Strafen oder Maßnahmen im Sinne des § 11 Absatz 1 Nummer 8 des Strafgesetzbuchs oder von Erziehungsmaßregeln oder Zuchtmitteln im Sinne des Jugendgerichtsgesetzes oder zur Vollstreckung von Geldbußen erforderlich ist,**
5. **sie zur Abwehr einer schwerwiegenden Beeinträchtigung der Rechte einer anderen Person erforderlich ist oder**
6. **sie der Wahrnehmung von Aufsichts- und Kontrollbefugnissen, der Rechnungsprüfung oder der Durchführung von Organisationsuntersuchungen des Verantwortlichen dient; dies gilt auch für die Verarbeitung zu Ausbildungs- und Prüfungszwecken durch den Verantwortlichen, soweit schutzwürdige Interessen der betroffenen Person dem nicht entgegenstehen.**

(2) Die Verarbeitung besonderer Kategorien personenbezogener Daten im Sinne des Artikels 9 Absatz 1 der Verordnung (EU) 2016/679 zu einem anderen Zweck als zu demjenigen, zu dem die Daten erhoben wurden, ist zulässig, wenn die Voraussetzungen des Absatzes 1 und ein Ausnahmetatbestand nach Artikel 9 Absatz 2 der Verordnung (EU) 2016/679 oder nach § 22 vorliegen.

Inhaltsübersicht Rn.

I. Einleitung

1 § 23 macht von dem durch die DSGVO eröffneten Regelungsspielraum Gebrauch, nach dem Mitgliedstaaten für Fälle, in denen der Zweck der Weiterverarbeitung nicht mit dem ursprünglichen Zweck vereinbar ist, nationale Regelungen erlassen dürfen. Diese Regelungen müssen allerdings eine »*in einer demokratischen Gesellschaft notwendige und verhältnismäßige Maßnahme zum Schutz der in Artikel 23 Absatz 1 genannten Ziele*« darstellen.[1]

1 BT-Drs. 18/11325, Seite 94.

§ 23 enthält in **Abs. 1** eine **abschließende Aufzählung** von **sechs Ausnahmetatbeständen**, bei deren Vorliegen eine Verarbeitung personenbezogener Daten durch öffentliche Stellen von dem bei der ursprünglichen Erhebung vom Verantwortlichen genannten Zweck abweichen darf. Die meisten der genannten Tatbestände waren wortgleich in § 14 Abs. 2 BDSG-alt enthalten. Alle **Tatbestände** sind mit Blick auf den allgemeinen Schutzzweck des Gesetzes sowie unter Beachtung der allgemeinen Grundsätze in Art. 5 Abs. 1 DSGVO **eng auszulegen.**[2] 2

In § 23 **Abs. 2** stellt für die Weiterverarbeitung b**esonderer Kategorien** personenbezogener Daten nach Art. 9 Abs. 1 DSGVO klar, dass neben dem Vorliegen einer der tatbestandlichen Voraussetzungen des Abs. 1 immer auch ein Ausnahmetatbestand nach Art. 9 Abs. 2 DSGVO oder nach § 22 vorliegen muss.[3] 3

Durch **Abs. 1** ist für die Verarbeitung durch öffentliche Stellen eine **eigenständige** und von den Tatbeständen her **relativ allgemeine und offene Erlaubnisnorm** geschaffen worden. Ist eine der aufgeführten Voraussetzungen erfüllt, kann die Weiterverarbeitung der entsprechenden personenbezogenen Daten durch öffentliche Stellen auf diese Vorschrift gestützt werden. Dies soll unabhängig davon gelten, ob die Zwecke der Weiterverarbeitung mit den Zwecken, für die die Daten ursprünglich erhoben wurden, nach Art. 6 Abs. 4 DSGVO vereinbar sind.[4] Es ist fraglich, ob diese Position einer gerichtlichen Überprüfung am Maßstab der in Art. 5 Abs. 1 Buchst. b DSGVO und in Art. 6 Abs. 2 DSGVO enthaltenen Grundsätze standhält. 4

II. Zulässige Zweckänderungen (Abs. 1)

In Abs. 1 werden **sechs Ausnahmetatbestände** benannt, bei deren Vorliegen eine Zweckänderung zulässig ist. 5

Der **Erlaubnistatbestand** in Abs. 1 **Nr. 1** macht das **offensichtliche Interesse einer betroffenen Person** an der Zweckänderung zum Prüfungsmaßstab der Zulässigkeit. Diese Regelung entspricht weitgehend § 14 Abs. 2 Nr. 3 BDSG-alt. **Offensichtlichkeit liegt vor**, wenn ein entsprechendes Interesse für den Verantwortlichen ohne weiteres zu erkennen ist[5] und wenn die betroffene Person gegen ihre eigenen Interessen handeln würde, wenn sie eine Einwilligung versagen würde. Zweckänderungen, die Nachteile für betroffene Personen mit sich bringen würden, sind damit immer ausgeschlossen.[6] Allerdings sind von den Verantwortlichen nicht alle theoretisch denkbaren Verweigerungsmöglichkeiten zu berücksichtigen, sondern nur solche, für die konkrete Anhaltspunkte vorliegen. Eine Anwendung der Vorschrift kommt beispielsweise in Betracht, wenn der Aufenthaltsort von betroffenen Personen unbekannt ist. 6

Der **Erlaubnistatbestand** in Abs. 1 **Nr. 2** soll es öffentlichen Stellen ermöglichen, **Angaben von betroffenen Personen zu überprüft**, wenn es tatsächliche **Anhaltspunkte für** de- 7

2 Ebenso zur Vorgängerregelung in § 14 Abs. 2 BDSG-alt Simitis-*Dammann*, § 14 BDSG-alt Rn. 53; Gola/Heckmann-Heckmann/*Scheurer*, § 23 Rn. 6 »restriktive Auslegung«.
3 BT-Drs. 18/11325, Seite 94.
4 BT-Drs. 18/11325, Seite 94.
5 Vgl. § 27 Abs. 2; ebenso Auernhammer-*Eßer*, § 23 Rn. 12.
6 So zutreffend Gola/Heckmann-*Heckmann/Scheurer*, § 23 Rn. 9.

ren **Unrichtigkeit** gibt. Diese Regelung entspricht inhaltlich § 14 Abs. 2 Nr. 4 BDSG-alt. Die für eine Überprüfung notwendige Voraussetzung kann etwa gegeben sein, wenn es von einer betroffenen Person zum selben Sachverhalt unterschiedliche Angaben gibt.[7] Eine »Überprüfung auf Verdacht« ist hingegen auf der Grundlage dieser Vorschrift schon mit Blick auf das Recht auf informationelle Selbstbestimmung immer unzulässig.

8 Der **Erlaubnistatbestand** in Abs. 1 **Nr. 3** lässt eine Zweckänderung zu, wenn diese für die **Abwehr erheblicher Nachteile für das Gemeinwohl** oder einer **Gefahr für die öffentliche Sicherheit** sowie für die **Verteidigung** oder die **nationale Sicherheit**, zur Wahrung erheblicher Belange des **Gemeinwohls** oder zur Sicherung des **Steuer- und Zollaufkommens** erforderlich ist. Die Vorschrift wurde gegenüber ihrer Vorgängerregelung in § 14 Abs. 2 Nr. 6 BDSG-alt **inhaltlich ausgeweitet**. Abs. 1 Nr. 3 lässt eine Zweckänderung im **öffentlichen Interesse** zu. Der Tatbestand wird in der Praxis nur in seltenen Ausnahmefällen erfüllt sein, da die Schwelle der Vorschrift (»erheblicher Nachteile für das Gemeinwohl«) hoch ist.[8] Ein Hauptanwendungsfeld liegt im **Sicherheitsbereich**, in dem das individuelle Recht auf informationelle Selbstbestimmung gegenüber schützenswerten Rechtsgütern der Allgemeinheit in bestimmten Einzelfällen zurückzutreten hat. Darüber hinaus kommen andere **akute Notfälle** in Betracht. Zulässig sind auf dieser Grundlage nunmehr auch Zweckänderungen im Bereich der Steuerverwaltung, etwa im Zusammenhang mit vermuteten Steuerhinterziehungen. Schon allein wegen des weit gefassten Tatbestands ist die Vorschrift mit Blick auf die zu schützenden Rechte der betroffenen Personen insgesamt **eng auszulegen**.

9 Der **Erlaubnistatbestand** in Abs. 1 **Nr. 4** ermöglicht eine Zweckänderung zur **Verfolgung von Straftaten** und **Ordnungswidrigkeiten** sowie für den **Vollzug staatlicher Erziehungs- und Strafmaßnahmen**. Sie wurde gegenüber der Vorgängerregelung in § 14 Abs. 2 Nr. 7 BDSG-alt nur redaktionell geändert (»Geldbuße« statt »Bußgeldentscheidungen«). Die Vorschrift richtet sich nicht primär an Polizei und Staatsanwaltschaft, für die fachspezifische Vorschriften wie etwa die der StPO gelten, sondern an andere öffentlichen Stellen, in deren Aufgabenkreis die Unterrichtung von Strafverfolgungsbehörden fallen kann.[9] Bei der Prüfung der Erforderlichkeit ist der Grundsatz der Verhältnismäßigkeit der Mittel im Rahmen einer Interessenabwägung besonders zu beachten.[10]

10 Der **Erlaubnistatbestand** in Abs. 1 **Nr. 5** ermöglicht eine Zweckänderung, wenn diese für die **Abwehr einer schwerwiegenden Beeinträchtigung der Rechte einer anderen Person** erforderlich ist. Die Regelung ist textgleich mit § 14 Abs. 2 Nr. 8 BDSG-alt. Eine durch Nr. 5 ermöglichte Zweckänderung ist nur zulässig, wenn die drohende bzw. abzuwendende schwerwiegende Beeinträchtigung eines Dritten so groß ist, dass das Recht des Betroffenen auf informationelle Selbstbestimmung als Ergebnis einer Interessenabwägung zurücktreten muss.[11] Es muss sich um gewichtige Rechte Dritter handeln wie etwa den Anspruch auf körperliche und geistige Unversehrtheit, den Schutz des Eigentums oder vergleichbarer Rechtsgüter. Nicht ausreichend sind hingegen rein finanzielle Interessen.

7 Gola/Heckmann-*Heckmann/Scheurer*, § 23 Rn. 14.

8 Auernhammer-*Eßer*, § 23 Rn. 20; vgl. zur ähnlichen Regelung in § 13 dort Rn. 30; ähnlich im Ergebnis wohl auch Plath-*Plath*, § 23 Rn. 7.

9 Gola/Heckmann-*Heckmann/Scheurer*, § 23 Rn. 20.

10 Ähnlich im Ergebnis Kühling/Bucher-*Weichert*, § 23 Rn. 23.

11 Gola/Heckmann-*Heckmann/Scheurer*, § 23 Rn. 23ff.

Für die Beeinträchtigung müssen konkrete Anhaltspunkte vorliegen. Eine theoretische Möglichkeit reicht hingegen nicht.[12]

Der **Erlaubnistatbestand** in Abs. 1 **Nr. 6** lässt Zweckänderungen zu, die **Wahrnehmung von Aufsichts- und Kontrollbefugnissen**, der **Rechnungsprüfung** oder der Durchführung von **Organisationsuntersuchungen** des Verantwortlichen dient. Dies gilt auch für die Verarbeitung zu **Ausbildungs- und Prüfungszwecken** durch den Verantwortlichen, soweit schutzwürdige Interessen der betroffenen Person dem nicht entgegenstehen. Die Vorschrift entspricht inhaltlich weitgehend der Regelung in § 14 Abs. 3 BDSG-alt. Sie soll eine Kontrolle der Rechtmäßigkeit, Zweckmäßigkeit und Kostengerechtigkeit der Verwaltung ermöglichen und zugleich wirksame Mechanismen der Qualitätssicherung sichern. Die Verwendung personenbezogener Daten für Aufsichts- und Kontrollzwecke ist nach der Fiktion von Abs. 1 Nr. 6 keine Zweckänderung. Sie ist für diese Nebenzwecke zulässig, soweit Daten dafür im Lichte des Erforderlichkeitsgrundsatzes benötigt werden.[13] 11

Die Vorschrift stellt zunächst einmal darauf ab, dass **Aufsichts- und Kontrollbefugnisse wahrgenommen werden**. Dies ist etwa der Fall, wenn im Rahmen einer Rechnungsprüfung auch auf Daten zugegriffen werden muss, die der ärztlichen Schweigepflicht unterliegen.[14] Sie ermöglicht nicht nur die Verarbeitung durch den Verantwortlichen, sondern auch durch andere Stellen (Aufsichtsbehörden, Rechnungshof usw.) sowie durch Datenschutzbeauftragte oder durch die zuständigen staatlichen Aufsichtsbehörden für bestimmte Sekundärzwecke.[15] 12

Organisationsuntersuchungen sind nach Abs. 1 Nr. 6 nur zulässig, wenn sie Kontroll- oder Aufsichtszwecken dienen. Haben sie nur eine Steigerung der Effizienz zum Ziel, handelt es sich um eine unzulässige Zweckänderung, die der diesbezüglichen Verarbeitung entgegensteht.[16] 13

Die Verarbeitung zu **Ausbildungs- und Prüfungszwecken** ist nach Abs. 1 Nr. 6 zulässig, wenn sie erforderlich ist und eine pflichtgemäße Abwägung ergibt, dass schutzwürdige Interessen des Betroffenen nicht entgegenstehen bzw. verletzt werden. Ist letzteres der Fall, müssen die Unterlagen pseudonymisiert oder anonymisiert werden.[17] 14

III. Verarbeitung besonderer Kategorien personenbezogener Daten (Abs. 2)

In Abs. 2 werden die Voraussetzungen für **Zweckänderungen** von **besonderen Kategorien personenbezogener Daten** im öffentlichen Bereich benannt. Dies entspricht der Vorgängerregelung in § 14 Abs. 5 BDSG-alt. In Abs. 2 fehlt dieser gegenüber die Erlaubnis für die Durchführung wissenschaftlicher Forschung. 15

Die durch Abs. 2 möglichen Zweckänderungen von besonderen Kategorien personenbezogener Daten sind **nur einschlägig**, wenn neben einem der in Abs. 1 genannten Tatbeständen auch eine der in Art. 9 Abs. 2 DSGVO bzw. in § 22 genannten Voraussetzungen 16

---

12 Gola/Heckmann-*Heckmann/Scheurer*, § 23 Rn. 25.
13 BMH, § 14 BDSG-alt Rn. 33.
14 BVerwG, RDV 1990, 87.
15 Kühling/Buchner-*Weichert*, § 23 Rn. 27.
16 Ähnlich Auernhammer-*Eßer*, § 23 Rn. 33; Gola/Heckmann-*Heckmann/Scheurer*, § 23 Rn. 31.
17 Simitis-*Dammann*, § 14 BDSG-alt Rn. 102 ff.; Gola/Heckmann-*Heckmann/Scheurer*, § 23 Rn. 32 f.

vorliegt. Dies kann etwa der Fall sein, wenn eine Zweckänderung nach § 23 Abs. 1 Nr. 3 zur Abwehr einer Gefahr für die öffentliche Sicherheit erfolgt und wenn diese mit schwerwiegenden grenzüberschreitenden Gesundheitsgefahren im Sinn von § 22 Abs. 1 Nr. 2 Buchst. c zusammenhängt.

17 Aus dem Verweis auf § 22 folgt die Verpflichtung der Verantwortlichen, bezogen auf die Verarbeitung besonderer Kategorien personenbezogener Daten die dort in Abs. 2 benannten **Sicherheitsvorkehrungen** zu treffen.

§ 24 Verarbeitung zu anderen Zwecken durch nicht-öffentliche Stellen

(1) Die Verarbeitung personenbezogener Daten zu einem anderen Zweck als zu demjenigen, zu dem die Daten erhoben wurden, durch nichtöffentliche Stellen ist zulässig, wenn

1. sie zur Abwehr von Gefahren für die staatliche oder öffentliche Sicherheit oder zur Verfolgung von Straftaten erforderlich ist oder

2. sie zur Geltendmachung, Ausübung oder Verteidigung zivilrechtlicher Ansprüche erforderlich ist,

sofern nicht die Interessen der betroffenen Person an dem Ausschluss der Verarbeitung überwiegen.

(2) Die Verarbeitung besonderer Kategorien personenbezogener Daten im Sinne des Artikels 9 Absatz 1 der Verordnung (EU) 2016/679 zu einem anderen Zweck als zu demjenigen, zu dem die Daten erhoben wurden, ist zulässig, wenn die Voraussetzungen des Absatzes 1 und ein Ausnahmetatbestand nach Artikel 9 Absatz 2 der Verordnung (EU) 2016/679 oder nach § 22 vorliegen.

Inhaltsübersicht Rn.

I. Einleitung

1 In § 24 ist eine **spezifische nationale Rechtsgrundlage** für **Zweckänderungen** im Rahmen der Verarbeitung personenbezogener Daten durch nichtöffentliche Stellen. Die Vorschrift **benennt abschließend zwei unterschiedliche Tatbestände**, bei deren Vorliegen Zweckänderungen zulässig sind. Soweit einer der Tatbestände erfüllt ist, soll die Weiterverarbeitung personenbezogener Daten durch die nichtöffentliche Stelle unabhängig davon zulässig sein, ob die neuen Zwecke der Verarbeitung nach Art. 6 Abs. 4 DSGVO mit den Zwecken vereinbar sind, für die die Daten ursprünglich erhoben wurden. Dies stellt eine **deutliche Ausweitung der Möglichkeiten** einer Zweckänderung dar, die nach Art. 6 Abs. 4 DSGVO eigentlich nur zulässig sein soll, wenn die neue Verarbeitung mit den ursprünglichen Zwecken vereinbar ist (vgl. ErwGr 50 Satz 1; Art. 6 DSGVO Rn. 123 ff.). Allerdings lässt Art. 6 Abs. 4 DSGVO eine Ausweitung der Zweckänderungsmöglichkeiten durch Einwilligung oder durch Rechtsvorschriften zu (vgl. Art. 6 DSGVO Rn. 16).

2 Eine Regelung zur Zweckänderung war bereits in § 28 Abs. 2 BDSG-alt enthalten. Gegenüber dieser Vorschrift sind die nunmehr in § 24 Abs. 1 enthaltenen Tatbestände reduziert

worden: Es fehlt insbesondere der Verweis auf die berechtigten Interessen der Verantwortlichen nach § 28 Abs. 1 Satz 1 Nr. 2 BDSG-alt und auf allgemein zugängliche Daten nach § 28 Abs. 1 Satz 1 Nr. 2 BDSG-alt. Weiterhin wurde die ehemals in § 28 Abs. 2 Nr. 1 BDSG-alt als Erlaubnistatbestand für die Zweckänderung enthaltene Wahrung der berechtigten Interessen eines Dritten ebenso gestrichen wie die nach Nr. 3 dieser Vorschrift mögliche Zweckänderung mit dem Ziel wissenschaftlicher Forschung (vgl. hierzu aber Art. 5 Abs. 1 Buchst. b DSGVO). Diesen Streichungen steht eine **deutliche Schwächung der Rechtsposition betroffener Personen** gegenüber, die daraus resultiert, dass von Verantwortlichen gewollte Zweckänderungen nunmehr nach § 24 Abs. 1 letzter Hlbs. **nur noch dann unzulässig sind**, wenn deren Interessen am Ausschluss der Verarbeitung **überwiegen**. Nach der Vorgängerregelung in § 28 Abs. 2 BDSG-alt musste eine Zweckänderung bereits dann unterbleiben, wenn ein Grund zu der Annahme bestand, dass Betroffene ein schutzwürdiges Interesse am Ausschluss der Übermittlung oder Nutzung hatten.

II. Zulässige Zweckänderungen (Abs. 1)

In **Abs. 1** werden **zwei Tatbestände** benannt, bei deren Vorliegen eine Zweckänderung zulässig ist. Diese **Aufzählung** ist **abschließend**. 3

Die Privilegierung durch § 24 bezieht sich nur auf **Zweckänderungen im Rahmen der Verarbeitung** durch den Verantwortlichen. Dies **schließt** die **Weitergabe** von Daten an andere natürliche oder juristische Personen mit dem Ziel der eigenständigen Verarbeitung durch diese **aus**. Die Wahrung der berechtigten Interessen Dritter ist hingegen (anders als noch in § 28 Abs. 2 Nr. 1 BDSG-alt) schon nach dem Wortlaut nicht mehr Regelungsinhalt der Vorschrift. 4

Nach Abs. 1 **Nr. 1** ist die Verarbeitung personenbezogener Daten für andere Zwecke zulässig, wenn sie zur **Abwehr von Gefahren** für die staatliche oder öffentliche Sicherheit oder zur **Verfolgung von Straftaten** erforderlich ist. Dieser Tatbestand ist inhaltlich identisch mit dem in der Vorgängerregelung in § 28 Abs. 2 Nr. 2 Buchst. b BDSG-alt. Der Rückgriff auf § 24 Abs. 1 Nr. 1 ist nur zulässig, wenn es für Verarbeitungen für die genannten Zwecke keine anderen, spezialgesetzlichen Regelungen gibt. Insoweit leiten sich beispielsweise die Pflicht nichtöffentlicher Stellen zur Übermittlung personenbezogener Daten bezogen auf Ermittlungsbefugnisse von Polizei und Staatsanwaltschaft aus einschlägigen Vorschriften der StPO (vgl. dort etwa § 98 a) oder bezogen auf Finanzbehörden aus der AO ab. 5

Unter Verweis auf die **Abwehr von Gefahren** für die staatliche oder öffentliche Sicherheit wurde in der Vergangenheit beispielsweise das Bestehen einer Verpflichtung von Energieversorgern zur Mitteilung von Bankkonten an die Finanzbehörden[1] oder zur Mitteilung der Inhaber von Verbrauchsstellen an Sozialämter bejaht.[2] Aus der Vorschrift leitet sich aber **keine Befugnis der Staatsanwaltschaft** oder **von Polizeibehörden** ab, von verantwortlichen Stellen die Überlassung von Daten zu Zwecken der Rasterfahndung zu verlangen.[3] 6

---

1 BVerfGE 103, 44; BFH, NJW 2001, 245.

2 Peus, DuD 1994, 703.

3 Vgl. LG Berlin DuD 2002, 175; BVerfG, NJW 2006, 1939 zur Rasterfahndung; Auernhammer-*Kramer*, § 24 Rn. 12, sieht keine Befugniserweiterung; weiter wohl Taeger/Gabel-*Rose*, § 24 Rn. 9, der im Rahmen von Strafermittlungen ein Screening von unbeteiligten Kunden für zulässig erachtet.

7 Grundsätzlich zulässig ist die Verarbeitung für andere Zwecken beim **Vorliegen von Straftaten**. Keine entsprechende Befugnis besteht, wenn es um die Verfolgung von Ordnungswidrigkeiten geht.[4]

8 Nach Abs. 1 **Nr. 2** ist die Verarbeitung personenbezogener Daten für andere Zwecke zulässig, wenn sie zur **Geltendmachung, Ausübung** oder **Verteidigung zivilrechtlicher Ansprüche** erforderlich ist. Die Regelung ermöglicht es Verantwortlichen insbesondere, vorhandene personenbezogene Daten als Beweismittel in ein Verfahren vor Zivilgerichten einzubringen, ohne dass hieraus eine Verletzung ihrer datenschutzrechtlichen Pflichten resultiert. Außerhalb der Zivilgerichtsbarkeit ist sie nicht anwendbar.[5] Dabei müssen sie allerdings die allgemeinen Grundsätze des Art. 5 Abs. 1 DSGVO beachten wie insbesondere die Vorgaben zur Datenminimierung in Buchst. c dieser Norm. Ob eine gerichtliche Auseinandersetzung nur bevorsteht oder bereits begonnen hat, ist unerheblich.[6] Auch außergerichtliche Verfahren sind erfasst.[7]

9 Der Tatbestand des Abs. 1 Nr. 2 bezieht sich nach dem Wortlaut nur auf die Geltendmachung, Ausübung oder Verteidigung zivilrechtlicher **Ansprüche**. Ein Anspruch ist nach der **Legaldefinition** in § 194 Abs. 1 BGB das Recht, von einem anderen ein Tun oder Unterlassen zu verlangen. Dies verdeutlicht, dass es sich immer nur um eigene Ansprüche eines Verarbeiters handeln kann. Nur hieraus kann sich ein Recht auf eine Zweckänderung ableiten, etwa zur gerichtlichen Durchsetzung von Forderungen. Nicht vom Tatbestand erfasst wäre beispielsweise der Verkauf der Daten aus der Kundenkartei eines Handwerkers an einen Baumarkt mit dem Ziel einer anschließenden werblichen Nutzung.

10 Die nach Abs. 1 bestehende Berechtigung zur Durchführung von Zweckänderungen durch Verantwortliche steht unter dem **Vorbehalt**, dass **keine überwiegenden Interessen** betroffener Personen am Ausschluss dieser Verarbeitung bestehen. Damit setzt die Zulässigkeit einer Zweckänderung immer eine vom Verantwortlichen vorzunehmende Interessenabwägung voraus. Durch die so immer notwendige Interessenabwägung soll insbesondere das informationelle Selbstbestimmungsrecht und damit das Persönlichkeitsrecht der Betroffenen gewahrt werden.[8] Sind überwiegende Interessen am Ausschluss einer Zweckänderung feststellbar, muss diese unterbleiben.

11 Da § 24 Abs. 1 (anders als die Vorgängerregelung § 28 Abs. 2 Nr. 2 BDSG-alt) nicht mehr auf »schutzwürdige Interessen« abstellt, muss eine **umfassende Beachtung aller denkbaren Interessen** der **betroffenen Personen** stattfinden. Es dürfen aus Sicht eines Verantwortlichen keine erheblichen, sofort ins Auge springenden Umstände ersichtlich sein, die eine Beeinträchtigung der Interessen der betroffenen Personen nahelegen. Der Verantwortliche muss eine einzelfallbezogene Bewertung und Abwägung der unterschiedlichen Interessenpositionen vornehmen.[9]

12 Soweit es sich um Daten aus einem Beschäftigungsverhältnis handelt, ist mit Blick auf die spezifischen Vorgaben in § 26 regelmäßig vom Vorliegen eines überwiegenden Interesses

4 Kühling/Buchner-*Herbst*, § 24 Rn. 7.
5 Taeger/Gabel-*Rose*, § 24 Rn. 12.
6 Auerhammer-*Kramer*, § 24 Rn. 14.
7 Kühling/Bucher-*Herbst*, § 24 Rn. 11.
8 BMH, § 28 BDSG-alt Rn. 236.
9 Gola/Heckmann-*Heckmann/Scheurer*, § 24 Rn. 9.

auszugehen. Dies leitet sich schon daraus ab, dass vermieden werden muss, dass Arbeitgeber durch den Rückgriff auf § 24 den Schutzstandard des § 26 unterlaufen. Eine andere Bewertung ist nur möglich, wenn sich Gefährdungen für die Interessen der Beschäftigten im konkreten Fall aus objektiver Sicht ausschließen lassen (etwa durch eine umfassende Pseudonymisierung oder durch Vorkehrungen in kollektivrechtlichen Regelungen).

III. Verarbeitung besonderer Kategorien personenbezogener Daten (Abs. 2)

In Abs. 2 werden die Voraussetzungen für **Zweckänderungen** von **besonderen Kategorien personenbezogener Daten** im nicht-öffentlichen Bereich benannt. Eine entsprechende Regelung enthielt § 28 Abs. 8 BDSG-alt. Abs. 2 ist textgleich mit § 23 Abs. 2. Deshalb wird auf die Kommentierung hierzu in § 23 Rn. 15ff. verwiesen. 13

§ 25 Datenübermittlung durch öffentliche Stellen

(1) Die Übermittlung personenbezogener Daten durch öffentliche Stellen an öffentliche Stellen ist zulässig, wenn sie zur Erfüllung der in der Zuständigkeit der übermittelnden Stelle oder des Dritten, an den die Daten übermittelt werden, liegenden Aufgaben erforderlich ist und die Voraussetzungen vorliegen, die eine Verarbeitung nach § 23 zulassen würden. Der Dritte, an den die Daten übermittelt werden, darf diese nur für den Zweck verarbeiten, zu dessen Erfüllung sie ihm übermittelt werden. 3Eine Verarbeitung für andere Zwecke ist unter den Voraussetzungen des § 23 zulässig.
(2) Die Übermittlung personenbezogener Daten durch öffentliche Stellen an nichtöffentliche Stellen ist zulässig, wenn
1. **sie zur Erfüllung der in der Zuständigkeit der übermittelnden Stelle liegenden Aufgaben erforderlich ist und die Voraussetzungen vorliegen, die eine Verarbeitung nach § 23 zulassen würden,**
2. **der Dritte, an den die Daten übermittelt werden, ein berechtigtes Interesse an der Kenntnis der zu übermittelnden Daten glaubhaft darlegt und die betroffene Person kein schutzwürdiges Interesse an dem Ausschluss der Übermittlung hat oder**
3. **es zur Geltendmachung, Ausübung oder Verteidigung rechtlicher Ansprüche erforderlich ist**

und der Dritte sich gegenüber der übermittelnden öffentlichen Stelle verpflichtet hat, die Daten nur für den Zweck zu verarbeiten, zu dessen Erfüllung sie ihm übermittelt werden. Eine Verarbeitung für andere Zwecke ist zulässig, wenn eine Übermittlung nach Satz 1 zulässig wäre und die übermittelnde Stelle zugestimmt hat.
(3) Die Übermittlung besonderer Kategorien personenbezogener Daten im Sinne des Artikels 9 Absatz 1 der Verordnung (EU) 2016/679 ist zulässig, wenn die Voraussetzungen des Absatzes 1 oder 2 und ein Ausnahmetatbestand nach Artikel 9 Absatz 2 der Verordnung (EU) 2016/679 oder nach § 22 vorliegen.

Inhaltsübersicht Rn.

I. Einleitung

1 § 25 enthält die **Voraussetzungen**, unter denen Verantwortliche aus dem öffentlichen Bereich die ihnen vorliegenden personenbezogenen Daten an andere öffentliche Stellen bzw. an natürliche oder juristische Personen im nichtöffentlichen Bereich übermitteln dürfen. Die Vorschrift richtet sich einerseits an Verantwortliche, die nach § 1 Abs. 1 vom Anwendungsbereich dieses Gesetzes erfasst werden. Andererseits enthält sie Vorgaben für Empfänger von Daten im öffentlichen und im nichtöffentlichen Bereich.

2 Die in § 25 **Abs. 1** enthaltenen **Erlaubnistatbestände** entsprechen denen in § 15 Abs. 1 und 3 BDSG-alt. Voraussetzung für eine Übermittlung ist, dass die personenbezogenen Daten für die Aufgabenerfüllung erforderlich sind. **Abs. 2** enthält entsprechende Voraussetzungen für die **Übermittlung an nichtöffentliche Stellen bzw. an Personen außerhalb des öffentlichen Dienstes**. Die Regelung in Abs. 2 entspricht § 16 Abs 1 und 4 BDSG-alt. Informationspflichten gegenüber den betroffenen Personen, wie sie in § 16 Abs 3 BDSG-alt enthalten waren, leiten sich nunmehr unmittelbar aus Art. 13 Abs. 3 bzw. aus Art. 14 Abs. 4 DSGVO ab.[1]

II. Übermittlung an öffentliche Stellen (Abs. 1)

3 Die Vorschrift in **Abs. 1** kommt für alle **Übermittlungen** personenbezogener Daten **zwischen den öffentlichen Stellen** zur Anwendung, die nach § 1 Abs. 1 vom Anwendungsbereich des Gesetzes erfasst sind. Neben öffentlichen Stellen des Bundes können dies auch öffentliche Stellen der Länder sein, wenn es für Übermittlungen keine landesrechtlichen Spezialvorschriften gibt. Nehmen Stellen des Bundes und der Länder als öffentlich-rechtliche Wettbewerbsunternehmen am Wettbewerb teil, sind sie wie nichtöffentliche Stellen zu behandeln. Für Datenübermittlungen gilt dann Abs. 2.

1. Zulässigkeit der Übermittlung zwischen öffentlichen Stellen (Abs. 1 Satz 1)

4 Eine Übermittlung personenbezogener Daten von einer öffentlichen Stelle an eine andere ist nach Abs. 1 **Satz 1** nur zulässig, wenn dies zur **Erfüllung der in der Zuständigkeit** der übermittelnden oder der empfangenden Stelle **liegenden Aufgaben erforderlich ist**. Es muss sich um **gesetzliche Aufgaben** handeln, die sich aus einschlägigen Rechtsvorschriften ableiten. Weiterhin müssen die in § 23 genannten Voraussetzungen erfüllt sein.

5 Bei Übermittlung innerhalb einer Stelle des Bundes ist ausgehend vom funktionalen Behördenbegriff zu beachten, dass dort die Weitergabe von Daten von einer Fachabteilung

1 BR-Drs. 18/11325, Seite 96.

in eine andere wie eine Übermittlung an Dritte zu bewerten sein kann.[2] Es gelten dann dieselben Voraussetzungen wie bei der Übermittlung zwischen **verschiedenen Konzernunternehmen** im nichtöffentlichen Bereich (vgl. § 26 Rn. 182ff.).

Eine Datenübermittlung nach Satz 1 ist nur zulässig, wenn sie **für die Aufgabenerfüllung** der in der Zuständigkeit der übermittelnden oder der empfangenden Stelle **erforderlich** ist. Die ausdrückliche Nennung der »Erforderlichkeit« verdeutlicht, dass eine Übermittlung nur unter **engen Voraussetzungen** erfolgen darf. Es ist insbesondere nicht ausreichend, dass personenbezogene Daten zur Aufgabenerfüllung nur geeignet oder zweckmäßig sind. Notwendig ist vielmehr, dass es einer berechtigten öffentlichen Stelle ohne die Übermittlung unmöglich ist, ihre gesetzlichen Aufgaben zu erfüllen.[3] Dies kann etwa der Fall sein, wenn die Zusammenarbeit mit anderen öffentlichen Stellen vorgeschrieben oder unumgänglich ist. 6

Eine **Verpflichtung zur Übermittlung** kann sich bei einer öffentlichen Stelle aus allgemeinen gesetzlichen Befugnissen der empfangenden Behörde ergeben (etwa bzgl. Staatsanwaltschaften aus § 161 StPO). 7

Die Durchführung einer nach Abs. 1 Satz 1 erforderlichen Übermittlung setzt weiterhin voraus, dass diese nach § 23 als Verarbeitung für andere Zwecke zulässig ist. Sie ist damit nur in dem Rahmen zulässig, in dem eine Zweckänderung beim Verantwortlichen erfolgen könnte (vgl. § 23 Rn. 5ff.). 8

2. Fortbestand der Zweckbindung bei öffentlichen Stellen (Abs. 1 Satz 2)

Wurden personenbezogene Daten von einer öffentlichen Stelle an eine andere übermittelt, **besteht die ursprüngliche datenschutzrechtliche Zweckbindung** nach Abs. 1 **Satz 2 fort**. Diese Vorschrift wird damit auf den ersten Blick dem Grundsatz der Zweckbindung gerecht, den das BVerfG als herausragende Sicherung des Rechts auf informationelle Selbstbestimmung beschrieben hat.[4] 9

Die Wirksamkeit dieses Schutzes wird allerdings dadurch beeinträchtigt, dass nach § 23 Zweckänderungen der übermittelten personenbezogenen Daten bei den öffentlichen Stellen, die Daten erhalten haben, in bestimmten Fällen möglich ist. Kommt es zu einer zulässigen Zweckänderung, resultiert hieraus eine neue verbindliche Festlegung.[5] 10

III. Übermittlung an nichtöffentliche Stellen (Abs. 2)

1. Zulässigkeit der Übermittlung an nichtöffentliche Stellen (Abs. 1 Satz 1)

Eine Übermittlung personenbezogener Daten von einer öffentlichen an eine nichtöffentliche Stelle ist nach Abs. 1 **Satz 1** nur **in den drei Fällen zulässig**, die in der Vorschrift **abschließend genannt** sind. Die Verantwortlichkeit für die Rechtmäßigkeit und damit auch 11

---

2 Ebenso Auernhammer-*Eßer*, § 25 Rn. 11; Gola/Heckmann-*Sandfuchs*, § 25 Rn. 6; vgl. auch § 2 Rn. 4.

3 Vgl. Auernhammer-*Eßer*, § 25 Rn. 20; nach Plath-*Plath*, § 25 Rn. 5, ist ein strenger Maßstab anzulegen.

4 BVerfG NJW 1984, 419ff.; Gola/Heckmann-Sandfuchs, § 25 Rn. 13f.

5 Ähnlich Gola/Heckmann-*Sandfuchs*, § 25 Rn. 14.

für die Zulässigkeit der Übermittlung verbleibt dabei immer bei der öffentlichen Stelle. die für die Verarbeitung verantwortlich ist. Diese muss zudem die nichtöffentliche Stelle nach dem letzten Hlbs. von Satz 1 dazu verpflichten, die Daten nur im Rahmen des Übermittlungszwecks zu verarbeiten. Die Vorschrift richtet sich einerseits an die in § 2 Abs. 1 bis 3 aufgeführten öffentlichen Stellen und andererseits an Dritte aus dem nichtöffentlichen Bereich gemäß § 2 Abs. 4 und 5.

a) Übermittlung zur Erfüllung von Aufgaben (Satz 1 Nr. 1)

12 Nach **Nr. 1** kann die Übermittlung an nichtöffentliche Stellen erfolgen, wenn **sie zur Erfüllung von Aufgaben** der verantwortlichen öffentlichen Stelle **erforderlich ist** (beispielsweise ein Hinweis des Gesundheitsamts an eine möglicherweise infizierte Kontaktperson eines erkrankten Menschen). **Unzulässig ist hingegen** eine nur im Interesse des Empfängers liegende Übermittlung.[6] Die Voraussetzungen für die Zulässigkeit von Übermittlung im Rahmen der Aufgabenerfüllung stimmen mit denen in Abs. 1 Satz 1 überein (vgl. Rn. 5ff.).

13 Die übermittelten Daten dürfen aufgrund des Verweises auf § 23 von nichtöffentlichen Stellen nur **zweckgebunden** verwendet werden. Damit ist beispielsweise ein Hinweis der Staatsanwaltschaft an einen Belastungszeugen zulässig, dass ein verurteilter Täter, der ihn bedroht hat, wieder auf freiem Fuß ist. Ausgeschlossen ist hingegen ein entsprechender Hinweis an die Presse, sofern es sich nicht um einen offiziellen Fahndungsaufruf handelt, der wegen einer erneuten Straftat erfolgt.

b) Übermittlung aufgrund eines Interesses Dritter (Satz 1 Nr. 2)

14 Nach **Nr. 2** ist eine Übermittlung von personenbezogenen Daten durch eine öffentliche Stelle zulässig, wenn ein **Dritte** aus dem nichtöffentlichen Bereich ein **berechtigtes Interesse** an der Kenntnis glaubhaft dargelegt wird. Die Vorschrift stellt staatliche Datenbestände in bestimmten Fällen in den Dienst privater Interessen. Dies führt schon mit Blick auf das informationelle Selbstbestimmungsrecht der Bürger zu einer **engen Auslegung** des Tatbestands.[7]

15 Eine Übermittlung auf der Grundlage von Nr. 2 knüpft an **zwei Voraussetzungen** an, die kumulativ vorliegen müssen: Es muss einerseits ein **berechtigtes Interesse** des Dritten an der Kenntnis der zu übermittelnden Daten bestehen und andererseits **ein schutzwürdiges Interesse des Betroffenen fehlen.**

16 Die **Anforderungen** an das Vorliegen eines berechtigten Interesses sind **relativ gering**. Ausreichen soll jedes wirtschaftliche oder ideelle Interesse, das auf sachlichen Erwägungen fußt und mit der Rechtsordnung in Einklang steht. Ein rechtliches Interesse ist nicht erforderlich.[8] Auch ein Vermarktungswunsch soll als Begründung eines berechtigten Interesses nicht generell unzulässig sein, auch wenn er sich bei der notwendigen Abwägung

---

6 Vgl. Taeger/Gabel-*Rose*, § 25 Rn. 16, der eine Übermittlung nur zulässt, wenn sie ausschließlich der Aufgabenerfüllung der öffentlichen Stelle dient.

7 Ähnlich Gola/Heckmann-*Sandfuchs*, § 25 Rn. 25; vgl. auch Roßnagel-*Wedde*, Kap. 4.4. Rn. 25f.

8 BGH, NJW 1984, 1887; BMH, § 16 Rn. 17.

gegen die schutzwürdigen Interessen der Betroffenen in der Regel nicht durchsetzen wird.

Der Dritte muss sein **berechtigtes Interesse** nicht nachweisen, sondern nur **glaubhaft machen**. Dafür reicht eine plausible Erklärung, für die eine überwiegende Wahrscheinlichkeit spricht, etwa die Mitteilung an die Meldebehörde, dass man die neue Adresse eines Betroffenen zur Geltendmachung von Forderungen benötigt. Eine besondere Formvorschrift – etwa Schriftform – gibt es nicht. Damit genügt eine einfache Erklärung.[9] Aus Gründen der Beweisbarkeit ist es ratsam, dass öffentliche Stellen auf Schriftform bestehen oder zumindest auf Textform. Die nichtöffentliche Stelle muss die Darlegungen des Dritten prüfen, wobei die Anforderungen gering sind. Es soll ausreichen, wenn für das Vorliegen eines berechtigten Interesses eine überwiegende Wahrscheinlichkeit spricht.[10] 17

Unter Beachtung dieser minimalen gesetzlichen Anforderungen an die Darlegung eines berechtigten Interesses ist die **Schutzwirkung** dieser Vorschrift **begrenzt**, da es in vielen Fällen einfach ist, durch plausible Erklärungen einen Anspruch auf personenbezogene Daten zu begründen, ohne dass Missbrauchsfälle sofort erkennbar sind. Dieses Problem wird allerdings ein Stück weit durch die zweite Voraussetzung entschärft, die erfüllt sein muss, bevor es zu einer Übermittlung von Daten kommen darf. **Die verantwortliche öffentliche Stelle** muss sich nämlich vor der Übermittlung **vergewissern**, dass betroffene Personen kein schutzwürdiges Interesse am Ausschluss der Übermittlung haben. 18

Das **schutzwürdige Interesse** von betroffenen Personen am Ausschluss einer Übermittlung ist mit Blick auf das Recht auf informationelle Selbstbestimmung weit zu fassen. Insbesondere dürfen an die Begründung Betroffener zum Vorliegen schutzwürdiger Interessen keine höheren Anforderungen gestellt werden als an die Darlegungen eines Dritten zu seinen berechtigten Interessen. Es reicht ebenfalls ein einfacher und in sich plausibler Vortrag. Liegt im Ergebnis einer Rechtsgüterabwägung ein vorrangiges schutzwürdiges Interesse der betroffenen Person vor, darf keine Datenweitergabe erfolgen.[11] Kann die öffentliche Stelle signifikante Beeinträchtigungen für den Betroffenen nicht ausschließen, muss die Übermittlung unterbleiben. Im Zweifel wird schon mit Blick auf den hohen Rang des Rechts auf informationelle Selbstbestimmung zugunsten der Betroffenen zu entscheiden sein.[12] 19

Im Ergebnis der vorzunehmenden Abwägung wird beispielsweise die (ansonsten zulässige) Übermittlung der Meldedaten von Strafgefangenen oder von Dauerinsassen forensischer Kliniken ebenso unzulässig sein wie die Bekanntgabe von Notenlisten im Internet. Generell nicht übermittelt werden dürfen personenbezogene Daten, die von Verantwortlichen gelöscht werden müssen. In der Regel zulässig ist die Übermittlung von normalen Wohnanschriften in Privathäusern oder die Einzelabfrage von Daten aus dem Handelsregister. Nicht unbegrenzt schutzwürdig ist das Interesse von Schuldnern, für Gläubiger nicht auffindbar zu sein.[13] 20

9 BVerfG, NJW 1974, 1903.
10 BGHZ 93, 300; Gola/Heckmann-*Sandfuchs*, § 25 Rn. 22.
11 Vgl. Auernhammer-*Eßer*, § 25 Rn. 37.
12 Ähnlich Taeger/Gabel-*Rose*, § 25 Rn. 17.
13 OVG NW, BB 1988, 589.

c) Erforderlichkeit für rechtliche Ansprüche (Satz 1 Nr. 3)

21 Nach **Nr. 3** kann eine Übermittlung von personenbezogenen Daten durch eine öffentliche an eine nichtöffentliche Stelle zulässig sein, wenn sie für die **Geltendmachung, Ausübung** oder **Verteidigung rechtlicher Ansprüche** erforderlich ist. Der Begriff der rechtlichen Ansprüche erfasst sowohl öffentliche als auch private Rechte. Die vorausgesetzte Erforderlichkeit wird nur zu bejahen sein, wenn ohne die Übermittlung die Durchsetzung von Ansprüchen nicht möglich ist.[14] Hieraus folgt eine **enge Auslegung** dieses Erlaubnistatbestands.

22 Die Ansprüche müssen dem nichtöffentlichen Empfänger selbst zustehen. Ist dies der Fall, kann nach der Übermittlung beispielsweise eine Weitergabe an seinen Rechtsanwalt erfolgen sowie ein anschließender Vortrag der Inhalte vor Gericht.

2. Fortbestand der Zweckbindung bei nichtöffentlichen Stellen (Abs. 2 Satz 2)

23 Wurden personenbezogene Daten von einer öffentlichen an eine nichtöffentliche Stelle übermittelt, **besteht die ursprüngliche datenschutzrechtliche Zweckbindung** nach Abs. 2 **Satz 2 fort**. Eine Verarbeitung für einen anderen Zweck setzt deshalb zwingend voraus, dass die Übermittlung selbst nach Abs. 2 Satz 1 zulässig ist und dass die öffentliche Stelle dieser zugestimmt hat. Schon aus Gründen der Beweisbarkeit sollte diese Zustimmung stets in schriftlicher oder vergleichbar revisionssicherer Form erfolgen.

IV. Verarbeitung besonderer Kategorien personenbezogener Daten (Abs. 3)

24 In Abs. 3 werden die Voraussetzungen für **Übermittlung** von **besonderen Kategorien personenbezogener Daten** von öffentlichen Stellen an andere öffentliche oder nichtöffentliche Stellen im Rahmen der Abs. 1 und 2 benannt. Die Regelung in Abs. 3 ist textgleich mit der in § 23 Abs. 2. Deshalb wird auf die Kommentierung hierzu in § 23 Rn. 15ff. verwiesen.

Abschnitt 2
Besondere Verarbeitungssituationen

§ 26 Datenverarbeitung für Zwecke des Beschäftigungsverhältnisses

(1) Personenbezogene Daten von Beschäftigten dürfen für Zwecke des Beschäftigungsverhältnisses verarbeitet werden, wenn dies für die Entscheidung über die Begründung eines Beschäftigungsverhältnisses oder nach Begründung des Beschäftigungsverhältnisses für dessen Durchführung oder Beendigung oder zur Ausübung oder Erfüllung der sich aus einem Gesetz oder einem Tarifvertrag, einer Betriebs- oder Dienstvereinbarung (Kollektivvereinbarung) ergebenden Rechte und Pflichten der Interessenvertretung der Beschäftigten erforderlich ist. Zur Aufdeckung von Straftaten dürfen personenbezogene Daten von Beschäftigten nur dann verarbeitet werden, wenn zu dokumentierende tatsächliche Anhaltspunkte den Verdacht begründen, dass

14 Ebenso Auernhammer-*Eßer*, § 25 Rn. 39.

die betroffene Person im Beschäftigungsverhältnis eine Straftat begangen hat, die Verarbeitung zur Aufdeckung erforderlich ist und das schutzwürdige Interesse der oder des Beschäftigten an dem Ausschluss der Verarbeitung nicht überwiegt, insbesondere Art und Ausmaß im Hinblick auf den Anlass nicht unverhältnismäßig sind.

(2) Erfolgt die Verarbeitung personenbezogener Daten von Beschäftigten auf der Grundlage einer Einwilligung, so sind für die Beurteilung der Freiwilligkeit der Einwilligung insbesondere die im Beschäftigungsverhältnis bestehende Abhängigkeit der beschäftigten Person sowie die Umstände, unter denen die Einwilligung erteilt worden ist, zu berücksichtigen. Freiwilligkeit kann insbesondere vorliegen, wenn für die beschäftigte Person ein rechtlicher oder wirtschaftlicher Vorteil erreicht wird oder Arbeitgeber und beschäftigte Person gleichgelagerte Interessen verfolgen. Die Einwilligung hat schriftlich oder elektronisch zu erfolgen, soweit nicht wegen besonderer Umstände eine andere Form angemessen ist. Der Arbeitgeber hat die beschäftigte Person über den Zweck der Datenverarbeitung und über ihr Widerrufsrecht nach Artikel 7 Absatz 3 der Verordnung (EU) 2016/679 in Textform aufzuklären.

(3) Abweichend von Artikel 9 Absatz 1 der Verordnung (EU) 2016/679 ist die Verarbeitung besonderer Kategorien personenbezogener Daten im Sinne des Artikels 9 Absatz 1 der Verordnung (EU) 2016/679 für Zwecke des Beschäftigungsverhältnisses zulässig, wenn sie zur Ausübung von Rechten oder zur Erfüllung rechtlicher Pflichten aus dem Arbeitsrecht, dem Recht der sozialen Sicherheit und des Sozialschutzes erforderlich ist und kein Grund zu der Annahme besteht, dass das schutzwürdige Interesse der betroffenen Person an dem Ausschluss der Verarbeitung überwiegt. Absatz 2 gilt auch für die Einwilligung in die Verarbeitung besonderer Kategorien personenbezogener Daten; die Einwilligung muss sich dabei ausdrücklich auf diese Daten beziehen. § 22 Absatz 2 gilt entsprechend.

(4) Die Verarbeitung personenbezogener Daten, einschließlich besonderer Kategorien personenbezogener Daten von Beschäftigten für Zwecke des Beschäftigungsverhältnisses, ist auf der Grundlage von Kollektivvereinbarungen zulässig. Dabei haben die Verhandlungspartner Artikel 88 Absatz 2 der Verordnung (EU) 2016/679 zu beachten.

(5) Der Verantwortliche muss geeignete Maßnahmen ergreifen, um sicherzustellen, dass insbesondere die in Artikel 5 der Verordnung (EU) 2016/679 dargelegten Grundsätze für die Verarbeitung personenbezogener Daten eingehalten werden.

(6) Die Beteiligungsrechte der Interessenvertretungen der Beschäftigten bleiben unberührt.

(7) Die Absätze 1 bis 6 sind auch anzuwenden, wenn personenbezogene Daten, einschließlich besonderer Kategorien personenbezogener Daten, von Beschäftigten verarbeitet werden, ohne dass sie in einem Dateisystem gespeichert sind oder gespeichert werden sollen.

(8) Beschäftigte im Sinne dieses Gesetzes sind:

1. Arbeitnehmerinnen und Arbeitnehmer, einschließlich der Leiharbeitnehmerinnen und Leiharbeitnehmer im Verhältnis zum Entleiher,
2. zu ihrer Berufsbildung Beschäftigte,
3. Teilnehmerinnen und Teilnehmer an Leistungen zur Teilhabe am Arbeitsleben sowie an Abklärungen der beruflichen Eignung oder Arbeitserprobung (Rehabilitandinnen und Rehabilitanden),

4. in anerkannten Werkstätten für behinderte Menschen Beschäftigte,
5. Freiwillige, die einen Dienst nach dem Jugendfreiwilligendienstegesetz oder dem Bundesfreiwilligendienstgesetz leisten,
6. Personen, die wegen ihrer wirtschaftlichen Unselbständigkeit als arbeitnehmerähnliche Personen anzusehen sind; zu diesen gehören auch die in Heimarbeit Beschäftigten und die ihnen Gleichgestellten,
7. Beamtinnen und Beamte des Bundes, Richterinnen und Richter des Bundes, Soldatinnen und Soldaten sowie Zivildienstleistende.

Bewerberinnen und Bewerber für ein Beschäftigungsverhältnis sowie Personen, deren Beschäftigungsverhältnis beendet ist, gelten als Beschäftigte.

Inhaltsübersicht Rn.

I. Einleitung

1 § 26 ist die **zentrale Vorschrift des Beschäftigtendatenschutzes** im neuen Gesetz. Sie hat zwei inhaltliche Schwerpunkte.

2 **Zum einen führt** sie den bisher geltenden **§ 32 BDSG-alt fort**: Abs. 1 enthält u. a. das, was bisher in § 32 Abs. 1 BDSG-alt geregelt war, Abs. 7 übernimmt wörtlich den Verzicht auf das Dateierfordernis von § 32 Abs. 2 BDSG-alt, Abs. 6 lässt genau wie § 32 Abs. 3 BDSG-alt die Beteiligungsrechte der betrieblichen Interessenvertretungen unberührt. Abs. 8 definiert den Beschäftigtenbegriff in redaktionell bereinigter Form in gleicher Weise wie § 3 Abs. 11 BDSG-alt.

3 **Zum zweiten** fügt der neue § 26 eine Reihe von **Regeln** hinzu, die sich **bisher nicht im Gesetz** befanden.

- Die Verarbeitung von Beschäftigtendaten soll nach Abs. 1 auch zulässig sein, soweit sie aufgrund Gesetzes oder Kollektivvertrags zur Ausübung von Rechten und zur Erfüllung von Pflichten der betrieblichen Interessenvertretung erforderlich ist.
- Nach Abs. 4 ist die Verarbeitung von Beschäftigtendaten auf der Grundlage von Kollektivverträgen möglich, was auch für sensitive Daten im Sinne des Art. 9 DSGVO gilt. In allen Fällen sind dabei nach Abs. 4 Satz 2 die Vorgaben des Art. 88 Abs. 2 DSGVO zu beachten.
- Abs. 2 enthält eingehende Vorgaben für die Wirksamkeit einer von dem Beschäftigten abgegebenen Einwilligung.
- Abs. 3 enthält spezielle Vorgaben für die Verarbeitung sensibler Daten nach Art. 9 DSGVO.
- Abs. 5 enthält eine Art Generalklausel zu Lasten des Arbeitgebers: Er muss »geeignete Maßnahmen« ergreifen, um sicherzustellen, dass »insbesondere« die Grundsätze des Art. 5 DSGVO eingehalten werden.

4 Die folgenden Erläuterungen wollen zunächst den **Anwendungsbereich** der Vorschrift klären, behandeln also den Begriff des Beschäftigten im Sinne des Abs. 8 (unten II – Rn. 6ff.). Anschließend geht es um die Datenverarbeitung, wie sie sich im Laufe eines Beschäftigungsverhältnisses ergibt: Erhebung und Verarbeitung von Bewerberdaten (unten III – Rn. 18ff.) sowie Erhebung von Daten im Laufe eines bestehenden Beschäftigungsverhältnisses. Dabei sind insbesondere auch die unterschiedlichen Mittel wie Videokameras und GPS zu behandeln, mit deren Hilfe Beschäftigtendaten erhoben werden (unten

IV – Rn. 78ff.). Anschließend ist der Spezialfall zu analysieren, dass ein Beschäftigter im Verdacht steht, im Betrieb eine strafbare Handlung oder eine sonstige schwere Pflichtverletzung begangen zu haben (unten V – Rn. 161ff.). Die Nutzung im Rahmen der bestehenden Zweckbindung (unten VI – Rn. 171) und die Übermittlung von Beschäftigtendaten im Inland (unten VII – Rn. 176ff.) und ins Ausland (unten VIII – Rn. 206ff.) sind weitere wesentliche Problemkomplexe.

Es folgt die Behandlung einer Reihe wichtiger Spezialprobleme. Welche Voraussetzungen müssen gegeben sein, damit eine Einwilligung des Beschäftigten die Datenverarbeitung rechtfertigen kann (unten IX – Rn. 222ff.)? Welche spezifischen Bedingungen gelten für die Verarbeitung sensitiver Daten von Beschäftigten im Sinne des Art. 9 DSGVO (unten X – Rn. 235ff.)? Inwieweit können Kollektivverträge Grundlage einer Verarbeitung von Beschäftigtendaten sein (unten XI – Rn. 247ff.)? Welches sind die »geeigneten Maßnahmen«, die der Arbeitgeber zur Realisierung der Grundsätze des Art. 5 DSGVO treffen muss (unten XII – Rn. 256ff.)? Den Abschluss bildet die Rechtsstellung von betrieblichen Interessenvertretungen nach Abs. 1 und Abs. 6 (unten XIII – Rn. 261ff.). 5

II. Anwendungsbereich

1. Der erfasste Personenkreis

a) Der Grundsatz

§ 32 BDSG-alt griff erstmals **über den Bereich des Arbeitsrechts hinaus**, weil er nicht nur Arbeitnehmer, sondern alle »Beschäftigten« im Sinne von § 3 Abs. 11 BDSG-alt erfasste. Der Gesetzgeber hat damit bewusst nicht auf die rechtliche Konstruktion abhängiger Arbeit, sondern auf das reale Schutzbedürfnis abgestellt, weshalb er insbesondere auch die Gruppe der **arbeitnehmerähnlichen Personen einbezogen** hat. Das deckt sich mit einer aktuellen Tendenz, die zuletzt in § 7 Abs. 1 Pflegezeitgesetz zum Ausdruck gekommen ist.[1] **§ 26 Abs. 8 BDSG** hat die Regelung übernommen und nennt in Satz 1 in sieben Ziffern die Personengruppen, die vom »Beschäftigtendatenschutz« erfasst sind. 6

b) Die einzelnen Gruppen

Nr. 1: **Arbeitnehmerinnen und Arbeitnehmer.** Hier wird der allgemeine Arbeitnehmerbegriff zugrunde gelegt, wie er sich in der Rechtsprechung entwickelt hat[2] und wie er seit 2017 in § 611a BGB »kodifiziert« ist. Kirchliche Arbeitnehmer unterliegen einem innerkirchlichen Sonderstatus und sind deshalb nicht erfasst.[3] Die Neuregelung in Abs. 8 Nr. 1 bezieht ausdrücklich auch das Verhältnis zwischen Leiharbeitnehmer und Entleiher mit ein,[4] doch 7

1 Weitere Beispiele bei Däubler, in: FS Wank, S. 81f.; auch das Gendiagnostikgesetz folgt diesem Modell.

2 Überblick bei Däubler, Arbeitsrecht 1, Rn. 24a ff.; HK-ArbR-*Kreuder*, §§ 611, 611a BGB Rn. 5ff.; Schaub-*Vogelsang*, § 8 Rn. 9ff.

3 SHS-*Seifert*, Art. 88 Rn. 60; näher Art. 91.

4 Zur Konzeption des »partiellen Arbeitsverhältnisses«, das zwischen Leiharbeitnehmer und Entleiher besteht, s. Däubler, in: FS Buchner, S. 163ff.

sind Arbeitnehmer von Drittfirmen nicht erfasst, die von ihrem Arbeitgeber aufgrund eines Werk- oder Dienstvertrags in den Betrieb geschickt werden.[5]

8 Nr. 2: **Zu ihrer Berufsbildung Beschäftigte**. Dies betrifft nicht nur Auszubildende, sondern nach § 1 Abs. 1 BBiG auch Personen in beruflicher Fortbildung, beruflicher Umschulung und in Berufsausbildungsvorbereitung.[6]

9 Nr. 3: Teilnehmerinnen und Teilnehmer an **Leistungen zur Teilhabe am Arbeitsleben sowie an Abklärungen der beruflichen Eignung oder Arbeitserprobung** (Rehabilitandinnen und Rehabilitanden). Zur ersten Gruppe gehören Personen in sog. Ein-Euro-Jobs nach § 16d SGB II, zur zweiten solche, die ein »Profiling« durchlaufen. Zur dritten Gruppe zählen insbesondere Personen in Arbeitstherapie nach den §§ 27 Satz 2 Nr. 6, 42 SGB V sowie solche, die nach längerer Krankheit gemäß § 74 SGB V ein »Wiedereingliederungsverhältnis« begründen, das nach der Rechtsprechung[7] kein Arbeitsverhältnis, sondern eine Rechtsbeziehung eigener Art ist.

10 Nr. 4: In anerkannten **Werkstätten für behinderte Menschen Beschäftigte**: Auch sie sind keine Arbeitnehmer; ihr Rechtsstatus bestimmt sich nach den §§ 219 ff. SGB IX (bis Ende 2017: §§ 136 ff.) sowie den auf dieser Grundlage erlassenen Vorschriften.[8]

11 Nr. 5: Nach dem Jugendfreiwilligendienstegesetz vom 16. 5. 2008[9] tätige Personen. Erfasst ist insbesondere, wer ein **freiwilliges soziales Jahr** oder ein freiwilliges ökologisches Jahr absolviert. Einbezogen sind jetzt auch Tätigkeiten nach dem Bundesfreiwilligendienstgesetz vom 28. 4. 2011.[10]

12 Nr. 6: Personen, die wegen ihrer wirtschaftlichen Unselbstständigkeit als **arbeitnehmerähnliche Personen** anzusehen sind. Diese nach den Arbeitnehmern bei weitem wichtigste Gruppe betrifft sog. freie Mitarbeiter, wie sie insbesondere bei den Medien beschäftigt werden, aber auch Soloselbstständige, die zwar ihre Arbeit selbst organisieren können, die jedoch wirtschaftlich im Wesentlichen von einem Auftraggeber abhängig sind. Einzelheiten der Abgrenzung sind an anderer Stelle behandelt.[11] Die Tatsache, dass § 26 Abs. 8 Nr. 6 BDSG im Gegensatz zu § 12a TVG nicht verlangt, dass die fragliche Person »vergleichbar schutzbedürftig« wie ein Arbeitnehmer ist, dürfte ohne größere praktische Auswirkung sein. Nur bei Höchstverdienern hat dieses zusätzliche Kriterium in der Rechtsprechung Bedeutung erlangt;[12] in allen anderen Fällen wurde die Schutzbedürftigkeit bejaht. Ausdrücklich einbezogen sind **Heimarbeiter und ihnen Gleichgestellte**;[13] auch Handelsvertreter, die im Wesentlichen für einen Auftraggeber tätig sind, dürften erfasst sein.[14]

---

5 Gola, Handbuch, Rn. 222.

6 Zur Abgrenzung im Einzelnen siehe Lakies/Malottke-*Malottke*, BBiG, Erläuterungen zu § 1.

7 BAG 29. 1. 1992 – 5 AZR 37/91, NZA 1992, 643, 644; BAG 28. 7. 1999 – 4 AZR 192/98, NZA 1999, 1295.

8 Einzelheiten bei Däubler, Arbeitsrecht 2, Rn. 2116; Schaub-*Linck*, § 188 Rn. 22 ff.; Deinert/Welti-*Ritz*, Nr. 158 Werkstatt für behinderte Menschen.

9 BGBl. I, S. 842.

10 BGBl. I, S. 687.

11 Däubler, Arbeitsrecht 2, Rn. 2093 ff.; Deinert, Soloselbständige, S. 5 ff.

12 BAG 2. 10. 1990 – 4 AZR 106/90, NZA 1991, 239, 241.

13 Zur Einbeziehung qualifizierter Angestelltentätigkeiten BAG 14. 6. 2016 – 9 AZR 305/15, NZA 2016, 1453.

14 Däubler, Arbeitsrecht 2, Rn. 2110 ff.

Nr. 7: Beamtinnen, **Beamte**, Richterinnen **und Richter** des Bundes, Soldatinnen und Soldaten sowie Zivildienstleistende. Der hier erfasste Personenkreis steht in einem öffentlich-rechtlichen Beschäftigungsverhältnis, dessen Vorliegen im Einzelfall so gut wie nie Zweifel hervorruft. Die §§ 106ff. BBG und entsprechende Vorschriften des Landesrechts über das Personalaktenrecht gehen innerhalb ihres Anwendungsbereichs gemäß § 1 Abs. 2 BDSG als Spezialvorschriften vor. § 26 BDSG greift insbesondere dann ein, wenn es **nicht** um »**Personalaktendaten**« im Sinne des § 106 Abs. 1 Satz 4 BBG, sondern um sonstige personenbezogene Daten geht, in Bezug auf die § 110 Abs. 4 BBG lediglich ein Einsichtsrecht gewährt. 13

In Bezug auf sämtliche sieben Gruppen bestimmt Satz 2, dass Bewerberinnen und **Bewerber für ein Beschäftigungsverhältnis** sowie **Personen**, deren **Beschäftigungsverhältnis beendet** ist, gleichfalls einbezogen sind. Dies folgt an sich schon aus allgemeinen Grundsätzen; insoweit hat Satz 2 nur klarstellende Funktion. Auch bisher ging man beispielsweise davon aus, dass das Erheben von Informationen bei Bewerbern einer Legitimation (etwa durch § 28 Abs. 1 Satz 1 Nr. 1 BDSG-alt – »vertragsähnliches Vertrauensverhältnis«) bedurfte. Dass auch die Daten von Rentnern und Pensionären oder anderen früheren Beschäftigten nicht schutzlos sind, sondern im Gegenteil nur noch im Rahmen des »Abwicklungszwecks« verarbeitet werden dürfen, ist gleichfalls unbestritten. 14

2. Verzicht auf das Erfordernis eines Dateisystems

§ 26 Abs. 7 bezieht anders als Art. 2 Abs. 1 DSGVO auch ausschließlich manuell erhobene, verarbeitete oder genutzte Beschäftigtendaten mit ein. Dies ist rechtlich unbedenklich, da nicht etwa von der DSGVO abgewichen, sondern ein Bereich geregelt wird, der nicht von ihr erfasst wird. § 26 Abs. 7 gilt somit auch für traditionelle **Personalakten**[15] sowie beispielsweise für eine Liste, in der die Anwesenheit auf einer bestimmten Sitzung vermerkt ist. Auch **handschriftliche Notizen**, die bei Bewerbungsgesprächen erstellt wurden,[16] und Ergebnisse von persönlichen Befragungen einzelner Beschäftigter werden erfasst.[17] Ausdrücklich ist eine solche Erstreckung datenschutzrechtlicher Grundsätze **nur für Abs. 1 bis 6** angeordnet. Aus der Tatsache, dass § 32 Abs. 2 nur auf § 32 Abs. 1 BDSG-alt verwies, hat das BAG den Schluss abgeleitet, dass es in allen anderen Zusammenhängen bei dem Dateierfordernis bleibt. Der Anspruch Ausgeschiedener auf Einsichtnahme in die (manuell geführte) Personalakte konnte daher nicht auf § 34 BDSG-alt gestützt werden.[18] Diese Festlegung schließt es aber nicht aus, Wertungen des BDSG heranzuziehen, wenn allgemeine arbeitsrechtliche Grundsätze keinen ausreichenden Schutz personenbezogener Daten gewähren. So ist zwar der Inhalt von Personalakten durch den Grundsatz der Vertrau- 15

---

15 Gola, Datenschutz am Arbeitsplatz, Rn. 192; Plath-*Stamer/Kuhnke*, § 26 Rn. 9; SHS-*Seifert*, Art. 88 Rn. 72.

16 Brink/Schwab, RDV 2017, 170, 172; Plath-*Stamer/Kuhnke*, § 26 Rn. 10; SJTK-*Thüsing/Schmidt*, Anhang zu Art. 88 Rn. 58.

17 Vogel/Glas, DB 2009, 1749. Plath-*Stamer/Kuhnke*, § 26 Rn. 10, wollen innerbetriebliche Kommunikationsvorgänge, nicht jedoch die Personalakte ausnehmen. Dies ist in sich nicht überzeugend, da gerade die Personalakte innerbetrieblichen Charakter hat; außerdem fehlt jeder Anhaltspunkt für eine solche restriktive Interpretation von Wortlaut und Zweck der Vorschrift.

18 BAG 16.11.2010 – 9 AZR 573/09, NZA 2011, 453; zustimmend Auernhammer-*Forst*, 4. Aufl., § 32 Rn. 11; kritisch Riesenhuber, NZA 2014, 753, 756.

lichkeit gegen eine Weitergabe an Dritte geschützt, doch stellt sich die Frage, durch welche organisatorischen Sicherungen ein Zugriff Unbefugter verhindert werden kann. Hier kann eine **Orientierung an Art. 32 DSGVO** zu sinnvollen Schlussfolgerungen führen.

3. Ausgeklammert: Persönliche oder familiäre Zwecke

16 Unberührt bleibt die Vorschrift des **Art. 2 Abs. 2 Buchst. c DSGVO,** wonach das Datenschutzrecht keine Anwendung findet, wenn die Erhebung, Verarbeitung oder Nutzung der Daten »ausschließlich für persönliche oder familiäre Tätigkeiten« erfolgt. Die Gästeliste einer Geburtstagsfeier kann daher gespeichert und ggf. ausgewertet werden, obwohl man die Gratulanten nicht um eine Einwilligung gebeten hat und zu ihnen auch keine vertraglichen Verbindungen bestehen.[19] Sobald jedoch **auch berufliche Zwecke** erfüllt werden, findet das Datenschutzrecht Anwendung. Ein **Lehrer,** der die Klassenarbeitsnoten seiner Schüler und ihr Verhalten im Unterricht auf seinem **heimischen PC** festhält, muss den Vorschriften der DSGVO entsprechend z. B. Sicherungsmaßnahmen treffen. Dasselbe gilt für einen Vorgesetzten, der ohne Ermächtigung des Arbeitgebers seine eigenen Dateien anlegt. Nicht erfasst von dieser Ausnahme sind weiter **Aufzeichnungen**, die ein **Vorgesetzter** auf eigene Faust über das Verhalten seiner Untergebenen macht; insoweit ist zumindest auch ein beruflicher Verwendungszweck gegeben, der jenseits der rein persönlichen Zwecke liegt.[20] Meist scheitert die Durchsetzung des Datenschutzrechts in der Praxis an dem diskreten Charakter, mit dem solche »Sammleraktivitäten« bewerkstelligt werden.

4. Verhältnis zu anderen Vorschriften

17 Nach bisherigem Recht war streitig, inwieweit der Gesetzgeber neben § 32 BDSG-alt auch auf die Verarbeitungsermächtigungen des § 28 BDSG-alt zurückgreifen konnte.[21] Nach neuem Recht kommt ausschließlich § 26 zur Anwendung, wenn die Verarbeitung zu Zwecken des Beschäftigungsverhältnisses erfolgt. Nur wenn andere Zwecke verfolgt werden, kann auf Art. 6 Abs. 1 DSGVO zurückgegriffen werden.[22]

III. Erhebung und Speicherung aufgrund einer Bewerbung

1. Allgemeiner Rahmen

18 Nach § 26 Abs. 1 Satz 1 dürfen personenbezogene Daten eines Beschäftigten »für Zwecke des Beschäftigungsverhältnisses« erhoben, verarbeitet oder genutzt werden, wenn dies für die Entscheidung über die Begründung eines Beschäftigungsverhältnisses »erforderlich« ist. § 26 Abs. 8 Satz 2 zählt ausdrücklich auch die Bewerber zu den »Beschäftigten«. Der Terminus »**erforderlich**« geht über die vor 2009 bestehende Rechtslage hinaus, weil früher nur verlangt wurde, dass das Erheben der Daten der Zweckbestimmung des Vertragsver-

19 Kritisch dazu Gola/Lepperhoff, ZD 2016, 9 ff.
20 Mangels Rechtsgrundlage unzulässig: Däubler, Gläserne Belegschaften, Rn. 827.
21 DKWW-*Däubler*, § 32 Rn. 7 ff.
22 Schmidl/Tannen, DB 2017, 1633, 1639; Düwell/Brink, NZA 2017, 1081, 1082; Kort, NZA 2018, 1097, 1099.

hältnisses oder des vertragsähnlichen Vertrauensverhältnisses mit dem Betroffenen »dienen« musste. Vom Wortlaut her eröffnete dies dem Verantwortlichen größere Spielräume, obwohl auch nach damaligem Recht der Standpunkt vertreten wurde, nur für den verfolgten Zweck »erforderliche« Daten dürften erhoben werden.[23] Dies gehört nunmehr zum gesicherten Bestand des Beschäftigtendatenschutzes.

Der Gesetzgeber hat mit dieser Entscheidung **verfassungsrechtlichen Vorgaben** entsprochen. Im Zusammenhang mit der Einwilligung in die Datenverarbeitung hat das Bundesverfassungsgericht für Rechtsverhältnisse, die durch ein Machtgefälle gekennzeichnet sind, restriktive Bedingungen aufgestellt. Danach darf die Preisgabe von Daten nur zugelassen werden, wenn sie unter Beachtung der Interessen beider Seiten »erforderlich« ist.[24] Im Rahmen der Begründung vertraglicher Beziehungen kann nichts anderes gelten, wenn für den schwächeren Teil eine zumutbare Alternative nicht verfügbar ist. Würde man schon die »Dienlichkeit« in Bezug auf den Vertragszweck genügen lassen, wäre das informationelle Selbstbestimmungsrecht des schwächeren Teils in unverhältnismäßiger Weise beeinträchtigt.[25] Entsprechende Grundsätze hat das BVerfG auch im Zusammenhang mit den Informationspflichten des Mieters entwickelt.[26] 19

Die »Erforderlichkeit« erstreckt sich nach Absatz 7 auch auf solche **Angaben, die nichtdateimäßig erfasst** werden. Eine Frage, die bei einem Bewerbungsgespräch seitens des Arbeitgebers »außerhalb der Tagesordnung« gestellt wird, muss sich daher an Abs. 1 Satz 1 messen lassen. Dies gilt sogar dann, wenn sich der Fragende die Antwort lediglich merkt, sie aber nirgends schriftlich niederlegt. Die dabei im Streitfall entstehenden Beweisschwierigkeiten sind auch bei Vier-Augen-Gesprächen keineswegs unüberwindbar, da es die Rechtsprechung zulässt, den Bewerber bzw. den Arbeitnehmer in einem solchen Fall wie einen Zeugen zu vernehmen.[27] Steht eine Diskriminierung in Frage, kommt die Beweiserleichterung des § 22 AGG zum Zuge. 20

Die »Erforderlichkeit« ist nur ein verkürzter Ausdruck für die Voraussetzungen, die die Erhebung, Verarbeitung und Nutzung von Beschäftigtendaten für Zwecke des Beschäftigungsverhältnisses zu erfüllen hat. In Wahrheit geht es um den Verhältnismäßigkeitsgrundsatz, der im Einzelfall zu wahren ist.[28] **Außer der Erforderlichkeit** verlangt er noch die »**Angemessenheit**«, die sich danach bestimmt, ob das Informationsinteresse des Arbeitgebers den Vorrang gegenüber dem Schutz der Persönlichkeitssphäre des Beschäftigten verdient.[29] Insoweit können die für die Bewerbungssituation entwickelten Grundsätze (Rn. 22ff.) im Sinne einer notwendigen Interessenabwägung generalisiert werden.[30] 21

---

23 Nachweise bei Thüsing, NZA 2009, 865ff.

24 BVerfG 23.10.2006 – 1 BvR 2027/02, JZ 2007, 576 = RDV 2007, 20.

25 Näher Däubler, Gläserne Belegschaften, Rn. 110ff.

26 BVerfG 11.6.1991 – 1 BvR 239/90, CR 1992, 368 = RDV 1992, 21.

27 BAG 22.5.2007 – 3 AZN 1155/06, NZA 2007, 885; BVerfG 21.2.2001 – 2 BvR 140/00, NJW 2001, 2531.

28 So das BAG in ständ. Rspr.; siehe zuletzt BAG 23.8.2018 – 2 AZR 133/18, NZA 2018, 1329; aus der Literatur siehe Kort, ZD 2017, 319, 320 und NZA 2018, 1097, 1098; Wybitul, NZA 2017, 413, 415.

29 Siehe im Einzelnen Plath-*Stamer/Kuhnke*, § 26 Rn. 18; ebenso zum bisherigen Recht Taeger/Gabel-*Zöll*, § 32 Rn. 18.

30 Plath-*Stamer/Kuhnke*, § 26 Rn. 16ff.; vgl. auch Kort, ZD 2017, 319ff.; zur Interessenabwägung s. insb. SHS-*Seifert*, Art. 88 Rn. 57.

2. Fragerecht des Arbeitgebers

22 Das BAG vertritt in ständiger Rechtsprechung die Auffassung, der Arbeitgeber dürfe nur nach Tatsachen fragen, an deren Kenntnis er **ein »berechtigtes, billigenswertes und schutzwürdiges Interesse«** hat.[31] Dies ist nur dann zu bejahen, wenn sein Informationsbedürfnis so gewichtig ist, dass es den **Vorrang vor dem Persönlichkeitsrecht des Arbeitnehmers** beanspruchen kann.[32] Das entspricht der durch die Verhältnismäßigkeit ergänzten »Erforderlichkeit« im Sinne des § 26 Abs. 1 Satz 1[33] – ein nicht ganz selbstverständliches Ergebnis, wurde dieser Grundsatz doch bereits in den 1950er Jahren und damit zu einer Zeit entwickelt, als der Begriff »Datenschutz« überhaupt noch nicht existierte. Die Rechtsprechung hat zahlreiche **Fallgruppen** gebildet, die hier skizziert werden sollen.

a) Privatleben

23 Für das Beschäftigungsverhältnis ohne Bedeutung müssen Freizeitbeschäftigungen des Bewerbers bleiben. Arbeit und sonstiges Leben zu trennen, gehört nach europäischem Verständnis zu den Errungenschaften eines modernen Arbeitsrechts.[34] Verwandte und Bekannte dürfen den Arbeitgeber daher ebenso wenig interessieren wie **Ess- und Trinkgewohnheiten** oder Hobbys.[35] Auch darf der Bewerber nicht gefragt werden, ob er Raucher ist.[36] Weiter sind die **privaten Vermögensverhältnisse** grundsätzlich »tabu«.[37] Überschuldung und hohe Unterhaltsverpflichtungen dürfen dann erfragt werden, wenn der in Aussicht genommene Arbeitsplatz beträchtliche finanzielle Spielräume eröffnet. Dies ist etwa bei einem Finanzdirektor, nicht aber bei einem Kassierer der Fall.[38] Die **Familienplanung** darf erst recht keine Rolle spielen,[39] ebenso wenig das Sexualleben und der Bekanntenkreis. Nicht erlaubt ist deshalb auch die an einen Bewerber gerichtete Aufforderung, dem Arbeitgeber die Zugangsdaten zu seinem **Account bei Facebook** oder anderen sozialen Netzwerken mitzuteilen; dies liefe auf die Zulassung einer umfassenden Durchleuchtung des Privatlebens hinaus.[40]

---

31 Grundlegend BAG 5.12.1957 – 1 AZR 594/56, AP Nr. 2 zu § 123 BGB; in neuerer Zeit BAG 13.6.2002 – 2 AZR 234/01, DB 2003, 396.

32 Thüsing/Lambrich, BB 2002, 1146.

33 Die richterrechtlichen Grundsätze und § 26 Abs. 1 stehen an sich nebeneinander, führen aber praktisch immer zum selben Ergebnis, weil das Richterrecht die »Erforderlichkeit« im Sinne des § 26 Abs. 1 Satz 1 durch das Verhältnismäßigkeitsprinzip ergänzt: BAG 15.11.2011 – 6 AZR 339/11, NZA 2013, 429; weitere Nachweise bei Däubler, Gläserne Belegschaften, Rn. 183i.

34 Dazu und zu den Auflösungstendenzen in der Gegenwart Däubler, SR 2014, 45 ff.

35 Künzl, BB 1993, 1583; Plath-*Stamer/Kuhnke*, § 26 Rn. 35; Wisskirchen/Bissels, NZA 2007, 171.

36 SHS-*Seifert*, Art. 88 Rn. 81; zum bisherigen Recht ebenso BMH, § 32 Rn. 48.

37 Von einem Bewerber darf deshalb auch keine Schufa-Auskunft verlangt werden – teilweise anders Plath-*Stamer/Kuhnke*, § 26 Rn. 48.

38 Däubler, Gläserne Belegschaften, Rn. 211; anders Plath-*Stamer/Kuhnke*, § 26 Rn. 37, die bei Mitarbeitern von Finanzdienstleistungsunternehmen die Frage nach einer eidesstattlichen Versicherung gemäß § 807 ZPO (früher »Offenbarungseid« genannt) und nach einem Privatinsolvenzverfahren zulassen wollen.

39 Schaub-*Linck*, § 26 Rn. 21a; Schierbaum, AiB 1995, 591.

40 Dazu Heermann, ZD 6/2012 S. XIV unter Bezugnahme auf eine verbreitete Praxis in den USA; wie hier Kort, NZA Beilage 2/2016, S. 69.

Ein **Pre-Employment-Screening**, d.h. eine Überprüfung der Identität, der Vita und des Umfelds eines Bewerbers,[41] ist grundsätzlich nicht erlaubt, weil es zu einer Ausforschung auch der privaten Lebensverhältnisse des Bewerbers führen würde und überdies im Vergleich zur Direkterhebung den (in der Regel nicht erforderlichen) weitergehenden Eingriff in die Persönlichkeitssphäre darstellt (oben Art. 13 Rn. 2). Ausgangspunkt für die Recherchen sind in der Regel die Angaben, die der Bewerber gemacht hat, doch bleibt der mit einem solchen Screening betraute Dienstleister dabei in aller Regel nicht stehen.[42] Erwägenswert ist ein solches Vorgehen nur, wenn ein auf Tatsachen gegründeter **Verdacht unzutreffender Angaben** besteht – der im fernen Land X erworbene Doktorgrad wird als wissenschaftliche Leistung verkauft, obwohl er dort gegen gute Dollar zu erwerben war. Im Regelfall muss diese Methode ausscheiden.[43] 23a

b) Mitteilungspflichten des Bewerbers

Die Rechtsprechung sieht einen Bewerber als verpflichtet an, unaufgefordert alle **Umstände** zu erwähnen, **die** die **Durchführung des Vertrages unmöglich oder unzumutbar** machen würden. Ein Kraftfahrer muss daher darauf hinweisen, dass ihm derzeit die Fahrerlaubnis entzogen ist; das BAG[44] nimmt sogar eine Pflicht an, die fehlende Fahrpraxis in den letzten zehn Jahren zu erwähnen. Genauso ist der Fall zu behandeln, dass der Bewerber durch die Aufnahme der Tätigkeit gegen ein Wettbewerbsverbot verstoßen würde.[45] In allen diesen Fällen kann der Arbeitgeber selbstredend die möglichen Hinderungsgründe auch von sich aus ansprechen, etwa nach dem Führerschein oder einem Wettbewerbsverbot fragen. 24

c) Berufliche Fähigkeiten und Erfahrungen sowie zeitliche Verfügbarkeit

Der Arbeitgeber hat ein berechtigtes Interesse daran, die Qualifikation eines Bewerbers kennen zu lernen, die sich in absolvierten Prüfungen, in der bisherigen beruflichen Tätigkeit und ggf. in Zeugnissen niederschlägt.[46] Allerdings gilt dies nur, wenn die in Aussicht genommene Funktion besondere Fähigkeiten und Kenntnisse voraussetzt.[47] **In weiter Vergangenheit liegende Details** können nicht abgefragt werden, weil sie keine Rückschlüsse auf die aktuelle Eignung mehr zulassen. So interessiert es nicht, ob sich der Bewerber vor 15 Jahren friedlich oder höchst unfriedlich von seinem damaligen Arbeitge- 25

---

41 So die Umschreibung bei Schwarz, ZD 2018, 353.

42 Einzelheiten zur Praxis bei Gola, Handbuch, Rn. 594 – 605. Die Begrenzung auf das Fragerecht des Arbeitgebers steht dabei in der Praxis auf dem Papier – anders dagegen Schwarz, ZD 2018, 353 ff.

43 Siehe den Bericht der Bremer Landesbeauftragten für den Datenschutz und die Informationsfreiheit, 35. TB (2012), S. 96. Auch der baden-württembergische Datenschutzbeauftragte empfiehlt, auf dieses Verfahren zu verzichten. Zur Vorsicht rät auch Schwarz, ZD 2018, 353, 356.

44 24. 1. 1974 – 3 AZR 488/72, AP Nr. 74 zu § 611 BGB Haftung des Arbeitnehmers.

45 Vgl. SHS-*Seifert*, Art. 88 Rn. 79.

46 Plath-*Stamer/Kuhnke*, § 26 Rn. 33 verweisen auf BAG 12. 2. 1970 – 2 AZR 184/69, NJW 1970, 1565, 1566, wonach der Arbeitgeber auch danach fragen darf, wie lange der Bewerber in seinen früheren Arbeitsverhältnissen tätig war.

47 BAG 12. 2. 1970 – 2 AZR 184/69, AP Nr. 17 zu § 123 BGB = NJW 1970, 1565.

ber getrennt hat. Erst recht kann es bei einem angestellten Rechtsanwalt keine Rolle mehr spielen, welche Examensnote er vor 25 Jahren erreicht hatte. Auf der anderen Seite kann je nach den Anforderungen der Tätigkeit nach der **zeitlichen Verfügbarkeit** gefragt werden. Wer häufig Auswärtstermine wahrzunehmen oder längere Dienstreisen zu absolvieren hat, darf gefragt werden, ob dies mit seinen Lebensumständen in Einklang zu bringen ist.

d) Bisherige Vergütung

26 Die bisherige Vergütung kann dann in die Verhandlungen eingehen, wenn der Bewerber sie bewusst »als Minimum« ins Spiel bringt. Tut er dies nicht, würde eine entsprechende Frage lediglich die Verhandlungsposition des Arbeitgebers verbessern, weshalb sie als unzulässig angesehen wird.[48] Dahinter steht die Wertung, dass das typischerweise bestehende Verhandlungsungleichgewicht nicht noch stärker zu Gunsten des Arbeitgebers verschoben werden soll. Abgelehnt wird in der Literatur auch die Frage nach Lohn- und Gehaltspfändungen, da es insoweit an einem ausreichend engen Bezug zu der in Aussicht genommenen Tätigkeit fehlt.[49] Auch die **Vermögensverhältnisse** des Bewerbers dürfen den Arbeitgeber im Regelfall nicht interessieren;[50] deshalb kann auch keine Schufa-Selbstauskunft verlangt werden.[51]

e) »Diskriminierungsverdächtige« Tatsachen

27 Um die Diskriminierungsverbote des AGG von der verfahrensrechtlichen Seite her abzusichern, darf grundsätzlich nicht nach dem Vorliegen eines der »verpönten« Merkmale nach § 1 AGG oder den damit zusammenhängenden Eigenschaften und Verhaltensweisen gefragt werden.[52] Im Einzelnen gilt Folgendes.

28 Die Frage nach **Rasse und ethnischer Herkunft** ist grundsätzlich ausgeschlossen.[53] Der Arbeitgeber darf sich also nicht danach erkundigen, ob der Bewerber z.B. Sinti oder Türke ist. Ein berechtigtes Interesse besteht nur in den Fällen des § 8 Abs. 1 AGG.[54]

29 Das Verbot der Diskriminierung wegen des Geschlechts wirkt sich in erster Linie bei der Frage nach der **Schwangerschaft** aus. Diese ist heute generell unzulässig. Das BAG hatte unter der Geltung des § 611a BGB a.F. den Standpunkt vertreten, sie sei dann möglich, wenn eine schwangere Frau auf dem in Aussicht genommenen Arbeitsplatz gar nicht eingesetzt werden könne, weil insoweit ein Beschäftigungsverbot nach dem MuSchG bestehe. Dies wurde von der Rechtsprechung des EuGH zunächst für den Fall der unbefristeten

48 Fitting, § 94 Rn. 21; ErfK-*Preis*, § 611a BGB Rn. 279; vgl. auch BAG 19.5.1983 – 2 AZR 171/81, AP Nr. 25 zu § 123 BGB = DB 1984, 298.

49 DKKW-*Klebe*, § 94 Rn. 19; Fitting, § 94 Rn. 21; GK-BetrVG-*Raab*, § 94 Rn. 42; differenzierend Richardi-*Thüsing*, § 94 Rn. 26.

50 Gola, Handbuch, Rn. 637ff.

51 Gola, Handbuch, Rn. 706.

52 ErfK-*Schlachter*, § 2 AGG Rn. 4; HWK-*Thüsing*, § 123 BGB Rn. 7; Wisskirchen, DB 2006, 1494; Wisskirchen/Bissels, NZA 2007, 170.

53 Plath-*Stamer/Kuhnke*, § 26 Rn. 42; HWK-*Thüsing*, § 123 BGB Rn. 6; GK-BetrVG-*Raab*, § 94 Rn. 42.

54 Weitere Einzelheiten bei Däubler/Bertzbach-*Däubler*, § 7 Rn. 22ff.

Einstellung korrigiert; wegen des Beschäftigungsverbots könne die Einstellung nicht abgelehnt werden.[55] Damit war sinngemäß auch eine entsprechende Frage ausgeschlossen. Kurz darauf entschied der EuGH in gleicher Weise in Bezug auf ein befristetes Arbeitsverhältnis, das wegen der Schwangerschaft der Bewerberin zu einem wesentlichen Teil gar nicht erfüllt werden konnte.[56] **§ 8 Abs. 1 AGG** dürfte jedoch dann eingreifen und die Frage zulässig sein, wenn es um die Vertretung einer Arbeitnehmerin geht, die wegen Schwangerschaft ihre Tätigkeit nicht fortsetzen konnte: Die Bewerberin weiß hier, dass das Nichtschwangersein wesentliche und entscheidende Anforderung für die Ausübung der fraglichen Tätigkeit ist.[57]

Potentiell diskriminierenden Charakter hat auch die Frage, **wer** denn die **Kinder** eines Bewerbers bzw. einer Bewerberin **betreue**. Nach aller Erfahrung wird dabei bei Frauen sehr viel häufiger als bei Männern der Fall einer »Doppelbelastung« auftreten, die eingeschränkte Verfügbarkeit signalisiert.[58] 30

Die Frage, ob bereits **Wehr- oder Zivildienst** abgeleistet wurde, konnte sich nur an Männer richten und hatte von daher diskriminierenden Charakter.[59] Insofern müssen dieselben Grundsätze wie bei der Schwangerschaft gelten. Auch eine bevorstehende Einberufung musste daher nicht mitgeteilt werden, zumal die dadurch auf den Arbeitgeber zukommenden Belastungen nach dem Arbeitsplatzschutzgesetz sehr viel geringer als bei einer Schwangerschaft sind. Inzwischen hat sich das Problem durch die unbefristete Aussetzung der Wehrpflicht erledigt. 31

Nach der Rechtsprechung des EuGH stellt es eine Diskriminierung wegen des Geschlechts dar, wenn eine **Geschlechtsumwandlung** Anlass für eine Benachteiligung ist.[60] Die Tatsache, dass Kunden oder Geschäftspartner des Arbeitgebers gegenüber »so einem Transsexuellen« möglicherweise Vorbehalte haben, ist ohne Bedeutung. Der Arbeitgeber muss deshalb die betreffende Person so nehmen, wie sie ist, und darf trotz entsprechender Anhaltspunkte nicht nach einem abweichenden früheren Geschlecht fragen.[61] 32

Nach der **Religionszugehörigkeit** zu fragen, ist dem Arbeitgeber traditionellerweise untersagt; hier fehlt in aller Regel bereits der Zusammenhang mit dem Beschäftigungsverhältnis.[62] Eine Ausnahme ist nur dann zulässig, wenn es um die Einstellung durch eine Kirche geht (§ 9 AGG). Insoweit muss aber nunmehr danach differenziert werden, ob die Konfessionszugehörigkeit für die in Aussicht genommene Tätigkeit bei der Kirche wesentliche Bedeutung hat oder nicht.[63] 33

---

55 EuGH 3.2.2000 – C-207/98, NZA 2000, 255 – Mahlburg.

56 EuGH 4.10.2001 – C-109/00, NZA 2001, 1241 – Tele Danmark.

57 Für Rückgriff auf den Missbrauchsgedanken in einem solchen Fall Thüsing/Lambrich, BB 2002, 1146.

58 DDZ-*Däubler*, §§ 123, 124 BGB Rn. 13; Fitting, § 94 Rn. 20; SHS-*Seifert*, § 26 Rn. 86 (»Familienpflichten«); a. A. GK-BetrVG-*Raab*, § 94 Rn. 44; vgl. auch Brink/Schwab, RDV 2017, 170, 177.

59 DKKW-*Klebe*, § 94 Rn. 24; GK-BetrVG-*Raab*, § 94 Rn. 35; SHS-*Seifert*, Art. 88 Rn. 85; HWK-*Thüsing*, § 123 BGB Rn. 27 m. w. N.

60 EuGH 30.4.1996 – C-13/94, NZA 1996, 695.

61 So grundsätzlich auch BAG 21.2.1991 – 2 AZR 449/90, DB 1991, 1934.

62 Däubler, Gläserne Belegschaften, Rn. 212; GK-BetrVG-*Raab*, § 94 Rn. 46; SHS-*Seifert*, Art. 88 Rn. 86; HWK-*Thüsing*, § 123 BGB Rn. 16.

63 EuGH 17.4.2018 – C-414/16, NZA 2018, 569 – Egenberger.

34 Das Problem der Benachteiligung wegen einer bestimmten **Weltanschauung** konnte insbesondere bei der Frage nach früherer Stasi-Mitarbeit und nach einer **Tätigkeit in der SED** praktisch werden.[64] Sie ist nunmehr grundsätzlich unzulässig, da angesichts der großen zeitlichen Distanz keine Rückschlüsse auf aktuelles oder künftiges Verhalten mehr möglich sind. So hat das BVerfG[65] bereits Mitte der 1990-er Jahre die Frage nach Umständen untersagt, die sich vor 1970 abgespielt hatten, also bei einer zeitlichen Distanz von mehr als 20 Jahren der Vergangenheit keine Bedeutung mehr beigemessen. Ein noch längerer Zeitraum ist seit dem Umbruch 1989/90 verflossen, so dass entsprechende Fragen unzulässig geworden sind.[66] Auch eine früher begangene »Fragebogenlüge« kann nicht mehr ins Gewicht fallen, da die Frage heute unrichtig beantwortet werden dürfte.

35 Kann **Scientology** nicht als Religions- oder Weltanschauungsgemeinschaft betrachtet werden,[67] scheitert eine entsprechende Frage nicht am Verbot der Diskriminierung wegen Religion und Weltanschauung. Soweit man von einem vorwiegend kommerziellen Unternehmen ausgeht, ist ein berechtigtes Informationsinteresse allerdings nur bei Vertrauensstellungen vorhanden, bei denen sich Loyalitätskonflikte ergeben können.[68]

36 Im diskriminierungsrechtlichen Sinne ist der **Begriff »Weltanschauung« weiter** als üblicherweise angenommen und umfasst jede ernsthafte Überzeugung; auch ein engagierter Tierschützer hat daher eine »Weltanschauung«. Das weite Begriffsverständnis hängt damit zusammen, dass die zugrundeliegende EG-Richtlinie nur in der deutschen Fassung von »Weltanschauung« spricht; die genauso maßgebenden anderen sprachlichen Fassungen wählen durchweg weitere Begriffe wie »Überzeugung« oder »persönliche Überzeugung«.[69] Legt man dies zugrunde, so darf schon deshalb nicht nach politischen und gewerkschaftlichen Auffassungen gefragt werden.

37 Der Arbeitgeber ist befugt, die **gesundheitliche Eignung** des Arbeitnehmers für die in Aussicht genommene Tätigkeit zu erkunden. Ergeben sich hier Defizite, ist mit einer Überforderung oder einem häufigen Ausfall zu rechnen, so kann er ohne Verstoß gegen Diskriminierungsverbote einen anderen Bewerber einstellen oder auf die Besetzung der Stelle verzichten. Davon ist das Problem zu unterscheiden, ob ein Bewerber nach der **Anerkennung als Schwerbehinderter** bzw. einer Gleichstellung gefragt werden darf. Dies war nach der überkommenen Rechtsprechung des BAG zulässig,[70] doch wird es mittlerweile in der Literatur fast allgemein abgelehnt.[71] In der Tat verstößt eine solche Frage nicht anders als die nach den übrigen verpönten Merkmalen gegen § 7 Abs. 1 in Verbindung mit § 1 AGG. Bei

64 Vgl. BAG 16.12.2004 – 2 AZR 148/04, DB 2005, 892.

65 8.7.1997 – 1 BvR 2111/94 u.a., EuGRZ 1997, 279ff.

66 Dies ist nicht bedacht bei Plath-*Stamer/Kuhnke*, § 26 Rn. 40.

67 Verneint für Scientology-Kirche Hamburg e.V. von BAG 22.3.1995 – 5 AZB 21/94, NZA 1995, 823.

68 Plath-*Stamer/Kuhnke*, § 26 Rn. 43, die außer Loyalitätskonflikten auch noch den Schutz vor Unterwanderung als Rechtfertigungsgrund nennen.

69 Einzelheiten bei Däubler, NJW 2006, 2608ff.

70 Siehe etwa BAG 5.10.1995 – 2 AZR 923/94, AP Nr. 40 zu § 123 BGB.

71 Brors, DB 2003, 1734ff.; Deinert/Welti-*Deinert*, Nr. 56 – Fragerecht des Arbeitgebers; DKKW-*Klebe*, § 94 Rn. 13; Düwell, BB 2001, 1527, 1529 und BB 2006, 1741, 1743; ErfK-*Preis*, § 611a BGB Rn. 274a; Gola, Handbuch, Rn. 617; GK-BetrVG-*Raab*, § 94 Rn. 37; SHS-*Seifert*, Art. 88 Rn. 87; Joussen, NZA 2007, 177; von Koppenfels-Spies, AuR 2004, 43, 45; Rolfs/Paschke, BB 2002, 1260, 1261; Thüsing-*Thüsing/Forst*, § 7 Rn. 25; Wolff/Brink-*Riesenhuber*, § 32 Rn. 74 u.a.

einfachen Behinderungen im Sinne des § 2 Abs. 1 SGB IX gilt nichts anderes. Wenn die Eignung für den Arbeitsplatz nicht beeinträchtigt ist, darf sich der Arbeitgeber für sie nicht interessieren. Eine Revision der BAG-Rechtsprechung scheint daher dringend geboten und ist im Wege eines Obiter Dictum in jüngerer Zeit bereits vollzogen worden.[72]

Will der Arbeitgeber **gezielt Behinderte fördern** und enthält z. B. die Ausschreibung eine entsprechende Absichtserklärung, so ist dies nach § 5 AGG zulässig. In diesem Fall darf er auch nach einer entsprechenden Eigenschaft fragen.[73] Gibt ein Bewerber diese dennoch nicht preis und wird er eingestellt, weil sich kein ausreichend qualifizierter (»deklarierter«) Behinderter finden ließ, so darf der Arbeitgeber den Arbeitsvertrag nicht anfechten, da es an der Kausalität der Täuschung für den Vertragsabschluss fehlte.[74] 38

Die **Frage nach dem Alter** ist nur dort zulässig, wo dieses Kriterium bei der Einstellung Berücksichtigung finden darf. Im Regelfall ist sie daher ausgeschlossen.[75] Dies verhindert selbstredend nicht, dass sich der Arbeitgeber beim Bewerbungsgespräch ein ungefähres Bild vom Alter des Bewerbers macht.[76] 39

Eine Frage nach der **sexuellen Identität** ist nur in den Extremfällen zulässig, in denen es auf diese Eigenschaft für eine bestimmte Tätigkeit ankommt.[77] Im Normalfall darf auch nicht danach gefragt werden, ob jemand in einer gleichgeschlechtlichen Partnerschaft lebt.[78] Ob die Frage nach dem Verheiratet-Sein weiter zulässig ist, kann man bezweifeln, da jedenfalls die positive Antwort zugleich die heterosexuelle Ausrichtung verdeutlicht.[79] 40

§ 2 Abs. 3 AGG lässt **sonstige Diskriminierungsverbote** unberührt. Die bisherige Rechtsprechung, die die Frage nach der **Mitgliedschaft in einer Gewerkschaft** und nach der **Parteizugehörigkeit** im Grundsatz ausschließt, bleibt daher aufrechterhalten.[80] Eine Ausnahme greift nur dann Platz, wenn es gerade um die Anstellung bei einer Kirche, einer Partei oder einer Gewerkschaft geht. Allerdings darf die Kirche nicht nach der Gewerkschaftszugehörigkeit und die Gewerkschaft nicht nach der Konfession fragen; es geht allein um die auch für den Arbeitgeber charakteristische Eigenschaft. 41

f) Vorstrafen

Schon in den 1950er Jahren hat das BAG für die Frage nach Vorstrafen eine recht plausible Lösung entwickelt: Der Arbeitgeber darf sich nur nach **einschlägigen** Vorstrafen erkundigen, die sich am vorgesehenen Arbeitsplatz wiederholen könnten. Alle anderen Vorstra- 42

72 BAG 13.10.2011 – 8 AZR 608/10, AP Nr. 9 zu § 15 AGG Tz. 43: »… weil der Arbeitgeber nicht berechtigt ist, sich tätigkeitsneutral nach dem Bestehen einer Schwerbehinderteneigenschaft zu erkundigen, wenn er hiermit keine positive Förderungsmaßnahme verbinden will.«

73 Joussen, NZA 2007, 177 f.; so auch BAG a. a. O.

74 Düwell, BB 2006, 1741, 1743.

75 Wisskirchen, DB 2006, 1494; Plath-*Stamer/Kuhnke*, § 26 Rn. 42.

76 Wisskirchen/Bissels, NZA 2007, 172.

77 Richardi-*Thüsing*, § 94 Rn. 16; Plath-*Stamer/Kuhnke*, § 26 Rn. 42.

78 Fitting, § 94 Rn. 20; HWK-*Thüsing*, § 123 BGB Rn. 18; Wisskirchen, DB 2006, 1494.

79 Bedenken deshalb bei Wisskirchen, DB 2006, 1494.

80 BAG 28.3.2000 – 1 ABR 16/99, AP Nr. 27 zu § 99 BetrVG 1972 Einstellung; Fitting, § 94 Rn. 17; Plath-*Stamer/Kuhnke*, § 26 Rn. 36.

fen sind »Privatsache« des Bewerbers.[81] Der Kraftfahrer darf also nach Verkehrsdelikten, der Jugendpfleger nach Sittlichkeitsdelikten, der Kassierer nach Vermögensdelikten gefragt werden.[82]

43 Dieser Grundsatz wird durch § 53 BZRG weiter spezifiziert. Danach darf sich ein Verurteilter u. a. dann als unbestraft bezeichnen, wenn die **Strafe aus dem Register zu tilgen** ist. Auch eine »einschlägige« Vorstrafe braucht dann nicht mehr angegeben zu werden. Dasselbe gilt, wenn sie der »beschränkten Auskunft« unterliegt bzw. nicht im Bundeszentralregister vermerkt wird.[83] Das **polizeiliche Führungszeugnis** selbst würde auch die nicht einschlägigen Vorstrafen ausweisen, weshalb der Arbeitgeber seine Vorlage nicht verlangen darf.[84]

43a Eine **Sonderregelung** enthält **§ 72a SGB VIII**. Der Träger der Jugendhilfe darf vor der Einstellung nicht nur nach bestimmten ausdrücklich genannten Straftaten fragen, sondern auch ein polizeiliches Führungszeugnis verlangen, aus dem alle (noch nicht aus dem Register getilgten) Vorstrafen ersichtlich sind. Dies bestätigt mittelbar die hier vertretene These, dass bei anderen Beschäftigten die Vorlage eines Führungszeugnisses nicht in Betracht kommt. Unter bestimmten in § 30a BZRG genannten Voraussetzungen kann ein erweitertes Führungszeugnis verlangt werden, das auch bestimmte getilgte Straftaten umfasst.[85]

44 Was **laufende Ermittlungsverfahren** betrifft, so sind dieselben Maßstäbe anzulegen, die man bislang bei der Verdachtskündigung zugrunde legt. Wenn es um eine gravierende und einschlägige Straftat geht und wenn wegen des Verfahrens ggf. die Verfügbarkeit leidet, ist die Frage zulässig, sonst nicht.[86] Auch berufen sich einige Autoren mit Recht auf Art. 6 Abs. 2 EMRK und die dort ausgesprochene Unschuldsvermutung.[87] Schließlich wird in der Literatur verlangt, dass der Arbeitnehmer über die Grenzen seiner Auskunftspflicht belehrt werden muss.[88]

g) Ermittlungen in sozialen Netzwerken und im Internet

45 Den Namen eines Bewerbers bei Google einzugeben und soziale Netzwerke wie Facebook nach seinen »Spuren« zu durchsuchen, ist eine verbreitete Erscheinung; vier von fünf Personalverantwortlichen sollen angeblich vor Gesprächen mit Bewerbern auf »virtuelle Schnüffeltour« gehen.[89] Rechtlich kann auf diese Weise das Fragerecht nicht erweitert

---

81 BAG 5.12.1957 – 1 AZR 594/56, AP Nr. 2 zu § 123 BGB, bestätigt durch BAG 19.5.1983 – 2 AZR 171/81, BB 1984, 534.

82 DKKW-*Klebe*, § 94 Rn. 16; Fitting, § 94 Rn. 19; Leipold, AuR 1971, 166.

83 ArbG Hamburg 7.11.1979 – 18 Ca 263/79, BB 1980, 316; Plath-*Stamer/Kuhnke*, § 26 Rn. 38.

84 Brink/Schwab, RDV 2017, 170, 177 (»grob rechtswidrig«); Däubler, Gläserne Belegschaften, Rn. 217; Linnenkohl, AuR 1983, 135; BMH, § 32 Rn. 56b; Thüsing-*Thüsing/Forst*, § 7 Rn. 37; Wohlgemuth, DB-Beilage 21/1985, S. 6; Wolff/Brink-*Riesenhuber*, § 32 Rn. 66; anders Plath-*Stamer/Kuhnke*, § 32 Rn. 47; Hohenstatt/Stamer/Hinrichs, NZA 2006, 1065, 1067.

85 Zur engen Auslegung der Vorschrift s. LAG Hamm 26.1.2018 – 10 Sa 1122/17, ZD 2018, 323.

86 Gegen die Zulässigkeit einer pauschalen Frage nach anhängigen oder früheren Ermittlungsverfahren BAG 15.11.2012 – 6 AZR 339/11, NZA 2013, 429. Vgl. auch Fitting, § 94 Rn. 19.

87 Linnenkohl, AuR 1983, 140; MünchArbR-*Buchner*, 2. Aufl., § 38 Rn. 145 m. w. N.

88 Linnenkohl, AuR 1983, 138.

89 So Gola, Datenschutz am Arbeitsplatz, Rn. 572 Fn. 64 unter Bezugnahme auf eine Studie des Verbraucherschutzministeriums.

werden; das Privatleben darf z. B. weiterhin bei der Einstellungsentscheidung keine Rolle spielen.[90] Viele Informationen sind allerdings öffentlich zugänglich; ihre Verwertung fällt aber allein deshalb noch nicht unter § 26 Abs. 1 Satz 1.[91] Vielmehr sind auch hier die Grenzen des arbeitgeberseitigen Fragerechts zu beachten.[92] Sind diese nicht überschritten, weil es sich z. B. um die Schilderung einer beruflichen Aktivität handelt, so dürfen die allgemein zugänglichen Tatsachen verwendet werden, auch wenn sie in einem Gespräch wahrscheinlich keine Rolle gespielt hätten.

Die Gefahr, dass trotz fehlender Rechtsgrundlage gegoogelt wird, ist ersichtlich nicht von 46
der Hand zu weisen. Aus Sicht des Bewerbers wird sich ein solcher Rechtsverstoß allerdings **nur unter besonders glücklichen Umständen beweisen** lassen. In solchen Fällen ist der Arbeitgeber wegen Verletzung einer vorvertraglichen Verpflichtung nach § 311 Abs. 2 BGB in Verbindung mit § 280 Abs. 1 BGB zum Schadensersatz verpflichtet. War eine Diskriminierung nach den §§ 1, 7 Abs. 1 AGG im Spiel, kommt neben dem Anspruch auf Ersatz des (beweisbaren) materiellen Schadens auch ein **Ersatzanspruch** wegen des immateriellen Schadens nach § 15 Abs. 2 AGG in Betracht, was für jene Bewerber von besonderem Wert ist, die auch bei diskriminierungsfreiem Verfahren die fragliche Stelle nicht bekommen hätten.[93] Daneben steht die datenschutzrechtliche Haftung nach Art. 82 DSGVO (siehe dort). Dem Arbeitgeber kann es sehr unwillkommen sein, wenn ihm ggf. in der Öffentlichkeit ein sehr »laxer« Umgang mit Daten zur Last gelegt wird. Von solchen Fällen abgesehen, sind die Grenzen für einen Rückgriff auf soziale Netzwerke für einen einstellenden Arbeitgeber dann von Bedeutung, wenn er an dem Bewerber Interesse hat und bestimmte aus dem Internet entnommene Informationen im Gespräch abklären möchte.[94] Will man eine Verfälschung des Auswahlverfahrens durch allzu viele Blicke ins Netz verhindern, darf man nur noch **anonyme Bewerbungen** zulassen; dies hätte zur Folge, dass allein die in die engere Wahl Gezogenen und zu einem Vorstellungsgespräch Geladenen »gescreent« werden könnten; eine »Aussonderung« in einem früheren Stadium des Verfahrens wäre ausgeschlossen.

h) Grenzüberschreitungen durch den Arbeitgeber

Wird einen unzulässige Frage gleichwohl gestellt, darf sie der Bewerber unrichtig beant- 47
worten (»**Recht zur Lüge**«). Der Arbeitgeber kann in einem solchen Fall den Arbeitsvertrag nicht wegen arglistiger Täuschung gemäß § 123 BGB anfechten.[95] Die Diskriminierungsverbote schließen es überdies aus, dass der Arbeitgeber **wegen Irrtums** über eine

90 Ebenso Gola, NZA 2019, 654f.

91 Zum Verbot, auf andere Vorschriften wie Art. 6 Abs. 1 DSGVO im Rahmen von Beschäftigungsverhältnissen zurückzugreifen, s. oben Rn. 17. Zum Ganzen einschließlich der Einschaltung sonstiger Dritter s. Däubler, Gläserne Belegschaften, Rn. 241 ff.; zum früheren Recht s. Brink/Schwab, RDV 2017, 170, 180.

92 Gola, NZA 2019, 654, 656.

93 Oberwetter, BB 2008, 1562, 1565.

94 Oberwetter, BB 2008, 1562.

95 So bereits BAG 5. 12. 1957 – 1 AZR 594/56, AP Nr. 2 zu § 123 BGB; ebenso in der Literatur etwa ErfK-*Preis*, § 611a BGB Rn. 286; Plath-*Stamer/Kuhnke*, § 26 Rn. 23; TBP, S. 183; Thüsing/Lambrich, BB 2002, 1146ff., jeweils m. w. N.

»verkehrswesentliche Eigenschaft« nach § 119 Abs. 2 BGB **anficht**. Dies ist für die Schwangerschaft ausdrücklich entschieden worden,[96] muss jedoch auch in anderen Fällen gelten. Die Entscheidung des BAG, wonach die Unkenntnis über eine Geschlechtsumwandlung einen Anfechtungsgrund darstellen soll,[97] ist unter diesen Umständen überholt.

48 Unzulässige Fragen nach verpönten Merkmalen im Sinne des § 1 AGG stellen überdies ein **gewichtiges Indiz** dafür da, dass im Einstellungsprozess **gegen Diskriminierungsverbote verstoßen** wurde. Nach § 22 Abs. 1 AGG muss der Arbeitgeber in einem solchen Fall den Nachweis führen, dass ausschließlich andere Gesichtspunkte bei der Einstellungsentscheidung eine Rolle gespielt haben oder dass ausnahmsweise auf das fragliche Merkmal abgestellt werden durfte.

49 Ein Bewerber kann **nicht wirksam einwilligen**, dass der Arbeitgeber ein **weitergehendes Fragerecht** haben soll (siehe Art. 7 DSGVO Rn. 25).[98] Bei den hier skizzierten Grundsätzen geht es um Schutznormen, die als Reaktion auf die Unterlegenheit einer Seite entwickelt wurden. Wegen dieser spezifischen Zielsetzung stehen sie nicht zur Disposition der Beteiligten.

i) »Ungefragte« Mitteilungen des Bewerbers

50 Nicht selten kommt es vor, dass der Bewerber **von sich aus Daten offenlegt**, nach denen der Arbeitgeber gar nicht fragen dürfte: Er erzählt von seinen Freizeitbeschäftigungen, von seinen Familienverhältnissen und von seiner ehrenamtlichen Mitwirkung in einer kirchlichen Einrichtung. In diesem Fall erhebt der Arbeitgeber keine Daten, doch geht man davon aus, dass er bei seiner Entscheidung gleichwohl an die Grundsätze über das Fragerecht gebunden ist und das erworbene Wissen daher nicht verwerten darf.[99] In der Praxis hat dieses »Wegwischen« allerdings rein fiktiven Charakter.

j) Anfrage bei einem früheren Arbeitgeber

51 Dass Daten beim Betroffenen zu erheben sind, war nach dem **BDSG 1990** nur für den öffentlichen Bereich vorgesehen. Diese Beschränkung hatte **§ 4 Abs. 2 Satz 1 BDSG 2001** beseitigt und bei gleichem Wortlaut (»Personenbezogene Daten sind beim Betroffenen zu erheben«) **auch den nicht-öffentlichen Bereich einbezogen.** Dadurch wurde dem Gedanken Rechnung getragen, dass in der Einschaltung und Befragung Dritter der im Vergleich zur Direkterhebung weitergehende Eingriff in die Persönlichkeitssphäre liegt – der Betroffene kann nicht steuern, welche (richtigen, halb richtigen oder falschen) Informationen an den anderen gelangen, er hat in der Regel nicht die Möglichkeit, unrichtige Tatsachenangaben und fragwürdige Wertungen zu berichtigen. Gerade in einem asymmetrischen Verhältnis wie dem zwischen Bewerber und Arbeitgeber musste die weniger belas-

96 EuGH 27.2.2003 – C-320/01, NZA 2003, 373 Tz. 49 – Wiebke Busch.
97 BAG 21.2.1991 – 2 AZR 449/90, DB 1991, 1934.
98 Ebenso Brink/Schwab, RDV 2017, 170, 176; Plath-*Stamer/Kuhnke*, § 26 Rn. 24; Gola, NZA 2019, 654, 655 und ders., Handbuch, Rn. 485.
99 Plath-*Stamer/Kuhnke*, § 26 Rn. 25.

tende Variante gewählt werden. Unzulässig war es deshalb, eine Bonitätsauskunft über einen Bewerber einzuholen, der sich für eine Stelle mit erheblicher finanzieller Verantwortung beworben hatte.[100]

Die DSGVO enthält keine derartige Regelung. Dies ist zu bedauern.[101] Ein vergleichbares Ergebnis lässt sich aber durch Rückgriff auf die eben angestellte Überlegung erreichen, dass die Einschaltung Dritter einen weitergehenden Eingriff in die Persönlichkeitssphäre darstellt. Er ist nicht erforderlich und deshalb rechtswidrig, solange das mildere Mittel der Direkterhebung ebenfalls zum Ziel führt.[102] Allerdings sind Ausnahmen denkbar, die bisher in § 4 Abs. 2 Satz 2 BDSG-alt geregelt waren. Der dort genannte Fall, dass die Datenerhebung bei der betroffenen Person »unverhältnismäßigen Aufwand« verursacht, wird selten vorliegen, doch ist dem der Fall gleichzustellen, dass die **Informationsgewinnung beim Betroffenen ersichtlich fruchtlos** ist. Dies ist etwa dann der Fall, wenn deutliche Anhaltspunkte für unrichtige Angaben bestehen oder wenn Aussagen über die bisherige berufliche Tätigkeit (z. B. in Zeugnissen) so unspezifisch sind, dass der Arbeitgeber sich kein sicheres Bild von den Qualifikationen des Bewerbers machen kann.[103] In solchen Fällen vermag der Bewerber keine überwiegenden schutzwürdigen Interessen für sich ins Feld zu führen. Die Einschaltung eines Dritten, und damit auch eines früheren Arbeitgebers, ist erforderlich und deshalb legal. 52

Der **Betroffene** ist von der Einschaltung des Dritten nach Art. 14 DSGVO **zu informieren**. Der frühere Arbeitgeber darf allerdings **nichts mitteilen, was im Zeugnis nicht erwähnt** wurde.[104] Selbst, wenn man mit der früheren Rechtsprechung des BAG[105] diese Grenze nicht gelten lässt, muss die Auskunft doch »sorgfältig und wahrheitsgemäß« sein. Hat sich der ehemalige Arbeitgeber daran gehalten, hat er im Übrigen kein berechtigtes Interesse daran, dass seine Einschaltung geheim gehalten wird. Der BGH hat deshalb zu Recht den Grundsatz aufgestellt, der Arbeitnehmer sei über die erteilte Auskunft in Kenntnis zu setzen.[106] Dies folgt heute auch aus datenschutzrechtlichen Grundsätzen, konkret aus Art. 14 DSGVO. Ergänzend kann auf das **Gesetz zu Art. 10 GG** verwiesen werden, wonach sogar legale Beschränkungen des Brief-, Post- und Fernmeldegeheimnisses nach ihrem Abschluss dem Betroffenen mitzuteilen sind, wenn eine Gefährdung des Zwecks der Maßnahme ausgeschlossen werden kann.[107] 53

---

100 So die Stellungnahme der Bremischen Datenschutzbeauftragten, mitgeteilt bei Gola, RDV 2016, 134.

101 Vgl. Gola, Handbuch, Rn. 594, 1481 ff.

102 Ähnlich Gola-*Gola*, Einl. Rn. 41: Es verstößt gegen Treu und Glauben, Daten, die beim Betroffenen erhoben werden können, hinter seinem Rücken anderweitig zu beschaffen. S. auch Däubler, Gläserne Belegschaften, Rn. 243 ff., und Brink/Schwab, RDV 2017, 170, 180.

103 Zum »Zeugnisdeutsch« s. DDZ-*Däubler*, § 109 GewO Rn. 58 ff.

104 Vgl. aber ErfK-*Müller-Glöge*, § 109 GewO Rn. 60 f. (»inhaltlich umfassender und freier«); Plath-*Stamer/Kuhnke*, § 26 Rn. 29.

105 25. 10. 1957 – 1 AZR 434/55, AP Nr. 1 zu § 630 BGB; kritisch dazu ErfK-*Müller-Glöge*, § 109 GewO Rn. 61.

106 BGH 10. 7. 1959 – VI ZR 149/58, AP Nr. 2 zu § 630 BGB.

107 Gesetz zur Neuregelung von Beschränkungen des Brief-, Post- und Fernmeldegeheimnisses v. 26. Juni 2001, BGBl. I S. 1253 ff., § 12 Abs. 1.

3. Digitalisierte Vorauswahl

a) Videogestütztes Interview

53a 50, 100 oder gar 200 Bewerbungen aufmerksam durchzusehen und zu entscheiden, wer in die »engere Wahl« kommt, ist ersichtlich mit viel Zeit und Mühe verbunden. Es verwundert daher nicht, dass es Versuche gibt, solche Selektionen auf ein automatisiertes System auszulagern. In der Literatur wird etwa von der Praxis einer Kommune in NRW berichtet, die sich der Technik eines videogestützten Interviews bedient:[108]

»Bei diesem Verfahren erfolgt das Videointerview mit automatisiert eingeblendeten Fragen ohne die Beteiligung einer weiteren Person. Die Bewerberinnen und Bewerber kommunizieren vor ihrem PC ausschließlich mit dem Computerprogramm. Die nach einer Vorbereitungszeit gegebenen Antworten werden in Ton und Bild aufgezeichnet, wobei die Bewerberinnen und Bewerber ihre jeweiligen Antworten weder unterbrechen noch wiederholen können.«

Die Sichtung der Interviews ist dann Sache sog. **Evaluatoren.**

53b Dieses Vorgehen lässt sich **nicht** mit dem **geltenden Datenschutzrecht** vereinbaren: Durch die eingesetzte Technik werden mehr Daten erfasst als für die Personalauswahl erforderlich sind, beispielsweise auch Feststellungen zu Mimik, Gestik und Tonfall. Wegen der Aufzeichnung liegt ein sehr viel weiter gehender Eingriff in das informationelle Selbstbestimmungsrecht vor als bei einem Bewerbungsgespräch. Schließlich ist es für den Bewerber nicht mehr erkennbar, wer im Einzelnen eine Auswertung seiner Daten vornimmt; es fehlt insoweit die in Art. 5 Abs. 1 Buchst. a DSGVO vorgeschriebene Transparenz, die nach dem ausdrücklichen Anwendungsbefehl des § 26 Abs. 5 Verbindlichkeit auch im Betrieb besitzt.[109]

b) Stimmanalyse beim ersten Anruf

53c Das videogestützte Interview ist trotz dieser Bedenken eine vergleichsweise »harmlose« Form der Auswahl. Gravierender ist es, wenn der (erste) Telefonkontakt mit einem Bewerber ohne sein Wissen festgehalten und durch Stimmanalyse ausgewertet wird.[110] Zeigte der Bewerber Unsicherheiten oder leichte Aggressionen? Musste er sich im Laufe des Gespräches berichtigen? Wer solche »Auffälligkeiten« zeigt, kommt für die engere Auswahl nicht mehr in Frage. Dasselbe gilt erst recht, wenn die **Sprachanalyse** ergibt, dass Zweifel an der Ehrlichkeit von Aussagen bestehen – insoweit ist ihr Einsatz dem eines Lügendetektors zu vergleichen, der allgemein abgelehnt wird. Dabei wird auch kein menschlicher Entscheider mehr eingeschaltet, was gegen Art. 22 DSGVO verstößt, doch wird es einem

108 Köppen CuA Heft 12/2017 S. 36 unter Bezugnahme auf den Bericht der Landesdatenschutzbeauftragten. Überblick über die Praxis bei, Arnold/Günther-*Hamann*, Kap. 6 Rn. 44; Gola, Handbuch, Rn. 544ff.; zu den datenschutzrechtlich im Prinzip unbedenklichen Bewerberportalen s. Arnold/Günther-*Hamann*, Kap. 6 Rn. 40ff.

109 So auch die Kritik der Datenschutzbeauftragten von NRW, mitgeteilt bei Köppen, CuA Heft 12/2017, S. 36f.; anders Arnold/Günther-*Hamann*, Kap. 6 Rn. 47.

110 Siehe das Beispiel bei Krause, 71. DJT, B 74.

nicht berücksichtigten Bewerber schwerfallen, die Vorgänge gegenüber Dritten wie z.B. der Aufsichtsbehörde glaubhaft darzulegen. Für eine Legalisierung durch **Einwilligung** fehlt dem Bewerber die für die »Freiwilligkeit« notwendige Entscheidungsautonomie.[111] Zwar nutzen bereits 5,8 % der deutschen Top-1000-Unternehmen eine Sprachanalyse zur Vorauswahl von Bewerbern,[112] doch sagt dies nichts aus über die Zulässigkeit eines so weitgehenden Eingriffs in die Persönlichkeitssphäre.[113]

c) Einsatz von Algorithmen

Von wachsender praktischer Bedeutung ist der Rückgriff auf **Big Data**[114] sowie die Erarbeitung eines Kriterienkatalogs, der in einen **Algorithmus** eingeht, an dem dann die Bewerber gemessen werden:[115] Wer als Bewerber möglichst viele Daten über sich preisgibt (»Nichtraucher«, »seit 20 Jahren glücklich verheiratet«, »begeisterter Bergwanderer«), hat möglicherweise bessere Chancen als andere, weil er dem erwünschten betrieblichen Idealtypus am nächsten kommt, der dem Algorithmus zugrunde liegt.[116] So wird etwa empfohlen, das Verhalten der erfolgreichsten Führungskräfte und der erfolgreichsten Außendienstmitarbeiter zur digitalisierten Grundlage zu nehmen, um die Anforderungen an neue Mitarbeiter zu konkretisieren.[117] Auf die an anderer Stelle geübte Kritik sei verwiesen.[118] Sie erstreckt sich auch auf den Einsatz von »**People Analytics**«,[119] wozu auch ein Tool gehört, das zu jeder eingehenden Bewerbung sofort das gesamte Internet auswertet, um so möglichst umfassende Informationen über den Bewerber zu generieren. Grenzen für das Fragerecht existieren hier nicht mehr. 53d

4. Ärztliche und psychologische Begutachtung

Die gesundheitliche Verfassung eines Bewerbers ist für den Arbeitgeber verständlicherweise von besonderem Interesse. Wer voraussichtlich immer wieder wegen Krankheit ausfällt, ist weniger »interessant« als eine Person, die auch bei einem sehr langen Arbeitstag belastbar bleibt und nicht »einknickt«. Was Behinderungen betrifft, so ist auf die obigen Ausführungen (Rn. 37) zu verweisen. Die aus ihr folgenden, am Arbeitsplatz relevanten **gesundheitlichen Beeinträchtigungen können erfasst werden**. Dasselbe gilt für gesundheitliche Einschränkungen, die die Schwelle zur Behinderung nicht erreichen, die jedoch durchaus eine erhebliche Belastung für das Beschäftigungsverhältnis darstellen können. 54

---

111 Anders Dzida BB 2018, 2677, 2683; wie hier Kort, RdA 2018, 24, 29, und Arnold/Günther-*Hamann*, Kap. 6 Rn. 48, der mit Recht schon die Eignung dieser Form von Datenerhebung ablehnt.

112 Mitgeteilt bei Betz, ZD 2019, 148, 152.

113 Dies beachtet zu wenig Betz, ZD 2019, 152, der allerdings auf die auch aus seiner Sicht ungeklärte Rechtslage hinweist und dadurch mittelbar vor dem Einsatz solcher Mittel warnt.

114 Dazu den Tagungsbericht von Straker/Niehoff, ZD 11/2018, S. XIII f., sowie Nebel, ZD 2018, 520ff., und Arnold/Günther-*Hamann*, Kap. 6 Rn. 49.

115 Zur Gefahr (mittelbar) diskriminierender Kriterien s. Dzida/Groh, NJW 2018, 1917ff.

116 Zu dieser Problematik s. Däubler, Digitalisierung und Arbeitsrecht, § 9 Rn. 22ff.

117 Dazu Dzida NZA 2017, 541ff.

118 Däubler, Digitalisierung und Arbeitsrecht, § 9 Rn. 18 – 29; grundsätzlich zustimmend Gola, Handbuch, Rn. 2466ff.; kritisch zur Regelung des Art. 22 DSGVO auch Kort, RdA 2018, 24, 29.

119 Arnold/Günther-*Hamann*, Kap. 6 Rn. 52ff.

55 Die gesundheitliche Verfassung eines Bewerbers kann einmal Gegenstand des Fragebogens oder des Einstellungsgesprächs sein (Wie oft waren Sie in den letzten drei Jahren krank? Leiden Sie an einer chronischen Krankheit?). Daneben kommt eine **Einstellungsuntersuchung** durch einen vom Arbeitgeber bestimmten Arzt in Betracht, der mit dem Betriebsarzt nach den §§ 2ff. ASiG identisch sein kann. Der Arzt hat dabei keine weitergehenden »Ermittlungsrechte« als der Arbeitgeber selbst.[120] Immerhin machen das Entgeltfortzahlungsgesetz und die Grundsätze zur Kündigung wegen Krankheit[121] deutlich, dass dem Arbeitgeber ein gewisses Maß an Belastungen zugemutet wird – eine Wertentscheidung, die auch bei der Bestimmung des Fragerechts zu berücksichtigen ist.[122]

56 Legt man dies zugrunde, so müssen zunächst alle **Krankheiten** ausscheiden, die **inzwischen überwunden** sind, weil sie die Eignung nicht mehr beeinflussen. Wer vor drei Jahren das Bein gebrochen hat, aber unter keinerlei Beschwerden mehr leidet, muss insoweit keine Angaben machen. Entgegen LAG Köln[123] ist daher auch nicht über eine erfolgreich absolvierte Entziehungskur zu berichten, soweit sie ein bis zwei Jahre zurückliegt und deshalb ein Rückfall eher unwahrscheinlich ist.

57 Zum zweiten darf der Arbeitgeber bzw. der Arzt auch den gegenwärtigen Gesundheitszustand nicht in jeder Hinsicht abfragen: Gesundheitliche Beeinträchtigungen, die **für die in Aussicht genommene Arbeit ohne Bedeutung** sind, dürfen ihn nicht interessieren.[124] Auf der anderen Seite ist es völlig legitim und auch vom Bewerber her gesehen vernünftig, wenn **Krankheiten** rechtzeitig zur Sprache kommen, die **die Eignung** für die in Aussicht genommene Tätigkeit **vermindern** oder die sich bei dieser sogar verschlimmern werden. Ein Fernfahrer sollte sehr wohl auf Bandscheibenschäden und ein Bauarbeiter auf Rheuma befragt werden können. Weiter besteht kein Zweifel daran, dass **ansteckende Krankheiten** schon im Interesse der Arbeitskollegen ermittelbar sein müssen.[125]

58 Was bleibt, ist eine »Grauzone« von wiederkehrenden Erkrankungen, die man nicht unbedingt als »leicht« einstufen kann, die andererseits aber auch keinen speziellen Bezug zu der beabsichtigten Tätigkeit haben (Die EDV-Kraft leidet an Hexenschuss). Hier wird man **ähnliche Maßstäbe wie bei der Kündigung wegen Krankheit** anlegen müssen, so dass sich das Fragerecht nur auf solche Abweichungen vom normalen Gesundheitszustand bezieht, die auch eine Auflösung des Arbeitsverhältnisses rechtfertigen könnten. Auch eine **beantragte Kur** muss deshalb grundsätzlich nicht angegeben werden.[126]

59 Angaben über den Gesundheitszustand sind **sensible Daten** im Sinne des Art. 9 DSGVO. Insoweit gelten spezifische Verarbeitungsermächtigungen, die sich insbesondere in Art. 9 Abs. 2 DSGVO sowie in § 22 finden. Im vorliegenden Zusammenhang ist § 26 Abs. 3 zu beachten; auf die dortige Kommentierung (unten Rn. 235ff.) kann verwiesen werden. Erfolgt die Einstellungsuntersuchung durch einen Arzt, so ist dieser an die ärztliche Schweigepflicht gebunden, weshalb er nur das Ergebnis (»hervorragend geeignet«, »geeignet«,

---

120 So bereits LAG Düsseldorf 30.9.1971 – 3 Sa 305/71, DB 1971, 2071; wie hier auch SHS-*Seifert*, Art. 88 Rn. 90; DKKW-*Klebe*, § 94 Rn. 11 m.w.N.

121 Dazu DDZ-*Deinert*, § 1 KSchG Rn. 95ff.; Däubler, Arbeitsrecht 2, Rn. 1075ff.

122 Ähnlich MünchArbR-*Benecke*, § 33 Rn. 47.

123 13.11.1995 – 3 Sa 832/95, DB 1996, 892.

124 BAG 7.6.1984 – 2 AZR 270/83, NZA 1985, 57; LAG Berlin 6.7.1973 – 3 Sa 48/73, DB 1974, 99.

125 BAG 7.6.1984 – 2 AZR 270/83, NZA 1985, 57.

126 Dahingestellt in BAG 27.3.1991 – 5 AZR 58/90, DB 1991, 2144.

»nicht geeignet«) mitteilen darf. Auch dürfen die Grenzen des Fragerechts nicht dadurch umgangen werden, dass der Arzt beispielsweise einen **Schwangerschaftstest** vornimmt und das Ergebnis dem Arbeitgeber mitteilt.

Eine **HIV-Infektion** beeinträchtigt als solche die Arbeitsfähigkeit nicht; sie stellt aber nach der Rechtsprechung des BAG[127] eine Behinderung dar. Eine entsprechende Frage des Arbeitgebers bzw. ein ärztlicher Test waren schon bisher grundsätzlich unzulässig.[128] Die mehr oder weniger große Wahrscheinlichkeit einer Erkrankung kann daran nichts ändern; gesundheitliche Risiken können auch in anderen Fällen bestehen. Andernfalls müsste man eine totale »Durchleuchtung« im Hinblick auf Risikofaktoren zulassen, was weder mit persönlichkeitsrechtlichen noch mit arbeitsmarktpolitischen Erwägungen vereinbar ist. Handelt es sich allerdings um eine Tätigkeit, bei der **Ansteckungsgefahr** besteht (medizinischer Bereich, Nahrungsmittelbranche), so sind Frage und (freiwilliger) Test zulässig.[129] Erst recht bestehen keine Bedenken, wenn die **Aidserkrankung** bereits **ausgebrochen** ist.[130] 60

Auch ein **Alkohol- und Drogentest** »auf Verdacht« ist nicht zulässig. Insoweit gelten dieselben Grundsätze wie im Rahmen eines bestehenden Arbeitsverhältnisses, wonach gewichtige Indizien für eine Abhängigkeit sprechen müssen, um eine solche Maßnahme vorzunehmen.[131] 61

Ähnliche Grundsätze wie für die Einstellungsuntersuchung gelten auch für **psychologische Tests.**[132] Sie müssen sich von vornherein auf solche Eigenschaften beschränken, die für die in Aussicht genommene Tätigkeit von Bedeutung sind. Allgemeine Intelligenztests oder Persönlichkeitsprofile sind als übermäßiger Eingriff in die Persönlichkeitssphäre rechtswidrig.[133] Auch hier gilt, dass der die Untersuchung vornehmende Psychologe dem Arbeitgeber **lediglich Ergebnisse** in Bezug auf die Eignung mitteilen darf, nicht aber irgendwelche Einzelresultate.[134] Generell unzulässig sind **Stressinterviews.**[135] 62

5. Gentechnische Untersuchungen

Die Zulässigkeit gentechnischer Untersuchungen von Bewerbern hat durch das **Gendiagnostikgesetz vom 31.7.2009**[136] eine Sonderregelung erfahren. Anlass ist u. a. die Befürchtung, Beschäftigte könnten allein aufgrund ihrer genetischen Eigenschaften oder Veran- 63

127 19.12.2013 – 6 AZR 190/12, NZA 2014, 372.
128 Däubler, Gläserne Belegschaften, Rn. 215; ErfK-*Preis*, § 611a BGB Rn. 274a; Fitting, § 94 Rn. 25a; Rose in Hess u. a., § 94 Rn. 36; Hinrichs, AiB 1988, 8; Löwisch, DB 1987, 940; Schierbaum, AiB 1995, 502.
129 ErfK-*Preis*, § 611a BGB Rn. 274a m. w. N.; HK-ArbR-*Kreuder/Matthiessen-Kreuder*, §§ 611, 611a BGB Rn. 175; Wolff/Brink-*Riesenhuber*, § 32 Rn. 73.2.
130 Däubler, Gläserne Belegschaften, Rn. 215; ErfK-*Preis*, § 611a BGB Rn. 274a; Fitting, § 94 Rn. 25a.
131 BAG 12.8.1999 – 2 AZR 55/99, DB 1999, 2369, 2370; zum Drogenscreening s. auch Heilmann/Wienemann/Thelen, AiB 2001, 465; Plath-*Stamer/Kuhnke*, § 26 Rn. 44, 50.
132 TBP, S. 183f.; vgl. auch Bausewein, ZD 2014, 443.
133 Einzelheiten bei Däubler, Arbeitsrecht 2, Rn. 72 m. w. N.
134 Küpferle/Wohlgemuth, Rn. 32.
135 Zustimmend ErfK-*Preis*, § 611a BGB Rn. 310; BMH, § 32 Rn. 60.
136 GenDG, BGBl. I S. 2529.

lagungen nicht eingestellt oder versetzt und damit »sozial ausgegrenzt« werden.[137] Auch fällt ins Gewicht, dass gentechnische Untersuchungen einen sehr tiefen Eingriff in die Persönlichkeitssphäre darstellen, die besondere Sicherheitsvorkehrungen erfordern. Dies betrifft nicht nur die Fachkunde der die Maßnahmen vornehmenden Personen. Auch der Schutz der individuellen Autonomie steht zur Disposition: Der Einzelne muss frei entscheiden können, ob eine gentechnische Untersuchung vorgenommen wird, an wen die Ergebnisse weitergegeben werden und ob er selbst Kenntnis von den Befunden erhält oder nicht (**»Recht auf Nichtwissen«**).[138] Auch muss die Gefahr ausgeschlossen werden, dass **überschießende Informationen** erfasst werden, die keinen Bezug zum konkreten Arbeitsplatz haben, die jedoch zur Entstehung eines »Gesundheitsprofils« führen können.[139] Das GenDG knüpft genau wie das 2009 neu gefasste BDSG-alt an einem weiten **Beschäftigtenbegriff** an; er ist in § 3 Nr. 11 GenDG sachlich übereinstimmend mit § 26 Abs. 8 definiert.

64 § 19 GenDG verbietet dem Arbeitgeber ausdrücklich, vor Begründung des Beschäftigungsverhältnisses vom Bewerber die Vornahme genetischer Untersuchungen oder Analysen zu verlangen oder die Mitteilung von Ergebnissen bereits vorgenommener genetischer Untersuchungen oder Analysen zu fordern, solche Ergebnisse entgegenzunehmen oder zu verwenden. Auf diese Weise soll **vermieden** werden, dass sich **»Genzeugnisse«** einbürgern, was zur Ausgrenzung einer »Risikogruppe« mit weniger guten Dispositionen führen könnte.

65 § 20 Abs. 1 GenDG überträgt diesen Grundsatz wörtlich auf **arbeitsmedizinische Vorsorgeuntersuchungen**. Diese könnten sich auch auf Bewerber erstrecken. § 20 Abs. 2 GenDG lässt jedoch als **Ausnahme** »diagnostische genetische Untersuchungen durch Genproduktanalyse« zu, »soweit sie zur Feststellung genetischer Eigenschaften erforderlich sind, die für schwerwiegende Erkrankungen oder schwerwiegende gesundheitliche Störungen, die bei einer Beschäftigung an einem bestimmten Arbeitsplatz oder mit einer bestimmten Tätigkeit entstehen können, ursächlich oder mitursächlich sind.« Als Beispiele aus der Praxis nennt die amtliche Begründung genetisch bedingte Risiken, an Harnblasenkrebs zu erkranken, einen Zerfall roter Blutkörperchen zu erleiden oder bei einer Staubexposition an der Lunge zu erkranken.[140] Auch in solchen Fällen ist die genetische Untersuchung nach § 20 Abs. 2 Satz 2 GenDG nachrangig gegenüber anderen Maßnahmen des Arbeitsschutzes.

66 Ist eine genetische Untersuchung ausnahmsweise zulässig, sind nach § 20 Abs. 4 in Verbindung mit den §§ 7 bis 16 GenDG **spezifische Schutzmaßnahmen** geboten. § 7 GenDG enthält den Arztvorbehalt, die §§ 8 bis 10 GenDG regeln die **Einwilligung** des Betroffenen. Dieser muss nach § 9 Abs. 1 Satz 1 GenDG eine eingehende und in Abs. 2 näher beschriebene Aufklärung vorausgehen. Dem Betroffenen ist außerdem nach § 9 Abs. 1 Satz 2

---

137 So die amtliche Begründung, BT-Drs. 16/10532, S. 37.

138 BGH 20.5.2014 – VI ZR 381/13, ZD 2014, 465: Das allgemeine Persönlichkeitsrecht umfasst ein »Recht auf Nichtwissen der eigenen genetischen Veranlagung«, das den Einzelnen davor schützt, Kenntnis über ihn betreffende genetische Informationen mit Aussagekraft für seine persönliche Zukunft zu erlangen, ohne dies zu wollen.

139 Vgl. BT-Drs. 16/10532, S. 37.

140 BT-Drs. 16/10532, S. 38.

eine **angemessene Bedenkzeit** bis zu seiner Entscheidung einzuräumen. Ist er einverstanden, wird das **Ergebnis** nach § 11 Abs. 1 grundsätzlich **nur ihm mitgeteilt**, es sei denn, er hätte sich nach § 8 Abs. 1 Satz 2 dafür entschieden, das Ergebnis nicht zur Kenntnis nehmen zu wollen. Nach § 11 Abs. 3 darf die verantwortliche ärztliche Person in allen Fällen das Ergebnis der genetischen Untersuchung oder Analyse **anderen** (also auch dem Arbeitgeber) **nur mit** ausdrücklicher und schriftlicher **Einwilligung** der betroffenen Person mitteilen. Der Betroffene kann seine Einwilligung auch in der Weise gestalten, dass das **Ergebnis** ohne Weitergabe an ihn und Dritte **vernichtet** wird (was eine Verwertung für statistische und epidemiologische Zwecke nicht ausschließt). Die Einwilligung kann nach § 8 Abs. 2 jederzeit mit Wirkung für die Zukunft schriftlich widerrufen werden. Dies führt dazu, dass eine weitere Verwertung ausgeschlossen ist; auch sind die Ergebnisse nach § 12 Abs. 1 Satz 4 zu vernichten, soweit sie dem Betroffenen noch nicht bekannt gemacht wurden.

Nach § 21 Abs. 1 Satz 1 GenDG darf der **Arbeitgeber einen Bewerber nicht** wegen seiner 67
genetischen Eigenschaften **benachteiligen**. Dasselbe gilt für eine genetisch verwandte Person. Dabei genügt es, wenn die genetische Disposition als ein Grund von mehreren eine Rolle spielt.[141] Es reicht aus, wenn sie innerhalb eines »Motivbündels« ein Gesichtspunkt war, der neben anderen Berücksichtigung fand. Genauso wird bei den übrigen Diskriminierungsgründen verfahren.[142] Nach dem Sinn der gesetzlichen Regelung dürfte eine Benachteiligung auch dann vorliegen, wenn ein Bewerber deshalb nicht berücksichtigt wird, weil er wegen seiner genetischen Disposition an dem in Aussicht genommenen Arbeitsplatz ein **besonders hohes Krankheitsrisiko** trägt. Ist die Erhöhung des Risikos signifikant, könnte man durchaus an der »Benachteiligung« zweifeln, weil die Vermeidung von Erkrankungen zu seinen Gunsten wirkt; gleichwohl ist dies so gewollt. In der Praxis werden vermutlich Gespräche dazu führen, dass der Bewerber auf die Stelle verzichtet oder der Arbeitgeber andere Gründe findet, die dem Abschluss eines Arbeitsvertrags entgegenstehen. Nach § 21 Abs. 1 Satz 2 GenDG wird das Benachteiligungsverbot mit Recht auf die Fälle erstreckt, dass der Bewerber eine genetische Untersuchung verweigert oder die Offenbarung vorliegender Ergebnisse verhindert. Auch hier reicht eine »Mitursächlichkeit«.

Das Benachteiligungsverbot soll in ähnlicher Weise abgesichert werden wie die geltenden 68
Diskriminierungsverbote, da § 21 Abs. 2 GenDG **auf die §§ 15 bis 22 AGG verweist**. Dies bedeutet, dass der potentiell Benachteiligte zunächst nur Indizien beweisen muss, die eine Benachteiligung vermuten lassen; gelingt ihm dies, muss der Arbeitgeber seinerseits beweisen, dass kein Verstoß gegen das Benachteiligungsverbot vorlag (§ 22 AGG). Muss man von einem Verstoß ausgehen, so ist nach § 15 Abs. 1 AGG der materielle, nach § 15 Abs. 2 AGG der immaterielle Schaden zu ersetzen, was meist zur Zahlung einer angemessenen Entschädigung führt. Dabei gilt jedoch bei Bewerbungen eine Obergrenze von drei Monatsgehältern, wenn die fragliche Person auch bei benachteiligungsfreier Auswahl nicht eingestellt worden wäre.[143]

141 Ebenso für geschlechtsspezifische Diskriminierungen BVerfG 16.11.1993 – 1 BvR 258/86, AP Nr. 9 zu § 611a BGB Bl. 4R; BAG 5.2.2004 – 8 AZR 112/03, NZA 2004, 540, 544.

142 Siehe Däubler/Bertzbach-*Däubler*, § 1 Rn. 19 m.w.N.

143 Einzelheiten bei Däubler/Bertzbach-*Deinert*, § 15 Rn. 18ff., 46ff.

69 Das **GenDG** bleibt wegen der **Öffnungsklausel des Art. 9 Abs. 4 DSGVO** auch unter dem neuen Recht unverändert. Als Spezialregelung geht es dem § 26 und anderen Bestimmungen des BDSG vor. **Nicht angesprochene Fragen** wie z. B. die Befugnisse des betrieblichen Datenschutzbeauftragten sowie Berichtigungsansprüche nach Art. 16 DSGVO bleiben jedoch bestehen.[144]

6. Einschaltung von Betriebsrat und Personalrat

70 Existiert im Betrieb ein Betriebsrat, ist dieser in vielfältiger Weise in das Einstellungsverfahren einbezogen. Dasselbe gilt für den Personalrat in der Dienststelle. Soweit ihm das BetrVG bzw. das einschlägige PersVG Informationsansprüche einräumt, werden diese von Abs. 1 Satz 1 erfasst.[145]

71 Nach **§ 80 Abs. 1 Nr. 1 BetrVG** hat der Betriebsrat darüber zu wachen, dass die **zu Gunsten der Arbeitnehmer geltenden Vorschriften beachtet** werden, wozu auch die DSGVO und das BDSG gehören.[146] Weiter zählen dazu die für das Einstellungsverfahren und die Einstellung selbst maßgebenden Bestimmungen, was sich mittelbar aus seiner in § 92 BetrVG vorgesehenen Einschaltung in die Personalplanung ergibt: Seine Zuständigkeit ist ersichtlich nicht allein auf die bereits Beschäftigten beschränkt.

72 Der Betriebsrat kann nach § 93 BetrVG verlangen, dass **freie Stellen innerbetrieblich ausgeschrieben** werden. Geschieht dies nicht, kann er bei einer gleichwohl vom Arbeitgeber gewünschten Einstellung nach § 99 Abs. 2 Nr. 5 BetrVG seine Zustimmung verweigern.[147] **Rechtswidrige**, z. B. gegen § 11 AGG verstoßende **Ausschreibungen** sind wie nicht erfolgte zu behandeln.

73 Der Betriebsrat kann über Inhalt und Verwendung von **Personalfragebögen** nach § 94 Abs. 1 BetrVG mitbestimmen.[148] Dasselbe gilt nach § 94 Abs. 2 zweiter Halbsatz für die Aufstellung **allgemeiner Beurteilungsgrundsätze**.[149] Die Mitbestimmung erstreckt sich auch auf persönliche Angaben in Arbeitsverträgen, die allgemein für den Betrieb verwendet werden sollen.[150] **Personalrichtlinien** im Sinne des § 95 BetrVG unterliegen gleichfalls der Mitbestimmung. Einzelheiten können hier nicht dargestellt werden.[151]

74 Nach § 99 BetrVG kann der Betriebsrat einer geplanten **Einstellung** aus bestimmten, im Gesetz genannten Gründen die **Zustimmung verweigern**. »Einstellung« bedeutet dabei »Eingliederung in den Betrieb«; der Abschluss des Arbeitsvertrags unterliegt nicht der Mitwirkung des Betriebsrats. Beharrt der Arbeitgeber gegen das Votum des Betriebsrats auf seinem Wunsch, muss er das Arbeitsgericht anrufen, das im Einzelnen prüft, ob sich der Betriebsrat wirklich auf einen der Gründe nach § 99 Abs. 2 BetrVG berufen konnte. Nach näherer Maßgabe des § 100 BetrVG kann der Arbeitgeber den Bewerber vor der endgülti-

144 So die amtliche Begründung, BT-Drs. 16/10532, S. 16.
145 Schmidl/Tannen, DB 2017, 1633, 1637.
146 Vgl. BAG 17.3.1987 – 1 ABR 59/85, AP Nr. 29 zu § 80 BetrVG 1972 (zum BDSG-alt).
147 Einzelheiten Däubler, Arbeitsrecht 1, Rn. 1024ff.
148 Einzelheiten bei DKKW-*Klebe*, § 94 Rn. 3ff.
149 Dazu Däubler, Arbeitsrecht 1, Rn. 1030ff. m. w. N.
150 Dazu DKKW-*Klebe*, § 94 Rn. 31.
151 Siehe DKKW-*Klebe*, § 95 Rn. 4ff.; Fitting, § 95 Rn. 6ff., 13ff.

gen Klärung einstellen, d.h. effektiv im Betrieb beschäftigen.[152] Dringt der Betriebsrat mit seiner Position durch, kann das Arbeitsverhältnis im Wege der Kündigung wieder aufgelöst werden.[153] Um den Betriebsrat in die Lage zu versetzen, sachgerechte Entscheidungen zu treffen, ist der Arbeitgeber nach § 99 Abs. 1 Satz 1 verpflichtet, ihm die erforderlichen **Bewerbungsunterlagen** vorzulegen und Auskunft über die Person der Beteiligten zu geben. Dem stehen mit Rücksicht auf die Einbeziehung der Informationsrechte der betrieblichen Interessenvertretung in die Verarbeitungsermächtigung des Abs. 1 Satz 1 keine datenschutzrechtlichen Bedenken entgegen. Ein Bewerber kann deshalb nicht etwa verlangen, dass der Betriebrat in seinem Fall nicht eingeschaltet oder nicht voll informiert werde.

In der **Personalvertretung** ist die Situation eine prinzipiell ähnliche. Nach § 68 Abs. 1 **75**
Nr. 2 BPersVG hat der Personalrat die Aufgabe, darüber zu wachen, dass die zugunsten der Beschäftigten geltenden Gesetze, Verordnungen, Tarifverträge, Dienstvereinbarungen und Verwaltungsanordnungen durchgeführt werden. In diesen Bereich fallen auch die DSGVO, das BDSG und andere datenschutzrechtliche Normen.[154] In Bezug auf die Ausschreibung enthält § 75 Abs. 3 Nr. 4 BPersVG lediglich die Regelung, dass sich die Mitbestimmung nur auf das »Absehen von der Ausschreibung von Dienstposten« bezieht. Daraus wird jedoch eine Verpflichtung zur **dienststelleninternen Ausschreibung** abgeleitet.[155] Dies erfasst auch Stellen, die mit Arbeitnehmern besetzt werden.[156] § 75 Abs. 3 Nr. 8 BPersVG unterwirft den »Inhalt von Personalfragebogen für Arbeitnehmer« der Mitbestimmung des Personalrats; **Personalfragebogen** für Beamte unterliegen nach § 76 Abs. 2 Nr. 2 BPersVG nur der Mitwirkung. Bei der Einstellung von Arbeitnehmern kann der Personalrat nach § 75 Abs. 1 Nr. 1 BPersVG mitbestimmen, dabei jedoch seine Zustimmung nur aus den in § 77 Abs. 2 BPersVG genannten Gründen verweigern. Die Einstellung von Beamten unterliegt der eingeschränkten Mitbestimmung nach § 76 Abs. 1 Nr. 1.[157]

7. Datenschutz bei gescheiterter Bewerbung

Da die **Bewerbungsunterlagen zahlreiche persönliche Daten** enthalten, ist der Arbeitge- **76**
ber nicht berechtigt, sie an Dritte weiterzugeben; dies wäre durch den Zweck des Anbahnungsverhältnisses nicht gedeckt und für die Entscheidung über die Bewerbung nicht erforderlich im Sinne des Abs. 1 Satz 1. Nicht ausgeschlossen ist, einen **Experten einzuschalten**, der im Auftrage des Arbeitgebers die Bewerbungen sichtet und eine bestimmte Entscheidung empfiehlt; darin läge keine Übermittlung, sondern eine Art Auftragsdatenverarbeitung nach Art. 28 DSGVO. Ausnahmsweise ist eine Weitergabe an Dritte dann erlaubt, wenn der Bewerber darum bittet, seine Unterlagen an einen anderen Arbeitgeber weiterzuleiten, bei dem er sich gleichfalls bewerben will. Die **Pflicht zur Diskretion** trifft nach § 99 Abs. 1 Satz 3 BetrVG auch den Betriebsrat, der sich bei einem Geheimnisbruch sogar nach § 120 Abs. 2 BetrVG strafbar machen würde.

---

152 Einzelheiten bei Däubler, Arbeitsrecht 1, Rn. 1046ff.
153 Dazu DKKW-*Bachner*, § 100 Rn. 41.
154 Altvater in Altvater u.a., § 68 Rn. 7.
155 BVerwG 8.3.1988 – 6 P 32/85, PersR 1988, 183.
156 Berg in Altvater u.a., § 75 Rn. 235ff.
157 Dazu Baden in Altvater u.a., § 76 Rn. 15ff.

77 Der Bewerber kann darüber hinaus die **Rücksendung aller** seiner **Unterlagen** verlangen. Dies verhindert am ehesten die Weitergabe an Dritte und die darin liegende Verletzung seines Persönlichkeitsrechts. Außerdem sorgt es dafür, dass bei einer künftigen Bewerbung keine »Hypothek« zurückbleibt, und deshalb beispielsweise eine inzwischen aus dem Strafregister getilgte Vorstrafe verschwiegen werden kann. Das BAG hat dies im Grundsatz bestätigt und dem Bewerber einen Anspruch auf **Vernichtung des** von ihm ausgefüllten **Fragebogens** gewährt: Auch wenn im Einzelfall das BDSG nicht eingreife, folge aus dem **allgemeinen Persönlichkeitsrecht** der Anspruch, dass keine Daten aus der Intimsphäre wie Unfallschäden, körperliche Behinderungen, abgeleisteter Wehrdienst usw. gespeichert würden.[158] Eine **Ausnahme** soll nur bei einem »berechtigten Interesse« des Arbeitgebers gelten,[159] so wenn mit Rechtsstreitigkeiten zu rechnen sei oder wenn die Bewerbung in absehbarer Zeit wiederholt werden solle.[160] Nicht ausreichend sei der Wunsch des Arbeitgebers, bei künftigen Bewerbungen einen Datenabgleich vorzunehmen und bei freiwerdenden Stellen an den Abgewiesenen herantreten zu können.[161] Werden die Unterlagen in einer Datei gespeichert, folgt der Anspruch aus Art. 17 DSGVO. Die Vernichtung der Daten ist dann besonders wichtig, wenn in einer bestimmten Branche nur wenige selbstständige Unternehmen vorhanden sind oder wenn der Bewerber eine so spezielle Qualifikation aufweist, dass nur wenige Arbeitsplätze für ihn in Betracht kommen. Hat der Bewerber freiwillig der Aufnahme seiner Daten in einen »**Talentpool**« zugestimmt, so darf die Speicherung grundsätzlich nicht länger als ein Jahr dauern; danach verlieren die Unterlagen ihre Aussagekraft und sind daher im Normalfall zu löschen.[162]

IV. Erhebung und Speicherung von Beschäftigtendaten

1. Allgemeiner Rahmen

78 Wird ein Bewerber eingestellt, so gelten für die von jetzt an erfolgenden Datenverarbeitungen **keine prinzipiell anderen Regeln als zuvor**. Wichtigste Rechtsgrundlage ist auch hier § 26 Abs. 1 Satz 1, wobei es statt um die »Begründung« um die »**Durchführung**« und die »**Beendigung**« **des Beschäftigungsverhältnisses** geht. Das BAG[163] hat schon in der Vergangenheit das Fragerecht des Arbeitgebers in gleicher Weise wie gegenüber Bewerbern beschränkt: Der Arbeitgeber muss auch hier ein »berechtigtes, billigenswertes und schutzwürdiges Interesse an der Beantwortung« haben. Dieses kann nur in der Weise bestimmt werden, dass eine Abwägung mit den schutzwürdigen Interessen des Beschäftigten stattfindet.[164] Soweit das Arbeitgeberinteresse überwiegt, kann die für das verfolgte Ziel notwendige Erhebung, Verarbeitung oder Nutzung stattfinden. Alles, was darüber hi-

158 BAG 6.6.1984 – 5 AZR 286/81, NZA 1984, 321 = DB 1984, 2626.
159 Vgl. Taeger/Gabel-*Zöll*, § 32 Rn. 20ff.
160 Brink/Schwab, RDV 2017, 170, 181, halten wegen der Gefahr einer Diskriminierungsklage eine Speicherung von drei Monaten für angemessen; danach sind die Bewerbungsunterlagen zu löschen.
161 BAG a.a.O.; ebenso Plath-*Stamer/Kuhnke*, § 26 Rn. 31.
162 Brink/Schwab, RDV 2017, 170, 181.
163 7.9.1995 – 8 AZR 828/93, DB 1996, 634.
164 Weitere Einzelfragen bei Däubler, NZA 2017, 1481.

nausgeht, würde das informationelle Selbstbestimmungsrecht des Arbeitnehmers übermäßig einschränken und damit sein Persönlichkeitsrecht verletzen.[165] Zahlreiche Beispiele für die Abgrenzung zwischen zulässigem und unzulässigem Zugriff auf Beschäftigtendaten finden sich in den »Gläsernen Belegschaften«.[166]

Der **Arbeitnehmer muss** seinerseits auf die berechtigten Interessen des Arbeitgebers 78a
Rücksicht nehmen. So darf er etwa ein Personalgespräch nicht heimlich aufzeichnen; tut er es gleichwohl, riskiert er eine Kündigung.[167] Dasselbe gilt, wenn er kurz vor seinem Ausscheiden und dem Arbeitsbeginn bei einem Konkurrenten zahlreiche betriebliche Daten auf seinen privaten E-Mail-Account weiterleitet.[168] Erst recht ist die Weitergabe von Patientendaten durch eine Arzthelferin an einen Dritten unzulässig und führt im Regelfall zu einer fristlosen Kündigung.[169] Auch insoweit gibt es zahlreiche weitere Beispiele.[170]

Zurück zur Arbeitgeberseite: Unproblematisch ist unter diesen Umständen die (manuelle 79
oder EDV-mäßige) Speicherung von **Stammdaten**. Dazu gehören Name, Anschrift, Geschlecht, Familienstand, Ausbildung, Eintrittsdatum, Eingruppierung, Entgelt, Krankenkassenzugehörigkeit usw.[171]

Durch den modernen Arbeitsprozess entstehen automatisch zahlreiche Beschäftigtenda- 80
ten. Zu denken ist etwa an die automatische Erfassung der **Kommens- und Gehenszeiten**, an die **Arbeitsvorgänge am PC** einschließlich der Nutzung des Internets sowie an die Nutzung des **Telefons**, das nicht nur die angerufene Nummer und die am Apparat verbrachte Zeit, sondern mit Hilfe der Weiterleitungsfunktion ggf. auch die Abwesenheiten vom eigentlichen Arbeitsplatz erfasst. Neue Probleme ergeben sich, wenn im Betrieb **biometrische Verfahren** zur Identifizierung angewandt oder wenn **Videokameras** installiert werden. Als zusätzliches Problem ist in den letzten Jahren die **»Ortung« von Außendienstmitarbeitern** hinzugekommen.[172] Betrachtet man diese »Betriebsdaten« zusammen mit den Angaben, die sich in einer (elektronischen oder traditionellen) Personalakte befinden, so wird deutlich, dass der Einzelne nirgends sonst außerhalb des Arbeitslebens so intensiven und umfassenden Informationsansprüchen ausgesetzt ist. Dies macht eine **»informationelle Gewaltenteilung«** besonders **notwendig**, die darin besteht, dass immer nur zu bestimmten, genau definierten Zwecken von einzelnen Daten Gebrauch gemacht werden darf und dass zumindest in mittleren und größeren Unternehmen die Zugriffsberechtigungen klar abgegrenzt sind, was die Entstehung einen allwissenden »Datenherrn« verhindert. Im Folgenden werden die Einzelfragen behandelt, die sich aus spezifischen Zwecksetzungen und dem Einsatz besonderer Mittel wie Videokameras usw. ergeben.

---

165 Vgl. aus der Literatur MünchArbR-*Reichold*, § 96 Rn. 34; DKKW-*Klebe*, § 94 Rn. 12; TEG, S. 45ff.

166 Däubler, Gläserne Belegschaften, Rn. 292ff. (Privatdetektiv), Rn. 297ff. (Videokamera), Rn. 315ff. (spezielle Überwachungsprogramme), 318ff. (Ortungssysteme), Rn. 324a ff. (RFID, Smart factory), Rn. 325 – 378g (Telekommunikation einschließlich Mailverkehr und Internetnutzung).

167 LAG Hessen 23.8.2017 – 6 Sa 137/17, ZD 2018, 190.

168 LAG Berlin-Brandenburg, 16.5.2017 – 7 Sa 38/17, ZD 2018, 190.

169 LAG Baden-Württemberg, 11.11.2016 – 12 Sa 22/16, ZD 2018, 148 Ls.

170 Däubler, Digitalisierung und Arbeitsrecht, § 4 Rn. 31ff.

171 TEG, S. 555.

172 Dazu Däubler, CF Heft 7–8/2005, S. 42ff.; Wilke/Kiesche, CuA Heft 7/2009.

81 Wegen der zu erfüllenden **Schwerbehindertenquote** nach SGB IX hat der Arbeitgeber ein berechtigtes Interesse zu erfahren, ob ein Beschäftigter als Schwerbehinderter oder als Gleichgestellter anerkannt ist. In diesem Punkt **erweitert sich** sein **Fragerecht.**[173] Ist ein Arbeitnehmer mindestens sechs Monate im Betrieb, darf er auch nach seiner Schwerbehinderung gefragt werden. Gibt es im Betrieb mehrere Tarifverträge, darf der Arbeitgeber den einzelnen Arbeitnehmer auch danach fragen, ob er einer der beteiligten Gewerkschaften angehört.[174]

81a **Fehlt** eine **Rechtsgrundlage für** die **Datenverarbeitung**, so ist diese rechtswidrig; dies hat in der Regel eine Haftung auf Schadensersatz zur Folge. Im Bericht der Landesdatenschutzbeauftragten von Brandenburg wird beispielsweise ein Fall erwähnt, in dem eine Arbeitgeberin auf Facebook veröffentlicht hatte, die inzwischen ausgeschiedene Arbeitnehmerin habe mehrere Tausend Euro Steuerschulden, weshalb es zu Lohnpfändungen gekommen sei.[175] Eine Rechtsgrundlage für eine solche Äußerung bestand nicht. Von großer praktischer Bedeutung ist die berechtigte Feststellung, bei der **Nutzung von WhatsApp** würde der Inhalt des »Adressbuches« des Nutzers von Whatsapp erfasst und gespeichert; gegenüber den dort aufgeführten Personen bestehe keine Rechtsgrundlage.[176] Dasselbe gilt, wenn ein **Vorgesetzter** auf eigene Faust **Daten über das Verhalten seiner Untergebenen** sammelt; mit ihm besteht ja kein Arbeitsvertrag.

2. Privatsphäre und Konsumverhalten

82 Nicht anders als gegenüber einem Bewerber müssen die privaten Lebensverhältnisse eines bereits Beschäftigten für den Arbeitgeber ohne Interesse bleiben. Welchen Freizeitsport jemand treibt, welche Filme er anschaut und mit wem er in Ferien fährt, sind Angelegenheiten, die nichts mit dem Arbeitsleben zu tun haben. Ob ein Beschäftigter **in der Freizeit raucht**, ist gleichfalls seine Privatangelegenheit. Gewährt der Arbeitgeber einen »Nichtraucherurlaub« von fünf Arbeitstagen, kann ihn auch derjenige in Anspruch nehmen, der in seiner Freizeit zur Zigarette greift. Selbst durch freiwillige Leistungen kann der Arbeitgeber keine Angaben über das Privatleben erzwingen; erst recht kommt kein medizinischer Check in Betracht. Auch eine SCHUFA-Selbstauskunft kann nicht verlangt werden.[177]

83 Auch soweit sich das **Konsumentenverhalten im Betrieb** vollzieht, ist keine weitergehende Erfassung möglich. Wer in der Kantine welches Essen zu sich nimmt, kann zwar zu Abrechnungszwecken gespeichert werden, doch ist jede Verbindung zu anderen Beschäftigtendaten untersagt. Dasselbe gilt für Personaleinkäufe; welche Waren der X kauft und wie viel er tankt, ist kein beschäftigtenbezogenes Datum.[178] Unzulässig ist es deshalb, aus

---

173 BAG 7.7.2011 – 2 AZR 396/10, NZA 2012, 34 und BAG 16.2.2012 – 6 AZR 553/10, NZA 2012, 555, auch zum Folgenden.

174 Generell (und nicht nur bei Tarifpluralität) für ein berechtigtes Interesse des Arbeitgebers Plath-*Stamer/Kuhnke*, § 26 Rn. 36; Thüsing-*Thüsing/Forst*, § 7 Rn. 16, stellen mit Recht auf eine beabsichtigte oder praktizierte Ungleichbehandlung ab.

175 Wiedergegeben bei Köppen, CuA 6/2019 S. 33.

176 Köppen, CuA 6/2019, S. 35.

177 Brink/Schwab, RDV 2017, 170, 178.

178 Ebenso Zöllner, Daten- und Informationsschutz, S. 42.

dem **Ess- oder Einkaufsverhalten Rückschlüsse** auf die Eignung für bestimmte Tätigkeiten zu ziehen (Wer immer Diätessen nimmt, wird es mit der russischen Küche relativ schwer haben, weshalb er für den attraktiven Moskau-Einsatz nicht in Betracht kommt). Unzulässig wäre erst recht eine Auswertung der Art, dass über die Abrechnungsdaten ermittelt wird, wer regelmäßig in unmittelbarem zeitlichem Zusammenhang mit dem Betriebsratsvorsitzenden sein Mittagessen einnimmt.

Sonderprobleme ergeben sich für Beschäftigte, die von Zeit zu Zeit in **Rufbereitschaft** sind. Um ihre Erreichbarkeit sicherzustellen, müssen sie ihre **private Handy- oder Festnetznummer** dem Arbeitgeber mitteilen, die ansonsten der reinen Privatsphäre zugeordnet ist. Gibt es im Betrieb keine Regelung zur Rufbereitschaft, kann der Arbeitgeber vom Einzelnen nicht verlangen, dass er seine private Handy-Nummer preisgibt.[179] Insoweit existiert ansatzweise ein aus dem Persönlichkeitsschutz abgeleitetes Recht auf Nichterreichbarkeit.[180] 84

3. Durchführung des Arbeitsverhältnisses

a) Entgeltabrechnung

Bei der Entgeltabrechnung werden eine Reihe von persönlichen Merkmalen deutlich, nach denen in der Einstellungssituation nicht gefragt werden darf. So erhält der Arbeitgeber etwa aufgrund der Vorlage der Lohnsteuerkarte automatisch Kenntnis von der **Konfession**. Auch lässt sich die Gewerkschaftszugehörigkeit nicht verbergen, wenn der Arbeitgeber die **Mitgliedsbeiträge direkt an die Gewerkschaft abführt**. Entsprechende Fragen an einen Arbeitnehmer sind daher aus begründetem Anlass (etwa bei abhanden gekommener Lohnsteuerkarte) zulässig.[181] Auch hier kommt es entscheidend darauf an, dass diese Daten **nur zu Abrechnungszwecken** verwendet werden; die Absicherung dieses Zwecks bedarf besonderer Schutzmaßnahmen.[182] Die Tatsache, dass es sich um sensitive Daten im Sinne des Art. 9 DSGVO handelt, ändert an dieser Situation nichts, da es um die Geltendmachung rechtlicher Ansprüche im Sinne von Art. 9 Abs. 2 Buchst. f DSGVO geht. Auch ist **kein schutzwürdiges Gegeninteresse** des Betroffenen ersichtlich, das überwiegen würde: Die Angabe über die Konfession ergibt sich letztlich aus den Vorschriften über die Erhebung der Kirchensteuer, die eine Information des Arbeitgebers implizieren. Dass dieser Kenntnis von der Gewerkschaftszugehörigkeit erhält, ist ebenfalls unproblematisch, wenn der Arbeitnehmer der Gewerkschaft gegenüber in die Einziehung der Gewerkschaftsbeiträge eingewilligt hat. Letzteres muss allerdings erfolgt sein.[183] Ergänzend sei noch darauf hingewiesen, dass nach erfolgter Einstellung auch nach **Familienstand und Kinderzahl** gefragt werden darf.[184] 85

179 So LAG Thüringen 16.5.2018 – 6 Sa 442/17, ZD 2018, 540 = RDV 2019, 88

180 Zu konkreten Wegen, wie der Betriebsrat bestimmte Zeiten der Unerreichbarkeit absichern kann, s. Däubler, Digitalisierung und Arbeitsrecht, § 5 Rn. 42ff.

181 Fitting, § 94 Rn. 17; weitergehend BAG 22.10.1986 – 5 AZR 660/85, DB 1987, 1050.

182 Däubler, Gläserne Belegschaften, Rn. 401.

183 SHS-Seifert, Art. 88 Rn. 126.

184 Fitting, § 94 Rn. 20; DKKW-*Klebe*, § 94 Rn. 20 m.w.N.

b) Arbeitszeit und Arbeitsverhalten

86 Der Arbeitgeber ist nach Abs. 1 Satz 1 berechtigt, die mit dem Arbeitnehmer vereinbarte Dauer und Lage der Arbeitszeit (»Soll-Arbeitszeit«) sowie die tatsächlichen Anwesenheitszeiten im Betrieb zu speichern (»Ist-Arbeitszeit«). Auch die **Abwesenheitsgründe** können erfasst werden, doch darf im Betrieb den anderen Beschäftigten nur die Abwesenheit als solche, nicht aber der Grund mitgeteilt werden.[185] Nach der neuesten Rechtsprechung des EuGH[186] ist der Arbeitgeber nicht nur berechtigt, sondern **verpflichtet**, die **geleistete Arbeitszeit zu erfassen** und sich dabei eines objektiven, verlässlichen und (für die Arbeitnehmer) zugänglichen Systems zu bedienen. Eine Pflicht zur Aufzeichnung nur der Überschreitung des Acht-Stunden-Tags wie in § 16 Abs. 2 Satz 1 ArbZG genügt nicht.[187] Ob § 16 Abs. 2 ArbZG unionsrechtskonform in der Weise ausgelegt werden kann, dass die gesamte Arbeitszeit zu erfassen ist, scheint derzeit noch nicht geklärt zu sein,[188] ist aber zu bejahen.[189] Auch fehlt noch eine höchstrichterliche Entscheidung, ob der Betriebsrat über sein Mitbestimmungsrecht nach § 87 Abs. 1 Nr. 6 BetrVG eine Initiative zur Schaffung des vom EuGH gewollten Systems ergreifen kann: In Betracht kommt als Rechtsgrundlage auch § 87 Abs. 1 Nr. 2 und 3 BetrVG, mit dem EuGH ist ein unmittelbarer Zusammenhang zwischen der Festlegung der Arbeitszeit und ihrer Überwachung anzunehmen.

86a Keine Bedenken bestehen dagegen, **Verkaufserfolge** von Außendienstmitarbeitern intern festzuhalten. Dies gilt auch dann, wenn sie ohne Einfluss auf die Vergütung bleiben. Die betriebsinterne Bekanntmachung, insbesondere von sog. **»Rennlisten«,** wirft jedoch erhebliche Probleme auf, weil eine schlechte Platzierung die Betroffenen diskreditiert, ja herabwürdigt.[190] Die beabsichtigte »Anspornwirkung« kann unschwer dadurch erreicht werden, dass die jeweiligen Erfolge anonym bekannt gemacht werden; dies stellt das mildere Mittel dar.[191]

86b Der **Arbeitgeber darf** die **Arbeitsleistung** des Arbeitnehmers **kontrollieren**. Dabei darf die Kontrolle aber nicht so weit gehen, dass die persönliche Handlungsfreiheit des Beschäftigten unangemessen beschränkt wird:
Beispiel: Ein **angestellter Taxifahrer** muss während der Standzeiten alle drei Minuten einen Knopf drücken, um so dem Arbeitgeber gegenüber seine Bereitschaft zur Arbeit zu dokumentieren. Das ArbG Berlin[192] hat darin zu Recht einen nicht erforderlichen (und deshalb rechtswidrigen) Eingriff in das Persönlichkeitsrecht gesehen.

86c Nach der Rechtsprechung des BAG darf weiter auch nicht **jeder einzelne Arbeitsschritt überwacht** werden;[193] dies käme einer Totalkontrolle gleich.

---

185 Brink/Schwab, RDV 2017, 170, 184.; ebenso die Datenschutzbeauftragte von Brandenburg, mitgeteilt bei Köppen, CuA 10/2018, S. 35.
186 14.5.2019 – C-55/18, NZA 2019, 683.
187 Dazu auch Ulber, NZA 2019, 677, 678.
188 Dazu Ulber, NZA 2019, 677, 681.
189 Näher Däubler ZfPR 2/2020.
190 Däubler, Gläserne Belegschaften, Rn. 483.
191 Ebenso Gola, Handbuch, Rn. 899.
192 10.8.2017 – 41 Ca 12115/16, ZD 2018, 498, bestätigt durch LAG Berlin-Brandenburg 30.8.2018 – 26 Sa 1151/17, NZA-RR 2019, 14.
193 25.4.2017 – 1 ABR 46/15, NZA 2017, 1205ff.

Im konkreten Fall ging es darum, dass eine Vielzahl von Arbeitsschritten in Bezug auf ihre Schnelligkeit erfasst und an einem vorher nicht bekannten Leistungsdurchschnitt gemessen wurden. Wer auch nur in einem Arbeitsschritt (z.B. bei der Dauer der Telefongespräche) mehr als 10% unter dem Durchschnitt lag (also mehr Zeit in Anspruch nahm), musste sich einem Gespräch mit dem Vorgesetzten unterziehen – und zwar selbst dann, wenn er bei anderen Arbeitsschritten schneller als der Durchschnitt war. Auch eine solche Form der Überwachung wurde vom BAG für illegal erklärt.

Soweit kein Verdacht einer Straftat oder einer schweren Pflichtverletzung besteht, ist jede heimliche Überwachung unzulässig. Dies gilt insbesondere für die Anwendung eines sog. **Keylogger-Programms**, das jede Betätigung der Tasten eines Computers aufzeichnet und außerdem regelmäßig Screenshots macht.[194] **86d**

Erhält der Beschäftigte eine **Beurteilung durch Vorgesetzte** oder andere Personen, so kann auch deren Inhalt festgehalten werden, da praktisch keine Fälle denkbar sind, in denen dies ohne jede Auswirkung auf den weiteren Ablauf des Beschäftigungsverhältnisses ist. In welchem Umfang das Verhalten des Arbeitnehmers kontrolliert und damit ein »Leistungsprofil« erstellt werden darf, ist an anderer Stelle behandelt.[195] **87**

c) Weiterförderung

Will der Arbeitgeber eine sog. **Potenzialanalyse** in Bezug auf einzelne Beschäftigte vornehmen, so ist dies nur mit deren Einwilligung möglich.[196] Inhaltliche Bedenken gegen eine solche Einwilligung bestehen nicht, da diese Maßnahme auch dem Arbeitnehmer- bzw. Beschäftigteninteresse dient und ein unmittelbarer Zusammenhang mit dem Beschäftigungsverhältnis besteht (näher zur Einwilligung des Beschäftigten u. Rn. 222ff.). Ähnliches gilt für die Aufnahme in eine sog. **Weiterförderungsdatei**. **88**

d) Erheben zahlreicher persönlicher Umstände im Hinblick auf eine mögliche »soziale Auswahl«?

Ein besonderes Maß an »Datenhunger« könnte der Arbeitgeber unter Berufung auf die Tatsache entwickeln, dass bei einer sozialen Auswahl im Sinne des § 1 Abs. 3 KSchG alle für oder gegen die soziale Schutzwürdigkeit sprechenden Umstände bei sämtlichen vergleichbaren Arbeitnehmern berücksichtigt werden müssen. Dies schließt notwendigerweise auch Daten über Angehörige ein. Problematisch ist dabei nicht die Erhebung der fraglichen Daten, sondern ihr Zeitpunkt: Da eine betriebsbedingte Kündigung nie völlig auszuschließen ist, könnte auf diesem Wege der durch den **Zweck des Beschäftigungsvertrags** gezogene Rahmen **enorm erweitert** werden. **89**

Keine Lösung bringt die verbreitete und im Prinzip zutreffende Aussage, wonach § 1 Abs. 3 **KSchG als Spezialnorm dem Datenschutzrecht vorgeht.**[197] Geregelt ist dort ausschließ- **90**

194 BAG 27.7.2017 – 2 AZR 681/16, NZA 2017, 1327ff.
195 Däubler, Gläserne Belegschaften, Rn. 258ff.
196 Schleswig-Holsteinischer DSB, 12. TB, unter 4.10.2.
197 So BAG 24.3.1983 – 2 AZR 21/82, NJW 1984, 79 re. Sp.; Achenbach, NZA 1984, 280; wohl auch Gola, DuD 1984, 33.

lich die Weitergabe der Daten an das Gericht und die Gegenpartei (und ggf. ihre Erörterung in mündlicher Verhandlung), nicht aber das Erhebungsrecht des Arbeitgebers. Dieses bestimmt sich vielmehr nach allgemeinen datenschutzrechtlichen Grundsätzen. Wenig befriedigend ist es, den Arbeitgeber von eigenen Nachforschungen zu dispensieren und ihn auf die Verwertung derjenigen Informationen zu beschränken, die ihm freiwillig von den in die soziale Auswahl einzubeziehenden Belegschaftsmitgliedern geliefert werden.[198] Dies führt im Ergebnis dazu, dass derjenige Beschäftigte am ehesten **begünstigt** ist, der die **weitesten Einblicke** in seine Privatsphäre **gestattet** (vorausgesetzt, dabei treten Tatsachen zutage, die seine soziale Schutzbedürftigkeit verstärken). Mit dem informationellen Selbstbestimmungsrecht lässt sich ein solcher Zustand nicht vereinbaren. Wer sich gegen eine Bekanntgabe entscheidet (weil er vielleicht den Arbeitgeber nicht wissen lassen möchte, dass ein Familienangehöriger drogenabhängig ist), hat gravierende Nachteile zu gewärtigen. Ein »Recht zur Lüge«, wie es für die Einstellungssituation eingeräumt wird, hilft hier nicht weiter.

91 Ein **verfassungskonformer Zustand** wäre einmal dadurch herstellbar, dass die privaten Lebensverhältnisse generell aus dem Kreis der Faktoren ausgeklammert würden, die bei der sozialen Auswahl zu berücksichtigen sind. Da die Rechtsprechung diesen Weg richtigerweise nicht gegangen ist, bleibt als zweites nur die Möglichkeit, auch die Privatsphäre offen zu legen, den Arbeitnehmer aber gleichzeitig davor zu schützen, dass der Arbeitgeber damit alle sonstigen Grenzen des Fragerechts einreißt. Anders als bei medizinischen Daten ist dies nicht durch eine Beschränkung seines Erhebungsrechts und durch Geheimhaltung seitens einer Vertrauensperson wie des Werksarztes möglich, da es **keinen »Sozialauswahlbeauftragten«** gibt.

Vielmehr helfen nur zwei andere Mittel:

92 Zum einen ist die Erhebung erst dann zulässig, wenn betriebsbedingte Kündigungen nicht mehr auszuschließen sind. Die lediglich abstrakte Möglichkeit reicht nicht aus.

93 Zum anderen muss ein zwingendes Verwertungsverbot in Bezug auf die zu Zwecken der sozialen Auswahl erhobenen Daten bestehen, die ja bei den nicht gekündigten Beschäftigten weiter abrufbar vorhanden sind. Sie dürfen niemals zu einem anderen Zweck als der Sozialauswahl verarbeitet werden. Dies lässt sich am ehesten in der Weise absichern, dass eine Trennung von den übrigen Beschäftigtendaten erfolgt und ein Zugriff nur für den Fall von effektiv auszusprechenden betriebsbedingten Kündigungen möglich ist.[199]

e) Umfragen

94 Keine datenschutzrechtlichen Probleme wirft eine Umfrage zur Arbeitszufriedenheit, zum Verhalten der Vorgesetzten, zur Darstellung der Firma in der Öffentlichkeit usw. auf, wenn die **Stellungnahme des Einzelnen anonym** bleibt: In einem solchen Fall entstehen keine personenbezogenen, sondern im Grunde nur Sachdaten. Die Situation ändert sich jedoch, wenn der einzelne Arbeitnehmer z. B. einen Fragebogen ausfüllen oder ein Gespräch führen muss und das **Resultat weiter ihm zugerechnet** werden kann. Soweit dem

---

198 So aber Kroll, S. 102 ff.

199 Vgl. auch § 35 Abs. 1 Satz 3 SGB I, wonach bei Sozialleistungsträgern Sozialdaten der eigenen Beschäftigten der Personalabteilung nicht zur Kenntnis kommen dürfen.

Einzelnen die Teilnahme freisteht und er sich der Aktion ohne irgendwelche potentiellen Nachteile entziehen kann, wird man letztlich eine Einwilligung als Legitimation für die Generierung solcher Daten anerkennen können. Will der Arbeitgeber jedoch eine **Teilnahme auch gegen den Willen des Einzelnen** durchsetzen, überschreitet er sein Erhebungsrecht, da bestimmte Fragen den Einzelnen in einen vermeidbaren Gewissenskonflikt bringen können, den zu provozieren ersichtlich nicht durch den Zweck des Beschäftigungsverhältnisses geboten ist. Zu denken ist etwa an den Fall, dass nach dem Führungsverhalten von Vorgesetzten gefragt wird und eine noch so berechtigte negative Bewertung möglicherweise Nachteile zur Folge haben könnte. Ähnliches gilt, wenn man der Firma ein schlechtes Image bescheinigt oder die Arbeitsatmosphäre als bedrückend beschreibt. Da in solchen Fällen vermutlich die »Ausweichstrategie« unwahrer positiver Einschätzungen gewählt würde, besteht auch betriebswirtschaftlich kein Interesse, eine derartige obligatorische Umfrage durchzuführen.[200]

Von einer Umfrage im Betrieb ist die **gezielte Befragung** eines Arbeitnehmers zu unterscheiden, der über bestimmte Vorgänge im Betrieb Auskunft geben soll. Insoweit muss grundsätzlich Auskunft gegeben werden, doch ist niemand verpflichtet, sich selbst einer Pflichtverletzung oder gar einer Straftat zu bezichtigen.[201] **94a**

f) Gesundheitsdaten und genetische Untersuchungen

Krankenrückkehrgespräche und betriebliches Eingliederungsmanagement (BEM) nach § 167 Abs. 2 (bis Ende 2017: § 84 Abs. 2) SGB IX betreffen primär Gesundheitsdaten, so dass auf die obigen Erläuterungen (Rn. 54ff.) zu verweisen ist.[202] Genetische Untersuchungen bestimmen sich nach denselben Grundsätzen wie gegenüber Bewerbern (siehe oben Rn. 63ff.), ebenso Drogen- und Alkoholtests (oben Rn. 61).[203] Lässt sich eine Krankenhausangestellte in »ihrem« Krankenhaus behandeln, so darf der Personalleiter nicht etwa **Einsicht in die Patientenakte** nehmen. Dafür fehlt es an einer ausreichenden Rechtsgrundlage; außerdem handelt es sich um einen nicht erforderlichen Eingriff, weil auch durch vorsichtiges Nachfragen eine die Persönlichkeitssphäre achtende Klärung möglich gewesen wäre.[204] **Äußerungen im Rahmen von BEM-Gesprächen** können nach der Rechtsprechung des BAG[205] Grundlage für eine verhaltensbedingte Kündigung sein, doch wurde dem mit Recht entgegen gehalten, dass dies dem Sinn des BEM-Verfahrens zuwiderläuft. Dieses will, dass der Einzelne offen über seine Situation spricht, was eher dann zu erwarten ist, wenn er auch bei verbalen Fehlgriffen nichts zu befürchten hat.[206] **95**

200 Zu Mitarbeiterbefragungen s. Gola, Handbuch, Rn. 772ff.

201 Einzelheiten bei Däubler, Gläserne Belegschaften, Rn. 427o ff.

202 Siehe außerdem die Einführung durch Hau, CuA 4/2019, S. 8ff., und Däubler, Gläserne Belegschaften, Rn. 269ff.

203 Dazu auch BMH, § 32 Rn. 64.

204 So der 34. TB des Landesbeauftragten für Datenschutz Baden-Württemberg, mitgeteilt bei Köppen, CuA 4/2019, S. 36f.

205 29.6.2017 – 2 AZR 47/16, NZA 2017, 1605.

206 Düwell, CuA 6/2018, S. 21f.; kritisch auch Tonikidis, CuA 6/2018 S. 20ff.

4. Erfassung und Speicherung biometrischer Daten

96 In der Praxis gibt es immer häufiger den Versuch, Arbeitnehmer mit Hilfe bestimmter körperlicher Merkmale zu identifizieren. Dies kann ein **Fingerabdruck** sein, eine bestimmte Form und Farbe der **Iris** oder auch ein bestimmter **Zuschnitt des Gesichts**. Daneben wird bisweilen auf die **Stimme** oder auf die Schrift abgehoben.[207] In allen Fällen lässt sich eine wirksame **Identitätskontrolle** durchführen, die insbesondere beim Zugang zum Betrieb, aber auch zu Informationssystemen (Fingerabdruck statt Passwort beim PC) zum Einsatz gelangt.[208] Zusammenfassend ist von biometrischen Merkmalen die Rede,[209] die nunmehr auch zu den sensitiven Daten nach Art. 9 Abs. 1 DSGVO gehören.

97 Die Erfassung derartiger Daten bringt **erhebliche Risiken** mit sich. Nicht nur, dass in manchen Fällen die »Gesichtskontrolle« ohne Wissen des Betroffenen erfolgen kann – viel wichtiger ist die Dauerhaftigkeit der erhobenen Daten. Da sie den betreffenden Menschen **ein Leben lang** charakterisieren, kann auf sie noch nach 30 oder 50 Jahren zurückgegriffen werden. In vielen Fällen ergeben sich überdies sog. **überschießende Informationen**; dem Gesichtsausdruck oder der Stimme können der körperliche Zustand wie auch die psychische Verfassung zu entnehmen sein. Von daher haben derartige Daten einen hoch sensiblen Charakter.[210]

98 **DSGVO** und **BDSG** enthalten **kein Verbot**, derartige Daten zu erfassen. Bemerkenswert ist allerdings, dass der österreichische Oberste Gerichtshof den Standpunkt vertritt, durch biometrische Kontrollverfahren sei die Menschenwürde berührt, so dass der Betriebsrat über das normale Mitbestimmungsrecht hinaus ein (im Gesetz vorgesehenes) Vetorecht habe, das auch durch den Schlichtungsausschuss nicht ausgeräumt werden könne.[211] Auch wenn im Einzelfall eine Rechtfertigung durch die »Wahrnehmung von Rechten« nach Art. 9 Abs. 2 Buchst. d DSGVO in Betracht kommt, darf nur im Rahmen des Erforderlichen in das informationelle Selbstbestimmungsrecht des Einzelnen eingegriffen werden.[212] Diese Voraussetzung ist nicht gegeben, wenn die Fingerabdrücke der Beschäftigten allein zu dem Zweck gespeichert werden, im Falle von Straftaten bessere Erkenntnismöglichkeiten zu haben.[213] Auch das Ziel »**Erfassung der Arbeitszeit**« kann keinen so weitreichenden Eingriff rechtfertigen.[214]

99 Geht man von der Erforderlichkeit aus, so ist in erster Linie danach zu fragen, ob auch eine andere Technik, die nicht oder weniger in das informationelle Selbstbestimmungsrecht eingreift, denselben oder einen vergleichbaren Zweck erreichen könnte. Dies verlangt auch die Datenminimierung nach Art. 25 Abs. 1 DSGVO. Dabei ist mit in die Betrachtung einzubeziehen, welche Nachteile entstehen könnten, weil beispielsweise nur mit Zugangsausweisen (die natürlich verloren gehen oder gestohlen werden können) oder

---

207 Einzelheiten bei TEG, S. 658 ff.
208 Zu weiteren Anwendungsmöglichkeiten s. Hornung/Steidle, AuR 2005, 201, 203.
209 Näher Hornung, AuR 2007, 400.
210 Näher Hamburgischer DSB, 18. TB, S. 3, 17 ff.
211 OGH 20. 12. 2006 – 90 bA 109/06 d, AuR 2007, 398 mit Anm. Hornung.
212 Näher Däubler, Gläserne Belegschaften, Rn. 115 ff.
213 Vgl. Gola, Handbuch, Rn. 1845 ff.
214 Ebenso Gola, Handbuch, Rn. 1849, 2744; Hornung, AuR 2007, 401 im Anschluss an den österreichischen OGH; ähnlich Auernhammer-*Forst*, § 26 Rn. 114.

mit Passwörtern (die man anderen mitteilen kann) gearbeitet wird. Diese Nachteile hängen von den jeweiligen Umständen ab, so dass sich eine generelle Aussage verbietet; nur im Einzelfall können **maschinenlesbare Ausweise** als milderes Mittel in Betracht kommen. Ist die Erfassung biometrischer Merkmale in der konkreten Situation unvermeidbar, ist in erster Linie daran zu denken, das **Referenzmaterial** zu **anonymisieren** und so beispielsweise beim Fingerabdruck nur zu überprüfen, ob eine Entsprechung in der Gesamtdatei aller zugangsberechtigten Personen gespeichert ist.[215] Außerdem ist auf alle Fälle zu **vermeiden**, dass die **Datenerfassung unbemerkt**, z. B. als »Gesichtskontrolle« im Vorbeigehen erfolgt.[216] Weiter ist zu prüfen, ob die biometrische Zugangskontrolle nur für einen beschränkten besonders sensiblen Bereich praktiziert werden kann, im Übrigen (z. B. bei der Erfassung der Arbeitszeit) aber weniger eingreifende Methoden verwendet werden können.[217]

Ein **unzulässiges Übermaß** stellt es auf alle Fälle dar, wenn die Erfassung der Merkmale so organisiert ist, dass automatisch auch überschießende Informationen z. B. über die Stimmungslage anfallen. Die Abgleichung der Gesichtsform führt außerdem dazu, dass in vielen Fällen die (vermeintliche) Rasse und damit ein sensitives Datum erfasst wird, was nur mit ausdrücklicher und freiwilliger Einwilligung des Betroffenen zulässig ist. Da dieser Effekt vom Zweck der Maßnahme her nicht geboten, sondern überflüssig ist, wäre diese daher insgesamt rechtswidrig.[218] Ein besonderes **Gefährdungspotenzial** für die Betroffenen enthalten die sog. **Referenzdaten**, mit denen das Merkmal der konkreten Person abgeglichen wird. Bei ihnen ist die Datensicherung besonders ernst zu nehmen.[219] Auch darf eine Verknüpfung mit anderen Dateien nicht in Betracht kommen. Dem Betriebsrat steht bei allen Fragen der Anwendung biometrischer Verfahren ein Mitbestimmungsrecht nach § 87 Abs. 1 Nr. 6 BetrVG, aber auch nach § 87 Abs. 1 Nr. 1 BetrVG zu.[220] 100

5. Einsatz besonderer technischer Mittel für Kontrollen im Arbeitsverhältnis

In der Arbeitswelt kommen immer mehr Arbeitsmittel zur Anwendung, die über IT-Komponenten verfügen. Diese technische Situation bringt es mit sich, dass beim normalen Betrieb dieser Geräte personenbezogene Daten aller Art erfasst werden und auswertbar sind. So fallen etwa beim Einsatz von **Fahrzeug-Navigationsgeräten** detaillierte Informationen zum Fahrverhalten (und damit mittelbar auch zum Arbeitsverhalten) von Beschäftigten an. Gleiches gilt für Smartphones, in denen sich zu Standortdaten in vielen Fällen etwa auch Bewegungs- oder Fitnessdaten gesellen.[221] Bei der Nutzung von sog. **RFID-Transpondern** in Firmenausweisen lassen sich, mit Hilfe entsprechender Leseeinheiten nebst geeigneter Software, Bewegungsprofile erstellen. 101

215 Ebenso Hornung/Steidle, AuR 2005, 201, 206; zu anderen Möglichkeiten, eine Kenntnis des Arbeitgebers von Referenzmaterial zu vermeiden, s. Gola, Handbuch, Rn. 1851.
216 Hornung/Steidle, AuR 2005, 201, 206.
217 Hornung/Steidle, AuR 2005, 201, 206.
218 DKKW-*Klebe*, § 94 Rn. 39.
219 Hornung/Steidle, AuR 2005, 201, 207.
220 BAG 27.1.2004 – 1 ABR 7/03, NZA 2004, 556 = DuD 2004, 433.
221 Vgl. die Übersicht bei Sokol-*Wedde*, 7ff.; zu Regelungsmöglichkeiten Thannheiser, AiB 3/2014, 19ff.

102 Neue Erkenntnismöglichkeiten leiten sich auch aus neuartigen technischen Möglichkeiten wie etwa der Auswertung von sog. »**innerbetrieblichen sozialen Graphen**« ab.[222] Hierbei handelt es sich um komplexe Auswertungsmöglichkeiten, die nicht nur auf Informationen aus betrieblichen sozialen Netzwerken wie beispielsweise Yammer, Connections, SharePoint, Jive und Chatter zurückgreifen, sondern die darüber hinaus Verknüpfungen mit allen anderen zugänglichen Informationen herstellen und die dabei anfallenden Informationen auswerten.[223]

103 **Aufschlussreich** bezüglich der Leistung und des Verhaltens von Beschäftigten sind die in allen IT-Systemen als sog. **Log-Daten** oder Protokolldateien vorhandenen Informationen. Auswertungen der E-Mails sind für Arbeitgeber nicht nur bezüglich der E-Mail-Inhalte, sondern auch bezüglich des Kommunikationsverhaltens interessant. Arbeitgeber können beispielsweise aus E-Mails Erkenntnisse darüber gewinnen, welche Beschäftigten mit dem Betriebsrat, dem Betriebsarzt, dem betrieblichen Datenschutzbeauftragten oder mit anderen Vertrauensinstanzen im Betrieb schriftlich kommunizieren. Fast noch intensiver sind die Informationen, die zum Verhalten von Beschäftigten im Internet oder in betrieblichen Intranets anfallen. Arbeitgebern stehen aus technischer Sicht damit umfassende Auswertungsmöglichkeiten zur Verfügung, die eingesetzt werden können, ohne dass Beschäftigte entsprechende Erkenntnismöglichkeiten haben.

104 Zusammengenommen lässt sich aus den einzelnen Daten ein **perfektes Profil** der Beschäftigten ableiten. Damit ist es aus datenschutzrechtlicher Sicht ebenso wie mit Blick auf das Persönlichkeitsrecht der Beschäftigten von großer Bedeutung, welche Formen der Verarbeitung unter Beachtung der einschlägigen Rechtsprechung sowie der neuen Regelung in Abs. 1 zulässig sind. Insoweit ist es wichtig, dass nach dem Willen des Gesetzgebers in § 26 die von der Rechtsprechung erarbeiteten Grundsätze des Datenschutzes im Beschäftigungsverhältnis zusammengefasst sind.[224]

105 Bezüglich der angesprochenen technischen Mittel ist zunächst festzuhalten, dass **Verhaltens- und Leistungskontrollen** in Beschäftigungsverhältnissen **nicht generell unzulässig** sind. Arbeitgeber haben prinzipiell das Recht, zu kontrollieren, ob ihre Beschäftigten die vertraglich vereinbarten Arbeiten erledigen und insoweit ihren arbeitsvertraglichen Pflichten nachkommen.[225] Ihre Grenze finden derartige Kontrollen an den schutzwürdigen Interessen der Beschäftigten. Greifen Verhaltens- und Leistungskontrollen etwa in Grundrechte von Beschäftigten ein, muss vorab eine Interessenabwägung bezüglich der Zulässigkeit von Maßnahmen erfolgen. Derartige Eingriffe sind mithin nur erlaubt, wenn sie insbesondere die Persönlichkeitsrechte der Beschäftigten nicht unzulässig berühren. Das zulässige Maß der Beschränkung allgemeiner Persönlichkeitsrechte im Rahmen eines Beschäftigungsverhältnisses bestimmt sich nach dem Grundsatz der Verhältnismäßigkeit.[226] Sind Eingriffe in Persönlichkeitsrechte der Beschäftigten unumgänglich, müssen sie so zurückhaltend wie möglich gestaltet werden. Stehen Arbeitgebern zur Erreichung eines mit der Verhaltens- und Leistungskontrolle legitim bezweckten Ziels unterschiedli-

222 Vgl. allgemein Höller/Wedde, S. 6ff.
223 Vgl. Höller/Wedde, S. 8ff.; Höller, CF 5/2016, S. 8; Wedde, CF 5/2016, S. 14.
224 Vgl. Innenausschuss vom 24.6.2009, A-Drs. 16(4)646 neu, S. 24 zu § 32 BDSG-alt.
225 Vgl. Däubler, Gläserne Belegschaften, Rn. 292.
226 Vgl. BAG 14.12.2004, AuR 2005, 456; 26.8.2008, NZA 2008, 1187.

che Kontrollvarianten zur Verfügung, müssen sie zwingend diejenigen auswählen, die mit den geringsten Persönlichkeitsrechtseingriffen verbunden sind.[227]

Wegen des nicht zu rechtfertigenden Eingriffs in das Persönlichkeitsrecht der Beschäftigten sind **verdeckte oder heimliche Formen der Datenerhebung**, wie das heimliche Abhören, das Anfertigen von Videoaufnahmen mit versteckten Kameras usw. **immer unzulässig.**[228] Bezogen auf das BDSG-alt hat der 2. Senat des BAG allerdings entschieden, dass die Erkenntnisse aus verdeckten Videoüberwachungen in öffentlichen Räumen selbst dann gegen Beschäftigte verwendet werden, wenn die gesetzlich vorgeschriebene Kennzeichnung nicht erfolgt ist.[229] Auch die Verwertung von »Zufallsfunden« als »Beifang« wird vom BAG für zulässig gehalten.[230] Es bleibt abzuwarten, ob diese Rechtsprechung mit Blick auf den Tranparenzgrundsatz in Art. 5 Abs. 1 Buchst. a DSGVO auf die spezifischen Transparenzvorgaben in Art. 88 Abs. 2 DSGVO oder auf die in Art. 5 Abs. 1 Buchst. b DSGVO enthaltenen Vorgaben zur Zweckbindung weiter Bestand hat (vgl. Art. 88 Rn. 37f.). Insoweit leitet sich aus den vorstehend angesprochenen Entscheidungen des BAG zum BDSG-alt kein geänderter Maßstab für die Beurteilung der Zulässigkeit heimlicher Überwachungen ab.[231] Weitere Argumente gegen heimliche Kontrollen mittels technischer Geräte oder durch IT-Systeme lassen sich auch aus dem Grundrecht auf Gewährleistung der Vertraulichkeit und Integrität informationstechnischer Systeme ableiten, das das BVerfG im Februar 2008 im Zusammenhang mit der sog. Online-Durchsuchung begründet hat.[232] Nach dieser Entscheidung ist die heimliche Infiltration eines informationstechnischen Systems, mittels dessen die Nutzung des Systems überwacht und seine Speichermedien ausgelesen werden können, aus verfassungsrechtlicher Sicht selbst durch staatliche Behörden nur zulässig, wenn tatsächliche Anhaltspunkte einer konkreten Gefahr für ein überragend wichtiges Rechtsgut bestehen. Überragend wichtige Rechtsgüter sind nach den Ausführungen des BVerfG Leib, Leben und Freiheit der Person oder solche Güter der Allgemeinheit, deren Bedrohung die Grundlagen oder den Bestand des Staates oder die Grundlagen der Existenz der Menschen berühren. Eine ohne zeitliche Begrenzung über Wochen durchgeführte verdeckte Videoüberwachung aller an Registrier- 106

---

227 Vgl. BAG 29.6.2004, NZA 2004, 1278.

228 Vgl. BAG 1. Senat 29.6.2004, ArbuR 2005, 454 = NZA 2004, 1278 und 14.12.2008 ArbuR 2005, 456, der vom Arbeitgeber im Ergebnis einer Rechtsgüterabwägung als Alternative auch den Einsatz von zusätzlichem Kontrollpersonal fordert; a.A. der 2. Senat des BAG 27.3.2003, ArbuR 2005, 453 = DB 2003, 2230, der den Einsatz verdeckter Kameras zur Überführung eines Diebes in bestimmten Fällen ausnahmsweise für zulässig erachtet, BAG 20.6.2013, NZA 2014, 143 zur Unzulässigkeit heimlicher Spindkontrollen und zu einem hier bestehenden absoluten Beweisverwertungsverbot; ähnlich für Videoüberwachungen BMH, § 26 Rn. 85 »grundsätzlich unzulässig«; SHS-*Seifert*, Art. 88 DSGVO, Rn. XXX »als ultima ratio« nur in den Fällen von Abs. 1 Satz 2; a.A. wohl Gola/Heckmann-*Gola*, § 26 Rn. 75; Lachenmann, ZD 17, 407.

229 BAG 21.6.12 – 2 AZR 153/11, NZA 12, 1025; zustimmend Gola/Heckmann-*Gola*, § 26 Rn. 75.

230 BAG 22.9.16 – 2 AZR 848/15, NZA 17, 112; a.A. SHS-*Seifert*, Art. 88 DSGVO, Rn. 163, bezüglich der Verwertbarkeit von Zufallsfunden; zum Problem des »Beifangs« ausführlich Däubler/Voigt-*Kutter*, S. 156.

231 A.A. Gola/Heckmann-*Gola*, § 26 Rn. 75, der dem BAG folgt.

232 Vgl. BVerfG 27.2.2008, NJW 2008, 822; hierzu Wedde, Computer und Arbeit 2008, Nr. 3, S. 3; ders, AuR 2009, 373ff.

kassen tätigen Beschäftigten ist selbst bei Vorliegen eines Diebstahlsverdachts als Verstoß gegen Art. 8 EMRK unzulässig.[233]

107 Das BVerfG hat mit dem neuen Grundrecht eine sehr hohe Hürde für Zugriffe auf Daten in vernetzten IT-Systemen geschaffen. Die vom Gericht formulierten verfassungsrechtlichen Grundsätze müssen aufgrund der Drittwirkung der Grundrechte auch im zivilrechtlichen Bereich Beachtung finden. Arbeitgeber sind damit gehindert, heimliche Zugriffe auf die IT-Systeme der Beschäftigten durchzuführen. Würde man ihnen heimliche Kontroll- und Auswertungsmöglichkeiten zugestehen, gingen diese über die Befugnisse hinaus, die staatlichen Stellen auf der Basis einer richterlichen Prüfung hätten.[234] Zudem wird sich eine Gefahrensituation, wie sie das BVerfG für die Zulässigkeit heimlicher Zugriffe voraussetzt, für den Bereich von Beschäftigungsverhältnissen praktisch nicht einstellen können, ohne dass eine unmittelbare Einschaltung staatlicher Stellen erfolgen muss. Mithin wird man die Zulässigkeit heimlicher und verdeckter Kontrollmaßnahmen im Rahmen von Beschäftigungsverhältnissen aus dem verfassungsrechtlich geprägten Blickwinkel des Grundrechts auf Vertraulichkeit und Integrität informationstechnischer Systeme mit Blick auf § 26 grundsätzlich verneinen müssen, sofern entsprechende Maßnahmen nicht ohnehin schon mit Blick auf das Recht auf informationelle Selbstbestimmung unzulässig sind.

108 Offene und für Beschäftigte **erkennbare Überwachungsmaßnahmen** sind ebenfalls nicht uneingeschränkt zulässig. Zunächst ist in diesem Zusammenhang zu beachten, dass **keine Totalkontrollen** stattfinden dürfen. Insbesondere das BAG weist diesbezüglich darauf hin, dass ein permanenter Überwachungsdruck, der von einer lückenlosen Kontrolle ausgeht, im Regelfall einen unzulässigen Eingriff in Persönlichkeitsrechte der Beschäftigten darstellt.[235] Eine derart umfassende Kontrolle lässt sich weder mit dem Direktionsrecht des Arbeitgebers, noch mit seinem Hausrecht begründen.[236] Der von einer offenen Videoüberwachung ausgehende Anpassungs- und Leistungsdruck ist im Einzelfall vergleichbar eingriffsintensiv wie eine verdeckte heimliche Überwachung.[237]

109 Wollen Arbeitgeber Kontrollen von Beschäftigten mittels technischer Einrichtungen durchführen, muss vor der Einführung oder Änderung der hierzu verwendeten Systeme regelmäßig eine **Datenschutz-Folgenabschätzung** nach Art. 35 DSGVO durchgeführt werden.[238] Aus dieser können im Einzelfall zwingend technische und organisatorische Maßnahmen zum Schutz der Beschäftigten nach Art. 32 DSGVO resultieren. Bedeutsam ist in diesem Zusammenhang die nach Art. 36 DSGVO bestehende Konsultationspflicht, durch die Arbeitgeber in bestimmten Fällen gezwungen werden, das Ergebnis der durchgeführten Datenschutz-Folgenabschätzung der zuständigen Aufsichtsbehörde vorzulegen

233 Vgl. EGMR 9.1.18 (López Ribalda u.a. / Spanien), AuR 18, 32; zustimmend Jessolat, AuR 19, 38; zur Unzulässigkeit der heimlichen Videoüberwachung in einem Hörsaal EGMR 28.11.17 (Antović und Mirković / Montenegro), AuR 19, 41; vgl. hierzu Lörcher, AuR 19, 43.

234 Zu den Auswirkungen des Grundrechts im arbeitsrechtlichen Bereich Wedde, AuR 2009, 373ff.

235 Vgl. etwa BAG 29.6.2004, a.a.O.; allgemein DKKW-*Berg*, § 75 Rn. 56f.

236 SHS-*Seifert*, Art. 88 DSGVO, Rn. 46.

237 BAG 28.3.19 – 8 AZR 421/17, juris.

238 Vgl. Art. 35 DSGVO Rn. 51ff.

und mit der geplanten Einführung oder Änderung zu warten, bis von dort eine Stellungnahme vorliegt.[239]

Probleme entstehen, wenn Arbeitgeber Überwachungsmaßnahmen unter Verstoß gegen Datenschutzregeln oder gegen Verbote oder Regeln in einschlägigen Betriebs- oder Dienstvereinbarungen durchführen und die dabei gewonnenen Erkenntnisse anschließend ohne Rücksicht auf kollektivrechtliche Schranken zur Begründung arbeitsrechtlicher Maßnahmen wie insbesondere Kündigungen nutzen. Entgegen der allgemein verbreiteten Annahme sollen derartige Erkenntnisse keinem prozessualen Beweisverwertungsverbot unterliegen. **110**

Nach Rechtsprechung des 2. Senats des BAG gibt es im arbeitsrechtlichen Bereich kein »**Sachvortragsverwertungsverbot**«.[240] Arbeitgeber sollen nach Auffassung des Gerichts zur Begründung einer Kündigung deshalb auch Informationen heranziehen können, die sie entgegen eines Verbots zur Verhaltenskontrolle in einer Betriebsvereinbarung erlangt haben. Kann ein auf dieser Grundlage vom Arbeitgeber vorgetragener Sachverhalt von einem Arbeitnehmer nicht wirksam prozessual bestritten werden, soll ein prozessuales Verwertungsverbot nach Auffassung des 2. Senats des BAG nur bestehen, wenn durch die Einbringung eines Vortrags in ein Gerichtsverfahren in verfassungsrechtlich geschützte Grundpositionen einer Prozesspartei eingegriffen wird. Dies kann insbesondere der Fall sein, wenn der Schutzzweck der bei der Informationsgewinnung verletzten Norm einer gerichtlichen Verwertung der Information zwecks Vermeidung eines Eingriffs in höherrangige Rechtspositionen dieser Partei zwingend entgegensteht.[241] Dies ist etwa bei einer heimlichen Durchsuchung eines Schranks für persönliche Gegenstände und Kleidung (»Spind«) der Fall, wenn diese heimlich in Abwesenheit des betroffenen Beschäftigten erfolgt.[242] Das absolute Beweisverwertungsverbot resultiert in derartigen Fällen aus dem mit der heimlichen Durchsuchung verbundenen schwerwiegenden Eingriff in die Privatsphäre der Beschäftigten.[243] **111**

Diese Vorgabe des BAG stellt für die Praxis eine hohe Hürde zu Lasten der Arbeitnehmer dar und entwertet einschlägige Schutzregeln in Betriebs- und Dienstvereinbarungen. Ein **Beweisverwertungsverbot** würde damit beispielsweise nur ausgelöst, wenn ein Vorgehen von Arbeitgebern zur Erlangung von Informationen unverhältnismäßig wäre. Diese Voraussetzung wäre etwa erfüllt, wenn zur Aufdeckung eines vermuteten Arbeitszeitbetrugs nicht nur die Arbeitszeitkonten heimlich überwacht werden, sondern auch andere Aktivitäten der Arbeitnehmer. Eine solche Gestaltung der Kontrolle führt als unverhältnismä- **112**

---

239 Vgl. Art 36 DSGVO Rn. 7ff.

240 Vgl. etwa BAG 13.12.2007, NZA 2008, 1008; ebenso im Ergebnis BAG 21.6.2012 – 2 AZR 153/11, ähnlich LAG Rheinland-Pfalz 25.11.2014 – 8 Sa 363/14; LAG Köln 29.9.2014, EzA-SD 2015, Nr. 5, 4; LAG Sachsen-Anhalt 15.4.2008, LAGE § 626 BGB 2002 Nr. 17; zustimmend Bayreuther, DB 2012, 2222; enger BAG 23.4.2009 – 6 AZR 189/08, NZA 09, 974, das ein Beweisverwertungsverbot bei rechtswidrig erlangten Informationen sieht; ebenso ArbG Düsseldorf 3.5.2011 – 11 Ca 7326/10; LAG Berlin-Brandenburg 15.5.2014 – 18 TaBV 828/12, n.rkr. sieht ein Beweisverwertungsverbot zu Lasten eines Betriebsrats, der dem Arbeitgeber Arbeitszeitverstöße anhand von Protokolldaten nachweisen konnte; allgemein Däubler, Digitalisierung und Arbeitsrecht, § 8 Rn. 122ff.

241 BAG 13.12.2007, a.a.O.; ebenso LAG Hamm 10.7.2012 – 14 Sa 1711/10, DuD 2013, 50.

242 BAG 20.6.2013, NZA 2014, 143; vgl. auch ArbG Cottbus 25.11.2014 – 3 Ca 359/14.

243 BAG, a.a.O.

ßiger Eingriff in das Persönlichkeitsrecht der Betroffenen dazu, dass ein Interesse des Arbeitgebers an der prozessualen Verwertung des mit einem heimlich installierten Kontrollprogramm gewonnenen Beweismaterials gegenüber dem Schutz des informationellen Selbstbestimmungsrechts des Arbeitnehmers zurückzutreten hat.[244]

113 Um **unzulässige Verwendungen** von Informationen durch Arbeitgeber zu erschweren bzw. um Beschäftigte davor zu schützen, dass ihre personenbezogenen Daten kollektivrechtlich unzulässig gegen sie verwendet werden, müssen Betriebs- und Personalräte bei der Formulierung von Betriebs- oder Dienstvereinbarungen neue Schutzmechanismen verankern wie beispielsweise eine Verpflichtung des Arbeitgebers zur Rücknahme rechtlicher Schritte gegen Arbeitnehmer, die gegen Betriebsvereinbarungen verstoßen. Legitimiert eine Betriebs- oder Dienstvereinbarung gemäß § 26 Abs. 4 die Verarbeitung personenbezogener Daten, müssen sie insbesondere Aussagen zum Gegenstand der Datenverarbeitung, zu ihrem Zweck und zum Bestehen einer Zweckbindung, zur Datenminimierung, zu Art und Umfang der verarbeiteten Daten, zu den Empfängern der Daten, zu den Rechten der betroffenen Personen, zu Löschfristen sowie zum »Recht auf Vergessenwerden« (vgl. Art. 17 DSGVO) sowie zur Sicherheit der Verarbeitung (vgl. Art. 32 DSGVO) und den hierzu getroffenen technischen und organisatorischen Maßnahmen (etwa durch Rollen- und Berechtigungskonzept) beinhalten.[245]

a) Bild- und Videoaufzeichnungen

114 Die Verarbeitung von **Bild- und Videodaten** im Rahmen von Beschäftigungsverhältnissen ist aus datenschutzrechtlicher Sicht nur zulässig, wenn sie der **Durchführung des Vertrags dient** und innerhalb der hierfür zulässigen **Zweckbestimmung** bleibt.[246] Dies kann bezogen auf Bilder oder Fotos etwa der Fall sein, wenn mit einem digitalen Bildverarbeitungssystem Firmenausweise mit einem individuellem Lichtbild erstellt werden, wenn aus objektiv nachvollziehbaren Sicherheitsgründen etwa im Kassenraum einer Bank Kameraaufzeichnungen erfolgen[247] oder wenn Videosysteme zur Überwachung von Kunden in Kaufhäusern, Supermärkten oder an Tankstellen eingesetzt werden.[248] Soll eine Kameraüberwachung allein aus präventiven Gründen erfolgen, ohne dass es eine konkrekte Erforderlichkeit gibt, wird sie regelmäßig nicht erforderlich i. S. v. § 26 Abs. 1 Satz 1 BDSG sein.[249] Gleiches gilt bezüglich des Einstellens eines Fotos in ein betriebliches Telefonbuch

---

244 ArbG Augsburg 4. 10. 2012 – 1 BV 36/12, EzA-SD 2013, Nr. 4, 8 = Mitbestimmung 2012, Nr. 11, 8; vgl. zum Verwertungsverbot von heimlichen Videoaufnahmen auch ArbG Düsseldorf 3. 5. 2011 – 11 Ca 7326/10, ZD 2011, 185; ArbG Düsseldorf 29. 4. 2011 – 9 BV 183/10, BB 2011, 1332.

245 So der 22. TB des Hamburgischen Beauftragten vom 31. 12. 2014, S. 124 (*www.datenschutz.hamburg.de*).

246 Vgl. allg. Kühling/Buchner-*Maschmann*, § 26 Rn. 45; offener bezüglich zulässiger Verwendungen Gola/Heckmann-*Gola*, § 26 Rn. 75, der etwa auch überwiegende Schutzinteressen als Grund für eine Verarbeitung sieht; allgemein zum Recht am eigenen Bild Brandt, AiB 2012, 591.

247 Etwa in Bankfilialen zum Schutz vor Überfällen; vgl. Däubler, Gläserne Belegschaften, Rn. 299 ff.; ebenso BMH, § 26 Rn. 140; Gola/Heckmann-*Gola*, § 26 Rn. 75.

248 SHS-*Seifert*, Art. 88 DSGVO, Rn. 134.

249 Ähnlich BMH, § 26 Rn. 141; SHS-*Seifert*, Art. 88 DSGVO, Rn. 138 ff., hält eine lediglich abstrakte Gefahr nicht für ausreichend; allg. Thüsing/Schmidt, NZA 17, 1027.

oder in eine Präsenzanzeige (etwa innerhalb des Systems der Anwendungen Skype oder Teams).

Zentraler Maßstab für die Zulässigkeit von Bild- und Videoaufzeichnungen ist die in § 26 Abs. 1 Satz 1 enthaltene **Erforderlichkeit.**[250] Erfolgt die Videoüberwachung in öffentlich zugänglichen Räumen, sind zudem die Vorgaben des § 4 zu beachten (vgl. § 4 Rn. 16ff.).[251] Bei der zu ihrer Feststellung vorzunehmenden Interessenabwägung ist die geplante Verwendung von Bild- oder Videoaufnahmen herausragend zu beachten. Die Verwendung eines Fotos auf Firmenausweisen oder Identifikationskarten mit dem Ziel der Identifizierung des Ausweisträgers ist regelmäßig erforderlich. Zweifelhaft ist hingegen die Erforderlichkeit einer späteren (zweckändernden) Verwendung dieses Fotos neben Namen von Beschäftigten in einem internen sozialen Netzwerk oder seine standardmäßige Anzeige in einer automatischen digitalen Präsenzanzeige. Eine solche Verwendung ist regelmäßig nicht erforderlich im Sinne von § 26 Abs. 1 Satz 1. Sie kann durch eine freiwillige Einwilligung oder durch eine kollektivrechtliche Regelung legitimiert werden (zu den Grenzen kollektivrechtlicher Regelungen vgl. Rn. 23a). 115

Im Regelfall nicht von der Zweckbestimmung eines Beschäftigungsverhältnisses gedeckt und damit nach § 26 Abs. 1 Satz 1 nicht erforderlich ist eine umfassendere Verarbeitung oder gar Veröffentlichung von Bildern der Beschäftigten, etwa in Firmenzeitungen oder im Internet. Derartige Verwendungen können ausnahmsweise zulässig sein, wenn eine **Veröffentlichung offenkundig zu den typischen Aufgaben** von Beschäftigten gehören. Dies kann der Fall sein bei der Leiterin der Abteilung Öffentlichkeitsarbeit eines großen Konzerns oder bei dessen Vorstandsmitgliedern, nicht aber bei Beschäftigten, deren Aufgaben keinen ausdrücklichen Bezug zur breiten Öffentlichkeit haben. Verarbeitungen oder Veröffentlichungen, die im Sinne von § 26 Abs. 1 Satz 1 nicht erforderlich sind, können in diesen Fällen durch eine wirksame Einwilligung der Beschäftigten gemäß § 26 Abs. 2 sowie durch Betriebs- oder Dienstvereinbarungen legitimiert werden.[252] 116

Bezogen auf Bilder und Videoaufzeichnungen ist zu beachten, dass Beschäftigte in Einzelfällen ein persönliches und vertrauliches Interesse daran haben können, dass eine Verarbeitung oder Veröffentlichung außerhalb ihrer persönlichen Einflusssphäre unterbleibt. Dieses kann etwa gegeben sein, wenn ein Stalking-Opfer sich davor schützen will, dass es nach einem Ortswechsel vom Stalker wiedergefunden wird. Mit Blick auf derartige Konstellationen muss deshalb ein Recht auf »Nichtverwendung« von Bildaufzeichnungen garantiert werden, dass es Beschäftigten ermöglichen muss, die interne wie externe Veröffentlichung von Bildern, auf denen sie zu erkennen sind, ohne Begründung zu verhindern. Dieses Recht muss sich auch auf »zufällige« Aufzeichnungen erstrecken, die entstehen, weil Beschäftigte von Kameras an Arbeitsplätzen oder in mobilen Geräten erfasst werden, während deren Nutzer an einer Videokonferenz teilnehmen. Diese Problematik wird sich mit einer zunehmenden Verbreitung entsprechender Kommunikationssoftware (etwa »Skype for business«) verschärfen.[253] 117

---

250 Ebenso SHS-*Seifert*, Art. 88 DSGVO, Rn. 138; zum Ganzen Assmus/Winzer, ZD 18, 508.

251 Ausführlich auch SHS-*Scholz*, Art. 6 Anhang 1 Rn. 26ff.

252 Gounalakis/Rhode, Rn. 55; Kaufmann, DuD 2005, 262; zum Recht am eigenen Bild allgemein Brandt, AiB 2012, 591.

253 Wedde-*Wedde*, S. 43.

118 Nicht im Rahmen der Zweckbestimmung von Beschäftigungsverhältnissen und damit außerhalb der Erforderlichkeit liegt die umfassende und flächendeckende Dauerüberwachung durch Bildaufzeichnungen und ein anschließendes »Screening« oder gar der Einsatz versteckter Kameras zur Aufklärung von Straftaten, wenn Arbeitgebern Handlungsalternativen zur Verfügung stehen, die mit weniger Eingriffen in Grundrechte verbunden sind.[254] Fordern Arbeitgeber etwa den Einsatz von verdeckten Videokameras zur Aufklärung von Diebstählen oder Unterschlagungen, müssen sie sich im Regelfall auf Handlungsalternativen in Form einer offenen Überwachung verweisen lassen. Der 2. Senat des BAG hält allerdings die heimliche Installation von Videokameras mit dem Ziel der Aufklärung von konkreten Straftaten in bestimmten Fällen für zulässig.[255] Diese Position kann schon mit Blick auf den Eingriff in das Persönlichkeitsrecht aller von einer heimlichen Überwachung getroffenen Beschäftigten nicht geteilt werden.[256] Maßstab ist in diesen Fällen nicht § 4, sondern ausschließlich die Erforderlichkeit i. S. v. § 26 Abs. 1.[257]

119 Findet eine den Beschäftigten bekannte Videoüberwachung statt, muss sichergestellt werden, dass **keine Totalkontrolle** erfolgt. Diese ist im Regelfall wegen des sich hiermit verbindenden Überwachungsdrucks unzulässig.[258] Ausnahmen können für bestimmte besonders gefährdete Bereiche gelten wie etwa Bankfilialen oder Nachtschalter von Tankstellen. Hier müssen dann ergänzende Absicherungen erfolgen, etwa durch technische Vorkehrungen, die sicherstellen, dass Zugriffe auf die Aufnahmen nur nach Straftaten erfolgen können. In jedem Fall unzulässig sind Videoüberwachungen, wenn sie in die Intimsphäre von Beschäftigten eingreifen, weil sie in Räumen erfolgt, die der persönlichen Lebensgestaltung dienen. Hierzu gehören etwa Umkleide-, Schlaf- oder Waschräume, Toiletten usw.[259]

120 Erfolgt ein **Kameraeinsatz in öffentlichen Bereichen** (etwa in einem **Kaufhaus**), kommen für die dort im Rahmen von Beschäftigungsverhältnissen tätigen Mitarbeiter die allgemeinen Regeln des § 4 zur Anwendung (vgl. dort Rn. 29ff.). Die in dieser Vorschrift enthaltenen Vorgaben müssen erfüllt sein, wenn ein Arbeitgeber die Erfassung von Daten seiner Beschäftigten im Sinne von § 26 für erforderlich hält. Darüber hinaus müssen die Rechte Dritter beachtet werden. § 4 verpflichtet den Arbeitgeber als den datenschutzrechtlich Verantwortlichen, alle Betroffenen in geeigneter Form auf die Kameraüberwachung hinzuweisen (vgl. § 4 Rn. 70ff.).

---

254 BAG 1. Senat 14.12.2004, ArbuR 2005, 454 mit Anm. Wedde = NZA 2004, 1278; a. A. bzgl. der Aufdeckung von Straftaten BAG 2. Senat 27.3.2003, ArbuR 2005, 453 = AP Nr. 42 zu § 87 BetrVG 1972 Überwachung; vgl. auch BAG 1. Senat 26.8.2008, NZA 2008, 1187, der die offene Kameraüberwachung unter bestimmten Umständen für zulässig hält; ArbG Frankfurt 27.1.2016 – 6 Ca 4195/15, ZD 2016, 447 sieht ein Beweisverwertungs- und Beweiserhebungsverbot bezüglich heimlicher Videoaufzeichnungen des Arbeitgebers.

255 BAG 20.10.2016 – 2 AZR 395/15, NZA 2017, 1193 schon beim Vorliegen eines »einfachen« Verdachts auf eine Straftat; 22.9.2016 – 2 AZR 848/15, NZA 2017, 112; 21.6.2012, NZA 2012, 1025.

256 Vgl. zu den Gestaltungsmöglichkeiten von Betriebs- und Personalräten Rn. 123ff.; zur Unzulässigkeit heimlicher Videoüberwachung Jerchel/Schubert, DuD 2015, 151.

257 SHS-*Seifert*, Art. 88 DSGVO, Rn. 139.

258 Grundsätzlich BAG 27.3.2003, ArbuR 2005, 453 = AP Nr. 42 zu § 87 BetrVG 1972 Überwachung; 14.12.2004, ArbuR 2005, 454 mit Anm. Wedde = NZA 2004, 1278.

259 Ebenso Auernhammer-*Forst*, § 26 Rn. 146.

Erfolgt der Einsatz in nicht öffentlichen Räumen, wird das Maß des Zulässigen durch die Rechtsprechung bestimmt, solange es keine einschlägige spezialgesetzliche Regelung in Form eines Beschäftigtendatenschutzgesetzes gibt. 121

Soweit zulässige Videoaufnahmen (etwa aus Sicherheitsgründen) erfolgen, dürfen diese nur im Rahmen der **vorher festgelegten Zwecke verwendet werden**. Sind diese nicht mehr gegeben, müssen die Aufnahmen unverzüglich gelöscht werden.[260] Eine Aufbewahrung für eine unbestimmte Zeit, bis ein Arbeitgeber die Ruhe findet, sich Aufnahmen anzuschauen, steht im Widerspruch zu den allgemeinen Grundsätzen des Art. 5 Abs. 1 DSGVO. Zweckänderungen des erfassten Videomaterials sind mit Blick auf die schutzwürdigen Interessen der Beschäftigten im Regelfall nicht erlaubt. Sind Videoaufnahmen und Videokontrollen von Beschäftigten unzulässig, kann hieraus ein Anspruch auf Schadensersatz zu Lasten des Arbeitgebers resultieren.[261] Dieser Anspruch leitet sich nunmehr unmittelbar aus Art. 82 DSGVO ab. Gleiches gilt für mögliche Geldbußen zu Lasten der Verantwortlichen nach Art. 83 DSGVO. 122

Die gleichen Grundsätze gelten für die Durchführung von automatischen **Sprachanalysen.**[262] Derartige Verfahren werden beispielsweise bereits vereinzelt im Rahmen von Telefongesprächen für eine Einschätzung von Bewerbern eingesetzt. Darüber hinaus erfolgt der Einsatz dieser Analyseverfahren in Einzelfällen auch schon in laufenden Beschäftigungsverhältnissen, insbesonder in Call-Centern.[263] Der heimliche Einsatz derartiger Verfahren ist ohne hinreichende datenschutzrechtliche Grundlage. Die Heimlichkeit der Analyse wird auch nicht durch den pauschalen Hinweis aufgehoben, dass einzelne Telefongespräche für Qualitätssicherungszwecke aufgezeichnet oder ausgewertet werden. Eine solche pauschale Aussage versetzt Betroffene nicht in die Lage einschätzen zu können, welche Erkenntnisse die eingesetzte Software aus dem Gespräch ableitet.[264] 122a

b) RFID

In immer mehr Betrieben, Unternehmen und Konzernen kommen Anwendungen aus dem Bereich der **RFID-Technik** zur Anwendung.[265] Der Begriff »RFID« steht für »Radio Frequency Identification«. Es handelt sich um einen miniaturisierten Transponder, der es mittels eines elektromagnetischen Feldes ermöglicht, Daten »per Funk« zu übertragen. 123

Die Geräte sind inzwischen teilweise sehr klein und beispielsweise als sog. RFID-Etiketten auf Waren zu finden. Die RFID-Technik ermöglicht es, zwischen den RFID-Etiketten und einem Empfangsgerät berührungslos Daten auszutauschen. Die Technik findet sich häufig auch bei Zugangskontrollsystemen oder -karten (etwa für Parkgaragen). 124

Im betrieblichen Rahmen wird RFID-Technik insbesondere bei Betriebsausweisen und im Zusammenhang mit Zugangskontrollsystemen angewendet. Grundsätzlich ermög- 125

260 Zu weitgehend BAG 23.8.18 – 2 AZR 133/18, NZA 18, 1329; zur Kritik vgl. zutreffend Brink/Schwab, jurisPR-ArbR 6/2019 Anm 5; Tiedemann, ZD 19, 230.

261 ArbG Frankfurt 8.11.2013, ZD 2014, 633.

262 Zur Technik vgl. etwa Gola/Heckmann-*Gola*, § 26 Rn 79f.

263 Vgl. etwa Kiesche/Wilke, CuA 4/2012, S. 5; ebenso Gola/Heckmann-*Gola*, § 26 Rn. 79.

264 A.A. Diercks, DuD 2017, 750, die derartige Verfahren mangels milderer Mittel für zulässig erachtet; ähnlich Gola/Heckmann-*Gola*, § 26 Rn. 80.

265 Ebenso Gola/Heckmann-*Gola*, § 26 Rn. 74.

licht diese Technik eine Erfassung der Zugangszeiten und -daten. Damit ist sie für Verhaltens- und Leistungskontrollen geeignet.[266] Möglich ist zudem eine Kombination von Ausweisdaten mit Informationen aus Warenwirtschafssystemen, die ebenfalls RFID-Informationen enthalten. Auf dieser Basis lässt sich beispielsweise im Einzelhandel präzise erkennen, wer welche Waren in welchem Tempo bewegt hat.

126 Kommt RFID-Technik im Zusammenhang mit Beschäftigungsverhältnissen zur Anwendung, müssen die allgemeinen Grundsätze zu den Grenzen der Verhaltens- und Leistungskontrollen beachtet werden. Insbesondere müssen die Verarbeitungszwecke der erfassten Daten von Anfang an klar festgeschrieben werden. Darüber hinaus müssen die Systeme so ausgestaltet werden, dass Beschäftigte keiner unzulässigen Totalkontrolle unterliegen. Dies lässt sich beispielsweise dadurch erreichen, dass RFID-Systeme nicht untereinander und mit anderen IT-Systemen vernetzt werden. Unzulässig ist damit beispielsweise eine Verbindung der Daten aus einem Warenwirtschaftssystem mit den Anwesenheitsdaten von Beschäftigten in einem bestimmten Laden, die ausschließlich der Arbeitszeiterfassung dienen. Weiterhin muss ausgeschlossen werden, dass mittels RFID-Technik heimliche Kontrollen der Arbeitnehmer stattfinden. Eine solche würde einen unangemessenen Eingriff in Persönlichkeitsrechte der Betroffenen darstellen.[267] Schließlich muss der Grundsatz der Datenminimierung in Art. 5 Abs. 1 Buchst. c DSGVO beachtet werden.

127 Die RFID-Technik ermöglicht es grundsätzlich auch, »außerbetriebliche« RFID-Etiketten auszulesen. Damit ist nicht auszuschließen, dass beim Betreten des Betriebes durch RFID-Lesegeräte nicht nur der Betriebsausweis erkannt wird, sondern zugleich festgestellt werden kann, welche mit entsprechenden Etiketten versehenen Gegenstände sich in den Taschen der Beschäftigten befinden (etwa auf Zigaretten- oder Medikamentenschachteln). Da diese Daten nicht für Zwecke des Beschäftigungsverhältnisses erforderlich sind, darf eine solche Erfassung aus datenschutzrechtlicher Sicht nicht erfolgen. Sie wäre ein nicht hinnehmbarer Eingriff in Persönlichkeitsrechte der Beschäftigten. Betriebliche RFID-Systeme müssen deshalb so ausgestattet werden, dass nur die vom Arbeitgeber ausgegebene RFID-Etiketten ausgelesen werden können. Dies muss zu definierten Zwecken erfolgen. Entsprechende Beschränkungen können in Betriebs- oder Dienstvereinbarungen verankert werden.

c) Erzeugung von Bewegungsprofilen mittels GPS- und Mobiltelefonortung

128 Die zunehmende Verbreitung von **GPS-Navigationsgeräten** in Fahrzeugen aller Art sowie die weitgehende Ausstattung von mobil tätigen Beschäftigten mit Mobiltelefonen ermöglicht es aus technischer Sicht, umfassende Bewegungsprofile zu erstellen. Ergänzend können hierbei etwa die Informationen aus den schon angesprochenen RFID-Ausweisen und -Etiketten genutzt werden.

266 Vgl. zu den Möglichkeiten Gola/Wronka, S. 249.

267 Vgl. insoweit BAG 14.12.2004, ArbuR 2005, 454; a. A. Gola/Wronka, S. 254; Oberwetter, NZA 2008, 609, die jeweils den heimlichen Einsatz für zulässig erachten, wenn es um den Nachweis von Straftaten geht.

Die Navigationsgeräte basieren in der Regel auf sog. GPS-Geräten (GPS = Global Positioning System). GPS-Geräte sind beispielsweise die technische Grundlage von PKW-Navigationsgeräten. Bei entsprechender Ausstattung und Einstellung können aus GPS-Geräten **jederzeit die Standortdaten online** und **aktuell** an eine Zentrale übertragen werden. Damit lässt sich sowohl die aktuelle Position der Fahrzeuge als auch das Fahrverhalten der jeweiligen Beschäftigten festhalten und erkennen. Entsprechende Lösungen finden sich unter Stichworten »Flottenmanagement« oder »Navigationslösungen für Geschäftskunden« bei zahlreichen Anbietern der entsprechenden Hard- und Software. 129

Neben klassischen Navigationsgeräten in Fahrzeugen gibt es inzwischen zahlreiche **mobile GPS-Geräte**, die teilweise nicht größer als Zigarettenschachteln sind und die an Gegenständen oder Fahrzeugen angebracht werden können. Auch sie ermöglichen eine präzise Ortung.[268] Gleiches gilt für Smartphones, Fitness-Armbänder, Kameras usw. 130

Die **datenschutzrechtliche Zulässigkeit** der in GPS-Geräten anfallenden Daten ist nach allgemeinen Grundsätzen zu bewerten. Die verwendete Technik muss ebenso wie die hiermit realisierten Abläufe und Verfahren für die Beschäftigten transparent sein.[269] Mit Blick auf § 26 Abs. 1 Satz 1 ist zunächst zu prüfen, welche Art und Intensität der Ortung im Beschäftigungsverhältnis tatsächlich erforderlich ist. Als zulässig sind Systeme ausnahmsweise dann zu erachten, die aus Sicherheitsgründen Standorte von besonders gefährdeten Fahrzeugen festhalten (etwa Geldtransporter).[270] Jedoch muss hierbei sichergestellt werden, dass der ursprüngliche Zweck gewahrt wird und dass nicht im Nachhinein anhand der gespeicherten Daten ungewollte Verhaltens- und Leistungskontrollen erfolgen. Zweckänderungen bezüglich der Verwendung dieser Daten, die dazu führen, überraschende oder heimliche Leistungs- und Verhaltenskontrollen zu realisieren, sind nicht durch die Erforderlichkeit im Sinne von § 26 Abs. 1 Satz 1 zu legitimieren. Eine Ausnahme von dieser Feststellung ist lediglich möglich, wenn die Zweckänderung zur **Aufdeckung von Straftaten** gemäß § 26 Abs. 1 Satz 2 erfolgt (vgl. Rn. 162ff.). Mögliche Ausnahmen sind mit Blick auf die zur Disposition stehenden Persönlichkeitsrechte der Beschäftigten **eng auszulegen**. 131

Im Regelfall nicht erforderlich ist die Nutzung von GPS-Ortungssystemen zu Zwecken des präventiven Diebstahlschutzes.[271] Vielmehr würde zur Erreichung dieses Zwecks eine anlassbezogene Erhebung (etwa durch Remote-Aktivierung nach einem Diebstahl) ausreichen.[272] In jedem Fall unzulässig ist eine Aktivierung und Nutzung von GPS-Systemen in Fahrzeugen während der Freizeit von Beschäftigten, wenn eine Berechtigung zur privaten Nutzung besteht.[273] Insgesamt steht die Verarbeitung von Beschäftigtendaten mittels eines GPS-Systems während der ordnungsgemäßen betrieblichen wie privaten Nutzung nicht im Einklang mit dem nach § 26 BDSG zu gewährleistenden Beschäftigtendatenschutz.[274] 131a

268 Vgl. allgemein Gola, NZA 2007, 1139, 1143.

269 Ähnlich Gola/Heckmann-*Gola*, § 26 Rn. 74, der bezüglich einer möglichen Handyortung ausdrücklich auf § 98 Abs. 1 TKG verweist.

270 Ähnlich SHS-*Seifert*, Art. 88 DSGVO Rn. 141; Taeger/Gabel-*Zöll*, § 26 BDSG Rn. 57; Gola/Heckmann-*Gola*, § 26 Rn. 74.

271 Ebenso Däubler, Gläserne Belegschaften, Rn. 312b.

272 VG Lüneburg 19.3.19 – 4 A 12/19, ZD 19, 331 Rn. 39.

273 VG Lüneburg, a.a.O., Rn. 35.

274 VG Lüneburg, a.a.O., Rn. 27.

Zudem fehlt es an der nach Abs. 1 Satz 1 dieser Vorschrift notwendigen Erforderlichkeit.

131b Die Verarbeitung von Daten aus GPS-Ortungssysteme durch Arbeitgeber kann auch nicht durch eine Einwilligung nach § 26 Abs. 2 Satz 1 gestützt werden. Dies soll insbesondere wegen bestehender Zweifel an der Freiwilligkeit einer solchen Erklärung gelten, wenn nicht alle betroffenen Beschäftigten eines Arbeitgebers der Verwendung eines solchen Systems zugestimmt haben.[275]

132 Eine **enge Auslegung** ist weiterhin bezüglich der Möglichkeiten der Mobilfunkortung geboten. Diese ist inzwischen unter dem Begriff des »Location Based Service« möglich.[276] Die von Mobiltelefonen genutzte **GSM-Technik** (GSM = Global System for Mobile Communications) ermöglicht es dem jeweiligen Vertragsinhaber, über seinen Netzbetreiber festzustellen, wo sich das Handy gerade örtlich befindet. Soweit dienstliche Mobiltelefone an Beschäftigte ausgegeben werden, besteht grundsätzlich die Möglichkeit, dass Arbeitgebern auf der Basis entsprechender vertraglicher Abmachungen mit Dienstanbietern Ortungsdaten zugänglich gemacht werden.

133 Es stellt sich indes die Frage, ob eine permanente »Ortung« von Beschäftigten »erforderlich« im Sinne von § 26 Abs. 1 Satz 1 ist. Mit Blick auf die Rechtsprechung zur Totalkontrolle und des hieraus resultierenden unzulässigen Überwachungsdrucks (vgl. Rn. 90ff.) ist das Bestehen einer Erforderlichkeit zu verneinen. Zum gleichen Ergebnis führt die Bewertung von Apps, die auf mobile Geräte von Beschäftigten eingespielt werden. Damit ist der Einsatz der entsprechenden Technik allenfalls in Ausnahmefällen zulässig, beispielsweise in Bereichen, bei denen besondere Sicherheitsrisiken für Beschäftigte bestehen wie etwa bei Geldtransportfahrern oder bei Feuerwehrleuten während eines Einsatzes. Unzulässig (und möglicherweise sogar strafbar) ist die verdeckte Anbringung eines GPS-Senders an Fahrzeugen von Beschäftigten durch eine Detektei.[277]

134 Allerdings muss selbst in den genannten Ausnahmefällen die **Überwachung** für die betroffenen Beschäftigten **klar erkennbar** sein. Dies ergibt sich bereits aus der Vorgabe des § 4 Abs. 3, der Unterrichtungspflichten zu Gunsten der Betroffenen festschreibt. Eine Informationsverpflichtung von Arbeitgebern gegenüber Beschäftigten, die mit dienstlichen Mobiltelefonen ausgestattet werden, leitet sich weiterhin aus § 98 Abs. 1 Satz 2 TKG ab. Nach dieser Vorschrift muss der Teilnehmer Mitbenutzer über eine erteilte Einwilligung über die Erfassung von Standortdaten unterrichten.[278]

135 Soweit Bewegungsprofile im Einzelfall gemäß § 26 Abs. 1 Satz 1 erforderlich und ohne umsetzbare Alternativen sind, muss die Tatsache ihrer Erstellung den Beschäftigten mitgeteilt werden. Hierbei müssen sie auch über die hierzu genutzten Technologien und technischen Einrichtungen sowie die Auswertungsformen und -ziele informiert werden.

---

275 VG Lüneburg, a.a.O., Rn. 57f.; zustimmend in diesem Punkt Hrube, jurisPR-ITR 11/2019 Anm. 3, der den Einsatz von GPS-Ortungssystemen ansonsten zwar für datenschutzrechtlich problematisch, aber nicht für unzulässig hält.

276 Vgl. Gola, NZA 2007, 1139, 1142f.

277 LG Lüneburg – Große Strafkammer 28.3.2011 26 – Qs 45/11, NJW 2011, 2225; a.A. Gola/Heckmann-*Gola*, § 26 Rn. 75, der eine geheime Überwachung in bestimmten Fällen für zulässig hält, ebenso BAG 29.6.17 – 2 AZR 597/16, NZA 17, 1179.

278 Ebenso Gola, NZA 2007, 1139, 1142f.

d) Erfassung des Telekommunikationsverhaltens bei der Telefon-, E-Mail- und Internet-/Intranetnutzung

Erfolgt die dienstliche Nutzung von Telefonen oder Mobiltelefonen, von E-Mailsystemen, von Messenger-Diensten, von »sozialen Netzwerken«, von Internetzugängen oder von anderen Geräten, ist bezüglich der Erhebungs-, Verarbeitungs- und Nutzungsmöglichkeiten von Arbeitgebern gegenüber ihren Beschäftigten nach dem Gehalt der hierbei entstehenden personenbezogenen Daten zu differenzieren. Grundsätzlich gilt, dass Arbeitgeber Verbindungsdaten aus dem Bereich der Telefon- und Mobiltelefonnutzung im Fall der Erforderlichkeit erheben und verwenden können. Zum Schutze der Kommunikationsteilnehmer sollten hierbei allerdings die letzten Ziffern der Telefonnummern anonymisiert werden.[279] Entsprechendes gilt, wenn in Betrieben neue Kommunikationstechniken wie etwa VoIP-Telefonsysteme zum Einsatz kommen[280] oder Kommunikationssoftware wie etwa Skype oder Teams, die Anwesenheitsinformationen über Beschäftigten sowohl intern als auch extern gegenüber Kunden anzeigen kann. Bezüglich dieser Systeme ist es Arbeitgebern mangels einer datenschutzrechtlichen Erlaubnisnorm verwehrt, weitergehende Erhebungen oder Auswertungen der Daten vorzunehmen, die beispielsweise auf den von ihm betriebene VoIP-Netzwerkserver zur Verfügung stehen. 136

Regelmäßig **nicht erlaubt** ist die **Verarbeitung privater Telekommunikationsdaten**, soweit Arbeitgeber hierauf Zugriff haben (etwa bei der parallelen Nutzung von dienstlichen Geräten für private und dienstliche Aufgaben). Entsprechende Auswertungen sind nach § 26 Abs. 1 Satz 1 nicht erforderlich. Dies schließt die Erhebung und Verarbeitung von privaten Telefonnummern oder E-Mail-Adressen aus. Erforderliche Ausnahmen könnten gegeben sein, wenn beispielsweise Bereitschaftsdienste erfolgen und Beschäftigte deshalb über einen privaten Kommunikationskanal erreichbar sein müssen. Einfacher als durch die Bekanntgabe der privaten Kommunikationsdaten lässt sich die Erreichbarkeit in diesen Fällen allerdings durch die Übergabe eines dienstlichen Mobiltelefons erreichen. 137

In jedem Fall **unzulässig** ist das **heimliche Mithören** und **Aufzeichnen** von Telefongesprächen.[281] Gleiches gilt für das Einsetzen von Analyseverfahren, etwa aus dem Bereich **Predictive Analytics.**[282] Dies gilt unabhängig von der benutzten Technik. Entsprechendes gilt für Verarbeitung von Daten, die im Zusammenhang mit der Internetkommunikation bzw. mit der Nutzung von betrieblichen E-Mail-Systemen anfallen.[283] Arbeitgebern ist es gegenüber ihren Beschäftigten grundsätzlich verwehrt, heimliche Erhebungen und Auswertungen vorzunehmen.[284] Die Befugnisse zur Durchführung offener Auswertungen beschränken sich auf die reinen »Verbindungsdaten«. Handelt es sich um Beschäftigte, die einem Berufsgeheimnis unterliegen (etwa Ärzte oder Psychologen, vgl. Rn. 54ff.), muss durch entsprechende technische und/oder organisatorische Vorkehrungen sichergestellt 138

279 VGH Baden-Württemberg DB 1991, 653; BMH, § 28 BDSG-alt Rn. 36; Däubler, Gläserne Belegschaften, Rn. 793ff.

280 Vgl. Strunk, CF 9/2006, 31.

281 BVerfG NJW 1992, 815; BVerfG NJW 2002, 3619; BAG NZA 1988, 307; BMH, § 26 Rn. 145; SHS-*Seifert*, Art. 88 DSGVO, Rn. 146; Roßnagel-*Büllesbach*, 6.2, Rn. 56; Wedde, DuD 2004, 169.

282 Vgl. Klein, CF 11/2014, 20; a. A. bezüglich des Predictive Policing Rudkowski, NZA 19, 72.

283 Ebenso Däubler, Gläserne Belegschaften, Rn. 351ff.

284 Wedde, CF 7–8/2006, 49.

werden, dass sich aus den gespeicherten Verbindungsdaten keine Rückschlüsse auf Personen, Kontakte usw. ableiten lassen. Entsprechendes gilt für die Verbindungsdaten von Betriebs- oder Personalräten.[285]

139 Werden **Überwachungsmaßnahmen** mittels geeigneter Computerprogramme **heimlich** durchgeführt, ist dies regelmäßig eine **Verletzung von Persönlichkeitsrechten** der Beschäftigten sowie ein **Verstoß gegen das Grundrecht auf Vertraulichkeit und Integrität informationstechnischer Systeme.**[286] Deshalb ist beispielsweise der Einsatz von sog. »**Keylogger**«-Software selbst dann unzulässig, wenn der Arbeitgeber über diese Möglichkeit pauschal informiert hat.[287] Eine solche Information steht auch der inhaltlichen Kontrolle von E-Mails mittels derartiger Technik entgegen.[288] Bezüglich der mittels heimlich installierter Keylogger gewonnenen Informationen besteht ein **Beweisverwertungsverbot.**[289] Dies gilt weiterhin auch für Überwachungsmaßnahmen, die aus Gründen der Systemsicherheit zentral durchgeführt werden und bei denen eine Information der Beschäftigten es potentiellen Angreifern erleichtert, sich illegale Zugänge zu Systemen zu verschaffen. Das bestehende Schutzinteresse von Arbeitgebern lässt sich dadurch wahren, dass Beschäftigte grundlegend informiert werden, ohne dass Details zur eingesetzten Software bekannt gemacht werden. Diese Informationspflicht besteht allerdings gegenüber Betriebs- und Personalräten fort, die bezogen auf sensible Sicherheitsinformationen einer besonderen gesetzlichen Geheimhaltungspflicht unterliegen.

140 Für zulässig erachtet das LAG Hamm[290] allerdings den **Zugriff auf Chatprotokolle**, die auf dem Arbeitsplatzrechner eines Arbeitnehmers gespeichert sind. Auf diese Daten soll das Fernmeldegeheimnis des § 88 TKG nach Auffassung des Gerichts keine Anwendung mehr finden, sobald Kommunikationsinhalte in den Herrschaftsbereich des Empfängers gelangt sind.[291]

141 Neben dem Zugriff auf die Verbindungs- und Kommunikationsdaten stellt sich in der Praxis regelmäßig die Frage nach der **Zulässigkeit des Zugriffs auf Inhalte** der elektronischen Kommunikation (etwa die von geschäftlichen E-Mails). Bezüglich dieser weitergehenden Zugriffe ist danach zu differenzieren, ob die Privatnutzung betrieblicher Internet- oder E-Mailsysteme ausdrücklich verboten oder tatsächlich oder konkludent erlaubt ist, da sich aus der Art der zugestandenen oder üblichen Nutzung unterschiedliche Rechtsfragen ableiten.[292]

---

285 Ebenso SHS-*Seifert*, Art. 88 DSGVO Rn. 146.

286 Zum Grundrecht BVerfG 27.2.2008 – 1 BvR 370/07, 1 BvR 595/07, NJW 2008, 822, zu den Auswirkungen des Grundrechts im Arbeitsverhältnis Wedde, AuR 2009, 373ff.

287 BAG 27.7.2017 – 2 AZR 681/16, NZA 2017, 1327; a.A. wohl Auernhammer-*Forst*, § 26 Rn. 117, der den Einsatz ohne Kenntnis der Betroffenen in bestimmten Fällen des § 26 Abs. 2 für zulässig hält.

288 A.A. Gola/Heckmann-*Gola*, § 26 Rn. 77.

289 BAG, a.a.O.; ebenso BMH, § 26 Rn. 86; SHS-*Seifert*, Art. 88 DSGVO Rn. 47.

290 LAG Hamm 10.7.2012 – 14 Sa 1711/10, DuD 2013, 50.

291 Vgl. BVerfG 2.3.2006 – 2 BvR 2099/04, NJW 2006, 976; vgl. Rn. 146.

292 Vgl. auch Braun/Spiegl, AiB 2008, 393; Mester, S. 55.

aa) Erlaubte Privatnutzung von E-Mail, Internet u.a.

Erlaubt ein Arbeitgeber seinen Beschäftigten die **Nutzung betrieblicher Kommunikationssysteme** wie insbesondere E-Mail und Internet, kommen Datenschutzvorschriften aus dem Bereich des Telekommunikationsrechts zur Anwendung, die das TKG bzw. das TMG enthält. Entsprechendes gilt, wenn kein ausdrückliches Verbot der privaten Nutzung erfolgt ist. **142**

Im TKG finden sich einschlägige Vorschriften zum Datenschutz in den §§ 88 bis 107. Die Vorschriften beziehen sich auf das Fernmeldegeheimnis. Dieser traditionelle Begriff steht mit Blick auf die aktuelle Technik für das »**Telekommunikationsgeheimnis**«.[293] Zur Wahrung des Fernmeldegeheimnisses verpflichtet ist nach § 88 Abs. 2 Satz 1 TKG der sog. Diensteanbieter. Die Anwendbarkeit von Vorschriften aus dem Bereich des Telekommunikationsrechts auf Beschäftigte resultiert daraus, dass Arbeitgeber als Diensteanbieter im Sinne des TKG bzw. des TMG zu qualifizieren sind.[294] Nach der Definition in § 3 Nr. 6 TKG wird vom Begriff des Anbieters derjenige erfasst, der ganz oder teilweise geschäftsmäßig Telekommunikationsdienste erbringt oder an der Erbringung solcher Dienste mitwirkt. Was geschäftsmäßige Erbringung von Telekommunikationsdiensten im Sinne von § 3 Nr. 6 TKG ist, wird in § 3 Nr. 10 TKG definiert. Hiernach handelt es sich um ein nachhaltiges Angebot von Telekommunikation für Dritte mit oder ohne Gewinnerzielungsabsicht. Bezogen auf die mögliche Privatnutzung durch Beschäftigte wirkt der Arbeitgeber im Sinne der vorstehenden Regelungen und Definitionen an der Erbringung von Telekommunikationsdiensten mit und macht seinen Beschäftigten ein entsprechendes Angebot.[295] **143**

Bezüglich der **Anwendbarkeit des TKG im Arbeitsverhältnis** als Folge möglicher privater Nutzung von E-Mail- oder Internet-Systemen bestand auf der Grundlage der vorstehend aufgeführten Definitionen lange Zeit Einvernehmen, dass §§ 88ff. TKG einschlägig sind.[296] Diese Position wird zwischenzeitlich durch Entscheidungen einzelner Arbeitsgerichte bzw. Verwaltungsgerichte infrage gestellt.[297] Die in den Entscheidungen genannten Begründungen sind allerdings sehr knapp gehalten und nicht geeignet, die in der Literatur zu findenden Argumente für die Anwendbarkeit des TKG zu entkräften.[298] Insoweit ist davon auszugehen, dass bei erlaubter oder nicht verbotener Privatnutzung die Vorgaben des TKG von Arbeitgebern weiterhin zu beachten sind.[299] **144**

---

293 Däubler, Digitalisierung und Arbeitsrecht, § 8 Rn. 20.

294 Vgl. Däubler, Gläserne Belegschaften, Rn. 338.; ebenso Fischer, ZD 2012, 265.

295 Ebenso Däubler, Digitalisierung und Arbeitsrecht, § 8 Rn. 25f.

296 Vgl. etwa Büchner, NZA 2002, 585 (587); Kratz/Gubbels, NZA 2009, 652 (655); Däubler, Digitalisierung und Arbeitsrecht, § 8 Rn. 25; Taeger/Gabel-*Munz*, § 88 TKG Rn. 20; SHS-*Seifert*, Art. 88 DSGVO, Rn. 145ff.

297 Vgl. ArbG Weiden 17.5.2017 – 3 Ga 6/17, ZD 2017, 535; dass das TKG nicht als »Arbeitnehmerschutzgesetz« ansieht; LAG Niedersachsen 31.5.2010 – 12 Sa 875/09, RDV 2010, 232; LAG Berlin-Brandenburg 16.2.2011 – 4 Sa 2132/10, DB 2011, 1281; Hess. VGH 19.5.2009 – 6 A 2672/08. Z, NJW 2009, 2470; LAG Mainz 24.1.19 – 5 Sa 226/18, ZD 19, 369, das die Auswertung von Serverprotokollen für zulässig erachtet; ebenso BMH, § 26 Rn. 196; Wybitul, NJW 14, 3605.

298 Ebenso Lensdorf/Born, CR 2013, 30 (32); Däubler, Gläserne Belegschaften, 338a ff.; gegen eine Anwendung etwa Deiters, ZD 2012, 109 ff; Wybitul, ZD 2011, 69.

299 Im Ergebnis ebenso Däubler, Digitalisierung und Arbeitsrecht, § 8 Rn. 32ff.; SHS-*Seifert*, Art. 88 DSGVO Rn. 150; Kühling/Buchner-*Maschmann*, § 26 Rn. 50; vgl. auch Hess. LAG 21.9.18 – 10 Sa 601/18, ZD 19, 323, das einen Zugriff auf private E-Mails auf der Grundlage von § 32 Abs. 1

145 Die Anwendbarkeit des TKG führt dazu, dass der Arbeitgeber als Diensteanbieter zur Wahrung des Fernmeldegeheimnisses verpflichtet ist. Ihm ist es nach § 88 Abs. 3 Satz 1 TKG grundsätzlich untersagt, sich Kenntnis von Inhalten und näheren Umständen der Telekommunikationsvorgänge im Internet bzw. in E-Mail-Systemen zu verschaffen. Erlaubt ist es nach § 88 Abs. 3 Satz 1 TKG lediglich, Daten zu erheben und zu verarbeiten, die für Abrechnungszwecke oder zum technischen Schutz der Systeme notwendig sind.[300] Weitergehende Verarbeitungsbefugnisse können nach § 88 Abs. 3 Satz 3 TKG nur bestehen, wenn es hierfür im Gesetz selbst oder in anderen gesetzlichen Vorschriften eine ausdrückliche Erlaubnis gibt. Diese gesetzliche Situation schließt einen Zugriff von Arbeitgebern auf Inhalte von E-Mails der Beschäftigten oder auf aussagekräftige Informationen zur Internetnutzung aus.

146 Der Schutz durch das Fernmeldegeheimnis soll enden, wenn Beschäftigte E-Mails gelesen und archiviert haben.[301] Die E-Mails unterliegen dann aber weiterhin dem Recht auf informationelle Selbstbestimmung sowie dem Grundrecht auf Vertraulichkeit und Integrität.[302] Der Zugriff auf die E-Mail-Daten durch einen Arbeitgeber steht damit nach Wegfall des Fernmeldegeheimnisses weiterhin unter dem Vorbehalt einer Erforderlichkeit nach § 26 Abs. 1 Satz 1. In diesem Zusammenhang ist zu beachten, dass der durch das TKG geschützte Kommunikationsvorgang erst beendet ist, wenn die Daten in den »Herrschaftsbereich« der Beschäftigten gelangt sind, d. h. wenn diese E-Mails gelesen haben und über diese disponieren können. Etwas anderes gilt, wenn E-Mails zwar schon auf einem Server des Arbeitgebers gespeichert sind, von Beschäftigten aber noch nicht abgerufen oder gelesen wurden. In diesen Fällen besteht der Schutz des TKG fort.[303]

147 Eine ähnliche Situation besteht im Anwendungsbereich des **TMG**. Nach § 1 Abs. 1 TMG kommt dieses Gesetz für dort abschließend genannte elektronische Informations- und Kommunikationsdienste zur Anwendung. Die Anwendbarkeit der Datenschutzvorschriften in den §§ 11 bis 15a TMG ist gegeben, wenn die Privatnutzung von einschlägigen Informations- und Kommunikationsdiensten durch den Arbeitgeber ausdrücklich erlaubt oder nicht ausdrücklich verboten ist. In diesen Fällen entspricht die Situation der, die vorstehend für den Anwendungsbereich des TKG beschrieben wurde: Die einschlägigen Datenschutzvorschriften in den §§ 11 ff. TMG sind von Arbeitgebern zu berücksichtigen.[304]

148 Etwas anderes gilt für den Bereich des TMG, wenn die Verarbeitung personenbezogener Daten der Nutzer von Telemedien sowie die Bereitstellung solcher Dienste im Dienst- und Arbeitsverhältnis ausschließlich beruflichen oder dienstlichen Zwecken dient. In diesen

---

Satz 1 BDSG-alt für eine unverhältnismäßige Kontrollmaßnahme hält; v.d. Bussche/Voigt-*Wedde*, S. 250 f.; a. A. etwa Fülbier/Splittgerber, NJW 2012, 1995; Buschbaum/Rosak, DB 2014, 2530; Plath-*Stamer/Kuhnke*, § 26 Rn. 92 ff.; Thüsing, Beschäftigtendatenschutz, § 3 Rn. 74 ff.

300 Däubler, Digitalisierung und Arbeitsrecht, § 8 Rn. 32.

301 BVerfG 2. 3. 2006 – 2 BvR 2099/04, NJW 2006, 976.

302 Zum Recht auf informationelle Selbstbestimmung BVerfG 2. 3. 2006 – 2 BvR 2099/04, NJW 2006, 976 und zum Grundrecht auf Vertraulichkeit und Integrität informationstechnischer Systeme BVerfG 27. 2. 2008 – 1 BvR 370/07, 1 BvR 595/07, NJW 2008, 822.

303 Vgl. insgesamt Däubler, Digitalisierung und Arbeitsrecht, § 8 Rn. 33.

304 Vgl. etwa Taeger/Gabel-*Moos*, § 11 TMG Rn. 12; Däubler, Digitalisierung und Arbeitsrecht, § 8 Rn. 36 ff., jeweils m. w. N.

Fällen sind die Datenschutzvorschriften des TMG nach § 11 Abs. 1 Nr. 2 des Gesetzes nicht anwendbar.

Solange das TKG anwendbar ist, dürfen Arbeitgeber weder auf die Inhalte privater noch geschäftlicher E-Mails zugreifen, sofern keine Einwilligung der Beschäftigten nach § 26 Abs. 1 i.V.m. Art. 7 DSGVO vorliegt. Entsprechendes gilt im Anwendungsbereich des TMG für die vom Gesetz erfassten elektronischen Informations- und Kommunikationsdienste. Ein heimliches wie auch ein offenes Abhören der Kommunikationsvorgänge ist ohne Autorisierung durch die Beschäftigten unzulässig und wegen des Bruchs des Fernmeldegeheimnisses als Straftatbestand zu qualifizieren.[305] Diese Situation führt dazu, dass von Arbeitgebern in einer Reihe von Fällen die Privatnutzung verboten wird. Es finden sich in der betrieblichen Praxis aber auch zahlreiche Regelungen, die die Wahrung der gegenseitigen Interessen durch sinnvolle Organisationsgestaltungen ermöglichen. 149

Grundsätzlich können bestimmte Zugriffe auf Kommunikations- und E-Mail-Inhalte durch Betriebsvereinbarungen geregelt werden, die als andere Rechtsvorschrift gemäß § 4 Abs. 1 zu qualifizieren sind. Allerdings ist es den Betriebsparteien im nicht-öffentlichen Bereich mit Blick auf § 75 Abs. 2 BetrVG verwehrt, weitgehende Zugriffe in die Persönlichkeitsrechte der Beschäftigten zu legitimieren (vgl. Rn. 157). Arbeitgeber und Betriebsräte dürfen allerdings durch kollektivrechtliche Regelungen nur solche Eingriffe zulassen, die im Ergebnis einer Interessenabwägung unumgänglich sind und bei denen die Persönlichkeitsrechte der Beschäftigten maximal gewahrt bleiben. Entsprechendes gilt im öffentlichen Bereich (vgl. etwa § 67 Abs. 1 BPersVG). 150

bb) Verbotene Privatnutzung von E-Mail, Internet u.a.

Verbietet ein Arbeitgeber seinen Beschäftigten die private Nutzung von Kommunikationssystemen wie Telefon, E-Mail oder Internetzugang ausdrücklich, führt dies dazu, dass das **TKG** wie auch das **TMG nicht zur Anwendung kommen**. Für das TKG folgt dies aus dem Fehlen der Eigenschaft als Diensteanbieter (vgl. Rn. 143) und für das TMG aus der in § 11 Abs. 1 Nr. 1 TMG enthaltenen Bereichsausnahme. Hieraus folgt indes nicht, dass damit unbegrenzte Zugriffsmöglichkeiten von Arbeitgebern auf die Daten von Beschäftigten bestehen. Auch nach einem ausdrücklichen Verbot der privaten Nutzung bleibt der Zugriff von Arbeitgebern auf Daten aus dem persönlichen Bereich von Beschäftigten in jedem Fall unzulässig.[306] Zu diesem persönlichen Bereich gehören sowohl Aufzeichnungen zu Arbeitsvorgängen, die von Beschäftigten nicht zur Kenntnisnahme von Vorgesetzten oder Kollegen bestimmt sind. Weiterhin gehören hierzu alle Informationen, die nach dem Willen der Beschäftigten oder aus objektiver Sicht einer besonderen Vertraulichkeit unterliegen, wie beispielsweise E-Mails, die an Betriebsräte, Betriebsärzte oder Schwerbehindertenvertretungen gerichtet sind. Den gleichen Schutz genießen etwa persönliche Mitteilungen an andere Beschäftigte, die nicht unmittelbar im Zusammenhang mit Geschäftsvorfällen stehen. 151

---

305 Ebenso im Ergebnis SHS-*Seifert*, Art. 88 DSGVO, Rn. 146.

306 Wedde, CF 7–8/2006, 49; ähnlich Taeger/Gabel-*Zöll*, § 28 BDSG-alt Rn. 34 für eindeutig private Korrespondenz.

152 In der Umkehr haben Arbeitgeber nur eine Berechtigung, dass ihnen Beschäftigte rein dienstliche E-Mails zur Verfügung stellen. Diese »Zurverfügungsstellung« muss indes so gestaltet sein, dass Arbeitnehmer hierüber vorab informiert sind. Soweit möglich, sollten sie die entsprechenden E-Mails dem Arbeitgeber durch eigenes Handeln zur Verfügung stellen (etwa durch Verschieben in einen zugänglichen Ordner nach dem Lesen). Eine Ausnahme kann nur in den Fällen des § 26 Abs. 1 Satz 2 gelten (vgl. Rn. 125).

153 Auch wenn die Privatnutzung verboten ist, berechtigt dies Arbeitgeber nicht, in Kommunikationsinhalte ihrer Beschäftigten Einblick zu nehmen, die diese mit Trägern von besonderen Berufsgeheimnissen führen (vgl. hierzu Rn. 122). Insoweit müssen Arbeitgeber durch geeignete technische Verfahren und durch organisatorische Vorkehrungen sicherstellen, dass auch zufällige Einsichtnahmen in derartige Informationen nicht möglich werden. Entsprechendes gilt für persönliche dienstliche E-Mails (etwa die Bitte an einen Kollegen, während eines gemeinsamen Essens in der Kantine einen vertraulichen Rat bezüglich der Probleme in einem durchgeführten Projekt zu geben).

e) Datenerhebung, -verarbeitung und -nutzung durch Testkäufer und Detektive

154 Die Einschaltung von Testkäufern und Detektiven zur Kontrolle von Beschäftigten wird im Regelfall als unzulässig angesehen. Sie soll ausnahmsweise erlaubt sein, wenn Arbeitgeber mangels Alternativen nur so eine Möglichkeit haben, **Straftaten erheblichen Umfangs zu verhindern.**[307] Ist der Einsatz von Testkäufern und Detektiven ausnahmsweise zulässig, so dürfen diese Personen nur im datenschutzrechtlich zulässigen Rahmen tätig werden. Dabei dürfen sie nur Maßnahmen ergreifen, deren Durchführung auch dem Arbeitgeber rechtlich zustehen würde.[308] Mithin ist ihnen im Regelfall der Einsatz von heimlichen und verdeckten Maßnahmen zur Erkenntnisgewinnung verwehrt. Arbeitgeber dürfen die notwendigen personenbezogenen Daten nur übergeben, wenn hierfür ein Auftrag gemäß Art. 28 DSGVO vorliegt. Eine Ausnahme kann allenfalls dann gegeben sein, wenn die Voraussetzungen des § 26 Abs. 1 Satz 2 Arbeitgebern ausnahmsweise erweiterte Erkenntnismöglichkeiten zur Abwehr von Straftaten einräumen (vgl. Rn. 161ff.).

f) Besonderer Datenschutz für Beschäftigte mit Sonderstatus

155 Unterliegen Beschäftigte mit Blick auf ihre vertraglich geschuldeten Aufgaben **besonderen Berufsgeheimnissen**, müssen diese von Arbeitgebern berücksichtigt und geschützt werden. In Betracht kommen insbesondere Beschäftigte, die ihr dienstlich erworbenes Wissen mit Blick auf § 208 StGB nicht an Dritte weitergeben dürfen. Hierzu gehören beispielsweise Ärzte, Angehörige anderer Heilberufe, Psychologen oder Anwälte. Aber auch Betriebs- und Personalräte, JAV sowie Schwerbehindertenvertretungen unterliegen besonderen gesetzlichen Verschwiegenheitspflichten.[309] Auf die Kommunikationsdaten von und zu diesen Beschäftigten dürfen Arbeitgeber selbst dann nicht zugreifen, wenn die Pri-

---

307 Vgl. ausführlich Däubler, Gläserne Belegschaften, Rn. 294; offener Wolff/Brink-*Riesenhuber*, § 32 BDSG-alt Rn. 125.4.

308 Auernhammer-*Forst*, § 26 Rn. 121.

309 Vgl. Däubler, Gläserne Belegschaften, Rn. 379ff.

vatnutzung in Betrieben verboten ist. Insoweit leiten sich aus den spezialgesetzlichen Regelungen absolute Erhebungs-, Verarbeitungs- und Nutzungsverbote ab. Diese sind unabhängig von einem evtl. Verbot der Privatnutzung.

g) Mitbestimmungsrechte von Betriebs- und Personalräten

Soweit die Verarbeitung personenbezogener Daten mittels technischer Einrichtungen erfolgt, bestehen Mitwirkungs- und Mitbestimmungsrechte von Betriebs- und Personalräten. Herausragende Bedeutung hat im nicht-öffentlichen Bereich hier § 87 Abs. 1 Nr. 6 BetrVG, in der Bundesverwaltung die textidentische Regelung in § 75 Abs. 3 Nr. 17 BPersVG.[310] Nach diesen Regelungen haben Betriebs- und Personalräte ein Mitbestimmungsrecht bzgl. der Einführung und Anwendung von technischen Einrichtungen, die dazu bestimmt sind, das Verhalten oder die Leistung von Arbeitnehmern zu überwachen.[311] Auf das Bestehen einer konkreten Überwachungsabsicht des Arbeitgebers kommt es hierbei nicht an.[312] Unter Berufung auf § 87 Abs. 1 Nr. 6 BetrVG können Betriebsräte vom Arbeitgeber Regelungen zur datenschutzkonformen Ausgestaltung aller IT-Systeme verlangen, die für Kontrollen geeignet sind. 156

Auf dieser Grundlage können sie beispielsweise **heimliche Videoaufnahmen generell verhindern** und **offene** bzw. den Beschäftigten **bekannte beschränken und regeln**. Begrenzt werden die Regelungsmöglichkeiten des Betriebsrats durch die Vorgaben in § 75 Abs. 2 BetrVG. Hiernach haben Arbeitgeber und Betriebsrat die freie Entfaltung der Persönlichkeit der im Betrieb beschäftigten Arbeitnehmer zu schützen und zu fördern. § 75 Abs. 2 BetrVG beschränkt die Ausgestaltungsmöglichkeiten von Betriebsvereinbarungen, soweit sie datenschutzrechtliche Positionen tangieren. 157

Um die Verarbeitung personenbezogener Daten gemäß § 26 Abs. 4 zu legitimieren, müssen die insbesondere in Art. 5 Abs. 1 DSGVO enthaltenen Grundsätze zur Rechtmäßigkeit der Verarbeitung, zur Zweckbindung, zur Datenminimierung, zur Richtigkeit oder zur Speicherbegrenzung beachtet werden. Gleiches gilt für die in den Art. 12 bis 23 DSGVO aufgeführten Rechten der Betroffenen. Unter Beachtung dieser Vorgabe dürfen Betriebsräte nur solche Betriebsvereinbarungen abschließen, die nicht unangemessen in Persönlichkeitsrechte der Beschäftigten eingreifen. Dieses Ziel kann etwa dadurch erreicht werden, dass Eingriffe des Arbeitgebers durch Festschreibung geeigneter Verfahren begrenzt werden. Entsprechendes gilt für Betriebsvereinbarungen, durch die gesetzliche Vorgaben aus dem »Antiterrorbereich« geregelt werden. Will der Arbeitgeber die entsprechenden gesetzlichen Vorgaben umsetzen, ist sowohl das Mitbestimmungsrecht nach § 87 Abs. 1 Nr. 6 BetrVG wie das nach § 87 Abs. 1 Nr. 1 BetrVG einschlägig, dass sich auf Fragen der Ordnung im Betrieb und auf das Verhalten der Arbeitnehmer im Betrieb bezieht. 158

Mit Blick auf die Qualifikation des BDSG als zu Gunsten der Arbeitnehmer geltendes Gesetz im Sinne von § 80 Abs. 1 Nr. 1 BetrVG (für den Bereich der Bundesverwaltung § 68 Abs. 1 Nr. 2 BPersVG) können Betriebsräte vom Arbeitgeber auf Grundlage der vorstehend angesprochenen Mitbestimmungsrechte eine rechtskonforme Ausgestaltung der 159

310 Zu Handlungsmöglichkeiten von Personalräten Wedde, PersR 11/2014, 19ff.

311 Zum Mitbestimmungsrecht ausführlich DKKW-*Klebe*, § 87 Rn. 154ff.

312 BAG 6.12.1983, NJW 1984, 1476.

entsprechenden Systeme einfordern. Da Arbeitgeber und Betriebsrat gemäß § 75 Abs. 2 BetrVG die freie Entfaltung der Persönlichkeit der im Betrieb beschäftigten Arbeitnehmer schützen und fördern müssen, gilt es hierbei auch, die Grundsätze des Rechts auf informationelle Selbstbestimmung sicherzustellen, die ihren Niederschlag im BDSG gefunden haben.

160 Entsprechende Mitwirkungs- und Mitbestimmungsrechte haben auch Personalräte. Im Bereich der Bundesverwaltung gibt es beispielsweise mit § 75 Abs. 3 Nr. 17b BPersVG ein Mitbestimmungsrecht bezüglich der Einführung und Anwendung von technischen Kontrolleinrichtungen, das dem in § 87 Abs. 1 Nr. 6 BetrVG weitgehend textgleich entspricht. Eine Verpflichtung zum Schutz der Persönlichkeitsrechte leitet sich für diesen Bereich (entsprechend § 75 Abs. 2 BetrVG) aus § 67 Abs. 1 BPersVG ab. In den Landespersonalvertretungsgesetzen finden sich gleiche oder vergleichbare Regelungen.

V. Datenerhebung zur Aufdeckung von Straftaten

161 In Abs. 1 Satz 2 findet sich mit dem Ziel der **Aufdeckung schwerer Straftaten** eine Durchbrechung der allgemeinen Verarbeitungsvoraussetzungen, die in Satz 1 genannt werden und die sich daran orientieren, welche Verarbeitung personenbezogener Daten im Zusammenhang mit der Begründung, Durchführung oder Beendigung des Beschäftigungsverhältnisses erforderlich sind. Abs. 1 Satz 2 ähnelt der Regelung in § 100 Abs. 3 TKG. Nach dem Wortlaut bezieht sich die Vorschrift des BDSG ausdrücklich **nur auf Straftaten**. Damit bleiben Erhebungen, Verarbeitungen und Nutzungen zur Aufdeckung von Ordnungswidrigkeiten ebenso unzulässig[313] wie ein vermutetes vertragswidriges Verhalten von Beschäftigten.[314] Nicht durch die Vorschrift legitimiert werden präventive Maßnahmen, die ohne konkreten Verdacht auf die Belegschaft insgesamt zielen, wie etwa sog. »Screenings«.[315] Mit Blick auf den geforderten Einzelfallbezug berechtigt sie etwa nicht zum Einsatz von sog. »Data Leak Prevention (DLP)«-Systemen, die eine permanente Rasterfahndung ermöglichen.[316]

162 Nach Satz 2 dürfen personenbezogene Daten **ausnahmsweise zur Aufdeckung von Straftaten** verarbeitet werden, die **von Beschäftigten im Beschäftigungsverhältnis** begangen worden sind. Voraussetzung ist, dass **zu dokumentierende tatsächliche Anhaltspunkte** den Verdacht begründen, dass Betroffene im Beschäftigungsverhältnis eine Straftat begangen haben. Straftaten, die außerhalb des Beschäftigungsverhältnisses begangen wurden, führen nach dem ausdrücklichen Wortlaut der Norm nicht zu einer entsprechenden Privilegierung.

162a Darüber, wie die vom Arbeitgeber vorzunehmende Dokumentation auszugestalten ist, gibt es im BDSG keine Vorgaben. Offen ist damit insbesondere, wann die gesetzlich vorgeschriebene Dokumentation durchzuführen ist. Teilweise wird hierzu die Auffassung

313 Ebenso SHS-*Seifert*, Art. 88 DSGVO, Rn. 160.
314 Auernhammer-*Forst*, § 26 Rn. 68.
315 SHS-*Seifert*, Art. 88 DSGVO, Rn. 161; Auernhammer-*Forst*, § 26 Rn. 68; a. A. wohl Gola/Heckmann-*Gola*, § 26 Rn. 129.
316 Vgl. zu den technischen Möglichkeiten von DLP-Systemen Höller, CuA 7–8/2013, und zu rechtlichen Aspekten Wedde, CuA 7–8/2013, 4.

vertreten, dass die notwendige Dokumentation erst nach der Durchführung entsprechender Verarbeitungen erfolgen muss.[317] Zur Begründung wird darauf verwiesen, das die Vorgabe, die Tatsachen zu dokumentieren, aus denen sich der Anfangsverdacht herleitet, allein den Zweck verfolgt, den betroffenen Beschäftigten die nachträgliche Rechtmäßigkeitskontrolle zu erleichtern. Das Versäumnis der Dokumentation soll folglich weder zu einem Ausschluss oder einer Verwirkung des Vortrags zu den Verdachtsmomenten im Prozess führen noch für sich genommen die Unverwertbarkeit der aus der Maßnahme gewonnenen Erkenntnisse bewirken.[318]

Dieser Position des LAG Rheinland-Pfalz wird zutreffend entgegengehalten, dass sie übersieht, dass der gesetzliche Datenschutz nach der grundlegenden Novellierung und Europäisierung im Mai 2018 eine umfassende Verrechtlichung erfahren hat und deshalb eigenständig und unabhängig vom verfassungsrechtlich geschützten allgemeinen Persönlichkeitsrecht der Verwertung von Beweisen entgegenstehen kann.[319] Zukünftige Entscheidungen zu diesem Thema werden auch die in Art. 5 Abs. 2 DSGVO verankerten Rechenschaftspflichten von Arbeitgebern beachten müssen. Auf der Grundlage dieser Verpflichtung müssen sie mit Blick auf die Grundsätze in Abs. 1 Buchst. a und b dieser Norm insbesondere prüfen, ob eine Verarbeitung in rechtmäßiger Weise, nach Treu und Glauben und in einer für die betroffene Person nachvollziehbaren Weise erfolgt und ob die Erhebung für legitime Zwecke erfolgt ist. Die Grundsätze sind deutlich mehr als lediglich Verfahrensvorschriften. Sie müsen deshalb von Gerichten künftig bei der Urteilsfindung mit einem deutlich höheren Gewicht beachtet werden.[320] 162b

Weiterhin ist zu beachten, dass die heimliche Verarbeitung von Beschäftigtendaten im Regelfall unzulässig ist (vgl. hierzu Rn. 168ff.). Hinzu kommt, dass Arbeitgeber einschlägige Informations- und Mitbestimmungsrechte von Betriebs- und Personalräten beachten müssen, wenn sie IT-Systeme und die dort vorhandenen Daten für Zwecke nutzen, die von den ursprünglich mitgeteilten und ggf. sogar geregelten abweichen. Interessenvertretungen ist diesbezüglich anzuraten, bei der Ausgestaltung von Vereinbarungen zur Einführung oder Änderung von IT-Systemen die Frage der Auswertung zu den in § 26 Abs. 1 Satz 2 genannten Zwecken bezüglich der Informationsnotwendigkeiten umfassend auszugestalten. 162c

Als weitere Voraussetzung wird in Satz 2 aufgeführt, dass die **Verarbeitung zur Aufdeckung erforderlich** ist **und** dass **schutzwürdige Interessen der Beschäftigten** an dem Ausschluss der Verarbeitung **nicht überwiegen**. Präzisiert wird die notwendige Interessenabwägung dadurch, dass im letzten Halbsatz von Satz 2 darauf abgestellt wird, dass Art und Ausmaß der Verarbeitung im Hinblick auf den Anlass nicht unverhältnismäßig sein dürfen. Damit soll sichergestellt werden, dass eine umfassende Auswertung von Beschäftigtendaten unterbleibt, wenn ein bestehender Verdacht sich beispielsweise auf reine »Bagatelltaten« beschränkt. 163

Voraussetzung der Zulässigkeit einer Verarbeitung nach Satz 2 ist zunächst, dass der Arbeitgeber dokumentierte, tatsächliche Anhaltspunkte vorlegen kann, die einen Strafver- 164

---

317 Vgl. LAG Rheinland-Pfalz 11.4.19 – 5 Sa 371/18, juris.
318 Vgl. LAG, a.a.O., Rn. 41.
319 Zutreffend Brink/Joos, jurisPR-ArbR 26/2019 Anm. 2.
320 Vgl. Brink/Joss, a.a.O. unter D.

dacht begründen. Dafür reicht ein »bloßer Verdacht« auf Grund von vagen Hinweisen oder bloßen Gerüchten nicht aus.[321] Die damit festgeschriebene Schwelle ist hoch: Arbeitgeber müssen durch geeignete Maßnahmen nachweisen können, dass mit hoher Wahrscheinlichkeit eine Straftat vorliegt.[322] Das Vorliegen tatsächlicher Anhaltspunkte setzt insoweit voraus, dass ein Verdacht zumindest ansatzweise auf valide Fakten gestützt ist, auch wenn noch keine umfassenden Tatsachengrundlagen vorliegen. Nach der neueren Rechtsprechung des BAG soll allerdings in bestimmten Fällen bereits ein »einfacher« Verdacht im Sinne eines Anfangsverdachts ausreichen, um Verarbeitungen auf der Grundlage von Abs. 1 Satz 2 durchführen zu können. Vage Anhaltspunkte oder bloße Mutmaßungen sind hingegen weiterhin nicht ausreichend.[323] Liegt lediglich ein »einfacher« Verdacht vor, wird eine beabsichtigte Überwachung allerdings in der Regel an der nicht gegebenen Verhältnismäßigkeit (vgl. Rn. 166ff.) scheitern, weil diese Verdachtsschwelle keine weitgehenden Eingriffe in die Rechte der Beschäftigten (etwas durch eine Videoüberwachung) rechtfertigt.[324] Die vorliegenden tatsächlichen Anhaltspunkte für eine Straftat müssen **vom Arbeitgeber dokumentiert** werden. Diese Dokumentationspflicht kann etwa durch die Vorlage entsprechender Dokumente erfüllt werden. Um den gesetzlichen Nachweispflichten nachkommen zu können, liegt eine revisionssichere Speicherung oder Aufbewahrung von Unterlagen nah, die auch elektronisch erfolgen kann.

165 Die Zulässigkeit von Erhebungen, Verarbeitungen und Nutzungen durch Arbeitgeber muss sich an der (restriktiven) Rechtsprechung des BAG zur Zulässigkeit verdeckter Überwachung von Beschäftigten orientieren.[325] Einschlägige Entscheidungen dieses Gerichts kommen trotz unterschiedlicher Argumentationswege zu der Feststellung, dass der Einsatz verdeckter Überwachungsmöglichkeiten nach dem Ultima-Ratio-Prinzip nur zulässig ist, wenn alle anderen Möglichkeiten zur Abwendung von Diebstählen ausscheiden. Damit ist die Handlungsbefugnis von Arbeitgebern nach Abs. 1 Satz 2 **eng auszulegen**. Insbesondere ist zu beachten, dass der Einsatz entsprechender Maßnahmen überhaupt nur zulässig sein kann, wenn ein besonders intensiver Verdacht auf das Vorliegen einer schweren Straftat besteht.[326] Nicht legitimiert werden Präventionsmaßnahmen. Auch der allgemeine Einsatz von sog. **Keyloggern** ist selbst dann unzulässig, wenn ein Arbeitgeber hierzu die Einwilligungen von Beschäftigten eingeholt hat.[327] Neuerdings hält das BAG allerdings »Zufallsfunde« im Rahmen von gezielten Überwachungen ausdrücklich für arbeitsrechtlich verwertbar.[328] Sollen Maßnahmen erfolgen, muss der betroffene Beschäftigte so früh wie möglich hierüber informiert werden, damit er sich beispielsweise vor der

321 Ähnlich Kühling/Buchner-*Maschmann*, § 26 Rn. 59: nicht »ins Blaue hinein« erlaubt.

322 Offener SHS-*Seifert*, Art. 88 DSGVO Rn. 152, der auf das Vorliegen »zureichender tatsächlicher Anhaltspunkte« abstellt; a. A. Auernhammer-*Forst*, § 26 BDSG Rn. 71, Kühling/Buchner-*Maschmann*, § 26 Rn. 59 und Taeger/Gabel-*Zöll*, § 26 Rn. 66, die einen einfachen »Anfangsverdacht« für ausreichend halten.

323 BAG 20.10.2016 – 2 AZR 395/15, NZA 2017, 443.

324 Däubler, Gläserne Belegschaften, Rn. 379b.

325 Vgl. etwa BAG 27.7.2017 – 2 AZR 681/16, NZA 2017, 1327; BAG 27.3.2003, NZA 2003, 1193; BAG 26.8.2008, NZA 2008, 1187.

326 Ähnlich im Ergebnis Thüsing, NZA 2009, 868.

327 BAG 27.7.2017 – 2 AZR 681/16, NZA 2017, 1327.

328 BAG 22.9.2016 – 2 AZR 848/15, NZA 2017, 112.

Durchführung rechtlich beraten lassen kann. Begrenzt werden kann das Informationsinteresse von Beschäftigten nur ausnahmsweise, wenn durch entsprechende Mitteilungen die gewollte Aufklärung unmöglich gemacht würde. In diesen Fällen muss die Information so bald wie möglich nachgeholt werden. Unabhängig von der Information des betroffenen Beschäftigten ist der zuständige Betriebsrat von der geplanten Erhebung und Verarbeitung gemäß § 80 Abs. 2 BetrVG so früh wie möglich zu informieren. Diese Information muss vor der Durchführung von Maßnahmen stattfinden.

166 Dafür, dass Abs. 1 Satz 2 nur einen eng zu interpretierenden Ausnahmetatbestand für zulässige Erhebungen, Verarbeitungen und Nutzungen begründet, spricht weiterhin, dass die schutzwürdigen Interessen der Betroffenen im **Rahmen einer Rechtsgüterabwägung** beachtet werden müssen.[329] Da Maßnahmen nach Absatz 2 besonders weit und intensiv in das allgemeine Persönlichkeitsrecht von Beschäftigten eingreifen, scheiden im Ergebnis einer Abwägung entsprechende Kontrollmaßnahmen aus, wenn es sich lediglich um Bagatellstraftaten handelt bzw. wenn der Arbeitgeber gerade keine tatsächlichen Anhaltspunkte an der Schwelle eines Tatsachenbeweises vorbringen kann.[330] Der Zugriff auf personenbezogene Daten wäre in diesen Fällen unverhältnismäßig im Sinne des letzten Halbsatzes von Satz 2 und damit unzulässig. Erhobene Daten dürfen nicht zur Begründung rechtlicher Maßnahmen verwendet werden.

167 Die Regelung in Abs. 1 Satz 2 bezieht sich ausdrücklich darauf, dass tatsächliche Anhaltspunkte für einen Verdacht bestehen, dass Betroffene Straftaten bereits begangen haben.[331] Damit lässt sich aus der Norm kein Anspruch auf Verarbeitung von Daten zu präventiven Zwecken ableiten. Die Zulässigkeit derartiger Maßnahmen zur Verhinderung von Straftaten oder sonstigen Rechtsverstößen, die im Zusammenhang mit dem Beschäftigungsverhältnis stehen, beurteilt sich vielmehr allein nach dem Erforderlichkeitsgrundsatz gemäß Abs. 1 Satz 1.[332]

168 Keine Erweiterung erfährt Abs. 2 Satz 2 durch die Möglichkeit des Rückgriffs von Arbeitgebern auf die allgemeinen Erlaubnistatbestände in Art. 6 Abs. 1 DSGVO, insbesondere die dort in Buchst. f benannte Wahrung berechtigter Interessen des Verantwortlichen. Selbst wenn man entgegen der hier vertretenen Auffassung[333] davon ausgehen würde, dass diese Regelung neben § 26 Abs. 1 Satz 1 anwendbar ist, würde der dort genannte Tatbestand nur greifen, wenn die Verarbeitung zur Wahrung berechtigter Interessen des Arbeitgebers sich auf Sachverhalte bzw. Vertragsverhältnisse beziehen würde, die außerhalb des Beschäftigungsverhältnisses stehen. Dies ist aber bezogen auf mögliche Straftaten in einem Arbeitsverhältnis oder ein vergleichbares Handeln von Beschäftigten gerade nicht der Fall. Insoweit ist davon auszugehen, dass einem berechtigten Interesse des Arbeitgebers an der Verarbeitung von Daten aus Compliance-Gründen oder zu allgemeinen Zwecken der Korruptionsbekämpfung das schutzwürdige Interesse der Beschäftigten eindeu-

---

329 Zu Kriterien der Abwägung SHS-*Seifert*, Art. 88 DSGVO Rn. 165.

330 Vgl. hierzu Innenausschuss vom 24.6.2009, A-Drs. 16(4)646 neu, S. 24; zustimmend Simitis-*Seifert*, § 32 BDSG-alt Rn. 106.

331 Ähnlich Auernhammer-*Forst*, § 26 Rn. 69.

332 Vgl. Innenausschuss vom 24.6.2009, A-Drs. 16(4)646 neu, S. 24; ebenso Thüsing, NZA 2009, 868; ähnlich SHS-*Seifert*, Art. 88 DSGVO Rn. 161.

333 Vgl. zur Unanwendbarkeit grundsätzlich Art. 6 Rn. 104ff.

tig entgegensteht.[334] Präventive Maßnahmen lassen sich ebenfalls nicht durch den Rückgriff auf Art. 6 Abs. 1 Buchst. f DSGVO legitimieren.

169 Im Ergebnis ist die Regelung in Absatz 1 Satz 2 damit ein **eng auszulegender Ausnahmetatbestand**, der nur dann zum Tragen kommt, wenn ein Arbeitgeber konkrete und substantiierte Hinweise darauf hat, dass Beschäftigte schwere Straftaten im Rahmen des bestehenden Beschäftigungsverhältnisses begangen haben.[335] Ein bloßer Verdacht ohne Fundierung durch substantiiert belegbare tatsächliche Anhaltspunkte löst den Tatbestand nicht aus. **Keine Anwendung** findet Abs. 1 Satz 2 auf **Bagatelldelikte** wie auch auf **Straftaten** außerhalb des Beschäftigungsverhältnisses.

170 Werden die entsprechenden Daten mit einer technischen Einrichtung erhoben, die vom Anwendungsbereich des § 87 Abs. 1 Nr. 6 BetrVG bzw. § 75 Abs. 3 Nr. 17 BPersVG erfasst werden, ist vor der Durchführung der Maßnahme das Mitbestimmungsrecht der Betriebs- oder Personalräte zu beachten (vgl. Rn. 156 ff.).

VI. Zweckbindung

171 Die im Rahmen eines Beschäftigungsverhältnisses gemäß § 26 Abs. 1 Satz 1 erhobenen Daten dürfen nur für Zwecke verwendet werden, die bei der Erhebung genannt wurden. Damit sind innerhalb von Beschäftigungsverhältnissen **Zweckänderungen enge Grenzen** gesetzt. Ausgeschlossen ist insbesondere eine Speicherung auf Vorrat, da die notwendige Festlegung der Zwecke fehlt.[336]

172 Nach der hier vertretenen Position kann eine Zweckänderung auch **nicht mit berechtigten Interessen** des Arbeitgebers gemäß Art. 6 Abs. 1 Buchst. f DSGVO begründet werden (vgl. hierzu Rn. 168 ff.). Damit erübrigt sich eine Befassung mit den Möglichkeiten, die sich bezogen auf berechtigte Interessen des Verantwortlichen aus der DSGVO ableiten könnten. Selbst wenn diese Vorschrift anwendbar wäre, stünden einer Verarbeitung oder Nutzung überwiegende schutzwürdigen Interessen der Betroffenen entgegen, die daraus resultieren, dass die gewünschte Verarbeitung gerade nicht mehr im engen Rahmen der Erforderlichkeit gemäß § 26 Abs. 1 Satz 1 stattfindet. Verweisen Arbeitgeber auf den Erlaubnistatbestand in Art. 6 Abs. 1 Buchst. f DSGVO, müssen sie nicht nur die Interessen konkret benennen, um deren Wahrung es geht, sondern gleichzeitig auch darlegen, welche schutzwürdigen Interessen der Beschäftigten sie in die durchzuführende Interessenabwägung einbezogen haben und zu welchen Ergebnissen diese Abwägung geführt hat.

173 Entsprechend verhält es sich mit der Zulässigkeit einer Nutzung für andere Zwecke im Sinne von Art. 6 Abs. 4 DSGVO (etwa bei einer gewollten unternehmensübergreifenden Verarbeitung innerhalb eines Konzerns; vgl. Art. 6 Rn. 123 ff.). Die Berufung auf die Wahrung berechtigter Interessen Dritter könnte im Hinblick auf den engen Verarbeitungsrahmen, den § 26 Abs. 1 vorgibt, nur erfolgreich sein, wenn kein Grund zu der Annahme bestünde, dass betroffene Beschäftigte ein schutzwürdiges Interesse am Ausschluss der Verarbeitung haben. Eine solche Annahme gibt es aber bei einer unternehmensübergreifen-

334 Ähnlich Thüsing, NZA 2009, 868.
335 Ähnlich im Ergebnis wohl SHS-*Seifert*, Art. 88 DSGVO Rn. 165, der Bagatelldelikte nicht erfasst sieht.
336 Ähnlich Mester, S. 103.

den Verarbeitung innerhalb eines Konzerns in der Regel schon wegen der nicht abzuschätzenden Auswertungsmöglichkeiten, die zu Lasten von Beschäftigten gehen können.

174 An die Zulässigkeit einer Zweckänderung außerhalb des Tatbestandes der Spezialnorm des § 26 Abs. 1 Satz 1 und der dort statuierten Erforderlichkeit sind strenge Anforderungen zu stellen. Insbesondere ist hier auch die Vorgabe zur Datenminimierung aus Art. 5 Abs. 1 Buchst. c DSGVO zu beachten.

175 Eine Zweckänderung kann weiterhin vorliegen, wenn Daten im Nachhinein für die Erzeugung von automatisierten Entscheidungen entsprechend Art. 22 Abs. 1 DSGVO verwendet werden sollen.[337]

VII. Übermittlung von Beschäftigtendaten im Inland

176 In vielen Fällen verbleiben Beschäftigtendaten nicht beim Arbeitgeber, sondern werden an Auftragsverarbeiter gemäß Art. 28 DSGVO oder an Dritte übermittelt und dort weiterverarbeitet. Solche Übermittlungen sind durch Abs. 1 Satz 1 nicht grundsätzlich ausgeschlossen, da die erlaubte Verarbeitung den Schritt der Übermittlung enthält (vgl. Art. 4 Nr. 2 DSGVO). Die Zulässigkeit der Übermittlung beurteilt sich auch hier nach der Erforderlichkeit, die im Einzelfall gesondert zu prüfen ist.

177 Art. 4 Nr. 2 DSGVO benennt die **Übermittlung** zwar als **Unterfall der Verarbeitung**, enthält aber darüber hinaus keine weitere Definition. Nach der Definition in § 3 Abs. 4 Nr. 3 BDSG-alt war Übermitteln das Bekanntgeben gespeicherter oder durch Datenverarbeitung gewonnener personenbezogener Daten an einen Dritten. Eine Übermittlung konnte nach § 3 Abs. 4 Nr. 3 Buchst. a BDSG-alt durch Weitergabe an einen Dritten erfolgen oder nach § 3 Abs. 4 Nr. 3 Buchst. b BDSG-alt zur Einsicht oder zum Abruf bereitgehaltener Daten.

178 Die Weitergabe von personenbezogenen Daten kann im Rahmen einer Verarbeitung auf allen denkbaren Wegen erfolgen; also schriftlich, mündlich, telefonisch, durch Weitergabe eines Datenträgers oder per elektronischer Übermittlung (vgl. § 3 Rn. 32). Es ist allein darauf abzustellen, ob der Dritte als Empfänger die Möglichkeit der Kenntnisnahme hat.[338] Möglich ist auch, dass sie zum Abruf oder zur Einsichtnahme bereit gehalten werden. Dies kann beispielsweise dadurch erreicht werden, dass Informationen auf einen Datenträger gespeichert sind (z. B. auf einer Chipkarte oder einem Chip in einem Pass) und dass diese in bestimmten Situationen von Dritten ausgelesen werden können.[339] Die Übermittlung setzt denktechnisch eine vorangegangene Speicherung beim Absender voraus.

179 Keine Übermittlung an Dritte liegt im Rahmen einer Verarbeitung vor, wenn personenbezogene Daten innerhalb der verantwortlichen Stelle an andere Personen oder Stellen übergeben werden. Insbesondere ist die Weitergabe von Daten an den eigenen Betriebs- oder Personalrat, an einen internen Betriebsarzt oder an die Schwerbehindertenvertretung keine Übermittlung an Stellen außerhalb des Verantwortlichen. Allerdings müssen auch bei der Weitergabe innerhalb der verantwortlichen Stelle spezifische Datenschutz-

337 Mester, S. 138.
338 Vgl. Däubler, Gläserne Belegschaften, Rn. 438ff.
339 OVG Schleswig-NordÖR 2000, 32; dazu Wiechert, NordÖR 2000, 182.

oder Vertraulichkeitserfordernisse beachtet werden (etwa das Arztgeheimnis bei der Weitergabe medizinischer Daten).

180 Für Auftragsverarbeitungen gelten die besonderen Regeln des Art. 28 DSGVO. Zwischen Verantwortlichen und Auftraggebern besteht eine besondere Bindung und damit eine datenschutzrechtliche Sonderstellung. Allerdings gibt es im Anwendungsbereich die besondere Privilegierung nicht mehr, die sich aus § 3 Abs. 8 Satz 2 BDSG-alt ableitete. Etwas anderes gilt im Falle der »Funktionsübertragung«. In diesen Fällen sind die Stellen, die Daten von Arbeitgebern erhalten, als Dritte anzusehen und insoweit liegt Übermittlung vor (vgl. Art. 28 DSGVO Rn. 16ff.).

181 Eine Übermittlung setzt im Rahmen einer Verarbeitung voraus, dass die Daten bereits in elektronischer Form vorliegen. Durch Art. 2 Abs. 1 DSGVO werden allerdings auch nicht-automatisierte Verarbeitungen wie etwa Akten in den Anwendungsbereich des Datenschutzrechts einbezogen. Vom Übermittlungsbegriff werden damit auch die »analog« in Papierform vorliegenden personenbezogenen Daten erfasst.

1. Übergreifende Datenverarbeitung in Konzernen

182 Soll die Verarbeitung von Beschäftigtendaten innerhalb eines Konzerns zentral für alle Einzelunternehmen innerhalb eines Konzernunternehmens erfolgen, bestimmt sich deren Zulässigkeit mangels eines Konzernprivilegs[340] für konzerninterne Datenverarbeitungen nach den allgemeinen Regeln des BDSG. Außerhalb des öffentlichen Bereichs handelt es sich bei den beteiligten Unternehmen im Regelfall um natürliche und juristische Personen, Gesellschaften und andere Personenvereinigungen des privaten Rechts (vgl. § 2 Abs. 4). Aus datenschutzrechtlicher Sicht ist die Übermittlung personenbezogener Beschäftigtendaten zwischen Konzernunternehmen keine privilegierte Verarbeitung. Deshalb bedarf es einer Vereinbarung zur Auftragsverarbeitung nach Art. 28 DSGVO.[341]

183 Die Übermittlung von personenbezogenen Daten an Dritte ist im Rahmen eines Beschäftigungsverhältnisses im Regelfall nicht erforderlich im Sinne von § 26, da sie außerhalb des eigentlichen arbeitsrechtlichen Vertragszwecks steht. Damit kommt eine Übermittlung nur in Betracht, wenn es eine anderweitige datenschutzrechtliche Erlaubnisnorm gibt. Einschlägige datenschutzrechtliche Erlaubnisnormen sind indes für diese Fälle nicht gegeben. Ein Rückgriff auf Art. 6 Abs. 1 Buchst. f DSGVO[342] scheidet schon deshalb aus, weil wegen des Fehlens der Erforderlichkeit gemäß § 26 Abs. 1 Satz 1 vom Vorliegen eines überwiegend schutzwürdigen Interesses der Betroffenen am Ausschluss der Verarbeitung auszugehen ist. Darüber hinaus ist zweifelhaft, ob überhaupt ein berechtigtes Interesse der verantwortlichen Stelle unterstellt werden kann.[343]

184 Unternehmensübergreifende Datenverarbeitung ist möglich und zulässig, wenn eine wirksame Einwilligung der Beschäftigten gemäß § 26 Abs. 2 vorliegt, die eindeutig freiwillig ist. Darüber hinaus kann sie auf der Grundlage von Betriebsvereinbarungen zulässig

340 Vgl. zum Fehlen eines Konzernprivilegs Art. 28 DSGVO Rn. 20 ff; allg. Wedde, SD 19, 175.

341 Vgl. hierzu Art. 28 DSGVO Rn. 20ff.; allgemein v.d. Busche/Voigt, S. 169ff.

342 Zur Unanwendbarkeit dieser Vorschrift auf Beschäftigungsverhältnisse vgl. Art. 6 DSGVO Rn. 104ff.

343 Vgl. Däubler, Gläserne Belegschaften, Rn. 451ff.

sein. Hierbei ist jedoch zu beachten, dass auch im Rahmen kollektivrechtlicher Regelung die Eingriffe in Rechte der Betroffenen so gering wie möglich gehalten werden müssen. Diese Vorgabe leitet sich etwa aus § 75 Abs. 2 Satz 1 BetrVG ab.

2. Weitergabe personenbezogener Daten im Zusammenhang mit Umstrukturierungen

Kommt es zu Umstrukturierungen der verantwortlichen Stelle, können sich hieraus Not- 185
wendigkeiten für Übermittlungen von personenbezogenen Daten ableiten. Dies kann insbesondere der Fall sein, wenn ein Betriebsübergang gemäß § 613a BGB stattfindet. Auch in diesen Fällen richtet sich die datenschutzrechtliche Zulässigkeit nach den allgemeinen Regeln der DSGVO und des BDSG. Grundsätzlich wird man davon ausgehen können, dass ein berechtigtes Interesse der verantwortlichen Stelle an der Übermittlung gemäß Art. 6 Abs. 1 Buchst. f DSGVO gegeben sein kann. Soweit die Übermittlung im Zusammenhang mit dem Verkauf stattfindet, wird ein schutzwürdiges Interesse der Beschäftigten am Ausschluss der Übermittlung nicht überwiegen, solange sich die übermittelten personenbezogenen Daten auf die zwingend notwendigen Informationen beschränken. Für die Weitergabe steht indes mit Blick auf das Schutzziel der Norm **nur ein enger Rahmen** zur Verfügung.

Im Einzelfall kann es notwendig sein, auf die Übermittlung bestimmter Informationen zu 186
verzichten, wenn sich hieraus Nachteile für Betroffene ergeben können.[344] Handelt es sich beispielsweise um besondere Kategorien personenbezogener Daten im Sinne von Art. 9 DSGVO, können für die Übermittlung im Zusammenhang mit Umstrukturierungen besondere Restriktionen gelten. Dies kann beispielsweise für Daten gelten, die ein Betriebsarzt bei Beschäftigten erhoben hat. Soweit eine Weitergabe dieser Daten mit Blick auf bestehende Schweige- und Geheimhaltungspflichten überhaupt zulässig ist, müssen sie vor einer Weitergabe unter Beachtung des Grundsatzes der Datenminimierung in Art. 5 Abs. 1 Buchst. c DSGVO auf das notwendige Minimum begrenzt und nach Möglichkeit anonymisiert oder pseudonymisiert werden.

Kommt es im Rahmen von Umstrukturierungen oder Übernahmen zur Auflösung von 187
Betrieben oder Unternehmen, muss sichergestellt werden, dass die noch vorhandenen personenbezogenen Daten entweder sicher vernichtet oder gesichert aufbewahrt werden.

3. Übermittlung im Rahmen von Produktionsverbünden

Stimmen Betriebe oder Unternehmen ihre Produktion aufeinander ab, kann dies dazu 188
führen, dass auch **personenbezogene Daten unternehmensübergreifend verarbeitet werden.** Dies kann beispielsweise in Just-in-Time-Produktionsprozessen der Fall sein, wenn ein Auftraggeber zu Qualitätssicherungszwecken bei einem Zulieferer Detailinformationen abfragt, zu denen auch die Namen der an den Produktionsprozessen beteiligten Beschäftigten gehören. Für derartige Fälle ist zunächst schon mit Blick auf Art. 6 Abs. 4 Buchst. c DSGVO zu prüfen, ob nicht eine Pseudonymisierung möglich ist.

344 Vgl. Däubler, Gläserne Belegschaften, Rn. 489c.

189 Scheidet diese Möglichkeit aus, lässt sich die Kompetenz zur Übermittlung dieser Beschäftigtendaten nicht aus § 26 ableiten, da die entsprechenden Informationen nicht zur Durchführung des Vertragsverhältnisses erforderlich sind. Soweit die Übermittlung von bestimmten Informationen unabhängig vom Beschäftigungsverhältnis ist, könnte für ihre Notwendigkeit im Einzelfall ein berechtigtes Interesse der verantwortlichen Stelle nach Art. 6 Abs. 1 Buchst. f DSGVO bestehen. Die schutzwürdigen Interessen der Betroffenen sind in diesen Fällen nur gewahrt, wenn ihre personenbezogenen Daten mindestens pseudonymisiert sind. Wo das technisch nicht möglich ist, muss entsprechend Art. 5 Abs. 1 Buchst. b DSGVO eine absolute Zweckbindung garantiert sein, die es insbesondere dem Datenempfänger verwehrt, personenbezogene Daten für andere Zwecke zu verwenden.[345] Zudem müssen die übermittelten personenbezogenen Daten auf das notwendige Minimum beschränkt werden. Lassen sich die vorstehenden Vorgaben nicht realisieren, muss die Übermittlung unterbleiben.

190 Entsprechendes gilt für die unternehmensübergreifende Übermittlung von personenbezogenen Daten der Beschäftigten in sog. »internen sozialen Netzwerken«.[346] Der Begriff »interne soziale Netzwerke« steht für Softwareanwendungen, die es den Beschäftigten ermöglichen, ähnlich wie in kommerziellen »sozialen Netzwerken« in universeller Weise Informationen, Daten und Dokumente auszutauschen. Darüber hinaus ermöglichen sie beispielsweise sog. »Chats« zu bestimmten Themen oder das gemeinsame Bearbeiten von Dokumenten. Die unternehmensübergreifende Verarbeitung und Nutzung von Beschäftigtendaten in diesen Systemen ist nicht als erforderlich gemäß § 26 Abs. 1 Satz 1 zu qualifizieren. Die Anwendbarkeit dieser Vorschrift steht einem Rückgriff auf die allgemeine Erlaubnisnorm des Art. 6 Abs. 1 Buchst. b DSGVO entgegen.

4. Leiharbeit / »Crowdwork«

191 Werden Beschäftigte im Rahmen von Leiharbeit oder von anderen Formen der Arbeitnehmerüberlassung in anderen Betrieben oder Unternehmen tätig, kann hieraus die Notwendigkeit der Datenübermittlung zwischen dem Verantwortlichen (d. h. dem Arbeitgeber des Leiharbeiters) und Dritten (d. h. dem Auftraggeber der Leiharbeit) resultieren. Im Verhältnis zwischen einem Leiharbeitnehmer und dessen Arbeitgeber ist § 26 Abs. 1 Satz 1 die einschlägige Erlaubnisnorm. Auf der Grundlage der hier festgeschriebenen Erforderlichkeit kommt nur eine Übermittlung der zwingend erforderlichen Daten der Beschäftigten an den Auftraggeber in Betracht.

192 Mit Blick auf die schutzwürdigen Interessen der Betroffenen muss allerdings sichergestellt werden, dass an Auftraggeber nur das Minimum an Daten übermittelt wird und nicht etwa alle personenbezogenen Informationen, die bei dem Verantwortlichen vorliegen. Für die allgemeine Information eines Auftraggebers ist es normalerweise ausreichend, diesem pseudonymisierte Informationen über potenzielle Beschäftigte zu übermitteln. Konkretisiert sich ein Auftrag, ist es im Regelfall im Rahmen der notwendigen engen Auslegung ausreichend, dass neben Namen und Anschrift von Beschäftigten die zwingend notwendigen Qualifikationsdaten übermittelt werden.

345 Ähnlich Däubler, Gläserne Belegschaften, Rn. 448.
346 Vgl. Wedde, CuA 4/2015, 4ff.

Ähnliches gilt, wenn Arbeitgeber Tätigkeiten an Crowdworker vergeben.[347] Für diese Arbeitsform muss sichergestellt werden, dass die so beschäftigten Crowdworker entweder datenschutzkonform beauftragt werden oder dass ihnen von den Auftraggebern keine personenbezogenen Daten übermittelt werden. Erfolgt eine Zusammenarbeit mit betrieblichen Beschäftigten, gehören zu den schützenswerten Daten auch Informationen über betriebliche Beschäftigte.[348] 193

5. Übermittlung von Beschäftigtendaten an Koalitionen/ Branchenauskunftsdienste

Die Übermittlung von Beschäftigtendaten an Arbeitgeberverbände oder Gewerkschaften gehört nicht zu den Zwecken eines Beschäftigungsverhältnisses gemäß § 26 Abs. 1 Satz 1. Sie ist auch nicht als Übermittlung für andere Zwecke nach Art. 6 Abs. 4 DSGVO zulässig, da Grund zu der Annahme besteht, dass Betroffene ein schutzwürdiges Interesse an der Verhinderung derartiger Informationsflüsse haben. 194

Bezogen auf **Arbeitgeberverbände** ist zu unterstellen, dass Beschäftigte schon wegen der gegensätzlichen Interessenlage nicht wollen, dass sie von diesen direkt angesprochen werden können. Bezogen auf **Gewerkschaften** muss beachtet werden, dass Beschäftigte im Regelfall nicht automatisch damit einverstanden sind, dass Arbeitgeber wissen sollen, ob und wo sie gewerkschaftlich organisiert sind. Etwas anderes kann nur gelten, wenn Gewerkschaftsmitglieder eine wirksame Einwilligung nach Art. 7 DSGVO erteilt haben. 195

Entsprechende **Übermittlungshemmnisse** bestehen weiterhin, wenn Arbeitgeber die Daten von Beschäftigten an sog. **Branchenauskunftsdienste** weitergeben wollen. In Betracht kommen beispielsweise zentrale Auskunftsstellen, die unternehmensübergreifend Informationen über bestimmte Beschäftigte oder Beschäftigtengruppen sammeln (etwa angestellte Außendienstmitarbeiter[349]). 196

6. Übermittlung von Beschäftigtendaten anderer Arbeitgeber

Soll im Zusammenhang mit Arbeitsplatzwechseln eine Kommunikation zwischen alten und neuen Arbeitgebern stattfinden, bedarf diese der datenschutzrechtlichen Legitimation. Aus § 26 Abs. 1 Satz 1 lässt sich eine solche Übermittlung datenschutzrechtlich nicht legitimieren, da es nicht zum Zweck des Beschäftigungsverhältnisses gehört, Auskünfte über Bewerber an Dritte wie insbesondere an potentielle Arbeitgeber zu erteilen. Zudem steht einem solchen Vorgehen das Selbstbestimmungsrecht der Beschäftigten entgegen. 197

Auch aus Art. 6 Abs. 4 DSGVO kann keine Legitimation für eine solche Übermittlung abgeleitet werden, da einer Zweckänderung das Fehlen einer Erforderlichkeit nach § 26 Abs. 1 Satz 1 entgegensteht. Mit Blick darauf, dass sich aus den übermittelten Informationen für Beschäftigte negative Folgen ableiten können, besteht ein Grund zu der Annahme, dass ein schutzwürdiges Interesse am Ausschluss der nicht zu kontrollierenden Übermittlung von personenbezogenen Daten besteht. Zudem ist diese Art der direkten Anforde- 198

347 Zur Definition vgl. Al-Ani, AiB-Sonderheft 9/2015, 10ff.; Benner-*Leimeister/Zogaj/Blohm*, S. 9ff.
348 Wedde, AiB-Sonderheft 9/2015, 26ff.
349 Vgl. Däubler, Gläserne Belegschaften, Rn. 455.

rung von Informationen nicht das mildeste Mittel. Sie ist damit im Ergebnis nicht erforderlich im Sinne von § 26 Abs. 1 Satz 1.

199 Vor diesem Hintergrund sind entsprechende Datenflüsse zwischen einem alten und einem neuen Arbeitgeber nur auf der Grundlage einer Einwilligung der Betroffenen gemäß § 26 Abs. 2 i. V. m. Art. 7 DSGVO möglich. Insoweit entspricht es der Praxis, dass Bewerber vorherige Arbeitgeber eigenständig als Referenz angeben und dass diese dann von potentiellen Arbeitgebern kontaktiert werden können.[350] Auf der Grundlage einer eindeutigen Einwilligung können Daten nicht berücksichtigter Bewerber in eine Datenbank aufgenommen werden, die für künftige Auswahlverfahren genutzt werden soll. Die Betroffenen müssen über diese Aufnahme informiert werden.

200 Ohne das Vorliegen einer Einwilligung sind die Daten nicht berücksichtigter Personen **nach Abschluss des Bewerbungsverfahrens zu löschen**, da für die weitere Speicherung keine datenschutzrechtliche Legitimation besteht. Arbeitgeber haben ohne entsprechende Einwilligung insbesondere kein Recht, Daten abgelehnter Bewerber für einen späteren Datenabgleich bei nochmaliger Bewerbung aufzubewahren.[351] Enthalten Fragebogen unzulässige Angaben aus der Privat- und Intimsphäre, haben die Bewerber einen Anspruch auf deren Vernichtung.[352]

7. Mitwirkungs- und Mitbestimmungsrechte von Betriebs- und Personalräten

201 Die vorstehenden Übermittlungsvorgänge lösen eine Reihe von Mitwirkungs- und Mitbestimmungsrechten von Betriebs- und Personalräten aus. Die Verarbeitung personenbezogener Daten von Beschäftigten durch Betriebs- und Personalräte im Rahmen ihrer kollektiven Rechte ist datenschutzrechtlich zulässig.[353] Dies wird durch den letzten Hlbs. von § 26 Abs. 1 ausdrücklich bestätigt, nach dem eine Verarbeitung von Beschäftigtendaten zur Ausübung oder Erfüllung der sich aus einem Gesetz oder einem Tarifvertrag, einer Betriebs- oder Dienstvereinbarung (Kollektivvereinbarung) ergebenden Rechte und Pflichten der Betriebs- und Personalräte erforderlich ist.

202 Betriebsräte müssen vom Arbeitgeber aufgrund des Mitwirkungsrechts gemäß § 80 Abs. 2 Satz 1 BetrVG **rechtzeitig** und **umfassend** über entsprechende Übermittlungen **unterrichtet werden**. Auf der Grundlage dieser Informationen haben sie gemäß § 80 Abs. 1 Nr. 1 die Verpflichtung, die Einhaltung einschlägiger Schutzgesetze zu überwachen, zu denen auch das BDSG gehört. Weiterhin müssen sie in diesem Rahmen auch über die Ergebnisse durchgeführter **Datenschutz-Folgenabschätzungen** informiert werden (vgl. hierzu Art. 35 DSGVO Rn. 35 und 48 f.).

203 Eine entsprechende Norm findet sich für Personalräte im Bereich der Bundesverwaltung in § 68 Abs. 1 Nr. 2 BPersVG und darüber hinaus für Personalräte in den Landesverwal-

---

350 Ebenso Däubler, Gläserne Belegschaften, Rn. 457 ff., der darauf hinweist, dass in einer Reihe von Landesdatenschutzgesetzen entsprechende Einwilligungen normiert sind.

351 BAG 6.6.1984 – 5 AZR 286/81, NZA 1984, 321.

352 BAG, a. a. O.

353 BAG 14.1.2014, NZA 2014, 738 für Anspruch auf Einblick in Bruttogehaltslisten; vgl. auch Kröll, AiB 12/2014, 66.

tungen in den meisten Landespersonalvertretungsgesetzen.[354] Betriebs- und Personalräte können insoweit alle Informationen verlangen, die sie benötigen, um sich von der Rechtskonformität von Übermittlungen zu überzeugen.

Ein Mitbestimmungsrecht leitet sich für die Fälle der Übermittlungen für Betriebs- und Personalräte weiterhin aus der Tatsache ab, dass die Übermittlungsvorgänge praktisch immer mittels IT-Technik durchgeführt werden. Hieraus resultiert im nichtöffentlichen Bereich das Mitbestimmungsrecht gemäß § 87 Abs. 1 Nr. 6 BetrVG, das Betriebsräte in die Lage versetzt, vom Arbeitgeber zu verlangen, dass Leistungs- und Verhaltenskontrollen entweder nicht möglich sind oder nur in einem durch Vereinbarung definierten Rahmen erfolgen können. Für Personalräte im Bundesbereich leiten sich vergleichbare Mitbestimmungsmöglichkeiten aus § 75 Abs. 3 Nr. 17 BPersVG ab. Darüber hinaus ist das Mitbestimmungsrecht textgleich oder vergleichbar in den meisten Landespersonalvertretungsgesetzen enthalten. 204

Werden für die Befragung von Bewerbern oder von Beschäftigten Personalfragebogen eingesetzt, bedarf deren Inhalt nach § 95 BetrVG der Zustimmung des Betriebsrats.[355] Zulässig sind nur solche Fragen, an deren Beantwortung ein Arbeitgeber ein berechtigtes, billigenswertes und schutzwürdiges Interesse hat.[356] 205

VIII. Übermittlung von Beschäftigtendaten an Stellen außerhalb der Bundesrepublik Deutschland

1. Übermittlung innerhalb der Union

Die Übermittlung von Beschäftigtendaten beschränkt sich in der Praxis geographisch oft nicht mehr auf die Bundesrepublik Deutschland. Grundsätzlich ist es unter den vorstehend genannten datenschutzrechtlichen Voraussetzungen möglich, personenbezogene Daten grenzüberschreitend zu übermitteln und dort von anderen Stellen weiter verarbeiten zu lassen. Die datenschutzrechtliche Situation ist hierbei geographisch zu differenzieren. Erfolgt die weitere Verarbeitung durch Stellen innerhalb der EU und damit im unmittelbaren Anwendungsbereich der DSGVO, ist dies zulässig, sofern die allgemeinen Übermittlungsvoraussetzungen gegeben sind. Mit Blick auf die zwingenden Vorgaben der DSGVO gilt innerhalb der gesamten EU nunmehr ein einheitliches Schutzniveau. 206

An Stellen außerhalb der Europäischen Union kann eine Übermittlung erfolgen, wenn dort ein angemessenes datenschutzrechtliches Schutzniveau besteht oder wenn eine der Art. 49 Abs. 1 DSGVO genannten Ausnahmen vorliegt. Die Angemessenheit des Schutzniveaus kann entweder durch die EU-Kommission festgestellt werden oder auf »geeigneten Garantien« nach Art. 46 DSGVO beruhen. 207

Bezogen auf die für die Übermittlung verwendeten IT-Systeme sind die Mitwirkungs- und Mitbestimmungsrechte der Betriebs- und Personalräte zu beachten. Auf der Grundlage von § 87 Abs. 1 Nr. 6 BetrVG können Betriebsräte beispielsweise festschreiben, welche 208

354 Zu kollektivrechtlichen Handlungsmöglichkeiten von Personalräten Wedde, PersR 11/2014, 19ff.
355 DKKW-*Klebe*, § 94 Rn. 5.
356 Vgl. etwa BAG 5.12.1957 – 1 AZR 594/56, AP Nr. 2 zu § 123 BGB.

Verarbeitungen zulässig und welche Rollen- und Berechtigungskonzepte zugrunde zu legen sind.

2. Übermittlung in Drittstaaten

a) Der grundsätzliche Ausgangspunkt

209 § 26 enthält **keine Sonderregelung** zur Übermittlung von Beschäftigtendaten in Drittländer. Es gelten deshalb die allgemeinen Grundsätze, wie sie in den Art. 44 bis 50 DSGVO niedergelegt sind. Dies bedeutet Folgendes:

- Die **Übermittlung in ein anderes EU- oder EWR-Land** ist in ihrer Zulässigkeit wie eine Datenverarbeitung im Inland zu behandeln. Insoweit erübrigen sich weitere Ausführungen (siehe oben Rn. 206).
- Die **Übermittlung in »sichere« Drittländer**, in Bezug auf die eine Angemessenheitsbeschluss der EU-Kommission nach Art. 45 Abs. 3 DSGVO vorliegt (siehe Art. 45 DSGVO Rn. 5ff.), ist vergleichbar unproblematisch, doch ergibt sich die Frage der Weiterübermittlung in andere Drittländer.
- Die **Übermittlung in »unsichere« Drittländer** wirft bei weitem die meisten Fragen auf. Hier muss eine »**Zweistufenprüfung**« erfolgen (siehe Art. 44 DSGVO Rn. 10). Auf der ersten Stufe ist zu fragen, ob die allgemeinen Voraussetzungen einer Übermittlung gegeben sind. Auf der zweiten Stufe geht es darum, ob »**geeignete Garantien**« vorliegen, die den Datenschutz beim Empfänger sichern: In der Regel sind dies die Standardverträge der EU-Kommission, doch dürften »verbindliche interne Datenschutzbestimmungen« (Binding Corporate Rules – BCR) mit Rücksicht auf die ausdrückliche Regelung in Art. 47 DSGVO erheblich an Bedeutung gewinnen (siehe Art. 47 Rn. 4ff.). Fehlen »geeignete Garantien«, so kann eine Übermittlung nur im Rahmen des Art. 49 stattfinden (siehe Art. 49 DSGVO Rn. 3ff.).

Im Folgenden ist auf einzelne Fragen hinzuweisen, die sich speziell im Hinblick auf Beschäftigtendaten ergeben.

b) Übermittlung in sichere Drittstaaten und Weiterübermittlung

210 Liegt ein **Angemessenheitsbeschluss** der Kommission nach Art. 45 Abs. 3 DSGVO vor, so stellt sich nur das Problem, wie die **Weiterübermittlung in »unsichere« Drittstaaten** zu regeln ist, da diese nach Art. 44 Satz 1 DSGVO gleichfalls den Art. 44ff. DSGVO unterliegt. Die Weiterübermittlung kann den Umständen nach oder aufgrund vertraglicher Abmachung **ausgeschlossen** sein, so dass sich das Problem nicht stellt. Ist dies – wie häufig bei multinationalen Konzernen – anders, so ist Sorge dafür zu tragen, dass die Art. 45ff. beachtet werden. Dies kann in der Weise geschehen, dass von vorne herein festgelegt wird, **Beschäftigtendaten** dürften **nur im Rahmen des Art. 49 DSGVO** in unsichere Drittstaaten übermittelt werden. Will man sich nicht mit einem solchen »Minimum« begnügen, so ist dafür zu sorgen, dass entweder bindende interne Unternehmensregelungen nach Art. 47 DSGVO bestehen oder ein Standardvertrag der EU-Kommission zugrunde gelegt wird. Möglich sind auch genehmigungsbedürftige Einzelverträge (Art. 46 DSGVO Rn. 22), doch wird man in der Regel den mit der Genehmigung verbundenen Aufwand

scheuen. Auch könnten sich Kompetenzprobleme bei der Frage ergeben, ob die deutsche oder eine ausländische Aufsichtsbehörde für die Genehmigung zuständig ist, da es insoweit kein Kohärenzverfahren gibt.

Sind diese Voraussetzungen gewahrt, so spielt es keine Rolle, ob der Datenempfänger Auftragnehmer oder selbst (neuer) Verantwortlicher ist. In diesem Rahmen stellt auch **Cloud Computing** kein Problem dar, solange die Einschaltung von Unterauftragnehmern die allgemeinen Voraussetzungen des Art. 28 DSGVO wahrt.[357] Allerdings ist in besonderem Maße auf die Wahrung des **Transparenzprinzips** nach § 26 Abs. 5 in Verbindung mit Art. 5 Abs. 1 Buchst. a DSGVO zu achten. 211

c) Übermittlung in »unsichere« Drittstaaten

Fehlt es an einem Angemessenheitsbeschluss (der sich auch auf bestimmte Untergliederungen eines fremden Staates wie z. B. Provinzen oder auf einzelne Branchen beschränken kann), so kommen die Art. 46ff. voll zur Geltung. Dabei ist zu unterscheiden: 212

aa) Rückgriff auf Art. 49 DSGVO

Die Übermittlung von Beschäftigtendaten könnte theoretisch auf eine **Einwilligung des Beschäftigten** gestützt werden (Art. 49 Abs. 1 Buchst. a DSGVO), doch wird davon in der Praxis abgeraten. Einmal sprechen auch aus Arbeitgebersicht bestimmte Gründe ganz generell gegen die Nutzung der Einwilligung als Grundlage für Datenverarbeitung im Unternehmen: Die »Freiwilligkeit« gibt häufig zu Zweifeln Anlass und der Beschäftigte hat ein nicht abdingbares Widerrufsrecht nach Art. 7 Abs. 3 DSGVO (Art. 7 DSGVO Rn. 46ff.). Zum zweiten ist die Einwilligung nach Art. 49 Abs. 1 Buchst. a DSGVO mit **zusätzlichen Unsicherheiten** behaftet, weil sie »ausdrücklich« erfolgen muss und weil sie möglicherweise der AGB-Kontrolle nach § 307 Abs. 1 Satz 1 BGB nicht standhält, weil sie den Arbeitnehmer vorwiegend benachteiligt. Auch ist denkbar, dass ihre Tragweite unklar bleibt und damit das Transparenzprinzip des § 307 Abs. 1 Satz 2 BGB verletzt ist.[358] 213

Sehr viel **aussichtsreicher** ist der Rückgriff auf Art. 49 Abs. 1 Buchst. b DSGVO: Der **Arbeitsvertrag** kann Grundlage für die Übermittlung der Informationen sein, die z. B. für die Durchführung der Arbeit im Drittstaat erforderlich sind. Alles, was für den (kürzeren oder längeren) Arbeitseinsatz im Drittstaat erforderlich ist, darf übermittelt werden. Dazu gehören auch die persönlichen Angaben, die ggf. für die Erteilung einer Aufenthalts- und Arbeitserlaubnis notwendig sind. Der Kreis der erfassten Informationen wird noch größer, wenn der Arbeitnehmer nach seinem Arbeitsvertrag auch bei einer in einem »unsicheren« Drittland befindlichen Tochtergesellschaft arbeiten muss. Ein solches **»konzerndimensionales« Arbeitsverhältnis** ist nicht nur zulässig, sondern ermöglicht es auch der ausländischen Tochtergesellschaft, über alle für die Durchführung des Arbeitsverhältnis- 214

357 Zu Cloud Computing als Form der Auftragsdatenverarbeitung s. Borges/Meents-Borges, § 7 Rn. 1ff. (zum früheren Recht).

358 Bedenken gegen den Weg über die Einwilligung speziell in diesem Fall auch bei Paal/Pauly-*Pauly*, Art. 49 Rn. 10.

ses erforderlichen Angaben zu verfügen.[359] Dieselben Grundsätze gelten im Übrigen für diejenigen Beschäftigten im Sinne des Abs. 8, die **nicht als Arbeitnehmer tätig** sind.

215 Art. 49 bietet keine Rechtsgrundlage dafür, dass darüber hinaus weitere personenbezogene Daten in das Drittland übermittelt werden. So lassen sich insbesondere **Datensysteme für konzernweite Personaldispositionen** nicht in einem »unsicheren« Drittland konzentrieren.[360] Weiter ist diese Beschränkung in all den Fällen bedeutsam, wo im Rahmen multinationaler Konzerne auch solche **Führungskräfte Zugriff** auf zentrale Dateien haben, die in einem »unsicheren« Drittland tätig sind. Eine Übermittlung liegt nach Art. 4 Nr. 2 auch dann vor, wenn **Daten** lediglich **bereitgehalten** werden, ohne dass ein Abruf erfolgen würde (siehe Art. 4 DSGVO Rn. 44). Auch ein Zugriffsrecht erfüllt daher die Voraussetzung einer Übermittlung und muss deshalb auf die »vertragsbezogenen« Daten beschränkt werden.

bb) Rückgriff auf EU-Standardverträge

216 In zahlreichen Fällen ist es möglich, auf die EU-Standardverträge zurückzugreifen (zu ihnen Art. 46 DSGVO Rn. 11 ff.). Dabei ergibt sich allerdings bei dem zweiten Standardvertrag zur Übermittlung an einen in einem Drittland ansässigen Verantwortlichen (»**Set II**«) das Problem, dass er keine Ansprüche der betroffenen Personen gegen den inländischen Verarbeiter vorsieht. Deshalb ist er für die Übermittlung von Beschäftigtendaten nach Ansicht der Aufsichtsbehörden ungeeignet, weshalb empfohlen wird, entweder auf Set I auszuweichen oder aber Set II um Regeln zu ergänzen, die den Beschäftigten derartige Rechte verschaffen.[361] In diesem Fall wie auch darüber hinaus tut es der Gültigkeit der **Standardverträge** keinen Abbruch, wenn sie **durch weitere Abmachungen ergänzt** werden, soweit ihr Inhalt als solcher unberührt bleibt (Art. 46 DSGVO Rn. 11). Standardverträge bestehen auch für die Auftragsverarbeitung, was von besonderer Bedeutung für das Cloud Computing ist.

cc) Rückgriff auf verbindliche interne Datenschutzvorschriften

217 Verbindliche interne Datenschutzvorschriften müssen zwischen den beteiligten Unternehmen, aber auch **für die dort Beschäftigten verbindlich** sein. Dies kann durch Bezugnahme im Arbeitsvertrag oder durch seine nachträgliche Ergänzung geschehen.[362] Soweit die Datenschutzvorschriften den gesetzlichen Voraussetzungen (vgl. Art. 47) entsprechen und von der Aufsichtsbehörde genehmigt wurden, sind Übermittlungen zulässig, soweit sie sich in diesem Rahmen halten und außerdem die allgemeinen Voraussetzungen für diese Form der Datenverarbeitung erfüllen. Inwieweit auch Auftragsverarbeitungen er-

---

359 Zum konzerndimensionalen Arbeitsverhältnis s. Däubler, Gläserne Belegschaften, Rn. 450 ff.; vgl. auch Auernhammer-*Hladjk*, Art. 49 Rn. 3; v.d. Bussche/Voigt-*Wedde*, Teil 3 Kap. 6 Rn. 34.
360 So zutreffend Ehmann/Selmayr-*Zerdick*, Art. 49 Rn. 10.
361 Paal/Pauly-*Pauly*, Art. 46 Rn. 27; Däubler, Gläserne Belegschaften, Rn. 507d.
362 Paal/Pauly-*Pauly*, Art. 47 Rn. 21; weitere Möglichkeiten bei Auernhammer-*Hladjk*, Art. 46 Rn. 12.

fasst sind, ist im konkreten Fall zu prüfen; das Ergebnis ist für die Nutzung von Cloud Computing allerdings von zentraler Bedeutung.

d) Stellung der betrieblichen Interessenvertretung

Die DSGVO hat den betrieblichen Interessenvertretungen keine Aufmerksamkeit gewidmet. § 26 BDSG spricht sie zwar an, behandelt aber nicht ihre **spezifische Stellung bei der grenzüberschreitenden Datenübermittlung**. Gleichwohl dürfen auch in diesem Bereich ihre Rechte nicht beeinträchtigt werden. 218

Was zunächst die **Auftragsdatenverarbeitung** betrifft, so bleibt diese grundsätzlich ohne Einfluss auf die Überwachungsaufgabe des Betriebsrats. Notfalls muss der Arbeitgeber durch entsprechende Gestaltung der **Verträge mit dem Auftragsverarbeiter** sicherstellen, dass der Betriebsrat auch dort Überprüfungsmöglichkeiten besitzt.[363] Dies ist eine notwendige Folge der Tatsache, dass der Arbeitgeber durch die Einschaltung Dritter die **Stellung des Betriebsrats nicht verschlechtern** darf. An dieser Situation ändert sich nichts, wenn der Auftragsverarbeiter seinen Sitz im Ausland hat. Rein faktisch wird eine **Kontrolle** allerdings **schwieriger**, wenn der Betriebsrat um die halbe Welt reisen müsste, um eine Kontrollinspektion beim Auftragsverarbeiter durchzuführen. In solchen Fällen müssen andere Formen der Kontrolle gefunden werden. Neben einer »Fernabfrage« (die weitreichende Zugriffsrechte voraussetzt) kommt eine regelmäßige Bewertung des Auftragsverarbeiters durch eine Kommission in Betracht, an der auch der Betriebsrat beteiligt ist. Dies kann insbesondere beim **Cloud Computing** Bedeutung gewinnen. 219

Findet keine Auftragsverarbeitung sondern eine Übermittlung an einen anderen Verantwortlichen statt, so hat der Betriebsrat ein **Mitbestimmungsrecht nach § 87 Abs. 1 Nr. 6 BetrVG**. Die Erweiterung derjenigen, die über die Daten nach eigenen Vorstellungen verfügen können, verändert das technische System und schafft zusätzliche Möglichkeiten der Auswertung, die sich auch auf Verhalten und Leistung beziehen kann. Von daher besteht am Mitbestimmungsrecht des Betriebsrats kein Zweifel. Im Rahmen des Mitbestimmungsverfahrens kann der Betriebsrat versuchen, gewisse Kontrollrechte durchzusetzen. Sie können etwa darin bestehen, dass er **Informationsrechte** über den Umgang mit den Beschäftigtendaten im Ausland erhält – sei es, dass er sich im Rahmen eines Online-Verfahrens selbst sachkundig machen kann, sei es dadurch, dass der Arbeitgeber sich zu Auskünften verpflichtet und zugleich durch Vertrag mit dem ausländischen Datenempfänger sicher stellt, dass er immer die nötigen Informationen erhalten kann. Eine entsprechende Regelung ist nicht nur als **Ergänzung** des Standardvertrages, sondern auch als Teil der verbindlichen internen Datenschutzvorschriften vorstellbar.[364] 220

Im **öffentlichen Dienst** spielt die grenzüberschreitende Übermittlung von Beschäftigtendaten eine geringere Rolle als in der gewerblichen Wirtschaft. Bei der Auftragsdatenver- 221

363 BAG 27.1.2004 – 1 ABR 7/03, NZA 2004, 556 = DuD 2004, 433; LAG Frankfurt 9.10.1984 – 5 TaBV 104/84, NZA 1985, S. 34, 35; LAG Hamburg 20.6.1985 – 7 TaBV 10/84, CR 1986, S. 478; ebenso der Sache nach BAG 17.3.1987 – 1 ABR 59/85, DB 1987, S. 1493, und Kort, CR 1988, S. 223.

364 Frühe Überlegungen dazu samt (der Praxis entnommener) Betriebsvereinbarung bei Däubler, AiB 1997, 258, 265.

arbeitung ist dem Personalrat dieselbe Rechtsstellung zuzusprechen wie dem Betriebsrat; für eine Differenzierung fehlt jeder sachliche Grund. Was die **Mitbestimmung** betrifft, so entspricht § 75 Abs. 3 Nr. 17 BPersG weitestgehend auch in der Auslegung dem § 87 Abs. 1 Nr. 6 BetrVG,[365] so dass sich die Ausführungen oben (Rn. 219ff.) unschwer hierher übertragen lassen.

IX. Datenverarbeitung aufgrund einer Einwilligung des Beschäftigten (Abs. 2)

1. Der Ausgangspunkt

222 Die Einwilligung durch einen Beschäftigten hat in der DSGVO keine ausdrückliche Erwähnung gefunden. Im Gegensatz dazu hatte der Kommissionsentwurf noch für ein ausdrückliches Verbot plädiert. In der Endfassung ist davon nur **ErwGr. 155** geblieben, wonach die Mitgliedstaaten befugt sind, Vorschriften über die Bedingungen zu erlassen, unter denen Beschäftigtendaten »auf der Grundlage der Einwilligung des Beschäftigten« verarbeitet werden dürfen. Dies hat nicht nur die Bedeutung einer Ermächtigung,[366] sondern enthält zugleich die Aussage, dass eine **wirksame Einwilligung nicht generell ausgeschlossen** ist, sondern lediglich an spezifische Bedingungen geknüpft werden darf. Dies wird auch in der Literatur so gesehen.[367]

223 **Abs. 2 Satz 1 und 2** benennen Kriterien der Freiwilligkeit. **Satz 3** schreibt wie das bisherige Recht für den Regelfall die Schriftform vor, doch hat das Zweite Datenschutz-Anpassungs- und -Umsetzungsgesetz[368] die elektronische Form ausdrücklich gleichgestellt. Dies setzt nach § 126a BGB eine (selten benutzte) elektronische Signatur voraus. Der Bericht des Innenausschusses, wonach die Abspeicherung durch den Arbeitgeber als E-Mail genüge,[369] ändert daran nichts; Erteilung der Einwilligung durch E-Mail genügt nicht. Eine Abweichung vom BGB hätte im Text zum Ausdruck kommen müssen. Die Begründung besagt wenig, weil sich auch eine Erklärung nach § 126a BGB als E-Mail speichern lässt.[370] **Satz 4** verpflichtet den Arbeitgeber, den Beschäftigten über den Zweck der Datenverarbeitung und sein Widerrufsrecht nach Art. 7 Abs. 3 DSGVO in Textform aufzuklären. **Soweit** Abs. 2 **keine Regelung** trifft, gelten die allgemeinen **Grundsätze der DSGVO** (siehe Art. 7 DSGVO Rn. 11ff.).

2. Freiwilligkeit

224 Nach Abs. 2 Satz 1 muss bei der Beurteilung der Freiwilligkeit neben den konkreten Umständen, unter denen die Einwilligung erklärt wird, die **Abhängigkeit** berücksichtigt werden, die **im Beschäftigungsverhältnis** besteht. Nach der amtlichen Begründung des Regierungsentwurfs ist die betroffene Person vor dem Abschluss des Arbeitsvertrags einem

---

365 Zusammenstellung bei Däubler, Gläserne Belegschaften, Rn. 839ff.
366 So auch Düwell/Brink, NZA 2017, 1081, 1085.
367 Wybitul, NZA 2017, 413, 416; ähnlich Gola, BB 2017, 1462, 1467.
368 BGBl. I S. 1626.
369 BT-Drucksache 19/11181 S. 19.
370 Anders Thüsing/Rombey, NZA 2019, 1399ff.

höheren Druck ausgesetzt als danach.[371] Konkreter wird Satz 2: Freiwilligkeit kann insbesondere vorliegen, wenn für die beschäftigte Person ein **rechtlicher oder wirtschaftlicher Vorteil** erreicht wird oder wenn Arbeitgeber und Arbeitnehmer **gleichgerichtete Interessen** verfolgen. Daraus wird man schließen können, dass immer dann, wenn die Einwilligung **dem Beschäftigten lediglich Nachteile** bringt, nicht von Freiwilligkeit die Rede sein kann.[372] Dies alles wird an Beispielen deutlich.

Ist die **Weitergabe von Daten an** ein **anderes Konzernunternehmen** Voraussetzung für 225
eine konzernweite Sonderleistung wie z. B. eine Aktienoption, so ist im Regelfall von Freiwilligkeit auszugehen. Dasselbe gilt dann, wenn der Beschäftigte den **Wunsch** äußert, dass seine Bewerbungsunterlagen für den Fall, dass er die erstrebte Stelle nicht erhält, an ein anderes Konzernunternehmen weitergegeben werden. Weitere Beispiele sind die **Teilnahme an** einem betrieblichen **Gesundheitsmanagement** und die Erlaubnis, die betrieblichen Telekommunikationseinrichtungen auch für private Zwecke zu verwenden.[373] Weiter werden konzernweite Personalentwicklungssysteme sowie die Gewährung von Konzern- oder Firmenrabatt, die Bereitstellung einer preiswerten Dienstwohnung sowie die Gewährung eines Arbeitgeberdarlehens genannt.[374] Gleichgerichtete Interessen sind dann anzunehmen, wenn ein **Werbefilm** über die Arbeit im Betrieb gedreht wird und sich Beschäftigte auf eigene Initiative daran beteiligen können.[375]

Umgekehrt **entfällt** die **Freiwilligkeit**, wenn der Bewerber einwilligt, dass der Arbeitgeber 226
die **Grenzen seines Fragerechts überschreiten** darf.[376] Dies gilt in der Einstellungssituation genauso wie während des Beschäftigungsverhältnisses. So kann auch eine Einwilligung es nicht rechtfertigen, persönliche Angaben wie die Privatadresse oder gar Abmahnungen auf der Firmenwebseite zu veröffentlichen, da es am berechtigten Interesse des Arbeitgebers fehlt. Weiter wäre eine dem Arbeitgeber gegenüber abgegebene Erklärung des Beschäftigten, dieser könne **jederzeit** den ihm für die private Ablage zur Verfügung gestellten **Spind öffnen** und kontrollieren,[377] keine freiwillige Einwilligung mehr. Erst recht gilt dies, wenn der Arbeitgeber **Nachteile** für den Fall **androht,** dass der Arbeitnehmer die Einwilligung verweigert. Das BAG nimmt in einem solchen Fall schon unter dem alten Recht sogar einen »groben Verstoß gegen die arbeitgeberseitigen Pflichten aus § 241 Abs. 2 BGB und § 612a BGB« an, der zum Schadensersatz verpflichtet.[378] Die Freiwilligkeit ist auch dann aufgehoben, wenn der **Arbeitnehmer davon ausgeht**, ihm könnten bei einer Verweigerung Nachteile drohen, sofern diese Befürchtung nicht völlig aus der Luft gegriffen ist. Dies gilt in gleicher Weise auch für Einwilligungen, die außerhalb des Beschäftigungskontextes abgegeben werden.[379]

---

371 BT-Drs. 18/11325, S. 98.

372 So zutreffend Wybitul, NZA 2017, 413, 416.

373 Beide Beispiele bei Gola, BB 2017, 1462, 1467.

374 SHS-*Seifert*, Art. 88 Rn. 217.

375 Siehe den ähnlichen Fall BAG 11. 12. 2014 – 8 AZR 1010/13, NZA 2015, 604; Bedenken gegen das Vorliegen gleichgerichteter Interessen bei SHS-*Seifert*, Art. 88 Rn. 217.

376 Gola, BB 2017, 1462, 1468; Plath-*Stamer/Kuhnke*, § 26 Rn. 24; siehe auch oben Rn. 49.

377 Siehe den Sachverhalt in BAG 20. 6. 2013 – 2 AZR 546/12, ZD 2014, 260.

378 BAG 11. 12. 2014 – 8 AZR 1010/13, NZA 2015, 604, 607 Tz. 32.

379 Zur »Freiwilligkeit« nach Art. 4 Nr. 11 DSGVO s. zusammenfassend Art. 7 Rn. 42.

3. Form der Einwilligung

227 Der Gesetzgeber ist für das Beschäftigungsverhältnis zunächst zur Regelung des § 4a BDSG-alt zurückgekehrt, wonach die Einwilligung der Schriftform bedarf, sofern nicht wegen besonderer Umstände eine andere Form angemessen ist. Durch das Zweite Datenschutz-Anpassungs- und -Umsetzungsgesetz EU[380] hat er die elektronische Form ausdrücklich gleichgestellt. Damit bewegt sich der Gesetzgeber im Rahmen der Ermächtigung des Art. 88 Abs. 1 DSGVO.[381] Schriftform bedeutet nach § 126 BGB **eigenhändige Unterschrift** mit Familiennamen,[382] die durchaus ihre Eigenwilligkeiten haben kann.[383] Durch das sog. Formgesetz vom 13. Juli 2001[384] ist die **elektronische Form** eingeführt worden, die schon bisher der Schriftform gleichstand.[385] Nach § 126a BGB verlangt sie, dass dem elektronischen Dokument der Name des Ausstellers beigefügt und dass dieses mit einer qualifizierten elektronischen Signatur versehen wird. Den meisten Mitbürgern stehen allerdings die technischen Voraussetzungen für eine qualifizierte elektronische Signatur bisher nicht zur Verfügung. Die Schriftform hat ebenso wie die elektronische Form **Warnfunktion**, soll also den Betroffenen vor einer Entscheidung zum Nachdenken veranlassen.[386] Außerdem schafft sie für alle Beteiligten eine höhere Rechtssicherheit.[387]

228 Ein Fax und eine **E-Mail** genügen nach allgemeiner Auffassung **nicht**.[388] Dies gilt auch bei elektronisch geschlossenen Verträgen sowie dann, wenn die Unterschrift eingescannt ist.[389] Unzureichend ist auch ein **Aushang im Sprechzimmer eines Arztes**, wonach die Daten an die ärztliche Verrechnungsstelle weitergegeben werden.[390] Auch insoweit ist Schriftform zu verlangen.[391] Der **ärztliche Schriftverkehr** kann außerhalb der Auftragsdatenverarbeitung nach Art. 28 DSGVO nicht auf Dritte verlagert werden, sofern der Patient nicht vorher eingewilligt hat.[392]

229 Eine »**besondere Situation**«, in der man **von der Schriftform** oder der elektronischen Form **absehen** kann, liegt etwa dann vor, wenn wie bei einer Meinungsbefragung die »Verschriftlichung« einen von niemandem erwarteten unzumutbaren Aufwand darstellen würde.[393] Eine solche Situation wird bei Arbeitnehmerdaten selten vorliegen,[394] ist jedoch

---

380 BGBl. I S. 1626.

381 Kort, ZD 2017, 319, 321 (für die Schriftform).

382 Gegen die Anwendung des § 126 BGB Thüsing/Schmidt/Forst, RDV 2017, 116, 118ff.

383 Einzelheiten bei Däubler, BGB kompakt, Kap. 11 Rn. 40ff.

384 BGBl. I, 1542.

385 Dazu DKKW-*Wedde*, Einl. Rn. 187f.; insoweit hat die Änderung des § 26 Abs. 2 nur deklaratorische Bedeutung.

386 Von »Schutz- und Warnfunktion« spricht OLG Karlsruhe 28.6.2017 – 1 Rb 8 Ss 540/16, RDV 2017, 253.

387 Roßnagel/Pfitzmann/Garstka, S. 93.

388 Mester, S. 87; Plath-*Plath*, § 4a Rn. 14; Simitis-*Simitis*, § 4a Rn. 34; Taeger/Gabel-*Taeger*, § 4a Rn. 36; TEG, S. 321; Auernhammer-*Kramer*, § 4a Rn. 24 (zum früheren Recht, doch hat sich insoweit nichts geändert).

389 BMH, § 4a Rn. 84; Mester, S. 87.

390 BGH 20.5.1992 – VIII ZR 240/91, NJW 1992, 2348; OLG Düsseldorf 4.3.1994 – 22 U 257/93, NJW 1994, 2421.

391 BMH, § 4a Rn. 58.

392 BMH, § 4a Rn. 66.

393 BMH, § 4a Rn. 85.

auch nicht ausgeschlossen.[395] Auch andere spezifische Umstände kommen in Betracht, die etwa dann vorliegen können, wenn die betroffene Person **an einer schnellen Erledigung** der Angelegenheit **interessiert** ist.[396] Im Arbeitsrecht ist allerdings beim Rückgriff auf diesen Ausnahmetatbestand Vorsicht geboten, da sich die Eilbedürftigkeit auch aus organisatorischen Defiziten im Arbeitsablauf ergeben kann, für die der Arbeitgeber einzustehen hat und die deshalb keinen Verzicht auf Schutznormen zugunsten des Arbeitnehmers rechtfertigen kann.[397] Weniger problematisch ist der Fall, dass der Arbeitnehmer selbst ein Medium wie das Internet wählt, bei dem die nicht-schriftliche Datenerfassung eine übliche Begleiterscheinung ist.[398] Weiter kann im Rahmen einer langjährigen geschäftlichen Beziehung auf die Schriftform verzichtet werden, es sei denn, es würden neue Zwecke verfolgt.[399] Auch in solchen Situationen sind aber die allgemeinen Voraussetzungen einer Einwilligungserklärung zu wahren, wie sie sich aus der DSGVO ergeben (siehe Art. 7 DSGVO Rn. 18ff.).

4. Hinweise durch den Arbeitgeber

Nach **Abs. 2 Satz 4** hat der Arbeitgeber die beschäftigte Person über den **Zweck der Datenverarbeitung** zu informieren. Dies folgt an sich schon aus Art. 13 Abs. 1 Buchst. c DSGVO, ist jedoch hier noch einmal aufgenommen, weil die Abs. 1 bis 6 nach Abs. 7 auch für eine Datenverarbeitung gelten, die nicht in einem Dateisystem erfolgt. Von erheblicher praktischer Bedeutung ist der weiter geschuldete **Hinweis auf das Widerrufsrecht** nach Art. 7 Abs. 3 DSGVO. Beides darf nicht mündlich, sondern muss in Textform erfolgen. 230

5. Bedeutung der Einwilligung im Beschäftigungsverhältnis

In der Literatur wird mit Recht hervorgehoben, dass die Einwilligung der Beschäftigten für den Arbeitgeber nur ausnahmsweise als Grundlage einer Verarbeitung herangezogen wird.[400] Maßgebend dafür ist die immer noch gegebene Unsicherheit, wann eine »freiwillige« Einwilligung« vorliegt. Würde sich im Rahmen einer gerichtlichen Auseinandersetzung herausstellen, dass die Freiwilligkeit fehlte, wäre die Einwilligung insgesamt unwirksam. Zweiter **Unsicherheitsfaktor** ist das Widerrufsrecht nach Art. 7 Abs. 3 DSGVO, das jederzeit auch ohne besonderen rechtfertigenden Grund ausgeübt werden kann (Art. 7 DSGVO Rn. 46). 231

---

394 Mester, S. 87.

395 Zu weit geht allerdings die Auffassung von Wybitul, NZA 2017, 413, 417, der ggf. auch »für Beschäftigungsverhältnisse insgesamt spezifische Umstände« genügen lassen will.

396 Simitis-*Simitis*, 8. Aufl., § 4a Rn. 45; TEG, S. 323.

397 Ebenso Thüsing-*Thüsing/Traut*, § 5 Rn. 8.

398 Taeger/Gabel-*Taeger*, § 4a Rn. 35 verweist auf die Eintragung von Daten in ein Internet-Formular, wobei jedoch die »Warnfunktion« durch andere Mittel erfüllt werden muss; siehe als weiteres Beispiel den Wertpapierhandel – s. Petri, RDV 2007, 153, 157.

399 Simitis-*Simitis*, 8. Aufl., § 4a Rn. 46; ähnlich Roßnagel-*Holznagel/Sonntag*, Kap. 4.8. Rn. 29.

400 Schmidl/Tannen, DB 2017, 1633, 1638.

6. Der Sonderfall: Fotos im Internet

232 Nach der Sondervorschrift des **§ 22 KUG** dürfen Fotos nur mit Einwilligung des Abgebildeten verbreitet werden.[401] Ein geschäftliches Interesse des Arbeitgebers genügt für sich allein nicht. § 22 KUG **gilt** auch unter der DSGVO **weiter**, da er sich in den meisten Fällen auf die Öffnungsklausel des Art. 95 Abs. 1 DSGVO stützen lässt.[402] Soweit Fotos im Rahmen eines Beschäftigungsverhältnisses Verwendung finden, ist die Öffnungsklausel des Art. 88 Abs. 1 DSGVO einschlägig.

232a Die **Einwilligung** des Beschäftigten muss den **Voraussetzungen des § 26 Abs. 2** entsprechen, im Regelfall also schriftlich (oder elektronisch) abgegeben werden.[403] Sie kann aber auch im Arbeitsvertrag liegen, wenn den Umständen nach damit zu rechnen ist, dass die Tätigkeit des Beschäftigten auf einem »Event« auch fotografiert werden wird.[404] Dazu könnte man beispielsweise ein Betriebsfest rechnen, wenn der Einzelne auf Fotos erscheint und dabei nicht mit Namen genannt oder besonders unvorteilhaft dargestellt wird.[405] An den Voraussetzungen einer Einwilligung fehlt es, wenn ein Foto lediglich in das Facebook-Profil eingestellt wird;[406] man kann es also nicht einfach von dort kopieren und weiter verbreiten. Außerdem muss die Einwilligung »freiwillig« erfolgen, da sonst Wertungswidersprüche eintreten würden: Während etwa die Veröffentlichung der Privatadresse nur unter Wahrung aller Voraussetzungen der DSGVO und des § 26 Abs. 2 möglich wäre, würde dies bei einem Foto nicht der Fall sein.[407]

233 Auch die nach § 22 KUG gegebene **Einwilligung** kann mit Wirkung für die Zukunft **widerrufen werden**. Dies gilt allerdings nicht, wenn wie bei einem Mannequin das Abgebildet-Werden Teil der arbeitsvertraglichen Hauptpflicht ist, die nicht auf diese Weise zur Disposition einer Seite gestellt werden darf.[408] Ist das Widerrufsrecht nicht ausdrücklich im Arbeitsvertrag oder einer sonstigen Abrede zwischen Arbeitgeber und Arbeitnehmer

---

401 Eine Ausnahme gilt nach § 23 KUG grundsätzlich für Persönlichkeiten der Zeitgeschichte sowie dann, wenn die Person nur »Beiwerk« ist. das Vorliegen dieses Ausnahmetatbestands muss derjenige beweisen, der das Bild verbreitet (LG Frankfurt/M. 9.2.2017 – 2–03 S 16/16, ZD 2017, 391.) Private Fotografen haben überdies zu beachten, dass § 201a StGB seit kurzem das Fotografieren mit Strafe bedroht, wenn die Abbildung die Hilflosigkeit eines Menschen zur Schau stellt. Dazu kritisch Wieduwilt, K&R 2015, 83.

402 OLG Köln 18.6.2018 – 15 W 27/18, RDV 2018, 285 = DuD 2018, 714.

403 Eingehend Lorenz, ZD 2012, 367ff.; ebenso im Ergebnis Plath-*Stamer/Kuhnke*, § 26 Rn. 147; SHS-*Seifert*, Art. 88 Rn. 186.; anders wohl das Bayerische Landesamt für Datenschutz, mitgeteilt bei Gola, RDV 2017, 133, der eine konkludente Einwilligung durch Teilnahme an der Fotografieraktion annahm.

404 BGH 11.11.2014 – VI ZR 9/14, K&R 2015, 252.

405 Ebenso BGH 8.4.2014 – VI ZR 197/13, ZD 2014, 468 für das Mieterfest einer Hausgenossenschaft, wobei die Verbreitung allerdings in einer Informationsbroschüre, nicht im Internet erfolgte und das Gericht einen Vorgang der Zeitgeschichte im Sinne des § 23 KUG annahm.

406 Für konkludente Einwilligung dagegen OLG Köln, 9.2.2010 – 15 U 107/09, MMR 2011, 323; das LAG Rheinland-Pfalz (30.11.2012 – 6 Sa 271/12, ZD 2013, 186) lässt gleichfalls eine konkludente Einwilligung genügen, die im Erscheinen bei einem für die ganze Belegschaft an einem Samstagvormittag angesetzten Fototermin gesehen wurde.

407 Die Frage der Freiwilligkeit blieb unerörtert bei LAG Rheinland-Pfalz 30.11.2012 – 6 Sa 271/12, ZD 2013, 286.

408 Vgl. Gola/Schomerus, 12. Aufl., § 32 Rn. 32.

festgehalten,[409] so wird zum Teil erwogen, es vom Vorliegen eines wichtigen Grundes abhängen zu lassen, doch lässt sich das unter der Geltung des Art. 7 Abs. 3 DSGVO nicht mehr aufrecht erhalten:[410] Dieser verlangt keinerlei Voraussetzungen für einen Widerruf und kann auch nicht vertraglich eingeschränkt werden. **Scheidet** der **Arbeitnehmer** aus dem Arbeitsverhältnis **aus**, so kann unterstellt werden, dass er nicht mehr damit einverstanden ist, dass der frühere Arbeitgeber weiter mit seinem Bild wirbt; anders dann, wenn es bei der Darstellung nicht gerade auf ihn als Person ankam.[411] Im ersten Fall ist jeder Hinweis auf die fragliche Person zu entfernen;[412] im zweiten muss der Ausgeschiedene die Entfernung ausdrücklich verlangen.[413]

Spezifische Probleme ergeben sich dann, wenn das **Foto** des Arbeitnehmers **Teil einer größeren Abbildung** ist und die Entfernung einer Person eine sichtbare Lücke hinterlassen und deshalb Irritationen beim Betrachter hervorrufen würde. Das ArbG Frankfurt/Main[414] nennt als alternative Mittel das Retouchieren und das Verpixeln des Gesichts sowie die Hinzufügung schwarzer Balken, wie dies bei der Boulevard-Presse üblich sei. Je nach Kontext wird das Retouchieren des Gesichts die schonendste Maßnahme sein, die einerseits die Rechte des Betroffenen wahrt, andererseits jedoch die Interessen des Arbeitgebers nicht übermäßig beeinträchtigt. Auch kommt die Anfertigung eines neuen Fotos ohne die fragliche Person in Betracht.[415] 234

Neben dem Recht des Arbeitnehmers am eigenen Bild ist in manchen Fällen auch das Urheberrecht des Fotografen zu beachten.[416] Insoweit bedarf es gleichfalls einer Einwilligung. Wird der Fotograf nicht gefragt oder verweigert er seine Zustimmung, so muss die Veröffentlichung unterblieben; erfolgt sie dennoch, steht ihm ein Unterlassungs- und evtl. auch ein Schadensersatzanspruch zu.[417] 234a

X. Verarbeitung sensitiver Daten (Abs. 3)

Die **Verarbeitung besonderer Kategorien personenbezogener Beschäftigtendaten** durch Arbeitgeber ist nach Abs. 3 Satz 1 in Abweichung von dem allgemeinen Verbot in Art. 9 Abs. 1 DSGVO für bestimmte Zwecke zulässig. Die insgesamt abschließende Aufzählung der zulässigen Zwecke beschränkt sich auf **zwei Zielrichtungen** und **drei rechtliche Bereiche**: Besondere Kategorien personenbezogener Beschäftigtendaten dürfen von Arbeitgebern als Verantwortlichen ausnahmsweise nur dann verarbeitet werden, wenn 235

409 Eine entsprechende Klausel existierte im Fall ArbG Frankfurt/Main, 20.6.2012 – 7 Ca 1649/12, ZD 2012, 530.

410 SHS-*Seifert*, Art. 88 Rn. 186.

411 LAG Köln, 10.7.2009 – 7 Ta 126/09, K&R 2010, 144 = DuD 2009, 765.

412 Siehe den Sachverhalt in LG Köln, 8.6.2011 – 28 O 859/10, RDV 2012, 253, wo von einer Call-Girl-Agentur weiter mit dem Namen und dem Bild einer inzwischen ausgeschiedenen Frau geworben wurde; siehe weiter den Fall bei Köppen, CuA 6/2019 S. 34.

413 Nach LAG Rheinland-Pfalz (30.11.2012 – 6 Sa 271/12, ZD 2013, 286) ist auch dann zumindest noch für eine Übergangszeit ein Verbleiben des Fotos im Netz zumutbar.

414 20.6.2012 – 7 Ca 1649/12, ZD 2012, 530, 531; zustimmend LAG Rheinland-Pfalz 30.11.2012 – 6 Sa 271/12, ZD 2013, 286, 288.

415 So im Fall des Bayerischen LDA, mitgeteilt be Gola, RDV 2017, 133.

416 Fischer, NZA 2018, 9.

417 Gola, Handbuch, Rn. 1084.

dies zur Ausübung von Rechten oder zur Erfüllung rechtlicher Pflichten aus den Bereichen »Arbeitsrecht«, »Recht der sozialen Sicherheit« oder »Sozialschutz« erforderlich ist. In allen Fällen muss die Verarbeitung unterbleiben, wenn das schutzwürdige Interesse der Betroffenen am Ausschluss der Verarbeitung überwiegt.

236 Nach Abs. 3 Satz 2 kann die Verarbeitung besonderer Kategorien von Beschäftigtendaten alternativ auch auf der Grundlage einer Einwilligung nach § 26 Abs. 2 erfolgen. In diesen Fällen muss sich die **Einwilligung** ausdrücklich auf besonderen Kategorien von Beschäftigtendaten beziehen.

237 Die Verarbeitung besonderer Arten personenbezogener Beschäftigtendaten steht nach Abs. 3 Satz 3 unter der ausdrücklichen Vorgabe der entsprechenden Geltung der in § 22 Abs. 2 genannten technischen und organisatorischen Maßnahmen zur **Datensicherheit**.

238 Abs. 1 Satz 1 wird mit dem Hinweis eingeleitet, dass die Verarbeitung besonderer Arten personenbezogener Daten »abweichend« von Art. 9 Abs. 1 DSGVO zulässig ist. Diese Formulierung verdeutlicht, dass die Erlaubnistatbestände des § 26 insgesamt unabhängig neben den allgemeinen Erlaubnisregelungen stehen, die die DSGVO in Art. 6 Abs. 1 und in Art. 9 Abs. 2 enthält. § 26 ist für die Verarbeitung aller Beschäftigtendaten damit die alleinige Rechtsgrundlage. Insofern ist insbesondere der Rückgriff auf Art. 6 Abs. 1 Buchst. f als Rechtfertigung der Verarbeitung von Beschäftigtendaten durch Arbeitgeber nicht möglich (vgl. auch Rn. 17). Ist die Verarbeitung besonderer Kategorien von Beschäftigtendaten nicht für die in Abs. 3 genannten Fälle erforderlich, kann sie nicht durch allgemeinere Tatbestände legitimiert werden.

239 Die in Abs. 3 Satz 1 enthaltene Aufzählung der zulässigen Zwecke und Zielrichtungen sowie der einschlägigen rechtlichen Bereiche ist **abschließend**. Mit Blick auf die hohe Sensitivität der in Rede stehenden Daten ist weiterhin eine **enge Auslegung** der Erforderlichkeit notwendig.

240 Eine Verarbeitung von besonderen Kategorien von Beschäftigtendaten ist nur zulässig, wenn dies für die Ausübung von Rechten oder zur Erfüllung rechtlicher Pflichten erforderlich ist, die dem Arbeitgeber zwingend auferlegt werden. Hierbei kann es sich nur um Rechte und Pflichten handeln, die bezogen auf Beschäftigungsverhältnisse gesetzlich normiert sind oder die durch eine Kollektivvereinbarung nach § 26 Abs. 4 begründet werden. Außerhalb dieses Rahmens kann eine Verarbeitung besonderer Kategorien personenbezogener Beschäftigtendaten auf der Grundlage von Abs. 3 nicht durchgeführt werden.[418]

241 Als einschlägige gesetzliche Erlaubnisnormen für die Verarbeitung besonderer Kategorien personenbezogener Daten aus dem Bereich des **Arbeitsrechts** kommen nur solche Vorschriften in Betracht, die eine Verarbeitung dieser Informationen ausdrücklich zulassen oder sogar vorschreiben. Hierzu gehört beispielsweise die Anzeige einer krankheitsbedingten Arbeitsunfähigkeit nach § 5 Abs. 1 EFZG.

242 Bezogen auf das Recht der **sozialen Sicherheit** und des **Sozialschutzes**, das seine wichtigste Grundlagen im SGB hat, gibt es zahlreiche Einzelregelungen zu Themen wie Arbeitsschutz, Bildungs- und Ausbildungsförderung, Kranken- und Berufsunfähigkeitsversicherung, Berufsunfähigkeit, Pflegebedürftigkeit, Unfall oder Alter, Entschädigung bei Gesundheitsbeeinträchtigungen, Familien-, Kinder- und Jugendhilfe, Hilfe in wirtschaft-

---

418 Ebenso Ehmann/Selmayr-*Schiff*, Art. 9 DSGVO Rn. 33, zur insoweit textgleichen Regelung in Art. 9 Abs. 1 Buchst. b.

licher Notlage oder Teilhabeförderung behinderter Menschen, die eine rechtliche Grundlage für die Verarbeitung besonderer Kategorien von Beschäftigtendaten durch Arbeitgeber darstellen können.

Entscheidend ist in allen Fällen, dass es sich um **klare gesetzliche Vorgaben** oder **Verpflichtungen** handelt bzw. um zulässige Regelungen in Kollektivvereinbarungen. Diese Regelungen müssen vom Arbeitgeber als Verantwortlichen schon mit Blick auf seine sich aus Art. 12 Abs. 1 DSGVO ableitende Verpflichtung zur Transparenz gegenüber den Beschäftigten konkret und nachvollziehbar benannt werden. Diese Benennung muss sowohl gegenüber den Beschäftigten selbst als auch gegenüber dem Betriebs- oder Personalrat erfolgen. 243

Eine Verarbeitung besonderer Kategorien personenbezogener Daten setzt eine **Interessenabwägung** zwischen den bestehenden Verpflichtungen des Arbeitgebers und den schutzwürdigen Interessen der betroffenen Beschäftigten voraus. Überwiegen die schutzwürdigen Interessen, muss die Verarbeitung unterbleiben. Besteht eine eindeutige gesetzliche Verpflichtung zur Übermittlung bestimmter besonders geschützter Daten, bleibt für die Interessenabwägung wenig Raum. Etwas anderes gilt, wenn der Arbeitgeber sich etwa durch eine Kollektivvereinbarung für verpflichtet hält, Daten zu einer Gewerkschaftszugehörigkeit zu speichern, bestimmte Gewerkschaftsmitglieder aber aus Angst vor Nachteilen nicht wollen, dass der Arbeitgeber von ihrer Mitgliedschaft erfährt. Lässt sich der Rechtsgrund für eine geplante Verarbeitung nicht benennen, muss sie schon mit Blick auf die durch Art. 12 Abs. 1 DSGVO vorgeschriebene Transparenz unterbleiben. 244

Neben einer gesetzlichen oder kollektivrechtlichen Legitimation kann dem Arbeitgeber die Verarbeitung besonderer Kategorien von Beschäftigtendaten nach Abs. 3 Satz 2 durch eine **individuelle Einwilligung** ermöglicht werden. Diese muss die in Abs. 2 genannten Voraussetzungen erfüllen und sich darüber hinaus ausdrücklich auf die besonderen Kategorien von Beschäftigtendaten beziehen. Dies soll die betroffenen Beschäftigten in die Lage versetzen, klar zu erkennen, um welche Daten es geht. 245

Die Zulässigkeit der Verarbeitung besonderer Kategorien von Beschäftigtendaten durch Arbeitgeber steht aufgrund des Verweises auf § 22 Abs. 2, den Abs. 3 Satz 3 enthält, unter dem Vorbehalt, dass der Verantwortliche die dort genannten angemessenen und spezifischen Maßnahmen zur Wahrung der Interessen der betroffenen Beschäftigten trifft. Die in § 22 Abs. 2 aufgeführten Maßnahmen sind teilweise deckungsgleich mit denen, die nach Art. 32 Abs. 1 DSGVO immer zu treffen sind. Teilweise gehen sie aber auch über diese hinaus, was dem besonderen Schutz der sensiblen personenbezogenen Daten zugutekommt. Die zu treffenden Maßnahmen werden Gegenstand der für diesen Bereich nach § 35 DSGVO durchzuführenden Datenschutz-Folgenabschätzung und unterliegen im Rahmen des Konsultationsverfahrens nach Art. 36 DSGVO faktisch der Kontrolle durch die zuständigen Aufsichtsbehörden. 246

XI. Verarbeitung von Daten aufgrund von Kollektivverträgen (Abs. 4)

1. Der Grundsatz

Fragen des Beschäftigtendatenschutzes können nach Abs. 4 auch durch Kollektivvertrag geregelt werden. Damit wird die **Ermächtigung** wiederholt, die sich **bereits in Art. 88 Abs. 1 DSGVO** findet. Die Vorschrift hat aber keine bloß deklaratorische Bedeu- 247 tung,[419] sondern erstreckt die Regelungsbefugnis auch auf Daten, die nicht in einem Dateisystem verarbeitet werden. **Weder** Art. 88 Abs. 1 **noch** § 26 Abs. 4 enthalten eine **eigene Ermächtigungsgrundlage** zum Abschluss von Kollektivverträgen; diese können sich vielmehr nur auf nationales Recht stützen und müssen den dortigen allgemeinen Vorgaben Rechnung tragen. Auch bei einer »Datenschutz-Betriebsvereinbarung« ist daher immer zu prüfen, ob sie den Anforderungen des § 77 BetrVG entspricht. Die **größte praktische Bedeutung** hat unter den Kollektivverträgen die Betriebs- und die Dienstvereinbarung, doch kommen auch Tarifverträge und normativ wirkende Sprecherausschussvereinbarungen in Betracht.[420]

2. Bindung an höherrangige Grundsätze

a) Informationelles Selbstbestimmungsrecht

248 Die Kollektivvertragsparteien sind **an Grundrechte gebunden**, wobei das Ausmaß der Bindung bei Tarifverträgen strittig ist,[421] während bei Betriebsvereinbarungen schon mit Rücksicht auf § 75 Abs. 2 BetrVG eine volle Bindung bejaht wird.[422] Sie bezieht sich selbstredend auch auf das informationelle Selbstbestimmungsrecht. Dies bedeutet, dass Eingriffe nur zugunsten vorrangiger Arbeitgebergrundrechte möglich sind, wie dies auch beim Prinzip der Erforderlichkeit nach § 26 Abs. 1 Satz 1 der Fall ist. Das Unionsrecht ist nur insoweit von Bedeutung, als es die gegenständlichen Grenzen für autonome Entscheidungen absteckt (»Beschäftigungskontext«) und zugleich in Art. 88 Abs. 2 eine allgemeine Grenze aufstellt, die Abs. 4 wiederholt (und auf die nicht in Dateisystemen verarbeiteten Daten erstreckt).

b) Bindung an die DSGVO

249 Auch Kollektivverträge können **nicht zu Lasten der betroffenen Personen von** der **DSGVO abweichen**. Insoweit gilt nichts anderes als für den nationalen Gesetzgeber (Art. 88 Rn. 14).[423] Auf der anderen Seite ist eine **Verbesserung** durchaus **möglich**, soweit die Vorgaben des Art. 88 Abs. 2 gewahrt sind (Art. 88 Rn. 15). Spielräume bestehen insbesondere in Bezug auf die Art und Weise der Datenbeschaffung durch den Arbeitgeber: Ob **Videokontrolle** außerhalb öffentlich zugänglicher Räume[424] zulässig ist, ob **Bewegungsprofile** im Betrieb oder mittels GPS bei einer Außendiensttätigkeit erstellt werden dürfen, das lässt sich durch Betriebsvereinbarung regeln. Geht es darum, **Pflichten zu**

---

419 So aber Gola, BB 2017, 1462, 1469. Damit würde sie aber gegen das »Normwiederholungsverbot« verstoßen, wonach EU-Verordnungen aus Gründen der Rechtsklarheit nicht wörtlich oder sinngemäß in nationales Recht übernommen werden dürfen.

420 Siehe Art. 88 Rn. 8f. zur Ermächtigung des Art. 88 Abs. 1 DSGVO.

421 Däubler-*Däubler*, TVG, Einl. Rn. 147ff., Däubler-*Ulber*, TVG, Einl. Rn. 207ff. jeweils m.w.N.

422 BAG 17.7.2012 – 1 AZR 476/11, NZA 2013, 338, 340 Tz. 36 m.w.N.; ErfK-*Schmidt*, Einl. GG, Rn. 24, 36.

423 Ebenso im Ergebnis Schmidl/Tannen, DB 2017, 1633, 1638; etwas abweichend SJTK-*Thüsing/Schmidt*, Anhang zu Art. 88 Rn. 46.

424 Bei diesen gilt § 4 BDSG.

konkretisieren, die für die Durchführung des Arbeitsverhältnisses erforderlich sind, so kann dies gleichfalls durch Betriebsvereinbarung geschehen. Dabei muss allerdings den allgemeinen datenschutzrechtlichen Grundsätzen, wie sie sich in der DSGVO finden, Rechnung getragen werden. Dies bedeutet, dass beispielsweise der Grundsatz der Datenminimierung nach Art. 25 Abs. 1 DSGVO beachtet werden muss, wenn in Omnibussen ein elektronisches Warn- und Berichtssystem eingeführt wird, das auch dann seine Funktion erfüllt, wenn der einzelne Fahrer nicht individuell bestimmbar ist. Entsprechend hat zum bisherigen Recht das BAG entschieden, wobei die anonymisierte Teilnahme einzelner Fahrer bereits aufgrund einer Intervention des Landesdatenschutzbeauftragten zustande gekommen war.[425]

c) Bindung an Art. 88 Abs. 2 DSGVO

Art. 88 Abs. 2 DSGVO, den Abs. 4 Satz 2 übernimmt, verlangt »angemessene und besondere Maßnahmen« zur Wahrung »der menschlichen Würde, der berechtigten Interessen und der Grundrechte der betroffenen Person.« Wie diese **drei Zielgrößen** zusammenhängen, wird nicht deutlich: Wird der Schutz der Menschenwürde nicht schon durch die Grundrechte bewerkstelligt? Gibt es »berechtigte Interessen«, die nicht grundrechtlich fundiert sind? Welche Grundrechte sind gemeint? Die der nationalen Verfassungen oder die der EU-Grundrechtecharta? Diese Fragen können auch hier nicht beantwortet werden (näher siehe Art. 88 Rn. 17ff.). Für die Praxis in den Betrieben und Dienststellen ist dies weniger bedeutsam, wenn von der DSGVO – wie hier und von der weit überwiegenden Meinung vertreten – nur zugunsten der Beschäftigten abgewichen werden kann. In diesem Fall sind die genannten Rechtsgüter nicht in Gefahr. Art. 88 Abs. 2 benennt weiter **bestimmte Sachgebiete**: Herstellung einer transparenten Verarbeitung, Übermittlung von Daten in verbundenen Unternehmen sowie Überwachungssysteme am Arbeitsplatz. Hierauf können sich Kollektivverträge erstrecken. 250

3. Mögliche Regelungsgegenstände und erfasster Personenkreis

Was durch Betriebs- oder Dienstvereinbarung oder auch durch Tarifvertrag geregelt werden kann, lässt sich hier nicht abschließend aufzählen. Der Sache nach sind dies **alle die Gegenstände**, die oben unter III bis V abgehandelt wurden. Welche Daten dürfen mit welchen Mitteln von einem Bewerber abgefragt werden?[426] Wie lange dürfen sie bei einer erfolglosen Bewerbung gespeichert werden? Welche Daten dürfen über Beschäftigte erhoben werden? Welche Mittel dürfen dabei eingesetzt werden? Welche Übermittlungen an Dritte sind zulässig? Gibt es bestimmte Nutzungsbeschränkungen? Hier sind jeweils Regelungen möglich. 251

Zu beachten ist allerdings, dass der Betriebsrat nur Arbeitnehmer, Auszubildende und in der Hauptsache für den Betrieb tätige Heimarbeiter vertreten kann. Andere **arbeitneh-** 252

425 BAG 17.11.2016 – 2 AZR 730/15, NZA 2017, 394.

426 Auch wenn das Verhältnis zwischen Arbeitgeber und Bewerber nicht durch Betriebsvereinbarung geregelt werden kann (Brink/Schwab, RDV 2017, 170, 173), so kann der Betriebsrat doch eine Bindung des Arbeitgebers festlegen.

merähnliche Personen sowie die übrigen in § 26 Abs. 8 genannten Beschäftigtengruppen sind nicht in die Betriebsverfassung einbezogen und können deshalb auch nicht vom Betriebsrat repräsentiert werden. Soweit es um eine Verbesserung des Datenschutzes geht, sind allerdings **Verträge zugunsten Dritter** möglich, die das vereinbarte Schutzniveau auf diese erstrecken.[427] Ihnen kann beispielsweise das Recht eingeräumt werden, vom Arbeitgeber zu verlangen, dass der Browserverlauf nicht aufgezeichnet und gespeichert wird.[428] In einen Tarifvertrag können demgegenüber wegen § 12a TVG auch die arbeitnehmerähnlichen Personen einbezogen werden.

4. Anpassung an das neue Recht?

253 Die **DSGVO** enthält **keine Übergangsvorschriften** in Bezug auf die Weitergeltung von Vereinbarungen, die unter dem bisherigen Recht geschlossen wurden. Ersichtlich wurde die Zwei-Jahres-Frist zwischen Verkündung und Inkrafttreten als genügend angesehen, um eine Anpassung an das neue Recht vorzunehmen. Dieses gilt ab 25. 5. 2018 auch für Arbeitsverträge und Betriebsvereinbarungen, die vor diesem Datum geschlossen wurden. **Soweit kein Widerspruch** besteht, existieren sie **unverändert weiter.**[429]

254 Die Tatsache, dass § 26 nicht nur in Abs. 1, sondern auch in vielen anderen Punkten mit der bisherigen Rechtslage übereinstimmt, reduziert den **Anpassungsbedarf**. Allerdings darf er gleichwohl **nicht unterschätzt** werden. So ist es denkbar, dass die in der Betriebsvereinbarung in Bezug genommene Auftragsdatenverarbeitung einer Neuregelung bedarf.[430] Dasselbe kann bei der grenzüberschreitenden Datenübermittlung – speziell im Verhältnis zu den USA – geboten sein.[431] Zahlreiche weitere Änderungen wie die Datenschutzfolgenabschätzung nach Art. 25 DSGVO[432] und die universelle Dokumentationspflicht[433] können ebenfalls einen Anpassungsbedarf hervorrufen.[434] Dasselbe gilt für die »geeigneten Maßnahmen«, die Abs. 5 zur Umsetzung der DSGVO, insbesondere ihres Art. 5 verlangt (siehe unten Rn. 256 ff.).

5. Besonderheiten bei Dienstvereinbarungen?

255 Dienstvereinbarungen gelten grundsätzlich für alle Beschäftigten der Dienststelle, auch für die Beamten. Insoweit existiert ein vertragliches Element in dem ansonsten einseitig-hoheitlich strukturierten Beamtenverhältnis.[435] **Ob hierbei auch Dritte begünstigt** wer-

427 So für den Sozialplan BAG 31. 1. 1979 – 5 AZR 454/77, AP Nr. 8 zu § 112 BetrVG 1972.

428 Für ein Recht des Arbeitgebers auf Speicherung und Auswertung des Browserverlaufs LAG Berlin-Brandenburg 14. 1. 2016 – 5 Sa 657/15, K&R 2016, 293; kritisch dazu Kort, NZA-RR 2018, 449, 453, unter Bezugnahme auf die Keylogger-Entscheidung des BAG.

429 Traut, RDV 2016, 312, 318; Wybitul, ZD 2016, 203; Taeger/Rose, BB 2016, 819, 828.

430 Zur Rechtslage nach der DSGVO s. Erl. zu Art. 32 DSGVO und Däubler, Gläserne Belegschaften, Rn. 426, 437c.

431 Dazu oben Rn. 206 ff. sowie Däubler, Gläserne Belegschaften, Rn. 498 ff.

432 Dazu Erl. zu Art. 25.

433 Dazu Däubler, Gläserne Belegschaften, Rn. 586 ff.

434 Dazu eingehend Wybitul, BB 2016, 1077 und Wybitul/Draf, BB 2016, 2101; Kort, ZD 2016, 555, 557.

435 Berg in: Altvater u. a., BPersVG, § 73 Rn. 14b.

den können, scheint nicht entschieden zu sein, doch sind keine durchgreifenden Hindernisse erkennbar. Im Landesrecht haben zum Teil auch arbeitnehmerähnliche Personen Wahlrecht, weshalb sie auch in Dienstvereinbarungen einbezogen werden können. Anders als in der Betriebsverfassung gibt es keine »freiwilligen Dienstvereinbarungen«; diese benötigen vielmehr nach § 73 Abs. 1 Satz 1 BPersVG eine **gesetzliche Grundlage.** Das bedeutet, dass sie mit einem Mitbestimmungs- oder Mitwirkungsrecht in Verbindung stehen müssen (§§ 75 Abs. 3, 76 Abs. 2 BPersVG). Soweit es wie in Bremen und Schleswig-Holstein eine mitbestimmungsrechtliche Generalklausel gibt, nivelliert sich allerdings der Unterschied.

XII. Implementationsmaßnahmen in Bezug auf die DSGVO, insbesondere Art. 5 (Abs. 5)

1. Die grundsätzliche Festlegung

Abs. 5 enthält die ausdrückliche Verpflichtung des Verantwortlichen, »geeignete Maßnahmen« zu ergreifen, um sicherzustellen, dass insbesondere die in Art. 5 DSGVO enthaltenen Grundsätze eingehalten werden. Diese Verpflichtung bezieht sich auf den gesamten Anwendungsbereich des § 26, erfasst also auch Daten, die nicht in Dateisystemen verarbeitet werden.[436] Die Hauptbedeutung der Bestimmung liegt aber darin, dass sie der Sache nach eine »Datenschutzcompliance« anordnet: Der Verantwortliche muss dafür sorgen, dass in seinem Bereich das Datenschutzrecht eingehalten wird.[437] Ob für Unternehmen eine allgemeine Pflicht besteht, ein »Compliance-System« mit spezifischen Regeln und einem Compliance-Beauftragten einzurichten,[438] kann hier dahinstehen. Durch die Pflicht zur Bestellung eines Datenschutzbeauftragten in allen Behörden und in Unternehmen, die mehr als zwanzig Personen mit informationstechnischen Aufgaben beschäftigen (§§ 5 ff., 38), wird von vorne herein durch das Gesetz für eine Institution gesorgt, die sich um die Beachtung des Datenschutzes kümmern muss. Dies bedeutet aber nicht, dass der Verantwortliche selbst alles delegieren könnte: Ihm bleibt die Verantwortung dafür, dass der Datenschutzbeauftragte seinen Pflichten nachkommt; auch muss er die dafür notwendigen Voraussetzungen schaffen (dazu § 6 Rn. 6 ff.) 256

2. Konsequenzen mit Bezug auf Art. 5 DSGVO

Art. 5 DSGVO enthält eine Reihe **grundlegender Prinzipien des Datenschutzrechts**, auf deren Beachtung es in besonderem Maße ankommt. Zwar haben sie trotz ihres hohen Abstraktionsgrades **unmittelbare Geltung**, was nicht zuletzt daran deutlich wird, dass Art. 83 Abs. 5 Buchst. a DSGVO für Verstöße ein **Bußgeld** vorsieht. Abs. 5 geht aber insoweit über Art. 5 DSGVO hinaus, als er nicht nur die schlichte Befolgung der Norm, son- 257

436 Wybitul, NZA 2017, 413, 418.

437 Ansatzweise in diese Richtung auch Gola, BB 2017, 1462, 1469, und für Art. 39 Abs. 1 Buchst. b DSGVO Niklas/Faas, NZA 2017, 1091, 1094; zur allgemeinen Compliance s. Thüsing-*Thüsing*, § 2 Rn. 2 ff.

438 Dazu Thüsing-*Thüsing*, § 2 Rn. 15 ff.

dern »**geeignete Maßnahmen**« verlangt, die ihre Befolgung sicherstellen sollen.[439] Wie sie beschaffen sind, kann nur im Hinblick auf die im Unternehmen stattfindende Datenverarbeitung bestimmt werden. Als Orientierungspunkte für diese Maßnahmen seien die Grundsätze des Art. 5 DSGVO ausdrücklich in Erinnerung gerufen.

258 Art. 5 DSGVO hat die folgenden Prinzipien niedergelegt:

- **Rechtmäßigkeit** (Abs. 1 Buchst. a): Die Datenverarbeitung muss dem geltenden Recht entsprechen (siehe Art. 5 Rn. 16f.)
- **Treu und Glauben** (Abs. 1 Buchst. a). In den einzelnen Sprachen finden sich unterschiedliche Begriffe, deren deutsche Übersetzung zu leichten Nuancierungen führt: Im Englischen ist von »fairness« die Rede, im Französischen von »loyauté«, was dem spanischen »lealtad« und dem portugiesischen »lealdade« entspricht und »loyales Verhalten« bezeichnen will. Das Italienische benutzt den Ausdruck »Korrektheit« (»correttezza«), das Rumänische, das Slowenische und das Slowakische sprechen von »Gerechtigkeit« (echitate, pravicnost und spravedlivost), das Tschechische genau wie das Italienische von »Korrektheit« (»korektnost«), das Bulgarische von »Gewissenhaftigkeit« (»DOBROSĬVESTNOST«), das Niederländische von »Anständigkeit« (»behoorlijkheid«). In allen Fassungen geht es um die Art und Weise des Verhaltens, das »fair« und »anständig« sein muss, was z.B. heimliche Ermittlungen im Regelfall ausschließt (siehe Art. 5 Rn. 18 – 20).
- **Transparenz** (Abs. 1 Buchst. a). Für die betroffene Person muss es nachvollziehbar sein, was mit ihren Daten geschieht (siehe Art. 5 Rn. 21 – 26). Maßstäbe hierfür dürften sich insbesondere aus Art. 12 DSGVO ergeben.
- **Zweckbindung** (Abs. 1 Buchst. b). Sie muss schon bei der Erhebung festgelegt, eindeutig und legitim sein (siehe Art. 5 Rn. 27 – 44).
- **Datenminimierung** (Abs. 1 Buchst. c). Dieser Grundsatz wird insbesondere durch Art. 25 DSGVO (»privacy by design« und »privacy by default«) konkretisiert (siehe Art. 5 Rn. 45 – 50).
- **Richtigkeit** der Daten (Abs. 1 Buchst. d), ein Prinzip, das u.a. in dem Berichtigungsanspruch des Art. 16 DSGVO zum Ausdruck kommt (siehe Art. 5 Rn. 51 – 58).
- **Speicherbegrenzung** (Abs. 1 Buchst. e). Der leicht misszuverstehende Begriff meint Löschungsfristen und Prüfungsfristen, bei deren Ablauf entschieden wird, ob eine weitere Speicherung noch erforderlich ist (siehe Art. 5 Rn. 59 – 64).
- **Integrität und Vertraulichkeit der Daten** (Abs. 1 Buchst. f). Sie dürfen nicht unbefugtem Zugriff ausgesetzt sein (siehe Art. 5 Rn. 65 – 69).
- **Rechenschaftspflicht** (Abs. 2), was häufig mit dem englischen Ausdruck »accountability« bezeichnet wird. Dies meint eigentlich »Verantwortlichkeit«, die sich insbesondere in einer Pflicht zur Dokumentation niederschlägt (siehe Art. 5 Rn. 70 – 75).

259 Die **Auswirkungen auf** einzelne bestehende oder künftige **Betriebsvereinbarungen** können sehr vielfältig sein. Eine Reihe naheliegender Fragen sei aufgelistet.

- Sind **heimliche Ermittlungen** ausgeschlossen? Gibt es über die Fälle des Abs. 1 Satz 2 (dazu oben Rn. 161ff.) hinaus weitere Formen von heimlichen Ermittlungen? Ist der

439 Insoweit trifft die Feststellung von Thüsing/Traut, Anhang zu Art. 88 Rn. 55, nicht zu, es gehe nur um ein »deklaratorisches Hinweisschild für Arbeitgeber.«

Zugriff auf soziale Netzwerke als Mittel, um personalpolitische Maßnahmen zu erleichtern, effektiv verboten?

- Wie steht es mit der Transparenz von Betriebsvereinbarungen? Sind die Anforderungen des Art. 12 Abs. 1 DSGVO gewahrt, die Datenverarbeitung **»in präziser, transparenter, verständlicher und leicht zugänglicher Form in einer klaren und einfachen Sprache«** zu regeln? Oder muss man sowohl Jurist als auch Informatiker sein, um die in der Betriebsvereinbarung verwendete Fachsprache der Juristen wie die der Informatiker überhaupt zu verstehen?
- Sind die **Zwecke** der jeweils geregelten Datenverarbeitung **präzise** bestimmt **oder** handelt es sich im **Pauschalgrößen** wie »Erleichterung der Personalverwaltung« oder »Optimierung der Arbeitsabläufe«? Diese würden nicht ausreichen. Sind die Zugriffsmöglichkeiten auf diejenigen beschränkt, die die Daten effektiv aus dienstlichen Gründen benötigen? Wenn auch andere zugreifen könnten, wäre der Zweck überschritten.
- Sind die Möglichkeiten der **Datenminimierung** (bisher »Datensparsamkeit« genannt) 260
  wirklich ausgeschöpft? Könnte man nicht statt einer Erfassung des Fahrverhaltens mit Hilfe von GPS die Fahrer verpflichten, ihre Handys während der Fahrt eingeschaltet zu lassen, um notfalls einen Anruf entgegennehmen zu können, wie am besten eine Koordination mit den Aufgaben der anderen Fahrer erfolgen, also ein erfolgreiches **»Flottenmanagement«** praktiziert werden könnte? Könnte man bei der konzerneinheitlichen **Nachwuchsförderungsdatei** vielleicht die Namen durch Pseudonyme ersetzen, um so sogar noch bessere Resultate zu erreichen, da subjektive Präferenzen keine Rolle mehr spielen?
- Ist dafür gesorgt, dass die gespeicherten Dateien (in der DSGVO »Dateisysteme« genannt) von Zeit zu Zeit **auf ihre Richtigkeit überprüft** werden und außerdem ernsthaft gefragt wird, ob man sie in der Gegenwart noch benötigt? Erfolgt die **Löschung** wirklich so, dass die Dateien nicht mehr rekonstruiert werden können (dazu Art. 17 Rn. 20ff.)? Nur dann wäre das Gebot der Speicherbegrenzung erfüllt.
- Ist dafür gesorgt, dass die Daten ausreichend gegen unbefugten Zugriff gesichert sind?
- Ist die Datenverarbeitung so **dokumentiert**, dass jederzeit nachvollzogen werden kann, welche Verarbeitungen stattgefunden haben?

XIII. Rechtsstellung der betrieblichen Interessenvertretung

1. Eigene Datenverarbeitung

a) Informationsgewinnung durch die betriebliche Interessenvertretung

Abs. 1 Satz 1 umfasst auch eine **Verarbeitungsermächtigung für die Interessenvertretung** der Beschäftigten. Sie darf diejenigen Daten verarbeiten, die für die Ausübung ihrer Rechte und die Erfüllung ihrer Pflichten erforderlich sind. Diese Rechte und Pflichten können sich gleichermaßen aus einem Gesetz oder einer Kollektivvereinbarung ergeben.[440] Insoweit werden die Maßstäbe im Datenschutz- wie im Betriebsverfassungsrecht 261

440 Der Gesetzestext ist keineswegs in der »klaren und verständlichen Sprache« geschrieben, die Art. 12 Abs. 1 DSGVO von den Verantwortlichen verlangt.

vereinheitlicht: In beiden Bereichen ist die Erhebung und Weiterverarbeitung von Daten im Rahmen des Erforderlichen zulässig.[441]

262 Nach § 80 Abs. 2 BetrVG ist der Arbeitgeber verpflichtet, den Betriebsrat »zur Durchführung seiner Aufgaben« rechtzeitig und umfassend zu unterrichten. Insoweit steht dem **Betriebsrat** ein entsprechender **Informationsanspruch** zu. Seine Erfüllung ist eine von § 26 Abs. 1 Satz 1 erfasste Datenverarbeitung, soweit personenbezogene Daten betroffen sind. Da der Betriebsrat nach § 80 Abs. 1 Nr. 1 BetrVG die Aufgabe hat, darüber zu wachen, dass die zugunsten der Arbeitnehmer geltenden Vorschriften eingehalten werden, und da zu diesen Vorschriften auch das Datenschutzrecht gehört, kann er verlangen, im Einzelnen darüber informiert zu werden, **welche Beschäftigtendaten** zu welchen Zwecken **vom Arbeitgeber verarbeitet** werden.[442]

262a In jüngster Zeit wurde die Frage aufgeworfen (und zum Teil verneint), ob der Betriebsrat im Rahmen seines Auskunftsrechts auch die **Übermittlung personenbezogener Daten** verlangen könne. Nach bisherigem Recht war dies unproblematisch. Das BDSG galt nur subsidiär gegenüber anderen Vorschriften, das BetrVG hatte insoweit den Vorrang. Das BAG hat deshalb dem Betriebsrat das Recht eingeräumt, die Namen derjenigen Beschäftigten zu erfahren, die innerhalb eines Jahres mehr als sechs Wochen arbeitsunfähig krank waren und denen deshalb ein **betriebliches Eingliederungsmanagement** angeboten werden musste.[443] Auch die **Einsichtnahme in die Bruttolohn- und -gehaltslisten** stieß nicht auf durchschlagende Bedenken, da es sich nur um einen Vorgang innerhalb der verantwortlichen Stelle handle und der Arbeitgeber überdies nicht befugt sei, sich auf Grundrechte der betroffenen Beschäftigten zu berufen.[444]

262b Durch das Inkrafttreten der DSGVO hat sich die Situation insofern geändert, als diese gegenüber anderen (nationalen) Gesetzen nicht subsidiär ist, sondern diesen im Rahmen ihres Anwendungsbereichs vorgeht. Dennoch haben verschiedene Landesarbeitsgerichte die bisherige Rechtsprechung einmütig aufrechterhalten, obwohl sie zum Teil unterschiedliche Wege beschritten haben.

262c Das **LAG Hamm** vertritt in seiner Entscheidung vom 19. 9. 2017[445] den Standpunkt, dem § 80 Abs. 2 Satz 2 zweiter Halbsatz BetrVG sei mit einer anonymisierten Liste über die Bruttolöhne und Bruttogehälter nicht genügt, da der Betriebsrat dadurch nicht in die Lage versetzt werde, die Einhaltung des Gleichbehandlungsgrundsatzes zu kontrollieren und zu prüfen, ob sein Mitbestimmungsrecht nach § 87 Abs. 1 Nr. 10 eingreife. Die DSGVO sei zwar im konkreten Fall noch nicht anwendbar, doch weist das Gericht »ergänzend« darauf hin, dass sich in der Sache nichts ändern würde: Es gehe um die Erfüllung einer rechtlichen Verpflichtung, die **Art. 6 Abs. 1 Buchst. c DSGVO** ausdrücklich gestatte.[446]

---

441 Dazu auch Gola/Pötters, RDV 2017, 111, 115; Lücke, NZA 2019, 658, 670.
442 Vgl. SHS-*Seifert*, Art. 88 Rn. 233 ff.
443 BAG 7. 2. 2012 – 1 ABR 46/10, NZA 2012, 744.
444 BAG 14. 1. 2014 – 1 ABR 54/12, NZA 2014, 738.
445 7 TaBV 43/17, NZA-RR 2018, 82 = AuR 2018, 196.
446 Tz. 47; der Entscheidung im Grundsatz zustimmend Kock, NZA-RR 2018, 84; Zemlyankina, AuR 2018, 198.

Dieselbe Problematik war Gegenstand eines Beschlusses des **LAG Niedersachsen** vom 22. 10. 2018.[447] Das Gericht vertrat mit Recht den Standpunkt, der Betriebsrat müsse angesichts der ausdrücklichen gesetzlichen Regelung keinen konkreten Aufgabenbezug darlegen. Anonymisierte Angaben würden jedoch nicht genügen. Soweit einem Betriebsratsmitglied Einblick in die Listen gewährt werde, handle es sich um eine Datennutzung, die nach § 26 Abs. 1 Satz 1 BDSG zulässig sei. Auch stelle **§ 26 Abs. 6 BDSG** klar, dass die Beteiligungsrechte der betrieblichen Interessenvertretung unberührt blieben. Die Gewährung der Einsichtnahme diene der Erfüllung einer rechtlichen Verpflichtung, so dass sie nach **Art. 6 Abs. 1** Buchst. c **DSGVO** rechtmäßig sei. Das Entgelttransparenzgesetz habe im Übrigen daran nichts geändert.[448] 262d

Auch das **LAG Sachsen-Anhalt** befasste sich mit der Frage, ob anonymisierte Listen dem § 80 Abs. 2 Satz 2 zweiter Halbsatz BetrVG entsprechen.[449] Nicht anders als das LAG Hamm und das LAG Niedersachsen verneinte es dies und verlangte, dass eine Individualisierung erfolgen muss. Das neue Recht wurde für anwendbar erklärt, weil zwar die (fehlerhafte) Einsichtnahme im Jahre 2016 erfolgt war, der Betriebsrat aber nach § 259 ZPO darauf klagte, in Zukunft korrekt informiert zu werden. Das Gericht vertrat den Standpunkt, § 26 Abs. 1 Satz 1 BDSG habe das Recht der betrieblichen Interessenvertretungen zur Datenverarbeitung auf eine »rechtssichere Grundlage« gestellt; es handle sich insoweit um eine **»spezifischere« Regelung im Sinne des Art. 88 Abs. 1 DSGVO**. »Ergänzend« verweist das Gericht auf **Art. 6 Abs. 1 Buchst. c DSGVO**; die Datenverarbeitung sei rechtmäßig, weil sie einer gesetzlichen Verpflichtung entspreche. Das Entgelttransparenzgesetz habe die Informationsrechte des Betriebsrats in gewissem Umfang erweitert, nicht jedoch eingeschränkt.[450] 262e

Die Entscheidung des **LAG Hessen** vom 10. 12. 2018[451] hatte das allgemeine Auskunftsrecht des Betriebsrats nach § 80 Abs. 2 Satz 1 BetrVG zum Gegenstand. Konkret ging es um Zulagen, Prämien, Gratifikationen, Provisionen und sonstige Sonderzahlungen, die der Betriebsrat kennen musste, um ggf. von seinem Mitbestimmungsrecht nach § 87 Abs. 1 Nr. 10 BetrVG Gebrauch machen zu können. Diesem Anspruch stünden auch nach neuem Recht keine datenschutzrechtlichen Bedenken entgegen. Wie **§ 26 Abs. 6 BDSG** deutlich mache, reiche es aus, wenn der Betriebsrat die Daten nach betriebsverfassungsrechtlichen Grundsätzen benötige; entgegen Lelley/Bruck/Yildiz[452] dürfe nicht daneben noch eine »datenschutzrechtliche Erforderlichkeit« verlangt werden. Auch das LAG Hessen verweist »im Übrigen« auf **Art. 6 Abs. 1** Buchst. c **DSGVO**, der die Datenübermittlung in Übereinstimmung mit zahlreichen Stimmen in der Literatur[453] rechtfertige. 262f

---

447 12 TaBV 23/18, AiB 4/2019 S. 48ff. = NZA-RR 2019, 92 = ZD 2019, 178 Ls.; dazu Möller, DB 2019, 1800, und die zustimmende Anm. von Stück, ZD 2019, 180.

448 Zustimmend Schulze, jurisPR-ArbR 3/2019 Anm. 1.

449 Beschluss v. 18. 12. 2018 – 4 TaBV 19/17, juris und ArbR 2019, 186.

450 Die Erweiterung erfasst jedoch nicht das Recht, über die Einsichtnahme hinaus die Überlassung der Listen zu verlangen: LAG Düsseldorf, 23. 10. 2018 – 8 TaBV 42/18, ZTR 2019, 188.

451 16 TaBV 130/18, NZA-RR 2019,196.

452 Lelley/Bruck/Yildiz, BB 2018, 2164, 2172.

453 So Kühling/Buchner-*Maschmann*, § 26 BDSG Rn. 53; Däubler, Gläserne Belegschaften, Rn. 635; Wybitul, ZD 2016, 203, 206; Bedenken bei Ehmann/Selmayr-*Selk*, Art. 88 Rn. 192ff.

262g Das **BAG** hat dieses Ergebnis in seiner Entscheidung vom 9.4.2019[454] **im Grundsatz bestätigt**, allerdings zugleich das **Auskunftsrecht des Betriebsrats eingeschränkt**. Im konkreten Fall wollte der Betriebsrat wissen, welche Arbeitnehmerinnen dem Arbeitgeber ihre Schwangerschaft angezeigt hatten; dabei hatte er sich auf sein allgemeines Überwachungsrecht nach § 80 Abs. 1 Nr. 1 BetrVG in Bezug auf die Einhaltung der zugunsten der Arbeitnehmer bestehenden Vorschriften bezogen. Dies soll nach Auffassung des BAG nicht mehr genügen. Vielmehr müsse die erbetene Auskunft für die Erfüllung einer konkret benannten Aufgabe erforderlich sein. Wie konkret diese beschrieben sein muss, führt das Gericht nicht aus. Ist diese Schwelle genommen, kann der Betriebsrat die Namen der Schwangeren erfahren. Diesen stehe kein Widerspruchsrecht zu; insoweit hätte die betriebsverfassungsrechtliche Aufgabenerfüllung den Vorrang.[455] Da es sich um ein sensitives Datum im Sinne des Art. 9 Abs. 1 DSGVO handle, treffe den Betriebsrat aber eine spezifische **Schutzpflicht**; er müsse Vorkehrungen dagegen treffen, dass von den Daten ein Gebrauch gemacht werde, der außerhalb seiner Aufgaben liege.[456] Die Rechtsprechung der Instanzgerichte wurde an keiner Stelle erwähnt. Auch nahm das Gericht von der Rechtsgrundlage des Art. 6 Abs. 1 Buchst. c DSGVO keine Notiz. Weiter hat es übersehen, dass das BDSG (und damit auch seine §§ 22 und 26) nach seinem § 1 Abs. 2 Satz 1 gegenüber anderen Rechtsvorschriften des Bundes subsidiär ist, wenn sie sich auf Datenverarbeitung beziehen: Das aber tun die Auskunftsrechte.[457] Außerdem deckt die Öffnungsklausel des Art. 88 Abs. 2 DSGVO auch Vorschriften des BetrVG, weil sie nicht auf die Stellung einer Vorschrift über Beschäftigtendatenschutz im Gesamtsystem abstellt.[458] Dass die Rechtsprechung des BAG Anerkennung finden wird, dürfte angesichts dieser Umstände höchst zweifelhaft sein.[459] Einige Wochen später hat ein anderer Senat des BAG das Recht des Betriebsrats in die Bruttoentgeltlisten ohne diese Einschränkungen bejaht.[460] Diese dürften sich daher auf sensitive Daten nach Art. 9 DSGVO beschränken.

263 Der **Personalrat** besitzt auf Bundesebene nach § 68 Abs. 2 Satz 1 BPersVG eine vergleichbare Stellung; auch sein Auskunftsrecht bezieht alle Formen der Verarbeitung von Beschäftigtendaten mit ein. Die Rechtsprechung des BVerwG neigt allerdings dazu, das Maß des Erforderlichen sehr restriktiv zu bestimmen. So soll etwa der Personalrat Informationen über die Kommens- und Gehenszeiten der Beschäftigten zunächst nur in anonymisierter Form erhalten, da er auch auf diese Weise seiner Aufgabe, die Einhaltung des Arbeitszeitrecht zu kontrollieren, nachkommen könne.[461] Nur wenn er wegen bestimmter

---

454 1 ABR 51/17, NZA 2019, 1055.

455 BAG, a.a.O., Tz. 21.

456 BAG, a.a.O., Tz. 47ff.

457 Richtig der Beitrag von Berger/Rüdesheim, CuA 3/2019, S. 20, der aber vor der Entscheidung des BAG veröffentlicht (und nicht mehr berücksichtigt) wurde. Im Ansatz identisch, aber auf konkrete Fälle wie die Einsichtnahme in die Bruttolohn- und -gehaltslisten einschränkend SJTK-*Thüsing/Schmidt*, Anhang zu Art. 88 Rn. 12. Für diese Einschränkung ist aber keine Rechtfertigung ersichtlich – die Vorschriften des BDSG und des BetrVG liegen im Regelfall auf derselben Abstraktionsebene.

458 Ebenso im Ergebnis Berger/Rüdesheim, CuA 3/2019 S. 21.

459 Überzeugender demgegenüber die Vorinstanz LAG München 27.9.2017 – 11 TaBV 36/17, ZD 2018, 226.

460 BAG 7.5.2019 – 1 ABR 53/17, NZA 2019, 1218.

461 BVerwG 19.3.2014 – 6 P 1.13, PersR 2015, 48.

Auffälligkeiten einen bestimmten Verdacht habe, soll er auch einen Anspruch auf Benennung der konkreten Personen haben.[462] Eine solche Situation wird extrem selten eintreten. Das neue Recht führt überdies dazu, dass es keine spezifischen datenschutzrechtlichen Schranken für das Informationsverlangen des Betriebsrats bzw. des Personalrats mehr gibt; wo Betriebsrat oder Personalrat nach dem Gesetz einen **Anspruch** haben, ist dieser **Teil der datenschutzrechtlichen Regelung,**[463] wie sie zugunsten der betrieblichen Interessenvertretungen in § 26 Abs. 1 Satz 1 ausdrückliche Anerkennung gefunden hat. Außer dem allgemeinen Informationsanspruch nach § 80 Abs. 2 Satz 1 BetrVG kann der Betriebsrat auch nach **Sondervorschriften** wie § 90 Abs. 1 und § 111 Satz 1 BetrVG einen Anspruch auf Unterrichtung haben; entsprechende »Zusatzrechte« stehen dem Personalrat nicht zu.

Die **Schwerbehindertenvertretung**, der gleichfalls die Eigenschaft einer betrieblichen Interessenvertretung zukommt und die deshalb ebenfalls unter § 26 Abs. 1 Satz 1 fällt, hat nach § 178 Abs. 2 SGB IX n. F. einen umfassenden Informationsanspruch gegenüber dem Arbeitgeber bzw. der Dienststellenleitung.[464] Er erstreckt sich auf alle Informationen, die für die Aufgabenerfüllung erforderlich sind. Die Übermittlung der geschuldeten Informationen kann nicht mehr mit dem Argument abgelehnt werden, sie verstoße gegen Datenschutzrecht. 264

Das BAG[465] lässt dem **Arbeitgeber** die **Wahl, in welcher Form** er den Betriebsrat informieren will. Er kann ihm daher in Bezug auf bestimmte Dateien ein Leserecht einräumen (was die Dinge vereinfacht und die Qualität der Information verbessert); der Betriebsrat kann z. B. die Kommens- und Gehenszeiten unmittelbar einsehen.[466] Der Arbeitgeber kann aber auch den Weg über eine schriftliche Ausarbeitung oder eine E-Mail wählen. Für den Betriebsrat macht es aber einen erheblichen Unterschied, ob er direkt auf die Dateien zugreifen kann oder ob eine Arbeitgeberentscheidung dazwischen geschaltet ist, die ggf. brisante Dinge nicht bekannt werden lässt.[467] Durch freiwillige Betriebsvereinbarung lässt sich ein **Online-Zugriff** ermöglichen.[468] Allerdings ist in solchen Fällen dafür zu sorgen, dass kein exzessiver Gebrauch von den Zugriffsrechten gemacht wird; dieser ließe sich nachweisen und würde den Betriebsrat in Erklärungsnot bringen.[469] 265

Dem Betriebsrat steht es frei, **Informationen** auch **von dritter Seite** zu gewinnen.[470] Dasselbe gilt für den Personalrat.[471] Beim Betriebsrat liegt dies besonders nahe, weil ihm der Arbeitgeber einen Zugang zum Internet ermöglichen muss.[472] Für den Personalrat und die Schwerbehindertenvertretung kann jedoch schwerlich anderes gelten. 266

462 Kritisch dazu Däubler, PersR 2015, 26ff.

463 Ebenso Düwell/Brink, NZA 2017, 1081, 1083.

464 Zu SBV und Datenschutz s. Däubler, Gute Arbeit 7–8/2018, S. 52ff.

465 16. 8. 2011 – 1 ABR 22/10, NZA 2012, 342.

466 Diese Aussage des BAG ist nicht berücksichtigt bei Gola/Pötters, RDV 2017, 111, 113.

467 Kritisch deshalb DKKW-*Buschmann*, § 80 Rn. 105; wie BAG dagegen Kort, RDV 2012, 8, 14.

468 Kort, NZA 2010, 1038, 1040; so auch BAG 16. 8. 2011 – 1 ABR 22/10, NZA 2012, 342.

469 Eder, CuA 4/2018 S. 8, 11f.

470 Däubler, Arbeitsrecht 1, Rn. 925a ff.; DKKW-*Buschmann*, § 80 Rn. 122ff.; SHS-*Seifert*, Art. 88 Rn. 212; s. auch DKKW-*Wedde*, Einl. Rn. 113ff.

471 Seulen, in: Altvater u. a., § 68 Rn. 45ff.

472 BAG 14. 7. 2010 – 7 ABR 80/08, DB 2010, 2731 = AiB 2011, 54; BAG 20. 1. 2010 – 7 ABR 79/08, NZA 2010, 709 = AiB 2010, 687.

b) Speicherung und Nutzung

267 Im Rahmen der Wahrnehmung seiner Aufgaben sind dem Betriebsrat wie dem Personalrat auch weitere Formen der Datenverarbeitung wie Speichern und Nutzen erlaubt. Geht es um Angaben über Beschäftigte, ergibt sich dies unmittelbar aus **Abs. 1 Satz 1**. Dabei können auch Grunddaten über den Einzelnen sowie Protokolle über Betriebsratssitzungen gespeichert werden.[473] Geht es um personenbezogene Daten Dritter aus dem Beschäftigungskontext (z. B. ein namentlich unterzeichnetes Schreiben der Arbeitsagentur) so gilt dasselbe. Geht es um wirtschaftliche oder politische **Erklärungen anderer Personen**, so wird sich der Betriebsrat meist auf **Art. 6 Abs. 1 Buchst. f** DSGVO stützen können, weil ihm ein berechtigtes Interesse zur Seite steht und die Interessen, Grundrechte und Grundfreiheiten der betroffenen Person nicht überwiegen.

267a Die bei personellen Maßnahmen anfallenden Daten können jedenfalls **so lange gespeichert** werden, wie noch ein vernünftiger Bedarf besteht, die Durchführung und den Abschluss des Verfahrens belegen zu können. Vor einer allzu schnellen Löschung ist insbesondere dann zu warnen, wenn eine Diskriminierung nach dem AGG nicht auszuschließen ist. Dies deshalb, weil auch statistische Daten z. B. über eine langjährige Einstellungs- und Beförderungspraxis zum Beweis einer **Diskriminierung** geeignet sind oder jedenfalls im Rahmen des § 22 AGG Berücksichtigung finden können.

Beispiel: In einem Betrieb mit insgesamt 1128 Beschäftigten sind die 27 Direktorenpositionen ausschließlich mit Männern besetzt, obwohl der Frauenanteil an der Gesamtbelegschaft bei 69 % und unter den AT-Angestellten immer noch bei 36 % lag. Die letzte weibliche Direktorin war vor etwa 25 Jahren nach acht Monaten aus Altersgründen ausgeschieden.[474] Gerade auch die langfristige Entwicklung konnte die Vermutung für das Vorliegen einer Diskriminierung verstärken. Dies setzt aber voraus, dass der Betriebsrat ggf. Daten über eine lange Zeit hinweg speichert.

Es ist unter solchen Umständen empfehlenswert, **bestimmte Daten** zu **archivieren** und einen Zugriff nur aufgrund besonderer Umstände wie z. B. dem Verdacht einer Diskriminierung zu gestatten. Ähnliches kann bei arbeitsmedizinischen Daten angenommen werden; wer lange Zeit einer bestimmten **Schadstoffexposition** ausgesetzt war, kann noch nach zwanzig Jahren erkranken und ist dann im Zusammenhang mit der Anerkennung als Berufskrankheit darauf angewiesen, dass die Exposition belegt werden kann.

268 Der Betriebsrat kann selbst darüber entscheiden, ob es einen personalisierten Zugang zum Internet gibt oder ob nur ein Passwort für sämtliche Betriebsratsmitglieder existiert. Über die »**Konfiguration**« seiner Systeme befindet er selbst.[475] Er muss überdies für die **Datensicherheit** nach Art. 32 DSGVO sorgen,[476] wozu auch ein sorgsamer Umgang mit Passwör-

---

473 Eder, CuA 4/2018, S. 10, unter Bezugnahme auf Berichte von Landesdatenschutzbeauftragten; für Erstellung einer betriebsratseigenen »Mitarbeiterdatei« auch SHS-*Seifert*, Art. 88 Rn. 212.

474 Sachverhalt nach LAG Berlin-Brandenburg, 26.11.2008 – 15 Sa 517/08, AuR 2009, 134 = LAGE § 22 AGG Nr. 1.

475 Ebenso BAG 18.7.2012 – 7 ABR 23/11, NZA 2013, 49; LAG Berlin-Brandenburg 4.3.2011 – 10 TaBV 1984/10, DB 2011, 882 = NZA-RR 2011, 359; zur Vorgeschichte der BAG-Entscheidung Schierbaum, CuA 4/2013 S. 31 f.

476 BAG 18.7.2012 – 7 ABR 23/11, NZA 2013, 49 Tz. 31; vgl. Gola/Pötters, RDV 2017, 111, 115.

tern gehört.[477] Wünsche des Arbeitgebers und Betriebsvereinbarungen über die Datenverarbeitung im Betrieb sind für den Betriebsrat nicht maßgebend;[478] er ist seiner Unabhängigkeit vom Arbeitgeber wegen sein eigener Datenherr. Dem Arbeitgeber ist es untersagt, in Dateien des Betriebsrats Einblick zu nehmen, und zwar auch dann, wenn er den Verdacht einer Vertragsverletzung oder einer strafbaren Handlung hat.[479] Geschieht es gleichwohl, können die dadurch gewonnenen Informationen nicht vor Gericht verwertet werden.[480]

c) Der Betriebsrat und der Personalrat als Verantwortliche?

Neben diesen relativ unbestrittenen Feststellungen gibt es zahlreiche ungelöste Fragen. Ist der Betriebsrat zu all jenen Vorkehrungen verpflichtet, die einen »Verantwortlichen« im Rechtssinne treffen? Muss er eine Datenschutz-Folgenabschätzung durchführen, bevor er sensitive Daten speichert? **Haftet er bei Datenschutzverstößen** nach Art. 82 DSGVO auf Schadensersatz, kann gegen ihn nach Art. 83 DSGVO ein Bußgeld verhängt werden? 269

Wer Verantwortlicher ist, wird in **Art. 4 Nr. 7 DSGVO** definiert. Danach handelt es sich um eine natürliche oder juristische Person, um eine »Behörde, Einrichtung oder sonstige Stelle«, die allein oder gemeinsam mit anderen **über** die **Zwecke und Mittel der Verarbeitung** von personenbezogenen Daten **entscheidet**. Kann der Betriebsrat seiner Unabhängigkeit vom Arbeitgeber, der Personalrat seiner Unabhängigkeit vom Dienststellenleiter wegen als »sonstige Stelle« qualifiziert werden? 269a

Der Wortlaut scheint für eine bejahende Antwort zu sprechen. Die Definition in Art. 4 Nr. 7 DSGVO darf aber nicht so gehandhabt werden, dass sich **Widersprüche zu anderen Bestimmungen in Art. 4** ergeben. Bei Unternehmen folgt etwa aus Art. 4 Nr. 16, dass bloßen Untergliederungen nicht die Rolle eines »Verantwortlichen« zukommt, weil dies selbst für die »Hauptniederlassung« ausgeschlossen ist. Nur das Unternehmen selbst kann Verantwortlicher sein. Genauso ist bei einer Behörde zu verfahren, die nur als Ganze die Rechte eines Verantwortlichen wahrnehmen und die entsprechenden Pflichten erfüllen kann. Dies spricht dagegen, beim Betriebsrat oder beim Personalrat als einer internen Untergliederung eine Ausnahme zu machen.[481] 269b

Ein weiteres Argument kommt hinzu: Der Betriebsrat erfüllt genau wie der Personalrat einen gesetzlichen Auftrag; er handelt **innerhalb des Rahmens**, den ihm das **BetrVG** bzw. das BPersVG und die Landesgesetze vorgeben. Er kann daher anders als ein Selbstständiger nicht über die »**Zwecke und Mittel« der Datenverarbeitung** frei entscheiden – er muss sich innerhalb des ihm gezogenen engen Rahmens bewegen.[482] Auch muss er die vom Arbeitgeber zur Verfügung gestellten Mittel benutzen und kann beispielsweise nicht die Einrichtung eines besonderen Servers zum Zwecke eines autonomen Zugangs zum Internet verlangen.[483] Eine wesentliche, in Art. 4 Nr. 7 DSGVO genannte Voraussetzung für die Be- 269c

477 Dazu Lorenz, DuD 2013, 220.
478 BAG 18.7.2012 – 7 ABR 23/11, NZA 2013, 49 Tz. 33.
479 LAG Düsseldorf 7.2.2012 – 4 TaBV 87/11, RDV 2012, 310.
480 LAG Düsseldorf 7.2.2012 – 4 TaBV 87/11, RDV 2012, 310.
481 Ebenso (für den Betriebsrat) Middel, AuR 2018, 411, 416.
482 So auch Stück, ZD 2019, 256, 258; Wybitul, ZD 1/2019 S. 1.
483 BAG 20.4.2016 – 7 ABR 50/14, MMR 2016, 701 = NZA 2016, 1033.

handlung als »Verantwortlicher« ist daher nicht gegeben.[484] Daran ändert auch die Unabhängigkeit vom Arbeitgeber bzw. Dienststellenleiter nichts.

269d Bei einem dritten Einwand muss man ein wenig weiter ausholen. Würde man den Betriebsrat als Verantwortlichen qualifizieren, so hätte er alle die Pflichten zu erfüllen, die im Einzelnen in der DSGVO enthalten sind. Dies würde seine **Stellung grundlegend verändern**: Er müsste z. B. selbst vermögensfähig werden und auch wirtschaftliche Werte erwerben können, weil sonst die Sanktionen des Schadensersatzes und des Bußgelds ins Leere gehen würden.[485] Da dies in gleicher Weise für den Personalrat gelten würde, ergäbe sich eine wesentliche Umgestaltung einer zentralen Institution unseres Arbeitsrechts: Die betriebliche Interessenvertretung wäre keine ehrenamtliche, auf bestimmte Aufgaben beschränkte Einrichtung mehr, sondern eine Art »Mitbestimmungsunternehmen«, das sich nur schwer in das arbeitsrechtliche System integrieren ließe. Für eine solche Umgestaltung einer wichtigen arbeitsrechtlichen Institution fehlt dem EU-Gesetzgeber aber die Kompetenz: Nach den Art. 151 ff. AEUV kann er im Bereich des Arbeitsrechts lediglich Richtlinien erlassen, nicht aber eine Vollharmonisierung herbeiführen.[486] Auch dies spricht dagegen, den Betriebsrat bzw. den Personalrat als »Verantwortlichen« anzusehen.

269e In der **Literatur** wird dies mehrheitlich ebenso gesehen, wobei sich viele auf den Betriebsrat beschränken.[487] Von einem Teil der verantwortlichen Stelle (und nicht von einem »Verantwortlichen«) spricht das **LAG Hessen**;[488] das BAG[489] ließ die Frage vorläufig dahinstehen.

d) Subsidiäre Heranziehung des Betriebsrats bzw. des Personalrats?

269f Die Tatsache, dass Betriebsrat und Personalrat nicht »Verantwortliche« im Rechtssinne sind, bedeutet **nicht**, dass sie gewissermaßen **»datenschutzfrei« agieren** könnten. Vielmehr sind auch sie verpflichtet, das informationelle Selbstbestimmungsrecht der Beschäftigten nach deutschem Recht wie auch das Grundrecht auf Datenschutz nach Art. 8 GrCh

---

484 Ebenso für den Betriebsrat Brandt, CuA 11/2018, S. 31 f.

485 Ein »Durchgriff« auf die einzelnen Betriebsratsmitglieder ist in 99 von 100 Fällen genauso wenig möglich wie die Inanspruchnahme eines Gesellschafters wegen des Fehlverhaltens der Geschäftsführung (zum Durchgriff im Gesellschaftsrecht s. die Nachweise bei DKKW-*Däubler*, §§ 112, 112a Rn. 186 ff.). Eine Haftung des Arbeitgebers für ein Verhalten, das er nicht beeinflussen kann, kommt ebenfalls nicht in Betracht; abweichend Brams/Möhle, ZD 2018, 570 ff.

486 Eingehend Heuschmid, SR 2019, 1 ff.

487 Zum Betriebsrat s. Däubler, Gläserne Belegschaften, Rn 640b ff.; Brandt, CuA 11/2018, S. 31 f.; Eder, CuA 4/2018, S. 9; Auernhammer-*Eßer*, Art. 4 DSGVO Rn. 38; Heuschmid, SR 2019, 1 ff.; Lücke, NZA 2019, 658, 669; Middel, AuR 2018, 411, 416; Stück, ZD 2019, 256, 258; Stumper, CuA 6/2019, S. 9 ff.; Sydow-*Raschauer*, Art. 4 Rn. 131; Kranig und Wybitul, ZD 2019, 1 f.; unentschieden Gola-*Gola*, Art. 4 Rn. 56, und Kurzböck/Weinbeck, BB 2018, 1652 ff.; a. A. Kleinebrink, DB 2018, 2566 ff.; *Brink/Joos*, NZA 2019, 1395; WHWS-*Kramer*, Teil C I Rn. 47; für eine Regelung durch Betriebsvereinbarung plädieren Brams/Möhle, ZD 2018, 570; zum Personalrat s. *Brink/Joos*, NZA 2019, 1395, 1398; Kühling/Buchner-*Hartung*, Art. 4 Nr. 7 Rn. 11; Däubler, Gläserne Belegschaften, Rn. 850a; Weichert, oben Art. 4 Rn. 89; für Qualifizierung des Personalrats als Verantwortlicher Meinhold, NZA 2019, 670.

488 10. 12. 2018 – 16 TaBV 130/18, NZA-RR 2019,196.

489 9. 4. 2019 – 1 ABR 51/17, NZA 2019, 1055 Tz. 47.

zu beachten.[490] Hinzu kommt, dass der Arbeitgeber keinen Zugriff auf die Dateien der betrieblichen Interessenvertretung hat, so dass er beispielsweise keine Auskunft nach Art. 15 DSGVO erteilen und kein Verfahrenverzeichnis nach Art. 30 DSGVO erstellen kann. Auch ist er nicht in der Lage, für eine ausreichende Datensicherheit zu sorgen. Hier muss der Betriebsrat bzw. der Personalrat **im Interesse der Beschäftigten** in die Bresche springen und deren berechtigte Interessen befriedigen. Er muss also (gewissermaßen als Teil des Verantwortlichen) **entsprechend Art. 13 und 14 DSGVO** die betroffene Person **informieren**, er muss eine **Auskunft** erteilen und ggf. eine Berichtigung nach Art. 16 und eine **Löschung** nach Art. 17 DSGVO vornehmen. Betriebsrat und Personalrat müssen dafür sorgen, dass die **Datensicherheit** gewahrt bleibt; auch müssen sie sich ggf. um eine Datenschutz-Folgenabschätzung und ein Verfahrensverzeichnis kümmern.

Aus der Sicht der Praxis scheinen dies sehr weitgehende Anforderungen zu sein, die über- 269g
dies Zeit und bisweilen auch Geld kosten. Die Probleme der **praktischen Umsetzung** werden geringer, wenn sich der Betriebrat bzw. der Personalrat an den betrieblichen bzw. behördlichen **Datenschutzbeauftragten** wendet und diesen um Rat bittet: Zwar darf dieser nicht in die Dateien des Betriebsrats bzw. des Personalrats Einblick nehmen, doch schließt dies nicht aus, dass er die betriebliche Interessenvertretung bei der Erstellung eines Verfahrensverzeichnisses und bei der **Organisation der Daten** berät. Diese sollte so übersichtlich gestaltet sein, dass jederzeit eine vollständige Auskunft an Belegschaftsmitglieder möglich ist. Soweit sich der zuständige Datenschutzbeauftragte zu einer solchen Unterstützung – aus welchen Gründen auch immer – nicht in der Lage sieht, kann sich der Betriebsrat bzw. der Personalrat an die **Aufsichtsbehörde** für den Datenschutz wenden: Ihren Empfehlungen zu folgen, ist die beste Absicherung dagegen, künftig Adressat mehr oder weniger unangenehmer Anordnungen zu werden.

Soweit der Betriebsrat bzw. Personalrat nicht über ausreichende eigene Sachkunde verfügt 269h
und soweit der Datenschutzbeauftragte nicht weiter hilft, kann die betriebliche Interessenvertretung sich der Hilfe eines **Sachverständigen** bedienen.[491] Im Mittelpunkt sollten aber **eigene Strukturen** für den Datenschutz stehen, die aufgrund von verfügbaren Anleitungen geschaffen werden können.[492] Dazu kann auch ein »Sonderbeauftragter« für den Datenschutz gehören.[493]Im Idealfall kann ein »Datenschutzstatut« erarbeitet werden, das der Betriebsrat im Betrieb und der Personalrat in der Dienststelle bekannt macht.[494] Es würde Regeln über den Umgang mit Daten enthalten, die vielleicht auch Vorbild für die Arbeitgeberseite sein könnten. Wer selbst vorangeht, hat allemal die bessere Ausgangsposition.

e) Kontrolle des Betriebsrats und des Personalrats durch den Datenschutzbeauftragten?

Der Betriebsrat ist vom Arbeitgeber unabhängig und erfüllt von daher die Funktion einer 270
Kontrollinstanz. Daraus hat das BAG mit Recht den Schluss gezogen, dass **der betriebli-**

490 Ähnlich Stück, ZD 2019, 256, 258.
491 Noll, in: Altvater u. a., BPersVG, § 44 Rn. 35
492 Just, CuA 11/2018, S. 33 ff.
493 Stumper, CuA 6/2019, S. 9, 12.
494 Ähnlich Stumper, CuA 6/2019, S. 8, 13: Geschäftsordnung zum Datenschutz.

che Datenschutzbeauftragte keine Kontrollrechte gegenüber dem Betriebsrat hat, da er selbst als vom Arbeitgeber benannte Instanz diese Unabhängigkeit nicht besitzt.[495] Ihm Kontrollrechte einzuräumen würde bedeuten, die Unabhängigkeit des Betriebsrats deutlich zu reduzieren, da eine vom Arbeitgeber ausgesuchte Person seine Geschäftsführung kontrollieren könnte.[496] Die **Unabhängigkeit des Betriebsrats** beruht auf einer speziellen arbeitsrechtlichen Regelung, die zu ändern weder Aufgabe noch Absicht des Datenschutzgesetzgebers war.[497] Dem EU-Gesetzgeber würde dazu aus den oben genannten Gründen (Rn. 269d) außerdem die Kompetenz fehlen. Insofern ist es durchaus konsequent, dass die Art. 37ff. DSGVO die Frage nicht ausdrücklich ansprechen.[498]

271 Die Ausklammerung aus dem Tätigkeitsbereich des Datenschutzbeauftragten führt nicht zur Entstehung eines kontrollfreien Raumes. Die **Aufsichtsbehörde** nach Art. 58 DSGVO kann jederzeit intervenieren.[499] Auch wird man die selten erwogene Frage bejahen müssen, dass der Betriebsrat einen **eigenen Datenschutzbeauftragten** zu bestellen hat, wenn in der Regel mindestens zwanzig Personen ständig mit der automatisierten Verarbeitung personenbezogener Daten befasst sind (was lediglich in wenigen, sehr großen Betrieben in Betracht kommt). Nur auf diesem Wege kann der von der DSGVO und dem BDSG gewollte Zustand ohne Widerspruch zu betriebsverfassungsrechtlichen Grundsätzen realisiert werden.[500]

2. Beteiligungsrechte

272 In Übereinstimmung mit § 32 Abs. 3 BDSG-alt bestimmt § 26 Abs. 6, dass die Beteiligungsrechte der Interessenvertretungen der Beschäftigten **»unberührt« bleiben.** Dies bedeutet, dass sie nicht eingeschränkt, aber auch nicht erweitert werden.[501] Letzteres wäre denkbar gewesen, weil die Erstreckung des Datenschutzes auf manuelle Verarbeitungen ohne Dateicharakter im bisherigen Recht in § 32 Abs. 2 BDSG-alt, also vor den Beteiligungsrechten geregelt war. Nunmehr ist die Reihenfolge aber eine andere, weil die Beteiligungsrechte vor der Erweiterung genannt sind. Wortlaut und Systematik sprechen daher gleichermaßen gegen eine Erweiterung.

273 **Mitbestimmungs- und sonstige Beteiligungsrechte** wurden oben im Zusammenhang mit den jeweiligen Sachfragen behandelt.[502] Dies betrifft etwa die Beteiligung des Be-

---

495 BAG 11.11.1997 – 1 ABR 21/97, DB 1998, 627; zustimmend Kiesche/Wilke, CuA 11/2012, S. 19.

496 Zustimmend Fitting, § 83 Rn. 23 a.E.; DKKW-*Klebe*, § 94 Rn. 51, jeweils m.w.N.; Eder, CuA 4/2018, S. 9; die Tatsache, dass der Datenschutzbeauftragte keine Weisungen des Arbeitgebers zu befolgen hat, ist entgegen Lücke (NZA 2019, 658, 670) ohne wesentliche Bedeutung, da sie unschwer überspielt werden kann.

497 Anders Gola, BB 2017, 1462, 1470; Lücke, NZA 2019, 658, 670; Stück, ZD 2019, 256, 259.

498 Anders Kranig und Wybitul, ZD 2019, 2.

499 Ebenso Wagner, BB 1993, S. 1729ff.

500 Gola/Wronka, Rn. 1970: Kann als freiwillige organisatorische Maßnahme sinnvoll sein; ähnlich Kiesche/Wilke, CuA 11/2012, S. 17, 22: »Sonderbeauftragter« auf freiwilliger Grundlage, sowie Schierbaum, CuA 4/2013, S. 35; Eder, CuA 4/2018, S. 9f.

501 Zustimmend BAG 9.4.2019 – 1 ABR 51/17, NZA 2019, 1055; ebenso SHS-*Seifert*, Art. 88 Rn. 226.

502 Zusammenfassende Darstellung bei Däubler, Gläserne Belegschaften, Rn. 658ff. (§ 13 III – §§ 92ff. BetrVG), Rn. 689ff. (§ 14 – Mitbestimmung nach § 87 Abs. 1 Nr. 6 BetrVG), Rn. 839ff. (§ 15 – Personalvertretung).

triebsrats und des Personalrats im Einstellungsverfahren (Rn. 70ff.), aber auch die Datenerhebung gegenüber Beschäftigten (siehe etwa Rn. 100 bei biometrischen Daten).

§ 27 Datenverarbeitung zu wissenschaftlichen oder historischen Forschungszwecken und zu statistischen Zwecken

(1) Abweichend von Artikel 9 Absatz 1 der Verordnung (EU) 2016/679 ist die Verarbeitung besonderer Kategorien personenbezogener Daten im Sinne des Artikels 9 Absatz 1 der Verordnung (EU) 2016/679 auch ohne Einwilligung für wissenschaftliche oder historische Forschungszwecke oder für statistische Zwecke zulässig, wenn die Verarbeitung zu diesen Zwecken erforderlich ist und die Interessen des Verantwortlichen an der Verarbeitung die Interessen der betroffenen Person an einem Ausschluss der Verarbeitung erheblich überwiegen. Der Verantwortliche sieht angemessene und spezifische Maßnahmen zur Wahrung der Interessen der betroffenen Person gemäß § 22 Absatz 2 Satz 2 vor.
(2) Die in den Artikeln 15, 16, 18 und 21 der Verordnung (EU) 2016/679 vorgesehenen Rechte der betroffenen Person sind insoweit beschränkt, als diese Rechte voraussichtlich die Verwirklichung der Forschungs- oder Statistikzwecke unmöglich machen oder ernsthaft beinträchtigen und die Beschränkung für die Erfüllung der Forschungs- oder Statistikzwecke notwendig ist. Das Recht auf Auskunft gemäß Artikel 15 der Verordnung (EU) 2016/679 besteht darüber hinaus nicht, wenn die Daten für Zwecke der wissenschaftlichen Forschung erforderlich sind und die Auskunftserteilung einen unverhältnismäßigen Aufwand erfordern würde.
(3) Ergänzend zu den in § 22 Absatz 2 genannten Maßnahmen sind zu wissenschaftlichen oder historischen Forschungszwecken oder zu statistischen Zwecken verarbeitete besondere Kategorien personenbezogener Daten im Sinne des Artikels 9 Absatz 1 der Verordnung (EU) 2016/679 zu anonymisieren, sobald dies nach dem Forschungs- oder Statistikzweck möglich ist, es sei denn, berechtigte Interessen der betroffenen Person stehen dem entgegen. Bis dahin sind die Merkmale gesondert zu speichern, mit denen Einzelangaben über persönliche oder sachliche Verhältnisse einer bestimmten oder bestimmbaren Person zugeordnet werden können. Sie dürfen mit den Einzelangaben nur zusammengeführt werden, soweit der Forschungs- oder Statistikzweck dies erfordert.
(4) Der Verantwortliche darf personenbezogene Daten nur veröffentlichen, wenn die betroffene Person eingewilligt hat oder dies für die Darstellung von Forschungsergebnissen über Ereignisse der Zeitgeschichte unerlässlich ist.

Inhaltsübersicht Rn.

I. Allgemeines

Die **DSGVO** enthält eine zentrale Regelung zur Forschung und zur Statistik in Art. 5 Abs. 1 1
Buchst. f, wonach eine im öffentlichen Interesse liegende Weiterverarbeitung für diese

Zwecke mit dem ursprünglichen Zweck als nicht unvereinbar erklärt wird (siehe Art. 5 Rn. 43f.). Art. 89 DSGVO verpflichtet bei einer Verarbeitung für diese Zwecke zu spezifischen Garantien und erlaubt Ausnahmen in Bezug auf die Betroffenenrechte. In einer Vielzahl weiterer Regelungen der DSGVO finden sich weitere Spezifizierungen zur Verarbeitung für Forschungs- und Statistikzwecke: Ausnahme von der Speicherbegrenzung (Art. 5 Abs. 1 Buchst. e), Verarbeitungsbefugnis von sensitiven Daten bei angemessenen, spezifischen Maßnahmen (Art. 9 Abs. 2 Buchst. j), Ausnahme von der Informationspflicht (Art. 14 Abs. 5 Buchst. b), Ausnahme von der Löschungspflicht (Art. 17 Abs. 3 Buchst. d) und eingeschränkte Ausnahme zum Widerspruchsrecht (Art. 21 Abs. 6).

1a Die Regelung ist wenig anwenderfreundlich bzw. übersichtlich: Abs. 1 und 3 gelten ausschließlich für **sensitive Daten** gemäß Art. 9 DSGVO, während Abs. 2 und 4 für sensitive und für sonstige personenbezogene Daten gelten.

2 Die DSGVO wie auch das neue BDSG lassen es offen, inwieweit es einer ausdrücklichen **gesetzlichen Erlaubnis zur Verarbeitung** für Forschungs- und Statistikzwecke bedarf, oder ob insofern neben Art. 6 Abs. 1 Buchst. a DSGVO (Einwilligung) auf Art. 6 Abs. 1 Buchst. f DSGVO (überwiegendes berechtigtes Interesse) zurückgegriffen werden kann.[1] Diese Frage ist aber insofern akademischer Art, da die DSGVO in jedem Fall zu spezifischen Maßnahmen und Ausnahmeregelungen verpflichtet oder diese einfordert. Die insofern nötigen Regelungen für das deutsche Recht werden mit § 27 in sehr allgemeiner Form geschaffen. Hierüber oder auch mit spezifischeren Regelungen soll und muss ein Ausgleich zwischen dem Grundrecht auf Datenschutz (Art. 8 GRCh) und der Forschungsfreiheit (Art. 13 GRCh) hergestellt werden.

3 Soweit **spezialgesetzliche Regelungen** zur Datenverarbeitung aus dem bereichsspezifischen Recht anzuwenden sind, gehen sie § 27 vor (§ 1 Abs. 2 BDSG). Solche spezialgesetzlichen Regelungen finden sich derzeit etwa in den Sozialgesetzbüchern (§§ 75 SGB X, 287, 67c SGB V, 98 SGB XI, 119 SGB XII), in medizinrechtlichen Gesetzen (z. B. § 40 Abs. 2a Arzneimittelgesetz, § 14 Abs. 2a, 15g Transplantationsgesetz, Krebsregistergesetze, Psychisch-Kranken-Gesetze, Krankenhausgesetze,[2] nicht GenDG) oder in sonstigem bereichsspezifischem Recht (z. B. § 476 StPO, § 42a BZRG, § 186 StVollzG).

4 Wegen der Auslegung der Begriffe »Forschung«, »Statistik« und wegen weiterer Garantien für die Betroffenen wird auf die **Kommentierung zu Art. 85 und 89 DSGVO** verwiesen (siehe Art. 85 Rn. 38–40, Art. 89 Rn. 19, 24f.).

5 Anders als in Art. 9 Abs. 2 Buchst. j, Art. 89 DSGVO wird in § 27 nicht ausdrücklich ein **öffentliches Interesse** an der Datenverarbeitung gefordert. Da diese Regelung auf diese europäischen Rechtsgrundlagen zurückgreift, muss bei jeder nach § 27 privilegierten Verbreitung ein solches öffentliches Interesse vorliegen. So kann sich z. B. ein privates Versicherungsunternehmen bei seiner Risikoberechnung mit personenbezogenen Daten nicht auf § 27 berufen. Anwendbar ist hier evtl. § 31. Auch Markt- und Meinungsforschung erfolgt regelmäßig nicht im öffentlichen Interesse, weshalb dann § 27 keine Anwendung findet.[3]

6 Die Gesetzgebungskompetenz in den Bereichen Forschung und Statistik liegt sowohl beim Bund wie bei den Ländern. Die Regelungen zur Verarbeitung personenbezogener

---

1 So offenbar BR-Drs. 110/17, S. 99; dazu Werkmeister/Schwaab, CR 2019, 89f.

2 Schneider, Sekundärnutzung klinischer Daten – Rechtliche Rahmenbedingungen, 2015.

3 Gola/Heckmann-*Krohm*, § 27 Rn. 7f.

Daten insbesondere für Forschungszwecke sind in Deutschland unübersichtlich, da es hierzu eine Vielzahl unterschiedlicher bereichsspezifischer **Regelungen auf Bundes- und auf Landesebene** gibt, die bei einzelnen Forschungsprojekten u. U. nebeneinander anwendbar sind und unterschiedliche materielle, prozessuale und technisch-organisatorische Anforderungen formulieren.[4] Dieser Flickenteppich an unübersichtlichen und teilweise praktisch nicht umsetzbaren Normen wird durch § 27 nicht beseitigt.[5]

Auch keine Antwort gibt § 27 auf die Frage, wann in einem Forschungsvorhaben die **Einwilligung** der Betroffenen einzuholen ist und wann hierauf aus Forschungsgründen verzichtet werden kann sowie welche zusätzlichen Sicherungsmaßnahmen für die Wahrung der Betroffenenrechte (Informationspflichten, Einräumung von Widerspruchsmöglichkeiten) erforderlich sind. Vielmehr enthält § 27 einen die Vorgaben der DSGVO wiederholenden allgemeinen Rechtsrahmen, der durch bereichsspezifische Forschungsklauseln konkretisiert wird, die aber keinen in sich konsistenten Rechtsrahmen für personenbeziehbare Forschung bieten. 7

II. Verarbeitung sensitiver Daten (Abs. 1)

Mit § 27 Abs. 1, der grds. für die öffentliche und private Forschung und Statistik gilt, wird von der **Ermächtigung aus Art. 9 Abs. 2 Buchst. j DSGVO** Gebrauch gemacht. Nach Art. 9 Abs. 1 DSGVO ist die Verarbeitung besonderer Kategorien personenbezogener Daten grundsätzlich untersagt. Art. 9 Abs. 2 DSGVO sieht Ausnahmen von diesem Verbot vor, die sich teilweise unmittelbar aus der Verordnung ergeben (z. B. die ausdrückliche Einwilligung nach Art. 9 Abs. 2 Buchst. a). Mit § 27 Abs. 1 wird darüber hinaus auf Basis von Art. 9 Abs. 2 Buchst. j DSGVO eine zusätzliche Regelung im nationalen Recht für die Verarbeitung besonderer Kategorien personenbezogener Daten zu wissenschaftlichen oder historischen Forschungszwecken und zu statistischen Zwecken geschaffen. Die Verarbeitung nach § 27 Abs. 1 setzt dabei das Vorliegen einer Rechtsgrundlage nach Art. 6 Abs. 1 DSGVO voraus (z. B. gemäß Art. 6 Abs. 1 Buchst. f eines berechtigten Interesses des Verantwortlichen).[6] 8

Im Bereich der hoheitlichen **Statistik** bestehen im nationalen Recht bereichsspezifische Bundes- und Landesregelungen, die das öffentliche Interesse an statistischen Daten umfassend und erschöpfend abdecken. Für die allgemeine Regelung des Abs. 1, der gegenüber der DSGVO keine Spezifizierung enthält, besteht keine Notwendigkeit. Es ist auch nicht zu erkennen, inwieweit darüber hinausgehend ein öffentliches Interesse an Statistiken von nicht-öffentlicher Stelle besteht. Für den Statistikbereich ist der viel zu unbestimmt bleibende Abs. 1 überflüssig und darf keine Anwendung finden.[7] 9

Art. 9 Abs. 2 Buchst. j DSGVO erfordert, dass eine Forschungsklausel in **angemessenem Verhältnis** zu dem verfolgten Ziel steht, den Wesensgehalt des Rechts auf Datenschutz 10

---

4 Kühling/Buchner-*Weichert*, Art. 9 Rn. 177f.; ders. in Stiftung Datenschutz, Big Data und E-Health, S. 189; detaillierte Analyse dazu Weichert/Berhnhard/Ruhmann, 18. 10. 2018, *https://www.netzwerk-datenschutzexpertise.de/sites/default/files/gut-2018-forschungklauseln-181018.pdf.*

5 Kühling/Buchner-*Buchner/Tinnefeld*, § 27 Rn. 6; Krawczak/Weichert, DANA 2017, 196f.

6 Gola/Heckmann-*Krohm*, § 27 Rn. 7f.

7 Ähnlich in der Argumentation Johannes/Richter, DuD 2017, 303.

wahrt und angemessene und spezifische Maßnahmen zur Wahrung der Grundrechte und Interessen der betroffenen Person vorsieht. Dem soll der Verweis auf § 22 Abs. 2 Satz 2 Rechnung tragen.[8] Zu den Maßnahmen gehört auch eine Protokollierung der Verarbeitungstätigkeiten.[9]

11 Die Formulierung »**Interessen des Verantwortlichen**« schließt das wissenschaftliche Interesse an der Durchführung des Forschungsvorhabens mit ein und wird dadurch inhaltlich festgelegt.

12 § 27 Abs. 1 gilt nur für die **Verarbeitung von sensitiven Daten** im Sinne von Art. 9 Abs. 1 DSGVO.[10] Die Verarbeitung von nicht unter Art. 9 fallenden Daten richtet sich entweder unmittelbar nach der DSGVO (insb. Art. 6 Abs. 1) oder nach im Einklang mit der Verordnung erlassenen Rechtsgrundlagen des Unions- oder nationalen Gesetzgebers. Nationale Vorschriften finden sich in diesem Gesetz oder im bereichsspezifischen Recht.

13 Nach Art. 5 Abs. 1 Buchst. b DSGVO gilt eine **Weiterverarbeitung** für wissenschaftliche oder historische Forschungszwecke und für statistische Zwecke nicht als unvereinbar mit den ursprünglichen Zwecken. Da diese Zwecke bei der Weiterverarbeitung kompatibel mit dem Zweck der Erstverarbeitung sind, kann sich, so die Gesetzesbegründung, der Verantwortliche als Rechtsgrundlage erneut auf die Rechtsgrundlage stützen, die bereits für die Erstverarbeitung galt.[11] Dies soll auch auf die Weiterverarbeitung besonderer Kategorien personenbezogener Daten zutreffen, für die § 27 Abs. 1 als Ausnahmetatbestand von dem Verbot des Art. 9 Abs. 1 DSGVO gilt. §§ 23, 24 finden insoweit keine Anwendung. Entsprechendes gilt für die Übermittlung besonderer Kategorien von Daten durch öffentliche Stellen zu wissenschaftlichen oder historischen und statistischen Forschungszwecken; § 25 findet insoweit keine Anwendung. Diese Darstellung ist zumindest missverständlich: Mit einer Verarbeitung für Forschungs- und Statistikzwecke wird eine eigenständige Zweckfestlegung vorgenommen. Für diese Verarbeitung bedarf es einer eigenen Rechtsgrundlage, die mit Abs. 1 geschaffen werden soll.

13a Die Regelung erlaubt eine Weiterverarbeitung für Forschungszwecke, auch wenn keine Einwilligung vorliegt, bei einem erheblichen Überwiegen der Forschungsinteressen. Die **Abwägung** zwischen Schutzinteressen und Forschungsinteressen bildet mit dem Erheblichkeitserfordernis nicht die von der DSGVO gewollte Privilegierung der wissenschaftlichen Forschung ab. Das Erfordernis kann zu einem zu restriktiven Anwenden des Abs. 1 führen.[12] Sind hinreichende Schutzmaßnahmen für die Betroffenen getroffen, so kann eine wissenschaftliche Datennutzung nicht zurückgewiesen werden.

14 Abs. 1 enthält nur eine Befugnis zur Verarbeitung sensitiver Daten, nicht zur **Offenbarung von Berufsgeheimnissen**. Gemäß dem Zwei-Schranken-Prinzip muss bei einer Weiterverarbeitung sensitiver Daten durch Dritte, die zugleich ein Berufsgeheimnis sind, neben der datenschutzrechtlichen Befugnis zudem eine Offenbarungsbefugnis vorliegen

---

8 BR-Drs. 110/17, S. 99.

9 Kühling/Buchner-*Weichert*, § 22 Rn. 33.

10 Der Verweis auf Art. 6 Abs. 1 DSGVO, insb. Buchst. f, in der Gesetzesbegründung, BR-Drs. 110/17, S. 98 f., ist unzutreffend.

11 BR-Drs. 110/17, S. 99.

12 Bundesrat 10.3.2017, BR-Drs. 110/117, S. 26; kritisch auch Gola/Heckmann-*Krohm*, § 27 Rn. 28.

(vgl. Art. 9 Abs. 3 DSGVO). Eine gesetzliche Regelung enthält eine solche Offenbarungsbefugnis nur, soweit dies erkennbar der Wille des Gesetzgebers war und durch die Regelung ein gesteigerter Schutz der Berufsgeheimnisse hergestellt wird. Ein Berufsgeheimnisschutz beim Empfänger einschließlich eines Beschlagnahmeschutzes können hierfür Indizien sein.[13] Derartige Schutzvorkehrungen werden aber in § 27 nicht ausdrücklich erwähnt.

III. Einschränkung der Betroffenenrechte (Abs. 2)

§ 27 Abs. 2 Satz 1 schränkt unter Ausnutzung der **Öffnungsklausel des Art. 89 Abs. 2 DSGVO** die Rechte nach den Art. 15, 16, 18 und 21 DSGVO ein. Im Sinne des Abs. 2 Satz 1 kann, so die Gesetzesbegründung, die Verwirklichung des Forschungszwecks in bestimmten Einzelfällen ohne Einschränkungen des Auskunftsrechts aus Art. 15 DSGVO z. B. dann unmöglich sein, wenn die zuständige Ethikkommission zum Schutz der betroffenen Person eine Durchführung des Projekts andernfalls untersagen würde.[14] Dies bedeutet, dass die Einschränkung der Betroffenenrechte die begründungspflichtige Ausnahme, deren Geltung auch bei der Verfolgung von Forschungs- und Statistikzwecken die Regel ist. 15

Darüber hinaus schränkt Abs. 2 Satz 2 in Anlehnung an § 33 Abs. 2 Satz 1 Nr. 5 i. V. m. § 34 Abs. 7 sowie § 19a Abs. 2 Nr. 2 BDSG-alt das Auskunftsrecht für die Fälle **unverhältnismäßigen Aufwands**[15] unter Ausnutzung der Öffnungsklausel des Art. 23 Abs. 1 Buchst. i der Verordnung (EU) 2016/679 ein. Das kann z. B. dann der Fall sein, wenn ein Forschungsvorhaben mit besonders großen Datenmengen arbeitet.[16] Die Einschränkung der Betroffenenrechte in Abs. 2 gilt für alle Kategorien personenbezogener Daten. Ein unverhältnismäßiger Aufwand kann gegeben sein, wenn eine große Zahl von Betroffenen erfasst wird und diese ihre Rechte (voraussichtlich) wahrnehmen. Ein solcher Aufwand kann sich auch daraus ergeben, dass für die Zuordnung oder die Erreichbarkeit der Betroffenen ein hoher Aufwand betrieben werden muss, weil die Daten nur noch pseudonym vorliegen oder vorhandene Adressen wegen Zeitablaufs mit großer Wahrscheinlichkeit nicht mehr aktuell sind. Da Betroffenenrechte eingeschränkt werden, ist die verantwortliche Stelle für die Unverhältnismäßigkeit begründungspflichtig. Zu beachten ist aber, dass mit modernen technischen Instrumenten Arbeitserleichterungen möglich sind, deren Potential vor Rechtsverzicht voll ausgeschöpft werden muss. 16

Die Regelung zielt darauf ab, eine **Grundrechtsabwägung** zwischen der Forschungsfreiheit (Art. 5 Abs. 3 GG, Art. 13 GRCh) und dem Datenschutz, ohne aber hinreichend bestimmte und Rechtssicherheit gewährende Kriterien zu benennen. Vielmehr wird lediglich fast wörtlich Art. 89 Abs. 2 DSGVO wiederholt.[17] Die Einschränkungen sind nur dann hinnehmbar, wenn die Forschung sich nicht auf eine konkrete Person bezieht und durch die Zweckbindung der Forschungsverarbeitung verhindert wird, dass sich hieraus für den 17

13 Kühling/Buchner-*Weichert*, Art. 9 Rn. 146–148.
14 BR-Drs. 110/17, S. 99; hiergegen zu Recht Joahnnes/Richter, DuD 2017, 303.
15 Die Formulierung wird auch verwendet bei §§ 34 Abs. 1 Nr. 2, 35 Abs. 1 BDSG.
16 BR-Drs. 110/17, S. 99.
17 Johannes/Richter, DuD 2017, 303.

Betroffenen negative Wirkungen ergeben können. Bei der Abwägung besteht für den Verantwortlichen kein Abwägungsspielraum; seine Entscheidung ist voll überprüfbar.[18]

18 Voraussetzung für die Einschränkung der Betroffenenrechte ist, dass deren Wahrnehmung die Forschungs- und Statistikzwecke **unmöglich macht oder ernsthaft beeinträchtigt**. Hierfür bedarf es in jedem Fall im Rahmen des Datenschutzkonzeptes des Forschungsvorhabens einer dokumentierten Begründung. Eine Einschränkung ist nicht bei jeder Unmöglichkeit oder ernsthaften Beeinträchtigung zulässig. Vielmehr bedarf es einer Abwägung zwischen dem öffentlichen Forschungsinteresse und den Betroffenenrechten.

19 Die Einschränkungen gelten für jeden Einzelfall der Wahrnehmung der Betroffenenrechte. Da das Vorliegen der Gründe für die Verweigerung der Betroffenenrechte aber nicht vom Einzelfall abhängen, sondern dem jeweiligen konkreten Forschungsprojekt strukturell immanent ist, empfiehlt es sich, bei der Erarbeitung des Datenschutzkonzepts zu dem Forschungsprojekt grundsätzlich überprüfbare, **generell geltende Aussagen** zur Einschränkung der Betroffenenrechte und zu deren Begründung aufzunehmen.

20 Das Gesetz benennt keine **Kriterien**, welche zur Einschränkung der Betroffenenrechte herangezogen werden könnten. Ein Grund kann die Unmöglichkeit sein, die Betroffenen zu kontaktieren, weil deren Erreichbarkeit nicht bekannt ist.

21 Eingeschränkt werden kann das **Recht auf Auskunft** (Art. 15 DSGVO), das in Art. 8 Abs. 2 Satz 2 GRCh verfassungsrechtlich zugesichert wird.[19]

22 Die Beschränkung der Betroffenenrechte kann auch im **Interesse des Betroffenen** liegen, etwa wenn die Analyseergebnisse den Betroffenen belasten oder dessen Selbstbild widersprechen können. Eine Auskunft über Forschungsergebnisse kann zu Selbstzweifeln und seelische Schäden führen. Da beauskunftete Daten auch Angaben über Dritte enthalten können (z. B. bei Gendaten), kann eine Auskunft eine Gefährdung von deren Recht auf Nichtwissen darstellen. In § 630g Abs. 1 BGB ist die Einschränkung der Einsicht in die Patientenakte aus therapeutischen Gründen vorgesehen. Dieser Rechtsgedanke ist auf § 27 Abs. 2 übertragbar.

23 Das Recht auf Auskunft kann z. B. im Bereich der Verhaltensforschung eine **methodische Hürde** darstellen, wenn der Betroffene zur Durchführung über den Verlauf im Unklaren gehalten werden muss, um das Forschungsziel zu erreichen.

24 Ist statistik- oder forschungsbedingt eine umfassende Auskunft nicht möglich, so ist zu prüfen, inwieweit eine **eingeschränkte Auskunft** erteilt werden kann, etwa indem keine konkreten, wohl aber allgemeine Informationen über die Verarbeitung der Daten in dem Projekt erteilt werden.

25 Eingeschränkt werden kann auch das Recht auf **Berichtigung** (Art. 16 DSGVO, Art. 8 Abs. 2 Satz 2 GRCh). Soweit ein Betroffener keine Auskunft erlangen kann, ist es ihm auch nicht möglich, wegen Unrichtigkeit eine Berichtigung oder eine Einschränkung der Verarbeitung zu bewirken.

26 Die Beschränkung des Rechts auf **Einschränkung der Verarbeitung** (Art. 18 DSGVO) soll verhindern, dass im Laufe eines Forschungsvorhabens durch die Wahrnehmung des Betroffenenrechts der Ablauf beeinträchtigt wird oder die Repräsentativität verloren geht.

---

18 A.A. Gola/Heckmann-*Krohm*, § 27 Rn. 37.

19 Wegen der Einseitigkeit dieser Einschränkung verstößt diese nach Ansicht von Johannes/Richter, DuD 2017, 303, gegen Art. 23 Abs. 2 DSGVO.

Der Ausschluss des **Widerspruchsrechts** gem. Art. 21 DSGVO ergibt sich schon aus der Beschränkung der vorgenannten Betroffenenrechte: Wäre die Wahrnehmung eines dieser Rechte aus Forschungsgründen unzulässig, so ist auch ein Widerspruch hiergegen wirkungslos. Die Betroffenen sollen sich nicht ermuntert sehen, gegen eine Verarbeitung Widerspruch einzulegen, gegen die sie aus berechtigten Gründen ohnehin nicht vorgehen können. 27

IV. Anonymisierung (Abs. 3)

Abs. 3 und 4 zur Anonymisierung und zur Veröffentlichung sind **§ 40 Abs. 2 und 3 BDSG-alt** entlehnt. Die Regelung bezieht sich nur auf besondere Kategorien von Daten (Art. 9 DSGVO).[20] Die darin enthaltenen Erwägungen sind aber grundsätzlicher Art und lassen sich durch den generell geltenden Grundsatz der Datenminimierung im Rahmen von Verhältnismäßigkeitsprüfungen und Abwägungen auf personenbezogene Daten generell übertragen. 28

Wissenschaftliche Forschung zielt regelmäßig auf das Erkennen von allgemeinen Gesetzmäßigkeiten, nicht auf die Beschreibung einer besonderen Person. Das Forschungsergebnis soll möglichst vom Einzelfall unabhängig sein, d. h. anonym und verallgemeinerungsfähig. Kein datenschutzrechtlicher Eingriff ist gegeben, wenn vor der Erhebung oder der Weitergabe personenbezogener Daten an die Forschungsstelle eine Anonymisierung erfolgt. Erfolgte eine personenbezogene Erhebung, sind die Daten nach Abs. 3 Satz 1 zum frühestmöglichen Zeitpunkt zu anonymisieren. Hierbei handelt es sich um eine Konkretisierung des Verhältnismäßigkeitsgrundsatzes und des Prinzips der **Datenminimierung** (Art. 5 Abs. 1 Buchst. c DSGVO). Anonymisieren bedeutet das Verändern personenbezogener Daten derart, dass die Einzelangaben über persönliche oder sachliche Verhältnisse nicht mehr oder nur mit einem unverhältnismäßigen Aufwand an Zeit, Kosten und Arbeitskraft einer bestimmten oder bestimmbaren natürlichen Person zugeordnet werden können.[21] 29

Bei einer Vielzahl von Datenkategorien, die im Forschungsbereich von Relevanz sind, ist eine Anonymisierung nicht möglich. Auf eine Anonymisierung kann nur verzichtet werden, wenn dies für eine privilegierte Zweckverfolgung gem. Art. 9 Abs. 2 DSGVO zwingend erforderlich ist. Dies muss einschränkend in die Regelung mit hineingelesen werden.[22] Eine personenbeziehbare Verarbeitung kann z. B. erforderlich sein zum Schutz lebenswichtiger Interessen des Betroffenen (Art. 9 Abs. 2 Buchst. c DSGVO).[23] Eine wirksame Anonymisierung ist regelmäßig auch nicht bei Biomaterialproben sowie bei vielen Bilddaten oder Stimmaufnahmen möglich. Ist eine vollständige Anonymisierung nicht möglich, z. B. auch, da eine spätere Zuordnung von Datensätzen erfolgen muss, hat eine **Pseudonymisierung** zu erfolgen. Diese ermöglicht z. B. bei Langzeitstudien das Verfol- 30

---

20 Wegen dieser Beschränkung meint Geminn, DuD 2018, 642 f., dass die Regelung unionsrechtswidrig ist, ohne die unionrechtskonforme Auslegung zu erörtern.

21 So § 3 Abs. 6 BDSG-alt.

22 A.A. Johannes/Richter, DuD 2017, 304, die darin eine Verordnungswidrigkeit der Regelung sehen.

23 Johannes/Richter, DuD 2017, 304.

gen von Einzelfällen. Mit dieser Methode können auch Daten zu einer Person aus unterschiedlichen Quellen zu unterschiedlichen Zeiten in einem geschützten Raum verarbeitet werden. Der Einsatz von Pseudonymen mit der Möglichkeit der Reidentifzierung von Einzelfallen ist dann geboten, wenn Forschungsergebnisse, z. B. bei medizinischen Spätfolgen, im Nachhinein überprüft werden können müssen. Durch die Pseudonymisierung soll verhindert werden, dass ohne direkten Personenbezug falsche Datensatzzuordnungen und Verwechslungen erfolgen.

31 Bei der Pflicht zur Anonymisierung und Pseudonymisierung müssen nicht sämtliche hierfür bestehenden Mittel eingesetzt werden, sondern nur solche, die dem aktuellen **Stand der Technik** entsprechen. Sind die Methoden der Datenminimierung für den Forscher nicht zugänglich und ist ihm deren Einsatz nicht zuzumuten, so kann der Einsatz dieser Methoden auch nicht gefordert werden.

32 Die Zuordnung der Datensätze kann technisch (z. B. Einwegverschlüsselung) oder über Pseudonymlisten vorgenommen werden. Im letztgenannten Fall sind gemäß Abs. 3 Satz 3 u. 4 die identifizierenden Angaben gesondert aufzubewahren. Durch diese technisch-organisatorische Maßnahme wird vermieden, dass bei der Auswertung ein Personenbezug besteht (**File-Trennung**). Eine Re-Identifizierung ist nur in Ausnahmefällen (wenn für Forschungszweck erforderlich, Abs. 2 Satz 3; bei Wahrnehmung von Betroffenenrechten) zulässig. Referenzlisten können beim Verantwortlichen oder bei einem Datentreuhänder gespeichert werden. Die Trennung erfolgt im Statistikrecht durch die Unterscheidung zwischen Hilfs- und Erhebungsmerkmalen (vgl. § 10 BStatG). Sie ist in Krebsregistergesetzen teilweise gesetzlich konkretisiert. Identifizierungsmerkmale dürfen nur genutzt werden, soweit dies für den Forschungs- oder Statistikzweck erforderlich ist. Ist eine Individualisierung oder eine individuelle Zuordnung der Forschungsdatensätze nicht mehr nötig, sind die identifizierenden Referenzdaten zu löschen.

32a Von einer Anonymisierung kann abgesehen werden, wenn berechtigte **Interessen der betroffenen Personen** dies erfordern. Dies kann dann der Fall sein, wenn der Betroffene ein individuelles Interesse an den Resultaten hat, die z. B. im medizinischen Bereich in eine Behandlung einfließen sollen. In solchen Fällen ist regelmäßig eine Pseudonymisierung mit Filetrennung angesagt.

33 Die Regelung verpflichtet nicht ausdrücklich dazu, die Maßnahmen in einem umfassenden **Datenschutzkonzept** zusammenzufassen und zu bewerten. Eine solche Pflicht ergibt sich aber bei Vorliegen einer der Voraussetzungen des Art. 35 Abs. 3 DSGVO (systematische Bewertung und Profiling, Verarbeitung sensitiver Daten, systematische Erfassung öffentlicher Räume), das zur Durchführung von Datenschutz-Folgenabschätzungen verpflichtet.

V. Veröffentlichung (Abs. 4)

34 Die Veröffentlichung von anonymisierten Angaben unterliegt keinen Restriktionen. Eine Veröffentlichung personenbezogener Daten ist eine besonders intensive Form der Datenübermittlung an einen unbestimmten Empfängerkreis.[24] Die damit verbundene gravie-

24 BVerfG, NVwZ 1990, 1162.

rende Persönlichkeitsbeeinträchtigung ist nur in besonderen Ausnahmefällen erlaubt, wenn sie aus Gründen der **Darstellung von Forschungsergebnissen** über Ereignisse der Zeitgeschichte unerlässlich ist (vgl. § 23 Abs. 1 Nr. 1 KUG). Dieser Eingriff ist nur über die Öffnungsklausel zur wissenschaftlichen Meinungsfreiheit nach Art. 85 Abs. 1 DSGVO legitimierbar[25] und setzt eine Interessenabwägung voraus. Es wird zwischen »absoluten« und »relativen« Personen der Zeitgeschichte unterschieden. Straftäter, die allein durch ihre Straftat in der Öffentlichkeit in Erscheinung treten, sind relative Personen der Zeitgeschichte. Relevant ist bei der Feststellung nicht nur die objektive Bedeutung der Person, sondern auch, welchen Anteil die Person durch eigenes Handeln für ihre Bedeutung hat. »Opfer« sind schutzwürdiger als »Täter«.[26] Der Umstand, dass eine Information schon einmal veröffentlicht worden ist, legitimiert noch nicht die Veröffentlichung im Rahmen der Forschungsarbeit.

Eine Veröffentlichung ist auch zulässig, wenn der Betroffene einwilligt (Art. 6 Abs. 1 Buchst. a, 7 DSGVO). Es besteht weder eine Pflicht zur Erteilung der **Einwilligung zur Veröffentlichung** noch zur Erteilung von Auskünften durch den Betroffenen für Forschungszwecke. Eine wirksame Einwilligung liegt nur vor, wenn diese freiwillig erteilt worden ist. Es bedarf einer umfassenden Information über die Veröffentlichung (»informed consent«). 35

§ 28 Datenverarbeitung zu im öffentlichen Interesse liegenden Archivzwecken

(1) Abweichend von Artikel 9 Absatz 1 der Verordnung (EU) 2016/679 ist die Verarbeitung besonderer Kategorien personenbezogener Daten im Sinne des Artikels 9 Absatz 1 der Verordnung (EU) 2016/679 zulässig, wenn sie für im öffentlichen Interesse liegende Archivzwecke erforderlich ist. Der Verantwortliche sieht angemessene und spezifische Maßnahmen zur Wahrung der Interessen der betroffenen Person gemäß § 22 Absatz 2 Satz 2 vor.

(2) Das Recht auf Auskunft der betroffenen Person gemäß Artikel 15 der Verordnung (EU) 2016/679 besteht nicht, wenn das Archivgut nicht durch den Namen der Person erschlossen ist oder keine Angaben gemacht werden, die das Auffinden des betreffenden Archivguts mit vertretbarem Verwaltungsaufwand ermöglichen.

(3) Das Recht auf Berichtigung der betroffenen Person gemäß Artikel 16 der Verordnung (EU) 2016/679 besteht nicht, wenn die personenbezogenen Daten zu Archivzwecken im öffentlichen Interesse verarbeitet werden. Bestreitet die betroffene Person die Richtigkeit der personenbezogenen Daten, ist ihr die Möglichkeit einer Gegendarstellung einzuräumen. Das zuständige Archiv ist verpflichtet, die Gegendarstellung den Unterlagen hinzuzufügen.

(4) Die in Artikel 18 Absatz 1 Buchstabe a, b und d, den Artikeln 20 und 21 der Verordnung (EU) 2016/679 vorgesehenen Rechte bestehen nicht, soweit diese Rechte voraussichtlich die Verwirklichung der im öffentlichen Interesse liegenden Archivzwecke unmöglich machen oder ernsthaft beeinträchtigen und die Ausnahmen für die Erfüllung dieser Zwecke erforderlich sind.

---

25 Johannes/Richter, DuD 2017, 304.

26 Bizer, Forschungsfreiheit und informationelle Selbstbestimmung, 1992, S. 272.

Inhaltsübersicht

I. Allgemeines

1 § 28 enthält eine nationale Regelung zur Verarbeitung für »**im öffentlichen Interesse liegende Archivzwecke**« und nimmt damit Bezug auf Art. 89 DSGVO (siehe Art. 89 Rn. 24). Er enthält keine Vollregelung der Archivzwecke. Er ist vielmehr eine Scharnierregelung zwischen der DSGVO und dem Archivrecht des Bundes, insbesondere dem seit 1988 bestehenden Bundesarchivgesetz.[1] Archivzwecke können sowohl von öffentlichen wie auch von privaten Stellen verfolgt werden, wenn hieran ein öffentliches Interesse besteht (siehe Art. 89 Rn. 28).[2]

2 Die **Gesetzgebungskompetenz** im Archivrecht folgt in Deutschland der allgemeinen Kompetenz für das Verwaltungsverfahren und ist daher zwischen Bund und Ländern aufgeteilt. Auf Bundesebene besteht neben dem **Bundesarchivgesetz**[3] seit Dezember 1991 eine Sonderregelung für den **Umgang mit Stasi-Unterlagen** (Gesetz über die Unterlagen des Staatssicherheitsdienstes der ehemaligen Deutschen Demokratischen Republik).[4] Die Archivierung von Unterlagen der Landes- und der Kommunalverwaltungen ist auf Landesebene geregelt, insbesondere in den Landesarchivgesetzen.[5] Wegen der aufgeteilten Gesetzgebungskompetenz gilt § 28 nicht für Landes- und Kommunalarchive. Insofern bedarf es landesrechtlicher Konkretisierungen.

3 Abs. 1 gilt nur für die Verarbeitung von **sensitiven Daten** i. S. v. Art. 9 Abs. 1 DSGVO. Die Verarbeitung von nicht unter Art. 9 DSGVO fallenden Daten richtet sich entweder unmittelbar nach der DSGVO (insb. Art. 6 Abs. 1) oder nach im Einklang mit der Verordnung erlassenen Rechtsgrundlagen des Unions- oder nationalen Gesetzgebers. Nationale Vorschriften finden sich in diesem Gesetz oder im bereichsspezifischen Recht. In den Absätzen 2 bis 4 werden unter Ausnutzung der Öffnungsklausel des Art. 89 Abs. 3 DSGVO die **Betroffenenrechte** gemäß der Art. 15, 16, 18, 20 und 21 DSGVO eingeschränkt. Die Abs. 2 bis 4 gelten für die Verarbeitung sämtlicher personenbezogenen Daten, einschließlich besonderer Kategorien personenbezogener Daten.

4 **Archivgut** sind Dokumente und Informationen von »bleibendem Wert« (z.B. § 1 Nr. 2 BArchivG), die wegen ihrer Bedeutung der Nachwelt erhalten bleiben sollen und insbesondere der Forschung, aber grds. jedermann für die Aufarbeitung vergangener Vorgänge zur Verfügung gestellt werden. Archivzwecke sind nicht identisch mit der Dokumentation

---

1 Neufassung G. v. 10. 3. 2017, BGBl. I S. 410; Begründung BT-Drs. 18/9633; Berger, ZRP 2017, 15; Partsch, Bundesarchivgesetz, 2019, Einl. Rn. 63.

2 Gola/Heckmann-*Krohm*, § 28 Rn. 16.

3 BArchivG; dazu Partsch, Bundesarchivgesetz, 2019.

4 Stasi-Unterlagen-Gesetz – StUG, G. v. 18. 2. 2007, BGBl. I S. 162; dazu Weberling, Stasi-Unterlagen-Gesetz, 1992; Geiger/Klinghardt, Stasi-Unterlagen-Gesetz, 1993; in 2. Aufl., 2006 fortgeführt von Budsinowski/Bruth/Pietrkiewicz/Rapp-Lücke.

5 Überblick bei *https://de.wikipedia.org/wiki/Archivrecht.*

von laufenden oder abgeschlossenen Verwaltungsverfahren, deren Daten noch nicht gelöscht werden können, weil diese für den Verwaltungsvollzug noch benötigt werden (können). Für deren Speicherung wird oft der insofern missverständliche Begriff des »Verwaltungsarchivs« verwendet. Archivzwecke i. S. v. § 28 werden erst verfolgt, wenn die Daten für den ursprünglichen Zweck nicht mehr benötigt und wegen ihres bleibenden Wertes weiter aufbewahrt werden.[6]

II. Sensitive Daten (Abs. 1)

Für die **Weiterverarbeitung** (Verarbeitung zu anderen Zwecken durch denselben Verantwortlichen) gilt: Nach Art. 5 Abs. 1 Buchst. b DSGVO ist eine Weiterverarbeitung zu im öffentlichen Interesse liegenden Archivzwecken nicht unvereinbar mit den ursprünglichen Zwecken. Daher könne sich der Verantwortliche, so die Gesetzesbegründung, hinsichtlich der Rechtsgrundlage für die Weiterverarbeitung erneut auf die Rechtsgrundlage stützen, die bereits für die Erstverarbeitung galt.[7] Dies ist zumindest missverständlich. Für die Verarbeitung zu Archivzwecken bedarf es einer eigenständigen rechtlichen Grundlage.[8] Richtig ist, dass die §§ 23, 24 und 25 keine Anwendung finden. Will der Verantwortliche besondere Kategorien von Daten weiterverarbeiten, benötigt er nicht nur eine Rechtsgrundlage, sondern auch einen Ausnahmetatbestand von dem Verbot des Art. 9 Abs. 1 DSGVO.[9] 5

Mit Abs. 1 wird von der Ermächtigung aus Art. 9 Abs. 2 Buchst. j der DSGVO Gebrauch gemacht, wonach die grds. gemäß Art. 9 Abs. 1 DSGVO verbotene Verarbeitung besonderer Kategorien personenbezogener Daten im nationalen Recht ausnahmsweise »für im öffentlichen Interesse liegende Archivzwecke« zugelassen werden kann, wenn die Verhältnismäßigkeit und der Wesensgehalt des Datenschutzes gewahrt werden und »**angemessene und spezifische Maßnahmen** zur Wahrung der Grundrechte und Interessen der betroffenen Person« vorgesehen werden. Zusätzlich zu den Anforderungen des Abs. 1 muss eine rechtliche Grundlage für die Verarbeitung überhaupt vorliegen, die regelmäßig im nationalen Archivrecht zu finden ist.[10] Der Verweis in Abs. 1 auf den Beispielskatalog des § 22 Abs. 2 Satz 2, soll, so die Gesetzesbegründung, nicht zur Folge haben, dass die Anwendung mindestens einer genannten Maßnahme bei der Verarbeitung besonderer Kategorien von Daten zu im öffentlichen Interesse liegenden Archivzwecken zwingend ist, sondern auch andere angemessene und spezifische Maßnahmen getroffen werden können.[11] Da dieser unverbindliche Verweis auf § 22 Abs. 2 keine hinreichende Spezifizierung der angemessenen Maßnahmen darstellt, kann aus § 28 wegen Verstoß gegen Art. 9 Abs. 2 Buchst. j DSGVO keine eigenständige Verarbeitungsbefugnis abgeleitet werden.[12] 6

6 Kühling/Buchner-*Weichert*, Art. 9 Rn. 124.
7 BR-Drs. 110/17, S. 105.
8 Kühling/Buchner-*Herbst*, Art. 5 Rn. 48f.
9 BR-Drs. 110/17, S. 105.
10 Gola/Heckmann-*Krohm*, § 28 Rn. 7.
11 BR-Drs. 110/17, S. 105.
12 Johannes/Richter, DuD 2017, 304.

III. Auskunftsrecht (Abs. 2)

7 Art. 89 Abs. 3 DSGVO erlaubt **Ausnahmen von Art. 15 DSGVO**, der das Auskunftsrecht statuiert, soweit dies »die Verwirklichung der spezifischen Zwecke unmöglich machen oder ernsthaft beeinträchtigen und solche Ausnahmen für die Erfüllung dieser Zwecke notwendig sind«. Diese Ausnahme ist gegeben, wenn »das Auffinden des betreffenden Archivguts mit vertretbarem Aufwand« nicht möglich ist.

8 Die Regelung des Abs. 2 entspricht inhaltlich der Regelung des § 14 Abs. 1 BArchivG, die weiterhin Gültigkeit hat und mit seinem Verweis auf § 10 Abs. 3 BArchivG, der die Berücksichtigung von Nutzungswünschen des Betroffenen vorsieht, spezifischer ist. **Spezifischeres Recht** enthalten auch die §§ 12ff. StUG in Bezug auf die Auskunft, Einsicht und Herausgabe in Bezug auf Unterlagen des Staatssicherheitsdienstes an Betroffene. Dieses ist durch Art. 89 Abs. 3 DSGVO gedeckt.[13]

IV. Berichtigung (Abs. 3)

9 Abs. 3 nimmt Bezug auf Art. 89 Abs. 3 DSGVO, wonach **Ausnahmen von Art. 16** DSGVO, der das Recht auf Berichtigung normiert, vorgesehen werden können, soweit dies zweckspezifisch nötig ist. Bei Dokumenten von bleibendem Wert kommt es auf deren Echtheit, nicht unbedingt auf deren Richtigkeit an. Um dennoch die Persönlichkeitsrechte der Betroffenen zu wahren, sind in Satz 2 und 3 ein Gegendarstellungsrecht und das Recht, die Gegendarstellung hinzuzufügen, vorgesehen.

10 Eine spezifischere ergänzende Regelung findet sich in § 14 Abs. 4 BArchivG, der die Möglichkeit einer Gegendarstellung auch den **Angehörigen verstorbener Betroffener** einräumt, wenn diese »ein berechtigtes Interesse daran geltend machen«.

11 Spezifische ergänzende Regelungen bestehen auch im **StUG**, wo in § 4 Abs. 3 vorgesehen ist, dass eine Berichtigungspflicht einem Empfänger gegenüber besteht, wenn sich nach einer Übermittlung Informationen als unrichtig erweisen, es sei denn, dass dies für die Beurteilung eines Sachverhaltes ohne Bedeutung ist. Nach § 34 Abs. 2 StUG sind Rundfunkanstalten des Bundes verpflichtet, Gegendarstellungen beizufügen, aufzubewahren und bei erneuten Veröffentlichungen zu berücksichtigen.

V. Sonstige Betroffenenrechte (Abs. 4)

12 Abs. 4 nimmt Bezug auf Art. 89 Abs. 3 DSGVO mit der Möglichkeit zu Ausnahmen von den Art. 20 und 21. Art. 20 DSGVO gewährt ein Recht auf **Datenübertragbarkeit.** Die Regelung des Abs. 4 ist insofern nicht gelungen, dass die Übertragung von Daten Archivzwecke nicht »unmöglich machen oder ernsthaft beeinträchtigen« können. Tatsächlich wäre aber die Übertragbarkeit von archivierten Daten oft mit einem unverhältnismäßigen Aufwand verbunden, der mit der Intention der Übertragung nicht gerechtfertigt werden kann. Dieser soll mit Abs. 4 ausgeschlossen werden.

13 Auch der Verweis auf Art. 21 DSGVO, der ein **Recht auf Widerspruch** festlegt, ist als Ausnahme unglücklich formuliert. Das Widerspruchsrecht begründet noch keinen Löschan-

13 Kühling/Buchner-*Buchner/Tinnefeld*, Art. 89 Rn. 31.

spruch. Insofern würde mit einem Widerspruch der Archivzweck nicht ernsthaft beeinträchtigt. Abs. 4 soll es dem Archiv ermöglichen, schon auf der formellen Ebene einen Widerspruch zurückzuweisen. Dies ändert aber nichts daran, dass in jedem Fall eine Beeinträchtigung der Archivzwecke vom Archiv geltend gemacht werden muss. Dies führt dazu, dass zwar regelmäßig keine Löschung, wohl aber eine Einschränkung der Verarbeitung (vgl. Art. 18 DSGVO) weiterhin mit einem Widerspruch durchgesetzt werden kann.[14]

§ 29 Rechte der betroffenen Person und aufsichtsbehördliche Befugnisse im Fall von Geheimnispflichten

(1) Die Pflicht zur Information der betroffenen Person gemäß Artikel 14 Absatz 1 bis 4 der Verordnung (EU) 2016/679 besteht ergänzend zu den in Artikel 14 Absatz 5 der Verordnung (EU) 2016/679 genannten Ausnahmen nicht, soweit durch ihre Erfüllung Informationen offenbart würden, die ihrem Wesen nach, insbesondere wegen der überwiegenden berechtigten Interessen eines Dritten, geheim gehalten werden müssen. Das Recht auf Auskunft der betroffenen Person gemäß Artikel 15 der Verordnung (EU) 2016/679 besteht nicht, soweit durch die Auskunft Informationen offenbart würden, die nach einer Rechtsvorschrift oder ihrem Wesen nach, insbesondere wegen der überwiegenden berechtigten Interessen eines Dritten, geheim gehalten werden müssen. Die Pflicht zur Benachrichtigung gemäß Artikel 34 der Verordnung (EU) 2016/679 besteht ergänzend zu der in Artikel 34 Absatz 3 der Verordnung (EU) 2016/679 genannten Ausnahme nicht, soweit durch die Benachrichtigung Informationen offenbart würden, die nach einer Rechtsvorschrift oder ihrem Wesen nach, insbesondere wegen der überwiegenden berechtigten Interessen eines Dritten, geheim gehalten werden müssen. Abweichend von der Ausnahme nach Satz 3 ist die betroffene Person nach Artikel 34 der Verordnung (EU) 2016/679 zu benachrichtigen, wenn die Interessen der betroffenen Person, insbesondere unter Berücksichtigung drohender Schäden, gegenüber dem Geheimhaltungsinteresse überwiegen.

(2) Werden Daten Dritter im Zuge der Aufnahme oder im Rahmen eines Mandatsverhältnisses an einen Berufsgeheimnisträger übermittelt, so besteht die Pflicht der übermittelnden Stelle zur Information der betroffenen Person gemäß Artikel 13 Absatz 3 der Verordnung (EU) 2016/679 nicht, sofern nicht das Interesse der betroffenen Person an der Informationserteilung überwiegt.

(3) Gegenüber den in § 203 Absatz 1, 2a und 3 des Strafgesetzbuchs genannten Personen oder deren Auftragsverarbeitern bestehen die Untersuchungsbefugnisse der Aufsichtsbehörden gemäß Artikel 58 Absatz 1 Buchstabe e und f der Verordnung (EU) 2016/679 nicht, soweit die Inanspruchnahme der Befugnisse zu einem Verstoß gegen die Geheimhaltungspflichten dieser Personen führen würde. Erlangt eine Aufsichtsbehörde im Rahmen einer Untersuchung Kenntnis von Daten, die einer Geheimhaltungspflicht im Sinne des Satzes 1 unterliegen, gilt die Geheimhaltungspflicht auch für die Aufsichtsbehörde.

14 Johannes/Richter, DuD 2017, 305 kritisieren zu Recht die Regelung reiner Wiederholung der unbestimmten DSGVO-Regelung; ebenso Gola/Heckmann-*Krohm*, § 28 Rn. 26; Kühling/Buchner-*Buchner/Tinnefeld*, § 28 Rn. 15.

Inhaltsübersicht Rn.

I. Allgemeines

1 Die Regelung stellt eine **Novität** für das deutsche Datenschutzrecht dar. Datenschutz wurde bisher als eine besondere Form des Geheimnisschutzes angesehen. Mit § 29 wird Geheimnisschutz gegen den Datenschutz aufgestellt. Die Einschränkung von Betroffenenrechten und Kontrollbefugnissen aus Gründen des Geheimnisschutzes erfolgte über eine öffentlich nicht diskutierte Gesetzgebung. Dabei gerät das Anliegen des Grundrechts auf Datenschutz teilweise vollständig aus dem Blick, weshalb die Verfassungskonformität des § 29 in Frage steht.

II. Betroffenenrechte (Abs. 1)

2 Auf der Grundlage der **Öffnungsklausel** von Art. 23 Abs. 1 Buchst. i DSGVO beschränkt Abs. 1 gegenüber Geheimnisträgern das Recht auf Information und Auskunft. Gemäß der Gesetzesbegründung ist dies keine Änderung gegenüber der bisherigen Rechtslage.[1] Tatsächlich sahen die §§ 19a Abs. 3, 19 Abs. 4 Nr. 3, 33 Abs. 2 Satz 1 Nr. 3 BDSG-alt vor, dass eine Benachrichtigung und eine Auskunft unterbleiben kann, wenn die Informationen »nach einer Rechtsvorschrift oder ihrem Wesen nach, insbesondere wegen der überwiegenden berechtigten Interessen eines Dritten, geheim gehalten werden müssen«. Satz 1 bezieht sich nicht auf diese nach Rechtsvorschriften bestehenden Geheimhaltungspflichten, da die Informationspflicht hier bereits unmittelbar durch Art. 14 Abs. 5 Buchst. d DSGVO beschränkt wird. Die Sätze 3 und 4 beziehen sich auf eine Beschränkung der Benachrichtigungspflicht nach Art. 34 DSGVO.[2]

3 Der **Sinn der Regelung** des § 29 Abs. 1 erschließt sich nicht: Darin sind Beschränkungen des Informations- und Auskunftsrechts vorgesehen, die erneut **in den §§ 33, 34** geregelt sind. Eine davon abweichende legitime Regelungsabsicht ist weder dem Normtext noch der Begründung zu entnehmen. Anders als in den Absätzen 2 und 3 wird nicht auf spezifische Geheimhaltungspflichten Bezug genommen. Intention kann gewesen sein, die Betroffenenrechte über das in den §§ 33, 34 vorgesehene Maß einzugrenzen. Eine andere Intention kann darin bestehen, die bisherige Regelungsinhalte unbedingt beizubehalten, auch wenn es hierfür keine Notwendigkeit gibt.

1 BR-Drs. 110/17, S. 100.
2 BR-Drs. 110/17, S. 100.

In jedem Fall muss eine **Abwägung** vorgenommen werden. Hierbei stehen die Betroffenenrechte und die Geheimhaltungs- oder Verarbeitungsinteressen grundsätzlich gleichwertig nebeneinander. Wird die Beschränkung der Betroffenenrechte durch eine spezifische Norm vorgesehen, so ist diese anzuwenden, ohne dass dadurch aber die Betroffenenbelange übergangen werden dürfen.[3] 3a

1. Ausnahmen zu Art. 14 DSGVO

Anders als bisher im BDSG-alt sieht Satz 1 bei der Einschränkung der Informationsrechte 4
nach Art. 14 keine Abwägung mit den Geheimhaltungsinteressen des Verantwortlichen vor. Es genügt die Feststellung, dass die Information **ihrem Wesen nach geheim** gehalten werden müssen. Der Versuch, diese offene Formulierung im Rahmen der Auslegung zu präzisieren, war bisher wenig erfolgreich. Als Voraussetzung sollte gelten, dass der mit der Geheimhaltung verfolgte Zweck von der Rechtsordnung als schutzwürdig anerkannt ist und eine Information diesen Zweck in gravierender Weise beeinträchtigen würde.[4] Eine enge Auslegung sei geboten.[5] Als Anwendungsbeispiel werden der Schutz eines Informanten bzw. »Whistleblowers«[6] und das Vorenthalten gegenüber einer akut selbstmordgefährdeten Person genannt.[7] Auch der Einsatz eines Privatdetektivs kann durch ein überwiegendes Interesse des Auftraggebers gerechtfertigt sein.[8] In diesen Fällen besteht nicht nur wegen des Wesens, sondern wegen berechtigter Interessen von Dritten eine Geheimhaltungspflicht.

Eine Ausnahme von der Transparenzpflicht wegen dem Wesen einer Information kennt 5
die DSGVO nicht. Vielmehr nimmt diese immer Bezug auf ausdrücklich normative festgelegte Geheimhaltungspflichten. Die in der Gesetzesbegründung erwähnte Ausweitung der Geheimhaltungsbefugnis über den in Art. 14 Abs. 5 DSGVO hinausgehenden Rahmen würde **gegen Unionsrecht** verstoßen. Die Öffnungsklausel des Art. 23 DSGVO darf nicht dazu genutzt werden, die Betroffenenrechte einseitig zu beschneiden. Die in Satz 1 vorgesehenen Ausnahmen laden geradezu zum Vorenthalten der Daten vor dem Betroffenen ein.[9]

Eine verfassungskonforme Auslegung der Regelung setzt voraus, dass den Betroffenen- 6
rechten entgegenstehende Rechte ebenso wie der Datenschutz Verfassungsrang haben. Dies kann z. B. für das Vertrauensverhältnis eines Rechtsanwaltes zu seinem Mandanten gelten. **Betriebs- und Geschäftsgeheimnisse** dienen der Wahrung eines fairen Wettbe-

---

3 Kühling/Buchner-*Herbst*, § 29 Rn. 6; a. A. wohl Paal/Pauly-*Gräber/Nolden*, § 29 Rn. 10f.; Gola/Heckmann-*Lapp*, § 29 Rn. 15.
4 Simitis-*Mallmann*, § 19 Rn. 98ff.; Simitis-*Dix*, § 33 Rn. 72ff.
5 BMH, § 19 BDSG Rn. 44.
6 Simitis-*Dix*, § 33 Rn. 83.
7 Gola/Heckmann-*Lapp*, § 29 Rn. 13; Simitis-*Mallmann*, § 19 Rn. 102; DKWW-*Wedde*, § 19 Rn. 28.
8 Gola/Heckmann-*Lapp*, § 29 Rn. 14.
9 Europäische Akademie für Informationsfreiheit und Datenschutz (EAID), Stellungnahme 22.02.2017, Deutscher Bundestag Innenausschuss, Ausschuss-Drs. 18(4)824 A, S. 4f.

werbs und lassen sich auf Art. 14 GG bzw. Art. 17 GRCh zurückführen,[10] doch rechtfertigt das Eigentumsrecht nicht zu einer »Aneignung« fremder personenbezogener Daten und kann den Betroffenen nicht entgegen gehalten werden.[11] Auch soweit Geheimhaltungspflichten ausschließlich auf vertraglichen Vereinbarungen zwischen Dritten beruhen, können sie Informationspflichten nicht einschränken. Zwar kann ein Betroffener vertraglich über seine Daten disponieren; dies hat aber nur zivilrechtliche Auswirkungen und kann grundrechtlich begründete Betroffenenrechte nicht hindern (vgl. schon § 6 Abs. 1 BDSG-alt).

7 Abs. 1 beschränkt die Informationspflichten nach Art. 14 Abs. 1–4 DSGVO, nicht nach Art. 13 DSGVO, so dass bei einem **direkten Kontakt mit dem Betroffenen** bei der Datenerhebung die dort genannten Informationen erteilt werden müssen. Dies gilt auch in beruflichen Vertrauensverhältnissen in Bezug auf die Erhebung bei Dritten. Wohl kann § 32 Abs. 1 Nr. 4 BDSG anwendbar sein, wenn die Weiterverarbeitung die Geltendmachung, Ausübung oder Verteidigung rechtlicher Ansprüche übermäßig beeinträchtigen würde.

2. Auskunftseinschränkung

8 Keine Auskunftspflicht besteht nach Satz 2, soweit nach einer **Rechtsvorschrift** eine Geheimhaltungspflicht besteht. Rechtsvorschriften sind alle materiellen Rechtsnormen mit einer unmittelbaren Außenwirkung, also insbesondere Gesetze und Rechtsverordnungen. Voraussetzung ist, dass die Rechtsvorschrift nicht dem Schutz des Betroffenen, sondern eines anderen Rechtsgutes dient. Dies ist auch der Fall, wenn eine dritte Person geschützt werden muss. Eine Auskunftsverweigerung kommt auch im Fall von Staatsgeheimnissen in Betracht (§§ 93 ff. StGB).

9 In jedem Fall muss eine **Abwägung** erfolgen und das Geheimhaltungsinteresse das Informationsinteresse des Betroffenen überwiegen.[12] Dabei ist zu berücksichtigen, dass der Auskunftsanspruch die »Magna Charta« des Datenschutzes ist. Die Ablehnung des Auskunftsanspruchs ist begründungspflichtig, wobei zumindest ausdrücklich auf die Rechtsgrundlage der Ablehnung hingewiesen werden muss.[13]

3. Ausnahme von Benachrichtigungspflicht

10 Gemäß Satz 3 u. 4 besteht die Pflicht zur »**Breach Notification**« nach Art. 34 DSGVO nicht bei Überwiegen der Geheimhaltungsinteressen eines Dritten, wobei jedoch in jedem Fall eine Abwägung mit den Informationsinteressen der Betroffen erfolgen muss.[14] Die Geheimhaltungsinteressen können in einer beruflichen Vertraulichkeitsverpflichtung liegen, gelten aber natürlich nicht in der Vertrauensbeziehung selbst, also z. B. zwischen An-

10 Zur Richtlinie über den Schutz vertraulichen Know-hows und vertraulicher Geschäftsinformationen, RL 2016/943 Baranowski/Glaßl, BB 2016, 2563; Eufinger, ZRP 2016, 229; Schnabel, CR 2016, 342.

11 Albrecht, ZD 2017, 51.

12 Paal/Pauly-*Gräber/Nolden*, § 29 Rn. 17; a. A. Gola/Heckmann-*Lapp*, § 29 Rn. 24.

13 Enger Paal/Pauly-*Gräber/Nolden*, § 29 Rn. 14.

14 Kühling/Buchner-*Herbst*, § 29 Rn. 15 f.

walt und Mandanten. Der Schutzgegenstand der Regelung ist nicht erkennbar, zumal die Regelung über Berufsgeheimnisse hinausgeht. Es ist nicht erkennbar, welches Ziel im Interesse der Betroffenen verfolgt werden soll. Auch die Abwägungsregelung in Satz 4 taugt nicht zur Kompensation. Die Regelung ist europarechtswidrig.[15]

III. Mandatsverhältnis (Abs. 2)

Abs. 2 soll dem Schutz der ungehinderten Kommunikation zwischen Mandant und Berufsgeheimnisträger dienen. **Wirtschaftsprüfer und Rechtsanwälte** werden oftmals nicht (nur) mit der Verfolgung von Rechtsansprüchen (vgl. hierzu § 32 Abs. 1 Nr. 4), sondern mit vielfältigen Beratungsdienstleistungen (Steuerberatung; Begleitung von Unternehmenstransaktionen; Gutachter- und Sachverständigentätigkeit etc.) beauftragt. Gemäß der Gesetzesbegründung widerspräche es dem besonderen Schutz des Mandatsverhältnisses, wenn der Mandant in jedem Fall sämtliche durch die Datenübermittlung an den Berufsgeheimnisträger betroffenen Personen über die Zwecke der Datenübermittlung, die Identität der beauftragten Berufsgeheimnisträger etc. informieren müsste. Durch die in Abs. 2 letzter Halbsatz eingefügte Abwägungsklausel wird den Rechten der Betroffenen angemessen Rechnung getragen. Die Einschränkung der Informationspflicht beruht auf der Öffnungsklausel des Art. 23 Abs. 1 Buchst. i DSGVO.[16] 11

Voraussetzung für die Anwendung der Regelung ist ein **Mandatsverhältnis** zu einem Berufsgeheimnisträgers. Hierfür genügt es nicht, dass die Person in Rechtsvertretung einer anderen Person tätig ist, so wie diese z. B. bei Arbeitgebervereinigungen der Fall ist, die als Bevollmächtigte in arbeitsgerichtlichen Verfahren auftreten (vgl. § 11 Abs. 21 Nr. 4 ArbGG). Voraussetzung ist vielmehr, dass die Person als Berufsgeheimnisträger tätig ist. Kein Mandatsverhältnis liegt vor, wenn ein Berufsgeheimnisträger helfend, aber nicht vertretend tätig wird, so wie dies insbesondere im Sozial- und im Heilberufsbereich der Fall ist. Ein Mandatsverhältnis ist gegeben, wenn der Berufsgeheimnisträger als Fachmann in Verlängerung des persönlichen Bereichs des Mandanten tätig wird und dadurch Geheimnisse in Konfliktverhältnissen zur Kenntnis erlangen kann.[17] 12

IV. Kontrolleinschränkung (Abs. 3)

Abs. 3 Satz 1 beruft sich auf die **Öffnungsklausel des Art. 90 DSGVO** (ErwGr 164). Nach Art. 58 Abs. 1 Buchst. e und f DSGVO haben die Aufsichtsbehörden die Befugnis, von dem Verantwortlichen und dem Auftragsverarbeiter Zugang zu erhalten zu allen für die Erfüllung ihrer Aufgaben notwendigen personenbezogenen Daten und Informationen sowie zu den Geschäftsräumen, einschließlich aller Datenverarbeitungsanlagen und Geräte. Art. 90 Abs. 1 DSGVO eröffnet den Mitgliedstaaten die Möglichkeit, diese Befugnisse der Aufsichtsbehörden gegenüber Geheimnisträgern zu regeln. Dies erfolgt gem. Abs. 3 Satz 1 dadurch, dass eine Aufsichtsbehörde entgegen Art. 58 Abs. 1 Buchst. e DSGVO dann kei- 13

15 Franck, ZD 2018, 347; SHS-*Dix*, Art. 34 Rn. 12; s. Art. 34 Rn. 28a.
16 BR-Drs. 110/17, S. 100f.
17 Zikesch/Kramer, ZD 2015, 566.

nen Zugang zu Daten und Informationen hat, soweit dadurch die Geheimhaltungspflicht verletzt würde.

14 Ohne diese Einschränkung, so die **Gesetzesbegründung**, käme es zu einer Kollision mit Pflichten des Geheimnisträgers. Gerade bei den freien Berufen schütze die berufsrechtliche Schweigepflicht das Vertrauen des Mandanten und der Öffentlichkeit in den Berufsstand. Nach bundesverfassungsgerichtlicher Rechtsprechung dürfe das Mandatsverhältnis nicht mit Unsicherheiten hinsichtlich seiner Vertraulichkeit belastet sein.[18] Abs. 3 Satz 2 verlängert die Geheimhaltungspflicht auf die Aufsichtsbehörde. Berufsgeheimnisträger bedienen sich vermehrt externer IT-Dienstleister. Die Gesetzesbegründung führt aus, diese würden als Auftragsverarbeiter vertraglich zur Verschwiegenheit verpflichtet. Um zu vermeiden, dass die Auftragsverarbeiter vertragsbrüchig werden, wenn sie die ihnen anvertrauten Daten gegenüber den Aufsichtsbehörden offenlegen müssten, umfasse Abs. 3 daher auch den Auftragsverarbeiter.[19] In seiner Stellungnahme zum Regierungsentwurf schlug der Bundesrat vor, die Regelung zugunsten einer Gesamtregelung zurückzustellen, konnte sich hiermit aber nicht durchsetzen.

15 Abs. 3 geht auf intensive Lobbytätigkeit insbesondere von Rechtsanwalts- und Wirtschaftsprüferverbänden zurück. Mit ihm wird erstmalig in der Geschichte des deutschen Datenschutzrechtes mit Verweis auf Berufsgeheimnisse die Datenschutzkontrolle eingeschränkt.[20] Es stellt sich die Frage, ob die bei dieser Regelung erfolgreichen Lobbyisten den vermeintlich von ihnen Vertretenen einen Dienst erwiesen haben. Nicht nur, dass das Fehlen von Kontrolle auch zu einem Verlust an Vertrauenswürdigkeit führen kann. Die Regelung ist so unbestimmt gehalten, dass die **vermeintlich Privilegierten** nicht erkennen können, wann für sie der Kontrollausschluss gilt. Irren sie sich hierüber, so drohen ihnen ein Bußgeld nach Art. 83 Abs. 5 Buchst. e DSGVO in nicht unbeträchtlicher Höhe sowie sonstiges Ungemach mit der Aufsichtsbehörde.

1. Kontrollprivilegierte

16 Abs. 3 privilegiert die in § 203 Abs. 1, 2a u. 3 StGB genannten **berufsausübenden Personen**. Dabei handelt es sich nicht nur um Ärzte[21] und Rechtsanwälte[22], sondern auch um Zahnärzte, Apotheker, Angehörige eines anderen Heilberufs, Berufspsychologen, Patentanwälte, Notare, weitere Verteidiger, Wirtschaftsprüfer, vereidigte Buchprüfer, Steuerberater, Steuerbevollmächtigte, Mitglieder eines Organs einer Rechtsanwalts-, Patentanwalts-, Wirtschaftsprüfungs-, Buchprüfungs- und Steuerberatungsgesellschaft, Ehe-, Familien-, Erziehungs- und Jugendberater, Berater für Suchtfragen und für Schwangerschaftskonflikte, staatlich anerkannte Sozialarbeiter oder Sozialpädagogen, Angehörige einer privaten Kranken-, Unfall- oder Lebensversicherung oder einer privatärztlichen

18 BVerfG 12.04.2005 – 2 BvR 1027/02, NJW 2005, 1919.

19 BR-Drs. 110/17, S. 101.

20 Zur Geschichte von Kontrolleinschränkungen Schuler/Weichert, Beschränkung der Datenschutzkontrolle bei Berufsgeheimnisträgern, *www.datenschutz-expertise.de* 22.5.2017, S. 2f.; Weichert, DANA 2017, 76.

21 Zu den ärztlichen Datenschutzpflichten Buchner, Datenschutz im Gesundheitswesen.

22 Zu anwaltlichen Pflichten nach der DSGVO Fuhlrott/Remy, NZA 2018, 609; Schmidt, NJW 2018, 1448; Lapp, NJW 2019, 345.

Verrechnungsstelle, Beauftragte für den Datenschutz, Mitglieder einer Rechtsanwaltskammer sowie um berufstätig tätige Gehilfen und die Personen, die bei Berufsgeheimnisträgern zur Vorbereitung auf den Beruf tätig sind. Sämtliche der genannten Personen bzw. Berufsgruppen setzen in zunehmendem Maße elektronische Datenverarbeitung ein und nutzen offene Kommunikationsnetze bei der Verarbeitung sensitiver personenbezogener Daten.

Die Einbeziehung von **Auftragsverarbeitern** geht davon aus, dass diese berechtigte Empfänger von Berufsgeheimnissen seien, da sie vertraglich zur Beachtung der Berufsgeheimnisse verpflichtet würden. Dies ist in der Praxis regelmäßig nicht der Fall und rechtlich zumeist auch gar nicht möglich. Zum Zeitpunkt des Gesetzesbeschlusses des BDSG-neu galten für Auftragsverarbeiter keine Berufsgeheimnisse und konnten auch nicht vertraglich begründet werden.[23] Der Gesetzgeber bringt mit der Regelung zum Ausdruck, dass er Auftragsverarbeiter, für die nach Rechtslage bei der Beschlussfassung weder eine Geheimhaltungspflicht noch eine spezielle Geheimhaltungsbefugnis galt, in Bezug auf Berufsgeheimnisse für vertrauenswürdiger ansieht als die staatlichen Datenschutzaufsichtsbehörden, die gesetzlich umfassend zur Geheimhaltung befugt und verpflichtet sind. 17

Mit der Einbeziehung von »**mitwirkenden Personen**« in § 203 Abs. 3, 4 StGB im Jahr 2017 sind auch deren Auftragsverarbeiter gemäß dem § 203 StGB privilegiert.[24] Obwohl bei der Gesetzgebung Anpassungen des BDSG vorgenommen wurden, wurde der Wortlaut des § 29 nicht geändert.[25] Dies dürfte ein Gesetzgebungsversehen sein. Intention des Gesetzgebers bleibt es offensichtlich, weiterhin Auftragsverarbeitern die Möglichkeit zu geben, Datenschutzkontrollen zu behindern. 18

2. Ausschluss des Zugangs zu Geheimnissen

Ausgeschlossen werden in § 29 Abs. 3 BDSG die in Art. 58 Abs. 1 Buchst. e und f DSGVO geregelten Befugnisse der Aufsichtsbehörden. Dies sind der »**Zugang zu allen personenbezogenen Daten** und Informationen« sowie der »Zugang zu den Geschäftsräumen, einschließlich aller Datenverarbeitungsanlagen und -geräte«. Ausgeschlossen werden also nicht nur die Verwendung der Berufsgeheimnisse für datenschutzrechtliche Kontrollzwecke, sondern schon die Zugänge zu diesen und damit auch die Prüfung, ob es sich dabei überhaupt um Berufsgeheimnisse handelt.[26] 19

Die Kontrollprivilegierung des Abs. 3 besteht nur, »soweit die Inanspruchnahme der Befugnisse zu einem **Verstoß gegen die Geheimhaltungspflichten** dieser Personen führen würde«. Diese Formulierung führt ins Leere, da eine Durchbrechung von Geheimhaltungspflichten in jeder Form der Offenbarung liegt. Ein Verstoß liegt gem. § 203 StGB nur nicht vor, wenn die Offenbarung gerechtfertigt ist. Zu solchen Rechtfertigungstatbeständen gibt die Regelung keine Hinweise. 20

Eine Rechtfertigung kann in einer wirksamen **Einwilligung**, einer **Schweigepflichtentbindung** des Betroffenen, also z. B. des Mandanten oder des Patienten, liegen. Regelmäßig 21

23 Kühling/Buchner-*Weichert*, Art. 9 Rn. 149 m. w. N.
24 Kühling/Buchner-*Herbst*, § 29 Rn. 25.
25 Kühling/Buchner-*Herbst*, § 29 Rn. 23f.
26 Dammann, ZD 2016, 310.

erfassen die Datensätze aber nicht nur Angaben über einen Betroffenen, sondern auch zu weiteren Personen. Erteilt z. B. ein Mandant eines Rechtsanwalts über eine Kontrollbitte bzw. Beschwerde bei einer Datenschutzaufsichtsbehörde eine »Einwilligung« in die Offenbarung seiner Daten, so erstreckt sich diese Einwilligung nicht auf die weiteren in dem Vorgang erfassten Personen, die ebenso wie der Mandant durch die berufliche Schweigepflicht geschützt werden. Eine Trennungsmöglichkeit bei der Datenschutzkontrolle ist erst recht nicht möglich, wenn, was bei Berufsgeheimnisträgern und deren Auftragsverarbeitern üblich ist, die Speicherung von Daten nicht (ausschließlich) nach Personenbezug getrennt, sondern in nach Vorgängen oder Aktenzeichen geordneten Datenbeständen erfolgt. Eine Einwilligung einer betroffenen Person kann gemäß der Regelung daher den Zugriff auf einen so geordneten Daten(teil)bestand nie rechtfertigen, da Personen betroffen sein können, die keine Einwilligung erteilt haben.

22 Jenseits von Einwilligungen können Offenbarungen nach § 203 StGB durch eine **Interessenabwägung** auf gesetzlicher Grundlage gerechtfertigt sein. Eine solche Rechtfertigung könnte die Datenschutzkontrolle sein, die aber durch Abs. 3 gerade eingeschränkt wird. Eine Datenschutzkontrolle nach Art. 58 DSGVO legitimiert die Offenbarung nach § 203 StGB; mit ihr ist aber in jedem Fall ein Verstoß gegen die Geheimhaltungspflichten des Geheimnisträgers verbunden. Die Regelung ist unklar und gibt weder dem Kontrollierten noch den Kontrollierenden Vorgaben, wann ein Verstoß gegen Geheimhaltungspflichten gegeben ist.[27]

3. Geheimhaltungspflicht der Datenschutzaufsicht

23 Nach Abs. 3 Satz 2 dauern die Geheimnispflichten des kontrollierten Berufsgeheimnisträgers bei der Aufsichtsbehörde fort, wenn diese trotz der Kontrollbeschränkungsmöglichkeit Berufsgeheimnisse zur Kenntnis bekommen. Diese sollen anscheinend **zusätzlich zur gesetzlich geregelten Geheimhaltungspflicht** der Aufsichtsbehörden (Art. 54 Abs. 2 DSGVO, § 13 Abs. 4–6 BDSG) gelten.[28] Zielrichtung der Regelung soll sein, dass Aufsichtsbehörden »Zufallsfunde« nicht an andere Behörden weitergeben müssen.[29] Dabei wird übersehen, dass Berufsgeheimnisse auch zwischen Behörden nicht »weitergabefest« sind und dass die Geheimhaltungspflicht und -befugnis der Datenschutzaufsicht i. d. R. weiter als das Berufsgeheimnis geht. Es bleibt unklar, worin dieser zusätzliche Schutz bestehen soll und wie dieser in der Praxis umgesetzt werden soll. Ein Verwertungsverbot, wie es noch im Referentenentwurf vorgesehen war, oder eine Löschpflicht bei der Kenntniserlangung von Berufsgeheimnissen sind explizit nicht vorgesehen und bestehen auch nicht.

---

27 Schuler/Weichert, Beschränkung der Datenschutzkontrolle bei Berufsgeheimnisträgern, *www.datenschutz-expertise.de* 22. 5. 2017, S. 6; Weichert, DANA 2017, 78.

28 Diese Regelung begründet nicht nur einen unsinnigen Doppelschutz, sondern auch, dass nicht nur § 203 Abs. 1, 2a, 3 StGB auf Aufsichtsbehörden anwendbar wird, sondern für diese zudem die Spezialregelungen gelten, also z. B. § 2 BORA, § 43a Abs. 2 BRAO oder Standesrecht wie z. B. § 9 MBOÄ.

29 Schantz/Wolff-*Schantz*, Rn. 1364.

4. Verfassungswidrigkeit

Die Begründung nimmt ausschließlich auf das **Mandantengeheimnis** Bezug, nicht auf sämtliche Berufsgeheimnisse. Der Verweis auf das BVerfG hilft wenig weiter, da dieses sich mit strafrechtlichen Ermittlungen bei Rechtsanwälten und Steuerberatern befasst.[30] Das BVerfG schließt in seinem Beschluss den Datenzugriff nicht aus, sondern nur eine über die erforderlichen Daten hinausgehende staatsanwaltschaftliche Sicherstellung und Beschlagnahme. 24

Die unabhängige Datenschutzkontrolle ist in Art. 8 Abs. 3 GRCh grundrechtlich abgesichert. Eine Einschränkung hinsichtlich Berufsgeheimnisse ist nicht vorgesehen. Art. 8 Abs. 3 GRCh fordert ein **effektives Datenschutzkontrollsystem**, unabhängig davon, ob Berufsgeheimnisse verarbeitet werden oder nicht. Hierfür ist es nötig, dass die Kontrollstellen im Grundsatz Untersuchungsbefugnisse erhalten, die sie jederzeit, d.h. nicht nur bei Vorliegen eines konkreten Verdachts und bezügliche jedweder Form der Verarbeitung benötigen.[31] 25

Auch nach **nationalem Verfassungsrecht** ist eine wirksame aufsichtsbehördliche Kontrolle zwingend.[32] Im Zweifel müssen aufsichtsbehördliche Kontrollen uneingeschränkt möglich sein. Es darf keine kontrollfreien Räume geben. Personenbezogene Daten müssen den Datenschutzkontrollinstanzen in praktikabler Weise zugänglich sein und auswertbar zur Verfügung gestellt werden.[33] Gerade bei tief in die Privatsphäre eingreifenden Maßnahmen der Datenverarbeitung ist eine aufsichtsbehördliche Kontrolle sowohl auf der Ebene des Gesetzes als auch der Verwaltungspraxis von großer Bedeutung.[34] Das weiterhin bestehende Auskunftsrecht der Aufsichtsbehörde nach Art. 58 Abs. 1 Buchst. a DSGVO genügt für Kontrollen nicht, wenn der Aufsicht keine Möglichkeit eingeräumt wird, die Auskünfte auf ihren Wahrheitsgehalt hin zu überprüfen. Die Verarbeitung von Berufsgeheimnissen ist eine für die Betroffenen einschneidende bzw. sensitive Maßnahme.[35] Selbst bei Berücksichtigung der Bedeutung der »freien Advokatur« oder der Organstellung in der Steuerrechtspflege darf es nicht zu einer vollständigen Verhinderung der datenschutzrechtlichen Kontrolle kommen. Vielmehr muss eine Prüfung dem Grundsatz der Verhältnismäßigkeit folgen. Kontrollen bei Berufsgeheimnisträgern müssen das Gebot der »strengen Begrenzung auf die Ermittlungszwecke« beachten.[36] Dies setzt aber die Kenntnisnahme der für die Ermittlung notwendigen Informationen voraus. Überschießende, für die Datenschutzkontrolle nicht erforderliche Daten dürfen nicht weiterverarbeitet werden. Der Eingriff im Rahmen der Kontrolle kann allenfalls von der Bedeu- 26

30 BVerfG 12.4.2005 – 2 BvR 1027/02, NJW 2005, 1917.

31 Brühann in v.d. Groeben/Schwarze/Hatje, Europäisches Unionsrecht, Art. 16 AEUV Rn. 76, 80.

32 A.A. Paal/Pauly-*Gräber/Nolden*, § 29 Rn. 21; zu sicherheitsbehördlichen turnusgemäßer Pflichtkontrollen BVerfG 20.4.2016 – 1 BvR 966/09, 1 BvR 1140/09, Rn. 266, NJW 2016, 1799; BVerfG 24.4.2013 – 1 BvR 1215/07, Rn. 217, NJW 2013, 1517.

33 BVerfG 24.4.2013 – 1 BvR 1215/07, Rn. 215, NJW 2013, 1516; BVerfG 20.4.2016 – 1 BvR 966/09, 1 BvR 1140/09, Rn. 141, NJW 2016, 1799.

34 BVerfG 20.4.2016 – 1 BvR 966/09, 1 BvR 1140/09, Rn. 140, NJW 2016, 1789.

35 G. v. 30.10.2017, GBl. I S. 3618; dazu Ruppert, K&R 2017, 609; Großkopf/Momsen, CCZ 2018, 98.

36 BVerfG 12.4.2005 – 2 BvR 1027/02, Rn. 104, NJW 2005, 1920.

tung der Kontrolle für den Schutz informationeller Selbstbestimmung und der Schwere eines aufzuklärenden Verstoßes abhängig gemacht werden.[37]

27 Die Anwendung des Abs. 3 hätte zur Folge, dass eine **effektive Prüfung** der Verarbeitung personenbezogener Daten bei den in § 203 StGB genannten Personen bzw. Stellen **verhindert** würde. Eine Prüfung würde gerade dort eingeschränkt, wo wegen des Umfangs und der Sensibilität der Daten eine besondere Gefährdung für den Datenschutz bzw. für das Recht auf informationelle Selbstbestimmung besteht, also in Krankenhäusern, ambulanten Arztpraxen, bei privaten Versicherungen, Steuerberatern oder sozialen Beratungsstellen. Der Ausschluss der Datenschutzkontrolle verstößt gegen nationales und europäisches Verfassungsrecht.[38] Demgemäß ist es adäquat, dass Aufsichtsbehörden angekündigt haben, bei ihrer Kontrolltätigkeit § 29 Abs. 3 nicht zu beachten.[39] Hinsichtlich der Sanktionierung von Verstößen kann aber das unionsrechtliche Legalitätsprinzip (Art. 58 Abs. 4 i. V. m. Art. 49 Abs. 1 Satz 1 GRCh) entgegenstehen.[40]

28 Abs. 3 lässt sich auch nicht mit der **Öffnungsklausel** des Art. 90 DSGVO in Einklang bringen. Diese erlaubt eine Einschränkung der Befugnisse der Aufsichtsbehörden nur, nur soweit dies »notwendig und verhältnismäßig ist, um das Recht auf Schutz der personenbezogenen Daten mit der Pflicht zur Geheimhaltung in Einklang zu bringen«. Die Regelung ist weder geeignet noch angemessen, um den gewünschten Zweck zu erreichen.[41]

29 Eine europarechts- und **verfassungskonforme Auslegung** der Kontrolleinschränkung ist nicht möglich.[42] Zwar meint die Bundesärztekammer, mit der neuen Regelung sei die Kontrolle nicht eingeschränkt, soweit ein Verstoß gegen Geheimhaltungspflichten vorliegt und die Aufsicht hiervon z. B. von einem Patienten oder einem Dritten Kenntnis erlangt.[43] Der Verstoß eines Geheimnisverstoßes soll aber erst mit einer Kontrolle festgestellt werden und kann daher nicht schon zu deren Rechtfertigung herangezogen werden.

30 Die Alternative, die Datenschutzaufsicht den **Kammern** zu übertragen,[44] wäre wenig zielführend. Die Kammern hatten schon in der Vergangenheit die Funktion der Prüfung und Sanktionierung von Verstößen der auch standesrechtlich geregelten Verschwiegenheit; sie kommen dieser Aufgabe bisher nicht einmal im Ansatz nach. Der Bock würde zum Gärtner, die Kammern zeigen bisher nur begrenzte Bereitschaft, ihre eigenen Mitglieder effektiv zu beaufsichtigen.[45]

---

37 BVerfG 12.4.2005 – 2 BvR 1027/02, Rn. 104, NJW 2005, 1920f.

38 Franck, ZD 2018, 347.

39 Kritisch hierzu Greve, NVwZ 2017, 743f.

40 Franck, ZD 2018, 347.

41 Zum Obigen insgesamt Schuler/Weichert, Beschränkung der Datenschutzkontrolle bei Berufsgeheimnisträgern, *www.datenschutz-expertise.de* 22.5.2017, S. 6ff.; Weichert, DANA 2017, 76.

42 Kühling/Buchner-*Dix*, § 40 Rn. 15; SHS-*Caspar*, Art. 91 Rn. 25–3;, a. A. Kühling/Buchner-*Herbst*, § 29 Rn. 30, der eine Verhältnismäßigkeitsprüfung bei Kontrollen nahelegt.

43 Bundesärztekammer Stellungnahme 21.3.2017, Deutscher Bundestag Innenausschuss, Ausschuss-Drs. 18/4826, S. 18; die dort auf S. 19 genannten Rahmenbedingungen lassen sich dem Gesetzestext nicht entnehmen.

44 So z. B. Zikesch/Kramer, ZD 2015, 567.

45 Weichert, NJW 2009, 552.

§ 30 Verbraucherkredite

(1) Eine Stelle, die geschäftsmäßig personenbezogene Daten, die zur Bewertung der Kreditwürdigkeit von Verbrauchern genutzt werden dürfen, zum Zweck der Übermittlung erhebt, speichert oder verändert, hat Auskunftsverlangen von Darlehensgebern aus anderen Mitgliedstaaten der Europäischen Union genauso zu behandeln wie Auskunftsverlangen inländischer Darlehensgeber.
(2) Wer den Abschluss eines Verbraucherdarlehensvertrags oder eines Vertrags über eine entgeltliche Finanzierungshilfe mit einem Verbraucher infolge einer Auskunft einer Stelle im Sinne des Absatzes 1 ablehnt, hat den Verbraucher unverzüglich hierüber sowie über die erhaltene Auskunft zu unterrichten. Die Unterrichtung unterbleibt, soweit hierdurch die öffentliche Sicherheit oder Ordnung gefährdet würde. § 37 bleibt unberührt.

Inhaltsübersicht Rn.

I. Allgemeines

1 Die §§ 505a, 505b BGB sowie § 18a Abs. 1 Satz 1 KWG, womit die Verbraucherkreditrichtlinie 2008/48/EG (VerbrKredRL) umgesetzt wird, verpflichten dazu, vor Abschluss eines Verbraucherdarlehensvertrags die Kreditwürdigkeit des Darlehensnehmers zu prüfen. Hierfür ist eine Verarbeitung der Daten des Kreditsuchenden nötig.[1] Die Regelung schafft hierfür die rechtlichen Grundlagen.

II. Auslegung

2 § 30 entspricht § 29 Abs. 6, 7 BDSG-alt. Der Kreditgeber wird verpflichtet, sich hinreichend über die Kreditwürdigkeit des Kreditnehmers zu informieren, um dessen übermäßige Kreditbelastung zu vermeiden und ihn gegen Übervorteilung zu schützen.[2] Die Richtlinie statuiert Pflichten von Datenbankbetreibern, deren sich Darlehensgeber zur **Bewertung der Kreditwürdigkeit** potenzieller Darlehensnehmer bedienen. Ein Verstoß gegen die Verpflichtungen ist nach § 43 Abs. 1 Nr. 7a, 7b bußgeldbewehrt. Die Regelung gilt nur für die Kreditvergabe. Keine Kreditvergabe ist eine übliche vertragliche Vorleistung.[3]

3 Nicht erfasst werden **unternehmensinterne Warn- und Auskunftssysteme**, da diese keine Übermittlung bei der Auskunftserteilung vornehmen. Erfasst sind wohl aber geschlossene Systeme innerhalb eines Konzerns, auch wenn diese konzernfremde Firmen im Inland von der Auskunftserteilung ausschließen, da das Datenschutzrecht kein Konzernprivileg kennt und hier eine »geschäftsmäßige Verarbeitung« erfolgt. Dieser Begriff, den

1 Taeger, RDV 2017, 6f.
2 EuGH, 18.12.2014 – C-449/13, ZD 2015, 175.
3 Abel, DSB 6/2009, 8.

ansonsten weder die DSGVO noch das neue BDSG verwendet, ist wohl i. S. v. § 29 BDSG-alt zu verstehen. Er erfasst eine gewisse auf Dauer angelegte Tätigkeit, wobei es auf eine Gewinnabsicht nicht ankommt.[4] Der von der Gegenansicht[5] vorgetragene Hinweis, dass geschlossene Warn- und Auskunftssysteme nicht erfasst werden sollen, ignoriert, dass dann fast alle Auskunfteien ausgenommen sein könnten, zumal bei sämtlichen Auskunftssystemen Zugangsvoraussetzungen bestehen.

4 Abs. 1 dient der Umsetzung von Art. 9 Abs. 1 VerbrKredRL. Danach ist **Darlehensgebern aus den EU- und EWR-Staaten** bei grenzüberschreitenden Krediten ein diskriminierungsfreier Zugang zu den zur Bewertung der Kreditwürdigkeit des Verbrauchers verwendeten Auskunfteien zu gewähren. Der Begriff des Verbrauchers ist wie in § 13 BGB zu verstehen. Mit der Regelung sollen Wettbewerbsverzerrungen im Binnenmarkt unterbunden werden. Die genannten ausländischen Darlehensgeber sollen inländischen gleichgestellt werden. Verursacht ein Auskunftsverlangen für deutsche Darlehensgeber Kosten, dürfen diese auch dem ausländischen Anfragenden abverlangt werden.[6]

5 Abs. 2 setzt Art. 9 Abs. 2 VerbrKredRL um. Der Anspruch richtet sich primär gegen den Darlehensgeber, kann jedoch auch von der Stelle, die die Auskunft erteilt hat, erfüllt werden.[7] Die Vorschrift ist nur anzuwenden, wenn der Abschluss eines Verbraucherdarlehensvertrags (§ 49a Abs. 1 BGB) oder eines entgeltlichen Finanzierungshilfevertrags (§ 506 BGB) abgelehnt wird. Der Verbraucher ist in diesem Fall kostenlos und **unverzüglich zu unterrichten**. Prüft der zur Unterrichtung Verpflichtete, ob bei dem gewählten Unterrichtungsmedium die Datenschutzbelange des Betroffenen ausreichend gewahrt werden, ist dies kein »schuldhaftes Zögern« i. S. d. § 121 BGB und beeinflusst daher die »Unverzüglichkeit« nicht. Eine bloße Unterrichtung genügt nicht; nötig ist auch eine Begründung. Der Anspruch besteht nur, wenn infolge der Datenbankabfrage der Abschluss des Verbraucherdarlehens abgelehnt wird.

6 Abs. 2 Satz 2 entspricht in Sinn und Zweck den §§ 499 Abs. 2 Satz 2, 675k Abs. 2 BGB. Die in Satz 1 vorgeschriebene Unterrichtung soll nach den Erwägungsgründen der VerbrKredRL vor allem ausgeschlossen sein, wenn sich aus der Auskunft ein **Verdacht auf Terrorismusfinanzierung oder Geldwäsche** ergibt. Satz 3 stellt klar, dass weitere Informationsrechte des Darlehensnehmers aus § 37 durch diese Vorschrift nicht beschnitten werden und weiterhin bestehen.

6a Abs. 2 Satz 3 erklärt, dass § 37 unberührt bleibt. Diese wenig einleuchtende Regelung kann nur so verstanden werden, dass die Informationsrechte im Rahmen einer automatisierten Einzelentscheidung einer Versicherung im Falle einer nicht vollständigen Kostenerstattung einer Heilbehandlung (§ 37 Abs. 1 Nr. 2) bestehen bleiben sollen.[8]

---

4 Gola/Heckmann-*Gola*, § 30 Rn. 4.

5 Gola/Heckmann-*Gola*, § 30 Rn. 4; Paal/Pauly-*Pauly*, § 30 Rn. 3; Kühling/Buchner-*Buchner*, § 30 Rn. 3.

6 BT-Drs. 16/11643, 233.

7 Paal/Pauly-*Pauly*, § 30 Rn. 4.

8 Gola/Heckmann-*Gola*, § 30 Rn. 3; Paal/Pauly-*Pauly*, § 30 Rn. 6.

III. Rechtsfolgen

Gemäß § 43 Abs. 1 handelt **ordnungswidrig**, wer vorsätzlich oder fahrlässig gegen § 30 Abs. 1 nicht richtig behandelt oder entgegen § 30 Abs. 2 Satz 1 einen Verbraucher nicht, nicht richtig, nicht vollständig oder nicht rechtzeitig unterrichtet, was gem. § 43 Abs. 2 mit einer Geldbuße bis zu 50 000 € geahndet werden kann. 7

§ 31 Schutz des Wirtschaftsverkehrs bei Scoring und Bonitätsauskünften

(1) Die Verwendung eines Wahrscheinlichkeitswerts über ein bestimmtes zukünftiges Verhalten einer natürlichen Person zum Zweck der Entscheidung über die Begründung, Durchführung oder Beendigung eines Vertragsverhältnisses mit dieser Person (Scoring) ist nur zulässig, wenn

1. **die Vorschriften des Datenschutzrechts eingehalten wurden,**
2. **die zur Berechnung des Wahrscheinlichkeitswerts genutzten Daten unter Zugrundelegung eines wissenschaftlich anerkannten mathematisch-statistischen Verfahrens nachweisbar für die Berechnung der Wahrscheinlichkeit des bestimmten Verhaltens erheblich sind,**
3. **für die Berechnung des Wahrscheinlichkeitswerts nicht ausschließlich Anschriftendaten genutzt wurden und**
4. **im Fall der Nutzung von Anschriftendaten die betroffene Person vor Berechnung des Wahrscheinlichkeitswerts über die vorgesehene Nutzung dieser Daten unterrichtet worden ist; die Unterrichtung ist zu dokumentieren.**

(2) Die Verwendung eines von Auskunfteien ermittelten Wahrscheinlichkeitswerts über die Zahlungsfähig- und Zahlungswilligkeit einer natürlichen Person ist im Fall der Einbeziehung von Informationen über Forderungen nur zulässig, soweit die Voraussetzungen nach Absatz 1 vorliegen und nur solche Forderungen über eine geschuldete Leistung, die trotz Fälligkeit nicht erbracht worden ist, berücksichtigt werden,

1. **die durch ein rechtskräftiges oder für vorläufig vollstreckbar erklärtes Urteil festgestellt worden sind oder für die ein Schuldtitel nach § 794 der Zivilprozessordnung vorliegt,**
2. **die nach § 178 der Insolvenzordnung festgestellt und nicht vom Schuldner im Prüfungstermin bestritten worden sind,**
3. **die der Schuldner ausdrücklich anerkannt hat,**
4. **bei denen**
   a) **der Schuldner nach Eintritt der Fälligkeit der Forderung mindestens zweimal schriftlich gemahnt worden ist,**
   b) **die erste Mahnung mindestens vier Wochen zurückliegt,**
   c) **der Schuldner zuvor, jedoch frühestens bei der ersten Mahnung, über eine mögliche Berücksichtigung durch eine Auskunftei unterrichtet worden ist und**
   d) **der Schuldner die Forderung nicht bestritten hat oder**
5. **deren zugrunde liegendes Vertragsverhältnis aufgrund von Zahlungsrückständen fristlos gekündigt werden kann und bei denen der Schuldner zuvor über eine mögliche Berücksichtigung durch eine Auskunftei unterrichtet worden ist.**

Die Zulässigkeit der Verarbeitung, einschließlich der Ermittlung von Wahrscheinlichkeitswerten, von anderen bonitätsrelevanten Daten nach allgemeinem Datenschutzrecht bleibt unberührt.

Inhaltsübersicht Rn.

I. Allgemeines

1 § 31 soll den materiellen Schutzstandard der §§ 28a und 28b BDSG-alt bewahren. Die Regelungen zu Auskunfteien und Scoring sollen den Wirtschaftsverkehr schützen und betroffene Verbraucher vor Überschuldung bewahren. Die Ermittlung der Kreditwürdigkeit und die Erteilung von Bonitätsauskünften werden vom Gesetzgeber als das Fundament des deutschen Kreditwesens und damit der Funktionsfähigkeit der Wirtschaft angesehen.[1] Die nationale Regelungsbefugnis ergibt sich aus Art. 6 Abs. 4 DSGVO (**zweckändernde Weiterverarbeitung**)[2] sowie Art. 22 Abs. 2 Buchst. b.[3]

2 Abs. 1 übernimmt die Bestimmungen des § 28b BDSG-alt und konkretisiert, welche Voraussetzungen ein von einer Auskunftei ermittelter Score-Wert im Hinblick auf sog. Negativ-Merkmale erfüllen muss, damit er im Wirtschaftsverkehr verwendet werden darf. Für die Verwendung des Score-Wertes wurde auf die Kriterien der §§ 28a Abs. 1, 28b BDSG-alt zurückgegriffen, welche die Tätigkeit von Auskunfteien und die Ermittlung von Score-Werten regulieren. Diese Kriterien begrenzen die Zulässigkeit der Ermittlung von Score-Werten in bestimmten Fällen und versuchen, einen angemessenen Ausgleich der widerstreitenden Interessen dadurch zu schaffen, dass Auskunfteien offene Forderungen nur dann gemeldet werden dürfen und dort verarbeitet werden können, wenn sie unbestritten oder tituliert sind. § 28a Abs. 2 BDSG-alt lässt die Vorschriften des allgemeinen Datenschutzrechts über die Zulässigkeit der Verarbeitung von personenbezogenen Daten unberührt. Dies betrifft auch die Übermittlung und Verwendung für die Ermittlung von Wahrscheinlichkeitswerten von personenbezogenen Daten über die Begründung, ordnungsgemäße Durchführung und Beendigung eines Vertragsverhältnisses eines Geschäfts mit finanziellem Ausfallrisiko.

3 Hinsichtlich der Frage, inwieweit für den nationalen Gesetzgeber eine **Regelungsbefugnis** für die in § 31 normierten Inhalte besteht, gibt die Gesetzesbegründung keine Antwort. Im Referentenentwurf waren noch Art. 6 Abs. 4 und Art. 23 Abs. 1 DSGVO angegeben.

---

1 BT-Drs. 110/17, S. 101.

2 Kühling/Martini u. a, S. 439f.

3 Paal/Pauly-*Frenzel*, § 31 Rn. 1; Taeger, ZRP 2016, 74f; a.A. Moos/Rothkegel, ZD 2016, 567f.; Jandt/Steidle-*Richter*, B III Rn. 273; Kühling/Buchner-*Buchner* § 31 Rn. 4f.; Gola/Heckmann-*Lapp*, § 31 Rn. 3, weist darauf hin, dass § 31 inhaltlich über Art. 22 hinausgehe.

Begründet werden kann dies auch damit, dass es sich hier um eine Verbraucherschutznorm handelt oder dass hier eine Konkretisierung von Art. 6 Abs. 1 Buchst. e i. V. m. Art. 6 Abs. 3 erfolgt.[4]

Allen Beteiligten soll dadurch Sicherheit geschaffen werden, dass **Scoringverfahren und Kreditinformationssysteme** mit Einmeldungen von Positiv- und Negativdaten, die z. B. durch Kreditinstitute, Finanzdienstleistungsunternehmen, Zahlungsinstitute, Telekommunikations-, Handels-, Energieversorgungs- und Versicherungsunternehmen oder Leasinggesellschaften erfolgen, weiterhin zulässig bleiben.[5] 3a

Die Unterscheidung zwischen Positiv- und Negativdaten erfolgt nicht mehr explizit, wie früher in § 28a BDSG-alt, ermöglicht aber weiterhin bei der Bewertung von berechtigten und schutzwürdigen Interessen zu differenzieren. Als **Positivdaten** können solche gekennzeichnet werden, die Informationen über Geschäftsbeziehungen geben, die zwar geschäftserheblich sein können, aus denen aber keine unmittelbaren Rückschlüsse auf ein Kredit- oder Geschäftsrisiko gezogen werden können. Dazu gehören z. B. Hinweise auf bestehende Verbindlichkeiten oder das frei verfügbare (Haushalts-)Einkommen. Da aus Positivdaten keine Rückschlüsse auf ökonomische Unregelmäßigkeiten gezogen werden können (und dürfen) und ein geringeres Diskriminierungsrisiko besteht, ist die Schutzwürdigkeit für die Betroffenen grundsätzlich geringer als bei Negativdaten; da sie keine Auskunft über vertragswidriges Handeln geben, besteht für deren zweckfremde Nutzung dennoch eine höhere Schranke.[6] 3b

Bei **Negativdaten** handelt es sich um Angaben über Informationen, die berechtigterweise einen direkten Schluss auf die geschäftliche Unzuverlässigkeit, also z. B. auf die Zahlungsunfähigkeit oder -unwilligkeit erlauben (Abs. 2).[7] 3c

§ 31 enthält **verbraucherschützende** kreditbezogene Regelungen. Im Rahmen der Gesetzgebung wurde deshalb in Frage gestellt, ob die Einordnung im allgemeinen Datenschutzrecht der richtige Ort ist und ob nicht eine Zuordnung zu den zivilrechtlichen und aufsichtsrechtlichen Vorschriften zu Kreditverträgen adäquater wäre.[8] 3d

II. Scoring (Abs. 1)

Mit Scoring werden systematische, regelmäßig auf mathematisch-statistischer Analyse von Erfahrungswerten aus der Vergangenheit basierende Verfahren zur **Prognose über das zukünftige Verhalten** bestimmter Personengruppen und Einzelpersonen mit bestimmten Merkmalen verstanden. Die Vorschrift hierzu besteht im BDSG seit 2010. Grundlage des Scorings sind Daten über Personen, über die in der Vergangenheit Erkenntnisse zu einer bestimmten Frage gesammelt wurden. Scoring basiert auf der Erwägung, dass bei Vorliegen bestimmter vergleichbarer Merkmale bei anderen Personen ein 4

4 Wolff, Stellungnahme 23.3.2017, Deutscher Bundestag Innenausschuss, Ausschuss-Drs. 18(4)824 E, S. 10f.; Schantz/Wolff-*Wolff*, Rn. 695; a. A. Kühling/Buchner-*Buchner*, § 31 Rn. 5, 7.

5 BR-Drs. 110/17, S. 102.

6 DKWW-*Weichert*, § 28a Rn. 11–17; v. Lewinski/Pohl, ZD 2018, 20f.; DSK, Verarbeitung von Positivdaten durch Auskunfteien, Beschluss, 11.6.2018.

7 DKWW-*Weichert*, § 28a Rn. 4–10; v. Lewinski/Pohl, ZD 2018, 21.

8 Verbraucherzentrale Bundesverband (vzbv), Stellungnahme 13.2.2017, Deutscher Bundestag Innenausschuss, Ausschuss-Drs. 18(4)824 B, S. 6.

ähnliches Verhalten des Betroffenen vorausgesagt werden kann.[9] Diese Form der personenbezogenen Datenverarbeitung geriet vor allem im Bereich der Kreditvergabe, aber auch bei der Werbung sowie in anderen Zusammenhängen zwischen Verbrauchern und Unternehmen in den letzten Jahren in die Kritik.[10] Nachdem vonseiten der Wirtschaft keine Initiativen erkennbar waren, öffentlich erörterte Missstände abzustellen,[11] sah sich der Gesetzgeber 2009 zu einer Regelung veranlasst. Ziel der Regelung war es, mehr Rechtssicherheit und über eine Auskunftsregelung mehr Transparenz der Verfahren zu erreichen.[12] Scorewerte fließen regelmäßig in automatisierte Entscheidungen (Art. 22 DSGVO, § 37 BDSG) ein.

5 In der Praxis wird unterschieden zwischen **internem Scoring**, bei dem ausschließlich Daten des Verantwortlichen zur Scoreberechnung herangezogen werden, und **externem Scoring**, bei dem eine Bewertung eines (potenziellen) Vertragspartners durch ein spezialisiertes Scoringunternehmen, das zumeist zugleich als Auskunftei tätig ist, angeliefert wird. Oft erfolgt eine Kombination beider Verfahren, also die Nutzung von eigenen und fremden Daten, wobei dann der verwendete Algorithmus zumeist durch das externe spezialisierte Unternehmen zur Verfügung gestellt wird. In jedem Fall liegt aber die Verantwortlichkeit nach den Art. 5 Abs. 2, 24 DSGVO bei dem Unternehmen, das auf der Basis der Daten eines Vertragspartners zu diesem einen Score berechnet bzw. berechnen lässt.[13] Da der verwendete Algorithmus beim externen Scoring durch das Scoringunternehmen als Geschäftsgeheimnis i. d. R. nicht offen gelegt wird, ist es dem Verantwortlichen oft nicht möglich, die Richtigkeit und Zulässigkeit der Scoreberechnung nachzuweisen und so seiner Verantwortlichkeit gem. Art. 5 Abs. 2 zu entsprechen.[14]

6 Entgegen einer weit verbreiteten Ansicht können Scores, also von Computern berechnete Bewertungen, das natürlichen Personen zustehende **Recht auf Meinungsfreiheit** (Art. 5 GG) nicht für sich in Anspruch nehmen. Für das Scoring durchführende Unternehmen kommen lediglich die Art. 2 und 14 GG zur Anwendung.[15]

1. Anwendungsbereich

7 Abs. 1 formuliert allgemeine Voraussetzungen in Bezug auf Art und Umfang der Daten für die Durchführung von Scoringverfahren, sofern der Scorewert (kurz Score) für Entscheidungen über die Begründung, Durchführung oder Beendigung eines **konkreten Vertragsverhältnisses** mit dem Betroffenen verwendet wird. Relevant ist, dass der Score

9 Korczak, Verantwortungsvolle Kreditvergabe, S. 29; Abel, RDV 2006, 108 f.; Hoeren, RDV 2007, 93.

10 Kamp/Weichert – ULD Scoringsysteme.

11 Weichert, Bank und Markt 6/2008, 19.

12 BT-Drs. 16/10529, 15; kritisch zur Frage, ob dieses Ziel erreicht wurde, ULD/GP Forschungsgruppe, 2014, S. 170; positiv dagegen Schröder/Taeger, Scoring, S. 137.

13 ULD, Scoringsysteme, S. 23 ff.; zur internationalen Praxis ULD/GP Forschungsgruppe, S. 142 ff.; Schröder/Taeger, Scoring, S. 48 ff., 141 ff.

14 DKWW-*Weichert*, § 29 Rn. 3a.

15 Weichert, ZRP 2014, 169; ULD/GP Forschungsgruppe, 2014, 52 ff.; a. A. BGH NJW 2014, 1235 = K&R 2014, 269 i. V. m. BGH, NJW 2011, 2204; OLG München, ZD 2014, 570; LG Berlin, ZD 2014, 369.

in eine Entscheidung Eingang findet, die für den Betroffenen eine rechtliche oder tatsächliche Folge im Zusammenhang mit einem (potenziellen) Vertragsverhältnis nach sich zieht. Das Scoring kann z. B. auf die Gestaltung von Vertragsmodalitäten oder auf ein Inkassoverfahren abzielen.[16] Die Norm verlangt keine direkte rechtliche Konsequenz, schon eine faktische Beeinträchtigung oder Bevorzugung genügt, z. B. eine längere Wartezeit beim Telefonieren. Dies kann schon beim Werbescoring, also der Anbahnung eines Kundenkontakts auf der Basis der Erwartung eines Vertragsabschlusses und positiven Vertragsablaufs, der Fall sein.[17]

Die Regelung gilt für das Konditionen-Scoring, bei dem der Score bestimmend für die **Vertragsbedingungen** (z. B. Dauer, Preis, Sicherheiten) ist. Sie gilt für das vertragsbegleitende Scoring, das Auswirkungen auf das Vertragsverhalten des Unternehmens hat (z. B. Serviceleistungen, Forderung von Sicherheiten, Änderung der Kreditlinie), und für das Inkasso-Scoring, das einer Prognose der Forderungsdurchsetzung bei Leistungsstörungen dient und entscheidend sein kann, in welcher Form diese Durchsetzung erfolgt.[18] Erfasst werden auch Potenzialanalysen von Vertragspartnern, da deren Ergebnisse Auswirkungen auf die weitere Vertragsgestaltung haben können.[19] Das gleiche gilt für die Bewertung eines Forderungsportfolios, da die Bewertung von Forderungen gegenüber Dritten zugleich eine Aussage über die Werthaltigkeit und über die Verkaufsbereitschaft in Bezug auf den Forderungsinhaber enthält.[20] 8

Die Methode wird nicht nur bei Kreditverträgen angewendet. Entgegen den ursprünglichen Vorstellungen des Gesetzgebers ist die Regelung auch auf **Geldwäsche- und Betrugspräventionssysteme** anwendbar.[21] 9

Ursprünglicher Anwendungsfall des Verbraucher-Scorings ist der Kreditvertrag. Inzwischen hat das Scoring aber bei den unterschiedlichsten **Konsumentenverträgen** Einzug gehalten, vor allem im Versicherungswesen. In die Prämienberechnung fließen perspektivisch zunehmend viele Faktoren mit ein, aus denen Rückschlüsse auf besondere Risiken oder Vorteile gezogen werden. Versicherungen berechnen Scores aus Daten über die Kfz-Nutzung sowie über »gesundes« Verhalten, um diese im Rahmen der Kfz-Haftpflicht-, der Kranken- oder der Lebensversicherung zu nutzen.[22] Anwendung findet Scoring außerdem bei der Telekommunikation, im Bereich Miete und Leasing sowie bei Lieferverhältnissen. Die Regelung ist auf alle Wirtschaftsbereiche anzuwenden. Dies wird jedoch vom Regelungsinhalt unzureichend reflektiert.[23] 10

---

16 A.A. Abel, RDV 2009, 149.

17 BMH, § 28b Rn. 20; a. A. Plath-*Kamlah*, § 28b Rn. 9; Simitis-*Ehmann*, § 28b Rn. 45; Gürtler/Kriese, RDV 2010, 50; Kremer, CR 2017, 374.

18 Gola/Schomerus, § 28b Rn. 10; a. A. Plath-*Kamlah*, § 28b Rn. 12.

19 A.A. wohl Gola/Schomerus, § 28b Rn. 7f.

20 A.A. Plath-*Kamlah*, § 28b Rn. 14.

21 A.A. BT-Drs. 16/10529, 16.

22 Siedenbiedel, DANA 2015, 24; DANA 2015, 32, 39f.; Wolff/Brink-*Eichler/Kamp*, Syst. K Rn. 130ff.; DANA 2014, 171.

23 Helfrich, ZD 2013, 473.

11 § 31 findet ebenso Anwendung in **Arbeitsverhältnissen**, auch wenn die Methode in § 26 keine Erwähnung findet.[24] Dies gilt übrigens auch für den Abs. 2, wenn eine Bonitätsprüfung im Beschäftigungsverhältnis durchgeführt wird, etwa bei der Auswahl von Personen im Umgang mit Bargeld. Elektronische Auswahlentscheidungen in Bewerbungsverfahren zielen auf eine Leistungsprognose der Bewerber.[25]

12 Die Berechnung des Wahrscheinlichkeitswerts muss sich auf ein **zukünftiges Verhalten des Betroffenen** beziehen. Rein retrospektive Analysen ohne direkten Zukunftsbezug werden nicht erfasst. Bei den Prognosen handelt es sich nicht um persönliche Werturteile, die durch die Meinungsfreiheit nach Art. 5 Abs. 1 Satz 1 GG geschützt sind, sondern um rein programmtechnisch festgelegte maschinelle Bewertungen von Personen.[26] Die Prognose setzt ein selbstbestimmtes Handeln der betroffenen Menschen voraus. Ereignisse, die auf höhere Gewalt oder Fremdeinwirkung zurückgehen (z. B. Blitzschlag, Diebstahl, Erkrankung), sind zwar keine Merkmale, die auf ein persönliches Verhalten eines Betroffenen zurückgehen, können aber dennoch personenbezogene Merkmale sein. Es ist nicht ausgeschlossen, dass solche Daten zur Tarifierung von Lebens- oder Krankenversicherungen oder Versicherungen gegen Kfz-Diebstahl im Rahmen eines Scoring herangezogen werden.[27]

2. Zulässigkeit

13 Die in den Nummern 1 bis 4 genannten Voraussetzungen müssen kumulativ vorliegen. Als Zulässigkeitsvoraussetzung ist formuliert, dass ein wissenschaftlich anerkanntes **mathematisch-statistisches Verfahren** zur Anwendung kommen muss (Nr. 2). Dies ist von der verantwortlichen Stelle, die das Verfahren zum Einsatz bringt, nachzuweisen.[28] Dem kann nicht entgegengehalten werden, dass Anbieter ihr Scoringverfahren als Betriebs- und Geschäftsgeheimnis ansehen und dessen Funktionsweise daher der anwendenden verantwortlichen Stelle nicht offenlegen. Es besteht eine Dokumentationspflicht hinsichtlich der genutzten Daten (Scorekarte), hinsichtlich deren Relevanz und deren Berechnung (Algorithmus). Mangels hinreichender Dokumentation und Nachvollziehbarkeit sind Verfahren mit selbstlernenden Algorithmen grds. nicht zulässig.[29] Verfahren, die trotz einer ungenügenden Datenbasis Scores berechnen, sind insofern unzulässig. Der Aufsichtsbehörde muss auf Nachfrage der behauptete statistische Zusammenhang nachgewiesen werden. Dies setzt ein dauerndes Monitoring der angewandten Methode voraus. Bei Kooperation mit Dienstleistern muss der Informationsfluss zur verantwortlichen Stelle gewährleistet sein. Erfasst werden von der Nachweispflicht sämtliche verwendeten Daten.

---

24 Plath-*Kramer*, § 28b Rn. 25; Auernhammer-*Kramer*, § 28 Rn. 7; a. A. Simitis-*Ehmann*, § 28b Rn. 2ff.; ULD/GP Forschungsgruppe, Scoring, S. 21, 24.

25 Simitis-*Ehmann*, § 28b Rn. 7; a. A. Plath-*Kamlah*, § 28b Rn. 18.

26 Ausführlich ULD/GP Forschungsgruppe, Scoring, S. 45ff.; a. A. BGH 22. 2. 2011 – VI ZR 120/10, NJW 2011, 2204 = DuD 2011, 498 = RDV 2011, 188; Verweis darauf in BGH 28. 1. 2014 – VI ZR 156/13, DuD 343 = RDV 2014, 154 mit Anm. Joos.

27 A.A. noch mit Verweis auf BT-Drs. 16/10529, 16 DKWW-*Weichert*, § 28b Rn. 4.

28 Kritisch zur Praxis ULD/GP Forschungsgruppe, Scoring, S. 168ff.

29 Problematisch deshalb das Vorgehen von Kreditech, DANA 2013, 118.

Zufällige Analogien sind auszuschließen.[30] Eine Scoreberechnung ist unzulässig, die auf einer unzureichenden Datenbasis beruht.[31] Dies ist der Fall, wenn ausschließlich oder vorwiegend demografische oder Adress-Daten oder sonstige Angaben ohne direkte Aussagekraft über das zu prognostizierende Verhalten (z. B. Zahlungsbereitschaft) verwendet werden oder wenn der Score auf einem singulär bleibenden Negativmerkmal beruht.[32] Wissenschaftlichkeit muss nicht nur bzgl. der Methode im Allgemeinen gegeben sein, sondern auch bei jeder einzelnen Scoreberechnung. Die Einhaltung der Vorgaben des § 10 Abs. 1–8 KWG ist noch kein Nachweis für die Wissenschaftlichkeit, da die Ausrichtung und der Regelungsgehalt in eine andere Richtung geht als das BDSG.[33]

Voraussetzung für die Verwendung von Daten im Rahmen des Scorings ist nicht nur, dass **14** die jeweiligen Daten auch für sich als Einzelangaben zur Nutzung für den mit dem Scoring verfolgten Zweck genutzt werden könnten, sondern auch, dass deren Einsatz nicht durch Nutzungsverbote ausgeschlossen sind. Bei der Heranziehung der Merkmale müssen bestehende **Diskriminierungsverbote** beachtet werden. Nach Art. 3 Abs. 3 GG darf niemand wegen seines Geschlechts, seiner Abstammung, seiner Rasse, seiner Sprache, seiner Heimat und Herkunft, seines Glaubens, seiner religiösen oder politischen Anschauungen benachteiligt oder bevorzugt werden (vgl. Art. 21 Abs. 1 GRCh). Eine Benachteiligung ist auch wegen einer Behinderung verboten. Diese durch das Allgemeine Gleichbehandlungsgesetz (AGG) konkretisierten Grundregeln müssen bei der Merkmalsauswahl beachtet werden.[34] Diskriminierungsverbote können sich auch aus anderen rechtlichen Regeln ergeben. So darf z. B. die Wahrnehmung von Datenschutzrechten nicht zu einer Beeinflussung des Scores führen (vgl. § 6 Abs. 3 BDSG-alt). Die Nutzung besonderer Arten von Daten nach Art. 9 Abs. 1 DSGVO ist, wenn keine explizite Einwilligung vorliegt, grundsätzlich verboten (Art. 22 Abs. 4 DSGVO).[35]

Die Nutzung der Daten für das Scoring ist nur zulässig, wenn die **Verarbeitung dieser Da- 15 ten für den Zweck** ohne Einsatz des Scoring-Verfahrens auch zulässig wäre. Im Fall der Berechnung des Scores durch eine Auskunftei müssen die Voraussetzungen für eine zulässige Übermittlung der genutzten Daten vorliegen. Eine Auskunftei darf nur die Daten für die Berechnung des Scores für ein bestimmtes Kundenunternehmen nutzen, die sie auch an dieses Unternehmen übermitteln dürfte.[36] Wird der Score für eigene Zwecke erhoben und berechnet, müssen die Voraussetzungen hierfür vorliegen. Verfügt eine Stelle über Daten zweckgebunden für andere als Auskunftserteilungszwecke (etwa Voradressdaten zwecks Identifizierung) und dürften diese zur Bonitätsbewertung nicht übermittelt werden, so dürfen diese Daten auch nicht zur Scoreberechnung verwendet werden.

Für die Einbeziehung eines Merkmals zur Scoreberechnung genügt nicht die – evtl. nur **16** gering ausgeprägte – statistische Signifikanz. Nötig ist vielmehr **Relevanz bzw. Plausibi-**

30 ULD, Scoringsysteme, S. 48 ff.

31 BayLDA, TB 2011/12, Kap. 9.1.

32 LfD Nds., XXI. TB 2011–2012, S. 52 f.; OLG Frankfurt 7.4.2015 – 24 U 82/14; a. A. LG Darmstadt 31.1.2014 – 10 O 37/13.

33 ULD/GP Forschungsgruppe, Scoring, S. 26; a. A. Gürtler/Kriese, RDV 2010, 49.

34 ULD, Scoringsysteme, S. 77; LfD Nds. RDV 2006, 132; a. A. Plath-*Kamlah*, § 28b Rn. 27.

35 DKWW-*Weichert*, § 28a Rn. 6; ULD/GP Forschungsgruppe, Scoring, S. 127.

36 BT-Drs. 16/10529, 16.

lität, jedoch nicht Kausalität.[37] Für die Bonitätsbewertung nicht relevant und daher unzulässig sind Angaben zu unverbindlichen Kreditkonditionenanfragen,[38] zum Konsumverhalten, zu datenschutzrechtlichen Auskunftsanfragen,[39] zu abgebrochenen Vertragsverhandlungen, zu Wohndauer, Nationalität, Bildungsabschluss, Geschlecht sowie Familienstand.[40]

17 Nummer 1 hat zur Folge, dass die bisher geltenden materiell-rechtlichen Anforderungen an das Scoring weiterhin gestellt werden, auch wenn sie nicht ausdrücklich durch die Nummern 2, 3 und 4 gesetzlich konkretisiert wurden. Dies bedeutet, dass im Fall des Art. 6 Abs. 1 Buchst. b DSGVO eine ausdrückliche Einbeziehung in den Vertrag erfolgen muss. Ein Rückgriff auf Art. 6 Abs. 1 Buchst. f DSGVO kommt grds. nicht in Betracht, da **schutzwürdige Betroffeneninteressen** überwiegen und in der Praxis eine Einwilligung des Betroffenen eingeholt werden muss.[41] Allenfalls beim Werbescoring kann die Ansicht vertreten werden, dass auf eine ausdrückliche Einwilligung bzw. Vertragseinbindung verzichtet werden kann.

18 Für die Ermittlung und die Auskunftserteilung von Scores bedarf es in jedem Fall einer Interessenabwägung.[42] Der **Widerspruch des Betroffenen** gegen die Ausführung des Scorings zu seiner Person gegenüber einer Auskunftei nach Art. 21 DSGVO ist Ausdruck seines schutzwürdigen Interesses, das gem. Art. 6 Abs. 1 Buchst. f DSGVO in der Form berücksichtigt werden muss, dass kein Scoring erfolgt. Um Diskriminierungen wegen des Widerspruchs zu verhindern, muss bei einer Antwort auf eine Scoreabfrage eine neutrale Formulierung gewählt werden. Eine Berufung auf ein Vertragsverhältnis ist durch Auskunfteien nicht möglich, da zum Betroffenen keine solche Beziehung besteht. Basiert ein Scoring ausschließlich auf eigenen Daten des Verantwortlichen, hat ein Widerspruch lediglich die Wirkung einer Prüfpflicht nach Art. 21 DSGVO.[43]

19 Eine Missachtung von Abs. 1 kann auch nicht zugelassen werden, wenn der Betroffene dem zustimmt, da regelmäßig die für die Wirksamkeit der **Einwilligung** nötige Freiwilligkeit fehlt. Abs. 1 schließt zudem die Einwilligung in die Erhebung und Verarbeitung bestimmter Merkmale aus. Wegen der besonderen persönlichkeitsrechtlichen Relevanz des Scoringverfahrens muss bei der Einwilligung darauf ausdrücklich Bezug genommen werden. Dies gilt in besonderem Maße für sensitive Daten nach Art. 9 Abs. 1 DSGVO.[44] Ohne eine explizite Einwilligung ist die Verwendung von sensitiven Daten, insbesondere von Gesundheitsdaten, mangels spezifischer Rechtsgrundlage im Rahmen von § 31 nicht zulässig. Als Ausnahme hiervon besteht ausschließlich der in § 37 geregelte Einsatz im Rahmen der Versicherungswirtschaft (§ 37 Abs. 2).

20 Mit dem Verbot der Scoreberechnung ausschließlich mit **Anschriftendaten** gemäß Nr. 3 will der Gesetzgeber der besonderen Sensibilität der Öffentlichkeit hinsichtlich der sco-

---

37 ULD, Scoringsysteme, S. 74; Weichert, DuD 2006, 401 f.; a. A. Hoeren, RDV 2007, 97: mathematische Gesetzmäßigkeit genügt.

38 DSK, Verarbeitung von Positivdaten durch Auskunfteien, Beschluss, 11.6.2018, S. 2.

39 ULD/GP Forschungsgruppe, Scoring, S. 32 ff.; ULD, Scoringsysteme, S. 72 ff.

40 LfD Nds., XXI. TB 2011–2012, S. 51.

41 ULD, Scoringsysteme, S. 72 f.; a. A. Abel, RDV 2006, 111.

42 Hoeren, RDV 2007, 96.

43 Zur Rechtslage vor 2009 ULD, Scoringsysteme, S. 105.

44 A. A. Hoeren, RDV 2007, 97.

rebedingten Diskriminierung über die Wohnadresse Rechnung tragen. Anschriftendaten sind die Adresse, beschreibende Daten wie z. B. Geokoordinaten, oder die Zugehörigkeit zu einer Wohngegend bzw. zu einem Ort oder Ortsteil (Geoscoring).[45] Gegen das generelle Verbot wird auch verstoßen, wenn neben den Anschriftendaten noch andere Daten genutzt werden, diese aber nur mit einer geringen Gewichtung in die Berechnung des Scorewerts eingehen.[46] Es handelt sich hier um ein spezifisches Scoring-Diskriminierungsverbot (siehe Rn. 14).

Die **Unterrichtung bei Nutzung von Anschriftendaten** nach Nr. 4 muss zeitlich vor der Berechnung erfolgen. Nr. 4 tritt neben sonstige Transparenzpflichten, wie z. B. Art. 13 DSGVO. Bei einer Unterrichtung in AGB ist durch besondere Hervorhebung oder zusätzliche mündliche (zu dokumentierende) Hinweise zu gewährleisten, dass die Betroffenen davon tatsächlich Kenntnis erlangen.[47] 21

Die Regelungen des **Kreditwesengesetzes**, vor allem zum internen Risikomessverfahren (§ 10 KWG), und die Regelungen des Versicherungsaufsichtsgesetzes bleiben durch § 31 Abs, 1 unberührt.[48] Das KWG kann insofern bei der Auslegung des BDSG herangezogen werden, dass die zum Scoring herangezogenen Merkmale, wie die im Merkmalskatalog des § 10 Abs. 1 Satz 6 KWG aufgeführten Regelbeispiele erkennen lassen, eine hohe Stringenz vorweisen müssen.[49] Die Bundesanstalt für Finanzdienstleistungsaufsicht (BAFin) nimmt im Rahmen seiner Anforderungen aber keine datenschutzrechtlichen Bewertungen vor, noch definiert sie insofern verbindliche Vorgaben. 22

3. Rechtsfolgen

Bei der Regelung zum Scoring handelt es sich um eine **Konkretisierung des Art. 22 DSGVO**, der vollständig darin aufgeht. Dem steht nicht entgegen, dass es in § 37 eine weitere den Art. 22 konkretisierende Regelung gibt, die, anders als § 31 Abs. 1, die Überschrift des Art. 22 aufgreift. 23

Verstöße gegen Abs. 1 sind als Verstöße gegen Art. 22 DSGVO gemäß Art. 83 Abs. 5 Buchst. b DSGVO mit **Geldbußen** sanktionierbar. 24

III. Verwendung von Daten für Bonitätsauskünfte (Abs. 2)

Abs. 2 entspricht weitgehend § 28a BDSG-alt. Während diese Regelung aber die Datenübermittlung zum Ausgangspunkt der Bewertung machte, knüpft jetzt Abs. 2 an der **Verwendung durch Auskunfteien** an, wobei sowohl die Merkmalsauskunft wie auch die Auskunft über Scores erfasst werden. 25

---

45 Jandt/Steidle-*Steidle*, B III Rn. 372.

46 BT-Drs. 16/13219; ULD/GP Forschungsgruppe, Scoring, S. 38; Hammersen/Eisenried, ZD 2014, 343; a. A. wohl Simitis-*Ehmann*, § 28b Rn. 73; unklar Behm, RDV 2010, 70.

47 ULD/GP Forschungsgruppe, Scoring, S. 41.

48 ULD-Stellungnahme, *https://www.datenschutzzentrum.de/scoring/060404-bankenrichtlinie.htm*; Simitis-*Ehmann*, § 28b Rn. 18; a. A. Taeger/Gabel-*Mackenthun*, § 28b Rn. 34–47: § 10 KWG verdrängt § 28b; ähnlich, aber zweifelnd Gürtler/Kriese, RDV 2010, 49.

49 Düsseldorfer Kreis, DuD 2007, 446.

1. Allgemeines

26 Die seit 2010 geltende Regelung will der gestiegenen Bedeutung von **Auskunfteien** in einer anonymer werdenden Geschäftswelt Rechnung tragen, indem die Intransparenz für die Betroffenen reduziert wird.[50] Auskunfteien sind Unternehmen, die unabhängig vom Vorliegen einer konkreten Anfrage geschäftsmäßig bonitätsrelevante Daten über Unternehmen oder Privatpersonen sammeln, um sie bei Bedarf Geschäftspartnern für die Beurteilung der Kreditwürdigkeit der Betroffenen (Zahlungsfähig- und Zahlungswilligkeit) zugänglich zu machen.[51] Auskünfte, die geeignet sind, etwaige Kreditgeber zu einer sorgfältigeren Bonitätsprüfung zu veranlassen, sind für das Kreditgewerbe erforderlich und müssen, wenn sie zutreffen und nicht den sensitiven persönlichen Bereich berühren, regelmäßig von betroffenen Geschäftsführern und Gesellschaftern hingenommen werden, wenn diese Vertrauen in ihre Zuverlässgikeit und die damit verbundene Kreditwürdigkeit ihrer Gesellschaft in Anspruch nehmen wollen.[52] Nicht erfasst werden Unternehmen, die Auskunft über andere als bonitätsrelevante Merkmale, evtl. auch vertragswidriges Verhalten, geben, so etwa viele Warndateien oder das Hinweis- und Informationssystem der Versicherungswirtschaft.[53]

26a Es ist fraglich, ob der nationale Gesetzgeber für den Abs. 2 eine **Regelungsbefugnis** hat. Dies wird unter Verweis auf Art. 6 Abs. 4 DSGVO teilweise bejaht,[54] teilweise verneint.[55] Die deutschen Datenschutzaufsichtbehörden, die für die Sachverhalte Art. 6 Abs. 1 Satz 1 Buchst. f DSGVO anwenden, verwenden aber die in Abs. 2 genannten Kriterien für ihre Abwägungsentscheidungen.[56]

27 Abs. 2 enthält **spezielle Erlaubnistatbestände** für die Verwendung bestimmter an Auskunfteien übermittelter Daten zum Zweck der Auskunftserteilung über die Bonität an Dritte. Er befugt zur Verarbeitung von Bankgeheimnissen.[57] Er regelt nicht Datenbeschaffungen zu anderen Auskunftszwecken.[58] Neben den in Abs. 2 geregelten privaten Informationsquellen erhalten Auskunfteien harte Negativmerkmale aus dem Schuldnerregister nach §§ 915ff. ZPO sowie den öffentlichen Bekanntmachungen über Insolvenzen (§ 9 InsO). Weiche Negativmerkmale stammen vor allem von den Kundenunternehmen (Vertragspartnern) der Auskunfteien. Werden von einer Auskunftei Bonitätsbewertungen mit weiteren Merkmalen berichtet, kommt für die Datennutzung der bonitätsrelevanten Daten ausschließlich Abs. 2 zur Anwendung, für die anderen Daten gelten die allgemeinen

---

50 Zur Gesetzgebungsgeschichte BT-Drs. 16/13219, S. 8ff.

51 BT-Drs. 16/10529, S. 9.

52 BGH 24.6.2003 – VI ZR 3/03, NJW 2003, 2905 mit Verweis auf BGH, NJW 1986, 2505.

53 HIS, DKWW-*Weichert*, § 29 Rn. 51.

54 Kühling, NJW 2017, 1988; Schantz/Wolff-*Wolff*, Rn. 694f.

55 Kühling/Buchner-*Buchner*, § 31 Rn. 5; DSK 23.03.2018, Einmeldung offener und unbestrittener Forderungen in eine Wirtschaftsauskunftei unter Geltung der DS-GVO.

56 DSK, Einmeldung offener und unbestrittener Forderungen in eine Wirtschaftsauskunftei unter Geltung der DS-GVO, 23.03.2018.

57 Dies wird von der Kreditwirtschaft und der Schufa ignoriert, vgl. Plath-*Kamlah*, § 28a Rn. 55, 80; dem Bankgeheimnis kommt keine eigene umfassende Geltung zu, Weichert, RDV 2003, 115; ders., VuR 2007, 374.

58 Hilpert, ZD 2015, 262.

Regelungen des Art. 6 Abs. 1 DSGVO. Nicht forderungsbezogen sind z.B. auch Angaben über Betrugsverdächte, Vertragsverhaltensweisen oder Vertragsverstöße.

§ 31 Abs. 2 übernimmt nur die **bisherige Regelung** des § 28a Abs. 1 BDSG-alt. § 28a Abs. 2 BDSG-alt verliert seine Gültigkeit und wird durch Art. 6 Abs. 1 Buchst. b und f DSGVO ersetzt. § 28a Abs. 3 BDSG-alt wird durch Art. 19 DSGVO ersetzt. Insofern besteht für die Mitgliedstaaten keine weitere Gesetzgebungszuständigkeit.[59] 28

Bei der Bonitätsauskunft spielen **Negativmerkmale** die zentrale Rolle. Dabei handelt es sich um Daten über Vertragsstörungen, die von Dritten der Auskunftei gemeldet werden. Dabei wird unterschieden zwischen sog. harten und weichen Negativmerkmalen, also belegbaren und möglicherweise bestrittenen Merkmalen. Harte Negativmerkmale sind durch ein rechtliches Verfahren gesicherte Informationen über Vertragsverletzungen, die auf eine mangelnde Bonität hinweisen. Weiche Merkmale sind einseitige Maßnahmen eines Vertragspartners infolge einer dem anderen zugeschriebenen Vertragsstörung.[60] Die Meldung harter Negativmerkmale ist in Satz 1 Nr. 1–3 geregelt. Zu den harten Negativmerkmalen gehören auch Eintragungen im Schuldnerverzeichnis nach § 915 ZPO sowie die nach § 300 InsO öffentlich zu machende Restschuldbefreiung, soweit nicht die Frist für deren Löschung nach Art. 17 DSGVO verstrichen ist.[61] Nicht dazu gehören Informationen über verjährte Forderungen.[62] Die weichen Negativmerkmale sind in Satz 1 Nr. 4 u. 5 genannt. Der Umstand, dass eine Forderung bestritten wird, führt nicht automatisch dazu, dass deren Speicherung unzulässig ist.[63] Gespeichert werden dürfen weiche Negativmerkmale nicht, wenn ihnen ein inhaltlicher Konflikt oder ein Streit über die gegenseitigen Vertragspflichten zu Grunde liegt.[64] 29

Abs. 2 soll einen umfassenden Ausgleich zwischen Unternehmen und Verbrauchern herstellen. Erfasst werden zudem Zahlungserfahrungen mit Unternehmen, wenn diese direkt auf eine natürliche Person bezogen werden können, z.B. bei Einzelunternehmer, Kleingewerbetreibenden, Selbstständigen oder eingetragenen Kaufleuten.[65] Daneben können im engen Rahmen auf Basis einer **Einwilligung** Meldungen an Auskunfteien erfolgen. Dabei darf aber das in Abs. 2 vorgegebene Interessengleichgewicht nicht beeinträchtigt werden. So sind z.B. Vertragsklauseln oder Einwilligungen, die ohne Einzelfallprüfung oder bei Wahrnehmung der eigenen Interessen Meldungen vorsehen, unzulässig.[66] 30

Verstöße gegen § 31 Abs. 2 verletzen die Grundsätze der Art. 5, 6 DSGVO und sind gemäß Art. 83 Abs. 5 Buchst. a DSGVO **sanktionierbar**. 31

---

59 A.A. wohl Kühling/Martini u.a., S. 439f.

60 Zur Rechtslage vor 2009 vgl. Nachweise in der 4. Auflage DKWW (2010), § 29 Fn. 35.

61 VG Karlsruhe ZD 2013, 142; KG Berlin ZD 2013, 190; AG Wiesbaden DuD 2011, 364; OLG Frankfurt 1.9.2009 – 21 U 45/09; Riemann, RDV 2014, 144; Krämer, NJW 2012, 3203; a.A. Gärtner/Tintemann, VuR 2012, 56; kritisch ULD/GP Forschungsgruppe, Scoring, S. 64; BT-Petitionsausschuss, BfDI, 24. TB 2011–2012, Kap. 10.2; zur Aufhebung des Insolvenzverfahrens OLG Frankfurt 19.3.2015 – 7 U 187/13.

62 OLG Frankfurt, ZD 2014, 134.

63 OLG Koblenz, DuD 2010, 188.

64 A.A. AG Elmshorn, RDV 2005, 2404.

65 Wolff/Brink-*Kamp*, § 28a Rn. 16–23; kritisch Plath-*Kamlah*, § 28a Rn. 4, 6.

66 OLG Düsseldorf 14.12.2006 – I-10 U 69/06, DuD 2007, 58.

2. Verwendung von Negativdaten

32 Abs. 2 legt im Interesse einer erhöhten Rechtssicherheit **einheitliche Voraussetzungen** für die Übermittlung von Daten an Auskunfteien fest, soweit die geschuldete Leistung trotz Fälligkeit nicht erbracht worden ist. Die Aufzählung in den Nrn. 1–5 ist abschließend; bei Vorliegen der Tatbestände ist eine Abwägung nicht mehr notwendig.[67]

33 Einmeldeberechtigt sind die **Forderungsinhaber** (Gläubiger). Im Gesetzgebungsverfahren war zunächst vorgesehen, dass durch die Bezugnahme auf den »Gläubiger« die Eintragung nur im eigenen Namen zugelassen wird. Diese Bezugnahme, die auch in § 28a Abs. 1 BDSG-alt fehlte, wurde nach entsprechender Kritik von Wirtschaftsverbänden aus dem Auskunftei- und Inkassobereich gestrichen. Dadurch bleibt zunächst offen, wer berechtigt ist. Auch nach der Änderung kann aber ausschließlich der Forderungsinhaber, evtl. nachdem ihm eine Forderung abgetreten wurde, beurteilen, ob die Einmeldung begründet ist; eine Einmeldung durch andere würde für die Beteiligten zu Nachweisproblemen und unnötigen Konflikten führen. Sonstige haben daher keine eigenständige Übermittlungsbefugnis. Sie können aber, z. B. als Inkassounternehmen, in Vertretung des Gläubigers handeln.[68]

34 In den Nummern 1 und 2 tritt nach dem Gesetz das schutzwürdige Interesse des Betroffenen zurück, sofern der Betroffene die Forderung trotz Wissens um ihr Bestehen und berechtigtes Geltendmachen durch den Gläubiger nicht begleicht. Dies ist nicht der Fall, wenn eine Forderung z. B. wegen einem Teilzahlungsvergleich nicht fällig ist.[69] Ergeben sich neue Informationen von Bonitätsrelevanz, besteht akzessorisch die Pflicht der Zuspeicherung, um die Aktualität und Richtigkeit der Daten zu gewährleisten.[70] Ist der Betroffene aufgrund von **Zahlungsunfähigkeit** gar nicht in der Lage, die Forderung auszugleichen, wären die in Nr. 4 vorgesehenen zwei Mahnungen nicht zielführend.[71] Urteile werden u. U. bereits in der ersten Instanz ohne Sicherheitsleistung für vorläufig vollstreckbar erklärt bzw. sind mit Sicherheitsleistung vorläufig vollstreckbar (§§ 708, 709 ZPO). Vollstreckungstitel nach § 794 ZPO sind vollstreckbare Vergleiche, Kostenfestsetzungsbeschlüsse oder Vollstreckungsbescheide. Die Meldung von Titeln darf in Anlehnung an § 807 Abs. 1 Nr. 4 ZPO erst nach zwei Wochen erfolgen.[72] Diese Zeit muss einem Schuldner gewährt werden, die bestätigte Forderung zu begleichen. Im Rahmen der Insolvenz genügt die Forderungsfeststellung im Prüfungstermin. Erfasst werden so auch Forderungen, die bei Eröffnung des Insolvenzverfahrens noch nicht verfahrensmäßig abgeschlossen wurden. Da bei den Nrn. 1 u. 2 keine Abwägung mit schutzwürdigen Interessen erfolgt, sind die Tatbestände restriktiv auszulegen.

35 Nummer 3 erfasst die Fälle, in denen der Betroffene eine **Forderung anerkennt**, diese aber ohne rechtliche Gründe nicht begleicht. Nötig ist das ausdrückliche Anerkenntnis, rein tatsächliches Verhalten genügt nicht. Hierunter fallen nicht die Fälle, in denen aus

---

67 OLG Frankfurt 16. 3. 2011 – 19 U 291/10, DuD 2011, 496 = RDV 2011, 197.

68 Elgert, K&R 2013, 290 f.; Simitis-*Ehmann*, § 28a Rn. 15.

69 LG Berlin 27. 4. 2011 – 4 O 97/11, ZD 2012, 41 = VuR 2011, 271.

70 KG Berlin 7. 2. 2013 – 10 U 118/12, ZD 2013, 190; Krämer, NJW 2012, 3203.

71 BT-Drs. 16/10529, 14.

72 Plath-*Kamlah*, § 28a Rn. 22.

guten Gründen die Forderung nicht erfüllt wird, z. B. weil eine Aufrechnungsmöglichkeit besteht. Kann der Schuldner Einwände oder Einreden gegen die Forderung geltend machen, ist nach 2. Halbsatz ein Gläubigerinteresse an der Übermittlung der Angaben nicht gegeben.

Bei nicht rechtskräftig festgestellten und nicht ausdrücklich anerkannten Forderungen, also sog. weichen Negativmerkmalen (siehe Rn. 29), sollen die unter Nummer 4 genannten Voraussetzungen sicherstellen, dass der Betroffene ausreichend Gelegenheit erhält, die Forderung zu begleichen oder deren Bestehen zu bestreiten. Dem dienen die **zweimaligen Mahnungen** in zeitlichem Abstand.[73] So soll vermieden werden, dass Falschmeldungen erfolgen, wenn z. B. aus Unachtsamkeit oder mangels Kenntnis der Forderung, etwa wegen längerer Abwesenheit des Betroffenen, nicht geleistet wird. Die Mahnung muss vom Gläubiger oder von einer von diesem bevollmächtigten Stelle ausgesprochen werden; es muss eindeutig erkennbar sein, auf welche Forderung sie sich bezieht. Es besteht kein Widerspruch zu den Verzugsregelungen in § 286 BGB, deren Ziel es ist, bei nicht fristgemäßer Zahlung dem Gläubiger keinen finanziellen Nachteil entstehen zu lassen. Verzug ist kein Indiz für die **Zahlungsunfähigkeit oder -unwilligkeit** des Schuldners als Voraussetzung für die Meldung bei einer Auskunftei. 36

Weitere Voraussetzung nach Nummer 4 ist, dass der Betroffene über die geplante Übermittlung unterrichtet ist. Rechtzeitig ist die **Unterrichtung** nur, wenn dem Betroffenen noch die Möglichkeit verbleibt, in zumutbarer Weise die Forderung zu begleichen oder deren Bestehen zu bestreiten. Im Grundsatz muss eine Reaktionszeit von zwei Wochen beachtet werden. In der Unterrichtung sollte die Auskunftei, an die übermittelt werden soll, explizit benannt werden. Die Pflicht, den Betroffenen auf die rechtlich zulässigen Folgen seines Verhaltens hinzuweisen, ist vor allem relevant, wenn der Betroffene nicht auf die erhobene Forderung reagiert und geschwiegen hat, weil er die Forderung für unbegründet hält. Wäre eine Datenübermittlung nicht zulässig, ist auch die mit der Drohung einer Negativ-Meldung verbundene Aufforderung zur Zahlung einer Forderung unzulässig.[74] Der Betroffene muss ausdrücklich auf die Möglichkeit des Bestreitens einer Forderung hingewiesen werden. Die Unterrichtung darf nicht dazu genutzt werden, den Betroffenen im Fall einer bestrittenen Forderung unter Zahlungsdruck zu setzen.[75] Die Unterrichtungspflichten nach Art. 13 DSGVO bleiben von der vorliegenden Norm unberührt.[76] Das Bestreiten kann nach Fälligkeit, Mahnung, ja sogar nach erfolgter Speicherung stattfinden.[77] 37

Die Forderung darf **nicht vom Betroffenen bestritten** worden sein. Ein Bestreiten ist auch gegeben, wenn eine Auseinandersetzung über die Höhe einer Forderung erfolgt.[78] Ein treuwidriges Bestreiten einer Forderung durch den Betroffenen steht einer Übermitt- 38

---

73 Kritisch Piltz/Holländer, ZRP 2008, 145.

74 AG Plön, RDV 2008, 31.

75 BGH 19.3.2015, I ZR 157/13; OLG Celle, RDV 2014, 108 = ZD 2014, 198; OLG Düsseldorf, MMR 2013, 647; LG Darmstadt, RDV 2015, 100; Elgert, K&R 2013, 291.

76 BT-Drs. 16/10529, 14.

77 Krämer, NJW 2012, 3204.

78 AG Frankfurt/M., ZD 2013, 350.

lung an eine Auskunftei nicht entgegensteht.[79] Das Bestreiten muss deshalb substantiiert erfolgen, wobei jedoch an die Begründung keine überzogenen Anforderungen gestellt werden können.[80]

39 Ohne Vorliegen der Voraussetzungen von Nummer 4 soll nach Nummer 5 die Übermittlung zulässig sein, wenn der Betroffene nicht schutzwürdig ist und die Erfüllung der Anforderungen von Nr. 4 einen ungerechtfertigten bürokratischen Aufwand erzeugen würde. Wenn eine **fristlose Kündigung möglich** ist, tritt das schutzwürdige Betroffeneninteresse zurück, da in diesen Fällen eine erhebliche vom Betroffenen zu verantwortende Vertragsstörung vorliegen muss (z. B. Mietrecht: §§ 543, 569 Abs. 3 BGB; bei Darlehensvertrag vgl. §§ 490, 498 BGB). Voraussetzung bleibt, dass der Betroffene über die bevorstehende Übermittlung unterrichtet wurde.[81]

40 Abs. 2 Satz 2 sieht vor, dass die Verarbeitung von **anderen als Bonitätsdaten** nach allgemeinem Datenschutzrecht zu beurteilen ist. Dies gilt für Scoringverfahren, die nicht auf eine Bewertung der Zahlungsfähigkeit und -willigkeit abzielen, wie für die Übermittlung sog. Positivdaten, also anderen als Negativdaten (siehe Rn. 29) für Auskunfteizwecke.[82]

41 In § 28a Abs. 2 Satz 4 BDSG-alt war vorgesehen, dass die Übermittlung zu **Konditionenabfragen**, also »Verhaltensweisen, die im Rahmen eines vorvertraglichen Vertrauensverhältnisses der Herstellung von Markttransparenz dienen« unzulässig sind. Diese Regelung wurde in § 31 nicht übernommen; ohne dass sich an der Rechtslage etwas ändert, da an einer solchen Übermittlung kein berechtigtes Interesse besteht und dieser schutzwürdige Betroffeneninteressen entgegenstehen (Art. 6 Abs. 1 Satz 1 Buchst. f DSGVO).

Kapitel 2
Rechte der betroffenen Person

§ 32 Informationspflicht bei Erhebung von personenbezogenen Daten bei der betroffenen Person

(1) Die Pflicht zur Information der betroffenen Person gemäß Artikel 13 Absatz 3 der Verordnung (EU) 2016/679 besteht ergänzend zu der in Artikel 13 Absatz 4 der Verordnung (EU) 2016/679 genannten Ausnahme dann nicht, wenn die Erteilung der Information über die beabsichtigte Weiterverarbeitung

1. eine Weiterverarbeitung analog gespeicherter Daten betrifft, bei der sich der Verantwortliche durch die Weiterverarbeitung unmittelbar an die betroffene Person wendet, der Zweck mit dem ursprünglichen Erhebungszweck gemäß der Verordnung (EU) 2016/679 vereinbar ist, die Kommunikation mit der betroffenen Person

79 BT-Drs. 10/10529, 14.

80 Weitergehend Wolff/Brink-*Kamp*, § 28a Rn. 101: einfaches Bestreiten genügt; a. A. Elgert, K&R 2013, 290: Beweislast liegt beim Betroffenen.

81 BT-Drs. 16/10529, 14.

82 Jandt/Steidle-*Steidle*, B III Rn. 374; zur früheren Rechtslage DKWW-*Weichert*, § 28aRn. 11ff.

nicht in digitaler Form erfolgt und das Interesse der betroffenen Person an der Informationserteilung nach den Umständen des Einzelfalls, insbesondere mit Blick auf den Zusammenhang, in dem die Daten erhoben wurden, als gering anzusehen ist,

2. im Fall einer öffentlichen Stelle die ordnungsgemäße Erfüllung der in der Zuständigkeit des Verantwortlichen liegenden Aufgaben im Sinne des Artikels 23 Absatz 1 Buchstabe a bis e der Verordnung (EU) 2016/679 gefährden würde und die Interessen des Verantwortlichen an der Nichterteilung der Information die Interessen der betroffenen Person überwiegen,

3. die öffentliche Sicherheit oder Ordnung gefährden oder sonst dem Wohl des Bundes oder eines Landes Nachteile bereiten würde und die Interessen des Verantwortlichen an der Nichterteilung der Information die Interessen der betroffenen Person überwiegen,

4. die Geltendmachung, Ausübung oder Verteidigung rechtlicher Ansprüche beeinträchtigen würde und die Interessen des Verantwortlichen an der Nichterteilung der Information die Interessen der betroffenen Person überwiegen oder

5. eine vertrauliche Übermittlung von Daten an öffentliche Stellen gefährden würde.

(2) Unterbleibt eine Information der betroffenen Person nach Maßgabe des Absatzes 1, ergreift der Verantwortliche geeignete Maßnahmen zum Schutz der berechtigten Interessen der betroffenen Person, einschließlich der Bereitstellung der in Artikel 13 Absatz 1 und 2 der Verordnung (EU) 2016/679 genannten Informationen für die Öffentlichkeit in präziser, transparenter, verständlicher und leicht zugänglicher Form in einer klaren und einfachen Sprache. Der Verantwortliche hält schriftlich fest, aus welchen Gründen er von einer Information abgesehen hat. Die Sätze 1 und 2 finden in den Fällen des Absatzes 1 Nummer 4 und 5 keine Anwendung.

(3) Unterbleibt die Benachrichtigung in den Fällen des Absatzes 1 wegen eines vorübergehenden Hinderungsgrundes, kommt der Verantwortliche der Informationspflicht unter Berücksichtigung der spezifischen Umstände der Verarbeitung innerhalb einer angemessenen Frist nach Fortfall des Hinderungsgrundes, spätestens jedoch innerhalb von zwei Wochen, nach.

Inhaltsübersicht

I. Überblick

Die Vorschrift betrifft **ausschließlich** die **Informationspflicht nach Art. 13 Abs. 3 DSGVO**, die bei einer Zweckänderung eintritt. Die Informationspflichten nach Art. 13 1

Abs. 1 und 2, die bei der Datenerhebung entstehen, bleiben unberührt.[1] Versuche, auch insoweit Beschränkungen vorzusehen, blieben ohne Erfolg.

2 Die Vorschrift stützt sich auf **Art. 23 DSGVO**, der Einschränkungen der Betroffenenrechte insbesondere im öffentlichen Interesse vorsieht. Allerdings müssen derartige Maßnahmen in einer demokratischen Gesellschaft notwendig und verhältnismäßig sein und dürfen den Wesengehalt von Grundrechten und Grundfreiheiten nicht antasten (siehe Art. 23 DSGVO Rn. 6ff.). Insoweit sind erhebliche Bedenken gegen Abs. 1 erhoben worden.[2]

3 **Abs. 1** enthält insgesamt fünf Fälle, in denen die Informationspflicht nach Art. 13 Abs 3 DSGVO entfällt. **Abs.** 2 verpflichtet den Verantwortlichen zu kompensierenden Schutzmaßnahmen, die u.a. darin bestehen können, dass die nach Art. 13 Abs. 1 und 2 DSGVO geschuldeten Informationen für die Öffentlichkeit bereitgestellt werden. Weiter hat der Verantwortliche zu dokumentieren, weshalb er von einer Information abgesehen hat. **Abs. 3** betrifft den Fall, dass das Hindernis, das einer Information nach Art. 13 Abs. 3 DSGVO entgegensteht, später wegfällt; dies soll dazu führen, dass die Information spätestens innerhalb von zwei Wochen nachgeholt wird. Als Ausnahmevorschrift ist § 32 eng auszulegen.[3]

II. Die einzelnen Ausschlussgründe

1. Analog gespeicherte Daten

4 Die Vorschrift des **Abs. 1 Nr. 1** verdankt ihre Existenz einem gemeinsamen Antrag der Fraktionen von CDU/CSU und SPD während der Beratungen im Innenausschuss.[4] Durch die Regelung sollen insbesondere kleine und mittlere Unternehmen der analogen Wirtschaft von der Informationspflicht ausgenommen werden, »deren Kommunikationswege ausschließlich oder überwiegend in nicht digitaler Form erfolgen.«[5] Auf eine unverhältnismäßige Belastung solle es nicht ankommen. Etwas bösartig könnte man von einer **»Rückständigkeitsklausel«** sprechen.

5 Voraussetzung ist nach dem Gesetzestext, dass die Weiterverarbeitung **»analog gespeicherte Daten«** betrifft. Gemeint sind damit Dateisysteme, die ohne automatisierte Verarbeitung funktionieren – ein heute höchst selten gewordener Fall; der Verantwortliche darf **keinen PC** benutzen. Außerdem muss er sich »durch die Weiterverarbeitung« **unmittelbar an die betroffene Person wenden.** Dabei darf die Zweckänderung aber nicht sichtbar werden, denn sonst würde die Vorschrift jeden Anwendungsbereich verlieren. Der nunmehr verfolgte Zweck muss weiter mit dem ursprünglich festgelegten vereinbar sein und die **Kommunikation** mit der betroffenen Person darf **nicht in digitaler Form** (also nicht per E-Mail, sondern per Brief) erfolgen. Schließlich muss das Interesse der betroffenen

1 So auch ausdrücklich die amtliche Begründung zum Regierungsentwurf, BT-Drs. 18/11325 S. 102 zu § 32 Abs. 1; weiter Schmidl/Tannen, DB 2017, 1633, 1639; Auernhammer-*Eßer*, § 32 Rn. 2; Gola/Heckmann-*Franck*, § 32 Rn. 2.

2 SHS-*Dix*, Art. 13 Rn. 23.

3 Gola/Heckmann-*Franck*, § 32 Rn. 5

4 Ausschuss-Drs. 18(4)842, abrufbar unter *http://www.bundestag.de/blob/500876/48cc7d85fd86d34f18145798562bdd9b/18-4-842-data.pdf.*

5 Ausschuss-Drs., a.a.O., S. 3.

Person an der Informationserteilung als gering anzusehen sein, was sich nach den Umständen des Einzelfalls, insbesondere danach bestimmt, in welchem Zusammenhang die Daten erhoben wurden. Angesichts aller dieser Umstände wird der Anwendungsbereich der Vorschrift denkbar gering sein.[6]

2. Gefährdung der Erfüllung öffentlicher Aufgaben

Die Vorschrift des **Abs. 1 Nr. 2** betrifft ausschließlich öffentliche Stellen. Diese sind von der Informationspflicht befreit, wenn die ordnungsgemäße Erfüllung ihrer Aufgaben im Sinne des Art. 23 Abs. 1 Buchst. a bis e (dazu Art. 23 Rn. 13ff.) durch die Erteilung der Information gefährdet wäre und die Vermeidung dieser Gefährdung **Vorrang gegenüber den Interessen der betroffenen Person** hat.[7] Damit sind Fälle gemeint, in denen staatliche Aufgaben nicht mehr erfolgreich erfüllt werden könnten, wenn die betroffene Person informiert würde, dass die über sie gespeicherten Informationen nunmehr für andere als die bisher vorgesehenen Zwecke verwendet werden. Zu denken wäre in erster Linie an polizeiliche Ermittlungen, doch sind diese in § 56 Abs. 2 geregelt. Der Anwendungsbereich der Vorschrift dürfte daher ebenfalls nicht sehr groß sein. 6

3. Gefährdung der öffentlichen Sicherheit und Ordnung

Nach **Abs. 1 Nr. 3** entfällt die Informationspflicht über die Zweckänderung weiter dann, wenn durch die Mitteilung der Zweckänderung die öffentliche Sicherheit und Ordnung gefährdet oder sonst dem Wohl des Bundes oder eines Landes ein Nachteil bereitet würde. Dabei muss das Interesse, dies zu vermeiden, **vorrangig gegenüber den Interessen der betroffenen Person** sein. Zu denken ist etwa an den Fall, dass normale auf die abhängige Arbeit bezogene Informationen wie Kommens- und Gehenszeiten, Telefongespräche, Surfverhalten im Internet usw. zu dem Zweck ausgewertet werden, einen Fall von Betriebsspionage oder eine Unterstützung terroristischer Bestrebungen abzuklären. 7

4. Beeinträchtigung rechtlicher Ansprüche

Nach **Abs. 1 Nr. 4** kann die Information über eine Zweckänderung auch dann unterbleiben, wenn durch sie die »Geltendmachung, Ausübung oder Verteidigung rechtlicher Ansprüche« beeinträchtigt würde und die Vermeidung eines solchen Nachteils gegenüber den Interessen der betroffenen Person überwiegt. Die Vorschrift stützt sich laut amtlicher Begründung[8] auf die **Ermächtigung des Art. 23 Abs. 1 Buchst. j** DSGVO, doch ist dort nur von der »Durchsetzung zivilrechtlicher Ansprüche« die Rede. Zwar lässt sich zur »Durchsetzung« auch das Geltendmachen und die Ausübung rechnen, und auch die Verteidigung gegen Ansprüche mag man noch darunter subsumieren. Von der Ermächti- 8

6 Gola/Heckmann-*Franck*, § 32 Rn. 10: »Verschwindend kleiner Anwendungsbereich«; in gleichem Sinne Auernhammer-*Eßer*, § 32 Rn. 12; Schantz/Wolff-*Schantz*, Rn. 1165.

7 Die Gefährdung ist im Sinne von »erheblicher Erschwerung« zu verstehen: Gola/Heckmann-*Franck*, § 32 Rn. 19.

8 BT-Drs. 18/11325, S. 102.

gungsgrundlage nicht erfasst sind jedoch arbeitsrechtliche und öffentlich-rechtliche Ansprüche; insoweit muss die Vorschrift **einschränkend im Sinne einer Beschränkung auf zivilrechtliche Ansprüche interpretiert** werden.[9]

5. Bruch zugesagter Vertraulichkeit

9 **Abs. 1 Nr. 5** lässt die Informationspflicht entfallen, wenn sie eine vertrauliche Übermittlung von Daten an öffentliche Stellen gefährden würde. Dem Bundesbeauftragten für den Datenschutz und die Informationsfreiheit wird beispielsweise vertraulich ein Verstoß gegen die DSGVO mitgeteilt. Der **Whistleblower**, der dies tut, verwendet die ihm zugänglichen Daten ersichtlich zu einem anderen als ihrem ursprünglichen Zweck. Müsste er dem Verdächtigten Mitteilung machen, wäre die Vertraulichkeit gegenstandslos; niemand würde sich mehr mit einer solchen Information an den Bundesbeauftragten wenden. Die Vorschrift greift nicht ein, wenn es um Behauptungen geht, die bewusst oder grob fahrlässig verfälscht wurden. Insoweit würde die Interessenabwägung zugunsten der betroffenen Person ausfallen.

III. Schutzmaßnahmen zugunsten der betroffenen Person (Abs. 2)

10 **Abs. 2 Satz 1** verpflichtet den Verantwortlichen, geeignete Maßnahmen zum Schutz der berechtigten Interessen der betroffenen Person zu treffen, um so das Entfallen der Informationspflicht ansatzweise zu kompensieren. Damit soll dem Gebot des Art. 23 Abs. 2 DSGVO (siehe Art. 23 Rn. 27ff.) entsprochen werden. Eine geeignete Maßnahme kann die Bereitstellung von Informationen für die Öffentlichkeit, etwa auf der Webseite des Verantwortlichen sein.[10] Dies ist sicherlich überall dort eine sinnvolle Maßnahme, wo die Information an alle betroffenen Personen an der Schranke der Verhältnismäßigkeit scheitert. Dies spielt aber im Rahmen des Abs. 1 in der Gesetz gewordenen Fassung ersichtlich keine Rolle.[11] Umgekehrt kommt eine Veröffentlichung überall dort nicht in Betracht, wo das **Nicht-Bekannt-Werden** der Zweckänderung **Bedingung für die erfolgreiche Durchführung einer Aufgabe** ist. Dies ist in Abs. 2 Satz 3 auch für die Fälle des Abs. 1 Nr. 4 und 5 klargestellt, doch gilt es generell. Nach verbreiteter Auffassung in der Literatur bleibt § 32 hinter den Anforderungen des Art. 23 Abs. 2 DSGVO zurück und ist deshalb europarechtswidrig.[12]

11 Nach **Abs. 2 Satz 2** muss der Verantwortliche **schriftlich dokumentieren**, aus welchen Gründen er von einer Information abgesehen hat. Die Stichhaltigkeit dieser Gründe unterliegt der Kontrolle durch die Aufsichtsbehörde.[13] Damit soll einer missbräuchlichen Nicht-Information entgegengewirkt werden; auch dies stellt einen gewissen Schutz der betroffenen Person dar.[14]

---

9 Zu dieser und anderen Auffassungen Gola/Heckmann-*Franck*, § 32 Rn. 30 m.w.N.
10 So die amtliche Begründung des Regierungsentwurfs, BT-Drs. 18/11325, S. 103.
11 Für Europarechtswidrigkeit der Regelung deshalb Gola/Heckmann-*Franck*, § 32 Rn. 37.
12 Gola/Heckmann-*Franck*, § 32 Rn. 37; Kühling/Buchner-*Golla*, § 32 Rn. 23.
13 BT-Drs. 18/11325, S. 103; ebenso Schmidl/Tannen, DB 2017, 1633, 1639.
14 Für Europarechtswidrigkeit wegen Verstoßes gegen das Verbot der Normwiederholung Gola/Heckmann-*Franck*, § 32 Rn. 39.

IV. Nachträgliche Information (Abs. 3)

Sind die Gründe, die einer Information der betroffenen Person entgegenstehen, nur vorübergehender Natur, so hat der Verantwortliche nach **Abs. 3** die Information nachzuholen, sobald der Grund weggefallen ist. Dabei hat er eine »angemessene Frist« zu wahren, die **zwei Wochen** nicht übersteigen darf. Die Vereinbarkeit dieser Regelung mit Unionsrecht wird abgelehnt, da Art. 13 DSGVO eine solche Verzögerung nicht vorsehe und Art. 23 DSGVO dazu auch nicht ermächtige.[15] Wegen des Hindernisses, das der Information entgegensteht, muss die Erhebung in einem solchen Fall unterbleiben. 12

§ 33 Informationspflicht, wenn die personenbezogenen Daten nicht bei der betroffenen Person erhoben wurden

(1) Die Pflicht zur Information der betroffenen Person gemäß Artikel 14 Absatz 1, 2 und 4 der Verordnung (EU) 2016/679 besteht ergänzend zu den in Artikel 14 Absatz 5 der Verordnung (EU) 2016/679 und der in § 29 Absatz 1 Satz 1 genannten Ausnahme nicht, wenn die Erteilung der Information

1. im Fall einer öffentlichen Stelle
   a) die ordnungsgemäße Erfüllung der in der Zuständigkeit des Verantwortlichen liegenden Aufgaben im Sinne des Artikels 23 Absatz 1 Buchstabe a bis e der Verordnung (EU) 2016/679 gefährden würde oder
   b) die öffentliche Sicherheit oder Ordnung gefährden oder sonst dem Wohl des Bundes oder eines Landes Nachteile bereiten würde

und deswegen das Interesse der betroffenen Person an der Informationserteilung zurücktreten muss,

2. im Fall einer nichtöffentlichen Stelle
   a) die Geltendmachung, Ausübung oder Verteidigung zivilrechtlicher Ansprüche beeinträchtigen würde oder die Verarbeitung Daten aus zivilrechtlichen Verträgen beinhaltet und der Verhütung von Schäden durch Straftaten dient, sofern nicht das berechtigte Interesse der betroffenen Person an der Informationserteilung überwiegt, oder
   b) die zuständige öffentliche Stelle gegenüber dem Verantwortlichen festgestellt hat, dass das Bekanntwerden der Daten die öffentliche Sicherheit oder Ordnung gefährden oder sonst dem Wohl des Bundes oder eines Landes Nachteile bereiten würde; im Fall der Datenverarbeitung für Zwecke der Strafverfolgung bedarf es keiner Feststellung nach dem ersten Halbsatz.

(2) Unterbleibt eine Information der betroffenen Person nach Maßgabe des Absatzes 1, ergreift der Verantwortliche geeignete Maßnahmen zum Schutz der berechtigten Interessen der betroffenen Person, einschließlich der Bereitstellung der in Artikel 14 Absatz 1 und 2 der Verordnung (EU) 2016/679 genannten Informationen für die Öffentlichkeit in präziser, transparenter, verständlicher und leicht zugänglicher Form in einer klaren und einfachen Sprache. Der Verantwortliche hält schriftlich fest, aus welchen Gründen er von einer Information abgesehen hat.

---

15 SHS-*Dix*, Art. 13 DSGVO Rn. 7.

(3) Bezieht sich die Informationserteilung auf die Übermittlung personenbezogener Daten durch öffentliche Stellen an Verfassungsschutzbehörden, den Bundesnachrichtendienst, den Militärischen Abschirmdienst und, soweit die Sicherheit des Bundes berührt wird, andere Behörden des Bundesministeriums der Verteidigung, ist sie nur mit Zustimmung dieser Stellen zulässig.

Inhaltsübersicht Rn.

I. Überblick

1 § 33 unterscheidet sich von § 32 dadurch, dass er ausschließlich Fälle betrifft, in denen die Daten nicht bei der betroffenen Person erhoben wurden. Der deutsche Gesetzgeber übernimmt so eine Unterscheidung, die sich in gleicher Weise in Art. 13 und Art. 14 der DSGVO findet. § 33 lässt **weitergehende Einschränkungen** des Informationsrechts **als § 32** zu, der nur bei Zweckänderungen eingreift und im Übrigen die Informationspflichten unberührt lässt. Auch insoweit wird die Struktur der DSGVO übernommen.

2 § 33 betrifft **sämtliche Informationspflichten**, nicht nur solche, die bei einer Zweckänderung entstehen. Wo er eingreift, erfährt also die betroffene Person zumindest vorläufig überhaupt nichts davon, dass Daten über sie erhoben oder weiterverarbeitet wurden. Da dies in totalem Gegensatz zum Transparenzprinzip nach Art. 5 Abs. 1 Buchst. a DSGVO und des Art. 12 DSGVO steht, ist § 33 als **Ausnahmevorschrift eng auszulegen**.[1]

3 **Abs. 1** enthält die zentrale Vorschrift über das Entfallen der Informationspflicht. Er differenziert zwischen öffentlichen Stellen (Nr. 1) und nichtöffentlichen Stellen (Nr. 2). Ähnlich wie § 32 Abs. 2 sieht **Abs. 2** kompensatorische Schutzmaßnahmen und Dokumentationspflichten vor. **Abs. 3** enthält eine Spezialvorschrift zur Weitergabe an Nachrichtendienste und vergleichbare Behörden.

II. Entfallen der Informationspflicht bei öffentlichen Stellen (Abs. 1 Nr. 1)

4 Abs. 1 versteht sich ausdrücklich als **Ergänzung zu der Ausnahmevorschrift des Art. 14 Abs. 5** DSGVO und stützt sich auf Art. 23 DSGVO. Er unterscheidet in Nr. 1 zwei Fälle. **Buchst. a** nimmt auf Art. 23 Abs. 1 Buchst. a bis e DSGVO Bezug und betrifft damit Aufgaben, deren Erfüllung in evidenter Weise **im öffentlichen Interesse** liegt: nationale Sicherheit, Landesverteidigung, öffentliche Sicherheit, Verhütung, Ermittlung, Aufdeckung und Verfolgung von Straftaten sowie »Schutz sonstiger wichtiger Ziele des allgemeinen öffentlichen Interesses der Union oder eines Mitgliedstaats«. **Buchst. b** enthält eine Generalklausel, wonach die Information dann unterbleiben muss, wenn andernfalls die öffent-

1 Ebenso Kühling/Buchner-*Golla*, § 33 Rn. 3.

liche Sicherheit oder Ordnung gefährdet wäre oder dem Wohl des Bundes oder eines Landes Nachteile entstehen würden. Es handelt sich um eine Art **Auffangtatbestand**, der dann eingreift, wenn keiner der Fälle von Buchst. a vorliegt.

Die Auslegung der in Art. 23 Abs. 1 Buchst. a bis e DSGVO aufgezählten Ziele, die Abs. 1 Buchst. a übernommen hat, findet sich dort (Art. 23 Rn. 13ff.). In letzter Instanz entscheidet über sie der EuGH. Abs. 1 Buchst. b **entspricht § 32 Abs. 1 Nr. 3;** auf das dort Gesagte kann verwiesen werden (§ 32 Rn. 7). Auch bei § 33 Abs. 1 Nr. 1 BDSG muss das öffentliche Interesse das der betroffenen Person überwiegen; letzteres muss – wie der Schlusshalbsatz von Abs. 1 Nr. 1 formuliert – hinter dem öffentlichen Interesse »zurücktreten«. In der Praxis dürfte dies angesichts des hohen Ranges der öffentlichen Güter so gut wie immer der Fall sein. 5

III. Entfallen der Informationspflicht bei nichtöffentlichen Stellen (Abs. 1 Nr. 2)

1. Zivilrechtliche Ansprüche

Auch im Rahmen des Abs. 1 Nr. 2 handelt es sich um den Schutz höherrangiger Rechtsgüter. Bei **Buchst. a** geht es in korrekter Übernahme von Art. 23 Abs. 1 Buchst. j DSGVO um die Durchsetzung **zivilrechtlicher** Ansprüche, **nicht** wie in § 32 Abs. 1 Nr. 4 um **»rechtliche Ansprüche« schlechthin** (dazu § 32 Rn. 8). Die Formulierung des Abs. 1 Nr. 2 Buchst. a stammt aus dem gemeinsamen Antrag der Fraktionen von CDU/CSU und SPD im **Innenausschuss**;[2] die beigefügte Begründung gibt allerdings nur mit etwas anderen Worten den Gesetzestext wieder. 6

Die Informationspflicht entfällt einmal dann, wenn die »**Geltendmachung,** Ausübung oder Verteidigung zivilrechtlicher Ansprüche« **beeinträchtigt** würde. Der Gläubiger speichert beispielsweise Informationen, die er von einem Dritten erhalten hat und die beweisen, dass der Schuldner plant, Teile seines Vermögens außer Landes zu schaffen – dies dem Schuldner bekannt zu geben, würde ihn möglicherweise zu besonders schnellem Handeln bewegen und so den Anspruch vereiteln. Weiter entfällt die Pflicht, wenn es um die Verarbeitung von **Daten aus zivilrechtlichen Verträgen** geht; nicht jeder Zahlungsvorgang löst eine Informationspflicht aus. Vielmehr ist es eine Frage des Vertragsrechts, unter welchen Voraussetzungen die Gegenseite über bestimmte Vorkommnisse, Gefahren usw. aufgeklärt werden muss;[3] das Datenschutzrecht kehrt insoweit zu seiner Subsidiarität zurück. Schließlich entfällt die Informationspflicht dann, wenn die Datenverarbeitung der **Verhütung von Schäden durch Straftaten** dient (z. B. Aufzeichnung aller Fälle, in denen der Verantwortliche Opfer von Vermögensstraftaten wurde). Als Beispiel werden insbesondere »Schwarze Listen« von Kunden im Versandhandel genannt.[4] 7

Auch hier muss eine **Interessenabwägung** erfolgen, wie am Ende von Nr. 2 Buchst. a festgelegt ist. Die Informationspflicht bleibt bestehen, wenn das berechtigte Interesse der betroffenen Person an der Informationserteilung überwiegt. Dies wird insbesondere dann 8

---

2 Ausschuss-Drs. 18(4)842, S. 2, abrufbar unter *http://www.bundestag.de/blob/500876/48cc7d85fd86d34f18145798562bdd9b/18-4-842-data.pdf*.

3 Grundlegend Fleischer, Informationsasymmetrie im Vertragsrecht.

4 Gola/Heckmann-*Franck*, § 33 Rn. 9; Kühling/Buchner-*Golla*, § 33 Rn. 8; Paal/Pauly-*Hennemann*, § 33 Rn. 4.

der Fall sein, wenn sich die Situation geändert hat, weil beispielsweise keine Gefahr mehr besteht, dass Vermögen ins Ausland verbracht wird, da die Verbindlichkeiten beglichen sind oder die Vertragsparteien sich vergleichsweise geeinigt haben.

2. Gefährdung der öffentlichen Sicherheit und Ordnung

9 Die Vorschrift des **Abs. 1 Nr. 2 Buchst. b** entspricht bis auf ihren letzten Halbsatz dem bisherigen § 33 Abs. 2 Nr. 6 BDSG-alt. Sie betrifft insbesondere Fälle, in denen der **staatliche Geheimbereich auf Privatunternehmen ausgedehnt** wurde. Allerdings reicht die objektive Geheimhaltungsbedürftigkeit nicht aus; vielmehr muss sie durch die zuständige öffentliche Stelle gegenüber der verantwortlichen Stelle **verbindlich festgestellt** worden sein. Wird der Name eines Informanten gespeichert, dem Vertraulichkeit zugesagt wurde, so führt dies allein noch nicht zur Anwendung der Vorschrift, doch kann die zuständige Behörde eine entsprechende Feststellung treffen.[5] Praktische Bedeutung hat Abs. 1 Nr. 2 Buchst. b bei der Erteilung geheimer Forschungsaufträge und bei der Rüstungsproduktion. Dabei stehen als geheim zu haltende Tatsachen mögliche Tätigkeiten für ausländische Nachrichtendienste oder der Verdacht einer Unterstützung terroristischer Vereinigungen im Vordergrund.

10 Ob die **Einbeziehung in Rasterfahndungen** (wie nach dem 11. September 2001) unter Abs. 1 Nr. 2 fällt,[6] ist differenziert zu beantworten. Die Tatsache, dass eine gerichtliche Entscheidung über ihre Zulässigkeit herbeigeführt werden kann, die nach § 173 GVG öffentlich verkündet werden muss, schließt es aus, den Vorgang insgesamt als geheim zu behandeln. Die zuständige Behörde darf vielmehr lediglich die **Suchkriterien** als solche für **vertraulich** erklären, zumal insoweit auch bei der Verkündung eines Gerichtsbeschlusses die Öffentlichkeit ausgeschlossen werden kann. Weiter wird man dem **Zeitfaktor** eine erhebliche Bedeutung beimessen können. Es wäre grotesk, dem Einzelnen gegenüber Stillschweigen zu wahren, obwohl die fraglichen Gerichtsentscheidungen samt eingehender Begründung veröffentlicht sind. Erst recht gilt dies, wenn auf der Grundlage der Fahndungsergebnisse **Gespräche mit** den **Personen** geführt wurden, **die sämtliche Kriterien erfüllen** – ihnen müssen nicht nur diese selbst, sondern auch ihre persönliche Betroffenheit mitgeteilt werden.

11 Ist unklar, **welche Behörde** für die »Geheimerklärung« **zuständig** ist, wird sich der Verantwortliche an die Aufsichtsbehörde wenden, die insoweit für Klarheit sorgen muss.[7] Geht es um Datenverarbeitung für Zwecke der Strafverfolgung, bedarf es keiner Feststellung durch die Behörde. Die Informationspflicht entfällt daher beispielsweise auch dann, wenn gegen einen Beschäftigten ein durch Tatsachen begründeter Verdacht besteht, er habe sich einer strafbaren Handlung schuldig gemacht (§ 26 Abs. 1 Satz 2 – siehe dort Rn. 161 ff.).

---

5 LG Ulm 1.12.2004 – 1 S 89/04, RDV 2005, 29 = MMR 2005, 265.

6 Zur Rasterfahndung unter Einbeziehung privater Betriebe s. Däubler, Gläserne Belegschaften, § 16 II (Rn. 884 ff.).

7 SHS-*Dix*, Art. 14 Rn. 25; ebenso Simitis-*Dix*, § 33 Rn. 93 (für das frühere Recht).

IV. Schutzmaßnahmen zugunsten der betroffenen Person (Abs. 2)

Die Vorschrift des Abs. 2 entspricht **fast wörtlich** dem **§ 32 Abs. 2**, so dass auf die dortigen Ausführungen verwiesen werden kann (§ 32 Rn. 10f.). Ein Unterschied besteht insoweit, als auf die Informationen nach Art. 14 Abs. 1 und 2 DSGVO (und nicht auf Art. 13) Bezug genommen wird. Außerdem fehlt die Sondervorschrift des § 32 Abs. 2 Satz 3; die Dokumentationspflicht kennt deshalb keine Ausnahmen. Dennoch werden die Schutzmaßnahmen von zahlreichen Stimmen in der Literatur zu Recht nicht als ausreichend angesehen, um den Anforderungen des Art. 23 Abs. 2 DSGVO gerecht zu werden.[8] 12

Fällt das **Hindernis**, das einer Informationserteilung entgegensteht, **nachträglich weg**, so ist diese nach § 32 Abs. 3 nachzuholen. Eine entsprechende Vorschrift fehlt im Rahmen des § 33. Dennoch wird man auch hier zum selben Ergebnis gelangen, da es unverhältnismäßig wäre, die Geheimhaltung auch dann noch aufrecht zu erhalten. Dafür spricht auch, dass in einer solchen Situation die berechtigten Interessen der betroffenen Person überwiegen. 13

V. Die Sonderregelung des Abs. 3

Werden Daten **durch öffentliche Stellen an Verfassungsschutzbehörden**, den Bundesnachrichtendienst und den Militärischen Abschirmdienst **weitergegeben**, so darf die betroffene Person davon nur informiert werden, wenn der jeweilige Datenempfänger zustimmt. Dasselbe gilt für andere Behörden des Bundesministeriums der Verteidigung, soweit die Sicherheit des Bundes berührt wird. Dadurch wird der bisherige § 19a Abs. 3 in Verbindung mit § 19 Abs. 3 BDSG-alt fortgeschrieben.[9] Auf die dazu bestehende Rechtsprechung und Literatur kann deshalb weiterhin zurückgegriffen werden. 14

Grundgedanke der Regelung ist die Besorgnis, dass die **Arbeit der Sicherheitsbehörden beeinträchtigt** sein könnte, wenn die betroffene Person Kenntnis von Übermittlungen an sie erhalten würde. Die Verweigerung der Zustimmung verhindert definitiv, dass die betroffene Person Kenntnis von dem Vorgang erhält, auch wenn kein anderer Tatbestand des § 33 Abs. 1 Nr. 1 erfüllt ist. Die Verweigerung kann aber nicht ohne Grund erfolgen; vielmehr ist ihre Notwendigkeit **nach pflichtgemäßem Ermessen** zu prüfen, doch kann die Behörde davon ausgehen, dass die Nicht-Auskunft als Regeltatbestand keiner Begründung bedarf.[10] Faktisch ist eine gerichtliche Kontrolle daher kaum möglich. 15

Die Regelung betrifft nur den Fall, dass die Übermittlung durch eine Behörde oder eine sonstige öffentliche Stelle erfolgt. Bei **Übermittlungen durch nichtöffentliche Stellen** gilt Abs. 3 nicht. 16

---

8 Gola/Heckmann-*Franck*, § 33 Rn. 18; Kühling/Buchner-*Golla*, § 33 Rn. 10; Paal/Pauly-*Hennemann*, § 33 Rn. 22.

9 So auch die Begründung des Regierungsentwurfs, BT-Drs. 18/11325, S. 104.

10 BVerwG 20.2.1990 – 1 C 42/83 – NJW 1990, 2761; ähnlich OVG Berlin 31.7.1985 – 1 B.45/83 – NJW 1986, 2004 (für eine kriminalpolizeiliche Datensammlung).

§ 34 Auskunftsrecht der betroffenen Person

(1) Das Recht auf Auskunft der betroffenen Person gemäß Artikel 15 der Verordnung (EU) 2016/679 besteht ergänzend zu den in § 27 Absatz 2, § 28 Absatz 2 und § 29 Absatz 1 Satz 2 genannten Ausnahmen nicht, wenn

1. die betroffene Person nach § 33 Absatz 1 Nummer 1, 2 Buchstabe b oder Absatz 3 nicht zu informieren ist, oder

2. die Daten

a) nur deshalb gespeichert sind, weil sie aufgrund gesetzlicher oder satzungsmäßiger Aufbewahrungsvorschriften nicht gelöscht werden dürfen, oder

b) ausschließlich Zwecken der Datensicherung oder der Datenschutzkontrolle dienen

und die Auskunftserteilung einen unverhältnismäßigen Aufwand erfordern würde sowie eine Verarbeitung zu anderen Zwecken durch geeignete technische und organisatorische Maßnahmen ausgeschlossen ist.

(2) Die Gründe der Auskunftsverweigerung sind zu dokumentieren. Die Ablehnung der Auskunftserteilung ist gegenüber der betroffenen Person zu begründen, soweit nicht durch die Mitteilung der tatsächlichen und rechtlichen Gründe, auf die die Entscheidung gestützt wird, der mit der Auskunftsverweigerung verfolgte Zweck gefährdet würde. Die zum Zweck der Auskunftserteilung an die betroffene Person und zu deren Vorbereitung gespeicherten Daten dürfen nur für diesen Zweck sowie für Zwecke der Datenschutzkontrolle verarbeitet werden; für andere Zwecke ist die Verarbeitung nach Maßgabe des Artikels 18 der Verordnung (EU) 2016/679 einzuschränken.

(3) Wird der betroffenen Person durch eine öffentliche Stelle des Bundes keine Auskunft erteilt, so ist sie auf ihr Verlangen der oder dem Bundesbeauftragten zu erteilen, soweit nicht die jeweils zuständige oberste Bundesbehörde im Einzelfall feststellt, dass dadurch die Sicherheit des Bundes oder eines Landes gefährdet würde. Die Mitteilung der oder des Bundesbeauftragten an die betroffene Person über das Ergebnis der datenschutzrechtlichen Prüfung darf keine Rückschlüsse auf den Erkenntnisstand des Verantwortlichen zulassen, sofern dieser nicht einer weitergehenden Auskunft zustimmt.

(4) Das Recht der betroffenen Person auf Auskunft über personenbezogene Daten, die durch eine öffentliche Stelle weder automatisiert verarbeitet noch nicht automatisiert verarbeitet und in einem Dateisystem gespeichert werden, besteht nur, soweit die betroffene Person Angaben macht, die das Auffinden der Daten ermöglichen, und der für die Erteilung der Auskunft erforderliche Aufwand nicht außer Verhältnis zu dem von der betroffenen Person geltend gemachten Informationsinteresse steht.

Inhaltsübersicht

I. Einleitung

Die Vorschrift enthält in Abs. 1 **zusätzliche Einschränkungen des Auskunftsrechts** nach Art. 15 DSGVO. Sie ergänzen die bereits in § 27 Abs. 2 (siehe dort Rn. 15ff.), § 28 Abs. 2 (siehe dort Rn. 7, 8) und § 29 Abs. 1 Satz 2 (siehe dort Rn. 8, 9) enthaltenen Schranken. Die **Überschrift** ist insoweit **irreführend**, als die Worte »Auskunftsrecht der betroffenen Person« erwarten lassen, dass die Vorschrift des § 34 Rechte der betroffenen Personen und nicht nur Restriktionen oder neutrale Verfahrensvorschriften enthält. 1

Abs. 1 sieht verschiedene Schranken vor, die das neue Recht an den bisher in Deutschland bestehenden Rechtszustand annähern.[1] **Abs. 2** regelt das Vorgehen bei einer Auskunftsverweigerung sowie den Umgang mit den Daten, die zum Zwecke der Auskunftserteilung und ihrer Vorbereitung gespeichert werden. **Abs. 3** eröffnet einer betroffenen Person, die keine Auskunft erhalten hat, die Möglichkeit, die Übermittlung der Auskunft an den Bundesbeauftragten für den Datenschutz zu verlangen, doch muss dem nicht in allen Fällen Rechnung getragen werden. **Abs. 4** betrifft Daten, die durch eine öffentliche Stelle nicht in einem Dateisystem gespeichert werden. In solchen Fällen muss die betroffene Person Angaben machen, die das Auffinden der Daten ermöglichen. 2

Als Ausnahmevorschrift ist § 34 eng zu interpretieren.[2] 2a

II. Die Verweigerungsgründe des Abs. 1

1. Geheimnisschutz im öffentlichen und im überwiegenden privaten Interesse

Abs. 1 Nr. 1 verweist auf **drei Fälle**, in denen nach § 33 keine Information zu erteilen ist und bei denen auch das Auskunftsrecht entfallen soll. Dabei handelt es sich um 3

- öffentliche **Geheimhaltungsinteressen** nach § 33 Abs. 1 Nr. 1 (siehe § 33 Rn. 4ff.)
- **Ausdehnung** des staatlichen Geheimbereichs **auf Privatunternehmen** nach § 33 Abs. 1 Nr. 2 Buchst. b (siehe § 33 Rn. 9ff.) sowie um
- fehlende Zustimmung der Sicherheitsdienste und vergleichbarer Behörden zur Auskunft über die ihnen von öffentlichen Stellen übermittelten Informationen nach § 33 Abs. 3 (siehe § 33 Rn. 14ff.).

Nicht einbezogen wurde aufgrund des gemeinsamen Antrags der Fraktionen von CDU/CSU und SPD im Innenausschuss des Bundestags[3] die Vorschrift des **§ 33 Abs. 1 Nr. 2 Buchst. a**, die das Informationsrecht entfallen lässt, weil dadurch u.a. die Geltendmachung, Ausübung oder Verteidigung zivilrechtlicher Ansprüche beeinträchtigt würde. Dem Auskunftsrecht wird insoweit ein höherer Rang als der Informationspflicht beigemessen. Der (angenommene) Fraktionsantrag führte dazu aus: 4

Zu Buchst. f (§ 34 Abs. 1 Nr. 1 BDSG)
Die Neufassung nimmt § 33 Abs. 1 Nr. 2 Buchst. a BDSG von der Beschränkung des Auskunftsrechts aus. Auch wenn die betroffene Person nach § 33 Abs. 1 Nr. 2 Buchst. a BDSG

---

1 Schmidl/Tannen, DB 2017, 1633, 1640.
2 Ebenso Kühling/Buchner-*Golla*, § 34 Rn. 2; Gola/Heckmann-*Werkmeister*, § 34 Rn. 7.
3 Ausschuss-Drs. 18(4)842, S. 2, abrufbar unter *http://www.bundestag.de/blob/500876/48cc7d85fd86d34f18145798562bdd9b/18-4-842-data.pdf*.

nicht durch den Verantwortlichen zu informieren ist, wenn die Information der betroffenen Person die Durchsetzung zivilrechtlicher Ansprüche beeinträchtigen würde oder die Datenverarbeitung der Schadensverhütung (z. B. Betrugspräventionsdateien der Wirtschaft) dient, ist der betroffenen Person dennoch auf deren Verlangen Auskunft zu erteilen. Dies trägt der besonderen Bedeutung des Auskunftsrechts für die Transparenz der von der Datenverarbeitung betroffenen Personen Rechnung
Ausschuss-Drs. 18(4)842, S. 3, abrufbar unter *http://www.bundestag.de/blob/500876//18-4-842-data.pdf*

4a Wie die Verweisung auf § 29 Abs. 1 Satz 2 deutlich macht, kommt auch eine Verweigerung wegen überwiegender privater Interessen in Betracht. Wichtigster Anwendungsfall ist die einem Hinweisgeber (»whistleblower«) zugesagte Vertraulichkeit. Dies führt aber nur dazu, dass Hinweise auf diese Person gelöscht oder unkenntlich gemacht werden müssen; im Übrigen ändert sich an der Auskunftspflicht nichts.[4]

2. Mutmaßlich geringes Informationsinteresse

5 **Abs. 1 Nr. 2 Buchst. a** nimmt die Daten von der Auskunftspflicht aus, die nur deshalb gespeichert sind, weil sie aufgrund gesetzlicher oder satzungsmäßiger Aufbewahrungsfristen nicht gelöscht werden dürfen. Ein Beispiel für eine **gesetzliche Pflicht** gibt § 257 HGB mit der dort vorgesehenen Zehnjahresfrist für die Aufbewahrung von »Handelsbüchern«.[5] Auch im Steuerrecht finden sich entsprechende Vorschriften (§ 147 AO).[6] Weiter kann die Satzung einer Handelsgesellschaft vorsehen, dass bestimmte Daten auch dann nicht gelöscht werden dürfen, wenn der Zweck für ihre Erhebung und Speicherung mittlerweile entfallen ist. Dasselbe ist auf schuldvertraglicher Grundlage nicht möglich, weil sonst der Löschungsanspruch der betroffenen Person im Ergebnis abbedungen werden könnte.[7] **Abs. 1 Nr. 2 Buchst. b** fügt dem den Fall von Daten hinzu, die ausschließlich der **Datensicherung oder** der **Datenschutzkontrolle** dienen. Soweit es um »Sicherungskopien« geht, unterliegt das »Original« weiter der allgemeinen Auskunftspflicht nach Art. 15 DSGVO.[8] Gravierend ist jedoch die Ausklammerung von **Sicherungs- und Logdateien**,[9] die einen eigenen zusätzlichen Informationsgehalt aufweisen und die nicht mitgeteilt werden müssen, obwohl eine entsprechende Information für den Betroffenen von wesentlicher Bedeutung wäre.[10]

6 Für beide Bereiche verlangt Abs. 1 weiter, dass die Auskunftserteilung einen **unverhältnismäßigen Aufwand** erfordern würde. Bei der Bestimmung des »Unverhältnismäßigen« ist einerseits auf den technischen und administrativen Aufwand des Verantwortlichen, andererseits auf die Informationsinteressen des Betroffenen abzustellen. Je »gefährlicher« und

4 LAG Baden-Württemberg 20.12.2018 – 17 Sa 11/18, NZA-RR 2019, 242, 249; ebenso Schulte/Welge, NZA 2019, 1110, 1113.
5 Dazu Ernst/Schmittmann, RDV 2006, 189ff.
6 Zum Personalbereich s. den Gesamtüberblick bei Bolten/Putte.
7 Kühling/Buchner-*Golla*, § 34 Rn. 8.
8 Taeger/Gabel-*Meents/Hinzpeter*, § 33 Rn. 35 (zum früheren Recht).
9 Wolff/Brink-*Forgó*, § 33 Rn. 50; Kort, NZA 2011, 1319, 1321.
10 Siehe die Beispiele bei Wedde, DuD 2007, 752ff.

sensibler die Daten, um so eher sind dem Verantwortlichen Bemühungen zuzumuten. Auch hat der Verantwortliche die bestehenden technischen Möglichkeiten zu berücksichtigen, gesperrte und archivierte Daten der betroffenen Person im Rahmen der Auskunftserteilung verfügbar zu machen.[11] In Zweifelsfällen ist eine **Auskunft** zu erteilen.[12]

Das neue Recht geht insoweit über § 33 Abs. 2 Nr. 2 BDSG-alt hinaus als geeignete technische und organisatorische Maßnahmen eine **Verarbeitung zu anderen Zwecken ausschließen** müssen. Dies ist eine sehr viel stärkere Restriktion als die »Einschränkung der Verarbeitung« nach Art. 18 DSGVO. Es handelt sich um eine **rigide Zweckbeschränkung**, wie sie das bisherige Recht nur in dem (inzwischen weggefallenen) § 31 BDSG-alt kannte. Der Wegfall der Auskunftspflicht nach Abs. 1 Nr. 2 wird unter solchen Umständen relativ selten sein. 7

III. Die Auskunftsverweigerung (Abs. 2 Satz 1 und 2)

Wird insbesondere nach Abs. 1 Nr. 1 die Auskunft verweigert, so hat der Verantwortliche die **Gründe** der Auskunftsverweigerung zu **dokumentieren.** Auf diese Weise kann zumindest die Aufsichtsbehörde kontrollieren, ob die Verweigerung zu Recht erfolgt ist. Außerdem ist die **Ablehnung der Auskunft der betroffenen Person gegenüber zu begründen**, doch darf dadurch der mit der Auskunftsverweigerung verfolgte Zweck nicht gefährdet werden.[13] Ein im öffentlichen Interesse geheimzuhaltendes Ermittlungsverfahren darf auch nicht ansatzweise erwähnt werden. Aus der Ablehnung muss deutlich werden, dass durchaus Daten gespeichert sind; dies zu leugnen oder sich in Schweigen zu hüllen, wäre ein noch viel stärkerer Eingriff in die Datentransparenz und ist deshalb unzulässig.[14] Bestehen **»offene« und geheime Informationen nebeneinander**, muss die Übermittlung der »offenen« durch die Bemerkung ergänzt werden, weitere Angaben seien jedoch (aus näher auszuführenden Gründen) nicht möglich. 8

IV. Auf die Auskunft bezogene Daten (Abs. 2 Satz 3)

Durch die Vorbereitung wie durch die Erteilung und die Verweigerung der **Auskunft entstehen neue Daten**. Nach Abs. 2 Satz 3 dürfen sie nicht für andere Zwecke als die Auskunftserteilung und die Datenschutzkontrolle verwendet werden.[15] Im Übrigen unterliegen sie der eingeschränkten Verarbeitung nach Art. 18 DSGVO. Durch diese Zweckbindung sollen **Benachteiligungen** wegen der Ausübung des Auskunftsrechts nach Art. 15 DSGVO verhindert werden. Ist die Auskunft erteilt und schließen sich keine weiteren Auseinandersetzungen an, sind die Daten nach Art. 17 Abs. 1 Buchst. a DSGVO zu löschen. 9

---

11 Amtl. Begründung des Regierungsentwurfs, BT-Drs. 18/11325, S. 104.

12 Simitis-*Dix*, § 33 Rn. 71; so auch Taeger/Gabel-*Meents/Hinzpeter*, § 33 Rn. 36.

13 Schmidl/Tannen, DB 2017, 1633, 1640; Gola/Heckmann-*Werkmeister*, § 34 Rn. 8.

14 Auernhammer-*Stollhoff*, § 34 Rn. 30ff.; zum bisherigen Recht im Ergebnis übereinstimmend Schaffland/Wiltfang, § 34 Rn. 34; Simitis-*Dix*, § 34 Rn. 57.

15 Plath-*Kamlah*, § 34 Rn. 7; zum früheren Recht Hoss, RDV 2011, 6, 10; Taeger/Gabel-*Meents/Hinzpeter*, § 34 Rn. 36.

V. Die Einschaltung des Bundesbeauftragten für den Datenschutz und die Informationsfreiheit (Abs. 3)

10 Die **betroffene Person**, der keine oder keine vollständige Auskunft gewährt wird, **kann verlangen**, dass die **Auskunft dem Bundesbeauftragten für den Datenschutz** und die Informationsfreiheit gewährt wird. Allerdings besteht dieses Recht nicht, soweit die zuständige oberste Bundesbehörde, insbesondere ein Sicherheitsdienst feststellt, dass dadurch die Sicherheit des Bundes oder eines Landes gefährdet wäre. Dies wird am ehesten dann der Fall sein, wenn die Behörde den Bundesbeauftragten gleichfalls als »Sicherheitsrisiko« in dem Sinne einschätzt, dass auf seine Diskretion nicht voll vertraut werden kann. Da damit bestimmte Datenbestände vollständig jeder Kontrolle entzogen sind, überschreitet diese Regelung die Ermächtigung des Art. 23 DSGVO und ermöglicht Eingriffe in den Wesensgehalt des Grundrechts auf Datenschutz nach Art. 8 GRCh (siehe Art. 23 Rn. 9).

11 Tritt ein solcher Fall nicht ein, so hat der Bundesbeauftragte der betroffenen Person das Ergebnis der datenschutzrechtlichen Prüfung mitzuteilen, doch dürfen dadurch **keine Rückschlüsse auf den Erkenntnisstand** des Verantwortlichen möglich werden. Eine Ausnahme gilt dann, wenn dieser einer weitergehenden Auskunft zustimmt.

VI. Nicht in einem Dateisystem gespeicherte Daten (Abs. 4)

12 Sind Daten nicht in einem Dateisystem gespeichert, so findet die **DSGVO** nach ihrem Art. 2 Abs. 1 **keine Anwendung.** Der nationale Gesetzgeber hat deshalb die Möglichkeit, insoweit Regeln ausschließlich nach eigenen Vorstellungen zu erlassen. In Abs. 4 führt er das bisherige Recht (§ 19 Abs. 1 Satz 3 BDSG-alt) fort und sieht auch insoweit einen **Auskunftsanspruch** vor, der sich insbesondere auf **Akten** und Aktensammlungen sowie ihre Deckblätter bezieht.[16] Allerdings trifft die betroffene Person eine Obliegenheit: Sie muss **Angaben** machen, die das Auffinden der Daten ermöglichen oder erleichtern. Dazu können z. B. das Aktenzeichen, der Name des Sachbearbeiters, erhaltene Schreiben und Besuche zu einem bestimmten Zeitpunkt in einem bestimmten Teil der Behörde gehören. Außerdem darf der für die Erteilung der Auskunft erforderliche **Aufwand nicht außer Verhältnis** zu dem geltend gemachten Informationsinteresse stehen. Bestehen beispielsweise Anhaltspunkte für ein Berichtigungs- oder Löschungsrecht der betroffenen Person oder stehen sensitive Daten nach Art. 9 DSGVO zur Debatte, so ist ein höherer Such-Aufwand geboten als bei einer Anfrage, die kein besonderes Informationsinteresse erkennen lässt.[17]

§ 35 Recht auf Löschung

(1) Ist eine Löschung im Fall nicht automatisierter Datenverarbeitung wegen der besonderen Art der Speicherung nicht oder nur mit unverhältnismäßig hohem Aufwand möglich und ist das Interesse der betroffenen Person an der Löschung als gering anzusehen, besteht das Recht der betroffenen Person auf und die Pflicht des Verantwortli-

16 BT-Drs. 18/11325, S. 104.

17 Gola/Heckmann-*Werkmeister*, § 34 Rn. 29.

chen zur Löschung personenbezogener Daten gemäß Artikel 17 Absatz 1 der Verordnung (EU) 2016/679 ergänzend zu den in Artikel 17 Absatz 3 der Verordnung (EU) 2016/679 genannten Ausnahmen nicht. In diesem Fall tritt an die Stelle einer Löschung die Einschränkung der Verarbeitung gemäß Artikel 18 der Verordnung (EU) 2016/679. Die Sätze 1 und 2 finden keine Anwendung, wenn die personenbezogenen Daten unrechtmäßig verarbeitet wurden.

(2) Ergänzend zu Artikel 18 Absatz 1 Buchstabe b und c der Verordnung (EU) 2016/679 gilt Absatz 1 Satz 1 und 2 entsprechend im Fall des Artikels 17 Absatz 1 Buchstabe a und d der Verordnung (EU) 2016/679, solange und soweit der Verantwortliche Grund zu der Annahme hat, dass durch eine Löschung schutzwürdige Interessen der betroffenen Person beeinträchtigt würden. Der Verantwortliche unterrichtet die betroffene Person über die Einschränkung der Verarbeitung, sofern sich die Unterrichtung nicht als unmöglich erweist oder einen unverhältnismäßigen Aufwand erfordern würde.

(3) Ergänzend zu Artikel 17 Absatz 3 Buchstabe b der Verordnung (EU) 2016/679 gilt Absatz 1 entsprechend im Fall des Artikels 17 Absatz 1 Buchstabe a der Verordnung (EU) 2016/679, wenn einer Löschung satzungsgemäße oder vertragliche Aufbewahrungsfristen entgegenstehen.

Inhaltsübersicht Rn.

I. Einleitung

Die Bestimmung betrifft **Einschränkungen des Löschungsrechts** nach Art. 17 DSGVO und trägt insoweit ähnlich wie § 34 eine **missverständliche Überschrift**. Durch die vielen Bezugnahmen auf die DSGVO wirkt sie extrem unübersichtlich; sie nachzuvollziehen setzt voraus, dass man den Text der DSGVO neben sich legt und den Blick hin- und herschweifen lässt. Die Einschränkungen des Löschungsrechts stützen sich im Wesentlichen auf **Art. 23 DSGVO**. 1

Gegenüber dem **Regierungsentwurf** ist eine **wichtige Änderung** eingetreten. Aufgrund des Antrags der Fraktionen von CDU/CSU und SPD im Innenausschuss des Bundestags[1] ist der Anwendungsbereich des Abs. 1 erheblich eingeschränkt worden: Er betrifft jetzt 2

1 Ausschuss-Drs. 18(4)842, S. 2, abrufbar unter *http://www.bundestag.de/blob/500876/48cc7d85fd86d34f18145798562bdd9b/18-4-842-data.pdf.*

nur noch die Fälle **nicht automatisierter Datenverarbeitung** und damit einen immer seltener werdenden Tatbestand.

3 **Abs. 1** ersetzt unter bestimmten Voraussetzungen das Recht und die Pflicht zur Löschung durch die Einschränkung der Verarbeitung nach Art. 18 DSGVO. Dies gilt allerdings nicht bei rechtswidriger Speicherung. Nach **Abs. 2** tritt die Einschränkung der Verarbeitung weiter dann ein, wenn der Verantwortliche Grund zu der Annahme hat, durch eine Löschung würden schutzwürdige Interessen der betroffenen Person beeinträchtigt. Nach **Abs. 3** wird die Löschung ebenfalls durch die Einschränkung der Verarbeitung ersetzt, wenn der Löschung satzungsmäßige oder vertragliche Aufbewahrungsfristen entgegenstehen.

3a Nach verbreiteter Auffassung in der Literatur lässt sich Abs. 1 **nicht** auf die Ermächtigungsgrundlage des **Art. 23 Abs. 1 DSGVO** stützen, da dieser nicht an bestimmten Techniken anknüpft und an keiner Stelle von einem »unverhältnismäßigen Aufwand« spricht.[2] Dies ist letztlich ausschlaggebend; dass die betroffene Person nur ein »geringes Interesse« an der Löschung haben muss und dass an die Stelle der Löschung die Einschränkung der Verarbeitung tritt, macht den Eingriff zwar sehr viel akzeptabler,[3] kann jedoch die **fehlende Rechtsgrundlage** nicht ersetzen. Abs. 1 ist daher unionsrechtswidrig; die Aufsichtsbehörden haben angekündigt, die Vorschrift wegen des Vorrangs des Unionsrechts in der Praxis nicht anzuwenden.[4]

II. »Einschränkung der Verarbeitung« statt Löschung nach Abs. 1

1. Anwendungsbereich der Vorschrift

4 Abs. 1 betrifft nach der Gesetz gewordenen Fassung ausschließlich **Fälle nicht automatisierter Datenverarbeitung.** Ob dabei ein Dateisystem vorliegt oder nicht, dürfte ohne Bedeutung sein. Die Begründung des Änderungsantrags im Innenausschuss lautet:

Zu Buchst. g (§ 35 Abs. 1 Satz 1 BDSG)
Der Anwendungsbereich des § 35 Abs. 1 BDSG wird auf Fälle nicht automatisierter Datenverarbeitung beschränkt. Die Einschränkung dient der Konkretisierung des Tatbestandsmerkmals der »besonderen Art der Speicherung«. Eine Löschung personenbezogener Daten kommt nicht in Betracht, wenn die Löschung im Falle nicht automatisierter Datenverarbeitung wegen der besonderen Art der Speicherung nicht oder nur mit unverhältnismäßig hohem Aufwand möglich ist. Erfasst werden von der Vorschrift vor allem Archivierungen in Papierform oder die Nutzung früher gebräuchlicher analoger Speichermedien, etwa Mikrofiche, bei denen es nicht oder nur mit unverhältnismäßig hohem Aufwand möglich ist, einzelne Informationen selektiv zu entfernen.

2 Kühling/Buchner-*Herbst*, § 35 Rn. 16; Paal/Pauly-*Paal*, § 35 Rn. 2; Roßnagel, DuD 2017, 277, 280; wohl auch Auernhammer-*Stollhoff*, § 35 Rn. 5; anders Gola/Heckmann-*Nolte/Werkmeister*, § 35 Rn. 6.

3 Darauf verweisen Gola/Heckmann-*Nolte/Werkmeister*, § 35 Rn. 6.

4 Mitgeteilt bei Paal/Pauly-*Paal*, § 35 Rn. 2.

Die vorhandenen **Mikrofiche-Bestände** (etwa in Bibliotheken)[5] können daher **nicht** ohne weiteres **digitalisiert** werden, da die digitalen Kopien ggf. dem Löschungsverlangen betroffener Personen ausgesetzt wären. 5

Auch bei **automatisierter Datenverarbeitung** kann der Fall eintreten, dass die Löschung unmöglich oder mit unverhältnismäßigem Aufwand verbunden ist. Als Beispiel sei die Speicherung auf CD-ROM genannt. In solchen Fällen bleibt nichts anderes übrig, als die geschuldete Löschung in der Weise vorzunehmen, dass der **Datenträger vernichtet** wird. 6

2. Weitere Voraussetzungen

Auf der Seite des Verantwortlichen muss die Löschung »**wegen der besonderen Art der Speicherung**« unmöglich oder nur mit unverhältnismäßigem Aufwand möglich sein. Dies kann neben den in der Begründung des Änderungsantrags (Rn. 4) genannten Fällen auch bei **Aktenbeständen** der Fall sein, wo sich bei einer beanspruchten Löschung dieselben Probleme wie bei einer gewünschten Auskunft ergeben können (§ 34 Rn. 10). Ohne die Mithilfe der betroffenen Person wäre der Suchaufwand unzumutbar hoch. 7

Auf der Seite der betroffenen Person muss das **Interesse an der Löschung** als **gering** anzusehen sein. Ob dies der Fall ist, hängt von den Umständen des Einzelfalls ab. Ist bei einer Adresse, unter der jemand in den Jahren 1980 bis 1985 zu erreichen war, die Hausnummer falsch angegeben, so wird in aller Regel ein geringes Berichtigungsinteresse bestehen. Handelte es sich allerdings bei der zu Unrecht angegebenen Hausnummer um ein Gebäude, in dem RAF-Terroristen wohnten, kann sich die Situation anders darstellen. 8

3. Rechtsfolgen

Liegen die unter 1 und 2 beschriebenen Voraussetzungen vor, so **schließt** Abs. 1 Satz 1 den **Löschungsanspruch und die Löschungspflicht** nach Art. 17 Abs. 1 DSGVO **aus.** An ihre Stelle tritt nach Abs. 1 Satz 2 die Einschränkung der Verarbeitung nach Art. 18 DSGVO. Sie kann nur in der Weise erfolgen, dass die **Datenträger entsprechend gekennzeichnet** und von anderen Unterlagen separiert werden (Einzelheiten bei Art. 18 DSGVO Rn. 10). Wann auf solche Daten noch zurückgegriffen werden darf, ist in Art. 18 Rn. 11ff. dargelegt. 9

4. Ausnahme

Die Ersetzung der Löschung durch eine Einschränkung der Verarbeitung tritt nach Abs. 1 Satz 3 nicht ein, wenn die **Daten unrechtmäßig verarbeitet** wurden. In diesem Fall bleibt es bei dem Löschungsanspruch nach Art. 17 Abs. 1 Buchst. d DSGVO (dazu Art. 17 Rn. 14ff.). Der Verantwortliche ist in einem solchen Fall – so die amtliche Begründung[6] – 10

5 Zu ihnen auch Gola/Heckmann-*Nolte/Werkmeister*, § 35 Rn. 12.

6 BT-Drs. 18/11325, S. 105.

nicht schutzwürdig; er kann sich deshalb auch nicht auf einen unverhältnismäßigen Aufwand für die Löschung berufen, zumal er die Art der Speicherung selbst gewählt hat.[7]

III. »Einschränkung der Verarbeitung« statt Löschung nach Abs. 2

1. Allgemeine Voraussetzungen

11 Bei rechtswidriger Speicherung oder bei der Speicherung nicht mehr benötigter Daten tritt nach der DSGVO eine Einschränkung der Verarbeitung nur dann ein, wenn die **betroffene Person** ein **entsprechendes Verlangen** äußert, das im Falle der nicht mehr benötigten Daten nach Art. 18 Abs. 1 Buchst. c DSGVO voraussetzt, dass die betroffene Person sich zur Geltendmachung, Ausübung und Verteidigung von Rechtansprüchen auf sie stützen muss. Abs. 2 schränkt das Recht auf Löschung stärker ein, indem er **ohne Initiative der betroffenen Person** eine Einschränkung der Verarbeitung auch dann vorsieht, solange und soweit er »Grund zu der Annahme hat, dass durch eine Löschung **schutzwürdige Interessen** der betroffenen Person **beeinträchtigt** würden.« Dies entspricht der bisherigen Regelung in § 20 Abs. 3 Nr. 2 und § 35 Abs. 3 Nr. 2 BDSG-alt.

2. Schutzwürdige Interessen der betroffenen Person

12 »Schutzwürdige Interessen« der betroffenen Person **liegen etwa dann vor,** wenn damit zu rechnen ist, dass sie die zu löschenden Daten später erneut beibringen müsste oder wenn die Daten bei Streitigkeiten über Rechtsansprüche voraussichtlich von Nutzen wären. Ein schutzwürdiges Interesse ist auch dann anzunehmen, wenn die nach einer Löschung verbleibenden Daten ihrerseits wegen der Änderung des Kontextes irreführend würden oder wenn bei den fraglichen Vorgängen nur mündliche Erklärungen eine Rolle spielten, die betroffene Person nach einer Löschung also nichts mehr in der Hand hätte.[8] Dem eindeutigen Wortlaut der Vorschrift nach spielen schutzwürdige Interessen Dritter keine Rolle.

13 Dass diese schutzwürdigen Interessen effektiv vorliegen, ist nicht Voraussetzung; es genügt, wenn der Verantwortliche »**Grund zu der Annahme**« hat, dass solche Interessen beeinträchtigt sind. Es reicht also schon ein gewisser Grad an Wahrscheinlichkeit, dass eine solche Situation besteht. Diese muss sich allerdings auf Tatsachen gründen und darf nicht nur eine allgemeine Mutmaßung sein. Insoweit gelten dieselben Grundsätze wie beim Bestehen eines Verdachts

3. Unterrichtung der betroffenen Person

14 Kommt der Verantwortliche zu dem Ergebnis, die Daten nicht zu löschen, sondern stattdessen ihre Verarbeitung im Sinne des Art. 18 DSGVO einzuschränken, so unterrichtet er

---

7 Ebenso im Ergebnis Gola/Heckmann-*Nolte/Werkmeister*, § 35 Rn. 14; Kühling/Buchner-*Herbst*, § 35 Rn. 11.

8 Ähnlich Simitis-*Mallmann*, § 20 Rn. 51, zu dem übereinstimmend formulierten § 20 Abs. 3 Nr. 2 BDSG-alt.

nach Abs. 2 Satz 2 die betroffene Person, soweit dies möglich ist und keinen unverhältnismäßigen Aufwand erfordert. Diese kann sich dann entscheiden, ob sie ihre »schutzwürdigen Interessen« anders versteht und deshalb eine Löschung verlangt. Dies dürfte aber eine eher unwahrscheinliche Konstellation sein. Im Übrigen werden die schutzwürdigen Interessen meist nur über einen bestimmten Zeitraum hinweg bestehen, so dass anschließend die Löschung erfolgen muss.[9]

IV. »Einschränkung der Verarbeitung« statt Löschung nach Abs. 3

Abs. 3 setzt voraus, dass einer Löschung **satzungsgemäße oder vertragliche Aufbewahrungsfristen** entgegenstehen. In einem solchen Fall ist nach dem in Bezug genommenen Abs. 1 eine Einschränkung der Verarbeitung vorzunehmen. Dasselbe folgt für gesetzliche Pflichten schon aus Art. 17 Abs. 3 Buchst. b DSGVO; Abs. 3 dehnt es auf satzungsmäßige und vertragliche Verpflichtungen aus. Soweit sie Platz greifen, ist daher gleichfalls nur eine Einschränkung der Verarbeitung vorzunehmen. Voraussetzung ist immer, dass der mit der Speicherung verfolgte Zweck entfallen ist. 15

§ 36 Widerspruchsrecht

Das Recht auf Widerspruch gemäß Artikel 21 Absatz 1 der Verordnung (EU) 2016/679 gegenüber einer öffentlichen Stelle besteht nicht, soweit an der Verarbeitung ein zwingendes öffentliches Interesse besteht, das die Interessen der betroffenen Person überwiegt, oder eine Rechtsvorschrift zur Verarbeitung verpflichtet.

Die Vorschrift **schließt** das **Widerspruchsrecht nach Art. 21 Abs. 1 DSGVO für bestimmte Fälle aus.** Sie verlangt in Übereinstimmung mit dessen Abs. 1 Satz 2, dass die Abwägung mit einem »zwingenden öffentlichen Interesse« für eine Weiterverarbeitung spricht. In der Sache handelt es sich insoweit um eine Wiederholung.[1] Allerdings besteht insoweit ein Unterschied, als nach Eingang eines Antrags der betroffenen Person im Falle des § 36 die Verarbeitung nicht eingeschränkt werden muss, während dies im Falle des Art. 21 Abs. 1 DSGVO bis zur Entscheidung erfolgen muss.[2] Daneben steht der Fall, dass eine Rechtsnorm zur Verarbeitung verpflichtet. 1

§ 36 betrifft ausschließlich die Datenverarbeitung durch **öffentliche Stellen**. Das Widerspruchsrecht soll einmal dann entfallen, wenn an der Verarbeitung ein **»zwingendes öffentliches Interesse«** besteht. Dies setzt voraus, dass das öffentliche Interesse ohne die Datenverarbeitung gefährdet wäre und dass es trotz aller zumutbaren Bemühungen keine anderen Möglichkeiten gibt, diesem in vergleichbarer Weise Rechnung zu tragen; nur dann kann von einem »zwingenden« öffentlichen Interesse die Rede sein.[3] 2

9 BT-Drs. 18/11325, S. 105 unten.

1 Schantz/Wolff-*Schantz*, Rn. 1232; Kühling/Buchner-*Herbst*, § 36 Rn. 9; a. A. Paal/Pauly-*Gräber/Nolden*, § 37 Rn. 2.
2 Kühling/Buchner-*Herbst*, § 36 Rn. 10.
3 Kühling/Buchner-*Herbst*, § 26 Rn. 6.

3 Dieses zwingende öffentliche Interesse muss die **Interessen der betroffenen Person überwiegen**. Ob dies der Fall ist, hängt von den jeweiligen Umständen des Einzelfalls ab; allgemeine Formeln lassen sich schwer entwickeln und wären auch nicht hilfreich.

4 Als zweiten Grund für das Entfallen des Widerspruchsrechts nennt § 36 eine **Rechtsvorschrift, die zur Verarbeitung verpflichtet.** Die Übermittlung von Gehaltsdaten durch den Arbeitgeber an Finanzbehörden und Sozialversicherungsträger kann daher z. B. nicht durch Widerspruch von betroffenen Personen verhindert werden. Dies ergibt sich allerdings schon daraus, dass sich die Datenverarbeitung auf Art. 6 Abs. 1 Buchst. c DSGVO stützt, das Widerspruchsrecht aber nur in den Fällen des Art. 6 Abs. 1 Buchst. e und f DSGVO vorgesehen ist. Der Ausschluss des Widerspruchsrechts ergibt sich daher bereits aus dem Unionsrecht, so dass mit Recht die Frage aufgeworfen wurde, ob § 36 insoweit nicht gegen das Normwiederholungsverbot verstößt.[4]

§ 37 Automatisierte Entscheidungen im Einzelfall einschließlich Profiling

(1) Das Recht gemäß Artikel 22 Absatz 1 der Verordnung (EU) 2016/679, keiner ausschließlich auf einer automatisierten Verarbeitung beruhenden Entscheidung unterworfen zu werden, besteht über die in Artikel 22 Absatz 2 Buchstabe a und c der Verordnung (EU) 2016/679 genannten Ausnahmen hinaus nicht, wenn die Entscheidung im Rahmen der Leistungserbringung nach einem Versicherungsvertrag ergeht und

1. dem Begehren der betroffenen Person stattgegeben wurde oder

2. die Entscheidung auf der Anwendung verbindlicher Entgeltregelungen für Heilbehandlungen beruht und der Verantwortliche für den Fall, dass dem Antrag nicht vollumfänglich stattgegeben wird, angemessene Maßnahmen zur Wahrung der berechtigten Interessen der betroffenen Person trifft, wozu mindestens das Recht auf Erwirkung des Eingreifens einer Person seitens des Verantwortlichen, auf Darlegung des eigenen Standpunktes und auf Anfechtung der Entscheidung zählt; der Verantwortliche informiert die betroffene Person über diese Rechte spätestens zum Zeitpunkt der Mitteilung, aus der sich ergibt, dass dem Antrag der betroffenen Person nicht vollumfänglich stattgegeben wird.

(2) Entscheidungen nach Absatz 1 dürfen auf der Verarbeitung von Gesundheitsdaten im Sinne des Artikels 4 Nummer 15 der Verordnung (EU) 2016/679 beruhen. Der Verantwortliche sieht angemessene und spezifische Maßnahmen zur Wahrung der Interessen der betroffenen Person gemäß § 22 Absatz 2 Satz 2 vor.

Inhaltsübersicht Rn.

4 Kühling/Buchner-*Herbst*, § 26 Rn. 18; Bedenken auch bei Gola/Heckmann-*Gola*, § 36 Rn. 10.

I. Allgemeines

§ 37 soll spezifischen Belangen der **Versicherungswirtschaft** Rechnung tragen. Dort erfolgt die Abwicklung von Schäden teilweise schon vollautomatisiert unter Einsatz von selbstlernenden Systemen (sog. Künstliche Intelligenz).[1] Abs. 1 erlaubt eine automatisierte Einzelentscheidung über die in Art. 22 Abs. 2 Buchst. a und c DSGVO genannten Fälle hinaus, wenn die Entscheidung im Rahmen der Leistungserbringung nach einem Versicherungsvertrag ergeht. Es müssen die in den Nummern 1 und 2 genannten alternativen Voraussetzungen erfüllt sein. Bei § 37 handelt es sich teilweise auch um eine Spezialregelung zu § 31, der wegen seines eigenständigen Regelungsinhaltes vollständig anwendbar bleibt. 1

Die Regelung wird über Art. 22 Abs. 2 Buchst. b DSGVO gerechtfertigt, welcher den Mitgliedstaaten die Möglichkeit einräumt, zusätzlich zu Art. 22 Abs. 2 Buchst. a und c DSGVO Tatbestände für automatisierte Entscheidungen im Einzelfall vorzusehen.[2] Die Regelung gilt nur für den Bereich der privaten Versicherungen. Bzgl. der gesetzlichen Kranken- oder sonstigen Versicherungen besteht keine Befugnis zu automatisierten Entscheidungen, da in den Sozialgesetzbüchern keine entsprechenden Befugnisnormen aufgenommen wurden. Der spezialgesetzlich geregelte automatisierte **Erlass von Verwaltungsakten** (§ 35a VwVfG) im Rahmen vollautomatisierter Verwaltungsverfahren wird auf Art. 22 Abs. 2 Buchst. b DSGVO gestützt. Für den Bereich Polizei und Justiz gilt § 54 Abs. 1, der Art. 11 DSRl-JI umsetzt. 2

Die Regelung des § 37 ist insofern irritierend, dass hier im allgemeinen Datenschutzrecht im Interesse einer einzelnen Branche ein **partikulares Interesse** verfolgt wird, das systematisch eher in das Versicherungsvertragsgesetz (VVG) oder in ein anderes spezifisches Gesetz gehört. Derartige bereichsspezifische Datenschutzregelungen mit starkem Verbraucherbezug sind im BDSG aber nicht völlig neu. Keine allgemeinen, sondern spezifische Regelungen enthalten die §§ 28a (Auskunfteien), 29 Abs. 6, 7 (Verbraucherkredit), 30a (Markt- und Meinungsforschung) BDSG-alt sowie die §§ 30 (Verbraucherkredit), 31 Abs. 2 (Auskunfteien) BDSG-neu. Ärgerlich ist die unsystematische Regulierung, weil dadurch z. B. die Verarbeitungsregelungen im Versicherungsbereich nicht leicht zugänglich, sondern nur für Experten erschließbar sind (vgl. z. B. zur Erhebung personenbezogener Gesundheitsdaten § 213 VVG). 3

Zweck des § 37 ist es, die **digitalisierte Abwicklung** von Versicherungsfällen im Massengeschäft von der Schadensmeldung per E-Mail, App oder Messenger-Dienst bis hin zur Entscheidung und deren Umsetzung automatisieren zu können, um das Verfahren zu beschleunigen und Kosten zu sparen, zumindest, wenn dem Begehren des Betroffenen stattgegeben wird. Hierin kann ein erhebliches öffentliches Interesse gesehen werden (Art. 9 Abs. 2 Buchst. g).[3] Die Regelung erfasst sämtliche Versicherungszweige; der Fokus liegt aber bei der privaten Krankenversicherung.[4] 4

---

1 Soltau, Versicherungswirtschaft 2/2019, 48; Kolev, Versicherungswirtschaft 3/2018, 40.

2 Kritisch hierzu Schantz/Wolff-*Schantz*, Kap. D Rn. 742; Gola-*Schulz*, Art. 22 Rn. 22, 34; Kühling/Buchner-*Buchner*, § 37 Rn. 3; Gola/Heckmann-*Paschke/Scheurer*, § 37 Rn. 5–7.

3 Thüsing, RDV 2018, 17 f.

4 Gola/Heckmann-*Paschke/Scheurer*, § 37 Rn. 2; Paal/Pauly-*Gräber/Nolden*, § 37 Rn. 1.

II. Automatisierte Versicherungsentscheidungen (Abs. 1)

5 Im Gegensatz zu Art. 22 Abs. 2 Buchst. a DSGVO ist das Bestehen eines **Vertragsverhältnisses** zwischen der von der automatisierten Entscheidung betroffenen Person und dem Verantwortlichen keine zwingende Voraussetzung des Abs. 1. Es genügt, dass die automatisierte Entscheidung im Rahmen der Leistungserbringung nach einem Versicherungsvertrag ergeht, ohne dass der Betroffene selbst der Vertragspartner ist.[5]

6 Der Gesetzestext verwendet den Begriff des einer **Entscheidung-Unterworfen-Seins**. Dieser von Art. 22 Abs. 1 DSGVO übernommene Begriff schließt nicht aus, dass die Grundlagen für die Entscheidung auch vom Betroffenen mit beeinflusst werden. Relevant für die Anwendbarkeit des Art. 22 DSGVO und des § 37 ist, dass die Bedingungen für die Verarbeitung einseitig vom Verantwortlichen (Versicherungsunternehmen) festgelegt werden.

7 **Entscheidung** kann, muss aber nicht eine Geldzahlung oder deren Verweigerung sein. Gemäß dem weiten Verständnis in Art. 22 DSGVO können sich die Entscheidungen auch auf Vertragsbedingungen, das Erbringen von Serviceleistungen oder gar nur die direkte Werbeansprache beziehen (siehe Art. 22 Rn. 25).

8 Durch Abs. 1 Nr. 1 bleiben die bislang nach § 6a Abs. 2 Nr. 1 BDSG-alt zulässigen automatisierten Einzelentscheidungen im Rahmen außervertraglicher Rechtsverhältnisse (»sonstige Rechtsverhältnisse«) weiterhin möglich. Abs. 1 Nr. 1 ermöglicht insbesondere die automatisierte Schadensregulierung zwischen der **Kfz-Haftpflichtversicherung** des Schädigers und dem Geschädigten.[6]

9 Voraussetzung ist, dass dem Begehren des Antragstellers, der gleichzeitig datenschutzrechtlich zumindest auch eine der von der Verarbeitung betroffenen Personen ist, **vollständig entsprochen** wird. In diesen Fällen ist eine Rechtsbeeinträchtigung der betroffenen Person nicht ersichtlich. Bei einer teilweisen Zurückweisung des Betroffenenantrags ist Nr. 1 nicht anwendbar, etwa wenn bei einem Kfz-Haftpflichtfall der Schaden wunschgemäß reguliert, die Übernahme von Mietwagenkosten aber verweigert wird. Lässt sich ein Antragsteil vollständig für einer ansonsten für den Betroffenen positiven Regulierung vollständig abtrennen, so kann der abgetrennte Teil automatisiert abgewickelt werden.

10 Kein vollständiges Entsprechen ist gegeben, wenn der Betroffene um Regulierung bittet, ohne eine **präzise Forderung** zu benennen. Überlässt der Betroffene der Versicherung zunächst die Bezifferung einer Versicherungsleistung, so ist dies kein Freibrief für eine automatisierte Entscheidung, allenfalls für ein automatisiertes »Angebot«.

11 Abs. 1 Nr. 2 ermöglicht die automatisierte Entscheidung über Versicherungsleistungen der **Privaten Krankenversicherung** bei der Anwendung verbindlicher Entgeltregelungen für Heilbehandlungen. Auch wenn dem Begehren des Antragstellers als von der Entscheidung betroffener Person nicht oder nicht vollständig stattgegeben wird, ist die automatisierte Rechnungsprüfung durch die Private Krankenversicherung – wie bisher nach § 6a Abs. 2 Nr. 2 BDSG-alt – zulässig, wenn der Verantwortliche angemessene Maßnahmen zur Wahrung der berechtigten Interessen der betroffenen Person trifft. Hierzu zählt zu-

---

5 Kritisch SHS-*Scholz*, Art. 22 Rn. 48.

6 Kritisch Schantz/Wolff-*Schantz*, Rn. 742; Gola/Heckmann-*Paschke/Scheuer*, § 37 Rn. 5: kein Regelungsbedarf; Kühling/Buchner-*Buchner*, § 37 Rn. 3: europarechtswidrig.

mindest das Recht auf Erwirkung des Eingreifens einer Person seitens des Verantwortlichen, auf Darlegung des eigenen Standpunkts und auf Anfechtung der Entscheidung. Über diese Rechte ist die betroffene Person zu informieren. Die aufgeführten Maßnahmen entsprechen den Schutzmechanismen des Art. 22 Abs. 3 DSGVO, so dass zwischen § 37 Abs. 1 Nr. 2 und den Zulässigkeitstatbeständen des Art. 22 Abs. 2 Buchst. a und c DSGVO ein harmonisiertes Konzept der Schutzmechanismen besteht.

Beantragt hingegen ein Versicherungsnehmer mit personenbezogenen Daten eines Dritten, namentlich eines im Rahmen der Privaten Krankenversicherung **mitversicherten Dritten**, eine Leistung, liegt keine Entscheidung im Sinne des Art. 22 Abs. 1 DSGVO gegenüber der datenschutzrechtlich betroffenen Person (dem Dritten) vor. Vielmehr entscheidet die Versicherung ausschließlich automatisiert über Ansprüche aus dem Versicherungsvertrag mit dem Antragsteller als Versicherungsnehmer. Hierbei werden personenbezogene Daten des Dritten automatisiert verarbeitet, wofür es, so die Gesetzesbegründung, einer Rechtsgrundlage nach Art. 6 Abs. 1 DSGVO, jedoch keiner Ausnahmeregelung vom grundsätzlichen Verbot der automatisierten Entscheidung im Einzelfall bedarf.[7] 12

Die Regelung beschränkt sich auf Entscheidungen im Rahmen des Vertragsverhältnisses zwischen Versicherungsunternehmen und Versicherungsnehmer und ist nicht übertragbar auf die **Einschaltung von Dritten**, also etwa Warnsysteme oder Rückversicherungen. 13

Wird einem Antrag nur teilweise stattgegeben, so muss spätestens zum Zeitpunkt der teilweisen Zurückweisung eine Mitteilung hierüber sowie über die Rechte des Betroffenen erfolgen (siehe § 30 Abs. 2 Satz 3). Bei der Umsetzung der **Informationspflicht** sind die Vorgaben der Art. 12 ff. DSGVO vollumfänglich einzuhalten.[8] Die zu erteilende Information muss es dem Betroffenen durch hinreichende Erläuterungen möglich machen, die Entscheidung umfassend zu verstehen. Insofern entspricht der Informationsanspruch dem des Art. 15 Abs. 1 Buchst. h DSGVO über die »involvierte Logik«. Betriebs- und Geschäftsgeheimnisse können insofern dem nicht entgegengehalten werden.[9] 13a

III. Verarbeitung von Gesundheitsdaten (Abs. 2)

Abs. 2 Satz 1 erlaubt Versicherungsunternehmen im Rahmen automatisierter Entscheidungen nach Abs. 1 eine Verarbeitung von **Gesundheitsdaten** im Sinne des Art. 4 Nr. 15 DSGVO. Handelt es sich bei genetischen Daten (Art. 4 Nr. 13 DSGVO) zugleich um Gesundheitsdaten, so können sie gemäß dem Wortlaut verarbeitet werden.[10] Die Norm kommt insbesondere bei der automatisierten Abrechnung von Leistungsansprüchen durch die private Krankenversicherung zur Anwendung, ermöglicht aber auch die Verarbeitung von sensitiven Daten in anderen Sparten, etwa bei der Unfall- oder der Haftpflichtversicherung. Abs. 2 beruht auf Art. 22 Abs. 4 i. V. m. Art. 9 Abs. 2 Buchst. g DSGVO. Die Gewährleistung eines bezahlbaren und funktionsfähigen Krankenversiche- 14

---

7 BR-Drs. 110/17, S. 108.
8 Gola/Heckmann-*Paschke/Scheurer*, § 37 Rn. 18.
9 Insofern unklar Gola/Heckmann-*Paschke/Scheurer*, § 37 Rn. 19.
10 Kühling/Buchner-*Weichert*, Art. 4 Nr. 13, Rn. 1, 3; a. A. Paal/Pauly-*Gräber/Nolden*, § 37 Rn. 11.

rungsschutzes in der Privaten Krankenversicherung ist, so die Gesetzesbegründung, als gewichtiges Interesse des Gemeinwohls anerkannt. Eine wirtschaftliche Leistungsbearbeitung im Massenverfahren setze den Einsatz von automatisierten Verfahren voraus, insbesondere wenn es um die Anwendung gesetzlicher und somit standardisierter Gebührenordnungen (zum Beispiel Gebührenordnung der Ärzte – GOÄ) geht.[11]

14a Erwähnt werden in der Regelung nur die in Art. 4 Nr. 15 DSGVO erwähnten Gesundheitsdaten, nicht aber sonstige in Art. 9 Abs. 1 DSGVO genannten sensitiven Daten. Dies hat zur Folge, dass z. B. Gendaten (Art. 4 Nr. 13 DSGVO) oder **sonstige sensitive Daten** nicht Gegenstand der Verarbeitung sein können, es sei denn, es handele sich zugleich um Gesundheitsdaten.[12]

15 Nach Art. 9 Abs. 2 Buchst. g DSGVO muss die nationale Regelung in angemessenem Verhältnis zu dem verfolgten Ziel stehen, den Wesensgehalt des Rechts auf Datenschutz wahren und **angemessene und spezifische Maßnahmen** zur Wahrung der Grundrechte und Interessen der betroffenen Person vorsehen. Dem soll der Verweis in Abs. 2 auf § 22 Abs. 2 Satz 2 Rechnung tragen, der für die Verarbeitung sensitiver Daten einen Maßnahmenkatalog enthält.[13] Auf die dortige Kommentierung wird verwiesen.

Kapitel 3
Pflichten der Verantwortlichen und Auftragsverarbeiter

§ 38 Datenschutzbeauftragte nichtöffentlicher Stellen

(1) Ergänzend zu Artikel 37 Absatz 1 Buchstabe b und c der Verordnung (EU) 2016/679 benennen der Verantwortliche und der Auftragsverarbeiter eine Datenschutzbeauftragte oder einen Datenschutzbeauftragten, soweit sie in der Regel mindestens 20 Personen ständig mit der automatisierten Verarbeitung personenbezogener Daten beschäftigen. Nehmen der Verantwortliche oder der Auftragsverarbeiter Verarbeitungen vor, die einer Datenschutz-Folgenabschätzung nach Artikel 35 der Verordnung (EU) 2016/679 unterliegen, oder verarbeiten sie personenbezogene Daten geschäftsmäßig zum Zweck der Übermittlung, der anonymisierten Übermittlung oder für Zwecke der Markt- oder Meinungsforschung, haben sie unabhängig von der Anzahl der mit der Verarbeitung beschäftigten Personen eine Datenschutzbeauftragte oder einen Datenschutzbeauftragten zu benennen.

(2) § 6 Absatz 4, 5 Satz 2 und Absatz 6 finden Anwendung, § 6 Absatz 4 jedoch nur, wenn die Benennung einer oder eines Datenschutzbeauftragten verpflichtend ist.

11 BR-Drs. 110/17, S. 108.

12 Gola/Heckmann-*Paschke/Scheurer*, § 37 Rn. 23; Paal/Pauly-*Gräber/Nolden*, § 37 Rn. 11; vgl. Kühling/Buchner-*Weichert*, Art. 4 Nr. 13 Rn. 3f.

13 Thüsing, RDV 2018, 20.

Inhaltsübersicht

I. Einleitung

Die Vorschrift betrifft den Datenschutzbeauftragten bei Unternehmen und anderen nichtöffentlichen Stellen. In Bezug auf die Pflicht zur Benennung macht **Abs. 1** von der **Ermächtigung des Art. 37 Abs. 4 Satz 1 Halbs. 2 DSGVO** Gebrauch und erweitert den Kreis derjenigen Verantwortlichen, die eine solche Pflicht trifft, in beträchtlichem Umfang. Wie nach bisherigem Recht lag die Grenze zunächst bei zehn Personen, die ständig mit der automatisierten Verarbeitung personenbezogener Daten befasst sind. Durch das Zweite Datenschutz-Anpassungs- und Umsetzungsgesetz EU[1] wurde die Grenze auf zwanzig Personen heraufgesetzt.[2] Dazu kommen zwei weitere Gruppen von Verantwortlichen: Ohne Rücksicht auf die Zahl der einschlägig Beschäftigten muss einen Datenschutzbeauftragten benennen, wer eine **Datenschutz-Folgenabschätzung** nach Art. 35 DSGVO durchzuführen hat. Dieselbe Pflicht trifft denjenigen Verantwortlichen, der – wie z. B. Auskunfteien – geschäftsmäßig personenbezogene Daten verarbeitet, um sie anonymisiert oder nicht anonymisiert **an Dritte zu übermitteln** oder für Zwecke der Markt- und Meinungsforschung zu verwenden. Weggefallen ist lediglich die Pflicht, einen Datenschutzbeauftragten auch dann zu bestellen, wenn in der Regel mindestens 20 Personen mit der manuellen Verarbeitung personenbezogener Daten beschäftigt sind.[3] 1

Abs. 2 betrifft die Rechtsstellung des Datenschutzbeauftragten, die durch Verweisung auf Teile von § 6 geregelt wird. § 6 Abs. 4 betrifft den Abberufungs- und Kündigungsschutz, der aber kraft ausdrücklicher Hervorhebung in Abs. 2 nur anwendbar ist, wenn keine freiwillige Benennung vorliegt. § 6 Abs. 5 Satz 2 betrifft die Verschwiegenheitspflicht und § 6 Abs. 6 das Zeugnisverweigerungsrecht. In allen diesen Punkten wird von einer **Ermächtigung der DSGVO** zu nationaler Regelung Gebrauch gemacht.[4] 2

II. Erweiterung der Benennungspflicht

1. Überschreitung bestimmter Schwellenwerte

Nach § 38 Abs. 1 Satz 1 muss der Verantwortliche einen Datenschutzbeauftragten bestellen, sofern er »**in der Regel mindestens zwanzig Personen ständig mit der automatisierten Verarbeitung personenbezogener Daten**« beschäftigt. Anknüpfungspunkt ist dabei 3

---

1 vom 20.11.2019, BGBl. I S. 1626.

2 BT-Drs. 19/11181, Änderungen zu Art. 12; der Regierungsentwurf des 2. DSAnpUG (BT-Drs. 19/4674) enthielt diese Vorschrift noch nicht.

3 Schmidl/Tannen, DB 2017, 1634.

4 BT-Drs. 18/11325, S. 107.

nicht die Einheit »Betrieb«, sondern der Rechtsträger, d.h. ein Unternehmen bzw. eine nichtgewerblich tätige natürliche oder juristische Person. Die Bestimmung des »Schwellenwerts« führt zu einer Reihe von Zweifelsfragen. Ihre praktische Bedeutung nimmt eher zu, da angesichts der informationstechnischen Entwicklung immer mehr Unternehmen zumindest möglicherweise die Voraussetzungen für die Bestellung eines Datenschutzbeauftragten erfüllen.

4 Eine Beschäftigung mit »automatisierter« Datenverarbeitung liegt beim Einsatz programmgesteuerter Geräte vor,[5] also immer dann, wenn mit EDV gearbeitet wird. Mitzurechnen sind alle Personen, die **in *eine* Phase** wie z.B. das Speichern oder das Übermitteln von Daten **eingeschaltet** sind.[6] Auch die bloße Datennutzung ist einzubeziehen, so dass ein Personalsachbearbeiter mitzählt, der über seinen PC Zugriff auf eine Personaldatei hat.[7] Auch die Vorbereitung der Dateneingabe und die Nachbereitung werden erfasst.[8] Eine solche **weite Interpretation** rechtfertigt sich mit dem Kontrollbedarf, der nach **Einschätzung des Gesetzgebers** mit der Zahl der Personen steigt, die überhaupt Zugriff auf personenbezogene Daten haben. Dass diese Einschätzung nicht immer zutreffen muss, dass ggf. ein oder zwei Personen ein sehr viel höheres Gefährdungspotenzial darstellen können, steht auf einem anderen Blatt,[9] ändert aber nichts an der Verfassungsmäßigkeit der Regelung. Auch der risikobasierte Ansatz der DSGVO führt nicht dazu, dass die Einschätzung des Gesetzgebers fehlerhaft wäre. Findet im Unternehmen – was durchaus verbreitet ist – sowohl automatisierte wie auch nichtautomatisierte Datenverarbeitung statt, so werden häufig beide Systeme verbunden sein, so dass auch der nichtautomatisierte Teil seinen Beitrag zur EDV erbringt und die Mitarbeiterzahlen zu addieren sind.[10]

5 Nach allgemeiner Auffassung zählen **Teilzeitbeschäftigte** in vollem Umfang mit.[11] Auch reicht es aus, wenn nur ein Teil der Arbeitszeit mit Datenverarbeitung verbracht wird. Einzubeziehen sind auch **arbeitnehmerähnliche Personen** und Auszubildende, da der »Kontrollbedarf« nicht von der Natur des jeweiligen Beschäftigungsverhältnisses abhängt.[12] Der Gesetzgeber des BDSG spricht deshalb auch nur von »Personen«. Was die »**in der Regel**« stattfindende **Beschäftigung** betrifft, so sind wie im Rahmen des § 1 BetrVG außergewöhnliche Schwankungen nach unten (Urlaubszeit) wie nach oben (Abschlussarbeiten) nicht zu berücksichtigen.[13] Eine »ständige« Beschäftigung liegt auch dann vor, wenn entsprechende Arbeiten nur einmal wöchentlich oder einmal monatlich anfallen.[14]

---

5 Wohlgemuth, Datenschutzrecht, Einf. Rn. 364.

6 Schierbaum/Kiesche, CR 1992, S. 727; Wohlgemuth, Datenschutzrecht, Einf. Rn. 365.

7 Gola/Heckmann-*Rücker/Dienst*, BDSG, § 38 Rn. 25f.

8 Gola/Heckmann-*Rücker/Dienst*, BDSG, § 38 Rn. 25.

9 Zutreffend Schierbaum, AiB 2001, 512, der von einer »willkürlichen« Abgrenzung spricht, die sich nur mit dem Schutz von Kleinunternehmen rechtfertigen lasse; kritisch auch Kühling/Buchner-*Kühling/Sackmann*, § 38 BDSG Rn. 11.

10 Simitis-*Simitis*, 8. Aufl., § 4f Rn. 20; SHS-*Drewes*, Art. 37 Rn. 39ff., greift die Frage nicht mehr auf.

11 SHS-*Drewes*, Art. 37 DSGVO Rn. 41; Gola/Heckmann-*Rücker/Dienst*, BDSG, § 38 Rn. 19.

12 Hamburger DuD-Kommentierung zum BDSG, DuD 2002, 21; Mester, S. 215; Gola/Heckmann-*Rücker/Dienst*, BDSG, § 38 Rn. 19; Schierbaum/Kiesche, CR 1992, S. 727.

13 Gola/Heckmann-*Rücker/Dienst*, BDSG, § 38 Rn. 31.

14 Schierbaum/Kiesche, CR 1992, S. 727; auf die »Regelmäßigkeit« stellt zu Recht ab Paal/Pauly-*Pauly*, § 38 BDSG Rn. 10.

Im Fall der **Auftragsdatenverarbeitung** muss auch der Auftragsverarbeiter einen Datenschutzbeauftragten bestellen. Dies ist nunmehr im Wortlaut des § 38 Abs. 1 klargestellt. Nach bisherigem Recht musste man dies daraus rückschließen, dass § 4f Abs. 1 Satz 1 BDSG nicht von »verantwortlicher Stelle«, sondern nur von »Stelle« sprach.[15] 6

2. Notwendige Benennung auch bei geringerer Beschäftigtenzahl

Nach § 38 Abs. 1 Satz 2 muss ohne Rücksicht auf die Zahl der mit EDV befassten Personen 7
ein Datenschutzbeauftragter bestellt werden, wenn die verarbeiteten Daten einer **Datenschutz-Folgenabschätzung** nach Art. 35 DSGVO unterliegen. Auf die Kommentierung zu Art. 35 sowie auf die an anderer Stelle gemachten Ausführungen[16] ist zu verweisen. Weiter ist ein Datenschutzbeauftragter ohne Rücksicht auf die Zahl der mit Datenverarbeitung befassten Personen zu benennen, wenn personenbezogene Daten geschäftsmäßig **zum Zwecke der** anonymisierten oder nicht-anonymisierten **Übermittlung** oder für Zwecke der Markt- oder Meinungsforschung verarbeitet werden. Damit sind insbesondere Auskunfteien, Adressverlage sowie Markt- und Meinungsforschungsunternehmen gemeint. Von vorne herein ausgenommen sind personenbezogene Daten in nicht automatisierten Dateien und Akten.[17] Insoweit ist keine Angleichung an § 26 Abs. 7 erfolgt.

3. Freiwillige Bestellung

Sind die Voraussetzungen des § 38 Abs. 1 nicht erfüllt, kann auf freiwilliger Grundlage ein 8
Datenschutzbeauftragter benannt werden. Seine Befugnisse sowie sein Abberufungs- und Kündigungsschutz bestimmen sich ausschließlich nach den getroffenen Abreden.[18] Eine **stillschweigende Verlängerung** ist anzunehmen, wenn die Schwellenwerte des § 38 Abs. 1 Satz 1 über längere Zeit nicht mehr erreicht werden, der einmal bestellte betriebliche Datenschutzbeauftragte aber gleichwohl im Amt (und auch aktiv) bleibt.

4. Sanktionen

Wird die Pflicht zur Bestellung eines Datenschutzbeauftragten nicht befolgt, so ist zu un- 9
terscheiden. Soweit die Pflicht zur Bestellung lediglich auf deutschem Recht beruht, ist keine Sanktion vorgesehen. Wird zugleich aber auch gegen Art. 37 DSGVO verstoßen, liegt eine **Ordnungswidrigkeit** vor, die nach Art. 83 Abs. 4 DSGVO mit einem Bußgeld von bis zu 10 Mio. Euro oder – wenn es sich um ein Unternehmen handelt – mit bis zu 2 % des jährlichen Weltkonzernumsatzes geahndet werden kann, wobei der jeweils höhere Betrag maßgebend ist. Nach Art. 83 Abs. 5 Buchst. d DSGVO ist auch die Verletzung von Pflichten kraft einzelstaatlichen Rechts mit Bußgeld bedroht, wenn diese auf einer Ermächtigung nach Kapitel IX der DSGVO beruhen. Dazu gehört auch **Art. 88**, so dass die

---

15 Hamburger DuD-Kommentierung zum BDSG, DuD 2002, 21; Schild, DuD 2001, 284.
16 Däubler, Gläserne Belegschaften, § 12 V Rn. 589ff.
17 Schild, DuD 2001, 285.
18 DKWW-*Däubler*, § 4f Rn. 20; Simitis-*Simitis*, 8. Aufl., § 4f Rn. 31.

Nichtbeachtung des dem Datenschutzbeauftragten zukommenden erweiterten Abberufungs- und Kündigungsschutzes mit einem Bußgeld sanktioniert werden kann.

III. Rechtsstellung des Datenschutzbeauftragten

10 **Abs.** 2 verweist einmal auf § 6 Abs. 4, der den Abberufungs- und Kündigungsschutz betrifft. Die Vorschrift ist bei § 6 Rn. 6ff. kommentiert. Die gleichfalls in Bezug genommenen § 6 Abs. 5 Satz 2 und § 6 Abs. 6 betreffen Verschwiegenheitspflicht und Zeugnisverweigerungsrecht; sie sind bei § 6 Rn. 20ff. erläutert.

§ 39 Akkreditierung

Die Erteilung der Befugnis, als Zertifizierungsstelle gemäß Artikel 43 Absatz 1 Satz 1 der Verordnung (EU) 2016/679 tätig zu werden, erfolgt durch die für die datenschutzrechtliche Aufsicht über die Zertifizierungsstelle zuständige Aufsichtsbehörde des Bundes oder der Länder auf der Grundlage einer Akkreditierung durch die Deutsche Akkreditierungsstelle. § 2 Absatz 3 Satz 2, § 4 Absatz 3 und § 10 Absatz 1 Satz 1 Nummer 3 des Akkreditierungsstellengesetzes finden mit der Maßgabe Anwendung, dass der Datenschutz als ein dem Anwendungsbereich des § 1 Absatz 2 Satz 2 unterfallender Bereich gilt.

Inhaltsübersicht Rn.

I. Allgemeines[1]

1 Art. 43 Abs. 1 S. 2 DSGVO sieht vor, dass die für die Zertifizierung von Verantwortlichen oder Auftragsverarbeitern zuständigen Zertifizierungsstellen gemäß der Verordnung (EG) Nr. 765/2008 durch die Aufsichtsbehörden und die benannte nationale Akkreditierungsstelle akkreditiert werden. Die **Deutsche Akkreditierungsstelle** (DAkkS) ist die nationale Akkreditierungsstelle gemäß der Verordnung (EG) Nr. 765/2008 für Deutschland.[2] Die DAkkS ist eine beliehene Gesellschaft des Privatrechts und führt hoheitliche Aufgaben des Bundes aus.[3]

2 § 39 sieht in Ausübung der durch Art. 43 Abs. 1 S. 2 DSGVO eröffneten Optionen eine Akkreditierung und Befugniserteilung der Zertifizierungsstellen auf der Grundlage des **Akkreditierungsstellengesetzes** in einem zweistufigen System vor (Option 2, s. Art. 43 Rn. 11).[4] Das zweistufige Verfahren gewährleistet, dass sowohl die notwendigen prozedu-

1 Der Autor dankt Raoul Kirmes für Anregungen und Hinweise.

2 Deutsche Akkreditierungsstelle GmbH, Spittelmarkt 10, 10117 Berlin, Tel. (0)30 670591–0, *kontakt@dakks.de, www.dakks.de.*

3 Gola/Heckmann-Rücker/Dienst, § 39 Rn. 11; Kühling/Buchner-*Kühling/Sackmann*, § 37 Rn. 4.

4 S. die Übersicht von DSK, Akkreditierungsprozess für den Bereich »Datenschutz« gemäß Art. 42, 43 DS-GVO, 15.5.2019.

ralen wie auch die fachlich relevanten Aspekte vollständig zur Geltung kommen können. Auf der ersten Stufe erfolgt die Kompetenzfeststellung (rechtliche Kompetenz) der antragstellenden Stelle durch die DAkkS. Die DAkkS nimmt auch die Überwachung in Form von laufenden und anlassbezogenen Begutachtungen vor. Die Akkreditierung durch die DAkkS ist, so die Gesetzesbegründung, sachgerecht, weil die DAkkS über hohe Kompetenz und Erfahrung bei der Akkreditierung von Konformitätsbewertungsstellen und über eine etablierte und erprobte Akkreditierungsinfrastruktur verfügt.[5] Die Regelung stellt ein bundeseinheitliches Akkreditierungsverfahren sicher, das eine europaweite und im Rahmen von Gegenseitigkeitsabkommen auch internationale Anerkennung der durch die akkreditierten Konformitätsbewertungsstellen erteilten Zertifikate gewährleistet.

Um die gebotene **Einwirkungsmöglichkeit der zuständigen Aufsichtsbehörde** mit ihrer datenschutzspezifischen Fachkompetenz bei der Akkreditierungsentscheidung zu gewährleisten, erhalten die Aufsichtsbehörden des Bundes und der Länder durch Satz 1 die Zuständigkeit als Befugnis erteilende Behörde im Sinne des § 1 Abs. 2 S. 1 des Akkreditierungsstellengesetzes. Durch Satz 2 werden diejenigen Normen des Akkreditierungsstellengesetzes für entsprechend anwendbar erklärt, die eine Mitwirkung bei der Begutachtung der Stellen und eine Zweidrittelmehrheit bei der Akkreditierungsentscheidung gewährleisten.[6] Durch die Zusammensetzung des Akkreditierungsausschusses (AKA) gem. § 10 Abs. 1 Nr. 1 Akkreditierungsstellengesetz (AkkStelleG) können alle Akkreditierungsentscheidungen nur im Einvernehmen mit der zuständigen Aufsichtsbehörde (§ 4 Abs. 3 AkkStelleG) getroffen werden.[7] Die Besetzung des Akkreditierungsausschusses richtet sich nach § 8 AkkStelleG, wonach die zuständigen Bundesministerien Entsenderechte haben, wobei auch insofern Einvernehmen mit den Aufsichtsbehörden angestrebt werden sollte.[8] 3

Die zuständigen Aufsichtsbehörden haben so bereits auf der Stufe 1 (Akkreditierung) Mitwirkungsrecht und müssen jede Akkreditierung einer Zertifizierungsstelle im AKA mittragen. Die **Einvernehmensregel** stellt klar, dass es die DAkkS bleibt, welche die Entscheidung trifft und verantwortet. Dieses Vorgehen ist wegen des Verbots der Mischverwaltung geboten. In der Praxis führt das dazu, dass jedes »Nein« eines AKA-Mitglieds zur Versagung der Akkreditierungsentscheidung führt; entweder trägt die DAkkS die Entscheidung nicht mit oder es fehlt das nötige Einvernehmen. 4

Der AKA besteht nicht durchgängig aus den gleichen Personen. Für jedes Akkreditierungsverfahren wird mindestens ein AKA individuell aus Experten zusammengesetzt. Weil jede Akkreditierungsentscheidung von »sach- und fachkundigem Personal« zu treffen ist, können mehrere AKA-Entscheidungen in einem einheitlichen Veraltungsverfahren nach dem VwVfG auf Akkreditierung erforderlich werden. Deckt eine Zertifizierungsstelle mehrere technische Bereiche ab, wird je beantragtem technischem Bereich ein AKA gebildet, der insofern die **AKA-Entscheidung** trifft. Diese Kleinteiligkeit wird durch die hohen Kompetenzanforderungen an Entscheider im AKA bedingt. Zu jedem Bereich 5

5 BR-Drs. 110/17 S. 109.
6 Paal/Pauly-*Pauly*, § 39 Rn. 5f.
7 Kühling/Buchner-*Kühling/Sackmann*, § 37 Rn. 4f.
8 Weitergehend Kühling/Buchner-*Kühling/Sackmann*, § 37 Rn. 7: Entsendung durch Datenschutzbehörden.

können voneinander abweichende Akkreditierungsentscheidungen getroffen werden (Erteilung, Versagung, Festlegung von Auflagen).

6 Ist die Akkreditierung erfolgreich beendet, erteilt die DAkkS eine Akkreditierungsurkunde, nebst einer umfangreichen Anlage, aus der sich präzise die **akkreditierten Kompetenzen** der Stelle ergeben. Die Kompetenz bezieht sich auf ganz konkrete Bezüge der DSGVO und die dafür notwendigen konkreten Prüfverfahren. Eine Stelle, die ein Managementsystem nach ISO/IEC 17021 zertifizieren will, um die Anforderungen z. B. nach Art. 42 i. V. m. Art. 25 Abs. 3 DSGVO nachzuweisen, muss sowohl über technische wie juristische Kompetenzen verfügen, weil das Managementsystem sich nicht sinnvoll aufspalten lässt. Wird dagegen ein Produkt zertifiziert, um (nur) eine (mögliche) »technische« Maßnahme (z. B. Pseudonymisierungssoftware) zur Erfüllung der Anforderungen des Art. 42 i. V. m. Art. 25 Abs. 3 DSGVO nachzuweisen, sind vorrangig technische Kompetenzen und eine technische Ausrüstung einer Produktzertifizierungsstelle erforderlich. Diese Unterschiede müssen aus der Akkreditierungsurkunde klar hervorgehen und beschränken zugleich den Inhalt der Zertifikate. Dadurch sollen Missbrauch und Fehlinformationen vermieden werden.

7 Mit der Akkreditierungsurkunde beantragt die Stelle bei der für die Stelle bzw. ihre Tätigkeit zuständigen Aufsichtsbehörde die **Befugnis, tätig zu werden**. Die Aufsichtsbehörde ist im Hinblick auf die festgestellte »Kompetenz« nach der DSGVO an die Akkreditierungsentscheidung gebunden. Dieser Verwaltungsakt hat im Hinblick auf die Kompetenz der Stelle Tatbestandswirkung (Art. 5 VO (EG) Nr. 764/2008). Allerdings kann die Aufsichtsbehörde außerhalb der Akkreditierung liegende Bereiche, wie z. B. die Zuverlässigkeit im Umfang der gesetzlichen Befugnisse prüfen.

8 Die Einbindung der Aufsichtsbehörden schon im Akkreditierungsprozess schafft das notwendige **Vertrauen der Aufsichtsbehörden** in das Akkreditierungsverfahren und ermöglicht eine enge Vernetzung zwischen Akkreditierungsstelle und Aufsichtsbehörden. Dies ist für die Qualität der Akkreditierung in dem sensiblen Bereich des Datenschutzes nötig. Es erleichtert zugleich die Überwachung der Stellen. Die Aufsichtsbehörden haben i. d. R. schnellere und tiefere Einblicke über Fehlentwicklungen im Markt. Die personellen Kapazitäten der Aufsichtsbehörden sind begrenzt. Hat z. B. eine Aufsichtsbehörde im Rahmen der Prüfung eines Verantwortlichen festgestellt, dass ein Zertifikat nicht hätte vergeben werden dürfen, kann sie dieses Zertifikat sofort beseitigen. Handelt es sich aber nicht um einen Einzelfall, sondern basiert das »untaugliche« Zertifikat auf der Zertifizierungserteilung, so erfordert dies Prüfungen, die von den Aufsichtsbehörden nicht alleine geleistet werden können. Die Aufsichtsbehörden können gem. § 4 Abs. 3 AkkStelleG gezielt ihre Erkenntnisse an die für die Überwachung zuständige Akkreditierungsstelle weitergeben, die dann anlassbezogene Überwachungsmaßnahmen gegenüber der Zertifizierungsstelle veranlassen kann.

II. Akkreditierungsstellengesetz

Das AkkStelleG hat u. a. folgende Regelungen: 9

§ 1 AkkStelleG Akkreditierung

(1) Die Akkreditierung wird als hoheitliche Aufgabe des Bundes durch die Akkreditierungsstelle durchgeführt. Diese ist nationale Akkreditierungsstelle im Sinne der Verordnung (EG) Nr. 765/2008 des Europäischen Parlaments und des Rates vom 9. Juli 2008 über die Anforderungen an Akkreditierung und Marktüberwachung bei der Vermarktung von Produkten und zur Aufhebung der Verordnung (EWG) Nr. 339/93[9] *und für Akkreditierungen nach Artikel 3 der Verordnung (EG) Nr. 765/2008 zuständig.*

(2) Die in anderen Rechtsvorschriften geregelte Zuständigkeit von Behörden, Stellen die Befugnis zu erteilen, als Konformitätsbewertungsstelle tätig zu werden, bleibt unberührt. Insbesondere gilt dies für die Bereiche Medizinprodukte, Gendiagnostika, Sicherheitstechnik sowie Ernährung, Landwirtschaft und Verbraucherschutz einschließlich Lebensmittelsicherheit.

§ 2 AkkStelleG Aufgaben der Akkreditierungsstelle 10

(1) Die Akkreditierungsstelle führt auf schriftlichen Antrag einer Konformitätsbewertungsstelle Akkreditierungsverfahren gemäß Artikel 5 der Verordnung (EG) Nr. 765/2008 durch. Sie wendet bei der Akkreditierung die nach § 5 Absatz 3 bekannt gemachten Regeln an.

(2) Die Akkreditierungsstelle führt ein Verzeichnis der akkreditierten Konformitätsbewertungsstellen mit Angabe des fachlichen Umfangs und hält es auf dem neuesten Stand.

(3) Die Akkreditierungsstelle soll bei Begutachtungstätigkeiten das bei anderen Behörden vorhandene Fachwissen heranziehen. Die Akkreditierungsstelle lässt Begutachtungen für die in § 1v Absatz 2 Satz 2 genannten Bereiche von den die Befugnis erteilenden Behörden ausführen. Die Akkreditierungsstelle kann sich bei der Durchführung der Überwachung der akkreditierten Konformitätsbewertungsstellen der die Befugnis erteilenden Behörden bedienen.

§ 3 AkkStelleG Befugnisse der Akkreditierungsstelle 11

Die Akkreditierungsstelle kann von der Konformitätsbewertungsstelle und ihrem mit der Leitung und der Durchführung von Fachaufgaben beauftragten Personal die zur Feststellung und Überwachung der fachlichen Kompetenz und der Eignung einer Konformitätsbewertungsstelle erforderlichen Auskünfte und sonstige Unterstützung, insbesondere die Vorlage von Unterlagen, verlangen sowie die dazu erforderlichen Anordnungen treffen. Die Bediensteten und sonstigen Beauftragten der Akkreditierungsstelle sind befugt, zu den Betriebs- und Geschäftszeiten Betriebsstätten, Geschäfts- und Betriebsräume der Konformitätsbewertungsstelle zu betreten, zu besichtigen und zu prüfen, soweit dies zur Erfüllung ihrer Aufgaben erforderlich ist; das Grundrecht der Unverletzlichkeit der Wohnung (Artikel 13 des Grundgesetzes) wird insoweit eingeschränkt. Die Konformitätsbewertungsstelle hat an Maßnahmen nach Satz 1 im erforderlichen Umfang mitzuwirken. Die Befugnisse gemäß Satz 1 bis 3 gelten auch für die zuständigen Behörden, die Tätigkeiten im Rahmen von § 2 Absatz 3 ausführen.

9 ABl. L 218 vom 13.8.2008, S. 30.

12 ***§ 4 AkkStelleG Zusammenarbeit mit anderen Behörden***

(1) Den Behörden, die auf Grund einer Rechtsvorschrift Konformitätsbewertungsstellen die Befugnis erteilen, als solche tätig zu werden, übermittelt die Akkreditierungsstelle unverzüglich die notwendigen Informationen über Akkreditierungstätigkeiten oder Maßnahmen, die die Akkreditierungsstelle ergriffen hat. Werden der Akkreditierungsstelle Geschäftsgeheimnisse bekannt, so schützt sie deren Vertraulichkeit gegenüber Dritten.

(2) Die Akkreditierungsstelle hat den in Absatz 1 genannten Behörden auf deren Ersuchen Auskunft zu erteilen und auf deren Verlangen ein Überprüfungsverfahren einzuleiten, wenn sie über Mängel hinsichtlich der fachlichen Kompetenz einer Konformitätsbewertungsstelle unterrichtet wird.

(3) Bei Akkreditierungen für die in § 1 Absatz 2 Satz 2 genannten Bereiche trifft die Akkreditierungsstelle die Akkreditierungsentscheidung im Einvernehmen mit den Behörden, die die Begutachtung nach § 2 Absatz 3 durchführen.

13 ***§ 7 AkkStelleG Gebühren und Auslagen***

(1) Für individuell zurechenbare öffentliche Leistungen der Akkreditierungsstelle auf Grund dieses Gesetzes und der Verordnung (EG) Nr. 765/2008 werden zur Deckung des Verwaltungsaufwands Gebühren und Auslagen erhoben. Soweit die Leistungen der Umsatzsteuer unterliegen, erhöhen sich die Gebühren und Auslagen um die gesetzliche Umsatzsteuer.

(2) Das Bundesministerium für Wirtschaft und Energie wird ermächtigt, im Einvernehmen mit dem Bundesministerium der Finanzen durch Rechtsverordnung, die nicht der Zustimmung des Bundesrates bedarf, die gebührenpflichtigen Tatbestände, die Gebührensätze und die Auslagenerstattung näher zu bestimmen und dabei feste Sätze oder Rahmensätze vorzusehen. Die Gebührensätze sind so zu bemessen, dass der mit den individuell zurechenbaren öffentlichen Leistungen verbundene gesamte Personal- und Sachaufwand abgedeckt wird.

14 ***§ 9 AKKStelleG Aufsicht***

(1) Die Akkreditierungsstelle untersteht vorbehaltlich der auf Grund § 8 Absatz 1 Satz 2 Nummer 1 getroffenen Bestimmungen der Aufsicht durch das jeweils zuständige Bundesministerium. Die Bundesministerien üben die Aufsicht so aus, dass die Unabhängigkeit und Unparteilichkeit der Akkreditierungsstelle bei Akkreditierungsentscheidungen gewahrt bleibt. Die Bundesministerien können zur Wahrnehmung ihrer Aufsichtstätigkeit insbesondere sich jederzeit über die Angelegenheiten der Akkreditierungsstelle, insbesondere durch Einholung von Auskünften, Berichten und die Vorlage von Aufzeichnungen aller Art, unterrichten, rechtswidrige Maßnahmen beanstanden sowie entsprechende Abhilfe verlangen. Die Akkreditierungsstelle ist verpflichtet, den Weisungen der Bundesministerien nachzukommen. Diese können, wenn die Akkreditierungsstelle ihren Weisungen nicht oder nicht fristgerecht nachkommt, die erforderlichen Maßnahmen an Stelle und auf Kosten der Akkreditierungsstelle selbst durchführen oder durch einen anderen durchführen lassen.

(2) Die Bediensteten und sonstigen Beauftragten der Bundesministerien sind befugt, zu den Betriebs- und Geschäftszeiten Betriebsstätten, Geschäfts- und Betriebsräume der Beliehenen zu betreten, zu besichtigen und zu prüfen, soweit dies zur Erfüllung ihrer Aufgaben erforderlich ist; das Grundrecht der Unverletzlichkeit der Wohnung (Artikel 13 des Grundgesetzes) wird insoweit eingeschränkt. Gegenstände oder geschäftliche Unterlagen können im erforderlichen Umfang eingesehen und in Verwahrung genommen werden.

(3) Die Bundesministerien können die Aufsicht auf eine nachgeordnete Behörde oder das Bundesministerium für Wirtschaft und Energie übertragen.

§ 10 AKKStelleG Voraussetzungen und Durchführung der Beleihung 15

(1) Die Beleihung ist nur zulässig, wenn

1. *die zu beleihende juristische Person des Privatrechts die Gewähr für die ordnungsgemäße Erfüllung der Aufgaben der Akkreditierungsstelle bietet, insbesondere die Anforderungen gemäß Artikel 8 der Verordnung (EG) Nr. 765/2008 erfüllt,*
2. *der Bund an der zu beleihenden juristischen Person des Privatrechts zu zwei Dritteln beteiligt ist oder der Bund und die Länder, soweit letztere dies wünschen, zu jeweils einem Drittel an der juristischen Person des Privatrechts beteiligt sind und*
3. *die zu beleihende juristische Person des Privatrechts einen Akkreditierungsausschuss eingerichtet hat, der im Innenverhältnis in den in § 1 Absatz 2 Satz 2 genannten Bereichen die Akkreditierungsentscheidung trifft. Bei dessen Besetzung ist sicherzustellen, dass zwei Drittel der Mitglieder aus sach- und fachkundigen Personen, die Angehörige der die Befugnis erteilenden Behörden sind, berufen werden. Dazu sind den in § 8 Absatz 1 genannten Bundesministerien entsprechende Entsenderechte einzuräumen, die sie unter Einbeziehung der nach § 5 Absatz 8 zuständigen Fachbeiräte ausüben.*

Ein Anspruch auf Beleihung besteht nicht.

(2) Die zu beleihende juristische Person des Privatrechts muss für die Akkreditierungsstelle über eine angemessene Haftpflichtversicherung mit einer Deckungssumme von wenigstens 10 Millionen Euro verfügen. (…) Abs. 3 u. 4 nicht abgedruckt.

§ 12 AKKStelleG Bußgeldvorschriften 16

(1) Ordnungswidrig handelt, wer vorsätzlich oder fahrlässig einer vollziehbaren Anordnung nach § 3 Satz 1 zuwiderhandelt.

(2) Die Ordnungswidrigkeit kann mit einer Geldbuße bis zu fünftausend Euro geahndet werden.

III. Zuständigkeiten in der DAkkS

Die für den Datenschutz relevanten Verfahren werden in der DAkkS entweder in der Abteilung 2, **Fachbereich 45: Informationstechnik und Informationssicherheit/Datenschutz** durchgeführt oder in Abteilung 6 in den Fachbereichen 39 Managementsysteme oder 44 Personenzertifizierungssysteme. Alle Anträge mit Bezug zum Datenschutz werden zunächst vom Fachbereich 45 koordiniert, der dann die Zuständigkeit verbindlich festgelegt. 17

Für jeden Fachbereich unterhält die DAkkS sog. **Sektorkomitees** zur Beratung in fachlichen Fragen, die regelmäßig konsultiert werden. Das Sektorkomitee IT-IS der DAkkS setzt sich aus fachkompetenten Vertretern der Behörden der Länder und des Bundes sowie aus Wissenschaft, Wirtschaft und Verbänden, die Konformitätsbewertungsstellen vertreten, zusammen. Mit der Gründung dieses Sektorkomitees fasst die DAkkS die dazu gehörenden Domänen zusammen: Architekturen, Produkte und Dienstleistungen, neue Infrastrukturen und Ökosysteme wie Cloud und Industrie 4.0, europäisches und deutsches Recht zur Informationstechnik und Informationssicherheit als auch kritische Infrastruk- 18 turen und dafür eingesetzte Technologien und Managementsysteme, Usability und Verbraucherschutz.

19 Die Arbeit zwischen Bund und Ländern im Datenschutz wird in **Koordinierungsgremien** abgesprochen (AG-Zertifizierung). Es muss sich noch zeigen, wie erfolgreich die Kooperation ist und wie Doppelarbeit vermieden werden kann. Zum Redaktionsschluss waren die geplanten Verwaltungsabkommen zwischen der DAkkS und den Aufsichtsbehörden noch nicht verfügbar.

Kapitel 4
Aufsichtsbehörde für die Datenverarbeitung durch nichtöffentliche Stellen

§ 40 Aufsichtsbehörden der Länder

(1) Die nach Landesrecht zuständigen Behörden überwachen im Anwendungsbereich der Verordnung (EU) 2016/679 bei den nichtöffentlichen Stellen die Anwendung der Vorschriften über den Datenschutz.

(2) Hat der Verantwortliche oder Auftragsverarbeiter mehrere inländische Niederlassungen, findet für die Bestimmung der zuständigen Aufsichtsbehörde Artikel 4 Nummer 16 der Verordnung (EU) 2016/679 entsprechende Anwendung. Wenn sich mehrere Behörden für zuständig oder für unzuständig halten oder wenn die Zuständigkeit aus anderen Gründen zweifelhaft ist, treffen die Aufsichtsbehörden die Entscheidung gemeinsam nach Maßgabe des § 18 Absatz 2. § 3 Absatz 3 und 4 des Verwaltungsverfahrensgesetzes findet entsprechende Anwendung.

(3) Die Aufsichtsbehörde darf die von ihr gespeicherten Daten nur für Zwecke der Aufsicht verarbeiten; hierbei darf sie Daten an andere Aufsichtsbehörden übermitteln. Eine Verarbeitung zu einem anderen Zweck ist über Artikel 6 Absatz 4 der Verordnung (EU) 2016/679 hinaus zulässig, wenn

1. **offensichtlich ist, dass sie im Interesse der betroffenen Person liegt und kein Grund zu der Annahme besteht, dass sie in Kenntnis des anderen Zwecks ihre Einwilligung verweigern würde,**
2. **sie zur Abwehr erheblicher Nachteile für das Gemeinwohl oder einer Gefahr für die öffentliche Sicherheit oder zur Wahrung erheblicher Belange des Gemeinwohls erforderlich ist oder**
3. **sie zur Verfolgung von Straftaten oder Ordnungswidrigkeiten, zur Vollstreckung oder zum Vollzug von Strafen oder Maßnahmen im Sinne des § 11 Absatz 1 Nummer 8 des Strafgesetzbuchs oder von Erziehungsmaßregeln oder Zuchtmitteln im Sinne des Jugendgerichtsgesetzes oder zur Vollstreckung von Geldbußen erforderlich ist.**

Stellt die Aufsichtsbehörde einen Verstoß gegen die Vorschriften über den Datenschutz fest, so ist sie befugt, die betroffenen Personen hierüber zu unterrichten, den Verstoß anderen für die Verfolgung oder Ahndung zuständigen Stellen anzuzeigen sowie bei schwerwiegenden Verstößen die Gewerbeaufsichtsbehörde zur Durchführung gewer-

berechtlicher Maßnahmen zu unterrichten. § 13 Absatz 4 Satz 4 bis 7 gilt entsprechend.

(4) Die der Aufsicht unterliegenden Stellen sowie die mit deren Leitung beauftragten Personen haben einer Aufsichtsbehörde auf Verlangen die für die Erfüllung ihrer Aufgaben erforderlichen Auskünfte zu erteilen. Der Auskunftspflichtige kann die Auskunft auf solche Fragen verweigern, deren Beantwortung ihn selbst oder einen der in § 383 Absatz 1 Nummer 1 bis 3 der Zivilprozessordnung bezeichneten Angehörigen der Gefahr strafgerichtlicher Verfolgung oder eines Verfahrens nach dem Gesetz über Ordnungswidrigkeiten aussetzen würde. Der Auskunftspflichtige ist darauf hinzuweisen.

(5) Die von einer Aufsichtsbehörde mit der Überwachung der Einhaltung der Vorschriften über den Datenschutz beauftragten Personen sind befugt, zur Erfüllung ihrer Aufgaben Grundstücke und Geschäftsräume der Stelle zu betreten und Zugang zu allen Datenverarbeitungsanlagen und -geräten zu erhalten. Die Stelle ist insoweit zur Duldung verpflichtet. § 16 Absatz 4 gilt entsprechend.

(6) Die Aufsichtsbehörden beraten und unterstützen die Datenschutzbeauftragten mit Rücksicht auf deren typische Bedürfnisse. Sie können die Abberufung der oder des Datenschutzbeauftragten verlangen, wenn sie oder er die zur Erfüllung ihrer oder seiner Aufgaben erforderliche Fachkunde nicht besitzt oder im Fall des Artikels 38 Absatz 6 der Verordnung (EU) 2016/679 ein schwerwiegender Interessenkonflikt vorliegt.

(7) Die Anwendung der Gewerbeordnung bleibt unberührt.

Inhaltsübersicht Rn.

I. Allgemeines

§ 40 regelt die Zuständigkeit und in Ergänzung und Konkretisierung des Art. 58 Abs. 6 DSGVO die Befugnisse der Aufsichtsbehörden der Länder über die nicht-öffentlichen Stellen. Die Regelung orientiert sich weitgehend an der **bisherigen Regelung** des § 38 BDSG-alt. Die Regelungen zur Amtshilfe (§ 38 Abs. 1 Satz 5 BDSG-alt), zum Beschwerderecht (§ 38 Abs. 1 Satz 8 1. Alt. BDSG-alt), zur Registerführung meldepflichtiger Datenverarbeitungen (§ 38 Abs. 2 BDSG-alt), zum Einsichtsrecht geschäftlicher Unterlagen (§ 38 Abs. 4 Satz 2 BDSG-alt) und zu den Anordnungs- und Beseitigungsverfügungen (§ 38 Abs. 5 Satz 1 und 2 BDSG-alt) waren aufgrund unmittelbar geltender Vorgaben der DSGVO zu streichen. Ebenso wurde die überkommene Regelung der Bestimmung der zuständigen Aufsichtsbehörden durch die Landesregierungen (§ 38 Abs. 6 BDSG-alt) nicht übernommen. 1

2 Im Kabinettsbeschluss war der Abs. 2 zu einem **nationalen Kohärenzverfahren** noch nicht vorgesehen. Die Abstimmung der Aufsichtsbehörden innerhalb von Deutschland ist schon lange Gegenstand starker Kritik, insbesondere aus Wirtschaftskreisen, die Zuständigkeitsunklarheiten und abweichende Meinungen der Aufsichtsbehörden beklagen. Abs. 2 wurde durch den Bundestag eingefügt.

II. Regelungsinhalt

3 § 40 regelt die **staatliche Datenschutzkontrolle** im nicht-öffentlichen Bereich.[1] Die Kontrolle im öffentlichen Bereich (Stellen des Bundes) erfolgt bei der BfDI (§§ 8ff.) sowie bei den Aufsichtsbehörden der Länder (Landesbeauftragte für Datenschutz) gemäß den Landesdatenschutzgesetzen (LDSG). Für die Aufsicht der öffentlichen Stellen der Länder liegt die Gesetzgebungszuständigkeit bei den Ländern. Mit der Regelung des § 40 kommt der Staat seiner Gewährleistungspflicht zum Grundrechtsschutz nach.[2] Die Vorschrift setzt die europarechtliche Verpflichtung nach Art. 51 Abs. 1 DSGVO zur Einrichtung einer oder mehrerer öffentlicher Kontrollstellen, welche die Anwendung des Datenschutzrechts überwachen, in deutsches Recht um.[3] Die Kontrollstellen sind die wichtigsten (hoheitlichen) Organisationen zur Umsetzung der Vorschriften des Datenschutzes in der Wirtschaft. Sie unterstützen die stelleninternen Datenschutzbeauftragten (Art. 37ff. DSGVO).[4]

1. Benennung durch Landesrecht (Abs. 1)

4 Eine **Liste der Aufsichtsbehörden** der Länder mit den Erreichbarkeitsdaten ist in Anhang 1 abgedruckt. In jedem Bundesland besteht eine Aufsichtsbehörde außer in Bayern, wo der öffentliche Bereich vom Landesbeauftragten für den Datenschutz in München und der nicht-öffentliche Bereich vom Landesamt für Datenschutzaufsicht in Ansbach beaufsichtigt wird.

5 Die Aufsicht über **Telekommunikationsanbieter und Postdienstunternehmen** erfolgt nicht durch die Aufsichtsbehörden der Länder, sondern nach § 115 Abs. 4 TKG bzw. § 42 Abs. 3 PostG durch die BfDI. Die Zuständigkeit wurde fortgeschrieben, nachdem das staatliche Monopol für Telekommunikation und Postdienste abgeschafft wurde. Die Datenschutzaufsicht über Teledienste und Mediendienste wird von den Behörden nach § 40 wahrgenommen.

6 Die **örtliche Zuständigkeit** der Aufsichtsbehörden knüpft an den Ort der Datenverarbeitung an, also an die Betriebsstätte oder Niederlassung, wo die Daten physikalisch verarbeitet werden, nicht an den Ort der Unternehmensleitung.[5] Dies führt dazu, dass bei bundesweit tätigen Unternehmen mit Filialen in mehreren Ländern alle Aufsichtsbehörden in

1 Born, Die Datenschutzaufsicht und ihre Verwaltungstätigkeit im nicht-öffentlichen Bereich.
2 Weichert, NJW 2009, 550f.; Simitis-*Petri*, § 38 Rn. 3ff.
3 Zur Aufsicht in anderen EU-Staaten Weiß, RDV 2014, 319.
4 Herb, ZUM 2004, 530; Schierbaum, CF 12/2004, 7.
5 Simitis-*Petri*, § 38 Rn. 26; VG Hannover, 6.11.2012 – 10 A 4805/11: auf den Ort des Handelsregistereintrags soll es nicht ankommen.

diesen Ländern eine gewisse eigenständige Zuständigkeit haben. Der Koordination und der Abstimmung der Tätigkeit der Aufsichtsbehörden erfolgte lange Zeit im sog. »**Düsseldorfer Kreis**« als Teil der Konferenz der Datenschutzbehörden des Bundes und der Länder.[6] Inzwischen spielt in der Datenschutzkonferenz (DSK) die Trennung zwischen öffentlichem und nicht-öffentlichem Bereich eine immer geringer werdende Rolle.[7] Die Abstimmung der Zuständigkeiten wird nun in Abs. 2 geregelt.[8]

Die Aufgabe der Datenschutzaufsicht ist **den Ländern übertragen**, die auch die rechtliche Ausgestaltung, Ausstattung und Arbeitsweise näher festlegen.[9] Die sachliche Zuständigkeit wird von den Ländern in ministeriellen Anordnungen, Rechtsverordnungen oder durch Gesetz geregelt. In Bayern wurde 2009 ein »Landesamt für Datenschutz im nicht-öffentlichen Bereich« eingerichtet.[10] In allen anderen Bundesländern wird die Datenschutzaufsicht von den Landesbeauftragten für den Datenschutz wahrgenommen.[11] Für diese Landesbehörden gelten umfassend die Art. 50ff. DSGVO. Sie nehmen gem. Art. 52 Abs. 1 DSGVO ihre Aufgaben in völliger Unabhängigkeit wahr.[12] 7

Die Aufgabenerfüllung ist für Betroffene und gegebenenfalls für Datenschutzbeauftragte i. d. R. unentgeltlich (Art. 57 Abs. 3, 4 DSGVO). Einige Aufsichtsbehörden erheben für ihre Prüf- und Beratungstätigkeit teilweise **Gebühren**.[13] Dies ist bei Vorliegen einer ausreichenden rechtlichen Grundlage zulässig (Art. 57 Abs. 3, 4 DSGVO).[14] 8

2. Nationales Kohärenzverfahren (Abs. 2)

Abs. 2 ist bei Zuständigkeitskonflikten anwendbar, also wenn eine Datenverarbeitung in den Zuständigkeitsbereich mehrerer Aufsichtsbehörden fällt. Es soll auch in diesen Fällen der One-Stop-Shop gelten, wonach sich die Zuständigkeit an der Hauptniederlassung orientieren soll. Die erst am Ende des Gesetzgebungsprozesses eingefügte Regelung des Abs. 2 ist insofern unpräzise, dass sie nur auf Art. 4 Nr. 16 verweist und nicht auf die wesentliche Regelung des Art. 56 Abs. 1 bzw. der Art. 55, 56 DSGVO generell zu den zuständigen Behörden und zur federführenden Behörde. 9

Anstelle der europäischen Zuständigkeitsaufteilung in Art. 56 DSGVO verweist Satz 2 auf § 18 Abs. 2, der das Verfahren der Zusammenarbeit der Aufsichtsbehörden, insbesondere im Hinblick auf die **deutsche Vertretung im EDSA** regelt. Vorrang hat eine einvernehmliche Klärung von datenschutzrechtlichen Bewertungen der beteiligten (zuständigen) 10

6 Pohler CR, 1998, 309; Simitis-*Petri*, § 38 Rn. 42; Mester, DuD 2012, 274; zum föderalen Wettbewerb Weichert, DANA 3/2009, 99; als Vorbild für die europäische Ebene Dix, DuD 2012, 318.

7 Entschließungen, Kurzpapiere, Beschlüsse, Orientierungshilfen und weitere Informationen: *https://www.datenschutzkonferenz-online.de/*

8 Die Geschäftsordnung der DSK v. 5.9.2018 ist zu finden unter *https://www.datenschutzkonferenz-online.de/media/dskb/20180905-dskb-geschaeftsordnung.pdf*.

9 Kritisch, aber unzutreffend im Hinblick auf die DSGVO Kahler, RDV 2012, 72.

10 DANA 2009, 71.

11 Eine jeweils aktuelle Übersicht über alle Aufsichtsbehörden findet sich unter *https://www.datenschutz.de/category/projektpartner/*.

12 Dies entspricht auch der deutschen Verfassungsrechtslage: BVerfG, NJW 1984, 422f.; BVerfGE 67. 157; Roßnagel-*Heil*, S. 752ff.

13 VG Bayreuth, CR 1989, VG München, CR 1989, 1019; Wind, S. 114f.

14 Vgl. VG Lüneburg, RDV 2007, 216.

Aufsichtsbehörden. Im Konfliktfall soll § 18 Abs. 2 BDSG anwendbar sein. Dieser setzt nicht nur die (analoge) Anwendbarkeit von Art. 56 Abs. 1, sondern des gesamten Art. 56 DSGVO voraus.[15] Das Verfahren des § 18 Abs. 2 ist für interne nationale Konflikte nicht angemessen, da dem gemeinsamen Vertreter und dem Stellvertreter zentrale Funktionen zugewiesen werden, ohne dass diese überhaupt in ein konkretes datenschutzrechtliches Verfahren eingebunden sein müssen. Das Verfahren ist nicht nur nicht praktikabel, sondern schränkt die Unabhängigkeit der beteiligten Aufsichtsbehörden unangemessen ein und ist insofern verfassungs- und europarechtswidrig.

11 Angesichts der fehlenden Praktikabilität und wohl auch der Unwirksamkeit der gesetzlichen Abstimmungsregelung zwischen den deutschen Aufsichtsbehörden sind diese aufgerufen, sich hinsichtlich der Zuständigkeit und des Abstimmungsverfahrens einen **eigenen Regelungsrahmen** zu schaffen.

12 Gemäß Satz 3 findet § 3 Abs. 3 und 4 VwVfG entsprechend Anwendung, der für Bundesbehörden in Bezug auf die **örtliche Zuständigkeit** Folgendes vorsieht: »(3) Ändern sich im Lauf des Verwaltungsverfahrens die die Zuständigkeit begründenden Umstände, so kann die bisher zuständige Behörde das Verwaltungsverfahren fortführen, wenn dies unter Wahrung der Interessen der Beteiligten der einfachen und zweckmäßigen Durchführung des Verfahrens dient und die nunmehr zuständige Behörde zustimmt. (4) Bei Gefahr im Verzug ist für unaufschiebbare Maßnahmen jede Behörde örtlich zuständig, in deren Bezirk der Anlass für die Amtshandlung hervortritt. Die nach Abs. 1 Nr. 1 bis 3 örtlich zuständige Behörde ist unverzüglich zu unterrichten.«

3. Verarbeitungsbefugnisse (Abs. 3)

13 Die **Datenverarbeitung der Aufsichtsbehörde** orientiert sich am jeweiligen Landesrecht im Rahmen der gesetzlichen Aufgaben und Bindungen des § 40 sowie der Art. 50ff. DSGVO. Soweit die Aufgaben von Landesbeauftragten für Datenschutz wahrgenommen werden, denen die Kontrolle des öffentlichen Bereiches obliegt, handelt es sich um einen einheitlichen gemeinsamen Zweck der Datenschutzkontrolle im öffentlichen und nicht öffentlichen Bereich.[16]

14 Die Daten bei der Aufsichtsbehörde unterliegen einer **strengen Vertraulichkeit** bzw. Zweckbindung: Sie dienen ausschließlich der Wahrnehmung der Aufsichtsaufgaben (Art. 54 Abs. 2 DSGVO). Diese umfassen auch den Austausch mit den anderen Aufsichtsbehörden, soweit dieser erforderlich ist (Art. 51, Abs. 2, 57 Abs. 1 Buchst. g, 60ff. DSGVO). Rechtsgrundlage für die Verarbeitung kann nach Nr. 1 eine Einwilligung (Art. 7, 8 DSGVO) sein. Es genügt aber auch, dass die Verarbeitung offensichtlich im Interesse des Betroffenen liegt und kein Grund zur Annahme besteht, dass der Betroffene seine Einwilligung verweigern würde (Satz 2 Nr. 1). Die Befugnis zur Veröffentlichung von bestimmten Sachverhalten ist in Art. 59 DSGVO geregelt (siehe Art. 59 Rn. 11f.).

14a Die Zweckänderungsbefugnis, wenn sie **offensichtlich im Interesse des Betroffenen** liegt, entspricht § 38 Abs. 1 Satz 3 i. V. m. § 14 Abs. 2 Nr. 3 BDSG-alt. Dies kann angenommen werden, wenn ein entsprechendes Interesse des Betroffenen ohne weiteres zu erkennen ist

15 Darstellend Kremer, CR 2017, 372f.

16 Kühling/Buchner-*Dix*, § 40 Rn. 9.

und dieser gegen seine eigenen Interessen handeln würde, wenn er seine Einwilligung versagen würde.[17] Die Regelung widerspricht nicht den Vorgaben der DSGVO und erlaubt insbesondere nicht das Verfolgen von Zwecken, die mit dem ursprünglichen nicht vereinbar sind (Art. 6 Abs. 4 DSGVO). Es dürfen keine Anhaltspunkte bestehen, dass der Betroffene seine Einwilligung verweigern würde.[18]

Eine Zweckänderungsbefugnis besteht zur Abwehr erheblicher **Nachteile für das Gemeinwohl** oder einer Gefahr für die öffentliche Sicherheit (Satz 2 Nr. 2),[19] wobei dieser Generalklausel keine große praktische Relevanz zukommt. Sie ist eng auszulegen. 15

Eine Zweckänderung ist außerdem zur Verfolgung, zur Vollstreckung oder zum Vollzug von **Sanktionen** zulässig (Satz 2 Nr. 3),[20] auch soweit es sich um andere Verstöße als Datenschutzverletzungen handelt. Im Hinblick auf die strenge Zweckbindung, auf das den Betroffenen garantierte Petitionsrecht (vgl. Art. 17 GG) und auf die ebenso verfassungs- und europarechtlich abgesicherte Unabhängigkeit der Datenschutzaufsicht, muss die Regelung restriktiv ausgelegt werden; in jedem Fall muss eine Verhältnismäßigkeitsprüfung erfolgen.[21] Handelt es sich bei der Verfolgung um Delikte gegen die informationelle Selbstbestimmung, bewegt sich die Datenverarbeitung im Rahmen des ursprünglichen Zwecks. Die Entscheidung über eine Zweckänderung erfolgt durch die unabhängige Aufsichtsbehörde. 16

Die Aufsichtsbehörde hat bei Datenschutzverstößen gegenüber dem **Betroffenen ein Unterrichtungsrecht** (Abs. 3 Satz 3 1. Alt.; vgl. Art. 57 Abs. 1 Buchst. f DSGVO). 17

Ergeben sich bei der Ermittlung durch die Aufsichtsbehörde **Datenschutzverstöße**, so ist sie zur Anzeige gegenüber den zuständigen Stellen und bei schweren Verstößen gegenüber der Gewerbeaufsicht befugt (Abs. 3 Satz 3 2. und 3. Alt; vgl. Abs. 6). Adressat von Mitteilungen über Datenschutz-Straftaten sind die strafrechtlichen Ermittlungsbehörden, also die Polizei und die Staatsanwaltschaft (§§ 160ff. StPO), die Gewerbeaufsicht (Abs. 7) oder auch berufsständische Kammern. Nicht erfasst werden betriebliche bzw. private Stellen, also etwa die Leitung des Verantwortlichen bei Verstößen durch Mitarbeiter oder durch Auftragsverarbeiter.[22] Dessen bedarf es auch nicht. Der Verantwortliche ist über Datenschutzverstöße in seinem Verantwortungsbereich schon auf Grund seiner Funktion informationsberechtigt. 18

Datenschutzverstöße können zugleich auch Verstöße gegen das Strafrecht sein (z. B. §§ 42, 84 BDSG, §§ 201ff. StGB). Ermitteln **Strafverfolgungsbehörden** datenschutzrechtlich relevante Sachverhalte, dürfen sie diese nach § 474 Abs. 2 Nr. 2 StPO an die Aufsichtsbehörden im Rahmen der Erforderlichkeit zur Aufgabenerfüllung übermitteln. Möglich ist auch eine vollständige Abgabe eines eingestellten Strafverfahrens an die Aufsichtsbehörde als zuständige Ordnungswidrigkeitenbehörde zur Verfolgung von Verstößen nach §§ 41, 43 BDSG, Art. 83ff. DSGVO bzw. zur weiteren aufsichtsbehördlichen Ermittlung. Aufsichtsbehördliche und strafrechtliche Ermittlungen können parallel nebeneinander ge- 19

17 DKWW-*Wedde*, § 14 Rn. 15.
18 Paal/Pauly-*Pauly*, § 40 Rn. 15.
19 Entspricht § 38 Abs. 1 Satz 3 i. V. m. § 14 Abs. 2 Nr. 6 BDSG-alt.
20 Entspricht § 38 Abs. 1 Satz 3 i.V.m § 14 Abs. 2 Nr. 7, § 38 Abs. 1 Satz 6 BDSG-alt.
21 Skeptisch auch Simitis-*Petri*, § 38 Rn. 33.
22 A.A. Paal/Pauly-*Pauly* § 40 Rn. 23; Gola/Heckmann-*Gola*, § 40 Rn. 19.

führt werden. Wegen der gegenseitigen Unterrichtungsbefugnis sind auch gemeinsame Ermittlungsmaßnahmen zulässig, wobei jedoch die jeweilige Stelle nur die ihr zustehenden Ermittlungsmaßnahmen vornehmen darf.

20 § 13 Abs. 4 Satz 4–7 haben **entsprechend Gültigkeit**. D.h. die Regelungen zur BfDI über gesetzliche Anzeigepflichten, das Eintreten für die freiheitliche demokratische Grundordnung, die Auskunftserteilung an Finanzbehörden nach der Abgabenordnung und das Anzeigerecht sowie das Informationsrecht gegenüber den Betroffenen bei einem Datenschutzverstoß (siehe Rn. 18) gelten auch für die Aufsichtsbehörden der Länder.

4. Auskunfts- und Mitwirkungspflichten gegenüber der Aufsicht (Abs. 4)

21 Abs. 4 entspricht § 38 Abs. 3 BDSG-alt. Danach ist der Verantwortliche oder Auftragsverarbeiter zur Erteilung aller Auskünfte verpflichtet, die die Aufsichtsbehörde zur Erfüllung ihrer Kontrollaufgabe benötigt.[23] Satz 1 wiederholt lediglich die Ermittlungsbefugnis des Art. 58 Abs. 1 DSGVO (siehe Art. 58 Rn. 9ff.).

22 Eine Verletzung der Auskunftspflicht stellt, anders wie bisher (§ 43 Abs. 1 Nr. 1 BDSG-alt) keine **Ordnungswidrigkeit** dar. Die Verletzung weitergehender Mitwirkungspflichten ist dagegen bußgeldbewehrt (Art. 83 Abs. 5 Buchst. e DSGVO).

23 In Abs. 3 Satz 2 wird, abweichend vom europäischen Rahmen (siehe Art. 58 Rn. 13f.), ein **Auskunftsverweigerungsrecht** geregelt (bisher § 38 Abs. 3 Satz 2 und 3 BDSG-alt). Auf ein solches Auskunftsverweigerungsrecht muss sich die auskunftspflichtige Person ausdrücklich unter Angabe überprüfbarer Gründe berufen. Ein Kostenersatz für den mit der Mitwirkung verbundenen Aufwand ist nicht vorgesehen. Mit dem Auskunftsverweigerungsrecht soll verhindert werden, dass ein Auskunftspflichtiger sich selbst belasten muss (Nemo-Tenetur-Prinzip).[24] Es handelt sich um ein höchstpersönliches Recht, das nicht das Einholen der Auskunft von anderen Auskunftspflichtigen hindert.[25] Beim erstmaligen Auskunftsersuchen im Rahmen einer Prüfung muss die Aufsichtsbehörde auf dieses Recht hinweisen. Eine Verletzung der Hinweispflicht macht eine darauf erfolgte Datenerhebung rechtswidrig und führt, soweit insofern ein Auskunftsverweigerungsrecht bestanden hätte, zu einem Verwertungsverbot.

24 Zur **Zeugnisverweigerung berechtigt** nach § 333 Abs. 1–3 ZPO sind der Verlobte, der Ehegatte und diejenigen, die mit dem Auskunftspflichtigen in gerader Linie verwandt oder verschwägert bzw. in der Seitenlinie bis zum dritten Grad verwandt oder verschwägert sind. Das Recht zur Auskunftsverweigerung besteht nur bzgl. der Fragen, deren Beantwortung die genannten Personen der Gefahr einer strafrechtlichen oder ordnungswidrigkeitsrechtlichen Verfolgung aussetzen würde.[26] Das Verweigerungsrecht ist personaler Natur und entbindet die verantwortliche Stelle grds. nicht von der Auskunftspflicht.

---

23 Zur Verfassungskonformität OVG Sachsen, DuD 2014, 55.

24 Weichert, Informationelle Selbstbestimmung, S. 123f.

25 Paal/Pauly-*Pauly*, § 40 Rn. 26.

26 Bärlein/Pananis/Rehmsmeier, NJW 2002, 1825.

5. Betretungs- und Einsichtsrecht (Abs. 5)

Abs. 4 entspricht § 38 Abs. 4 BDSG-alt. Er berechtigt Mitarbeitende der Aufsichtsbehörde wie auch externe Beauftragte (z. B. Gutachter).[27] Es begründet ein **Betretungsrecht** von Grundstücken und Geschäftsräumen für die Aufsichtsbehörde für Kontrollzwecke. Die Befugnis zur nationalen Regelung findet sich in Art. 58 Abs. 1 Buchst. f DSGVO. Die Wahrnehmung des Betretungsrechts, mit dem eine kraft Gesetzes bestehende Rechtspflicht der kontrollierten Stelle korrespondiert, ist ein Realakt, kein Verwaltungsakt. Im Interesse eines wirksamen Schutzes des Wohnungsgrundrechts nach Art. 13 Abs. 1 GG ist der Begriff der Wohnung weit auszulegen und umfasst auch Arbeits-, Betriebs- und Geschäftsräume.[28] Gibt es beim geprüften Unternehmen keine expliziten Betriebs- und Geschäftszeiten, gelten die branchenüblichen Geschäftszeiten bzw. die am Ort üblichen Öffnungszeiten.[29] Eine Ankündigung der Prüfung ist nicht nötig und bei Vertuschungsgefahr auch nicht angesagt. Das Betretungsrecht dient der Einsichtnahme in die EDV und in Geschäftsunterlagen sowie der Feststellung der technisch-organisatorischen Maßnahmen. Das Einsichtsrecht schließt die Befugnis zur Anfertigung von Notizen, Skizzen, Fotos und Kopien mit ein.[30] Kein Betretungsrecht besteht, wenn vor der Kontrolle bereits feststeht, dass die Voraussetzungen einer personenbezogenen Datenverarbeitung nach dem BDSG nicht vorliegen.[31] 25

Heimarbeitsplätze eines Beschäftigten eines Verarbeiters dürfen betreten werden, wenn eine entsprechende Vereinbarung zwischen dem Arbeitgeber und dem Inhaber des Hausrechts der Wohnung besteht.[32] Zur Sicherstellung des Kontroll- und Betretungsrechts der Datenschutzaufsicht kann die verarbeitende Stelle im Einzelfall verpflichtet sein.[33] 25a

§ 16 Abs. 4 gilt entsprechend. Danach sind die kontrollierten Stellen verpflichtet, Zugang zu allen Grundstücken, Räumen und Verarbeitungsanlagen zu gewähren und für die Kontrolle **alle erforderlichen Informationen** bereitzustellen. Auf die verfassungswidrige und deshalb nicht anwendbare Regelung des § 29 Abs. 2 wird vollständigkeitshalber hingewiesen (siehe § 29 Rn. 24ff.). 26

Während bei der Auskunft eine Pflicht zu aktivem Handeln besteht, begründet das Betretungsrecht eine **Duldungspflicht**. Im Rahmen von Datenschutzprüfungen erfolgen im Zusammenhang mit der Betretung weitere Prüfungen, z. B. die Durchsicht von Unterlagen oder die Einsicht in Dateien, die von der Duldungspflicht mit umfasst sind. Sind für Ermittlungsmaßnahmen aktive Maßnahmen der verarbeitenden Stelle erforderlich, unterliegen diese der Auskunftspflicht nach Abs. 3. Die Duldungspflicht hinsichtlich des Betretens ist bußgeldbewährt (Art. 83 Abs. 5 Buchst. e DSGVO), nicht aber die zur Einsicht in Unterlagen.[34] 27

27 Simitis-*Petri*, § 38 Rn. 60.
28 BVerfGE 32, 68; 76, 88, 228, 265.
29 Simitis-*Petri*, § 38 Rn. 58.
30 Simitis-*Petri*, § 38 Rn. 63; Taeger/Gabel-*Grittmann*, § 38 Rn. 33; a. A. Plath-*Plath*, § 38 Rn. 56.
31 Vgl. BVerfG, RDV 2007, 163f.
32 Paal/Pauly-*Pauly*, § 40 Rn. 32; Müller, Homeoffice, Rn. 298–304; Arnold/Günther-*Günther/Böglmüller*, Kap. 4 Rn. 85.
33 Wolff/Brink-*Brink*, § 38 Rn. 68; Gola/Heckmann-*Gola*, § 40 Rn. 31.
34 Zur alten Rechtslage KG Berlin 20. 8. 2010 – 1Ws(B)51/07 u. 2 Ss 23/07, NStZ 2012, 220 = DuD 2011, 367; Plath-*Plath*, § 38 Rn. 60.

6. Verhältnis zu Datenschutzbeauftragten (Abs. 6)

28 Abs. 6 Satz 1 sieht eine **Beratungs- und Unterstützungspflicht** der Aufsichtsbehörden gegenüber den Datenschutzbeauftragten nach Art. 37 DSGVO vor. Diese geht über die allgemeine Sensibilisierungspflicht gegenüber verarbeitenden Stellen in Sachen Datenschutz hinaus (Art. 57 Abs. 1 Buchst. d DSGVO). Gemäß Art. 57 Abs. 3 DSGVO ist die Aufgabenerfüllung der Aufsichtsbehörde gegebenenfalls für den Datenschutzbeauftragten unentgeltlich.

29 Satz 2 entspricht § 38 Abs. 5 Satz 3 BDSG-alt. Voraussetzung für die **Abberufung des Datenschutzbeauftragten** ist, dass die Aufsichtsbehörde feststellt, dass bei diesem nicht die erforderliche Zuverlässigkeit und Fachkunde besteht (Art. 38 Abs. 6 DSGVO). Gründe für Unzuverlässigkeit sind die Nichtwahrnehmung von Aufgaben, die ungenügende Verfügbarkeit oder auch die bewusste Missachtung bestehender Datenschutzvorschriften.[35] Bei fehlender Fachkunde sollte die Aufsichtsbehörde der Stelle die Möglichkeit einräumen, den Datenschutzbeauftragten ausreichend nachzuschulen. Das Abberufungsverlangen hat Regelungscharakter und ist als Verwaltungsakt durch Anfechtungsklage vor dem Verwaltungsgericht angreifbar. Da dieser sich gegen die verantwortliche Stelle richtende Verwaltungsakt eine Drittwirkung für die Person des betrieblichen Datenschutzbeauftragten hat, ist dieser hiergegen auch widerspruchs- und klagebefugt.[36] Mit Bestandskraft endet die Bestellung nicht automatisch, vielmehr wird die verantwortliche Stelle dadurch verpflichtet, die Bestellung zu widerrufen. Diese Pflicht lässt sich mit den Zwangsmitteln des Verwaltungsvollstreckungsgesetzes durchsetzen.[37] Die Nichtordnungsgemäßheit der Bestellung ist zudem eine Ordnungswidrigkeit nach Art. 83 Abs. 4 Buchst. a DSGVO.

7. Anwendung Gewerbeordnung (Abs. 7)

30 Eine Unterrichtungsbefugnis über schwerwiegende und nachhaltige Datenschutzverstöße gegenüber der **Gewerbeaufsicht** ist in Abs. 2 Satz 3 vorgesehen.[38] Solche Verstöße können auch nach Maßgabe der gewerberechtlichen Vorschriften geahndet werden. Zuständig ist hierfür nicht die Datenschutzaufsicht, sondern das zuständige Gewerbeaufsichtsamt. Die Aufsichtsbehörde darf die festgestellten Verstöße melden und damit eine gewerberechtliche Ahndung initiieren. Bei Gesetzesverstößen, die die Zuverlässigkeit für die Gewerbeausübung in Frage stellen, kommt eine vollständige oder teilweise Untersagung der weiteren gewerblichen Tätigkeit in Betracht, wenn dies zum Schutz der Allgemeinheit oder der Beschäftigten erforderlich ist (§ 35 GewO). Möglich ist auch der Erlass bestimmter Auflagen für die weitere gewerbliche Tätigkeit.

31 Bestehen **Aufsichtsbefugnisse bei anderen Behörden**, etwa bei der Bundesnetzagentur, dem Bundesamt für die Sicherheit in der Informationstechnik, bei den Berufskammern oder in anderen spezifischen Bereichen, so bleiben diese – auch wenn sie hier nicht ausdrücklich genannt werden – ebenso unberührt, auch soweit dabei Datenschutzbestimmungen anzuwenden sind.

---

35 Breinlinger, RDV 1993, 53; dies. RDV 1995, 7.

36 BMH, § 38 Rn. 79ff.

37 Wolff/Brink-*Brink*, § 38 BDSG Rn. 85; a.A. Auernhammer-*v. Lewinski*, § 38 Rn. 83.

38 Entspricht § 38 Abs. 7 BDSG-alt.

Kapitel 5
Sanktionen

§ 41 Anwendung der Vorschriften über das Bußgeld- und Strafverfahren

(1) Für Verstöße nach Artikel 83 Absatz 4 bis 6 der Verordnung (EU) 2016/679 gelten, soweit dieses Gesetz nichts anderes bestimmt, die Vorschriften des Gesetzes über Ordnungswidrigkeiten sinngemäß. Die §§ 17, 35 und 36 des Gesetzes über Ordnungswidrigkeiten finden keine Anwendung. § 68 des Gesetzes über Ordnungswidrigkeiten findet mit der Maßgabe Anwendung, dass das Landgericht entscheidet, wenn die festgesetzte Geldbuße den Betrag von einhunderttausend Euro übersteigt.

(2) Für Verfahren wegen eines Verstoßes nach Artikel 83 Absatz 4 bis 6 der Verordnung (EU) 2016/679 gelten, soweit dieses Gesetz nichts anderes bestimmt, die Vorschriften des Gesetzes über Ordnungswidrigkeiten und der allgemeinen Gesetze über das Strafverfahren, namentlich der Strafprozessordnung und des Gerichtsverfassungsgesetzes, entsprechend. Die §§ 56 bis 58, 87, 88, 99 und 100 des Gesetzes über Ordnungswidrigkeiten finden keine Anwendung. § 69 Absatz 4 Satz 2 des Gesetzes über Ordnungswidrigkeiten findet mit der Maßgabe Anwendung, dass die Staatsanwaltschaft das Verfahren nur mit Zustimmung der Aufsichtsbehörde, die den Bußgeldbescheid erlassen hat, einstellen kann.

Inhaltsübersicht Rn.

I. Allgemeines (Abs. 1)

Art. 83 Abs. 8 DSGVO bestimmt, die **Ausübung** der **Befugnisse der Aufsichtsbehörden zur Verhängung von Bußgeldern** müssten **angemessenen Verfahrensgarantien** gemäß dem Unionsrecht und dem Recht der Mitgliedstaaten, einschließlich ordnungsgemäßer Verfahren unterliegen. Dies bildet die an die Mitgliedstaaten gerichtete Konkretisierungsbefugnis, von der der Bundesgesetzgeber laut Begründung durch § 41 Abs. 2 Gebrauch machte. An einer **mitgliedstaatlichen Konkretisierungsbefugnis für Abs. 1 Sätze 1 und 2**, in denen unspezifisch Regelungen über die »sinngemäße« Anwendbarkeit und Unanwendbarkeit des OWiG »für Verstöße nach Art. 83 Abs. 4 bis 6« DSGVO geregelt sind, was unter anderen Fragen der Verantwortlichkeit für die jeweilige Tathandlung sowie der Zuständigkeit für die Verfolgung von Ordnungswidrigkeiten beinhaltet, **fehlt** es dagegen in der DSGVO. Schon deshalb begegnen die Sätze 1 und 2 des Abs. 1 **europarechtlichen Bedenken**. 1

II. »Sinngemäße« Anwendung von Normen des Ordnungswidrigkeitengesetzes (Abs. 1)

2 Abs. 1 Satz 1 bestimmt, dass das OWiG »für Verstöße« nach den Absätzen 4 bis 6 des Art. 83 »**sinngemäß**« gilt, soweit das BDSG selbst nichts Anderes bestimmt. Satz 2 erklärt explizit, dass die §§ 17, 35 und 36 OWiG für Bußgeldverfahren nach Art. 83 DSGVO keine Anwendung finden. Damit erklärt der Bundesgesetzgeber unter anderem die folgenden Vorschriften für »sinngemäß« anwendbar: Begriffsbestimmung § 1, Sachliche Geltung § 2, Keine Ahndung ohne Gesetz § 3, Zeitliche Geltung § 4, Räumliche Geltung § 5, Zeit der Handlung § 6, Ort der Handlung § 7, Begehen durch Unterlassen § 8, Vorsatz und Fahrlässigkeit § 10, Irrtum § 11, Verantwortlichkeit § 12, Versuch § 13, Beteiligung § 14, Notwehr § 15, Rechtfertigender Notstand § 16. Dieses Vorgehen begegnet Schwierigkeiten, weil die deutschen **Rechtsanwenderinnen und Rechtsanwender im Unklaren** darüber gelassen werden, **wann und inwiefern eine Anwendung der Vorschriften des OWiG »sinngemäß« modifiziert werden muss.** Dies birgt Risiken für die Rechtsanwendung, da bei Widerspruch zwischen Norm des OWiG und der DSGVO die Norm des OWiG unanwendbar ist.

3 Dies zeigt sich **exemplarisch** an **§ 19 OWiG**, in dem es heißt: »(1) Verletzt dieselbe Handlung mehrere Gesetze, nach denen sie als Ordnungswidrigkeit geahndet werden kann, oder ein solches Gesetz mehrmals, so wird nur eine einzige Geldbuße festgesetzt. (2) Sind mehrere Gesetze verletzt, so wird die Geldbuße nach dem Gesetz bestimmt, das die höchste Geldbuße androht. Auf die in dem anderen Gesetz angedrohten Nebenfolgen kann erkannt werden.« Sofern der Bundesgesetzgeber davon ausgeht, dass diese Regelung identisch mit Art. 83 Abs. 3 DSGVO ist, in dem es heißt: »Verstößt ein Verantwortlicher oder ein Auftragsverarbeiter bei gleichen oder miteinander verbundenen Verarbeitungsvorgängen vorsätzlich oder fahrlässig gegen mehrere Bestimmungen dieser Verordnung, so übersteigt der Gesamtbetrag der Geldbuße nicht den Betrag für den schwerwiegendsten Verstoß.«, stellt sich die Frage, warum der Bundesgesetzgeber dann überhaupt an § 19 OWiG festgehalten hat. Sofern es eine Abweichung geben sollte, stellt sich die noch kompliziertere Frage, ob die Regelung des § 19 OWiG vor den Augen der DSGVO Bestand haben kann. Ob eine solche Diskrepanz über den Hinweis gelöst werden kann, die DSGVO gelte »sinngemäß«, ist höchst zweifelhaft.

4 Ein **weiteres Beispiel** stellt das **Handeln für einen anderen nach § 9 OWiG** in Kombination mit der Sondervorschrift für Organe und Vertreter nach **§ 29 OWiG** dar. Der in diesen Vorschriften zum Ausdruck gebrachte Begriff der Verantwortung könnte für die Frage der Haftung von Unternehmensmüttern zu anderen Ergebnissen führen, als dies nach dem europäischen Wettbewerbsrechts, an dem Art. 83 DSGVO orientiert ist, der Fall ist (Art. 83 Rn. 1). **Sofern** es eine **Kollision** zwischen den Regelungen gäbe, **ginge die DSGVO dem mitgliedstaatlichen Recht**, also auch dem OWiG, **vor** und die entsprechenden Regelungen des OWiG wären nicht anwendbar. In diesem Zusammenhang ist bemerkenswert, dass § 9 OWiG sich noch nach der 3. Ressortabstimmung zum DSAnpUG-EU am 6. 1. 2017 in der Liste der nicht anwendbaren Paragrafen des OWiG in Abs. 1 Satz 2 des dort noch § 40 BDSG genannten Paragrafen fand. Erst in der Kabinettfassung wurde § 9 zusammen mit den §§ 30 und 130 OWiG aus der Liste der nach § 41 Abs. 1 Satz 2 nicht anwendbaren Normen gestrichen. Das war ein Fehler, da diese Normen mit dem Europa-

recht kollidieren.[1] Zweifel werden auch daran geäußert, ob eine strikte Anwendung der § 10 OWiG unionsrechtskonform wäre.[2]

Auch der zwischen der Regelung des OWiG zum Fall der gleichzeitigen Verwirklichung eines Ordnungswidrigkeiten- und eines Straftatbestandes und der DSGVO bestehende **Widerspruch** sei genannt: Nach § 21 Abs. 1 OWiG wird nur das Strafgesetz angewendet, wenn eine Handlung gleichzeitig Straftat und Ordnungswidrigkeit ist. Aufgrund des Anwendungsvorranges des Europarechts kann diese Regelung vor dem Geltungsanspruch des Art. 83 DSGVO keinen Bestand haben. Dies ist nicht allein darüber zu lösen, dass § 41 Abs. 1 Satz 1 lediglich die »sinngemäße« Anwendbarkeit fordert. 5

Die zu erwartenden **Auslegungsprobleme** wären vermeidbar gewesen, wenn sich der Bundesgesetzgeber statt der pauschalen Geltung des OWiG mit Ausnahmen für den umgekehrten Weg entschieden hätte und einzelne, ggf. modifizierte Regelungen des OWiG für anwendbar erklärt hätte. 6

Abs. 1 Satz 3, wonach § 68 des Gesetzes über Ordnungswidrigkeiten mit der Maßgabe Anwendung findet, dass das Landgericht entscheidet, wenn die festgesetzte Geldbuße den Betrag von einhunderttausend Euro übersteigt, ist erst in der Kabinettsfassung des Entwurfes des DS-AnpUG-EU eingefügt worden. 7

III. Entsprechende Anwendung von Normen des Ordnungswidrigkeitengesetzes (Abs. 2)

Abs. 2 betrifft das Verfahren »wegen eines Verstoßes nach Artikel 83 Absatz 4 bis 6« DSGVO. Nach Satz 1 sollen, »soweit dieses Gesetz nichts anderes bestimmt, die Vorschriften des Gesetzes über Ordnungswidrigkeiten und der allgemeinen Gesetze über das Strafverfahren, namentlich der Strafprozessordnung und des Gerichtsverfassungsgesetzes, **entsprechend**« gelten. Dies soll nach Satz 2 nicht für die §§ 56 bis 58, 87, 88, 99 und 100 OWiG gelten. 8

Satz 3 bestimmt, dass die **Staatsanwaltschaft das Verfahren** nach § 69 Abs. 4 Satz 2 OWiG **nur einstellen kann**, sofern sie dazu die **Zustimmung der Aufsichtsbehörde** eingeholt hat, die den Bußgeldbescheid erlassen hat. Diese Regelung trägt dem Umstand Rechnung, dass die Aufsichtsbehörde die Details des betreffenden Falles besser kennt und eine darauf gestützte Entscheidung treffen kann. Insgesamt ist aber zu konstatieren, dass diese Regelung nur das letzte Überbleibsel einer Entscheidung ist, die sich im Erstentwurf zum DSAnpUG-EU im dortigen Entwurf des § 50 BDSG fand. Danach sollte die Verfahrensherrschaft im Zwischenverfahren gänzlich auf die Aufsichtsbehörden übertragen werden und nicht den Staatsanwaltschaften zustehen. 9

---

1 Siehe die Entschließung der 97. Konferenz der unabhängigen Datenschutzaufsichtsbehörden des Bundes und der Länder vom 3.4.2019 »Unternehmen haften für Datenschutzverstöße ihrer Beschäftigten!«, (*https://www.datenschutzkonferenz-online.de/media/en/20190405-Entschliessung-Unternehmenshaftung.pdf*), mit der die DSK den Bundesgesetzgeber auffordert, die §§ 30, 130 OWiG klarstellend vom Anwendungsbereich auszunehmen und damit dem europäischen Recht anzupassen.

2 SHS-*Boehm*, Art. 83 Rn. 60, die dafür plädiert, § 10 OWiG unionsrechtskonform dahingehend auszulegen, dass auch fahrlässiges Handeln zu einer Geldbuße nach Art. 83 DSGVO führen kann.

§ 42 Strafvorschriften

(1) Mit Freiheitsstrafe bis zu drei Jahren oder mit Geldstrafe wird bestraft, wer wissentlich nicht allgemein zugängliche personenbezogene Daten einer großen Zahl von Personen, ohne hierzu berechtigt zu sein,
1. einem Dritten übermittelt oder
2. auf andere Art und Weise zugänglich macht
und hierbei gewerbsmäßig handelt.
(2) Mit Freiheitsstrafe bis zu zwei Jahren oder mit Geldstrafe wird bestraft, wer personenbezogene Daten, die nicht allgemein zugänglich sind,
1. ohne hierzu berechtigt zu sein, verarbeitet oder
2. durch unrichtige Angaben erschleicht
und hierbei gegen Entgelt oder in der Absicht handelt, sich oder einen anderen zu bereichern oder einen anderen zu schädigen.
(3) Die Tat wird nur auf Antrag verfolgt. Antragsberechtigt sind die betroffene Person, der Verantwortliche, die oder der Bundesbeauftragte und die Aufsichtsbehörde.
(4) Eine Meldung nach Artikel 33 der Verordnung (EU) 2016/679 oder eine Benachrichtigung nach Artikel 34 Absatz 1 der Verordnung (EU) 2016/679 darf in einem Strafverfahren gegen den Meldepflichtigen oder Benachrichtigenden oder seine in § 52 Absatz 1 der Strafprozessordnung bezeichneten Angehörigen nur mit Zustimmung des Meldepflichtigen oder Benachrichtigenden verwendet werden.

Inhaltsübersicht Rn.

I. Allgemeines

1 Laut Gesetzesbegründung »berechtigt und verpflichtet« Art. 84 Abs. 1 DSGVO die Mitgliedstaaten, **andere Sanktionen für Verstöße gegen die Verordnung** festzulegen. Hiervon mit § 42 Gebrauch gemacht zu haben, nimmt der Bundesgesetzgeber für sich laut Gesetzesbegründung in Anspruch. § 42 formuliert **Straftatbestände** für die Fälle, in denen bestimmte Verletzungen der DSGVO[1] **gewerbsmäßig oder gegen Entgelt oder in Bereicherungs- und Schädigungsabsicht** erfolgen, statuiert ein **Antragserfordernis** als Strafverfolgungsvoraussetzung und normiert eine **Exkulpationsregelung** für die Erfüllung der Meldepflichten für Datenschutzverstöße und die Erfüllung der Pflicht zur Benachrichtigung der Betroffenen in Fällen mit hohem Risiko für die persönlichen Rechte und Freiheiten natürlicher Personen. Was Straftaten anbelangt, die vor Geltung der DSGVO begangen wurden, weist der Gesetzgeber in der Begründung klarstellend auf Art. 49 Abs. 1

1 SHS-*Boehm*, Rn. 17, weist darauf hin, dass im Referentenentwurf noch alle Verstöße gegen die in Art. 83 Abs. 5 genannten Normen der DSGVO strafbewehrt waren, sofern diese gegen Entgelt oder in Bereicherungs- oder Schädigungsabsicht geschahen.

Satz 3 GRCh hin, wonach dann, wenn nach Begehung einer Straftat durch Gesetz eine mildere Strafe eingeführt wird, diese zu verhängen ist.

II. Strafbarkeit wegen der Gewerbsmäßigkeit der Verletzung der DSGVO (Abs. 1)

2 Abs. 1 bestimmt, dass mit Freiheitsstrafe bis zu drei Jahren oder mit Geldstrafe bestraft wird, wer wissentlich nicht allgemein zugängliche personenbezogene Daten einer großen Zahl von Personen, einem Dritten übermittelt (Nr. 1) oder auf andere Art und Weise zugänglich macht (Nr. 2) ohne hierzu berechtigt zu sein, und hierbei **gewerbsmäßig** handelt. Aufgrund des aus Art. 103 Abs. 2 GG folgenden Grundsatzes der Gesetzlichkeit bei Bestrafungen in seiner Ausformung als Analogieverbot folgt, dass es der rechtsprechenden Gewalt verboten ist, Straftatbestände zu begründen oder zu verschärfen.[2] Deshalb müssen die Tatbestandsmerkmale der Absätze 1 und 2 **im Zweifel restriktiv ausgelegt** werden.

III. Strafbarkeit wegen der Verletzung der DSGVO gegen Entgelt oder in Bereicherungs- oder Schädigungsabsicht (Abs. 2)

3 Abs. 2 bestimmt, dass mit Freiheitsstrafe bis zu zwei Jahren oder mit Geldstrafe bestraft wird, wer personenbezogene Daten, die nicht allgemein zugänglich sind, ohne hierzu berechtigt zu sein, verarbeitet (Nr. 1) oder durch unrichtige Angaben erschleicht (Nr. 2) und hierbei **gegen Entgelt oder in der Absicht** handelt, sich oder einen anderen **zu bereichern** oder einen anderen **zu schädigen**. Auch hier gilt, dass die Tatbestandsmerkmale im Zweifel restriktiv ausgelegt werden müssen (Rn. 2).

IV. Antrag als Strafverfolgungsvoraussetzung (Abs. 3)

4 Nach Abs. 3 wird die Tat nur **auf Antrag der betroffenen Person, der Verantwortlichen, die oder der Bundesbeauftragten oder der Aufsichtsbehörden** verfolgt. Diese Formulierung ist identisch mit der Formulierung des § 44 Abs. 2 BDSG-alt.

V. Exkulpierende Wirkung der Meldung von Datenschutzverstößen (Abs. 4)

5 Nach Abs. 4 darf eine **Meldung nach Art. 33 DSGVO** oder eine **Benachrichtigung nach Art. 34 Abs. 1 DSGVO** in einem **Strafverfahren** gegen den Meldepflichtigen oder Benachrichtigenden oder seine in § 52 Abs. 1 der Strafprozessordnung bezeichneten Angehörigen **nur mit Zustimmung des Meldepflichtigen oder Benachrichtigenden** verwendet werden. Laut Gesetzesbegründung soll dies dem verfassungsrechtlichen Verbot einer Selbstbezichtigung dienen. Insofern sei diese Regelung § 42a Satz 6 BDSG-alt »entlehnt«. Der Bundesgesetzgeber geht davon aus, dass die Regelung auf die Öffnungsklausel des Art. 84 Abs. 1 DSGVO gestützt werden kann, wonach die Mitgliedstaaten Vorschriften für Verstöße gegen die DSGVO festlegen und alle zu deren Anwendung erforderlichen Maßnah-

2 Jarass/Pieroth-*Pieroth*, Art. 103 GG Rn. 70.

men treffen. Der Schutz gegen den Zwang zu selbstbelastenden Äußerungen wird als Ausfluss des Persönlichkeitsrechts gesehen und schützt juristische Personen insoweit nicht.[3] Im Strafverfahren geht er besonders weit und wird »neuerdings« als Selbstbelastungsfreiheit auf das Rechtsstaatsprinzip gestützt.[4] **Folgen eines Verstoßes sind die Rechtswidrigkeit der Entscheidung, sofern sich nicht konkret die Folgenlosigkeit des Verstoßes zeigt.**[5] Ausnahmen von der Selbstbelastungsfreiheit sind nur aufgrund einer speziellen gesetzlichen Regelung möglich.[6] Hier ist **einerseits** zu bedenken, dass der **europäische Gesetzgeber** in den Art. 33 und 34 DSGVO **keine exkulpierende Wirkung** der Verpflichtungen zu Meldungen und Benachrichtigungen festgelegt hat, worin eine spezielle gesetzliche Regelung als Ausnahme von der Selbstbelastungsfreiheit liegen könne. **Andererseits** ist zu bedenken, dass der europäische Gesetzgeber selbst in der DSGVO **keine Regelungen für strafrechtliche Sanktionen** getroffen hat, mitgliedstaatliche Regelungen in Art. 84 aber ermöglicht hat. Ob § 42 Abs. 4 vor diesem Hintergrund (insbesondere vor dem Hintergrund der von Martini[7] zitierten Rechtsprechung des EuGH und des EMRK) europarechtlichen Bestand haben kann, wird die Zukunft zeigen.

§ 43 Bußgeldvorschriften

(1) Ordnungswidrig handelt, wer vorsätzlich oder fahrlässig

1. entgegen § 30 Absatz 1 ein Auskunftsverlangen nicht richtig behandelt oder

2. entgegen § 30 Absatz 2 Satz 1 einen Verbraucher nicht, nicht richtig, nicht vollständig oder nicht rechtzeitig unterrichtet.

(2) Die Ordnungswidrigkeit kann mit einer Geldbuße bis zu fünfzigtausend Euro geahndet werden.

(3) Gegen Behörden und sonstige öffentliche Stellen im Sinne des § 2 Absatz 1 werden keine Geldbußen verhängt.

(4) Eine Meldung nach Artikel 33 der Verordnung (EU) 2016/679 oder eine Benachrichtigung nach Artikel 34 Absatz 1 der Verordnung (EU) 2016/679 darf in einem Verfahren nach dem Gesetz über Ordnungswidrigkeiten gegen den Meldepflichtigen oder Benachrichtigenden oder seine in § 52 Absatz 1 der Strafprozessordnung bezeichneten Angehörigen nur mit Zustimmung des Meldepflichtigen oder Benachrichtigenden verwendet werden.

Inhaltsübersicht Rn.

---

3 Jarass/Pieroth-*Jarass*, Art. 2 GG Rn. 68.

4 Jarass/Pieroth-*Jarass*, Art. 2 GG Rn. 68a unter Verweis auf BVerfGE, 133, 168 Rn. 60 und BVerfG-K, NJW 14, 3506 Rn. 12f.

5 Jarass/Pieroth-*Jarass*, Art. 2 GG Rn. 68a unter Verweis auf BVerfG-K, NJW 14, 3506 Rn. 16.

6 Jarass/Pieroth-*Jarass*, Art. 2 GG Rn. 68a.

7 Paal/Pauly-*Martini*, Art. 84 Rn. 31ff.

I. Allgemeines

§ 43 enthält **Bußgeldtatbestände** für die Verletzung von im Zusammenhang mit **Verbraucherkrediten** stehenden Verpflichtungen nach § 30 **mit** einem **deutlich unter dem Bußgeldrahmen der DSGVO liegenden Bußgeldrahmen**, die Festlegung, dass **Behörden** und öffentliche Stellen bis auf wenige Ausnahmen wegen Verstößen gegen die DSGVO **nicht** mit der Verhängung von Bußgeldern rechnen müssen, und eine **Exkulpationsregelung** für die Erfüllung der Meldepflichten für Datenschutzverstöße und die Erfüllung der Pflicht zur Benachrichtigung der Betroffenen in den Fällen, in denen ein hohes Risiko für die persönlichen Rechte und Freiheiten natürlicher Personen besteht. 1

II. Verstöße gegen § 30 Abs. 1 und Abs. 2 Satz 1 (Abs. 1)

Nach Abs. 1 handelt ordnungswidrig, wer vorsätzlich oder fahrlässig entgegen § 30 Abs. 1 ein Auskunftsverlangen nicht richtig behandelt (Nr. 1) oder entgegen § 30 Abs. 2 Satz 1 einen Verbraucher nicht, nicht richtig, nicht vollständig oder nicht rechtzeitig unterrichtet (Nr. 2). Wie die Begründung verdeutlicht, gibt Abs. 1 damit die Bußgeldtatbestände des § 43 Abs. 1 Nr. 7a und b BDSG-alt wieder, die **Art. 9 der Verbraucherkreditrichtlinie 2008/48/EG umgesetzt** hatten. 2

§ 43 Abs. 1 Nr. 1 normiert einen **Bußgeldtatbestand für Auskunfteien**, also Stellen, die geschäftsmäßig personenbezogene Daten, die zur Bewertung der Kreditwürdigkeit von Verbrauchern genutzt werden dürfen, zum Zweck der Übermittlung erheben, speichern oder verändern. Diesen Stellen drohen danach Bußgelder für den Fall, dass sie Auskunftsverlangen von Darlehensgebern aus anderen Mitgliedstaaten der Europäischen Union nicht genauso behandeln wie Auskunftsverlangen inländischer Darlehensgeber. Hier ist fraglich, ob dieser Bußgeldtatbestand tatsächlich auf Art. 84 DSGVO gestützt werden kann, wie es die Begründung behauptet, weil es sich um die Ahndung einer Verpflichtung zur Gleichbehandlung inländischer Darlehensgeber und Darlehensgeber aus anderen Mitgliedstaaten handelt. Ein solcher **Schutz vor Diskriminierung von Darlehensgebern** und damit potenziellen Verarbeitern und Auftragsverarbeitern ist **nicht Gegenstand der DSGVO**. Damit handelt es sich bei Nr. 1 nicht um einen »Sanktionen für Verstöße gegen diese Verordnung« im Sinne des Art. 84 DSGVO. Damit ist die Nr. 1 im BDSG **fehlplatziert**. 3

§ 43 Abs. 1 Nr. 2 normiert einen Bußgeldtatbestand für Stellen, die den Abschluss eines Verbraucherdarlehensvertrags oder eines Vertrags über eine entgeltliche Finanzierungshilfe mit einem Verbraucher infolge einer Auskunft einer Auskunftei ablehnen und die oder den Verbraucher nicht unverzüglich hierüber sowie über die erhaltene Auskunft unterrichten.[1] 4

1 Hier hält es Schantz/Wolff-*Wolf*, Rn. 1143, für zweifelhaft, dass § 43 Abs. 1 auf Art. 84 Abs. 1 DSGVO beruhe, da Regelungen über Verbrauchekredite auf der entsprechenden europäischen Richtlinie beruhten.

III. Bußgeldrahmen (Abs. 2)

5 Wie die Gesetzesbegründung richtig darstellt, behält Abs. 2 den Bußgeldrahmen des § 43 Abs. 3 Satz 1 BDSG-alt von bis zu 50 000 € bei und nimmt damit ein **auffälliges Missverhältnis zum Bußgeldrahmen des Art. 83 DSGVO** in Kauf. Die damit verbundene **Privilegierung** insbesondere für Verstöße durch Stellen, die »den Abschluss eines Verbraucherdarlehensvertrags oder eines Vertrags über eine entgeltliche Finanzierunghilfe mit einem Verbraucher infolge einer Auskunft einer Stelle im Sinne des Absatzes 1« ablehnen, wird nicht begründet. Hier ist fraglich, ob der in Abs. 2 festgelegte Bußgeldrahmen mit Art. 84 Abs. 1 Satz 2 vereinbar ist, wonach die mitgliedstaatlich geschaffenen Sanktionen »wirksam, verhältnismäßig und abschreckend« sein müssen.

IV. Fast ausnahmslos keine Bußgelder gegen Behörden und sonstige öffentliche Stellen (Abs. 3)

6 Die Formulierung in der Begründung, wonach mit Abs. 3 von der Öffnungsklausel des Art. 83 Abs. 7 DSGVO »Gebrauch gemacht« wird, national zu regeln, ob und in welchem Umfang gegen Behörden und sonstige öffentliche Stellen Geldbußen verhängt werden können, weckt eine Erwartung, die vom Normtext nicht erfüllt wird, weil **gegen das Gros der Behörden und sonstigen öffentlichen Stellen keine Bußgelder** verhängt werden können. Tatsächlich lautet Abs. 3: »Gegen Behörden und sonstige öffentliche Stellen im Sinne des § 2 Absatz 1 werden keine Geldbußen verhängt.« Damit soll klargestellt werden, dass nur gegen öffentliche Stellen im Sinne des § 2 Abs. 5 Bußgelder verhängt werden können. Dies soll gewährleisten, dass öffentliche Stellen, die im Rahmen ihrer Tätigkeit im Wettbewerb mit anderen Verarbeitern stehen, bei der Verhängung von Geldbußen gegenüber ihren Wettbewerbern nicht bessergestellt werden. Eine solche Regelung **war aus Sicht des Art. 106 AEUV geboten**, wonach Mitgliedstaaten in Bezug auf öffentliche Unternehmen, keine den Verträgen und insbesondere den Art. 18 und 101 bis 109 widersprechende Maßnahmen treffen dürfen.

V. Exkulpierende Wirkung der Meldung von Datenschutzverstößen (Abs. 4)

7 Nach Abs. 4 darf eine **Meldung nach Art. 33 DSGVO** oder eine **Benachrichtigung nach Art. 34 Abs. 1 DSGVO** in einem Verfahren nach dem Gesetz über Ordnungswidrigkeiten gegen den Meldepflichtigen oder Benachrichtigenden oder seine in § 52 Abs. 1 der Strafprozessordnung bezeichneten Angehörigen **nur mit Zustimmung des Meldepflichtigen oder Benachrichtigenden** verwendet werden. Laut Gesetzesbegründung soll dies wie die Parallelvorschrift zu Straftaten in § 42 Abs. 4 dem verfassungsrechtlichen Verbot einer Selbstbezichtigung dienen. Insofern sei diese Regelung § 42a Satz 6 BDSG-alt »entlehnt«. (siehe dazu § 42 Rn. 5) Der Bundesgesetzgeber geht davon aus, dass die Regelung auf die Öffnungsklausel des Art. 83 Abs. 8 der Verordnung (EU) 2016/679 gestützt wird, wonach angemessene Verfahrensgarantien geschaffen werden müssen. Zwar ist diese Argumentation einleuchtender als der in der Begründung zu § 42 Abs. 2 verwandte Hinweis auf Art. 84 Abs. 1 DSGVO. Hier ist aber ebenfalls zu bedenken, dass der **europäische Gesetzgeber** in den **Art. 33 und 34 DSGVO keine exkulpierende Wirkung** der Verpflichtun-

gen zu Meldungen und Benachrichtigungen festgelegt hat. Sofern sich herausstellen sollte, dass § 42 Abs. 4 als nicht europarechtkonform angesehen wird (§ 42 Rn. 5) würde dies erst recht für § 43 Abs. 4 gelten, der sich auf Verwaltungsunrecht und nicht auf Strafunrecht bezieht.

Kapitel 6
Rechtsbehelfe

§ 44 Klagen gegen den Verantwortlichen oder Auftragsverarbeiter

(1) Klagen der betroffenen Person gegen einen Verantwortlichen oder einen Auftragsverarbeiter wegen eines Verstoßes gegen datenschutzrechtliche Bestimmungen im Anwendungsbereich der Verordnung (EU) 2016/679 oder der darin enthaltenen Rechte der betroffenen Person können bei dem Gericht des Ortes erhoben werden, an dem sich eine Niederlassung des Verantwortlichen oder Auftragsverarbeiters befindet. Klagen nach Satz 1 können auch bei dem Gericht des Ortes erhoben werden, an dem die betroffene Person ihren gewöhnlichen Aufenthaltsort hat.
(2) Absatz 1 gilt nicht für Klagen gegen Behörden, die in Ausübung ihrer hoheitlichen Befugnisse tätig geworden sind.
(3) Hat der Verantwortliche oder Auftragsverarbeiter einen Vertreter nach Artikel 27 Absatz 1 der Verordnung (EU) 2016/679 benannt, gilt dieser auch als bevollmächtigt, Zustellungen in zivilgerichtlichen Verfahren nach Absatz 1 entgegenzunehmen. § 184 der Zivilprozessordnung bleibt unberührt.

Inhaltsübersicht Rn.

I. Allgemeines

§ 44 setzt den in Art. 79 DSGVO begründeten Anspruch betroffener Personen auf einen wirksamen gerichtlichen Rechtsbehelf um.[1] Dieser Anspruch besteht, wenn die betroffene Person der Ansicht ist, dass die ihr aufgrund der DSGVO zustehenden Rechte infolge einer nicht im Einklang mit der DSGVO stehenden Verarbeitung ihrer personenbezogenen Daten verletzt wurden. Aus der Systematik und der Überschrift des Art. 79 DSGVO folgt, dass es sich dabei um gerichtliche Rechtsbehelfe gegen Verantwortliche oder Auftragsverarbeiter handelt. Mit Art. 79 Abs. 2 hat die DSGVO klargestellt, dass für Verantwortliche 1

1 SHS-*Boehm*, Art. 79 Rn. 23.

mit einer Niederlassung in Deutschland ein deutsches Gericht zuständig sein muss.[2] § 44, der die Überschrift »Klagen gegen den Verantwortlichen oder Auftragsverarbeiter« trägt, trifft keine Regelungen über Rechtswegezuweisungen, sondern in den ersten beiden Absätzen Regelungen über die örtliche Zuständigkeit der Gerichte und in Abs. 3 Regelungen über die Zustellungsbevollmächtigung der Vertreter nach Art. 27 Abs. 1 DSGVO.

2 Aus dem Umstand, dass § 44 keine Regelungen darüber trifft, welcher Rechtsweg eröffnet ist, ist zu schließen, dass der Bundesgesetzgeber davon ausging, dass die **Rechtswegezuweisung** nicht regelungsbedürftig ist. Dass die Beantwortung der Frage demgegenüber aber nicht eindeutig auf der Hand liegt, zeigt der Umstand, dass betreffende Streitigkeiten nach Abs. 1 einerseits Streitigkeiten zwischen Privatrechtssubjekten sind, diese Streitigkeiten aber andererseits nach der DSGVO beurteilt werden müssen, die eine Vielzahl von Normen enthält, die eindeutig zumindest auch öffentlich-rechtlicher Natur sind. Ersteres würde für eine Rechtswegezuweisung nach § 13 GVG an die ordentlichen Gerichte sprechen, wovon die Formulierung des Abs. 3 (»zivilgerichtliche Verfahren nach Absatz 1«) auszugehen scheint. Die Formulierung des Abs. 3 lässt daneben jedoch auch eine Interpretation zu, wonach die zivilgerichtlichen Verfahren nur eine Teilmenge der »Verfahren nach Abs. 1« sind. Für Streitigkeiten, die sich als Folge eines Sachverhaltes darstellen, der nach öffentlichem Recht zu beurteilen ist,[3] ist nach § 40 VwGO dagegen der Rechtsweg zu den Verwaltungsgerichten eröffnet. Angesichts des Umstandes, dass die DSGVO sowohl öffentliche als auch nicht-öffentliche Stellen adressiert und deshalb Normen enthält, die zumindest neben einer privatrechtlichen auch eine öffentlich-rechtliche Seite haben, wäre eine gesetzgeberische Klarstellung hilfreich gewesen. Die Praxis wird zeigen, wie die deutschen Gerichte mit dieser Situation umgehen werden.

II. Örtliche Zuständigkeit bei Klagen gegen nicht-öffentliche Verantwortliche und Auftragsverarbeiter (Abs. 1)

3 Abs. 1 erstreckt das nach Art. 79 Abs. 2 DSGVO gewährte Recht (Art. 79 Rn. 3) der betroffenen Personen auf die Frage der örtlichen Gerichtszuständigkeit innerhalb Deutschlands. Diese Norm gewährt betroffenen Personen für nach der DSGVO zu beurteilende Klagen gegen Verantwortliche oder Auftragsverarbeiter das Recht, bei der Klageerhebung zwischen an unterschiedlichen Orten sitzenden Gerichten zu wählen. Aus dem Zusammenklang mit Abs. 2 ergibt sich, dass sich das Wahlrecht nach Abs. 1 nicht auf die örtliche Zuständigkeit für Klagen gegen Behörden bezieht, die in Ausübung ihrer hoheitlichen Befugnisse tätig geworden sind.

4 Nach Satz 1 kann sich die betroffene Person dafür entscheiden, die Klagen gegen einen nicht Abs. 2 unterfallenden Verantwortlichen oder Auftragsverarbeiter bei dem Gericht des Ortes zu erheben, an dem sich eine Niederlassung (Art. 4 Nr. 16 »Hauptniederlassung«) des Verantwortlichen oder Auftragsverarbeiters befindet. Der unbestimmte Artikel (»eine Niederlassung«) verweist darauf, dass die betroffen Person nicht nur Klage bei dem Gericht desjenigen Ortes erheben kann, an dem sich die Hauptniederlassung des jeweiligen Verantwortlichen oder Auftragsverarbeiters innerhalb Deutschlands befindet.

2 Hierauf weist auch *Simitis/Hornung/Spiecker-Boehm*, Art. 79 Rn. 23, hin; siehe dazu auch Rn. 4f.
3 Kopp/Schenke/Schenke, § 40 VwGO, Rn. 6.

Sie kann vielmehr Klage **bei dem Gericht jedes Ortes** erheben, an dem sich **eine Niederlassung** des jeweiligen Verantwortlichen oder Auftragsverarbeiters innerhalb Deutschlands befindet. Diese Regelung korrespondiert mit dem Wahlrecht der Aufsichtsbehörde, bei der betroffene Personen Beschwerden einlegen können, und ist insofern ebenfalls Ausfluss des **One-Stop-Shop** (Art. 77 Rn. 1, 4; § 19 Rn. 8ff.).

Satz 2 erweitert das Wahlrecht der betroffenen Person auf die Klageerhebung bei dem Gericht des Ortes, an dem die betroffene Person ihren gewöhnlichen Aufenthaltsort hat. Damit ermöglicht § 44-neu betroffenen Personen die wohnortnahe gerichtliche Verfolgung ihrer Interessen. 5

III. Örtliche Zuständigkeit bei Klagen gegen öffentliche Verantwortliche und Auftragsverarbeiter (Abs. 2)

Abs. 2 bestimmt, dass das Wahlrecht des Gerichts in örtlicher Hinsicht nicht für Klagen gegen Behörden gilt, sofern sie in Ausübung ihrer hoheitlichen Interessen tätig geworden sind. Beispielsweise für wirtschaftliche Tätigkeiten von Behörden gilt damit das Wahlrecht des Abs. 1. 6

IV. Zustellungsbevollmächtigung für Vertreter von nicht in der Union niedergelassenen Verantwortlichen und Auftragsverarbeitern (Abs. 3)

Nach Art. 27 Abs. 1 müssen nicht in der Union niedergelassene Verantwortliche und Auftragsverarbeiter einen Vertreter in der Union bestimmen. Abs. 3 Satz 1 fingiert, dass diese Bestellung gleichzeitig die Bevollmächtigung zur Entgegennahme von Zustellungen in zivilgerichtlichen Verfahren nach Abs. 1 beinhaltet. 7

Nach Satz 2 bleibt § 184 ZPO unberührt. Damit wird eine Regelung für den Fall getroffen, dass der von einem nicht in der Union niedergelassenen Verantwortlichen oder Auftragsverarbeiter nach Art. 27 Abs. 1 DSGVO bestimmte Vertreter nicht in Deutschland, sondern in einem anderen Staat der Union residiert. In diesen Fällen gilt damit nach § 184 Abs. 1 ZPO, dass das Gericht bei der Zustellung an den im europäischen Ausland ansässigen Vertreter anordnen kann, dass die Partei innerhalb einer angemessenen Frist einen Zustellungsbevollmächtigten benennt, der im Inland wohnt oder dort einen Geschäftsraum hat, falls sie nicht einen Prozessbevollmächtigten bestellt hat. Wird kein Zustellungsbevollmächtigter benannt, können danach spätere Zustellungen bis zur nachträglichen Benennung dadurch bewirkt werden, dass das Schriftstück unter der Anschrift der Partei zur Post gegeben wird. Nach § 184 Abs. 2 gilt in diesen Fällen, dass das Schriftstück zwei Wochen nach Aufgabe zur Post als zugestellt gilt, das Gericht eine längere Frist bestimmen kann, dass in der Anordnung zur Benennung des Zustellungsbevollmächtigten auf diese Rechtsfolgen hinzuweisen ist und dass zum Nachweis der Zustellung in den Akten zu vermerken ist, zu welcher Zeit und unter welcher Anschrift das Schriftstück zur Post gegeben wurde. 8

Teil 3 Bestimmungen für Verarbeitungen zu Zwecken gemäß Artikel 1 Absatz 1 der Richtlinie (EU) 2016/680

Kapitel 1 Anwendungsbereich, Begriffsbestimmungen und allgemeine Grundsätze für die Verarbeitung personenbezogener Daten

§ 45 Anwendungsbereich

Die Vorschriften dieses Teils gelten für die Verarbeitung personenbezogener Daten durch die für die Verhütung, Ermittlung, Aufdeckung, Verfolgung oder Ahndung von Straftaten oder Ordnungswidrigkeiten zuständigen öffentlichen Stellen, soweit sie Daten zum Zweck der Erfüllung dieser Aufgaben verarbeiten. Die öffentlichen Stellen gelten dabei als Verantwortliche. Die Verhütung von Straftaten im Sinne des Satzes 1 umfasst den Schutz vor und die Abwehr von Gefahren für die öffentliche Sicherheit. Die Sätze 1 und 2 finden zudem Anwendung auf diejenigen öffentlichen Stellen, die für die Vollstreckung von Strafen, von Maßnahmen im Sinne des § 11 Absatz 1 Nummer 8 des Strafgesetzbuchs, von Erziehungsmaßregeln oder Zuchtmitteln im Sinne des Jugendgerichtsgesetzes und von Geldbußen zuständig sind. Soweit dieser Teil Vorschriften für Auftragsverarbeiter enthält, gilt er auch für diese.

§ 46 Begriffsbestimmungen

Es bezeichnen die Begriffe:

1. »personenbezogene Daten« alle Informationen, die sich auf eine identifizierte oder identifizierbare natürliche Person (betroffene Person) beziehen; als identifizierbar wird eine natürliche Person angesehen, die direkt oder indirekt, insbesondere mittels Zuordnung zu einer Kennung wie einem Namen, zu einer Kennnummer, zu Standortdaten, zu einer Online-Kennung oder zu einem oder mehreren besonderen Merkmalen, die Ausdruck der physischen, physiologischen, genetischen, psychischen, wirtschaftlichen, kulturellen oder sozialen Identität dieser Person sind, identifiziert werden kann;
2. »Verarbeitung« jeden mit oder ohne Hilfe automatisierter Verfahren ausgeführten Vorgang oder jede solche Vorgangsreihe im Zusammenhang mit personenbezogenen Daten wie das Erheben, das Erfassen, die Organisation, das Ordnen, die Speicherung, die Anpassung, die Veränderung, das Auslesen, das Abfragen, die Verwendung, die Offenlegung durch Übermittlung, Verbreitung oder eine andere Form der Bereitstellung, den Abgleich, die Verknüpfung, die Einschränkung, das Löschen oder die Vernichtung;

3. »Einschränkung der Verarbeitung« die Markierung gespeicherter personenbezogener Daten mit dem Ziel, ihre künftige Verarbeitung einzuschränken;
4. »Profiling« jede Art der automatisierten Verarbeitung personenbezogener Daten, bei der diese Daten verwendet werden, um bestimmte persönliche Aspekte, die sich auf eine natürliche Person beziehen, zu bewerten, insbesondere um Aspekte der Arbeitsleistung, der wirtschaftlichen Lage, der Gesundheit, der persönlichen Vorlieben, der Interessen, der Zuverlässigkeit, des Verhaltens, der Aufenthaltsorte oder der Ortswechsel dieser natürlichen Person zu analysieren oder vorherzusagen;
5. »Pseudonymisierung« die Verarbeitung personenbezogener Daten in einer Weise, in der die Daten ohne Hinzuziehung zusätzlicher Informationen nicht mehr einer spezifischen betroffenen Person zugeordnet werden können, sofern diese zusätzlichen Informationen gesondert aufbewahrt werden und technischen und organisatorischen Maßnahmen unterliegen, die gewährleisten, dass die Daten keiner betroffenen Person zugewiesen werden können;
6. »Dateisystem« jede strukturierte Sammlung personenbezogener Daten, die nach bestimmten Kriterien zugänglich sind, unabhängig davon, ob diese Sammlung zentral, dezentral oder nach funktionalen oder geografischen Gesichtspunkten geordnet geführt wird;
7. »Verantwortlicher« die natürliche oder juristische Person, Behörde, Einrichtung oder andere Stelle, die allein oder gemeinsam mit anderen über die Zwecke und Mittel der Verarbeitung von personenbezogenen Daten entscheidet;
8. »Auftragsverarbeiter« eine natürliche oder juristische Person, Behörde, Einrichtung oder andere Stelle, die personenbezogene Daten im Auftrag des Verantwortlichen verarbeitet;
9. »Empfänger« eine natürliche oder juristische Person, Behörde, Einrichtung oder andere Stelle, der personenbezogene Daten offengelegt werden, unabhängig davon, ob es sich bei ihr um einen Dritten handelt oder nicht; Behörden, die im Rahmen eines bestimmten Untersuchungsauftrags nach dem Unionsrecht oder anderen Rechtsvorschriften personenbezogene Daten erhalten, gelten jedoch nicht als Empfänger; die Verarbeitung dieser Daten durch die genannten Behörden erfolgt im Einklang mit den geltenden Datenschutzvorschriften gemäß den Zwecken der Verarbeitung;
10. »Verletzung des Schutzes personenbezogener Daten« eine Verletzung der Sicherheit, die zur unbeabsichtigten oder unrechtmäßigen Vernichtung, zum Verlust, zur Veränderung oder zur unbefugten Offenlegung von oder zum unbefugten Zugang zu personenbezogenen Daten geführt hat, die verarbeitet wurden;
11. »genetische Daten« personenbezogene Daten zu den ererbten oder erworbenen genetischen Eigenschaften einer natürlichen Person, die eindeutige Informationen über die Physiologie oder die Gesundheit dieser Person liefern, insbesondere solche, die aus der Analyse einer biologischen Probe der Person gewonnen wurden;
12. »biometrische Daten« mit speziellen technischen Verfahren gewonnene personenbezogene Daten zu den physischen, physiologischen oder verhaltenstypischen Merkmalen einer natürlichen Person, die die eindeutige Identifizierung dieser natürlichen Person ermöglichen oder bestätigen, insbesondere Gesichtsbilder oder daktyloskopische Daten;

13. »Gesundheitsdaten« personenbezogene Daten, die sich auf die körperliche oder geistige Gesundheit einer natürlichen Person, einschließlich der Erbringung von Gesundheitsdienstleistungen, beziehen und aus denen Informationen über deren Gesundheitszustand hervorgehen;
14. »besondere Kategorien personenbezogener Daten«
    a) Daten, aus denen die rassische oder ethnische Herkunft, politische Meinungen, religiöse oder weltanschauliche Überzeugungen oder die Gewerkschaftszugehörigkeit hervorgehen,
    b) genetische Daten,
    c) biometrische Daten zur eindeutigen Identifizierung einer natürlichen Person,
    d) Gesundheitsdaten und
    e) Daten zum Sexualleben oder zur sexuellen Orientierung;
15. »Aufsichtsbehörde« eine von einem Mitgliedstaat gemäß Artikel 41 der Richtlinie (EU) 2016/680 eingerichtete unabhängige staatliche Stelle;
16. »internationale Organisation« eine völkerrechtliche Organisation und ihre nachgeordneten Stellen sowie jede sonstige Einrichtung, die durch eine von zwei oder mehr Staaten geschlossene Übereinkunft oder auf der Grundlage einer solchen Übereinkunft geschaffen wurde;
17. »Einwilligung« jede freiwillig für den bestimmten Fall, in informierter Weise und unmissverständlich abgegebene Willensbekundung in Form einer Erklärung oder einer sonstigen eindeutigen bestätigenden Handlung, mit der die betroffene Person zu verstehen gibt, dass sie mit der Verarbeitung der sie betreffenden personenbezogenen Daten einverstanden ist.

§ 47 Allgemeine Grundsätze für die Verarbeitung personenbezogener Daten

Personenbezogene Daten müssen

1. auf rechtmäßige Weise und nach Treu und Glauben verarbeitet werden,
2. für festgelegte, eindeutige und rechtmäßige Zwecke erhoben und nicht in einer mit diesen Zwecken nicht zu vereinbarenden Weise verarbeitet werden,
3. dem Verarbeitungszweck entsprechen, für das Erreichen des Verarbeitungszwecks erforderlich sein und ihre Verarbeitung nicht außer Verhältnis zu diesem Zweck stehen,
4. sachlich richtig und erforderlichenfalls auf dem neuesten Stand sein; dabei sind alle angemessenen Maßnahmen zu treffen, damit personenbezogene Daten, die im Hinblick auf die Zwecke ihrer Verarbeitung unrichtig sind, unverzüglich gelöscht oder berichtigt werden,
5. nicht länger als es für die Zwecke, für die sie verarbeitet werden, erforderlich ist, in einer Form gespeichert werden, die die Identifizierung der betroffenen Personen ermöglicht, und
6. in einer Weise verarbeitet werden, die eine angemessene Sicherheit der personenbezogenen Daten gewährleistet; hierzu gehört auch ein durch geeignete technische und organisatorische Maßnahmen zu gewährleistender Schutz vor unbefugter oder unrechtmäßiger Verarbeitung, unbeabsichtigtem Verlust, unbeabsichtigter Zerstörung oder unbeabsichtigter Schädigung.

Kapitel 2
Rechtsgrundlagen der Verarbeitung personenbezogener Daten

§ 48 Verarbeitung besonderer Kategorien personenbezogener Daten

(1) Die Verarbeitung besonderer Kategorien personenbezogener Daten ist nur zulässig, wenn sie zur Aufgabenerfüllung unbedingt erforderlich ist.

(2) Werden besondere Kategorien personenbezogener Daten verarbeitet, sind geeignete Garantien für die Rechtsgüter der betroffenen Personen vorzusehen. Geeignete Garantien können insbesondere sein

1. spezifische Anforderungen an die Datensicherheit oder die Datenschutzkontrolle,
2. die Festlegung von besonderen Aussonderungsprüffristen,
3. die Sensibilisierung der an Verarbeitungsvorgängen Beteiligten,
4. die Beschränkung des Zugangs zu den personenbezogenen Daten innerhalb der verantwortlichen Stelle,
5. die von anderen Daten getrennte Verarbeitung,
6. die Pseudonymisierung personenbezogener Daten,
7. die Verschlüsselung personenbezogener Daten oder
8. spezifische Verfahrensregelungen, die im Fall einer Übermittlung oder Verarbeitung für andere Zwecke die Rechtmäßigkeit der Verarbeitung sicherstellen.

§ 49 Verarbeitung zu anderen Zwecken

Eine Verarbeitung personenbezogener Daten zu einem anderen Zweck als zu demjenigen, zu dem sie erhoben wurden, ist zulässig, wenn es sich bei dem anderen Zweck um einen der in § 45 genannten Zwecke handelt, der Verantwortliche befugt ist, Daten zu diesem Zweck zu verarbeiten, und die Verarbeitung zu diesem Zweck erforderlich und verhältnismäßig ist. Die Verarbeitung personenbezogener Daten zu einem anderen, in § 45 nicht genannten Zweck ist zulässig, wenn sie in einer Rechtsvorschrift vorgesehen ist.

§ 50 Verarbeitung zu archivarischen, wissenschaftlichen und statistischen Zwecken

Personenbezogene Daten dürfen im Rahmen der in § 45 genannten Zwecke in archivarischer, wissenschaftlicher oder statistischer Form verarbeitet werden, wenn hieran ein öffentliches Interesse besteht und geeignete Garantien für die Rechtsgüter der betroffenen Personen vorgesehen werden. Solche Garantien können in einer so zeitnah wie möglich erfolgenden Anonymisierung der personenbezogenen Daten, in Vorkehrungen gegen ihre unbefugte Kenntnisnahme durch Dritte oder in ihrer räumlich und organisatorisch von den sonstigen Fachaufgaben getrennten Verarbeitung bestehen.

§ 51 Einwilligung

(1) Soweit die Verarbeitung personenbezogener Daten nach einer Rechtsvorschrift auf der Grundlage einer Einwilligung erfolgen kann, muss der Verantwortliche die Einwilligung der betroffenen Person nachweisen können.
(2) Erfolgt die Einwilligung der betroffenen Person durch eine schriftliche Erklärung, die noch andere Sachverhalte betrifft, muss das Ersuchen um Einwilligung in verständlicher und leicht zugänglicher Form in einer klaren und einfachen Sprache so erfolgen, dass es von den anderen Sachverhalten klar zu unterscheiden ist.
(3) Die betroffene Person hat das Recht, ihre Einwilligung jederzeit zu widerrufen. Durch den Widerruf der Einwilligung wird die Rechtmäßigkeit der aufgrund der Einwilligung bis zum Widerruf erfolgten Verarbeitung nicht berührt. Die betroffene Person ist vor Abgabe der Einwilligung hiervon in Kenntnis zu setzen.
(4) Die Einwilligung ist nur wirksam, wenn sie auf der freien Entscheidung der betroffenen Person beruht. Bei der Beurteilung, ob die Einwilligung freiwillig erteilt wurde, müssen die Umstände der Erteilung berücksichtigt werden. Die betroffene Person ist auf den vorgesehenen Zweck der Verarbeitung hinzuweisen. Ist dies nach den Umständen des Einzelfalles erforderlich oder verlangt die betroffene Person dies, ist sie auch über die Folgen der Verweigerung der Einwilligung zu belehren.
(5) Soweit besondere Kategorien personenbezogener Daten verarbeitet werden, muss sich die Einwilligung ausdrücklich auf diese Daten beziehen.

§ 52 Verarbeitung auf Weisung des Verantwortlichen

Jede einem Verantwortlichen oder einem Auftragsverarbeiter unterstellte Person, die Zugang zu personenbezogenen Daten hat, darf diese Daten ausschließlich auf Weisung des Verantwortlichen verarbeiten, es sei denn, dass sie nach einer Rechtsvorschrift zur Verarbeitung verpflichtet ist.

§ 53 Datengeheimnis

Mit Datenverarbeitung befasste Personen dürfen personenbezogene Daten nicht unbefugt verarbeiten (Datengeheimnis). Sie sind bei der Aufnahme ihrer Tätigkeit auf das Datengeheimnis zu verpflichten. Das Datengeheimnis besteht auch nach der Beendigung ihrer Tätigkeit fort.

§ 54 Automatisierte Einzelentscheidung

(1) Eine ausschließlich auf einer automatischen Verarbeitung beruhende Entscheidung, die mit einer nachteiligen Rechtsfolge für die betroffene Person verbunden ist oder sie erheblich beeinträchtigt, ist nur zulässig, wenn sie in einer Rechtsvorschrift vorgesehen ist.
(2) Entscheidungen nach Absatz 1 dürfen nicht auf besonderen Kategorien personenbezogener Daten beruhen, sofern nicht geeignete Maßnahmen zum Schutz der Rechtsgüter sowie der berechtigten Interessen der betroffenen Personen getroffen wurden.

(3) Profiling, das zur Folge hat, dass betroffene Personen auf der Grundlage von besonderen Kategorien personenbezogener Daten diskriminiert werden, ist verboten.

Kapitel 3
Rechte der betroffenen Person

§ 55 Allgemeine Informationen zu Datenverarbeitungen

Der Verantwortliche hat in allgemeiner Form und für jedermann zugänglich Informationen zur Verfügung zu stellen über

1. die Zwecke der von ihm vorgenommenen Verarbeitungen,
2. die im Hinblick auf die Verarbeitung ihrer personenbezogenen Daten bestehenden Rechte der betroffenen Personen auf Auskunft, Berichtigung, Löschung und Einschränkung der Verarbeitung,
3. den Namen und die Kontaktdaten des Verantwortlichen und der oder des Datenschutzbeauftragten,
4. das Recht, die Bundesbeauftragte oder den Bundesbeauftragten anzurufen, und
5. die Erreichbarkeit der oder des Bundesbeauftragten.

§ 56 Benachrichtigung betroffener Personen

(1) Ist die Benachrichtigung betroffener Personen über die Verarbeitung sie betreffender personenbezogener Daten in speziellen Rechtsvorschriften, insbesondere bei verdeckten Maßnahmen, vorgesehen oder angeordnet, so hat diese Benachrichtigung zumindest die folgenden Angaben zu enthalten:

1. die in § 55 genannten Angaben,
2. die Rechtsgrundlage der Verarbeitung,
3. die für die Daten geltende Speicherdauer oder, falls dies nicht möglich ist, die Kriterien für die Festlegung dieser Dauer,
4. gegebenenfalls die Kategorien von Empfängern der personenbezogenen Daten sowie
5. erforderlichenfalls weitere Informationen, insbesondere, wenn die personenbezogenen Daten ohne Wissen der betroffenen Person erhoben wurden.

(2) In den Fällen des Absatzes 1 kann der Verantwortliche die Benachrichtigung insoweit und solange aufschieben, einschränken oder unterlassen, wie andernfalls

1. die Erfüllung der in § 45 genannten Aufgaben,
2. die öffentliche Sicherheit oder
3. Rechtsgüter Dritter

gefährdet würden, wenn das Interesse an der Vermeidung dieser Gefahren das Informationsinteresse der betroffenen Person überwiegt.

(3) Bezieht sich die Benachrichtigung auf die Übermittlung personenbezogener Daten an Verfassungsschutzbehörden, den Bundesnachrichtendienst, den Militärischen Abschirmdienst und, soweit die Sicherheit des Bundes berührt wird, andere Behörden des

Bundesministeriums der Verteidigung, ist sie nur mit Zustimmung dieser Stellen zulässig.

(4) Im Fall der Einschränkung nach Absatz 2 gilt § 57 Absatz 7 entsprechend.

§ 57 Auskunftsrecht

(1) Der Verantwortliche hat betroffenen Personen auf Antrag Auskunft darüber zu erteilen, ob er sie betreffende Daten verarbeitet. Betroffene Personen haben darüber hinaus das Recht, Informationen zu erhalten über

1. die personenbezogenen Daten, die Gegenstand der Verarbeitung sind, und die Kategorie, zu der sie gehören,
2. die verfügbaren Informationen über die Herkunft der Daten,
3. die Zwecke der Verarbeitung und deren Rechtsgrundlage,
4. die Empfänger oder die Kategorien von Empfängern, gegenüber denen die Daten offengelegt worden sind, insbesondere bei Empfängern in Drittstaaten oder bei internationalen Organisationen,
5. die für die Daten geltende Speicherdauer oder, falls dies nicht möglich ist, die Kriterien für die Festlegung dieser Dauer,
6. das Bestehen eines Rechts auf Berichtigung, Löschung oder Einschränkung der Verarbeitung der Daten durch den Verantwortlichen,
7. das Recht nach § 60, die Bundesbeauftragte oder den Bundesbeauftragten anzurufen, sowie
8. Angaben zur Erreichbarkeit der oder des Bundesbeauftragten.

(2) Absatz 1 gilt nicht für personenbezogene Daten, die nur deshalb verarbeitet werden, weil sie aufgrund gesetzlicher Aufbewahrungsvorschriften nicht gelöscht werden dürfen oder die ausschließlich Zwecken der Datensicherung oder der Datenschutzkontrolle dienen, wenn die Auskunftserteilung einen unverhältnismäßigen Aufwand erfordern würde und eine Verarbeitung zu anderen Zwecken durch geeignete technische und organisatorische Maßnahmen ausgeschlossen ist.

(3) Von der Auskunftserteilung ist abzusehen, wenn die betroffene Person keine Angaben macht, die das Auffinden der Daten ermöglichen, und deshalb der für die Erteilung der Auskunft erforderliche Aufwand außer Verhältnis zu dem von der betroffenen Person geltend gemachten Informationsinteresse steht.

(4) Der Verantwortliche kann unter den Voraussetzungen des § 56 Absatz 2 von der Auskunft nach Absatz 1 Satz 1 absehen oder die Auskunftserteilung nach Absatz 1 Satz 2 teilweise oder vollständig einschränken.

(5) Bezieht sich die Auskunftserteilung auf die Übermittlung personenbezogener Daten an Verfassungsschutzbehörden, den Bundesnachrichtendienst, den Militärischen Abschirmdienst und, soweit die Sicherheit des Bundes berührt wird, andere Behörden des Bundesministeriums der Verteidigung, ist sie nur mit Zustimmung dieser Stellen zulässig.

(6) Der Verantwortliche hat die betroffene Person über das Absehen von oder die Einschränkung einer Auskunft unverzüglich schriftlich zu unterrichten. Dies gilt nicht, wenn bereits die Erteilung dieser Informationen eine Gefährdung im Sinne des § 56 Absatz 2 mit sich bringen würde. Die Unterrichtung nach Satz 1 ist zu begründen, es sei denn, dass

die Mitteilung der Gründe den mit dem Absehen von oder der Einschränkung der Auskunft verfolgten Zweck gefährden würde.
(7) Wird die betroffene Person nach Absatz 6 über das Absehen von oder die Einschränkung der Auskunft unterrichtet, kann sie ihr Auskunftsrecht auch über die Bundesbeauftragte oder den Bundesbeauftragten ausüben. Der Verantwortliche hat die betroffene Person über diese Möglichkeit sowie darüber zu unterrichten, dass sie gemäß § 60 die Bundesbeauftragte oder den Bundesbeauftragten anrufen oder gerichtlichen Rechtsschutz suchen kann. Macht die betroffene Person von ihrem Recht nach Satz 1 Gebrauch, ist die Auskunft auf ihr Verlangen der oder dem Bundesbeauftragten zu erteilen, soweit nicht die zuständige oberste Bundesbehörde im Einzelfall feststellt, dass dadurch die Sicherheit des Bundes oder eines Landes gefährdet würde. Die oder der Bundesbeauftragte hat die betroffene Person zumindest darüber zu unterrichten, dass alle erforderlichen Prüfungen erfolgt sind oder eine Überprüfung durch sie stattgefunden hat. Diese Mitteilung kann die Information enthalten, ob datenschutzrechtliche Verstöße festgestellt wurden. Die Mitteilung der oder des Bundesbeauftragten an die betroffene Person darf keine Rückschlüsse auf den Erkenntnisstand des Verantwortlichen zulassen, sofern dieser keiner weitergehenden Auskunft zustimmt. Der Verantwortliche darf die Zustimmung nur insoweit und solange verweigern, wie er nach Absatz 4 von einer Auskunft absehen oder sie einschränken könnte. Die oder der Bundesbeauftragte hat zudem die betroffene Person über ihr Recht auf gerichtlichen Rechtsschutz zu unterrichten.
(8) Der Verantwortliche hat die sachlichen oder rechtlichen Gründe für die Entscheidung zu dokumentieren.

§ 58 Rechte auf Berichtigung und Löschung sowie Einschränkung der Verarbeitung

(1) Die betroffene Person hat das Recht, von dem Verantwortlichen unverzüglich die Berichtigung sie betreffender unrichtiger Daten zu verlangen. Insbesondere im Fall von Aussagen oder Beurteilungen betrifft die Frage der Richtigkeit nicht den Inhalt der Aussage oder Beurteilung. Wenn die Richtigkeit oder Unrichtigkeit der Daten nicht festgestellt werden kann, tritt an die Stelle der Berichtigung eine Einschränkung der Verarbeitung. In diesem Fall hat der Verantwortliche die betroffene Person zu unterrichten, bevor er die Einschränkung wieder aufhebt. Die betroffene Person kann zudem die Vervollständigung unvollständiger personenbezogener Daten verlangen, wenn dies unter Berücksichtigung der Verarbeitungszwecke angemessen ist.
(2) Die betroffene Person hat das Recht, von dem Verantwortlichen unverzüglich die Löschung sie betreffender Daten zu verlangen, wenn deren Verarbeitung unzulässig ist, deren Kenntnis für die Aufgabenerfüllung nicht mehr erforderlich ist oder diese zur Erfüllung einer rechtlichen Verpflichtung gelöscht werden müssen.
(3) Anstatt die personenbezogenen Daten zu löschen, kann der Verantwortliche deren Verarbeitung einschränken, wenn

1. Grund zu der Annahme besteht, dass eine Löschung schutzwürdige Interessen einer betroffenen Person beeinträchtigen würde,
2. die Daten zu Beweiszwecken in Verfahren, die Zwecken des § 45 dienen, weiter aufbewahrt werden müssen oder

3. eine Löschung wegen der besonderen Art der Speicherung nicht oder nur mit unverhältnismäßigem Aufwand möglich ist.

In ihrer Verarbeitung nach Satz 1 eingeschränkte Daten dürfen nur zu dem Zweck verarbeitet werden, der ihrer Löschung entgegenstand.

(4) Bei automatisierten Dateisystemen ist technisch sicherzustellen, dass eine Einschränkung der Verarbeitung eindeutig erkennbar ist und eine Verarbeitung für andere Zwecke nicht ohne weitere Prüfung möglich ist.

(5) Hat der Verantwortliche eine Berichtigung vorgenommen, hat er einer Stelle, die ihm die personenbezogenen Daten zuvor übermittelt hat, die Berichtigung mitzuteilen. In Fällen der Berichtigung, Löschung oder Einschränkung der Verarbeitung nach den Absätzen 1 bis 3 hat der Verantwortliche Empfängern, denen die Daten übermittelt wurden, diese Maßnahmen mitzuteilen. Der Empfänger hat die Daten zu berichtigen, zu löschen oder ihre Verarbeitung einzuschränken.

(6) Der Verantwortliche hat die betroffene Person über ein Absehen von der Berichtigung oder Löschung personenbezogener Daten oder über die an deren Stelle tretende Einschränkung der Verarbeitung schriftlich zu unterrichten. Dies gilt nicht, wenn bereits die Erteilung dieser Informationen eine Gefährdung im Sinne des § 56 Absatz 2 mit sich bringen würde. Die Unterrichtung nach Satz 1 ist zu begründen, es sei denn, dass die Mitteilung der Gründe den mit dem Absehen von der Unterrichtung verfolgten Zweck gefährden würde.

(7) § 57 Absatz 7 und 8 findet entsprechende Anwendung.

§ 59 Verfahren für die Ausübung der Rechte der betroffenen Person

(1) Der Verantwortliche hat mit betroffenen Personen unter Verwendung einer klaren und einfachen Sprache in präziser, verständlicher und leicht zugänglicher Form zu kommunizieren. Unbeschadet besonderer Formvorschriften soll er bei der Beantwortung von Anträgen grundsätzlich die für den Antrag gewählte Form verwenden.

(2) Bei Anträgen hat der Verantwortliche die betroffene Person unbeschadet des § 57 Absatz 6 und des § 58 Absatz 6 unverzüglich schriftlich darüber in Kenntnis zu setzen, wie verfahren wurde.

(3) Die Erteilung von Informationen nach § 55, die Benachrichtigungen nach den §§ 56 und 66 und die Bearbeitung von Anträgen nach den §§ 57 und 58 erfolgen unentgeltlich. Bei offenkundig unbegründeten oder exzessiven Anträgen nach den §§ 57 und 58 kann der Verantwortliche entweder eine angemessene Gebühr auf der Grundlage der Verwaltungskosten verlangen oder sich weigern, aufgrund des Antrags tätig zu werden. In diesem Fall muss der Verantwortliche den offenkundig unbegründeten oder exzessiven Charakter des Antrags belegen können.

(4) Hat der Verantwortliche begründete Zweifel an der Identität einer betroffenen Person, die einen Antrag nach den §§ 57 oder 58 gestellt hat, kann er von ihr zusätzliche Informationen anfordern, die zur Bestätigung ihrer Identität erforderlich sind.

§ 60 Anrufung der oder des Bundesbeauftragten

(1) Jede betroffene Person kann sich unbeschadet anderweitiger Rechtsbehelfe mit einer Beschwerde an die Bundesbeauftragte oder den Bundesbeauftragten wenden, wenn sie der Auffassung ist, bei der Verarbeitung ihrer personenbezogenen Daten durch öffentliche Stellen zu den in § 45 genannten Zwecken in ihren Rechten verletzt worden zu sein. Dies gilt nicht für die Verarbeitung von personenbezogenen Daten durch Gerichte, soweit diese die Daten im Rahmen ihrer justiziellen Tätigkeit verarbeitet haben. Die oder der Bundesbeauftragte hat die betroffene Person über den Stand und das Ergebnis der Beschwerde zu unterrichten und sie hierbei auf die Möglichkeit gerichtlichen Rechtsschutzes nach § 61 hinzuweisen.
(2) Die oder der Bundesbeauftragte hat eine bei ihr oder ihm eingelegte Beschwerde über eine Verarbeitung, die in die Zuständigkeit einer Aufsichtsbehörde in einem anderen Mitgliedstaat der Europäischen Union fällt, unverzüglich an die zuständige Aufsichtsbehörde des anderen Staates weiterzuleiten. Sie oder er hat in diesem Fall die betroffene Person über die Weiterleitung zu unterrichten und ihr auf deren Ersuchen weitere Unterstützung zu leisten.

§ 61 Rechtsschutz gegen Entscheidungen der oder des Bundesbeauftragten oder bei deren oder dessen Untätigkeit

(1) Jede natürliche oder juristische Person kann unbeschadet anderer Rechtsbehelfe gerichtlich gegen eine verbindliche Entscheidung der oder des Bundesbeauftragten vorgehen.
(2) Absatz 1 gilt entsprechend zugunsten betroffener Personen, wenn sich die oder der Bundesbeauftragte mit einer Beschwerde nach § 60 nicht befasst oder die betroffene Person nicht innerhalb von drei Monaten nach Einlegung der Beschwerde über den Stand oder das Ergebnis der Beschwerde in Kenntnis gesetzt hat.

Kapitel 4
Pflichten der Verantwortlichen und Auftragsverarbeiter

§ 62 Auftragsverarbeitung

(1) Werden personenbezogene Daten im Auftrag eines Verantwortlichen durch andere Personen oder Stellen verarbeitet, hat der Verantwortliche für die Einhaltung der Vorschriften dieses Gesetzes und anderer Vorschriften über den Datenschutz zu sorgen. Die Rechte der betroffenen Personen auf Auskunft, Berichtigung, Löschung, Einschränkung der Verarbeitung und Schadensersatz sind in diesem Fall gegenüber dem Verantwortlichen geltend zu machen.
(2) Ein Verantwortlicher darf nur solche Auftragsverarbeiter mit der Verarbeitung personenbezogener Daten beauftragen, die mit geeigneten technischen und organisatorischen Maßnahmen sicherstellen, dass die Verarbeitung im Einklang mit den gesetzlichen Anforderungen erfolgt und der Schutz der Rechte der betroffenen Personen gewährleistet wird.

(3) Auftragsverarbeiter dürfen ohne vorherige schriftliche Genehmigung des Verantwortlichen keine weiteren Auftragsverarbeiter hinzuziehen. Hat der Verantwortliche dem Auftragsverarbeiter eine allgemeine Genehmigung zur Hinzuziehung weiterer Auftragsverarbeiter erteilt, hat der Auftragsverarbeiter den Verantwortlichen über jede beabsichtigte Hinzuziehung oder Ersetzung zu informieren. Der Verantwortliche kann in diesem Fall die Hinzuziehung oder Ersetzung untersagen.

(4) Zieht ein Auftragsverarbeiter einen weiteren Auftragsverarbeiter hinzu, so hat er diesem dieselben Verpflichtungen aus seinem Vertrag mit dem Verantwortlichen nach Absatz 5 aufzuerlegen, die auch für ihn gelten, soweit diese Pflichten für den weiteren Auftragsverarbeiter nicht schon aufgrund anderer Vorschriften verbindlich sind. Erfüllt ein weiterer Auftragsverarbeiter diese Verpflichtungen nicht, so haftet der ihn beauftragende Auftragsverarbeiter gegenüber dem Verantwortlichen für die Einhaltung der Pflichten des weiteren Auftragsverarbeiters.

(5) Die Verarbeitung durch einen Auftragsverarbeiter hat auf der Grundlage eines Vertrags oder eines anderen Rechtsinstruments zu erfolgen, der oder das den Auftragsverarbeiter an den Verantwortlichen bindet und der oder das den Gegenstand, die Dauer, die Art und den Zweck der Verarbeitung, die Art der personenbezogenen Daten, die Kategorien betroffener Personen und die Rechte und Pflichten des Verantwortlichen festlegt. Der Vertrag oder das andere Rechtsinstrument haben insbesondere vorzusehen, dass der Auftragsverarbeiter

1. nur auf dokumentierte Weisung des Verantwortlichen handelt; ist der Auftragsverarbeiter der Auffassung, dass eine Weisung rechtswidrig ist, hat er den Verantwortlichen unverzüglich zu informieren;
2. gewährleistet, dass die zur Verarbeitung der personenbezogenen Daten befugten Personen zur Vertraulichkeit verpflichtet werden, soweit sie keiner angemessenen gesetzlichen Verschwiegenheitspflicht unterliegen;
3. den Verantwortlichen mit geeigneten Mitteln dabei unterstützt, die Einhaltung der Bestimmungen über die Rechte der betroffenen Person zu gewährleisten;
4. alle personenbezogenen Daten nach Abschluss der Erbringung der Verarbeitungsleistungen nach Wahl des Verantwortlichen zurückgibt oder löscht und bestehende Kopien vernichtet, wenn nicht nach einer Rechtsvorschrift eine Verpflichtung zur Speicherung der Daten besteht;
5. dem Verantwortlichen alle erforderlichen Informationen, insbesondere die gemäß § 76 erstellten Protokolle, zum Nachweis der Einhaltung seiner Pflichten zur Verfügung stellt;
6. Überprüfungen, die von dem Verantwortlichen oder einem von diesem beauftragten Prüfer durchgeführt werden, ermöglicht und dazu beiträgt;
7. die in den Absätzen 3 und 4 aufgeführten Bedingungen für die Inanspruchnahme der Dienste eines weiteren Auftragsverarbeiters einhält;
8. alle gemäß § 64 erforderlichen Maßnahmen ergreift und
9. unter Berücksichtigung der Art der Verarbeitung und der ihm zur Verfügung stehenden Informationen den Verantwortlichen bei der Einhaltung der in den §§ 64 bis 67 und § 69 genannten Pflichten unterstützt.

(6) Der Vertrag im Sinne des Absatzes 5 ist schriftlich oder elektronisch abzufassen.

(7) Ein Auftragsverarbeiter, der die Zwecke und Mittel der Verarbeitung unter Verstoß gegen diese Vorschrift bestimmt, gilt in Bezug auf diese Verarbeitung als Verantwortlicher.

§ 63 Gemeinsam Verantwortliche

Legen zwei oder mehr Verantwortliche gemeinsam die Zwecke und die Mittel der Verarbeitung fest, gelten sie als gemeinsam Verantwortliche. Gemeinsam Verantwortliche haben ihre jeweiligen Aufgaben und datenschutzrechtlichen Verantwortlichkeiten in transparenter Form in einer Vereinbarung festzulegen, soweit diese nicht bereits in Rechtsvorschriften festgelegt sind. Aus der Vereinbarung muss insbesondere hervorgehen, wer welchen Informationspflichten nachzukommen hat und wie und gegenüber wem betroffene Personen ihre Rechte wahrnehmen können. Eine entsprechende Vereinbarung hindert die betroffene Person nicht, ihre Rechte gegenüber jedem der gemeinsam Verantwortlichen geltend zu machen.

§ 64 Anforderungen an die Sicherheit der Datenverarbeitung

(1) Der Verantwortliche und der Auftragsverarbeiter haben unter Berücksichtigung des Stands der Technik, der Implementierungskosten, der Art, des Umfangs, der Umstände und der Zwecke der Verarbeitung sowie der Eintrittswahrscheinlichkeit und der Schwere der mit der Verarbeitung verbundenen Gefahren für die Rechtsgüter der betroffenen Personen die erforderlichen technischen und organisatorischen Maßnahmen zu treffen, um bei der Verarbeitung personenbezogener Daten ein dem Risiko angemessenes Schutzniveau zu gewährleisten, insbesondere im Hinblick auf die Verarbeitung besonderer Kategorien personenbezogener Daten. Der Verantwortliche hat hierbei die einschlägigen Technischen Richtlinien und Empfehlungen des Bundesamtes für Sicherheit in der Informationstechnik zu berücksichtigen.

(2) Die in Absatz 1 genannten Maßnahmen können unter anderem die Pseudonymisierung und Verschlüsselung personenbezogener Daten umfassen, soweit solche Mittel in Anbetracht der Verarbeitungszwecke möglich sind. Die Maßnahmen nach Absatz 1 sollen dazu führen, dass

1. die Vertraulichkeit, Integrität, Verfügbarkeit und Belastbarkeit der Systeme und Dienste im Zusammenhang mit der Verarbeitung auf Dauer sichergestellt werden und
2. die Verfügbarkeit der personenbezogenen Daten und der Zugang zu ihnen bei einem physischen oder technischen Zwischenfall rasch wiederhergestellt werden können.

(3) Im Fall einer automatisierten Verarbeitung haben der Verantwortliche und der Auftragsverarbeiter nach einer Risikobewertung Maßnahmen zu ergreifen, die Folgendes bezwecken:

1. Verwehrung des Zugangs zu Verarbeitungsanlagen, mit denen die Verarbeitung durchgeführt wird, für Unbefugte (Zugangskontrolle),
2. Verhinderung des unbefugten Lesens, Kopierens, Veränderns oder Löschens von Datenträgern (Datenträgerkontrolle),

3. Verhinderung der unbefugten Eingabe von personenbezogenen Daten sowie der unbefugten Kenntnisnahme, Veränderung und Löschung von gespeicherten personenbezogenen Daten (Speicherkontrolle),
4. Verhinderung der Nutzung automatisierter Verarbeitungssysteme mit Hilfe von Einrichtungen zur Datenübertragung durch Unbefugte (Benutzerkontrolle),
5. Gewährleistung, dass die zur Benutzung eines automatisierten Verarbeitungssystems Berechtigten ausschließlich zu den von ihrer Zugangsberechtigung umfassten personenbezogenen Daten Zugang haben (Zugriffskontrolle),
6. Gewährleistung, dass überprüft und festgestellt werden kann, an welche Stellen personenbezogene Daten mit Hilfe von Einrichtungen zur Datenübertragung übermittelt oder zur Verfügung gestellt wurden oder werden können (Übertragungskontrolle),
7. Gewährleistung, dass nachträglich überprüft und festgestellt werden kann, welche personenbezogenen Daten zu welcher Zeit und von wem in automatisierte Verarbeitungssysteme eingegeben oder verändert worden sind (Eingabekontrolle),
8. Gewährleistung, dass bei der Übermittlung personenbezogener Daten sowie beim Transport von Datenträgern die Vertraulichkeit und Integrität der Daten geschützt werden (Transportkontrolle),
9. Gewährleistung, dass eingesetzte Systeme im Störungsfall wiederhergestellt werden können (Wiederherstellbarkeit),
10. Gewährleistung, dass alle Funktionen des Systems zur Verfügung stehen und auftretende Fehlfunktionen gemeldet werden (Zuverlässigkeit),
11. Gewährleistung, dass gespeicherte personenbezogene Daten nicht durch Fehlfunktionen des Systems beschädigt werden können (Datenintegrität),
12. Gewährleistung, dass personenbezogene Daten, die im Auftrag verarbeitet werden, nur entsprechend den Weisungen des Auftraggebers verarbeitet werden können (Auftragskontrolle),
13. Gewährleistung, dass personenbezogene Daten gegen Zerstörung oder Verlust geschützt sind (Verfügbarkeitskontrolle),
14. Gewährleistung, dass zu unterschiedlichen Zwecken erhobene personenbezogene Daten getrennt verarbeitet werden können (Trennbarkeit).

Ein Zweck nach Satz 1 Nummer 2 bis 5 kann insbesondere durch die Verwendung von dem Stand der Technik entsprechenden Verschlüsselungsverfahren erreicht werden.

§ 65 Meldung von Verletzungen des Schutzes personenbezogener Daten an die oder den Bundesbeauftragten

(1) Der Verantwortliche hat eine Verletzung des Schutzes personenbezogener Daten unverzüglich und möglichst innerhalb von 72 Stunden, nachdem sie ihm bekannt geworden ist, der oder dem Bundesbeauftragten zu melden, es sei denn, dass die Verletzung voraussichtlich keine Gefahr für die Rechtsgüter natürlicher Personen mit sich gebracht hat. Erfolgt die Meldung an die Bundesbeauftragte oder den Bundesbeauftragten nicht innerhalb von 72 Stunden, so ist die Verzögerung zu begründen.

(2) Ein Auftragsverarbeiter hat eine Verletzung des Schutzes personenbezogener Daten unverzüglich dem Verantwortlichen zu melden.

(3) Die Meldung nach Absatz 1 hat zumindest folgende Informationen zu enthalten:
1. eine Beschreibung der Art der Verletzung des Schutzes personenbezogener Daten, die, soweit möglich, Angaben zu den Kategorien und der ungefähren Anzahl der betroffenen Personen, zu den betroffenen Kategorien personenbezogener Daten und zu der ungefähren Anzahl der betroffenen personenbezogenen Datensätze zu enthalten hat,
2. den Namen und die Kontaktdaten der oder des Datenschutzbeauftragten oder einer sonstigen Person oder Stelle, die weitere Informationen erteilen kann,
3. eine Beschreibung der wahrscheinlichen Folgen der Verletzung und
4. eine Beschreibung der von dem Verantwortlichen ergriffenen oder vorgeschlagenen Maßnahmen zur Behandlung der Verletzung und der getroffenen Maßnahmen zur Abmilderung ihrer möglichen nachteiligen Auswirkungen.

(4) Wenn die Informationen nach Absatz 3 nicht zusammen mit der Meldung übermittelt werden können, hat der Verantwortliche sie unverzüglich nachzureichen, sobald sie ihm vorliegen.

(5) Der Verantwortliche hat Verletzungen des Schutzes personenbezogener Daten zu dokumentieren. Die Dokumentation hat alle mit den Vorfällen zusammenhängenden Tatsachen, deren Auswirkungen und die ergriffenen Abhilfemaßnahmen zu umfassen.

(6) Soweit von einer Verletzung des Schutzes personenbezogener Daten personenbezogene Daten betroffen sind, die von einem oder an einen Verantwortlichen in einem anderen Mitgliedstaat der Europäischen Union übermittelt wurden, sind die in Absatz 3 genannten Informationen dem dortigen Verantwortlichen unverzüglich zu übermitteln.

(7) § 42 Absatz 4 findet entsprechende Anwendung.

(8) Weitere Pflichten des Verantwortlichen zu Benachrichtigungen über Verletzungen des Schutzes personenbezogener Daten bleiben unberührt.

§ 66 Benachrichtigung betroffener Personen bei Verletzungen des Schutzes personenbezogener Daten

(1) Hat eine Verletzung des Schutzes personenbezogener Daten voraussichtlich eine erhebliche Gefahr für Rechtsgüter betroffener Personen zur Folge, so hat der Verantwortliche die betroffenen Personen unverzüglich über den Vorfall zu benachrichtigen.

(2) Die Benachrichtigung nach Absatz 1 hat in klarer und einfacher Sprache die Art der Verletzung des Schutzes personenbezogener Daten zu beschreiben und zumindest die in § 65 Absatz 3 Nummer 2 bis 4 genannten Informationen und Maßnahmen zu enthalten.

(3) Von der Benachrichtigung nach Absatz 1 kann abgesehen werden, wenn
1. der Verantwortliche geeignete technische und organisatorische Sicherheitsvorkehrungen getroffen hat und diese Vorkehrungen auf die von der Verletzung des Schutzes personenbezogener Daten betroffenen Daten angewandt wurden; dies gilt insbesondere für Vorkehrungen wie Verschlüsselungen, durch die die Daten für unbefugte Personen unzugänglich gemacht wurden;
2. der Verantwortliche durch im Anschluss an die Verletzung getroffene Maßnahmen sichergestellt hat, dass aller Wahrscheinlichkeit nach keine erhebliche Gefahr im Sinne des Absatzes 1 mehr besteht, oder

3. dies mit einem unverhältnismäßigen Aufwand verbunden wäre; in diesem Fall hat stattdessen eine öffentliche Bekanntmachung oder eine ähnliche Maßnahme zu erfolgen, durch die die betroffenen Personen vergleichbar wirksam informiert werden.

(4) Wenn der Verantwortliche die betroffenen Personen über eine Verletzung des Schutzes personenbezogener Daten nicht benachrichtigt hat, kann die oder der Bundesbeauftragte förmlich feststellen, dass ihrer oder seiner Auffassung nach die in Absatz 3 genannten Voraussetzungen nicht erfüllt sind. Hierbei hat sie oder er die Wahrscheinlichkeit zu berücksichtigen, dass die Verletzung eine erhebliche Gefahr im Sinne des Absatzes 1 zur Folge hat.

(5) Die Benachrichtigung der betroffenen Personen nach Absatz 1 kann unter den in § 56 Absatz 2 genannten Voraussetzungen aufgeschoben, eingeschränkt oder unterlassen werden, soweit nicht die Interessen der betroffenen Person aufgrund der von der Verletzung ausgehenden erheblichen Gefahr im Sinne des Absatzes 1 überwiegen.

(6) § 42 Absatz 4 findet entsprechende Anwendung.

§ 67 Durchführung einer Datenschutz-Folgenabschätzung

(1) Hat eine Form der Verarbeitung, insbesondere bei Verwendung neuer Technologien, aufgrund der Art, des Umfangs, der Umstände und der Zwecke der Verarbeitung voraussichtlich eine erhebliche Gefahr für die Rechtsgüter betroffener Personen zur Folge, so hat der Verantwortliche vorab eine Abschätzung der Folgen der vorgesehenen Verarbeitungsvorgänge für die betroffenen Personen durchzuführen.

(2) Für die Untersuchung mehrerer ähnlicher Verarbeitungsvorgänge mit ähnlich hohem Gefahrenpotential kann eine gemeinsame Datenschutz-Folgenabschätzung vorgenommen werden.

(3) Der Verantwortliche hat die Datenschutzbeauftragte oder den Datenschutzbeauftragten an der Durchführung der Folgenabschätzung zu beteiligen.

(4) Die Folgenabschätzung hat den Rechten der von der Verarbeitung betroffenen Personen Rechnung zu tragen und zumindest Folgendes zu enthalten:

1. eine systematische Beschreibung der geplanten Verarbeitungsvorgänge und der Zwecke der Verarbeitung,
2. eine Bewertung der Notwendigkeit und Verhältnismäßigkeit der Verarbeitungsvorgänge in Bezug auf deren Zweck,
3. eine Bewertung der Gefahren für die Rechtsgüter der betroffenen Personen und
4. die Maßnahmen, mit denen bestehenden Gefahren abgeholfen werden soll, einschließlich der Garantien, der Sicherheitsvorkehrungen und der Verfahren, durch die der Schutz personenbezogener Daten sichergestellt und die Einhaltung der gesetzlichen Vorgaben nachgewiesen werden sollen.

(5) Soweit erforderlich, hat der Verantwortliche eine Überprüfung durchzuführen, ob die Verarbeitung den Maßgaben folgt, die sich aus der Folgenabschätzung ergeben haben.

§ 68 Zusammenarbeit mit der oder dem Bundesbeauftragten

Der Verantwortliche hat mit der oder dem Bundesbeauftragten bei der Erfüllung ihrer oder seiner Aufgaben zusammenzuarbeiten.

§ 69 Anhörung der oder des Bundesbeauftragten

(1) Der Verantwortliche hat vor der Inbetriebnahme von neu anzulegenden Dateisystemen die Bundesbeauftragte oder den Bundesbeauftragten anzuhören, wenn

1. aus einer Datenschutz-Folgenabschätzung nach § 67 hervorgeht, dass die Verarbeitung eine erhebliche Gefahr für die Rechtsgüter der betroffenen Personen zur Folge hätte, wenn der Verantwortliche keine Abhilfemaßnahmen treffen würde, oder
2. die Form der Verarbeitung, insbesondere bei der Verwendung neuer Technologien, Mechanismen oder Verfahren, eine erhebliche Gefahr für die Rechtsgüter der betroffenen Personen zur Folge hat.

Die oder der Bundesbeauftragte kann eine Liste der Verarbeitungsvorgänge erstellen, die der Pflicht zur Anhörung nach Satz 1 unterliegen.

(2) Der oder dem Bundesbeauftragten sind im Fall des Absatzes 1 vorzulegen:

1. die nach § 67 durchgeführte Datenschutz-Folgenabschätzung,
2. gegebenenfalls Angaben zu den jeweiligen Zuständigkeiten des Verantwortlichen, der gemeinsam Verantwortlichen und der an der Verarbeitung beteiligten Auftragsverarbeiter,
3. Angaben zu den Zwecken und Mitteln der beabsichtigten Verarbeitung,
4. Angaben zu den zum Schutz der Rechtsgüter der betroffenen Personen vorgesehenen Maßnahmen und Garantien und
5. Name und Kontaktdaten der oder des Datenschutzbeauftragten.

Auf Anforderung sind ihr oder ihm zudem alle sonstigen Informationen zu übermitteln, die sie oder er benötigt, um die Rechtmäßigkeit der Verarbeitung sowie insbesondere die in Bezug auf den Schutz der personenbezogenen Daten der betroffenen Personen bestehenden Gefahren und die diesbezüglichen Garantien bewerten zu können.

(3) Falls die oder der Bundesbeauftragte der Auffassung ist, dass die geplante Verarbeitung gegen gesetzliche Vorgaben verstoßen würde, insbesondere weil der Verantwortliche das Risiko nicht ausreichend ermittelt oder keine ausreichenden Abhilfemaßnahmen getroffen hat, kann sie oder er dem Verantwortlichen und gegebenenfalls dem Auftragsverarbeiter innerhalb eines Zeitraums von sechs Wochen nach Einleitung der Anhörung schriftliche Empfehlungen unterbreiten, welche Maßnahmen noch ergriffen werden sollten. Die oder der Bundesbeauftragte kann diese Frist um einen Monat verlängern, wenn die geplante Verarbeitung besonders komplex ist. Sie oder er hat in diesem Fall innerhalb eines Monats nach Einleitung der Anhörung den Verantwortlichen und gegebenenfalls den Auftragsverarbeiter über die Fristverlängerung zu informieren.

(4) Hat die beabsichtigte Verarbeitung erhebliche Bedeutung für die Aufgabenerfüllung des Verantwortlichen und ist sie daher besonders dringlich, kann er mit der Verarbeitung nach Beginn der Anhörung, aber vor Ablauf der in Absatz 3 Satz 1 genannten Frist beginnen. In diesem Fall sind die Empfehlungen der oder des Bundesbeauftragten im Nachhinein zu berücksichtigen und sind die Art und Weise der Verarbeitung daraufhin gegebenenfalls anzupassen.

§ 70 Verzeichnis von Verarbeitungstätigkeiten

(1) Der Verantwortliche hat ein Verzeichnis aller Kategorien von Verarbeitungstätigkeiten zu führen, die in seine Zuständigkeit fallen. Dieses Verzeichnis hat die folgenden Angaben zu enthalten:
1. den Namen und die Kontaktdaten des Verantwortlichen und gegebenenfalls des gemeinsam mit ihm Verantwortlichen sowie den Namen und die Kontaktdaten der oder des Datenschutzbeauftragten,
2. die Zwecke der Verarbeitung,
3. die Kategorien von Empfängern, gegenüber denen die personenbezogenen Daten offengelegt worden sind oder noch offengelegt werden sollen,
4. eine Beschreibung der Kategorien betroffener Personen und der Kategorien personenbezogener Daten,
5. gegebenenfalls die Verwendung von Profiling,
6. gegebenenfalls die Kategorien von Übermittlungen personenbezogener Daten an Stellen in einem Drittstaat oder an eine internationale Organisation,
7. Angaben über die Rechtsgrundlage der Verarbeitung,
8. die vorgesehenen Fristen für die Löschung oder die Überprüfung der Erforderlichkeit der Speicherung der verschiedenen Kategorien personenbezogener Daten und
9. eine allgemeine Beschreibung der technischen und organisatorischen Maßnahmen gemäß § 64.

(2) Der Auftragsverarbeiter hat ein Verzeichnis aller Kategorien von Verarbeitungen zu führen, die er im Auftrag eines Verantwortlichen durchführt, das Folgendes zu enthalten hat:
1. den Namen und die Kontaktdaten des Auftragsverarbeiters, jedes Verantwortlichen, in dessen Auftrag der Auftragsverarbeiter tätig ist, sowie gegebenenfalls der oder des Datenschutzbeauftragten,
2. gegebenenfalls Übermittlungen von personenbezogenen Daten an Stellen in einem Drittstaat oder an eine internationale Organisation unter Angabe des Staates oder der Organisation und
3. eine allgemeine Beschreibung der technischen und organisatorischen Maßnahmen gemäß § 64.

(3) Die in den Absätzen 1 und 2 genannten Verzeichnisse sind schriftlich oder elektronisch zu führen.

(4) Verantwortliche und Auftragsverarbeiter haben auf Anforderung ihre Verzeichnisse der oder dem Bundesbeauftragten zur Verfügung zu stellen.

§ 71 Datenschutz durch Technikgestaltung und datenschutzfreundliche Voreinstellungen

(1) Der Verantwortliche hat sowohl zum Zeitpunkt der Festlegung der Mittel für die Verarbeitung als auch zum Zeitpunkt der Verarbeitung selbst angemessene Vorkehrungen zu treffen, die geeignet sind, die Datenschutzgrundsätze wie etwa die Datensparsamkeit wirksam umzusetzen, und die sicherstellen, dass die gesetzlichen Anforderungen eingehalten und die Rechte der betroffenen Personen geschützt werden. Er hat hierbei den

Stand der Technik, die Implementierungskosten und die Art, den Umfang, die Umstände und die Zwecke der Verarbeitung sowie die unterschiedliche Eintrittswahrscheinlichkeit und Schwere der mit der Verarbeitung verbundenen Gefahren für die Rechtsgüter der betroffenen Personen zu berücksichtigen. Insbesondere sind die Verarbeitung personenbezogener Daten und die Auswahl und Gestaltung von Datenverarbeitungssystemen an dem Ziel auszurichten, so wenig personenbezogene Daten wie möglich zu verarbeiten. Personenbezogene Daten sind zum frühestmöglichen Zeitpunkt zu anonymisieren oder zu pseudonymisieren, soweit dies nach dem Verarbeitungszweck möglich ist.

(2) Der Verantwortliche hat geeignete technische und organisatorische Maßnahmen zu treffen, die sicherstellen, dass durch Voreinstellungen grundsätzlich nur solche personenbezogenen Daten verarbeitet werden können, deren Verarbeitung für den jeweiligen bestimmten Verarbeitungszweck erforderlich ist. Dies betrifft die Menge der erhobenen Daten, den Umfang ihrer Verarbeitung, ihre Speicherfrist und ihre Zugänglichkeit. Die Maßnahmen müssen insbesondere gewährleisten, dass die Daten durch Voreinstellungen nicht automatisiert einer unbestimmten Anzahl von Personen zugänglich gemacht werden können.

§ 72 Unterscheidung zwischen verschiedenen Kategorien betroffener Personen

Der Verantwortliche hat bei der Verarbeitung personenbezogener Daten so weit wie möglich zwischen den verschiedenen Kategorien betroffener Personen zu unterscheiden. Dies betrifft insbesondere folgende Kategorien:

1. Personen, gegen die ein begründeter Verdacht besteht, dass sie eine Straftat begangen haben,
2. Personen, gegen die ein begründeter Verdacht besteht, dass sie in naher Zukunft eine Straftat begehen werden,
3. verurteilte Straftäter,
4. Opfer einer Straftat oder Personen, bei denen bestimmte Tatsachen darauf hindeuten, dass sie Opfer einer Straftat sein könnten, und
5. andere Personen wie insbesondere Zeugen, Hinweisgeber oder Personen, die mit den in den Nummern 1 bis 4 genannten Personen in Kontakt oder Verbindung stehen.

§ 73 Unterscheidung zwischen Tatsachen und persönlichen Einschätzungen

Der Verantwortliche hat bei der Verarbeitung so weit wie möglich danach zu unterscheiden, ob personenbezogene Daten auf Tatsachen oder auf persönlichen Einschätzungen beruhen. Zu diesem Zweck soll er, soweit dies im Rahmen der jeweiligen Verarbeitung möglich und angemessen ist, Beurteilungen, die auf persönlichen Einschätzungen beruhen, als solche kenntlich machen. Es muss außerdem feststellbar sein, welche Stelle die Unterlagen führt, die der auf einer persönlichen Einschätzung beruhenden Beurteilung zugrunde liegen.

§ 74 Verfahren bei Übermittlungen

(1) Der Verantwortliche hat angemessene Maßnahmen zu ergreifen, um zu gewährleisten, dass personenbezogene Daten, die unrichtig oder nicht mehr aktuell sind, nicht übermittelt oder sonst zur Verfügung gestellt werden. Zu diesem Zweck hat er, soweit dies mit angemessenem Aufwand möglich ist, die Qualität der Daten vor ihrer Übermittlung oder Bereitstellung zu überprüfen. Bei jeder Übermittlung personenbezogener Daten hat er zudem, soweit dies möglich und angemessen ist, Informationen beizufügen, die es dem Empfänger gestatten, die Richtigkeit, die Vollständigkeit und die Zuverlässigkeit der Daten sowie deren Aktualität zu beurteilen.
(2) Gelten für die Verarbeitung von personenbezogenen Daten besondere Bedingungen, so hat bei Datenübermittlungen die übermittelnde Stelle den Empfänger auf diese Bedingungen und die Pflicht zu ihrer Beachtung hinzuweisen. Die Hinweispflicht kann dadurch erfüllt werden, dass die Daten entsprechend markiert werden.
(3) Die übermittelnde Stelle darf auf Empfänger in anderen Mitgliedstaaten der Europäischen Union und auf Einrichtungen und sonstige Stellen, die nach den Kapiteln 4 und 5 des Titels V des Dritten Teils des Vertrags über die Arbeitsweise der Europäischen Union errichtet wurden, keine Bedingungen anwenden, die nicht auch für entsprechende innerstaatliche Datenübermittlungen gelten.

§ 75 Berichtigung und Löschung personenbezogener Daten sowie Einschränkung der Verarbeitung

(1) Der Verantwortliche hat personenbezogene Daten zu berichtigen, wenn sie unrichtig sind.
(2) Der Verantwortliche hat personenbezogene Daten unverzüglich zu löschen, wenn ihre Verarbeitung unzulässig ist, sie zur Erfüllung einer rechtlichen Verpflichtung gelöscht werden müssen oder ihre Kenntnis für seine Aufgabenerfüllung nicht mehr erforderlich ist.
(3) § 58 Absatz 3 bis 5 ist entsprechend anzuwenden. Sind unrichtige personenbezogene Daten oder personenbezogene Daten unrechtmäßig übermittelt worden, ist auch dies dem Empfänger mitzuteilen.
(4) Unbeschadet in Rechtsvorschriften festgesetzter Höchstspeicher- oder Löschfristen hat der Verantwortliche für die Löschung von personenbezogenen Daten oder eine regelmäßige Überprüfung der Notwendigkeit ihrer Speicherung angemessene Fristen vorzusehen und durch verfahrensrechtliche Vorkehrungen sicherzustellen, dass diese Fristen eingehalten werden.

§ 76 Protokollierung

(1) In automatisierten Verarbeitungssystemen haben Verantwortliche und Auftragsverarbeiter mindestens die folgenden Verarbeitungsvorgänge zu protokollieren:
1. Erhebung,
2. Veränderung,
3. Abfrage,

4. Offenlegung einschließlich Übermittlung,
5. Kombination und
6. Löschung.

(2) Die Protokolle über Abfragen und Offenlegungen müssen es ermöglichen, die Begründung, das Datum und die Uhrzeit dieser Vorgänge und so weit wie möglich die Identität der Person, die die personenbezogenen Daten abgefragt oder offengelegt hat, und die Identität des Empfängers der Daten festzustellen.

(3) Die Protokolle dürfen ausschließlich für die Überprüfung der Rechtmäßigkeit der Datenverarbeitung durch die Datenschutzbeauftragte oder den Datenschutzbeauftragten, die Bundesbeauftragte oder den Bundesbeauftragten und die betroffene Person sowie für die Eigenüberwachung, für die Gewährleistung der Integrität und Sicherheit der personenbezogenen Daten und für Strafverfahren verwendet werden.

(4) Die Protokolldaten sind am Ende des auf deren Generierung folgenden Jahres zu löschen.

(5) Der Verantwortliche und der Auftragsverarbeiter haben die Protokolle der oder dem Bundesbeauftragten auf Anforderung zur Verfügung zu stellen.

§ 77 Vertrauliche Meldung von Verstößen

Der Verantwortliche hat zu ermöglichen, dass ihm vertrauliche Meldungen über in seinem Verantwortungsbereich erfolgende Verstöße gegen Datenschutzvorschriften zugeleitet werden können.

Kapitel 5
Datenübermittlungen an Drittstaaten und an internationale Organisationen

§ 78 Allgemeine Voraussetzungen

(1) Die Übermittlung personenbezogener Daten an Stellen in Drittstaaten oder an internationale Organisationen ist bei Vorliegen der übrigen für Datenübermittlungen geltenden Voraussetzungen zulässig, wenn

1. die Stelle oder internationale Organisation für die in § 45 genannten Zwecke zuständig ist und
2. die Europäische Kommission gemäß Artikel 36 Absatz 3 der Richtlinie (EU) 2016/680 einen Angemessenheitsbeschluss gefasst hat.

(2) Die Übermittlung personenbezogener Daten hat trotz des Vorliegens eines Angemessenheitsbeschlusses im Sinne des Absatzes 1 Nummer 2 und des zu berücksichtigenden öffentlichen Interesses an der Datenübermittlung zu unterbleiben, wenn im Einzelfall ein datenschutzrechtlich angemessener und die elementaren Menschenrechte wahrender Umgang mit den Daten beim Empfänger nicht hinreichend gesichert ist oder sonst überwiegende schutzwürdige Interessen einer betroffenen Person entgegenstehen. Bei seiner

Beurteilung hat der Verantwortliche maßgeblich zu berücksichtigen, ob der Empfänger im Einzelfall einen angemessenen Schutz der übermittelten Daten garantiert.

(3) Wenn personenbezogene Daten, die aus einem anderen Mitgliedstaat der Europäischen Union übermittelt oder zur Verfügung gestellt wurden, nach Absatz 1 übermittelt werden sollen, muss diese Übermittlung zuvor von der zuständigen Stelle des anderen Mitgliedstaats genehmigt werden. Übermittlungen ohne vorherige Genehmigung sind nur dann zulässig, wenn die Übermittlung erforderlich ist, um eine unmittelbare und ernsthafte Gefahr für die öffentliche Sicherheit eines Staates oder für die wesentlichen Interessen eines Mitgliedstaats abzuwehren, und die vorherige Genehmigung nicht rechtzeitig eingeholt werden kann. Im Fall des Satzes 2 ist die Stelle des anderen Mitgliedstaats, die für die Erteilung der Genehmigung zuständig gewesen wäre, unverzüglich über die Übermittlung zu unterrichten.

(4) Der Verantwortliche, der Daten nach Absatz 1 übermittelt, hat durch geeignete Maßnahmen sicherzustellen, dass der Empfänger die übermittelten Daten nur dann an andere Drittstaaten oder andere internationale Organisationen weiterübermittelt, wenn der Verantwortliche diese Übermittlung zuvor genehmigt hat. Bei der Entscheidung über die Erteilung der Genehmigung hat der Verantwortliche alle maßgeblichen Faktoren zu berücksichtigen, insbesondere die Schwere der Straftat, den Zweck der ursprünglichen Übermittlung und das in dem Drittstaat oder der internationalen Organisation, an das oder an die die Daten weiterübermittelt werden sollen, bestehende Schutzniveau für personenbezogene Daten. Eine Genehmigung darf nur dann erfolgen, wenn auch eine direkte Übermittlung an den anderen Drittstaat oder die andere internationale Organisation zulässig wäre. Die Zuständigkeit für die Erteilung der Genehmigung kann auch abweichend geregelt werden.

§ 79 Datenübermittlung bei geeigneten Garantien

(1) Liegt entgegen § 78 Absatz 1 Nummer 2 kein Beschluss nach Artikel 36 Absatz 3 der Richtlinie (EU) 2016/680 vor, ist eine Übermittlung bei Vorliegen der übrigen Voraussetzungen des § 78 auch dann zulässig, wenn

1. in einem rechtsverbindlichen Instrument geeignete Garantien für den Schutz personenbezogener Daten vorgesehen sind oder
2. der Verantwortliche nach Beurteilung aller Umstände, die bei der Übermittlung eine Rolle spielen, zu der Auffassung gelangt ist, dass geeignete Garantien für den Schutz personenbezogener Daten bestehen.

(2) Der Verantwortliche hat Übermittlungen nach Absatz 1 Nummer 2 zu dokumentieren. Die Dokumentation hat den Zeitpunkt der Übermittlung, die Identität des Empfängers, den Grund der Übermittlung und die übermittelten personenbezogenen Daten zu enthalten. Sie ist der oder dem Bundesbeauftragten auf Anforderung zur Verfügung zu stellen.

(3) Der Verantwortliche hat die Bundesbeauftragte oder den Bundesbeauftragten zumindest jährlich über Übermittlungen zu unterrichten, die aufgrund einer Beurteilung nach Absatz 1 Nummer 2 erfolgt sind. In der Unterrichtung kann er die Empfänger und die Übermittlungszwecke angemessen kategorisieren.

§ 80 Datenübermittlung ohne geeignete Garantien

(1) Liegt entgegen § 78 Absatz 1 Nummer 2 kein Beschluss nach Artikel 36 Absatz 3 der Richtlinie (EU) 2016/680 vor und liegen auch keine geeigneten Garantien im Sinne des § 79 Absatz 1 vor, ist eine Übermittlung bei Vorliegen der übrigen Voraussetzungen des § 78 auch dann zulässig, wenn die Übermittlung erforderlich ist
1. zum Schutz lebenswichtiger Interessen einer natürlichen Person,
2. zur Wahrung berechtigter Interessen der betroffenen Person,
3. zur Abwehr einer gegenwärtigen und erheblichen Gefahr für die öffentliche Sicherheit eines Staates,
4. im Einzelfall für die in § 45 genannten Zwecke oder
5. im Einzelfall zur Geltendmachung, Ausübung oder Verteidigung von Rechtsansprüchen im Zusammenhang mit den in § 45 genannten Zwecken.

(2) Der Verantwortliche hat von einer Übermittlung nach Absatz 1 abzusehen, wenn die Grundrechte der betroffenen Person das öffentliche Interesse an der Übermittlung überwiegen.

(3) Für Übermittlungen nach Absatz 1 gilt § 79 Absatz 2 entsprechend.

§ 81 Sonstige Datenübermittlung an Empfänger in Drittstaaten

(1) Verantwortliche können bei Vorliegen der übrigen für die Datenübermittlung in Drittstaaten geltenden Voraussetzungen im besonderen Einzelfall personenbezogene Daten unmittelbar an nicht in § 78 Absatz 1 Nummer 1 genannte Stellen in Drittstaaten übermitteln, wenn die Übermittlung für die Erfüllung ihrer Aufgaben unbedingt erforderlich ist und
1. im konkreten Fall keine Grundrechte der betroffenen Person das öffentliche Interesse an einer Übermittlung überwiegen,
2. die Übermittlung an die in § 78 Absatz 1 Nummer 1 genannten Stellen wirkungslos oder ungeeignet wäre, insbesondere weil sie nicht rechtzeitig durchgeführt werden kann, und
3. der Verantwortliche dem Empfänger die Zwecke der Verarbeitung mitteilt und ihn darauf hinweist, dass die übermittelten Daten nur in dem Umfang verarbeitet werden dürfen, in dem ihre Verarbeitung für diese Zwecke erforderlich ist.

(2) Im Fall des Absatzes 1 hat der Verantwortliche die in § 78 Absatz 1 Nummer 1 genannten Stellen unverzüglich über die Übermittlung zu unterrichten, sofern dies nicht wirkungslos oder ungeeignet ist.

(3) Für Übermittlungen nach Absatz 1 gilt § 79 Absatz 2 und 3 entsprechend.

(4) Bei Übermittlungen nach Absatz 1 hat der Verantwortliche den Empfänger zu verpflichten, die übermittelten personenbezogenen Daten ohne seine Zustimmung nur für den Zweck zu verarbeiten, für den sie übermittelt worden sind.

(5) Abkommen im Bereich der justiziellen Zusammenarbeit in Strafsachen und der polizeilichen Zusammenarbeit bleiben unberührt.

Kapitel 6
Zusammenarbeit der Aufsichtsbehörden

§ 82 Gegenseitige Amtshilfe

(1) Die oder der Bundesbeauftragte hat den Datenschutzaufsichtsbehörden in anderen Mitgliedstaaten der Europäischen Union Informationen zu übermitteln und Amtshilfe zu leisten, soweit dies für eine einheitliche Umsetzung und Anwendung der Richtlinie (EU) 2016/680 erforderlich ist. Die Amtshilfe betrifft insbesondere Auskunftsersuchen und aufsichtsbezogene Maßnahmen, beispielsweise Ersuchen um Konsultation oder um Vornahme von Nachprüfungen und Untersuchungen.
(2) Die oder der Bundesbeauftragte hat alle geeigneten Maßnahmen zu ergreifen, um Amtshilfeersuchen unverzüglich und spätestens innerhalb eines Monats nach deren Eingang nachzukommen.
(3) Die oder der Bundesbeauftragte darf Amtshilfeersuchen nur ablehnen, wenn
1. sie oder er für den Gegenstand des Ersuchens oder für die Maßnahmen, die sie oder er durchführen soll, nicht zuständig ist oder
2. ein Eingehen auf das Ersuchen gegen Rechtsvorschriften verstoßen würde.

(4) Die oder der Bundesbeauftragte hat die ersuchende Aufsichtsbehörde des anderen Staates über die Ergebnisse oder gegebenenfalls über den Fortgang der Maßnahmen zu informieren, die getroffen wurden, um dem Amtshilfeersuchen nachzukommen. Sie oder er hat im Fall des Absatzes 3 die Gründe für die Ablehnung des Ersuchens zu erläutern.
(5) Die oder der Bundesbeauftragte hat die Informationen, um die sie oder er von der Aufsichtsbehörde des anderen Staates ersucht wurde, in der Regel elektronisch und in einem standardisierten Format zu übermitteln.
(6) Die oder der Bundesbeauftragte hat Amtshilfeersuchen kostenfrei zu erledigen, soweit sie oder er nicht im Einzelfall mit der Aufsichtsbehörde des anderen Staates die Erstattung entstandener Ausgaben vereinbart hat.
(7) Ein Amtshilfeersuchen der oder des Bundesbeauftragten hat alle erforderlichen Informationen zu enthalten; hierzu gehören insbesondere der Zweck und die Begründung des Ersuchens. Die auf das Ersuchen übermittelten Informationen dürfen ausschließlich zu dem Zweck verwendet werden, zu dem sie angefordert wurden.

Kapitel 7
Haftung und Sanktionen

§ 83 Schadensersatz und Entschädigung

(1) Hat ein Verantwortlicher einer betroffenen Person durch eine Verarbeitung personenbezogener Daten, die nach diesem Gesetz oder nach anderen auf ihre Verarbeitung anwendbaren Vorschriften rechtswidrig war, einen Schaden zugefügt, ist er oder sein Rechtsträger der betroffenen Person zum Schadensersatz verpflichtet. Die Ersatzpflicht

entfällt, soweit bei einer nicht automatisierten Verarbeitung der Schaden nicht auf ein Verschulden des Verantwortlichen zurückzuführen ist.

(2) Wegen eines Schadens, der nicht Vermögensschaden ist, kann die betroffene Person eine angemessene Entschädigung in Geld verlangen.

(3) Lässt sich bei einer automatisierten Verarbeitung personenbezogener Daten nicht ermitteln, welche von mehreren beteiligten Verantwortlichen den Schaden verursacht hat, so haftet jeder Verantwortliche beziehungsweise sein Rechtsträger.

(4) Hat bei der Entstehung des Schadens ein Verschulden der betroffenen Person mitgewirkt, ist § 254 des Bürgerlichen Gesetzbuchs entsprechend anzuwenden.

(5) Auf die Verjährung finden die für unerlaubte Handlungen geltenden Verjährungsvorschriften des Bürgerlichen Gesetzbuchs entsprechende Anwendung.

§ 84 Strafvorschriften

Für Verarbeitungen personenbezogener Daten durch öffentliche Stellen im Rahmen von Tätigkeiten nach § 45 Satz 1, 3 oder 4 findet § 42 entsprechende Anwendung.

Teil 4
Besondere Bestimmungen für Verarbeitungen im Rahmen von nicht in die Anwendungsbereiche der Verordnung (EU) 2016/679 und der Richtlinie (EU) 2016/680 fallenden Tätigkeiten

§ 85 Verarbeitung personenbezogener Daten im Rahmen von nicht in die Anwendungsbereiche der Verordnung (EU) 2016/679 und der Richtlinie (EU) 2016/680 fallenden Tätigkeiten

(1) Die Übermittlung personenbezogener Daten an einen Drittstaat oder an über- oder zwischenstaatliche Stellen oder internationale Organisationen im Rahmen von nicht in die Anwendungsbereiche der Verordnung (EU) 2016/679 und der Richtlinie (EU) 2016/680 fallenden Tätigkeiten ist über die bereits gemäß der Verordnung (EU) 2016/679 zulässigen Fälle hinaus auch dann zulässig, wenn sie zur Erfüllung eigener Aufgaben aus zwingenden Gründen der Verteidigung oder zur Erfüllung über- oder zwischenstaatlicher Verpflichtungen einer öffentlichen Stelle des Bundes auf dem Gebiet der Krisenbewältigung oder Konfliktverhinderung oder für humanitäre Maßnahmen erforderlich ist. Der Empfänger ist darauf hinzuweisen, dass die übermittelten Daten nur zu dem Zweck verwendet werden dürfen, zu dem sie übermittelt wurden.
(2) Für Verarbeitungen im Rahmen von nicht in die Anwendungsbereiche der Verordnung (EU) 2016/679 und der Richtlinie (EU) 2016/680 fallenden Tätigkeiten durch Dienststellen im Geschäftsbereich des Bundesministeriums der Verteidigung gilt § 16 Absatz 4 nicht, soweit das Bundesministerium der Verteidigung im Einzelfall feststellt, dass die Erfüllung der dort genannten Pflichten die Sicherheit des Bundes gefährden würde.
(3) Für Verarbeitungen im Rahmen von nicht in die Anwendungsbereiche der Verordnung (EU) 2016/679 und der Richtlinie (EU) 2016/680 fallenden Tätigkeiten durch öffentliche Stellen des Bundes besteht keine Informationspflicht gemäß Artikel 13 Absatz 1 und 2 der Verordnung (EU) 2016/679, wenn

1. es sich um Fälle des § 32 Absatz 1 Nummer 1 bis 3 handelt oder
2. durch ihre Erfüllung Informationen offenbart würden, die nach einer Rechtsvorschrift oder ihrem Wesen nach, insbesondere wegen der überwiegenden berechtigten Interessen eines Dritten, geheim gehalten werden müssen, und deswegen das Interesse der betroffenen Person an der Erteilung der Information zurücktreten muss.

Ist die betroffene Person in den Fällen des Satzes 1 nicht zu informieren, besteht auch kein Recht auf Auskunft. § 32 Absatz 2 und § 33 Absatz 2 finden keine Anwendung.

§ 86 Verarbeitung personenbezogener Daten für Zwecke staatlicher Auszeichnungen und Ehrungen

(1) Zur Vorbereitung und Durchführung staatlicher Verfahren bei Auszeichnungen und Ehrungen dürfen sowohl die zuständigen als auch andere öffentliche und nichtöffentliche Stellen die dazu erforderlichen personenbezogenen Daten, einschließlich besonderer Kategorien personenbezogener Daten im Sinne des Artikels 9 Absatz 1 der Verordnung (EU) 2016/679, auch ohne Kenntnis der betroffenen Person verarbeiten. Für nichtöffentliche Stellen gilt insoweit § 1 Absatz 8 entsprechend. Eine Verarbeitung der personenbezogenen Daten nach Satz 1 für andere Zwecke ist nur mit Einwilligung der betroffenen Person zulässig.
(2) Soweit eine Verarbeitung ausschließlich für die in Absatz 1 Satz 1 genannten Zwecke erfolgt, sind die Artikel 13 bis 16, 19 und 21 der Verordnung (EU) 2016/679 nicht anzuwenden.
(3) Bei der Verarbeitung besonderer Kategorien personenbezogener Daten im Sinne des Artikels 9 Absatz 1 der Verordnung (EU) 2016/679 sieht der Verantwortliche angemessene und spezifische Maßnahmen zur Wahrung der Rechte der betroffenen Person gemäß § 22 Absatz 2 vor.

Telemediengesetz (TMG)

vom 26. Februar 2007 (BGBl. I S. 179), das zuletzt durch Artikel 11 des Gesetzes vom 11. Juli 2019 (BGBl. I S. 1066) geändert worden ist.

Einleitung

Inhaltsübersicht Rn.

I. Allgemeines

Während für die DSGVO und das BDSG das vorrangige Ziel darin besteht, das Grundrecht auf Datenschutz (Art. 8 GRCh) bzw. das Recht auf informationelle Selbstbestimmung zu schützen, verfolgen die Telekommunikations-Datenschutzrichtlinie (TK-DSRl)[1] sowie das Telekommunikationsgesetz (TKG) vorrangig das Ziel des Schutzes der **Vertraulichkeit der (elektronischen) Kommunikation** (Art. 7 GRCh) bzw. des in Art. 10 GG gewährleisteten Telekommunikations- bzw. Fernmeldegeheimnisses.[2] Sind bei der elektronischen Kommunikation personenbezogene Daten betroffen, ist neben dem Schutz des Telekommunikationsgeheimnisses zugleich der Schutzbereich des Grundrechts auf Datenschutz mit erfasst. Während das BVerfG Art. 10 GG als Spezialregelung zum Grundrecht auf informationelle Selbstbestimmung ansieht,[3] werden vom EuGH die Art. 7 und 8 GRCh als sich gegenseitig ergänzend behandelt.[4] Dabei ist aber zu berücksichtigen, dass Art. 7 GRCh, anders als Art. 10 GG, neben dem Recht auf Kommunikation auch das Recht auf Privat- und Familienleben sowie auf Wohnung schützt. 1

Geschützt wird die Telekommunikation, also die **Übermittlung von Informationen**. 2
Welche Vorgänge vom Schutz des Telekommunikationsgeheimnisses erfasst sind, war lange Zeit unklar. Inzwischen dürfte allgemein anerkannt sein, dass der Schutz endet,

1 Richtlinie 2002/58/EG 12.7.2002, ABl. EG Nr. L 201/37.

2 Internationale Quellen des Telekommunikationsgeheimnisses finden sich in Art. 8 EMRK, Art. 12 AEMR der Vereinten Nationen, Art. 17 IPbürgR.

3 BVerfG 2.3.2010 – 1 BvR 256/08 u.a., Rn. 191, NJW 2010, 836.

4 EuGH 26.7.2017, Gutachten 1/15, PNR, Rn. Rn. 122–124; EuGH 21.12.2016 – C-203/15, C-698/15, Rn. 112, DVBl 2017, 1822; zum Verhältnis Art. 7 zu Art. 8 GRCh Michl, DuD 2017, 349; a.A. Specht/Mantz-*Bretthauer*, A Rn. 54: Art. 8 lex specialis zu Art. 7.

wenn eine Nachricht beim Empfänger angekommen ist und von diesem abgerufen wurde, so dass er diese zur Kenntnis nehmen und evtl. weiterverarbeiten konnte.[5]

3 Das **Telekommunikationsgeheimnis** unterscheidet sich vom Datenschutz dadurch, dass nicht nur die Daten natürlicher Personen und deren Kommunikation geschützt sind, sondern auch die juristischer Personen und deren Geheimnisse. Dieser Schutz durch Art. 7 GRCh bzw. Art. 10 GG gilt auch für die Kommunikation zwischen juristischen Personen und ist davon unabhängig, ob es sich bei dem Inhalt der Kommunikation um Informationen über natürliche Personen, juristische Personen oder Sonstiges handelt. Dies hat zur Folge, dass selbst die Kommunikation zwischen Maschinen in den Schutzbereich fällt.[6] Erfasst sein können also z. B. auch Betriebs- und Geschäftsgeheimnisse, die zusätzlich den Schutz durch Art. 17 GRCh bzw. Art. 14 GG genießen.[7]

4 Diese grundrechtlichen Erwägungen spiegeln sich in der gesetzlichen Umsetzung wider: Auf europäischer Ebene wurden die wesentlichen Vorgaben zunächst mit der TK-DSRl festgelegt, die durch nationale Gesetze umgesetzt werden mussten. Dies erfolgte in Deutschland insbesondere durch die Regelungen zum Fernmeldegeheimnis und zum Datenschutz im **Telekommunikationsgesetz** (TKG) und vor allem dort in der Grundnorm des § 88.[8]

5 Mit dem Aufkommen des Internet verschwammen die Grenzen zwischen Kommunikation und Datenverarbeitung immer mehr und führten zu einer sehr weitgehenden Verschmelzung dieser Bereiche.[9] Selbst die klassische Sprachtelefonie wird heute technisch weitgehend über das Internet vermittelt. Internetdienste dienten zunehmend nicht nur zum Abruf von Informationen, sondern auch der individuellen Kommunikation. Während hierbei lange Zeit E-Mail-Dienste[10] im Vordergrund standen, treten an deren Seite immer mehr Messaging-Dienste und soziale Netzwerke, sog. Over-the-Top-Kommunikationsdienste (OTT-Dienste).[11] Bei den OTT-Diensten wird unterschieden zwischen den Kategorien OTT1 und OTT2. Bei OTT1 handelt es sich um zu herkömmlichen Übermittlungsdiensten funktional gleichwertige Online-Dienste wie VoIP-Telefonie, Nachrichtenübermittlung (Messaging) und webgestützte E-Mail-Dienste. Zu OTT2 werden all jene Dienstleistungen gezählt, die zwar keine interpersonale Kommunikation vorsehen, aber doch in gleicher Weise auf klassischer Datenübertragung von Kommunikationsnetzen aufbauen (z. B. Musik-Streaming, On-Demand-Video-Plattformen).[12] Gemäß einer früher bestehenden herrschenden Meinung war auf OTT-Kommunikationsdienste die TK-DSRl nicht anwendbar. Diese Ansicht ignoriert die Regelungsfunktion des Telekommu-

5 BVerfG 13. 11. 2010 – 2 BvR 1124/10, Rn. 13.
6 Marosi/Skobel, DÖV 2018, 837.
7 Jandt/Steidle-*Ambrock*, A II Rn. 25 ff.; Jandt/Steidle-*Aßmus*, B III Rn. 278 ff.
8 Zur Anwendbarkeit der §§ 88–107 TKG gegenüber Beschäftigten ausführlich Däubler, Gläserne Belegschaften, Rn. 332–371.
9 Specht/Mantz-*Kiparski*, Teil B § 18 Rn. 10.
10 Zum Schutz durch Art. 10 GG BVerfG 16. 6. 2009 – 2 BvR 902/06, NJW 2009, 2431.
11 Zur Anwendbarkeit von § 88 TKG und Art. 10 GG auf einen Facebook-Account KG 31. 5. 2017 – 21 U 9/16, S. 26 ff.
12 Art. 29-Datenschutzgruppe, WP 240, Opinion 03/2016; Engeler/Felber, ZD 2017, 254; Deusch/Eggendorfer, K&R 2017, 96; zur Einordnung von Mail Gersdorf, K&R 2016, 91.

nikationsrechts bzw. der TK-DSRl.[13] Nach den EuGH-Entscheidungen im Juni 2019 zu Google und Skype ist die Frage weiterhin offen.[14] Um den Überschneidungsbereich von Kommunikation und Internet rechtlich zu erfassen, wurden zunächst der Mediendienstestaatsvertrag (MDStV) und das Teledienstegesetz (TDG) sowie das Teledienstedatenschutzgesetz (TDDSG) und von 2002 an nach deren Zusammenführung das **Telemediengesetz** (TMG) erlassen.

II. Geschichte des TMG

Im Telemediengesetz (TMG) werden die **Internet-Dienste** geregelt. Das TMG entstand durch die Zusammenlegung des Teledienstegesetzes (TDG), des Teledienstedatenschutzgesetzes (TDDSG) und des Mediendienstestaatsvertrags (MDStV) jeweils aus dem Jahr 1997. Hierfür hatten sich Bund und Länder über eine Vereinheitlichung des Rechtsrahmens für elektronische Medien geeinigt. Weiterer Bestandteil dieser Einigung waren die Jugendschutzvorschriften des Jugendmedienschutz-Staatsvertrags der Länder. 6

Mit dem TMG wurde auf **europäischer Ebene** zum einen die EG-Richtlinie über den elektronischen Geschäftsverkehr (eCommerce-RL)[15] umgesetzt. Die bereichsspezifischen Datenschutzregelungen in den §§ 11ff. TMG setzen die EG-DSRl[16] sowie die TK-DSRl[17] um. 7

Im Zuge der **BDSG-Novellierung** zum 1.9.2009 ist es zu Änderungen des TMG gekommen in Bezug auf die Spezialregelung des Koppelungsverbots des § 12 Abs. 3 TMG 2007 und die Neueinführung der Informationspflichten nach § 42a BDSG, der zu einer Neueinführung des § 15a TMG führte. Mehrere weitere Novellierungsbestrebungen zum TMG scheiterten.[18] 8

Neue Anwendungsprobleme des TMG bestehen, seitdem in Ergänzung zur TK-DSRl mit der sog. **Cookie-Richtlinie** im Jahr 2009[19] in Art. 5 Abs. 3 TK-DSRl ausdrücklich die Einwilligung des Nutzers gefordert wird, wenn in dessen Rechner ein Cookie gesetzt wird, das für die Erbringung des Dienstes nicht erforderlich ist. Diese Regelung steht in einem Spannungsverhältnis zu § 15 Abs. 3 TMG, der für die pseudonyme Profilbildung zu Zwecken der Werbung, der Marktforschung und der Diensteoptimierung eine Informationspflicht mit Widerspruchsmöglichkeit ausreichen lässt. Cookies werden für solche Profilierungen in großem Umfang verwendet.[20] Durch das IT-Sicherheitsgesetz wurde § 13 Abs. 7 TMG ergänzt, der zu technisch-organisatorischen Maßnahmen verpflichtet.[21] Kurz vor 9

---

13 Siehe Art. 95 Rn. 2a f.; Art. 29-Datenschutzgruppe, WP 240, 2., 8.; Engeler/Felber, ZD 2017, 254; dazu Jandt/Steidle-*Ambrock*, A II Rn. 95f.

14 EuGH 5.6.2019 – C-142/18, Skype, K&R 2019, 484, EuGH 13.6.2019 – C-193/18, Gmail, K&R 219, 487; dazu Schumacher, K&R 2019, 490; siehe Art. 95 Rn. 2b.

15 Richtlinie 2000/31/EG v. 8.6.2000, ABl. EG Nr. L 278/1.

16 Richtlinie 95/46/EG v. 24.10.1995, ABl. EG Nr. L 281/31.

17 Richtlinie 2002/58/EG v. 12.7.2002, ABl. EG Nr. L 201/37.

18 Hoeren/Sieber-*Schmitz*, 16.2 Rn. 6ff.; eine Übersicht der TMG-Änderungen findet sich bei BMH (3/2017) MMuD Vorb. 3.1.3.

19 RL 2009/136/EG.

20 Hoeren/Sieber-*Schmitz*, 16.2 Rn. 49, 177ff.; Jandt/Steidle-*Karg*, A II Rn. 107f., B II Rn. 294–300; Rauer/Ettig, ZD 2018, 255ff.; siehe § 15 TMG Rn. 13a.

21 G. v. 17.7.2015, Art. 4, BGBl. I S. 1329.

dem Ende der 18. Legislaturperiode wurde das TMG im Hinblick auf die Störerhaftung von WLAN-Betreiber[22] sowie neben einem **Netzwerkdurchsetzungsgesetz** zur Verbesserung der Rechtsdurchsetzung gegenüber Betreibern von Telemedien bei Persönlichkeitsverletzungen novelliert.[23] Beide Gesetze versuchen, die Anonymität der Internetnutzung zu wahren und zugleich gegenüber Rechtsverstößen wirksame Instrumente zu schaffen.[24]

10 Durch die **direkte Anwendbarkeit der DSGVO** tritt eine komplizierte Rechtslage ein: Vom 25.5.2018 gilt die DSGVO in allen EU-Mitgliedstaaten und damit auch in Deutschland. Nicht erfasst bleibt der Anwendungsbereich der TK-DSRl (Art. 95 DSGVO), dessen Regelungen weiterhin von den nationalen Gesetzgebern umgesetzt werden müssen. Während die Regelungsbereiche für die klassische Telekommunikation, für die in Deutschland das TKG gilt, durch die DSGVO weitgehend nicht tangiert werden,[25] ist dies im Hinblick auf die im TMG regulierten Internetdienste, den Telemedien, unklar und umstritten.[26] Eine vergleichbare rechtliche Situation besteht auch in anderen EU-Mitgliedstaaten. Internet-Kommunikationsdienste werden regelmäßig grenzüberschreitend angeboten, so dass für sie unterschiedliches nationales Recht anwendbar ist, das nur in Grundzügen über die TK-DSRl harmonisiert ist. Die Frage, welches nationale Recht auf einen Kommunikationsvorgang anzuwenden ist, ist oft unsicher. Angesichts dessen war es konsequent, dass die EU nach der europaweiten Regulierung des allgemeinen Datenschutzes auch eine umfassende direkt anwendbare Regulierung des Schutzes der elektronischen Kommunikation anstrebt. Mit dem Entwurf der EU-Kommission für die ePrivacy-Verordnung vom Januar 2017 wird dies in Angriff genommen.[27]

III. Die geplante ePrivacy-Verordnung

11 Mit Datum vom 10.1.2017 legte die Europäische Kommission den Vorschlag für eine »Verordnung über die Achtung des Privatlebens und den Schutz personenbezogener Daten in der elektronischen Kommunikation und zur Aufhebung der Richtlinie 2002/58/EG (Verordnung über Privatsphäre und elektronische Kommunikation)« vor. Diese geplante Regelung wird **ePrivacy-Verordnung** (ePVO – ePrivacy-Regulation) genannt. Das Europäische Parlament gab zum Kommissionsvorschlag mit Datum vom 20.10.2017 seine

22 G. v. 21.7.2017, BGBl. I S. 1766; BT-Drs. 18/12202, 18/13010; kritisch dazu Spindler, CR 2017, 262, 333 auch wegen der Nichtanwendbarkeit im Hinblick auf Persönlichkeitsverletzungen; ders. NJW 2017, 2305ff.

23 Netzwerkdurchsetzungsgesetz – NetzDG, G. v. 7.9.2017, BGBl. I S. 3352, BT-Drs. 18/12356, BT-Drs. 13/13013; Spindler, K&R 2017, 533; Guggenberger, NJW 2017, 2577ff.; ders., ZR 2017, 98ff.; Hain/Ferreau/Brings-Wiesen, K&R 7/8/2017, 43ff.; Peifer, AfP 2018, 14ff.; Müller-Franken, AfP 2018, 1ff.

24 Zu diesem Konflikt Palzer, AfP 2017, 199.

25 Specht/Mantz-*Kiparski*, Teil B § 18.

26 Hoeren/Sieber-*Schmitz*, 16.2 Rn. 42; zur Anwendbarkeit der DSGVO Kremer, CR 2017, 370f.

27 Europäische Kommission, Vorschlag für eine Verordnung des Europäischen Parlaments und des Rates über die Achtung des Privatlebens und den Schutz personenbezogener Daten in der elektronischen Kommunikation und zur Aufhebung der Richtlinie 2002/58/EG (Verordnung über Privatsphäre und elektronische Kommunikation), v. 10.1.2017 2017/0003 (COD); dazu Engeler/Felber, ZD 2017, 117.

Stellungnahme ab.[28] Der Rat der EU (also die Regierungen der EU-Mitgliedstaaten) behandelt die Vorschläge und erarbeitet Stellungnahmen und Änderungswünsche in einer eigenen Arbeitsgruppe für Telekommunikation und Informationsdienste (WP TELE).[29]

1. Zielsetzung

Mit der ePrivacy-Verordnung soll das bisher gem. Art. 95 DSGVO vom Anwendungsbereich ausgenommene Datenschutzrecht für Kommunikationsdienste an die Europäische **Datenschutz-Grundverordnung** (DSGVO) angepasst werden. 12

Außerdem zielt sie auf eine Modernisierung bzw. eine Anpassung der Kommunikationsregelungen an die praktizierten und absehbaren Kommunikationsformen ab. Hierbei geht es u. a. um folgende Aspekte: 13

- die Regulierung in einer **verbindlichen Verordnung** anstelle der bisher national umzusetzenden Richtlinie,
- die Einbeziehung aller modernen Kommunikationsformen, insbesondere auch der sog. **Over-the-Top-Kommunikationsdienste** (»OTT-Dienste«) und damit sämtlicher von Art. 7 GRCh geschützten elektronischen Kommunikationsformen (u. a. Messaging-Dienste, soziale Netzwerke) in die Regulierung,
- die Einbeziehung von **juristischen Personen** in den Kommunikationsschutz,[30]
- die Einbeziehung von **Maschine-Maschine-Kommunikation**,
- die Einbeziehung von Daten über die **Metadaten** sowie Kommunikationsinhalte,
- die spezifische Berücksichtigung von modernen Formen der **Mobilkommunikation**.

2. Struktur und Inhalt der ePrivacy-Verordnung

Im Folgenden wird der Text des **Verordnungsentwurfs der Kommission** dokumentiert. Während die DSGVO sowohl zwischen den Interessengruppen und den EU-Organen hinsichtlich vieler Fragestellungen sehr umstritten war, besteht im Hinblick auf die ePrivacy-Verordnung in Bezug auf die wesentlichen Reglungsziele mehr Einigkeit. Bis zuletzt umstritten bleiben wird, weil für die Geschäftsmodelle im Internet von entscheidender Bedeutung, die geplante Regelung des Art. 16 ePVO zum Direktmarketing. Die Gesetzgebungsorgane der EU strebten an, über die ePrivacy-Verordnung (ePVO) im Frühjahr 2018 im Trilog-Verfahren Einigkeit herzustellen, so dass sie gemeinsam mit der vom 25. 5. 2018 direkt anwendbaren DSGVO in Kraft treten kann (Art. 29 Abs. 2 ePVO-E). Dies war nicht erfolgreich. Vielmehr schleppen sich die Verhandlungen über die ePVO immer weiter hin, so dass ein Inkrafttreten nicht vor dem Jahr 2020 und die direkte An- 14

28 Europäisches Parlament, Bericht über den Vorschlag für eine Verordnung über die Achtung des Privatlebens und den Schutz personenbezogener Daten in der elektronischen Kommunikation, COM(2017)0010 – C8–0009/2017 – 2017/003(COD).

29 Council of the European Union, 19. 5. 2017 – 9324/17, Interinstitutional File: 2017/0003 (COD), *http://data.consilium.europa.eu/doc/document/ST-9324-2017-INIT/en/pdf*.

30 Nach der Rechtsprechung sowohl des EuGH wie auch des EGMR gilt insofern der Schutz von Art. 7 GRCh sowie von Art. 8 der EMRK auch für juristische Personen: EuGH 14. 2. 2008 – C-450/06, Rn. 48, NVwZ 2008, 651; EGMR 16. 12. 1992 Niemietz/Deutschland, § 29; zuletzt EGMR 2. 4. 2015 Nr. 63629/10 u. 60567/10 § 63.

wendbarkeit nicht vor 2022 zu erwarten ist.[31] Dessen ungeachtet wird die Anlegung der Regelungsvorschläge der ePVO schon intensiv erörtert.[32]

15 Für die ePrivacy-Verordnung ist folgende **Struktur** vorgesehen:
Kapitel I Allgemeine Bestimmungen (Art. 1–4)
Kapitel II Schutz der elektronischen Kommunikation natürlicher und juristischer Personen und der in ihren Endeinrichtungen gespeicherten Informationen (Art. 5–11)
Kapitel III Rechte natürlicher und juristischer Personen in Bezug auf die Kontrolle über ihre elektronische Kommunikation (Art. 12–17)
Kapitel IV Unabhängige Aufsichtsbehörden und Durchsetzung (Art. 18–20)
Kapitel V Rechtsbehelfe, Haftung und Sanktionen (Art. 21–24)
Kapitel VI Delegierte Rechtsakte und Durchführungsakte (Art. 25, 26)
Kapitel VII Schlussbestimmungen (Art. 27–29)

16 **Kapitel I**
Allgemeine Bestimmungen (Art. 1–4)

Artikel 1
Gegenstand
(1) Diese Verordnung legt Vorschriften zum Schutz von Grundrechten und Grundfreiheiten natürlicher und juristischer Personen bei der Bereitstellung und Nutzung elektronischer Kommunikationsdienste[33] fest und regelt insbesondere die Rechte auf Achtung des Privatlebens und der Kommunikation und den Schutz natürlicher Personen bei der Verarbeitung personenbezogener Daten.
(2) Diese Verordnung gewährleistet den freien Verkehr elektronischer Kommunikationsdaten und elektronischer Kommunikationsdienste in der Union, der aus Gründen der Achtung des Privatlebens und der Kommunikation natürlicher und juristischer Personen und des Schutzes natürlicher Personen bei der Verarbeitung personenbezogener Daten weder beschränkt noch untersagt werden darf.
(3) Die Bestimmungen dieser Verordnung präzisieren und ergänzen die Verordnung (EU) 2016/679 durch die Festlegung besonderer Vorschriften für die in den Absätzen 1 und 2 genannten Zwecke.

17 **Artikel 2**
Sachlicher Anwendungsbereich
(1) Diese Verordnung gilt für die Verarbeitung elektronischer Kommunikationsdaten, die in Verbindung mit der Bereitstellung und Nutzung elektronischer Kommunikationsdienste erfolgt, und für Informationen in Bezug auf die Endeinrichtungen der Endnutzer.[34]
(2) Diese Verordnung gilt nicht für:
a) Tätigkeiten, die nicht in den Anwendungsbereich des Unionsrechts fallen;
b) Tätigkeiten der Mitgliedstaaten, die in den Anwendungsbereich von Titel V Kapitel 2 des Vertrags über die Europäische Union fallen;
c) elektronische Kommunikationsdienste, die nicht öffentlich zugänglich sind;
d) Tätigkeiten zuständiger Behörden zu Zwecken der Verhütung, Ermittlung, Aufdeckung oder Verfolgung von Straftaten oder der Strafvollstreckung, einschließlich des Schutzes vor und der Abwehr von Gefahren für die öffentliche Sicherheit.

(3) Für die Verarbeitung elektronischer Kommunikationsdaten durch die Organe, Einrichtungen und sonstigen Stellen der Europäischen Union gilt die Verordnung (EU) 00/0000 [neue Verordnung zur Ersetzung der Verordnung 45/2001].

---

31 Piltz, DB2018, 751.
32 Specht/Mantz-*Steinrötter*, Teil a § 5.
33 Jandt/Steidle-*Selzer*, B I Rn. 78f.
34 Specht/Mantz-*Steinrötter*, Teil A Rn. 11ff.

(4) Die vorliegende Verordnung lässt die Anwendung der Richtlinie 2000/31/EG und insbesondere der Vorschriften zur Verantwortlichkeit der Anbieter reiner Vermittlungsdienste in den Artikeln 12 bis 15 dieser Richtlinie unberührt.
(5) Die Bestimmungen der Richtlinie 2014/53/EU bleiben von dieser Verordnung unberührt.

Artikel 3 18
Räumlicher Anwendungsbereich und Vertreter

(1) Diese Verordnung gilt für:
a) die Bereitstellung elektronischer Kommunikationsdienste für Endnutzer in der Union, unabhängig davon, ob vom Endnutzer eine Bezahlung verlangt wird;
b) die Nutzung solcher Dienste;
c) den Schutz von Informationen in Bezug auf die Endeinrichtungen der Endnutzer in der Union.
(2) Ist der Betreiber eines elektronischen Kommunikationsdienstes nicht in der Union niedergelassen, so muss er schriftlich einen Vertreter in der Union benennen.
(3) Der Vertreter muss in einem der Mitgliedstaaten niedergelassen sein, in denen sich die Endnutzer dieser elektronischen Kommunikationsdienste befinden.
(4) Der Vertreter muss für die Zwecke der Gewährleistung der Einhaltung dieser Verordnung befugt sein, zusätzlich zu dem von ihm vertretenen Betreiber oder an dessen Stelle Fragen zu beantworten und Auskünfte zu erteilen, und zwar insbesondere gegenüber Aufsichtsbehörden und Endnutzern in Bezug auf alle Belange im Zusammenhang mit der Verarbeitung elektronischer Kommunikationsdaten.[35]
(5) Die Benennung eines Vertreters nach Absatz 2 erfolgt unbeschadet etwaiger rechtlicher Schritte gegen eine natürliche oder juristische Person, die elektronische Kommunikationsdaten in Verbindung mit der Bereitstellung elektronischer Kommunikationsdienste von außerhalb der Union für Endnutzer in der Union verarbeitet.[36]

Artikel 4 19
Begriffsbestimmungen

(1) Für die Zwecke dieser Verordnung gelten folgende Begriffsbestimmungen:
a) die Begriffsbestimmungen der Verordnung (EU) 2016/679;
b) die Begriffsbestimmungen für »elektronisches Kommunikationsnetz«, »elektronischer Kommunikationsdienst«, »interpersoneller Kommunikationsdienst«, »nummerngebundener interpersoneller Kommunikationsdienst«, »nummernunabhängiger interpersoneller Kommunikationsdienst«, »Endnutzer« und »Anruf« in Artikel 2 Nummern 1, 4, 5, 6, 7, 14 bzw. 21 der [Richtlinie über den europäischen Kodex für die elektronische Kommunikation];
c) die Begriffsbestimmung für »Endeinrichtungen« in Artikel 1 Nummer 1 der Richtlinie 2008/63/EG der Kommission.
(2) Für die Zwecke des Absatzes 1 Buchstabe b schließt die Begriffsbestimmung für »interpersoneller Kommunikationsdienst« auch Dienste ein, die eine interpersonelle und interaktive Kommunikation lediglich als untrennbar mit einem anderen Dienst verbundene untergeordnete Nebenfunktion ermöglichen.
(3) Für die Zwecke dieser Verordnung gelten zusätzlich folgende Begriffsbestimmungen:
a) »elektronische Kommunikationsdaten«: elektronische Kommunikationsinhalte und elektronische Kommunikationsmetadaten;
b) »elektronische Kommunikationsinhalte«: Inhalte, die mittels elektronischer Kommunikationsdienste übermittelt werden, z. B. Textnachrichten, Sprache, Videos, Bilder und Ton;
c) »elektronische Kommunikationsmetadaten«: Daten, die in einem elektronischen Kommunikationsnetz zu Zwecken der Übermittlung, der Verbreitung oder des Austauschs elektronischer Kommunikationsinhalte verarbeitet werden; dazu zählen die zur Verfolgung und Identifizierung des Ausgangs- und Zielpunkts einer Kommunikation verwendeten Daten, die im Zusammen-

35 Jandt/Steidle-*Selzer*, B I Rn. 85.
36 Specht/Mantz-*Steinrötter*, Teil A Rn. 18 ff.

hang mit der Bereitstellung elektronischer Kommunikationsdienste erzeugten Daten über den Standort des Geräts sowie Datum, Uhrzeit, Dauer und Art der Kommunikation;

d) »öffentlich zugängliches Verzeichnis«: ein Verzeichnis der Endnutzer elektronischer Kommunikationsdienste in gedruckter oder elektronischer Form, das veröffentlicht oder der Öffentlichkeit bzw. einem Teil der Öffentlichkeit zugänglich gemacht wird, auch mithilfe eines Verzeichnisauskunftsdienstes;

e) »E-Mail« (elektronische Post): jede über ein elektronisches Kommunikationsnetz verschickte elektronische Nachricht, die Informationen in Text-, Sprach-, Video-, Ton- oder Bildform enthält und die im Netz oder in zugehörigen Rechneranlagen oder in Endeinrichtungen ihres Empfängers gespeichert werden kann;

f) »Direktwerbung«: jede Art der Werbung in schriftlicher oder mündlicher Form, die an einen oder mehrere bestimmte oder bestimmbare Endnutzer elektronischer Kommunikationsdienste gerichtet wird, auch mittels automatischer Anruf- und Kommunikationssysteme mit oder ohne menschliche(r) Beteiligung, mittels E-Mail, SMS-Nachrichten usw.;[37]

g) »persönliche Direktwerbeanrufe«: direkt persönlich und ohne Verwendung automatischer Anruf- und Kommunikationssysteme ausgeführte Anrufe;[38]

h) »automatische Anruf- und Kommunikationssysteme«: Systeme, die automatisch Anrufe zu einem oder mehreren Empfängern entsprechend den für das System gemachten Einstellungen aufbauen und Ton übertragen können, der keine live gesprochene Rede darstellt, einschließlich Anrufen unter Verwendung automatischer Anruf- und Kommunikationssysteme, die die angerufene Person mit einer einzelnen Person verbinden. Kapitel II Schutz der elektronischen Kommunikation natürlicher und juristischer Personen und der in ihren Endeinrichtungen gespeicherten Informationen (Art. 5–11)

20 **Kapitel II**

Schutz der elektronischen Kommunikation natürlicher und juristischer Personen und der in ihren Endeinrichtungen gespeicherten Informationen (Art. 5–11)

Artikel 5

Vertraulichkeit elektronischer Kommunikationsdaten

Elektronische Kommunikationsdaten sind vertraulich. Eingriffe in elektronische Kommunikationsdaten wie Mithören, Abhören, Speichern, Beobachten, Scannen oder andere Arten des Abfangens oder Überwachens oder Verarbeitens elektronischer Kommunikationsdaten durch andere Personen als die Endnutzer sind untersagt, sofern sie nicht durch diese Verordnung erlaubt werden.[39]

21 **Artikel 6**

Erlaubte Verarbeitung elektronischer Kommunikationsdaten

(1) Betreiber elektronischer Kommunikationsnetze und -dienste dürfen elektronische Kommunikationsdaten verarbeiten, wenn

a) dies zur Durchführung der Übermittlung der Kommunikation nötig ist, für die dazu erforderliche Dauer, oder

b) dies zur Aufrechterhaltung oder Wiederherstellung der Sicherheit elektronischer Kommunikationsnetze und -dienste oder zur Erkennung von technischen Defekten und Fehlern bei der Übermittlung der elektronischen Kommunikation nötig ist, für die dazu erforderliche Dauer.

(2) Betreiber elektronischer Kommunikationsdienste dürfen elektronische Kommunikationsmetadaten verarbeiten, wenn

a) dies zur Einhaltung verbindlicher Dienstqualitätsanforderungen nach der [Richtlinie über den europäischen Kodex für die elektronische Kommunikation] oder der Verordnung (EU) 2015/2120 nötig ist, für die dazu erforderliche Dauer, oder

---

37 Jandt/Steidle-*Selzer*, B I Rn. 91.

38 Jandt/Steidle-*Selzer*, B I Rn. 92.

39 Jandt/Steidle-*Karsten*, B II Rn. 233–235.

b) dies zur Rechnungstellung, zur Berechnung von Zusammenschaltungszahlungen, zur Erkennung oder Beendigung betrügerischer oder missbräuchlicher Nutzungen elektronischer Kommunikationsdienste oder der diesbezüglichen Verträge nötig ist, oder
c) der betreffende Endnutzer seine Einwilligung zur Verarbeitung seiner Kommunikationsmetadaten für einen oder mehrere bestimmte Zwecke gegeben hat, so auch für die Bereitstellung bestimmter Dienste für diese Endnutzer, sofern die betreffenden Zwecke durch eine Verarbeitung anonymisierter Informationen nicht erreicht werden können.

(3) Betreiber elektronischer Kommunikationsdienste dürfen elektronische Kommunikationsinhalte nur verarbeiten:
a) zum alleinigen Zweck der Bereitstellung eines bestimmten Dienstes für einen Endnutzer, wenn der bzw. die betreffenden Endnutzer ihre Einwilligung zur Verarbeitung ihrer elektronischen Kommunikationsinhalte gegeben haben und die Dienstleistung ohne Verarbeitung dieser Inhalte nicht erbracht werden kann, oder
b) wenn alle betreffenden Endnutzer ihre Einwilligung zur Verarbeitung ihrer elektronischen Kommunikationsinhalte für einen oder mehrere bestimmte Zwecke gegeben haben, die durch eine Verarbeitung anonymisierter Informationen nicht erreicht werden können, und wenn der Betreiber hierzu die Aufsichtsbehörde konsultiert hat. Artikel 36 Absätze 2 und 3 der Verordnung (EU) 2016/679 findet auf die Konsultation der Aufsichtsbehörde Anwendung.[40]

Artikel 7 22
Speicherung und Löschung elektronischer Kommunikationsdaten

(1) Unbeschadet des Artikels 6 Absatz 1 Buchstabe b und des Artikels 6 Absatz 3 Buchstaben a und b löscht der Betreiber des elektronischen Kommunikationsdienstes elektronische Kommunikationsinhalte oder anonymisiert diese Daten, sobald der bzw. die vorgesehenen Empfänger die elektronischen Kommunikationsinhalte erhalten haben. Diese Daten können von den Endnutzern oder von Dritten, die von den Endnutzern mit der Aufzeichnung, Speicherung oder anderweitigen Verarbeitung dieser Daten beauftragt werden, im Einklang mit der Verordnung (EU) 2016/679 aufgezeichnet oder gespeichert werden.

(2) Unbeschadet des Artikels 6 Absatz 1 Buchstabe b und des Artikels 6 Absatz 2 Buchstaben a und c löscht der Betreiber des elektronischen Kommunikationsdienstes elektronische Kommunikationsmetadaten oder anonymisiert diese Daten, sobald sie für die Übermittlung einer Kommunikation nicht mehr benötigt werden.

(3) Erfolgt die Verarbeitung elektronischer Kommunikationsmetadaten zu Abrechnungszwecken im Einklang mit Artikel 6 Absatz 2 Buchstabe b, so dürfen die betreffenden Metadaten bis zum Ablauf der Frist aufbewahrt werden, innerhalb deren nach nationalem Recht die Rechnung rechtmäßig angefochten oder der Anspruch auf Zahlung geltend gemacht werden kann.[41]

Artikel 8 23
Schutz der in Endeinrichtungen der Endnutzer gespeicherten oder sich auf diese beziehenden Informationen

(1) Jede vom betreffenden Endnutzer nicht selbst vorgenommene Nutzung der Verarbeitungs- und Speicherfunktionen von Endeinrichtungen und jede Erhebung von Informationen aus Endeinrichtungen der Endnutzer, auch über deren Software und Hardware, ist untersagt, außer sie erfolgt aus folgenden Gründen:
a) sie ist für den alleinigen Zweck der Durchführung eines elektronischen Kommunikationsvorgangs über ein elektronisches Kommunikationsnetz nötig oder
b) der Endnutzer hat seine Einwilligung gegeben oder
c) sie ist für die Bereitstellung eines vom Endnutzer gewünschten Dienstes der Informationsgesellschaft nötig oder

40 Specht/Mantz-*Steinrötter*, Teil A Rn. 33; Jandt/Steidle-*Karsten*, B II Rn. 236–255.
41 Jandt/Steidle-*Karsten*, B II Rn. 256–260.

d) sie ist für die Messung des Webpublikums nötig, sofern der Betreiber des vom Endnutzer gewünschten Dienstes der Informationsgesellschaft diese Messung durchführt.

(2) Die Erhebung von Informationen, die von Endeinrichtungen ausgesendet werden, um sich mit anderen Geräten oder mit Netzanlagen verbinden zu können, ist untersagt, außer

a) sie erfolgt ausschließlich zum Zwecke der Herstellung einer Verbindung und für die dazu erforderliche Dauer oder

b) es wird in hervorgehobener Weise ein deutlicher Hinweis angezeigt, der zumindest Auskunft gibt über die Modalitäten der Erhebung, ihren Zweck, die dafür verantwortliche Person und die anderen nach Artikel 13 der Verordnung (EU) 2016/679 verlangten Informationen, soweit personenbezogene Daten erfasst werden, sowie darüber, was der Endnutzer der Endeinrichtung tun kann, um die Erhebung zu beenden oder auf ein Minimum zu beschränken.

Voraussetzung für die Erhebung solcher Informationen ist die Anwendung geeigneter technischer und organisatorischer Maßnahmen, die ein dem Risiko angemessenes Schutzniveau nach Artikel 32 der Verordnung (EU) 2016/679 gewährleisten.

(3) Die nach Absatz 2 Buchstabe b zu gebenden Informationen können in Kombination mit standardisierten Bildsymbolen bereitgestellt werden, um in leicht wahrnehmbarer, verständlicher und klar nachvollziehbarer Form einen aussagekräftigen Überblick über die Erhebung zu vermitteln.

(4) Der Kommission wird die Befugnis übertragen, nach Artikel 27 delegierte Rechtsakte zur Bestimmung der Informationen, die durch standardisierte Bildsymbole darzustellen sind, und der Verfahren für die Bereitstellung standardisierter Bildsymbole zu erlassen.[42]

24 **Artikel 9**
Einwilligung

(1) Für die Einwilligung gelten die Begriffsbestimmung und die Voraussetzungen, die in Artikel 4 Nummer 11 und Artikel 7 der Verordnung (EU) 2016/679 festgelegt sind.

(2) Unbeschadet des Absatzes 1 kann die Einwilligung für die Zwecke des Artikels 8 Absatz 1 Buchstabe b – soweit dies technisch möglich und machbar ist – in den passenden technischen Einstellungen einer Software, die den Zugang zum Internet ermöglicht, gegeben werden.

(3) Endnutzern, die ihre Einwilligung zur Verarbeitung elektronischer Kommunikationsdaten nach Artikel 6 Absatz 2 Buchstabe c und Artikel 6 Absatz 3 Buchstaben a und b gegeben haben, wird nach Artikel 7 Absatz 3 der Verordnung (EU) 2016/679 die Möglichkeit eingeräumt, ihre Einwilligung jederzeit zu widerrufen; sie werden in regelmäßigen Abständen von sechs Monaten an diese Möglichkeit erinnert, solange die Verarbeitung andauert.

25 **Artikel 10**
Bereitzustellende Informationen und Einstellungsmöglichkeiten zur Privatsphäre

(1) In Verkehr gebrachte Software, die eine elektronische Kommunikation erlaubt, darunter auch das Abrufen und Darstellen von Informationen aus dem Internet, muss die Möglichkeit bieten zu verhindern, dass Dritte Informationen in der Endeinrichtung eines Endnutzers speichern oder bereits in der Endeinrichtung gespeicherte Informationen verarbeiten.

(2) Bei der Installation muss die Software den Endnutzer über die Einstellungsmöglichkeiten zur Privatsphäre informieren und zur Fortsetzung der Installation vom Endnutzer die Einwilligung zu einer Einstellung verlangen.

(3) Bei Software, die am 25. Mai 2018 bereits installiert ist, müssen die Anforderungen der Absätze 1 und 2 zum Zeitpunkt der ersten Aktualisierung der Software, jedoch spätestens ab dem 25. August 2018 erfüllt werden.

26 **Artikel 11**
Beschränkungen

(1) Die Union oder die Mitgliedstaaten können im Wege von Gesetzgebungsmaßnahmen den Umfang der in den Artikeln 5 bis 8 festgelegten Pflichten und Rechte beschränken, sofern eine solche Be-

42 Specht/Mantz-*Steinrötter*, Teil A Rn. 34–37; Jandt/Steidle-*Karsten*, B II Rn. 261–268.

schränkung den Wesensgehalt der Grundrechte und Grundfreiheiten achtet und in einer demokratischen Gesellschaft eine notwendige, geeignete und verhältnismäßige Maßnahme darstellt, um ein oder mehrere der in Artikel 23 Absatz 1 Buchstaben a bis e der Verordnung (EU) 2016/679 genannten allgemeinen öffentlichen Interessen zu wahren oder Überwachungs-, Kontroll- oder Regulierungsaufgaben, die mit der Ausübung öffentlicher Gewalt verbunden sind, wahrzunehmen.
(2) Die Betreiber elektronischer Kommunikationsdienste richten auf der Grundlage einer nach Absatz 1 erlassenen Gesetzgebungsmaßnahme interne Verfahren zur Beantwortung von Anfragen auf Zugang zu elektronischen Kommunikationsdaten von Endnutzern ein. Sie stellen der zuständigen Aufsichtsbehörde auf Anfrage Informationen über diese Verfahren, die Zahl der eingegangenen Anfragen, die vorgebrachten rechtlichen Begründungen und ihre Antworten zur Verfügung.

Kapitel III 27
Rechte natürlicher und juristischer Personen in Bezug auf die Kontrolle über ihre elektronische Kommunikation (Art. 12–17)

Artikel 12
Anzeige der Rufnummer des Anrufers und des Angerufenen und deren Unterdrückung
(1) Wird die Anzeige der Rufnummer des Anrufers und des Angerufenen im Einklang mit Artikel [107] der [Richtlinie über den europäischen Kodex für die elektronische Kommunikation] angeboten, stellen die Betreiber öffentlich zugänglicher nummerngebundener interpersoneller Kommunikationsdienste Folgendes bereit:
a) für den anrufenden Endnutzer die Möglichkeit, die Anzeige seiner Rufnummer für einen einzelnen Anruf, für eine bestimmte Verbindung oder dauerhaft zu verhindern;
b) für den angerufenen Endnutzer die Möglichkeit, die Rufnummernanzeige für eingehende Anrufe zu verhindern;
c) für den angerufenen Endnutzer die Möglichkeit, eingehende Anrufe, bei denen die Rufnummernanzeige durch den anrufenden Endnutzer verhindert wurde, abzuweisen;
d) für den angerufenen Endnutzer die Möglichkeit, die Anzeige seiner Rufnummer beim anrufenden Endnutzer zu verhindern.
(2) Die in Absatz 1 Buchstaben a, b, c und d genannten Möglichkeiten werden Endnutzern auf einfache Weise und kostenlos bereitgestellt.
(3) Absatz 1 Buchstabe a gilt auch für aus der Union abgehende Anrufe in Drittländer. Absatz 1 Buchstaben b, c und d gelten auch für aus Drittländern eingehende Anrufe.
(4) Wird die Anzeige der Rufnummer des Anrufers oder des Angerufenen angeboten, geben die Betreiber öffentlich zugänglicher nummerngebundener interpersoneller Kommunikationsdienste der Öffentlichkeit Informationen über die in Absatz 1 Buchstaben a, b, c und d genannten Möglichkeiten.

Artikel 13 28
Ausnahmen für die Anzeige der Rufnummer des Anrufers und des Angerufenen und deren Unterdrückung
(1) Ungeachtet dessen, ob der anrufende Endnutzer die Anzeige seiner Rufnummer verhindert hat, übergehen die Betreiber öffentlich zugänglicher nummerngebundener interpersoneller Kommunikationsdienste bei Anrufen bei Notdiensten die Unterdrückung der Rufnummernanzeige und eine verweigerte oder fehlende Einwilligung eines Endnutzers in die Verarbeitung von Metadaten anschlussbezogen für Einrichtungen, die Notrufe bearbeiten, einschließlich der Notrufabfragestellen, zum Zwecke der Beantwortung dieser Anrufe.
(2) Die Mitgliedstaaten legen spezifischere Bestimmungen in Bezug auf die Einrichtung von Verfahren und die Umstände fest, unter denen Betreiber öffentlich zugänglicher nummerngebundener interpersoneller Kommunikationsdienste die Unterdrückung der Anzeige der Rufnummer des Anrufers vorrübergehend aufheben sollen, wenn Endnutzer beantragen, dass böswillige oder belästigende Anrufe zurückverfolgt werden.

29 **Artikel 14**
Sperrung eingehender Anrufe

Die Betreiber öffentlich zugänglicher nummerngebundener interpersoneller Kommunikationsdienste treffen Maßnahmen, die dem Stand der Technik entsprechen, um den Erhalt unerwünschter Anrufe durch Endnutzer zu beschränken, und stellen den angerufenen Endnutzern außerdem folgende Möglichkeiten kostenlos zur Verfügung:

a) Sperrung eingehender Anrufe von bestimmten Rufnummern oder von anonymen Quellen;
b) Abstellung einer von einem Dritten veranlassten automatischen Anrufweiterschaltung zur Endeinrichtung des Endnutzers.

30 **Artikel 15**
Öffentlich zugängliche Verzeichnisse

(1) Die Betreiber öffentlich zugänglicher Verzeichnisse holen die Einwilligung der Endnutzer, die natürliche Personen sind, in die Aufnahme ihrer personenbezogenen Daten in das Verzeichnis und folglich die Einwilligung dieser Endnutzer in die Aufnahme von Daten nach Kategorien personenbezogener Daten ein, soweit diese Daten für den vom Anbieter des Verzeichnisses angegebenen Zweck relevant sind. Die Betreiber geben Endnutzern, die natürliche Personen sind, die Möglichkeit, die Daten zu überprüfen, zu berichtigen und zu löschen.

(2) Die Betreiber öffentlich zugänglicher Verzeichnisse informieren Endnutzer, die natürliche Personen sind und deren personenbezogene Daten in das Verzeichnis aufgenommen worden sind, über die verfügbaren Suchfunktionen des Verzeichnisses und holen die Einwilligung der Endnutzer ein, bevor sie diese Suchfunktionen in Bezug auf deren Daten aktivieren.

(3) Die Betreiber öffentlich zugänglicher Verzeichnisse räumen Endnutzern, die juristische Personen sind, die Möglichkeit ein, der Aufnahme von auf sie bezogenen Daten in das Verzeichnis zu widersprechen. Die Betreiber geben solchen Endnutzern, die juristische Personen sind, die Möglichkeit, die Daten zu überprüfen, zu berichtigen und zu löschen.

(4) Die Möglichkeit der Endnutzer, nicht in ein öffentlich zugängliches Verzeichnis aufgenommen zu werden und alle Daten, die sich auf sie beziehen, zu überprüfen, zu berichtigen und zu löschen, wird kostenlos zur Verfügung gestellt.

31 **Artikel 16**
Unerbetene Kommunikation

(1) Natürliche oder juristische Personen können Direktwerbung über elektronische Kommunikationsdienste an Endnutzer richten, die natürliche Personen sind und hierzu ihre Einwilligung gegeben haben.[43]

(2) Hat eine natürliche oder juristische Person von ihren Kunden im Zusammenhang mit dem Verkauf eines Produkts oder einer Dienstleistung im Einklang mit der Verordnung (EU) 2016/679 deren elektronische Kontaktangaben für E-Mail erhalten, darf sie diese zur Direktwerbung für eigene ähnliche Produkte oder Dienstleistungen nur dann verwenden, wenn die Kunden klar und deutlich die Möglichkeit haben, einer solchen Nutzung kostenlos und auf einfache Weise zu widersprechen. Das Widerspruchsrecht wird bei Erlangung der Angaben und bei jedem Versand einer Nachricht eingeräumt.

(3) Unbeschadet der Absätze 1 und 2 müssen natürliche oder juristische Personen, die Direktwerbeanrufe mittels elektronischer Kommunikationsdienste tätigen,

a) eine Rufnummer angeben, unter der sie erreichbar sind, oder
b) einen besonderen Kode/eine Vorwahl angeben, der/die kenntlich macht, dass es sich um einen Werbeanruf handelt.

(4) Ungeachtet des Absatzes 1 können Mitgliedstaaten durch Rechtsvorschriften vorsehen, dass die Tätigung persönlicher Direktwerbeanrufe an Endnutzer, die natürliche Personen sind, nur bei End-

43 Zur Auseinandersetzung über die Werbemöglichkeiten nach der ePVO Specht/Mantz-*Steinrötter*, Teil A Rn. 30f., 45.

nutzern erlaubt ist, die natürliche Personen sind und dem Erhalt solcher Kommunikation nicht widersprochen haben.
(5) Die Mitgliedstaaten stellen im Rahmen des Unionsrechts und des geltenden nationalen Rechts sicher, dass die berechtigten Interessen von Endnutzern, die juristische Personen sind, in Bezug auf unerbetene Kommunikation, die in der in Absatz 1 genannten Weise übermittelt wird, ausreichend geschützt werden.
(6) Natürliche oder juristische Personen, die Direktwerbung mittels elektronischer Kommunikationsdienste übermitteln, informieren die Endnutzer über den Werbecharakter der Nachricht und die Identität der juristischen oder natürlichen Person, in deren Namen die Nachricht übermittelt wird, und stellen die nötigen Informationen bereit, damit die Empfänger in einfacher Weise ihr Recht ausüben können, die Einwilligung in den weiteren Empfang von Werbenachrichten zu widerrufen.
(7) Der Kommission wird die Befugnis übertragen, nach Artikel 26 Absatz 2 Durchführungsmaßnahmen zu erlassen, in denen der Kode/die Vorwahl zur Kennzeichnung von Werbeanrufen nach Absatz 3 Buchstabe b festgelegt wird.[44]

Artikel 17 32
Information über erkannte Sicherheitsrisiken
Besteht ein besonderes Risiko, dass die Sicherheit von Netzen und elektronischen Kommunikationsdiensten beeinträchtigt werden könnte, informiert der Betreiber eines elektronischen Kommunikationsdienstes die Endnutzer über dieses Risiko und – wenn das Risiko außerhalb des Anwendungsbereichs der vom Diensteanbieter zu treffenden Maßnahmen liegt – über mögliche Abhilfen, einschließlich voraussichtlich entstehender Kosten.

Kapitel IV 33
Unabhängige Aufsichtsbehörden und Durchsetzung (Art. 18–20)

Artikel 18
Unabhängige Aufsichtsbehörden
(1) Die für die Überwachung der Anwendung der Verordnung (EU) 2016/679 zuständigen unabhängigen Aufsichtsbehörden sind auch für die Überwachung der Anwendung der vorliegenden Verordnung zuständig. Die Kapitel VI und VII der Verordnung (EU) 2016/679 finden sinngemäß Anwendung. Die Aufgaben und Befugnisse der Aufsichtsbehörden werden in Bezug auf die Endnutzer wahrgenommen.
(2) Die in Absatz 1 genannten Aufsichtsbehörden arbeiten mit den nach der [Richtlinie über den europäischen Kodex für die elektronische Kommunikation] geschaffenen nationalen Regulierungsbehörden zusammen, wenn dies zweckmäßig ist.

Artikel 19 34
Europäischer Datenschutzausschuss
Der durch Artikel 68 der Verordnung (EU) 2016/679 eingesetzte Europäische Datenschutzausschuss ist für die Gewährleistung der einheitlichen Anwendung dieser Verordnung zuständig. Dazu nimmt der Europäische Datenschutzausschuss die in Artikel 70 der Verordnung (EU) 2016/679 festgelegten Aufgaben wahr. Außerdem hat der Ausschuss folgende Aufgaben:
a) Beratung der Kommission bezüglich etwaiger Vorschläge zur Änderung dieser Verordnung;
b) Prüfung – von sich aus, auf Antrag eines seiner Mitglieder oder auf Ersuchen der Kommission – von die Anwendung dieser Verordnung betreffenden Fragen und Bereitstellung von Leitlinien, Empfehlungen und bewährten Verfahren zwecks Sicherstellung einer einheitlichen Anwendung dieser Verordnung.

---

44 Jandt/Steidle-*Steidle*, B III Rn. 185–197.

35 **Artikel 20**
Zusammenarbeit und Kohärenzverfahren
Jede Aufsichtsbehörde leistet einen Beitrag zur einheitlichen Anwendung dieser Verordnung in der gesamten Union. Zu diesem Zweck arbeiten die Aufsichtsbehörden untereinander sowie mit der Kommission nach Kapitel VII der Verordnung (EU) 2016/679 in den unter diese Verordnung fallenden Angelegenheiten zusammen.

36 **Kapitel V**
Rechtsbehelfe, Haftung und Sanktionen (Art. 21–24)

Artikel 21
Rechtsbehelfe
(1) Jeder Endnutzer elektronischer Kommunikationsdienste hat unbeschadet anderweitiger verwaltungsrechtlicher oder gerichtlicher Rechtsbehelfe dieselben Rechte, die in den Artikeln 77, 78 und 79 der Verordnung (EU) 2016/679 vorgesehen sind.
(2) Jede natürliche oder juristische Person, die kein Endnutzer ist, die durch Verstöße gegen die vorliegende Verordnung beeinträchtigt wird und ein berechtigtes Interesse an der Einstellung oder dem Verbot solcher Verstöße hat, einschließlich der Betreiber elektronischer Kommunikationsdienste, die ihre berechtigten Geschäftsinteressen schützen wollen, hat das Recht, gegen solche Verstöße gerichtlich vorzugehen.

37 **Artikel 22**
Haftung und Recht auf Schadenersatz
Jeder Endnutzer elektronischer Kommunikationsdienste, dem wegen eines Verstoßes gegen diese Verordnung ein materieller oder immaterieller Schaden entstanden ist, hat Anspruch auf Schadenersatz gegen den Rechtsverletzer, es sei denn der Rechtsverletzer weist im Einklang mit Artikel 82 der Verordnung (EU) 2016/679 nach, dass er in keinerlei Hinsicht für den Umstand, durch den der Schaden eingetreten ist, verantwortlich ist.

38 **Artikel 23**
Allgemeine Voraussetzungen für die Verhängung von Geldbußen
(1) Für die Zwecke dieses Artikels findet Kapitel VII der Verordnung (EU) 2016/679 auf Verstöße gegen die vorliegende Verordnung Anwendung.
(2) Bei Verstößen gegen die folgenden Bestimmungen der vorliegenden Verordnung werden im Einklang mit Absatz 1 Geldbußen von bis zu 10 000 000 EUR oder im Fall eines Unternehmens von bis zu 2 % seines gesamten weltweit erzielten Jahresumsatzes des vorangegangenen Geschäftsjahrs verhängt, je nachdem, welcher der Beträge höher ist:
a) die Verpflichtungen einer juristischen oder natürlichen Person, die elektronische Kommunikationsdaten nach Artikel 8 verarbeitet;
b) die Verpflichtungen des Anbieters der Software, die eine elektronische Kommunikation nach Artikel 10 ermöglicht;
c) die Verpflichtungen des Betreibers öffentlich zugänglicher Verzeichnisse nach Artikel 15;
d) die Verpflichtungen einer juristischen oder natürlichen Person, die elektronische Kommunikationsdienste nach Artikel 16 nutzt.

(3) Bei Verstößen gegen den Grundsatz der Vertraulichkeit der Kommunikation, die erlaubte Verarbeitung elektronischer Kommunikationsdaten und Löschungsfristen nach den Artikeln 5, 6 und 7 werden im Einklang mit Absatz 1 des vorliegenden Artikels Geldbußen von bis zu 20 000 000 EUR oder im Fall eines Unternehmens von bis zu 4 % seines gesamten weltweit erzielten Jahresumsatzes des vorangegangenen Geschäftsjahrs verhängt, je nachdem, welcher der Beträge höher ist.
(4) Die Mitgliedstaaten legen Vorschriften über Sanktionen für die in den Artikeln 12, 13, 14 und 17 genannten Verstöße fest.
(5) Bei Nichtbefolgung einer Anweisung der Aufsichtsbehörde nach Artikel 18 werden Geldbußen von bis zu 20 000 000 EUR oder im Fall eines Unternehmens von bis zu 4 % seines gesamten weltweit

erzielten Jahresumsatzes des vorangegangenen Geschäftsjahrs verhängt, je nachdem, welcher der Beträge höher ist.
(6) Unbeschadet der Abhilfebefugnisse der Aufsichtsbehörden nach Artikel 18 kann jeder Mitgliedstaat Vorschriften dafür festlegen, ob und in welchem Umfang gegen Behörden und öffentliche Stellen, die in dem betreffenden Mitgliedstaat niedergelassen sind, Geldbußen verhängt werden können.
(7) Die Ausübung der eigenen Befugnisse durch eine Aufsichtsbehörde nach diesem Artikel muss angemessenen Verfahrensgarantien gemäß dem Unionsrecht und dem Recht der Mitgliedstaaten, einschließlich wirksamer gerichtlicher Rechtsbehelfe und ordnungsgemäßer Verfahren, unterliegen.
(8) Sieht die Rechtsordnung eines Mitgliedstaats keine Geldbußen vor, kann dieser Artikel so angewandt werden, dass die Geldbuße von der zuständigen Aufsichtsbehörde in die Wege geleitet und von den zuständigen nationalen Gerichten verhängt wird, wobei sicherzustellen ist, dass diese Rechtsbehelfe wirksam sind und die gleiche Wirkung wie von Aufsichtsbehörden verhängte Geldbußen haben. In jeden Fall müssen die verhängten Geldbußen wirksam, verhältnismäßig und abschreckend sein. Die betreffenden Mitgliedstaaten teilen der Kommission bis zum [xxx] die Rechtsvorschriften, die sie aufgrund dieses Absatzes erlassen, sowie unverzüglich alle späteren Änderungsgesetze oder Änderungen dieser Vorschriften mit.

Artikel 24 39
Sanktionen

(1) Die Mitgliedstaaten legen die Vorschriften über andere Sanktionen für Verstöße gegen diese Verordnung – insbesondere für Verstöße, die keiner Geldbuße nach Artikel 23 unterliegen – fest und treffen alle zu deren Anwendung erforderlichen Maßnahmen. Diese Sanktionen müssen wirksam, verhältnismäßig und abschreckend sein.
(2) Jeder Mitgliedstaat teilt der Kommission spätestens 18 Monate nach dem in Artikel 29 Absatz 2 festgelegten Termin die Rechtsvorschriften, die er nach Absatz 1 erlässt, sowie unverzüglich alle späteren Änderungen dieser Vorschriften mit.

Kapitel VI
Delegierte Rechtsakte und Durchführungsakte (Art. 25, 26)

Artikel 25 40
Ausübung der Befugnisübertragung

(1) Die Befugnis zum Erlass delegierter Rechtsakte wird der Kommission unter den in diesem Artikel festgelegten Bedingungen übertragen.
(2) Die Befugnis zum Erlass delegierter Rechtsakte nach Artikel 8 Absatz 4 wird der Kommission auf unbestimmte Zeit ab dem [Tag des Inkrafttretens dieser Verordnung] übertragen.
(3) Die Befugnisübertragung nach Artikel 8 Absatz 4 kann vom Europäischen Parlament oder vom Rat jederzeit widerrufen werden. Der Beschluss über den Widerruf beendet die Übertragung der in diesem Beschluss angegebenen Befugnis. Er wird am Tag nach seiner Veröffentlichung im Amtsblatt der Europäischen Union oder zu einem im Beschluss über den Widerruf angegebenen späteren Zeitpunkt wirksam. Die Gültigkeit von delegierten Rechtsakten, die bereits in Kraft sind, wird von dem Beschluss über den Widerruf nicht berührt.
(4) Vor dem Erlass eines delegierten Rechtsakts konsultiert die Kommission die von den einzelnen Mitgliedstaaten benannten Sachverständigen im Einklang mit den in der Interinstitutionellen Vereinbarung über bessere Rechtsetzung vom 13. April 2016 niedergelegten Grundsätzen.
(5) Sobald die Kommission einen delegierten Rechtsakt erlässt, übermittelt sie ihn gleichzeitig dem Europäischen Parlament und dem Rat.
(6) Ein delegierter Rechtsakt, der nach Artikel 8 Absatz 4 erlassen wurde, tritt nur in Kraft, wenn weder das Europäische Parlament noch der Rat innerhalb einer Frist von zwei Monaten nach Übermittlung dieses Rechtsakts an das Europäische Parlament und den Rat Einwände erhoben haben oder wenn vor Ablauf dieser Frist das Europäische Parlament und der Rat beide der Kommission mit-

geteilt haben, dass sie keine Einwände erheben werden. Auf Initiative des Europäischen Parlaments oder des Rates wird diese Frist um zwei Monate verlängert.

41 **Artikel 26**
Ausschuss
(1) Die Kommission wird von dem durch Artikel 110 der [Richtlinie über den europäischen Kodex für die elektronische Kommunikation] eingesetzten Kommunikationsausschuss unterstützt. Dieser Ausschuss ist ein Ausschuss im Sinne der Verordnung (EU) Nr. 182/2011.
(2) Wird auf diesen Absatz Bezug genommen, so gilt Artikel 5 der Verordnung (EU) Nr. 182/2011.

42 **Kapitel VII**
Schlussbestimmungen (Art. 27–29)

Artikel 27
Aufhebung
(1) Die Richtlinie 2002/58/EG wird mit Wirkung vom 25. Mai 2018 aufgehoben.
(2) Bezugnahmen auf die aufgehobene Richtlinie gelten als Bezugnahmen auf die vorliegende Verordnung.

43 **Artikel 28**
Überwachung und Bewertung
Die Kommission stellt spätestens zum 1. Januar 2018 ein detailliertes Programm für die Überwachung der Wirksamkeit dieser Verordnung auf.
Spätestens drei Jahre nach dem Geltungsbeginn dieser Verordnung und danach alle drei Jahre führt die Kommission eine Bewertung dieser Verordnung durch und legt die wichtigsten Erkenntnisse daraus dem Europäischen Parlament, dem Rat und dem Europäischen Wirtschafts- und Sozialausschuss vor. In Anbetracht rechtlicher, technischer oder wirtschaftlicher Entwicklungen dient die Bewertung gegebenenfalls als Grundlage für einen Vorschlag zur Änderung oder Aufhebung dieser Verordnung.

44 **Artikel 29**
Inkrafttreten und Anwendung
(1) Diese Verordnung tritt am zwanzigsten Tag nach ihrer Veröffentlichung im Amtsblatt der Europäischen Union in Kraft.
(2) Sie gilt ab dem 25. Mai 2018.
Diese Verordnung ist in allen ihren Teilen verbindlich und gilt unmittelbar in jedem Mitgliedstaat.

IV. TMG und DSGVO

45 Während klar ist, welches Datenschutzrecht seit dem 25. 5. 2018 anwendbar ist, ist dies im Hinblick auf den Schutz der Vertraulichkeit der elektronischen Kommunikation streitig. Der Kommissionsvorschlag ging davon aus, dass es gelingen kann, die ePrivacy-Verordnung bis zu diesem Stichtag in Kraft zu setzen (siehe Rn. 44). Der Vorschlag des EU-Parlaments basierte auf der Prognose, dass die ePVO im Laufe des Jahres 2018 verabschiedet und veröffentlicht werden kann und dann ein Jahr nach dem förmlichen Inkrafttreten direkt anwendbar sein wird. Diese Prognose erweist sich als zu optimistisch. Dies hat **Übergangsprobleme** zur Folge. Die Regelungen des TMG und des TKG in Deutschland bleiben in Kraft, soweit diese nicht durch den Anwendungsbereich der DSGVO erfasst und dabei verdrängt werden. Dies ist auch dann nicht der Fall, wenn auf die Regelungen des

TMG bzw. des TKG in der DSGVO vorgesehene Öffnungsklauseln bestehen, so dass diese Regelungen wirksam bleiben können.[45]

Das »**Datenschutz-Anpassungs- und -Umsetzungsgesetz EU**« (DSAnpUG-EU) und dessen wesentlicher Bestandteil – das BDSG – enthalten weder in den gesetzlichen Festlegungen noch in der Begründung Aussagen über die weitere Anwendbarkeit des TMG. 46

Teilweise wird die Ansicht vertreten, dass die §§ 11ff. TMG nach **Wirksamwerden der DSGVO** keine Anwendung mehr finden.[46] Diese Ansicht ist stark verkürzend. Die DSGVO verdrängt das TMG nur, soweit Sachverhalte nicht von der TK-DSRl erfasst werden (Art. 95 DSGVO).[47] Dabei kommt es auf den Zweck der TK-DSRl an, der in Art. 1 Abs. 1 mit dem Grundrechtsschutz »im Bereich der elektronischen Kommunikation sowie den freien Verkehr dieser Daten und von elektronischen Kommunikationsgeräten und -diensten« beschrieben wird. 47

Das TMG findet weiterhin dort Anwendung, wo die DSGVO **Öffnungsklauseln** enthält, die vom TMG abgedeckt werden. 48

Im Folgenden wird deshalb eine knappe **Kommentierung der geltenden TMG-Regelung** vorgenommen. Dabei werden die Bezüge zu den geplanten Regelungen der ePrivacy-Verordnung hergestellt. 49

Abschnitt 1
Allgemeine Bestimmungen

§ 1 Anwendungsbereich

(1) Dieses Gesetz gilt für alle elektronischen Informations- und Kommunikationsdienste, soweit sie nicht Telekommunikationsdienste nach § 3 Nr. 24 des Telekommunikationsgesetzes, die ganz in der Übertragung von Signalen über Telekommunikationsnetze bestehen, telekommunikationsgestützte Dienste nach § 3 Nr. 25 des Telekommunikationsgesetzes oder Rundfunk nach § 2 des Rundfunkstaatsvertrages sind (Telemedien). Dieses Gesetz gilt für alle Anbieter einschließlich der öffentlichen Stellen unabhängig davon, ob für die Nutzung ein Entgelt erhoben wird.

(2) Dieses Gesetz gilt nicht für den Bereich der Besteuerung.

(3) Das Telekommunikationsgesetz und die Pressegesetze bleiben unberührt.

(4) Die an die Inhalte von Telemedien zu richtenden besonderen Anforderungen ergeben sich aus dem Staatsvertrag für Rundfunk und Telemedien (Rundfunkstaatsvertrag).

---

45 Dehmel/Hullen, ZD 2013, 150; Hoeren/Sieber-*Schmitz*, 16.2 Rn. 37; Specht/Mantz-*Steinrötter*, Teil A Rn. 10; Hanloser, ZD 2018, 215f.; Breyer ZD 2018, 302f.; Gierschmann, ZD 2018, 299; a.A. DSB-K, Zur Anwendbarkeit des TMG für nicht-öffentliche Stellen nach dem 25.5.2018, 26.4.2018, relativierend DSK, Orientierungshilfe für Anbieter von Telemedien, März 2019, S. 3.

46 Spindler, DB 2016, 957; Gola-*Piltz*, Art. 95 Rn. 19, vgl. aber Rn. 15; Keppeler, MMR 2015, 779; Plath-*Hullen/Roggenkamp*, Einl. TMG Rn. 13; Jandt/Steidle-*Karg*, A III Rn. 112; Jandt, ZD 2018, 407.

47 Kremer, CR 2017, 370f.

(5) Dieses Gesetz trifft weder Regelungen im Bereich des internationalen Privatrechts noch regelt es die Zuständigkeit der Gerichte.

(6) Die besonderen Bestimmungen dieses Gesetzes für audiovisuelle Mediendienste auf Abruf gelten nicht für Dienste, die

1. ausschließlich zum Empfang in Drittländern bestimmt sind und

2. nicht unmittelbar oder mittelbar von der Allgemeinheit mit handelsüblichen Verbraucherendgeräten in einem Staat innerhalb des Geltungsbereichs der Richtlinie 89/552/EWG des Rates vom 3. Oktober 1989 zur Koordinierung bestimmter Rechts- und Verwaltungsvorschriften der Mitgliedstaaten über die Ausübung der Fernsehtätigkeit (ABl. L 298 vom 17.10.1989, S. 23), die zuletzt durch die Richtlinie 2007/65/EG (ABl. L 332 vom 18.12.2007, S. 27) geändert worden ist, empfangen werden.

Inhaltsübersicht

I. Telemedien

1 Der **Begriff Telemedien** wird in Abs. 1 Satz 1 negativ definiert als elektronische Informationsdienste, soweit sie nicht unter § 3 Nr. 24, 25 TKG oder § 2 Rundfunkstaatsvertrag (RStV) fallen. Elektronische Informations- und Kommunikationsdienste sind elektronisch erbrachte Dienste, mit denen Inhalte (Bild, Text, Ton usw.) bereitgestellt und durch Telekommunikation übermittelt werden.

2 Zu Telemediendiensten gehören damit insbesondere **Internet-Angebote** z. B. in Form von Webseiten, Meinungsforen, Weblogs, Suchmaschinen sowie auch kommerzielle Angebote (Webshops, Bestell- und Buchungsdienste, Plattformen).[1] **Cloud-Dienste** sind nicht per se Telemedien. Vielmehr kommt es auf die jeweilige Funktionalität an.[2] Handelt es sich dabei um Dienste, deren Funktion vorrangig das Outsourcing der Verarbeitung für einen Verantwortlichen ist, so handelt es sich um eine Auftragsverarbeitung (Art. 4 Nr. 8 DSGVO), nicht um ein Telemedium.

3 Nicht erfasst sind nach § 3 Nr. 24 TKG »**Klassische Telekommunikationsdienste**« zur Bereitstellung von Teilnehmeranschlüssen und der Übertragung von Sprache und Daten. Reines Access-Providing ist ein Telekommunikationsdienst.[3] Bei E-Mail-Diensten sowie ähnlichen Web-Kommunikationsdiensten (sog. OTT-Dienste, siehe TMG Einl. Rn. 6) ist es oft unklar und streitig, ob diese unter das TKG oder das TMG fallen (siehe § 11 TMG Rn. 18).

4 Ausgenommen von der Anwendung des TMG sind **telekommunikationsgestützte Dienste** i. S. v. § 3 Nr. 25 TKG, wozu Telefonmehrwertdienste und Dialer gehören.

5 Ausgenommen vom TMG sind zudem Informations- und Kommunikationsdienste, die als Rundfunk anzusehen sind. Nach § 2 Abs. 1 Satz 1 und 2 RStV ist Rundfunk ein linea-

1 Auernhammer-*Schreibauer*, 2017, Vorbem. §§ 11–16 TMG Rn. 8.
2 Auernhammer-*Schreibauer*, 2017, Vorbem. §§ 11–16 TMG Rn. 9.
3 Auernhammer-*Schreibauer*, 2017, Vorbem. §§ 11–16 TMG Rn. 10.

rer Informations- und Kommunikationsdienst i. S. v. einer für die Allgemeinheit und zum zeitgleichen Empfang bestimmten Veranstaltung und einer Verbreitung von Angeboten in Bewegtbild oder Ton entlang eines Sendeplans, egal ob diese verschlüsselt oder nicht verbreitet oder mit oder ohne besonderen Entgelt empfangbar sind.

Die Abgrenzung zwischen **TKG, RStV** und TMG ist datenschutzrechtlich relevant, da diese von §§ 11 ff. TMG sich unterscheidende Regelungen (§§ 91 ff. TKG, §§ 47, 57 RfStV) enthalten. 6

II. Umfassende Anwendbarkeit

Erfasst werden alle **Diensteanbieter**, egal ob es sich dabei um juristische oder natürliche Personen, um nicht-öffentliche oder öffentliche Stellen handelt. D.h. dass die datenschutzrechtlichen Regelungen des TMG für die Verarbeitung von Bestands- und Nutzungsdaten in jedem Fall anwendbar sind, selbst wenn sich deren Verarbeitung nach anderen Regelungen als denen des allgemeinen Datenschutzrechtes richtet. Diese allgemeinen Regelungen für nicht-öffentliche Stellen waren bisher die §§ 27ff. BDSG-alt, für öffentliche Stellen des Bundes die §§ 12ff. BDSG-alt sowie für öffentlichen Stellen der Länder die entsprechenden Regelungen in den Landesdatenschutzgesetzen. Hinsichtlich öffentlicher Stellen der Länder verweist § 60 Abs. 2 RStV (erlassen von den Landesgesetzgebern) dynamisch generell auf das TMG. Nach dem 25. 5. 2018 gelten für alle genannten Stellen insbesondere Art. 6ff. DSGVO. Das TMG gilt also auch für öffentlich-rechtliche Körperschaften und andere rechtsfähige öffentlich-rechtliche Einrichtungen,[4] z. B. Universitäten[5] und Fachhochschulen[6]. Auch wenn für die jeweiligen Stellen bzgl. der Inhaltsdaten bereichsspezifische Normen gelten, ist für die Bestands- und Nutzungsdaten bei deren Telemedien das TMG anwendbar. 7

§ 2 Begriffsbestimmungen

Im Sinne dieses Gesetzes

1. **ist Diensteanbieter jede natürliche oder juristische Person, die eigene oder fremde Telemedien zur Nutzung bereithält oder den Zugang zur Nutzung vermittelt; bei audiovisuellen Mediendiensten auf Abruf ist Diensteanbieter jede natürliche oder juristische Person, die die Auswahl und Gestaltung der angebotenen Inhalte wirksam kontrolliert,**
2. **ist niedergelassener Diensteanbieter jeder Anbieter, der mittels einer festen Einrichtung auf unbestimmte Zeit Telemedien geschäftsmäßig anbietet oder erbringt; der Standort der technischen Einrichtung allein begründet keine Niederlassung des Anbieters,**

2a. **ist drahtloses lokales Netzwerk ein Drahtloszugangssystem mit geringer Leistung und geringer Reichweite sowie mit geringem Störungsrisiko für weitere, von ande-**

4 Spindler/Schuster-*Schmitz*, § 2 TMG Rn. 3.
5 OLG München, MMR 2000, 618.
6 OLG Braunschweig, MMR 2001, 609.

ren Nutzern in unmittelbarer Nähe installierte Systeme dieser Art, welches nicht exklusive Grundfrequenzen nutzt,

3. **ist Nutzer jede natürliche oder juristische Person, die Telemedien nutzt, insbesondere um Informationen zu erlangen oder zugänglich zu machen,**
4. **sind Verteildienste Telemedien, die im Wege einer Übertragung von Daten ohne individuelle Anforderung gleichzeitig für eine unbegrenzte Anzahl von Nutzern erbracht werden,**
5. **ist kommerzielle Kommunikation jede Form der Kommunikation, die der unmittelbaren oder mittelbaren Förderung des Absatzes von Waren, Dienstleistungen oder des Erscheinungsbilds eines Unternehmens, einer sonstigen Organisation oder einer natürlichen Person dient, die eine Tätigkeit im Handel, Gewerbe oder Handwerk oder einen freien Beruf ausübt; die Übermittlung der folgenden Angaben stellt als solche keine Form der kommerziellen Kommunikation dar:**
   a) **Angaben, die unmittelbaren Zugang zur Tätigkeit des Unternehmens oder der Organisation oder Person ermöglichen, wie insbesondere ein Domain-Name oder eine Adresse der elektronischen Post,**
   b) **Angaben in Bezug auf Waren und Dienstleistungen oder das Erscheinungsbild eines Unternehmens, einer Organisation oder Person, die unabhängig und insbesondere ohne finanzielle Gegenleistung gemacht werden.**
6. **sind »audiovisuelle Mediendienste auf Abruf« Telemedien mit Inhalten, die nach Form und Inhalt fernsehähnlich sind und die von einem Diensteanbieter zum individuellen Abruf zu einem vom Nutzer gewählten Zeitpunkt und aus einem vom Diensteanbieter festgelegten Inhaltekatalog bereitgestellt werden.**

Einer juristischen Person steht eine Personengesellschaft gleich, die mit der Fähigkeit ausgestattet ist, Rechte zu erwerben und Verbindlichkeiten einzugehen.

Inhaltsübersicht Rn.

I. Allgemeines

1 Die Begriffsbestimmungen des TMG und der TK-DSRl werden durch **Art. 4 DSGVO** und künftig zusätzlich Art. 4 ePVO ersetzt. Dabei verweist die ePVO im Interesse einer normübergreifenden Einheitlichkeit auch auf andere Richtlinien und zwar die Richtlinie über den europäischen Kodex für die elektronische Kommunikation[1] sowie die Richtlinie über den Wettbewerb auf dem Markt für Telekommunikationsendeinrichtungen bzgl. des Begriffs »Endeinrichtungen«.[2]

1 EU-Kommission, Vorschlag für eine Neufassung 12.10.2016, COM(2016) 590 final, 2016/0288(COD).

2 RL 2008/63/EG v. 20.6.2008, ABl. L 162, S. 20.

II. Diensteanbieter

Der Begriff **Diensteanbieter** des TMG erfasst sämtliche Betreiber von Telemedien und geht damit über den Begriff des »Betreibers eines elektronischen Kommunikationsdienstes« i. S. d. ePVO hinaus. Er ist weitgehend, aber nicht vollständig identisch mit dem in Art. 4 Nr. 25 DSGVO definierten »Dienst der Informationsgesellschaft«, wo in Bezug auf die Definition auf Art. 1 Nr. 1 Buchst. b RL (EU) 2015/1535 verwiesen wird.[3] 2

Für die Annahme eines Diensteanbieters kommt es nicht darauf an, ob ein Angebot auf einer eigenen **Infrastruktur** (z. B. Facebook) oder innerhalb eines Portals (z. B. Facebook-Fanpage, Facebook-Account) bereitgestellt wird. 3

Die **datenschutzrechtliche Verantwortlichkeit** ist bis heute nicht abschließend geklärt. Diese ergibt sich aus den §§ 11 ff. TMG bzw. aus der Definition des Art. 4 Nr. 7 bzw. § 3 Abs. 7 BDSG-alt (siehe Art. 4 Rn. 86 ff., insb. 90–92). 4

Die Definition des **Nutzers** in § 2 Satz 1 Nr. 3 ist aus datenschutzrechtlicher Sicht nur relevant, soweit es sich hierbei um eine natürliche Person handelt. Nutzer ist nicht nur die Person, auf die eine Nutzung hinweist, sondern auch Dritte, die einen Dienst auf einem fremden Account nutzen. Der Begriff des Nutzers ist aber nicht identisch mit dem des Betroffenen. Werden datenschutzrechtliche Betroffene (Art. 4 Nr. 1 DSGVO) durch Telemedieninhalte erfasst, so sind sie keine Nutzer i. S. d. TMG (siehe § 11 TMG Rn. 12 ff.). 5

§ 2a Europäisches Sitzland

(1) Innerhalb des Geltungsbereichs der Richtlinie 2000/31/EG des Europäischen Parlaments und des Rates vom 8. Juni 2000 über bestimmte rechtliche Aspekte der Dienste der Informationsgesellschaft, insbesondere des elektronischen Geschäftsverkehrs, im Binnenmarkt (»Richtlinie über den elektronischen Geschäftsverkehr«) (ABl. L 178 vom 17. 7. 2000, S. 1) bestimmt sich das Sitzland des Diensteanbieters danach, wo dieser seine Geschäftstätigkeit tatsächlich ausübt. Dies ist der Ort, an dem sich der Mittelpunkt der Tätigkeiten des Diensteanbieters im Hinblick auf ein bestimmtes Telemedienangebot befindet.

(2) Abweichend von Absatz 1 gilt innerhalb des Geltungsbereichs der Richtlinie 2010/13/EU des Europäischen Parlaments und des Rates vom 10. März 2010 zur Koordinierung bestimmter Rechts- und Verwaltungsvorschriften der Mitgliedstaaten über die Bereitstellung audiovisueller Mediendienste (Richtlinie über audiovisuelle Mediendienste) (ABl. L 95 vom 15. 4. 2010, S. 1) bei audiovisuellen Mediendiensten auf Abruf Deutschland als Sitzland des Diensteanbieters, wenn

1. **die Hauptverwaltung in Deutschland liegt und die redaktionellen Entscheidungen über den audiovisuellen Mediendienst dort getroffen werden,**
2. **die Hauptverwaltung in Deutschland liegt und die redaktionellen Entscheidungen über den audiovisuellen Mediendienst in einem anderen Mitgliedstaat der Europäischen Union getroffen werden, jedoch**
   a) **ein wesentlicher Teil des mit der Bereitstellung des audiovisuellen Mediendienstes betrauten Personals in Deutschland tätig ist,**

3 Ausführlich Kühling/Buchner-*Buchner/Kühling*, Art. 4 Nr. 25 Rn. 4–8.

b) ein wesentlicher Teil des mit der Bereitstellung des audiovisuellen Mediendienstes betrauten Personals sowohl in Deutschland als auch in dem anderen Mitgliedstaat tätig ist oder

c) ein wesentlicher Teil des mit der Bereitstellung des audiovisuellen Mediendienstes betrauten Personals weder in Deutschland noch in dem anderen Mitgliedstaat tätig ist, aber der Diensteanbieter zuerst in Deutschland seine Tätigkeit aufgenommen hat und eine dauerhafte und tatsächliche Verbindung mit der Wirtschaft Deutschlands fortbesteht, oder

3. die Hauptverwaltung in Deutschland liegt und die redaktionellen Entscheidungen über den audiovisuellen Mediendienst in einem Drittstaat getroffen werden oder umgekehrt, aber ein wesentlicher Teil des mit der Bereitstellung des audiovisuellen Mediendienstes betrauten Personals in Deutschland tätig ist.

(3) Für audiovisuelle Mediendiensteanbieter, die nicht bereits aufgrund ihrer Niederlassung der Rechtshoheit Deutschlands oder eines anderen Mitgliedstaats der Europäischen Union unterliegen, gilt Deutschland als Sitzland, wenn sie

1. eine in Deutschland gelegene Satelliten-Bodenstation für die Aufwärtsstrecke nutzen oder

2. zwar keine in einem Mitgliedstaat der Europäischen Union gelegene Satelliten-Bodenstation für die Aufwärtsstrecke nutzen, aber eine Deutschland zugewiesene Übertragungskapazität eines Satelliten nutzen.

Liegt keines dieser beiden Kriterien vor, gilt Deutschland auch als Sitzland für Diensteanbieter, die in Deutschland gemäß den Artikeln 49 bis 55 des Vertrages über die Arbeitsweise der Europäischen Union niedergelassen sind.

1 § 2a dient der Umsetzung der Richtlinie 2010/13/EU des Europäischen Parlaments und des Rates vom 10. März 2010 zur Koordinierung bestimmter Rechts- und Verwaltungsvorschriften der Mitgliedstaaten über die Bereitstellung audiovisueller Mediendienste (Richtlinie über audiovisuelle Mediendienste).[1]

§ 3 Herkunftslandprinzip

(1) In der Bundesrepublik Deutschland nach § 2a niedergelassene Diensteanbieter und ihre Telemedien unterliegen den Anforderungen des deutschen Rechts auch dann, wenn die Telemedien in einem anderen Staat innerhalb des Geltungsbereichs der Richtlinien 2000/31/EG und 89/552/EWG geschäftsmäßig angeboten oder erbracht werden.

(2) Der freie Dienstleistungsverkehr von Telemedien, die in der Bundesrepublik Deutschland von Diensteanbietern geschäftsmäßig angeboten oder erbracht werden, die in einem anderen Staat innerhalb des Geltungsbereichs der Richtlinien 2000/31/EG und 89/552/EWG niedergelassen sind, wird nicht eingeschränkt. Absatz 5 bleibt unberührt.

(3) Von den Absätzen 1 und 2 bleiben unberührt

1 ABl. L 95 v. 15. 4. 2010, S. 1.

1. die Freiheit der Rechtswahl,
2. die Vorschriften für vertragliche Schuldverhältnisse in Bezug auf Verbraucherverträge,
3. gesetzliche Vorschriften über die Form des Erwerbs von Grundstücken und grundstücksgleichen Rechten sowie der Begründung, Übertragung, Änderung oder Aufhebung von dinglichen Rechten an Grundstücken und grundstücksgleichen Rechten,
4. das für den Schutz personenbezogener Daten geltende Recht.

(4) Die Absätze 1 und 2 gelten nicht für

1. die Tätigkeit von Notaren sowie von Angehörigen anderer Berufe, soweit diese ebenfalls hoheitlich tätig sind,
2. die Vertretung von Mandanten und die Wahrnehmung ihrer Interessen vor Gericht,
3. die Zulässigkeit nicht angeforderter kommerzieller Kommunikationen durch elektronische Post,
4. Gewinnspiele mit einem einen Geldwert darstellenden Einsatz bei Glücksspielen, einschließlich Lotterien und Wetten,
5. die Anforderungen an Verteildienste,
6. das Urheberrecht, verwandte Schutzrechte, Rechte im Sinne der Richtlinie 87/54/EWG des Rates vom 16. Dezember 1986 über den Rechtsschutz der Topographien von Halbleitererzeugnissen (ABl. EG Nr. L 24 S. 36) und der Richtlinie 96/9/EG des Europäischen Parlaments und des Rates vom 11. März 1996 über den rechtlichen Schutz von Datenbanken (ABl. EG Nr. L 77 S. 20) sowie für gewerbliche Schutzrechte,
7. die Ausgabe elektronischen Geldes durch Institute, die gemäß Artikel 8 Abs. 1 der Richtlinie 2000/46/EG des Europäischen Parlaments und des Rates vom 18. September 2000 über die Aufnahme, Ausübung und Beaufsichtigung der Tätigkeit von E-Geld-Instituten (ABl. EG Nr. L 275 S. 39) von der Anwendung einiger oder aller Vorschriften dieser Richtlinie und von der Anwendung der Richtlinie 2000/12/EG des Europäischen Parlaments und des Rates vom 20. März 2000 über die Aufnahme und Ausübung der Tätigkeit der Kreditinstitute (ABl. EG Nr. L 126 S. 1) freigestellt sind,
8. Vereinbarungen oder Verhaltensweisen, die dem Kartellrecht unterliegen,
9. die von den §§ 12, 13a bis 13c, 55a, 83, 110a bis 110d, 111b und 111c des Versicherungsaufsichtsgesetzes in der Fassung der Bekanntmachung vom 17. Dezember 1992 (BGBl. 1993 I S. 2), das zuletzt durch Artikel 2 des Gesetzes vom 29. Juli 2009 (BGBl. I S. 2305) geändert worden ist, in der am 31. Dezember 2015 geltenden Fassung und der Versicherungsberichterstattungs-Verordnung erfassten Bereiche, die Regelungen über das auf Versicherungsverträge anwendbare Recht sowie für Pflichtversicherungen.

(5) Das Angebot und die Erbringung von Telemedien durch einen Diensteanbieter, der in einem anderen Staat im Geltungsbereich der Richtlinien 2000/31/EG oder 89/552/EWG niedergelassen ist, unterliegen abweichend von Absatz 2 den Einschränkungen des innerstaatlichen Rechts, soweit dieses dem Schutz

1. der öffentlichen Sicherheit und Ordnung, insbesondere im Hinblick auf die Verhütung, Ermittlung, Aufklärung, Verfolgung und Vollstreckung von Straftaten und Ordnungswidrigkeiten, einschließlich des Jugendschutzes und der Bekämpfung der Hetze aus Gründen der Rasse, des Geschlechts, des Glaubens oder der Nationalität sowie von Verletzungen der Menschenwürde einzelner Personen sowie die Wahrung nationaler Sicherheits- und Verteidigungsinteressen,
2. der öffentlichen Gesundheit,
3. der Interessen der Verbraucher, einschließlich des Schutzes von Anlegern,

vor Beeinträchtigungen oder ernsthaften und schwerwiegenden Gefahren dient und die auf der Grundlage des innerstaatlichen Rechts in Betracht kommenden Maßnahmen in einem angemessenen Verhältnis zu diesen Schutzzielen stehen. Für das Verfahren zur Einleitung von Maßnahmen nach Satz 1 – mit Ausnahme von gerichtlichen Verfahren einschließlich etwaiger Vorverfahren und der Verfolgung von Straftaten einschließlich der Strafvollstreckung und von Ordnungswidrigkeiten – sehen Artikel 3 Abs. 4 und 5 der Richtlinie 2000/31/EG sowie Artikel 2a Absatz 4 und 5 der Richtlinie 89/552/EWG Konsultations- und Informationspflichten vor.

Inhaltsübersicht Rn.

I. Grundsatz

1 § 3 TMG setzt Art. 3 der EG-Richtlinie über den elektronischen Geschäftsverkehr (eCommerce-RL) um. Gemäß dem **Herkunftslandprinzip** soll der Diensteanbieter auch bei grenzüberschreitender Tätigkeit grds. nur den gesetzlichen Anforderungen des Mitgliedstaats unterliegen, in dem er niedergelassen ist. Die Regelung ist insbesondere für Diensteanbieter mit Sitz in anderen EU-Mitgliedstaaten relevant, die ihren Dienst auch in Deutschland anbieten. Anwendbar ist nach Absatz 2 nicht das materielle deutsche Recht, sondern das des Niederlassungsstaats.

II. Ausnahme

2 In Abs. 3 und 4 sind Ausnahmen vom Herkunftslandsprinzip vorgesehen. Gemäß Abs. 3 Nr. 4 ist auch das **gesamte Datenschutzrecht** ausgenommen. Bei der Anwendung der §§ 11 ff. TMG gilt somit nicht das Herkunftslandsprinzip. Mit dem Wirksamwerden der DSGVO gilt gemäß Art. 3 grds. das Sitzlandprinzip, wenn nicht die (ausländische) verantwortliche Stelle eine Niederlassung in der Bundesrepublik besitzt. Für Diensteanbieter aus Drittländern, also aus Staaten, die nicht dem Europäischen Wirtschaftsraum (EWR) angehören, gilt das Territorialitätsprinzip. Ausschlaggebend ist der Ort der Datenverarbeitung in der EU.[1]

1 DKWW-*Weichert*, § 1 Rn. 15a ff.; Auernhammer-*Schreibauer*, 2017, Vorbem. §§ 11–16 TMG Rn. 25–30.

Abschnitt 2
Zulassungsfreiheit und Informationspflichten

§ 4 Zulassungsfreiheit

Telemedien sind im Rahmen der Gesetze zulassungs- und anmeldefrei.

Keine datenschutzrechtliche Kommentierung erforderlich. 1

§ 5 Allgemeine Informationspflichten

(1) Diensteanbieter haben für geschäftsmäßige, in der Regel gegen Entgelt angebotene Telemedien folgende Informationen leicht erkennbar, unmittelbar erreichbar und ständig verfügbar zu halten:

1. den Namen und die Anschrift, unter der sie niedergelassen sind, bei juristischen Personen zusätzlich die Rechtsform, den Vertretungsberechtigten und, sofern Angaben über das Kapital der Gesellschaft gemacht werden, das Stamm- oder Grundkapital sowie, wenn nicht alle in Geld zu leistenden Einlagen eingezahlt sind, der Gesamtbetrag der ausstehenden Einlagen,

2. Angaben, die eine schnelle elektronische Kontaktaufnahme und unmittelbare Kommunikation mit ihnen ermöglichen, einschließlich der Adresse der elektronischen Post,

3. soweit der Dienst im Rahmen einer Tätigkeit angeboten oder erbracht wird, die der behördlichen Zulassung bedarf, Angaben zur zuständigen Aufsichtsbehörde,

4. das Handelsregister, Vereinsregister, Partnerschaftsregister oder Genossenschaftsregister, in das sie eingetragen sind, und die entsprechende Registernummer,

5. soweit der Dienst in Ausübung eines Berufs im Sinne von Artikel 1 Buchstabe d der Richtlinie 89/48/EWG des Rates vom 21. Dezember 1988 über eine allgemeine Regelung zur Anerkennung der Hochschuldiplome, die eine mindestens dreijährige Berufsausbildung abschließen (ABl. EG Nr. L 19 S. 16), oder im Sinne von Artikel 1 Buchstabe f der Richtlinie 92/51/EWG des Rates vom 18. Juni 1992 über eine zweite allgemeine Regelung zur Anerkennung beruflicher Befähigungsnachweise in Ergänzung zur Richtlinie 89/48/EWG (ABl. EG Nr. L 209 S. 25, 1995 Nr. L 17 S. 20), zuletzt geändert durch die Richtlinie 97/38/EG der Kommission vom 20. Juni 1997 (ABl. EG Nr. L 184 S. 31), angeboten oder erbracht wird, Angaben über
   a) die Kammer, welcher die Diensteanbieter angehören,
   b) die gesetzliche Berufsbezeichnung und den Staat, in dem die Berufsbezeichnung verliehen worden ist,
   c) die Bezeichnung der berufsrechtlichen Regelungen und dazu, wie diese zugänglich sind,

6. in Fällen, in denen sie eine Umsatzsteueridentifikationsnummer nach § 27a des Umsatzsteuergesetzes oder eine Wirtschafts-Identifikationsnummer nach § 139c der Abgabenordnung besitzen, die Angabe dieser Nummer,

7. bei Aktiengesellschaften, Kommanditgesellschaften auf Aktien und Gesellschaften mit beschränkter Haftung, die sich in Abwicklung oder Liquidation befinden, die Angabe hierüber.

(2) Weitergehende Informationspflichten nach anderen Rechtsvorschriften bleiben unberührt.

Inhaltsübersicht Rn.

I. Impressumspflicht (Abs. 1)

1 Abs. 1 dient dem **Verbraucherschutz**, auch im Hinblick auf die Verarbeitung personenbezogener Daten. Durch die dort genannten Angaben sollen die Verbraucher schnell, zuverlässig und unmittelbar mit dem Diensteanbieter Kontakt aufnehmen, so ihre Rechte wahrnehmen und im Bedarfsfall diese auch gerichtlich durchsetzen können. Die Regelung geht auf Art. 5 u 6 eCommerce-RL[1] zurück.

2 Adressat der Regelung sind **Diensteanbieter** (§ 2 Satz 1 Nr. 1). Bei Portalangeboten bzw. Angeboten auf Plattformen kann auch ein Anbieter von Unterseiten impressumspflichtig sein, soweit es sich hierbei um eigenständige Angebote handelt.[2] Relevant sind der Umfang, die Dauer (Nachhaltigkeit) und das äußere Erscheinungsbild des Angebots. Genannt werden muss eine rechtlich selbständige natürliche oder juristische Person. Bei Anbietern mit einer Niederlassung in der EU ist das Herkunftslandprinzip zu beachten (§ 3). Für Anbieter mit einer Niederlassung nur in einem Drittland gilt das Marktortprinzip.[3]

3 Die Impressumspflicht gilt nicht für alle Anbieter, sondern nur für **geschäftsmäßige**, in der Regel gegen Entgelt angebotene Telemedien. Darunter fallen auch Dienste, deren Geschäftsmodell darin besteht, Einnahmen über Werbung zu erlangen. Schon das Bereitstellen von Werbung auch ohne unmittelbare Bestellmöglichkeit genügt. Eine Gegenleistung muss nicht erfolgen, Geschäftsmäßig sind auch Dienste, bei denen das Entgelt in der weiteren Verwendung von Nutzungsdaten besteht. Eine Gewinnerzielungsabsicht ist nicht nötig.[4] Auch Idealvereine unterliegen i. d. R. der Impressumspflicht, etwa wenn sie für Mitglieder werben. Nicht erfasst werden rein private Homepages (vgl. aber § 55 RStV).

4 Die Impressumsangaben müssen an gut wahrnehmbarer Stelle und ohne langes Suchen jederzeit auffindbar sein. Die **Kennzeichnung** muss nicht, sollte aber mit dem Begriff »Impressum« erfolgen. Andere zulässige Kennzeichnungen sind »Kontakt«, »Anbieterkennzeichnung«. Nicht akzeptabel ist die Angabe unter der Rubrik »AGB«, »Ich freue mich auf Mails«, »Info«. Die Schriftgröße muss gut lesbar sein. Die Notwendigkeit zu scrollen verletzt nicht zwingend die gesetzlich geforderte leichte Erreichbarkeit, z. B. wenn die Angaben am Ende der Startseite aufgeführt und gut erkennbar sind.[5]

5 Unmittelbar **erreichbar** ist eine Angabe nur, wenn sie ohne wesentliche Zwischenschritte und ohne langes Suchen zu finden ist. Es genügt ein Ablegen auf einer dritten Ebene,

---

1 RL 2000/31/EG, ABl. EG Nr. L 178 v. 17. 7. 2000, S. 1 ff.
2 Vgl. OLG Frankfurt, MMR 2007, 379.
3 Spindler/Schuster-*Micklitz/Schirmbacher*, § 5 TMG Rn. 90.
4 Spindler/Schuster-*Micklitz/Schirmbacher*, § 5 TMG Rn. 11.
5 Paschke/Berlit/Meyer-*Held*, Kap. 69 Rn. 34.

wenn die nötigen Klicks eindeutig erkennbar sind.[6] Voraussetzung der Verfügbarkeit ist, dass diese zu jeder Zeit und über alle vorgesehenen Endgeräte besteht, also auch mobil.

Die Nennung des **Namens** (Nr. 1) schließt den Vornamen mit ein. Bei einer juristischen Person ist der vollständige Name anzugeben, eine Abkürzung genügt nicht. Bei juristischen Personen ist der Sitz der Gesellschaft als Adresse anzugeben. Bei mehreren Niederlassungen ist die zu nennen, bei der die für das Angebot zuständigen Ressourcen lokalisiert sind. Im Zweifel ist die Hauptniederlassung aufzuführen. Die zu nennende Anschrift muss die ladungsfähige Anschrift nach § 253 Abs. 1 ZPO i. V. m. § 130 Nr. 1 ZPO sein. Bei Personengesellschaften ist der Vertretungsberechtigte zu nennen. 6

Nr. 2 soll die schnelle und unmittelbare **elektronischen Kontaktmöglichkeit** eröffnen, z. B. per E-Mail. Die Adresse muss angegeben werden; ein Online-Kontaktformular oder die Angabe einer Telefonnummer genügt nicht. Inwieweit die Angabe einer Telefonnummer zwingend ist, ist in der Rechtsprechung streitig.[7] Den Anforderungen des Nr. 2 an einen zweiten Kommunikationsweg wird nicht genügt, wenn dieser unzumutbare Kosten verursacht. Ungenügend ist auch, wenn lediglich eine Verlinkung mit Twitter oder Facebook angeboten wird, weil hierüber eine Rückmeldung nicht gewährleistet ist.[8] 7

II. Weitere Informationspflichten

Aus dem Fernabsatzrecht (§§ 312b ff. BGB), dem Fernunterrichtsschutzgesetz, der Preisangabenverordnung und dem Versicherungsaufsichtsgesetz ergeben sich **weitere Informationspflichten**. 8

III. Durchsetzung

Gemäß § 16 Abs. 2 Nr. 1 TMG handelt **ordnungswidrig**, wer vorsätzlich oder fahrlässig entgegen Abs. 1 eine Information nicht, nicht richtig oder nicht vollständig verfügbar hält. 9

Ein Verstoß gegen Abs. 1 stellt eine Verletzung gegen den Verbraucherschutz (§ 2 Abs. 2 Nr. UKlaG) sowie eine unlautere geschäftliche Handlung (§ 3 UWG) dar. Nach § 4 Nr. 11 UWG handelt unlauter, wer »einer gesetzlichen Vorschrift zuwiderhandelt, die auch dazu bestimmt ist, im Interesse der Marktteilnehmer das Marktverhalten zu regeln«. Dies ist bei Abs. 1 der Fall. Bagatellverstöße sind kein **Wettbewerbsverstoß** gem. § 3 UWG; eine spürbare Beeinträchtigung ist notwendig.[9] 10

---

6 EuGH NJW 2008, 3553 Rn. 29, 31; BGH NJW 2006, 3635; KG 8. 4. 2016 – 5 U 156/14, S. 48.

7 Dafür OLG Köln, GRUR-RR 2005, 24; dagegen OLG Hamm, NJW-RR 204, 1045; vgl. EuGH, MMR 2009, 25; OLG Frankfurt 29. 7. 2009 – 6 W 102/09.

8 KG 8. 4. 2016 – 5 U 156/14, S. 49.

9 Paschke/Berlit/Meyer-*Held*, Kap. 69 Rn. 47.

§ 6 Besondere Informationspflichten bei kommerziellen Kommunikationen

(1) Diensteanbieter haben bei kommerziellen Kommunikationen, die Telemedien oder Bestandteile von Telemedien sind, mindestens die folgenden Voraussetzungen zu beachten:
1. Kommerzielle Kommunikationen müssen klar als solche zu erkennen sein.
2. Die natürliche oder juristische Person, in deren Auftrag kommerzielle Kommunikationen erfolgen, muss klar identifizierbar sein.
3. Angebote zur Verkaufsförderung wie Preisnachlässe, Zugaben und Geschenke müssen klar als solche erkennbar sein, und die Bedingungen für ihre Inanspruchnahme müssen leicht zugänglich sein sowie klar und unzweideutig angegeben werden.
4. Preisausschreiben oder Gewinnspiele mit Werbecharakter müssen klar als solche erkennbar und die Teilnahmebedingungen leicht zugänglich sein sowie klar und unzweideutig angegeben werden.

(2) Werden kommerzielle Kommunikationen per elektronischer Post versandt, darf in der Kopf- und Betreffzeile weder der Absender noch der kommerzielle Charakter der Nachricht verschleiert oder verheimlicht werden. Ein Verschleiern oder Verheimlichen liegt dann vor, wenn die Kopf- und Betreffzeile absichtlich so gestaltet sind, dass der Empfänger vor Einsichtnahme in den Inhalt der Kommunikation keine oder irreführende Informationen über die tatsächliche Identität des Absenders oder den kommerziellen Charakter der Nachricht erhält.

(3) Die Vorschriften des Gesetzes gegen den unlauteren Wettbewerb bleiben unberührt.

1 **Kommerzielle Kommunikation** ist gem. § 2 Satz 1 Nr. 5 jede Form der Kommunikation, die der unmittelbaren oder der mittelbaren Förderung des Absatzes von Waren, Dienstleistungen oder des Erscheinungsbildes des beruflich Tätigen dient. Die Regelung geht auf Art. 2f eCommerce-RL zurück.

2 Kommerzielle Kommunikation muss klar **als solche erkennbar** sein (Abs. 1 Nr. 1), wobei keine bestimmte Kennzeichnung vorgeschrieben ist. Möglich ist dies ausdrücklich (»Werbung«) oder durch besondere Anordnung oder Gestaltung.

3 Dem Erfordernis der **klaren Identifizierbarkeit** wird genügt, wenn auf einem elektronischen Werbebanner der Name, die Firma oder ein sonstiges Unternehmenskennzeichen der Person aufgeführt wird. Notwendig ist aber, dass der Zugang zu den Informationen, welche die Person erkennbar machen, jederzeit und ohne großen technischen Aufwand gewährleistet ist. Dafür genügt eine Hypertextverbindung auf einer Webseite.[1]

4 Kommerzielle Kommunikation per **elektronische Post** muss nach Abs. 2 so gestaltet sein, dass in der Kopf- und Betreffzeile der Absender und der kommerzielle Charakter der Nachricht erkennbar wird. Ein Verschleiern liegt dann vor, wenn insofern keine oder irreführende Informationen vermittelt werden.

5 Ein vorsätzlicher Verstoß gegen Abs. 2 Satz 1 ist nach § 16 Abs. 1 eine **Ordnungswidrigkeit**.

---

1 Paschke/Berlit/Meyer-*Held*, Kap. 70 Rn. 13.

Abschnitt 3
Verantwortlichkeit

§ 7 Allgemeine Grundsätze

(1) Diensteanbieter sind für eigene Informationen, die sie zur Nutzung bereithalten, nach den allgemeinen Gesetzen verantwortlich.

(2) Diensteanbieter im Sinne der §§ 8 bis 10 sind nicht verpflichtet, die von ihnen übermittelten oder gespeicherten Informationen zu überwachen oder nach Umständen zu forschen, die auf eine rechtswidrige Tätigkeit hinweisen.

(3) Verpflichtungen zur Entfernung von Informationen oder zur Sperrung der Nutzung von Informationen nach den allgemeinen Gesetzen aufgrund von gerichtlichen oder behördlichen Anordnungen bleiben auch im Falle der Nichtverantwortlichkeit des Diensteanbieters nach den §§ 8 bis 10 unberührt. Das Fernmeldegeheimnis nach § 88 des Telekommunikationsgesetzes ist zu wahren.

(4) Wurde ein Telemediendienst von einem Nutzer in Anspruch genommen, um das Recht am geistigen Eigentum eines anderen zu verletzen und besteht für den Inhaber dieses Rechts keine andere Möglichkeit, der Verletzung seines Rechts abzuhelfen, so kann der Inhaber des Rechts von dem betroffenen Diensteanbieter nach § 8 Absatz 3 die Sperrung der Nutzung von Informationen verlangen, um die Wiederholung der Rechtsverletzung zu verhindern. Die Sperrung muss zumutbar und verhältnismäßig sein. Ein Anspruch gegen den Diensteanbieter auf Erstattung der vor- und außergerichtlichen Kosten für die Geltendmachung und Durchsetzung des Anspruchs nach Satz 1 besteht außer in den Fällen des Absatzes 8 Absatz 1 Satz 3 nicht.

In den §§ 7–10 sind **Privilegierungen** hinsichtlich der Verantwortlichkeit geregelt. Diese 1
gehen auf Art. 12–15 eCommerce-RL zurück. Mit diesen Regeln soll die Haftung von Diensteanbietern dort gemildert werden, wo Inhalte ursprünglich von Dritten stammen. § 7 Abs. 1 regelt die Haftung für eigene Inhalte, § 8 die des Access-Providers für den Zugang fremder Inhalte, § 9 den Fall des Caching und § 10 des Host-Providers für fremde Inhalte.

§§ 7–10 sind auf den Bereich des **Datenschutzrechts** nicht direkt anwendbar. Art. 1 Abs. 5 2
Buchst. b eCommerce-RL schließt deren Anwendung für den Datenschutz ausdrücklich aus und erklärt die allgemeinen Datenschutzregelungen zur Verantwortlichkeit für anwendbar (§ 3 Abs. 7 BDSG-alt, Art. 4 Nr. 7, 8, 24 DSGVO.[1] Eine analoge Anwendung im Bereich der arbeitsteiligen Datenverarbeitung[2] hat sich nicht durchgesetzt.

§ 7 wurde 2017 geändert, um die **Haftung von WLAN-Betreibern** zu begrenzen. Abs. 3 3
und 4 wurden eingefügt.[3]

---

1 Dort ErwGr 14; Taeger/Gabel-*Moos*, BDSG 2013, TMG Einf. Rn. 20.

2 Dafür Weichert, DuD 2009, 11.

3 BT-Drs. 18/12202, 18/13010.

§ 8 Durchleitung von Informationen

(1) Diensteanbieter sind für fremde Informationen, die sie in einem Kommunikationsnetz übermitteln oder zu denen sie den Zugang zur Nutzung vermitteln, nicht verantwortlich, sofern sie

1. die Übermittlung nicht veranlasst,
2. den Adressaten der übermittelten Informationen nicht ausgewählt und
3. die übermittelten Informationen nicht ausgewählt oder verändert haben.

Sofern diese Diensteanbieter nicht verantwortlich sind, können sie insbesondere nicht wegen einer rechtswidrigen Handlung eines Nutzers auf Schadensersatz oder Beseitigung oder Unterlassung einer Rechtsverletzung in Anspruch genommen werden; dasselbe gilt hinsichtlich aller Kosten für die Geltendmachung und Durchsetzung dieser Ansprüche. Die Sätz 1 und 2 finden keine Anwendung, wenn der Diensteanbieter absichtlich mit einem Nutzer seines Dienstes zusammenarbeitet, um rechtswidrige Handlungen zu begehen.

(2) Die Übermittlung von Informationen nach Absatz 1 und die Vermittlung des Zugangs zu ihnen umfasst auch die automatische kurzzeitige Zwischenspeicherung dieser Informationen, soweit dies nur zur Durchführung der Übermittlung im Kommunikationsnetz geschieht und die Informationen nicht länger gespeichert werden, als für die Übermittlung üblicherweise erforderlich ist.

(3) Die Absätze 1 und 2 gelten auch für Diensteanbieter nach Absatz 1, die Nutzern einen Internetzugang über ein drahtloses lokales Netzwerk zur Verfügung stellen.

(4) Diensteanbieter nach § 8 Absatz 3 dürfen von einer Behörde nicht verpflichtet werden,

1. vor Gewährung des Zugangs
   a) die persönlichen Daten von Nutzern zu erheben und zu speichern (Registrierung) oder
   b) die Eingabe eines Passwortes zu verlangen oder
2. das Anbieten des Dienstes dauerhaft einzustellen.

Davon unberührt bleibt, wenn ein Diensteanbieter auf freiwilliger Basis die Nutzer identifiziert, eine Passworteingabe verlangt oder andere freiwillige Maßnahmen ergreift.

1 § 8 wurde 2017 durch das 3. Gesetz zur Änderung des Telemediengesetzes dadurch geändert, dass in Abs. 1 Satz 2 und Abs. 4 eingefügt wurden. Zweck der Änderung ist es, die Haftung von WLAN-Betreibern zu begrenzen.[1]

§ 9 Zwischenspeicherung zur beschleunigten Übermittlung von Informationen

Diensteanbieter sind für eine automatische, zeitlich begrenzte Zwischenspeicherung, die allein dem Zweck dient, die Übermittlung fremder Informationen an andere Nutzer auf deren Anfrage effizienter zu gestalten, nicht verantwortlich, sofern sie

1 BT-Drs. 18/12202, 18/13010.

1. die Informationen nicht verändern,
2. die Bedingungen für den Zugang zu den Informationen beachten,
3. die Regeln für die Aktualisierung der Informationen, die in weithin anerkannten und verwendeten Industriestandards festgelegt sind, beachten,
4. die erlaubte Anwendung von Technologien zur Sammlung von Daten über die Nutzung der Informationen, die in weithin anerkannten und verwendeten Industriestandards festgelegt sind, nicht beeinträchtigen und
5. unverzüglich handeln, um im Sinne dieser Vorschrift gespeicherte Informationen zu entfernen oder den Zugang zu ihnen zu sperren, sobald sie Kenntnis davon erhalten haben, dass die Informationen am ursprünglichen Ausgangsort der Übertragung aus dem Netz entfernt wurden oder der Zugang zu ihnen gesperrt wurde oder ein Gericht oder eine Verwaltungsbehörde die Entfernung oder Sperrung angeordnet hat.

§ 8 Abs. 1 Satz 2 gilt entsprechend.

Keine datenschutzrechtliche Kommentierung. 1

§ 10 Speicherung von Informationen

Diensteanbieter sind für fremde Informationen, die sie für einen Nutzer speichern, nicht verantwortlich, sofern
1. sie keine Kenntnis von der rechtswidrigen Handlung oder der Information haben und ihnen im Falle von Schadensersatzansprüchen auch keine Tatsachen oder Umstände bekannt sind, aus denen die rechtswidrige Handlung oder die Information offensichtlich wird, oder
2. sie unverzüglich tätig geworden sind, um die Information zu entfernen oder den Zugang zu ihr zu sperren, sobald sie diese Kenntnis erlangt haben.

Satz 1 findet keine Anwendung, wenn der Nutzer dem Diensteanbieter untersteht oder von ihm beaufsichtigt wird.

Für Datenschutzverstöße über Inhaltsdaten sind die §§ 8–10 grds. nicht anwendbar (siehe § 7 TMG Rn. 2). Diese gelten lediglich für das Strafrecht und die Schadensersatzhaftung. Die Inanspruchnahme richtet sich gemäß einer älteren Rspr. des BGH nach den allgemeinen Vorschriften.[1] Es gilt die Störerhaftung. Erfolgte die Beeinträchtigung durch einen Dritten, so kann diese nicht dem Betreiber voll zugerechnet werden. Die Haftung bestimmt sich danach, inwieweit es dem Störer zuzumuten ist, in Anspruch genommen zu werden.[2] 1

Das allgemeine Datenschutzrecht enthält keine Regelungen im Hinblick auf geteilte Verantwortlichkeiten bei der Datenverarbeitung. Dies gilt insbesondere, wenn Dateninhalte von Telemedienanbietern bereitgestellt werden, die möglicherweise von Nutzern eingestellt wurden. Insofern bietet es sich an, den in § 10 TMG zum Ausdruck kommenden Rechtsgedanken des »**notice and take down**« auch im Bereich des datenschutzrechtlichen 2

1 BGH 30.4.2004, I ZR 304/01, CR 204, 763 mit Anm. Volkmann = AfP 2004, 584.
2 BGH 30.4.2008, I ZR 73/05, Rn. 19, CR 2008, 579; BGHZ 194, 339 = CR 2013, 190 mit Anm. Tinnefeld.

Persönlichkeitsschutzes anzuwenden, der vorsieht, dass von dem Augenblick eine Verantwortlichkeit für einen Datenschutzverstoß vorliegt, zu dem er hiervon Kenntnis erlangt.[3] Der Anbieter ist verpflichtet, die Verarbeitung so einzuschränken, dass von der persönlichkeitsverletzenden Information keine weitere Kenntnis mehr genommen werden kann.

3 Dies gilt insbesondere, wenn das **Geschäftsmodell des Betreibers** von vornherein auf Rechtsverletzungen durch die Nutzer angelegt ist oder durch eigene Maßnahmen die Gefahr einer rechtsverletzenden Nutzung gefördert wird.[4]

4 Nach Kenntnis einer massiven Persönlichkeitsverletzung kann sich der Betreiber nicht darauf berufen, dass er nur verpflichtet ist, den Zugang der gemeldeten und zur Kenntnis genommenen Seite zu sperren. Er ist vielmehr gem. §§ 823 Abs. 1, 1004 BGB verpflichtet, seinen **gesamten Dienst** darauf hin zu überprüfen, ob die persönlichkeitsrechtsverletzenden Informationen nicht noch an anderer Stelle vorhanden sind, um dann auch diese zu sperren.[5]

Abschnitt 4
Datenschutz

§ 11 Anbieter-Nutzer-Verhältnis

(1) Die Vorschriften dieses Abschnitts gelten nicht für die Erhebung und Verwendung personenbezogener Daten der Nutzer von Telemedien, soweit die Bereitstellung solcher Dienste

1. **im Dienst- und Arbeitsverhältnis zu ausschließlich beruflichen oder dienstlichen Zwecken oder**
2. **innerhalb von oder zwischen nicht öffentlichen Stellen oder öffentlichen Stellen ausschließlich zur Steuerung von Arbeits- oder Geschäftsprozessen erfolgt.**

(2) Nutzer im Sinne dieses Abschnitts ist jede natürliche Person, die Telemedien nutzt, insbesondere um Informationen zu erlangen oder zugänglich zu machen.

(3) Bei Telemedien, die überwiegend in der Übertragung von Signalen über Telekommunikationsnetze bestehen, gelten für die Erhebung und Verwendung personenbezogener Daten der Nutzer nur § 15 Absatz 8 und § 16 Absatz 2 Nummer 4.

Inhaltsübersicht Rn.

---

3 BGH 27.2.2018 – VI ZR 489/16, NJW 2018, 2324 = MDR 2018, 592 = VersR 2018, 881 = MMR 2018, 449 = K&R 2018, 391 = afp 2018, 322; LG Würzburg 7.3.2017, 11 O 2338/16 UVR, CR 2017, 329; Weichert, DuD 2009, 11; Gounalakis/Muer, NJW 2018, 2299.

4 Spindler/Schuster-*Hoffmann*, § 10 TMG Rn. 4.

5 LG Würzburg 7.3.2017 – 11 O 2338/16 UVR, CR 2017, 327, 331.

I. Allgemeines

Im Abschnitt 4 des TMG (§§ 11–15a) wird der Datenschutz geregelt. Es handelt sich insofern um eine Sonderregelung zu § 1. 1

II. Ausgenommene Telemediennutzungen (Abs. 1)

Das Gesetz verwendet die **Terminologie** des § 3 Abs. 3, 4 BDSG-alt, wenn es die Begriffe »Erhebung« und »Verwendung« nutzt, wobei Verwendung jeder Umgang mit personenbezogenen Daten ist, also jede Form der Verarbeitung und Nutzung.[1] In § 11 Abs. 1 werden bestimmte Bereiche aus dem Anwendungsbereich des TMG ausgenommen. Anwendbar sind dann die DSGVO und/oder das BDSG oder bei öffentlichen Stellen der Länder das Landesdatenschutzrecht. 2

1. Berufliche und dienstliche Zwecke (Nr. 1)

Die Vorschriften des 4. Abschnitts des TMG sind nicht anwendbar, soweit die Telemedien ausschließlich beruflichen und dienstlichen Zwecken dienen (Abs. 1 Nr. 1). Angebote des Arbeitgebers für dessen Beschäftigte sind also nicht erfasst. Trotz des unklaren Wortlauts (**Dienst- und Arbeitsverhältnis**) werden von der Ausnahme wegen der gleichgelagerten Interessenlage auch freie Mitarbeiter und Leiharbeiter einbezogen.[2] Anwendbar sind die allgemeinen Regelungen zum **Beschäftigtendatenschutz** (Art. 88 DSGVO, § 26 BDSG). Entsprechendes gilt für öffentlich-rechtliche Dienstverhältnisse.[3] 3

Die **beruflichen und dienstlichen Zwecke** werden vom bereitstellenden Arbeitgeber definiert. Auf die tatsächliche Nutzung durch die Beschäftigten kommt es nicht an. Für die Privilegierung ist es unerheblich, dass eine Bereitstellung durch den Arbeitgeber über ein externes Unternehmen erfolgt. Privilegiert ist z. B. ein im Intranet angebotenes »Mitarbeiter-Portal« mit internen Stellenausschreibungen, einem schwarzen Brett, Unternehmensinformationen und Dokumenten- und Formularvorlagen.[4] 4

Erlaubt der Arbeitgeber neben der dienstlichen und beruflichen auch die **private Nutzung**, so ist die Ausnahmevorschrift des Abs. 1 Nr. 1 nicht anwendbar. Es spielt keine Rolle, in welchem Umfang die Privatnutzung gestattet wird und z. B. nur auf bestimmte Medien oder Zeiten (Pausen) begrenzt ist. Die bei der Privatnutzung anfallenden Daten unterliegen vollständig dem TMG sowie dem TKG. Nicht privilegiert ist z. B. die private Internetnutzung für Informations- und Kommunikationszwecke (z. B. Suchmaschine, E-Mail).[5] 5

Wird die **Internetnutzung** nur für dienstliche und berufliche Zwecke vom Arbeitgeber erlaubt, so ist die Privilegierung anwendbar. Das Verbot der Privatnutzung muss ausdrücklich, z. B. im Arbeitsvertrag oder in einer Betriebs- oder Dienstvereinbarung, erfolgen.[6] 6

---

1 Taeger/Gabel-*Moos*, § 11 TMG Rn. 6; Hoeren/Sieber-*Schmitz*, 16.2 Rn. 100 ff.
2 Taeger/Gabel-*Moos*, § 11 TMG Rn. 11; Auernhammer-*Schreibauer*, 2017, § 11 TMG Rn. 17.
3 Dies hat nichts mit Dienstverträgen i. S. v. § 611 BGB zu tun.
4 Däubler, Gläserne Belegschaften, Rn. 342, 342a.
5 Däubler, Gläserne Belegschaften, Rn. 343.
6 A.A. Auernhammer-*Schreibauer*, 2017, § 11 TMG Rn. 19.

Eine »betriebliche Übung« der Privatnutzung genügt für die Anwendung des TMG. Die explizite oder konkludente Zulassung zur privaten Nutzung führt dazu, dass der Arbeitgeber zum Diensteanbieter i. S. d. TMG wie auch des Telekommunikationsgesetzes (TKG) wird und damit auch die Datenschutzregeln dieser Gesetze sowie das Telekommunikationsgeheimnis nach § 88 TKG beachten muss (siehe § 2 TMG Rn. 2).[7] Gestattet der Arbeitgeber die Internetnutzung unentgeltlich, so kann eine Speicherung von Nutzungsdaten nicht mit § 15 Abs. 2, 4–8 TMG gerechtfertigt werden.[8] Die Regelung ist auch auf ausgeschiedene Mitarbeiter anwendbar.[9]

7 Der Begriff »soweit« in Abs. 1 stellt klar, dass sich die Anwendung des TMG bei privatdienstlicher Nutzung nur auf die private Nutzung beschränkt und ansonsten das Direktionsrecht des Arbeitgebers besteht.[10] Man kann mit guten Argumenten die Ansicht vertreten, dass die Regelungen des TKG und des TMG gelten, wenn eine logische, zeitliche und physische **Trennung zwischen privater und dienstlicher Kommunikation** nicht möglich ist.[11] Eine technische Trennung ist im Interesse der Vermeidung von Abgrenzungskonflikten dringend anzuraten, etwa durch Zuweisung separater Accounts.[12]

8 Die Abgrenzungsproblematik zwischen privater und dienstlicher Nutzung von Kommunikationsdiensten bleibt mit der **DSGVO und der ePVO** bestehen. Nach Art. 2 Abs. 2 Buchst. c ePVO-E soll der Kommunikationsschutz nicht gelten für Dienste, »die nicht öffentlich zugänglich sind«.

9 Greift die Privilegierung des Kommunikationsschutzes durch Art. 7 GRCh bzw. Art. 10 GG nicht, handelt es sich also um personenbezogene dienstliche Kommunikation, so bleibt für die Betroffenen das **Datenschutzrecht** anwendbar.[13]

2. Steuerung von Arbeits- und Geschäftsprozessen (Nr. 2)

10 Nach Abs. 1 Nr. 2 gilt das TMG nicht »innerhalb von und zwischen nicht öffentlichen Stellen oder öffentlichen Stellen ausschließlich zur Steuerung von Arbeits- oder Geschäftsprozessen«. Für die Privilegierung spielt es keine Rolle, ob die Verarbeitung durch **öffentliche oder nicht-öffentliche Stellen** erfolgt (siehe § 2 BDSG). Die Bereitstellung kann innerhalb oder zwischen entsprechenden Stellen erfolgen. Die Ausnahme gilt bei unternehmens- oder behördeninternen Angeboten, auch bei Angeboten zwischen Stellen, wobei es auch dann nicht auf deren rechtlichen Charakter ankommt.

11 **Arbeits- und Geschäftsprozesse** sind solche, die einem Arbeits- oder Geschäftsziel dienen. Anwendungsbeispiele sind Systeme zur Erfassung und Abrechnung von Dienstleistungen, zur dienstlichen Kommunikation, im Finanzwesen, für die Logistik, die Produktion, die Planung und Organisation, die Verwaltung, die Administration der Datenverarbeitung, Ein- und Verkauf oder Personalverwaltung. Auch Location Based Services zur

---

7 Zu E-Mail- und sonstige Internetnutzung gem. TKG Auernhammer-*Schreibauer*, 2017, § 11 TMG Rn. 21.

8 Hoeren/Sieber-*Schmitz*, 16.2. Rn. 120.

9 Auernhammer-*Schreibauer*, 2017, § 11 TMG Rn. 22.

10 Taeger/Gabel-*Moos*, § 11 TMG Rn. 17.

11 Däubler, Gläserne Belegschaften, Rn. 378a.

12 Hoeren/Sieber-*Schmitz*, 16.2 Rn. 126.

13 Hoeren/Seiber-*Schmitz*, 16.2 Rn. 121.

Mitarbeiterkoordinierung oder zur -Fahrzeugverwaltung oder RFID-basierte Systeme in der Produktion oder Logistik sind von der Anwendung des TMG ausgeschlossen.[14]

III. Nutzerbegriff (Abs. 2)

Abs. 2 führt den **Begriff des »Nutzers«** ein und stellt klar, dass anders als in § 2 Nr. 3 TMG bei der Verwendung des Begriffs juristische Personen nicht mit einbezogen sind. Reguliert wird, wie generell im Datenschutzrecht, nur die Verarbeitung der Daten von natürlichen Personen, nicht von juristischen Personen (siehe Art. 4 DSGVO Rn. 8). 12

Der datenschutzrechtliche Begriff der betroffenen Person bzw. des **Betroffenen** (Art. 4 Nr. 1 DSGVO) ist weiter als der des Nutzers, da Betroffene auch natürliche Personen sein können, die keine Telemedien nutzen. Werden im Rahmen der Nutzung von Telemedien Daten von Betroffenen erfasst, die keine Nutzer sind, so gelten die allgemeinen Datenschutzvorschriften, nicht aber das TMG. 13

Für die Nutzereigenschaft ist kein Abschluss eines **Nutzungsvertrags** erforderlich. Auch vorvertragliche oder vertragsfreie Nutzungen werden miterfasst. Es kommt auf die faktische, objektive Inanspruchnahme des Telemediendienstes an, nicht auf die subjektive Seite oder das Wollen der Person. Als Nutzer wird auch eine Person behandelt, die von einem Dritten als solcher angemeldet und vom Teledienst als solcher geführt wird.[15] 14

Gemäß Art. 2 Buchst. d eCommerce-RL wird Nutzer wie folgt definiert: »jede natürliche (oder juristische) Person, die zu beruflichen oder sonstigen Zwecken einen Dienst der Informationsgesellschaft **in Anspruch nimmt**, insbesondere um Informationen zu erlangen oder zugänglich zu machen«. 15

IV. Abgrenzung zur Telekommunikation (Abs. 3)

Abs. 3 stellt klar, dass bei Telemedien, die überwiegend der Signalübertragung dienen, nur die Datenschutzregelungen zur **Entgeltentrichtung** bei missbräuchlicher Nutzung gelten sollen; im Übrigen gelten die Regelungen des TKG. Die überwiegende Übertragung von Signalen über Telekommunikationsnetze entspricht der Definition von Telekommunikationsdiensten gem. § 3 Nr. 24 TKG. 16

Bei **gemischten Diensten**, die Telemedien- wie auch Telekommunikationsdienstanteile haben (z. B. Access und Content), kommt es auf die Anteile an. »Überwiegend« bedeutet mehr als 50 %. 17

Die Gesetzesbegründung bezieht sich als Anwendungsfall von Abs. 3 auf Access-Provider mit einem Angebot von E-Mail-Diensten.[16] **Access-Providing** wurde bisher von der h. M. voll gem. § 3 Nr. 24 dem TKG zugeschlagen; während eine Mindermeinung darin ein »Angebot zur Nutzung des Internet« sah. Wird neben dem Access Content angeboten, so ist nach der h. M. zwischen den Angeboten zu unterscheiden.[17] 18

---

14 Auernhammer-*Schreibauer*, 2017, § 11 TMG Rn. 24.
15 OLG Bamberg, MMR 2006, 482.
16 Heidrich, CR 2009, 172; Hoeren/Sieber-*Schmitz*, 16.2 Rn. 72.
17 Taeger/Gabel-*Moos*, BDSG 2013, § 11 TMG Rn. 30f.

§ 12 Grundsätze

(1) Der Diensteanbieter darf personenbezogene Daten zur Bereitstellung von Telemedien nur erheben und verwenden, soweit dieses Gesetz oder eine andere Rechtsvorschrift, die sich ausdrücklich auf Telemedien bezieht, es erlaubt oder der Nutzer eingewilligt hat.
(2) Der Diensteanbieter darf für die Bereitstellung von Telemedien erhobene personenbezogene Daten für andere Zwecke nur verwenden, soweit dieses Gesetz oder eine andere Rechtsvorschrift, die sich ausdrücklich auf Telemedien bezieht, es erlaubt oder der Nutzer eingewilligt hat.
(3) Soweit nichts anderes bestimmt ist, sind die jeweils geltenden Vorschriften für den Schutz personenbezogener Daten anzuwenden, auch wenn die Daten nicht automatisiert verarbeitet werden.

Inhaltsübersicht Rn.

I. Allgemeines

1 § 12 Abs. 1 setzt für Telemedien das generell im Datenschutzrecht geltende **Verarbeitungsverbot mit Erlaubnisvorbehalt** um (siehe Art. 6 Abs. 1 DSGVO).[1] Abs. 2 normiert den auch in Art. 8 Abs. 2 GRCh festgeschriebenen Zweckbindungsgrundsatz. Abs. 3 stellt klar, dass andere Datenschutzregelungen unabhängig davon anwendbar sind, ob die Verarbeitung automatisiert erfolgt.

2 Abs. 1 erlaubt die Verarbeitung personenbezogener Daten durch das TMG selbst, durch sonstige Rechtsvorschriften oder durch die Einwilligung des Nutzers. Für die **Definition** des Begriffs personenbezogenes Datum gilt Art. 4 Nr. 1 DSGVO (siehe Art. 4 Rn. 7ff.). Die Begriffe »erheben und verwenden« entsprechen der früheren deutschen Terminologie und schließen sämtliche Verarbeitungsschritte gem. Art. 4 Nr. 2 DSGVO mit ein. Die Legaldefinition von Telemedien findet sich in § 1 Abs. 1 Satz 1 (siehe § 1 TMG Rn. 1f.). Mit dem Begriff der »Bereitstellung« wird klargestellt, dass das bereichsspezifische Recht des TMG unabhängig davon gilt, ob ein Dienst tatsächlich in Anspruch genommen wird.[2]

3 Die Erlaubnisregeln des TMG differenzieren zwischen der Verarbeitung von Bestandsdaten (§ 14 Abs. 1 Satz 1), Nutzungsdaten (§ 15 Abs. 1 Satz 1) und Abrechnungsdaten (§ 15 Abs. 4). Nicht erfasst vom TMG werden in Telemedien verarbeiteten **Inhaltsdaten.**[3] Es dürfte inzwischen geklärt sein, dass auf Inhaltsdaten nicht das TMG, sondern die allgemeinen Regelungen des Datenschutzrechts, also die DSGVO sowie das BDSG oder evtl. auch Landesdatenschutzgesetze oder Spezialregelungen anwendbar sind.[4] Dies wird sich

1 DKWW-*Weichert*, § 2 Rn. 1, § 4 Rn. 1.
2 Taeger/Gabel-*Moos*, § 12 TMG Rn. 11.
3 Weichert, DuD 2009, 11.
4 Zum früheren Diskussionsstand Taeger/Gabel-*Moos*, § 12 Rn. 13; Auernhammer-*Schreibauer*, 2017, Art. 14 Rn. 11f. mwN.

mit dem Inkrafttreten der ePVO ändern. Diese erfasst in Art. 6 Abs. 3 ePVO-E ausdrücklich elektronische Kommunikationsinhalte (siehe Einl. TMG Rn. 21).

Anderweitige auf Telemedien anzuwendende Rechtsvorschriften müssen sich auf diese **ausdrücklich beziehen**. Der Gesetzgeber wollte damit das Spezialitätsverhältnis des TMG gegenüber dem allgemeinen Datenschutzrecht deutlich herausstreichen.[5] Aus der Regelung wird z. B. abgeleitet, dass Betroffene von Schutzverletzungen gegen Datenschutzvorschriften in Telemedien sich nicht auf allgemeine Übermittlungsregelungen berufen können, um unter Berufung auf ein »berechtigtes Interesse« gegen die Störer vorgehen zu können.[6] 4

Ein **Rückgriff auf Vorschriften des Datenschutzrechts** ist aber dann möglich, wenn keine Tatbestandskongruenz vorliegt, d. h. wenn sich die Datenverarbeitung nicht auf die »Bereitstellung von Telemedien« bezieht.[7] Die allgemeinen Regelungen der DSGVO bzw. des BDSG behalten weiterhin ihre Geltung. Dies gilt auch für Regelungen zu den Betroffenenrechten und zu technisch-organisatorischen Vorkehrungen, wozu in § 13 Abs. 4 nur eine punktuelle und keine allgemeine Regelung besteht. 5

Mit dem **Wirksamwerden der DSGVO** ist § 12 nicht mehr anwendbar.[8] Die Regelung wird durch Art. 6 DSGVO verdrängt. Künftig wird Art. 6 ePVO eine allgemeine Befugnisnorm für die Verarbeitung von Kommunikationsdaten durch Kommunikationsnetzbetreiber regeln. Anders als bisher werden dann nicht mehr nur Bestands- und Nutzungsdaten erfasst, sondern neben den für die Diensterbringung erforderlichen Daten auch gem. Art. 6 Abs. 3 ePVO-E Kommunikationsinhalte (siehe Einl. TMG Rn. 21). 6

Die generellen datenschutzrechtlichen Anforderungen an eine wirksame **Einwilligung** (Art. 7, 8 DSGVO) gelten auch für den Anwendungsbereich des TMG. Art. 6 Abs. 2 Buchst. c ePVO-E sieht vor, dass auch künftig sowohl Kommunikationsmetadaten wie auch Kommunikationsinhalte unter näher definierten Voraussetzungen auf Einwilligungsgrundlage verarbeitet werden dürfen (siehe TMG Einl. Rn. 21). In § 13 Abs. 2 wurde schon vor der Geltung der DSGVO eine Abweichung von der vorrangigen Schriftform vorgesehen (ErwGr 32 Satz 1–4 DSGVO). Werden Einwilligungen in Form von AGB eingeholt, so sind die §§ 305ff. BGB zu beachten. 7

II. Zweckbindung, nicht automatisierte Verarbeitung (Abs. 2, 3)

Im TMG sind **Zweckänderungen** für die Strafverfolgung, die Gefahrenabwehr und die Durchsetzung geistiger Eigentumsrechte (§§ 14 Abs. 2, 15 Abs. 5 Satz 4), die Erfüllung gesetzlicher, satzungsmäßiger oder vertraglicher Aufbewahrungspflichten (§ 15 Abs. 4 Satz 2) und die Rechtsverfolgung (§ 15 Abs. 8) vorgesehen. Sonstige gesetzliche Zweckänderungen müssen sich explizit auf Telemedien beziehen. 8

Ein Rückgriff allein auf die §§ 101, 101a UrhG, §§ 242, 259 BGB zur Rechtfertigung der Verwendung für andere Zwecke ist nicht möglich, weil diese Regelungen sich nicht direkt 9

5 BT-Drs. 16/3078 v. 23. 10. 2006, S. 16; Hoeren/Sieber-*Schmitz*, 16.2 Rn. 145.
6 So z. B. Taeger/Gabel-*Moos*, § 12 TMG Rn. 15f.
7 Auernhammer-*Schreibauer*, 2017, § 12 TMG Rn. 4.
8 DSK, Orientierungshilfe für Anbieter von Telemedien, März 2019, 3f.

auf Telemedien beziehen.[9] Da es sich bei § 7 Abs. 3 UWG um eine spezifische Regelung u. a. in Bezug auf **E-Mail-Werbung** handelt, bleibt diese neben dem TMG anwendbar.[10]

10 Die **Einwilligung** kann auch eine Zweckänderung rechtfertigen.

11 Die Datenschutzregeln des TMG gelten gem. Abs. 3 auch für nicht-automatisierte, also für die analoge, zumeist **papiergestützte Datenverarbeitung**. Da die elektronische Kommunikation automatisiert erfolgt, ist der Anwendungsbereich dieser Regelung gering und bezieht sich insbesondere auf den Backoffice-Bereich.[11]

12 Soweit das TMG keine spezifischen Datenschutzvorschriften enthält, gelten die **allgemeinen Datenschutzregelungen** des BDSG sowie ab 25. 5. 2018 der DSVGO.

§ 13 Pflichten des Dienstanbieters

(1) Der Diensteanbieter hat den Nutzer zu Beginn des Nutzungsvorgangs über Art, Umfang und Zwecke der Erhebung und Verwendung personenbezogener Daten sowie über die Verarbeitung seiner Daten in Staaten außerhalb des Anwendungsbereichs der Richtlinie 95/46/EG des Europäischen Parlaments und des Rates vom 24. Oktober 1995 zum Schutz natürlicher Personen bei der Verarbeitung personenbezogener Daten und zum freien Datenverkehr (ABl. EG Nr. L 281 S. 31) in allgemein verständlicher Form zu unterrichten, sofern eine solche Unterrichtung nicht bereits erfolgt ist. Bei einem automatisierten Verfahren, das eine spätere Identifizierung des Nutzers ermöglicht und eine Erhebung oder Verwendung personenbezogener Daten vorbereitet, ist der Nutzer zu Beginn dieses Verfahrens zu unterrichten. Der Inhalt der Unterrichtung muss für den Nutzer jederzeit abrufbar sein.

(2) Die Einwilligung kann elektronisch erklärt werden, wenn der Diensteanbieter sicherstellt, dass

1. **der Nutzer seine Einwilligung bewusst und eindeutig erteilt hat,**
2. **die Einwilligung protokolliert wird,**
3. **der Nutzer den Inhalt der Einwilligung jederzeit abrufen kann und**
4. **der Nutzer die Einwilligung jederzeit mit Wirkung für die Zukunft widerrufen kann.**

(3) Der Diensteanbieter hat den Nutzer vor Erklärung der Einwilligung auf das Recht nach Absatz 2 Nr. 4 hinzuweisen. Absatz 1 Satz 3 gilt entsprechend.

(4) Der Diensteanbieter hat durch technische und organisatorische Vorkehrungen sicherzustellen, dass

1. **der Nutzer die Nutzung des Dienstes jederzeit beenden kann,**
2. **die anfallenden personenbezogenen Daten über den Ablauf des Zugriffs oder der sonstigen Nutzung unmittelbar nach deren Beendigung gelöscht oder in den Fällen des Satzes 2 gesperrt werden,**
3. **der Nutzer Telemedien gegen Kenntnisnahme Dritter geschützt in Anspruch nehmen kann,**

---

9 Auernhammer-*Schreibauer*, 2017, § 12 TMG Rn. 13.

10 Taeger/Gabel-*Moos*, § 12 TMG Rn. 17; Auernhammer-*Schreibauer*, 2017, § 12 TMG Rn. 14.

11 Hoeren/Sieber-*Schmitz*, 16.2 Rn. 163f.

4. die personenbezogenen Daten über die Nutzung verschiedener Telemedien durch denselben Nutzer getrennt verwendet werden können,
5. Daten nach § 15 Abs. 2 nur für Abrechnungszwecke zusammengeführt werden können und
6. Nutzungsprofile nach § 15 Abs. 3 nicht mit Angaben zur Identifikation des Trägers des Pseudonyms zusammengeführt werden können.

An die Stelle der Löschung nach Satz 1 Nr. 2 tritt eine Sperrung, soweit einer Löschung gesetzliche, satzungsmäßige oder vertragliche Aufbewahrungsfristen entgegenstehen.

(5) Die Weitervermittlung zu einem anderen Diensteanbieter ist dem Nutzer anzuzeigen.

(6) Der Diensteanbieter hat die Nutzung von Telemedien und ihre Bezahlung anonym oder unter Pseudonym zu ermöglichen, soweit dies technisch möglich und zumutbar ist. Der Nutzer ist über diese Möglichkeit zu informieren.

(7) Diensteanbieter haben, soweit dies technisch möglich und wirtschaftlich zumutbar ist, im Rahmen ihrer jeweiligen Verantwortlichkeit für geschäftsmäßig angebotene Telemedien durch technische und organisatorische Vorkehrungen sicherzustellen, dass

1. kein unerlaubter Zugriff auf die für ihre Telemedienangebote genutzten technischen Einrichtungen möglich ist und
2. diese
   a) gegen Verletzungen des Schutzes personenbezogener Daten und
   b) gegen Störungen, auch soweit sie durch äußere Angriffe bedingt sind,

   gesichert sind. Vorkehrungen nach Satz 1 müssen den Stand der Technik berücksichtigen. Eine Maßnahme nach Satz 1 ist insbesondere die Anwendung eines als sicher anerkannten Verschlüsselungsverfahrens.

(8) Der Diensteanbieter hat dem Nutzer nach Maßgabe von § 34 des Bundesdatenschutzgesetzes auf Verlangen Auskunft über die zu seiner Person oder zu seinem Pseudonym gespeicherten Daten zu erteilen. Die Auskunft kann auf Verlangen des Nutzers auch elektronisch erteilt werden.

Inhaltsübersicht Rn.

I. Allgemeines

Die Informationspflichten des Abs. 1 gehen ursprünglich insbesondere auf Art. 5 Abs. 3, 10 EG-DSRl zurück. Die spezifischen Anforderungen an Einwilligungen in Abs. 2 konkretisieren die Erfordernisse elektronischer Kommunikation, wonach eine Einwilligung »ohne jeden Zweifel« bzw. nachweisbar erteilt sein muss (Art. 7 Buchst. a EG-DSRl, vgl. Art. 7 Abs. 1 DSGVO). In Absatz 4 sind einige spezifische technisch-organisatorische Vorkehrungen vorgesehen. Absatz 7 zielt auf eine spezifische Realisierung der Datenminimie- 1 rung ab. Absatz 7 bekräftigt den Auskunftsanspruch auch bei einer pseudonymen Datenspeicherung.

2 § 13 ist eine **Marktverhalten regelnde Norm**, deren Verstoß mit § 3a UWG angegriffen werden kann.[1]

II. Unterrichtungspflicht (Abs. 1)

3 Die Informationspflicht des Abs. 1 Satz 1 nimmt Bezug auf die EG-DSRl. Diese ist mit dem Wirksamwerden des DSGVO nicht mehr anwendbar. Die Regelung verweist auf den **Anwendungsbereich der EG-DSRl**, der weitgehend identisch ist mit dem der DSGVO. Es wäre eine Verdrehung des gesetzgeberischen Willens, wenn man annehmen würde, mit dem Wegfall der Anwendbarkeit der EG-DSRl sei auch deren Anwendungsbereich weggefallen. Dies bedeutet, dass die Informationspflicht des Abs. 1 weiterhin besteht, soweit diese nicht durch europäisches Recht verdrängt wurde.

4 Ziel der Regelung ist es, den Nutzer darüber zu unterrichten, dass seine Datenverarbeitung territorial in Ländern erfolgt, in denen nicht das europäische Datenschutzrecht gilt. Er soll auf die damit verbundenen besonderen Risiken der Datenverarbeitung außerhalb des EWR hingewiesen werden.[2]. Die Zulässigkeit einer Übermittlung in ein sog. Drittland ist nach Art. 45 Abs. 1 DSGVO davon abhängig, dass dort ein angemessenes Schutzniveau besteht. Zwar werden in den folgenden Regelungen Anforderungen an dieses Niveau präzisiert, doch wird darin eine Informationspflicht über den **Drittlandsdatentransfer** nicht ausdrücklich erwähnt.

5 Die Unterrichtung muss korrekt und umfassend, also zutreffend und vollständig sein. Benannt werden müssen Art, Umfang und Zwecke der Verarbeitung sowie der Umstand einer Drittlandsübermittlung, also wenn eine Verarbeitung **außerhalb des europäischen Wirtschaftsraums** (EWR) erfolgt. Letzteres ist nötig, um die Nutzer ins Bild zu setzen, dass womöglich kein Datenschutzniveau besteht, das dem des EWR entspricht. Angegeben werden müssen die Empfängerländer, und nicht, welches Datenschutzniveau dort existiert. Wohl aber wird die Intention des Abs. 1 voll von der Informationspflicht in Art. 13 Abs. 1 Buchst. f DSGVO abgedeckt (»Absicht des Verantwortlichen, die personenbezogenen Daten an ein Drittland … zu übermitteln«). Mit der Anwendbarkeit der DSGVO besteht damit insofern keine Notwendigkeit und keine Berechtigung für eine weitere Anwendung des Abs. 1.

6–7 In Abs. 1 Satz 2 ist vorgesehen, dass der Nutzer zu Beginn eines Verfahrens darüber zu unterrichten ist, dass eine **spätere Identifizierung des Nutzers** möglich ist. Diese Identifizierbarkeit besteht z. B. über Cookies oder Browser-Fingerprinting.[3]

8 Die Unterrichtung erfolgt unter **Rubriken** wie »Datenschutzerklärung«, »Privacy Policies« oder »Hinweise zum Datenschutz«. Es genügt, einen Link auf eine solche Unterrichtung auf der Webseite des Dienstes vorzuhalten.[4]

---

1 OLG Köln 11. 3. 2016 – 6 U 121/15, WRP 2016, 885, 887 ff. = CR 2016, 578 = K&R 2016, 429; LG Düsseldorf 9. 3. 2016 – 12 O 151/15, CR 2016, 372 = K&R 2016, 366.

2 Hoeren/Sieber-*Schmitz*, 16.2. Rn. 172.

3 Zu Analysetools Auernhammer-*Schreibauer*, 2017, § 13 TMG Rn. 5.

4 LG Essen, DuD 2004, 313.

Die Unterrichtung muss nach Satz 3 dauerhaft **während des gesamten Nutzungsverhältnisses** vorgehalten werden. 9

Die Informationspflichten bestehen unabhängig von der Größe des Endgeräts des Nutzers, also auch bei **Mobiltelefonen**. Wegen der bei kleinen Geräten beschränkten Möglichkeiten der Anzeige sind bei diesen Geräten Hinweise auf unterschiedlichen Ebenen, die intuitiv erfassbar sind, nötig.[5] Neben visuellen kommen auch akustische oder taktile Hinweise sowie Kombinationen in Betracht. 10

III. Elektronische Einwilligung (Abs. 2, 3)

Während § 4a Abs. 1 Satz 2 BDSG-alt grds. die Schriftform für datenschutzrechtliche Einwilligungen vorsah, wurde mit den § 13 Abs. 2 und 3 die **elektronische Erklärungsmöglichkeit** vorgesehen. Diese Norm wurde schon vor Anwendbarkeit der DSGVO auch außerhalb des Anwendungsbereichs des TMG, insbesondere bei der Einwilligung in die Verarbeitung von Inhaltsdaten, analog angewendet.[6] 11

Die **DSGVO** regelt Einwilligungen umfassend und abschließend. Die Regelungsinhalte der Abs. 2 und 3 werden zwar vom ausdrücklichen Regelungsinhalt des Art. 7 DSGVO nicht voll erfasst, doch erschließen sich diese sämtlich aus den Regelungen der DSGVO. Zu deren Auslegung kann weiterhin auf die Regelungsintentionen der Abs. 2 und 3 zurückgegriffen werden. 12

Die Absätze 2 und 3 sind entsprechend auf **nicht widerrufbare Vertragsregelungen** anwendbar. 13

Die in Abs. 2 genannten Anforderungen müssen **kumulativ** vorliegen. Liegt eine der Voraussetzungen der Nrn. 1 bis 4 nicht vor, so ist die Einwilligung unwirksam. Daneben gelten die allgemeinen Anforderungen an Einwilligungen, wie sie in Art. 7, 8 DSGVO insbesondere in Bezug auf die **Bestimmtheit** zu Art, Umfang und Zweck der Datenverarbeitung normiert sind.[7] 14

Die Einwilligung muss **bewusst und eindeutig** erteilt sein. Dies ist nicht gegeben, wenn zur Vermeidung einer Erklärung ein Auskreuzen oder -klicken (Opt-out) angeboten wird. Ausgeschlossen werden soll auch ein unbewusstes Anklicken einer Schaltfläche. Abgestellt wird auf den durchschnittlich verständigen Nutzer, der erkennen können muss, dass er rechtsverbindlich einer seine Daten betreffenden Verarbeitung zustimmt. Mit der Regelung sollen auch übereilte letztlich nicht gewollte Erklärungen verhindert werden. Dies kann dadurch realisiert werden, dass eine bestätigende Wiederholung des Steuerbefehls vorgenommen wird. Ein einmaliges Anklicken ist nur dann akzeptabel, wenn der Erklärung nur eine geringe Bedeutung beizumessen ist oder durch andere Vorkehrungen Erklärungswille und -inhalt abgesichert werden.[8] 15

Eine Integration in **Allgemeine Geschäftsbedingungen** (AGB) ist nicht ausgeschlossen. In diesem Fall muss aber eine hinreichende Hervorhebung erfolgen, die sicherstellt, dass die Erklärung die eingewilligte Datenverarbeitung bewusst einschließt. Auch die über 16

---

5 Auernhammer-*Schreibauer*, 2017, § 13 TMG Rn. 16.
6 Taeger/Gabel-*Moos*, § 13 TMG Rn. 15.
7 OLG Düsseldorf 30.7.2004 – I-23 U 186/03, DuD 2005, 172f.
8 Zu praktischen Anwendungsfällen Auernhammer-*Schreibauer*, 2017, § 13 TMG Rn. 34–37.

AGB erteilten Einwilligungen sind direkt abrufbar zu halten. Die AGB unterliegen umfassend der Kontrolle nach den §§ 305 ff. BGB und sind gem. § 1 UKlaG überprüfbar.[9]

17 Eine Einwilligung in eine **Verarbeitung von Nutzungsdaten**, etwa zwecks Empfangs eines E-Mail-Newsletters gemäß der TK-DSRl bedarf einer separaten Einwilligung.[10]

18 Die **jederzeitige Abrufbarkeit** muss zumindest für den Zeitraum des Bestehens des Vertragsverhältnisses über die Inanspruchnahme des Dienstes bestehen. Abrufbarkeit bedeutet die Zugänglichkeit über das Internet entweder online oder per E-Mail. Bereitgehalten werden muss nicht ein individueller Text; es genügt das Vorhalten eines Standardtextes, der auf den konkreten Fall anwendbar ist. Bei einer Änderung des Einwilligungstextes müssen neben der aktuellen auch die historischen Einwilligungstexte vorgehalten werden, solange eine Verarbeitung auf deren Grundlage erfolgt. Auf welchen der Texte sich die Erklärung bezieht, muss aber eindeutig erkennbar sein; ein Verweis auf das Auskunftsrecht gem. § 13 Abs. 7 TMG bzw. Art. 15 DSGVO genügt nicht.[11]

19 Die **Widerrufbarkeit** mit Wirkung des Widerrufs für die Zukunft gehört zu den generellen Eigenschaften einer Einwilligung. Diese basiert auf der Erwägung, dass eine Einwilligung freiwillig erteilt wird und daher rücknehmbar sein muss. Insofern unterscheidet sich die Einwilligungserklärung von vertraglichen Erklärungen und Klauseln. Im Online-Geschäft mit Telemedien besteht kein Grund, die Widerrufsbarkeit zeitlich einzuschränken. Die jederzeitige Widerrufbarkeit wird nun allgemein von Art. 7 Abs. 3 DSGVO bekräftigt.

20 Der Diensteanbieter muss das Vorliegen einer wirksamen Einwilligung belegen können. Zur **Beweislast** gehört, dass die Erklärung vom Betroffenen erfolgt ist und welchen Inhalt sie hatte. Hierfür sind bei pseudonymer Verarbeitung die erforderlichen Authentisierungs- ansonsten die Identifizierungsdaten zu speichern. Für Online-Registrierungen hat sich zur Vermeidung von Streitigkeiten über die Wirksamkeit der Einwilligung das Double-Opt-In-Verfahren durchgesetzt, bei dem erst nach Anklicken eines per E-Mail zugesendeten Bestätigungslinks die Einwilligung wirksam wird.[12]

21 Die **Hinweispflicht** nach Absatz 3 in Bezug auf die jederzeitige Widerrufbarkeit ging bisher über § 4a BDSG hinaus und entspricht nun vollständig der generellen Regelung über die Kenntnisgabe gem. Art. 7 Abs. 3 Satz 2 DSGVO.

IV. Technisch-organisatorische Vorkehrungen, Weitervermittlung (Abs. 4, 5)

22 Abs. 4 enthält einige telemedienspezifische technisch-organisatorische Maßnahmen zur Gewährleistung des Datenschutzes. Die Art. 25, 32 DSGVO sehen nunmehr allgemeine zielorientierte Maßnahmen vor, welche die in Abs. 4 genannten **Einzelmaßnahmen** mit umfassen. Die Einzelmaßnahmen stammen aus der Frühzeit der Telemediengesetzgebung und decken bei weitem nicht (mehr) sämtliche wesentlichen technischen Verarbeitungsrisiken ab. Sie werden vollständig von den Anforderungen der DSGVO verdrängt.

---

9 Auernhammer-*Schreibauer*, 2017, § 13 TMG Rn. 27.
10 BGH 16.7.2008 – VIII ZR 348/06, Rn. 26 ff., NJW 2008, 3057.
11 A. A. Taeger/Gabel-*Moos*, § 13 TMG Rn. 23.
12 AG München, MMR 2007, 473; LG München, K&R 2007, 430.

Bei der **jederzeitigen Beendbarkeit** der Mediennutzung (Nr. 1) handelt es sich um eine spezifische Maßnahme der Intervenierbarkeit für den Nutzer. 23

Die **Sperrung bzw. Löschung der Nutzungsdaten** (Nr. 2) dient im Interesse der Datenminimierung dazu, das Entstehen von Profilen zu vermeiden. Der Begriff des Sperrens entspricht dem der »Einschränkung der Verarbeitung« in Art. 18 DSGVO. Eine Sperrung tritt an die Stelle der Löschung, wenn besonderen Aufbewahrungspflichten genügt werden muss, etwa bei der 10jährigen Aufbewahrungspflicht von Bestands- und Abrechnungsdaten im Rahmen der kaufmännischen Buchführung gem. § 257 HGB. 24

Die Pflicht zur Löschung besteht nicht, soweit dies aus **Sicherheitsgründen** für den Betrieb des Dienstes erforderlich ist.[13] Auch in Art. 6 Abs. 1 Buchst. b ePVO-E ist vorgesehen, dass Betreibern von Kommunikationsdiensten die erforderliche Verarbeitung für die »Aufrechterhaltung oder Wiederherstellung der Sicherheit« erlaubt wird. Eine entsprechende ausdrückliche Regelung fehlte bisher im TMG. 25

Nr. 3 dient der Wahrung der **Vertraulichkeit** der Mediennutzung (vgl. Art. 32 Abs. 1 Buchst. b DSGVO), womit nicht nur der Datenschutz generell, sondern auch das Telekommunikationsgeheimnis als spezifischer Schutz gewährleistet werden soll. 26

Das Schutzziel der in Nr. 4 normierten **Trennung der Nutzungsdaten** im Hinblick auf verschiedene Telemedien ist die Nichtverknüpfbarkeit von Daten, die logisch-programmtechnisch, nicht räumlich umgesetzt werden muss. 27

Die Beschränkung der Zusammenführung von Nutzungsdaten auf **Abrechnungszwecke**, mit der § 15 Abs. 2 technisch unterstützt wird, stellt eine weitere Maßnahme zur Realisierung des grundsätzlichen Ziels der Nichtverknüpfbarkeit dar. 28

Auch die **Separierung von Nutzungsprofilen** (Nr. 6), mit der § 15 Abs. 3 Satz 3 flankiert wird, ist eine konkrete Maßnahme zwecks Nichtverknüpfbarkeit. 29

Die in Abs. 4 vorgesehen Maßnahmen werden mit der Wirksamkeit der **DSGVO** vollständig von den dortigen Art. 25, 32 verdrängt. Es ist jedoch darauf hinzuweisen, dass die in Abs. 4 erwähnten Maßnahmen vollständig in den Art. 25, 32 DSGVO abgebildet werden. 30

Abs. 5 verpflichtet zur **Anzeige einer Weitermittlung.** Der Nutzer soll erkennen können, wer konkret für eine Verarbeitung verantwortlich ist und an wen er sich im Zweifel zur Wahrung seiner Rechte wenden kann. Als Anzeige genügt die über den Browser dargestellte URL, mit der dem Nutzer angezeigt wird, welches Angebot gerade genutzt wird. Die Regelung wird vollständig von Art. 13 Abs. 1 DSGVO erfasst und erweitert. 31

V. Ermöglichung anonymer oder pseudonymer Nutzung (Abs. 6)

Absatz 6 verpflichtet den Diensteanbieter, Nutzung und Bezahlung, soweit technisch möglich und zumutbar, anonym oder pseudonym zu ermöglichen. Dahinter steckt das moderne Ziel der Datenminimierung (vgl. Art. 5 Buchst. c DSGVO), aber darüber hinausgehend zudem das Recht auf (weitestgehende) Anonymität bei der Nutzung digitaler Medien.[14] Soweit dies technisch vermeidbar ist und soweit es für eine (teilweise) Rückver- 32

---

13 EuGH 19.10.2016 – C-582/14, Rn. 64, DVBl 2017, 213, 216 = NJW 2016, 3579, 3582 = CR 2016, 793, 794.

14 Dazu grundlegend Bäumler/von Mutius, Anonymität im Internet, 2003.

folgung der Nutzer keine fachliche Notwendigkeit gibt, soll jede Person das Recht haben, unbeobachtet, d. h. anonym seine **Freiheitsrechte im Internet** wahrzunehmen.

33 Die Verpflichtung erstreckt sich nicht nur auf die Internetnutzung, sondern auch auf ein entsprechendes **Nutzungsvertragsverhältnis**, wenn es zumutbar ist, dass hierbei keine Identifizierung erfolgt.[15] Dies ergibt sich aus dem Zweck der Regelung sowie der Klarstellung, dass selbst das für Dritte nicht zuordenbare Bezahlverfahren anonym oder pseudonym ermöglicht werden soll. Bezahlverfahren lassen sich digital regelmäßig nur pseudonym realisieren, da immer ein Bezug zu einem Referenzkonto hergestellt werden kann. Bei Prepaid-Verfahren lässt sich jedoch eine weitestgehende Entkoppelung zu einer natürlichen Person erreichen.

34 Durch die Pseudonymisierung wird, anders als bei der vollständigen Anonymisierung der **Personenbezug** nicht völlig beseitigt (siehe Art. 4 Rn. 64 ff.), so dass das Datenschutzrecht weiterhin anwendbar bleibt.[16] Die Regelung zielt nicht auf die Beseitigung jeglichen Personenbezugs ab, sondern darauf, den Nutzern im Sinne eines Selbstschutzes ein Angebot bereitzustellen, das so weit wie möglich dem Ziel der Datenminimierung entspricht.

35 Die Pflicht zur Datenminimierung besteht nur, soweit dies **technisch möglich** ist. Die Wahl des technischen Mittels wird nicht vorgegeben. Während des Nutzungsvorgangs lässt sich Datenminimierung, etwa durch Anonymisierungsdienste, nur mit großem Aufwand realisieren. Nach Beendigung der Nutzung ist jedoch zumeist eine rückstandsfreie Beseitigung aller digitalen Spuren, über die eine Identifizierung möglich ist, realisierbar. Sprechen Aspekte der Datensicherheit gegen eine sofortige Löschung von Identifikatoren, so ist insofern und so lange wie nötig deren Beibehaltung nicht zu beanstanden.[17]

36 Die Pflicht zur Anonymisierung bzw. Pseudonymisierung besteht nur, wenn dies für den Diensteanbieter zumutbar ist. Die **Zumutbarkeit** ist anbieterbezogen, nicht branchenbezogen festzustellen, wobei vom Anbieter aber erwartet werden kann, dass er auf dem Markt verfügbare Technologie zur Datenminimierung einsetzt. Bei der Beurteilung der Zumutbarkeit kann die verfügbare technische Kompetenz wie auch die ökonomische Leistungsfähigkeit des Anbieters berücksichtigt werden.[18] Zumutbarkeit ist bei sämtlichen Abrufdiensten gegeben. Doch auch das anonyme Publizieren bzw. Einstellen von Inhalten ist dann zumutbar, wenn die sich daraus ergebenden Risiken vom Diensteanbieter gehandhabt werden können. Schon aus der Formulierung der Norm ergibt sich, dass das Angebot zumindest eines anonymen Zahlverfahrens auch zumutbar ist.

37 Die Nutzer sind über die Möglichkeit datensparsamer Nutzung zu **informieren** (Satz 2). Die Verpflichtung besteht nur, wenn die Dienstenutzung ansonsten personenbezogen erfolgt. Keine Informationspflicht besteht also, wenn ein Dienst nur anonym angeboten wird.[19]

---

15 A.A. Taeger/Gabel-*Moos*, § 13 TMG Rn. 41.

16 A.A. Taeger/Gabel-*Moos*, § 13 TMG Rn. 42; Roßnagel/Scholz, MMR 2000, 726 f.

17 EuGH 19. 10. 2016 – C-582/14, Rn. 64, DVBl 2017, 213, 216 = NJW 2016, 3579, 3582 = CR 2016, 793, 794.

18 Rasmussen, CR 2002, 39.

19 Taeger/Gabel-*Moos*, § 13 TMG Rn. 47.

Eine § 13 Abs. 6 entsprechende Regelung gibt es weder in der DSGVO noch ist eine solche bisher in der ePrivacy-Verordnung vorgesehen.[20] Es handelt sich um eine Konkretisierung des Art. 5 Abs. 1 Buchst. c DSGVO vorgesehenen Grundsatzes der Datenminimierung.[21] Ausdrückliche Regelungen, wonach der normative Gehalt des Abs. 6 mit der DSGVO nicht vereinbar ist, sind nicht ersichtlich. Vielmehr handelt es sich um eine Festlegung im Sinne einer datenschutzfreundlichen Voreinstellung, zu denen Art. 25 DSGVO verpflichtet.[22] Wegen des insofern abschließenden Charakters der DSGVO kann die Pflicht zu anonymen bzw. pseudonymen Angeboten nicht national geregelt werden. Wohl aber ist es möglich, diese Pflicht gem. Art. 25 Abs. 3 DSGVO in Zertifizierungsverfahren heranzuziehen oder in Verhaltensregeln gem. Art. 40 DSGVO festzuschreiben. 38

VI. Auskunftsrecht (Abs. 7)

Abs. 7 soll sicherstellen, dass der Nutzer Kenntnis von seinem **datenschutzrechtlichen Auskunftsrecht** erlangt. Der Verweis auf § 34 BDSG-alt ist nicht zwingend und missverständlich. Bei öffentlich-rechtlichen Telemedien hätte ein Hinweis auf das Auskunftsrecht nach dem jeweils gültigen (Bundes- oder Landes-) Datenschutzrecht erfolgen müssen. Seit dem 25. 5. 2018 gilt Art. 15 DSGVO. 39

Erfolgt die Personifizierung des Nutzers über ein **Pseudonym**, so kann auch über das Pseudonym die Auskunft erlangt werden. An die Stelle der Identifizierung des Auskunftssuchenden tritt eine Glaubhaftmachung der Authentizität des Pseudonyms. Dies kann bei einer digitalen Auskunftserteilung über ein Login und z. B. ein Passwort erfolgen.[23] 40

Hinsichtlich der **Form der Auskunft** stehen bei Telemedien automatisierte Verfahren im Vordergrund, etwa per Mail, über ein Dashboard oder einen sonstigen zugangsgeschützten Bereich (Satz 2). Übt ein Nutzer das ihm gewährte Wahlrecht bzgl. der Auskunftsform nicht aus, steht es dem Anbieter frei, die Auskunft schriftlich oder elektronisch zu erteilen.[24] 41

Art. 15 DSGVO verdrängt § 13 Abs. 7 vollständig. Abs. 7 enthält keine »Beschränkung« i. S. v. Art. 23 DSGVO. Der Inhalt des Abs. 7 wird aber vollständig von Art. 15 abgedeckt. Art. 11 DSGVO ist zu beachten. 42

Hinsichtlich der Voraussetzungen für die **Geltendmachung des Auskunftsanspruchs**, die Rahmenbedingungen für die Auskunftserteilung sowie mögliche Restriktionen kann auf die entsprechenden Regelungen (Art. 15 DSGVO, § 34 BDSG) verwiesen werden. 43

---

20 Kluge, K&R 2017, 235 f.

21 Nebel, K&R 2019, 152.

22 Kluge, K&R 2017, 233; vgl. in Bezug auf die EG-DSRl Caspar, ZRP 2015, 234.

23 Kühling/Buchner-*Weichert*, Art. 11 Rn. 15; Hoeren/Sieber-*Schmitz*, 6.2. Rn. 207 f., hält die Regelung zu Unrecht für unwirksam und verfassungswidrig. Er geht fälschlich davon aus, dass mit der Regelung eine Aufdeckung des Pseudonyms nötig sei.

24 Taeger/Gabel-*Moos*, § 13 Rn. 49; Flisek, CR 2004, 952.

§ 14 Bestandsdaten

(1) Der Diensteanbieter darf personenbezogene Daten eines Nutzers nur erheben und verwenden, soweit sie für die Begründung, inhaltliche Ausgestaltung oder Änderung eines Vertragsverhältnisses zwischen dem Diensteanbieter und dem Nutzer über die Nutzung von Telemedien erforderlich sind (Bestandsdaten).

(2) Auf Anordnung der zuständigen Stellen darf der Diensteanbieter im Einzelfall Auskunft über Bestandsdaten erteilen, soweit dies für Zwecke der Strafverfolgung, zur Gefahrenabwehr durch die Polizeibehörden der Länder, zur Erfüllung der gesetzlichen Aufgaben der Behörden der Zollverwaltung und der nach Landesrecht zuständigen Behörden zur Wahrnehmumg ihrer Prüfungsaufgaben nach § 2 Absatz 1 und 3 des Schwarzarbeitsbekämpfungsgesetzes und zur Verhütung und Verfolgung von damit zusammenhängenden Straftaten und Ordnungswidrigkeiten und zur Erfüllung der gesetzlichen Aufgaben der Verfassungsschutzbehörden des Bundes und der Länder, des Bundesnachrichtendienstes oder des Militärischen Abschirmdienstes oder des Bundeskriminalamtes im Rahmen seiner Aufgabe zur Abwehr von Gefahren des internationalen Terrorismus oder zur Durchsetzung der Rechte am geistigen Eigentum erforderlich ist.

(3) Der Diensteanbieter darf darüber hinaus im Einzelfall Auskunft über bei ihm vorhandene Bestandsdaten erteilen, soweit dies zur Durchsetzung zivilrechtlicher Ansprüche wegen der Verletzung absolut geschützter Rechte aufgrund rechtswidriger Inhalte, die von § 1 Absatz 3 des Netzwerkdurchsetzungsgesetzes erfasst werden, erforderlich ist.

(4) Für die Erteilung der Auskunft nach Absatz 3 ist eine vorherige gerichtliche Anordnung über die Zulässigkeit der Auskunftserteilung erforderlich, die vom Verletzten zu beantragen ist. Für den Erlass dieser Anordnung ist das Landgericht ohne Rücksicht auf den Streitwert zuständig. Örtlich zuständig ist das Gericht, in dessen Bezirk der Verletzte seinen Wohnsitz hat. Die Entscheidung trifft die Zivilkammer. Für das Verfahren gelten die Vorschriften des Gesetzes über das Verfahren in Familiensachen und in den Angelegenheiten der freiwilligen Gerichtsbarkeit entsprechend. Die Kosten der richterlichen Anordnung trägt der Verletzte. Gegen die Entscheidung des Landgerichts ist die Beschwerde statthaft.

(5) Der Diensteanbieter ist als Beteiligter zu den Verfahren nach Absatz 4 hinzuzuziehen. Er darf den Nutzer über die Einleitung des Verfahrens unterrichten.

Inhaltsübersicht Rn.

I. Allgemeines

1 § 14 regelt die **Verarbeitung von Bestandsdaten** durch Telemedienanbieter und erlaubt diese zur Erfüllung des jeweiligen Nutzungsvertrags (Abs. 1) sowie zur Auskunftserteilung gegenüber bestimmten Sicherheitsbehörden (Abs. 2). Eine darüber hinausgehende

Verarbeitung ist auf der Grundlage einer wirksamen Einwilligung sowie einer Rechtsgrundlage zulässig, die auf Telemedien-Bestandsdaten konkret Bezug nimmt (§ 12 Abs. 1).

Soweit es sich bei den Telemedien um Kommunikationsdienste handelt, unterfallen die Bestandsdaten dem Schutz des Telekommunikationsgeheimnisses und damit auch der TK-DSRl. Dies hat zur Folge, dass insofern durch Art. 95 DSGVO nach **Wirksamwerden der DSGVO** weiterhin die nationale Umsetzung der TK-DSRl wirksam bleibt, solange diese nicht durch die ePrivacy-Verordnung (ePVO) ersetzt wird. In Art. 6 ePVO-E ist für die Verarbeitung von Bestandsdaten keine ausdrückliche Regelung vorgesehen. Dies hat zur Folge, dass künftig Bestandsdaten keinem gesonderten Schutz mehr unterliegen, sondern für diese die DSGVO gilt (Art. 1 Abs. 3 ePVO-E). 2

Mit dem **Netzwerkdurchsetzungsgesetz** sind 2017 die Abs. 3–5 neu eingefügt worden. Damit soll Betroffenen die Möglichkeit eingeräumt werden, effektiver gegen sie betreffende Persönlichkeitsverletzungen vorzugehen.[1] 3

Nach **Wirksamwerden der DSGVO** ist unklar, inwieweit § 14 weiterhin Gültigkeit haben kann. Die TK-DSRl, die gem. Art. 95 DSGVO hinsichtlich der Pflichten für Diensteanbieter abschließend ist, enthält in Art. 5 zwar eine allgemeine Verpflichtung zur Vertraulichkeit der Kommunikation, aber keine spezifische Regelung zum Umgang und insbesondere zur Übermittlung von Bestandsdaten. Dies spricht dafür, dass vom 25.6.2018 an Art. 6 DSGVO gilt. Dies hätte zur Folge, dass insbesondere auch die neuen Regelungen des Netzwerkdurchsetzungsgesetzes (siehe Rn. 3) verdrängt würden, was zweifellos nicht im Sinne des deutschen Gesetzgebers gewesen sein dürfte. Dieses Ergebnis lässt sich dadurch vermeiden, dass dieses Gesetz wie auch insb. § 14 Abs. 3 bis 5 als eine Regulierung der Meinungsäußerung gem. Art. 85 DSGVO angesehen wird, der eine nationale Öffnungsklausel enthält. Dies bedeutet, dass § 14 zumindest anwendbar bleibt, wenn es bei der Anwendung um einen Konfliktfall zwischen Meinungsäußerung und Datenschutz geht. 4

II. Vertragsverhältnis (Abs. 1)

Abs. 1 erlaubt die Verarbeitung, soweit dies für die Begründung, inhaltliche Ausgestaltung oder Änderung eines **Vertragsverhältnisses** zwischen Diensteanbieter und Nutzer in Bezug auf die Nutzung erforderlich ist. Die Regelung entspricht Art. 6 Abs. 1 Buchst. b DSGVO. Sie ist nur anwendbar für die Umsetzung eines Vertragsverhältnisses zum Nutzer in Bezug auf dessen Daten, nicht bzgl. sonstiger Betroffener oder außerhalb des Vertragsverhältnisses.[2] Auf die Entgeltlichkeit der Nutzung kommt es für die Annahme eines Vertragsverhältnisses nicht an.[3] Auch vorvertragliche Beziehungen werden erfasst. Eine förmliche Vertragsbeziehung ist nicht nötig; fehlt es an jeder Art von vertraglicher Beziehung, so besteht keine Erforderlichkeit zur Erfassung von Bestandsdaten durch den Anbieter.[4] 5

---

1 BT-Drs. 18/12356 v. 16.5.2017; BT-Drs. 18/13013 v. 28.6.2017.
2 Taeger/Gabel-*Zscherpe*, § 14 TMG Rn. 10.
3 A. A. Taeger/Gabel-*Zscherpe*, § 14 Rn. 11.
4 Auernhammer-*Schreibauer*, 2017, § 14 TMG Rn. 4, 9, 14.

6 **Bestandsdaten** sind die personenbezogenen Daten eines Nutzers, die für die Begründung, inhaltliche Ausgestaltung oder Änderung des Vertragsverhältnisses erforderlich sind (Grund- oder Vertragsdaten). Eine gesetzliche Aufzählung erfolgt nicht. Vielmehr hängt die Geeignetheit und konkrete Erforderlichkeit vom Vertragsverhältnis ab. Dies können sein die Daten zur Nutzeridentifikation bzw. Authentisierung (Name, Anschrift, E-Mail-Adresse, Nutzername, Passwort), rechnerrelevante Angaben (Kennung, statische IP-Adresse), vertraglich vereinbarte Nutzungs- und Abrechnungsmodalitäten.[5]

7 Nicht zu den Bestandsdaten gehören **Nutzungs- und Inhaltsdaten**, also Angaben über die konkrete Nutzung und Abrechnung, auf die § 15 anwendbar ist (künftig »elektronische Kommunikationsmetadaten«, Art. 4 Abs. 3 Buchst. c ePVO-E), sowie Daten, die im Rahmen der konkreten Dienstleistung entstehen oder erbracht werden, für die die allgemeinen datenschutzrechtlichen Regelungen (also insbesondere die DSGVO) gelten.[6]

8 Die **Erforderlichkeit** ist gegeben, wenn die Daten für die Diensteerbringung unabdingbar, also unmittelbar zwingend notwendig sind. Da Umfang und Inhalt des Vertragsverhältnisses von den Vertragsparteien bestimmt werden kann, besteht für diese eine gewisse Dispositionsbefugnis. Irgendein berechtigtes Interesse genügt nicht.[7] Bei der Entgeltlichkeit eines Dienstes gehören hierzu die Grunddaten für das Zahlungsverfahren und für die dabei erfolgende Zuordnung der Zahlungspartner. Nicht erforderlich sind Zustellangaben bei Waren- und Dienstleistungsangeboten, wenn diese sich bei jedem Nutzungsvorgang ändern.[8] Erfolgt keine Registrierung des Nutzers, so ist dies ein Indiz dafür, dass keine Bestandsdaten bei Anbieter erforderlich sind.[9] Wird ein (pseudonymer und unentgeltlicher) Nutzungsvertrag abgeschlossen und dabei Nutzungsbedingungen festgelegt, so sind bestimmte Bestandsdaten zur Identifizierung bzw. Authentisierung erforderlich.[10]

9 Die **Weiterverarbeitung** von zulässig erhobenen Bestandsdaten wird durch die gesetzlich vorgegebene strenge Zweckbindung begrenzt. Für andere Zwecke als die Realisierung des Nutzungsverhältnisses bedarf es grds. der Einwilligung des Nutzers. Ein Rückgriff auf die Erlaubnistatbestände des allgemeinen Datenschutzrechtes ist durch § 12 Abs. 2 ausgeschlossen. Nach Wegfall der Erforderlichkeit für die Abwicklung des Vertrags bzw. Nutzungsverhältnisses sind die Bestandsdaten zu löschen, soweit kein sonstiger Speichergrund (z. B. §§ 140, 147 AO, § 257 HGB) besteht.

10 Ein **Verstoß** gegen Abs.1 ist eine Ordnungswidrigkeit gem. § 16 Abs. 2 Nr. 5.

III. Übermittlung von Bestandsdaten (Abs. 2)

11 Abs. 2 erlaubt dem Diensteanbieter für Sicherheitszwecke Auskunft über Bestandsdaten an die für diese Zwecke zuständigen Stellen zu geben. Bei Abs. 2 handelt es sich nicht um die Regelung einer Auskunft (an den betroffenen Nutzer), sondern um eine **Übermittlungsbefugnis**. Voraussetzung für die zulässige Übermittlung ist, dass die Speicherung zulässig

5 Hoeren/Sieber-*Schmitz*, 16.2 Rn. 214.
6 Taeger/Gabel-*Zscherpe*, § 14 Rn. 26 mwN.
7 So aber Auernhammer-*Schreibauer*, 2017, § 14 TMG Rn. 15.
8 Taeger/Gabel-*Zscherpe*, § 14 TMG Rn. 34.
9 Roßnagel-*Roßnagel*, 2003, Kap. 7.9 Rn. 70.
10 Taeger/Gabel-*Zscherpe*, § 14 Rn. 36.

ist.[11] Zusätzlich erforderlich ist, dass die jeweilige Stelle bzgl. der jeweiligen Bestandsdaten eine Erhebungsbefugnis hat (z. B. §§ 100, 100a, 161 Abs. 1 Satz 1, 163 StPO, § 8a Abs. 1, 7 BVerfSchG, § 2a Satz 1 BND-G, § 4a Satz 1 MAD-G; § 140b PatG, § 24b GebrMG, § 19 MarkenG, § 101 UrhG, § 46 GeschmMG, § 37b SortenschG (letztgenannte Regelungen jeweils Abs. 2 Nr. 3, Abs. 3ff.). Die Regelung des Abs. 2 enthält lediglich eine Übermittlungsbefugnis, begründet aber keine Übermittlungspflicht, die sich aber aus sonstigen Regelungen ergeben kann. Die Verantwortung für die Datenübermittlung ist unabhängig von der Verantwortung für die Übermittlungsanfrage und obliegt dem Diensteanbieter.[12]

Die Regelung richtet sich an **Host-Provider**, nicht jedoch an Access- und E-Mail-Provider, für die § 113 TKG gilt. Der für letztere Anbieter geltende § 11 Abs. 3 verweist nicht auf § 14 Abs. 2 (und auch nicht auf § 15 Abs. 5 in Bezug auf Nutzungsdaten).[13] 12

Berechtigt zum Erhalt einer Auskunft sind die Strafverfolgungs- und Polizeibehörden des Bundes und der Länder, der Zoll sowie die weiteren Schwarzarbeitsbekämpfungsbehörden, die Ämter für Verfassungsschutz, der Bundesnachrichtendienst, der Militärische Abschirmdienst[14] sowie Personen sowie Stellen, deren immaterielle Rechte betroffen sind (siehe Rn. 11). 13

Die Auskunft einholende Stelle muss ihr Ersuchen hinreichend sachverhaltsbezogen und rechtlich begründen. Behauptet eine nicht-öffentliche Stelle eine Rechtsverletzung, so muss sie diese substantiieren. Dem Diensteanbieter obliegt insofern eine **Prüfpflicht**.[15] 14

IV. Netzwerkdurchsetzungsgesetz (Abs. 3–5)

Ziel des Auskunftsanspruchs ist es, den Betroffenen einen wirksamen und durchsetzbaren Anspruch auf **Feststellung der Identität** des Verletzers bei Rechtsverletzungen im Internet zu verschaffen. Mit Abs. 3 wurde eine datenschutzrechtliche Ermächtigungsnorm eingefügt. Damit wird geregelt, in welchen Fällen von Persönlichkeitsrechtsverletzungen dem Diensteanbieter die Datenherausgabe erlaubt ist. 15

In Fällen, in welchen bereits nach der bisherigen Rechtslage ein **Auskunftsanspruch gemäß § 242 BGB** dem Grunde nach besteht, wird dieser Auskunftsanspruch nun durch Abs. 3 für den Diensteanbieter auch erfüllbar. Gemäß der Gesetzesbegründung sollte für die Zukunft überlegt werden, ob der Anspruch nach dem Vorbild vergleichbarer Auskunftsansprüche wie z. B. in § 102 UrhG kodifiziert werden könnte, um dem Verletzten eine Durchsetzung seiner Rechte nach klaren Kriterien zu ermöglichen. Dabei wäre insbesondere sicherzustellen, dass der Verletzte von denjenigen, die für rechtsverletzende Tätigkeiten genutzte Dienstleistungen in gewerblichem Ausmaß erbracht haben, Auskunft über Tatsachen verlangen kann, die erforderlich sind, um die Identität des Täters festzustellen und die sich aus der Rechtsverletzung ergebenden Ansprüche durchzusetzen.[16] Ob 16

11 Auernhammer-Schreibauer, 2017, § 14 Rn. 20.

12 A.A. wohl Taeger/Gabel-*Zscherpe*, § 14 Rn. 55 mit Verweis auf BT-Drs. 16/3078, S. 16; zur Auskunft nach § 101 UrhG Taeger/Gabel-*Zscherpe*, § 14 TMG Rn. 58–62.

13 Spindler, CR 2007, 243; Moos, K&R 2008, 141.

14 Z.B. § 95 StPO, § 8a BVerfSchG, § 2a BNDG, § 4a MADG.

15 Plath-*Hullen/Roggenkamp*, § 14 Rn. 25–27.

16 BT-Drs. 18/13013, S. 25.

und wann ein Auskunftsanspruch gemäß § 242 BGB dem Grunde nach besteht, bleibt weiterhin der Ausgestaltung der Gerichte vorbehalten.

17 Der Anwendungsbereich von Absatz 3 ist auf Fälle **strafrechtlich relevanter Verletzungen** absolut geschützter Rechte beschränkt. Die Auskunft darf nur erteilt werden, wenn die Verletzungshandlung den Tatbestand einer der in § 1 Abs. 3 NetzDG genannten Strafvorschriften erfüllt. Damit wird die Datenherausgabe nur in Fällen **schwerwiegender Persönlichkeitsrechtsverletzungen** eröffnet. Zudem gilt Abs. 3 nur für die Fälle der Verletzung absolut geschützter Rechte, die nicht bereits durch Abs. 2 erfasst sind.

18 Die datenschutzrechtliche Erlaubnis der Datenherausgabe steht unter dem Vorbehalt einer **richterlichen Gestattung** (Richtervorbehalt). Damit soll verfahrensrechtlich sichergestellt werden, dass es nicht vorschnell zur Herausgabe von Daten kommt, sondern dem immer eine richterliche Prüfung und Anordnung vorausgeht. Eine entsprechende Absicherung erschien dem Gesetzgeber in den erfassten Fällen deswegen notwendig, weil die behaupteten Rechtsverletzungen sich oft im Kontext heftiger Debatten und Auseinandersetzungen abspielen können. Die Situation sei damit nicht vergleichbar mit der Auskunftserteilung über Bestandsdaten in anderen Bereichen wie etwa im Urheberrecht. Sie betrifft einen Kernbereich der Ausübung der durch Art. 5 Abs. 1 GG geschützten Meinungsfreiheit. Der Richtervorbehalt soll Einschüchterungseffekte auf die Ausübung der Meinungsfreiheit in diesem eng begrenzten Bereich besonders grundrechtssensibler Kommunikation verhindern. Insbesondere sollen Teilnehmer von Debatten und Diskussionen nicht mit der Angst leben müssen, dass Diensteanbieter vorschnell und ohne richterliche Prüfung, gegebenenfalls aufgrund falscher Angaben eines Dritten, ihre Anonymität aufdecken.[17]

19 Die **Ausgestaltung des Richtervorbehalts** erfolgt in Absatz 4, der sich an die Regelung in § 101 Abs. 9 UrhG anlehnt. Voraussetzung für eine Entscheidung des Gerichts ist ein entsprechender Antrag des Verletzten. Die internationale Zuständigkeit richtet sich grundsätzlich nach der Verordnung (EU) Nr. 1215/2012 über die gerichtliche Zuständigkeit und die Anerkennung und Vollstreckung von Entscheidungen in Zivil- und Handelssachen (Brüssel-Ia-Verordnung).

20 Der **Prüfungsumfang** für das gerichtliche Verfahren folgt aus Abs. 3. Das Gericht prüft, ob eine Herausgabe von Bestandsdaten beantragt ist und dies zur Durchsetzung zivilrechtlicher Ansprüche wegen der Verletzung absolut geschützter Rechte aufgrund von rechtswidrigen Inhalten im Sinne von § 1 Abs. 3 des Netzwerkdurchsetzungsgesetzes erforderlich ist.

21 Der **Diensteanbieter** ist zwingend am richterlichen Gestattungsverfahren zu beteiligen (Abs. 5 Satz 1). Dieser kann den Nutzer von dem Verfahren unterrichten, In der Regel ist er hierzu aus den vertraglichen Regelungen im Innenverhältnis zum Nutzer (Rücksichtnahmepflichten nach § 241 Abs. 2 BGB) verpflichtet.

17 BT-Drs. 18/13013, S. 26.

§ 15 Nutzungsdaten

(1) Der Diensteanbieter darf personenbezogene Daten eines Nutzers nur erheben und verwenden, soweit dies erforderlich ist, um die Inanspruchnahme von Telemedien zu ermöglichen und abzurechnen (Nutzungsdaten). Nutzungsdaten sind insbesondere

1. Merkmale zur Identifikation des Nutzers,
2. Angaben über Beginn und Ende sowie des Umfangs der jeweiligen Nutzung und
3. Angaben über die vom Nutzer in Anspruch genommenen Telemedien.

(2) Der Diensteanbieter darf Nutzungsdaten eines Nutzers über die Inanspruchnahme verschiedener Telemedien zusammenführen, soweit dies für Abrechnungszwecke mit dem Nutzer erforderlich ist.

(3) Der Diensteanbieter darf für Zwecke der Werbung, der Marktforschung oder zur bedarfsgerechten Gestaltung der Telemedien Nutzungsprofile bei Verwendung von Pseudonymen erstellen, sofern der Nutzer dem nicht widerspricht. Der Diensteanbieter hat den Nutzer auf sein Widerspruchsrecht im Rahmen der Unterrichtung nach § 13 Abs. 1 hinzuweisen. Diese Nutzungsprofile dürfen nicht mit Daten über den Träger des Pseudonyms zusammengeführt werden.

(4) Der Diensteanbieter darf Nutzungsdaten über das Ende des Nutzungsvorgangs hinaus verwenden, soweit sie für Zwecke der Abrechnung mit dem Nutzer erforderlich sind (Abrechnungsdaten). Zur Erfüllung bestehender gesetzlicher, satzungsmäßiger oder vertraglicher Aufbewahrungsfristen darf der Diensteanbieter die Daten sperren.

(5) Der Diensteanbieter darf an andere Diensteanbieter oder Dritte Abrechnungsdaten übermitteln, soweit dies zur Ermittlung des Entgelts und zur Abrechnung mit dem Nutzer erforderlich ist. Hat der Diensteanbieter mit einem Dritten einen Vertrag über den Einzug des Entgelts geschlossen, so darf er diesem Dritten Abrechnungsdaten übermitteln, soweit es für diesen Zweck erforderlich ist. Zum Zwecke der Marktforschung anderer Diensteanbieter dürfen anonymisierte Nutzungsdaten übermittelt werden. § 14 Abs. 2 bis 5 finden entsprechende Anwendung.

(6) Die Abrechnung über die Inanspruchnahme von Telemedien darf Anbieter, Zeitpunkt, Dauer, Art, Inhalt und Häufigkeit bestimmter von einem Nutzer in Anspruch genommener Telemedien nicht erkennen lassen, es sei denn, der Nutzer verlangt einen Einzelnachweis.

(7) Der Diensteanbieter darf Abrechnungsdaten, die für die Erstellung von Einzelnachweisen über die Inanspruchnahme bestimmter Angebote auf Verlangen des Nutzers verarbeitet werden, höchstens bis zum Ablauf des sechsten Monats nach Versendung der Rechnung speichern. Werden gegen die Entgeltforderung innerhalb dieser Frist Einwendungen erhoben oder diese trotz Zahlungsaufforderung nicht beglichen, dürfen die Abrechnungsdaten weiter gespeichert werden, bis die Einwendungen abschließend geklärt sind oder die Entgeltforderung beglichen ist.

(8) Liegen dem Diensteanbieter zu dokumentierende tatsächliche Anhaltspunkte vor, dass seine Dienste von bestimmten Nutzern in der Absicht in Anspruch genommen werden, das Entgelt nicht oder nicht vollständig zu entrichten, darf er die personenbezogenen Daten dieser Nutzer über das Ende des Nutzungsvorgangs sowie die in Absatz 7 genannte Speicherfrist hinaus nur verwenden, soweit dies für Zwecke der Rechts-

verfolgung erforderlich ist. Der Diensteanbieter hat die Daten unverzüglich zu löschen, wenn die Voraussetzungen nach Satz 1 nicht mehr vorliegen oder die Daten für die Rechtsverfolgung nicht mehr benötigt werden. Der betroffene Nutzer ist zu unterrichten, sobald dies ohne Gefährdung des mit der Maßnahme verfolgten Zweckes möglich ist.

Inhaltsübersicht Rn.

I. Allgemeines

1 § 15 regelt als **Erlaubnistatbestand** nach § 12 Abs. 1 abschließend die Verarbeitung von Nutzungsdaten durch Diensteanbieter. Jede weitere Verarbeitung ist gem. § 12 Abs. 2 nur zulässig auf Grundlage einer Einwilligung oder einer anderen Rechtsvorschrift, »die sich ausdrücklich auf Telemedien bezieht«.

2 Die Beschränkung der Verarbeitung von Nutzungsdaten in § 15 verstieß gegen die EG-DSRl. Der EuGH hat mit Urteil vom 19. 10. 2016 dies damit begründet, dass § 15 keine Abwägung der berechtigten Interessen der Betreiber mit den Schutzinteressen der Betroffenen vorsieht. Solche berechtigten Interessen bestehen darin, die Nutzungsdaten zum Zweck der Abwehr von Cyberattacken zu verwenden. Nach der überwiegend vertretenen Lehre verbot die Auslegung des § 15, dass der Betreiber Nutzungsdaten verwendet, um die **Funktionsfähigkeit des Online-Mediums** zu gewährleisten. Dem gegenüber haben die Online-Mediendienste ein berechtigtes Interesse, die Funktionsfähigkeit der von ihnen zugänglich gemachten Webseiten über ihre konkrete Nutzung hinaus zu gewährleisten und hierfür Nutzungsdaten zu verwenden.[1]

II. Erhebung und Verwendung von Nutzungsdaten (Abs. 1)

3 **Nutzungsdaten** sind die Daten, die erforderlich sind, um die Inanspruchnahme von Telemedien zu ermöglichen oder abzurechnen. Der Begriff schließt neben den Daten, die der Realisierung des Dienstes dienen, »Abrechnungsdaten« mit ein, d. h. Daten, die der Abrechnung der Inanspruchnahme der Telemedien dienen. Nutzungsdaten unterscheiden sich von den Bestandsdaten (siehe § 14 Rn. 6), wobei es Überschneidungen geben kann, und Inhaltsdaten (siehe § 12 Rn. 3). Zu den Nutzungsdaten gehören Identifikatoren (z. B. Nutzer-ID, Passwort), Angaben zu Beginn und Ende sowie Umfang und Art der jeweiligen Nutzung sowie Steuerungsinformationen wie z. B. IP-Adresse oder Cookies. Er-

1 EuGH 19. 10. 2016 – C-582/14, ZD 2017, 24 mit Anm. Kühling/Klar = ZUM 2016, 1024 = NJW 2016, 3579 mit Anm. Mantz = MMR 2016, 842 mit Anm. Moos/Rothkegel; dazu Eckhardt, ZUM 2016, 1029; 2016; dem EuGH folgend BGH 16. 5. 2017 – VI ZR 135/13 Rn. 40 ff., NJW 2017, 2419 = VersR 2017, 958; dazu Bierekoven, NJW 2017, 2410; umfassend Ruhmann/Bernhard, DuD 2017, 34.

fasst werden Browser-IDs wie auch Clickstreams oder MAC-Adressen im Zusammenhang mit einem WLAN-Standort.[2] Sowohl die statische wie auch die dynamische IP-Adresse haben in Kombination mit einer konkreten Nutzung Personenbezug.[3]

Die Verarbeitung von Nutzungsdaten ist zulässig, wenn dies erforderlich ist, um die Inanspruchnahme des Telemediendienstes zu ermöglichen. Bezugspunkt der **Erforderlichkeit** ist die Ermöglichung des Dienstes. Eine reine Nützlichkeit hierfür genügt nicht.[4] Da der Umfang des Dienstes vom Anbieter definiert wird, kann er hierüber in einem gewissen Maße bestimmen; darüber hinausgehende Zwecke werden aber nicht erfasst. So ist z. B. die Speicherung des Clickstreams für die Diensteerbringung i. d. R. nicht erforderlich.[5] 4

Die **Speicherung von Cookies** bis zum Ende des Nutzungsvorgangs (temporäre oder Session-Cookies) ist i. d. R. von Abs. 1 gedeckt;[6] darüber hinausgehend ist sie nicht erforderlich. Sollen mit Hilfe von permanenten Cookies Profile erstellt werden, so bedarf es der Einwilligung des Nutzers. 5

Nach **Wirksamwerden der DSGVO** behält § 15 Abs. 1 seine Relevanz, soweit es sich bei den Telemedien um Kommunikationsdienste im Anwendungsbereich der TK-DSRl handelt.[7] In der ePrivacy-Verordnung ist in Art. 6 Abs. 1 ePVO-E eine dem Abs. 1 entsprechende Normierung geplant. 6

III. Nutzung von Abrechnungsdaten (Abs. 2, 4, 6 u. 7)

Gemäß Abs. 4 darf der Diensteanbieter Nutzungsdaten über das Ende des Nutzungsvorgangs verwenden, soweit dies für Zwecke der Abrechnung mit dem Nutzer erforderlich ist; für diesen Zweck dürfen die Nutzungsdaten des Nutzers auch zusammengeführt werden (Abs. 2). Was Abrechnungsdaten sind, hängt vom verwendeten Finanzierungs- bzw. **Abrechnungsmodell** ab, das vom Anbieter vorgegeben wird. 7

Hinsichtlich der **Erforderlichkeit** für Abrechnungszwecke ist ein strenger Maßstab anzulegen. Bei pseudonymer Zahlungsweise (§ 13 Abs. 6 Satz 1) ist eine darüber hinausgehende Identifizierung nicht erforderlich. Im Interesse der Datensparsamkeit bzw. Datenminimierung kann bei Flatrates oder mengen- (volumen-) bezogener Abrechnung auf eine Speicherung von Zeitpunkt, Dauer, Art, Inhalt und Häufigkeit regelmäßig verzichtet werden, soweit mit dem Nutzer kein Einzelnachweis verabredet ist. Bei kostenlosen Diensten ist eine Abrechnung nicht erforderlich. 8

Die Regelung zu Abrechnungsdaten bezieht sich nur auf die Inanspruchnahme des Telemediums als solchem. Werden einzelne **inhaltliche Leistungen** abgerechnet, die mit dem Telemedium erbracht werden, so unterliegt dies i. d. R. den Vorschriften des allgemeinen Datenschutzrechts. 9

Zulässig gespeicherte Abrechnungsdaten dürfen maximal sechs Monate nach Versendung der jeweiligen Rechnung aufbewahrt werden und sind danach zu löschen (Abs. 7). Dies 10

2 Taeger/Gabel-*Zscherpe*, § 15 TMG Rn. 24; Auernhammer-Schreibauer, § 15 Rn. 8.
3 EuGH 19. 10. 2016 – C-582/14, Rn. 49, NJW 2016, 3579, 3581.
4 A.A. Taeger/Gabel-*Zscherpe*, § 15 TMG Rn. 29.
5 Taeger/Gabel-*Zscherpe*, § 15 TMG Rn. 32.
6 Taeger/Gabel-*Zscherpe*, § 15 TMG Rn. 34.
7 A.A. DSK, Orientierungshilfe für Anbieter von Telemedien, März 2019, S. 3f.

gilt nicht, solange die Rechnung bzw. die **Zahlung streitig** sind. Hier tritt die Löschpflicht ein, wenn der streitige Punkt endgültig geklärt ist.

11 **Weitergehende Speicherungspflichten** nach anderem Recht (§ 257 HGB, §§ 140, 147 AO) bleiben unberührt.

12 Nach **Wirksamwerden der DSGVO** behält § 15 Abs. 2 seine Relevanz, soweit es sich bei den Telemedien um Kommunikationsdienste im Anwendungsbereich der TK-DSRl handelt. Die praktische Relevanz wird sich aber bei Telemedien in Grenzen halten, da diese regelmäßig unentgeltlich erbracht werden und deren Finanzierung über Werbung erfolgt. In der ePrivacy-Verordnung ist in Art. 6 Abs. 2 Buchst. b ePVO-E eine den Abrechnungsregelungen des TMG entsprechende Normierung geplant.

IV. Nutzungsprofile (Abs. 3)

13 **Pseudonyme Nutzungsprofile** sind gemäß Absatz 3 zu Zwecken der Werbung, Marktforschung und zur bedarfsgerechten Gestaltung der Telemediendienste zulässig, soweit der Nutzer nicht widerspricht. Der Nutzer muss über sein Widerspruchsrecht zu Beginn des Nutzungsvorgangs aufgeklärt werden (Satz 2). Ein Widerspruch macht eine bisher zulässige Profilerstellung und -nutzung für die Zukunft unzulässig.

13a Die Anwendbarkeit des Abs. 3 nach Wirksamwerden der DSGVO ist umstritten. Die Konferenz der Datenschutzbeauftragten vertritt die Ansicht, dass die Regelung im Widerspruch zu Art. 5 Abs. 3 TK-DSRl (**Cookie-Richtlinie**) steht, und will diese nicht weiter angewendet sehen. Tatsächlich ist der Unique Identifier von Cookies ein Pseudonym, auch wenn die IP-Adresse vor der Auswertung um das letzte Oktett gekürzt wird.[8] Dies ändert aber nichts an dem Umstand, dass es sich bei Abs. 3 um geltendes nationales Recht handelt, das beachtet werden muss, soweit es nicht gegen europäische Normen verstößt. Dies hat zur Folge, dass die Regelung einen einzuhaltenden Mindeststandard festlegt. Neben Cookies kommen im Internet eine Vielzahl weiterer Identifier (Pseudonyme) zum Einsatz, die von der Cookie-Richtlinie nicht erfasst werden.[9]

14 Mit dem Begriff **Nutzungsprofil** wird eine systematische Datensammlung von Nutzungsdaten verstanden, mit der Aussagen über das Verhalten und die Gewohnheiten des Nutzers abgeleitet werden können.[10] Dabei ist nicht nötig, dass ein Teilabbild von dessen Persönlichkeit erstellt wird.[11] Der Begriff ist damit tendenziell weiter und zugleich wegen des Bezugs zur Nutzung enger als der in Art. 4 Nr. 4 DSGVO eingeführte Begriff des »Profiling«, der auf eine umfassendere Bewertung bestimmter persönlicher Aspekte einer natürlichen Person abzielt (siehe Art. 4 Rn. 59ff.).

15 Für die Annahme eines Profils genügt eine Momentaufnahme und **Analyse einzelner Nutzungen** schon in Bezug auf einen einzelnen Dienst. Erst recht gilt dies bei der Erfas-

---

8 DSK, Orientierungshilfe für Anbieter von Telemedien, März 2019, 3ff.; Düsseldorfer Kreis 24./25. 11. 2010, Umsetzung der Datenschutzrichtlinie für elektronische Kommunikation; DSB-K, 5. 2. 2015, Keine Cookies ohne Einwilligung der Internetnutzer; unterstützend Jandt, ZD 2018, 406.

9 Gierschmann, ZD 2018, 300; Hanloser, ZD 2018, 214; Rauer/Ettig, ZD 2018, 255.

10 Taeger/Gabel-*Zscherpe*, § 15 TMG Rn. 58.

11 So aber Jandt/Laue, K&R 2006, 317.

sung aus unterschiedlichen Diensten. Die besondere persönlichkeitsrechtliche Relevanz der Regelung und deren Intention liegen wegen der damit verbundenen Aussagekraft in der Beschränkung von Langzeitprofilen. Die Erfassung jeder Art von Profilierung ist dem Umstand geschuldet, dass es nicht möglich ist, eine persönlichkeitsrechtliche Relevanzgrenze zu definieren. Vom Diensteanbieter wird durch technische Vorkehrungen zumeist keine Differenzierung nach dem Umfang der erfassten Nutzungsdaten vorgenommen.

Erlaubt ist die Profilerstellung nur »bei Verwendung von **Pseudonymen**«. Hierbei greift 16
die Regelung auf den Pseudonymbegriff des § 3 Abs. 6a BDSG-alt zurück, der auf das Ersetzen des Namens oder anderer Identifikatoren durch ein Kennzeichen abstellt. Dem gegenüber lässt der Begriff in Art. 4 Nr. 5 DSGVO schon jede Form von Zuordnungserschwerung ausreichen (siehe Art. 4 Rn. 65–68). In jedem Fall muss durch die Pseudonymisierung erreicht werden, dass ohne Kenntnis der Zuordnungsvorschrift eine Identifizierung nicht mehr möglich ist. Es spielt für Abs. 3 keine Rolle, ob bzw. dass der Diensteanbieter über die Zuordnungsmöglichkeit verfügt; es kommt darauf an, dass keine Zuordnung erfolgt (Satz 3). Als Technik können im Internet Cookies, Browser-Fingerprinting sowie ähnliche Techniken zum Einsatz kommen.[12]

Die Profilerstellung darf für **Zwecke** der Werbung, der Marktforschung und der bedarfs- 17
gerechten Gestaltung der Telemediendienste erfolgen. Die ersten beiden Begriffe fanden sich auch in § 28 BDSG-alt.

Der Begriff der **Werbung** findet sich auch in Art. 21 Abs. 2 DSGVO, der ebenso wie § 15 18
Abs. 3 ein Widerspruchsrecht vorsieht.

Mit dem Begriff **Marktforschung** wird die Erkundung des Marktes im Interesse der 19
Marktteilnehmer, insbesondere der Diensteanbieter, beschrieben. Vom Begriff mit erfasst ist auch eine Markterkundung im Interesse Dritter, seien dies andere Unternehmen oder Verbraucherinitiativen.

Nutzungsprofile können zur »**bedarfsgerechten Gestaltung von Telemediendienste**« 20
verwendet werden. Derart werden die Interessen und Nutzungsgewohnheiten der Nutzer festgestellt, um daraus abgeleitet Anpassungen des Diensteangebots vorzunehmen, z.B. indem die Navigation erleichtert, die Informationsvermittlung verbessert oder die Optionen besser zugänglich gemacht werden. Der Zweck zielt auf Verbesserungen angesichts des »Bedarfs«, was nicht nur Wünsche der Nutzer umfasst, sondern auch den Vermittlungs- und Vermarktungsbedarf des Anbieters. Die offene Formulierung verbietet nicht eindeutig eine Personalisierung von Suchergebnissen und Angeboten oder selbst der Preisgestaltung auf pseudonymer Basis.

Der Diensteanbieter muss dem Nutzer eine angemessene Möglichkeit zur **Ausübung sei-** 21
nes Widerspruchsrechts geben. Dies schließt unfaire Hürden aus. Die technische Umsetzung erklärter Widersprüche kann über Opt-out-Cookies erfolgen.

Die gespeicherten Nutzungsprofile dürfen nicht später mit den Daten über die Person, die 22
mit dem Pseudonym gekennzeichnet wird (Träger des Pseudonyms), zusammengeführt werden (Satz 3). Damit soll eine **Identifizierung des Datensatzes** (Profils) verhindert werden. Wohl nicht erfasst werden soll die Zusammenführung verschiedener pseudonymisierter Datensätze unter Beibehaltung des Pseudonyms. Die Nichtverknüpfbarkeit

12 Schmidt/Babilon, K&R 2016, 86.

kann mit technisch-organisatorischen Maßnahmen abgesichert werden. Gem. § 16 Abs. 2 Nr. 5 handelt ordnungswidrig, wer entgegen § 15 Abs. 3 Satz 3 ein Nutzungsprofil mit Daten über den Träger des Pseudonyms zusammenführt. Auch bei einer Auskunftserteilung bedarf es keiner Identifizierung der pseudonymisierten Profildaten, da auch eine Auskunft ausschließlich über das Pseudonym erfolgen kann, wenn dem Betroffenen das Pseudonym bekannt ist.[13]

23 Nach **Wirksamwerden der DSGVO** ist zu differenzieren. Die Profilbildung zur Marktforschung und zur bedarfsgerechten Gestaltung von Nutzungsdaten aus Kommunikationsdienten, die zugleich Telemedien sind, bleibt § 15 Abs. 3 anwendbar, bis eine ePrivacy-Verordnung in Kraft getreten ist. Da Art. 1 Abs. 3 ePVO-E auf die DSGVO verweist, wird danach voraussichtlich Art. 6 DSGVO anwendbar sein. Im Hinblick auf das Profiling für Werbezwecke gilt unter dem Regime der DSGVO Art. 22 DSGVO, der in Abs. 2 Buchst. b eine Öffnungsklausel enthält, die ein Beibehalten des § 15 Abs. 3 erlaubt, da diese Regelung »angemessene Maßnahmen zur Wahrung der Rechte und Freiheiten sowie der berechtigten Interessen der betroffenen Personen« enthält.

V. Datenweitergabe an Dritte (Abs. 5)

24 Abs. 5 legt zwecks spezifischem Schutz der als sensitiv angesehenen Nutzungsdaten enge Ausnahmefälle für die **Weitergabe** vor: Ermittlung des Entgelts und Abrechnung (Satz 1, 2), anonymisiert für Marktforschungszwecke (Satz 3), an bestimmte Behörden für Sicherheitszwecke (Satz 4).

25 Von praktischer Relevanz sind die Fälle, in denen die Leistung über die Erbringung eines Content nicht direkt, sondern **über den Access-Provider abgerechnet** wird. Hier muss der Content-Provider die erforderlichen **Abrechnungsdaten** an den Access-Provider weitergeben. Verlangt der Nutzer keinen Einzelnachweis, so ist nur die Übermittlung des zu zahlenden Gesamtentgeltes erforderlich, nicht nötig sind die dem zugrunde liegenden Einzelangaben.[14] Auch bei einer sonstigen vertraglichen Übertragung der Aufgabe der Entgeltabrechnung dürfen die erforderlichen Daten auf diesen Zweck beschränkt weitergegeben werden. In Frage kommen sowohl eine Abtretung mit Abrechnung und Inkasso im eigenen Namen wie auch eine Abrechnung im fremden Namen. Da in Satz 1 und 2 von Übermittlung und nicht von Datenweitergabe die Rede ist, werden davon Abrechnungen im Rahmen eines Auftragsverhältnisses (Art. 28 DSGVO) nicht abgedeckt; diese sind bei Wahrung der spezifischen Regelungen zur Auftragsverarbeitung zulässig.

26 Nach **Wirksamwerden der DSGVO** behält die Regelung hinsichtlich der Abrechnung Geltung, bis die ePrivacy-Verordnung in Kraft getreten ist. Die Weitergabe von Daten im Fall von Rechtsverletzungen bleibt im Hinblick auf schwere Persönlichkeitsverletzungen gemäß den Vorgaben des Netzdurchsetzungsgesetzes zulässig (siehe § 14 Rn. 3).

27 Eine Übermittlung anonymisierter Daten darf auch zum Zweck der **Marktforschung** erfolgen (zum Begriff Marktforschung siehe Rn. 19; zum Begriff der Anonymisierung siehe Art. 4 Rn. 74–77). Die Regelung hat keinen eigenständigen Regelungsgehalt, da wirksam anonymisierte Daten nicht mehr dem Datenschutzrecht unterliegen. Mit ihr soll zum

13 A.A. wohl Taeger/Gabel-*Zscherpe*, § 15 Rn. 74.

14 Taeger/Gabel-*Zscherpe*, § 15 Rn. 79.

Ausdruck gebracht werden, dass auch pseudonymisierte Datensätze für Marktforschungszwecke nicht übermittelt werden dürfen. In der Regelung ist kein Bekenntnis des Gesetzgebers zur Relativität des Personenbezugs zu sehen, das es nötig machen würde, die Anonymität auch nach Zusammenführung unterschiedlicher Datenbestände für Marktforschungszwecke sicherzustellen.[15]

Nutzungsdaten dürfen an **Sicherheitsbehörden** gemäß Satz 4 unter den gleichen Voraussetzungen wie in § 14 Abs. 2 übermittelt werden. Nach Wirksamwerden der DSGVO bleibt das TMG anwendbar, soweit Nutzungsdaten von Telemedien, die unter die TK-DSRl fallen, betroffen sind. Für die sonstigen Nutzungsdaten gilt für die Übermittlung an Sicherheitsbehörden Art. 6 DSGVO. In der ePrivacy-Verordnung sind Übermittlungsbefugnisse im öffentlichen Interesse vorgesehen (Art. 11 Abs. 1 ePVO-E). 28

VI. Datenweitergabe zur Entgeltdurchsetzung (Abs. 8)

Absatz 8 erlaubt dem Diensteanbieter, Nutzungsdaten zu verarbeiten, soweit dies für die **Rechtsverfolgung** im Zusammenhang mit der Abrechnung erforderlich ist. Zweck der Regelung ist es, den Anbietern die Voraussetzungen zu schaffen, die Entgelte gegenüber den Nutzern durchzusetzen und um Missbrauch festzustellen, zu verfolgen und zu sanktionieren. 29

Für den Zweck der Missbrauchsbekämpfung nötig sind »zu dokumentierende, tatsächliche Anhaltspunkte« für eine Missbrauchsabsicht. Es bedarf eines konkreten, auf Tatsachen **begründeten Verdachts**, bloße Vermutungen oder nicht substantiierte Verdächtigungen genügen nicht. Dieser Verdacht muss auf ein Verhalten oder Unterlassen des Nutzers zurückzuführen sein. Wird zugleich mit dem Teledienst eine Telekommunikationsdienstleistung angeboten, so kann sich ein Verdacht aus § 100 Abs. 3 TKG ergeben. 30

Der Verdacht muss zum Zeitpunkt der Speicherung bestehen. Eine **präventive Speicherung** von Nutzungsdaten ist unzulässig; dies gilt auch für eine vorbeugende stichprobenhafte Speicherung und Kontrolle.[16] 31

Gemäß Satz 3 ist der Nutzer nachträglich über die Verarbeitung zu **informieren**. Damit soll dem Nutzer die Möglichkeit gegeben werden, seine Sicht des Vorgangs vorzutragen. Mit der Information kann so lange gewartet werden, bis die den Verdacht begründenden Sachverhalte dokumentiert und abgesichert wurden. 32

Bestätigt sich bei der Überprüfung der Verdacht nicht, so sind die Nutzungsdaten zu löschen; im anderen Fall muss die **Löschung** nach endgültigem Abschluss der Rechtsverfolgung erfolgen (Satz 2). Es bedarf für die Rechtsverfolgung keines gerichtlichen Verfahrens; auch eine außergerichtliche Klärung legitimiert das Aufschieben der Löschung. Erfolgt keine rechtzeitige Löschung, so liegt hierin eine Ordnungswidrigkeit i. S. v. § 16 Abs. 1 Nr. 5. 33

15 So aber Taeger/Gabel-*Zscherpe*, § 15 DSG Rn. 85.
16 Kritisch hierzu Taeger/Gabel-*Zscherpe*, § 15 TMG Rn. 96.

§ 15a Informationspflicht bei unrechtmäßiger Kenntniserlangung von Daten

Stellt der Diensteanbieter fest, dass bei ihm gespeicherte Bestands- oder Nutzungsdaten unrechtmäßig übermittelt worden oder auf sonstige Weise Dritten unrechtmäßig zur Kenntnis gelangt sind, und drohen schwerwiegende Beeinträchtigungen für die Rechte oder schutzwürdigen Interessen des betroffenen Nutzers, gilt § 42a des Bundesdatenschutzgesetzes entsprechend.

Inhaltsübersicht Rn.

I. Allgemeines

1 Die Regelung begründet eine spezifische Informationspflicht (vgl. §§ 13 Abs. 1, 3, 5, 6, 15 Abs. 3). Sie verpflichtet im Fall der unrechtmäßigen Kenntniserlangung von Bestands- oder Nutzungsdaten durch Dritte zur Benachrichtigung der Aufsichtsbehörde bzw. des oder der Betroffenen bei einer drohenden schwerwiegenden Beeinträchtigung der Betroffeneninteressen (sog. **Breach Notification**). Die Regelung verweist in Bezug auf den Anwendungsbereich des TMG bzgl. der Rechtsfolgen auf § 42a BDSG-alt. Sie findet eine erste europäische Rechtsgrundlage in der Richtlinie 2009/136/EG, die eine Ergänzung des Art. 4 der Rechtlinie 2002/58/EG (TK-DSRl) vornahm, wobei aber die Regelung diese europäischen Vorgaben nicht vollständig abdeckt.[1] Eine Parallelregelung hierzu besteht in § 93 Abs. 3 TKG.

2 Die **DSGVO-Regelungen** mit der gleichen Intention sind die Art. 33, 34. Soweit es sich bei den Data Breaches nach Wirksamwerden der DSGVO um Bestands- und Nutzungsdaten aus Kommunikationsdienten handelt, kommt weiterhin eine Anwendung des § 15a TMG in Betracht.[2] Ansonsten gelten die Art. 33, 34 DSGVO, die auch nach Inkrafttreten der ePrivacy-Verordnung anzuwenden sein werden (Art. 1 Abs. 1 ePVO-E).

II. Voraussetzungen der Unterrichtung

3 Die Regelung setzt die Gefahr einer **schwerwiegenden Beeinträchtigung** für die Rechte oder schutzwürdigen Interessen des betroffenen Nutzers voraus. Es muss also die Gefahr bestehen, dass die Stelle, welche die Daten unzulässigerweise erlangt hat, die Daten in einer Weise verwendet, die für die Betroffenen schädlich wirkt, also dass die unrechtmäßige Kenntniserlangung für diese erhebliche Auswirkungen hat. Der drohende Schaden muss über das reine Offenbaren der Daten an einen Empfänger hinausgehen, etwa, dass die Daten vom Empfänger weitergegeben, veröffentlicht oder in schädigender Form genutzt werden. Die unzulässige Kenntnisnahme in einer Stelle ist regelmäßig keine schwere Beeinträchtigung.[3] Sind entwendete Daten wirksam verschlüsselt, so droht i. d. R. keine

1 Taeger/Gabel-*Zscherpe*, § 15a TMG Rn. 1.
2 Auernhammer-Schreibauer, 2017, Art. 33 Rn. 27.
3 Eckhardt/Schmitz, DuD 2010, 391.

schwerwiegende Beeinträchtigung.[4] Die Gefährdung von Vermögensinteressen genügt.[5] Je schwerwiegender die zu befürchtende Beeinträchtigung für die Betroffenen ist, desto geringere Anforderungen sind an die Eintrittswahrscheinlichkeit zu stellen. Wird erst später eine Kenntniserlangung bekannt, wird zu diesem Zeitpunkt die Informationspflicht ausgelöst. Entsprechendes gilt, wenn später Umstände bekannt werden, die eine schwere Beeinträchtigung befürchten lassen.[6] Im Zweifelsfalle sollte die verantwortliche Stelle immer die Aufsichtsbehörde konsultieren, bevor sie die Benachrichtigung unterlässt.

Zwar nimmt die Regelung Bezug auf den betroffenen Nutzer. Dies schließt aber nicht aus, 4
dass sich die Schwere der Beeinträchtigung aus der Gesamtschau aller Betroffenen ergibt. Bei einer **großen Anzahl der betroffenen Nutzer** besteht das gesteigerte Risiko, dass diese Daten in ihrer Gesamtheit schädigend genutzt werden.[7]

Bzgl. der **Rechtsfolgen** wird umfassend auf § 42a BDSG-alt verwiesen. Anders als § 42a 5
BDSG-alt ist ein Verstoß gegen die Informationspflicht gem. § 15a nicht bußgeldbewehrt.[8]

Abschnitt 5 Bußgeldvorschriften

§ 16 Bußgeldvorschriften

(1) Ordnungswidrig handelt, wer absichtlich entgegen § 6 Abs. 2 Satz 1 den Absender oder den kommerziellen Charakter der Nachricht verschleiert oder verheimlicht.

(2) Ordnungswidrig handelt, wer vorsätzlich oder fahrlässig

1. **entgegen § 5 Abs. 1 eine Information nicht, nicht richtig oder nicht vollständig verfügbar hält,**
2. **entgegen § 13 Abs. 1 Satz 1 oder 2 den Nutzer nicht, nicht richtig, nicht vollständig oder nicht rechtzeitig unterrichtet,**
3. **einer Vorschrift des § 13 Abs. 4 Satz 1 Nr. 1 bis 4 oder 5 oder Absatz 7 Satz 1 Nummer 1 oder Nummer 2 Buchstabe a über eine dort genannte Pflicht zur Sicherstellung zuwiderhandelt,**
4. **entgegen § 14 Abs. 1 oder § 15 Abs. 1 Satz 1 oder Abs. 8 Satz 1 oder 2 personenbezogene Daten erhebt oder verwendet oder nicht oder nicht rechtzeitig löscht oder**
5. **entgegen § 15 Abs. 3 Satz 3 ein Nutzungsprofil mit Daten über den Träger des Pseudonyms zusammenführt.**

(3) Die Ordnungswidrigkeit kann mit einer Geldbuße bis zu fünfzigtausend Euro geahndet werden.

---

4 BayLDA, TB 2013/14, Kap. 21 (S. 153).

5 Simitis-*Dix*, § 42a Rn. 9; a. A. Holländer, RDV 2009, 220.

6 Taeger/Gabel-*Gabel*, § 42a Rn. 20; Marschall, RDV 2015, 17.

7 A.A. Taeger/Gabel-*Moos*, § 15a TMG Rn. 7.

8 Taeger/Gabel-*Moos*, § 15a TMG Rn. 9 sieht darin ein gesetzgeberisches Redaktionsversehen, das aber wegen des sanktionsrechtlichen Analogieverbots eine Ahndung ausschließt.

Inhaltsübersicht Rn.

I. Allgemeines

1 Die Bußgeldregelung des § 16 geht auf Art. 15 Abs. 2 TK-DSRl und Art. 24 EG-DSRl zurück, wonach die Mitgliedstaaten geeignete Maßnahmen vorsehen, um die volle Anwendung der Bestimmungen dieser Richtlinien sicherzustellen. Von § 16 unberührt bleiben die Vorschriften des Gesetzes gegen unlauteren Wettbewerb (UWG), die es Wettbewerbern ermöglichen, Verstöße gegen die Datenschutzvorschriften des TMG zu ahnden.[1] Die Bußgeldregelung hat nach Wirksamwerden der DSGVO soweit Relevanz, wie die Regelungen, gegen die verstoßen wird, noch Bestand haben.

II. Datenschutzverstöße

2 Abs. 2 Nr. 2 belegt einen Verstoß gegen die **Unterrichtungsverpflichtung** nach § 13 Abs. 1 Satz 1 und 2 mit einem Bußgeld. Danach ist der Diensteanbieter verpflichtet, den Nutzer zu Beginn des Nutzungsvorgangs über Art., Umfang und Zwecke sowie über die Verarbeitung außerhalb des Europäischen Wirtschaftsraums zu unterrichten.

3 Gemäß Abs. 2 Nr. 3 begeht eine Ordnungswidrigkeit, wer gegen die in § 13 Abs. 4 Satz 1 Nr. 1–5 normierte **Datensicherungspflichten** verstößt.

4 Nach Abs. 2 Nr. 4 handelt ordnungswidrig, wer Bestands- oder Nutzungsdaten unter Verletzung der §§ 14 Abs. 1, 15 Abs. 1 Satz 1, Abs. 8 Satz 1, 2 verarbeitet. Nach Nr. 5 wird eine Verletzung des Verbots, ein pseudonymes Nutzungsprofil mit Daten über den Träger des Pseudonyms zusammenzuführen (§ 15 Abs. 3 Satz 3) mit einem Bußgeld bedroht.

5 Abweichend von § 10 OWiG können nach den Absätzen 1 und 2 auch **fahrlässige Verstöße** gegen die Verbotsvorschriften mit einem Bußgeld belegt werden. Vorsatz ist die Kenntnis des Täters vom Vorliegen der objektiven Tatumstände und der Wille, diese zu verwirklichen. Fahrlässigkeit ist die unbewusste oder ungewollte, aber pflichtwidrige Tatbestandsverwirklichung.

6 Mit dem über der ursprünglich in § 44 Abs. 2 BDSG 1990 vorgesehenen **Bußgeldrahmen** hinausgehenden Sanktionierungsmöglichkeit sollte der erhöhten Gefährdung von personenbezogenen Verbraucherdaten in offenen Netzen wie auch der teilweise sehr hohen Wirtschaftskraft der Diensteanbieter Rechnung getragen werden. Nach Erhöhung des Bußgeldrahmens im BDSG-alt erfolgte aber keine Anpassung des Rahmens in § 16.[2]

7 Einsprüche gegen einen Bußgeldbescheid nach § 16 sind gem. § 68 OWiG an das zuständige Amtsgericht zu richten. Der **Rechtsweg** ist der der ordentlichen Gerichtsbarkeit.

1 Taeger/Gabel-*Moos*, § 16 TMG Rn. 6.
2 Taeger/Gabel-*Moos*, § 16 TMG Rn. 15f.

Gesetz über Unterlassungsklagen bei Verbraucherrechts- und anderen Verstößen – Unterlassungsklagengesetz (UKlaG)

in der Fassung der Bekanntmachung vom 27. August 2002 (BGBl. I S. 3422, 4346), das zuletzt durch Artikel 4 des Gesetzes vom 17. Juli 2017 (BGBl. I S. 2446) geändert worden ist.

Einleitung

Inhaltsübersicht Rn.

I. Allgemeines

Datenschutz wurde zu Beginn des 21. Jahrhunderts zu einem wichtigen Wirtschaftsfaktor. 1
Der Umstand, dass es sich bei personenbezogenen Daten um eine Ware handelt, drang zunehmend ins gesellschaftliche Bewusstsein.[1] Während in den Frühzeiten der informationstechnischen Automation der Betroffene bei Auskunftsdiensten und Direktmarketing reines Objekt war, gewinnt er über die eigene Nutzung von Informationstechnik, vor allem im Internet, Subjektcharakter und wird sich der ökonomischen Bedeutung seiner Daten bewusst. Datenschutz wird zu einem Akzeptanzfaktor für elektronische Angebote.[2] Daraus ergibt sich, dass Datenschutz zu einem Teil des modernen Verbraucherschutzes wurde.[3] Dem wird dadurch rechtlich Rechnung getragen, dass die **Marktrelevanz von Personendaten** anerkannt wird und Verbraucherschutzverbände Betroffenenrechte wahrnehmen.[4]

Das Recht in Deutschland, das Datenschutzrecht allgemein und insbesondere das BDSG 2
gaben zu dieser Herausforderung lange Zeit keine neuen Antworten. Datenschutz war zunächst vorrangig ordnungsrechtlich reguliert. **Markt- oder gar verbraucherrechtliche Instrumente** waren nicht vorgesehen. Im BDSG 2001 fanden mit erhöhten Transparenzanforderungen, einer leichten Verbesserung des Schadensersatzrechts, der grundsätzlichen Einführung des Audits sowie der Stärkung des Einwilligungserfordernisses erste sol-

1 Weichert, NJW 2001, 1463; zur Vermarktung durch die Betroffenen Novotny/Spiekermann, DuD 2015, 460; Halm, DANA 2017, 10.

2 Opaschowski, DuD 2001, 678.

3 Auernhammer-*v. Lewinski*, Einf. Rn. 64–66.

4 Bäumler/von Mutius, Datenschutz als Wettbewerbsvorteil; Hess/Schreiner, DuD 2012, 105.

che Ansätze Eingang in das Gesetz. Die BDSG-Novellen 2009 stellten einen weiteren Fortschritt in dieser Richtung dar.

3 Die Enthüllungen von Edward Snowden seit Mitte 2013 haben dazu geführt, dass Datenschutzvorkehrungen im Marktgeschehen eine erhöhte Bedeutung beigemessen wird. Dies äußert sich darin, dass Anti-Spionage-Klauseln in Datenverarbeitungsverträge aufgenommen werden, Verletzungen mit Vertragsstrafen oder Haftungspflichten sanktioniert werden, oder dass bei der Vergabe von Verträgen sog. **No-Spy-Klauseln** angewendet werden.[5]

1. Kartellrecht

3a Lange Zeit wurde das **Kartell- und Wettbewerbsrecht** als eine vom Datenschutzrecht getrennt zu behandelnde Materie angesehen.[6] Inzwischen ist auch gesetzlich anerkannt, dass in einer Zusammenführung personenbezogener Daten über Verbraucher ein Wettbewerbsverstoß liegen kann.[7] Anlässlich der im Juni 2017 in Kraft getretenen Novelle des Gesetzes gegen Wettbewerbsbeschränkungen (GWB) ist in den §§ 18 Abs. 3a, 32e Abs. 5, 35 Abs. 1a GWB die Verbraucherschutzfunktion des GWB klargestellt, sowie dass für ein Unternehmen »die parallele Nutzung mehrerer Dienste und der Wechselaufwand für die Nutzer, seine Größenvorteile im Zusammenhang mit Netzwerkeffekten und sein Zugang zu wettbewerbsrelevanten Daten« zu einer unzulässigen marktbeherrschenden Stellung führen kann. Der Einsatz von Algorithmen kann von kartellrechtlicher Relevanz sein.[8]

3b Schon lange ist klar, dass Vereinbarungen zwischen Unternehmen, Beschlüsse von Unternehmensvereinigungen und aufeinander abgestimmte Verhaltensweisen, die eine Verhinderung, Einschränkung oder Verfälschung des Wettbewerbs bezwecken oder bewirken, verboten sind (§ 1 GWB, Art. 101 AEUV). Eine solche Vereinbarung kann sich auch auf den Informationsaustausch über Kunden beziehen. Für die Frage, ob mit der Vereinbarung eine Wettbewerbsbeschränkung erfolgt, kommt es auf den Zweck des Informationssystems an sowie auf den potenziellen Schaden für den Wettbewerb. Zentrale Aspekte sind dabei die strategische Bedeutung, die Detailgenauigkeit, die Marktabdeckung und der Informationszugang.[9] Es liegt kein **Marktmissbrauch** und keine unzulässige Absprache im

---

5 Für das öffentliche Vergaberecht ULD, 35. TB 2015, Kap. 4.1.2; kritisch Gabriel/Fritzemeyer/Bärenbrinker, NVwZ 2015, 13.

6 Pomana/Schneider, BB 2018. 965; Spindler, DB 2018, 42f.; kritisch schon Weichert, DuD 2007, 724; DKWW-*Weichert*, Einl. Rn. 95; Rempe, K&R 2017, 149; Paal/Hennemann, NJW 2017, 1699; DSB-Konferenz, RDV 2014, 349; Kamann/Miller, NZKart 2016, 405; Körber, NZKart 2016, 303, 348; Wiedmann/Jäger, K&R 2016, 217; Buchner, DuD 2008, 724; Weichert, DuD 2008, 724; Monopolkommission, Wettbewerbspolitik: Herausforderung digitaler Märkte, Sondergutachten gem. § 44 Abs. 1 S. 1 GWB, 2015, insbes. K10-K15, Tz. 64-Tz.110.; zu den Parallelen der DSGVO zum Kartellrecht Steinrötter, EWS 2018, 61.

7 Dohrn/Huck, DB 2018, 173; kritisch Louven, CR 2019, 352; zur kartellrechtlichen Situation in Bezug auf die einheitliche Verwendung einer Einwilligungsklausel im Versicherungsbereich Hoeren, VersR 2005, 1021; Schwintowski, VuR 2004, 248f.

8 Dohrn/Huck, DB 2018, 173 mit Beispielen; Podszun, K&R 217, Beil. 1, 39; Paal/Hennemann, NJW 2017, 1698; Gronemeyer/Slobondenjuk, DB 2017, 1010.

9 Langen/Bunte-*Krauß*, § 1 GWB Rn. 245 m. w. N.

Sinne des GWB oder des Art. 101 AEUV vor, wenn ein System darauf abzielt, Betrug und Missbrauch zu verhindern, der Zugang zu dem System gleich und nicht diskriminierend ist und das Verfahren für alle Marktteilnehmer transparent gestaltet ist.[10]

2. Unlauterer Wettbewerb

Es war lange herrschende Meinung im Schrifttum und in der Rechtsprechung, dass das BDSG keine **Marktverhaltensvorschriften** i. S. v. § 3a UWG enthielt. Die Schutzziele des Persönlichkeitsschutzes und des Markt- und Verbraucherrechts wurden als verschieden angesehen. Lediglich die Anwendung des Einwilligungserfordernisses bei elektronischer Werbung (incl. Telefon und Fax) nach § 7 UWG wurde bei datenschutzrechtlichen Prüfungen regelmäßig einbezogen.[11] Erfolgreiche Klagen von Konkurrenten blieben selten.[12] Mit der Wirksamkeit der DSGVO kam verstärkt die Frage auf, inwieweit Verstöße gegen deren Regelungen zwischen Wettbewerbern abmahnfähig sind. Es dauerte auch nicht lange, dass hierzu positive[13] wie auch negative[14] Gerichtsentscheidungen ergingen.[15] Es wurden Forderungen laut, dem Abmahnwesen wegen Datenschutzverstößen Einhalt zu gebieten.[16] Gesetzesinitiativen wurden auf den Weg gebracht, mit denen eine angeblich drohende Abmahnwelle verhindert werden sollte oder datenschutzrechtliche **Abmahnungen** rechtlich begrenzt werden.[17] 3c

Die ablehnende Ansicht geht davon aus, dass das **Sanktionensystem der DSGVO abgeschlossen** sei und daneben keine weiteren Sanktionen im Fall von Datenschutzverstößen vorgesehen werden könnten. Der DSGVO komme keine wettbewebsschützende Zielrichtung zu.[18] 3d

Zwar sind in den Art. 77–80 DSGVO Rechtsbehelfe geregelt. Es geht aber nirgends aus der DSGVO hervor, dass damit sonstige Rechtsbehelfe ausgeschlossen sein sollen.[19] Es ist eine Selbstverständlichkeit, dass Verstöße gegen den Datenschutz sowohl verwaltungsrechtlich, strafrechtlich wie auch zivilrechtlich geahndet werden können. Angesichts der Relevanz des Datenschutzes in einer modernen Informationsgesellschaft und des weiterhin 3e

---

10 EuGH 23. 11. 2006 – C-238/05 (ASNEF-Equifax) Rn. 61, DuD 2007, 140 = EuZW 2006, 753 = WM 2007, 157.

11 DSK, Verarbeitung personenbezogener Daten für Werbung, Kurzpapier Nr. 3, 17. 12. 2018, 2.

12 Siehe aber z. B. LG Frankfurt 18. 2. 2014 – 3–10 O 86/12, DANA 2/2014, 87 f.

13 OLG Hamburg 25. 10. 2018 – 3 U 66/17, CR 2019, 33 = K&R 2019, 52 = WRP 2018, 1510; LG Würzburg 13. 9. 2018 – 11 O 1741/18 UWG, DANA 2018, 223.

14 LG Bochum 7. 8. 2018 – I-12 O 85/18, DANA 2018, 224;LG Stuttgart 20. 5. 2019 – 35 O 68/18 KfH, WRP 2019, 1089; LG Magdeburg 18. 1. 2019 – 36 O 48/18, CR 2019, 434; LG Wiesbaden, 5. 11. 2018 – 5 O 214/18; Barth, WRP 2018, 790–792; Köhler, WRP 2018, 1270.

15 Moos, K&R 2019, 242; Nägele/Apel/Stolz/Bosman, K&R 2019,364 f.; zum Streitstand vor Geltung der DSGVO Laoutoumai/Hoppe, K&R 2018, 533.

16 Möller, ZRP 2018, 200; Schwartmann/Jaquemain, ZRP 2018, 126; Laoutoumai/Hoppe, K&R 2018, 536.

17 Dazu Baumgartner/Sitte, ZD 2018, 559 f.

18 LG Stuttgart, WRP 2019, 1089.

19 OLG Hamburg 25. 10. 2018 – 3 U 66/17, CR 2019, 34; Wolff, ZD 2018, 252; Laoutoumai/Hoppe, K&R 2018, 533.

massiv bestehenden Umsetzungsdefizits besteht die Notwendigkeit eines **mehrgleisigen Sanktionensystems.** Die DSGVO schließt die Anwendung des UWG nicht aus.[20]

3f Voraussetzung für einen Anspruch eines Wettbewerbers auf Unterlassung eines Datenschutzverstoßes ist, dass es sich hierbei um ein **wettbewerbsrelevantes Verhalten** handelt. Dies ist der Fall, wenn die anzuwendende Norm geeignet und bestimmt ist, das Verhalten der Marktteilnehmer im Interesse der Verbraucher, Wettbewerber oder sonstigen Marktteilnehmer zu reglementieren.[21]

3g Unterlassungsansprüche stehen gemäß § 8 Abs. 3 UWG **Mitbewerbern** im Wettbewerb, diese vertretenden Verbänden, Industrie- und Handelskammern sowie Handwerkskammern und qualifizierten Verbraucherverbänden zu. Die Geltendmachung darf nicht missbräuchlich sein, also z. B. nicht nur erfolgen, um Ansprüche auf den Ersatz der Aufwendungen gegenüber dem Abgemahnten zu erlangen.[22]

3. Verbraucherschutz

4 Außerhalb des originären Datenschutzrechts besteht schon seit längerer Zeit die Möglichkeit, Datenschutzinteressen von Verbrauchern zur Geltung zu bringen.[23] Ungerechtfertigte Bereicherungen durch unzulässige Datenverarbeitung können nicht nur als Schadensersatz, sondern als **Bereicherungsanspruch** gem. § 812 BGB (Eingriffskondiktion) zivilrechtlich geltend gemacht werden.[24] Enthalten **Allgemeine Geschäftsbedingungen** unzulässige Datenverarbeitungsklauseln, so können diese seit Etablierung eines gesetzlichen Verbraucherschutzes über Klagen der Verbraucherverbände nach dem UKlaG[25] einer gerichtlichen Überprüfung zugeführt werden.[26] Datenschutzrecht ist als Verbraucherschutzrecht anzusehen, wenn es die Rechte von Konsumenten schützt.[27] Wegen der insofern unklaren Rechtslage war es aber nötig, das Datenschutzrecht als verbraucherschützendes Recht gesetzlich anzuerkennen.[28] Dies erfolgte mit dem »Gesetz zur Verbesserung der zivilrechtlichen Durchsetzung von verbraucherschützenden Vorschriften des Datenschutzrechts«.[29]

---

20 Laoutoumai/Hoppe, K&R 2018, 535, Wolff, ZD 2018, 251; a. A. Köhler/Bornkamm/Feddersen-*Köhler*, § 3a Rn. 1.40a, 1.74a.; Köhler, WRP 2018, 1269; Barth, WRP 2018, 790.

21 Laoutoumai/Hoppe, K&R 2018, 534; Baumgartner/Sitte, ZD 2018, 557 f.

22 Schwartmann/Jaquemain, ZRP 2018, 126.

23 Bäumler/von Mutius-*Müller* u. -*Weichert*, S. 20, 27; Weichert, DuD 2001, 264.

24 Weichert, NJW 2001, 466.

25 BGBl. I 2001, 3173; dazu Schmidt, NJW 2002, 25.

26 ULD, Erhöhung des Datenschutzniveaus zugunsten der Verbraucher, Studie im Auftrag des BMELV, April 2006, 182 ff.

27 LG Berlin, DuD 2015, 259; KG Berlin, ZD 2014, 412; OLG Köln, NJW 2014, 1020; OLG Hamburg, RDV 2013, 260; OLG Köln, RDV 2010, 35; OLG Stuttgart, MMR 2007, 437; Weichert, VuR 2006, 377; ders., DuD 2001, 131; Taeger/Gabel-*Schmidt*, § 1 Rn. 12 f.; Huppertz/Ohrmann, CR 2011, 449; § 1 Rn. 16; a. A. OLG München, CR 2012, 269 = DuD 2012, 609 = RDV 2012, 149; OLG Frankfurt a. M., GRUR 2005, 785; Kamlah/Hoke, RDV 2008, 226.

28 Weichert in Klumpp/Kubicek/Roßnagel/Schulz, S. 325 f.

29 BReg, Entwurf v. 13. 2. 2015, BR-Drs. 55/15, BT-Drs. 18/4631; Gola/Wronka, RDV 2015, 8; Gerhard, CR 2015, 338; Reif, RDV 2014, 206; kritisch Schulz, ZD 2014, 510.

4. Datenschutzverbandsklage im Verbraucherschutzrecht

Am 23.2.2016 trat das am 17.12.2015 vom Bundestag verabschiedete Gesetz zur Verbesserung der zivilrechtlichen **Durchsetzung von verbraucherschützenden Vorschriften des Datenschutzrechts** in Kraft.[30] Das Gesetz gibt u.a. Verbraucherschutzorganisationen erstmals explizit das Recht, gegen Datenschutzverstöße zu klagen. Die Regelungen, die nach dem Wirksamwerden der DSGVO Bestand haben, sollen es ermöglichen, dass diese Organisationen gezielt bei notorischen Verstößen im digitalen Konsumbereich den Datenschutz durchsetzen können.[31] 5

Anerkannten Verbraucher- und Wirtschaftsverbänden stand außerdem schon bisher nach § 1 UKlaG die Möglichkeit offen, Verbandsklagen gegen **Allgemeine Geschäftsbedingungen** (AGB) zu erheben, wenn deren Gegenstand personenbezogene Datenverarbeitung ist. Hiervon machten Verbraucherverbände schon früh rege und oft erfolgreich Gebrauch. Dieses Vorgehen wird dadurch erleichtert, dass die AGB zumeist auf den Webseiten der Unternehmen zu finden sind und eine vom Einzelfall losgelöste abstrakte Prüfung möglich ist. Die näheren Umstände der konkreten Datenverarbeitung müssen zumeist nicht festgestellt und analysiert werden.[32] 6

Verbraucherverbände können **vorgerichtlich** durch öffentliche Aufrufe oder sonstige Öffentlichkeitsarbeit widerrechtliches Verhalten von Unternehmen thematisieren und angreifen.[33] 7

Verbraucherverbände sind zudem bei **Verstößen gegen das UWG** gem. § 8 Abs. 3 Nr. 3 UWG anspruchsberechtigte Stellen. Durch Verbraucherverbände beklagt werden können z.B. gemäß § 7 Abs. 2 UWG sog. Cold Calls, bei denen Verbraucherdaten von Werbetreibenden oder Betrügern ohne vorherige Einwilligung für werbliche Zwecke genutzt werden.[34] 8

Umstritten war lange Zeit, ob generell und wenn ja welche **Datenschutzregelungen als Verbraucherschutzgesetze** i.S.v. § 4 Nr. 11 UWG a.F. anzusehen sind, deren Verstoß unlauter ist. Zwar nahm die Zahl der Gerichte, die zugunsten des Verbraucherdatenschutzes entschieden, zu, doch weigerte sich insbesondere der Bundesgerichtshof bis zuletzt zu akzeptieren, dass Datenschutzrecht sehr weitgehend Markt- und Verbraucherrelevanz hat.[35] 9

Auch **Konkurrenten im Wettbewerb** hatten auf der Basis von § 8, 3, 3a, 4 UWG keine weitergehenden Klagemöglichkeiten. 10

Die Wirkung des bisherigen Regelungsrahmens und der unzureichenden Ausstattung der Datenschutzaufsicht war, dass im Bereich des Datenschutzrechtes allgemein wie auch ins- 11

30 BGBl. I 2016 v. 23.2.2016, S. 233; Datenschutzverbandsklage beschlossen, DANA 1/2016, 22.
31 Zur rechtspolitischen Diskussion Weichert, DANA 2017, 9.
32 Elbrecht/Schröder, K&R 2015, 363; Heidemann-Peuser, DuD 2002, 389 mit vielen Beispielen.
33 Ast/Klocke, VuR 2016, 410ff.
34 Gola, RDV 2016, 17 m.w.N.; Elbrecht/Schröder, K&R 2015, 363f.; Ritter/Schwichtenberg, VuR 2016, 97.
35 Grundlegend schon Weichert, VuR 2006, 377–383; DKWW-*Weichert*, Einl. Rn. 100; Gola, RDV 2016, 20 Fn. 28; Spindler, ZD 2016, 115 Fn. 7–9; Ritter/Schwichtenberg, VuR 2016, 97 Fn. 21ff.; Elbrecht/Schröder, K&R 2015, 363; Plath-*Hullen/Roggenkamp*, Einl. TMG Rn. 7.

besondere im Bereich des Verbraucherdatenschutzes ein großes **Vollzugsdefizit** bestand, das den Gesetzgeber zum Tätigwerden veranlasste.[36]

12 Die Verbandsklage ist beschränkt auf die kommerzielle Datennutzung durch **Unternehmen** (§ 14 BGB). Nicht erfasst werden also Privatpersonen, die gelegentlich Waren oder Dienstleistungen anbieten. Nicht erfasst sein sollen auch Non-Profit-Organisationen und öffentliche Körperschaften.[37] Dies kann aber nur zutreffen, soweit diese nicht kommerziell tätig werden. Kommerziell tätig sind nicht nur Unternehmen, deren Datenverarbeitung Bestandteil eines Geschäftsmodells sind, sondern auch solche, bei denen gelegentlich und zwangsläufig Kundendaten erfasst und verarbeitet werden, erfasst wird also z. B. auch die Datenverarbeitung von Ärzten oder Rechtsanwälten.[38]

13 Die per Klage zu rügende Handlung muss **Kollektivinteressen von Verbrauchern** berühren. Dies schließt nicht aus, dass es sich hierbei zunächst nur um Einzelfälle handelt, wenn diese Hinweise auf ein systematisches Vorgehen geben und wenn dem Verbraucherverband eine generelle Klärung nötig erscheint.[39] Unzulässig ist es, ausschließlich in Einzelfällen den Ersatz von Aufwendungen und Kosten anzustreben (§ 8 Abs. 4 UWG).

13a Neben der Verbandsklage ist die **Sammelklage** eine Möglichkeit, um Verbraucherinteressen gegen ökonomisch mächtige Datenverarbeiter durchzusetzen. Die Grundidee der Sammelklage besteht darin, dass ein Kläger für viele Verbraucher als Gläubiger Ansprüche geltend macht. Denkbar ist dies in der Form, dass sich der Kläger (Zessionar) verbraucherrechtliche Ansprüche von vielen Betroffenen (Zedenten) abtreten lässt und diese in einer gemeinsamen Klage geltend macht. Eine Forderungsabtretung führt aber nicht dazu, dass dadurch für den Kläger eine gemeinsame verbraucherrechtliche Gerichtszuständigkeit begründet würde. Sammelklagen scheitern daher bisher daran, dass diese zumeist nicht bei einem Gericht eingereicht werden können.[40]

13b Eine gesetzliche Form einer Art Sammelklage wurde mit dem Musterfeststellungsklagegesetz eingeführt, über das verbraucherrechtliche Ansprüche auf Schadensersatz konzentriert und in einem **Musterfeststellungsverfahren** (§§ 606ff. ZPO) kollektiv geltend gemacht werden können.[41] Die Anwendung des neuen Rechtsrahmens im Bereich des Datenschutzes könnte dadurch problematisch sein, dass beim Datenschutz eine zentrale Schwierigkeit in der Schadensberechnung liegt, die individuell unterschiedlich sein kann.[42]

14 Eine hier nicht weiter kommentierte Neuregelung besteht im Zusammenhang mit dem vom Europäischen Gerichtshof für ungültig erklärten **Safe-Harbor-Rechtsrahmen.**[43] Nach § 17 UKlaG findet § 2 Abs. 1 Satz 1 Nr. 11 UKlaG keine Anwendung auf Zuwider-

---

36 BT-Drs. 18/4631, 11; Halfmeier, NJW 2016, 1126; Spindler, ZD 2016, 114f.; Weichert, DANA 2017, 5.

37 Dönch, BB 2016, 964, Spindler, ZD 2016, 116.

38 Spindler, ZD 2016, 117.

39 Enger wohl Gola, RDV 2016, 17.

40 EuGH 25. 1. 2018 – C-498/16, Schrems, Rn. 48, EuGRZ 2018, 167; dau ausführlich Stürner/Wendelstein, JZ 2018, 1083.

41 G. v. 12. 7. 2018, BGBl. I S. 1151; dazu Mekat/Nordholtz, Musterfeststellungsklage; Röthemeyer, Musterfeststellungklage; Waclawik, NJW 2018, 2921; Mekat/Nordholtz, NJW 2019, 411.

42 Timmermann, DÖV 2019, 256f.

43 EuGH 6. 10. 2015 – C-362/14, NJW 2015, 3151.

handlungen gegen § 4b BDSG-alt (unzulässige Auslandsdatenübermittlung), wenn diese bis zum 30.9.2016 begangen wurde. Damit wurde – unnötigerweise – Unternehmen ein verlängerter Vertrauensschutz in Safe Harbor gewährt.[44]

Gemäß § 15 UKlaG ist das Gesetz nicht auf den Bereich des **Arbeitsrechts** anwendbar. 15

II. Europarecht

Im Laufe der Gesetzgebung zur Änderung des UKlaG wurde teilweise vorgebracht, das Klagerecht für Verbraucherverbände verstieße gegen europäisches Recht. Art. 28 EG-DSRl sei bzgl. des **Vollzugs des Datenschutzrechts abschließend** und schlösse daher zusätzliche Durchsetzungsinstrumente aus.[45] Diese Meinung war falsch, da die Rechtsprechung zur verbindlichen Harmonisierung sich auf materiell-rechtliche abschließende Regelungen beschränkte und sich nicht auf Rechtsschutzmöglichkeiten bezog.[46] 16

Gemäß **Art. 80 Abs. 2 DSGVO** können nun Mitgliedstaaten vorsehen, dass »eine Einrichtung, Organisation oder Vereinigung ohne Gewinnerzielungsabsicht, die ordnungsgemäß nach dem Recht eines Mitgliedstaats gegründet ist, deren satzungsmäßige Ziele im öffentlichen Interesse liegen und die im Bereich des Schutzes der Rechte und Freiheiten von Betroffenen Personen in Bezug auf den Schutz ihrer personenbezogenen Daten tätig ist«, unabhängig von einem Auftrag der betroffenen Person in diesem Mitgliedstaat das Recht hat, bei der »zuständigen Aufsichtsbehörde eine Beschwerde einzulegen und die in Art. 78 und 79 aufgeführten Rechte in Anspruch zu nehmen, wenn ihres Erachtens die Rechte einer betroffenen Person gemäß dieser Verordnung infolge einer Verarbeitung verletzt worden sind«. Damit wird klargestellt, dass das deutsche Verbandsklagerecht bei Datenschutzverstößen in Einklang mit europäischem Recht steht.[47] 17

III. Verfahrensfragen

Die Klageberechtigung ergibt sich aus § 3 UKlaG. Die Gesetzesnovelle wurde zum Anlass genommen, eine Anpassung an die Verbandsklagebefugnis nach § 8 Abs. 3 UWG vorzunehmen. Nach dem UKlaG klagebefugt sind also auch Organisationen der Wirtschaft zur Bekämpfung unlauteren Wettbewerbs sowie **Industrie- und Handelskammern** und Handwerkskammern.[48] 18

---

44 Jaschinski/Piltz, WRP 2016, 426 Rn. 48.

45 Schulz, ZD 2014, 510; zweifelnd Gerhard, CR 2015, 338; DGRI zitiert bei Dönch, BB 2016, 966.

46 EuGH 29.7.2019 – C-40/17, Fashin ID, Rn. 48–63; Vorlage durch OLG Düsseldorf 19.1.2016 – I-20 U 40/16, K&R 2016, 196f., dazu Schulte, K&R 2016, 198; ebenso Spindler, ZD 2016, 119; Paal/Pauly-*Frenzel*, Art. 80 Rn. 1.

47 Vgl. auch ErwGr 142 DSGVO; Gola, RDV 2016, 21; Halfmeier, NJW 2016, 1129; Paal/Pauly-*Frenzel*, Art. 80 Rn. 10; offenlassend Diercks, CR 2019, 99; a.A. Köhler, WRP 2018, 1275f.; Gola-*Werkmeister*, Art. 80 Rn. 18, der meint, dass § 2 Abs. 2 Nr. 11 UKlaG hinter Art. 80 zurückbleibe und daher, auch als Teilumsetzung, gegen die DSGVO verstoße.

48 Dazu detaillierter Gola, RDV 2016, 18f.; a.A. wegen angeblich unionskonformer Auslegung Barth, WRP 2018, 793.

19 Schon bisher wurden bestimmte datenschutzrechtliche Vorschriften zugleich als verbraucherrelevant und als **Marktverhaltensregelungen i. S. v. § 3a UWG** angesehen.[49] Der Unterlassungsanspruch gemäß § 8 Abs. 1 UWG kann gemäß § 8 Abs. 3 UWG von Wirtschaftsverbänden, Industrie- und Handelskammern, Handwerkskammern und auch von Verbraucherschutzverbänden geltend gemacht werden. § 2 Abs. 2 Satz 1 Nr. 11 UKlaG ist ein Hinweis darauf, dass Datenschutzvorschriften auch Marktverhaltensvorschriften sind.[50] Hierauf kommt es aber in Zukunft nicht an, da das UKlaG eine eigenständige Klagebefugnis begründet.

20 Nicht eindeutig ist, wie weit die Rechtswirkung einer durch einen Verband erstrittenen Entscheidung geht. Gemäß § 11 UKlaG können sich Verbraucher auf ein auf § 1 UKlaG beruhendes Unterlassungsgebot in Bezug auf AGB in eigener Sache berufen. Ein Verweis auf § 2 Abs. 2 Nr. 11 UKlaG erfolgt in § 11 aber nicht, so dass für **Folgeklagen durch Betroffene** ein erhöhtes Prozessrisiko bestehen bleibt.[51]

IV. Praktische Umsetzung

21 Erhält eine Verbraucherschutzorganisation von einem Datenschutzverstoß Kenntnis, so weist sie das verantwortliche Unternehmen auf das unzulässige Handeln hin und fordert es auf, das beanstandete Verhalten nicht mehr zu praktizieren und diesbezügliche eine **Unterlassungserklärung** abzugeben. Deren Wirksamkeit setzt voraus, dass für den Fall der Zuwiderhandlung das Versprechen einer Strafzahlung in empfindlicher Höhe abgegeben wird. Wird die Abmahnung nicht akzeptiert, so kann der Anspruch im Regelfall im Wege der einstweiligen Verfügung kurzfristig durchgesetzt werden.[52] Der Abgemahnte hat die Kosten der erfolgreichen Abmahnung zu erstatten.[53]

22 Ein Unterlassungsanspruch kann **auch ohne eine vorangegangene Abmahnung** gerichtlich geltend gemacht werden. In diesem Fall besteht aber das Risiko, dass der Beklagte den Anspruch sofort anerkennt, so dass der Kläger gemäß § 93 ZPO die Prozesskosten tragen muss.

23 Die Verbandsklage soll der Behebung von Rechtsverstößen dienen, nicht der Gewinnerzielung abmahnberechtigter Stellen. Daher sollte insbesondere bei Verstößen kleinerer Unternehmen (z. B. Start-ups) ein **kostenloser Hinweis** mit einer Stellungnahmefrist einer Abmahnung vorausgehen.[54] Ein solches entgegenkommendes Vorgehen darf aber nicht dazu führen, dass Verbraucherverbände nun die Funktion einer unentgeltlichen beratenden Rechtsabteilung für kleinere Unternehmen übernehmen.[55]

---

49 Gola-*Werkmeister*, Art. 80 Rn. 14n. w. N.
50 Ausführlich Podszun/de Toma, NJW 2016, 2989 ff.; a. A. Dönch, BB 2016, 966.
51 Ritter/Schwichtenberg, VuR 2016, 98, 99.
52 Gola, RDV 2016, 19.
53 LG Darmstadt, RDV 2015, 100.
54 BT-Drs. 18/6916, 8.
55 Kritisch zur Gesetzgebungsintention Halfmeier, NJW 2016, 1128 f.; Spindler, ZD 2016, 118.

Abschnitt 1
Ansprüche bei Verbraucherrechts- und anderen Verstößen

§ 1 Unterlassungs- und Widerrufsanspruch bei Allgemeinen Geschäftsbedingungen

Wer in Allgemeinen Geschäftsbedingungen Bestimmungen, die nach den §§ 307 bis 309 des Bürgerlichen Gesetzbuchs unwirksam sind, verwendet oder für den rechtsgeschäftlichen Verkehr empfiehlt, kann auf Unterlassung und im Fall des Empfehlens auch auf Widerruf in Anspruch genommen werden.

Inhaltsübersicht

I. Allgemeines

Verbraucherverbandsklagen gegen datenschutzrechtliche Allgemeine Geschäftsbedingungen (AGB) haben eine lange Tradition. Bis zur Novellierung des UKlaG 2016 waren diese Klagen die einzigen, bei denen unstreitig eine datenschutzrechtliche Prüfung durchgeführt werden konnte. Es muss sich um AGB i. S. v. § 305 Abs. 1 BGB handeln, also um eine für eine Vielzahl von Verträgen **vorformulierte Regelung über den Vertragsinhalt.**[1] Erfasst werden auch sog. Einwilligungen, also Zulässigkeitserklärungen des Betroffenen, die z. B. im Rahmen der Eröffnung von Internet-Accounts eingeholt werden und bei denen es sich rechtlich um Vertragsbedingungen handelt.[2] Auf die Frage, inwieweit Daten als Entgelt für die Bereitstellung von Internetdiensten als solche gekennzeichnet werden müssen, und welche rechtlichen Auswirkungen dieses Phänomen auf Vertragsinhalt und Einwilligungen hat, kommt es nicht an.[3] 1

II. Datenschutzrechtliche AGB-Kontrolle

Zur Anwendung des § 1 ist es nötig, dass es sich um **Allgemeine Geschäftsbedingungen** i. S. v. § 305 Abs. 1 BGB handelt, also um für eine Vielzahl von Verträgen vorformulierten Vertragsbedingungen. Ob es sich darum oder um eine unverbindliche Bitte, eine Empfehlung oder einen reinen Hinweis handelt, beurteilt sich aus der Sicht eines durchschnittlichen Empfängers. 2

Die AGB müssen nach den **§§ 307–309 BGB unwirksam** sein.[4] Für die Beurteilung der Unwirksamkeit gilt in Umkehrung zu § 305c Abs. 2 BGB der Grundsatz der kundenfeind- 3

1 OLG Koblenz 26. 3. 2014 – 9 U 1116/13; Gola-*Werkmeister*, Art. 80 Rn. 12.

2 OLG Frankfurt 17. 12. 2015 – 6 U 30/15, Gewinnspiel, K&R 2016, 197; KG 24. 1. 2014 – 5 U 42/12, Facebook, DuD 2014, 422; LG Frankfurt 10. 6. 2016 – 2–03 O 364/, Samsung.

3 Peifer, NJW 2017, 918; Graf v. Westphalen/Wendehorst, BB 2016, 2179; Halm, DANA 2017, 10–13.

4 Zur AGB-Kontrolle im Datenschutzrecht generell Wendehorst/Graf v. Westphalen, NJW 2016, 3745.

lichsten Auslegung.[5] Der Unwirksamkeit nach den §§ 307–309 BGB steht es gleich, wenn sich die Unwirksamkeit bereits nach anderen zwingenden Vorschriften ergibt (z. B. §§ 134, 138 BGB), sofern diese die gleiche Schutzwirkung wie die §§ 307 ff. BGB aufweisen. Verstöße gegen Datenschutzrecht werden dabei inzident im Rahmen der Inhaltskontrolle nach § 307 BGB geprüft. Eine unangemessene Benachteiligung gem. § 307 Abs. 1 BGB besteht darin, dass AGB nur in englischer und nicht in deutscher Sprache angeboten werden.[6] Der Umfang der Inhaltskontrolle war bisher in der zivilgerichtlichen Rechtsprechung streitig.[7] Überprüfbar sind die zivilrechtlichen Benachteiligungsverbote der §§ 19, 20 AGG. Auch das Umgehungsverbot des § 306a BGB ist anwendbar. Eine unvollständige Information über den Gerichtsstand ist missbräuchlich.[8] Lässt sich eine Klausel sinnvoll in einer unwirksamen und einen wirksamen Teil zerlegen, so ist sie bzgl. des wirksamen Teils aufrechtzuerhalten. Klauseln mit Leerstellen, die bei Vertragsschluss auszufüllen sind, sind unwirksam, wenn alle denkbaren Ausfüllungsmöglichkeiten der Klauselkontrolle nicht standhalten.[9] Die Möglichkeit der AGB-Kontrolle besteht als verbraucherrechtliche Klagekompetenz neben der in § 2 Abs. 2 bestehenden Klagemöglichkeit weiterhin.[10]

4 Der **Unterlassungsanspruch** besteht nicht nur bei der tatsächlich erfolgten Verwendung oder Empfehlung unwirksamer AGB, sondern schon bei der drohenden Gefahr einer erstmaligen Verwendung oder Empfehlung (dann vorbeugender Unterlassungsanspruch).

5 Verletzungshandlung ist die **Verwendung** oder Empfehlung einer unwirksamen AGB. Verwender ist, wer gegenüber Dritten erklärt, dass für bestimmte Verträge bestimmte AGB gelten sollen oder wer sich gegenüber einem Vertragspartner hierauf beruft und daraus Rechte ableitet. Der Geschäftsherr muss sich das Handeln eines Vertreters oder Abschlussgehilfen zurechnen lassen.[11]

6 **Empfehler** ist, wer Dritten rät, bestimmte AGB zu verwenden. Die AGB müssen dabei nicht vom Empfehler aufgestellt worden sein. Die Empfehlung muss »für den rechtsgeschäftlichen Verkehr« erfolgen. Eine typische Erscheinungsform ist die Verbandsempfehlung, auch soweit sich diese auf die Nutzung von Formularen u. Ä. bezieht. Empfehler ist der für den Text Verantwortliche, nicht der Verleger oder der Buchhändler. Bei einer Mehrzahl von Empfehlern ist ein Vorgehen gegen einzelne wie auch gegen alle möglich.[12]

7 Ungeschriebene weitere Voraussetzung für den Anspruch ist die **Wiederholungsgefahr**. Diese wird durch die aktuelle Verwendung oder Empfehlung begründet. An die Widerlegung der Wiederholungsgefahr sind strenge Anforderungen zu stellen.

8 **Anspruchsinhalt** ist die Unterlassung der Verwendung der unwirksamen AGB. Um die Unterlassungspflicht zu erfüllen, kann z. B. ein positives Tun erforderlich sein, z. B. die Lö-

---

5 BGH NJW 2008, 360 Rn. 28; Köhler/Bornkamm/Feddersen-*Köhler*, § 1 UKlaG Rn. 4.
6 KG 8.4.2016 – 5 U 156/14, S. 49 f., DANA 2016, 155 f.
7 Eng z. B. OLG Hamburg 4.12.2014 – 10 U 5/11.
8 EuGH 28.7.2016 – C-191/15, Amazon, Rn. 71.
9 Köhler/Bornkamm/Feddersen-*Köhler*, § 1 UKlaG Rn. 4.
10 A.A. Gola-*Werkmeister*, Art. 80 Rn. 17, der meint, die Klage nach § 1 UKlaG werde nicht von Art. 80 DSGVO erfasst.
11 Köhler/Bornkamm/Feddersen-*Köhler*, § 1 UKlaG Rn. 8.
12 Köhler/Bornkamm/Feddersen-*Köhler*, § 1 UKlaG Rn. 9.

schung oder Berichtigung auf einer Webseite. Der Verwender ist verpflichtet, die Partner, in denen die unwirksamen AGB einbezogen sind, von der Unwirksamkeit zu unterrichten, soweit ihm dies möglich ist. Solange der Kunde nicht unterrichtet ist, kann er im falschen Glauben an die Wirksamkeit der AGB davon abgehalten werden, ihm zustehende Rechte geltend zu machen. Im Fall des »Empfehlens« besteht auch ein Anspruch auf Widerruf.

Ein Manko wird darin gesehen, dass der **Beseitigungsanspruch** des § 2 Abs. 1 sich nicht ausdrücklich auf § 1 und damit auf AGB erstreckt.[13] Es ist aber weitgehend anerkannt, dass § 1004 BGB analog anwendbar ist.[14] Der Anspruch geht dahin, eine durch die Verwendung oder Empfehlung von unwirksamen AGB eingetretene fortdauernde Störung zu beseitigen. 9

§ 1a Unterlassungsanspruch wegen der Beschränkung der Haftung bei Zahlungsverzug

Wer in anderer Weise als durch Verwendung oder Empfehlung von Allgemeinen Geschäftsbedingungen den Vorschriften des § 271a Absatz 1 bis 3, des § 286 Absatz 5 oder des § 288 Absatz 6 des Bürgerlichen Gesetzbuchs zuwiderhandelt, kann auf Unterlassung in Anspruch genommen werden.

§ 2 Ansprüche bei verbraucherschutzgesetzwidrigen Praktiken

(1) Wer in anderer Weise als durch Verwendung oder Empfehlung von Allgemeinen Geschäftsbedingungen Vorschriften zuwiderhandelt, die dem Schutz der Verbraucher dienen (Verbraucherschutzgesetze), kann im Interesse des Verbraucherschutzes auf Unterlassung und Beseitigung in Anspruch genommen werden. Werden die Zuwiderhandlungen in einem Unternehmen von einem Mitarbeiter oder Beauftragten begangen, so ist der Unterlassungsanspruch oder der Beseitigungsanspruch auch gegen den Inhaber des Unternehmens begründet. Bei Zuwiderhandlungen gegen die in Absatz 2 Satz 1 Nummer 11 genannten Vorschriften richtet sich der Beseitigungsanspruch nach den entsprechenden datenschutzrechtlichen Vorschriften.

(2) Verbraucherschutzgesetze im Sinne dieser Vorschrift sind insbesondere (…)

11. die Vorschriften, welche die Zulässigkeit regeln

a) der Erhebung personenbezogener Daten eines Verbrauchers durch einen Unternehmer oder

b) der Verarbeitung oder der Nutzung personenbezogener Daten, die über einen Verbraucher erhoben wurden, durch einen Unternehmer,

wenn die Daten zu Zwecken der Werbung, der Markt- und Meinungsforschung, des Betreibens einer Auskunftei, des Erstellens von Persönlichkeits- und Nutzungsprofilen, des Adresshandels, des sonstigen Datenhandels oder zu vergleichbaren kommerziellen Zwecken erhoben, verarbeitet oder genutzt werden, (…)

---

13 Halfmeier, NJW 2016, 1129; vgl. aber den Hinweis von Spindler, ZD 2016, 118.

14 Köhler/Bornkamm/Feddersen-*Köhler*, § 1 UKlaG Rn. 18; Jaschinski/Piltz, WRP 2016, 422f. Rn. 21, 23.

Eine Datenerhebung, Datenverarbeitung oder Datennutzung zu einem vergleichbaren kommerziellen Zweck im Sinne des Satzes 1 Nummer 11 liegt insbesondere nicht vor, wenn personenbezogene Daten eines Verbrauchers von einem Unternehmer ausschließlich für die Begründung, Durchführung oder Beendigung eines rechtsgeschäftlichen oder rechtsgeschäftsähnlichen Schuldverhältnisses mit dem Verbraucher erhoben, verarbeitet oder genutzt werden.

Inhaltsübersicht Rn.

I. Allgemeines

1 In § 2 Abs. 1 UKlaG wird bei verbraucherschutzgesetzwidrigen Praktiken der Anspruch auf »Unterlassung« auf einen Anspruch auf »**Beseitigung**« erweitert.

2 Abs. 2 führt nicht abschließend eine Vielzahl von Verbraucherschutzgesetzen auf, deren Verstoß eine Verbandsklage ermöglicht. § 2 Abs. 2 Satz 1 Nr. 11 nennt nun die insofern relevanten Datenschutzvorschriften nicht ausdrücklich. Mit der dynamischen Norm werden **alle in Deutschland geltenden datenschutzrechtlichen Regelungen**, also insbesondere die DSGVO und das BDSG sonstige Landes- und Bundesgesetze sowie umsetzende Rechtsverordnungen erfasst.[1] Neben der Verletzung von materiell-rechtlichen Vorschriften der DSGVO (z. B. Art. 6, 9) und Verarbeitungsverboten (z. B. Art. 22) können auch die Datenschutzverstöße im Telekommunikations- und Telemedienrecht gemäß dem UKlaG geahndet werden.[2] Verstöße gegen unternehmensinterne Regelungen können nicht geltend gemacht werden, wohl aber solche gegen genehmigte Verhaltensregeln nach Art. 40, 41 DSGVO, soweit diese allgemeine Gesetzesnormen konkretisieren.

3 Die Regelung erstreckt die Verbandsklagebefugnis auf Vorgänge, bei denen es um Werbung, Markt- und Meinungsforschung, das Betreiben einer Auskunftei, das Erstellen von Persönlichkeits- und Nutzungsprofilen (vgl. § 15 Abs. 3 Satz 1), Adresshandel, sonstigen Datenhandel oder vergleichbare kommerzielle Zwecke geht. Erfasst wird damit die Erhebung von Verbraucherdaten mit Hilfe von Cookies sowie anderen Identifikatoren zum Zweck der Profilbildung, der Werbung oder des Datenverkaufs. Persönlichkeitsprofile werden dann erstellt, wenn personenbeziehbare Daten einer Person zusammengeführt und systematisch verknüpft werden, um durch analytische Auswertungen neue Erkenntnisse über die Betroffenen, etwa zur Bonität oder zum Bewegungsverhalten, zu finden.[3] Die scheinbare normative Begrenzung erfasst tatsächlich den gesamten »Verbraucherdatenschutz«, da als gemeinsame äußere Klammer die »**kommerziellen Zwecke**« genannt werden. Auf die Erkennbarkeit der Verbrauchereigenschaft für den Unternehmer kommt es ebenso wenig an wie bei der Anwendung anderer Verbraucherschutzvorschriften.[4]

4 Keine kommerziellen Zwecke werden verfolgt, wenn ein Unternehmen Verbraucherdaten ausschließlich **zur Erfüllung gesetzlicher Pflichten** verarbeitet. Die Gesetzesbegründung

1 Halfmeier, NJW 2016, 1127; Köhler/Bornkamm/Feddersen-*Köhler*, § 2 UKlaG Rn. 17.
2 Barth, WRP 2018, 794.
3 BT-Drs. 18/6916, 7; Jaschinski/Piltz, WRP 2016, 421 f. Rn. 12–14.
4 Spindler, ZD 2016, 116; s. Rn. 15.

erwähnt insofern die §§ 10, 25 KWG.[5] Entsprechendes gilt z. B. für die Datenspeicherung nach § 147 AO oder nach dem Geldwäschegesetz (GwG). Werden die derart erfassten Daten darüber hinausgehend auch für kommerzielle Zwecke – also im Verhältnis zum Verbraucher – verwendet, so ist insofern die Verbandsklage möglich.

Verbraucher ist gemäß § 13 BGB jede natürliche Person, die ein Rechtsgeschäft abschließt, das überwiegend weder ihrer gewerblichen noch ihrer selbständigen beruflichen Tätigkeit zugerechnet werden kann. Erfasst wird schon die Suche im Internet, nicht nur zur Vorbereitung eines Rechtsgeschäftes, wenn die erhobenen Daten für Werbezwecke weiterverwendet werden.[6] Die Verbrauchereigenschaft des Nutzers eines Internetdienstes geht nicht dadurch verloren, dass dieser Bücher publiziert, Vorträge hält, Webseiten betreibt, Spenden sammelt und sich Ansprüche zahlreicher Verbraucher abtreten lässt, um sie gerichtlich geltend zu machen.[7] Es bedarf nicht der Anbahnung eines konkreten Geschäftsabschlusses oder eines ähnlichen geschäftlichen Kontaktes gemäß § 311 BGB.[8] Nicht erfasst sind der Arbeitnehmerdatenschutz oder der sog. B2B-(Business to Business) Bereich, da dann »Verbraucher« nicht betroffen sind. 5

Kontrovers diskutiert wird die Frage, inwieweit rechtlich geforderte **technisch-organisatorische Maßnahmen** (Art. 25, 32 DSGVO) zum Gegenstand einer Verbandsklage gemacht werden können. Dies wird weitgehend mit dem Hinweis auf die Zweckbeschränkung in Nr. 11 abgelehnt.[9] Diese Argumentation greift aber nicht, soweit bei den Maßnahmen Verbraucherdaten betroffen sind. In diesen Fällen werden kommerzielle Zwecke verfolgt; der Zweck der Datensicherheit kann hiervon nicht getrennt werden. In der Praxis erweisen sich Sicherheitsdefizite und daraus resultierende Datenlecks immer wieder als besonders verbraucherschädigend, etwa wenn durch unzureichende Datensicherheit Nutzungsdaten Unberechtigten zur Kenntnis gelangen. Ein Schaden für den Verbraucher kann sowohl dadurch entstehen, dass die erlangten Daten für Identitätsdiebstahl und den Missbrauch von Accounts verwendet werden, oder z. B., dass derartige Informationen, etwa kompromittierende wie z. B. Sexbilder, veröffentlicht werden. Sicherheitsdefizite sind regelmäßig wettbewerblich relevant und kommerziell dadurch bedingt, dass die nötigen Investitionen in Sicherheitsmaßnahmen unterlassen werden. 6

Rein technische oder organisatorische Mängel **ohne direkten Bezug zur Verbraucherdatenverarbeitung**, die keine Auswirkung auf die Rechtmäßigkeit der Verarbeitung haben, etwa Verstöße bei der Bestellung des betrieblichen Datenschutzbeauftragten, werden nicht erfasst.[10] Hat ein Vorgang nur teilweise einen Verbraucherbezug, so kann auch nur insofern eine Prüfung durch einen Verband erfolgen.[11] 7

Nicht erfasst werden vom kollektiven Verbandsklagerecht die individuellen **Betroffenenrechte**, also die Rechte auf Benachrichtigung, Auskunft, Löschung und Sperrung 8

5 BT-Drs. 18/4631, 22.
6 Jaschinski/Piltz, WRP 2016, 421 Rn. 7 mit Kritik an der Gesetzesbegründung.
7 EuGH 25. 1. 2018 – C-498/16, Schrems, Rn. 41, EuGRZ 2018, 167.
8 Spindler, ZD 2016, 116.
9 Gola, RDV 2016, 21; Dönch, BB 2016, 964; Spindler, ZD 2016, 116; Jaschinski/Piltz, WRP 2016, 421 Rn. 5.
10 Gola, RDV 2016, 21; Spindler, ZD 2016, 116.
11 A.A. wohl Jaschinski/Piltz, WRP 2016, 218 Rn. 8: keine Klagebefugnis.

(Art. 12ff. DSGVO).[12] Etwas anderes gilt aber, wenn ein Unternehmen seine Geschäftspraxis so gestaltet, dass generell und systematisch die Betroffenenrechte verletzt werden und dadurch Einfluss auf die Wahrnehmung der Verbraucherrechte generell sowie auf den Wettbewerb genommen wird. Dies ist z. B. bei der Verletzung der **Informations- und Transparenzvorschriften**, etwa die der Art. 12–13 DSGVO, der Fall, wenn dies systematisch z. B. auf der Webseite oder im Rahmen eines strukturierten Verfahrens erfolgt.[13] Datenportabilität hat in jedem Fall Marktrelevanz (Art. 20 DSGVO).[14]

II. Unterlassungs- und Beseitigungsanspruch

9 Nach § 8 Abs. 1 UWG bestand schon bisher neben dem Unterlassungs- auch ein **Beseitigungsanspruch**. Anderes galt für den alten § 2 UKlaG. Wurden unzulässig Daten erhoben und gespeichert, so ergibt sich nun aus § 2, dass diese auch zu löschen bzw. zu sperren sind (vgl. Art. 17 DSGVO, § 13 Abs. 4 Satz 1 Nr. 2, Satz 2). Der Anspruch des klagenden Verbands hat also denselben Inhalt wie der des einzelnen Verbrauchers, beschränkt sich aber nicht darauf. Die § 1004 BGB und § 8 UWG können mit herangezogen werden zur Beseitigung einer rechtswidrigen fortdauernden Störung.[15]

10 Ist das Unternehmen der Ansicht, dass der kollektivrechtlich geltend gemachte Beseitigungsanspruch sich auf eine Datenverarbeitung bezieht, die den Interessen seiner Kunden entspricht, so kann es versuchen die Unzulässigkeit der Datenverarbeitung dadurch zu beseitigen, dass z. B. wirksame **Einwilligungen der Betroffenen** eingeholt werden.[16]

11 Ein **Interessenkonflikt zwischen Individuum und Kollektiv**, also einem einzelnen Kunden und dem gesetzlich gesicherten Interesse des allgemeinen Kundenkollektivs, kann unabhängig von der Unternehmensansicht bestehen, etwa bei einem kollektivrechtlich begründeten Löschungsanspruch und einem individualrechtlichen Beweissicherungsinteresse z. B. zur Durchsetzung von Schadenersatzansprüchen.[17] Das Datenschutzrecht liefert den Regelungsrahmen für die Lösung dieses Konflikts: Besteht Grund zu der Annahme, dass durch eine Löschung schutzwürdige Interessen von Betroffenen beeinträchtigt würden, so tritt an die Stelle einer Löschung die Einschränkung der Verarbeitung (Art. 18 Abs. 1 Buchst. b, c DSGVO).[18] Entsprechendes gilt, wenn ein parallel laufendes aufsichtliches Kontrollverfahren stattfindet und hierfür die eigentlich zu löschenden Daten benötigt werden.[19]

12 Eine **rechtswidrige systematische Störung** kann darin bestehen, dass ein Unternehmen generell seine Verbraucher ungenügend über ihre Rechte informiert (vgl. Art. 13, 14 DSGVO). Die Beseitigung von Störungen kann auch darauf abzielen, ein Beschwerdema-

---

12 Podszun/de Toma, NJW 2016, 2988; Spindler, ZD 2016, 116 mit Verweis auf BT-Drs. 18/4631, 19, 23.

13 A.A. Barth, WRP 2018, 793.

14 Baumgartner/Sitte, ZD 2018, 557.

15 Halfmeier, NJW 2016, 1228; zu den Vollstreckungsproblemen bei titulierten Unterlassungsansprüchen bei modifizierter Zuwiderhandlung Ritter/Schwichtenberg, VuR 2016, 99f.

16 Spindler, ZD 2016, 118.

17 Ritter/Schwichtenberg, VuR 2016, 98.

18 Siehe die Beispiele bei Ritter/Schwichtenberg, VuR 2016,98f.

19 Vgl. Jaschinski/Piltz, WRP 2016, 423 Rn. 24 mit Verweis auf Stellungnahme HmbBfDI.

nagementsystem zur Abwicklung konkreter Rechtsverstöße einzurichten oder rechtswidrig vereinnahmte Beträge an die betroffenen Kunden zurückzuzahlen.[20]

Bestehen für eine Störungsbeseitigung **verschiedene Handlungsmöglichkeiten**, so ist dem Schuldner die Wahl des Mittels zu überlassen. Der Anspruch hat sich dann auf die Benennung des Ziels zu beschränken, die aber so präzise wie möglich sein sollte.[21] 13

Ist eine **unzulässige Datenübermittlung** Gegenstand einer erfolgreichen Verbandsklage, so kann gegenüber dem Datenempfänger die Berichtigung, Löschung oder Verarbeitungseinschränkung nicht direkt durchgesetzt werden. Wohl aber besteht ein Anspruch auf Mitteilung gegenüber dem Empfänger (vgl. Art. 19 DSGVO). 14

Unter Verweis auf § 2 Abs. 2 Satz 2 wird dargelegt, kommerzielle Zwecke würden nicht verfolgt, wenn es ausschließlich um die »Begründung, Durchführung oder Beendigung eines **rechtsgeschäftlichen oder rechtsgeschäftsähnlichen Schuldverhältnisses** mit dem Verbraucher« gehe. Erfasst sein sollten mit dieser Einschränkung also nur Praktiken, bei denen personenbezogene Daten rechtswidrig zur Handelsware gemacht werden.[22] Tatsächlich ist diese explizite gesetzliche Einschränkung irritierend. Damit wird zum Ausdruck gebracht, dass ein Verbraucherverband nicht in die individualrechtliche Beziehung Unternehmen-Verbraucher eingreifen soll. In der Praxis hat diese Einschränkung aber keine Relevanz: Ausgenommen sein können nur zulässige Vertragsbeziehungen, bei denen letztlich ohnehin kein Unterlassungs- und Beseitigungsanspruch besteht. Erfasst werden aber Verbrauchervertragsbeziehungen, bei denen es zu einer unzulässigen Datenverarbeitung kommt. Insofern besteht ein besonders hoher Schutzbedarf der Verbraucher.[23] Der klassische Fall der Verbrauchervertragsbeziehung ist, dass die Verbraucher (auch) mit ihren Daten bezahlen. Derartige Konstellationen liegen im Hauptfokus der Neuregelung. 15

§ 2a Unterlassungsanspruch nach dem Urheberrechtsgesetz

(1) Wer gegen § 95b Abs. 1 des Urheberrechtsgesetzes verstößt, kann auf Unterlassung in Anspruch genommen werden.

(2) Absatz 1 gilt nicht, soweit Werke und sonstige Schutzgegenstände der Öffentlichkeit auf Grund einer vertraglichen Vereinbarung in einer Weise zugänglich gemacht werden, dass sie Mitgliedern der Öffentlichkeit von Orten und zu Zeiten ihrer Wahl zugänglich sind.

(3) (weggefallen)

§ 2b Missbräuchliche Geltendmachung von Ansprüchen

Die Geltendmachung eines Anspruchs nach den §§ 1 bis 2a ist unzulässig, wenn sie unter Berücksichtigung der gesamten Umstände missbräuchlich ist, insbesondere wenn sie vorwiegend dazu dient, gegen den Anspruchsgegner einen Anspruch auf Ersatz von

20 Halfmeier, NJW 2016, 1129 m. w. N.
21 Jaschinski/Piltz, WRP 2016 423 Rn. 25; dazu auch Ritter/Schwichtenberg, VuR 2016, 99f.
22 Dönch, BB 2016, 964; zweifelnd Spindler, ZD 2016, 117.
23 Halfmeier, NJW 2016, 1127f.; Ritter/Schwichtenberg, VuR 2016, 98; a. A. Jaschinski/Piltz, WRP 2016, 422 Rn. 17: Kommerzialisierung muss Zweckkern sein.

Aufwendungen oder Kosten der Rechtsverfolgung entstehen zu lassen. In diesen Fällen kann der Anspruchsgegner Ersatz der für seine Rechtsverteidigung erforderlichen Aufwendungen verlangen. Weitergehende Ersatzansprüche bleiben unberührt.

§ 3 Anspruchsberechtigte Stellen

(1) Die in den §§ 1 bis 2 bezeichneten Ansprüche auf Unterlassung, auf Widerruf und auf Beseitigung stehen zu:

1. **qualifizierten Einrichtungen, die nachweisen, dass sie in der Liste qualifizierter Einrichtungen nach § 4 oder in dem Verzeichnis der Europäischen Kommission nach Artikel 4 Absatz 3 der Richtlinie 2009/22/EG des Europäischen Parlaments und des Rates vom 23. April 2009 über Unterlassungsklagen zum Schutz der Verbraucherinteressen (ABl. L 110 vom 1. 5. 2009, S. 30) eingetragen sind,**
2. **rechtsfähigen Verbänden zur Förderung gewerblicher oder selbständiger beruflicher Interessen, soweit ihnen eine erhebliche Zahl von Unternehmen angehört, die Waren oder Dienstleistungen gleicher oder verwandter Art auf demselben Markt vertreiben, wenn sie insbesondere nach ihrer personellen, sachlichen und finanziellen Ausstattung imstande sind, ihre satzungsmäßigen Aufgaben der Verfolgung gewerblicher oder selbständiger beruflicher Interessen tatsächlich wahrzunehmen, und soweit die Zuwiderhandlung die Interessen ihrer Mitglieder berührt,**
3. **den Industrie- und Handelskammern oder den Handwerkskammern.**

Der Anspruch kann nur an Stellen im Sinne des Satzes 1 abgetreten werden.

(2) Die in Absatz 1 Satz 1 Nummer 1 bezeichneten Stellen können die folgenden Ansprüche nicht geltend machen:

1. **Ansprüche nach § 1, wenn Allgemeine Geschäftsbedingungen gegenüber einem Unternehmer (§ 14 des Bürgerlichen Gesetzbuchs) oder einem öffentlichen Auftraggeber (§ 99 Nummer 1 bis 3 des Gesetzes gegen Wettbewerbsbeschränkungen) verwendet oder wenn Allgemeine Geschäftsbedingungen zur ausschließlichen Verwendung zwischen Unternehmern oder zwischen Unternehmern und öffentlichen Auftraggebern empfohlen werden,**
2. **Ansprüche nach § 1a, es sei denn, eine Zuwiderhandlung gegen § 288 Absatz 6 des Bürgerlichen Gesetzbuchs betrifft einen Anspruch eines Verbrauchers.**

1 Die anspruchsberechtigten **qualifizierten Einrichtungen** sind in § 4 UKlaG geregelt. Weitere Ausführungen hierzu sind unter dieser Regelung zu finden.

2 Verbände zur Förderung gewerblicher oder selbständiger beruflicher Interessen sind **Wettbewerbsvereine**, die nicht als Verbraucherschutzverbände tätig sind. Voraussetzung für die Anspruchs- und Klageberechtigung ist nicht, dass diese schon vor dem Wirksamwerden der DSGVO im Datenschutzrecht tätig waren.[1]

1 A.A. Barth, WRP 2018, 793.

§ 3a Anspruchsberechtigte Verbände nach § 2a

Der in § 2a Abs. 1 bezeichnete Anspruch auf Unterlassung steht rechtsfähigen Verbänden zur nicht gewerbsmäßigen und nicht nur vorübergehenden Förderung der Interessen derjenigen zu, die durch § 95b Abs. 1 Satz 1 des Urheberrechtsgesetzes begünstigt werden. Der Anspruch kann nur an Verbände im Sinne des Satzes 1 abgetreten werden.

§ 4 Qualifizierte Einrichtungen

(1) Das Bundesamt für Justiz führt die Liste der qualifizierten Einrichtungen, die es auf seiner Internetseite in der jeweils aktuellen Fassung veröffentlicht und mit Stand 1. Januar eines jeden Jahres im Bundesanzeiger bekannt macht. Es übermittelt die Liste mit Stand zum 1. Januar und zum 1. Juli eines jeden Jahres an die Europäische Kommission unter Hinweis auf Artikel 4 Absatz 2 der Richtlinie 2009/22/EG.

(2) In die Liste werden auf Antrag rechtsfähige Vereine eingetragen, zu deren satzungsmäßigen Aufgaben es gehört, Interessen der Verbraucher durch nicht gewerbsmäßige Aufklärung und Beratung wahrzunehmen, wenn

1. **sie mindestens drei Verbände, die im gleichen Aufgabenbereich tätig sind, oder mindestens 75 natürliche Personen als Mitglieder haben,**
2. **sie mindestens ein Jahr bestanden haben und**
3. **auf Grund ihrer bisherigen Tätigkeit gesichert erscheint, dass sie ihre satzungsmäßigen Aufgaben auch künftig dauerhaft wirksam und sachgerecht erfüllen werden.**

Es wird unwiderleglich vermutet, dass Verbraucherzentralen und andere Verbraucherverbände, die mit öffentlichen Mitteln gefördert werden, diese Voraussetzungen erfüllen. Die Eintragung in die Liste erfolgt unter Angabe von Namen, Anschrift, Registergericht, Registernummer und satzungsmäßigem Zweck. Sie ist mit Wirkung für die Zukunft aufzuheben, wenn

1. **der Verband dies beantragt oder**
2. **die Voraussetzungen für die Eintragung nicht vorlagen oder weggefallen sind.**

Ist auf Grund tatsächlicher Anhaltspunkte damit zu rechnen, dass die Eintragung nach Satz 4 zurückzunehmen oder zu widerrufen ist, so soll das Bundesamt für Justiz das Ruhen der Eintragung für einen bestimmten Zeitraum von längstens drei Monaten anordnen. Widerspruch und Anfechtungsklage haben im Fall des Satzes 5 keine aufschiebende Wirkung.

(2a) Qualifizierte Einrichtungen, die Ansprüche nach § 2 Absatz 1 wegen Zuwiderhandlungen gegen Verbraucherschutzgesetze nach § 2 Absatz 2 Satz 1 Nummer 11 durch Abmahnung oder Klage geltend gemacht haben, sind verpflichtet, dem Bundesamt für Justiz jährlich die Anzahl dieser Abmahnungen und erhobenen Klagen mitzuteilen und über die Ergebnisse der Abmahnungen und Klagen zu berichten. Das Bundesamt für Justiz berücksichtigt diese Berichte bei der Beurteilung, ob bei der qualifizierten Einrichtung die sachgerechte Aufgabenerfüllung im Sinne des Absatzes 2 Satz 1 Nummer 3 gesichert erscheint.

(3) Entscheidungen über Eintragungen erfolgen durch einen Bescheid, der dem Antragsteller zuzustellen ist. Das Bundesamt für Justiz erteilt den Verbänden auf Antrag eine Bescheinigung über ihre Eintragung in die Liste. Es bescheinigt auf Antrag Drit-

ten, die daran ein rechtliches Interesse haben, dass die Eintragung eines Verbands in die Liste aufgehoben worden ist.
(4) Ergeben sich in einem Rechtsstreit begründete Zweifel an dem Vorliegen der Voraussetzungen nach Absatz 2 bei einer eingetragenen Einrichtung, so kann das Gericht das Bundesamt für Justiz zur Überprüfung der Eintragung auffordern und die Verhandlung bis zu dessen Entscheidung aussetzen.
(5) Das Bundesministerium der Justiz und für Verbraucherschutz wird ermächtigt, durch Rechtsverordnung, die der Zustimmung des Bundesrates nicht bedarf, die Einzelheiten des Eintragungsverfahrens, insbesondere die zur Prüfung der Eintragungsvoraussetzungen erforderlichen Ermittlungen, sowie die Einzelheiten der Führung der Liste zu regeln.

1 § 4 regelt im Detail, welche Organisationen als **qualifizierte Einrichtungen** anzusehen sind und deshalb klageberechtigt sind. Mitbewerber im Wettbewerb sind nicht nach dem UKlaG abmahn- und klageberechtigt.[1] Ein auf Verbraucherschutz ausgerichteter Satzungszweck genügt nicht. Die Aufklärung und Beratung der Verbraucher muss tatsächlich wahrgenommen werden. Zudem muss sichergestellt werden, dass es bei der Wahrnehmung der Aufgaben nicht zu Interessenkollisionen kommt.[2] Das Bundesamt für Justiz führt eine Liste der qualifizierten Einrichtungen, die im Internet abrufbar ist.[3] Der Zweck der Regelung ist auch, rechtsmissbräuchliche Abmahnungen und Klagen durch sog. Abmahnvereine zu verhindern. Vor diesem Hintergrund werden die qualifizierten Einrichtungen verpflichtet, dem Bundesamt für Justiz jährlich einen Bericht über die Anzahl der nach § 2 Abs. 2 Satz 1 Nr. 11 erhobenen Abmahnungen sowie die »Ergebnisse« anzuliefern.[4] Von dieser Regelung nicht betroffen sind die Verbraucherzentralen, bei denen die Eignung zur Verbandsklage nach § 4 Abs. 2 Satz 2 unwiderleglich vermutet wird.

§ 4a Unterlassungsanspruch bei innergemeinschaftlichen Verstößen

(1) Wer innergemeinschaftlich gegen Gesetze zum Schutz der Verbraucherinteressen im Sinne von Artikel 3 Buchstabe b der Verordnung (EG) Nr. 2006/2004 des Europäischen Parlaments und des Rates vom 27. Oktober 2004 über die Zusammenarbeit zwischen den für die Durchsetzung der Verbraucherschutzgesetze zuständigen nationalen Behörden (ABl. EU Nr. L 364 S. 1) verstößt, kann auf Unterlassung in Anspruch genommen werden. § 2b ist entsprechend anzuwenden.
(2) Die Ansprüche stehen den Stellen nach § 3 Absatz 1 Satz 1 zu. Es wird unwiderleglich vermutet, dass ein nach § 7 Absatz 1 des EG-Verbraucherschutzdurchsetzungsgesetzes beauftragter Dritter eine Stelle nach Satz 1 ist. § 3 Absatz 1 Satz 2 ist entsprechend anzuwenden.

---

1 Barth, WRP 2018, 760.
2 OVG NRW 16.4.2018 – 4 A 1621/14, DVBl 2019, 505.
3 *https://www.bundesjustizamt.de/DE/SharedDocs/Publikationen/Verbraucherschutz/Liste-qualifizierter-Einrichtungen.pdf?--blob=publicationFile&v=58.*
4 Kritisch hierzu Halfmeier, NJW 2016, 1128, 1129; zur Rechtsmissbrauchsregelung des § 2b UKlaG Jaschinski/Piltz, WRP 2016, 423 Rn. 27f.

Abschnitt 2
Verfahrensvorschriften

Unterabschnitt 1
Allgemeine Vorschriften

§ 5 Anwendung der Zivilprozessordnung und anderer Vorschriften

Auf das Verfahren sind die Vorschriften der Zivilprozessordnung und § 12 Absatz 1, 2, 4 und 5 des Gesetzes gegen den unlauteren Wettbewerb anzuwenden, soweit sich aus diesem Gesetz nicht etwas anderes ergibt.

§ 6 Zuständigkeit

(1) Für Klagen nach diesem Gesetz ist das Landgericht ausschließlich zuständig, in dessen Bezirk der Beklagte seine gewerbliche Niederlassung oder in Ermangelung einer solchen seinen Wohnsitz hat. Hat der Beklagte im Inland weder eine gewerbliche Niederlassung noch einen Wohnsitz, so ist das Gericht des inländischen Aufenthaltsorts zuständig, in Ermangelung eines solchen das Gericht, in dessen Bezirk
1. die nach den §§ 307 bis 309 des Bürgerlichen Gesetzbuchs unwirksamen Bestimmungen in Allgemeinen Geschäftsbedingungen verwendet wurden,
2. gegen Verbraucherschutzgesetze verstoßen wurde oder
3. gegen § 95b Abs. 1 des Urheberrechtsgesetzes verstoßen wurde.

(2) Die Landesregierungen werden ermächtigt, zur sachdienlichen Förderung oder schnelleren Erledigung der Verfahren durch Rechtsverordnung einem Landgericht für die Bezirke mehrerer Landgerichte Rechtsstreitigkeiten nach diesem Gesetz zuzuweisen. Die Landesregierungen können die Ermächtigung durch Rechtsverordnung auf die Landesjustizverwaltungen übertragen.

(3) Die vorstehenden Absätze gelten nicht für Klagen, die einen Anspruch der in § 13 bezeichneten Art zum Gegenstand haben.

§ 7 Veröffentlichungsbefugnis

Wird der Klage stattgegeben, so kann dem Kläger auf Antrag die Befugnis zugesprochen werden, die Urteilsformel mit der Bezeichnung des verurteilten Beklagten auf dessen Kosten im Bundesanzeiger, im Übrigen auf eigene Kosten bekannt zu machen. Das Gericht kann die Befugnis zeitlich begrenzen.

Unterabschnitt 2
Besondere Vorschriften für Klagen nach § 1

§ 8 Klageantrag und Anhörung

(1) Der Klageantrag muss bei Klagen nach § 1 auch enthalten:
1. den Wortlaut der beanstandeten Bestimmungen in Allgemeinen Geschäftsbedingungen,
2. die Bezeichnung der Art der Rechtsgeschäfte, für die die Bestimmungen beanstandet werden.

(2) Das Gericht hat vor der Entscheidung über eine Klage nach § 1 die Bundesanstalt für Finanzdienstleistungsaufsicht zu hören, wenn Gegenstand der Klage
1. Bestimmungen in Allgemeinen Versicherungsbedingungen sind oder
2. Bestimmungen in Allgemeinen Geschäftsbedingungen sind, für die nach dem Bausparkassengesetz oder dem Kapitalanlagegesetzbuch eine Genehmigung vorgesehen ist.

§ 9 Besonderheiten der Urteilsformel

Erachtet das Gericht die Klage nach § 1 für begründet, so enthält die Urteilsformel auch:
1. die beanstandeten Bestimmungen der Allgemeinen Geschäftsbedingungen im Wortlaut,
2. die Bezeichnung der Art der Rechtsgeschäfte, für welche die den Unterlassungsanspruch begründenden Bestimmungen der Allgemeinen Geschäftsbedingungen nicht verwendet oder empfohlen werden dürfen,
3. das Gebot, die Verwendung oder Empfehlung inhaltsgleicher Bestimmungen in Allgemeinen Geschäftsbedingungen zu unterlassen,
4. für den Fall der Verurteilung zum Widerruf das Gebot, das Urteil in gleicher Weise bekannt zu geben, wie die Empfehlung verbreitet wurde.

§ 10 Einwendung wegen abweichender Entscheidung

Der Verwender, dem die Verwendung einer Bestimmung untersagt worden ist, kann im Wege der Klage nach § 767 der Zivilprozessordnung einwenden, dass nachträglich eine Entscheidung des Bundesgerichtshofs oder des Gemeinsamen Senats der Obersten Gerichtshöfe des Bundes ergangen ist, welche die Verwendung dieser Bestimmung für dieselbe Art von Rechtsgeschäften nicht untersagt, und dass die Zwangsvollstreckung aus dem Urteil gegen ihn in unzumutbarer Weise seinen Geschäftsbetrieb beeinträchtigen würde.

§ 11 Wirkungen des Urteils

Handelt der verurteilte Verwender einem auf § 1 beruhenden Unterlassungsgebot zuwider, so ist die Bestimmung in den Allgemeinen Geschäftsbedingungen als unwirksam anzusehen, soweit sich der betroffene Vertragsteil auf die Wirkung des Unterlassungsurteils beruft. Er kann sich jedoch auf die Wirkung des Unterlassungsurteils nicht berufen, wenn der verurteilte Verwender gegen das Urteil die Klage nach § 10 erheben könnte.

Unterabschnitt 3
Besondere Vorschriften für Klagen nach § 2

§ 12 Einigungsstelle

Für Klagen nach § 2 gelten § 15 des Gesetzes gegen den unlauteren Wettbewerb und die darin enthaltene Verordnungsermächtigung entsprechend.

§ 12a Anhörung der Datenschutzbehörden in Verfahren über Ansprüche nach § 2

Das Gericht hat vor einer Entscheidung in einem Verfahren über einen Anspruch nach § 2, das eine Zuwiderhandlung gegen ein Verbraucherschutzgesetz nach § 2 Absatz 2 Satz 1 Nummer 11 zum Gegenstand hat, die zuständige inländische Datenschutzbehörde zu hören. Satz 1 ist nicht anzuwenden, wenn über einen Antrag auf Erlass einer einstweiligen Verfügung ohne mündliche Verhandlung entschieden wird.

§ 12a sieht vor, dass vom Gericht die zuständige inländische **Datenschutzaufsichtsbehörde angehört** wird. Die Regelung ist § 8 Abs. 2 nachgebildet, der bei der gerichtlichen Überprüfung von AGB nach § 1 unter bestimmten Voraussetzungen eine Anhörung der Bundesanstalt für Finanzdienstleistungsaufsicht vorsieht. Die Anhörungspflicht gilt auch für Verfahren des einstweiligen Rechtsschutzes, es sei denn, dass ohne mündliche Verhandlung entschieden wird (§ 12a Satz 2). Wird gegen einen Beschluss Widerspruch eingelegt, ist die Anhörung nachzuholen. Eine Anhörung hat nicht stattzufinden, wenn das Gericht keine Sachentscheidung treffen, sondern die Klage oder den Antrag als unzulässig abweisen will. Eine Anhörung ist auch nicht erforderlich, wenn der Streit nur die Wiederholungsgefahr und nicht die Zuwiderhandlung als solche betrifft.[1] 1

Angehört wird nur die **inländische örtlich zuständige Aufsicht**; eine solche kann es auch geben, wenn die Hauptniederlassung eines Unternehmens im Ausland sitzt.[2] Ob eine und wenn ja welche Stellungnahme abgegeben wird, liegt voll im Entscheidungsbereich der unabhängigen Datenschutzaufsicht.[3] Damit sollen unterschiedliche Voten von Gericht 2

1 OLG Karlsruhe, NJW-RR 2003, 780; Köhler/Bornkamm/Feddersen-*Köhler*, § 12a UKlaG Rn. 3.
2 Art. 55, 56 DSGVO; Halfmeier, NJW 2016, 1129; falsch Jaschinski/Piltz, WRP 2016, 424 Rn. 36.
3 A.A. Jaschinski/Piltz, WRP 2016, 424 Rn. 34.

und Aufsichtsbehörde wegen unzureichender Information über den Sachverhalt und die rechtliche Bewertung vermieden werden. Damit ist aber nicht ausgeschlossen, dass das Gericht zu einem von der Aufsichtsbehörde abweichenden Ergebnis kommt.

3 Das Gericht gibt **Gelegenheit zur Stellungnahme**. Ist die Aufsichtsbehörde hierzu nicht imstande, so darf dies nicht zu einer Verzögerung des Verfahrens führen. Gab das Gericht der Behörde keine oder keine ausreichende Gelegenheit zur Stellungnahme, z. B. durch zu enge Fristsetzung, so ist dies ein Verfahrensmangel, der aber in nächster Instanz geheilt werden kann. Die Behörde hat keine prozessualen Rechte und kann keine Anträge stellen oder Rechtsmittel einlegen. Das Urteil entfaltet auch keine Rechtskraft ihr gegenüber.[4]

4 Die Anhörung setzt voraus, dass die Aufsichtsbehörde ausreichend informiert ist. Das Gericht stellt ihr deshalb **alle relevanten Schriftsätze** der Parteien, insbesondere die Klageschrift und die Klageerwiderung zur Verfügung und unterrichtet über die Termine der Verhandlung, damit sie ihren Standpunkt schriftlich und mündlich vortragen kann. Werden neue Tatsachen vorgebracht, so kann eine erneute Anhörung angesagt sein. Das Gericht übermittelt der Behörde auch eine Kopie seiner Entscheidung.[5]

5 Einbezogen werden dürfen alle relevanten **Erkenntnisse der Aufsichtsbehörde**. Die Vertraulichkeit gegenüber Petenten ist aber zu wahren (vgl. Art. 54 Abs. 2 DSGVO). Die Aufsicht hat im Rahmen der Erforderlichkeit eine Befugnis zur Datenweitergabe (vgl. § 40 Abs. 3 Satz 1 BDSG). Das gerichtliche und ein möglicherweise laufendes aufsichtliches Verfahren sind aber ansonsten völlig unabhängig. Die anhängige Klage hindert die Aufsichtsbehörde nicht, im Rahmen ihrer Befugnisse selbst tätig zu werden. Das Verbandsklageverfahren kann sogar Auslöser für das aufsichtliche Tätigwerden sein.[6] Die Aufsichtsbehörde ist im Rahmen der Anhörung nicht Verfahrensbeteiligte.

6 Die Anhörungspflicht verletzt nicht das Gebot der **prozessualen Waffengleichheit** der Parteien.[7] Die Aufsichtsbehörde ist kein Streithelfer, sondern faktisch wie rechtlich der Objektivität gegenüber beiden Parteien verpflichtet. Versteht man sie als Partei, so ist sie allenfalls Partei für den Schutz informationeller Selbstbestimmung; ihre Aufgabe ist es gemäß § 12a, die gerichtliche Entscheidungsfindung in dem rechtlich wie technisch oft komplexen Bereich zu erleichtern, nicht zu lenken. Hintergrund der Einbeziehung der Aufsichtsbehörde ist zudem, dass bei den Verfahren regelmäßig ungleiche Parteien gegenüberstehen, wobei das Unternehmen zunächst faktisch die Verarbeitung bestimmen kann. In derartigen Fällen ist der Staat nicht nur berechtigt, sondern verpflichtet, im Rahmen privatrechtlicher Regelungen die Voraussetzungen zu schaffen, dass das Recht auf informationelle Selbstbestimmung als Norm des objektiven Rechts Geltung erlangt.[8]

---

4 Köhler/Bornkamm/Feddersen-*Köhler*, § 12a UKlaG Rn. 4.
5 Köhler/Bornkamm/Feddersen-*Köhler*, § 13 UKlaG Rn. 3.
6 Spindler, ZD 2016, 119; Gola, RDV 2016, 21; kritisch zur Verfahrens-Parallelität Ritter/Schwichtenberg, VuR 2016, 101.
7 So aber ausführlich Jaschinski/Piltz, WRP 2016, 424ff. Rn. 38–47.
8 BVerfG 23.10.2006 – 1 BvR 2027/02, JZ 2007, 576f.

Abschnitt 3
Auskunft zur Durchsetzung von Ansprüchen

§ 13 Auskunftsanspruch der anspruchsberechtigten Stellen

(1) Wer geschäftsmäßig Post-, Telekommunikations- oder Telemediendienste erbringt oder an der Erbringung solcher Dienste mitwirkt, hat

1. qualifizierten Einrichtungen, die nachweisen, dass sie in die Liste gemäß § 4 oder in das Verzeichnis der Kommission der Europäischen Gemeinschaften gemäß Artikel 4 Absatz 3 der Richtlinie 2009/22/EG eingetragen sind,
2. rechtsfähigen Verbänden zur Förderung gewerblicher oder selbständiger beruflicher Interessen und
3. Industrie- und Handelskammern oder den Handwerkskammern

auf deren Verlangen den Namen und die zustellungsfähige Anschrift eines Beteiligten an Post-, Telekommunikations- oder Telemediendiensten mitzuteilen, wenn diese Stellen schriftlich versichern, dass sie die Angaben zur Durchsetzung ihrer Ansprüche nach den §§ 1 bis 2a oder nach § 4a benötigen und nicht anderweitig beschaffen können.

(2) Der Anspruch besteht nur, soweit die Auskunft ausschließlich anhand der bei dem Auskunftspflichtigen vorhandenen Bestandsdaten erteilt werden kann. Die Auskunft darf nicht deshalb verweigert werden, weil der Beteiligte, dessen Angaben mitgeteilt werden sollen, in die Übermittlung nicht einwilligt.

(3) Der Auskunftspflichtige kann von dem Auskunftsberechtigten einen angemessenen Ausgleich für die Erteilung der Auskunft verlangen. Der Auskunftsberechtigte kann von dem Beteiligten, dessen Angaben mitgeteilt worden sind, Erstattung des gezahlten Ausgleichs verlangen, wenn er gegen diesen Beteiligten einen Anspruch nach den §§ 1 bis 2a oder nach § 4a hat.

§ 13a Auskunftsanspruch sonstiger Betroffener

Wer von einem anderen Unterlassung der Lieferung unbestellter Sachen, der Erbringung unbestellter sonstiger Leistungen oder der Zusendung oder sonstiger Übermittlung unverlangter Werbung verlangen kann, hat die Ansprüche gemäß § 13 mit der Maßgabe, dass an die Stelle eines Anspruchs nach den §§ 1 bis 2a oder nach § 4a sein Anspruch auf Unterlassung nach allgemeinen Vorschriften tritt.

Abschnitt 4
Außergerichtliche Schlichtung

§ 14 Schlichtungsverfahren und Verordnungsermächtigung

(1) Bei Streitigkeiten aus der Anwendung

1. der Vorschriften des Bürgerlichen Gesetzbuchs betreffend Fernabsatzverträge über Finanzdienstleistungen,

2. der §§ 491 bis 508, 511 und 655a bis 655d des Bürgerlichen Gesetzbuchs sowie Artikel 247a § 1 des Einführungsgesetzes zum Bürgerlichen Gesetzbuche,
3. der Vorschriften betreffend Zahlungsdiensteverträge in
   a) den §§ 675c bis 676c des Bürgerlichen Gesetzbuchs,
   b) der Verordnung (EG) Nr. 924/2009 des Europäischen Parlaments und des Rates vom 16. September 2009 über grenzüberschreitende Zahlungen in der Gemeinschaft und zur Aufhebung der Verordnung (EG) Nr. 2560/2001 (ABl. L 266 vom 9. 10. 2009, S. 11), die zuletzt durch Artikel 17 der Verordnung (EU) Nr. 260/2012 (ABl. L 94 vom 30. 3. 2012, S. 22) geändert worden ist, und
   c) der Verordnung (EU) Nr. 260/2012 des Europäischen Parlaments und des Rates vom 14. März 2012 zur Festlegung der technischen Vorschriften und der Geschäftsanforderungen für Überweisungen und Lastschriften in Euro und zur Änderung der Verordnung (EG) Nr. 924/2009 (ABl. L 94 vom 30. 3. 2012, S. 22), die durch die Verordnung (EU) Nr. 248/2014 (ABl. L 84 vom 20. 3. 2014, S. 1) geändert worden ist,
   d) der Verordnung (EU) 2015/751 des Europäischen Parlaments und des Rates vom 29. April 2015 über Interbankenentgelte für kartengebundene Zahlungsvorgänge (ABl. L 123 vom 19. 5. 2015, S. 1),
4. der Vorschriften des Zahlungsdiensteaufsichtsgesetzes, soweit sie Pflichten von E-Geld-Emittenten oder Zahlungsdienstleistern gegenüber ihren Kunden begründen,
5. der Vorschriften des Zahlungskontengesetzes, die das Verhältnis zwischen einem Zahlungsdienstleister und einem Verbraucher regeln,
6. der Vorschriften des Kapitalanlagegesetzbuchs, wenn an der Streitigkeit Verbraucher beteiligt sind, oder
7. sonstiger Vorschriften im Zusammenhang mit Verträgen, die Bankgeschäfte nach § 1 Absatz 1 Satz 2 des Kreditwesengesetzes oder Finanzdienstleistungen nach § 1 Absatz 1a Satz 2 des Kreditwesengesetzes betreffen, zwischen Verbrauchern und nach dem Kreditwesengesetz beaufsichtigten Unternehmen

können die Beteiligten unbeschadet ihres Rechts, die Gerichte anzurufen, eine vom Bundesamt für Justiz für diese Streitigkeiten anerkannte private Verbraucherschlichtungsstelle oder die bei der Deutschen Bundesbank oder die bei der Bundesanstalt für Finanzdienstleistungsaufsicht eingerichtete Verbraucherschlichtungsstelle anrufen. Die bei der Deutschen Bundesbank eingerichtete Verbraucherschlichtungsstelle ist für die Streitigkeiten nach Satz 1 Nummer 1 bis 5 zuständig; die bei der Bundesanstalt für Finanzdienstleistungsaufsicht eingerichtete Verbraucherschlichtungsstelle ist für die Streitigkeiten nach Satz 1 Nummer 6 und 7 zuständig. Diese behördlichen Verbraucherschlichtungsstellen sind nur zuständig, wenn es für die Streitigkeit keine zuständige anerkannte Verbraucherschlichtungsstelle gibt.

(2) Jede Verbraucherschlichtungsstelle nach Absatz 1 muss mit mindestens zwei Schlichtern besetzt sein, die die Befähigung zum Richteramt haben. Die Schlichter müssen unabhängig sevin und das Schlichtungsverfahren fair und unparteiisch führen. Sie sollen ihre Schlichtungsvorschläge am geltenden Recht ausrichten und sie sollen insbesondere die zwingenden Verbraucherschutzgesetze beachten. Für das Schlichtungsverfahren kann von einem Verbraucher kein Entgelt verlangt werden.

(3) Das Bundesamt für Justiz erkennt auf Antrag eine Schlichtungsstelle als private Verbraucherschlichtungsstelle nach Absatz 1 Satz 1 an, wenn

1. **der Träger der Schlichtungsstelle ein eingetragener Verein ist,**
2. **die Schlichtungsstelle für die Streitigkeiten nach Absatz 1 Satz 1 zuständig ist und**
3. **die Organisation, Finanzierung und Verfahrensordnung der Schlichtungsstelle den Anforderungen dieses Gesetzes und der Rechtsverordnung entspricht, die auf Grund dieses Gesetzes erlassen wurde.**

Die Verfahrensordnung einer anerkannten Schlichtungsstelle kann nur mit Zustimmung des Bundesamts für Justiz geändert werden.

(4) Das Bundesamt für Justiz nimmt die Verbraucherschlichtungsstellen nach Absatz 1 in die Liste nach § 33 Absatz 1 des Verbraucherstreitbeilegungsgesetzes auf und macht die Anerkennung und den Widerruf oder die Rücknahme der Anerkennung im Bundesanzeiger bekannt.

(5) Das Bundesministerium der Justiz und für Verbraucherschutz regelt im Einvernehmen mit dem Bundesministerium der Finanzen durch Rechtsverordnung, die nicht der Zustimmung des Bundesrates bedarf, entsprechend den Anforderungen der Richtlinie 2013/11/EU des Europäischen Parlaments und des Rates vom 21. Mai 2013 über die alternative Beilegung verbraucherrechtlicher Streitigkeiten und zur Änderung der Verordnung (EG) Nr. 2006/2004 und der Richtlinie 2009/22/EG (ABl. L 165 vom 18. 6. 2013, S. 63)

1. **die näheren Einzelheiten der Organisation und des Verfahrens der bei der Deutschen Bundesbank und der bei der Bundesanstalt für Finanzdienstleistungsaufsicht nach diesem Gesetz eingerichteten Verbraucherschlichtungsstellen, insbesondere auch die Kosten des Schlichtungsverfahrens für einen am Schlichtungsverfahren beteiligten Unternehmer,**
2. **die Voraussetzungen und das Verfahren für die Anerkennung einer privaten Verbraucherschlichtungsstelle und für die Aufhebung dieser Anerkennung sowie die Voraussetzungen und das Verfahren für die Zustimmung zur Änderung der Verfahrensordnung,**
3. **die Zusammenarbeit der behördlichen Verbraucherschlichtungsstellen und der privaten Verbraucherschlichtungsstellen mit**
   a) **staatlichen Stellen, insbesondere der Bundesanstalt für Finanzdienstleistungsaufsicht, und**
   b) **vergleichbaren Stellen zur außergerichtlichen Streitbeilegung in anderen Vertragsstaaten des Abkommens über den Europäischen Wirtschaftsraum.**

Abschnitt 5
Anwendungsbereich

§ 15 Ausnahme für das Arbeitsrecht

Dieses Gesetz findet auf das Arbeitsrecht keine Anwendung.

Abschnitt 6
Überleitungsvorschriften

§ 16 Überleitungsvorschrift zum Gesetz zur Umsetzung der Richtlinie über alternative Streitbeilegung in Verbraucherangelegenheiten und zur Durchführung der Verordnung über Online-Streitbeilegung in Verbraucherangelegenheiten

(1) Bis zum Inkrafttreten der Rechtsverordnung nach § 14 Absatz 5 gelten ergänzend

1. für die Verbraucherschlichtungsstelle bei der Deutschen Bundesbank und für deren Verfahren die Schlichtungsstellenverfahrensverordnung,
2. für die Verbraucherschlichtungsstelle bei der Bundesanstalt für Finanzdienstleistungsaufsicht und für deren Verfahren die Kapitalanlageschlichtungsstellenverordnung.

Bei ergänzender Anwendung der Kapitalanlageschlichtungsstellenverordnung nach Satz 1 Nummer 2 treten an die Stelle der Streitigkeiten nach dem Kapitalanlagegesetzbuch die Streitigkeiten nach § 14 Absatz 1 Satz 1 Nummer 6 und 7. Schlichter, die für die Schlichtung von Streitigkeiten nach § 14 Absatz 1 Satz 1 Nummer 6 bestellt sind, dürfen nicht zugleich die Aufsicht über Unternehmen wahrnehmen, die den Vorschriften des Kreditwesengesetzes unterliegen. Vor der Bestellung von Schlichtern für Streitigkeiten nach § 14 Absatz 1 Satz 1 Nummer 6 sind abweichend von § 2 Absatz 2 Satz 1 der Kapitalanlageschlichtungsstellenverordnung der BVI Bundesverband Investment und Asset Management e. V. sowie die Ombudsstelle Geschlossene Fonds e. V. nicht zu beteiligen.

(2) Die Schlichtungsstellen der Verbände, denen die Schlichtungsaufgabe nach § 7 Absatz 1 und 2 der Schlichtungsstellenverfahrensverordnung oder nach § 11 Absatz 1 der Kapitalanlageschlichtungsstellenverordnung jeweils in der vor dem 26. Februar 2016 geltenden Fassung wirksam übertragen worden ist, gelten bis zum 1. Februar 2017 als anerkannte private Verbraucherschlichtungsstellen nach § 14 Absatz 1.

§ 17 Überleitungsvorschrift zum Gesetz zur Verbesserung der zivilrechtlichen Durchsetzung von verbraucherschützenden Vorschriften des Datenschutzrechts

§ 2 Absatz 2 Satz 1 Nummer 11 in der ab dem 24. Februar 2016 geltenden Fassung findet bis zum Ablauf des 30. September 2016 keine Anwendung auf Zuwiderhandlungen gegen § 4b des Bundesdatenschutzgesetzes, soweit die Datenübermittlung bis zum 6. Oktober 2015 auf der Grundlage der Entscheidung 2000/520/EG der Kommission vom 26. Juli 2000 gemäß der Richtlinie 95/46/EG des Europäischen Parlaments und des Rates über die Angemessenheit des von den Grundsätzen des »sicheren Hafens« und der diesbezüglichen »Häufig gestellten Fragen« (FAQ) gewährleisteten Schutzes, vorgelegt vom Handelsministerium der USA (ABl. L 215 vom 25. 8. 2000, S. 7) erfolgt ist.

Gesetz über die Voraussetzungen und das Verfahren von Sicherheitsüberprüfungen des Bundes und den Schutz von Verschlusssachen (Sicherheitsüberprüfungsgesetz – SÜG)

vom 20. April 1994 (BGBl. I S. 867), das zuletzt durch Artikel 3 des Gesetzes vom 20. November 2019 (BGBl. I S. 1626) geändert worden ist.

Überblick

Inhaltsübersicht Rn.

I. Einleitung

Bestimmte Teile des öffentlichen Dienstes wie der Privatwirtschaft werden als »sicherheitsempfindlich« behandelt. Wie diese Bereiche im Einzelnen abzugrenzen sind, wird uns im Detail beschäftigen. Die Bedeutung dieser Frage wird an der Rechtsfolge deutlich: Wer in diesen Bereichen tätig ist, wird einer sog. Sicherheitsüberprüfung unterzogen, die mit der Erhebung zahlreicher Daten auch aus dem Privatleben des Betroffenen und seines Ehegatten bzw. Lebenspartners verbunden ist. Ihr Ausgang entscheidet häufig über die weitere berufliche Existenz.[1] 1

1 Zu allen Einzelfragen sei auf Däubler, Kommentar zum Sicherheitsüberprüfungsgesetz (SÜG), 2019 sowie auf Warg, Kommentierung des SÜG, in: Schenke/Graulich/Ruthig, Sicherheitsrecht des Bundes, 2018 verwiesen.

1a Wie die Bundesregierung auf eine parlamentarische Anfrage mitteilte, wurden im Jahre 2014 allein im Verteidigungssektor 52364 Personen sicherheitsüberprüft.[2] An zweiter Stelle stand die Privatwirtschaft mit 24080 Verfahren, wobei die größte Bedeutung den Einrichtungen der Infrastruktur zukommen dürfte. Den dritten Platz belegte mit 9750 Fällen der traditionelle öffentliche Bereich einschließlich der Sicherheitsdienste; insgesamt waren **mehr als 80000 Personen** betroffen.

1b **Sonderregeln** bestehen für Beschäftigte in kerntechnischen Anlagen (insbesondere Kernkraftwerken)[3] sowie nach § 7 Luftsicherheitsgesetz[4] für Beschäftigte im Luftverkehr. In diesen beiden Fällen sind die Ehegatten bzw. Lebenspartner anders als meist im SÜG nicht einbezogen.

II. Das Verfahren der Sicherheitsüberprüfung

2 Maßgebende Rechtsgrundlage ist das Sicherheitsüberprüfungsgesetz (SÜG) vom 20. April 1994, dessen Anwendungsbereich insbesondere durch Art. 5 des Terrorismusbekämpfungsgesetzes vom 9. Januar 2002[5] erweitert wurde. Dabei wurde der Sabotageschutz einbezogen (unten Rn. 25). Das Erste Gesetz zur Änderung des SÜG vom 16. Juni 2017 brachte zahlreiche Veränderungen;[6] derzeit gilt das SÜG in der Fassung, die es durch Art. 4 des Gesetzes vom 18. Juli 2017[7] erhalten hat. Das zweite Datenschutz-Anpassungs- und Umsetzungsgesetz EU hat nur kleine redaktionelle Veränderungen gebracht, die beim unten abgedruckten Text berücksichtigt sind. In der Sache gilt Folgendes:

1. Erfasster Personenkreis

3 Nach § 2 Abs. 1 muss **jede Person**, die mit einer sicherheitsempfindlichen Tätigkeit betraut werden soll, zuvor einer Sicherheitsüberprüfung unterzogen werden. Dasselbe gilt nach § 2 Abs. 2 SÜG für den **Ehegatten**, den eingetragenen (gleichgeschlechtlichen) Lebenspartner sowie den sog. Lebensgefährten bzw. die Lebensgefährtin, mit dem/der die betroffene Person in einer auf Dauer angelegten Gemeinschaft zusammen lebt (nichteheliche Lebensgemeinschaft). Das Gesetz spricht insoweit von »mitbetroffener Person«.

4 Ausgenommen von der Sicherheitsüberprüfung bleiben nach § 2 Abs. 3 Mitglieder der Verfassungsorgane des Bundes (insbesondere Bundestagsabgeordnete) sowie Richter.

2. Zuständige Behörde

5 Zuständig für die Sicherheitsüberprüfung ist grundsätzlich die Behörde, die die sicherheitsempfindliche Tätigkeit zuweist. Bei Arbeiten in der Privatwirtschaft liegt die Kompetenz beim **Bundesministerium für Wirtschaft** oder einer nachgeordneten Behörde. Die

2 BT-Drs. 18/3772, S. 8, auch zum Folgenden.
3 § 12b AtomG, abgedruckt bei Däubler, SÜG, S. 11.
4 Wortlaut bei Däubler, SÜG, S. 13ff.
5 BGBl. I S. 361, 365.
6 BGBl. I S. 1634.
7 BGBl. I S. 2732.

entscheidende Rolle kommt allerdings der sog. **mitwirkenden Behörde** nach § 3 Abs. 2 SÜG zu: Es handelt sich dabei insbesondere um das **Bundesamt für Verfassungsschutz** und den Militärischen Abschirmdienst. In ihrer Hand liegt die Überprüfung der »Verlässlichkeit« der fraglichen Personen. In ihrem eigenen Bereich sind sie im Übrigen nach § 3 Abs. 3 SÜG für die Sicherheitsüberprüfung selbst zuständig.

3. Sicherheitserklärung

Die Überprüfung beginnt mit einer sog. Sicherheitserklärung, die der Betroffene und – soweit vorhanden – der Ehegatte, Partner usw. ausfüllen muss. Sie enthält bis zu 20 Angaben, die im Einzelnen in § 13 Abs. 1 SÜG aufgelistet sind. Die betroffene Person kann sich weigern, das Formular auszufüllen oder einzelne Angaben zu machen, doch hat dies automatisch zur Folge, dass sie für die sicherheitsempfindliche Tätigkeit nicht mehr in Betracht kommt. 6

4. Kriterien für die Sicherheitsüberprüfung

Je nach Geheimhaltungsgrad der dem Einzelnen zugänglichen Informationen werden **unterschiedlich intensive Formen** der Sicherheitsüberprüfung durchgeführt. Ergeben sich allerdings »sicherheitserhebliche Erkenntnisse«, die nur durch Maßnahmen der nächst höheren Stufe der Sicherheitsüberprüfung geklärt werden können, kann die zuständige Stelle mit Zustimmung der betroffenen Person die erweiterte Überprüfung vornehmen. 7

Die Überprüfung erstreckt sich auf die Frage, **ob** der Betroffene oder sein Ehegatte bzw. Partner ein **Sicherheitsrisiko** darstellt. § 5 Abs. 1 SÜG setzt dabei voraus, dass »tatsächliche Anhaltspunkte 8

1. *Zweifel an der Zuverlässigkeit der betroffenen Person bei der Wahrnehmung einer sicherheitsempfindlichen Tätigkeit,*
2. *eine besondere Gefährdung der betroffenen Person, insbesondere die Besorgnis der Erpressbarkeit, bei möglichen Anbahnungs- oder Werbungsversuchen*
   a) ausländischer Nachrichtendienste,
   b) von Vereinigungen im Sinne der §§ 129 bis 129b des Strafgesetzbuches oder
   c) extremistischer Organisationen, die Bestrebungen im Sinne des § 3 Absatz 1 des Bundesverfassungsschutzgesetzes verfolgen,

   oder
3. *Zweifel am Bekenntnis der betroffenen Person zur freiheitlichen demokratischen Grundordnung im Sinne des Grundgesetzes oder am jederzeitigen Eintreten für deren Erhaltung«*

begründen. Satz 2 fügt dem hinzu, ein Sicherheitsrisiko könne auch »aufgrund tatsächlicher Anhaltspunkte nach Satz 1 Nr. 1 bis 3 im Hinblick auf die mitbetroffene Person vorliegen.«

Um diese Fragen abzuklären, kann das Bundesamt für Verfassungsschutz nach näherer Maßgabe des § 12 SÜG nicht nur die vom Betroffenen angegebenen sog. **Referenzpersonen**, sondern auch **weitere geeignete Auskunftspersonen** befragen. Es prüft dabei, ob die Angaben des Betroffenen zutreffen und ob – unabhängig davon – tatsächliche Anhalts- 9 punkte vorliegen, die auf ein Sicherheitsrisiko schließen lassen. § 12 Abs. 5 spricht darüber hinaus von der **Einschaltung »anderer geeigneter Stellen«.**

5. Anhörung des Betroffenen

10 Vor Ablehnung der Zulassung zu einer sicherheitsempfindlichen Tätigkeit ist dem Betroffenen nach § 6 Abs. 1 Satz 1 SÜG Gelegenheit zu geben, sich persönlich zu den für die Entscheidung erheblichen Tatsachen zu äußern. Dabei ist allerdings der sog. **Quellenschutz** zu wahren; dem Betroffenen werden keine Indizien mitgeteilt, aus denen er schließen könnte, von wem eine bestimmte Information stammt. Nach § 6 Abs. 1 Satz 3 SÜG **unterbleibt die Anhörung insgesamt**, »wenn sie einen erheblichen Nachteil für die Sicherheit des Bundes oder eines Landes zur Folge hätte, insbesondere bei Sicherheitsüberprüfungen der Bewerber bei den Nachrichtendiensten des Bundes.« Ehegatten, Lebenspartner und Lebensgefährten werden in gleicher Weise behandelt und im Regelfall angehört.

6. Entscheidung

11 Kommt die mitwirkende Behörde (d.h. im Regelfall das Bundesamt für Verfassungsschutz) zu dem Ergebnis, dass ein Sicherheitsrisiko vorliegt, so unterrichtet sie die zuständige Stelle. Die Entscheidung liegt dann bei dieser, doch ist eine Abweichung eher unwahrscheinlich, da sie nicht über die nötigen Informationen verfügt, um die von den Sicherheitsdiensten gegebene Einschätzung zu erschüttern oder gar zu widerlegen. Außerdem bestimmt § 14 Abs. 3 Satz 3 SÜG: **»Im Zweifel hat das Sicherheitsinteresse Vorrang vor anderen Belangen.«** Lehnt die zuständige Stelle die Betrauung mit der sicherheitsempfindlichen Tätigkeit ab, teilt sie dies der betroffenen Person mit (§ 14 Abs. 4 SÜG).

11a Das Überprüfungsverfahfen führt nur relativ selten zu einem negativen Ergebnis. Nach Auskunft der Bundesregierung gab es im Jahre 2014 insgesamt 419 Fälle, in denen ein **Sicherheitsrisiko bejaht** wurde.[8]

7. Wiederholung des Verfahrens

12 Die Sicherheitserklärung ist nach § 17 Abs. 1 SÜG in der Regel alle fünf Jahre erneut abzugeben. Eine Wiederholungsüberprüfung findet bei besonders sicherheitsempfindlichen Tätigkeiten alle zehn Jahre statt. Im Übrigen kann die zuständige Stelle nach § 17 Abs. 2 Satz 2 SÜG jederzeit eine Wiederholungsüberprüfung einleiten, »wenn sicherheitserhebliche Erkenntnisse dies nahelegen«.

8. Behandlung der angefallenen Daten

13 Über die Sicherheitsüberprüfung wird nach näherer Maßgabe des § 18 SÜG eine Sicherheitsakte angelegt, die weder der personalverwaltenden Stelle noch dem Betroffenen zugänglich gemacht werden darf (§ 18 Abs. 3).

8 BT-Drs. 18/3772, S. 12.

Die bei der Überprüfung anfallenden Daten dürfen u. a. vom **Bundesamt für Verfassungsschutz** nach näherer Maßgabe des § 21 Abs. 1 SÜG **gespeichert** werden. Neben einer Verwendung in Strafverfahren ist insbesondere auch eine Heranziehung »zur Aufklärung von sicherheitsgefährdenden oder geheimdienstlichen Tätigkeiten für eine fremde Macht oder Bestrebungen, die darauf gerichtet sind, Gewalt anzuwenden oder Gewaltanwendung vorzubereiten« vorgesehen. Gleichgestellt ist eine Verwendung »zur **Aufklärung sonstiger Bestrebungen** von erheblicher Bedeutung«, was einem Blankoscheck gleichkommt.[9] 14

III. Handhabung der Zuverlässigkeitskriterien durch die Rechtsprechung

Entscheidend ist, wie die Kriterien nach § 5 Abs. 1 SÜG gehandhabt werden. Die in § 5 Abs. 1 Nr. 1 angesprochene »Zuverlässigkeit« des Betroffenen ist ein **Kriterium von bemerkenswerter Weite**, zumal § 5 Abs. 1 Nr. 3 deutlich macht, dass damit nicht allein die »politische Zuverlässigkeit« im Sinne eines Bekenntnisses zur freiheitlichen demokratischen Grundordnung gemeint ist. Die Offenheit dieses Kriteriums fällt umso stärker ins Gewicht, als **bereits tatsächliche Anhaltspunkte** für Zweifel an der Zuverlässigkeit **genügen** – und dies nicht nur beim Betroffenen, sondern auch beim Ehegatten, Lebenspartner oder Lebensgefährten. Wenn die Zweifel ihrerseits nur ein Niveau erreichen, das beim Entscheider Unsicherheit erzeugt, ist nach § 14 Abs. 3 Satz 3 SÜG grundsätzlich gegen den Betroffenen zu entscheiden, da das Sicherheitsinteresse Vorrang vor allen anderen Belangen hat. 15

Die vorliegende **Rechtsprechung** betrifft vorwiegend den Bereich der Bundeswehr. »Aussschlussgründe« können insbesondere Straftaten, schwerere Dienstvergehen, Alkohol- und Drogenabhängigkeit sowie Überschuldung sein.[10] 16

Politisches Engagement spielte bisher nur vergleichsweise selten eine Rolle. Ein solcher Fall lag aber vor, als ein Kreisvorsitzender und **Landtagskandidat der Partei »Die Republikaner«** gegen seinen Ausschluss von sicherheitsempfindlichen Tätigkeiten bei der Bundeswehr klagte. Das Bundesverwaltungsgericht entschied, dass die Sicherheitsbedenken zu Recht bestehen würden.[11] Als der Kläger aus der Partei austrat und auf Erteilung einer »Unbedenklichkeitsbescheinigung« klagte, entschied das Gericht, es sei nicht ermessensmissbräuchlich, mit dem Wiederaufgreifen des Sicherheitsüberprüfungsverfahrens auch nach einem Austritt einige Zeit zu warten, um so feststellen zu können, ob sich der Betroffene effektiv vom Gedankengut der fraglichen Partei distanziert habe.[12] 17

Eine **frühere Tätigkeit für das MfS** begründet grundsätzlich Sicherheitsbedenken, doch gilt dies nicht, wenn die Tätigkeit vor Vollendung des 18. Lebensjahres lag.[13] Auch fällt der zeitliche Abstand immer mehr ins Gewicht. Wurde die »Sicherheitstauglichkeit« wegen der Betätigung in der Vergangenheit zunächst verneint, wäre es ermessensmissbräuchlich, dies auch noch fünf Jahre später trotz korrekter Aufgabenerfüllung automatisch fortzuschreiben.[14] 18

---

9 Bedenken auch bei Riegel, BayVBl 1996, 362.
10 Überblick über die Rechtsprechung bei Däubler, SÜG, § 5 Rn. 13 – 45.
11 BVerwG 13.10.1998 – 1 WB 86/97, BVerwGE 113, 267.
12 BVerwG 9.12.1999 – 1 WB 64/99, NVwZ 2000, 447 = ZBR 2000, 129.
13 BVerwG 26.10.1999 – 1 WB 13/99, BVerwGE 111, 30.
14 BVerwG 24.5.2000 – 1 WB 25/00, BVerwGE 111, 219; dazu auch Däubler, SÜG, § 5 Rn. 29.

19 Ein Offizier der Bundeswehr, der bei der Leitung eines Hilfskonvois in die Ukraine eine **ukrainische Staatsangehörige** kennen gelernt und anschließend **geheiratet** hatte, stellt allein deshalb kein Sicherheitsrisiko dar.[15] Allerdings hatte die zuständige Stelle der Bundeswehr dies anders gesehen und auch das Bundesverwaltungsgericht hatte einige Jahre zuvor ein Sicherheitsrisiko bejaht, als unter durchaus vergleichbaren Umständen ein deutscher Offizier eine **Russin geheiratet** hatte, deren Bruder in der russischen Armee Dienst tat.[16] Ersichtlich wurde danach unterschieden, ob mit Rücksicht auf die Tätigkeit der in den fraglichen Ländern verbliebenen Verwandten mit Anwerbungsversuchen zu rechnen war oder nicht.

20 Ein Sicherheitsrisiko wird schließlich auch dann bejaht, wenn der Betroffene **überschuldet** ist und deshalb ein Insolvenzverfahren bevorsteht oder eröffnet wurde; auch hier scheint es auf eine besondere Gefährdung im Hinblick auf Anwerbungsversuche anzukommen.[17]

21 Angesichts fehlender Rechtsprechung **bleibt offen**, **wie in Privatunternehmen** mit sicherheitsrelevanten Tätigkeiten verfahren wird. Die gerichtlichen Entscheidungen dürften allerdings repräsentativ für die mögliche Ablehnung der »Sicherheitstauglichkeit« sein.

IV. Erfasste Bereiche

22 In der **bis zum Terrorismusbekämpfungsgesetz** vom 9. Januar 2002[18] geltenden Fassung erstreckte sich die Sicherheitsüberprüfung **ausschließlich** auf sog. **sicherheitsempfindliche Tätigkeiten.** Diese wurden ihrerseits durch die Verwendung von Verschlusssachen unterschiedlicher Geheimhaltungsstufe definiert (§ 1 Abs. 2 SÜG). Welche Angelegenheiten zur »Verschlusssache« erklärt werden, (war und) ist in der »Allgemeinen Verwaltungsvorschrift des Bundesministeriums des Innern zum materiellen und organisatorischen Schutz von Verschlusssachen (VS-Anweisung)« vom 19. April 1994[19] geregelt. Nach § 1 Abs. 1 der Vorschrift ist von einer Einstufung als Verschlusssache »nur der notwendige Gebrauch« zu machen. Nach § 1 Abs. 2 Nr. 3 SÜG ist es möglich, wegen des Umfangs und der Bedeutung anfallender Verschlusssachen eine Behörde insgesamt zum Geheimbereich zu erklären.

23 Die Rechtsprechung hat den **obersten Bundesbehörden volle Freiheit** gelassen, bestimmte Tätigkeiten als sicherheitsrelevant einzustufen, und sich auf eine (nie praktisch werdende) Willkürkontrolle beschränkt. Im Zusammenhang mit dem **EDV-Bereich der Bundesversicherungsanstalt für Angestellte** (BfA) hat es das BAG nicht beanstandet, dass dieser vom Bundesarbeitsminister für sicherheitsrelevant erklärt wurde.[20] Wörtlich heißt es in dem Beschluss:[21]

15 BVerwG 9.12.1999 – 1 WB 60/99, 1 WB 61/99, ZBR 2000, 127 = NVwZ-RR 2000, 305.
16 BVerwG 9.11.1994 – 1 WB 10/94, zitiert bei BVerwG a. a. O. (soweit ersichtlich unveröffentlicht).
17 BVerwG 30.1.2001 – 1 WB 119/00, NVwZ-RR 2001, 520.
18 BGBl. I S. 361.
19 GMBl 1994, 674 ff.
20 BAG 17.5.1983 – 1 AZR 1249/79, NJW 1984, 824.
21 A. a. O., S. 825 re. Sp.

»Diese Entscheidung ist eine politische Entscheidung, deren sachliche Berechtigung von den Gerichten jedenfalls dann nicht näher nachgeprüft werden kann, wenn die darin zum Ausdruck gekommene Einschätzung des möglichen Sicherheitsrisikos nicht völlig abwegig ist.«

Im Folgenden wird betont, man könne zwar davon ausgehen, dass die bei der BfA gespeicherten Daten von keinem nachrichtendienstlichen Interesse seien, doch sei nicht auszuschließen, »dass gezielte Einwirkungen auf oder in die EDV-mäßige Abwicklung der Aufgaben der BfA dazu führen können, dass Leistungen in großem Umfang nicht, zu spät oder unzutreffend gewährt werden, was erhebliche Unruhe unter den Betroffenen und damit in Krisenzeiten eine Bedrohung der öffentlichen Ordnung zur Folge haben kann.« **Legt man dies zugrunde**, können im Prinzip **alle Einrichtungen und Unternehmen** für **sicherheitsrelevant** erklärt werden, deren Ausfall in Krisenzeiten erhebliche **Unruhe hervorrufen** würden. Dies gilt nicht nur für die Energieversorgung, sondern beispielsweise auch für Presse, Rundfunk und Fernsehen.

Auch das **BVerfG** hat im Falle der Sicherheitsüberprüfung eines Beamten den Grundsatz **24** aufgestellt, es reiche aus, wenn die für die Sicherheitsempfindlichkeit gegebene Begründung nachvollziehbar und keineswegs willkürlich sei und deshalb mit Art. 3 Abs. 1 GG in Einklang stehe.[22]

Das **Terrorismusbekämpfungsgesetz** hat dem § 1 SÜG die Absätze 4 und 5 angefügt. Da- **25** nach kommt es jetzt nicht mehr allein auf die »Sicherheitsempfindlichkeit« im Sinne der Wahrung von Geheimnisschutz an. Vielmehr sind auch **lebens- oder verteidigungswichtige Einrichtungen** erfasst, deren Funktionsunfähigkeit schwere Schäden hervorrufen würde. Insoweit ist von **vorbeugendem personellen Sabotageschutz** die Rede. § 1 Abs. 5 SÜG definiert z. B. als lebenswichtig solche Einrichtungen,

»1. deren Beeinträchtigung aufgrund der ihnen anhaftenden betrieblichen Eigengefahr die Gesundheit oder das Leben großer Teile der Bevölkerung erheblich gefährden kann oder
2. die für das Funktionieren des Gemeinwesens unverzichtbar sind und deren Beeinträchtigung erhebliche Unruhe in großen Teilen der Bevölkerung und somit Gefahren für die öffentliche Sicherheit und Ordnung entstehen lassen würde.«

Beim ersten Fall ist etwa an Kernkraftwerke oder Stauwerke, beim zweiten an die Energieversorgung, aber auch an die Telekommunikation und die Medien zu denken. § 34 SÜG enthält eine Ermächtigung, die erfassten **Bereiche** im Einzelnen durch **Rechtsverordnung** festzulegen; diese ist bislang nicht ergangen.

Vergleicht man den 2001 eingefügten § 1 Abs. 5 SÜG mit der **Rechtsprechung** des BAG, **26** so kann man von einer »**Kodifizierung**« sprechen. Dieses hatte im BfA-Fall im Prinzip bereits eine Umorientierung auf den Sabotageschutz und die mögliche Unruhe der Bevölkerung im Krisenfall vorgenommen. Das ändert allerdings nichts daran, dass der Kreis der erfassten Tätigkeiten fast beliebig weit ausdehnbar ist. Könnte nicht auch der Ausfall von Schulen und Universitäten, die ja für das Funktionieren des Gemeinwesens unverzichtbar sind, erhebliche Unruhe in großen Teilen der Bevölkerung auslösen? Die Verordnung

22 BVerfG 10.2.1988 – 2 BvR 522/87, RDV 1989, 17 = DVBl 1988, 530 mit Anm. Kutscha.

würde aller Voraussicht nach keine derartige Ausdehnung vorsehen, doch ist Letzteres vom Gesetzeswortlaut her nicht von vornherein ausgeschlossen.

V. Arbeitsrechtliche Folgen

1. Personenbedingte Kündigung

27 Hat die Sicherheitsüberprüfung ein für den Betroffenen negatives Ergebnis, so ist er **ungeeignet,** mit der sicherheitsempfindlichen Tätigkeit (weiter) betraut zu werden. Die Situation ist insoweit ähnlich wie bei einem Kraftfahrer, der die Fahrerlaubnis verloren hat. Insoweit ist eine **personenbedingte Kündigung** unbestrittenermaßen **möglich.**[23] Nach allgemeinen Grundsätzen ist der Arbeitgeber allerdings im Rahmen seiner Möglichkeiten verpflichtet, den Arbeitnehmer auf einen anderen, nicht sicherheitsrelevanten Arbeitsplatz zu versetzen, da die Kündigung immer nur »letztes Mittel« sein kann.[24] In vielen Fällen wird es möglich und zumutbar sein, einen **Arbeitsplatztausch** vorzunehmen, also einen anderen Arbeitnehmer ohne Sicherheitsbedenken mit der fraglichen Aufgabe zu betrauen und den »gehandicapten« Beschäftigten auf dessen Arbeitsplatz einzusetzen. Ein solches Mittel versagt allerdings, wenn das gesamte Unternehmen oder die gesamte Behörde nur sicherheitsrelevante Tätigkeiten kennt (was aufs Ganze gesehen aber eher die Ausnahme sein dürfte).

28 Nach § 27 Satz 2 SÜG dürfen auch dem Arbeitgeber die Erkenntnisse nicht mitgeteilt werden, die die Ablehnung der Ermächtigung zu sicherheitsempfindlichen Tätigkeiten betreffen. Insoweit kann eine arbeitsgerichtliche Kündigungsschutzklage nur die Frage zum Gegenstand haben, inwieweit die eben erwähnten »Ausweichstrategien« im konkreten Fall gangbar sind. Der Streit darum, ob die »Sicherheitstauglichkeit« zu Recht oder zu Unrecht verweigert wurde, kann nicht vor den Arbeitsgerichten ausgetragen werden (dazu unten Rn. 31 ff.).

2. Ausdehnung auf nicht vom SÜG erfasste Bereiche?

29 Außerhalb der sicherheitsempfindlichen (und der gleichgestellten) Bereiche dürfen Sicherheitsbedenken keine Rolle spielen. Dem Arbeitgeber fehlen bereits die Erkenntnismöglichkeiten, um in ähnlicher Weise wie das Bundesamt für Verfassungsschutz Ermittlungen anzustellen. Eine freiwillige Einschaltung der Verfassungsschutzbehörden ist im Gesetz nicht vorgesehen; außerdem wäre sie – da darin mittelbar ein Auswahlkriterium für die Einstellung, Versetzung oder Kündigung liegt – nach § 95 Abs. 1 BetrVG nur mit **Zustimmung des Betriebsrats** möglich.[25] Entsprechend hat das ArbG Frankfurt/Main in dem Fall entschieden, dass auf Wunsch eines wichtigen Gastes (hier: der italienischen

---

23 BAG 28.2.1963 – 2 AZR 342/62, AP Nr. 3 zu § 1 KSchG (1951) Sicherheitsbedenken; BAG 20.7.1989 – 2 AZR 114/87, AP Nr. 2 zu § 1 KSchG 1969 Sicherheitsbedenken; ErfK-*Oetker*, § 1 KSchG Rn. 169; DDZ-*Deinert*, § 1 KSchG Rn. 221; APS-*Dörner/Vossen*, § 1 KSchG Rn. 254 f.; Hohenhaus, NZA 2016, 1046, 1048.

24 BAG 26.11.2009 – 2 AZR 272/08, AP Nr. 225 zu § 626 BGB (für einen ordentlich unkündbaren Arbeitnehmer); DDZ-*Deinert*, § 1 KSchG Rn. 221.

25 ArbG München 22.12.1987 – 14 BV 121/87, AiB 1988, 266 mit Anm. Degen.

Fußball-Nationalmannschaft) alle Bediensteten eines Hotels einer Sicherheitsüberprüfung hätten unterzogen werden sollen.[26]

In der Zeit vor In-Kraft-Treten des SÜG hatte die Rechtsprechung verschiedentlich mit Fällen zu tun, in denen der Arbeitgeber selbst eine Negativeinschätzung der **Sicherheitstauglichkeit** gegeben hatte. Dabei hat das BAG u. a. festgestellt, dass keine Sicherheitsbedenken wegen der schlichten Tatsache bestehen, dass der Arbeitnehmer – als Vermessungstechniker bei den Kölner Stadtwerken beschäftigt – mit der Schwester einer gesuchten Terroristin zusammenlebte.[27] Bedenklich ist es daher, wenn das LAG Köln[28] die Kündigung einer (nicht mit VS-Sachen befassten) Schreibkraft im Bundesministerium für Verteidigung mit dem Argument rechtfertigte, die Existenz langfristiger finanzieller Verbindlichkeiten aus früher begangenen Vermögensdelikten könne Sicherheitsbedenken begründen; außerhalb des vom SÜG erfassten (sehr weiten) Bereichs hat dieser Gesichtspunkt keine Berechtigung mehr. 30

VI. Rechtsschutzmöglichkeiten bei verweigertem Zugang zu sicherheitsempfindlichen Bereichen

Wird einem Arbeitnehmer von der zuständigen Behörde die Fähigkeit abgesprochen, sicherheitsempfindliche Aufgaben zu erfüllen, stellt dies einen erheblichen Eingriff in seine Berufsfreiheit nach Art. 12 Abs. 1 GG dar. Der Betroffene kann sich **vor den Verwaltungsgerichten** dagegen **zur Wehr setzen** und beispielsweise geltend machen, die Sicherheitsbehörden seien von falschen Voraussetzungen ausgegangen. Sein Rechtsschutz ist allerdings dadurch entscheidend verkürzt, dass er bei einer evtl. vorherigen Anhörung wie auch im Zusammenhang mit dem Bescheid selbst höchstens einen Teil der Erwägungen erfährt, die für die Behörde maßgebend waren. Auch das Verwaltungsgericht war lange Zeit nach § 99 Abs. 2 Satz 1 VwGO a. F. nicht in der Lage, die Sicherheitsinstanzen zur Vorlage aller Unterlagen zu zwingen. 31

Die darin **liegende Verkürzung des Rechtsschutzes** ist vom BVerfG[29] als Verstoß gegen Art. 19 Abs. 4 GG qualifiziert worden. Allerdings hat es sich nicht für eine volle Transparenz entschieden. Vielmehr seien im Wege der praktischen Konkordanz die durch Art. 19 Abs. 4 GG geschützten Interessen des Einzelnen mit dem staatlichen Geheimhaltungsinteresse, das sich insbesondere auf den Schutz der Quellen beziehe, in Einklang zu bringen.[30] Dies führt dazu, dass ein sog. **In-Camera-Verfahren** durchgeführt wird, in dem zwar das Gericht, nicht aber der Betroffene und sein Prozessvertreter Kenntnis von den geheim gehaltenen Unterlagen erhält. Dies führt dann nicht zu einer Entscheidung in der Sache, sondern in der heutigen Fassung des § 99 Abs. 2 VwGO nur dazu, dass das OVG oder das BVerwG in einem Zwischenverfahren die definitive **Geheimhaltungsbedürftigkeit** überprüft. Wird diese bestätigt, wird ohne diese Unterlagen von dem angerufenen 32

26 Mitgeteilt bei Bösche/Grimberg, AiB 1988, 214 ff.
27 BAG 26. 10. 1978 – 2 AZR 24/77, DB 1979, 895.
28 9. 5. 1996 – 10 Sa 22/96, ZTR 1997, 188.
29 BVerfG 27. 10. 1999 – 2 BvR 1264/90, BVerfGE 101, 106 ff.; dazu auch Soost, in: Müller-Heidelberg u. a., Grundrechte-Report 2000, 146.
30 BVerfG 27. 10. 1999 – 2 BvR 1264/90, BVerfGE 101, 106, 124 ff.

Gericht zur Sache entschieden; die »geheimen« Unterlagen dürfen weder zu Gunsten noch zu Lasten des Bürgers berücksichtigt werden.[31] Teilen OVG oder BVerwG die Auffassung der Behörde nicht, kann das Verfahren unter Einbeziehung der »geheimen« Unterlagen durchgeführt werden.

33 Mit dieser Rechtsprechung und der auf ihr beruhenden gesetzlichen Neuregelung ist ein relativer **Fortschritt** erreicht. Wird die Offenlegung der Informationen verweigert, kann sich der Betroffene zwar nicht mit den Gründen auseinandersetzen und deshalb auch nicht subjektiv motivierte Falschaussagen von Informanten erkennen, die beispielsweise mit dem Betroffenen persönlich verfeindet sind. Dennoch kann der Betroffene seinen Prozess gewinnen, da dieses »Belastungsmaterial« nicht gegen ihn verwendet werden darf. Wird die Geheimhaltungsbedürftigkeit verneint, so kann er sich mit den fraglichen Anschuldigungen in vollem Umfang auseinandersetzen.

31 VG Göttingen 6.11.2013 – 1 A 246/11, ZD 2014, 162.

Sicherheitsüberprüfungsgesetz – SÜG[1]
– Gesetzestext –

Erster Abschnitt
Allgemeine Vorschriften

§ 1 Zweck und Anwendungsbereich des Gesetzes

(1) Dieses Gesetz regelt die Voraussetzungen und das Verfahren zur Überprüfung einer Person, die von der zuständigen Stelle mit einer sicherheitsempfindlichen Tätigkeit betraut werden soll (Sicherheitsüberprüfung) oder bereits betraut worden ist (Wiederholungsüberprüfung), sowie den Schutz von Verschlusssachen.

(2) Eine sicherheitsempfindliche Tätigkeit übt aus, wer

1. Zugang zu Verschlußsachen hat oder ihn sich verschaffen kann, die STRENG GEHEIM, GEHEIM ODER VS-VERTRAULICH eingestuft sind,
2. Zugang zu Verschlußsachen über- oder zwischenstaatlicher Einrichtungen und Stellen hat oder ihn sich verschaffen kann, wenn die Bundesrepublik Deutschland verpflichtet ist, nur sicherheitsüberprüfte Personen hierzu zuzulassen,
3. in einer Behörde oder einer sonstigen öffentlichen Stelle des Bundes oder in einem Teil von ihr tätig ist, die auf Grund des Umfanges und der Bedeutung dort anfallender Verschlußsachen von der jeweils zuständigen obersten Bundesbehörde im Einvernehmen mit dem Bundesministerium des Innern als Nationale Sicherheitsbehörde zum Sicherheitsbereich erklärt worden ist,
4. nach anderen Vorschriften einer Sicherheitsüberprüfung unterliegt, soweit auf dieses Gesetz verwiesen wird.

(3) Verpflichten sich Stellen der Bundesrepublik Deutschland gegenüber Stellen anderer Staaten durch Übereinkünfte, bei Personen, die Zugang zu Verschlußsachen ausländischer Staaten haben oder sich verschaffen können, zuvor Sicherheitsüberprüfungen nach deutschem Recht durchzuführen, ist in diesen Übereinkünften festzulegen, welche Verschlußsachengrade des Vertragspartners Verschlußsachengraden nach diesem Gesetz vergleichbar sind. Derartige Festlegungen müssen sich im Rahmen der Bewertungen dieses Gesetzes halten und insbesondere den Maßstäben des § 4 entsprechen.

(4) Eine sicherheitsempfindliche Tätigkeit übt auch aus, wer an einer sicherheitsempfindlichen Stelle innerhalb einer lebens- oder verteidigungswichtigen Einrichtung oder wer innerhalb einer besonders sicherheitsempfindlichen Stelle des Geschäftsbereiches des

---

1 Vom 20. April 1994 (BGBl. I S. 867), zuletzt geändert durch Artikel 3 des Gesetzes vom 20. November 2019 (BGBl. I S. 1626).

Bundesministeriums der Verteidigung (»Militärischer Sicherheitsbereich«) beschäftigt ist oder werden soll (vorbeugender personeller Sabotageschutz).Ziel des vorbeugenden personellen Sabotageschutzes ist es, potenzielle Saboteure (Innentäter) von sicherheitsempfindlichen Stellen fernzuhalten, um den Schutz der in Absatz 5 Satz 1 und 2 genannten Schutzgüter sicherzustellen.

(5) Lebenswichtig sind solche Einrichtungen,

1. deren Beeinträchtigung auf Grund der ihnen anhaftenden betrieblichen Eigengefahr die Gesundheit oder das Leben großer Teile der Bevölkerung erheblich gefährden kann oder
2. die für das Funktionieren des Gemeinwesens unverzichtbar sind und deren Beeinträchtigung erhebliche Unruhe in großen Teilen der Bevölkerung und somit Gefahren für die öffentliche Sicherheit oder Ordnung entstehen lassen würde.

Verteidigungswichtig sind außerhalb des Geschäftsbereiches des Bundesministeriums der Verteidigung solche Einrichtungen, die der Herstellung oder Erhaltung der Verteidigungsbereitschaft dienen und deren Beeinträchtigung auf Grund

1. fehlender kurzfristiger Ersetzbarkeit die Funktionsfähigkeit, insbesondere die Ausrüstung, Führung und Unterstützung der Bundeswehr und verbündeter Streitkräfte sowie der Zivilen Verteidigung, oder
2. der ihnen anhaftenden betrieblichen Eigengefahr die Gesundheit oder das Leben großer Teile der Bevölkerung

erheblich gefährden kann. Sicherheitsempfindliche Stelle ist die kleinste selbständig handelnde Organisationseinheit innerhalb einer lebens- oder verteidigungswichtigen Einrichtung, die vor unberechtigtem Zugang geschützt ist und von der im Falle der Beeinträchtigung eine erhebliche Gefahr für die in den Sätzen 1 und 2 genannten Schutzgüter ausgeht.

§ 2 Betroffener Personenkreis

(1) Eine Person, die mit einer sicherheitsempfindlichen Tätigkeit betraut werden soll (betroffene Person), ist vorher einer Sicherheitsüberprüfung zu unterziehen. Die Sicherheitsüberprüfung bedarf der Zustimmung der betroffenen Person, soweit gesetzlich nichts anderes bestimmt ist. Die Zustimmung ist schriftlich zu erteilen. Eine sicherheitsempfindliche Tätigkeit darf erst nach Vollendung des 16. Lebensjahres übertragen werden. Auf eine Sicherheitsüberprüfung kann verzichtet werden, wenn für die betroffene Person bereits vor weniger als fünf Jahren eine gleich- oder höherwertige Überprüfung abgeschlossen wurde, ohne dass ein Sicherheitsrisiko festgestellt worden ist.

(2) In die Sicherheitsüberprüfung nach § 9 Absatz 1 Nummer 1 oder Nummer 2 oder nach § 10 soll einbezogen werden:

1. die volljährige Ehegattin oder der volljährige Ehegatte der betroffenen Person,
2. die Lebenspartnerin oder der Lebenspartner der betroffenen Person oder
3. die volljährige Partnerin oder der volljährige Partner, mit der oder dem die betroffene Person in einer auf Dauer angelegten Gemeinschaft lebt (Lebensgefährtin oder Lebensgefährte).

Über Ausnahmen entscheidet die zuständige Stelle. Die Einbeziehung bedarf der Zustimmung dieser Person. Die Zustimmung ist schriftlich zu erteilen. Sofern die Person im

Sinne des Satzes 1 in die Sicherheitsüberprüfung einbezogen wird, ist sie mitbetroffene Person. Geht die betroffene Person die Ehe während oder nach der Sicherheitsüberprüfung ein oder begründet sie die Lebenspartnerschaft oder die auf Dauer angelegte Gemeinschaft während oder nach der Sicherheitsüberprüfung, so hat die betroffene Person die zuständige Stelle unverzüglich zu unterrichten. Das gleiche gilt, wenn die Volljährigkeit der Ehegattin, des Ehegatten, der Lebensgefährtin oder des Lebensgefährten während oder nach der Sicherheitsüberprüfung eintritt.

(3) Eine Sicherheitsüberprüfung ist nicht durchzuführen für

1. die Mitglieder der Verfassungsorgane des Bundes,
1a. die in der Bundesrepublik Deutschland gewählten Mitglieder des Europäischen Parlaments,
2. Richterinnen und Richter, soweit sie Aufgaben der Rechtsprechung wahrnehmen,
3. ausländische Staatsangehörige, die in der Bundesrepublik Deutschland im Interesse über- oder zwischenstaatlicher Einrichtungen und Stellen eine sicherheitsempfindliche Tätigkeit nach § 1 Abs. 2 Nr. 2 ausüben sollen; Regelungen über- oder zwischenstaatlicher Einrichtungen und Stellen bleiben unberührt.

Die in Satz 1 Nummer 1 bis 2 genannten Personen erhalten den Zugang zu Verschlusssachen kraft Amtes.

§ 3 Zuständigkeit

(1) Zuständige Stelle für die Sicherheitsüberprüfung ist

1. die Behörde oder sonstige öffentliche Stelle des Bundes, die eine betroffene Person mit einer sicherheitsempfindlichen Tätigkeit betrauen will,
2. das Bundesministerium des Innern als Nationale Sicherheitsbehörde für deutsche Staatsangehörige, die mit einer sicherheitsempfindlichen Tätigkeit bei über- oder zwischenstaatlichen Einrichtungen und Stellen betraut werden sollen, soweit nichts anderes bestimmt ist,
3. die politische Partei nach Artikel 21 des Grundgesetzes, die eine betroffene Person mit einer sicherheitsempfindlichen Tätigkeit innerhalb der Partei oder ihrer Stiftung betrauen will,
4. die Behörde oder sonstige öffentliche Stelle des Bundes, die eine Verschlusssache an eine nichtöffentliche Stelle weitergeben will, für eine betroffene Person dieser nichtöffentlichen Stelle, sofern sich die Zuständigkeit nicht nach dem Fünften Abschnitt richtet,
5. bei der Durchführung von Bauangelegenheiten des Bundes im Wege der Organleihe
   a) im zivilen Bereich die Bundesanstalt für Immobilienaufgaben,
   b) im Geschäftsbereich des Bundesministeriums der Verteidigung die nutzende Verwaltung,

für eine betroffene Person einer nichtöffentlichen Stelle, sofern sich die Zuständigkeit nicht nach dem Fünften Abschnitt richtet.

In den Fällen des Satzes 1 Nummer 1 und 4 kann die oberste Bundesbehörde für ihren jeweiligen Geschäftsbereich abweichende Regelungen treffen. Ist eine andere Bundesbehörde als die Bundesbehörde, die die Liegenschaft nutzt oder nutzen soll, nach Satz 1 Nummer 1 oder 5 zuständige Stelle, obliegt es der Bundesbehörde, die die Liegenschaft nutzt oder nutzen soll, die sicherheitsempfindliche Tätigkeit festzustellen und im Bedarfsfall die Art der Sicherheitsüberprüfung festzulegen.

(1a) Die Aufgaben der zuständigen Stelle sind von einer von der Personalverwaltung, der oder dem Beauftragten für den Datenschutz und der Ansprechperson für Korruptionsprävention getrennten Organisationseinheit wahrzunehmen.

(2) Mitwirkende Behörde bei der Sicherheitsüberprüfung ist das Bundesamt für Verfassungsschutz nach § 3 Absatz 2 Satz 1 Nummer 1, 2 und 4 des Bundesverfassungsschutzgesetzes und im Geschäftsbereich des Bundesministeriums der Verteidigung der Militärische Abschirmdienst nach § 1 Absatz 3 Satz 1 Nummer 1 Buchstabe a bis c des MAD-Gesetzes, soweit nicht in Rechtsvorschriften über- oder zwischenstaatlicher Einrichtungen oder in völkerrechtlichen Verträgen, denen die gesetzgebenden Körperschaften gemäß Artikel 59 Abs. 2 des Grundgesetzes zugestimmt haben, etwas anderes bestimmt ist.

(3) Der Bundesnachrichtendienst, das Bundesamt für Verfassungsschutz und der Militärische Abschirmdienst sind

1. für Bewerberinnen und Bewerber sowie für Mitarbeiterinnen und Mitarbeiter des eigenen Nachrichtendienstes und
2. für andere betroffene Personen, wenn diese mit einer sicherheitsempfindlichen Tätigkeit nach § 1 Absatz 2 beim jeweiligen Nachrichtendienst betraut werden sollen,

jeweils zuständige Stelle für die Sicherheitsüberprüfung und mitwirkende Behörde zugleich. Sie wenden hierbei die Vorschriften dieses Gesetzes an. Satz 1 Nummer 2 gilt nicht, sofern der Bundesnachrichtendienst, das Bundesamt für Verfassungsschutz oder der Militärische Abschirmdienst ihre jeweils alleinige Zuständigkeit nach Art oder Dauer der sicherheitsempfindlichen Tätigkeit für entbehrlich halten.

§ 3a Geheimschutzbeauftragte, Sabotageschutzbeauftragte

(1) Die nach § 3 Absatz 1 Satz 1 Nummer 1, 4 und 5 für den Bereich des Geheimschutzes zuständigen Stellen sollen zur Erfüllung ihrer Aufgaben eine Geheimschutzbeauftragte oder einen Geheimschutzbeauftragten sowie eine zur Vertretung berechtigte Person bestellen. Soweit eine Geheimschutzbeauftragte oder ein Geheimschutzbeauftragter nicht bestellt wird, nimmt die Dienststellenleitung die Aufgaben der oder des Geheimschutzbeauftragten wahr. Die oder der Geheimschutzbeauftragte sorgt in ihrer oder seiner Behörde oder sonstigen öffentlichen Stelle des Bundes für die Durchführung dieses Gesetzes und der dazu ergangenen Regelungen.

(2) Die nach § 3 Absatz 1 Satz 1 Nummer 1 und 5 für den Bereich des vorbeugenden personellen Sabotageschutzes zuständigen Stellen sollen zur Erfüllung ihrer Aufgaben eine Sabotageschutzbeauftragte oder einen Sabotageschutzbeauftragten sowie eine zur Vertretung berechtigte Person bestellen. Absatz 1 Satz 2 und 3 gilt entsprechend.

(3) Das Bundesministerium der Verteidigung trifft für seinen Geschäftsbereich die organisatorischen Maßnahmen zur Einrichtung von Geheimschutzbeauftragten und Sabotageschutzbeauftragten.

(4) Die näheren Aufgaben der Geheimschutzbeauftragten und der Sabotageschutzbeauftragten regeln die allgemeinen Verwaltungsvorschriften im Sinne des § 35.

§ 4 Allgemeine Grundsätze zum Schutz von Verschlusssachen, Mitwirkung des Bundesamtes für Sicherheit in der Informationstechnik

(1) Verschlusssachen sind im öffentlichen Interesse, insbesondere zum Schutz des Wohles des Bundes oder eines Landes, geheimhaltungsbedürftige Tatsachen, Gegenstände oder Erkenntnisse, unabhängig von ihrer Darstellungsform. Verschlusssachen können auch Produkte und die dazugehörenden Dokumente sowie zugehörige Schlüsselmittel zur Entschlüsselung, Verschlüsselung und Übertragung von Informationen sein (Kryptomittel). Geheimhaltungsbedürftig im öffentlichen Interesse können auch Geschäfts-, Betriebs-, Erfindungs-, Steuer- oder sonstige private Geheimnisse oder Umstände des persönlichen Lebensbereichs sein.

(1a) Von einer Verschlusssache dürfen nur Personen Kenntnis erhalten, die auf Grund ihrer Aufgabenerfüllung Kenntnis haben müssen. Keine Person darf über eine Verschlusssache umfassender oder eher unterrichtet werden, als dies aus Gründen der Aufgabenerfüllung notwendig ist.

(2) Verschlusssachen werden entsprechend ihrer Schutzbedürftigkeit von einer amtlichen Stelle des Bundes oder auf deren Veranlassung in folgende Geheimhaltungsgrade eingestuft:

1. STRENG GEHEIM, wenn die Kenntnisnahme durch Unbefugte den Bestand oder lebenswichtige Interessen der Bundesrepublik Deutschland oder eines ihrer Länder gefährden kann,
2. GEHEIM, wenn die Kenntnisnahme durch Unbefugte die Sicherheit der Bundesrepublik Deutschland oder eines ihrer Länder gefährden oder ihren Interessen schweren Schaden zufügen kann,
3. VS-VERTRAULICH, wenn die Kenntnisnahme durch Unbefugte für die Interessen der Bundesrepublik Deutschland oder eines ihrer Länder schädlich sein kann,
4. VS-NUR FÜR DEN DIENSTGEBRAUCH, wenn die Kenntnisnahme durch Unbefugte für die Interessen der Bundesrepublik Deutschland oder eines ihrer Länder nachteilig sein kann.

(3) Wer auf Grund dieses Gesetzes oder sonst in berechtigter Weise Zugang zu einer Verschlusssache erlangt,

1. ist zur Verschwiegenheit über die ihm dadurch zur Kenntnis gelangten Informationen verpflichtet und
2. hat durch Einhaltung der Schutzmaßnahmen, die auf Grund dieses Gesetzes erlassen worden sind, dafür Sorge zu tragen, dass keine unbefugte Person Kenntnis von der Verschlusssache erlangt.

(4) Behörden und sonstige öffentliche Stellen des Bundes sind verpflichtet, Verschlusssachen durch Maßnahmen des materiellen Geheimschutzes nach der jeweils für sie geltenden allgemeinen Verwaltungsvorschrift, die nach § 35 zu erlassen ist, so zu schützen, dass Durchbrechungen ihrer Vertraulichkeit entgegengewirkt wird, und darauf hinzuwirken, dass solche Versuche erkannt und aufgeklärt werden können. Dies gilt auch für die Weitergabe von Verschlusssachen an nichtöffentliche Stellen. Die eine Verschlusssache herausgebende Stelle kann weitere Vorgaben zum Schutz der Verschlusssache treffen.

(5) Bei der Durchführung der nach § 35 Absatz 1 erster Halbsatz zu erlassenden allgemeinen Verwaltungsvorschrift zum materiellen Geheimschutz wirkt das Bundesamt für Si-

cherheit in der Informationstechnik mit. Bei der Durchführung der nach § 35 Absatz 3 zu erlassenden allgemeinen Verwaltungsvorschrift zum materiellen Geheimschutz wirkt der Militärische Abschirmdienst mit. Bei der Betreuung der nichtöffentlichen Stellen im materiellen Geheimschutz sowie bei den Nachrichtendiensten des Bundes wirkt das Bundesamt für Sicherheit in der Informationstechnik auf Ersuchen der jeweils zuständigen Behörde mit.

(6) Das Bundesamt für Verfassungsschutz, der Militärische Abschirmdienst und der Bundesnachrichtendienst teilen dem Bundesamt für Sicherheit in der Informationstechnik nichtpersonenbezogene Erkenntnisse, die für den Schutz von Verschlusssachen oder die Aufrechterhaltung des Geheimschutzes von Bedeutung sein können, unverzüglich mit. Das gilt nicht, soweit die Erkenntnisse einem Weitergabeverbot unterliegen. § 23 des Bundesverfassungsschutzgesetzes gilt entsprechend.

§ 5 Sicherheitsrisiken, sicherheitserhebliche Erkenntnisse

(1) Im Sinne dieses Gesetzes liegt ein Sicherheitsrisiko vor, wenn tatsächliche Anhaltspunkte Folgendes begründen:

1. Zweifel an der Zuverlässigkeit der betroffenen Person bei der Wahrnehmung einer sicherheitsempfindlichen Tätigkeit,
2. eine besondere Gefährdung der betroffenen Person, insbesondere die Besorgnis der Erpressbarkeit, bei möglichen Anbahnungs- oder Werbungsversuchen
   a) ausländischer Nachrichtendienste,
   b) von Vereinigungen im Sinne der §§ 129 bis 129b des Strafgesetzbuches oder
   c) extremistischer Organisationen, die Bestrebungen im Sinne des § 3 Absatz 1 des Bundesverfassungsschutzgesetzes verfolgen,

   oder
3. Zweifel am Bekenntnis der betroffenen Person zur freiheitlichen demokratischen Grundordnung im Sinne des Grundgesetzes oder am jederzeitigen Eintreten für deren Erhaltung.

Ein Sicherheitsrisiko kann auch auf Grund tatsächlicher Anhaltspunkte nach Satz 1 Nummer 1 bis 3 im Hinblick auf die mitbetroffene Person vorliegen.

(2) Eine Erkenntnis ist sicherheitserheblich, wenn sich aus ihr ein Anhaltspunkt für ein Sicherheitsrisiko ergibt.

§ 6 Rechte der betroffenen Person und der mitbetroffenen Person

(1) Vor der Feststellung eines Sicherheitsrisikos ist der betroffenen Person Gelegenheit zu geben, sich persönlich zu den für die Entscheidung erheblichen Tatsachen zu äußern. Die betroffene Person kann im Rahmen der Anhörung eine Rechtsanwältin oder einen Rechtsanwalt beiziehen. Die Anhörung erfolgt in einer Weise, die den Quellenschutz gewährleistet und den schutzwürdigen Interessen von Personen, die im Rahmen einer Sicherheitsüberprüfung befragt wurden, Rechnung trägt. Sie unterbleibt, wenn sie einen erheblichen Nachteil für die Sicherheit des Bundes oder eines Landes zur Folge hätte, insbesondere bei Sicherheitsüberprüfungen der Bewerberinnen und Bewerber bei den Nachrichtendiensten des Bundes.

(2) Liegen im Hinblick auf die mitbetroffene Person tatsächliche Anhaltspunkte im Sinne des § 5 Absatz 1 Satz 1 Nummer 1 bis 3 vor, ist ihr Gelegenheit zu geben, sich vor der Feststellung eines Sicherheitsrisikos persönlich zu den für die Entscheidung erheblichen Tatsachen zu äußern. Absatz 1 Satz 2 bis 4 gilt entsprechend.
(3) Die Absätze 1 und 2 sind auch im Falle der Ablehnung einer Weiterbeschäftigung in einer sicherheitsempfindlichen Tätigkeit anzuwenden.

Zweiter Abschnitt
Überprüfungsarten und Durchführungsmaßnahmen

§ 7 Arten der Sicherheitsüberprüfung

(1) Entsprechend der vorgesehenen sicherheitsempfindlichen Tätigkeit wird entweder eine
1. einfache Sicherheitsüberprüfung oder
2. erweiterte Sicherheitsüberprüfung oder
3. erweiterte Sicherheitsüberprüfung mit Sicherheitsermittlungen

durchgeführt.
(2) Ergeben sich bei der Sicherheitsüberprüfung sicherheitserhebliche Erkenntnisse, die nur durch Maßnahmen der nächsthöheren Art der Sicherheitsüberprüfung geklärt werden können, kann die zuständige Stelle mit Zustimmung der betroffenen Person die nächsthöhere Art der Sicherheitsüberprüfung anordnen. § 2 Absatz 2 Satz 1 bis 5 gilt entsprechend; § 12 Absatz 5 bleibt unberührt.

§ 8 Einfache Sicherheitsüberprüfung

(1) Die einfache Sicherheitsüberprüfung ist für Personen durchzuführen, die
1. Zugang zu VS-VERTRAULICH eingestuften Verschlußsachen erhalten sollen oder ihn sich verschaffen können,
2. Tätigkeiten in Bereichen nach § 1 Abs. 2 Nr. 3 wahrnehmen sollen.

(2) Die zuständige Stelle kann von der Sicherheitsüberprüfung absehen, wenn
1. in den Fällen des Absatzes 1 Nummer 1
   a) die Zuverlässigkeit der betroffenen Person durch eine Überprüfung nach dem Luftsicherheitsgesetz festgestellt wurde,
   b) die Betrauung mit der sicherheitsempfindlichen Tätigkeit unaufschiebbar ist,
   c) die Einstufung der Verschlusssache voraussichtlich vor Abschluss der Sicherheitsüberprüfung wieder aufgehoben wird und
   d) das Bundesministerium des Innern dem zugestimmt hat,
2. in den Fällen des Absatzes 1 Nummer 2 Art oder Dauer der Tätigkeit dies zulassen.

§ 2 Absatz 1 Satz 5 bleibt unberührt.

§ 9 Erweiterte Sicherheitsüberprüfung

(1) Eine erweiterte Sicherheitsüberprüfung ist für Personen durchzuführen, die
1. Zugang zu GEHEIM eingestuften Verschlußsachen erhalten sollen oder ihn sich verschaffen können,
2. Zugang zu einer hohen Anzahl VS-VERTRAULICH eingestuften Verschlußsachen erhalten sollen oder ihn sich verschaffen können,
3. Tätigkeiten in Bereichen nach § 1 Absatz 4 wahrnehmen sollen,

soweit nicht die zuständige Stelle in den Fällen der Nummern 1 und 2 im Einzelfall nach Art und Dauer der Tätigkeit eine Sicherheitsüberprüfung nach § 8 für ausreichend hält.

(2) In den Fällen von Absatz 1 Nummer 3 kann die Sicherheitsüberprüfung unterbleiben, wenn
1. eine Person mit einer unaufschiebbaren sicherheitsempfindlichen Tätigkeit betraut werden soll, für die keine überprüften Personen zur Verfügung stehen, oder
2. eine Person nur kurzzeitig, höchstens vier Wochen, eine sicherheitsempfindliche Tätigkeit ausüben soll

und die nicht überprüfte Person durch eine überprüfte Person ständig begleitet wird.

(3) Sofern eine sicherheitsempfindliche Stelle im Sinne des § 1 Absatz 5 Satz 3 neu festgestellt wird, ist die Sicherheitsüberprüfung für eine dort tätige Person nach Absatz 1 Nummer 3 unverzüglich durchzuführen.

§ 10 Erweiterte Sicherheitsüberprüfung mit Sicherheitsermittlungen

Eine erweiterte Sicherheitsüberprüfung mit Sicherheitsermittlungen ist für Personen durchzuführen,
1. die Zugang zu STRENG GEHEIM eingestuften Verschlußsachen erhalten sollen oder ihn sich verschaffen können,
2. die Zugang zu einer hohen Anzahl GEHEIM eingestuften Verschlußsachen erhalten sollen oder ihn sich verschaffen können,
3. die bei einem Nachrichtendienst des Bundes oder einer Behörde oder sonstigen öffentlichen Stelle des Bundes tätig werden sollen, die nach Feststellung der Bundesregierung gemäß § 34 Aufgaben von vergleichbarer Sicherheitsempfindlichkeit wahrnimmt,

soweit nicht die zuständige Stelle im Einzelfall nach Art und Dauer der Tätigkeit eine Sicherheitsüberprüfung nach § 8 oder § 9 für ausreichend hält.

§ 11 Datenerhebung

(1) Die zuständige Stelle und die mitwirkende Behörde dürfen die zur Erfüllung ihrer Aufgaben nach diesem Gesetz erforderlichen Daten erheben. Die betroffene Person sowie die sonstigen zu befragenden Personen und nicht-öffentlichen Stellen sind auf den Zweck der Erhebung, die Auskunftspflichten nach diesem Gesetz und auf eine dienst-, arbeitsrechtliche oder sonstige vertragliche Mitwirkungspflicht, ansonsten auf die Freiwilligkeit ihrer Angaben hinzuweisen. Bei Sicherheitsüberprüfungen nach § 3 Absatz 3 Satz 1 kann die Angabe der erhebenden Stelle gegenüber den sonstigen zu befragenden Personen oder

öffentlichen und nichtöffentlichen Stellen unterbleiben, wenn dies zum Schutz der betroffenen Person oder des Nachrichtendienstes erforderlich ist.
(2) Die zuständige Stelle erhebt die personenbezogenen Daten bei der betroffenen Person oder bei der mitbetroffenen Person. Reicht diese Erhebung nicht aus oder stehen ihr schutzwürdige Interessen der betroffenen Person oder der mitbetroffenen Person entgegen, können andere geeignete Personen oder Stellen befragt werden.

§ 12 Maßnahmen bei den einzelnen Überprüfungsarten, Überprüfungszeitraum

(1) Bei der Sicherheitsüberprüfung nach § 8 trifft die mitwirkende Behörde folgende Maßnahmen:
1. sicherheitsmäßige Bewertung der Angaben in der Sicherheitserklärung unter Berücksichtigung der Erkenntnisse der Verfassungsschutzbehörden des Bundes und der Länder,
2. Einholung einer unbeschränkten Auskunft aus dem Bundeszentralregister und Ersuchen um eine Datenübermittlung aus dem Zentralen staatsanwaltschaftlichen Verfahrensregister,
2a. soweit im Einzelfall erforderlich, bei ausländischen betroffenen Personen, die keine freizügigkeitsberechtigten Unionsbürger sind, Ersuchen um eine Übermittlung der nach § 3 Absatz 1 und 2 Nummer 5, 6 und 9 des AZR-Gesetzes gespeicherten Daten,
3. Anfragen an das Bundeskriminalamt, die in der Rechtsverordnung nach § 58 Abs. 1 des Bundespolizeigesetzes bestimmte Bundespolizeibehörde und die Nachrichtendienste des Bundes,
4. Anfragen an ausländische Sicherheitsbehörden oder nach dortigem Recht für solche Anfragen zuständige öffentliche Stellen bei Auslandsaufenthalten von ununterbrochen längerer Dauer als sechs Monaten in den vergangenen fünf Jahren.

(1a) Eine Anfrage nach Absatz 1 Nummer 4 bedarf der gesonderten Zustimmung. Bei einer Anfrage dürfen an die ausländischen Sicherheitsbehörden oder an die nach dortigem Recht für eine solche Anfrage zuständigen öffentlichen Stellen nur folgende Daten übermittelt werden:
1. Namen, auch frühere, Vornamen, auch frühere,
2. Geburtsdatum, -ort,
3. Staatsangehörigkeit, auch frühere und weitere Staatsangehörigkeiten,
4. Wohnsitze, Adressen des Aufenthalts in dem Staat, dessen Sicherheitsbehörde oder zuständige öffentliche Stelle angefragt werden soll,
5. aktueller Wohnsitz, sofern erforderlich,
6. Pass- oder Personalausweisnummer oder Kopie des Ausweisdokuments, sofern erforderlich,
7. Angaben zu den Eltern, sofern erforderlich, sowie
8. Anlass der Anfrage.

Die Anfrage unterbleibt, wenn ihr entgegenstehen:
1. auswärtige Belange der Bundesrepublik Deutschland,
2. Sicherheitsinteressen der Bundesrepublik Deutschland oder

3. unter Berücksichtigung des besonderen öffentlichen Interesses der Anfrage überwiegende schutzwürdige Interessen der betroffenen Person oder der mitbetroffenen Person.

Zu den schutzwürdigen Interessen der betroffenen Person oder der mitbetroffenen Person gehört auch das Vorhandensein eines angemessenen Datenschutzniveaus im angefragten Staat. Wird eine Anfrage aus den in Satz 3 genannten Gründen nicht durchgeführt oder wurde sie nicht beantwortet, ist Absatz 5 entsprechend anzuwenden.

(2) Bei der Sicherheitsüberprüfung nach § 9 trifft die mitwirkende Behörde zusätzlich zu Absatz 1 folgende Maßnahmen:

1. Anfragen an die Polizeidienststellen der innegehabten Wohnsitze im Inland der betroffenen Person, in der Regel beschränkt auf die letzten fünf Jahre,
2. Prüfung der Identität der betroffenen Person.

(2a) Für die mitbetroffene Person trifft die mitwirkende Behörde die in den Absätzen 1 bis 2 genannten Maßnahmen.

(3) Bei der Sicherheitsüberprüfung nach § 10 befragt die mitwirkende Behörde zusätzlich von der betroffenen Person in ihrer Sicherheitserklärung angegebene Referenzpersonen und weitere geeignete Auskunftspersonen, um zu prüfen, ob die Angaben der betroffenen Person zutreffen und ob tatsächliche Anhaltspunkte vorliegen, die auf ein Sicherheitsrisiko schließen lassen. In den Fällen des § 10 Nummer 3 sind diese Maßnahmen in der Regel auch im Hinblick auf die mitbetroffene Person durchzuführen. Ist die betroffene Person Bewerberin oder Bewerber oder Mitarbeiterin oder Mitarbeiter eines Nachrichtendienstes, kann sie auch selbst befragt werden.

(3a) Bei der Sicherheitsüberprüfung nach den §§ 8, 9 und 10 kann zu der betroffenen Person in erforderlichem Maße Einsicht in öffentlich sichtbare Internetseiten genommen werden mit Ausnahme des öffentlich sichtbaren Teils sozialer Netzwerke. Bei der Sicherheitsüberprüfung nach den §§ 9 und 10 kann zu der betroffenen Person zusätzlich in erforderlichem Maße in den öffentlich sichtbaren Teil sozialer Netzwerke Einsicht genommen werden. Satz 2 gilt auch bei der Sicherheitsüberprüfung nach § 8, soweit die betroffene Person dem Geschäftsbereich des Bundesministeriums der Verteidigung angehört.

(4) Die zuständige Stelle fragt zur Feststellung einer hauptamtlichen oder inoffiziellen Tätigkeit der betroffenen Person oder der mitbetroffenen Person für den Staatssicherheitsdienst der Deutschen Demokratischen Republik bei dem Bundesbeauftragten für die Unterlagen des Staatssicherheitsdienstes der Deutschen Demokratischen Republik an, wenn die betroffene Person oder die mitbetroffene Person vor dem 1. Januar 1970 geboren wurde und in dem Gebiet der Deutschen Demokratischen Republik wohnhaft war oder Anhaltspunkte für eine Tätigkeit für den Staatssicherheitsdienst der Deutschen Demokratischen Republik vorliegen. Die Anfrage bezieht sich auch auf Hinweise über frühere Verbindungen zu einem ausländischen Nachrichtendienst. Ergibt die Anfrage sicherheitserhebliche Erkenntnisse, übermittelt sie die zuständige Stelle zur Bewertung an die mitwirkende Behörde. Die Regelung gilt nicht für die Sicherheitsüberprüfung nach § 9 Absatz 1 Nummer 3, es sei denn, die Überprüfung betrifft Angehörige des Geschäftsbereichs des Bundesministeriums der Verteidigung.

(5) Soweit es eine sicherheitserhebliche Erkenntnis erfordert, können die betroffene und die mitbetroffene Person selbst befragt werden. Reicht diese Befragung nicht aus, stehen ihr schutzwürdige Interessen entgegen oder erfordert es die Prüfung der Identität, kann

die mitwirkende Behörde neben den Maßnahmen nach den Absätzen 1 bis 3 weitere geeignete Auskunftspersonen oder andere geeignete Stellen befragen oder Einzelmaßnahmen der nächsthöheren Art der Sicherheitsüberprüfung durchführen. Ferner kann die betroffene Person aufgefordert werden, für die Aufklärung der sicherheitserheblichen Erkenntnis geeignete Unterlagen beizubringen. Zusätzlich können von öffentlichen Stellen Akten beigezogen werden, von Gerichten, Staatsanwaltschaften oder Finanzbehörden auch über Strafverfahren wegen einer Steuerstraftat im Sinne des § 369 der Abgabenordnung.

(6) Die Überprüfung erstreckt sich in der Regel auf den Zeitraum der letzten fünf Jahre, bei den in § 3 Absatz 3 Nummer 1 genannten Personen auf den Zeitraum der letzten zehn Jahre. Internationale Vorschriften, die einen anderen Zeitraum vorsehen, bleiben unberührt.

Dritter Abschnitt
Verfahren

§ 13 Sicherheitserklärung

(1) In der Sicherheitserklärung sind von der betroffenen Person anzugeben:

1. Namen, auch frühere, Vornamen, auch frühere,
2. Geburtsdatum, -ort,

2a. Geschlecht,

3. Staatsangehörigkeit, auch frühere und weitere Staatsangehörigkeiten,
4. Familienstand und das Bestehen einer auf Dauer angelegten Gemeinschaft,
5. Wohnsitze und Aufenthalte von längerer Dauer als zwei Monate, und zwar im Inland in den vergangenen fünf Jahren, im Ausland grundsätzlich ab dem 18. Lebensjahr, in jedem Fall aber in den vergangenen fünf Jahren,
6. ausgeübter Beruf,
7. Arbeitgeber und dessen Anschrift,
8. private und berufliche telefonische oder elektronische Erreichbarkeit,
9. im Haushalt lebende Personen über 18 Jahre (Namen, auch frühere, Vornamen, Geburtsdatum, Geburtsort, Staatsangehörigkeit, Geschlecht und Verhältnis zu dieser Person),
10. Eltern, Stief- oder Pflegeeltern (Namen, auch frühere, Vornamen, Geburtsdatum, Geburtsort, Staatsangehörigkeit und Wohnsitz),
11. Ausbildungs- und Beschäftigungszeiten, Wehr- oder Zivildienstzeiten mit Angabe der Ausbildungsstätten, Beschäftigungsstellen sowie deren Anschriften, für Zeiten der Nichtbeschäftigung den Aufenthaltsort, sofern der jeweilige Zeitraum ununterbrochen mehr als drei Monate umfasst,
12. Nummer des Personalausweises oder Reisepasses sowie die ausstellende Behörde und das Ausstellungsdatum,

13. laufende oder in den vergangenen fünf Jahren abgeschlossene Insolvenzverfahren, in den vergangenen fünf Jahren gegen sie durchgeführte Zwangsvollstreckungsmaßnahmen und ob zurzeit die finanziellen Verpflichtungen erfüllt werden können,
14. Kontakte zu ausländischen Nachrichtendiensten oder zu Nachrichtendiensten der Deutschen Demokratischen Republik, die auf einen Anbahnungs- und Werbungsversuch hindeuten können,
15. Beziehungen zu verfassungsfeindlichen Organisationen,
16. anhängige Strafverfahren einschließlich Ermittlungsverfahren und Disziplinarverfahren,
16a. strafrechtliche Verurteilungen im Ausland,
17. Wohnsitze, Aufenthalte, Reisen, nahe Angehörige und sonstige Beziehungen in und zu Staaten, in denen nach Feststellung des Bundesministeriums des Innern besondere Sicherheitsrisiken für die mit sicherheitsempfindlicher Tätigkeit befassten Personen zu besorgen sind,
18. drei Referenzpersonen (Namen, Vornamen, Geburtsdatum, Geburtsort, Geschlecht, Beruf, berufliche und private Anschrift und telefonische oder elektronische Erreichbarkeit sowie zeitlicher Beginn der Bekanntschaft) nur bei einer Sicherheitsüberprüfung nach § 10,
19. frühere Sicherheitsüberprüfungen und Zuverlässigkeitsüberprüfungen,
20. die Adressen eigener Internetseiten und die Mitgliedschaften in sozialen Netzwerken im Internet nur bei einer Sicherheitsüberprüfung nach den §§ 9, 10 und bei einer Sicherheitsüberprüfung nach § 8 für Angehörige des Geschäftsbereichs des Bundesministeriums der Verteidigung.

(2) Bei der Sicherheitsüberprüfung nach § 8 entfallen die Angaben zu Absatz 1 Nummer 11 und 12; Angaben zu Absatz 1 Nummer 12 dürfen nachträglich erhoben werden, soweit Maßnahmen nach § 12 Absatz 1 Nummer 4 zu treffen sind. Angaben zu Absatz 1 Nummer 10 entfallen, soweit die dort genannten Personen nicht in einem Haushalt mit der betroffenen Person leben. Zur Person der Ehegattin, des Ehegatten, der Lebenspartnerin, des Lebenspartners, der Lebensgefährtin oder des Lebensgefährten sind mit deren Einverständnis die in Absatz 1 Nummer 1 bis 4, 14 und 15 genannten Daten anzugeben.

(2a) Für Angehörige des Geschäftsbereichs des Bundesministeriums der Verteidigung entfallen bei Sicherheitsüberprüfungen nach § 9 Absatz 1 Nummer 3 die Angaben zu Absatz 1 Nummer 4, 9 und 10, bei Sicherheitsüberprüfungen nach § 9 Absatz 1 Nummer 3 im Übrigen entfallen zusätzlich auch die Angaben zu Absatz 1 Nummer 11, 13, 14 und 17. (3) Zur mitbetroffenen Person sind zusätzlich die in Absatz 1 Nummer 5 bis 7, 12, 13, 16, 16a und 17 genannten Daten anzugeben.

(4) Bei Sicherheitsüberprüfungen der in § 3 Absatz 3 Satz 1 Nummer 1 genannten Personen sind zusätzlich anzugeben:
1. die Wohnsitze seit der Geburt,
2. die Kinder,
3. die Geschwister,
4. abgeschlossene Strafverfahren einschließlich Ermittlungsverfahren und Disziplinarverfahren,
5. alle Kontakte zu ausländischen Nachrichtendiensten oder zu Nachrichtendiensten der Deutschen Demokratischen Republik,

6. zwei Auskunftspersonen (Namen, Vornamen, Geburtsdatum, Geburtsort, Anschrift, telefonische oder elektronische Erreichbarkeit und Verhältnis zur Person) zur Identitätsprüfung der betroffenen Person,
7. im Falle des Vorhandenseins einer mitbetroffenen Person zwei Auskunftspersonen (Namen, Vornamen, Geburtsdatum, Geburtsort, Anschrift, telefonische oder elektronische Erreichbarkeit und Verhältnis zur Person) zu deren Identitätsprüfung.

Außerdem sind zwei aktuelle Lichtbilder der betroffenen Person mit der Angabe des Jahres der Aufnahme beizufügen.

(4a) Von Angehörigen des Geschäftsbereichs des Bundesministeriums der Verteidigung sowie von Angehörigen der Behörden des Bundes mit Aufgaben von vergleichbarer Sicherheitsempfindlichkeit wie die der Nachrichtendienste des Bundes sind zusätzlich die Anzahl der Kinder anzugeben.

(5) Die betroffene Person kann Angaben verweigern, die für sie, eine nahe Angehörige oder einen nahen Angehörigen im Sinne des § 52 Absatz 1 der Strafprozessordnung oder die Lebensgefährtin oder den Lebensgefährten die Gefahr strafrechtlicher oder disziplinarischer Verfolgung, der Entlassung oder Kündigung begründen könnten. Dies gilt auch, soweit für eine nahe Angehörige oder einen nahen Angehörigen der mitbetroffenen Person eine solche Gefahr begründet werden könnte. Über das Verweigerungsrecht ist die betroffene Person zu belehren.

(6) Die Sicherheitserklärung ist von der betroffenen Person der zuständigen Stelle zuzuleiten. Sie prüft die Angaben der betroffenen Person auf ihre Vollständigkeit und Richtigkeit. Zu diesem Zweck kann die Personalakte eingesehen werden. Die zuständige Stelle leitet die Sicherheitserklärung an die mitwirkende Behörde weiter und beauftragt diese, eine Sicherheitsüberprüfung durchzuführen, es sei denn, die zuständige Stelle hat bereits bei der Prüfung der Sicherheitserklärung festgestellt, daß ein Sicherheitsrisiko vorliegt, das einer sicherheitsempfindlichen Tätigkeit entgegensteht. Die mitwirkende Behörde kann mit Zustimmung der zuständigen Stelle und der betroffenen Person in die Personalakte Einsicht nehmen, wenn dies zur Klärung oder Beurteilung sicherheitserheblicher Erkenntnisse unerläßlich ist.

§ 14 Abschluß der Sicherheitsüberprüfung

(1) Kommt die mitwirkende Behörde zu dem Ergebnis, daß kein Sicherheitsrisiko nach § 5 Abs. 1 vorliegt, so teilt sie dies der zuständigen Stelle mit. Fallen Erkenntnisse an, die kein Sicherheitsrisiko begründen, aber weiterhin sicherheitserheblich sind, so werden diese mitgeteilt.

(2) Kommt die mitwirkende Behörde zu dem Ergebnis, daß ein Sicherheitsrisiko vorliegt, unterrichtet sie schriftlich oder elektronisch unter Darlegung der Gründe und ihrer Bewertung die zuständige Stelle. Bei nachgeordneten Stellen erfolgt die Unterrichtung über deren oberste Bundesbehörde.

(2a) Kommt die mitwirkende Behörde zu dem Ergebnis, dass die Sicherheitsüberprüfung nicht abgeschlossen werden kann, unterrichtet sie unter Darlegung der Gründe die zuständige Stelle. Kommt die mitwirkende Behörde zu dem Ergebnis, dass die Sicherheitsüberprüfung nicht abgeschlossen werden kann, weil die betroffene Person in Bezug auf den in § 12 Absatz 6 genannten Zeitraum nicht überprüfbar ist, teilt sie der zuständigen

Stelle zusätzlich mit, welche Maßnahmen sie nach § 12 getroffen hat und welche sicherheitserheblichen Erkenntnisse sich hieraus ergeben haben. Die Mitteilungen erfolgen schriftlich oder elektronisch.

(3) Die zuständige Stelle entscheidet, ob ein Sicherheitsrisiko vorliegt, das der sicherheitsempfindlichen Tätigkeit der betroffenen Person entgegensteht.Die Bewertung der übermittelten Erkenntnisse erfolgt auf Grund einer am Zweck der Sicherheitsüberprüfung orientierten Gesamtwürdigung des Einzelfalles, insbesondere im Hinblick auf die vorgesehene Tätigkeit. Im Zweifel hat das Sicherheitsinteresse Vorrang vor anderen Belangen. § 6 Abs. 1 und 2 ist zu beachten.

(4) Die zuständige Stelle unterrichtet die betroffene Person über das Ergebnis der Sicherheitsüberprüfung. Die Unterrichtung unterbleibt für Bewerberinnen und Bewerber bei den Nachrichtendiensten des Bundes sowie für Personen im Sinne des § 3 Absatz 3 Satz 1 Nummer 2.

(5) Die zuständige Stelle stellt die Sicherheitsüberprüfung ein, wenn die betroffene Person oder die mitbetroffene Person

1. der für den Abschluss der Sicherheitsüberprüfung erforderlichen Mitwirkung an der Sicherheitsüberprüfung nicht nachkommt oder
2. in Bezug auf den in § 12 Absatz 6 genannten Zeitraum nicht überprüfbar ist.

Ohne eine abgeschlossene Sicherheitsüberprüfung, die zum Ergebnis hat, dass kein Sicherheitsrisiko vorliegt, darf die betroffene Person nicht mit einer sicherheitsempfindlichen Tätigkeit betraut werden. § 2 Absatz 1 Satz 5, § 8 Absatz 2, § 9 Absatz 2 und 3 und § 15 bleiben unberührt.

§ 15 Vorläufige Zuweisung einer sicherheitsempfindlichen Tätigkeit

Die zuständige Stelle kann in Ausnahmefällen abweichend von § 2 Absatz 1 die betroffene Person vor Abschluss der Sicherheitsüberprüfung mit einer sicherheitsempfindlichen Tätigkeit betrauen, wenn die mitwirkende Behörde

1. bei der einfachen Sicherheitsüberprüfung die Angaben in der Sicherheitserklärung unter Berücksichtigung der eigenen Erkenntnisse bewertet hat oder
2. bei der erweiterten Sicherheitsüberprüfung und bei der erweiterten Sicherheitsüberprüfung mit Sicherheitsermittlungen die Maßnahmen der nächstniederen Art der Sicherheitsüberprüfung abgeschlossen hat

und sich daraus keine tatsächlichen Anhaltspunkte für ein Sicherheitsrisiko ergeben haben.

§ 15a Unterrichtung durch die personalverwaltende Stelle

Die personalverwaltende Stelle unterrichtet die für die Sicherheitsüberprüfung zuständige Stelle unverzüglich über Veränderungen der persönlichen, dienstlichen und arbeitsrechtlichen Verhältnisse der Personen, die mit einer sicherheitsempfindlichen Tätigkeit betraut werden sollen oder bereits betraut sind. Dazu zählen:

1. Umsetzung, Abordnung, Versetzung und Ausscheiden aus dem Dienst,
2. Änderungen des Familienstandes, des Namens, eines Wohnsitzes und der Staatsangehörigkeit,

3. Anhaltspunkte für Überschuldung, insbesondere Pfändungs- und Überweisungsbeschlüsse, Mitteilungen über abgeschlossene Insolvenzverfahren sowie Beschlüsse zur Eröffnung eines Insolvenzverfahrens und zur Restschuldbefreiung,
4. Strafverfahren und Disziplinarsachen sowie dienst- und arbeitsrechtliche Maßnahmen,
5. Nebentätigkeiten,
6. sonstige Erkenntnisse, die für die sicherheitsmäßige Beurteilung erheblich sein können.

§ 16 Sicherheitserhebliche Erkenntnisse nach Abschluß der Sicherheitsüberprüfung

(1) Die zuständige Stelle und die mitwirkende Behörde haben sich unverzüglich gegenseitig zu unterrichten, wenn sicherheitserhebliche Erkenntnisse über die betroffene Person oder die mitbetroffene Person bekanntwerden oder sich mitgeteilte Erkenntnisse als unrichtig erweisen.
(2) Die mitwirkende Behörde prüft die sicherheitserheblichen Erkenntnisse und stellt fest, ob ein Sicherheitsrisiko nach § 5 Abs. 1 vorliegt und unterrichtet die zuständige Stelle über das Ergebnis der Prüfung. Im übrigen ist § 14 Abs. 3 und 4 entsprechend anzuwenden.
(3) Liegt eine sicherheitserhebliche Erkenntnis vor, kann die zuständige Stelle die weitere Betrauung der betroffenen Person mit der sicherheitsempfindlichen Tätigkeit bis zu einer endgültigen Entscheidung über das Vorliegen eines Sicherheitsrisikos untersagen, sofern die besondere Bedeutung der Erkenntnis und die Art der sicherheitsempfindlichen Tätigkeit dies erfordern und die Untersagung keinen Aufschub duldet. § 6 Absatz 1 und 2 bleibt unberührt.

§ 17 Aktualisierung und Wiederholungsüberprüfung

(1) Die Sicherheitserklärung ist der betroffenen Person, die eine sicherheitsempfindliche Tätigkeit ausübt, in der Regel nach fünf Jahren erneut zuzuleiten und im Falle eingetretener Veränderungen von der betroffenen Person zu aktualisieren. Die zuständige Stelle prüft die Aktualisierungen auf ihre Vollständigkeit und Richtigkeit; § 13 Absatz 6 Satz 3 gilt entsprechend. Die zuständige Stelle beauftragt die mitwirkende Behörde, die Maßnahmen nach § 12 Absatz 1 im erforderlichen Umfang für die betroffene Person und für die mitbetroffene Person erneut durchzuführen und zu bewerten.
(2) Im Abstand von in der Regel zehn Jahren ist eine Wiederholungsüberprüfung einzuleiten. Im Übrigen kann die zuständige Stelle eine Wiederholungsüberprüfung einleiten, wenn sicherheitserhebliche Erkenntnisse dies nahelegen. Die Maßnahmen bei der Wiederholungsüberprüfung entsprechen denen der Erstüberprüfung; bei der Sicherheitsüberprüfung nach den §§ 9 oder 10 kann die mitwirkende Behörde von einer erneuten Identitätsprüfung absehen. Die Wiederholungsüberprüfung erfolgt nur mit Zustimmung
1. der betroffenen Person, soweit gesetzlich nichts anderes bestimmt ist, und
2. der mitbetroffenen Person.

§ 14 Absatz 4 Satz 2 findet keine Anwendung.
(3) Verweigert die betroffene Person oder die mitbetroffene Person die erforderliche Mitwirkung bei den Maßnahmen nach den Absätzen 1 und 2, ist die weitere Betrauung der betroffenen Person mit einer sicherheitsempfindlichen Tätigkeit unzulässig. § 14 Absatz 5 Satz 2 gilt entsprechend.

Vierter Abschnitt
Akten über die Sicherheitsüberprüfung, Datenverarbeitung

§ 18 Sicherheitsakte und Sicherheitsüberprüfungsakte

(1) Die zuständige Stelle führt über die betroffene Person eine Sicherheitsakte, in die alle die Sicherheitsüberprüfung betreffenden Informationen aufzunehmen sind.
(2) Informationen über die persönlichen, dienstlichen und arbeitsrechtlichen Verhältnisse der Personen, die mit einer sicherheitsempfindlichen Tätigkeit befaßt sind, sind zur Sicherheitsakte zu nehmen, soweit sie für die sicherheitsmäßige Beurteilung erheblich sind. Dazu zählen insbesondere:

1. Zuweisung, Übertragung einer sicherheitsempfindlichen Tätigkeit, die dazu erteilte Ermächtigung sowie deren Änderungen und Beendigung,
2. Umsetzung, Abordnung, Versetzung und Ausscheiden,
3. Änderungen des Namens, eines Wohnsitzes und der Staatsangehörigkeit,
4. Beginn oder Ende einer Ehe, einer Lebenspartnerschaft oder einer auf Dauer angelegten Gemeinschaft,
5. Anhaltspunkte für Überschuldung, insbesondere Pfändungs- und Überweisungsbeschlüsse, Mitteilungen über abgeschlossene Insolvenzverfahren sowie Beschlüsse zur Eröffnung eines Insolvenzverfahrens und zur Restschuldbefreiung sowie
6. Strafverfahren und Disziplinarsachen sowie dienst- und arbeitsrechtliche Maßnahmen.

(3) Die Sicherheitsakte ist keine Personalakte. Sie ist gesondert zu führen und darf weder der personalverwaltenden Stelle noch der betroffenen Person zugänglich gemacht werden; § 23 Abs. 6 bleibt unberührt. Im Falle des Wechsels der Dienststelle oder des Dienstherrn ist die Sicherheitsakte nach dorthin abzugeben, wenn auch dort eine sicherheitsempfindliche Tätigkeit ausgeübt werden soll. Zum Zwecke der Prüfung nach § 2 Absatz 1 Satz 5 kann der anfordernden Stelle die Sicherheitsakte zur Einsichtnahme übersandt werden.
(3a) Im Geschäftsbereich des Bundesministeriums der Verteidigung ist im Falle des Wechsels der Dienststelle die Sicherheitsakte stets an die neue Dienststelle abzugeben. Die neue Dienststelle darf den Inhalt der Sicherheitsakte nur dann zur Kenntnis nehmen, wenn die betroffene Person dort mit einer sicherheitsempfindlichen Tätigkeit betraut werden soll. Sofern keine Betrauung mit einer sicherheitsempfindlichen Tätigkeit erfolgen soll, ist die Sicherheitsakte dort bis zur Vernichtung aufzubewahren.
(4) Die mitwirkende Behörde führt über die betroffene Person eine Sicherheitsüberprüfungsakte, in die aufzunehmen sind:

1. Informationen, die die Sicherheitsüberprüfung, die durchgeführten Maßnahmen und das Ergebnis betreffen,
2. das Ausscheiden aus oder die Nichtaufnahme der sicherheitsempfindlichen Tätigkeit,
3. Änderungen des Namens, eines Wohnsitzes und der Staatsangehörigkeit,
4. Beginn oder Ende einer Ehe, einer Lebenspartnerschaft oder einer auf Dauer angelegten Gemeinschaft.

Die in Absatz 2 Nummer 5 und 6 genannten Daten sind zur Sicherheitsüberprüfungsakte zu nehmen, wenn sie sicherheitserheblich sind. Absatz 3 Satz 1 und 2 gilt entsprechend. Im Falle des Wechsels der Dienststelle oder des Dienstherrn ist die Sicherheitsüberprüfungsakte auf Anforderung an die zuständige mitwirkende Behörde abzugeben, wenn eine sicherheitsempfindliche Tätigkeit nicht nur vorübergehend ausgeübt werden soll.

(5) Die zuständige Stelle ist verpflichtet, die in Absatz 4 Satz 1 Nummer 3 und 4 und Satz 2 genannten Daten mit Ausnahme der Änderung eines Wohnsitzes unverzüglich der mitwirkenden Behörde zu übermitteln. Die Übermittlung der in Absatz 4 Satz 1 Nr. 2 genannten Daten erfolgt nach den in § 22 Abs. 2 Nr. 1 festgelegten Fristen. Die in Absatz 4 Satz 1 Nummer 2 genannten Daten sind unverzüglich der mitwirkenden Behörde zu übermitteln, wenn sicherheitserhebliche Erkenntnisse oder Erkenntnisse, die ein Sicherheitsrisiko begründen, vorliegen.

(6) Die Sicherheitsakte und die Sicherheitsüberprüfungsakte dürfen auch in elektronischer Form geführt werden. Eine Abfrage personenbezogener Daten ist nur zulässig, wenn für die Daten die Voraussetzung der Speicherung nach § 20 vorliegt. Der automatisierte Abgleich personenbezogener Daten ist unzulässig.

(7) Bei jeder Abfrage einer Sicherheitsüberprüfungsakte nach Absatz 6 sind für Zwecke der Datenschutzkontrolle der Zeitpunkt, die Angaben, die die Feststellung der abgefragten Daten ermöglichen, sowie Angaben zur Feststellung des Abfragenden zu protokollieren. Die protokollierten Daten dürfen nur für Zwecke der Datenschutzkontrolle, der Datensicherung oder zur Sicherstellung eines ordnungsgemäßen Betriebs der Datenverarbeitungsanlage verwendet werden. Die Protokolldaten sind am Ende des Kalenderjahres, das dem Jahr der Protokollierung folgt, zu löschen.

(8) Der Bundesnachrichtendienst, das Bundesamt für Verfassungsschutz und der Militärische Abschirmdienst dürfen bei der Sicherheitsüberprüfung von Personen im Sinne des § 3 Absatz 3 die Sicherheitsakte zusammen mit der Sicherheitsüberprüfungsakte in einem gemeinsamen Aktenvorgang unter Beachtung der für die jeweiligen Akten geltenden unterschiedlichen Verwendungs- und Auskunftsregelungen führen.

§ 19 Aufbewahrung und Vernichtung der Unterlagen

(1) Die Unterlagen über die Sicherheitsüberprüfung sind gesondert aufzubewahren und gegen unbefugten Zugriff zu schützen.

(2) Die Unterlagen über die Sicherheitsüberprüfung sind bei der zuständigen Stelle innerhalb eines Jahres zu vernichten, wenn bekannt wird, dass die betroffene Person keine sicherheitsempfindliche Tätigkeit aufgenommen hat. Im Übrigen sind die Unterlagen über die Sicherheitsüberprüfung bei der zuständigen Stelle fünf Jahre nach dem Ausscheiden der betroffenen Person aus der sicherheitsempfindlichen Tätigkeit zu vernichten. Eine Vernichtung unterbleibt, wenn

1. die betroffene Person in die weitere Aufbewahrung einwilligt,
2. ein Verwaltungsstreitverfahren oder ein Gerichtsverfahren anhängig ist, für das die Unterlagen über die Sicherheitsüberprüfung von Bedeutung sind,
3. beabsichtigt ist, die betroffene Person in absehbarer Zeit mit einer sicherheitsempfindlichen Tätigkeit zu betrauen oder
4. Grund zu der Annahme besteht, dass durch sie schutzwürdige Interessen der betroffenen Person beeinträchtigt würden.

Im Falle des Satzes 3 Nummer 4 ist die Verarbeitung der Daten einzuschränken; die Akte ist mit einem entsprechenden Sperrvermerk zu versehen. Die Daten dürfen nur noch mit Einwilligung der betroffenen Person verarbeitet und genutzt werden.

(3) Die Unterlagen über die Sicherheitsüberprüfung bei der mitwirkenden Behörde sind nach den in § 22 Abs. 2 Nr. 2 genannten Fristen zu vernichten. Gleiches gilt bezüglich der Unterlagen zu den in § 3 Abs. 3 genannten Personen. Absatz 2 Satz 3 bis 5 gilt entsprechend.

(4) Das Bundesarchivgesetz findet auf die Unterlagen der Sicherheitsüberprüfung keine Anwendung.

§ 20 Speichern, Verändern und Nutzen personenbezogener Daten in Dateien

(1) Die zuständige Stelle darf zur Erfüllung ihrer Aufgaben nach diesem Gesetz die in § 13 Abs. 1 Nr. 1 bis 6 genannten personenbezogenen Daten, ihre Aktenfundstelle und die der mitwirkenden Behörde sowie die Beschäftigungsstelle, Verfügungen zur Bearbeitung des Vorganges und beteiligte Behörden in Dateien speichern, verändern und nutzen.

(2) Die mitwirkende Behörde darf zur Erfüllung ihrer Aufgaben

1. die in § 13 Abs. 1 Nr. 1 bis 6 genannten personenbezogenen Daten der betroffenen Person und der mitbetroffenen Person und die Aktenfundstelle,
2. Verfügungen zur Bearbeitung des Vorgangs sowie
3. sicherheitserhebliche Erkenntnisse und Erkenntnisse, die ein Sicherheitsrisiko begründen,

in Dateien speichern, verändern und nutzen. Die Daten nach Nummer 1 dürfen auch in die nach § 6 Absatz 2 des Bundesverfassungsschutzgesetzes zulässigen Verbunddateien gespeichert werden.

§ 21 Übermittlung und Zweckbindung

(1) Die im Rahmen der Sicherheitsüberprüfung gespeicherten personenbezogenen Daten dürfen von der zuständigen Stelle oder mitwirkenden Behörde nur für

1. die mit der Sicherheitsüberprüfung verfolgten Zwecke,
2. die mit Zuverlässigkeitsüberprüfungen nach dem Luftsicherheitsgesetz und dem Atomgesetz verfolgten Zwecke,
3. die mit sonstigen gesetzlich geregelten Überprüfungsverfahren zur Feststellung der Zuverlässigkeit verfolgten Zwecke,
4. Zwecke der Verfolgung von Straftaten von erheblicher Bedeutung sowie
5. Zwecke parlamentarischer Untersuchungsausschüsse

genutzt und übermittelt werden. Die Übermittlung und Nutzung nach Satz 1 Nummer 2 und 3 ist auf sicherheitserhebliche Erkenntnisse zu beschränken, die für die Bewertung der Zuverlässigkeit für die vorgesehene Verwendung von Bedeutung sein können. Die Strafverfolgungsbehörden dürfen die ihnen nach Satz 1 Nummer 4 übermittelten Daten für Zwecke eines Strafverfahrens nur verwenden, wenn die Strafverfolgung auf andere Weise erheblich weniger erfolgversprechend oder wesentlich erschwert wäre. Die zuständige Stelle darf die gespeicherten personenbezogenen Daten darüber hinaus für Zwecke der disziplinarrechtlichen Verfolgung sowie dienst- oder arbeitsrechtlicher Maßnahmen nutzen und übermitteln, wenn dies zu dem mit der Überprüfung verfolgten Zweck erforderlich ist. Die mitwirkende Behörde darf die gespeicherten personenbezogenen Daten darüber hinaus im Rahmen des erforderlichen Umfangs nutzen und übermitteln zur Aufklärung von sicherheitsgefährdenden oder geheimdienstlichen Tätigkeiten für eine fremde Macht oder von Bestrebungen, die darauf gerichtet sind, Gewalt anzuwenden oder Gewaltanwendung vorzubereiten oder zur Aufklärung sonstiger Bestrebungen von erheblicher Bedeutung.

(2) Die Übermittlung der nach § 20 in Dateien gespeicherten Daten ist nur zulässig, soweit sie für die Erfüllung der in Absatz 1 genannten Zwecke erforderlich ist. Die nach § 20 Abs. 2 Nr. 1 gespeicherten Daten dürfen zur Erfüllung aller Zwecke des Verfassungsschutzes genutzt und übermittelt werden.

(3) Die mitwirkende Behörde darf personenbezogene Daten nach den Absätzen 1 und 2 nur an öffentliche Stellen übermitteln.

(4) Die Nutzung oder Übermittlung unterbleibt, soweit gesetzliche Verwendungsregelungen entgegenstehen.

(5) Der Empfänger darf die übermittelten Daten nur für den Zweck verarbeiten und nutzen, zu dessen Erfüllung sie ihm übermittelt werden, und zum Zweck der Strafverfolgung gemäß Absatz 1 Satz 1 Nummer 4. Eine nicht-öffentliche Stelle ist darauf hinzuweisen.

§ 22 Berichtigen, Löschen und Einschränken der Verarbeitung personenbezogener Daten

(1) Die zuständige Stelle und die mitwirkende Behörde haben personenbezogene Daten zu berichtigen, wenn sie unrichtig sind. Wird festgestellt, daß personenbezogene Daten unrichtig sind oder wird ihre Richtigkeit von der betroffenen Person bestritten, so ist dies, soweit sich die personenbezogenen Daten in Akten befinden, dort zu vermerken oder auf sonstige Weise festzuhalten.

(2) In Dateien gespeicherte personenbezogene Daten sind zu löschen

1. von der zuständigen Stelle
   a) innerhalb eines Jahres, wenn bekannt wird, dass die betroffene Person keine sicherheitsempfindliche Tätigkeit aufgenommen hat,
   b) nach Ablauf von fünf Jahren nach dem Ausscheiden der betroffenen Person aus der sicherheitsempfindlichen Tätigkeit,
2. von der mitwirkenden Behörde
   a) bei allen Überprüfungsarten innerhalb eines Jahres, im Geschäftsbereich des Bundesministeriums der Verteidigung innerhalb von fünf Jahren, wenn bekannt wird, dass die betroffene Person keine sicherheitsempfindliche Tätigkeit aufgenommen hat und keine sicherheitserheblichen Erkenntnisse angefallen sind,

b) bei allen Überprüfungsarten nach Ablauf von fünf Jahren, wenn die betroffene Person keine sicherheitsempfindliche Tätigkeit aufgenommen hat und sicherheitserhebliche Erkenntnisse angefallen sind; in diesem Fall dürfen die personenbezogenen Daten nur nach Maßgabe des § 21 Absatz 1 und 2 genutzt und übermittelt werden,
c) bei einfachen Sicherheitsüberprüfungen nach Ablauf von fünf Jahren nach dem Ausscheiden der betroffenen Person aus der sicherheitsempfindlichen Tätigkeit,
d) bei erweiterten Sicherheitsüberprüfungen und erweiterten Sicherheitsüberprüfungen mit Sicherheitsermittlungen nach Ablauf von 15 Jahren, beim Bundesnachrichtendienst nach Ablauf von 30 Jahren nach dem Ausscheiden der betroffenen Person aus der sicherheitsempfindlichen Tätigkeit.

Die mitwirkende Behörde hat bei allen Überprüfungsarten in Dateien gespeicherte personenbezogene Daten im Sinne des § 20 Absatz 2 Satz 1 Nummer 3 unverzüglich zu löschen, wenn die betroffene Person keine sicherheitsempfindliche Tätigkeit aufnimmt oder aus ihr ausgeschieden ist. Im Übrigen sind in Dateien gespeicherte personenbezogene Daten zu löschen, wenn ihre Speicherung unzulässig ist.

(3) Die Löschung nach Absatz 2 Satz 1 unterbleibt, wenn
1. die betroffene Person in die weitere Speicherung einwilligt,
2. ein Verwaltungsstreitverfahren oder ein Gerichtsverfahren anhängig ist, für das die gespeicherten personenbezogenen Daten von Bedeutung sind,
3. beabsichtigt ist, die betroffene Person in absehbarer Zeit mit einer sicherheitsempfindlichen Tätigkeit zu betrauen oder
4. Grund zu der Annahme besteht, dass durch sie schutzwürdige Interessen der betroffenen Person beeinträchtigt würden.

Im Falle des Satzes 1 Nummer 4 ist die Verarbeitung der Daten einzuschränken. Sie dürfen nur noch mit Einwilligung der betroffenen Person verarbeitet und genutzt werden.

(4) Das Bundesarchivgesetz findet auf in Dateien gespeicherte personenbezogene Daten keine Anwendung.

§ 23 Auskunft über gespeicherte personenbezogene Daten

(1) Auf Antrag ist von der zuständigen Stelle oder mitwirkenden Behörde unentgeltlich Auskunft zu erteilen, welche Daten über die anfragende Person im Rahmen der Sicherheitsüberprüfung gespeichert wurden.

(2) Bezieht sich die Auskunftserteilung auf die Übermittlung personenbezogener Daten an die mitwirkenden Behörden, ist sie nur mit deren Zustimmung zulässig. Dies gilt auch für die Auskunftserteilung zu solchen Daten, die von der mitwirkenden Behörde an die zuständige Stelle übermittelt wurden. Die Zustimmung nach den Sätzen 1 und 2 ist zu erteilen, soweit kein Ausschlussgrund nach Absatz 3 vorliegt.

(3) Die Auskunftserteilung unterbleibt, soweit
1. die Auskunft die ordnungsgemäße Erfüllung der in der Zuständigkeit der speichernden Stelle liegenden Aufgaben gefährden würde,
2. die Auskunft die öffentliche Sicherheit gefährden oder sonst dem Wohle des Bundes oder eines Landes Nachteile bereiten würde oder

3. die Daten oder die Tatsache ihrer Speicherung nach einer Rechtsvorschrift oder ihrem Wesen nach, insbesondere wegen der überwiegenden berechtigten Interessen eines Dritten, geheimgehalten werden müssen

und deswegen das Interesse der anfragenden Person an der Auskunftserteilung zurücktreten muß.

(4) Die Ablehnung der Auskunftserteilung bedarf einer Begründung nicht, soweit durch die Mitteilung der tatsächlichen und rechtlichen Gründe, auf die die Entscheidung gestützt wird, der mit der Auskunftsverweigerung verfolgte Zweck gefährdet würde. In diesem Fall sind die Gründe der Auskunftsverweigerung aktenkundig zu machen. Die anfragende Person ist auf die Rechtsgrundlage für das Fehlen der Begründung und darauf hinzuweisen, daß sie sich an die Bundesbeauftragte oder den Bundesbeauftragten für den Datenschutz und die Informationsfreiheit wenden kann.

(5) Wird der anfragenden Person keine Auskunft erteilt, so ist sie auf ihr Verlangen der oder dem Bundesbeauftragten für den Datenschutz und die Informationsfreiheit zu erteilen, soweit nicht die jeweils zuständige oberste Bundesbehörde im Einzelfall feststellt, daß dadurch die Sicherheit des Bundes oder eines Landes gefährdet würde. Die Mitteilung der oder des Bundesbeauftragten für den Datenschutz und die Informationsfreiheit an die anfragende Person darf keine Rückschlüsse auf den Erkenntnisstand der speichernden Stelle zulassen, sofern diese nicht einer weitergehenden Auskunft zustimmt.

(6) Die zuständige Stelle gewährt der anfragenden Person Einsicht in die Sicherheitsakte, soweit eine Auskunft für die Wahrnehmung ihrer rechtlichen Interessen nicht ausreicht und sie hierfür auf die Einsichtnahme angewiesen ist. Die Regelungen der Absätze 2 bis 5 gelten entsprechend.

(7) (weggefallen)

Fünfter Abschnitt
Sonderregelungen für den nichtöffentlichen Bereich

§ 24 Anwendungsbereich

(1) Die Sonderregelungen dieses Abschnitts gelten bei Sicherheitsüberprüfungen von betroffenen Personen, die

1. von der zuständigen Stelle zu einer sicherheitsempfindlichen Tätigkeit nach § 1 Absatz 2 Nummer 1 und 2 in einer nichtöffentlichen Stelle ermächtigt werden sollen oder
2. von einer nichtöffentlichen Stelle mit einer sicherheitsempfindlichen Tätigkeit nach § 1 Absatz 2 Nummer 4 oder Absatz 4 betraut werden sollen.

(2) Sofern sicherheitsempfindliche Tätigkeiten im Sinne von § 1 Absatz 2 Nummer 1 bis 4 durch nichtöffentliche Stellen in öffentlichen Stellen durchgeführt werden, finden diese Sonderregelungen nur mit Zustimmung des Bundesministeriums für Wirtschaft und Energie Anwendung.

§ 25 Zuständigkeit

(1) Zuständige Stelle für sicherheitsempfindliche Tätigkeiten nach § 1 Absatz 2 Nummer 1 bis 4 ist das Bundesministerium für Wirtschaft und Energie, soweit gesetzlich nichts anderes bestimmt ist und nicht im Einvernehmen mit dem Bundesministerium für Wirtschaft und Energie eine andere Bundesbehörde die Aufgabe als zuständige Stelle wahrnimmt.
(2) Zuständige Stelle für sicherheitsempfindliche Tätigkeiten nach § 1 Abs. 4 ist dasjenige Bundesministerium, dessen Zuständigkeit für die nichtöffentliche Stelle in einer Rechtsverordnung nach § 34 festgelegt ist. Das zuständige Bundesministerium kann seine Befugnis auf eine von ihm bestimmte sonstige öffentliche Stelle des Bundes übertragen.
(3) Die Aufgaben der nichtöffentlichen Stelle nach diesem Gesetz übernimmt
1. für den Bereich des Geheimschutzes nach § 1 Absatz 2 Nummer 1, 2 und 3 eine Sicherheitsbevollmächtigte oder ein Sicherheitsbevollmächtigter,
2. für den Bereich des vorbeugenden personellen Sabotageschutzes nach § 1 Absatz 4 eine Sabotageschutzbeauftragte oder ein Sabotageschutzbeauftragter und
3. für Bereiche nach § 1 Absatz 2 Nummer 4 eine hierfür Beauftragte oder ein hierfür Beauftragter.

(4) Für die Sicherheitsbevollmächtigte oder den Sicherheitsbevollmächtigten ist eine zur Vertretung berechtigte Person zu bestellen. Für Bereiche außerhalb des Geheimschutzes soll eine zur Vertretung berechtigte Person bestellt werden.
(5) § 3 Absatz 1a gilt für die nichtöffentliche Stelle entsprechend. Die zuständige Stelle kann Ausnahmen von § 3 Absatz 1a zulassen, wenn die nichtöffentliche Stelle sich verpflichtet, Informationen, die ihr im Rahmen der Sicherheitsüberprüfung bekannt werden, nur für solche Zwecke zu gebrauchen, die mit der Sicherheitsüberprüfung verfolgt werden.

§ 26 Sicherheitserklärung

Abweichend von § 13 Absatz 6 Satz 1 leitet die betroffene Person ihre Sicherheitserklärung der nicht-öffentlichen Stelle zu, in der sie beschäftigt ist oder beschäftigt werden soll. Die Sicherheitserklärung kann in den Fällen des Satzes 1 mit Zustimmung der zuständigen Stelle auch der nichtöffentlichen Stelle zugeleitet werden, bei der die betroffene Person tätig werden soll. Die Zustimmung der mitbetroffenen Person ist beizufügen. Die nicht-öffentliche Stelle prüft die Vollständigkeit und Richtigkeit der Angaben und darf, soweit dies erforderlich ist, die Personalunterlagen beiziehen. Sie gibt die Sicherheitserklärung an die zuständige Stelle weiter und teilt dieser vorhandene sicherheitserhebliche Erkenntnisse mit.

§ 27 Abschluß der Sicherheitsüberprüfung, Weitergabe sicherheitserheblicher Erkenntnisse

Die zuständige Stelle unterrichtet die nichtöffentliche Stelle nur darüber, dass die betroffene Person

1. nach § 1 Absatz 2 Nummer 1 bis 3 zur sicherheitsempfindlichen Tätigkeit ermächtigt oder nicht ermächtigt wird oder
2. mit der sicherheitsempfindlichen Tätigkeit nach § 1 Absatz 2 Nummer 4 oder Absatz 4 betraut oder nicht betraut werden darf.

Erkenntnisse, die die Ablehnung oder Aufhebung der Ermächtigung zur sicherheitsempfindlichen Tätigkeit oder der Betrauung mit der sicherheitsempfindlichen Tätigkeit betreffen, dürfen nicht mitgeteilt werden. Sofern es zu dem mit der Überprüfung verfolgten Zweck zwingend erforderlich ist, können abweichend von Satz 2 sicherheitserhebliche Erkenntnisse an die nicht-öffentliche Stelle übermittelt werden und dürfen von ihr ausschließlich zu diesem Zweck genutzt werden. Die nicht-öffentliche Stelle hat die zuständige Stelle unverzüglich zu unterrichten, wenn sicherheitserhebliche Erkenntnisse über die betroffene Person oder die mitbetroffene Person bekanntwerden.

§ 28 Aktualisierung

(1) Die nicht-öffentliche Stelle leitet der betroffenen Person, die eine sicherheitsempfindliche Tätigkeit ausübt, auf Anforderung der zuständigen Stelle die Sicherheitserklärung in der Regel nach fünf Jahren erneut zu.

(2) Die betroffene Person hat die in der Sicherheitserklärung angegebenen Daten im Falle eingetretener Veränderungen zu aktualisieren. Die nichtöffentliche Stelle prüft die Vollständigkeit und Richtigkeit der Aktualisierungen und darf, sofern dies erforderlich ist, die Personalunterlagen beiziehen. Die zuständige Stelle beauftragt die mitwirkende Behörde, die Maßnahmen nach § 12 Absatz 1 im erforderlichen Umfang für die betroffene Person und für die mitbetroffene Person erneut durchzuführen und zu bewerten.

§ 29 Übermittlung von Informationen über persönliche und arbeitsrechtliche Verhältnisse

(1) Die nichtöffentliche Stelle hat der zuständigen Stelle unverzüglich mitzuteilen

1. das Ausscheiden aus oder die Nichtaufnahme der sicherheitsempfindlichen Tätigkeit,
2. Änderungen des Namens, eines Wohnsitzes oder der Staatsangehörigkeit,
3. Beginn oder Ende einer Ehe, einer Lebenspartnerschaft oder einer auf Dauer angelegten Gemeinschaft und
4. auf Anfrage der zuständigen Stelle weitere bei der nichtöffentlichen Stelle vorhandene Informationen zur Aufklärung sicherheitserheblicher Erkenntnisse.

(2) § 2 Absatz 2 Satz 6 und 7, § 14 Absatz 4 Satz 1 und § 15a gelten mit der Maßgabe, dass an die Stelle der zuständigen Stelle die nichtöffentliche Stelle tritt. Für Sicherheitsüberprüfungen nach § 9 Absatz 1 Nummer 3 gilt die Unterrichtungspflicht nach § 15a nur für Veränderungen nach § 15a Satz 2 Nummer 1, 2, 4 und 6.

§ 30 Sicherheitsakte der nicht-öffentlichen Stelle

Für die Sicherheitsakte in der nicht-öffentlichen Stelle gelten die Vorschriften dieses Gesetzes über die Sicherheitsakte entsprechend mit der Maßgabe, daß die Sicherheitsakte der nicht-öffentlichen Stelle bei einem Wechsel des Arbeitgebers nicht abgegeben wird.

§ 31 Datenverarbeitung, -nutzung und -berichtigung in automatisierten Dateien

Die nicht-öffentliche Stelle darf die nach diesem Gesetz zur Erfüllung ihrer Aufgaben erforderlichen personenbezogenen Daten der betroffenen Person in automatisierten Dateien speichern, verändern und nutzen. Die für die zuständige Stelle geltenden Vorschriften zur Berichtigung, Löschung und Sperrung finden Anwendung.

Sechster Abschnitt
Reisebeschränkungen, Sicherheitsüberprüfungen auf Antrag ausländischer Dienststellen und Schlußvorschriften

§ 32 Reisebeschränkungen

(1) Personen, die eine sicherheitsempfindliche Tätigkeit ausüben, die eine Sicherheitsüberprüfung nach den § 9 Absatz 1 Nummer 1 und 2 und § 10 erfordert, können verpflichtet werden, Dienst- und Privatreisen in und durch Staaten, für die besondere Sicherheitsregelungen gelten, der zuständigen Stelle oder der nicht-öffentlichen Stelle rechtzeitig vorher anzuzeigen. Die Verpflichtung kann auch für die Zeit nach dem Ausscheiden aus der sicherheitsempfindlichen Tätigkeit angeordnet werden.
(2) Die Reise kann von der zuständigen Stelle untersagt werden, wenn Anhaltspunkte zur Person oder eine besondere sicherheitsempfindliche Tätigkeit vorliegen, die eine erhebliche Gefährdung durch ausländische Nachrichtendienste erwarten lassen.
(3) Ergeben sich bei einer Reise in und durch Staaten, für die besondere Sicherheitsregelungen gelten, Anhaltspunkte, die auf einen Anbahnungs- und Werbungsversuch ausländischer Nachrichtendienste hindeuten können, so ist die zuständige Stelle nach Abschluß der Reise unverzüglich zu unterrichten.

§ 33 Sicherheitsüberprüfung auf Antrag ausländischer Dienststellen

(1) Ersucht eine ausländische Dienststelle die mitwirkenden Behörden um die Mitwirkung bei einer Sicherheitsüberprüfung, so richtet sie sich nach den Bestimmungen dieses Gesetzes, soweit nicht in Rechtsvorschriften über- oder zwischenstaatlicher Einrichtungen oder völkerrechtlichen Verträgen, denen die gesetzgebenden Körperschaften gemäß Artikel 59 Abs. 2 des Grundgesetzes zugestimmt haben, etwas anderes bestimmt ist.
(2) Die Mitwirkung unterbleibt, wenn auswärtige Belange der Bundesrepublik Deutschland oder überwiegende schutzwürdige Interessen der betroffenen Person entgegenste-

hen. Dies gilt auch bei der Übermittlung personenbezogener Daten an die ausländische Dienststelle.
(3) Die ausländische Dienststelle ist darauf hinzuweisen, daß die im Rahmen der Sicherheitsüberprüfung übermittelten personenbezogenen Daten nur für Zwecke der Sicherheitsüberprüfung verwendet werden dürfen und die mitwirkende Behörde sich vorbehält, um Auskunft über die vorgenommene Verwendung der Daten zu bitten.

§ 34 Verordnungsermächtigung

Die Bundesregierung wird ermächtigt, durch Rechtsverordnung ohne Zustimmung des Bundesrates festzustellen,
1. welche Behörden oder sonstigen öffentlichen Stellen des Bundes oder nichtöffentlichen Stellen oder Teile von ihnen lebens- oder verteidigungswichtige Einrichtungen mit sicherheitsempfindlichen Stellen im Sinne des § 1 Absatz 4 sind,
2. welches Bundesministerium für die nichtöffentliche Stelle zuständig ist und
3. welche Behörden oder sonstigen öffentlichen Stellen des Bundes Aufgaben im Sinne des § 10 Nummer 3 wahrnehmen.

§ 35 Allgemeine Verwaltungsvorschriften

(1) Die allgemeinen Verwaltungsvorschriften zur Ausführung dieses Gesetzes erläßt das Bundesministerium des Innern, soweit in den Absätzen 2 bis 4 nichts anderes bestimmt ist.
(2) Die allgemeinen Verwaltungsvorschriften zur Ausführung dieses Gesetzes im nichtöffentlichen Bereich erläßt das Bundesministerium für Wirtschaft und Energie im Einvernehmen mit dem Bundesministerium des Innern.
(3) Die allgemeinen Verwaltungsvorschriften zur Ausführung dieses Gesetzes im Geschäftsbereich des Bundesministeriums der Verteidigung erläßt das Bundesministerium der Verteidigung im Einvernehmen mit dem Bundesministerium des Innern.
(4) Die allgemeinen Verwaltungsvorschriften zur Ausführung dieses Gesetzes bei den Nachrichtendiensten des Bundes erläßt die jeweils zuständige oberste Bundesbehörde im Einvernehmen mit dem Bundesministerium des Innern.

§ 36 Anwendung des Bundesdatenschutzgesetzes, Bundesverfassungsschutzgesetzes, MAD-Gesetzes und BND-Gesetzes

(1) Die Vorschriften des Ersten Abschnitts mit Ausnahme von § 3 Abs. 2 und 8 Satz 1, § 4 Abs. 2 und 3, §§ 4b und 4c sowie § 13 Abs. 1a und des Fünften Abschnitts sowie die §§ 18 und 39 des Bundesdatenschutzgesetzes, des Ersten Abschnitts und die §§ 14 und 23 Nr. 3 des Bundesverfassungsschutzgesetzes auch in Verbindung mit § 12 des MAD-Gesetzes und § 31 des BND-Gesetzes sowie die §§ 1, 8 und 10 Absatz 2 Satz 2 bis 6 des MAD-Gesetzes und § 21 des BND-Gesetzes finden Anwendung.
(2) Für die Datenschutzkontrolle der von öffentlichen und nicht-öffentlichen Stellen nach diesem Gesetz gespeicherten personenbezogenen Daten gelten die §§ 21 und 24 bis 26 des Bundesdatenschutzgesetzes.

§ 37 Strafvorschriften

(1) Wer unbefugt von diesem Gesetz geschützte personenbezogene Daten, die nicht offenkundig sind,
1. speichert, verändert oder übermittelt,
2. zum Abruf mittels automatisierten Verfahrens bereithält oder
3. abruft oder sich oder einem anderen aus Dateien verschafft,

wird mit Freiheitsstrafe bis zu einem Jahr oder mit Geldstrafe bestraft.

(2) Ebenso wird bestraft, wer
1. die Übermittlung von durch dieses Gesetz geschützten personenbezogenen Daten, die nicht offenkundig sind, durch unrichtige Angaben erschleicht oder
2. entgegen § 21 Abs. 1 oder § 27 Satz 3 Daten für andere Zwecke nutzt, indem er sie innerhalb der Stelle an einen anderen weitergibt.

(3) Handelt der Täter gegen Entgelt oder in der Absicht, sich oder einen anderen zu bereichern oder einen anderen zu schädigen, so ist die Strafe Freiheitsstrafe bis zu zwei Jahren oder Geldstrafe.

(4) Die Tat wird nur auf Antrag verfolgt.

§ 38 Übergangsregelung

Bei Sicherheitsüberprüfungsverfahren von betroffenen Personen, die vor dem 1. Januar 2007 mit einer sicherheitsempfindlichen Tätigkeit betraut wurden und für die in den vergangenen zehn Jahren vor dem 21. Juni 2017 keine Wiederholungsüberprüfung durchgeführt wurde, gilt bis zum 21. Juni 2022 § 17 Absatz 2 Satz 1 mit der Maßgabe, dass die Wiederholungsüberprüfung an die Stelle der nächsten regulären Aktualisierung tritt.

§ 39 Inkrafttreten

Dieses Gesetz tritt am Tage nach der Verkündung in Kraft.

Anhang

1. Datenschutzaufsichtsbehörden in Deutschland

Der Bundesbeauftragte für den Datenschutz und die Informationsfreiheit
Husarenstr. 30, 53117 Bonn
Verbindungsbüro Berlin: Friedrichstr. 50, 10117 Berlin
Tel.: 0228 997799-0, Fax: 0228 997799-550
poststelle@bfdi.bund.de, https://www.bfdi.bund.de

Der Landesbeauftragte für den Datenschutz und die Informationsfreiheit
Königstrasse 10a, 70173 Stuttgart
Postfach 10 29 32, 70025 Stuttgart
Tel.: 0711 615541-0, Fax: 0711 61 55 41-15
poststelle@lfdi.bwl.de, https://www.baden-wuerttemberg.datenschutz.de

Bayerisches Landesamt für Datenschutzaufsicht (nicht-öffentlicher Bereich)
Promenade 27, 91522 Ansbach
Tel.: 0981 53 1300, Fax: 0981 53 98 1300
poststelle@lda.bayern.de, https://www.lda.bayern.de

Der Bayerische Landesbeauftragte für den Datenschutz (öffentlicher Bereich)
Postfach 22 12 19. 80502 München
Wagmüllerstr. 18, 80528 München
Tel.: 089 212672-0, Fax: 089 212672-50
poststelle@datenschutz-bayern.de, https://www.datenschutz-bayern.de

Berliner Beauftragte für Datenschutz und Informationsfreiheit
Friedrichstr. 219, 10969 Berlin
Tel.: 030 13889-0, Fax: 030 215 50 50
mailbox@datenschutz-berlin.de, https://datenschutz-berlin.de

Die Landesbeauftragte für den Datenschutz und für das Recht auf Akteneinsicht
Stahnsdorfer Damm 77, 14532 Kleinmachnow
Tel.: 033203/356-0, Fax: 033203 356-49
poststelle@lda.brandenburg.de, http://www.lda.brandenburg.de

Die Landesbeauftragte für Datenschutz und Informationsfreiheit
Arndtstraße 1, 27570 Bremerhaven
Tel.: 0421 3612010 oder 0471 5962010, Fax: 0421 496 18495
office@datenschutz.bremen.de, https://ssl.bremen.de/datenschutz/

Freie und Hansestadt Hamburg
Der Hamburgische Beauftragte für Datenschutz und Informationsfreiheit
Klosterwall 6 (Block C), 20095 Hamburg
Tel.: 040 428 54 – 4040, Fax: 040 428 54 – 4000
mailbox@datenschutz.hamburg.de, https://www.datenschutz-hamburg.de

Der Hessische Beauftragte für Datenschutz und Informationsfreiheit
Postfach 31 63, 65021 Wiesbaden
Gustav-Stresemann-Ring 1, 65189 Wiesbaden
Tel. 0611 1408-0, Fax: 0611/1408-900 oder -901
poststelle@datenschutz.hessen.de, https://www.datenschutz.hessen.de/

Der Landesbeauftragte für Datenschutz und Informationsfreiheit Mecklenburg-Vorpommern
Lennéstraße 1, Schloss Schwerin, 19053 Schwerin
Tel.: 03 85-59 49 4-0, Fax: 0385 59 49 4-58
info@datenschutz-mv.de, https://www.datenschutz-mv.de

Die Landesbeauftragte für den Datenschutz Niedersachsen
Prinzenstraße 5, 30159 Hannover
Tel.: 0511 120 45 00, Fax: 0511 120 45 99
poststelle@lfd.niedersachsen.de, https://www.lfd.niedersachsen.de

Landesbeauftragte für Datenschutz und Informationsfreiheit Nordrhein-Westfalen
Kavalleriestr. 2–4, 40213 Düsseldorf
Tel.: 0211/38424-0, Fax: 0211 38424-10
poststelle@ldi.nrw.de, https://www.ldi.nrw.de

Der Landesbeauftragte für den Datenschutz und die Informationsfreiheit Rheinland-Pfalz
Hintere Bleiche 34, 55116 Mainz
Tel.: 06131 208-2449, Fax: 06131 208-2497
poststelle@datenschutz.rlp.de, https://www.datenschutz.rlp.de

Unabhängiges Datenschutzzentrum Saarland
Landesbeauftragte für Datenschutz und Informationsfreiheit
Postfach 102631, 66026 Saarbrücken
Fritz-Dobisch-Straße 12, 66111 Saarbrücken
Tel.: 0681 94781-0 Fax: 0681 94781 29
poststelle@datenschutz.saarland.de, https://datenschutz.saarland.de

Der Sächsische Datenschutzbeauftragte
Bernhard-von-Lindenau-Platz 1, 01067 Dresden
Tel.: 0351 493-5401, Fax: 0351/493-5490
saechsdsb@slt.sachsen.de, https://www.saechsdsb.de

Landesbeauftragter für den Datenschutz Sachsen-Anhalt
Leiterstraße 9, 39104 Magdeburg
Postfach 1947, 39009 Magdeburg
Tel.: 0391 81803-0, Fax: 0391 81803-33
poststelle@lfd.sachsen-anhalt.de, https://datenschutz.sachsen-anhalt.de

Unabhängiges Landeszentrum für Datenschutz Schleswig-Holstein
Holstenstraße 98, 24103 Kiel
Postfach 71 16, 24171 Kiel
Tel.: 0431 988-1200, Fax: 0431 988-1223
mail@datenschutzzentrum.de, https://www.datenschutzzentrum.de/

Thüringer Landesbeauftragter für den Datenschutz und die Informationsfreiheit
Postfach 900455, 99107 Erfurt
Häßlerstraße 8, 99096 Erfurt
Tel.: 0361 3771900, 03 61 37 71 904
poststelle@datenschutz.thueringen.de, https://www.tlfdi.de

2. Weitere wichtige gesetzliche Datenschutznormen

§ 7 UWG[1] Unzumutbare Belästigungen

(1) Eine geschäftliche Handlung, durch die ein Marktteilnehmer in unzumutbarer Weise belästigt wird, ist unzulässig. Dies gilt insbesondere für Werbung, obwohl erkennbar ist, dass der angesprochene Marktteilnehmer diese Werbung nicht wünscht.

(2) Eine unzumutbare Belästigung ist stets anzunehmen

1. bei Werbung unter Verwendung eines in den Nummern 2 und 3 nicht aufgeführten, für den Fernabsatz geeigneten Mittels der kommerziellen Kommunikation, durch die ein Verbraucher hartnäckig angesprochen wird, obwohl er dies erkennbar nicht wünscht;
2. bei Werbung mit einem Telefonanruf gegenüber einem Verbraucher ohne dessen vorherige ausdrückliche Einwilligung oder gegenüber einem sonstigen Marktteilnehmer ohne dessen zumindest mutmaßliche Einwilligung,
3. bei Werbung unter Verwendung einer automatischen Anrufmaschine, eines Faxgerätes oder elektronischer Post, ohne dass eine vorherige ausdrückliche Einwilligung des Adressaten vorliegt, oder
4. bei Werbung mit einer Nachricht,
   a) bei der die Identität des Absenders, in dessen Auftrag die Nachricht übermittelt wird, verschleiert oder verheimlicht wird oder
   b) bei der gegen § 6 Absatz 1 des Telemediengesetzes verstoßen wird oder in der der Empfänger aufgefordert wird, eine Website aufzurufen, die gegen diese Vorschrift verstößt, oder
   c) bei der keine gültige Adresse vorhanden ist, an die der Empfänger eine Aufforderung zur Einstellung solcher Nachrichten richten kann, ohne dass hierfür andere als die Übermittlungskosten nach den Basistarifen entstehen.

(3) Abweichend von Absatz 2 Nummer 3 ist eine unzumutbare Belästigung bei einer Werbung unter Verwendung elektronischer Post nicht anzunehmen, wenn

1. ein Unternehmer im Zusammenhang mit dem Verkauf einer Ware oder Dienstleistung von dem Kunden dessen elektronische Postadresse erhalten hat,
2. der Unternehmer die Adresse zur Direktwerbung für eigene ähnliche Waren oder Dienstleistungen verwendet,
3. der Kunde der Verwendung nicht widersprochen hat und
4. der Kunde bei Erhebung der Adresse und bei jeder Verwendung klar und deutlich darauf hingewiesen wird, dass er der Verwendung jederzeit widersprechen kann, ohne dass hierfür andere als die Übermittlungskosten nach den Basistarifen entstehen.

---

1 Gesetz gegen den unlauteren Wettbewerb (UWG), in der Fassung der Bekanntmachung vom 3. März 2010 (BGBl. I S. 254), zuletzt geändert durch Artikel 5 des Gesetzes vom 18. April 2019 (BGBl. I S. 466).

§ 203 StGB[2] Verletzung von Privatgeheimnissen

(1) Wer unbefugt ein fremdes Geheimnis, namentlich ein zum persönlichen Lebensbereich gehörendes Geheimnis oder ein Betriebs- oder Geschäftsgeheimnis, offenbart, das ihm als

1. Arzt, Zahnarzt, Tierarzt, Apotheker oder Angehörigen eines anderen Heilberufs, der für die Berufsausübung oder die Führung der Berufsbezeichnung eine staatlich geregelte Ausbildung erfordert,
2. Berufspsychologen mit staatlich anerkannter wissenschaftlicher Abschlußprüfung,
3. Rechtsanwalt, Kammerrechtsbeistand, Patentanwalt, Notar, Verteidiger in einem gesetzlich geordneten Verfahren, Wirtschaftsprüfer, vereidigtem Buchprüfer, Steuerberater, Steuerbevollmächtigten oder Organ oder Mitglied eines Organs einer Rechtsanwalts-, Patentanwalts-, Wirtschaftsprüfungs-, Buchprüfungs- oder Steuerberatungsgesellschaft,
4. Ehe-, Familien-, Erziehungs- oder Jugendberater sowie Berater für Suchtfragen in einer Beratungsstelle, die von einer Behörde oder Körperschaft, Anstalt oder Stiftung des öffentlichen Rechts anerkannt ist,
5. Mitglied oder Beauftragten einer anerkannten Beratungsstelle nach den §§ 3 und 8 des Schwangerschaftskonfliktgesetzes,
6. staatlich anerkanntem Sozialarbeiter oder staatlich anerkanntem Sozialpädagogen oder
7. Angehörigen eines Unternehmens der privaten Kranken-, Unfall- oder Lebensversicherung oder einer privatärztlichen, steuerberaterlichen oder anwaltlichen Verrechnungsstelle

anvertraut worden oder sonst bekanntgeworden ist, wird mit Freiheitsstrafe bis zu einem Jahr oder mit Geldstrafe bestraft.

(2) Ebenso wird bestraft, wer unbefugt ein fremdes Geheimnis, namentlich ein zum persönlichen Lebensbereich gehörendes Geheimnis oder ein Betriebs- oder Geschäftsgeheimnis, offenbart, das ihm als

1. Amtsträger,
2. für den öffentlichen Dienst besonders Verpflichteten,
3. Person, die Aufgaben oder Befugnisse nach dem Personalvertretungsrecht wahrnimmt,
4. Mitglied eines für ein Gesetzgebungsorgan des Bundes oder eines Landes tätigen Untersuchungsausschusses, sonstigen Ausschusses oder Rates, das nicht selbst Mitglied des Gesetzgebungsorgans ist, oder als Hilfskraft eines solchen Ausschusses oder Rates,
5. öffentlich bestelltem Sachverständigen, der auf die gewissenhafte Erfüllung seiner Obliegenheiten auf Grund eines Gesetzes förmlich verpflichtet worden ist, oder

2 Strafgesetzbuch (StGB) in der Fassung der Bekanntmachung vom 13. November 1998 (BGBl. I S. 3322), zuletzt geändert durch Artikel 62 des Gesetzes vom 20. November 2019 (BGBl. I S. 1626).

6. Person, die auf die gewissenhafte Erfüllung ihrer Geheimhaltungspflicht bei der Durchführung wissenschaftlicher Forschungsvorhaben auf Grund eines Gesetzes förmlich verpflichtet worden ist,

anvertraut worden oder sonst bekanntgeworden ist. Einem Geheimnis im Sinne des Satzes 1 stehen Einzelangaben über persönliche oder sachliche Verhältnisse eines anderen gleich, die für Aufgaben der öffentlichen Verwaltung erfaßt worden sind; Satz 1 ist jedoch nicht anzuwenden, soweit solche Einzelangaben anderen Behörden oder sonstigen Stellen für Aufgaben der öffentlichen Verwaltung bekanntgegeben werden und das Gesetz dies nicht untersagt.

(2a) (weggefallen)

(3) Kein Offenbaren im Sinne dieser Vorschrift liegt vor, wenn die in den Absätzen 1 und 2 genannten Personen Geheimnisse den bei ihnen berufsmäßig tätigen Gehilfen oder den bei ihnen zur Vorbereitung auf den Beruf tätigen Personen zugänglich machen. Die in den Absätzen 1 und 2 Genannten dürfen fremde Geheimnisse gegenüber sonstigen Personen offenbaren, die an ihrer beruflichen oder dienstlichen Tätigkeit mitwirken, soweit dies für die Inanspruchnahme der Tätigkeit der sonstigen mitwirkenden Personen erforderlich ist; das Gleiche gilt für sonstige mitwirkende Personen, wenn diese sich weiterer Personen bedienen, die an der beruflichen oder dienstlichen Tätigkeit der in den Absätzen 1 und 2 Genannten mitwirken.

(4) Mit Freiheitsstrafe bis zu einem Jahr oder mit Geldstrafe wird bestraft, wer unbefugt ein fremdes Geheimnis offenbart, das ihm bei der Ausübung oder bei Gelegenheit seiner Tätigkeit als mitwirkende Person oder als bei den in den Absätzen 1 und 2 genannten Personen tätiger Datenschutzbeauftragter bekannt geworden ist. Ebenso wird bestraft, wer

1. als in den Absätzen 1 und 2 genannte Person nicht dafür Sorge getragen hat, dass eine sonstige mitwirkende Person, die unbefugt ein fremdes, ihr bei der Ausübung oder bei Gelegenheit ihrer Tätigkeit bekannt gewordenes Geheimnis offenbart, zur Geheimhaltung verpflichtet wurde; dies gilt nicht für sonstige mitwirkende Personen, die selbst eine in den Absätzen 1 oder 2 genannte Person sind,
2. als im Absatz 3 genannte mitwirkende Person sich einer weiteren mitwirkenden Person, die unbefugt ein fremdes, ihr bei der Ausübung oder bei Gelegenheit ihrer Tätigkeit bekannt gewordenes Geheimnis offenbart, bedient und nicht dafür Sorge getragen hat, dass diese zur Geheimhaltung verpflichtet wurde; dies gilt nicht für sonstige mitwirkende Personen, die selbst eine in den Absätzen 1 oder 2 genannte Person sind, oder
3. nach dem Tod der nach Satz 1 oder nach den Absätzen 1 oder 2 verpflichteten Person ein fremdes Geheimnis unbefugt offenbart, das er von dem Verstorbenen erfahren oder aus dessen Nachlass erlangt hat.

(5) Die Absätze 1 bis 4 sind auch anzuwenden, wenn der Täter das fremde Geheimnis nach dem Tod des Betroffenen unbefugt offenbart.

(6) Handelt der Täter gegen Entgelt oder in der Absicht, sich oder einen anderen zu bereichern oder einen anderen zu schädigen, so ist die Strafe Freiheitsstrafe bis zu zwei Jahren oder Geldstrafe.

§ 23 KunstUrhG[3]

(1) Ohne die nach § 22 erforderliche Einwilligung dürfen verbreitet und zur Schau gestellt werden:

1. Bildnisse aus dem Bereiche der Zeitgeschichte;
2. Bilder, auf denen die Personen nur als Beiwerk neben einer Landschaft oder sonstigen Örtlichkeit erscheinen;
3. Bilder von Versammlungen, Aufzügen und ähnlichen Vorgängen, an denen die dargestellten Personen teilgenommen haben;
4. Bildnisse, die nicht auf Bestellung angefertigt sind, sofern die Verbreitung oder Schaustellung einem höheren Interesse der Kunst dient.

(2) Die Befugnis erstreckt sich jedoch nicht auf eine Verbreitung und Schaustellung, durch die ein berechtigtes Interesse des Abgebildeten oder, falls dieser verstorben ist, seiner Angehörigen verletzt wird.

---

3 Gesetz betreffend das Urheberrecht an Werken der bildenden Künste und der Photographie (KunstUrhG) in der im Bundesgesetzblatt Teil III, Gliederungsnummer 440–3, veröffentlichten bereinigten Fassung, zuletzt geändert durch Artikel 3 § 31 des Gesetzes vom 16. Februar 2001 (BGBl. I S. 266).

Stichwortverzeichnis

Kompetenz verbindet

Wedde (Hrsg.)

Handbuch Datenschutz und Mitbestimmung

2., aktualisierte und erweiterte Auflage
2019. 527 Seiten, gebunden
€ 49,90
ISBN 978-3-7663-6692-4

Umfassend und verständlich erläutert das Handbuch die datenschutzrechtlichen Grundlagen im Beschäftigtenverhältnis. Die 2. Auflage ist mit Blick auf die neue Datenschutzgrundverordnung und auf das neu gefasste Bundesdatenschutzgesetz komplett überarbeitet.

Aus dem Inhalt:
- Datenschutzrechtliche Grundlagen
- Datenschutz am Arbeitsplatz und im Beschäftigtenverhältnis
- Interessenvertretungen und Beschäftigtendatenschutz
- Der Datenschutzbeauftragte
- Betriebliche Regelungen zu Leistungs- und Verhaltenskontrollen oder zum Umgang mit Gesundheitsdaten
- Neu: Datenschutz in der Betriebsratsarbeit und im Betriebsratsbüro
- Neue Technik – neue Anforderungen, etwa »Mobiles Arbeiten« oder Auswertungen -mittels »Social Graph«

Bund-Verlag